Telemediarecht
Telekommunikations- und Multimediarecht

dtv

Schnellübersicht

Abgabenordnung (AO) (Auszug) **38**
Artikel 10-Gesetz (G 10) **47**
Beurkundungsgesetz (BeurkG) (Auszug) **29**
Bundesdatenschutzgesetz (BDSG) (Auszug) **12**
Bürgerliches Gesetzbuch (BGB) (Auszug) **19**
Datenschutz-Grundverordnung (DS-GVO) (Auszug) **11**
De-Mail-Gesetz (DeMailG) **18**
E-Government-Gesetz (EGovG) **34**
eIDAS-VO (Auszug) **14**
Einführungsgesetz zum Bürgerlichen Gesetzbuche (EGBGB) (Auszug) **20**
Europäischer Kodex für elektronische Kommunikation (EKEK) (Auszug) **2**
Fernunterrichtsschutzgesetz (FernUSG) (Auszug) **21**
Geschäftsgeheimnisgesetz (GeschGehG) **25**
Gesetz gegen den unlauteren Wettbewerb (UWG) (Auszug) **24**
Gesetz gegen Wettbewerbsbeschränkungen (GWB) (Auszug) **27**
Gesetz über Ordnungswidrigkeiten (OWiG) (Auszug) **46**
Jugendmedienschutz-Staatsvertrag (JMStV) **8**
Jugendschutzgesetz (JuSchG) (Auszug) **9**
Markengesetz (MarkenG) (Auszug) **26**
Medienstaatsvertrag (MStV) **7**
Netzwerkdurchsetzungsgesetz (NetzDG) **6**
Onlinezugangsgesetz (OZG) **35**
Personalausweisgesetz (PAuswG) (Auszug) **17**
Preisangabengesetz (PAngG) (Auszug) **22**
Preisangabenverordnung (PAngV) (Auszug) **23**
Sozialgesetzbuch
– Allgemeiner Teil (SGB I) (Auszug) **40**
– Gemeinsame Vorschriften für die Sozialversicherung (SGB IV) (Auszug) **41**
– Sozialverwaltungsverfahren und Sozialdatenschutz (SGB X) (Auszug) **42**
Strafgesetzbuch (StGB) (Auszug) **44**
Strafprozessordnung (StPO) (Auszug) **45**
Telekommunikationsgesetz (TKG) **1**
Telekommunikations-Überwachungsverordnung (TKÜV) **3**
Telekommunikation-Telemedien-Datenschutz-Gesetz (TTDSG) **13**
Telemediengesetz (TMG) **5**
TKTransparenzV **4**
Umsatzsteuergesetz (UStG) (Auszug) **39**
Unterlassungsklagengesetz (UKlaG) (Auszug) **31**
Urheberrechtsgesetz (UrhG) (Auszug) **10**
Verbraucherstreitbeilegungsgesetz (VSBG) (Auszug) **30**
Vergabe- und Vertragsordnung für Bauleistungen (VOB) Teil A (VOB/A) (Auszug) **43**
Vertrag über die Arbeitsweise der Europäischen Union (AEUV) (Auszug) **28**
Vertrauensdienstegesetz (VDG) **15**
Vertrauensdiensteverordnung (VDV) **16**
Verwaltungsgerichtsordnung (VwGO) (Auszug) **37**
Verwaltungsverfahrensgesetz (VwVfG) (Auszug) **36**
Zahlungsdiensteaufsichtsgesetz (ZAG) (Auszug) **33**
Zivilprozessordnung (ZPO) (Auszug) **32**

Telemediarecht

Telekommunikations- und Multimediarecht

Telekommunikationsgesetz
Europäischer Kodex für elektronische Kommunikation (Auszug)
Telekommunikations-Überwachungsverordnung
Telemediengesetz · Netzwerkdurchsetzungsgesetz
Medienstaatsvertrag
Jugendmedienschutz-Staatsvertrag · Jugendschutzgesetz (Auszug)
Datenschutz-Grundverordnung (Auszug)
Bundesdatenschutzgesetz (Auszug)
Telekommunikation-Telemedien-Datenschutz-Gesetz
Onlinezugangsgesetz
Strafgesetzbuch (Auszug) · Strafprozessordnung (Auszug)

Textausgabe mit ausführlichem Sachverzeichnis
und einer Einführung von

Dr. Martin Geppert, Rechtsanwalt
JUCONOMY Rechtsanwälte, Düsseldorf, und
Prof. Dr. Alexander Roßnagel, Hessischer Beauftragter für
Datenschutz und Informationsfreiheit (HBDI), Wiesbaden

12. Auflage
Stand: 15. September 2021

dtv

www.dtv.de
www.beck.de

Sonderausgabe
dtv Verlagsgesellschaft mbH & Co. KG,
Tumblingerstraße 21, 80337 München
© 2022. Redaktionelle Verantwortung: Verlag C. H. Beck oHG
Gesamtherstellung: Druckerei C. H. Beck, Nördlingen
(Adresse der Druckerei: Wilhelmstraße 9, 80801 München)
Umschlagtypographie auf der Grundlage
der Gestaltung von Celestino Piatti

chbeck.de/nachhaltig

ISBN 978-3-423-53105-4 (dtv)
ISBN 978-3-406-77898-8 (C. H. Beck)

Inhaltsverzeichnis

Abkürzungsverzeichnis VII
Einführung XIII

Erster Teil. Telekommunikationsrecht

1. Telekommunikationsgesetz (TKG) 1
2. Europäischer Kodex für elektronische Kommunikation (RL (EU) 2018/1972) (EKEK) (Auszug) 197
3. Telekommunikations-Überwachungsverordnung (TKÜV) 228
4. TK-TransparenzVerordnung 256

Zweiter Teil. Recht der Multimediadienste

5. Telemediengesetz (TMG) 263
6. Netzwerkdurchsetzungsgesetz (NetzDG) 277
7. Medienstaatsvertrag (MStV) 293
8. Jugendmedienschutz-Staatsvertrag (JMStV) 369
9. Jugendschutzgesetz (JuSchG) (Auszug) 388
10. Urheberrechtsgesetz (UrhG) (Auszug) 410
11. Datenschutz-Grundverordnung (DS-GVO) (Auszug) 443
12. Bundesdatenschutzgesetz (BDSG) (Auszug) 499
13. Telekommunikation-Telemedien-Datenschutz-Gesetz (TTDSG) . 529

Dritter Teil. Recht des elektronischen Geschäftsverkehrs/Wettbewerbsrecht

14. eIDAS-Verordnung (Auszug) 559
15. Vertrauensdienstegesetz (VDG) 589
16. Vertrauensdiensteverordnung (VDV) 600
17. Personalausweisgesetz (PAuswG) (Auszug) 603
18. De-Mail-Gesetz (DeMailG) 615
19. Bürgerliches Gesetzbuch (BGB) (Auszug) 631
20. Einführungsgesetz zum Bürgerlichen Gesetzbuche (EGBGB) (Auszug) 692
21. Fernunterrichtsschutzgesetz (FernUSG) (Auszug) 727
22. Preisangabengesetz (PAngG) (Auszug) 731
23. Preisangabenverordnung (PAngV) (Auszug) 732
24. Gesetz gegen den unlauteren Wettbewerb (UWG) (Auszug) 741
25. Geschäftsgeheimnisgesetz (GeschGehG) 757
26. Markengesetz (MarkenG) (Auszug) 766
27. Gesetz gegen Wettbewerbsbeschränkungen (GWB) (Auszug) ... 772
28. Vertrag über die Arbeitsweise der Europäischen Union (AEUV) (Auszug) 780
29. Beurkundungsgesetz (BeurkG) (Auszug) 783
30. Verbraucherstreitbeilegungsgesetz (VSBG) (Auszug) 785

Inhaltsverzeichnis

31. Unterlassungsklagengesetz (UKlaG) (Auszug)	795
32. Zivilprozessordnung (ZPO) (Auszug)	802
33. Zahlungsdiensteaufsichtsgesetz (ZAG) (Auszug)	816

Vierter Teil. Recht der elektronischen Verwaltung

34. E-Government-Gesetz (EGovG)	836
35. Onlinezugangsgesetz (OZG)	847
36. Verwaltungsverfahrensgesetz (VwVfG) (Auszug)	853
37. Verwaltungsgerichtsordnung (VwGO) (Auszug)	859
38. Abgabenordnung (AO) (Auszug)	867
39. Umsatzsteuergesetz (UStG) (Auszug)	877
40. Sozialgesetzbuch (SGB) – Allgemeiner Teil – (SGB I) (Auszug)	880
41. Sozialgesetzbuch (SGB) Viertes Buch – Gemeinsame Vorschriften für die Sozialversicherung – (SGB IV) (Auszug)	882
42. Zehntes Buch Sozialgesetzbuch – Sozialverwaltungsverfahren und Sozialdatenschutz – (SGB X) (Auszug)	887
43. Vergabe- und Vertragsordnung für Bauleistungen (VOB) Teil A (VOB/A) (Auszug)	892

Fünfter Teil. Strafrecht

44. Strafgesetzbuch (StGB) (Auszug)	906
45. Strafprozessordnung (StPO) (Auszug)	920
46. Gesetz über Ordnungswidrigkeiten (OWiG) (Auszug)	937
47. Artikel 10-Gesetz (G 10)	943
Sachverzeichnis	965

Abkürzungsverzeichnis

a. a. O.	am angeführten Ort
ABl.	Amtsblatt
a. F.	alte Fassung
AFuG	Gesetz über den Amateurfunk
AG	Aktiengesellschaft
AGB	Allgemeine Geschäftsbedingungen
AktG	Aktiengesetz
amtl.	amtlich
ÄndG, -VO	Änderungsgesetz, -Verordnung
angef.	angefügt
Anh.	Anhang
Anl.	Anlage
Anm.	Anmerkung
AO	Abgabenordnung, Anordnung
AOC	Advice of Charge – Gebührenanzeige
Art.	Artikel
aufgeh.	aufgehoben
BAnz.	Bundesanzeiger
BAPT	Bundesamt für Post und Telekommunikation
BDSG	Bundesdatenschutzgesetz
Beil.	Beilage
Bek.	Bekanntmachung
ber.	berichtigt
BfDI	Bundesbeauftragter für den Datenschutz und die Informationsfreiheit
BGB	Bürgerliches Gesetzbuch
BGB-InfoV	BGB-Informationspflichten-Verordnung
BGBl. I bzw. II	Bundesgesetzblatt (Teil I bzw. Teil II)
BGH	Bundesgerichtshof
BKartA	Bundeskartellamt
BNAG	Bundesnetzagentur-Gesetz
BNetzA	Bundesnetzagentur
BR	Bundesrat
BSI	Bundesamt für Sicherheit in der Informationstechnik
BStatG	Bundesstatistikgesetz
BT	Bundestag
BVerfG	Bundesverfassungsgericht
BVerwG	Bundesverwaltungsgericht
CEN	Comité Européen de Normalisation – Europäisches Komitee für Normung
CENELEC	Europäisches Komitee für Elektrotechnische Normung
CEPT	Conférence Européenne des Administrations des Postes et des Télécommunications – Europäische Konferenz der Verwaltungen für Post und Fernmeldewesen

Abkürzungsverzeichnis

CN	Corporate Network (Netz einer geschlossenen Nutzergruppe)
DAB	Digital Audio Broadcasting – Digitaler Hörfunk
DECT	Digital European Cordless Telecommunications – Europäische schnurlose Digitalkommunikation
DeMailG	De-Mail-Gesetz
DIN	Deutsche Industrie-Norm
Drs.	Drucksache
DS-GVO	Datenschutz-Grundverordnung
DTAG	Deutsche Telekom AG
DVB	Digital Video Broadcasting
EDI	Electronic Data Interchange
EECC	European Electronic Communications Code
EG	Europäische Gemeinschaft
EGBGB	Einführungsgesetz zum BGB
EGG	Gesetz über rechtliche Rahmenbedingungen des elektronischen Geschäftsverkehrs
EGV	Vertrag zur Gründung der Europäischen Gemeinschaft
eIDAS	electronic IDentification, Authentication and trust Services
eingef.	eingefügt
EKEK	Europäischer Kodex für die elektronische Kommunikation
EMRK	Europäische Menschenrechtskonvention
EMU	Elektromagnetische Umweltverträglichkeit
EMV	Elektromagnetische Verträglichkeit
EMVG	Gesetz über die elektromagnetische Verträglichkeit von Betriebsmitteln
erg.	ergänzt
Erl.	Erläuterung
ETSI	European Telecommunications Standards Institute – Europäisches Institut für Telekommunikationsnormen
EU	Europäische Union
EuGH	Europäischer Gerichtshof
FAG	Fernmeldeanlagengesetz
FBeitrV	Frequenznutzungsbeitragsverordnung
FCC	Federal Communication Commission – Telekommunikations- und Medienregulierungsbehörde in USA
FGG	Gesetz über die freiwillige Gerichtsbarkeit
FGO	Finanzgerichtsordnung
FNA	Bundesgesetzblatt Teil I, Fundstellennachweis A (Bundesrecht ohne völkerrechtliche Vereinbarungen)
FreqBZPV	Frequenzbereichszuweisungsplanverordnung
FreqNPAV	Verordnung über das Verfahren zur Aufstellung des Frequenznutzungsplanes
FuAG	Funkanlagengesetz
G 10	Gesetz zur Beschränkung des Brief-, Post- und Fernmeldegeheimnisses (Artikel 10-Gesetz)
G, Ges.	Gesetz
GBO	Grundbuchordnung
geänd.	geändert

Abkürzungsverzeichnis

GEREK	Gremium Europäischer Regulierungsstellen für elektronische Kommunikation
gestr.	gestrichen
GG	Grundgesetz
GKG	Gerichtskostengesetz
GmbH	Gesellschaft mit beschränkter Haftung
GPS	Global Positioning System – Satelliten-Navigationssystem
GSM	Global System for Mobile communications – Globales Mobilkommunikationssystem
GWB	Gesetz gegen Wettbewerbsbeschränkungen
i. d. F.	in der Fassung
i. d. R.	in der Regel
i. S.	im Sinne
ISDN	Integrated Services Digital Network – Diensteintegrierendes digitales Fernmeldenetz
ISO	International Standards Organisation
ITU	International Telecommunications Union – Internationale Fernmeldeunion (franz.: UIT)
IuKDG	Informations- und Kommunikationsdienstegesetz
i. V. m.	in Verbindung mit
JMStV	Jugendmedienschutz-Staatsvertrag
JuSchG	Jugendschutzgesetz
KeL	Kosten der effizienten Leistungsbereitstellung
KJM	Kommission für Jugendmedienschutz
KostO	Kostenordnung
KWG	Gesetz über das Kreditwesen
LAN	Local Area Network – lokales Netz
LWL	Lichtwellenleiterkabel
MAN	Metropolitan Area Network
MarkenG	Markengesetz
MDStV	Mediendienste-Staatsvertrag
MIG	Mobilfunkinfrastrukturgesellschaft
MMR	Multimedia und Recht
MStV	Medienstaatsvertrag
NetzDG	Netzwerkdurchsetzungsgesetz
n. F.	neue Fassung
neugef.	neugefasst
NJW	Neue Juristische Wochenschrift
NUI	Network User Identification
NVwZ	Neue Zeitschrift für Verwaltungsrecht
Ofcom	Office of Communications – Telekommunikations-Regulierungsbehörde in Großbritannien
OLG	Oberlandesgericht
ONP	Open Network Provision – offener Netzzugang
OSI	Open Systems Interconnection
OVG	Oberverwaltungsgericht
OWiG	Gesetz über Ordnungswidrigkeiten
OZG	Onlinezugangsgesetz
PAuswG	Personalausweisgesetz
PCN	Personal Communications Network
PCS	Personal Communications Services

Abkürzungsverzeichnis

POI	Point Of Interconnection – Zusammenschaltungspunkt
POP	Point Of Presence
PTSG	Gesetz zur Sicherstellung von Postdienstleistungen und Telekommunikationsdiensten in besonderen Fällen (Post- und Telekommunikationssicherstellungsgesetz)
RDS	Radio Data System
RL	Richtlinie
Rn.	Randnummer
RStV	Rundfunkstaatsvertrag
S.	Seite
SGB	Sozialgesetzbuch
SGG	Sozialgerichtsgesetz
SigG	Gesetz zur digitalen Signatur
SigV	Verordnung zur digitalen Signatur
StGB	Strafgesetzbuch
StPO	Strafprozessordnung
TAE	Telekommunikations-Anschluss-Einheit
TDDSG	Gesetz über den Datenschutz bei Telediensten
TDG	Teledienstegesetz
TDSV	Telekommunikations-Datenschutzverordnung
TK	Telekommunikation
TKG	Telekommunikationsgesetz
TKÜV	Telekommunikations-Überwachungsverordnung
TKV	Telekommunikations-Kundenschutzverordnung
TMG	Telemediengesetz
TTDSG	Telekommunikation-Telemedien-Datenschutz-Gesetz
TWG	Telegraphenwegegesetz
UIT	Union Internationale des Télécommunications (engl.: ITU)
UKlaG	Unterlassungsklagengesetz
UMTS	Universal Mobile Telecommunications System – Universelles Mobiles Telekommunikationssystem
UrhG	Urheberrechtsgesetz
UStG	Umsatzsteuergesetz
UWG	Gesetz gegen den unlauteren Wettbewerb
VA	Verwaltungsakt
VDG	Vertrauensdienstegesetz
VDV	Vertrauensdienstverordnung
Vfg.	Verfügung
VG	Verwaltungsgericht
vgl.	vergleiche
VgV	Vergabeverordnung
VHC	very high capacity
VO	Verordnung
VOB	Vergabe- und Vertragsordnung für Bauleistungen
VPN	Virtual Private Network
VSBG	Verbraucherstreitbeilegungsgesetz
VwGO	Verwaltungsgerichtsordnung
VwKostG	Verwaltungskostengesetz
VwVfG	Verwaltungsverfahrensgesetz
VwVG	Verwaltungsvollstreckungsgesetz

Abkürzungsverzeichnis

VwZG	Verwaltungszustellungsgesetz
WAN	Wide Area Network
WLL	Wireless Local Loop – Drahtloser Teilnehmeranschluss
WTO	World Trade Organization – Welthandelsorganisation
WuW	Wirtschaft und Wettbewerb
ZAG	Zahlungsdiensteaufsichtsgesetz
ZD	Zeitschrift für Datenschutz
ZPO	Zivilprozessordnung
ZUM	Zeitschrift für Urheber- und Medienrecht

Einführung

Von Dr. Martin Geppert, Rechtsanwalt,
JUCONOMY Rechtsanwälte, Düsseldorf
und Prof. Dr. Alexander Roßnagel, Hessischer Beauftragter für Datenschutz
und Informationsfreiheit (HBDI), Wiesbaden, und Wissenschaftszentrum für
Informationstechnik-Gestaltung (ITeG), Kassel

I. Telekommunikations- und Multimediarecht

Das Telekommunikations- und das Multimediarecht regeln das Angebot von, den Zugang zu und das Handeln in Telekommunikations- und Multimediadiensten. Die Wechselwirkungen und Abhängigkeiten zwischen Telekommunikations- und Multimediadiensten sind erheblich. Telekommunikation ist die Basis, auf der Multimediadienste angeboten werden können. Multimediadienste erzeugen wiederum als Teil der Wertschöpfungskette die zunehmende Nachfrage nach Telekommunikationsdiensten. Im Zeitalter der Digitalisierung verschwinden frühere Schranken zwischen einzelnen Technologien. Diese mit dem Begriff „Konvergenz" bezeichnete Entwicklung begründet die Notwendigkeit, das Telekommunikations- und das Multimediarecht als Bestandteile eines rechtlichen Rahmens für netzorientierte Dienstleistungen zu begreifen. Wie die nachfolgende Darstellung verdeutlicht, ergeben sich innerhalb dieses Rahmens sowohl für Verbraucher als auch für Anbieter neue Vertragsbeziehungen mit unterschiedlichen Vertragspartnern.

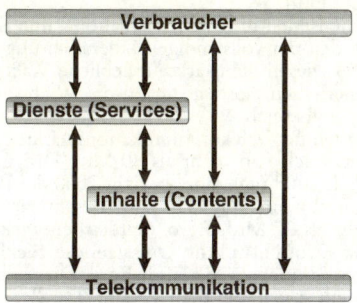

Es stellt eine sehr schwierige Aufgabe dar – ungeachtet aller notwendigen Einzelregelungen –, konvergente Maßstäbe für sämtliche Ebenen dieser Wertschöpfungskette zu entwickeln. Im Interesse von Verbrauchern und Anbietern, die einen eindeutigen und dennoch wettbewerbs- und entwicklungsoffenen Rechtsrahmen benötigen, wurden dafür vielfache gesetzgeberische Anstrengungen unternommen. Die vorliegende Textsammlung dokumentiert die heutige Rechtsordnung für Telekommunikations- und Multimediadienste. Sie beschränkt sich überwiegend auf netzorientierte Dienstleistungen. Nicht einbe-

Einführung

zogen wurden spezifische Regelungen, die eine „Offline"-Nutzung von Multimediaangeboten betreffen. Hierzu wird auf Sammlungen und Darstellungen zum Computerrecht verwiesen.

1. Regelungsgegenstand

Telekommunikation ist – so die Definition in § 3 Nr. 59 TKG **(Nr. 1)** – der technische Vorgang des Aussendens, Übermittelns und Empfangens von Signalen mittels Telekommunikationsanlagen. Diese Anlagen senden, übertragen, vermitteln, empfangen, steuern oder kontrollieren als Inhalte identifizierbare elektromagnetische oder optische Signale. Seit den Zeiten der ersten elektrischen Telegraphen des Samuel Morse von 1837, der ersten drahtgebundenen Sprachübertragung des Philipp Reis von 1861, der Erfindung des Fernsprechers durch Graham Bell von 1876 und der drahtlosen Nachrichtenübertragung durch Guglielmo Marconi von 1895 wurde bis heute ein breites Spektrum an Telekommunikationsdienstleistungen und Telekommunikationsanlagen entwickelt. Nach der aktuell gebräuchlichen Definitionsliste der Bundesnetzagentur für Elektrizität, Gas, Telekommunikation, Post und Eisenbahnen (BNetzA) werden als Standardfälle zehn verschiedene Telekommunikationsdienste mit jeweils mehreren Angebotsvariationen unterschieden. Die Bandbreite geht hierbei von Sprachkommunikation, Videokommunikation, Internetzugang über Rundfunkdienste bis hin zu vielem anderen mehr. Diese Liste ist selbstverständlich nicht abschließend, sondern entwicklungsoffen. Ebenso funktions- und variantenreich sind die heutigen Telekommunikationsgeräte/-anlagen, die in immer schnelleren Entwicklungsstufen erheblich funktionsreicher und leistungsfähiger wurden. Viele der früher in Endgeräten implementierten Funktionen, Software und Speichermedien wurden inzwischen Bestandteil der intelligenten Netze (unter anderem verdeutlicht durch den Begriff des „Cloud Computing").

Die wirtschaftliche Bedeutung der Informations- und Kommunikationstechnik ist beträchtlich. Seit der vollständigen Liberalisierung der Telekommunikationsmärkte ab 1998 weisen die Märkte erhebliche Wachstumsraten auf. Nach Jahren des kontinuierlichen Anstiegs liegen die Wachstumsraten seit 2008 jedoch leicht im Negativbereich.

Das Umsatzvolumen der Telekommunikationsmärkte in der Bundesrepublik Deutschland steigerte sich von mehr als 80 Mrd. DM im Jahr 1997 auf über 63 Mrd. Euro im Jahr 2008 (vgl. Jahresbericht 2008 der BNetzA). Damit ergab sich ein Marktwachstum im Vergleich mit dem Beginn der vollständigen Liberalisierung um mehr als 22 Mrd. Euro. Seitdem entwickeln sich aber auch in der Bundesrepublik Deutschland die Umsatzerlöse rückläufig. 2020 betrugen die Außenumsatzerlöse noch ca. 57 Mrd. Euro. Dies entspricht einem Rückgang von ca. 1 Prozent gegenüber dem Vorjahr (Quelle: Jahresbericht 2020 der BNetzA).

Auch im weltweiten Maßstab gehört die Informations- und Kommunikationstechnik zu den bedeutenden Industrien mit zum Teil starken Wachstumsraten. Besonders hervorzuheben ist die Entwicklung der Breitbandversorgung. Die OECD berichtete Mitte 2021, dass inzwischen in den OECD-Staaten 454 Mio. Anschlüsse im Breitband-Festnetz realisiert worden seien gegenüber 420 Mio. Anschlüssen im Jahr 2018 und 378 Mio. 2015. Dies entspräche einer Penetrationsrate im Länderdurchschnitt von 33,2 Prozent. Noch rasanter entwickeln sich allerdings die Anschlusszahlen von funkgestütztem Breitband für

Einführung

Smartphones und Tablets. Hier sind mit Stand Ende 2020 inzwischen 1,6 Mrd. Teilnehmer registriert mit jährlichen Steigerungsraten um die 10 Prozent.

Diese Steigung bei den Breitbandanschlüssen zeigt, dass die Entwicklung auf den Telekommunikationsmärkten dynamisch und ständigem Wandel unterworfen ist. So sind seit der Liberalisierung zahlreiche neue Marktakteure neben dem ehemaligen Monopolunternehmen in den Markt eingetreten. Dabei gibt es nicht nur Wettbewerb unter Anbietern von Telekommunikationsdiensten, die das Netz des ehemaligen Monopolunternehmens Telekom Deutschland GmbH (TDG) nutzen, sondern inzwischen auch eine Vielzahl von kleineren Netzbetreibern, die eigene Infrastrukturen, insbesondere Glasfasernetze, auf- und ausbauen.

Neben der Wettbewerbsentwicklung auf den Telekommunikationsmärkten sorgen technische Weiterentwicklungen und Innovationen für Dynamik auf den Märkten und neue Herausforderungen für die Regulierung. Ein wesentlicher Wachstumsfaktor auf den Telekommunikationsmärkten ist der Breitbandausbau. Die Förderung des Auf- und Ausbaus breitbandiger Mobil- und Festnetz-Kommunikationsverbindungen steht weit oben auf der politischen Agenda der Europäischen Union sowie der Bundesrepublik Deutschland.

Nach der Digitalen Strategie 2025 der Bundesregierung soll bis 2025 ein Gigabit-Glasfasernetz in Deutschland aufgebaut sein. Als Vorteile der optischen Übertragung der Daten über Glasfaserkabel wird neben den erheblich höheren Übertragungsgeschwindigkeiten auch die Unempfindlichkeit gegenüber elektromagnetischen Störungen sowie auch die bessere Energie- und Ressourceneffizienz („Green IT") im Vergleich zu Netzen mit Metallleitern hervorgehoben. Es sollen Geschwindigkeiten im Gigabit-Bereich sowohl im Download als auch im Upload erreicht werden. Als Voraussetzung dafür sieht die Gigabit-Strategie eine investitions- und innovationsfreundliche Ausgestaltung des Rechtsrahmens und der Regulierungspraxis. Der Aufbau einer leistungsstarken und wettbewerbsfähigen digitalen Infrastruktur soll auch mit Einsatz von Fördergeldern unterstützt werden. Die Breitbandversorgung ist auch entscheidender Faktor für den Erfolg der sog. Multimediadienste.

Multimedia ist das zeitbeliebige, vielfach interaktive Angebot aller möglichen Formen von Informationen – Texte, Fest- und Bewegtbilder, Töne und Daten. Netzvermittelte Multimediadienste wurden entweder – wie das Internet – für das Endgerät Computer oder – wie das digitale Fernsehen – für das Endgerät Fernsehempfänger entwickelt. Das Internet und dessen Dienste wie E-Mail, World Wide Web oder Social Networks genießen eine hohe Attraktivität. Mit ihrer Hilfe haben sich elektronische Marktplätze, Zahlungstransaktionen, Verwaltungskontakte und unternehmensinterne Informations- und Kommunikationssysteme entwickelt. Durch das digitale Fernsehen wird der Fernseher zum Multimedia-Homecenter, das den individuellen Abruf von Fernsehsendungen, Filmen, Informationsangeboten, Lernprogrammen und Spielen ermöglicht. Auch kann es zum multimedialen Tele-Einkauf, Tele-Buchen und Tele-Bezahlen verwendet werden. Beide Entwicklungslinien laufen immer stärker in konvergenter Technik und konvergenten Diensten zusammen. Durch Hybrid-TV werden die Angebote des Fernsehens und des Internets inzwischen mit demselben Gerät genutzt. Die Entwicklung von Multimediadiensten wird weiterhin rasant vorangehen.

Einführung

2. Regelungsbedarf

Mit der wirtschaftlichen, kulturellen und gesellschaftlichen Bedeutung von Telekommunikations- und Multimediadiensten wächst auch der Bedarf an rechtlichen Regeln für deren Angebot und Nutzung. Drei große Fragenkreise bedürfen der Beantwortung:

– Wer darf zu welchen Bedingungen **Telekommunikationsnetze betreiben und Telekommunikationsdienste anbieten und dafür gegebenenfalls Wegerechte und Funkfrequenzen nutzen?** Wie kann auf einem früher monopolistisch geprägten Markt ein wirksamer und nachhaltiger Wettbewerb eröffnet und zugleich eine flächendeckende Grundversorgung mit Telekommunikationsdienstleistungen gewährleistet werden? Das in Monopolzeiten auf die Deutsche Bundespost als Teil der staatlichen Verwaltung passende, mehr als 100 Jahre alte Fernmelderecht konnte diese Fragen nicht beantworten. Notwendig war ein neuer Ordnungsrahmen für die Telekommunikation, der fortlaufend an die Entwicklung der Technik angepasst werden muss. Durch diesen Ordnungsrahmen müssen Sachverhalte, die sich in einem Monopolmarkt nicht stellen (etwa Fragen der Netzzusammenschaltungen mit Wettbewerbsunternehmen) oder dem Monopolunternehmen überlassen waren (etwa Fragen der Nummerierung und Nummernzuteilung), rechtlich für alle Marktteilnehmer geordnet werden. Das allgemeine Wirtschaftsrecht – insbesondere das Gesetz gegen Wettbewerbsbeschränkungen – macht, da es im Grundsatz funktionsfähigen Wettbewerb voraussetzt und nur auf Missbräuche reagieren soll, einen marktspezifischen Ordnungsrahmen für den Telekommunikationssektor in der Phase der Etablierung eines chancengleichen Wettbewerbs nicht entbehrlich. Dieser wirksame und nachhaltige Wettbewerb muss in der Telekommunikation durch eine besondere („asymmetrische") Regulierung marktbeherrschender Unternehmen erst geschaffen werden. Dort, wo schon Wettbewerb durch Regulierung entstanden ist, muss sichergestellt werden, dass dieser auch in einem wirtschaftlich und technologisch veränderten Umfeld bestehen bleibt. Regulierungsmaßnahmen sind dann zurückzunehmen, wenn dieser wirksame und nachhaltige („selbsttragende") Wettbewerb sich etablieren konnte.

– Wer darf unter welchen Voraussetzungen **Multimediadienste anbieten?** Für die Beantwortung bietet das Rundfunkrecht keinen adäquaten Regelungsrahmen. Ihm gegenüber stellen Multimediadienste etwas qualitativ Neues dar, auf das alte Regeln nicht einfach übertragen werden können. Die Frage, wer mit welchem Angebot in der Cyber-Welt auftreten darf, war daher mit neuen Regelungen zu beantworten. Da immer wieder neue Angebote auf den Markt kommen, stellen sich ständig neue Fragen der Einordnung und der Zugangsregulierung.

– Wie sind die **Rechtsbeziehungen im Netz** zu regeln? Soweit möglich, kann versucht werden, Antworten auf diese Frage durch die Anwendung von Rechtsregelungen zu finden, die für die körperliche Welt erlassen worden sind. Soweit sich allerdings solche Vorschriften eindeutig auf die körperliche Welt beziehen, sind für die immaterielle Welt der Netze eigene Regelungen erforderlich. Spezifische Regelungen sind auch dort notwendig, wo die Welt der Netze für denjenigen, der sich in ihr bewegt, neue Risiken beinhaltet.

Einführung

Diese erfordern Neujustierungen von Regelungen etwa zum Urheber-, Daten-, Verbraucher- und Jugendschutz.

3. Entwicklung des Telekommunikations- und Multimediarechts

Das **Telekommunikationsrecht** war vor Inkrafttreten des Telekommunikationsgesetzes im Jahr 1996 als „Fernmelderecht" geregelt. § 1 des Fernmeldeanlagengesetzes von 1928 räumte dem Bund ein umfassendes Monopol ein, Fernmeldeanlagen zu errichten und zu betreiben. Vorangetrieben durch Rechtsentwicklungen in der Europäischen Gemeinschaft, wurde das weitreichende Monopol erstmals durch die sog. **Postreform I von 1989** durchbrochen. Damit wurden Monopolrechte insbesondere im Endgeräte- und Mobilfunkbereich eingeschränkt. Politische Aufgaben (der Bundesregierung) und hoheitliche Aufgaben (der Deutschen Bundespost) wurden rechtlich getrennt. Die Deutsche Bundespost wurde in die drei öffentlichen Unternehmen Deutsche Bundespost Postdienst, Deutsche Bundespost Postbank und Deutsche Bundespost Telekom rechnungsmäßig aufgegliedert. Mit der **Postreform II von 1994** erfolgte die Aufnahme des Art. 87f in das Grundgesetz. Diese Verfassungsbestimmung schreibt vor, dass Telekommunikationsdienstleistungen „als privatwirtschaftliche Tätigkeiten" erbracht werden. Der Staat gewährleistet die Sicherung der Infrastruktur mit Telekommunikationsdienstleistungen und nimmt Hoheitsaufgaben wahr. Auf Grundlage des Art. 143b GG wurden sämtliche Monopolrechte auf den 31.12.1997 befristet. Die Deutsche Bundespost Telekom wurde in ein privatrechtliches Unternehmen in der Rechtsform einer Aktiengesellschaft umgewandelt. Das am 1.8.1996 verkündete Telekommunikationsgesetz (TKG 1996) wurde vielfach als **Postreform III** bezeichnet. Es markiert den Abschluss der rechtlichen Entwicklung zu liberalisierten Telekommunikationsmärkten. Mit dem 1.1.1998 endete die Monopolzeit in der Telekommunikation.

Zum 26.6.2004 trat ein grundlegend novelliertes Telekommunikationsgesetz (TKG 2004) in Kraft, durch das die fünf Richtlinien des EG-Rechtsrahmens für elektronische Kommunikationsnetze und -dienste von 2002 umgesetzt wurde, die eine europaweit harmonisierte Regulierung der Märkte für elektronische Kommunikation bezweckten. In den folgenden Jahren wurde das TKG 2004 mehrfach geändert und reformiert. Diesen Änderungen des TKG lagen auch europarechtliche Änderungsrichtlinien zugrunde. Ziele der Richtlinien waren eine stärkere unionsweite Harmonisierung der Regulierung sowie die Verbesserung der Rechte der Verbraucher. Hierfür wurden die Kompetenzen der EU-Kommission im Regulierungsprozess gestärkt. Mit dem neu geschaffenen Gremium Europäischer Regulierungsstellen für elektronische Kommunikation (GEREK) wurde die Zusammenarbeit der europäischen Regulierungsbehörden auf eine neue rechtlich-institutionelle Grundlage mittels einer unmittelbar geltenden Verordnung gestellt.

Eine weitere Novelle des TKG erfolgte mit dem am 10.11.2016 in Kraft getretenen Gesetz zur Erleichterung des Ausbaus digitaler Hochgeschwindigkeitsnetze (DigiNetz-Gesetz). Mit dem **DigiNetz-Gesetz**, das zugleich die Europäische Kostensenkungsrichtlinie 2014/61/EU in nationales Recht umsetzt, sollen die Kosten des flächendeckenden Breitbandausbaus durch die Mitnutzung anderer Ver- und Entsorgungsnetze für Telekommunikation, Gas, Elektrizität, Fernwärme oder Abwasser sowie durch die Mitverlegung bei Bauarbeiten ge-

Einführung

senkt werden. Die Verpflichtungen des DigiNetz-G treffen Eigentümer oder Betreiber öffentlicher Versorgungsnetze völlig unabhängig davon, ob diese im Einzelfall marktbeherrschend sein sollten oder nicht (sog. „symmetrische Zugangsverpflichtungen"). Für Streitfälle wurde die BNetzA als „nationale Streitbeilegungsstelle" eingesetzt, welche Streitfälle zwischen Zugangsnachfragern und Zugangsverpflichteten durch Beschlusskammerentscheidungen verbindlich entscheidet.

Im Zusammenhang mit dem Thema „europäische Harmonisierung" steht die EU-Roaming-Verordnung über die unmittelbar geltenden Obergrenzen für Mobilfunkgespräche und Datenverbindungen in einem „Gastnetz" im Ausland. Die Roaming-Verordnung sieht grundsätzlich ab Juni 2017 eine Abschaffung der Roaming-Aufschläge innerhalb der Europäischen Union vor (Prinzip „Roam-Like-At-Home"). Allerdings können die Mobilfunkanbieter dem Endkunden weiterhin Roaming-Aufschläge in Rechnung stellen, sofern der Nutzer eine festzulegende Nutzungsgrenze überschreitet („Fair-Use-Grenze").

Eine umfassende Novellierung des TKG erfolgte zuletzt mit dem Inkrafttreten des **„Telekommunikationsmodernisierungsgesetzes"** zum 1.12.2021 im Zuge der Umsetzung des geänderten unionsrechtlichen Rechtsrahmens, des „Europäischen Kodex für Elektronische Kommunikation" (EKEK – in der englischen Übersetzung EECC genannt). Nach den Intentionen des EKEK und des novellierten TKG soll damit ein Ordnungsrahmen geschaffen werden, der Impulse für einen schnelleren und flächendeckenden Ausbau von Gigabit-Netzen setzt. Die Regulierung soll nunmehr auf VHC-Netze (very high capacity -Netze) ausgerichtet werden, die gigabitfähige Netze schaffen sollen. Der Verbraucherschutz wurde wegen EKEK und TKG nochmals erweitert und die Umlagefähigkeit von Telekommunikationskosten als Betriebskosten im Rahmen der Miete mit einer Übergangsfrist abgeschafft. Das novellierte TKG führt einen Anspruch auf schnellen Internetzugang für alle Bürger als Teil des Universaldienstes ein. Die genaue Definition des „schnellen Internetzugangsdienstes" wird in einer Rechtsverordnung festgelegt werden.

Auf die Entwicklung der **Multimediadienste** reagierte das Rechtssystem anfangs dadurch, dass es die entstehenden Rechtsfragen durch Anwendung alter Regelungen zu beantworten versuchte. Dadurch wurden jedoch zunehmend Rechtsunsicherheiten hervorgerufen, die Investitionen in attraktive Angebote zur kommerziellen Nutzung von Multimediadiensten erschwerten. So war etwa ungeklärt, welche Angebote als Rundfunk zulassungspflichtig oder als schlichte wirtschaftliche Betätigung zulassungsfrei waren, inwieweit Provider für strafbare Angebote im Netz – wie Kinderpornografie, Aufforderungen zu Straftaten oder Nazi-Propaganda – verantwortlich sind, welchen Schutz geistiges Eigentum in Multimediadiensten genießt oder unter welchen Voraussetzungen elektronische Dokumente rechtssicher ausgetauscht werden können.

Als der Regelungsbedarf erkannt worden war, einigten sich der Bund und Länder angesichts der umstrittenen Gesetzgebungskompetenzen im Sommer 1996 auf einen politischen Kompromiss: Die an die Allgemeinheit gerichteten Dienste regelten die Länder im MDStV, die Dienste für Individualkommunikation regelte der Bund im IuKDG. Die Regelungen zur Zulassungsfreiheit, zur Verantwortlichkeit der Anbieter sowie zum Verbraucher- und Datenschutz waren in beiden Regelungswerken identisch. Beide Regelungswerke traten am 1.8.1997 in Kraft.

Einführung

Das Vorbild Deutschlands hat viele andere Staaten in **Europa** zur Nachahmung angeregt – allerdings nicht immer mit gleicher Zielsetzung und vergleichbaren Inhalten. Die Europäische Union sah sich daher veranlasst, eigene Initiative zu ergreifen, um eine Harmonisierung dieser Regelungsbemühungen zu erreichen. Das Ergebnis waren neben der Fernabsatzrichtlinie von 1997 und der Richtlinie über den Fernabsatz von Finanzdienstleistungen von 2002 vor allem die Richtlinie für elektronische Signaturen 2000 und die Richtlinie zum elektronischen Geschäftsverkehr von 2000. Wichtig für das deutsche Multimediarecht sind auch die Datenschutz-Richtlinie von 1995, die Richtlinie über die Aufnahme, Ausübung und Beaufsichtigung der Tätigkeit von E-Geld-Instituten von 2000, die Datenbank-Richtlinie von 1996, die Richtlinie zur Harmonisierung bestimmter Aspekte des Urheberrechts und der verwandten Schutzrechte in der Informationsgesellschaft von 2001 und die Richtlinie zur Durchsetzung der Rechte des geistigen Eigentums von 2004.

Die Richtlinien wurden alle durch Novellierungen der deutschen Gesetze umgesetzt. Die **Umsetzung** betraf nicht nur die Multimediagesetze der ersten Generation, sondern auch viele allgemein geltende Gesetze, die nun – wie etwa das BGB, das UrhG, das UWG, das VwVfG, die ZPO, das KWG, das SGB, die AO, das UStG, das StGB und die StPO – auch spezifische Regelungen für den elektronischen Rechts- und Geschäftsverkehr enthalten.

Die Zweiteilung in das bundesrechtliche TDG und TDDSG und in den landesrechtlichen MDStV mit weitgehend identischen Wortlaut erwies sich nicht als zukunftsfähig und führte schon 2003 im JMStV zur Entwicklung des Begriffs des Telemediums, der Teledienst und Mediendienst zusammenführte. Zum 1.3.2007 trat dann das TMG in Kraft, das TDG, TDDSG und MDStV ersetzte und zu einer einheitlichen Regelung des Telemedienrechts führte.

Seitdem sind viele Anwendungsbereiche des Multimediarechts geregelt worden, wie z.B. die elektronische Identifizierung, De-Mail, die elektronische Steuererklärung sowie das elektronische Verwaltungs- und Gerichtsverfahren.

Nachdem die EU-Kommission ab 2011 ihre Regelungsstrategie von einer Harmonisierung der Rechtsordnungen in der Union durch Richtlinien zu einer Vereinheitlichung des Rechts durch Verordnungen geändert hat, wurden zwei wichtige Bereiche des Multimediarechts durch Verordnungen vollkommen neu geordnet. Dies betrifft zum einen das Recht der elektronischen Identifizierung und der elektronischen Vertrauensdienste durch die Verordnung (EU) Nr. 910/2014 vom 23.7.2014 über elektronische Identifizierung und Vertrauensdienste für elektronische Transaktionen im Binnenmarkt und zur Aufhebung der Richtlinie 1999/93/EG (eIDAS-VO) **(Nr. 14).** Zum anderen hat die Verordnung (EU) 2016/679 vom 27.4.2016 zum Schutz natürlicher Personen bei der Verarbeitung personenbezogener Daten, zum freien Datenverkehr und zur Aufhebung der Richtlinie 95/46/EG (Datenschutz-Grundverordnung) (DS-GVO) **(Nr. 11)** das Datenschutzrecht neu geordnet. Beide Verordnungen haben Anpassungsregelungen im deutschen Recht erzwungen, die eIDAS-VO durch das Vertrauensdienstegesetz (VDG) vom 29.7.2017 **(Nr. 15)** und die DS-GVO durch ein neues Bundesdatenschutzgesetz (BDSG) **(Nr. 12)** vom 30.6.2017 sowie durch Novellen der bereichsspezifischen Regelungen in sehr vielen Gesetzen und Verordnungen.

Einführung

II. Recht der Telekommunikation

1. Übersicht

Das **Telekommunikationsgesetz** (TKG) **(Nr. 1)** enthält die grundlegenden Bestimmungen zur Umsetzung des Verfassungsauftrags des Art. 87f GG. Es bezweckt, durch **technologieneutrale** Regulierung den Wettbewerb im Bereich der Telekommunikation und leistungsfähigen Telekommunikationsinfrastrukturen zu fördern und flächendeckend angemessene und ausreichende Dienstleistungen zu gewährleisten (§ 1 TKG). Bei der konkreten Ausgestaltung der Marktregulierung (Teil 2 des TKG) gibt das TKG keine gesetzesunmittelbar geltenden Antworten und beschränkt sich nicht darauf, eine einzige genau definierte gesetzliche Rechtsfolge für zulässig zu erklären. Vielmehr soll sich die Lösung an den sog. „Regulierungszielen" und „Regulierungsgrundsätzen" (§ 2 Abs. 2 und 3 TKG) als gesetzlichen Zielvorgaben ausrichten. Der Bundesnetzagentur (BNetzA) wird ein „Werkzeugkasten" von Möglichkeiten zur Verfügung gestellt – so kann sie etwa im Rahmen einer „Regulierungsverfügung" nach § 13 TKG aus einer Vielzahl möglicher Maßnahmen die der konkreten Situation angemessene Anordnung treffen. Da sich das TKG in einem wettbewerblich und technisch stark ändernden Umfeld bewegen und bewähren muss, ist dieser **offene Gestaltungsauftrag,** der sich nach den EU-Richtlinien am Bild des unabhängig agierenden Regulierers orientiert, angemessen. Allerdings verlagert sich damit in hohem Maße Verantwortung auf den Gesetzesvollzug mit Interpretation und Anwendung der Regelungen durch Behörden und Gerichte. Mit dem TKG 1996 wurde unter der damaligen Bezeichnung die „Regulierungsbehörde für Telekommunikation und Post" (RegTP) als weitgehend selbstständige Bundesoberbehörde im Geschäftsbereich des Bundesministeriums für Wirtschaft errichtet (§ 66 Abs. 1 TKG 1996). Durch Gesetz über die Bundesnetzagentur für Elektrizität, Gas, Telekommunikation, Post und Eisenbahnen wurde die Regulierungsbehörde mit Wirkung ab dem 8.7.2005 in „Bundesnetzagentur für Elektrizität, Gas, Telekommunikation, Post und Eisenbahnen" (Bundesnetzagentur/BNetzA) umbenannt. Zudem wurden die organisationsrechtlichen Vorschriften für BNetzA aus dem TKG weitgehend entnommen und in das Gesetz über die Bundesnetzagentur integriert. Der nach dem Vorbild des Bundeskartellamts mit Sitz in Bonn errichteten BNetzA obliegt die Umsetzung der vielfältigen Aufgaben, die sich aus dem TKG oder aus der Umsetzung unionsrechtlicher Verordnungen und Richtlinien ergeben (§ 191 TKG).

Neben den nachfolgend erläuterten Themen finden sich im TKG die grundlegenden Rechtsvorschriften zur Frequenzordnung, zur Nummernverwaltung, dem telekommunikationsrechtlichen Kundenschutz, zur Sicherheit und Überwachung des Telekommunikationsverkehrs und zum Schutz des Fernmeldegeheimnisses. Außerdem hat die Bundesnetzagentur weitere Aufgaben zur Regulierung der Postmärkte und nach dem Signaturgesetz vieles mehr zu erfüllen. Die BNetzA ist gemäß des Energiewirtschaftsgesetzes zuständig für die Regulierung der Strom- und Gasmärkte. Zudem ist sie auch Eisenbahn-Regulierungsbehörde zur Förderung des Wettbewerbs.

Die BNetzA erhielt zur Erfüllung ihrer Aufgaben weitreichende Befugnisse (vgl. §§ 202 ff. TKG). Wichtige Streitfragen werden den sog. „Beschlusskammern" zugewiesen (§§ 211 ff. TKG), die justizähnlich in der Besetzung mit

Einführung

einem Vorsitzenden und zwei Beisitzern (§ 211 Abs. 3 TKG) nach öffentlicher mündlicher Verhandlung entscheiden (§ 215 Abs. 3 TKG). Entscheidungen der BNetzA können im Verwaltungsrechtsweg gerichtlich überprüft werden, wobei die Rechtsprechung des Bundesverwaltungsgerichts der BNetzA vor allem bei Marktregulierungsentscheidungen beachtliche Entscheidungsspielräume zubilligt.

Vor Erhebung der Klage findet – soweit Entscheidungen durch Beschlusskammern getroffen wurden – kein Vorverfahren statt; Rechtsmittel gegen telekommunikationsrechtliche Entscheidungen der BNetzA haben keine aufschiebende Wirkung und sind damit kraft Gesetzes sofort vollziehbar (§ 217 Abs. 1 TKG). Der Verwaltungsrechtsweg wurde durch das TKG verkürzt. In Klageverfahren gegen Beschlusskammerentscheidungen der BNetzA ist das Verwaltungsgericht Köln die einzige Tatsacheninstanz. Eine Revision der Entscheidungen des Verwaltungsgerichts Köln vor dem Bundesverwaltungsgericht ist möglich, wenn das Verwaltungsgericht die Revision im Urteil zugelassen hat oder das Bundesverwaltungsgericht auf eine Nichtzulassungsbeschwerde die Revision eröffnet. In verwaltungsgerichtlichen Eilverfahren entscheidet das Verwaltungsgericht Köln abschließend. Durch die europarechtlich begründete und in der Rechtsprechung des Bundesverwaltungsgerichts bestätigte Anerkennung von Entscheidungsspielräumen der BNetzA sind insbesondere die Marktregulierungsentscheidungen nur eingeschränkt gerichtlich überprüfbar.

Die umfangreichsten Spielräume und somit Letztentscheidungsrechte der BNetzA bestehen bei der Frage, welche Regulierungsverpflichtungen die BNetzA aufgrund einer Marktanalyse marktmächtigen Unternehmen im Rahmen einer Regulierungsverfügung auferlegt. Dieses „Regulierungsermessen" kann als eine Kombination von einem Beurteilungsspielraum auf Tatbestandsseite, der eigentlich im deutschen Verwaltungsrecht nur in wenigen Ausnahmefällen zu finden ist, und einem Ermessensspielraum auf der Rechtsfolgenseite verstanden werden. Das gerichtliche Prüfprogramm orientiert sich in diesem Fall daran, ob Abwägungsfehler die Entscheidung tragen. Hierbei sind nur diejenigen Erwägungen maßgeblich, welche die BNetzA zur Begründung ihrer Entscheidung schriftlich dargelegt hat. Daher werden in der Verwaltungspraxis der BNetzA die Marktregulierungsentscheidungen zumeist umfangreich begründet. Bei anderen Entscheidungen der BNetzA erkennt die Rechtsprechung punktuell begrenzte Beurteilungsspielräume an – etwa im Rahmen einer Entgeltregulierung bei der Auswahl der Methode für die Berechnung des Anlagevermögens sowie für die Bestimmung der angemessenen Verzinsung oder bei der Auswahl von Vergleichsmärkten für eine Vergleichsmarktbetrachtung. Nach der Rechtsprechung des Bundesverwaltungsgerichts besteht ein abgestuftes System der gerichtlichen Kontrolldichte je nachdem, ob für eine Entscheidung der BNetzA ein Regulierungsermessen anerkannt wurde, ein Beurteilungsspielraum „auf der Nahtstelle zum Regulierungsermessen" oder nur einfache Ermessensspielräume. In anderen Bereichen wie bei der Ermittlung der Kosten der effizienten Leistungsbereitstellung kann nach der Rechtsprechung des Bundesverwaltungsgerichts eine regulierungsbehördliche Kostenkontrolle auch uneingeschränkt gerichtlich überprüft werden.

2. Marktzutritt/Nutzung knapper Ressourcen

Das unter dem TKG 1996 geltende System der Marktzutrittskontrolle mittels Zulassung und Kontrolle („Lizenz") wurde in Umsetzung der europäischen

Einführung

Richtlinien seit dem TKG 2004 abgeschafft. Der rechtliche Marktzugang wurde erleichtert; gewerbliche Anbieter von öffentlich zugänglichen Telekommunikationsdiensten und gewerbliche Betreiber öffentlicher Telekommunikationsnetze unterliegen nur noch einer **Meldepflicht** (§ 5 TKG). Nach dem TKG nicht meldepflichtig sind der Vertrieb von Endgeräten, nichtkommerzielle Projekte (z. B. Versuche) oder die Telekommunikation zur Eigenversorgung. Diese Tätigkeiten erfüllen nicht den Begriff des gewerblichen Erbringens öffentlich zugänglicher Telekommunikationsdienste. Ausdrücklich ausgenommen von der Meldepflicht wurden die „nummernunabhängigen interpersonellen Telekommunikationsdienste". Damit gemeint sind insbesondere die sog. „OTT-Dienste" (Over-the-Top-Dienste) wie Internettelefon- und Internetvideodienste, Messenger- und Web-Mail-Dienste. Ein Marktzutritt ohne Meldepflicht bedeutet jedoch nicht, dass OTT-Dienste von anderen Verpflichtungen des TKG grundsätzlich freigestellt wären. Auch für OTT-Dienste gelten unter dem TKG Verpflichtungen etwa in Bezug auf den Kundenschutz (§§ 52ff. TKG).

Ein Marktzutritt unter **Nutzung von Funkfrequenzen** bleibt von einer vorherigen Frequenzzuteilung der BNetzA abhängig (§ 91 Abs. 1 TKG). Einzelzuteilungen sollen jedoch nur dann ergehen, wenn u. a. durch die Frequenznutzung eine Gefahr funktechnischer Störungen nicht ausgeschlossen werden kann oder dies zur Sicherstellung einer effizienten Frequenznutzung (Stichwort „Nachfrage übersteigt das Angebot") notwendig ist. Im Regelfall sollen die Frequenznutzungen allerdings über Allgemeinzuteilungen ermöglicht werden, die eine Erlaubnis zur Nutzung bestimmter Frequenzen unter festgelegten Bedingungen geben (§ 91 Abs. 2 TKG). Die Allgemeinzuteilungen werden im Amtsblatt der BNetzA veröffentlicht

Bei Frequenzknappheit werden Frequenzen im Wege eines **Vergabeverfahrens** zugeteilt, wobei gesetzlich grundsätzlich der Vorrang des Versteigerungsverfahrens gegenüber dem Ausschreibungsverfahren festgeschrieben wurde (§ 100 Abs. 2 TKG).

Das bisher spektakulärste, mit Erlösen von über 50 Mrd. Euro für den Staatshaushalt endende Versteigerungsverfahren für die 3G-(UMTS-)Lizenzen, wurde am 18.8.2000 abgeschlossen. Eine weitere bedeutsame, wenn auch nicht mit so hohen Erlösen verbundene Versteigerung von Mobilfunkfrequenzen fand im Jahr 2010 statt. Für insgesamt 4,4 Mrd. Euro wurden 41 Frequenzblöcke für 4G-(LTE-)Frequenznutzungen an die vier Mobilfunknetzbetreiber in Deutschland versteigert, darunter auch Frequenzen aus dem begehrten 800-MHz-Spektrum. Ein Teil der in 2010 versteigerten Frequenzen waren Bestandteil der sog. Digitalen Dividende. Mit dem Begriff Digitale Dividende werden Frequenzressourcen bezeichnet, die durch den Prozess der Digitalisierung frei werden. Der Einsatz von digitaler Technik statt analoger Übertragung erlaubt eine die Funkressourcen schonendere Kommunikation. Insbesondere im Rundfunkbereich, aber auch im Bereich bislang militärisch genutzter Frequenzen werden auf diese Weise durch die Digitalisierung Frequenzkapazitäten frei.

Das Versteigerungsverfahren für die 5G-Frequenzen lief 2019 von März bis Juni und brachte am Ende über 6,5 Mrd. Euro für den Bund ein. Ein Teil dieser Einnahmen soll der vom Bund neu gegründeten Mobilfunkinfrastrukturgesellschaft (MIG) zur Verfügung stehen, die durch eine finanzielle Förderung des Netzausbaus die Schließung der „weißen Flecken" (Funklöcher) in der Mobilfunkversorgung sicherstellen soll. Neben den bereits in Deutschland am Markt tätigen Mobilfunknetzbetreibern Deutsche Telekom, Vodafone und Telefónica

Einführung

konnte auch die zum 1&1-Konzern gehörende Drillisch Netz AG als Neueinsteiger Teile des 5G-Frequenzspektrums ersteigern. Die Ersteigerung der 5G-Frequenzen war von der BNetzA mit Vergabebedingungen, insbesondere mit Versorgungsauflagen und Qualitätsparametern, verbunden worden.

Das TKG erlaubt die **Flexibilisierung der Frequenznutzung** durch Handel, Vermietung oder gemeinsame Nutzung (Frequenzpooling) von im Einzelzuteilungsverfahren zugeteilten Frequenzen. Die betreffenden Frequenzbereiche müssen zuvor durch eine Freigabeentscheidung der BNetzA hierfür geöffnet werden (§ 101 TKG).

Das Funkanlagengesetz (FuAG) vom 27.6.2017 regelt in Ablösung des früheren Gesetzes über Funkanlagen und Telekommunikationsendeinrichtungen (FTEG) grundlegende Anforderungen an Funkanlagen und normiert Informations- und Registrierungspflichten für Händler und Hersteller. Grundlegende Anforderungen sind nach § 4 des FuAG insbesondere der Schutz von Gesundheit und Sicherheit, aber auch die Erfüllung der Anforderungen an elektromagnetische Verträglichkeit und effektive Nutzung des Funkspektrums.

Für die **Benutzung öffentlicher Verkehrswege** für die öffentlichen Zwecken dienenden Telekommunikationslinien besteht die Befugnis des Bundes zur unentgeltlichen Nutzung (§ 125 Abs. 1 TKG). Während nach dem TKG 1996 die Nutzungsberechtigung im Rahmen der Lizenzerteilung an die Betreiber öffentlicher Telekommunikationsnetze übertragen wurde, muss nach Wegfall der Lizenzpflicht ein schriftlicher Antrag auf Übertragung der Nutzungsberechtigung an die BNetzA gerichtet werden (§ 125 Abs. 2 TKG), die eine Prüfung der Fachkunde, Leistungsfähigkeit und Zuverlässigkeit des Antragstellers vornimmt. Insoweit findet trotz grundsätzlich offenen Marktzugangs unverändert ein „kleines Lizenzierungsverfahren" statt, soweit Betreiber öffentlicher Telekommunikationsnetze auf die Benutzung öffentlicher Verkehrswege angewiesen sind. Allerdings bleiben die nach dem früheren TKG 1996 erworbenen Nutzungsberechtigungen wirksam (§ 230 Abs. 1 TKG).

Angesichts der Bemühungen um Breitbandausbau und die Förderung des Auf- und Ausbaus hochleistungsfähiger Glasfasernetze wurden die Möglichkeiten zur wegerechtlichen Nutzung von Infrastrukturen sowie zur Mitnutzung und Mitverlegung mit öffentlichen Versorgungsnetzen mit den TKG-Novellen 2012 und 2016 erweitert. Nach § 127 Abs. 7 TKG ist es möglich, Glasfaserleitungen oder Leerrohrsysteme unter „Übergehung" der geltenden DIN-Normen für die Benutzung von Straßen durch Leitungen oder Telekommunikationslinien auch in geringerer Verlegetiefe im Wege des sog. Micro- oder Mini-Trenching zu verlegen.

Zudem wurden die Regelungen für die **Nutzung privater Grundstücke** für den Infrastrukturausbau ausgeweitet. Die bereits früher geltende Regelung, dass ein Grundstückseigentümer nach § 125 Abs. 1 TKG bei Vorliegen der dort beschriebenen Voraussetzungen die Nutzung seines Grundstücks für Telekommunikationslinien – gegebenenfalls gegen finanziellen Ausgleich – nicht verbieten darf („Grundstücksstich"), wurde dahin ebenfalls ausgedehnt, dass der Eigentümer auch den Anschluss der auf dem Grundstück befindlichen Gebäude an Netze mit sehr hoher Kapazität nicht verweigern kann(„Hausstich"). Des Weiteren dürfen Betreiber öffentlicher Telekommunikationsnetze nach den Regelungen des § 145 TKG vorhandene Netzinfrastrukturen in Gebäuden mitnutzen. Neu errichtete Gebäude sowie umfangreich renovierte Gebäude sind gebäudeintern bis zu den Netzabschlusspunkten mit passiven Netzinfrastrukturen für Netze mit sehr hoher Kapazität sowie einem Zugangspunkt auszustatten. Im

Einführung

Rahmen der Erschließung von Neubaugebieten ist nach § 146 Abs. 2 TKG stets sicherzustellen, dass geeignete passive Netzinfrastrukturen für ein Netz mit sehr hoher Kapazität mitverlegt werden.

In Umsetzung der sog. EU-Kostensenkungsrichtlinie (2014/61/EU) wurden im TKG Verpflichtungen für Eigentümer oder Betreiber öffentlicher Versorgungsnetze (Telekommunikation, Gas, Elektrizität, Fernwärme, Abwasser, Verkehrsdienste) aufgenommen, die eine **Mitnutzung** ihrer passiven Netzinfrastrukturen durch Eigentümer und Betreiber öffentlicher Telekommunikationsnetze zum Ausbau von Netzen mit sehr hoher Kapazität erlauben müssen. Im Rahmen geplanter Bauarbeiten für öffentliche Versorgungsnetze besteht die Pflicht zur Koordinierung von Bauarbeiten und Gestattung der **Mitverlegung**, soweit diese Bauarbeiten ganz oder überwiegend aus öffentlichen Mitteln finanziert werden.

Eigentümer oder Betreiber „sonstiger physischer Infrastrukturen" (§ 3 Nr. 54 TKG) können gemäß den Regelungen nach § 154 TKG verpflichtet sein, die Mitnutzung dieser Infrastrukturen für **drahtlose Zugangspunkte mit geringer Reichweite** zu erlauben. Die Regelungen nach §§ 152 ff. TKG dienen vor allem dem Ausbau der Netzinfrastruktur für 5G-Netze.

In allen Streitfällen über Ansprüche auf Mitnutzung und Mitverlegung kann eine verbindliche Entscheidung der BNetzA als **nationale Streitbeilegungsstelle** über die Berechtigung von Ansprüchen und die Konditionen beantragt werden.

Zur Schaffung von Transparenz zum Zwecke des Ausbaus öffentlicher Telekommunikationsnetze ist ein Datenportal („Infrastrukturatlas") eingerichtet (§§ 78 ff. TKG), zu dem Eigentümer oder Betreiber öffentlicher Versorgungsnetze und Eigentümer und Betreiber sonstiger physischer Infrastrukturen verbindlich Daten liefern müssen. Nur unter engen Voraussetzungen (§ 79 Abs. 3 TKG) werden gelieferte Daten nicht in das Datenportal eingestellt. Zur Verhinderung möglicher Missbräuche ist der Kreis der Einsichtnahmeberechtigten limitiert. Die Aufgaben der zentralen Informationsstelle des Bundes werden vom Bundesministerium für Verkehr und digitale Infrastruktur wahrgenommen, welche diese Aufgabe an andere Behörden (z. B. BNetzA) delegieren kann.

Betreiber von Telekommunikationsnetzen, Anbieter von Telekommunikationsdienstleistungen sowie Endnutzer (z. B. persönliche Rufnummern in der Rufnummerngasse 0700) erhalten auf Antrag **(Ruf-)Nummern** von der BNetzA zugeteilt (§ 108 Abs. 1 TKG). Für die Verwaltung von Domain-Namen oberster und nachgeordneter Stufen ist die BNetzA jedoch nicht zuständig (§ 108 Abs. 1 Satz 4 TKG). Die einzelnen Regelungen zur Ausgestaltung und Verwaltung von Nummernräumen, zum Erwerb und Verlust von Nutzungsrechten an Nummern sowie Einzelregelungen zu den Befugnissen der BNetzA sowie der Marktteilnehmer und Endnutzer sind nicht im TKG geregelt, sondern werden aufgrund der Verordnungsermächtigung des § 108 Abs. 6 TKG in einer **„Telekommunikations-Nummerierungsverordnung"** (TNV) geregelt. Die Befugnisse der BNetzA bei der Überwachung der Nummernnutzung sind weitreichend. Sie hat nach pflichtgemäßer Ermessensausübung zu entscheiden, ob und wie sie eingreift. Insbesondere kann sie rechtswidrig genutzte Nummern entziehen und gegenüber einem Netzbetreiber die Abschaltung der Rufnummer anordnen. Die weitreichenden Befugnisse der BNetzA sind eine Antwort des Gesetzgebers auf negative Entwicklungen insbesondere im Bereich der „Mehrwertdiensteangebote". Für die Entscheidung über die Zuteilung von

Nummern wird eine Gebühr erhoben. Die gebührenpflichtigen Tatbestände, die Höhe der Gebühr und die Erstattung von Auslagen werden durch die **Telekommunikations-Nummerngebührenverordnung** (TNGebV) geregelt.

3. Verfahren der Marktregulierung

Die Vorschriften des zweiten Teils des TKG (§§ 10 bis 50 TKG) befassen sich mit der sog. Marktregulierung. Voraussetzung für eine Marktregulierung ist, dass die betroffenen Märkte durch beträchtliche und anhaltende Marktzutrittsschranken gekennzeichnet sind, innerhalb des relevanten Zeitraums nicht zu wirksamem Wettbewerb tendieren und auf denen die Anwendung des allgemeinen Wettbewerbsrechts allein nicht ausreicht, um dem festgestellten Marktversagen angemessen entgegenzuwirken, sog. **„Drei-Kriterien-Test"** (§ 10 Abs. 2 TKG). Sollten diese Voraussetzungen einer Regulierungsbedürftigkeit nicht vorliegen, muss von einer sektorspezifischen Regulierung abgesehen und der betroffene Markt ausschließlich dem allgemeinen Wettbewerbsrecht unterstellt werden.

Das TKG folgt hiermit dem vorrangigen Regelungsziel des Unionsrechts gemäß der **Richtlinie 2018/1972** des Europäischen Parlaments und des Rates vom 11.12.2018 über den **Europäischen Kodex für die Elektronische Kommunikation** (EKEK oder in der englischen Übersetzung EECC genannt) **(Nr. 2).** Vom vollständigen Abdruck des EKEK musste in dieser Textsammlung aufgrund des Textumfangs abgesehen werden. Aufgenommen sind die Regelungen des EKEK, auf die das TKG im Gesetzestext unmittelbar verweist. Die vollständige Fassung des EKEK ist über die Seite des Amtsblatts der EU https://eur-lex.europa.eu/legal-content/DE/TXT/?uri=OJ:L:2018:321:TOC abrufbar.

Die sektorspezifischen Regulierungsmaßnahmen sollen entsprechend am Drei-KriterienTest nach Art. 67 EKEK ausgerichtet werden. Die Marktanalysen und geplanten Abhilfemaßnahmen sollen gemäß Art. 32 unionsweit unter Einbeziehung der Regulierungsbehörden der Mitgliedstaaten, der Kommission und dem GEREK harmonisiert werden („Konsolidierungsverfahren"). Ziel ist, durch die kohärente Anwendung des EKEK in allen Mitgliedstaaten zur Entwicklung des Binnenmarkts beizutragen.

Den etwaigen Stellungnahmen der Kommission oder anderer nationaler Regulierungsbehörden hat die BNetzA weitestgehend Rechnung zu tragen. Nach den Regelungen des Art. 32 EKEK kann die Kommission ein **Vetorecht** gegen den Entwurf einer Marktdefinition und Marktanalyse der BNetzA unter den in Art. 32 genannten formellen und materiellen Voraussetzungen ausüben. Bei der Auswahl und Auferlegung von Regulierungsverpflichtungen besteht ebenfalls eine Pflicht der BNetzA zur Konsolidierung der Maßnahmenentwürfe, jedoch gilt hier kein Vetorecht der Kommission.

Nach den Regelungen der §§ 10 bis 16 TKG (vgl. Art. 64 und 67 EKEK) hat der Marktregulierung eine **Marktdefinition** (Marktabgrenzung) und eine **Marktanalyse** (Feststellung wirksamen bzw. nichtwirksamen Wettbewerbs) voranzugehen. Eine wichtige Grundlage für die nationalen Regulierungsbehörden besteht für die Marktdefinition in Form der sog. Märkteempfehlung der Kommission. Diese Märkteempfehlung (derzeit (EU) 2020/2245) listet die Märkte auf, die aus Sicht der Kommission für eine Vorabregulierung unionsweit in Betracht kommen (sog. Kandidatenmärkte). In der Märkteempfehlung (EU) 2020/2245 sind lediglich zwei Vorleistungsmärkte enthalten. Als

Einführung

„Markt 1" wird der Vorleistungsmarkt für den an festen Standorten lokal bereitgestellten Zugang und als Markt 2 der Vorleistungsmarkt für dedizierte Kapazitäten aufgeführt.

Sollte auf dem sachlich und räumlich abgegrenzten Markt aufgrund der Marktanalyse kein wirksamer Wettbewerb bestehen, werden die Unternehmen mit beträchtlicher Marktmacht ermittelt (sog. SMP-Feststellung = Significant Market Power). Den betroffenen Unternehmen können dann anschließend im Rahmen einer sog. **„Regulierungsverfügung"** (§ 13 TKG) von der BNetzA Verpflichtungen auferlegt werden, um dem festgestellten Marktversagen entgegenzuwirken. Der BNetzA werden dafür vielfältige Möglichkeiten durch das TKG eröffnet. Die Möglichkeiten reichen von der Auferlegung eines Diskriminierungsverbots (§ 24 TKG), einer Transparenzverpflichtung (§ 25 TKG), Zugangsverpflichtungen (§§ 21 ff. und 26 TKG), Verpflichtungen zur Veröffentlichung eines Standardangebots (§ 29 TKG) über Verpflichtungen zur getrennten Rechnungsführung (§ 30 TKG), der Entgeltregulierung für Zugangsleistungen (§§ 37 ff. TKG) bis zur Entgeltregulierung für Endnutzerleistungen (§ 49 TKG). Es besteht als ultima ratio auch die Möglichkeit, vertikal integrierte Unternehmen zur funktionellen Trennung von Unternehmensteilen zu verpflichten, wenn die Regulierungsziele des TKG auf andere Weise nicht erreicht werden können (§ 31 TKG). Innerhalb aller Möglichkeiten dieses „Werkzeugkastens" hat die BNetzA nach pflichtgemäßem Ermessen die jeweils geeignete(n) Verpflichtung(en) auszuwählen. Nur die das Marktregulierungsverfahren abschließende Regulierungsverfügung ist gerichtlich überprüfbar, die Ergebnisse der Marktdefinition und Marktanalyse bilden insoweit nur Bestandteile der Regulierungsverfügung (§ 13 Abs. 7 TKG).

Die Ergebnisse des Marktdefinitions- und -analyseverfahrens hat die BNetzA spätestens alle fünf Jahre, jedoch nicht vor Ablauf von drei Jahren zu **überprüfen** (§ 14 Abs. 3 TKG). Bei Erkenntnissen über Veränderungen der tatsächlichen Marktgegebenheiten bzw. bei Veränderungen von Empfehlungen der EU-Kommission erfolgt diese Überprüfung auch unabhängig von der Regelfrist (§ 14 Abs. 1 TKG).

Die geschilderten Konsultations- und Konsolidierungsverfahren bei der Marktregulierung zeigen die enge Verknüpfung des nationalen Rechts mit den Vorgaben der europäischen Richtlinien. Die nationalen Rechtsvorschriften zum Telekommunikationsrecht sind ohne den Kontext zu den jeweiligen europäischen Richtlinien nicht zuverlässig interpretierbar. Bereits die unmittelbaren Verweise des TKG auf die europäischen Richtlinien sowie Empfehlungen machen die Kenntnis dieser Texte unverzichtbar.

Der zunehmende **Einfluss der Europäischen Union** zeigt sich auch an den zahlreichen Rechtsakten und Empfehlungen, die neben den Richtlinien bei der Regulierung zu berücksichtigen sind. Dies reicht von verschiedenen Empfehlungen der EU-Kommission wie der NGA-Empfehlung vom 20.9.2010 (Empfehlung der Kommission über den regulierten Zugang zu Zugangsnetzen der nächsten Generation, 2010/572/EU) oder Nichtdiskriminierungsempfehlung vom 11.9.2013 (Empfehlung der Kommission über einheitliche Nichtdiskriminierungsverpflichtungen und Kostenrechnungsmethoden zur Förderung des Wettbewerbs und zur Verbesserung des Umfelds für Breitbandinvestitionen, 2013/466/EU). Unmittelbar in allen Mitgliedstaaten rechtlich geltend ist für die Terminierungsentgelte (Vorleistungsentgelte für die Herstellung einer Verbindung in Euro je Minute) in Festnetzen und Mobilfunknetzen der delegierte Rechtsakt, den die Kommission auf Grundlage des Art. 75 EKEK erlassen hat.

Einführung

Aufgrund dieses delegierten Rechtsaktes gelten unionsweit einheitliche Höchstentgelte für Festnetz- und Mobilfunkterminierung.

Für nicht mehr der sektorspezifischen Regulierung unterfallende Märkte gilt das **GWB (Nr. 27)** und die Zuständigkeit des Bundeskartellamts zur Verhinderung marktmachtmissbräuchlicher Praktiken. Die Diskussion zur Anwendung des TKG bzw. der Unterstellung von Märkten unter das GWB wurde vielfach unter dem Schlagwort „Raus aus der Regulierung" geführt. Damit sollte nicht assoziiert werden, dass bei einem Wegfall einer sektorspezifischen Regulierung nach dem TKG marktmächtige bzw. marktbeherrschende Stellungen uneingeschränkt ausgenutzt werden dürften. Auch die gesetzlichen Ziele des GWB stellen darauf ab, Marktmachtmissbrauch zu verhindern.

4. Zugangsregulierung

Als Teil der Marktregulierung sollte die Regulierung des Zugangs von Nutzern und Anbietern zu Telekommunikationsnetzen und Telekommunikationsdiensten (Zugangsregulierung) aufgrund ihrer besonderen Bedeutung gesondert betrachtet werden. Telekommunikation ist grundsätzlich nur dann möglich, wenn Nutzer und Anbieter Zugang zu Telekommunikationsnetzen erhalten. Der **Zugang für Endnutzer** (insbesondere der Teilnehmeranschluss) ermöglicht dem Teilnehmer die Nutzung des Telekommunikationsnetzes und der damit erbrachten Dienstleistungen. **Zugänge für Betreiber von Telekommunikationsnetzen** können für unterschiedliche Zwecke erforderlich werden. Sie betreffen zum einen die **Zusammenschaltung** (Interconnection) der Telekommunikationsnetze untereinander als Sonderfall des Zugangs. In einem wettbewerbsoffenen Telekommunikationsmarkt können Kunden unter verschiedenen Netzbetreibern wählen. Sie erwarten natürlich, nicht nur mit den Kunden des gleichen Netzbetreibers, sondern mit weltweit allen an Telekommunikationsnetze angeschlossenen Teilnehmern kommunizieren zu können. Hierfür müssen Telekommunikationsnetze technisch zusammengeschaltet werden, um Telekommunikationsverkehr zu transferieren. Das TKG sieht deshalb vor, dass alle Betreiber öffentlicher Telekommunikationsnetze unabhängig von der Existenz beträchtlicher Marktmacht zur Zusammenschaltung verpflichtet werden können. Dies betrifft Betreiber, die „den Zugang zu Endnutzern kontrollieren" (§ 21 TKG), d. h. alle sog. Teilnehmernetzbetreiber sowohl im Mobilfunk als auch im Festnetz. Nicht betroffen sind Verbindungsnetzbetreiber ohne eigene Endnutzer-Teilnehmeranschlüsse. Neben der Zusammenschaltung können auch **andere Formen des Zugangs** erforderlich werden. Insbesondere können Anbieter Komponenten der Telekommunikationsnetze anderer Betreiber benötigen, um damit eigene Dienstleistungen erbringen zu können. Wichtige Beispiele hierfür sind die physisch entbündelte **Teilnehmeranschlussleitung (TAL)** oder auch der Zugang zu Endnutzern per **Bitstrom,** die weitgehend flächendeckend nur von der Telekom Deutschland GmbH angeboten werden und auf deren Mitbenutzung Betreiber ohne eigene Teilnehmeranschlüsse ökonomisch angewiesen sein können. Eine entsprechende Zugangsverpflichtung kann nach § 26 Abs. 3 Nr. 1 TKG im Rahmen einer Regulierungsverfügung Betreibern mit beträchtlicher Marktmacht auferlegt werden. Eingeschränkt wurde die Verpflichtung des Zugangs zur entbündelten Teilnehmeranschlussleitung durch die sog. Vectoring-Entscheidungen der BNetzA in den Jahren 2013 und 2016. Um diese Technologie einsetzen zu können, ist es unter bestimmten Voraussetzungen aufgrund der Entscheidungen der BNetzA zulässig, dass die

Einführung

Telekom Deutschland GmbH den uneingeschränkten Zugang zur TAL am Kabelverzweiger und am Hauptverteiler verweigern darf.

Die Zugangsregulierung ist eine der wesentlichen Voraussetzungen für die Schaffung wettbewerblicher Verhältnisse auf den Telekommunikationsmärkten. Sie bezweckt nach Art. 61 Abs. 1 EKEK die Interoperabilität der Dienste und fördert die Effizienz und nachhaltigen Wettbewerb.

5. Entgeltregulierung

Ebenfalls ein wichtiger Teil der sektorspezifischen Marktregulierung ist die Regulierung von Entgelten marktmächtiger Anbieter. Durch Entgeltregulierung soll ein missbräuchliches Verhalten eines Unternehmens mit beträchtlicher Marktmacht bei der Forderung und Vereinbarung von Entgelten verhindert werden. Ein Missbrauch liegt insbesondere vor, wenn das Unternehmen Entgelte fordert, die nur aufgrund seiner beträchtlichen Marktmacht gegenüber Endnutzern oder anderen Unternehmen durchsetzbar sind oder die Wettbewerbsmöglichkeiten anderer Unternehmen auf einem Telekommunikationsmarkt auf erhebliche Weise beeinträchtigt (§ 37 Abs. 1 TKG). Ein wesentlicher Schwerpunkt der Entgeltregulierung liegt unter dem TKG bei den „Vorleistungen", d. h. die von Wettbewerbern zu zahlenden **Entgelte für Zugangsleistungen** marktmächtiger Anbieter. Auf diese Zugangsleistungen können Wettbewerber marktmächtiger Anbieter angewiesen sein, um selbst gegenüber ihren Endkunden Telekommunikationsdienstleistungen anzubieten.

Die BNetzA entscheidet im Rahmen einer Regulierungsverfügung (§ 13 Abs. 1 TKG), ob der betreffenden marktmächtigen Anbieter der Entgeltregulierung unterfallen und welches Verfahren der Entgeltregulierung zur Anwendung kommen soll. Das eingriffsintensivste Verfahren ist hierbei die **Genehmigungspflicht nach § 40 TKG**, bei der Entgelte vor dem beabsichtigten Inkrafttreten der BNetzA zur Genehmigung vorgelegt werden müssen (sog. Ex-ante-Genehmigung). Mit dem Genehmigungsantrag muss das entgeltregulierte Unternehmen Kostenunterlagen und alle für die Genehmigung erforderlichen Unterlagen vorlegen. Im Rahmen der Regulierungsverfügung oder der Entgeltgenehmigung entscheidet die BNetzA, welcher Maßstab des § 38 Abs. 1 TKG am besten geeignet ist, die Regulierungsziele zu erreichen. Bei einer Entgeltgenehmigung nach dem Maßstab der Kosten der effizienten Leistungsbereitstellung („KeL") müssen die Entgelte dem Maßstab des § 42 TKG entsprechen. Dies sind die langfristigen zusätzlichen Kosten der Leistungsbereitstellung und ein angemessener Zuschlag für leistungsmengenneutrale Gemeinkosten einschließlich einer angemessenen Verzinsung des eingesetzten Kapitals, soweit diese Kosten jeweils für die Leistungsbereitstellung notwendig sind. Unter Umständen können hierbei auch noch sog. neutrale Aufwendungen (§ 42 Abs. 2 TKG) berücksichtigt werden. Im Falle einer Genehmigungspflicht darf das marktmächtige Unternehmen keine anderen als die von der BNetzA genehmigten Entgelte verlangen (§ 44 Abs. 1 TKG). Genehmigte Entgelte gelten unmittelbar statt der vertraglich vereinbarten Entgelte (§ 44 Abs. 2 TKG, sog. privatrechtsgestaltende Wirkung genehmigter Entgelte).

Deutlich weniger eingriffsintensiv als die Genehmigungspflicht ist das Verfahren der **Entgeltanzeige nach § 45 TKG** (sog. Ex-post-Kontrolle). Hierbei wird das marktmächtige entgeltregulierte Unternehmen verpflichtet, Entgelte zwei Monate vor dem geplanten Inkrafttreten der BNetzA anzuzeigen. Die BNetzA prüft anschließend, ob die geplante Entgeltmaßnahme missbräuch-

Einführung

lich im Sinne des § 37 TKG wäre. Sie kann Entgeltmaßnahmen entsprechend beanstanden und für unwirksam erklären (§ 45 Abs. 2 i. V. m. § 46 Abs. 3 TKG).

Entgelte für Endnutzerleistungen marktmächtiger Anbieter können (nur) dann der Entgeltregulierung unterworfen werden, wenn die Verpflichtungen bezüglich Zugangsleistungen für Wettbewerber nicht zur Erreichung der Regulierungsziele und der Entwicklung eines nachhaltig wettbewerbsorientierten nachgelagerten Endkundenmarktes führen würden (§ 49 TKG). Weitere Voraussetzung für eine Regulierung von Endnutzerleistungen ist außerdem, dass das marktmächtige Unternehmen auch im entsprechenden Endkundenmarkt über beträchtliche Marktmacht verfügt. Im Falle der Auferlegung einer Entgeltregulierung für Endnutzerleistungen gilt das Verfahren der Entgeltregulierung entsprechend für Zugangsleistungen.

Im Rahmen der Entgeltregulierung hat die BNetzA ausdrücklich darauf zu achten, dass Entgeltregulierungsmaßnahmen in ihrer Gesamtheit aufeinander abgestimmt sind. Das in § 38 Abs. 5 Satz 1 Nr. 2 TKG enthaltende **„Konsistenzgebot"** zielt auf eine zeitliche und inhaltliche Abstimmung von Entgeltregulierungsmaßnahmen und die Umsetzung der Regulierungsziele im Rahmen der Entgeltregulierung. Durch Entgeltregulierungsmaßnahmen sind insbesondere sog. Preis-Kosten-Scheren zu verhindern, die dann entstehen, wenn die Spanne zwischen einem Entgelt für eine auferlegte Zugangsleistung und dem Endnutzerentgelt nicht ausreicht, um einem effizienten Unternehmen die Erzielung einer angemessenen Verzinsung des eingesetzten Kapitals auf dem Endnutzermarkt zu ermöglichen (§ 37 Abs. 2 Nr. 3 TKG).

Auch für den Fall, dass sich die BNetzA dafür entscheiden sollte, dem Unternehmen mit beträchtlicher Marktmacht weder eine Genehmigungspflicht nach § 40 TKG noch eine Entgeltanzeigepflicht nach § 45 TKG aufzuerlegen, kann sie bei Bekanntwerden möglicher Verstöße gegen die gesetzlichen Maßstäbe eine Prüfung der Missbräuchlichkeit von Entgelten einleiten (§ 46 TKG). Sie kann Entgeltmaßnahmen bei festgestellten Verstößen gegen die gesetzlichen Maßstäbe beanstanden und für unwirksam erklären (§ 46 Abs. 3 TKG).

6. Besondere Missbrauchsaufsicht

Die sektorspezifische Aufsicht der BNetzA über missbräuchliches Verhalten eines Unternehmens mit beträchtlicher Marktmacht (Besondere Missbrauchsaufsicht, § 50 TKG) bezieht sich insbesondere auf Fälle **unmittelbarer und mittelbarer unbilliger Behinderungen von Wettbewerbern.** Die Vermutungsregeln nach § 50 Abs. 2 TKG schaffen eine Konkretisierung der Eingriffsvoraussetzungen und erlauben der BNetzA Erleichterungen in der Nachweisführung konkreter Verstöße. Die **Sanktionsmöglichkeiten** der BNetzA bei einem schuldhaft missbräuchlichen Verhalten umfassen die Möglichkeit der Abschöpfung des wirtschaftlichen Vorteils beim betroffenen Unternehmen und die Auferlegung der Zahlung eines entsprechenden Geldbetrags (§ 208 TKG).

7. Kundenschutz

Die Besonderheiten der Vertragsbeziehungen zwischen Anbietern von Telekommunikationsdienstleistungen für die Öffentlichkeit und ihren Kunden werden entsprechend den unionsrechtlichen Vorgaben des **EKEK (Nr. 2)** in den

Einführung

§§ 51 ff. TKG geregelt. Die telekommunikationsrechtlichen Kundenschutzvorschriften konkretisieren das Regulierungsziel eines effektiven Nutzer-, insbesondere Verbraucherschutzes (§ 2 Abs. 2 Nr. 3 TKG). Die unmittelbar gesetzlich geltenden Regelungen können zum Teil durch Rechtsverordnungen der BNetzA ergänzt werden. Von diesen Kundenschutzvorschriften darf zum Nachteil der Endnutzer **nicht abgewichen werden** (§ 71 Abs. 1 TKG). Die Vertragsfreiheit wird insoweit eingeschränkt.

Anbieter von öffentlich zugänglichen Telekommunikationsdiensten haben **Transparenz- und Informationspflichten** gegenüber Endnutzern zu erfüllen (§§ 52 ff. TKG) und **Kundenrechte** zu beachten. Die Transparenz- und Informationspflichten sind sehr umfassend und nicht nur auf Preise und Tarife bezogen, sondern umfassen auch Informationen über Einschränkungen im Hinblick auf den Zugang zu und die Nutzung von Diensten und Anwendungen (z.B. Erreichbarkeit bestimmter Dienste im Internet oder Sperrung von bestimmten Anwendungen), Angaben zum angebotenen Mindestniveau der Dienstqualität, Informationen über eingesetzte Verfahren zur Messung und Kontrolle des Datenverkehrs und damit verbundene Auswirkungen auf die Qualität der Dienste sowie Informationen über alle Beschränkungen des Anbieters hinsichtlich der Nutzung der von ihm zur Verfügung gestellten Endgeräte sowie Einzelheiten für Nutzer mit Behinderung etc. Einzelheiten der Transparenzpflichten können auf der Grundlage des § 52 Abs. 4 TKG in einer Rechtsverordnung, der sog. TK-Transparenzverordnung **(Nr. 4)**, geregelt werden. Entsprechend der TK-TransparenzV stellen die Anbieter dem Verbraucher bzw. Endnutzer vor Vertragsschluss ein **Produktinformationsblatt** zur Verfügung, das die wesentlichen Vertragsbestandteile aufzeigen muss (Vertragslaufzeiten; minimale normalerweise zur Verfügung stehende und maximale Datenübertragungsrate; Rahmenbedingungen zu einer etwaigen Reduzierung der Datenübertragungsrate [„Drosselung"]). Diese Bestandteile sind im Endkundenvertrag ebenfalls deutlich hervorzuheben (§ 4 TK-TransparenzV). Nach § 5 TK-TransparenzV muss auf einer Rechnung u.a. auch auf die Kündigungsfrist und den letzten Tag des Eingangs einer Kündigungserklärung hingewiesen werden. Zudem muss der Anbieter dem Verbraucher entweder ein eigenes Messtool zur Überprüfung der Datenrate bereitstellen oder auf das Messtool der BNetzA hinweisen. Wichtig dürfte für Verbraucher auch sein, dass nach § 11 Abs. 1 TK-TransparenzV unentgeltliche Warnhinweise bei anormalen oder übermäßigen Verbrauchsverhalten gegeben werden müssen.

Auf unionsrechtlicher Grundlage des Art. 102 Abs. 3 EKEK **(Nr. 2)** wurde in § 54 TKG das Instrument der „Vertragszusammenfassung" eingeführt. Die **Vertragszusammenfassung** muss einem Verbraucher zur Verfügung gestellt werden, bevor er seine Vertragserklärung abgibt. Die Vertragszusammenfassung muss die Hauptelemente der Informationspflichten darlegen. Die Informationsanforderung betreffen ebenfalls detaillierte Informationen, die in Anhang VIII des EKEK aufgeführt sind. Insbesondere muss auch über Entschädigungs- und Erstattungsregelungen bei Nichteinhaltung der vertraglich vereinbarten Dienstequalität oder verspäteten Reaktionszeiten des Anbieters informiert werden.

Zu den **Kundenrechten** gehören der Anspruch auf einen kostenfreien (Standard-)Einzelverbindungsnachweis, soweit nicht per Flatrate abgerechnet wird (§ 65 TKG). Auch ein Zugang auf Basis von Vorauszahlungen („Prepaid", § 64 TKG) muss grundsätzlich dem Verbraucher angeboten werden. Verbraucher müssen Abrechnungen innerhalb von acht Wochen beanstanden können (§ 66

Abs. 2 TKG) und den Anbieter trifft die Pflicht, bei Beanstandungen einen Entgeltnachweis und die Ergebnisse einer technischen Prüfung dem Verbraucher vorzulegen (§ 66 Abs. 3 und Abs. 5 TKG). Sollte der Endnutzer nachweisen können, dass er Leistungen des Anbieters nicht in Anspruch genommen haben kann, verliert der Anbieter den Anspruch auf das Entgelt.

Im Falle eines **Anbieterwechsels** muss der Anbieter sicherstellen, dass die Endnutzer die ihnen zugeteilten Rufnummern behalten können (Rufnummernmitnahme, § 59 Abs. 5 TKG). Der Anbieterwechsel soll innerhalb eines Kalendertages ermöglicht werden, um Unterbrechungen der Telekommunikationsdienste möglichst gering zu halten. Im Falle eines **Umzugs** hat der Anbieter den Vertrag unter Beibehaltung der bisherigen Vertragslaufzeit und sonstigen Vertragsinhalte fortzusetzen (§ 60 Abs. 1 TKG). Sollte der Anbieter am neuen Wohnort des Verbrauchers seine Leistungen nicht anbieten, hat der Verbraucher ein Sonderkündigungsrecht mit einer Frist von einem Monat (§ 60 Abs. 2 TKG).

Endnutzer und Wettbewerber regulierter Unternehmen können **Ansprüche auf Schadensersatz und Unterlassung** gegen Unternehmen geltend machen, die gegen das TKG, eine aufgrund des TKG erlassene Rechtsverordnung, eine im Rahmen einer Zuteilung auferlegte Verpflichtung oder eine Verfügung der BNetzA verstoßen haben (§ 69 Abs. 1 TKG). Ansprüche auf Beseitigung bzw. Unterlassung eines Verstoßes sind verschuldensunabhängig und können bereits geltend gemacht werden, wenn eine Zuwiderhandlung droht. Eine Haftung des Anbieters bei fahrlässigem Verhalten im Falle von Vermögensschäden ist auf 12.500 Euro je Endnutzer und auf 30 Mio. Euro in der Summe aller Endnutzer je Schadensereignis begrenzt (§ 70 TKG). Regelmäßig beziehen die AGB der Anbieter diese Haftungsbegrenzung in den Vertrag ein.

Neu eingeführt zum 1.12.2021 wurde die Regelung des § 72 TKG zum sog. **Glasfaserbereitstellungsentgelt.** Unter bestimmten Bedingungen und mit Höchstgrenzen dürfen Hauseigentümer die Kosten der Bereitstellung eines gebäudeinternen Glasfaseranschlusses auf ihre Mieter umlegen, wenn eine solche Umlage als Betriebskosten (Nebenkosten) im Mietvertrag vereinbart wurde und der Mieter über diesen Anschluss seinen Telekommunikationsanbieter frei wählen kann. Hintergrund des „Glasfaserbereitstellungsentgelts" ist die Abschaffung der früher möglichen Umlagefähigkeit der Kosten einer gebäudeinternen Breitbandverteilanlage als Betriebskosten zum 30.6.2024. Diese Umlagefähigkeit (auch unter der fälschlichen Bezeichnung „Nebenkostenprivileg" bekannt) erlaubte den Vermietern die Breitbandkabelanbindung und damit die TV-Versorgung der Miethaushalte und die Abrechnung dieser Kosten als Teil der Betriebskosten der Mieter.

Hinzuweisen ist, dass die BNetzA auch **als Schlichter** angerufen werden kann, wenn zwischen Endnutzern und Anbietern ein Streit über die Erfüllung der Kundenschutzvorschriften bzw. der EU-Roamingverordnung besteht (§ 68 TKG). Das Schlichtungsverfahren ist freiwillig und kostenfrei; jede Partei trägt die ihr selbst entstandenen Kosten. Einzelheiten zur Verbraucherschlichtung Telekommunikation können den Internetseiten der BNetzA entnommen werden.

8. Recht auf Versorgung mit Telekommunikationsdiensten

Nach Art. 87f Abs. 1 GG gewährleistet der Bund im Bereich der Telekommunikation flächendeckend angemessene und ausreichende Dienstleistungen. Diese verfassungsrechtliche Pflicht übernimmt das TKG u.a. die Förderung

Einführung

gleichwertiger Lebensverhältnisse in städtischen und ländlichen Räumen und die Sicherstellung eines hohen gemeinsamen Schutzniveaus für Endnutzer (§ 2 Abs. 3d) TKG) als Regulierungsziel. Das Recht auf Versorgung mit Telekommunikationsdiensten (§§ 156 ff. TKG) wird zusammenfassend auch als „Universaldienst" bezeichnet. Ein Recht auf Versorgung mit Telekommunikationsdiensten besteht in der **Verfügbarkeit eines Mindestangebots**. Diese sind gemäß § 157 Abs. 2 TKG Sprachkommunikationsdienste sowie ein schneller Internetzugangsdienst für eine angemessene soziale und wirtschaftliche Teilhabe. Diese (Mindest-)Telekommunikationsdienste einschließlich des hierfür notwendigen Anschlusses an ein öffentliches Telekommunikationsnetz an festen Standorten müssen Verbrauchern zu einem erschwinglichen Preis angeboten werden (§ 158 Abs. 1 TKG).

Die **genaue Definition** des Begriffs „schneller Internetzugangsdienst" überlässt das TKG auf der Grundlage des § 156 Abs. 3 einer Rechtsverordnung des Bundesministeriums für Verkehr und digitale Infrastruktur, die des Einvernehmens mit dem Ausschuss für Verkehr und digitale Infrastruktur des Deutschen Bundestages bedarf. Die Grundsätze über die Ermittlung „erschwinglicher Preise" soll gem. § 158 Abs. 1 TKG die BNetzA vornehmen.

Die Verfügbarkeit des Mindestangebots zu erschwinglichen Preisen soll regelmäßig durch die BNetzA überwacht werden. Falls im Rahmen dieser Überwachung eine Unterversorgung festgestellt wird, sehen die §§ 160 ff. TKG ein komplexes Verfahren vor, nach der die BNetzA eine oder mehrere Unternehmen verpflichten kann, diese Telekommunikationsdienste zu erbringen. Die diensteverpflichteten Unternehmen können einen Ausgleich für ein Defizit beanspruchen, das ihnen bei der Erbringung des Mindestangebots entsteht. Grundsätzlich sollen durch ein Umlageverfahren alle Unternehmen (ausgenommen Kleinstunternehmen und kleine und mittlere Unternehmen unterhalb einer festgesetzten Umsatzschwelle) dieses Defizit anteilig entsprechend ihren Umsätzen auf dem sachlich betreffenden Markt tragen.

9. Datenschutz

Im sachlichen Zusammenhang mit der Neufassung des TKG hat der Gesetzgeber die Regelungen zum Fernmeldegeheimnis und zum Telekommunikationsdatenschutz (§§ 88 ff. TKG a. F.) aus dem TKG herausgenommen und mit dem Datenschutz in Telemedien gemäß TMG in dem neuen **Telekommunikation-Telemedien-Datenschutz-Gesetz – TTDSG (Nr. 13)** vom 23.6.2021 zusammengeführt. Dies soll diese bereichsspezifischen Datenschutzregelungen an die DS-DVO **(Nr. 11)** anpassen und Rechtsunsicherheiten im Verhältnis zur DS-GVO und untereinander beseitigen. Das Gesetz tritt am 1.12.2021 in Kraft.

Das TTDSG enthält in Teil 2 (§§ 3 bis 18) die speziellen Regelungen zum Datenschutz in der Telekommunikation. Sie finden neben den Datenschutzvorschriften für Telemedien im Teil 3 des TTDSG Anwendung und gehen für ihren Anwendungsbereich dem allgemeinen deutschen Datenschutzrecht vor.

Die Wahrung der Vertraulichkeit in der Telekommunikation (§§ 3 bis 8 TTDSG) und der Schutz personenbezogener Daten der an der Telekommunikation Beteiligten (§§ 9 bis 18 TTDSG) gehören eng zusammen. Nicht nur der Inhalt der Telekommunikation, sondern auch die näheren Umstände, wer mit wem, wann, wie lange, von wo, wohin und auf welche Art kommuniziert hat, müssen vor Kenntnis und Missbrauch dazu Nichtberechtigter geschützt werden.

Einführung

Alle Unternehmen und Personen, die geschäftsmäßig Telekommunikationsdienste erbringen oder an der Erbringung solcher Dienste mitwirken, sind zur **Einhaltung des Datenschutzes** verpflichtet.

Verkehrsdaten darf der Anbieter nach § 9 Abs. 1 TTDSG zum Aufbau und zur Aufrechterhaltung der Telekommunikation, zur Entgeltabrechnung oder zum Aufbau weiterer Verbindungen im erforderlichen Umfang verarbeiten. Zum Zweck der Vermarktung von Telekommunikationsdiensten, zur bedarfsgerechten Gestaltung von Telekommunikationsdiensten oder zur Bereitstellung von Diensten mit Zusatznutzen darf er die Daten nur verwenden, wenn der Endnutzer in diese Verwendung eingewilligt hat. Die Daten anderer Teilnehmer sind zu anonymisieren. Der Anbieter hat gemäß § 10 TTDSG nach Beendigung der Verbindung aus den gespeicherten Verkehrsdaten unverzüglich die für die Abrechnung erforderlichen Daten zu ermitteln, nicht erforderliche Daten für die Abrechnung sind unverzüglich zu löschen. Die Speicherhöchstfrist beträgt sechs Monate nach Versendung der Rechnung, soweit in diesem Zeitraum keine Rechnungseinwendungen erhoben werden.

Standortdaten dürfen nach § 13 TTDSG nur in dem zur Bereitstellung von Diensten mit Zusatznutzen erforderlichen Umfang und innerhalb des dafür erforderlichen Zeitraums verarbeitet oder an Dritte übermittelt werden, wenn sie anonymisiert wurden oder wenn der Nutzer vom Anbieter des Dienstes mit Zusatznutzen informiert wurde und eingewilligt hat. Zusätzlich zu diesem Einwilligungserfordernis sollen die Teilnehmer gewarnt oder sensibilisiert werden, indem der Anbieter sie grundsätzlich bei jeder Feststellung des Standorts des Mobilfunkendgeräts über eine Textmitteilung zu informieren hat. Dies gilt nicht, wenn der Standort nur auf dem Endgerät angezeigt wird, dessen Standort ermittelt wird, also auf dem Gerät des betroffenen Endkunden selbst.

Am 1.1.2008 trat das „Gesetz zur Neuregelung der Telekommunikationsüberwachung und anderer verdeckter Ermittlungsmaßnahmen sowie zur Umsetzung der Richtlinie 2006/24/EG" in Kraft, das durch die Änderungen der §§ 113a und 113b TKG die **„Vorratsdatenspeicherung"** verpflichtend machte. Zum Zweck der Strafverfolgung wurden Telekommunikationsanbieter und Internetprovider verpflichtet, die Verkehrsdaten jeglicher Telekommunikation für sechs Monate „auf Vorrat" zu speichern. Die Vorratsdatenspeicherung war von Anfang an verfassungsrechtlich sehr umstritten. Mit Urteil vom 2.3.2010 (1 BvR 256/08, 1 BvR 263/08, 1 BvR 586/08) entschied das BVerfG, dass die Umsetzung der Richtlinie zur Vorratsdatenspeicherung in nationales Recht gegen das Grundrecht aus Art. 10 Abs. 1 GG verstößt. Dabei stufte das BVerfG die Umsetzung der Richtlinie in deutsches Recht als verfassungswidrig ein, ohne jedoch grundsätzlich eine Vorratsdatenspeicherung nach Maßgabe der entsprechenden Richtlinie für verfassungswidrig zu erklären. Mit Urteil vom 8.4.2014 (C-293/12) hat der EuGH die Richtlinie zur Vorratsdatenspeicherung 2006/24/EG für unionsrechtswidrig erklärt und aufgehoben. Mit mehreren weiteren Entscheidungen hat der EuGH (vom 21.12.2016, C-203/15; 6.10.2020 – C-511/18; 2.3.2021 – C-746/18) auch die nationalen Regelungen zur Vorratsdatenspeicherung in mehreren Mitgliedstaaten (Großbritannien, Schweden, Belgien, Frankreich, Rumänien) für unzulässig erklärt.

Dennoch unternahm der deutsche Gesetzgeber mit dem Gesetz zur Einführung einer Speicherpflicht und einer Höchstspeicherfrist für Verkehrsdaten vom 10.12.2015 einen erneuten Anlauf, die Vorratsdatenspeicherung mit Wirkung ab dem 1.7.2017 einzuführen (§§ 113a bis 113f TKG a. F.). Diese Regelungen

Einführung

finden sich auch in §§ 175 bis 181 TKG. Noch immer gilt jedoch die Mitteilung der BNetzA von 2017, dass sie vorerst von Anordnungen und sonstigen Maßnahmen zur Durchsetzung der Speicherverpflichtungen gegenüber allen verpflichteten Unternehmen absehen werde und auch keine Bußgeldverfahren wegen einer nicht erfolgten Umsetzung einleiten werde.

10. Sicherheit und Überwachung des Telekommunikationsverkehrs

Jeder Diensteanbieter hat angemessene technische Vorkehrungen oder sonstige Maßnahmen zum Schutze des Fernmeldegeheimnisses und gegen eine Verletzung des Schutzes personenbezogener Daten nach dem Stand der Technik zu treffen (§ 165 Abs. 1 TKG). Ein Betreiber eines öffentlichen Telekommunikationsnetzes oder ein Anbieter öffentlich zugänglicher Telekommunikationsdienste haben zudem angemessene technische und organisatorische Vorkehrungen und sonstige Maßnahmen zu treffen, die einen Schutz vor Störungen und zur Beherrschung von Sicherheitsrisiken bewirken (§ 165 Abs. 2 TKG).

Die BNetzA hat als Vorgabe für die Verpflichteten gemeinsam mit dem Bundesamt für Sicherheit in der Informationstechnik (BSI) und dem Bundesbeauftragten für den Datenschutz und die Informationsfreiheit (BfDI) einen **„Katalog von Sicherheitsanforderungen"** für das Betreiben von Telekommunikations- und Datenverarbeitungssystemen sowie für die Verarbeitung personenbezogener Daten erstellt (§ 167 TKG). Die Betreiber von öffentlich zugänglichen Telekommunikationsnetzen sowie die Anbieter öffentlich zugänglicher Telekommunikationsdienste haben einen **Sicherheitsbeauftragten** zu benennen und ein eigenes **Sicherheitskonzept** zu erstellen und der BNetzA zur Prüfung vorzulegen (§ 166 TKG). Sicherheitsvorfälle mit beträchtlichen Auswirkungen müssen der BNetzA gemeldet werden (§ 168 TKG).

Auch gerade in Notsituationen (z. B. Katastrophenbewältigung, Pandemien) besteht ein erhebliches öffentliches Interesse an der Aufrechterhaltung der Telekommunikation. Die **„Telekommunikationssicherstellungspflicht"** nach § 185 TKG trifft alle Anbieter öffentlich zugänglicher Telekommunikationsdienste mit mehr als 100.000 Vertragspartnern für Basis-Telekommunikationsdienste. Falls erforderlich, sind Verkehrsmanagementmaßnahmen zu ergreifen, um Netzüberlastungen zu vermeiden. Engpasssituationen sind zu verhindern oder zu beseitigen. Für Telekommunikationsbevorrechtigte wie Behörden, Rettungsdienste u. a. sind Maßnahmen zu ergreifen, die den Telekommunikationsverkehr dieser Stellen in Engpasssituationen bevorzugt weiterleiten (§§ 186 ff. TKG).

Die technische Umsetzung von Überwachungsmaßnahmen wird in § 170 TKG und der **Telekommunikations-Überwachungsverordnung** (TKÜV) **(Nr. 3)** geregelt. Auch Internet-Access-Provider unterliegen der Verpflichtung, Vorkehrungen für die Umsetzung von Überwachungsmaßnahmen zu treffen. Die zu Vorkehrungen verpflichteten Betreiber müssen die erforderlichen technischen Einrichtungen auf eigene Kosten gestalten und vorhalten. Diese Einrichtungen und zum Teil auch damit zusammenhängende organisatorische Maßnahmen müssen der BNetzA nachgewiesen werden, bevor der Betreiber den Kundenbetrieb aufnehmen darf. Zur weiteren Erläuterung der Regelungen der §§ 170 ff. TKG, der TKÜV und strafprozessualer Vorschriften wird auf Teil VI. 2 verwiesen.

Einführung

III. Recht der Multimediadienste

Die Multimediagesetze, allen voran das TMG und der MStV, aber auch viele allgemeine Gesetze haben spezifische Regelungen getroffen, um auf der Basis von Telekommunikation sog. Informations- und Kommunikationsdienste erbringen und nutzen zu können. Diese Regelungen wurden inzwischen zum Teil mehrfach geändert und an die Vorgaben mehrerer europäischer Richtlinien angepasst. Außerdem sind neue EU-Verordnungen in Kraft getreten, die in Deutschland unmittelbar gelten und zu mehreren neuen Gesetzen und Gesetzesänderungen geführt haben, die sie in die deutsche Rechtsordnung einpassen.

1. Telemedien

Aufgrund der unterschiedlichen Gesetzgebungskompetenzen hatten Bund und Länder den weder technisch noch inhaltlich noch funktional eindeutig zu trennenden Regelungsbereich der Multimediadienste 1997 in „Teledienste" und „Mediendienste" unterteilt. Für Teledienste galt das Teledienstegesetz (TDG) des Bundes und für Mediendienste der Mediendienste-Staatsvertrag (MDStV) der Länder. Seit dem 1.3.2007 sind beide Gesetze aufgehoben und durch das Telemediengesetz (TMG) **(Nr. 5)** und den Rundfunkstaatsvertrag, der am 7.11.2020 dem neuen Medienstaatsvertrags (MStV) gewichen ist **(Nr. 7)**, ersetzt. Im TMG regelt seitdem der Bund die wirtschaftsbezogenen Aspekte der Telemedien und im MStV regeln die Länder für Rundfunk und neue Medien inhaltsbezogene Vorgaben.

Das TMG definiert in § 1 Abs. 1 **„Telemedien"** als Restgröße. Dies sind alle Informations- und Kommunikationsdienste, die nicht Telekommunikation oder Rundfunk sind. „Informations- und Kommunikationsdienste" ist damit der Oberbegriff für alle Dienste, die elektronisch Text-, Bild- oder Toninhalte anbieten. Rundfunk ist nach § 2 MStV ein linearer Informations- und Kommunikationsdienst; er ist die für die Allgemeinheit und zum zeitgleichen Empfang bestimmte Veranstaltung und Verbreitung von Angeboten in Bewegtbild oder Ton entlang eines Sendeplans unter Benutzung elektromagnetischer Schwingungen. Hierzu sollen neben dem herkömmlichen **Rundfunk** u. a. auch Live-Streaming und Web-Casting gehören. Dagegen sollen Fernseh- und Radiotext sowie Teleshopping, Videosharingplattformen und audiovisuelle Mediendienste Telemedien sein. **Telekommunikationsdienste** sind nach § 3 Nr. 24 TKG Dienste, die „ganz oder überwiegend" in der Übertragung von Signalen über Telekommunikationsnetze bestehen. Als Telekommunikationsdienst gilt insoweit auch die Internet-Telefonie. Das TMG nimmt jedoch aus dem Begriff der Telemedien nur die Telekommunikationsdienste heraus, die „ganz" in der Übertragung von Signalen bestehen. Diejenigen, die nur „überwiegend" den Transport von Signalen übernehmen, unterfallen damit sowohl dem TKG als auch dem TMG. Zu diesen gehören auch Dienste von Access-Providern. Ausgenommen vom Begriff der Telemedien sind außerdem telekommunikationsgestützte Dienste gemäß § 3 Nr. 25 TKG wie z.B. Mehrwertdienste. Eindeutige Telemedien sind nach der Gesetzesbegründung Online-Angebote von Waren und Dienstleistungen mit unmittelbarer Bestellmöglichkeit, multimediale Presse, News-Clubs, Chatrooms und Teleshopping.

Einführung

Da Telemedien auf Telekommunikation beruhen, kommen für sie das TKG sowie das TMG und der MStV funktionsbezogen differenziert nebeneinander zur Anwendung – das TKG bezogen auf den technischen Vorgang der Telekommunikation, das TMG bezogen auf die Nutzungsformen und der MStV bezogen auf die Inhalte.

Das TMG unterscheidet sich inhaltlich kaum vom früheren TDG und MDStV. Es ist daher konform mit der **Richtlinie 2000/31/EG** über bestimmte rechtliche Aspekte des **elektronischen Geschäftsverkehrs** im Binnenmarkt. Wie diese verfolgt es einen horizontalen Ansatz und enthält Regelungen für alle Bereiche des elektronischen Geschäftsverkehrs.

In der Umsetzung des **Herkunftslandprinzips** regelt § 3 TMG, dass in Deutschland nach § 2a TMG niedergelassene Anbieter den Anforderungen des TMG unterliegen, auch wenn sie in anderen Staaten des Geltungsbereichs der Richtlinie ihre Telemediendienste anbieten. In umgekehrter Richtung schränkt das TMG den freien Dienstleistungsverkehr von Anbietern aus anderen Staaten des Geltungsbereichs der Richtlinie nicht ein. Für diese gelten die Anforderungen des jeweiligen Herkunftsstaats. Um hierdurch entstehende Wertungswidersprüche zu vermeiden, nimmt § 3 Abs. 4 TMG u. a. das Urheberrecht, die Ausgabe elektronischen Geldes, Versicherungsverträge, Verbraucherverträge, Immobilienverträge und das Datenschutzrecht aus dem Geltungsbereich des Herkunftslandprinzips aus.

Telemedien sind im Rahmen der Gesetze **zulassungs- und anmeldefrei.** Anmelde- und Zulassungserfordernisse des allgemeinen Rechts bleiben unberührt – wie etwa Anzeigen oder Zulassungen nach der GewO. Ein Anbieter muss keine spezifischen Anforderungen erfüllen. Er muss nach § 5 TMG, wenn er Telemedien geschäftsmäßig, in der Regel gegen Entgelt anbietet, zu seiner Identifizierung im unpersönlichen elektronischen Geschäftsverkehr den Nutzern und Behörden **Informationen** leicht, unmittelbar und ständig verfügbar machen. Für die kommerzielle Kommunikation muss ein Anbieter außerdem die Transparenzanforderungen des § 6 TMG beachten. Nach § 6 Abs. 2 TMG darf „Spam" nicht verschleiert werden. Ein Verstoß gegen dieses Verbot wird nach § 16 TMG mit einer Geldbuße bis zu 50 000 Euro geahndet.

Die **Verantwortlichkeit von Anbietern** wird europarechtskonform in den §§ 7 bis 10 TMG geregelt. Diese Regelungen, nach denen Anbieter – differenziert nach Anbietertypen – für eigenes Verschulden einstehen müssen, sind Spezialregelungen zum Straf-, Zivil-, Verwaltungs- und Jugendschutzrecht: Für eigene Informationen sind Anbieter voll verantwortlich, für fremde Informationen, die sie nur in einem Kommunikationsnetz übermitteln oder zu denen sie nur den Zugang zur Nutzung vermitteln, tragen sie keine Verantwortung. Soweit sie Informationen nur automatisch und zeitlich begrenzt zwischenspeichern, gilt die gleiche Rechtsfolge, wenn sie die Informationen unverzüglich entfernen oder sperren, sobald sie erfahren, dass sie am Ursprungsort entfernt oder gesperrt wurden oder dies gerichtlich angeordnet wurde. Soweit Anbieter fremde Informationen für einen Nutzer speichern, trifft sie keine Mitverantwortung, wenn sie keine Kenntnis vom rechtswidrigen Inhalt dieser Informationen haben oder sie nach Kenntniserlangung unverzüglich tätig geworden sind, um die Informationen zu sperren oder zu entfernen. Die Anbieter sind nach § 7 TMG nicht verpflichtet, die Informationen zu überwachen oder nach Umständen zu forschen, die auf eine rechtswidrige Tätigkeit hinweisen.

Um das Angebot von freien **WLAN-Zugängen** zu erleichtern und anzuregen, stellte die zweite Novelle zum TMG vom 21.7.2016 in § 8 Abs. 3 TMG

Einführung

die Vermittlung eines Internetzugangs über ein WLAN der Durchleitung von Informationen nach § 8 Abs. 1 und 2 TMG gleich. Nachdem der EuGH in der Sache McFadden durch Urteil vom 15.9.2016 entschieden hatte, dass ein WLAN-Anbieter der Störerhaftung unterliegt, änderte die dritte Novelle zum TMG vom 28.9.2017 § 8 TMG erneut. Nach § 8 Abs. 1 Satz 2 TMG wird die Störerhaftung für Access-Provider abgeschafft und gegenüber WLAN-Betreibern durch einen Anspruch auf Netzsperren in § 7 Abs. 4 TMG ersetzt. Voraussetzung ist eine Verletzung von Rechten am geistigen Eigentum. Die Anordnungsmöglichkeiten einer Behörde gegenüber WLAN-Betreibern werden in § 8 Abs. 4 TMG dahin gehend beschränkt, dass sie keine passwortgeschützten Zugänge und keine Identifizierung der Nutzer fordern dürfen.

Da die Anbieter von **Social Media** ihrer Verpflichtung, rechtswidrige Informationen, die sie für einen Nutzer speichern, zu sperren oder zu entfernen, sobald sie von diesen Kenntnis erhalten, nicht ausreichend nachgekommen sind, erließ der Gesetzgeber am 1.9.2017 das **Netzwerkdurchsetzungsgesetz** (NetzDG) **(Nr. 6)**. Dieses verpflichtet die Anbieter von sozialen Netzwerken mit mehr als 2 Mio. Teilnehmern in Deutschland, ein Beschwerdemanagementsystem zu installieren, über das sie niedrigschwellig Kenntnis von rechtswidrigen Inhalten erlangen können. Diese Inhalte müssen sie in einfachen Fällen innerhalb von 24 Stunden entfernen und in komplizierten Fällen innerhalb von sieben Tagen. Verstößt ein Anbieter gegen seine Organisations- und Berichtspflichten, drohen ihm nach § 4 NetzDG Bußgelder in Höhe von bis zu 5 Mio. Euro.

Nach einer Evaluierung wurde das NetzDG 2021 durch verschiedene Gesetze reformiert. Durch sie wurde u. a. der Begriff der Beschwerde präzisiert, um Umgehungen durch die Plattformbetreiber zu verhindern, in § 3a NetzDG eine Meldepflicht von Verstößen gegenüber dem Bundeskriminalamt aufgenommen, in §§ 3c und 3f NetzDG eine außergerichtliche Schlichtung ermöglicht und in § 4a NetzDG das Bundesamt für Justiz zur Aufsichtsbehörde aufgewertet. Mit § 3b NetzDG wurde ein plattforminternes Rechtsbehelfsverfahren (Gegenvorstellung) eingeführt. Sowohl der Beschwerdeführer als auch der Nutzer können bei dem Anbieter eine Gegenvorstellung einlegen, wenn sie die Entscheidung des Anbieters für unzulässig halten.

Für Videosharingplattformen regelt der durch das Änderungsgesetz vom 19.11.2020 in das TMG aufgenommene Abschnitt 4 in den §§ 10a bis 10c TMG Melde- und Abhilfeverfahren der Anbieter. Diese müssen jeweils ein Verfahren vorhalten, mit dem die Nutzer Beschwerden über rechtswidrige audiovisuelle Inhalte auf der Videosharingplattform elektronisch melden können. Die Anbieter müssen in einem wirksamen und transparenten Verfahren die Beschwerden prüfen und ihnen, soweit sie berechtigt sind, abhelfen. Als Spezialvorschriften zu diesen Regelungen des TMG bestimmen jedoch die §§ 3d und 3e NetzDG, dass Videosharingplattformen dem NetzDG unterfallen und bei Beschwerden nach dem NetzDG nach Reichweite differenziert die Anforderungen des NetzDG für soziale Netzwerke erfüllen müssen.

Inhaltliche Aspekte von Telemedien regelt zusätzlich zu den wirtschaftsrechtlichen Vorgaben des TMG der am 7.11.2020 in Kraft getretene **MStV**. Er enthält im II. Abschnitt in den §§ 17 bis 25 allgemeine Bestimmungen zu Telemedien wie z. B. Vorgaben zu weitergehenden Informationspflichten, Gegendarstellungen oder zu Werbung und Sponsoring. Der V. Abschnitt enthält Bestimmungen für einzelne Telemedien, nämlich in den §§ 74 bis 77 MStV Vorgaben für rundfunkähnliche Telemedien, in den §§ 78 bis 90 MStV Regelungen zu Medienplattformen und Benutzeroberflächen, in den §§ 91 bis 96

Einführung

MStV Bestimmungen für Medienintermediäre und in den §§ 97 bis 99 MStV Vorschriften für Videosharingdienste. Die Einhaltung dieser Vorgaben des MStV unterliegt der Aufsicht der Landesmedienanstalten.

2. Datenschutz

Der Datenschutz für Multimediadienste wurde durch die europäische **Datenschutz–Grundverordnung (DS-GVO) (Nr. 11)** vom 27.4.2016 auf eine vollkommen neue Grundlage gestellt. Diese Verordnung gilt ab dem 25.5.2018 in allen Mitgliedstaaten als Teil ihrer Rechtsordnung unmittelbar. Sie ist nicht – wie das bisher geltende BDSG – subsidiär, sondern gilt grundsätzlich für alle Bereiche der Datenverarbeitung.

Die Verordnung gilt für alle Verarbeitungen personenbezogener Daten, die von Verantwortlichen mit einem Sitz in der Union durchgeführt werden. Sie ist aber nach dem neuen Marktortprinzip auch anwendbar, wenn ein Datenverarbeiter, der nicht in der Union ansässig ist, personenbezogene Daten von Personen verarbeitet, die sich in der Union aufhalten. Dies gilt allerdings nur, wenn er entweder der betroffenen Person Waren oder Dienstleistungen anbietet oder die Datenverarbeitung der Beobachtung ihres Verhaltens in der Union dient.

Der Verordnung liegen die in Art. 5 DS-GVO beschriebenen Grundsätze der Rechtmäßigkeit, von Treu und Glauben, Transparenz, Zweckbindung, Datenminimierung, Richtigkeit, Speicherbegrenzung, Vertraulichkeit und Integrität der Daten sowie der Verantwortung des Verantwortlichen und des Auftragsverarbeiters zugrunde. Personenbezogene Daten dürfen nur verarbeitet werden, wenn die betroffene Person darin eingewilligt hat oder wenn einer der fünf Erlaubnistatbestände des Art. 6 Abs. 1 UAbs. 1 lit. b bis f DS-GVO eingreift. Für den E-Commerce sind vor allem die Erlaubnistatbestände der Vertragserfüllung nach lit. b und der berechtigten Interessen nach lit. f bedeutsam. Für das eGovernment sind die Öffnungsklauseln des Art. 6 Abs. 2 und 3 DS-GVO relevant. Nach diesen können die Mitgliedstaaten eigene Regelungssysteme einführen oder beibehalten, wenn dies Datenverarbeitungen betrifft, die zur Erfüllung einer rechtlichen Verpflichtung oder von Aufgaben erforderlich sind, die im öffentlichen Interesse liegen oder in Ausübung öffentlicher Gewalt erfolgen. Durch diese Öffnungsklauseln können die bewährten nationalen Regelungssysteme im öffentlichen Bereich beibehalten werden.

Die Art. 12 bis 23 DS-GVO regeln die Rechte der betroffenen Personen, die Art. 24 bis 43 DS-GVO bestimmen die Pflichten des Verantwortlichen und des Auftragsverarbeiters und die Art. 44 bis 50 DS-GVO enthalten die Vorgaben zur Übermittlung personenbezogener Daten in Drittländer oder an internationale Organisationen. Die Art. 51 bis 59 DS-GVO regeln die Aufgaben und Befugnisse der unabhängigen Aufsichtsbehörden und die Art. 60 bis 76 DS-GVO beinhalten Vorgaben zu ihrer Zusammenarbeit und der Kohärenz ihrer Entscheidungen. Die Art. 77 bis 84 DS-GVO enthalten Vorgaben für Rechtsbehelfe und Sanktionen und die Art. 85 bis 91 DS-GVO Vorschriften für besondere Datenverarbeitungssituationen.

Zur Einpassung der DS-GVO in das deutsche Recht trifft das **BDSG (Nr. 12)** vom 30.6.2017 Regelungen, die Regelungsaufträge der DS-GVO erfüllen, Öffnungsklauseln nutzen oder Vorgaben der DS-GVO präzisieren oder konkretisieren. Es regelt im ersten Teil u. a. Erlaubnistatbestände sowie die Stellung und die Aufgaben der Bundesbeauftragten für den Datenschutz und die Informationsfreiheit. Der zweite Teil enthält Vorgaben für besondere Verarbei-

Einführung

tungssituationen, für zulässige Zweckänderungen und für Einschränkungen der Rechte der betroffenen Personen. Im dritten Teil finden sich Bestimmungen zur Umsetzung der Richtlinie 2016/680 zur Datenverarbeitung bei der Strafverfolgung, Strafvollstreckung und Gefahrenabwehr.

Neben dem BDSG hat der deutsche Gesetzgeber durch mehrere Anpassungsgesetze sehr viele bereichsspezifische Datenschutzregelungen an die neuen Unionsvorgaben angepasst wie z. B. die Datenschutzregelungen des **SGB I (Nr. 40) und SGB X (Nr. 42)** sowie die Datenschutzvorschriften der **AO (Nr. 38)**.

Durch etwa 70 Öffnungsklauseln hat die DS-GVO überwiegend den Charakter einer Richtlinie. Daher wird das künftige Datenschutzrecht nicht durch das Unionsrecht allein bestimmt, sondern unterliegt einer **Co-Regulierung** durch Union und Mitgliedstaat. Um festzustellen, was im Datenschutzrecht gilt, ist immer ein Blick in die DS-GVO und ein Blick in das Datenschutzrecht der Mitgliedstaaten notwendig.

Spezielle Regelungen zum Datenschutz in Telemedien enthält seit dem 1.12.2021 das **TTDSG (Nr. 13)** (s. auch Kap. II.9.). Sein Teil 3 (§§ 19 bis 26 TTDSG) ersetzt die bisher für Telemedien geltenden §§ 11 bis 15a TMG. Diese finden neben den Datenschutzvorschriften für Telekommunikationsdienste im Teil 2 des TTDSG Anwendung und gehen für ihren Anwendungsbereich dem allgemeinen deutschen Datenschutzrecht vor. Teil 3 des TTDSG wurde erlassen, um die Datenschutzregelungen für Telemedien an die DS-DVO anzupassen und die ePrivacy-Richtlinie 2002/58/EG in der durch die Richtlinie 2009/136/EG geänderten Fassung umzusetzen.

Die Erlaubnistatbestände für die Verarbeitung von Daten aus Telemedien durch die Anbieter ergeben sich aus der DS-GVO. Teil 3 des TTDSG hat jedoch in § 19 weitgehend die technisch-organisatorischen Anforderungen zum System- und Selbstdatenschutz der § 13 Abs. 4 bis 7 TMG übernommen. So hat der Anbieter z. B. durch technische Maßnahmen sicherzustellen, dass die wichtigsten Datenschutzanforderungen technisch umgesetzt werden. Vor allem hat er nach § 19 Abs. 2 TTDSG den Nutzern die Inanspruchnahme und Bezahlung von Telemedien **anonym** oder unter **Pseudonym** zu ermöglichen. Die Verarbeitung von Daten Minderjähriger aus Altersverifikationssystemen zu kommerziellen Zwecken verbietet § 20 TTDSG. Nach § 25 TTDSG ist für die Speicherung von Informationen in der Endeinrichtung des Endnutzers und den Zugriff auf diese grundsätzlich dessen explizite Einwilligung erforderlich. Dies gilt nicht nur für Cookies, sondern für jede Technik, die ein Speichern oder Auslesen von Informationen auf Endeinrichtungen erfordert, wie z. B. Browser-Fingerprinten oder das Tracking über Werbe-IDs, MAC-Adressen oder IMEI-Nummern. Um das lästige Einwilligungsverlangen im Internet zu vermeiden, ermöglicht § 26 TTDSG anerkannten Diensten, zur Einwilligungsverwaltung einmalige Einwilligungen im Hintergrund den Internetanbietern zu übermitteln.

Um den zuständigen Behörden **Auskünfte über die Bestands- und Nutzungsdaten** der Nutzer von Telemedien zu ermöglichen, erlauben die §§ 21 bis 24 TTDSG gemäß dem „Doppeltürmodell" den Anbietern von Telemedien, bei Vorliegen der genannten Voraussetzungen diese Auskünfte zu erteilen. Dies gilt auch für Passwörter und andere geheime Zugangsdaten der Nutzer. Die Berechtigung der Behörden, diese Auskünfte zu verlangen, muss sich aus deren gesetzlichen Befugnissen (z. B. StPO) ergeben.

Die Datenschutzregelungen des TMG sind auf die Datenverarbeitung bei der Nutzung von Telemedien beschränkt. Die Verarbeitung von Daten, die etwa

Einführung

zur Erfüllung von Verträgen oder anderen Zwecken erfolgt – und auch durchgeführt würde, wenn der Kontakt durch Brief oder Telefon hergestellt worden wäre –, beurteilt sich nicht nach dem Telemediendatenschutzrecht, sondern nach allgemeinem Datenschutzrecht. Dieses ist vor allem in der DS-GVO **(Nr. 11)** und im **Bundesdatenschutzgesetz** (BDSG) **(Nr. 12)** geregelt.

3. Jugendschutz

Das Indizierungsverfahren des GjS war lange auf Schriften sowie Ton- und Bildträger, Abbildungen und andere Darstellungen beschränkt. Für alle diese Darstellungsformen wurde immer ein körperliches Gebilde von gewisser Dauer gefordert, das eine Vorstellung oder einen Gedanken ausdrückt, der sinnlich wahrnehmbar ist. Um den Jugendschutz auch in Multimediadiensten gewährleisten zu können, hat das IuKDG 1997 das GjS zu einem „Gesetz gegen die Verbreitung jugendgefährdender Schriften und Medien" (GjS) fortentwickelt. Nach einer Absprache zwischen Bund und Ländern, die Gesetzgebung zum Jugendmedienschutz ganz den Ländern zu überlassen, hat der Bund zum Jugendschutz in der Offline-Welt das **Jugendschutzgesetz** (JuSchG) **(Nr. 9)** erlassen und die Länder haben zum Jugendschutz in der Online-Welt den **Jugendmedienschutz-Staatsvertrag** (JMStV) **(Nr. 8)** vereinbart. Das JuSchG erfasst gegenständliche Trägermedien, der JMStV dagegen Telemedien (Teleoder Mediendienste) und Rundfunk. Beide Regelwerke sind zum 1.4.2003 in Kraft getreten.

Der JMStV teilt die Angebote in drei Kategorien ein: Nach § 4 Abs. 1 JMStV sind die dort aufgelisteten Angebote uneingeschränkt unzulässig. Die in § 4 Abs. 2 JMStV aufgelisteten Angebote sind ebenfalls unzulässig, es sei denn, von Seiten des Anbieters ist sichergestellt, dass sie nur Erwachsenen zugänglich gemacht werden (geschlossene Benutzergruppe). Nach § 5 Abs. 1 JMStV dürfen Angebote, die infrage kommen, die Entwicklung von Kindern oder Jugendlichen zu einer eigenverantwortlichen und gemeinschaftsfähigen Persönlichkeit zu beeinträchtigen, verbreitet oder zugänglich gemacht werden, wenn die Anbieter dafür Sorge tragen, dass Kinder oder Jugendliche der betroffenen Altersstufen sie üblicherweise nicht wahrnehmen.

Dieser Pflicht nach § 5 Abs. 1 JMStV können Anbieter nach Abs. 3 dieser Vorschrift durch **technische Vorkehrungen** oder sonstige Mittel entsprechen, die Kindern oder Jugendlichen die Wahrnehmung des Angebots unmöglich macht oder wesentlich erschwert. Dieser Anforderung kann der Anbieter nach § 11 JMStV dadurch genügen, dass er das Angebot als ein als geeignet anerkanntes Jugendschutzprogramm programmiert. Solche Jugendschutzprogramme benötigen die Anerkennung der Landesmedienanstalt. Alternativ kann der Anbieter auch sein Angebot **zeitlich begrenzen,** also beispielsweise nur zwischen 23 Uhr und 6 Uhr verbreiten oder zugänglich machen.

Um die geschäftsmäßigen Anbieter von allgemein zugänglichen Telemedien in der Wahrnehmung ihrer Verantwortung durch organisatorische Maßnahmen zu unterstützen, verpflichtet sie § 7 JMStV, einen **Jugendschutzbeauftragten** zu bestellen. Dieser soll nach außen Ansprechpartner für die Nutzer sein und diese über technische Schutzmöglichkeiten beraten. Nach innen soll er präventiv für eine jugendfreundliche Gestaltung der Angebote sorgen, indem er an deren Planung, Herstellung, Erwerb und Gestaltung zu beteiligen ist. Anbietern mit weniger als 50 Mitarbeitern oder weniger als zehn Mio. Zugriffen im Monatsdurchschnitt bleibt es aber überlassen, ob sie einen Jugendschutzbeauf-

Einführung

tragten bestellen oder sich alternativ an einer Organisation der Freiwilligen Selbstkontrolle (§ 19 JMStV) beteiligen und dieser die Aufgaben des Beauftragten übertragen.

Der Vollzug ist Aufgabe der Landesmedienanstalten. Für die Erfüllung der Vollzugsaufgabe bei länderübergreifenden Angeboten wurde eine **Kommission für Jugendmedienschutz** (KJM) (§§ 13 ff. JMStV) gegründet.

4. Urheberschutz

Eine weitere unabdingbare Bedingung für die kommerzielle Nutzung von Multimediadiensten ist der **Schutz des „geistigen Eigentums"**. Computerprogramme sind nach §§ 69a ff. UrhG **(Nr. 10)** geschützt. Für Datenbanken enthält das UrhG ebenfalls einen spezifischen rechtlichen Schutz. Der **Urheber eines Datenbankwerks** wird ähnlich den Urhebern anderer Werke geschützt. Ein „Datenbankwerk" ist nach § 4 Abs. 2 UrhG „ein Sammelwerk, dessen Elemente systematisch oder methodisch angeordnet und einzeln mit Hilfe elektronischer Mittel oder auf andere Weise zugänglich sind". Als Sammelwerk muss die Auswahl oder Anordnung der Elemente der Datenbank eine „persönliche geistige Schöpfung" sein, um Urheberrechtsschutz zu genießen. Dem Urheber des Datenbankwerks stehen die üblichen Persönlichkeits- und Verwertungsrechte des Urhebers nach §§ 11 ff. UrhG zu. Dem **Hersteller einer Datenbank** bieten die §§ 87a ff. UrhG ein eigenes Leistungsrecht. Als „Hersteller" gilt nicht die natürliche Person, die die Elemente der Datenbank beschafft oder überprüft hat, sondern derjenige, der die Investition in die Datenbank vorgenommen hat. Der Investor hat nach § 87b UrhG das ausschließliche Recht, die Datenbank zu vervielfältigen, zu verbreiten und öffentlich wiederzugeben.

Das am 13.9.2003 in Kraft getretene erste Gesetz zur Regelung des Urheberrechts in der Informationsgesellschaft („1. Korb") brachte vor allem in §§ 19 und 22 UrhG dem Urheber das Recht der öffentlichen **Zugänglichmachung**. Schranken für das Urheberrecht wurden u. a. für Unterricht und Forschung in § 52a UrhG und für den privaten Gebrauch in § 53 UrhG konkretisiert. **Technische Schutzmaßnahmen** wie Zugangskontrollen, Verschlüsselungen, Mechanismen zur Kontrolle von Vervielfältigungen und ähnliche Vorkehrungen werden durch §§ 95a bis d und 108b UrhG vor Umgehung geschützt.

Das zweite Gesetz zur Regelung des Urheberrechts in der Informationsgesellschaft („2. Korb") vom 10.11.2006 ermöglicht weiterhin **Privatkopien** – auch im digitalen Bereich –, erlaubt aber nicht, dieses Recht gegen technische Schutzmaßnahmen des Verwerters durchzusetzen. Es ermöglicht außerdem Urhebern, auch über unbekannte Nutzungsarten verfügen zu können. Eingeführt wurden ferner Schrankenregelungen für die Wiedergabe von Werken an elektronischen Leseplätzen in öffentlichen Bibliotheken, Museen und Archiven sowie für den Kopieversand auf Bestellung.

Das Gesetz zur Verbesserung der Durchsetzung von Rechten des geistigen Eigentums setzte zum 1.9.2008 die europäische „Enforcement"-Richtlinie um und führte u. a. in § 101 UrhG und auch allen anderen Immaterialgütergesetzen einen zivilrechtlichen **Auskunftsanspruch** eines Rechteinhabers gegen (Zugangs-)Diensteanbieter, die durch ihre Dienste die rechtsverletzende Handlung ermöglicht haben, ein.

Einführung

IV. Recht des elektronischen Geschäftsverkehrs

Wirtschaftliche Bedeutung erhalten Multimediadienste vor allem dadurch, dass in ihnen Geschäfte elektronisch getätigt werden. Für diese gibt es bisher nur wenige spezifisch für sie geschaffene Regelungen. Daher müssen viele Rechtsfragen, die in der körperlosen Welt der Netze entstehen, dadurch beantwortet werden, dass Regelungen für die körperliche Welt entsprechend konkretisiert werden.

1. Vertrauensdienste

Rechts-, Geschäfts- und Zahlungsverkehr ist in Multimediadiensten nur dann möglich, wenn die Transaktionen ausreichend sicher sind. Sie müssen zuverlässig gewährleisten, dass eine elektronische Willenserklärung nicht gefälscht oder verfälscht und dass ihr Aussteller identifiziert werden kann. Ohne spezifische Sicherung kann sich jedoch jeder als Aussteller oder Sender elektronischer Willenserklärungen ausgeben und diese spurenlos verändern. Die erforderliche Sicherung elektronischer Dokumente bietet die Technik der **elektronischen Signatur.** Eine elektronische Signatur ist eine mit einem geheimen Signaturschlüssel zu einem bestimmten elektronischen Dokument erzeugte kryptografische Prüfsumme, die mit dem öffentlichen Prüfschlüssel des Urhebers überprüft werden kann. Dieses Verfahren ermöglicht, die Unverfälschtheit eines elektronischen Dokuments zu erkennen und die Identität seines Ausstellers nachzuweisen. Signaturverfahren oder auf elektronischen Signaturen aufbauende **Vertrauensdienste** wie elektronische Siegel, elektronische Zeitstempel, die Langzeitaufbewahrung von signierten Dokumenten, die bestätigte Zustellung elektronischer Einschreiben oder die Website-Authentifizierung sind daher **Basistechnologien** des elektronischen Rechtsverkehrs. Um sie einer bestimmten Person verbindlich zuordnen zu können, bedarf es allerdings der Bestätigung durch das elektronische Zertifikat eines Vertrauensdiensteanbieters sowie der Gewährleistung einer Reihe organisatorischer und technischer Sicherheitsanforderungen.

Diese werden in der europäischen **eIDAS-VO (Nr. 14)** vom 23.7.2014 geregelt. Diese hat zum 1.7.2016 die Signaturrichtlinie von 1999 abgelöst und gilt seit diesem Datum unmittelbar als Teil der deutschen Rechtsordnung. Sie enthält **Anforderungen an die Infrastruktur** und an die technischen Komponenten von Vertrauensdiensten, regelt aber nicht deren Verwendung. An sie sollen Rechtsvorschriften anknüpfen können, die qualifizierte Vertrauensdienste nach der eIDAS-VO vorschreiben.

Die eIDAS-VO gilt nach Art. 2 für Vertrauensdiensteanbieter, die in der Union niedergelassen sind. Sie unterscheidet zwischen „Vertrauensdiensten" und „qualifizierten Vertrauensdiensten". Sie enthält in Art. 13 bis 19 allgemeine Regelungen für alle Vertrauensdienste, in Art. 20 bis 24 allgemeine Regelungen für alle „qualifizierten" Vertrauensdienste und in Art. 25 bis 45 spezifische Regelungen für einzelne einfache und qualifizierte Vertrauensdienste.

Für alle Vertrauensdienste gelten nur wenige allgemeine Vorschriften. Dazu gehört vor allem die Verpflichtung nach Art. 19 Abs. 1 eIDAS-VO, die Dienste durch „geeignete technische und organisatorische Maßnahmen zur Beherrschung der Sicherheitsrisiken" zu schützen, die unter „Berücksichtigung des jeweils neuesten Standes der Technik gewährleisten, dass das Sicherheitsniveau der Höhe des Risikos angemessen ist". **Nichtqualifizierte Vertrauensdienste** unterliegen nach Art. 17 Abs. 3 lit. b eIDAS-VO der „Ex-post-Aufsicht" der nationalen Aufsichtsstelle. Sie haften nach Art. 13 eIDAS-VO für vorsätzlich oder fahrlässig zugefügte Schäden, die auf eine Nichterfüllung der Anforderungen der Verordnung zurückzuführen sind. Hierfür trägt der Geschädigte die Beweislast.

Ein Vertrauensdienst ist nach Art. 2 Nr. 17 eIDAS-VO **„qualifiziert"**, wenn er alle einschlägigen Anforderungen der Verordnung erfüllt. Für ihn gelten zusätzlich zu den Anforderungen für nichtqualifizierte Vertrauensdienste weitergehende allgemeine Anforderungen in Art. 20 bis 24 eIDAS-VO und spezifische Anforderungen in Art. 25 bis 45 eIDAS-VO. So werden u.a. nach Art. 24 Abs. 2 eIDAS-VO eine ausreichende Fachkunde des beschäftigten Personals, die Vertrauenswürdigkeit der verwendeten Systeme, eine ausreichende Deckungsvorsorge und ein Plan für die Beendigung des Dienstes vorgeschrieben. Die Diensteanbieter müssen ihre Kunden ausreichend unterrichten, Maßnahmen gegen Fälschung und Diebstahl von Daten ergreifen, alle einschlägigen Informationen zu Beweiszwecken aufzeichnen und die rechtmäßige Verarbeitung personenbezogener Daten sicherstellen. Für die Ausstellung qualifizierter Zertifikate fordern Art. 24 Abs. 1 eIDAS-VO eine sichere Identifizierung des Antragstellers, Art. 24 Abs. 3 eIDAS-VO einen Widerrufsdienst, der innerhalb von 24 Stunden den Widerruf prüfbar macht, sowie Art. 24 Abs. 4 eIDAS-VO einen Verzeichnisdienst, der jederzeit eine kostenlose Online-Überprüfung eines Zertifikats ermöglicht.

Die nationalen **Aufsichtsstellen** haben die Einhaltung dieser Anforderungen nach Art. 17 Abs. 3 lit. a eIDAS-VO „im Wege der Ex-ante- und Ex-post-Kontrolle zu gewährleisten". Art. 20 Abs. 1 eIDAS-VO verpflichtet ihre Anbieter, sich mindestens auf 24 Monate auf eigene Kosten einer Prüfung durch eine akkreditierte Konformitätsbewertungsstelle zu unterziehen, um durch Vorlage des Konformitätsberichts der Aufsichtsstelle nachzuweisen, dass sie ihre Pflichten erfüllen. Außerdem kann die Aufsichtsstelle nach Art. 20 Abs. 2 eIDAS-VO jederzeit Vor-Ort-Prüfungen durchführen. Sie kann zudem von qualifizierten Vertrauensdiensteanbietern nach Art. 20 Abs. 3 eIDAS-VO verlangen, dass sie bei Nichteinhaltung der Anforderungen für Abhilfe sorgen, und ihnen bei mangelnder Abhilfe den Qualifikationsstatus entziehen.

Hinsichtlich der **Vormarktkontrolle** fordert Art. 21 eIDAS-VO vom Anbieter qualifizierter Vertrauensdienste, vor Aufnahme seiner Tätigkeit eine Konformitätsprüfung durchzuführen und den Konformitätsbericht der Aufsichtsstelle zu übermitteln. Diese überprüft, ob der Anbieter und sein Dienst den Anforderungen der Verordnung genügen, und verleiht den geprüften Vertrauensdiensten den Qualifikationsstatus. Nach Art. 22 eIDAS-VO werden qualifizierte Vertrauensdiensteanbieter und ihre Vertrauensdienste in öffentlich zugängliche „Vertrauenslisten" aufgenommen, die die Mitgliedstaaten veröffentlichen. Erst wenn der qualifizierte Status in einer Vertrauensliste ausgewiesen ist, darf der Anbieter mit dem Dienst beginnen. Er darf dann nach Art. 23 eIDAS-VO das EU-Vertrauenssiegel verwenden, um im Geschäftsverkehr seine qualifizierten Vertrauensdienste zu kennzeichnen.

Für **elektronische Signaturen** gelten zusätzlich die Art. 25 bis 34 eIDAS-VO. Als **„fortgeschrittene** elektronische Signatur" erkennt Art. 3 Nr. 11 eIDAS-VO jede Signatur an, die die Mindestanforderungen des Art. 26 eIDAS-VO erfüllt. Als **„qualifizierte** elektronische Signatur" gilt nach Art. 3 Nr. 12 eIDAS-VO jede fortgeschrittene Signatur, die von einer qualifizierten Signatur-

Einführung

erstellungseinheit gemäß Anhang III der eIDAS-VO erstellt wurde und auf einem qualifizierten Signaturzertifikat gemäß Anhang I der eIDAS-VO beruht. Ihre Konformität mit diesen Anforderungen wird nach Art. 30 eIDAS-VO von geeigneten, von den Mitgliedstaaten benannten öffentlichen oder privaten Stellen zertifiziert.

Wie bisher bleiben „elektronische Signaturen" natürlichen Personen vorbehalten, werden aber um elektronische Signaturen für juristische Personen ergänzt, die die eIDAS-VO **„qualifizierte elektronische Siegel"** nennt und in Art. 35 bis 40 eIDAS-VO näher regelt. Ein „elektronisches Siegel" ist technisch gesehen also eine elektronische Signatur einer juristischen Person. Dieses wird dementsprechend parallel zu den Vorschriften für Signaturen geregelt. Anhang III, der Anforderungen an ein qualifiziertes Siegelzertifikat enthält, ist wortgleich zu den Anforderungen an ein qualifiziertes Signaturzertifikat in Anhang I, außer dass „Signatur" durch „Siegel" ersetzt wurde.

Nach Art. 42 Abs. 1 eIDAS-VO müssen **qualifizierte elektronische Zeitstempel** auf einer korrekten Zeitquelle beruhen, die auf der koordinierten Weltzeit beruht. Sie müssen so gestaltet sein, dass jede Möglichkeit, sie unbemerkt zu verändern, nach vernünftigem Ermessen ausgeschlossen ist. Sie müssen mit einer fortgeschrittenen Signatur unterzeichnet oder mit einem fortgeschrittenen Siegel oder einem gleichwertigen Verfahren des qualifizierten Vertrauensdiensteanbieters versiegelt sein.

„Dienste für die **Zustellung elektronischer Einschreiben**" gelten nach Art. 44 eIDAS-VO als qualifiziert, wenn sie ein qualifizierter Vertrauensdiensteanbieter ausstellt, der die eindeutige Identifizierung des Absenders und des Empfängers sicherstellt und das Absenden und Empfangen der Daten durch eine fortgeschrittene Signatur oder ein fortgeschrittenes Siegel so sichert, dass jede Möglichkeit einer unbemerkten Veränderung der Daten ausgeschlossen ist. Darüber hinaus sind das Datum und die Zeit des Absendens und Empfangens durch einen qualifizierten Zeitstempel zu sichern.

„Qualifizierte Zertifikate für die Website-Authentifizierung" müssen nach Art. 45 eIDAS-VO von einem qualifizierten Vertrauensdiensteanbieter ausgestellt sein und die Anforderungen des Anhangs IV erfüllen.

Allen Vertrauensdiensten und elektronischen Dokumenten darf die Rechtswirkung und Zulässigkeit als **Beweismittel** in Gerichtsverfahren nicht allein deshalb abgesprochen werden, weil sie in elektronischer Form vorliegen. Darüber hinaus haben qualifizierte Vertrauensdienste spezifische Beweiswirkungen, die neben die Beweiswirkungen der ZPO treten. Eine qualifizierte Signatur hat nach Art. 25 Abs. 2 eIDAS-VO die gleiche Rechtswirkung wie eine handschriftliche Unterschrift. Eine Regelung zum Beweiswert fehlt jedoch in Art. 25 eIDAS-VO. Hier bleibt es bei den Beweiswirkungen des § 371a ZPO. Dagegen gilt für qualifizierte Siegel nach Art. 35 Abs. 2 eIDAS-VO die rechtliche Vermutung des Ursprungs und der Unversehrtheit der damit verbundenen Daten. Für qualifizierte Zeitstempel gilt nach Art. 40 Abs. 2 eIDAS-VO die rechtliche Vermutung der Richtigkeit der Angabe zu Datum und Zeit sowie der Unversehrtheit der mit ihnen verbundenen Daten. Schließlich gilt für qualifizierte elektronische Einschreiben nach Art. 43 Abs. 2 eIDAS-VO die Vermutung der Unversehrtheit der Daten, ihrer Absendung und ihres Empfangs durch den jeweils identifizierten Teilnehmer sowie der Korrektheit von Datum und Zeit.

Um die Regelungen der eIDAS-VO an das deutsche Recht anzupassen, präzisiert, konkretisiert und ergänzt das **Vertrauensdienstegesetz (VDG)**

Einführung

(**Nr. 15**) vom 18.7.2017 deren Vorgaben. Es enthält in §§ 4, 5, 8, 11, 12 und 13 VDG konkretisierende Vorschriften zu Aufsichtsmaßnahmen, Mitwirkungspflichten der Vertrauensdiensteanbieter, Datenschutz, Identitätsprüfung, Attributen und zur Unterrichtung des Nutzers. §§ 6, 10, 15 und 16 VDG enthalten ergänzende Regelungen zur Haftung, zur Deckungsvorsorge zur langfristigen Beweiserhaltung und zur langfristigen Prüfbarkeit. Das VDG ersetzt seit seinem Inkrafttreten am 29.7.2017 das SigG und die SigV. Seit dem 15.2.2019 ergänzt die **Vertrauensdiensteverordnung (VDV) (Nr. 16)** das VDG um die Präzisierung technisch-organisatorischer Pflichten von Vertrauensdiensteanbietern.

2. Identifizierung und Authentisierung

Das „Gesetz über Personalausweise und den elektronischen Identitätsnachweis" (**Personalausweisgesetz – PAuswG) (Nr. 17),** das mit Ausnahme des § 21 PAuswG am 1.11.2010 in Kraft trat, ermöglicht in §§ 18 ff. durch einen elektronischen Identitätsnachweis ab dem 1.11.2010 die verbindliche elektronische Übermittlung von Identitätsmerkmalen in Online-Anwendungen und in lokalen Verarbeitungsprozessen (z. B. an Automaten). Dadurch wird das bisher für Internetanwendungen gravierende Problem des zuverlässigen Nachweises der Identität in der elektronischen Kommunikation gelöst – sowohl im eGovernment als auch im eBusiness.

Ob der Ausweisinhaber den **elektronischen Identitätsnachweis** nutzen möchte, kann er generell und im Einzelfall (durch Eingabe einer PIN) selbst entscheiden. Erst wenn er die Funktion freigegeben hat, kann ein Anbieter im Internet oder ein Automat auf die Identitätsdaten zugreifen. Er benötigt nach § 18 Abs. 4 PAuswG hierfür außerdem ein Berechtigungszertifikat, das er nach § 21 PAuswG (Inkrafttreten des § 21 PAuswG am 1.5.2010) vom Bundesverwaltungsamt nur dann erhält, wenn er nachgewiesen hat, welche Identitätsdaten er für einen rechtmäßigen Geschäftszweck, der nicht im Adresshandel bestehen darf, tatsächlich benötigt. Im Zertifikat wird ihm der Zugriff nur auf diese Identitätsdaten ermöglicht, also etwa nur auf die Daten, dass der Inhaber über 18 Jahre alt ist oder in einer bestimmten Gemeinde wohnt. Die Berechtigung wird befristet und kann gemäß § 21 Abs. 5 PAuswG unter anderem dann zurückgenommen oder widerrufen werden, wenn die zuständige Datenschutzaufsichtsbehörde es verlangt, weil Tatsachen die Annahme rechtfertigen, dass der Diensteanbieter die erhaltenen personenbezogenen Daten in unzulässiger Weise verarbeitet oder nutzt. Für den Identitätsnachweis kann der Diensteanbieter ein dienste- und kartenspezifisches Kennzeichen verwenden. Dieses Pseudonym dient dazu, einen Personalausweis in der elektronischen Kommunikation wieder zu erkennen, ohne dass weitere personenbezogene Daten übermittelt werden müssen.

Der elektronische Identitätsnachweis vermag vielfältige Nutzungsprobleme zu lösen, in denen bisher die Identität oder Berechtigung eines Nutzers über PIN und TAN, Benutzername und Passwort und ähnliche Mechanismen nachgewiesen wurde. Diese sichere Möglichkeit der Identifizierung wird von den Gerichten – wegen der vergleichbaren Sicherheitsmechanismen (Schutz durch Besitz einer Chipkarte und Wissen einer PIN) – mutmaßlich analog zu EC-Karten in Form eines Anscheinsbeweises berücksichtigt werden und vermutlich das Misstrauen gegenüber den bisherigen – weniger sicheren – Verfahren erhöhen. Der elektronische Identitätsnachweis dient dem Nachweis der Identität (oder bestimmter Eigenschaften), kann jedoch nicht die Abgabe einer Willenserklärung beweisen. Hierzu dient weiterhin die elektronische Signatur.

Einführung

Die Regelungen zum elektronischen Identitätsausweis werden seit dem 1.7.2016 ergänzt durch die **Art. 6 bis 12 eIDAS-VO**. Art. 6 eIDAS-VO fordert von jedem Mitgliedstaat, der für nationale Online-Dienste die Verwendung eines elektronischen Identifizierungssystems verlangt, hierfür auch alle Identifizierungssysteme aus anderen Mitgliedstaaten anzuerkennen. Diese Pflicht besteht dann, wenn ein Identifizierungssystem eines anderen Mitgliedstaats bei der Kommission notifiziert und nach Art. 9 Abs. 2 eIDAS-VO in einer Liste veröffentlicht worden ist. Außerdem muss es dem Sicherheitsniveau „substanziell" oder „hoch" entsprechen, wenn der anerkennende Mitgliedstaat dieses Niveau für seine Anwendung fordert. Die Sicherheitsniveaus „niedrig", „substanziell" und „hoch" werden in Art. 8 Abs. 2 eIDAS-VO abstrakt definiert. Die drei Sicherheitsniveaus werden durch technische Spezifikationen der Kommission festgelegt.

3. Sichere E-Mail

Der E-Mail-Verkehr ist zwar einfach, schnell und preiswert, aber deshalb auch unsicher. Niemand kann sicher sein, wer sein wirklicher Kommunikationspartner ist. Prinzipiell kann jeder jede Identität annehmen. Eine verlässliche Zuordnung von Handlungen zu ihrem Urheber ist nicht möglich. Daher kann auch niemand sicher sein, ob er eine Nachricht einer bestimmten Person sicher und vertraulich zustellen kann, und umgekehrt, ob er alle an ihn gerichteten Nachrichten auch tatsächlich – ungelesen, unkopiert und unverändert – empfängt. Diese Mängel sollen durch das am 3.5.2011 in Kraft getretene **De-Mail-Gesetz (Nr. 18)** behoben werden.

Ziel des Gesetzes ist es nach § 1 Abs. 1, einen sicheren, vertraulichen und nachweisbaren Geschäftsverkehr für jedermann im Internet zu gewährleisten. Hierfür muss ein De-Mail-Dienst nach § 1 Abs. 2 eine sichere Anmeldung, die Nutzung eines Postfach- und Versanddienstes für sichere elektronische Post sowie die Nutzung eines Verzeichnisdienstes ermöglichen und kann zusätzlich einen Identitätsbestätigungs- und einen Dokumentenablagedienst anbieten.

Diese Pflicht- und Optionsangebote der Diensteanbieter werden im zweiten Abschnitt des DeMailG in §§ 3 bis 8 näher geregelt. Um De-Mail-Dienste nutzen zu können, muss der Nutzer ein De-Mail-Konto eröffnet haben, das allein ihm zugeordnet ist. Für die Konto-Eröffnung fordert § 3 Abs. 2 DeMailG, die Identität des Nutzers zuverlässig festzustellen. Die Nutzung des Kontos darf nach § 4 DeMailG in der Regel nur nach einer sicheren Anmeldung erfolgen und die Kommunikation zwischen dem Nutzer und seinem De-Mail-Konto muss verschlüsselt erfolgen. Der **sichere Postfach- und Versanddienst** für elektronische Nachrichten stellt gemäß § 5 DeMailG sicher, dass eine Nachricht unversehrt und vertraulich von einem identifizierten Absender an einen identifizierten Empfänger übertragen wird und dass dies für alle Beteiligten zu Beweiszwecken bestätigt werden kann. Nach § 5 Abs. 5 DeMailG, der durch das Artikelgesetz zur Förderung der elektronischen Verwaltung zum 1.8.2013 eingeführt worden ist, versieht der De-Mail-Anbieter die Nachricht des Senders samt allen Anhängen in dessen Auftrag mit einer dauerhaft überprüfbaren qualifizierten Signatur und nimmt in die Bestätigung die Anmeldedaten gemäß § 3 Abs. 2 DeMailG auf. Dieses Verfahren soll eine eigenhändige Unterschrift ersetzen können. Schließlich regelt das DeMailG in § 6 das Angebot eines Identitätsbestätigungsdienstes, in § 7 eines Verzeichnisdienstes und in § 8 eines Dokumentenablagedienstes.

Einführung

Für alle diese Angebote enthält der dritte Abschnitt in den §§ 9 bis 16 DeMailG gemeinsame Regelungen zur Nutzung von De-Mail-Diensten zu Informations- und Dokumentationspflichten, zur Sperrung und Aufhebung des Nutzerkontos, zum Daten-, Jugend- und Verbraucherschutz, zur Aufdeckung von Identitäten und zur Einstellung der Tätigkeit eines Anbieters.

Um die Vertrauenswürdigkeit der De-Mail-Anbieter und ihr Zusammenwirken sicherzustellen und nachweisen zu können, sieht der vierte Abschnitt eine freiwillige Akkreditierung vor. Akkreditierte Anbieter können nach § 17 Abs. 1 Satz 3 DeMailG ihre Vertrauenswürdigkeit durch ein Gütezeichen nachweisen. Dieses bestätigt ihre umfassend geprüfte technische und administrative Sicherheit. An diesen Nachweis können andere Gesetze Rechtsfolgen knüpfen, die eine solche Vertrauenswürdigkeit voraussetzen. Von ihm wird ein „besonders hoher Beweiswert" für die überprüften Eigenschaften des Diensteanbieters erwartet. Die ersten Akkreditierungen erfolgten im Frühjahr 2012.

Die Anbieter unterliegen der Aufsicht durch das BSI, die in §§ 20 bis 21 DeMailG näher geregelt ist.

4. Zivil- und Prozessrecht

Das Vertrags- und Prozessrecht enthielt lange Zeit keine spezifischen Regelungen für den elektronischen Geschäftsverkehr. Entsprechend den Vorgaben des Art. 5 Signaturrichtlinie und des Art. 9 E-Commerce-Richtlinie wurden durch das Gesetz zur Anpassung der Formvorschriften des Privatrechts an den modernen Rechtsgeschäftsverkehr vom 13.7.2001 erstmals einige Vorschriften des BGB (**Nr. 19**) und der ZPO (**Nr. 32**) an die Anforderungen des Online-Handelns angepasst. Während alle formfreien Willenserklärungen schon zuvor elektronisch abgegeben werden konnten, sind seitdem auch Willenserklärungen, die der Schriftform bedürfen, dem elektronischen Rechtsverkehr zugänglich.

Nach § 126 Abs. 3 BGB wird die „elektronische Form" als Ersatz für die Schriftform anerkannt. Um die elektronische Form zu erfüllen, muss nach § 126a BGB der Aussteller der Erklärung seinen Namen hinzufügen und das elektronische Dokument mit einer qualifizierten elektronischen Signatur versehen. Bei einem Vertrag wird verlangt, dass die Parteien jeweils ein gleich lautendes elektronisches Dokument mit einer qualifizierten Signatur signieren. Als weitere neue gesetzliche Form wird in § 126b BGB die „Textform" eingeführt, auf die ein Gesetz verweisen kann, wenn zwar eine dauerhafte Wiedergabe der Erklärung, aber keine eigenhändige Unterschrift erforderlich ist.

Für die gewillkürte Schriftform lässt § 127 Abs. 2 BGB im Zweifel die telekommunikative Übermittlung der Erklärung genügen. Für die gewillkürte elektronische Form genügt, soweit nicht ein anderer Wille anzunehmen ist, nach § 127 Abs. 3 BGB auch eine signierte Erklärung, die mit einer sonstigen Signatur versehen ist.

Mit dem Justizkommunikationsgesetz wurden zum 1.4.2005 die gesetzlichen Voraussetzungen geschaffen, um auch im Prozessrecht elektronische Kommunikations- und Bearbeitungsformen zu ermöglichen. Diese können in nahezu allen Verfahrensarten in den verschiedenen Gerichtszweigen rechtswirksam verwendet werden. Ziel der Regelungen war es, nicht nur die Kommunikation zwischen Gerichten und Parteien zu erleichtern, sondern auch eine umfassende elektronische Aktenführung zu ermöglichen. Hierfür sehen Vorschriften wie §§ 298, 298a ZPO die Umwandlung von Papierdokumenten in elektronische

Einführung

Dateien und von elektronischen Dateien in Papierdrucke vor. Soweit handschriftliche Unterzeichnungen vorgesehen sind, können diese nach § 130b ZPO dadurch ersetzt werden, dass der Aussteller der Erklärung seinen Namen hinzufügt und beide mit einer qualifizierten elektronischen Signatur versieht.

Um dem Signaturempfänger die Beweisführung mit Hilfe eines signierten elektronischen Dokuments zu erleichtern, enthält § 371a ZPO bereits seit 2005 besondere Beweisregeln. Diese wurden durch das Gesetz zur Förderung des elektronischen Rechtsverkehrs mit den Gerichten vom 10.10.2013 (EJusticeG) überarbeitet. Danach ordnet § 371a Abs. 1 ZPO für private qualifiziert elektronisch signierte Dokumente unverändert einen Beweis des ersten Anscheins von Gesetzes wegen an. Danach soll der Anschein der Echtheit einer in elektronischer Form vorliegenden Erklärung, der sich aufgrund der Prüfung nach Art. 32 eIDAS-VO ergibt, nur durch Tatsachen erschüttert werden können, die ernstliche Zweifel daran begründen, dass die Erklärung mit dem Willen des Signaturschlüssel-Inhabers abgegeben worden ist. Für diese Dokumente finden die Vorschriften über die Beweiskraft privater Urkunden entsprechende Anwendung. Zum 1.7.2014 neu eingeführt wurde in § 371a Abs. 2 ZPO eine Beweisregel für nach § 5 Abs. 5 DeMailG absenderbestätigte De-Mails mit sicherer Anmeldung. Die vom akkreditierten De-Mail-Dienstanbieter qualifiziert signierten privaten Mails und Dokumente bieten danach ebenfalls einen Anschein der Echtheit. Für öffentliche qualifiziert elektronisch signierte Dokumente erklärt § 371a Abs. 3 ZPO den Beweiswert gleichwertig zu dem öffentlicher Urkunden. Ist das Dokument mit einer qualifizierten Signatur versehen oder gemäß § 5 Abs. 5 DeMailG mit einer qualifizierten Signatur bestätigt, gilt ab dem 1.7.2014 eine Beweisvermutung für die Echtheit des Dokuments entsprechend § 437 ZPO.

Diese Regelungen zu einem besonderen Beweiswert elektronischer Dokumente werden ergänzt um Beweisregelungen für das Scanprodukt einer öffentlichen Urkunde, die von einer Behörde oder von einer mit öffentlichem Glauben versehenen Person nach dem Stand der Technik gescannt worden sind. Sie bewirken, dass die Vorschriften über die Beweiskraft öffentlicher Urkunden entsprechend anzuwenden sind. Ist das Scanprodukt mit einer qualifizierten Signatur versehen, wird dessen Echtheit entsprechend § 437 ZPO vermutet.

Ohne in die ZPO aufgenommen worden zu sein, sind seit dem 1.7.2016 auch die beweisrechtlichen **Vermutungsregelungen der eIDAS-VO** nach Art. 35 Abs. 2 eIDAS-VO für qualifizierte Siegel, nach Art. 40 Abs. 2 eIDAS-VO für qualifizierte elektronische Zeitstempel und nach Art. 43 Abs. 2 eIDAS-VO für qualifizierte elektronische Einschreiben zu beachten (s. Kap. IV. 2.)

Für internationale Transaktionen in globalen Netzen ist das jeweils geltende Recht und der Gerichtsstand über das Internationale Privatrecht der §§ 3 ff. EGBGB **(Nr. 20)** zu bestimmen.

5. Verbraucherschutz

Auf elektronischen Märkten muss ebenso wie in der körperlichen Welt der Verbraucher gegen wirtschaftliche Übermacht geschützt werden. Dieser Zielsetzung dient das Verbraucherschutzrecht, dessen allgemeine Regelungen durch das Schuldrechtsmodernisierungsgesetz vom 26.11.2001 ins BGB **(Nr. 19)** übernommen wurden. Dies gilt hinsichtlich der Vereinbarungen von **Allgemeinen Geschäftsbedingungen** für die Regelungen des bisherigen AGBG, die in §§ 305 bis 310 BGB zu finden sind. Für die Vereinbarung von Verbraucherkrediten gelten statt des Verbraucherkreditgesetzes die §§ 491 bis 504 BGB. Dagegen sind Verträge zum **Telelernen** weiterhin spezialgesetzlich im Fernunterrichtsschutzgesetz geregelt **(Nr. 21)**. Diese Verbraucherschutzregelungen sind allerdings nicht spezifisch an die Bedingungen der Netzwelt angepasst, so dass sie nur dann problemlos angewendet werden können, wenn die Tatbestandsvoraussetzungen und Rechtsfolgen nicht unmittelbar an körperlichen Gegebenheiten ansetzen.

Spezifische Verbraucherschutzregelungen gelten für Telemedien: Auch in ihnen muss **Preistransparenz** herrschen. Ein auf den Bildschirm übertragenes Angebot muss daher mit einer Preisangabe versehen sein. Werden fortlaufende Leistungen wie etwa Telespiele nicht durch Pauschalen, sondern nach Einheiten abgerechnet, ist nach § 3 Abs. 1 PAngV **(Nr. 23)** eine gesonderte Anzeige über den Preis der fortlaufenden Nutzung unentgeltlich anzubieten. Da diese optisch stören kann, hat der Nutzer die Möglichkeit, auf sie zu verzichten. Schließlich müssen in Telemedien nach §§ 5 und 6 TMG für geschäftsmäßige Angebote neben Informationen zur **Identifikation** des Anbieters weitere Informationen zur kommerziellen Kommunikation angegeben werden.

Spezifische Verbraucherschutzregeln für den E-Commerce brachte das ehemalige Fernabsatzgesetz vom 27.6.2000, dessen Regelungen seit 2002 im BGB **(Nr. 19)** zu finden sind. Sie wurden seitdem mehrfach überarbeitet und ergänzt. Die Vorschriften der §§ 312b bis 312h BGB gelten für alle Verträge über die Lieferung von Waren oder das Erbringen von Dienstleistungen, die zwischen einem Unternehmer und einem Verbraucher unter ausschließlicher Verwendung von **Fernkommunikationsmitteln** abgeschlossen werden. Seit dem 8.12.2004 gelten sie auch für Finanzdienstleitungen. § 312c BGB verpflichtet den Unternehmer, den Verbraucher vor Abschluss des Vertrags ausführlich **Information** über die Identität, seine Leistung und deren Preis mitzuteilen. Die Anforderungen an die Informationen sind allgemein in Art. 246 EGBGB und speziell für Fernabsatzverträge über Güter und Dienstleistungen in Art. 246a EGBGB und für Fernabsatzverträge über Finanzdienstleistungen in Art. 246b EGBGB geregelt **(Nr. 20)**. Da der Verbraucher den Vertragsgegenstand nicht vor Vertragsabschluss prüfen kann, geben ihm §§ 312g und 355 BGB ein 14-tägiges **Widerrufsrecht**. Besondere Unternehmerpflichten im elektronischen Geschäftsverkehr mittels Telemedien begründen § 312 i BGB und Art. 246c EGBGB. An Kreditverträge mit dem Unternehmer zur Finanzierung des Vertragsgegenstands ist der Verbraucher nach § 358 BGB nicht gebunden, wenn er von seinem Widerrufsrecht Gebrauch macht.

Dem Verbraucherschutz dient nach seinem § 1 auch ausdrücklich das UWG **(Nr. 24)**.

Das 2016 eingeführte Verbraucherstreitbeilegungsgesetz (VSBG) **(Nr. 30)** soll ein einfacheres und billigeres Verfahren zur außergerichtlichen Beilegung von zivilrechtlichen Streitigkeiten zwischen Verbraucher und Unternehmer ermöglichen. Es regelt die Einrichtung anerkannter privater oder behördlicher Verbraucherschlichtungsstellen und die Rahmenbedingungen des **Streitbeilegungsverfahrens** durch einen unabhängigen Streitmittler. Das Streitbeilegungsverfahren kann nur durch den Antrag eines Verbrauchers eröffnet werden.

6. Schutz von Geheimnissen, Namen, Marken und Wettbewerb

Wer im Internet auftritt, möchte dies unter einer attraktiven, eingängigen und aussagekräftigen Adresse tun. Die **Vergabe von Domain-Namen** und

Einführung

E-Mail-Adressen erfolgt derzeit durch interne Regeln, die sich die „Internet Corporation for Assigned Names and Numbers" (ICANN), eine privatrechtliche Non-Profit-Organisation US-amerikanischen Rechts mit Sitz im kalifornischen Marina del Rey, gegeben hat. ICANN vergibt auch weltweit die Top-Levels-Domains. Für die Vergabe von Second-Level-Domains unterhalb der Top-Level-Domain „.de" ist das DENIC in Frankfurt a. M. zuständig. In diesem Vergabeverfahren wird im Wesentlichen nur darauf geachtet, ob der beantragte Namen schon einmal vergeben worden ist.

Der rechtliche Streit, ob ein Anbieter im Netz unter einer unzulässigen Bezeichnung auftritt, richtet sich für den geschäftlichen Verkehr nach dem **Markenrecht** für Marken (§§ 4, 14 MarkenG) **(Nr. 26)** und geschäftliche Bezeichnungen (§§ 5, 15 MarkenG) und für den nicht geschäftlichen Verkehr nach dem **Namensrecht** (§ 12 BGB). Unter Umständen ist die Verwendung eines Namens sogar ein unlauterer Wettbewerb nach § 3 UWG **(Nr. 24)**.

Das Internet wird im kommerziellen Bereich überwiegend zur **Werbung** und zum Angebot von Waren und Dienstleistungen benutzt. Es ist ein Instrument des Wettbewerbs geworden und unterliegt insoweit den Regeln des Wettbewerbsrechts. Dessen Grundsätze lassen sich auch auf Werbung und andere Wettbewerbshandlungen in Multimediadiensten anwenden. Nach dem **Lauterkeitsrecht** kann ein nach § 8 Abs. 3 UWG Anspruchsberechtigter bei jeder Wettbewerbshandlung, die geeignet ist, den Wettbewerb zum Nachteil der Mitbewerber, der Verbraucher oder der sonstigen Marktteilnehmer nicht nur unerheblich zu beeinträchtigen, nach §§ 8 und 9 UWG auf Beseitigung und Unterlassung oder bei Verschulden auf Schadensersatz klagen. Den Wettbewerb beeinträchtigt nach § 4 UWG beispielsweise eine Werbung, die getarnt und nicht als solche zu erkennen ist. Werbung muss daher auch in Multimediadiensten von wissenschaftlichen, künstlerischen oder redaktionellen Inhalten deutlich getrennt und als solche gekennzeichnet sein (s. auch § 6 TMG, § 22 MStV). Richtet sie sich auch an Kinder oder Jugendliche, darf sie nicht ihren Interessen schaden oder ihre Unerfahrenheit ausnutzen (s. § 4 UWG). Unlauter handelt nach § 5 UWG ebenfalls, wer irreführend wirbt, im geschäftlichen Verkehr in Multimediadiensten etwa zu Zwecken des Wettbewerbs irreführende Angaben über geschäftliche Verhältnisse wie Beschaffenheit von Waren und gewerbliche Leistungen, Preise, Bezugsart, Zweck und Anlass des Verkaufs macht. Nach § 7 UWG ist auch eine Telefon- oder E-Mail-Werbung ohne Einwilligung des Empfängers grundsätzlich unzulässig.

Eine spezielle Anforderung des lauteren Wettbewerbs, nämlich der **Schutz von Geschäftsgeheimnissen**, regelt das Geschäftsgeheimnisgesetz (GeschGehG) **(Nr. 25)** vom 18.4.2019. Es schützt Geschäftsgeheimnisse vor unerlaubter Erlangung, Nutzung und Offenlegung, gibt dem Inhaber des Geheimnisses Ansprüche auf Beseitigung und Unterlassung, Vernichtung, Herausgabe, Rücknahme vom Markt sowie Auskunft und Schadensersatz und stellt die unzulässigen Handlungen unter Strafandrohung.

Neben dem Lauterkeitsrecht schützt auch das **Kartellrecht** den Wettbewerb. Das Kartellrecht will die Freiheit des Wettbewerbs und die Voraussetzungen für ein marktwirtschaftlich-wettbewerbliches Wirtschaftssystem gewährleisten. In Europa ist das Kartellrecht grundsätzlich in Art. 101 und 102 AEUV **(Nr. 28)** geregelt und in Deutschland im GWB **(Nr. 27)**. Zum Schutz des Wettbewerbs auch im Internet gibt es im Kartellrecht zwei Instrumente, das Kartellverbot nach Art. 101 AEUV und § 1 GWB und das Missbrauchsverbot nach Art. 102 AEUV und §§ 19 bis 21 GWB.

Einführung

7. Elektronischer Zahlungsverkehr

In der digitalen Welt ist für Geldtransaktionen auch E-Geld notwendig. Um über die private Schöpfung unkörperlichen Geldes nicht die Kontrolle zu verlieren, hat das **Zahlungsdiensteaufsichtsgesetz** (ZAG) **(Nr. 33)** E-Geld-Institute und E-Geld-Geschäfte unter die staatliche Aufsicht von Zahlungsdiensten einbezogen. Das ZAG hat die Regelungen zu E-Geld 2017 weitgehend neu gefasst. Als „E-Geld" gilt nach § 1a Abs. 2 Satz 3 ZAG „jeder elektronisch, darunter auch magnetisch, gespeicherte monetäre Wert in Form einer Forderung gegenüber dem Emittenten, der gegen Zahlung eines Geldbetrages ausgestellt wird, um damit Zahlungsvorgänge i. S. d § 675 f Abs. 4 Satz 1 BGB durchzuführen, und der auch von anderen natürlichen oder juristischen Personen als dem Emittenten angenommen wird".

Zur Bekämpfung der Zahlungsrisiken bei der Einlösung elektronischen Geldes bedürfen **E-Geld-Institute** einer Erlaubnis nach § 11 ZAG. Sie unterliegen grundsätzlich den gleichen Anforderungen wie andere Zahlungsinstitute, wie etwa den in § 3 ZAG genannten Verboten, den Vorschriften über die Pflichten zur Organisation und Dokumentation, die Aufsicht, den Vollzug und die Sanktionen. E-Geld-Institute müssen nach § 15 ZAG über eine angemessene Ausstattung mit Eigenkapital verfügen. Sie müssen nach §§ 17 und 18 ZAG bestimmte Sicherungsanforderungen erfüllen, wenn sie Geldbeträge für die Ausgabe von E-Geld entgegennehmen und nach §§ 31 bis 33 ZAG Sondervorschriften für das E-Geldgeschäft sowie den Vertrieb und die Rücktauschbarkeit von E-Geld beachten. Sie müssen sich nach § 44a ZAG in ein E-Geld-Register eintragen lassen. Inhaber von E-Geld sowie Kammern und Verbände können jederzeit wegen behaupteter Verstöße eines E-Geld-Emittenten gegen diesen nach § 61 ZAG Beschwerde bei der Bundesanstalt für Finanzdienstleistungsaufsicht einlegen.

V. Recht der elektronischen Verwaltung

Nicht nur die Wirtschaft, auch die Verwaltung nutzt Multimediadienste, um ihre Verwaltungsleistungen besser, transparenter, flexibler und kostengünstiger erbringen und damit die steigenden Ansprüche trotz abnehmender finanzieller und personeller Ressourcen erfüllen zu können. Dies ist nicht nur eine Voraussetzung für die Modernisierung der Verwaltung, sondern auch der Wirtschaft und der Gesellschaft.

Die öffentliche Verwaltung war in der Vergangenheit vollständig am Informationsträger Papier orientiert, ja um die Papierakte herum organisiert. Das Verwaltungsrecht war explizit auf diesen Informationsträger bezogen oder setzte ihn stillschweigend voraus. Spezifische Regelungen mussten das Verwaltungsverfahren der elektronischen Kommunikation und der Verwendung elektronischer Dokumente öffnen. Dabei konnte vor allem Bezug genommen werden auf die Absicherung der Integrität und Authentizität durch elektronische Signaturen, elektronische Siegel, elektronische Zeitstempel und elektronische Nachweise der Zustellung von Einschreiben nach der eIDAS-VO **(Nr. 14)** und dem Vertrauensdienstegesetz **(Nr. 15)** sowie auf die elektronische Identifizierung nach dem PersonalausweisG **(Nr. 17)** und der eIDAS-VO sowie den sicheren E-Mail-Verkehr nach dem De-MailG **(Nr. 18)**.

Einführung

Um der Verwaltung für rechtsverbindliche Verfahren eine umfassende elektronische Vorgangsbearbeitung zu ermöglichen, hatte bereits das Dritte Gesetz zur Änderung verwaltungsrechtlicher Vorschriften (3. VwVfÄG) vom 21.8.2002 die erforderlichen Anpassungen geschaffen. In dem 74 Artikel umfassenden Artikelgesetz wurden sowohl die verwaltungsverfahrensrechtlichen Grundlagengesetze wie das Verwaltungsverfahrensgesetz (VwVfG) **(Nr. 36)**, die Abgabenordnung (AO) **(Nr. 38)** und das Sozialgesetzbuch (SGB) **(Nr. 40, 41 und 42)** als auch weitere 67 bereichsspezifische Gesetze und Verordnungen des Bundes aus dem Bereich des Besonderen Verwaltungsrechts umgestaltet. Das Gesetz ist in seinen wesentlichen Teilen am 1.2.2003 in Kraft getreten. Die Länder haben ihre Landesverwaltungsgesetze diesen Änderungen angepasst.

Mehr als zehn Jahre später erfolgte mit dem Artikelgesetz zur Förderung der elektronischen Verwaltung zum 1.8.2013 ein weiterer entscheidender Schritt zu einer elektronischen Verwaltung. Dieses Gesetz führte das E-Government-Gesetz (EGovG) **(Nr. 34)** ein und änderte die verwaltungsverfahrensrechtlichen Grundlagengesetze VwVfG **(Nr. 36)**, AO **(Nr. 38)** und SGB **(Nr. 40, 41 und 42)**, das DeMailG **(Nr. 18)** sowie weitere 24 bereichsspezifische Gesetze und vier Verordnungen des Bundes aus dem Bereich des Besonderen Verwaltungsrechts.

1. E-Government

Das E-Government-Gesetz (EGovG) **(Nr. 34)** regelt Querschnittsfragen für die „öffentlich-rechtliche Verwaltungstätigkeit", die mit Hilfe von Informations- und Kommunikationstechnik erbracht wird. Nach § 2 Abs. 1 EGovG hat seit dem 1.7.2014 jeder Bürger einen Anspruch gegenüber jeder Behörde, ihr seine Dokumente elektronisch zu übermitteln. Nach § 2 Abs. 3 EGovG ist jede Behörde des Bundes seit dem 1.1.2015 außerdem verpflichtet, eine Identifizierung mit Hilfe des elektronischen Identitätsnachweises nach § 18 PAuswG oder nach § 78 Abs. 5 AufenthG zu ermöglichen.

Um eine **medienbruchfreie Kommunikation** zu ermöglichen, trifft das EGovG weitere wichtige Folgeregelungen: Nach § 4 EGovG müssen alle Behörden die Einzahlung von Geldforderungen durch Teilnahme an mindestens einem im elektronischen Geschäftsverkehr üblichen und hinreichend sicheren Zahlungsverfahren ermöglichen. Nach § 5 Abs. 1 EGovG können auch die in einem Verwaltungsverfahren vorzulegenden Nachweise elektronisch eingereicht werden. Behörden des Bundes sollen nach § 6 EGovG bis zum 1.1.2020 die elektronische Akte eingeführt haben. Bis zu diesem Zeitpunkt steht es in ihrem Ermessen. Soweit von außen noch Papierdokumente eingehen, sollen die Behörden des Bundes nach § 7 EGovG an Stelle von Papierdokumenten deren elektronische Wiedergabe in der elektronischen Akte aufbewahren. Die Papierdokumente sollen nach dem Scannen vernichtet oder zurückgegeben werden. Akteneinsicht kann nach § 8 EGovG elektronisch gewährt werden.

Um das E-Government zu unterstützen und die Vorgaben des EGovG praktikabel umzusetzen, fordert das **Onlinezugangsgesetz** (OZG) **(Nr. 35)** vom 14.8.2017 vom Bund und von den Ländern, bis Ende 2022 ihre Verwaltungsleistungen auch elektronisch über Verwaltungsportale anzubieten und diese Portale miteinander zu einem Portalverbund zu verknüpfen. Dadurch sollen sie den Bürgern einen leichten und einheitlichen elektronischen Zugang zur Verwaltung bieten. Hierfür sollen sie für jeden Bürger Nutzerkonten bereitstellen, über die sich einheitlich für alle Verwaltungsleistungen von Bund und Ländern identifizieren können.

Einführung

2. Verwaltungsverfahren

In Generalklauseln der Grundlagengesetze wurde 2003 die **elektronische Form** für das öffentliche Recht eingeführt und der Schriftform gleichgestellt. Die elektronische Form ist nach § 3a Abs. 2 VwVfG erfüllt, wenn ein elektronisches Dokument mit einem qualifizierten Zertifikat und einer qualifizierten elektronischen Signatur versehen wird. Ergänzend zur elektronischen Form hat das Artikelgesetz zur Förderung der elektronischen Verwaltung zum 1.8.2013 in § 3a Abs. 2 Satz 4 VwVfG drei weitere Möglichkeiten eingeführt, die Schriftform zu ersetzen:
– Abgabe einer Erklärung unmittelbar in einem elektronischen Formular, das die Behörde in einem Eingabegerät oder über öffentlich zugängliche Netze zur Verfügung stellt. Dabei muss die Identität vor Ort oder über einen elektronischen Identitätsnachweis nach § 18 PAuswG **(Nr. 17)** oder nach § 78 Abs. 5 AufenthG nachgewiesen werden.
– Versendung eines elektronischen Dokuments an die Behörde nach § 5 Abs. 5 DeMailG **(Nr. 18)**. Bei dieser Versandart bestätigt der Diensteanbieter die sichere Anmeldung des Senders an seinem Konto und signiert dessen De-Mail samt den Anhängen in dessen Auftrag mit einer dauerhaft überprüfbaren qualifizierten Signatur.
– Sonstiges sicheres Verfahren, das durch Rechtsverordnung der Bundesregierung mit Zustimmung des Bundesrats festgelegt wurde.

Die Grundlagengesetze sehen auch besondere Regelungen für Verwaltungsakte vor. Bestimmte Verwaltungsakte erfordern eine langfristig prüfbare Signatur. Diese Anforderung ist nur von einem Vertrauensdienst zu erfüllen, der die Anforderungen des § 16 VDG erfüllt. Solche Signaturen sind der Behörde aber auch dann zu empfehlen, wenn sie sicher sein muss, dass sie sicher signiert, dass die Dokumente ohne jeden Zweifel die geforderte Form erfüllen, dass sie als Beweismittel geeignet sind und dass sie auch noch in ferner Zukunft geprüft werden können. § 3 Abs. 2 Satz 4 Nr. 3 VwVfG ermöglicht aber auch, die Schriftform dadurch zu erfüllen, dass die Behörde den elektronischen Verwaltungsakt oder sonstige elektronische Dokumente mittels De-Mail entsprechend § 5 Abs. 5 DeMailG versendet.

Regelungen waren auch notwendig für **Transformationsprozesse.** Wird ein Papierdokument durch Scannen in ein elektronisches Dokument überführt, kann die eigenhändige Unterschrift nicht mehr im Original überprüft werden. Wird ein elektronisches Dokument durch Ausdruck in ein Papierdokument oder durch Umcodierung in ein anderes elektronisches Format transformiert, kann die elektronische Signatur nicht mehr geprüft werden. Um dennoch mit solchen Substituten auch als Beweismittel arbeiten zu können, wurden die Beglaubigungsvorschriften in § 33 VwVfG 2003 angepasst.

3. Elektronisches Besteuerungsverfahren

Um das Besteuerungsverfahren der Nutzung von Multimediadiensten zu öffnen, hat die Steuerverwaltung das elektronische Verfahren „Elektronische Steuererklärung" (ELSTER) entwickelt. Um in diesem auch rechtsverbindliche Erklärungen zu ermöglichen, sieht die **Abgabenordnung** (AO) **(Nr. 38)** in § 87a die elektronische Kommunikation und die elektronische Form mit qualifizierter elektronischer Signatur vor. Daneben ermöglicht § 87a Abs. 3 Satz 4

Einführung

AO für den Bürger die unmittelbare Abgabe der Erklärung in einem elektronischen Formular oder die Versendung eines elektronischen Dokuments an die Behörde mit der Versandart nach § 5 Abs. 5 DeMailG. Die Behörde kann die Schriftform neben einer qualifizierten Signatur nach § 87a Abs. 4 Satz 3 AO dadurch ersetzen, dass sie eine De-Mail nach § 5 Abs. 5 DeMailG versendet, bei der die Signatur des Diensteanbieters die Finanzbehörde erkennen lässt. Nach § 87a Abs. 6 AO kann eine Rechtsverordnung zur Erfüllung der elektronischen Form neben der qualifizierten elektronischen Signatur auch ein anderes sicheres Verfahren zulassen, das den Datenübermittler (Absender der Daten) authentifiziert und die Integrität des elektronisch übermittelten Datensatzes gewährleistet. Zur Authentifizierung des Datenübermittlers kann auch der elektronische Identitätsnachweis des Personalausweises genutzt werden. Elektronische Verwaltungsakte werden in § 119 AO ermöglicht. Nach §§ 146 und 147 AO kann der Steuerpflichtige seine **aufbewahrungspflichtigen Unterlagen** auch als elektronische Dokumente aufbewahren.

Neue Regelungen zum **Datenschutz** wurden zur Anpassung an die DS-GVO in die Abgabenordnung aufgenommen (s. Kap. III. 2.).

Nach § 14 UStG **(Nr. 39)** können Rechnungen in Papier und als elektronische Dokumente ausgestellt und für den Vorsteuerabzug nach § 15 UStG verwendet werden. Als **elektronische Rechnung** wurde bis 2011 nur anerkannt, wenn sie entweder mit qualifizierter elektronischer Signatur oder in Form des elektronischen Datenaustausches im EDIFACT-Format übermittelt wurde. Durch das Steuervereinfachungsgesetz 2011 vom 1.11.2011 wurde eine Gleichstellung von Papierrechnung und elektronischer Rechnung angestrebt. Für jede Rechnung fordert § 14 Abs. 1 UStG, dass die Echtheit ihrer Herkunft, die Unversehrtheit ihres Inhalts und ihre Lesbarkeit gewährleistet werden. Echtheit der Herkunft bedeutet die Sicherheit der Identität des Rechnungsausstellers. Unversehrtheit des Inhalts bedeutet, dass die erforderlichen Angaben nicht geändert wurden. Neben der Sicherung dieser Anforderungen durch qualifizierte elektronische Signatur oder EDIFACT wird jetzt eine weitere Sicherungsmöglichkeit zugelassen: Jeder Unternehmer legt fest, in welcher Weise die Echtheit der Herkunft, die Unversehrtheit des Inhalts und die Lesbarkeit der Rechnung gewährleistet werden. Dies kann durch jegliche innerbetriebliche Kontrollverfahren erreicht werden, die einen verlässlichen Prüfpfad zwischen Rechnung und Leistung schaffen können.

4. Elektronisches Vergabeverfahren

Eine große wirtschaftliche Bedeutung hat die elektronische Auftragsvergabe durch die öffentliche Hand erwartet. Die Vergabe- und Vertragsordnungen für Bauleistungen **(Nr. 43)**, für Dienstleistungen und für freiberufliche Leistungen sehen spezifische Regelungen vor, um die Ausschreibung des Auftrags, die Einreichung der Angebote, die Durchführung des Bewertungsverfahrens und die Bekanntgabe der Vergabeentscheidung in elektronischer Form zu ermöglichen. Die Vertraulichkeit der elektronischen Dokumente ist durch Verschlüsselung, ihre Integrität und Authentizität ist durch elektronische Signaturen zu sichern.

5. Elektronische Gerichtsverfahren

Die elektronische Kommunikation und die elektronische Aktenführung ist auch in Verfahren vor den Verwaltungs-, Sozial- und Finanzgerichten möglich.

Einführung

Mit §§ 55a und b VwGO **(Nr. 37),** §§ 65a und b SGG und §§ 52a und b FGO schuf das **Justizkommunikationsgesetz** die erforderlichen Voraussetzungen. Außerdem gelten aufgrund der generellen Verweisungen auf die ZPO viele der dort geregelten Neuerungen, insbesondere die **Beweisregelungen der §§ 371a und 371b ZPO (Nr. 32). Die Beweisregelungen der eIDAS-VO** in Art. 35 Abs. 2, 40 Abs. 2 und 43 Abs. 2 gelten unmittelbar. § 128a ZPO ermöglicht dem Gericht, auf Antrag von Parteien, Zeugen oder Sachverständigen die mündliche Verhandlung oder Vernehmung online an unterschiedlichen Orten durch zeitgleiche Übertragung von Bild und Ton durchzuführen. Diese Nutzung von **Videokonferenzsystemen** erleichtert die Aufrechterhaltung des Prozessbetriebs auch in Pandemiezeiten.

VI. Straf-, Ordnungswidrigkeiten- und Verfahrensrecht

Ebenso wie in der körperlichen Welt werden auch in der immateriellen Welt der Netze Straftaten und Ordnungswidrigkeiten begangen und müssen erkannt, verfolgt und geahndet werden.

1. Straftaten und Ordnungswidrigkeiten

Viele **Straftaten,** die im Netz begangen werden, wie Vermögensdelikte (Beispiel Betrug – § 263 StGB) **(Nr. 44),** Äußerungsdelikte (Beispiel Beleidigung – § 185 StGB) oder Verletzungen des persönlichen Lebens- und Geheimbereichs (Beispiel Verletzung von Privatgeheimnissen – § 203 StGB; Verletzung des Post- oder Fernmeldegeheimnisses – 206 StGB) oder Geheimnisverrat (§ 17 UWG) können nach allgemeinem Strafrecht bestraft werden, weil es bei ihnen nicht auf irgendwelche Begehungs- oder Erfolgsformen ankommt, die es nur in der körperlichen Welt gibt. Sie setzen keine auf Multimediadienste bezogenen Straftatbestände voraus. Andere spezifische computerorientierte Straftaten hat das Strafrecht schon seit längerem erfasst wie etwa das Hacking (§ 202a StGB), Computerbetrug (§ 263a StGB), Computersabotage (§§ 269, 303a, 303b StGB) oder Softwarepiraterie (§§ 69a, 106 UrhG).

Um Strafbarkeitslücken zu vermeiden mussten aber auch Straf- und Ordnungswidrigkeitentatbestände, die das Verbreiten oder Zugänglichmachen von **„Schriften"** sanktionierten, überarbeitet werden. Dies ist etwa der Fall, wenn die Schriften Werbung für verfassungsfeindliche Organisationen (§§ 86, 86a StGB), öffentliche Aufforderung zu Straftaten (§ 111 StGB), Volksverhetzung (§ 130 Abs. 2 StGB), Anleiten zu Straftaten (§ 130a Abs. 1 StGB), Gewaltdarstellung (§ 131 StGB), Pornographie (§ 184 StGB) sowie Aufforderung zu strafbaren Handlungen (§ 116 OWiG) **(Nr. 46),** Anbieten sexueller Handlungen (§ 119 OWiG) und Werbung für Prostitution (§ 120 OWiG) zum Inhalt haben. Entsprechend der Anpassung des Schriftenbegriffs im GjS wurde 1997 auch das StGB und das OWiG an die Multimediatechnik angepasst und für diese Delikte klargestellt, dass auch unkörperliche Speicherungen und Übermittlungen erfasst werden. Als „Schriften" gelten ebenso Datenträger wie auch elektronische Arbeitsspeicher, die die Inhalte nur vorübergehend bereit halten. Nicht erfasst werden dagegen Inhalte, die unmittelbar in Echtzeit (Fernsehübertragung) oder nahezu in Echtzeit (paketweise Datenübertragung) übermittelt werden, sowie die zur Übermittlung technisch notwendigen kurzfristigen Zwischenspeicherungen. Entsprechend der Erweiterung des Schriftenbegriffs im StGB wurden

Einführung

auch die **Ordnungswidrigkeitentatbestände** der §§ 116, 119 und 120 OWiG um den Begriff des „Datenspeichers" erweitert. Dadurch wird im Strafrecht und im Ordnungswidrigkeitenrecht übereinstimmend der gleiche Schriftenbegriff verwendet.

Soweit die Strafbarkeit eines **Service-Providers** in Frage steht, sind die Regelungen der §§ 7 bis 10 TMG **(Nr. 5)** zu beachten, die wie ein Filter vor das Strafrecht gesetzt sind und die strafrechtliche Verantwortlichkeit bestimmen.

Zur Verbesserung der Durchsetzung rechtlicher Pflichten hat das **Netzwerkdurchsetzungsgesetz (Nr. 6)** neue Pflichten und neue Bußgeldtatbestände für große Anbieter von Social Media geschaffen (s. Kap. III. 1.).

2. Überwachung von Telekommunikation und Multimediadiensten

Um Delikte aufklären zu können, müssen die **Strafverfolgungsbehörden** Möglichkeiten haben, auch Kommunikation zu überwachen, Täter festzustellen und Beweismittel zu sichern. Hierfür können sie bei den Katalogstraftaten des § 100a StPO **(Nr. 45)** auf richterlichen Beschluss hin den Fernmeldeverkehr **überwachen und aufzeichnen.** Dies betrifft sowohl die Inhalte von Telefongesprächen als auch von E-Mails, Telefax und jeden Online-Datenaustausch. Nach der Telekommunikations-Überwachungsverordnung (TKÜV) müssen grundsätzlich alle Telekommunikationsanbieter – auch soweit sie Zugang zum Internet ermöglichen – den Überwachungsbehörden alle Kommunikationsvorgänge als Doppel anbieten. Die §§ 100g und 100h StPO geben den Strafverfolgungsbehörden auch die Befugnis, von geschäftsmäßigen Telekommunikationsdiensteanbietern **Auskünfte** über Verbindungsdaten wie z. B. Berechtigungskennung, Kartennummer, Standortkennung und Rufnummern oder die Kennung des anrufenden und angerufenen Anschlusses zu verlangen. Das Auskunftsersuchen kann sich nicht nur auf abgewickelte Vorgänge, sondern auch auf zukünftige Verbindungen der nächsten drei Monate beziehen. Allerdings besteht nur eine Verpflichtung, die Daten herauszugeben, die der Anbieter ohnehin speichert. Er ist nicht verpflichtet, anonyme Verbindungsdaten personenbezogen zu speichern.

Die Strafverfolgungsbehörden können außerdem Netzrechner, auf denen strafbare Inhalte angeboten werden und im Inland stehen, nach §§ 102, 103 StPO durchsuchen sowie diese und Datenträger nach § 94 StPO beschlagnahmen. Für **Verfassungsschutzbehörden und Geheimdienste** ermöglicht das G-10-Gesetz **(Nr. 47)** ebenfalls, den Fernmeldeverkehr zu überwachen und aufzuzeichnen. Allerdings werden diese Überwachungsbefugnisse nicht von Gerichten, sondern vom Parlamentarischen Kontrollgremium und der G-10-Kommission (§§ 14 ff. G 10) kontrolliert.

Diese Überwachungsmaßnahmen haben die Anbieter von Telekommunikationsanlagen nach § 170 TKG und Gesetz zur Anpassung der Regelungen über die Bestandsdatenauskunft an die Vorgaben aus der Entscheidung des Bundesverfassungsgerichts vom 27.5.2020 (BGBl. 2020 I S. 448, berichtigt BGBl. 2021 I S. 1380) auf eigene Kosten zu ermöglichen. Nach § 173 TKG und der TKÜV haben die Anbieter **Kundendateien** mit Rufnummern, Namen, Anschrift und Geburtsdatum ihrer Kunden zu führen. Dies gilt uneingeschränkt auch bei Kundenverhältnissen, bei denen die vom Kunden in Anspruch zu nehmende Telekommunikationsdienstleistung im Voraus bezahlt wird (z. B. sog. Prepaid-Produkte im Festnetz und Mobilfunk). Die Anbieter haben nach § 173 TKG (automatisiertes Verfahren) und § 174 TKG (manuelles Verfahren) den zuständigen Stellen (sog. Bedarfsträger) personenbezogene Daten zu übermitteln. Im automatisierten Verfahren können Bedarfsträger unmittelbar und unbemerkt von den Anbietern Daten aus diesen Dateien abrufen. Die BNetzA führt auf Ersuchen der genannten staatlichen Stellen den Abruf durch und übermittelt ihnen die Daten. Sie protokolliert den Vorgang und löscht die Protokolldaten nach zwölf Monaten.

Die **Verschlüsselung** von Nachrichten durch die Nutzer ist in der Bundesrepublik Deutschland nicht verboten, sondern derzeit noch vom Grundrecht auf Schutz und Entfaltung der Persönlichkeit (Art. 2 Abs. 1 GG) und auf Wahrung des Telekommunikationsgeheimnisses (Art. 10 Abs. 1 GG) (Verschlüsselungsfreiheit) geschützt. Wird die Telekommunikation allerdings von Anbietern von geschäftsmäßigen Telekommunikationsdienstleistungen verschlüsselt, so haben diese nach § 8 Abs. 3 TKÜV den Ermittlungsbehörden die für die Entschlüsselung erforderlichen Informationen aufzuheben.

3. Gebührenrecht

Durch das TKGÄndG 2009 wurden eine Reihe von neuen Verfahrensgebühren eingeführt, nach denen fast alle Verfahren vor den Beschlusskammern der BNetzA gebührenpflichtig wurden (insbesondere Zusammenschaltungs-, Entgelt- und Missbrauchsverfahren). Mit dem TKG 2012 wurde auch das Streitbeilegungsverfahren nach § 133 TKG gebührenpflichtig. Nach der Novellierung des TKG durch das Telekommunikationsmodernisierungsgesetz 2021 finden sich die Regelungen in den §§ 223 bis 227 TKG.

VII. Ausblick

Mit dem neuen Recht der Telekommunikation und der Multimediadienste wurde in der Bundesrepublik Deutschland und in der Europäischen Union die rechtliche Grundlage für die gegenwärtig erkennbaren Formen der Online-Kommunikation geschaffen. Mit diesen neuen Regelungen müssen immer wieder neue Praxiserfahrungen gewonnen werden. Sie werden zu weiteren Anpassungen zwingen. Außerdem werden Telekommunikations- und Multimediatechnik auch künftig in rasantem Tempo weiterentwickelt werden und neue Anwendungen ermöglichen. Für diese müssen spezifische Regelungen fortentwickelt und die Neukonkretisierungen allgemeiner Regelungen immer wieder überprüft werden. Der elektronische Geschäftsverkehr und die elektronische Verwaltung sind etabliert und entwickeln sich mit hohen Zuwachsraten weiter. Neue Geschäftsfelder und immer wieder neue Anwendungen werden neue Herausforderungen und neue Regulierungen erfordern, die spezifische Probleme der Netzwelt lösen. Entsprechend seinem Gegenstand ist Telekommunikations- und Multimediarecht ein sich sehr dynamisch entwickelnder und verändernder Rechtsbereich.

Erster Teil. Telekommunikationsrecht
1. Telekommunikationsgesetz (TKG)[1)]

Vom 23. Juni 2021
(BGBl. I S. 1858)
FNA 900-17
zuletzt geänd. durch Art. 8 AufbauhilfeG 2021 v. 10.9.2021 (BGBl. I S. 4147)

Inhaltsübersicht

Teil 1. Allgemeine Vorschriften

§ 1	Zweck des Gesetzes, Anwendungsbereich
§ 2	Ziele und Grundsätze der Regulierung
§ 3	Begriffsbestimmungen
§ 4	Internationale Berichtspflichten
§ 5	Meldepflicht
§ 6	Jahresfinanzbericht
§ 7	Strukturelle Separierung und getrennte Rechnungslegung
§ 8	Ordnungsgeldvorschriften
§ 9	Internationaler Status

Teil 2. Marktregulierung
Abschnitt 1. Verfahren der Marktregulierung

§ 10	Marktdefinition
§ 11	Marktanalyse
§ 12	Konsultations- und Konsolidierungsverfahren
§ 13	Regulierungsverfügung
§ 14	Verfahren der Regulierungsverfügung
§ 15	Überprüfung von Marktdefinition, Marktanalyse und Regulierungsverfügung
§ 16	Verfahren bei sonstigen marktrelevanten Maßnahmen
§ 17	Verwaltungsvorschriften zu Regulierungsgrundsätzen und Anträge auf Auskunft über den Regulierungsrahmen für Netze mit sehr hoher Kapazität
§ 18	Verpflichtungszusagen
§ 19	Marktprüfungsverfahren für Verpflichtungszusagen

Abschnitt 2. Zugangsregulierung
Unterabschnitt 1. Allgemeine Zugangsvorschriften

§ 20	Verhandlungen über Zugang und Zusammenschaltung
§ 21	Zugangsverpflichtung und Zusammenschaltung bei Kontrolle über Zugang zu Endnutzern
§ 22	Zugangsverpflichtung bei Hindernissen der Replizierbarkeit
§ 23	Zugangsvereinbarungen bei Kontrolle über Zugang zu Endnutzern oder bei Hindernissen der Replizierbarkeit

Unterabschnitt 2. Zugangsvorschriften für Unternehmen mit beträchtlicher Marktmacht

§ 24	Diskriminierungsverbot
§ 25	Transparenzverpflichtung
§ 26	Zugangsverpflichtungen
§ 27	Verpflichtungen zur einheitlichen Rechnungsstellung und Inkasso
§ 28	Zugangsvereinbarungen
§ 29	Standardangebot
§ 30	Getrennte Rechnungslegung

Unterabschnitt 3. Sonstige Zugangsvorschriften für Unternehmen mit beträchtlicher Marktmacht

§ 31	Verpflichtung zur funktionellen Trennung eines vertikal integrierten Unternehmens
§ 32	Freiwillige funktionelle Trennung durch ein vertikal integriertes Unternehmen
§ 33	Ausschließlich auf der Vorleistungsebene tätige Unternehmen
§ 34	Migration von herkömmlichen Infrastrukturen

[1)] Verkündet als Art. 1 G v. 23.6.2021 (BGBl. I S. 1858); Inkrafttreten gem. Art. 61 Abs. 1 dieses G am 1.12.2021.

Unterabschnitt 4. Allgemeine Vorschriften
§ 35 Anordnungen im Rahmen der Zugangsregulierung
§ 36 Veröffentlichung

Abschnitt 3. Entgeltregulierung
Unterabschnitt 1. Entgeltvorschriften für Zugangsleistungen
§ 37 Missbräuchliches Verhalten eines Unternehmens mit beträchtlicher Marktmacht bei der Forderung und Vereinbarung von Entgelten
§ 38 Entgeltregulierung
§ 39 Maßstäbe der Entgeltgenehmigung
§ 40 Verfahren der Entgeltgenehmigung
§ 41 Rechtsschutz bei Verfahren der Entgeltgenehmigung
§ 42 Kosten der effizienten Leistungsbereitstellung
§ 43 Kostenunterlagen
§ 44 Abweichung von genehmigten Entgelten
§ 45 Verfahren der Entgeltanzeige
§ 46 Nachträgliche Missbrauchsprüfung

Unterabschnitt 2. Allgemeine Vorschriften
§ 47 Anordnungen im Rahmen der Entgeltregulierung
§ 48 Veröffentlichung

Abschnitt 4. Regulierung von Endnutzerleistungen
§ 49 Regulierung von Endnutzerleistungen

Abschnitt 5. Besondere Missbrauchsaufsicht
§ 50 Missbräuchliches Verhalten eines Unternehmens mit beträchtlicher Marktmacht

Teil 3. Kundenschutz
§ 51 Nichtdiskriminierung, Berücksichtigung der Interessen von Endnutzern mit Behinderungen
§ 52 Transparenz, Veröffentlichung von Informationen und Dienstemerkmalen zur Kostenkontrolle; Rechtsverordnung
§ 53 Unabhängige Vergleichsinstrumente
§ 54 Vertragsschluss und Vertragszusammenfassung
§ 55 Informationsanforderungen für Verträge
§ 56 Vertragslaufzeit, Kündigung nach stillschweigender Vertragsverlängerung
§ 57 Vertragsänderung, Minderung und außerordentliche Kündigung
§ 58 Entstörung
§ 59 Anbieterwechsel und Rufnummernmitnahme
§ 60 Umzug
§ 61 Selektive Sperre zum Schutz vor Kosten, Sperre bei Zahlungsverzug
§ 62 Rechnungsinhalte, Teilzahlungen
§ 63 Verbindungspreisberechnung
§ 64 Vorausbezahlung
§ 65 Anspruch auf Einzelverbindungsnachweis
§ 66 Angebotspakete
§ 67 Beanstandungen
§ 68 Schlichtung
§ 69 Abwehr- und Schadensersatzansprüche
§ 70 Haftungsbegrenzung
§ 71 Abweichende Vereinbarungen und Geltungsbereich Kundenschutz
§ 72 Glasfaserbereitstellungsentgelt

Teil 4. Telekommunikationsendeinrichtungen und Rundfunkübertragung
§ 73 Anschluss von Telekommunikationsendeinrichtungen
§ 74 Schnittstellenbeschreibungen der Betreiber öffentlicher Telekommunikationsnetze
§ 75 Interoperabilität von Fernseh- und Radiogeräten
§ 76 Zugangsberechtigungssysteme
§ 77 Streitschlichtung

Teil 5. Informationen über Infrastruktur und Netzausbau
§ 78 Aufgaben der zentralen Informationsstelle des Bundes
§ 79 Informationen über Infrastruktur
§ 80 Informationen über Breitbandausbau
§ 81 Informationen über künftigen Netzausbau

§ 82	Informationen über Baustellen
§ 83	Informationen über Liegenschaften
§ 84	Gebiete mit Ausbaudefizit
§ 85	Veröffentlichung und Weitergabe von Informationen
§ 86	Verordnungsermächtigung

Teil 6. Frequenzordnung

§ 87	Ziele der Frequenzregulierung
§ 88	Aufgaben
§ 89	Verordnungsermächtigung
§ 90	Frequenzplan
§ 91	Frequenzzuteilung
§ 92	Befristung und Verlängerung der Frequenzzuteilung
§ 93	Gemeinsame Frequenzzuteilungen
§ 94	Zeitliche Koordinierung der Frequenzzuteilungen
§ 95	Orbitpositionen und Frequenznutzungen durch Satelliten
§ 96	Frequenzzuteilung für Rundfunk, Luftfahrt, Seeschifffahrt, Binnenschifffahrt und sicherheitsrelevante Funkanwendungen
§ 97	Zuteilung zur gemeinsamen Frequenznutzung, Erprobung innovativer Technologien, kurzfristig auftretender Frequenzbedarf
§ 98	Zuteilung zur alternativen Frequenznutzung
§ 99	Bestandteile der Frequenzzuteilung
§ 100	Vergabeverfahren
§ 101	Flexibilisierung der Frequenznutzung
§ 102	Widerruf der Frequenzzuteilung, Verzicht
§ 103	Überwachung, Anordnung der Außerbetriebnahme, Monitoring der Mobilfunkversorgung
§ 104	Einschränkung der Frequenzzuteilung
§ 105	Förderung des Wettbewerbs
§ 106	Lokales Roaming, Zugang zu aktiven und passiven Netzinfrastrukturen
§ 107	Beteiligung in der Gruppe für Frequenzpolitik

Teil 7. Nummerierung

§ 108	Nummerierung
§ 109	Preisangabe
§ 110	Preisansage
§ 111	Preisanzeige
§ 112	Preishöchstgrenzen
§ 113	Verbindungstrennung
§ 114	Anwählprogramme (Dialer)
§ 115	Warteschleifen
§ 116	Wegfall des Entgeltanspruchs
§ 117	Auskunftsanspruch
§ 118	Datenbank für (0)900er-Rufnummern
§ 119	R-Gespräche
§ 120	Rufnummernübermittlung
§ 121	Internationaler entgeltfreier Telefondienst
§ 122	Umgehungsverbot
§ 123	Befugnisse der Bundesnetzagentur
§ 124	Mitteilung an Staatsanwaltschaft oder Verwaltungsbehörde

Teil 8. Wegerechte und Mitnutzung

Abschnitt 1. Wegerechte

§ 125	Berechtigung zur Nutzung öffentlicher Wege und ihre Übertragung
§ 126	Pflichten der Eigentümer und Betreiber öffentlicher Telekommunikationsnetze oder öffentlichen Zwecken dienender Telekommunikationslinien
§ 127	Verlegung und Änderung von Telekommunikationslinien
§ 128	Mitnutzung und Wegerecht
§ 129	Rücksichtnahme auf Wegeunterhaltung und Widmungszweck
§ 130	Gebotene Änderung
§ 131	Schonung der Baumpflanzungen
§ 132	Besondere Anlagen
§ 133	Spätere besondere Anlagen
§ 134	Beeinträchtigung von Grundstücken und Gebäuden

§ 135 Verjährung der Ansprüche

Abschnitt 2. Mitnutzung öffentlicher Versorgungsnetze

§ 136 Informationen über passive Netzinfrastrukturen
§ 137 Vor-Ort-Untersuchung passiver Netzinfrastrukturen
§ 138 Mitnutzung öffentlicher Versorgungsnetze
§ 139 Umfang des Mitnutzungsanspruchs bei Elektrizitätsversorgungsnetzen
§ 140 Einnahmen aus Mitnutzungen
§ 141 Ablehnung der Mitnutzung, Versagungsgründe
§ 142 Informationen über Bauarbeiten an öffentlichen Versorgungsnetzen
§ 143 Koordinierung von Bauarbeiten
§ 144 Allgemeine Informationen über Verfahrensbedingungen bei Bauarbeiten
§ 145 Netzinfrastruktur von Gebäuden
§ 146 Mitverlegung, Sicherstellung und Betrieb der Infrastruktur für Netze mit sehr hoher Kapazität
§ 147 Antragsform und Reihenfolge der Verfahren
§ 148 Vertraulichkeit der Verfahren, Informationsverarbeitung und Gewährung der Einsichtnahme
§ 149 Regulierungsziele, Entgeltmaßstäbe und Fristen der nationalen Streitbeilegung
§ 150 Genehmigungsfristen für Bauarbeiten
§ 151 Verordnungsermächtigungen

Abschnitt 3. Drahtlose Zugangspunkte mit geringer Reichweite, sonstige physische Infrastrukturen und offener Netzzugang

§ 152 Errichtung, Anbindung und Betrieb drahtloser Zugangspunkte mit geringer Reichweite
§ 153 Informationen über sonstige physische Infrastruktur für drahtlose Zugangspunkte mit geringer Reichweite
§ 154 Mitnutzung sonstiger physischer Infrastruktur für drahtlose Zugangspunkte mit geringer Reichweite
§ 155 Offener Netzzugang zu öffentlich geförderten Telekommunikationsnetzen und Telekommunikationslinien, Verbindlichkeit von Ausbauzusagen in der Förderung

Teil 9. Recht auf Versorgung mit Telekommunikationsdiensten

§ 156 Recht auf Versorgung mit Telekommunikationsdiensten
§ 157 Verfügbarkeit der Telekommunikationsdienste
§ 158 Erschwinglichkeit der Telekommunikationsdienste
§ 159 Beitrag von Unternehmen zur Versorgung mit Telekommunikationsdiensten
§ 160 Feststellung der Unterversorgung
§ 161 Verpflichtungen zur Versorgung mit Telekommunikationsdiensten
§ 162 Ausgleich für die Versorgung mit Telekommunikationsdiensten
§ 163 Umlageverfahren

Teil 10. Öffentliche Sicherheit und Notfallvorsorge

Abschnitt 1. Öffentliche Sicherheit

§ 164 Notruf
§ 164a Öffentliche Warnungen
§ 165 Technische und organisatorische Schutzmaßnahmen
§ 166 Sicherheitsbeauftragter und Sicherheitskonzept
§ 167 Katalog von Sicherheitsanforderungen
§ 168 Mitteilung eines Sicherheitsvorfalls
§ 169 Daten- und Informationssicherheit
§ 170 Umsetzung von Überwachungsmaßnahmen, Erteilung von Auskünften
§ 171 Mitwirkung bei technischen Ermittlungsmaßnahmen bei Mobilfunkendgeräten
§ 172 Daten für Auskunftsersuchen der Sicherheitsbehörden
§ 173 Automatisiertes Auskunftsverfahren
§ 174 Manuelles Auskunftsverfahren
§ 175 Verpflichtete; Entschädigung
§ 176 Pflichten zur Speicherung von Verkehrsdaten
§ 177 Verwendung der Daten
§ 178 Gewährleistung der Sicherheit der Daten
§ 179 Protokollierung
§ 180 Anforderungskatalog
§ 181 Sicherheitskonzept
§ 182 Auskunftsersuchen des Bundesnachrichtendienstes

| § 183 | Kontrolle und Durchsetzung von Verpflichtungen |

Abschnitt 2. Notfallvorsorge

§ 184	Anwendungsbereich
§ 185	Telekommunikationssicherstellungspflicht
§ 186	Telekommunikationsbevorrechtigung
§ 187	Umsetzung der Telekommunikationsbevorrechtigung
§ 188	Mitwirkungspflichten und Entschädigung
§ 189	Entgelte für die Telekommunikationsbevorrechtigung
§ 190	Kontrolle und Durchsetzung von Verpflichtungen

Teil 11. Bundesnetzagentur und andere zuständige Behörden

Abschnitt 1. Organisation

§ 191	Aufgaben und Befugnisse
§ 192	Medien der Veröffentlichung
§ 193	Veröffentlichung von Weisungen
§ 194	Aufgaben und Rechte des Beirates
§ 195	Tätigkeitsbericht, Sektorgutachten
§ 196	Jahresbericht
§ 197	Zusammenarbeit mit anderen Behörden auf nationaler Ebene
§ 198	Zusammenarbeit mit anderen Behörden auf der Ebene der Europäischen Union
§ 199	Bereitstellung von Informationen
§ 200	Mediation
§ 201	Wissenschaftliche Beratung

Abschnitt 2. Befugnisse

§ 202	Durchsetzung von Verpflichtungen
§ 203	Auskunftsverlangen und weitere Untersuchungsrechte; Übermittlungspflichten
§ 204	Auskunftserteilung
§ 205	Ermittlungen
§ 206	Beschlagnahme
§ 207	Vorläufige Anordnungen
§ 208	Vorteilsabschöpfung durch die Bundesnetzagentur

Abschnitt 3. Verfahren

Unterabschnitt 1. Verwaltungsverfahren der Bundesnetzagentur

| § 209 | Entscheidungen der Bundesnetzagentur |
| § 210 | Bekanntgabe von Allgemeinverfügungen |

Unterabschnitt 2. Beschlusskammern

§ 211	Beschlusskammerentscheidungen
§ 212	Sonstige Streitigkeiten zwischen Unternehmen
§ 213	Einleitung, Beteiligte
§ 214	Verfahren der nationalen Streitbeilegung
§ 215	Anhörung, mündliche Verhandlung
§ 216	Betriebs- oder Geschäftsgeheimnisse

Unterabschnitt 3. Gerichtsverfahren

§ 217	Rechtsbehelfe
§ 218	Vorlage- und Auskunftspflicht der Bundesnetzagentur
§ 219	Informationssystem zu eingelegten Rechtsbehelfen
§ 220	Beteiligung der Bundesnetzagentur bei bürgerlichen Rechtsstreitigkeiten

Unterabschnitt 4. Internationale Aufgaben

| § 221 | Internationale Aufgaben |
| § 222 | Anerkannte Abrechnungsstelle für den Seefunkverkehr |

Teil 12. Abgaben

§ 223	Gebühren und Auslagen; Verordnungsermächtigung
§ 224	Frequenznutzungsbeitrag
§ 225	Kosten von außergerichtlichen Streitbeilegungsverfahren
§ 226	Kosten des Vorverfahrens
§ 227	Mitteilung der Bundesnetzagentur

Teil 13. Bußgeldvorschriften

| § 228 | Bußgeldvorschriften |

Teil 14. Übergangs- und Schlussvorschriften

§ 229 Geltungsbereich
§ 230 Übergangsvorschriften.

Teil 1. Allgemeine Vorschriften

§ 1 Zweck des Gesetzes, Anwendungsbereich. (1) Zweck dieses Gesetzes ist es, durch technologieneutrale Regulierung den Wettbewerb im Bereich der Telekommunikation und leistungsfähige Telekommunikationsinfrastrukturen zu fördern und flächendeckend angemessene und ausreichende Dienstleistungen zu gewährleisten.

(2) Diesem Gesetz unterliegen alle Unternehmen oder Personen, die im Geltungsbereich dieses Gesetzes Telekommunikationsnetze oder Telekommunikationsanlagen betreiben oder Telekommunikationsdienste erbringen sowie die weiteren, nach diesem Gesetz Berechtigten und Verpflichteten.

§ 2 Ziele und Grundsätze der Regulierung. (1) Die Regulierung der Telekommunikation ist eine hoheitliche Aufgabe des Bundes.

(2) Ziele der Regulierung sind

1. die Sicherstellung der Konnektivität sowie die Förderung des Zugangs zu und der Nutzung von Netzen mit sehr hoher Kapazität durch alle Bürger und Unternehmen,
2. die Sicherstellung eines chancengleichen Wettbewerbs und die Förderung nachhaltig wettbewerbsorientierter Märkte der Telekommunikation im Bereich der Telekommunikationsdienste und -netze – einschließlich eines effizienten infrastrukturbasierten Wettbewerbs – sowie der zugehörigen Einrichtungen und Dienste, auch in der Fläche,
3. die Wahrung der Nutzer-, insbesondere der Verbraucherinteressen auf dem Gebiet der Telekommunikation; die Bundesnetzagentur für Elektrizität, Gas, Telekommunikation, Post und Eisenbahn (Bundesnetzagentur) und andere nach diesem Gesetz zuständige Behörden fördern die Interessen der Nutzer, indem sie
   a) die Konnektivität, die breite Verfügbarkeit sowie den beschleunigten Ausbau von Netzen mit sehr hoher Kapazität wie auch von Telekommunikationsdiensten sicherstellen und deren Nutzung fördern,
   b) auf größtmögliche Vorteile der Nutzer in Bezug auf Auswahl, Preise und Qualität auf der Grundlage eines wirksamen Wettbewerbs hinwirken,
   c) die Interessen der öffentlichen Sicherheit wahren und die Sicherheit der Netze und Dienste gewährleisten,
   d) gleichwertige Lebensverhältnisse in städtischen und ländlichen Räumen sowie ein hohes gemeinsames Schutzniveau für die Endnutzer sicherstellen und die Bedürfnisse – wie beispielsweise erschwingliche Preise – bestimmter gesellschaftlicher Gruppen, insbesondere von Endnutzern mit Behinderungen, älteren Endnutzern und Endnutzern mit besonderen sozialen Bedürfnissen, sowie die Wahlmöglichkeiten und den gleichwertigen Zugang für Endnutzer mit Behinderungen berücksichtigen,
   e) sicherstellen, dass im Bereich der Telekommunikation keine Wettbewerbsverzerrungen oder -beschränkungen bestehen,

4. die Förderung der Entwicklung des Binnenmarktes der Europäischen Union, indem die Bundesnetzagentur und andere nach diesem Gesetz zuständige Behörden verbleibende Hindernisse für Investitionen in Telekommunikationsnetze, Telekommunikationsdienste, zugehörige Einrichtungen und zugehörige Dienste sowie für deren Bereitstellung in der gesamten Europäischen Union abbauen helfen und die Schaffung konvergierender Bedingungen hierfür erleichtern, gemeinsame Regeln und vorhersehbare Regulierungskonzepte entwickeln und ferner offene Innovationen, den Aufbau und die Entwicklung transeuropäischer Netze, die Bereitstellung, Verfügbarkeit und Interoperabilität europaweiter Dienste und die durchgehende Konnektivität fördern,
5. die Sicherstellung einer effizienten und störungsfreien Nutzung von Frequenzen, auch unter Berücksichtigung der Belange des Rundfunks.

(3) Die Bundesnetzagentur und andere nach diesem Gesetz zuständige Behörden wenden bei der Verfolgung der in Absatz 2 festgelegten Ziele objektive, transparente, nichtdiskriminierende und verhältnismäßige Regulierungsgrundsätze an, indem sie unter anderem

1. die Vorhersehbarkeit der Regulierung dadurch fördern, dass sie über angemessene Überprüfungszeiträume und im Wege der Zusammenarbeit untereinander, mit dem GEREK, mit der Gruppe für Frequenzpolitik und mit der Kommission ein einheitliches Regulierungskonzept wahren,
2. gewährleisten, dass Betreiber von Telekommunikationsnetzen und Anbieter von Telekommunikationsdiensten unter vergleichbaren Umständen nicht diskriminiert werden,
3. das Unionsrecht in technologieneutraler Weise anwenden, soweit dies mit der Erfüllung der Ziele des Absatzes 2 vereinbar ist,
4. effiziente Investitionen und Innovationen im Bereich neuer und verbesserter Infrastrukturen auch dadurch fördern, dass sie dafür sorgen, dass bei jeglicher Zugangsverpflichtung dem Risiko der investierenden Unternehmen gebührend Rechnung getragen wird und dass sie verschiedene kommerzielle Vereinbarungen zur Diversifizierung des Investitionsrisikos zwischen Investoren untereinander sowie zwischen Investoren und Zugangsnachfragern zulassen, während sie gleichzeitig gewährleisten, dass der Wettbewerb auf dem Markt und der Grundsatz der Nichtdiskriminierung gewahrt werden,
5. die vielfältigen Bedingungen im Zusammenhang mit Infrastrukturen, Wettbewerb, Gegebenheiten der Endnutzer und insbesondere der Verbraucher, die in den verschiedenen geografischen Gebieten innerhalb der Bundesrepublik Deutschland vorhanden sind, gebührend berücksichtigen und
6. regulatorische Vorabverpflichtungen nur dann auferlegen, wenn es keinen wirksamen und nachhaltigen Wettbewerb im Interesse der Endnutzer gibt und gewährleisten, dass diese Verpflichtungen gelockert oder aufgehoben werden, sobald es einen solchen Wettbewerb gibt.

(4) [1]Die Vorschriften des Gesetzes gegen Wettbewerbsbeschränkungen bleiben, soweit nicht durch dieses Gesetz ausdrücklich abschließende Regelungen getroffen werden, anwendbar. [2]Die Aufgaben und Zuständigkeiten der Kartellbehörden bleiben unberührt.

(5) Die hoheitlichen Rechte des Bundesministeriums der Verteidigung bleiben unberührt.

(6) Die Belange der Behörden und Organisationen mit Sicherheitsaufgaben des Bundes und der Länder sind zu berücksichtigen, ebenso nach Maßgabe dieses Gesetzes die Belange der Bundeswehr.

(7) ¹Die Belange des Rundfunks und vergleichbarer Telemedien sind unabhängig von der Art der Übertragung zu berücksichtigen. ²Die medienrechtlichen Bestimmungen der Länder bleiben unberührt.

§ 3 Begriffsbestimmungen. Im Sinne dieses Gesetzes ist oder sind

1. „Anbieter von Telekommunikationsdiensten" jeder, der Telekommunikationsdienste erbringt;
2. „Anruf" eine über einen öffentlich zugänglichen interpersonellen Telekommunikationsdienst aufgebaute Verbindung, die eine zweiseitige oder mehrseitige Sprachkommunikation ermöglicht;
3. „Anschlusskennung" eine Rufnummer oder andere eindeutige und einmalige Zeichenfolge, die einem bestimmten Anschlussinhaber dauerhaft zugewiesen ist und die Telekommunikation über den jeweiligen Anschluss eindeutig und gleichbleibend kennzeichnet;
4. „Anwendungs-Programmierschnittstelle" die Software-Schnittstelle zwischen Anwendungen, die von Sendeanstalten oder Diensteanbietern zur Verfügung gestellt werden, und den Anschlüssen in den erweiterten digitalen Fernsehempfangsgeräten für digitale Fernseh- und Hörfunkdienste;
5. „Auskunftsdienste" bundesweit jederzeit telefonisch erreichbare Dienste, insbesondere des Rufnummernbereichs 118, die ausschließlich der Weitergabe von Rufnummer, Name, Anschrift sowie zusätzlichen Angaben von Endnutzern dienen; die Weitervermittlung zu einem erfragten Endnutzer oder Dienst kann Bestandteil des Auskunftsdienstes sein;
6. „Bestandsdaten" Daten eines Endnutzers, die erforderlich sind für die Begründung, inhaltliche Ausgestaltung, Änderung oder Beendigung eines Vertragsverhältnisses über Telekommunikationsdienste;
7. „Betreiber" ein Unternehmen, das ein öffentliches Telekommunikationsnetz oder eine zugehörige Einrichtung bereitstellt oder zur Bereitstellung hiervon befugt ist;
8. „Betreiberauswahl" der Zugang eines Endnutzers zu den Diensten aller unmittelbar zusammengeschalteten Anbieter von öffentlich zugänglichen nummerngebundenen interpersonellen Telekommunikationsdiensten im Einzelwahlverfahren durch Wählen einer Kennzahl;
9. „Betreibervorauswahl" der Zugang eines Endnutzers zu den Diensten aller unmittelbar zusammengeschalteten Anbieter von öffentlich zugänglichen nummerngebundenen interpersonellen Telekommunikationsdiensten durch festgelegte Vorauswahl, wobei der Endnutzer unterschiedliche Voreinstellungen für Orts- und Fernverbindungen vornehmen kann und bei jedem Anruf die festgelegte Vorauswahl durch Wählen einer Betreiberkennzahl übergehen kann;
10. „digitales Fernsehempfangsgerät" ein Fernsehgerät mit integriertem digitalem Decoder oder ein an ein Fernsehgerät anschließbarer digitaler Decoder zur Nutzung digital übertragener Fernsehsignale, die mit Zusatzsignalen einschließlich einer Zugangsberechtigung angereichert sein können;
11. „drahtlose Breitbandnetze und -dienste" breitbandfähige drahtlose Telekommunikationsnetze und -dienste;

12. „drahtloser Zugangspunkt mit geringer Reichweite" eine kleine Anlage mit geringer Leistung und geringer Reichweite für den drahtlosen Netzzugang, die lizenzierte oder lizenzfreie Funkfrequenzen oder eine Kombination davon nutzt und den Nutzern einen von der Netztopologie der Festnetze oder Mobilfunknetze unabhängigen drahtlosen Zugang zu Telekommunikationsnetzen ermöglicht, die als Teil eines Telekommunikationsnetzes genutzt werden und mit einer oder mehreren das Erscheinungsbild wenig beeinträchtigenden Antennen ausgestattet sein kann;
13. „Endnutzer" ein Nutzer, der weder öffentliche Telekommunikationsnetze betreibt noch öffentlich zugängliche Telekommunikationsdienste erbringt;
14. „Frequenzzuteilung" die behördliche oder durch Rechtsvorschriften erteilte Erlaubnis zur Nutzung bestimmter Frequenzen unter festgelegten Bedingungen;
15. „Frequenznutzung" jede gewollte Aussendung oder Abstrahlung elektromagnetischer Wellen zwischen 8,3 Kilohertz und 3 000 Gigahertz zur Nutzung durch Funkdienste und andere Anwendungen elektromagnetischer Wellen;
16. „Frequenzzuweisung" die Benennung eines bestimmten Frequenzbereichs für die Nutzung durch einen oder mehrere Funkdienste oder durch andere Anwendungen elektromagnetischer Wellen, falls erforderlich mit weiteren Festlegungen;
17. „funktechnische Störung" eine Störung, die für das Funktionieren eines Funknavigationsdienstes oder anderer sicherheitsbezogener Dienste eine Gefahr darstellt oder die einen Funkdienst, der im Einklang mit dem geltenden internationalen Recht, dem Recht der Europäischen Union oder Vorschriften dieses oder eines anderen Gesetzes betrieben wird, anderweitig schwerwiegend beeinträchtigt, behindert oder wiederholt unterbricht;
18. „gemeinsame Frequenznutzung" der Zugang von zwei oder mehr Nutzern zu denselben Frequenzbereichen im Rahmen einer bestimmten Regelung für die gemeinsame Nutzung, der auf der Grundlage einer Allgemeinzuteilung, Einzelzuteilung oder einer Kombination davon erlaubt wurde, auch im Rahmen von Regulierungskonzepten wie dem zugeteilten gemeinsamen Zugang, der die gemeinsame Nutzung eines Frequenzbereichs erleichtern soll, einer verbindlichen Vereinbarung aller Beteiligten unterliegt und mit den in ihren Frequenznutzungsrechten festgelegten Bestimmungen über die gemeinsame Nutzung im Einklang steht, um allen Nutzern eine vorhersehbare und verlässliche Regelung für die gemeinsame Nutzung zu garantieren;
19. „Gerät" eine Funkanlage, eine Telekommunikationsendeinrichtung oder eine Kombination von beiden;
20. „GEREK" das Gremium Europäischer Regulierungsstellen für elektronische Kommunikation;
21. „Gruppe für Frequenzpolitik" die beratende Gruppe für frequenzpolitische Fragen gemäß Beschluss C/2019/4147 der Kommission vom 11. Juni 2019 über die Einrichtung der Gruppe für Frequenzpolitik und zur Aufhebung des Beschlusses 2002/622/EG (ABl. C 196 vom 12.6.2019, S. 16);
22. „harmonisierte Frequenzen" Frequenzen, für die harmonisierte Bedingungen in Bezug auf die Verfügbarkeit und die effiziente Nutzung durch technische Umsetzungsmaßnahmen gemäß Artikel 4 der Entscheidung

Nr. 676/2002/EG des Europäischen Parlaments und des Rates vom 7. März 2002 über einen Rechtsrahmen für die Funkfrequenzpolitik in der Europäischen Gemeinschaft (Frequenzentscheidung) (ABl. L 108 vom 24.4.2002, S. 1) festgelegt worden sind;

23. „Internetzugangsdienst" ein Internetzugangsdienst im Sinne der Begriffsbestimmung des Artikels 2 Absatz 2 Nummer 2 der Verordnung (EU) 2015/2120 des Europäischen Parlaments und des Rates vom 25. November 2015 über Maßnahmen zum Zugang zum offenen Internet und zu Endkundenentgelten für regulierte intra-EU-Kommunikation sowie zur Änderung der Richtlinie 2002/22/EG und der Verordnung (EU) Nr. 531/2012 (ABl. L 310 vom 26.11.2015, S. 1), die zuletzt durch die Verordnung (EU) 2018/1971 (ABl. L 321 vom 17.12.2018, S. 1) geändert worden ist;

24. „interpersoneller Telekommunikationsdienst" ein gewöhnlich gegen Entgelt erbrachter Dienst, der einen direkten interpersonellen und interaktiven Informationsaustausch über Telekommunikationsnetze zwischen einer endlichen Zahl von Personen ermöglicht, wobei die Empfänger von den Personen bestimmt werden, die die Telekommunikation veranlassen oder daran beteiligt sind; dazu zählen keine Dienste, die eine interpersonelle und interaktive Telekommunikation lediglich als untrennbar mit einem anderen Dienst verbundene untergeordnete Nebenfunktion ermöglichen;

25. „Kennung" einem Nutzer, einem Anschluss oder einem Endgerät zu einem bestimmten Zeitpunkt zugewiesene eindeutige Zeichenfolge, die eine eindeutige Identifizierung des Nutzers, des Anschlusses oder des Endgerätes ermöglicht;

26. „Kurzwahl-Datendienste" Kurzwahldienste, die der Übermittlung von nichtsprachgestützten Inhalten mittels Telekommunikation dienen und die keine Telemedien sind;

27. „Kurzwahldienste" Dienste, die die Merkmale eines Premium-Dienstes haben, jedoch eine spezielle Nummernart mit kurzen Nummern nutzen;

28. „Kurzwahl-Sprachdienste" Kurzwahldienste, bei denen die Kommunikation sprachgestützt erfolgt;

29. „Massenverkehrsdienste" Dienste, insbesondere des Rufnummernbereichs (0)137, die charakterisiert sind durch ein hohes Verkehrsaufkommen in einem oder mehreren kurzen Zeitintervallen mit kurzer Belegungsdauer zu einem Ziel mit begrenzter Abfragekapazität;

30. „nachhaltig wettbewerbsorientierter Markt" ein Markt, auf dem der Wettbewerb so abgesichert ist, dass er ohne sektorspezifische Regulierung besteht;

31. „Nationale Teilnehmerrufnummern" Rufnummern, insbesondere des Rufnummernbereichs (0)32, die für Dienste verwendet werden, die den Zugang zu öffentlichen Telekommunikationsnetzen ermöglichen und nicht an einen bestimmten Standort gebunden sind;

32. „Netzabschlusspunkt" der physische Punkt, an dem einem Endnutzer der Zugang zu einem öffentlichen Telekommunikationsnetz bereitgestellt wird; in Netzen, in denen eine Vermittlung oder Leitwegebestimmung erfolgt, wird der Netzabschlusspunkt anhand einer bestimmten Netzadresse bezeichnet, die mit der Nummer oder dem Namen eines Endnutzers verknüpft sein kann;

33. „Netz mit sehr hoher Kapazität" ein Telekommunikationsnetz, das entweder komplett aus Glasfaserkomponenten zumindest bis zum Verteilerpunkt am Ort der Nutzung besteht oder das zu üblichen Spitzenlastzeiten eine vergleichbare Netzleistung in Bezug auf die verfügbare Downlink- und Uplink-Bandbreite, Ausfallsicherheit, fehlerbezogene Parameter, Latenz und Latenzschwankung bieten kann; die Netzleistung kann unabhängig davon als vergleichbar gelten, ob der Endnutzer Schwankungen feststellt, die auf die verschiedenen inhärenten Merkmale des Mediums zurückzuführen sind, über das das Telekommunikationsnetz letztlich mit dem Netzabschlusspunkt verbunden ist;

34. „Nummern" Zeichenfolgen, die in Telekommunikationsnetzen Zwecken der Adressierung dienen;

35. „Nummernart" die Gesamtheit aller Nummern eines Nummernraums für einen bestimmten Dienst oder eine bestimmte technische Adressierung;

36. „Nummernbereich" eine für eine Nummernart bereitgestellte Teilmenge des Nummernraums;

37. „nummerngebundener interpersoneller Telekommunikationsdienst" ein interpersoneller Telekommunikationsdienst, der entweder eine Verbindung zu öffentlich zugeteilten Nummerierungsressourcen, nämlich Nummern nationaler oder internationaler Nummernpläne, herstellt oder die Telekommunikation mit Nummern nationaler oder internationaler Nummernpläne ermöglicht;

38. „Nummernraum" die Gesamtheit aller Nummern, die für eine bestimmte Art der Adressierung verwendet werden;

39. „Nummernteilbereich" eine Teilmenge eines Nummernbereichs;

40. „nummernunabhängiger interpersoneller Telekommunikationsdienst" ein interpersoneller Telekommunikationsdienst, der weder eine Verbindung zu öffentlich zugeteilten Nummerierungsressourcen, nämlich Nummern nationaler oder internationaler Nummernpläne, herstellt noch die Telekommunikation mit Nummern nationaler oder internationaler Nummernpläne ermöglicht;

41. „Nutzer" jede natürliche oder juristische Person, die einen öffentlich zugänglichen Telekommunikationsdienst für private oder geschäftliche Zwecke in Anspruch nimmt oder beantragt;

42. „öffentliches Telekommunikationsnetz" ein Telekommunikationsnetz, das ganz oder überwiegend der Erbringung öffentlich zugänglicher Telekommunikationsdienste dient, die die Übertragung von Informationen zwischen Netzabschlusspunkten ermöglichen;

43. „öffentliche Versorgungsnetze" entstehende, betriebene oder stillgelegte physische Infrastrukturen für die öffentliche Bereitstellung von
   a) Erzeugungs-, Leitungs- oder Verteilungsdiensten für
      aa) Telekommunikation,
      bb) Gas,
      cc) Elektrizität, einschließlich der Elektrizität für die öffentliche Straßenbeleuchtung,
      dd) Fernwärme oder
      ee) Wasser, ausgenommen Trinkwasser im Sinne des § 3 Nummer 1 der Trinkwasserverordnung in der Fassung der Bekanntmachung vom

10. März 2016 (BGBl. I S. 459), die zuletzt durch Artikel 99 der Verordnung vom 19. Juni 2020 (BGBl. I S. 1328) geändert worden ist; zu den öffentlichen Versorgungsnetzen zählen auch physische Infrastrukturen zur Abwasserbehandlung und -entsorgung sowie die Kanalisationssysteme;

b) Verkehrsdiensten, insbesondere Schienenwege, Straßen, Wasserstraßen, Brücken, Häfen und Flugplätze;

44. „öffentlich zugängliche Telekommunikationsdienste" einem unbestimmten Personenkreis zur Verfügung stehende Telekommunikationsdienste;

45. „passive Netzinfrastrukturen" Komponenten eines Netzes, die andere Netzkomponenten aufnehmen sollen, selbst jedoch nicht zu aktiven Netzkomponenten werden; hierzu zählen zum Beispiel Fernleitungen, Leer- und Leitungsrohre, Kabelkanäle, Kontrollkammern, Einstiegsschächte, Verteilerkästen, Gebäude und Gebäudeeingänge, Antennenanlagen und Trägerstrukturen wie Türme, Lichtzeichenanlagen (Verkehrsampeln) und öffentliche Straßenbeleuchtung, Masten und Pfähle; Kabel, einschließlich unbeschalteter Glasfaserkabel, sind keine passiven Netzinfrastrukturen;

46. „Persönliche Rufnummern" Rufnummern, insbesondere des Rufnummernbereichs (0)700, durch die ein Zugang zu und von allen Telekommunikationsnetzen unter einer Rufnummer – unabhängig von Standort, Endgerät, Übertragungsart und Technologie – möglich ist;

47. „Premium-Dienste" Dienste, insbesondere des Rufnummernbereichs (0) 900, bei denen über die Telekommunikationsdienstleistung hinaus eine weitere Dienstleistung erbracht wird, die gegenüber dem Anrufer gemeinsam mit der Telekommunikationsdienstleistung abgerechnet wird und die nicht einer anderen Nummernart zuzurechnen ist;

48. „Roaming" die Ermöglichung der Nutzung von Mobilfunknetzen anderer Betreiber außerhalb des Versorgungsbereichs des nachfragenden Mobilfunknetzbetreibers für dessen Endnutzer;

49. „Rufnummer" eine Nummer des Nummernraums für das öffentliche Telekommunikationsnetz oder eines Nummernraums für Kurzwahldienste;

50. „Rufnummernbereich" eine für eine Nummernart bereitgestellte Teilmenge des Nummernraums für das öffentliche Telekommunikationsnetz oder eines Nummernraums für Kurzwahldienste;

51. „Service-Dienste" Dienste, insbesondere des Rufnummernbereichs (0)180, die bundesweit zu einem einheitlichen Entgelt zu erreichen sind;

52. „Sicherheit von Netzen und Diensten" die Fähigkeit von Telekommunikationsnetzen und -diensten, auf einem bestimmten Vertrauensniveau alle Angriffe abzuwehren, die die Verfügbarkeit, Authentizität, Integrität oder Vertraulichkeit dieser Netze und Dienste, der gespeicherten, übermittelten oder verarbeiteten Daten oder der damit zusammenhängenden Dienste, die über diese Telekommunikationsnetze oder -dienste angeboten werden oder zugänglich sind, beeinträchtigen;

53. „Sicherheitsvorfall" ein Ereignis mit nachteiliger Wirkung auf die Sicherheit von Telekommunikationsnetzen oder -diensten;

54. „sonstige physische Infrastrukturen" entstehende, betriebene oder stillgelegte physische Infrastrukturen einschließlich Grundstücke und der darauf befindlichen Gebäude öffentlicher Stellen oder der Kontrolle dieser unterstehende sonstige physische Infrastrukturen, die in technischer Hinsicht für

die Errichtung von drahtlosen Zugangspunkten mit geringer Reichweite geeignet oder zur Anbindung solcher Zugangspunkte erforderlich sind und bei denen das Recht zur Errichtung oder Stilllegung oder zum Betrieb von der öffentlichen Stelle abgeleitet oder verliehen wird; zu diesen Infrastrukturen gehören insbesondere Straßenmobiliar, öffentliche Straßenbeleuchtung, Verkehrsschilder, Lichtzeichenanlagen, Reklametafeln und Litfaßsäulen, Bus- und Straßenbahnhaltestellen und U-Bahnhöfe;

55. „Sprachkommunikationsdienst" ein der Öffentlichkeit zur Verfügung gestellter Telekommunikationsdienst, der das Führen aus- und eingehender Inlands- oder Inlands- und Auslandsgespräche direkt oder indirekt über eine oder mehrere Nummern eines nationalen oder internationalen Nummernplans ermöglicht;

56. „Standortdaten" Daten, die in einem Telekommunikationsnetz oder von einem Telekommunikationsdienst verarbeitet werden und die den Standort des Endgeräts eines Nutzers eines öffentlich zugänglichen Telekommunikationsdienstes angeben;

57. „Teilabschnitt" eine Teilkomponente des Teilnehmeranschlusses, die den Netzabschlusspunkt am Standort des Endnutzers mit einem Konzentrationspunkt oder einem festgelegten zwischengeschalteten Zugangspunkt des öffentlichen Festnetzes verbindet;

58. „Teilnehmeranschluss" der physische von Signalen benutzte Verbindungspfad, mit dem der Netzabschlusspunkt mit einem Verteilerknoten oder mit einer gleichwertigen Einrichtung in festen öffentlichen Telekommunikationsnetzen verbunden wird;

59. „Telekommunikation" der technische Vorgang des Aussendens, Übermittelns und Empfangens von Signalen mittels Telekommunikationsanlagen;

60. „Telekommunikationsanlagen" technische Einrichtungen, Systeme oder Server, die als Nachrichten identifizierbare elektromagnetische oder optische Signale oder Daten im Rahmen der Erbringung eines Telekommunikationsdienstes senden, übertragen, vermitteln, empfangen, steuern oder kontrollieren können;

61. „Telekommunikationsdienste" in der Regel gegen Entgelt über Telekommunikationsnetze erbrachte Dienste, die – mit der Ausnahme von Diensten, die Inhalte über Telekommunikationsnetze und -dienste anbieten oder eine redaktionelle Kontrolle über sie ausüben – folgende Dienste umfassen:

    a) Internetzugangsdienste,

    b) interpersonelle Telekommunikationsdienste und

    c) Dienste, die ganz oder überwiegend in der Übertragung von Signalen bestehen, wie Übertragungsdienste, die für Maschine-Maschine-Kommunikation und für den Rundfunk genutzt werden;

62. „Telekommunikationsendeinrichtung" eine direkt oder indirekt an die Schnittstelle eines öffentlichen Telekommunikationsnetzes angeschlossene Einrichtung zum Aussenden, Verarbeiten oder Empfangen von Nachrichten oder Daten; sowohl bei direkten als auch bei indirekten Anschlüssen kann die Verbindung über elektrisch leitenden Draht, über optische Faser oder elektromagnetisch hergestellt werden; bei einem indirekten Anschluss ist zwischen Telekommunikationsendeinrichtung und Schnittstelle des öffentlichen Telekommunikationsnetzes ein Gerät geschaltet;

63. „telekommunikationsgestützte Dienste" Dienste, die keinen räumlich und zeitlich trennbaren Leistungsfluss auslösen, sondern bei denen die Inhaltsleistung noch während der Telekommunikationsverbindung erbracht wird;

64. „Telekommunikationslinien" unter- oder oberirdisch geführte Telekommunikationskabelanlagen, einschließlich ihrer zugehörigen Schalt- und Verzweigungseinrichtungen, Masten und Unterstützungen, Kabelschächte und Kabelkanalrohre, sowie weitere technische Einrichtungen, die für das Erbringen von öffentlich zugänglichen Telekommunikationsdiensten erforderlich sind;

65. „Telekommunikationsnetz" die Gesamtheit von Übertragungssystemen, ungeachtet dessen, ob sie auf einer permanenten Infrastruktur oder zentralen Verwaltungskapazität basieren, und gegebenenfalls Vermittlungs- und Leitwegeinrichtungen sowie anderweitigen Ressourcen, einschließlich der nicht aktiven Netzbestandteile, die die Übertragung von Signalen über Kabel, Funk, optische und andere elektromagnetische Einrichtungen ermöglichen, einschließlich Satellitennetzen, festen, leitungs- und paketvermittelten Netzen, einschließlich des Internets, und mobilen Netzen, Stromleitungssystemen, soweit sie zur Signalübertragung genutzt werden, Netzen für Hör- und Fernsehfunk sowie Kabelfernsehnetzen, unabhängig von der Art der übertragenen Information;

66. „Überbau" die nachträgliche Dopplung von Telekommunikationsinfrastrukturen durch parallele Errichtung, soweit damit dasselbe Versorgungsgebiet erschlossen werden soll;

67. „Übertragungsweg" Telekommunikationsanlagen in Form von Kabel- oder Funkverbindungen mit ihren übertragungstechnischen Einrichtungen als Punkt-zu-Punkt- oder Punkt-zu-Mehrpunkt-Verbindungen mit einem bestimmten Informationsdurchsatzvermögen (Bandbreite oder Bitrate) einschließlich ihrer Abschlusseinrichtungen;

68. „umfangreiche Renovierungen" Tief- oder Hochbauarbeiten am Standort des Endnutzers, die strukturelle Veränderungen an den gesamten gebäudeinternen passiven Telekommunikationsnetzinfrastrukturen oder einem wesentlichen Teil davon umfassen;

69. „Unternehmen" das Unternehmen selbst oder mit ihm im Sinne des § 36 Absatz 2 des Gesetzes gegen Wettbewerbsbeschränkungen verbundene Unternehmen oder mit ihm im Sinne des § 37 Absatz 1 des Gesetzes gegen Wettbewerbsbeschränkungen zusammengeschlossene Unternehmen, unabhängig davon, ob das verbundene oder mit ihm zusammengeschlossene Unternehmen zum Zeitpunkt der Auferlegung von Verpflichtungen nach diesem Gesetz bereits gegründet war;

70. „Verkehrsdaten" Daten, deren Erhebung, Verarbeitung oder Nutzung bei der Erbringung eines Telekommunikationsdienstes erforderlich sind;

71. „Verletzung des Schutzes personenbezogener Daten" eine Verletzung der Datensicherheit, die zum Verlust, zur unrechtmäßigen Löschung, Veränderung, Speicherung, Weitergabe oder sonstigen unrechtmäßigen Verwendung personenbezogener Daten führt, sowie der unrechtmäßige Zugang zu diesen;

72. „vollständig entbündelter Zugang zum Teilnehmeranschluss" die Bereitstellung des Zugangs zum Teilnehmeranschluss oder zum Teilabschnitt in

der Weise, dass die Nutzung der gesamten Kapazität der Telekommunikationsnetzinfrastruktur ermöglicht wird;

73. „Warteschleife" jede vom Nutzer eines Telekommunikationsdienstes eingesetzte Vorrichtung oder Geschäftspraxis, über die Anrufe entgegengenommen oder aufrechterhalten werden, ohne dass das Anliegen des Anrufers bearbeitet wird; dies umfasst die Zeitspanne ab Rufaufbau vom Anschluss des Anrufers bis zu dem Zeitpunkt, an dem mit der Bearbeitung des Anliegens des Anrufers begonnen wird, gleichgültig, ob dies über einen automatisierten Dialog, ein Vorauswahlmenü oder durch eine persönliche Bearbeitung erfolgt; ein automatisierter Dialog oder ein Vorauswahlmenü beginnt, sobald automatisiert Informationen abgefragt werden, die für die Bearbeitung des Anliegens erforderlich sind; eine persönliche Bearbeitung des Anliegens beginnt, sobald eine natürliche Person den Anruf entgegennimmt und bearbeitet; hierzu zählt auch die Abfrage von Informationen, die für die Bearbeitung des Anliegens erforderlich sind; als Warteschleife ist ferner die Zeitspanne anzusehen, die anlässlich einer Weiterleitung zwischen Beendigung der vorhergehenden Bearbeitung des Anliegens und der weiteren Bearbeitung vergeht, ohne dass der Anruf technisch unterbrochen wird; keine Warteschleife sind automatische Bandansagen, wenn die Dienstleistung für den Anrufer vor Herstellung der Verbindung erkennbar ausschließlich in einer Bandansage besteht;

74. „Zugang" die Bereitstellung von Einrichtungen oder Diensten für ein anderes Unternehmen unter bestimmten Bedingungen zum Zweck der Erbringung von Telekommunikationsdiensten, auch bei deren Verwendung zur Erbringung von Diensten der Informationsgesellschaft oder Rundfunkinhaltediensten; dies umfasst unter anderem Folgendes:

    a) Zugang zu Netzkomponenten, einschließlich nicht aktiver Netzkomponenten, und zugehörigen Einrichtungen, wozu auch der feste oder nicht feste Anschluss von Geräten gehören kann; dies beinhaltet insbesondere den Zugang zum Teilnehmeranschluss sowie zu Einrichtungen und Diensten, die erforderlich sind, um Dienste über den Teilnehmeranschluss zu erbringen, einschließlich des Zugangs zur Anschaltung und Ermöglichung des Anbieterwechsels des Nutzers und zu hierfür notwendigen Informationen und Daten und zur Entstörung;

    b) Zugang zu physischen Infrastrukturen wie Gebäuden, Leitungsrohren und Masten;

    c) Zugang zu einschlägigen Softwaresystemen, einschließlich Systemen für die Betriebsunterstützung;

    d) Zugang zu informationstechnischen Systemen oder Datenbanken für Vorbestellung, Bereitstellung, Auftragserteilung, Anforderung von Wartungs- und Instandsetzungsarbeiten sowie Abrechnung;

    e) Zugang zur Nummernumsetzung oder zu Systemen, die eine gleichwertige Funktion bieten;

    f) Zugang zu Fest- und Mobilfunknetzen;

    g) Zugang zu Zugangsberechtigungssystemen für Digitalfernsehdienste und

    h) Zugang zu Diensten für virtuelle Telekommunikationsnetze;

75. „Zugangsberechtigungssysteme" technische Verfahren oder Vorrichtungen, welche die erlaubte Nutzung geschützter Rundfunkprogramme von einem Abonnement oder einer individuellen Erlaubnis abhängig machen;

76. „Zugangspunkt zu passiven gebäudeinternen Netzkomponenten" ein physischer Punkt innerhalb oder außerhalb des Gebäudes, der für Eigentümer und Betreiber öffentlicher Telekommunikationsnetze zugänglich ist und den Anschluss an die gebäudeinternen passiven Netzinfrastrukturen für Netze mit sehr hoher Kapazität ermöglicht;

77. „zugehörige Dienste" diejenigen mit einem Telekommunikationsnetz oder einem Telekommunikationsdienst verbundenen Dienste, welche die Bereitstellung, Eigenerbringung oder automatisierte Erbringung von Diensten über dieses Netz oder diesen Dienst ermöglichen, unterstützen oder dazu in der Lage sind; darunter fallen unter anderem Systeme zur Nummernumsetzung oder Systeme, die eine gleichwertige Funktion bieten, Zugangsberechtigungssysteme und elektronische Programmführer sowie andere Dienste wie Dienste im Zusammenhang mit Identität, Standort und Präsenz des Nutzers;

78. „zugehörige Einrichtungen" diejenigen mit einem Telekommunikationsnetz oder einem Telekommunikationsdienst verbundenen zugehörigen Dienste, physischen Infrastrukturen oder sonstigen Einrichtungen oder Komponenten, welche die Bereitstellung von Diensten über dieses Netz oder diesen Dienst ermöglichen, unterstützen oder dazu in der Lage sind; darunter fallen unter anderem Gebäude, Gebäudezugänge, Verkabelungen in Gebäuden, Antennen, Türme und andere Trägerstrukturen, Leitungsrohre, Leerrohre, Masten, Einstiegsschächte und Verteilerkästen;

79. „Zusammenschaltung" ein Sonderfall des Zugangs, der zwischen Betreibern öffentlicher Telekommunikationsnetze hergestellt wird; dies mittels der physischen und logischen Verbindung öffentlicher Telekommunikationsnetze, die von demselben oder einem anderen Unternehmen genutzt werden, um Nutzern eines Unternehmens die Kommunikation mit Nutzern desselben oder eines anderen Unternehmens oder den Zugang zu den von einem anderen Unternehmen angebotenen Diensten zu ermöglichen, soweit solche Dienste von den beteiligten Parteien oder von anderen Parteien, die Zugang zum Netz haben, erbracht werden.

§ 4 Internationale Berichtspflichten. Die Betreiber öffentlicher Telekommunikationsnetze und die Anbieter öffentlich zugänglicher Telekommunikationsdienste müssen der Bundesnetzagentur und, soweit es für die Erfüllung ihrer Aufgaben erforderlich ist, anderen zuständigen Behörden auf Verlangen die Informationen zur Verfügung stellen, die diese benötigen, um Berichtspflichten gegenüber der Kommission und anderen internationalen Gremien erfüllen zu können.

§ 5 Meldepflicht. (1) [1] Wer gewerblich öffentliche Telekommunikationsnetze betreibt oder gewerblich öffentlich zugängliche Telekommunikationsdienste erbringt, bei denen es sich nicht um nummernunabhängige interpersonelle Telekommunikationsdienste handelt, muss die beabsichtigte Aufnahme, Änderung und Beendigung seiner Tätigkeit sowie Änderungen seines Namens oder seiner Firma, seiner Rechtsform und seiner Adresse bei der Bundesnetzagentur unverzüglich melden. [2] Die Meldung muss schriftlich oder elektronisch erfolgen.

(2) Die Meldung erfolgt nach einem von der Bundesnetzagentur vorgeschriebenen und veröffentlichten Formular.

(3) Auf Antrag bestätigt die Bundesnetzagentur innerhalb von einer Woche die Vollständigkeit der Meldung nach Absatz 2 und bescheinigt, dass dem Unternehmen die durch dieses Gesetz oder aufgrund dieses Gesetzes eingeräumten Rechte zustehen.

(4) Die Bundesnetzagentur veröffentlicht auf ihrer Internetseite regelmäßig ein Verzeichnis der gemeldeten Unternehmen einschließlich einer Kurzbeschreibung der gemeldeten Tätigkeit.

(5) Steht die Einstellung der Geschäftstätigkeit des Unternehmens eindeutig fest und ist die Beendigung der Tätigkeit der Bundesnetzagentur nicht innerhalb von sechs Monaten gemeldet worden, kann die Bundesnetzagentur die Beendigung der Tätigkeit von Amts wegen feststellen.

(6) Die Bundesnetzagentur übermittelt dem GEREK auf elektronischem Wege die nach Absatz 2 eingegangenen Formulardaten.

§ 6 Jahresfinanzbericht. (1) Unternehmen, die

1. öffentliche Telekommunikationsnetze betreiben oder öffentlich zugängliche Telekommunikationsdienste erbringen,

2. nicht nach handelsrechtlichen Vorschriften zur Offenlegung eines Jahresabschlusses verpflichtet sind und

3. in entsprechender Anwendung des § 267 Absatz 3 bis 5 des Handelsgesetzbuchs als groß anzusehen sind,

haben einen Jahresfinanzbericht zu erstellen und nach Maßgabe des Vierten Unterabschnitts des Zweiten Abschnitts des Dritten Buchs des Handelsgesetzbuchs offenzulegen; die §§ 326 und 327 des Handelsgesetzbuchs sind nicht entsprechend anzuwenden.

(2) Der Jahresfinanzbericht hat mindestens zu enthalten:

1. einen nach Maßgabe des Absatzes 3 aufgestellten und von einem Abschlussprüfer nach Maßgabe des Absatzes 4 geprüften Jahresabschluss,

2. einen nach Maßgabe des Absatzes 3 aufgestellten und von einem Abschlussprüfer nach Maßgabe des Absatzes 4 geprüften Lagebericht sowie

3. den Bestätigungsvermerk oder Versagungsvermerk des Abschlussprüfers.

(3) [1]Der Jahresabschluss und der Lagebericht eines Unternehmens nach Absatz 1 sind nach den für große Kapitalgesellschaften geltenden Vorschriften des Ersten Unterabschnitts des Zweiten Abschnitts des Dritten Buchs des Handelsgesetzbuchs aufzustellen; § 264 Absatz 3 und § 264b des Handelsgesetzbuchs sind insoweit nicht entsprechend anzuwenden. [2]Handelt es sich bei dem Unternehmen nach Absatz 1 um eine Personenhandelsgesellschaft oder das Unternehmen eines Einzelkaufmanns, dürfen das sonstige Vermögen der Gesellschafter oder des Einzelkaufmanns (Privatvermögen) nicht in die Bilanz und die auf das Privatvermögen entfallenden Aufwendungen und Erträge nicht in die Gewinn- und Verlustrechnung aufgenommen werden.

(4) [1]Der Jahresabschluss und der Lagebericht eines Unternehmens nach Absatz 1 sind durch einen Abschlussprüfer nach Maßgabe des Dritten Unterabschnitts des Zweiten Abschnitts des Dritten Buchs des Handelsgesetzbuchs zu prüfen. [2]§ 324 des Handelsgesetzbuchs ist entsprechend anzuwenden.

§ 7 Strukturelle Separierung und getrennte Rechnungslegung.

(1) Unternehmen, die öffentliche Telekommunikationsnetze betreiben oder öffentlich zugängliche Telekommunikationsdienste erbringen und innerhalb der Europäischen Union besondere oder ausschließliche Rechte für die Erbringung von Diensten in anderen Sektoren besitzen, sind verpflichtet,

1. die Tätigkeiten im Zusammenhang mit der Bereitstellung von öffentlichen Telekommunikationsnetzen und der Erbringung von öffentlich zugänglichen Telekommunikationsdiensten strukturell auszugliedern oder
2. über die Tätigkeiten im Zusammenhang mit der Bereitstellung von öffentlichen Telekommunikationsnetzen oder der Erbringung von öffentlich zugänglichen Telekommunikationsdiensten in dem Umfang getrennt Rechnung zu legen, der erforderlich wäre, wenn sie von rechtlich unabhängigen Unternehmen ausgeführt würden.

(2) [1] Im Falle des Absatzes 1 Nummer 2 hat das Unternehmen für die dort genannten Tätigkeiten eine Bilanz und Gewinn- und Verlustrechnung (Tätigkeitsabschluss) nach den für Kapitalgesellschaften geltenden Vorschriften des Ersten Unterabschnitts des Zweiten Abschnitts des Dritten Buchs des Handelsgesetzbuchs aufzustellen; § 264 Absatz 3 und § 264b des Handelsgesetzbuchs sind insoweit nicht entsprechend anzuwenden. [2] In dem Tätigkeitsabschluss sind die Regeln, einschließlich der Berechnungsgrundlagen, anzugeben, nach denen die Vermögensgegenstände und Schulden sowie die Aufwendungen und Erträge den Tätigkeiten zugeordnet worden sind. [3] Das Anlagevermögen ist detailliert aufzuschlüsseln. [4] Die strukturbedingten Kosten sind anzugeben. [5] Der Tätigkeitsabschluss ist durch einen Abschlussprüfer nach Maßgabe des Dritten Unterabschnitts des Zweiten Abschnitts des Dritten Buchs des Handelsgesetzbuchs zu prüfen. [6] Das Unternehmen hat den Tätigkeitsabschluss samt Bestätigungsvermerk oder Vermerk über dessen Versagung nach Maßgabe des Vierten Unterabschnitts des Zweiten Abschnitts des Dritten Buchs des Handelsgesetzbuchs offenzulegen.

(3) Die Verpflichtungen nach den Absätzen 1 und 2 gelten nicht für Unternehmen, deren Umsatzerlöse aus der Bereitstellung von öffentlichen Telekommunikationsnetzen oder der Erbringung von öffentlich zugänglichen Telekommunikationsdiensten in der Europäischen Union in den letzten zwölf Monaten vor dem Abschlussstichtag weniger als 50 000 000 Euro betragen haben.

§ 8 Ordnungsgeldvorschriften.

(1) [1] Die Ordnungsgeldvorschriften der §§ 335 bis 335b des Handelsgesetzbuchs sind auf die Verletzung der Pflichten zur Offenlegung des Jahresfinanzberichts nach § 6 Absatz 1 oder des Tätigkeitsabschlusses nach § 7 Absatz 2 Satz 6 entsprechend anzuwenden. [2] Das Ordnungsgeldverfahren kann durchgeführt werden

1. bei einer juristischen Person gegen die juristische Person oder die Mitglieder des vertretungsberechtigten Organs;
2. bei einer Personenhandelsgesellschaft im Sinne des § 264a Absatz 1 des Handelsgesetzbuchs gegen die Personenhandelsgesellschaft oder gegen die in § 335b Satz 2 des Handelsgesetzbuchs genannten Personen;
3. bei einer Personenhandelsgesellschaft, die nicht in Nummer 2 genannt ist, gegen die Personenhandelsgesellschaft oder den oder die vertretungsbefugten Gesellschafter;

4. bei einem Unternehmen, das in der Rechtsform des Einzelkaufmanns betrieben wird, gegen den Inhaber oder dessen gesetzlichen Vertreter.

³ § 329 des Handelsgesetzbuchs ist entsprechend anzuwenden.

(2) Die Bundesnetzagentur übermittelt dem Betreiber des Bundesanzeigers einmal pro Kalenderjahr Name und Anschrift der ihr bekannt werdenden Unternehmen, die

1. nach § 6 Absatz 1 zur Offenlegung eines Jahresfinanzberichts verpflichtet sind;
2. nach § 7 Absatz 2 Satz 6 zur Offenlegung eines Tätigkeitsabschlusses verpflichtet sind.

§ 9 Internationaler Status. (1) ¹Unternehmen, die internationale Telekommunikationsdienste erbringen oder die im Rahmen ihres Angebots Funkanlagen betreiben, die schädliche Störungen bei Funkdiensten anderer Länder verursachen können, sind anerkannte Betriebsunternehmen im Sinne der Konstitution und der Konvention der Internationalen Fernmeldeunion. ²Diese Unternehmen unterliegen den sich aus der Konstitution der Internationalen Fernmeldeunion ergebenden Verpflichtungen.

(2) Unternehmen, die internationale Telekommunikationsdienste erbringen, müssen nach den Regelungen der Konstitution der Internationalen Fernmeldeunion

1. allen Nachrichten, welche die Sicherheit des menschlichen Lebens auf See, zu Lande, in der Luft und im Weltraum betreffen, sowie den außerordentlichen dringenden Seuchennachrichten der Weltgesundheitsorganisation unbedingten Vorrang einräumen,
2. den Staatstelekommunikationsverbindungen im Rahmen des Möglichen Vorrang vor dem übrigen Telekommunikationsverkehr einräumen, wenn dies von der Person, die die Verbindung anmeldet, ausdrücklich verlangt wird.

Teil 2. Marktregulierung

Abschnitt 1. Verfahren der Marktregulierung

§ 10 Marktdefinition. (1) Die Bundesnetzagentur legt im Rahmen des ihr zustehenden Beurteilungsspielraums unter Berücksichtigung der Ziele und Grundsätze des § 2 und der Grundsätze des allgemeinen Wettbewerbsrechts die sachlich und räumlich relevanten Telekommunikationsmärkte fest, die für eine Regulierung nach diesem Abschnitt in Betracht kommen können.

(2) ¹Bei der Festlegung von Märkten nach Absatz 1 trägt die Bundesnetzagentur folgenden Veröffentlichungen der Kommission, in ihrer jeweils geltenden Fassung, weitestgehend Rechnung:

1. der Empfehlung (EU) 2020/2245 der Kommission vom 18. Dezember 2020 über relevante Produkt- und Dienstmärkte des elektronischen Kommunikationssektors, die gemäß der Richtlinie (EU) 2018/1972 des Europäischen Parlaments und des Rates über den europäischen Kodex für die elektronische Kommunikation für eine Vorabregulierung in Betracht kommen (ABl. L 439 vom 29.12.2020, S. 23) und

2. den Leitlinien zur Marktanalyse und zur Bewertung beträchtlicher Marktmacht nach Artikel 64 Absatz 2 der Richtlinie (EU) 2018/1972[1]) des Europäischen Parlaments und des Rates vom 11. Dezember 2018 über den europäischen Kodex für die elektronische Kommunikation (Neufassung) (ABl. L 321 vom 17.12.2018, S. 36).

²Bei der Festlegung räumlich relevanter Märkte berücksichtigt die Bundesnetzagentur unter anderem die Intensität des Infrastrukturwettbewerbs in diesen Gebieten. ³Sie kann die nach den §§ 79 bis 83 erhobenen Informationen berücksichtigen.

(3) Im Falle der Feststellung einer länderübergreifenden Nachfrage durch das GEREK nach Artikel 66 Absatz 2 der Richtlinie (EU) 2018/1972 trägt die Bundesnetzagentur den Leitlinien zur gemeinsamen Vorgehensweise der Regulierungsbehörden zur Deckung einer ermittelten länderübergreifenden Nachfrage weitestgehend Rechnung.

§ 11 Marktanalyse. (1) ¹Bei den nach § 10 Absatz 1 festgelegten Märkten prüft die Bundesnetzagentur im Rahmen der Marktanalyse, ob diese nach Absatz 2 (Drei-Kriterien-Test) für eine Regulierung nach diesem Teil in Betracht kommen. ²Soweit dies der Fall ist, prüft sie, ob die Auferlegung von Verpflichtungen aufgrund der Feststellung, dass ein oder mehrere Unternehmen auf diesem Markt über beträchtliche Marktmacht nach Absatz 4 verfügt oder verfügen, gerechtfertigt sein kann.

(2) Für eine Regulierung im Sinne von Absatz 1 Satz 1 kommen solche nach § 10 Absatz 1 festgelegten Märkte in Betracht,

1. die durch beträchtliche und anhaltende strukturelle, rechtliche oder regulatorische Marktzutrittsschranken gekennzeichnet sind,
2. deren Strukturen angesichts des Infrastrukturwettbewerbs und des sonstigen Wettbewerbs innerhalb des relevanten Zeitraums nicht zu wirksamem Wettbewerb tendieren und
3. auf denen die Anwendung des allgemeinen Wettbewerbsrechts allein nicht ausreicht, um dem festgestellten Marktversagen angemessen entgegenzuwirken.

(3) Bei der Prüfung der Regulierungsbedürftigkeit eines Marktes nach Absatz 2 berücksichtigt die Bundesnetzagentur die Entwicklungen, die ohne eine Regulierung des betrachteten Marktes nach den Vorschriften dieses Abschnitts zu erwarten wären; sie berücksichtigt insbesondere

1. Marktentwicklungen, die die Wahrscheinlichkeit, dass der relevante Markt zu einem wirksamen Wettbewerb tendiert, beeinflussen,
2. alle relevanten Wettbewerbszwänge auf Vorleistungs- und Endkundenebene, unabhängig davon, ob davon ausgegangen wird, dass die Quelle solcher Wettbewerbszwänge von Telekommunikationsnetzen und -diensten oder anderen Arten von Diensten oder Anwendungen ausgeht, die aus Endnutzersicht vergleichbar sind, und unabhängig davon, ob solche Wettbewerbszwänge Teil des relevanten Marktes sind,

---

[1]) Nr. 2.

3. andere Arten der Regulierung oder von Maßnahmen, die auferlegt sind und sich auf den relevanten Markt oder zugehörige Endkundenmärkte im betreffenden Zeitraum auswirken, sowie
4. eine auf eine Marktanalyse gestützte Regulierung anderer relevanter Märkte.

(4) [1] Sofern ein Markt nach dem Drei-Kriterien-Test für eine Regulierung nach diesem Teil in Betracht kommt, prüft die Bundesnetzagentur, ob und welche Unternehmen auf diesem Markt über beträchtliche Marktmacht verfügen. [2] Ein Unternehmen gilt als Unternehmen mit beträchtlicher Marktmacht, wenn es entweder allein oder gemeinsam mit anderen eine der Beherrschung gleichkommende Stellung einnimmt, das heißt, eine wirtschaftlich starke Stellung, die es ihm gestattet, sich in beträchtlichem Umfang unabhängig von Wettbewerbern, Kunden und Endnutzern zu verhalten.

(5) Verfügt ein Unternehmen auf einem relevanten Markt über beträchtliche Marktmacht, so kann es auf einem benachbarten, für eine Regulierung in Betracht kommenden Markt ebenfalls als Unternehmen mit beträchtlicher Marktmacht eingestuft werden, wenn die Verbindungen zwischen beiden Märkten es gestatten, Marktmacht von dem relevanten Markt auf den benachbarten Markt zu übertragen und damit die gesamte Marktmacht des Unternehmens zu verstärken.

(6) Im Falle länderübergreifender Märkte im Geltungsbereich der Richtlinie (EU) 2018/1972 untersucht die Bundesnetzagentur gemeinsam mit den nationalen Regulierungsbehörden der anderen Mitgliedstaaten der Europäischen Union, welche diese Märkte umfassen, ob beträchtliche Marktmacht im Sinne von Absatz 4 vorliegt.

(7) Die Bundesnetzagentur trägt im Rahmen der Marktanalyse den in § 10 Absatz 2 Satz 1 genannten Veröffentlichungen der Kommission in ihrer jeweils geltenden Fassung weitestgehend Rechnung.

§ 12 Konsultations- und Konsolidierungsverfahren. (1) [1] Die Bundesnetzagentur gibt den interessierten Parteien Gelegenheit, innerhalb einer angemessenen Frist, die in der Regel einen Monat betragen soll, zu dem Entwurf der Ergebnisse der Marktdefinition nach § 10 und der Marktanalyse nach § 11 Stellung zu nehmen. [2] Der Entwurf und die dazu eingegangenen Stellungnahmen werden von der Bundesnetzagentur unter Wahrung der Betriebs- und Geschäftsgeheimnisse der Beteiligten veröffentlicht. [3] Die Bundesnetzagentur unterhält zu diesem Zweck eine einheitliche Informationsstelle, bei der eine Liste aller laufenden Konsultationen vorgehalten wird.

(2) [1] Sofern beabsichtigte Maßnahmen nach den §§ 10 und 11 Auswirkungen auf den Handel zwischen den Mitgliedstaaten der Europäischen Union hätten, übermittelt die Bundesnetzagentur den Entwurf der Maßnahmen nach Durchführung des Konsultationsverfahrens gleichzeitig der Kommission, dem GEREK und den nationalen Regulierungsbehörden der anderen Mitgliedstaaten der Europäischen Union, es sei denn, eine Empfehlung oder Leitlinie, die die Kommission nach Artikel 34 der Richtlinie (EU) 2018/1972[1)] erlassen hat, sieht eine Ausnahme von der Übermittlungspflicht vor. [2] § 199 Absatz 3 und 4 gilt entsprechend. [3] Vor Ablauf eines Monats nach Übermittlung an die Kom-

---

[1)] Nr. 2.

mission hat die Bundesnetzagentur beabsichtigte Maßnahmen nach den §§ 10 und 11 nicht festzulegen.

(3) Die Bundesnetzagentur hat den Stellungnahmen der Kommission, des GEREK und der anderen nationalen Regulierungsbehörden, die innerhalb der in Absatz 2 Satz 3 genannten Monatsfrist abgegeben wurden, weitestgehend Rechnung zu tragen.

(4) Teilt die Kommission innerhalb der Monatsfrist nach Absatz 2 Satz 3 mit, dass

1. sie ernsthafte Zweifel an der Vereinbarkeit der beabsichtigten Maßnahmen nach den §§ 10 und 11 mit dem Recht der Europäischen Union und insbesondere mit den Zielen des Artikels 3 der Richtlinie (EU) 2018/1972 habe oder
2. diese Maßnahmen ein Hemmnis für den Binnenmarkt schaffen,

so legt die Bundesnetzagentur diese Maßnahmen nicht vor Ablauf von zwei weiteren Monaten nach der Mitteilung der Kommission fest, wenn sie Folgendes enthalten:

1. die Festlegung eines relevanten Marktes, der sich von jenen Märkten unterscheidet, die in der jeweils geltenden Fassung der Empfehlung (EU) 2020/2245 definiert sind, oder
2. die Festlegung, dass ein oder mehrere Unternehmen auf einem Markt über beträchtliche Marktmacht verfügt oder verfügen.

(5) [1] Fordert die Kommission die Bundesnetzagentur innerhalb des in Absatz 4 genannten Zweimonatszeitraums auf, den Entwurf der beabsichtigten Maßnahme nach §§ 10 und 11 zurückzuziehen, so ändert die Bundesnetzagentur diesen innerhalb von sechs Monaten ab dem Datum des Kommissionsbeschlusses oder teilt der Kommission innerhalb dieser sechs Monate mit, dass sie den Entwurf zurückzieht. [2] Ändert die Bundesnetzagentur den Entwurf der beabsichtigten Maßnahme, so führt sie das Konsultationsverfahren nach Absatz 1 durch und legt der Kommission den geänderten Entwurf nach Absatz 2 vor. [3] Die Bundesnetzagentur unterrichtet das Bundesministerium für Wirtschaft und Energie und das Bundesministerium für Verkehr und digitale Infrastruktur über den Beschluss der Kommission und über ihr weiteres Vorgehen nach Satz 1.

(6) [1] Die Bundesnetzagentur veröffentlicht unverzüglich nach Stellungnahme der Kommission die Ergebnisse der Marktdefinition nach § 10 und der Marktanalyse nach § 11 unter Wahrung der Betriebs- und Geschäftsgeheimnisse der Beteiligten und übermittelt diese der Kommission und dem GEREK. [2] § 199 Absatz 3 und 4 gilt entsprechend. [3] Findet das Verfahren nach den Absätzen 2 bis 5 keine Anwendung, veröffentlicht die Bundesnetzagentur die Ergebnisse der Marktdefinition nach § 10 und der Marktanalyse nach § 11 in der Regel innerhalb eines Monats nach Ende der Stellungnahmefrist nach Absatz 1 Satz 1 unter Berücksichtigung der eingegangenen Stellungnahmen.

(7) [1] Die Bundesnetzagentur kann angemessene vorläufige Maßnahmen erlassen, wenn sie bei Vorliegen außergewöhnlicher Umstände der Ansicht ist, dass dringend und ohne Einhaltung des Verfahrens nach den Absätzen 1 bis 5 gehandelt werden muss, um den Wettbewerb zu gewährleisten und die Nutzerinteressen zu schützen. [2] Sie teilt diese der Kommission, dem GEREK und den übrigen nationalen Regulierungsbehörden unverzüglich nach Erlass mit einer

vollständigen Begründung mit. ³Für einen Beschluss der Bundesnetzagentur, diese Maßnahmen dauerhaft aufzuerlegen oder ihre Geltungsdauer zu verlängern, gelten die Absätze 1 bis 5.

(8) Die Bundesnetzagentur kann den Entwurf einer Marktdefinition und Marktanalyse nach den §§ 10 und 11 jederzeit zurückziehen.

§ 13 Regulierungsverfügung. (1) Die Bundesnetzagentur erlegt Unternehmen, die über beträchtliche Marktmacht verfügen, Verpflichtungen nach den §§ 24 bis 30, 38 oder 49 auf, ändert bestehende Verpflichtungen oder behält diese bei, wenn sie der Ansicht ist, dass das Marktergebnis für die Endnutzer ohne diese Verpflichtungen keinen wirksamen Wettbewerb darstellen würde.

(2) ¹Die Bundesnetzagentur kann auferlegte Verpflichtungen widerrufen. ²Der Widerruf ist den betroffenen Unternehmen mit angemessener Frist anzukündigen. ³Die Frist ist so zu bemessen, dass ein geordneter Übergang zur durch den Widerruf ausgelösten Situation ohne die betreffenden Verpflichtungen für die Begünstigten der Verpflichtungen und die Endnutzer sichergestellt ist. ⁴Bei der Festsetzung der Frist ist den Bedingungen und Fristen bestehender Zugangsvereinbarungen Rechnung zu tragen.

(3) Die Bundesnetzagentur stellt bei der Auferlegung, Änderung, Beibehaltung oder dem Widerruf von Verpflichtungen nach den Absätzen 1 und 2 (Regulierungsverfügung) sicher, dass die Verpflichtungen

1. der Art des auf dem relevanten Markt festgestellten Problems entsprechen, gegebenenfalls unter Berücksichtigung einer durch das GEREK nach Artikel 66 der Richtlinie (EU) 2018/1972[1)] festgestellten länderübergreifenden Nachfrage,
2. angemessen sind, insbesondere unter Berücksichtigung der Kosten und des Nutzens der Verpflichtungen und
3. im Hinblick auf die Ziele des § 2 gerechtfertigt sind.

(4) ¹Die Bundesnetzagentur berücksichtigt in der Regulierungsverfügung für verbindlich erklärte Verpflichtungszusagen nach § 19. ²Sie berücksichtigt hinsichtlich der Verhältnismäßigkeit der auferlegten Verpflichtung gemäß Absatz 3 mit Blick auf die Verpflichtungszusagen insbesondere

1. den Nachweis des fairen und angemessenen Charakters der Verpflichtungszusagen,
2. die Offenheit der Verpflichtungszusagen gegenüber allen Marktteilnehmern,
3. die rechtzeitige Verfügbarkeit des Zugangs unter fairen, angemessenen und nichtdiskriminierenden Bedingungen, einschließlich der Gleichwertigkeit des Zugangs nach § 24 Absatz 2, auch zu Netzen mit sehr hoher Kapazität, im Vorfeld der Einführung entsprechender Endnutzerdienste und
4. die allgemeine Angemessenheit der Verpflichtungszusagen, um einen effektiven und nachhaltigen Wettbewerb auf nachgelagerten Märkten zu ermöglichen und den kooperativen Aufbau und die Nutzung von Netzen mit sehr hoher Kapazität im Interesse der Endnutzer zu erleichtern.

³Betreffen für verbindlich erklärte Verpflichtungszusagen ein Ko-Investitionsangebot nach § 18 Absatz 1 Satz 1 Nummer 2 und nimmt mindestens ein Ko-Investor das Angebot an, sieht die Bundesnetzagentur für die von der Ver-

---

[1)] Nr. 2.

pflichtungszusage umfassten Netzbestandteile von der Auferlegung von Verpflichtungen nach Absatz 1 ab und widerruft nach Absatz 2 insoweit bestehende Verpflichtungen. ⁴Abweichend von Satz 3 kann die Bundesnetzagentur Verpflichtungen nach Absatz 1 auferlegen, ändern oder beibehalten, wenn sie feststellt, dass aufgrund der besonderen Merkmale des betrachteten Marktes das festgestellte Wettbewerbsproblem anderenfalls nicht zu beheben wäre.

(5) Im Falle des § 11 Absatz 5 können Verpflichtungen nach Absatz 1 auf dem benachbarten Markt nur getroffen werden, um die Übertragung der Marktmacht zu unterbinden.

(6) Im Falle des § 11 Absatz 6 legt die Bundesnetzagentur einvernehmlich mit den betroffenen nationalen Regulierungsbehörden fest, welche Verpflichtungen das oder die Unternehmen mit beträchtlicher Marktmacht zu erfüllen hat oder haben.

(7) Die Entscheidungen zur Auferlegung, Änderung und Beibehaltung der Verpflichtungen nach Absatz 1 oder zum Widerruf nach Absatz 2 ergehen mit den Maßnahmen nach den §§ 10 und 11 als einheitlicher Verwaltungsakt.

§ 14 Verfahren der Regulierungsverfügung. (1) Die Bundesnetzagentur legt in der Regel innerhalb von sechs Monaten nach Veröffentlichung der Ergebnisse von Marktdefinition und Marktanalyse einen Entwurf einer Regulierungsverfügung vor.

(2) Soweit die beabsichtigten Verpflichtungen der Regulierungsverfügung beträchtliche Auswirkungen auf den betreffenden Markt hätten, gelten das Konsultationsverfahren nach § 12 Absatz 1 und das Verfahren zum Erlass vorläufiger Maßnahmen nach § 12 Absatz 7 entsprechend.

(3) ¹Das Konsolidierungsverfahren nach § 12 Absatz 2, 3 und 6 gilt entsprechend, sofern die beabsichtigten Verpflichtungen der Regulierungsverfügung Auswirkungen auf den Handel zwischen den Mitgliedstaaten der Europäischen Union hätten und keine Ausnahme nach einer Empfehlung oder Leitlinien vorliegt, die die Kommission nach Artikel 34 der Richtlinie (EU) 2018/1972[1)] erlässt. ²Die Bundesnetzagentur legt der Kommission im Konsolidierungsverfahren zusammen mit dem Entwurf der Regulierungsverfügung den Beschluss vor, mit dem Verpflichtungszusagen für verbindlich erklärt wurden. ³Beabsichtigt die Bundesnetzagentur, Verpflichtungen nach den §§ 31 und 32 aufzuerlegen, so leitet sie das Verfahren nach den Absätzen 1 und 2 erst ein, nachdem die Kommission den Erlass dieser Verpflichtungen auf einen entsprechenden Antrag hin im Verfahren nach Artikel 118 Absatz 3 der Richtlinie (EU) 2018/1972 gestattet hat. ⁴Das Verfahren nach den Absätzen 1 und 2 kann die Bundesnetzagentur zusammen mit dem oder im Anschluss an das Verfahren nach § 12 durchführen.

(4) Teilt die Kommission innerhalb der Monatsfrist nach § 12 Absatz 2 Satz 3 der Bundesnetzagentur und dem GEREK durch Beschluss mit, warum sie der Auffassung ist, dass der Entwurf der Regulierungsverfügung, der nicht lediglich die Beibehaltung einer Verpflichtung beinhaltet, ein Hemmnis für den Binnenmarkt darstelle oder warum sie erhebliche Zweifel an dessen Vereinbarkeit mit dem Recht der Europäischen Union hat, so legt die Bundesnetzagentur beabsichtigte Verpflichtungen nicht vor Ablauf von drei weiteren Monaten fest.

[1)] Nr. 2.

(5) ¹Innerhalb der Dreimonatsfrist nach Absatz 4 arbeitet die Bundesnetzagentur eng mit der Kommission und dem GEREK zusammen, um die am besten geeignete und wirksamste Maßnahme im Hinblick auf die Ziele des § 2 zu ermitteln. ²Dabei berücksichtigt sie die Ansichten der Marktteilnehmer und die Notwendigkeit, eine einheitliche Regulierungspraxis zu entwickeln.

(6) Gibt das GEREK innerhalb von sechs Wochen nach Beginn der Dreimonatsfrist nach Absatz 4 eine Stellungnahme zu der Mitteilung der Kommission ab, in der es die ernsten Bedenken der Kommission teilt, so kann die Bundesnetzagentur den Entwurf der Regulierungsverfügung vor Ablauf der Dreimonatsfrist nach Absatz 4 unter Berücksichtigung der Mitteilung der Kommission und der Stellungnahme des GEREK ändern und dadurch den geänderten Maßnahmenentwurf zum Gegenstand der weiteren Prüfung durch die Kommission machen.

(7) ¹Nach Ablauf der Dreimonatsfrist nach Absatz 4 gibt die Bundesnetzagentur der Kommission die Gelegenheit, innerhalb eines weiteren Monats eine Empfehlung abzugeben. ²Fordert die Kommission die Bundesnetzagentur im Falle des Absatzes 6 innerhalb der Monatsfrist nach Satz 1 auf, eine beabsichtigte Verpflichtung nach § 13 Absatz 4 Satz 3 und 4 oder § 22 Absatz 1 zurückzuziehen, gilt das Verfahren nach § 12 Absatz 5 entsprechend.

(8) ¹Nach Ablauf der Monatsfrist nach Absatz 7 Satz 1 übermittelt die Bundesnetzagentur der Kommission und dem GEREK die Regulierungsverfügung oder sie teilt mit, dass sie den Entwurf der Regulierungsverfügung zurückgezogen hat. ²Folgt die Bundesnetzagentur der Empfehlung der Kommission nicht, so begründet sie dies. ³Ist nach Absatz 1 oder nach § 16 erneut ein Konsultationsverfahren nach § 12 Absatz 1 durchzuführen, so verlängert sich die Frist nach Satz 1 entsprechend.

(9) Die Bundesnetzagentur kann den Entwurf einer Regulierungsverfügung nach § 13 jederzeit zurückziehen.

§ 15 Überprüfung von Marktdefinition, Marktanalyse und Regulierungsverfügung. (1) ¹Werden der Bundesnetzagentur Tatsachen bekannt oder bekannt gemacht, prüft sie innerhalb von sechs Wochen, ob diese Tatsachen die Annahme rechtfertigen, dass die Ergebnisse von Marktdefinition und Marktanalyse nach den §§ 10 und 11 nicht mehr den tatsächlichen Marktgegebenheiten entsprechen und eine Überprüfung der Ergebnisse zu erfolgen hat. ²Die §§ 10 bis 14 finden im Falle der Überprüfung der Ergebnisse der §§ 10 und 11 entsprechende Anwendung.

(2) ¹Stellt die Bundesnetzagentur innerhalb der Sechswochenfrist nach Absatz 1 Satz 1 fest, dass

1. die Tatsachen nach Absatz 1 nicht bedeutend genug sind, um eine neue Marktdefinition und Marktanalyse notwendig zu machen und

2. die dem Unternehmen mit beträchtlicher Marktmacht auferlegten Verpflichtungen nicht mehr den in § 13 Absatz 1 genannten Bedingungen entsprechen,

kann sie bestehende Verpflichtungen im Verfahren nach § 14 ändern oder widerrufen oder neue Verpflichtungen auferlegen. ²Satz 1 findet insbesondere Anwendung, wenn das Unternehmen mit beträchtlicher Marktmacht für verbindlich erklärte Verpflichtungszusagen nach § 19 Absatz 1 vorgelegt hat oder wenn die Bundesnetzagentur nach § 19 Absatz 6 feststellt, dass das Unternehmen die für verbindlich erklärten Verpflichtungszusagen nicht eingehalten hat.

(3) [1] Außer in den Fällen der Absätze 1 und 4 legt die Bundesnetzagentur spätestens alle fünf, jedoch nicht vor Ablauf von drei Jahren nach Veröffentlichung der Ergebnisse der Marktdefinition und Marktanalyse nach § 12 Absatz 6 einen neuen Entwurf der Ergebnisse der Marktdefinition und Marktanalyse vor. [2] Die Bundesnetzagentur kann diese Frist ausnahmsweise um ein Jahr verlängern. [3] Hierzu meldet sie der Kommission vier Monate vor Ende der Fünfjahresfrist einen mit Gründen versehenen Vorschlag zur Verlängerung. [4] Wenn die Kommission innerhalb eines Monats nach der Meldung des Verlängerungsvorschlags durch die Bundesnetzagentur keine Einwände erhoben hat, gilt die beantragte verlängerte Überprüfungsfrist.

(4) Hat sich die Empfehlung nach Artikel 64 Absatz 1 der Richtlinie (EU) 2018/1972[1]) geändert, sind bei Märkten, zu denen die Kommission keine vorherige Vorlage nach § 12 Absatz 2 erhalten hat, die Entwürfe der Marktdefinition und Marktanalyse nach den §§ 10 und 11 und der Regulierungsverfügung nach § 13 innerhalb von drei Jahren nach Verabschiedung der Änderung der Empfehlung nach den Verfahren der §§ 12 und 14 vorzulegen.

(5) [1] Hat die Bundesnetzagentur die Marktdefinition und Marktanalyse nach den §§ 10 und 11 im Hinblick auf einen relevanten Markt, der in der jeweils geltenden Fassung der Empfehlung (EU) 2020/2245 festgelegt ist, nicht innerhalb der vorgeschriebenen Frist abgeschlossen oder zweifelt die Bundesnetzagentur an deren fristgemäßem Abschluss, so kann sie das GEREK um Unterstützung bei der Fertigstellung der Marktdefinition, der Marktanalyse und der Regulierungsverfügung ersuchen. [2] Im Falle eines solchen Ersuchens legt die Bundesnetzagentur der Kommission die Entwürfe der Marktdefinition, der Marktanalyse und der Regulierungsverfügung im Verfahren nach § 12 Absatz 2 innerhalb von sechs Monaten vor, nachdem das GEREK mit seiner Unterstützung begonnen hat.

§ 16 Verfahren bei sonstigen marktrelevanten Maßnahmen.
[1] Außer in den Fällen der §§ 10, 11 und 13 hat die Bundesnetzagentur bei allen Maßnahmen, die beträchtliche Auswirkungen auf den betreffenden Markt haben, vor einer Entscheidung das Verfahren nach § 12 Absatz 1 durchzuführen, soweit nicht gesetzlich abweichend geregelt. [2] § 12 Absatz 7 gilt entsprechend.

§ 17 Verwaltungsvorschriften zu Regulierungsgrundsätzen und Anträge auf Auskunft über den Regulierungsrahmen für Netze mit sehr hoher Kapazität.
(1) Zur Verfolgung eines einheitlichen Regulierungskonzepts im Sinne von § 2 Absatz 3 Nummer 1 kann die Bundesnetzagentur Verwaltungsvorschriften zu ihren grundsätzlichen Herangehensweisen und Methoden erlassen für

1. die Marktdefinition nach § 10,
2. die Marktanalyse nach § 11 und
3. die Regulierungsverfügung nach § 13.

(2) [1] Zur Förderung effizienter Investitionen und Innovationen im Bereich neuer und verbesserter Infrastrukturen im Sinne des § 2 Absatz 3 Nummer 4

---

[1]) Nr. 2.

kann die Bundesnetzagentur im Hinblick auf eine Regulierungsverfügung nach § 13 oder eine Verpflichtung nach § 22 Absatz 1 Verwaltungsvorschriften zu den grundsätzlichen regulatorischen Anforderungen an die Berücksichtigung folgender Aspekte erlassen:

1. Investitionsrisiken bei Projekten zur Errichtung von Netzen mit sehr hoher Kapazität und
2. kommerzielle Vereinbarungen zur Aufteilung des Investitionsrisikos zwischen Investoren untereinander sowie zwischen Investoren und Zugangsnachfragern bei Projekten zur Errichtung von Netzen mit sehr hoher Kapazität.

[2] Dies umfasst insbesondere Anforderungen an die Methodik zur Bestimmung der Anforderungen an die Ausgestaltung der Zugangs- und Entgeltkonditionen. [3] Sofern die Anforderungen von wesentlicher und allgemeiner Bedeutung für den Markt sind, soll die Bundesnetzagentur Verwaltungsvorschriften nach Satz 1 erlassen.

(3) Für den Erlass der Verwaltungsvorschriften nach den Absätzen 1 und 2 gilt das Konsultations- und Konsolidierungsverfahren nach § 12 entsprechend.

(4) Die Bundesnetzagentur erteilt einem Betreiber öffentlicher Telekommunikationsnetze, der einen Auf- und Ausbau von Netzen mit sehr hoher Kapazität plant oder vornimmt, auf dessen Antrag für eine konkret bezeichnete Region eine Auskunft über die zu erwartenden regulatorischen Rahmenbedingungen oder Maßnahmen nach diesem Teil.

(5) [1] Hat die Auskunft nach Absatz 4 Auswirkungen auf die Ergebnisse der Marktdefinition und der Marktanalyse nach den §§ 10 und 11, gilt das Konsultations- und Konsolidierungsverfahren nach § 12 entsprechend. [2] Hat die Auskunft Auswirkungen auf Maßnahmen nach § 13, gilt das Konsultations- und Konsolidierungsverfahren nach § 14 entsprechend.

§ 18 Verpflichtungszusagen. (1) [1] Unternehmen mit beträchtlicher Marktmacht können der Bundesnetzagentur zu den für ihre Telekommunikationsnetze geltenden Zugangs- oder Ko-Investitionsbedingungen Verpflichtungszusagen vorlegen, damit die Bundesnetzagentur über eine Verbindlichkeitserklärung nach § 19 entscheiden kann; die Verpflichtungszusagen können sich insbesondere auf Folgendes beziehen:

1. kommerzielle Vereinbarungen, die in Bezug auf die Bewertung geeigneter und angemessener Verpflichtungen nach § 13 relevant sind;
2. Ko-Investitionsangebote betreffend die Errichtung von Netzen mit sehr hoher Kapazität, die bis zu den Gebäuden des Endnutzers oder der Basisstation aus Glasfaserkomponenten bestehen, oder
3. Zugang für Dritte nach § 32, sowohl während des Umsetzungszeitraums als auch nach vollständiger Umsetzung einer freiwilligen funktionellen Trennung durch ein vertikal integriertes Unternehmen.

[2] Das Unternehmen veröffentlicht die nach Satz 1 vorgelegten Verpflichtungszusagen zugleich auf seiner Internetseite.

(2) [1] Verpflichtungszusagen müssen fair, angemessen, nichtdiskriminierend und für alle Marktteilnehmer offen sein. [2] Die Bundesnetzagentur prüft die vorgelegten Verpflichtungszusagen im Marktprüfungsverfahren nach § 19, es sei denn, die vorgelegten Verpflichtungszusagen erfüllen eine oder mehrere

relevante Bedingungen offenkundig nicht. ³Die Bundesnetzagentur berücksichtigt in ihrer Prüfung insbesondere, ob die vorgelegten Verpflichtungszusagen Bedingungen umfassen, die eine Gleichwertigkeit des Zugangs nach § 24 Absatz 2 gewährleisten.

(3) ¹Verpflichtungszusagen für Ko-Investitionsangebote nach Absatz 1 Satz 1 Nummer 2 müssen folgende Anforderungen erfüllen:

1. das Ko-Investitionsangebot steht Betreibern öffentlicher Telekommunikationsnetze oder Anbietern öffentlich zugänglicher Telekommunikationsdienste zu jedem Zeitpunkt während der Lebensdauer des Telekommunikationsnetzes offen;

2. die Konditionen des Ko-Investitionsangebots ermöglichen es anderen Ko-Investoren, die Betreiber öffentlicher Telekommunikationsnetze oder Anbieter öffentlich zugänglicher Telekommunikationsdienste sind, auf den nachgelagerten Märkten, in denen das Unternehmen mit beträchtlicher Marktmacht tätig ist, langfristig wirksam und nachhaltig im Wettbewerb zu bestehen; dies umfasst

    a) faire, angemessene und nichtdiskriminierende Bedingungen, die den Zugang zur Kapazität des Netzes in vollem, mindestens aber der Ko-Investition entsprechendem Umfang sichern;

    b) Flexibilität hinsichtlich Umfang und Zeitpunkt der Beteiligung der einzelnen Ko-Investoren, einschließlich der Möglichkeit, den Umfang der Beteiligung zukünftig auszuweiten und die im Rahmen der Ko-Investitionen übernommenen Rechte und Pflichten auf Dritte zu übertragen;

    c) die Gewährung gleicher wechselseitiger Rechte durch die Ko-Investoren nach Abschluss der Errichtung der von der Ko-Investition umfassten Infrastruktur, einschließlich der Gewährung gegenseitigen Zugangs;

3. das Ko-Investitionsangebot ist transparent und wird durch das marktmächtige Unternehmen rechtzeitig, spätestens aber sechs Monate vor Beginn der Errichtung des von der Ko-Investition umfassten Telekommunikationsnetzes öffentlich auf seinen Internetseiten verfügbar gemacht;

4. die Konditionen des Zugangs für nicht an der Ko-Investition beteiligte Unternehmen ermöglichen es Zugangsnachfragern auf den nachgelagerten Märkten, in denen das marktmächtige Unternehmen tätig ist, langfristig wirksam und nachhaltig im Wettbewerb zu bestehen; dies umfasst faire, angemessene und nichtdiskriminierende Bedingungen des Zugangs, die mindestens die Qualität, die Geschwindigkeit und die Endnutzerreichweite aufweisen wie vor Errichtung der von der Ko-Investition umfassten Infrastruktur sowie einen Anpassungsmechanismus, der solche Bedingungen mit Blick auf die Entwicklung der Endkundenmärkte auch langfristig absichert.

²Die Bundesnetzagentur trägt hierbei den Leitlinien, die das GEREK nach Artikel 76 Absatz 4 der Richtlinie (EU) 2018/1972[1] veröffentlicht, weitestgehend Rechnung.

(4) Verpflichtungszusagen nach Absatz 1 Satz 1 Nummer 3 müssen einen effektiven und nichtdiskriminierenden Zugang für Dritte sowohl während des Umsetzungszeitraums als auch nach vollständiger Umsetzung einer freiwilligen

---

[1] Nr. 2.

funktionellen Trennung durch ein vertikal integriertes Unternehmen gewährleisten.

§ 19 Marktprüfungsverfahren für Verpflichtungszusagen. (1) [1]Die Bundesnetzagentur erklärt Verpflichtungszusagen des Unternehmens mit beträchtlicher Marktmacht regelmäßig für den angebotenen Zeitraum ganz oder teilweise durch Beschluss für verbindlich, wenn sie die jeweils anzuwendenden Bedingungen des § 18 erfüllen. [2]Verpflichtungszusagen nach § 18 Absatz 1 Satz 1 Nummer 2 sind abweichend von Satz 1 für mindestens sieben Jahre für verbindlich zu erklären.

(2) Die Bundesnetzagentur gibt den interessierten Parteien Gelegenheit, zu den nach § 18 Absatz 1 vorgelegten Verpflichtungszusagen in der Regel innerhalb eines Monats Stellung zu nehmen.

(3) [1]Die Bundesnetzagentur teilt dem Unternehmen mit beträchtlicher Marktmacht innerhalb von sechs Wochen nach Ablauf der Stellungnahmefrist nach Absatz 2 eine vorläufige Bewertung der vorgelegten Verpflichtungszusagen mit. [2]Genügen diese den jeweils anzuwendenden Bedingungen des § 18 nicht, teilt die Bundesnetzagentur dies dem Unternehmen mit beträchtlicher Marktmacht mit.

(4) [1]Nach Mitteilung der vorläufigen Bewertung durch die Bundesnetzagentur kann das Unternehmen mit beträchtlicher Marktmacht die ursprünglich vorgelegten Verpflichtungszusagen innerhalb von sechs Wochen ändern, um der vorläufigen Bewertung der Bundesnetzagentur Rechnung zu tragen. [2]Die Bundesnetzagentur prüft, ob die geänderten Verpflichtungszusagen die jeweils anzuwendenden Bedingungen des § 18 erfüllen und erklärt diese gegebenenfalls nach Absatz 2 für verbindlich. [3]Im Falle wesentlicher Änderungen ist den interessierten Parteien im Rahmen der Prüfung nach Satz 2 erneut Gelegenheit zur Stellungnahme zu geben.

(5) Die Bundesnetzagentur prüft zwölf Monate vor Ablauf des Geltungszeitraums von für verbindlich erklärten Verpflichtungszusagen eine Verlängerung der Laufzeit.

(6) [1]Die Bundesnetzagentur überwacht und gewährleistet die Einhaltung der von ihr nach Absatz 1 für verbindlich erklärten Verpflichtungszusagen. [2]Sie kann das marktmächtige Unternehmen zu diesem Zweck auffordern, jährliche Konformitätserklärungen abzugeben.

Abschnitt 2. Zugangsregulierung
Unterabschnitt 1. Allgemeine Zugangsvorschriften

§ 20 Verhandlungen über Zugang und Zusammenschaltung. (1) Betreiber öffentlicher Telekommunikationsnetze sind berechtigt und auf Verlangen anderer Unternehmen verpflichtet, mit diesen über ein Angebot auf Zugang und Zusammenschaltung zu verhandeln, um die Kommunikation der Nutzer, die Bereitstellung von Telekommunikationsdiensten sowie deren Interoperabilität im gesamten Gebiet der Europäischen Union zu gewährleisten.

(2) [1]Informationen, die bei oder nach Verhandlungen oder Vereinbarungen über Zugang und Zusammenschaltung nach Absatz 1 gewonnen werden, dürfen nur für die Zwecke verwendet werden, für die sie bereitgestellt werden. [2]Die Informationen dürfen nicht an Dritte weitergegeben werden, insbeson-

re nicht an andere Abteilungen, Tochtergesellschaften oder Geschäftspartner der an den Verhandlungen Beteiligten.

(3) Die Bundesnetzagentur kann auf Antrag Beteiligter nach Absatz 1 als neutraler Vermittler in den Verhandlungen eingesetzt werden, sofern die Wettbewerbslage dies erfordert.

§ 21 Zugangsverpflichtung und Zusammenschaltung bei Kontrolle über Zugang zu Endnutzern.
(1) Die Bundesnetzagentur kann Unternehmen, die den Zugang zu Endnutzern kontrollieren,

1. verpflichten, ihre Telekommunikationsnetze mit denen anderer Unternehmen zusammenzuschalten, soweit dies erforderlich ist, um die durchgehende Konnektivität und die Bereitstellung von Diensten sowie deren Interoperabilität zu gewährleisten;
2. weitere Verpflichtungen auferlegen, soweit dies zur Gewährleistung der durchgehenden Konnektivität oder zur Gewährleistung der Interoperabilität erforderlich ist.

(2) Die Bundesnetzagentur kann Anbieter nummernunabhängiger interpersoneller Telekommunikationsdienste verpflichten, ihre Dienste interoperabel zu machen, wenn die folgenden Voraussetzungen erfüllt sind:

1. die nummernunabhängigen interpersonellen Telekommunikationsdienste weisen eine nennenswerte Abdeckung und Nutzerbasis auf;
2. die durchgehende Konnektivität zwischen Endnutzern ist wegen mangelnder Interoperabilität zwischen interpersonellen Telekommunikationsdiensten bedroht;
3. die Verpflichtungen sind zur Gewährleistung der durchgehenden Konnektivität zwischen Endnutzern erforderlich und
4. die Kommission hat Durchführungsmaßnahmen nach Artikel 61 Absatz 2 Unterabsatz 2 Buchstabe ii der Richtlinie (EU) 2018/1972[1)] erlassen.

(3) Die Bundesnetzagentur kann Betreiber verpflichten, zu fairen, ausgewogenen und nichtdiskriminierenden Bedingungen Zugang zu Anwendungs-Programmierschnittstellen und elektronischen Programmführern zu gewähren, soweit dies zur Gewährleistung des Zugangs der Endnutzer zu digitalen Hörfunk- und Fernsehdiensten sowie damit verbundenen ergänzenden Diensten erforderlich ist.

(4) Die Maßnahmen der Bundesnetzagentur nach den Absätzen 1 bis 3 müssen fair, objektiv, transparent, verhältnismäßig und nichtdiskriminierend sein.

(5) [1]Für die nach den Absätzen 1 bis 3 auferlegten Maßnahmen gelten die Verfahren des § 14 entsprechend. [2]Die Bundesnetzagentur überprüft die erlassenen Maßnahmen innerhalb von fünf Jahren ab dem Zeitpunkt ihrer Auferlegung auf deren Wirksamkeit und darauf, ob deren Änderung oder Aufhebung angemessen wäre.

§ 22 Zugangsverpflichtung bei Hindernissen der Replizierbarkeit.
(1) [1]Die Bundesnetzagentur kann Unternehmen verpflichten, anderen Unternehmen Zugang zu ihrem Netz an einem Punkt jenseits des ersten Konzen-

---

[1)] Nr. 2.

trations- oder Verteilerpunkts, welcher möglichst endnutzernah liegt, zu gewähren, wenn

1. die Verpflichtung erforderlich ist, um beträchtliche und anhaltende wirtschaftliche oder physische Hindernisse für eine Replizierbarkeit von Netzelementen, die einer bestehenden oder sich abzeichnenden Marktsituation mit erheblichen Einschränkungen der Wettbewerbsergebnisse für die Endnutzer zugrunde liegen, zu beseitigen und

2. Verpflichtungen nach § 149 Absatz 6 betreffend den Zugang in Gebäuden oder bis zum ersten Konzentrations- oder Verteilerpunkt sowie Verpflichtungen nach § 13 Absatz 1 nicht ausreichen.

[2] Die Bundesnetzagentur kann Unternehmen verpflichten, Zugang zu insbesondere aktiven oder virtuell entbündelten Produkten zu gewähren. [3] Die Bundesnetzagentur legt den Punkt für den Zugang mit der Maßgabe fest, dass dadurch einem effizienten Zugangsnachfrager die Abnahme einer wirtschaftlich tragfähigen Anzahl von Endnutzeranschlüssen ermöglicht wird.

(2) [1] Die Bundesnetzagentur erlegt einem Unternehmen in den folgenden Fällen keine Zugangsverpflichtungen nach Absatz 1 auf:

1. für ein Netz mit sehr hoher Kapazität, wenn das Unternehmen

   a) ein ausschließlich auf der Vorleistungsebene tätiges Unternehmen im Sinne von § 33 ist und

   b) tragfähige Zugangsalternativen zu fairen, nichtdiskriminierenden und angemessenen Bedingungen anbietet;

2. die wirtschaftliche oder finanzielle Tragfähigkeit des Aufbaus neuer Telekommunikationsnetze insbesondere im Rahmen kleiner lokaler Projekte würde durch die Zugangsverpflichtung gefährdet.

[2] Abweichend von Satz 1 Nummer 1 kann die Bundesnetzagentur Verpflichtungen nach Absatz 1 auferlegen, wenn das Unternehmen den Aufbau des Telekommunikationsnetzes mit sehr hoher Kapazität mit öffentlichen Mitteln finanziert. [3] Die Bundesnetzagentur kann für andere als die in Satz 1 Nummer 1 Buchstabe a genannten Unternehmen von Zugangsverpflichtungen absehen, wenn diese zu fairen, nichtdiskriminierenden und angemessenen Bedingungen Zugang zu einem Netz mit sehr hoher Kapazität gewähren.

(3) Die Maßnahmen nach Absatz 1 müssen fair, objektiv, transparent, verhältnismäßig und nichtdiskriminierend sein.

(4) [1] Für die nach den Absätzen 1 und 2 Satz 2 auferlegten Maßnahmen gelten die Verfahren des § 14 entsprechend. [2] Für die Prüfung der Bundesnetzagentur nach Absatz 1 Satz 1 Nummer 1, ob beträchtliche und anhaltende wirtschaftliche oder physische Hindernisse für eine Replizierbarkeit von Netzelementen vorliegen, finden die Fristen des § 14 Absatz 1 entsprechende Anwendung. [3] Die Bundesnetzagentur berücksichtigt bei der Auferlegung der Maßnahmen weitestgehend die Leitlinien des GEREK nach Artikel 61 Absatz 3 Unterabsatz 5 Buchstabe b der Richtlinie (EU) 2018/1972[1]. [4] Sie prüft die erlassenen Maßnahmen innerhalb von fünf Jahren nach ihrer Auferlegung auf deren Wirksamkeit und darauf, ob deren Änderung oder Aufhebung angemessen wäre.

---

[1] Nr. 2.

§ 23 Zugangsvereinbarungen bei Kontrolle über Zugang zu Endnutzern oder bei Hindernissen der Replizierbarkeit.

(1) Ein Unternehmen, dem eine Verpflichtung nach § 21 oder 22 auferlegt worden ist, hat anderen Unternehmen, die diese Zugangsleistung nachfragen, um Telekommunikationsdienste anbieten zu können, unverzüglich, spätestens aber drei Monate nach Auferlegung der Zugangsverpflichtung, einen entsprechenden Zugang anzubieten.

(2) Zugangsvereinbarungen nach Absatz 1 sind der Bundesnetzagentur vorzulegen.

Unterabschnitt 2. Zugangsvorschriften für Unternehmenmit beträchtlicher Marktmacht

§ 24 Diskriminierungsverbot.

(1) Die Bundesnetzagentur kann Unternehmen mit beträchtlicher Marktmacht verpflichten, dass Zugangsvereinbarungen auf objektiven Maßstäben beruhen, nachvollziehbar sein, einen gleichwertigen Zugang gewährleisten und den Geboten der Chancengleichheit und Billigkeit genügen müssen.

(2) Die Bundesnetzagentur kann Unternehmen mit beträchtlicher Marktmacht verpflichten, allen Unternehmen, einschließlich sich selbst, Zugangsprodukte und -dienste mit den gleichen Fristen und zu gleichen Bedingungen, auch im Hinblick auf Entgelte und Dienstumfang, sowie mittels der gleichen Systeme und Verfahren zur Verfügung zu stellen, um einen gleichwertigen Zugang im Sinne von Absatz 1 zu gewährleisten.

§ 25 Transparenzverpflichtung.

(1) Die Bundesnetzagentur kann Unternehmen mit beträchtlicher Marktmacht verpflichten, alle für den Zugang benötigten Informationen zu veröffentlichen, insbesondere

1. zur Buchführung,
2. zu Entgelten,
3. zu technischen Spezifikationen,
4. zu Netzmerkmalen und
5. zu Bereitstellungs- und Nutzungsbedingungen, einschließlich aller Bedingungen, die den Zugang zu und die Nutzung von Diensten und Anwendungen ändern, insbesondere aufgrund der Migration von herkömmlichen Infrastrukturen.

(2) Die Bundesnetzagentur kann einem Unternehmen mit beträchtlicher Marktmacht vorschreiben, welche Informationen in welcher Form zur Verfügung zu stellen sind, soweit dies verhältnismäßig ist.

(3) [1]Die Bundesnetzagentur kann ein Unternehmen mit beträchtlicher Marktmacht verpflichten, Zugangsvereinbarungen ohne gesonderte Aufforderung in einer öffentlichen und einer vertraulichen Fassung vorzulegen. [2]Sofern Zugangsvereinbarungen nicht mehr bestehen, teilt das Unternehmen dies der Bundesnetzagentur mit. [3]Die Bundesnetzagentur veröffentlicht, wann und wo Nachfrager nach Zugangsleistungen die nach Satz 1 vorgelegte öffentliche Fassung einer Zugangsvereinbarung einsehen können.

§ 26 Zugangsverpflichtungen.

(1) Die Bundesnetzagentur kann ein Unternehmen mit beträchtlicher Marktmacht verpflichten, anderen Unternehmen Zugang zu gewähren, wenn anderenfalls die Entwicklung eines nachhaltig

wettbewerbsorientierten Endkundenmarktes behindert würde und die Interessen der Endnutzer beeinträchtigt würden.

(2) ¹Bei der Prüfung, ob und welche Zugangsverpflichtungen nach Absatz 1 gerechtfertigt sind und ob diese in einem angemessenen Verhältnis zu den Zielen nach § 2 stehen, prüft die Bundesnetzagentur, ob

1. bereits oder absehbar auferlegte Verpflichtungen nach diesem Teil oder bereits abgeschlossene oder angebotene kommerzielle Zugangsvereinbarungen im betreffenden oder in einem verbundenen Vorleistungsmarkt und
2. die bloße Auferlegung von Verpflichtungen nach Absatz 3 Nummer 10

zur Sicherstellung der in § 2 genannten Ziele ausreichen. ²Dabei berücksichtigt die Bundesnetzagentur insbesondere:

1. die technische und wirtschaftliche Tragfähigkeit der Nutzung oder Installation konkurrierender Einrichtungen angesichts des Tempos der Marktentwicklung, wobei die Art und der Typ der Zusammenschaltung und des Zugangs berücksichtigt werden, einschließlich der Tragfähigkeit anderer vorgelagerter Zugangsprodukte;
2. die Möglichkeit der Gewährung des vorgeschlagenen Zugangs angesichts der verfügbaren Kapazität;
3. die Anfangsinvestitionen des Eigentümers der Einrichtung unter Berücksichtigung etwaiger getätigter öffentlicher Investitionen und der Investitionsrisiken, insbesondere solcher Risiken, die mit Investitionen in Netze mit sehr hoher Kapazität verbunden sind;
4. die Notwendigkeit zur langfristigen Sicherung des Wettbewerbs unter besonderer Berücksichtigung eines wirtschaftlich effizienten Infrastrukturwettbewerbs und innovativer Geschäftsmodelle;
5. gewerbliche Schutzrechte oder Rechte an geistigem Eigentum;
6. die Bereitstellung unionsweiter Dienste und
7. die zu erwartende technische Entwicklung von Netzgestaltung und Netzmanagement.

(3) Die Bundesnetzagentur kann Unternehmen, die über beträchtliche Marktmacht verfügen, unter Beachtung von Absatz 1 unter anderem folgende Verpflichtungen auferlegen:

1. Zugang zu bestimmten physischen Netzkomponenten und zugehörigen Einrichtungen einschließlich des physisch entbündelten Zugangs zum Teilnehmeranschluss zu gewähren;
2. bereits gewährten Zugang zu Einrichtungen nicht nachträglich zu verweigern;
3. Zugang zu bestimmten aktiven oder virtuellen Netzkomponenten und -diensten, einschließlich des virtuell entbündelten Breitbandzugangs, zu gewähren;
4. bestimmte notwendige Voraussetzungen für die Interoperabilität durchgehender Nutzerdienste oder für Roaming in Mobilfunknetzen zu schaffen;
5. Zugang zu Systemen für die Betriebsunterstützung oder ähnlichen Softwaresystemen, die zur Gewährleistung eines chancengleichen Wettbewerbs bei der Bereitstellung von Diensten notwendig sind, unter Sicherstellung der Effizienz bestehender Einrichtungen zu gewähren;

6. Zugang zu zugehörigen Diensten wie einem Identitäts-, Standort- und Präsenzdienst zu gewähren;
7. Zusammenschaltung von öffentlichen Telekommunikationsnetzen zu ermöglichen;
8. offenen Zugang zu technischen Schnittstellen, Protokollen oder anderen Schlüsseltechnologien, die für die Interoperabilität von Diensten oder für Dienste für virtuelle Telekommunikationsnetze unentbehrlich sind, zu gewähren;
9. Kollokation oder andere Formen der gemeinsamen Nutzung von zugehörigen Einrichtungen zu ermöglichen sowie den Nachfragern oder deren Beauftragten jederzeit Zutritt zu diesen Einrichtungen zu gewähren und
10. Zugang zu baulichen Anlagen, wozu unter anderem Gebäude oder Gebäudezugänge, Verkabelungen in Gebäuden, Antennen, Türme und andere Trägerstrukturen, Pfähle, Masten, Leitungsrohre, Leerrohre, Kontrollkammern, Einstiegsschächte und Verteilerkästen gehören, zu gewähren, auch dann, wenn diese nicht Teil des sachlich relevanten Marktes nach § 10 sind, sofern die Zugangsverpflichtung im Hinblick auf das in der Marktanalyse nach § 11 festgestellte Problem erforderlich und angemessen ist.

(4) ¹Weist ein Unternehmen nach, dass durch die Inanspruchnahme der Leistung die Aufrechterhaltung der Netzintegrität oder die Sicherheit des Netzbetriebs gefährdet würde, erlegt die Bundesnetzagentur die betreffende Zugangsverpflichtung nicht oder in anderer Form auf. ²Die Aufrechterhaltung der Netzintegrität und die Sicherheit des Netzbetriebs sind nach objektiven Maßstäben zu beurteilen.

(5) ¹Wenn die Bundesnetzagentur einem Unternehmen eine Zugangsverpflichtung auferlegt, kann sie technische oder betriebliche Bedingungen festlegen, die vom Betreiber oder von den Nutzern dieses Zugangs erfüllt werden müssen, soweit dies erforderlich ist, um den normalen Betrieb des Telekommunikationsnetzes sicherzustellen. ²Verpflichtungen, bestimmte technische Normen oder Spezifikationen zugrunde zu legen, müssen mit den nach Artikel 39 der Richtlinie (EU) 2018/1972[1)] festgelegten Normen und Spezifikationen übereinstimmen.

(6) Im Rahmen der Erfüllung der Zugangsverpflichtungen sind Nutzungsmöglichkeiten von Zugangsleistungen sowie Kooperationsmöglichkeiten zwischen den zum Zugang berechtigten Unternehmen zuzulassen, es sei denn, ein Unternehmen weist im Einzelfall nach, dass eine Nutzungsmöglichkeit oder eine Kooperation aus technischen Gründen nicht oder nur eingeschränkt möglich ist.

§ 27 Verpflichtungen zur einheitlichen Rechnungsstellung und Inkasso. (1) Die Bundesnetzagentur kann ein Unternehmen mit beträchtlicher Marktmacht verpflichten, Dienstleistungen im Bereich der einheitlichen Rechnungsstellung sowie zur Entgegennahme oder zum ersten Einzug von Zahlungen nach Maßgabe der folgenden Absätze zu gewähren.

(2) ¹Soweit der Endnutzer mit anderen Anbietern öffentlich zugänglicher Telekommunikationsdienste nicht etwas anderes vereinbart, hat ihm der Rechnungsersteller eine Rechnung zu erstellen, die unabhängig von der Tarifgestal-

---

[1)] Nr. 2.

tung auch die Entgelte für Telekommunikationsdienstleistungen und telekommunikationsgestützte Dienste anderer Anbieter ausweist, die über den Netzzugang des Endnutzers in Anspruch genommen werden. ²Die Zahlung an den Rechnungsersteller für diese Entgelte erfolgt einheitlich für die gesamte in Anspruch genommene Leistung wie für dessen Forderungen.

(3) Die folgenden Verpflichtungen können nicht auferlegt werden:
1. eine Verpflichtung zur Rechnungserstellung für
   a) zeitunabhängig tarifierte Leistungen im Sinne von Absatz 2 Satz 1 mit Entgelten über 10 Euro,
   b) zeitabhängig tarifierte telekommunikationsgestützte Dienste jeweils mit Entgelten über 2 Euro pro Minute und
   c) alle Dienste, für die ein Legitimationsverfahren erforderlich ist;
2. eine Verpflichtung zur Reklamationsbearbeitung der für Dritte abgerechneten Leistungen;
3. eine Verpflichtung zur Mahnung und
4. eine Verpflichtung zur Durchsetzung der Forderungen Dritter.

(4) Der Rechnungsersteller hat den Anbietern öffentlich zugänglicher Telekommunikationsdienste den Namen, die Anschrift und die Anschlusskennung des Schuldners zu übermitteln, soweit dies für die Zwecke der Reklamationsbearbeitung, der Mahnung sowie der Durchsetzung von Forderungen für Leistungen im Sinne von Absatz 2 Satz 1 erforderlich ist.

(5) ¹Anbieter öffentlich zugänglicher Telekommunikationsdienste haben dem Rechnungsersteller gegenüber sicherzustellen, dass ihm keine Datensätze für Leistungen zur Abrechnung übermittelt werden, die nicht den gesetzlichen Regelungen entsprechen. ²Der Rechnungsersteller trägt weder die Verantwortung noch haftet er für die für Dritte abgerechneten Leistungen.

(6) Der Rechnungsersteller hat in seinen Mahnungen deutlich hervorgehoben anzugeben, dass der Kunde nicht nur den Mahnbetrag, sondern auch den gegebenenfalls höheren, ursprünglichen Rechnungsbetrag mit befreiender Wirkung an den Rechnungsersteller zahlen kann.

(7) Nach Absatz 1 auferlegte Verpflichtungen finden keine Anwendung, sofern der Rechnungsersteller eine Vereinbarung mit dem überwiegenden Teil des insoweit relevanten Marktes der von ihren Anschlusskunden auswählbaren Anbieter öffentlich zugänglicher Telekommunikationsdienste abgeschlossen hat und auch anderen Anbietern, die nicht an einer solchen Vereinbarung beteiligt sind, diskriminierungsfreien Zugang zu diesen Dienstleistungen nach den in der Vereinbarung niedergelegten Bedingungen gewährt.

§ 28 Zugangsvereinbarungen. (1) Ein Unternehmen mit beträchtlicher Marktmacht, dem eine Zugangsverpflichtung nach § 26 oder 27 auferlegt worden ist, hat gegenüber anderen Unternehmen, die diese Leistung nachfragen, um Telekommunikationsdienste erbringen zu können, unverzüglich, spätestens aber drei Monate nach Auferlegung der Zugangsverpflichtung, einen entsprechenden Zugang anzubieten.

(2) Zugangsvereinbarungen nach Absatz 1 sind der Bundesnetzagentur vorzulegen.

§ 29 Standardangebot. (1) Die Bundesnetzagentur kann ein Unternehmen mit beträchtlicher Marktmacht verpflichten, ein Standardangebot für die folgenden Zugangsleistungen zu veröffentlichen:

1. Zugangsleistungen, deren Gewährung dem Unternehmen nach § 26 auferlegt wurde und
2. Zugangsleistungen, für die eine allgemeine Nachfrage besteht.

(2) ¹Sofern die Bundesnetzagentur ein Unternehmen zur Veröffentlichung eines Standardangebots verpflichtet hat, hat das Unternehmen innerhalb von drei Monaten ab Inkrafttreten der Verpflichtung den Entwurf eines Standardangebots vorzulegen, der eine Produktbeschreibung und Bereitstellungs- und Nutzungsbedingungen, einschließlich der Entgelte, enthält. ²Satz 1 gilt nicht, wenn bereits ein Standardangebot festgelegt und dessen Mindestlaufzeit noch nicht abgelaufen ist. ³Die Bundesnetzagentur veröffentlicht den vorgelegten Entwurf auf ihrer Internetseite und gibt den Beteiligten nach der Veröffentlichung Gelegenheit zur Stellungnahme innerhalb einer angemessenen Frist.

(3) ¹Die Bundesnetzagentur prüft, ob der nach Absatz 2 vorgelegte Entwurf des Standardangebots den Kriterien der Chancengleichheit, Billigkeit und Rechtzeitigkeit entspricht und so umfassend ist, dass er von den einzelnen Nachfragern ohne weitere Verhandlungen angenommen werden kann. ²Sie trägt dabei den Leitlinien des GEREK über die Mindestkriterien für Standardangebote nach Artikel 69 Absatz 4 Satz 1 der Richtlinie (EU) 2018/1972[1)] weitestmöglich Rechnung.

(4) ¹Genügt der nach Absatz 2 vorgelegte Entwurf des Standardangebots den Anforderungen des Absatzes 3, legt die Bundesnetzagentur das Standardangebot fest und versieht es mit einer Mindestlaufzeit. ²Anderenfalls fordert die Bundesnetzagentur das Unternehmen auf, innerhalb einer angemessenen Frist einen überarbeiteten Entwurf vorzulegen. ³Die Bundesnetzagentur kann diese Aufforderung verbinden mit Vorgaben für einzelne Bedingungen, einschließlich Vertragsstrafen.

(5) ¹Die Bundesnetzagentur veröffentlicht den nach Absatz 4 Satz 2 überarbeiteten Entwurf des Standardangebots auf ihrer Internetseite und gibt den Beteiligten nach Veröffentlichung Gelegenheit zur Stellungnahme innerhalb einer angemessenen Frist. ²Die Bundesnetzagentur prüft, ob der überarbeitete Entwurf den Anforderungen des Absatzes 3 entspricht. ³Die Bundesnetzagentur kann Änderungen am Standardangebot vornehmen und es mit einer Mindestlaufzeit versehen, soweit das Unternehmen Vorgaben für einzelne Bedingungen nicht oder nicht ausreichend umgesetzt hat.

(6) ¹Veröffentlicht das Unternehmen keinen Entwurf eines Standardangebots nach Absatz 1 Nummer 2, ermittelt die Bundesnetzagentur, für welche Zugangsleistungen eine allgemeine Nachfrage besteht und legt fest, welche der ermittelten Leistungen Bestandteil eines Standardangebots werden. ²Sie fordert das Unternehmen auf, einen den Vorgaben des Absatzes 2 entsprechenden Entwurf innerhalb von drei Monaten nach der Festlegung der Leistungsbestandteile vorzulegen.

(7) Das Unternehmen muss beabsichtigte Änderungen oder Pläne zur Einstellung des Standardangebots der Bundesnetzagentur zur Prüfung vorlegen.

[1)] Nr. 2.

(8) ¹Die Entscheidungen nach Absatz 4 Satz 2 und Absatz 5 Satz 3 können nur insgesamt angegriffen werden. ²Für die Regulierung der Entgelte gelten die Bestimmungen des Abschnitt 3.

(9) ¹Die Bundesnetzagentur kann das Unternehmen verpflichten, ein festgelegtes Standardangebot zu ändern, wenn es nicht mehr den Anforderungen des Absatzes 3 genügt. ²Hat die Bundesnetzagentur ein Unternehmen nach Absatz 1 Nummer 2 zur Vorlage eines Standardangebots verpflichtet und hat sich die allgemeine Nachfrage wesentlich geändert, gilt Satz 1 entsprechend. ³Für die Änderung des Standardangebots gelten die Absätze 2 bis 7 entsprechend.

(10) Das Unternehmen ist verpflichtet, das Standardangebot in seine Allgemeinen Geschäftsbedingungen aufzunehmen.

§ 30 Getrennte Rechnungslegung.

(1) ¹Die Bundesnetzagentur kann einem Unternehmen mit beträchtlicher Marktmacht für bestimmte Tätigkeiten im Zusammenhang mit Zugangsleistungen eine getrennte Rechnungslegung vorschreiben. ²Die Bundesnetzagentur kann insbesondere von einem vertikal integrierten Unternehmen mit beträchtlicher Marktmacht verlangen, seine Vorleistungspreise und seine internen Verrechnungspreise transparent zu gestalten. ³Die Bundesnetzagentur kann dabei konkrete Vorgaben zu dem zu verwendenden Format sowie zu der zu verwendenden Rechnungsführungsmethode machen.

(2) ¹Die Bundesnetzagentur kann verlangen, dass ihr die Kostenrechnungs- und Buchungsunterlagen nach Absatz 1 einschließlich sämtlicher damit zusammenhängender Informationen und Dokumente auf Anforderung in vorgeschriebener Form vorgelegt werden. ²Die Bundesnetzagentur kann diese Informationen in geeigneter Form veröffentlichen, soweit dies zur Erreichung der in § 2 genannten Ziele beiträgt. ³Dabei sind die Bestimmungen zur Wahrung von Geschäfts- oder Betriebsgeheimnissen zu beachten.

Unterabschnitt 3. Sonstige Zugangsvorschriften für Unternehmenmit beträchtlicher Marktmacht

§ 31 Verpflichtung zur funktionellen Trennung eines vertikal integrierten Unternehmens.

(1) ¹Gelangt die Bundesnetzagentur zu dem Schluss, dass die nach § 13 Absatz 1 auferlegten Verpflichtungen nicht zu einem wirksamen Wettbewerb geführt haben und wichtige und andauernde Wettbewerbsprobleme oder Marktversagen auf den Märkten für bestimmte Zugangsprodukte auf Vorleistungsebene bestehen, so kann sie als außerordentliche Maßnahme vertikal integrierte Unternehmen mit beträchtlicher Marktmacht verpflichten, ihre Tätigkeiten im Zusammenhang mit der Bereitstellung der betreffenden Zugangsprodukte auf Vorleistungsebene in Form einer funktionellen Trennung in einem unabhängig arbeitenden Geschäftsbereich unterzubringen. ²Dieser Geschäftsbereich stellt Zugangsprodukte und -dienste allen Unternehmen, einschließlich der anderen Geschäftsbereiche des eigenen Mutterunternehmens, mit den gleichen Fristen und zu den gleichen Bedingungen, einschließlich der Entgelte und des Dienstumfangs, sowie mittels der gleichen Systeme und Verfahren zur Verfügung.

(2) Beabsichtigt die Bundesnetzagentur, eine Verpflichtung zur funktionellen Trennung aufzuerlegen, so übermittelt sie der Kommission einen entsprechenden Antrag, der Folgendes umfasst:

1. den Nachweis, dass die in Absatz 1 genannte Schlussfolgerung der Bundesnetzagentur begründet ist;
2. eine mit Gründen versehene Einschätzung, dass keine oder nur geringe Aussichten bestehen, dass es innerhalb eines angemessenen Zeitrahmens einen wirksamen und nachhaltigen Infrastrukturwettbewerb gibt;
3. eine Analyse der erwarteten Auswirkungen auf die Bundesnetzagentur, auf das Unternehmen, insbesondere auf das Personal des abgetrennten Geschäftsbereichs und auf den Telekommunikationssektor insgesamt, einschließlich der Investitionsanreize, insbesondere im Hinblick auf die notwendige Wahrung des sozialen und territorialen Zusammenhalts sowie auf sonstige interessierte Parteien, einschließlich der erwarteten Auswirkungen auf den Wettbewerb und möglicher Folgen für die Endnutzer;
4. eine Analyse der Gründe, die dafür sprechen, dass diese Verpflichtung das effizienteste Mittel zur Eindämmung des festgestellten Wettbewerbsproblems oder Marktversagens darstellt.

(3) Die Bundesnetzagentur legt der Kommission neben dem Antrag nach Absatz 2 einen Maßnahmenentwurf vor, der Folgendes umfasst:
1. die genaue Angabe von Art und Ausmaß der Trennung, insbesondere die Angabe des rechtlichen Status des getrennten Geschäftsbereichs;
2. die Angabe der Vermögenswerte des getrennten Geschäftsbereichs sowie der von diesem bereitzustellenden Produkte und Dienstleistungen;
3. die organisatorischen Modalitäten zur Gewährleistung der Unabhängigkeit des Personals des getrennten Geschäftsbereichs sowie die entsprechenden Anreize;
4. Vorschriften zur Gewährleistung der Einhaltung der Verpflichtungen;
5. Vorschriften zur Gewährleistung der Transparenz der betrieblichen Verfahren, insbesondere gegenüber den anderen interessierten Parteien;
6. ein Überwachungsprogramm, mit dem die Einhaltung der Verpflichtung sichergestellt wird und das unter anderem die Veröffentlichung eines jährlichen Berichts enthält.

(4) ¹Im Anschluss an die Entscheidung der Kommission über den Antrag nach Absatz 2 führt die Bundesnetzagentur entsprechend den Verfahren nach § 12 eine koordinierte Analyse der Märkte durch, bei denen eine Verbindung zum lokalen Anschlussnetz besteht. ²Auf der Grundlage ihrer Analyse erlässt die Bundesnetzagentur im Verfahren nach § 14 eine Regulierungsverfügung.

(5) Einem marktmächtigen Unternehmen, dem die funktionelle Trennung auferlegt wurde, kann auf jedem Einzelmarkt, auf dem es als Unternehmen mit beträchtlicher Marktmacht nach § 11 eingestuft wurde, jede der Verpflichtungen nach § 13 Absatz 1 auferlegt werden.

§ 32 Freiwillige funktionelle Trennung durch ein vertikal integriertes Unternehmen. (1) ¹Ein vertikal integriertes Unternehmen mit beträchtlicher Marktmacht unterrichtet die Bundesnetzagentur mindestens drei Monate im Voraus von der Absicht, die Anlagen des lokalen Anschlussnetzes ganz oder zu einem großen Teil auf eine andere Gesellschaft mit einem anderen Eigentümer zu übertragen oder einen getrennten Geschäftsbereich einzurichten, um damit allen Anbietern auf der Endkundenebene, einschließlich der eigenen im Endkundenbereich tätigen Unternehmensbereiche, völlig gleichwertige Zugangsprodukte zu liefern. ²Das Unternehmen unterrichtet die Bundesnetzagentur auch über alle Änderungen dieser Absicht sowie über das Ergebnis des Prozesses der funktionellen Trennung.

(2) ¹Die Bundesnetzagentur prüft die möglichen Folgen der beabsichtigten Transaktion nach Absatz 1 und etwaiger Verpflichtungszusagen nach § 18 Absatz 1 Satz 1 Nummer 3. ²Sie führt hierzu entsprechend dem Verfahren des § 11 eine koordinierte Analyse der Märkte durch, bei denen eine Verbindung zum lokalen Anschlussnetz besteht. ³Sofern das Unternehmen Verpflichtungszusagen vorlegt, führt die Bundesnetzagentur das Marktprüfungsverfahren nach § 19 durch. ⁴Sie kann gegenüber dem Unternehmen, einschließlich dem rechtlich oder betrieblich getrennten Geschäftsbereich, sofern dieser über beträchtliche Marktmacht auf einem Markt verfügt, eine Regulierungsverfügung im Verfahren nach § 14 erlassen, sofern verbindlich erklärte Verpflichtungszusagen zur Erreichung der Ziele nach § 2 nicht ausreichen. ⁵§ 33 bleibt unberührt.

§ 33 Ausschließlich auf der Vorleistungsebene tätige Unternehmen.

(1) Die Bundesnetzagentur kann einem Unternehmen mit beträchtlicher Marktmacht, das auf keinem Endkundenmarkt für öffentlich zugängliche Telekommunikationsdienste tätig ist, abweichend von § 13 Absatz 1 Verpflichtungen nach § 24, § 26 Absatz 3 Nummer 1 bis 9 oder nach Abschnitt 3 auferlegen, sofern folgende Voraussetzungen vorliegen:

1. laufende und geplante Tätigkeiten in allen Geschäftsbereichen des Unternehmens und aller Anteilseigner, die eine Kontrolle über das Unternehmen ausüben können, erfolgen ausschließlich in Vorleistungsmärkten für öffentlich zugängliche Telekommunikationsdienste;
2. es bestehen keine Exklusivvereinbarungen oder faktisch auf Exklusivvereinbarungen hinauslaufende Vereinbarungen des Unternehmens mit einem anderen Unternehmen, das in Endkundenmärkten für öffentlich zugängliche Telekommunikationsdienste tätig ist.

(2) ¹Die Bundesnetzagentur geht nach § 15 Absatz 1 vor, wenn ihr Tatsachen bekannt oder bekannt gemacht werden, aus denen sich ergibt, dass

1. die Voraussetzungen des Absatzes 1 nicht mehr erfüllt sind oder
2. die Bedingungen, die das Unternehmen gegenüber auf nachgelagerten Märkten tätigen Unternehmen anbietet, zu Wettbewerbsproblemen zum Nachteil der Endnutzer führen oder absehbar führen werden.

²Das Unternehmen unterrichtet die Bundesnetzagentur umgehend über Tatsachen im Sinne von Satz 1.

§ 34 Migration von herkömmlichen Infrastrukturen.

(1) Beabsichtigt ein Unternehmen mit beträchtlicher Marktmacht, Teile seines Telekommunikationsnetzes außer Betrieb zu nehmen oder durch neue Infrastrukturen zu ersetzen und wird infolgedessen das Angebot eines nach § 26 auferlegten Zugangsproduktes unmöglich, muss es dies der Bundesnetzagentur rechtzeitig, mindestens jedoch ein Jahr vor Beginn der Außerbetriebnahme oder der Ersetzung anzeigen.

(2) Die Anzeige des Unternehmens nach Absatz 1 muss Folgendes enthalten:
1. einen Zeitplan zum Prozess der Außerbetriebnahme oder der Ersetzung,

2. die Bedingungen der Migration, einschließlich einer Beschreibung der während und nach Abschluss der Migration angebotenen alternativen Zugangsprodukte, und
3. den Antrag auf Änderung des Standardangebots, soweit das Unternehmen ein Standardangebot gemäß § 29 für das auferlegte Zugangsprodukt veröffentlicht hat.

(3) Die Bundesnetzagentur veröffentlicht die nach Absatz 2 vorgelegten Unterlagen auf ihrer Internetseite unter Wahrung der Betriebs- und Geschäftsgeheimnisse und gibt den interessierten Parteien Gelegenheit, innerhalb einer angemessenen Frist, die mindestens einen Monat betragen soll, hierzu Stellung zu nehmen.

(4) [1]Die Bundesnetzagentur prüft die nach Absatz 2 vorgelegten Unterlagen zum Prozess der Außerbetriebnahme oder der Ersetzung. [2]Sie legt hierbei einen transparenten Zeitplan, einschließlich einer angemessenen Kündigungsfrist für die Zugangsvereinbarung, und transparente und angemessene Bedingungen fest. [3]Die Festlegung umfasst auch die Verfügbarkeit alternativer Zugangsprodukte zu fairen, angemessenen und nichtdiskriminierenden Bedingungen, soweit dies für die Wahrung des Wettbewerbs und der Rechte der Endnutzer erforderlich ist. [4]Die Bedingungen der alternativen Zugangsprodukte, einschließlich Qualität, Geschwindigkeit und Endnutzerreichweite, müssen jedenfalls vergleichbar zu den Bedingungen der zuvor verfügbaren Zugangsprodukte sein.

(5) [1]Die Bundesnetzagentur kann die Verpflichtungen, die dem Unternehmen auferlegt wurden, für solche Telekommunikationsnetze, die außer Betrieb genommen oder ersetzt werden, mit dem Wirksamwerden der Kündigung der Zugangsvereinbarung widerrufen, wenn die Bedingungen des Absatzes 4 Satz 2 und 3 eingehalten werden. [2]Es gilt das Verfahren nach § 14. [3]Die Änderung des Standardangebots erfolgt gleichzeitig mit der Änderung der Regulierungsverfügung.

(6) Die Regulierungsverfügung nach § 13 für die aufgerüstete oder neue Netzinfrastruktur bleibt unberührt.

(7) Beabsichtigt ein Unternehmen mit beträchtlicher Marktmacht, sein Netz oder Teile davon zu veräußern, finden die Absätze 1 bis 5 entsprechende Anwendung auf den Verkaufsprozess.

Unterabschnitt 4. Allgemeine Vorschriften

§ 35 Anordnungen im Rahmen der Zugangsregulierung. (1) [1]Kommt eine Zugangsvereinbarung nach § 23 oder 28 ganz oder teilweise nicht zustande und liegen die nach diesem Gesetz erforderlichen Voraussetzungen für eine Verpflichtung zur Zugangsgewährung vor, ordnet die Bundesnetzagentur den Zugang nach Anhörung der Beteiligten an. [2]Die Anordnung ergeht innerhalb einer Frist von zehn Wochen ab schriftlicher oder elektronischer Anrufung durch einen an der zu schließenden Zugangsvereinbarung Beteiligten oder ab Einleitung eines Verfahrens von Amts wegen, sofern dies zur Erreichung der Ziele des § 2 erforderlich ist. [3]In besonders zu begründenden Fällen kann die Bundesnetzagentur innerhalb der Frist nach Satz 2 das Verfahren auf bis zu vier Monate verlängern.

(2) Eine Anordnung nach Absatz 1 ist nur zulässig, soweit und solange die Beteiligten keine Zugangs- oder Zusammenschaltungsvereinbarung treffen.

(3) ¹Die Anrufung nach Absatz 1 Satz 2 muss begründet werden. ²Insbesondere muss dargelegt werden,
1. welchen genauen Inhalt die Anordnung der Bundesnetzagentur haben soll,
2. wann der Zugang nachgefragt worden ist und welche konkreten Leistungen dabei nachgefragt worden sind,
3. dass ernsthafte Verhandlungen stattgefunden haben oder Verhandlungen vom Anrufungsgegner verweigert worden sind,
4. bei welchen Punkten keine Einigung erzielt worden ist und
5. wie begehrte technische Maßnahmen technisch ausführbar sind.

³Die Anrufung kann bis zum Erlass der Anordnung widerrufen werden.

(4) ¹Gegenstand einer Anordnung nach Absatz 1 können alle Bedingungen einer Zugangsvereinbarung sowie die Entgelte sein. ²Die Bundesnetzagentur darf die Anordnung mit Bedingungen, einschließlich Vertragsstrafen, in Bezug auf Chancengleichheit, Billigkeit und Rechtzeitigkeit verknüpfen. ³Für die Regulierung der Entgelte gelten die Bestimmungen des Abschnitts 3.

(5) ¹Sind sowohl Bedingungen einer Zugangsvereinbarung streitig als auch die zu entrichtenden Entgelte für nachgefragte Leistungen, soll die Bundesnetzagentur hinsichtlich der Bedingungen und der Entgelte jeweils Teilentscheidungen treffen. ²Sofern die Bundesnetzagentur Teilentscheidungen trifft, gelten für diese jeweils die in Absatz 1 genannten Fristen. ³Die Anordnung der Bundesnetzagentur kann nur insgesamt angegriffen werden.

(6) Im Laufe des Verfahrens vorgelegte Unterlagen werden nur berücksichtigt, wenn dadurch die Einhaltung der in Absatz 1 Satz 2 bestimmten Frist nicht gefährdet wird.

(7) ¹Die betroffenen Unternehmen müssen eine Anordnung der Bundesnetzagentur nach Absatz 1 unverzüglich befolgen, es sei denn, die Bundesnetzagentur hat in der Anordnung eine Umsetzungsfrist bestimmt. ²Zur Durchsetzung der Anordnung kann die Bundesnetzagentur nach Maßgabe des Verwaltungsvollstreckungsgesetzes ein Zwangsgeld von bis zu einer Million Euro festsetzen.

§ 36 Veröffentlichung. Die Bundesnetzagentur veröffentlicht die nach diesem Abschnitt getroffenen Maßnahmen unter Wahrung von Betriebs- oder Geschäftsgeheimnissen der betroffenen Unternehmen.

Abschnitt 3. Entgeltregulierung
Unterabschnitt 1. Entgeltvorschriften für Zugangsleistungen

§ 37 Missbräuchliches Verhalten eines Unternehmens mit beträchtlicher Marktmacht bei der Forderung und Vereinbarung von Entgelten. (1) ¹Ein Unternehmen mit beträchtlicher Marktmacht darf diese Stellung bei der Forderung und Vereinbarung von Entgelten gegenüber Endnutzern oder gegenüber anderen Unternehmen nicht missbrauchen. ²Ein Missbrauch liegt insbesondere vor, wenn das Unternehmen Entgelte fordert, die
1. nur aufgrund seiner beträchtlichen Marktmacht auf dem jeweiligen Markt der Telekommunikation gegenüber Endnutzern oder gegenüber anderen Unternehmen durchsetzbar sind oder

2. die Wettbewerbsmöglichkeiten anderer Unternehmen auf einem Telekommunikationsmarkt auf erhebliche Weise beeinträchtigen.

³Eine Verhaltensweise nach Satz 2 Nummer 2 stellt keinen Missbrauch dar, wenn für sie eine sachliche Rechtfertigung nachgewiesen wird.

(2) Ein Missbrauch durch das Unternehmen mit beträchtlicher Marktmacht im Sinne von Absatz 1 Satz 2 Nummer 2 wird vermutet, wenn

1. das Entgelt der betreffenden Leistung die langfristigen zusätzlichen Kosten der Leistung, einschließlich einer angemessenen Verzinsung des eingesetzten Kapitals, nicht deckt,
2. das Unternehmen durch das Entgelt der betreffenden Leistung einzelnen Nachfragern, einschließlich sich selbst oder seinen Tochter- oder Partnerunternehmen, Vorteile gegenüber anderen Nachfragern gleichartiger oder ähnlicher Leistungen einräumt; die Differenzierung von Entgelten im Rahmen von kommerziellen Vereinbarungen zur Errichtung von Netzen mit sehr hoher Kapazität stellt regelmäßig keine Verhaltensweise im Sinne dieser Nummer dar, wenn dies der Aufteilung des Investitionsrisikos zwischen Investoren sowie zwischen Investoren und Zugangsnachfragern dient und alle tatsächlichen und potenziellen Nachfrager bei Berücksichtigung des jeweils übernommenen Risikos gleich behandelt werden,
3. die Spanne zwischen dem Entgelt, welches das Unternehmen anderen Unternehmen für eine Zugangsleistung in Rechnung stellt, und dem entsprechenden Endnutzerentgelt nicht ausreicht, um einem effizienten Unternehmen die Erzielung einer angemessenen Verzinsung des eingesetzten Kapitals auf dem Endnutzermarkt zu ermöglichen (Preis-Kosten-Schere),
4. die Spanne zwischen den Entgelten, welche das Unternehmen für auf verschiedenen Wertschöpfungsstufen erbrachte Zugangsleistungen in Rechnung stellt, die Wertschöpfungsdifferenz nicht angemessen widerspiegelt (Kosten-Kosten-Schere) oder
5. das Unternehmen bei seinem Produktangebot eine sachlich ungerechtfertigte Bündelung vornimmt; bei der Frage, ob dies der Fall ist, hat die Bundesnetzagentur insbesondere zu prüfen, ob es anderen effizienten Unternehmen möglich ist, das Bündelprodukt zu vergleichbaren Konditionen anzubieten.

§ 38 Entgeltregulierung. (1) ¹Die Bundesnetzagentur kann Unternehmen mit beträchtlicher Marktmacht verpflichten, Entgelte für Zugangsleistungen zur Genehmigung im Verfahren nach § 40 vorzulegen oder im Verfahren nach § 45 zur Anzeige zu bringen, wenn anderenfalls die Entwicklung eines nachhaltig wettbewerbsorientierten Endnutzermarktes durch missbräuchliche entgeltbezogene Maßnahmen des Unternehmens behindert würde und die Interessen der Endnutzer beeinträchtigt würden. ²Die nachträgliche Missbrauchsprüfung der Entgelte nach § 46 bleibt unberührt.

(2) ¹Die Bundesnetzagentur prüft bei Netzen mit sehr hoher Kapazität insbesondere, ob sie von einer Verpflichtung des Unternehmens nach Absatz 1, die Entgelte zur Genehmigung im Verfahren nach § 40 vorzulegen oder im Verfahren nach § 45 zur Anzeige zu bringen, absieht, sofern für solche Netze

1. ein nachweisbarer Preisdruck auf die Endkundenpreise vorliegt und
2. ein effektiver und nichtdiskriminierender Zugang gesichert ist, der eine technische und wirtschaftliche Nachbildbarkeit der Endkundenprodukte des

marktmächtigen Unternehmens durch effiziente Zugangsnachfrager gewährleistet. ²Die Bundesnetzagentur kann die Entgelte auf deren wirtschaftliche Nachbildbarkeit im Verfahren nach § 46 prüfen oder, wenn dies sachlich gerechtfertigt ist, nach § 40 oder § 45 vorgehen. ³Ein Vorgehen nach Satz 2 ist auch dann möglich, wenn aufgrund einer niedrigen Bevölkerungsdichte in einer konkreten Region die Anreize für den Ausbau von Netzen mit sehr hoher Kapazität gering sind und ein Zugang nach Satz 1 Nummer 2 gesichert ist.

(3) ¹Entgelte, die ein Unternehmen im Rahmen von Verpflichtungen nach § 21 oder § 22 verlangt, unterliegen einer nachträglichen Missbrauchsprüfung nach § 46. ²Abweichend von Satz 1 kann die Bundesnetzagentur das Unternehmen verpflichten, die Entgelte zur Genehmigung im Verfahren nach § 40 vorzulegen oder im Verfahren nach § 45 zur Anzeige zu bringen, wenn dies erforderlich ist, um die Ziele nach § 2 zu erreichen.

(4) ¹Die Bundesnetzagentur kann einem Unternehmen mit beträchtlicher Marktmacht Verpflichtungen in Bezug auf Kostenrechnungsmethoden, einschließlich der Anwendung einer bestimmten Form der Kostenrechnung, auferlegen. ²In diesem Fall kann sie das Unternehmen mit beträchtlicher Marktmacht verpflichten, eine Beschreibung der den Auflagen entsprechenden Kostenrechnungsmethode zu veröffentlichen, in der die wichtigsten Kostenarten und die Regeln der Kostenzuweisung aufgeführt werden. ³Die Bundesnetzagentur oder eine von ihr beauftragte unabhängige Stelle prüft die Anwendung der nach diesem Absatz auferlegten Verpflichtungen und veröffentlicht das Prüfergebnis einmal jährlich. ⁴Das Unternehmen übermittelt die hierfür erforderlichen Daten an die Bundesnetzagentur regelmäßig elektronisch.

(5) Die Bundesnetzagentur berücksichtigt
1. bei der Prüfung, ob und welche Entgeltmaßnahmen gerechtfertigt sind und ob diese in einem angemessenen Verhältnis zu den Zielen nach § 2 stehen, insbesondere die Notwendigkeit der Förderung eines nachhaltig wettbewerbsorientierten Marktes und die langfristigen Endnutzerinteressen am Ausbau von neuen und verbesserten Telekommunikationsnetzen, insbesondere von Netzen mit sehr hoher Kapazität;
2. im Falle der Regulierung von Entgelten insbesondere, dass die Maßnahmen in ihrer Gesamtheit, einschließlich in zeitlicher und inhaltlicher Hinsicht, aufeinander abgestimmt sind (Konsistenzgebot) sowie die Anreize für den Ausbau neuer und verbesserter Telekommunikationsnetze, die wirtschaftliche Effizienz und einen nachhaltigen Wettbewerb fördern und dem langfristigen Endnutzerinteresse dienen; sie berücksichtigt hierfür die zugrunde liegenden Investitionen und ermöglicht eine angemessene Verzinsung des eingesetzten Kapitals, wobei sie etwaigen spezifischen Investitionsrisiken unter weitestgehender Beachtung vereinbarter kommerzieller Zugangsvereinbarungen Rechnung trägt;
3. im Falle der Regulierung von Entgelten betreffend den Zugang zu baulichen Anlagen nach § 26 Absatz 3 Nummer 10 insbesondere auch die Folgen einer Zugangsgewährung für den Geschäftsplan des Unternehmens mit beträchtlicher Marktmacht.

(6) ¹Betrifft eine Entgeltregulierung von Zugangsleistungen nach Absatz 1 Terminierungsleistungen von Unternehmen mit beträchtlicher Marktmacht, trägt die Bundesnetzagentur den Prinzipien, Kriterien und Parametern des

Anhangs III der Richtlinie (EU) 2018/1972[1)] weitestgehend Rechnung, sofern nicht durch delegierten Rechtsakt der Kommission nach Artikel 75 Absatz 1 der Richtlinie (EU) 2018/1972 unionsweite Entgelte für Terminierungsleistungen festgelegt sind. [2] Legt die Kommission unionsweite Entgelte für Terminierungsleistungen fest, stellt die Bundesnetzagentur deren Einhaltung sicher. [3] § 44 Absatz 1 und 2 gilt entsprechend.

§ 39 Maßstäbe der Entgeltgenehmigung. (1) [1] Die Bundesnetzagentur genehmigt nach § 38 Absatz 1 Satz 1 oder Absatz 3 Satz 2 vorgelegte Entgelte

1. anhand der Maßstäbe des § 37,
2. auf der Grundlage der auf die einzelnen Dienste entfallenden Kosten der effizienten Leistungsbereitstellung nach § 42 oder
3. auf der Grundlage einer anderen Vorgehensweise; ein solches Vorgehen ist besonders zu begründen.

[2] Ungeachtet des geltenden Maßstabs der Entgeltgenehmigung dürfen genehmigte Entgelte nicht nach Maßgabe des § 37 missbräuchlich sein; für genehmigte Entgelte nach § 38 Absatz 3 Satz 2 gilt § 37 entsprechend.

(2) [1] Die Bundesnetzagentur bestimmt, welcher Maßstab der Entgeltgenehmigung nach Absatz 1 am besten geeignet ist, die Ziele nach § 2 zu erreichen. [2] Im Fall von Absatz 1 Satz 1 Nummer 3 gilt bei der Anwendung kostenorientierter Vorgehensweisen § 42 Absatz 2 und 3 entsprechend. [3] Die Bundesnetzagentur kann den Maßstab der Entgeltgenehmigung im Rahmen der Regulierungsverfügung nach § 13 bestimmen.

§ 40 Verfahren der Entgeltgenehmigung. (1) [1] Unterliegen Entgelte einer Genehmigungspflicht nach § 38, ist vor dem beabsichtigten Inkrafttreten bei der Bundesnetzagentur ein Antrag auf Genehmigung zu stellen. [2] Der Antrag muss die Entgelte, die Kostenunterlagen nach § 43 und alle sonstigen für die Genehmigungserteilung erforderlichen Unterlagen enthalten. [3] Bei befristet erteilten Genehmigungen hat die Vorlage des Entgeltantrags mindestens zehn Wochen vor Fristablauf zu erfolgen.

(2) [1] Die Bundesnetzagentur kann Unternehmen, deren Entgelte einer Genehmigungspflicht nach § 38 unterliegen, dazu auffordern, Entgeltgenehmigungsanträge zu stellen. [2] Für den Antrag gilt Absatz 1 Satz 2. [3] Wird der Aufforderung nicht innerhalb eines Monats nach deren Zugang Folge geleistet, leitet die Bundesnetzagentur ein Verfahren von Amts wegen ein.

(3) [1] Die Bundesnetzagentur prüft für jedes einzelne Entgelt die Einhaltung des nach § 39 Absatz 1 bestimmten Maßstabs der Entgeltgenehmigung. [2] Hierfür kann sie zusätzlich zu den nach Absatz 1 oder 2 vorliegenden Unterlagen

1. Preise solcher Unternehmen als Vergleich heranziehen, die entsprechende Leistungen auf vergleichbaren, dem Wettbewerb geöffneten Märkten anbieten; dabei sind die Besonderheiten der Vergleichsmärkte zu berücksichtigen; oder
2. eine von der Kostenberechnung des Unternehmens unabhängige Kostenrechnung anstellen und hierfür Kostenmodelle heranziehen.

[1)] Nr. 2.

[3] Soweit die vorliegenden Unterlagen für eine Entscheidung nach Absatz 5 nicht ausreichen, kann diese auch auf einer Prüfung nach Satz 2 Nummer 1 oder 2 beruhen.

(4) [1] Soweit die Bundesnetzagentur im Rahmen der Prüfung nach Absatz 3 zu dem Ergebnis kommt, dass Entgelte den festgelegten Maßstäben der Entgeltgenehmigung entsprechen, erteilt sie ganz oder teilweise eine befristete Genehmigung. [2] Die Genehmigung der Entgelte ist ganz oder teilweise zu versagen, soweit die Entgelte mit diesem Gesetz oder anderen Rechtsvorschriften nicht in Einklang stehen. [3] Die Bundesnetzagentur kann eine Genehmigung der Entgelte auch versagen, wenn das Unternehmen die in § 43 genannten Kostenunterlagen nicht vollständig vorgelegt hat.

(5) [1] Die Bundesnetzagentur veröffentlicht in der Regel innerhalb von zehn Wochen nach Eingang eines Entgeltgenehmigungsantrags den Entwurf einer Entscheidung. [2] Die Verfahren des § 14 gelten entsprechend. [3] Hat die Bundesnetzagentur gemäß Absatz 2 Satz 3 ein Verfahren von Amts wegen eingeleitet, gilt die Zehnwochenfrist ab dem Zeitpunkt der Verfahrenseinleitung.

§ 41 Rechtsschutz bei Verfahren der Entgeltgenehmigung.

(1) [1] Enthalten Entgeltgenehmigungen die vollständige oder teilweise Genehmigung eines vertraglich bereits vereinbarten Entgelts, so wirken sie zurück auf den Zeitpunkt der erstmaligen Leistungsbereitstellung durch das Unternehmen mit beträchtlicher Marktmacht. [2] Das Gericht kann im Verfahren nach § 123 der Verwaltungsgerichtsordnung[1]) die vorläufige Zahlung eines beantragten höheren Entgelts anordnen, wenn überwiegend wahrscheinlich ist, dass der Anspruch auf die Genehmigung des höheren Entgelts besteht; der Darlegung eines Anordnungsgrundes bedarf es nicht. [3] Verpflichtet das Gericht die Bundesnetzagentur zur Erteilung einer Genehmigung für ein höheres Entgelt, so entfaltet diese Genehmigung die Rückwirkung nach Satz 1 nur, wenn eine Anordnung nach Satz 2 ergangen ist. [4] Der Antrag auf Erlass einer einstweiligen Anordnung nach § 123 Absatz 1 der Verwaltungsgerichtsordnung[1]) kann nur bis zum Ablauf von zwei Monaten nach Klageerhebung gestellt und begründet werden.

(2) [1] Werden Entgelte nach dem 31. Juli 2018 erstmalig genehmigt, findet Absatz 1 Satz 3 keine Anwendung, wenn der Vertragspartner gemäß Absatz 1 Satz 1 Zugangsleistungen nachfragt und dieses Unternehmen im letzten Geschäftsjahr vor der Klageerhebung, für das ein Jahresabschluss vorliegt, einen Jahresumsatz von mehr als 100 Millionen Euro erzielt hat. [2] Umsätze verbundener Unternehmen im Sinne des § 3 Nummer 69 sind zu berücksichtigen, wenn die verbundenen Unternehmen ebenfalls Umsätze auf Telekommunikationsmärkten erzielen.

(3) [1] In dem Verfahren nach Absatz 1 in Verbindung mit § 123 der Verwaltungsgerichtsordnung[1]) kann das Gericht durch Beschluss anordnen, dass nur solche Personen beigeladen werden, die dies innerhalb einer bestimmten Frist beantragen. [2] Der Beschluss ist unanfechtbar. [3] Er ist im elektronischen Bundesanzeiger bekannt zu machen. [4] Er muss außerdem auf der Internetseite der Bundesnetzagentur veröffentlicht werden. [5] Die Bekanntmachung kann zusätzlich in einem von dem Gericht für Bekanntmachungen bestimmten Informations- und Kommunikationssystem erfolgen. [6] Die Frist muss mindestens einen Monat ab der Veröffentlichung im elektronischen Bundesanzeiger

---

[1]) Nr. 37.

betragen. ⁷ In der Veröffentlichung auf der Internetseite der Bundesnetzagentur ist mitzuteilen, an welchem Tag die Frist abläuft. ⁸ Für die Wiedereinsetzung in den vorigen Stand bei Versäumung der Frist gilt § 60 der Verwaltungsgerichtsordnung entsprechend. ⁹ Das Gericht soll Personen, die von der Entscheidung erkennbar in besonderem Maße betroffen werden, auch ohne Antrag beiladen. ¹⁰ In den Fällen des Absatzes 2 Satz 1 finden die Sätze 1 bis 9 auf sämtliche Rechtsbehelfsverfahren des Unternehmens mit beträchtlicher Marktmacht Anwendung, die auf die Genehmigung eines beantragten höheren Entgelts gerichtet sind.

§ 42 Kosten der effizienten Leistungsbereitstellung. (1) Die Kosten der effizienten Leistungsbereitstellung umfassen die langfristigen zusätzlichen Kosten der Leistungsbereitstellung und einen angemessenen Zuschlag für leistungsmengenneutrale Gemeinkosten, einschließlich einer angemessenen Verzinsung des eingesetzten Kapitals, soweit diese Kosten jeweils für die Leistungsbereitstellung notwendig sind.

(2) ¹ Aufwendungen, die nicht in den Kosten der effizienten Leistungsbereitstellung enthalten sind, werden zusätzlich zu Absatz 1 nur berücksichtigt, soweit und solange hierfür eine rechtliche Verpflichtung besteht oder das die Genehmigung beantragende Unternehmen eine sonstige sachliche Rechtfertigung nachweist. ² Zu berücksichtigende Aufwendungen können auch Gebühren für Beschlusskammerverfahren sein.

(3) Bei der Festlegung der angemessenen Verzinsung des eingesetzten Kapitals berücksichtigt die Bundesnetzagentur insbesondere

1. die Kapitalstruktur des regulierten Unternehmens,
2. die Verhältnisse auf den nationalen und internationalen Kapitalmärkten und die Bewertung des regulierten Unternehmens auf diesen Märkten,
3. die Erfordernisse hinsichtlich der Rendite für das eingesetzte Kapital, wobei auch die leistungsspezifischen Risiken des eingesetzten Kapitals gewürdigt werden sollen; dies umfasst auch die Berücksichtigung etwaiger spezifischer Investitionsrisiken gemäß § 38 Absatz 5 Nummer 1,
4. die langfristige Stabilität der wirtschaftlichen Rahmenbedingungen, auch im Hinblick auf die Wettbewerbssituation auf den Telekommunikationsmärkten,
5. eine EU-weite Harmonisierung der Methoden bei der Bestimmung des Zinssatzes.

(4) Aufwendungen, die auf einem Wechsel in der Person des Unternehmens beruhen, können weder bei der Ermittlung der Kosten der effizienten Leistungsbereitstellung gemäß Absatz 1 noch als Aufwendungen gemäß Absatz 2 berücksichtigt werden.

§ 43 Kostenunterlagen. (1) Vorzulegende Kostenunterlagen in den Verfahren nach § 40 Absatz 1 und 2 sind insbesondere

1. aktuelle Kostennachweise, die, sofern nicht anders angeordnet, elektronisch zur Verfügung zu stellen sind,
2. eine detaillierte Leistungsbeschreibung, einschließlich Angaben zur Qualität der Leistung,
3. ein Entwurf der Allgemeinen Geschäftsbedingungen,

4. die Angabe, ob die Leistung Gegenstand einer Zugangsvereinbarung nach § 23 oder § 28, eines festgelegten Standardangebots nach § 29 oder einer Zugangsanordnung nach § 47 ist,

5. Angaben über
   a) den Umsatz,
   b) die Absatzmengen,
   c) die Höhe der einzelnen Kosten nach Absatz 2,
   d) die Höhe der Deckungsbeiträge sowie
   e) die Entwicklung der Nachfragerstrukturen bei der beantragten Dienstleistung für die zwei zurückliegenden Jahre sowie das Antragsjahr und die darauf folgenden zwei Jahre und

6. soweit für bestimmte Leistungen oder Leistungsbestandteile keine Pauschaltarife beantragt werden, eine Begründung dafür, weshalb eine solche Beantragung ausnahmsweise nicht möglich ist.

(2) ¹Die Kostennachweise nach Absatz 1 Nummer 1 umfassen die Kosten, die sich unmittelbar zuordnen lassen (Einzelkosten) und die Kosten, die sich nicht unmittelbar zuordnen lassen (Gemeinkosten). ²Insbesondere darzulegen sind

1. die der Kostenrechnung zugrunde liegenden Einsatzmengen, die dazu gehörenden Preise, jeweils einzeln und als Durchschnittswert, sowie die im Nachweiszeitraum erzielte und erwartete Kapazitätsauslastung und

2. die Ermittlungsmethode der Kosten und der Investitionswerte sowie die Angabe plausibler Mengenschlüssel für die Kostenzuordnung zu den einzelnen Diensten des Unternehmens.

(3) ¹Das beantragende Unternehmen hat regelmäßig einmal jährlich zum Abschluss eines jeden Geschäftsjahres die Gesamtkosten des Unternehmens sowie deren Aufteilung auf die Kostenstellen und auf die einzelnen Leistungen nach Einzel- und Gemeinkosten vorzulegen. ²Die Angaben für nicht regulierte Dienstleistungen können dabei zusammengefasst werden.

(4) Die Kostennachweise nach Absatz 1 Nummer 1 müssen im Hinblick auf ihre Transparenz und die Aufbereitung der Daten eine Prüfung durch die Bundesnetzagentur und eine Entscheidung innerhalb der Frist nach § 40 Absatz 5 ermöglichen.

(5) ¹Nicht mit dem Antrag vorgelegte Unterlagen werden nur berücksichtigt, wenn dadurch die Einhaltung der Zehnwochenregelfrist nach § 40 Absatz 5 nicht gefährdet wird. ²Sofern die Bundesnetzagentur während des Verfahrens zusätzliche Unterlagen und Auskünfte anfordert, müssen diese nur berücksichtigt werden, wenn das beantragende Unternehmen sie innerhalb einer von der Bundesnetzagentur gesetzten Frist vorlegt.

(6) Kostenrechnungsmethoden sind von dem beantragenden Unternehmen grundsätzlich antragsübergreifend einheitlich anzuwenden.

(7) Die Befugnisse nach § 47 bleiben unberührt.

§ 44 Abweichung von genehmigten Entgelten.
(1) Unterliegen Entgelte eines Unternehmens mit beträchtlicher Marktmacht einer Genehmigungspflicht nach § 38, darf das Unternehmen keine anderen als die von der Bundesnetzagentur genehmigten Entgelte verlangen.

(2) Verträge über Leistungen, die andere als die für diese genehmigten Entgelte enthalten, werden mit der Maßgabe wirksam, dass das genehmigte Entgelt an die Stelle des vertraglich vereinbarten Entgelts tritt.

(3) [1] Eine vertragliche oder gesetzliche Verpflichtung zur Erbringung der Leistung bleibt unabhängig vom Vorliegen einer Entgeltgenehmigung bestehen. [2] Die Bundesnetzagentur kann die Werbung für ein Rechtsgeschäft sowie den Abschluss, die Vorbereitung oder die Anbahnung eines Rechtsgeschäfts, das ein anderes als das genehmigte oder ein nicht genehmigungsbedürftiges Entgelt enthält, untersagen.

§ 45 Verfahren der Entgeltanzeige.

(1) Hat die Bundesnetzagentur das Unternehmen mit beträchtlicher Marktmacht nach § 38 verpflichtet, Entgelte zur Anzeige zu bringen, sind ihr diese zwei Monate vor dem geplanten Inkrafttreten anzuzeigen.

(2) [1] Die Bundesnetzagentur untersagt innerhalb von zwei Wochen ab Zugang der Anzeige die Einführung der nach Absatz 1 angezeigten Entgelte bis zum Abschluss ihrer Prüfung, sofern die geplante Entgeltmaßnahme offenkundig nicht mit § 37 vereinbar wäre; im Falle des § 38 Absatz 3 Satz 2 findet § 37 entsprechend Anwendung. [2] Für die weitere Prüfung geht die Bundesnetzagentur nach § 46 vor.

§ 46 Nachträgliche Missbrauchsprüfung.

(1) [1] Werden der Bundesnetzagentur Tatsachen bekannt oder bekannt gemacht, die die Annahme rechtfertigen, dass Entgelte für Zugangsleistungen von Unternehmen mit beträchtlicher Marktmacht nicht den Anforderungen des § 37 genügen, leitet die Bundesnetzagentur unverzüglich eine Überprüfung der Entgelte ein; im Falle des § 38 Absatz 3 Satz 2 findet § 37 entsprechend Anwendung. [2] Die Bundesnetzagentur teilt die Einleitung der Überprüfung dem betroffenen Unternehmen schriftlich oder elektronisch mit.

(2) Die Bundesnetzagentur entscheidet innerhalb von zwei Monaten nach Einleitung der Überprüfung nach Absatz 1.

(3) Stellt die Bundesnetzagentur in der Entscheidung nach Absatz 2 fest, dass Entgelte für Zugangsleistungen nicht den Anforderungen des § 37 genügen, untersagt sie das nach diesem Gesetz verbotene Verhalten und erklärt die beanstandeten Entgelte ab dem Zeitpunkt der Feststellung für unwirksam.

(4) [1] Legt das betroffene Unternehmen innerhalb eines Monats ab dem Zeitpunkt der Feststellung nach Absatz 3 Vorschläge zur Änderung der Entgelte vor, prüft die Bundesnetzagentur binnen eines Monats ab der Vorlage der Vorschläge, ob diese die festgestellten Verstöße gegen die Anforderungen des § 37 abstellen. [2] Mit der Feststellung, dass vorgelegte geänderte Entgelte den Anforderungen des § 37 genügen, werden diese Entgelte unverzüglich wirksam.

(5) [1] Erfolgt keine Vorlage nach Absatz 4 oder gelangt die Bundesnetzagentur nach Absatz 4 zu der Feststellung, dass die vorgelegten geänderten Entgelte ungenügend sind, ordnet die Bundesnetzagentur innerhalb von zwei Monaten ab Feststellung nach Absatz 4 Entgelte an, die den Anforderungen des § 37 genügen. [2] Im Falle eines Missbrauchs im Sinne des § 37 Absatz 2 Nummer 5 ordnet sie zudem an, in welcher Weise das Unternehmen eine Entbündelung vorzunehmen hat.

(6) Erfolgt eine Anordnung nach Absatz 5, gilt § 44 entsprechend.

Unterabschnitt 2. Allgemeine Vorschriften

§ 47 Anordnungen im Rahmen der Entgeltregulierung. (1) ¹Die Bundesnetzagentur kann im Rahmen oder zur Vorbereitung von Verfahren der Entgeltregulierung nach diesem Abschnitt anordnen, dass das Unternehmen mit beträchtlicher Marktmacht

1. ihr detaillierte Angaben zum Leistungsangebot, zum aktuellen und erwarteten Umsatz für Dienstleistungen, zu den aktuellen und erwarteten Absatzmengen und Kosten, zu den voraussehbaren Auswirkungen auf die Endnutzer sowie auf die anderen Unternehmen und sonstige Unterlagen und Angaben zur Verfügung stellt, die sie zur sachgerechten Ausübung der Entgeltregulierung für erforderlich hält,
2. die Kostenrechnung in einer Form übermittelt, die es der Bundesnetzagentur ermöglicht, die für die Entgeltregulierung aufgrund dieses Gesetzes notwendigen Daten zu erlangen oder
3. Zugang unter bestimmten Tarifsystemen anbietet und bestimmte Kostendeckungsmechanismen anwendet.

²Soweit nicht anders angeordnet, hat das Unternehmen Angaben nach Satz 1 schriftlich oder elektronisch an die Bundesnetzagentur zu übermitteln. ³Trifft die Bundesnetzagentur eine Anordnung nach Satz 1 Nummer 3, hat das Unternehmen innerhalb von zwei Wochen einen entsprechenden Entgeltantrag vorzulegen. ⁴Die Bundesnetzagentur entscheidet nach Vorlage des Antrags oder nach Ablauf der in Satz 3 genannten Frist innerhalb von vier Wochen.

(2) Die Bundesnetzagentur kann zur Durchsetzung der Anordnungen nach Absatz 1 Satz 1 Nummer 1 und 2 nach Maßgabe des Verwaltungsvollstreckungsgesetzes ein Zwangsgeld von bis zu einer Million Euro festsetzen.

(3) Die Bundesnetzagentur kann auch von Unternehmen, die nicht über beträchtliche Marktmacht verfügen, Angaben nach Absatz 1 Satz 1 Nummer 1 und 2 verlangen sowie nach Absatz 2 vorgehen, wenn dies zur sachgerechten Ausübung der Entgeltregulierung erforderlich ist.

§ 48 Veröffentlichung. (1) Die Bundesnetzagentur veröffentlicht nach Unterabschnitt 1 auferlegte Entgeltmaßnahmen.

(2) Die Bundesnetzagentur kann gegenüber dem betroffenen Unternehmen anordnen, in welcher Form ein Entgelt oder eine Entgeltänderung einschließlich der Leistungsbeschreibung und sonstiger entgeltrelevanter Bestandteile zu veröffentlichen ist.

Abschnitt 4. Regulierung von Endnutzerleistungen

§ 49 Regulierung von Endnutzerleistungen. (1) Rechtfertigen Tatsachen die Annahme, dass die Verpflichtungen im Zugangsbereich nach Abschnitt 2 Unterabschnitt 2 sowie nach Abschnitt 3 nicht zur Erreichung der Ziele nach § 2 und der Entwicklung eines nachhaltig wettbewerbsorientierten nachgelagerten Endkundenmarktes führen würden, kann die Bundesnetzagentur Unternehmen auch Verpflichtungen in einem Endkundenmarkt, in dem das Unternehmen über beträchtliche Marktmacht verfügt, auferlegen.

(2) Die Bundesnetzagentur kann nach Absatz 1 auch Entgelte für Endnutzerleistungen der Entgeltregulierung unterwerfen; Abschnitt 3 gilt entsprechend.

Abschnitt 5. Besondere Missbrauchsaufsicht

§ 50 Missbräuchliches Verhalten eines Unternehmens mit beträchtlicher Marktmacht. (1) ¹Ein Unternehmen mit beträchtlicher Marktmacht darf diese Stellung gegenüber Endnutzern oder gegenüber anderen Unternehmen nicht missbrauchen. ²Ein Missbrauch liegt insbesondere vor, wenn das Unternehmen

1. andere Unternehmen unmittelbar oder mittelbar unbillig behindert oder
2. die Wettbewerbsmöglichkeiten anderer Unternehmen auf einem Telekommunikationsmarkt auf erhebliche Weise beeinträchtigt.

³Eine Verhaltensweise nach Satz 2 Nummer 2 stellt keinen Missbrauch dar, wenn für sie eine sachliche Rechtfertigung nachgewiesen wird.

(2) Ein Missbrauch im Sinne des Absatzes 1 Satz 2 Nummer 2 wird vermutet, wenn

1. das Unternehmen einzelnen Nachfragern, einschließlich sich selbst oder seinen Tochter- oder Partnerunternehmen, Vorteile gegenüber anderen Nachfragern gleichartiger oder ähnlicher Leistungen einräumt oder
2. das Unternehmen seiner Verpflichtung aus § 28 Absatz 1 nicht nachkommt, indem es die Bearbeitung von Zugangsanträgen verzögert.

(3) ¹Werden der Bundesnetzagentur Tatsachen bekannt oder bekannt gemacht, die die Annahme rechtfertigen, dass ein Missbrauch nach Absatz 1 vorliegt, leitet die Bundesnetzagentur unverzüglich ein Verfahren zur Überprüfung ein und teilt dies dem betroffenen Unternehmen schriftlich oder elektronisch mit. ²Sie entscheidet regelmäßig innerhalb einer Frist von vier Monaten nach Einleitung des Verfahrens, ob ein Missbrauch einer marktbeherrschenden Stellung vorliegt.

(4) ¹Wenn die Bundesnetzagentur im Rahmen der Überprüfung nach Absatz 3 zu der Entscheidung gelangt, dass ein Missbrauch durch ein Unternehmen mit beträchtlicher Marktmacht vorliegt, ergreift sie Maßnahmen, um den Missbrauch zu beenden. ²Dazu kann sie dem Unternehmen ein Verhalten auferlegen oder untersagen. ³Sie kann Verträge ganz oder teilweise für unwirksam erklären.

Teil 3. Kundenschutz

§ 51 Nichtdiskriminierung, Berücksichtigung der Interessen von Endnutzern mit Behinderungen. (1) Betreiber öffentlicher Telekommunikationsnetze und Anbieter öffentlich zugänglicher Telekommunikationsdienste dürfen gegenüber Endnutzern keine unterschiedlichen Anforderungen oder allgemeinen Bedingungen für den Zugang zu den Netzen oder Diensten oder für deren Nutzung anwenden, die auf der Staatsangehörigkeit, auf dem Wohnsitz oder auf dem Ort der Niederlassung des Endnutzers beruhen, es sei denn, diese unterschiedliche Behandlung ist objektiv gerechtfertigt.

(2) ¹Die Interessen von Endnutzern mit Behinderungen sind von den Anbietern öffentlich zugänglicher Telekommunikationsdienste bei der Planung und Erbringung der Dienste zu berücksichtigen. ²Es ist ein Zugang zu ermöglichen, der dem Zugang gleichwertig ist, über den die Mehrheit der Endnutzer verfügt. ³Der Zugang zu den Telekommunikationsdiensten muss Endnutzern

mit Behinderungen jederzeit zur Verfügung stehen. ⁴Gleiches gilt für die Auswahl an Unternehmen und Diensten.

(3) ¹Nach Anhörung der betroffenen Verbände und der Unternehmen stellt die Bundesnetzagentur den Bedarf nach Absatz 2 fest, der sich aus den Bedürfnissen von Endnutzern mit Behinderungen ergibt. ²Zur Sicherstellung des Dienstes sowie der Dienstemerkmale ist die Bundesnetzagentur befugt, den Unternehmen Verpflichtungen aufzuerlegen. ³Die Bundesnetzagentur kann von solchen Verpflichtungen absehen, wenn eine Anhörung der betroffenen Kreise ergibt, dass diese Dienstemerkmale oder vergleichbare Dienste als weithin verfügbar erachtet werden.

(4) ¹Die Anbieter von Sprachkommunikationsdiensten stellen jederzeit verfügbare Vermittlungsdienste für gehörlose und hörgeschädigte Endnutzer zu einem erschwinglichen Preis unter Berücksichtigung ihrer besonderen Bedürfnisse bereit. ²Die Bundesnetzagentur ermittelt den Bedarf für diese Vermittlungsdienste unter Beteiligung der betroffenen Verbände und der Unternehmen. ³Soweit Unternehmen keinen bedarfsgerechten Vermittlungsdienst bereitstellen, beauftragt die Bundesnetzagentur einen Leistungserbringer mit der Bereitstellung eines Vermittlungsdienstes zu einem erschwinglichen Preis. ⁴Dabei kann sie eine Grenze vorsehen, bis zu welcher die Nutzung des Vermittlungsdienstes für die Nutzer kostenfrei ist. ⁵Die mit dieser Bereitstellung nicht durch die vom Nutzer zu zahlenden Entgelte gedeckten Kosten tragen die Unternehmen, die keinen bedarfsgerechten Vermittlungsdienst bereitstellen. ⁶Der jeweils von einem Unternehmen zu tragende Anteil an diesen Kosten bemisst sich nach dem Verhältnis des Anteils der vom jeweiligen Unternehmen erbrachten abgehenden Verbindungen zum Gesamtvolumen der von allen zahlungspflichtigen Unternehmen erbrachten abgehenden Verbindungen und wird von der Bundesnetzagentur festgesetzt. ⁷Die Zahlungspflicht entfällt für Unternehmen, die weniger als 0,5 Prozent des Gesamtvolumens der abgehenden Verbindungen erbracht haben; der auf diese Unternehmen entfallende Teil der Kosten wird von den übrigen Unternehmen nach Maßgabe des Satzes 6 getragen. ⁸Die Bundesnetzagentur legt die Einzelheiten des Verfahrens der Entgeltermittlung und Kostentragung fest.

§ 52 Transparenz, Veröffentlichung von Informationen und Dienstemerkmalen zur Kostenkontrolle; Rechtsverordnung.

(1) ¹Anbieter von Internetzugangsdiensten und öffentlich zugänglichen interpersonellen Telekommunikationsdiensten, die die Erbringung der Dienste von ihren Geschäftsbedingungen abhängig machen, sind verpflichtet, aktuelle Informationen zu veröffentlichen über

1. geltende Preise und Tarife,
2. die Vertragslaufzeit und die bei vorzeitiger Vertragskündigung anfallenden Entgelte sowie Rechte bezüglich der Kündigung von Angebotspaketen oder Teilen davon,
3. Standardbedingungen für den Zugang zu den von ihnen für Endnutzer und Verbraucher bereitgestellten Diensten und deren Nutzung,
4. die Dienstequalität einschließlich eines Angebots zur Überprüfbarkeit der Datenübertragungsrate,
5. Einzelheiten über speziell für Nutzer mit Behinderungen bestimmte Produkte und Dienste und

6. die tatsächliche, standortbezogene Mobilfunknetzabdeckung, einschließlich einer Kartendarstellung zur aktuellen Netzabdeckung.

²Artikel 4 Absatz 1 der Verordnung (EU) 2015/2120 bleibt hiervon unberührt.

(2) Im Rahmen des Absatzes 1 Satz 1 Nummer 3 sind Anbieter von Internetzugangsdiensten und öffentlich zugänglichen interpersonellen Telekommunikationsdiensten verpflichtet, Folgendes zu veröffentlichen:

1. Kontaktangaben des Unternehmens,
2. den Umfang der angebotenen Dienste und Hauptmerkmale jedes bereitgestellten Dienstes einschließlich etwaiger Mindestniveaus der Dienstequalität sowie etwaig auferlegter Nutzungsbeschränkungen für bereitgestellte Telekommunikationsendeinrichtungen,
3. Tarife der angebotenen Dienste mit Angaben zu dem in bestimmten Tarifen enthaltenen Kommunikationsvolumen und den geltenden Tarifen für zusätzliche Kommunikationseinheiten, Nummern oder Dienste, für die besondere Preisbedingungen gelten, Zugangsentgelte, Wartungsentgelte, Nutzungsentgelte jeder Art, besondere sowie zielgruppenspezifische Tarife und Zusatzentgelte sowie Kosten für Endgeräte,
4. ihre Allgemeinen Geschäftsbedingungen und die von ihnen angebotenen Vertragslaufzeiten, die Voraussetzungen für einen Anbieterwechsel nach § 59, Kündigungsbedingungen sowie Verfahren im Zusammenhang mit der Übertragung von Rufnummern oder anderen Kennungen,
5. allgemeine und anbieterbezogene Informationen über die Verfahren zur Streitbeilegung und
6. Informationen über grundlegende Rechte der Endnutzer von Internetzugangsdiensten oder öffentlich zugänglichen interpersonellen Telekommunikationsdiensten, insbesondere

   a) zu Einzelverbindungsnachweisen,

   b) zu beschränkten und für den Endnutzer kostenlosen Sperren abgehender Verbindungen oder von Kurzwahl-Datendiensten oder, soweit technisch möglich, anderen Arten ähnlicher Anwendungen,

   c) zur Nutzung öffentlicher Telekommunikationsnetze gegen Vorauszahlung,

   d) zur Verteilung der Kosten für einen Netzanschluss auf einen längeren Zeitraum,

   e) zu den Folgen von Zahlungsverzug für mögliche Sperren,

   f) zu den Dienstemerkmalen Tonwahl- und Mehrfrequenzwahlverfahren und Anzeige der Rufnummer des Anrufers und

   g) zur Tarifberatung.

(3) ¹Die Informationen sind klar, verständlich und leicht zugänglich in maschinenlesbarer Weise und in einem für Endnutzer mit Behinderungen barrierefreien Format bereitzustellen. ²Die Bundesnetzagentur stellt sicher, dass die Anbieter diese Informationen veröffentlichen und regelmäßig auf den neuesten Stand bringen.

(4) Das Bundesministerium für Wirtschaft und Energie wird ermächtigt, im Einvernehmen mit dem Bundesministerium des Innern, für Bau und Heimat, dem Bundesministerium der Justiz und für Verbraucherschutz sowie dem Bundesministerium für Verkehr und digitale Infrastruktur durch Rechtsverordnung mit Zustimmung des Bundestages Rahmenvorschriften zur Förderung

der Transparenz sowie zur Veröffentlichung von Informationen und zusätzlichen Dienstemerkmalen zur Kostenkontrolle auf dem Telekommunikationsmarkt zu erlassen.

(5) ¹In der Rechtsverordnung nach Absatz 4 können hinsichtlich Ort und Form der gemäß den Absätzen 2 und 3 zu veröffentlichenden Informationen konkretisierende Anforderungen festgelegt werden. ²In der Rechtsverordnung nach Absatz 4 können Anbieter von Internetzugangsdiensten und öffentlich zugänglichen interpersonellen Telekommunikationsdiensten sowie Betreiber öffentlicher Telekommunikationsnetze verpflichtet werden, Einrichtungen anzubieten, um die Kosten von Sprachkommunikationsdiensten, von Internetzugangsdiensten oder von nummerngebundenen interpersonellen Telekommunikationsdiensten im Falle des Artikels 115 der Richtlinie (EU) 2018/1972[1)] zu kontrollieren. ³Die Einrichtung umfasst auch unentgeltliche Warnhinweise für die Verbraucher im Falle eines anormalen oder übermäßigen Verbrauchsverhaltens.

(6) ¹Das Bundesministerium für Wirtschaft und Energie kann im Einvernehmen mit dem Bundesministerium für Verkehr und digitale Infrastruktur die Ermächtigung nach Absatz 4 durch Rechtsverordnung auf die Bundesnetzagentur übertragen. ²Eine Rechtsverordnung der Bundesnetzagentur bedarf des Einvernehmens mit dem Bundesministerium für Wirtschaft und Energie, dem Bundesministerium des Innern, für Bau und Heimat, dem Bundesministerium der Justiz und für Verbraucherschutz, dem Bundesministerium für Verkehr und digitale Infrastruktur und dem Bundestag.

(7) ¹Die Bundesnetzagentur kann selbst oder über Dritte jegliche Information veröffentlichen, die für Endnutzer Bedeutung haben kann. ²Die Bundesnetzagentur kann zur Förderung der Transparenz sowie zur Bereitstellung von Informationen und zusätzlichen Dienstemerkmalen zur Kostenkontrolle nach Absatz 4 interaktive Führer oder ähnliche Techniken selbst oder über Dritte bereitstellen, wenn diese auf dem Markt nicht kostenlos oder zu einem angemessenen Preis zur Verfügung stehen. ³Zur Bereitstellung nach Satz 3 ist die Nutzung der von Betreibern öffentlicher Telekommunikationsnetze und von Anbietern von Internetzugangsdiensten und öffentlich zugänglichen interpersonellen Telekommunikationsdiensten veröffentlichten Informationen für die Bundesnetzagentur oder für Dritte kostenlos.

§ 53 Unabhängige Vergleichsinstrumente. (1) Die Bundesnetzagentur stellt sicher, dass Verbraucher kostenlosen Zugang zu mindestens einem unabhängigen Vergleichsinstrument haben, mit dem diese verschiedene Internetzugangsdienste und öffentlich zugängliche nummerngebundene interpersonelle Telekommunikationsdienste vergleichen und beurteilen können in Bezug auf

1. die Preise und Tarife der für wiederkehrende oder verbrauchsbasierte direkte Geldzahlungen erbrachten Dienste und

2. die Dienstequalität, falls eine Mindestdienstequalität angeboten wird oder das Unternehmen verpflichtet ist, solche Informationen zu veröffentlichen.

(2) ¹Das Vergleichsinstrument nach Absatz 1 muss

[1)] Nr. 2.

1. unabhängig von den Anbietern der Dienste betrieben werden und damit sicherstellen, dass die Anbieter bei den Suchergebnissen gleichbehandelt werden;
2. die Inhaber und Betreiber des Vergleichsinstruments eindeutig offenlegen;
3. klare und objektive Kriterien enthalten, auf die sich der Vergleich stützt;
4. eine leicht verständliche und eindeutige Sprache verwenden;
5. korrekte und aktualisierte Informationen bereitstellen und den Zeitpunkt der letzten Aktualisierung angeben;
6. allen Anbietern von Internetzugangsdiensten und öffentlich zugänglichen interpersonellen Telekommunikationsdiensten offenstehen, eine breite Palette an Angeboten umfassen, die einen wesentlichen Teil des Marktes abdecken, sowie eine eindeutige diesbezügliche Erklärung ausgeben, bevor die Ergebnisse angezeigt werden, falls die angebotenen Informationen keine vollständige Marktübersicht darstellen;
7. ein wirksames Verfahren für die Meldung falscher Informationen vorsehen;
8. Preise, Tarife und Dienstequalität zwischen Angeboten vergleichbar machen, die Verbrauchern zur Verfügung stehen.

²Die Bundesnetzagentur kann sicherstellen, dass das Vergleichsinstrument nach Absatz 1 Nummer 1 auch öffentlich zugängliche nummernunabhängige interpersonelle Telekommunikationsdienste umfasst.

(3) ¹Vergleichsinstrumente, die den Anforderungen nach Absatz 2 entsprechen, werden auf Antrag des Anbieters des Vergleichsinstruments von der Bundesnetzagentur zertifiziert. ²Die Bundesnetzagentur kann einen Dritten mit der Zertifizierung beauftragen. ³Falls derartige Vergleichsinstrumente im Markt nicht angeboten werden, schreibt die Bundesnetzagentur die Leistung aus.

(4) ¹Dritte dürfen die Informationen, die von Anbietern von Internetzugangsdiensten oder öffentlich zugänglichen interpersonellen Telekommunikationsdiensten veröffentlicht werden, zur Bereitstellung unabhängiger Vergleichsinstrumente nutzen. ²Die Anbieter müssen eine kostenlose Nutzung in offenen Datenformaten ermöglichen.

§ 54 Vertragsschluss und Vertragszusammenfassung. (1) Bevor ein Verbraucher seine Vertragserklärung abgibt, hat der Anbieter anderer öffentlich zugänglicher Telekommunikationsdienste als für die Bereitstellung von Diensten der Maschine-Maschine-Kommunikation genutzte Übertragungsdienste dem Verbraucher die in Artikel 246 oder Artikel 246a § 1 des Einführungsgesetzes zum Bürgerlichen Gesetzbuche[1]) und die in § 55 aufgeführten Informationen zu erteilen, soweit diese einen von ihm zu erbringenden Dienst betreffen.

(2) ¹Die Informationen nach Absatz 1 sind dem Verbraucher in klarer und verständlicher Weise und auf einem dauerhaften Datenträger zur Verfügung zu stellen. ²Ist die Zurverfügungstellung auf einem dauerhaften Datenträger nicht möglich, sind sie in einem vom Anbieter bereitgestellten, leicht herunterladbaren Dokument zu erteilen. ³Die Informationen sind auf Anfrage in einem Format bereitzustellen, das für Endnutzer mit Behinderungen zugänglich ist. ⁴Der Verbraucher ist durch den Anbieter ausdrücklich auf die Verfügbarkeit der

---

[1]) Nr. 20.

bereitgestellten Informationen sowie darauf hinzuweisen, dass er über die Informationen zum Zweck der Dokumentation, der künftigen Bezugnahme und der unveränderten Wiedergabe nur verfügen kann, wenn er diese herunterlädt.

(3) [1] Bevor ein Verbraucher seine Vertragserklärung abgibt, stellt der Anbieter dem Verbraucher eine klare und leicht lesbare Vertragszusammenfassung unter Verwendung des Musters in der Durchführungsverordnung (EU) 2019/2243 der Kommission vom 17. Dezember 2019 zur Festlegung eines Musters für die Vertragszusammenfassung, das von den Anbietern öffentlich zugänglicher elektronischer Kommunikationsdienste gemäß der Richtlinie (EU) 2018/1972 des Europäischen Parlaments und des Rates zu verwenden ist (ABl. L 336 vom 30.12.2019, S. 274), kostenlos zur Verfügung. [2] Die Vertragszusammenfassung muss die Hauptelemente der Informationspflichten darlegen und umfasst mindestens folgende Informationen:

1. Name, Anschrift und Kontaktangaben des Anbieters sowie Kontaktangaben für Beschwerden, falls diese sich von ersteren unterscheiden,
2. die wesentlichen Merkmale der einzelnen zu erbringenden Dienste,
3. die jeweiligen Preise für die Aktivierung der Telekommunikationsdienste und alle wiederkehrenden oder verbrauchsabhängigen Entgelte, wenn die Dienste gegen direkte Geldzahlung erbracht werden,
4. die Laufzeit des Vertrages und die Bedingungen für seine Verlängerung und Kündigung,
5. die Nutzbarkeit der Produkte und Dienste für Endnutzer mit Behinderungen und
6. im Hinblick auf Internetzugangsdienste auch eine Zusammenfassung der gemäß Artikel 4 Absatz 1 Buchstabe d und e der Verordnung (EU) 2015/2120 erforderlichen Informationen.

[3] Ist es aus objektiven technischen Gründen nicht möglich, die Vertragszusammenfassung vor Abgabe der Vertragserklärung des Verbrauchers zur Verfügung zu stellen, so muss sie dem Verbraucher unverzüglich nach Vertragsschluss zur Verfügung gestellt werden. [4] Die Wirksamkeit des Vertrages hängt davon ab, dass der Verbraucher nach Erhalt der Vertragszusammenfassung den Vertrag in Textform genehmigt. [5] Genehmigt der Verbraucher den Vertrag nicht, so steht dem Anbieter, wenn er gegenüber dem Verbraucher in Erwartung der Genehmigung den Telekommunikationsdienst erbracht hat, kein Anspruch auf Wertersatz zu.

(4) Die in den Absätzen 1 und 3 genannten Informationen werden Inhalt des Vertrages, es sei denn, die Vertragsparteien haben ausdrücklich etwas anderes vereinbart.

§ 55 Informationsanforderungen für Verträge. (1) Bevor ein Verbraucher seine Vertragserklärung abgibt, hat der Anbieter anderer öffentlich zugänglicher Telekommunikationsdienste als für die Bereitstellung von Diensten der Maschine-Maschine-Kommunikation genutzter Übermittlungsdienste dem Verbraucher folgende Informationen umfassend, klar und leicht zugänglich zur Verfügung zu stellen:

1. die gemäß Anhang VIII Teil A der Richtlinie (EU) 2018/1972[1)] zu erteilenden Informationen und
2. Informationen über die Entschädigung der Endnutzer durch ihre Anbieter für den Fall, dass diese die Verpflichtungen zum Anbieterwechsel oder bei einer Rufnummernmitnahme nicht einhalten oder Kundendienst- und Installationstermine versäumen.

(2) Bevor ein Verbraucher seine Vertragserklärung abgibt, stellen Anbieter von Internetzugangsdiensten und öffentlich zugänglichen interpersonellen Telekommunikationsdiensten zusätzlich zu den Informationen nach Absatz 1 die Informationen nach Anhang VIII Teil B der Richtlinie (EU) 2018/1972 zur Verfügung.

(3) Betreiber öffentlicher Telekommunikationsnetze sind dazu verpflichtet, Anbietern öffentlich zugänglicher Telekommunikationsdienste die für die Erfüllung der Informationspflichten benötigten Informationen zur Verfügung zu stellen, wenn ausschließlich die Betreiber über diese Informationen verfügen.

(4) [1]Die Bundesnetzagentur kann nach Beteiligung der betroffenen Verbände und der Unternehmen festlegen, welche Mindestangaben nach den Absätzen 1 und 2 erforderlich sind. [2]Hierzu kann die Bundesnetzagentur die Anbieter öffentlich zugänglicher Telekommunikationsdienste, die nicht nur Übertragungsdienste für Dienste der Maschine-Maschine-Kommunikation bereitstellen, oder die Betreiber öffentlicher Telekommunikationsnetze verpflichten, Daten zum tatsächlichen Mindestniveau der Dienstequalität zu erheben, eigene Messungen durchzuführen oder Hilfsmittel zu entwickeln, die es dem Endnutzer ermöglichen, eigenständige Messungen durchzuführen. [3]Die Bundesnetzagentur veröffentlicht jährlich auf ihrer Internetseite einen Bericht über die Erhebungen und Erkenntnisse, in dem insbesondere dargestellt wird, inwiefern

1. die Anbieter von Internetzugangsdiensten die Informationen zur Verfügung stellen, die nach Absatz 2 und nach Artikel 4 Absatz 1 der Verordnung (EU) 2015/2120 erforderlich sind,
2. erhebliche, kontinuierliche oder regelmäßig wiederkehrende Abweichungen zwischen der nach Satz 2 gemessenen Dienstequalität und den nach Artikel 4 Absatz 1 Unterabsatz 1 Buchstabe d der Verordnung (EU) 2015/2120 im Vertrag enthaltenen Angaben festgestellt wurden und
3. Anforderungen und Maßnahmen nach Artikel 5 Absatz 1 Unterabsatz 1 Satz 2 der Verordnung (EU) 2015/2120 notwendig und wirksam sind.

§ 56 Vertragslaufzeit, Kündigung nach stillschweigender Vertragsverlängerung. (1) [1]Die anfängliche Laufzeit eines Vertrages zwischen einem Verbraucher und einem Anbieter öffentlich zugänglicher Telekommunikationsdienste, der nicht nur nummernunabhängige interpersonelle Telekommunikationsdienste oder Übertragungsdienste für die Bereitstellung von Diensten der Maschine-Maschine-Kommunikation zum Gegenstand hat, darf 24 Monate nicht überschreiten. [2]Anbieter sind vor Vertragsschluss verpflichtet, einem Verbraucher einen Vertrag mit einer anfänglichen Laufzeit von höchstens zwölf Monaten anzubieten.

(2) Absatz 1 ist nicht anzuwenden für Verträge, die nur die Herstellung einer physischen Verbindung zum Gegenstand haben, ohne dabei Endgeräte oder

---

[1)] Nr. 2.

Dienste zu umfassen, auch wenn mit dem Verbraucher vereinbart wird, dass er die vereinbarte Vergütung über einen Zeitraum in Raten zahlen kann, der 24 Monate übersteigt.

(3) [1] Ist in einem Vertrag zwischen einem Endnutzer und einem Anbieter öffentlich zugänglicher Telekommunikationsdienste, der nicht nur nummernunabhängige interpersonelle Telekommunikationsdienste oder Übertragungsdienste für die Bereitstellung von Diensten der Maschine-Maschine-Kommunikation zum Gegenstand hat, vorgesehen, dass er sich nach Ablauf der anfänglichen Vertragslaufzeit stillschweigend verlängert, wenn der Endnutzer den Vertrag nicht rechtzeitig kündigt, kann der Endnutzer einen solchen Vertrag nach Ablauf der anfänglichen Vertragslaufzeit jederzeit unter Einhaltung einer Kündigungsfrist von einem Monat kündigen. [2] Der Anbieter muss den Endnutzer rechtzeitig vor einer Verlängerung des Vertrages auf einem dauerhaften Datenträger hinweisen auf

1. die stillschweigende Verlängerung des Vertrages,
2. die Möglichkeit, die Verlängerung des Vertrages durch seine rechtzeitige Kündigung zu verhindern, und
3. das Recht, einen verlängerten Vertrag nach Satz 1 zu kündigen.

(4) [1] Durch eine Kündigung aufgrund des Absatzes 3 Satz 1 dürfen einem Endnutzer keine Kosten entstehen. [2] Wenn ein Endnutzer berechtigt ist, einen Vertrag vor dem Ende der vereinbarten Laufzeit zu kündigen, darf von ihm über einen Wertersatz für einbehaltene Endgeräte hinaus keine Entschädigung verlangt werden. [3] Der Wertersatz darf weder höher sein als der zum Zeitpunkt des Vertragsschlusses vereinbarte zeitanteilige Wert der Geräte noch als die Restentgelte, die noch für den Dienst angefallen wären, wenn dieser nicht vorzeitig gekündigt worden wäre. [4] Spätestens mit Zahlung des Wertersatzes muss der Anbieter alle einschränkenden Bedingungen für die Nutzung dieser Endgeräte in anderen Telekommunikationsnetzen kostenlos aufheben.

(5) [1] Anbieter eines Internetzugangsdienstes stellen unentgeltlich sicher, dass Endnutzer während eines angemessenen Zeitraums nach Beendigung des Vertrages mit dem Anbieter des Internetzugangsdienstes weiterhin Zugang zu E-Mails haben, die unter der Mail-Domain des Anbieters bereitgestellt wurden, und dass Endnutzer diese E-Mails an eine vom Endnutzer festgelegte andere E-Mail-Adresse weiterleiten können. [2] Die Bundesnetzagentur kann den angemessenen Zeitraum nach Satz 1 festlegen.

§ 57 Vertragsänderung, Minderung und außerordentliche Kündigung.

(1) [1] Hat ein Anbieter öffentlich zugänglicher Telekommunikationsdienste sich durch Allgemeine Geschäftsbedingungen vorbehalten, einen Vertrag einseitig zu ändern und ändert er die Vertragsbedingungen einseitig, kann der Endnutzer den Vertrag ohne Einhaltung einer Kündigungsfrist und ohne Kosten kündigen, es sei denn, die Änderungen sind

1. ausschließlich zum Vorteil des Endnutzers,
2. rein administrativer Art und haben keine negativen Auswirkungen auf den Endnutzer oder
3. unmittelbar durch Unionsrecht oder innerstaatlich geltendes Recht vorgeschrieben.

² Die Kündigung kann innerhalb von drei Monaten ab dem Zeitpunkt erklärt werden, in dem die Unterrichtung des Anbieters über die Vertragsänderung, die den Anforderungen des Absatzes 2 Satz 1 entspricht, dem Endnutzer zugeht. ³ Der Vertrag kann durch die Kündigung frühestens zu dem Zeitpunkt beendet werden, zu dem die Vertragsänderung wirksam werden soll. ⁴ Die Sätze 1 bis 3 sind nicht anzuwenden auf Verträge, die nur nummernunabhängige interpersonelle Telekommunikationsdienste zum Gegenstand haben.

(2) ¹ Anbieter öffentlich zugänglicher Telekommunikationsdienste müssen Endnutzer mindestens einen Monat, höchstens zwei Monate, bevor eine Vertragsänderung nach Absatz 1 Satz 1 wirksam werden soll, klar und verständlich auf einem dauerhaften Datenträger über Folgendes unterrichten:

1. den Inhalt und den Zeitpunkt der Vertragsänderung und
2. ein bestehendes Kündigungsrecht des Endnutzers nach Absatz 1 Satz 1 bis 3.

² Die Bundesnetzagentur kann das Format für die Unterrichtung über Vertragsänderungen und zum Kündigungsrecht nach Absatz 1 Satz 1 bis 3 festlegen.

(3) ¹ Anbieter beraten die Endnutzer hinsichtlich des für den jeweiligen Endnutzer besten Tarifs in Bezug auf ihre Dienste. ² Sie berücksichtigen hierbei insbesondere den Umfang der vom Endnutzer aktuell vertraglich vereinbarten Dienste, insbesondere in Bezug auf das enthaltene Datenvolumen. ³ Anbieter erteilen Endnutzern Informationen über den hiernach ermittelten besten Tarif mindestens einmal pro Jahr.

(4) ¹ Im Falle von

1. erheblichen, kontinuierlichen oder regelmäßig wiederkehrenden Abweichungen bei der Geschwindigkeit oder bei anderen Dienstequalitätsparametern zwischen der tatsächlichen Leistung der Internetzugangsdienste und der vom Anbieter der Internetzugangsdienste gemäß Artikel 4 Absatz 1 Buchstabe a bis d der Verordnung (EU) 2015/2120 angegebenen Leistung, die durch einen von der Bundesnetzagentur bereitgestellten oder von ihr oder einem von ihr beauftragten Dritten zertifizierten Überwachungsmechanismus ermittelt wurden, oder

2. anhaltenden oder häufig auftretenden erheblichen Abweichungen zwischen der tatsächlichen und der im Vertrag angegebenen Leistung eines Telekommunikationsdienstes mit Ausnahme eines Internetzugangsdienstes,

ist der Verbraucher unbeschadet sonstiger Rechtsbehelfe berechtigt, das vertraglich vereinbarte Entgelt zu mindern oder den Vertrag außerordentlich ohne Einhaltung einer Kündigungsfrist zu kündigen. ² Bei der Minderung ist das vertraglich vereinbarte Entgelt in dem Verhältnis herabzusetzen, in welchem die tatsächliche Leistung von der vertraglich vereinbarten Leistung abweicht. ³ Ist der Eintritt der Voraussetzungen von Satz 1 Nummer 1 oder 2 unstreitig oder vom Verbraucher nachgewiesen worden, besteht das Recht des Verbrauchers zur Minderung so lange fort, bis der Anbieter den Nachweis erbringt, dass er die vertraglich vereinbarte Leistung ordnungsgemäß erbringt. ⁴ Im Falle des vollständigen Ausfalls eines Dienstes ist eine erhaltene Entschädigung nach § 58 Absatz 3 auf die Minderung anzurechnen. ⁵ Für eine Kündigung nach Satz 1 ist § 314 Absatz 2 des Bürgerlichen Gesetzbuchs[1]) entsprechend an-

---

[1]) Nr. **19**.

zuwenden. [6] Für die Entschädigung des Anbieters im Falle einer Kündigung nach Satz 1 gilt § 56 Absatz 4 Satz 2 bis 4 entsprechend.

(5) Die Bundesnetzagentur kann die unbestimmten Begriffe der erheblichen, kontinuierlichen oder regelmäßig wiederkehrenden Abweichung bei der Geschwindigkeit nach Absatz 4 Satz 1 Nummer 1 sowie der anhaltenden oder häufig auftretenden erheblichen Abweichungen nach Absatz 4 Satz 1 Nummer 2 nach Anhörung der betroffenen Kreise durch Allgemeinverfügung konkretisieren.

§ 58 Entstörung. (1) [1] Der Verbraucher kann von einem Anbieter eines öffentlich zugänglichen Telekommunikationsdienstes verlangen, dass dieser eine Störung unverzüglich und unentgeltlich beseitigt, es sei denn, der Verbraucher hat die Störung selbst zu vertreten. [2] Satz 1 gilt nicht für nummernunabhängige interpersonelle Telekommunikationsdienste oder die Bereitstellung von Übertragungsdiensten für Dienste der Maschine-Maschine-Kommunikation. [3] Der Verbraucher hat bei der Entstörung eine Mitwirkungspflicht.

(2) [1] Der Anbieter hat den Eingang einer Störungsmeldung sowie die Vereinbarung von Kundendienst- und Installationsterminen jeweils unverzüglich gegenüber dem Verbraucher zu dokumentieren. [2] Wenn der Anbieter die Störung nicht innerhalb eines Kalendertages nach Eingang der Störungsmeldung beseitigen kann, ist er verpflichtet, den Verbraucher spätestens innerhalb des Folgetages darüber zu informieren, welche Maßnahmen er eingeleitet hat und wann die Störung voraussichtlich behoben sein wird.

(3) [1] Wird die Störung nicht innerhalb von zwei Kalendertagen nach Eingang der Störungsmeldung beseitigt, kann der Verbraucher ab dem Folgetag für jeden Tag des vollständigen Ausfalls des Dienstes eine Entschädigung verlangen, es sei denn, der Verbraucher hat die Störung oder ihr Fortdauern zu vertreten, oder die vollständige Unterbrechung des Dienstes beruht auf gesetzlich festgelegten Maßnahmen nach diesem Gesetz, der Verordnung (EU) 2015/2120, sicherheitsbehördlichen Anordnungen oder höherer Gewalt. [2] Die Höhe der Entschädigung beträgt am dritten und vierten Tag 5 Euro oder 10 Prozent und ab dem fünften Tag 10 Euro oder 20 Prozent der vertraglich vereinbarten Monatsentgelte bei Verträgen mit gleichbleibendem monatlichem Entgelt, je nachdem, welcher Betrag höher ist. [3] Soweit der Verbraucher wegen der Störung eine Minderung nach § 57 Absatz 4 geltend macht, ist diese Minderung auf eine nach diesem Absatz zu zahlende Entschädigung anzurechnen. [4] Das Recht des Verbrauchers, einen über die Entschädigung nach diesem Absatz hinausgehenden Schadensersatz zu verlangen, bleibt unberührt. [5] Die Entschädigung ist auf einen solchen Schadensersatz anzurechnen; ein solcher Schadensersatz ist auf die Entschädigung anzurechnen.

(4) [1] Wird ein vereinbarter Kundendienst- oder Installationstermin vom Anbieter versäumt, kann der Verbraucher für jeden versäumten Termin eine Entschädigung in Höhe von 10 Euro oder 20 Prozent des vertraglich vereinbarten Monatsentgeltes bei Verträgen mit gleichbleibendem monatlichem Entgelt, je nachdem welcher Betrag höher ist, verlangen, es sei denn, der Verbraucher hat das Versäumnis des Termins zu vertreten. [2] Absatz 3 Satz 4 und 5 gilt entsprechend.

(5) [1] Die Bundesnetzagentur kann weitere Einzelheiten der Entstörung durch Festlegung regeln. [2] Dabei kann sie insbesondere auch weitere Fristen, Dokumentations- und Informationsanforderungen zum Beginn und Ablauf des Ent-

störungsverfahrens sowie Anforderungen an die Vereinbarung und Dokumentation von Kundendienst- und Installationsterminen festlegen.

§ 59 Anbieterwechsel und Rufnummernmitnahme. (1) [1] Anbieterwechsel und Rufnummernmitnahme erfolgen unter Leitung des aufnehmenden Anbieters. [2] Anbieter von Internetzugangsdiensten und öffentlich zugänglichen nummerngebundenen interpersonellen Telekommunikationsdiensten erteilen Endnutzern vor und während des Anbieterwechsels ausreichende Informationen. [3] Der aufnehmende und der abgebende Anbieter sowie die Betreiber öffentlicher Telekommunikationsnetze sind dabei zur Zusammenarbeit verpflichtet. [4] Sie sorgen dafür, dass es keine Unterbrechung des Dienstes gibt, sie verzögern oder missbrauchen den Wechsel oder die Rufnummernmitnahme nicht und führen diese nicht ohne vertragliche Vereinbarung des Endnutzers mit dem aufnehmenden Anbieter durch.

(2) [1] Die Anbieter müssen bei einem Anbieterwechsel sicherstellen, dass die Leistung des abgebenden Anbieters gegenüber dem Endnutzer nicht unterbrochen wird, bevor die vertraglichen und technischen Voraussetzungen für einen Anbieterwechsel vorliegen, es sei denn, der Endnutzer verlangt dies. [2] Der aufnehmende Anbieter stellt sicher, dass die Aktivierung des Telekommunikationsdienstes am mit dem Endnutzer ausdrücklich vereinbarten Tag unverzüglich erfolgt. [3] Bei einem Anbieterwechsel darf der Dienst des Endnutzers nicht länger als einen Arbeitstag unterbrochen werden. [4] Schlägt der Wechsel innerhalb dieser Frist fehl, gilt Satz 2 entsprechend.

(3) [1] Der abgebende Anbieter hat ab Vertragsende bis zum Ende der Leistungspflicht nach Absatz 2 Satz 2 gegenüber dem Endnutzer einen Anspruch auf Entgeltzahlung. [2] Die Höhe des Entgelts richtet sich nach den ursprünglich vereinbarten Vertragsbedingungen mit der Maßgabe, dass sich die vereinbarten Anschlussentgelte nach Vertragsende um 50 Prozent reduzieren, es sei denn, der abgebende Anbieter weist nach, dass der Endnutzer die Verzögerung des Anbieterwechsels zu vertreten hat. [3] Der abgebende Anbieter hat im Falle des Absatzes 2 Satz 1 gegenüber dem Endnutzer eine taggenaue Abrechnung vorzunehmen. [4] Der Anspruch des aufnehmenden Anbieters auf Entgeltzahlung gegenüber dem Endnutzer entsteht nicht vor erfolgreichem Abschluss des Anbieterwechsels.

(4) [1] Wird der Dienst des Endnutzers bei einem Anbieterwechsel länger als einen Arbeitstag unterbrochen, kann der Endnutzer vom abgebenden Anbieter für jeden weiteren Arbeitstag der Unterbrechung eine Entschädigung in Höhe von 10 Euro oder 20 Prozent des vertraglich vereinbarten Monatsentgeltes bei Verträgen mit gleichbleibendem monatlichem Entgelt, je nachdem welcher Betrag höher ist, verlangen, es sei denn, der Endnutzer hat die Verzögerung zu vertreten. [2] Wird ein vereinbarter Kundendienst- oder Installationstermin vom abgebenden oder aufnehmenden Anbieter versäumt, kann der Endnutzer von dem jeweiligen Anbieter für jeden versäumten Termin eine Entschädigung in Höhe von 10 Euro oder 20 Prozent des vertraglich vereinbarten Monatsentgeltes bei Verträgen mit gleichbleibendem monatlichem Entgelt, je nachdem welcher Betrag höher ist, verlangen, es sei denn, der Endnutzer hat das Versäumnis des Termins zu vertreten. [3] Auf eine nach diesem Absatz geschuldete Entschädigung ist § 58 Absatz 3 Satz 4 und 5 entsprechend anwendbar.

(5) [1] Anbieter öffentlich zugänglicher nummerngebundener interpersoneller Telekommunikationsdienste müssen sicherstellen, dass Endnutzer auf Antrag

die ihnen zugeteilte Rufnummer beibehalten können (Rufnummernmitnahme). ²Ist für die Rufnummernmitnahme eine Portierung notwendig, können Rufnummern unabhängig von dem Anbieter, der den Dienst erbringt, wie folgt portiert werden:

1. im Falle geografisch gebundener Rufnummern an einem bestimmten Standort und
2. im Falle nicht geografisch gebundener Rufnummern an jedem Standort.

³Die Sätze 1 und 2 gelten nur innerhalb der Nummernbereiche oder Nummernteilbereiche, die für einen bestimmten Dienst festgelegt wurden. ⁴Insbesondere ist die Portierung von Rufnummern für Sprachkommunikationsdienste an festen Standorten zu solchen ohne festen Standort und umgekehrt unzulässig.

(6) ¹Anbieter öffentlich zugänglicher nummerngebundener interpersoneller Telekommunikationsdienste stellen sicher, dass Endnutzer, die einen Vertrag kündigen, die Rufnummernmitnahme nach Absatz 5 bis zu einem Monat nach Vertragsende beantragen können. ²Die Mitnahme der Rufnummer und deren technische Aktivierung erfolgen an dem mit dem Endnutzer vereinbarten Tag, spätestens innerhalb des folgenden Arbeitstages. ³Erfolgen die Mitnahme der Rufnummer und deren technische Aktivierung nicht spätestens innerhalb des folgenden Arbeitstages, kann der Endnutzer von dem Anbieter, der die Verzögerung zu vertreten hat, eine Entschädigung in Höhe von 10 Euro für jeden Tag der Verzögerung verlangen; § 58 Absatz 3 Satz 4 und 5 ist entsprechend anwendbar. ⁴Für die Anbieter öffentlich zugänglicher Mobilfunkdienste gilt Satz 1 mit der Maßgabe, dass der Endnutzer jederzeit die Mitnahme der ihm zugeteilten Rufnummer verlangen kann. ⁵Der bestehende Vertrag zwischen dem Endnutzer und dem Anbieter öffentlich zugänglicher Mobilfunkdienste bleibt davon unberührt. ⁶Auf Verlangen hat der abgebende Anbieter dem Endnutzer eine neue Rufnummer zuzuteilen.

(7) ¹Die Bundesnetzagentur stellt sicher, dass die Preise, die im Zusammenhang mit der Rufnummernportierung und dem Anbieterwechsel zwischen Anbietern berechnet werden, die einmalig entstehenden Kosten nicht überschreiten. ²Etwaige Entgelte unterliegen einer nachträglichen Regulierung. ³Für die Regulierung der Entgelte gilt § 46 entsprechend. ⁴Die Bundesnetzagentur stellt ferner sicher, dass Endnutzern für die Rufnummernmitnahme keine direkten Entgelte berechnet werden.

(8) ¹Die Bundesnetzagentur kann unter Berücksichtigung des Vertragsrechts, der technischen Machbarkeit und der Notwendigkeit, den Endnutzern die Kontinuität der Dienstleistung zu gewährleisten, weitere Einzelheiten für den Anbieterwechsel und die Rufnummernmitnahme festlegen. ²Dazu gehört auch, falls technisch machbar, eine Auflage, die Anlage des Anbieterprofils des aufnehmenden Anbieters auf der SIM-Karte über Luftschnittstellen durchzuführen, sofern der Endnutzer nichts anderes beantragt. ³Für Endnutzer, die keine Verbraucher sind und mit denen der Anbieter von öffentlich zugänglichen Telekommunikationsdiensten eine Individualvereinbarung getroffen hat, kann die Bundesnetzagentur von den Absätzen 1 und 2 abweichende Regelungen treffen.

§ 60 Umzug. (1) ¹Wenn ein Verbraucher seinen Wohnsitz wechselt und seine Verträge weiterführen möchte, ist der Anbieter von öffentlich zugänglichen Telekommunikationsdiensten verpflichtet, die vertraglich geschuldete Leistung an dem neuen Wohnsitz des Verbrauchers ohne Änderung der vereinbarten Vertragslaufzeit und der sonstigen Vertragsinhalte zu erbringen, soweit er diese dort anbietet. [2] Der Anbieter kann ein angemessenes Entgelt für den durch den Umzug entstandenen Aufwand verlangen, das jedoch nicht höher sein darf als das für die Schaltung eines Neuanschlusses vorgesehene Entgelt.

(2) [1] Wird die vertraglich geschuldete Leistung am neuen Wohnsitz nicht angeboten, kann der Verbraucher den Vertrag unter Einhaltung einer Kündigungsfrist von einem Monat kündigen. [2] Die Kündigung kann mit Wirkung zum Zeitpunkt des Auszugs oder mit Wirkung zu einem späteren Zeitpunkt erklärt werden.

(3) [1] Anbieter von öffentlich zugänglichen Telekommunikationsdiensten sowie Betreiber öffentlicher Telekommunikationsnetze arbeiten zusammen, um sicherzustellen, dass die Aktivierung des Telekommunikationsdienstes am neuen Wohnsitz zu dem mit dem Verbraucher ausdrücklich vereinbarten Tag erfolgt. [2] § 58 Absatz 3 und § 59 Absatz 4 gelten entsprechend.

(4) Die Bundesnetzagentur kann unter Berücksichtigung des Vertragsrechts, der technischen Machbarkeit und der Notwendigkeit, den Endnutzern die Kontinuität der Dienstleistung zu gewährleisten, die Einzelheiten des Verfahrens für den Umzug festlegen.

§ 61 Selektive Sperre zum Schutz vor Kosten, Sperre bei Zahlungsverzug.

(1) [1] Endnutzer können von dem Anbieter von Sprachkommunikationsdiensten, von dem Anbieter von Internetzugangsdiensten und von dem Anbieter des Anschlusses an das öffentliche Telekommunikationsnetz verlangen, dass die Nutzung ihres Netzzugangs für bestimmte Rufnummernbereiche im Sinne von § 3 Nummer 50 sowie für Kurzwahldienste unentgeltlich netzseitig gesperrt wird, soweit dies technisch möglich ist. [2] Die Freischaltung der gesperrten Rufnummernbereiche und der Kurzwahldienste kann kostenpflichtig sein.

(2) Endnutzer können von dem Anbieter öffentlich zugänglicher Mobilfunkdienste und von dem Anbieter des Anschlusses an das öffentliche Mobilfunknetz verlangen, dass die Identifizierung ihres Mobilfunkanschlusses zur Inanspruchnahme und Abrechnung einer neben der Verbindung erbrachten Leistung unentgeltlich netzseitig gesperrt wird.

(3) [1] Anbieter von Sprachkommunikationsdiensten und Anbieter von Internetzugangsdiensten dürfen zu erbringende Leistungen für einen Verbraucher unbeschadet anderer gesetzlicher Vorschriften nur nach Maßgabe der nachfolgenden Absätze ganz oder teilweise mittels einer Sperre verweigern. [2] § 164 Absatz 1 bleibt unberührt.

(4) [1] Wegen Zahlungsverzugs des Verbrauchers darf der Anbieter eine Sperre durchführen, wenn der Verbraucher bei wiederholter Nichtzahlung und nach Abzug etwaiger Anzahlungen mit Zahlungsverpflichtungen von mindestens 100 Euro in Verzug ist. [2] Der Anbieter muss die Sperre mindestens zwei Wochen zuvor schriftlich androhen und dabei auf die Möglichkeit des Verbrauchers, Rechtsschutz vor den Gerichten zu suchen, hinweisen. [3] Bei der Berechnung der Höhe des Betrags nach Satz 1 bleiben nicht titulierte Forderungen, die der Verbraucher form- und fristgerecht und schlüssig begründet beanstandet hat, außer Betracht. [4] Ebenso bleiben nicht titulierte bestrittene

Forderungen Dritter außer Betracht. [5] Dies gilt auch dann, wenn diese Forderungen abgetreten worden sind.

(5) Der Anbieter darf eine Sperre durchführen, wenn der begründete Verdacht besteht, dass der Anschluss des Endnutzers missbräuchlich benutzt oder von Dritten manipuliert wird.

(6) [1] Die Sperre ist auf die vom Zahlungsverzug oder Missbrauch betroffenen Leistungen zu beschränken. [2] Im Falle strittiger hoher Rechnungen für Mehrwertdienste muss dem Verbraucher weiterhin Zugang zu einem Mindestangebot an Sprachkommunikations- und Breitbandinternetzugangsdiensten gewährt werden. [3] Sofern der Zahlungsverzug einen Dienst betrifft, der Teil eines Angebotspakets ist, kann der Anbieter nur den betroffenen Bestandteil des Angebotspakets sperren. [4] Eine auch ankommende Sprachkommunikation erfassende Vollsperrung darf frühestens eine Woche nach Sperrung abgehender Sprachkommunikation erfolgen.

(7) Die Sperre darf nur aufrechterhalten werden, solange der Grund für die Sperre fortbesteht.

§ 62 Rechnungsinhalte, Teilzahlungen.

(1) Rechnungen an Endnutzer müssen Folgendes enthalten:

1. die konkrete Bezeichnung der in Rechnung gestellten Leistungen,
2. den Namen und die ladungsfähige Anschrift des rechnungsstellenden Anbieters,
3. bei einem rechnungsstellenden Anbieter mit Sitz im Ausland zusätzlich die ladungsfähige Anschrift eines allgemeinen Zustellungsbevollmächtigten im Inland, und
4. eine nationale Ortsnetzrufnummer oder eine kostenfreie Kundendiensttelefonnummer, E-Mail-Adresse und Internetseite des rechnungsstellenden Anbieters.

(2) [1] Sofern Fremdforderungen oder abgetretene Forderungen Dritter (Drittanbieter) mit ausgewiesen werden, müssen Rechnungen an Endnutzer zusätzlich folgende Angaben enthalten:

1. den Namen und die ladungsfähige Anschriften des Drittanbieters,
2. eine nationale Ortsnetzrufnummer oder eine kostenfreie Kundendiensttelefonnummer, des Drittanbieters,
3. den Hinweis auf eine Internetseite mit den folgenden leicht auffindbaren Informationen des Drittanbieters:
   a) E-Mailadresse,
   b) ladungsfähige Anschrift des Drittanbieters,
   c) bei einem Drittanbieter mit Sitz im Ausland zusätzlich die ladungsfähige Anschrift eines allgemeinen Zustellungsbevollmächtigten im Inland.

[2] § 65 bleibt unberührt. [3] Zahlt der Endnutzer den Gesamtbetrag der Rechnung an den rechnungsstellenden Anbieter, so befreit ihn diese Zahlung von der Zahlungsverpflichtung auch gegenüber dem Drittanbieter.

(3) Hat der Endnutzer vor oder bei der Zahlung nichts anderes bestimmt, so sind Teilzahlungen an den rechnungsstellenden Anbieter auf die in der Rechnung ausgewiesenen Forderungen nach ihrem Anteil an der Gesamtforderung der Rechnung zu verrechnen.

(4) Das rechnungsstellende Unternehmen muss den Rechnungsempfänger in der Rechnung darauf hinweisen, dass dieser berechtigt ist, begründete Einwendungen gegen einzelne in der Rechnung gestellte Forderungen zu erheben.

(5) [1]Die Bundesnetzagentur legt nach Anhörung der betroffenen Unternehmen, Fachkreise und Verbraucherverbände Verfahren fest, die die Anbieter öffentlich zugänglicher Mobilfunkdienste und die Anbieter des Anschlusses an das öffentliche Mobilfunknetz anwenden müssen, um die Identifizierung eines Mobilfunkanschlusses zur Inanspruchnahme und Abrechnung einer neben der Verbindung erbrachten Leistung zu nutzen. [2]Diese Verfahren sollen den Endnutzer wirksam davor schützen, dass eine neben der Verbindung erbrachte Leistung gegen seinen Willen in Anspruch genommen und abgerechnet wird. [3]Die Bundesnetzagentur veröffentlicht die Verfahren und überprüft sie in regelmäßigen Abständen auf ihre Wirksamkeit.

§ 63 Verbindungspreisberechnung.

(1) Bei der Abrechnung sind Anbieter öffentlich zugänglicher nummerngebundener interpersoneller Telekommunikationsdienste und Anbieter von Internetzugangsdiensten verpflichtet,

1. die Dauer und den Zeitpunkt zeitabhängig tarifierter Verbindungen von nummerngebundenen interpersonellen Telekommunikationsdiensten und Internetzugangsdiensten unter regelmäßiger Abgleichung mit einem amtlichen Zeitnormal zu ermitteln,
2. die für die Tarifierung relevanten Entfernungszonen zu ermitteln,
3. die übertragene Datenmenge bei volumenabhängig tarifierter Verbindungen von nummerngebundenen interpersonellen Telekommunikationsdiensten und Internetzugangsdiensten nach einem nach Absatz 3 vorgegebenen Verfahren zu ermitteln und
4. die Systeme, Verfahren und technischen Einrichtungen, mit denen auf der Grundlage der ermittelten Verbindungsdaten die Entgeltforderungen berechnet werden, einer regelmäßigen Kontrolle auf Abrechnungsgenauigkeit und Übereinstimmung mit den vertraglich vereinbarten Entgelten zu unterziehen.

(2) [1]Die Voraussetzungen nach Absatz 1 Nummer 1 bis 3 sowie die Abrechnungsgenauigkeit und Entgeltrichtigkeit der Datenverarbeitungseinrichtungen nach Absatz 1 Nummer 4 sind durch ein Qualitätssicherungssystem sicherzustellen oder einmal jährlich durch öffentlich bestellte und vereidigte Sachverständige oder vergleichbare Stellen überprüfen zu lassen. [2]Zum Nachweis der Einhaltung dieser Bestimmung ist der Bundesnetzagentur die Prüfbescheinigung einer akkreditierten Zertifizierungsstelle für Qualitätssicherungssysteme oder das Prüfergebnis eines öffentlich bestellten und vereidigten Sachverständigen vorzulegen.

(3) Die Bundesnetzagentur legt im Benehmen mit dem Bundesamt für Sicherheit in der Informationstechnik Anforderungen an die Systeme und Verfahren zur Ermittlung des Entgelts volumenabhängig tarifierter Verbindungen nach Absatz 1 Nummer 2 bis 4 nach Anhörung der betroffenen Unternehmen, Fachkreise und Verbraucherverbände fest.

§ 64 Vorausbezahlung.

(1) Verbraucher müssen die Möglichkeit haben, auf Vorauszahlungsbasis Zugang zum öffentlichen Telekommunikationsnetz zu er-

halten und Sprachkommunikationsdienste, Internetzugangsdienste oder öffentlich zugängliche nummerngebundene interpersonelle Telekommunikationsdienste in Anspruch nehmen zu können.

(2) Für den Fall, dass eine Leistung nach Absatz 1 nicht angeboten wird, schreibt die Bundesnetzagentur die Leistung aus.

(3) Die Einzelheiten kann die Bundesnetzagentur festlegen.

(4) Bei vorausbezahlten Diensten erstattet der bisherige Anbieter dem Verbraucher auf Anfrage bei Beendigung des Vertrages das Restguthaben.

§ 65 Anspruch auf Einzelverbindungsnachweis. (1) [1]Der Endnutzer kann von dem Anbieter öffentlich zugänglicher nummerngebundener interpersoneller Telekommunikationsdienste und von dem Anbieter von Internetzugangsdiensten jederzeit mit Wirkung für die Zukunft eine nach Einzelverbindungen aufgeschlüsselte Rechnung (Einzelverbindungsnachweis) verlangen, die zumindest die Angaben enthält, die für eine Nachprüfung der Teilbeträge der Rechnung erforderlich sind. [2]Dies gilt nicht, soweit technische Hindernisse der Erteilung von Einzelverbindungsnachweisen entgegenstehen oder wegen der Art des Rechtsgeschäfts eine Rechnung grundsätzlich nicht erteilt wird. [3]Die Rechtsvorschriften zum Schutz personenbezogener Daten bleiben unberührt.

(2) [1]Die Einzelheiten darüber, welche Angaben in der Regel für einen Einzelverbindungsnachweis erforderlich und in welcher Form diese Angaben jeweils mindestens zu erteilen sind, kann die Bundesnetzagentur durch Verfügung festlegen. [2]Der Endnutzer kann einen auf diese Festlegungen beschränkten Einzelverbindungsnachweis verlangen, für den kein Entgelt erhoben werden darf.

§ 66 Angebotspakete. (1) Wenn ein Dienstpaket oder ein Dienst- und Endgerätepaket, das Verbrauchern angeboten wird, mindestens einen Internetzugangsdienst oder einen öffentlich zugänglichen nummerngebundenen interpersonellen Telekommunikationsdienst umfasst (Paketvertrag), gelten die §§ 52 und 54 Absatz 3, §§ 56, 57 und 59 Absatz 1 für alle Elemente des Pakets einschließlich derjenigen Bestandteile, die ansonsten nicht unter jene Bestimmungen fallen.

(2) Wenn ein Bestandteil des Pakets nach Absatz 1 bei Nichteinhaltung der Vertragsbestimmungen oder nicht erfolgter Bereitstellung vor dem Ende der vereinbarten Vertragslaufzeit kündbar ist, kann der Verbraucher anstelle der Kündigung des einzelnen Vertragsbestandteils den Vertrag im Hinblick auf alle Bestandteile des Pakets kündigen.

(3) [1]Durch eine etwaige Bestellung von zusätzlichen Diensten oder Endgeräten, die von demselben Anbieter von Internetzugangsdiensten oder öffentlich zugänglichen nummerngebundenen interpersonellen Telekommunikationsdiensten bereitgestellt oder vertrieben werden, darf die ursprüngliche Laufzeit des Vertrags, in dessen Leistungsumfang die betreffenden Dienste oder Endgeräte aufgenommen werden, nicht verlängert werden. [2]Dies gilt nicht, wenn der Verbraucher der Verlängerung bei der Bestellung der zusätzlichen Dienste oder Endgeräte ausdrücklich zustimmt.

§ 67 Beanstandungen. (1) [1]Anbieter öffentlich zugänglicher Telekommunikationsdienste, bei denen es sich weder um nummernunabhängige interpersonelle Telekommunikationsdienste noch um für die Bereitstellung von Diensten für die Maschine-Maschine-Kommunikation genutzte Übertragungsdienste handelt, sind verpflichtet, Informationen zu den von ihnen bereitgestellten Beschwerdeverfahren in einem Format zu veröffentlichen, das für Endnutzer mit Behinderungen zugänglich ist. ²Die Anbieter müssen insbesondere informieren über die durchschnittliche Dauer der Bearbeitung von Beschwerden der Endnutzer sowie die durchschnittliche Dauer der Bearbeitung von Beschwerden zu den Themen Qualität der Dienstleistungen, Vertragsdurchführung und Abrechnung. ³Die Anbieter müssen klarstellen, wie die Endnutzer Zugang zu diesen Verfahren haben. ⁴Die Verfahren müssen den Interessen von Endnutzern mit Behinderungen Rechnung tragen, indem sie in einem barrierefreien Format erfolgen.

(2) ¹Endnutzer können eine erteilte Abrechnung nach Zugang oder eine Abbuchung vorausbezahlten Guthabens innerhalb einer Frist von acht Wochen beanstanden. ²Im Falle der Beanstandung hat der Anbieter dem Endnutzer das Verbindungsaufkommen als Entgeltnachweis nach den einzelnen Verbindungsdaten aufzuschlüsseln und eine technische Prüfung durchzuführen, es sei denn, die Beanstandung ist nachweislich nicht auf einen technischen Mangel zurückzuführen. ³Bei der Aufschlüsselung des Verbindungsaufkommens hat der Anbieter die datenschutzrechtlichen Belange etwaiger weiterer Nutzer des Anschlusses zu wahren.

(3) ¹Der Endnutzer kann innerhalb der Beanstandungsfrist verlangen, dass ihm der Entgeltnachweis und die Ergebnisse der technischen Prüfung vorgelegt werden. ²Erfolgt die Vorlage nicht binnen acht Wochen nach einer Beanstandung, erlöschen bis dahin entstandene Ansprüche aus Verzug. ³Die mit der Abrechnung geltend gemachte Forderung wird mit der verlangten Vorlage fällig. ⁴Die Bundesnetzagentur veröffentlicht, welche Verfahren zur Durchführung der technischen Prüfung geeignet sind.

(4) ¹Soweit aus technischen Gründen keine Verkehrsdaten gespeichert oder für den Fall, dass keine Beanstandungen erhoben wurden, gespeicherte Daten nach Verstreichen der in Absatz 2 Satz 1 geregelten oder mit dem Anbieter vereinbarten Frist oder aufgrund rechtlicher Verpflichtungen gelöscht worden sind, trifft den Anbieter weder eine Nachweispflicht für die erbrachten Verbindungsleistungen noch die Auskunftspflicht nach Absatz 2 für die Einzelverbindungen. ²Satz 1 gilt entsprechend, soweit der Endnutzer nach einem deutlich erkennbaren Hinweis auf die Folgen nach Satz 1 verlangt hat, dass Verkehrsdaten gelöscht oder nicht gespeichert werden.

(5) ¹Dem Anbieter öffentlich zugänglicher Telekommunikationsdienste obliegt der Nachweis, dass er den Telekommunikationsdienst oder den Zugang zum Telekommunikationsnetz bis zu dem Übergabepunkt, an dem den Endnutzer der Netzzugang bereitgestellt wird, technisch fehlerfrei erbracht hat. ²Ergibt die technische Prüfung nach Absatz 2 Mängel, die sich auf die Berechnung des beanstandeten Entgelts zu Lasten des Endnutzers ausgewirkt haben können, oder wird die technische Prüfung später als zwei Monate nach der Beanstandung durch den Endnutzer abgeschlossen, wird widerleglich vermutet, dass das in Rechnung gestellte Verbindungsaufkommen des jeweiligen Anbieters öffentlich zugänglicher Telekommunikationsdienste unrichtig ermittelt ist.

(6) ¹Soweit der Endnutzer nachweist, dass ihm die Inanspruchnahme von Leistungen des Anbieters nicht zugerechnet werden kann, hat der Anbieter keinen Anspruch auf Entgelt gegen den Endnutzer. ²Der Anspruch entfällt

auch, soweit Tatsachen die Annahme rechtfertigen, dass Dritte durch unbefugte Veränderungen an öffentlichen Telekommunikationsnetzen das in Rechnung gestellte Verbindungsentgelt beeinflusst haben.

§ 68 Schlichtung. (1) Ein Endnutzer kann bei der Schlichtungsstelle Telekommunikation der Bundesnetzagentur durch einen Antrag ein Schlichtungsverfahren einleiten, wenn es zwischen ihm und einem Betreiber öffentlicher Telekommunikationsnetze oder einem Anbieter öffentlich zugänglicher Telekommunikationsdienste zum Streit über einen Sachverhalt kommt, der mit den folgenden Regelungen zusammenhängt:
1. die §§ 51, 52, 54 bis 67 oder den aufgrund dieser Regelungen getroffenen Festlegungen sowie § 156 oder einer Rechtsverordnung nach § 52 Absatz 4,
2. der Verordnung (EU) Nr. 531/2012 des Europäischen Parlaments und des Rates vom 13. Juni 2012 über das Roaming in öffentlichen Mobilfunknetzen in der Union (Neufassung) (ABl. L 172 vom 30.6.2012, S. 10), die zuletzt durch die Verordnung (EU) 2017/920 (ABl. L 147 vom 9.6.2017, S. 1) geändert worden ist, oder
3. Artikel 4 Absatz 1, 2 und 4 und Artikel 5a der Verordnung (EU) 2015/2120.

(2) Das Schlichtungsverfahren endet, wenn
1. der Schlichtungsantrag zurückgenommen wird,
2. Endnutzer und Betreiber oder Anbieter sich geeinigt und dies der Bundesnetzagentur mitgeteilt haben,
3. Endnutzer und Betreiber oder Anbieter übereinstimmend erklären, dass sich der Streit erledigt hat,
4. die Schlichtungsstelle Telekommunikation der Bundesnetzagentur dem Endnutzer und dem Betreiber oder Anbieter mitteilt, dass eine Einigung im Schlichtungsverfahren nicht erreicht werden konnte, oder
5. die Schlichtungsstelle Telekommunikation der Bundesnetzagentur feststellt, dass Belange nach Absatz 1 nicht mehr berührt sind.

(3) [1]Die Bundesnetzagentur regelt die weiteren Einzelheiten über das Schlichtungsverfahren in einer Schlichtungsordnung, die sie veröffentlicht. [2]Die Schlichtungsstelle Telekommunikation der Bundesnetzagentur muss die Anforderungen nach dem Verbraucherstreitbeilegungsgesetz[1)] vom 19. Februar 2016 (BGBl. I S. 254), das durch Artikel 2 Absatz 3 des Gesetzes vom 25. Juni 2020 (BGBl. I S. 1474) geändert worden ist, erfüllen. [3]Das Bundesministerium für Wirtschaft und Energie übermittelt der Zentralen Anlaufstelle für Verbraucherschlichtung die Mitteilungen nach § 32 Absatz 3 und 4 des Verbraucherstreitbeilegungsgesetzes.

§ 69 Abwehr- und Schadensersatzansprüche. (1) [1]Ein Anbieter von öffentlich zugänglichen Telekommunikationsdiensten, der gegen dieses Gesetz, eine aufgrund dieses Gesetzes erlassene Rechtsverordnung, eine aufgrund dieses Gesetzes in einer Zuteilung auferlegte Verpflichtung oder eine Verfügung der Bundesnetzagentur verstößt, ist dem Betroffenen zur Unterlassung verpflichtet. [2]Der Unterlassungsanspruch besteht bereits dann, wenn eine Zuwiderhandlung droht. [3]Betroffen ist, wer als Endnutzer oder Wettbewerber durch den Verstoß beeinträchtigt ist. [4]Fällt dem Anbieter Vorsatz oder Fahrlässigkeit zur Last, ist er

---

[1)] Auszugsweise abgedruckt unter Nr. **30**.

einem Endnutzer oder einem Wettbewerber auch zum Ersatz des Schadens verpflichtet, der ihm aus dem Verstoß entstanden ist. [5] Geldschulden nach Satz 4 hat der Anbieter ab Eintritt des Schadens zu verzinsen. [6] Die §§ 288 und 289 Satz 1 des Bürgerlichen Gesetzbuchs sind entsprechend anwendbar.

(2) Soweit ein Anbieter aufgrund einer Vorschrift dieses Teils dem Endnutzer eine Entschädigung zu leisten hat oder dem Endnutzer oder einem Wettbewerber nach den allgemeinen Vorschriften zum Schadensersatz verpflichtet ist, ist diese Entschädigung oder dieser Schadensersatz auf einen Schadensersatz nach Absatz 1 anzurechnen; ein Schadensersatz nach Absatz 1 ist auf die Entschädigung oder einen Schadensersatz nach den allgemeinen Vorschriften anzurechnen.

§ 70 Haftungsbegrenzung. [1] Soweit eine Verpflichtung des Anbieters von öffentlich zugänglichen Telekommunikationsdiensten zum Ersatz eines Vermögensschadens oder zur Zahlung einer Entschädigung gegenüber einem Endnutzer besteht, ist die Haftung auf 12 500 Euro je Endnutzer begrenzt. [2] Besteht die Schadensersatz- oder Entschädigungspflicht des Anbieters wegen desselben Ereignisses gegenüber mehreren Endnutzern, ist die Haftung auf insgesamt 30 Millionen Euro begrenzt. [3] Übersteigt die Schadensersatz- oder Entschädigungspflicht gegenüber mehreren Anspruchsberechtigten auf Grund desselben Ereignisses die Höchstgrenze nach Satz 2, wird der Schadensersatz oder die Entschädigung in dem Verhältnis gekürzt, in dem die Summe aller Schadensersatz- oder Entschädigungsansprüche zur Höchstgrenze steht. [4] Die Haftungsbegrenzung nach den Sätzen 1 bis 3 gilt nicht, wenn die Schadensersatz- oder Entschädigungspflicht durch ein vorsätzliches oder grob fahrlässiges Verhalten des Anbieters herbeigeführt wurde, sowie für Ansprüche auf Ersatz des Schadens, der durch den Verzug der Zahlung von Schadensersatz oder einer Entschädigung entsteht. [5] Abweichend von den Sätzen 1 bis 3 kann die Höhe der Haftung gegenüber Endnutzern, die keine Verbraucher sind, durch einzelvertragliche Vereinbarung geregelt werden.

§ 71 Abweichende Vereinbarungen und Geltungsbereich Kundenschutz. (1) Von den Vorschriften dieses Teils oder der aufgrund dieses Teils erlassenen Rechtsverordnungen darf, soweit nicht ein anderes bestimmt ist, nicht zum Nachteil des Endnutzers abgewichen werden.

(2) [1] Wer im Rahmen eines Miet- oder Pachtvertrages oder im Zusammenhang mit einem Miet- oder Pachtvertrag Telekommunikationsdienste zur Verfügung stellt, vereinbart, anbietet oder dem Verbraucher im Rahmen des Miet- oder Pachtvertrages oder im Zusammenhang mit einem Miet- oder Pachtvertrag Kosten für solche Dienste in Rechnung stellt, hat sicherzustellen, dass die Vorschriften dieses Teils gegenüber dem Verbraucher eingehalten werden. [2] Diese Pflicht zur Sicherstellung gilt nur, wenn es sich weder um nummernunabhängige interpersonelle Telekommunikationsdienste noch um für die Bereitstellung von Diensten der Maschine-Maschine-Kommunikation genutzte Übertragungsdienste handelt. [3] Verbraucher können entsprechend § 56 Absatz 3 gegenüber ihrem Vermieter oder Verpächter die Beendigung der Inanspruchnahme von Telekommunikationsdiensten im Rahmen des Miet- oder Pachtverhältnisses erklären, wenn das Miet- oder Pachtverhältnis bereits 24 Monate oder länger besteht.

(3) § 52 Absatz 1 bis 3, § 54 Absatz 1 und 4, die §§ 55, 56 Absatz 1, die §§ 58, 60, 61, 66 und 71 Absatz 2 sind auch auf Kleinstunternehmen oder kleine Unternehmen sowie Organisationen ohne Gewinnerzielungsabsicht anzuwenden, es sei denn, diese haben ausdrücklich dem Verzicht der Anwendung dieser Bestimmungen zugestimmt.

(4) [1] Mit Ausnahme der §§ 51, 68, 69 und 70 finden die Regelungen dieses Teils keine Anwendung auf Kleinstunternehmen, wenn sie nur nummernunabhängige interpersonelle Telekommunikationsdienste erbringen. [2] Kleinstunternehmen nach Satz 1 müssen Endnutzer vor Vertragsschluss darüber informieren, dass die §§ 52 bis 67 auf den Vertrag nicht anzuwenden sind.

§ 72 Glasfaserbereitstellungsentgelt. (1) [1] Der Betreiber eines öffentlichen Telekommunikationsnetzes kann auf Grundlage einer vertraglichen Vereinbarung mit dem Eigentümer des Grundstücks von diesem ein Bereitstellungsentgelt nach Maßgabe der folgenden Absätze erheben, wenn der Betreiber

1. das Gebäude mit Gestattung des Eigentümers des Grundstücks erstmalig mit einer Netzinfrastruktur ausstattet, die vollständig aus Glasfaserkomponenten besteht,
2. die Netzinfrastruktur nach Nummer 1 an ein öffentliches Netz mit sehr hoher Kapazität anschließt, und
3. für den mit dem Eigentümer des Grundstücks vereinbarten Bereitstellungszeitraum die Betriebsbereitschaft der Netzinfrastruktur nach Nummer 1 und des Anschlusses an das öffentliche Netz mit sehr hoher Kapazität nach Nummer 2 gewährleistet.

[2] Dem Eigentümer eines Grundstücks steht der Inhaber eines grundstücksgleichen Rechts gleich.

(2) [1] Das Bereitstellungsentgelt darf im Erhebungszeitraum, der mit Errichtung der Netzinfrastruktur innerhalb des Gebäudes (Absatz 1 Nummer 1) beginnt, in wiederkehrenden Zeitabschnitten erhoben werden. [2] Das Bereitstellungsentgelt darf im Jahr höchstens 60 Euro und in der Summe (Gesamtkosten) höchstens 540 Euro je Wohneinheit betragen. [3] Es darf höchstens für die Dauer von bis zu fünf Jahren erhoben werden; ist dieser Zeitraum zur Refinanzierung der Gesamtkosten nicht ausreichend, kann er auf höchstens neun Jahre verlängert werden. [4] Überschreiten die Gesamtkosten 300 Euro (aufwändige Maßnahme), hat der Betreiber nach Absatz 1 die Gründe hierfür darzulegen.

(3) [1] Bei der Festsetzung des Bereitstellungsentgelts dürfen die auf die Jahre des Erhebungszeitraums gleichmäßig verteilten tatsächlichen Kosten zuzüglich einer angemessenen Verzinsung des eingesetzten Kapitals berücksichtigt werden, die für die Errichtung der Netzinfrastruktur innerhalb des Gebäudes (Absatz 1 Nummer 1) entstanden sind; dies sind die Kosten für die Errichtung der passiven Netzinfrastruktur und der Glasfaserkabel im Gebäude. [2] Kosten, die von einem Dritten übernommen oder die mit Zuschüssen aus öffentlichen Haushalten gedeckt werden, sind von den Kosten nach Satz 1 abzuziehen.

(4) In jeder Rechnung des Betreibers nach Absatz 1 an den Eigentümer des Grundstücks sind auszuweisen

1. die Höhe des Bereitstellungsentgelts für den Abrechnungszeitraum,
2. Beginn und Ende des Erhebungszeitraums,

3. die Gesamtkosten,
4. bei aufwändigen Maßnahmen gemäß Absatz 2 Satz 4 die Darlegung der Gründe sowie
5. bei Errichtung der Netzinfrastruktur innerhalb des Gebäudes (Absatz 1 Nummer 1) vor dem 1. Dezember 2021
   a) deren Errichtungsdatum,
   b) die Laufzeit des anlässlich der Errichtung abgeschlossenen Gestattungsvertrages und
   c) der Zeitpunkt, ab dem das Bereitstellungsentgelt erstmals erhoben worden ist.

(5) Nach Ablauf des Bereitstellungszeitraums ist der Eigentümer des Grundstücks verpflichtet, die Betriebsbereitschaft der Netzinfrastruktur innerhalb des Gebäudes (Absatz 1 Nummer 1) zu gewährleisten.

(6) [1]Der Betreiber nach Absatz 1 hat Anbietern von öffentlich zugänglichen Telekommunikationsdiensten zum Zwecke der Versorgung von Endnutzern dauerhaft auf Antrag Zugang zur passiven Netzinfrastruktur sowie den Glasfaserkabeln am Hausübergabepunkt zu transparenten und diskriminierungsfreien Bedingungen und unentgeltlich zu gewähren. [2]Die Pflicht nach Satz 1 trifft nach Ende des Bereitstellungszeitraums den Eigentümer des Grundstücks.

(7) [1]Die vorgenannten Regelungen gelten für Glasfaserinfrastrukturen, die spätestens am 31. Dezember 2027 errichtet worden sind. [2]Ein Bereitstellungsentgelt kann auch für Infrastrukturen erhoben werden, die im Zeitraum vom 1. Januar 2015 bis zum 1. Dezember 2021 errichtet wurden, wenn

1. die Voraussetzungen der vorigen Absätze eingehalten sind und
2. der Eigentümer des Grundstücks und der Betreiber nach Absatz 1 anlässlich der erstmaligen Errichtung der Netzinfrastruktur einen Gestattungsvertrag geschlossen haben, der nach der vertraglichen Vereinbarung frühestens am 1. Juli 2024 endet.

[3]In diesem Fall ist das Bereitstellungsentgelt in dem Verhältnis zu kürzen, das dem Verhältnis von verstrichener Zeit seit Errichtung der Infrastruktur zu der vereinbarten Laufzeit des Gestattungsvertrags nach Nummer 2 entspricht.

Teil 4. Telekommunikationsendeinrichtungen und Rundfunkübertragung

§ 73 Anschluss von Telekommunikationsendeinrichtungen. (1) [1]Der Zugang zu öffentlichen Telekommunikationsnetzen an festen Standorten ist an einer mit dem Endnutzer zu vereinbarenden, geeigneten Stelle zu installieren. [2]Dieser Zugang ist ein passiver Netzabschlusspunkt; das öffentliche Telekommunikationsnetz endet am passiven Netzabschlusspunkt. [3]Für Mobilfunknetze ist die Luftschnittstelle grundsätzlich der Netzabschlusspunkt.

(2) [1]Die Bundesnetzagentur kann durch Allgemeinverfügung Ausnahmen von Absatz 1 zulassen. [2]Sie berücksichtigt dabei weitestmöglich die nach Artikel 61 Absatz 7 der Richtlinie (EU) 2018/1972[1)] vom GEREK erstellten Leitlinien und wahrt die Endgerätewahlfreiheit nach Artikel 3 Absatz 1 der Verordnung (EU) 2015/2120. [3]Die Bundesnetzagentur gibt den betroffenen

---

[1)] Nr. 2.

Unternehmen, Fachkreisen und Verbraucherverbänden vor Erlass der Allgemeinverfügung Gelegenheit zur Stellungnahme.

(3) ¹Die Betreiber öffentlicher Telekommunikationsnetze und die Anbieter öffentlich zugänglicher Telekommunikationsdienste dürfen den Anschluss von Telekommunikationsendeinrichtungen an das öffentliche Telekommunikationsnetz nicht verweigern, wenn die Telekommunikationsendeinrichtungen die grundlegenden Anforderungen nach der Richtlinie 2014/30/EU des Europäischen Parlaments und des Rates vom 26. Februar 2014 zur Harmonisierung der Rechtsvorschriften der Mitgliedstaaten über die elektromagnetische Verträglichkeit (Neufassung) (ABl. L 96 vom 29.3.2014, S. 79) erfüllen. ²Sie können dem Endnutzer Telekommunikationsendeinrichtungen überlassen, dürfen aber deren Anschluss und Nutzung nicht zwingend vorschreiben. ³Notwendige Zugangsdaten und Informationen für den Anschluss von Telekommunikationsendeinrichtungen und die Nutzung der Telekommunikationsdienste haben sie dem Endnutzer in Textform unaufgefordert und kostenfrei bei Vertragsschluss zur Verfügung zu stellen.

(4) Wer Telekommunikationsendeinrichtungen an öffentlichen Telekommunikationsnetzen betreiben will, hat für deren fachgerechten Anschluss Sorge zu tragen.

(5) ¹Verursacht ein Gerät, dessen Konformität mit den Anforderungen des § 4 des Elektromagnetische-Verträglichkeit-Gesetzes vom 14. Dezember 2016 (BGBl. I S. 2879), das durch Artikel 3 Absatz 1 des Gesetzes vom 27. Juni 2017 (BGBl. I S. 1947) geändert worden ist, bescheinigt wurde, ernsthafte Schäden an einem Telekommunikationsnetz, schädliche Störungen beim Netzbetrieb oder funktechnische Störungen, so kann die Bundesnetzagentur dem Betreiber öffentlicher Telekommunikationsnetze gestatten, für dieses Gerät den Anschluss zu verweigern, die Verbindung aufzuheben oder den Dienst einzustellen. ²Die Bundesnetzagentur teilt dem Bundesministerium für Wirtschaft und Energie die von ihr getroffenen Maßnahmen mit.

(6) Der Betreiber öffentlicher Telekommunikationsnetze kann eine Telekommunikationsendeinrichtung im Notfall ohne vorherige Erlaubnis nur dann vom Telekommunikationsnetz abtrennen, wenn

1. der Schutz des Telekommunikationsnetzes die unverzügliche Abschaltung der Telekommunikationsendeinrichtung erfordert und

2. dem Benutzer unverzüglich und für ihn kostenfrei eine alternative Lösung angeboten werden kann.

(7) Der Betreiber öffentlicher Telekommunikationsnetze unterrichtet unverzüglich die Bundesnetzagentur über die Trennung einer Telekommunikationsendeinrichtung vom Telekommunikationsnetz.

(8) Die Bundesnetzagentur ergreift gegenüber Betreibern öffentlicher Telekommunikationsnetze die erforderlichen Maßnahmen, um den Anschluss der Telekommunikationsendeinrichtungen zu gewährleisten, wenn die Betreiber

1. eine Anschaltung von Telekommunikationsendeinrichtungen an ihre Telekommunikationsnetze verweigern oder

2. angeschaltete Telekommunikationsendeinrichtungen vom Telekommunikationsnetz genommen haben, ohne dass die Voraussetzungen des Absatzes 5 oder 6 vorgelegen haben.

§ 74 Schnittstellenbeschreibungen der Betreiber öffentlicher Telekommunikationsnetze. (1) ¹Betreiber öffentlicher Telekommunikationsnetze sind verpflichtet,

1. angemessene und genaue technische Beschreibungen ihrer Netzzugangsschnittstellen bereitzustellen und zu veröffentlichen sowie der Bundesnetzagentur unmittelbar mitzuteilen und

2. regelmäßig alle aktualisierten Beschreibungen dieser Netzzugangsschnittstellen zu veröffentlichen und der Bundesnetzagentur unmittelbar mitzuteilen.

²Die Verpflichtung nach Satz 1 Nummer 1 gilt auch für jede technische Änderung einer vorhandenen Schnittstelle.

(2) ¹Die Schnittstellenbeschreibungen müssen hinreichend detailliert sein, um den Entwurf von Telekommunikationsendeinrichtungen zu ermöglichen, die zur Nutzung aller über die entsprechende Schnittstelle erbrachten Dienste in der Lage sind. ²Der Verwendungszweck der Schnittstellen muss angegeben werden. ³Die Schnittstellenbeschreibungen müssen alle Informationen enthalten, damit die Hersteller die jeweiligen Prüfungen in Bezug auf die schnittstellenrelevanten grundlegenden Anforderungen, die für die jeweilige Telekommunikationsendeinrichtung gelten, nach eigener Wahl durchführen können.

(3) ¹Die Pflicht zur Veröffentlichung nach Absatz 1 ist erfüllt, wenn die Angaben im Amtsblatt der Bundesnetzagentur veröffentlicht werden. ²Erfolgt die Veröffentlichung an anderer Stelle, hat der Betreiber öffentlicher Telekommunikationsnetze die Fundstelle umgehend der Bundesnetzagentur mitzuteilen. ³In diesem Fall veröffentlicht die Bundesnetzagentur die Fundstelle in ihrem Amtsblatt oder auf ihrer Internetseite.

(4) ¹Ist die Veröffentlichung der gesamten Schnittstellenbeschreibungen aufgrund des Umfangs nicht zumutbar, so ist es ausreichend, eine Mitteilung zu veröffentlichen, die zumindest über Art und Verwendungszweck der Schnittstelle Auskunft gibt und einen Hinweis auf Bezugsmöglichkeiten der umfassenden Schnittstellenbeschreibung enthält. ²Der Betreiber öffentlicher Telekommunikationsnetze stellt sicher, dass die Schnittstellenbeschreibungen nach Anforderung unverzüglich an die Interessenten abgegeben werden und die Interessenten weder zeitlich noch inhaltlich noch hinsichtlich der Kosten für den Bezug der Schnittstellenbeschreibungen ungleich behandelt werden. ³Ein für den Bezug von Schnittstellenbeschreibungen erhobenes Entgelt darf nur in Höhe der hierdurch verursachten besonderen Kosten erhoben werden.

(5) Der Betreiber öffentlicher Telekommunikationsnetze darf Leistungen, die über die nach Absatz 1 veröffentlichten Schnittstellen bereitgestellt werden sollen, nur anbieten, wenn zuvor die Schnittstellenbeschreibung oder die Fundstelle der Schnittstellenbeschreibung im Amtsblatt der Bundesnetzagentur veröffentlicht worden ist.

§ 75 Interoperabilität von Fernseh- und Radiogeräten. (1) Jedes zum Verkauf, zur Miete oder anderweitig angebotene digitale Fernsehempfangsgerät muss, soweit es einen integrierten Bildschirm enthält, dessen sichtbare Diagonale 30 Zentimeter überschreitet, mit mindestens einer Schnittstellenbuchse ausgestattet sein, die von einer anerkannten europäischen Normenorganisation angenommen wurde oder einer gemeinsamen, branchenweiten, offenen Spezifikation entspricht und den Anschluss von Peripheriegeräten sowie die Möglichkeit einer Zugangsberechtigung erlaubt.

(2) Jedes zum Verkauf, zur Miete oder anderweitig angebotene digitale Fernsehempfangsgerät, das zum Empfang und zur Entschlüsselung von digitalen Fernsehsignalen in der Lage ist, muss über die Fähigkeit verfügen,

1. Signale zu entschlüsseln, die einem einheitlichen europäischen Verschlüsselungsalgorithmus entsprechen, wie er von einer anerkannten europäischen Normenorganisation verwaltet wird;
2. Signale anzuzeigen, die unverschlüsselt übertragen wurden, sofern bei Mietgeräten die mietvertraglichen Bestimmungen vom Mieter eingehalten werden.

(3) [1] Jedes Autoradio, das in ein neu in Verkehr gebrachtes, für die Personenbeförderung ausgelegtes und gebautes Kraftfahrzeug mit mindestens vier Rädern eingebaut wird, muss einen Empfänger nach dem jeweiligen Stand der Technik enthalten, der zumindest den Empfang und die Wiedergabe von Hörfunkdiensten unmittelbar ermöglicht, die über digitalen terrestrischen Rundfunk ausgestrahlt werden. [2] Bei Empfängern, die den harmonisierten Normen oder Teilen davon entsprechen, deren Fundstellen im Amtsblatt der Europäischen Union veröffentlicht worden sind, wird die Konformität mit der Anforderung in Satz 1, die mit den betreffenden Normen oder Teilen davon übereinstimmt, angenommen.

(4) [1] Jedes für Verbraucher bestimmte, erstmalig zum Verkauf, zur Miete oder anderweitig auf dem Markt bereitgestellte, überwiegend für den Empfang von Ton-Rundfunk bestimmte Radiogerät, das den Programmnamen anzeigen kann und nicht Absatz 3 unterfällt, muss einen Empfänger enthalten, der zumindest den Empfang und die Wiedergabe digitaler Hörfunkdienste ermöglicht. [2] Davon ausgenommen sind

1. Bausätze für Funkanlagen,
2. Geräte, die Teil einer Funkanlage des Amateurfunkdienstes sind und
3. Geräte, bei denen der Hörfunkempfänger eine reine Nebenfunktion hat.

(5) [1] Anbieter digitaler Fernsehdienste haben digitale Fernsehempfangsgeräte, die sie ihren Endnutzern im Zusammenhang mit der Nutzung der digitalen Fernsehdienste zur Verfügung stellen, kostenfrei und einfach von ihren Endnutzern zurückzunehmen. [2] Dies gilt nicht, sofern das Gerät mit den Digitalfernsehdiensten des Anbieters, zu denen der Endnutzer gewechselt ist, vollständig interoperabel ist. [3] Die Übereinstimmung mit den Interoperabilitätsanforderungen wird vermutet bei digitalen Fernsehempfangsgeräten, die zum Zeitpunkt der Vertragsbeendigung den betreffenden harmonisierten Normen oder Teilen davon entsprechen, deren Fundstellen im Amtsblatt der Europäischen Union veröffentlicht worden sind. [4] Die Regelungen des Elektro- und Elektronikgerätegesetzes bleiben hiervon unberührt.

§ 76 Zugangsberechtigungssysteme. (1) [1] Entschließen sich Inhaber gewerblicher Schutzrechte an Zugangsberechtigungssystemen, Lizenzen an Hersteller digitaler Fernsehempfangsgeräte zu vergeben oder an Dritte, die ein berechtigtes Interesse nachweisen, so muss dies zu chancengleichen, angemessenen und nichtdiskriminierenden Bedingungen geschehen. [2] Es gelten die Kriterien der §§ 37 und 46. [3] Die Inhaber dürfen dabei technische und wirtschaftliche Faktoren in angemessener Weise berücksichtigen. [4] Die Lizenzver-

gabe darf jedoch nicht von Bedingungen abhängig gemacht werden, die Folgendes beeinträchtigen:
1. den Einbau einer gemeinsamen Schnittstelle zum Anschluss anderer Zugangsberechtigungssysteme oder
2. den Einbau spezifischer Komponenten eines anderen Zugangsberechtigungssystems aus Gründen der Transaktionssicherheit der zu schützenden Inhalte.

(2) Anbieter und Verwender von Zugangsberechtigungssystemen müssen
1. allen Rundfunkveranstaltern die Nutzung ihrer benötigten technischen Dienste zur Nutzung ihrer Systeme sowie die dafür erforderlichen Auskünfte zu chancengleichen, angemessenen und nichtdiskriminierenden Bedingungen ermöglichen,
2. soweit sie auch für das Abrechnungssystem mit den Endnutzern verantwortlich sind, vor Abschluss eines entgeltpflichtigen Vertrages mit einem Endnutzer diesem eine Entgeltliste aushändigen,
3. über ihre Tätigkeit als Anbieter dieser Systeme eine getrennte Rechnungsführung haben,
4. vor Aufnahme sowie einer Änderung ihres Angebots die Angaben zu den Nummern 1 bis 3 sowie die einzelnen angebotenen Dienstleistungen für Endnutzer und die dafür geforderten Entgelte der Bundesnetzagentur anzeigen.

(3) [1]Die Bundesnetzagentur unterrichtet die zuständige Stelle nach Landesrecht unverzüglich über die Anzeige nach Absatz 2 Nummer 4. [2]Kommt die Bundesnetzagentur oder die zuständige Stelle nach Landesrecht jeweils für ihren Zuständigkeitsbereich aufgrund der Anzeige innerhalb einer Frist von zwei Monaten zu dem Ergebnis, dass das Angebot den Anforderungen nach Absatz 2 Nummer 1 bis 3 nicht entspricht, verlangt sie Änderung des Angebots. [3]Können die Vorgaben trotz Änderungen nicht erreicht werden oder werden die Änderungen trotz Aufforderung nicht erfüllt, untersagt sie das Angebot.

(4) [1]Verfügt oder verfügen ein oder mehrere Anbieter oder Verwender von Zugangsberechtigungssystemen nicht über beträchtliche Marktmacht, so kann die Bundesnetzagentur die Bedingungen nach den Absätzen 2 und 3 in Bezug auf die oder den Betroffenen ändern oder aufheben, wenn
1. die Aussichten für einen wirksamen Wettbewerb auf den Endnutzermärkten für die Übertragung von Rundfunksignalen sowie für Zugangsberechtigungssysteme und andere zugehörige Einrichtungen dadurch nicht negativ beeinflusst werden und
2. die zuständige Stelle nach Landesrecht festgestellt hat, dass die Kapazitätsfestlegungen und Übertragungspflichten nach Landesrecht dadurch nicht negativ beeinflusst werden.

[2]Für das Verfahren nach Satz 1 gelten die §§ 11 bis 16 entsprechend.

§ 77 Streitschlichtung. (1) [1]Die durch die §§ 75 und 76 Berechtigten oder Verpflichteten können zur Beilegung ungelöster Streitfragen in Bezug auf die Anwendung dieser Vorschriften die Schlichtungsstelle nach den folgenden Absätzen gemeinsam anrufen. [2]Die Anrufung erfolgt schriftlich oder elektronisch. [3]Die Bundesnetzagentur entscheidet innerhalb von zwei Monaten.

(2) ¹Die Schlichtungsstelle nach Absatz 1 wird bei der Bundesnetzagentur errichtet. ²Sie besteht aus einem vorsitzenden Mitglied und zwei beisitzenden Mitgliedern. ³Die Bundesnetzagentur regelt Errichtung und Besetzung der Schlichtungsstelle und erlässt eine Verfahrensordnung. ⁴Errichtung und Besetzung der Schlichtungsstelle sowie die Verfahrensordnung sind von der Bundesnetzagentur zu veröffentlichen.

(3) ¹Die Schlichtungsstelle nach Absatz 1 gibt der zuständigen Stelle nach Landesrecht im Rahmen dieses Verfahrens Gelegenheit zur Stellungnahme. ²Sofern die zuständige Stelle nach Landesrecht medienrechtliche Einwendungen erhebt, trifft sie innerhalb des vorgegebenen Zeitrahmens eine entsprechende Entscheidung. ³Die beiden Entscheidungen können in einem zusammengefassten Verfahren erfolgen.

Teil 5. Informationen über Infrastruktur und Netzausbau

§ 78 Aufgaben der zentralen Informationsstelle des Bundes. (1) Zur Herstellung und Aufrechterhaltung der Transparenz in Bezug auf den Ausbau öffentlicher Telekommunikationsnetze errichtet und führt die zentrale Informationsstelle des Bundes ein technisches Instrument in Gestalt eines Datenportals, das Informationen bereitstellt zu den Bereichen

1. Infrastruktur nach Maßgabe des § 79,
2. Breitbandausbau nach Maßgabe des § 80,
3. künftiger Netzausbau nach Maßgabe des § 81,
4. Baustellen nach Maßgabe des § 82 und
5. Liegenschaften nach Maßgabe des § 83.

(2) ¹Die Aufgaben der zentralen Informationsstelle des Bundes werden vom Bundesministerium für Verkehr und digitale Infrastruktur wahrgenommen. ²Das Bundesministerium für Verkehr und digitale Infrastruktur kann die Aufgaben der zentralen Informationsstelle des Bundes vollständig oder teilweise an Behörden in seinem Geschäftsbereich oder an seiner Fachaufsicht unterstehende Behörden übertragen oder Dritte mit der Aufgabenwahrnehmung beleihen, soweit dies rechtlich zulässig ist.

(3) Die Informationen können auch für allgemeine Planungs- und Förderzwecke sowie für weitere durch Gesetz bestimmte Zwecke genutzt werden.

(4) Bei geografischen Erhebungen, die für die in Absatz 1 genannten Aufgaben erforderlich sind, arbeitet die zentrale Informationsstelle des Bundes mit der Bundesnetzagentur zusammen, soweit die Bundesnetzagentur die jeweilige Aufgabe nicht selbst durchführt und dies für ihre Aufgaben von Belang sein kann.

§ 79 Informationen über Infrastruktur. (1) Informationen über Infrastruktur umfassen

1. eine gebietsbezogene, Planungszwecken dienende Übersicht über Einrichtungen, die zu Telekommunikationszwecken genutzt werden können, nach den Absätzen 2 bis 4,
2. detaillierte Informationen nach § 136 Absatz 3 für die Mitnutzung passiver Netzinfrastrukturen öffentlicher Versorgungsnetze gemäß den §§ 138 bis

141, soweit diese Informationen der zentralen Informationsstelle des Bundes gemäß § 136 Absatz 5 für diese Zwecke zur Verfügung gestellt wurden, und

3. detaillierte Informationen nach § 153 Absatz 3 für die Mitnutzung sonstiger physischer Infrastrukturen zur Errichtung oder Anbindung drahtloser Zugangspunkte mit geringer Reichweite gemäß § 152, soweit diese Informationen der zentralen Informationsstelle des Bundes gemäß § 153 Absatz 5 für diese Zwecke zur Verfügung gestellt wurden.

(2) ¹Die zentrale Informationsstelle des Bundes verlangt von Eigentümern oder Betreibern öffentlicher Versorgungsnetze, die über Einrichtungen verfügen, die zu Telekommunikationszwecken genutzt werden können, diejenigen Informationen, die für die Zwecke nach Absatz 1 Nummer 1 über Art, gegenwärtige Nutzung sowie tatsächliche Verfügbarkeit und geografische Lage des Standortes und der Leitungswege dieser Einrichtungen erforderlich sind. ²Die zentrale Informationsstelle des Bundes verlangt von Eigentümern oder Betreibern sonstiger physischer Infrastrukturen, die für die Errichtung und Anbindung drahtloser Zugangspunkte mit geringer Reichweite geeignet sind, diejenigen Informationen, die für die Zwecke nach Absatz 1 Nummer 1 über Art, gegenwärtige Nutzung sowie tatsächliche Verfügbarkeit und geografische Lage des Standortes und der Leitungswege dieser sonstigen physischen Infrastrukturen erforderlich sind. ³Zu den Einrichtungen gemäß Satz 1 zählen insbesondere alle passiven Netzinfrastrukturen und sonstige physische Infrastrukturen.

(3) ¹Die zentrale Informationsstelle des Bundes nimmt nach Absatz 2 erhaltene Informationen nicht in die Übersicht nach Absatz 1 Nummer 1 auf, soweit konkrete Anhaltspunkte dafür vorliegen, dass

1. eine Einsichtnahme nach Absatz 4 die Sicherheit und Integrität der Einrichtung oder der sonstigen physischen Infrastruktur oder die öffentliche Sicherheit oder die öffentliche Gesundheit gefährdet,

2. eine Einsichtnahme nach Absatz 4 die Vertraulichkeit gemäß § 148 verletzt,

3. Teile einer Infrastruktur betroffen sind, die durch Gesetz oder aufgrund eines Gesetzes als Kritische Infrastrukturen bestimmt worden und nachweislich besonders schutzbedürftig und für die Funktionsfähigkeit der Kritischen Infrastruktur maßgeblich sind, oder

4. Teile öffentlicher Versorgungsnetze oder sonstiger physischer Infrastrukturen betroffen sind, die durch den Bund zur Verwirklichung einer sicheren Behördenkommunikation genutzt werden.

²In diesen Fällen sind für die jeweiligen Gebiete, in denen sich die Einrichtungen oder sonstigen physischen Infrastrukturen befinden, Informationen im Sinne von § 136 Absatz 3 Nummer 3 und § 153 Absatz 3 Nummer 3 aufzunehmen.

(4) ¹Die zentrale Informationsstelle des Bundes gewährt den am Ausbau von öffentlichen Versorgungsnetzen Beteiligten nach Maßgabe der Einsichtnahmebedingungen nach Absatz 5 Einsicht in die Übersicht nach Absatz 1, soweit mit dem Ausbauvorhaben Einrichtungen geschaffen werden sollen, die zu Telekommunikationszwecken genutzt werden können. ²Zu den am Ausbau von öffentlichen Versorgungsnetzen Beteiligten gehören insbesondere

1. Gebietskörperschaften,

2. Eigentümer und Betreiber öffentlicher Versorgungsnetze,

3. die Auftragnehmer von Gebietskörperschaften oder Eigentümern und Betreibern öffentlicher Versorgungsnetze.

³Das Bundesministerium für Verkehr und digitale Infrastruktur sowie Gebietskörperschaften haben für allgemeine Planungs- und Förderzwecke sowie zur Erfüllung von Aufgaben nach diesem Gesetz das Recht auf:
1. Einsichtnahme in die Übersicht nach Absatz 1 nach Maßgabe der Einsichtnahmebedingungen nach Absatz 5, und
2. Verwendung der eingesehenen Informationen zu den vorgenannten Zwecken.

(5) ¹Die zentrale Informationsstelle des Bundes regelt die Einzelheiten der Einsichtnahme in Einsichtnahmebedingungen. ²Diese haben insbesondere der Sensitivität der erfassten Daten und dem zu erwartenden Verwaltungsaufwand Rechnung zu tragen. ³Die Einsichtnahmeberechtigten haben die Vertraulichkeit nach § 148 zu wahren.

§ 80 Informationen über Breitbandausbau. (1) Informationen über den Breitbandausbau beruhen auf einer von der zentralen Informationsstelle des Bundes durchzuführenden geografischen Erhebung zur örtlichen Verfügbarkeit öffentlicher Telekommunikationsnetze, die sie in regelmäßigen Abständen, jedoch mindestens einmal im Jahr durchführt.

(2) ¹Die Informationen über den Breitbandausbau umfassen eine gebiets- und haushaltsbezogene Übersicht über die örtliche Verfügbarkeit von öffentlichen Telekommunikationsnetzen sowie Informationen über Gebiete, in denen der Ausbau öffentlicher Telekommunikationsnetze öffentlich gefördert wird, soweit diese Informationen der zentralen Informationsstelle des Bundes vorliegen. ²Die Übersicht muss hinreichende Details zu lokalen Gegebenheiten sowie ausreichende Informationen über die Dienstequalität und deren Parameter enthalten.

(3) Die zentrale Informationsstelle des Bundes muss sicherstellen, dass die Informationen über den Breitbandausbau unter Wahrung von Betriebs- und Geschäftsgeheimnissen vertraulich behandelt werden.

(4) ¹Die zentrale Informationsstelle des Bundes stellt Endnutzern ein Informationswerkzeug bereit, damit diese die Verfügbarkeit von Netzanbindungen in verschiedenen Gebieten mit einem Detailgrad ermitteln können, der geeignet ist, ihnen bei der Auswahl des Betreibers oder Diensteanbieters zu helfen. ²Satz 1 gilt nicht, wenn ein Informationswerkzeug, das die Anforderungen des Satzes 1 erfüllt, auf dem Markt zur Verfügung steht.

§ 81 Informationen über künftigen Netzausbau. (1) ¹Informationen über den künftigen Netzausbau für den Bereich Mobilfunk beruhen auf geografischen Erhebungen, die die zentrale Informationsstelle des Bundes zum Zweck der Erstellung einer Übersicht über den künftigen Ausbau der für den Mobilfunk bestimmten öffentlichen Telekommunikationsnetze durchführt. ²Die Erhebungen nach Satz 1 umfassen solche Informationen, die erkennen lassen, an welchen Standorten ein Mobilfunknetzbetreiber innerhalb von 12 Monaten ab dem Beginn der jeweiligen Erhebung das von ihm betriebene Mobilfunknetz in den Gebieten auszubauen beabsichtigt, für die sich aus der Kartendarstellung nach § 52 Absatz 1 Satz 1 Nummer 6 ergibt, dass dort keine

Netzabdeckung mit Mobilfunktechnologie der dritten, vierten oder fünften Generation besteht.

(2) Die zentrale Informationsstelle des Bundes führt die Erhebungen in regelmäßigen Abständen, jedoch mindestens in Abständen von sechs Monaten ab erstmaliger Erhebung durch.

(3) [1] Die nach Absatz 1 zu erhebenden Informationen umfassen:
1. geografische Standortkoordinaten oder, sofern noch keine Baugenehmigung für einen konkreten Standort beantragt wurde, hinreichend genaue Angaben zu Suchkreisen für die Standortplanung, und
2. Angaben zu der zu erwartenden Netzabdeckung.

[2] Das Bundesministerium für Verkehr und digitale Infrastruktur legt im Einvernehmen mit dem Bundesministerium für Wirtschaft und Energie Vorgaben zu den technischen Einzelheiten zu den in Absatz 1 Satz 2 und Satz 1 dieses Absatzes genannten Gegenständen in einer Technischen Richtlinie fest, die im Verkehrsblatt veröffentlicht wird.

(4) Die zentrale Informationsstelle des Bundes kann auf Anforderung des Bundesministeriums für Verkehr und digitale Infrastruktur auf Grundlage der geografischen Erhebung eine Übersicht für einen festgelegten Zeitraum hinsichtlich der künftigen örtlichen Verfügbarkeit sonstiger öffentlicher Telekommunikationsnetze erstellen, wenn die zentrale Informationsstelle des Bundes einen Bedarf für eine solche Erhebung feststellt und diesen Bedarf begründet.

(5) [1] Informationen über den künftigen Netzausbau im Sinne des Absatzes 1 umfassen alle relevanten Informationen zu geplanten Netzausbaumaßnahmen einschließlich der Netzausbaupläne aller Unternehmen und öffentlichen Stellen. [2] Die erhobenen Informationen müssen den Anforderungen des § 80 Absatz 2 Satz 2 entsprechen und gemäß § 80 Absatz 3 behandelt werden. [3] Für Informationen, die für die Übersicht über die künftige Verfügbarkeit sonstiger öffentlicher Telekommunikationsnetze im Sinne des Absatzes 4 erforderlich sind, gelten die Sätze 1 und 2 entsprechend.

(6) [1] Die zentrale Informationsstelle des Bundes kann Gebietskörperschaften für allgemeine Planungs- und Förderzwecke Einsicht in die Übersicht nach den Absätzen 1 und 4 gewähren. [2] Näheres regelt die die zentrale Informationsstelle des Bundes in Einsichtnahmebedingungen, die sicherstellen, dass die Informationen unter Wahrung der öffentlichen Sicherheit und unter Wahrung von Betriebs- und Geschäftsgeheimnissen vertraulich behandelt werden.

§ 82 Informationen über Baustellen. Informationen über Baustellen sind Informationen nach § 142 Absatz 3 für die Koordinierung von Bauarbeiten an öffentlichen Versorgungsnetzen gemäß § 143, soweit sie der zentralen Informationsstelle des Bundes nach § 142 Absatz 5 und 6 für diese Zwecke zur Verfügung gestellt wurden.

§ 83 Informationen über Liegenschaften. (1) Informationen über Liegenschaften sind Informationen über solche für die Zwecke des Mobilfunknetzausbaus geeignete Liegenschaften, Grundstücke, Infrastrukturen und sonstige physische Infrastrukturen, deren Eigentümer der Bund, ein Land oder eine Kommune ist.

(2) [1] Die zentrale Informationsstelle des Bundes verlangt von den in Absatz 1 genannten Eigentümern diejenigen Informationen, die für die Bereitstellung

der Informationen über Liegenschaften nach § 78 Absatz 1 Nummer 5 für das Datenportal nach § 78 Absatz 1 erforderlich sind. ²§ 79 Absatz 3 gilt entsprechend.

(3) ¹Das von der zentralen Informationsstelle des Bundes gemäß § 78 Absatz 1 geführte Datenportal ermöglicht die Einsicht in die Informationen über Liegenschaften im Sinne des Absatzes 1 nach Maßgabe von Einsichtnahmebedingungen, die die zentrale Informationsstelle des Bundes vorhält. ²Werden die Aufgaben der zentralen Informationsstelle des Bundes nicht unmittelbar durch das Bundesministerium für Verkehr und digitale Infrastruktur wahrgenommen, so bedürfen die Einsichtnahmebedingungen der Zustimmung des Bundesministeriums für Verkehr und digitale Infrastruktur.

§ 84 Gebiete mit Ausbaudefizit. (1) ¹Für allgemeine Planungs- und Förderzwecke kann die zentrale Informationsstelle des Bundes geographisch eindeutig abgegrenzte Gebiete ausweisen, für die aufgrund der gemäß den §§ 80 und 81 erfassten Informationen festgestellt wird, dass während des Zeitraums, den die Informationen über künftigen Netzausbau abdecken,

1. kein Unternehmen und keine öffentliche Stelle ein Netz mit sehr hoher Kapazität ausbaut oder auszubauen plant und
2. keine bedeutsame Modernisierung oder Erweiterung des Telekommunikationsnetzes mit dem Ziel höherer Download-Geschwindigkeiten geplant ist.

²Die zentrale Informationsstelle des Bundes veröffentlicht, welche Gebiete sie gemäß Satz 1 ausgewiesen hat.

(2) ¹Die zentrale Informationsstelle des Bundes kann Unternehmen und öffentliche Stellen ersuchen, ihre Absicht zu bekunden, während des betreffenden Zeitraums der Vorausschau Netze mit sehr hoher Kapazität innerhalb des gemäß Absatz 1 Satz 1 ausgewiesenen Gebietes auszubauen. ²Bekundet ein Unternehmen oder eine öffentliche Stelle daraufhin die Absicht im Sinne des Satzes 1, kann die zentrale Informationsstelle des Bundes andere Unternehmen und öffentliche Stellen auffordern, deren etwaige Absicht zu bekunden,

1. in diesem Gebiet Netze mit sehr hoher Kapazität aufzubauen oder
2. eine bedeutsame Modernisierung oder Erweiterung ihres Telekommunikationsnetzes mit dem Ziel höherer Download-Geschwindigkeiten vorzunehmen.

³Die zentrale Informationsstelle des Bundes gibt an, welche Informationen in der Absichtsbekundung enthalten sein müssen, damit sie mindestens den Anforderungen des § 80 Absatz 2 Satz 2 entspricht. ⁴Die zentrale Informationsstelle des Bundes teilt allen Unternehmen oder öffentlichen Stellen auf Anfrage mit, ob das ausgewiesene Gebiet nach den gemäß den §§ 80 und 81 erhobenen Informationen von einem Netz der nächsten Generation unter Nennung der Größenordnung der jeweiligen Download-Geschwindigkeiten versorgt wird oder wahrscheinlich versorgt werden wird, soweit diese Informationen der zentralen Informationsstelle des Bundes vorliegen.

(3) Maßnahmen nach Absatz 2 werden nach einem effizienten, objektiven, transparenten und diskriminierungsfreien Verfahren durchgeführt, von dem kein Unternehmen von vornherein ausgeschlossen ist.

§ 85 Veröffentlichung und Weitergabe von Informationen. (1) ¹Die zentrale Informationsstelle des Bundes veröffentlicht die Informationen aus der geographischen Erhebung gemäß § 80, sofern die Informationen auf dem Markt nicht verfügbar sind. ²Sie hat hierbei Betriebs- und Geschäftsgeheimnisse zu wahren und das Informationsweiterverwendungsgesetz vom 13. Dezember 2006 (BGBl. I S. 2913), das durch Artikel 1 des Gesetzes vom 8. Juli 2015 (BGBl. I S. 1162) geändert worden ist, einzuhalten. ³Einsichtnahmerechte nach diesem Gesetz bleiben unberührt.

(2) ¹Die zentrale Informationsstelle des Bundes gibt die Informationen nach den §§ 79 bis 83 auf Anfrage an andere für die Erfüllung von Aufgaben nach diesem Gesetz zuständige öffentliche Stellen weiter, sofern die anfragende Stelle den gleichen Grad der Vertraulichkeit und des Schutzes von Betriebs- und Geschäftsgeheimnissen gewährleistet wie die zentrale Informationsstelle des Bundes. ²Die Parteien, die die Informationen bereitgestellt haben, sind über die Möglichkeit der Weitergabe der Informationen nach Satz 1 zu informieren. ³Unter den Voraussetzungen der Sätze 1 und 2 werden die Informationen auf Anfrage dem GEREK und der Kommission zur Verfügung gestellt.

§ 86 Verordnungsermächtigung. Das Bundesministerium für Verkehr und digitale Infrastruktur wird ermächtigt, im Einvernehmen mit dem Bundesministerium für Wirtschaft und Energie durch Rechtsverordnung mit Zustimmung des Bundesrates zu bestimmen, in welcher Form, in welchem technischen Format und in welchem Detailgrad, beispielsweise hinsichtlich Lage und technischer Gegebenheiten, die Informationen im Sinne des § 78 Absatz 1 der zentralen Informationsstelle des Bundes bereitzustellen sind.

Teil 6. Frequenzordnung

§ 87 Ziele der Frequenzregulierung. (1) Ziele der Frequenzregulierung sind

1. die effiziente Verwaltung der Frequenzen für Telekommunikationsnetze und -dienste in der Bundesrepublik Deutschland im Einklang mit § 2 unter Berücksichtigung der Tatsache, dass die Frequenzen ein öffentliches Gut von hohem gesellschaftlichen, kulturellen, wirtschaftlichen, sicherheits- und verteidigungspolitischen Wert sind,

2. die Frequenzzuweisung, die Frequenznutzung und die Frequenzzuteilung gemäß objektiven, transparenten, wettbewerbsfördernden, nichtdiskriminierenden und angemessenen Kriterien,

3. die Beachtung der einschlägigen internationalen Übereinkünfte, einschließlich der Vollzugsordnung für den Funkdienst und

4. die Förderung der Harmonisierung der Frequenznutzung für Telekommunikationsnetze und -dienste in der Europäischen Union, um deren effizienten und störungsfreien Einsatz zu gewährleisten und um Vorteile für die Verbraucher, wie etwa Wettbewerb, größenbedingte Kostenvorteile und Interoperabilität der Dienste und Netze, zu erzielen.

(2) Die Bundesnetzagentur handelt bei der Verfolgung der in Absatz 1 genannten Ziele im Einklang mit § 198 und mit der Entscheidung Nr. 676/2002/EG, indem sie unter anderem

1. die Versorgung der Bundesrepublik Deutschland mit hochwertigen, leistungsfähigen, flächendeckenden und unterbrechungsfreien drahtlosen Sprach- und Datendiensten für alle Endnutzer und dabei insbesondere die

breitbandige Versorgung und die nutzbare Dienstequalität in ländlichen Räumen vorantreibt und mindestens entlang von Bundesfernstraßen und auch im nachgeordneten Straßennetz sowie an allen Schienen- und Wasserwegen einen durchgehenden, unterbrechungsfreien Zugang für alle Endnutzer zu Sprach- und breitbandigen Datendiensten des öffentlichen Mobilfunks möglichst bis 2026 gewährleistet,

2. die rasche Entwicklung neuer drahtloser Kommunikationstechnologien und Anwendungen in der Europäischen Union erleichtert, gegebenenfalls auch durch ein sektorübergreifendes Konzept,

3. im Interesse langfristiger Investitionen für Vorhersehbarkeit und Einheitlichkeit bei der Erteilung, Verlängerung, Änderung und Beschränkung sowie dem Entzug von Frequenzzuteilungen sorgt,

4. zum Zweck der Vermeidung grenzüberschreitender oder nationaler funktechnischer Störungen geeignete Präventions- und Abhilfemaßnahmen ergreift,

5. die gemeinsame Nutzung von Frequenzen durch gleichartige oder unterschiedliche Frequenznutzungen im Einklang mit dem Wettbewerbsrecht fördert,

6. die am besten geeignete und mit dem geringstmöglichen Aufwand verbundene Art der Zuteilung gemäß § 91 anwendet, damit die Frequenzen so flexibel, gemeinsam und effizient wie möglich genutzt werden,

7. Regeln für die Erteilung, die Übertragung, die Verlängerung, die Änderung und den Entzug von Frequenznutzungsrechten anwendet, die klar und transparent festgelegt werden, um die Rechtssicherheit, Einheitlichkeit und Vorhersehbarkeit der Regulierung zu gewährleisten und

8. darauf hinarbeitet, dass Frequenzzuteilungen in der Europäischen Union im Hinblick auf den Schutz der Bevölkerung vor Gesundheitsschäden durch elektromagnetische Felder auf einheitliche und vorhersehbare Weise erfolgen, wobei sie der Empfehlung 1999/519/EG des Rates vom 12. Juli 1999 zur Begrenzung der Exposition der Bevölkerung gegenüber elektromagnetischen Feldern (0 Hz – 300 GHz) (ABl. L 199 vom 30.7.1999, S. 59) Rechnung trägt.

§ 88 Aufgaben. (1) Zur Sicherstellung einer effizienten und störungsfreien Nutzung von Frequenzen und unter Berücksichtigung der Regulierungsziele des § 2 sowie der Ziele der Frequenzregulierung gemäß § 87 werden durch die jeweils zuständigen Behörden

1. Frequenzbereiche in der Frequenzverordnung nach § 89 zugewiesen und im Frequenzplan in Frequenznutzungen aufgeteilt,

2. Frequenzen zugeteilt und

3. Frequenznutzungen überwacht.

(2) Die Bundesnetzagentur trifft Anordnungen bei Frequenznutzungen im Rahmen des Betriebs von Funkanlagen auf fremden Land-, Wasser- und Luftfahrzeugen, die sich im Geltungsbereich dieses Gesetzes aufhalten.

(3) Für Frequenznutzungen, die in den Aufgabenbereich des Bundesministeriums der Verteidigung fallen, stellt das Bundesministerium für Verkehr und digitale Infrastruktur das Einvernehmen mit dem Bundesministerium der Verteidigung her.

§ 89 Verordnungsermächtigung. (1) ¹Die Bundesregierung wird ermächtigt, die Frequenzzuweisungen für die Bundesrepublik Deutschland sowie darauf bezogene weitere Festlegungen in einer Frequenzverordnung festzulegen. ²Hierbei sind die Belange der inneren und äußeren Sicherheit zu berücksichtigen. ³Die Frequenzverordnung bedarf der Zustimmung des Bundesrates. ⁴In die Vorbereitung sind die von Frequenzzuweisungen betroffenen Kreise einzubeziehen. ⁵In die Frequenzverordnung können Regelungen, wie mit frei werdenden Frequenzen für den analogen Hörfunk auf Ultrakurzwelle zu verfahren ist, aufgenommen werden.

(2) ¹Bei der Frequenzzuweisung sind die einschlägigen internationalen Übereinkünfte, einschließlich der Vollzugsordnung für den Funkdienst, die europäische Harmonisierung und die technische Entwicklung zu berücksichtigen. ²Sind im Rahmen der Frequenzzuweisung auch Bestimmungen über Frequenznutzungen und darauf bezogene nähere Festlegungen betroffen, so sind Beschränkungen nur aus den in Artikel 45 Absatz 4 und 5 der Richtlinie (EU) 2018/1972[1]) genannten Gründen zulässig.

(3) ¹Die Bundesregierung wird ermächtigt, Frequenzzuweisungen sowie weitere darauf bezogene Festlegungen, soweit sie zur Sicherstellung der Aufgabenwahrnehmung des Bundeswehr und der Behörden und Organisationen mit Sicherheitsaufgaben im Spannungs- und Verteidigungsfall erforderlich sind, in einer besonderen Frequenzverordnung, die nicht der Zustimmung des Bundesrates bedarf, festzulegen. ²Die Regelungen der besonderen Frequenzverordnung nach Satz 1 finden nur bei Feststellung des Spannungsfalls nach Artikel 80a des Grundgesetzes oder des Verteidigungsfalls nach Artikel 115a des Grundgesetzes Anwendung.

§ 90 Frequenzplan. (1) ¹Auf der Grundlage der Frequenzzuweisungen und Festlegungen in der Frequenzverordnung nach § 89 Absatz 1 teilt die Bundesnetzagentur die Frequenzbereiche in Frequenznutzungen sowie darauf bezogene Nutzungsbestimmungen auf (Frequenzplan). ²Dabei beteiligt sie die betroffenen Bundes- und Landesbehörden, die betroffenen Kreise und die Öffentlichkeit und berücksichtigt die Regulierungsziele des § 2 sowie die Ziele der Frequenzregulierung gemäß § 87. ³Die Bundesnetzagentur stellt das Einvernehmen mit den zuständigen obersten Landes- und Bundesbehörden her, soweit

1. die dem Bereich der öffentlichen Sicherheit zustehenden Kapazitäten oder

2. die dem Rundfunk auf der Grundlage der rundfunkrechtlichen Festlegungen zustehenden Kapazitäten für die Übertragung von Rundfunk im Zuständigkeitsbereich der Länder

betroffen sind. ⁴§ 88 Absatz 3 bleibt unberührt.

(2) ¹Stellt die Bundesnetzagentur nach Ablauf von drei Jahren nach der Festlegung einer Frequenznutzung fest, dass eine Frequenzzuteilung im Sinne der Festlegung des Frequenzplans nicht ergangen ist, so kann sie nach Anhörung der Betroffenen die entsprechende Festlegung nach Maßgabe der Festlegungen in der Frequenzverordnung nach § 89 Absatz 1 aufheben oder ändern. ²Absatz 1 Satz 3 findet keine Anwendung.

---

[1]) Nr. 2.

(3) ¹Die Frequenznutzung und die Nutzungsbestimmungen werden durch technische, betriebliche oder regulatorische Parameter beschrieben. ²Zu diesen Parametern können auch Angaben zu Nutzungsbeschränkungen und zu geplanten Nutzungen gehören.

(4) Der Frequenzplan sowie dessen Änderungen sind zu veröffentlichen.

(5) ¹Frequenzen für den drahtlosen Netzzugang zu Telekommunikationsdiensten sind so auszuweisen, dass alle hierfür vorgesehenen Technologien verwendet werden dürfen und alle Arten von Telekommunikationsdiensten zulässig sind. ²Absatz 6 bleibt unberührt.

(6) § 89 Absatz 2 gilt entsprechend.

§ 91 Frequenzzuteilung. (1) ¹Jede Frequenznutzung bedarf einer vorherigen Frequenzzuteilung, soweit in diesem Gesetz nichts anderes geregelt ist. ²Die Frequenzzuteilung erfolgt zweckgebunden nach Maßgabe des Frequenzplanes und nichtdiskriminierend auf der Grundlage nachvollziehbarer und objektiver Verfahren. ³Eine Frequenzzuteilung ist nicht erforderlich, wenn die Frequenznutzungsrechte aufgrund einer sonstigen gesetzlichen Regelung ausgeübt werden können. ⁴Sofern für Behörden zur Ausübung gesetzlicher Befugnisse die Nutzung bereits anderen zugeteilter Frequenzen erforderlich ist und durch diese Nutzung keine erheblichen Nutzungsbeeinträchtigungen zu erwarten sind, ist die Nutzung unter Einhaltung der von der Bundesnetzagentur im Benehmen mit den Bedarfsträgern und Rechteinhabern festgelegten Rahmenbedingungen gestattet, ohne dass dies einer Frequenzzuteilung bedarf.

(2) ¹Frequenzen werden in der Regel von Amts wegen als Allgemeinzuteilungen durch die Bundesnetzagentur für die Nutzung durch die Allgemeinheit oder einen nach allgemeinen Merkmalen bestimmten oder bestimmbaren Personenkreis zugeteilt. ²Die Allgemeinzuteilung ist zu veröffentlichen.

(3) ¹Soweit eine Allgemeinzuteilung nicht möglich ist, werden durch die Bundesnetzagentur Frequenzen für einzelne Frequenznutzungen natürlichen Personen, juristischen Personen oder Personenvereinigungen, soweit ihnen ein Recht zustehen kann, auf Antrag einzeln zugeteilt. ²Bei der Auswahl zwischen Allgemein- und Einzelzuteilung berücksichtigt die Bundesnetzagentur

1. die spezifischen Merkmale der betreffenden Funkfrequenzen,
2. die Notwendigkeit des Schutzes vor funktechnischen Störungen,
3. soweit erforderlich, die Schaffung verlässlicher Bedingungen für die gemeinsame Frequenznutzung,
4. die Notwendigkeit der Gewährleistung der technischen Qualität der Kommunikation und der Dienste,
5. im Einklang mit Unionsrecht stehende Ziele von allgemeinem Interesse sowie
6. die Notwendigkeit der Wahrung der effizienten Nutzung von Funkfrequenzen.

³Die Entscheidung über die Gewährung von Nutzungsrechten, die für das Angebot von Telekommunikationsdiensten bestimmt sind, ist zu veröffentlichen.

(4) ¹Der Antrag auf Einzelzuteilung nach Absatz 3 ist schriftlich oder elektronisch zu stellen. ²In dem Antrag ist das Gebiet zu bezeichnen, in dem die Frequenz genutzt werden soll. ³Die Erfüllung der subjektiven Voraussetzungen

für die Frequenzzuteilung ist im Hinblick auf eine effiziente und störungsfreie Frequenznutzung und weitere Bedingungen nach Anhang I Teil D der Richtlinie (EU) 2018/1972[1)] darzulegen. [4]Die Bundesnetzagentur kann von dem Antragsteller die Vorlage eines Frequenznutzungskonzeptes verlangen, in dem dieser darlegt, wie er eine effiziente und störungsfreie Frequenznutzung gemäß Satz 3 sicherstellen wird. [5]Die Bundesnetzagentur entscheidet über vollständige Anträge innerhalb von sechs Wochen. [6]Von dieser Frist unberührt bleiben geltende internationale Vereinbarungen über die Nutzung von Frequenzen und Erdumlaufpositionen.

(5) [1]Frequenzen werden zugeteilt, wenn

1. sie für die vorgesehene Nutzung im Frequenzplan ausgewiesen sind,
2. sie verfügbar sind,
3. die Verträglichkeit mit anderen Frequenznutzungen gegeben ist und
4. eine effiziente und störungsfreie Frequenznutzung durch den Antragsteller sichergestellt ist.

[2]Eine Frequenzzuteilung kann ganz oder teilweise versagt werden, wenn die vom Antragsteller beabsichtigte Nutzung mit den Regulierungszielen nach den §§ 2 und 87 nicht vereinbar ist. [3]Sind Belange der Länder bei der Übertragung von Rundfunk im Zuständigkeitsbereich der Länder betroffen, ist auf der Grundlage der rundfunkrechtlichen Festlegungen das Benehmen mit der zuständigen Landesbehörde herzustellen.

(6) Der Antragsteller hat keinen Anspruch auf eine bestimmte Einzelfrequenz.

(7) [1]Der Inhaber der Frequenzzuteilung hat der Bundesnetzagentur Beginn und Beendigung der Frequenznutzung unverzüglich anzuzeigen. [2]Bei der Bundesnetzagentur anzuzeigen sind zudem Namensänderungen, Anschriftenänderungen, unmittelbare und mittelbare Änderungen in den Eigentumsverhältnissen, auch bei verbundenen Unternehmen, und identitätswahrende Umwandlungen.

(8) [1]Sollen Frequenznutzungsrechte durch Einzel- oder Gesamtrechtsnachfolge übergehen, hat der Inhaber der Frequenzzuteilung diese Änderung der Frequenzzuteilung unverzüglich bei der Bundesnetzagentur unter Vorlage entsprechender Nachweise schriftlich oder elektronisch zu beantragen. [2]In diesen Fällen können Frequenzen bis zur Entscheidung über den Änderungsantrag weiter genutzt werden. [3]Dem Änderungsantrag ist zu entsprechen, wenn

1. die Voraussetzungen für eine Frequenzzuteilung nach Absatz 5 vorliegen,
2. eine Wettbewerbsverzerrung auf dem sachlich und räumlich relevanten Markt nicht zu besorgen ist und
3. eine effiziente und störungsfreie Frequenznutzung gewährleistet ist.

[4]Werden Frequenzzuteilungen nicht mehr genutzt, hat der Inhaber der Frequenzzuteilung den Verzicht auf sie unverzüglich nach Maßgabe des § 102 Absatz 8 zu erklären. [5]Wird eine juristische Person, der Frequenzen zugeteilt waren, aufgelöst, ohne dass es einen Rechtsnachfolger gibt, muss derjenige, der die Auflösung durchführt, die Frequenzen zurückgeben. [6]Verstirbt eine natür-

---

[1)] Nr. 2.

liche Person, ohne dass ein Erbe die Frequenzen weiter nutzen will, müssen diese vom Erben oder vom Nachlassverwalter zurückgegeben werden.

(9) ¹Sind für Frequenzzuteilungen nicht in ausreichendem Umfang verfügbare Frequenzen vorhanden oder sind für bestimmte Frequenzen mehrere Anträge gestellt, kann die Bundesnetzagentur anordnen, dass der Zuteilung der Frequenzen ein Vergabeverfahren nach § 100 voranzugehen hat. ²Die Voraussetzungen einer Einzelzuteilung nach Absatz 5 bleiben hiervon unberührt. ³Vor der Entscheidung sind die betroffenen Kreise anzuhören. ⁴Die Entscheidung der Bundesnetzagentur ist zu veröffentlichen.

§ 92 Befristung und Verlängerung der Frequenzzuteilung. (1) ¹Frequenzen werden in der Regel befristet zugeteilt. ²Die Befristung muss für die betreffende Nutzung angemessen sein und die Amortisation der dafür notwendigen Investitionen angemessen berücksichtigen.

(2) ¹Eine befristete Zuteilung ist zu verlängern, wenn die Voraussetzungen für eine Frequenzzuteilung nach § 91 Absatz 5 vorliegen. ²Die Regelungen in Satz 3 und Absatz 3 bleiben hiervon unberührt. ³§ 91 Absatz 9 gilt entsprechend mit der Maßgabe, dass im Falle harmonisierter Frequenzen bei der Ausübung des Ermessens gemäß § 91 Absatz 9 Satz 1 insbesondere Folgendes zu berücksichtigen ist:

1. die Erfüllung der in den §§ 2 und 87 festgelegten Ziele sowie von Zielen des Gemeinwohls gemäß dem Recht der Europäischen Union oder dem nationalen Recht,
2. die Umsetzung einer technischen Umsetzungsmaßnahme nach Artikel 4 der Entscheidung Nr. 676/2002/EG,
3. die Sicherstellung der ordnungsgemäßen und fristgerechten Einhaltung der an das betreffende Frequenznutzungsrecht geknüpften Bedingungen,
4. die Notwendigkeit, im Einklang mit § 105 den Wettbewerb zu fördern und Wettbewerbsverzerrungen zu vermeiden,
5. die Notwendigkeit, die Nutzung der Frequenzen in Anbetracht der Entwicklung der Technik und der Märkte effizienter zu gestalten,
6. die Notwendigkeit, erhebliche Störungen der Dienste zu verhindern, und
7. die Nachfrage nach Frequenzen bei anderen Unternehmen als denen, die im betreffenden Frequenzbereich über Nutzungsrechte verfügen.

(3) ¹Harmonisierte Frequenzen für drahtlose Breitbanddienste werden für mindestens 15 Jahre zugeteilt. ²Abweichend von Satz 1 kann die Bundesnetzagentur eine kürzere Befristung festlegen für

1. begrenzte geografische Gebiete mit äußerst lückenhaftem oder gar keinem Zugang zu Hochgeschwindigkeitsnetzen,
2. bestimmte kurzfristige Projekte,
3. Nutzungen der Frequenzen, die unter Beachtung der Ziele des Artikels 45 Absatz 4 und 5 der Richtlinie (EU) 2018/1972[1)] mit drahtlosen Breitbanddiensten koexistieren können,
4. die alternative Nutzung der Frequenz gemäß § 98 oder
5. die Anpassung der Geltungsdauer eines Frequenznutzungsrechts an die Geltungsdauer anderer Frequenznutzungsrechte.

[1)] Nr. 2.

³Die Zuteilung ist zu verlängern, wenn die nach § 99 Absatz 1 Satz 1 Nummer 2 in Verbindung mit Satz 6 festgelegten allgemeinen Kriterien erfüllt sind. ⁴Die Zuteilung ist angemessen zu verlängern, damit der Regelungsrahmen für Investitionen in Netzinfrastrukturen für die Nutzung solcher Frequenzen während eines Zeitraums von mindestens 20 Jahren für die Inhaber der Frequenznutzungsrechte vorhersehbar ist. ⁵Die Regelungen in Absatz 2 bleiben hiervon unberührt. ⁶Die allgemeinen Kriterien der Verlängerung beziehen sich auf

1. die Gewährung einer effizienten und störungsfreien Nutzung der betreffenden Frequenzen,
2. das Erreichen der Ziele des § 87 Absatz 2 Nummer 1 und 2,
3. den Schutz des menschlichen Lebens,
4. die Gewährleistung der öffentlichen Sicherheit und Ordnung,
5. die Wahrung nationaler Sicherheits- und Verteidigungsinteressen und
6. die Sicherstellung eines chancengleichen Wettbewerbs.

(4) ¹Die Bundesnetzagentur entscheidet rechtzeitig vor Ablauf der Geltungsdauer über die Verlängerung. ²Zu diesem Zweck prüft die Bundesnetzagentur von Amts wegen oder auf Antrag des Rechteinhabers die Notwendigkeit einer solchen Verlängerung. ³Bei einer Befristung von Zuteilungen von harmonisierten Frequenzen entscheidet die Bundesnetzagentur auf Antrag des Rechteinhabers frühestens fünf Jahre vor dem Ablauf der Geltungsdauer der betreffenden Rechte über die Verlängerung. ⁴Bei einer Befristung von Zuteilungen von harmonisierten Frequenzen für drahtlose Breitbandnetze und -dienste nimmt die Bundesnetzagentur spätestens zwei Jahre vor Ablauf der Geltungsdauer der betreffenden Rechte eine objektive und zukunftsgerichtete Bewertung der Einhaltung der gemäß § 99 Absatz 1 Satz 1 Nummer 2 in Verbindung mit Absatz 3 Satz 6 festgelegten Kriterien vor.

(5) ¹Bei der Verlängerung einer Frequenzzuteilung kann die Bundesnetzagentur zur Sicherstellung der Regulierungsziele nach den §§ 2 und 87 Art und Umfang der Frequenznutzung sowie Nebenbestimmungen nach § 99 beibehalten, aufheben, ändern oder neu festlegen. ²Im Falle einer Verlängerung nach Absatz 3 sollen Art und Umfang der Frequenznutzung sowie Nebenbestimmungen beibehalten werden, es sei denn, ihre Beibehaltung ist nicht mehr erforderlich oder eine Änderung oder Neuauferlegung zur Sicherstellung der Regulierungsziele der §§ 2 und 87 geboten.

§ 93 Gemeinsame Frequenzzuteilungen. Die Bundesnetzagentur kann mit zuständigen Behörden anderer Mitgliedstaaten der Europäischen Union und mit der Gruppe für Frequenzpolitik zusammenarbeiten, um unter Berücksichtigung der von den Marktteilnehmern vorgebrachten Interessen gemeinsame Aspekte einer Frequenzzuteilung festzulegen und gegebenenfalls gemeinsam ein Vergabeverfahren gemäß § 100 durchzuführen.

§ 94 Zeitliche Koordinierung der Frequenzzuteilungen. (1) Die Bundesnetzagentur schafft die Voraussetzungen für die Zuteilung von harmonisierten Frequenzen unverzüglich, spätestens jedoch 30 Monate nach der Festlegung harmonisierter Bedingungen durch technische Umsetzungsmaßnahmen gemäß der Entscheidung Nr. 676/2002/EG, oder unverzüglich nach der Aufhebung einer Entscheidung, mit der die Bundesnetzagentur in Ausnahmefällen Frequenzen zur alternativen Nutzung gemäß § 98 zugeteilt hat.

(2) ¹Die Bundesnetzagentur kann die Frist gemäß Absatz 1 für einen bestimmten Frequenzbereich überschreiten,
1. wenn dies durch die Beschränkung der Nutzung des betreffenden Frequenzbereichs aufgrund der Ziele von allgemeinem Interesse gemäß Artikel 45 Absatz 5 Buchstabe a und d der Richtlinie (EU) 2018/1972[1]) gerechtfertigt ist,
2. wenn offene Fragen der grenzüberschreitenden Koordinierung mit Staaten außerhalb der Europäischen Union bestehen, die zu funktechnischen Störungen führen, sofern die Europäische Union gemäß Artikel 28 Absatz 5 der Richtlinie (EU) 2018/1972 um Unterstützung ersucht worden ist,
3. zur Wahrung nationaler Sicherheits- und Verteidigungsinteressen oder
4. im Falle höherer Gewalt.

²Die Bundesnetzagentur überprüft die Überschreitung gemäß Satz 1 spätestens alle zwei Jahre.

(3) Die Bundesnetzagentur kann die Frist gemäß Absatz 1 für einen bestimmten Frequenzbereich, sofern erforderlich, um bis zu 30 Monate in den folgenden Fällen überschreiten:
1. bei offenen Fragen der grenzüberschreitenden Koordinierung zwischen Mitgliedstaaten der Europäischen Union, die zu funktechnischen Störungen führen, sofern rechtzeitig sämtliche erforderlichen Maßnahmen gemäß Artikel 28 Absatz 3 und 4 der Richtlinie (EU) 2018/1972 ergriffen werden oder
2. bei Auftreten technischer Schwierigkeiten bei der Umstellung eines aktuellen Nutzers auf einen anderen Frequenzbereich.

(4) Im Falle einer Fristüberschreitung nach Absatz 2 oder Absatz 3 unterrichtet die Bundesnetzagentur die anderen Mitgliedstaaten der Europäischen Union und die Kommission rechtzeitig; die Gründe für die Fristüberschreitung hat sie anzugeben.

§ 95 Orbitpositionen und Frequenznutzungen durch Satelliten.

(1) Natürliche oder juristische Personen mit Wohnsitz beziehungsweise Sitz in der Bundesrepublik Deutschland, die Orbitpositionen und Frequenzen durch Satelliten nutzen, unterliegen den Verpflichtungen, die sich aus der Konstitution und Konvention der Internationalen Fernmeldeunion ergeben.

(2) ¹Jede Ausübung deutscher Orbit- und Frequenznutzungsrechte bedarf neben der Frequenzzuteilung nach § 91 Absatz 1 der Übertragung durch die Bundesnetzagentur. ²Die Bundesnetzagentur führt auf Antrag Anmeldung, Koordinierung und Notifizierung von Satellitensystemen bei der Internationalen Fernmeldeunion durch und überträgt dem Antragsteller die daraus hervorgegangenen Orbit- und Frequenznutzungsrechte. ³Voraussetzung für die Übertragung der Orbit- und Frequenznutzungsrechte ist, dass
1. Frequenzen und Orbitpositionen verfügbar sind,
2. die Verträglichkeit mit anderen Frequenznutzungen sowie anderen Anmeldungen von Satellitensystemen gegeben ist und
3. öffentliche Interessen nicht beeinträchtigt werden.

---

[1]) Nr. 2.

(3) Für vorhandene deutsche Planeinträge und sonstige ungenutzte Orbit- und Frequenznutzungsrechte bei der Internationalen Fernmeldeunion kann ein Vergabeverfahren aufgrund der von der Bundesnetzagentur festzulegenden Bedingungen durchgeführt werden.

(4) Die Übertragung kann widerrufen werden, wenn

1. die Orbit- und Frequenznutzungsrechte länger als ein Jahr nicht ausgeübt wurden oder
2. die Voraussetzungen des Absatzes 2 Satz 3 nicht mehr erfüllt sind.

§ 96 Frequenzzuteilung für Rundfunk, Luftfahrt, Seeschifffahrt, Binnenschifffahrt und sicherheitsrelevante Funkanwendungen. (1) [1] Für die Zuteilung von Frequenzen zur Übertragung von Rundfunk im Zuständigkeitsbereich der Länder ist neben den Voraussetzungen des § 91 auf der Grundlage der rundfunkrechtlichen Festlegungen das Benehmen mit der zuständigen Landesbehörde herzustellen. [2] Die jeweilige Landesbehörde teilt den Versorgungsbedarf für Rundfunk im Zuständigkeitsbereich der Länder der Bundesnetzagentur mit. [3] Die Bundesnetzagentur setzt diese Bedarfsanmeldungen bei der Frequenzzuteilung nach § 91 um. [4] Näheres zum Verfahren legt die Bundesnetzagentur auf der Grundlage rundfunkrechtlicher Festlegungen der zuständigen Landesbehörden fest. [5] Die dem Rundfunkdienst im Frequenzplan zugewiesenen Frequenzen können für andere Zwecke als die Übertragung von Rundfunk im Zuständigkeitsbereich der Länder genutzt werden, wenn dem Rundfunk die auf der Grundlage der rundfunkrechtlichen Festlegungen zustehende Kapazität zur Verfügung steht. [6] Die Bundesnetzagentur stellt hierzu das Benehmen mit den zuständigen Landesbehörden her. [7] Hat die zuständige Landesbehörde die inhaltliche Belegung einer analogen oder digitalen Frequenznutzung zur Übertragung von Rundfunk im Zuständigkeitsbereich der Länder einem Inhalteanbieter zur alleinigen Nutzung zugewiesen, so kann dieser einen Vertrag mit einem Sendernetzbetreiber seiner Wahl abschließen, soweit dabei gewährleistet ist, dass den rundfunkrechtlichen Festlegungen entsprochen wurde. [8] Sofern der Sendernetzbetreiber die Zuteilungsvoraussetzungen erfüllt, teilt ihm die Bundesnetzagentur die Frequenz auf Antrag zu. [9] Die Frequenzzuteilung ist auf die Dauer der rundfunkrechtlichen Zuweisung der zuständigen Landesbehörde zu befristen und kann bei Fortdauern dieser Zuweisung verlängert werden. [10] Bei durch mehrere Inhalteanbieter belegten Multiplexen erfolgt die Sendernetzbetreiberauswahl durch die Bundesnetzagentur nur dann, wenn sich die nach Landesrecht bestimmten Inhalteanbieter vor dem Start des Multiplexes nicht auf einen Sendernetzbetreiber einigen können. [11] Die zuständige Landesbehörde teilt der Bundesnetzagentur das Ergebnis des Einigungsverfahrens mit. [12] Sofern sich die nach Landesrecht bestimmten Inhalteanbieter nicht auf einen Sendernetzbetreiber einigen konnten, bittet die nach Landesrecht zuständige Stelle um die Einleitung eines Verfahrens zur Auswahl eines Sendernetzbetreibers durch die Bundesnetzagentur.

(2) Frequenznutzungen des Bundesministeriums der Verteidigung bedürfen in den ausschließlich für militärische Nutzungen im Frequenzplan ausgewiesenen Frequenzbereichen keiner Frequenzzuteilung.

(3) [1] Als zugeteilt gelten Frequenzen, die für die Seefahrt und die Binnenschifffahrt sowie die Luftfahrt ausgewiesen sind und die auf fremden Wasser- oder Luftfahrzeugen, die sich im Geltungsbereich dieses Gesetzes aufhalten, zu den entsprechenden Zwecken genutzt werden. [2] Dies gilt nur für Frequenzen,

die aufgrund einer gültigen nationalen Erlaubnis des Landes, in dem das Fahrzeug registriert ist, genutzt werden.

(4) [1]Für Frequenzen, die für den Funk der Behörden und Organisationen mit Sicherheitsaufgaben (BOS-Funk) ausgewiesen sind, legt das Bundesministerium des Innern, für Bau und Heimat im Benehmen mit den zuständigen obersten Landesbehörden in einer Richtlinie fest:
1. die Zuständigkeiten der beteiligten Behörden,
2. das Verfahren zur Anerkennung als Berechtigter zur Teilnahme am BOS-Funk,
3. das Verfahren und die Zuständigkeiten bei der Bearbeitung von Anträgen auf Frequenzzuteilung innerhalb der Behörden und Organisationen mit Sicherheitsaufgaben,
4. die Grundsätze zur Frequenzplanung und die Verfahren zur Frequenzkoordinierung innerhalb der Behörden und Organisationen mit Sicherheitsaufgaben sowie
5. die Regelungen für den Funkbetrieb und für die Zusammenarbeit der Frequenznutzer im BOS-Funk.

[2]Die Richtlinie ist, insbesondere Satz 1 Nummer 4 und 5 betreffend, mit der Bundesnetzagentur abzustimmen. [3]Das Bundesministerium des Innern, für Bau und Heimat bestätigt im Einzelfall nach Anhörung der jeweils sachlich zuständigen obersten Bundes- oder Landesbehörden die Zugehörigkeit eines Antragstellers zum Kreis der nach Satz 1 anerkannten Berechtigten.

(5) [1]Die Bundesnetzagentur teilt Frequenzen für die Nutzung des Flugfunkdienstes zu, wenn die nach dem Luftverkehrsrecht erforderlichen Entscheidungen des Bundesaufsichtsamtes für Flugsicherung vorliegen. [2]Die nach § 91 festgelegte Zuständigkeit der Bundesnetzagentur und deren Eingriffsmöglichkeiten bleiben unberührt.

(6) Frequenzen für die Nutzung durch Küstenfunkstellen des Revier- und Hafenfunkdienstes werden nur dann zugeteilt, wenn die Zustimmung der Wasserstraßen- und Schifffahrtsverwaltung des Bundes vorliegt.

§ 97 Zuteilung zur gemeinsamen Frequenznutzung, Erprobung innovativer Technologien, kurzfristig auftretender Frequenzbedarf.

(1) [1]Frequenzen, bei denen eine effiziente Nutzung durch einen Einzelnen allein nicht zu erwarten ist, können auch mehreren zur gemeinsamen Nutzung zugeteilt werden. [2]Die Inhaber dieser Frequenznutzungsrechte haben Beeinträchtigungen hinzunehmen, die sich aus einer bestimmungsgemäßen gemeinsamen Nutzung der Frequenz ergeben.

(2) [1]In begründeten Einzelfällen, insbesondere zur Erprobung innovativer Technologien in der Telekommunikation oder bei kurzfristig auftretendem Frequenzbedarf, kann von den im Frequenzplan enthaltenen Festlegungen bei der Zuteilung von Frequenzen befristet abgewichen werden. [2]Voraussetzung hierfür ist, dass keine Frequenznutzung beeinträchtigt wird. [3]Sind Belange der Länder bei der Übertragung von Rundfunk im Zuständigkeitsbereich der Länder betroffen, ist auf der Grundlage der rundfunkrechtlichen Festlegungen das Benehmen mit der zuständigen Landesbehörde herzustellen.

§ 98 Zuteilung zur alternativen Frequenznutzung.
(1) Besteht auf nationaler oder regionaler Ebene keine ausreichende Nachfrage nach der Nut-

zung eines Frequenzbereichs der harmonisierten Frequenzen, so kann die Bundesnetzagentur nach Maßgabe des Artikels 45 Absatz 4 und 5 der Richtlinie (EU) 2018/1972[1)] einen solchen Frequenzbereich ganz oder teilweise zur alternativen Nutzung zuteilen, sofern

1. die mangelnde Nachfrage nach der Nutzung eines solchen Frequenzbereichs nach Anhörung der betroffenen Kreise, einschließlich einer vorausschauenden Beurteilung der Marktnachfrage, festgestellt wurde und
2. durch die alternative Nutzung die Verfügbarkeit oder die Nutzung eines solchen Frequenzbereichs in anderen Mitgliedstaaten der Europäischen Union nicht verhindert oder beeinträchtigt wird.

(2) [1]Die Bundesnetzagentur überprüft das Vorliegen der Voraussetzungen in regelmäßigen Abständen von Amts wegen oder auf Antrag eines an der harmonisierten Nutzung Interessierten. [2]Die Bundesnetzagentur setzt das Bundesministerium für Verkehr und digitale Infrastruktur, die Kommission und die anderen Mitgliedstaaten der Europäischen Union von der getroffenen Entscheidung einschließlich deren Gründe sowie über das Ergebnis der Überprüfung der Entscheidung in Kenntnis.

§ 99 Bestandteile der Frequenzzuteilung. (1) [1]Im Rahmen der Frequenzzuteilung sind insbesondere festzulegen:

1. die Art und der Umfang der Frequenznutzung, soweit dies zur Sicherung einer effizienten und störungsfreien Nutzung der Frequenzen erforderlich ist und
2. die allgemeinen Kriterien für die Verlängerung der Frequenzzuteilung gemäß § 92 Absatz 3 Satz 6.

[2]Bei der Festlegung von Art und Umfang der Frequenznutzung sind internationale Vereinbarungen zur Frequenzkoordinierung zu beachten.

(2) [1]Verknüpft die Bundesnetzagentur Frequenzzuteilungen gemäß Absatz 3 Satz 1 Nummer 1 mit Nebenbestimmungen, so kann sie, insbesondere um eine effektive und effiziente Frequenznutzung sicherzustellen oder die Versorgung zu verbessern, unter anderem folgende Möglichkeiten vorsehen:

1. zur gemeinsamen Nutzung von passiven oder aktiven Infrastrukturen für die Funkfrequenznutzung oder von Funkfrequenzen,
2. zu kommerziellen Roamingzugangsvereinbarungen und
3. zum gemeinsamen Ausbau von Infrastrukturen für die Bereitstellung von auf Funkfrequenzen gestützten Telekommunikationsnetzen oder -diensten.

[2]Die Bundesnetzagentur sorgt dafür, dass die mit Frequenznutzungsrechten verknüpften Bedingungen die gemeinsame Funkfrequenznutzung nicht behindern. [3]Die Umsetzung der gemäß diesem Absatz auferlegten Bedingungen durch die Unternehmen bleibt weiterhin dem Gesetz gegen Wettbewerbsbeschränkungen unterworfen.

(3) [1]Zur Sicherung einer effizienten und störungsfreien Nutzung der Frequenzen, der weiteren in § 2 genannten Regulierungsziele sowie der in § 87 genannten Ziele der Frequenzregulierung

1. kann die Frequenzzuteilung mit Nebenbestimmungen versehen werden und

---

[1)] Nr. 2.

2. können die Frequenz, Nebenstimmungen zur Frequenzzuteilung sowie Art und Umfang der Frequenznutzung unter Wahrung des Grundsatzes der Verhältnismäßigkeit nachträglich geändert werden.

²Den interessierten Kreisen, einschließlich Nutzern und Verbrauchern, wird eine ausreichende Frist eingeräumt, um ihren Standpunkt zu den geplanten Änderungen nach Satz 1 Nummer 2 darzulegen. ³Die Frist nach Satz 2 beträgt grundsätzlich mindestens vier Wochen, es sei denn, die geplanten Änderungen sind geringfügig. ⁴Änderungen werden unter Angabe der Gründe veröffentlicht. ⁵Sind durch die Änderungen Belange der Länder bei der Übertragung von Rundfunk im Zuständigkeitsbereich der Länder betroffen, ist auf der Grundlage der rundfunkrechtlichen Festlegungen das Benehmen mit der zuständigen Landesbehörde herzustellen.

(4) ¹Die Frequenzzuteilung kann Hinweise darauf enthalten, welche Parameter die Bundesnetzagentur den Festlegungen zu Art und Umfang der Frequenznutzung bezüglich der Empfangsanlagen zugrunde gelegt hat. ²Bei Nichteinhaltung der mitgeteilten Parameter wird die Bundesnetzagentur keinerlei Maßnahmen ergreifen, um Nachteilen zu begegnen.

(5) Frequenzen, die der Übertragung von Rundfunk im Zuständigkeitsbereich der Länder dienen, werden im Benehmen mit der zuständigen Landesbehörde mit Auflagen zugeteilt, die sicherstellen, dass die rundfunkrechtlichen Belange der Länder berücksichtigt werden.

(6) Zugeteilte Frequenzen dürfen nur mit Funkanlagen genutzt werden, die dem Funkanlagengesetz entsprechen.

§ 100 Vergabeverfahren. (1) ¹Hat die Bundesnetzagentur nach § 91 Absatz 9 angeordnet, dass der Zuteilung von Frequenzen ein Vergabeverfahren voranzugehen hat, kann sie nach Anhörung der betroffenen Kreise das Versteigerungsverfahren nach Absatz 5 oder das Ausschreibungsverfahren nach Absatz 6 durchführen. ²Die Bundesnetzagentur legt bei der Entscheidung zur Wahl des Vergabeverfahrens gemäß Satz 1 die allgemeinen Ziele des Verfahrens fest. ³Die Ziele sind zusätzlich zur Förderung des Wettbewerbs und der Verbesserung der Versorgung, insbesondere in ländlichen Gebieten, auf einen oder mehrere der folgenden Aspekte beschränkt:
1. Gewährleistung der erforderlichen Dienstequalität,
2. Förderung der effizienten Nutzung von Frequenzen, unter anderem unter Berücksichtigung der für die Nutzungsrechte geltenden Bedingungen und der Höhe der Abgaben, oder
3. Förderung von Innovation und Geschäftsentwicklung.

(2) ¹Es ist dasjenige Vergabeverfahren durchzuführen, das am besten geeignet ist, die Regulierungsziele nach den §§ 2 und 87 zu erreichen. ²Für Frequenzen, die für die Übertragung von Rundfunk im Zuständigkeitsbereich der Länder vorgesehen sind, ist das Versteigerungsverfahren nach Absatz 5 nicht durchzuführen.

(3) ¹Die Bundesnetzagentur veröffentlicht die Entscheidung über die Wahl des Vergabeverfahrens sowie die Festlegungen und Regeln für die Durchführung der Verfahren unter Angabe der Gründe. ²Zudem veröffentlicht sie die dazugehörigen Frequenznutzungsbestimmungen. ³Sie legt die Ergebnisse einer mit der Entscheidung in Zusammenhang stehenden Beurteilung der Wett-

bewerbssituation sowie der technischen und wirtschaftlichen Gegebenheiten des Marktes dar.

(4) Die Bundesnetzagentur bestimmt vor Durchführung eines Vergabeverfahrens

1. die von einem Antragsteller zu erfüllenden subjektiven, fachlichen und sachlichen Mindestvoraussetzungen für die Zulassung zum Vergabeverfahren,

2. die Frequenznutzung, für die die zu vergebenden Frequenzen unter Beachtung des Frequenzplanes verwendet werden dürfen,

3. die für die Aufnahme des Telekommunikationsdienstes notwendige Grundausstattung an Frequenzen, sofern dies erforderlich ist, und

4. die Frequenznutzungsbestimmungen einschließlich des Versorgungsgrades bei der Frequenznutzung und seiner zeitlichen Umsetzung; bei der Festlegung des Versorgungsgrades und seiner zeitlichen Umsetzung berücksichtigt die Bundesnetzagentur neben den Regulierungszielen nach den §§ 2 und 87 auch Möglichkeiten für Inhaber von Frequenznutzungsrechten, in zumutbarer Weise öffentlich geförderte Infrastrukturen mitzunutzen oder aufzubauen.

(5) [1] Im Falle der Versteigerung legt die Bundesnetzagentur vor der Durchführung des Vergabeverfahrens die Regeln für die Durchführung des Versteigerungsverfahrens im Einzelnen fest. [2] Die Regeln müssen objektiv, nachvollziehbar und nichtdiskriminierend sein und die Belange kleiner und mittlerer Unternehmen berücksichtigen. [3] Die Bundesnetzagentur legt ein Mindestgebot für das Nutzungsrecht an den zu versteigernden Frequenzen sowie Zahlungsregelungen fest. [4] Der Versteigerung geht ein Verfahren voraus, in dem die Zulassung zur Versteigerung schriftlich oder elektronisch zu beantragen ist. [5] Die Bundesnetzagentur entscheidet über die Zulassung durch schriftlichen oder elektronischen Bescheid. [6] Der Antrag auf Zulassung ist abzulehnen, wenn der Antragsteller nicht darlegt und nachweist, dass er die nach Absatz 4 festgelegten und die nach § 91 Absatz 5 bestehenden Voraussetzungen erfüllt.

(6) [1] Im Falle der Ausschreibung bestimmt die Bundesnetzagentur vor der Durchführung des Vergabeverfahrens die Kriterien, nach denen die Eignung der Bewerber bewertet wird. [2] Kriterien sind

1. die Zuverlässigkeit, Fachkunde und Leistungsfähigkeit der Bewerber,

2. die Eignung von vorzulegenden Planungen für die Nutzung der ausgeschriebenen Frequenzen,

3. die Förderung eines nachhaltig wettbewerbsorientierten Marktes und

4. der räumliche Versorgungsgrad.

[3] Bei ansonsten gleicher Eignung ist derjenige Bewerber auszuwählen, der einen höheren räumlichen Versorgungsgrad mit den entsprechenden Telekommunikationsdiensten gewährleistet. [4] Die Bundesnetzagentur legt den im Falle des Zuschlags für das Frequenznutzungsrecht zu zahlenden Zuschlagspreis sowie Zahlungsregelungen fest.

(7) [1] Die Zuteilung der Frequenzen erfolgt nach § 91, nachdem das Vergabeverfahren nach Absatz 3 Satz 1 durchgeführt worden ist. [2] Verpflichtungen, die Antragsteller im Laufe eines Versteigerungs- oder Ausschreibungsverfahrens eingegangen sind, werden Bestandteile der Frequenzzuteilung.

(8) ¹Bei einem Versteigerungsverfahren nach Absatz 5 oder einem Ausschreibungsverfahren nach Absatz 6 kann die in § 91 Absatz 4 genannte Höchstfrist von sechs Wochen so lange wie nötig, längstens jedoch um acht Monate, verlängert werden, um für alle Beteiligten ein chancengleiches, angemessenes, offenes und transparentes Verfahren sicherzustellen. ²Diese Fristen lassen geltende internationale Vereinbarungen über die Nutzung von Frequenzen und die Satellitenkoordinierung unberührt.

§ 101 Flexibilisierung der Frequenznutzung. (1) ¹Die Bundesnetzagentur kann Frequenzbereiche bestimmen, in denen sie Frequenznutzungsrechte zum Handel, zur Vermietung oder zur kooperativen, gemeinsamen Nutzung (Frequenzpooling) freigibt, um flexible Frequenznutzungen zu ermöglichen. ²Die betroffenen Kreise sind vor der Freigabeentscheidung anzuhören.

(2) ¹Sofern die Bundesnetzagentur eine Freigabeentscheidung nach Absatz 1 Satz 1 trifft, legt sie zeitgleich die Rahmenbedingungen und das Verfahren für den Handel, die Vermietung und das Frequenzpooling fest. ²Die Rahmenbedingungen und das Verfahren haben insbesondere sicherzustellen, dass

1. die Effizienz der Frequenznutzung gesteigert oder gewahrt wird,
2. das ursprüngliche Vergabeverfahren einer Frequenzzuteilung nicht entgegensteht,
3. keine Verzerrung des Wettbewerbs zu besorgen ist,
4. die sonstigen rechtlichen Rahmenbedingungen, insbesondere die Nutzungsbestimmungen und internationale Vereinbarungen zur Frequenznutzung, eingehalten werden und
5. die Regulierungsziele nach den §§ 2 und 87 sichergestellt sind.

³Die Bundesnetzagentur veröffentlicht die Entscheidung über die Rahmenbedingungen und das Verfahren. ⁴Die Entscheidung erfolgt im Einvernehmen mit der nach Landesrecht zuständigen Stelle, soweit Frequenzen betroffen sind, die für Rundfunkdienste vorgesehen sind.

(3) Erlöse, die aus Maßnahmen nach Absatz 1 erzielt werden, stehen abzüglich der Verwaltungskosten demjenigen zu, der seine Frequenznutzungsrechte Dritten überträgt oder zur Nutzung oder Mitbenutzung überlässt.

(4) ¹Inhaber von Frequenznutzungsrechten informieren die Bundesnetzagentur über ihre Absicht, Frequenznutzungsrechte zu übertragen oder zu vermieten, sowie über die Übertragung oder Vermietung von Frequenznutzungsrechten. ²Die Bundesnetzagentur veröffentlicht diese Informationen.

§ 102 Widerruf der Frequenzzuteilung, Verzicht. (1) Eine Frequenzzuteilung kann neben den Fällen des § 49 Absatz 2 des Verwaltungsverfahrensgesetzes ganz oder teilweise widerrufen werden, wenn

1. nicht innerhalb eines Jahres nach der Zuteilung mit der Nutzung der Frequenz im Sinne des mit der Zuteilung verfolgten Zwecks begonnen wurde,
2. die Frequenz länger als ein Jahr nicht im Sinne des mit der Zuteilung verfolgten Zwecks genutzt worden ist,
3. eine der Voraussetzungen nach § 91 Absatz 5 oder § 96 Absatz 4 bis 6 nicht mehr gegeben ist,

4. einer Verpflichtung, die sich aus der Frequenzzuteilung ergibt, schwer oder wiederholt zuwidergehandelt oder trotz Aufforderung nicht nachgekommen wird,

5. nach der Frequenzzuteilung Wettbewerbsverzerrungen wahrscheinlich sind oder

6. durch eine Änderung der Eigentumsverhältnisse in der Person des Inhabers des Frequenznutzungsrechts eine Wettbewerbsverzerrung zu besorgen ist.

(2) Die Frist bis zum Wirksamwerden des Widerrufs muss angemessen sein.

(3) Sofern Frequenzen für die Übertragung von Rundfunk im Zuständigkeitsbereich der Länder betroffen sind, stellt die Bundesnetzagentur auf der Grundlage der rundfunkrechtlichen Festlegungen das Benehmen mit der zuständigen Landesbehörde her.

(4) [1] Die Frequenzzuteilung soll widerrufen werden, wenn bei einer Frequenz, die zur Übertragung von Rundfunk im Zuständigkeitsbereich der Länder zugeteilt ist, alle rundfunkrechtlichen Festlegungen der zuständigen Landesbehörde für Rundfunk, der auf dieser Frequenz übertragen wird, entfallen sind. [2] Wenn bei einer Frequenz nach Satz 1 eine oder alle rundfunkrechtlichen Festlegungen nach Satz 1 entfallen sind und innerhalb von sechs Monaten keine neue rundfunkrechtliche Festlegung erteilt wird, kann die Bundesnetzagentur im Benehmen mit der zuständigen Landesbehörde dem bisherigen Inhaber diese Frequenz zuteilen. [3] Die Zuteilung nach Satz 2 erfolgt mit eingeschränkter oder ohne Verpflichtung zur Übertragung von Rundfunk im Zuständigkeitsbereich der Länder nach Maßgabe des Frequenzplanes, auch wenn dies nicht dem vorherigen Vergabeverfahren entspricht.

(5) Bloße Änderungen der Frequenznutzung infolge der Anwendung der in § 89 Absatz 2 Satz 2 genannten Vorschriften rechtfertigen allein nicht den Widerruf einer Frequenzzuteilung.

(6) § 49 Absatz 6 des Verwaltungsverfahrensgesetzes ist auf den Widerruf nach den Absätzen 1 und 4 nicht anzuwenden.

(7) [1] Frequenzzuteilungen für die Übertragung von Rundfunk sollen widerrufen werden, wenn ein nach § 96 Absatz 1 Satz 7 vom Inhalteanbieter ausgewählter Sendernetzbetreiber auf Antrag die Zuteilung an ihn verlangen kann. [2] Für die Widerrufsentscheidung gilt Absatz 3 entsprechend. [3] Für das Wirksamwerden des Widerrufs ist eine angemessene Frist von mindestens drei Monaten vorzusehen.

(8) [1] Die Frequenzzuteilung erlischt durch Verzicht. [2] Der Inhaber der Frequenzzuteilung hat den Verzicht gegenüber der Bundesnetzagentur schriftlich oder elektronisch unter genauer Bezeichnung der Frequenzzuteilung zu erklären.

§ 103 Überwachung, Anordnung der Außerbetriebnahme, Monitoring der Mobilfunkversorgung.
(1) [1] Zur Sicherstellung der Frequenzordnung überwacht die Bundesnetzagentur die Frequenznutzung. [2] Soweit es für die Überwachung, insbesondere zur Identifizierung eines Frequenznutzers, erforderlich und angemessen ist, sind die Bediensteten der Bundesnetzagentur befugt, sich Kenntnis von den näheren Umständen eines Telekommunikationsvorgangs zu verschaffen und in besonderen Fällen auch in Aussendungen hineinzuhören. [3] Die durch Maßnahmen nach Satz 2 erlangten Informationen dürfen nur zur Sicherstellung der Frequenzordnung verwendet werden. [4] Ab-

weichend hiervon dürfen Informationen an die zuständigen Behörden übermittelt werden, soweit dies für die Verfolgung einer in § 100a der Strafprozessordnung[1] genannten Straftat erforderlich ist. ⁵Das Grundrecht des Fernmeldegeheimnisses nach Artikel 10 des Grundgesetzes wird nach Maßgabe der Sätze 2 bis 4 eingeschränkt.

(2) ¹Zur Sicherstellung der Frequenzordnung kann die Bundesnetzagentur eine Einschränkung des Betriebes oder die Außerbetriebnahme von Geräten anordnen. ²Zur Durchsetzung dieser Anordnungen kann nach Maßgabe des Verwaltungsvollstreckungsgesetzes ein Zwangsgeld von bis zu 500 000 Euro festgesetzt werden.

(3) Die Bundesnetzagentur veröffentlicht auf ihrer Internetseite die von den Mobilfunknetzbetreibern übermittelten Informationen über die tatsächliche, standortbezogene Mobilfunknetzabdeckung.

(4) Zur Veröffentlichung nach Absatz 3 gehören anbieterbezogen insbesondere auch

1. die lokalen Schwerpunkte von Verbindungsabbrüchen bei der Sprachtelefonie und

2. der Grad der Versorgung

entlang von Bundesfernstraßen, des nachgeordneten Straßennetzes sowie der Schienen- und Wasserwege, um die Erreichung des Frequenzregulierungsziels nach § 87 Absatz 2 Nummer 1 sicherzustellen.

(5) ¹Die Bundesnetzagentur berichtet erstmals sechs Monate nach Inkrafttreten der Absätze 3 und 4 und im Anschluss jährlich dem Ausschuss für Verkehr und digitale Infrastruktur des Deutschen Bundestags über den Zustand der Mobilfunkversorgung insbesondere im Hinblick auf die Entwicklung bezüglich der in Absatz 4 genannten Aspekte. ²Gegenstand des Berichts soll zudem der anbieterbezogene Stand der Erfüllung von Nebenbestimmungen im Sinne des § 99 Absatz 3 sein, die mit der Zuteilung von Frequenzen für den Mobilfunk verbunden und zum Zeitpunkt der Berichterstattung nicht bereits vollständig erfüllt sind.

§ 104 Einschränkung der Frequenzzuteilung. Die Nutzung der zugeteilten Frequenzen kann vorübergehend eingeschränkt werden, wenn diese Frequenzen von den zuständigen Behörden zur Bewältigung ihrer Aufgaben im Spannungs- und im Verteidigungsfall, im Rahmen von Bündnisverpflichtungen, im Rahmen der Zusammenarbeit mit den Vereinten Nationen, im Rahmen internationaler Vereinbarungen zur Notfallbewältigung oder bei Naturkatastrophen, terroristischen Anschlägen oder sonstigen vergleichbaren Ereignissen und besonders schweren Unglücksfällen benötigt werden.

§ 105 Förderung des Wettbewerbs. (1) Bei der Zuteilung von Frequenzen für Telekommunikationsnetze und -dienste gemäß diesem Gesetz sowie der Änderung oder Verlängerung von Zuteilungen solcher Frequenzen fördert die Bundesnetzagentur einen wirksamen Wettbewerb und vermeidet Wettbewerbsverfälschungen im Binnenmarkt.

(2) ¹Zur Erreichung der in Absatz 1 genannten Ziele kann die Bundesnetzagentur geeignete Maßnahmen ergreifen. ²Diese umfassen unter anderem

---

[1] Nr. 45.

1. die Begrenzung der Menge an Frequenzen, die einem Unternehmen zugeteilt werden, oder, wenn die Umstände dies rechtfertigen, die Verknüpfung der Frequenznutzungsrechte mit Bedingungen, beispielsweise mit der Gewährung des Vorleistungszugangs und mit nationalem oder regionalem Roaming in bestimmten Frequenzbereichen oder in Gruppen von Frequenzbereichen mit ähnlichen Merkmalen,
2. die Reservierung eines bestimmten Abschnitts eines Frequenzbereichs oder einer Gruppe von Frequenzbereichen für neue Marktteilnehmer, wenn dies angesichts der besonderen Lage auf dem nationalen Markt angemessen und gerechtfertigt ist,
3. die Verweigerung neuer Zuteilungen oder der Genehmigung neuer Frequenznutzungsarten in bestimmten Bereichen oder das Verknüpfen neuer Nutzungsrechte oder neuer Frequenznutzungsarten mit bestimmten Bedingungen, um Wettbewerbsverzerrungen durch Zuteilung, Übertragung oder Anhäufung von Nutzungsrechten zu verhindern,
4. die Aufnahme von Bedingungen für eine Untersagung der Übertragung von Zuteilungen oder die Auferlegung von Bedingungen für die Übertragung von Zuteilungen, die nicht unionsweit oder bundesweit der Fusionskontrolle unterliegen, wenn es wahrscheinlich ist, dass der Wettbewerb durch die Übertragung in beträchtlicher Weise beeinträchtigt würde, oder
5. die Änderung bestehender Rechte im Einklang mit diesem Gesetz, wenn dies erforderlich ist, um Wettbewerbsverzerrungen infolge der Übertragung oder Anhäufung von Zuteilungen nachträglich zu beseitigen.

³Bei ihren Entscheidungen stützt sich die Bundesnetzagentur unter Berücksichtigung der Marktbedingungen und der verfügbaren Vergleichsgrößen auf eine objektive, vorausschauende Beurteilung der Wettbewerbsverhältnisse, der Frage, ob solche Maßnahmen zur Erhaltung oder Erreichung eines wirksamen Wettbewerbs erforderlich sind, und der voraussichtlichen Auswirkungen solcher Maßnahmen auf bestehende und künftige Investitionen der Marktteilnehmer insbesondere in den Netzausbau. ⁴Bei der Beurteilung berücksichtigt die Bundesnetzagentur den in § 11 Absatz 3 beschriebenen Ansatz zur Durchführung von Marktanalysen. ⁵Sie kann hierzu allgemeine Verwaltungsvorschriften erlassen.

(3) ¹Bevor die Bundesnetzagentur Maßnahmen nach Absatz 2 ergreift, gibt sie interessierten Kreisen Gelegenheit zur Stellungnahme zum Entwurf der Maßnahmen innerhalb einer angemessenen Frist. ²Die Frist muss der Komplexität des Sachverhalts entsprechen und mindestens einen Monat betragen. ³Bei außergewöhnlichen Umständen kann eine kürzere Frist gesetzt werden. ⁴§ 99 Absatz 3 bleibt unberührt. ⁵Die Ergebnisse der Anhörung sowie die Maßnahmen sind zu veröffentlichen. ⁶Bei der Anwendung des Absatzes 2 handelt die Bundesnetzagentur im Übrigen nach dem in § 107 genannten Verfahren.

§ 106 Lokales Roaming, Zugang zu aktiven und passiven Netzinfrastrukturen.
(1) Die Bundesnetzagentur kann den Betreiber eines öffentlichen Mobilfunknetzes dazu verpflichten, in einem räumlich umgrenzten Gebiet die Mitnutzung passiver Infrastrukturen oder, soweit dies nicht ausreicht, Roaming zu ermöglichen (lokales Roaming), wenn

1. unüberwindbare wirtschaftliche oder physische Hindernisse für den marktgesteuerten Netzausbau in diesem Gebiet bestehen, aufgrund derer Endnutzer nur äußerst lückenhaften Zugang zu öffentlichen Mobilfunknetzen und -diensten haben,
2. das lokale Roaming zum Angebot von über Mobilfunknetze erbrachten öffentlich zugänglichen Telekommunikationsdiensten auf lokaler Ebene unmittelbar erforderlich ist,
3. keinem anderen Mobilfunknetzbetreiber tragfähige und vergleichbare alternative Zugangswege zu den Endnutzern zu fairen und angemessenen Bedingungen in diesem Gebiet zur Verfügung gestellt werden,
4. die Möglichkeit einer solchen Verpflichtung ausdrücklich vorgesehen wurde
   a) im Falle eines Vergabeverfahrens in den Vergabebedingungen der Frequenzzuteilung,
   b) im Übrigen rechtzeitig vor der Frequenzzuteilung,
5. von der Verpflichtung begünstigte Unternehmen einen angemessenen Beitrag zur Versorgung von bislang unterversorgten Gebieten leisten und
6. zwischen den Beteiligten innerhalb von drei Monaten keine Vereinbarung zum lokalen Roaming oder zur Mitnutzung passiver Infrastrukturen zustande gekommen ist; die Frist für Verhandlungen zwischen den Beteiligten kann um einen weiteren Monat verlängert werden, soweit alle Beteiligten dieses übereinstimmend bei der Bundesnetzagentur beantragen.

(2) Bei der Entscheidung über eine Verpflichtung nach Absatz 1 berücksichtigt die Bundesnetzagentur insbesondere:
1. die Gewährleistung eines durchgehenden, unterbrechungsfreien Zugangs für alle Endnutzer zu Sprach- und breitbandigen Datendiensten des öffentlichen Mobilfunks mindestens entlang von Bundesfernstraßen und auch im nachgeordneten Straßennetz sowie an allen Schienen- und Wasserwegen möglichst bis 2026 und in weiteren Gebieten mit äußerst lückenhaftem Zugang für Endnutzer,
2. die effiziente Nutzung von Frequenzen,
3. die Ermöglichung einer wesentlich größeren Auswahl und einer höheren Dienstequalität für die Endnutzer,
4. die technische Durchführbarkeit und die diesbezüglichen Bedingungen,
5. den Stand des Infrastruktur- und Dienstleistungswettbewerbs,
6. technische Innovationen und
7. die vorrangige Notwendigkeit, im Hinblick auf den Ausbau der Infrastruktur zunächst Anreize für das nach Absatz 1 verpflichtete Unternehmen zu schaffen.

(3) § 12 gilt entsprechend.

(4) [1]Unbeschadet der Verpflichtung nach Absatz 1 kann die Bundesnetzagentur Unternehmen, die öffentliche Mobilfunknetze in einem räumlich umgrenzten Gebiet bereitstellen, dazu verpflichten, Zugang zu aktiven Netzinfrastrukturen in diesem Gebiet zu gewähren. [2]Die Absätze 1 bis 3 gelten entsprechend.

(5) [1]Die Bundesnetzagentur entscheidet über die Bedingungen, zu denen ein nach Absatz 1 oder 4 verpflichtetes Unternehmen lokales Roaming oder den Zugang zu aktiven oder passiven Infrastrukturen gewähren muss, innerhalb

von zwei Monaten nach der Entscheidung nach Absatz 1 oder 4, soweit die Beteiligten in diesem Zeitraum keine Einigung hierüber erzielt haben. ²Die Frist kann um einen weiteren Monat verlängert werden. ³Die Bedingungen müssen objektiv, transparent, verhältnismäßig und nichtdiskriminierend sein.

(6) Die Bundesnetzagentur kann den Begünstigten der Anordnung nach Absatz 1 oder Absatz 4 verpflichten, Frequenzen mit dem Verpflichteten der Anordnung nach Absatz 1 oder Absatz 4 in dem betreffenden Gebiet gemeinsam zu nutzen.

(7) ¹Die Bundesnetzagentur überprüft Verpflichtungen und Bedingungen nach den Absätzen 1 bis 6 innerhalb von fünf Jahren nach Erlass. ²Sie prüft hierbei insbesondere, ob deren Änderung oder Aufhebung angesichts der sich wandelnden Umstände angemessen wäre.

§ 107 Beteiligung in der Gruppe für Frequenzpolitik. (1) Sofern die Bundesnetzagentur beabsichtigt, ein Vergabeverfahren nach § 91 Absatz 9 in Verbindung mit § 100 in Bezug auf harmonisierte Frequenzen für drahtlose Breitbandnetze und -dienste oder Maßnahmen nach § 105 Absatz 2 durchzuführen, unterrichtet sie die Gruppe für Frequenzpolitik über entsprechende Entscheidungs- oder Maßnahmeentwürfe zeitgleich mit deren Veröffentlichung im Anhörungsverfahren.

(2) Die Bundesnetzagentur gibt bei der Unterrichtung nach Absatz 1 an, ob und gegebenenfalls wann sie die Gruppe für Frequenzpolitik zur Einberufung eines Peer-Review-Forums nach Artikel 35 der Richtlinie (EU) 2018/1972[1]) auffordert.

(3) Sofern die Gruppe für Frequenzpolitik ein Peer-Review-Forum nach Artikel 35 Absatz 2 der Richtlinie (EU) 2018/1972 einberuft, erläutert die Bundesnetzagentur den Maßnahmeentwurf nach Artikel 35 Absatz 4 der Richtlinie (EU) 2018/1972.

Teil 7. Nummerierung

§ 108 Nummerierung. (1) ¹Die Bundesnetzagentur nimmt die Aufgaben der Nummerierung wahr. ²Ihr obliegt insbesondere die Strukturierung und Ausgestaltung des Nummernraumes mit dem Ziel, den Anforderungen von Endnutzern, Betreibern von Telekommunikationsnetzen und Anbietern von Telekommunikationsdiensten zu genügen. ³Die Bundesnetzagentur teilt ferner Nummern den Betreibern von Telekommunikationsnetzen, Anbietern von Telekommunikationsdiensten und Endnutzern zu. ⁴Ausgenommen ist die Verwaltung von Domänennamen oberster und nachgeordneter Stufen. ⁵Die Bundesnetzagentur veröffentlicht die Zuteilungsentscheidungen nach Satz 3 unter Wahrung des Schutzes personenbezogener Daten.

(2) Im Rahmen ihrer Tätigkeit nach Absatz 1 stellt die Bundesnetzagentur einen Bereich geografisch nicht gebundener Nummern zur Verfügung, die zur Bereitstellung anderer Telekommunikationsdienste als interpersoneller Telekommunikationsdienste auch im Ausland genutzt werden können.

(3) ¹Die Bundesnetzagentur kann zur Umsetzung internationaler Verpflichtungen oder Empfehlungen sowie zur Sicherstellung der ausreichenden Ver-

---

[1]) Nr. 2.

fügbarkeit von Nummern Änderungen der Struktur und Ausgestaltung des Nummernraumes und des nationalen Nummernplanes vornehmen. ²Dabei sind die Belange der Betroffenen, insbesondere die Umstellungskosten, die den Betreibern von Telekommunikationsnetzen, den Anbietern von Telekommunikationsdiensten und den Nutzern entstehen, angemessen zu berücksichtigen. ³Beabsichtigte Änderungen sind rechtzeitig vor ihrem Wirksamwerden bekannt zu geben. ⁴Die von diesen Änderungen betroffenen Betreiber von Telekommunikationsnetzen und Anbieter von Telekommunikationsdiensten sind verpflichtet, die zur Umsetzung erforderlichen Maßnahmen zu treffen.

(4) ¹Die Bundesnetzagentur kann zur Durchsetzung der Verpflichtungen nach Absatz 3 Anordnungen erlassen. ²Zur Durchsetzung der Anordnungen können nach Maßgabe des Verwaltungsvollstreckungsgesetzes Zwangsgelder bis zu 500 000 Euro festgesetzt werden.

(5) Die Bundesnetzagentur trifft, sofern der angerufene Endnutzer Anrufe aus bestimmten geografischen Gebieten nicht aus wirtschaftlichen Gründen eingeschränkt hat, die erforderlichen Maßnahmen, um sicherzustellen, dass

1. die Endnutzer in der Lage sind, Dienste unter Verwendung geografisch nicht gebundener Nummern in der Europäischen Union zu erreichen und zu nutzen und
2. die Endnutzer in der Lage sind, unabhängig von der vom Betreiber verwendeten Technologie und der von ihm genutzten Geräte alle in der Europäischen Union bestehenden Rufnummern, einschließlich der Nummern in den nationalen Nummernplänen der Mitgliedstaaten der Europäischen Union sowie universeller internationaler gebührenfreier Rufnummern, zu erreichen.

(6) ¹Die Bundesregierung wird ermächtigt, durch Rechtsverordnung die Maßstäbe und Leitlinien festzulegen für

1. die Strukturierung, Ausgestaltung und Verwaltung der Nummernräume sowie
2. den Erwerb, Umfang und Verlust von Nutzungsrechten an Nummern.

²Dies schließt auch die Umsetzung darauf bezogener internationaler Empfehlungen und Verpflichtungen in nationales Recht sowie die Festlegung von Regelungen zur Nutzung von Nummern gemäß Absatz 2 ein. ³Dabei sind insbesondere zu berücksichtigen:

1. die effiziente Nummernnutzung,
2. die Belange der Marktbeteiligten einschließlich der Planungssicherheit,
3. die wirtschaftlichen Auswirkungen auf die Marktteilnehmer,
4. die Anforderungen an die Nummernnutzung und die langfristige Bedarfsdeckung sowie
5. die Interessen der Endnutzer.

⁴In der Verordnung sind die Befugnisse der Bundesnetzagentur sowie die Rechte und Pflichten der Marktteilnehmer und der Endnutzer im Einzelnen festzulegen. ⁵Absatz 1 Satz 4 gilt entsprechend.

(7) ¹Ist im Vergabeverfahren für generische Domänen oberster Stufe für die Zuteilung oder Verwendung einer geografischen Bezeichnung, die mit dem Namen einer Gebietskörperschaft identisch ist, eine Einverständniserklärung oder Unbedenklichkeitsbescheinigung durch eine deutsche Regierungs- oder

Verwaltungsstelle erforderlich, obliegt die Entscheidung über die Erteilung des Einverständnisses oder die Ausstellung einer Unbedenklichkeitsbescheinigung der nach dem jeweiligen Landesrecht zuständigen Stelle. [2] Weisen mehrere Gebietskörperschaften identische Namen auf, liegt die Entscheidungsbefugnis bei der Gebietskörperschaft, die nach der Verkehrsauffassung die größte Bedeutung hat.

§ 109 Preisangabe. (1) [1] Wer gegenüber Endnutzern

1. Premium-Dienste,
2. Auskunftsdienste,
3. Massenverkehrsdienste,
4. Service-Dienste,
5. Kurzwahldienste oder
6. Dienste über Nationale Teilnehmerrufnummern

anbietet oder dafür wirbt, hat dabei den für die Inanspruchnahme des Diensts zu zahlenden Höchstpreis nach § 112 Absatz 1 bis 5 oder 6 Satz 4 zeitabhängig je Minute oder zeitunabhängig je Inanspruchnahme einschließlich der Umsatzsteuer und sonstiger Preisbestandteile anzugeben. [2] Bei nach § 123 Absatz 7 Satz 1 festgelegten Preisen ist dieser Preis anzugeben. [3] Besteht einheitlich netzübergreifend bei sämtlichen Anbietern ein niedrigerer Preis als der Höchstpreis, darf auch dieser angegeben werden.

(2) [1] Der Preis ist gut lesbar, deutlich sichtbar und in unmittelbarem Zusammenhang mit der Rufnummer anzugeben. [2] Die Preisangabe hat nach Möglichkeit barrierefrei zu erfolgen. [3] Bei Anzeige der Rufnummer darf die Preisangabe nicht zeitlich kürzer als die Rufnummer angezeigt werden. [4] Auf den Abschluss eines Dauerschuldverhältnisses ist hinzuweisen.

(3) Bei Telefax-Diensten ist zusätzlich die Anzahl der zu übermittelnden Seiten anzugeben.

§ 110 Preisansage. (1) [1] Wer den vom Endnutzer zu zahlenden Preis für die Inanspruchnahme von

1. sprachgestützten Premium-Diensten,
2. Kurzwahl-Sprachdiensten,
3. sprachgestützten Auskunftsdiensten und
4. sprachgestützter Betreiberauswahl

festlegt, hat vor Beginn der Entgeltpflichtigkeit dem Endnutzer den für die Inanspruchnahme dieses Dienstes zu zahlenden Preis zeitabhängig je Minute oder zeitunabhängig je Datenvolumen oder sonstiger Inanspruchnahme einschließlich der Umsatzsteuer und sonstiger Preisbestandteile anzusagen. [2] Für sprachgestützte Betreiberauswahl ist der Preis dauerhaft in Euro oder in Cent anzusagen; ein Wechsel zwischen der Preisansage in Euro und in Cent ist unzulässig.

(2) [1] Die Preisansage nach Absatz 1 ist spätestens drei Sekunden vor Beginn der Entgeltpflichtigkeit unter Hinweis auf den Zeitpunkt des Beginns derselben abzuschließen. [2] Ändert sich dieser Preis während der Inanspruchnahme des Dienstes, so ist vor Beginn des neuen Tarifabschnitts der nach der Änderung zu zahlende Preis entsprechend Absatz 1 und Satz 1 anzusagen mit der Maßgabe, dass die Ansage auch während der Inanspruchnahme des Dienstes erfolgen

Telekommunikationsgesetz **§§ 111, 112 TKG 1**

kann. ³Beim Einsatz von Warteschleifen nach § 115 Absatz 1 Nummer 5 stellt weder der Beginn noch das Ende der Warteschleife eine Änderung des Preises im Sinne von Satz 2 dar, wenn der vom Endnutzer im Sinne des Absatzes 1 Satz 1 zu zahlende Preis für den Tarifabschnitt nach der Warteschleife unverändert gegenüber dem Preis für den Tarifabschnitt vor der Warteschleife ist.

(3) ¹Bei Inanspruchnahme von sprachgestützten Massenverkehrsdiensten hat der Diensteanbieter dem Endnutzer den für die Inanspruchnahme dieses Dienstes zu zahlenden Preis nach Maßgabe der Absätze 1 und 2 anzusagen. ²Abweichend von Satz 1 kann die Preisansage unmittelbar im Anschluss an die Inanspruchnahme des Dienstes erfolgen, wenn der Preis 1 Euro pro Minute oder Inanspruchnahme nicht übersteigt.

(4) ¹Im Falle der Weitervermittlung durch einen sprachgestützten Auskunftsdienst besteht die Preisansageverpflichtung nach Absatz 1 auch für das weiterzuvermittelnde Gespräch für den Auskunftsdiensteanbieter. ²Die Ansage kann während der Inanspruchnahme des sprachgestützten Auskunftsdienstes erfolgen, ist jedoch vor der Weitervermittlung vorzunehmen; Absatz 2 Satz 2 und 3 gilt entsprechend. ³Auf die aus der Weitervermittlung resultierende Entgeltpflichtigkeit etwaiger Warteschleifen und die Unbeachtlichkeit anderslautender Preisansagen im Rahmen der Warteschleifen ist hinzuweisen. ⁴Bei der Weitervermittlung auf entgeltfreie Telefondienste ist auf die Unbeachtlichkeit etwaiger Hinweise auf die Kostenfreiheit hinzuweisen.

§ 111 Preisanzeige. (1) Für Kurzwahl-Datendienste hat derjenige, der den vom Endnutzer zu zahlenden Preis für die Inanspruchnahme dieses Dienstes festlegt,

1. vor Beginn der Entgeltpflichtigkeit den für die Inanspruchnahme dieses Dienstes zu zahlenden Preis einschließlich der Umsatzsteuer und sonstiger Preisbestandteile ab einem Preis von 1 Euro pro Inanspruchnahme deutlich sichtbar und gut lesbar anzuzeigen und

2. sich vom Endnutzer den Erhalt der Information bestätigen zu lassen.

(2) ¹Von den Verpflichtungen nach Absatz 1 kann abgewichen werden, wenn

1. der Dienst im öffentlichen Interesse erbracht wird oder

2. sich der Endnutzer vor Inanspruchnahme der Dienstleistung gegenüber dem Verpflichteten nach Absatz 1 durch ein geeignetes Verfahren legitimiert.

²Die Einzelheiten regelt und veröffentlicht die Bundesnetzagentur.

§ 112 Preishöchstgrenzen. (1) ¹Preise für zeitabhängig über Rufnummern für Premium-Dienste, Kurzwahldienste und Auskunftsdienste abgerechnete Verbindungen und Dienstleistungen dürfen nur erhoben werden, wenn sie insgesamt höchstens 3 Euro pro Minute betragen, soweit nach Absatz 6 keine abweichenden Preise erhoben werden können. ²Dies gilt auch im Falle der Weitervermittlung durch einen Auskunftsdienst. ³Die Abrechnung darf höchstens im 60-Sekunden-Takt erfolgen. ⁴Satz 3 gilt entsprechend für die Betreiberauswahl.

(2) Preise für zeitunabhängig über Rufnummern für Premium-Dienste, Kurzwahldienste und Auskunftsdienste abgerechnete Verbindungen und Dienstleistungen dürfen nur erhoben werden, wenn sie höchstens 30 Euro pro

Verbindung betragen, soweit nach Absatz 6 keine abweichenden Preise erhoben werden können.

(3) [1]Wird der Preis von über Rufnummern für Premium-Dienste, Kurzwahldienste und Auskunftsdienste abgerechnete Dienstleistungen aus zeitabhängigen und zeitunabhängigen Leistungsanteilen gebildet, so müssen diese Preisanteile entweder im Einzelverbindungsnachweis, soweit dieser erteilt wird, getrennt ausgewiesen werden oder Verfahren nach Absatz 6 Satz 3 zur Anwendung kommen. [2]Der Preis nach Satz 1 darf höchstens 30 Euro je Verbindung betragen, soweit nach Absatz 6 keine abweichenden Preise erhoben werden können.

(4) [1]Preise für Anrufe bei Service-Diensten dürfen nur erhoben werden, wenn sie höchstens 0,14 Euro pro Minute oder 0,20 Euro pro Anruf betragen, soweit nach Absatz 6 keine abweichenden Preise erhoben werden können. [2]Die Abrechnung darf höchstens im 60-Sekunden-Takt erfolgen.

(5) [1]Preise für Anrufe bei Nationalen Teilnehmerrufnummern und Persönlichen Rufnummern dürfen nur erhoben werden, wenn sie höchstens 0,09 Euro pro Minute betragen, soweit nach Absatz 6 keine abweichenden Preise erhoben werden können. [2]Die Abrechnung darf höchstens im 60-Sekunden-Takt erfolgen.

(6) [1]Über die Preisgrenzen der Absätze 1 bis 3 hinausgehende Preise dürfen nur erhoben werden, wenn sich der Kunde vor Inanspruchnahme der Dienstleistung gegenüber dem Anbieter durch ein geeignetes Verfahren legitimiert. [2]Die Einzelheiten regelt die Bundesnetzagentur. [3]Sie kann durch Allgemeinverfügung Einzelheiten zu zulässigen Verfahren in Bezug auf Tarifierungen nach den Absätzen 1 bis 5 festlegen. [4]Darüber hinaus kann die Bundesnetzagentur entsprechend dem Verfahren nach § 123 Absatz 7 von den Absätzen 1 bis 5 abweichende Preishöchstgrenzen festlegen, wenn die allgemeine Entwicklung der Preise oder des Marktes dies erforderlich macht.

§ 113 Verbindungstrennung. (1) [1]Der Anbieter öffentlich zugänglicher Telekommunikationsdienste, bei dem die Rufnummer für Premium-Dienste, Kurzwahl-Sprachdienste oder Auskunftsdienste eingerichtet ist, hat jede zeitabhängig abgerechnete Verbindung zu dieser Rufnummer nach 60 Minuten zu trennen. [2]Dies gilt auch, wenn zu einer Rufnummer für Premium-Dienste oder für Kurzwahl-Sprachdienste weitervermittelt wurde.

(2) [1]Von der Verpflichtung nach Absatz 1 kann abgewichen werden, wenn sich der Endnutzer vor der Inanspruchnahme der Dienstleistung gegenüber dem Anbieter durch ein geeignetes Verfahren legitimiert. [2]Die Einzelheiten regelt die Bundesnetzagentur. [3]Sie kann durch Allgemeinverfügung die Einzelheiten der zulässigen Verfahren zur Verbindungstrennung festlegen.

§ 114 Anwählprogramme (Dialer) (1) Anwählprogramme, die Verbindungen zu einer Nummer herstellen, bei denen neben der Telekommunikationsdienstleistung Inhalte abgerechnet werden (Dialer), sind unzulässig.

(2) [1]Für die Nutzung von Anwählprogrammen, die der Anrufende verwendet, um Verbindungen zu einer Nummer herzustellen, bei denen neben der Telekommunikationsdienstleistung keine Inhalte abgerechnet werden (Telefonie-Dialer), legt die Bundesnetzagentur Verfahren und Grenzwerte zum Schutz der Angerufenen vor unzumutbaren Belästigungen durch Anrufversuche fest. [2]Die Festlegung erfolgt durch Allgemeinverfügung. [3]Vor der Festlegung sind

die betroffenen Unternehmen, Fachkreise und Verbraucherverbände anzuhören.

(3) ¹Die nach Absatz 2 festgelegten Verfahren und Grenzwerte sind spätestens ein Jahr nach ihrem Inkrafttreten einzuhalten, sofern in der Festlegung keine abweichende Umsetzungsfrist bestimmt ist. ²Ab diesem Zeitpunkt dürfen Telefonie-Dialer nur eingesetzt werden, wenn hierbei die von der Bundesnetzagentur festgelegten Verfahren und Grenzwerte eingehalten werden. ³Die Bundesnetzagentur überprüft die festgelegten Verfahren und Grenzwerte in regelmäßigen Abständen auf ihre Wirksamkeit.

§ 115 Warteschleifen. (1) Warteschleifen dürfen nur eingesetzt werden, wenn eine der folgenden Voraussetzungen erfüllt ist:

1. der Anruf erfolgt zu einer entgeltfreien Rufnummer,
2. der Anruf erfolgt zu einer ortsgebundenen Rufnummer oder zu einer Rufnummer, die die Bundesnetzagentur den ortsgebundenen Rufnummern nach Absatz 3 gleichgestellt hat,
3. der Anruf erfolgt zu einer Rufnummer für mobile Dienste (015, 016 oder 017),
4. für den Anruf gilt ein Festpreis pro Verbindung oder
5. der Anruf ist für die Dauer der Warteschleife für den Anrufer kostenfrei, soweit es sich nicht um Kosten handelt, die bei Anrufen aus dem Ausland für die Herstellung der Verbindung im Ausland entstehen.

(2) ¹Beim ersten Einsatz einer Warteschleife im Rahmen des Anrufs, die nicht unter Absatz 1 Nummer 1 bis 3 fällt, hat der Angerufene sicherzustellen, dass der Anrufende mit Beginn der Warteschleife über ihre voraussichtliche Dauer und, unbeschadet der §§ 109 bis 111, darüber informiert wird, ob für den Anruf ein Festpreis gilt oder ob der Anruf gemäß Absatz 1 Nummer 5 für die Dauer des Einsatzes dieser Warteschleife für den Anrufer kostenfrei ist. ²Die Ansage kann mit Beginn der Bearbeitung vorzeitig beendet werden.

(3) Die Bundesnetzagentur stellt auf Antrag eines Zuteilungsnehmers Rufnummern den ortsgebundenen Rufnummern nach Absatz 1 Nummer 2 in Bezug auf den Einsatz von Warteschleifen gleich, wenn

1. der Angerufene vom Anrufer weder unmittelbar noch mittelbar über den Anbieter von Telekommunikationsdiensten ein Entgelt für den Anruf zu dieser Nummer erhält und Anrufe zu dieser Nummer in der Regel von den am Markt verfügbaren Pauschaltarifen erfasst sind und
2. die Tarifierung dieser Rufnummer auch im Übrigen keine abweichende Behandlung gegenüber den ortsgebundenen Rufnummern rechtfertigt.

§ 116 Wegfall des Entgeltanspruchs. ¹Der Endnutzer ist zur Zahlung eines Entgelts nicht verpflichtet, wenn und soweit

1. entgegen § 110 Absatz 1, 2 und 3 Satz 1 nicht vor Beginn der Inanspruchnahme, entgegen § 110 Absatz 3 Satz 2 nicht unmittelbar im Anschluss an die Inanspruchnahme oder entgegen § 110 Absatz 4 nicht während der Inanspruchnahme des Dienstes über den erhobenen Preis informiert wurde,
2. entgegen § 111 nicht vor Beginn der Inanspruchnahme über den erhobenen Preis informiert wurde und keine Bestätigung des Endnutzers erfolgt,
3. entgegen § 112 die Preishöchstgrenzen nicht eingehalten wurden,

4. entgegen § 113 die zeitliche Obergrenze nicht eingehalten wurde,
5. Dialer entgegen § 114 Absatz 1 betrieben wurden,
6. der Angerufene entgegen § 115 Absatz 1 während des Anrufs eine oder mehrere Warteschleifen einsetzt oder die Angaben nach § 115 Absatz 2 nicht, nicht vollständig oder nicht rechtzeitig gemacht werden,
7. entgegen § 119 Absatz 1 Satz 2 R-Gesprächsdienste mit Zahlungen an den Anrufer angeboten werden,
8. nach Eintragung in die Sperr-Liste nach § 119 Absatz 2 ein R-Gespräch zum gesperrten Anschluss erfolgt oder
9. die Bundesnetzagentur ein Rechnungslegungs- und Inkassierungsverbot nach § 123 Absatz 5 Satz 1 erlassen hat.

²In diesen Fällen entfällt die Entgeltzahlungspflicht des Anrufers für den gesamten Anruf.

§ 117 Auskunftsanspruch. (1) ¹Jeder, der ein berechtigtes Interesse daran hat, kann schriftlich oder elektronisch von der Bundesnetzagentur Auskunft über den Namen und die ladungsfähige Anschrift desjenigen verlangen, der eine Nummer von der Bundesnetzagentur zugeteilt bekommen hat. ²Die Auskunft soll unverzüglich nach Eingang der Anfrage nach Satz 1 erteilt werden.

(2) ¹Jeder, der ein berechtigtes Interesse daran hat, kann von demjenigen, dem von der Bundesnetzagentur (0)137er-Rufnummern oder Rufnummern für Kurzwahldienste zugeteilt sind, unentgeltlich

1. Auskunft über den Namen und die ladungsfähige Anschrift desjenigen verlangen, der über eine dieser Rufnummern Dienstleistungen anbietet, oder
2. die Mitteilung verlangen, an wen die Rufnummer gemäß § 59 übertragen wurde.

²Bei Kurzwahlnummern, die nicht von der Bundesnetzagentur zugeteilt wurden, besteht der Anspruch gegenüber demjenigen, in dessen Netz die Kurzwahlnummer geschaltet ist. ³Bei gemäß § 59 übertragenen Rufnummern besteht der Anspruch auf Auskunft nach Satz 1 Nummer 1 gegenüber dem Anbieter, zu dem die Rufnummer übertragen wurde. ⁴Die Auskünfte nach den Sätzen 1 bis 3 sollen innerhalb von zehn Werktagen nach Eingang der schriftlich oder elektronisch gestellten Anfrage erteilt werden. ⁵Die Auskunftsverpflichteten haben die Angabe bei ihren Kunden zu erheben und aktuell zu halten.

§ 118 Datenbank für (0)900er-Rufnummern. (1) ¹Alle zugeteilten (0) 900er-Rufnummern werden in einer Datenbank bei der Bundesnetzagentur erfasst. ²Die Datenbank ist mit folgenden Angaben im Internet zu veröffentlichen:

1. dem Namen und der ladungsfähigen Anschrift des Diensteanbieters,
2. bei Diensteanbietern mit Sitz im Ausland zusätzlich mit der ladungsfähigen Anschrift eines allgemeinen Zustellungsbevollmächtigten im Inland.

(2) Jedermann kann schriftlich oder elektronisch von der Bundesnetzagentur Auskunft über die in der Datenbank gespeicherten Daten verlangen.

§ 119 R-Gespräche. (1) [1] Aufgrund von Verbindungen, bei denen dem Angerufenen das Verbindungsentgelt in Rechnung gestellt wird (R-Gespräche), dürfen keine Zahlungen an den Anrufer erfolgen. [2] Das Angebot von R-Gesprächsdiensten mit einer Zahlung an den Anrufer nach Satz 1 ist unzulässig.

(2) [1] Die Bundesnetzagentur führt eine Sperr-Liste mit Rufnummern, die von R-Gesprächsdiensten für eingehende R-Gespräche zu sperren sind. [2] Endnutzer können ihren Anbieter von Telekommunikationsdiensten beauftragen, die Aufnahme ihrer Nummern in die Sperr-Liste unentgeltlich zu veranlassen. [3] Eine Löschung von der Liste kann kostenpflichtig sein. [4] Der Anbieter übermittelt den Wunsch des Endnutzers sowie etwaig erforderliche Streichungen wegen Wegfalls der abgeleiteten Zuteilung an die Bundesnetzagentur. [5] Die Bundesnetzagentur stellt die Sperr-Liste Anbietern von R-Gesprächsdiensten zum Abruf bereit.

§ 120 Rufnummernübermittlung. (1) [1] Anbieter von öffentlich zugänglichen nummerngebundenen interpersonellen Telekommunikationsdiensten, die Endnutzern den Aufbau von abgehenden Verbindungen ermöglichen, müssen sicherstellen, dass beim Verbindungsaufbau als Rufnummer des Anrufers eine vollständige national signifikante Rufnummer des deutschen Nummernraums übermittelt und als solche gekennzeichnet wird. [2] Die Rufnummer muss dem Endnutzer für den Dienst zugeteilt sein, im Rahmen dessen die Verbindung aufgebaut wird. [3] Rufnummern für Auskunftsdienste, Massenverkehrsdienste oder Premium-Dienste, Nummern für Kurzwahldienste sowie die Notrufnummern 110 und 112 dürfen nicht als Rufnummer des Anrufers übermittelt werden. [4] Andere an der Verbindung beteiligte Anbieter dürfen übermittelte Rufnummern nicht verändern.

(2) [1] Endnutzer dürfen zusätzliche Rufnummern nur aufsetzen und in das öffentliche Telekommunikationsnetz übermitteln, wenn sie ein Nutzungsrecht an der entsprechenden Rufnummer haben und es sich um eine Rufnummer des deutschen Nummernraums handelt. [2] Abweichend von Satz 1 darf im Falle einer Rufumleitung als zusätzliche Rufnummer die übermittelte und angezeigte Rufnummer des Anrufers aufgesetzt werden. [3] Rufnummern für Auskunftsdienste, Massenverkehrsdienste oder Premium-Dienste, Nummern für Kurzwahldienste sowie die Notrufnummern 110 und 112 dürfen von Endnutzern nicht als zusätzliche Rufnummer aufgesetzt und in das öffentliche Telekommunikationsnetz übermittelt werden. [4] Die Bundesnetzagentur kann nach Anhörung der betroffenen Fachkreise und Verbraucherverbände Voraussetzungen festlegen, unter denen das Aufsetzen einer ausländischen Rufnummer abweichend von Satz 1 zulässig ist.

(3) [1] Sämtliche an der Verbindung beteiligte Anbieter öffentlich zugänglicher Telekommunikationsdienste müssen sicherstellen, dass Rufnummern für Auskunftsdienste, Massenverkehrsdienste oder Premium-Dienste, Nummern für Kurzwahldienste sowie die Notrufnummern 110 und 112 nicht als Rufnummer des Anrufers übermittelt und angezeigt werden. [2] Sie haben Verbindungen, bei denen als Rufnummer des Anrufers Rufnummern nach Satz 1 übermittelt und angezeigt werden, abzubrechen.

(4) [1] Sämtliche an der Verbindung beteiligte Anbieter öffentlich zugänglicher Telekommunikationsdienste müssen sicherstellen, dass als Rufnummer des Anrufers nur dann eine national signifikante Rufnummer des deutschen Nummernraums angezeigt wird, wenn die Verbindung aus dem öffentlichen deut-

schen Telefonnetz übergeben wird. ²Wird eine Verbindung, bei der eine national signifikante Rufnummer des deutschen Nummernraums angezeigt wird, aus dem ausländischen Telefonnetz übergeben, haben die Anbieter sicherzustellen, dass netzintern der Eintrittsweg der Verbindung in das deutsche Netz eindeutig gekennzeichnet wird; die Rufnummernanzeige ist zu unterdrücken. ³Ausgenommen von Satz 1 ist das internationale Roaming im Mobilfunk. ⁴Angerufene müssen die Möglichkeit haben, Anrufe mit unterdrückter Rufnummernanzeige auf einfache Weise und unentgeltlich abzuweisen.

(5) ¹Absatz 1 gilt entsprechend für Anbieter nummerngebundener interpersoneller Telekommunikationsdienste bei der Übertragung von Textnachrichten über das öffentliche Telekommunikationsnetz. ²Abweichend von Satz 1 sind Nummern für Kurzwahldienste sowie alphanumerische Absenderkennungen zulässig, wenn der Absender für den Empfänger hierüber eindeutig identifizierbar ist und hierüber keine zweiseitige Kommunikation ermöglicht wird.

§ 121 Internationaler entgeltfreier Telefondienst. ¹Anrufe bei (00) 800er-Rufnummern müssen für den Anrufer unentgeltlich sein. ²Die Erhebung eines Entgelts für die Inanspruchnahme eines Endgerätes bleibt unbenommen.

§ 122 Umgehungsverbot. Die §§ 109 bis 121 sind auch dann anzuwenden, wenn versucht wird, sie durch anderweitige Gestaltungen zu umgehen.

§ 123 Befugnisse der Bundesnetzagentur. (1) Die Bundesnetzagentur kann im Rahmen der Nummernverwaltung Anordnungen und andere geeignete Maßnahmen treffen, um die Einhaltung gesetzlicher Vorschriften, aufgrund dieses Gesetzes ergangener Verpflichtungen und der von ihr erteilten Bedingungen über die Zuteilung von Nummern sicherzustellen.

(2) ¹Die Bundesnetzagentur kann die Betreiber von öffentlichen Telekommunikationsnetzen und die Anbieter öffentlich zugänglicher Telekommunikationsdienste verpflichten, Auskünfte zu personenbezogenen Daten wie Name und ladungsfähige Anschrift von Nummerninhabern und Nummernnutzern zu erteilen, die für den Vollzug dieses Gesetzes, aufgrund dieses Gesetzes ergangener Verordnungen sowie der erteilten Bedingungen erforderlich sind, soweit die Daten den Unternehmen bekannt sind. ²Die Bundesnetzagentur kann insbesondere Auskünfte zu personenbezogenen Daten verlangen, die erforderlich sind für die einzelfallbezogene Überprüfung von Verpflichtungen, wenn

1. der Bundesnetzagentur eine Beschwerde vorliegt,
2. die Bundesnetzagentur aus anderen Gründen eine Verletzung von Pflichten annimmt oder
3. die Bundesnetzagentur von sich aus Ermittlungen durchführt.

³Andere Regelungen bleiben von der Auskunftspflicht nach den Sätzen 1 und 2 unberührt.

(3) ¹Zur Verfolgung von Verstößen gegen § 120 kann die Bundesnetzagentur von Anbietern öffentlich zugänglicher Telekommunikationsdienste Auskunft über die Rufnummer, von der ein Anruf ausging, sowie über für die Verfolgung erforderliche personenbezogene Daten wie Name und ladungsfähige Anschrift des Nummerninhabers und des Nummernnutzers verlangen. ²Zur Erfüllung dieser Auskunftspflicht dürfen Anbieter öffentlich zugänglicher Tele-

kommunikationsdienste im dafür erforderlichen Umfang Verkehrsdaten verarbeiten.

(4) [1]Die Bundesnetzagentur kann bei Nichterfüllung von gesetzlichen oder behördlich auferlegten Verpflichtungen die rechtswidrig genutzte Nummer entziehen. [2]Sie soll ferner im Falle der gesicherten Kenntnis von der rechtswidrigen Nutzung einer Rufnummer gegenüber dem Netzbetreiber, in dessen Netz die Nummer geschaltet ist, die Abschaltung der Rufnummer anordnen.

(5) [1]Die Bundesnetzagentur kann den Rechnungsersteller bei gesicherter Kenntnis einer rechtswidrigen Nummernnutzung auffordern, keine Rechnungslegung und -inkassierung vorzunehmen. [2]Sie kann in diesem Zusammenhang

1. die Auszahlung und Verrechnung bereits inkassierter Entgelte untersagen und

2. die Erstattung bereits inkassierter Entgelte anordnen.

(6) [1]Teilt die Bundesnetzagentur Nummern nach § 108 Absatz 2 zu, knüpft sie die Nutzungsrechte an den Nummern an bestimmte Bedingungen, um im Falle einer Bereitstellung von Diensten im Ausland die Einhaltung der einschlägigen ausländischen Verbraucherschutzvorschriften und des ausländischen Rechts zu gewährleisten. [2]Weist die zuständige Behörde des Staates, in dem die Nummern zum Einsatz kommen, einen Verstoß gegen dessen einschlägige Verbraucherschutzvorschriften oder dessen nationales Recht im Rahmen der Nummernnutzung nach, ergreift die Bundesnetzagentur auf Antrag dieser Behörde Maßnahmen zur Durchsetzung dieser Bedingungen.

(7) [1]Soweit für Premium-Dienste, Auskunftsdienste, Massenverkehrsdienste oder Service-Dienste die Tarifhoheit bei dem Anbieter des Anrufers liegt und deshalb unterschiedliche Entgelte für Verbindungen gelten würden, legt die Bundesnetzagentur nach Anhörung der betroffenen Unternehmen, Fachkreise und Verbraucherverbände zum Zweck der Preisangabe und Preisansage nach den §§ 109 und 110 jeweils bezogen auf bestimmte Nummernbereiche oder Nummernteilbereiche den Preis netzübergreifend für sämtliche Anbieter fest. [2]Soweit erforderlich, legt die Bundesnetzagentur dabei auch fest, durch wen die Preisansage nach § 110 Absatz 1 zu erfolgen hat. [3]Teil 2 Abschnitt 2 bleibt unberührt.

(8) Zur Durchsetzung der Anordnungen nach den Absätzen 1 bis 6 kann nach Maßgabe des Verwaltungsvollstreckungsgesetzes ein Zwangsgeld von mindestens 1 000 Euro bis höchstens 1 000 000 Euro festgesetzt werden.

(9) Die Rechte der Länder sowie die Befugnisse anderer Behörden bleiben unberührt.

§ 124 Mitteilung an Staatsanwaltschaft oder Verwaltungsbehörde.

Die Bundesnetzagentur teilt Tatsachen, die den Verdacht einer Straftat oder einer Ordnungswidrigkeit begründen, der Staatsanwaltschaft oder der Verwaltungsbehörde mit.

Teil 8. Wegerechte und Mitnutzung

Abschnitt 1. Wegerechte

§ 125 Berechtigung zur Nutzung öffentlicher Wege und ihre Übertragung. (1) ¹Der Bund ist befugt, Verkehrswege für die öffentlichen Zwecken dienenden Telekommunikationslinien unentgeltlich zu benutzen, soweit dadurch nicht der Widmungszweck der Verkehrswege dauernd beschränkt wird (Nutzungsberechtigung). ²Als Verkehrswege gelten öffentliche Wege, Plätze, Brücken und Tunnel sowie die öffentlichen Gewässer.

(2) ¹Der Bund überträgt die Nutzungsberechtigung nach Absatz 1 durch die Bundesnetzagentur auf Antrag an die Eigentümer oder Betreiber öffentlicher Telekommunikationsnetze oder öffentlichen Zwecken dienen der Telekommunikationslinien. ²In dem Antrag nach Satz 1 ist das Gebiet zu bezeichnen, für das die Nutzungsberechtigung übertragen werden soll.

(3) ¹Die Bundesnetzagentur überträgt die Nutzungsberechtigung, wenn der Antragsteller nachweislich fachkundig, zuverlässig und leistungsfähig ist, Telekommunikationslinien zu errichten und die Nutzungsberechtigung mit den Regulierungszielen nach § 2 vereinbar ist. ²Die Bundesnetzagentur erteilt die Nutzungsberechtigung für die Dauer der öffentlichen Tätigkeit. ³Sie entscheidet über vollständige Anträge innerhalb von sechs Wochen.

(4) ¹Beginn und Beendigung der Nutzung sowie jeder sonstige Wegfall der Nutzungsberechtigung nach Absatz 2, Namensänderungen, Anschriftenänderungen und identitätswahrende Umwandlungen des Unternehmens sind der Bundesnetzagentur unverzüglich mitzuteilen. ²Die Bundesnetzagentur stellt diese Informationen den Wegebaulastträgern zur Verfügung. ³Für Schäden, die daraus entstehen, dass Änderungen nicht rechtzeitig mitgeteilt wurden, haftet der Nutzungsberechtigte.

§ 126 Pflichten der Eigentümer und Betreiber öffentlicher Telekommunikationsnetze oder öffentlichen Zwecken dienender Telekommunikationslinien. Telekommunikationslinien sind so zu errichten und zu unterhalten, dass sie den Anforderungen der öffentlichen Sicherheit und Ordnung sowie den anerkannten Regeln der Technik genügen.

§ 127 Verlegung und Änderung von Telekommunikationslinien.

(1) Für die Verlegung oder die Änderung von Telekommunikationslinien ist die schriftliche oder elektronische Zustimmung des Trägers der Wegebaulast erforderlich.

(2) Ist der Wegebaulastträger selbst Betreiber einer Telekommunikationslinie oder mit einem Betreiber im Sinne des § 37 Absatz 1 oder 2 des Gesetzes gegen Wettbewerbsbeschränkungen zusammengeschlossen, so ist die Zustimmung nach Absatz 1 von einer Verwaltungseinheit zu erteilen, die unabhängig von der für den Betrieb der Telekommunikationslinie oder der für die Wahrnehmung der Gesellschaftsrechte zuständigen Verwaltungseinheit ist.

(3) ¹Die Zustimmung gilt nach Ablauf einer Frist von drei Monaten nach Eingang des vollständigen Antrags als erteilt. ²Diese Zustimmungsfrist beginnt nicht, wenn der Antrag unvollständig ist und der zuständige Wegebaulastträger dies innerhalb eines Monats nach Eingang des Antrags beim zuständigen Wegebaulastträger dem Antragsteller in Textform mitteilt. ³Im Fall der Ergänzung

oder Änderung des Antrags beginnen die Fristen nach den Sätzen 1 und 2 neu zu laufen. [4]Die Zustimmungsfrist kann um einen Monat verlängert werden, wenn dies wegen der Schwierigkeit der Angelegenheit gerechtfertigt ist. [5]Die Fristverlängerung ist zu begründen und rechtzeitig mitzuteilen.

(4) [1]Wird eine nach Maßgabe etwaiger Verwaltungsvorschriften des jeweils zuständigen Wegebaulastträgers nur geringfügige bauliche Maßnahme diesem vollständig angezeigt, und fordert dieser nicht innerhalb eines Monats den Anzeigenden auf, einen entsprechenden Antrag zu stellen, gilt die Zustimmung nach Absatz 1 als erteilt. [2]Diese Zustimmungsfrist beginnt nicht, wenn die Anzeige unvollständig ist und der zuständige Wegebaulastträger dies innerhalb eines Monats nach Eingang der Anzeige beim zuständigen Wegebaulastträger dem Anzeigenden in Textform mitteilt. [3]Im Fall der Ergänzung oder Änderung der Anzeige beginnen die Fristen nach den Sätzen 1 und 2 neu zu laufen.

(5) [1]Behördliche Entscheidungen nach Maßgabe des Naturschutzrechtes, des Wasserhaushaltrechtes, des Denkmalschutzes und der Straßenverkehrs-Ordnung, die im Zuge der Verlegung oder Änderung von Telekommunikationslinien notwendig sind, sind zeitgleich mit der Zustimmung nach Absatz 1 zu erteilen. [2]Dies gilt nicht in Fällen, in denen der Bund für die Erteilung dieser Zustimmung zuständig ist. [3]Sonstige Genehmigungserfordernisse bleiben unberührt. [4]Die Länder sollen eine oder mehrere koordinierende Stellen bestimmen und für die zeitgleiche Erteilung der in Satz 1 genannten behördlichen Entscheidungen sorgen.

(6) [1]Bei der Verlegung oberirdischer Leitungen sind die Interessen der Wegebaulastträger, der Betreiber öffentlicher Telekommunikationsnetze und die städtebaulichen Belange abzuwägen. [2]In die Abwägung muss zugunsten einer beantragten Verlegung oberirdischer Leitungen insbesondere einfließen, dass der Ausbau von Netzen mit sehr hoher Kapazität beschleunigt wird oder die Kosten der Verlegung hierdurch maßgeblich gesenkt werden. [3]Soweit beantragt, sollen in der Regel oberirdische Leitungen verlegt werden, wenn vereinzelt stehende Gebäude oder Gebäudeansammlungen erschlossen werden sollen. [4]Soweit die Verlegung im Rahmen einer Gesamtbaumaßnahme koordiniert werden kann, die in engem zeitlichem Zusammenhang nach der Antragstellung auf Zustimmung durchgeführt wird, soll die Verlegung in der Regel unterirdisch erfolgen.

(7) [1]Dem Träger der Straßenbaulast ist mitzuteilen, ob Glasfaserleitungen oder Leerrohrsysteme, die der Aufnahme von Glasfaserleitungen dienen, in geringerer als der nach den anerkannten Regeln der Technik vorgesehenen Verlegetiefe, wie zum Beispiel im Wege des Micro- oder Minitrenching, verlegt werden (mindertiefe Verlegung). [2]Eine mindertiefe Verlegung darf erfolgen, wenn der Antragsteller die durch eine mögliche wesentliche Beeinträchtigung des Schutzniveaus entstehenden Kosten oder den etwaig höheren Erhaltungsaufwand übernimmt. [3]Die Sätze 1 und 2 sind auf die Verlegung von Glasfaserleitungen oder Leerrohrsystemen in Bundesautobahnen und autobahnähnlich ausgebauten Bundesfernstraßen nicht anzuwenden.

(8) [1]Die Zustimmung kann mit Nebenbestimmungen versehen werden, die diskriminierungsfrei zu gestalten sind; die Nebenbestimmungen dürfen nur die Art und Weise der Errichtung der Telekommunikationslinie sowie die dabei zu beachtenden Regeln der Technik, die Sicherheit und Leichtigkeit des Verkehrs, die im Bereich des jeweiligen Wegebaulastträgers übliche Dokumentation der Lage der Telekommunikationslinie nach geographischen Koordinaten und die

Verkehrssicherungspflichten regeln. ²Soweit keine anerkannten Regeln der Technik für die mindertiefe Verlegung oder Errichtungs- und Anbindungskonzepte für drahtlose Zugangspunkte mit geringer Reichweite bestehen, und der Wegebaulastträger von den Angaben des Antragsstellers abweichende Vorgaben zur Art und Weise der Errichtung bei der mindertiefen Verlegung oder bei der Errichtung und Anbindung drahtloser Zugangspunkte mit geringer Reichweite macht, müssen diese aus Gründen der öffentlichen Sicherheit und Ordnung notwendig sein. ³Die Zustimmung kann außerdem von der Leistung einer angemessenen Sicherheit abhängig gemacht werden.

§ 128 Mitnutzung und Wegerecht. (1) ¹Eigentümer oder Betreiber öffentlicher Versorgungsnetze dürfen ihre passiven Netzinfrastrukturen Eigentümern oder Betreibern öffentlicher Telekommunikationsnetze für den Ausbau von Netzen mit sehr hoher Kapazität zur Mitnutzung anbieten. ²Eigentümer oder Betreiber öffentlicher Telekommunikationsnetze dürfen ihre passiven Netzinfrastrukturen Eigentümern oder Betreibern anderer öffentlicher Versorgungsnetze für deren Netzausbau zur Mitnutzung anbieten.

(2) ¹Soweit die Ausübung der Nutzungsberechtigung nach § 125 für die Verlegung weiterer Telekommunikationslinien nicht oder nur mit einem unverhältnismäßig hohen Aufwand möglich ist, können andere passive Netzinfrastrukturen öffentlicher Versorgungsnetzbetreiber unter den Voraussetzungen der §§ 138, 139 und 141 mitgenutzt werden. ²Dies gilt unabhängig davon, ob die Telekommunikationslinie zum Aufbau eines Netzes mit sehr hoher Kapazität genutzt werden kann.

(3) ¹Soweit die Nutzungsberechtigung nach § 125 für die Verlegung weiterer Telekommunikationslinien auf die Eisenbahninfrastruktur nicht anwendbar ist und es sich bei der Eisenbahninfrastruktur nicht um eine passive Netzinfrastruktur handelt, können Teile der Eisenbahninfrastruktur nach den §§ 138, 139 und 141 mitgenutzt werden. ²Die §§ 79, 82, 136 und 137 gelten entsprechend.

(4) ¹Beeinträchtigt die Ausübung der Nutzungsberechtigung nach § 125 für die Verlegung weiterer Telekommunikationslinien Belange des Umweltschutzes, der öffentlichen Gesundheit und Sicherheit oder der Städteplanung und Raumordnung, kann die Bundesnetzagentur nach Anhörung der beteiligten Kreise insoweit die Mitnutzung und gemeinsame Unterbringung (Kollokation) der zugehörigen Einrichtungen und der Telekommunikationslinien anordnen, als dies für die berührten Belange für notwendig erachtet wird. ²Die getroffenen Maßnahmen müssen objektiv, transparent, nichtdiskriminierend und verhältnismäßig sein. ³Die Bundesnetzagentur legt Regeln für die Umlegung der Kosten bei gemeinsamer Nutzung von Telekommunikationslinien und zugehörigen Einrichtungen fest.

§ 129 Rücksichtnahme auf Wegeunterhaltung und Widmungszweck.

(1) Bei der Benutzung der Verkehrswege ist eine Erschwerung ihrer Unterhaltung und eine vorübergehende Beschränkung ihres Widmungszwecks nach Möglichkeit zu vermeiden.

(2) Wird die Unterhaltung erschwert, so hat der Nutzungsberechtigte dem Unterhaltungspflichtigen die aus der Erschwerung erwachsenden Kosten zu ersetzen.

(3) ¹Nach Beendigung der Arbeiten an den Telekommunikationslinien hat der Nutzungsberechtigte den Verkehrsweg unverzüglich wieder instand zu setzen, sofern nicht der Unterhaltungspflichtige erklärt hat, die Instandsetzung selbst vornehmen zu wollen. ²Der Nutzungsberechtigte hat dem Unterhaltungspflichtigen die Auslagen für die von ihm vorgenommene Instandsetzung zu erstatten und den durch die Arbeiten an den Telekommunikationslinien entstandenen Schaden zu ersetzen.

(4) Der Unterhaltspflichtige kann die Erfüllung der Pflichten durch den Nutzungsberechtigten und seine Rechte durch schriftlichen Verwaltungsakt geltend machen.

§ 130 Gebotene Änderung. (1) Ergibt sich nach Errichtung einer Telekommunikationslinie, dass sie den Widmungszweck eines Verkehrsweges nicht nur vorübergehend beschränkt oder die Vornahme der zu seiner Unterhaltung erforderlichen Arbeiten verhindert oder der Ausführung einer von dem Unterhaltungspflichtigen beabsichtigten Änderung des Verkehrsweges entgegensteht, so ist die Telekommunikationslinie, soweit erforderlich, abzuändern oder zu beseitigen.

(2) Soweit ein Verkehrsweg eingezogen wird, erlischt die Befugnis des Nutzungsberechtigten zu seiner Benutzung.

(3) In all diesen Fällen hat der Nutzungsberechtigte die gebotenen Maßnahmen an der Telekommunikationslinie auf seine Kosten zu bewirken.

(4) Der Unterhaltspflichtige kann die Erfüllung der Pflichten durch den Nutzungsberechtigten und seine Rechte durch schriftlichen Verwaltungsakt geltend machen.

§ 131 Schonung der Baumpflanzungen. (1) ¹Die Baumpflanzungen auf und an den Verkehrswegen und Wirtschaftswegen im Sinne des § 134 Absatz 1 Satz 1 Nummer 3 sind nach Möglichkeit zu schonen, auf das Wachstum der Bäume ist Rücksicht zu nehmen. ²Ausästungen können nur insoweit verlangt werden, als sie zur Herstellung der Telekommunikationslinie oder zur Verhütung von Betriebsstörungen erforderlich sind; sie sind auf das unbedingt notwendige Maß zu beschränken.

(2) ¹Der Nutzungsberechtigte hat dem Besitzer der Baumpflanzungen eine angemessene Frist zu setzen, innerhalb welcher er die Ausästungen selbst vornehmen kann. ²Sind die Ausästungen innerhalb der Frist nicht oder nicht genügend vorgenommen, so bewirkt der Nutzungsberechtigte die Ausästungen. ³Dazu ist er auch berechtigt, wenn es sich um die dringliche Verhütung oder Beseitigung einer Störung handelt.

(3) Der Nutzungsberechtigte ersetzt den an den Baumpflanzungen verursachten Schaden und die Kosten der auf sein Verlangen vorgenommenen Ausästungen.

§ 132 Besondere Anlagen. (1) ¹Die Telekommunikationslinien sind so auszuführen, dass sie vorhandene besondere Anlagen (der Wegeunterhaltung dienende Einrichtungen, Kanalisations-, Wasser-, Gasleitungen, Schienenbahnen, elektrische Anlagen und dergleichen) nicht störend beeinflussen. ²Die aus der Herstellung erforderlicher Schutzvorkehrungen erwachsenden Kosten hat der Nutzungsberechtigte zu tragen.

(2) Die Verlegung oder Veränderung vorhandener besonderer Anlagen kann nur gegen Entschädigung und nur dann verlangt werden, wenn die Benutzung des Verkehrsweges für die Telekommunikationslinie sonst unterbleiben müsste und die besondere Anlage anderweitig ihrem Zweck entsprechend untergebracht werden kann.

(3) Auch bei Vorliegen der Voraussetzungen der Absätze 1 und 2 hat die Benutzung des Verkehrsweges für die Telekommunikationslinie zu unterbleiben, wenn der aus der Verlegung oder Veränderung der besonderen Anlage entstehende Schaden gegenüber den Kosten, welche dem Nutzungsberechtigten aus der Benutzung eines anderen ihm zur Verfügung stehenden Verkehrsweges erwachsen, unverhältnismäßig groß ist.

(4) ¹Die Absätze 1 bis 3 finden auf in der Vorbereitung befindliche besondere Anlagen, deren Herstellung im öffentlichen Interesse liegt, entsprechende Anwendung. ²Eine Entschädigung aufgrund des Absatzes 2 wird nur bis zu dem Betrag der Aufwendungen gewährt, die durch die Vorbereitung entstanden sind. ³Als in der Vorbereitung begriffen gelten Anlagen, sobald sie aufgrund eines im Einzelnen ausgearbeiteten Planes die Genehmigung des Auftraggebers und, soweit erforderlich, die Genehmigung der zuständigen Behörden und des Eigentümers oder des sonstigen zur Nutzung Berechtigten des in Anspruch genommenen Weges erhalten haben.

§ 133 Spätere besondere Anlagen. (1) Spätere besondere Anlagen sind nach Möglichkeit so auszuführen, dass sie die vorhandenen Telekommunikationslinien nicht störend beeinflussen.

(2) ¹Der Inhaber oder Betreiber einer späteren besonderen Anlage kann vom Nutzungsberechtigten verlangen, dass eine Telekommunikationslinie auf dessen Kosten verlegt oder verändert wird, wenn

1. ohne die Verlegung oder Veränderung die Errichtung der späteren besonderen Anlage unterbleiben müsste oder wesentlich erschwert würde,
2. die Errichtung der späteren besonderen Anlage aus Gründen des öffentlichen Interesses, insbesondere aus volkswirtschaftlichen Gründen oder wegen Verkehrsrücksichten, von den Wegeunterhaltspflichtigen oder unter ihrer überwiegenden Beteiligung vollständig oder überwiegend ausgeführt werden soll und
3. die Kosten des Nutzungsberechtigten nicht unverhältnismäßig sind.

²Liegen nur die Voraussetzungen nach Satz 1 Nummer 1 und 2 vor, so kann eine Verlegung oder Veränderung auch dann verlangt werden, wenn der Inhaber oder Betreiber der späteren besonderen Anlage die Kosten teilweise erstattet, so dass die vom Nutzungsberechtigten zu tragenden Kosten verhältnismäßig ausfallen.

(3) Muss wegen einer späteren besonderen Anlage die schon vorhandene Telekommunikationslinie mit Schutzvorkehrungen versehen werden, so sind die dadurch entstehenden Kosten von dem Nutzungsberechtigten zu tragen.

(4) Überlässt ein Wegeunterhaltspflichtiger seinen Anteil einem nicht unterhaltspflichtigen Dritten, so sind dem Nutzungsberechtigten die durch die Verlegung oder Veränderung oder durch die Herstellung der Schutzvorkehrungen erwachsenden Kosten, soweit sie auf dessen Anteil fallen, zu erstatten.

(5) Die Unternehmer anderer als der in Absatz 2 bezeichneten besonderen Anlagen haben die aus der Verlegung oder Veränderung der vorhandenen Tele-

kommunikationslinien oder aus der Herstellung der erforderlichen Schutzvorkehrungen erwachsenden Kosten zu tragen.

(6) Auf spätere Änderungen vorhandener besonderer Anlagen finden die Absätze 1 bis 5 entsprechende Anwendung.

§ 134 Beeinträchtigung von Grundstücken und Gebäuden. (1) [1] Der Eigentümer eines Grundstücks, das kein Verkehrsweg im Sinne des § 125 Absatz 1 Satz 2 ist, kann die Errichtung, den Betrieb und die Erneuerung von Telekommunikationslinien auf seinem Grundstück sowie den Anschluss der auf dem Grundstück befindlichen Gebäude an Netze mit sehr hoher Kapazität insoweit nicht verbieten, als

1. auf dem Grundstück einschließlich der Gebäudeanschlüsse eine durch ein Recht gesicherte Leitung oder Anlage auch für die Errichtung, den Betrieb und die Erneuerung einer Telekommunikationslinie genutzt und hierdurch die Nutzbarkeit des Grundstücks nicht dauerhaft zusätzlich eingeschränkt wird,
2. das Grundstück einschließlich der Gebäude durch die Benutzung nicht unzumutbar beeinträchtigt wird,
3. das Grundstück im öffentlichen Eigentum steht, wie ein Verkehrsweg genutzt wird, ohne als solcher gewidmet zu sein (Wirtschaftsweg), und der Benutzung keine wichtigen Gründe der öffentlichen Sicherheit entgegenstehen oder
4. das Grundstück im Eigentum eines Schienenwegebetreibers steht und die Sicherheit des Eisenbahnbetriebs hierdurch nicht beeinträchtigt wird.

[2] Werden Gebäude, die sich nicht auf dem Grundstück des Eigentümers befinden, gleichwohl von dessen Grundstück oder Gebäude aus mitversorgt, so gilt Satz 1 entsprechend.

(2) Der Eigentümer eines Grundstücks nach Absatz 1 kann dessen Überfahren nicht verbieten, wenn die Überfahrt zur Errichtung, zum Betrieb und zur Erneuerung von Telekommunikationslinien auf einem anderen Grundstück notwendig ist.

(3) [1] Hat der Grundstückseigentümer eine Einwirkung nach Absatz 1 oder Absatz 2 zu dulden, so kann er von dem Betreiber der Telekommunikationslinie oder dem Eigentümer des Leitungsnetzes einen angemessenen Ausgleich in Geld verlangen, wenn durch die Errichtung, die Erneuerung oder durch Wartungs-, Reparatur- oder vergleichbare, mit dem Betrieb der Telekommunikationslinie unmittelbar zusammenhängende Maßnahmen eine Benutzung seines Grundstücks oder dessen Ertrag über das zumutbare Maß hinaus beeinträchtigt wird. [2] Für eine erweiterte Nutzung zu Zwecken der Telekommunikation kann darüber hinaus ein einmaliger Ausgleich in Geld verlangt werden, sofern bisher keine Leitungswege vorhanden waren, die zu Zwecken der Telekommunikation genutzt werden konnten. [3] Der Anspruch nach Satz 2 besteht nicht, wenn die erweiterte Nutzung ausschließlich zum Anschluss von Gebäuden auf dem genutzten Grundstück erfolgt oder wenn das Grundstück im öffentlichen Eigentum steht. [4] Wird das Grundstück oder sein Zubehör durch die Ausübung der aus dieser Vorschrift folgenden Rechte beschädigt, hat der Betreiber oder der Eigentümer des Leitungsnetzes auf seine Kosten den Schaden zu beseitigen. [5] § 840 Absatz 1 des Bürgerlichen Gesetzbuchs ist anzuwenden. [6] Der Betreiber der Telekommunikationslinie oder der Eigentümer des

Leitungsnetzes hat den Eigentümer des Grundstücks auf die Pflicht zur Duldung vor Einwirkung nach Absatz 1 oder Absatz 2 hinzuweisen.

(4) Soweit die Durchführung von nach Absatz 1 zu duldenden Maßnahmen nicht oder nur mit einem unverhältnismäßig hohen Aufwand möglich ist, können bestehende passive Netzinfrastrukturen Dritter unter den Voraussetzungen der §§ 138, 139 und 141 mitgenutzt werden.

(5) ¹Beeinträchtigt die Ausübung der Nutzungsberechtigung nach § 125 für die Verlegung weiterer Telekommunikationslinien Belange des Umweltschutzes, der öffentlichen Gesundheit und Sicherheit oder der Städteplanung und Raumordnung, kann die Bundesnetzagentur nach Anhörung der beteiligten Kreise insoweit die Mitnutzung von Grundstücken anordnen, als dies für die berührten Belange für notwendig erachtet wird. ² § 128 Absatz 4 Satz 2 und 3 gilt entsprechend.

§ 135 Verjährung der Ansprüche. Die Verjährung der auf den §§ 128 bis 134 beruhenden Ansprüche richtet sich nach den Regelungen über die regelmäßige Verjährung nach dem Bürgerlichen Gesetzbuch.

Abschnitt 2. Mitnutzung öffentlicher Versorgungsnetze

§ 136 Informationen über passive Netzinfrastrukturen. (1) ¹Eigentümer oder Betreiber öffentlicher Telekommunikationsnetze können bei Eigentümern oder Betreibern öffentlicher Versorgungsnetze für Zwecke des Ausbaus von Netzen mit sehr hoher Kapazität die Erteilung von Informationen über die passive Netzinfrastruktur ihrer öffentlichen Versorgungsnetze beantragen. ²Im Antrag ist das Gebiet anzugeben, das mit Netzen mit sehr hoher Kapazität erschlossen werden soll.

(2) ¹Eigentümer oder Betreiber öffentlicher Versorgungsnetze erteilen Antragstellern nach Absatz 1 innerhalb von zwei Monaten nach dem Tag des Antragseingangs die beantragten Informationen. ²Die Erteilung erfolgt unter verhältnismäßigen, diskriminierungsfreien und transparenten Bedingungen.

(3) Die Informationen über passive Netzinfrastrukturen öffentlicher Versorgungsnetze nach Absatz 2 müssen mindestens folgende Angaben enthalten:
1. die geografische Lage des Standortes und der Leitungswege der passiven Netzinfrastrukturen,
2. die Art und gegenwärtige Nutzung der passiven Netzinfrastrukturen und
3. die Kontaktdaten eines oder mehrerer Ansprechpartner beim Eigentümer oder Betreiber des öffentlichen Versorgungsnetzes.

(4) Der Antrag nach Absatz 1 kann ganz oder teilweise abgelehnt werden, soweit konkrete Anhaltspunkte dafür vorliegen, dass
1. eine Erteilung der Informationen die Sicherheit oder Integrität der Versorgungsnetze, die öffentliche Sicherheit oder die öffentliche Gesundheit gefährdet,
2. durch die Erteilung der Informationen die Vertraulichkeit gemäß § 148 verletzt wird,
3. von dem Antrag Teile einer Kritischen Infrastruktur, insbesondere deren Informationstechnik, betroffen sind, die nachweislich besonders schutzbedürftig und für die Funktionsfähigkeit der Kritischen Infrastruktur maßgeblich sind, und der Betreiber des öffentlichen Versorgungsnetzes bei Ertei-

lung der Informationen unverhältnismäßige Maßnahmen ergreifen müsste, um die ihm durch Gesetz oder aufgrund eines Gesetzes auferlegten Schutzpflichten zu erfüllen, oder

4. ein Ablehnungsgrund für eine Mitnutzung nach § 141 Absatz 2 vorliegt.

(5) ¹Werden nach Absatz 1 beantragte Informationen bereits von der zentralen Informationsstelle des Bundes gemäß § 78 Absatz 1 Nummer 1 bereitgestellt, genügt anstelle einer Erteilung der Informationen durch den Eigentümer oder Betreiber des öffentlichen Versorgungsnetzes ein Hinweis an den Antragsteller, dass die Informationen nach Absatz 6 einsehbar sind. ²Der Eigentümer oder Betreiber des öffentlichen Versorgungsnetzes kann der zentralen Informationsstelle des Bundes die Informationen über die passiven Netzinfrastrukturen seines Versorgungsnetzes zur Bereitstellung gemäß § 78 Absatz 1 Nummer 1 im Rahmen der hierfür von der zentralen Informationsstelle des Bundes vorgegebenen Bedingungen zur Verfügung stellen.

(6) ¹Die zentrale Informationsstelle des Bundes macht die nach Absatz 5 Satz 2 erhaltenen Informationen unverzüglich zugänglich:

1. den Eigentümern oder Betreibern öffentlicher Telekommunikationsnetze,
2. dem Bundesministerium für Verkehr und digitale Infrastruktur sowie
3. den Gebietskörperschaften der Länder und der Kommunen.

²Die Zugänglichmachung erfolgt elektronisch unter verhältnismäßigen, diskriminierungsfreien und transparenten Bedingungen. ³Näheres regelt die zentrale Informationsstelle des Bundes in Einsichtnahmebedingungen, die insbesondere der Sensitivität der erfassten Daten und dem zu erwartenden Verwaltungsaufwand Rechnung zu tragen haben.

(7) Die zentrale Informationsstelle des Bundes kann die nach Absatz 5 Satz 2 erhaltenen Informationen auch für die Bereitstellung einer gebietsbezogenen Übersicht gemäß § 79 Absatz 1 Nummer 1 verwenden.

§ 137 Vor-Ort-Untersuchung passiver Netzinfrastrukturen. (1) ¹Eigentümer oder Betreiber öffentlicher Telekommunikationsnetze können bei den Eigentümern oder Betreibern öffentlicher Versorgungsnetze eine Vor-Ort-Untersuchung der passiven Netzinfrastrukturen beantragen. ²Aus dem Antrag muss hervorgehen, welche Netzkomponenten von dem Ausbau von Netzen mit sehr hoher Kapazität betroffen sind.

(2) ¹Eigentümer oder Betreiber öffentlicher Versorgungsnetze müssen zumutbaren Anträgen nach Absatz 1 innerhalb eines Monats ab dem Tag des Antragseingangs entsprechen. ²Ein Antrag ist insbesondere dann zumutbar, wenn die Untersuchung für eine gemeinsame Nutzung passiver Netzinfrastrukturen oder die Koordinierung von Bauarbeiten erforderlich ist.

(3) Der Antrag nach Absatz 1 kann ganz oder teilweise abgelehnt werden, soweit konkrete Anhaltspunkte dafür vorliegen, dass

1. eine Vor-Ort-Untersuchung die Sicherheit oder Integrität der öffentlichen Versorgungsnetze oder die öffentliche Sicherheit oder die öffentliche Gesundheit gefährdet,
2. durch die Vor-Ort-Untersuchung die Vertraulichkeit gemäß § 148 verletzt wird,
3. von dem Antrag Teile einer Kritischen Infrastruktur, insbesondere deren Informationstechnik, betroffen sind, die nachweislich besonders schutz-

bedürftig und für die Funktionsfähigkeit der Kritischen Infrastruktur maßgeblich sind, und der Betreiber des öffentlichen Versorgungsnetzes zur Durchführung der Vor-Ort-Untersuchung unverhältnismäßige Maßnahmen ergreifen müsste, um die ihm durch Gesetz oder aufgrund eines Gesetzes auferlegten Schutzpflichten zu erfüllen, oder

4. ein Versagungsgrund für eine Mitnutzung nach § 141 Absatz 2 oder für eine Koordinierung von Bauarbeiten nach § 143 Absatz 4 vorliegt oder die Koordinierung von Bauarbeiten unzumutbar ist.

(4) ¹Die Gewährung hat unter verhältnismäßigen, diskriminierungsfreien und transparenten Bedingungen zu erfolgen. ²Dabei sind die jeweiligen besonderen Sicherheitserfordernisse des öffentlichen Versorgungsnetzes zu beachten.

(5) ¹Die für die Vor-Ort-Untersuchung erforderlichen und angemessenen Kosten trägt der Antragsteller. ²Dazu zählen insbesondere die Kosten der Vorbereitung, der Absicherung und der Durchführung der Vor-Ort-Untersuchung.

§ 138 Mitnutzung öffentlicher Versorgungsnetze.
(1) ¹Eigentümer oder Betreiber öffentlicher Telekommunikationsnetze können bei den Eigentümern oder Betreibern öffentlicher Versorgungsnetze die Mitnutzung der passiven Netzinfrastrukturen der öffentlichen Versorgungsnetze für den Einbau von Komponenten von Netzen mit sehr hoher Kapazität beantragen. ²Der Antrag muss folgende Angaben enthalten:

1. eine detaillierte Beschreibung des Projekts und der Komponenten des öffentlichen Versorgungsnetzes, für die die Mitnutzung beantragt wird,
2. einen genauen Zeitplan für die Umsetzung der beantragten Mitnutzung und
3. die Angabe des Gebiets, das mit Netzen mit sehr hoher Kapazität erschlossen werden soll.

(2) ¹Eigentümer oder Betreiber öffentlicher Versorgungsnetze müssen Antragstellern nach Absatz 1 innerhalb von zwei Monaten nach Antragseingang ein Angebot über die Mitnutzung ihrer passiven Netzinfrastrukturen für den Einbau von Komponenten von Netzen mit sehr hoher Kapazität unterbreiten. ²Das Angebot über die Mitnutzung hat insbesondere Folgendes zu enthalten:

1. faire und angemessene Bedingungen für die Mitnutzung, insbesondere in Bezug auf den Preis für die Bereitstellung und Nutzung des Versorgungsnetzes sowie in Bezug auf die zu leistenden Sicherheiten und Vertragsstrafen,
2. die operative und organisatorische Umsetzung der Mitnutzung; die Umsetzung umfasst die Art und Weise des Einbaus der Komponenten von Netzen mit sehr hoher Kapazität, die Dokumentationspflichten und den Zeitpunkt oder den Zeitraum der Bauarbeiten,
3. die Verantwortlichkeiten einschließlich der Möglichkeit, Dritte zu beauftragen.

³Das Angebot kann besondere Vereinbarungen zur Haftung beim Einbau der Netzkomponenten und zu Instandhaltungen, Änderungen, Erweiterungen, Verlegungen und Störungen enthalten.

(3) Die Mitnutzung ist so auszugestalten, dass sie den Anforderungen der öffentlichen Sicherheit und der öffentlichen Gesundheit sowie den anerkannten Regeln der Technik genügt.

(4) Eigentümer oder Betreiber öffentlicher Versorgungsnetze haben Verträge über Mitnutzungen innerhalb von zwei Monaten nach deren Abschluss der Bundesnetzagentur zur Kenntnis zu geben.

(5) Eigentümer oder Betreiber öffentlicher Versorgungsnetze können Standardangebote für Mitnutzungen über die zentrale Informationsstelle des Bundes veröffentlichen.

§ 139 Umfang des Mitnutzungsanspruchs bei Elektrizitätsversorgungsnetzen.
(1) Die Mitnutzung eines Elektrizitätsversorgungsnetzes umfasst auch Dachständer, Giebelanschlüsse und die Hauseinführung.

(2) Soweit es für den Betrieb des öffentlichen Telekommunikationsnetzes notwendig ist, muss der Betreiber des Elektrizitätsversorgungsnetzes entgeltlich einen Anschluss zum Bezug des Betriebsstroms für die eingebauten Komponenten des Netzes mit sehr hoher Kapazität zur Verfügung stellen.

§ 140 Einnahmen aus Mitnutzungen.
Eigentümer oder Betreiber öffentlicher Versorgungsnetze können Einnahmen aus Mitnutzungen, die über die Kosten im Sinne des § 149 Absatz 2 Satz 3 hinausgehen und sich für den Eigentümer oder Betreiber des öffentlichen Versorgungsnetzes durch die Ermöglichung der Mitnutzung seiner passiven Netzinfrastrukturen ergeben, von der Berechnungsgrundlage für Endnutzertarife ihrer Haupttätigkeit ausnehmen.

§ 141 Ablehnung der Mitnutzung, Versagungsgründe.
(1) Gibt der Eigentümer oder Betreiber des öffentlichen Versorgungsnetzes kein Angebot über die Mitnutzung ab, so hat er innerhalb der in § 138 Absatz 2 Satz 1 genannten Frist dem Antragsteller nachzuweisen, dass einer Mitnutzung objektive, transparente und verhältnismäßige Gründe entgegenstehen.

(2) Der Antrag auf Mitnutzung darf nur abgelehnt werden, wenn einer der folgenden Gründe vorliegt:

1. die fehlende technische Eignung der passiven Netzinfrastrukturen für die beabsichtigte Unterbringung der Komponenten von Netzen mit sehr hoher Kapazität,
2. der zum Zeitpunkt des Antragseingangs fehlende oder der zukünftig fehlende Platz für die beabsichtigte Unterbringung der Komponenten von Netzen mit sehr hoher Kapazität im öffentlichen Versorgungsnetz; den zukünftig fehlenden Platz hat der Eigentümer oder Betreiber des öffentlichen Versorgungsnetzes anhand der Investitionsplanung für die nächsten fünf Jahre ab Antragstellung konkret darzulegen,
3. konkrete Anhaltspunkte dafür, dass die beantragte Mitnutzung die öffentliche Sicherheit oder die öffentliche Gesundheit gefährdet, wobei von konkreten Anhaltspunkten für die Gefährdung der öffentlichen Sicherheit auszugehen ist, soweit Teile öffentlicher Versorgungsnetze betroffen sind, die durch den Bund zur Verwirklichung einer sicheren Behördenkommunikation genutzt werden,
4. konkrete Anhaltspunkte dafür, dass die beantragte Mitnutzung die Integrität oder Sicherheit bereits bestehender öffentlicher Versorgungsnetze, insbesondere nationaler Kritischer Infrastrukturen, gefährdet; bei Kritischen Infrastrukturen liegen konkrete Anhaltspunkte für eine solche Gefährdung vor, soweit von dem Antrag Teile einer Kritischen Infrastruktur, insbesondere die

Informationstechnik Kritischer Infrastrukturen, betroffen sind, die nachweislich besonders schutzbedürftig und für die Funktionsfähigkeit der Kritischen Infrastruktur maßgeblich sind, und der Betreiber die Mitnutzung im Rahmen der ihm durch Gesetz oder aufgrund eines Gesetzes auferlegten Schutzpflichten nicht durch verhältnismäßige Maßnahmen ermöglichen kann,

5. Anhaltspunkte für eine zu erwartende erhebliche Störung des Versorgungsdienstes durch die geplanten Telekommunikationsdienste,
6. die Verfügbarkeit tragfähiger Alternativen zur beantragten Mitnutzung passiver Netzinfrastrukturen, soweit der Eigentümer oder Betreiber des öffentlichen Versorgungsnetzes diese Alternativen anbietet, sie sich für die Bereitstellung von Netzen mit sehr hoher Kapazität eignen und die Mitnutzung zu fairen und angemessenen Bedingungen gewährt wird; als Alternativen können geeignete Vorleistungsprodukte für Telekommunikationsdienste, der Zugang zu bestehenden Telekommunikationsnetzen oder die Mitnutzung anderer als der beantragten passiven Netzinfrastrukturen angeboten werden,
7. der Überbau von bestehenden Glasfasernetzen, die einen diskriminierungsfreien, offenen Netzzugang zur Verfügung stellen.

§ 142 Informationen über Bauarbeiten an öffentlichen Versorgungsnetzen.
(1) ¹Eigentümer oder Betreiber öffentlicher Telekommunikationsnetze können bei den Eigentümern oder Betreibern öffentlicher Versorgungsnetze die Erteilung von Informationen über geplante oder laufende Bauarbeiten an öffentlichen Versorgungsnetzen beantragen, um eine Koordinierung dieser Bauarbeiten mit Bauarbeiten zum Ausbau von Netzen mit sehr hoher Kapazität zu prüfen. ²Der Antrag muss erkennen lassen, in welchem Gebiet der Einbau von Komponenten von Netzen mit sehr hoher Kapazität vorgesehen ist.

(2) ¹Eigentümer oder Betreiber öffentlicher Versorgungsnetze erteilen Antragstellern nach Absatz 1 innerhalb von zwei Wochen ab dem Tag des Antragseingangs die beantragten Informationen. ²Die Erteilung erfolgt unter verhältnismäßigen, diskriminierungsfreien und transparenten Bedingungen.

(3) ¹Die Informationen müssen folgende Angaben zu laufenden und geplanten Bauarbeiten an passiven Netzinfrastrukturen öffentlicher Versorgungsnetze enthalten, für die bereits eine Genehmigung erteilt wurde oder ein Genehmigungsverfahren anhängig ist:
1. die geografische Lage des Standortes und die Art der Bauarbeiten,
2. die betroffenen Netzkomponenten,
3. den geschätzten Beginn und die geplante Dauer der Bauarbeiten und
4. Kontaktdaten eines oder mehrerer Ansprechpartner des Eigentümers oder Betreibers des öffentlichen Versorgungsnetzes.

²Ist innerhalb von sechs Monaten nach Eingang des Antrags auf Erteilung der Informationen ein Antrag auf Genehmigung der Bauarbeiten vorgesehen, so müssen auch zu diesen Bauarbeiten die Informationen nach den Absätzen 2 und 3 erteilt werden.

(4) Der Antrag nach Absatz 1 kann ganz oder teilweise abgelehnt werden, soweit konkrete Anhaltspunkte dafür vorliegen, dass
1. die Sicherheit oder Integrität der Versorgungsnetze oder die öffentliche Sicherheit oder die öffentliche Gesundheit durch Erteilung der Informationen gefährdet wird,

2. durch die Erteilung die Vertraulichkeit gemäß § 148 verletzt wird,
3. Bauarbeiten betroffen sind, deren anfänglich geplante Dauer acht Wochen nicht überschreitet,
4. von dem Antrag Teile einer Kritischen Infrastruktur, insbesondere deren Informationstechnik, betroffen sind, die nachweislich besonders schutzbedürftig und für die Funktionsfähigkeit der Kritischen Infrastruktur maßgeblich sind, und der Betreiber des öffentlichen Versorgungsnetzes bei Erteilung der Informationen unverhältnismäßige Maßnahmen ergreifen müsste, um die ihm durch Gesetz oder aufgrund eines Gesetzes auferlegten Schutzpflichten zu erfüllen,
5. die Koordinierung von Bauarbeiten unzumutbar ist oder
6. ein Versagungsgrund für eine Koordinierung von Bauarbeiten nach § 143 Absatz 4 vorliegt.

(5) Anstelle einer Erteilung der Informationen genügt ein Verweis auf eine bereits erfolgte Veröffentlichung, wenn

1. der Bauherr die beantragten Informationen bereits selbst elektronisch öffentlich zugänglich gemacht hat oder
2. der Zugang zu diesen Informationen bereits über die zentrale Informationsstelle des Bundes nach § 78 Absatz 1 Nummer 4 gewährleistet ist.

(6) [1] Innerhalb der in Absatz 2 genannten Frist sind die Informationen auch der zentralen Informationsstelle des Bundes zu übermitteln. [2] Sie macht diese Informationen anderen Interessenten, die ein berechtigtes Interesse an der Einsichtnahme haben, in geeigneter Form zugänglich. [3] Näheres regeln die Einsichtnahmebedingungen der zentralen Informationsstelle des Bundes.

§ 143 Koordinierung von Bauarbeiten.

(1) Eigentümer oder Betreiber öffentlicher Versorgungsnetze können mit Eigentümern oder Betreibern öffentlicher Telekommunikationsnetze im Hinblick auf den Ausbau der Komponenten von Netzen mit sehr hoher Kapazität Vereinbarungen über die Koordinierung von Bauarbeiten schließen.

(2) [1] Eigentümer oder Betreiber öffentlicher Telekommunikationsnetze können bei den Eigentümern oder Betreibern öffentlicher Versorgungsnetze die Koordinierung von Bauarbeiten beantragen. [2] Im Antrag sind Art und Umfang der zu koordinierenden Bauarbeiten und die zu errichtenden Komponenten von Netzen mit sehr hoher Kapazität zu benennen.

(3) [1] Eigentümer oder Betreiber öffentlicher Versorgungsnetze, die ganz oder überwiegend aus öffentlichen Mitteln finanzierte Bauarbeiten direkt oder indirekt ausführen, haben zumutbaren Anträgen nach Absatz 2 zu transparenten und diskriminierungsfreien Bedingungen stattzugeben. [2] Den Anträgen ist insbesondere zu entsprechen, sofern

1. dadurch keine zusätzlichen Kosten für die ursprünglich geplanten Bauarbeiten verursacht werden, wobei eine geringfügige zeitliche Verzögerung der Planung und geringfügige Mehraufwendungen für die Bearbeitung des Koordinierungsantrags nicht als zusätzliche Kosten der ursprünglich geplanten Bauarbeiten gelten,
2. die Kontrolle über die Koordinierung der Arbeiten nicht behindert wird,
3. der Koordinierungsantrag so früh wie möglich, spätestens aber einen Monat vor Einreichung des endgültigen Projektantrags bei der zuständigen Geneh-

migungsbehörde gestellt wird und Bauarbeiten betrifft, deren anfänglich geplante Dauer acht Wochen überschreitet und

4. der Hauptzweck der ganz oder überwiegend öffentlich finanzierten Bauarbeiten nicht beeinträchtigt wird. Der Hauptzweck wird insbesondere dann nicht beeinträchtigt, wenn hierbei ein geplantes oder im Bau befindliches Glasfasernetz, das einen offenen und diskriminierungsfreien Netzzugang gewährt, nur geringfügig überbaut würde.

(4) Der Antrag nach Absatz 2 ist ganz oder teilweise insbesondere abzulehnen, sofern

1. von dem Antrag Teile einer Kritischen Infrastruktur, insbesondere deren Informationstechnik, betroffen sind, die nachweislich besonders schutzbedürftig und für die Funktionsfähigkeit der Kritischen Infrastruktur maßgeblich sind,
2. der Betreiber des öffentlichen Versorgungsnetzes zur Koordinierung der Bauarbeiten unverhältnismäßige Maßnahmen ergreifen müsste, um die ihm durch Gesetz oder aufgrund eines Gesetzes auferlegten Schutzpflichten zu erfüllen, oder
3. durch die zu koordinierenden Bauarbeiten ein geplantes öffentlich gefördertes Glasfasernetz, das einen diskriminierungsfreien, offenen Netzzugang zur Verfügung stellt, überbaut würde.

(5) Eigentümer oder Betreiber öffentlicher Versorgungsnetze haben Koordinierungsvereinbarungen innerhalb von zwei Monaten nach deren Abschluss der Bundesnetzagentur zur Kenntnis zu geben.

(6) ¹Die Bundesnetzagentur veröffentlicht Grundsätze dafür, wie die Kosten, die mit der Koordinierung von Bauarbeiten verbunden sind, auf den Eigentümer oder Betreiber des öffentlichen Telekommunikationsnetzes umgelegt werden sollen. ²Die Bundesnetzagentur ist im Rahmen der Streitbeilegung nach § 149 an die veröffentlichten Grundsätze gebunden.

§ 144 Allgemeine Informationen über Verfahrensbedingungen bei Bauarbeiten.
¹Die zentrale Informationsstelle des Bundes macht die relevanten Informationen zugänglich, welche die allgemeinen Bedingungen und Verfahren für die Erteilung von Genehmigungen für Bauarbeiten betreffen, die zum Zweck des Aufbaus der Komponenten von Netzen mit sehr hoher Kapazität notwendig sind. ²Diese Informationen schließen Angaben über Ausnahmen von Genehmigungspflichten ein.

§ 145 Netzinfrastruktur von Gebäuden.
(1) ¹Betreiber öffentlicher Telekommunikationsnetze dürfen ihr öffentliches Telekommunikationsnetz in den Räumen des Endnutzers abschließen. ²Der Abschluss ist nur statthaft, wenn der Endnutzer zustimmt und Eingriffe in Eigentumsrechte Dritter so geringfügig wie möglich erfolgen. ³Die Verlegung neuer Netzinfrastruktur ist nur statthaft, soweit keine Nutzung bestehender Netzinfrastruktur nach den Absätzen 2 und 3 möglich ist, mit der der Betreiber seinen Telekommunikationsdienst ohne spürbare Qualitätseinbußen bis zum Endnutzer bereitstellen kann. ⁴Soweit dies zum Netzabschluss erforderlich ist, ist der Gebäudeeigentümer dazu verpflichtet, dem Telekommunikationsnetzbetreiber auf Antrag den Anschluss aktiver Netzbestandteile an das Stromnetz zu ermöglichen. ⁵Die durch den

Anschluss aktiver Netzbestandteile an das Stromnetz entstehenden Kosten hat der Telekommunikationsnetzbetreiber zu tragen.

(2) ¹Eigentümer oder Betreiber öffentlicher Telekommunikationsnetze können, um ihr Netz in den Räumlichkeiten des Endnutzers abzuschließen, bei den Eigentümern oder Betreibern von gebäudeinternen Komponenten öffentlicher Telekommunikationsnetze oder den Eigentümern von Verkabelungen und zugehörigen Einrichtungen in Gebäuden am Standort des Endnutzers die Mitnutzung der gebäudeinternen Netzinfrastruktur beantragen. ²Liegt der erste Konzentrations- oder Verteilerpunkt eines öffentlichen Telekommunikationsnetzes außerhalb des Gebäudes, so gilt Absatz 1 ab diesem Punkt entsprechend.

(3) Wer über Netzinfrastrukturen in Gebäuden oder bis zum ersten Konzentrations- oder Verteilerpunkt eines öffentlichen Telekommunikationsnetzes verfügt, hat allen zumutbaren Mitnutzungsanträgen nach Absatz 2 zu fairen und diskriminierungsfreien Bedingungen, einschließlich der Mitnutzungsentgelte, stattzugeben, wenn eine Dopplung der Netzinfrastrukturen technisch unmöglich oder wirtschaftlich ineffizient ist.

(4) Neu errichtete Gebäude, die über Anschlüsse für Endnutzer von Telekommunikationsdiensten verfügen sollen, sind gebäudeintern bis zu den Netzabschlusspunkten mit geeigneten passiven Netzinfrastrukturen für Netze mit sehr hoher Kapazität sowie einem Zugangspunkt zu diesen passiven gebäudeinternen Netzkomponenten auszustatten.

(5) Gebäude, die umfangreich renoviert werden und über Anschlüsse für Endnutzer von Telekommunikationsdiensten verfügen sollen, sind gebäudeintern bis zu den Netzabschlusspunkten mit passiven Netzinfrastrukturen für Netze mit sehr hoher Kapazität sowie einem Zugangspunkt zu diesen passiven gebäudeinternen Netzkomponenten auszustatten.

(6) Einfamilienhäuser, Baudenkmäler, Ferienhäuser, Militärgebäude und Gebäude, die für Zwecke der nationalen Sicherheit genutzt werden, fallen nicht unter die Absätze 4 und 5.

(7) ¹Die zuständigen Behörden haben darüber zu wachen, dass die nach den Absätzen 4 bis 6 festgesetzten Anforderungen erfüllt werden. ²Soweit von der Verordnungsermächtigung des § 151 Absatz 4 Gebrauch gemacht wurde, berücksichtigen sie dabei die in der Rechtsverordnung festgesetzten Ausnahmen.

(8) Die Absätze 2 und 3 finden keine Anwendung, soweit zur mitzunutzenden gebäudeinternen Infrastruktur ein Zugang gemäß § 72 Absatz 6 gewährt wird.

§ 146 Mitverlegung, Sicherstellung und Betrieb der Infrastruktur für Netze mit sehr hoher Kapazität. (1) Eigentümer oder Betreiber öffentlicher Versorgungsnetze können im Rahmen von Bauarbeiten passive Netzinfrastrukturen für ein Netz mit sehr hoher Kapazität mitverlegen, um eine Mitnutzung im Sinne dieses Abschnitts oder den Betrieb eines Netzes mit sehr hoher Kapazität zu ermöglichen.

(2) ¹Im Rahmen von ganz oder teilweise aus öffentlichen Mitteln finanzierten Bauarbeiten für die Bereitstellung von Verkehrsdiensten, deren anfänglich geplante Dauer acht Wochen überschreitet, ist sicherzustellen, dass geeignete passive Netzinfrastrukturen für ein Netz mit sehr hoher Kapazität bedarfsgerecht mitverlegt werden, um den Betrieb eines Netzes mit sehr hoher

Kapazität durch Betreiber öffentlicher Telekommunikationsnetze zu ermöglichen. ²Im Rahmen der Erschließung von Neubaugebieten ist stets sicherzustellen, dass geeignete passive Netzinfrastrukturen für ein Netz mit sehr hoher Kapazität mitverlegt werden.

(3) ¹Betreiber öffentlicher Telekommunikationsnetze haben dem nach Absatz 2 Verpflichteten auf Anfrage innerhalb von zwei Monaten Auskunft über die wesentlichen Bedingungen eines Betriebs einer nach Absatz 2 zu verlegenden oder bereits verlegten Infrastruktur zu geben. ²Dazu gehören insbesondere die Modalitäten eines Anschlusses der Infrastruktur an das eigene öffentliche Telekommunikationsnetz einschließlich der relevanten Übergabepunkte.

§ 147 Antragsform und Reihenfolge der Verfahren. (1) Anträge der Eigentümer oder Betreiber öffentlicher Telekommunikationsnetze nach § 72 Absatz 6 sowie den §§ 79, 82, 136 bis 138, 142 und 143, 145, 153 und 154 können schriftlich oder elektronisch gestellt werden.

(2) ¹Über vollständige Anträge hat der Verpflichtete in der Reihenfolge zu entscheiden, in der die Anträge bei ihm eingehen. ²Ein vollständiger Antrag liegt vor, wenn der Antragsteller alle entscheidungsrelevanten Informationen dargelegt hat.

§ 148 Vertraulichkeit der Verfahren, Informationsverarbeitung und Gewährung der Einsichtnahme. (1) ¹Die Informationen, die im Rahmen der Verfahren dieses Abschnitts gewonnen werden, dürfen nur für die Zwecke verwendet werden, für die sie bereitgestellt werden. ²Die Informationen dürfen nicht an Dritte weitergegeben werden, insbesondere nicht an andere Abteilungen, Tochtergesellschaften oder Geschäftspartner der an den Verhandlungen Beteiligten. ³Die Verfahrensbeteiligten haben die aus den Verhandlungen oder Vereinbarungen gewonnenen Betriebs- und Geschäftsgeheimnisse zu wahren.

(2) ¹Das Bundesministerium für Verkehr und digitale Infrastruktur kann die Informationen, die es für die Aufgabenerfüllung nach § 78 Absatz 1 Nummer 1 und 5 erhalten hat, verarbeiten und auf Antrag den am Ausbau von öffentlichen Versorgungsnetzen Beteiligten Einsicht in die verarbeiteten Informationen gewähren. ²Für die Verwendung der nach Satz 1 gewonnenen Informationen gilt Absatz 1 entsprechend.

§ 149 Regulierungsziele, Entgeltmaßstäbe und Fristen der nationalen Streitbeilegung. (1) Die Bundesnetzagentur kann als nationale Streitbeilegungsstelle nach § 211 in Verbindung mit § 214 in den folgenden Fällen angerufen und eine verbindliche Entscheidung beantragt werden:

1. Der Eigentümer oder Betreiber eines öffentlichen Versorgungsnetzes oder sonstiger physischer Infrastruktur, die für die Errichtung oder Anbindung von drahtlosen Zugangspunkten mit geringer Reichweite geeignet ist, gibt innerhalb der in § 138 Absatz 2 und § 154 Absatz 2 genannten Frist kein Angebot zur Mitnutzung ab oder es kommt keine Einigung über die Bedingungen der Mitnutzung zustande,
2. Rechte, Pflichten oder Versagungsgründe, die in den §§ 136, 137, 142 und 153 festgelegt sind, sind streitig,
3. in den Fällen des § 143 Absatz 2 und 3 kommt innerhalb eines Monats ab dem Tag des Eingangs des Antrags bei dem Eigentümer oder Betreiber des

öffentlichen Versorgungsnetzes keine Vereinbarung über die Koordinierung der Bauarbeiten zustande,

4. innerhalb von zwei Monaten ab Eingang des Antrags kommt keine Vereinbarung über die Mitnutzung nach § 145 Absatz 2 und 3 zustande,
5. innerhalb von zwei Monaten ab Eingang des Antrags beim Betreiber des öffentlichen Telekommunikationsnetzes kommt keine Vereinbarung über den Netzzugang nach § 155 Absatz 1 zustande oder
6. innerhalb von einem Monat ab Eingang des Antrags beim Betreiber einer nach § 72 Absatz 1 Nummer 1 und 2 errichteten Netzinfrastruktur kommt keine Vereinbarung über den Netzzugang nach § 72 Absatz 6 zustande.

(2) ¹In dem Verfahren nach Absatz 1 Nummer 1 entscheidet die Bundesnetzagentur über die Rechte, Pflichten oder Versagungsgründe aus den §§ 138, 139, 141 und 154. ²Setzt sie ein Mitnutzungsentgelt fest, ist dieses fair und angemessen zu bestimmen. ³Grundlage für die Höhe des Mitnutzungsentgelts sind die zusätzlichen Kosten, die sich für den Eigentümer oder Betreiber des öffentlichen Versorgungsnetzes oder der sonstigen physischen Infrastruktur durch die Ermöglichung der Mitnutzung seiner passiven Netzinfrastrukturen oder seiner sonstigen physischen Infrastruktur ergeben. ⁴Darüber hinaus gewährt sie einen angemessenen Aufschlag als Anreiz für Eigentümer oder Betreiber öffentlicher Versorgungsnetze oder sonstiger physischer Infrastruktur zur Gewährung der Mitnutzung.

(3) ¹Betrifft die Streitigkeit nach Absatz 1 Nummer 1 die Mitnutzung eines öffentlichen Telekommunikationsnetzes, so berücksichtigt die Bundesnetzagentur neben Absatz 2 auch die in § 2 Absatz 2 genannten Regulierungsziele. ²Dabei stellt die Bundesnetzagentur sicher, dass Eigentümer und Betreiber des mitzunutzenden öffentlichen Telekommunikationsnetzes die Möglichkeit haben, ihre Kosten zu decken; sie berücksichtigt hierfür über die zusätzlichen Kosten gemäß Absatz 2 hinaus auch die Folgen der beantragten Mitnutzung auf deren Geschäftsplan einschließlich der Investitionen in das mitgenutzte öffentliche Telekommunikationsnetz und deren angemessene Verzinsung.

(4) In den Verfahren nach Absatz 1 Nummer 3 und 5 legt die Bundesnetzagentur in ihrer Entscheidung faire und diskriminierungsfreie Bedingungen einschließlich der Entgelte der Koordinierungsvereinbarung oder des jeweils beantragten Netzzugangs fest.

(5) ¹In dem Verfahren nach Absatz 1 Nummer 4 richtet sich die Bestimmung der Höhe des Mitnutzungsentgelts für Eigentümer oder Betreiber von gebäudeinternen Komponenten öffentlicher Telekommunikationsnetze oder Eigentümer von Verkabelungen und zugehörigen Einrichtungen in Gebäuden nach den Maßstäben des Absatzes 2, ohne dass ein Aufschlag gewährt wird. ²Für ab dem Inkrafttreten dieses Gesetzes errichtete gebäudeinterne Komponenten eines Netzes mit sehr hoher Kapazität oder aufgerüstete gebäudeinterne Netzinfrastrukturen, die vollständig aus Glasfaserkomponenten bestehen, richtet sich für den die Mitnutzung beantragenden Eigentümer oder Betreiber eines öffentlichen Telekommunikationsnetzes die Bestimmung des Mitnutzungsentgelts nach den Maßstäben des Absatzes 3, soweit die mitzunutzende gebäudeinterne Netzinfrastruktur auf Kosten eines Eigentümers oder Betreibers eines öffentlichen Telekommunikationsnetzes, der kein mit dem am Gebäude Verfügungsberechtigten verbundenes Unternehmen im Sinne des § 3 Nummer 69 ist, errichtet wurde. ³Soweit der die Mitnutzung begehrende

Telekommunikationsnetzbetreiber Investitionen zur Herstellung dieser Infrastruktur getätigt hat, kann er die Mitnutzung entgeltfrei beanspruchen, es sei denn, dass die Mitnutzung aufgrund besonderer technischer oder baulicher Gegebenheiten einen außergewöhnlichen Aufwand verursacht. ⁴Der Maßstab nach Satz 3 gilt nur für solche Investitionen, die erstmalig ab Inkrafttreten dieses Gesetzes getätigt werden.

(6) ¹Soweit eine Replizierung der Netzinfrastruktur technisch unmöglich oder wirtschaftlich ineffizient ist, kann die Bundesnetzagentur als nationale Streitbeilegungsstelle über die Entscheidung nach Absatz 5 über die Mitnutzung nach § 145 Absatz 2 und 3 hinaus Eigentümer oder Betreiber von gebäudeinternen Komponenten öffentlicher Telekommunikationsnetze oder Eigentümer von Verkabelungen und zugehörigen Einrichtungen in Gebäuden dazu verpflichten, anderen Unternehmen Zugang zur gebäudeinternen Netzinfrastruktur oder bis zum ersten Konzentrations- oder Verteilerpunkt des öffentlichen Telekommunikationsnetzes außerhalb des Gebäudes zu gewähren. ²Die auferlegten Maßnahmen können insbesondere konkrete Bestimmungen zur Zugangsgewährung, Transparenz und Diskriminierungsfreiheit sowie zu den Zugangsentgelten enthalten. ³Die Maßnahmen müssen objektiv, transparent, verhältnismäßig und diskriminierungsfrei sein. ⁴Das Konsultationsverfahren nach § 12 Absatz 1 und das Verfahren zum Erlass vorläufiger Maßnahmen nach § 12 Absatz 7 gelten entsprechend. ⁵Das Konsolidierungsverfahren nach § 12 Absatz 2, 3 und 6 gilt entsprechend, sofern die Maßnahmen Auswirkungen auf den Handel zwischen den Mitgliedstaaten der Europäischen Union haben und keine Ausnahme nach einer Empfehlung oder nach Leitlinien vorliegt, die die Kommission nach Artikel 34 der Richtlinie (EU) 2018/1972[1)] erlässt. ⁶Die Bundesnetzagentur als nationale Streitbeilegungsstelle überprüft die beschlossenen Maßnahmen innerhalb von fünf Jahren auf deren Wirksamkeit. ⁷Für die Ergebnisse ihrer Prüfung gelten die Sätze 4 bis 6 entsprechend. ⁸Die Bundesnetzagentur als nationale Streitbeilegungsstelle kann beabsichtigte Maßnahmen nach diesem Absatz jederzeit zurückziehen.

(7) Die Bundesnetzagentur entscheidet nach Eingang des vollständigen Antrags verbindlich in dem Verfahren nach

1. Absatz 1 Nummer 1 und 5 innerhalb von vier Monaten und

2. Absatz 1 Nummer 2 bis 4 und 6 innerhalb von zwei Monaten.

(8) ¹Die Bundesnetzagentur kann die ihr gesetzten Fristen für die Streitbeilegung bei außergewöhnlichen Umständen um höchstens zwei Monate verlängern. ²Die Umstände sind besonders und hinreichend zu begründen.

(9) Anträge können schriftlich oder elektronisch gestellt werden.

§ 150 Genehmigungsfristen für Bauarbeiten. ¹Genehmigungen für Bauarbeiten, die zum Zweck des Aufbaus der Komponenten von Netzen mit sehr hoher Kapazität notwendig sind, sind innerhalb von drei Monaten nach Eingang eines vollständigen Antrags zu erteilen oder abzulehnen. ²Die Frist kann um einen Monat verlängert werden, wenn dies wegen der Schwierigkeit der Angelegenheit gerechtfertigt ist. ³Die Fristverlängerung ist zu begründen und rechtzeitig mitzuteilen.

[1)] Nr. 2.

§ 151 Verordnungsermächtigungen.

(1) ¹Das Bundesministerium für Verkehr und digitale Infrastruktur wird ermächtigt, durch Rechtsverordnung ohne Zustimmung des Bundesrates im Benehmen mit dem Bundesministerium für Wirtschaft und Energie passive Netzinfrastrukturen zu benennen, die von den in §§ 79, 82, 136 und 137 genannten Rechten und Pflichten ausgenommen sind. ²Die Ausnahmen sind hinreichend zu begründen. ³Sie dürfen nur darauf gestützt werden, dass der Schutz von Teilen Kritischer Infrastrukturen betroffen ist oder dass die passiven Netzinfrastrukturen für die Telekommunikation technisch ungeeignet sind. ⁴Soweit die Ausnahmen auf den Schutz von Teilen Kritischer Infrastrukturen gestützt werden, bedarf die Rechtsverordnung des Einvernehmens mit dem Bundesministerium des Innern, für Bau und Heimat.

(2) ¹Das Bundesministerium für Verkehr und digitale Infrastruktur wird ermächtigt, durch Rechtsverordnung, die der Zustimmung des Bundesrates bedarf, über die in § 142 Absatz 4 vorgesehenen Ablehnungsgründe von den in § 142 festgelegten Rechten und Pflichten hinausgehende Ausnahmen vorzusehen und Kategorien von Bauarbeiten zu benennen, die der zentralen Informationsstelle des Bundes zu melden sind. ²Solche Kategorien dürfen nur Bauarbeiten enthalten, deren anfänglich geplante Dauer acht Wochen überschreitet. ³Die Rechtsverordnung ist hinreichend zu begründen und kann im Umfang oder Wert geringfügige Bauarbeiten oder Kritische Infrastrukturen ausnehmen. ⁴Soweit die Ausnahmen auf den Schutz von Teilen Kritischer Infrastrukturen gestützt werden, bedarf die Rechtsverordnung des Einvernehmens mit dem Bundesministerium des Innern, für Bau und Heimat.

(3) ¹Das Bundesministerium für Verkehr und digitale Infrastruktur wird ermächtigt, durch Rechtsverordnung, die der Zustimmung des Bundesrates bedarf, Ausnahmen von den in § 143 festgelegten Rechten und Pflichten vorzusehen. ²Die Ausnahmen können auf dem geringen Umfang und Wert der Bauarbeiten oder auf den Schutz von Teilen Kritischer Infrastrukturen beruhen. ³Soweit die Ausnahmen auf den Schutz von Teilen Kritischer Infrastrukturen gestützt werden, bedarf die Rechtsverordnung des Einvernehmens mit dem Bundesministerium des Innern, für Bau und Heimat.

(4) ¹Das Bundesministerium für Verkehr und digitale Infrastruktur wird ermächtigt, im Einvernehmen mit dem Bundesministerium für Umwelt, Naturschutz und nukleare Sicherheit durch Rechtsverordnung, die der Zustimmung des Bundesrates bedarf, Ausnahmen von § 145 Absatz 4 und 5 vorzusehen. ²Die Rechtsverordnung ist hinreichend zu begründen und kann bestimmte Gebäudekategorien und umfangreiche Renovierungen ausnehmen, falls die Erfüllung der Pflichten unverhältnismäßig wäre. ³Die Unverhältnismäßigkeit kann insbesondere auf den voraussichtlichen Kosten für einzelne Eigentümer oder auf der spezifischen Art des Gebäudes beruhen.

(5) Eigentümern und Betreibern öffentlicher Versorgungsnetze und interessierten Parteien ist die Gelegenheit zu geben, innerhalb eines Monats zum Entwurf einer aufgrund der Absätze 1 bis 4 erlassenen Rechtsverordnung Stellung zu nehmen.

(6) Die aufgrund der Absätze 1 bis 4 erlassenen Rechtsverordnungen sind der Kommission mitzuteilen.

Abschnitt 3. Drahtlose Zugangspunkte mit geringer Reichweite, sonstige physische Infrastrukturen und offener Netzzugang

§ 152 Errichtung, Anbindung und Betrieb drahtloser Zugangspunkte mit geringer Reichweite. (1) Die zuständigen Behörden beschränken die Errichtung drahtloser Zugangspunkte mit geringer Reichweite, die den Durchführungsmaßnahmen nach Artikel 57 Absatz 2 der Richtlinie (EU) 2018/1972[1)] entsprechen, nicht in unangemessener Weise.

(2) [1] Die Errichtung und Anbindung von drahtlosen Zugangspunkten mit geringer Reichweite unterliegt keinen über die gemäß § 223 zulässigen hinausgehenden Gebühren und Auslagen. [2] Hiervon unberührt bleiben erhobene Gebühren und Auslagen für Genehmigungen nach Absatz 1 Satz 3 und geschäftliche Vereinbarungen.

§ 153 Informationen über sonstige physische Infrastruktur für drahtlose Zugangspunkte mit geringer Reichweite. (1) [1] Eigentümer oder Betreiber öffentlicher Telekommunikationsnetze können bei Eigentümern oder Betreibern sonstiger physischer Infrastrukturen für Zwecke der Errichtung oder Anbindung von drahtlosen Zugangspunkten mit geringer Reichweite die Erteilung von Informationen über die sonstigen physischen Infrastrukturen beantragen. [2] Im Antrag ist das Gebiet anzugeben, das mit drahtlosen Zugangspunkten mit geringer Reichweite erschlossen werden soll.

(2) [1] Eigentümer oder Betreiber sonstiger physischer Infrastrukturen müssen Antragstellern nach Absatz 1 innerhalb von zwei Monaten nach dem Tag des Antragseingangs die beantragten Informationen erteilen. [2] Die Erteilung erfolgt unter verhältnismäßigen, diskriminierungsfreien und transparenten Bedingungen.

(3) Die Informationen über sonstige physische Infrastrukturen nach Absatz 2 müssen mindestens folgende Angaben enthalten:

1. die geografische Lage des Standortes und etwaig entstehende oder bereits bestehende Telekommunikationslinien,
2. die Art und gegenwärtige Nutzung der sonstigen physischen Infrastrukturen und
3. die Kontaktdaten eines oder mehrerer Ansprechpartner beim Eigentümer oder Betreiber der sonstigen physischen Infrastruktur.

(4) Der Antrag nach Absatz 1 kann ganz oder teilweise abgelehnt werden, soweit konkrete Anhaltspunkte dafür vorliegen, dass

1. eine Erteilung der Informationen die Sicherheit oder Integrität der sonstigen physischen Infrastruktur, die öffentliche Sicherheit oder die öffentliche Gesundheit gefährdet,
2. durch die Erteilung der Informationen die Vertraulichkeit gemäß § 148 verletzt wird,
3. eine Erteilung der Informationen die Integrität oder Sicherheit bereits bestehender sonstiger physischer Infrastrukturen, insbesondere nationaler, nachweislich besonders schutzbedürftiger Kritischer Infrastrukturen, gefährdet und der Betreiber die Mitnutzung im Rahmen der ihm durch Gesetz

---

[1)] Nr. 2.

oder aufgrund eines Gesetzes auferlegten Schutzpflichten nicht durch verhältnismäßige Maßnahmen ermöglichen kann,

4. ein Ablehnungsgrund für eine Mitnutzung nach § 154 Absatz 4 vorliegt.

(5) ¹Werden nach Absatz 1 beantragte Informationen bereits von der zentralen Informationsstelle des Bundes gemäß § 78 Absatz 1 Nummer 1 bereitgestellt, genügt anstelle einer Erteilung der Informationen durch den Eigentümer oder Betreiber der sonstigen physischen Infrastruktur ein Hinweis an den Antragsteller, dass die Informationen nach Absatz 6 einsehbar sind. ²Der Eigentümer oder Betreiber der sonstigen physischen Infrastruktur kann diese Informationen der zentralen Informationsstelle des Bundes zur Bereitstellung gemäß § 78 Absatz 1 Nummer 1 im Rahmen der hierfür von ihr vorgegebenen Bedingungen zur Verfügung stellen.

(6) ¹Die zentrale Informationsstelle des Bundes macht die nach Absatz 5 Satz 2 erhaltenen Informationen unverzüglich zugänglich:

1. den Eigentümern oder Betreibern öffentlicher Telekommunikationsnetze,
2. dem Bundesministerium für Verkehr und digitale Infrastruktur sowie
3. den Gebietskörperschaften der Länder und der Kommunen.

²Die Zugänglichmachung erfolgt elektronisch unter verhältnismäßigen, diskriminierungsfreien und transparenten Bedingungen. ³Näheres regelt die zentrale Informationsstelle des Bundes in Einsichtnahmebedingungen, die der vorherigen Zustimmung des Bundesministeriums für Verkehr und digitale Infrastruktur bedürfen. ⁴Die Einsichtnahmebedingungen haben insbesondere der Sensitivität der erfassten Daten und dem zu erwartenden Verwaltungsaufwand Rechnung zu tragen.

(7) Die zentrale Informationsstelle des Bundes kann die nach Absatz 5 Satz 2 erhaltenen Informationen auch für die Bereitstellung einer gebietsbezogenen Übersicht gemäß § 79 Absatz 1 Nummer 1 verwenden.

§ 154 Mitnutzung sonstiger physischer Infrastruktur für drahtlose Zugangspunkte mit geringer Reichweite.

(1) ¹Eigentümer oder Betreiber öffentlicher Telekommunikationsnetze können bei Eigentümern oder Betreibern sonstiger physischer Infrastrukturen die Mitnutzung für die Errichtung oder Anbindung von drahtlosen Zugangspunkten mit geringer Reichweite beantragen. ²Der Antrag muss folgende Angaben enthalten:

1. eine detaillierte Beschreibung des Projekts und der Komponenten der sonstigen physischen Infrastruktur, für die die Mitnutzung beantragt wird,
2. einen genauen Zeitplan für die Umsetzung der beantragten Mitnutzung und
3. die Angabe des Gebiets, das mit drahtlosen Zugangspunkten mit geringer Reichweite erschlossen werden soll, sowie deren vorgesehene Sendeleistung.

(2) ¹Eigentümer oder Betreiber sonstiger physischer Infrastrukturen müssen Antragstellern nach Absatz 1 innerhalb von zwei Monaten nach Antragseingang ein Angebot über die Mitnutzung für die Errichtung oder Anbindung von drahtlosen Zugangspunkten mit geringer Reichweite unterbreiten. ²Das Angebot über die Mitnutzung hat insbesondere Folgendes zu enthalten:

1. faire und angemessene, transparente und diskriminierungsfreie Bedingungen für die Mitnutzung, insbesondere in Bezug auf den Preis,

2. die Art und Weise der Umsetzung sowie den Zeitpunkt der Bereitstellung und
3. die Verantwortlichkeiten einschließlich der Möglichkeit, Dritte zu beauftragen.

³ Das Angebot kann besondere Vereinbarungen zur Haftung und zu Instandhaltungen, Änderungen, Erweiterungen, Verlegungen und Störungen enthalten.

(3) Die Mitnutzung ist so auszugestalten, dass sie den Anforderungen der öffentlichen Sicherheit und der öffentlichen Gesundheit sowie den anerkannten Regeln der Technik genügt.

(4) ¹ Gibt der Eigentümer oder Betreiber der sonstigen physischen Infrastruktur kein Angebot über die Mitnutzung ab, so hat er innerhalb der in Absatz 2 Satz 1 genannten Frist dem Antragsteller nachzuweisen, dass einer Mitnutzung objektive, transparente und verhältnismäßige Gründe entgegenstehen. ² Der Antrag auf Mitnutzung darf nur abgelehnt werden, wenn einer der folgenden Gründe vorliegt:

1. die fehlende technische oder bauliche Eignung der sonstigen physischen Infrastruktur für die beabsichtigte Errichtung oder Anbindung des drahtlosen Zugangspunkts mit geringer Reichweite,
2. der zum Zeitpunkt des Antragseingangs fehlende Platz für die beabsichtigte Errichtung oder Anbindung des drahtlosen Zugangspunkts mit geringer Reichweite,
3. konkrete Anhaltspunkte dafür, dass die beantragte Mitnutzung die öffentliche Sicherheit gefährdet, wobei von konkreten Anhaltspunkten auszugehen ist, soweit Teile einer sonstigen physischen Infrastruktur betroffen sind, die durch den Bund zur Verwirklichung einer sicheren Behördenkommunikation genutzt werden,
4. konkrete Anhaltspunkte dafür, dass die beantragte Mitnutzung die Integrität oder Sicherheit bereits bestehender sonstiger physischer Infrastrukturen, insbesondere nationaler, nachweislich besonders schutzbedürftiger Kritischer Infrastrukturen, gefährdet, und der Betreiber die Mitnutzung im Rahmen der ihm durch Gesetz oder aufgrund eines Gesetzes auferlegten Schutzpflichten nicht durch verhältnismäßige Maßnahmen ermöglichen kann,
5. die Verfügbarkeit tragfähiger Alternativen zur beantragten Mitnutzung sonstiger physischer Infrastrukturen, soweit der Eigentümer oder Betreiber der sonstigen physischen Infrastruktur diese Alternativen anbietet, sie sich für die Errichtung oder Anbindung drahtloser Zugangspunkte mit geringer Reichweite eignen und die Mitnutzung zu fairen und angemessenen Bedingungen gewährt wird.

(5) Eigentümer oder Betreiber sonstiger physischer Infrastrukturen haben Verträge über Mitnutzungen innerhalb von zwei Monaten nach deren Abschluss der Bundesnetzagentur zur Kenntnis zu geben.

§ 155 Offener Netzzugang zu öffentlich geförderten Telekommunikationsnetzen und Telekommunikationslinien, Verbindlichkeit von Ausbauzusagen in der Förderung. (1) Betreiber oder Eigentümer öffentlicher Telekommunikationsnetze müssen anderen Betreibern öffentlicher Telekommunikationsnetze auf Antrag einen diskriminierungsfreien, offenen Netzzugang zu öffentlich geförderten Telekommunikationslinien oder Telekommunikationsnetzen zu fairen und angemessenen Bedingungen gewähren.

(2) ¹Bei öffentlich geförderten Baumaßnahmen gilt die gesamte verlegte Infrastruktur als gefördert im Sinne des Absatzes 1. ²Dies gilt nicht für die im Rahmen der öffentlich geförderten Baumaßnahme zusätzlich eingebrachte Infrastruktur, die der Fördermittelempfänger oder ein Dritter auf jeweils eigene Kosten verlegt hat.

(3) Eigentümer oder Betreiber öffentlicher Telekommunikationsnetze haben Verträge über einen offenen Netzzugang im Sinne des Absatzes 1 innerhalb von zwei Monaten nach deren Abschluss der Bundesnetzagentur zur Kenntnis zu geben.

(4) ¹Die Bundesnetzagentur veröffentlicht im Einvernehmen mit dem Bundesministerium für Verkehr und digitale Infrastruktur und dem Bundesministerium für Wirtschaft und Energie Grundsätze zu Art, Umfang und Bedingungen des offenen Netzzugangs nach Absatz 1. ²Sie berücksichtigt dabei unionsrechtliche Vorschriften über staatliche Beihilfen im Zusammenhang mit dem schnellen Breitbandausbau in der jeweils gültigen Fassung.

(5) ¹Richtliniengeber für die öffentliche Förderung von Telekommunikationslinien oder Telekommunikationsnetzen können in der jeweiligen Förderrichtlinie vorsehen, dass Meldungen von Unternehmen in einem Verfahren zur Markterkundung nur berücksichtigt werden, wenn sich das Unternehmen gegenüber der Gebietskörperschaft oder dem Zuwendungsgeber, die oder der das Verfahren durchführt oder in Auftrag gegeben hat, vertraglich verpflichtet, den gemeldeten Ausbau durchzuführen. ²Das Markterkundungsverfahren wird von einer Gebietskörperschaft oder im Auftrag einer Gebietskörperschaft, einem Zuwendungsgeber oder im Auftrag eines Zuwendungsgebers mit dem Ziel durchgeführt, den Ausbau von Telekommunikationslinien oder Telekommunikationsnetzen in einem festgelegten Gebiet innerhalb eines bestimmten Zeitraums sicherzustellen.

Teil 9. Recht auf Versorgung mit Telekommunikationsdiensten

§ 156 Recht auf Versorgung mit Telekommunikationsdiensten.

(1) ¹Endnutzer haben gegenüber Unternehmen, die durch die Bundesnetzagentur nach § 161 Absatz 1, 2 oder 3 verpflichtet worden sind (Diensteverpflichtete), einen Anspruch auf Versorgung mit den von der Verpflichtung umfassten Telekommunikationsdiensten nach § 157 Absatz 2, einschließlich des hierfür notwendigen Anschlusses an ein öffentliches Telekommunikationsnetz, an ihrer Hauptwohnung oder an ihrem Geschäftsort, soweit diese sich in dem von der Verpflichtung umfassten Gebiet befinden. ²Der Diensteverpflichtete hat die Versorgung innerhalb der von der Bundesnetzagentur festgelegten Frist des § 161 Absatz 2 Satz 4 nach Geltendmachung durch den Endnutzer sicherzustellen.

(2) Diensteverpflichtete haben die Leistungen so anzubieten und zu erbringen, dass Endnutzer nicht für Einrichtungen oder Telekommunikationsdienste zu zahlen haben, die nicht notwendig oder für die gewählten Telekommunikationsdienste nicht erforderlich sind.

(3) ¹Diensteverpflichtete haben der Bundesnetzagentur auf Anfrage angemessene und aktuelle Informationen über ihre Leistungen bei der Versorgung mit Telekommunikationsdiensten nach § 157 Absatz 2 mitzuteilen. ²Dabei werden die Parameter, Definitionen und Messverfahren für die Dienstequa-

lität zugrunde gelegt, die in Anhang X der Richtlinie (EU) 2018/1972[1)] dargelegt sind.

(4) Auf Antrag eines Verbrauchers kann die Versorgung mit Telekommunikationsdiensten gemäß § 157 Absatz 2 auf Sprachkommunikationsdienste beschränkt werden.

§ 157 Verfügbarkeit der Telekommunikationsdienste. (1) [1]Die Bundesnetzagentur überwacht in regelmäßigen Abständen die Verfügbarkeit eines Mindestangebots gemäß Absatz 2. [2]Sie berücksichtigt hierbei die Ergebnisse der Erhebungen der zentralen Informationsstelle des Bundes gemäß den §§ 80, 81 und 84. [3]Die Bundesnetzagentur berichtet in dem Jahresbericht nach § 196 über die Ergebnisse der Überwachung nach Satz 1.

(2) Mindestens verfügbar sein müssen Sprachkommunikationsdienste sowie ein schneller Internetzugangsdienst für eine angemessene soziale und wirtschaftliche Teilhabe im Sinne des Absatzes 3, einschließlich des hierfür notwendigen Anschlusses an ein öffentliches Telekommunikationsnetz an einem festen Standort.

(3) [1]In einer Rechtsverordnung des Bundesministeriums für Verkehr und digitale Infrastruktur, die des Einvernehmens mit dem Ausschuss für Verkehr und digitale Infrastruktur des Deutschen Bundestages bedarf, wird mit Zustimmung des Bundesrates festgelegt, welche Anforderungen ein Internetzugangsdienst sowie ein Sprachkommunikationsdienst nach Absatz 2 erfüllen müssen. [2]Bei der Festlegung der Anforderungen an den Internetzugangsdienst nach Satz 1 werden insbesondere die von mindestens 80 Prozent der Verbraucher im Bundesgebiet genutzte Mindestbandbreite, Uploadrate und Latenz sowie weitere nationale Gegebenheiten, wie die Auswirkungen der festgelegten Qualität auf Anreize zum privatwirtschaftlichen Breitbandausbau und zu Breitbandfördermaßnahmen, berücksichtigt. [3]Der Internetzugangsdienst muss stets mindestens die in Anhang V der Richtlinie (EU) 2018/1972[1)] in der jeweils gültigen Fassung aufgeführten Dienste, Teleheimarbeit einschließlich Verschlüsselungsverfahren im üblichen Umfang und eine für Verbraucher marktübliche Nutzung von Online-Inhaltediensten ermöglichen. [4]Die nach Satz 1 festzulegende Uploadrate und Latenz können niedriger, als die von 80 Prozent der Verbraucher im Bundesgebiet genutzten Werte sein, wenn tatsächlich nachgewiesen ist, dass die in Satz 3 genannten Dienste auch bei geringeren Vorgaben beim Endnutzer funktionieren. [5]In einer Rechtsverordnung nach Satz 1 können kürzere als die in § 160 und § 161 genannten Fristen festgelegt werden, wenn durch eine Digitalisierung der Verfahrensabläufe eine Beschleunigung erreicht werden konnte.

(4) [1]Die Rechtsverordnung nach Absatz 3 ist innerhalb von sechs Monaten nach Inkrafttreten dieser Regelung zu erlassen. [2]Das Bundesministerium für Verkehr und digitale Infrastruktur hat die festgelegten Anforderungen jährlich zu überprüfen. [3]Über das Ergebnis unterrichtet es den Ausschuss für Verkehr und digitale Infrastruktur des Deutschen Bundestages.

(5) [1]Das Bundesministerium für Verkehr und digitale Infrastruktur kann die Ermächtigung nach Absatz 3 sowie die Pflichten nach Absatz 4 durch Rechtsverordnung auf die Bundesnetzagentur übertragen. [2]Eine Rechtsverordnung der Bundesnetzagentur nach Satz 1 bedarf des Einvernehmens mit dem Bun-

---

[1)] Nr. **2**.

desministerium für Verkehr und digitale Infrastruktur und mit dem Ausschuss für Verkehr und digitale Infrastruktur des Deutschen Bundestages und der Zustimmung des *Bunderates*[1]). ³Das Ergebnis des Prüfberichts der Bundesnetzagentur nach Absatz 4 bedarf des Einvernehmens mit dem Bundesministerium für Verkehr und digitale Infrastruktur und mit dem Ausschuss für Verkehr und digitale Infrastruktur des Deutschen Bundestages.

§ 158 Erschwinglichkeit der Telekommunikationsdienste.

(1) ¹Telekommunikationsdienste nach § 157 Absatz 2, einschließlich des hierfür notwendigen Anschlusses an ein öffentliches Telekommunikationsnetz an einem festen Standort, müssen Verbrauchern zu einem erschwinglichen Preis angeboten werden. ²Die Bundesnetzagentur veröffentlicht nach Anhörung der betroffenen Kreise Grundsätze über die Ermittlung erschwinglicher Preise für Telekommunikationsdienste nach § 157 Absatz 2, einschließlich des hierfür notwendigen Anschlusses an ein öffentliches Telekommunikationsnetz an einem festen Standort, innerhalb von sechs Monaten nach Inkrafttreten dieser Regelung.

(2) Die Bundesnetzagentur überwacht die Entwicklung und Höhe der Preise für Telekommunikationsdienste nach § 157 Absatz 2, einschließlich des hierfür notwendigen Anschlusses an ein öffentliches Telekommunikationsnetz an einem festen Standort.

§ 159 Beitrag von Unternehmen zur Versorgung mit Telekommunikationsdiensten.

¹Jeder Anbieter, der auf dem sachlichen Markt der Versorgung mit Telekommunikationsdiensten nach § 157 Absatz 2 im Geltungsbereich dieses Gesetzes tätig ist, ist verpflichtet, dazu beizutragen, dass die Versorgung mit Telekommunikationsdiensten nach den §§ 157 und 158 erbracht werden kann. ²Die Verpflichtung nach Satz 1 ist nach Maßgabe der Bestimmungen dieses Abschnitts zu erfüllen.

§ 160 Feststellung der Unterversorgung.

(1) ¹Stellt die Bundesnetzagentur im Rahmen ihrer Überwachung gemäß § 157 Absatz 1 und § 158 Absatz 2 fest, dass einer der nachfolgenden Umstände vorliegt, so veröffentlicht sie innerhalb von zwei Monaten nach erstmaliger Kenntniserlangung diese Feststellung:

1. eine Versorgung mit Telekommunikationsdiensten nach § 157 Absatz 2 wird weder aktuell noch in objektiv absehbarer Zeit angemessen, ausreichend oder nach § 158 Absatz 1 zu einem erschwinglichen Endnutzerpreis erbracht,

2. es ist zu besorgen, dass eine Versorgung mit Telekommunikationsdiensten nach § 157 Absatz 2 zukünftig nicht mehr gewährleistet sein wird.

²Die Bundesnetzagentur kann die ihr gesetzte Frist für die Veröffentlichung der Unterversorgungsfeststellung nach Satz 1 bei außergewöhnlichen Umständen um bis zu einen Monat überschreiten. ³Die Umstände sind hinreichend zu begründen.

(2) Stellt die Bundesnetzagentur im Rahmen ihrer Feststellung nach Absatz 1 in dem von der Feststellung umfassten Gebiet einen tatsächlichen Bedarf für eine Versorgung mit den nach § 157 Absatz 2 mindestens verfügbaren Telekommunikationsdiensten fest, kündigt sie mit der Veröffentlichung der Unter-

---

[1]) Richtig wohl: „Bundesrates".

versorgungsfeststellung an, nach den Vorschriften des § 161 Absatz 2 vorzugehen, sofern kein Unternehmen innerhalb eines Monats nach Veröffentlichung der Unterversorgungsfeststellung schriftlich oder elektronisch gegenüber der Bundesnetzagentur zusagt, sich zur Versorgung mit Telekommunikationsdiensten nach § 157 Absatz 2 und § 158 Absatz 1 ohne Ausgleich nach § 162 zu verpflichten.

§ 161 Verpflichtungen zur Versorgung mit Telekommunikationsdiensten. (1) ¹Ist die nach § 160 Absatz 2 eingereichte Verpflichtungszusage nach Beurteilung durch die Bundesnetzagentur geeignet, die Versorgung mit Telekommunikationsdiensten nach § 157 Absatz 2 und § 158 Absatz 1 zu gewährleisten, kann die Bundesnetzagentur die Verpflichtungszusage durch Verfügung für bindend erklären. ²Die Verfügung hat zum Inhalt, dass die Bundesnetzagentur vorbehaltlich des Satzes 4 von ihren Befugnissen nach den folgenden Absätzen gegenüber den beteiligten Unternehmen keinen Gebrauch machen wird. ³Die Verfügung kann befristet werden. ⁴Die Bundesnetzagentur kann die Verfügung nach Satz 1 aufheben und das Verfahren wieder aufnehmen, wenn

1. sich die tatsächlichen Verhältnisse in einem für die Verfügung wesentlichen Punkt nachträglich geändert haben,
2. die beteiligten Unternehmen ihre Verpflichtungen nicht einhalten,
3. die Bundesnetzagentur die Anforderungen an die Telekommunikationsdienste nach § 157 Absatz 3 oder § 158 Absatz 1 ändert oder
4. die Verfügung auf unvollständigen, unrichtigen oder irreführenden Angaben der Parteien beruht.

(2) ¹Hat die Bundesnetzagentur das Vorliegen einer Unterversorgung und eines tatsächlichen Bedarfs gemäß § 160 festgestellt und keine geeignete Verpflichtungszusage nach Absatz 1 für bindend erklärt, verpflichtet die Bundesnetzagentur nach Anhörung der in Betracht kommenden Unternehmen eines oder mehrere dieser Unternehmen, Telekommunikationsdienste nach § 157 Absatz 2 und § 158 Absatz 1, einschließlich des hierfür notwendigen Anschlusses an ein öffentliches Telekommunikationsnetz zu erbringen. ²Die Verpflichtung eines oder mehrerer der in Betracht kommenden Unternehmen hat innerhalb von drei Monaten nach Ablauf der Monatsfrist zur Einreichung ausgleichsfreier Verpflichtungszusagen nach § 160 Absatz 2 zu erfolgen. ³Die Frist nach Satz 2 kann um einen Monat überschritten werden, wenn dies wegen der Komplexität des Sachverhalts gerechtfertigt ist. ⁴Der Diensteverpflichtete hat spätestens mit Ablauf von drei Monaten ab dem Zeitpunkt der Verpflichtung mit dem Schaffen der Voraussetzungen für die Erbringung der von der Verpflichtung umfassten Telekommunikationsdienste nach § 157 Absatz 2 zu beginnen und diese Telekommunikationsdienste innerhalb einer von der Bundesnetzagentur gesetzten angemessenen Frist, die in der Regel drei Monate nicht überschreiten sollte, zu erbringen. ⁵Im Rahmen der Anhörung kann die Bundesnetzagentur die Unternehmen dazu verpflichten, ihr Informationen, die für die Entscheidung nach Satz 1 erforderlich sind, vorzulegen und glaubhaft zu machen. ⁶Für eine Verpflichtung nach Satz 1 kommen insbesondere solche Unternehmen in Betracht, die bereits geeignete Telekommunikationsnetze in der Nähe der betreffenden Anschlüsse betreiben und die Versorgung mit Telekommunikationsdiensten nach § 157 Absatz 2 auf kosteneffiziente Weise erbringen können. ⁷Die Bundesnetzagentur kann die Erbringung der Versorgung

mit Telekommunikationsdiensten nach § 157 Absatz 2 für mehrere Gebiete anordnen. [8]Das Verfahren zur Verpflichtung des geeigneten Unternehmens muss effizient, objektiv, transparent und nichtdiskriminierend sein.

(3) [1]Die Bundesnetzagentur kann ausnahmsweise ein oder mehrere in Betracht kommende Unternehmen dazu verpflichten, Endnutzer leitungsgebunden unter Mitnutzung bereits vorhandener Telekommunikationslinien anzuschließen und mit Diensten nach § 157 Absatz 2 zu versorgen, wenn dies zumutbar ist. [2]Die Feststellung einer Unterversorgung nach § 160 Absatz 1 bleibt unberührt. [3]Zumutbar ist der leitungsgebundene Anschluss in der Regel dann, wenn geeignete Leerrohrinfrastruktur am zu versorgenden Grundstück anliegt. [4]Das Verfahren zur Verpflichtung eines oder mehrerer Unternehmen zum leitungsgebundenen Anschluss entspricht dem Verfahren des Absatzes 2. [5]Die Bundesnetzagentur veröffentlicht ihre Entscheidung einschließlich deren Gründe.

(4) [1]Wesentliche Änderungen, die sich auf die Versorgung mit Telekommunikationsdiensten nach § 157 Absatz 2 und § 158 Absatz 1 auswirken können, haben Diensteverpflichtete der Bundesnetzagentur rechtzeitig im Voraus anzuzeigen. [2]Anzuzeigen ist insbesondere die Veräußerung eines wesentlichen Teils oder der Gesamtheit der Anlagen des Ortsanschlussnetzes an eine andere juristische Person mit anderem Eigentümer.

§ 162 Ausgleich für die Versorgung mit Telekommunikationsdiensten. (1) Die Bundesnetzagentur gewährt dem Diensteverpflichteten nach § 161 Absatz 2 oder 3 nach Ablauf des Kalenderjahres, in welchem dem Diensteverpflichteten ein Defizit bei der Erbringung der Versorgung mit Telekommunikationsdiensten nach § 157 Absatz 2 und § 158 Absatz 1 entsteht, auf begründeten Antrag nach Maßgabe der folgenden Bestimmungen einen finanziellen Ausgleich, sofern die ermittelten Nettokosten eine unzumutbare Belastung darstellen.

(2) Die Bundesnetzagentur ermittelt die voraussichtliche Höhe der Nettokosten für die verpflichtende Erbringung der Telekommunikationsdienste nach § 157 Absatz 2 und § 158 Absatz 1 als Differenz zwischen den Nettokosten des Diensteverpflichteten für den Betrieb ohne Diensteverpflichtung und den Nettokosten für den Betrieb unter Einhaltung der Diensteverpflichtung gemäß Anhang VII der Richtlinie (EU) 2018/1972[1)] in der jeweils gültigen Fassung.

(3) Die Bundesnetzagentur prüft die für die Berechnung der Nettokosten zugrunde liegende Kostenrechnung des Diensteverpflichteten und weitere der Berechnung der Nettokosten zugrunde liegende Informationen.

(4) [1]Die Bundesnetzagentur stellt fest, ob die ermittelten Nettokosten der Erbringung der Versorgung mit Telekommunikationsdiensten eine unzumutbare Belastung darstellen. [2]Ist dies der Fall, setzt die Bundesnetzagentur die Höhe des Ausgleichs fest. [3]Die Höhe des Ausgleichs ergibt sich aus dem von der Bundesnetzagentur errechneten Ausgleichsbetrag zuzüglich einer marktüblichen Verzinsung. [4]Die Verzinsung beginnt mit dem Tag, der dem Ablauf des in Absatz 1 genannten Kalenderjahres folgt.

(5) [1]Die Bundesnetzagentur veröffentlicht

[1)] Nr. 2.

1. die Grundsätze der Nettokostenberechnung nach Absatz 2, einschließlich der Einzelheiten der zu verwendenden Methode,
2. die Ergebnisse der Nettokostenberechnung nach Absatz 2 und
3. die Ergebnisse der Prüfung nach Absatz 3.

²Bei der Veröffentlichung der Ergebnisse nach Satz 1 Nummer 2 und 3 sind die Betriebs- und Geschäftsgeheimnisse der betroffenen Unternehmen zu wahren.

§ 163 Umlageverfahren. (1) Gewährt die Bundesnetzagentur einen Ausgleich nach § 162 für die Erbringung der Versorgung mit Telekommunikationsdiensten gemäß § 157 Absatz 2 und § 158 Absatz 1, trägt jedes Unternehmen, das nach § 159 verpflichtet ist, zu diesem Ausgleich durch eine Abgabe bei.

(2) ¹Die Höhe der Abgabe bemisst sich grundsätzlich nach dem Verhältnis des Jahresinlandsumsatzes des jeweiligen Unternehmens zu der Summe des Jahresinlandsumsatzes aller auf dem sachlich relevanten Markt Verpflichteten und hat eine eigene Erbringung der Versorgung mit Telekommunikationsdiensten nach § 161 Absatz 1 hinreichend zu berücksichtigen. ²Dabei ist abzustellen auf den Inlandsumsatz des Kalenderjahres, für das ein Ausgleich nach § 162 gewährt wird. ³Die Höhe der Abgabe wird für jedes Unternehmen gesondert berechnet und darf nicht gebündelt werden. ⁴Kann von einem abgabepflichtigen Unternehmen die auf ihn entfallende Abgabe nicht erlangt werden, so ist der Ausfall von den übrigen Verpflichteten nach dem Verhältnis ihrer Anteile zueinander zu leisten.

(3) ¹Die Unternehmen teilen der Bundesnetzagentur ihre Umsätze auf dem sachlich relevanten Markt der Versorgung mit Telekommunikationsdiensten nach § 157 Absatz 2 jeweils auf Verlangen jährlich mit. ²Unterbleibt die Mitteilung, kann die Bundesnetzagentur eine Schätzung vornehmen.

(4) Bei der Ermittlung der Umsätze gelten § 36 Absatz 2 und § 38 des Gesetzes gegen Wettbewerbsbeschränkungen entsprechend.

(5) Nach Ablauf des Kalenderjahres, für das ein Ausgleich nach § 162 Absatz 1 gewährt wird, setzt die Bundesnetzagentur den Abgabebetrag der abgabepflichtigen Unternehmen fest und teilt dies den betroffenen Unternehmen mit.

(6) ¹Die Bundesnetzagentur kann Anbieter, die nummernunabhängige interpersonelle Telekommunikationsdienste im Geltungsbereich dieses Gesetzes erbringen, dazu verpflichten, zu dem Ausgleich nach Absatz 1 beizutragen, wenn die Voraussetzungen nach § 21 Absatz 2 Nummer 1 vorliegen. ²Sie hat den Anteil der nach Satz 1 verpflichteten Unternehmen im Verhältnis zu den nach § 159 Verpflichteten zu berechnen. ³Die Absätze 2 bis 5 gelten entsprechend, wobei als Bemessungsgrundlage an die Stelle des Jahresinlandsumsatzes die Anzahl der monatlich aktiven Nutzer im Inland tritt.

(7) ¹Die zu einer Abgabe nach Absatz 1 oder Absatz 6 verpflichteten Unternehmen haben die von der Bundesnetzagentur festgesetzten, auf sie entfallenden Abgaben innerhalb eines Monats ab Zugang des Festsetzungsbescheides an die Bundesnetzagentur zu entrichten. ²Ist ein zur Abgabe verpflichtetes Unternehmen mit der Zahlung der Abgabe mehr als drei Monate im Rückstand, erlässt die Bundesnetzagentur einen Feststellungsbescheid über die rückständigen Beträge der Abgabe und betreibt die Einziehung.

(8) ¹Unternehmen sind von der Abgabeverpflichtung befreit, wenn ihr Jahresinlandsumsatz unterhalb einer von der Bundesnetzagentur festgesetzten Umsatzschwelle für Kleinstunternehmen sowie für kleine und mittlere Unterneh-

men liegt. ²Bei der Festsetzung berücksichtigt die Bundesnetzagentur unionsrechtliche Vorschriften, welche die Definition der Kleinstunternehmen sowie der kleinen und mittleren Unternehmen betreffen. ³Auf Antrag kann die Bundesnetzagentur weitere Unternehmen nach § 159 bei unbilliger Härte von der Abgabeverpflichtung befreien.

(9) ¹Die Bundesnetzagentur hat bei der Anwendung der Absätze 1 bis 8 die Grundsätze der Transparenz, der geringstmöglichen Marktverfälschung, der Nichtdiskriminierung und der Verhältnismäßigkeit entsprechend den im Anhang VII Teil B der Richtlinie (EU) 2018/1972[1)] in der jeweils gültigen Fassung genannten Grundsätzen einzuhalten. ²Die Bundesnetzagentur veröffentlicht die Grundsätze für die Berechnung der Abgabe für den Ausgleich der Nettokosten. ³Die Bundesnetzagentur veröffentlicht ferner unter Wahrung der Betriebs- und Geschäftsgeheimnisse einen jährlichen Bericht, in dem die Einzelheiten der nach § 162 berechneten Nettokosten für die Versorgung mit Telekommunikationsdiensten nach § 157 Absatz 2 und § 158 Absatz 1 angegeben und die von allen beteiligten Unternehmen geleisteten Abgaben aufgeführt sind, einschließlich etwaiger Marktvorteile, die den Diensteverpflichteten infolge der Diensteverpflichtung entstanden sind.

Teil 10. Öffentliche Sicherheit und Notfallvorsorge

Abschnitt 1. Öffentliche Sicherheit

§ 164 Notruf. (1) ¹Wer öffentlich zugängliche nummerngebundene interpersonelle Telekommunikationsdienste für das Führen von ausgehenden Gesprächen zu einer oder mehreren Nummern des nationalen oder internationalen Nummernplans erbringt, hat Vorkehrungen zu treffen, damit Endnutzern unentgeltliche Verbindungen möglich sind, die entweder durch die Wahl der europaeinheitlichen Notrufnummer 112 oder der zusätzlichen nationalen Notrufnummer 110 oder durch das Aussenden entsprechender Signalisierungen eingeleitet werden (Notrufverbindungen). ²Wer derartige öffentlich zugängliche nummerngebundene interpersonelle Telekommunikationsdienste erbringt, den Zugang zu solchen Diensten ermöglicht oder Telekommunikationsnetze betreibt, die für diese Dienste einschließlich der Durchleitung von Anrufen genutzt werden, hat sicherzustellen oder im notwendigen Umfang daran mitzuwirken, dass Notrufverbindungen jederzeit unverzüglich zu der örtlich zuständigen Notrufabfragestelle hergestellt werden. ³Die nach den Sätzen 1 und 2 Verpflichteten haben sicherzustellen, dass der Notrufabfragestelle auch Folgendes mit der Notrufverbindung übermittelt wird:

1. die Rufnummer des Anschlusses, von dem die Notrufverbindung ausgeht, und

2. die Daten, die zur Ermittlung des Standortes erforderlich sind, von dem die Notrufverbindung ausgeht.

⁴Notrufverbindungen sind vorrangig vor anderen Verbindungen herzustellen; sie stehen vorrangigen Verbindungen nach § 186 Absatz 2 Satz 1 gleich. ⁵Daten, die nach Maßgabe der Rechtsverordnung nach Absatz 5 zur Verfolgung von Missbrauch des Notrufs erforderlich sind, dürfen auch verzögert an die Notrufabfragestelle übermittelt werden. ⁶Die Übermittlung der Daten nach

---

[1)] Nr. 2.

den Sätzen 3 und 5 erfolgt unentgeltlich. ⁷Die für Notrufverbindungen entstehenden Kosten trägt jeder Anbieter eines Telekommunikationsdienstes selbst; die Entgeltlichkeit von Vorleistungen bleibt unberührt.

(2) Im Hinblick auf Notrufverbindungen, die unter Verwendung eines Telefaxgerätes eingeleitet werden, gilt Absatz 1 entsprechend.

(3) ¹Zur Gewährleistung einer gleichwertigen Notrufkommunikation von Menschen mit Behinderungen ist sicherzustellen, dass bei Nutzung eines Vermittlungsdienstes nach § 51 Absatz 4 unentgeltliche Notrufverbindungen möglich sind. ²Soweit technisch möglich, gelten die Anforderungen des Absatzes 1 Satz 3 und 6 entsprechend.

(4) ¹Anbieter nummernunabhängiger interpersoneller Telekommunikationsdienste, die eine direkte Kommunikation zu der örtlich zuständigen Notrufabfragestelle ermöglichen, haben sicherzustellen, dass die zur Ermittlung des Standortes erforderlichen Daten übermittelt werden. ²Die für diese Notrufverbindungen entstehenden Kosten trägt jeder Anbieter eines Telekommunikationsdienstes selbst; die Entgeltlichkeit von Vorleistungen bleibt unberührt.

(5) ¹Das Bundesministerium für Wirtschaft und Energie wird ermächtigt, im Einvernehmen mit dem Bundesministerium des Innern, für Bau und Heimat, dem Bundesministerium für Verkehr und digitale Infrastruktur und dem Bundesministerium für Arbeit und Soziales durch Rechtsverordnung mit Zustimmung des Bundesrates Regelungen zu treffen

1. zu den Grundsätzen der Festlegung von Einzugsgebieten von Notrufabfragestellen und deren Unterteilungen durch die für den Notruf zuständigen Landes- und Kommunalbehörden sowie zu den Grundsätzen des Abstimmungsverfahrens zwischen diesen Behörden und den betroffenen Netzbetreibern, soweit diese Grundsätze für die Herstellung von Notrufverbindungen erforderlich sind,

2. zur Herstellung von Notrufverbindungen zur jeweils örtlich zuständigen Notrufabfragestelle oder Ersatznotrufabfragestelle,

3. zum Umfang der für Notrufverbindungen zu erbringenden Leistungsmerkmale, einschließlich

   a) der Übermittlung der Daten nach Absatz 1 Satz 3 und

   b) zulässiger Abweichungen hinsichtlich der nach Absatz 1 Satz 3 Nummer 1 zu übermittelnden Daten in unausweichlichen technisch bedingten Sonderfällen,

4. zur Bereitstellung und Übermittlung von Daten, die geeignet sind, der Notrufabfragestelle die Verfolgung von Missbrauch des Notrufs zu ermöglichen,

5. zum Herstellen von Notrufverbindungen mittels automatischer Verfahren,

6. zur Sicherstellung der Gleichwertigkeit der Notrufkommunikation für Menschen mit Behinderungen und

7. zu den Aufgaben der Bundesnetzagentur auf den in den Nummern 1 bis 6 aufgeführten Gebieten, insbesondere im Hinblick auf die Festlegung von Kriterien für die Genauigkeit und Zuverlässigkeit der Daten, die zur Ermittlung des Standortes erforderlich sind, von dem die Notrufverbindung ausgeht.

²Landesrechtliche Regelungen über Notrufabfragestellen, die nicht Verpflichtungen im Sinne der Absätze 1 bis 4 betreffen, bleiben von den Vorschriften dieses Absatzes unberührt.

(6) ¹Die technischen Einzelheiten zu den in Absatz 5 Satz 1 Nummer 1 bis 6 aufgeführten Regelungsgegenständen, insbesondere die Kriterien für die Genauigkeit und Zuverlässigkeit der Angaben zu dem Standort, von dem die Notrufverbindung ausgeht, legt die Bundesnetzagentur in einer Technischen Richtlinie fest; dabei berücksichtigt sie die Vorschriften der Rechtsverordnung nach Absatz 5. ²Die Bundesnetzagentur erstellt die Technische Richtlinie unter Beteiligung

1. der Verbände der durch die Absätze 1 bis 4 betroffenen Anbieter von Telekommunikationsdiensten und Betreiber von Telekommunikationsnetzen,
2. der vom Bundesministerium des Innern, für Bau und Heimat benannten Vertreter der Betreiber von Notrufabfragestellen und
3. der Hersteller der in den Telekommunikationsnetzen und Notrufabfragestellen eingesetzten technischen Einrichtungen.

³Bei den Festlegungen in der Technischen Richtlinie sind internationale Standards zu berücksichtigen; Abweichungen von den Standards sind zu begründen. ⁴Die Verpflichteten nach den Absätzen 1 bis 4 haben die Anforderungen der Technischen Richtlinie spätestens ein Jahr nach deren Bekanntmachung zu erfüllen, sofern in der Technischen Richtlinie für bestimmte Verpflichtungen kein längerer Übergangszeitraum festgelegt ist. ⁵Nach dieser Technischen Richtlinie gestaltete mängelfreie technische Einrichtungen müssen im Falle einer Änderung der Technischen Richtlinie spätestens drei Jahre nach deren Inkrafttreten die geänderten Anforderungen erfüllen.

§ 164a Öffentliche Warnungen. (1) Betreiber öffentlicher Mobilfunknetze haben

1. technische Einrichtungen für Warnungen vor drohenden oder sich ausbreitenden größeren Notfällen und Katastrophen vorzuhalten, die
   a) über das zentrale Warnsystem des Bundes von den Gefahrenabwehrbehörden sowie Behörden des Zivil- und Katastrophenschutzes ausgelöst und
   b) an empfangsbereite Mobilfunkendgeräte, die sich in dem von der auslösenden Behörde bestimmten geographischen Gebiet befinden, ausgesendet werden können und
2. durch organisatorische Vorkehrungen die Möglichkeit der jederzeitigen unverzüglichen Aussendung von Warnungen nach Nummer 1 sicherzustellen.

(2) Betreiber öffentlicher Mobilfunknetze haben Warnungen nach Absatz 1 an alle Mobilfunkendgeräte in dem von der auslösenden Behörde bestimmten geographischen Gebiet auszusenden.

(3) Anbieter öffentlich zugänglicher mobiler nummerngebundener interpersoneller Telekommunikationsdienste

1. wirken im notwendigen Umfang daran mit, dass Warnungen nach Absatz 1 jederzeit und unverzüglich zu den Endnutzern in dem bestimmten geographischen Gebiet ausgesendet werden können und
2. informieren ihre Endnutzer über die Voraussetzungen für den Empfang von Warnungen nach Absatz 1.

1 TKG § 164a — Erster Teil. Telekommunikationsrecht

(4) Das Bundesministerium für Wirtschaft und Energie wird ermächtigt, im Einvernehmen mit dem Bundesministerium des Innern, für Bau und Heimat und dem Bundesministerium für Verkehr und digitale Infrastruktur durch Rechtsverordnung mit Zustimmung des Bundesrates Regelungen zu treffen

1. über die grundlegenden technischen Anforderungen für die Aussendung von Warnungen im öffentlichen Mobilfunknetz, einschließlich der zu beachtenden Sicherheitsanforderungen,
2. über die organisatorischen Rahmenbedingungen für die Aussendung von Warnungen, einschließlich Erreichbarkeits- und Reaktionszeiten,
3. zum Umfang der bei der Aussendung von Warnungen zu erbringenden Leistungsmerkmale, einschließlich der dabei verarbeiteten Daten,
4. zur Konkretisierung der Verpflichtungen für Anbieter nach Absatz 3 und
5. zu den Aufgaben der Bundesnetzagentur hinsichtlich der in den Nummern 1 bis 4 aufgeführten Gebiete.

(5) [1]Die technischen Einzelheiten zu den in Absatz 4 Nummer 1 bis 4 aufgeführten Regelungsgegenständen legt die Bundesnetzagentur in einer Technischen Richtlinie fest; dabei berücksichtigt sie die Vorschriften der Rechtsverordnung nach Absatz 4. [2]Die Bundesnetzagentur erstellt die Technische Richtlinie unter Beteiligung

1. der Verbände
    a) der durch die Absätze 1 und 2 verpflichteten Betreiber öffentlicher Mobilfunknetze,
    b) der durch Absatz 3 verpflichteten Anbieter öffentlich zugänglicher mobiler nummerngebundener interpersoneller Telekommunikationsdienste,
    c) der Hersteller der in den Mobilfunknetzen eingesetzten technischen Einrichtungen und
    d) der Hersteller der Mobilfunkendgeräte,
2. des Bundesamtes für Bevölkerungsschutz und Katastrophenhilfe,
3. der vom Bundesamt für Bevölkerungsschutz und Katastrophenhilfe benannten Vertreter der in Absatz 1 Nummer 1 Buchstabe a genannten Behörden und
4. des Bundesamtes für Sicherheit in der Informationstechnik hinsichtlich der technischen Anforderungen in Absatz 4 Nummer 1.

[3]Bei den Festlegungen in der Technischen Richtlinie sind internationale Standards zu berücksichtigen; Abweichungen von den Standards sind zu begründen. [4]Die nach den Absätzen 1 bis 3 Verpflichteten haben die Anforderungen der Technischen Richtlinie spätestens ein Jahr nach deren Bekanntmachung zu erfüllen, sofern in der Technischen Richtlinie für bestimmte Verpflichtungen kein anderer Übergangszeitraum festgelegt ist.

(6) [1]Notwendige Aufwendungen, die den Betreibern öffentlicher Mobilfunknetze durch die Umsetzung der Anforderungen aus Absatz 1 entstehen, sind auf Antrag zu ersetzen. [2]Für die Bemessung des Aufwendungsersatzes sind die tatsächlich entstandenen Kosten der Verpflichteten maßgebend. [3]Über die Anträge auf Aufwendungsersatz entscheidet die Bundesnetzagentur. [4]Die durch die Aussendung der Warnungen nach Absatz 2 entstehenden Kosten trägt jeder Betreiber selbst. [5]Die für das Versenden von Informationen anfallenden Kosten nach Absatz 3 trägt jeder Anbieter selbst.

§ 165 Technische und organisatorische Schutzmaßnahmen. (1) ¹Wer Telekommunikationsdienste erbringt oder daran mitwirkt, hat angemessene technische Vorkehrungen und sonstige Maßnahmen zu treffen

1. zum Schutz des Fernmeldegeheimnisses und
2. gegen die Verletzung des Schutzes personenbezogener Daten.

²Dabei ist der Stand der Technik zu berücksichtigen.

(2) ¹Wer ein öffentliches Telekommunikationsnetz betreibt oder öffentlich zugängliche Telekommunikationsdienste erbringt, hat bei den hierfür betriebenen Telekommunikations- und Datenverarbeitungssystemen angemessene technische und organisatorische Vorkehrungen und sonstige Maßnahmen zu treffen

1. zum Schutz gegen Störungen, die zu erheblichen Beeinträchtigungen von Telekommunikationsnetzen und -diensten führen, auch, sofern diese Störungen durch äußere Angriffe und Einwirkungen von Katastrophen bedingt sein können und
2. zur Beherrschung der Risiken für die Sicherheit von Telekommunikationsnetzen und -diensten.

²Insbesondere sind Maßnahmen, einschließlich gegebenenfalls Maßnahmen in Form von Verschlüsselung, zu treffen, um Telekommunikations- und Datenverarbeitungssysteme gegen unerlaubte Zugriffe zu sichern und Auswirkungen von Sicherheitsverletzungen für Nutzer, andere Telekommunikationsnetze und Dienste so gering wie möglich zu halten. ³Bei diesen Maßnahmen ist der Stand der Technik zu berücksichtigen.

(3) ¹Als eine angemessene Maßnahme im Sinne des Absatzes 2 können Betreiber öffentlicher Telekommunikationsnetze und Anbieter öffentlich zugänglicher Telekommunikationsdienste Systeme zur Angriffserkennung im Sinne des § 2 Absatz 9b des BSI-Gesetzes einsetzen. ²Betreiber öffentlicher Telekommunikationsnetze und Anbieter öffentlich zugänglicher Telekommunikationsdienste mit erhöhtem Gefährdungspotenzial haben entsprechende Systeme zur Angriffserkennung einzusetzen. ³Die eingesetzten Systeme zur Angriffserkennung müssen in der Lage sein, durch kontinuierliche und automatische Erfassung und Auswertung Gefahren oder Bedrohungen zu erkennen. ⁴Sie sollen zudem in der Lage sein, erkannte Gefahren oder Bedrohungen abzuwenden und für eingetretene Störungen geeignete Beseitigungsmaßnahmen vorsehen. ⁵Weitere Einzelheiten kann die Bundesnetzagentur im Katalog von Sicherheitsanforderungen nach § 167 festlegen.

(4) Kritische Komponenten im Sinne von § 2 Absatz 13 des BSI-Gesetzes dürfen von einem Betreiber öffentlicher Telekommunikationsnetze mit erhöhtem Gefährdungspotenzial nur eingesetzt werden, wenn sie vor dem erstmaligen Einsatz von einer anerkannten Zertifizierungsstelle überprüft und zertifiziert wurden.

(5) Wer ein öffentliches Telekommunikationsnetz betreibt, hat Maßnahmen zu treffen, um den ordnungsgemäßen Betrieb seiner Netze zu gewährleisten und dadurch die fortlaufende Verfügbarkeit der über diese Netze erbrachten Dienste sicherzustellen.

(6) ¹Technische Vorkehrungen und sonstige Schutzmaßnahmen sind angemessen, wenn der dafür erforderliche technische und wirtschaftliche Aufwand nicht außer Verhältnis zur Bedeutung der zu schützenden Telekommuni-

kationsnetze oder -dienste steht. ²§ 62 Absatz 1 des Bundesdatenschutzgesetzes gilt entsprechend.

(7) Bei gemeinsamer Nutzung eines Standortes oder technischer Einrichtungen hat jeder Beteiligte die Verpflichtungen nach den Absätzen 1 bis 5 zu erfüllen, soweit bestimmte Verpflichtungen nicht einem bestimmten Beteiligten zugeordnet werden können.

(8) Im Falle des Eintritts eines Sicherheitsvorfalls oder der Feststellung einer erheblichen Gefahr kann die Bundesnetzagentur Maßnahmen zur Behebung des Sicherheitsvorfalls oder zur Abwendung der Gefahr und deren Umsetzungsfristen anordnen.

(9) ¹Die Bundesnetzagentur kann anordnen, dass sich die Betreiber öffentlicher Telekommunikationsnetze oder die Anbieter öffentlich zugänglicher Telekommunikationsdienste einer Überprüfung durch eine qualifizierte unabhängige Stelle oder eine zuständige nationale Behörde unterziehen, in der festgestellt wird, ob die Anforderungen nach den Absätzen 1 bis 7 erfüllt sind. ²Unbeschadet von Satz 1 haben sich Betreiber öffentlicher Telekommunikationsnetze mit erhöhtem Gefährdungspotenzial alle zwei Jahre einer Überprüfung durch eine qualifizierte unabhängige Stelle oder eine zuständige nationale Behörde zu unterziehen, in der festgestellt wird, ob die Anforderungen nach den Absätzen 1 bis 7 erfüllt sind. ³Die Bundesnetzagentur legt den Zeitpunkt der erstmaligen Überprüfung fest. ⁴Der nach den Sätzen 1 und 2 Verpflichtete hat eine Kopie des Überprüfungsberichts unverzüglich an die Bundesnetzagentur und an das Bundesamt für Sicherheit in der Informationstechnik, sofern dieses die Überprüfung nicht vorgenommen hat, zu übermitteln. ⁵Er trägt die Kosten dieser Überprüfung. ⁶Die Bewertung der Überprüfung sowie eine diesbezügliche Feststellung von Sicherheitsmängeln im Sicherheitskonzept nach § 166 erfolgt durch die Bundesnetzagentur im Einvernehmen mit dem Bundesamt für Sicherheit in der Informationstechnik.

(10) Über aufgedeckte Mängel bei der Erfüllung der Sicherheitsanforderungen in der Informationstechnik sowie die in diesem Zusammenhang von der Bundesnetzagentur geforderten Abhilfemaßnahmen unterrichtet die Bundesnetzagentur unverzüglich das Bundesamt für Sicherheit in der Informationstechnik.

(11) ¹Die Bundesnetzagentur kann zur Unterstützung ein Computer-Notfallteam gemäß Artikel 9 der Richtlinie (EU) 2016/1148 des Europäischen Parlaments und des Rates vom 6. Juli 2016 über Maßnahmen zur Gewährleistung eines hohen gemeinsamen Sicherheitsniveaus von Netz- und Informationssystemen in der Union (ABl. L 194 vom 19.7.2016, S. 1; L 33 vom 7.2. 2018, S. 5) im Rahmen der zugewiesenen Aufgaben in Anspruch nehmen. ²Die Bundesnetzagentur kann ferner das Bundesamt für Sicherheit in der Informationstechnik, die zuständigen nationalen Strafverfolgungsbehörden und die Bundesbeauftragte oder den Bundesbeauftragten für den Datenschutz und die Informationsfreiheit konsultieren.

§ 166 Sicherheitsbeauftragter und Sicherheitskonzept. (1) Wer ein öffentliches Telekommunikationsnetz betreibt oder öffentlich zugängliche Telekommunikationsdienste erbringt, hat

1. einen Sicherheitsbeauftragten zu bestimmen,

2. einen in der Europäischen Union ansässigen Ansprechpartner zu benennen und
3. ein Sicherheitskonzept zu erstellen, aus dem hervorgeht,
   a) welches öffentliche Telekommunikationsnetz betrieben wird und welche öffentlich zugänglichen Telekommunikationsdienste erbracht werden,
   b) von welchen Gefährdungen auszugehen ist und
   c) welche technischen Vorkehrungen oder sonstigen Schutzmaßnahmen zur Erfüllung der durch die Vorgaben des Katalogs von Sicherheitsanforderungen nach § 167 konkretisierten Verpflichtungen aus § 165 Absatz 1 bis 7 getroffen oder geplant sind; sofern der Katalog lediglich Sicherheitsziele vorgibt, ist darzulegen, dass mit den ergriffenen Maßnahmen das jeweilige Sicherheitsziel vollumfänglich erreicht wird.

(2) [1] Wer ein öffentliches Telekommunikationsnetz betreibt, hat der Bundesnetzagentur das Sicherheitskonzept unverzüglich nach der Aufnahme des Netzbetriebs vorzulegen. [2] Wer öffentlich zugängliche Telekommunikationsdienste erbringt, kann von der Bundesnetzagentur verpflichtet werden, das Sicherheitskonzept vorzulegen.

(3) Mit dem Sicherheitskonzept ist eine Erklärung vorzulegen, dass die in dem Sicherheitskonzept aufgezeigten technischen Vorkehrungen und sonstigen Schutzmaßnahmen umgesetzt sind oder unverzüglich umgesetzt werden.

(4) [1] Stellt die Bundesnetzagentur im Sicherheitskonzept oder bei dessen Umsetzung Sicherheitsmängel fest, so kann sie die unverzügliche Beseitigung dieser Mängel verlangen. [2] Sofern sich die dem Sicherheitskonzept zugrunde liegenden Gegebenheiten ändern, hat der nach Absatz 2 Verpflichtete das Sicherheitskonzept unverzüglich nach der Änderung anzupassen und der Bundesnetzagentur unverzüglich nach erfolgter Anpassung unter Hinweis auf die Änderungen erneut vorzulegen.

(5) [1] Die Bundesnetzagentur überprüft regelmäßig die Umsetzung des Sicherheitskonzepts. [2] Die Überprüfung soll mindestens alle zwei Jahre erfolgen.

§ 167 Katalog von Sicherheitsanforderungen.
(1) [1] Die Bundesnetzagentur legt im Einvernehmen mit dem Bundesamt für Sicherheit in der Informationstechnik und der oder dem Bundesbeauftragten für den Datenschutz und die Informationsfreiheit durch Allgemeinverfügung in einem Katalog von Sicherheitsanforderungen für das Betreiben von Telekommunikations- und Datenverarbeitungssystemen sowie für die Verarbeitung personenbezogener Daten fest:

1. Einzelheiten der nach § 165 Absatz 1 bis 7 zu treffenden technischen Vorkehrungen und sonstigen Maßnahmen unter Beachtung der verschiedenen Gefährdungspotenziale der öffentlichen Telekommunikationsnetze und öffentlich zugänglichen Telekommunikationsdienste,

2. welche Funktionen kritische Funktionen im Sinne von § 2 Absatz 13 Satz 1 Nummer 3 Buchstabe b des BSI-Gesetzes sind, die von kritischen Komponenten im Sinne von § 2 Absatz 13 des BSI-Gesetzes realisiert werden, und

3. wer als Betreiber öffentlicher Telekommunikationsnetze und als Anbieter öffentlich zugänglicher Telekommunikationsdienste mit erhöhtem Gefährdungspotenzial einzustufen ist.

² Der Katalog von Sicherheitsanforderungen nach Satz 1 kann auch Anforderungen zur Offenlegung und Interoperabilität von Schnittstellen von Netzkomponenten einschließlich einzuhaltender technischer Standards enthalten. ³ Die Bundesnetzagentur gibt den Herstellern, den Verbänden der Betreiber öffentlicher Telekommunikationsnetze und den Verbänden der Anbieter öffentlich zugänglicher Telekommunikationsdienste Gelegenheit zur Stellungnahme.

(2) Die Verpflichteten haben die Vorgaben des Katalogs spätestens ein Jahr nach dessen Inkrafttreten zu erfüllen, es sei denn, in dem Katalog ist eine davon abweichende Umsetzungsfrist festgelegt worden.

§ 168 Mitteilung eines Sicherheitsvorfalls.

(1) ¹ Wer ein öffentliches Telekommunikationsnetz betreibt oder öffentlich zugängliche Telekommunikationsdienste erbringt, hat der Bundesnetzagentur und dem Bundesamt für Sicherheit in der Informationstechnik einen Sicherheitsvorfall mit beträchtlichen Auswirkungen auf den Betrieb der Netze oder die Erbringung der Dienste unverzüglich mitzuteilen. ² § 42 Absatz 4 und § 43 Absatz 4 des Bundesdatenschutzgesetzes[1]) gelten entsprechend.

(2) Das Ausmaß der Auswirkungen eines Sicherheitsvorfalls ist – sofern verfügbar – insbesondere anhand folgender Kriterien zu bewerten:

1. die Zahl der von dem Sicherheitsvorfall betroffenen Nutzer,
2. die Dauer des Sicherheitsvorfalls,
3. die geographische Ausdehnung des von dem Sicherheitsvorfall betroffenen Gebiets,
4. das Ausmaß der Beeinträchtigung des Telekommunikationsnetzes oder des Dienstes,
5. das Ausmaß der Auswirkungen auf wirtschaftliche und gesellschaftliche Tätigkeiten.

(3) Die Mitteilung nach Absatz 1 Satz 1 muss die folgenden Angaben enthalten:

1. Angaben zu dem Sicherheitsvorfall,
2. Angaben zu den Kriterien nach Absatz 2,
3. Angaben zu den betroffenen Systemen sowie
4. Angaben zu der vermuteten oder tatsächlichen Ursache.

(4) ¹ Die Bundesnetzagentur legt Einzelheiten des Mitteilungsverfahrens fest. ² Die Bundesnetzagentur kann einen detaillierten Bericht über den Sicherheitsvorfall und die ergriffenen Abhilfemaßnahmen verlangen.

(5) ¹ Erforderlichenfalls unterrichtet die Bundesnetzagentur die nationalen Regulierungsbehörden der anderen Mitgliedstaaten der Europäischen Union und die Agentur der Europäischen Union für Cybersicherheit über den Sicherheitsvorfall. ² Die Bundesnetzagentur kann die Öffentlichkeit unterrichten oder die nach Absatz 1 Satz 1 Verpflichteten zu dieser Unterrichtung verpflichten, wenn sie zu dem Schluss gelangt, dass die Bekanntgabe des Sicherheitsvorfalls im öffentlichen Interesse liegt.

(6) ¹ Im Falle einer besonderen und erheblichen Gefahr eines Sicherheitsvorfalls informieren die nach Absatz 1 Satz 1 Verpflichteten die von dieser

---

[1]) Nr. 12.

Gefahr potenziell betroffenen Nutzer über alle möglichen Schutz- oder Abhilfemaßnahmen, die von den Nutzern ergriffen werden können sowie gegebenenfalls auch über die Gefahr selbst. ²§ 8e des BSI-Gesetzes gilt entsprechend.

(7) Die Bundesnetzagentur legt der Kommission, der Agentur der Europäischen Union für Cybersicherheit und dem Bundesamt für Sicherheit in der Informationstechnik einmal pro Jahr einen zusammenfassenden Bericht über die eingegangenen Meldungen und die ergriffenen Abhilfemaßnahmen vor.

§ 169 Daten- und Informationssicherheit. (1) ¹Wer öffentlich zugängliche Telekommunikationsdienste erbringt, hat im Falle einer Verletzung des Schutzes personenbezogener Daten unverzüglich die Bundesnetzagentur und die Bundesbeauftragte oder den Bundesbeauftragten für den Datenschutz und die Informationsfreiheit von der Verletzung zu benachrichtigen. ²Ist anzunehmen, dass durch die Verletzung des Schutzes personenbezogener Daten Endnutzer oder andere Personen schwerwiegend in ihren Rechten oder schutzwürdigen Interessen beeinträchtigt werden, hat der Anbieter des Telekommunikationsdienstes zusätzlich die Betroffenen unverzüglich von dieser Verletzung zu benachrichtigen. ³In Fällen, in denen in dem Sicherheitskonzept nachgewiesen wurde, dass die von der Verletzung betroffenen personenbezogenen Daten durch geeignete technische Vorkehrungen gesichert, insbesondere unter Anwendung eines als sicher anerkannten Verschlüsselungsverfahrens gespeichert wurden, ist eine Benachrichtigung nicht erforderlich. ⁴Unabhängig von Satz 3 kann die Bundesnetzagentur den Anbieter des Telekommunikationsdienstes unter Berücksichtigung der wahrscheinlichen nachteiligen Auswirkungen der Verletzung des Schutzes personenbezogener Daten zu einer Benachrichtigung der Betroffenen verpflichten. ⁵Im Übrigen gelten § 42 Absatz 4 und § 43 Absatz 4 des Bundesdatenschutzgesetzes[1)] entsprechend.

(2) ¹Die Benachrichtigung nach Absatz 1 Satz 1 und 2 muss mindestens enthalten:

1. die Art der Verletzung des Schutzes personenbezogener Daten,
2. Angaben zu den Kontaktstellen, bei denen weitere Informationen erhältlich sind, und
3. Empfehlungen zu Maßnahmen, die mögliche nachteilige Auswirkungen der Verletzung des Schutzes personenbezogener Daten begrenzen.

²In der Benachrichtigung an die Bundesnetzagentur und die Bundesbeauftragte oder den Bundesbeauftragten für den Datenschutz und die Informationsfreiheit hat der Anbieter des Telekommunikationsdienstes zusätzlich die Folgen der Verletzung des Schutzes personenbezogener Daten und die beabsichtigten oder ergriffenen Maßnahmen darzulegen.

(3) ¹Die Anbieter der Telekommunikationsdienste haben ein Verzeichnis der Verletzungen des Schutzes personenbezogener Daten zu führen, das Angaben zu Folgendem enthält:

1. den Umständen der Verletzungen,
2. den Auswirkungen der Verletzungen und
3. den ergriffenen Abhilfemaßnahmen.

[1)] Nr. 12.

² Diese Angaben müssen ausreichend sein, um der Bundesnetzagentur und der oder dem Bundesbeauftragten für den Datenschutz und die Informationsfreiheit die Prüfung zu ermöglichen, ob die Absätze 1 und 2 eingehalten wurden. ³ Das Verzeichnis enthält nur die zu diesem Zweck erforderlichen Informationen und muss nicht Verletzungen berücksichtigen, die mehr als fünf Jahre zurückliegen.

(4) ¹ Werden dem Anbieter des Telekommunikationsdienstes nach Absatz 1 Satz 1 Störungen bekannt, die von Datenverarbeitungssystemen der Nutzer ausgehen, so hat er die Nutzer, soweit ihm diese bereits bekannt sind, unverzüglich darüber zu benachrichtigen. ² Soweit technisch möglich und zumutbar, hat er die Nutzer auf angemessene, wirksame und zugängliche technische Mittel hinzuweisen, mit denen sie diese Störungen erkennen und beseitigen können. ³ Der Anbieter des Telekommunikationsdienstes darf die Teile des Datenverkehrs von und zu einem Nutzer, von denen eine Störung ausgeht, umleiten, soweit dies erforderlich ist, um den Nutzer über die Störungen benachrichtigen zu können.

(5) ¹ Wird der Anbieter des Telekommunikationsdienstes nach Absatz 1 Satz 1 vom Bundesamt für Sicherheit in der Informationstechnik über konkrete erhebliche Gefahren informiert, die von Datenverarbeitungssystemen der Nutzer ausgehen oder diese betreffen, so hat er die betroffenen Nutzer, soweit ihm diese bekannt sind, unverzüglich darüber zu benachrichtigen. ² Soweit technisch möglich und zumutbar, hat er die Nutzer auf angemessene, wirksame und zugängliche technische Mittel hinzuweisen, mit denen sie diese Gefahren erkennen und ihnen vorbeugen können. ³ Werden dem Anbieter des Telekommunikationsdienstes nach Absatz 1 Satz 1 Gefahren bekannt, die von Datenverarbeitungssystemen der Nutzer ausgehen oder diese betreffen, so kann er die Nutzer, soweit ihm diese bekannt sind, darüber benachrichtigen. ⁴ Soweit technisch möglich und zumutbar, kann er die Nutzer auf angemessene, wirksame und zugängliche technische Mittel hinweisen, mit denen sie diese Gefahren erkennen und ihnen vorbeugen können.

(6) Der Anbieter des Telekommunikationsdienstes darf im Falle einer Störung die Nutzung des Telekommunikationsdienstes bis zur Beendigung der Störung einschränken, umleiten oder unterbinden, soweit dies erforderlich ist, um die Beeinträchtigung der Telekommunikations- und Datenverarbeitungssysteme des Anbieters des Telekommunikationsdienstes, eines Nutzers im Sinne des Absatzes 4 oder anderer Nutzer zu beseitigen oder zu verhindern und der Nutzer die Störung nicht unverzüglich selbst beseitigt oder zu erwarten ist, dass der Nutzer die Störung selbst nicht unverzüglich beseitigt.

(7) Der Anbieter des Telekommunikationsdienstes darf den Datenverkehr von und zu Störungsquellen einschränken, umleiten oder unterbinden, soweit dies zur Vermeidung von Störungen in den Telekommunikations- und Datenverarbeitungssystemen der Nutzer erforderlich ist.

(8) Vorbehaltlich technischer Durchführungsmaßnahmen der Kommission nach Artikel 4 Absatz 5 der Richtlinie 2002/58/EG des Europäischen Parlaments und des Rates vom 12. Juli 2002 über die Verarbeitung personenbezogener Daten und den Schutz der Privatsphäre in der elektronischen Kommunikation (Datenschutzrichtlinie für elektronische Kommunikation) (ABl. L 201 vom 31.7.2002, S. 37; L 241 vom 10.9.2013, S. 9; L 162 vom 23.6.2017, S. 56), die zuletzt durch die Richtlinie 2009/136/EG (ABl. L 337 vom 18.12.2009, S. 11) geändert worden ist, kann die Bundesnetzagentur Leitlinien vorgeben

bezüglich des Formats, der Verfahrensweise und der Umstände, unter denen eine Benachrichtigung über eine Verletzung des Schutzes personenbezogener Daten erforderlich ist.

§ 170 Umsetzung von Überwachungsmaßnahmen, Erteilung von Auskünften. (1) Wer eine Telekommunikationsanlage betreibt, mit der öffentlich zugängliche Telekommunikationsdienste erbracht werden, hat

1. ab dem Zeitpunkt der Betriebsaufnahme auf eigene Kosten technische Einrichtungen zur Umsetzung gesetzlich vorgesehener Maßnahmen zur Überwachung der Telekommunikation vorzuhalten und organisatorische Vorkehrungen für deren unverzügliche Umsetzung zu treffen,
2. in Fällen, in denen die Überwachbarkeit nur durch das Zusammenwirken von zwei oder mehreren Telekommunikationsanlagen eines oder mehrerer Betreiber sichergestellt werden kann, ab dem Zeitpunkt der Betriebsaufnahme die dazu erforderlichen automatischen Steuerungsmöglichkeiten zur Erfassung und Ausleitung der zu überwachenden Telekommunikation in seiner Telekommunikationsanlage bereitzustellen sowie eine derartige Steuerung zu ermöglichen,
3. der Bundesnetzagentur unverzüglich nach der Betriebsaufnahme
   a) mitzuteilen, dass er die Vorkehrungen nach Nummer 1 getroffen hat, sowie
   b) einen Zustellungsbevollmächtigten im Inland zu benennen, bei dem die Zustellung für ihn bestimmter Anordnungen zur Überwachung der Telekommunikation sowie damit zusammenhängender Verfügungen und Schriftstücke bewirkt werden kann,
4. der Bundesnetzagentur den unentgeltlichen Nachweis zu erbringen, dass seine technischen Einrichtungen und organisatorischen Vorkehrungen nach Nummer 1 mit den Vorschriften der Rechtsverordnung nach Absatz 5 und der Technischen Richtlinie nach Absatz 6 übereinstimmen; dazu hat er unverzüglich, spätestens einen Monat nach Betriebsaufnahme,
   a) der Bundesnetzagentur die Unterlagen zu übersenden, die dort für die Vorbereitung der im Rahmen des Nachweises von der Bundesnetzagentur durchzuführenden Prüfungen erforderlich sind, und
   b) mit der Bundesnetzagentur einen Prüftermin für die Erbringung dieses Nachweises zu vereinbaren;
   bei den für den Nachweis erforderlichen Prüfungen hat er die Bundesnetzagentur zu unterstützen,
5. der Bundesnetzagentur auf deren besondere Aufforderung insbesondere zur Beseitigung von Fehlfunktionen eine erneute unentgeltliche Prüfung seiner technischen und organisatorischen Vorkehrungen zu gestatten sowie
6. die Aufstellung und den Betrieb von technischen Mitteln der zur Überwachung der Telekommunikation berechtigten Stellen für die Durchführung von Maßnahmen nach den §§ 3, 5 und 8 des Artikel 10-Gesetzes[1]) oder nach den *[bis 31.12.2021:* §§ 6, 12 und 14 des BND-Gesetzes*][ab 1.1.2022:* §§ 19, 24, 26, 32 und 33 des BND-Gesetzes*]* in seinen Räumen zu dulden und Bediensteten der für diese Maßnahmen zuständigen Stelle sowie bei Maßnahmen nach den §§ 3, 5 und 8 des Artikel 10-Gesetzes den Mitglie-

---

[1]) Nr. 47.

dern und Mitarbeitern der G 10-Kommission (§ 1 Absatz 2 des Artikel 10-Gesetzes) Zugang zu diesen technischen Mitteln zur Erfüllung ihrer gesetzlichen Aufgaben zu gewähren.

(2) Wer öffentlich zugängliche Telekommunikationsdienste erbringt und sich hierfür eines Betreibers einer Telekommunikationsanlage bedient, hat

1. sich bei der Auswahl des Betreibers der dafür genutzten Telekommunikationsanlage zu vergewissern, dass dieser Anordnungen zur Überwachung der Telekommunikation unverzüglich nach Maßgabe des Absatzes 1 sowie der Rechtsverordnung nach Absatz 5 und der Technischen Richtlinie nach Absatz 6 umsetzen kann, und
2. der Bundesnetzagentur unverzüglich nach Aufnahme seines Dienstes mitzuteilen,
   a) welche Telekommunikationsdienste er erbringt,
   b) durch wen Überwachungsanordnungen, die seine Nutzer betreffen, umgesetzt werden und
   c) an welche im Inland gelegene Stelle die Zustellung von Anordnungen zur Überwachung der Telekommunikation sowie damit zusammenhängender Verfügungen und Schriftstücke bewirkt werden kann.

(3) ¹Änderungen der den Mitteilungen nach Absatz 1 Nummer 3 Buchstabe b und Absatz 2 Nummer 2 zugrunde liegenden Daten sind der Bundesnetzagentur unverzüglich mitzuteilen. ²In Fällen, in denen noch keine Vorschriften nach Absatz 6 vorhanden sind, hat der Verpflichtete die technischen Einrichtungen nach Absatz 1 Nummer 1 und 2 in Absprache mit der Bundesnetzagentur zu gestalten, die entsprechende Festlegungen im Benehmen mit den berechtigten Stellen trifft.

(4) ¹Die Absätze 1 bis 3 gelten nicht, soweit die Rechtsverordnung nach Absatz 5 Ausnahmen für die Telekommunikationsanlage vorsieht. ²§ 100a Absatz 4 Satz 1 der Strafprozessordnung[1]), § 2 Absatz 1a Satz 1 Nummer 1 bis 3 des Artikel 10-Gesetzes, § 51 Absatz 6 Satz 1 des Bundeskriminalamtgesetzes, *[bis 31.12.2021:* § 8 Absatz 1 Satz 1 des BND-Gesetzes*][ab 1.1.2022:* § 25 *Absatz 1 Satz 1 des BND-Gesetzes]* sowie entsprechende landesgesetzliche Regelungen zur polizeilich-präventiven Telekommunikationsüberwachung bleiben unberührt.

(5) Die Bundesregierung wird ermächtigt, durch Rechtsverordnung mit Zustimmung des Bundesrates

1. Regelungen zu treffen
   a) über die grundlegenden technischen Anforderungen und die organisatorischen Eckpunkte für die Umsetzung von Überwachungsmaßnahmen und die Erteilung von Auskünften einschließlich der Umsetzung von Überwachungsmaßnahmen und der Erteilung von Auskünften durch einen von dem Verpflichteten beauftragten Erfüllungsgehilfen und der Speicherung von Anordnungsdaten sowie zu den Mitwirkungspflichten bei technischen Ermittlungsmaßnahmen bei Mobilfunkendgeräten nach § 171,
   b) über den Regelungsrahmen für die Technische Richtlinie nach Absatz 6,
   c) für den Nachweis nach Absatz 1 Nummer 4,

---

[1]) Nr. **45**.

d) für die erneute Prüfung nach Absatz 1 Nummer 5,
e) für die nähere Ausgestaltung der Duldungsverpflichtung nach Absatz 1 Nummer 6 und
f) für die nähere Ausgestaltung der Sicherstellungspflichten nach Absatz 11 sowie

2. zu bestimmen,
a) in welchen Fällen und unter welchen Bedingungen vorübergehend auf die Einhaltung bestimmter technischer Vorgaben verzichtet werden kann,
b) dass die Bundesnetzagentur aus technischen Gründen Ausnahmen von der Erfüllung einzelner technischer Anforderungen zulassen kann und
c) bei welchen Telekommunikationsanlagen und damit erbrachten Telekommunikationsdiensten aus grundlegenden technischen Erwägungen oder aus Gründen der Verhältnismäßigkeit abweichend von Absatz 1 Nummer 1 keine technischen Einrichtungen vorgehalten und keine organisatorischen Vorkehrungen getroffen werden müssen.

(6) [1]Die Bundesnetzagentur legt technische Einzelheiten zur Umsetzung von Maßnahmen zur Überwachung der Telekommunikation, insbesondere technische Einzelheiten, die zur Sicherstellung einer vollständigen Erfassung der zu überwachenden Telekommunikation und zur Auskunftserteilung sowie zur Gestaltung des Übergabepunktes zu den berechtigten Stellen und zur Speicherung der Anordnungsdaten sowie zu den Mitwirkungspflichten bei technischen Ermittlungsmaßnahmen bei Mobilfunkendgeräten nach § 171 erforderlich sind, in einer im Benehmen mit den berechtigten Stellen und unter Beteiligung der Verbände und der Hersteller zu erstellenden Technischen Richtlinie fest. [2]Dabei sind internationale technische Standards zu berücksichtigen; Abweichungen von den Standards sind zu begründen.

(7) [1]Wer technische Einrichtungen zur Umsetzung von Überwachungsmaßnahmen herstellt oder vertreibt, kann von der Bundesnetzagentur verlangen, dass sie diese Einrichtungen im Rahmen einer Typmusterprüfung im Zusammenwirken mit bestimmten Telekommunikationsanlagen daraufhin prüft, ob die rechtlichen und technischen Vorschriften der Rechtsverordnung nach Absatz 5 und der Technischen Richtlinie nach Absatz 6 erfüllt werden. [2]Die Bundesnetzagentur kann nach pflichtgemäßem Ermessen vorübergehend Abweichungen von den technischen Vorgaben zulassen, sofern die Umsetzung von Überwachungsmaßnahmen grundsätzlich sichergestellt ist und sich ein nur unwesentlicher Anpassungsbedarf bei den Einrichtungen der berechtigten Stellen ergibt. [3]Die Bundesnetzagentur hat dem Hersteller oder Vertreiber das Prüfergebnis schriftlich mitzuteilen. [4]Die Prüfergebnisse werden von der Bundesnetzagentur bei dem Nachweis der Übereinstimmung der technischen Einrichtungen mit den anzuwendenden technischen Vorschriften beachtet, den der Verpflichtete nach Absatz 1 Nummer 4 zu erbringen hat. [5]Die vom Bundesministerium für Wirtschaft und Energie vor Inkrafttreten dieser Vorschrift ausgesprochenen Zustimmungen zu den von Herstellern vorgestellten Rahmenkonzepten gelten als Mitteilungen im Sinne des Satzes 3.

(8) [1]Wer nach Absatz 1 oder 2 in Verbindung mit der Rechtsverordnung nach Absatz 5 und der Technischen Richtlinie nach Absatz 6 verpflichtet ist, Vorkehrungen zu treffen, hat die Anforderungen spätestens ein Jahr, nachdem sie für ihn Geltung erlangen, zu erfüllen, sofern dort nicht für bestimmte Verpflichtungen ein längerer Zeitraum festgelegt ist. [2]Nach dieser Richtlinie

gestaltete mängelfreie technische Einrichtungen für bereits vom Verpflichteten angebotene Telekommunikationsdienste müssen im Falle einer Änderung der Richtlinie spätestens drei Jahre nach deren Inkrafttreten die geänderten Anforderungen erfüllen. ³Stellt sich bei dem Nachweis nach Absatz 1 Nummer 4 oder einer erneuten Prüfung nach Absatz 1 Nummer 5 ein Mangel bei von dem Verpflichteten getroffenen technischen oder organisatorischen Vorkehrungen heraus, hat er diesen Mangel nach Vorgaben der Bundesnetzagentur in angemessener Frist zu beseitigen; stellt sich im Betrieb, insbesondere anlässlich durchzuführender Überwachungsmaßnahmen, ein Mangel heraus, hat er diesen unverzüglich zu beseitigen. ⁴Sofern für die technische Einrichtung eine Typmusterprüfung nach Absatz 7 durchgeführt worden ist und dabei Fristen für die Beseitigung von Mängeln festgelegt worden sind, hat die Bundesnetzagentur diese Fristen bei ihren Vorgaben zur Mängelbeseitigung nach Satz 3 zu berücksichtigen.

(9) ¹Jeder Betreiber einer Telekommunikationsanlage, der anderen im Rahmen seines Angebots für die Öffentlichkeit Netzabschlusspunkte seiner Telekommunikationsanlage überlässt, ist verpflichtet, den gesetzlich zur Überwachung der Telekommunikation berechtigten Stellen auf deren Anforderung Netzabschlusspunkte für die Übertragung der im Rahmen einer Überwachungsmaßnahme anfallenden Informationen unverzüglich und vorrangig bereitzustellen. ²Die technische Ausgestaltung derartiger Netzabschlusspunkte kann in einer Rechtsverordnung nach Absatz 5 geregelt werden. ³Für die Bereitstellung und Nutzung gelten mit Ausnahme besonderer Tarife oder Zuschläge für vorrangige oder vorzeitige Bereitstellung oder Entstörung die jeweils für die Allgemeinheit anzuwendenden Tarife. ⁴Besondere vertraglich vereinbarte Rabatte bleiben von Satz 3 unberührt.

(10) ¹Telekommunikationsanlagen, die von den gesetzlich berechtigten Stellen betrieben werden und mittels derer in das Fernmeldegeheimnis oder in den Netzbetrieb eingegriffen werden soll, sind im Einvernehmen mit der Bundesnetzagentur technisch zu gestalten. ²Die Bundesnetzagentur hat sich gegenüber der berechtigten Stelle zu der technischen Gestaltung innerhalb angemessener Frist zu äußern.

(11) Betreiber von öffentlichen Mobilfunknetzen, die Nutzer eines Betreibers von öffentlichen Mobilfunknetzen in der Europäischen Union nach Absprache anschließen und zu dessen Telekommunikationsanlage vermitteln, haben bei der durch sie bereitzustellenden Überwachungskopie sicherzustellen, dass eine durch den ausländischen Betreiber netzseitig aufgebrachte Verschlüsselung zu dessen Nutzern aufgehoben wird, soweit hierfür internationale technische Standards zur Verfügung stehen, die in der Technischen Richtlinie nach Absatz 6 beschrieben werden.

§ 171 Mitwirkung bei technischen Ermittlungsmaßnahmen bei Mobilfunkendgeräten.
¹Jeder Betreiber eines öffentlichen Mobilfunknetzes hat den berechtigten Stellen nach § 100i Absatz 1 der Strafprozessordnung[1]), § 53 des Bundeskriminalamtsgesetzes, § 9 Absatz 4 des Bundesverfassungsschutzgesetzes, auch in Verbindung mit § 5 des MAD-Gesetzes und § 5 des BND-Gesetzes, oder nach Landesrecht nach Maßgabe der Rechtsverordnung nach

---

[1]) Nr. 45.

§ 170 Absatz 5 und der Technischen Richtlinie nach § 170 Absatz 6 ohne dass dies dem Endnutzer bekannt wird,

1. den Einsatz von technischen Mitteln der berechtigten Stellen in seinem Mobilfunknetz zu ermöglichen, die der Ermittlung folgender Informationen von Mobilfunkendgeräten dienen:
   a) des Standortes,
   b) der Gerätenummer,
   c) der Kennung zur Identifizierung des Anschlusses und
   d) der temporären oder dauerhaften Kennungen, die Mobilfunkendgeräten in seinem Mobilfunknetz zugewiesen sind,
   sowie
2. eine automatisierte Auskunft über die temporär und dauerhaft in seinem Mobilfunknetz zugewiesenen Kennungen unverzüglich zu erteilen.

²§ 170 Absatz 10 gilt entsprechend. ³Verpflichtungen nach Maßgabe des § 170 bleiben unberührt. ⁴Die Benachrichtigung des Endnutzers erfolgt ausschließlich durch die für die Maßnahme zuständige Behörde nach den jeweils geltenden Vorschriften.

§ 172 Daten für Auskunftsersuchen der Sicherheitsbehörden.

(1) ¹Wer nummerngebundene interpersonelle Telekommunikationsdienste, Internetzugangsdienste oder Dienste, die ganz oder überwiegend in der Übertragung von Signalen bestehen, erbringt und dabei Rufnummern oder andere Anschlusskennungen vergibt oder Telekommunikationsanschlüsse für von anderen vergebene Rufnummern oder andere Anschlusskennungen bereitstellt, hat für die Auskunftsverfahren nach den §§ 173 und 174 vor der Freischaltung folgende Daten zu erheben und unverzüglich zu speichern, auch soweit diese Daten für betriebliche Zwecke nicht erforderlich sind:

1. die Rufnummern,
2. andere von ihm vergebene Anschlusskennungen,
3. den Namen und die Anschrift des Anschlussinhabers,
4. bei natürlichen Personen deren Geburtsdatum,
5. bei Festnetzanschlüssen die Anschrift des Anschlusses,
6. in Fällen, in denen neben einem Mobilfunkanschluss auch ein Mobilfunkendgerät überlassen wird, die Gerätenummer dieses Gerätes sowie
7. das Datum der Vergabe der Rufnummer und, soweit abweichend, das Datum des Vertragsbeginns.

²Das Datum der Beendigung der Zuordnung der Rufnummer und, sofern davon abweichend, das Datum des Vertragsendes sind bei Bekanntwerden ebenfalls zu speichern. ³Die Sätze 1 und 2 gelten auch, sofern die Daten nicht in Endnutzerverzeichnisse eingetragen werden. ⁴Für das Auskunftsverfahren nach § 174 ist die Form der Datenspeicherung freigestellt.

(2) ¹Anbieter von im Voraus bezahlten Mobilfunkdiensten haben die Richtigkeit der nach Absatz 1 Satz 1 Nummer 3 und 4 erhobenen Daten, sofern die Daten in den vorgelegten Dokumenten oder eingesehenen Registern oder Verzeichnissen enthalten sind, vor der Freischaltung zu überprüfen durch

1. Vorlage eines Ausweises im Sinne des § 2 Absatz 1 des Personalausweisgesetzes,

2. Vorlage eines Passes im Sinne des § 1 Absatz 2 des Passgesetzes,
3. Vorlage eines sonstigen gültigen amtlichen Ausweises, der ein Lichtbild des Inhabers enthält und mit dem die Pass- und Ausweispflicht im Inland erfüllt wird, wozu insbesondere auch ein nach ausländerrechtlichen Bestimmungen anerkannter oder zugelassener Pass, Personalausweis oder Pass- oder Ausweisersatz zählt,
4. Vorlage eines Aufenthaltstitels,
5. Vorlage eines Ankunftsnachweises nach § 63a Absatz 1 des Asylgesetzes oder einer Bescheinigung über die Aufenthaltsgestattung nach § 63 Absatz 1 des Asylgesetzes,
6. Vorlage einer Bescheinigung über die Aussetzung der Abschiebung nach § 60a Absatz 4 des Aufenthaltsgesetzes oder
7. Vorlage eines Auszugs aus dem Handels- oder Genossenschaftsregister oder einem vergleichbaren amtlichen Register oder Verzeichnis, der Gründungsdokumente oder gleichwertiger beweiskräftiger Dokumente oder durch Einsichtnahme in diese Register oder Verzeichnisse und Abgleich mit den darin enthaltenen Daten, sofern es sich bei dem Anschlussinhaber um eine juristische Person oder Personengesellschaft handelt.

²Dazu darf ihnen abweichend von § 20 Absatz 2 Satz 2 des Personalausweisgesetzes[1]) und § 18 Absatz 3 Satz 2 des Passgesetzes ein Vertriebspartner eine elektronische Kopie des Personalausweises oder Reisepasses übersenden. ³Die Überprüfung kann auch durch andere geeignete Verfahren erfolgen; die Bundesnetzagentur legt nach Anhörung der betroffenen Kreise fest, welche anderen Verfahren zur Überprüfung geeignet sind, wobei jeweils zum Zweck der Identifikation vor Freischaltung der vertraglich vereinbarten Mobilfunkdienstleistung ein Dokument im Sinne des Satzes 1 genutzt werden muss. ⁴Verpflichtete haben vor Nutzung anderer geeigneter Verfahren die Feststellung der Übereinstimmung eines Verfahrens mit der Festlegung der Bundesnetzagentur durch eine Konformitätsbewertungsstelle im Sinne der Begriffsbestimmung in Artikel 2 Nummer 13 der Verordnung (EG) Nr. 765/2008 des Europäischen Parlaments und des Rates vom 9. Juli 2008 über die Vorschriften für die Akkreditierung und Marktüberwachung im Zusammenhang mit der Vermarktung von Produkten und zur Aufhebung der Verordnung (EWG) Nr. 339/93 des Rates (ABl. L 218 vom 13.8.2008, S. 30) nachzuweisen, die gemäß jener Verordnung als zur Durchführung der Konformitätsbewertung von anderen geeigneten Verfahren nach Satz 3 akkreditiert worden ist. ⁵Die Feststellung darf bei Nutzung des Verfahrens nicht älter als 24 Monate sein. ⁶Bei der Überprüfung ist die Art des eingesetzten Verfahrens zu speichern; bei Überprüfung mittels eines Dokumentes im Sinne des Satzes 1 Nummer 1 bis 6 sind ferner Angaben zu Art, Nummer und ausstellender Stelle zu speichern. ⁷Für die Identifizierung anhand eines elektronischen Identitätsnachweises nach § 18 des Personalausweisgesetzes[1]), nach § 12 des eID-Karte-Gesetzes oder nach § 78 Absatz 5 des Aufenthaltsgesetzes gilt § 8 Absatz 2 Satz 5 des Geldwäschegesetzes entsprechend.

(3) Die Verpflichtung zur unverzüglichen Speicherung nach Absatz 1 Satz 1 gilt hinsichtlich der Daten nach Absatz 1 Satz 1 Nummer 1, 3, 4 und 7 entsprechend für denjenigen, der nummernunabhängige interpersonelle Tele-

---

[1]) Nr. 17.

kommunikationsdienste erbringt und dabei Daten nach Absatz 1 Satz 1 Nummer 1, 3, 4 und 7 erhebt, wobei an die Stelle der Daten nach Absatz 1 Satz 1 Nummer 1 die entsprechenden Kennungen des Dienstes und an die Stelle des Anschlussinhabers nach Absatz 1 Satz 1 Nummer 3 der Nutzer des Dienstes tritt.

(4) Wird dem Verpflichteten nach den Absätzen 1 bis 3 eine Änderung bekannt, hat er die Daten unverzüglich zu berichtigen.

(5) [1] Bedient sich ein Verpflichteter nach den Absätzen 1 bis 3 zur Erhebung der Daten nach Absatz 1 Satz 1 und 2 und Absatz 3 oder Überprüfung der Daten nach Absatz 2 eines Dritten, bleibt er für die Erfüllung der Pflichten nach den Absätzen 1 bis 3 verantwortlich. [2] Es ist dem Dritten verboten, unrichtige Daten zu verwenden oder zu verarbeiten. [3] Werden dem Dritten im Rahmen des üblichen Geschäftsablaufs Änderungen der Daten nach Absatz 1 Satz 1 und 2 und Absatz 3 bekannt, hat er diese dem Anbieter des Telekommunikationsdienstes unverzüglich zu übermitteln.

(6) Die Daten nach den Absätzen 1 bis 3 sind mit Ablauf des auf die Beendigung des Vertragsverhältnisses folgenden Kalenderjahres zu löschen.

(7) Eine Entschädigung für die Datenerhebung und -speicherung wird nicht gewährt.

§ 173 Automatisiertes Auskunftsverfahren.

(1) [1] Wer nummerngebundene interpersonelle Telekommunikationsdienste oder Dienste, die ganz oder überwiegend in der Übertragung von Signalen bestehen, erbringt und dabei Rufnummern vergibt, hat die nach § 172 Absatz 1, 2 und 4 erhobenen Daten unverzüglich in Kundendateien zu speichern, in die auch Rufnummern und Rufnummernkontingente, die zur weiteren Vermarktung oder sonstigen Nutzung an andere Anbieter von Telekommunikationsdiensten vergeben werden, sowie bei portierten Rufnummern die aktuelle Portierungskennung aufzunehmen sind. [2] Der Verpflichtete kann auch eine andere Stelle nach Maßgabe des Artikels 28 der Verordnung (EU) 2016/679 des[1]) Europäischen Parlaments und des Rates vom 27. April 2016 zum Schutz natürlicher Personen bei der Verarbeitung personenbezogener Daten, zum freien Datenverkehr und zur Aufhebung der Richtlinie 95/46/EG (Datenschutz-Grundverordnung[2])) (ABl. L 119 vom 4.5.2016, S. 1; L 314 vom 22.11.2016, S. 72; L 127 vom 23.5.2018, S. 2) beauftragen, die Kundendateien zu führen. [3] Für die Berichtigung und Löschung der in den Kundendateien gespeicherten Daten gilt § 172 Absatz 4 und 6 entsprechend. [4] In Fällen portierter Rufnummern sind die Rufnummer und die zugehörige Portierungskennung erst nach Ablauf des Jahres zu löschen, das dem Zeitpunkt folgt, zu dem die Rufnummer wieder an den Netzbetreiber zurückgegeben wurde, dem sie ursprünglich zugeteilt worden war.

(2) [1] Der Verpflichtete hat zu gewährleisten, dass

1. die Bundesnetzagentur jederzeit Daten aus den Kundendateien automatisiert im Inland abrufen kann,

2. der Abruf von Daten unter Verwendung unvollständiger Abfragedaten oder die Suche mittels einer Ähnlichenfunktion erfolgen kann.

---

[1]) Nr. 11.
[2]) Auszugsweise abgedruckt unter Nr. 11.

²Der Verpflichtete und sein Beauftragter haben durch technische und organisatorische Maßnahmen sicherzustellen, dass ihnen die abgerufenen Daten nicht zur Kenntnis gelangen können.

(3) ¹Die Bundesnetzagentur darf Daten aus den Kundendateien nur abrufen, soweit die Kenntnis der Daten erforderlich ist

1. für die Verfolgung von Ordnungswidrigkeiten oder Verstößen nach diesem Gesetz oder nach dem Gesetz gegen den unlauteren Wettbewerb,
2. für die Erledigung von Auskunftsersuchen der in Absatz 4 genannten Stellen.

²Die ersuchende Stelle prüft unverzüglich, inwieweit sie die als Antwort übermittelten Daten benötigt; nicht benötigte Daten löscht sie unverzüglich; dies gilt auch für die Bundesnetzagentur für den Abruf von Daten nach Satz 1 Nummer 1.

(4) Auskünfte aus den Kundendateien nach Absatz 1 werden den folgenden Stellen nach Absatz 7 jederzeit erteilt, soweit die Auskünfte zur Erfüllung ihrer gesetzlichen Aufgaben erforderlich sind und die Ersuchen an die Bundesnetzagentur im automatisierten Auskunftsverfahren vorgelegt werden:

1. den Gerichten und Strafverfolgungsbehörden,
2. den Polizeivollzugsbehörden des Bundes und der Länder für Zwecke der Gefahrenabwehr,
3. dem Zollkriminalamt und den Zollfahndungsämtern für Zwecke eines Strafverfahrens sowie dem Zollkriminalamt zur Vorbereitung und Durchführung von Maßnahmen nach § 72 des Zollfahndungsdienstgesetzes,
4. den Verfassungsschutzbehörden des Bundes und der Länder, dem Militärischen Abschirmdienst, dem Bundesnachrichtendienst,
5. den Notrufabfragestellen nach § 164 sowie der Abfragestelle für die Rufnummer 124 124,
6. der Bundesanstalt für Finanzdienstleistungsaufsicht,
7. den Behörden der Zollverwaltung für die in § 2 Absatz 1 des Schwarzarbeitsbekämpfungsgesetzes genannten Zwecke über zentrale Abfragestellen,
8. den nach Landesrecht für die Verfolgung und Ahndung von Ordnungswidrigkeiten zuständigen Behörden für die in § 2 Absatz 3 des Schwarzarbeitsbekämpfungsgesetzes genannten Zwecke über zentrale Abfragestellen sowie
9. den für die Verfolgung und Ahndung von Ordnungswidrigkeiten nach § 81 Absatz 1 bis 3 des Gesetzes gegen Wettbewerbsbeschränkungen zuständigen Kartellbehörden.

(5) ¹Das Bundesministerium für Wirtschaft und Energie wird ermächtigt, im Einvernehmen mit dem Bundeskanzleramt, dem Bundesministerium des Innern, für Bau und Heimat, dem Bundesministerium der Justiz und für Verbraucherschutz, dem Bundesministerium der Finanzen, dem Bundesministerium für Verkehr und digitale Infrastruktur sowie dem Bundesministerium der Verteidigung eine Rechtsverordnung mit Zustimmung des Bundesrates zu erlassen, in der Folgendes geregelt wird:

1. die wesentlichen Anforderungen an die technischen Verfahren
   a) zur Übermittlung der Ersuchen an die Bundesnetzagentur,
   b) zur Abfrage der Daten durch die Bundesnetzagentur bei den Verpflichteten und deren Antwort an die Bundesnetzagentur einschließlich der für die Abfrage zu verwendenden Datenarten und

c) zur Übermittlung der Ergebnisse des Abrufs von der Bundesnetzagentur an die ersuchenden Stellen,
2. die zu beachtenden Sicherheitsanforderungen,
3. für Auskünfte und Abrufe mit unvollständigen Abfragedaten und für die Suche mittels einer Ähnlichenfunktion
   a) die Mindestanforderungen an den Umfang der einzugebenden Daten zur möglichst genauen Bestimmung der gesuchten Person,
   b) die Zeichen, die in Ersuchen verwendet werden dürfen,
   c) Anforderungen an den Einsatz sprachwissenschaftlicher Verfahren, die gewährleisten, dass unterschiedliche Schreibweisen eines Personen-, Straßen- oder Ortsnamens sowie Abweichungen, die sich aus der Vertauschung, Auslassung oder Hinzufügung von Namensbestandteilen ergeben, in die Suche und das Suchergebnis einbezogen werden,
   d) die zulässige Menge der an die Bundesnetzagentur zu übermittelnden Antwortdatensätze sowie
4. wer abweichend von Absatz 1 Satz 1 aus Gründen der Verhältnismäßigkeit keine Kundendateien für das automatisierte Auskunftsverfahren vorhalten muss; in diesen Fällen gilt § 172 Absatz 1 Satz 4 entsprechend.

[2]Im Übrigen können in der Rechtsverordnung auch Einschränkungen der Abfragemöglichkeit für die in Absatz 4 Nummer 5 bis 9 genannten Stellen auf den für diese Stellen erforderlichen Umfang geregelt werden.

(6) [1]Die technischen Einzelheiten des automatisierten Auskunftsverfahrens legt die Bundesnetzagentur unter Beteiligung der betroffenen Verbände und der berechtigten Stellen in einer Technischen Richtlinie fest, die bei Bedarf an den Stand der Technik anzupassen ist. [2]Die Verpflichteten nach den Absätzen 1 und 2 und die berechtigten Stellen haben die Anforderungen der Technischen Richtlinie spätestens ein Jahr nach deren Inkrafttreten zu erfüllen, es sei denn, in der Technischen Richtlinie ist eine davon abweichende Umsetzungsfrist festgelegt worden. [3]Nach dieser Richtlinie gestaltete mängelfreie technische Einrichtungen müssen im Falle einer Änderung der Technischen Richtlinie spätestens drei Jahre nach deren Inkrafttreten die geänderten Anforderungen erfüllen.

(7) [1]Auf Ersuchen der in Absatz 4 genannten Stellen hat die Bundesnetzagentur die entsprechenden Datensätze aus den Kundendateien nach Absatz 1 abzurufen und als Ergebnis an die ersuchende Stelle zu übermitteln. [2]Sie prüft die Zulässigkeit der Übermittlung nur, soweit hierzu ein besonderer Anlass besteht. [3]Die Verantwortung für die Zulässigkeit der Übermittlung tragen
1. in den Fällen des Absatzes 3 Satz 1 Nummer 1 die Bundesnetzagentur und
2. in den Fällen des Absatzes 3 Satz 1 Nummer 2 die in Absatz 4 genannten Stellen.

(8) [1]Die Bundesnetzagentur protokolliert für Zwecke der Datenschutzkontrolle durch die jeweils zuständige Stelle bei jedem Abruf
1. den Zeitpunkt,
2. die bei der Durchführung des Abrufs verwendeten Daten,
3. die abgerufenen Daten,
4. ein die abrufende Person eindeutig bezeichnendes Datum sowie

5. die ersuchende Stelle, deren Aktenzeichen und ein die ersuchende Person eindeutig bezeichnendes Datum.

²Eine Verwendung der Protokolldaten für andere Zwecke ist unzulässig. ³Die Protokolldaten sind nach einem Jahr zu löschen.

(9) ¹Der Verpflichtete nach den Absätzen 1 und 2 hat alle technischen Vorkehrungen in seinem Verantwortungsbereich auf seine Kosten zu treffen, die für die Erteilung der Auskünfte nach dieser Vorschrift erforderlich sind. ²Dazu gehören auch die Anschaffung der zur Sicherstellung der Vertraulichkeit und des Schutzes vor unberechtigten Zugriffen erforderlichen Geräte, die Einrichtung eines geeigneten Telekommunikationsanschlusses sowie die laufende Bereitstellung dieser Vorkehrungen nach Maßgaben der Rechtsverordnung nach Absatz 5 und der Technischen Richtlinie nach Absatz 6. ³Eine Entschädigung für im automatisierten Auskunftsverfahren erteilte Auskünfte wird den Verpflichteten nicht gewährt.

§ 174 Manuelles Auskunftsverfahren. (1) ¹Wer Telekommunikationsdienste erbringt oder daran mitwirkt, darf von ihm erhobene Bestandsdaten sowie die nach § 172 erhobenen Daten nach Maßgabe dieser Vorschrift zur Erfüllung von Auskunftspflichten gegenüber den in Absatz 3 genannten Stellen verwenden. ²Dies gilt auch für Daten, mittels derer der Zugriff auf Endgeräte oder auf Speichereinrichtungen, die in diesen Endgeräten oder hiervon räumlich getrennt eingesetzt werden, geschützt wird. ³Die in eine Auskunft aufzunehmenden Daten dürfen auch anhand einer zu einem bestimmten Zeitpunkt zugewiesenen Internetprotokoll-Adresse bestimmt werden; hierfür dürfen Verkehrsdaten auch automatisiert ausgewertet werden. ⁴Für die Auskunftserteilung nach Satz 3 sind sämtliche unternehmensinternen Datenquellen zu berücksichtigen. ⁵Der Verpflichtete hat die in seinem Verantwortungsbereich für die Auskunftserteilung erforderlichen Vorkehrungen auf eigene Kosten zu treffen.

(2) ¹Die Auskunft darf nur erteilt werden nach Maßgabe der nachfolgenden Absätze und soweit die um die Auskunft ersuchende Stelle dies im Einzelfall unter Angabe einer gesetzlichen Bestimmung verlangt, die ihr eine Erhebung der in Absatz 1 in Bezug genommenen Daten erlaubt. ²Das Auskunftsverlangen ist schriftlich oder elektronisch zu stellen. ³Bei Gefahr im Verzug darf die Auskunft auch erteilt werden, wenn das Verlangen in anderer Form gestellt wird. ⁴In diesem Falle ist das Verlangen unverzüglich nachträglich schriftlich oder elektronisch zu bestätigen. ⁵Die Verantwortung für die Zulässigkeit der Auskunft tragen die um Auskunft ersuchenden Stellen.

(3) Die Auskunft nach Absatz 1 Satz 1 darf nur erteilt werden

1. an die für die Verfolgung von Straftaten und Ordnungswidrigkeiten zuständigen Behörden, soweit zureichende tatsächliche Anhaltspunkte für eine Straftat oder Ordnungswidrigkeit vorliegen und die in die Auskunft aufzunehmenden Daten erforderlich sind, um den Sachverhalt zu erforschen, den Aufenthaltsort eines Beschuldigten oder Betroffenen zu ermitteln oder eine Strafe zu vollstrecken,

2. an die für die Abwehr von Gefahren für die öffentliche Sicherheit oder Ordnung zuständigen Behörden, wenn die in die Auskunft aufzunehmenden Daten im Einzelfall erforderlich sind

   a) zur Abwehr einer Gefahr für die öffentliche Sicherheit oder

b) zum Schutz von Leib, Leben, Freiheit der Person, sexueller Selbstbestimmung, dem Bestand und der Sicherheit des Bundes oder eines Landes, der freiheitlich demokratischen Grundordnung, Gütern der Allgemeinheit, deren Bedrohung die Grundlagen der Existenz der Menschen berührt sowie nicht unerheblichen Sachwerten, wenn Tatsachen den Schluss auf ein wenigstens seiner Art nach konkretisiertes sowie zeitlich absehbares Geschehen zulassen, an dem bestimmte Personen beteiligt sein werden, oder

c) zum Schutz von Leib, Leben, Freiheit der Person, sexueller Selbstbestimmung, dem Bestand und der Sicherheit des Bundes oder eines Landes, der freiheitlich demokratischen Grundordnung sowie Gütern der Allgemeinheit, deren Bedrohung die Grundlagen der Existenz der Menschen berührt, wenn das individuelle Verhalten einer Person die konkrete Wahrscheinlichkeit begründet, dass sie in einem übersehbaren Zeitraum eine gegen ein solches Rechtsgut gerichtete Straftat begehen wird, oder

d) zur Verhütung einer Straftat von erheblicher Bedeutung, sofern Tatsachen die Annahme rechtfertigen, dass eine Person innerhalb eines übersehbaren Zeitraums auf eine ihrer Art nach konkretisierte Weise als Täter oder Teilnehmer an der Begehung einer Tat beteiligt ist, oder

e) zur Verhütung einer schweren Straftat nach § 100a Absatz 2 der Strafprozessordnung[1], sofern das individuelle Verhalten einer Person die konkrete Wahrscheinlichkeit begründet, dass die Person innerhalb eines übersehbaren Zeitraums die Tat begehen wird,

3. an das Bundeskriminalamt als Zentralstelle nach § 2 des Bundeskriminalamtgesetzes,

a) sofern zureichende tatsächliche Anhaltspunkte für eine Straftat im Sinne des § 2 Absatz 1 des Bundeskriminalamtgesetzes vorliegen und die in die Auskunft aufzunehmenden Daten erforderlich sind,

aa) um die zuständige Strafverfolgungsbehörde zu ermitteln, oder

bb) um ein Auskunftsersuchen einer ausländischen Strafverfolgungsbehörde im Rahmen des internationalen polizeilichen Dienstverkehrs, das nach Maßgabe der Vorschriften über die internationale Rechtshilfe in Strafsachen bearbeitet wird, zu erledigen, oder

b) sofern die in die Auskunft aufzunehmenden Daten im Rahmen der Strafvollstreckung erforderlich sind, um ein Auskunftsersuchen einer ausländischen Strafverfolgungsbehörde im Rahmen des polizeilichen Dienstverkehrs, das nach Maßgabe der Vorschriften über die internationale Rechtshilfe in Strafsachen bearbeitet wird, zu erledigen, oder

c) sofern die Gefahr besteht, dass eine Person an der Begehung einer Straftat im Sinne des § 2 Absatz 1 des Bundeskriminalamtgesetzes beteiligt sein wird und die in die Auskunft aufzunehmenden Daten erforderlich sind,

aa) um die für die Verhütung der Straftat zuständige Polizeibehörde zu ermitteln, oder

bb) um ein Auskunftsersuchen einer ausländischen Polizeibehörde im Rahmen des polizeilichen Dienstverkehrs zur Verhütung der Straftat zu erledigen, oder

---

[1] Nr. 45.

d) sofern Tatsachen die Annahme rechtfertigen, dass eine Person innerhalb eines übersehbaren Zeitraums auf eine zumindest ihrer Art nach konkretisierte Weise an einer Straftat von erheblicher Bedeutung beteiligt sein wird und die in die Auskunft aufzunehmenden Daten erforderlich sind,

    aa) um die für die Verhütung der Straftat zuständige Polizeibehörde zu ermitteln oder

    bb) um ein Auskunftsersuchen einer ausländischen Polizeibehörde im Rahmen des polizeilichen Dienstverkehrs zur Verhütung der Straftat zu erledigen oder

e) sofern das individuelle Verhalten einer Person die konkrete Wahrscheinlichkeit begründet, dass sie innerhalb eines übersehbaren Zeitraums eine schwere Straftat nach § 100a Absatz 2 der Strafprozessordnung[1] begehen wird und die in die Auskunft aufzunehmenden Daten erforderlich sind,

    aa) um die für die Verhütung der Straftat zuständige Polizeibehörde zu ermitteln oder

    bb) um ein Auskunftsersuchen einer ausländischen Polizeibehörde im Rahmen des polizeilichen Dienstverkehrs zur Verhütung der Straftat zu erledigen,

4. an das Zollkriminalamt als Zentralstelle nach § 3 des Zollfahndungsdienstgesetzes,

  a) sofern zureichende tatsächliche Anhaltspunkte für eine Straftat vorliegen und die in die Auskunft aufzunehmenden Daten erforderlich sind, um

    aa) die zuständige Strafverfolgungsbehörde zu ermitteln, oder

    bb) ein Auskunftsersuchen einer ausländischen Strafverfolgungsbehörde im Rahmen des internationalen polizeilichen Dienstverkehrs, das nach Maßgabe der Vorschriften über die internationale Rechtshilfe in Strafsachen bearbeitet wird, auch im Rahmen der Strafvollstreckung, zu erledigen, oder

  b) sofern dies im Einzelfall erforderlich ist

    aa) zur Abwehr einer Gefahr für die öffentliche Sicherheit,

    bb) zum Schutz von Leib, Leben, Freiheit der Person, sexueller Selbstbestimmung, dem Bestand und der Sicherheit des Bundes oder eines Landes, der freiheitlich demokratischen Grundordnung, Gütern der Allgemeinheit, deren Bedrohung die Grundlagen der Existenz der Menschen berührt, sowie nicht unerheblichen Sachwerten, wenn Tatsachen den Schluss auf ein wenigstens seiner Art nach konkretisiertes und zeitlich absehbares Geschehen zulassen, an dem bestimmte Personen beteiligt sein werden, oder

    cc) zum Schutz von Leib, Leben, Freiheit der Person, sexueller Selbstbestimmung, dem Bestand und der Sicherheit des Bundes oder eines Landes, der freiheitlich demokratischen Grundordnung sowie Gütern der Allgemeinheit, deren Bedrohung die Grundlagen der Existenz der Menschen berührt, wenn das individuelle Verhalten einer Person die konkrete Wahrscheinlichkeit begründet, dass die Gefährdung eines solchen Rechtsgutes in einem übersehbaren Zeitraum eintreten wird, oder

---

[1] Nr. 45.

dd) zur Erledigung eines Auskunftsersuchens einer ausländischen Polizeibehörde im Rahmen des polizeilichen Dienstverkehrs zur Verhütung einer Straftat oder

ee) zur Verhütung einer Straftat von erheblicher Bedeutung, sofern Tatsachen die Annahme rechtfertigen, dass eine Person innerhalb eines übersehbaren Zeitraums auf eine ihrer Art nach konkretisierte Weise als Täter oder Teilnehmer an der Begehung der Tat beteiligt ist, oder

ff) zur Verhütung einer schweren Straftat nach § 100a Absatz 2 der Strafprozessordnung[1]), sofern das individuelle Verhalten einer Person die konkrete Wahrscheinlichkeit begründet, dass die Person innerhalb eines übersehbaren Zeitraums die Tat begehen wird,

5. an die Verfassungsschutzbehörden des Bundes und der Länder, soweit dies aufgrund tatsächlicher Anhaltspunkte im Einzelfall erforderlich ist zur Aufklärung bestimmter Bestrebungen oder Tätigkeiten nach

a) § 3 Absatz 1 des Bundesverfassungsschutzgesetzes oder

b) einem zum Verfassungsschutz (§ 1 Absatz 1 des Bundesverfassungsschutzgesetzes) landesgesetzlich begründeten Beobachtungsauftrag der Landesbehörde, insbesondere zum Schutz der verfassungsmäßigen Ordnung vor Bestrebungen und Tätigkeiten der organisierten Kriminalität,

6. an den Militärischen Abschirmdienst, soweit dies aufgrund tatsächlicher Anhaltspunkte im Einzelfall zur Aufklärung bestimmter Bestrebungen oder Tätigkeiten nach § 1 Absatz 1 des MAD-Gesetzes oder zur Sicherung der Einsatzbereitschaft der Truppe oder zum Schutz der Angehörigen, der Dienststellen oder Einrichtungen des Geschäftsbereichs des Bundesministeriums der Verteidigung nach § 14 Absatz 1 des MAD-Gesetzes erforderlich ist,

7. an den Bundesnachrichtendienst, soweit dies erforderlich ist

a) zur politischen Unterrichtung der Bundesregierung, wenn im Einzelfall tatsächliche Anhaltspunkte dafür vorliegen, dass durch die Auskunft Informationen über das Ausland gewonnen werden können, die von außen- und sicherheitspolitischer Bedeutung für die Bundesrepublik Deutschland sind und zu deren Aufklärung das Bundeskanzleramt den Bundesnachrichtendienst beauftragt hat, oder

b) zur Früherkennung von aus dem Ausland drohenden Gefahren von internationaler Bedeutung, wenn im Einzelfall tatsächliche Anhaltspunkte dafür vorliegen, dass durch die Auskunft Erkenntnisse gewonnen werden können mit Bezug zu den in § 4 Absatz 3 Nummer 1 des BND-Gesetzes genannten Gefahrenbereichen oder zum Schutz der in § 4 Absatz 3 Nummer 2 und 3 des BND-Gesetzes genannten Rechtsgüter,

8. an das Bundesamt für Sicherheit in der Informationstechnik zum Schutz der Versorgung der Bevölkerung in den Bereichen des § 2 Absatz 10 Satz 1 Nummer 1 des BSI-Gesetzes oder der öffentlichen Sicherheit, um damit eine Beeinträchtigung der Sicherheit oder Funktionsfähigkeit informationstechnischer Systeme einer Kritischen Infrastruktur oder eines Unternehmens im besonderen öffentlichen Interesse abzuwenden, wenn Tatsachen den Schluss auf ein wenigstens seiner Art nach konkretisiertes und zeitlich absehbares Geschehen zulassen, das auf die informationstechnischen Systeme bestimmbarer Infrastrukturen oder Unternehmen abzielen wird, und die in die

---

[1]) Nr. 45.

Auskunft aufzunehmenden Daten im Einzelfall erforderlich sind, um den Betreiber der betroffenen Kritischen Infrastruktur oder das betroffene Unternehmen im besonderen öffentlichen Interesse vor dieser Beeinträchtigung zu warnen, über diese zu informieren oder bei deren Beseitigung zu beraten oder zu unterstützen.

(4) ¹Die Auskunft nach Absatz 1 Satz 2 darf nur unter den Voraussetzungen des Absatzes 3 und nur dann erteilt werden, wenn die Auskunft verlangende Stelle auch zur Nutzung der zu beauskunftenden Daten im Einzelfall berechtigt ist. ²Die Verantwortung für die Berechtigung zur Nutzung der zu beauskunftenden Daten tragen die um Auskunft ersuchenden Stellen.

(5) Die Auskunft nach Absatz 1 Satz 3 darf nur erteilt werden an

1. die für die Verfolgung von Straftaten zuständigen Behörden, soweit zureichende tatsächliche Anhaltspunkte für eine Straftat vorliegen und die in die Auskunft aufzunehmenden Daten erforderlich sind, um den Sachverhalt zu erforschen, den Aufenthaltsort eines Beschuldigten zu ermitteln oder eine Strafe zu vollstrecken,

2. die für die Abwehr von Gefahren für die öffentliche Sicherheit oder Ordnung zuständigen Behörden, wenn die in die Auskunft aufzunehmenden Daten im Einzelfall erforderlich sind

   a) zum Schutz von Leib, Leben, Freiheit der Person, sexueller Selbstbestimmung, dem Bestand und der Sicherheit des Bundes oder eines Landes, der freiheitlich demokratischen Grundordnung, Gütern der Allgemeinheit, deren Bedrohung die Grundlagen der Existenz der Menschen berührt, sowie nicht unerheblicher Sachwerte oder zur Verhütung einer Straftat oder

   b) zum Schutz von Leib, Leben, Freiheit der Person, sexueller Selbstbestimmung, dem Bestand und der Sicherheit des Bundes oder eines Landes, der freiheitlich demokratischen Grundordnung sowie Gütern der Allgemeinheit, deren Bedrohung die Grundlagen der Existenz der Menschen berührt, wenn Tatsachen den Schluss auf ein wenigstens seiner Art nach konkretisiertes sowie zeitlich absehbares Geschehen zulassen, an dem bestimmte Personen beteiligt sein werden, oder

   c) zum Schutz von Leib, Leben, Freiheit der Person, sexueller Selbstbestimmung, dem Bestand und der Sicherheit des Bundes oder eines Landes, der freiheitlich demokratischen Grundordnung sowie Gütern der Allgemeinheit, deren Bedrohung die Grundlagen der Existenz der Menschen berührt, wenn das individuelle Verhalten einer Person die konkrete Wahrscheinlichkeit begründet, dass sie in einem übersehbaren Zeitraum eine gegen ein solches Rechtsgut gerichtete Straftat begehen wird, oder

   d) zur Verhütung einer schweren Straftat nach § 100a Absatz 2 der Strafprozessordnung[1]), sofern Tatsachen die Annahme rechtfertigen, dass eine Person innerhalb eines übersehbaren Zeitraums auf eine ihrer Art nach konkretisierten Weise als Täter oder Teilnehmer an der Begehung einer Tat beteiligt ist, oder

   e) zur Verhütung einer schweren Straftat nach § 100a Absatz 2 der Strafprozessordnung[1]), sofern das individuelle Verhalten einer Person die kon-

---

[1]) Nr. 45.

krete Wahrscheinlichkeit begründet, dass die Person innerhalb eines übersehbaren Zeitraums die Tat begehen wird,

3. das Bundeskriminalamt als Zentralstelle nach § 2 des Bundeskriminalamtgesetzes, sofern

   a) zureichende tatsächliche Anhaltspunkte für eine Straftat im Sinne des § 2 Absatz 1 des Bundeskriminalamtgesetzes vorliegen und die in die Auskunft aufzunehmenden Daten erforderlich sind, um

   aa) die zuständige Strafverfolgungsbehörde zu ermitteln, oder

   bb) ein Auskunftsersuchen einer ausländischen Strafverfolgungsbehörde im Rahmen des internationalen polizeilichen Dienstverkehrs, das nach Maßgabe der Vorschriften über die internationale Rechtshilfe in Strafsachen bearbeitet wird, zu erledigen, oder

   b) die in die Auskunft aufzunehmenden Daten im Rahmen der Strafvollstreckung erforderlich sind, um ein Auskunftsersuchen einer ausländischen Strafverfolgungsbehörde im Rahmen des polizeilichen Dienstverkehrs, das nach Maßgabe der Vorschriften über die internationale Rechtshilfe in Strafsachen bearbeitet wird, zu erledigen,

   c) die Gefahr besteht, dass eine Person an der Begehung einer Straftat im Sinne des § 2 Absatz 1 des Bundeskriminalamtgesetzes beteiligt sein wird und die in die Auskunft aufzunehmenden Daten erforderlich sind, um

   aa) die für die Verhütung der Straftat zuständigen Polizeibehörde zu ermitteln, oder

   bb) ein Auskunftsersuchen einer ausländischen Polizeibehörde im Rahmen des polizeilichen Dienstverkehrs zur Verhütung der Straftat zu erledigen, oder

   d) Tatsachen die Annahme rechtfertigen, dass eine Person innerhalb eines übersehbaren Zeitraums auf eine zumindest ihrer Art nach konkretisierte Weise an einer schweren Straftat nach § 100a Absatz 2 der Strafprozessordnung[1]) beteiligt sein wird und die in die Auskunft aufzunehmenden Daten erforderlich sind, um

   aa) die für die Verhütung der Straftat zuständige Polizeibehörde zu ermitteln, oder

   bb) ein Auskunftsersuchen einer ausländischen Polizeibehörde im Rahmen des polizeilichen Dienstverkehrs zur Verhütung der Straftat zu erledigen, oder

   e) das individuelle Verhalten einer Person die konkrete Wahrscheinlichkeit begründet, dass sie innerhalb eines übersehbaren Zeitraums eine schwere Straftat nach § 100a Absatz 2 der Strafprozessordnung[1]) begehen wird, und die in die Auskunft aufzunehmenden Daten erforderlich sind, um

   aa) die für die Verhütung der Straftat zuständige Polizeibehörde zu ermitteln, oder

   bb) ein Auskunftsersuchen einer ausländischen Polizeibehörde im Rahmen des polizeilichen Dienstverkehrs zur Verhütung der Straftat zu erledigen,

4. das Zollkriminalamt als Zentralstelle nach § 3 des Zollfahndungsdienstgesetzes, sofern

---

[1]) Nr. 45.

a) im Einzelfall zureichende tatsächliche Anhaltspunkte für eine Straftat vorliegen und die in die Auskunft aufzunehmenden Daten erforderlich sind, um

   aa) die zuständige Strafverfolgungsbehörde zu ermitteln, oder

   bb) ein Auskunftsersuchen einer ausländischen Strafverfolgungsbehörde im Rahmen des internationalen polizeilichen Dienstverkehrs, das nach Maßgabe der Vorschriften über die internationale Rechtshilfe in Strafsachen bearbeitet wird, auch im Rahmen der Strafvollstreckung, zu erledigen, oder

b) dies im Einzelfall erforderlich ist

   aa) zum Schutz von Leib, Leben, Freiheit der Person, sexueller Selbstbestimmung, dem Bestand und der Sicherheit des Bundes oder eines Landes, der freiheitlich demokratischen Grundordnung, Gütern der Allgemeinheit, deren Bedrohung die Grundlagen der Existenz der Menschen berührt, sowie nicht unerheblicher Sachwerte oder zur Verhütung einer Straftat, oder

   bb) zum Schutz von Leib, Leben, Freiheit der Person, sexueller Selbstbestimmung, dem Bestand und der Sicherheit des Bundes oder eines Landes, der freiheitlich demokratischen Grundordnung sowie Gütern der Allgemeinheit, deren Bedrohung die Grundlagen der Existenz der Menschen berührt, wenn Tatsachen den Schluss auf ein wenigstens seiner Art nach konkretisiertes und zeitlich absehbares Geschehen zulassen, an dem bestimmte Personen beteiligt sein werden, oder

   cc) zum Schutz von Leib, Leben, Freiheit der Person, sexueller Selbstbestimmung, dem Bestand und der Sicherheit des Bundes oder eines Landes, der freiheitlich demokratischen Grundordnung sowie Gütern der Allgemeinheit, deren Bedrohung die Grundlagen der Existenz der Menschen berührt, wenn das individuelle Verhalten einer Person die konkrete Wahrscheinlichkeit begründet, dass die Gefährdung eines solchen Rechtsgutes in einem übersehbaren Zeitraum eintreten wird, oder

   dd) zur Erledigung eines Auskunftsersuchens einer ausländischen Polizeibehörde im Rahmen des polizeilichen Dienstverkehrs zur Verhütung einer schweren Straftat nach § 100a Absatz 2 der Strafprozessordnung[1], oder

   ee) zur Verhütung einer schweren Straftat nach § 100a Absatz 2 der Strafprozessordnung[1], sofern Tatsachen die Annahme rechtfertigen, dass eine Person innerhalb eines übersehbaren Zeitraums auf eine ihrer Art nach konkretisierte Weise als Täter oder Teilnehmer an der Begehung der Tat beteiligt ist, oder

   ff) zur Verhütung einer schweren Straftat nach § 100a Absatz 2 der Strafprozessordnung[1], sofern das individuelle Verhalten einer Person, die konkrete Wahrscheinlichkeit begründet, dass die Person innerhalb eines übersehbaren Zeitraums die Tat begehen wird,

5. die Verfassungsschutzbehörden des Bundes und der Länder, soweit dies aufgrund tatsächlicher Anhaltspunkte im Einzelfall erforderlich ist zur Aufklärung bestimmter Bestrebungen oder Tätigkeiten nach

---

[1] Nr. 45.

a) § 3 Absatz 1 des Bundesverfassungsschutzgesetzes oder
b) einem zum Verfassungsschutz (§ 1 Absatz 1 des Bundesverfassungsschutzgesetzes) landesgesetzlich begründeten Beobachtungsauftrag der Landesbehörde, insbesondere zum Schutz der verfassungsmäßigen Ordnung vor Bestrebungen und Tätigkeiten der organisierten Kriminalität,

6. den Militärischen Abschirmdienst, soweit dies aufgrund tatsächlicher Anhaltspunkte im Einzelfall zur Aufklärung bestimmter Bestrebungen oder Tätigkeiten nach § 1 Absatz 1 des MAD-Gesetzes oder zur Sicherung der Einsatzbereitschaft der Truppe oder zum Schutz der Angehörigen, der Dienststellen und Einrichtungen des Geschäftsbereichs des Bundesministeriums der Verteidigung nach § 14 Absatz 1 des MAD-Gesetzes erforderlich ist,

7. den Bundesnachrichtendienst, soweit dies erforderlich ist

a) zur politischen Unterrichtung der Bundesregierung, wenn im Einzelfall tatsächliche Anhaltspunkte dafür vorliegen, dass durch die Auskunft Informationen über das Ausland gewonnen werden können, die von außen- und sicherheitspolitischer Bedeutung für die Bundesrepublik Deutschland sind und zu deren Aufklärung das Bundeskanzleramt den Bundesnachrichtendienst beauftragt hat, oder

b) zur Früherkennung von aus dem Ausland drohenden Gefahren von internationaler Bedeutung, wenn im Einzelfall tatsächliche Anhaltspunkte dafür vorliegen, dass die Auskunft Erkenntnisse gewonnen werden können mit Bezug zu den in § 4 Absatz 3 Nummer 1 des BND-Gesetzes genannten Gefahrenbereichen oder zum Schutz der in § 4 Absatz 3 Nummer 2 und 3 des BND-Gesetzes genannten Rechtsgüter,

8. an das Bundesamt für Sicherheit in der Informationstechnik zum Schutz der Versorgung der Bevölkerung in den Bereichen des § 2 Absatz 10 Satz 1 Nummer 1 des BSI-Gesetzes oder der öffentlichen Sicherheit, um damit eine Beeinträchtigung der Sicherheit oder Funktionsfähigkeit informationstechnischer Systeme einer Kritischen Infrastruktur oder eines Unternehmens im besonderen öffentlichen Interesse abzuwenden, wenn Tatsachen den Schluss auf ein wenigstens seiner Art nach konkretisiertes und zeitlich absehbares Geschehen zulassen, das auf die informationstechnischen Systeme bestimmbarer Infrastrukturen oder Unternehmen abzielen wird, und die in die Auskunft aufzunehmenden Daten im Einzelfall erforderlich sind, um den Betreiber der betroffenen Kritischen Infrastruktur oder das betroffene Unternehmen im besonderen öffentlichen Interesse vor dieser Beeinträchtigung zu warnen, über diese zu informieren oder bei deren Beseitigung zu beraten oder zu unterstützen.

(6) ¹Derjenige, der geschäftsmäßig Telekommunikationsdienste erbringt oder daran mitwirkt, hat die zu beauskunftenden Daten unverzüglich und vollständig zu übermitteln. ²Über das Auskunftsersuchen und die Auskunftserteilung haben die Verpflichteten gegenüber den Betroffenen sowie Dritten Stillschweigen zu wahren.

(7) ¹Wer öffentlich zugängliche Telekommunikationsdienste erbringt, hat für die Entgegennahme der Auskunftsverlangen sowie für die Erteilung der zugehörigen Auskünfte gesicherte elektronische Schnittstellen nach Maßgabe der Verordnung nach § 170 Absatz 5 und der Technischen Richtlinie nach § 170 Absatz 6 bereitzuhalten, durch die auch die gegen die Kenntnisnahme der Daten durch Unbefugte gesicherte Übertragung gewährleistet ist. ²Dabei

haben Verpflichtete mit 100 000 oder mehr Vertragspartnern die Schnittstelle sowie das E-Mail-basierte Übermittlungsverfahren nach der Technischen Richtlinie nach § 170 Absatz 6 bereitzuhalten. ³ Verpflichtete mit weniger als 100 000 Vertragspartnern müssen nur das E-Mail-basierte Übermittlungsverfahren bereithalten. ⁴ Darüber hinaus gelten für die Entgegennahme der Auskunftsverlangen sowie für die Übermittlung der zugehörigen Auskünfte § 31 Absatz 2 Satz 2 bis 4 und Absatz 6 und 7, § 34 Absatz 1 Satz 1 und 3 und Absatz 2 sowie § 35 der Verordnung nach § 170 Absatz 5 entsprechend. ⁵ Die Verpflichteten haben dafür Sorge zu tragen, dass jedes Auskunftsverlangen durch eine verantwortliche Fachkraft auf Einhaltung der in Absatz 2 genannten formalen Voraussetzungen geprüft und die weitere Bearbeitung des Verlangens erst nach einem positiven Prüfergebnis freigegeben wird. ⁶ Die Prüfung und Freigabe durch eine verantwortliche Fachkraft nach Satz 5 kann unterbleiben, sofern durch die technische Ausgestaltung der elektronischen Schnittstelle die Einhaltung der in Absatz 2 genannten formalen Voraussetzungen automatisch überprüft werden kann.

§ 175 Verpflichtete; Entschädigung. (1) ¹ Die Verpflichtungen zur Speicherung von Verkehrsdaten, zur Verwendung der Daten und zur Datensicherheit nach den §§ 176 bis 181 beziehen sich auf Anbieter öffentlich zugänglicher Telekommunikationsdienste für Endnutzer, bei denen es sich nicht um nummernunabhängige interpersonelle Telekommunikationsdienste handelt. ² Ein Anbieter nach Satz 1, der nicht alle der nach Maßgabe der §§ 176 bis 181 zu speichernden Daten selbst erzeugt oder verarbeitet, hat

1. sicherzustellen, dass die nicht von ihm selbst bei der Erbringung seines Dienstes erzeugten oder verarbeiteten Daten gemäß § 176 Absatz 1 gespeichert werden, und
2. der Bundesnetzagentur auf deren Verlangen unverzüglich mitzuteilen, wer diese Daten speichert.

(2) ¹ Für notwendige Aufwendungen, die den Verpflichteten durch die Umsetzung der Vorgaben aus den §§ 176, 178 bis 181 entstehen, ist eine angemessene Entschädigung zu zahlen, soweit dies zur Abwendung oder zum Ausgleich unbilliger Härten geboten erscheint. ² Für die Bemessung der Entschädigung sind die tatsächlich entstandenen Kosten maßgebend. ³ Über Anträge auf Entschädigung entscheidet die Bundesnetzagentur.

§ 176 Pflichten zur Speicherung von Verkehrsdaten. (1) Die in § 175 Absatz 1 Genannten sind verpflichtet, Daten wie folgt im Inland zu speichern:
1. Daten nach den Absätzen 2 und 3 für zehn Wochen,
2. Standortdaten nach Absatz 4 für vier Wochen.

(2) ¹ Die Anbieter von Sprachkommunikationsdiensten speichern

1. die Rufnummer oder eine andere Kennung des anrufenden und des angerufenen Anschlusses sowie bei Um- oder Weiterschaltungen jedes weiteren beteiligten Anschlusses,
2. Datum und Uhrzeit von Beginn und Ende der Verbindung unter Angabe der zugrunde liegenden Zeitzone,
3. Angaben zu dem genutzten Dienst, wenn im Rahmen des Sprachkommunikationsdienstes unterschiedliche Dienste genutzt werden können,
4. im Falle mobiler Sprachkommunikationsdienste ferner

a) die internationale Kennung mobiler Endnutzer für den anrufenden und den angerufenen Anschluss,

b) die internationale Kennung des anrufenden und des angerufenen Endgerätes,

c) Datum und Uhrzeit der ersten Aktivierung des Dienstes unter Angabe der zugrunde liegenden Zeitzone, wenn Dienste im Voraus bezahlt wurden,

5. im Falle von Internet-Sprachkommunikationsdiensten auch die Internetprotokoll-Adressen des anrufenden und des angerufenen Anschlusses und zugewiesene Benutzerkennungen.

²Satz 1 gilt entsprechend

1. bei der Übermittlung einer Kurz-, Multimedia- oder ähnlichen Nachricht; hierbei treten an die Stelle der Angaben nach Satz 1 Nummer 2 die Zeitpunkte der Versendung und des Empfangs der Nachricht;

2. für unbeantwortete oder wegen eines Eingriffs des Netzwerkmanagements erfolglose Anrufe, soweit der Anbieter öffentlich zugänglicher Sprachkommunikationsdienste die in Satz 1 genannten Verkehrsdaten für die in § 9 des Telekommunikation-Telemedien-Datenschutz-Gesetzes genannten Zwecke speichert oder protokolliert.

(3) Die Anbieter öffentlich zugänglicher Internetzugangsdienste speichern

1. die dem Endnutzer für eine Internetnutzung zugewiesene Internetprotokoll-Adresse,

2. eine eindeutige Kennung des Anschlusses, über den die Internetnutzung erfolgt, sowie eine zugewiesene Benutzerkennung,

3. Datum und Uhrzeit von Beginn und Ende der Internetnutzung unter der zugewiesenen Internetprotokoll-Adresse unter Angabe der zugrunde liegenden Zeitzone.

(4) ¹Im Falle der Nutzung mobiler Sprachkommunikationsdienste sind die Bezeichnungen der Funkzellen zu speichern, die durch den anrufenden und den angerufenen Anschluss bei Beginn der Verbindung genutzt wurden. ²Bei öffentlich zugänglichen Internetzugangsdiensten ist im Falle der mobilen Nutzung die Bezeichnung der bei Beginn der Internetverbindung genutzten Funkzelle zu speichern. ³Zusätzlich sind die Daten vorzuhalten, aus denen sich die geografische Lage und die Hauptstrahlrichtungen der die jeweilige Funkzelle versorgenden Funkantennen ergeben.

(5) Der Inhalt der Kommunikation, Daten über aufgerufene Internetseiten und Daten von Diensten der elektronischen Post dürfen aufgrund dieser Vorschrift nicht gespeichert werden.

(6) ¹Daten, die den in § 11 Absatz 5 des Telekommunikation-Telemedien-Datenschutz-Gesetzes[1]) genannten Verbindungen zugrunde liegen, dürfen aufgrund dieser Vorschrift nicht gespeichert werden. ²Dies gilt entsprechend für Telefonverbindungen, die von den in § 11 Absatz 5 des Telekommunikation-Telemedien-Datenschutz-Gesetzes genannten Stellen ausgehen. ³§ 11 Absatz 6 des Telekommunikation-Telemedien-Datenschutz-Gesetzes gilt entsprechend.

(7) Die Speicherung der Daten hat so zu erfolgen, dass Auskunftsersuchen der berechtigten Stellen unverzüglich beantwortet werden können.

---

[1]) Nr. 13.

(8) Der nach § 175 Absatz 1 Verpflichtete hat die aufgrund des Absatzes 1 gespeicherten Daten unverzüglich, spätestens jedoch binnen einer Woche nach Ablauf der Speicherfristen nach Absatz 1, irreversibel zu löschen oder die irreversible Löschung sicherzustellen.

§ 177 Verwendung der Daten. (1) Die aufgrund des § 176 gespeicherten Daten dürfen

1. an eine Strafverfolgungsbehörde übermittelt werden, soweit diese die Übermittlung unter Berufung auf eine gesetzliche Bestimmung, die ihr eine Erhebung der in § 176 genannten Daten zur Verfolgung besonders schwerer Straftaten erlaubt, verlangt;
2. an eine Gefahrenabwehrbehörde der Länder übermittelt werden, soweit diese die Übermittlung unter Berufung auf eine gesetzliche Bestimmung, die ihr eine Erhebung der in § 176 genannten Daten zur Abwehr einer konkreten Gefahr für Leib, Leben oder Freiheit einer Person oder für den Bestand des Bundes oder eines Landes erlaubt, verlangt;
3. durch den Anbieter öffentlich zugänglicher Telekommunikationsdienste für eine Auskunft nach § 174 Absatz 1 Satz 3 verwendet werden.

(2) Für andere Zwecke als die in Absatz 1 genannten dürfen die aufgrund des § 176 gespeicherten Daten von den nach § 175 Absatz 1 Verpflichteten nicht verwendet werden.

(3) [1] Die Übermittlung der Daten erfolgt nach Maßgabe der Rechtsverordnung nach § 170 Absatz 5 und der Technischen Richtlinie nach § 170 Absatz 6. [2] Die Daten sind so zu kennzeichnen, dass erkennbar ist, dass es sich um Daten handelt, die nach § 176 gespeichert waren. [3] Nach Übermittlung an eine andere Stelle ist die Kennzeichnung durch diese aufrechtzuerhalten.

§ 178 Gewährleistung der Sicherheit der Daten. [1] Der nach § 175 Absatz 1 Verpflichtete hat sicherzustellen, dass die aufgrund der Speicherpflicht nach § 176 Absatz 1 gespeicherten Daten durch technische und organisatorische Maßnahmen nach dem Stand der Technik gegen unbefugte Kenntnisnahme und Verwendung geschützt werden. [2] Die Maßnahmen umfassen insbesondere

1. den Einsatz eines besonders sicheren Verschlüsselungsverfahrens,
2. die Speicherung in gesonderten, von den für die üblichen betrieblichen Aufgaben getrennten Speichereinrichtungen,
3. die Speicherung mit einem hohen Schutz vor dem Zugriff aus dem Internet auf vom Internet entkoppelten Datenverarbeitungssystemen,
4. die Beschränkung des Zutritts zu den Datenverarbeitungsanlagen auf Personen, die durch den Verpflichteten besonders ermächtigt sind, und
5. die notwendige Mitwirkung von mindestens zwei Personen beim Zugriff auf die Daten, die dazu durch den Verpflichteten besonders ermächtigt worden sind.

§ 179 Protokollierung. (1) [1] Der nach § 175 Absatz 1 Verpflichtete hat sicherzustellen, dass für Zwecke der Datenschutzkontrolle jeder Zugriff, insbesondere das Lesen, Kopieren, Ändern, Löschen und Sperren der aufgrund der Speicherpflicht nach § 176 Absatz 1 gespeicherten Daten protokolliert wird. [2] Zu protokollieren sind

1. der Zeitpunkt des Zugriffs,
2. die auf die Daten zugreifenden Personen,
3. Zweck und Art des Zugriffs.

(2) Für andere Zwecke als die der Datenschutzkontrolle dürfen die Protokolldaten nicht verwendet werden.

(3) Der nach § 175 Absatz 1 Verpflichtete hat sicherzustellen, dass die Protokolldaten nach einem Jahr gelöscht werden.

§ 180 Anforderungskatalog. (1) ¹Bei der Umsetzung der Verpflichtungen gemäß den §§ 176 bis 179 ist ein besonders hoher Standard der Datensicherheit und Datenqualität zu gewährleisten. ²Die Einhaltung dieses Standards wird vermutet, wenn alle Anforderungen des Katalogs der technischen Vorkehrungen und sonstigen Maßnahmen erfüllt werden, den die Bundesnetzagentur im Benehmen mit dem Bundesamt für Sicherheit in der Informationstechnik und der oder dem Bundesbeauftragten für den Datenschutz und die Informationsfreiheit erstellt.

(2) ¹Die Bundesnetzagentur überprüft fortlaufend die im Katalog nach Absatz 1 Satz 2 enthaltenen Anforderungen; hierbei berücksichtigt sie den Stand der Technik und der Fachdiskussion. ²Stellt die Bundesnetzagentur Änderungsbedarf fest, ist der Katalog im Benehmen mit dem Bundesamt für Sicherheit in der Informationstechnik und der oder dem Bundesbeauftragten für den Datenschutz und die Informationsfreiheit unverzüglich anzupassen.

(3) ¹§ 167 Absatz 1 Satz 3 gilt entsprechend. ²Der Anforderungskatalog wird von der Bundesnetzagentur veröffentlicht. ³§ 165 Absatz 9 Satz 1 und 5 gilt mit der Maßgabe, dass an die Stelle der Anforderungen nach § 165 Absatz 1 bis 7 die Anforderungen nach Absatz 1 Satz 1, § 176 Absatz 7 und 8, § 178 und § 179 Absatz 1 und 3 treten.

§ 181 Sicherheitskonzept. ¹Der nach § 175 Absatz 1 Verpflichtete hat in das Sicherheitskonzept nach § 166 zusätzlich aufzunehmen,

1. welche Systeme zur Erfüllung der Verpflichtungen aus den §§ 176 bis 179 betrieben werden,
2. von welchen Gefährdungen für diese Systeme auszugehen ist und
3. welche technischen Vorkehrungen oder sonstigen Maßnahmen getroffen oder geplant sind, um diesen Gefährdungen entgegenzuwirken und die Verpflichtungen aus den §§ 176 bis 179 zu erfüllen.

²Der nach § 175 Absatz 1 Verpflichtete hat der Bundesnetzagentur das Sicherheitskonzept unverzüglich nach dem Beginn der Speicherung nach § 176 und unverzüglich bei jeder Änderung des Konzepts vorzulegen. ³Bleibt das Sicherheitskonzept unverändert, hat der nach § 175 Absatz 1 Verpflichtete dies gegenüber der Bundesnetzagentur im Abstand von jeweils zwei Jahren schriftlich zu erklären.

§ 182 Auskunftsersuchen des Bundesnachrichtendienstes. (1) ¹Betreiber öffentlicher Telekommunikationsnetze haben dem Bundesministerium für Wirtschaft und Energie auf Anfrage entgeltfrei Auskünfte über die Strukturen der Telekommunikationsnetze sowie bevorstehende Änderungen zu erteilen. ²Einzelne Telekommunikationsvorgänge und Bestandsdaten von Endnutzern dürfen nicht Gegenstand einer Auskunft nach dieser Vorschrift sein.

(2) ¹Anfragen nach Absatz 1 sind nur zulässig, wenn ein entsprechendes Ersuchen des Bundesnachrichtendienstes vorliegt und soweit die Auskunft zur Erfüllung der Aufgaben nach den §§ 5 und 8 des Artikel 10-Gesetzes[1]) oder den *[bis 31.12.2021:* §§ 6, 12 und 14 des BND-Gesetzes*][ab 1.1.2022:* §§ 19, 24, 26, 32 und 33 des BND-Gesetzes*]* erforderlich ist. ²Die Verwendung einer nach dieser Vorschrift erlangten Auskunft zu anderen Zwecken ist ausgeschlossen.

§ 183 Kontrolle und Durchsetzung von Verpflichtungen. (1) ¹Die Bundesnetzagentur kann Anordnungen und andere Maßnahmen treffen, um die Einhaltung der Vorschriften des Abschnitts 1 sowie der aufgrund dieses Abschnitts ergangenen Rechtsverordnungen und Allgemeinverfügungen, insbesondere der jeweils anzuwendenden Technischen Richtlinien, sicherzustellen. ²Der nach den Vorschriften des Abschnitts 1 Verpflichtete muss auf Anforderung der Bundesnetzagentur die hierzu erforderlichen Auskünfte erteilen. ³Die Bundesnetzagentur ist zur Überprüfung der Einhaltung der Verpflichtungen befugt, die Geschäfts- und Betriebsräume während der üblichen Betriebs- oder Geschäftszeiten zu betreten und zu besichtigen. ⁴Die Befugnisse der Bundesnetzagentur nach Teil 11 Abschnitt 2 bleiben unberührt.

(2) ¹Die Bundesnetzagentur kann bei konkreten Anhaltspunkten für Verstöße gegen die Verpflichtungen aus § 172 den Inhalt von Kundendateien nach § 173 Absatz 1 Satz 1 überprüfen und dazu auch personenbezogene Daten verarbeiten. ²Die Speicherdauer der personenbezogenen Daten ist auf das erforderliche Maß zu beschränken.

(3) Bei wiederholten Verstößen gegen § 172 Absatz 1 bis 6, § 173 Absatz 1, 2, 6 Satz 2, Absatz 9 Satz 1 und 2 oder § 174 Absatz 1 Satz 5 und Absatz 6 kann die Tätigkeit des Verpflichteten durch Anordnung der Bundesnetzagentur dahingehend eingeschränkt werden, dass der Kundenstamm bis zur Erfüllung der sich aus diesen Vorschriften ergebenden Verpflichtungen nur durch Vertragsablauf oder Kündigung verändert werden darf.

(4) Über die Befugnis zu Anordnungen nach Absatz 3 hinaus kann die Bundesnetzagentur bei Nichterfüllung von Verpflichtungen dieses Abschnitts den Betrieb der betreffenden Telekommunikationsanlage oder das Erbringen des betreffenden Telekommunikationsdienstes ganz oder teilweise untersagen, wenn mildere Eingriffe zur Durchsetzung rechtmäßigen Verhaltens nicht ausreichen.

(5) Zur Durchsetzung von Maßnahmen nach den Absätzen 1 bis 4 kann nach Maßgabe des Verwaltungsvollstreckungsgesetzes ein Zwangsgeld bis zu einer Million Euro festgesetzt werden.

(6) Das Fernmeldegeheimnis des Artikels 10 des Grundgesetzes wird nach Maßgabe des Absatzes 1 eingeschränkt.

Abschnitt 2. Notfallvorsorge

§ 184 Anwendungsbereich. Die Vorschriften dieses Abschnitts sind anzuwenden zur Sicherung einer Mindestversorgung mit Telekommunikationsdiensten

---

[1]) Nr. 47.

1. bei unmittelbar bevorstehenden oder bereits eingetretenen erheblichen Störungen der Versorgung mit Telekommunikationsdiensten, insbesondere infolge von Naturkatastrophen, besonders schweren Unglücksfällen, Sabotagehandlungen, terroristischen Anschlägen, sonstigen vergleichbaren Ereignissen oder im Spannungs- oder Verteidigungsfall sowie
2. zur Erfüllung
    a) internationaler Vereinbarungen zur Notfallbewältigung,
    b) der Zusammenarbeit mit den Vereinten Nationen oder
    c) von Bündnisverpflichtungen.

§ 185 Telekommunikationssicherstellungspflicht. (1) ¹Anbieter öffentlich zugänglicher Telekommunikationsdienste mit mehr als 100 000 Vertragspartnern haben folgende von ihnen erbrachte Dienste aufrechtzuerhalten:

1. Sprachkommunikationsdienste,
2. Internetzugangsdienste,
3. Datenübertragungsdienste und
4. E-Mail-Dienste.

²Betreiber öffentlicher Telekommunikationsnetze haben den Betrieb ihres Netzes mindestens in dem Umfang aufrechtzuerhalten, der für die Erbringung der Dienste nach Satz 1 erforderlich ist. ³Anbieter öffentlich zugänglicher Telekommunikationsdienste nach Satz 1 und Betreiber öffentlicher Telekommunikationsnetze, die Anschlüsse oder Übertragungswege bereitstellen, die für die Dienste nach Satz 1 erforderlich sind, haben diese Dienstleistungen aufrechtzuerhalten.

(2) ¹Unbeschadet der Regelungen der Verordnung (EU) 2015/2120 haben Betreiber öffentlicher Telekommunikationsnetze Verkehrsmanagementmaßnahmen zu ergreifen, soweit und solange es erforderlich ist, um eine drohende Netzüberlastung zu verhindern oder eine eingetretene Netzüberlastung zu beseitigen. ²Dabei sind gleichwertige Verkehrsarten gleich zu behandeln.

(3) Betreiber öffentlicher Telekommunikationsnetze und Anbieter öffentlich zugänglicher Telekommunikationsdienste nach Absatz 1 haben Maßnahmen zu ergreifen, soweit und solange es erforderlich ist, um eine drohende Engpasssituation bei der Zusammenschaltung von Telekommunikationsnetzen und -diensten, an Übergabepunkten von Telekommunikationsnetzen und -diensten sowie an Systemkomponenten zur Steuerung und Verwaltung von Telekommunikationsdiensten zu verhindern oder eine eingetretene Engpasssituation zu beseitigen.

§ 186 Telekommunikationsbevorrechtigung. (1) Betreiber öffentlicher Telekommunikationsnetze und Anbieter öffentlich zugänglicher Telekommunikationsdienste nach § 185 Absatz 1 Satz 1, die Anschlüsse oder Übertragungswege bereitstellen, die für die nach § 185 Absatz 1 sicherzustellenden Dienste erforderlich sind, haben für Telekommunikationsbevorrechtigte unverzüglich und vorrangig

1. Anschlüsse und Übertragungswege bereitzustellen und zu entstören sowie
2. die Datenübertragungsraten bestehender Anschlüsse oder Übertragungswege auf Anfrage im erforderlichen Umfang zu erweitern.

(2) ¹Betreiber öffentlicher Mobilfunknetze haben für Telekommunikationsbevorrechtigte Verbindungen im Mobilfunk für interpersonelle Kommunikation vorrangig herzustellen. ²Für die Ausgestaltung dieser Verpflichtung kann die Bundesnetzagentur technische Festlegungen und zeitliche Vorgaben treffen. ³Die Bundesnetzagentur berücksichtigt bei den Festlegungen internationale technische Standards und beteiligt die betroffenen Verbände.

(3) ¹Telekommunikationsbevorrechtigte sind

1. Verfassungsorgane des Bundes und der Länder,
2. Behörden des Bundes, der Länder, der Gemeinden und Gemeindeverbände,
3. Gerichte des Bundes und der Länder,
4. Dienststellen der Bundeswehr und der stationierten Streitkräfte,
5. Katastrophenschutz- und Zivilschutzorganisationen sowie Hilfsorganisationen nach § 26 Absatz 1 Satz 2 des Zivilschutz- und Katastrophenhilfegesetzes,
6. Aufgabenträger im Gesundheitswesen,
7. Hilfs- und Rettungsdienste,
8. Rundfunkveranstalter,
9. Nutzer, denen von einer Behörde nach Nummer 2, die für den Bevölkerungsschutz (Zivil- oder Katastrophenschutz) oder die Verteidigung zuständig ist, eine Bescheinigung darüber ausgestellt wurde, dass sie lebens- oder verteidigungswichtige Aufgaben zu erfüllen haben und hierzu auf Telekommunikationsdienste nach Absatz 1 oder 2 angewiesen sind.

²Die Bescheinigung nach Satz 1 Nummer 9 verliert ihre Gültigkeit zehn Jahre nach Ausstellungsdatum, sofern auf der Bescheinigung nicht eine kürzere Geltungsdauer vermerkt ist.

§ 187 Umsetzung der Telekommunikationsbevorrechtigung.

(1) ¹Telekommunikationsbevorrechtigte haben ihrem Anbieter rechtzeitig im Voraus mitzuteilen,

1. welche Anschlüsse und Übertragungswege vorrangig entstört werden sollen,
2. für welche Mobilfunkanschlüsse vorrangige Verbindungen in Anspruch genommen werden sollen.

²Dabei haben Telekommunikationsbevorrechtigte nach § 186 Absatz 3 Satz 1 Nummer 9 die ihnen ausgestellte Bescheinigung vorzulegen.

(2) ¹Für die Umsetzung der Telekommunikationsbevorrechtigung hat der nach § 186 Absatz 1 und 2 Verpflichtete unverzüglich nach Eingang der Mitteilung nach Absatz 1 Satz 1 Vorkehrungen zu treffen. ²Er hat diese Vorkehrungen nach Kündigung des Anschlusses oder nach Ablauf der in § 186 Absatz 3 Satz 2 genannten Frist wieder aufzuheben, sofern nicht vor Ablauf dieser Frist eine neue Bescheinigung nach § 186 Absatz 3 Satz 1 Nummer 9 vorgelegt wird. ³Die nach § 186 Absatz 1 und 2 Verpflichteten haben den betroffenen Nutzer über den Abschluss und die Aufhebung der getroffenen Vorkehrungen unverzüglich zu informieren.

(3) ¹Für die Erfüllung der Verpflichtung nach § 186 Absatz 2 Satz 1 kann die Dauer oder die Datenübertragungsrate nicht vorrangiger Verbindungen im erforderlichen Umfang begrenzt werden. ²Satz 1 gilt nicht für Verbindungen zu den Notrufnummern 110 und 112; § 4 der Verordnung über Notrufver-

bindungen vom 6. März 2009 (BGBl. I S. 481), die zuletzt durch Artikel 1 des Gesetzes vom 26. November 2012 (BGBl. I S. 2347) geändert worden ist, in der jeweils geltenden Fassung bleibt unberührt.

§ 188 Mitwirkungspflichten und Entschädigung. (1) Die nach diesem Abschnitt Verpflichteten haben auf Anordnung des Bundesministeriums für Wirtschaft und Energie in den Fällen des § 184 sowie im Rahmen von Vorsorgeplanungen und Übungen in Arbeitsstäben im Inland mitzuwirken sowie das hierfür erforderliche Fachpersonal abzustellen.

(2) [1]Für Personal, das aufgrund einer Anordnung nach Absatz 1 abgestellt wurde, wird ab Beginn des Einsatzes je Person und angefangener Stunde eine Entschädigung gewährt. [2]Diese entspricht der Nummer 11.3 der Anlage 1 zum Justizvergütungs- und -entschädigungsgesetz vom 5. Mai 2004 (BGBl. I S. 718, 776), das zuletzt durch Artikel 6 des Gesetzes vom 21. Dezember 2020 (BGBl. I S. 3229) geändert worden ist, in der jeweils geltenden Fassung. [3]Die Entschädigung darf je Person und Tag den Betrag, der für einen achtstündigen Einsatz zu leisten ist, nicht überschreiten.

§ 189 Entgelte für die Telekommunikationsbevorrechtigung. [1]Telekommunikationsbevorrechtigte haben die folgenden Entgelte an ihren Anbieter zu entrichten:

1. für jeden Anschluss und Übertragungsweg, für den Vorkehrungen nach § 187 Absatz 1 Satz 1 Nummer 1 getroffen wurden, ein einmaliges Entgelt in Höhe von 100 Euro und

2. für jeden Anschluss, für den technische Vorkehrungen nach § 187 Absatz 1 Satz 1 Nummer 2 getroffen wurden, ein einmaliges Entgelt in Höhe von 50 Euro.

[2]Damit sind alle Entgeltansprüche abgegolten. [3]Hat ein Verpflichteter die getroffenen Vorkehrungen pflichtgemäß aufgehoben und wird ihm danach eine neue Bescheinigung nach § 186 Absatz 3 Satz 1 Nummer 9 vorgelegt, gilt Satz 1 entsprechend. [4]Die übrigen Entgelte für die Inanspruchnahme von Telekommunikationsdiensten bleiben unberührt.

§ 190 Kontrolle und Durchsetzung von Verpflichtungen. (1) [1]Die Bundesnetzagentur kann Anordnungen und andere Maßnahmen treffen, um die Einhaltung der Vorschriften dieses Abschnitts sicherzustellen. [2]Der Verpflichtete hat auf Anforderung der Bundesnetzagentur die hierzu erforderlichen Auskünfte zu erteilen. [3]§ 55 der Strafprozessordnung gilt entsprechend. [4]Die Bundesnetzagentur ist zur Überprüfung der Einhaltung der Verpflichtungen befugt, die Geschäfts- und Betriebsräume während der üblichen Betriebs- oder Geschäftszeiten zu betreten und zu besichtigen. [5]Der Verpflichtete hat die Überprüfung zu dulden. [6]Die Befugnisse der Bundesnetzagentur nach Teil 11 Abschnitt 2 bleiben unberührt.

(2) Zur Durchsetzung von Maßnahmen nach Absatz 1 kann nach Maßgabe des Verwaltungsvollstreckungsgesetzes ein Zwangsgeld bis zu einer Million Euro festgesetzt werden.

Teil 11. Bundesnetzagentur und andere zuständige Behörden

Abschnitt 1. Organisation

§ 191 Aufgaben und Befugnisse. Die Bundesnetzagentur nimmt die ihr nach diesem Gesetz und nach Artikel 5 der Verordnung (EU) 2015/2120 sowie nach Artikel 7 Absatz 1 und Artikel 8 der Verordnung (EU) 2018/302 des Europäischen Parlaments und des Rates vom 28. Februar 2018 über Maßnahmen gegen ungerechtfertigtes Geoblocking und andere Formen der Diskriminierung aufgrund der Staatsangehörigkeit, des Wohnsitzes oder des Ortes der Niederlassung des Kunden innerhalb des Binnenmarkts und zur Änderung der Verordnungen (EG) Nr. 2006/2004 und (EU) 2017/2394 sowie der Richtlinie 2009/22/EG (ABl. L 60 vom 2.3.2018, S. 1) zugewiesenen Aufgaben und Befugnisse wahr.

§ 192 Medien der Veröffentlichung. Veröffentlichungen und Bekanntmachungen, zu denen die Bundesnetzagentur durch dieses Gesetz verpflichtet ist, erfolgen im Amtsblatt der Bundesnetzagentur und auf ihrer Internetseite, soweit nichts Abweichendes bestimmt ist.

§ 193 Veröffentlichung von Weisungen. [1]Weisungen, die das Bundesministerium für Wirtschaft und Energie oder das Bundesministerium für Verkehr und digitale Infrastruktur erteilen, sind im Bundesanzeiger zu veröffentlichen. [2]Dies gilt nicht für Aufgaben, die von diesen Bundesministerien aufgrund dieses Gesetzes oder anderer Gesetze in eigener Zuständigkeit wahrzunehmen sind und mit deren Erfüllung sie die Bundesnetzagentur beauftragt haben.

§ 194 Aufgaben und Rechte des Beirates. (1) Der Beirat nach § 5 des Gesetzes über die Bundesnetzagentur für Elektrizität, Gas, Telekommunikation, Post und Eisenbahnen hat die in den nachstehenden Absätzen genannten Aufgaben und Rechte.

(2) Der Beirat wirkt mit bei den Entscheidungen der Bundesnetzagentur in den Fällen des § 100 Absatz 4 Nummer 2 und 4.

(3) [1]Der Beirat ist berechtigt, Maßnahmen zur Umsetzung der Regulierungsziele und zur Sicherstellung des Rechts auf Versorgung mit Telekommunikationsdiensten gemäß Teil 9 zu beantragen. [2]Die Bundesnetzagentur ist verpflichtet, den Antrag innerhalb von sechs Wochen zu bescheiden.

(4) [1]Der Beirat ist gegenüber der Bundesnetzagentur berechtigt, Auskünfte und Stellungnahmen einzuholen. [2]Die Bundesnetzagentur ist gegenüber dem Beirat auskunftspflichtig.

(5) Der Beirat ist bei der Aufstellung des Frequenzplans nach § 90 anzuhören.

§ 195 Tätigkeitsbericht, Sektorgutachten. (1) [1]Die Bundesnetzagentur legt den gesetzgebenden Körperschaften des Bundes einen Bericht über ihre Tätigkeit sowie über die Lage und die Entwicklung auf dem Gebiet der Telekommunikation vor. [2]Der Bericht ist gemeinsam mit dem Sektorgutachten nach Absatz 2 vorzulegen. [3]In dem Bericht ist auch zu der Entwicklung und der Höhe der Endnutzerpreise der Telekommunikationsdienste nach § 157

Absatz 2 sowie zu der Verfügbarkeit des Mindestangebots an diesen Diensten Stellung zu nehmen.

(2) Die Monopolkommission erstellt alle zwei Jahre ein Sektorgutachten, in dem sie den Stand und die absehbare Entwicklung des Wettbewerbs und die Frage, ob nachhaltig wettbewerbsorientierte Telekommunikationsmärkte in der Bundesrepublik Deutschland bestehen, beurteilt, die Anwendung der Vorschriften dieses Gesetzes über die Regulierung und Wettbewerbsaufsicht würdigt und zu sonstigen aktuellen wettbewerbspolitischen Fragen Stellung nimmt.

(3) [1]Das Sektorgutachten soll bis zum 30. November eines Jahres abgeschlossen sein, in dem kein Hauptgutachten nach § 44 des Gesetzes gegen Wettbewerbsbeschränkungen vorgelegt wird. [2]Die Monopolkommission kann Einsicht nehmen in die bei der Bundesnetzagentur geführten Akten einschließlich der Betriebs- und Geschäftsgeheimnisse, soweit dies zur ordnungsgemäßen Erfüllung ihrer Aufgaben erforderlich ist. [3]Für den vertraulichen Umgang mit den Akten gilt § 46 Absatz 3 des Gesetzes gegen Wettbewerbsbeschränkungen entsprechend. [4]Die Bundesregierung nimmt zum Sektorgutachten gegenüber den gesetzgebenden Körperschaften des Bundes in angemessener Frist Stellung.

§ 196 Jahresbericht.
[1]Die Bundesnetzagentur veröffentlicht einmal jährlich einen Bericht über die Entwicklung des Telekommunikationsmarktes, einschließlich der wesentlichen Marktdaten, ihrer Entscheidungen sowie ihrer eingesetzten personellen und finanziellen Ressourcen. [2]In dem Jahresbericht berichtet die Bundesnetzagentur auch über ihre zukünftigen Vorhaben.

§ 197 Zusammenarbeit mit anderen Behörden auf nationaler Ebene.

(1) Die Bundesnetzagentur entscheidet in den folgenden Fällen im Einvernehmen mit dem Bundeskartellamt:

1. §§ 10 und 11,
2. § 31,
3. § 32 und
4. § 101 Absatz 2 Nummer 3.

(2) Die Bundesnetzagentur gibt dem Bundeskartellamt im Rahmen der folgenden Entscheidungen rechtzeitig vor Abschluss des Verfahrens Gelegenheit zur Stellungnahme:

1. § 17 in Verbindung mit § 18 Absatz 1 Nummer 2 und Absatz 3,
2. Teil 2 Abschnitt 2 bis 5 und
3. § 149 Absatz 6.

(3) Die Bundesnetzagentur gibt dem Bundeskartellamt im Rahmen einer Maßnahme oder Entscheidung nach § 91 Absatz 9 in Verbindung mit

1. § 92 Absatz 2 Satz 3 Nummer 4,
2. § 100 Absatz 3 Satz 3,
3. § 102 Absatz 1 Nummer 5 und 6,
4. § 105 oder
5. § 106

rechtzeitig vor Abschluss des Verfahrens Gelegenheit zur Stellungnahme.

(4) Führt das Bundeskartellamt im Bereich der Telekommunikation Verfahren nach den §§ 19 und 20 Absatz 1 und 2 des Gesetzes gegen Wettbewerbs-

beschränkungen[1]), nach Artikel 102 des Vertrages über die Arbeitsweise der Europäischen Union[2]) oder nach § 40 Absatz 2 des Gesetzes gegen Wettbewerbsbeschränkungen durch, gibt es der Bundesnetzagentur rechtzeitig vor Abschluss des Verfahrens Gelegenheit zur Stellungnahme.

(5) [1] Beide Behörden wirken auf eine einheitliche und den Zusammenhang mit dem Gesetz gegen Wettbewerbsbeschränkungen wahrende Auslegung dieses Gesetzes, auch beim Erlass von Verwaltungsvorschriften, hin. [2] Sie haben einander Beobachtungen und Feststellungen mitzuteilen, die für die Erfüllung der beiderseitigen Aufgaben von Bedeutung sein können.

(6) [1] Die Bundesnetzagentur arbeitet mit den Landesmedienanstalten zusammen. [2] Auf Anfrage übermittelt sie den Landesmedienanstalten Erkenntnisse, die für die Erfüllung von deren Aufgaben erforderlich sind. [3] Im Falle einer Betroffenheit von Belangen von Rundfunk und vergleichbaren Telemedien nach § 2 Absatz 7 Satz 1, wird die zuständige Landesmedienanstalt hierüber informiert und an eingeleiteten Verfahren beteiligt. [4] Auf Antrag der zuständigen Landesmedienanstalt prüft die Bundesnetzagentur auf der Grundlage dieses Gesetzes die Einleitung eines Verfahrens und die Anordnung von Maßnahmen nach diesem Gesetz.

(7) Bei der Wahrnehmung ihrer Aufgaben und Befugnisse nach Artikel 5 der Verordnung (EU) 2015/2120 arbeitet die Bundesnetzagentur, soweit Belange des Rundfunks und vergleichbarer Telemedien nach § 2 Absatz 7 Satz 1 betroffen sind, mit der nach dem jeweiligen Landesrecht zuständigen Stelle zusammen.

§ 198 Zusammenarbeit mit anderen Behörden auf der Ebene der Europäischen Union. (1) [1] Die Bundesnetzagentur arbeitet mit den nationalen Regulierungsbehörden anderer Mitgliedstaaten der Europäischen Union, der Kommission und dem GEREK auf transparente Weise zusammen, um eine einheitliche Anwendung der Bestimmungen der Richtlinie (EU) 2018/1972[3]) zu gewährleisten. [2] Sie arbeitet insbesondere mit der Kommission und dem GEREK bei der Ermittlung der Maßnahmen zusammen, die zur Bewältigung bestimmter Situationen auf dem Markt am besten geeignet sind.

(2) Die Bundesnetzagentur unterstützt die Ziele des GEREK in Bezug auf bessere regulatorische Koordinierung und mehr Kohärenz.

(3) Die Bundesnetzagentur arbeitet gemeinsam und im Einvernehmen mit dem Bundesministerium für Verkehr und digitale Infrastruktur in der Gruppe für Frequenzpolitik mit.

(4) [1] Die Bundesnetzagentur trägt bei der Wahrnehmung ihrer Aufgaben weitestgehend den Empfehlungen Rechnung, die die Kommission nach Artikel 38 Absatz 1 und 2 der Richtlinie (EU) 2018/1972 erlässt. [2] Beschließt die Bundesnetzagentur, sich nicht an eine solche Empfehlung zu halten, so teilt sie dies der Kommission unter Angabe ihrer Gründe mit.

§ 199 Bereitstellung von Informationen. (1) [1] Die Bundesnetzagentur und andere nach diesem Gesetz zuständige Behörden stellen der Kommission auf deren begründeten Antrag die Informationen zur Verfügung, die die Kom-

---

[1]) Nr. 27.
[2]) Nr. 28.
[3]) Nr. 2.

mission benötigt, um ihre Aufgaben aufgrund des Vertrages über die Arbeitsweise der Europäischen Union wahrzunehmen. ²Beziehen sich die bereitgestellten Informationen auf Informationen, die zuvor von Unternehmen auf Anforderung der Behörde bereitgestellt wurden, so werden die Unternehmen hiervon unterrichtet.

(2) Die Bundesnetzagentur und andere nach diesem Gesetz zuständige Behörden können ihnen übermittelte Informationen dem GEREK und Behörden eines anderen Mitgliedstaates der Europäischen Union auf deren begründeten Antrag hin zur Verfügung stellen, soweit dies erforderlich ist, damit das GEREK seine oder diese Behörden ihre Verpflichtungen aus dem Recht der Europäischen Union erfüllen kann oder können.

(3) Im Rahmen des Informationsaustausches nach den Absätzen 1 und 2 stellen die Bundesnetzagentur und andere nach diesem Gesetz zuständige Behörden eine vertrauliche Behandlung aller übermittelten Informationen sicher, die nach den Vorschriften der Europäischen Union und der Mitgliedstaaten der Europäischen Union über das Geschäftsgeheimnis als vertraulich angesehen werden.

(4) ¹Die Bundesnetzagentur und andere nach diesem Gesetz zuständige Behörden kennzeichnen im Rahmen der Bereitstellung von Informationen an die Kommission, an Behörden anderer Mitgliedstaaten der Europäischen Union und an das GEREK vertrauliche Informationen. ²Sie können bei der Kommission beantragen, dass die Informationen, die sie der Kommission bereitstellen, Behörden anderer Mitgliedstaaten der Europäischen Union nicht zur Verfügung gestellt werden. ³Der Antrag ist zu begründen.

§ 200 Mediation. Die Bundesnetzagentur kann in geeigneten Fällen zur Beilegung telekommunikationsrechtlicher Streitigkeiten den Parteien einen einvernehmlichen Einigungsversuch vor einer Gütestelle im Wege eines Mediationsverfahrens vorschlagen.

§ 201 Wissenschaftliche Beratung. (1) ¹Die Bundesnetzagentur kann zur Vorbereitung ihrer Entscheidungen oder zur Begutachtung von Fragen der Regulierung wissenschaftliche Kommissionen einsetzen. ²Die Mitglieder dieser Kommissionen müssen auf dem Gebiet der Telekommunikation über besondere volkswirtschaftliche, betriebswirtschaftliche, sozialpolitische, technologische oder rechtliche Erfahrungen und über ausgewiesene wissenschaftliche Kenntnisse verfügen.

(2) ¹Die Bundesnetzagentur erhält bei der Erfüllung ihrer Aufgaben fortlaufend wissenschaftliche Unterstützung. ²Diese betrifft insbesondere

1. die regelmäßige Begutachtung der volkswirtschaftlichen, betriebswirtschaftlichen, rechtlichen und sozialen Entwicklung der Telekommunikation im Inland und Ausland,

2. die Aufbereitung und Weiterentwicklung der wissenschaftlichen Grundlagen für die Gestaltung des Rechts auf Versorgung mit Telekommunikationsdiensten, die Regulierung von Anbietern mit beträchtlicher Marktmacht, die Regeln über den offenen Netzzugang und die Zusammenschaltung sowie die Nummerierung und den Kundenschutz.

Abschnitt 2. Befugnisse

§ 202 Durchsetzung von Verpflichtungen. (1) ¹Stellt die Bundesnetzagentur fest, dass ein Unternehmen seine Verpflichtungen nach diesem Gesetz, aufgrund dieses Gesetzes, nach der Verordnung (EU) Nr. 531/2012 oder nach der Verordnung (EU) 2015/2120 nicht erfüllt, fordert sie das Unternehmen auf

1. innerhalb einer angemessenen Frist zur Nichterfüllung der Verpflichtung Stellung zu nehmen und

2. innerhalb einer angemessenen Frist oder unverzüglich der Nichterfüllung der Verpflichtung abzuhelfen.

²Das Abhilfeverlangen nach Satz 1 Nummer 2 kann nur gleichzeitig mit der Anordnung nach Absatz 2 angefochten werden.

(2) ¹Die Bundesnetzagentur kann die erforderlichen Maßnahmen anordnen, um die Einhaltung der Verpflichtungen sicherzustellen, wenn das Unternehmen dem Abhilfeverlangen nach Absatz 1 Satz 1 Nummer 2 nicht innerhalb der gesetzten Frist nachkommt. ²Bei der Anordnung ist dem Unternehmen eine angemessene Frist zu setzen, um den Maßnahmen entsprechen zu können.

(3) Verletzt das Unternehmen seine Verpflichtungen in schwerer oder wiederholter Weise oder kommt es den von der Bundesnetzagentur angeordneten Maßnahmen nach Absatz 2 nicht nach, so kann die Bundesnetzagentur ihm die Tätigkeit als Betreiber von Telekommunikationsnetzen oder Anbieter von Telekommunikationsdiensten untersagen.

(4) ¹Wird durch die Verletzung von Verpflichtungen die öffentliche Sicherheit und Ordnung unmittelbar und erheblich gefährdet oder führt die Pflichtverletzung bei anderen Anbietern oder Nutzern von Telekommunikationsnetzen und -diensten zu erheblichen wirtschaftlichen oder betrieblichen Problemen, kann die Bundesnetzagentur vorläufige Maßnahmen ergreifen. ²Die Bundesnetzagentur entscheidet, nachdem sie dem betreffenden Unternehmen Gelegenheit zur Stellungnahme innerhalb einer angemessenen Frist eingeräumt hat, ob die vorläufige Maßnahme bestätigt, aufgehoben oder abgeändert wird.

(5) Zur Durchsetzung der Anordnungen nach Absatz 2 kann nach Maßgabe des Verwaltungsvollstreckungsgesetzes ein Zwangsgeld von mindestens 1 000 Euro bis höchstens 10 Millionen Euro festgesetzt werden.

(6) Die Absätze 1, 2, 4 und 5 gelten für die Durchsetzung von Verpflichtungen von Eigentümern und Betreibern öffentlicher Versorgungsnetze, die keine Unternehmen sind, entsprechend.

(7) Stellt die Bundesnetzagentur fest, dass ein Anbieter seine Verpflichtungen nach der Verordnung (EU) 2018/302 nicht erfüllt, gelten die Absätze 1, 2 und 5 entsprechend.

§ 203 Auskunftsverlangen und weitere Untersuchungsrechte; Übermittlungspflichten. (1) ¹Unbeschadet anderer nationaler oder auf unmittelbar vollziehbarem Recht der Europäischen Union beruhender Berichts- und Informationspflichten sind die Betreiber öffentlicher Telekommunikationsnetze und die Anbieter öffentlich zugänglicher Telekommunikationsdienste sowie die Eigentümer und Betreiber öffentlicher Versorgungsnetze verpflichtet, der Bundesnetzagentur auf Verlangen diejenigen Informationen zur Verfügung zu stellen, die für den Vollzug dieses Gesetzes und der weiteren ihr nach § 191 zugewiesenen Aufgaben und Befugnisse erforderlich sind. ²Die Bundesnetzagentur kann insbesondere Auskünfte verlangen, die erforderlich sind für

1. die systematische oder einzelfallbezogene Überprüfung der Verpflichtungen, die sich aus diesem Gesetz oder aufgrund dieses Gesetzes ergeben,
2. die einzelfallbezogene Überprüfung von Verpflichtungen, wenn der Bundesnetzagentur eine Beschwerde vorliegt oder sie aus anderen Gründen eine Verletzung von Pflichten annimmt oder sie von sich aus Ermittlungen durchführt,
3. die Veröffentlichung von Qualitäts- und Preisvergleichen für Dienste zum Nutzen der Endnutzer, einschließlich Informationen über die tatsächliche, standortbezogene Netzabdeckung nach § 52 Absatz 7 Satz 2,
4. von ihr genau angegebene statistische Zwecke,
5. die Marktdefinitions- und Marktanalyseverfahren nach den §§ 10 und 11 sowie die Regulierungsverfügung nach § 13,
6. das Marktprüfungsverfahren für Verpflichtungszusagen nach § 19 und für die Auferlegung von Zugangsverpflichtungen bei Hindernissen der Replizierbarkeit nach § 22,
7. die Durchführung der Verfahren in Teil 9,
8. Verfahren auf Erteilung von Nutzungsrechten und zur Überprüfung der entsprechenden Anträge oder
9. die systematische oder einzelfallbezogene Überprüfung der Einhaltung gesetzlicher Vorschriften über die Zuteilung und Nutzung von Nummern sowie der von der Bundesnetzagentur getroffenen Festlegungen und erteilten Bedingungen über die Zuteilung und Nutzung von Nummern.

³Auskünfte nach Satz 2 Nummer 1 bis 5 dürfen nicht vor dem Zugang zum Markt oder als Bedingung für den Zugang verlangt werden. ⁴Satz 1 gilt entsprechend für Anbieter im Sinne von Artikel 2 Nummer 18 der Verordnung (EU) 2018/302. ⁵Reichen die von den in den Satz 1 genannten Unternehmen übermittelten Informationen für die Bundesnetzagentur nicht aus, um ihre Regulierungsaufgaben wahrzunehmen, können auch andere Unternehmen, die in der Telekommunikation oder in eng damit verbundenen Sektoren tätig sind, zur Erteilung von Auskünften über die in den Sätzen 1 und 2 genannten Zwecke verpflichtet werden.

(2) ¹Soweit es zur Erfüllung der nach diesem Gesetz oder der weiteren ihr zugewiesenen Aufgaben und Befugnisse nach § 191 erforderlich ist, kann die Bundesnetzagentur von den in Absatz 1 genannten Unternehmen

1. Auskunft über ihre wirtschaftlichen Verhältnisse, insbesondere über Umsatzzahlen, verlangen sowie
2. innerhalb der üblichen Betriebs- oder Geschäftszeiten die geschäftlichen Unterlagen einsehen und prüfen.

²Die Bundesnetzagentur kann von den in Absatz 1 genannten Unternehmen insbesondere Auskünfte über künftige Netz- und Diensteentwicklungen verlangen, wenn diese Entwicklungen sich auf Dienste auf Vorleistungsebene auswirken können, die die Unternehmen Wettbewerbern zugänglich machen. ³Die Bundesnetzagentur kann ferner von Unternehmen mit beträchtlicher Marktmacht auf Vorleistungsmärkten verlangen, Rechnungslegungsdaten zu den mit diesen Vorleistungsmärkten verbundenen Endnutzermärkten vorzulegen.

(3) Soweit es zur Erfüllung der Aufgaben erforderlich ist, die der Bundesnetzagentur in diesem Gesetz übertragen werden, kann die Bundesnetzagentur im Streitfall

1. passive Netzinfrastrukturen öffentlicher Versorgungsnetze vor Ort untersuchen,
2. von den Eigentümern und Betreibern öffentlicher Versorgungsnetze Auskünfte über künftige Entwicklungen der Netze und Dienste verlangen, soweit sich diese Entwicklungen auf die Mitnutzung der passiven Netzinfrastrukturen der Eigentümer und Betreiber öffentlicher Versorgungsnetze auswirken können, und
3. in den Fällen von § 79 Absatz 3, § 136 Absatz 4, § 137 Absatz 3, § 141 Absatz 2, § 142 Absatz 4, § 143 Absatz 4, § 153 Absatz 4 und § 154 Absatz 4 Einsicht nehmen in die von den Betreibern öffentlicher Versorgungsnetze erstellten Sicherheitskonzepte, sonstigen Konzepte, Nachweisdokumente oder in Teile davon.

(4) [1] Die zentrale Informationsstelle des Bundes kann von Eigentümern oder Betreibern öffentlicher Telekommunikationsnetze oder Telekommunikationslinien verlangen, diejenigen Informationen zur Verfügung zu stellen, die erforderlich sind zur Erfüllung ihrer Aufgaben nach

1. § 78 Absatz 1 Nummer 2 in Verbindung mit § 80 und
2. § 78 Absatz 1 Nummer 3 in Verbindung mit § 81.

[2] Reichen die gemäß Satz 1 gesammelten Informationen für die Zwecke der §§ 80 und 81 nicht aus, kann die zentrale Informationsstelle des Bundes andere Unternehmen, die in der Telekommunikation oder in eng damit verbundenen Sektoren tätig sind, um Informationen ersuchen, die zur Erfüllung der Aufgaben nach § 78 Absatz 1 Nummer 2 in Verbindung mit § 80 und nach § 78 Absatz 1 Nummer 3 in Verbindung mit § 81 erforderlich sind.

(5) [1] Die Bundesnetzagentur stellt dem Bundesministerium für Wirtschaft und Energie und dem Bundesministerium für Verkehr und digitale Infrastruktur Daten zum tatsächlichen, standortbezogenen Ausbau der Mobilfunknetze nach Absatz 1 Satz 2 Nummer 3 in Verbindung mit § 52 Absatz 7 Satz 2, insbesondere Daten zu lokalen Schwerpunkten für Verbindungsabbrüche bei der Sprachtelefonie, einschließlich unternehmensbezogener Daten und der Betriebs- und Geschäftsgeheimnisse, in einem weiterverarbeitungsfähigen Format zur Verfügung, soweit dies zur Erfüllung ihrer jeweiligen gesetzlichen Aufgaben erforderlich ist. [2] Zu den gesetzlichen Aufgaben zählt auch die Erstellung von Netzabdeckungskarten unter Wahrung von Betriebs- und Geschäftsgeheimnissen.

(6) [1] Die Bundesnetzagentur ordnet die Maßnahmen nach den Absätzen 1 bis 3 durch Verfügung an. [2] Die zentrale Informationsstelle des Bundes fordert die Informationen nach Absatz 4 durch Verfügung an. [3] In der Verfügung sind die Rechtsgrundlagen, der Gegenstand und der Zweck des Auskunftsverlangens anzugeben. [4] Ein Auskunftsverlangen kann dabei mehrere Zwecke umfassen. [5] Für die Erteilung der Auskunft oder der Information ist eine angemessene Frist zu bestimmen. [6] Die Übermittlung der angeforderten Auskünfte oder Informationen erfolgt elektronisch und in einem weiterverarbeitungsfähigen Format, soweit dies von der Bundesnetzagentur oder der zentralen Informationsstelle des Bundes nicht anders angeordnet wurde. [7] Die Bundesnetzagentur

und die zentrale Informationsstelle des Bundes können zur Ausgestaltung und zu den Intervallen der Übermittlung geeignete Vorgaben machen.

§ 204 Auskunftserteilung. (1) ¹Die Inhaber der Unternehmen oder die diese vertretenden Personen sind verpflichtet,

1. die verlangten Auskünfte nach § 203 Absatz 1 bis 4 zu erteilen,
2. die geschäftlichen Unterlagen vorzulegen und
3. die Prüfung dieser geschäftlichen Unterlagen sowie das Betreten von Geschäftsräumen und -grundstücken während der üblichen Betriebs- oder Geschäftszeiten zu dulden.

²Bei juristischen Personen, Gesellschaften oder nicht rechtsfähigen Vereinen gelten die Verpflichtungen nach Satz 1 für die nach Gesetz oder Satzung zur Vertretung berufenen Personen.

(2) Personen, die von der Bundesnetzagentur mit der Vornahme von Prüfungen beauftragt werden, dürfen die Büro- und Geschäftsräume der Unternehmen und Vereinigungen von Unternehmen während der üblichen Betriebs- oder Geschäftszeiten betreten.

(3) ¹Durchsuchungen können nur auf Anordnung des Amtsgerichts, in dessen Bezirk die Durchsuchung erfolgen soll, vorgenommen werden. ²Auf die Anfechtung dieser Anordnung finden die §§ 306 bis 310 und 311a der Strafprozessordnung entsprechende Anwendung. ³Bei Gefahr im Verzug können die in Absatz 2 bezeichneten Personen während der Geschäftszeit die erforderlichen Durchsuchungen ohne richterliche Anordnung vornehmen. ⁴An Ort und Stelle ist ein Protokoll über die Durchsuchung und ihr wesentliches Ergebnis zu erstellen, aus dem sich, falls keine richterliche Anordnung ergangen ist, auch die Tatsachen ergeben, die zur Annahme einer Gefahr im Verzug geführt haben.

(4) ¹Gegenstände oder geschäftliche Unterlagen können im erforderlichen Umfang in Verwahrung genommen werden oder, wenn sie nicht freiwillig herausgegeben werden, beschlagnahmt werden. ²Auf die Beschlagnahme findet Absatz 3 entsprechende Anwendung.

(5) ¹Zur Auskunft nach Absatz 1 Verpflichtete können die Auskunft auf solche Fragen verweigern, deren Beantwortung sie selbst oder in § 383 Absatz 1 Nummer 1 bis 3 der Zivilprozessordnung bezeichnete Angehörige der Gefahr strafgerichtlicher Verfolgung oder eines Verfahrens nach dem Gesetz über Ordnungswidrigkeiten aussetzen würde. ²Die durch Auskünfte oder Maßnahmen nach § 203 Absatz 1 bis 4 erlangten Kenntnisse und Unterlagen dürfen für ein Besteuerungsverfahren oder ein Bußgeldverfahren wegen einer Steuerordnungswidrigkeit oder einer Devisenzuwiderhandlung sowie für ein Verfahren wegen einer Steuerstraftat oder einer Devisenstraftat nicht verwendet werden; die §§ 93, 97, 105 Absatz 1, § 111 Absatz 5 in Verbindung mit § 105 Absatz 1 sowie § 116 Absatz 1 der Abgabenordnung sind insoweit nicht anzuwenden. ³Satz 2 gilt nicht für Verfahren wegen einer Steuerstraftat sowie eines damit zusammenhängenden Besteuerungsverfahrens, wenn an deren Durchführung ein zwingendes öffentliches Interesse besteht, oder bei vorsätzlich falschen Angaben der Auskunftspflichtigen oder der für sie tätigen Personen.

(6) Soweit Prüfungen einen Verstoß gegen Auflagen, Anordnungen oder Verfügungen der Bundesnetzagentur ergeben haben, hat das Unternehmen der

Bundesnetzagentur die Aufwendungen für diese Prüfungen einschließlich ihrer Auslagen für Sachverständige zu erstatten.

(7) Zur Durchsetzung der Maßnahmen nach § 203 kann nach Maßgabe des Verwaltungsvollstreckungsgesetzes ein Zwangsgeld von mindestens 1 000 Euro bis höchstens 10 Millionen Euro festgesetzt werden.

§ 205 Ermittlungen. (1) Die Bundesnetzagentur kann alle Ermittlungen führen und alle Beweise erheben, die erforderlich sind.

(2) ¹Für den Beweis durch Augenschein, Zeugen und Sachverständige sind § 372 Absatz 1, die §§ 376, 377, 380 bis 387, 390, 395 bis 397, 398 Absatz 1 und die §§ 401, 402, 404, 406 bis 409, 411 bis 414 der Zivilprozessordnung entsprechend anzuwenden; Haft darf nicht verhängt werden. ²Für die Entscheidung über die Beschwerde ist das Oberlandesgericht zuständig.

(3) ¹Über die Aussagen der Zeuginnen und Zeugen soll ein Protokoll erstellt werden. ²Das Protokoll ist von dem ermittelnden Mitglied der Bundesnetzagentur und, wenn ein Urkundsbeamter zugezogen ist, auch von diesem zu unterschreiben. ³Das Protokoll soll Ort und Tag der Verhandlung sowie die Namen der Mitwirkenden und Beteiligten enthalten.

(4) ¹Das Protokoll ist den Zeuginnen und Zeugen zur Genehmigung vorzulesen oder zur eigenen Durchsicht vorzulegen. ²Die erteilte Genehmigung ist zu vermerken und von den Betreffenden zu unterschreiben. ³Unterbleibt die Unterschrift, so ist der Grund hierfür anzugeben.

(5) Bei der Vernehmung von Sachverständigen sind die Absätze 3 und 4 entsprechend anzuwenden.

(6) ¹Die Bundesnetzagentur kann das Amtsgericht um die Beeidigung von Zeuginnen und Zeugen ersuchen, wenn sie die Beeidigung zur Herbeiführung einer wahrheitsgemäßen Aussage für notwendig erachtet. ²Über die Beeidigung entscheidet das Gericht.

§ 206 Beschlagnahme. (1) ¹Die Bundesnetzagentur kann Gegenstände, die als Beweismittel für die Ermittlung von Bedeutung sein können, beschlagnahmen. ²Die Beschlagnahme ist den davon Betroffenen unverzüglich bekannt zu geben.

(2) Die Bundesnetzagentur hat innerhalb von drei Tagen die gerichtliche Bestätigung des Amtsgerichts, in dessen Bezirk die Beschlagnahme stattgefunden hat, zu beantragen, wenn bei der Beschlagnahme weder der davon Betroffene noch ein erwachsener Angehöriger anwesend war oder wenn der Betroffene und im Falle seiner Abwesenheit ein erwachsener Angehöriger des Betroffenen gegen die Beschlagnahme ausdrücklich Widerspruch erhoben hat.

(3) ¹Der Betroffene kann jederzeit eine gerichtliche Entscheidung beantragen. ²Hierüber ist er zu belehren. ³Über den Antrag entscheidet das nach Absatz 2 zuständige Gericht.

(4) ¹Gegen die gerichtliche Entscheidung ist die Beschwerde zulässig. ²Die §§ 306 bis 310 und 311a der Strafprozessordnung gelten entsprechend.

§ 207 Vorläufige Anordnungen. Die Bundesnetzagentur kann bis zur endgültigen Entscheidung vorläufige Anordnungen treffen.

§ 208 Vorteilsabschöpfung durch die Bundesnetzagentur. (1) Hat ein Unternehmen gegen eine Entscheidung der Bundesnetzagentur oder vorsätzlich oder fahrlässig gegen eine Vorschrift dieses Gesetzes verstoßen und dadurch einen wirtschaftlichen Vorteil erlangt, kann die Bundesnetzagentur die Abschöpfung des wirtschaftlichen Vorteils anordnen und dem Unternehmen die Zahlung eines entsprechenden Geldbetrags auferlegen.

(2) ¹Absatz 1 gilt nicht, sofern der wirtschaftliche Vorteil durch Schadensersatzleistungen oder durch die Verhängung von Bußgeldern oder die Anordnung der Einziehung von Taterträgen ausgeglichen ist. ²Soweit das Unternehmen Leistungen nach Satz 1 erst nach der Vorteilsabschöpfung erbringt, ist der abgeführte Geldbetrag in Höhe der nachgewiesenen Zahlungen an das Unternehmen zurückzuerstatten.

(3) ¹Wäre die Durchführung einer Vorteilsabschöpfung eine unbillige Härte, soll die Anordnung auf einen angemessenen Geldbetrag beschränkt werden oder ganz unterbleiben. ²Sie soll auch unterbleiben, wenn der wirtschaftliche Vorteil gering ist.

(4) ¹Die Höhe des wirtschaftlichen Vorteils kann geschätzt werden. ²Der abzuführende Geldbetrag ist zahlenmäßig zu bestimmen.

Abschnitt 3. Verfahren

Unterabschnitt 1. Verwaltungsverfahren der Bundesnetzagentur

§ 209 Entscheidungen der Bundesnetzagentur. (1) ¹Entscheidungen der Bundesnetzagentur sind zu begründen. ²Sie sind mit der Begründung und einer Belehrung über den zulässigen Rechtsbehelf den Beteiligten bekannt zu geben.

(2) ¹Entscheidungen, die gegenüber einem Beteiligten im Ausland ergehen, gibt die Bundesnetzagentur gegenüber denjenigen bekannt, die der Beteiligte der Bundesnetzagentur als Bevollmächtigte im Inland oder in einem anderen Mitgliedstaat der Europäischen Union benannt hat. ²Hat der Beteiligte keine Bevollmächtigten im Inland oder in einem anderen Mitgliedstaat der Europäischen Union benannt, so gibt die Bundesnetzagentur die Entscheidung durch Bekanntmachung im Bundesanzeiger bekannt oder stellt diese nach § 9 des Verwaltungszustellungsgesetzes im Ausland zu.

(3) Im Übrigen bleibt § 41 des Verwaltungsverfahrensgesetzes[1]) unberührt.

(4) Sofern ein Verfahren nicht mit einer Entscheidung abgeschlossen wird, ist die Beendigung des Verfahrens den Beteiligten mitzuteilen.

§ 210 Bekanntgabe von Allgemeinverfügungen. ¹Entscheidungen der Bundesnetzagentur in Form von Technischen Richtlinien und anderen Allgemeinverfügungen sind abweichend von § 209 Absatz 1 öffentlich bekannt zu geben. ²Die öffentliche Bekanntgabe wird dadurch bewirkt, dass

1. die vollständige Entscheidung auf der Internetseite der Bundesnetzagentur veröffentlicht wird und
2. Folgendes im Amtsblatt der Bundesnetzagentur bekannt gemacht wird:
    a) der verfügende Teil der Allgemeinverfügung,
    b) die Rechtsbehelfsbelehrung und
    c) ein Hinweis auf die Veröffentlichung der vollständigen Entscheidung auf der Internetseite der Bundesnetzagentur.

---

[1]) Nr. 36.

[3] Die Allgemeinverfügung gilt zwei Wochen nach der Bekanntmachung im Amtsblatt der Bundesnetzagentur als bekannt gegeben; hierauf ist in der Bekanntmachung hinzuweisen. [4] § 41 Absatz 4 Satz 4 des Verwaltungsverfahrensgesetzes[1)] gilt entsprechend.

Unterabschnitt 2. Beschlusskammern

§ 211 Beschlusskammerentscheidungen. (1) [1] Die Bundesnetzagentur entscheidet durch Beschlusskammern in den Fällen des Teils 2, des § 91 Absatz 9 sowie der §§ 100 und 101. [2] Absatz 4 Satz 1 bleibt unberührt. [3] Die Entscheidung ergeht durch Verwaltungsakt. [4] Die Beschlusskammern werden mit Ausnahme der Absätze 2 und 4 nach Bestimmung des Bundesministeriums für Wirtschaft und Energie im Benehmen mit dem Bundesministerium für Verkehr und digitale Infrastruktur gebildet.

(2) [1] Die Bundesnetzagentur entscheidet durch Beschlusskammern als nationale Streitbeilegungsstelle in den Fällen von § 72, § 128 Absatz 4, § 134 Absatz 5 und § 149. [2] Die Entscheidung ergeht durch Verwaltungsakt. [3] Nationale Streitbeilegungsstellen werden nach Bestimmung des Bundesministeriums für Verkehr und digitale Infrastruktur im Benehmen mit dem Bundesministerium für Wirtschaft und Energie gebildet.

(3) [1] Die Beschlusskammern entscheiden in der Besetzung mit einem Vorsitzenden oder einer Vorsitzenden und zwei beisitzenden Mitgliedern. [2] Der oder die Vorsitzende und die beisitzenden Mitglieder müssen die Befähigung für eine Laufbahn des höheren Dienstes erworben haben. [3] Mindestens ein Mitglied der Beschlusskammer muss die Befähigung zum Richteramt haben.

(4) [1] In den Fällen des § 91 Absatz 9 sowie der §§ 100 und 101 findet für die Besetzung der Beschlusskammer § 3 Absatz 1 Satz 1 und Absatz 2 des Gesetzes über die Bundesnetzagentur für Elektrizität, Gas, Telekommunikation, Post und Eisenbahnen entsprechende Anwendung; Absatz 3 Satz 2 und 3 findet insoweit keine Anwendung. [2] Die Entscheidung in den Fällen des § 100 Absatz 4 Nummer 2 und 4 erfolgt im Benehmen mit dem Beirat.

(5) [1] Zur Wahrung einer einheitlichen Spruchpraxis in Fällen vergleichbarer oder zusammenhängender Sachverhalte und zur Sicherstellung des Konsistenzgebotes nach § 38 Absatz 5 Satz 2 Nummer 1 sind in der Geschäftsordnung der Bundesnetzagentur Verfahren vorzusehen, die vor Erlass von Entscheidungen umfassende Abstimmungs-, Auskunfts- und Informationspflichten der jeweiligen Beschlusskammern und der Abteilungen vorsehen. [2] Soweit Entscheidungen der Beschlusskammern nach den §§ 24 bis 32 Absatz 2, nach § 38 oder § 49 betroffen sind, ist in der Geschäftsordnung sicherzustellen, dass Festlegungen nach den §§ 10 und 11 durch die Präsidentenkammer erfolgen.

(6) [1] Abweichend von § 209 Absatz 1 sind Entscheidungen der Beschlusskammern den Beteiligten nach den Vorschriften des Verwaltungszustellungsgesetzes zuzustellen. [2] Beschlusskammerentscheidungen, die gegenüber einem Beteiligten im Ausland ergehen, stellt die Bundesnetzagentur denjenigen zu, die der Beteiligte der Bundesnetzagentur als Zustellungsbevollmächtigte im Inland benannt hat. [3] Hat der Beteiligte keine Zustellungsbevollmächtigten im Inland benannt, so stellt die Beschlusskammer die Entscheidung durch Be-

---

[1)] Nr. 36.

kanntmachung im Bundesanzeiger oder nach § 9 des Verwaltungszustellungsgesetzes im Ausland zu.

(7) Sofern ein Verfahren nicht mit einer Entscheidung abgeschlossen wird, die den Beteiligten nach Absatz 6 zugestellt wird, ist die Beendigung des Verfahrens den Beteiligten mitzuteilen.

§ 212 Sonstige Streitigkeiten zwischen Unternehmen.

(1) [1] Ergeben sich im Zusammenhang mit Verpflichtungen aus diesem Gesetz oder aufgrund dieses Gesetzes Streitigkeiten zwischen Unternehmen, die öffentliche Telekommunikationsnetze betreiben oder öffentlich zugängliche Telekommunikationsdienste erbringen, oder zwischen diesen und anderen Unternehmen, denen Zugangs- oder Zusammenschaltungsverpflichtungen aus diesem Gesetz oder aufgrund dieses Gesetzes zugutekommen, trifft die Beschlusskammer, soweit dies gesetzlich nicht anders geregelt ist, auf Antrag einer Partei nach Anhörung der Beteiligten eine verbindliche Entscheidung. [2] Sie hat innerhalb einer Frist von höchstens vier Monaten, beginnend mit der Anrufung durch einen der an dem Streitfall Beteiligten, über die Streitigkeit zu entscheiden.

(2) [1] Fällt eine Streitigkeit in einem unter dieses Gesetz fallenden Bereich zwischen Unternehmen in verschiedenen Mitgliedstaaten der Europäischen Union in die Zuständigkeit der nationalen Regulierungsbehörden von mehr als einem Mitgliedstaat der Europäischen Union, kann jede Partei die Streitigkeit der betreffenden nationalen Regulierungsbehörde vorlegen. [2] Fällt die Streitigkeit in den Zuständigkeitsbereich der Bundesnetzagentur, so koordiniert sie ihre Maßnahmen mit den zuständigen nationalen Regulierungsbehörden der anderen betroffenen Mitgliedstaaten der Europäischen Union. [3] Die Beschlusskammer trifft ihre Entscheidung im Benehmen mit der betreffenden nationalen Regulierungsbehörde innerhalb der in Absatz 1 genannten Frist.

(3) [1] Bei einer Streitigkeit nach Absatz 2, die den Handel zwischen den Mitgliedstaaten der Europäischen Union beeinträchtigt, meldet die Bundesnetzagentur die Streitigkeit dem GEREK, um sie im Einklang mit den in § 2 genannten Zielen dauerhaft beizulegen. [2] Die Beschlusskammer trifft ihre Entscheidung nicht, bevor das GEREK im Anschluss an eine Meldung nach Satz 1 seine Stellungnahme abgegeben hat, in der es die Bundesnetzagentur oder die zuständige nationale Regulierungsbehörde ersucht, konkrete Maßnahmen zu ergreifen oder zu unterlassen, damit die Streitigkeit spätestens innerhalb von vier Monaten beigelegt wird. [3] § 207 bleibt hiervon unberührt.

(4) Die §§ 202 bis 207, 211 und 213 bis 217 gelten entsprechend.

§ 213 Einleitung, Beteiligte.

(1) Die Beschlusskammer leitet ein Verfahren von Amts wegen oder auf Antrag ein.

(2) An dem Verfahren vor der Beschlusskammer sind beteiligt:

1. der Antragsteller,
2. die Betreiber öffentlicher Telekommunikationsnetze und die Anbieter öffentlich zugänglicher Telekommunikationsdienste, gegen die sich das Verfahren richtet,
3. die Personen und Personenvereinigungen, deren Interessen durch die Entscheidung berührt werden und die die Bundesnetzagentur auf ihren Antrag zu dem Verfahren beigeladen hat.

§ 214 Verfahren der nationalen Streitbeilegung. (1) Die nationale Streitbeilegungsstelle leitet ein Verfahren auf Antrag ein.

(2) An Verfahren vor der nationalen Streitbeilegungsstelle sind beteiligt:
1. bei einem Verfahren nach § 128 Absatz 4, § 134 Absatz 5, § 149 Absatz 1 Nummer 1, 2, 3 und 5 der Antragsteller und die Eigentümer oder Betreiber öffentlicher Versorgungsnetze oder sonstiger physischer Infrastruktur, gegen die sich das Verfahren richtet,
2. bei einem Verfahren nach § 149 Absatz 1 Nummer 4 der Antragsteller und die Verfügungsberechtigten über Netzinfrastrukturen in Gebäuden oder bis zum ersten Konzentrations- oder Verteilerpunkt eines öffentlichen Telekommunikationsnetzes, gegen die sich das Verfahren richtet,
3. bei einem Verfahren nach § 149 Absatz 1 Nummer 6 der Antragsteller und die Betreiber einer nach § 72 Absatz 1 Nummer 1 und 2 errichteten Netzinfrastruktur, gegen die sich das Verfahren richtet,
4. die Personen und Personenvereinigungen, deren Interessen durch die Entscheidung berührt werden und die die Bundesnetzagentur auf ihren Antrag zu dem Verfahren beigeladen hat,
5. bei einer Inanspruchnahme von Eisenbahninfrastrukturunternehmen die zuständige Eisenbahnaufsichtsbehörde.

(3) Sind bei Streitigkeiten über das Vorliegen eines Ablehnungsgrundes nach § 136 Absatz 4 Nummer 3, § 137 Absatz 3 Nummer 3, § 141 Absatz 2 Nummer 4, § 142 Absatz 4 Nummer 4, § 143 Absatz 4 Nummer 1, § 153 Absatz 4 Nummer 3 oder § 154 Absatz 4 Satz 2 Nummer 4 Kritische Infrastrukturen im Sinne des § 2 Absatz 10 des BSI-Gesetzes betroffen, so entscheidet die Bundesnetzagentur im Benehmen mit dem Bundesamt für Sicherheit in der Informationstechnik.

§ 215 Anhörung, mündliche Verhandlung. (1) Die Beschlusskammer hat den Beteiligten Gelegenheit zur Stellungnahme zu geben.

(2) Die Beschlusskammer kann den Personen, die von dem Verfahren berührte Wirtschaftskreise vertreten, in geeigneten Fällen Gelegenheit zur Stellungnahme geben.

(3) [1]Die Beschlusskammer entscheidet aufgrund öffentlicher mündlicher Verhandlung. [2]Mit Einverständnis der Beteiligten kann die mündliche Verhandlung im Rahmen einer Telefon- oder Videokonferenz durchgeführt oder ohne mündliche Verhandlung entschieden werden. [3]Ferner kann die Beschlusskammer ohne mündliche Verhandlung entscheiden, wenn nach Ankündigung durch die Beschlusskammer keiner der Beteiligten begründet die Durchführung der mündlichen Verhandlung verlangt. [4]Auf Antrag eines Beteiligten oder von Amts wegen ist für die Verhandlung oder für einen Teil davon die Öffentlichkeit auszuschließen, wenn sie eine Gefährdung der öffentlichen Ordnung, insbesondere der Staatssicherheit, oder die Gefährdung eines wichtigen Betriebs- oder Geschäftsgeheimnisses besorgen lässt.

(4) [1]Abweichend von Absatz 3 kann die Beschlusskammer ohne mündliche Verhandlung entscheiden, wenn die Sache keine besonderen Schwierigkeiten tatsächlicher oder rechtlicher Art aufweist und der Sachverhalt geklärt ist. [2]Die Beteiligten sind vorher zu hören.

(5) ¹Die Beschlusskammer kann Erklärungen und Beweismittel, die erst nach Ablauf einer gesetzten Frist vorgebracht werden, zurückweisen und ohne weitere Ermittlungen entscheiden, wenn

1. ihre Zulassung nach der freien Überzeugung der Beschlusskammer die Erledigung des Verfahrens verzögern würde,
2. der Beteiligte die Verspätung nicht genügend entschuldigt und
3. der Beteiligte über die Folgen einer Fristversäumung belehrt worden ist.

²Der Entschuldigungsgrund ist auf Verlangen der Beschlusskammer glaubhaft zu machen.

§ 216 Betriebs- oder Geschäftsgeheimnisse.

¹Unverzüglich nach der Vorlage von Unterlagen im Rahmen des Beschlusskammerverfahrens haben alle Beteiligten diejenigen Teile zu kennzeichnen, die Betriebs- oder Geschäftsgeheimnisse enthalten. ²In diesem Fall müssen sie zusätzlich eine Fassung vorlegen, die aus ihrer Sicht ohne Preisgabe von Betriebs- oder Geschäftsgeheimnissen eingesehen werden kann. ³Erfolgt diese Vorlage nicht, kann die Beschlusskammer von ihrer Zustimmung zur Einsicht ausgehen, es sei denn, ihr sind besondere Umstände bekannt, die eine solche Vermutung nicht rechtfertigen. ⁴Hält die Beschlusskammer die Kennzeichnung der Unterlagen als Betriebs- oder Geschäftsgeheimnisse für unberechtigt, so muss sie vor der Entscheidung über die Gewährung von Einsichtnahme an Dritte die vorlegenden Personen hören.

Unterabschnitt 3. Gerichtsverfahren

§ 217 Rechtsbehelfe.

(1) Widerspruch und Klage gegen Entscheidungen der Bundesnetzagentur haben keine aufschiebende Wirkung.

(2) Im Falle des § 211 und bei Entscheidungen der Bundesnetzagentur nach Teil 9 findet kein Vorverfahren statt.

(3) ¹Im Falle des § 211 und bei Entscheidungen der Bundesnetzagentur nach Teil 9 sind die Berufung gegen ein Urteil und die Beschwerde nach der Verwaltungsgerichtsordnung[1]) oder nach dem Gerichtsverfassungsgesetz gegen eine andere Entscheidung des Verwaltungsgerichts ausgeschlossen. ²Das gilt nicht für

1. die Beschwerde gegen den Beschluss nach § 218 Absatz 2 Satz 1,
2. die Beschwerde gegen die Nichtzulassung der Revision nach § 135 in Verbindung mit § 133 der Verwaltungsgerichtsordnung und
3. die Beschwerde gegen Beschlüsse über den Rechtsweg nach § 17a Absatz 2 und 3 des Gerichtsverfassungsgesetzes.

³Auf die Beschwerde gegen Beschlüsse über den Rechtsweg findet § 17a Absatz 4 Satz 4 bis 6 des Gerichtsverfassungsgesetzes entsprechende Anwendung.

(4) ¹Für Anfechtungsklagen gegen Entscheidungen der nationalen Streitbeilegungsstelle nach § 211 Absatz 2 in Verbindung mit § 72, § 128 Absatz 4, § 134 Absatz 5 oder § 149 ist das Verwaltungsgericht örtlich zuständig, in dessen Bezirk die nationale Streitbeilegungsstelle ihren Sitz hat. ²Dies gilt auch für Verpflichtungsklagen in den Fällen des Satzes 1. ³Die Sätze 1 und 2 gelten

---

[1]) Auszugsweise abgedruckt unter Nr. **37**.

entsprechend für Streitigkeiten, die Entscheidungen der Bundesnetzagentur nach Teil 9 betreffen.

§ 218 Vorlage- und Auskunftspflicht der Bundesnetzagentur.

(1) [1] Für die Vorlage von Urkunden oder Akten, die Übermittlung elektronischer Dokumente oder die Erteilung von Auskünften durch die Bundesnetzagentur ist § 99 Absatz 1 der Verwaltungsgerichtsordnung[1] mit der Maßgabe anzuwenden, dass anstelle des Rechts der obersten Aufsichtsbehörde nach § 99 Absatz 1 Satz 2 der Verwaltungsgerichtsordnung[1], die Vorlage zu verweigern, das Recht der Bundesnetzagentur tritt, die Unterlagen als geheimhaltungsbedürftig zu kennzeichnen. [2] Das Gericht der Hauptsache unterrichtet die Beteiligten, deren Geheimhaltungsinteresse durch die Offenlegung der Unterlagen im Hauptsacheverfahren berührt werden könnte, darüber, dass die Unterlagen vorgelegt worden sind.

(2) [1] Das Gericht der Hauptsache entscheidet auf Antrag eines Beteiligten, der ein Geheimhaltungsinteresse an den vorgelegten Unterlagen geltend macht, durch Beschluss, inwieweit die §§ 100 und 108 Absatz 1 Satz 2 sowie Absatz 2 der Verwaltungsgerichtsordnung[1] auf die Entscheidung in der Hauptsache anzuwenden sind. [2] Die Beteiligtenrechte nach den §§ 100 und 108 Absatz 1 Satz 2 sowie Absatz 2 der Verwaltungsgerichtsordnung[1] sind auszuschließen, soweit nach Abwägung aller Umstände das Geheimhaltungsinteresse das Interesse der Beteiligten auf rechtliches Gehör auch unter Beachtung des Rechts auf effektiven Rechtsschutz überwiegt. [3] Insoweit dürfen die Entscheidungsgründe im Hauptsacheverfahren die Art und den Inhalt der geheimgehaltenen Unterlagen nicht erkennen lassen. [4] Die Mitglieder des Gerichts sind zur Geheimhaltung verpflichtet.

(3) [1] Der Antrag nach Absatz 2 Satz 1 ist innerhalb eines Monats zu stellen, nachdem das Gericht die Beteiligten, deren Geheimhaltungsinteressen durch die Offenlegung der Unterlagen berührt werden könnten, über die Vorlage der Unterlagen durch die Bundesnetzagentur unterrichtet hat. [2] In diesem Verfahren ist § 100 der Verwaltungsgerichtsordnung[1] nicht anzuwenden. [3] Absatz 2 Satz 3 und 4 gilt sinngemäß.

(4) [1] Gegen die Entscheidung nach Absatz 2 Satz 1 ist die Beschwerde zum Bundesverwaltungsgericht gegeben. [2] Über die Beschwerde entscheidet der für die Hauptsache zuständige Revisionssenat. [3] Absatz 2 Satz 3 und 4 und Absatz 3 Satz 2 gelten sinngemäß.

§ 219 Informationssystem zu eingelegten Rechtsbehelfen.

(1) Die Bundesnetzagentur erhebt zu den gegen ihre Entscheidungen eingelegten Rechtsbehelfen die folgenden Informationen:

1. die Anzahl und den allgemeinen Inhalt der eingelegten Rechtsbehelfe,

2. die Dauer der Verfahren und

3. die Anzahl der Entscheidungen im vorläufigen Rechtsschutz.

(2) Die Bundesnetzagentur stellt der Kommission und dem GEREK auf deren begründete Anfrage die Informationen nach Absatz 1 sowie die Entscheidungen oder Gerichtsurteile zur Verfügung.

---

[1] Nr. 37.

§ 220 Beteiligung der Bundesnetzagentur bei bürgerlichen Rechtsstreitigkeiten. ¹Für bürgerliche Rechtsstreitigkeiten, die sich aus diesem Gesetz ergeben, gilt § 90 Absatz 1 und 2 des Gesetzes gegen Wettbewerbsbeschränkungen entsprechend. ²In diesen Fällen treten an die Stelle des Bundeskartellamtes und seines Präsidenten oder seiner Präsidentin die Bundesnetzagentur und ihr Präsident oder ihre Präsidentin.

Unterabschnitt 4. Internationale Aufgaben

§ 221 Internationale Aufgaben. (1) ¹Im Bereich der europäischen und internationalen Telekommunikationspolitik, insbesondere bei der Mitarbeit in europäischen und internationalen Institutionen und Organisationen, wird die Bundesnetzagentur im Auftrag des Bundesministeriums für Wirtschaft und Energie oder des Bundesministeriums für Verkehr und digitale Infrastruktur tätig. ²Dies gilt nicht für Aufgaben, die die Bundesnetzagentur aufgrund dieses Gesetzes oder anderer Gesetze sowie aufgrund von Verordnungen der Europäischen Union in eigener Zuständigkeit wahrnimmt.

(2) ¹Die Bundesnetzagentur unterrichtet das Bundesministerium für Wirtschaft und Energie oder das Bundesministerium für Verkehr und digitale Infrastruktur vorab über die wesentlichen Inhalte geplanter Sitzungen in europäischen und internationalen Gremien. ²Sie fasst die wesentlichen Ergebnisse und Schlussfolgerungen der Sitzungen zusammen und übermittelt sie unverzüglich an das Bundesministerium für Wirtschaft und Energie oder das Bundesministerium für Verkehr und digitale Infrastruktur. ³Bei Aufgaben, die die Bundesnetzagentur nach Absatz 1 Satz 2 in eigener Zuständigkeit wahrnimmt, finden die Sätze 1 und 2 keine Anwendung, soweit zwingende Vorschriften die vertrauliche Behandlung von Informationen fordern.

§ 222 Anerkannte Abrechnungsstelle für den Seefunkverkehr. Zuständige Behörde für die Anerkennung von Abrechnungsstellen für den internationalen Seefunkverkehr nach den Anforderungen der Internationalen Fernmeldeunion im Geltungsbereich dieses Gesetzes ist die Bundesnetzagentur.

Teil 12. Abgaben

§ 223 Gebühren und Auslagen; Verordnungsermächtigung. (1) ¹Die Gebühren für Entscheidungen über die Zuteilung von Frequenzen nach den §§ 91 und 92 sind abweichend von § 9 Absatz 1 des Bundesgebührengesetzes so zu bestimmen, dass sie als Lenkungszweck die optimale Nutzung und eine den Zielen dieses Gesetzes verpflichtete effiziente Verwendung dieser Güter sicherstellen. ²Für Gebühren für Entscheidungen über die Zuteilung von Rundfunkfrequenzen sind die medienrechtlichen Zielvorgaben der Länder zu berücksichtigen. ³Die Bemessung der Gebühren ist nach Maßgabe von Satz 1 in regelmäßigem Abstand, mindestens jedoch alle fünf Jahre zu überprüfen und erforderlichenfalls anzupassen. ⁴Gebührenentscheidungen nach Satz 1 können eine Zahlung in jährlich fällig werdenden Raten vorsehen. ⁵Bei Erlöschen einer Frequenzzuteilung durch Verzicht nach § 102 Absatz 8 soll eine anteilige Gebührenermäßigung gewährt werden, wenn dadurch eine effizientere Frequenznutzung bewirkt wird. ⁶Es werden keine Gebühren erhoben, wenn Frequenzen im Wege eines Verfahrens nach § 100 Absatz 5 und 6 vergeben werden.

(2) ¹Das Bundesministerium für Wirtschaft und Energie bestimmt im Einvernehmen mit dem Bundesministerium für Verkehr und digitale Infrastruktur und dem Bundesministerium der Finanzen die Gebühren nach Absatz 1 Satz 1 sowie die mit einer Frequenzzuteilung im Sachzusammenhang stehenden Gebühren durch eine Besondere Gebührenverordnung nach § 22 Absatz 4 des Bundesgebührengesetzes. ²Das Bundesministerium für Wirtschaft und Energie kann die Ermächtigung durch Rechtsverordnung im Einvernehmen mit dem Bundesministerium der Finanzen und dem Bundesministerium für Verkehr und digitale Infrastruktur auf die Bundesnetzagentur übertragen. ³Eine Rechtsverordnung nach Satz 2, ihre Änderung und ihre Aufhebung bedürfen des Einvernehmens mit dem Bundesministerium für Wirtschaft und Energie, dem Bundesministerium der Finanzen und dem Bundesministerium für Verkehr und digitale Infrastruktur.

(3) Die Gebühren für Entscheidungen über die Zuteilung von Nummern können in einer Besonderen Gebührenverordnung nach § 22 Absatz 4 des Bundesgebührengesetzes abweichend von § 9 Absatz 1 des Bundesgebührengesetzes so bestimmt werden, dass sie als Lenkungszweck die optimale Nutzung und eine den Zielen dieses Gesetzes verpflichtete effiziente Verwendung der Nummern sicherstellen.

(4) ¹Die Wegebaulastträger können in ihrem Zuständigkeitsbereich Regelungen erlassen, nach denen lediglich die Verwaltungskosten abdeckende Gebühren und Auslagen für die Erteilung von Zustimmungsbescheiden nach § 127 Absatz 1 zur Nutzung öffentlicher Wege erhoben werden können. ²Eine Pauschalierung ist zulässig.

§ 224 Frequenznutzungsbeitrag. (1) ¹Die Bundesnetzagentur erhebt jährliche Beiträge zur Deckung ihrer Kosten für die Verwaltung, Kontrolle und Durchsetzung von Allgemeinzuteilungen und Nutzungsrechten im Bereich der Frequenz- und Orbitnutzungen nach diesem Gesetz oder den darauf beruhenden Rechtsverordnungen. ²Dies umfasst insbesondere auch die Kosten der Bundesnetzagentur für

1. die Planung und Fortschreibung von Frequenznutzungen einschließlich der notwendigen Messungen, Prüfungen und Verträglichkeitsuntersuchungen zur Gewährleistung einer effizienten und störungsfreien Frequenznutzung,
2. internationale Zusammenarbeit, Harmonisierung und Normung.

(2) ¹Beitragspflichtig sind diejenigen, denen Frequenzen zugeteilt sind. ²Die Anteile an den Kosten werden den einzelnen Nutzergruppen, die sich aus der Frequenzzuweisung ergeben, so weit wie möglich aufwandsbezogen zugeordnet. ³Eine Beitragspflicht ist auch dann gegeben, wenn eine Frequenz aufgrund sonstiger Verwaltungsakte oder dauerhaft ohne Zuteilung genutzt wird. ⁴Dies gilt insbesondere für die bis zum 1. August 1996 erteilten Rechte, soweit sie Festlegungen über die Nutzung von Frequenzen enthalten.

(3) In die nach Absatz 1 abzugeltenden Kosten sind solche nicht einzubeziehen, für die bereits die nachstehenden Gebühren oder Beiträge nach den genannten Vorschriften in der jeweils gültigen Fassung und nach den auf diesen Vorschriften beruhenden Rechtsverordnungen erhoben werden:

1. eine Gebühr nach § 223,
2. Gebühren nach den Besonderen Gebührenverordnungen des Bundesministeriums für Wirtschaft und Energie im Einvernehmen mit dem Bundesminis-

terium für Verkehr und digitale Infrastruktur nach § 22 Absatz 4 des Bundesgebührengesetzes,
3. Beiträge nach § 31 des Elektromagnetische-Verträglichkeit-Gesetzes oder
4. Beiträge nach § 35 des Funkanlagengesetzes.

(4) [1] Das Bundesministerium für Wirtschaft und Energie wird ermächtigt, im Einvernehmen mit dem Bundesministerium der Finanzen und dem Bundesministerium für Verkehr und digitale Infrastruktur durch Rechtsverordnung, die nicht der Zustimmung des Bundesrates bedarf, nach Maßgabe der vorstehenden Absätze das Nähere festzulegen über
1. den Kreis der Beitragspflichtigen,
2. die Beitragssätze,
3. die Beitragskalkulation und
4. das Verfahren der Beitragserhebung einschließlich der Zahlungsweise.

[2] Der auf das Allgemeininteresse entfallende Kostenanteil ist beitragsmindernd zu berücksichtigen. [3] Das Bundesministerium für Wirtschaft und Energie kann die Ermächtigung nach Satz 1 durch Rechtsverordnung unter Sicherstellung der Einvernehmensregelung auf die Bundesnetzagentur übertragen. [4] Eine Rechtsverordnung der Bundesnetzagentur, ihre Änderung und ihre Aufhebung bedürfen des Einvernehmens mit dem Bundesministerium für Wirtschaft und Energie, dem Bundesministerium der Finanzen und dem Bundesministerium für Verkehr und digitale Infrastruktur.

§ 225 Kosten von außergerichtlichen Streitbeilegungsverfahren.

[1] Für die außergerichtlichen Streitbeilegungsverfahren nach § 68 werden keine Gebühren und Auslagen erhoben. [2] Jede Partei trägt die ihr durch die Teilnahme am Verfahren entstehenden Kosten selbst.

§ 226 Kosten des Vorverfahrens.
(1) Für ein Vorverfahren werden Gebühren und Auslagen erhoben.

(2) [1] Für die vollständige oder teilweise Zurückweisung eines Widerspruchs wird eine Gebühr bis zur Höhe der für die angefochtene Amtshandlung festgesetzten Gebühr erhoben. [2] Über die Kosten entscheidet die Widerspruchsstelle nach billigem Ermessen. [3] In den Fällen, in denen für die angefochtene Amtshandlung der Bundesnetzagentur keine Gebühr anfällt, bestimmt sich die Gebühr nach Maßgabe des § 34 Absatz 1 des Gerichtskostengesetzes; auf die Bestimmung des Wertes der Streitfrage finden die §§ 3 bis 9 der Zivilprozessordnung[1)] entsprechende Anwendung.

(3) [1] Wird ein Widerspruch nach Beginn seiner sachlichen Bearbeitung, jedoch vor deren Beendigung zurückgenommen, beträgt die Gebühr höchstens 75 Prozent der Widerspruchsgebühr. [2] Über die Kosten entscheidet die Widerspruchsstelle nach billigem Ermessen.

§ 227 Mitteilung der Bundesnetzagentur.
[1] Die Bundesnetzagentur veröffentlicht einen jährlichen Überblick über ihre Verwaltungskosten und die insgesamt eingenommenen Abgaben. [2] Soweit erforderlich, werden Gebühren und Beitragssätze in den betroffenen Verordnungen für die Zukunft angepasst.

[1)] Nr. 32.

Teil 13. Bußgeldvorschriften

§ 228 Bußgeldvorschriften. (1) Ordnungswidrig handelt, wer vorsätzlich oder leichtfertig einer vollziehbaren Anordnung nach § 203 Absatz 4 Satz 1 Nummer 2 zuwiderhandelt.

(2) Ordnungswidrig handelt, wer vorsätzlich oder fahrlässig

1. entgegen § 4 eine Information nicht, nicht richtig, nicht vollständig oder nicht rechtzeitig zur Verfügung stellt,
2. entgegen § 5 Absatz 1 eine Meldung nicht, nicht richtig, nicht vollständig, nicht in der vorgeschriebenen Weise oder nicht rechtzeitig macht,
3. einer vollziehbaren Anordnung nach
    a) § 19 Absatz 1 Satz 1 in Verbindung mit § 18 Absatz 1 Satz 1 zweiter Halbsatz Nummer 2 oder 3, § 25 Absatz 1, 2 oder 3 Satz 1, § 29 Absatz 4 Satz 2, § 38 Absatz 4 Satz 1 oder 2, § 44 Absatz 3 Satz 2, auch in Verbindung mit § 46 Absatz 6, § 46 Absatz 5, § 47 Absatz 1 Satz 1, § 49 Absatz 2 erster Halbsatz, § 50 Absatz 4 Satz 1, § 161 Absatz 2 Satz 1 oder Absatz 3 Satz 1 oder § 188 Absatz 1,
    b) § 47 Absatz 3, § 104 oder § 203 Absatz 2 Satz 1 Nummer 1 oder Satz 3 oder
    c) § 58 Absatz 5 Satz 2, § 123 Absatz 1, 2 Satz 1 oder 2, Absatz 3 Satz 1, Absatz 4 oder 5, § 149 Absatz 2 Satz 1 oder § 166 Absatz 2 Satz 2 oder Absatz 4 Satz 1
    zuwiderhandelt,
4. entgegen
    a) § 34 Absatz 1,
    b) § 45 Absatz 1 oder § 76 Absatz 2 Nummer 4 oder
    c) § 111 Absatz 1 Nummer 1
    eine Anzeige nicht oder nicht rechtzeitig erstattet,
5. ohne Genehmigung nach § 38 Absatz 1 Satz 1 ein Entgelt erhebt,
6. einer Rechtsverordnung nach § 52 Absatz 4 oder § 108 Absatz 6 Satz 1 oder einer vollziehbaren Anordnung aufgrund einer solchen Rechtsverordnung zuwiderhandelt, soweit die Rechtsverordnung für einen bestimmten Tatbestand auf diese Bußgeldvorschrift verweist,
7. entgegen § 54 Absatz 3 Satz 1, auch in Verbindung mit § 54 Absatz 3 Satz 3, eine Vertragszusammenfassung nicht oder nicht rechtzeitig zur Verfügung stellt,
8. entgegen § 55 Absatz 1 eine Information nicht, nicht richtig, nicht vollständig oder nicht rechtzeitig zur Verfügung stellt,
9. entgegen § 57 Absatz 2 Satz 1 den Endnutzer nicht oder nicht rechtzeitig unterrichtet,
10. entgegen § 58 Absatz 2 Satz 1 eine Dokumentation nicht oder nicht rechtzeitig erstellt,
11. entgegen § 59 Absatz 2 Satz 1 nicht sicherstellt, dass die Leistung beim Anbieterwechsel gegenüber dem Endnutzer nicht unterbrochen wird,
12. entgegen § 59 Absatz 2 Satz 3 den Telekommunikationsdienst unterbricht,
13. entgegen § 61 Absatz 3 Satz 1 eine Leistung ganz oder teilweise verweigert,

14. entgegen § 73 Absatz 3 Satz 1 den Anschluss einer Telekommunikationsendeinrichtung verweigert,
15. entgegen § 73 Absatz 3 Satz 3 die Zugangsdaten oder eine Information nicht, nicht richtig, nicht vollständig, nicht in der vorgeschriebenen Weise oder nicht rechtzeitig zur Verfügung stellt,
16. entgegen § 74 Absatz 5 eine Leistung anbietet,
17. ohne Frequenzzuteilung nach § 91 Absatz 1 Satz 1 eine Frequenz nutzt,
18. ohne Übertragung nach § 95 Absatz 2 Satz 1 ein deutsches Orbit- oder Frequenznutzungsrecht ausübt,
19. einer vollziehbaren Auflage nach § 99 Absatz 3 Satz 1 Nummer 1 zuwiderhandelt,
20. entgegen § 109 Absatz 1 Satz 1 oder 2, Absatz 2 Satz 1 oder Absatz 3 eine Angabe nicht, nicht richtig oder nicht vollständig macht,
21. entgegen § 109 Absatz 2 Satz 3 die Preisangabe zeitlich kürzer anzeigt,
22. entgegen § 110 Absatz 1, auch in Verbindung mit § 110 Absatz 2 Satz 1 oder 2, Absatz 3 Satz 1 oder Absatz 4 Satz 1 oder 2, einen dort genannten Preis nicht, nicht richtig, nicht vollständig oder nicht rechtzeitig ansagt,
23. entgegen § 112 Absatz 1, 2, 4 oder 5 Satz 1 einen Preis erhebt,
24. entgegen § 113 Absatz 1 Satz 1, auch in Verbindung mit § 113 Absatz 1 Satz 2, eine Verbindung nicht oder nicht rechtzeitig trennt,
25. entgegen § 114 Absatz 1 oder 3 Satz 2 einen dort genannten Dialer einsetzt,
26. entgegen § 115 Absatz 1 eine Warteschleife einsetzt,
27. entgegen § 115 Absatz 2 Satz 1 nicht sicherstellt, dass der Anrufende informiert wird,
28. entgegen § 119 Absatz 1 Satz 2 einen R-Gesprächsdienst anbietet,
29. entgegen § 120 Absatz 1 Satz 1, auch in Verbindung mit § 120 Absatz 5 Satz 1, nicht sicherstellt, dass eine vollständige Rufnummer übermittelt und gekennzeichnet wird,
30. entgegen § 120 Absatz 1 Satz 3, auch in Verbindung mit § 120 Absatz 5 Satz 1, oder entgegen § 120 Absatz 2 Satz 1 oder 3 eine dort genannte Rufnummer aufsetzt oder übermittelt,
31. entgegen § 120 Absatz 1 Satz 4, auch in Verbindung mit § 120 Absatz 5 Satz 1, eine übermittelte Rufnummer verändert,
32. entgegen § 120 Absatz 3 Satz 1 nicht sicherstellt, dass eine dort genannte Rufnummer nicht als Rufnummer des Anrufers übermittelt oder angezeigt wird,
33. entgegen § 120 Absatz 4 Satz 1 nicht sicherstellt, dass eine dort genannte Rufnummer nur in den dort genannten Fällen angezeigt wird,
34. entgegen § 120 Absatz 4 Satz 2 erster Halbsatz nicht sicherstellt, dass der Eintrittsweg gekennzeichnet wird,
35. entgegen § 164 Absatz 1 Satz 2, auch in Verbindung mit § 164 Absatz 2 oder einer Rechtsverordnung nach § 164 Absatz 5 Satz 1 Nummer 2, nicht sicherstellt, dass eine Notrufverbindung hergestellt wird,
36. entgegen § 164 Absatz 1 Satz 3, auch in Verbindung mit § 164 Absatz 2 oder einer Rechtsverordnung nach § 164 Absatz 5 Satz 1 Nummer 3, oder

entgegen § 164 Absatz 4 Satz 1 nicht sicherstellt, dass die Rufnummer oder die dort genannten Daten übermittelt werden,

37. entgegen § 164 Absatz 3 Satz 1, auch in Verbindung mit einer Rechtsverordnung nach § 164 Absatz 5 Nummer 6, nicht sicherstellt, dass eine dort genannte Notrufverbindung möglich ist,

37a. entgegen § 164a Absatz 1 Nummer 1, auch in Verbindung mit einer Rechtsverordnung nach § 164a Absatz 4 Nummer 1, 2 oder 3, eine dort genannte Einrichtung nicht oder nicht richtig vorhält,

37b. entgegen § 164a Absatz 1 Nummer 2, auch in Verbindung mit einer Rechtsverordnung nach § 164a Absatz 4 Nummer 1, 2 oder 3, eine dort genannte Aussendung nicht sicherstellt,

37c. einer vollziehbaren Anordnung nach § 164a Absatz 2, auch in Verbindung mit einer Rechtsverordnung nach § 164a Absatz 4 Nummer 1, 2 oder 3, zuwiderhandelt,

38. entgegen § 166 Absatz 2 Satz 1 oder Absatz 4 Satz 2 oder § 181 Satz 2 ein Sicherheitskonzept nicht, nicht richtig, nicht vollständig oder nicht rechtzeitig vorlegt,

39. entgegen § 168 Absatz 1 Satz 1, § 170 Absatz 1 Nummer 3 Buchstabe a, Absatz 2 Nummer 2 oder Absatz 3 Satz 1 oder § 175 Absatz 1 Satz 2 Nummer 2 eine Mitteilung nicht, nicht richtig, nicht vollständig oder nicht rechtzeitig macht,

40. entgegen § 169 Absatz 1 Satz 1 oder 2 oder Absatz 5 Satz 1 eine Benachrichtigung nicht, nicht richtig, nicht vollständig oder nicht rechtzeitig vornimmt,

41. entgegen § 169 Absatz 3 Satz 1 das dort genannte Verzeichnis nicht, nicht richtig oder nicht vollständig führt,

42. entgegen § 170 Absatz 1 Satz 1 Nummer 1 in Verbindung mit einer Rechtsverordnung nach § 170 Absatz 5 Nummer 1 Buchstabe a eine technische Einrichtung nicht vorhält oder eine organisatorische Vorkehrung nicht trifft,

43. entgegen § 170 Absatz 1 Satz 1 Nummer 2 in Verbindung mit einer Rechtsverordnung nach § 170 Absatz 5 Nummer 1 Buchstabe a eine Steuerungsmöglichkeit nicht oder nicht rechtzeitig bereitstellt oder eine Steuerung nicht oder nicht rechtzeitig ermöglicht,

44. entgegen § 170 Absatz 1 Satz 1 Nummer 3 Buchstabe b einen Zustellungsbevollmächtigten im Inland nicht oder nicht rechtzeitig benennt,

45. entgegen § 170 Absatz 1 Satz 1 Nummer 5 eine Prüfung nicht gestattet,

46. entgegen § 170 Absatz 1 Satz 1 Nummer 6 die Aufstellung oder den Betrieb eines dort genannten technischen Mittels nicht duldet oder den Zugang zu einem solchen technischen Mittel nicht gewährt,

47. entgegen § 170 Absatz 8 Satz 3 einen Mangel nicht oder nicht rechtzeitig beseitigt,

48. entgegen § 170 Absatz 9 Satz 1 einen Netzabschlusspunkt nicht, nicht in der vorgeschriebenen Weise oder nicht rechtzeitig bereitstellt,

49. entgegen § 172 Absatz 1 Satz 1, auch in Verbindung mit § 172 Absatz 3, oder entgegen § 172 Absatz 4 dort genannte Daten nicht, nicht richtig, nicht vollständig oder nicht rechtzeitig erhebt, nicht, nicht richtig, nicht

vollständig oder nicht rechtzeitig speichert oder nicht, nicht richtig, nicht vollständig oder nicht rechtzeitig berichtigt,

50. entgegen § 172 Absatz 2 Satz 1 die Richtigkeit der Daten nicht, nicht richtig, nicht vollständig oder nicht rechtzeitig überprüft,
51. entgegen § 172 Absatz 5 Satz 2 unrichtige Daten verwendet oder verarbeitet,
52. entgegen § 172 Absatz 5 Satz 3 eine Änderung nicht, nicht richtig, nicht vollständig oder nicht rechtzeitig übermittelt,
53. entgegen § 172 Absatz 6 Daten nicht oder nicht rechtzeitig löscht,
54. entgegen § 173 Absatz 2 Satz 1 Nummer 1 nicht gewährleistet, dass die Bundesnetzagentur jederzeit und automatisiert Daten aus den Kundendateien abrufen kann,
55. entgegen § 173 Absatz 2 Satz 2 nicht sicherstellt, dass ihm die abgerufenen Daten nicht zur Kenntnis gelangen können,
56. entgegen § 174 Absatz 6 Satz 2 Stillschweigen nicht wahrt,
57. entgegen § 176 Absatz 8 Daten nicht oder nicht rechtzeitig löscht oder die Löschung nicht sicherstellt,
58. entgegen § 177 Absatz 2 oder § 179 Absatz 2 dort genannte Daten für andere als die dort genannten Zwecke verwendet,
59. entgegen § 178 Satz 1 nicht sicherstellt, dass Daten geschützt werden,
60. entgegen § 179 Absatz 1 Satz 1 nicht sicherstellt, dass jeder Zugriff protokolliert wird,
61. entgegen § 182 Absatz 1 Satz 1, § 183 Absatz 1 Satz 2 oder § 190 Absatz 1 Satz 2 eine Auskunft nicht, nicht richtig, nicht vollständig oder nicht rechtzeitig erteilt,
62. entgegen § 185 Absatz 1 einen Telekommunikationsdienst, den Netzbetrieb oder eine Dienstleistung nicht aufrechterhält,
63. entgegen § 186 Absatz 1 einen Anschluss oder einen Übertragungsweg nicht oder nicht rechtzeitig bereitstellt oder nicht oder nicht rechtzeitig entstört oder eine Datenübertragungsrate nicht oder nicht rechtzeitig erweitert,
64. entgegen § 187 Absatz 2 Satz 1 eine Vorkehrung nicht oder nicht rechtzeitig trifft,
65. entgegen § 187 Absatz 2 Satz 2 eine Vorkehrung nicht oder nicht rechtzeitig aufhebt,
66. entgegen § 187 Absatz 2 Satz 3 eine Information nicht, nicht richtig oder nicht rechtzeitig gibt,
67. entgegen § 190 Absatz 1 Satz 5 eine Überprüfung nicht duldet oder
68. entgegen § 203 Absatz 1 Satz 1 eine Information nicht, nicht richtig, nicht vollständig oder nicht rechtzeitig zur Verfügung stellt.

(3) Ordnungswidrig handelt, wer gegen die Verordnung (EU) Nr. 531/2012 des Europäischen Parlaments und des Rates vom 13. Juni 2012 über das Roaming in öffentlichen Mobilfunknetzen in der Union (ABl. L 172 vom 30.6.2012, S. 10), die zuletzt durch die Verordnung (EU) 2017/920 (ABl. L 147 vom 9.6.2017, S. 1) geändert worden ist, verstößt, indem er vorsätzlich oder fahrlässig

1. entgegen Artikel 3 Absatz 5 Satz 2 einen Entwurf nicht oder nicht rechtzeitig vorlegt,
2. entgegen Artikel 5 Absatz 1 Satz 2 einem dort genannten Antrag nicht oder nicht unverzüglich nach Zugang des Antrags nachkommt,
3. entgegen Artikel 6a ein dort genanntes Entgelt berechnet,
4. entgegen Artikel 6e Absatz 1 Unterabsatz 2 Satz 1 einen Aufschlag erhebt,
5. entgegen Artikel 6e Absatz 1 Unterabsatz 3 Satz 1 oder 3 ein Entgelt nicht richtig abrechnet,
6. entgegen Artikel 6e Absatz 1 Unterabsatz 3 Satz 2 eine andere Mindestabrechnungsdauer zugrunde legt,
7. entgegen Artikel 11 ein technisches Merkmal verändert,
8. entgegen Artikel 14 Absatz 1 Unterabsatz 1 eine dort genannte Preisinformation nicht, nicht richtig, nicht vollständig, nicht in der vorgeschriebenen Weise oder nicht rechtzeitig bereitstellt,
9. entgegen Artikel 15 Absatz 2a Satz 1 in Verbindung mit Satz 2 eine Mitteilung nicht oder nicht rechtzeitig versendet,
10. entgegen Artikel 15 Absatz 3 Unterabsatz 6 Satz 1 nicht sicherstellt, dass eine dort genannte Meldung übermittelt wird,
11. entgegen Artikel 15 Absatz 3 Unterabsatz 7 Satz 3 die Erbringung oder Inrechnungstellung eines dort genannten Dienstes nicht oder nicht rechtzeitig einstellt,
12. entgegen Artikel 15 Absatz 3 Unterabsatz 8 eine dort genannte Änderung nicht oder nicht rechtzeitig vornimmt oder
13. entgegen Artikel 16 Absatz 4 Satz 2 eine Information nicht, nicht richtig, nicht vollständig oder nicht rechtzeitig übermittelt.

(4) Ordnungswidrig handelt, wer gegen die Verordnung (EU) 2015/2120 des Europäischen Parlaments und des Rates vom 25. November 2015 über Maßnahmen zum Zugang zum offenen Internet und zu Endkundenentgelten für regulierte intra-EU-Kommunikation sowie zur Änderung der Richtlinie 2002/22/EG und der Verordnung (EU) Nr. 531/2012 (ABl. L 310 vom 26.11. 2015, S. 1), die zuletzt durch die Verordnung (EU) 2018/1971 (ABl. L 321 vom 17.12.2018, S. 1) geändert worden ist, verstößt, indem er vorsätzlich oder fahrlässig

1. entgegen Artikel 3 Absatz 2 als Anbieter von Internetzugangsdiensten eine Vereinbarung trifft oder eine Geschäftspraxis anwendet,
2. entgegen Artikel 3 Absatz 3 Unterabsatz 3 erster Halbsatz eine dort genannte Verkehrsmanagementmaßnahme anwendet,
3. entgegen Artikel 4 Absatz 1 Unterabsatz 1 Satz 1 nicht sicherstellt, dass ein dort genannter Vertrag die dort genannten Angaben enthält,
4. einer vollziehbaren Anordnung nach Artikel 5 Absatz 1 Unterabsatz 1 Satz 2 zuwiderhandelt,
5. entgegen Artikel 5 Absatz 2 eine dort genannte Information nicht, nicht richtig, nicht vollständig oder nicht rechtzeitig vorlegt oder nicht, nicht richtig, nicht vollständig oder nicht rechtzeitig übermittelt,
6. entgegen Artikel 5a Absatz 2 Satz 2 einen Verbraucher nicht, nicht richtig, nicht vollständig oder nicht rechtzeitig unterrichtet oder

7. entgegen Artikel 5a Absatz 5 Satz 1, auch in Verbindung mit Satz 3, als Anbieter regulierter intra-EU-Kommunikation eine dort genannte Obergrenze nicht, nicht richtig oder nicht rechtzeitig festlegt.

(5) Ordnungswidrig handelt, wer als Anbieter regulierter intra-EU-Kommunikation nach Artikel 2 Absatz 2 Nummer 3 der Verordnung (EU) 2015/2120 vorsätzlich oder fahrlässig

1. gegenüber einem Verbraucher einen Endkundenpreis berechnet, der den in Artikel 5a Absatz 1 der Verordnung (EU) 2015/2120 genannten Endkundenpreis überschreitet,
2. nicht sicherstellt, dass ein in Artikel 5a Absatz 3 der Verordnung (EU) 2015/2120 genannter Tarifwechsel durchgeführt wird, oder
3. nicht sicherstellt, dass ein Verbraucher gemäß Artikel 5a Absatz 4 der Verordnung (EU) 2015/2120 aus einem oder in einen dort genannten Tarif kostenfrei wechseln kann.

(6) Ordnungswidrig handelt, wer gegen die Verordnung (EU) 2018/302 des Europäischen Parlaments und des Rates vom 28. Februar 2018 über Maßnahmen gegen ungerechtfertigtes Geoblocking und andere Formen der Diskriminierung aufgrund der Staatsangehörigkeit, des Wohnsitzes oder des Ortes der Niederlassung des Kunden innerhalb des Binnenmarkts und zur Änderung der Verordnungen (EG) Nr. 2006/2004 und (EU) 2017/2394 sowie der Richtlinie 2009/22/EG (ABl. L 60I vom 2.3.2018, S. 1) verstößt, indem er vorsätzlich oder fahrlässig

1. entgegen Artikel 3 Absatz 1 einen Zugang zur Online-Benutzeroberfläche sperrt oder beschränkt,
2. entgegen Artikel 3 Absatz 2 Unterabsatz 1 einen Kunden zu einer dort genannten Version der Online-Benutzeroberfläche weiterleitet,
3. entgegen Artikel 4 Absatz 1 unterschiedliche Allgemeine Geschäftsbedingungen anwendet oder
4. entgegen Artikel 5 Absatz 1 unterschiedliche Bedingungen für einen Zahlungsvorgang anwendet.

(7) Die Ordnungswidrigkeit kann geahndet werden

1. in den Fällen des
   a) Absatzes 2 Nummer 19,
   b) Absatzes 3 Nummer 3 und 4 und des Absatzes 5 Nummer 1 und
   c) Absatzes 4 Nummer 1, 2 und 4
   mit einer Geldbuße bis zu einer Million Euro,
2. in den Fällen des Absatzes 2 Nummer 3 Buchstabe a, Nummer 4 Buchstabe a, Nummer 17, 42, 43, 47, 54 und 57 bis 59 mit einer Geldbuße bis zu fünfhunderttausend Euro,
3. in den Fällen des Absatzes 2 Nummer 10, 37 bis 38, 46, 49, 50, 53 und 60 und des Absatzes 6 mit einer Geldbuße von bis zu dreihunderttausend Euro,
4. in den Fällen des Absatzes 2 Nummer 3 Buchstabe c, Nummer 6 bis 8, 14 bis 16, 20 bis 36, 40, 61, 63 bis 66 und 68, des Absatzes 3 Nummer 1, 2 und 8, des Absatzes 4 Nummer 3 und 6 und des Absatzes 5 Nummer 2 und 3 mit einer Geldbuße bis zu einhunderttausend Euro,
5. in den Fällen des Absatzes 2 Nummer 11, 18 und 56 mit einer Geldbuße bis zu fünfzigtausend Euro und

6. in den übrigen Fällen der Absätze 1 bis 4 mit einer Geldbuße bis zu zehntausend Euro.

(8) ¹Bei einer juristischen Person oder Personenvereinigung mit einem durchschnittlichen Jahresumsatz von mehr als

1. 50 Millionen Euro kann abweichend von Absatz 7 Nummer 1 Buchstabe a in Verbindung mit § 30 Absatz 2 Satz 2 des Gesetzes über Ordnungswidrigkeiten eine Ordnungswidrigkeit nach Absatz 2 Nummer 19 in Verbindung mit § 30 Absatz 1 des Gesetzes über Ordnungswidrigkeiten mit einer Geldbuße bis zu 2 Prozent,
2. 100 Millionen Euro kann abweichend von Absatz 7 Nummer 1 Buchstabe c in Verbindung mit § 30 Absatz 2 Satz 2 des Gesetzes über Ordnungswidrigkeiten eine Ordnungswidrigkeit nach Absatz 4 Nummer 1, 2 oder 4, jeweils in Verbindung mit § 30 Absatz 1 des Gesetzes über Ordnungswidrigkeiten, mit einer Geldbuße bis zu 1 Prozent

des durchschnittlichen Jahresumsatzes geahndet werden, der von der juristischen Person oder Personenvereinigung weltweit in den letzten drei Geschäftsjahren erzielt wurde, die der Behördenentscheidung vorausgehen. ²In den durchschnittlichen Jahresumsatz nach Satz 1 sind die durchschnittlichen Jahresumsätze aller Unternehmen einzubeziehen, die mit der juristischen Person oder Personenvereinigung nach § 3 Nummer 69 verbunden oder zusammengeschlossen sind. ³Der durchschnittliche Jahresumsatz kann geschätzt werden.

(9) Verwaltungsbehörde im Sinne des § 36 Absatz 1 Nummer 1 des Gesetzes über Ordnungswidrigkeiten[1] ist die Bundesnetzagentur.

(10) ¹Die Bundesnetzagentur ist zuständige Vollstreckungsbehörde für das Verfahren wegen der Festsetzung einer Geldbuße. ²Die Vollstreckung der im gerichtlichen Ordnungswidrigkeitenverfahren verhängten Geldbuße und des Geldbetrages, dessen Einziehung nach § 29a des Gesetzes über Ordnungswidrigkeiten angeordnet wurde, erfolgt durch die Bundesnetzagentur als Vollstreckungsbehörde aufgrund einer von dem Urkundsbeamten der Geschäftsstelle des Gerichts zu erteilenden, mit der Bescheinigung der Vollstreckbarkeit versehenen beglaubigten Abschrift der Urteilsformel entsprechend den Vorschriften über die Vollstreckung von Bußgeldbescheiden. ³Die Geldbußen und die Geldbeträge, deren Einziehung nach § 29a des Gesetzes über Ordnungswidrigkeiten angeordnet wurde, fließen der Bundeskasse zu, die auch die der Staatskasse auferlegten Kosten trägt.

Teil 14. Übergangs- und Schlussvorschriften

§ 229 Geltungsbereich. Die Vorschriften dieses Gesetzes gelten nach Maßgabe des Seerechtsübereinkommens der Vereinten Nationen vom 10. Dezember 1982 (BGBl. 1994 II S. 1798, 1799) auch im Bereich des Küstenmeers sowie im Bereich der deutschen ausschließlichen Wirtschaftszone.

§ 230 Übergangsvorschriften. (1) ¹Bestehende Frequenz- und Nummernzuteilungen sowie Wegerechte, die im Rahmen des § 8 des Telekommunikationsgesetzes vom 25. Juli 1996 (BGBl. I S. 1120) erteilt wurden,

---

[1] Nr. 46.

bleiben wirksam. ²Das Gleiche gilt auch für vorher erworbene Rechte, die eine Frequenznutzung gewähren.

(2) Rechte und Verpflichtungen, die aufgrund des Telekommunikationsgesetzes vom 25. Juli 1996 oder vom 22. Juni 2004 (BGBl. I S. 1190) erlassen worden sind, gelten als Rechte und Verpflichtungen nach diesem Gesetz im Sinne der §§ 202 und 212.

(3) Festlegungen, die über Marktdefinitionen und -analysen nach §§ 10 und 11 des Telekommunikationsgesetzes vom 22. Juni 2004 (BGBl. I S. 1190) getroffen worden sind, gelten als Festlegungen nach §§ 10 und 11 dieses Gesetzes.

(4) § 71 Absatz 2 ist bis zum 30. Juni 2024 nicht anzuwenden, wenn der Telekommunikationsdienst im Rahmen des Miet- und Pachtverhältnisses erbracht wird und die Gegenleistung ausschließlich als Betriebskosten abgerechnet wird.

(5) ¹Jede Partei kann einen vor dem 1. Dezember 2021 geschlossenen Bezugsvertrag über die Belieferung von Gebäuden oder in den Gebäuden befindlichen Wohneinheiten mit Telekommunikationsdiensten wegen der Beschränkung der Umlagefähigkeit nach § 2 Satz 1 Nummer 15 Buchstabe a und b der Betriebskostenverordnung frühestens mit Wirkung ab dem 1. Juli 2024 ohne Einhaltung einer Kündigungsfrist kündigen, soweit die Parteien für diesen Fall nichts anderes vereinbart haben. ²Die Kündigung berechtigt den anderen Teil nicht zum Schadensersatz.

(6) Bis zum Inkrafttreten einer Preisfestlegung für Premium-Dienste, Auskunftsdienste oder Massenverkehrsdienste nach § 123 Absatz 7 gilt § 109 mit der Maßgabe, dass der für die Inanspruchnahme dieser Dienste zu zahlende Preis für Anrufe aus den Festnetzen mit dem Hinweis auf die Möglichkeit abweichender Preise für Anrufe aus den Mobilfunknetzen anzugeben ist, soweit für Anrufe aus den Mobilfunknetzen Preise gelten, die von den Preisen für Anrufe aus den Festnetzen abweichen.

(7) Bis zum Inkrafttreten einer Preisfestlegung für Massenverkehrsdienste nach § 123 Absatz 7 gilt § 110 Absatz 3 mit der Maßgabe, dass der Diensteanbieter dem Endnutzer den für die Inanspruchnahme des Dienstes zu zahlenden Preis für Anrufe aus den Festnetzen mit dem Hinweis auf die Möglichkeit abweichender Preise für Anrufe aus den Mobilfunknetzen unmittelbar im Anschluss an die Inanspruchnahme des Dienstes anzusagen hat; dies gilt auch, wenn der Preis 1 Euro pro Minute oder Inanspruchnahme übersteigt.

(8) Die Vorgaben des § 120 Absatz 3 und 4 sind spätestens ab dem 1. Dezember 2022 zu erfüllen.

(9) Die Bundesnetzagentur kann abweichend von § 172 Absatz 2 Satz 4 und 5 festlegen, dass für eine von ihr zu bestimmende Übergangszeit von nicht mehr als zwölf Monaten nach Inkrafttreten dieses Gesetzes auf das Erfordernis eines vorherigen Konformitätsnachweises verzichtet werden kann.

(10) ¹Die von der Bundesnetzagentur vor Inkrafttreten dieses Gesetzes gemäß § 6 Absatz 1 Satz 2 des Post- und Telekommunikationssicherstellungsgesetzes vom 24. März 2011 (BGBl. I S. 506, 941), das zuletzt durch Artikel 12 Absatz 3 des Gesetzes vom 21. Dezember 2020 (BGBl. I S. 3229) geändert worden ist, getroffenen Festlegungen bleiben wirksam, bis sie durch neue Festlegungen nach § 186 Absatz 2 Satz 2 ersetzt werden. ²Bescheinigungen, die nach § 6 Absatz 2 Satz 2 des Post- und Telekommunikationssicherstellungs-

gesetzes ausgestellt wurden, gelten bis zum Ablauf der zehnjährigen oder vermerkten kürzeren Geltungsdauer fort.

(11) Die bei der Bundesnetzagentur zum Zeitpunkt des Inkrafttretens dieses Gesetzes gemäß § 77a Absatz 2 in Verbindung mit Absatz 1 Satz 1 des Telekommunikationsgesetzes vom 25. Juli 1996 oder vom 22. Juni 2004 (BGBl. I S. 1190) vorliegenden Informationen dürfen von der zentralen Informationsstelle des Bundes nach Maßgabe der Einsichtnahmebedingungen gemäß § 77a Absatz 3 Satz 4, § 77b Absatz 6 Satz 3 und § 77h Absatz 6 Satz 3 des Telekommunikationsgesetzes vom 22. Juni 2004 auch nach Inkrafttreten dieses Gesetzes weiterverwendet werden, bis eine Neuverpflichtung gemäß § 79 Absatz 2 herbeigeführt wurde.

(12) Die Vorgaben nach § 165 Absatz 3 und § 171 sind spätestens ab dem 1. Dezember 2022 zu erfüllen.

(13) Die Zulässigkeit des Rechtsmittels gegen eine gerichtliche Entscheidung richtet sich nach den bisher geltenden Vorschriften, wenn die gerichtliche Entscheidung vor dem Inkrafttreten dieses Gesetzes verkündet oder von Amts wegen anstelle einer Verkündung zugestellt worden ist.

(14) Auf vor dem Inkrafttreten dieses Gesetzes gestellte Anträge nach § 99 Absatz 2 der Verwaltungsgerichtsordnung[1] sind die bisherigen Vorschriften anwendbar.

(15) Die §§ 6, 7 Absatz 2 und § 8 in der ab dem 1. Dezember 2021 geltenden Fassung sind erstmals auf Jahresfinanzberichte sowie Tätigkeitsabschlüsse für das nach dem 31. Dezember 2020 beginnende Geschäftsjahr anzuwenden.

---

[1] Nr. 37.

2. Richtlinie (EU) 2018/1972 des Europäischen Parlaments und des Rates vom 11. Dezember 2018 über den europäischen Kodex für die elektronische Kommunikation[1)]

(Neufassung) (Text von Bedeutung für den EWR)
(ABl. L 321 S. 36, ber. ABl. 2019 L 334 S. 164)
Celex-Nr. 3 2018 L 1972

– Auszug –

Teil I. Rahmen (Allgemeine Vorschriften für die Organisation des Sektors)

Titel I. Anwendungsbereich, Ziele und Begriffsbestimmungen

Kapitel II. Ziele

Art. 3 Allgemeine Ziele. (1) *[1]* ¹Die Mitgliedstaaten sorgen dafür, dass die nationalen Regulierungsbehörden und anderen zuständigen Behörden bei der Wahrnehmung der in dieser Richtlinie festgelegten regulatorischen Aufgaben alle angezeigten Maßnahmen treffen, die zur Erreichung der in Absatz 2 vorgegebenen Ziele erforderlich und verhältnismäßig sind. ²Die Mitgliedstaaten, die Kommission, die Gruppe für Frequenzpolitik (RSPG) und das GEREK tragen ebenfalls zur Erfüllung dieser Ziele bei.

[2] Die nationalen Regulierungsbehörden und anderen zuständigen Behörden tragen im Rahmen ihrer Zuständigkeit dazu bei, dass Maßnahmen umgesetzt werden, mit denen die Freiheit der Meinungsäußerung, die Informationsfreiheit, die kulturelle und sprachliche Vielfalt und der Medienpluralismus gefördert werden.

(2) Im Rahmen dieser Richtlinie verfolgen die nationalen Regulierungsbehörden und anderen zuständigen Behörden sowie das GEREK, die Kommission und die Mitgliedstaaten sämtliche nachstehenden Ziele, wobei die Auflistung keiner Rangfolge der Prioritäten entspricht:

a) Förderung der Konnektivität von sowie des Zugangs zu und der Nutzung von Netzen – einschließlich Festnetz-, Mobilfunk- und Drahtlosnetzen – mit sehr hoher Kapazität durch alle Bürger und Unternehmen der Union;
b) Förderung des Wettbewerbs bei der Bereitstellung elektronischer Kommunikationsnetze und zugehöriger Einrichtungen – einschließlich eines effizienten infrastrukturbasierten Wettbewerbs – und des Wettbewerbs bei der Bereitstellung elektronischer Kommunikationsdienste und zugehöriger Dienste;
c) Leistung eines Beitrags zur Entwicklung des Binnenmarkts, indem sie verbleibende Hindernisse für Investitionen in elektronische Kommunikationsnetze, elektronische Kommunikationsdienste, zugehörige Einrichtungen

---

[1)] Siehe hierzu ua VO (EU) 2021/654 zur Festlegung eines unionsweit einheitlichen maximalen Mobilfunk- sowie Festnetzzustellungsentgelts v. 18.12.2020 (ABl. 2021 L 137 S. 1).

und zugehörige Dienste sowie für deren Bereitstellung in der gesamten Union abbauen helfen und die Schaffung konvergierender Bedingungen hierfür erleichtern, gemeinsame Regeln und vorhersehbare Regulierungskonzepte entwickeln und ferner die wirksame, effiziente und koordinierte Nutzung von Funkfrequenzen, offene Innovationen, den Aufbau und die Entwicklung transeuropäischer Netze, die Bereitstellung, Verfügbarkeit und Interoperabilität europaweiter Dienste und die durchgehende Konnektivität fördern;

d) Förderung der Interessen der Bürgerinnen und Bürger der Union, indem sie die Konnektivität und breite Verfügbarkeit und Nutzung von Netzen – einschließlich Festnetz-, Mobilfunk- und Drahtlosnetzen – mit sehr hoher Kapazität wie auch von elektronischen Kommunikationsdiensten gewährleisten, indem sie größtmögliche Vorteile in Bezug auf Auswahl, Preise und Qualität auf der Grundlage eines wirksamen Wettbewerbs ermöglichen, die Sicherheit der Netze und Dienste aufrechterhalten, mittels der erforderlichen sektorspezifischen Vorschriften ein hohes gemeinsames Schutzniveau für die Endnutzer sicherstellen und die Bedürfnisse – wie z.B. erschwingliche Preise – bestimmter gesellschaftlicher Gruppen, insbesondere von Endnutzern mit Behinderungen, älteren Endnutzern und Endnutzern mit besonderen sozialen Bedürfnissen, sowie die Wahlmöglichkeiten und den gleichwertigen Zugang für Endnutzer mit Behinderungen berücksichtigen.

(3) Wenn die Kommission hinsichtlich der Wirksamkeit der im Hinblick auf die Verwirklichung der Ziele nach Absatz 2 getroffenen Maßnahmen des Mitgliedstaats Referenzwerte festlegt und Berichte erstellt, wird sie erforderlichenfalls von den Mitgliedstaaten, den nationalen Regulierungsbehörden, dem GEREK und der Gruppe für Frequenzpolitik unterstützt.

(4) [1] Die nationalen Regulierungsbehörden und anderen zuständigen Behörden gehen bei der Verfolgung der in Absatz 2 genannten und in diesem Absatz festgelegten politischen Ziele unter anderem so vor, dass sie

a) die Vorhersehbarkeit der Regulierung dadurch fördern, dass sie über angemessene Überprüfungszeiträume und im Wege der Zusammenarbeit untereinander, mit dem GEREK, mit der Gruppe für Frequenzpolitik und mit der Kommission ein einheitliches Regulierungskonzept wahren;

b) gewährleisten, dass Anbieter elektronischer Kommunikationsnetze und -dienste unter vergleichbaren Umständen keine diskriminierende Behandlung erfahren;

c) das Unionsrecht in technologieneutraler Weise anwenden, soweit dies mit der Erfüllung der Ziele des Absatzes 2 vereinbar ist;

d) effiziente Investitionen und Innovationen im Bereich neuer und verbesserter Infrastrukturen auch dadurch fördern, dass sie dafür sorgen, dass bei jeglicher Zugangsverpflichtung dem Risiko der investierenden Unternehmen gebührend Rechnung getragen wird, und dass sie verschiedene Kooperationsvereinbarungen zur Diversifizierung des Investitionsrisikos zwischen Investoren und Zugangsnachfragern zulassen, während sie gleichzeitig gewährleisten, dass der Wettbewerb auf dem Markt und der Grundsatz der Nichtdiskriminierung gewahrt werden;

e) die vielfältigen Bedingungen im Zusammenhang mit Infrastrukturen, Wettbewerb, Gegebenheiten der Endnutzer und insbesondere der Verbraucher, die in den verschiedenen geografischen Gebieten innerhalb der Mitgliedstaaten herrschen, – auch in Bezug auf die von natürlichen Personen ohne Gewinnerzielungsabsicht verwaltete lokale Infrastruktur – gebührend berücksichtigen;

f) regulatorische Vorabverpflichtungen nur insoweit auferlegen, wie es notwendig ist, um im Interesse der Endnutzer einen wirksamen und nachhaltigen Wettbewerb zu gewährleisten, und diese Verpflichtungen lockern oder aufheben, sobald diese Voraussetzung erfüllt ist.

[2] Die Mitgliedstaaten stellen sicher, dass die nationalen Regulierungsbehörden und die anderen zuständigen Behörden unparteiisch, objektiv, transparent, diskriminierungsfrei und verhältnismäßig handeln.

Titel II. Institutionelle Struktur und Verwaltung

Kapitel III. Informationsbereitstellung, Erhebungen und Konsultationsmechanismus

Art. 28 Koordinierung von Funkfrequenzen zwischen den Mitgliedstaaten. (1) *[1]* Die Mitgliedstaaten und ihre zuständigen Behörden sorgen dafür, dass die Funkfrequenznutzung in ihrem Hoheitsgebiet so organisiert wird, dass kein anderer Mitgliedstaat – insbesondere aufgrund grenzüberschreitender funktechnischer Störungen zwischen Mitgliedstaaten – daran gehindert wird, in seinem Hoheitsgebiet die Nutzung harmonisierter Funkfrequenzen im Einklang mit dem Unionsrecht zu gestatten.

[2] Die Mitgliedstaaten treffen alle hierfür erforderlichen Maßnahmen, unbeschadet ihrer völkerrechtlichen Verpflichtungen und ihrer Verpflichtungen im Rahmen einschlägiger internationaler Übereinkünfte wie der ITU-Vollzugsordnung für den Funkdienst und den Regionalabkommen der ITU über die Frequenznutzung.

(2) Bei der grenzübergreifenden Koordinierung der Funkfrequenznutzung arbeiten die Mitgliedstaaten zusammen und kooperieren gegebenenfalls in der Gruppe für Frequenzpolitik, um

a) die Einhaltung des Absatzes 1 zu gewährleisten,

b) alle zwischen Mitgliedstaaten sowie mit Drittländern auftretenden Probleme oder Streitigkeiten im Zusammenhang mit der grenzübergreifenden Koordinierung oder mit grenzüberschreitenden funktechnischen Störungen, durch die die Mitgliedstaaten an der Nutzung harmonisierter Funkfrequenzen in ihrem Hoheitsgebiet gehindert werden, zu lösen bzw. beizulegen.

(3) [1]Um die Einhaltung des Absatzes 1 sicherzustellen, kann der betroffene Mitgliedstaat die Gruppe für Frequenzpolitik ersuchen, vermittelnd tätig zu werden, um alle Probleme oder Streitigkeiten im Zusammenhang mit der grenzübergreifenden Koordinierung oder mit grenzüberschreitenden funktechnischen Störungen anzugehen. [2]Gegebenenfalls kann die Gruppe für Frequenzpolitik eine Stellungnahme abgeben, in der sie eine abgestimmte Lösung für diese Probleme oder Streitigkeiten vorschlägt.

(4) *[1]* Wird durch ein Tätigwerden nach den Absätzen 2 oder 3 das Problem nicht gelöst oder die Streitigkeit nicht behoben, so kann die Kommission auf Antrag eines betroffenen Mitgliedstaats unter weitestmöglich Berücksichtigung aller Stellungnahmen der Gruppe für Frequenzpolitik, in denen eine koordinierte Lösung gemäß Absatz 3 empfohlen wird, Beschlüsse im Wege von Durchführungsrechtsakten erlassen, die an die von der nicht behobenen funk-

technischen Störung betroffenen Mitgliedstaaten gerichtet sind, um grenzüberschreitende funktechnische Störungen zwischen zwei oder mehreren Mitgliedstaaten zu beseitigen, die diese an der Nutzung der harmonisierten Funkfrequenzen in ihrem Hoheitsgebiet hindern.

[2] Diese Durchführungsrechtsakte werden gemäß dem in Artikel 118 Absatz 4 genannten Prüfverfahren erlassen.

(5) ¹Die Union leistet auf Ersuchen jedes betroffenen Mitgliedstaats Unterstützung in rechtlicher, politischer und technischer Hinsicht, um Frequenzkoordinierungsprobleme mit den an die Union angrenzenden Ländern einschließlich der Bewerberländer und der Beitrittsländer so zu lösen, dass die betreffenden Mitgliedstaaten ihren Verpflichtungen aus dem Unionsrecht nachkommen können. ²Bei dieser Beistandsleistung fördert die Union die Durchführung der Politik der Union.

Titel IV. Binnenmarktverfahren

Kapitel I. [Zusammenarbeit]

Art. 34 Durchführungsbestimmungen. Nach Anhörung der Öffentlichkeit und nach Konsultation der nationalen Regulierungsbehörden kann die Kommission unter weitest möglicher Berücksichtigung der Stellungnahme des GEREK im Zusammenhang mit Artikel 32 Empfehlungen oder Leitlinien zur Festlegung von Form, Inhalt und Detailgenauigkeit der gemäß Artikel 32 Absatz 3 erforderlichen Notifizierungen sowie der Umstände, unter denen Notifizierungen nicht erforderlich sind, und der Berechnung der Fristen erlassen.

Kapitel II. Einheitliche Funkfrequenzzuteilung

Art. 35 Peer-Review-Verfahren. (1) *[1]* Beabsichtigt die nationale Regulierungsbehörde oder eine andere zuständige Behörde, ein Auswahlverfahren gemäß Artikel 55 Absatz 2 in Bezug auf Funkfrequenzen durchzuführen, für die harmonisierte Bedingungen durch technische Umsetzungsmaßnahmen gemäß der Entscheidung Nr. 676/2002/EG festgelegt wurden, um deren Nutzung für drahtlose Breitbandnetze und -dienste zu ermöglichen, unterrichtet sie die Gruppe für Frequenzpolitik gemäß Artikel 23 über die entsprechenden Maßnahmenentwürfe, welche in den Anwendungsbereich des wettbewerbsorientierten oder vergleichenden Auswahlverfahrens gemäß Artikel 55 Absatz 2 fallen, und gibt an, ob und wann sie die Gruppe für Frequenzpolitik zur Einberufung eines Peer-Review-Forums auffordert.

[2] Auf Aufforderung organisiert die Gruppe für Frequenzpolitik ein Peer-Review-Forum, um eine Diskussion und einen Meinungsaustausch über die übermittelten Maßnahmenentwürfe zu führen, und erleichtert den Austausch von Erfahrungen und bewährten Verfahren zu diesen Maßnahmenentwürfen.

[3] Das Peer-Review-Forum setzt sich aus Mitgliedern der Gruppe für Frequenzpolitik zusammen und wird von einem Vertreter der Gruppe für Frequenzpolitik organisiert, der den Vorsitz führt.

(2) Spätestens während der gemäß Artikel 23 durchgeführten öffentlichen Konsultation kann die Gruppe für Frequenzpolitik ausnahmsweise von sich aus ein Peer-Review-Forum nach den Verfahrensregeln für dessen Organisation einberufen, um Erfahrungen und bewährte Verfahren zu einem Maßnahmenentwurf im Zusammenhang mit einem Auswahlverfahren auszutauschen,

wenn sie der Auffassung ist, dass der Maßnahmenentwurf die Fähigkeit der nationalen Regulierungsbehörden oder anderen zuständigen Behörden, die in den Artikeln 3, 45, 46 und 47 festgelegten Ziele zu verwirklichen, erheblich beeinträchtigen würde.

(3) Die Gruppe für Frequenzpolitik bestimmt im Voraus die objektiven Kriterien für die außergewöhnliche Einberufung des Peer-Review-Forums und veröffentlicht diese.

(4) Beim Peer-Review-Forum erläutert die nationale Regulierungsbehörde oder andere zuständige Behörde, wie mit dem Maßnahmenentwurf

a) die Entwicklung des Binnenmarkts, die grenzüberschreitende Erbringung von Diensten und der Wettbewerb gefördert, größtmögliche Vorteile für die Verbraucher erzielt und insgesamt die in den Artikeln 3, 45, 46 und 47 dieser Richtlinie und in der Entscheidung Nr. 676/2002/EG und dem Beschluss Nr. 243/2012/EU festgelegten Ziele verwirklicht werden,

b) eine wirksame und effiziente Nutzung von Funkfrequenzen gewährleistet wird und

c) ein stabiles und vorhersehbares Investitionsumfeld für vorhandene und mögliche künftige Funkfrequenznutzer beim Ausbau von Netzen zur Bereitstellung von auf Funkfrequenzen gestützten elektronischen Kommunikationsdiensten gewährleistet wird.

(5) Das Peer-Review-Forum steht einer freiwilligen Teilnahme durch Sachverständige anderer zuständiger Behörden und des GEREK offen.

(6) Das Peer-Review-Forum wird lediglich ein Mal während des gesamten nationalen Vorbereitungs- und Konsultationsprozesses im Rahmen eines einzigen Auswahlverfahrens zu einem oder mehreren Funkfrequenzbändern einberufen, es sei denn, die nationale Regulierungsbehörde oder andere zuständige Behörde veranlasst seine erneute Einberufung.

(7) Auf Ersuchen der nationalen Regulierungsbehörde oder anderen zuständigen Behörde, die die Zusammenkunft veranlasst hat, kann die Gruppe für Frequenzpolitik einen Bericht über die Frage erstellen, wie mit dem Maßnahmenentwurf die in Absatz 4 genannten Ziele erreicht werden, wobei sie die im Peer-Review-Forum vertretenen Standpunkte berücksichtigt.

(8) ¹Die Gruppe für Frequenzpolitik veröffentlicht im Februar jedes Jahres einen Bericht über die gemäß den Absätzen 1 und 2 erörterten Maßnahmenentwürfe. ²Im Bericht werden die Erfahrungen und bewährten Verfahren, die festgehalten wurden, aufgeführt.

(9) Nach dem Peer-Review-Forum kann auf Ersuchen der nationalen Regulierungsbehörde oder anderen zuständigen Behörde, die die Zusammenkunft veranlasst hat, die Gruppe für Frequenzpolitik einen Standpunkt zum Maßnahmenentwurf abgeben.

Kapitel III. Harmonisierungsmaßnahmen

Art. 38 Harmonisierungsmaßnahmen. (1) Wenn die Kommission der Ansicht ist, dass aufgrund der unterschiedlichen Umsetzung der in dieser Richtlinie vorgesehenen Regulierungsaufgaben durch die nationalen Regulierungsbehörden oder anderen zuständigen Behörden Hindernisse für den Binnenmarkt entstehen könnten, kann sie im Hinblick auf die Verwirklichung der in Artikel 3 genannten Ziele Empfehlungen abgeben oder vorbehaltlich des

Absatzes 3 des vorliegenden Artikels im Wege von Durchführungsrechtsakten Beschlüsse über die harmonisierte Anwendung dieser Richtlinie erlassen, wobei sie weitest möglich die Stellungnahme des GEREK oder gegebenenfalls der Gruppe für Frequenzpolitik berücksichtigt.

(2) ¹Die Mitgliedstaaten stellen sicher, dass die nationalen Regulierungsbehörden und anderen zuständigen Behörden den Empfehlungen gemäß Absatz 1 bei der Wahrnehmung ihrer Aufgaben weitest möglich Rechnung tragen. ²Beschließt eine nationale Regulierungsbehörde oder eine andere zuständige Behörde, sich nicht an eine Empfehlung zu halten, so teilt sie dies unter Angabe ihrer Gründe der Kommission mit.

(3) In den nach Absatz 1 erlassenen Beschlüssen wird nur eine harmonisierte oder koordinierte Vorgehensweise festgelegt, um folgende Angelegenheiten zu behandeln:

a) die uneinheitliche Umsetzung des allgemeinen Regulierungskonzeptes gemäß den Artikeln 64 und 67 zur Regulierung der Märkte der elektronischen Kommunikation durch die nationalen Regulierungsbehörden, sofern das Funktionieren des Binnenmarkts behindert wird; diese Beschlüsse beziehen sich nicht auf spezifische Mitteilungen der nationalen Regulierungsbehörden nach Artikel 32; in diesen Fällen schlägt die Kommission einen Entwurf eines Beschlusses nur dann vor, wenn

   i) seit der Annahme einer Empfehlung der Kommission zu demselben Thema mindestens zwei Jahre vergangen sind und

   ii) die Kommission die Stellungnahme des GEREK zur Annahme eines solchen Beschlusses, die das GEREK auf Verlangen der Kommission binnen drei Monaten vorlegt, weitestmöglich berücksichtigt;

b) die Vergabe von Nummern, einschließlich Nummernbereiche, Übertragbarkeit von Nummern und Kennungen, Systeme für die Nummern- oder Adressenumsetzung und Zugang zum Notrufdienst durch die einheitliche europäische Notrufnummer 112.

(4) Die Durchführungsrechtsakte nach Absatz 1 des vorliegenden Artikels werden gemäß dem in Artikel 118 Absatz 4 genannten Prüfverfahren erlassen.

(5) Das GEREK kann von sich aus die Kommission in der Frage beraten, ob eine Maßnahme gemäß Absatz 1 erlassen werden sollte.

(6) *[1]* Hat die Kommission innerhalb eines Jahres nach Abgabe einer Stellungnahme durch das GEREK, aus der hervorgeht, dass aufgrund der unterschiedlichen Umsetzung der in dieser Richtlinie vorgesehenen Regulierungsaufgaben durch die nationalen Regulierungsbehörden oder anderen zuständigen Behörden Hindernisse für den Binnenmarkt entstehen könnten, keine Empfehlung abgegeben oder keinen Beschluss erlassen, so teilt sie dem Europäischen Parlament und dem Rat ihre Gründe dafür mit und veröffentlicht diese.

[2] Wenn die Kommission eine Empfehlung gemäß Absatz 1 abgegeben hat, jedoch die uneinheitliche Umsetzung, aufgrund deren Hindernisse für den Binnenmarkt entstehen, danach zwei Jahre anhält, erlässt die Kommission vorbehaltlich des Absatzes 3 einen Beschluss im Wege von Durchführungsrechtsakten gemäß Absatz 4.

[3] Hat die Kommission innerhalb eines weiteren Jahres nach der Empfehlung gemäß Unterabsatz 2 keinen Beschluss erlassen, so teilt sie dem Europäischen Parlament und dem Rat ihre Gründe dafür mit und veröffentlicht diese.

Art. 39 Normung. (1) ¹Die Kommission erstellt ein Verzeichnis von nicht zwingenden Normen oder Spezifikationen, die als Grundlage für die Förderung der einheitlichen Bereitstellung elektronischer Kommunikationsnetze und -dienste sowie zugehöriger Einrichtungen und Dienste dienen, und veröffentlicht es im *Amtsblatt der Europäischen Union*. ²Bei Bedarf kann die Kommission nach Anhörung des durch die Richtlinie (EU) 2015/1535 eingesetzten Ausschusses die Erstellung von Normen durch die europäischen Normungsorganisationen (Europäisches Komitee für Normung (CEN), Europäisches Komitee für elektronische Normung (Cenelec) und Europäisches Institut für Telekommunikationsnormen (ETSI)) veranlassen.

(2) *[1]* Die Mitgliedstaaten fördern die Anwendung der Normen oder Spezifikationen gemäß Absatz 1 für die Bereitstellung von Diensten, technischen Schnittstellen oder Netzfunktionen, soweit dies unbedingt notwendig ist, um die Interoperabilität von Diensten, die durchgehende Konnektivität, einen leichteren Anbieterwechsel und eine leichtere Übertragung von Rufnummern und Kennungen zu gewährleisten und den Nutzern eine größere Auswahl zu bieten.

[2] Wurden derartige Normen oder Spezifikationen nicht gemäß Absatz 1 veröffentlicht, fördern die Mitgliedstaaten die Anwendung der von den europäischen Normungsorganisationen erstellten Normen.

[3] Falls keine derartigen Normen oder Spezifikationen vorliegen, fördern die Mitgliedstaaten die Anwendung internationaler Normen oder Empfehlungen der Internationalen Fernmeldeunion (ITU), der Europäischen Konferenz der Verwaltungen für Post- und Fernmeldewesen (CEPT), der Internationalen Organisation für Normung (ISO) und der Internationalen Elektrotechnischen Kommission (IEC).

[4] Bestehen bereits internationale Normen, so rufen die Mitgliedstaaten die europäischen Normungsorganisationen dazu auf, diese Normen bzw. deren einschlägige Bestandteile als Basis für die von ihnen entwickelten Normen zu verwenden, es sei denn, die internationalen Normen bzw. deren einschlägige Bestandteile sind ineffizient.

[5] Die in Absatz 1 oder in diesem Absatz genannten Normen oder Spezifikationen dürfen den Zugang gemäß den Anforderungen dieser Richtlinie nicht verhindern, sofern dies möglich ist.

(3) Wurden die in Absatz 1 genannten Normen oder Spezifikationen nicht sachgerecht angewandt, so dass die Interoperabilität der Dienste in einem oder mehreren Mitgliedstaaten nicht gewährleistet ist, so kann die Anwendung dieser Normen oder Spezifikationen nach dem Verfahren in Absatz 4 verbindlich vorgeschrieben werden, soweit dies unbedingt notwendig ist, um die Interoperabilität zu gewährleisten und den Nutzern eine größere Auswahl zu bieten.

(4) ¹Beabsichtigt die Kommission, die Anwendung bestimmter Normen oder Spezifikationen verbindlich vorzuschreiben, so veröffentlicht sie eine Bekanntmachung im *Amtsblatt der Europäischen Union* und fordert alle Beteiligten zur Stellungnahme auf. ²Die Kommission schreibt im Wege von Durch-

führungsrechtsakten die Anwendung der einschlägigen Normen verbindlich vor, indem sie diese in dem im *Amtsblatt der Europäischen Union* veröffentlichten Verzeichnis der Normen oder Spezifikationen als verbindlich kennzeichnet.

(5) Ist die Kommission der Auffassung, dass die Normen oder Spezifikationen gemäß Absatz 1 nicht mehr zur Bereitstellung harmonisierter elektronischer Kommunikationsdienste beitragen oder dem Bedarf der Verbraucher nicht mehr entsprechen oder die technologische Weiterentwicklung behindern, so streicht sie diese aus dem Verzeichnis der Normen oder Spezifikationen gemäß Absatz 1.

(6) Ist die Kommission der Ansicht, dass die Normen oder Spezifikationen gemäß Absatz 4 nicht mehr zur Bereitstellung harmonisierter elektronischer Kommunikationsdienste beitragen oder dem Bedarf der Verbraucher nicht mehr entsprechen oder die technologische Weiterentwicklung behindern, so streicht sie diese Normen oder Spezifikationen im Wege von Durchführungsrechtsakten aus dem in Absatz 1 genannten Verzeichnis der Normen oder Spezifikationen.

(7) Die in den Absätzen 4 und 6 des vorliegenden Artikels genannten Durchführungsrechtsakte werden gemäß dem in Artikel 118 Absatz 4 genannten Prüfverfahren erlassen.

(8) Dieser Artikel findet auf keine der wesentlichen Anforderungen, Schnittstellenspezifikationen oder harmonisierten Normen Anwendung, für die die Richtlinie 2014/53/EU gilt.

Teil II. Netze

Titel I. Marktzutritt und Netzausbau

Kapitel III. Zugang zu Funkfrequenzen

Abschnitt 1. Genehmigungen

Art. 45 Verwaltung der Funkfrequenzen. (1) *[1]* ¹Die Mitgliedstaaten sorgen für die effiziente Verwaltung der Funkfrequenzen für elektronische Kommunikationsnetze und -dienste in ihrem Hoheitsgebiet im Einklang mit den Artikeln 3 und 4, wobei sie gebührend berücksichtigen, dass die Funkfrequenzen ein öffentliches Gut von hohem gesellschaftlichen, kulturellen und wirtschaftlichen Wert sind. ²Sie gewährleisten, dass die Zuteilung von, die Erteilung von Allgemeingenehmigungen für und die Gewährung von individuellen Nutzungsrechten für Funkfrequenzen für elektronische Kommunikationsnetze und -dienste durch die zuständigen Behörden auf objektiven, transparenten, wettbewerbsfördernden, nichtdiskriminierenden und angemessenen Kriterien beruhen.

[2] Die Mitgliedstaaten halten bei der Anwendung dieses Artikels die einschlägigen internationalen Übereinkünfte, einschließlich der ITU-Vollzugsordnung für den Funkdienst und sonstiger im Rahmen der ITU geschlossenen Übereinkünfte zur Regulierung der Funkfrequenzen – beispielsweise das auf der Regionalen Funkplanungskonferenz 2006 geschlossene Abkommen –, ein und können öffentliche Belange berücksichtigen.

(2) *[1]* ¹Die Mitgliedstaaten fördern die Harmonisierung der Nutzung der Funkfrequenzen in der Union für elektronische Kommunikationsnetze und -dienste, um deren effektiven und effizienten Einsatz zu gewährleisten und um

Vorteile für die Verbraucher, wie etwa Wettbewerb, größenbedingte Kostenvorteile und Interoperabilität der Dienste und Netze, zu erzielen. ²Dabei handeln sie im Einklang mit Artikel 4 dieser Richtlinie und mit der Entscheidung Nr. 676/2002/EG, indem sie unter anderem

a) die Versorgung ihres Hoheitsgebiets und ihrer Bevölkerung mit hochwertigen und leistungsfähigen drahtlosen Breitbanddiensten sowie die Versorgung entlang wichtiger nationaler und europäischer Verkehrswege einschließlich des transeuropäischen Verkehrsnetzes gemäß der Verordnung (EU) Nr. 1315/2013 des Europäischen Parlaments und des Rates[1] vorantreiben;

b) die rasche Entwicklung neuer drahtloser Kommunikationstechnologien und Anwendungen in der Union erleichtern, gegebenenfalls auch durch ein sektorübergreifendes Konzept;

c) im Interesse langfristiger Investitionen für Vorhersehbarkeit und Einheitlichkeit bei der Erteilung, Verlängerung, Änderung und Beschränkung sowie dem Entzug von Nutzungsrechten für Funkfrequenzen sorgen;

d) die Vermeidung grenzüberschreitender oder nationaler funktechnischer Störungen gemäß Artikel 28 und Artikel 46 gewährleisten und zu diesem Zweck geeignete Präventions- und Abhilfemaßnahmen ergreifen;

e) die gemeinsame Nutzung von Funkfrequenzen durch gleichartige oder unterschiedliche Funkfrequenznutzungen im Einklang mit dem Wettbewerbsrecht fördern;

f) das am besten geeignete und mit dem geringstmöglichen Aufwand verbundene Genehmigungssystem gemäß Artikel 46 anwenden, damit die Funkfrequenzen so flexibel, gemeinsam und effizient wie möglich genutzt werden;

g) Regeln für die Erteilung, die Übertragung, die Verlängerung, die Änderung und den Entzug von Funkfrequenznutzungsrechten anwenden, die klar und transparent festgelegt werden, um die Rechtssicherheit, Einheitlichkeit und Vorhersehbarkeit der Regulierung zu gewährleisten;

h) darauf hinarbeiten, dass die Erteilung von Funkfrequenznutzungsgenehmigungen in der Union auf einheitliche und vorhersehbare Weise im Hinblick auf den Schutz der Bevölkerung vor Gesundheitsschäden durch elektromagnetische Felder erfolgt, wobei sie der Empfehlung 1999/519/EG Rechnung tragen.

2 ¹Für die Zwecke von Unterabsatz 1 und im Zusammenhang mit der Entwicklung technischer Umsetzungsmaßnahmen für ein Funkfrequenzband gemäß der Entscheidung Nr. 676/2002/EG kann die Kommission die Gruppe für Frequenzpolitik anweisen, eine Stellungnahme abzugeben mit einer Empfehlung zu der/den am besten geeigneten Genehmigungsregelungen für die Nutzung von Funkfrequenzen in diesem Frequenzband oder Teilen davon. ²Gegebenenfalls kann die Kommission unter weitestmöglicher Berücksichtigung einer solchen Stellungnahme eine Empfehlung annehmen, die der Förderung eines kohärenten Ansatzes in der Union hinsichtlich der Genehmigungsregelung(en) für die Nutzung dieses Frequenzbandes dienen würde.

---

[1] **Amtl. Anm.:** Verordnung (EU) Nr. 1315/2013 des Europäischen Parlaments und des Rates vom 11. Dezember 2013 über Leitlinien der Union für den Aufbau eines transeuropäischen Verkehrsnetzes und zur Aufhebung des Beschlusses Nr. 661/2010/EU (ABl. L 348 vom 20.12.2013, S. 1).

[3] ¹Zieht die Kommission die Annahme von Maßnahmen nach Artikel 39 Absätze 1, 4, 5 und 6 in Betracht, so kann sie, was die Auswirkungen solcher Normen oder Spezifikationen auf die Koordinierung, Harmonisierung und Verfügbarkeit der Funkfrequenzen anbelangt, die Stellungnahme der Gruppe für Frequenzpolitik einholen. ²Unternimmt die Kommission weitere Schritte, so trägt sie den Stellungnahmen der Gruppe für Frequenzpolitik weitestmöglich Rechnung.

(3) *[1]* Besteht auf nationaler oder regionaler Ebene keine ausreichende Nachfrage nach der Nutzung eines Frequenzbands der harmonisierten Funkfrequenzen, so können die Mitgliedstaaten nach Maßgabe der Absätze 4 und 5 des vorliegenden Artikels eine alternative Nutzung des gesamten oder eines Teils dieses Frequenzbands, einschließlich der bestehenden Nutzung, genehmigen, sofern

a) die mangelnde Nachfrage nach der Nutzung eines solchen Frequenzbands auf der Grundlage einer öffentlichen Konsultation gemäß Artikel 23 – einschließlich einer vorausschauenden Beurteilung der Marktnachfrage – festgestellt wurde,

b) durch die alternative Nutzung die Verfügbarkeit oder die Nutzung eines solchen Frequenzbands in anderen Mitgliedstaaten nicht verhindert oder beeinträchtigt wird und

c) der betreffende Mitgliedstaat der langfristigen Verfügbarkeit oder Nutzung eines solchen Frequenzbands in der Union sowie den größenbedingten Kostenvorteilen für die aus der Nutzung der harmonisierten Funkfrequenzen in der Union resultierenden Geräte gebührend Rechnung trägt.

[2] ¹Jede Entscheidung, die alternative Nutzung ausnahmsweise zu genehmigen, wird regelmäßig und auf jeden Fall dann umgehend überprüft, wenn bei der zuständigen Behörde ein hinreichend begründeter Antrag eines Nutzungsinteressenten auf Nutzung des Frequenzbands entsprechend der technischen Umsetzungsmaßnahme eingeht. ²Der Mitgliedstaat setzt die Kommission und die anderen Mitgliedstaaten von der getroffenen Entscheidung, wobei auch die Gründe für letztere anzugeben sind, sowie dem Ergebnis der Überprüfung in Kenntnis.

(4) *[1]* Unbeschadet des Unterabsatzes 2 stellen die Mitgliedstaaten sicher, dass alle Arten der für die Bereitstellung elektronischer Kommunikationsnetze oder -dienste eingesetzten Technologien in den Funkfrequenzen genutzt werden können, die im Einklang mit dem Unionsrecht in ihrem nationalen Frequenzvergabeplan als für elektronische Kommunikationsdienste verfügbar erklärt wurden.

[2] Die Mitgliedstaaten können jedoch verhältnismäßige und nichtdiskriminierende Beschränkungen für die Nutzung bestimmter Arten von Funknetzen oder Technologien für drahtlosen Netzzugang für elektronische Kommunikationsdienste vorsehen, wenn dies aus folgenden Gründen erforderlich ist:

a) zur Vermeidung funktechnischer Störungen,

b) zum Schutz der Bevölkerung vor Gesundheitsschäden durch elektromagnetische Felder unter weitest möglicher Berücksichtigung der Empfehlung 1999/519/EG,

c) zur Gewährleistung der technischen Dienstqualität,

d) zur Gewährleistung der größtmöglichen gemeinsamen Nutzung von Funkfrequenzen,

e) zur Wahrung der effizienten Nutzung von Funkfrequenzen oder

f) zur Gewährleistung der Verwirklichung eines Ziels von allgemeinem Interesse gemäß Absatz 5.

(5) *[1]* ¹Unbeschadet des Unterabsatzes 2 stellen die Mitgliedstaaten sicher, dass alle Arten von elektronischen Kommunikationsdiensten in den Funkfrequenzen bereitgestellt werden können, die im Einklang mit dem Unionsrecht in ihrem nationalen Frequenzvergabeplan als für elektronische Kommunikationsdienste verfügbar erklärt wurden. ²Die Mitgliedstaaten können jedoch verhältnismäßige und nichtdiskriminierende Beschränkungen für die Bereitstellung bestimmter Arten von elektronischen Kommunikationsdiensten vorsehen, u.a. wenn dies zur Erfüllung einer Anforderung gemäß der ITU-Vollzugsordnung für den Funkdienst erforderlich ist.

[2] Maßnahmen, aufgrund deren elektronische Kommunikationsdienste in bestimmten, für elektronische Kommunikationsdienste zur Verfügung stehenden Frequenzbändern bereitzustellen sind, müssen dadurch gerechtfertigt sein, dass sie einem von den Mitgliedstaaten im Einklang mit dem Unionsrecht festgelegten Ziel von allgemeinem Interesse dienen; dies gilt unter anderem für folgende Ziele:

a) den Schutz des menschlichen Lebens,

b) die Stärkung des sozialen, regionalen oder territorialen Zusammenhalts,

c) die Vermeidung einer ineffizienten Nutzung der Funkfrequenzen oder

d) die Förderung der kulturellen und sprachlichen Vielfalt sowie des Medienpluralismus, beispielsweise durch die Erbringung von Hörfunk- und Fernsehdiensten.

[3] ¹Eine Maßnahme, die in einem bestimmten Frequenzband die Bereitstellung aller anderen elektronischen Kommunikationsdienste untersagt, kann nur dann vorgesehen werden, wenn sie erforderlich ist, um Dienste zum Schutz des menschlichen Lebens zu schützen. ²Die Mitgliedstaaten können diese Maßnahmen in Ausnahmefällen auch erweitern, um anderen von den Mitgliedstaaten im Einklang mit dem Unionsrecht festgelegten Zielen von allgemeinem Interesse zu entsprechen.

(6) Die Mitgliedstaaten überprüfen regelmäßig, inwieweit die in den Absätzen 4 und 5 genannten Beschränkungen notwendig sind, und veröffentlichen die Ergebnisse dieser Überprüfungen.

(7) Beschränkungen, die vor dem 25. Mai 2011 festgelegt wurden, müssen bis zum 20. Dezember 2018 mit den Absätzen 4 und 5 im Einklang stehen.

Kapitel IV. Aufbau und Nutzung von Anlagen für Drahtlosnetze

Art. 57 Einrichtung und Betrieb drahtloser Zugangspunkte mit geringer Reichweite. (1) *[1]* ¹Die zuständigen Behörden beschränken die Einrichtung drahtloser Zugangspunkte mit geringer Reichweite nicht in unangemessener Weise. ²Die Mitgliedstaaten achten auf die landesweite Kohärenz ihrer Rechtsvorschriften über die Einrichtung von drahtlosen Zugangspunkten mit geringer Reichweite. ³Solche Rechtsvorschriften sind vor ihrer Anwendung zu veröffentlichen.

[2] Insbesondere dürfen die zuständigen Behörden die Einrichtung drahtloser Zugangspunkte mit geringer Reichweite, die den gemäß Absatz 2 festgelegten Merkmalen entsprechen, keiner individuellen städtebaulichen Genehmigung oder keinen anderen individuellen Vorabgenehmigungen unterwerfen.

[3] ¹Abweichend von Unterabsatz 2 dieses Absatzes können die zuständigen Behörden für die Einrichtung drahtloser Zugangspunkte mit geringer Reichweite an Gebäuden oder Anlagen gegebenenfalls aus Gründen der öffentlichen Sicherheit, oder wenn die Gebäude oder Anlagen architektonisch, historisch oder ökologisch wertvoll und im Einklang mit nationalem Recht geschützt sind, Genehmigungen verlangen. ²Artikel 7 der Richtlinie 2014/61/EU gilt für die Gewährung dieser Genehmigungen.

(2) *[1]* Die physikalischen und technischen Merkmale wie Höchstabmessungen, Gewicht und gegebenenfalls die Sendeleistung drahtloser Zugangspunkte mit geringer Reichweite werden von der Kommission im Wege von Durchführungsmaßnahmen festgelegt.

[2] Diese Durchführungsrechtsakte werden gemäß dem in Artikel 118 Absatz 4 genannten Prüfverfahren erlassen.

[3] Der erste entsprechende Durchführungsrechtsakt wird bis zum 30. Juni 2020 erlassen.

(3) Dieser Artikel lässt die wesentlichen Anforderungen der Richtlinie 2014/53/EU und die für die Nutzung der betreffenden Funkfrequenzen anzuwendenden Genehmigungsregelungen unberührt.

(4) ¹Die Mitgliedstaaten stellen – gegebenenfalls unter Anwendung gemäß der Richtlinie 2014/61/EU angenommener Verfahren – sicher, dass die Betreiber das Recht auf Zugang zu physischer Infrastruktur haben, die der Kontrolle lokaler, regionaler oder nationaler öffentlicher Stellen untersteht und in technischer Hinsicht für die Einrichtung von drahtlosen Zugangspunkten mit geringer Reichweite geeignet oder aber zur Anbindung solcher Zugangspunkte an ein Basisnetz erforderlich ist, einschließlich Straßenmobiliar wie Lichtmasten, Verkehrsschilder, Verkehrsampeln, Reklametafeln sowie Bus- und Straßenbahnhaltestellen und U-Bahnhöfe. ²Die öffentlichen Stellen geben allen zumutbaren Anträgen auf Zugang zu fairen, angemessenen, transparenten und diskriminierungsfreien Bedingungen statt und informieren darüber öffentlich an einer zentralen Informationsstelle.

(5) Unbeschadet aller geschäftlichen Vereinbarungen unterliegt die Einrichtung von drahtlosen Zugangspunkten mit geringer Reichweite über die gemäß Artikel 16 zulässigen Verwaltungsabgaben hinaus keinerlei Gebühren oder Abgaben.

Titel II. Zugang

Kapitel II. Zugang und Zusammenschaltung

Art. 61 Befugnisse und Zuständigkeiten der nationalen Regulierungsbehörden und anderen zuständigen Behörden in Bezug auf Zugang und Zusammenschaltung. (1) *[1]* Die nationalen Regulierungsbehörden oder, im Falle des Absatzes 2 Unterabsatz 1 Buchstaben b und c des vorliegenden Artikels, die nationalen Regulierungsbehörden oder die anderen zuständigen Behörden fördern gegebenenfalls entsprechend dieser Richtlinie bei ihren Maßnahmen zur Verwirklichung der in Artikel 3 festgelegten Ziele einen angemessenen Zugang und eine geeignete Zusammenschaltung sowie die Interoperabilität der Dienste und stellen diese sicher und nehmen ihre Zuständigkeit in einer Weise wahr, die Effizienz und nachhaltigen Wettbewerb, den Aufbau von Netzen mit sehr hoher Kapazität, effiziente Investitionen und Innovation fördert und den Endnutzern größtmöglichen Nutzen bringt.

[2] Sie geben Orientierungshilfe und machen die für den Zugang und die Zusammenschaltung geltenden Verfahren öffentlich zugänglich, damit kleine und mittlere Unternehmen und Betreiber mit begrenzter geografischer Reichweite von den auferlegten Verpflichtungen profitieren können.

(2) *[1]* Unbeschadet etwaiger Maßnahmen gemäß Artikel 68 in Bezug auf Unternehmen, die als Unternehmen mit beträchtlicher Marktmacht eingestuft wurden, können die nationalen Regulierungsbehörden oder, im Falle der Buchstaben b und c des vorliegenden Unterabsatzes, die nationalen Regulierungsbehörden oder die anderen zuständigen Behörden insbesondere folgende Maßnahmen treffen:

a) In dem zur Gewährleistung der durchgehenden Konnektivität erforderlichen Umfang können sie den Unternehmen, die einer Allgemeingenehmigung unterliegen und den Zugang zu den Endnutzern kontrollieren, Verpflichtungen auferlegen, wozu in begründeten Fällen auch die Verpflichtung gehören kann, ihre Netze zusammenzuschalten, sofern dies noch nicht geschehen ist.

b) In begründeten Fällen und in dem erforderlichen Umfang können sie den Unternehmen, die einer Allgemeingenehmigung unterliegen und den Zugang zu den Endnutzern kontrollieren, Verpflichtungen auferlegen, ihre Dienste interoperabel zu machen.

c) In begründeten Fällen, in denen die durchgehende Konnektivität zwischen Endnutzern wegen mangelnder Interoperabilität zwischen interpersonellen Kommunikationsdiensten bedroht ist, und in dem zur Gewährleistung der durchgehenden Konnektivität zwischen Endnutzern erforderlichen Umfang können sie den betreffenden Anbietern nummernunabhängiger interpersoneller Kommunikationsdienste, die eine nennenswerte Abdeckung und Nutzerbasis aufweisen, Verpflichtungen auferlegen, ihre Dienste interoperabel zu machen.

d) In dem zur Gewährleistung des Zugangs der Endnutzer zu vom Mitgliedstaat festgelegten digitalen Hörfunk- und Fernsehdiensten und damit verbundenen ergänzenden Diensten erforderlichen Umfang können sie die Betreiber dazu verpflichten, zu fairen, ausgewogenen und nichtdiskriminierenden Bedingungen den Zugang zu den in Anhang II Teil II aufgeführten anderen Einrichtungen zu gewähren.

[2] Die in Unterabsatz 1 Buchstabe c genannten Verpflichtungen dürfen nur auferlegt werden,

i) soweit sie den zur Sicherstellung der Interoperabilität von interpersonellen Kommunikationsdiensten notwendigen Umfang nicht überschreiten; dies kann auch verhältnismäßige Verpflichtungen für die Anbieter dieser Dienste einschließen, die Anwendung, Änderung und Weiterverbreitung einschlägiger Informationen durch die Behörden oder andere Anbieter zu veröffentlichen und zu genehmigen oder Normen oder Spezifikationen gemäß Artikel 39 Absatz 1 oder andere einschlägige europäische oder internationale Normen anzuwenden oder umzusetzen,

ii) wenn die Kommission nach Konsultation des GEREK und unter weitestmöglich Berücksichtigung seiner Stellungnahme festgestellt hat, dass die durchgehende Konnektivität zwischen Endnutzern in der gesamten Union oder in mindestens drei Mitgliedstaaten in nennenswertem Ausmaß bedroht ist, und wenn sie Durchführungsmaßnahmen erlassen hat, in denen Art und Umfang der auferlegbaren Verpflichtungen festgelegt werden.

[3] Die Durchführungsmaßnahmen gemäß Unterabsatz 2 Buchstabe ii werden gemäß dem in Artikel 118 Absatz 4 genannten Prüfverfahren erlassen.

(3) *[1]* ¹Insbesondere können die nationalen Regulierungsbehörden unbeschadet der Absätze 1 und 2 auf angemessenen Antrag auf Zugang zu Verkabelungen und zugehörigen Einrichtungen in Gebäuden oder bis zum von der betreffenden nationalen Regulierungsbehörde festgelegten ersten Konzentrations- oder Verteilerpunkt, sofern dieser außerhalb des Gebäudes liegt, Verpflichtungen auferlegen. ²Wenn dies dadurch gerechtfertigt ist, dass eine Replizierung dieser Netzbestandteile wirtschaftlich ineffizient oder praktisch unmöglich wäre, können diese Verpflichtungen Betreibern elektronischer Kommunikationsnetze oder den Eigentümern solcher Verkabelungen und zugehörigen Einrichtungen auferlegen, wenn es sich bei diesen Eigentümern nicht um Betreiber elektronischer Kommunikationsnetze handelt. ³Die auferlegten Zugangsbedingungen können konkrete Bestimmungen bezüglich Zugang zu solchen Netzelementen und zugehörigen Einrichtungen und zugehörigen Diensten, Transparenz und Nichtdiskriminierung sowie der Umlegung der Kosten des Zugangs enthalten, die zur Berücksichtigung von Risikofaktoren gegebenenfalls angepasst werden.

[2] ¹Gelangt eine nationale Regulierungsbehörde gegebenenfalls unter Berücksichtigung der sich aus einschlägigen Marktanalysen ergebenden Verpflichtungen zu dem Schluss, dass die gemäß Unterabsatz 1 auferlegten Verpflichtungen nicht ausreichen, um die beträchtlichen und anhaltenden wirtschaftlichen oder physischen Hindernisse für eine Replizierung zu beseitigen, die einer bestehenden oder sich abzeichnenden Marktsituation, bei der die Wettbewerbsergebnisse für die Endnutzer erheblich beeinträchtigt werden, zugrunde liegen, kann die nationale Regulierungsbehörde zu fairen und angemessenen Bedingungen Zugangsverpflichtungen auferlegen, die sich über den ersten Konzentrations- oder Verteilerpunkt hinaus bis zu einem Punkt erstrecken, den sie als den den Endnutzern am nächsten gelegenen Punkt bestimmt, bei dem es möglich ist, effizienten Zugangsnachfragern auf wirtschaftlich tragfähige Weise eine ausreichende Anzahl an Endnutzeranschlüssen bereitzustellen. ²Bei der Festlegung des Umfangs der Ausdehnung über den ersten Konzentrations- oder Verteilerpunkt hinaus, berücksichtigt die nationale Regulierungsbehörde weitestmöglich die einschlägigen Leitlinien des GEREK. ³Falls dies aus technischen oder wirtschaftlichen Gründen gerechtfertigt ist, können die nationalen Regulierungsbehörden aktive oder virtuelle Zugangsverpflichtungen auferlegen.

[3] Die nationalen Regulierungsbehörden erlegen den Betreibern elektronischer Kommunikationsnetze die in Unterabsatz 2 genannten Verpflichtungen nicht auf, wenn sie feststellen, dass

a) der Betreiber die Merkmale gemäß Artikel 80 Absatz 1 aufweist und Unternehmen mittels Zugang zu einem Netz mit sehr hoher Kapazität zu fairen, nichtdiskriminierenden und angemessenen Bedingungen einen tragfähigen und vergleichbaren alternativen Zugangsweg zu Endnutzern zur Verfügung stellt; die nationalen Regulierungsbehörden können diese Ausnahmeregelung auf andere Anbieter ausweiten, die zu fairen, nichtdiskriminierenden und angemessenen Bedingungen Zugang zu einem Netz mit sehr hoher Kapazität gewähren; oder

b) die Auferlegung von Verpflichtungen die wirtschaftliche oder finanzielle Tragfähigkeit des Aufbaus neuer Netze insbesondere im Rahmen kleiner lokaler Projekte gefährden würde.

[4] Abweichend von Unterabsatz 3 Buchstabe a können die nationalen Regulierungsbehörden Betreibern elektronischer Kommunikationsnetze, die die Kriterien jenes Buchstaben erfüllen, Verpflichtungen auferlegen, wenn das betreffende Netz mit öffentlichen Mitteln finanziert wird.

[5] Zur Förderung einer einheitlichen Anwendung des vorliegenden Absatzes veröffentlicht das GEREK bis zum 21. Dezember 2020 Leitlinien, in denen die einschlägigen Kriterien zur Festlegung von Folgendem enthalten sind:

a) dem ersten Konzentrations- oder Verteilerpunkt;

b) dem über den ersten Konzentrations- oder Verteilerpunkt hinaus gelegenen Punkt, bei dem es möglich ist, eine ausreichende Anzahl an Endnutzeranschlüssen bereitzustellen, damit ein effizientes Unternehmen die festgestellten erheblichen Hindernisse für eine Replizierung beseitigen kann;

c) der Frage, welcher Aufbau von Netzen als neu angesehen werden kann;

d) der Frage, welches Projekt als klein angesehen werden kann; und

e) der Frage, welche wirtschaftlichen oder physischen Hindernisse für eine Replizierung beträchtlich und anhaltend sind.

(4) *[1]* ¹Unbeschadet der Absätze 1 und 2 sorgen die Mitgliedstaaten dafür, dass die zuständigen Behörden befugt sind, Unternehmen, die elektronische Kommunikationsnetze bereitstellen oder zu deren Bereitstellung berechtigt sind, im Einklang mit dem Unionsrecht Verpflichtungen in Bezug auf die gemeinsame Nutzung von passiven Infrastrukturen oder Verpflichtungen über den Abschluss lokaler Roamingzugangsvereinbarungen aufzuerlegen, sofern dies in beiden Fällen für die Bereitstellung von auf Funkfrequenzen gestützter Dienste auf lokaler Ebene unmittelbar erforderlich ist und sofern keinem Unternehmen tragfähige und vergleichbare alternative Zugangswege zu den Endnutzern zu fairen und angemessenen Bedingungen zur Verfügung gestellt werden. ²Die zuständigen Behörden können derartige Verpflichtungen nur dann auferlegen, wenn diese Möglichkeit bei der Erteilung der Frequenznutzungsrechte ausdrücklich vorgesehen wurde und wenn dies dadurch gerechtfertigt ist, dass in dem Gebiet, für das diese Verpflichtungen gelten, unüberwindbare wirtschaftliche oder physische Hindernisse für den marktgesteuerten Ausbau der Infrastruktur zur Bereitstellung funkfrequenzgestützter Netze oder Dienste bestehen, weshalb Endnutzer äußerst lückenhaften oder gar keinen Zugang zu Netzen oder Diensten haben. ³Lässt sich mithilfe des Zugangs zu und der gemeinsamen Nutzung passiver Infrastruktur allein keine Abhilfe schaffen, können die nationalen Regulierungsbehörden vorschreiben, dass aktive Infrastruktur gemeinsam genutzt wird.

[2] Die zuständigen Regulierungsbehörden berücksichtigen Folgendes:

a) das Erfordernis, die Netzanbindung in der gesamten Union, entlang wichtiger Verkehrswege und in bestimmten Gebieten zu maximieren, und die

Möglichkeit, eine wesentlich größere Auswahl und höhere Dienstqualität für die Endnutzer zu erreichen;

b) die effiziente Nutzung von Funkfrequenzen;

c) die technische Durchführbarkeit der gemeinsamen Nutzung und die diesbezüglichen Bedingungen;

d) den Stand des Infrastruktur- und des Dienstleistungswettbewerbs;

e) technische Innovationen;

f) die vorrangige Notwendigkeit, im Hinblick auf den Ausbau der Infrastruktur zunächst Anreize für den Bereitsteller zu schaffen.

[3] Im Falle einer Streitbeilegung können die zuständigen Behörden dem Begünstigten der die gemeinsame Nutzung oder den Zugang betreffenden Verpflichtung unter anderem vorschreiben, Funkfrequenzen mit dem Bereitsteller der Infrastruktur in dem betreffenden Gebiet gemeinsam zu nutzen.

(5) [1] Die gemäß den Absätzen 1 bis 4 des vorliegenden Artikels auferlegten Verpflichtungen und Bedingungen müssen objektiv, transparent, verhältnismäßig und nichtdiskriminierend sein; für ihre Anwendung gelten die Verfahren der Artikel 23, 32 und 33. [2] Die nationalen Regulierungsbehörden und anderen zuständigen Behörden, die diese Verpflichtungen und Bedingungen auferlegt haben, prüfen innerhalb von fünf Jahren nach Erlass der im Zusammenhang mit denselben Unternehmen beschlossenen vorherigen Maßnahme, zu welchen Ergebnissen diese Verpflichtungen und Bedingungen geführt haben und ob deren Änderung oder Aufhebung angesichts der sich wandelnden Umstände angemessen wäre. [3] Diese Behörden geben die Ergebnisse ihrer Prüfung nach den Verfahren gemäß den Artikeln 23, 32 und 33 bekannt.

(6) Zum Zwecke der Absätze 1 und 2 stellen die Mitgliedstaaten sicher, dass die nationale Regulierungsbehörde befugt ist, in begründeten Fällen aus eigener Initiative tätig zu werden, um entsprechend der vorliegenden Richtlinie und insbesondere mit den Verfahren der Artikel 23 und 32 die Beachtung der in Artikel 3 aufgeführten politischen Ziele zu gewährleisten.

(7) [1] Um zu einer einheitlichen Festlegung der Lage der Netzabschlusspunkte durch die nationalen Regulierungsbehörden beizutragen, verabschiedet das GEREK nach Konsultation der Interessenträger und in enger Zusammenarbeit mit der Kommission bis zum 21. Juni 2020 Leitlinien zu gemeinsamen Vorgehensweisen bei der Bestimmung des Netzabschlusspunkts für verschiedene Netztopologien. [2] Die nationalen Regulierungsbehörden tragen diesen Leitlinien bei der Festlegung der Lage der Netzabschlusspunkte weitestmöglich Rechnung.

Kapitel III. Marktanalyse und beträchtliche Marktmacht

Art. 66 Verfahren zur Ermittlung einer länderübergreifenden Nachfrage. (1) *[1]* [1] Auf begründetes und mit entsprechenden Belegen versehenes Ersuchen der Kommission oder mindestens zweier betroffener nationaler Regulierungsbehörden, in dem auf ein ernstes zu lösendes Nachfrageproblem hingewiesen wird, führt das GEREK eine Analyse der länderübergreifenden Endnutzernachfrage nach Produkten und Diensten durch, die innerhalb der Union in einem oder mehreren der in der Empfehlung aufgeführten Märkte angeboten werden. [2] Das GEREK kann eine solche Analyse auch dann durchführen, wenn es von Marktteilnehmern ein begründetes und mit entsprechenden Belegen versehenes Ersuchen erhält und nach seiner Ansicht ein ernstes zu lösendes Nachfrageproblem besteht. ³Die Analyse des GEREK erfolgt unbeschadet einer etwaigen Festlegung länderübergreifender Märkte gemäß Artikel 65 Absatz 1 und einer etwaigen Festlegung nationaler oder kleinerer geografischer Märkte durch die nationalen Regulierungsbehörden gemäß Artikel 64 Absatz 3.

[2] Die Analyse der länderübergreifenden Endnutzernachfrage kann sich auch auf Produkte und Dienste erstrecken, die in Produkt- oder Dienstmärkten angeboten werden, die von einer oder mehreren nationalen Regulierungsbehörden unter Berücksichtigung der nationalen Gegebenheiten unterschiedlich definiert wurden, sofern die betreffenden Produkte und Dienste durch solche substituierbar sind, die in einem der in der Empfehlung aufgeführten Märkte angeboten werden.

(2) ¹Stellt das GEREK fest, dass seitens der Endnutzer eine erhebliche länderübergreifende Nachfrage besteht, die nicht hinreichend auf kommerzieller oder regulierter Grundlage gedeckt wird, so erstellt es nach Konsultation der Interessenträger und in enger Zusammenarbeit mit der Kommission Leitlinien zu gemeinsamen Vorgehensweisen der Regulierungsbehörden zur Deckung der ermittelten länderübergreifenden Nachfrage, auch für den Fall, dass Verpflichtungen gemäß Artikel 68 auferlegt werden. ²Die nationalen Regulierungsbehörden tragen diesen Leitlinien bei der Wahrnehmung ihrer Regulierungsaufgaben in ihrem Zuständigkeitsbereich weitest möglich Rechnung. ³Die Leitlinien können die Grundlage für die unionsweite Interoperabilität von Vorleistungsprodukten bilden und eine Orientierung für die Harmonisierung der technischen Spezifikationen für Vorleistungsprodukte einschließen, mit denen die ermittelte länderübergreifende Nachfrage gedeckt werden kann.

Kapitel IV. Zugangsverpflichtungen für Unternehmen mit beträchtlicher Marktmacht

Art. 69 Transparenzverpflichtung. (1) Die nationalen Regulierungsbehörden können Unternehmen gemäß Artikel 68 Verpflichtungen zur Transparenz in Bezug auf die Zusammenschaltung oder den Zugang auferlegen, wonach diese bestimmte Informationen, z.B. Informationen zur Buchführung, Preise, technische Spezifikationen, Netzmerkmale und diesbezüglich erwartete neue Entwicklungen sowie Bereitstellungs- und Nutzungsbedingungen – einschließlich aller Bedingungen, die den Zugang zu Diensten und Anwendungen oder deren Nutzung ändern, insbesondere hinsichtlich der Migration von herkömmlichen Infrastrukturen, sofern solche Bedingungen in den Mitgliedstaaten im Einklang mit dem Unionsrecht zulässig sind –, veröffentlichen müssen.

(2) ¹Die nationalen Regulierungsbehörden können insbesondere von Unternehmen mit Nichtdiskriminierungsverpflichtungen die Veröffentlichung eines Standardangebots verlangen, das hinreichend entbündelt ist, um sicherzustellen, dass Unternehmen nicht für Leistungen zahlen müssen, die für den gewünschten Dienst nicht erforderlich sind. ²Das Angebot enthält eine Beschreibung der betreffenden Dienstangebote, die dem Marktbedarf entsprechend in einzelne Komponenten aufgeschlüsselt sind, und die entsprechenden Bedingungen, einschließlich der Preise. ³Die nationalen Regulierungsbehörden sind unter anderem befugt, Änderungen des Standardangebots vorzuschreiben, um den nach dieser Richtlinie auferlegten Verpflichtungen Geltung zu verschaffen.

(3) Die nationalen Regulierungsbehörden können genau festlegen, welche Informationen mit welchen Einzelheiten in welcher Form zur Verfügung zu stellen sind.

(4) *[1]* ¹Um zu einer einheitlichen Anwendung von Transparenzverpflichtungen beizutragen, verabschiedet das GEREK nach Konsultation der Interessenträger und in enger Zusammenarbeit mit der Kommission bis zum 21. Dezember 2019 Leitlinien über die Mindestkriterien für Standardangebote und unterzieht sie bei Bedarf einer Überprüfung, um sie an die Technologie- und Marktentwicklung anzupassen. ²Bei der Bestimmung dieser Mindestkriterien verfolgt das GEREK die Ziele in Artikel 3 und trägt den Bedürfnissen der durch die Zugangsverpflichtungen Begünstigten und der Endnutzer, die in mehr als einem Mitgliedstaat aktiv sind, sowie etwaigen GEREK-Leitlinien zur Ermittlung einer länderübergreifenden Nachfrage gemäß Artikel 66 und zugehörigen Beschlüssen der Kommission Rechnung.

[2] ¹Obliegen einem Unternehmen Verpflichtungen nach den Artikeln 72 oder 73 hinsichtlich des Zugangs zur Netzinfrastruktur auf der Vorleistungsebene, so stellen die nationalen Regulierungsbehörden ungeachtet des Absatzes 3 dieses Artikels sicher, dass ein Standardangebot veröffentlicht wird, das den GEREK-Leitlinien über die Mindestkriterien für Standardangebote weitest möglich Rechnung trägt; ferner gewährleisten sie, dass, soweit angezeigt, wesentliche Leistungsindikatoren sowie die entsprechenden Leistungsniveaus, die über den bereitgestellten Zugang zugänglich zu machen sind, bestimmt werden, und sie überwachen deren Einhaltung genau und gewährleisten sie. ²Darüber hinaus können die nationalen Regulierungsbehörden erforderlichenfalls im Voraus die entsprechenden finanziellen Sanktionen nach Maßgabe des Unionsrechts und des nationalen Rechts festlegen.

Art. 75 Zustellungsentgelte[1]**.** (1) *[1]* Bis zum 31. Dezember 2020 erlässt die Kommission unter weitest möglicher Berücksichtigung der Stellungnahme des GEREK einen delegierten Rechtsakt gemäß Artikel 117, um diese Richtlinie zu ergänzen, indem ein unionsweit einheitliches maximales Mobilfunkzustellungsentgelt und ein unionsweit einheitliches maximales Festnetzzustellungsentgelt (im Folgenden zusammen „unionsweites Zustellungsentgelt") – die jedem Anbieter von Mobilzustellungsdiensten bzw. Festnetzzustellungsdiensten in einem Mitgliedstaat auferlegt werden – festgelegt werden.

[2] Zu diesem Zweck verfährt die Kommission wie folgt:

a) Sie hält sich an die in Anhang III vorgesehenen Grundsätze, Kriterien und Parameter;
b) sie berücksichtigt bei der erstmaligen Festlegung der unionsweiten Zustellungsentgelte den nach den Grundsätzen in Anhang III ermittelten gewichteten Durchschnitt der in der Union angewandten effizienten Kosten in Festnetzen und Mobilfunknetzen. Die unionsweiten Zustellungsentgelte, wie sie im ersten delegierten Rechtsakt festgelegt sind, dürfen das Höchste der Entgelte, die sechs Monate vor dem Erlass jenes delegierten Rechtsakts in allen Mitgliedstaaten gültig waren – nach Vornahme etwaiger gerechtfertigter Anpassungen aufgrund außerordentlicher nationaler Gegebenheiten –, nicht übersteigen;

---

[1] Siehe hierzu ua VO (EU) 2021/654 zur Festlegung eines unionsweit einheitlichen maximalen Mobilfunk- sowie Festnetzzustellungsentgelts v. 18.12.2020 (ABl. 2021 L 137 S. 1).

c) sie berücksichtigt die Gesamtzahl der Endnutzer in den einzelnen Mitgliedstaaten, um eine zutreffende Gewichtung der maximalen Zustellungsentgelte zu gewährleisten; ferner berücksichtigt sie die nationalen Gegebenheiten, die bei der Festlegung der maximalen Zustellungsentgelte in der Union zu erheblichen Unterschieden zwischen den Mitgliedstaaten führen;

d) sie trägt Marktinformationen Rechnung, die vom GEREK, von den nationalen Regulierungsbehörden oder unmittelbar von Unternehmen, die elektronische Kommunikationsnetze und -dienste bereitstellen, vorgelegt werden, und

e) sie prüft, ob eine Übergangsfrist von höchstens zwölf Monaten zugelassen werden muss, um Anpassungen in den Mitgliedstaaten zu ermöglichen, falls sich dies auf der Grundlage der zuvor festgelegten Entgelte als notwendig erweist.

(2) [1] Unter weitest möglich Berücksichtigung der Stellungnahme des GEREK überprüft die Kommission die nach dem vorliegenden Artikel erlassenen delegierten Rechtsakte alle fünf Jahre und prüft bei dieser Gelegenheit jedes Mal unter Anwendung der in Artikel 67 Absatz 1 aufgeführten Kriterien, ob die Festsetzung unionsweiter Zustellungsentgelte weiterhin erforderlich ist. [2] Wenn die Kommission nach der Überprüfung gemäß dem vorliegenden Absatz beschließt, kein maximales Mobilfunkzustellungsentgelt oder maximales Festnetzzustellungsentgelt oder aber keines dieser beiden Höchstentgelte festzulegen, können die nationalen Regulierungsbehörden Marktanalysen der Anrufzustellungsmärkte nach Artikel 67 durchführen, um zu bewerten, ob die Auferlegung regulatorischer Verpflichtungen erforderlich ist. [3] Legt eine nationale Regulierungsbehörde als Ergebnis einer derartigen Analyse kostenorientierte Zustellungsentgelte auf einem relevanten Markt fest, so richtet sie sich nach den in Anhang III vorgesehenen Grundsätzen, Kriterien und Parametern, und ihr Maßnahmenentwurf unterliegt den Verfahren gemäß den Artikeln 23, 32 und 33.

(3) [1] Die nationalen Regulierungsbehörden überwachen sorgfältig die Anwendung der unionsweiten Zustellungsentgelte durch die Anbieter von Zustellungsdiensten und sorgen für ihre Einhaltung. [2] Die nationalen Regulierungsbehörden können jederzeit von einem Anbieter von Zustellungsdiensten verlangen, seine anderen Unternehmen in Rechnung gestellten Entgelte zu ändern, falls diese nicht dem in Absatz 1 genannten delegierten Rechtsakt entsprechen. [3] Die nationalen Regulierungsbehörden erstatten der Kommission und dem GEREK alljährlich Bericht über die Anwendung dieses Artikels.

Art. 76 Regulatorische Behandlung neuer Bestandteile von Netzen mit sehr hoher Kapazität. (1) *[1]* Unternehmen, die gemäß Artikel 67 als Unternehmen mit beträchtlicher Marktmacht auf einem oder mehreren relevanten Märkten eingestuft wurden, können nach dem Verfahren des Artikels 79 nach Maßgabe des Unterabsatzes 2 des vorliegenden Absatzes Verpflichtungszusagen anbieten, um den Aufbau eines neuen Netzes mit sehr hoher Kapazität, das bis zu den Gebäuden des Endnutzers oder der Basisstation aus Glasfaserkomponenten besteht, für Ko-Investitionen zu öffnen, indem beispielsweise Miteigentum oder langfristige Risikoteilung – durch Kofinanzierung oder durch Abnahmevereinbarungen, die spezielle Rechte mit strukturellem Charakter verleihen – seitens anderer Anbieter elektronischer Kommunikationsnetze oder -dienste angeboten werden.

[2] Wenn die nationale Regulierungsbehörde diese Verpflichtungszusagen bewertet, prüft sie insbesondere, ob das Angebot für Ko-Investitionen die folgenden Bedingungen erfüllt:

a) Es steht während der gesamten Lebensdauer des Netzes jederzeit Anbietern elektronischer Kommunikationsnetze oder -dienste offen;

b) es würde anderen Ko-Investoren, die Anbieter elektronischer Kommunikationsnetze oder -dienste sind, ermöglichen, auf den nachgelagerten Märkten, auf denen das Unternehmen, das als Unternehmen mit beträchtlicher Marktmacht eingestuft wurde, tätig ist, langfristig wirksam und nachhaltig im Wettbewerb zu bestehen, und zwar zu Bedingungen, die Folgendes umfassen:

   i) gerechte, angemessene und nichtdiskriminierende Bedingungen, die den Zugang zur vollen Kapazität des Netzes in dem Umfang ermöglichen, der der Ko-Investition entspricht;

   ii) Flexibilität hinsichtlich Wert und Zeitpunkt der von den einzelnen Ko-Investoren zugesagten Beteiligung;

   iii) die Möglichkeit einer künftigen Aufstockung der Beteiligung; und

   iv) gegenseitige Rechte, die sich die Ko-Investoren nach Errichtung der gemeinsam finanzierten Infrastruktur gewähren;

c) es wird vom Unternehmen rechtzeitig und, wenn es die in Artikel 80 Absatz 1 aufgeführten Merkmale nicht aufweist, spätestens sechs Monate vor dem Beginn des Aufbaus der neuen Netzbestandteile veröffentlicht. Auf der Grundlage nationaler Gegebenheiten kann dieser Zeitraum verlängert werden;

d) Zugangsnachfrager, die sich nicht an der Ko-Investition beteiligen, können von Beginn an von derselben Qualität, derselben Geschwindigkeit und denselben Bedingungen profitieren und dieselben Endnutzer erreichen wie vor dem Aufbau, wobei ein von den nationalen Regulierungsbehörden unter Berücksichtigung der Entwicklungen auf den betreffenden Endkundenmärkten bestätigter Mechanismus zur allmählichen Anpassung hinzukommt, mit dem die Anreize für eine Beteiligung an den Ko-Investitionen aufrechterhalten werden; mit diesem Mechanismus wird sichergestellt, dass die Zugangsnachfrager Zugang zu den Netzelementen mit sehr hoher Kapazität haben, und zwar zu einem Zeitpunkt und auf der Grundlage transparenter und nichtdiskriminierender Bedingungen, die das unterschiedliche Ausmaß des Risikos für die jeweiligen Ko-Investoren in den verschiedenen Phasen des Aufbaus angemessen widerspiegeln und der Wettbewerbssituation auf den Endkundenmärkten Rechnung tragen;

e) es entspricht mindestens den Kriterien in Anhang IV und erfolgt nach Treu und Glauben.

(2) *[1]* Gelangt die nationale Regulierungsbehörde unter Berücksichtigung der Ergebnisse der gemäß Artikel 79 Absatz 2 durchgeführten Marktprüfung zu dem Schluss, dass die angebotene Verpflichtungszusage für Ko-Investitionen die Bedingungen des Absatzes 1 des vorliegenden Artikels erfüllt, so erklärt sie diese Verpflichtungszusage gemäß Artikel 79 Absatz 3 für bindend und erlegt keine zusätzlichen Verpflichtungen gemäß Artikel 68 in Bezug auf die von den Verpflichtungszusagen betroffenen Elemente des neuen Netzes mit sehr hoher Kapazität auf, sofern wenigstens ein potenzieller Ko-Investor eine Ko-Investiti-

onsvereinbarung mit dem Unternehmen, das als Unternehmen mit beträchtlicher Marktmacht eingestuft wurde, eingegangen ist.

[2] Unterabsatz 1 gilt unbeschadet der regulatorischen Behandlung von Gegebenheiten, bei denen den Ergebnissen von Marktprüfungen gemäß Artikel 79 Absatz 2 zufolge die Bedingungen des Absatzes 1 des vorliegenden Artikels nicht erfüllt werden, die jedoch Auswirkungen auf den Wettbewerb haben und für die Zwecke der Artikel 67 und 68 berücksichtigt werden.

[3] Im Wege einer Ausnahme von Unterabsatz 1 dieses Absatzes kann eine nationale Regulierungsbehörde in hinreichend begründeten Fällen Abhilfemaßnahmen gemäß den Artikeln 68 bis 74 in Bezug auf die neuen Netze mit sehr hoher Kapazität vorschreiben, beibehalten oder anpassen, um erhebliche Wettbewerbsprobleme auf bestimmten Märkten zu lösen, wenn die nationale Regulierungsbehörde feststellt, dass diese Wettbewerbsprobleme aufgrund der besonderen Merkmale dieser Märkte andernfalls nicht gelöst würden.

(3) *[1]* Die nationalen Regulierungsbehörden überwachen fortlaufend die Einhaltung der in Absatz 1 genannten Bedingungen und können von dem Unternehmen, das als Unternehmen mit beträchtlicher Marktmacht eingestuft wurde, verlangen, ihnen jährliche Konformitätserklärungen vorzulegen.

[2] Dieser Artikel berührt nicht die Befugnis einer nationalen Regulierungsbehörde, bei Streitigkeiten zwischen Unternehmen im Zusammenhang mit einer Ko-Investitionsvereinbarung, die aus Sicht der Regulierungsbehörde den Bedingungen des Absatzes 1 des vorliegenden Artikels entspricht, gemäß Artikel 26 Absatz 1 eine Entscheidung zu treffen.

(4) Das GEREK veröffentlicht nach Anhörung der Interessenträger und in enger Zusammenarbeit mit der Kommission Leitlinien, um die einheitliche Anwendung der in Absatz 1 aufgeführten Bedingungen und in Anhang IV aufgeführten Kriterien durch die nationalen Regulierungsbehörden zu fördern.

Teil III. Dienste

Titel III. Endnutzerrechte

Art. 115 Bereitstellung zusätzlicher Dienstmerkmale. (1) Die Mitgliedstaaten stellen unbeschadet des Artikels 88 Absatz 2 sicher, dass die zuständigen Behörden – gegebenenfalls in Abstimmung mit den nationalen Regulierungsbehörden – alle Anbieter von Internetzugangsdiensten oder öffentlich zugänglichen nummerngebundenen interpersonellen Kommunikationsdiensten verpflichten können, den Endnutzern alle oder einen Teil der in Anhang VI Teil B aufgeführten zusätzlichen Dienstmerkmale, vorbehaltlich der technischen Durchführbarkeit, sowie alle oder einen Teil der in Anhang VI Teil A aufgeführten zusätzlichen Dienstmerkmale kostenlos zur Verfügung zu stellen.

(2) Bei der Anwendung des Absatzes 1 können die Mitgliedstaaten über die Liste zusätzlicher Dienstmerkmale in Anhang VI Teile A und B hinausgehen, um ein höheres Maß an Verbraucherschutz zu gewährleisten.

(3) Ein Mitgliedstaat kann entscheiden, dass Absatz 1 in seinem gesamten Hoheitsgebiet oder einem Teil davon nicht anzuwenden ist, wenn er unter Berücksichtigung der Ansichten der Betroffenen zu der Auffassung gelangt ist, dass in ausreichendem Umfang Zugang zu diesen Dienstmerkmalen besteht.

Teil IV. Schlussbestimmungen

Art. 118 Ausschuss. (1) ¹Die Kommission wird von einem Ausschuss (im Folgenden „Kommunikationsausschuss") unterstützt. ²Dieser Ausschuss ist ein Ausschuss im Sinne der Verordnung (EU) Nr. 182/2011.

(2) ¹Für die in Artikel 28 Absatz 4 Unterabsatz 2 genannten Durchführungsrechtsakte wird die Kommission von dem Funkfrequenzausschuss, der durch Artikel 3 Absatz 1 der Entscheidung Nr. 676/2002/EG eingesetzt wurde, unterstützt. ²Dieser Ausschuss ist ein Ausschuss im Sinne der Verordnung (EU) Nr. 182/2011.

(3) *[1]* Wird auf diesen Absatz Bezug genommen, so gilt Artikel 4 der Verordnung (EU) Nr. 182/2011.

[2] ¹Wird die Stellungnahme des Ausschusses im schriftlichen Verfahren eingeholt, so wird das Verfahren ohne Ergebnis beendet, wenn der Ausschussvorsitz dies innerhalb der Frist für die Abgabe der Stellungnahme beschließt oder ein Ausschussmitglied dies verlangt. ²In einem solchen Fall beruft der Vorsitz innerhalb einer angemessenen Frist eine Ausschusssitzung ein.

(4) *[1]* Wird auf diesen Absatz Bezug genommen, so gilt Artikel 5 der Verordnung Nr. 182/2011 unter Beachtung von deren Artikel 8.

[2] ¹Wird die Stellungnahme des Ausschusses im schriftlichen Verfahren eingeholt, so wird das Verfahren ohne Ergebnis beendet, wenn der Ausschussvorsitz dies innerhalb der Frist für die Abgabe der Stellungnahme beschließt oder ein Ausschussmitglied dies verlangt. ²In einem solchen Fall beruft der Vorsitz innerhalb einer angemessenen Frist eine Ausschusssitzung ein.

Anhang I. Liste der Bedingungen, die an Allgemeingenehmigungen und an Nutzungsrechte für Funkfrequenzen und für Nummerierungsressourcen geknüpft werden können

Dieser Anhang legt die Maximalliste der Bedingungen für Allgemeingenehmigungen für elektronische Kommunikationsnetze und -dienste außer nummernunabhängige interpersonelle Kommunikationsdienste (Teil A), elektronische Kommunikationsnetze (Teil B), elektronische Kommunikationsdienste außer nummernunabhängige interpersonelle Kommunikationsdienste (Teil C), Rechte zur Nutzung von Funkfrequenzen (Teil D) und Rechte zur Nutzung von Nummerierungsressourcen (Teil E) fest.

A. Allgemeine Bedingungen, die an eine Allgemeingenehmigung geknüpft werden können

1. Verwaltungsgebühren entsprechend Artikel 16.
2. Speziell die elektronische Kommunikation betreffender Schutz personenbezogener Daten und der Privatsphäre entsprechend der Richtlinie 2002/58/EG.
3. Informationen im Rahmen eines Meldeverfahrens gemäß Artikel 12 und für sonstige, in Artikel 21 genannte Zwecke.

4. Ermöglichung der rechtmäßigen Überwachung des Telekommunikationsverkehrs entsprechend der Verordnung (EU) 2016/679[1]) und der Richtlinie 2002/58/EG.
5. Nutzungsbedingungen für Mitteilungen öffentlicher Stellen an die Bevölkerung zu deren Warnung vor unmittelbar bevorstehenden Gefahren und zur Abschwächung der Folgen schwerer Katastrophen.
6. Vorschriften für die Nutzung bei Katastrophen oder einem nationalen Notstand zur Sicherstellung der Kommunikation zwischen Hilfsdiensten und Behörden.
7. Andere als die in Artikel 13 genannten Zugangsverpflichtungen für Unternehmen, die elektronische Kommunikationsnetze oder -dienste bereitstellen.
8. Maßnahmen, die die Vereinbarkeit mit den in Artikel 39 genannten Normen oder Spezifikationen gewährleisten sollen.
9. Transparenzverpflichtungen für Anbieter öffentlicher elektronischer Kommunikationsnetze, die öffentlich zugängliche elektronische Kommunikationsdienste bereitstellen, mit denen sichergestellt werden soll, dass durchgehende Konnektivität im Einklang mit den Zielen und Grundsätzen gemäß Artikel 3 besteht und – soweit notwendig und verhältnismäßig – Zugang der zuständigen Behörden zu Informationen, die zur Prüfung der Richtigkeit der Offenlegung benötigt werden.

B. Besondere Bedingungen, die an eine Allgemeingenehmigung für die Bereitstellung elektronischer Kommunikationsnetze geknüpft werden können

1. Zusammenschaltung der Netze entsprechend dieser Richtlinie.
2. Übertragungspflichten entsprechend dieser Richtlinie.
3. Maßnahmen zum Schutz der Bevölkerung vor Gesundheitsschäden durch elektromagnetische Felder, die von elektronischen Kommunikationsnetzen verursacht werden, entsprechend dem Unionsrecht, unter weitest möglicher Berücksichtigung der Empfehlung 1999/519/EG.
4. Wahrung der Integrität öffentlicher elektronischer Kommunikationsnetze entsprechend dieser Richtlinie einschließlich der Bedingungen zur Vermeidung elektromagnetischer Störungen zwischen elektronischen Kommunikationsnetzen oder -diensten gemäß der Richtlinie 2014/30/EU.
5. Sicherung öffentlicher Netze gegen unbefugten Zugang entsprechend der Richtlinie 2002/58/EG.
6. Bedingungen für die Nutzung von Funkfrequenzen gemäß Artikel 7 Absatz 2 der Richtlinie 2014/53/EU, sofern diese Nutzung nicht der Erteilung von individuellen Nutzungsrechten gemäß Artikel 46 Absatz 1 und Artikel 48 dieser Richtlinie unterworfen ist.

C. Besondere Bedingungen, die an eine Allgemeingenehmigung für die Bereitstellung elektronischer Kommunikationsdienste außer nummernunabhängiger interpersoneller Kommunikationsdienste geknüpft werden können

1. Interoperabilität der Dienste entsprechend dieser Richtlinie.
2. Bereitstellung – für Endnutzer – von Nummern des nationalen Nummerierungsplans, von UIFN und, soweit technisch und wirtschaftlich

---

[1]) Auszugsweise abgedruckt unter Nr. 11.

machbar, von Nummern der Nummerierungspläne anderer Mitgliedstaaten sowie Bedingungen entsprechend dieser Richtlinie.
3. Speziell die elektronische Kommunikation betreffende Verbraucherschutzvorschriften.
4. Beschränkungen in Bezug auf die Ausstrahlung von illegalen Inhalten entsprechend der Richtlinie 2000/31/EG und Beschränkungen in Bezug auf die Ausstrahlung schädlicher Inhalte entsprechend der Richtlinie 2010/13/EU.

D. Bedingungen, die an Frequenznutzungsrechte geknüpft werden können
1. Verpflichtung zur Bereitstellung einer Dienstleistung oder zur Nutzung einer Technologieart im Rahmen des Artikels 45, gegebenenfalls einschließlich der Anforderungen in Bezug auf Reichweite und Dienstqualität.
2. Effektive und effiziente Funkfrequenznutzung entsprechend dieser Richtlinie.
3. Technische und den Betrieb betreffende Bedingungen zur Vermeidung von funktechnischen Störungen und für den Schutz der Bevölkerung vor Gesundheitsschäden durch elektromagnetische Felder unter weitest möglicher Berücksichtigung der Empfehlung 1999/519/EG, sofern diese Bedingungen von den in der Allgemeingenehmigung aufgeführten Bedingungen abweichen.
4. Höchstdauer gemäß Artikel 49 vorbehaltlich von Änderungen im nationalen Frequenzvergabeplan.
5. Übertragung oder Vermietung von Rechten auf Betreiben des Rechteinhabers und Bedingungen für eine solche Übertragung entsprechend dieser Richtlinie.
6. Entgelte für Nutzungsrechte entsprechend Artikel 42.
7. Verpflichtungszusagen, die das Unternehmen, das die Nutzungsrechte erwirbt, im Rahmen eines Genehmigungs- oder Genehmigungsverlängerungsverfahrens vor der Erteilung der Genehmigung oder gegebenenfalls aufgrund der Aufforderung zur Beantragung von Nutzungsrechten abgegeben hat.
8. Verpflichtungen zur Bündelung oder gemeinsamen Nutzung von Funkfrequenzen oder zur Zugangsgewährung zu Funkfrequenzen für andere Nutzer in bestimmten Regionen oder auf nationaler Ebene.
9. Verpflichtungen im Rahmen der einschlägigen internationalen Vereinbarungen über die Nutzung von Funkfrequenzbändern.
10. Besondere Verpflichtungen im Zusammenhang mit der Nutzung von Funkfrequenzbändern zu Versuchszwecken.

E. Bedingungen, die an Nutzungsrechte für Nummerierungsressourcen geknüpft werden können
1. Angabe des Dienstes, für den die Nummer benutzt werden soll, einschließlich aller Anforderungen, die an die Bereitstellung dieses Dienstes geknüpft sind, und, um Zweifel zu vermeiden, Angabe der Tarifgrundsätze und Höchstpreise, die für bestimmte Nummernbereiche zum Schutz der Verbraucher gemäß Artikel 3 Absatz 2 Buchstabe d gelten können.

2. Effektive und effiziente Nummerierungsressourcen entsprechend dieser Richtlinie.
3. Anforderungen für die Nummernübertragbarkeit entsprechend dieser Richtlinie.
4. Verpflichtung, Informationen über öffentliche Endnutzerverzeichnisse im Sinne des Artikels 112 zur Verfügung zu stellen.
5. Höchstdauer gemäß Artikel 94 vorbehaltlich von Änderungen im nationalen Nummerierungsplan.
6. Übertragung von Rechten auf Betreiben des Rechteinhabers und Bedingungen für eine solche Übertragung entsprechend dieser Richtlinie, einschließlich der Bedingung, dass das Recht auf Nutzung einer Nummer auch für jene Unternehmen verbindlich ist, auf die die Rechte übertragen werden.
7. Nutzungsentgelte entsprechend Artikel 95.
8. Verpflichtungszusagen, die das Unternehmen, das die Nutzungsrechte erwirbt, im Laufe eines auf Wettbewerb oder auf Vergleich beruhenden Auswahlverfahrens abgegeben hat.
9. Verpflichtungen im Rahmen der einschlägigen internationalen Vereinbarungen über die Nutzung von Nummern.
10. Verpflichtungen in Bezug auf die exterritoriale Nutzung von Nummern innerhalb der Union zur Gewährleistung der Einhaltung der Verbraucherschutzvorschriften und anderer nummernbezogener Vorschriften in anderen Mitgliedstaaten als demjenigen, dem der Ländercode zugewiesen ist.

Anhang III. Kriterien für die Bestimmung der Zustellungsentgelte auf der Vorleistungsebene

Grundsätze, Kriterien und Parameter für die Bestimmung der Entgelte auf den Vorleistungsmärkten für die Anrufzustellung in Festnetzen und Mobilfunknetzen gemäß Artikel 75 Absatz 1:

a) die Entgelte beruhen auf der Deckung der Kosten, die einem effizienten Betreiber entstehen; bei der Bewertung der effizienten Kosten werden die laufenden Kosten zugrunde gelegt; die Methode zur Berechnung der effizienten Kosten stützt sich auf ein Bottom-up-Modell, bei dem die verkehrsbedingten langfristigen Zusatzkosten der für Dritte bereitgestellten Anrufzustellung auf der Vorleistungsebene herangezogen werden;

b) die relevanten Zusatzkosten des auf der Vorleistungsebene erbrachten Anrufzustellungsdienstes werden ermittelt als die Differenz zwischen den langfristigen Gesamtkosten eines Betreibers, der die gesamte Bandbreite von Diensten anbietet, und den langfristigen Gesamtkosten dieses Betreibers ohne Bereitstellung eines Anrufzustellungsdienstes für Dritte auf der Vorleistungsebene;

c) nur jene verkehrsbedingten Kosten, die bei Nichtbereitstellung eines Anrufzustellungsdienstes auf der Vorleistungsebene vermieden würden, dürfen den jeweiligen Zusatzkosten der Zustellungsleistung zugerechnet werden;

d) Kosten im Zusammenhang mit zusätzlichen Netzkapazitäten werden nur insofern berücksichtigt, als sie durch eine Kapazitätssteigerung verursacht werden, die nötig ist, damit zusätzlicher Anrufzustellungsverkehr auf der Vorleistungsebene abgewickelt werden kann;

e) Entgelte für Funkfrequenzen gehören nicht zu den Zusatzkosten der Mobilfunkzustellung;

f) nur jene kommerzielle Vorleistungskosten, die direkt durch die Abwicklung des für Dritte bereitgestellten Zustellungsdienstes auf der Vorleistungsebene entstehen, dürfen berücksichtigt werden;

g) bei allen Festnetzbetreibern wird unabhängig von ihrer Größe davon ausgegangen, dass sie den Zustellungsdienst zu denselben Stückkosten erbringen wie der effiziente Betreiber;

h) für Mobilfunknetzbetreiber wird die effiziente Mindestgröße auf einen Marktanteil von nicht unter 20 % festgesetzt;

i) die maßgebliche Abschreibungsmethode ist die wirtschaftliche Abschreibung; und

j) die technische Ausgestaltung der modellierten Netze erfolgt zukunftsorientiert, ausgehend von einem IP-Kernnetz und unter Berücksichtigung der verschiedenen, während der Geltungsdauer des Höchstentgelts wahrscheinlich eingesetzten Technik; in Festnetzen werden ausschließlich paketvermittelte Anrufe zugrunde gelegt.

Anhang V. Mindestangebot an Diensten, die ein angemessener Breitbandinternetzugangsdienst gemäß Artikel 84 Absatz 3 unterstützen können muss

(1) E-Mail
(2) Suchmaschinen, die das Suchen und Auffinden aller Arten von Informationen ermöglichen
(3) grundlegende Online-Werkzeuge für die Aus- und Weiterbildung
(4) Online-Zeitungen oder Online-Nachrichten
(5) Online-Einkauf oder Online-Bestellung von Waren und Dienstleistungen
(6) Arbeitssuche und Werkzeuge für die Arbeitssuche
(7) berufliche Vernetzung
(8) Online-Banking
(9) Nutzung elektronischer Behördendienste
(10) soziale Medien und Sofortnachrichtenübermittlung
(11) Anrufe und Videoanrufe (Standardqualität)

Anhang VII. Berechnung etwaiger Nettokosten der Universaldienstverpflichtungen und Schaffung eines Verfahrens zur Entschädigung oder Kostenteilung gemäß den Artikeln 89 und 90

Teil A: Berechnung der Nettokosten

Universaldienstverpflichtungen beziehen sich auf diejenigen Verpflichtungen, die einem Unternehmen von einem Mitgliedstaat auferlegt werden und die Bereitstellung des in den Artikeln 84 bis 87 festgelegten Universaldienstes betreffen.

Die nationalen Regulierungsbehörden ziehen alle Mittel in Erwägung, um (benannten und nicht benannten) Unternehmen angemessene Anreize zu geben, die Universaldienstverpflichtungen auf kosteneffiziente Weise zu erfüllen. Bei der Berechnung sind die Nettokosten der Universaldienstverpflichtungen als Differenz zwischen den Nettokosten eines jeglichen Unternehmens für den Betrieb unter Einhaltung der Universaldienstverpflichtung und den Nettokosten für den Betrieb ohne Universaldienstverpflichtungen zu ermitteln. Die Kosten, die ein Unternehmen vermieden hätte, wenn die Universaldienstverpflichtungen nicht bestanden hätten, sind ordnungsgemäß zu ermitteln. Bei der Nettokostenberechnung werden die Vorteile für den Universaldiensteanbieter, einschließlich der immateriellen Vorteile, berücksichtigt.

Den Berechnungen sind die Kosten zugrunde zu legen, die Folgendem zurechenbar sind:

i) den Bestandteilen der ermittelten Dienste, die nur mit Verlust oder in einer Kostensituation außerhalb normaler wirtschaftlicher Standards erbracht werden können.

Zu dieser Kategorie können Dienstbestandteile wie der Zugang zu Notrufdiensten, die Bereitstellung bestimmter öffentlicher Münz- oder Kartentelefone, die Erbringung bestimmter Dienste oder Bereitstellung von Geräten für Endnutzer mit Behinderungen usw. gehören;

ii) besonderen Endnutzern oder Gruppen von Endnutzern, die in Anbetracht der Kosten für die Bereitstellung des besonderen Netzes und der besonderen Dienste, der erwirtschafteten Erträge und einer vom Mitgliedstaat möglicherweise auferlegten räumlichen Durchschnittsbildung bei den Preisen nur mit Verlust oder in einer Kostensituation außerhalb normaler wirtschaftlicher Standards bedient werden können.

Zu dieser Kategorie gehören diejenigen Endnutzer oder Gruppen von Endnutzern, die von einem gewinnorientierten Anbieter ohne Verpflichtung zur Erbringung eines Universaldienstes nicht bedient würden.

Die Berechnung der Nettokosten bestimmter Aspekte der Universaldienstverpflichtungen erfolgt getrennt und auf eine Weise, bei der eine Doppelzählung mittelbarer oder unmittelbarer Vorteile und Kosten vermieden wird. Die gesamten Nettokosten der Universaldienstverpflichtungen für ein Unternehmen sind als Summe der Nettokosten zu berechnen, die sich aus den speziellen Bestandteilen der Universaldienstverpflichtungen ergeben, wobei alle immateriellen Vorteile zu berücksichtigen sind. Die nationale Regulierungsbehörde ist für die Überprüfung der Nettokosten verantwortlich.

Teil B: Entschädigung im Hinblick auf Nettokosten von Universaldienstverpflichtungen

Bei der Anlastung oder Finanzierung etwaiger Nettokosten von Universaldienstverpflichtungen ist möglicherweise ein Ausgleich für Dienste von Unternehmen mit Universaldienstverpflichtungen zu leisten, die diese unter nicht kommerziellen Bedingungen erbringen. Da eine solche Entschädigung Mittelübertragungen umfasst, stellen die Mitgliedstaaten sicher, dass diese auf objektive, transparente und diskriminierungsfreie Weise und unter Wahrung der Verhältnismäßigkeit erfolgen. Dies bedeutet, dass die Übertragungen zur geringstmöglichen Verzerrung des Wettbewerbs und der Nutzernachfrage führen.

Im Einklang mit Artikel 90 Absatz 3 beruht eine Kostenteilungsregelung auf Fondsbasis auf einem transparenten und neutralen Beitragserhebungsverfahren, bei dem nicht die Gefahr besteht, dass Beiträge doppelt – sowohl auf den Input als auch auf den Output von Unternehmen – erhoben werden.

Die unabhängige Stelle, die den Fonds verwaltet, ist für den Einzug der Beiträge von Unternehmen verantwortlich, die zur Deckung der Nettokosten von Universaldienstverpflichtungen in dem jeweiligen Mitgliedstaat als beitragspflichtig eingestuft wurden, und überwacht die Übertragung der fälligen Beträge oder administrativen Zahlungen an die Unternehmen, die einen Anspruch auf Zahlungen des Fonds haben.

Anhang VIII. Anforderungen hinsichtlich der gemäß Artikel 102 (Informationsanforderungen für Verträge) zu erteilenden Informationen

A. Informationsanforderungen für die Anbieter anderer öffentlich zugänglicher elektronischer Kommunikationsdienste als für die Bereitstellung von Diensten der Maschine-Maschine-Kommunikation genutzter Übermittlungsdienste

Anbieter anderer öffentlich zugänglicher elektronischer Kommunikationsdienste als für die Bereitstellung von Diensten der Maschine-Maschine-Kommunikation genutzter Übermittlungsdienste stellen folgende Informationen bereit:

(1) als Teil der Hauptmerkmale jedes bereitgestellten Dienstes alle Mindestniveaus der Dienstqualität, soweit diese angeboten werden, und, bei anderen Diensten als Internetzugangsdiensten, die garantierten spezifischen Qualitätsparameter.
Wenn das Angebot keine Mindestniveaus der Dienstqualität umfasst, wird eine entsprechende Erklärung abgegeben;

(2) als Teil der Informationen über Preise – falls zutreffend und soweit angezeigt – Angabe der jeweiligen Preise für die Aktivierung des elektronischen Kommunikationsdienstes und alle wiederkehrenden oder verbrauchsabhängigen Entgelte;

(3) als Teil der Informationen über die Vertragslaufzeit und die Bedingungen für eine Verlängerung und Kündigung des Vertrags einschließlich eventueller Kündigungsgebühren, soweit solche Bedingungen gelten:
   i) eine etwaige Mindestnutzung oder Mindestnutzungsdauer, die erforderlich ist, um in den Genuss von Werbeaktionen zu gelangen;
   ii) etwaige Entgelte im Zusammenhang mit Anbieterwechsel und Entschädigungs- und Erstattungsregelungen für Verzögerung oder Missbrauch beim Anbieterwechsel sowie Informationen über die jeweiligen Verfahren;
   iii) Informationen über das Recht der Verbraucher, bei vorausbezahlten Diensten im Falle eines Wechsels auf Anfrage etwaiges Restguthaben erstattet zu bekommen, wie in Artikel 106 Absatz 6 festgelegt;
   iv) etwaige bei vorzeitiger Kündigung des Vertragsverhältnisses fällige Entgelte einschließlich Informationen zur Entriegelung des Endgeräts und einer Kostenanlastung für Endgeräte;

(4) etwaige Entschädigungs- und Erstattungsregelungen – gegebenenfalls einschließlich eines ausdrücklichen Bezugs auf die Verbraucherrechte – bei Nichteinhaltung der vertraglich vereinbarten Dienstqualität oder bei unangemessener Reaktion des Anbieters auf Sicherheitsvorfälle, -bedrohungen oder -lücken;

(5) die Arten von Maßnahmen, mit denen der Anbieter auf Sicherheitsvorfälle, -bedrohungen oder -lücken reagieren kann.

B. Informationsanforderungen für die Anbieter von Internetzugangsdiensten und öffentlich zugänglichen interpersonellen Kommunikationsdiensten

I. Über die in Teil A festgelegten Anforderungen hinaus müssen die Anbieter von Internetzugangsdiensten und öffentlich zugänglichen interpersonellen Kommunikationsdiensten folgende Informationen bereitstellen:

(1) als Teil der wesentlichen Merkmale der einzelnen zu erbringenden Dienste:
  i) alle Mindestniveaus der Dienstqualität, soweit diese angeboten werden, unter weitest möglicher Berücksichtigung der gemäß Artikel 104 Absatz 2 angenommenen GEREK-Leitlinien in Bezug auf Folgendes:
     – für Internetzugangsdienste: mindestens Latenz, Verzögerungsschwankung und Paketverlust;
     – für öffentlich zugängliche interpersonelle Kommunikationsdienste, wenn Anbieter zumindest einige Elemente des Netzes kontrollieren oder diesbezügliche Leistungsvereinbarungen mit Unternehmen, die Zugang zum Netz bereitstellen, haben: mindestens die Frist bis zum erstmaligen Anschluss, die Ausfallwahrscheinlichkeit, Verzögerungen bei der Rufsignalisierung entsprechend Anhang X; sowie
  ii) unbeschadet des Rechts der Endnutzer, gemäß Artikel 3 Absatz 1 der Verordnung (EU) 2015/2120 Endgeräte ihrer Wahl zu nutzen, etwaige vom Anbieter auferlegte Bedingungen – einschließlich Entgelte – für die Nutzung der von ihm zur Verfügung gestellten Endgeräten;

(2) als Teil der Informationen über Preise – falls zutreffend und soweit angezeigt – Angabe der jeweiligen Preise für die Aktivierung des elektronischen Kommunikationsdienstes und alle wiederkehrenden oder verbrauchsabhängigen Entgelte:
  i) Einzelheiten zu einem oder mehreren spezifischen Tarifen im Rahmen des Vertrags und die Arten der für die jeweiligen Tarife angebotenen Dienste, darunter auch, falls zutreffend, das Volumen der Kommunikationsverbindungen (z.B. MB, Minuten, Textnachrichten), einschließlich des Abrechnungszeitraums, und der Preis für zusätzliche Kommunikationseinheiten;
  ii) bei einem Tarif oder Tarifen mit einem vorher festgelegten Kommunikationsvolumen die Option, dass Verbraucher das nicht verwendete Volumen eines Abrechnungszeitraums auf den darauffolgenden Abrechnungszeitraum übertragen können, sofern diese Option vertraglich vorgesehen ist;
  iii) die Vorkehrungen zur Sicherstellung einer transparenten Abrechnung und zur Überwachung des Nutzungsumfangs;
  iv) bei Nummern oder Diensten, für die eine besondere Preisgestaltung gilt, die dafür geltenden Tarife; für einzelne Kategorien von Diensten

können die zuständigen Behörden, gegebenenfalls in Abstimmung mit den nationalen Regulierungsbehörden, verlangen, dass diese Informationen zusätzlich unmittelbar vor Herstellung der Verbindung oder vor der Herstellung der Verbindung zum Diensteanbieter bereitgestellt werden;

v) bei gebündelten Diensten und Bündelverträgen, die sowohl Dienste als auch Endgeräte umfassen, der Preis der einzelnen Bestandteile des Bündels, sofern diese auch einzeln angeboten werden;

vi) Einzelheiten und Bedingungen einschließlich Entgelten für Kundendienstleistungen und Wartungsdienste sowie

vii) Angaben dazu, mit welchen Mitteln aktualisierte Informationen über alle anwendbaren Tarife und Wartungsentgelte eingeholt werden können;

(3) als Teil der Informationen über die Vertragsdauer bei gebündelten Diensten und die Bedingungen für die Verlängerung und Kündigung des Vertrags gegebenenfalls die Bedingungen für die Kündigung des Bündelvertrags oder von Bestandteilen desselben;

(4) unbeschadet des Artikels 13 der Verordnung (EU) 2016/679[1]) Informationen darüber, welche personenbezogenen Daten vor der Bereitstellung des Dienstes bereitzustellen oder im Zuge der Bereitstellung zu erfassen sind;

(5) Einzelheiten über für Endnutzer mit Behinderungen bestimmte Produkte und Dienste und dazu, wie aktualisierte Informationen eingeholt werden können;

(6) die Mittel zur Einleitung von Streitbeilegungsverfahren gemäß Artikel 25, auch für nationale und grenzüberschreitende Streitigkeiten.

II. Über die in Teil A und in Abschnitt I dargelegten Anforderungen hinaus müssen die Anbieter öffentlich zugänglicher nummerngebundener interpersoneller Kommunikationsdienste auch folgende Informationen bereitstellen:

(1) etwaige Beschränkungen des Zugangs zu Notrufdiensten oder zu Angaben zum Anruferstandort aufgrund fehlender technischer Durchführbarkeit, sofern der Dienst Endnutzern den Verbindungsaufbau zu einer Nummer in einem nationalen oder internationalen Nummerierungsplan ermöglicht;

(2) das Recht der Endnutzer gemäß Artikel 12 der Richtlinie 2002/58/EG, festzulegen, ob ihre personenbezogenen Daten in ein Verzeichnis aufgenommen werden, und die betreffenden Datenarten.

III. Über die in Teil A und in Abschnitt I dargelegten Anforderungen hinaus müssen die Anbieter von Internetzugangsdiensten auch die nach Artikel 4 Absatz 1 der Verordnung (EU) 2015/2120 vorgeschriebenen Informationen bereitstellen.

Anhang X. Parameter für die Dienstqualität

Parameter, Definitionen und Messverfahren für die Dienstqualität gemäß Artikel 104

Für Anbieter des Zugangs zu einem öffentlichen elektronischen Kommunikationsnetz

---

[1]) Nr. 11.

PARAMETER (Anmerkung 1)	DEFINITION	MESSVERFAHREN
Frist für die erstmalige Bereitstellung des Anschlusses	ETSI EG 202 057	ETSI EG 202 057
Fehlerquote pro Anschlussleitung	ETSI EG 202 057	ETSI EG 202 057
Fehlerbehebungszeit	ETSI EG 202 057	ETSI EG 202 057

Für Anbieter interpersoneller Kommunikationsdienste, die zumindest einige Komponenten des Netzes kontrollieren oder eine diesbezügliche Leistungsvereinbarung mit Unternehmen getroffen haben, die den Zugang zum Netz bereitstellen

PARAMETER (Anmerkung 2)	DEFINITION	MESSVERFAHREN
Verbindungsaufbauzeit	ETSI EG 202 057	ETSI EG 202 057
Beschwerden über Abrechnungsfehler	ETSI EG 202 057	ETSI EG 202 057
Qualität der Sprechverbindung	ETSI EG 202 057	ETSI EG 202 057
Häufigkeit der Verbindungsabbrüche	ETSI EG 202 057	ETSI EG 202 057
Häufigkeit des erfolglosen Verbindungsaufbaus (Anmerkung 2)	ETSI EG 202 057	ETSI EG 202 057
Ausfallwahrscheinlichkeit		
Verzögerungen bei der Rufsignalisierung		

ETSI EG 202 057-1, Version 1.3.1 (Juli 2008)

Für Anbieter von Internetzugangsdiensten

PARAMETER	DEFINITION	MESSVERFAHREN
Latenz (Verzögerung)	ITU-T Y.2617	ITU-T Y.2617
Verzögerungsschwankung	ITU-T Y.2617	ITU-T Y.2617
Paketverlust	ITU-T Y.2617	ITU-T Y.2617

Anmerkung 1

Die Parameter ermöglichen eine Leistungsanalyse auf regionaler Ebene (nämlich zumindest auf der zweiten Ebene der von Eurostat aufgestellten Systematik der Gebietseinheiten für die Statistik – NUTS).

Anmerkung 2

Die Mitgliedstaaten können festlegen, dass für diese beiden betreffenden Leistungsparameter keine aktuellen Daten bereitgehalten werden müssen, wenn die Leistung in beiden betreffenden Bereichen nachweislich zufriedenstellend ist.

3. Verordnung über die technische und organisatorische Umsetzung von Maßnahmen zur Überwachung der Telekommunikation (Telekommunikations-Überwachungsverordnung – TKÜV)[1)]

In der Fassung der Bekanntmachung vom 11. Juli 2017[2)]

(BGBl. I S. 2316)

FNA 900-15-3

zuletzt geänd. durch Art. 6 Abs. 3 Verfassungsschutzrechts-AnpassungsG v. 5.7.2021 (BGBl. I S. 2274)

Teil 1. Allgemeine Vorschriften

§ 1 Gegenstand der Verordnung. Diese Verordnung regelt

1. die grundlegenden Anforderungen an die Gestaltung der technischen Einrichtungen, die für die Umsetzung der
   a) in § 100a Absatz 1 Satz 1 der Strafprozessordnung[3)],
   b) in den §§ 3, 5 und 8 des Artikel 10-Gesetzes[4)],
   c) in § 72 Absatz 1, 2 und 4 des Zollfahndungsdienstgesetzes,
   d) in § 51 des Bundeskriminalamtgesetzes,
   e) in den *[bis 31.12.2021:* §§ 6, 12 und 14 des BND-Gesetzes*][ab 1.1.2022:* §§ 19, 24 und 26 des BND-Gesetzes*]* sowie
   f) im Landesrecht

   vorgesehenen Maßnahmen zur Überwachung der Telekommunikation erforderlich sind, sowie organisatorische Eckpunkte für die Umsetzung derartiger Maßnahmen mittels dieser Einrichtungen,

2. den Rahmen für die Technische Richtlinie nach § 170 Absatz 6 des Telekommunikationsgesetzes,

3. das Verfahren für den Nachweis nach § 170 Absatz 1 Satz 1 Nummer 4 und 5 des Telekommunikationsgesetzes,

4. die Ausgestaltung der Verpflichtungen zur Duldung der Aufstellung von technischen Einrichtungen für Maßnahmen der strategischen Kontrolle nach § 5 oder § 8 des Artikel 10-Gesetzes oder nach den *[bis 31.12.2021:* §§ 6, 12 oder 14 des BND-Gesetzes*][ab 1.1.2022:* §§ 19, 24 oder 26 des BND-Gesetzes*]* sowie des Zugangs zu diesen Einrichtungen,

5. bei welchen Telekommunikationsanlagen dauerhaft oder vorübergehend keine technischen Einrichtungen zur Umsetzung von Anordnungen zur Über-

---

[1)] **Amtl. Anm.:** Notifiziert gemäß der Richtlinie (EU) 2015/1535 des Europäischen Parlaments und des Rates vom 9. September 2015 über ein Informationsverfahren auf dem Gebiet der technischen Vorschriften und der Vorschriften für die Dienste der Informationsgesellschaft (ABl. L 241 vom 17.9.2015, S. 1).
[2)] Neubekanntmachung der TKÜV v. 3.11.2005 (BGBl. I S. 3136) in der ab 21.7.2017 geltenden Fassung. Die VO wurde in ihrer ursprünglichen Fassung von der Bundesregierung auf Grund von § 110 Abs. 2, 6 Satz 2 und Abs. 8 Satz 2 TKG v. 22.6.2004 (BGBl. I S. 1190) erlassen.
[3)] Nr. **45**.
[4)] Nr. **47**.

wachung der Telekommunikation vorgehalten oder keine organisatorischen Vorkehrungen getroffen werden müssen,
6. welche Ausnahmen von der Erfüllung einzelner technischer Anforderungen die Bundesnetzagentur zulassen kann,
7. die Anforderungen an die Aufzeichnungsanschlüsse, an die die Aufzeichnungs- und Auswertungseinrichtungen angeschlossen werden, sowie
8. die Anforderungen an das Übermittlungsverfahren und das Datenformat für Auskunftsersuchen über Verkehrsdaten und der zugehörigen Ergebnisse.

§ 2 Begriffsbestimmungen. Im Sinne dieser Verordnung ist
1. Anordnung
   a) im Sinne der Teile 2 und 3 die Anordnung zur Überwachung der Telekommunikation nach § 100e der Strafprozessordnung[1]), § 10 des Artikel 10-Gesetzes[2]), § 74 des Zollfahndungsdienstgesetzes, § 51 des Bundeskriminalamtgesetzes, *[bis 31.12.2021: § 9 des BND-Gesetzes] [ab 1.1.2022: § 25 Absatz 1 Satz 1 des BND-Gesetzes]* oder nach Landesrecht und
   b) im Sinne des Teils 4 die Anordnung zur Erteilung von Auskünften über Verkehrsdaten nach § 100g in Verbindung mit § 101a Absatz 1 der Strafprozessordnung[1]), § 8a Absatz 1 Satz 1 Nummer 4 des Bundesverfassungsschutzgesetzes, auch in Verbindung mit § 4a des MAD-Gesetzes oder § 3 des BND-Gesetzes, § 52 des Bundeskriminalamtgesetzes, § 77 des Zollfahndungsdienstgesetzes oder nach Landesrecht;
2. Aufzeichnungsanschluss
   der Telekommunikationsanschluss einer berechtigten Stelle, an den deren Aufzeichnungs- und Auswertungseinrichtungen angeschlossen werden (Netzabschlusspunkt im Sinne von § 170 Absatz 9 des Telekommunikationsgesetzes);
2a. Aufzeichnungs- und Auswertungseinrichtung
   die technische Einrichtung einer berechtigten Stelle, die an Aufzeichnungsanschlüsse angeschlossen wird und der Aufzeichnung, technischen Aufbereitung und Auswertung der Überwachungskopie dient;
3. berechtigte Stelle
   a) im Sinne der Teile 2 und 3 die nach § 100a Absatz 4 Satz 1 der Strafprozessordnung[1]), § 1 Absatz 1 Nummer 1 des Artikel 10-Gesetzes, § 72 Absatz 1 des Zollfahndungsdienstgesetzes, § 51 Absatz 6 Satz 1 des Bundeskriminalamtgesetzes, den *[bis 31.12.2021: §§ 6, 12 oder 14 des BND-Gesetzes] [ab 1.1.2022: §§ 19, 24 oder 26 des BND-Gesetzes]* oder nach Landesrecht auf Grund der jeweiligen Anordnung zur Überwachung und Aufzeichnung der Telekommunikation berechtigte Stelle und
   b) im Sinne des Teils 4 die Stelle,
      aa) die nach § 101a Absatz 1 in Verbindung mit § 100a Absatz 4 Satz 1 der Strafprozessordnung[1]), § 8a Absatz 1 Satz 1 Nummer 4 des Bundesverfassungsschutzgesetzes, auch in Verbindung mit § 4a des MAD-Gesetzes oder § 3 des BND-Gesetzes, § 52 des Bundeskrimi-

---
[1]) Nr. **45**.
[2]) Nr. **47**.

nalamtgesetzes, § 77 des Zollfahndungsdienstgesetzes oder nach Landesrecht auf Grund der jeweiligen Anordnung berechtigt ist, Auskunftsverlangen über nach den §§ 9 und 12 des Telekommunikation-Telemedien-Datenschutz-Gesetzes[1)] erhobene Verkehrsdaten zu stellen, oder

bb) der nach § 177 Absatz 1 Nummer 1 oder 2 des Telekommunikationsgesetzes Auskünfte über nach § 176 des Telekommunikationsgesetzes gespeicherte Verkehrsdaten erteilt werden dürfen;

4. Betreiber einer Telekommunikationsanlage
   das Unternehmen, das die tatsächliche Kontrolle über die Funktionen einer Telekommunikationsanlage ausübt;

5. (weggefallen)

6. Endgerät
   die technische Einrichtung, mittels derer ein Nutzer einen Telekommunikationsanschluss zur Abwicklung seiner Telekommunikation nutzt;

7. Pufferung
   die kurzzeitige Zwischenspeicherung von Informationen zur Vermeidung von Informationsverlusten während systembedingter Wartezeiten;

8. Referenznummer
   die von der berechtigten Stelle vorgegebene eindeutige, auch nichtnumerische Bezeichnung der Überwachungsmaßnahme oder des Auskunftsverlangens, die auch die Bezeichnung der berechtigten Stelle enthält;

9. Speichereinrichtung
   eine netzseitige Einrichtung zur Speicherung von Telekommunikation, die einem Nutzer zugeordnet ist;

10. Telekommunikationsanschluss
    der durch eine Rufnummer oder andere Adressierungsangabe eindeutig bezeichnete Zugang zu einer Telekommunikationsanlage, der es einem Nutzer ermöglicht, Telekommunikationsdienste zu nutzen;

11. Übergabepunkt
    der Punkt der technischen Einrichtungen des Verpflichteten, an dem er die Überwachungskopie bereitstellt; der Übergabepunkt kann als systeminterner Übergabepunkt gestaltet sein, der am Ort der Telekommunikationsanlage nicht physikalisch dargestellt ist;

12. Übertragungsweg, der dem unmittelbaren nutzerbezogenen Zugang zum Internet dient
    die Verbindung zwischen dem Endgerät eines Internet-Nutzers und dem Netzknoten, der den Koppelpunkt zum Internet enthält, soweit nicht die Vermittlungsfunktion eines Netzknotens genutzt wird, der dem Zugang zum Sprachkommunikationsdienst dient;

13. Überwachungseinrichtung
    die für die technische Umsetzung von Anordnungen erforderlichen technischen Einrichtungen des Betreibers einer Telekommunikationsanlage einschließlich der zugehörigen Programme und Daten;

14. Überwachungskopie

[1)] Nr. 13.

das vom Verpflichteten auf Grund einer Anordnung auszuleitende und an die Aufzeichnungs- und Auswertungseinrichtung zu übermittelnde Doppel der zu überwachenden Telekommunikation;

15. Überwachungsmaßnahme

eine Maßnahme zur Überwachung der Telekommunikation nach § 100a Absatz 1 Satz 1 der Strafprozessordnung[1]), den §§ 3, 5 oder 8 des Artikel 10-Gesetzes, § 72 Absatz 1, 2 und 4 des Zollfahndungsdienstgesetzes, § 51 Absatz 1 des Bundeskriminalamtgesetzes, den *[bis 31.12.2021: §§ 6, 12 oder 14 des BND-Gesetzes][ab 1.1.2022: §§ 19, 24 oder 26 des BND-Gesetzes]* oder nach Landesrecht;

16. Verpflichteter

wer nach dieser Verordnung technische oder organisatorische Vorkehrungen zur Umsetzung von Anordnungen zu treffen hat;

17. zu überwachende Kennung

a) das technische Merkmal, durch das die zu überwachende Telekommunikation in der Telekommunikationsanlage des Verpflichteten gekennzeichnet ist,

b) im Falle von Übertragungswegen, die dem unmittelbaren nutzerbezogenen Zugang zum Internet dienen, oder im Falle des § 5 oder des § 8 des Artikel 10-Gesetzes die Bezeichnung des Übertragungswegs, oder

c) im Falle der *[bis 31.12.2021: §§ 6, 12 oder 14 des BND-Gesetzes][ab 1.1.2022: §§ 19, 24 oder 26 des BND-Gesetzes]* die Bezeichnung des Telekommunikationsnetzes einschließlich der für die Umsetzung der Anordnung erforderlichen, in der Technischen Richtlinie nach § 170 Absatz 6 des Telekommunikationsgesetzes festgelegten technischen Parameter;

18. Zuordnungsnummer

das vom Verpflichteten zu vergebende eindeutige, auch nichtnumerische Zuordnungsmerkmal, auf Grund dessen Teile der Überwachungskopie und die zugehörigen Daten einander zweifelsfrei zugeordnet werden können.

Teil 2. Maßnahmen nach § 100a Absatz 1 Satz 1 der Strafprozessordnung[1]), § 3 des Artikel 10-Gesetzes, § 72 Absatz 1, 2 und 4 des Zollfahndungsdienstgesetzes, § 51 Absatz 1 des Bundeskriminalamtgesetzes oder nach Landesrecht

Abschnitt 1. Kreis der Verpflichteten, Grundsätze

§ 3 Kreis der Verpflichteten. (1) ¹Die Vorschriften dieses Teils gelten für die Betreiber von Telekommunikationsanlagen, mit denen öffentlich zugängliche Telekommunikationsdienste erbracht werden. ²Werden mit einer Telekommunikationsanlage sowohl öffentlich zugängliche Telekommunikationsdienste als auch andere Telekommunikationsdienste erbracht, gelten die Vorschriften nur für den Teil der Telekommunikationsanlage, der der Erbringung von öffentlich zugänglichen Telekommunikationsdiensten dient.

(2) ¹Für Telekommunikationsanlagen im Sinne von Absatz 1 müssen keine Vorkehrungen getroffen werden, soweit

---

[1]) Nr. **45**.

1. es sich um ein Telekommunikationsnetz handelt, das Telekommunikationsnetze miteinander verbindet und keine Telekommunikationsanschlüsse aufweist,
2. sie Netzknoten sind, die der Zusammenschaltung mit dem Internet dienen,
3. sie aus Übertragungswegen gebildet werden, es sei denn, dass diese dem unmittelbaren nutzerbezogenen Zugang zum Internet dienen,
4. sie ausschließlich der Verteilung von Rundfunk oder anderen für die Öffentlichkeit bestimmten Diensten, dem Abruf von allgemein zugänglichen Informationen oder der Übermittlung von Messwerten, nicht individualisierten Daten, Notrufen oder Informationen für die Sicherheit und Leichtigkeit des See- oder Luftverkehrs dienen,
5. an sie nicht mehr als 10 000 Nutzer angeschlossen sind oder
6. mit ihnen ausschließlich nummernunabhängige interpersonelle Telekommunikationsdienste oder ausschließlich nichtkennungsbezogene Internetzugangsdienste über ein drahtloses lokales Netzwerk erbracht werden und an sie nicht mehr als 100 000 Nutzer angeschlossen sind.

²Satz 1 Nummer 1 und 5 gilt nicht für Netzknoten, die der Vermittlung eines öffentlich zugänglichen Sprachkommunikationsdienstes ins Ausland dienen. ³Satz 1 Nummer 1 und 2 gilt nicht im Hinblick auf Vorkehrungen zur Erfüllung der Verpflichtung aus .§ 170 Absatz 1 Satz 1 Nummer 2 des Telekommunikationsgesetzes

(3) § 100a Absatz 4 Satz 1 der Strafprozessordnung[1], § 2 Absatz 1a Satz 1 Nummer 1 bis 3 Artikel 10-Gesetzes[2], § 72 Absatz 7 des Zollfahndungsdienstgesetzes, § 51 Absatz 6 Satz 1 des Bundeskriminalamtgesetzes sowie die Vorschriften des Landesrechts über Maßnahmen zur Überwachung der Telekommunikation bleiben von den Absätzen 1 und 2 unberührt.

§ 4 Grenzen des Anwendungsbereichs.

(1) Telekommunikation, bei der die Telekommunikationsanlage im Rahmen der üblichen Betriebsverfahren erkennt, dass sich das Endgerät, das die zu überwachende Kennung nutzt, im Ausland befindet, ist nicht zu erfassen, es sei denn, die zu überwachende Telekommunikation

1. wird an einen im Inland gelegenen Telekommunikationsanschluss gerichtet,
2. geht von einem im Inland gelegenen Telekommunikationsanschluss aus oder
3. wird an eine im Inland befindliche Speichereinrichtung um- oder weitergeleitet.

(2) ¹Die Telekommunikation ist jedoch in den Fällen zu erfassen, in denen sie

1. von einem den berechtigten Stellen nicht bekannten Telekommunikationsanschluss im Inland herrührt und für eine in der Anordnung angegebene ausländische Rufnummer bestimmt ist oder
2. von einem in der Anordnung angegebenen Telekommunikationsanschluss im Ausland herrührt und für eine den berechtigten Stellen nicht bekannte Rufnummer im Inland bestimmt ist.

---

[1] Nr. 45.
[2] Nr. 47.

²Die technische Umsetzung derartiger Anordnungen ist vom Verpflichteten in Abstimmung mit der Bundesnetzagentur zu regeln, wobei hinsichtlich der Gestaltung der Überwachungseinrichtung, des Übergabepunktes und der zu treffenden organisatorischen Vorkehrungen von § 5 Absatz 1 Nummer 1, § 6 Absatz 3 und 4, § 7 Absatz 1 Satz 1 Nummer 2, 4 und 7 und Absatz 2 bis 4 abgewichen werden kann. ³§ 22 ist im Rahmen von Überwachungsmaßnahmen nach Satz 1 nicht anzuwenden.

§ 5 Grundsätze. (1) Die zu überwachende Telekommunikation umfasst bei Überwachungsmaßnahmen nach § 100a Absatz 1 Satz 1 der Strafprozessordnung[1)], dem § 3 des Artikel 10-Gesetzes[2)], dem § 72 Absatz 1, 2 und 4 des Zollfahndungsdienstgesetzes, § 51 Absatz 1 des Bundeskriminalamtgesetzes oder nach Landesrecht die Telekommunikation, die

1. von der zu überwachenden Kennung ausgeht,
2. für die zu überwachende Kennung bestimmt ist,
3. in eine Speichereinrichtung, die der zu überwachenden Kennung zugeordnet ist, eingestellt oder aus dieser abgerufen wird oder
4. (weggefallen)
5. zu einer der zu überwachenden Kennung aktuell zugeordneten anderen Zieladresse um- oder weitergeleitet wird,

und besteht aus dem Inhalt und den Daten über die näheren Umstände der Telekommunikation.

(2) ¹Zur technischen Umsetzung einer Anordnung hat der Verpflichtete der berechtigten Stelle am Übergabepunkt eine vollständige Kopie der durch die zu überwachende Kennung bezeichneten Telekommunikation bereitzustellen, die über seine Telekommunikationsanlage abgewickelt wird. ²Dabei hat er sicherzustellen, dass die bereitgestellten Daten ausschließlich die durch die Anordnung bezeichnete Telekommunikation enthalten. ³Bei Zusammenschaltungen mit Telekommunikationsnetzen anderer Betreiber hat er sicherzustellen, dass die Daten nach § 7 Absatz 1 Satz 1 Nummer 3 im Rahmen der technischen Möglichkeiten übergeben werden. ⁴Satz 1 gilt nicht für Telekommunikation, die in rundfunkähnlicher Weise für alle Nutzer gleichermaßen und unverändert übermittelt und vom Verpflichteten selbst eingespeist wird.

(3) ¹Der Verpflichtete hat sicherzustellen, dass er die Umsetzung einer Anordnung eigenverantwortlich vornehmen kann. ²In diesem Rahmen ist die Wahrnehmung der im Überwachungsfall erforderlichen Tätigkeiten durch einen Erfüllungsgehilfen zulässig, der jedoch nicht der berechtigten Stelle angehören darf.

(4) ¹Der Verpflichtete hat sicherzustellen, dass die technische Umsetzung einer Anordnung weder von den an der Telekommunikation Beteiligten noch von Dritten feststellbar ist. ²Insbesondere dürfen die Betriebsmöglichkeiten des Telekommunikationsanschlusses, der durch die zu überwachende Kennung genutzt wird, durch die technische Umsetzung einer Anordnung nicht verändert werden.

(5) ¹Der Verpflichtete hat der berechtigten Stelle unmittelbar nach Abschluss der für die technische Umsetzung einer Anordnung erforderlichen Tätigkeiten

---

[1)] Nr. 45.
[2)] Nr. 47.

den tatsächlichen Einrichtungszeitpunkt sowie die tatsächlich betroffene Kennung mitzuteilen. ²Dies gilt entsprechend für die Übermittlung einer Information zum Zeitpunkt der Beendigung einer Überwachungsmaßnahme.

(6) Der Verpflichtete hat Engpässe, die bei gleichzeitiger Durchführung mehrerer Überwachungsmaßnahmen auftreten, unverzüglich zu beseitigen.

Abschnitt 2. Technische Anforderungen
§ 6 Grundlegende Anforderungen an die technischen Einrichtungen.

(1) Der Verpflichtete hat seine Überwachungseinrichtungen so zu gestalten, dass er eine Anordnung unverzüglich umsetzen kann; dies gilt für eine von der berechtigten Stelle verlangte vorfristige Abschaltung einer Überwachungsmaßnahme entsprechend.

(2) Der Verpflichtete hat sicherzustellen, dass die Verfügbarkeit seiner Überwachungseinrichtungen der Verfügbarkeit seiner Telekommunikationsanlage entspricht, soweit dies mit vertretbarem Aufwand realisierbar ist.

(3) ¹Der Verpflichtete hat seine Überwachungseinrichtungen so zu gestalten, dass er die Überwachung neben der in seiner Telekommunikationsanlage verwendeten Ursprungs- oder Zieladresse auf Grund jeder in der Technischen Richtlinie nach § 36 bereichsspezifisch festgelegten Kennungsart ermöglichen kann, die er für die technische Abwicklung der Telekommunikation in seiner Telekommunikationsanlage erhebt. ²Soweit die zu überwachende Kennung des Telekommunikationsanschlusses in Fällen abgehender Telekommunikation durch die Telekommunikationsanlage des Verpflichteten nicht ausgewertet wird, hat der Verpflichtete die Überwachungskopie nach Maßgabe der Technischen Richtlinie auf der Basis der zugehörigen Benutzerkennung bereitzustellen.

(4) Der Verpflichtete muss sicherstellen, dass er die Überwachung derselben zu überwachenden Kennung gleichzeitig für mehr als eine berechtigte Stelle ermöglichen kann.

§ 7 Bereitzustellende Daten.
(1) ¹Der Verpflichtete hat der berechtigten Stelle als Teil der Überwachungskopie auch die folgenden bei ihm vorhandenen Daten bereitzustellen, auch wenn die Übermittlung von Telekommunikationsinhalten nicht zustande kommt:

1. die zu überwachende Kennung;
2. in Fällen, in denen die Telekommunikation von der zu überwachenden Kennung ausgeht,
   a) die jeweils gewählte Rufnummer oder andere Adressierungsangabe, auch wenn diese bei vorzeitiger Beendigung eines im Telekommunikationsnetz begonnenen Telekommunikationsversuches unvollständig bleibt und
   b) sofern die zu überwachende Telekommunikation an ein anderes als das von dem Nutzer der zu überwachenden Kennung gewählte Ziel um- oder weitergeleitet wird, auch die Rufnummer oder andere Adressierungsangabe des Um- oder Weiterleitungsziels, bei mehrfach gestaffelten Um- oder Weiterleitungen die Rufnummern oder anderen Adressierungsangaben der einzelnen Um- oder Weiterleitungsziele;
3. in Fällen, in denen die zu überwachende Kennung Ziel der Telekommunikation ist, die Rufnummer oder andere Adressierungsangabe, von der die

zu überwachende Telekommunikation ausgeht, auch wenn die Telekommunikation an eine andere, der zu überwachenden Kennung aktuell zugeordnete Zieladresse um- oder weitergeleitet wird oder das Ziel eine der zu überwachenden Kennung zugeordnete Speichereinrichtung ist;

4. in Fällen, in denen die zu überwachende Kennung zeitweise einem beliebigen Telekommunikationsanschluss zugeordnet ist, auch die diesem Anschluss fest zugeordnete Rufnummer oder andere Adressierungsangabe;
5. in Fällen, in denen der Nutzer für eine bestimmte Telekommunikation ein Dienstmerkmal in Anspruch nimmt, die Angabe dieses Dienstmerkmals einschließlich dessen Kenngrößen, soweit diese Angaben in dem Netzknoten vorhanden sind, in dem die Anordnung umgesetzt wird;
6. Angaben über die technische Ursache für die Beendigung der zu überwachenden Telekommunikation oder für das Nichtzustandekommen einer von der zu überwachenden Kennung veranlassten Telekommunikation, soweit diese Angaben in dem Netzknoten vorhanden sind, in dem die Anordnung umgesetzt wird;
7. bei einer zu überwachenden Kennung, deren Nutzung nicht ortsgebunden ist, Angaben zum Standort des Endgerätes mit der größtmöglichen Genauigkeit, die in dem das Endgerät versorgenden Netz für diesen Standort üblicherweise zur Verfügung steht; zur Umsetzung von Anordnungen, durch die Angaben zum Standort des empfangsbereiten, der zu überwachenden Kennung zugeordneten Endgerätes verlangt werden, hat der Verpflichtete seine Überwachungseinrichtungen so zu gestalten, dass sie diese Angaben automatisch erfassen und an die berechtigte Stelle weiterleiten;
8. Angaben zur Zeit (auf der Grundlage der amtlichen Zeit), zu der die zu überwachende Telekommunikation stattgefunden hat,
    a) in Fällen, in denen die zu überwachende Telekommunikation über physikalische oder logische Kanäle übermittelt wird (verbindungsorientierte Telekommunikation), mindestens zwei der folgenden Angaben:
        aa) Datum und Uhrzeit des Beginns der Telekommunikation oder des Telekommunikationsversuchs,
        bb) Datum und Uhrzeit des Endes der Telekommunikation,
        cc) Dauer der Telekommunikation,
    b) in Fällen, in denen die zu überwachende Telekommunikation nicht über physikalische oder logische Kanäle übermittelt wird (verbindungslose Telekommunikation), die Zeitpunkte mit Datum und Uhrzeit, zu denen die einzelnen Bestandteile der zu überwachenden Telekommunikation an die zu überwachende Kennung oder von der zu überwachenden Kennung gesendet werden;
9. die der Telekommunikationsanlage des Verpflichteten bekannten öffentlichen Internetprotokoll-Adressen der beteiligten Nutzer;
10. die der Telekommunikationsanlage des Verpflichteten bekannten Kodierungen, die bei der Übermittlung der überwachten Telekommunikation verwendet werden.

[2]Daten zur Anzeige des Entgelts, das für die von der zu überwachenden Kennung geführte Telekommunikation anfällt, sind nicht an die berechtigte Stelle zu übermitteln, auch wenn diese Daten an das von der zu überwachen-

den Kennung genutzte Endgerät übermittelt werden. ³Auf die wiederholte Übermittlung von Ansagen oder vergleichbaren Daten kann verzichtet werden, solange diese Daten unverändert bleiben.

(2) ¹Der Verpflichtete hat jede bereitgestellte Überwachungskopie und die Daten nach Absatz 1 Satz 1 durch die von der berechtigten Stelle vorgegebene Referenznummer der jeweiligen Überwachungsmaßnahme zu bezeichnen. ²Der Verpflichtete hat jeden Teil der Überwachungskopie und die zugehörigen Daten nach Absatz 1 Satz 1 zusätzlich durch eine Zuordnungsnummer zu kennzeichnen.

(3) In Fällen, in denen die Überwachungseinrichtungen so gestaltet sind, dass die Kopie des Inhalts der zu überwachenden Telekommunikation getrennt von den durch die Referenznummer gekennzeichneten Daten nach Absatz 1 Satz 1 bereitgestellt werden, sind der berechtigten Stelle ausschließlich diese Daten zu übermitteln, sofern dies im Einzelfall in der Anordnung ausdrücklich bestimmt wird.

(4) Die Absätze 1 bis 3 gelten auch für die Überwachung der Telekommunikation,

1. solange die zu überwachende Kennung an einer Telekommunikation mit mehr als einer Gegenstelle beteiligt ist,

2. wenn unter der zu überwachenden Kennung gleichzeitig mehrere Telekommunikationen stattfinden.

(5) ¹Die Anforderungen nach den Absätzen 1 bis 4 gelten unabhängig von der der jeweiligen Telekommunikationsanlage zu Grunde liegenden Technologie. ²Die Gestaltung hat der Verpflichtete entsprechend seiner Telekommunikationsanlage festzulegen.

§ 8 Übergabepunkt.

(1) Der Verpflichtete hat seine Überwachungseinrichtungen so zu gestalten, dass die Überwachungskopie an einem Übergabepunkt bereitgestellt wird, der den Vorschriften dieser Verordnung und den Vorgaben der Technischen Richtlinie nach § 36 entspricht.

(2) ¹Der Verpflichtete hat den Übergabepunkt so zu gestalten, dass

1. dieser ausschließlich von dem Verpflichteten oder seinem Erfüllungsgehilfen gesteuert werden kann; in Fällen, in denen der Übergabepunkt mittels Fernzugriffs gesteuert werden soll, muss sichergestellt sein, dass der Fernzugriff ausschließlich über die Überwachungseinrichtungen des Verpflichteten erfolgen kann;

2. an diesem ausschließlich die Überwachungskopie bereitgestellt wird;

3. der berechtigten Stelle die Überwachungskopie grundsätzlich in dem Format bereitgestellt wird, in dem dem Verpflichteten die zu überwachende Telekommunikation vorliegt; Absatz 3 Satz 1 und 2 bleibt unberührt;

4. die Qualität der an dem Übergabepunkt bereitgestellten Überwachungskopie grundsätzlich nicht schlechter ist als die der zu überwachenden Telekommunikation;

5. die Überwachungskopie so bereitgestellt wird, dass der Telekommunikationsinhalt grundsätzlich getrennt nach Sende- und Empfangsrichtung des Endgerätes, das für die durch die zu überwachende Kennung bezeichnete Telekommunikation genutzt wird, an die Aufzeichnungsanschlüsse übermit-

telt wird; dies gilt auch, wenn die zu überwachende Kennung an einer Telekommunikation mit mehr als einer Gegenstelle beteiligt ist;

6. die Zugänge zu dem Telekommunikationsnetz, das für die Übermittlung der Überwachungskopie benutzt wird, Bestandteile des Übergabepunktes sind und

7. hinsichtlich der Fähigkeit zur Übermittlung der Überwachungskopie folgende Anforderungen erfüllt werden:

    a) die Übermittlung der Überwachungskopie an die Aufzeichnungsanschlüsse erfolgt grundsätzlich über geeignete öffentliche Telekommunikationsnetze oder über genormte, allgemein verfügbare Übertragungswege und Übertragungsprotokolle,

    b) die Übermittlung der Überwachungskopie an die Aufzeichnungsanschlüsse wird ausschließlich von den Überwachungseinrichtungen jeweils unmittelbar nach dem Erkennen einer zu überwachenden Telekommunikation eingeleitet und

    c) die Schutzanforderungen gemäß § 14 Absatz 2 werden unterstützt.

²Wird in begründeten Ausnahmefällen bei bestimmten Telekommunikationsanlagen von dem Grundsatz nach Satz 1 Nummer 3 abgewichen, hat der Verpflichtete dies in den der Bundesnetzagentur nach § 19 Absatz 2 einzureichenden Unterlagen darzulegen; die Bundesnetzagentur entscheidet abschließend, ob und für welchen Zeitraum Abweichungen geduldet werden. ³Auf die Richtungstrennung nach Satz 1 Nummer 5 kann in Fällen verzichtet werden, in denen es sich bei der zu überwachenden Telekommunikation um einseitig gerichtete Telekommunikation oder um nicht vollduplexfähige Telekommunikation handelt.

(3) ¹Wenn der Verpflichtete die ihm zur Übermittlung anvertraute Telekommunikation netzseitig durch technische Maßnahmen gegen unbefugte Kenntnisnahme schützt oder er bei der Erzeugung oder dem Austausch von Schlüsseln mitwirkt und ihm dadurch die Entschlüsselung der Telekommunikation möglich ist, hat er die für diese Telekommunikation angewendeten Schutzvorkehrungen bei der an dem Übergabepunkt bereitzustellenden Überwachungskopie aufzuheben. ²Satz 1 gilt entsprechend bei der Anwendung von Komprimierungsverfahren. ³§ 14 Absatz 2 bleibt unberührt.

§ 9 Übermittlung der Überwachungskopie.

(1) ¹Die Übermittlung der Überwachungskopie einschließlich der Daten nach § 7 Absatz 1 Satz 1 sowie der Referenznummern und Zuordnungsnummern nach § 7 Absatz 2 vom Übergabepunkt an die berechtigte Stelle soll über öffentliche Telekommunikationsnetze erfolgen. ²Dem Verpflichteten werden hierzu von der berechtigten Stelle für jede zu überwachende Kennung die Aufzeichnungsanschlüsse benannt, an die die Überwachungskopie zu übermitteln ist und die so gestaltet sind, dass sie Überwachungskopien mehrerer gleichzeitig stattfindender zu überwachender Telekommunikationen einer zu überwachenden Kennung entgegennehmen können. ³Die Rufnummern oder anderen Adressierungsangaben der Aufzeichnungsanschlüsse können voneinander abweichen, wenn die Kopie der zu überwachenden Telekommunikationsinhalte und die zugehörigen Daten nach § 7 Absatz 1 Satz 1 einschließlich der Referenznummern und Zuordnungsnummern nach § 7 Absatz 2 über voneinander getrennte Wege oder über Netze mit unterschiedlicher Technologie übermittelt werden. ⁴Die

Inanspruchnahme der öffentlichen Telekommunikationsnetze für die Übermittlung der Überwachungskopie ist auf die hierfür erforderliche Zeitdauer zu begrenzen.

(2) (weggefallen)

(3) Maßnahmen zum Schutz der zu übermittelnden Überwachungskopie richten sich nach § 14.

§ 10 Zeitweilige Übermittlungshindernisse. [1] Der Verpflichtete hat seine Überwachungseinrichtungen so zu gestalten, dass die Daten nach § 7 Absatz 1 Satz 1 einschließlich der Referenznummern und Zuordnungsnummern nach § 7 Absatz 2 in Fällen, in denen die Übermittlung der Überwachungskopie an den Aufzeichnungsanschluss ausnahmsweise nicht möglich ist, unverzüglich nachträglich übermittelt werden. [2] Eine Verhinderung oder Verzögerung der zu überwachenden Telekommunikation oder eine Speicherung des Inhalts der Überwachungskopie aus diesen Gründen ist nicht zulässig. [3] Eine für den ungestörten Funktionsablauf aus technischen, insbesondere übermittlungstechnischen Gründen erforderliche Pufferung der Überwachungskopie bleibt von Satz 2 unberührt.

§ 11 (weggefallen)

Abschnitt 3. Organisatorische Anforderungen, Schutzanforderungen

§ 12 Entgegennahme der Anordnung, Rückfragen. (1) [1] Der Verpflichtete hat sicherzustellen, dass er jederzeit telefonisch über das Vorliegen einer Anordnung und die Dringlichkeit ihrer Umsetzung benachrichtigt werden kann. [2] Der Verpflichtete hat sicherzustellen, dass er eine Anordnung innerhalb seiner üblichen Geschäftszeiten jederzeit entgegennehmen kann. [3] Außerhalb seiner üblichen Geschäftszeiten muss er eine unverzügliche Entgegennahme der Anordnung sicherstellen, spätestens jedoch nach sechs Stunden nach der Benachrichtigung. [4] Soweit in der Anordnung eine kürzere Zeitspanne festgelegt ist, sind die dazu erforderlichen Schritte mit der berechtigten Stelle im Einzelfall abzustimmen. [5] Für die Benachrichtigung und für die Entgegennahme der Anordnung hat der Verpflichtete der Bundesnetzagentur eine im Inland gelegene Stelle sowie deren übliche Geschäftszeiten anzugeben; Änderungen sind unverzüglich mitzuteilen. [6] Die Stelle des Verpflichteten muss für die berechtigten Stellen zu dem gewöhnlichen Entgelt für eine einfache Telekommunikationsverbindung erreichbar sein.

(2) [1] Der Verpflichtete hat die zur Umsetzung einer Anordnung erforderlichen Schritte auch auf Grund einer ihm auf gesichertem elektronischem Weg oder vorab per Telefax übermittelten Kopie der Anordnung einzuleiten. [2] Eine auf Grund eines Telefax eingeleitete Überwachungsmaßnahme hat der Verpflichtete wieder abzuschalten, sofern ihm das Original oder eine beglaubigte Abschrift der Anordnung nicht binnen einer Woche nach Übermittlung der Kopie vorgelegt wird. [3] Bei Übermittlung der Anordnung auf gesichertem elektronischen Weg hat der Verpflichtete sicherzustellen, dass

1. die Anordnung und die zugehörigen Daten in seinem Verantwortungsbereich nicht verändert und

2. die für die technische Umsetzung erforderlichen Arbeitsschritte in keinem Fall ohne Mitwirkung seines Personals eingeleitet

werden können.

(3) ¹Der Verpflichtete hat sicherzustellen, dass er telefonische Rückfragen der berechtigten Stellen zur technischen Umsetzung einzelner noch nicht abgeschlossener Überwachungsmaßnahmen jederzeit durch sachkundiges Personal entgegennehmen kann. ²Ist eine sofortige Klärung nicht möglich, hat der Verpflichtete den Sachverhalt während der üblichen Geschäftszeiten unverzüglich, außerhalb der üblichen Geschäftszeiten innerhalb von sechs Stunden, einer Klärung zuzuführen und die anfragende Stelle über den Sachstand der Klärung zu benachrichtigen. ³Andere Rechtsvorschriften, nach denen die berechtigten Stellen im Einzelfall eine frühere Beantwortung ihrer Rückfragen fordern können, bleiben unberührt. ⁴Für die Angabe und Erreichbarkeit der die Rückfragen entgegennehmenden Stelle des Verpflichteten gilt Absatz 1 Satz 5 entsprechend.

§ 13 Störung und Unterbrechung. ¹Während einer Überwachungsmaßnahme hat der Verpflichtete die betroffenen berechtigten Stellen unverzüglich über Störungen seiner Überwachungseinrichtungen und Unterbrechungen einer Überwachungsmaßnahme zu verständigen. ²Dabei sind anzugeben:

1. die Art der Störung oder der Grund der Unterbrechung und deren Auswirkungen auf die laufenden Überwachungsmaßnahmen sowie

2. der Beginn und die voraussichtliche Dauer der Störung oder Unterbrechung.

³Nach Behebung der Störung oder Beendigung der Unterbrechung sind die betroffenen berechtigten Stellen unverzüglich über den Zeitpunkt zu verständigen, ab dem die Überwachungseinrichtungen wieder ordnungsgemäß zur Verfügung stehen. ⁴Der Verpflichtete hat seine Überwachungseinrichtungen unverzüglich und vorrangig vor Telekommunikationsanschlüssen anderer Nutzer zu entstören. ⁵In Mobilfunknetzen sind die Angaben über Störungen, die sich nur in regional begrenzten Bereichen des Netzes auswirken, nur auf Nachfrage der berechtigten Stelle zu machen.

§ 14 Schutzanforderungen. (1) Der Verpflichtete hat die von ihm zu treffenden Vorkehrungen zur technischen und organisatorischen Umsetzung von Anordnungen, insbesondere die technischen Einrichtungen zur Steuerung der Überwachungsfunktionen und des Übergabepunktes nach § 8 einschließlich der zwischen diesen befindlichen Übertragungsstrecken, nach dem Stand der Technik gegen unbefugte Inanspruchnahme zu schützen; die technischen Einrichtungen zur Steuerung der Überwachungsfunktionen und des Übergabepunktes nach § 8 sind im Inland zu betreiben.

(2) ¹Die Überwachungskopie ist durch angemessene Verfahren gegen eine Kenntnisnahme durch unbefugte Dritte zu schützen. ²Für die Übermittlung der Überwachungskopie an die Aufzeichnungsanschlüsse, die durch angemessene technische Maßnahmen vor einer unbefugten Belegung geschützt sind, sind Verfahren anzuwenden, die einen angemessenen Schutz vor einer Übermittlung an Nichtberechtigte gewährleisten. ³Die zur Erreichung der Ziele nach den Sätzen 1 und 2 erforderlichen Verfahren sind in der Technischen Richtlinie nach § 36 festzulegen. ⁴Sollen die Schutzziele nach Satz 2 im Rahmen einer Geschlossenen Benutzergruppe erreicht werden, darf hierfür ausschließlich eine eigens für diesen Zweck eingerichtete Geschlossene Benutzergruppe genutzt werden, die durch die Bundesnetzagentur verwaltet wird. ⁵Die Schutzanforderung nach Satz 1 gilt bei der Übermittlung der Überwachungskopie an

die Aufzeichnungsanschlüsse über festgeschaltete Übertragungswege oder über Telekommunikationsnetze mit leitungsvermittelnder Technik auf Grund der diesen Übertragungsmedien zu Grunde liegenden Gestaltungsgrundsätze als erfüllt. ⁶ In den übrigen Fällen sind die zur Erfüllung dieser Schutzanforderung erforderlichen technischen Schutzvorkehrungen auf der Seite der Telekommunikationsanlage des Verpflichteten Bestandteil der Überwachungseinrichtungen und auf der Seite der berechtigten Stelle Bestandteil der Aufzeichnungs- und Auswertungseinrichtungen.

(3) ¹ Im Übrigen erfolgt die Umsetzung von Anordnungen unter Beachtung der beim Betreiben von Telekommunikationsanlagen oder Erbringen von Telekommunikationsdiensten üblichen Sorgfalt. ² Dies gilt insbesondere hinsichtlich der Sicherheit und Verfügbarkeit zentralisierter oder teilzentralisierter Einrichtungen, sofern Überwachungsmaßnahmen mittels solcher Einrichtungen eingerichtet und verwaltet werden. ³ Die Verpflichteten haben dafür zu sorgen, dass die mit der Umsetzung von Überwachungsmaßnahmen betrauten Personen die damit zusammenhängenden Tätigkeiten nur in sich beim Verpflichteten oder dessen Erfüllungsgehilfen befindlichen Räumen ausführen, in denen Unbefugte keine Kenntnis von der Anordnung oder den darauf beruhenden Tätigkeiten erhalten können. ⁴ Satz 3 gilt nicht für die Entgegennahme der Benachrichtigung über das Vorliegen einer Anordnung gemäß § 12 Absatz 1 Satz 1. ⁵ Der Verpflichtete hat die Anordnungsdaten, die bei der technischen Umsetzung einer Anordnung aus technischen Gründen in einer Telekommunikationsanlage gespeichert oder hinterlegt werden müssen, nach Vorgaben des Telekommunikationsgesetzes sowie der Technischen Richtlinie nach § 170 Absatz 6 des Telekommunikationsgesetzes gegen unbefugte Kenntnisnahme zu schützen.

§ 15 Verschwiegenheit. (1) Der Verpflichtete darf Informationen über die Art und Weise, wie Anordnungen in seiner Telekommunikationsanlage umgesetzt werden, Unbefugten nicht zugänglich machen.

(2) ¹ Der Verpflichtete hat den Schutz der im Zusammenhang mit Überwachungsmaßnahmen stehenden Informationen sicherzustellen. ² Dies gilt insbesondere hinsichtlich unbefugter Kenntnisnahme von Informationen über zu überwachende Kennungen und die Anzahl gegenwärtig oder in der Vergangenheit überwachter Kennungen sowie die Zeiträume, in denen Überwachungsmaßnahmen durchgeführt worden sind. ³ Für unternehmensinterne Prüfungen, die in keinem unmittelbaren Zusammenhang mit der Umsetzung von Anordnungen stehen, darf jedoch die Anzahl der in einem zurückliegenden Zeitraum betroffenen zu überwachenden Kennungen mitgeteilt werden, sofern sichergestellt ist, dass keine Rückschlüsse auf die betroffenen Kennungen oder auf die die Überwachung durchführenden Stellen möglich sind.

(3) In Fällen, in denen dem Verpflichteten bekannt wird oder er einen begründeten Verdacht hat, dass ein Unbefugter entgegen Absatz 2 Kenntnis von einer Überwachungsmaßnahme erlangt hat, hat der Verpflichtete die betroffene berechtigte Stelle und die Bundesnetzagentur unverzüglich und umfassend über das Vorkommnis zu informieren.

§ 16 Protokollierung. (1) ¹ Der Verpflichtete hat sicherzustellen, dass jede Anwendung seiner Überwachungseinrichtungen, die als integraler Bestandteil der Telekommunikationsanlage gestaltet sind, bei der Eingabe der für die technische Umsetzung erforderlichen Daten automatisch lückenlos protokolliert wird. ²Unter Satz 1 fallen auch Anwendungen für unternehmensinterne Testzwecke, für Zwecke des Nachweises (§ 19 Absatz 5), für Prüfungen im Falle von Änderungen der Telekommunikationsanlage oder nachträglich festgestellten Mängeln (§ 20) und für probeweise Anwendungen der Überwachungsfunktionen (§ 23) sowie solche Anwendungen, die durch fehlerhafte oder missbräuchliche Eingabe, Bedienung oder Schaltung verursacht wurden. ³Es sind zu protokollieren:

1. die Referenznummer oder eine unternehmensinterne Bezeichnung der Überwachungsmaßnahme,
2. die tatsächlich eingegebene Kennung, auf Grund derer die Überwachungseinrichtungen die Überwachungskopie bereitstellen,
3. die Zeitpunkte (Datum und Uhrzeit auf der Grundlage der amtlichen Zeit), zwischen denen die Überwachungseinrichtungen die Telekommunikation in Bezug auf die Kennung nach Nummer 2 erfassen,
4. die Rufnummer oder andere Adressierungsangabe des Anschlusses, an den die Überwachungskopie übermittelt wird,
5. ein Merkmal zur Erkennbarkeit der Person, die die Daten nach den Nummern 1 bis 4 eingibt,
6. Datum und Uhrzeit der Eingabe.

⁴Die Angaben nach Satz 3 Nummer 5 dürfen ausschließlich bei auf tatsächlichen Anhaltspunkten beruhenden Untersuchungen zur Aufklärung von Missbrauchs- oder Fehlerfällen verwendet werden.

(2) Der Verpflichtete hat sicherzustellen, dass durch die technische Gestaltung der Zugriffsrechte und Löschfunktionen folgende Anforderungen eingehalten werden:

1. das Personal, das mit der technischen Umsetzung von Anordnungen betraut ist, darf keinen Zugriff auf die Protokolldaten, die Löschfunktionen und die Funktionen zur Erteilung von Zugriffsrechten haben;
2. die Funktionen zur Löschung von Protokolldaten dürfen ausschließlich dem für die Prüfung dieser Daten verantwortlichen Personal des Verpflichteten verfügbar sein;
3. jede Nutzung der Löschfunktionen nach Nummer 2 ist unter Angabe des Zeitpunktes und eines Merkmals zur Erkennbarkeit der die Funktion jeweils nutzenden Person in einem Datensatz zu protokollieren, der frühestens nach zwei Jahren gelöscht oder überschrieben werden darf;
4. die Berechtigungen zum Zugriff auf die Funktionen von Datenverarbeitungsanlagen oder auf die Datenbestände, die für die Prüfung der Protokolldaten oder die Erteilung von Zugriffsrechten erforderlich sind, dürfen nicht ohne Nachweis eingerichtet, geändert oder gelöscht werden können; jede Erteilung, Änderung oder Aufhebung einer Berechtigung ist einschließlich ihres Zeitpunktes bis zum Ende des zweiten auf die Erteilung, Änderung oder Aufhebung folgenden Kalenderjahres so zu dokumentieren, dass die Daten, einschließlich aller bestehenden Berechtigungen, im Rahmen der üblichen Geschäftszeiten jederzeit für Prüfungen abrufbar sind.

§ 17 Prüfung und Löschung der Protokolldaten, Vernichtung von Unterlagen. (1) ¹Der Verpflichtete hat einen angemessenen Anteil der für die

Aktivierung, Änderung oder Abschaltung der Überwachungsfunktionalität nach § 16 protokollierten Eingaben auf Übereinstimmung mit den ihm vorliegenden Unterlagen zu prüfen. ²Die Prüfung hat mindestens quartalsweise zu erfolgen, die unternehmensinterne Festlegung kürzerer Prüfzeiträume ist zulässig. ³Die Überprüfung muss sich auf mindestens 20 vom Hundert der im Prüfzeitraum angeordneten Überwachungsmaßnahmen beziehen, jedoch nicht mehr als 200 Maßnahmen je Kalendervierteljahr umfassen. ⁴Darüber hinaus sind die Protokolldaten in allen Fällen zu prüfen,

1. die in § 23 genannt sind, oder
2. in denen Tatsachen den Verdacht einer Unregelmäßigkeit begründen.

⁵In den geheimschutzbetreuten Unternehmen obliegen die Aufgaben nach den Sätzen 1 und 4 dem Sicherheitsbevollmächtigten. ⁶Das mit der Prüfung betraute Personal kann zur Klärung von Zweifelsfällen das mit der technischen Umsetzung der Anordnungen betraute Personal hinzuziehen. ⁷Der Verpflichtete hat die Ergebnisse der Prüfungen schriftlich festzuhalten. ⁸Sind keine Beanstandungen aufgetreten, darf in den Prüfergebnissen die nach § 16 Absatz 1 Satz 3 Nummer 2 protokollierte Kennung nicht mehr vermerkt sein und kann auf die übrigen Angaben gemäß § 16 Absatz 1 Satz 3 verzichtet werden. ⁹Der Verpflichtete hat der Bundesnetzagentur spätestens zum Ende eines jeden Kalendervierteljahres eine Kopie der Prüfergebnisse zu übersenden. ¹⁰Die Bundesnetzagentur bewahrt diese Unterlagen bis zum Ende des folgenden Kalenderjahres auf; sie kann sie bei der Einsichtnahme nach Absatz 4 verwenden.

(2) ¹Der Verpflichtete hat die Protokolldaten vorbehaltlich Satz 2 und Absatz 3 Satz 6 nach Ablauf von zwölf Monaten nach Versendung der Prüfergebnisse an die Bundesnetzagentur unverzüglich zu löschen und die entsprechenden Anordnungen und alle zugehörigen Unterlagen einschließlich der für die jeweilige Überwachungsmaßnahme angefertigten unternehmensinternen Hilfsmittel zu vernichten, es sei denn, dass die Überwachungsmaßnahme zu diesem Zeitpunkt noch nicht beendet ist. ²Andere Rechtsvorschriften, die eine über Satz 1 hinausgehende Aufbewahrungszeit für Unterlagen vorschreiben, bleiben unberührt; dies gilt entsprechend auch für unternehmensinterne Vorgaben zur Aufbewahrung von Abrechnungsunterlagen.

(3) ¹Bei Beanstandungen, insbesondere auf Grund unzulässiger Eingaben oder unzureichender Angaben, hat der Verpflichtete unverzüglich eine Untersuchung der Angelegenheit einzuleiten und die Bundesnetzagentur unter Angabe der wesentlichen Einzelheiten schriftlich darüber zu unterrichten. ²Steht die Beanstandung im Zusammenhang mit einer Überwachungsmaßnahme, hat der Verpflichtete zusätzlich unverzüglich die betroffene berechtigte Stelle zu informieren. ³Die Pflicht zur Untersuchung und Unterrichtung nach den Sätzen 1 und 2 besteht auch für Fälle, in denen der Verpflichtete unabhängig von der Prüfung der Protokolldaten Kenntnis über einen zu beanstandenden Sachverhalt erhält. ⁴Das Ergebnis der Untersuchung ist schriftlich festzuhalten. ⁵Der Verpflichtete hat eine Kopie des Untersuchungsergebnisses an die Bundesnetzagentur zu übersenden, die sie bis zum Ende des folgenden Kalenderjahres aufbewahrt. ⁶Für die Löschung der beanstandeten Protokolldaten und die Vernichtung der zugehörigen Unterlagen nach Abschluss der gemäß Satz 1 oder Satz 3 durchzuführenden Untersuchungen gilt Absatz 2 vorbehaltlich anderer Rechtsvorschriften entsprechend mit der Maßgabe, dass an die Stelle

des dort genannten Zeitpunktes der Dezember des Kalenderjahres tritt, das auf den Abschluss der Untersuchung folgt.

(4) [1]Die Bundesnetzagentur ist befugt, Einsicht in die Protokolldaten, Anordnungen und die zugehörigen Unterlagen sowie in die Datensätze nach § 16 Absatz 2 Nummer 3 und 4 zu nehmen. [2]Die Befugnisse der für die Kontrolle der Einhaltung der Vorschriften über den Schutz personenbezogener Daten zuständigen Behörden werden durch die Absätze 1 bis 3 nicht berührt. [3]Für die gemäß § 16 erstellten Protokolldaten muss für die Kontrollen nach den Sätzen 1 und 2 die Möglichkeit bestehen, diese sowohl nach ihrer Entstehungszeit als auch nach den betroffenen Kennungen sortiert auszugeben.

Abschnitt 4. Verfahren zum Nachweis nach § 170 Absatz 1 Satz 1 Nummer 4 des Telekommunikationsgesetzes

§ 18 (weggefallen)

§ 19 Nachweis. (1) [1]Für den nach § 170 Absatz 1 Satz 1 Nummer 4 des Telekommunikationsgesetzes zu erbringenden Nachweis der Übereinstimmung der von dem Verpflichteten getroffenen Vorkehrungen mit den Vorschriften dieser Verordnung und der Technischen Richtlinie (§ 36) hat der Verpflichtete der Bundesnetzagentur die zur Prüfung erforderlichen Unterlagen einzureichen und ihr die erforderlichen Prüfungen der Überwachungseinrichtungen und der organisatorischen Vorkehrungen vor Ort zu ermöglichen. [2]Den Nachweis für baugleiche Einrichtungen hat der Verpflichtete nur einmal zu erbringen; die Bundesnetzagentur kann jedoch in begründeten Fällen einen weiteren Nachweis an einer baugleichen Einrichtung verlangen.

(2) [1]Die von dem Verpflichteten vorzulegenden Unterlagen, zu deren Form die Bundesnetzagentur Vorgaben machen kann, müssen die zur Beurteilung des Sachverhalts erforderlichen Angaben enthalten. [2]Dazu gehören insbesondere Angaben zu Name und Sitz des Verpflichteten sowie die Namen der Personen, die für die Vorhaltung der Überwachungseinrichtungen verantwortlich sind, sowie Beschreibungen über:

1. die technische Gestaltung der Telekommunikationsanlage einschließlich der mit ihr erbrachten oder geplanten Telekommunikationsdienste und der zugehörigen Dienstmerkmale,

2. die Arten der Kennungen, die bei den erbrachten oder geplanten Telekommunikationsdiensten ausgewertet werden können,

3. die Überwachungseinrichtungen, insbesondere hinsichtlich der Anforderungen nach § 7 Absatz 1 bis 4 sowie § 10,

4. den Übergabepunkt gemäß § 8 und die Bereitstellung der Überwachungskopie gemäß § 9 sowie

5. die technischen Einrichtungen und die organisatorischen Vorkehrungen zur Umsetzung der §§ 4, 5, 6, 12 und 13 Satz 4, des § 14 Absatz 1, 2 Satz 1 bis 4 und Absatz 3 sowie der §§ 16 und 17 Absatz 1 Satz 1 bis 4 sowie

6. die technische Gestaltung des Zusammenwirkens der Überwachungseinrichtungen mit den Telekommunikationsanlagen anderer Betreiber.

[3]Unterlagen, die Geschäfts- oder Betriebsgeheimnisse enthalten, sind entsprechend zu kennzeichnen. [4]Soweit für die Überwachungseinrichtungen auf Antrag des Herstellers oder Vertreibers dieser Einrichtungen eine Typmuster-

prüfung nach § 170 Absatz 7 des Telekommunikationsgesetzes durchgeführt wurde, kann der Verpflichtete zur Vereinfachung auf die Ergebnisse dieser Typmusterprüfung verweisen.

(3) [1] Die Bundesnetzagentur bestätigt dem Verpflichteten den Eingang der Unterlagen. [2] Sie prüft die Unterlagen darauf, ob die Überwachungseinrichtungen und die organisatorischen Vorkehrungen den Anforderungen der §§ 4, 5, 6 und 7 Absatz 1 bis 4, der §§ 8 bis 10, 12 und 13 Satz 4, des § 14 Absatz 1, 2 Satz 1 bis 4 und Absatz 3, der §§ 16 und 17 Absatz 1 Satz 1 bis 4 sowie den Anforderungen der Technischen Richtlinie nach § 36 entsprechen; dabei berücksichtigt sie die Zulässigkeit von älteren technischen Vorschriften nach § 36 Satz 4 und von Abweichungen gemäß § 22. [3] Nach Prüfung der schriftlichen Unterlagen vereinbart die Bundesnetzagentur mit dem Verpflichteten einen Termin für eine technische Prüfung der Überwachungseinrichtungen und eine Prüfung der organisatorischen Vorkehrungen.

(4) [1] Die Bundesnetzagentur stellt die prüffähigen Unterlagen unverzüglich dem Generalbundesanwalt beim Bundesgerichtshof, dem Zollkriminalamt, dem Bundesamt für Verfassungsschutz als Koordinierungsstelle für die Nachrichtendienste und dem Bundeskriminalamt als Zentralstelle zur Stellungnahme innerhalb einer gesetzten angemessenen Frist zur Verfügung. [2] Die rechtzeitig eingegangenen Stellungnahmen hat die Bundesnetzagentur bei ihrer Entscheidung über die vorübergehende Duldung von Abweichungen mit zu berücksichtigen.

(5) [1] Die Bundesnetzagentur kann von dem Verpflichteten verlangen, dass er unentgeltlich

1. ihren Bediensteten die Durchführung der erforderlichen Prüfungen bezüglich der Einhaltung der in Absatz 3 genannten Anforderungen ermöglicht,

2. bei Prüfungen nach Nummer 1 im erforderlichen Umfang mitwirkt und

3. die für die Prüfungen nach Nummer 1 erforderlichen Telekommunikationsanschlüsse seiner Telekommunikationsanlage sowie die notwendigen Endgeräte bereitstellt und die für die Prüfung notwendige Telekommunikation an geeignete Testanschlüsse übermittelt.

[2] Für die Zwecke der Prüfung der Protokolldaten nach § 17 bestätigt die Bundesnetzagentur dem Verpflichteten den Zeitraum der Prüfung, die Kennungen der für die Prüfung verwendeten Telekommunikationsanschlüsse sowie die Rufnummern oder anderen Adressierungsangaben der Anschlüsse, an die die Kopie der Telekommunikation übermittelt wurde. [3] Die Bundesnetzagentur kann zu den Prüfungen nach Satz 1 auch Vertreter der in Absatz 4 genannten Stellen hinzuziehen. [4] Für Prüfungen, die die Bundesnetzagentur nach § 170 Absatz 1 Satz 1 Nummer 5 des Telekommunikationsgesetzes zur Beseitigung von Fehlfunktionen durchführt, gelten die Sätze 1 bis 3 entsprechend.

(6) [1] Entsprechen die von dem Verpflichteten vorgehaltenen Überwachungseinrichtungen und die von ihm getroffenen organisatorischen Vorkehrungen den Vorschriften dieser Verordnung und der Technischen Richtlinie nach § 36, erteilt die Bundesnetzagentur dem Verpflichteten innerhalb von vier Wochen nach Abschluss der Prüfungen nach Absatz 5 einen entsprechenden Nachweisbescheid. [2] Weichen die vorgehaltenen Überwachungseinrichtungen oder die getroffenen organisatorischen Vorkehrungen von den Vorschriften ab, hat die Bundesnetzagentur dem Verpflichteten aufzuerlegen, die Abweichung innerhalb einer angemessenen Frist zu beseitigen. [3] Eine dauerhafte Abweichung

kann nur geduldet werden, wenn zu erwarten ist, dass die Durchführung von Überwachungsmaßnahmen nicht beeinträchtigt wird und keine Änderungen bei den Aufzeichnungs- und Auswertungseinrichtungen erforderlich sind; in diesem Fall sind die geduldeten Abweichungen im Nachweisbescheid zu bezeichnen. ⁴Bei Abweichungen, die eine Verletzung des Fernmeldegeheimnisses oder wesentliche Mängel bei der Überwachung zur Folge haben, hat die Bundesnetzagentur in dem Nachweisbescheid darzustellen, dass der Nachweis für diejenigen Dienste oder Dienstmerkmale nicht erbracht ist, bei denen sich diese Abweichungen auswirken.

(7) Gehen die Unterlagen nach Absatz 2 erst so spät bei der Bundesnetzagentur ein, dass von ihr angeforderte Ergänzungen nicht mehr fristgerecht erfolgen können, soll sie vor Einleiten von Zwangsmitteln nach § 183 Absatz 4 oder 5 des Telekommunikationsgesetzes eine Nachbesserungsfrist einräumen, die einen Monat nicht übersteigen darf.

(8) Im Falle der Fortschreibung der Unterlagen, insbesondere im Zusammenhang mit Änderungen wie nach § 20, hat der Verpflichtete der Bundesnetzagentur entsprechend geänderte Unterlagen zusammen mit einer Liste der jeweils insgesamt gültigen Dokumente vorzulegen; die Absätze 1 bis 7 gelten entsprechend.

§ 20 Änderungen der Telekommunikationsanlage oder der Überwachungseinrichtung. ¹§ 19 gilt entsprechend bei jeder Änderung der Telekommunikationsanlage, eines mittels dieser Telekommunikationsanlage angebotenen Telekommunikationsdienstes oder der Überwachungseinrichtung, sofern diese Änderung Einfluss auf die Überwachungsfunktionen hat. ²Änderungen, die Auswirkungen auf die Aufzeichnungs- oder Auswertungseinrichtungen haben, dürfen erst nach Abstimmung mit der Bundesnetzagentur vorgenommen werden.

Abschnitt 5. Abweichungen

§ 21 (weggefallen)

§ 22 Abweichungen, Feldversuche, Probebetriebe. (1) ¹Die Bundesnetzagentur kann im Rahmen des Nachweises nach § 19 im Benehmen mit den in § 19 Absatz 4 genannten Stellen auf Antrag des Verpflichteten bei einzelnen Telekommunikationsanlagen hinsichtlich der Gestaltung der Überwachungseinrichtungen Abweichungen von einzelnen Anforderungen der Technischen Richtlinie nach § 36 dulden, sofern

1. die Überwachbarkeit sichergestellt ist und die Durchführung von Überwachungsmaßnahmen nicht grundlegend beeinträchtigt wird und
2. ein hierdurch bedingter Änderungsbedarf bei den Aufzeichnungs- und Auswertungseinrichtungen nicht unverhältnismäßig hoch ist.

²Der Verpflichtete hat der Bundesnetzagentur die Gründe für Abweichungen nach Satz 1, die genaue Beschreibung des Übergabepunktes mit Hinweisen auf die Abweichungen von den Vorschriften sowie die Folgen dieser Abweichungen mitzuteilen. ³Die Bundesnetzagentur ist unbeschadet möglicher Schutzrechtsvermerke des Verpflichteten befugt, Mitteilungen nach Satz 2 an die in § 19 Absatz 4 genannten Stellen zu übermitteln, damit die vorhandenen Aufzeichnungs- und Auswertungseinrichtungen gegebenenfalls angepasst wer-

den können. ⁴Der Nachweisbescheid kann mit Auflagen verbunden werden. ⁵In der Technischen Richtlinie nach § 36 können für bestimmte Telekommunikationsanlagen oder Telekommunikationsdienste technische Voraussetzungen festgelegt werden, bei deren Einhaltung Abweichungen allgemein zulässig sind.

(2) ¹Die Bundesnetzagentur kann für die Überwachungseinrichtungen in Teilen von Telekommunikationsanlagen, die Versuchs- oder Probezwecken oder im Rahmen von Feldversuchen der Ermittlung der Funktionsfähigkeit der Telekommunikationsanlage unter tatsächlichen Betriebsbedingungen oder der bedarfsgerechten Ausgestaltung von am Telekommunikationsmarkt nachgefragten Telekommunikationsdiensten dienen, den Nachweis im Hinblick auf den befristet betriebenen Teil der Telekommunikationsanlage oder den befristet oder einem begrenzten Nutzerkreis angebotenen Telekommunikationsdienst nach einem vereinfachten Verfahren annehmen; Wiederholungen sind zulässig. ²Sie kann dabei nach pflichtgemäßem Ermessen im Einzelfall vorübergehend auf die Einhaltung einzelner technischer Vorschriften dieser Verordnung oder einzelner Anforderungen der Technischen Richtlinie nach § 36 verzichten, sofern

1. der Versuchs- oder Probebetrieb oder der Feldversuch des Teils der Telekommunikationsanlage für nicht länger als zwölf Monate vorgesehen ist,
2. nicht mehr als 10 000 Nutzer oder sonstige Nutzungsberechtigte, die nicht zu dem Personal des Verpflichteten zählen, in den Versuchs- oder Probebetrieb oder in den Feldversuch einbezogen werden und
3. sichergestellt ist, dass eine Überwachung der Telekommunikation möglich ist.

³Absatz 1 Satz 2 bis 4 gilt entsprechend.

Abschnitt 6. Sonstige Vorschriften

§ 23 Probeweise Anwendung der Überwachungsfunktionen. (1) ¹Die probeweise Anwendung der Überwachungsfunktionen ist auf das unabdingbare Maß zu begrenzen und nur zulässig

1. zur Durchführung des Nachweises nach § 19 oder einer insbesondere zur Beseitigung von Fehlfunktionen von der Bundesnetzagentur verlangten Prüfung nach § 170 Absatz 1 Nummer 5 des Telekommunikationsgesetzes,
2. zur Funktionsprüfung der Überwachungseinrichtungen durch den Betreiber oder zur Schulung von Personal des Verpflichteten unter Verwendung von ausschließlich zu diesem Zweck eingerichteten Anschlüssen oder
3. zur Funktionsprüfung der Aufzeichnungs- und Auswertungseinrichtungen; Aus- oder Fortbildungsmaßnahmen der berechtigten Stellen stehen solchen Funktionsprüfungen gleich.

²Für eine insbesondere zur Beseitigung von Fehlfunktionen von der Bundesnetzagentur verlangte Prüfung nach § 170 Absatz 1 Nummer 5 des Telekommunikationsgesetzes kann sie vom Verpflichteten auch verlangen, dass für automatisch durchzuführende Prüfungen gleichzeitig mehrere Testanschlüsse und Endgeräte bereitgestellt werden sowie eine von der Bundesnetzagentur bereitgestellte Anwendung auf diesen Endgeräten installiert wird. ³Bei der probeweisen Anwendung ist sicherzustellen, dass die Anschlüsse, auf die die Überwachungsfunktionen angewendet werden, ausschließlich zu Prüfzwecken ge-

nutzt werden und die Personen, die für die probeweise erzeugte Telekommunikation verantwortlich sind, diese ohne Beteiligung Dritter durchführen. [4] Der Zeitraum der probeweisen Anwendung nach Satz 1 Nummer 3 darf sechs Monate nicht überschreiten; Verlängerungen sind zulässig. [5] Der Verpflichtete hat der Bundesnetzagentur die von ihm für die Fälle nach Satz 1 Nummer 2 vorgesehenen Anschlüsse vor der erstmaligen Durchführung von Funktionsprüfungen seiner Überwachungseinrichtungen schriftlich anzuzeigen. [6] Die Bundesnetzagentur führt über diese Anschlüsse eine Liste und bestätigt dem Verpflichteten den Eintrag der von ihm benannten Anschlüsse. [7] Nach Eingang dieser Bestätigung kann der Verpflichtete Funktionsprüfungen unter ausschließlicher Einbeziehung dieser Anschlüsse jederzeit eigenverantwortlich nach Bedarf durchführen. [8] In den Fällen des Satzes 1 Nummer 3 bedarf die probeweise Anwendung der vorherigen Anmeldung durch die berechtigte Stelle bei der Bundesnetzagentur. [9] In der Anmeldung sind der Grund für die probeweise Anwendung, der Zeitraum der Erprobung, die Kennungen, die bei der Erprobung an Stelle einer zu überwachenden Kennung verwendet werden, sowie die Rufnummern oder anderen Adressierungsangaben der Anschlüsse anzugeben, an die die Kopie der Telekommunikation übermittelt wird. [10] Die Bundesnetzagentur bestätigt die Anmeldung mit den in Satz 8 genannten Angaben schriftlich oder durch eine gesicherte elektronische Übermittlung sowohl der berechtigten Stelle als auch dem Verpflichteten. [11] In Fällen einer dringenden Störungsbeseitigung ist eine nachträgliche Anzeige oder Anmeldung zulässig. [12] Für die Behandlung der Bestätigung beim Verpflichteten gilt § 17 entsprechend. [13] Form und Übermittlungsverfahren für die Anzeige, die Anmeldung und die Bestätigung sowie Vorgaben für die in diesen Fällen zu verwendende Referenznummer können in der Technischen Richtlinie nach § 36 festgelegt werden.

(2) Zur Durchführung der in Absatz 1 Satz 1 Nummer 3 genannten Aufgaben hat der Verpflichtete der berechtigten Stelle auf Verlangen Telekommunikationsanschlüsse seiner Telekommunikationsanlage zu den üblichen Geschäftsbedingungen an den von dieser benannten Orten einzurichten und zu überlassen und Telekommunikationsdienste bereitzustellen sowie die Überwachungsfunktion bei diesen Anschlüssen nach den zeitlichen Vorgaben der berechtigten Stelle einzurichten.

§ 24 Anforderungen an Aufzeichnungsanschlüsse.

(1) [1] Der nach § 170 Absatz 9 des Telekommunikationsgesetzes verpflichtete Betreiber hat der berechtigten Stelle auf Antrag die von ihr benötigten Aufzeichnungsanschlüsse unverzüglich und in dringenden Fällen vorrangig bereitzustellen. [2] Zur Sicherstellung der Erreichbarkeit dieser Anschlüsse und zum Schutz vor falschen Übermittlungen sind geeignete technische Maßnahmen gemäß § 14 Absatz 2 vorzusehen.

(2) Der nach § 170 Absatz 9 des Telekommunikationsgesetzes verpflichtete Betreiber hat im Störungsfall die unverzügliche und vorrangige Entstörung der Anschlüsse nach Absatz 1 sicherzustellen.

§ 25 (weggefallen)

Teil 3. Maßnahmen nach den §§ 5 und 8 des Artikel 10-Gesetzes und den *[bis 31.12.2021: §§ 6, 12 und 14 des BND-Gesetzes][ab 1.1. 2022: §§ 19, 24 und 26 des BND-Gesetzes]*

§ 26 Kreis der Verpflichteten. (1) Die Vorschriften dieses Teils gelten für Betreiber von Telekommunikationsanlagen, die

1. der Bereitstellung von internationalen leitungsgebundenen Telekommunikationsbeziehungen dienen, soweit eine gebündelte Übertragung erfolgt oder

2. der Bereitstellung von internationalen Telekommunikationsbeziehungen dienen, über die Telekommunikation von Ausländern im Ausland erfolgt und

für öffentlich zugängliche Telekommunikationsdienste genutzt werden.

(2) ¹Die Bundesnetzagentur kann im Einvernehmen mit dem Bundesnachrichtendienst Betreiber nach Absatz 1 auf deren Antrag für einen bestimmten Zeitraum, der drei Jahre nicht übersteigen darf, von den Verpflichtungen befreien, die sich aus den §§ 27 und 28 ergeben; wiederholte Befreiungen sind zulässig. ²Für die rechtzeitige Antragstellung gilt die in § 170 Absatz 1 Nummer 4 zweiter Halbsatz des Telekommunikationsgesetzes genannte Frist entsprechend. ³Anträge auf eine wiederholte Befreiung kann der Verpflichtete frühestens drei Monate und spätestens sechs Wochen vor Ablauf der laufenden Frist stellen. ⁴Die Bundesnetzagentur soll über die Anträge innerhalb von sechs Wochen entscheiden. ⁵Im Falle einer Beendigung der Befreiung hat der Verpflichtete die nach den §§ 27 und 28 erforderlichen technischen und organisatorischen Vorkehrungen innerhalb von sechs Monaten nach Ablauf der bisherigen Befreiungsfrist zu treffen.

§ 27 Grundsätze, technische und organisatorische Umsetzung von Anordnungen, Verschwiegenheit. (1) ¹Die zu überwachende Telekommunikation umfasst bei Überwachungsmaßnahmen nach § 5 oder § 8 des Artikel 10-Gesetzes[1]) die Telekommunikation, die auf dem in der Anordnung bezeichneten Übertragungsweg übertragen wird, einschließlich der auf diesem Übertragungsweg übermittelten, für den Auf- oder Abbau von Telekommunikationsverbindungen notwendigen vermittlungstechnischen Steuerzeichen und bei Überwachungsmaßnahmen nach den *[bis 31.12.2021: §§ 6, 12 oder 14 des BND-Gesetzes die Telekommunikation, die in dem in der Anordnung bezeichneten Telekommunikationsnetz übermittelt wird, einschließlich der in diesem Telekommunikationsnetz][ab 1.1.2022: §§ 19, 24 oder 26 des BND-Gesetzes die Telekommunikation, die in der Anordnung nach § 25 Absatz 1 Satz 1 des BND-Gesetzes bezeichnet wird, einschließlich der in dieser Telekommunikation]* übermittelten, für den Auf- oder Abbau von Telekommunikationsverbindungen notwendigen vermittlungstechnischen Steuerzeichen. ²§ 5 gilt mit Ausnahme von seinem Absatz 1, 2 Satz 3 und Absatz 4 Satz 2 entsprechend.

(2) Der Verpflichtete hat dem Bundesnachrichtendienst an einem Übergabepunkt im Inland eine vollständige Kopie der Telekommunikation bereitzustellen, die über die in der Anordnung bezeichneten Übertragungswege oder Telekommunikationsnetze übertragen wird.

---

[1]) Nr. 47.

(3) Der Verpflichtete hat in seinen Räumen die Aufstellung und den Betrieb von Geräten des Bundesnachrichtendienstes zu dulden, die nur von hierzu besonders ermächtigten Bediensteten des Bundesnachrichtendienstes eingestellt und gewartet werden dürfen und die folgende Anforderungen erfüllen:

1. die nach Absatz 2 bereitgestellte Kopie wird bei Überwachungsmaßnahmen nach den §§ 5 oder 8 des Artikel 10-Gesetzes in der Weise bearbeitet, dass die Festlegung nach § 10 Absatz 4 Satz 3 des Artikel 10-Gesetzes eingehalten und die danach verbleibende Kopie an den Bundesnachrichtendienst nur insoweit übermittelt wird, als sie Telekommunikation mit dem in der Anordnung nach § 10 Absatz 4 Satz 2 des Artikel 10-Gesetzes bezeichneten Gebiet enthält; im Übrigen wird die Kopie gelöscht;
2. ein unbefugter Fernzugriff auf die Geräte ist ausgeschlossen;
3. die Geräte verfügen über eine dem Stand der Technik entsprechende Zugriffskontrolle und über eine automatische lückenlose Protokollierung aller Zugriffe;
4. die Einhaltung der Anforderungen nach den Nummern 1 bis 3 ist durch das Bundesamt für Sicherheit in der Informationstechnik zertifiziert.

(4) ¹Der Verpflichtete hat während seiner üblichen Geschäftszeiten folgenden Personen nach Anmeldung Zutritt zu den in Absatz 3 bezeichneten Geräten zu gewähren:

1. den Bediensteten des Bundesnachrichtendienstes zur Einstellung und Wartung der Geräte,
2. bei Überwachungsmaßnahmen nach den §§ 5 oder 8 des Artikel 10-Gesetzes zusätzlich den Mitgliedern und Mitarbeitern der G 10-Kommission (§ 1 Absatz 2 des Artikel 10-Gesetzes) zur Kontrolle der Geräte und ihrer Datenverarbeitungsprogramme sowie der Protokolle nach Absatz 3 Nummer 3.

²Der Verpflichtete hat sicherzustellen, dass eine unbeaufsichtigte Tätigkeit der nach Satz 1 Zutrittsberechtigten auf die in Absatz 3 bezeichneten Geräte begrenzt bleibt.

(5) Im Einzelfall erforderlich werdende ergänzende Einzelheiten hinsichtlich der Aufstellung der in Absatz 3 bezeichneten Geräte und des Zugangs zu diesen Geräten sind in einer Vereinbarung zwischen dem Verpflichteten und dem Bundesnachrichtendienst zu regeln.

(6) Der Verpflichtete hat seine Überwachungseinrichtungen so zu gestalten und die organisatorischen Vorkehrungen so zu treffen, dass er eine Anordnung unverzüglich umsetzen kann.

(7) ¹Für die Gestaltung des Übergabepunktes gilt § 8 Absatz 2 Satz 1 Nummer 1 bis 4 entsprechend. ²Technische Einzelheiten zum Übergabepunkt können in der Technischen Richtlinie nach § 36 festgelegt werden, sie können jedoch auch in Abstimmung mit der Bundesnetzagentur und den betroffenen Interessenvertretern festgelegt werden.

(8) ¹Für die Entstörung und Störungsmeldung, für die Schutzanforderungen, für die Pflicht zur Verschwiegenheit, für die Entgegennahme der Information über das Vorliegen einer Anordnung und die Entgegennahme einer Anordnung sowie für Rückfragen gelten § 12 Absatz 1 Satz 5 und Absatz 3, §§ 13, 14 Absatz 1 und 3 sowie § 15 entsprechend mit der von § 12 Absatz 1 Satz 1 bis 3 und Absatz 3 Satz 1 abweichenden Maßgabe, dass der Verpflichtete innerhalb seiner üblichen Geschäftszeiten jederzeit über das Vorliegen einer Anordnung

und die Dringlichkeit ihrer Umsetzung benachrichtigt werden kann, er eine Anordnung entgegennehmen und Rückfragen zu einzelnen noch nicht abgeschlossenen Überwachungsmaßnahmen entgegennehmen kann. ²Für Funktionsprüfungen der Aufzeichnungs- und Auswertungseinrichtungen des Bundesnachrichtendienstes gilt § 23 Absatz 1 Satz 1 Nummer 3 entsprechend; für derartige Funktionsprüfungen ist abweichend von § 23 Absatz 1 Satz 8 bis 13 für Maßnahmen nach den §§ 5 oder 8 des Artikel 10-Gesetzes eine Anordnung nach den §§ 5 oder 8 des Artikel 10-Gesetzes und für Maßnahmen nach den *[bis 31.12.2021:* §§ 6, 12 oder 14 des BND-Gesetzes eine Anordnung nach § 6 Absatz 1 Satz 2 des BND-Gesetzes*][ab 1.1.2022: §§ 19, 24 oder 26 des BND-Gesetzes eine Anordnung nach § 25 Absatz 1 Satz 1 des BND-Gesetzes]* erforderlich.

§ 28 Verfahren. (1) Sofern der Verpflichtete für die technische Umsetzung von Anordnungen nach § 5 oder § 8 des Artikel 10-Gesetzes[1]) oder Anordnungen für Maßnahmen nach den *[bis 31.12.2021:* §§ 6, 12 oder 14 des BND-Gesetzes*][ab 1.1.2022: §§ 19, 24 oder 26 des BND-Gesetzes]* technische Einrichtungen oder Funktionen verwendet, die durch Eingaben in Steuerungssysteme bedient werden, die von diesen Einrichtungen abgesetzt sind, gelten die §§ 16 und 17 entsprechend.

(2) (weggefallen)

(3) Für den Nachweis der Übereinstimmung der getroffenen Vorkehrungen mit den Bestimmungen dieser Verordnung und der Technischen Richtlinie gilt § 19 entsprechend mit folgenden Maßgaben:

1. An die Stelle der in § 19 Absatz 4 genannten Stellen tritt der Bundesnachrichtendienst.
2. An die Stelle der in § 19 Absatz 5 geforderten Prüfungen tritt eine Prüfung entsprechend § 27 Absatz 2 und 6 bis 8.

(4) Für nachträgliche Änderungen an der Telekommunikationsanlage des Verpflichteten oder an den Überwachungseinrichtungen gilt § 20 entsprechend.

§ 29 Bereitstellung von Übertragungswegen zum Bundesnachrichtendienst. Für die Bereitstellung der Übertragungswege, die zur Übermittlung der gemäß § 27 Absatz 3 Nummer 1 aufbereiteten Kopie an den Bundesnachrichtendienst erforderlich sind, gilt § 24 Absatz 1 Satz 1 und Absatz 2 entsprechend.

Teil 4. Vorkehrungen für die Erteilung von Auskünften über Verkehrsdaten

§ 30 Kreis der Verpflichteten. ¹Die Vorschriften dieses Teils gelten für

1. die Betreiber von Telekommunikationsanlagen, mit denen öffentlich zugängliche Telekommunikationsdienste erbracht werden, sowie
2. die Anbieter von öffentlich zugänglichen Telekommunikationsdiensten

in dem Umfang, in dem diese ihre Dienste für Endnutzer erbringen. ²§ 170 Absatz 2 des Telekommunikationsgesetzes gilt entsprechend für die nach Satz 1

---

[1]) Nr. 47.

Verpflichteten, die nur Teile von Telekommunikationsanlagen nach Satz 1 Nummer 1 betreiben oder die öffentlich zugängliche Telekommunikationsdienste erbringen, ohne hierfür Telekommunikationsanlagen zu betreiben.

§ 31 Grundsätze. (1) [1] Die nach § 30 Verpflichteten haben Auskunftsverlangen in einem digitalen Format zu beantworten. [2] Die Anforderungen nach § 14 Absatz 1 und 3 gelten entsprechend.

(2) [1] Die nach § 30 Verpflichteten haben sicherzustellen, dass sie Anordnungen zur Auskunftserteilung jederzeit elektronisch entgegennehmen sowie die zugehörigen Auskünfte auf gleichem Weg erteilen können; dabei haben diejenigen Verpflichteten, die zur Bereithaltung der Schnittstelle nach § 174 Absatz 7 Satz 2 erste Alternative des Telekommunikationsgesetzes verpflichtet sind, diese Schnittstelle auch für die Entgegennahme der Anordnungen zur Auskunftserteilung und für die Übermittlung der zugehörigen Auskünfte zu verwenden und Verpflichtete, die nicht zur Bereithaltung dieser Schnittstelle verpflichtet sind, mindestens das E-Mail-basierte Übermittlungsverfahren nach § 174 Absatz 7 Satz 3 bereitzuhalten. [2] Die nach § 30 Verpflichteten haben technisch sicherzustellen, dass sowohl die Anordnung als auch die Auskünfte bei der Übermittlung gegen Veränderungen und unbefugte Kenntnisnahme durch Dritte geschützt sind. [3] Die dafür zu beachtenden technischen Einzelheiten einschließlich der zugehörigen Formate und der zu verwendenden Verschlüsselungsverfahren für die Übermittlung der Anordnung und der Auskünfte legt die Bundesnetzagentur in der Technischen Richtlinie nach § 170 Absatz 6 des Telekommunikationsgesetzes fest. [4] Eine Übermittlung der Anordnung oder der Auskünfte per Telefax ist unzulässig. [5] Für die Benachrichtigung über das Vorliegen einer Anordnung und die Dringlichkeit ihrer Umsetzung, für die Entgegennahme der Anordnung, für den sicheren Umgang mit der Anordnung und deren Umsetzung, für den Schutz der für die Erteilung von Auskünften erforderlichen Funktionen und der dafür vorzuhaltenden technischen Einrichtungen sowie für Rückfragen zu erteilten Auskünften gilt im Übrigen § 12 Absatz 1 Satz 2 und 5, Absatz 2 sowie Absatz 3 entsprechend. [6] Für Rückfragen zu erteilten Auskünften gilt dies mit der Maßgabe, dass der Verpflichtete Rückfragen nur innerhalb seiner üblichen Geschäftszeiten durch sachkundiges Personal zu beantworten braucht.

(3) [1] Die nach § 30 Verpflichteten haben die technischen und organisatorischen Vorkehrungen so zu treffen, dass sie Auskunftsverlangen zu ihnen vorliegenden Verkehrsdaten unverzüglich beantworten können (§ 100a Absatz 4 Satz 1 der Strafprozessordnung[1)]); dies gilt auch, wenn für die Auskünfte über gespeicherte Verkehrsdaten zu Verbindungen, die zu einer bestimmten Zieladresse oder von einer bekannten Rufnummer zu unbekannten Zieladressen hergestellt wurden, die Suche in allen Datensätzen der abgehenden oder ankommenden Verbindungen eines Betreibers erforderlich ist (Zielwahlsuche). [2] Für Fälle der Zielwahlsuche gilt abweichend von Absatz 2 Satz 5 auch § 12 Absatz 1 Satz 1 und 3 entsprechend. [3] In der Technischen Richtlinie nach § 170 Absatz 6 des Telekommunikationsgesetzes können in Abhängigkeit von der jeweiligen Netzstruktur und der in dem Netz eingesetzten Technologie angemessene Zeitspannen festgelegt werden, die zwischen der Erhebung der

---

[1)] Nr. 45.

Verkehrsdaten in den Netzelementen und deren Verfügbarkeit für den Abruf höchstens vergehen dürfen.

(4) Die nach § 30 Verpflichteten haben sicherzustellen, dass die Verfügbarkeit ihrer für die Auskunftserteilung erforderlichen technischen Einrichtungen der Verfügbarkeit ihrer Telekommunikationsanlagen entspricht.

(5) [1] Betreiber nach § 30 Satz 1 Nummer 1, mit deren Telekommunikationsanlagen Telekommunikationsdienste für nicht mehr als 100 000 Endnutzer erbracht werden und Anbieter nach § 30 Satz 1 Nummer 2, die ihre Dienste für nicht mehr als 100 000 Endnutzer erbringen, brauchen die Vorkehrungen nach den Absätzen 3 und 4 nicht zu treffen; sie dürfen der Verpflichtung nach Absatz 2 Satz 1 in der Weise nachkommen, dass sie erst nach Benachrichtigung durch die berechtigte Stelle über das Vorliegen einer Anordnung innerhalb ihrer üblichen Geschäftszeiten unverzüglich die Anordnung entgegennehmen und die zugehörigen Auskünfte erteilen. [2] Verpflichtungen nach § 101a Absatz 1 der Strafprozessordnung oder nach den anderen in § 2 Nummer 1 Buchstabe b genannten Vorschriften zur Erteilung von Auskünften über Verkehrsdaten bleiben unberührt.

(6) Für das Treffen der Vorkehrungen nach diesem Teil, die Umsetzung einer Anordnung zur Erteilung von Auskünften über Verkehrsdaten sowie für die Wahrnehmung dieser Aufgaben durch einen Erfüllungsgehilfen gilt § 5 Absatz 3 entsprechend.

(7) Das Übermittlungsverfahren nach Absatz 2 und die dafür vorgehaltenen technischen Einrichtungen dürfen auch genutzt werden für die Übermittlung von:

1. Anordnungen zur Überwachung der Telekommunikation,
2. Auskunftsverlangen zu Bestandsdaten nach § 174 des Telekommunikationsgesetzes,
3. Auskunftsverlangen zu Standortangaben sowie
4. Antworten zu den Auskunftsverlangen nach den Nummern 2 und 3.

§ 32 Auskünfte über zurückliegende Verkehrsdaten, zukünftige Verkehrsdaten, Verkehrsdaten in Echtzeit. (1) [1] Die nach § 30 Verpflichteten haben Auskünfte auf Grundlage der nach den Vorschriften des Telekommunikationsgesetzes gespeicherten und zum Zeitpunkt der Auskunftserteilung vorhandenen Daten zu erteilen. [2] Dabei haben sie stets alle dem Auskunftsverlangen zuzuordnenden Datensätze bereitzustellen, die ihnen zum Zeitpunkt der Auskunftserteilung vorliegen. [3] Datensätze, die erst nach einer technisch bedingten Wartezeit zur Verfügung stehen und einem bereits beauskunfteten Auskunftsverlangen zuzuordnen sind, sind unverzüglich nachträglich zu übermitteln. [4] Die berechtigte Stelle kann bereits bei der erstmaligen Übermittlung des Auskunftsverlangens Anforderungen zur nachträglichen Übermittlung von Datensätzen nach Satz 3 festlegen. [5] Macht sie von dieser Möglichkeit Gebrauch, sind diese Anforderungen maßgeblich für die nachträgliche Übermittlung nach Satz 3. [6] Die berechtigte Stelle kann im Einzelfall auch auf die nachträgliche Übermittlung verzichten.

(2) [1] In Fällen von Anordnungen zur Erteilung von Auskünften über Verkehrsdaten, die erst nach dem Zeitpunkt der Ausstellung der Anordnung anfallen (zukünftige Verkehrsdaten), haben die nach § 30 Verpflichteten der jeweiligen berechtigten Stelle zu jeder sich auf diese Anordnung stützenden

Anforderung Auskünfte über die der Anordnung zuzuordnenden Datensätze zu erteilen, die ihnen zum Zeitpunkt der Auskunftserteilung vorliegen; dabei können sich in jeder aktuellen Auskunftserteilung auch Datensätze befinden, die zu vorhergehenden Anforderungen bereits mitgeteilt wurden. [2] Die Häufigkeit und der Zeitabstand der jeweiligen Anforderungen liegt im ausschließlichen Ermessen der berechtigten Stelle. [3] Im Rahmen von Anordnungen zur Erteilung von Auskünften über zukünftige Verkehrsdaten können auch Auskünfte über Verkehrsdaten verlangt werden, die nach den Vorschriften des Telekommunikationsgesetzes nicht gespeichert, aber im Rahmen des Telekommunikationsvorganges erhoben werden; besondere Vorkehrungen zur Erteilung von derartigen Auskünften müssen jedoch nicht getroffen werden.

(3) [1] Für die Umsetzung von Auskunftsverlangen über Verkehrsdaten in Echtzeit brauchen nur diejenigen Verpflichteten nach § 30 Vorkehrungen zu treffen, die auch nach § 3 verpflichtet sind, technische Vorkehrungen für die Umsetzung von Überwachungsmaßnahmen vorzuhalten. [2] Für die Umsetzung derartiger Auskunftsverlangen gilt abweichend von § 31 Absatz 2 Satz 5 auch § 12 Absatz 1 Satz 1 und 3 entsprechend. [3] Die nach Satz 1 Verpflichteten können zur Umsetzung derartiger Auskunftsverlangen ihre technischen Einrichtungen zur Umsetzung von Überwachungsmaßnahmen oder Einrichtungen, die in Bezug auf die bereitzustellenden Daten nach § 7 gleichwertig sind, mit der Maßgabe nutzen, dass

1. die an die auskunftsberechtigte Stelle übermittelten Daten keine Nachrichteninhalte enthalten,
2. Standortdaten auch für lediglich empfangsbereite Endgeräte erhoben und an die auskunftsberechtigte Stelle übermittelt werden und
3. die Übermittlung von Standortdaten nach Nummer 2 derart eingeschränkt werden kann, dass sie für die Strafverfolgungsbehörden nur nach Maßgabe des § 100g Absatz 1 der Strafprozessordnung[1]) oder für eine andere auskunftsberechtigte Stelle nur nach Maßgabe der für diese Stelle geltenden gesetzlichen Vorschriften erfolgt.

(4) § 6 Absatz 4 gilt entsprechend; in Fällen von zeitweiligen Übermittlungshindernissen, Störungen und Unterbrechungen gelten die §§ 10 und 13 entsprechend.

§ 33 Verschwiegenheit.
Für die im Zusammenhang mit Auskunftsverlangen und den dazu erteilten Auskünften zu wahrende Verschwiegenheit gilt § 15 entsprechend.

§ 34 Nachweis, probeweise Anwendungen.
(1) [1] Für den Nachweis der Übereinstimmung der getroffenen Vorkehrungen mit den Bestimmungen dieser Verordnung und der Technischen Richtlinie nach § 170 Absatz 6 des Telekommunikationsgesetzes gilt § 19 entsprechend. [2] Außerdem sind in den Unterlagen nach § 19 Absatz 2 auch die gespeicherten Datenarten, die jeweilige Speicherungsdauer und der voraussichtliche Zeitverzug zwischen Erhebung und Verfügbarkeit für deren Abruf zu nennen. [3] Bei nachträglichen Änderungen an den für die Auskunftserteilung vorgehaltenen technischen Einrichtungen gilt § 20 entsprechend.

---

[1]) Nr. 45.

(2) Für probeweise Anwendungen der technischen Einrichtungen der Verpflichteten nach den §§ 30, 31 und 32 gilt § 23 entsprechend.

§ 35 Protokollierung. ¹Der Verpflichtete hat sicherzustellen, dass die Zugriffe auf seine für die Erteilung von Auskünften vorgehaltenen technischen Einrichtungen automatisch lückenlos protokolliert werden. ²Dies gilt unabhängig davon, ob die Zugriffe darauf abzielen, Verkehrsdaten zugänglich zu machen, die nach den Vorschriften des Telekommunikationsgesetzes gespeichert wurden, oder Verkehrsdatenübermittlungen in Echtzeit einzurichten. ³Zu protokollieren sind:

1. die Referenznummer des Auskunftsverlangens, der probeweisen Anwendung nach § 34 Absatz 2 oder einer sonstigen Nutzung der technischen Einrichtungen,
2. die tatsächlich eingegebene Kennung, auf Grund derer die Verkehrsdatensätze ermittelt werden,
3. die weiteren für die Suche verwendeten Daten einschließlich der Zeitpunkte (Datum und Uhrzeit auf der Grundlage der amtlichen Zeit), zwischen denen die Verkehrsdatensätze in Bezug auf die Kennung nach Nummer 2 erfasst werden,
4. die Angabe der Rechtsvorschrift (§§ 9 oder § 12 des Telekommunikation-Telemedien-Datenschutz-Gesetzes[1)] oder § 176 des Telekommunikationsgesetzes), auf deren Grundlage die beauskunfteten Verkehrsdaten gespeichert wurden,
5. die Adressierungsangabe des Anschlusses, an den die ermittelten Verkehrsdatensätze übermittelt werden,
6. ein Merkmal zur Erkennbarkeit der Personen, die die Daten nach den Nummern 1 bis 5 auf Seiten des Verpflichteten eingeben,
7. Datum und Uhrzeit der Eingabe.

⁴Die ermittelten Verkehrsdaten dürfen nicht protokolliert werden. ⁵Satz 1 gilt nicht für betrieblich erforderliche Zugriffe auf Daten, die nach den §§ 9 oder 12 des Telekommunikation-Telemedien-Datenschutz-Gesetzes gespeichert werden. ⁶Die Angaben nach Satz 3 Nummer 6 dürfen ausschließlich bei auf tatsächlichen Anhaltspunkten beruhenden Untersuchungen zur Aufklärung von Missbrauchs- oder Fehlerfällen verwendet werden. ⁷Im Übrigen gelten für die Protokollierung sowie für die Prüfung und Löschung der dafür erzeugten Protokolldaten § 16 Absatz 2 und § 17 entsprechend mit der Maßgabe, dass abweichend von § 17 Absatz 1 Satz 3 fünf vom Hundert der gestellten Auskunftsverlangen einer Prüfung zu unterziehen sind.

Teil 5. Ergänzende technische Festlegungen, Übergangsvorschriften, Schlussbestimmungen

§ 36 Technische Richtlinie. ¹Die technischen Einzelheiten zu § 2 Nummer 8 und 17 Buchstabe c, § 4 Absatz 1 und 2, § 5 Absatz 1, 2, 4 Satz 1, Absatz 5 und 6, § 6 Absatz 3, § 7 Absatz 1, 2 und 4, § 8 Absatz 2, § 9 Absatz 1, § 10 Satz 1 und 3, § 12 Absatz 2 Satz 1 und 3, § 14 Absatz 1 und 2 Satz 1, 2, 4 und 5 sowie Absatz 3 Satz 2, § 22 Absatz 1 Satz 5, § 23 Absatz 1 Satz 9 und 12,

---

[1)] Nr. 13.

die erforderlichen technischen Eigenschaften der Aufzeichnungsanschlüsse nach § 24 Absatz 1 Satz 2 sowie die Einzelheiten zur Übermittlung von Auskunftsverlangen und zugehörigen Auskünften nach den §§ 31, 32 und 34 und deren technischen Formate werden von der Bundesnetzagentur unter Beteiligung der Verbände der Verpflichteten, der berechtigten Stellen sowie der Hersteller der Überwachungseinrichtungen und der Aufzeichnungs- und Auswertungseinrichtungen in einer Technischen Richtlinie festgelegt. ²Sofern erforderlich, können in der Technischen Richtlinie auch Einzelheiten nach § 27 Absatz 7 Satz 2 und zu § 170 Absatz 1 Nummer 2 des Telekommunikationsgesetzes, soweit sie für das Zusammenwirken von Telekommunikationsanlagen, die von verschiedenen Verpflichteten betrieben werden, notwendig sind, unter Beteiligung der betroffenen Interessenvertreter festgelegt werden. ³Die Technische Richtlinie wird im gleichen Verfahren an den jeweiligen Stand der Technik angepasst. ⁴In der Technischen Richtlinie ist zudem festzulegen, bis zu welchem Zeitpunkt bisherige technische Vorschriften noch angewendet werden dürfen. ⁵Die Bundesnetzagentur informiert auf ihrer Internetseite über die anwendbaren Ausgabestände der internationalen technischen Standards, auf die in der Technischen Richtlinie Bezug genommen wird. ⁶In der Technischen Richtlinie sind auch die Arten der Kennungen festzulegen, für die bei bestimmten Arten von Telekommunikationsanlagen neben den dort verwendeten Ziel- und Ursprungsadressen auf Grund der die Überwachung der Telekommunikation regelnden Gesetze zusätzliche Vorkehrungen für die technische Umsetzung von Anordnungen zu treffen sind. ⁷In Fällen, in denen neue technische Entwicklungen nicht in der Technischen Richtlinie berücksichtigt sind, hat der Verpflichtete die Gestaltung seiner Überwachungseinrichtungen mit der Bundesnetzagentur abzustimmen.

§ 37 Übergangsvorschrift. Für Überwachungseinrichtungen, für die bereits eine Genehmigung nach § 19 der Telekommunikations-Überwachungsverordnung vom 22. Januar 2002 (BGBl. I S. 458), zuletzt geändert durch Artikel 3 Absatz 18 des Gesetzes vom 7. Juli 2005 (BGBl. I S. 1970), oder das Einvernehmen nach § 16 der Fernmeldeverkehr-Überwachungs-Verordnung vom 18. Mai 1995 (BGBl. I S. 722), geändert durch Artikel 4 des Gesetzes vom 26. Juni 2001 (BGBl. I S. 1254), erteilt wurde, ist kein Nachweis nach § 19 erforderlich, sofern die Auflagen aus der Genehmigung erfüllt werden; § 170 Absatz 8 des Telekommunikationsgesetzes bleibt unberührt.

4. Verordnung zur Förderung der Transparenz auf dem Telekommunikationsmarkt (TK-Transparenzverordnung – TKTransparenzV)

Vom 19. Dezember 2016
(BGBl. I S. 2977)

FNA 900-15-9

geänd. durch Art. 45 TelekommunikationsmodernisierungsG[1]) v. 23.6.2021 (BGBl. I S. 1858)

Auf Grund des § 45n Absatz 1 in Verbindung mit Absatz 2 Nummer 1 bis 4, Absatz 3 Nummer 1 bis 5, Absatz 5 und 6 Nummer 5 des Telekommunikationsgesetzes, der zuletzt durch Artikel 17 Nummer 1 des Gesetzes vom 19. Februar 2016 (BGBl. I S. 254) geändert worden ist, sowie in Verbindung mit § 1 Nummer 1 der TK-EMV-Übertragungsverordnung vom 16. Januar 2013 (BGBl. I S. 79) und in Verbindung mit § 1 Absatz 1 und 2 des Zuständigkeitsanpassungsgesetzes vom 16. August 2002 (BGBl. I S. 3165) und dem Organisationserlass vom 17. Dezember 2013 (BGBl. I S. 4310) verordnet die Bundesnetzagentur für Elektrizität, Gas, Telekommunikation, Post und Eisenbahnen im Einvernehmen mit dem Bundesministerium für Wirtschaft und Energie, dem Bundesministerium des Innern, dem Bundesministerium der Justiz und für Verbraucherschutz sowie dem Bundesministerium für Verkehr und digitale Infrastruktur und unter Wahrung der Rechte des Bundestages:

§ 1 Produktinformationsblatt. (1) Anbieter anderer öffentlich zugänglicher Telekommunikationsdienste als für die Bereitstellung von Diensten der Maschine-Maschine-Kommunikation genutzte Übertragungsdienste müssen für alle Angebote, die gegenüber Verbrauchern vermarktet werden, ein Produktinformationsblatt gemäß Absatz 2 und § 2 Absatz 1 bereitstellen.

(2) Das Produktinformationsblatt enthält ausschließlich folgende Angaben:
1. Name des Produkts und der darin enthaltenen Zugangsdienste,
2. das Datum der Markteinführung des Produkts,
3. die Vertragslaufzeit,
4. die Voraussetzungen für die Verlängerung und Beendigung des Vertrages,
5. die minimale, die normalerweise zur Verfügung stehende und die maximale Datenübertragungsrate für Download und Upload; für den Zugang zu Mobilfunknetzen ausschließlich die geschätzte maximale Datenübertragungsrate für Download und Upload,
6. im Fall einer Datenvolumenbeschränkung:
   a) den Schwellenwert, ab dem die Datenübertragungsrate reduziert oder weiteres Datenvolumen gebucht wird,
   b) die Datenübertragungsrate, die ab Erreichen einer Datenvolumenbeschränkung angeboten wird,
   c) welche Dienste oder Anwendungen in das vertraglich vereinbarte Datenvolumen eingerechnet werden und welche nicht,

---

[1]) **Amtl. Anm.:** Dieses Gesetz dient der Umsetzung der Richtlinie (EU) 2018/1972 des Europäischen Parlaments und des Rates vom 11. Dezember 2018 über den europäischen Kodex für die elektronische Kommunikation (Neufassung) (ABl. L 321 vom 17.12.2018, S. 36).

7. die für die Nutzung der Zugangsdienste geltenden Preise,
8. der Name und die ladungsfähige Anschrift des Anbieters.

(3) ¹Die Bundesnetzagentur gibt ein standardisiertes Musterinformationsblatt vor, um sicherzustellen, dass die Angaben im Produktinformationsblatt einheitlich dargestellt werden. ²Das Musterinformationsblatt ist im Amtsblatt bekannt zu geben.

§ 2 Art und Zeitpunkt der Zurverfügungstellung.

(1) Produktinformationsblätter für Angebote, die gegenüber Verbrauchern vermarktet werden, sind ab dem Beginn der Vermarktung in leicht zugänglicher Form bereitzustellen.

(2) ¹Der Verbraucher muss vor Vertragsschluss auf die bereitgestellten Informationen hingewiesen werden. ²Diese Pflicht gilt auch vor einer Vertragsverlängerung, die mit einer Veränderung der im Produktinformationsblatt genannten Konditionen verbunden ist.

(3) Die Produktinformationsblätter von Angeboten, die nicht mehr vermarktet werden, sind auf der Internetseite des Anbieters in einem Archiv zur Verfügung zu stellen.

§ 3 Informationsrechte der Bundesnetzagentur.

(1) Der Bundesnetzagentur ist auf Verlangen ein Exemplar des Produktinformationsblattes zur Verfügung zu stellen und nachzuweisen, wie dieses den Verbrauchern zugänglich gemacht wird.

(2) ¹Der Bundesnetzagentur sind die Angaben zur Datenübertragungsrate gemäß § 1 Absatz 2 Nummer 5 spätestens zum Zeitpunkt der Markteinführung des Angebots in einer Form zu übermitteln, die sich zur elektronischen Weiterverarbeitung eignet. ²Für Angebote, die im Zeitpunkt des Inkrafttretens dieser Verordnung bereits vermarktet werden, sind die Angaben nach Satz 1 unverzüglich zu übermitteln. ³Die Bundesnetzagentur kann weitere Vorgaben zum Format der Übermittlung nach Satz 1 festlegen und auf ihrer Internetseite veröffentlichen.

§ 4 Informationen zur Vertragslaufzeit, Kündigung und zum Anbieterwechsel.

¹Anbieter öffentlich zugänglicher Telekommunikationsdienste, bei denen es sich weder um nummernunabhängige interpersonelle Telekommunikationsdienste noch um für die Bereitstellung von Diensten der Maschine-Maschine-Kommunikation genutzte Übertragungsdienste handelt, müssen gegenüber Verbrauchern in der Rechnung sowie in der Information über den besten Tarif nach § 57 Absatz 3 des Telekommunikationsgesetzes Folgendes angeben:

1. das Datum des Vertragsbeginns,
2. den aktuellen Zeitpunkt des Endes der Mindestvertragslaufzeit,
3. die Kündigungsfrist und den letzten Kalendertag, an dem die Kündigung eingehen muss, um eine Vertragsverlängerung zu verhindern, und
4. einen Hinweis auf die Information zum generellen Ablauf des Anbieterwechsels auf der Internetseite der Bundesnetzagentur.

²Satz 1 gilt nicht für Vertragsverhältnisse mit einer Laufzeit von einem Monat oder weniger.

§ 5 Informationspflicht der Anbieter von öffentlichen Telekommunikationsnetzen.
Anbieter von öffentlichen Telekommunikationsnetzen sind verpflichtet, Anbietern öffentlich zugänglicher Telekommunikationsdienste, die einen Zugang zu diesen Telekommunikationsnetzen anbieten, diejenigen Informationen zur Verfügung zu stellen, die diese zur Erfüllung ihrer Pflichten nach dieser Verordnung benötigen und nicht selbst besitzen.

§ 6 Überprüfbarkeit der Datenübertragungsrate.
(1) Anbieter öffentlich zugänglicher Telekommunikationsdienste, bei denen es sich weder um nummernunabhängige interpersonelle Telekommunikationsdienste noch um für die Bereitstellung von Diensten der Maschine-Maschine-Kommunikation genutzte Übertragungsdienste handelt, müssen es Verbrauchern ermöglichen, sich nach der Schaltung des Anschlusses über die aktuelle Qualität der in Absatz 2 genannten Produktmerkmale zu informieren, indem

1. eine anbieterinitiierte Messung durchgeführt wird,
2. ein Angebot des Anbieters zur Messung besteht, die durch den Verbraucher oder Endnutzer durchgeführt werden kann, oder
3. ein Angebot der Bundesnetzagentur zur Messung besteht.

(2) Die Messung der Datenübertragungsrate, die über den Zugang des Verbrauchers erreicht wird, umfasst mindestens

1. die aktuelle Download-Rate,
2. die aktuelle Upload-Rate und
3. die Paketlaufzeit.

§ 7 Information zur Überprüfbarkeit der Datenübertragungsrate.
(1) Anbieter öffentlich zugänglicher Telekommunikationsdienste, bei denen es sich weder um nummernunabhängige interpersonelle Telekommunikationsdienste noch um für die Bereitstellung von Diensten der Maschine-Maschine-Kommunikation genutzte Übertragungsdienste handelt, müssen Verbraucher unverzüglich nach der Schaltung des jeweiligen Anschlusses auf die Überprüfbarkeit der Datenübertragungsrate nach § 6 Absatz 1 hinweisen.

(2) Sofern die Schaltung des jeweiligen Anschlusses vor Inkrafttreten dieser Verordnung erfolgt ist, sind Verbraucher gemäß Absatz 3 unverzüglich auf die Überprüfbarkeit der Datenübertragungsrate nach § 6 Absatz 1 hinzuweisen.

(3) [1] Die Hinweise nach den Absätzen 1 und 2 haben durch Fernkommunikationsmittel in Textform, insbesondere durch E-Mail oder SMS, zu erfolgen. [2] Dabei ist ein direkter Link auf den Ort anzugeben, an dem die Angebote zur Messung abgerufen werden können.

§ 8 Darstellung und Speicherung von anbietereigenen Messergebnissen.
(1) Anbieter öffentlich zugänglicher Telekommunikationsdienste, bei denen es sich weder um nummernunabhängige interpersonelle Telekommunikationsdienste noch um für die Bereitstellung von Diensten der Maschine-Maschine-Kommunikation genutzte Übertragungsdienste handelt, müssen im Fall einer anbietereigenen Messung nach § 6 Absatz 1 Nummer 1 oder 2 die Ergebnisse

1. direkt im Anschluss an die Messung gemäß der Anlage darstellen und

2. so bereithalten, dass sie auf der Internetseite des Anbieters im Online-Kundencenter abgerufen und ausgedruckt werden können.

(2) Die Ergebnisse sind mindestens für sechs Monate bereitzuhalten.

§ 9 Informationspflichten bei beschränktem Datenvolumen. (1) Anbieter öffentlich zugänglicher Telekommunikationsdienste, bei denen es sich weder um nummernunabhängige interpersonelle Telekommunikationsdienste noch um für die Bereitstellung von Diensten der Maschine-Maschine-Kommunikation genutzte Übertragungsdienste handelt, die einen Zugang zu einem öffentlichen Telekommunikationsnetz in Verbindung mit einem beschränkten Datenvolumen anbieten, müssen Verbrauchern folgende Informationen gemäß Absatz 2 zur Verfügung stellen:

1. mindestens tagesaktuell den Anteil des bislang verbrauchten Datenvolumens innerhalb des vereinbarten Abrechnungszeitraums und
2. nach Ende des vereinbarten Abrechnungszeitraums das insgesamt verbrauchte Datenvolumen und das vertraglich vereinbarte Datenvolumen.

(2) [1] Die Informationen nach Absatz 1 sind auf der Internetseite des Anbieters im Online-Kundencenter oder mittels einer unternehmenseigenen Software-Applikation zur Verfügung zu stellen. [2] Die Informationen nach Absatz 1 Nummer 2 sind zusätzlich im Einzelverbindungsnachweis oder auf der Rechnung aufzuführen.

(3) [1] Werden während der Nutzung 80 Prozent des vertraglich vereinbarten Datenvolumens erreicht, so ist der Verbraucher spätestens nach Beendigung der aktuellen Datenverbindung und Auswertung der Kommunikationsdatensätze darauf hinzuweisen. [2] Dieser Hinweis kann durch den Verbraucher kostenlos abbestellt und wieder bestellt werden.

§ 10 Kostenkontrolle bei Sprachkommunikationsdiensten, Internetzugangsdiensten und öffentlich zugänglichen nummerngebundenen interpersonellen Telekommunikationsdiensten. (1) [1] Anbieter öffentlich zugänglicher Telekommunikationsdienste, bei denen es sich weder um nummernunabhängige interpersonelle Telekommunikationsdienste noch um für die Bereitstellung von Diensten der Maschine-Maschine-Kommunikation genutzte Übertragungsdienste handelt, müssen Verbrauchern eine geeignete Einrichtung anbieten, um die Kosten von Sprachkommunikationsdiensten, Internetzugangsdiensten und nummerngebundenen interpersonellen Telekommunikationsdiensten zu kontrollieren. [2] Diese Einrichtung umfasst auch unentgeltliche Warnhinweise bei anormalem oder übermäßigem Verbrauchsverhalten.

(2) Die Pflicht nach Absatz 1 entfällt, wenn Anbieter gegenüber der Bundesnetzagentur anzeigen, dass dem Verbraucher bei erstmalig auftretenden anormalen oder übermäßig hohen Kosten aufgrund einer regelmäßigen unternehmensindividuellen Praxis ausschließlich verhältnismäßige Kosten in Rechnung gestellt werden.

§ 11 Evaluation und Kontrolle durch die Bundesnetzagentur.

(1) [1] Anbieter öffentlich zugänglicher Telekommunikationsdienste, die einen Zugang zu einem öffentlichen Telekommunikationsnetz anbieten, und Betreiber von öffentlichen Telekommunikationsnetzen sind verpflichtet, der Bundesnetzagentur mindestens einmal im Kalenderjahr über die Erfahrungen bei der

praktischen Anwendung der in dieser Verordnung geregelten Instrumente zu berichten. ²Die Bundesnetzagentur kann weitere Angaben zum Umfang, zu weiteren Inhalten und zum zeitlichen Ablauf der Berichtspflicht festlegen und auf ihrer Internetseite veröffentlichen. ³Anbieter öffentlich zugänglicher Telekommunikationsdienste sind verpflichtet, der Bundesnetzagentur auf Verlangen Musternutzerprofile für einen Zugang zum Online-Kundencenter auf ihrer Internetseite einzurichten, soweit dieses notwendig ist, um die Transparenz, die Verständlichkeit und die leichte Zugänglichkeit der Informationen für die Verbraucher zu kontrollieren.

(2) Anbieter öffentlich zugänglicher Telekommunikationsdienste, die über einen Zugang zu einem öffentlichen Telekommunikationsnetz Internetzugangsdienste anbieten, sind verpflichtet, der Bundesnetzagentur auf Verlangen eine genaue Darstellung der Funktionsweise der ihren Verbrauchern angebotenen Verfahren zur Messung der Datenübertragungsrate zur Verfügung zu stellen.

§ 12 Ordnungswidrigkeiten. Ordnungswidrig im Sinne des § 228 Absatz 2 Nummer 6 des Telekommunikationsgesetzes handelt, wer vorsätzlich oder fahrlässig

1. entgegen § 1 Absatz 1 Satz 1, auch in Verbindung mit Satz 2, ein Produktinformationsblatt nicht, nicht richtig, nicht vollständig oder nicht rechtzeitig bereitstellt,
2. entgegen § 4 Satz 1 eine Angabe nicht, nicht richtig, nicht vollständig oder nicht rechtzeitig macht,
3. entgegen § 6 Absatz 1 Satz 1 eine dort genannte Information nicht, nicht richtig, nicht vollständig oder nicht rechtzeitig ermöglicht,
4. entgegen § 7 Absatz 1 oder 2 einen Hinweis nicht, nicht richtig, nicht vollständig, nicht in der vorgeschriebenen Weise oder nicht rechtzeitig gibt,
5. entgegen § 8 Absatz 1 Nummer 1 ein Messergebnis nicht, nicht richtig, nicht vollständig, nicht in der vorgeschriebenen Weise oder nicht rechtzeitig darstellt oder
6. entgegen § 9 Absatz 1 eine Information nicht, nicht richtig, nicht vollständig, nicht in der vorgeschriebenen Weise oder nicht rechtzeitig zur Verfügung stellt.

§ 13 Inkrafttreten. Diese Verordnung tritt am 1. Juni 2017 in Kraft.

Anlage
(zu § 9 Absatz 1)

Überprüfung der Datenübertragungsrate

1. Name des Anbieters:
2. Datum/Uhrzeit:
3. Name des Endnutzers:
4. Adresse[1]:

---

[1] **Amtl. Anm.:** Lediglich beim Zugang zum öffentlichen Telekommunikationsnetz an einem festen Standort anzugeben. Im Mobilfunk: Angabe des Aufenthaltsorts nur, sofern Teilnehmer geographischer Standorterfassung vorher ausdrücklich zugestimmt hat.

5. Ergebnis zur Download-Rate:

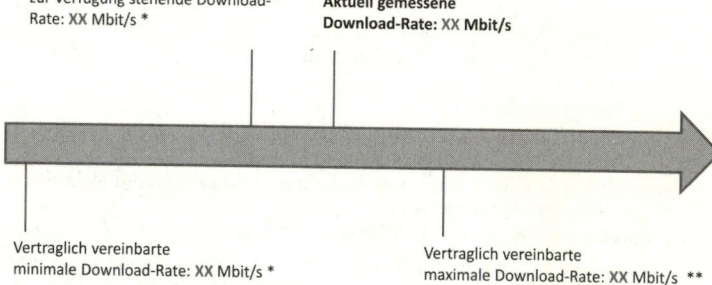

* Angabe im Mobilfunk nicht erforderlich
** Im Mobilfunk handelt es sich um die geschätzte maximale Download-Rate

6. Tatsächlich gemessene Datenübertragungsrate im Verhältnis zur vertraglich vereinbarten (geschätzten) maximalen Datenübertragungsrate für den Download: %

   Die vertraglich vereinbarte normalerweise zur Verfügung stehende Download-Rate wurde [erreicht/nicht erreicht].

7. Ergebnis zur Upload-Rate:

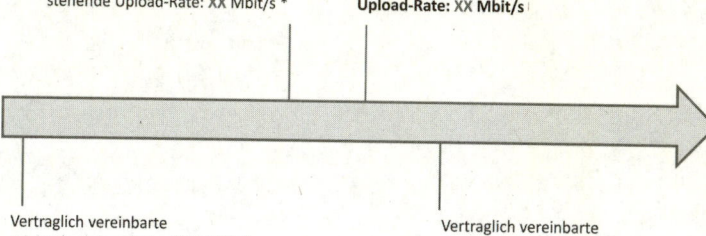

* Angabe im Mobilfunk nicht erforderlich
** Im Mobilfunk handelt es sich um die geschätzte maximale Upload-Rate

8. Tatsächlich gemessene Datenübertragungsrate im Verhältnis zur ver- %

traglich vereinbarten (geschätzten) maximalen Datenübertragungsrate für den Upload:

Die vertraglich vereinbarte normalerweise zur Verfügung stehende Upload-Rate wurde [erreicht/nicht erreicht].

9. die Paketlaufzeit:
10. Erläuterungen des [NAME DES ANBIETERS], welche Faktoren das Messergebnis beeinflussen können [optional]:
11. Vertraglich vereinbarte Entschädigungs- und Erstattungsregelungen sowie Sonderkündigungsrechte:

Hinweis:

Die Bundesnetzagentur für Elektrizität, Gas, Telekommunikation, Post und Eisenbahnen bietet im Internet unter http://www.breitbandmessung.de eine vom jeweiligen Anbieter unabhängige Messsoftware an, mit der die Datenübertragungsrate von Festnetz- und Mobilfunkanschlüssen überprüft werden kann.

Zweiter Teil. Recht der Multimediadienste

5. Telemediengesetz (TMG)[1) 2)]

Vom 26. Februar 2007

(BGBl. I S. 179)

FNA 772-4

zuletzt geänd. durch Art. 3 G zur Änd. des Strafgesetzbuches – Strafbarkeit des Betreibens krimineller Handelsplattformen im Internet v. 12.8.2021 (BGBl. I S. 3544)

Inhaltsübersicht

Abschnitt 1. Allgemeine Bestimmungen

§ 1	Anwendungsbereich
§ 2	Begriffsbestimmungen
§ 2a	Europäisches Sitzland
§ 2b	Listen der audiovisuellen Mediendiensteanbieter und Videosharingplattform-Anbieter
§ 2c	Auskunftsverlangen der zuständigen Behörde
§ 3	Herkunftslandprinzip

Abschnitt 2. Zulassungsfreiheit, Informationspflichten

§ 4	Zulassungsfreiheit
§ 5	Allgemeine Informationspflichten
§ 6	Besondere Pflichten bei kommerziellen Kommunikationen

Abschnitt 3. Verantwortlichkeit

§ 7	Allgemeine Grundsätze
§ 8	Durchleitung von Informationen
§ 9	Zwischenspeicherung zur beschleunigten Übermittlung von Informationen
§ 10	Speicherung von Informationen

Abschnitt 4. Melde- und Abhilfeverfahren der Videosharingplattform-Anbieter

§ 10a	Verfahren zur Meldung von Nutzerbeschwerden
§ 10b	Verfahren zur Abhilfe von Nutzerbeschwerden
§ 10c	Allgemeine Geschäftsbedingungen

Abschnitt 5. Bußgeldvorschriften

§ 11	Bußgeldvorschriften

Abschnitt 1. Allgemeine Bestimmungen

§ 1 Anwendungsbereich. (1) [1]Dieses Gesetz gilt für alle elektronischen Informations- und Kommunikationsdienste, soweit sie nicht Telekommunikationsdienste nach § 3 Nummer 61 des Telekommunikationsgesetzes, telekommunikationsgestützte Dienste nach § 3 Nummer 63 des Telekommunikationsgesetzes oder Rundfunk nach § 2 des Rundfunkstaatsvertrages sind (Telemedien). [2]Dieses Gesetz gilt für alle Anbieter einschließlich der öffentlichen Stellen unabhängig davon, ob für die Nutzung ein Entgelt erhoben wird.

(2) Dieses Gesetz gilt nicht für den Bereich der Besteuerung.

(3) Das Telekommunikationsgesetz und die Pressegesetze bleiben unberührt.

(4) Die an die Inhalte von Telemedien zu richtenden besonderen Anforderungen ergeben sich aus dem Staatsvertrag für Rundfunk und Telemedien (Rundfunkstaatsvertrag).

[1)] Verkündet als Art. 1 Elektronischer-Geschäftsverkehr-VereinheitlichungsG v. 26.2.2007 (BGBl. I S. 179); Inkrafttreten gem. Art. 5 Satz 1 dieses G am 1.3.2007.
[2)] Die Änderungen durch G v. 10.8.2021 (BGBl. I S. 3436) treten erst **mWv 1.1.2024** in Kraft und sind daher im Text noch nicht berücksichtigt.

(5) Dieses Gesetz trifft weder Regelungen im Bereich des internationalen Privatrechts noch regelt es die Zuständigkeit der Gerichte.

(6) Die besonderen Bestimmungen dieses Gesetzes für audiovisuelle Mediendienste gelten nicht für Dienste, die

1. ausschließlich zum Empfang in Drittstaaten bestimmt sind und
2. weder unmittelbar noch mittelbar von der Allgemeinheit mit handelsüblichen Verbraucherendgeräten in einem Mitgliedstaat empfangen werden.

§ 2 Begriffsbestimmungen. [1] Im Sinne dieses Gesetzes

1. ist Diensteanbieter jede natürliche oder juristische Person, die eigene oder fremde Telemedien zur Nutzung bereithält oder den Zugang zur Nutzung vermittelt,
2. ist niedergelassener Diensteanbieter jeder Anbieter, der mittels einer festen Einrichtung auf unbestimmte Zeit Telemedien geschäftsmäßig anbietet oder erbringt; der Standort der technischen Einrichtung allein begründet keine Niederlassung des Anbieters,
2a. ist drahtloses lokales Netzwerk ein Drahtloszugangssystem mit geringer Leistung und geringer Reichweite sowie mit geringem Störungsrisiko für weitere, von anderen Nutzern in unmittelbarer Nähe installierte Systeme dieser Art, welches nicht exklusive Grundfrequenzen nutzt,
3. ist Nutzer jede natürliche oder juristische Person, die Telemedien nutzt, insbesondere um Informationen zu erlangen oder zugänglich zu machen,
4. sind Verteildienste Telemedien, die im Wege einer Übertragung von Daten ohne individuelle Anforderung gleichzeitig für eine unbegrenzte Anzahl von Nutzern erbracht werden,
5. ist kommerzielle Kommunikation jede Form der Kommunikation, die der unmittelbaren oder mittelbaren Förderung des Absatzes von Waren, Dienstleistungen oder des Erscheinungsbilds eines Unternehmens, einer sonstigen Organisation oder einer natürlichen Person dient, die eine Tätigkeit im Handel, Gewerbe oder Handwerk oder einen freien Beruf ausübt; die Übermittlung der folgenden Angaben stellt als solche keine Form der kommerziellen Kommunikation dar:
    a) Angaben, die unmittelbaren Zugang zur Tätigkeit des Unternehmens oder der Organisation oder Person ermöglichen, wie insbesondere ein Domain-Name oder eine Adresse der elektronischen Post,
    b) Angaben in Bezug auf Waren und Dienstleistungen oder das Erscheinungsbild eines Unternehmens, einer Organisation oder Person, die unabhängig und insbesondere ohne finanzielle Gegenleistung gemacht werden; dies umfasst auch solche unabhängig und insbesondere ohne finanzielle Gegenleistung oder sonstige Vorteile von natürlichen Personen gemachten Angaben, die eine unmittelbare Verbindung zu einem Nutzerkonto von weiteren natürlichen Personen bei Diensteanbietern ermöglichen,
6. sind audiovisuelle Mediendienste
    a) audiovisuelle Mediendienste auf Abruf und
    b) die audiovisuelle kommerzielle Kommunikation,
7. ist audiovisueller Mediendiensteanbieter ein Anbieter von audiovisuellen Mediendiensten,

8. sind audiovisuelle Mediendienste auf Abruf nichtlineare audiovisuelle Mediendienste, bei denen der Hauptzweck des Dienstes oder eines trennbaren Teils des Dienstes darin besteht, unter der redaktionellen Verantwortung eines audiovisuellen Mediendiensteanbieters der Allgemeinheit Sendungen zur Information, Unterhaltung oder Bildung zum individuellen Abruf zu einem vom Nutzer gewählten Zeitpunkt bereitzustellen,

9. ist audiovisuelle kommerzielle Kommunikation jede Form der Kommunikation mit Bildern mit oder ohne Ton, die einer Sendung oder einem nutzergenerierten Video gegen Entgelt oder gegen eine ähnliche Gegenleistung oder als Eigenwerbung beigefügt oder darin enthalten ist, wenn die Kommunikation der unmittelbaren oder mittelbaren Förderung des Absatzes von Waren und Dienstleistungen oder der Förderung des Erscheinungsbilds natürlicher oder juristischer Personen, die einer wirtschaftlichen Tätigkeit nachgehen, dient, einschließlich Sponsoring und Produktplatzierung,

10. sind Videosharingplattform-Dienste

    a) Telemedien, bei denen der Hauptzweck oder eine wesentliche Funktion darin besteht, Sendungen oder nutzergenerierte Videos, für die der Diensteanbieter keine redaktionelle Verantwortung trägt, der Allgemeinheit bereitzustellen, wobei der Diensteanbieter die Organisation der Sendungen und der nutzergenerierten Videos, auch mit automatischen Mitteln, bestimmt,

    b) trennbare Teile von Telemedien, wenn für den trennbaren Teil der in Buchstabe a genannte Hauptzweck vorliegt,

11. ist Videosharingplattform-Anbieter ein Diensteanbieter, der Videosharingplattform-Dienste betreibt,

12. ist redaktionelle Verantwortung die Ausübung einer wirksamen Kontrolle hinsichtlich der Zusammenstellung der Sendungen und ihrer Bereitstellung mittels eines Katalogs,

13. ist Sendung eine Abfolge von bewegten Bildern mit oder ohne Ton, die unabhängig von ihrer Länge Einzelbestandteil eines von einem Diensteanbieter erstellten Sendeplans oder Katalogs ist,

14. ist nutzergeneriertes Video eine von einem Nutzer erstellte Abfolge von bewegten Bildern mit oder ohne Ton, die unabhängig von ihrer Länge einen Einzelbestandteil darstellt und die von diesem oder einem anderen Nutzer auf einen Videosharingplattform-Dienst hochgeladen wird,

15. ist Mitgliedstaat jeder Mitgliedstaat der Europäischen Union und jeder andere Vertragsstaat des Abkommens über den Europäischen Wirtschaftsraum, für den die Richtlinie 2010/13/EU des Europäischen Parlaments und des Rates vom 10. März 2010 zur Koordinierung bestimmter Rechts- und Verwaltungsvorschriften der Mitgliedstaaten über die Bereitstellung audiovisueller Mediendienste (Richtlinie über audiovisuelle Mediendienste) (ABl. L 95 vom 15.4.2010, S. 1; L 263 vom 6.10.2010, S. 15), die durch die Richtlinie (EU) 2018/1808 (ABl. L 303 vom 28.11.2018, S. 69) geändert worden ist, gilt,

16. ist Drittstaat jeder Staat, der nicht Mitgliedstaat ist,

17. ist Mutterunternehmen ein Unternehmen, das ein oder mehrere Tochterunternehmen kontrolliert,

18. ist Tochterunternehmen ein Unternehmen, das unmittelbar oder mittelbar von einem Mutterunternehmen kontrolliert wird,
19. ist Gruppe die Gesamtheit von Mutterunternehmen, allen seinen Tochterunternehmen und allen anderen mit dem Mutterunternehmen und seinen Tochterunternehmen wirtschaftlich und rechtlich verbundenen Unternehmen.

²Einer juristischen Person steht eine Personengesellschaft gleich, die mit der Fähigkeit ausgestattet ist, Rechte zu erwerben und Verbindlichkeiten einzugehen.

§ 2a Europäisches Sitzland. (1) Sitzland des Diensteanbieters im Sinne dieses Gesetzes ist der Mitgliedstaat, in dessen Hoheitsgebiet der Diensteanbieter niedergelassen ist.

(2) ¹Abweichend von Absatz 1 gilt bei audiovisuellen Mediendiensten ein Mitgliedstaat als Sitzland des Diensteanbieters, in dem die Hauptverwaltung des Diensteanbieters liegt und die redaktionellen Entscheidungen über den audiovisuellen Mediendienst getroffen werden. ²Werden die redaktionellen Entscheidungen über den audiovisuellen Mediendienst in einem anderen Mitgliedstaat als dem Sitz der Hauptverwaltung getroffen, so gilt als Sitzland des Diensteanbieters

1. derjenige dieser beiden Mitgliedstaaten, in dem ein erheblicher Teil des Personals des Diensteanbieters, das mit der Durchführung der programmbezogenen Tätigkeiten des audiovisuellen Mediendienstes betraut ist, tätig ist,
2. der Mitgliedstaat, in dem die Hauptverwaltung des Diensteanbieters liegt, wenn ein erheblicher Teil des Personals des audiovisuellen Mediendiensteanbieters, das mit der Ausübung der sendungsbezogenen Tätigkeiten betraut ist, in jedem dieser Mitgliedstaaten tätig ist oder
3. der Mitgliedstaat, in dem der Diensteanbieter zuerst mit seiner Tätigkeit nach Maßgabe des Rechts dieses Mitgliedstaats begonnen hat, sofern eine dauerhafte und tatsächliche Verbindung mit der Wirtschaft dieses Mitgliedstaats fortbesteht, wenn ein erheblicher Teil des Personals des audiovisuellen Mediendiensteanbieters, das mit der Ausübung der sendungsbezogenen Tätigkeiten betraut ist, in keinem dieser Mitgliedstaaten tätig ist.

³Werden die redaktionellen Entscheidungen über den audiovisuellen Mediendienst in einem Drittstaat getroffen, gilt der Mitgliedstaat als Sitzland, in dem die Hauptverwaltung des Diensteanbieters liegt. ⁴Liegt die Hauptverwaltung des Diensteanbieters in einem Drittstaat und werden die redaktionellen Entscheidungen über den audiovisuellen Mediendienst in einem Mitgliedstaat getroffen, gilt der Mitgliedstaat als Sitzland, in dem ein erheblicher Teil des mit der Bereitstellung des audiovisuellen Mediendienstes betrauten Personals tätig ist.

(3) ¹Für audiovisuelle Mediendiensteanbieter, die nicht bereits aufgrund ihrer Niederlassung der Rechtshoheit eines Mitgliedstaats unterliegen, gilt ein Mitgliedstaat als Sitzland, wenn sie

1. eine in diesem Mitgliedstaat gelegene Satelliten-Bodenstation für die Aufwärtsstrecke nutzen oder

2. zwar keine in diesem Mitgliedstaat gelegene Satelliten-Bodenstation für die Aufwärtsstrecke, aber eine diesem Mitgliedstaat zugewiesene Übertragungskapazität eines Satelliten nutzen.

²Liegt keines dieser beiden Kriterien vor, gilt der Mitgliedstaat auch als Sitzland für einen audiovisuellen Diensteanbieter, in dem dieser gemäß den Artikeln 49 bis 55 des Vertrages über die Arbeitsweise der Europäischen Union niedergelassen ist.

(4) Ist ein Videosharingplattform-Anbieter nicht im Hoheitsgebiet eines Mitgliedstaats niedergelassen, so gilt derjenige Mitgliedstaat abweichend von Absatz 1 als Sitzland, in dessen Hoheitsgebiet

1. ein Mutterunternehmen oder ein Tochterunternehmen des Videosharingplattform-Anbieters oder
2. ein anderes Unternehmen einer Gruppe, von welcher der Videosharingplattform-Anbieter ein Teil ist,

niedergelassen ist.

(5) Sind in den Fällen des Absatzes 4 das Mutterunternehmen, das Tochterunternehmen oder die anderen Unternehmen der Gruppe jeweils in verschiedenen Mitgliedstaaten niedergelassen, so gilt der Videosharingplattform-Anbieter als in dem Mitgliedstaat niedergelassen,

1. in dem sein Mutterunternehmen niedergelassen ist oder
2. mangels einer solchen Niederlassung in dem sein Tochterunternehmen niedergelassen ist, oder
3. mangels einer solchen Niederlassung in dem das oder die anderen Unternehmen der Gruppe niedergelassen ist oder sind.

(6) Gibt es mehrere Tochterunternehmen und ist jedes dieser Tochterunternehmen in einem anderen Mitgliedstaat niedergelassen, so gilt der Videosharingplattform-Anbieter als in dem Mitgliedstaat niedergelassen, in dem eines der Tochterunternehmen zuerst seine Tätigkeit aufgenommen hat, sofern eine dauerhafte und tatsächliche Verbindung mit der Wirtschaft dieses Mitgliedstaats besteht.

(7) Gibt es mehrere andere Unternehmen, die Teil der Gruppe sind und von denen jedes in einem anderen Mitgliedstaat niedergelassen ist, so gilt der Videosharingplattform-Anbieter als in dem Mitgliedstaat niedergelassen, in dem eines dieser Unternehmen zuerst seine Tätigkeit aufgenommen hat, sofern eine dauerhafte und tatsächliche Verbindung mit der Wirtschaft dieses Mitgliedstaats besteht.

(8) Treten zwischen der zuständigen Behörde und einer Behörde eines anderen Mitgliedstaats Meinungsverschiedenheiten darüber auf, welcher Mitgliedstaat Sitzland des Diensteanbieters nach den Absätzen 2 bis 7 ist oder als solcher gilt, so bringt die zuständige Behörde dies der Europäischen Kommission unverzüglich zur Kenntnis.

§ 2b Listen der audiovisuellen Mediendiensteanbieter und Videosharingplattform-Anbieter.
(1) ¹Die zuständige Behörde erstellt jeweils eine Liste der audiovisuellen Mediendiensteanbieter und der Videosharingplattform-Anbieter, deren Sitzland Deutschland ist oder für die Deutschland als Sitzland gilt. ²In der Liste sind zu jedem audiovisuellen Mediendiensteanbieter

und Videosharingplattform-Anbieter die maßgeblichen Kriterien nach § 2a Absatz 2 bis 7 anzugeben.

(2) Die zuständige Behörde übermittelt die Listen der audiovisuellen Mediendiensteanbieter und Videosharingplattform-Anbieter und alle Aktualisierungen dieser Listen der für Kultur und Medien zuständigen obersten Bundesbehörde.

(3) Die für Kultur und Medien zuständige oberste Bundesbehörde leitet die ihr übermittelten Listen der audiovisuellen Mediendiensteanbieter und Videosharingplattform-Anbieter und alle Aktualisierungen dieser Listen an die Europäische Kommission weiter.

§ 2c Auskunftsverlangen der zuständigen Behörde.

(1) Audiovisuelle Mediendiensteanbieter und Videosharingplattform-Anbieter sind verpflichtet, der zuständigen Behörde auf Verlangen Auskünfte über die in § 2a Absatz 2 bis 7 genannten Kriterien zu erteilen, soweit dies für die Erfüllung der Aufgaben nach § 2b Absatz 1 Satz 2 und Absatz 2 erforderlich ist.

(2) ¹Der Auskunftspflichtige kann die Auskunft auf solche Fragen verweigern, deren Beantwortung ihn selbst oder einen der in § 383 Absatz 1 Nummer 1 bis 3 der Zivilprozessordnung bezeichneten Angehörigen der Gefahr der Verfolgung wegen einer Straftat oder Ordnungswidrigkeit aussetzen würde. ²Er ist über sein Recht zur Auskunftsverweigerung zu belehren. ³Die Tatsache, auf die der Auskunftspflichtige die Verweigerung der Auskunft nach Satz 1 stützt, ist auf Verlangen glaubhaft zu machen. ⁴Es genügt die eidliche Versicherung des Auskunftspflichtigen.

§ 3 Herkunftslandprinzip.

(1) In Deutschland nach § 2a niedergelassene Diensteanbieter und ihre Telemedien unterliegen den Anforderungen des deutschen Rechts auch dann, wenn die Telemedien innerhalb des Geltungsbereichs der Richtlinie 2000/31/EG des Europäischen Parlaments und des Rates vom 8. Juni 2000 über bestimmte rechtliche Aspekte der Dienste der Informationsgesellschaft, insbesondere des elektronischen Geschäftsverkehrs, im Binnenmarkt (Richtlinie über den elektronischen Geschäftsverkehr) (ABl. L 178 vom 17.7.2000, S. 1) und der Richtlinie 2010/13/EU in einem anderen Mitgliedstaat geschäftsmäßig angeboten oder verbreitet werden.

(2) Der freie Dienstleistungsverkehr von Telemedien, die innerhalb des Geltungsbereichs der Richtlinie 2000/31/EG und der Richtlinie 2010/13/EU in Deutschland von Diensteanbietern, die in einem anderen Mitgliedstaat niedergelassen sind, geschäftsmäßig angeboten oder verbreitet werden, wird vorbehaltlich der Absätze 5 und 6 nicht eingeschränkt.

(3) Von den Absätzen 1 und 2 bleiben unberührt

1. die Freiheit der Rechtswahl,
2. die Vorschriften für vertragliche Schuldverhältnisse in Bezug auf Verbraucherverträge,
3. gesetzliche Vorschriften über die Form des Erwerbs von Grundstücken und grundstücksgleichen Rechten sowie der Begründung, Übertragung, Änderung oder Aufhebung von dinglichen Rechten an Grundstücken und grundstücksgleichen Rechten,
4. das für den Schutz personenbezogener Daten geltende Recht.

(4) Die Absätze 1 und 2 gelten nicht für

1. die Tätigkeit von Notaren sowie von Angehörigen anderer Berufe, soweit diese ebenfalls hoheitlich tätig sind,
2. die Vertretung von Mandanten und die Wahrnehmung ihrer Interessen vor Gericht,
3. die Zulässigkeit nicht angeforderter kommerzieller Kommunikationen durch elektronische Post,
4. Gewinnspiele mit einem einen Geldwert darstellenden Einsatz bei Glücksspielen, einschließlich Lotterien und Wetten,
5. die Anforderungen an Verteildienste,
6. das Urheberrecht, verwandte Schutzrechte, Rechte im Sinne der Richtlinie 87/54/EWG des Rates vom 16. Dezember 1986 über den Rechtsschutz der Topographien von Halbleitererzeugnissen (ABl. EG Nr. L 24 S. 36) und der Richtlinie 96/9/EG des Europäischen Parlaments und des Rates vom 11. März 1996 über den rechtlichen Schutz von Datenbanken (ABl. EG Nr. L 77 S. 20) sowie für gewerbliche Schutzrechte,
7. die Ausgabe elektronischen Geldes durch Institute, die gemäß Artikel 8 Abs. 1 der Richtlinie 2000/46/EG des Europäischen Parlaments und des Rates vom 18. September 2000 über die Aufnahme, Ausübung und Beaufsichtigung der Tätigkeit von E-Geld-Instituten (ABl. EG Nr. L 275 S. 39) von der Anwendung einiger oder aller Vorschriften dieser Richtlinie und von der Anwendung der Richtlinie 2000/12/EG des Europäischen Parlaments und des Rates vom 20. März 2000 über die Aufnahme und Ausübung der Tätigkeit der Kreditinstitute (ABl. EG Nr. L 126 S. 1) freigestellt sind,
8. Vereinbarungen oder Verhaltensweisen, die dem Kartellrecht unterliegen,
9. Bereiche, die erfasst sind von den §§ 39, 57 bis 59, 61 bis 65, 146, 241 bis 243b, 305 und 306 des Versicherungsaufsichtsgesetzes vom 1. April 2015 (BGBl. I S. 434), das zuletzt durch Artikel 6 des Gesetzes vom 19. März 2020 (BGBl. I S. 529) geändert worden ist, und von der Versicherungsberichterstattungs-Verordnung vom 19. Juli 2017 (BGBl. I S. 2858), die durch Artikel 7 des Gesetzes vom 17. August 2017 (BGBl. I S. 3214) geändert worden ist, für die Regelungen über das auf Versicherungsverträge anwendbare Recht sowie für Pflichtversicherungen.

(5) ¹Das Angebot und die Verbreitung von Telemedien, bei denen es sich nicht um audiovisuelle Mediendienste handelt, durch einen Diensteanbieter, der in einem anderen Mitgliedstaat niedergelassen ist, unterliegen den Einschränkungen des deutschen Rechts, soweit

1. dies dem Schutz folgender Schutzziele vor Beeinträchtigungen oder ernsthaften und schwerwiegenden Gefahren dient:
   a) der öffentlichen Sicherheit und Ordnung, insbesondere
      aa) im Hinblick auf die Verhütung, Ermittlung, Aufklärung, Verfolgung und Vollstreckung
         aaa) von Straftaten und Ordnungswidrigkeiten, einschließlich des Jugendschutzes und der Bekämpfung der Verunglimpfung aus Gründen der Rasse, des Geschlechts, des Glaubens oder der Nationalität,
         bbb) von Verletzungen der Menschenwürde einzelner Personen oder
      bb) im Hinblick auf die Wahrung nationaler Sicherheits- und Verteidigungsinteressen,

b) der öffentlichen Gesundheit oder
c) der Interessen der Verbraucher und der Interessen der Anleger und
2. die Maßnahmen, die auf der Grundlage des deutschen Rechts in Betracht kommen, in einem angemessenen Verhältnis zu diesen Schutzzielen stehen.

²Maßnahmen nach Satz 1 Nummer 2 sind nur zulässig, wenn die gemäß Artikel 3 Absatz 4 Buchstabe b und Absatz 5 der Richtlinie 2000/31/EG erforderlichen Verfahren eingehalten werden; davon unberührt bleiben gerichtliche Verfahren einschließlich etwaiger Vorverfahren und die Verfolgung von Straftaten einschließlich der Strafvollstreckung und von Ordnungswidrigkeiten.

(6) ¹Der freie Empfang und die Weiterverbreitung von audiovisuellen Mediendiensten aus anderen Mitgliedstaaten darf abweichend von Absatz 2 vorübergehend beeinträchtigt werden, wenn diese audiovisuellen Mediendienste

1. in offensichtlicher, ernster und schwerwiegender Weise Folgendes enthalten:
   a) eine Aufstachelung zu Gewalt oder Hass gegen eine Gruppe von Personen oder gegen ein Mitglied einer Gruppe von Personen aus einem der in Artikel 21 der Charta der Grundrechte der Europäischen Union (ABl. C 364 vom 18.12.2000, S. 1) genannten Gründe,
   b) eine öffentliche Aufforderung zur Begehung einer terroristischen Straftat gemäß Artikel 5 der Richtlinie (EU) 2017/541 des Europäischen Parlaments und des Rates vom 15. März 2017 zur Terrorismusbekämpfung und zur Ersetzung des Rahmenbeschlusses 2002/475/JI des Rates und zur Änderung des Beschlusses 2005/671/JI des Rates (ABl. L 88 vom 31.3. 2017, S. 6),
   c) einen Verstoß gegen die Vorgaben zum Schutz von Minderjährigen nach Artikel 6a Absatz 1 der Richtlinie 2010/13/EU oder
2. eine Beeinträchtigung oder eine ernsthafte und schwerwiegende Gefahr der Beeinträchtigung darstellen für
   a) die öffentliche Gesundheit,
   b) die öffentliche Sicherheit oder
   c) die Wahrung nationaler Sicherheits- und Verteidigungsinteressen.

²Maßnahmen nach Satz 1 sind nur zulässig, wenn die Voraussetzungen des Artikels 3 Absatz 2 bis 5 der Richtlinie 2010/13/EU erfüllt sind.

Abschnitt 2. Zulassungsfreiheit, Informationspflichten

§ 4 Zulassungsfreiheit. Telemedien sind im Rahmen der Gesetze zulassungs- und anmeldefrei.

§ 5 Allgemeine Informationspflichten. (1) Diensteanbieter haben für geschäftsmäßige, in der Regel gegen Entgelt angebotene Telemedien folgende Informationen leicht erkennbar, unmittelbar erreichbar und ständig verfügbar zu halten:

1. den Namen und die Anschrift, unter der sie niedergelassen sind, bei juristischen Personen zusätzlich die Rechtsform, den Vertretungsberechtigten und, sofern Angaben über das Kapital der Gesellschaft gemacht werden, das Stamm- oder Grundkapital sowie, wenn nicht alle in Geld zu leistenden Einlagen eingezahlt sind, der Gesamtbetrag der ausstehenden Einlagen,

2. Angaben, die eine schnelle elektronische Kontaktaufnahme und unmittelbare Kommunikation mit ihnen ermöglichen, einschließlich der Adresse der elektronischen Post,

3. soweit der Dienst im Rahmen einer Tätigkeit angeboten oder erbracht wird, die der behördlichen Zulassung bedarf, Angaben zur zuständigen Aufsichtsbehörde,

4. das Handelsregister, Vereinsregister, Partnerschaftsregister oder Genossenschaftsregister, in das sie eingetragen sind, und die entsprechende Registernummer,

5. soweit der Dienst in Ausübung eines Berufs im Sinne von Artikel 1 Buchstabe d der Richtlinie 89/48/EWG des Rates vom 21. Dezember 1988 über eine allgemeine Regelung zur Anerkennung der Hochschuldiplome, die eine mindestens dreijährige Berufsausbildung abschließen (ABl. EG Nr. L 19 S. 16), oder im Sinne von Artikel 1 Buchstabe f der Richtlinie 92/51/EWG des Rates vom 18. Juni 1992 über eine zweite allgemeine Regelung zur Anerkennung beruflicher Befähigungsnachweise in Ergänzung zur Richtlinie 89/48/EWG (ABl. EG Nr. L 209 S. 25, 1995 Nr. L 17 S. 20), zuletzt geändert durch die Richtlinie 97/38/EG der Kommission vom 20. Juni 1997 (ABl. EG Nr. L 184 S. 31), angeboten oder erbracht wird, Angaben über

   a) die Kammer, welcher die Diensteanbieter angehören,

   b) die gesetzliche Berufsbezeichnung und den Staat, in dem die Berufsbezeichnung verliehen worden ist,

   c) die Bezeichnung der berufsrechtlichen Regelungen und dazu, wie diese zugänglich sind,

6. in Fällen, in denen sie eine Umsatzsteueridentifikationsnummer nach § 27a des Umsatzsteuergesetzes oder eine Wirtschafts-Identifikationsnummer nach § 139c der Abgabenordnung besitzen, die Angabe dieser Nummer,

7. bei Aktiengesellschaften, Kommanditgesellschaften auf Aktien und Gesellschaften mit beschränkter Haftung, die sich in Abwicklung oder Liquidation befinden, die Angabe hierüber,

8. bei audiovisuellen Mediendiensteanbietern die Angabe

   a) des Mitgliedstaats, der für sie Sitzland ist oder als Sitzland gilt sowie

   b) der zuständigen Regulierungs- und Aufsichtsbehörden.

(2) Weitergehende Informationspflichten nach anderen Rechtsvorschriften bleiben unberührt.

§ 6 Besondere Pflichten bei kommerziellen Kommunikationen.

(1) Diensteanbieter haben bei kommerziellen Kommunikationen, die Telemedien oder Bestandteile von Telemedien sind, mindestens die folgenden Voraussetzungen zu beachten:

1. Kommerzielle Kommunikationen müssen klar als solche zu erkennen sein.

2. Die natürliche oder juristische Person, in deren Auftrag kommerzielle Kommunikationen erfolgen, muss klar identifizierbar sein.

3. Angebote zur Verkaufsförderung wie Preisnachlässe, Zugaben und Geschenke müssen klar als solche erkennbar sein, und die Bedingungen für ihre Inanspruchnahme müssen leicht zugänglich sein sowie klar und unzweideutig angegeben werden.

4. Preisausschreiben oder Gewinnspiele mit Werbecharakter müssen klar als solche erkennbar und die Teilnahmebedingungen leicht zugänglich sein sowie klar und unzweideutig angegeben werden.

(2) ¹Werden kommerzielle Kommunikationen per elektronischer Post versandt, darf in der Kopf- und Betreffzeile weder der Absender noch der kommerzielle Charakter der Nachricht verschleiert oder verheimlicht werden. ²Ein Verschleiern oder Verheimlichen liegt dann vor, wenn die Kopf- und Betreffzeile absichtlich so gestaltet sind, dass der Empfänger vor Einsichtnahme in den Inhalt der Kommunikation keine oder irreführende Informationen über die tatsächliche Identität des Absenders oder den kommerziellen Charakter der Nachricht erhält.

(3) Videosharingplattform-Anbieter müssen eine Funktion bereitstellen, mit der Nutzer, die nutzergenerierte Videos hochladen, erklären können, ob diese Videos audiovisuelle kommerzielle Kommunikation enthalten.

(4) Videosharingplattform-Anbieter sind verpflichtet, audiovisuelle kommerzielle Kommunikation, die Nutzer auf der Videosharingplattform-Dienst hochgeladen haben, als solche zu kennzeichnen, soweit sie nach Absatz 3 oder anderweitig Kenntnis von dieser erlangt haben.

(5) Die Vorschriften des Gesetzes gegen den unlauteren Wettbewerb[1]) bleiben unberührt.

Abschnitt 3. Verantwortlichkeit

§ 7 Allgemeine Grundsätze. (1) Diensteanbieter sind für eigene Informationen, die sie zur Nutzung bereithalten, nach den allgemeinen Gesetzen verantwortlich.

(2) Diensteanbieter im Sinne der §§ 8 bis 10 sind nicht verpflichtet, die von ihnen übermittelten oder gespeicherten Informationen zu überwachen oder nach Umständen zu forschen, die auf eine rechtswidrige Tätigkeit hinweisen.

(3) ¹Verpflichtungen zur Entfernung von Informationen oder zur Sperrung der Nutzung von Informationen nach den allgemeinen Gesetzen aufgrund von gerichtlichen oder behördlichen Anordnungen bleiben auch im Falle der Nichtverantwortlichkeit des Diensteanbieters nach den §§ 8 bis 10 unberührt. ²Das Fernmeldegeheimnis nach § 3 des Telekommunikation-Telemedien-Datenschutz-Gesetzes[2]) ist zu wahren.

(4) ¹Wurde ein Telemediendienst von einem Nutzer in Anspruch genommen, um das Recht am geistigen Eigentum eines anderen zu verletzen und besteht für den Inhaber dieses Rechts keine andere Möglichkeit, der Verletzung seines Rechts abzuhelfen, so kann der Inhaber des Rechts von dem betroffenen Diensteanbieter nach § 8 Absatz 3 die Sperrung der Nutzung von Informationen verlangen, um die Wiederholung der Rechtsverletzung zu verhindern. ²Die Sperrung muss zumutbar und verhältnismäßig sein. ³Ein Anspruch gegen den Diensteanbieter auf Erstattung der vor- und außergerichtlichen Kosten für die Geltendmachung und Durchsetzung des Anspruchs nach Satz 1 besteht außer in den Fällen des § 8 Absatz 1 Satz 3 nicht.

---

[1]) Auszugsweise abgedruckt unter Nr. **24**.
[2]) Nr. **13**.

§ 8 Durchleitung von Informationen.

(1) ¹Diensteanbieter sind für fremde Informationen, die sie in einem Kommunikationsnetz übermitteln oder zu denen sie den Zugang zur Nutzung vermitteln, nicht verantwortlich, sofern sie

1. die Übermittlung nicht veranlasst,
2. den Adressaten der übermittelten Informationen nicht ausgewählt und
3. die übermittelten Informationen nicht ausgewählt oder verändert haben.

²Sofern diese Diensteanbieter nicht verantwortlich sind, können sie insbesondere nicht wegen einer rechtswidrigen Handlung eines Nutzers auf Schadensersatz oder Beseitigung oder Unterlassung einer Rechtsverletzung in Anspruch genommen werden; dasselbe gilt hinsichtlich aller Kosten für die Geltendmachung und Durchsetzung dieser Ansprüche. ³Die Sätze 1 und 2 finden keine Anwendung, wenn der Diensteanbieter absichtlich mit einem Nutzer seines Dienstes zusammenarbeitet, um rechtswidrige Handlungen zu begehen.

(2) Die Übermittlung von Informationen nach Absatz 1 und die Vermittlung des Zugangs zu ihnen umfasst auch die automatische kurzzeitige Zwischenspeicherung dieser Informationen, soweit dies nur zur Durchführung der Übermittlung im Kommunikationsnetz geschieht und die Informationen nicht länger gespeichert werden, als für die Übermittlung üblicherweise erforderlich ist.

(3) Die Absätze 1 und 2 gelten auch für Diensteanbieter nach Absatz 1, die Nutzern einen Internetzugang über ein drahtloses lokales Netzwerk zur Verfügung stellen.

(4) ¹Diensteanbieter nach § 8 Absatz 3 dürfen von einer Behörde nicht verpflichtet werden,

1. vor Gewährung des Zugangs
   a) die persönlichen Daten von Nutzern zu erheben und zu speichern (Registrierung)
   oder
   b) die Eingabe eines Passworts zu verlangen
   oder
2. das Anbieten des Dienstes dauerhaft einzustellen.

²Davon unberührt bleibt, wenn ein Diensteanbieter auf freiwilliger Basis die Nutzer identifiziert, eine Passworteingabe verlangt oder andere freiwillige Maßnahmen ergreift.

§ 9 Zwischenspeicherung zur beschleunigten Übermittlung von Informationen.

¹Diensteanbieter sind für eine automatische, zeitlich begrenzte Zwischenspeicherung, die allein dem Zweck dient, die Übermittlung fremder Informationen an andere Nutzer auf deren Anfrage effizienter zu gestalten, nicht verantwortlich, sofern sie

1. die Informationen nicht verändern,
2. die Bedingungen für den Zugang zu den Informationen beachten,
3. die Regeln für die Aktualisierung der Informationen, die in weithin anerkannten und verwendeten Industriestandards festgelegt sind, beachten,
4. die erlaubte Anwendung von Technologien zur Sammlung von Daten über die Nutzung der Informationen, die in weithin anerkannten und verwendeten Industriestandards festgelegt sind, nicht beeinträchtigen und

5. unverzüglich handeln, um im Sinne dieser Vorschrift gespeicherte Informationen zu entfernen oder den Zugang zu ihnen zu sperren, sobald sie Kenntnis davon erhalten haben, dass die Informationen am ursprünglichen Ausgangsort der Übertragung aus dem Netz entfernt wurden oder der Zugang zu ihnen gesperrt wurde oder ein Gericht oder eine Verwaltungsbehörde die Entfernung oder Sperrung angeordnet hat.

²§ 8 Abs. 1 Satz 2 gilt entsprechend.

§ 10 Speicherung von Informationen. ¹Diensteanbieter sind für fremde Informationen, die sie für einen Nutzer speichern, nicht verantwortlich, sofern

1. sie keine Kenntnis von der rechtswidrigen Handlung oder der Information haben und ihnen im Falle von Schadensersatzansprüchen auch keine Tatsachen oder Umstände bekannt sind, aus denen die rechtswidrige Handlung oder die Information offensichtlich wird, oder

2. sie unverzüglich tätig geworden sind, um die Information zu entfernen oder den Zugang zu ihr zu sperren, sobald sie diese Kenntnis erlangt haben.

²Satz 1 findet keine Anwendung, wenn der Nutzer dem Diensteanbieter untersteht oder von ihm beaufsichtigt wird.

Abschnitt 4. Melde- und Abhilfeverfahren der Videosharingplattform-Anbieter

§ 10a Verfahren zur Meldung von Nutzerbeschwerden. (1) Wenn eine Rechtsvorschrift des Bundes oder der Länder auf diese Vorschrift Bezug nimmt und soweit sich eine entsprechende Verpflichtung nicht bereits aus dem Netzwerkdurchsetzungsgesetz[1)] vom 1. September 2017 (BGBl. I S. 3352), das zuletzt durch Artikel 274 der Verordnung vom 19. Juni 2020 (BGBl. I S. 1328) geändert worden ist, in der jeweils geltenden Fassung ergibt, sind Videosharingplattform-Anbieter verpflichtet, ein Verfahren vorzuhalten, mit dem die Nutzer Beschwerden (Nutzerbeschwerden) über rechtswidrige audiovisuelle Inhalte, die auf dem Videosharingplattform-Dienst des Videosharingplattform-Anbieters bereitgestellt werden, elektronisch melden können.

(2) Das Meldeverfahren muss

1. bei der Wahrnehmung des Inhalts leicht erkennbar und bedienbar, unmittelbar erreichbar und ständig verfügbar sein,

2. dem Beschwerdeführer die Möglichkeit geben, die Nutzerbeschwerde näher zu begründen und

3. gewährleisten, dass der Videosharingplattform-Anbieter Nutzerbeschwerden unverzüglich zur Kenntnis nehmen und prüfen kann.

§ 10b Verfahren zur Abhilfe von Nutzerbeschwerden. ¹Wenn eine Rechtsvorschrift des Bundes oder der Länder auf diese Vorschrift Bezug nimmt und soweit sich eine entsprechende Verpflichtung nicht bereits aus dem Netzwerkdurchsetzungsgesetz ergibt, müssen Videosharingplattform-Anbieter ein wirksames und transparentes Verfahren nach Satz 2 zur Prüfung und Abhilfe

---

[1)] Nr. **6**.

der nach § 10a Absatz 1 gemeldeten Nutzerbeschwerden vorhalten. ²Das Verfahren muss gewährleisten, dass der Videosharingplattform-Anbieter

1. unverzüglich nach Eingang der Nutzerbeschwerde prüft, ob ein rechtswidriger Inhalt vorliegt,
2. unverzüglich nach Eingang der Nutzerbeschwerde einen rechtswidrigen Inhalt entfernt oder den Zugang zu diesem Inhalt sperrt,
3. im Falle der Entfernung eines rechtswidrigen Inhalts den Inhalt zu Beweiszwecken sichert und für die Dauer von zehn Wochen speichert,
4. den Beschwerdeführer und den Nutzer, für den der beanstandete Inhalt gespeichert wurde, unverzüglich über seine Entscheidung informiert und diese begründet,
5. den Beschwerdeführer und den Nutzer, für den der beanstandete Inhalt gespeichert wurde, über die Möglichkeit der Teilnahme an einem unparteiischen Schlichtungsverfahren informiert,
6. dem Beschwerdeführer und dem Nutzer, für den der beanstandete Inhalt gespeichert wurde, die Gelegenheit gibt, unter Angabe von Gründen eine Überprüfung der ursprünglichen Entscheidung zu verlangen, wenn der Antrag auf Überprüfung (Gegenvorstellung) innerhalb von zwei Wochen nach Information über die Entscheidung gestellt wird,
7. darauf hinweist, dass der Inhalt einer Stellungnahme des Nutzers, für den der beanstandete Inhalt gespeichert wurde, an den Beschwerdeführer sowie der Inhalt einer Stellungnahme des Beschwerdeführers an den Nutzer, für den der beanstandete Inhalt gespeichert wurde, weitergegeben werden kann,
8. im Falle einer Gegenvorstellung des Beschwerdeführers den Nutzer, für den der beanstandete Inhalt gespeichert wurde, und im Falle einer Gegenvorstellung des Nutzers, für den der beanstandete Inhalt gespeichert wurde, den Beschwerdeführer im Falle der Abhilfe über den Inhalt der Gegenvorstellung unverzüglich informiert und ihm Gelegenheit zur Stellungnahme innerhalb einer angemessenen Frist gibt,
9. seine ursprüngliche Entscheidung unverzüglich einer Überprüfung unterzieht, das Ergebnis dem Beschwerdeführer und dem Nutzer, für den der beanstandete Inhalt gespeichert wurde, unverzüglich übermittelt und einzelfallbezogen begründet,
10. sicherstellt, dass eine Offenlegung der Identität des Beschwerdeführers und des Nutzers, für den der beanstandete Inhalt gespeichert wurde, nicht erfolgt und
11. jede Beschwerde, das Ergebnis ihrer Prüfung, die zu ihrer Abhilfe getroffene Maßnahme sowie jede verlangte Überprüfung der Entscheidung und deren Ergebnis dokumentiert.

§ 10c Allgemeine Geschäftsbedingungen. (1) Videosharingplattform-Anbieter sind verpflichtet, mit ihren Nutzern wirksam zu vereinbaren, dass diesen die Verbreitung unzulässiger audiovisueller kommerzieller Kommunikation verboten ist.

(2) Unzulässige audiovisuelle kommerzielle Kommunikation im Sinne dieser Vorschrift ist audiovisuelle kommerzielle Kommunikation, die gegen folgende Vorschriften verstößt:

1. § 20 des Tabakerzeugnisgesetzes vom 4. April 2016 (BGBl. I S. 569), das zuletzt durch Artikel 96 der Verordnung vom 19. Juni 2020 (BGBl. I S. 1328) geändert worden ist, oder
2. § 10 des Heilmittelwerbegesetzes in der Fassung der Bekanntmachung vom 19. Oktober 1994 (BGBl. I S. 3068), das zuletzt durch Artikel 6 des Gesetzes vom 28. April 2020 (BGBl. I S. 960) geändert worden ist.

Abschnitt 5. Bußgeldvorschriften

§ 11 Bußgeldvorschriften. (1) Ordnungswidrig handelt, wer absichtlich entgegen § 6 Abs. 2 Satz 1 den Absender oder den kommerziellen Charakter der Nachricht verschleiert oder verheimlicht.

(2) Ordnungswidrig handelt, wer vorsätzlich oder fahrlässig

1. entgegen § 2c Absatz 1 eine Auskunft nicht, nicht richtig, nicht vollständig oder nicht rechtzeitig erteilt,
2. entgegen § 5 Abs. 1 eine Information nicht, nicht richtig oder nicht vollständig verfügbar hält oder
3. entgegen § 10a Absatz 1 oder § 10b Satz 1 ein dort genanntes Verfahren nicht, nicht richtig oder nicht vollständig vorhält.

(3) Die Ordnungswidrigkeit kann mit einer Geldbuße bis zu fünfzigtausend Euro geahndet werden.

6. Gesetz zur Verbesserung der Rechtsdurchsetzung in sozialen Netzwerken (Netzwerkdurchsetzungsgesetz – NetzDG)[1])

Vom 1. September 2017

(BGBl. I S. 3352)

FNA 772-8

zuletzt geänd. durch Art. 1 G zur Änd. des NetzwerkdurchsetzungsG[2)3)] v. 3.6.2021 (BGBl. I S. 1436)

§ 1 *[bis 31.1.2022:* **Anwendungsbereich***][ab 1.2.2022:* **Anwendungsbereich, Begriffsbestimmungen***]*. (1) [1]Dieses Gesetz gilt für Telemediendiensteanbieter, die mit Gewinnerzielungsabsicht Plattformen im Internet betreiben, die dazu bestimmt sind, dass Nutzer beliebige Inhalte mit anderen Nutzern teilen oder der Öffentlichkeit zugänglich machen (soziale Netzwerke). [2]Plattformen mit journalistisch-redaktionell gestalteten Angeboten, die vom Diensteanbieter selbst verantwortet werden, gelten nicht als soziale Netzwerke im Sinne dieses Gesetzes. [3]Das Gleiche gilt für Plattformen, die zur Individualkommunikation oder zur Verbreitung spezifischer Inhalte bestimmt sind.

(2) Der Anbieter eines sozialen Netzwerks ist von den Pflichten nach den §§ 2 bis 3b und 5a befreit, wenn das soziale Netzwerk im Inland weniger als zwei Millionen registrierte Nutzer hat.

(3) Rechtswidrige Inhalte sind Inhalte im Sinne des Absatzes 1, die den Tatbestand der *[bis 31.1.2022:* §§ 86, 86a, 89a, 91, 100a, 111, 126, 129 bis 129b, 130, 131, 140, 166, 184b, 185 bis 187, 201a, 241 oder 269 des Strafgesetzbuchs[4])*][ab 1.2.2022:* *§§ 86, 86a, 89a, 91, 100a, 111, 126, 129 bis 129b, 130, 131, 140, 166, 184b, 185 bis 187, 189, 201a, 241 oder 269 des Strafgesetzbuchs[4])]* erfüllen und nicht gerechtfertigt sind.
[Abs. 4 ab 1.2.2022:]

(4) Eine Beschwerde über rechtswidrige Inhalte ist jede Beanstandung eines Inhaltes mit dem Begehren der Entfernung des Inhaltes oder der Sperrung des Zugangs zum Inhalt, es sei denn, dass mit der Beanstandung erkennbar nicht geltend gemacht wird, dass ein rechtswidriger Inhalt vorliegt.

---

[1]) Verkündet als Art. 1 G v. 1.9.2017 (BGBl. I S. 3352); Inkrafttreten gem. Art. 3 dieses G am 1.10.2017.

Notifiziert gemäß der Richtlinie (EU) 2015/1535 des Europäischen Parlaments und des Rates vom 9. September 2015 über ein Informationsverfahren auf dem Gebiet der technischen Vorschriften und der Vorschriften für die Dienste der Informationsgesellschaft (ABl. L 241 vom 17.9.2015, S. 1).

[2]) **Amtl. Anm.:** Dieses Gesetz dient der Umsetzung der Richtlinie (EU) 2018/1808 des Europäischen Parlaments und des Rates vom 14. November 2018 zur Änderung der Richtlinie 2010/13/EU zur Koordinierung bestimmter Rechts- und Verwaltungsvorschriften der Mitgliedstaaten über die Bereitstellung audiovisueller Mediendienste (Richtlinie über audiovisuelle Mediendienste) im Hinblick auf sich verändernde Marktgegebenheiten (ABl. L 303 vom 28.11.2018, S. 69).

[3]) **Amtl. Anm.:** Notifiziert gemäß der Richtlinie (EU) 2015/1535 des Europäischen Parlaments und des Rates vom 9. September 2015 über ein Informationsverfahren auf dem Gebiet der technischen Vorschriften und der Vorschriften für die Dienste der Informationsgesellschaft (ABl. L 241 vom 17.9.2015, S. 1).

[4]) Nr. 44.

§ 2 Berichtspflicht. (1) ¹Anbieter sozialer Netzwerke, die im Kalenderjahr mehr als 100 Beschwerden über rechtswidrige Inhalte erhalten, sind verpflichtet, einen deutschsprachigen Bericht über den Umgang mit Beschwerden über rechtswidrige Inhalte auf ihren Plattformen mit den Angaben nach Absatz 2 halbjährlich zu erstellen und im Bundesanzeiger sowie auf der eigenen Homepage spätestens einen Monat nach Ende eines Halbjahres zu veröffentlichen. ²Der auf der eigenen Homepage veröffentlichte Bericht muss leicht erkennbar, unmittelbar erreichbar und ständig verfügbar sein.

(2) Der Bericht hat mindestens auf folgende Aspekte einzugehen:

1. Allgemeine Ausführungen, welche Anstrengungen der Anbieter des sozialen Netzwerks unternimmt, um strafbare Handlungen auf den Plattformen zu unterbinden,
2. Art, Grundzüge der Funktionsweise und Reichweite von gegebenenfalls eingesetzten Verfahren zur automatisierten Erkennung von Inhalten, die entfernt oder gesperrt werden sollen, einschließlich allgemeiner Angaben zu verwendeten Trainingsdaten und zu der Überprüfung der Ergebnisse dieser Verfahren durch den Anbieter, sowie Angaben darüber, inwieweit Kreise der Wissenschaft und Forschung bei der Auswertung dieser Verfahren unterstützt werden und diesen zu diesem Zweck Zugang zu Informationen des Anbieters gewährt wurde,
3. Darstellung der Mechanismen zur Übermittlung von Beschwerden über rechtswidrige Inhalte, Darstellung der Entscheidungskriterien für die Entfernung und Sperrung von rechtswidrigen Inhalten und Darstellung des Prüfungsverfahrens einschließlich der Reihenfolge der Prüfung, ob ein rechtswidriger Inhalt vorliegt oder ob gegen vertragliche Regelungen zwischen Anbieter und Nutzer verstoßen wird,
4. Anzahl der im Berichtszeitraum eingegangenen Beschwerden über rechtswidrige Inhalte, aufgeschlüsselt nach Beschwerden von Beschwerdestellen und Beschwerden von Nutzern und nach dem Beschwerdegrund,
5. Organisation, personelle Ausstattung, fachliche und sprachliche Kompetenz der für die Bearbeitung von Beschwerden zuständigen Arbeitseinheiten und Schulung und Betreuung der für die Bearbeitung von Beschwerden zuständigen Personen,
6. Mitgliedschaft in Branchenverbänden mit Hinweis darauf, ob in diesen Branchenverbänden eine Beschwerdestelle existiert,
7. Anzahl der Beschwerden, bei denen eine externe Stelle konsultiert wurde, um die Entscheidung vorzubereiten,
8. Anzahl der Beschwerden, die im Berichtszeitraum zur Löschung oder Sperrung des beanstandeten Inhalts führten, nach der Gesamtzahl sowie aufgeschlüsselt nach Beschwerden von Beschwerdestellen und von Nutzern, nach dem Beschwerdegrund, ob ein Fall des § 3 Absatz 2 Nummer 3 Buchstabe a vorlag, ob in diesem Fall eine Weiterleitung an den Nutzer erfolgte, welcher Schritt der Prüfungsreihenfolge nach Nummer 3 zur Entfernung oder Sperrung geführt hat sowie ob eine Übertragung an eine anerkannte Einrichtung der Regulierten Selbstregulierung nach § 3 Absatz 2 Nummer 3 Buchstabe b erfolgte,
9. jeweils die Anzahl der Beschwerden über rechtswidrige Inhalte, die nach ihrem Eingang innerhalb von 24 Stunden, innerhalb von 48 Stunden, innerhalb einer Woche oder zu einem späteren Zeitpunkt zur Entfernung

oder Sperrung des rechtswidrigen Inhalts geführt haben, zusätzlich aufgeschlüsselt nach Beschwerden von Beschwerdestellen und von Nutzern sowie jeweils aufgeschlüsselt nach dem Beschwerdegrund,

10. Maßnahmen zur Unterrichtung des Beschwerdeführers sowie des Nutzers, für den der beanstandete Inhalt gespeichert wurde, über die Entscheidung über die Beschwerde,

11. Anzahl der im Berichtszeitraum eingegangenen Gegenvorstellungen nach § 3b Absatz 1 Satz 2, nach der Gesamtzahl sowie aufgeschlüsselt nach Gegenvorstellungen von Beschwerdeführern und von Nutzern, für die der beanstandete Inhalt gespeichert wurde, jeweils mit Angaben, in wie vielen Fällen der Gegenvorstellung abgeholfen wurde,

12. Anzahl der im Berichtszeitraum eingegangenen Gegenvorstellungen nach § 3b Absatz 3 Satz 1, jeweils mit Angaben, in wie vielen Fällen von einer Überprüfung gemäß § 3b Absatz 3 Satz 3 abgesehen wurde und in wie vielen Fällen der Gegenvorstellung abgeholfen wurde,

13. Angaben darüber, ob und inwieweit Kreisen der Wissenschaft und Forschung im Berichtszeitraum Zugang zu Informationen des Anbieters gewährt wurde, um ihnen eine anonymisierte Auswertung zu ermöglichen, inwieweit

    a) entfernte oder gesperrte rechtswidrige Inhalte an Eigenschaften im Sinne des § 1 des Allgemeinen Gleichbehandlungsgesetzes vom 14. August 2006 (BGBl. I S. 1897), das zuletzt durch Artikel 8 des Gesetzes vom 3. April 2013 (BGBl. I S. 610) geändert worden ist, in der jeweils geltenden Fassung anknüpfen,

    b) die Verbreitung von rechtswidrigen Inhalten zu spezifischer Betroffenheit bestimmter Nutzerkreise führt und

    c) organisierte Strukturen oder abgestimmte Verhaltensweisen der Verbreitung zugrunde liegen,

14. sonstige Maßnahmen des Anbieters zum Schutz und zur Unterstützung der von rechtswidrigen Inhalten Betroffenen,

15. eine Zusammenfassung mit einer tabellarischen Übersicht, die die Gesamtzahl der eingegangenen Beschwerden über rechtswidrige Inhalte, den prozentualen Anteil der auf diese Beschwerden hin entfernten oder gesperrten Inhalte, die Anzahl der Gegenvorstellungen jeweils nach § 3b Absatz 1 Satz 2 und nach § 3b Absatz 3 Satz 1 sowie jeweils den prozentualen Anteil der auf diese Gegenvorstellungen hin abgeänderten Entscheidungen den entsprechenden Zahlen für die beiden vorangegangenen Berichtszeiträume gegenüberstellt, verbunden mit einer Erläuterung erheblicher Unterschiede und ihrer möglichen Gründe,

16. Erläuterung der Bestimmungen in den Allgemeinen Geschäftsbedingungen des Anbieters über die Zulässigkeit der Verbreitung von Inhalten auf dem sozialen Netzwerk, die der Anbieter für Verträge mit Verbrauchern verwendet,

17. Darstellung, inwiefern die Vereinbarung der Bestimmungen nach Nummer 16 mit den Vorgaben der §§ 307 bis 309 des Bürgerlichen Gesetzbuchs[1] und dem sonstigen Recht in Einklang steht.

---

[1] Nr. 19.

§ 3 Umgang mit Beschwerden über rechtswidrige Inhalte. (1) ¹Der Anbieter eines sozialen Netzwerks muss ein wirksames und transparentes Verfahren nach Absatz 2 und 3 für den Umgang mit Beschwerden über rechtswidrige Inhalte vorhalten. ²Der Anbieter muss Nutzern ein bei der Wahrnehmung des Inhalts leicht erkennbares, unmittelbar erreichbares, leicht bedienbares und ständig verfügbares Verfahren zur Übermittlung von Beschwerden über rechtswidrige Inhalte zur Verfügung stellen.

(2) ¹Das Verfahren muss gewährleisten, dass der Anbieter des sozialen Netzwerks

1. unverzüglich von der Beschwerde Kenntnis nimmt und prüft, ob der in der Beschwerde gemeldete Inhalt rechtswidrig und zu entfernen oder der Zugang zu ihm zu sperren ist,
2. einen offensichtlich rechtswidrigen Inhalt innerhalb von 24 Stunden nach Eingang der Beschwerde entfernt oder den Zugang zu ihm sperrt; dies gilt nicht, wenn das soziale Netzwerk mit der zuständigen Strafverfolgungsbehörde einen längeren Zeitraum für die Löschung oder Sperrung des offensichtlich rechtswidrigen Inhalts vereinbart hat,
3. jeden rechtswidrigen Inhalt unverzüglich, in der Regel innerhalb von sieben Tagen nach Eingang der Beschwerde entfernt oder den Zugang zu ihm sperrt; die Frist von sieben Tagen kann überschritten werden, wenn
    a) die Entscheidung über die Rechtswidrigkeit des Inhalts von der Unwahrheit einer Tatsachenbehauptung oder erkennbar von anderen tatsächlichen Umständen abhängt; das soziale Netzwerk kann in diesen Fällen dem Nutzer vor der Entscheidung Gelegenheit zur Stellungnahme zu der Beschwerde geben,
    b) der Anbieter des sozialen Netzwerks die Entscheidung über die Rechtswidrigkeit innerhalb von sieben Tagen nach Eingang der Beschwerde einer nach den Absätzen 6 bis 8 anerkannten Einrichtung der Regulierten Selbstregulierung überträgt und sich deren Entscheidung unterwirft,
4. im Falle der Entfernung den Inhalt zu Beweiszwecken sichert und zu diesem Zweck für die Dauer von zehn Wochen innerhalb des Geltungsbereichs der Richtlinie 2000/31/EG des Europäischen Parlaments und des Rates vom 8. Juni 2000 über bestimmte rechtliche Aspekte der Dienste der Informationsgesellschaft, insbesondere des elektronischen Geschäftsverkehrs, im Binnenmarkt („Richtlinie über den elektronischen Geschäftsverkehr") (ABl. L 178 vom 17.7.2000, S. 1) und der Richtlinie 2010/13/EU des Europäischen Parlaments und des Rates vom 10. März 2010 zur Koordinierung bestimmter Rechts- und Verwaltungsvorschriften der Mitgliedstaaten über die Bereitstellung audiovisueller Mediendienste (Richtlinie über audiovisuelle Mediendienste) (ABl. L 95 vom 15.4.2010, S. 1; L 263 vom 6.10.2010, S. 15), die durch die Richtlinie (EU) 2018/1808 (ABl. L 303 vom 28.11.2018, S. 69) geändert worden ist, speichert,
5. den Beschwerdeführer und den Nutzer, für den der beanstandete Inhalt gespeichert wurde, über jede Entscheidung unverzüglich informiert und dabei
    a) seine Entscheidung begründet,
    b) hinweist auf die Möglichkeit der Gegenvorstellung nach § 3b Absatz 1 Satz 2, das hierfür zur Verfügung gestellte Verfahren nach § 3b Absatz 1 Satz 3, die Frist nach § 3b Absatz 1 Satz 2 sowie darauf, dass der Inhalt der

Gegenvorstellung im Rahmen des Verfahrens nach § 3b Absatz 2 Nummer 1 weitergegeben werden kann, und

c) den Beschwerdeführer darauf hinweist, dass er gegen den Nutzer, für den der beanstandete Inhalt gespeichert wurde, Strafanzeige und erforderlichenfalls Strafantrag stellen kann und auf welchen Internetseiten er hierüber weitere Informationen erhält.

[2]In den Fällen des Satzes 1 Nummer 3 Buchstabe b darf der Anbieter des sozialen Netzwerks der anerkannten Einrichtung der Regulierten Selbstregulierung den beanstandeten Inhalt, Angaben zum Zeitpunkt des Teilens oder der Zugänglichmachung des Inhalts und zum Umfang der Verbreitung sowie mit dem Inhalt in erkennbarem Zusammenhang stehende Inhalte übermitteln, soweit dies zum Zwecke der Entscheidung erforderlich ist. [3]Die Einrichtung der Regulierten Selbstregulierung ist befugt, die betreffenden personenbezogenen Daten in dem für die Prüfung erforderlichen Umfang zu verarbeiten. [4]Eine etwaige Unrichtigkeit der von der anerkannten Einrichtung der Regulierten Selbstregulierung in den Fällen des Satzes 1 Nummer 3 Buchstabe b getroffenen Entscheidung begründet keinen Verstoß des Anbieters des sozialen Netzwerks gegen Absatz 1 Satz 1.

(3) Das Verfahren muss vorsehen, dass jede Beschwerde und die zu ihrer Abhilfe getroffene Maßnahme innerhalb des Geltungsbereichs der Richtlinien 2000/31/EG und 2010/13/EU dokumentiert wird.

(4) [1]Der Umgang mit Beschwerden muss von der Leitung des sozialen Netzwerks durch monatliche Kontrollen überwacht werden. [2]Organisatorische Unzulänglichkeiten im Umgang mit eingegangenen Beschwerden müssen unverzüglich beseitigt werden. [3]Den mit der Bearbeitung von Beschwerden beauftragten Personen müssen von der Leitung des sozialen Netzwerks regelmäßig, mindestens aber halbjährlich deutschsprachige Schulungs- und Betreuungsangebote gemacht werden.

(5) Die Verfahren nach Absatz 1 können durch eine von der in § 4 genannten Verwaltungsbehörde beauftragten Stelle überwacht werden.

(6) Eine Einrichtung ist als Einrichtung der Regulierten Selbstregulierung im Sinne dieses Gesetzes anzuerkennen, wenn

1. die Unabhängigkeit und Sachkunde ihrer Prüfer gewährleistet ist,
2. eine sachgerechte Ausstattung und zügige Prüfung innerhalb von sieben Tagen sichergestellt sind,
3. eine Verfahrensordnung besteht, die den Umfang und Ablauf der Prüfung sowie Vorlagepflichten der angeschlossenen sozialen Netzwerke regelt und die Möglichkeit der Überprüfung von Entscheidungen auf Antrag des Beschwerdeführers und auf Antrag des Nutzers, für den der beanstandete Inhalt gespeichert wurde, vorsieht, und,
4. die Einrichtung von mehreren Anbietern sozialer Netzwerke oder Institutionen getragen wird, die eine sachgerechte Ausstattung sicherstellen. Außerdem muss sie für den Beitritt weiterer Anbieter insbesondere sozialer Netzwerke offenstehen.

(7) [1]Die Entscheidung über die Anerkennung einer Einrichtung der Regulierten Selbstregulierung trifft die in § 4 genannte Verwaltungsbehörde. [2]Sie gibt der zentralen Aufsichtsstelle der Länder für den Jugendmedienschutz vor der Entscheidung über die Anerkennung Gelegenheit zur Stellungnahme. [3]Die

Entscheidung kann mit Nebenbestimmungen versehen werden. ⁴Eine Befristung soll den Zeitraum von fünf Jahren nicht unterschreiten.

(8) Die anerkannte Einrichtung der Regulierten Selbstregulierung hat die in § 4 genannte Verwaltungsbehörde unverzüglich über Änderungen der für die Anerkennung relevanten Umstände und sonstiger im Antrag auf Anerkennung mitgeteilter Angaben zu unterrichten.

(9) Die anerkannte Einrichtung der Regulierten Selbstregulierung hat bis zum 31. Juli eines jeden Jahres einen Tätigkeitsbericht über das vorangegangene Kalenderjahr auf ihrer Internetseite zu veröffentlichen und der in § 4 genannten Verwaltungsbehörde zu übermitteln.

(10) Die Anerkennung kann ganz oder teilweise widerrufen oder mit Nebenbestimmungen versehen werden, wenn Voraussetzungen für die Anerkennung nachträglich entfallen sind.

(11) Die Verwaltungsbehörde nach § 4 kann auch bestimmen, dass für einen Anbieter von sozialen Netzwerken die Möglichkeit zur Übertragung von Entscheidungen nach Absatz 2 Nummer 3 Buchstabe b für einen zeitlich befristeten Zeitraum entfällt, wenn zu erwarten ist, dass bei diesem Anbieter die Erfüllung der Pflichten des Absatzes 2 Nummer 3 durch einen Anschluss an die Regulierte Selbstregulierung nicht gewährleistet wird.

[§ 3a ab 1.2.2022:]

§ 3a *Meldepflicht. (1) Der Anbieter eines sozialen Netzwerks muss ein wirksames Verfahren für Meldungen nach den Absätzen 2 bis 5 vorhalten.*

(2) Der Anbieter eines sozialen Netzwerks muss dem Bundeskriminalamt als Zentralstelle zum Zwecke der Ermöglichung der Verfolgung von Straftaten Inhalte übermitteln,

1. *die dem Anbieter in einer Beschwerde über rechtswidrige Inhalte gemeldet worden sind,*
2. *die der Anbieter entfernt oder zu denen er den Zugang gesperrt hat und*
3. *bei denen konkrete Anhaltspunkte dafür bestehen, dass sie mindestens einen der Tatbestände*
   a) *der §§ 86, 86a, 89a, 91, 126, 129 bis 129b, 130, 131 oder 140 des Strafgesetzbuches[1],*
   b) *des § 184b des Strafgesetzbuches oder*
   c) *des § 241 des Strafgesetzbuches in Form der Bedrohung mit einem Verbrechen gegen das Leben, die sexuelle Selbstbestimmung, die körperliche Unversehrtheit oder die persönliche Freiheit*

erfüllen und nicht gerechtfertigt sind.

(3) Der Anbieter des sozialen Netzwerks muss unverzüglich, nachdem er einen Inhalt entfernt oder den Zugang zu diesem gesperrt hat, prüfen, ob die Voraussetzungen des Absatzes 2 Nummer 3 vorliegen, und unverzüglich danach den Inhalt gemäß Absatz 4 übermitteln.

(4) Die Übermittlung an das Bundeskriminalamt muss enthalten:

1. *den Inhalt und, sofern vorhanden, den Zeitpunkt, zu dem der Inhalt geteilt oder der Öffentlichkeit zugänglich gemacht worden ist, unter Angabe der zugrunde liegenden Zeitzone,*

---

[1] Nr. **44**.

2. folgende Angaben zu dem Nutzer, der den Inhalt mit anderen Nutzern geteilt oder der Öffentlichkeit zugänglich gemacht hat:

   a) den Nutzernamen und,

   b) sofern vorhanden, die gegenüber dem Anbieter des sozialen Netzwerkes zuletzt verwendete IP-Adresse einschließlich der Portnummer sowie den Zeitpunkt des letzten Zugriffs unter Angabe der zugrunde liegenden Zeitzone.

(5) Die Übermittlung an das Bundeskriminalamt hat elektronisch an eine vom Bundeskriminalamt zur Verfügung gestellte Schnittstelle zu erfolgen.

(6) [1] Der Anbieter des sozialen Netzwerks informiert den Nutzer, für den der Inhalt gespeichert wurde, vier Wochen nach der Übermittlung an das Bundeskriminalamt über die Übermittlung nach Absatz 4. [2] Satz 1 gilt nicht, wenn das Bundeskriminalamt binnen vier Wochen anordnet, dass die Information wegen der Gefährdung des Untersuchungszwecks, des Lebens, der körperlichen Unversehrtheit oder der persönlichen Freiheit einer Person oder von bedeutenden Vermögenswerten zurückzustellen ist. [3] Im Fall der Anordnung nach Satz 2 informiert das Bundeskriminalamt den Nutzer über die Übermittlung nach Absatz 4, sobald dies ohne Gefährdung im Sinne des Satzes 2 möglich ist.

(7) Der Anbieter eines sozialen Netzwerks hat der in § 4 genannten Verwaltungsbehörde auf deren Verlangen Auskünfte darüber zu erteilen, wie die Verfahren zur Übermittlung von Inhalten nach Absatz 1 gestaltet sind und wie sie angewendet werden.

(8) Strafverfolgungsbehörden dürfen für einen allgemeinen Austausch mit den Anbietern sozialer Netzwerke über die Anwendung der Absätze 1 bis 7 die hierfür erforderlichen personenbezogenen Daten in pseudonymisierter Form verarbeiten.

§ 3b Gegenvorstellungsverfahren. (1) [1] Der Anbieter eines sozialen Netzwerks muss ein wirksames und transparentes Verfahren nach Absatz 2 vorhalten, mit dem sowohl der Beschwerdeführer als auch der Nutzer, für den der beanstandete beanstandete Inhalt gespeichert wurde, eine Überprüfung einer zu einer Beschwerde über rechtswidrige Inhalte getroffenen Entscheidung über die Entfernung oder die Sperrung des Zugangs zu einem Inhalt (ursprüngliche Entscheidung) herbeiführen kann; ausgenommen sind die Fälle des § 3 Absatz 2 Satz 1 Nummer 3 Buchstabe b. [2] Die Überprüfung bedarf nur, wenn der Beschwerdeführer oder der Nutzer, für den der beanstandete Inhalt gespeichert wurde, unter Angabe von Gründen einen Antrag auf Überprüfung innerhalb von zwei Wochen nach der Information über die ursprüngliche Entscheidung stellt (Gegenvorstellung). [3] Der Anbieter des sozialen Netzwerks muss zu diesem Zweck ein leicht erkennbares Verfahren zur Verfügung stellen, das eine einfache elektronische Kontaktaufnahme und eine unmittelbare Kommunikation mit ihm ermöglicht. [4] Die Möglichkeit der Kontaktaufnahme muss auch im Rahmen der Unterrichtung nach § 3 Absatz 2 Satz 1 Nummer 5 Buchstabe b eröffnet werden.

(2) Das Verfahren nach Absatz 1 Satz 1 muss gewährleisten, dass der Anbieter des sozialen Netzwerks

1. für den Fall, dass er der Gegenvorstellung abhelfen möchte, im Fall einer Gegenvorstellung des Beschwerdeführers den Nutzer und im Fall einer Gegenvorstellung des Nutzers den Beschwerdeführer über den Inhalt der Gegenvorstellung unverzüglich informiert sowie im ersten Fall dem Nutzer und im zweiten Fall dem Beschwerdeführer Gelegenheit zur Stellungnahme innerhalb einer angemessenen Frist gibt,

2. darauf hinweist, dass der Inhalt einer Stellungnahme des Nutzers an den Beschwerdeführer sowie der Inhalt einer Stellungnahme des Beschwerdeführers an den Nutzer weitergegeben werden kann,
3. seine ursprüngliche Entscheidung unverzüglich einer Überprüfung durch eine mit der ursprünglichen Entscheidung nicht befasste Person unterzieht,
4. seine Überprüfungsentscheidung dem Beschwerdeführer und dem Nutzer unverzüglich übermittelt und einzelfallbezogen begründet, in den Fällen der Nichtabhilfe dem Beschwerdeführer und dem Nutzer jedoch nur insoweit, wie diese am Gegenvorstellungsverfahren bereits beteiligt waren, und
5. sicherstellt, dass eine Offenlegung der Identität des Beschwerdeführers und des Nutzers in dem Verfahren nicht erfolgt.

(3) ¹ Sofern einer Entscheidung über die Entfernung oder die Sperrung des Zugangs zu einem Inhalt keine Beschwerde über rechtswidrige Inhalte zugrunde liegt, gelten die Absätze 1 und 2 entsprechend. ² Liegt der Entscheidung eine Beanstandung des Inhalts durch Dritte zugrunde, tritt an die Stelle des Beschwerdeführers diejenige Person, welche die Beanstandung dem Anbieter des sozialen Netzwerks übermittelt hat. ³ Abweichend von Absatz 2 Nummer 3 ist es nicht erforderlich, dass die Überprüfung durch eine mit der ursprünglichen Entscheidung nicht befasste Person erfolgt. ⁴ Abweichend von Absatz 1 Satz 2 bedarf es der Überprüfung nach Satz 1 dann nicht, wenn es sich bei dem Inhalt um erkennbar unerwünschte oder gegen die Allgemeinen Geschäftsbedingungen des Anbieters verstoßende kommerzielle Kommunikation handelt, die vom Nutzer in einer Vielzahl von Fällen mit anderen Nutzern geteilt oder der Öffentlichkeit zugänglich gemacht wurde und die Gegenvorstellung offensichtlich keine Aussicht auf Erfolg hat.

(4) Der Rechtsweg bleibt unberührt.

§ 3c Schlichtung. (1) Die in § 4 genannte Verwaltungsbehörde kann privatrechtlich organisierte Einrichtungen als Schlichtungsstellen zur außergerichtlichen Beilegung von Streitigkeiten zwischen Beschwerdeführern oder Nutzern, für die der beanstandete Inhalt gespeichert wurde, und Anbietern sozialer Netzwerke über nach § 3 Absatz 2 Satz 1 Nummer 1 bis 3 getroffene Entscheidungen anerkennen.

(2) ¹ Eine privatrechtlich organisierte Einrichtung ist als Schlichtungsstelle nach Absatz 1 anzuerkennen, wenn
1. ihr Träger eine juristische Person ist,
   a) die ihren Sitz in einem Mitgliedstaat der Europäischen Union oder in einem anderen Vertragsstaat des Abkommens über den Europäischen Wirtschaftsraum, für den die Richtlinie 2010/13/EU gilt, hat,
   b) die auf Dauer angelegt ist und
   c) deren Finanzierung gesichert ist,
2. die Unabhängigkeit, die Unparteilichkeit und die Sachkunde derjenigen Personen gewährleistet sind, die mit der Schlichtung befasst werden sollen,
3. ihre sachgerechte Ausstattung und die zügige Bearbeitung der Schlichtungsverfahren sichergestellt sind,
4. sie eine Schlichtungsordnung hat, welche die Einzelheiten des Schlichtungsverfahrens und ihre Zuständigkeit regelt und welche ein einfaches, kostengünstiges, unverbindliches und faires Schlichtungsverfahren ermöglicht, an

dem der Anbieter des sozialen Netzwerks, der Beschwerdeführer und der Nutzer, für den der beanstandete Inhalt gespeichert wurde, teilnehmen können,

5. sichergestellt ist, dass die Öffentlichkeit dauerhaft über Erreichbarkeit und Zuständigkeit der Schlichtungsstelle und über den Ablauf des Schlichtungsverfahrens, einschließlich der Schlichtungsordnung, informiert wird.

²§ 3 Absatz 7 Satz 2 und 3 und Absatz 8 bis 10 gilt entsprechend.

(3) ¹Beschwerdeführer und Nutzer, für die der beanstandete Inhalt gespeichert wurde, können eine Schlichtungsstelle im Rahmen ihrer Zuständigkeit anrufen, wenn zuvor ein Gegenvorstellungsverfahren nach § 3b durchgeführt wurde oder eine Überprüfung der Entscheidung im Sinne des § 3 Absatz 6 Nummer 3 stattgefunden hat und der Anbieter des sozialen Netzwerks allgemein oder im Einzelfall an der Schlichtung durch diese Schlichtungsstelle teilnimmt. ²Nimmt der Anbieter an der Schlichtung teil, darf er der Schlichtungsstelle den beanstandeten Inhalt, Angaben zum Zeitpunkt des Teilens oder der Zugänglichmachung des Inhalts und zum Umfang der Verbreitung sowie mit dem Inhalt in erkennbarem Zusammenhang stehende Inhalte übermitteln, soweit dies für das Schlichtungsverfahren erforderlich ist; übermittelt werden dürfen auch, im Falle einer Anrufung der Schlichtungsstelle durch den Beschwerdeführer, die Kontaktdaten des Nutzers, für den der beanstandete Inhalt gespeichert wurde, sowie, im Falle einer Anrufung der Schlichtungsstelle durch den Nutzer, für den der beanstandete Inhalt gespeichert wurde, die Kontaktdaten des Beschwerdeführers. ³Die Schlichtungsstelle ist befugt, die betreffenden personenbezogenen Daten zu verarbeiten, soweit dies für das Schlichtungsverfahren erforderlich ist; eine Offenlegung der personenbezogenen Daten des Beschwerdeführers und des Nutzers, für den der beanstandete Inhalt gespeichert wurde, ist ausgenommen.

(4) ¹Die Teilnahme an den Schlichtungsverfahren ist freiwillig. ²Das Recht, die Gerichte anzurufen, bleibt unberührt. ³Das Verbraucherstreitbeilegungsgesetz[1]) vom 19. Februar 2016 (BGBl. I S. 254, 1039), das zuletzt durch Artikel 2 Absatz 3 des Gesetzes vom 25. Juni 2020 (BGBl. I S. 1474) geändert worden ist, ist nicht anzuwenden.

§ 3d Begriffsbestimmungen für Videosharingplattform-Dienste.

(1) Im Sinne dieses Gesetzes

1. sind Videosharingplattform-Dienste

a) Telemedien, bei denen der Hauptzweck oder eine wesentliche Funktion darin besteht, Sendungen oder nutzergenerierte Videos, für die der Diensteanbieter keine redaktionelle Verantwortung trägt, der Allgemeinheit bereitzustellen, wobei der Diensteanbieter die Organisation der Sendungen oder der nutzergenerierten Videos, auch mit automatischen Mitteln, bestimmt,

b) trennbare Teile von Telemedien, wenn für den trennbaren Teil der in Buchstabe a genannte Hauptzweck vorliegt,

2. ist ein nutzergeneriertes Video eine von einem Nutzer erstellte Abfolge von bewegten Bildern mit oder ohne Ton, die unabhängig von ihrer Länge einen

---

[1]) Auszugsweise abgedruckt unter Nr. 30.

Einzelbestandteil darstellt und die von diesem oder einem anderen Nutzer auf einen Videosharingplattform-Dienst hochgeladen wird,
3. ist eine Sendung eine Abfolge von bewegten Bildern mit oder ohne Ton, die unabhängig von ihrer Länge Einzelbestandteil eines von einem Diensteanbieter erstellten Sendeplans oder Katalogs ist,
4. ist Mitgliedstaat jeder Mitgliedstaat der Europäischen Union und jeder andere Vertragsstaat des Abkommens über den Europäischen Wirtschaftsraum, für den die Richtlinie 2010/13/EU gilt,
5. ist Mutterunternehmen ein Unternehmen, das ein oder mehrere Tochterunternehmen kontrolliert,
6. ist Tochterunternehmen ein Unternehmen, das unmittelbar oder mittelbar von einem Mutterunternehmen kontrolliert wird,
7. ist Gruppe die Gesamtheit von Mutterunternehmen, allen seinen Tochterunternehmen und allen anderen mit dem Mutterunternehmen und seinen Tochterunternehmen wirtschaftlich und rechtlich verbundenen Unternehmen.

(2) ¹Im Sinne dieses Gesetzes ist Sitzland eines Anbieters von Videosharingplattform-Diensten derjenige Mitgliedstaat, in dessen Hoheitsgebiet der Anbieter niedergelassen ist. ²Ist ein Anbieter von Videosharingplattform-Diensten nicht im Hoheitsgebiet eines Mitgliedstaats niedergelassen, so gilt derjenige Mitgliedstaat als Sitzland, in dessen Hoheitsgebiet
1. ein Mutterunternehmen oder ein Tochterunternehmen des Anbieters oder
2. ein anderes Unternehmen einer Gruppe, von welcher der Anbieter ein Teil ist,

niedergelassen ist.

(3) ¹Sind in den Fällen des Absatzes 2 Satz 2 das Mutterunternehmen, das Tochterunternehmen oder die anderen Unternehmen der Gruppe jeweils in verschiedenen Mitgliedstaaten niedergelassen, so gilt der Anbieter als in dem Mitgliedstaat niedergelassen, in dem sein Mutterunternehmen niedergelassen ist, oder, mangels einer solchen Niederlassung, als in dem Mitgliedstaat niedergelassen, in dem sein Tochterunternehmen niedergelassen ist, oder, mangels einer solchen Niederlassung, als in dem Mitgliedstaat niedergelassen, in dem das andere Unternehmen der Gruppe niedergelassen ist. ²Gibt es mehrere Tochterunternehmen und ist jedes dieser Tochterunternehmen in einem anderen Mitgliedstaat niedergelassen, so gilt der Anbieter als in dem Mitgliedstaat niedergelassen, in dem eines der Tochterunternehmen zuerst seine Tätigkeit aufgenommen hat, sofern eine dauerhafte und tatsächliche Verbindung des Tochterunternehmens mit der Wirtschaft dieses Mitgliedstaats besteht. ³Gibt es mehrere andere Unternehmen, die Teil der Gruppe sind und von denen jedes in einem anderen Mitgliedstaat niedergelassen ist, so gilt der Anbieter als in dem Mitgliedstaat niedergelassen, in dem eines dieser Unternehmen zuerst seine Tätigkeit aufgenommen hat, sofern eine dauerhafte und tatsächliche Verbindung mit der Wirtschaft dieses Mitgliedstaats besteht.

(4) Treten zwischen der in § 4 genannten Verwaltungsbehörde und einer Behörde eines anderen Mitgliedstaats Meinungsverschiedenheiten darüber auf, welcher Mitgliedstaat Sitzland eines Anbieters von Videosharingplattform-Diensten ist oder als solcher gilt, so bringt die in § 4 genannte Verwaltungsbehörde dies der Europäischen Kommission unverzüglich zur Kenntnis.

§ 3e Für Videosharingplattform-Dienste geltende Vorschriften.

(1) Für Anbieter von Videosharingplattform-Diensten gilt dieses Gesetz, sofern sich aus den Absätzen 2 und 3 nichts Abweichendes ergibt.

(2) ¹Für Anbieter von Videosharingplattform-Diensten, die im Inland weniger als zwei Millionen registrierte Nutzer haben, gilt dieses Gesetz nur, wenn die Bundesrepublik Deutschland nach § 3d Absatz 2 und 3 Sitzland ist oder als Sitzland gilt. ²Dieses Gesetz gilt für sie nur im Hinblick auf nutzergenerierte Videos und Sendungen nach § 3d Absatz 1 Nummer 2 und 3, welche Inhalte haben, die den Tatbestand der §§ 111, 130 Absatz 1 oder 2, der §§ 131, 140, 166 oder 184b des Strafgesetzbuches[1]) erfüllen und nicht gerechtfertigt sind. ³Abweichend von § 1 Absatz 2 sind diese Anbieter von Videosharingplattform-Diensten von den Pflichten nach den §§ 2, 3 Absatz 2 Satz 1 Nummer 3 und 4 sowie Absatz 4 und § 3a befreit.

(3) ¹Für Anbieter von Videosharingplattform-Diensten, bei denen gemäß § 3d Absatz 2 und 3 ein anderer Mitgliedstaat als die Bundesrepublik Deutschland Sitzland ist oder als Sitzland gilt, gelten im Hinblick auf die in Absatz 2 Satz 2 genannten nutzergenerierten Videos und Sendungen die Pflichten nach den §§ 2, 3 und 3b nur auf der Grundlage und im Umfang einer Anordnung der in § 4 genannten Behörde. ²Die Anordnung darf nur ergehen, soweit die Voraussetzungen des § 3 Absatz 5 des Telemediengesetzes[2]) vom 26. Februar 2007 (BGBl. I S. 179, 251), das zuletzt durch Artikel 12 des Gesetzes vom 30. März 2021 (BGBl. I S. 448) geändert worden ist, in der jeweils geltenden Fassung erfüllt sind und unter Beachtung der danach erforderlichen Verfahrensschritte. ³Die in § 4 genannte Verwaltungsbehörde kann eine Stelle mit der Prüfung beauftragen, ob die Voraussetzungen des § 3 Absatz 5 Satz 1 des Telemediengesetzes vorliegen.

(4) Soweit nach den Absätzen 1 bis 3 für den Anbieter eines Videosharingplattform-Dienstes dieses Gesetz im Hinblick auf die in Absatz 2 Satz 2 genannten nutzergenerierten Videos und Sendungen gilt, ist er verpflichtet, mit seinen Nutzern wirksam zu vereinbaren, dass diesen die Verbreitung der in Absatz 2 Satz 2 genannten nutzergenerierten Videos und Sendungen verboten ist.

§ 3f Behördliche Schlichtung für Streitigkeiten mit Videosharingplattform-Diensten.

(1) ¹Bei der in § 4 genannten Verwaltungsbehörde wird eine behördliche Schlichtungsstelle eingerichtet. ²Die behördliche Schlichtungsstelle besteht zur außergerichtlichen Beilegung von Streitigkeiten mit Anbietern von Videosharingplattform-Diensten über Entscheidungen nach § 3 Absatz 2 Satz 1 Nummer 1 bis 3 im Hinblick auf das Vorliegen von nutzergenerierten Videos und Sendungen, welche Inhalte haben, die einen in § 3e Absatz 2 Satz 2 genannten Tatbestand erfüllen und nicht gerechtfertigt sind. ³Die behördliche Schlichtungsstelle ist nur zuständig für Streitigkeiten mit Anbietern von Videosharingplattform-Diensten, bei denen die Bundesrepublik Deutschland nach § 3d Absatz 2 Sitzland ist oder als Sitzland gilt, und nur, wenn der Anbieter nicht an einem Schlichtungsverfahren einer anerkannten Schlichtungsstelle nach § 3c Absatz 1 teilnimmt oder wenn keine privatrechtlich organisierte Einrichtung als Schlichtungsstelle nach § 3c Absatz 1 anerkannt ist.

---

[1]) Nr. 44.
[2]) Nr. 5.

(2) Die Anforderungen von § 3c Absatz 2 Satz 1 Nummer 2 bis 5 sowie § 3 Absatz 9 und § 3c Absatz 3 und 4 gelten für die behördliche Schlichtungsstelle entsprechend.

(3) Die behördliche Schlichtungsstelle kann für die Durchführung des Schlichtungsverfahrens Gebühren erheben, die in ihrer Schlichtungsordnung anzugeben sind.

§ 4[1] **Bußgeldvorschriften.** (1) Ordnungswidrig handelt, wer vorsätzlich oder fahrlässig

1. entgegen § 2 Absatz 1 Satz 1 einen Bericht nicht, nicht richtig, nicht vollständig oder nicht rechtzeitig erstellt oder nicht, nicht richtig, nicht vollständig, nicht in der vorgeschriebenen Weise oder nicht rechtzeitig veröffentlicht,
2. entgegen § 3 Absatz 1 Satz 1 oder § 3b Absatz 1 Satz 1 ein dort genanntes Verfahren für den Umgang mit Beschwerden von Beschwerdestellen oder Nutzern, die im Inland wohnhaft sind oder ihren Sitz haben, oder für eine Überprüfung einer Entscheidung nicht, nicht richtig oder nicht vollständig vorhält,
3. entgegen § 3 Absatz 1 Satz 2 oder § 3b Absatz 1 Satz 3 ein dort genanntes Verfahren nicht oder nicht richtig zur Verfügung stellt,
4. entgegen § 3 Absatz 4 Satz 1 den Umgang mit Beschwerden nicht oder nicht richtig überwacht,
5. entgegen § 3 Absatz 4 Satz 2 eine organisatorische Unzulänglichkeit nicht oder nicht rechtzeitig beseitigt,
6. entgegen § 3 Absatz 4 Satz 3 eine Schulung oder eine Betreuung nicht oder nicht rechtzeitig anbietet,

[Nr. 7 ab 1.2.2022:]
7. entgegen § 3a Absatz 1 ein dort genanntes Verfahren nicht oder nicht richtig vorhält,

7. *[ab 1.2.2022: 8.]* entgegen § 5 einen inländischen Zustellungsbevollmächtigten oder einen inländischen Empfangsberechtigten nicht benennt, oder
8. *[ab 1.2.2022: 9.]* entgegen § 5 Absatz 2 Satz 2 als Empfangsberechtigter auf Auskunftsersuchen nicht reagiert.

(2) [1] Die Ordnungswidrigkeit kann in den Fällen des Absatzes 1 *[bis 31.1. 2022:* Nummer 7 und 8*][ab 1.2.2022: Nummer 8 und 9]* mit einer Geldbuße bis zu fünfhunderttausend Euro, in den übrigen Fällen des Absatzes 1 mit einer Geldbuße bis zu fünf Millionen Euro geahndet werden. [2] § 30 Absatz 2 Satz 3 des Gesetzes über Ordnungswidrigkeiten ist anzuwenden.

(3) Die Ordnungswidrigkeit kann auch dann geahndet werden, wenn sie nicht im Inland begangen wird.

(4) [1] Verwaltungsbehörde im Sinne des § 36 Absatz 1 Nummer 1 des Gesetzes über Ordnungswidrigkeiten[2] ist das Bundesamt für Justiz. [2] Das Bundesministerium der Justiz und für Verbraucherschutz erlässt im Einvernehmen mit dem Bundesministerium des Innern, für Bau und Heimat, dem Bundesministerium für Wirtschaft und Energie und dem Bundesministerium für Verkehr und digitale Infrastruktur allgemeine Verwaltungsgrundsätze über die Ausübung des

---

[1] Siehe hierzu ua NetzDG-Bußgeldleitlinien v. 22.3.2018 (BAnz AT 25.05.2018 B2).
[2] Nr. **46**.

Ermessens der Bußgeldbehörde bei der Einleitung eines Bußgeldverfahrens und bei der Bemessung der Geldbuße.

(5) ¹Will die Verwaltungsbehörde ihre Entscheidung darauf stützen, dass nicht entfernte oder nicht gesperrte Inhalte rechtswidrig im Sinne des § 1 Absatz 3 sind, so soll sie über die Rechtswidrigkeit vorab eine gerichtliche Entscheidung herbeiführen. ²Zuständig ist das Gericht, das über den Einspruch gegen den Bußgeldbescheid entscheidet. ³Der Antrag auf Vorabentscheidung ist dem Gericht zusammen mit der Stellungnahme des sozialen Netzwerks zuzuleiten. ⁴Über den Antrag kann ohne mündliche Verhandlung entschieden werden. ⁵Die Entscheidung ist nicht anfechtbar und für die Verwaltungsbehörde bindend.

§ 4a Aufsicht. (1) Die in § 4 genannte Verwaltungsbehörde überwacht die Einhaltung der Vorschriften dieses Gesetzes.

(2) ¹Stellt die in § 4 genannte Verwaltungsbehörde fest, dass ein Anbieter eines sozialen Netzwerks gegen die Vorschriften dieses Gesetzes verstoßen hat oder verstößt, so trifft sie die erforderlichen Maßnahmen gegenüber dem Anbieter. ²Sie kann den Anbieter insbesondere verpflichten, die Zuwiderhandlung abzustellen. ³§ 4 Absatz 5 gilt mit der Maßgabe entsprechend, dass dasjenige Gericht zuständig ist, welches über den Einspruch gegen einen Bußgeldbescheid entscheiden würde.

(3) ¹In dem Verwaltungsverfahren nach Absatz 2 erteilt der Anbieter eines sozialen Netzwerks der in § 4 genannten Verwaltungsbehörde auf deren Verlangen Auskunft über die zur Umsetzung dieses Gesetzes ergriffenen Maßnahmen, über die Anzahl der registrierten Nutzer im Inland sowie über die im vergangenen Kalenderjahr eingegangenen Beschwerden über rechtswidrige Inhalte; die Vertretung des Anbieters sowie bei juristischen Personen, Gesellschaften und nicht rechtsfähigen Vereinen die nach Gesetz oder Satzung zur Vertretung berufenen Personen sind verpflichtet, die verlangten Auskünfte im Namen des Unternehmens zu erteilen. ²Das Auskunftsverlangen muss verhältnismäßig sein. ³Soweit natürliche Personen nach Satz 1 zur Mitwirkung verpflichtet sind, müssen sie, falls die Informationserlangung auf andere Weise wesentlich erschwert oder nicht zu erwarten ist, auch Tatsachen offenbaren, die geeignet sind, eine Verfolgung wegen einer Straftat oder einer Ordnungswidrigkeit herbeizuführen. ⁴Jedoch darf eine Auskunft, die eine natürliche Person nach Satz 1 erteilt, in einem Strafverfahren oder in einem Verfahren nach dem Gesetz über Ordnungswidrigkeiten nur mit ihrer Zustimmung gegen diese Person oder einen der in § 383 Absatz 1 Nummer 1 bis 3 der Zivilprozessordnung bezeichneten Angehörigen verwendet werden. ⁵Gemäß Satz 1 erteilte Auskünfte dürfen in einem Verfahren zur Festsetzung einer Geldbuße nach § 30 des Gesetzes über Ordnungswidrigkeiten gegen den Anbieter nur mit Zustimmung des Anbieters oder derjenigen Person, die infolge ihrer Verpflichtung nach Satz 1 die Auskunft erteilt hat, verwendet werden.

(4) ¹Zeugen sind in dem Verwaltungsverfahren nach Absatz 2 zur Aussage verpflichtet. ²Ein Zeuge kann die Aussage auf solche Fragen verweigern, deren Beantwortung ihn selbst oder einen der in § 383 Absatz 1 Nummer 1 bis 3 der Zivilprozessordnung bezeichneten Angehörigen der Gefahr strafgerichtlicher Verfolgung oder eines Verfahrens nach dem Gesetz über Ordnungswidrigkeiten aussetzen würde. ³Im Übrigen gelten die Vorschriften der Zivilprozessordnung über die Pflicht, als Zeuge auszusagen, entsprechend. ⁴Die in § 4 genannte

Verwaltungsbehörde hat den Zeugen vor der Vernehmung über sein Recht zur Verweigerung des Zeugnisses zu belehren.

§ 5 Inländischer Zustellungsbevollmächtigter. (1) ¹Anbieter sozialer Netzwerke haben im Inland einen Zustellungsbevollmächtigten zu benennen und auf ihrer Plattform in leicht erkennbarer und unmittelbar erreichbarer Weise auf ihn aufmerksam zu machen. ²An ihn können Zustellungen in Bußgeldverfahren und in aufsichtsrechtlichen Verfahren nach den §§ 4 und 4a oder in Gerichtsverfahren vor deutschen Gerichten wegen der Verbreitung oder wegen der unbegründeten Annahme der Verbreitung rechtswidriger Inhalte, insbesondere in Fällen, in denen die Wiederherstellung entfernter oder gesperrter Inhalte begehrt wird, bewirkt werden. ³Das gilt auch für die Zustellung von Schriftstücken, die solche Verfahren einleiten, für Zustellungen von gerichtlichen Endentscheidungen sowie für Zustellungen im Vollstreckungs- oder Vollziehungsverfahren.

(2) ¹Für Auskunftsersuchen einer inländischen Strafverfolgungsbehörde ist eine empfangsberechtigte Person im Inland gegenüber der in § 4 genannten Verwaltungsbehörde zu benennen. ²Die empfangsberechtigte Person ist verpflichtet, auf Auskunftsersuchen nach Satz 1 48 Stunden nach Zugang zu antworten. ³Soweit das Auskunftsersuchen nicht mit einer das Ersuchen erschöpfenden Auskunft beantwortet wird, ist dies in der Antwort zu begründen. ⁴Die in § 4 genannte Verwaltungsbehörde führt eine Liste der empfangsberechtigten Personen. ⁵Sie gibt inländischen Strafverfolgungsbehörden hierüber auf Anfrage Auskunft.

[§ 5a ab 1.2.2022:]
§ 5a *Auskünfte für wissenschaftliche Forschung.* (1) *Forscher im Sinne dieser Vorschrift ist jede natürliche oder juristische Person, die wissenschaftliche Forschung betreibt.*

(2) Ein Forscher kann vom Anbieter eines sozialen Netzwerks qualifizierte Auskünfte verlangen über

1. *den Einsatz und die konkrete Wirkweise von Verfahren zur automatisierten Erkennung von Inhalten, die entfernt oder gesperrt werden sollen, insbesondere zu Art und Umfang eingesetzter Technologien und den Zwecken, Kriterien und Parametern für deren Programmierung sowie zu den eingesetzten Daten,*
2. *die Verbreitung von Inhalten, die Gegenstand von Beschwerden über rechtswidrige Inhalte waren oder die vom Anbieter entfernt oder gesperrt worden sind, insbesondere die entsprechenden Inhalte sowie Informationen darüber, welche Nutzer in welcher Weise mit den Inhalten interagiert haben.*

(3) Auskünfte nach Absatz 2 können nur verlangt werden, soweit sie für Vorhaben einer im öffentlichen Interesse liegenden wissenschaftlichen Forschung zu Art, Umfang, Ursachen und Wirkungsweisen öffentlicher Kommunikation in sozialen Netzwerken und den Umgang der Anbieter hiermit erforderlich sind.

(4) ¹Die Auskunftserteilung darf nur erfolgen, wenn der Forscher gegenüber dem Anbieter des sozialen Netzwerks ein Schutzkonzept vorlegt. ²Das Schutzkonzept beinhaltet

1. *eine Beschreibung der für die Forschungszwecke nach Absatz 3 erforderlichen Informationen,*
2. *eine Beschreibung der beabsichtigten Verwendung der Informationen,*

3. *eine Beschreibung der Vorkehrungen, um eine anderweitige Verwendung der Informationen zu verhindern,*

4. *eine Beschreibung der Vorkehrungen, um die schutzwürdigen Interessen des Anbieters zu schützen, und*

5. *eine Beschreibung der technischen und organisatorischen Maßnahmen, die den Schutz der personenbezogenen Daten sicherstellen.*

(5) Der Anbieter eines sozialen Netzwerks kann die Auskunft verweigern, wenn

1. *seine schutzwürdigen Interessen das öffentliche Interesse an der Forschung erheblich überwiegen oder*

2. *die schutzwürdigen Interessen der betroffenen Personen beeinträchtigt werden und das öffentliche Interesse an der Forschung das Geheimhaltungsinteresse der betroffenen Personen nicht überwiegt.*

(6) ¹ Der Anbieter eines sozialen Netzwerks darf zu Zwecken der Auskunftserteilung nach Absatz 2 folgende personenbezogene Daten übermitteln:

1. *die verbreiteten Inhalte,*

2. *Beschwerden über rechtswidrige Inhalte,*

3. *Nutzernamen der an der Verbreitung Beteiligten,*

4. *die näheren Umstände der Interaktionen der an der Verbreitung Beteiligten im Hinblick auf die jeweiligen Inhalte sowie*

5. *Trainingsdaten von Verfahren zur automatisierten Erkennung von Inhalten, die entfernt oder gesperrt werden sollen, sowie Angaben zur Wirkweise, zu Zwecken, Kriterien und Parametern für die Programmierung dieser Verfahren.*

² Die Daten sind anonymisiert oder zumindest pseudonymisiert zu übermitteln, soweit dies ohne Gefährdung des Forschungszwecks möglich ist.

(7) ¹ Der Forscher darf die Daten ausschließlich verarbeiten für die Zwecke von Vorhaben wissenschaftlicher Forschung nach Absatz 3. ² Soweit besondere Kategorien von Daten im Sinne von Artikel 9 Absatz 1 der Verordnung (EU) 2016/679[1]) des Europäischen Parlaments und des Rates vom 27. April 2016 zum Schutz natürlicher Personen bei der Verarbeitung personenbezogener Daten, zum freien Datenverkehr und zur Aufhebung der Richtlinie 95/46/EG (Datenschutz-Grundverordnung) (ABl. L 119 vom 4.5.2016, S. 1; L 314 vom 22.11.2016, S. 72; L 127 vom 23.5.2018, S. 2) in der jeweils geltenden Fassung verarbeitet werden, hat der Forscher dafür angemessene und spezifische Maßnahmen zur Wahrung der Interessen der betroffenen Person gemäß § 22 Absatz 2 Satz 2 des Bundesdatenschutzgesetzes[2]) vorzusehen. ³ Ergänzend zu den dort genannten Maßnahmen sind die Daten im Sinne des Artikels 9 Absatz 1 der Verordnung (EU) 2016/679 zu anonymisieren, sobald dies nach dem Forschungszweck möglich ist. ⁴ Darüber hinausgehende datenschutzrechtliche Vorgaben bleiben unberührt.

(8) ¹ Der Anbieter eines sozialen Netzwerks hat gegenüber dem Forscher Anspruch auf Erstattung der durch die Auskunftserteilung nach Absatz 2 entstehenden Kosten in angemessener Höhe. ² Bei der Bestimmung der angemessenen Höhe ist zu berücksichtigen, dass die Kosten kein wesentliches Hindernis für die Inanspruchnahme des Auskunftsrechts darstellen dürfen. ³ § 287 Absatz 1 der Zivilprozessordnung ist entsprechend anzuwenden. ⁴ Die erstattungsfähigen Kosten dürfen vorbehaltlich des Satzes 5

---

[1]) Nr. 11.
[2]) Nr. 12.

höchstens 5 000 Euro betragen. ⁵Dieser Betrag darf nur überschritten werden, wenn durch die Erteilung der Auskunft ein außergewöhnlich hoher Aufwand entsteht. ⁶Nach Vorlage des Schutzkonzepts nach Absatz 4 kann der Forscher vom Anbieter die Vorlage eines unentgeltlichen Kostenanschlags innerhalb einer angemessenen Frist verlangen.

§ 6 Übergangsvorschriften. (1) Der Bericht nach § 2 wird erstmals für das erste Halbjahr 2018 fällig.

(2) ¹Die Verfahren nach § 3 müssen innerhalb von drei Monaten nach Inkrafttreten dieses Gesetzes eingeführt sein. ²Erfüllt der Anbieter eines sozialen Netzwerkes die Voraussetzungen des § 1 erst zu einem späteren Zeitpunkt, so müssen die Verfahren nach § 3 drei Monate nach diesem Zeitpunkt eingeführt sein.

(3) Für Berichte, die sich auf Zeiträume bis einschließlich 31. Dezember 2021 beziehen, ist § 2 in der Fassung des Gesetzes zur Verbesserung der Rechtsdurchsetzung in sozialen Netzwerken vom 1. September 2017 (BGBl. I S. 3352) anzuwenden.

(4) Der Bericht nach § 3 Absatz 9 ist erstmals zum 31. Juli 2022 vorzulegen.

(5) Für Einrichtungen der Regulierten Selbstregulierung, die am 28. Juni 2021 bereits anerkannt waren, ist § 3 Absatz 6 Nummer 3 bis zum Ablauf des Jahres 2022 in der Fassung des Gesetzes zur Verbesserung der Rechtsdurchsetzung in sozialen Netzwerken vom 1. September 2017 (BGBl. I S. 3352) anzuwenden.

(6) ¹Auf Anbieter, die nicht Anbieter von Videosharingplattform-Diensten sind, ist § 3b erst ab dem 1. Oktober 2021 anzuwenden. ²Bei Anbietern von Videosharingplattform-Diensten ist § 3b im Hinblick auf Inhalte, die keine nutzergenerierten Videos oder Sendungen sind, erst ab dem 1. Oktober 2021 anzuwenden.

7. Medienstaatsvertrag (MStV)[1]

Vom 14.–28. April 2020[2]

Inhaltsübersicht

Präambel

I. Abschnitt. Anwendungsbereich, Begriffsbestimmungen

§ 1 Anwendungsbereich
§ 2 Begriffsbestimmungen

II. Abschnitt. Allgemeine Bestimmungen

1. Unterabschnitt. Rundfunk

§ 3 Allgemeine Grundsätze
§ 4 Informationspflichten, Verbraucherschutz
§ 5 Auskunftsrechte
§ 6 Sorgfaltspflichten
§ 7 Barrierefreiheit
§ 8 Werbegrundsätze, Kennzeichnungspflichten
§ 9 Einfügung von Rundfunkwerbung und Teleshopping
§ 10 Sponsoring
§ 11 Gewinnspiele
§ 12 Datenverarbeitung zu journalistischen Zwecken, Medienprivileg
§ 13 Übertragung von Großereignissen
§ 14 Kurzberichterstattung
§ 15 Europäische Produktionen, Eigen-, Auftrags- und Gemeinschaftsproduktionen
§ 16 Auskunftspflicht und zuständige Behörden nach dem Europäischen Übereinkommen über das grenzüberschreitende Fernsehen

2. Unterabschnitt. Telemedien

§ 17 Allgemeine Grundsätze, Zulassungs- und Anmeldefreiheit
§ 18 Informationspflichten und Auskunftsrechte
§ 19 Sorgfaltspflichten
§ 20 Gegendarstellung
§ 21 Barrierefreiheit
§ 22 Werbung, Sponsoring, Gewinnspiele

---

[1] Verkündet als Art. 1 StV v. 29.4.2020.
[2] Zur Ratifizierung und zum Inkrafttreten am **7.11.2020** siehe in:
Baden-Württemberg: G v. 30.6.2020 (GBl. S. 429), Bek. v. 13.11.2020 (GBl. S. 1063);
Bayern: Bek. v. 20.7.2020 (GVBl. S. 450), Bek. v. 13.1.2021 (GVBl. S. 14);
Berlin: G v. 12.9.2020 (GVBl. S. 698);
Brandenburg: G v. 25.6.2020 (GVBl. I Nr. 19);
Bremen: G v. 22.9.2020 (Brem.GBl. S. 974);
Hamburg: G v. 8.9.2020 (HmbGVBl. S. 433), Bek. v. 6.11.2020 (HmbGVBl. S. 572);
Hessen: G v. 30.9.2020 (GVBl. S. 606);
Mecklenburg-Vorpommern: G v. 28.10.2020 (GVOBl. M-V S. 1030), Bek. v. 17.11.2020 (GVOBl. M-V S. 1145);
Niedersachsen: G v. 14.9.2020 (Nds. GVBl. S. 289);
Nordrhein-Westfalen: Bek. v. 30.6.2020 (GV. NRW. S. 524), Bek. v. 24.11.2020 (GV. NRW. S. 1111);
Rheinland-Pfalz: G v. 3.9.2020 (GVBl. S. 372), Bek. v. 1.12.2020 (GVBl. S. 674);
Saarland: G v. 16.9.2020 (Amtsbl. I S. 820);
Sachsen: G v. 15.7.2020 (SächsGVBl. S. 379), Bek. v. 12.11.2020 (SächsGVBl. S. 661);
Land Sachsen-Anhalt: G v. 23.9.2020 (GVBl. LSA S. 492), Bek. v. 17.11.2020 (GVBl. LSA S. 666);
Schleswig-Holstein: G v. 8.9.2020 (GVOBl. Schl.-H. S. 582);
Thüringen: G v. 23.7.2020 (GVBl. S. 369), Bek. v. 22.12.2020 (GVBl. S. 684).

§ 23	Datenverarbeitung zu journalistischen Zwecken, Medienprivileg
§ 24	Telemediengesetz, Öffentliche Stellen
§ 25	Notifizierung

III. Abschnitt. Besondere Bestimmungen für den öffentlich-rechtlichen Rundfunk

§ 26	Auftrag
§ 27	Angebote
§ 28	Fernsehprogramme
§ 29	Hörfunkprogramme
§ 30	Telemedienangebote
§ 31	Satzungen, Richtlinien, Berichtspflichten
§ 32	Telemedienkonzepte
§ 33	Jugendangebot
§ 34	Funktionsgerechte Finanzausstattung, Grundsatz des Finanzausgleichs
§ 35	Finanzierung
§ 36	Finanzbedarf des öffentlich-rechtlichen Rundfunks
§ 37	Berichterstattung der Rechnungshöfe
§ 38	Zulässige Produktplatzierung
§ 39	Dauer der Rundfunkwerbung, Sponsoring
§ 40	Kommerzielle Tätigkeiten
§ 41	Beteiligung an Unternehmen
§ 42	Kontrolle der Beteiligung an Unternehmen
§ 43	Kontrolle der kommerziellen Tätigkeiten
§ 44	Haftung für kommerziell tätige Beteiligungsunternehmen
§ 45	Richtlinien
§ 46	Änderung der Werbung
§ 47	Ausschluss von Teleshopping
§ 48	Versorgungsauftrag
§ 49	Veröffentlichung von Beanstandungen

IV. Abschnitt. Besondere Bestimmungen für den privaten Rundfunk

1. Unterabschnitt. Anwendungsbereich, Programmgrundsätze

§ 50	Anwendungsbereich
§ 51	Programmgrundsätze

2. Unterabschnitt. Zulassung

§ 52	Grundsatz
§ 53	Erteilung einer Zulassung für Veranstalter von bundesweit ausgerichtetem Rundfunk
§ 54	Zulassungsfreie Rundfunkprogramme
§ 55	Grundsätze für das Zulassungsverfahren
§ 56	Auskunftsrechte und Ermittlungsbefugnisse
§ 57	Publizitätspflicht und sonstige Vorlagepflichten
§ 58	Vertraulichkeit

3. Unterabschnitt. Sicherung der Meinungsvielfalt

§ 59	Meinungsvielfalt, regionale Fenster
§ 60	Sicherung der Meinungsvielfalt im Fernsehen
§ 61	Bestimmung der Zuschaueranteile
§ 62	Zurechnung von Programmen
§ 63	Veränderung von Beteiligungsverhältnissen
§ 64	Vielfaltssichernde Maßnahmen
§ 65	Sendezeit für unabhängige Dritte
§ 66	Programmbeirat
§ 67	Richtlinien
§ 68	Sendezeit für Dritte

4. Unterabschnitt. Finanzierung, Werbung

§ 69	Finanzierung
§ 70	Dauer der Fernsehwerbung
§ 71	Teleshopping-Fenster und Eigenwerbekanäle
§ 72	Satzungen und Richtlinien
§ 73	Ausnahmen für regionale und lokale Fernsehprogramme

V. Abschnitt. Besondere Bestimmungen für einzelne Telemedien
1. Unterabschnitt. Rundfunkähnliche Telemedien

§ 74 Werbung, Gewinnspiele
§ 75 Kurzberichterstattung
§ 76 Barrierefreiheit
§ 77 Europäische Produktionen

2. Unterabschnitt. Medienplattformen und Benutzeroberflächen

§ 78 Anwendungsbereich
§ 79 Allgemeine Bestimmungen
§ 80 Signalintegrität, Überlagerungen und Skalierungen
§ 81 Belegung von Medienplattformen
§ 82 Zugang zu Medienplattformen
§ 83 Zugangsbedingungen zu Medienplattformen
§ 84 Auffindbarkeit in Benutzeroberflächen
§ 85 Transparenz
§ 86 Vorlage von Unterlagen, Zusammenarbeit mit der Regulierungsbehörde für Telekommunikation
§ 87 Bestätigung der Unbedenklichkeit
§ 88 Satzungen, Richtlinien
§ 89 Überprüfungsklausel
§ 90 Bestehende Zulassungen, Zuordnungen, Zuweisungen, Anzeige von bestehenden Medienplattformen oder Benutzeroberflächen

3. Unterabschnitt. Medienintermediäre

§ 91 Anwendungsbereich
§ 92 Inländischer Zustellungsbevollmächtigter
§ 93 Transparenz
§ 94 Diskriminierungsfreiheit
§ 95 Vorlage von Unterlagen
§ 96 Satzungen und Richtlinien

4. Unterabschnitt. Video-Sharing-Dienste

§ 97 Anwendungsbereich
§ 98 Werbung
§ 99 Schlichtungsstelle

VI. Abschnitt. Übertragungskapazitäten, Weiterverbreitung

§ 100 Grundsatz
§ 101 Zuordnung von drahtlosen Übertragungskapazitäten
§ 102 Zuweisung von drahtlosen Übertragungskapazitäten an private Anbieter durch die zuständige Landesmedienanstalt
§ 103 Weiterverbreitung

VII. Abschnitt. Medienaufsicht

§ 104 Organisation
§ 105 Aufgaben
§ 106 Zuständige Landesmedienanstalt
§ 107 Verfahren bei Zulassung, Zuweisung und Anzeige
§ 108 Rücknahme, Widerruf von Zulassungen und Zuweisungen
§ 109 Maßnahmen bei Rechtsverstößen
§ 110 Vorverfahren
§ 111 Zusammenarbeit mit anderen Behörden
§ 112 Finanzierung besonderer Aufgaben
§ 113 Datenschutzaufsicht bei Telemedien

VIII. Abschnitt. Revision, Ordnungswidrigkeiten

§ 114 Revision zum Bundesverwaltungsgericht
§ 115 Ordnungswidrigkeiten

IX. Abschnitt. Übergangs- und Schlussvorschriften

§ 116 Kündigung
§ 117 Übergangsbestimmung für Produktplatzierungen
§ 118 Übergangsbestimmung für Telemedienkonzepte
§ 119 Übergangsbestimmung für Zulassungen und Anzeigen

§ 120 Übergangsbestimmung zur Bestimmung der Zuschaueranteile
§ 121 Übergangsbestimmung für Benutzeroberflächen
§ 122 Regelung für Bayern

Präambel

Dieser Staatsvertrag der Länder enthält grundlegende Regelungen für die Veranstaltung und das Angebot, die Verbreitung und die Zugänglichmachung von Rundfunk und Telemedien in Deutschland. Er trägt der europäischen und technischen Entwicklung der Medien Rechnung.

Öffentlich-rechtlicher Rundfunk und privater Rundfunk sind der freien individuellen und öffentlichen Meinungsbildung sowie der Meinungsvielfalt verpflichtet. Beide Säulen des dualen Rundfunksystems müssen in der Lage sein, den Anforderungen des nationalen und des internationalen Wettbewerbs zu entsprechen.

Für den öffentlich-rechtlichen Rundfunk sind Bestand und Entwicklung zu gewährleisten. Dazu gehört seine Teilhabe an allen neuen technischen Möglichkeiten in der Herstellung und zur Verbreitung sowie die Möglichkeit der Veranstaltung neuer Angebotsformen und Nutzung neuer Verbreitungswege. Seine finanziellen Grundlagen einschließlich des dazugehörigen Finanzausgleichs sind zu erhalten und zu sichern.

Den privaten Veranstaltern werden Ausbau und Fortentwicklung eines privaten Rundfunksystems, vor allem in technischer und programmlicher Hinsicht, ermöglicht. Dazu sollen ihnen ausreichende Sendekapazitäten zur Verfügung gestellt und angemessene Einnahmequellen erschlossen werden.

Die Vermehrung der Medienangebote (Rundfunk und Telemedien) in Europa durch die Möglichkeiten der fortschreitenden Digitalisierung stärkt die Informationsvielfalt und das kulturelle Angebot auch im deutschsprachigen Raum. Gleichzeitig bedarf es auch und gerade in einer zunehmend durch das Internet geprägten Medienwelt staatsvertraglicher Leitplanken, die journalistische Standards sichern und kommunikative Chancengleichheit fördern. Für die Angebote des dualen Rundfunksystems sowie der Presse bedarf es hierbei auch Regeln, die den Zugang zu Verbreitungswegen und eine diskriminierungsfreie Auffindbarkeit sicherstellen.

Dieser Staatsvertrag dient, neben weiteren Regelungen und Förderungsvorhaben in Deutschland, der nachhaltigen Unterstützung neuer europäischer Film- und Fernsehproduktionen.

Den Landesmedienanstalten obliegt es, unter dem Gesichtspunkt der Gleichbehandlung privater Veranstalter und Anbieter und der besseren Durchsetzbarkeit von Entscheidungen verstärkt zusammenzuarbeiten.

I. Abschnitt. Anwendungsbereich, Begriffsbestimmungen

§ 1 Anwendungsbereich. (1) Dieser Staatsvertrag gilt für die Veranstaltung und das Angebot, die Verbreitung und die Zugänglichmachung von Rundfunk und Telemedien in Deutschland.

(2) Soweit dieser Staatsvertrag keine anderweitigen Regelungen für die Veranstaltung und Verbreitung von Rundfunk enthält oder solche Regelungen

zulässt, sind die für die jeweilige Rundfunkanstalt oder den jeweiligen privaten Veranstalter geltenden landesrechtlichen Vorschriften anzuwenden.

(3) ¹Für Fernsehveranstalter gelten dieser Staatsvertrag und die landesrechtlichen Vorschriften, wenn sie in Deutschland niedergelassen sind. ²Ein Fernsehveranstalter gilt als in Deutschland niedergelassen, wenn

1. die Hauptverwaltung in Deutschland liegt und die redaktionellen Entscheidungen über das Programm dort getroffen werden,
2. die Hauptverwaltung in Deutschland liegt und die redaktionellen Entscheidungen über das Programm in einem anderen Mitgliedstaat der Europäischen Union getroffen werden, jedoch
   a) ein wesentlicher Teil des mit der Durchführung programmbezogener Tätigkeiten betrauten Personals in Deutschland tätig ist oder
   b) ein wesentlicher Teil des mit der Ausübung sendungsbezogener Tätigkeiten betrauten Personals sowohl in Deutschland als auch dem anderen Mitgliedstaat der Europäischen Union tätig ist oder
   c) ein wesentlicher Teil des mit sendungsbezogenen Tätigkeiten betrauten Personals weder in Deutschland noch dem anderen Mitgliedstaat der Europäischen Union tätig ist, aber der Fernsehveranstalter in Deutschland zuerst seine Tätigkeit begonnen hat und eine dauerhafte und tatsächliche Verbindung mit der Wirtschaft Deutschlands fortbesteht, oder
3. die Hauptverwaltung in Deutschland liegt und die redaktionellen Entscheidungen über das Programm in einem Drittstaat getroffen werden oder umgekehrt und vorausgesetzt, ein wesentlicher Teil des mit der Durchführung programmbezogener Tätigkeiten betrauten Personals ist in Deutschland tätig.

(4) Für Fernsehveranstalter, sofern sie nicht bereits aufgrund der Niederlassung der Rechtshoheit Deutschlands oder eines anderen Mitgliedstaats der Europäischen Union unterliegen, gelten dieser Staatsvertrag und die landesrechtlichen Vorschriften auch, wenn sie

1. eine in Deutschland gelegene Satelliten-Bodenstation für die Aufwärtsstrecke nutzen oder
2. zwar keine in einem Mitgliedstaat der Europäischen Union gelegene Satelliten-Bodenstation für die Aufwärtsstrecke nutzen, aber eine Deutschland zugewiesene Übertragungskapazität eines Satelliten nutzen. Liegt keines dieser beiden Kriterien vor, gelten dieser Staatsvertrag und die landesrechtlichen Vorschriften auch für Fernsehveranstalter, wenn sie in Deutschland gemäß den Artikeln 49 bis 55 des Vertrags über die Arbeitsweise der Europäischen Union (ABl. C 202 vom 7.6.2016, S. 47) niedergelassen sind.

(5) Dieser Staatsvertrag und die landesrechtlichen Vorschriften gelten nicht für Programme von Fernsehveranstaltern, die

1. ausschließlich zum Empfang in Drittländern bestimmt sind und
2. nicht unmittelbar oder mittelbar von der Allgemeinheit mit handelsüblichen Verbraucherendgeräten in einem Staat innerhalb des Geltungsbereichs der Richtlinie 2010/13/EU des Europäischen Parlaments und des Rates vom 10. März 2010 zur Koordinierung bestimmter Rechts- und Verwaltungsvorschriften der Mitgliedstaaten über die Bereitstellung audiovisueller Mediendienste (Richtlinie über audiovisuelle Mediendienste) (ABl. L 95 vom 15.4.2010, S. 1), die durch die Richtlinie (EU) 2018/1808 (ABl. L 303 vom 28.11.2018, S. 69) geändert worden ist, empfangen werden.

(6) Die Bestimmungen des II. und IV. Abschnitts gelten für Teleshoppingkanäle nur, sofern dies ausdrücklich bestimmt ist.

(7) Für Anbieter von Telemedien gilt dieser Staatsvertrag, wenn sie nach den Vorschriften des Telemediengesetzes[1)] in Deutschland niedergelassen sind.

(8) [1] Abweichend von Absatz 7 gilt dieser Staatsvertrag für Medienintermediäre, Medienplattformen und Benutzeroberflächen, soweit sie zur Nutzung in Deutschland bestimmt sind. [2] Medienintermediäre, Medienplattformen oder Benutzeroberflächen sind dann als zur Nutzung in Deutschland bestimmt anzusehen, wenn sie sich in der Gesamtschau, insbesondere durch die verwendete Sprache, die angebotenen Inhalte oder Marketingaktivitäten, an Nutzer in Deutschland richten oder in Deutschland einen nicht unwesentlichen Teil ihrer Refinanzierung erzielen. [3] Für die Zwecke der §§ 97 bis 99 gilt dieser Staatsvertrag für Video-Sharing-Dienste im Anwendungsbereich der Richtlinie 2010/13/EU, wenn sie nach den Vorschriften des Telemediengesetzes in Deutschland niedergelassen sind; im Übrigen gilt Satz 1.

(9) [1] Fernsehveranstalter sind verpflichtet, die nach Landesrecht zuständige Stelle über alle Änderungen zu informieren, die die Feststellung der Rechtshoheit nach den Absätzen 3 und 4 berühren könnten. [2] Die Landesmedienanstalten erstellen eine Liste der der Rechtshoheit Deutschlands unterworfenen privaten Fernsehveranstalter, halten die Liste auf dem neuesten Stand und geben an, auf welchen der in den Absätzen 3 und 4 genannten Kriterien die Rechtshoheit beruht. [3] Die Liste und alle Aktualisierungen dieser Liste werden der Europäischen Kommission mitsamt der Liste der öffentlich-rechtlichen Fernsehveranstalter übermittelt.

§ 2 Begriffsbestimmungen. (1) [1] Rundfunk ist ein linearer Informations- und Kommunikationsdienst; er ist die für die Allgemeinheit und zum zeitgleichen Empfang bestimmte Veranstaltung und Verbreitung von journalistisch-redaktionell gestalteten Angeboten in Bewegtbild oder Ton entlang eines Sendeplans mittels Telekommunikation. [2] Der Begriff schließt Angebote ein, die verschlüsselt verbreitet werden oder gegen besonderes Entgelt empfangbar sind. [3] Telemedien sind alle elektronischen Informations- und Kommunikationsdienste, soweit sie nicht Telekommunikationsdienste nach § 3 Nr. 24 des Telekommunikationsgesetzes sind, die ganz in der Übertragung von Signalen über Telekommunikationsnetze bestehen, oder telekommunikationsgestützte Dienste nach § 3 Nr. 25 des Telekommunikationsgesetzes oder Rundfunk nach Satz 1 und 2 sind.

(2) Im Sinne dieses Staatsvertrages ist

1. Rundfunkprogramm eine nach einem Sendeplan zeitlich geordnete Folge von Inhalten,
2. Sendeplan die auf Dauer angelegte, vom Veranstalter bestimmte und vom Nutzer nicht veränderbare Festlegung der inhaltlichen und zeitlichen Abfolge von Sendungen,
3. Sendung ein unabhängig von seiner Länge inhaltlich zusammenhängender, geschlossener, zeitlich begrenzter Einzelbestandteil eines Sendeplans oder Katalogs,

---

[1)] Nr. 5.

4. **Vollprogramm** ein Rundfunkprogramm mit vielfältigen Inhalten, in welchem Information, Bildung, Beratung und Unterhaltung einen wesentlichen Teil des Gesamtprogramms bilden,
5. **Spartenprogramm** ein Rundfunkprogramm mit im Wesentlichen gleichartigen Inhalten,
6. **Regionalfensterprogramm** ein zeitlich und räumlich begrenztes Rundfunkprogramm mit im Wesentlichen regionalen Inhalten im Rahmen eines Hauptprogramms,
7. **Werbung** jede Äußerung, die der unmittelbaren oder mittelbaren Förderung des Absatzes von Waren und Dienstleistungen, einschließlich unbeweglicher Sachen, Rechte und Verpflichtungen, oder des Erscheinungsbilds natürlicher oder juristischer Personen, die einer wirtschaftlichen Tätigkeit nachgehen, dient und gegen Entgelt oder eine ähnliche Gegenleistung oder als Eigenwerbung im Rundfunk oder in einem Telemedium aufgenommen ist. Werbung ist insbesondere Rundfunkwerbung, Sponsoring, Teleshopping und Produktplatzierung; § 8 Abs. 9 und § 22 Abs. 1 Satz 3 bleiben unberührt,
8. **Rundfunkwerbung** jede Äußerung bei der Ausübung eines Handels, Gewerbes, Handwerks oder freien Berufs, die im Rundfunk von einem öffentlich-rechtlichen oder einem privaten Veranstalter oder einer natürlichen Person entweder gegen Entgelt oder eine ähnliche Gegenleistung oder als Eigenwerbung gesendet wird, mit dem Ziel, den Absatz von Waren oder die Erbringung von Dienstleistungen, einschließlich unbeweglicher Sachen, Rechte und Verpflichtungen, gegen Entgelt zu fördern,
9. **Schleichwerbung** die Erwähnung oder Darstellung von Waren, Dienstleistungen, Namen, Marken oder Tätigkeiten eines Herstellers von Waren oder eines Erbringers von Dienstleistungen in Sendungen, wenn sie vom Veranstalter absichtlich zu Werbezwecken vorgesehen ist und mangels Kennzeichnung die Allgemeinheit hinsichtlich des eigentlichen Zweckes dieser Erwähnung oder Darstellung irreführen kann. Eine Erwähnung oder Darstellung gilt insbesondere dann als zu Werbezwecken beabsichtigt, wenn sie gegen Entgelt oder eine ähnliche Gegenleistung erfolgt.
10. **Sponsoring** jeder Beitrag einer natürlichen oder juristischen Person oder einer Personenvereinigung, die an Rundfunktätigkeiten, der Bereitstellung von rundfunkähnlichen Telemedien oder Video-Sharing-Diensten oder an der Produktion audiovisueller Werke nicht beteiligt ist, zur direkten oder indirekten Finanzierung von Rundfunkprogrammen, rundfunkähnlichen Telemedien, Video-Sharing-Diensten, nutzergenerierten Videos oder einer Sendung, um den Namen, die Marke, das Erscheinungsbild der Person oder Personenvereinigung, ihre Tätigkeit oder ihre Leistungen zu fördern,
11. **Teleshopping** die Sendung direkter Angebote an die Öffentlichkeit für den Absatz von Waren oder die Erbringung von Dienstleistungen, einschließlich unbeweglicher Sachen, Rechte und Verpflichtungen, gegen Entgelt in Form von Teleshoppingkanälen, -fenstern und -spots,
12. **Produktplatzierung** jede Form der Werbung, die darin besteht, gegen Entgelt oder eine ähnliche Gegenleistung ein Produkt, eine Dienstleistung oder die entsprechende Marke einzubeziehen oder darauf Bezug zu nehmen, sodass diese innerhalb einer Sendung oder eines nutzergenerierten Videos erscheinen. Die kostenlose Bereitstellung von Waren oder Dienstleistungen

ist Produktplatzierung, sofern die betreffende Ware oder Dienstleistung von bedeutendem Wert ist,

13. rundfunkähnliches Telemedium ein Telemedium mit Inhalten, die nach Form und Gestaltung hörfunk- oder fernsehähnlich sind und die aus einem von einem Anbieter festgelegten Katalog zum individuellen Abruf zu einem vom Nutzer gewählten Zeitpunkt bereitgestellt werden (Audio- und audiovisuelle Mediendienste auf Abruf); Inhalte sind insbesondere Hörspiele, Spielfilme, Serien, Reportagen, Dokumentationen, Unterhaltungs-, Informations- oder Kindersendungen,

14. Medienplattform jedes Telemedium, soweit es Rundfunk, rundfunkähnliche Telemedien oder Telemedien nach § 19 Abs. 1 zu einem vom Anbieter bestimmten Gesamtangebot zusammenfasst. Die Zusammenfassung von Rundfunk, rundfunkähnlichen Telemedien oder Telemedien nach § 19 Abs. 1 ist auch die Zusammenfassung von softwarebasierten Anwendungen, welche im Wesentlichen der unmittelbaren Ansteuerung von Rundfunk, rundfunkähnlichen Telemedien, Telemedien nach § 19 Abs. 1 oder Telemedien im Sinne des Satz 1 dienen. Keine Medienplattformen in diesem Sinne sind
    a) Angebote, die analog über eine Kabelanlage verbreitet werden,
    b) das Gesamtangebot von Rundfunk, rundfunkähnlichen Telemedien oder Telemedien nach § 19 Abs. 1, welches ausschließlich in der inhaltlichen Verantwortung einer oder mehrerer öffentlich-rechtlicher Rundfunkanstalten oder eines privaten Anbieters von Rundfunk, rundfunkähnlichen Telemedien oder Telemedien nach § 19 Abs. 1 oder von Unternehmen, deren Programme ihm nach § 62 zuzurechnen sind, stehen; Inhalte aus nach § 59 Abs. 4 aufgenommenen Fensterprogrammen oder Drittsendezeiten im Sinne des § 65 sind unschädlich,

15. Benutzeroberfläche die textlich, bildlich oder akustisch vermittelte Übersicht über Angebote oder Inhalte einzelner oder mehrerer Medienplattformen, die der Orientierung dient und unmittelbar die Auswahl von Angeboten, Inhalten oder softwarebasierten Anwendungen, welche im Wesentlichen der unmittelbaren Ansteuerung von Rundfunk, rundfunkähnlichen Telemedien oder Telemedien nach § 19 Abs. 1 dienen, ermöglicht. Benutzeroberflächen sind insbesondere
    a) Angebots- oder Programmübersichten einer Medienplattform,
    b) Angebots- oder Programmübersichten, die nicht zugleich Teil einer Medienplattform sind,
    c) visuelle oder akustische Präsentationen auch gerätegebundener Medienplattformen, sofern sie die Funktion nach Satz 1 erfüllen,

16. Medienintermediär jedes Telemedium, das auch journalistisch-redaktionelle Angebote Dritter aggregiert, selektiert und allgemein zugänglich präsentiert, ohne diese zu einem Gesamtangebot zusammenzufassen,

17. Rundfunkveranstalter, wer ein Rundfunkprogramm unter eigener inhaltlicher Verantwortung anbietet,

18. Anbieter rundfunkähnlicher Telemedien, wer über die Auswahl der Inhalte entscheidet und die inhaltliche Verantwortung trägt,

19. Anbieter einer Medienplattform, wer die Verantwortung für die Auswahl der Angebote einer Medienplattform trägt,

20. Anbieter einer Benutzeroberfläche, wer über die Gestaltung der Übersicht abschließend entscheidet,
21. Anbieter eines Medienintermediärs, wer die Verantwortung für die Aggregation, Selektion und allgemein zugängliche Präsentation von Inhalten trägt,
22. Video-Sharing-Dienst ein Telemedium, bei dem der Hauptzweck des Dienstes oder eines trennbaren Teils des Dienstes oder eine wesentliche Funktion des Dienstes darin besteht, Sendungen mit bewegten Bildern oder nutzergenerierte Videos, für die der Diensteanbieter keine redaktionelle Verantwortung trägt, der Allgemeinheit bereitzustellen, wobei der Diensteanbieter die Organisation der Sendungen oder der nutzergenerierten Videos, auch mit automatischen Mitteln oder Algorithmen, bestimmt,
23. Video-Sharing-Diensteanbieter, wer einen Video-Sharing-Dienst betreibt,
24. nutzergeneriertes Video eine von einem Nutzer erstellte Abfolge von bewegten Bildern mit oder ohne Ton, die unabhängig von ihrer Länge einen Einzelbestandteil darstellt und die von diesem oder einem anderen Nutzer auf einen Video-Sharing-Dienst hochgeladen wird,
25. unter Information insbesondere Folgendes zu verstehen: Nachrichten und Zeitgeschehen, politische Information, Wirtschaft, Auslandsberichte, Religiöses, Sport, Regionales, Gesellschaftliches, Service und Zeitgeschichtliches,
26. unter Bildung insbesondere Folgendes zu verstehen: Wissenschaft und Technik, Alltag und Ratgeber, Theologie und Ethik, Tiere und Natur, Gesellschaft, Kinder und Jugend, Erziehung, Geschichte und andere Länder,
27. unter Kultur insbesondere Folgendes zu verstehen: Bühnenstücke, Musik, Fernsehspiele, Fernsehfilme und Hörspiele, bildende Kunst, Architektur, Philosophie und Religion, Literatur und Kino,
28. unter Unterhaltung insbesondere Folgendes zu verstehen: Kabarett und Comedy, Filme, Serien, Shows, Talk-Shows, Spiele, Musik,
29. unter öffentlich-rechtlichen Telemedienangeboten zu verstehen: von den in der Arbeitsgemeinschaft der öffentlich-rechtlichen Rundfunkanstalten der Bundesrepublik Deutschland (ARD) zusammengeschlossenen Landesrundfunkanstalten, dem Zweiten Deutschen Fernsehen (ZDF) und dem Deutschlandradio jeweils nach Maßgabe eines nach § 32 Abs. 4 durchgeführten Verfahrens angebotene Telemedien, die journalistisch-redaktionell veranlasst und journalistisch-redaktionell gestaltet sind, Bild, Ton, Bewegtbild, Text und internetspezifische Gestaltungsmittel enthalten können und diese miteinander verbinden.

(3) Kein Rundfunk sind Angebote, die aus Sendungen bestehen, die jeweils gegen Einzelentgelt freigeschaltet werden.

II. Abschnitt. Allgemeine Bestimmungen

1. Unterabschnitt. Rundfunk

§ 3 Allgemeine Grundsätze. ¹Die in der ARD zusammengeschlossenen Landesrundfunkanstalten, das ZDF, das Deutschlandradio und alle Veranstalter bundesweit ausgerichteter privater Rundfunkprogramme haben in ihren Angeboten die Würde des Menschen zu achten und zu schützen; die sittlichen und religiösen Überzeugungen der Bevölkerung sind zu achten. ²Die Angebote sollen dazu beitragen, die Achtung vor Leben, Freiheit und körperlicher Unversehrtheit, vor Glauben und Meinungen anderer zu stärken. ³Weitergehende landesrechtliche Anforderungen an die Gestaltung der Angebote sowie § 51 bleiben unberührt.

§ 4 Informationspflichten, Verbraucherschutz. (1) Rundfunkveranstalter haben folgende Informationen im Rahmen ihres Gesamtangebots leicht, unmittelbar und ständig zugänglich zu machen:

1. Name und geografische Anschrift,
2. Angaben, die eine schnelle und unmittelbare Kontaktaufnahme und eine effiziente Kommunikation ermöglichen, einschließlich ihrer E-Mail-Adresse oder ihrer Webseite,
3. die zuständige Aufsicht und
4. den Mitgliedstaat, deren Rechtshoheit sie unterworfen sind.

(2) ¹Mit Ausnahme seiner §§ 2, 9 und 12 gelten die Regelungen des EG-Verbraucherschutzdurchsetzungsgesetzes hinsichtlich der Bestimmungen dieses Staatsvertrages zur Umsetzung der Artikel 9, 10, 11 und Artikel 19 bis 26 der Richtlinie 2010/13/EU des Europäischen Parlaments und des Rates vom 10. März 2010 zur Koordinierung bestimmter Rechts- und Verwaltungsvorschriften der Mitgliedstaaten über die Bereitstellung audiovisueller Mediendienste (Richtlinie über audiovisuelle Mediendienste) (ABl. L 95 vom 15.4. 2010, S. 1), bei innergemeinschaftlichen Verstößen entsprechend. ²Satz 1 gilt auch für Teleshoppingkanäle.

§ 5 Auskunftsrechte. (1) ¹Rundfunkveranstalter haben gegenüber Behörden ein Recht auf Auskunft. ²Auskünfte können verweigert werden, soweit

1. durch die Auskunftserteilung die sachgemäße Durchführung eines schwebenden Verfahrens vereitelt, erschwert, verzögert oder gefährdet werden könnte oder
2. Vorschriften über die Geheimhaltung entgegenstehen oder
3. ein überwiegendes öffentliches oder schutzwürdiges privates Interesse verletzt würde oder
4. ihr Umfang das zumutbare Maß überschreitet.

(2) Allgemeine Anordnungen, die einer Behörde Auskünfte an Rundfunkveranstalter verbieten, sind unzulässig.

(3) Rundfunkveranstalter können von Behörden verlangen, dass sie bei der Weitergabe von amtlichen Bekanntmachungen im Verhältnis zu anderen Bewerbern gleichbehandelt werden.

§ 6 Sorgfaltspflichten. (1) ¹Berichterstattung und Informationssendungen haben den anerkannten journalistischen Grundsätzen, auch beim Einsatz virtueller Elemente, zu entsprechen. ²Sie müssen unabhängig und sachlich sein. ³Nachrichten sind vor ihrer Verbreitung mit der nach den Umständen gebotenen Sorgfalt auf Wahrheit und Herkunft zu prüfen. ⁴Kommentare sind von der Berichterstattung deutlich zu trennen und unter Nennung des Verfassers als solche zu kennzeichnen.

(2) Bei der Wiedergabe von Meinungsumfragen, die von Rundfunkveranstaltern durchgeführt werden, ist ausdrücklich anzugeben, ob sie repräsentativ sind.

§ 7 Barrierefreiheit.

(1) Die Veranstalter nach § 3 Satz 1 sollen über ihr bereits bestehendes Engagement hinaus im Rahmen der technischen und ihrer finanziellen Möglichkeiten barrierefreie Angebote aufnehmen und den Umfang solcher Angebote stetig und schrittweise ausweiten.

(2) [1] Die Veranstalter bundesweit ausgerichteter privater Fernsehprogramme erstatten der jeweils zuständigen Landesmedienanstalt, die in der ARD zusammengeschlossenen Landesrundfunkanstalten, das ZDF sowie das Deutschlandradio ihren jeweiligen Aufsichtsgremien mindestens alle drei Jahre Bericht über die getroffenen Maßnahmen nach Absatz 1. [2] Die Berichte werden anschließend der Europäischen Kommission übermittelt.

§ 8 Werbegrundsätze, Kennzeichnungspflichten.

(1) Werbung darf nicht
1. die Menschenwürde verletzen,
2. Diskriminierungen aufgrund von Geschlecht, Rasse oder ethnischer Herkunft, Staatsangehörigkeit, Religion oder Glauben, Behinderung, Alter oder sexueller Orientierung beinhalten oder fördern,
3. irreführen oder den Interessen der Verbraucher schaden oder
4. Verhaltensweisen fördern, die die Gesundheit oder Sicherheit sowie in hohem Maße den Schutz der Umwelt gefährden.

(2) [1] Rundfunkwerbung ist Teil des Programms. [2] Rundfunkwerbung oder Werbetreibende dürfen das übrige Programm inhaltlich und redaktionell nicht beeinflussen. [3] Die Sätze 1 und 2 gelten für Teleshopping-Spots, Teleshopping-Fenster und deren Anbieter entsprechend.

(3) [1] Werbung muss als solche leicht erkennbar und vom redaktionellen Inhalt unterscheidbar sein. [2] In der Werbung dürfen keine Techniken der unterschwelligen Beeinflussung eingesetzt werden. [3] Auch bei Einsatz neuer Werbetechniken müssen Rundfunkwerbung und Teleshopping dem Medium angemessen durch optische oder akustische Mittel oder räumlich eindeutig von anderen Sendungsteilen abgesetzt sein.

(4) [1] Eine Teilbelegung des ausgestrahlten Bildes mit Rundfunkwerbung ist zulässig, wenn die Rundfunkwerbung vom übrigen Programm eindeutig optisch getrennt und als solche gekennzeichnet ist. [2] Diese Rundfunkwerbung wird auf die Dauer der Spotwerbung nach den §§ 39 und 70 angerechnet. [3] § 9 Abs. 1 gilt entsprechend.

(5) [1] Dauerwerbesendungen sind zulässig, wenn der Werbecharakter erkennbar im Vordergrund steht und die Werbung einen wesentlichen Bestandteil der Sendung darstellt. [2] Sie müssen zu Beginn als Dauerwerbesendung angekündigt und während ihres gesamten Verlaufs als solche gekennzeichnet werden.

(6) [1] Die Einfügung virtueller Werbung in Sendungen ist zulässig, wenn
1. am Anfang und am Ende der betreffenden Sendung darauf hingewiesen wird und
2. durch sie eine am Ort der Übertragung ohnehin bestehende Werbung ersetzt wird.

[2] Andere Rechte bleiben unberührt.

(7) ¹Schleichwerbung und Themenplatzierung sowie entsprechende Praktiken sind unzulässig. ²Produktplatzierung ist gestattet, außer in Nachrichtensendungen und Sendungen zur politischen Information, Verbrauchersendungen, Regionalfensterprogrammen nach § 59 Abs. 4, Fensterprogrammen nach § 65, Sendungen religiösen Inhalts und Kindersendungen. ³Sendungen, die Produktplatzierung enthalten, müssen folgende Voraussetzungen erfüllen:

1. die redaktionelle Verantwortung und Unabhängigkeit hinsichtlich Inhalt und Platzierung im Sendeplan müssen unbeeinträchtigt bleiben,
2. die Produktplatzierung darf nicht unmittelbar zu Kauf, Miete oder Pacht von Waren oder Dienstleistungen anregen, insbesondere nicht durch spezielle verkaufsfördernde Hinweise auf diese Waren oder Dienstleistungen, und
3. das Produkt darf nicht zu stark herausgestellt werden; dies gilt auch für kostenlos zur Verfügung gestellte geringwertige Güter.

⁴Auf eine Produktplatzierung ist eindeutig hinzuweisen. ⁵Sie ist zu Beginn und zum Ende einer Sendung sowie bei deren Fortsetzung nach einer Werbeunterbrechung oder im Hörfunk durch einen gleichwertigen Hinweis angemessen zu kennzeichnen. ⁶Die Kennzeichnungspflicht entfällt für Sendungen, die nicht vom Veranstalter selbst oder von einem mit dem Veranstalter verbundenen Unternehmen produziert oder in Auftrag gegeben worden sind, wenn nicht mit zumutbarem Aufwand ermittelbar ist, ob Produktplatzierung enthalten ist; hierauf ist hinzuweisen. ⁷Die in der ARD zusammengeschlossenen Landesrundfunkanstalten, das ZDF und die Landesmedienanstalten legen eine einheitliche Kennzeichnung fest.

(8) In der Fernsehwerbung und beim Teleshopping im Fernsehen dürfen keine Personen auftreten, die regelmäßig Nachrichtensendungen oder Sendungen zum politischen Zeitgeschehen vorstellen.

(9) ¹Werbung politischer, weltanschaulicher oder religiöser Art ist unzulässig. ²Unentgeltliche Beiträge im Dienst der Öffentlichkeit einschließlich von Spendenaufrufen zu Wohlfahrtszwecken gelten nicht als Werbung im Sinne von Satz 1. ³§ 68 bleibt unberührt.

(10) Werbung für alkoholische Getränke darf den übermäßigen Genuss solcher Getränke nicht fördern.

(11) ¹Die nichtbundesweite Verbreitung von Rundfunkwerbung oder anderen Inhalten in einem bundesweit ausgerichteten oder zur bundesweiten Verbreitung beauftragten oder zugelassenen Programm ist nur zulässig, wenn und soweit das Recht des Landes, in dem die nichtbundesweite Verbreitung erfolgt, dies gestattet. ²Die nichtbundesweit verbreitete Rundfunkwerbung oder andere Inhalte privater Veranstalter bedürfen einer gesonderten landesrechtlichen Zulassung; diese kann von gesetzlich zu bestimmenden inhaltlichen Voraussetzungen abhängig gemacht werden.

(12) Die Absätze 1 bis 11 gelten auch für Teleshoppingkanäle.

§ 9 Einfügung von Rundfunkwerbung und Teleshopping. (1) Übertragungen von Gottesdiensten sowie Sendungen für Kinder dürfen nicht durch Rundfunkwerbung oder Teleshopping unterbrochen werden.

(2) ¹Einzeln gesendete Werbe- und Teleshopping-Spots im Fernsehen müssen die Ausnahme bleiben; dies gilt nicht bei der Übertragung von Sportveranstaltungen. ²Die Einfügung von Werbe- oder Teleshopping-Spots im Fernsehen darf den Zusammenhang von Sendungen unter Berücksichtigung der

natürlichen Sendeunterbrechungen sowie der Dauer und der Art der Sendung nicht beeinträchtigen noch die Rechte von Rechteinhabern verletzen.

(3) Filme mit Ausnahme von Serien, Reihen und Dokumentarfilmen sowie Kinofilme und Nachrichtensendungen dürfen für jeden programmierten Zeitraum von mindestens 30 Minuten einmal für Fernsehwerbung oder Teleshopping unterbrochen werden.

(4) [1] Richten sich Rundfunkwerbung oder Teleshopping in einem Fernsehprogramm eigens und häufig an Zuschauer eines anderen Staates, der das Europäische Übereinkommen über das grenzüberschreitende Fernsehen ratifiziert hat und nicht Mitglied der Europäischen Union ist, dürfen die für die Fernsehwerbung oder das Teleshopping dort geltenden Vorschriften nicht umgangen werden. [2] Satz 1 gilt nicht, wenn die Vorschriften dieses Staatsvertrages über die Rundfunkwerbung oder das Teleshopping strenger sind als jene Vorschriften, die in dem betreffenden Staat gelten, ferner nicht, wenn mit dem betroffenen Staat Übereinkünfte auf diesem Gebiet geschlossen wurden.

§ 10 Sponsoring.
(1) [1] Auf das Bestehen einer Sponsoring-Vereinbarung muss eindeutig hingewiesen werden; bei Sendungen, die ganz oder teilweise gesponsert werden, muss zu Beginn oder am Ende auf die Finanzierung durch den Sponsor in vertretbarer Kürze und in angemessener Weise deutlich hingewiesen werden; der Hinweis ist in diesem Rahmen auch durch Bewegtbild möglich. [2] Neben oder anstelle des Namens des Sponsors kann auch dessen Firmenemblem oder eine Marke, ein anderes Symbol des Sponsors, ein Hinweis auf seine Produkte oder Dienstleistungen oder ein entsprechendes unterscheidungskräftiges Zeichen eingeblendet werden.

(2) Der Inhalt eines gesponserten Rundfunkprogramms oder einer gesponserten Sendung und der Programmplatz einer Sendung dürfen vom Sponsor nicht in der Weise beeinflusst werden, dass die redaktionelle Verantwortung und Unabhängigkeit des Rundfunkveranstalters beeinträchtigt werden.

(3) Gesponserte Sendungen dürfen nicht zum Verkauf, zum Kauf oder zur Miete oder Pacht von Erzeugnissen oder Dienstleistungen des Sponsors oder eines Dritten, vor allem durch entsprechende besondere Hinweise, anregen.

(4) [1] Nachrichtensendungen und Sendungen zur politischen Information dürfen nicht gesponsert werden. [2] In Kindersendungen und Sendungen religiösen Inhalts ist das Zeigen von Sponsorenlogos untersagt.

(5) Die Absätze 1 bis 4 gelten auch für Teleshoppingkanäle.

(6) § 8 Abs. 3 Satz 3 und Abs. 8 bis 10 gilt entsprechend.

§ 11 Gewinnspiele.
(1) [1] Gewinnspielsendungen und Gewinnspiele sind zulässig. [2] Sie unterliegen dem Gebot der Transparenz und des Teilnehmerschutzes. [3] Sie dürfen nicht irreführen und den Interessen der Teilnehmer nicht schaden. [4] Insbesondere ist im Programm über die Kosten der Teilnahme, die Teilnahmeberechtigung, die Spielgestaltung sowie über die Auflösung der gestellten Aufgabe zu informieren. [5] Die Belange des Jugendschutzes sind zu wahren. [6] Für die Teilnahme darf nur ein Entgelt bis zu 0,50 Euro verlangt werden; § 35 Satz 3 bleibt unberührt.

(2) Der Veranstalter hat der für die Aufsicht zuständigen Stelle auf Verlangen alle Unterlagen vorzulegen und Auskünfte zu erteilen, die zur Überprüfung der

ordnungsgemäßen Durchführung der Gewinnspielsendungen und Gewinnspiele erforderlich sind.

(3) Die Absätze 1 und 2 gelten auch für Teleshoppingkanäle.

§ 12 Datenverarbeitung zu journalistischen Zwecken, Medienprivileg.

(1) ¹Soweit die in der ARD zusammengeschlossenen Landesrundfunkanstalten, das ZDF, das Deutschlandradio oder private Rundfunkveranstalter personenbezogene Daten zu journalistischen Zwecken verarbeiten, ist es den hiermit befassten Personen untersagt, diese personenbezogenen Daten zu anderen Zwecken zu verarbeiten (Datengeheimnis). ²Diese Personen sind bei der Aufnahme ihrer Tätigkeit auf das Datengeheimnis zu verpflichten. ³Das Datengeheimnis besteht auch nach Beendigung ihrer Tätigkeit fort. ⁴Im Übrigen finden für die Datenverarbeitung zu journalistischen Zwecken von der Verordnung (EU) 2016/679[1)] des Europäischen Parlaments und des Rates vom 27. April 2016 zum Schutz natürlicher Personen bei der Verarbeitung personenbezogener Daten, zum freien Datenverkehr und zur Aufhebung der Richtlinie 95/46/EG (Datenschutz-Grundverordnung)[1)] (ABl. L 119 vom 4.5.2016, S. 1; L 314 vom 22.11.2016, S. 72; L 127 vom 23.5.2018, S. 2) außer den Kapiteln I, VIII, X und XI nur die Artikel 5 Abs. 1 Buchst. f in Verbindung mit Abs. 2, Artikel 24 und Artikel 32 Anwendung. ⁵Artikel 82 und 83 der Verordnung (EU) 2016/679[2)] gelten mit der Maßgabe, dass nur für eine Verletzung des Datengeheimnisses gemäß den Sätzen 1 bis 3 sowie für unzureichende Maßnahmen nach Artikel 5 Abs. 1 Buchst. f, Artikel 24 und 32 der Verordnung (EU) 2016/679[2)] gehaftet wird. ⁶Die Sätze 1 bis 5 gelten entsprechend für die zu den in Satz 1 genannten Stellen gehörenden Hilfs- und Beteiligungsunternehmen. ⁷Die in der ARD zusammengeschlossenen Landesrundfunkanstalten, das ZDF, das Deutschlandradio und andere Rundfunkveranstalter sowie ihre Verbände und Vereinigungen können sich Verhaltenskodizes geben, die in einem transparenten Verfahren erlassen und veröffentlicht werden. ⁸Den betroffenen Personen stehen nur die in den Absätzen 2 und 3 genannten Rechte zu.

(2) Führt die journalistische Verarbeitung personenbezogener Daten zur Verbreitung von Gegendarstellungen der betroffenen Person oder zu Verpflichtungserklärungen, Beschlüssen oder Urteilen über die Unterlassung der Verbreitung oder über den Widerruf des Inhalts der Daten, so sind diese Gegendarstellungen, Verpflichtungserklärungen und Widerrufe zu den gespeicherten Daten zu nehmen und dort für dieselbe Zeitdauer aufzubewahren wie die Daten selbst sowie bei einer Übermittlung der Daten gemeinsam mit diesen zu übermitteln.

(3) ¹Wird jemand durch eine Berichterstattung in seinem Persönlichkeitsrecht beeinträchtigt, kann die betroffene Person Auskunft über die der Berichterstattung zugrunde liegenden, zu ihrer Person gespeicherten Daten verlangen. ²Die Auskunft kann nach Abwägung der schutzwürdigen Interessen der Beteiligten verweigert werden, soweit

1. aus den Daten auf Personen, die bei der Vorbereitung, Herstellung oder Verbreitung von Rundfunksendungen mitwirken oder mitgewirkt haben, geschlossen werden kann,

---

[1)] Auszugsweise abgedruckt unter Nr. 11.
[2)] Nr. 11.

2. aus den Daten auf die Person des Einsenders oder des Gewährträgers von Beiträgen, Unterlagen und Mitteilungen für den redaktionellen Teil geschlossen werden kann oder

3. durch die Mitteilung der recherchierten oder sonst erlangten Daten die journalistische Aufgabe durch Ausforschung des Informationsbestandes beeinträchtigt würde.

[3] Die betroffene Person kann die unverzügliche Berichtigung unrichtiger personenbezogener Daten im Datensatz oder die Hinzufügung einer eigenen Darstellung von angemessenem Umfang verlangen. [4] Die weitere Speicherung der personenbezogenen Daten ist rechtmäßig, wenn dies für die Ausübung des Rechts auf freie Meinungsäußerung und Information oder zur Wahrnehmung berechtigter Interessen erforderlich ist.

(4) [1] Für die in der ARD zusammengeschlossenen Landesrundfunkanstalten, das ZDF, das Deutschlandradio und private Rundfunkveranstalter sowie zu diesen gehörende Beteiligungs- und Hilfsunternehmen wird die Aufsicht über die Einhaltung der geltenden datenschutzrechtlichen Bestimmungen durch Landesrecht bestimmt. [2] Regelungen dieses Staatsvertrages bleiben unberührt.

(5) Die Absätze 1 bis 4 gelten auch für Teleshoppingkanäle.

§ 13 Übertragung von Großereignissen.

(1) [1] Die Ausstrahlung im Fernsehen von Ereignissen von erheblicher gesellschaftlicher Bedeutung (Großereignisse) in Deutschland verschlüsselt und gegen besonderes Entgelt ist nur zulässig, wenn der Fernsehveranstalter selbst oder ein Dritter zu angemessenen Bedingungen ermöglicht, dass das Ereignis zumindest in einem frei empfangbaren und allgemein zugänglichen Fernsehprogramm in Deutschland zeitgleich oder, sofern wegen paralleler laufender Einzelereignisse nicht möglich, geringfügig zeitversetzt ausgestrahlt werden kann. [2] Besteht keine Einigkeit über die Angemessenheit der Bedingungen, sollen die Parteien rechtzeitig vor dem Ereignis ein schiedsrichterliches Verfahren nach den §§ 1025 ff. der Zivilprozessordnung vereinbaren; kommt die Vereinbarung eines schiedsrichterlichen Verfahrens aus Gründen, die der Fernsehveranstalter oder der Dritte zu vertreten haben, nicht zustande, gilt die Übertragung nach Satz 1 als nicht zu angemessenen Bedingungen ermöglicht. [3] Als allgemein zugängliches Fernsehprogramm gilt nur ein Programm, das in mehr als zwei Drittel der Haushalte tatsächlich empfangbar ist.

(2) [1] Großereignisse im Sinne dieser Bestimmung sind:
1. Olympische Sommer- und Winterspiele,
2. bei Fußball-Europa- und -Weltmeisterschaften alle Spiele mit deutscher Beteiligung sowie unabhängig von einer deutschen Beteiligung das Eröffnungsspiel, die Halbfinalspiele und das Endspiel,
3. die Halbfinalspiele und das Endspiel um den Vereinspokal des Deutschen Fußball-Bundes,
4. Heim- und Auswärtsspiele der deutschen Fußballnationalmannschaft,
5. Endspiele der europäischen Vereinsmeisterschaften im Fußball (Champions League, Europa League) bei deutscher Beteiligung.

[2] Bei Großereignissen, die aus mehreren Einzelereignissen bestehen, gilt jedes Einzelereignis als Großereignis. [3] Die Aufnahme oder Herausnahme von Ereignissen in diese Bestimmung ist nur durch Staatsvertrag aller Länder zulässig.

(3) Teilt ein Mitgliedstaat der Europäischen Union seine Bestimmungen über die Ausstrahlung von Großereignissen nach Artikel 14 Abs. 2 der Richtlinie 2010/13/EU der Europäischen Kommission mit und erhebt die Kommission nicht binnen drei Monaten seit der Mitteilung Einwände und werden die Bestimmungen des betreffenden Mitgliedstaates im Amtsblatt der Europäischen Union veröffentlicht, ist die Ausstrahlung von Großereignissen verschlüsselt und gegen Entgelt für diesen Mitgliedstaat nur zulässig, wenn der Fernsehveranstalter nach den im Amtsblatt veröffentlichten Bestimmungen des betreffenden Mitgliedstaates eine Übertragung in einem frei zugänglichen Programm ermöglicht.

(4) [1] Sind Bestimmungen eines Staates, der das Europäische Übereinkommen über das grenzüberschreitende Fernsehen in der Fassung des Änderungsprotokolls vom 9. September 1998 ratifiziert hat, nach dem Verfahren nach Artikel 9a Abs. 3 des Übereinkommens veröffentlicht, gilt diese Regelung für Veranstalter in Deutschland nach Maßgabe des Satzes 4, es sei denn, die Regierungschefinnen und Regierungschefs der Länder versagen der Regelung innerhalb einer Frist von sechs Monaten durch einstimmigen Beschluss die Anerkennung. [2] Die Anerkennung kann nur versagt werden, wenn die Bestimmungen des betreffenden Staates gegen das Grundgesetz oder die Europäische Konvention zum Schutze der Menschenrechte und Grundfreiheiten verstoßen. [3] Die für Veranstalter in Deutschland nach dem vorbezeichneten Verfahren geltenden Bestimmungen sind in den amtlichen Veröffentlichungsblättern der Länder bekannt zu machen. [4] Mit dem Tag der letzten Bekanntmachung in den Veröffentlichungsblättern der Länder ist die Ausstrahlung von Großereignissen verschlüsselt und gegen Entgelt für diesen betreffenden Staat nur zulässig, wenn der Fernsehveranstalter nach den veröffentlichten Bestimmungen des betreffenden Staates eine Übertragung dort in einem frei zugänglichen Programm ermöglicht.

(5) [1] Verstößt ein Veranstalter gegen die Bestimmungen der Absätze 3 und 4, kann die Zulassung widerrufen werden. [2] Statt des Widerrufs kann die Zulassung mit Nebenbestimmungen versehen werden, soweit dies ausreicht, den Verstoß zu beseitigen.

§ 14 Kurzberichterstattung.

(1) [1] Das Recht auf unentgeltliche Kurzberichterstattung über Veranstaltungen und Ereignisse, die öffentlich zugänglich und von allgemeinem Informationsinteresse sind, steht jedem in Europa zugelassenen Fernsehveranstalter zu eigenen Sendezwecken zu. [2] Dieses Recht schließt die Befugnis zum Zugang, zur kurzzeitigen Direktübertragung, zur Aufzeichnung, zu deren Auswertung zu einem einzigen Beitrag und zur Weitergabe unter den Voraussetzungen der Absätze 2 bis 12 ein.

(2) Anderweitige gesetzliche Bestimmungen, insbesondere solche des Urheberrechts und des Persönlichkeitsschutzes, bleiben unberührt.

(3) Auf die Kirchen und auf andere Religionsgemeinschaften sowie deren Einrichtungen mit entsprechender Aufgabenstellung findet Absatz 1 keine Anwendung.

(4) [1] Die unentgeltliche Kurzberichterstattung ist auf eine dem Anlass entsprechende nachrichtenmäßige Kurzberichterstattung beschränkt. [2] Die zulässige Dauer bemisst sich nach der Länge der Zeit, die notwendig ist, um den nachrichtenmäßigen Informationsgehalt der Veranstaltung oder des Ereignisses zu vermitteln. [3] Bei kurzfristig und regelmäßig wiederkehrenden Veranstaltun-

gen vergleichbarer Art beträgt die Obergrenze der Dauer in der Regel eineinhalb Minuten. [4] Werden Kurzberichte über Veranstaltungen vergleichbarer Art zusammengefasst, muss auch in dieser Zusammenfassung der nachrichtenmäßige Charakter gewahrt bleiben.

(5) [1] Das Recht auf Kurzberichterstattung muss so ausgeübt werden, dass vermeidbare Störungen der Veranstaltung oder des Ereignisses unterbleiben. [2] Der Veranstalter kann die Übertragung oder die Aufzeichnung einschränken oder ausschließen, wenn anzunehmen ist, dass sonst die Durchführung der Veranstaltung infrage gestellt oder das sittliche Empfinden der Veranstaltungsteilnehmer gröblich verletzt würde. [3] Das Recht auf Kurzberichterstattung ist ausgeschlossen, wenn Gründe der öffentlichen Sicherheit und Ordnung entgegenstehen und diese das öffentliche Interesse an der Information überwiegen. [4] Unberührt bleibt im Übrigen das Recht des Veranstalters, die Übertragung oder die Aufzeichnung der Veranstaltung insgesamt auszuschließen.

(6) Für die Ausübung des Rechts auf Kurzberichterstattung kann der Veranstalter das allgemein vorgesehene Eintrittsgeld verlangen; im Übrigen ist ihm Ersatz seiner notwendigen Aufwendungen zu leisten, die durch die Ausübung des Rechts entstehen.

(7) [1] Für die Ausübung des Rechts auf Kurzberichterstattung über berufsmäßig durchgeführte Veranstaltungen kann der Veranstalter ein dem Charakter der Kurzberichterstattung entsprechendes billiges Entgelt verlangen. [2] Wird über die Höhe des Entgelts keine Einigkeit erzielt, soll ein schiedsrichterliches Verfahren nach den §§ 1025 ff. der Zivilprozessordnung vereinbart werden. [3] Das Fehlen einer Vereinbarung über die Höhe des Entgelts oder über die Durchführung eines schiedsrichterlichen Verfahrens steht der Ausübung des Rechts auf Kurzberichterstattung nicht entgegen; dasselbe gilt für einen bereits anhängigen Rechtsstreit über die Höhe des Entgelts.

(8) [1] Die Ausübung des Rechts auf Kurzberichterstattung setzt eine Anmeldung des Fernsehveranstalters bis spätestens zehn Tage vor Beginn der Veranstaltung beim Veranstalter voraus. [2] Dieser hat spätestens fünf Tage vor dem Beginn der Veranstaltung den anmeldenden Fernsehveranstaltern mitzuteilen, ob genügend räumliche und technische Möglichkeiten für eine Übertragung oder Aufzeichnung bestehen. [3] Bei kurzfristigen Veranstaltungen und bei Ereignissen haben die Anmeldungen zum frühestmöglichen Zeitpunkt zu erfolgen.

(9) [1] Reichen die räumlichen und technischen Gegebenheiten für eine Berücksichtigung aller Anmeldungen nicht aus, haben zunächst die Fernsehveranstalter Vorrang, die vertragliche Vereinbarungen mit dem Veranstalter oder dem Träger des Ereignisses geschlossen haben. [2] Darüber hinaus steht dem Veranstalter oder dem Träger des Ereignisses ein Auswahlrecht zu. [3] Dabei sind zunächst solche Fernsehveranstalter zu berücksichtigen, die eine umfassende Versorgung des Landes sicherstellen, in dem die Veranstaltung oder das Ereignis stattfindet.

(10) Fernsehveranstalter, die die Kurzberichterstattung wahrnehmen, sind verpflichtet, das Signal und die Aufzeichnung unmittelbar denjenigen Fernsehveranstaltern gegen Ersatz der angemessenen Aufwendungen zur Verfügung zu stellen, die nicht zugelassen werden konnten.

(11) Trifft der Veranstalter oder der Träger eines Ereignisses eine vertragliche Vereinbarung mit einem Fernsehveranstalter über eine Berichterstattung, hat er

dafür Sorge zu tragen, dass mindestens ein anderer Fernsehveranstalter eine Kurzberichterstattung wahrnehmen kann.

(12) ¹Die für die Kurzberichterstattung nicht verwerteten Teile sind spätestens drei Monate nach Beendigung der Veranstaltung oder des Ereignisses zu vernichten; die Vernichtung ist dem betreffenden Veranstalter oder Träger des Ereignisses schriftlich mitzuteilen. ²Die Frist wird durch die Ausübung berechtigter Interessen Dritter unterbrochen.

§ 15 Europäische Produktionen, Eigen-, Auftrags- und Gemeinschaftsproduktionen. (1) Die Fernsehveranstalter tragen zur Sicherung von deutschen und europäischen Film- und Fernsehproduktionen als Kulturgut sowie als Teil des audiovisuellen Erbes bei.

(2) Zur Darstellung der Vielfalt im deutschsprachigen und europäischen Raum und zur Förderung von europäischen Film- und Fernsehproduktionen sollen die Fernsehveranstalter den Hauptteil ihrer insgesamt für Spielfilme, Fernsehspiele, Serien, Dokumentarsendungen und vergleichbare Produktionen vorgesehenen Sendezeit europäischen Werken entsprechend dem europäischen Recht vorbehalten.

(3) ¹Fernsehvollprogramme sollen einen wesentlichen Anteil an Eigenproduktionen sowie Auftrags- und Gemeinschaftsproduktionen aus dem deutschsprachigen und europäischen Raum enthalten. ²Das gleiche gilt für Fernsehspartenprogramme, soweit dies nach ihren inhaltlichen Schwerpunkten möglich ist.

(4) ¹Im Rahmen seines Programmauftrages und unter Berücksichtigung der Grundsätze von Wirtschaftlichkeit und Sparsamkeit ist der öffentlich-rechtliche Rundfunk zur qualitativen und quantitativen Sicherung seiner Programmbeschaffung berechtigt, sich an Filmförderungen zu beteiligen, ohne dass unmittelbar eine Gegenleistung erfolgen muss. ²Weitere landesrechtliche Regelungen bleiben unberührt.

§ 16 Auskunftspflicht und zuständige Behörden nach dem Europäischen Übereinkommen über das grenzüberschreitende Fernsehen.

(1) ¹Die Rundfunkanstalten des Landesrechts sind verpflichtet, der nach Landesrecht zuständigen Behörde gemäß Artikel 6 Abs. 2 des Europäischen Übereinkommens über das grenzüberschreitende Fernsehen die dort aufgeführten Informationen auf Verlangen zur Verfügung zu stellen. ²Gleiches gilt für private Fernsehveranstalter, die auf Verlangen die Informationen der Landesmedienanstalt des Landes zur Verfügung zu stellen haben, in dem die Zulassung erteilt wurde oder in dem der Fernsehveranstalter im Sinne des § 54 seinen Sitz, Wohnsitz oder in Ermangelung dessen seinen ständigen Aufenthalt hat. ³Diese leitet die Informationen an ihre rechtsaufsichtsführende Behörde weiter.

(2) ¹Die Regierungschefinnen und Regierungschefs der Länder bestimmen durch Beschluss eine oder mehrere der in Absatz 1 genannten Behörden, welche die Aufgaben nach Artikel 19 Abs. 2 und 3 des Europäischen Übereinkommens über das grenzüberschreitende Fernsehen wahrnehmen. ²Diesen Behörden sind zur Durchführung ihrer Aufgaben alle erforderlichen Informationen durch die zuständigen Behörden der einzelnen Länder zu übermitteln.

(3) ¹Die Absätze 1 und 2 gelten entsprechend, soweit rechtsverbindliche Berichtspflichten der Länder zum Rundfunk gegenüber zwischenstaatlichen

Einrichtungen oder internationalen Organisationen bestehen. ²Satz 1 gilt auch für Teleshoppingkanäle.

2. Unterabschnitt. Telemedien

§ 17 Allgemeine Grundsätze, Zulassungs- und Anmeldefreiheit.

¹Telemedien sind im Rahmen der Gesetze zulassungs- und anmeldefrei. ²Für die Angebote gilt die verfassungsmäßige Ordnung. ³Die Vorschriften der allgemeinen Gesetze und die gesetzlichen Bestimmungen zum Schutz der persönlichen Ehre sind einzuhalten.

§ 18 Informationspflichten und Auskunftsrechte.
(1) Anbieter von Telemedien, die nicht ausschließlich persönlichen oder familiären Zwecken dienen, haben folgende Informationen leicht erkennbar, unmittelbar erreichbar und ständig verfügbar zu halten:

1. Name und Anschrift sowie
2. bei juristischen Personen auch Name und Anschrift des Vertretungsberechtigten.

(2) ¹Anbieter von Telemedien mit journalistisch-redaktionell gestalteten Angeboten, in denen insbesondere vollständig oder teilweise Inhalte periodischer Druckerzeugnisse in Text oder Bild wiedergegeben werden, haben zusätzlich zu den Angaben nach den §§ 5 und 6 des Telemediengesetzes[1]) einen Verantwortlichen mit Angabe des Namens und der Anschrift zu benennen. ²Werden mehrere Verantwortliche benannt, ist kenntlich zu machen, für welchen Teil des Dienstes der jeweils Benannte verantwortlich ist. ³Als Verantwortlicher darf nur benannt werden, wer

1. seinen ständigen Aufenthalt im Inland hat,
2. die Fähigkeit, öffentliche Ämter zu bekleiden, nicht durch Richterspruch verloren hat,
3. unbeschränkt geschäftsfähig ist und
4. unbeschränkt strafrechtlich verfolgt werden kann.

⁴Satz 3 Nr. 3 und 4 gilt nicht für Jugendliche, die Telemedien verantworten, die für Jugendliche bestimmt sind.

(3) ¹Anbieter von Telemedien in sozialen Netzwerken sind verpflichtet, bei mittels eines Computerprogramms automatisiert erstellten Inhalten oder Mitteilungen den Umstand der Automatisierung kenntlich zu machen, sofern das hierfür verwandte Nutzerkonto seinem äußeren Erscheinungsbild nach für die Nutzung durch natürliche Personen bereitgestellt wurde. ²Dem Inhalt oder der Mitteilung ist der Hinweis gut lesbar bei- oder voranzustellen, dass dieser oder diese unter Einsatz eines das Nutzerkonto steuernden Computerprogrammes automatisiert erstellt und versandt wurde. ³Ein Erstellen im Sinne dieser Vorschrift liegt nicht nur vor, wenn Inhalte und Mitteilungen unmittelbar vor dem Versenden automatisiert generiert werden, sondern auch, wenn bei dem Versand automatisiert auf einen vorgefertigten Inhalt oder eine vorprogrammierte Mitteilung zurückgegriffen wird.

(4) Für Anbieter von Telemedien nach Absatz 2 Satz 1 gilt § 5 entsprechend.

---

[1]) Nr. 5.

§ 19 Sorgfaltspflichten. (1) [1] Telemedien mit journalistisch-redaktionell gestalteten Angeboten, in denen insbesondere vollständig oder teilweise Inhalte periodischer Druckerzeugnisse in Text oder Bild wiedergegeben werden, haben den anerkannten journalistischen Grundsätzen zu entsprechen. [2] Gleiches gilt für andere geschäftsmäßig angebotene, journalistisch-redaktionell gestaltete Telemedien, in denen regelmäßig Nachrichten oder politische Informationen enthalten sind und die nicht unter Satz 1 fallen. [3] Nachrichten sind vom Anbieter vor ihrer Verbreitung mit der nach den Umständen gebotenen Sorgfalt auf Inhalt, Herkunft und Wahrheit zu prüfen.

(2) Bei der Wiedergabe von Meinungsumfragen, die von Anbietern von Telemedien durchgeführt werden, ist ausdrücklich anzugeben, ob sie repräsentativ sind.

(3) [1] Anbieter nach Absatz 1 Satz 2, die nicht der Selbstregulierung durch den Pressekodex und der Beschwerdeordnung des Deutschen Presserates unterliegen, können sich einer nach den Absätzen 4 bis 8 anerkannten Einrichtung der Freiwilligen Selbstkontrolle anschließen. [2] Anerkannte Einrichtungen der Freiwilligen Selbstkontrolle überprüfen die Einhaltung der Pflichten nach den Absätzen 1 und 2 bei den ihnen angeschlossenen Anbietern. [3] Sie sind verpflichtet, gemäß ihrer Verfahrensordnung nach Absatz 4 Nr. 4 Beschwerden über die ihnen angeschlossenen Anbieter unverzüglich nachzugehen.

(4) Eine Einrichtung ist als Einrichtung der Freiwilligen Selbstkontrolle im Sinne des Absatzes 3 anzuerkennen, wenn

1. die Unabhängigkeit und Sachkunde ihrer benannten Prüfer gewährleistet ist und dabei auch Vertreter aus gesellschaftlichen Gruppen berücksichtigt sind, die sich in besonderer Weise mit Fragen des Journalismus befassen,
2. eine sachgerechte Ausstattung sichergestellt ist,
3. Vorgaben für die Entscheidungen der Prüfer bestehen, die in der Spruchpraxis die Einhaltung der Vorgaben der Absätze 1 und 2 zu gewährleisten geeignet sind,
4. eine Verfahrensordnung besteht, die den Umfang und Ablauf der Prüfung sowie mögliche Sanktionen regelt und die Möglichkeit der Überprüfung von Entscheidungen vorsieht,
5. gewährleistet ist, dass die betroffenen Anbieter vor einer Entscheidung gehört werden, die Entscheidung schriftlich begründet und den Beteiligten mitgeteilt wird,
6. eine Beschwerdestelle eingerichtet ist und
7. die Einrichtung für den Beitritt weiterer Anbieter offensteht.

(5) Die Entscheidung über die Anerkennung trifft die zuständige Landesmedienanstalt.

(6) [1] Die Anerkennung kann ganz oder teilweise widerrufen oder mit Nebenbestimmungen versehen werden, wenn die Voraussetzungen für die Anerkennung nachträglich entfallen sind oder die Spruchpraxis der Einrichtung nicht mit den Bestimmungen dieses Staatsvertrages übereinstimmt. [2] Eine Entschädigung für Vermögensnachteile durch den Widerruf der Anerkennung wird nicht gewährt.

(7) Die anerkannten Einrichtungen der Freiwilligen Selbstkontrolle sollen sich über die Anwendung der Absätze 1 und 2 abstimmen.

(8) ¹Die zuständige Landesmedienanstalt kann Entscheidungen einer anerkannten Einrichtung der Freiwilligen Selbstkontrolle, die die Grenzen des Beurteilungsspielraums überschreiten, beanstanden und ihre Aufhebung verlangen. ²Kommt eine anerkannte Einrichtung der Freiwilligen Selbstkontrolle ihren Aufgaben und Pflichten nicht nach, kann die zuständige Landesmedienanstalt verlangen, dass sie diese erfüllt. ³Eine Entschädigung für hierdurch entstehende Vermögensnachteile wird nicht gewährt.

§ 20 Gegendarstellung. (1) ¹Anbieter von Telemedien mit journalistisch-redaktionell gestalteten Angeboten, in denen insbesondere vollständig oder teilweise Inhalte periodischer Druckerzeugnisse in Text oder Bild wiedergegeben werden, sind verpflichtet, unverzüglich eine Gegendarstellung der Person oder Stelle, die durch eine in ihrem Angebot aufgestellte Tatsachenbehauptung betroffen ist, ohne Kosten für den Betroffenen in ihr Angebot ohne zusätzliches Abrufentgelt aufzunehmen. ²Die Gegendarstellung ist ohne Einschaltungen und Weglassungen in gleicher Aufmachung wie die Tatsachenbehauptung anzubieten. ³Die Gegendarstellung ist so lange wie die Tatsachenbehauptung in unmittelbarer Verknüpfung mit ihr anzubieten. ⁴Wird die Tatsachenbehauptung nicht mehr angeboten oder endet das Angebot vor Aufnahme der Gegendarstellung, ist die Gegendarstellung an vergleichbarer Stelle so lange anzubieten, wie die ursprünglich angebotene Tatsachenbehauptung. ⁵Eine Erwiderung auf die Gegendarstellung muss sich auf tatsächliche Angaben beschränken und darf nicht unmittelbar mit der Gegendarstellung verknüpft werden.

(2) Eine Verpflichtung zur Aufnahme der Gegendarstellung gemäß Absatz 1 besteht nicht, wenn

1. der Betroffene kein berechtigtes Interesse an der Gegendarstellung hat,
2. der Umfang der Gegendarstellung unangemessen über den der beanstandeten Tatsachenbehauptung hinausgeht,
3. die Gegendarstellung sich nicht auf tatsächliche Angaben beschränkt oder einen strafbaren Inhalt hat oder
4. die Gegendarstellung nicht unverzüglich, spätestens sechs Wochen nach dem letzten Tage des Angebots des beanstandeten Textes, jedenfalls jedoch drei Monate nach der erstmaligen Einstellung des Angebots, dem in Anspruch genommenen Anbieter schriftlich und von dem Betroffenen oder seinem gesetzlichen Vertreter unterzeichnet zugeht.

(3) ¹Für die Durchsetzung des vergeblich geltend gemachten Gegendarstellungsanspruchs ist der ordentliche Rechtsweg gegeben. ²Auf dieses Verfahren sind die Vorschriften der Zivilprozessordnung[1)] über das Verfahren auf Erlass einer einstweiligen Verfügung entsprechend anzuwenden. ³Eine Gefährdung des Anspruchs braucht nicht glaubhaft gemacht zu werden. ⁴Ein Verfahren zur Hauptsache findet nicht statt.

(4) Eine Verpflichtung zur Gegendarstellung besteht nicht für wahrheitsgetreue Berichte über öffentliche Sitzungen der übernationalen parlamentarischen Organe, der gesetzgebenden Organe des Bundes und der Länder sowie derjenigen Organe und Stellen, bei denen das jeweilige Landespressegesetz eine presserechtliche Gegendarstellung ausschließt.

[1)] Auszugsweise abgedruckt unter Nr. 32.

§ 21 Barrierefreiheit. Anbieter von Telemedien sollen im Rahmen der technischen und ihrer finanziellen Möglichkeiten den barrierefreien Zugang zu Fernsehprogrammen und fernsehähnlichen Telemedien unterstützen.

§ 22 Werbung, Sponsoring, Gewinnspiele. (1) ¹Werbung muss als solche klar erkennbar und vom übrigen Inhalt der Angebote eindeutig getrennt sein. ²In der Werbung dürfen keine unterschwelligen Techniken eingesetzt werden. ³Bei Werbung politischer, weltanschaulicher oder religiöser Art muss auf den Werbetreibenden oder Auftraggeber in angemessener Weise deutlich hingewiesen werden; § 10 Abs. 1 Satz 2 gilt entsprechend.

(2) Für Sponsoring bei Fernsehtext gilt § 10 entsprechend.

(3) Für Gewinnspiele in Telemedien nach § 19 Abs. 1 gilt § 11 entsprechend.

§ 23 Datenverarbeitung zu journalistischen Zwecken, Medienprivileg. (1) ¹Soweit die in der ARD zusammengeschlossenen Landesrundfunkanstalten, das ZDF, das Deutschlandradio, private Rundfunkveranstalter oder Unternehmen und Hilfsunternehmen der Presse als Anbieter von Telemedien personenbezogene Daten zu journalistischen Zwecken verarbeiten, ist es den hiermit befassten Personen untersagt, diese personenbezogenen Daten zu anderen Zwecken zu verarbeiten (Datengeheimnis). ²Diese Personen sind bei der Aufnahme ihrer Tätigkeit auf das Datengeheimnis zu verpflichten. ³Das Datengeheimnis besteht auch nach Beendigung ihrer Tätigkeit fort. ⁴Im Übrigen finden für die Datenverarbeitung zu journalistischen Zwecken außer den Kapiteln I, VIII, X und XI der Verordnung (EU) 2016/679[1)] nur die Artikel 5 Abs. 1 Buchst. f in Verbindung mit Abs. 2, Artikel 24 und Artikel 32 der Verordnung (EU) 2016/679[2)] Anwendung. ⁵Artikel 82 und 83 der Verordnung (EU) 2016/679[2)] gelten mit der Maßgabe, dass nur für eine Verletzung des Datengeheimnisses gemäß den Sätzen 1 bis 3 sowie für unzureichende Maßnahmen nach Artikel 5 Abs. 1 Buchst. f, Artikel 24 und 32 der Verordnung (EU) 2016/679[2)] gehaftet wird. ⁶Kapitel VIII der Verordnung (EU) 2016/679[1)] findet keine Anwendung, soweit Unternehmen, Hilfs- und Beteiligungsunternehmen der Presse der Selbstregulierung durch den Pressekodex und der Beschwerdeordnung des Deutschen Presserates unterliegen. ⁷Die Sätze 1 bis 6 gelten entsprechend für die zu den in Satz 1 genannten Stellen gehörenden Hilfs- und Beteiligungsunternehmen. ⁸Den betroffenen Personen stehen nur die in den Absätzen 2 und 3 genannten Rechte zu.

(2) ¹Werden personenbezogene Daten von einem Anbieter von Telemedien zu journalistischen Zwecken gespeichert, verändert, übermittelt, gesperrt oder gelöscht und wird die betroffene Person dadurch in ihrem Persönlichkeitsrecht beeinträchtigt, kann sie Auskunft über die zugrunde liegenden, zu ihrer Person gespeicherten Daten verlangen. ²Die Auskunft kann nach Abwägung der schutzwürdigen Interessen der Beteiligten verweigert werden, soweit

1. aus den Daten auf Personen, die bei der Vorbereitung, Herstellung oder Verbreitung mitgewirkt haben, geschlossen werden kann,

---

[1)] Auszugsweise abgedruckt unter Nr. 11.
[2)] Nr. 11.

2. aus den Daten auf die Person des Einsenders oder des Gewährträgers von Beiträgen, Unterlagen und Mitteilungen für den redaktionellen Teil geschlossen werden kann oder

3. durch die Mitteilung der recherchierten oder sonst erlangten Daten die journalistische Aufgabe des Anbieters durch Ausforschung des Informationsbestandes beeinträchtigt würde.

³ Die betroffene Person kann die unverzügliche Berichtigung unrichtiger personenbezogener Daten im Datensatz oder die Hinzufügung einer eigenen Darstellung von angemessenem Umfang verlangen. ⁴ Die weitere Speicherung der personenbezogenen Daten ist rechtmäßig, wenn dies für die Ausübung des Rechts auf freie Meinungsäußerung und Information oder zur Wahrnehmung berechtigter Interessen erforderlich ist. ⁵ Die Sätze 1 bis 3 gelten nicht für Angebote von Unternehmen, Hilfs- und Beteiligungsunternehmen der Presse, soweit diese der Selbstregulierung durch den Pressekodex und der Beschwerdeordnung des Deutschen Presserates unterliegen.

(3) Führt die journalistische Verarbeitung personenbezogener Daten zur Verbreitung von Gegendarstellungen der betroffenen Person oder zu Verpflichtungserklärungen, Beschlüssen oder Urteilen über die Unterlassung der Verbreitung oder über den Widerruf des Inhalts der Daten, sind diese Gegendarstellungen, Verpflichtungserklärungen und Widerrufe zu den gespeicherten Daten zu nehmen und dort für dieselbe Zeitdauer aufzubewahren wie die Daten selbst sowie bei einer Übermittlung der Daten gemeinsam mit diesen zu übermitteln.

§ 24 Telemediengesetz, Öffentliche Stellen. (1) ¹ Für Telemedien, die den Bestimmungen dieses Staatsvertrages oder den Bestimmungen der übrigen medienrechtlichen Staatsverträge der Länder unterfallen, gelten im Übrigen die Bestimmungen des Telemediengesetzes[1]) in seiner jeweils geltenden Fassung. ² Absatz 2 bleibt unberührt.

(2) Für die öffentlichen Stellen der Länder gelten neben den vorstehenden Bestimmungen die Bestimmungen des Telemediengesetzes in seiner jeweils geltenden Fassung entsprechend.

(3) Die Aufsicht über die Einhaltung der Bestimmungen des Telemediengesetzes richtet sich nach Landesrecht.

§ 25 Notifizierung. Änderungen dieses Unterabschnitts sowie des V. Abschnitts unterliegen der Notifizierungspflicht gemäß der Richtlinie (EU) 2015/1535 des Europäischen Parlaments und des Rates vom 9. September 2015 über ein Informationsverfahren auf dem Gebiet der technischen Vorschriften und der Vorschriften für die Dienste der Informationsgesellschaft (ABl. L 241 vom 17.9.2015, S. 1).

III. Abschnitt. Besondere Bestimmungen für den öffentlich-rechtlichen Rundfunk

§ 26 Auftrag. (1) ¹ Auftrag der öffentlich-rechtlichen Rundfunkanstalten ist, durch die Herstellung und Verbreitung ihrer Angebote als Medium und Faktor

---

[1]) Nr. 5.

des Prozesses freier individueller und öffentlicher Meinungsbildung zu wirken und dadurch die demokratischen, sozialen und kulturellen Bedürfnisse der Gesellschaft zu erfüllen. ²Die öffentlich-rechtlichen Rundfunkanstalten haben in ihren Angeboten einen umfassenden Überblick über das internationale, europäische, nationale und regionale Geschehen in allen wesentlichen Lebensbereichen zu geben. ³Sie sollen hierdurch die internationale Verständigung, die europäische Integration und den gesellschaftlichen Zusammenhalt in Bund und Ländern fördern. ⁴Ihre Angebote haben der Bildung, Information, Beratung und Unterhaltung zu dienen. ⁵Sie haben Beiträge, insbesondere zur Kultur, anzubieten. ⁶Auch Unterhaltung soll einem öffentlich-rechtlichen Angebotsprofil entsprechen.

(2) Die öffentlich-rechtlichen Rundfunkanstalten haben bei der Erfüllung ihres Auftrags die Grundsätze der Objektivität und Unparteilichkeit der Berichterstattung, die Meinungsvielfalt sowie die Ausgewogenheit ihrer Angebote zu berücksichtigen.

(3) Die öffentlich-rechtlichen Rundfunkanstalten arbeiten zur Erfüllung ihres Auftrages zusammen; die Zusammenarbeit regeln sie in öffentlich-rechtlichen Verträgen.

(4) ¹Die öffentlich-rechtlichen Rundfunkanstalten sind mit der Erbringung von Dienstleistungen von allgemeinem wirtschaftlichen Interesse im Sinne des Artikels 106 Abs. 2 des Vertrages über die Arbeitsweise der Europäischen Union auch betraut, soweit sie zur Erfüllung ihres Auftrags gemäß Absatz 1 bei der Herstellung und Verbreitung von Angeboten im Sinne des § 27 zusammenarbeiten. ²Die Betrauung gilt insbesondere für die Bereiche Produktion, Produktionsstandards, Programmrechteerwerb, Programmaustausch, Verbreitung und Weiterverbreitung von Angeboten, Beschaffungswesen, Sendernetzbetrieb, informationstechnische und sonstige Infrastrukturen, Vereinheitlichung von Geschäftsprozessen, Beitragsservice und allgemeine Verwaltung. ³Von der Betrauung nicht umfasst sind kommerzielle Tätigkeiten nach § 40 Abs. 1 Satz 2.

§ 27 Angebote. (1) ¹Angebote des öffentlich-rechtlichen Rundfunks sind Rundfunkprogramme (Hörfunk- und Fernsehprogramme) und Telemedienangebote nach Maßgabe dieses Staatsvertrages und der jeweiligen landesrechtlichen Regelungen. ²Der öffentlich-rechtliche Rundfunk kann programmbegleitend Druckwerke mit programmbezogenem Inhalt anbieten.

(2) Rundfunkprogramme, die über unterschiedliche Übertragungswege zeitgleich verbreitet werden, gelten zahlenmäßig als ein Angebot.

§ 28 Fernsehprogramme. (1) Die in der ARD zusammengeschlossenen Landesrundfunkanstalten veranstalten gemeinsam folgende Fernsehprogramme:

1. das Vollprogramm „Erstes Deutsches Fernsehen (Das Erste)",
2. zwei Programme als Zusatzangebote nach Maßgabe der als Anlage beigefügten Konzepte, und zwar die Programme

   a) „tagesschau24" und

   b) „EinsFestival".

(2) Folgende Fernsehprogramme von einzelnen oder mehreren in der ARD zusammengeschlossenen Landesrundfunkanstalten werden nach Maßgabe ihres jeweiligen Landesrechts veranstaltet:

1. die Dritten Fernsehprogramme einschließlich regionaler Auseinanderschaltungen, und zwar jeweils
   a) des Bayerischen Rundfunks (BR),
   b) des Hessischen Rundfunks (HR),
   c) des Mitteldeutschen Rundfunks (MDR),
   d) des Norddeutschen Rundfunks (NDR),
   e) von Radio Bremen (RB),
   f) vom Rundfunk Berlin-Brandenburg (RBB),
   g) des Südwestrundfunks (SWR),
   h) des Saarländischen Rundfunks (SR) und
   i) des Westdeutschen Rundfunks (WDR),
2. das Spartenprogramm „ARD-alpha" mit dem Schwerpunkt Bildung vom BR.

(3) Das ZDF veranstaltet folgende Fernsehprogramme:
1. das Vollprogramm „Zweites Deutsches Fernsehen (ZDF)",
2. zwei Programme als Zusatzangebote nach Maßgabe der als Anlage beigefügten Konzepte, und zwar die Programme
   a) „ZDFinfo" und
   b) „ZDFneo".

(4) Die in der ARD zusammengeschlossenen Landesrundfunkanstalten und das ZDF veranstalten gemeinsam folgende Fernsehprogramme:
1. das Vollprogramm „3sat" mit kulturellem Schwerpunkt unter Beteiligung öffentlich-rechtlicher europäischer Veranstalter,
2. das Vollprogramm „arte – Der Europäische Kulturkanal" unter Beteiligung öffentlich-rechtlicher europäischer Veranstalter,
3. das Spartenprogramm „PHOENIX – Der Ereignis- und Dokumentationskanal" und
4. das Spartenprogramm „KI.KA – Der Kinderkanal".

(5) Die analoge Verbreitung eines bislang ausschließlich digital verbreiteten Programms ist unzulässig.

§ 29 Hörfunkprogramme. (1) [1]Die in der ARD zusammengeschlossenen Landesrundfunkanstalten veranstalten Hörfunkprogramme einzeln oder zu mehreren für ihr jeweiliges Versorgungsgebiet auf Grundlage des jeweiligen Landesrechts; bundesweit ausgerichtete Hörfunkprogramme finden nicht statt. [2]Ausschließlich im Internet verbreitete Hörfunkprogramme sind nur nach Maßgabe eines nach § 32 durchgeführten Verfahrens zulässig.

(2) [1]Die Gesamtzahl der terrestrisch verbreiteten Hörfunkprogramme der in der ARD zusammengeschlossenen Landesrundfunkanstalten darf die Zahl der zum 1. April 2004 terrestrisch verbreiteten Hörfunkprogramme nicht übersteigen. [2]Das Landesrecht kann vorsehen, dass die jeweilige Landesrundfunkanstalt zusätzlich so viele digitale terrestrische Hörfunkprogramme veranstaltet, wie sie Länder versorgt. [3]Das jeweilige Landesrecht kann vorsehen, dass terrestrisch verbreitete Hörfunkprogramme gegen andere terrestrisch verbreitete Hörfunkprogramme, auch gegen ein Kooperationsprogramm, ausgetauscht werden, wenn dadurch insgesamt keine Mehrkosten entstehen und sich die Gesamtzahl der Programme nicht erhöht. [4]Kooperationsprogramme werden

jeweils als ein Programm der beteiligten Anstalten gerechnet. ⁵Regionale Auseinanderschaltungen von Programmen bleiben unberührt. ⁶Der Austausch eines in digitaler Technik verbreiteten Programms gegen ein in analoger Technik verbreitetes Programm ist nicht zulässig.

(3) Das Deutschlandradio veranstaltet folgende Hörfunkprogramme mit den Schwerpunkten in den Bereichen Information, Bildung und Kultur:

1. das Programm „Deutschlandfunk",
2. das Programm „Deutschlandfunk Kultur",
3. das in digitaler Technik verbreitete Programm „Deutschlandfunk Nova" nach Maßgabe des als Anlage beigefügten Konzepts, insbesondere unter Rückgriff auf die Möglichkeiten nach § 5 Abs. 2 des Deutschlandradio-Staatsvertrages; die in der ARD zusammengeschlossenen Landesrundfunkanstalten kooperieren hierzu mit dem Deutschlandradio,
4. ausschließlich im Internet verbreitete Hörfunkprogramme mit Inhalten aus den in den Nummern 1 bis 3 aufgeführten Programmen nach Maßgabe eines nach § 32 durchgeführten Verfahrens.

(4) Die in der ARD zusammengeschlossenen Landesrundfunkanstalten und das Deutschlandradio veröffentlichen in den amtlichen Verkündungsblättern der Länder jährlich zum 1. Januar eine Auflistung der von allen Anstalten insgesamt veranstalteten Hörfunkprogramme.

§ 30 Telemedienangebote. (1) Die in der ARD zusammengeschlossenen Landesrundfunkanstalten, das ZDF und das Deutschlandradio bieten Telemedienangebote nach Maßgabe des § 2 Abs. 2 Nr. 29 an.

(2) ¹Der Auftrag nach Absatz 1 umfasst insbesondere

1. Sendungen ihrer Programme auf Abruf vor und nach deren Ausstrahlung sowie eigenständige audiovisuelle Inhalte,
2. Sendungen ihrer Programme auf Abruf von europäischen Werken angekaufter Spielfilme und angekaufter Folgen von Fernsehserien, die keine Auftragsproduktionen sind, bis zu dreißig Tage nach deren Ausstrahlung, wobei die Abrufmöglichkeit grundsätzlich auf Deutschland zu beschränken ist,
3. Sendungen ihrer Programme auf Abruf von Großereignissen gemäß § 13 Abs. 2 sowie von Spielen der 1. und 2. Fußball-Bundesliga bis zu sieben Tage danach,
4. zeit- und kulturgeschichtliche Archive mit informierenden, bildenden und kulturellen Telemedien.

²Im Übrigen bleiben Angebote nach Maßgabe der §§ 40 bis 44 unberührt.

(3) ¹Durch die zeitgemäße Gestaltung der Telemedienangebote soll allen Bevölkerungsgruppen die Teilhabe an der Informationsgesellschaft ermöglicht, Orientierungshilfe geboten, Möglichkeiten der interaktiven Kommunikation angeboten sowie die technische und inhaltliche Medienkompetenz aller Generationen und von Minderheiten gefördert werden. ²Diese Gestaltung der Telemedienangebote soll die Belange von Menschen mit Behinderungen besonders berücksichtigen, insbesondere in Form von Audiodeskription, Bereitstellung von Manuskripten oder Telemedien in leichter Sprache.

(4) ¹Die in der ARD zusammengeschlossenen Landesrundfunkanstalten, das ZDF und das Deutschlandradio bieten ihre Angebote in möglichst barrierefrei zugänglichen elektronischen Portalen an und fassen ihre Programme unter

elektronischen Programmführern zusammen. ²Soweit dies zur Erreichung der Zielgruppe aus journalistisch-redaktionellen Gründen geboten ist, können sie Telemedien auch außerhalb des dafür jeweils eingerichteten eigenen Portals anbieten. ³Die in der ARD zusammengeschlossenen Landesrundfunkanstalten, das ZDF und das Deutschlandradio sollen ihre Telemedien, die aus journalistisch-redaktionellen Gründen dafür geeignet sind, miteinander vernetzen, insbesondere durch Verlinkung. ⁴Sie sollen auch auf Inhalte verlinken, die Einrichtungen der Wissenschaft und Kultur anbieten und die aus journalistisch-redaktionellen Gründen für die Telemedienangebote geeignet sind.

(5) ¹Nicht zulässig sind in Telemedienangeboten:

1. Werbung mit Ausnahme von Produktplatzierung,
2. das Angebot auf Abruf von angekauften Spielfilmen und angekauften Folgen von Fernsehserien, die keine Auftragsproduktionen sind mit Ausnahme der in Absatz 2 Satz 1 Nr. 2 genannten europäischen Werke,
3. eine flächendeckende lokale Berichterstattung,
4. die in der Anlage zu diesem Staatsvertrag aufgeführten Angebotsformen.

²Für Produktplatzierung nach Satz 1 Nr. 1 gelten § 8 Abs. 7 und § 38 entsprechend.

(6) ¹Werden Telemedien von den in der ARD zusammengeschlossenen Landesrundfunkanstalten, dem ZDF oder dem Deutschlandradio außerhalb des von ihnen jeweils eingerichteten eigenen Portals verbreitet, sollen sie für die Einhaltung des Absatzes 5 Satz 1 Nr. 1 Sorge tragen. ²Durch die Nutzung dieses Verbreitungswegs dürfen sie keine Einnahmen durch Werbung und Sponsoring erzielen.

(7) ¹Die Telemedienangebote dürfen nicht presseähnlich sein. ²Sie sind im Schwerpunkt mittels Bewegtbild oder Ton zu gestalten, wobei Text nicht im Vordergrund stehen darf. ³Angebotsübersichten, Schlagzeilen, Sendungstranskripte, Informationen über die jeweilige Rundfunkanstalt und Maßnahmen zum Zweck der Barrierefreiheit bleiben unberührt. ⁴Unberührt bleiben ferner Telemedien, die der Aufbereitung von Inhalten aus einer konkreten Sendung einschließlich Hintergrundinformationen dienen, soweit auf für die jeweilige Sendung genutzte Materialien und Quellen zurückgegriffen wird und diese Angebote thematisch und inhaltlich die Sendung unterstützen, begleiten und aktualisieren, wobei der zeitliche und inhaltliche Bezug zu einer bestimmten Sendung im jeweiligen Telemedienangebot ausgewiesen werden muss. ⁵Auch bei Telemedien nach Satz 4 soll nach Möglichkeit eine Einbindung von Bewegtbild oder Ton erfolgen. ⁶Zur Anwendung der Sätze 1 bis 5 soll von den öffentlich-rechtlichen Rundfunkanstalten und den Spitzenverbänden der Presse eine Schlichtungsstelle eingerichtet werden.

§ 31 Satzungen, Richtlinien, Berichtspflichten. (1) ¹Die in der ARD zusammengeschlossenen Landesrundfunkanstalten, das ZDF und das Deutschlandradio erlassen jeweils Satzungen oder Richtlinien zur näheren Durchführung ihres jeweiligen Auftrags sowie für das Verfahren zur Erstellung von Konzepten für Telemedienangebote und das Verfahren für neue Telemedienangebote oder wesentliche Änderungen. ²Die Satzungen oder Richtlinien enthalten auch Regelungen zur Sicherstellung der Unabhängigkeit der Gremienentscheidungen. ³Die Satzungen oder Richtlinien sind im Internetauftritt der in der ARD zusammengeschlossenen Landesrundfunkanstalten, des ZDF oder des Deutschlandradios zu veröffentlichen.

(2) Die in der ARD zusammengeschlossenen Landesrundfunkanstalten, das ZDF und das Deutschlandradio veröffentlichen alle zwei Jahre einen Bericht über die Erfüllung ihres jeweiligen Auftrages, über die Qualität und Quantität der bestehenden Angebote sowie die Schwerpunkte der jeweils geplanten Angebote.

(3) [1] In den Geschäftsberichten der in der ARD zusammengeschlossenen Landesrundfunkanstalten, des ZDF und des Deutschlandradios ist auch der Umfang der Produktionen mit von diesen gesellschaftsrechtlich abhängigen und unabhängigen Produktionsunternehmen darzustellen. [2] Dabei ist auch darzustellen, in welcher Weise der Protokollerklärung aller Länder zu § 11d Abs. 2 des Rundfunkstaatsvertrages im Rahmen des 22. Rundfunkänderungsstaatsvertrages Rechnung getragen wird.

§ 32 Telemedienkonzepte. (1) [1] Die in der ARD zusammengeschlossenen Landesrundfunkanstalten, das ZDF und das Deutschlandradio konkretisieren die inhaltliche Ausrichtung ihrer geplanten Telemedienangebote nach § 30 jeweils in Telemedienkonzepten, die Zielgruppe, Inhalt, Ausrichtung, Verweildauer, die Verwendung internetspezifischer Gestaltungsmittel sowie die Maßnahmen zur Einhaltung des § 30 Abs. 7 Satz 1 näher beschreiben. [2] Es sind angebotsabhängige differenzierte Befristungen für die Verweildauern vorzunehmen mit Ausnahme der Archive nach § 30 Abs. 2 Satz 1 Nr. 4, die unbefristet zulässig sind. [3] Sollen Telemedien auch außerhalb des eingerichteten eigenen Portals angeboten werden, ist dies zu begründen. [4] Die insoweit vorgesehenen Maßnahmen zur Berücksichtigung des Jugendmedienschutzes, des Datenschutzes sowie des § 30 Abs. 6 Satz 1 sind zu beschreiben.

(2) Die Beschreibung aller Telemedienangebote muss einer Nachprüfung des Finanzbedarfs durch die Kommission zur Überprüfung und Ermittlung des Finanzbedarfs der Rundfunkanstalten (KEF) ermöglichen.

(3) [1] Die in der ARD zusammengeschlossenen Landesrundfunkanstalten, das ZDF und das Deutschlandradio legen in den Satzungen oder Richtlinien übereinstimmende Kriterien fest, in welchen Fällen ein neues oder die wesentliche Änderung eines Telemedienangebots vorliegt, das nach dem nachstehenden Verfahren der Absätze 4 bis 7 zu prüfen ist. [2] Eine wesentliche Änderung liegt insbesondere vor, wenn die inhaltliche Gesamtausrichtung des Telemedienangebots oder die angestrebte Zielgruppe verändert wird. [3] Das Verfahren der Absätze 4 bis 7 bezieht sich bei wesentlichen Änderungen allein auf die Abweichungen von den bisher veröffentlichten Telemedienkonzepten.

(4) [1] Ist ein neues Telemedienangebot nach Absatz 1 oder die wesentliche Änderung eines bestehenden Telemedienangebots nach Absatz 3 geplant, hat die Rundfunkanstalt gegenüber ihrem zuständigen Gremium darzulegen, dass das geplante, neue Telemedienangebot oder die wesentliche Änderung vom Auftrag umfasst ist. [2] Es sind Aussagen darüber zu treffen,

1. inwieweit das neue Telemedienangebot oder die wesentliche Änderung den demokratischen, sozialen und kulturellen Bedürfnissen der Gesellschaft entspricht,

2. in welchem Umfang durch das neue Telemedienangebot oder die wesentliche Änderung in qualitativer Hinsicht zum publizistischen Wettbewerb beigetragen wird und
3. welcher finanzielle Aufwand für das neue Telemedienangebot oder die wesentliche Änderung erforderlich ist.

³Dabei sind Quantität und Qualität der vorhandenen frei zugänglichen Telemedienangebote, die Auswirkungen auf alle relevanten Märkte des geplanten, neuen Telemedienangebots oder der wesentlichen Änderung sowie jeweils deren meinungsbildende Funktion angesichts bereits vorhandener vergleichbarer frei zugänglicher Telemedienangebote, auch des öffentlich-rechtlichen Rundfunks, zu berücksichtigen.

(5) ¹Zu den Anforderungen des Absatzes 4 ist vor Aufnahme eines neuen Telemedienangebots oder einer wesentlichen Änderung durch das zuständige Gremium Dritten in geeigneter Weise, insbesondere im Internet, Gelegenheit zur Stellungnahme zu geben. ²Die Gelegenheit zur Stellungnahme besteht innerhalb einer Frist von mindestens sechs Wochen nach Veröffentlichung des Vorhabens. ³Das zuständige Gremium der Rundfunkanstalt hat die eingegangenen Stellungnahmen zu prüfen. ⁴Das zuständige Gremium kann zur Entscheidungsbildung gutachterliche Beratung durch unabhängige Sachverständige auf Kosten der jeweiligen Rundfunkanstalt in Auftrag geben; zu den Auswirkungen auf alle relevanten Märkte ist gutachterliche Beratung hinzuzuziehen. ⁵Der Name des Gutachters ist bekanntzugeben. ⁶Der Gutachter kann weitere Auskünfte und Stellungnahmen einholen; ihm können Stellungnahmen unmittelbar übersandt werden.

(6) ¹Die Entscheidung, ob die Aufnahme eines neuen Telemedienangebots oder einer wesentlichen Änderung den Voraussetzungen des Absatzes 4 entspricht, bedarf der Mehrheit von zwei Dritteln der anwesenden Mitglieder, mindestens der Mehrheit der gesetzlichen Mitglieder des zuständigen Gremiums. ²Die Entscheidung ist zu begründen. ³In den Entscheidungsgründen muss unter Berücksichtigung der eingegangenen Stellungnahmen und eingeholten Gutachten dargelegt werden, ob das neue Telemedienangebot oder die wesentliche Änderung vom Auftrag umfasst ist. ⁴Die jeweilige Rundfunkanstalt hat das Ergebnis ihrer Prüfung einschließlich der eingeholten Gutachten unter Wahrung von Geschäftsgeheimnissen in gleicher Weise wie die Veröffentlichung des Vorhabens bekannt zu machen.

(7) ¹Der für die Rechtsaufsicht zuständigen Behörde sind vor der Veröffentlichung alle für eine rechtsaufsichtliche Prüfung notwendigen Auskünfte zu erteilen und Unterlagen zu übermitteln. ²Nach Abschluss des Verfahrens nach den Absätzen 5 und 6 und nach Prüfung durch die für die Rechtsaufsicht zuständige Behörde ist die Beschreibung des neuen Telemedienangebots oder der wesentlichen Änderung im Internetauftritt der in der ARD zusammengeschlossenen Landesrundfunkanstalten, des ZDF oder des Deutschlandradios zu veröffentlichen. ³In den amtlichen Verkündungsblättern der betroffenen Länder ist zugleich auf die Veröffentlichung im Internetauftritt der jeweiligen Rundfunkanstalt hinzuweisen.

§ 33 Jugendangebot. (1) ¹Die in der ARD zusammengeschlossenen Landesrundfunkanstalten und das ZDF bieten gemeinsam ein Jugendangebot an, das Rundfunk und Telemedien umfasst. ²Das Jugendangebot soll inhaltlich die Lebenswirklichkeit und die Interessen junger Menschen als Zielgruppe in den

Mittelpunkt stellen und dadurch einen besonderen Beitrag zur Erfüllung des öffentlich-rechtlichen Auftrags nach § 26 leisten. ³Zu diesem Zweck sollen die in der ARD zusammengeschlossenen Landesrundfunkanstalten und das ZDF insbesondere eigenständige audiovisuelle Inhalte für das Jugendangebot herstellen oder herstellen lassen und Nutzungsrechte an Inhalten für das Jugendangebot erwerben. ⁴Das Jugendangebot soll journalistisch-redaktionell veranlasste und journalistisch-redaktionell gestaltete interaktive Angebotsformen aufweisen und Inhalte anbieten, die die Nutzer selbst zur Verfügung stellen.

(2) ¹Zur Erfüllung der demokratischen, sozialen und kulturellen Bedürfnisse der Zielgruppe ist das Jugendangebot inhaltlich und technisch dynamisch und entwicklungsoffen zu gestalten und zu verbreiten. ²Dazu soll auch durch eine zielgruppengerechte interaktive Kommunikation mit den Nutzern sowie durch verstetigte Möglichkeiten ihrer Partizipation beigetragen werden.

(3) ¹Andere Angebote der in der ARD zusammengeschlossenen Landesrundfunkanstalten und des ZDF nach Maßgabe dieses Staatsvertrages sollen mit dem Jugendangebot inhaltlich und technisch vernetzt werden. ²Wird ein eigenständiger Inhalt des Jugendangebots auch in einem anderen Angebot der in der ARD zusammengeschlossenen Landesrundfunkanstalten oder des ZDF genutzt, sind die für das andere Angebot geltenden Maßgaben dieses Staatsvertrages einschließlich eines eventuellen Telemedienkonzepts zu beachten.

(4) ¹Die Verweildauer der Inhalte des Jugendangebots ist von den in der ARD zusammengeschlossenen Landesrundfunkanstalten und dem ZDF so zu bemessen, dass sie die Lebenswirklichkeit und die Interessen junger Menschen abbilden und die demokratischen, sozialen und kulturellen Bedürfnisse der jeweils zur Zielgruppe gehörenden Generationen erfüllen. ²Die Grundsätze der Bemessung der Verweildauer sind von den in der ARD zusammengeschlossenen Landesrundfunkanstalten und dem ZDF regelmäßig zu prüfen. ³Die Verweildauer von angekauften Spielfilmen und angekauften Folgen von Fernsehserien, die keine Auftragsproduktionen sind, ist zeitlich angemessen zu begrenzen.

(5) ¹Werbung mit Ausnahme von Produktplatzierung nach Maßgabe von § 8 Abs. 7 und § 38, flächendeckende lokale Berichterstattung, nicht auf das Jugendangebot bezogene presseähnliche Angebote, ein eigenständiges Hörfunkprogramm und die für das Jugendangebot in der Anlage zu diesem Staatsvertrag genannten Angebotsformen sind im Jugendangebot nicht zulässig. ²Ist zur Erreichung der Zielgruppe aus journalistisch-redaktionellen Gründen die Verbreitung des Jugendangebots außerhalb des von den in der ARD zusammengeschlossenen Landesrundfunkanstalten und dem ZDF für das Jugendangebot eingerichteten eigenen Portals geboten, sollen die in der ARD zusammengeschlossenen Landesrundfunkanstalten und das ZDF für die Einhaltung der Bedingungen des Satzes 1 Sorge tragen. ³Sie haben für diesen Verbreitungsweg übereinstimmende Richtlinien, insbesondere zur Konkretisierung des Jugendmedienschutzes und des Datenschutzes, zu erlassen. ⁴Das Jugendangebot darf nicht über Rundfunkfrequenzen (Kabel, Satellit, Terrestrik) verbreitet werden.

(6) Die in der ARD zusammengeschlossenen Landesrundfunkanstalten und das ZDF haben gemeinsam in Bezug auf das Jugendangebot in dem nach § 31 Abs. 2 zu veröffentlichenden Bericht insbesondere darzustellen:

1. den besonderen Beitrag des Jugendangebots zur Erfüllung des öffentlich-rechtlichen Auftrags,

2. das Erreichen der Zielgruppe, die zielgruppengerechte Kommunikation sowie die verstetigten Möglichkeiten der Partizipation der Zielgruppe,
3. das Ergebnis der Prüfung der Verweildauer nach Absatz 4,
4. die Nutzung des Verbreitungswegs außerhalb des für das Jugendangebot eingerichteten eigenen Portals nach Absatz 5 Satz 2 und 3,
5. den jeweiligen Anteil der in Deutschland und in Europa für das Jugendangebot hergestellten Inhalte und
6. den jeweiligen Anteil an Eigenproduktionen, Auftragsproduktionen und erworbenen Nutzungsrechten für angekaufte Spielfilme und angekaufte Folgen von Fernsehserien für das Jugendangebot.

§ 34 Funktionsgerechte Finanzausstattung, Grundsatz des Finanzausgleichs.
(1) Die Finanzausstattung hat den öffentlich-rechtlichen Rundfunk in die Lage zu versetzen, seine verfassungsmäßigen und gesetzlichen Aufgaben zu erfüllen; sie hat insbesondere den Bestand und die Entwicklung des öffentlich-rechtlichen Rundfunks zu gewährleisten.

(2) ¹Der Finanzausgleich unter den Landesrundfunkanstalten ist Bestandteil des Finanzierungssystems der ARD; er stellt insbesondere eine funktionsgerechte Aufgabenerfüllung der Anstalten Saarländischer Rundfunk und Radio Bremen sicher. ²Der Umfang der Finanzausgleichsmasse und ihre Anpassung an den Rundfunkbeitrag bestimmen sich nach dem Rundfunkfinanzierungsstaatsvertrag.

§ 35 Finanzierung.
¹Der öffentlich-rechtliche Rundfunk finanziert sich durch Rundfunkbeiträge, Einnahmen aus Rundfunkwerbung und sonstige Einnahmen; vorrangige Finanzierungsquelle ist der Rundfunkbeitrag. ²Programme und Angebote im Rahmen seines Auftrags gegen besonderes Entgelt sind unzulässig; ausgenommen hiervon sind Begleitmaterialien. ³Einnahmen aus dem Angebot von Telefonmehrwertdiensten dürfen nicht erzielt werden.

§ 36 Finanzbedarf des öffentlich-rechtlichen Rundfunks.
(1) Der Finanzbedarf des öffentlich-rechtlichen Rundfunks wird regelmäßig entsprechend den Grundsätzen von Wirtschaftlichkeit und Sparsamkeit, einschließlich der damit verbundenen Rationalisierungspotentiale, auf der Grundlage von Bedarfsanmeldungen der in der ARD zusammengeschlossenen Landesrundfunkanstalten, des ZDF und der Körperschaft des öffentlichen Rechts „Deutschlandradio" durch die unabhängige KEF geprüft und ermittelt.

(2) Bei der Überprüfung und Ermittlung des Finanzbedarfs sind insbesondere zugrunde zu legen
1. die wettbewerbsfähige Fortführung der bestehenden Rundfunkprogramme sowie die durch Staatsvertrag aller Länder zugelassenen Fernsehprogramme (bestandsbezogener Bedarf),
2. nach Landesrecht zulässige neue Rundfunkprogramme, die Teilhabe an den neuen rundfunktechnischen Möglichkeiten in der Herstellung und zur Verbreitung von Rundfunkprogrammen sowie die Möglichkeit der Veranstaltung neuer Formen von Rundfunk (Entwicklungsbedarf),
3. die allgemeine Kostenentwicklung und die besondere Kostenentwicklung im Medienbereich,

4. die Entwicklung der Beitragserträge, der Werbeerträge und der sonstigen Erträge,
5. die Anlage, Verzinsung und zweckbestimmte Verwendung der Überschüsse, die dadurch entstehen, dass die jährlichen Gesamterträge der in der ARD zusammengeschlossenen Landesrundfunkanstalten, des ZDF oder des Deutschlandradios die Gesamtaufwendungen für die Erfüllung ihres Auftrags übersteigen.

(3) Bei der Überprüfung und Ermittlung des Finanzbedarfs soll ein hoher Grad der Objektivierbarkeit erreicht werden.

(4) Die Beitragsfestsetzung erfolgt durch Staatsvertrag.

§ 37 Berichterstattung der Rechnungshöfe. ¹Der für die Durchführung der Prüfung zuständige Rechnungshof teilt das Ergebnis der Prüfung einer Landesrundfunkanstalt, des ZDF oder des Deutschlandradios einschließlich deren Beteiligungsunternehmen dem jeweils zuständigen Intendanten, den jeweils zuständigen Aufsichtsgremien der Rundfunkanstalt und der Geschäftsführung des geprüften Beteiligungsunternehmens sowie der KEF mit. ²Er gibt dem Intendanten der jeweiligen Rundfunkanstalt und der Geschäftsführung des Beteiligungsunternehmens Gelegenheit zur Stellungnahme zu dem Ergebnis der Prüfung und berücksichtigt die Stellungnahmen. ³Den auf dieser Grundlage erstellten abschließenden Bericht über das Ergebnis der Prüfung teilt der zuständige Rechnungshof den Landtagen und den Landesregierungen der die Rundfunkanstalt tragenden Länder sowie der KEF mit und veröffentlicht ihn anschließend. ⁴Dabei hat der Rechnungshof darauf zu achten, dass die Wettbewerbsfähigkeit des geprüften Beteiligungsunternehmens nicht beeinträchtigt wird und insbesondere Betriebs- und Geschäftsgeheimnisse gewahrt werden.

§ 38 Zulässige Produktplatzierung. ¹Über die Anforderungen nach § 8 Abs. 7 Satz 2 hinaus ist Produktplatzierung in Kinofilmen, Filmen und Serien, Sportsendungen und Sendungen der leichten Unterhaltung nur dann zulässig,
1. wenn diese nicht vom Veranstalter selbst oder von einem mit dem Veranstalter verbundenen Unternehmen produziert oder in Auftrag gegeben wurden oder
2. wenn kein Entgelt geleistet wird, sondern lediglich bestimmte Waren oder Dienstleistungen, wie Produktionshilfen und Preise, im Hinblick auf ihre Einbeziehung in eine Sendung kostenlos bereitgestellt werden.

²Keine Sendungen der leichten Unterhaltung sind insbesondere Sendungen, die neben unterhaltenden Elementen im Wesentlichen informierenden Charakter haben, und Ratgebersendungen mit Unterhaltungselementen.

§ 39 Dauer der Rundfunkwerbung, Sponsoring. (1) ¹Die Gesamtdauer der Rundfunkwerbung beträgt im Ersten Fernsehprogramm der ARD und im Programm „Zweites Deutsches Fernsehen" jeweils höchstens 20 Minuten werktäglich im Jahresdurchschnitt. ²Nicht angerechnet werden auf die zulässigen Werbezeiten Sendezeiten mit Produktplatzierungen und Sponsorhinweise. ³Nicht vollständig genutzte Werbezeit darf höchstens bis zu fünf Minuten werktäglich nachgeholt werden. ⁴Nach 20:00 Uhr sowie an Sonntagen und im ganzen Bundesgebiet anerkannten Feiertagen dürfen Werbesendungen nicht ausgestrahlt werden. ⁵ § 46 bleibt unberührt.

(2) In weiteren Fernsehprogrammen von ARD und ZDF sowie in den Dritten Fernsehprogrammen findet Rundfunkwerbung nicht statt.

(3) Im Fernsehen darf die Dauer der Spotwerbung innerhalb eines Zeitraums von einer Stunde 20 vom Hundert nicht überschreiten.

(4) Hinweise der Rundfunkanstalten auf Sendungen, Rundfunkprogramme oder rundfunkähnliche Telemedien des öffentlich-rechtlichen Rundfunks und auf Begleitmaterialien, die direkt von diesen Programmen und Sendungen abgeleitet sind, unentgeltliche Beiträge im Dienst der Öffentlichkeit, einschließlich von Spendenaufrufen zu Wohlfahrtszwecken, gesetzliche Pflichthinweise und neutrale Einzelbilder zwischen redaktionellen Inhalten und Fernsehwerbe- oder Teleshoppingspots sowie zwischen einzelnen Spots, gelten nicht als Werbung.

(5) Die Länder sind berechtigt, den Landesrundfunkanstalten bis zu 90 Minuten werktäglich im Jahresdurchschnitt Werbung im Hörfunk einzuräumen; ein am 1. Januar 1987 in den Ländern abweichender zeitlicher Umfang der Rundfunkwerbung und ihre tageszeitliche Begrenzung kann beibehalten werden.

(6) Sponsoring findet nach 20.00 Uhr sowie an Sonntagen und im ganzen Bundesgebiet anerkannten Feiertagen im Fernsehen nicht statt; dies gilt nicht für das Sponsoring der Übertragung von Großereignissen nach § 13 Abs. 2.

§ 40 Kommerzielle Tätigkeiten. (1) [1] Die in der ARD zusammengeschlossenen Landesrundfunkanstalten, das ZDF und das Deutschlandradio sind berechtigt, kommerzielle Tätigkeiten auszuüben. [2] Kommerzielle Tätigkeiten sind Betätigungen, bei denen Leistungen auch für Dritte im Wettbewerb angeboten werden, insbesondere Werbung und Sponsoring, Verwertungsaktivitäten, Merchandising, Produktion für Dritte und die Vermietung von Senderstandorten an Dritte. [3] Diese Tätigkeiten dürfen nur unter Marktbedingungen erbracht werden. [4] Die kommerziellen Tätigkeiten sind durch rechtlich selbständige Tochtergesellschaften zu erbringen. [5] Bei geringer Marktrelevanz kann eine kommerzielle Tätigkeit durch die Rundfunkanstalt selbst erbracht werden; in diesem Fall ist eine getrennte Buchführung vorzusehen. [6] Die in der ARD zusammengeschlossenen Landesrundfunkanstalten, das ZDF und das Deutschlandradio haben sich bei den Beziehungen zu ihren kommerziell tätigen Tochterunternehmen marktkonform zu verhalten und die entsprechenden Bedingungen, wie bei einer kommerziellen Tätigkeit, auch ihnen gegenüber einzuhalten.

(2) [1] Die Tätigkeitsbereiche sind von den zuständigen Gremien der Rundfunkanstalten vor Aufnahme der Tätigkeit zu genehmigen. [2] Die Prüfung umfasst folgende Punkte:
1. die Beschreibung der Tätigkeit nach Art und Umfang, die die Einhaltung der marktkonformen Bedingungen begründet (Marktkonformität), einschließlich eines Fremdvergleichs,
2. den Vergleich mit Angeboten privater Konkurrenten,
3. Vorgaben für eine getrennte Buchführung und
4. Vorgaben für eine effiziente Kontrolle.

§ 41 Beteiligung an Unternehmen. (1) [1] An einem Unternehmen, das einen gewerblichen oder sonstigen wirtschaftlichen Zweck zum Gegenstand hat, dürfen sich die in der ARD zusammengeschlossenen Landesrundfunkanstalten, das ZDF und das Deutschlandradio unmittelbar oder mittelbar beteiligen, wenn

1. dies im sachlichen Zusammenhang mit ihren gesetzlichen Aufgaben steht,
2. das Unternehmen die Rechtsform einer juristischen Person besitzt und
3. die Satzung oder der Gesellschaftsvertrag des Unternehmens einen Aufsichtsrat oder ein entsprechendes Organ vorsieht.

²Die Voraussetzungen nach Satz 1 müssen nicht erfüllt sein, wenn die Beteiligung nur vorübergehend eingegangen wird und unmittelbaren Programmzwecken dient.

(2) ¹Bei Beteiligungsunternehmen haben sich die Rundfunkanstalten in geeigneter Weise den nötigen Einfluss auf die Geschäftsleitung des Unternehmens, insbesondere eine angemessene Vertretung im Aufsichtsgremium, zu sichern. ²Eine Prüfung der Betätigung der Anstalten bei dem Unternehmen unter Beachtung kaufmännischer Grundsätze durch einen Wirtschaftsprüfer ist auszubedingen.

(3) Die Absätze 1 und 2 gelten entsprechend für juristische Personen des Privatrechts, die von den Rundfunkanstalten gegründet werden und deren Geschäftsanteile sich ausschließlich in ihrer Hand befinden.

(4) Die Absätze 1 und 2 gelten entsprechend für Beteiligungen der Rundfunkanstalten an gemeinnützigen Rundfunkunternehmen und Pensionskassen.

§ 42 Kontrolle der Beteiligung an Unternehmen. (1) ¹Die in der ARD zusammengeschlossenen Landesrundfunkanstalten, das ZDF und das Deutschlandradio haben ein effektives Controlling über ihre Beteiligungen nach § 41 einzurichten. ²Der Intendant hat das jeweils zuständige Aufsichtsgremium der Rundfunkanstalt regelmäßig über die wesentlichen Vorgänge in den Beteiligungsunternehmen, insbesondere über deren finanzielle Entwicklung, zu unterrichten.

(2) ¹Der Intendant hat dem jeweils zuständigen Aufsichtsgremium jährlich einen Beteiligungsbericht vorzulegen. ²Dieser Bericht schließt folgende Bereiche ein:

1. die Darstellung sämtlicher unmittelbarer und mittelbarer Beteiligungen und ihrer wirtschaftlichen Bedeutung für die Rundfunkanstalt,
2. die gesonderte Darstellung der Beteiligungen mit kommerziellen Tätigkeiten und den Nachweis der Erfüllung der staatsvertraglichen Vorgaben für kommerzielle Tätigkeiten und
3. die Darstellung der Kontrolle der Beteiligungen, einschließlich von Vorgängen mit besonderer Bedeutung.

³Der Bericht ist den jeweils zuständigen Rechnungshöfen und der rechtsaufsichtsführenden Landesregierung zu übermitteln.

(3) ¹Die für die in der ARD zusammengeschlossenen Landesrundfunkanstalten, das ZDF und das Deutschlandradio zuständigen Rechnungshöfe prüfen die Wirtschaftsführung bei solchen Unternehmen des Privatrechts, an denen die Anstalten unmittelbar, mittelbar, auch zusammen mit anderen Anstalten oder Körperschaften des öffentlichen Rechts, mit Mehrheit beteiligt sind und deren Gesellschaftsvertrag oder Satzung diese Prüfungen durch die Rechnungshöfe vorsieht. ²Die Anstalten sind verpflichtet, für die Aufnahme der erforderlichen

Regelungen in den Gesellschaftsvertrag oder die Satzung des Unternehmens zu sorgen.

(4) Sind mehrere Rechnungshöfe für die Prüfung zuständig, können sie die Prüfung einem dieser Rechnungshöfe übertragen.

§ 43 Kontrolle der kommerziellen Tätigkeiten. (1) ¹Bei Mehrheitsbeteiligungen im Sinne von § 42 Abs. 3 der in der ARD zusammengeschlossenen Landesrundfunkanstalten, des ZDF und des Deutschlandradios oder bei Gesellschaften, bei denen ein Prüfungsrecht der zuständigen Rechnungshöfe besteht, sind die Rundfunkanstalten zusätzlich zu den allgemein bestehenden Prüfungsrechten der Rechnungshöfe verpflichtet darauf hinzuwirken, dass die Beteiligungsunternehmen den jährlichen Abschlussprüfer nur im Einvernehmen mit den zuständigen Rechnungshöfen bestellen. ²Die Rundfunkanstalten haben dafür Sorge zu tragen, dass das Beteiligungsunternehmen vom Abschlussprüfer im Rahmen der Prüfung des Jahresabschlusses auch die Marktkonformität seiner kommerziellen Tätigkeiten auf der Grundlage zusätzlicher von den jeweils zuständigen Rechnungshöfen festzulegender Fragestellungen prüfen lässt und den Abschlussprüfer ermächtigt, das Ergebnis der Prüfung zusammen mit dem Abschlussbericht den zuständigen Rechnungshöfen mitzuteilen. ³Diese Fragestellungen werden von dem für die Prüfung zuständigen Rechnungshof festgelegt und umfassen insbesondere den Nachweis der Einhaltung der staatsvertraglichen Vorgaben für kommerzielle Aktivitäten. ⁴Die Rundfunkanstalten sind verpflichtet, für die Aufnahme der erforderlichen Regelungen in den Gesellschaftsvertrag oder die Satzung des Beteiligungsunternehmens zu sorgen. ⁵Die Wirtschaftsprüfer testieren den Jahresabschluss der Beteiligungsunternehmen und berichten den zuständigen Rechnungshöfen auch hinsichtlich der in Satz 2 und 3 genannten Fragestellungen. ⁶Sie teilen das Ergebnis und den Abschlussbericht den zuständigen Rechnungshöfen mit. ⁷Die zuständigen Rechnungshöfe werten die Prüfung aus und können in jedem Einzelfall selbst Prüfmaßnahmen bei den betreffenden Beteiligungsunternehmen ergreifen. ⁸Die durch die ergänzenden Prüfungen zusätzlich entstehenden Kosten tragen die jeweiligen Beteiligungsunternehmen.

(2) ¹Bei kommerziellen Tätigkeiten mit geringer Marktrelevanz nach § 40 Abs. 1 Satz 5 sind die Rundfunkanstalten auf Anforderung des zuständigen Rechnungshofes verpflichtet, für ein dem Absatz 1 Satz 2, 3 und 5 bis 8 entsprechendes Verfahren Sorge zu tragen. ²Werden Verstöße gegen die Bestimmungen zur Marktkonformität bei Prüfungen von Beteiligungsunternehmen oder der Rundfunkanstalten selbst festgestellt, findet auf die Mitteilung des Ergebnisses § 37 Anwendung.

§ 44 Haftung für kommerziell tätige Beteiligungsunternehmen.
Für kommerziell tätige Beteiligungsunternehmen dürfen die in der ARD zusammengeschlossenen Landesrundfunkanstalten, das ZDF und das Deutschlandradio keine Haftung übernehmen.

§ 45 Richtlinien. ¹Die in der ARD zusammengeschlossenen Landesrundfunkanstalten und das ZDF erlassen Richtlinien zur Durchführung der §§ 8 bis 11, 38 und 39. ²In der Richtlinie zu § 11 sind insbesondere die Bedingungen zur Teilnahme Minderjähriger näher zu bestimmen. ³Die in der ARD zusammengeschlossenen Landesrundfunkanstalten und das ZDF stellen hierzu das Benehmen mit den Landesmedienanstalten her und führen einen gemeinsamen Erfahrungsaustausch in der Anwendung dieser Richtlinien durch. ⁴In der Richtlinie zu § 8 Abs. 7 und § 38 ist näher zu bestimmen, unter welchen Voraussetzungen, in welchen Formaten und in welchem Umfang unentgeltliche Produktplatzierung stattfinden kann, wie die Unabhängigkeit der Produzenten und Redaktionen gesichert und eine ungebührliche Herausstellung des Produkts vermieden wird. ⁵Die Sätze 1 bis 4 gelten für die Richtlinien des Deutschlandradios zur Durchführung der §§ 8, 11 und 38 entsprechend.

§ 46 Änderung der Werbung. Die Länder können Änderungen der Gesamtdauer der Werbung, der tageszeitlichen Begrenzung der Werbung und ihrer Beschränkung auf Werktage im öffentlich-rechtlichen Rundfunk vereinbaren.

§ 47 Ausschluss von Teleshopping. Teleshopping findet mit Ausnahme von Teleshopping-Spots im öffentlich-rechtlichen Rundfunk nicht statt.

§ 48 Versorgungsauftrag. ¹Die in der ARD zusammengeschlossenen Landesrundfunkanstalten, das ZDF und das Deutschlandradio können ihrem gesetzlichen Auftrag durch Nutzung geeigneter Übertragungswege nachkommen. ²Bei der Auswahl des Übertragungswegs sind die Grundsätze der Wirtschaftlichkeit und Sparsamkeit zu beachten. ³Die analoge Verbreitung bisher ausschließlich digital verbreiteter Programme ist unzulässig.

§ 49 Veröffentlichung von Beanstandungen. Die zuständigen Aufsichtsgremien der in der ARD zusammengeschlossenen Landesrundfunkanstalten, des ZDF und des Deutschlandradios können vom Intendanten verlangen, dass er bei Rechtsverstößen Beanstandungen der Gremien im Programm veröffentlicht.

IV. Abschnitt. Besondere Bestimmungen für den privaten Rundfunk

1. Unterabschnitt. Anwendungsbereich, Programmgrundsätze

§ 50 Anwendungsbereich. ¹Die §§ 51, 53 bis 68 gelten nur für bundesweit ausgerichtete Angebote. ²Die §§ 52 bis 55 Abs. 1 und § 58 gelten auch für Teleshoppingkanäle. ³Eine abweichende Regelung durch Landesrecht ist nicht zulässig. ⁴Die Entscheidungen der Kommission zur Ermittlung der Konzentration im Medienbereich (KEK, § 104 Abs. 2 Satz 1 Nr. 3) sind den Zuweisungen von Übertragungskapazitäten nach diesem Staatsvertrag und durch die zuständige Landesmedienanstalt auch bei der Entscheidung über die Zuweisung von Übertragungskapazitäten nach Landesrecht zugrunde zu legen.

§ 51 Programmgrundsätze. (1) ¹Für die Rundfunkprogramme gilt die verfassungsmäßige Ordnung. ²Die Rundfunkprogramme haben die Würde des Menschen sowie die sittlichen, religiösen und weltanschaulichen Überzeugungen anderer zu achten. ³Sie sollen die Zusammengehörigkeit im vereinten Deutschland sowie die internationale Verständigung fördern und auf ein diskriminierungsfreies Miteinander hinwirken. ⁴Die Vorschriften der allgemeinen Gesetze und die gesetzlichen Bestimmungen zum Schutz der persönlichen Ehre sind einzuhalten.

(2) Die Rundfunkvollprogramme sollen zur Darstellung der Vielfalt im deutschsprachigen und europäischen Raum mit einem angemessenen Anteil an Information, Kultur und Bildung beitragen; die Möglichkeit, Spartenprogramme anzubieten, bleibt hiervon unberührt.

2. Unterabschnitt. Zulassung

§ 52 Grundsatz. (1) [1]Private Veranstalter bedürfen zur Veranstaltung von Rundfunkprogrammen einer Zulassung. [2]§ 54 bleibt unberührt. [3]Die Zulassung eines Veranstalters nicht bundesweit ausgerichteten Rundfunks richtet sich nach Landesrecht. [4]Für die Zulassung eines Veranstalters bundesweit ausgerichteten Rundfunks gelten die Vorschriften dieses Unterabschnitts; im Übrigen gilt Landesrecht.

(2) [1]Die Zulassung eines Fernsehveranstalters kann versagt oder widerrufen werden, wenn

1. sich das Programm des Veranstalters ganz oder in wesentlichen Teilen an die Bevölkerung eines anderen Staates richtet, der das Europäische Übereinkommen über das grenzüberschreitende Fernsehen ratifiziert hat und
2. der Veranstalter sich zu dem Zweck in Deutschland niedergelassen hat, die Bestimmungen des anderen Staates zu umgehen und
3. die Bestimmungen des anderen Staates, die der Veranstalter zu umgehen bezweckt, Gegenstand des Europäischen Übereinkommens über das grenzüberschreitende Fernsehen sind.

[2]Statt der Versagung oder des Widerrufs der Zulassung kann diese auch mit Nebenbestimmungen versehen werden, soweit dies ausreicht, die Umgehung nach Satz 1 auszuschließen.

§ 53 Erteilung einer Zulassung für Veranstalter von bundesweit ausgerichtetem Rundfunk. (1) Eine Zulassung darf nur an eine natürliche oder juristische Person erteilt werden, die

1. unbeschränkt geschäftsfähig ist,
2. die Fähigkeit, öffentliche Ämter zu bekleiden, nicht durch Richterspruch verloren hat,
3. das Grundrecht der freien Meinungsäußerung nicht nach Artikel 18 des Grundgesetzes verwirkt hat,
4. als Vereinigung nicht verboten ist,
5. ihren Wohnsitz oder Sitz in Deutschland, einem sonstigen Mitgliedstaat der Europäischen Union oder einem anderen Vertragsstaat des Abkommens über den Europäischen Wirtschaftsraum hat und gerichtlich verfolgt werden kann und
6. die Gewähr dafür bietet, dass sie unter Beachtung der gesetzlichen Vorschriften und der auf dieser Grundlage erlassenen Verwaltungsakte Rundfunk veranstaltet.

(2) [1]Die Voraussetzungen nach Absatz 1 Nr. 1 bis 3 und Nr. 6 müssen bei juristischen Personen von den gesetzlichen oder satzungsmäßigen Vertretern erfüllt sein. [2]Einem Veranstalter in der Rechtsform einer Aktiengesellschaft darf nur dann eine Zulassung erteilt werden, wenn in der Satzung der Aktiengesellschaft bestimmt ist, dass die Aktien nur als Namensaktien oder als Namensaktien und stimmrechtslose Vorzugsaktien ausgegeben werden dürfen.

(3) ¹Eine Zulassung darf nicht erteilt werden an juristische Personen des öffentlichen Rechts mit Ausnahme von Kirchen und Hochschulen, an deren gesetzliche Vertreter und leitende Bedienstete sowie an politische Parteien und Wählervereinigungen. ²Gleiches gilt für Unternehmen, die im Verhältnis eines verbundenen Unternehmens im Sinne des § 15 des Aktiengesetzes zu den in Satz 1 Genannten stehen. ³Die Sätze 1 und 2 gelten für ausländische öffentliche oder staatliche Stellen entsprechend.

§ 54 Zulassungsfreie Rundfunkprogramme.
(1) ¹Keiner Zulassung bedürfen Rundfunkprogramme,

1. die nur geringe Bedeutung für die individuelle und öffentliche Meinungsbildung entfalten, oder
2. die im Durchschnitt von sechs Monaten weniger als 20.000 gleichzeitige Nutzer erreichen oder in ihrer prognostizierten Entwicklung erreichen werden.

²Die zuständige Landesmedienanstalt bestätigt die Zulassungsfreiheit auf Antrag durch Unbedenklichkeitsbescheinigung.

(2) Die Landesmedienanstalten regeln das Nähere zur Konkretisierung der Zulassungsfreiheit nach Absatz 1 durch Satzung.

(3) Vor dem Inkrafttreten dieses Staatsvertrages angezeigte, ausschließlich im Internet verbreitete Hörfunkprogramme gelten als zugelassene Programme nach § 52.

(4) ¹Auf zulassungsfreie Rundfunkprogramme finden die Vorschriften der §§ 15, 57 und 68 keine Anwendung. ²§ 53 findet mit Ausnahme seines Absatzes 1 Nr. 1 entsprechende Anwendung. ³Die zuständige Landesmedienanstalt kann von Veranstaltern von Rundfunkprogrammen im Sinne des Absatzes 1 die in den §§ 55 und 56 genannten Informationen und Unterlagen verlangen.

§ 55 Grundsätze für das Zulassungsverfahren.
(1) In dem Zulassungsantrag sind Name und Anschrift des Antragstellers, Programminhalt, Programmkategorie (Voll- oder Spartenprogramm), Programmdauer, Übertragungstechnik und geplantes Verbreitungsgebiet anzugeben.

(2) Sofern erforderlich, hat die zuständige Landesmedienanstalt Auskunft und die Vorlage weiterer Unterlagen zu verlangen, die sich insbesondere erstrecken auf

1. eine Darstellung der unmittelbaren und mittelbaren Beteiligungen im Sinne des § 62 an dem Antragsteller sowie der Kapital- und Stimmrechtsverhältnisse bei dem Antragsteller und den mit ihm im Sinne des Aktiengesetzes verbundenen Unternehmen,
2. die Angabe über Angehörige im Sinne des § 15 der Abgabenordnung unter den Beteiligten nach Nummer 1, gleiches gilt für Vertreter der Person oder Personengesellschaft oder des Mitglieds eines Organs einer juristischen Person,
3. den Gesellschaftsvertrag und die satzungsrechtlichen Bestimmungen des Antragstellers,
4. Vereinbarungen, die zwischen an dem Antragsteller unmittelbar oder mittelbar im Sinne des § 62 Beteiligten bestehen und sich auf die gemeinsame

Veranstaltung von Rundfunk sowie auf Treuhandverhältnisse und nach den §§ 60 und 62 erhebliche Beziehungen beziehen,

5. eine schriftliche Erklärung des Antragstellers, dass die nach den Nummern 1 bis 4 vorgelegten Unterlagen und Angaben vollständig sind.

(3) ¹Ist für die Prüfung im Rahmen des Zulassungsverfahrens ein Sachverhalt bedeutsam, der sich auf Vorgänge außerhalb des Geltungsbereichs dieses Staatsvertrages bezieht, hat der Antragsteller diesen Sachverhalt aufzuklären und die erforderlichen Beweismittel zu beschaffen. ²Er hat dabei alle für ihn bestehenden rechtlichen und tatsächlichen Möglichkeiten auszuschöpfen. ³Der Antragsteller kann sich nicht darauf berufen, dass er Sachverhalte nicht aufklären oder Beweismittel nicht beschaffen kann, wenn er sich nach Lage des Falles bei der Gestaltung seiner Verhältnisse die Möglichkeit dazu hätte beschaffen oder einräumen lassen können.

(4) Die Verpflichtungen nach den Absätzen 1 bis 3 gelten für natürliche und juristische Personen oder Personengesellschaften, die an dem Antragsteller unmittelbar oder mittelbar im Sinne von § 62 beteiligt sind oder zu ihm im Verhältnis eines verbundenen Unternehmens stehen oder sonstige Einflüsse im Sinne der §§ 60 und 62 auf ihn ausüben können, entsprechend.

(5) Kommt ein Auskunfts- oder Vorlagepflichtiger seinen Mitwirkungspflichten nach den Absätzen 1 bis 4 innerhalb einer von der zuständigen Landesmedienanstalt bestimmten Frist nicht nach, kann der Zulassungsantrag abgelehnt werden.

(6) ¹Die im Rahmen des Zulassungsverfahrens Auskunfts- und Vorlagepflichtigen sind verpflichtet, jede Änderung der maßgeblichen Umstände nach Antragstellung oder nach Erteilung der Zulassung unverzüglich der zuständigen Landesmedienanstalt mitzuteilen. ²Die Absätze 1 bis 5 finden entsprechende Anwendung. ³§ 63 bleibt unberührt.

(7) Unbeschadet anderweitiger Anzeigepflichten sind der Veranstalter und die an ihm unmittelbar oder mittelbar im Sinne von § 62 Beteiligten jeweils nach Ablauf eines Kalenderjahres verpflichtet, unverzüglich der zuständigen Landesmedienanstalt gegenüber eine Erklärung darüber abzugeben, ob und inwieweit innerhalb des abgelaufenen Kalenderjahres bei den nach § 62 maßgeblichen Beteiligungs- und Zurechnungstatbeständen eine Veränderung eingetreten ist.

§ 56 Auskunftsrechte und Ermittlungsbefugnisse. (1) ¹Die zuständige Landesmedienanstalt kann alle Ermittlungen durchführen und alle Beweise erheben, die zur Erfüllung ihrer sich aus den §§ 60 bis 67 und 120 ergebenden Aufgaben erforderlich sind. ²Sie bedient sich der Beweismittel, die sie nach pflichtgemäßem Ermessen zur Ermittlung des Sachverhalts für erforderlich hält. ³Sie kann insbesondere

1. Auskünfte einholen,

2. Beteiligte im Sinne des § 13 des Verwaltungsverfahrensgesetzes anhören, Zeugen und Sachverständige vernehmen oder die schriftliche Äußerung von Beteiligten, Sachverständigen und Zeugen einholen,

3. Urkunden und Akten beiziehen,

4. den Augenschein einnehmen.

⁴Andere Personen als die Beteiligten sollen erst dann zur Auskunft herangezogen werden, wenn die Sachverhaltsaufklärung durch die Beteiligten nicht zum Ziel führt oder keinen Erfolg verspricht.

(2) ¹Für Zeugen und Sachverständige besteht eine Pflicht zur Aussage oder zur Erstattung von Gutachten. ²Die Vorschriften der Zivilprozessordnung[1]) über die Pflicht, als Zeuge auszusagen oder als Sachverständiger ein Gutachten zu erstatten, über die Ablehnung von Sachverständigen sowie über die Vernehmung von Angehörigen des öffentlichen Dienstes als Zeugen oder Sachverständige gelten entsprechend. ³Die Entschädigung der Zeugen und Sachverständigen erfolgt in entsprechender Anwendung des Justizvergütungs- und -entschädigungsgesetzes.

(3) ¹Zur Glaubhaftmachung der Vollständigkeit und Richtigkeit der Angaben darf die zuständige Landesmedienanstalt die Vorlage einer eidesstattlichen Versicherung von denjenigen verlangen, die nach § 55 Abs. 1 und 4 auskunfts- und vorlagepflichtig sind. ²Eine Versicherung an Eides statt soll nur gefordert werden, wenn andere Mittel zur Erforschung der Wahrheit nicht vorhanden sind, zu keinem Ergebnis geführt haben oder einen unverhältnismäßigen Aufwand erfordern.

(4) ¹Die von der zuständigen Landesmedienanstalt mit der Durchführung der sich aus den §§ 60 bis 67 und § 120 ergebenden Aufgaben betrauten Personen dürfen während der üblichen Geschäfts- und Arbeitszeiten die Geschäftsräume und -grundstücke der in § 55 Abs. 1, 3 und 4 genannten Personen und Personengesellschaften betreten und die in Absatz 5 genannten Unterlagen einsehen und prüfen. ²Das Grundrecht des Artikels 13 des Grundgesetzes wird insoweit eingeschränkt.

(5) ¹Die in § 55 Abs. 1, 3 und 4 genannten Personen oder Personengesellschaften haben auf Verlangen Aufzeichnungen, Bücher, Geschäftspapiere und andere Urkunden, die für die Anwendung der §§ 60 bis 67 und § 120 erheblich sein können, vorzulegen, Auskünfte zu erteilen und die sonst zur Durchführung der Maßnahmen nach Absatz 4 erforderlichen Hilfsdienste zu leisten. ²Vorkehrungen, die die Maßnahmen hindern oder erschweren, sind unzulässig.

(6) Der zur Erteilung einer Auskunft Verpflichtete kann die Auskunft auf solche Fragen verweigern, deren Beantwortung ihn selbst oder einen der in § 383 Abs. 1 Nr. 1 bis 3 der Zivilprozessordnung bezeichneten Angehörigen der Gefahr strafrechtlicher Verfolgung oder eines Verfahrens nach dem Gesetz über Ordnungswidrigkeiten aussetzen würde.

(7) ¹Durchsuchungen dürfen nur aufgrund einer Anordnung des Amtsrichters, in dessen Bezirk die Durchsuchung erfolgen soll, vorgenommen werden. ²Bei Gefahr im Verzug können die in Absatz 4 bezeichneten betrauten Personen während der Geschäftszeit die erforderlichen Durchsuchungen ohne richterliche Anordnung vornehmen. ³An Ort und Stelle ist eine Niederschrift über Grund, Zeit und Ort der Durchsuchung und ihr wesentliches Ergebnis aufzunehmen, aus der sich, falls keine richterliche Anordnung ergangen ist, auch die Tatsachen ergeben, die zur Annahme einer Gefahr im Verzug geführt haben.

(8) ¹Der Inhaber der tatsächlichen Gewalt über die zu durchsuchenden Räume darf der Durchsuchung beiwohnen. ²Ist er abwesend, soll sein Vertreter

---

[1]) Auszugsweise abgedruckt unter Nr. 32.

oder ein anderer Zeuge hinzugezogen werden. ³Dem Inhaber der tatsächlichen Gewalt über die durchsuchten Räume oder seinem Vertreter ist auf Verlangen eine Durchschrift der in Absatz 7 Satz 3 genannten Niederschrift zu erteilen.

§ 57 Publizitätspflicht und sonstige Vorlagepflichten. (1) ¹Jeder Veranstalter hat unabhängig von seiner Rechtsform jährlich nach Maßgabe der Vorschriften des Handelsgesetzbuches, die für große Kapitalgesellschaften gelten, einen Jahresabschluss samt Anhang und einen Lagebericht spätestens bis zum Ende des neunten auf das Ende des Geschäftsjahres folgenden Monats zu erstellen und bekannt zu machen. ²Satz 1 findet auf an dem Veranstalter unmittelbar Beteiligte, denen das Programm des Veranstalters nach § 62 Abs. 1 Satz 1, und mittelbar Beteiligte, denen das Programm nach § 62 Abs. 1 Satz 2 zuzurechnen ist, entsprechende Anwendung.

(2) Innerhalb derselben Frist hat der Veranstalter eine Aufstellung der Programmbezugsquellen für den Berichtszeitraum der zuständigen Landesmedienanstalt vorzulegen.

§ 58 Vertraulichkeit. Jenseits des Anwendungsbereichs der Verordnung (EU) 2016/679[1)] dürfen Angaben über persönliche und sachliche Verhältnisse einer natürlichen oder juristischen Person oder einer Personengesellschaft sowie Betriebs- oder Geschäftsgeheimnisse, die den Landesmedienanstalten, ihren Organen, ihren Bediensteten oder von ihnen beauftragten Dritten im Rahmen der Durchführung ihrer Aufgaben anvertraut oder sonst bekannt geworden sind, nicht unbefugt offenbart werden.

3. Unterabschnitt. Sicherung der Meinungsvielfalt

§ 59 Meinungsvielfalt, regionale Fenster. (1) ¹Im privaten Rundfunk ist inhaltlich die Vielfalt der Meinungen im Wesentlichen zum Ausdruck zu bringen. ²Die bedeutsamen politischen, weltanschaulichen und gesellschaftlichen Kräfte und Gruppen müssen in den Vollprogrammen angemessen zu Wort kommen; Auffassungen von Minderheiten sind zu berücksichtigen. ³Die Möglichkeit, Spartenprogramme anzubieten, bleibt hiervon unberührt.

(2) Ein einzelnes Programm darf die Bildung der öffentlichen Meinung nicht in hohem Maße ungleichgewichtig beeinflussen.

(3) ¹Im Rahmen des Zulassungsverfahrens soll die Landesmedienanstalt darauf hinwirken, dass an dem Veranstalter auch Interessenten mit kulturellen Programmbeiträgen beteiligt werden. ²Ein Rechtsanspruch auf Beteiligung besteht nicht.

(4) ¹In den beiden bundesweit verbreiteten reichweitenstärksten Fernsehvollprogrammen sind mindestens im zeitlichen und regional differenzierten Umfang der Programmaktivitäten zum 1. Juli 2002 nach Maßgabe des jeweiligen Landesrechts Fensterprogramme zur aktuellen und authentischen Darstellung der Ereignisse des politischen, wirtschaftlichen, sozialen und kulturellen Lebens in dem jeweiligen Land aufzunehmen. ²Der Hauptprogrammveranstalter hat organisatorisch sicherzustellen, dass die redaktionelle Unabhängigkeit des Fensterprogrammveranstalters gewährleistet ist. ³Dem Fensterprogrammveranstalter ist eine gesonderte Zulassung zu erteilen. ⁴Fensterprogrammveranstalter und Hauptprogrammveranstalter sollen zueinander nicht im Verhältnis

---

[1)] Auszugsweise abgedruckt unter Nr. **11**.

eines verbundenen Unternehmens nach § 62 stehen, es sei denn, zum 31. Dezember 2009 bestehende landesrechtliche Regelungen stellen die Unabhängigkeit in anderer Weise sicher. ⁵ Zum 31. Dezember 2009 bestehende Zulassungen bleiben unberührt. ⁶ Eine Verlängerung ist zulässig. ⁷ Mit der Organisation der Fensterprogramme ist zugleich deren Finanzierung durch den Hauptprogrammveranstalter sicherzustellen. ⁸ Die Landesmedienanstalten stimmen die Organisation der Fensterprogramme in zeitlicher und technischer Hinsicht unter Berücksichtigung der Interessen der betroffenen Veranstalter ab.

§ 60 Sicherung der Meinungsvielfalt im Fernsehen. (1) Ein Unternehmen (natürliche oder juristische Person oder Personenvereinigung) darf in Deutschland selbst oder durch ihm zurechenbare Unternehmen bundesweit im Fernsehen eine unbegrenzte Anzahl von Programmen veranstalten, es sei denn, es erlangt dadurch vorherrschende Meinungsmacht nach Maßgabe der nachfolgenden Bestimmungen.

(2) ¹ Erreichen die einem Unternehmen zurechenbaren Programme im Durchschnitt eines Jahres einen Zuschaueranteil von 30 vom Hundert, so wird vermutet, dass vorherrschende Meinungsmacht gegeben ist. ² Gleiches gilt bei Erreichen eines Zuschaueranteils von 25 vom Hundert, sofern das Unternehmen auf einem medienrelevanten verwandten Markt eine marktbeherrschende Stellung hat oder eine Gesamtbeurteilung seiner Aktivitäten im Fernsehen und auf medienrelevanten verwandten Märkten ergibt, dass der dadurch erzielte Meinungseinfluss dem eines Unternehmens mit einem Zuschaueranteil von 30 vom Hundert im Fernsehen entspricht. ³ Bei der Berechnung des nach Satz 2 maßgeblichen Zuschaueranteils kommen vom tatsächlichen Zuschaueranteil zwei Prozentpunkte in Abzug, wenn in dem dem Unternehmen zurechenbaren Vollprogramm mit dem höchsten Zuschaueranteil Fensterprogramme gemäß § 59 Abs. 4 aufgenommen sind; bei gleichzeitiger Aufnahme von Sendezeit für Dritte nach Maßgabe des Absatzes 5 kommen vom tatsächlichen Zuschaueranteil weitere drei Prozentpunkte in Abzug.

(3) Hat ein Unternehmen mit den ihm zurechenbaren Programmen vorherrschende Meinungsmacht erlangt, darf für weitere diesem Unternehmen zurechenbare Programme keine Zulassung erteilt oder der Erwerb weiterer zurechenbarer Beteiligungen an Veranstaltern nicht als unbedenklich bestätigt werden.

(4) ¹ Hat ein Unternehmen mit den ihm zurechenbaren Programmen vorherrschende Meinungsmacht erlangt, schlägt die zuständige Landesmedienanstalt durch die KEK dem Unternehmen folgende Maßnahmen vor:

1. das Unternehmen kann ihm zurechenbare Beteiligungen an Veranstaltern aufgeben, bis der zurechenbare Zuschaueranteil des Unternehmens hierdurch unter die Grenze nach Absatz 2 Satz 1 fällt, oder
2. es kann im Falle des Absatzes 2 Satz 2 seine Marktstellung auf medienrelevanten verwandten Märkten vermindern oder ihm zurechenbare Beteiligungen an Veranstaltern aufgeben, bis keine vorherrschende Meinungsmacht nach Absatz 2 Satz 2 mehr gegeben ist, oder
3. es kann bei ihm zurechenbaren Veranstaltern vielfaltssichernde Maßnahmen im Sinne der §§ 64 bis 66 ergreifen.

² Die KEK erörtert mit dem Unternehmen die in Betracht kommenden Maßnahmen mit dem Ziel, eine einvernehmliche Regelung herbeizuführen.

³ Kommt keine Einigung zustande oder werden die einvernehmlich zwischen dem Unternehmen und der KEK vereinbarten Maßnahmen nicht in angemessener Frist durchgeführt, sind von der zuständigen Landesmedienanstalt nach Feststellung durch die KEK die Zulassungen von so vielen dem Unternehmen zurechenbaren Programmen zu widerrufen, bis keine vorherrschende Meinungsmacht durch das Unternehmen mehr gegeben ist. ⁴ Die Auswahl trifft die KEK unter Berücksichtigung der Besonderheiten des Einzelfalles. ⁵ Eine Entschädigung für Vermögensnachteile durch den Widerruf der Zulassung wird nicht gewährt.

(5) ¹ Erreicht ein Veranstalter mit einem Vollprogramm oder einem Spartenprogramm mit Schwerpunkt Information im Durchschnitt eines Jahres einen Zuschaueranteil von 10 vom Hundert, hat er binnen sechs Monaten nach Feststellung und Mitteilung durch die zuständige Landesmedienanstalt Sendezeit für unabhängige Dritte nach Maßgabe von § 65 einzuräumen. ² Erreicht ein Unternehmen mit ihm zurechenbaren Programmen im Durchschnitt eines Jahres einen Zuschaueranteil von 20 vom Hundert, ohne dass eines der Vollprogramme oder Spartenprogramme mit Schwerpunkt Information einen Zuschaueranteil von zehn vom Hundert erreicht, trifft die Verpflichtung nach Satz 1 den Veranstalter des dem Unternehmen zurechenbaren Programms mit dem höchsten Zuschaueranteil. ³ Trifft der Veranstalter die danach erforderlichen Maßnahmen nicht, ist von der zuständigen Landesmedienanstalt nach Feststellung durch die KEK die Zulassung zu widerrufen. ⁴ Absatz 4 Satz 5 gilt entsprechend.

(6) ¹ Die Landesmedienanstalten veröffentlichen gemeinsam alle drei Jahre oder auf Anforderung der Länder einen Bericht der KEK über die Entwicklung der Konzentration und über Maßnahmen zur Sicherung der Meinungsvielfalt im privaten Rundfunk unter Berücksichtigung von

1. Verflechtungen zwischen Fernsehen und medienrelevanten verwandten Märkten,
2. horizontalen Verflechtungen zwischen Rundfunkveranstaltern in verschiedenen Verbreitungsgebieten und
3. internationalen Verflechtungen im Medienbereich.

² Der Bericht soll auch zur Anwendung der §§ 60 bis 66 und zu erforderlichen Änderungen dieser Bestimmungen Stellung nehmen.

(7) ¹ Die Landesmedienanstalten veröffentlichen jährlich eine von der KEK zu erstellende Programmliste. ² In die Programmliste sind alle Programme, ihre Veranstalter und deren Beteiligte aufzunehmen.

§ 61 Bestimmung der Zuschaueranteile.
(1) ¹ Die Landesmedienanstalten ermitteln durch die KEK den Zuschaueranteil der jeweiligen Programme unter Einbeziehung aller deutschsprachigen Programme des öffentlich-rechtlichen Rundfunks und des bundesweit empfangbaren privaten Rundfunks. ² Für Entscheidungen maßgeblich ist der bei Einleitung des Verfahrens im Durchschnitt der letzten zwölf Monate erreichte Zuschaueranteil der einzubeziehenden Programme.

(2) ¹ Die Landesmedienanstalten beauftragen nach Maßgabe einer Entscheidung der KEK ein Unternehmen zur Ermittlung der Zuschaueranteile; die Vergabe des Auftrags erfolgt nach den Grundsätzen von Wirtschaftlichkeit und Sparsamkeit. ² Die Ermittlung muss aufgrund repräsentativer Erhebungen bei

Zuschauern ab Vollendung des dritten Lebensjahres nach allgemein anerkannten wissenschaftlichen Methoden durchgeführt werden. ³Die Landesmedienanstalten sollen mit dem Unternehmen vereinbaren, dass die anlässlich der Ermittlung der Zuschaueranteile nach Absatz 1 Satz 1 erhobenen Daten vertraglich auch von Dritten genutzt werden können. ⁴In diesem Fall sind die auf die Landesmedienanstalten entfallenden Kosten entsprechend zu mindern.

(3) ¹Die Veranstalter sind bei der Ermittlung der Zuschaueranteile zur Mitwirkung verpflichtet. ²Kommt ein Veranstalter seiner Mitwirkungspflicht nicht nach, kann die Zulassung widerrufen werden.

§ 62 Zurechnung von Programmen.

(1) ¹Einem Unternehmen sind sämtliche Programme zuzurechnen, die es selbst veranstaltet oder die von einem anderen Unternehmen veranstaltet werden, an dem es unmittelbar mit 25 vom Hundert oder mehr an dem Kapital oder an den Stimmrechten beteiligt ist. ²Ihm sind ferner alle Programme von Unternehmen zuzurechnen, an denen es mittelbar beteiligt ist, sofern diese Unternehmen zu ihm im Verhältnis eines verbundenen Unternehmens im Sinne von § 15 des Aktiengesetzes stehen und diese Unternehmen am Kapital oder an den Stimmrechten eines Veranstalters mit 25 vom Hundert oder mehr beteiligt sind. ³Die im Sinne der Sätze 1 und 2 verbundenen Unternehmen sind als einheitliche Unternehmen anzusehen, und deren Anteile am Kapital oder an den Stimmrechten sind zusammenzufassen. ⁴Wirken mehrere Unternehmen aufgrund einer Vereinbarung oder in sonstiger Weise derart zusammen, dass sie gemeinsam einen beherrschenden Einfluss auf ein beteiligtes Unternehmen ausüben können, so gilt jedes von ihnen als herrschendes Unternehmen.

(2) ¹Einer Beteiligung nach Absatz 1 steht gleich, wenn ein Unternehmen allein oder gemeinsam mit anderen auf einen Veranstalter einen vergleichbaren Einfluss ausüben kann. ²Als vergleichbarer Einfluss gilt auch, wenn ein Unternehmen oder ein ihm bereits aus anderen Gründen nach Absatz 1 oder Absatz 2 Satz 1 zurechenbares Unternehmen

1. regelmäßig einen wesentlichen Teil der Sendezeit eines Veranstalters mit von ihm zugelieferten Programmteilen gestaltet oder

2. aufgrund vertraglicher Vereinbarungen, satzungsrechtlicher Bestimmungen oder in sonstiger Weise eine Stellung innehat, die wesentliche Entscheidungen eines Veranstalters über die Programmgestaltung, den Programmeinkauf oder die Programmproduktion von seiner Zustimmung abhängig macht.

(3) Bei der Zurechnung nach den Absätzen 1 und 2 sind auch Unternehmen einzubeziehen, die ihren Sitz außerhalb des Geltungsbereichs dieses Staatsvertrages haben.

(4) ¹Bei der Prüfung und Bewertung vergleichbarer Einflüsse auf einen Veranstalter sind auch bestehende Angehörigenverhältnisse einzubeziehen. ²Hierbei finden die Grundsätze des Wirtschafts- und Steuerrechts Anwendung.

§ 63 Veränderung von Beteiligungsverhältnissen.

¹Jede geplante Veränderung von Beteiligungsverhältnissen oder sonstigen Einflüssen ist bei der zuständigen Landesmedienanstalt vor ihrem Vollzug schriftlich anzumelden. ²Anmeldepflichtig sind der Veranstalter und die an dem Veranstalter unmittelbar oder mittelbar im Sinne von § 62 Beteiligten. ³Die Veränderungen dürfen nur dann von der zuständigen Landesmedienanstalt als unbedenklich bestätigt werden, wenn unter den veränderten Voraussetzungen eine Zulassung erteilt

werden könnte. ⁴Wird eine geplante Veränderung vollzogen, die nicht nach Satz 3 als unbedenklich bestätigt werden kann, ist die Zulassung zu widerrufen. ⁵Für den Widerruf gilt § 108 Abs. 2 und 3. ⁶Für geringfügige Veränderungen von Beteiligungsverhältnissen oder sonstigen Einflüssen kann die KEK durch Richtlinien Ausnahmen für die Anmeldepflicht vorsehen.

§ 64 Vielfaltssichernde Maßnahmen. Stellen die vorgenannten Vorschriften auf vielfaltssichernde Maßnahmen bei einem Veranstalter oder Unternehmen ab, gelten als solche Maßnahmen:

1. die Einräumung von Sendezeit für unabhängige Dritte (§ 65),
2. die Einrichtung eines Programmbeirats (§ 66).

§ 65 Sendezeit für unabhängige Dritte. (1) ¹Ein Fensterprogramm, das aufgrund der Verpflichtung zur Einräumung von Sendezeit nach den vorstehenden Bestimmungen ausgestrahlt wird, muss unter Wahrung der Programmautonomie des Hauptveranstalters einen zusätzlichen Beitrag zur Vielfalt in dessen Programm, insbesondere in den Bereichen Kultur, Bildung und Information, leisten. ²Die Gestaltung des Fensterprogramms hat in redaktioneller Unabhängigkeit vom Hauptprogramm zu erfolgen.

(2) ¹Die Dauer des Fensterprogramms muss wöchentlich mindestens 260 Minuten, davon mindestens 75 Minuten in der Sendezeit von 19.00 Uhr bis 23.30 Uhr betragen. ²Auf die wöchentliche Sendezeit werden Regionalfensterprogramme bis höchstens 150 Minuten pro Woche mit höchstens 80 Minuten pro Woche auf die Drittsendezeit außerhalb der in Satz 1 genannten Sendezeit angerechnet; bei einer geringeren wöchentlichen Sendezeit für das Regionalfenster vermindert sich die anrechenbare Sendezeit von 80 Minuten entsprechend. ³Die Anrechnung ist nur zulässig, wenn die Regionalfensterprogramme in redaktioneller Unabhängigkeit veranstaltet werden und insgesamt bundesweit mindestens 50 vom Hundert der Fernsehhaushalte erreichen. ⁴Eine Unterschreitung dieser Reichweite ist im Zuge der Digitalisierung der Übertragungswege zulässig.

(3) ¹Der Fensterprogrammanbieter nach Absatz 1 darf nicht in einem rechtlichen Abhängigkeitsverhältnis zum Hauptprogrammveranstalter stehen. ²Rechtliche Abhängigkeit im Sinne von Satz 1 liegt vor, wenn das Hauptprogramm und das Fensterprogramm nach § 62 demselben Unternehmen zugerechnet werden können.

(4) ¹Ist ein Hauptprogrammveranstalter zur Einräumung von Sendezeit für unabhängige Dritte verpflichtet, schreibt die zuständige Landesmedienanstalt nach Erörterung mit dem Hauptprogrammveranstalter das Fensterprogramm zur Erteilung einer Zulassung aus. ²Die zuständige Landesmedienanstalt überprüft die eingehenden Anträge auf ihre Vereinbarkeit mit den Bestimmungen dieses Staatsvertrages sowie der sonstigen landesrechtlichen Bestimmungen und teilt dem Hauptprogrammveranstalter die zulassungsfähigen Anträge mit. ³Sie erörtert mit dem Hauptprogrammveranstalter die Anträge mit dem Ziel, eine einvernehmliche Auswahl zu treffen. ⁴Kommt eine Einigung nicht zustande und liegen der zuständigen Landesmedienanstalt mehr als drei zulassungsfähige Anträge vor, unterbreitet die Hauptprogrammveranstalter der zuständigen Landesmedienanstalt einen Dreiervorschlag. ⁵Die zuständige Landesmedienanstalt kann unter Vielfaltsgesichtspunkten bis zu zwei weitere Vorschläge hinzufügen, die sie erneut mit dem Hauptprogrammveranstalter mit dem Ziel, eine ein-

vernehmliche Auswahl zu treffen, erörtert. ⁶Kommt eine Einigung nicht zustande, wählt sie aus den Vorschlägen denjenigen Bewerber aus, dessen Programm den größtmöglichen Beitrag zur Vielfalt im Programm des Hauptprogrammveranstalters erwarten lässt und erteilt ihm die Zulassung. ⁷Bei drei oder weniger Anträgen trifft die zuständige Landesmedienanstalt die Entscheidung unmittelbar.

(5) ¹Ist ein Bewerber für das Fensterprogramm nach Absatz 4 ausgewählt, schließen der Hauptprogrammveranstalter und der Bewerber eine Vereinbarung über die Ausstrahlung des Fensterprogramms im Rahmen des Hauptprogramms. ²In diese Vereinbarung ist insbesondere die Verpflichtung des Hauptprogrammveranstalters aufzunehmen, dem Fensterprogrammveranstalter eine ausreichende Finanzierung seines Programms zu ermöglichen. ³Die Vereinbarung muss ferner vorsehen, dass eine Kündigung während der Dauer der Zulassung nach Absatz 6 nur wegen schwerwiegender Vertragsverletzungen oder aus einem wichtigen Grund mit einer Frist von sechs Monaten zulässig ist.

(6) ¹Auf der Grundlage einer Vereinbarung zu angemessenen Bedingungen nach Absatz 5 ist dem Fensterprogrammveranstalter durch die zuständige Landesmedienanstalt die Zulassung zur Veranstaltung des Fensterprogramms zu erteilen. ²In die Zulassung des Haupt- und des Fensterprogrammveranstalters sind die wesentlichen Verpflichtungen aus der Vereinbarung nach Absatz 5 als Bestandteil der Zulassungen aufzunehmen. ³Eine Entschädigung für Vermögensnachteile durch den teilweisen Widerruf der Zulassung des Hauptprogrammveranstalters wird nicht gewährt. ⁴Die Zulassung für den Fensterprogrammveranstalter ist auf die Dauer von fünf Jahren zu erteilen; sie erlischt, wenn die Zulassung des Hauptprogrammveranstalters endet, nicht verlängert oder nicht neu erteilt wird.

§ 66 Programmbeirat. (1) ¹Der Programmbeirat hat die Programmverantwortlichen, die Geschäftsführung des Programmveranstalters und die Gesellschafter bei der Gestaltung des Programms zu beraten. ²Der Programmbeirat soll durch Vorschläge und Anregungen zur Sicherung der Meinungsvielfalt und Pluralität des Programms (§ 59) beitragen. ³Mit der Einrichtung eines Programmbeirats durch den Veranstalter ist dessen wirksamer Einfluss auf das Fernsehprogramm durch Vertrag oder Satzung zu gewährleisten.

(2) ¹Die Mitglieder des Programmbeirats werden vom Veranstalter berufen. ²Sie müssen aufgrund ihrer Zugehörigkeit zu gesellschaftlichen Gruppen in ihrer Gesamtheit die Gewähr dafür bieten, dass die wesentlichen Meinungen in der Gesellschaft vertreten sind.

(3) ¹Der Programmbeirat ist über alle Fragen, die das veranstaltete Programm betreffen, durch die Geschäftsführung zu unterrichten. ²Er ist bei wesentlichen Änderungen des Programmauftrags, der Programminhalte, des Programmschemas sowie bei programmbezogenen Anhörungen durch die zuständige Landesmedienanstalt und bei Programmbeschwerden zu hören.

(4) ¹Der Programmbeirat kann zur Erfüllung seiner Aufgaben Auskünfte von der Geschäftsführung verlangen und hinsichtlich des Programms oder einzelner Beiträge Beanstandungen gegenüber der Geschäftsführung aussprechen. ²Zu Anfragen und Beanstandungen hat die Geschäftsführung innerhalb angemessener Frist Stellung zu nehmen. ³Trägt sie den Anfragen und Beanstandungen zum Programm nach Auffassung des Programmbeirats nicht ausreichend Rechnung, kann er in dieser Angelegenheit einen Beschluss des Kon-

trollorgans über die Geschäftsführung, sofern ein solches nicht vorhanden ist der Gesellschafterversammlung, verlangen. ⁴Eine Ablehnung der Vorlage des Programmbeirats durch die Gesellschafterversammlung oder durch das Kontrollorgan über die Geschäftsführung bedarf einer Mehrheit von 75 vom Hundert der abgegebenen Stimmen.

(5) ¹Bei Änderungen der Programmstruktur, der Programminhalte oder des Programmschemas oder bei der Entscheidung über Programmbeschwerden ist vor der Entscheidung der Geschäftsführung die Zustimmung des Programmbeirats einzuholen. ²Wird diese verweigert oder kommt eine Stellungnahme binnen angemessener Frist nicht zustande, kann die Geschäftsführung die betreffende Maßnahme nur mit Zustimmung des Kontrollorgans über die Geschäftsführung, sofern ein solches nicht vorhanden ist, der Gesellschafterversammlung, für die eine Mehrheit von 75 vom Hundert der abgegebenen Stimmen erforderlich ist, treffen. ³Der Veranstalter hat das Ergebnis der Befassung des Programmbeirats oder der Entscheidung nach Satz 2 der zuständigen Landesmedienanstalt mitzuteilen.

(6) Handelt es sich bei dem Veranstalter, bei dem ein Programmbeirat eingerichtet werden soll, um ein einzelkaufmännisch betriebenes Unternehmen, gelten die Absätze 4 und 5 mit der Maßgabe, dass der Programmbeirat statt der Gesellschafterversammlung oder des Kontrollorgans über die Geschäftsführung die zuständige Landesmedienanstalt anrufen kann, die über die Maßnahme entscheidet.

§ 67 Richtlinien. ¹Die Landesmedienanstalten erlassen gemeinsame Richtlinien zur näheren Ausgestaltung der §§ 59, 65 und 66. ²In den Richtlinien zu § 66 sind insbesondere Vorgaben über Berufung und Zusammensetzung des Programmbeirats zu machen.

§ 68 Sendezeit für Dritte. (1) Den Evangelischen Kirchen, der Katholischen Kirche und den Jüdischen Gemeinden sind auf Wunsch angemessene Sendezeiten zur Übertragung religiöser Sendungen einzuräumen; die Veranstalter können die Erstattung ihrer Selbstkosten verlangen.

(2) ¹Parteien ist während ihrer Beteiligung an den Wahlen zum Deutschen Bundestag gegen Erstattung der Selbstkosten angemessene Sendezeit einzuräumen, wenn mindestens eine Landesliste für sie zugelassen wurde. ²Ferner haben Parteien und sonstige politische Vereinigungen während ihrer Beteiligung an den Wahlen der Abgeordneten aus der Bundesrepublik Deutschland für das Europäische Parlament gegen Erstattung der Selbstkosten Anspruch auf angemessene Sendezeit, wenn mindestens ein Wahlvorschlag für sie zugelassen wurde.

4. Unterabschnitt. Finanzierung, Werbung

§ 69 Finanzierung. ¹Private Veranstalter können ihre Rundfunkprogramme durch Einnahmen aus Werbung, durch sonstige Einnahmen, insbesondere durch Entgelte der Teilnehmer (Abonnements oder Einzelentgelte), sowie aus eigenen Mitteln finanzieren. ²Eine Finanzierung privater Veranstalter aus dem Rundfunkbeitrag ist unzulässig. ³§ 112 bleibt unberührt.

§ 70 Dauer der Fernsehwerbung. (1) ¹Der Anteil an Sendezeit für Fernsehwerbespots und Teleshopping-Spots darf in den Zeiträumen von 6.00 Uhr bis 18.00 Uhr, von 18.00 Uhr bis 23.00 Uhr sowie von 23.00 Uhr bis 24.00 Uhr jeweils 20 vom Hundert dieses Zeitraums nicht überschreiten. ²Satz 1 gilt nicht für Produktplatzierungen und Sponsorhinweise.

(2) Hinweise des Rundfunkveranstalters auf eigene Sendungen und auf Begleitmaterialien, die direkt von diesen Sendungen abgeleitet sind, oder auf Sendungen, Rundfunkprogramme oder rundfunkähnliche Telemedien anderer Teile derselben Sendergruppe, unentgeltliche Beiträge im Dienst der Öffentlichkeit, einschließlich von Spendenaufrufen zu Wohlfahrtszwecken, gesetzliche Pflichthinweise und neutrale Einzelbilder zwischen redaktionellen Inhalten und Fernsehwerbe- oder Teleshoppingspots sowie zwischen einzelnen Spots gelten nicht als Werbung.

(3) Die Absätze 1 und 2 sowie § 9 gelten nicht für reine Werbekanäle.

§ 71 Teleshopping-Fenster und Eigenwerbekanäle. (1) ¹Teleshopping-Fenster, die in einem Programm gesendet werden, das nicht ausschließlich für Teleshopping bestimmt ist, müssen eine Mindestdauer von 15 Minuten ohne Unterbrechung haben. ²Sie müssen optisch und akustisch klar als Teleshopping Fenster gekennzeichnet sein.

(2) ¹Für Eigenwerbekanäle gelten die §§ 8 und 10 entsprechend. ²Die §§ 9 und 70 gelten nicht für Eigenwerbekanäle.

§ 72 Satzungen und Richtlinien. ¹Die Landesmedienanstalten erlassen gemeinsame Satzungen oder Richtlinien zur Durchführung der §§ 8 bis 11, 70 und 71; in der Satzung oder Richtlinie zu § 11 sind insbesondere die Ahndung von Verstößen und die Bedingungen zur Teilnahme Minderjähriger näher zu bestimmen. ²Die Landesmedienanstalten stellen hierbei das Benehmen mit den in der ARD zusammengeschlossenen Landesrundfunkanstalten und dem ZDF her und führen einen gemeinsamen Erfahrungsaustausch in der Anwendung dieser Richtlinien durch.

§ 73 Ausnahmen für regionale und lokale Fernsehprogramme. Für regionale und lokale Fernsehprogramme können von § 8 Abs. 4 Satz 2, § 9 Abs. 3 und § 70 Abs. 1 nach Landesrecht abweichende Regelungen getroffen werden.

V. Abschnitt. Besondere Bestimmungen für einzelne Telemedien

1. Unterabschnitt. Rundfunkähnliche Telemedien

§ 74 Werbung, Gewinnspiele. ¹Für rundfunkähnliche Telemedien gelten die §§ 8, 10, 11 und 72 entsprechend. ²Für Angebote nach § 2 Abs. 3 und sonstige linear verbreitete fernsehähnliche Telemedien gelten die §§ 3 bis 16 und § 72 entsprechend.

§ 75 Kurzberichterstattung. Für fernsehähnliche Telemedien gilt § 14 entsprechend, wenn die gleiche Sendung von demselben Fernsehveranstalter zeitversetzt angeboten wird.

§ 76 Barrierefreiheit. Für fernsehähnliche Telemedien gilt § 7 entsprechend.

§ 77 Europäische Produktionen. [1]Zur Darstellung der Vielfalt im deutschsprachigen und europäischen Raum und zur Förderung von europäischen Film- und Fernsehproduktionen stellen Anbieter fernsehähnlicher Telemedien sicher, dass der Anteil europäischer Werke in ihren Katalogen mindestens 30 vom Hundert entspricht. [2]Satz 1 gilt nicht für Anbieter fernsehähnlicher Telemedien mit geringen Umsätzen oder geringen Zuschauerzahlen oder wenn dies wegen der Art oder des Themas des fernsehähnlichen Telemediums undurchführbar oder ungerechtfertigt ist. [3]Werke nach Satz 1 sind in den Katalogen herauszustellen. [4]Die Landesmedienanstalten regeln die Einzelheiten zur Durchführung der Sätze 1 bis 3 durch eine gemeinsame Satzung.

2. Unterabschnitt. Medienplattformen und Benutzeroberflächen

§ 78 Anwendungsbereich. [1]Die nachstehenden Regelungen gelten für alle Medienplattformen und Benutzeroberflächen. [2]Mit Ausnahme der §§ 79, 80, 86 Abs. 1 und § 109 gelten sie nicht für

1. infrastrukturgebundene Medienplattformen mit in der Regel weniger als 10.000 angeschlossenen Wohneinheiten und deren Benutzeroberflächen oder

2. nicht infrastrukturgebundene Medienplattformen und Benutzeroberflächen, die keine Benutzeroberflächen von Medienplattformen nach Nummer 1 sind, mit in der Regel weniger als 20.000 tatsächlichen täglichen Nutzern im Monatsdurchschnitt.

[3]Die Landesmedienanstalten legen in den Satzungen und Richtlinien nach § 88 unter Berücksichtigung der regionalen und lokalen Verhältnisse Kriterien für die Ermittlung der Schwellenwerte fest.

§ 79 Allgemeine Bestimmungen. (1) [1]Eine infrastrukturgebundene Medienplattform darf nur betreiben, wer den Anforderungen des § 53 Abs. 1 und 2 Satz 1 genügt. [2]Im Übrigen hat ein Anbieter einer Medienplattform oder ein Anbieter einer Benutzeroberfläche oder ein von diesem jeweils benannter Bevollmächtigter die Anforderungen des § 53 Abs. 1 und 2 Satz 1 zu erfüllen.

(2) [1]Anbieter, die eine Medienplattform oder Benutzeroberfläche anbieten wollen, müssen dies mindestens einen Monat vor Inbetriebnahme der zuständigen Landesmedienanstalt anzeigen. [2]Die Anzeige hat zu enthalten:

1. Angaben nach Absatz 1,
2. Angaben zur technischen und voraussichtlichen Nutzungsreichweite.

[3]Bei wesentlichen Änderungen gelten die Sätze 1 und 2 entsprechend.

(3) [1]Für die Angebote in Medienplattformen und Benutzeroberflächen gilt die verfassungsmäßige Ordnung. [2]Die Vorschriften der allgemeinen Gesetze und die gesetzlichen Bestimmungen zum Schutz der persönlichen Ehre sind einzuhalten.

(4) [1]Anbieter von Medienplattformen und Benutzeroberflächen sind für eigene Angebote verantwortlich. [2]Bei Verfügungen der Aufsichtsbehörden gegen Angebote oder Inhalte Dritter, die über die Medienplattform verbreitet werden oder in Benutzeroberflächen enthalten sind, sind diese zur Umsetzung dieser Verfügung verpflichtet. [3]Sind Maßnahmen gegenüber dem Verantwortlichen von Angeboten oder Inhalten nach Satz 2 nicht durchführbar oder nicht Erfolg versprechend, können Maßnahmen zur Verhinderung des Zugangs von

Angeboten oder Inhalten auch gegen den Anbieter der Medienplattform oder Benutzeroberfläche gerichtet werden, sofern eine Verhinderung technisch möglich und zumutbar ist.

§ 80 Signalintegrität, Überlagerungen und Skalierungen. (1) Ohne Einwilligung des jeweiligen Rundfunkveranstalters oder Anbieters rundfunkähnlicher Telemedien dürfen dessen Rundfunkprogramme, einschließlich des HbbTV-Signals, rundfunkähnliche Telemedien oder Teile davon

1. inhaltlich und technisch nicht verändert,
2. im Zuge ihrer Abbildung oder akustischen Wiedergabe nicht vollständig oder teilweise mit Werbung, Inhalten aus Rundfunkprogrammen oder rundfunkähnlichen Telemedien, einschließlich Empfehlungen oder Hinweisen hierauf, überlagert oder ihre Abbildung zu diesem Zweck skaliert oder
3. nicht in Angebotspakete aufgenommen oder in anderer Weise entgeltlich oder unentgeltlich vermarktet oder öffentlich zugänglich gemacht

werden.

(2) [1] Abweichend von Absatz 1 Nr. 1 sind technische Veränderungen, die ausschließlich einer effizienten Kapazitätsnutzung dienen und die Einhaltung des vereinbarten oder, im Fall, dass keine Vereinbarung getroffen wurde, marktüblichen Qualitätsstandards nicht beeinträchtigen, zulässig. [2] Abweichend von Absatz 1 Nr. 2 sind Überlagerungen oder Skalierungen zulässig zum Zweck der Inanspruchnahme von Diensten der Individualkommunikation oder wenn sie durch den Nutzer im Einzelfall veranlasst sind. [3] Satz 2 gilt nicht für Überlagerung oder Skalierungen zum Zweck der Werbung, es sei denn, es handelt sich um Empfehlungen oder Hinweise auf Inhalte von Rundfunkprogrammen oder rundfunkähnliche Telemedien.

(3) Bei einer Überlagerung oder Skalierung zum Zweck der Werbung finden außer in den Fällen des Absatzes 2 Satz 2 die für das überlagerte oder skalierte Angebot geltenden Beschränkungen entsprechende Anwendung.

§ 81 Belegung von Medienplattformen. (1) Für infrastrukturgebundene Medienplattformen gelten die nachfolgenden Bestimmungen.

(2) [1] Der Anbieter einer Medienplattform

1. hat sicherzustellen, dass innerhalb einer technischen Kapazität im Umfang von höchstens einem Drittel der für die digitale Verbreitung von Fernsehprogrammen zur Verfügung stehenden Gesamtkapazität
   a) die erforderlichen Kapazitäten für die bundesweiten gesetzlich bestimmten beitragsfinanzierten Programme sowie für die Dritten Programme des öffentlich-rechtlichen Rundfunks einschließlich programmbegleitender Dienste zur Verfügung stehen; für die im Rahmen der Dritten Programme verbreiteten Landesfenster gilt dies nur innerhalb der Länder, für die sie gesetzlich bestimmt sind,
   b) die Kapazitäten für die privaten Fernsehprogramme, die Regionalfenster gemäß § 59 enthalten, einschließlich programmbegleitender Dienste, zur Verfügung stehen; die Fernsehprogramme sind einschließlich der für die jeweilige Region gesetzlich bestimmten Regionalfenster zu verbreiten,
   c) die Kapazitäten für die im jeweiligen Land zugelassenen regionalen und lokalen Fernsehprogramme sowie die Offenen Kanäle zur Verfügung stehen; dies gilt nur innerhalb des Gebiets, für das sie jeweils bestimmt

sind; die landesrechtlichen Sondervorschriften für Offene Kanäle und vergleichbare Angebote bleiben unberührt,

d) die technischen Kapazitäten nach den Buchstaben a bis c im Verhältnis zu anderen digitalen Kapazitäten technisch gleichwertig sind,

2. trifft selbst innerhalb einer weiteren technischen Kapazität im Umfang der Kapazität nach Nummer 1 die Entscheidung über die Belegung mit in digitaler Technik verbreiteten Fernsehprogrammen einschließlich programmbegleitender Dienste, soweit er darin unter Einbeziehung der Interessen der angeschlossenen Teilnehmer eine Vielzahl von Programmveranstaltern sowie ein vielfältiges Programmangebot an Vollprogrammen, nicht entgeltfinanzierten Programmen, Spartenprogrammen mit Schwerpunkt Nachrichten, sonstigen Spartenprogrammen und Fremdsprachenprogrammen einbezieht sowie Teleshoppingkanäle angemessen berücksichtigt,

3. trifft innerhalb der darüber hinausgehenden technischen Kapazitäten die Entscheidung über die Belegung nach Maßgabe des § 82 Abs. 2 und der allgemeinen Gesetze.

²Reicht die Kapazität zur Belegung nach Satz 1 Nr. 1 nicht aus, sind die Grundsätze des Satzes 1 entsprechend der zur Verfügung stehenden Gesamtkapazität anzuwenden; dabei haben die für das jeweilige Verbreitungsgebiet gesetzlich bestimmten beitragsfinanzierten Programme und programmbegleitenden Dienste des öffentlich-rechtlichen Rundfunks Vorrang, unbeschadet der angemessenen Berücksichtigung der Angebote nach Satz 1 Nr. 1 Buchst. b und c.

(3) ¹Der Anbieter einer Medienplattform

1. hat sicherzustellen, dass innerhalb einer technischen Kapazität im Umfang von höchstens einem Drittel der für die digitale Verbreitung von Hörfunk zur Verfügung stehenden Gesamtkapazität

   a) die erforderlichen Kapazitäten für die in dem jeweiligen Verbreitungsgebiet gesetzlich bestimmten beitragsfinanzierten Programme und programmbegleitenden Dienste des öffentlich-rechtlichen Rundfunks zur Verfügung stehen,

   b) die Kapazitäten für die im jeweiligen Land zugelassenen Hörfunkprogramme sowie die Offenen Kanäle zur Verfügung stehen; die landesrechtlichen Sondervorschriften für Offene Kanäle und vergleichbare Angebote bleiben unberührt,

2. trifft selbst innerhalb einer weiteren technischen Übertragungskapazität im Umfang der Kapazität nach Nummer 1 die Entscheidung über die Belegung mit in digitaler Technik verbreiteten Hörfunkprogrammen und programmbegleitenden Diensten, soweit er darin unter Einbeziehung der Interessen der angeschlossenen Teilnehmer ein vielfältiges Angebot und insbesondere eine Vielfalt der für das jeweilige Verbreitungsgebiet bestimmten Angebote angemessen berücksichtigt,

3. trifft innerhalb der darüber hinausgehenden technischen Kapazitäten die Entscheidung über die Belegung nach Maßgabe des § 82 Abs. 2 und der allgemeinen Gesetze.

²Absatz 2 Satz 2 gilt entsprechend.

(4) Der Anbieter einer Medienplattform ist von den Anforderungen nach den Absätzen 2 und 3 befreit, soweit

1. der Anbieter der zuständigen Landesmedienanstalt nachweist, dass er selbst oder ein Dritter den Empfang der entsprechenden Angebote auf einem gleichartigen Übertragungsweg und demselben Endgerät unmittelbar und ohne zusätzlichen Aufwand ermöglicht, oder
2. das Gebot der Meinungsvielfalt und Angebotsvielfalt bereits im Rahmen der Zuordnungs- oder Zuweisungsentscheidung nach den §§ 101 oder 102 berücksichtigt wurde.

(5) ¹Programme, die dem Anbieter einer Medienplattform gemäß § 62 zugerechnet werden können oder von ihm exklusiv vermarktet werden, bleiben bei der Erfüllung der Anforderungen nach Absatz 2 Satz 1 Nr. 1 und 2 und Absatz 3 Satz 1 Nr. 1 und 2 außer Betracht. ²Der Anbieter einer Medienplattform hat die Belegung von Rundfunkprogrammen der zuständigen Landesmedienanstalt auf deren Verlangen unverzüglich mitzuteilen. ³Werden die Voraussetzungen der Absätze 2 bis 4 nicht erfüllt, erfolgt die Auswahl der zu verbreitenden Rundfunkprogramme nach Maßgabe dieses Staatsvertrages und des Landesrechts durch die zuständige Landesmedienanstalt. ⁴Zuvor ist dem Anbieter einer Medienplattform eine angemessene Frist zur Erfüllung der gesetzlichen Voraussetzungen zu setzen.

(6) Für regionale und lokale Medienplattformen, die Hörfunk- und Fernsehprogramme ausschließlich terrestrisch verbreiten, kann das Landesrecht abweichende Regelungen vorsehen.

§ 82 Zugang zu Medienplattformen. (1) Anbieter von Medienplattformen haben zu gewährleisten, dass die eingesetzte Technik ein vielfältiges Angebot ermöglicht.

(2) Zur Sicherung der Meinungsvielfalt und Angebotsvielfalt dürfen Rundfunk, rundfunkähnliche Telemedien und Telemedien nach § 19 Abs. 1 beim Zugang zu Medienplattformen nicht unmittelbar oder mittelbar unbillig behindert und gegenüber gleichartigen Angeboten nicht ohne sachlich gerechtfertigten Grund unterschiedlich behandelt werden; dies gilt insbesondere in Bezug auf

1. Zugangsberechtigungssysteme,
2. Schnittstellen für Anwendungsprogramme,
3. sonstige technische Vorgaben zu den Nummern 1 und 2 auch gegenüber Herstellern digitaler Rundfunkempfangsgeräte,
4. die Ausgestaltung von Zugangsbedingungen, insbesondere Entgelte und Tarife.

(3) ¹Die Verwendung eines Zugangsberechtigungssystems oder einer Schnittstelle für Anwendungsprogramme und die Entgelte hierfür sind der zuständigen Landesmedienanstalt unverzüglich anzuzeigen. ²Satz 1 gilt für Änderungen entsprechend. ³Der zuständigen Landesmedienanstalt sind auf Verlangen die erforderlichen Auskünfte zu erteilen.

§ 83 Zugangsbedingungen zu Medienplattformen. (1) Die Zugangsbedingungen, insbesondere Entgelte und Tarife, sind gegenüber der zuständigen Landesmedienanstalt offenzulegen.

(2) ¹Entgelte und Tarife sind im Rahmen des Telekommunikationsgesetzes so zu gestalten, dass auch regionale und lokale Angebote zu angemessenen

Bedingungen verbreitet werden können. ²Die landesrechtlichen Sondervorschriften für Offene Kanäle und vergleichbare Angebote bleiben unberührt.

(3) ¹Können sich die betroffenen Anbieter nicht über die Aufnahme eines Angebots in eine Medienplattform oder die Bedingungen der Aufnahme einigen, kann jeder der Beteiligten die zuständige Landesmedienanstalt anrufen. ²Die zuständige Landesmedienanstalt wirkt unter den Beteiligten auf eine sachgerechte Lösung hin.

§ 84 Auffindbarkeit in Benutzeroberflächen. (1) Die nachstehenden Regelungen gelten, soweit Benutzeroberflächen Rundfunk, rundfunkähnliche Telemedien und Telemedien nach § 19 Abs. 1, Teile davon oder softwarebasierte Anwendungen, die im Wesentlichen der unmittelbaren Ansteuerung von Rundfunk, rundfunkähnlichen Telemedien und Telemedien nach § 19 Abs. 1 dienen, hierzu abbilden oder akustisch vermitteln.

(2) ¹Gleichartige Angebote oder Inhalte dürfen bei der Auffindbarkeit, insbesondere der Sortierung, Anordnung oder Präsentation in Benutzeroberflächen, nicht ohne sachlich gerechtfertigten Grund unterschiedlich behandelt werden; die Auffindbarkeit darf nicht unbillig behindert werden. ²Zulässige Kriterien für eine Sortierung oder Anordnung sind insbesondere Alphabet, Genres oder Nutzungsreichweite. ³Alle Angebote müssen mittels einer Suchfunktion diskriminierungsfrei auffindbar sein.

(3) ¹Der in einer Benutzeroberfläche vermittelte Rundfunk hat in seiner Gesamtheit auf der ersten Auswahlebene unmittelbar erreichbar und leicht auffindbar zu sein. ²Innerhalb des Rundfunks haben die gesetzlich bestimmten beitragsfinanzierten Programme, die Rundfunkprogramme, die Fensterprogramme (§ 59 Abs. 4) aufzunehmen haben, sowie die privaten Programme, die in besonderem Maß einen Beitrag zur Meinungs- und Angebotsvielfalt im Bundesgebiet leisten, leicht auffindbar zu sein. ³Werden Rundfunkprogramme abgebildet oder akustisch vermittelt, die Fensterprogramme (§ 59 Abs. 4) aufzunehmen haben, sind in dem Gebiet, für das die Fensterprogramme zugelassen oder gesetzlich bestimmt sind, die Hauptprogramme mit Fensterprogramm gegenüber dem ohne Fensterprogramm ausgestrahlten Hauptprogramm und gegenüber den Fensterprogrammen, die für andere Gebiete zugelassen oder gesetzlich bestimmt sind, vorrangig darzustellen.

(4) Die in einer Benutzeroberfläche vermittelten gemeinsamen Telemedienangebote der in der ARD zusammengeschlossenen Landesrundfunkanstalten, die Telemedienangebote des ZDF sowie des Deutschlandradios oder vergleichbare rundfunkähnliche Telemedienangebote oder Angebote nach § 2 Abs. 2 Nr. 14 Buchst. b privater Anbieter, die in besonderem Maß einen Beitrag zur Meinungs- und Angebotsvielfalt im Bundesgebiet leisten, oder softwarebasierte Anwendungen, die ihrer unmittelbaren Ansteuerung dienen, haben im Rahmen der Präsentation rundfunkähnlicher Telemedien oder der softwarebasierten Anwendungen, die ihrer unmittelbaren Ansteuerung dienen, leicht auffindbar zu sein.

(5) ¹Die privaten Angebote im Sinne des Absatzes 3 Satz 2 und des Absatzes 4 werden durch die Landesmedienanstalten für die Dauer von jeweils drei Jahren bestimmt und in einer Liste im Onlineauftritt der Landesmedienanstalten veröffentlicht. ²In die Entscheidung sind folgende Kriterien einzubeziehen:
1. der zeitliche Anteil an nachrichtlicher Berichterstattung über politisches und zeitgeschichtliches Geschehen,

2. der zeitliche Anteil an regionalen und lokalen Informationen,
3. das Verhältnis zwischen eigen- und fremdproduzierten Programminhalten,
4. der Anteil an barrierefreien Angeboten,
5. das Verhältnis zwischen ausgebildeten und auszubildenden Mitarbeitern, die an der Programmerstellung beteiligt sind,
6. die Quote europäischer Werke und
7. der Anteil an Angeboten für junge Zielgruppen.

³Die Landesmedienanstalten bestimmen unverzüglich Beginn und Ende einer Ausschlussfrist, innerhalb derer Anbieter schriftliche Anträge auf Aufnahme in die Liste stellen können. ⁴Beginn und Ende der Antragsfrist, das Verfahren und die wesentlichen Anforderungen an die Antragsstellung sind von den Landesmedienanstalten im Rahmen der Ausschreibung festzulegen; die Ausschreibung ist in geeigneter Weise zu veröffentlichen.

(6) Die Sortierung oder Anordnung von Angeboten oder Inhalten muss auf einfache Weise und dauerhaft durch den Nutzer individualisiert werden können.

(7) Absatz 2 Satz 3 sowie die Absätze 3, 4 und 6 gelten für Benutzeroberflächen nicht, soweit der Anbieter nachweist, dass eine auch nachträgliche Umsetzung technisch nicht oder nur mit unverhältnismäßigem Aufwand möglich ist.

(8)¹⁾ Die Einzelheiten der Absätze 2 bis 7 regeln die Landesmedienanstalten durch gemeinsame Satzungen und Richtlinien.

§ 85 Transparenz. ¹Die einer Medienplattform oder Benutzeroberfläche zugrunde liegenden Grundsätze für die Auswahl von Rundfunk, rundfunkähnlichen Telemedien und Telemedien nach § 19 Abs. 1 und für ihre Organisation sind vom Anbieter transparent zu machen. ²Dies umfasst die Kriterien, nach denen Inhalte sortiert, angeordnet und präsentiert werden, wie die Sortierung oder Anordnung von Inhalten durch den Nutzer individualisiert werden kann und nach welchen grundlegenden Kriterien Empfehlungen erfolgen und unter welchen Bedingungen Rundfunk oder rundfunkähnliche Telemedien nach § 80 nicht in ihrer ursprünglichen Form dargestellt werden. ³Informationen hierzu sind den Nutzern in leicht wahrnehmbarer, unmittelbar erreichbarer und ständig verfügbarer Weise zur Verfügung zu stellen.

§ 86 Vorlage von Unterlagen, Zusammenarbeit mit der Regulierungsbehörde für Telekommunikation. (1) ¹Anbieter von Medienplattformen und Benutzeroberflächen sind verpflichtet, die erforderlichen Informationen und Unterlagen der zuständigen Landesmedienanstalt auf Verlangen unverzüglich vorzulegen. ²Die §§ 55, 56 und 58 gelten entsprechend.

(2) Ob ein Verstoß gegen § 82 Abs. 2 Nr. 1, 2 oder 4 oder § 83 Abs. 2 vorliegt, entscheidet bei Anbietern von Medienplattformen, die zugleich Anbieter der Telekommunikationsdienstleistung sind, die zuständige Landes-

---

¹⁾ Siehe hierzu die Satzung zur Durchführung der Vorschriften gemäß § 84 Abs. 8 Medienstaatsvertrag zur leichten Auffindbarkeit von privaten Angeboten (Public-ValueSatzung) v. 14.6.2021; veröffentlicht u.a. in:
In Schleswig-Holstein: Public-Value-Satzung-Bekanntmachung v. 1.7.2021 (Amtsbl. Schl.-H. S. 1286) .v. 1.7.2021 (Amtsbl. Schl.-H. S. 1286).

medienanstalt im Benehmen mit der Regulierungsbehörde für Telekommunikation.

(3) Anbieter von Medienplattformen oder Benutzeroberflächen haben auf Nachfrage gegenüber Anbietern von Rundfunk, rundfunkähnlichen Telemedien und Telemedien nach § 19 Abs. 1 die tatsächliche Sortierung, Anordnung und Abbildung von Angeboten und Inhalten, die Verwendung ihrer Metadaten sowie im Rahmen eines berechtigten Interesses Zugangsbedingungen nach § 83 Abs. 1 mitzuteilen.

§ 87 Bestätigung der Unbedenklichkeit. [1] Im Hinblick auf die Anforderungen der §§ 81 bis 85 sind Anbieter von Medienplattformen oder Benutzeroberflächen berechtigt, bei der zuständigen Landesmedienanstalt einen Antrag auf Unbedenklichkeit zu stellen. [2] Die Bestätigung der Unbedenklichkeit kann mit Nebenbestimmungen versehen werden.

§ 88 Satzungen, Richtlinien. [1] Die Landesmedienanstalten regeln durch gemeinsame Satzungen und Richtlinien Einzelheiten zur Konkretisierung der sie betreffenden Bestimmungen dieses Unterabschnitts. [2] Dabei ist die Bedeutung für die öffentliche Meinungsbildung für den Empfängerkreis in Bezug auf den jeweiligen Übertragungsweg, die jeweilige Medienplattform oder die jeweilige Benutzeroberfläche zu berücksichtigen.

§ 89 Überprüfungsklausel. Die Bestimmungen dieses Unterabschnitts sowie die ergänzenden landesrechtlichen Regelungen werden regelmäßig alle fünf Jahre, erstmals zum 1. Oktober 2025, entsprechend Artikel 114 Abs. 2 der Richtlinie (EU) 2018/1972 des Europäischen Parlaments und des Rates vom 11. Dezember 2018 über den europäischen Kodex für die elektronische Kommunikation (ABl. L 321 vom 17.12.2018, S. 36) überprüft.

§ 90 Bestehende Zulassungen, Zuordnungen, Zuweisungen, Anzeige von bestehenden Medienplattformen oder Benutzeroberflächen.

(1) [1] Bestehende Zulassungen, Zuordnungen und Zuweisungen für bundesweite Anbieter gelten bis zu deren Ablauf fort. [2] Bestehende Zulassungen und Zuweisungen für Fensterprogrammveranstalter sollen bis zum 31. Dezember 2009 unbeschadet von Vorgaben des § 59 Abs. 4 Satz 4 verlängert werden.

(2) Anbieter von Medienplattformen und Benutzeroberflächen, die bei Inkrafttreten dieses Staatsvertrages bereits in Betrieb, aber nicht angezeigt sind, müssen die Anzeige nach § 79 Abs. 2 spätestens sechs Monate nach Inkrafttreten dieses Staatsvertrages vornehmen.

3. Unterabschnitt. Medienintermediäre

§ 91 Anwendungsbereich. (1) Die nachstehenden Regelungen gelten auch dann, wenn die intermediäre Funktion in die Angebote Dritter eingebunden wird (integrierter Medienintermediär).

(2) Mit Ausnahme des § 95 gelten sie nicht für Medienintermediäre, die

1. im Durchschnitt von sechs Monaten in Deutschland weniger als eine Million Nutzer pro Monat erreichen oder in ihrer prognostizierten Entwicklung erreichen werden,
2. auf die Aggregation, Selektion und Präsentation von Inhalten mit Bezug zu Waren oder Dienstleistungen spezialisiert sind oder

3. ausschließlich privaten oder familiären Zwecken dienen.

§ 92 Inländischer Zustellungsbevollmächtigter. ¹Anbieter von Medienintermediären haben im Inland einen Zustellungsbevollmächtigten zu benennen und in ihrem Angebot in leicht erkennbarer und unmittelbar erreichbarer Weise auf ihn aufmerksam zu machen. ²An diese Person können Zustellungen in Verfahren nach § 115 bewirkt werden. ³Das gilt auch für die Zustellung von Schriftstücken, die solche Verfahren einleiten oder vorbereiten.

§ 93 Transparenz. (1) Anbieter von Medienintermediären haben zur Sicherung der Meinungsvielfalt nachfolgende Informationen leicht wahrnehmbar, unmittelbar erreichbar und ständig verfügbar zu halten:

1. die Kriterien, die über den Zugang eines Inhalts zu einem Medienintermediär und über den Verbleib entscheiden,
2. die zentralen Kriterien einer Aggregation, Selektion und Präsentation von Inhalten und ihre Gewichtung einschließlich Informationen über die Funktionsweise der eingesetzten Algorithmen in verständlicher Sprache.

(2) ¹Anbieter von Medienintermediären, die eine thematische Spezialisierung aufweisen, sind dazu verpflichtet, diese Spezialisierung durch die Gestaltung ihres Angebots wahrnehmbar zu machen. ²§ 91 Abs. 2 Nr. 2 bleibt unberührt.

(3) Änderungen der in Absatz 1 genannten Kriterien sowie der Ausrichtung nach Absatz 2 sind unverzüglich in derselben Weise wahrnehmbar zu machen.

(4) Anbieter von Medienintermediären, die soziale Netzwerke anbieten, haben dafür Sorge zu tragen, dass Telemedien im Sinne von § 18 Abs. 3 gekennzeichnet werden.

§ 94 Diskriminierungsfreiheit. (1) Zur Sicherung der Meinungsvielfalt dürfen Medienintermediäre journalistisch-redaktionell gestaltete Angebote, auf deren Wahrnehmbarkeit sie besonders hohen Einfluss haben, nicht diskriminieren.

(2) Eine Diskriminierung im Sinne des Absatzes 1 liegt vor, wenn ohne sachlich gerechtfertigten Grund von den nach § 93 Abs. 1 bis 3 zu veröffentlichenden Kriterien zugunsten oder zulasten eines bestimmten Angebots systematisch abgewichen wird oder diese Kriterien Angebote unmittelbar oder mittelbar unbillig systematisch behindern.

(3) ¹Ein Verstoß kann nur von dem betroffenen Anbieter journalistisch-redaktioneller Inhalte bei der zuständigen Landesmedienanstalt geltend gemacht werden. ²In offensichtlichen Fällen kann der Verstoß von der zuständigen Landesmedienanstalt auch von Amts wegen verfolgt werden.

§ 95 Vorlage von Unterlagen. ¹Anbieter von Medienintermediären sind verpflichtet, die erforderlichen Unterlagen der zuständigen Landesmedienanstalt auf Verlangen vorzulegen. ²Die §§ 56 und 58 gelten entsprechend.

§ 96 Satzungen und Richtlinien. ¹Die Landesmedienanstalten regeln durch gemeinsame Satzungen und Richtlinien Einzelheiten zur Konkretisierung der sie betreffenden Bestimmungen dieses Unterabschnitts. ²Dabei ist die Orientierungsfunktion der Medienintermediäre für die jeweiligen Nutzerkreise zu berücksichtigen.

4. Unterabschnitt. Video-Sharing-Dienste

§ 97 Anwendungsbereich. ¹Dieser Unterabschnitt gilt für Video-Sharing-Dienste im Sinne von § 2 Abs. 2 Nr. 22. ²Weitere Anforderungen nach dem V. Abschnitt bleiben unberührt.

§ 98 Werbung. (1) Für Werbung in Video-Sharing-Diensten gelten § 8 Abs. 1, Abs. 3 Satz 1 und 2, Abs. 7 und 10 dieses Staatsvertrages sowie § 6 Abs. 2 und 7 des Jugendmedienschutz-Staatsvertrages[1]).

(2) Der Anbieter eines Video-Sharing-Dienstes hat sicherzustellen, dass Werbung, die von ihm vermarktet, verkauft oder zusammengestellt wird, den Vorgaben des Absatzes 1 entspricht.

(3) Der Anbieter eines Video-Sharing-Dienstes hat nachfolgende Maßnahmen zu ergreifen, um sicherzustellen, dass Werbung die nicht von ihm selbst vermarktet, verkauft oder zusammengestellt wird, die Vorgaben des Absatzes 1 erfüllt:

1. Aufnahme und Umsetzung von Bestimmungen in seinen Allgemeinen Geschäftsbedingungen, die zur Einhaltung der Vorgaben des Absatzes 1 verpflichten,
2. Bereitstellung einer Funktion zur Kennzeichnung von Werbung nach § 6 Abs. 3 des Telemediengesetzes[2]).

§ 99 Schlichtungsstelle. (1) Die Landesmedienanstalten richten eine gemeinsame Stelle ein für die Schlichtung von Streitigkeiten zwischen den Beschwerdeführern oder von der Beschwerde betroffenen Nutzern und Anbietern von Video-Sharing-Diensten über Maßnahmen, die Anbieter von Video-Sharing-Diensten im Verfahren nach den §§ 10a und b des Telemediengesetzes[2]) getroffen oder unterlassen haben.

(2) Die Landesmedienanstalten regeln die weiteren Einzelheiten über die Organisation, das Schlichtungsverfahren und die Kostentragung in einer im Internet zu veröffentlichenden gemeinsamen Satzung.

VI. Abschnitt. Übertragungskapazitäten, Weiterverbreitung

§ 100 Grundsatz. Die Entscheidung über die Zuordnung, Zuweisung und Nutzung der Übertragungskapazitäten, die zur Verbreitung von Rundfunk und rundfunkähnlichen Telemedien dienen, erfolgt nach Maßgabe dieses Staatsvertrages und des jeweiligen Landesrechts.

§ 101 Zuordnung von drahtlosen Übertragungskapazitäten. (1) ¹Über die Anmeldung bei der für Telekommunikation zuständigen Regulierungsbehörde für bundesweite Versorgungsbedarfe an nicht leitungsgebundenen (drahtlosen) Übertragungskapazitäten entscheiden die Länder einstimmig. ²Für länderübergreifende Bedarfsanmeldungen gilt Satz 1 hinsichtlich der betroffenen Länder entsprechende.

(2) Über die Zuordnung von Übertragungskapazitäten für bundesweite Versorgungsbedarfe an die in der ARD zusammengeschlossenen Landesrundfunk-

---
[1]) Nr. 8.
[2]) Nr. 5.

anstalten, das ZDF, das Deutschlandradio oder die Landesmedienanstalten entscheiden die Regierungschefinnen und Regierungschefs der Länder durch einstimmigen Beschluss.

(3) ¹Für die Zuordnung gelten insbesondere die folgenden Grundsätze:
1. zur Verfügung stehende freie Übertragungskapazitäten sind den in der ARD zusammengeschlossenen Landesrundfunkanstalten, dem ZDF oder dem Deutschlandradio und den Landesmedienanstalten bekannt zu machen;
2. reichen die Übertragungskapazitäten für den geltend gemachten Bedarf aus, sind diese entsprechend zuzuordnen;
3. reichen die Übertragungskapazitäten für den geltend gemachten Bedarf nicht aus, wirken die Regierungschefinnen und Regierungschefs der Länder auf eine Verständigung zwischen den Beteiligten hin; Beteiligte sind für private Anbieter die Landesmedienanstalten;
4. kommt eine Verständigung zwischen den Beteiligten nicht zu Stande, entscheiden die Regierungschefinnen und Regierungschefs der Länder, welche Zuordnung unter Berücksichtigung der Besonderheiten der Übertragungskapazität sowie unter Berücksichtigung des Gesamtangebots die größtmögliche Vielfalt des Angebots sichert; dabei sind insbesondere folgende Kriterien zu berücksichtigen:
    a) Sicherung der Grundversorgung mit Rundfunk und Teilhabe des öffentlich-rechtlichen Rundfunks an neuen Techniken und Programmformen,
    b) Belange des privaten Rundfunks und der Anbieter von Telemedien.

²Die Zuordnung der Übertragungskapazität erfolgt für die Dauer von längstens 20 Jahren.

(4) Der oder die Vorsitzende der Konferenz der Regierungschefinnen und Regierungschefs der Länder ordnet die Übertragungskapazität gemäß der Entscheidung der Regierungschefinnen und Regierungschefs der Länder nach Absatz 2 zu.

(5) ¹Wird eine zugeordnete Übertragungskapazität nach Ablauf von 18 Monaten nach Zugang der Zuordnungsentscheidung nicht für die Realisierung des Versorgungsbedarfs genutzt, kann die Zuordnungsentscheidung durch Beschluss der Regierungschefinnen und Regierungschefs der Länder widerrufen werden; eine Entschädigung wird nicht gewährt. ²Auf Antrag des Zuordnungsempfängers kann die Frist durch Entscheidung der Regierungschefinnen und Regierungschefs der Länder verlängert werden.

(6) Die Regierungschefinnen und Regierungschefs der Länder vereinbaren zur Durchführung der Absätze 2 bis 5 Verfahrensregelungen.

§ 102 Zuweisung von drahtlosen Übertragungskapazitäten an private Anbieter durch die zuständige Landesmedienanstalt.
(1) Übertragungskapazitäten für drahtlose bundesweite Versorgungsbedarfe privater Anbieter können Rundfunkveranstaltern, Anbietern von Telemedien oder Anbietern von Medienplattformen durch die zuständige Landesmedienanstalt zugewiesen werden.

(2) ¹Werden den Landesmedienanstalten Übertragungskapazitäten zugeordnet, bestimmen sie unverzüglich Beginn und Ende einer Ausschlussfrist, innerhalb der schriftliche Anträge auf Zuweisung von Übertragungskapazitäten gestellt werden können. ²Beginn und Ende der Antragsfrist, das Verfahren und

die wesentlichen Anforderungen an die Antragstellung, insbesondere wie den Anforderungen dieses Staatsvertrages zur Sicherung der Meinungsvielfalt und Angebotsvielfalt genügt werden kann, sind von den Landesmedienanstalten zu bestimmen und in geeigneter Weise zu veröffentlichen (Ausschreibung).

(3) ¹Kann nicht allen Anträgen auf Zuweisung von Übertragungskapazitäten entsprochen werden, wirkt die zuständige Landesmedienanstalt auf eine Verständigung zwischen den Antragstellern hin. ²Kommt eine Verständigung zustande, legt sie diese ihrer Entscheidung über die Aufteilung der Übertragungskapazitäten zu Grunde, wenn nach den vorgelegten Unterlagen erwartet werden kann, dass in der Gesamtheit der Angebote die Vielfalt der Meinungen und Angebotsvielfalt zum Ausdruck kommt.

(4) ¹Lässt sich innerhalb der von der zuständigen Landesmedienanstalt zu bestimmenden angemessenen Frist keine Einigung erzielen oder entspricht die vorgesehene Aufteilung voraussichtlich nicht dem Gebot der Meinungsvielfalt und Angebotsvielfalt, weist die zuständige Landesmedienanstalt dem Antragsteller die Übertragungskapazität zu, der am ehesten erwarten lässt, dass sein Angebot

1. die Meinungsvielfalt und Angebotsvielfalt fördert,
2. auch das öffentliche Geschehen, die politischen Ereignisse sowie das kulturelle Leben darstellt und
3. bedeutsame politische, weltanschauliche und gesellschaftliche Gruppen zu Wort kommen lässt.

²In die Auswahlentscheidung ist ferner einzubeziehen, ob das Angebot wirtschaftlich tragfähig erscheint sowie Nutzerinteressen und -akzeptanz hinreichend berücksichtigt. ³Für den Fall, dass die Übertragungskapazität einem Anbieter einer Medienplattform zugewiesen werden soll, ist des Weiteren zu berücksichtigen, inwieweit sichergestellt ist, dass das Angebot den Vorgaben der §§ 82 und 83 genügt.

(5) ¹Die Zuweisung von Übertragungskapazitäten erfolgt für die Dauer von zehn Jahren. ²Eine einmalige Verlängerung um zehn Jahre ist zulässig. ³Die Zuweisung ist sofort vollziehbar. ⁴Wird eine zugewiesene Übertragungskapazität nach Ablauf von zwölf Monaten nach Zugang der Zuweisungsentscheidung nicht genutzt, kann die zuständige Landesmedienanstalt die Zuweisungsentscheidung nach § 108 Abs. 2 Nr. 2 Buchst. b widerrufen. ⁵Auf Antrag des Zuweisungsempfängers kann die Frist verlängert werden.

§ 103 Weiterverbreitung. (1) ¹Die Weiterverbreitung von bundesweit empfangbaren Angeboten, die in rechtlich zulässiger Weise in einem anderen Mitgliedstaat der Europäischen Union in Übereinstimmung mit Artikel 2 der Richtlinie 2010/13/EU oder in einem Staat, der das Europäische Übereinkommen über das grenzüberschreitende Fernsehen ratifiziert hat, und nicht Mitglied der Europäischen Union ist, in Übereinstimmung mit den Bestimmungen des Europäischen Übereinkommens über das grenzüberschreitende Fernsehen veranstaltet werden, ist zulässig. ²Die Weiterverbreitung der in Satz 1 genannten Angebote aus einem anderen Mitgliedstaat der Europäischen Union kann nur in Übereinstimmung mit Artikel 3 der Richtlinie 2010/13/EU, die Weiterverbreitung der in Satz 1 genannten Angebote aus einem Staat, der das Europäische Übereinkommen über das grenzüberschreitende Fernsehen ratifiziert hat, und nicht Mitglied der Europäischen Union ist, nur in Übereinstimmung mit den Bestimmungen des Europäischen Übereinkommens über das grenzüberschreitende Fernsehen ausgesetzt werden.

(2) ¹Veranstalter anderer als der in Absatz 1 genannten Fernsehprogramme haben die Weiterverbreitung mindestens einen Monat vor Beginn bei der Landesmedienanstalt anzuzeigen, in deren Geltungsbereich die Programme verbreitet werden sollen. ²Die Anzeige kann auch der Anbieter einer Medienplattform vornehmen. ³Die Anzeige muss die Nennung eines Programmverantwortlichen, eine Beschreibung des Programms und die Vorlage einer Zulassung oder eines vergleichbaren Dokuments beinhalten. ⁴Die Weiterverbreitung ist dem Anbieter einer Medienplattform zu untersagen, wenn das Rundfunkprogramm nicht den Anforderungen des § 3 oder des Jugendmedienschutz-Staatsvertrages[1] entspricht oder wenn der Veranstalter nach dem geltenden Recht des Ursprungslandes zur Veranstaltung von Rundfunk nicht befugt ist oder wenn das Programm nicht inhaltlich unverändert verbreitet wird.

(3) ¹Landesrechtliche Regelungen zur analogen Kanalbelegung für Rundfunk sind zulässig, soweit sie zur Erreichung klar umrissener Ziele von allgemeinem Interesse erforderlich sind. ²Sie können insbesondere zur Sicherung einer pluralistischen, am Angebot der Meinungsvielfalt und Angebotsvielfalt orientierten Medienordnung getroffen werden. ³Einzelheiten, insbesondere die Rangfolge bei der Belegung der Kabelkanäle, regelt das Landesrecht.

(4) Ferner können angemessene Maßnahmen in Übereinstimmung mit Artikel 4 Abs. 3 der Richtlinie 2010/13/EU unter Wahrung der sonstigen Regelungen ihres Artikels 4 gegen den Mediendiensteanbieter ergriffen werden, der der Rechtshoheit eines anderen Mitgliedstaats unterworfen ist und einen audiovisuellen Mediendienst erbringt, der ganz oder vorwiegend auf Deutschland ausgerichtet ist, soweit die Bundesrepublik Deutschland im öffentlichen Interesse liegende ausführlichere oder strengere Bestimmungen nach Artikel 4 Absatz 1 der Richtlinie 2010/13/EU erlassen hat.

VII. Abschnitt. Medienaufsicht

§ 104 Organisation. (1) ¹Soweit nichts anderes bestimmt ist, überprüft die zuständige Landesmedienanstalt die Einhaltung der Bestimmungen nach diesem Staatsvertrag. ²Sie trifft entsprechend den Bestimmungen dieses Staatsvertrages die jeweiligen Entscheidungen. ³Satz 1 und 2 gelten nicht für Angebote der in der ARD zusammengeschlossenen Landesrundfunkanstalten, des ZDF und des Deutschlandradios.

(2) ¹Zur Erfüllung der Aufgaben nach § 105 und nach den Bestimmungen des Jugendmedienschutz-Staatsvertrages[1] bestehen:

1. die Kommission für Zulassung und Aufsicht (ZAK),
2. die Gremienvorsitzendenkonferenz (GVK),
3. die Kommission zur Ermittlung der Konzentration im Medienbereich (KEK) und
4. die Kommission für Jugendmedienschutz (KJM).

²Diese dienen der jeweils zuständigen Landesmedienanstalt als Organe bei der Erfüllung ihrer Aufgaben nach § 105.

---

[1] Nr. 8.

(3) ¹Die Landesmedienanstalten entsenden jeweils den nach Landesrecht bestimmten gesetzlichen Vertreter in die ZAK; eine Vertretung im Fall der Verhinderung ist durch den ständigen Vertreter zulässig. ²Die Tätigkeit der Mitglieder der ZAK ist unentgeltlich.

(4) ¹Die GVK setzt sich zusammen aus dem jeweiligen Vorsitzenden des plural besetzten Beschlussgremiums der Landesmedienanstalten; eine Vertretung im Fall der Verhinderung durch den stellvertretenden Vorsitzenden ist zulässig. ²Die Tätigkeit der Mitglieder der GVK ist unentgeltlich.

(5) ¹Die KEK besteht aus

1. sechs Sachverständigen des Rundfunk- und des Wirtschaftsrechts, von denen drei die Befähigung zum Richteramt haben müssen, und

2. sechs nach Landesrecht bestimmten gesetzlichen Vertretern der Landesmedienanstalten.

²Die Mitglieder nach Satz 1 Nr. 1 der KEK und zwei Ersatzmitglieder für den Fall der Verhinderung eines dieser Mitglieder werden von den Regierungschefinnen und Regierungschefs der Länder für die Dauer von fünf Jahren einvernehmlich berufen. ³Von der Mitgliedschaft nach Satz 2 ausgeschlossen sind Mitglieder und Bedienstete der Institutionen der Europäischen Union, der Verfassungsorgane des Bundes und der Länder, Gremienmitglieder und Bedienstete von Landesrundfunkanstalten der ARD, des ZDF, des Deutschlandradios, des Europäischen Fernsehkulturkanals „arte", der Landesmedienanstalten, der privaten Rundfunkveranstalter und Anbieter einer Medienplattform sowie Bedienstete von an ihnen unmittelbar oder mittelbar im Sinne von § 62 beteiligten Unternehmen. ⁴Scheidet ein Mitglied nach Satz 2 aus, berufen die Regierungschefinnen und Regierungschefs der Länder einvernehmlich ein Ersatzmitglied oder einen anderen Sachverständigen für den Rest der Amtsdauer als Mitglied; Entsprechendes gilt, wenn ein Ersatzmitglied ausscheidet. ⁵Die Mitglieder nach Satz 2 erhalten für ihre Tätigkeit eine angemessene Vergütung und Ersatz ihrer notwendigen Auslagen. ⁶Das Vorsitzland der Rundfunkkommission schließt die Verträge mit diesen Mitgliedern. ⁷Der Vorsitzende der KEK und sein Stellvertreter sind aus der Gruppe der Mitglieder nach Satz 1 Nr. 1 zu wählen. ⁸Die sechs Vertreter der Landesmedienanstalten und zwei Ersatzmitglieder für den Fall der Verhinderung eines dieser Vertreter werden durch die Landesmedienanstalten für die Amtszeit der KEK gewählt.

(6) Ein Vertreter der Landesmedienanstalten darf nicht zugleich der KEK und der KJM angehören; Ersatzmitgliedschaft oder stellvertretende Mitgliedschaft sind zulässig.

(7) Die Landesmedienanstalten bilden für die Organe nach Absatz 2 Satz 1 eine gemeinsame Geschäftsstelle.

(8) ¹Die Mitglieder der ZAK, der GVK und der KEK sind bei der Erfüllung ihrer Aufgaben nach diesem Staatsvertrag an Weisungen nicht gebunden. ²§ 58 gilt für die Mitglieder der ZAK und GVK entsprechend. ³Die Verschwiegenheitspflicht nach § 58 gilt auch im Verhältnis der Mitglieder der Organe nach Absatz 2 Satz 1 zu anderen Organen der Landesmedienanstalten.

(9) ¹Die Organe nach Absatz 2 Satz 1 fassen ihre Beschlüsse mit der Mehrheit ihrer gesetzlichen Mitglieder. ²Bei Beschlüssen der KEK entscheidet im Fall der Stimmengleichheit die Stimme des Vorsitzenden, bei seiner Verhinderung die Stimme des stellvertretenden Vorsitzenden. ³Die Beschlüsse sind zu

begründen. ⁴In der Begründung sind die wesentlichen tatsächlichen und rechtlichen Gründe mitzuteilen. ⁵Die Beschlüsse sind gegenüber den anderen Organen der zuständigen Landesmedienanstalt bindend. ⁶Die zuständige Landesmedienanstalt hat die Beschlüsse im Rahmen der von den Organen nach Absatz 2 Satz 1 gesetzten Fristen zu vollziehen.

(10) ¹Die Landesmedienanstalten stellen den Organen nach Absatz 2 Satz 1 die notwendigen personellen und sachlichen Mittel zur Verfügung. ²Die Organe erstellen jeweils einen Wirtschaftsplan nach den Grundsätzen der Wirtschaftlichkeit und Sparsamkeit. ³Die Kosten für die Organe nach Absatz 2 Satz 1 werden aus dem Anteil der Landesmedienanstalten nach § 10 des Rundfunkfinanzierungsstaatsvertrages gedeckt. ⁴Näheres regeln die Landesmedienanstalten durch übereinstimmende Satzungen.

(11) ¹Von den Verfahrensbeteiligten sind durch die zuständigen Landesmedienanstalten Kosten in angemessenem Umfang zu erheben. ²Näheres regeln die Landesmedienanstalten durch übereinstimmende Satzungen.

(12) Den Organen nach Absatz 2 Satz 1 stehen die Verfahrensrechte nach den §§ 55 und 56 zu.

§ 105 Aufgaben. (1) ¹Die ZAK ist für folgende Aufgaben zuständig:
1. Aufsichtsmaßnahmen gegenüber privaten bundesweiten Veranstaltern, soweit nicht die KEK nach Absatz 3 zuständig ist,
2. Aufsichtsmaßnahmen gegenüber privaten bundesweiten Anbietern nach den §§ 18 bis 22 sowie nach den §§ 74 bis 77,
3. Anerkennung von Einrichtungen der Freiwilligen Selbstkontrolle nach § 19 Abs. 4 sowie Rücknahme oder Widerruf der Anerkennung nach § 19 Abs. 6,
4. Aufsicht über Entscheidungen der Einrichtungen der Freiwilligen Selbstkontrolle nach § 19 Abs. 8,
5. Zulassung, Rücknahme oder Widerruf der Zulassung bundesweiter Veranstalter nach §§ 53, 108 Abs. 1 Nr. 1 und Abs. 2 Nr. 1,
6. Entscheidungen über ein Zulassungserfordernis im Falle des § 54 Abs. 1,
7. Feststellung des Vorliegens der Voraussetzungen für Regionalfensterprogramme nach § 59 Abs. 4 Satz 1 und für Sendezeit für Dritte nach § 65 Abs. 2 Satz 4,
8. Anzeige des Betriebs einer Medienplattform oder Benutzeroberfläche nach § 79 Abs. 2,
9. Aufsicht über Medienplattformen und Benutzeroberflächen nach den §§ 79 bis 87 sowie § 103 Abs. 1 und 2, soweit nicht die GVK nach Absatz 2 zuständig ist,
10. Aufsicht über Medienintermediäre nach den §§ 92 bis 94,
11. Aufsicht über Video-Sharing-Dienste nach § 98,
12. Wahrnehmung der Aufgaben nach § 101 Abs. 3 Satz 1 Nr. 1 und 3,
13. Zuweisung von Übertragungskapazitäten für bundesweite Versorgungsbedarfe und deren Rücknahme oder Widerruf nach §§ 102 und 108 Abs. 1 Nr. 2 und Abs. 2 Nr. 2, soweit die GVK nicht nach Absatz 2 zuständig ist,
14. Befassung mit Mitteilungen nach § 109 Abs. 5.

²Die ZAK kann Prüfausschüsse für die Aufgaben nach Satz 1 Nr. 1 und 2 einrichten. ³Die Prüfausschüsse entscheiden jeweils bei Einstimmigkeit anstelle

der ZAK. ⁴Zu Beginn der Amtsperiode der ZAK wird die Verteilung der Verfahren von der ZAK festgelegt. ⁵Das Nähere ist in der Geschäftsordnung der ZAK festzulegen.

(2) ¹Die GVK ist zuständig für Auswahlentscheidungen bei den Zuweisungen von Übertragungskapazitäten nach § 102 Abs. 4 und für die Entscheidung über die Belegung von Plattformen nach § 81 Abs. 5 Satz 3. ²Die ZAK unterrichtet die GVK fortlaufend über ihre Tätigkeit. ³Sie bezieht die GVK in grundsätzlichen Angelegenheiten, insbesondere bei der Erstellung von Satzungen und Richtlinienentwürfen, ein.

(3) ¹Die KEK ist zuständig für die abschließende Beurteilung von Fragestellungen der Sicherung von Meinungsvielfalt im Zusammenhang mit der bundesweiten Veranstaltung von Fernsehprogrammen. ²Sie ist im Rahmen des Satzes 1 insbesondere zuständig für die Prüfung solcher Fragen bei der Entscheidung über eine Zulassung oder Änderung einer Zulassung, bei der Bestätigung von Veränderungen von Beteiligungsverhältnissen als unbedenklich und bei Maßnahmen nach § 60 Abs. 4. ³Für Fälle, die für die Sicherung von Meinungsvielfalt nur geringe Bedeutung entfalten können, legt die KEK fest, unter welchen Voraussetzungen auf eine Vorlage nach § 107 Abs. 1 verzichtet werden kann. ⁴Auf Anforderung einer Landesmedienanstalt ist sie zur Prüfung von Einzelfällen verpflichtet. ⁵Die KEK ermittelt die den Unternehmen jeweils zurechenbaren Zuschaueranteile.

(4) ¹Die Auswahl und Zulassung von Regionalfensterprogrammveranstaltern nach § 59 Abs. 4 und Fensterprogrammveranstaltern nach § 65 Abs. 4 sowie die Aufsicht über diese Programme obliegen dem für die Zulassung nicht bundesweiter Angebote zuständigen Organ der zuständigen Landesmedienanstalt. ²Bei Auswahl und Zulassung der Veranstalter nach Satz 1 ist zuvor das Benehmen mit der KEK herzustellen.

§ 106 Zuständige Landesmedienanstalt.

(1) ¹Soweit nachfolgend nichts anderes bestimmt ist, ist für bundesweit ausgerichtete Angebote die Landesmedienanstalt des Landes zuständig, in dem der betroffene Veranstalter, Anbieter, Bevollmächtigte nach § 79 Abs. 1 Satz 2 oder Verantwortliche nach § 18 Abs. 2 seinen Sitz, Wohnsitz oder in Ermangelung dessen seinen ständigen Aufenthalt hat. ²Sind nach Satz 1 mehrere Landesmedienanstalten zuständig oder hat der Veranstalter oder Anbieter seinen Sitz im Ausland, entscheidet die Landesmedienanstalt, die zuerst mit der Sache befasst worden ist.

(2) ¹Zuständig in den Fällen des § 105 Abs. 1 Satz 1 Nr. 1, 7, 9 und 14 sowie in den Fällen der Rücknahme oder des Widerrufs der Zulassung oder der Zuweisung ist die Landesmedienanstalt, die dem Veranstalter die Zulassung erteilt, die Zuweisung vorgenommen oder die Anzeige entgegengenommen hat; im Übrigen gilt Absatz 1. ²Zuständig im Fall des § 105 Abs. 1 Satz 1 Nr. 10 ist die Landesmedienanstalt des Landes, in dem der Zustellungsbevollmächtigte nach § 92 seinen Sitz hat. ³Solange kein Zustellungsbevollmächtigter benannt worden ist, gilt Absatz 1. ⁴Die zuständige Landesmedienanstalt legt die Sache unverzüglich zur Prüfung und Entscheidung der ZAK vor. ⁵Zuständig ist in den Fällen des § 105 Abs. 1 Satz 1 Nr. 3 und 4 die Landesmedienanstalt des Landes, in dem die Einrichtung der Freiwilligen Selbstkontrolle ihren Sitz hat. ⁶Ergibt sich danach keine Zuständigkeit, ist diejenige Landesmedienanstalt zuständig, bei der der Antrag auf Anerkennung gestellt wurde.

(3) Im Übrigen richtet sich die Zuständigkeit nach Landesrecht.

§ 107 Verfahren bei Zulassung, Zuweisung und Anzeige. (1) Geht ein Antrag oder eine Anzeige nach § 105 Abs. 1 Satz 1 Nr. 5, 6, 8 oder 13 bei der zuständigen Landesmedienanstalt ein, legt der nach Landesrecht bestimmte gesetzliche Vertreter unverzüglich den Antrag oder die Anzeige sowie die vorhandenen Unterlagen der ZAK und in den Fällen des § 105 Abs. 1 Satz 1 Nr. 5 zusätzlich der KEK vor.

(2) Kann nicht allen Anträgen nach § 105 Abs. 1 Satz 1 Nr. 13 entsprochen werden, entscheidet die GVK.

(3) Absatz 1 gilt entsprechend für die Beurteilung von Fragestellungen der Sicherung von Meinungsvielfalt durch die KEK im Rahmen ihrer Zuständigkeit in anderen Fällen als dem der Zulassung eines bundesweiten privaten Veranstalters.

§ 108 Rücknahme, Widerruf von Zulassungen und Zuweisungen.

(1) Die Zulassung nach § 53 oder die Zuweisung nach § 102 werden jeweils zurückgenommen, wenn

1. bei der Zulassung eine Zulassungsvoraussetzung gemäß § 53 Abs. 1 oder 2 nicht gegeben war oder eine Zulassungsbeschränkung gemäß § 53 Abs. 3 nicht berücksichtigt wurde oder

2. bei der Zuweisung die Vorgaben gemäß § 102 Abs. 4 nicht berücksichtigt wurden

und innerhalb eines von der zuständigen Landesmedienanstalt bestimmten Zeitraums keine Abhilfe erfolgt.

(2) Zulassung und Zuweisung werden jeweils widerrufen, wenn

1. im Fall der Zulassung
   a) nachträglich eine Zulassungsvoraussetzung gemäß § 53 Abs. 1 oder 2 entfällt oder eine Zulassungsbeschränkung gemäß § 53 Abs. 3 eintritt und innerhalb des von der zuständigen Landesmedienanstalt bestimmten angemessenen Zeitraums keine Abhilfe erfolgt oder
   b) der Rundfunkveranstalter gegen seine Verpflichtungen aufgrund dieses Staatsvertrages oder des Jugendmedienschutz-Staatsvertrages wiederholt schwerwiegend verstoßen und die Anweisungen der zuständigen Landesmedienanstalt innerhalb des von ihr bestimmten Zeitraums nicht befolgt hat;

2. im Fall der Zuweisung
   a) nachträglich wesentliche Veränderungen des Angebots eingetreten und vom Anbieter zu vertreten sind, nach denen das Angebot den Anforderungen des § 102 Abs. 4 nicht mehr genügt und innerhalb des von der zuständigen Landesmedienanstalt bestimmten Zeitraums keine Abhilfe erfolgt oder
   b) das Angebot aus Gründen, die vom Anbieter zu vertreten sind, innerhalb des dafür vorgesehenen Zeitraums nicht oder nicht mit der festgesetzten Dauer begonnen oder fortgesetzt wird.

(3) ¹Der Anbieter wird für einen Vermögensnachteil, der durch die Rücknahme oder den Widerruf nach den Absätzen 1 oder 2 eintritt, nicht entschädigt. ²Im Übrigen gilt für die Rücknahme und den Widerruf das Ver-

waltungsverfahrensgesetz[1]) des Sitzlandes der jeweils zuständigen Landesmedienanstalt.

§ 109 Maßnahmen bei Rechtsverstößen. (1) [1]Stellt die zuständige Landesmedienanstalt einen Verstoß gegen die Bestimmungen dieses Staatsvertrages mit Ausnahme von § 17, § 18 Abs. 2 und 4, § 20 und § 23 Abs. 2 fest, trifft sie die erforderlichen Maßnahmen. [2]Maßnahmen sind insbesondere Beanstandung, Untersagung, Sperrung, Rücknahme und Widerruf. [3]Die Bestimmungen des Jugendmedienschutz-Staatsvertrages bleiben unberührt. [4]Satz 1 gilt nicht für Verstöße gegen § 19 Abs. 1 und 2 von Anbietern

1. im Sinne des § 19 Abs. 1 Satz 1,

2. die der Selbstregulierung durch den Pressekodex und der Beschwerdeordnung des deutschen Presserates unterliegen oder

3. die einer anerkannten Einrichtung der Freiwilligen Selbstkontrolle im Sinne des § 19 Abs. 3 angeschlossen sind.

(2) [1]Eine Untersagung darf nicht erfolgen, wenn die Maßnahme außer Verhältnis zur Bedeutung des Angebots für den Anbieter und die Allgemeinheit steht. [2]Eine Untersagung darf nur erfolgen, wenn ihr Zweck nicht in anderer Weise erreicht werden kann. [3]Die Untersagung ist, soweit ihr Zweck dadurch erreicht werden kann, auf bestimmte Arten und Teile von Angeboten oder zeitlich zu beschränken. [4]Bei journalistisch-redaktionell gestalteten Angeboten, in denen ausschließlich vollständig oder teilweise Inhalte periodischer Druckerzeugnisse in Text oder Bild wiedergegeben werden, ist eine Sperrung nur unter den Voraussetzungen des § 97 Abs. 5 Satz 2 und des § 98 der Strafprozessordnung zulässig. [5]Die Befugnisse der Aufsichtsbehörden zur Durchsetzung der Vorschriften der allgemeinen Gesetze und der gesetzlichen Bestimmungen zum Schutz der persönlichen Ehre bleiben unberührt.

(3) [1]Erweisen sich Maßnahmen gegenüber dem Veranstalter oder Anbieter als nicht durchführbar oder nicht Erfolg versprechend, können Maßnahmen zur Sperrung von Angeboten nach Absatz 1 auch gegen Dritte unter Beachtung der Vorgaben des Telemediengesetzes[2]) gerichtet werden, sofern eine Sperrung technisch möglich und zumutbar ist. [2]§ 7 Abs. 2 des Telemediengesetzes bleibt unberührt.

(4) [1]Der Abruf von Angeboten im Rahmen der Aufsicht ist unentgeltlich. [2]Diensteanbieter haben dies sicherzustellen. [3]Der Anbieter darf seine Angebote nicht gegen den Abruf durch die zuständige Aufsichtsbehörde sperren.

(5) [1]Jede Landesmedienanstalt kann der zuständigen Landesmedienanstalt mitteilen, dass ein bundesweit ausgerichtetes Angebot gegen die Bestimmungen dieses Staatsvertrages verstößt. [2]Geht eine Mitteilung nach Satz 1 bei der zuständigen Landesmedienanstalt ein, legt der nach Landesrecht bestimmte gesetzliche Vertreter unverzüglich die Mitteilung sowie die vorhandenen Unterlagen dem nach den §§ 104 und 105 zuständigen Organ vor.

§ 110 Vorverfahren. Bei Rechtsmitteln gegen Entscheidungen nach § 104 Abs. 2 und § 105 findet ein Vorverfahren nach § 68 Abs. 1 der Verwaltungsgerichtsordnung nicht statt.

---

[1]) Auszugsweise abgedruckt unter Nr. 36.
[2]) Nr. 5.

§ 111 Zusammenarbeit mit anderen Behörden. (1) ¹Die Landesmedienanstalten arbeiten im Rahmen der Erfüllung ihrer Aufgaben mit der Regulierungsbehörde für Telekommunikation und mit dem Bundeskartellamt zusammen. ²Die Landesmedienanstalten haben auf Anfrage der Regulierungsbehörde für Telekommunikation oder des Bundeskartellamtes Erkenntnisse zu übermitteln, die für die Erfüllung von deren Aufgaben erforderlich sind.

(2) Absatz 1 gilt für die Zusammenarbeit der Landesmedienanstalten mit den Landeskartellbehörden und den Glücksspielaufsichtsbehörden entsprechend.

§ 112 Finanzierung besonderer Aufgaben. (1) ¹Der in § 10 des Rundfunkfinanzierungsstaatsvertrages bestimmte Anteil kann für die Finanzierung folgender Aufgaben verwendet werden:

1. Zulassungs- und Aufsichtsfunktionen der Landesmedienanstalten einschließlich hierfür notwendiger planerischer, insbesondere technischer Vorarbeiten,
2. die Förderung offener Kanäle.

²Mittel aus dem Anteil nach Satz 1 können aufgrund besonderer Ermächtigung durch den Landesgesetzgeber auch für die Finanzierung folgender Aufgaben verwendet werden:

1. Förderung von landesrechtlich gebotener technischer Infrastruktur zur Versorgung des Landes und zur Förderung von Projekten für neuartige Rundfunkübertragungstechniken und
2. Formen der nichtkommerziellen Veranstaltung von lokalem und regionalem Rundfunk und Projekte zur Förderung der Medienkompetenz.

(2) Das Recht des Landesgesetzgebers, der Landesmedienanstalt nur einen Teil des Anteils nach Absatz 1 zuzuweisen, bleibt unberührt.

(3) ¹Soweit der Anteil nach Absatz 1 nicht in Anspruch genommen wird, steht er den jeweiligen Landesrundfunkanstalten zu. ²Eine landesgesetzliche Zweckbestimmung ist zulässig.

§ 113 Datenschutzaufsicht bei Telemedien. ¹Die nach den allgemeinen Datenschutzgesetzen des Bundes und der Länder zuständigen Aufsichtsbehörden überwachen für ihren Bereich die Einhaltung der allgemeinen Datenschutzbestimmungen und des § 23. ²Die für den Datenschutz im journalistischen Bereich beim öffentlich-rechtlichen Rundfunk und bei den privaten Rundfunkveranstaltern zuständigen Stellen überwachen für ihren Bereich auch die Einhaltung der Datenschutzbestimmungen für journalistisch-redaktionell gestaltete Angebote bei Telemedien. ³Eine Aufsicht erfolgt, soweit Unternehmen, Hilfs- und Beteiligungsunternehmen der Presse nicht der Selbstregulierung durch den Pressekodex und der Beschwerdeordnung des Deutschen Presserates unterliegen.

VIII. Abschnitt. Revision, Ordnungswidrigkeiten

§ 114 Revision zum Bundesverwaltungsgericht. In einem gerichtlichen Verfahren kann die Revision zum Bundesverwaltungsgericht auch darauf gestützt werden, dass das angefochtene Urteil auf der Verletzung der Bestimmungen dieses Staatsvertrages beruhe.

Medienstaatsvertrag

§ 115 Ordnungswidrigkeiten. (1) ¹Ordnungswidrig handelt, wer als Veranstalter von bundesweit ausgerichtetem privaten Rundfunk vorsätzlich oder fahrlässig

1. entgegen § 1 Abs. 9 die nach Landesrecht zuständige Stelle nicht über alle Änderungen informiert, die die Feststellung der Rechtshoheit nach § 1 Abs. 3 und 4 berühren könnten,
2. entgegen § 4 Abs. 1 die dort genannten Informationen im Rahmen des Gesamtangebots nicht leicht, unmittelbar und ständig zugänglich macht,
3. entgegen § 8 Abs. 3 Satz 2 in der Werbung Techniken zur unterschwelligen Beeinflussung einsetzt,
4. entgegen § 8 Abs. 3 Satz 3 Rundfunkwerbung oder Teleshopping nicht dem Medium angemessen durch optische oder akustische Mittel oder räumlich eindeutig von anderen Sendungsteilen absetzt,
5. entgegen § 8 Abs. 4 Satz 1 eine Teilbelegung des ausgestrahlten Bildes mit Rundfunkwerbung vornimmt, ohne die Werbung vom übrigen Programm eindeutig optisch zu trennen und als solche zu kennzeichnen,
6. entgegen § 8 Abs. 5 Satz 2 eine Dauerwerbesendung nicht zu Beginn als Dauerwerbesendung ankündigt oder während ihres gesamten Verlaufs als solche kennzeichnet,
7. entgegen § 8 Abs. 6 Satz 1 virtuelle Werbung in Sendungen einfügt,
8. entgegen § 8 Abs. 7 Satz 1 Schleichwerbung, Themenplatzierung oder entsprechende Praktiken betreibt,
9. entgegen § 8 Abs. 7 Satz 2 Produktplatzierung in Nachrichtensendungen, Sendungen zur politischen Information, Verbrauchersendungen, Regionalfensterprogrammen nach § 59 Abs. 4, Fensterprogrammen nach § 65, Sendungen religiösen Inhalts oder Kindersendungen betreibt,
10. entgegen § 8 Abs. 7 Satz 4 oder 5 auf eine Produktplatzierung nicht eindeutig hinweist oder sie nicht zu Beginn und zum Ende einer Sendung oder bei deren Fortsetzung nach einer Werbeunterbrechung oder im Hörfunk durch einen gleichwertigen Hinweis angemessen kennzeichnet,
11. entgegen § 8 Abs. 9 Werbung politischer, weltanschaulicher oder religiöser Art verbreitet,
12. entgegen § 9 Abs. 1 Übertragungen von Gottesdiensten oder Sendungen für Kinder durch Rundfunkwerbung oder Teleshopping unterbricht,
13. entgegen den in § 9 Abs. 3 genannten Voraussetzungen Filme mit Ausnahme von Serien, Reihen und Dokumentarfilmen sowie Kinofilme und Nachrichtensendungen durch Fernsehwerbung oder Teleshopping unterbricht,
14. entgegen § 10 Abs. 1 Satz 1 nicht eindeutig auf das Bestehen einer Sponsoring-Vereinbarung hinweist oder nicht eindeutig zu Beginn oder am Ende der gesponserten Sendung auf den Sponsor hinweist,
15. entgegen § 10 Abs. 3 und 4 unzulässig gesponserte Sendungen verbreitet,
16. entgegen § 13 Abs. 1 oder 3 Großereignisse verschlüsselt und gegen besonderes Entgelt ausstrahlt,
17. entgegen § 16 Abs. 1 Satz 2 der Informationspflicht nicht nachkommt,
18. entgegen § 52 Abs. 1 Satz 1 ohne Zulassung ein Rundfunkprogramm veranstaltet,

19. entgegen § 52 Abs. 1 Satz 1 in Verbindung mit § 53 ein zulassungspflichtiges, aber nicht zulassungsfähiges Rundfunkprogramm veranstaltet,
20. entgegen § 54 Abs. 4 Satz 2 in Verbindung mit § 53 ein Rundfunkprogramm veranstaltet,
21. entgegen § 57 Abs. 2 in Verbindung mit Abs. 1 nicht fristgemäß die Aufstellung der Programmbezugsquellen für den Berichtszeitraum der zuständigen Landesmedienanstalt vorlegt,
22. entgegen § 70 Abs. 1 Satz 1 die zulässige Dauer der Werbung überschreitet,
23. entgegen § 71 Abs. 1 Satz 1 Teleshopping-Fenster verbreitet, die keine Mindestdauer von 15 Minuten ohne Unterbrechung haben oder entgegen § 71 Abs. 1 Satz 2 Teleshopping-Fenster verbreitet, die nicht optisch und akustisch klar als solche gekennzeichnet sind oder
24. entgegen § 120 Absatz 1 Satz 2 die bei ihm vorhandenen Daten über Zuschaueranteile auf Anforderung der KEK nicht zur Verfügung stellt.

² Ordnungswidrig handelt auch, wer

1. entgegen § 18 Abs. 1 bei Telemedien den Namen oder die Anschrift oder bei juristischen Personen den Namen oder die Anschrift des Vertretungsberechtigten nicht oder nicht richtig verfügbar hält,
2. entgegen § 18 Abs. 3 bei Telemedien die erforderliche Kenntlichmachung nicht vornimmt,
3. entgegen § 22 Abs. 1 Satz 1 Werbung nicht als solche klar erkennbar macht oder nicht eindeutig vom übrigen Inhalt der Angebote trennt,
4. entgegen § 22 Abs. 1 Satz 2 in der Werbung unterschwellige Techniken einsetzt,
5. entgegen § 22 Abs. 1 Satz 3 bei Werbung politischer, weltanschaulicher oder religiöser Art auf den Werbetreibenden oder Auftraggeber nicht in angemessener Weise deutlich hinweist,
6. entgegen § 55 Abs. 6 eine Änderung der maßgeblichen Umstände nach Antragstellung oder nach Erteilung der Zulassung nicht unverzüglich der zuständigen Landesmedienanstalt mitteilt,
7. entgegen § 55 Abs. 7 nicht unverzüglich nach Ablauf eines Kalenderjahres der zuständigen Landesmedienanstalt gegenüber eine Erklärung darüber abgibt, ob und inwieweit innerhalb des abgelaufenen Kalenderjahres bei den nach § 62 maßgeblichen Beteiligungs- und Zurechnungstatbeständen eine Veränderung eingetreten ist,
8. entgegen § 57 Abs. 1 seinen Jahresabschluss samt Anhang und Lagebericht nicht fristgemäß erstellt oder bekannt macht,
9. entgegen § 63 Satz 1 es unterlässt, eine geplante Veränderung von Beteiligungsverhältnissen oder sonstigen Einflüssen bei der zuständigen Landesmedienanstalt vor ihrem Vollzug schriftlich anzumelden,
10. einer Satzung nach § 72 Satz 1 in Verbindung mit § 11 zuwiderhandelt, soweit die Satzung für einen bestimmten Tatbestand auf diese Bußgeldvorschrift verweist,
11. entgegen § 74 Satz 1 oder 2 in Verbindung mit § 8 Abs. 3 Satz 2 in der Werbung Techniken zur unterschwelligen Beeinflussung einsetzt,
12. entgegen § 74 Satz 1 oder 2 in Verbindung mit § 8 Abs. 3 Satz 3 Rundfunkwerbung entsprechende Werbung oder Teleshopping nicht dem Medi-

um angemessen durch optische oder akustische Mittel oder räumlich eindeutig von anderen Angebotsteilen absetzt,

13. entgegen § 74 in Verbindung mit § 8 Abs. 4 das verbreitete Bewegtbildangebot durch die Einblendung von Rundfunkwerbung entsprechender Werbung ergänzt, ohne die Werbung eindeutig optisch zu trennen und als solche zu kennzeichnen,
14. entgegen § 74 Satz 1 oder 2 in Verbindung mit § 8 Abs. 5 Satz 2 ein Bewegtbildangebot nicht zu Beginn als Dauerwerbesendung ankündigt oder während ihres gesamten Verlaufs als solche kennzeichnet,
15. entgegen § 74 Satz 1 oder 2 in Verbindung mit § 8 Abs. 6 Satz 1 virtuelle Werbung in seine Angebote einfügt,
16. entgegen § 74 Satz 1 oder 2 in Verbindung mit § 8 Abs. 7 Satz 1 Schleichwerbung, Themenplatzierung oder entsprechende Praktiken betreibt,
17. entgegen § 74 Satz 1 oder 2 in Verbindung mit § 8 Abs. 7 Satz 2 Produktplatzierung in Nachrichtensendungen, Sendungen zur politischen Information, Verbrauchersendungen, Regionalfensterprogrammen nach § 59 Abs. 4, Fensterprogrammen nach § 65, Sendungen religiösen Inhalts oder Kindersendungen betreibt,
18. entgegen § 74 Satz 1 oder 2 in Verbindung mit § 8 Abs. 7 Satz 4 oder 5 auf eine Produktplatzierung nicht eindeutig hinweist oder sie nicht zu Beginn und zum Ende einer Sendung oder bei deren Fortsetzung nach einer Werbeunterbrechung oder im Hörfunk durch einen gleichwertigen Hinweis angemessen kennzeichnet,
19. entgegen § 74 Satz 1 oder 2 in Verbindung mit § 8 Abs. 9 Werbung politischer, weltanschaulicher oder religiöser Art verbreitet,
20. entgegen § 74 Satz 1 oder 2 in Verbindung mit § 9 Abs. 1 das Bewegtbildangebot eines Gottesdienstes oder ein Bewegtbildangebot für Kinder durch Rundfunkwerbung entsprechende Werbung oder durch Teleshopping unterbricht,
21. entgegen den in § 74 Satz 1 oder 2 in Verbindung mit § 9 Abs. 3 genannten Voraussetzungen Filme mit Ausnahme von Serien, Reihen und Dokumentarfilmen sowie Kinofilme und Nachrichtensendungen durch Fernsehwerbung entsprechende Werbung oder durch Teleshopping unterbricht,
22. entgegen § 74 Satz 1 oder 2 in Verbindung mit § 10 Abs. 1 Satz 1 bei einem gesponserten Bewegtbildangebot nicht eindeutig auf das Bestehen einer Sponsoring-Vereinbarung hinweist oder nicht eindeutig zu Beginn oder am Ende der gesponserten Sendung auf den Sponsor hinweist,
23. entgegen § 74 Satz 1 oder 2 in Verbindung mit § 10 Abs. 3 und 4 unzulässig gesponserte Bewegtbildangebote verbreitet,
24. entgegen § 79 Abs. 2 Satz 1 oder 2 den Betrieb einer Medienplattform oder Benutzeroberfläche nicht, nicht rechtzeitig oder nicht vollständig anzeigt oder entgegen § 79 Abs. 2 Satz 3 in Verbindung mit Satz 1 oder 2 eine wesentliche Änderung nicht, nicht rechtzeitig oder nicht vollständig anzeigt,
25. entgegen § 80 Abs. 1 in Verbindung mit Abs. 2 Rundfunkprogramme, einschließlich des HbbTV-Signals, rundfunkähnliche Telemedien oder Teile davon inhaltlich oder technisch verändert, im Zuge ihrer Abbildung oder akustischen Wiedergabe vollständig oder teilweise mit Werbung, Inhalten aus Rundfunkprogrammen oder rundfunkähnlichen Telemedien, ein-

schließlich Empfehlungen oder Hinweisen hierauf, überlagert oder ihre Abbildung zu diesem Zweck skaliert oder einzelne Rundfunkprogramme oder Inhalte in Angebotspakete aufnimmt oder in anderer Weise entgeltlich oder unentgeltlich vermarktet oder öffentlich zugänglich macht,

26. entgegen § 81 Abs. 2 bis 4 die erforderlichen Übertragungskapazitäten für die zu verbreitenden Programme nicht oder in nicht ausreichendem Umfang oder nicht zu den vorgesehenen Bedingungen zur Verfügung stellt oder entgegen § 81 Abs. 5 Satz 2 auf Verlangen der zuständigen Landesmedienanstalt die Belegung nicht, nicht rechtzeitig oder nicht vollständig anzeigt,

27. entgegen § 82 Abs. 2 Rundfunk, rundfunkähnliche Telemedien und Telemedien nach § 19 Abs. 1 beim Zugang zu Medienplattformen unmittelbar oder mittelbar unbillig behindert oder gegenüber gleichartigen Angeboten ohne sachlich gerechtfertigten Grund unterschiedlich behandelt,

28. entgegen § 82 Abs. 3 Satz 1 oder 2 die Verwendung oder Änderung eines Zugangsberechtigungssystems oder einer Schnittstelle für Anwendungsprogramme und die Entgelte hierfür der zuständigen Landesmedienanstalt nicht unverzüglich anzeigt oder entgegen § 82 Abs. 3 Satz 3 der zuständigen Landesmedienanstalt auf Verlangen die erforderlichen Auskünfte nicht erteilt,

29. entgegen § 83 Abs. 1 Zugangsbedingungen nicht oder nicht vollständig gegenüber der zuständigen Landesmedienanstalt offenlegt,

30. entgegen § 83 Abs. 2 Entgelte oder Tarife nicht so gestaltet, dass auch regionale und lokale Angebote zu angemessenen Bedingungen verbreitet werden können,

31. entgegen § 84 Abs. 2 Satz 1 und 2 gleichartige Angebote oder Inhalte bei der Auffindbarkeit, insbesondere der Sortierung, Anordnung oder Präsentation in Benutzeroberflächen, ohne sachlich gerechtfertigten Grund unterschiedlich behandelt oder ihre Auffindbarkeit unbillig behindert oder entgegen § 84 Abs. 2 Satz 3 nicht alle Angebote mittels einer Suchfunktion diskriminierungsfrei auffindbar macht, soweit der Nachweis nach § 84 Abs. 7 nicht erbracht ist,

32. entgegen § 84 Abs. 3 Satz 1 den in einer Benutzeroberfläche vermittelten Rundfunk nicht in seiner Gesamtheit auf der ersten Auswahlebene unmittelbar erreichbar und leicht auffindbar macht, soweit der Nachweis nach § 84 Abs. 7 nicht erbracht ist,

33. entgegen § 84 Abs. 3 Satz 2 die gesetzlich bestimmten beitragsfinanzierten Programme, die Rundfunkprogramme, die Fensterprogramme (§ 59 Abs. 4) aufzunehmen haben sowie die privaten Programme, die in besonderem Maß einen Beitrag zur Meinungs- und Angebotsvielfalt im Bundesgebiet leisten, nicht leicht auffindbar macht, soweit der Nachweis nach § 84 Abs. 7 nicht erbracht ist,

34. entgegen § 84 Abs. 3 Satz 3 Hauptprogramme mit Fensterprogramm nicht gegenüber dem ohne Fensterprogramm ausgestrahlten Hauptprogramm und gegenüber den Fensterprogrammen, die für andere Gebiete zugelassen oder gesetzlich bestimmt sind, vorrangig darstellt, soweit der Nachweis nach § 84 Abs. 7 nicht erbracht ist,

35. entgegen § 84 Abs. 4 in einer Benutzeroberfläche vermittelte gemeinsame Telemedienangebote der in der ARD zusammengeschlossenen Landesrund-

funkanstalten, Telemedienangebote des ZDF sowie des Deutschlandradios oder vergleichbare rundfunkähnliche Telemedienangebote oder Angebote nach § 2 Abs. 2 Nr. 14 Buchst. b privater Anbieter, die in besonderem Maß einen Beitrag zur Meinungs- und Angebotsvielfalt im Bundesgebiet leisten, oder softwarebasierte Anwendungen, die ihrer unmittelbaren Ansteuerung dienen, im Rahmen der Präsentation rundfunkähnlicher Telemedien oder der softwarebasierten Anwendungen, die ihrer mittelbaren Ansteuerung dienen, nicht leicht auffindbar macht, soweit der Nachweis nach § 84 Abs. 7 nicht erbracht ist,

36. entgegen § 84 Abs. 6 nicht dafür Sorge trägt, dass die Sortierung oder Anordnung von Angeboten oder Inhalten auf einfache Weise und dauerhaft durch den Nutzer individualisiert werden kann, soweit der Nachweis nach § 84 Abs. 7 nicht erbracht ist,

37. entgegen § 85 Satz 1 die einer Medienplattform oder Benutzeroberfläche zugrunde liegenden Grundsätze für die Auswahl von Rundfunk, rundfunkähnlichen Telemedien und Telemedien nach § 19 Abs. 1 und für ihre Organisation nicht transparent macht oder entgegen § 85 Satz 3 Informationen hierzu den Nutzern nicht in leicht wahrnehmbarer, unmittelbar erreichbarer und ständig verfügbarer Weise zur Verfügung stellt,

38. entgegen § 86 Abs. 1 Satz 1 der zuständigen Landesmedienanstalt auf Verlangen die erforderlichen Unterlagen nicht unverzüglich vorlegt,

39. entgegen § 86 Abs. 3 auf Nachfrage gegenüber Anbietern von Rundfunk, rundfunkähnlichen Telemedien oder Telemedien nach § 19 Abs. 1 die tatsächliche Sortierung, Anordnung und Abbildung von Angeboten und Inhalten, die Verwendung ihrer Metadaten sowie im Rahmen eines berechtigten Interesses Zugangsbedingungen nach § 83 Abs. 1 nicht mitteilt,

40. entgegen § 90 Abs. 2 nicht spätestens sechs Monate nach Inkrafttreten dieses Staatsvertrages die Anzeige nach § 79 Abs. 2 vornimmt, soweit die Medienplattform oder Benutzeroberfläche bei Inkrafttreten dieses Staatsvertrages bereits in Betrieb, aber nicht angezeigt ist,

41. entgegen § 92 Satz 1 als Anbieter eines Medienintermediärs keinen Zustellungsbevollmächtigten im Inland benennt,

42. entgegen § 93 Abs. 1 als Anbieter eines Medienintermediärs die erforderlichen Informationen nicht oder nicht in der vorgeschriebenen Weise verfügbar hält,

43. entgegen § 93 Abs. 2 als Anbieter eines Medienintermediärs, der eine thematische Spezialisierung aufweist, diese Spezialisierung durch die Gestaltung seines Angebots nicht wahrnehmbar macht,

44. entgegen § 93 Abs. 3 als Anbieter eines Medienintermediärs Änderungen nicht unverzüglich in derselben Weise wahrnehmbar macht,

45. entgegen § 93 Abs. 4 als Anbieter eines Medienintermediärs, der soziale Netzwerke anbietet, nicht dafür Sorge trägt, dass Telemedien im Sinne von § 18 Abs. 3 gekennzeichnet werden,

46. entgegen § 94 Abs. 1 als Anbieter eines Medienintermediärs journalistisch-redaktionell gestaltete Angebote, auf deren Wahrnehmbarkeit er besonders hohen Einfluss hat, diskriminiert,

47. entgegen § 95 als Anbieter eines Medienintermediärs die erforderlichen Unterlagen der zuständigen Landesmedienanstalt auf Verlangen nicht vorlegt,

48. entgegen § 103 Abs. 2 Satz 1 oder 3 die Weiterverbreitung von Fernsehprogrammen nicht, nicht rechtzeitig oder nicht vollständig bei der Landesmedienanstalt, in deren Geltungsbereich die Programme verbreitet werden sollen, anzeigt soweit die Anzeige nicht nach § 103 Abs. 2 Satz 2 durch den Anbieter einer Medienplattform vorgenommen wird,
49. entgegen einer vollziehbaren Anordnung durch die zuständige Aufsichtsbehörde nach § 109 Abs. 1 Satz 2, auch in Verbindung mit Abs. 4 Satz 1 ein Angebot nicht sperrt oder
50. entgegen § 109 Abs. 4 Satz 3 Angebote gegen den Abruf durch die zuständige Aufsichtsbehörde sperrt.

³ Weitere landesrechtliche Bestimmungen über Ordnungswidrigkeiten bleiben unberührt.

(2) Die Ordnungswidrigkeit kann mit einer Geldbuße von bis zu 500.000 Euro, im Falle des Absatzes 1 Satz 2 Nr. 1 mit einer Geldbuße bis zu 50.000 Euro und im Falle des Absatzes 1 Satz 2 Nr. 49 und 50 mit einer Geldbuße bis zu 250.000 Euro geahndet werden.

(3) ¹ Zuständige Verwaltungsbehörde im Sinne des § 36 Abs. 1 Nr. 1 des Gesetzes über Ordnungswidrigkeiten[1)] ist die nach § 106 zuständige Landesmedienanstalt. ² Über die Einleitung eines Verfahrens hat die zuständige Verwaltungsbehörde die übrigen Landesmedienanstalten unverzüglich zu unterrichten. ³ Soweit ein Verfahren nach dieser Vorschrift in mehreren Ländern eingeleitet wurde, stimmen sich die beteiligten Behörden über die Frage ab, welche Behörde das Verfahren fortführt.

(4) ¹ Die Landesmedienanstalt, die einem Veranstalter eines bundesweit ausgerichteten Rundfunkprogramms die Zulassung erteilt hat, kann bestimmen, dass Beanstandungen nach einem Rechtsverstoß gegen Regelungen dieses Staatsvertrages sowie rechtskräftige Entscheidungen in einem Verfahren wegen Ordnungswidrigkeiten nach Absatz 1 von dem betroffenen Veranstalter in seinem Rundfunkprogramm verbreitet werden. ² Inhalt und Zeitpunkt der Bekanntgabe sind durch diese Landesmedienanstalt nach pflichtgemäßem Ermessen festzulegen. ³ Absatz 3 Satz 2 und 3 gilt entsprechend.

(5) Die Verfolgung der in Absatz 1 genannten Ordnungswidrigkeiten verjährt in sechs Monaten.

IX. Abschnitt. Übergangs- und Schlussvorschriften

§ 116 Kündigung. (1) ¹ Dieser Staatsvertrag gilt für unbestimmte Zeit. ² Der Staatsvertrag kann von jedem der vertragschließenden Länder zum Schluss des Kalenderjahres mit einer Frist von einem Jahr gekündigt werden. ³ Die Kündigung kann erstmals zum 31. Dezember 2022 erfolgen. ⁴ Wird der Staatsvertrag zu diesem Termin nicht gekündigt, kann die Kündigung mit gleicher Frist jeweils zu einem zwei Jahre späteren Termin erfolgen. ⁵ Die Kündigung ist gegenüber der oder dem Vorsitzenden der Konferenz der Regierungschefinnen und Regierungschefs der Länder schriftlich zu erklären. ⁶ Kündigt ein Land diesen Staatsvertrag, kann es zugleich den Rundfunkbeitragsstaatsvertrag und den Rundfunkfinanzierungsstaatsvertrag zum gleichen Zeitpunkt kündigen; jedes andere Land kann daraufhin innerhalb von sechs Monaten nach Eingang

---

[1)] Nr. 46.

der Kündigungserklärung dementsprechend ebenfalls zum gleichen Zeitpunkt kündigen. [7] Zwischen den übrigen Ländern bleiben diese Staatsverträge in Kraft.

(2) [1] Im Falle der Kündigung verbleibt es bei der vorgenommenen Zuordnung der Satellitenkanäle, solange für diese Kanäle noch Berechtigungen bestehen. [2] Die §§ 27 bis 30 bleiben im Falle der Kündigung einzelner Länder unberührt.

(3) [1] § 13 Abs. 1 und 2 kann von jedem der vertragschließenden Länder auch gesondert zum Schluss des Kalenderjahres mit einer Frist von einem Jahr gekündigt werden. [2] Die Kündigung kann erstmals zum 31. Dezember 2022 erfolgen. [3] Wird § 13 Abs. 1 und 2 zu diesem Zeitpunkt nicht gekündigt, kann die Kündigung mit gleicher Frist jeweils zu einem zwei Jahre späteren Zeitpunkt erfolgen. [4] Die Kündigung ist gegenüber der oder dem Vorsitzenden der Konferenz der Regierungschefinnen und Regierungschefs der Länder schriftlich zu erklären. [5] Kündigt ein Land, kann jedes Land innerhalb von drei Monaten nach Eingang der Kündigungserklärung § 13 Abs. 1 und 2 zum gleichen Zeitpunkt kündigen. [6] Die Kündigung eines Landes lässt die gekündigten Bestimmungen dieses Staatsvertrages im Verhältnis der übrigen Länder zueinander unberührt.

(4) [1] § 34 Abs. 2 kann von jedem der vertragschließenden Länder auch gesondert zum Schluss des Kalenderjahres mit einer Frist von einem Jahr gekündigt werden. [2] Die Kündigung kann erstmals zum 31. Dezember 2022 erfolgen. [3] Wird § 34 Abs. 2 zu diesem Zeitpunkt nicht gekündigt, kann die Kündigung mit gleicher Frist jeweils zu einem zwei Jahre späteren Zeitpunkt erfolgen. [4] Die Kündigung ist gegenüber der oder dem Vorsitzenden der Konferenz der Regierungschefinnen und Regierungschefs der Länder schriftlich zu erklären. [5] Kündigt ein Land, kann jedes Land innerhalb von drei Monaten nach Eingang der Kündigungserklärung den Rundfunkstaatsvertrag, den ARD-Staatsvertrag, den ZDF-Staatsvertrag, den Staatsvertrag über die Körperschaft des öffentlichen Rechts „Deutschlandradio", den Rundfunkfinanzierungsstaatsvertrag und den Rundfunkbeitragsstaatsvertrag zum gleichen Zeitpunkt kündigen. [6] Die Kündigung eines Landes lässt die gekündigten Bestimmungen dieses Staatsvertrages und die in Satz 5 aufgeführten Staatsverträge im Verhältnis der übrigen Länder zueinander unberührt.

(5) [1] § 39 Abs. 1, 2 und 5 kann von jedem der vertragschließenden Länder auch gesondert zum Schluss des Kalenderjahres, das auf die Ermittlung des Finanzbedarfs des öffentlich-rechtlichen Rundfunks gemäß § 36 folgt, mit einer Frist von sechs Monaten gekündigt werden, wenn der Rundfunkfinanzierungsstaatsvertrag nicht nach der Ermittlung des Finanzbedarfs gemäß § 36 aufgrund einer Rundfunkbeitragserhöhung geändert wird. [2] Die Kündigung kann erstmals zum 31. Dezember 2022 erfolgen. [3] Wird § 39 Abs. 1, 2 und 5 zu einem dieser Termine nicht gekündigt, kann die Kündigung mit gleicher Frist jeweils zu einem zwei Jahre späteren Termin erfolgen. [4] Die Kündigung ist gegenüber der oder dem Vorsitzenden der Konferenz der Regierungschefinnen und Regierungschefs der Länder schriftlich zu erklären. [5] Kündigt ein Land, kann jedes Land innerhalb von drei Monaten nach Eingang der Kündigungserklärung den Rundfunkbeitragsstaatsvertrag und den Rundfunkfinanzierungsstaatsvertrag zum gleichen Zeitpunkt kündigen. [6] In diesem Fall kann jedes Land außerdem innerhalb weiterer drei Monate nach Eingang der Kündigungserklärung nach Satz 5 die §§ 36 und 46 hinsichtlich einzelner oder sämtlicher Bestimmungen

zum gleichen Zeitpunkt kündigen. ⁷Zwischen den übrigen Ländern bleiben die gekündigten Bestimmungen dieses Staatsvertrages und die in Satz 5 aufgeführten Staatsverträge in Kraft.

§ 117 Übergangsbestimmung für Produktplatzierungen. § 8 Abs. 7 und § 38 gelten nicht für Sendungen, die vor dem 19. Dezember 2009 produziert wurden.

§ 118 Übergangsbestimmung für Telemedienkonzepte. Die zum 1. Mai 2019 nach § 32 Abs. 7 veröffentlichten Telemedienkonzepte bleiben unberührt.

§ 119 Übergangsbestimmung für Zulassungen und Anzeigen.

(1) ¹Bei Zulassungen, die vor Inkrafttreten dieses Staatsvertrages erteilt wurden, und Zulassungsverlängerungen bleibt die zulassungserteilende Landesmedienanstalt zuständig. ²Gleiches gilt für Medienplattformen und Benutzeroberflächen, die vor Inkrafttreten dieses Staatsvertrages angezeigt wurden.

(2) Absatz 1 gilt nur für bundesweit ausgerichtete Angebote.

§ 120 Übergangsbestimmung zur Bestimmung der Zuschaueranteile.

(1) ¹Bis zur ersten Bestimmung der Zuschaueranteile nach § 61 sind für die Beurteilung von Fragestellungen der Sicherung der Meinungsvielfalt in Zusammenhang mit der bundesweiten Veranstaltung von Fernsehprogrammen die vorhandenen Daten über Zuschaueranteile zugrunde zu legen. ²Die Veranstalter sind verpflichtet, bei ihnen vorhandene Daten über Zuschaueranteile auf Anforderung der KEK zur Verfügung zu stellen. ³Die Landesmedienanstalten haben durch Anwendung verwaltungsverfahrensrechtlicher Regelungen unter Beachtung der Interessen der Beteiligten sicherzustellen, dass Maßnahmen nach diesem Staatsvertrag, die aufgrund von Daten nach Satz 1 ergehen, unverzüglich an die sich aufgrund der ersten Bestimmung der Zuschaueranteile nach § 61 ergebende Sach- und Rechtslage angepasst werden können.

(2) Absatz 1 gilt nur für bundesweit ausgerichtete Angebote.

§ 121 Übergangsbestimmung für Benutzeroberflächen. § 84 Abs. 3 bis 6 gilt ab dem 1. September 2021.

§ 122 Regelung für Bayern. ¹Der Freistaat Bayern ist berechtigt, eine Verwendung des Anteils am Rundfunkbeitrag nach § 112 zur Finanzierung der landesgesetzlich bestimmten Aufgaben der Bayerischen Landeszentrale für Neue Medien im Rahmen der öffentlich-rechtlichen Trägerschaft vorzusehen. ²Im Übrigen finden die für private Veranstalter geltenden Bestimmungen dieses Staatsvertrages auf Anbieter nach bayerischem Recht entsprechende Anwendung. ³Abweichende Regelungen zu § 8 Abs. 9 Satz 1 1. Variante zur Umsetzung von Vorgaben der Landesverfassung sind zulässig.

Anlagen
(zu § 28 Abs. 1 Nr. 2, Abs. 3 Nr. 2, § 29 Abs. 3 Nr. 3 des Medienstaatsvertrages)

(vom Abdruck wurde abgesehen)

Anlage
(zu § 30 Abs. 5 Satz 1 Nr. 4 des Medienstaatsvertrages)

Negativliste öffentlich-rechtlicher Telemedien

1. Anzeigenrubriken, Anzeigen oder Kleinanzeigen,
2. Branchenregister und -verzeichnisse,
3. Preisvergleichsrubriken sowie Berechnungsprogramme (z.B. Preisrechner, Versicherungsrechner),
4. Rubriken für die Bewertung von Dienstleistungen, Einrichtungen und Produkten,
5. Partner-, Kontakt-, Stellen-, Tauschbörsen,
6. Ratgeberrubriken ohne Bezug zu Sendungen,
7. Business-Networks,
8. Telekommunikationsdienstleistungen im Sinne von § 3 Nr. 24 des Telekommunikationsgesetzes,
9. Wetten im Sinne von § 762 des Bürgerlichen Gesetzbuches,
10. Softwareangebote, soweit nicht zur Wahrnehmung des eigenen Angebots erforderlich,
11. Routenplaner,
12. Verlinkungen ohne redaktionelle Prüfung und Verlinkungen, die unmittelbar zu Kaufaufforderungen führen mit der Ausnahme von Verlinkungen auf eigene audio-visuelle Inhalte kommerzieller Tochtergesellschaften,
13. Musikdownload von kommerziellen Fremdproduktionen; dies gilt nicht soweit es sich um ein zeitlich befristetes aktionsbezogenes Angebot zum Download von Musiktiteln handelt,
14. Spieleangebote ohne Bezug zu einer Sendung,
15. Fotodownload ohne Bezug zu einer Sendung,
16. Veranstaltungskalender (auf eine Sendung bezogene Hinweise auf Veranstaltungen sind zulässig),
17. Foren, Chats ohne Bezug zu Sendungen und redaktionelle Begleitung; Foren, Chats unter Programm- oder Sendermarken sind zulässig. Foren und Chats dürfen nicht inhaltlich auf Angebote ausgerichtet sein, die nach den Nummern 1 bis 16 unzulässig sind.

Anlage
(zu § 33 Abs. 5 Satz 1 des Medienstaatsvertrages)

Negativliste Jugendangebot

1. Anzeigenrubriken, Anzeigen oder Kleinanzeigen,
2. Branchenregister und -verzeichnisse,
3. Preisvergleichsrubriken sowie Berechnungsprogramme (zum Beispiel Preisrechner, Versicherungsrechner),
4. Rubriken für die Bewertung von Dienstleistungen, Einrichtungen und Produkten,
5. Partner-, Kontakt-, Stellen-, Tauschbörsen,
6. Ratgeberrubriken ohne journalistisch-redaktionellen Bezug zum Jugendangebot,

7. Business-Networks,
8. Telekommunikationsdienste im Sinne von § 3 Nr. 24 des Telekommunikationsgesetzes,
9. Wetten im Sinne von § 762 des Bürgerlichen Gesetzbuches,
10. Softwareangebote, soweit nicht zur Wahrnehmung des eigenen Angebots erforderlich,
11. Routenplaner,
12. Verlinkungen ohne redaktionelle Prüfung und Verlinkungen, die unmittelbar zu Kaufaufforderungen führen,
13. Musikdownload von kommerziellen Fremdproduktionen, soweit es sich um ein zeitlich unbefristetes nicht-aktionsbezogenes Angebot zum Download von Musiktiteln handelt,
14. Spieleangebote ohne journalistisch-redaktionellen Bezug zum Jugendangebot,
15. Fotodownload ohne journalistisch-redaktionellen Bezug zum Jugendangebot,
16. Veranstaltungskalender ohne journalistisch-redaktionellen Bezug zum Jugendangebot,
17. Foren und Chats ohne redaktionelle Begleitung. Im Übrigen dürfen Foren und Chats nicht inhaltlich auf Angebote ausgerichtet sein, die nach den Nummern 1 bis 16 unzulässig sind.

8. Staatsvertrag über den Schutz der Menschenwürde und den Jugendschutz in Rundfunk und Telemedien (Jugendmedienschutz-Staatsvertrag – JMStV)[1)]

10.–27. September 2002[2)]

zuletzt geänd. durch Art. 3 Medienordnung-Modernisierungsstaatsvertrag v. 14.4.2020

Das Land Baden-Württemberg,
der Freistaat Bayern,
das Land Berlin,
das Land Brandenburg,
die Freie Hansestadt Bremen,
die Freie und Hansestadt Hamburg,
das Land Hessen,
das Land Mecklenburg-Vorpommern,
das Land Niedersachsen,
das Land Nordrhein-Westfalen,
das Land Rheinland-Pfalz,
das Saarland,
der Freistaat Sachsen,
das Land Sachsen-Anhalt,
das Land Schleswig-Holstein und
der Freistaat Thüringen

[1)] Der 14. RundfunkänderungsStV v. 10.6.2010, ber. S. 8, 2011 S. 51, aufgeh. durch Bek. v. 7.3.2011 (GVBl. I Nr. 3 S. 1) ist gem. Art. 4 Abs. 2 gegenstandslos, nachdem bis zum 31.12.2010 nicht alle Vertragsparteien zugestimmt haben; siehe hierzu auch in Berlin: Bek. v. 25.1.2011 (GVBl. S. 18).
[2)] Zur Ratifizierung und zum Inkrafttreten am **1.4.2003** siehe in:
Baden-Württemberg: G v. 4.2.2003 (GBl. S. 93), Bek. v. 22.4.2003 (GBl. S. 261);
Bayern: Bek. v. 20.2.2003 (GVBl. S. 147);
Berlin: G v. 11.2.2003 (GVBl. S. 69):
Brandenburg: G v. 13.2.2003 (GVBl. I S. 21), Bek. v. 14.4.2003 (GVBl. I S. 159);
Bremen: G v. 25.2.2003 (Brem.GBl. S. 33), Bek. v. 10.4.2003 (Brem.GBl. S. 183);
Hamburg: G v. 11.3.2003 (HmbGVBl. S. 27), Bek. v. 17.4.2003 (HmbGVBl. S. 95);
Hessen: G v. 13.12.2002 (GVBl. I S. 778), neugef. durch Bek. v. 28.7.2009 (GVBl. I S. 278);
Mecklenburg-Vorpommern: G v. 3.2.2003 (GVOBl. M-V S. 110), Bek. v. 7.4.2003 (GVOBl. M-V S. 287);
Niedersachsen: G v. 20.11.2002 (Nds. GVBl. S. 705);
Nordrhein-Westfalen: G v. 28.2.2003 (GV. NRW. S. 85), Bek. v. 13.5.2004 (GV. NRW. 2003 S. 267);
Rheinland-Pfalz: G v. 6.3.2003 (GVBl. S. 24), Bek. v. 8.4.2003 (GVBl. S. 68);
Saarland: G v. 19.2.2003 (Amtsbl. S. 533);
Sachsen: G v. 21.3.2003 (SächsGVBl. S. 38), Bek. v. 15.4.2003 (SächsGVBl. S. 103);
Sachsen-Anhalt: G v. 19.12.2002 (GVBl. LSA S. 428);
Schleswig-Holstein: G v. 18.3.2003 (GVOBl. Schl.-H. S. 138, ber. S. 204);
Thüringen: G v. 11.2.2003 (GVBl. S. 81).

schließen nachstehenden Staatsvertrag:

Inhaltsverzeichnis:

I. Abschnitt. Allgemeine Vorschriften
- § 1. Zweck des Staatsvertrages
- § 2. Geltungsbereich
- § 3. Begriffsbestimmungen
- § 4. Unzulässige Angebote
- § 5. Entwicklungsbeeinträchtigende Angebote
- § 5a. Video-Sharing-Dienste
- § 5b. Meldung von Nutzerbeschwerden
- § 5c. Ankündigungen und Kennzeichnungspflicht
- § 6. Jugendschutz in der Werbung und im Teleshopping
- § 7. Jugendschutzbeauftragte

II. Abschnitt. Vorschriften für Rundfunk
- § 8. Festlegung der Sendezeit
- § 9. Ausnahmeregelungen
- § 10. Programmankündigungen und Kenntlichmachung

III. Abschnitt. Vorschriften für Telemedien
- § 11. Jugendschutzprogramme
- § 12. Kennzeichnungspflicht

IV. Abschnitt. Verfahren für Anbieter mit Ausnahme des öffentlich-rechtlichen Rundfunks
- § 13. Anwendungsbereich
- § 14. Kommission für Jugendmedienschutz
- § 15. Mitwirkung der Gremien der Landesmedienanstalten
- § 16. Zuständigkeit der KJM
- § 17. Verfahren der KJM
- § 18. „jugendschutz.net"
- § 19. Einrichtungen der Freiwilligen Selbstkontrolle
- § 19a. Zuständigkeit und Verfahren der Einrichtungen der Freiwilligen Selbstkontrolle
- § 19b. Aufsicht über Einrichtungen der Freiwilligen Selbstkontrolle

V. Abschnitt. Vollzug für Anbieter mit Ausnahme des öffentlich-rechtlichen Rundfunks
- § 20. Aufsicht
- § 21. Auskunftsansprüche
- § 22. Revision zum Bundesverwaltungsgericht

VI. Abschnitt. Ahndung von Verstößen der Anbieter mit Ausnahme des öffentlich-rechtlichen Rundfunks
- § 23. Strafbestimmung
- § 24. Ordnungswidrigkeiten

VII. Abschnitt. Schlussbestimmungen
- § 25. Übergangsbestimmung
- § 26. Geltungsdauer, Kündigung
- § 27. Notifizierung

I. Abschnitt. Allgemeine Vorschriften

§ 1 Zweck des Staatsvertrages. Zweck des Staatsvertrages ist der einheitliche Schutz der Kinder und Jugendlichen vor Angeboten in elektronischen Informations- und Kommunikationsmedien, die deren Entwicklung oder Erziehung beeinträchtigen oder gefährden, sowie der Schutz vor solchen Angeboten in elektronischen Informations- und Kommunikationsmedien, die die Menschenwürde oder sonstige durch das Strafgesetzbuch[1] geschützte Rechtsgüter verletzen.

---

[1] Auszugsweise abgedruckt unter Nr. **44**.

§ 2 Geltungsbereich. (1) ¹Dieser Staatsvertrag gilt für Rundfunk und Telemedien im Sinne des Medienstaatsvertrages[1]. ²Die Vorschriften dieses Staatsvertrages gelten auch für Anbieter, die ihren Sitz nach den Vorschriften des Telemediengesetzes[2] sowie des Medienstaatsvertrages nicht in Deutschland haben, soweit die Angebote zur Nutzung in Deutschland bestimmt sind und unter Beachtung der Vorgaben der Artikel 3 und 4 der Richtlinie 2010/13/EU des Europäischen Parlaments und des Rates vom 10. März 2010 zur Koordinierung bestimmter Rechts- und Verwaltungsvorschriften der Mitgliedstaaten über die Bereitstellung audiovisueller Mediendienste (Richtlinie über audiovisuelle Mediendienste) (ABl. L 95 vom 15. April 2010, S. 1), die durch die Richtlinie 2018/1808/EU (ABl. L 303 vom 28. November 2018, S. 69) geändert wurde, sowie des Artikels 3 der Richtlinie 2000/31/EG des Europäischen Parlaments und des Rates vom 8. Juni 2000 über bestimmte rechtliche Aspekte der Dienste der Informationsgesellschaft, insbesondere des elektronischen Geschäftsverkehrs, im Binnenmarkt (Richtlinie über den elektronischen Geschäftsverkehr) (ABl. L 178 vom 17. Juli 2000, S. 1). ³Von der Bestimmung zur Nutzung in Deutschland ist auszugehen, wenn sich die Angebote in der Gesamtschau, insbesondere durch die verwendete Sprache, die angebotenen Inhalte oder Marketingaktivitäten, an Nutzer in Deutschland richten oder in Deutschland einen nicht unwesentlichen Teil ihrer Refinanzierung erzielen.

(2) Das Telemediengesetz und die für Telemedien anwendbaren Bestimmungen des Medienstaatsvertrages bleiben unberührt.

§ 3 [Begriffsbestimmungen] Im Sinne dieses Staatsvertrages ist
1. Angebot eine Sendung oder der Inhalt von Telemedien,
2. Anbieter Rundfunkveranstalter oder Anbieter von Telemedien,
3. Kind, wer noch nicht 14 Jahre alt ist,
4. Jugendlicher, wer 14 Jahre, aber noch nicht 18 Jahre alt ist.

§ 4 Unzulässige Angebote. (1) ¹Unbeschadet strafrechtlicher Verantwortlichkeit sind Angebote unzulässig, wenn sie
1. Propagandamittel im Sinne des § 86 des Strafgesetzbuches[3] darstellen, deren Inhalt gegen die freiheitliche demokratische Grundordnung oder den Gedanken der Völkerverständigung gerichtet ist,
2. Kennzeichen verfassungswidriger Organisationen im Sinne des § 86a des Strafgesetzbuches[3] verwenden,
3. zum Hass gegen Teile der Bevölkerung oder gegen eine nationale, rassische, religiöse oder durch ihr Volkstum bestimmte Gruppe aufstacheln, zu Gewalt- oder Willkürmaßnahmen gegen sie auffordern oder die Menschenwürde anderer dadurch angreifen, dass Teile der Bevölkerung oder eine vorbezeichnete Gruppe beschimpft, böswillig verächtlich gemacht oder verleumdet werden,
4. eine unter der Herrschaft des Nationalsozialismus begangene Handlung der in § 6 Abs. 1 des Völkerstrafgesetzbuches bezeichneten Art in einer Weise,

---
[1] Nr. 7.
[2] Nr. 5.
[3] Nr. 44.

die geeignet ist, den öffentlichen Frieden zu stören, leugnen oder verharmlosen, oder den öffentlichen Frieden in einer die Würde der Opfer verletzenden Weise dadurch stören, dass die nationalsozialistische Gewalt- und Willkürherrschaft gebilligt, verherrlicht oder gerechtfertigt wird,

5. grausame oder sonst unmenschliche Gewalttätigkeiten gegen Menschen in einer Art schildern, die eine Verherrlichung oder Verharmlosung solcher Gewalttätigkeiten ausdrückt oder die das Grausame oder Unmenschliche des Vorgangs in einer die Menschenwürde verletzenden Weise darstellt; dies gilt auch bei virtuellen Darstellungen,

6. als Anleitung zu einer in § 126 Abs. 1 des Strafgesetzbuches genannten rechtswidrigen Tat dienen,

7. den Krieg verherrlichen,

8. gegen die Menschenwürde verstoßen, insbesondere durch die Darstellung von Menschen, die sterben oder schweren körperlichen oder seelischen Leiden ausgesetzt sind oder waren, wobei ein tatsächliches Geschehen wiedergegeben wird, ohne dass ein berechtigtes Interesse gerade für diese Form der Darstellung oder Berichterstattung vorliegt; eine Einwilligung ist unbeachtlich,

9. Kinder oder Jugendliche in unnatürlich geschlechtsbetonter Körperhaltung darstellen; dies gilt auch bei virtuellen Darstellungen,

10. kinderpornografisch im Sinne des § 184b Abs. 1 des Strafgesetzbuches oder jugendpornografisch im Sinne des § 184c Abs. 1 des Strafgesetzbuches sind oder pornografisch sind und Gewalttätigkeiten oder sexuelle Handlungen von Menschen mit Tieren zum Gegenstand haben; dies gilt auch bei virtuellen Darstellungen, oder

11. in den Teilen B und D der Liste nach § 18 des Jugendschutzgesetzes[1)] aufgenommen sind oder mit einem in dieser Liste aufgenommenen Werk ganz oder im Wesentlichen inhaltsgleich sind.

²In den Fällen der Nummern 1 bis 4 und 6 gilt § 86 Abs. 3 des Strafgesetzbuches[2)], im Falle der Nummer 5 § 131 Abs. 2 des Strafgesetzbuches[2)] entsprechend.

(2) ¹Unbeschadet strafrechtlicher Verantwortlichkeit sind Angebote ferner unzulässig, wenn sie

1. in sonstiger Weise pornografisch sind,

2. in den Teilen A und C der Liste nach § 18 des Jugendschutzgesetzes[1)] aufgenommen sind oder mit einem in dieser Liste aufgenommenen Werk ganz oder im Wesentlichen inhaltsgleich sind, oder

3. offensichtlich geeignet sind, die Entwicklung von Kindern und Jugendlichen oder ihre Erziehung zu einer eigenverantwortlichen und gemeinschaftsfähigen Persönlichkeit unter Berücksichtigung der besonderen Wirkungsform des Verbreitungsmediums schwer zu gefährden.

²In Telemedien sind Angebote abweichend von Satz 1 zulässig, wenn von Seiten des Anbieters sichergestellt ist, dass sie nur Erwachsenen zugänglich gemacht werden (geschlossene Benutzergruppe).

[1)] Nr. 9.
[2)] Nr. 44.

(3) Nach Aufnahme eines Angebotes in die Liste nach § 18 des Jugendschutzgesetzes[1]) wirken die Verbote nach Absatz 1 und 2 auch nach wesentlichen inhaltlichen Veränderungen bis zu einer Entscheidung durch die Bundesprüfstelle für jugendgefährdende Medien.

§ 5 Entwicklungsbeeinträchtigende Angebote.

(1) [1]Sofern Anbieter Angebote, die geeignet sind, die Entwicklung von Kindern oder Jugendlichen zu einer eigenverantwortlichen und gemeinschaftsfähigen Persönlichkeit zu beeinträchtigen, verbreiten oder zugänglich machen, haben sie dafür Sorge zu tragen, dass Kinder oder Jugendliche der betroffenen Altersstufen sie üblicherweise nicht wahrnehmen. [2]Die Altersstufen sind:

1. ab 6 Jahren,
2. ab 12 Jahren,
3. ab 16 Jahren,
4. ab 18 Jahren.

(2) [1]Bei Angeboten wird die Eignung zur Beeinträchtigung der Entwicklung im Sinne von Absatz 1 vermutet, wenn sie nach dem Jugendschutzgesetz[2]) für Kinder oder Jugendliche der jeweiligen Altersstufe nicht freigegeben sind. [2]Satz 1 gilt entsprechend für Angebote, die mit dem bewerteten Angebot im Wesentlichen inhaltsgleich sind. [3]Die Kommission für Jugendmedienschutz (KJM) bestätigt auf Antrag die Altersbewertungen, die durch eine anerkannte Einrichtung der Freiwilligen Selbstkontrolle vorgenommen wurden. [4]Für die Prüfung durch die KJM gilt § 20 Abs. 3 Satz 1 und Abs. 5 Satz 2 entsprechend. [5]Von der KJM bestätigte Altersbewertungen von anerkannten Einrichtungen der Freiwilligen Selbstkontrolle sind von den obersten Landesjugendbehörden für die Freigabe und Kennzeichnung inhaltsgleicher oder im Wesentlichen inhaltsgleicher Angebote nach dem Jugendschutzgesetz[2]) zu übernehmen.

(3) [1]Der Anbieter kann seiner Pflicht aus Absatz 1 dadurch entsprechen, dass er

1. durch technische oder sonstige Mittel die Wahrnehmung des Angebots durch Kinder oder Jugendliche der betroffenen Altersstufe unmöglich macht oder wesentlich erschwert, oder das Angebot mit einer Alterskennzeichnung versieht, die von geeigneten Jugendschutzprogrammen nach § 11 Abs. 1 und 2 ausgelesen werden kann, oder
2. die Zeit, in der die Angebote verbreitet oder zugänglich gemacht werden, so wählt, dass Kinder oder Jugendliche der betroffenen Altersstufe üblicherweise die Angebote nicht wahrnehmen.

[2]Nicht entwicklungsbeeinträchtigende Angebote können als „ohne Altersbeschränkung" gekennzeichnet und ohne Einschränkungen verbreitet werden.

(4) [1]Ist eine entwicklungsbeeinträchtigende Wirkung im Sinne von Absatz 1 auf Kinder oder Jugendliche anzunehmen, erfüllt der Anbieter seine Verpflichtung nach Absatz 1, wenn das Angebot nur zwischen 23 Uhr und 6 Uhr verbreitet oder zugänglich gemacht wird. [2]Gleiches gilt, wenn eine entwicklungsbeeinträchtigende Wirkung auf Kinder oder Jugendliche unter 16 Jahren anzunehmen ist, wenn das Angebot nur zwischen 22 Uhr und 6 Uhr verbreitet

---

[1]) Nr. 9.
[2]) Auszugsweise abgedruckt unter Nr. 9.

oder zugänglich gemacht wird. ³ Ist eine entwicklungsbeeinträchtigende Wirkung im Sinne von Absatz 1 auf Kinder unter zwölf Jahren anzunehmen, ist bei der Wahl der Sendezeit dem Wohl jüngerer Kinder Rechnung zu tragen.

(5) Ist eine entwicklungsbeeinträchtigende Wirkung im Sinne von Absatz 1 nur auf Kinder unter 14 Jahren anzunehmen, erfüllt der Anbieter von Telemedien seine Verpflichtung nach Absatz 1, wenn das Angebot getrennt von für Kinder bestimmten Angeboten verbreitet wird oder abrufbar ist.

(6) Absatz 1 gilt nicht für Nachrichtensendungen, Sendungen zum politischen Zeitgeschehen im Rundfunk und vergleichbare Angebote bei Telemedien, es sei denn, es besteht kein berechtigtes Interesse an dieser Form der Darstellung oder Berichterstattung.

(7) Bei Angeboten, die Inhalte periodischer Druckerzeugnisse in Text und Bild wiedergeben, gelten die Beschränkungen des Absatzes 1 Satz 1 erst dann, wenn die KJM gegenüber dem Anbieter festgestellt hat, dass das Angebot entwicklungsbeeinträchtigend ist.

§ 5a Video-Sharing-Dienste. (1) Unbeschadet der Verpflichtungen nach den §§ 4 und 5 treffen Anbieter von Video-Sharing-Diensten angemessene Maßnahmen, um Kinder und Jugendliche vor entwicklungsbeeinträchtigenden Angeboten zu schützen.

(2) ¹ Als Maßnahmen im Sinne des Absatzes 1 kommen insbesondere in Betracht:

1. die Einrichtung und der Betrieb von Systemen zur Altersverifikation,
2. die Einrichtung und der Betrieb von Systemen, durch die Eltern den Zugang zu entwicklungsbeeinträchtigenden Angeboten kontrollieren können.

² Anbieter von Video-Sharing-Diensten richten Systeme ein, mit denen Nutzer die von ihnen hochgeladenen Angebote bewerten können und die von den Systemen nach Satz 1 ausgelesen werden können.

§ 5b Meldung von Nutzerbeschwerden. Rechtswidrig im Sinne des § 10a des Telemediengesetzes[1)] sind solche Inhalte, die

1. nach § 4 unzulässig sind oder
2. entwicklungsbeeinträchtigende Angebote nach § 5 Abs. 1, 2 und 6 darstellen und die der Anbieter des Video-Sharing-Dienstes der Allgemeinheit bereitstellt, ohne seiner Verpflichtung aus § 5 Abs. 1, 3 bis 5 nachzukommen.

§ 5c Ankündigungen und Kennzeichnungspflicht. (1) Werden Sendungen außerhalb der für sie geltenden Sendezeitbeschränkung angekündigt, dürfen die Inhalte der Ankündigung nicht entwicklungsbeeinträchtigend sein.

(2) Sendungen, für die eine entwicklungsbeeinträchtigende Wirkung auf Kinder oder Jugendliche unter 16 Jahren anzunehmen ist, müssen durch akustische Zeichen angekündigt oder in geeigneter Weise durch optische Mittel als ungeeignet für die entsprechende Altersstufe kenntlich gemacht werden; § 12 bleibt unberührt.

§ 6 Jugendschutz in der Werbung und im Teleshopping. (1) ¹ Werbung für indizierte Angebote ist nur unter den Bedingungen zulässig, die auch für

---

[1)] Nr. 5.

die Verbreitung des Angebotes selbst gelten. ²Gleiches gilt für Werbung für Angebote nach § 4 Abs. 1. ³Die Liste der jugendgefährdenden Medien (§ 18 des Jugendschutzgesetzes[1]) darf nicht zum Zwecke der Werbung verbreitet oder zugänglich gemacht werden. ⁴Bei Werbung darf nicht darauf hingewiesen werden, dass ein Verfahren zur Aufnahme eines Angebotes oder eines inhaltsgleichen Trägermediums in die Liste nach § 18 des Jugendschutzgesetzes[1] anhängig ist oder gewesen ist.

(2) Werbung darf Kinder und Jugendliche weder körperlich noch seelisch beeinträchtigen, darüber hinaus darf sie nicht

1. direkte Aufrufe zum Kaufen oder Mieten von Waren oder Dienstleistungen an Kinder oder Jugendliche enthalten, die deren Unerfahrenheit und Leichtgläubigkeit ausnutzen,
2. Kinder oder Jugendliche unmittelbar auffordern, ihre Eltern oder Dritte zum Kauf der beworbenen Waren oder Dienstleistungen zu bewegen,
3. das besondere Vertrauen ausnutzen, das Kinder oder Jugendliche zu Eltern, Lehrern und anderen Personen haben, oder
4. Kinder oder Jugendliche ohne berechtigten Grund in gefährlichen Situationen zeigen.

(3) Werbung, deren Inhalt geeignet ist, die Entwicklung von Kindern oder Jugendlichen zu einer eigenverantwortlichen und gemeinschaftsfähigen Persönlichkeit zu beeinträchtigen, muss getrennt von Angeboten erfolgen, die sich an Kinder oder Jugendliche richten.

(4) Werbung, die sich auch an Kinder oder Jugendliche richtet oder bei der Kinder oder Jugendliche als Darsteller eingesetzt werden, darf nicht den Interessen von Kindern oder Jugendlichen schaden oder deren Unerfahrenheit ausnutzen.

(5) Werbung für alkoholische Getränke darf sich weder an Kinder oder Jugendliche richten noch durch die Art der Darstellung Kinder und Jugendliche besonders ansprechen oder diese beim Alkoholgenuss darstellen.

(6) Teleshopping darf darüber hinaus Kinder oder Jugendliche nicht dazu anhalten, Kauf- oder Miet- bzw. Pachtverträge für Waren oder Dienstleistungen zu schließen.

(7) Die Anbieter treffen geeignete Maßnahmen, um die Einwirkung von im Umfeld von Kindersendungen verbreiteter Werbung für Lebensmittel, die Nährstoffe und Substanzen mit ernährungsbezogener oder physiologischer Wirkung enthalten, insbesondere Fett, Transfettsäuren, Salz, Natrium, Zucker, deren übermäßige Aufnahme im Rahmen der Gesamternährung nicht empfohlen wird, auf Kinder wirkungsvoll zu verringern.

§ 7 Jugendschutzbeauftragte.
(1) ¹Wer länderübergreifendes zulassungspflichtiges Fernsehen veranstaltet, hat einen Jugendschutzbeauftragten zu bestellen. ²Gleiches gilt für geschäftsmäßige Anbieter von zulassungsfreien Fernsehangeboten nach § 54 des Medienstaatsvertrages[2] oder allgemein zugänglichen Telemedien, wenn die Angebote entwicklungsbeeinträchtigende oder jugendgefährdende Inhalte enthalten, sowie für Anbieter von Suchmaschinen. ³Der Anbieter hat wesentliche Informationen über den Jugendschutzbeauftrag-

---
[1] Nr. **9**.
[2] Nr. **7**.

ten leicht erkennbar, unmittelbar erreichbar und ständig verfügbar zu halten. ⁴Sie müssen insbesondere Namen und Daten enthalten, die eine schnelle elektronische Kontaktaufnahme ermöglichen.

(2) Anbieter von Telemedien mit weniger als 50 Mitarbeitern oder nachweislich weniger als zehn Millionen Zugriffen im Monatsdurchschnitt eines Jahres sowie Veranstalter, die nicht bundesweit verbreitetes Fernsehen veranstalten, können auf die Bestellung verzichten, wenn sie sich einer Einrichtung der Freiwilligen Selbstkontrolle anschließen und diese zur Wahrnehmung der Aufgaben des Jugendschutzbeauftragten verpflichten sowie entsprechend Absatz 3 beteiligen und informieren.

(3) ¹Der Jugendschutzbeauftragte ist Ansprechpartner für die Nutzer und berät den Anbieter in Fragen des Jugendschutzes. ²Er ist vom Anbieter bei Fragen der Herstellung, des Erwerbs, der Planung und der Gestaltung von Angeboten und bei allen Entscheidungen zur Wahrung des Jugendschutzes angemessen und rechtzeitig zu beteiligen und über das jeweilige Angebot vollständig zu informieren. ³Er kann dem Anbieter eine Beschränkung oder Änderung von Angeboten vorschlagen.

(4) ¹Der Jugendschutzbeauftragte muss die zur Erfüllung seiner Aufgaben erforderliche Fachkunde besitzen. ²Er ist in seiner Tätigkeit weisungsfrei. ³Er darf wegen der Erfüllung seiner Aufgaben nicht benachteiligt werden. ⁴Ihm sind die zur Erfüllung seiner Aufgaben notwendigen Sachmittel zur Verfügung zu stellen. ⁵Er ist unter Fortzahlung seiner Bezüge soweit für seine Aufgaben erforderlich von der Arbeitsleistung freizustellen.

(5) Die Jugendschutzbeauftragten der Anbieter sollen in einen regelmäßigen Erfahrungsaustausch eintreten.

II. Abschnitt. Vorschriften für Rundfunk

§ 8 Festlegung der Sendezeit. (1)¹⁾ Die in der Arbeitsgemeinschaft der öffentlich-rechtlichen Rundfunkanstalten der Bundesrepublik Deutschland (ARD) zusammengeschlossenen Landesrundfunkanstalten, das Zweite Deutsche Fernsehen (ZDF), die KJM oder von dieser hierfür anerkannte Einrichtungen der Freiwilligen Selbstkontrolle können jeweils in Richtlinien oder für den Einzelfall für Filme, auf die das Jugendschutzgesetz²⁾ keine Anwendung findet, zeitliche Beschränkungen vorsehen, um den Besonderheiten der Ausstrahlung von Filmen im Fernsehen, vor allem bei Fernsehserien, gerecht zu werden.

(2) Für sonstige Sendeformate können die in Absatz 1 genannten Stellen im Einzelfall zeitliche Beschränkungen vorsehen, wenn deren Ausgestaltung nach Thema, Themenbehandlung, Gestaltung oder Präsentation in einer Gesamtbewertung geeignet ist, Kinder oder Jugendliche in ihrer Entwicklung und Erziehung zu beeinträchtigen.

(3) Hat eine anerkannte Einrichtung der Freiwilligen Selbstkontrolle eine Richtlinie nach Absatz 1 in den rechtlichen Grenzen des Beurteilungsspielraums erlassen, ist diese vorrangig anzuwenden.

---

¹⁾ Siehe hierzu ua die Gemeinsamen Richtlinien der Landesmedienanstalten zur Gewährleistung des Schutzes der Menschenwürde und des Jugendschutzes (Jugendschutzrichtlinien – JuSchRiL) v. 14.12.2018.
²⁾ Auszugsweise abgedruckt unter Nr. **9**.

§ 9 Ausnahmeregelungen. (1)[1] ¹Auf Antrag des Intendanten kann das jeweils zuständige Organ der in der ARD zusammengeschlossenen Landesrundfunkanstalten, des Deutschlandradios und des ZDF sowie auf Antrag eines privaten Rundfunkveranstalters die KJM oder eine von dieser hierfür anerkannte Einrichtung der Freiwilligen Selbstkontrolle jeweils in Richtlinien oder für den Einzelfall von der Vermutung nach § 5 Abs. 2 Satz 1 und 2 abweichen. ²Dies gilt vor allem für Angebote, deren Bewertung länger als zehn Jahre zurückliegt. ³Die obersten Landesjugendbehörden sind von der abweichenden Bewertung zu unterrichten. ⁴ § 8 Abs. 3 gilt entsprechend.

(2) ¹Die Landesmedienanstalten können für digital verbreitete Programme des privaten Fernsehens durch übereinstimmende Satzungen festlegen, unter welchen Voraussetzungen ein Rundfunkveranstalter seine Verpflichtung nach § 5 erfüllt. ²Der Rundfunkveranstalter hat sicherzustellen, dass die Freischaltung durch den Nutzer nur für die Dauer der jeweiligen Sendung oder des jeweiligen Films möglich ist. ³Die Landesmedienanstalten bestimmen in den Satzungen nach Satz 1, insbesondere welche Anforderungen an die Verschlüsselung und Vorsperrung von Sendungen zur Gewährleistung eines effektiven Jugendschutzes zu stellen sind.

§ 10 *(aufgehoben)*

III. Abschnitt. Vorschriften für Telemedien

§ 11 (1) ¹Jugendschutzprogramme sind Softwareprogramme, die Alterskennzeichnungen nach § 5 Abs. 3 Satz 1 Nr. 1 auslesen und Angebote erkennen, die geeignet sind, die Entwicklung von Kindern und Jugendlichen zu beeinträchtigen. ²Sie müssen zur Beurteilung ihrer Eignung einer anerkannten Einrichtung der freiwilligen Selbstkontrolle vorgelegt werden. ³Sie sind geeignet, wenn sie einen nach Altersstufen differenzierten Zugang zu Telemedien ermöglichen und eine dem Stand der Technik entsprechende Erkennungsleistung aufweisen. ⁴Zudem müssen sie benutzerfreundlich ausgestaltet und nutzerautonom verwendbar sein.

(2) Zur Beurteilung der Eignung können auch solche Programme vorgelegt werden, die lediglich auf einzelne Altersstufen ausgelegt sind oder den Zugang zu Telemedien innerhalb geschlossener Systeme ermöglichen.

(3) Die KJM legt die Kriterien für die Eignungsanforderungen nach den Absätzen 1 und 2 im Benehmen mit den anerkannten Einrichtungen der Freiwilligen Selbstkontrolle fest.

(4) ¹Hat eine anerkannte Einrichtung der Freiwilligen Selbstkontrolle ein Jugendschutzprogramm als nach Absatz 1 oder 2 geeignet beurteilt, hat sie die Beurteilung mindestens alle drei Jahre zu überprüfen. ²Sie hat auf die Behebung von Fehlfunktionen hinzuwirken. ³Die Beurteilungen nach den Absätzen 1 und 2 und die Ergebnisse ihrer Überprüfung nach Satz 1 sind unverzüglich in geeigneter Form zu veröffentlichen.

(5) Wer gewerbsmäßig oder in großem Umfang Telemedien verbreitet oder zugänglich macht, soll auch die für Kinder oder Jugendliche unbedenklichen

---

[1] Siehe hierzu ua die Gemeinsamen Richtlinien der Landesmedienanstalten zur Gewährleistung des Schutzes der Menschenwürde und des Jugendschutzes (Jugendschutzrichtlinien – JuSchRiL) v. 14.12.2018.

Angebote für ein geeignetes Jugendschutzprogramm nach den Absätzen 1 und 2 programmieren, soweit dies zumutbar und ohne unverhältnismäßige Kosten möglich ist.

(6) [1] Die anerkannten Einrichtungen der Freiwilligen Selbstkontrolle können im Benehmen mit der KJM zur Förderung des technischen Jugendschutzes Modellversuche durchführen und Verfahren vereinbaren. [2] Gleiches gilt für Altersklassifizierungssysteme, die von anerkannten Einrichtungen der Freiwilligen Selbstkontrolle zur Verfügung gestellt werden.

§ 12 Kennzeichnungspflicht. [1] Anbieter von Telemedien, die ganz oder im Wesentlichen inhaltsgleich mit Filmen oder Spielen auf Bildträgern im Sinne des Jugendschutzgesetzes[1]) sind, müssen auf eine Kennzeichnung nach dem Jugendschutzgesetz[1]) in ihrem Angebot deutlich hinweisen. [2] Für Fassungen von Filmen und Spielen in Telemedien, die wie solche auf Trägermedien vorlagefähig sind, kann das Kennzeichnungsverfahren nach dem Jugendschutzgesetz[1]) durchgeführt werden.

IV. Abschnitt. Verfahren für Anbieter mit Ausnahme des öffentlich-rechtlichen Rundfunks

§ 13 Anwendungsbereich. Die §§ 14 bis 21 sowie § 24 Abs. 4 Satz 6 gelten nur für länderübergreifende Angebote.

§ 14 Kommission für Jugendmedienschutz. (1) [1] Die zuständige Landesmedienanstalt überprüft die Einhaltung der für die Anbieter geltenden Bestimmungen nach diesem Staatsvertrag und der Bestimmungen der §§ 10a und 10b des Telemediengesetzes[2]). [2] Sie trifft entsprechend den Bestimmungen dieses Staatsvertrages die jeweiligen Entscheidungen.

(2) [1] Zur Erfüllung der Aufgaben nach Absatz 1 wird die Kommission für Jugendmedienschutz (KJM) gebildet. [2] Diese dient der jeweils zuständigen Landesmedienanstalt als Organ bei der Erfüllung ihrer Aufgaben nach Absatz 1. [3] Auf Antrag der zuständigen Landesmedienanstalt kann die KJM auch mit nichtländerübergreifenden Angeboten gutachtlich befasst werden. [4] Absatz 5 bleibt unberührt.

(3) [1] Die KJM besteht aus 12 Sachverständigen. [2] Hiervon werden entsandt

1. sechs Mitglieder aus dem Kreis der Direktoren der Landesmedienanstalten, die von den Landesmedienanstalten im Einvernehmen benannt werden,
2. vier Mitglieder von den für den Jugendschutz zuständigen obersten Landesbehörden,
3. zwei Mitglieder von der für den Jugendschutz zuständigen obersten Bundesbehörde.

[3] Für jedes Mitglied ist entsprechend Satz 2 ein Vertreter für den Fall seiner Verhinderung zu bestimmen. [4] Die Amtsdauer der Mitglieder oder stellvertretenden Mitglieder beträgt fünf Jahre. [5] Wiederberufung ist zulässig. [6] Mindestens vier Mitglieder und stellvertretende Mitglieder sollen die Befähigung zum Richteramt haben. [7] Den Vorsitz führt ein Direktor einer Landesmedienanstalt.

---

[1]) Auszugsweise abgedruckt unter Nr. **9**.
[2]) Nr. **5**.

(4) Der KJM können nicht angehören Mitglieder und Bedienstete der Institutionen der Europäischen Union, der Verfassungsorgane des Bundes und der Länder, Gremienmitglieder und Bedienstete von Landesrundfunkanstalten der ARD, des ZDF, des Deutschlandradios, des Europäischen Fernsehkulturkanals „ARTE" und der privaten Rundfunkveranstalter oder Anbieter von Telemedien sowie Bedienstete von an ihnen unmittelbar oder mittelbar im Sinne von § 62 des Medienstaatsvertrages[1)] beteiligten Unternehmen.

(5) [1]Es können Prüfausschüsse gebildet werden. [2]Jedem Prüfausschuss muss mindestens jeweils ein in Absatz 3 Satz 2 Nrn. 1 bis 3 aufgeführtes Mitglied der KJM oder im Falle seiner Verhinderung dessen Vertreter angehören. [3]Die Prüfausschüsse entscheiden jeweils bei Einstimmigkeit anstelle der KJM. [4]Zu Beginn der Amtsperiode der KJM wird die Verteilung der Prüfverfahren von der KJM festgelegt. [5]Das Nähere ist in der Geschäftsordnung der KJM festzulegen.

(6) [1]Die Entscheidung über die Bestätigung der Altersbewertungen nach § 5 Abs. 2 Satz 3 ist innerhalb von 14 Tagen zu treffen und dem Antragsteller mitzuteilen. [2]Für das Bestätigungsverfahren kann ein Einzelprüfer bestellt werden.

(7) [1]Die Mitglieder der KJM sind bei der Erfüllung ihrer Aufgaben nach diesem Staatsvertrag an Weisungen nicht gebunden. [2]Die Regelung zur Vertraulichkeit nach § 58 des Medienstaatsvertrages gilt auch im Verhältnis der Mitglieder der KJM zu anderen Organen der Landesmedienanstalten.

(8) [1]Die Mitglieder der KJM haben Anspruch auf Ersatz ihrer notwendigen Aufwendungen und Auslagen. [2]Näheres regeln die Landesmedienanstalten durch übereinstimmende Satzungen.

§ 15 Mitwirkung der Gremien der Landesmedienanstalten.

(1) [1]Die KJM unterrichtet die Vorsitzenden der Gremien der Landesmedienanstalten fortlaufend über ihre Tätigkeit. [2]Sie bezieht die Gremienvorsitzenden in grundsätzlichen Angelegenheiten, insbesondere bei der Erstellung von Satzungs- und Richtlinienentwürfen, ein.

(2)[2)] [1]Die nach Landesrecht zuständigen Organe der Landesmedienanstalten erlassen übereinstimmende Satzungen und Richtlinien zur Durchführung dieses Staatsvertrags. [2]Sie stellen hierbei das Benehmen mit den nach § 19 anerkannten Einrichtungen der Freiwilligen Selbstkontrolle, den in der ARD zusammengeschlossenen Landesrundfunkanstalten und dem ZDF her und führen mit diesen und der KJM einen gemeinsamen Erfahrungsaustausch in der Anwendung des Jugendmedienschutzes durch.

§ 16 Zuständigkeit der KJM.

[1]Die KJM ist zuständig für die abschließende Beurteilung von Angeboten nach diesem Staatsvertrag. [2]Sie ist unbeschadet der Befugnisse von anerkannten Einrichtungen der Freiwilligen Selbstkontrolle nach diesem Staatsvertrag im Rahmen des Satzes 1 insbesondere zuständig für
1. die Überwachung der Bestimmungen dieses Staatsvertrages,

[1)] Nr. 7.
[2)] Siehe hierzu ua die Gemeinsamen Richtlinien der Landesmedienanstalten zur Gewährleistung des Schutzes der Menschenwürde und des Jugendschutzes (Jugendschutzrichtlinien – JuSchRiL) v. 14.12.2018.

2. die Anerkennung von Einrichtungen der Freiwilligen Selbstkontrolle und die Rücknahme oder den Widerruf der Anerkennung,
3. die Bestätigung der Altersbewertungen nach § 5 Abs. 2 Satz 3,
4. die Festlegung der Sendezeit nach § 8,
5. die Festlegung der Ausnahmen nach § 9,
6. die Prüfung und Genehmigung einer Verschlüsselungs- und Vorsperrtechnik,
7. die Aufsicht über Entscheidungen der Einrichtungen der Freiwilligen Selbstkontrolle nach § 19b Abs. 1 und 2,
8. die Stellungnahme zu Indizierungsanträgen bei der Bundesprüfstelle für jugendgefährdende Medien und für Anträge bei der Bundesprüfstelle auf Indizierung und
9. die Entscheidung über Ordnungswidrigkeiten nach diesem Staatsvertrag.

§ 17 Verfahren der KJM. (1) [1] Die KJM wird von Amts wegen tätig; leitet ihr eine Landesmedienanstalt oder eine oberste Landesjugendbehörde einen Prüffall zu, hat sie ein Prüfverfahren einzuleiten. [2] Sie fasst ihre Beschlüsse mit der Mehrheit ihrer gesetzlichen Mitglieder, bei Stimmengleichheit entscheidet die Stimme des Vorsitzenden. [3] Die Beschlüsse sind zu begründen. [4] In der Begründung sind die wesentlichen tatsächlichen und rechtlichen Gründe mitzuteilen. [5] Die Beschlüsse der KJM sind gegenüber den anderen Organen der zuständigen Landesmedienanstalt bindend. [6] Sie sind deren Entscheidungen zugrunde zu legen.

(2) Die KJM soll mit der Bundesprüfstelle für jugendgefährdende Medien und den obersten Landesjugendbehörden zusammenarbeiten und einen regelmäßigen Informationsaustausch pflegen.

(3) Die KJM erstattet den Gremien der Landesmedienanstalten, den für den Jugendschutz zuständigen obersten Landesjugendbehörden und der für den Jugendschutz zuständigen obersten Bundesbehörde alle zwei Jahre einen Bericht über die Durchführung der Bestimmungen dieses Staatsvertrages.

§ 18 „jugendschutz.net". (1) [1] Die durch die obersten Landesjugendbehörden eingerichtete gemeinsame Stelle Jugendschutz aller Länder („jugendschutz.net") ist organisatorisch an die KJM angebunden. [2] Die Stelle „jugendschutz.net" wird von den Landesmedienanstalten und den Ländern gemeinsam finanziert. [3] Die näheren Einzelheiten der Finanzierung dieser Stelle durch die Länder legen die für den Jugendschutz zuständigen Minister der Länder in einem Statut durch Beschluss fest. [4] Das Statut regelt auch die fachliche und haushaltsmäßige Unabhängigkeit der Stelle.

(2) „jugendschutz.net" unterstützt die KJM und die obersten Landesjugendbehörden bei deren Aufgaben.

(3) [1] „jugendschutz.net" überprüft die Angebote der Telemedien. [2] Daneben nimmt „jugendschutz.net" auch Aufgaben der Beratung und Schulung bei Telemedien wahr.

(4) [1] Bei möglichen Verstößen gegen Bestimmungen dieses Staatsvertrages weist „jugendschutz.net" den Anbieter hierauf hin und informiert die KJM. [2] Bei möglichen Verstößen von Mitgliedern einer anerkannten Einrichtung der Freiwilligen Selbstkontrolle ergeht der Hinweis zunächst an diese Einrichtung. [3] Die anerkannten Einrichtungen der Freiwilligen Selbstkontrolle haben inner-

halb einer Woche ein Verfahren einzuleiten und dies „jugendschutz.net" mitzuteilen. ⁴Bei Untätigkeit der anerkannten Einrichtungen der Freiwilligen Selbstkontrolle informiert „jugendschutz.net" die KJM.

§ 19 Einrichtungen der Freiwilligen Selbstkontrolle.
(1) Einrichtungen Freiwilliger Selbstkontrolle können für Rundfunk und Telemedien gebildet werden.

(2) Eine Einrichtung ist als Einrichtung der Freiwilligen Selbstkontrolle im Sinne dieses Staatsvertrages anzuerkennen, wenn

1. die Unabhängigkeit und Sachkunde ihrer benannten Prüfer gewährleistet ist und dabei auch Vertreter aus gesellschaftlichen Gruppen berücksichtigt sind, die sich in besonderer Weise mit Fragen des Jugendschutzes befassen,
2. eine sachgerechte Ausstattung durch eine Vielzahl von Anbietern sichergestellt ist,
3. Vorgaben für die Entscheidungen der Prüfer bestehen, die in der Spruchpraxis einen wirksamen Kinder- und Jugendschutz zu gewährleisten geeignet sind,
4. eine Verfahrensordnung besteht, die den Umfang der Überprüfung, bei Veranstaltern auch die Vorlagepflicht, sowie mögliche Sanktionen regelt und eine Möglichkeit der Überprüfung der Entscheidungen auch auf Antrag von landesrechtlich bestimmten Trägern der Jugendhilfe vorsieht,
5. gewährleistet ist, dass die betroffenen Anbieter vor einer Entscheidung gehört werden, die Entscheidung schriftlich begründet und den Beteiligten mitgeteilt wird und
6. eine Beschwerdestelle eingerichtet ist.

(3) ¹Die zuständige Landesmedienanstalt trifft die Entscheidung durch die KJM. ²Zuständig ist die Landesmedienanstalt des Landes, in dem die Einrichtung der Freiwilligen Selbstkontrolle ihren Sitz hat. ³Ergibt sich danach keine Zuständigkeit, so ist diejenige Landesmedienanstalt zuständig, bei der der Antrag auf Anerkennung gestellt wurde. ⁴Die Einrichtung legt der KJM die für die Prüfung der Anerkennungsvoraussetzungen erforderlichen Unterlagen vor.

(4) ¹Die KJM kann die Anerkennung ganz oder teilweise widerrufen oder mit Nebenbestimmungen versehen, wenn Voraussetzungen für die Anerkennung nachträglich entfallen sind oder die Spruchpraxis der Einrichtung nicht mit den Bestimmungen dieses Staatsvertrages übereinstimmt. ²Eine Entschädigung für Vermögensnachteile durch den Widerruf der Anerkennung wird nicht gewährt.

(5) Die anerkannten Einrichtungen der Freiwilligen Selbstkontrolle sollen sich über die Anwendung dieses Staatsvertrages abstimmen.

§ 19a Zuständigkeit und Verfahren der Einrichtungen der Freiwilligen Selbstkontrolle.
(1) ¹Anerkannte Einrichtungen der Freiwilligen Selbstkontrolle überprüfen im Rahmen ihres satzungsgemäßen Aufgabenbereichs die Einhaltung der Bestimmungen dieses Staatsvertrages sowie der hierzu erlassenen Satzungen und Richtlinien bei ihnen angeschlossenen Anbietern. ²Sie sind verpflichtet, gemäß ihrer Verfahrensordnung nach § 19 Abs. 2 Nr. 4 Beschwerden über die ihr angeschlossenen Anbieter unverzüglich nachzugehen.

(2) ¹Die anerkannten Einrichtungen der Freiwilligen Selbstkontrolle beurteilen die Eignung der Jugendschutzprogramme nach § 11 Abs. 1 und 2 und überprüfen ihre Eignung nach § 11 Abs. 4. ²Zuständig ist die anerkannte Einrichtung der Freiwilligen Selbstkontrolle, bei der das Jugendschutzprogramm zur Beurteilung eingereicht wurde. ³Die anerkannte Einrichtung der Freiwilligen Selbstkontrolle teilt der KJM die Entscheidung und ihre Begründung schriftlich mit.

§ 19b Aufsicht über Einrichtungen der Freiwilligen Selbstkontrolle.

(1) ¹Die zuständige Landesmedienanstalt kann durch die KJM Entscheidungen einer anerkannten Einrichtung der Freiwilligen Selbstkontrolle, die die Grenzen des Beurteilungsspielraums überschreiten, beanstanden und ihre Aufhebung verlangen. ²Kommt eine anerkannte Einrichtung der Freiwilligen Selbstkontrolle ihren Aufgaben und Pflichten nach diesem Staatsvertrag nicht nach, kann die zuständige Landesmedienanstalt durch die KJM verlangen, dass sie diese erfüllen. ³Eine Entschädigung für hierdurch entstehende Vermögensnachteile wird nicht gewährt.

(2) ¹Hat eine anerkannte Einrichtung der Freiwilligen Selbstkontrolle ein Jugendschutzprogramm nach § 11 Abs. 1 und 2 als geeignet beurteilt und dabei die rechtlichen Grenzen des Beurteilungsspielraums überschritten, kann die zuständige Landesmedienanstalt durch die KJM innerhalb von drei Monaten nach Entscheidung der anerkannten Einrichtung der Freiwilligen Selbstkontrolle diese Beurteilung für unwirksam erklären oder dem Anbieter des Jugendschutzprogramms gegenüber Auflagen erteilen. ²Absatz 1 Satz 3 gilt entsprechend.

(3) Zuständig ist die Landesmedienanstalt des Landes, in dem die anerkannte Einrichtung der Freiwilligen Selbstkontrolle ihren Sitz hat.

V. Abschnitt. Vollzug für Anbieter mit Ausnahme des öffentlich-rechtlichen Rundfunks

§ 20 Aufsicht.

(1) Stellt die zuständige Landesmedienanstalt fest, dass ein Anbieter gegen die Bestimmungen dieses Staatsvertrages verstoßen hat, trifft sie die erforderlichen Maßnahmen gegenüber dem Anbieter.

(2) Für Veranstalter von Rundfunk trifft die zuständige Landesmedienanstalt durch die KJM entsprechend den landesrechtlichen Regelungen die jeweilige Entscheidung.

(3) ¹Tritt die KJM an einen Rundfunkveranstalter mit dem Vorwurf heran, er habe gegen Bestimmungen dieses Staatsvertrages verstoßen, und weist der Veranstalter nach, dass die Sendung vor ihrer Ausstrahlung einer anerkannten Einrichtung der Freiwilligen Selbstkontrolle im Sinne dieses Staatsvertrages vorgelegen hat und deren Vorgaben beachtet wurden, so sind Maßnahmen durch die KJM nur dann zulässig, wenn die Entscheidung oder die Unterlassung einer Entscheidung der anerkannten Einrichtung der Freiwilligen Selbstkontrolle die rechtlichen Grenzen des Beurteilungsspielraums überschritten hat. ²Die KJM teilt der anerkannten Einrichtung der Freiwilligen Selbstkontrolle ihre Entscheidung nebst Begründung mit. ³Wird einem Anbieter einer nichtvorlagefähigen Sendung ein Verstoß gegen den Jugendschutz vorgeworfen, ist vor Maßnahmen durch die KJM die anerkannte Einrichtung der Freiwilligen Selbstkontrolle, der der Rundfunkveranstalter angeschlossen ist, zu

befassen; Satz 1 gilt entsprechend. [4] Für Entscheidungen nach den §§ 8 und 9 gilt Satz 1 entsprechend. [5] Dieser Absatz gilt nicht bei Verstößen gegen § 4 Abs. 1.

(4) Für Anbieter von Telemedien trifft die zuständige Landesmedienanstalt durch die KJM entsprechend § 109 des Medienstaatsvertrages[1]) die jeweilige Entscheidung.

(5) [1] Gehört ein Anbieter von Telemedien einer anerkannten Einrichtung der Freiwilligen Selbstkontrolle im Sinne dieses Staatsvertrages an oder unterwirft er sich ihren Statuten, so ist bei behaupteten Verstößen gegen den Jugendschutz, mit Ausnahme von Verstößen gegen § 4 Abs. 1, durch die KJM zunächst diese Einrichtung mit den behaupteten Verstößen zu befassen. [2] Maßnahmen nach Absatz 1 gegen den Anbieter durch die KJM sind nur dann zulässig, wenn die Entscheidung oder die Unterlassung einer Entscheidung der anerkannten Einrichtung der Freiwilligen Selbstkontrolle die rechtlichen Grenzen des Beurteilungsspielraums überschreitet. [3] Bei Verstößen gegen § 4 haben Widerspruch und Anfechtungsklage des Anbieters von Telemedien keine aufschiebende Wirkung.

(6) [1] Zuständig ist die Landesmedienanstalt des Landes, in dem der betroffene Anbieter seinen Sitz, Wohnsitz oder in Ermangelung dessen seinen ständigen Aufenthalt hat; § 119 des Medienstaatsvertrages gilt entsprechend. [2] Sind nach Satz 1 mehrere Landesmedienanstalten zuständig oder hat der Anbieter seinen Sitz im Ausland, entscheidet die Landesmedienanstalt, die zuerst mit der Sache befasst worden ist.

(7) Treten die KJM, eine Landesmedienanstalt oder „jugendschutz.net" an einen Anbieter mit dem Vorwurf heran, er habe gegen Bestimmungen dieses Staatsvertrages verstoßen, so weisen sie ihn auf die Möglichkeit einer Mitgliedschaft in einer anerkannten Einrichtung der Freiwilligen Selbstkontrolle und die damit verbundenen Rechtsfolgen hin.

§ 21 Auskunftsansprüche.
(1) Ein Anbieter von Telemedien ist verpflichtet, der KJM Auskunft über die Angebote und über die zur Wahrung des Jugendschutzes getroffenen Maßnahmen zu geben und ihr auf Anforderung den unentgeltlichen Zugang zu den Angeboten zu Kontrollzwecken zu ermöglichen.

(2) [1] Anbieter, die ihren Sitz nach den Vorschriften des Telemediengesetzes[2]) sowie des Medienstaatsvertrages[1]) nicht in Deutschland haben, haben im Inland einen Zustellungsbevollmächtigten zu benennen und in ihrem Angebot in leicht erkennbarer und unmittelbar erreichbarer Weise auf ihn aufmerksam zu machen. [2] An diese Person können Zustellungen in Verfahren nach § 24 oder in Gerichtsverfahren vor deutschen Gerichten wegen der Verbreitung rechtswidriger Inhalte bewirkt werden. [3] Das gilt auch für die Zustellung von Schriftstücken, die solche Verfahren einleiten oder vorbereiten.

(3) [1] Der Abruf oder die Nutzung von Angeboten im Rahmen der Aufsicht, der Ahndung von Verstößen oder der Kontrolle ist unentgeltlich. [2] Anbieter haben dies sicherzustellen. [3] Der Anbieter darf seine Angebote nicht gegen den Abruf oder die Kenntnisnahme durch die zuständige Stelle sperren oder den Abruf oder die Kenntnisnahme erschweren.

---

[1]) Nr. 7.
[2]) Nr. 5.

§ 22 Revision zum Bundesverwaltungsgericht. In einem gerichtlichen Verfahren kann die Revision zum Bundesverwaltungsgericht auch darauf gestützt werden, dass das angefochtene Urteil auf der Verletzung der Bestimmungen dieses Staatsvertrages beruhe.

VI. Abschnitt. Ahndung von Verstößen der Anbieter mit Ausnahme des öffentlich-rechtlichen Rundfunks

§ 23 Strafbestimmung. ¹Mit Freiheitsstrafe bis zu einem Jahr oder mit Geldstrafe wird bestraft, wer entgegen § 4 Abs. 2 Satz 1 Nr. 3 und Satz 2 Angebote verbreitet oder zugänglich macht, die offensichtlich geeignet sind, die Entwicklung von Kindern oder Jugendlichen oder ihre Erziehung zu einer eigenverantwortlichen und gemeinschaftsfähigen Persönlichkeit unter Berücksichtigung der besonderen Wirkungsform des Verbreitungsmediums schwer zu gefährden. ²Handelt der Täter fahrlässig, so ist die Freiheitsstrafe bis zu 6 Monate oder die Geldstrafe bis zu 180 Tagessätze.

§ 24 Ordnungswidrigkeiten. (1) Ordnungswidrig handelt, wer als Anbieter vorsätzlich oder fahrlässig

1. Angebote verbreitet oder zugänglich macht, die

   a) entgegen § 4 Abs. 1 Satz 1 Nr. 1 Propagandamittel im Sinne des Strafgesetzbuches[1] darstellen,

   b) entgegen § 4 Abs. 1 Satz 1 Nr. 2 Kennzeichen verfassungswidriger Organisationen verwenden,

   c) entgegen § 4 Abs. 1 Satz 1 Nr. 3 zum Hass gegen Teile der Bevölkerung oder gegen eine nationale, rassische, religiöse oder durch Volkstum bestimmte Gruppe aufstacheln, zu Gewalt- oder Willkürmaßnahmen gegen sie auffordern oder die Menschenwürde anderer dadurch angreifen, dass Teile der Bevölkerung oder eine vorbezeichnete Gruppe beschimpft, böswillig verächtlich gemacht oder verleumdet werden,

   d) entgegen § 4 Abs. 1 Satz 1 Nr. 4 1. Alternative eine unter der Herrschaft des Nationalsozialismus begangene Handlung der in § 6 Abs. 1 des Völkerstrafgesetzbuches bezeichneten Art in einer Weise, die geeignet ist, den öffentlichen Frieden zu stören, leugnen oder verharmlosen,

   e) entgegen § 4 Abs. 1 Satz 1 Nr. 4 2. Alternative den öffentlichen Frieden in einer die Würde der Opfer verletzenden Weise dadurch stören, dass die nationalsozialistische Gewalt- und Willkürherrschaft gebilligt, verherrlicht oder gerechtfertigt wird,

   f) entgegen § 4 Abs. 1 Satz 1 Nr. 5 grausame oder sonst unmenschliche Gewalttätigkeiten gegen Menschen in einer Art schildern, die eine Verherrlichung oder Verharmlosung solcher Gewalttätigkeiten ausdrückt oder die das Grausame oder Unmenschliche des Vorgangs in einer die Menschenwürde verletzenden Weise darstellt; dies gilt auch bei virtuellen Darstellungen,

   g) entgegen § 4 Abs. 1 Satz 1 Nr. 6 als Anleitung zu einer in § 126 Abs. 1 des Strafgesetzbuches genannten rechtswidrigen Tat dienen,

   h) entgegen § 4 Abs. 1 Satz 1 Nr. 7 den Krieg verherrlichen,

---

[1] Auszugsweise abgedruckt unter Nr. 44.

i) entgegen § 4 Abs. 1 Satz 1 Nr. 8 gegen die Menschenwürde verstoßen, insbesondere durch die Darstellung von Menschen, die sterben oder schweren körperlichen oder seelischen Leiden ausgesetzt sind oder waren, wobei ein tatsächliches Geschehen wiedergegeben wird, ohne dass ein berechtigtes Interesse gerade für diese Form der Darstellung oder Berichterstattung vorliegt,

j) entgegen § 4 Abs. 1 Satz 1 Nr. 9 Kinder oder Jugendliche in unnatürlich geschlechtsbetonter Körperhaltung darstellen; dies gilt auch bei virtuellen Darstellungen,

k) entgegen § 4 Abs. 1 Satz 1 Nr. 10 kinderpornografisch im Sinne des § 184b Abs. 1 des Strafgesetzbuches oder jugendpornografisch im Sinne des § 184c Abs. 1 des Strafgesetzbuches oder pornografisch sind und Gewalttätigkeiten, den sexuellen Missbrauch von Kindern oder Jugendlichen oder sexuelle Handlungen von Menschen mit Tieren zum Gegenstand haben; dies gilt auch bei virtuellen Darstellungen, oder

l) entgegen § 4 Abs. 1 Satz 1 Nr. 11 in den Teilen B und D der Liste nach § 18 des Jugendschutzgesetzes[1)] aufgenommen sind oder mit einem in dieser Liste aufgenommenen Werk ganz oder im Wesentlichen inhaltsgleich sind,

2. entgegen § 4 Abs. 2 Satz 1 Nr. 1 und Satz 2 Angebote verbreitet oder zugänglich macht, die in sonstiger Weise pornografisch sind,

3. entgegen § 4 Abs. 2 Satz 1 Nr. 2 und Satz 2 Angebote verbreitet oder zugänglich macht, die in den Teilen A und C der Liste nach § 18 des Jugendschutzgesetzes[1)] aufgenommen sind oder mit einem in dieser Liste aufgenommenen Werk ganz oder im Wesentlichen inhaltsgleich sind,

4. entgegen § 5 Abs. 1 Angebote verbreitet oder zugänglich macht, die geeignet sind, die Entwicklung von Kindern oder Jugendlichen zu einer eigenverantwortlichen und gemeinschaftsfähigen Persönlichkeit zu beeinträchtigen, ohne dafür Sorge zu tragen, dass Kinder oder Jugendliche der betroffenen Altersstufen sie üblicherweise nicht wahrnehmen, es sei denn, er kennzeichnet fahrlässig entgegen § 5 Abs. 3 Satz 1 Nr. 1 sein Angebot mit einer zu niedrigen Altersstufe,

4a. entgegen § 5a keine angemessenen Maßnahmen ergreift, um Kinder und Jugendliche vor entwicklungsbeeinträchtigenden Angeboten zu schützen,

4b. entgegen § 5c Abs. 1 Ankündigungen von Sendungen mit Bewegtbildern außerhalb der geeigneten Sendezeit und unverschlüsselt verbreitet,

4c. entgegen § 5c Abs. 2 Sendungen verbreitet, ohne ihre Ausstrahlung durch akustische Zeichen oder durch optische Mittel kenntlich zu machen,

5. entgegen § 6 Abs. 1 Satz 1 und Abs. 6 Werbung oder Teleshopping für indizierte Angebote verbreitet oder zugänglich macht,

6. entgegen § 6 Abs. 1 Satz 2 und Abs. 6 die Liste der jugendgefährdenden Medien verbreitet oder zugänglich macht,

7. entgegen § 6 Abs. 1 Satz 3 und Abs. 6 einen dort genannten Hinweis gibt,

8. entgegen § 7 keinen Jugendschutzbeauftragten bestellt,

9. Sendeformate entgegen Sendezeitbeschränkungen nach § 8 Abs. 2 verbreitet,

---

[1)] Nr. 9.

10. Sendungen, deren Eignung zur Beeinträchtigung der Entwicklung nach § 5 Abs. 2 vermutet wird, verbreitet, ohne dass die KJM oder eine von dieser hierfür anerkannte Einrichtung der Freiwilligen Selbstkontrolle von der Vermutung gemäß § 9 Abs. 1 Satz 1 abgewichen ist,
11. Angebote ohne den nach § 12 erforderlichen Hinweis verbreitet,
12. entgegen einer vollziehbaren Anordnung durch die zuständige Aufsichtsbehörde nach § 20 Abs. 1 nicht tätig wird,
13. entgegen § 21 Abs. 1 seiner Auskunftspflicht nicht nachkommt,
13a. entgegen § 21 Abs. 2 keinen Zustellungsbevollmächtigten benennt oder
14. entgegen § 21 Abs. 3 Satz 3 Angebote gegen den Abruf durch die zuständige Aufsichtsbehörde sperrt.

(2) Ordnungswidrig handelt ferner, wer vorsätzlich
1. entgegen § 11 Abs. 5 Telemedien als für Kinder oder Jugendliche der betreffenden Altersstufe geeignet falsch kennzeichnet oder
2. im Rahmen eines Verfahrens zur Anerkennung einer Einrichtung der Freiwilligen Selbstkontrolle nach § 19 Abs. 3 falsche Angaben macht.

(3) Die Ordnungswidrigkeit kann mit einer Geldbuße bis zu 500 000 Euro geahndet werden.

(4) [1]Zuständige Verwaltungsbehörde im Sinne des § 36 Abs. 1 Nr. 1 des Gesetzes über Ordnungswidrigkeiten[1)] ist die zuständige Landesmedienanstalt. [2]Zuständig ist in den Fällen des Absatzes 1 und des Absatzes 2 Nr. 1 die Landesmedienanstalt des Landes, in dem die Zulassung des Rundfunkveranstalters erteilt wurde oder der Anbieter von Telemedien seinen Sitz, Wohnsitz oder in Ermangelung dessen seinen ständigen Aufenthalt hat. [3]Ergibt sich danach keine Zuständigkeit, so ist diejenige Landesmedienanstalt zuständig, in deren Bezirk der Anlass für die Amtshandlung hervortritt. [4]Zuständig ist im Falle des Absatzes 2 Nr. 2 die Landesmedienanstalt des Landes, in dem die Einrichtung der Freiwilligen Selbstkontrolle ihren Sitz hat. [5]Ergibt sich danach keine Zuständigkeit, so ist diejenige Landesmedienanstalt zuständig, bei der der Antrag auf Anerkennung gestellt wurde. [6]Die zuständige Landesmedienanstalt trifft die Entscheidungen durch die KJM.

(5) [1]Über die Einleitung eines Verfahrens hat die zuständige Landesmedienanstalt die übrigen Landesmedienanstalten unverzüglich zu unterrichten. [2]Soweit ein Verfahren nach dieser Bestimmung in mehreren Ländern eingeleitet wurde, stimmen sich die beteiligten Behörden über die Frage ab, welche Behörde das Verfahren fortführt.

(6) [1]Die zuständige Landesmedienanstalt kann bestimmen, dass Beanstandungen nach einem Rechtsverstoß gegen Regelungen dieses Staatsvertrages sowie rechtskräftige Entscheidungen in einem Ordnungswidrigkeitsverfahren nach Absatz 1 oder 2 von dem betroffenen Anbieter in seinem Angebot verbreitet oder in diesem zugänglich gemacht werden. [2]Inhalt und Zeitpunkt der Bekanntgabe sind durch die zuständige Landesmedienanstalt nach pflichtgemäßem Ermessen festzulegen.

(7) Die Verfolgung der in Absatz 1 und 2 genannten Ordnungswidrigkeiten verjährt in sechs Monaten.

[1)] Nr. 46.

VII. Abschnitt. Schlussbestimmungen

§ 25 Übergangsbestimmung. Anerkannte Jugendschutzprogramme nach § 11 Abs. 2 des Jugendmedienschutz-Staatsvertrages vom 10. bis 27. September 2002, in der Fassung des Dreizehnten Staatsvertrages zur Änderung rundfunkrechtlicher Staatsverträge, bleiben vom Inkrafttreten dieses Staatsvertrages bis zum Ablauf des 30. September 2018 unberührt.

§ 26 Geltungsdauer, Kündigung. [1] Dieser Staatsvertrag gilt für unbestimmte Zeit. [2] Er kann von jedem der vertragschließenden Länder zum Schluss des Kalenderjahres mit einer Frist von einem Jahr gekündigt werden. [3] Wird der Staatsvertrag zu diesem Zeitpunkt nicht gekündigt, kann die Kündigung mit gleicher Frist jeweils zu einem zwei Jahre späteren Zeitpunkt erfolgen. [4] Die Kündigung ist gegenüber dem Vorsitzenden der Ministerpräsidentenkonferenz schriftlich zu erklären. [5] Die Kündigung eines Landes lässt das Vertragsverhältnis unter den übrigen Ländern unberührt, jedoch kann jedes der übrigen Länder das Vertragsverhältnis binnen einer Frist von drei Monaten nach Eingang der Kündigungserklärung zum gleichen Zeitpunkt kündigen.

§ 27 Notifizierung. Änderungen dieses Staatsvertrages unterliegen der Notifizierungspflicht gemäß der Richtlinie 2015/1535 des Europäischen Parlaments und des Rates vom 9. September 2015 über ein Informationsverfahren auf dem Gebiet der technischen Vorschriften und der Vorschriften für die Dienste der Informationsgesellschaft.

§ 28 *(aufgehoben)*

9. Jugendschutzgesetz (JuSchG)

Vom 23. Juli 2002

(BGBl. I S. 2730)

FNA 2161-6

zuletzt geänd. durch Art. 1 Zweites G zur Änd. des JugendschutzG[1]) v. 9.4.2021 (BGBl. I S. 742)

– Auszug –

Abschnitt 1. Allgemeines

§ 1 Begriffsbestimmungen. (1) Im Sinne dieses Gesetzes

1. sind Kinder Personen, die noch nicht 14 Jahre alt sind,
2. sind Jugendliche Personen, die 14, aber noch nicht 18 Jahre alt sind,
3. ist personensorgeberechtigte Person, wem allein oder gemeinsam mit einer anderen Person nach den Vorschriften des Bürgerlichen Gesetzbuchs[2]) die Personensorge zusteht,
4. ist erziehungsbeauftragte Person, jede Person über 18 Jahren, soweit sie auf Dauer oder zeitweise aufgrund einer Vereinbarung mit der personensorgeberechtigten Person Erziehungsaufgaben wahrnimmt oder soweit sie ein Kind oder eine jugendliche Person im Rahmen der Ausbildung oder der Jugendhilfe betreut.

(1a) Medien im Sinne dieses Gesetzes sind Trägermedien und Telemedien.

(2) ¹Trägermedien im Sinne dieses Gesetzes sind Medien mit Texten, Bildern oder Tönen auf gegenständlichen Trägern, die zur Weitergabe geeignet, zur unmittelbaren Wahrnehmung bestimmt oder in einem Vorführ- oder Spielgerät eingebaut sind. ²Dem gegenständlichen Verbreiten, Überlassen, Anbieten oder Zugänglichmachen von Trägermedien steht das elektronische Verbreiten, Überlassen, Anbieten oder Zugänglichmachen gleich, soweit es sich nicht um Rundfunk im Sinne des § 2 des Rundfunkstaatsvertrages handelt.

(3) ¹Telemedien im Sinne dieses Gesetzes sind Medien, die nach dem Telemediengesetz[3]) übermittelt oder zugänglich gemacht werden. ²Als Übermitteln oder Zugänglichmachen im Sinne von Satz 1 gilt das Bereithalten eigener oder fremder Inhalte.

(4) Versandhandel im Sinne dieses Gesetzes ist jedes entgeltliche Geschäft, das im Wege der Bestellung und Übersendung einer Ware durch Postversand oder elektronischen Versand ohne persönlichen Kontakt zwischen Lieferant und Besteller oder ohne dass durch technische oder sonstige Vorkehrungen sichergestellt ist, dass kein Versand an Kinder und Jugendliche erfolgt, vollzogen wird.

---

[1]) **Amtl. Anm.:** Notifiziert gemäß der Richtlinie (EU) 2015/1535 des Europäischen Parlaments und des Rates vom 9. September 2015 über ein Informationsverfahren auf dem Gebiet der technischen Vorschriften und der Vorschriften für die Dienste der Informationsgesellschaft (ABl. L 241 vom 17.9.2015, S. 1).

[2]) Auszugsweise abgedruckt unter Nr. **19**.

[3]) Nr. **5**.

(5) Die Vorschriften der §§ 2 bis 14 dieses Gesetzes gelten nicht für verheiratete Jugendliche.

(6) Diensteanbieter im Sinne dieses Gesetzes sind Diensteanbieter nach dem Telemediengesetz vom 26. Februar 2007 (BGBl. I S. 179) in der jeweils geltenden Fassung.

Abschnitt 3. Jugendschutz im Bereich der Medien

§ 11 Filmveranstaltungen. (1) Die Anwesenheit bei öffentlichen Filmveranstaltungen darf Kindern und Jugendlichen nur gestattet werden, wenn die Filme von der obersten Landesbehörde oder einer Organisation der freiwilligen Selbstkontrolle im Rahmen des Verfahrens nach § 14 Abs. 6 zur Vorführung vor ihnen freigegeben worden sind oder wenn es sich um Informations-, Instruktions- und Lehrfilme handelt, die vom Anbieter mit „Infoprogramm" oder „Lehrprogramm" gekennzeichnet sind.

(2) Abweichend von Absatz 1 darf die Anwesenheit bei öffentlichen Filmveranstaltungen mit Filmen, die für Kinder und Jugendliche ab zwölf Jahren freigegeben und gekennzeichnet sind, auch Kindern ab sechs Jahren gestattet werden, wenn sie von einer personensorgeberechtigten oder erziehungsbeauftragten Person begleitet sind.

(3) Unbeschadet der Voraussetzungen des Absatzes 1 darf die Anwesenheit bei öffentlichen Filmveranstaltungen nur mit Begleitung einer personensorgeberechtigten oder erziehungsbeauftragten Person gestattet werden

1. Kindern unter sechs Jahren,
2. Kindern ab sechs Jahren, wenn die Vorführung nach 20 Uhr beendet ist,
3. Jugendlichen unter 16 Jahren, wenn die Vorführung nach 22 Uhr beendet ist,
4. Jugendlichen ab 16 Jahren, wenn die Vorführung nach 24 Uhr beendet ist.

(4) [1]Die Absätze 1 bis 3 gelten für die öffentliche Vorführung von Filmen unabhängig von der Art der Aufzeichnung und Wiedergabe. [2]Sie gelten auch für Werbevorspanne und Beiprogramme. [3]Sie gelten nicht für Filme, die zu nichtgewerblichen Zwecken hergestellt werden, solange die Filme nicht gewerblich genutzt werden.

(5) Werbefilme oder Werbeprogramme, die für alkoholische Getränke werben, dürfen unbeschadet der Voraussetzungen der Absätze 1 bis 4 nur nach 18 Uhr vorgeführt werden.

(6) Werbefilme oder Werbeprogramme, die für Tabakerzeugnisse, elektronische Zigaretten oder Nachfüllbehälter im Sinne von § 1 Absatz 1 Nummer 1 des Tabakerzeugnisgesetzes werben, dürfen nur im Zusammenhang mit Filmen vorgeführt werden, die

1. von der obersten Landesbehörde oder einer Organisation der freiwilligen Selbstkontrolle im Rahmen des Verfahrens nach § 14 Absatz 6 mit „Keine Jugendfreigabe" nach § 14 Absatz 2 gekennzeichnet sind oder
2. nicht nach den Vorschriften dieses Gesetzes gekennzeichnet sind.

§ 12 Bildträger mit Filmen oder Spielen. (1) Zur Weitergabe geeignete, für die Wiedergabe auf oder das Spiel an Bildschirmgeräten mit Filmen oder Spielen programmierte Datenträger (Bildträger) dürfen einem Kind oder einer jugendlichen Person in der Öffentlichkeit nur zugänglich gemacht werden, wenn die Programme von der obersten Landesbehörde oder einer Organisation der freiwilligen Selbstkontrolle im Rahmen des Verfahrens nach § 14 Abs. 6 für ihre Altersstufe freigegeben und gekennzeichnet worden sind oder wenn es sich um Informations-, Instruktions- und Lehrprogramme handelt, die vom Anbieter mit „Infoprogramm" oder „Lehrprogramm" gekennzeichnet sind.

(2) ¹Auf die Kennzeichnungen nach Absatz 1 ist auf dem Bildträger und der Hülle mit einem deutlich sichtbaren Zeichen hinzuweisen. ²Das Zeichen ist auf der Frontseite der Hülle links unten auf einer Fläche von mindestens 1 200 Quadratmillimetern und dem Bildträger auf einer Fläche von mindestens 250 Quadratmillimetern anzubringen. ³Die oberste Landesbehörde kann

1. Näheres über Inhalt, Größe, Form, Farbe und Anbringung der Zeichen anordnen und
2. Ausnahmen für die Anbringung auf dem Bildträger oder der Hülle genehmigen.

⁴Anbieter von Telemedien, die Filme und Spielprogramme verbreiten, müssen auf eine vorhandene Kennzeichnung in ihrem Angebot deutlich hinweisen.

(3) Bildträger, die nicht oder mit „Keine Jugendfreigabe" nach § 14 Abs. 2 von der obersten Landesbehörde oder einer Organisation der freiwilligen Selbstkontrolle im Rahmen des Verfahrens nach § 14 Abs. 6 oder nach § 14 Abs. 7 vom Anbieter gekennzeichnet sind, dürfen

1. einem Kind oder einer jugendlichen Person nicht angeboten, überlassen oder sonst zugänglich gemacht werden,
2. nicht im Einzelhandel außerhalb von Geschäftsräumen, in Kiosken oder anderen Verkaufsstellen, die Kunden nicht zu betreten pflegen, oder im Versandhandel angeboten oder überlassen werden.

(4) Automaten zur Abgabe bespielter Bildträger dürfen

1. auf Kindern oder Jugendlichen zugänglichen öffentlichen Verkehrsflächen,
2. außerhalb von gewerblich oder in sonstiger Weise beruflich oder geschäftlich genutzten Räumen oder
3. in deren unbeaufsichtigten Zugängen, Vorräumen oder Fluren

nur aufgestellt werden, wenn ausschließlich nach § 14 Abs. 2 Nr. 1 bis 4 gekennzeichnete Bildträger angeboten werden und durch technische Vorkehrungen gesichert ist, dass sie von Kindern und Jugendlichen, für deren Altersgruppe ihre Programme nicht nach § 14 Abs. 2 Nr. 1 bis 4 freigegeben sind, nicht bedient werden können.

(5) ¹Bildträger, die Auszüge von *Filme*[1]) und Spielprogrammen enthalten, dürfen abweichend von den Absätzen 1 und 3 im Verbund mit periodischen Druckschriften nur vertrieben werden, wenn sie mit einem Hinweis des Anbieters versehen sind, der deutlich macht, dass eine Organisation der freiwilligen Selbstkontrolle festgestellt hat, dass diese Auszüge keine Jugendbeeinträchtigungen enthalten. ²Der Hinweis ist sowohl auf der periodischen Druckschrift als auch auf dem Bildträger vor dem Vertrieb mit einem deutlich sichtbaren Zeichen anzubringen. ³Absatz 2 Satz 1 bis 3 gilt entsprechend. ⁴Die

---

[1]) Richtig wohl: „Filmen".

Berechtigung nach Satz 1 kann die oberste Landesbehörde für einzelne Anbieter ausschließen.

§ 13 Bildschirmspielgeräte. (1) Das Spielen an elektronischen Bildschirmspielgeräten ohne Gewinnmöglichkeit, die öffentlich aufgestellt sind, darf Kindern und Jugendlichen ohne Begleitung einer personensorgeberechtigten oder erziehungsbeauftragten Person nur gestattet werden, wenn die Programme von der obersten Landesbehörde oder einer Organisation der freiwilligen Selbstkontrolle im Rahmen des Verfahrens nach § 14 Abs. 6 für ihre Altersstufe freigegeben und gekennzeichnet worden sind oder wenn es sich um Informations-, Instruktions- oder Lehrprogramme handelt, die vom Anbieter mit „Infoprogramm" oder „Lehrprogramm" gekennzeichnet sind.

(2) Elektronische Bildschirmspielgeräte dürfen

1. auf Kindern oder Jugendlichen zugänglichen öffentlichen Verkehrsflächen,
2. außerhalb von gewerblich oder in sonstiger Weise beruflich oder geschäftlich genutzten Räumen oder
3. in deren unbeaufsichtigten Zugängen, Vorräumen oder Fluren

nur aufgestellt werden, wenn ihre Programme für Kinder ab sechs Jahren freigegeben und gekennzeichnet oder nach § 14 Abs. 7 mit „Infoprogramm" oder „Lehrprogramm" gekennzeichnet sind.

(3) Auf das Anbringen der Kennzeichnungen auf Bildschirmspielgeräten findet § 12 Abs. 2 Satz 1 bis 3 entsprechende Anwendung.

§ 14 Kennzeichnung von Filmen und Spielprogrammen. (1) Filme und Spielprogramme dürfen nicht für Kinder und Jugendliche freigegeben werden, wenn sie für Kinder und Jugendliche in der jeweiligen Altersstufe entwicklungsbeeinträchtigend sind.

(2) Die oberste Landesbehörde oder eine Organisation der freiwilligen Selbstkontrolle im Rahmen des Verfahrens nach Absatz 6 kennzeichnet die Filme und Spielprogramme mit

1. „Freigegeben ohne Altersbeschränkung",
2. „Freigegeben ab sechs Jahren",
3. „Freigegeben ab zwölf Jahren",
4. „Freigegeben ab sechzehn Jahren",
5. „Keine Jugendfreigabe".

(2a) [1]Die oberste Landesbehörde oder eine Organisation der freiwilligen Selbstkontrolle soll im Rahmen des Verfahrens nach Absatz 6 über die Altersstufen des Absatzes 2 hinaus Filme und Spielprogramme mit Symbolen und weiteren Mitteln kennzeichnen, mit denen die wesentlichen Gründe für die Altersfreigabe des Mediums und dessen potenzielle Beeinträchtigung der persönlichen Integrität angegeben werden. [2]Die oberste Landesbehörde kann Näheres über die Ausgestaltung und Anbringung der Symbole und weiteren Mittel anordnen.

(3) [1]Hat ein Film oder ein Spielprogramm nach Einschätzung der obersten Landesbehörde oder einer Organisation der freiwilligen Selbstkontrolle im Rahmen des Verfahrens nach Absatz 6 einen der in § 15 Abs. 2 Nr. 1 bis 5 bezeichneten Inhalte oder ist es in die Liste nach § 18 aufgenommen, wird es nicht gekennzeichnet. [2]Die oberste Landesbehörde hat Tatsachen, die auf einen

Verstoß gegen § 15 Abs. 1 schließen lassen, der zuständigen Strafverfolgungsbehörde mitzuteilen.

(4) ¹Ist ein Film oder ein Spielprogramm mit einem in die Liste nach § 18 aufgenommenen Medium ganz oder im Wesentlichen inhaltsgleich, ist die Kennzeichnung ausgeschlossen. ²Über das Vorliegen einer Inhaltsgleichheit entscheidet die Prüfstelle für jugendgefährdende Medien. ³Satz 1 gilt entsprechend, wenn die Voraussetzungen für eine Aufnahme in die Liste vorliegen. ⁴In Zweifelsfällen führt die oberste Landesbehörde oder eine Organisation der freiwilligen Selbstkontrolle im Rahmen des Verfahrens nach Absatz 6 eine Entscheidung der Prüfstelle für jugendgefährdende Medien herbei.

(4a) Absatz 4 gilt nicht für Freigabeentscheidungen nach § 11 Absatz 1.

(5) ¹Die Kennzeichnungen von Filmen gelten auch für die Vorführung in öffentlichen Filmveranstaltungen von inhaltsgleichen Filmen, wenn und soweit die obersten Landesbehörden nicht in der Vereinbarung zum Verfahren nach Absatz 6 etwas Anderes bestimmen. ²Die Kennzeichnung von Filmen für öffentliche Filmveranstaltungen können auf inhaltsgleiche Filme für Bildträger, Bildschirmspielgeräte und Telemedien übertragen werden; Absatz 4 gilt entsprechend.

(6) ¹Die obersten Landesbehörden können ein gemeinsames Verfahren für die Freigabe und Kennzeichnung der Filme sowie Spielprogramme auf der Grundlage der Ergebnisse der Prüfung durch von Verbänden der Wirtschaft getragene oder unterstützte Organisationen freiwilliger Selbstkontrolle vereinbaren. ²Im Rahmen dieser Vereinbarung kann bestimmt werden, dass die Freigaben und Kennzeichnungen durch eine Organisation der freiwilligen Selbstkontrolle Freigaben und Kennzeichnungen der obersten Landesbehörden aller Länder sind, soweit nicht eine oberste Landesbehörde für ihren Bereich eine abweichende Entscheidung trifft. ³Nach den Bestimmungen des Jugendmedienschutz-Staatsvertrages[1]) anerkannte Einrichtungen der freiwilligen Selbstkontrolle können nach den Sätzen 1 und 2 eine Vereinbarung mit den obersten Landesbehörden schließen.

(6a) ¹Das gemeinsame Verfahren nach Absatz 6 soll vorsehen, dass von der zentralen Aufsichtsstelle der Länder für den Jugendmedienschutz bestätigte Altersbewertungen nach dem Jugendmedienschutz-Staatsvertrag oder Altersbewertungen der Veranstalter des öffentlich-rechtlichen Rundfunks als Freigaben im Sinne des Absatzes 6 Satz 2 wirken, sofern dies mit der Spruchpraxis der obersten Landesbehörden nicht unvereinbar ist. ²Die Absätze 3 und 4 bleiben unberührt.

(7) ¹Filme und Spielprogramme zu Informations-, Instruktions- oder Lehrzwecken dürfen vom Anbieter mit „Infoprogramm" oder „Lehrprogramm" nur gekennzeichnet werden, wenn sie offensichtlich nicht die Entwicklung oder Erziehung von Kindern und Jugendlichen beeinträchtigen. ²Die Absätze 1 bis 5 finden keine Anwendung. ³Die oberste Landesbehörde kann das Recht zur Anbieterkennzeichnung für einzelne Anbieter oder für besondere Filme und Spielprogramme ausschließen und durch den Anbieter vorgenommene Kennzeichnungen aufheben.

(8) Enthalten Filme, Bildträger oder Bildschirmspielgeräte neben den zu kennzeichnenden Filmen oder Spielprogrammen Titel, Zusätze oder weitere

---

[1]) Nr. 8.

Darstellungen in Texten, Bildern oder Tönen, bei denen in Betracht kommt, dass sie die Entwicklung oder Erziehung von Kindern oder Jugendlichen beeinträchtigen, so sind diese bei der Entscheidung über die Kennzeichnung mit zu berücksichtigen.

(9) Die Absätze 1 bis 6 und 8 gelten für die Kennzeichnung von zur Verbreitung in Telemedien bestimmten und kennzeichnungsfähigen Filmen und Spielprogrammen entsprechend.

(10) Die oberste Landesbehörde kann Näheres über die Ausgestaltung und Anbringung der Kennzeichnung nach § 14a Absatz 1 mit den Einrichtungen der freiwilligen Selbstkontrolle vereinbaren.

§ 14a Kennzeichnung bei Film- und Spielplattformen. (1) [1]Film- und Spielplattformen sind Diensteanbieter, die Filme oder Spielprogramme in einem Gesamtangebot zusammenfassen und mit Gewinnerzielungsabsicht als eigene Inhalte zum individuellen Abruf zu einem von den Nutzerinnen und Nutzern gewählten Zeitpunkt bereithalten. [2]Film- und Spielplattformen nach Satz 1 dürfen einen Film oder ein Spielprogramm nur bereithalten, wenn sie gemäß den Altersstufen des § 14 Absatz 2 mit einer entsprechenden deutlich wahrnehmbaren Kennzeichnung versehen sind, die

1. im Rahmen des Verfahrens des § 14 Absatz 6 oder
2. durch eine nach § 19 des Jugendmedienschutz-Staatsvertrages[1)] anerkannte Einrichtung der freiwilligen Selbstkontrolle oder durch einen von einer Einrichtung der freiwilligen Selbstkontrolle zertifizierten Jugendschutzbeauftragten nach § 7 des Jugendmedienschutz-Staatsvertrages oder,
3. wenn keine Kennzeichnung im Sinne der Nummer 1 oder 2 gegeben ist, durch ein von den obersten Landesbehörden anerkanntes automatisiertes Bewertungssystem einer im Rahmen einer Vereinbarung nach § 14 Absatz 6 tätigen Einrichtung der freiwilligen Selbstkontrolle

vorgenommen wurde. [3]Die §§ 10b und 14 Absatz 2a gelten entsprechend.

(2) [1]Der Diensteanbieter ist von der Pflicht nach Absatz 1 Satz 2 befreit, wenn die Film- oder Spielplattform im Inland nachweislich weniger als eine Million Nutzerinnen und Nutzer hat. [2]Die Pflicht besteht zudem bei Filmen und Spielprogrammen nicht, bei denen sichergestellt ist, dass sie ausschließlich Erwachsenen zugänglich gemacht werden.

(3) [1]Die Vorschrift findet auch auf Diensteanbieter Anwendung, deren Sitzland nicht Deutschland ist. [2]Die §§ 2a und 3 des Telemediengesetzes[2)] bleiben unberührt.

§ 15 Jugendgefährdende Medien. (1) Medien, deren Aufnahme in die Liste jugendgefährdender Medien nach § 24 Abs. 3 Satz 1 bekannt gemacht ist, dürfen als Trägermedien nicht

1. einem Kind oder einer jugendlichen Person angeboten, überlassen oder sonst zugänglich gemacht werden,
2. an einem Ort, der Kindern oder Jugendlichen zugänglich ist oder von ihnen eingesehen werden kann, ausgestellt, angeschlagen, vorgeführt oder sonst zugänglich gemacht werden,

---
[1)] Nr. 8.
[2)] Nr. 5.

3. im Einzelhandel außerhalb von Geschäftsräumen, in Kiosken oder anderen Verkaufsstellen, die Kunden nicht zu betreten pflegen, im Versandhandel oder in gewerblichen Leihbüchereien oder Lesezirkeln einer anderen Person angeboten oder überlassen werden,
4. im Wege gewerblicher Vermietung oder vergleichbarer gewerblicher Gewährung des Gebrauchs, ausgenommen in Ladengeschäften, die Kindern und Jugendlichen nicht zugänglich sind und von ihnen nicht eingesehen werden können, einer anderen Person angeboten oder überlassen werden,
5. im Wege des Versandhandels eingeführt werden,
6. öffentlich an einem Ort, der Kindern oder Jugendlichen zugänglich ist oder von ihnen eingesehen werden kann, oder durch Verbreiten von Träger- oder Telemedien außerhalb des Geschäftsverkehrs mit dem einschlägigen Handel angeboten, angekündigt oder angepriesen werden,
7. hergestellt, bezogen, geliefert, vorrätig gehalten oder eingeführt werden, um sie oder aus ihnen gewonnene Stücke im Sinne der Nummern 1 bis 6 zu verwenden oder einer anderen Person eine solche Verwendung zu ermöglichen.

(1a) Medien, deren Aufnahme in die Liste jugendgefährdender Medien nach § 24 Absatz 3 Satz 1 bekannt gemacht ist, dürfen als Telemedien nicht an einem Ort, der Kindern oder Jugendlichen zugänglich ist oder von ihnen eingesehen werden kann, vorgeführt werden.

(2) Den Beschränkungen des Absatzes 1 unterliegen, ohne dass es einer Aufnahme in die Liste und einer Bekanntmachung bedarf, schwer jugendgefährdende Trägermedien, die
1. einen der in § 86, § 130, § 130a, § 131, § 184, § 184a, § 184b oder § 184c des Strafgesetzbuches[1] bezeichneten Inhalte haben,
2. den Krieg verherrlichen,
3. Menschen, die sterben oder schweren körperlichen oder seelischen Leiden ausgesetzt sind oder waren, in einer die Menschenwürde verletzenden Weise darstellen und ein tatsächliches Geschehen wiedergeben, ohne dass ein überwiegendes berechtigtes Interesse gerade an dieser Form der Berichterstattung vorliegt,
3a. besonders realistische, grausame und reißerische Darstellungen selbstzweckhafter Gewalt beinhalten, die das Geschehen beherrschen,
4. Kinder oder Jugendliche in unnatürlicher, geschlechtsbetonter Körperhaltung darstellen oder
5. offensichtlich geeignet sind, die Entwicklung von Kindern oder Jugendlichen oder ihre Erziehung zu einer eigenverantwortlichen und gemeinschaftsfähigen Persönlichkeit schwer zu gefährden.

(3) Den Beschränkungen des Absatzes 1 unterliegen auch, ohne dass es einer Aufnahme in die Liste und einer Bekanntmachung bedarf, Trägermedien, die mit einem Medium, dessen Aufnahme in die Liste bekannt gemacht ist, ganz oder im Wesentlichen inhaltsgleich sind.

(4) Die Liste der jugendgefährdenden Medien darf nicht zum Zweck der geschäftlichen Werbung abgedruckt oder veröffentlicht werden.

---

[1] Nr. 44.

(5) Bei geschäftlicher Werbung für Trägermedien darf nicht darauf hingewiesen werden, dass ein Verfahren zur Aufnahme des Mediums oder eines inhaltsgleichen Mediums in die Liste anhängig ist oder gewesen ist.

(6) Soweit die Lieferung erfolgen darf, haben Gewerbetreibende vor Abgabe an den Handel die Händler auf die Vertriebsbeschränkungen des Absatzes 1 Nr. 1 bis 6 hinzuweisen.

§ 16 Landesrecht. ¹Die Länder können im Bereich der Telemedien über dieses Gesetz hinausgehende Regelungen zum Jugendschutz treffen. ²Die an die Inhalte von Telemedien zu richtenden besonderen Anforderungen ergeben sich aus dem Jugendmedienschutz-Staatsvertrag[1]).

Abschnitt 4. Bundeszentrale für Kinder- und Jugendmedienschutz

§ 17 Zuständige Bundesbehörde und Leitung. (1) Zuständig für die Durchführung der Aufgaben, die nach diesem Gesetz in bundeseigener Verwaltung ausgeführt werden, ist die Bundesprüfstelle für jugendgefährdende Medien als selbstständige Bundesoberbehörde; sie erhält die Bezeichnung „Bundeszentrale für Kinder- und Jugendmedienschutz" (Bundeszentrale) und untersteht dem Bundesministerium für Familie, Senioren, Frauen und Jugend.

(2) Die Bundeszentrale wird von einer Direktorin oder einem Direktor geleitet (Behördenleitung).

§ 17a Aufgaben. (1) Die Bundeszentrale unterhält eine Prüfstelle für jugendgefährdende Medien, die über die Aufnahme von Medien in die Liste jugendgefährdender Medien nach § 18 und über Streichungen aus dieser Liste entscheidet.

(2) ¹Die Bundeszentrale fördert durch geeignete Maßnahmen die Weiterentwicklung des Kinder- und Jugendmedienschutzes. ²Hierzu gehören insbesondere

1. die Förderung einer gemeinsamen Verantwortungsübernahme von Staat, Wirtschaft und Zivilgesellschaft zur Koordinierung einer Gesamtstrategie zur Verwirklichung der Schutzziele des § 10a,
2. die Nutzbarmachung und Weiterentwicklung der aus der Gesamtheit der Spruchpraxis der Prüfstelle abzuleitenden Erkenntnisse hinsichtlich durch Medien verursachter sozialethischer Desorientierung von Kindern und Jugendlichen, insbesondere durch Orientierungshilfen für Kinder und Jugendliche, personensorgeberechtigte Personen, Fachkräfte und durch Förderung öffentlicher Diskurse sowie
3. ein regelmäßiger Informationsaustausch mit den im Bereich des Kinder- und Jugendmedienschutzes tätigen Institutionen hinsichtlich der jeweiligen Spruchpraxis.

(3) Die Bundeszentrale überprüft die von Diensteanbietern nach § 24a vorzuhaltenden Vorsorgemaßnahmen.

(4) Die Bundeszentrale kann zur Erfüllung ihrer Aufgabe aus Absatz 2 Maßnahmen, die von überregionaler Bedeutung sind, fördern oder selbst durchführen.

---

[1]) Nr. 8.

§ 17b Beirat. [1] Die Bundeszentrale richtet einen Beirat ein, der sie bei der Erfüllung der Aufgaben nach § 17a Absatz 2 Satz 1 berät. [2] Dem Beirat gehören bis zu zwölf Personen an, die sich in besonderer Weise für die Verwirklichung der Rechte und den Schutz von Kindern und Jugendlichen einsetzen. [3] Vertretungen der Interessen von Kindern und Jugendlichen stehen drei Plätze zu. [4] Hiervon sind zwei Sitze mit Personen zu besetzen, die zum Zeitpunkt ihrer Berufung höchstens 17 Jahre alt sind und von auf Bundesebene tätigen Vertretungen der Interessen von Kindern und Jugendlichen vorgeschlagen wurden. [5] Die Berufung von Beiratsmitgliedern erfolgt durch die Bundeszentrale für eine Dauer von jeweils drei Jahren. [6] Das Nähere regelt eine Geschäftsordnung.

§ 18 Liste jugendgefährdender Medien. (1) [1] Medien, die geeignet sind, die Entwicklung von Kindern oder Jugendlichen oder ihre Erziehung zu einer eigenverantwortlichen und gemeinschaftsfähigen Persönlichkeit zu gefährden, sind von der Bundeszentrale nach Entscheidung der Prüfstelle für jugendgefährdende Medien in eine Liste (Liste jugendgefährdender Medien) aufzunehmen. [2] Dazu zählen vor allem unsittliche, verrohend wirkende, zu Gewalttätigkeit, Verbrechen oder Rassenhass anreizende Medien sowie Medien, in denen

1. Gewalthandlungen wie Mord- und Metzelszenen selbstzweckhaft und detailliert dargestellt werden oder
2. Selbstjustiz als einzig bewährtes Mittel zur Durchsetzung der vermeintlichen Gerechtigkeit nahe gelegt wird.

(2) *(aufgehoben)*

(3) Ein Medium darf nicht in die Liste aufgenommen werden

1. allein wegen seines politischen, sozialen, religiösen oder weltanschaulichen Inhalts,
2. wenn es der Kunst oder der Wissenschaft, der Forschung oder der Lehre dient,
3. wenn es im öffentlichen Interesse liegt, es sei denn, dass die Art der Darstellung zu beanstanden ist.

(4) In Fällen von geringer Bedeutung kann davon abgesehen werden, ein Medium in die Liste aufzunehmen.

(5) [1] Medien sind in die Liste aufzunehmen, wenn ein Gericht in einer rechtskräftigen Entscheidung festgestellt hat, dass das Medium einen der in § 86, § 130, § 130a, § 131, § 184, § 184a, § 184b oder § 184c des Strafgesetzbuches[1]) bezeichneten Inhalte hat. [2] § 21 Absatz 5 Nummer 2 bleibt unberührt.

(5a) Erlangt die Prüfstelle für jugendgefährdende Medien davon Kenntnis, dass eine den Listeneintrag auslösende Entscheidung nach Absatz 5 Satz 1 aufgehoben wurde, hat sie unverzüglich von Amts wegen zu prüfen, ob die Voraussetzungen für den Verbleib des Mediums in der Liste weiterhin vorliegen.

(6) [1] Die Prüfstelle für jugendgefährdende Medien schätzt in ihren Entscheidungen ein, ob ein Medium einen der in den §§ 86, 130, 130a, 131, 184, 184a, 184b oder 184c des Strafgesetzbuches[1]) genannten Inhalte hat. [2] Im Bejahungsfall hat sie ihre auch insoweit begründete Entscheidung der zuständigen Strafverfolgungsbehörde zuzuleiten.

---

[1]) Nr. 44.

(7) ¹Medien sind aus der Liste zu streichen, wenn die Voraussetzungen für eine Aufnahme nicht mehr vorliegen. ²Nach Ablauf von 25 Jahren verliert eine Aufnahme in die Liste ihre Wirkung.

(8) ¹Auf Filme und Spielprogramme, die nach § 14 Abs. 2 Nr. 1 bis 5, auch in Verbindung mit § 14 Absatz 9 gekennzeichnet sind, findet Absatz 1 keine Anwendung. ²Absatz 1 ist außerdem nicht anzuwenden, wenn die zentrale Aufsichtsstelle der Länder für den Jugendmedienschutz über das Telemedium zuvor eine Entscheidung dahin gehend getroffen hat, dass die Voraussetzungen für die Aufnahme in die Liste jugendgefährdender Medien nach Absatz 1 nicht vorliegen. ³Hat eine anerkannte Einrichtung der Selbstkontrolle das Telemedium zuvor bewertet, so findet Absatz 1 nur dann Anwendung, wenn die zentrale Aufsichtsstelle der Länder für den Jugendmedienschutz die Voraussetzungen für die Aufnahme in die Liste jugendgefährdender Medien nach Absatz 1 für gegeben hält oder eine Entscheidung der zentralen Aufsichtsstelle der Länder für den Jugendmedienschutz nicht vorliegt.

§ 19 Personelle Besetzung der Prüfstelle für jugendgefährdende Medien. (1) ¹Die Prüfstelle für jugendgefährdende Medien besteht aus

1. der oder dem Vorsitzenden,

2. je einer von jeder Landesregierung zu ernennenden Beisitzerin oder Beisitzer und

3. weiteren von dem Bundesministerium für Familie, Senioren, Frauen und Jugend zu ernennenden Beisitzerinnen oder Beisitzern.

²Die oder der Vorsitzende wird vom Bundesministerium für Familie, Senioren, Frauen und Jugend ernannt. ³Die Behördenleitung schlägt hierfür eine bei der Bundeszentrale beschäftigte Person vor, die die Befähigung zum Richteramt nach dem Deutschen Richtergesetz besitzt. ⁴Die Behördenleitung kann den Vorsitz auch selbst ausüben. ⁵Für die Vorsitzende oder den Vorsitzenden und die Beisitzerinnen oder Beisitzer ist mindestens je eine Stellvertreterin oder ein Stellvertreter zu ernennen. ⁶Die jeweilige Landesregierung kann ihr Ernennungsrecht nach Satz 1 Nummer 2 auf eine oberste Landesbehörde übertragen.

(2) ¹Die von dem Bundesministerium für Familie, Senioren, Frauen und Jugend zu ernennenden Beisitzerinnen und Beisitzer sind den Kreisen

1. der Kunst,

2. der Literatur,

3. des Buchhandels und der Verlegerschaft,

4. der Anbieter von Bildträgern und von Telemedien,

5. der Träger der freien Jugendhilfe,

6. der Träger der öffentlichen Jugendhilfe,

7. der Lehrerschaft und

8. der Kirchen, der jüdischen Kultusgemeinden und anderer Religionsgemeinschaften, die Körperschaften des öffentlichen Rechts sind,

auf Vorschlag der genannten Gruppen zu entnehmen. ²Dem Buchhandel und der Verlegerschaft sowie dem Anbieter von Bildträgern und von Telemedien stehen diejenigen Kreise gleich, die eine vergleichbare Tätigkeit bei der Auswertung und beim Vertrieb der Medien unabhängig von der Art der Aufzeichnung und der Wiedergabe ausüben.

(3) ¹Die oder der Vorsitzende und die Beisitzerinnen oder Beisitzer werden auf die Dauer von drei Jahren bestimmt. ²Sie können von der Stelle, die sie bestimmt hat, vorzeitig abberufen werden, wenn sie der Verpflichtung zur Mitarbeit in der Bundesprüfstelle für jugendgefährdende Medien nicht nachkommen.

(4) Die Mitglieder der Prüfstelle für jugendgefährdende Medien sind bei ihren Entscheidungen an Weisungen nicht gebunden.

(5) ¹Die Prüfstelle für jugendgefährdende Medien entscheidet in der Besetzung von zwölf Mitgliedern, die aus der oder dem Vorsitzenden, drei Beisitzerinnen oder Beisitzern der Länder und je einer Beisitzerin oder einem Beisitzer aus den in Absatz 2 genannten Gruppen bestehen. ²Erscheinen zur Sitzung einberufene Beisitzerinnen oder Beisitzer oder ihre Stellvertreterinnen oder Stellvertreter nicht, so ist die Prüfstelle für jugendgefährdende Medien auch in einer Besetzung von mindestens neun Mitgliedern beschlussfähig, von denen mindestens zwei den in Absatz 2 Nr. 1 bis 4 genannten Gruppen angehören müssen.

(6) ¹Zur Anordnung der Aufnahme in die Liste bedarf es einer Mehrheit von zwei Dritteln der an der Entscheidung mitwirkenden Mitglieder der Prüfstelle für jugendgefährdende Medien. ²In der Besetzung des Absatzes 5 Satz 2 ist für die Listenaufnahme eine Mindestzahl von sieben Stimmen erforderlich.

§ 20 Vorschlagsberechtigte Verbände. (1) ¹Das Vorschlagsrecht nach § 19 Abs. 2 wird innerhalb der nachfolgenden Kreise durch folgende Organisationen für je eine Beisitzerin oder einen Beisitzer und eine Stellvertreterin oder einen Stellvertreter ausgeübt:

1. für die Kreise der Kunst durch
   Deutscher Kulturrat,
   Bund Deutscher Kunsterzieher e.V.,
   Künstlergilde e.V.,
   Bund Deutscher Grafik-Designer,

2. für die Kreise der Literatur durch
   Verband deutscher Schriftsteller,
   Freier Deutscher Autorenverband,
   Deutscher Autorenverband e.V.,
   PEN-Zentrum,

3. für die Kreise des Buchhandels und der Verlegerschaft durch
   Börsenverein des Deutschen Buchhandels e.V.,
   Verband Deutscher Bahnhofsbuchhändler,
   Bundesverband Deutscher Buch-, Zeitungs- und Zeitschriftengrossisten e.V.,
   Bundesverband Deutscher Zeitungsverleger e.V.,
   Verband Deutscher Zeitschriftenverleger e.V.,
   Börsenverein des Deutschen Buchhandels e.V. – Verlegerausschuss,
   Arbeitsgemeinschaft der Zeitschriftenverlage (AGZV) im Börsenverein des Deutschen Buchhandels,

4. für die Kreise der Anbieter von Bildträgern und von Telemedien durch
   Bundesverband Video,
   Verband der Unterhaltungssoftware Deutschland e.V.,
   Spitzenorganisation der Filmwirtschaft e.V.,

Bundesverband Informationswirtschaft, Telekommunikation und neue Medien e.V.,
Deutscher Multimedia Verband e.V.,
Electronic Commerce Organisation e.V.,
Verband der Deutschen Automatenindustrie e.V.,
IVD Interessengemeinschaft der Videothekare Deutschlands e.V.,

5. für die Kreise der Träger der freien Jugendhilfe durch
Bundesarbeitsgemeinschaft der Freien Wohlfahrtspflege,
Deutscher Bundesjugendring,
Deutsche Sportjugend,
Bundesarbeitsgemeinschaft Kinder- und Jugendschutz (BAJ) e.V.,

6. für die Kreise der Träger der öffentlichen Jugendhilfe durch
Deutscher Landkreistag,
Deutscher Städtetag,
Deutscher Städte- und Gemeindebund,

7. für die Kreise der Lehrerschaft durch
Gewerkschaft Erziehung u. Wissenschaft im Deutschen Gewerkschaftsbund,
Deutscher Lehrerverband,
Verband Bildung und Erziehung,
Verein Katholischer deutscher Lehrerinnen und

8. für die Kreise der in § 19 Abs. 2 Nr. 8 genannten Körperschaften des öffentlichen Rechts durch
Bevollmächtigter des Rates der EKD am Sitz der Bundesrepublik Deutschland,
Kommissariat der deutschen Bischöfe – Katholisches Büro in Berlin,
Zentralrat der Juden in Deutschland.

²Für jede Organisation, die ihr Vorschlagsrecht ausübt, ist eine Beisitzerin oder ein Beisitzer und eine stellvertretende Beisitzerin oder ein stellvertretender Beisitzer zu ernennen. ³Reicht eine der in Satz 1 genannten Organisationen mehrere Vorschläge ein, wählt das Bundesministerium für Familie, Senioren, Frauen und Jugend eine Beisitzerin oder einen Beisitzer aus.

(2) ¹Für die in § 19 Abs. 2 genannten Gruppen können Beisitzerinnen oder Beisitzer und stellvertretende Beisitzerinnen und Beisitzer auch durch namentlich nicht bestimmte Organisationen vorgeschlagen werden. ²Das Bundesministerium für Familie, Senioren, Frauen und Jugend fordert im Januar jedes Jahres im Bundesanzeiger dazu auf, innerhalb von sechs Wochen derartige Vorschläge einzureichen. ³Aus den fristgerecht eingegangenen Vorschlägen hat es je Gruppe je eine zusätzliche Beisitzerin oder einen zusätzlichen Beisitzer und eine stellvertretende Beisitzerin oder einen stellvertretenden Beisitzer zu ernennen. ⁴Vorschläge von Organisationen, die kein eigenes verbandliches Gewicht besitzen oder eine dauerhafte Tätigkeit nicht erwarten lassen, sind nicht zu berücksichtigen. ⁵Zwischen den Vorschlägen mehrerer Interessenten entscheidet das Los, sofern diese sich nicht auf einen Vorschlag einigen; Absatz 1 Satz 3 gilt entsprechend. ⁶Sofern es unter Berücksichtigung der Geschäftsbelastung der Bundesprüfstelle für jugendgefährdende Medien erforderlich erscheint und sofern die Vorschläge der innerhalb einer Gruppe namentlich bestimmten Organisationen zahlenmäßig nicht ausreichen, kann das Bundesministerium für Familie, Senioren, Frauen und Jugend auch mehrere Beisitze-

rinnen oder Beisitzer und stellvertretende Beisitzerinnen oder Beisitzer ernennen; Satz 5 gilt entsprechend.

§ 21 Verfahren der Prüfstelle für jugendgefährdende Medien. (1) Die Prüfstelle für jugendgefährdende Medien wird in der Regel auf Antrag tätig.

(2) Antragsberechtigt sind das Bundesministerium für Familie, Senioren, Frauen und Jugend, die obersten Landesjugendbehörden, die zentrale Aufsichtsstelle der Länder für den Jugendmedienschutz, die Landesjugendämter, die Jugendämter, die anerkannten Einrichtungen der freiwilligen Selbstkontrolle, die aus Mitteln des Bundes, der Länder oder der Landesmedienanstalten geförderten Internet-Beschwerdestellen sowie für den Antrag auf Streichung aus der Liste und für den Antrag auf Feststellung, dass ein Medium nicht mit einem bereits in die Liste aufgenommenen Medium ganz oder im Wesentlichen inhaltsgleich ist, auch die in Absatz 7 genannten Personen.

(3) Kommt eine Listenaufnahme oder eine Streichung aus der Liste offensichtlich nicht in Betracht, so kann die oder der Vorsitzende das Verfahren einstellen.

(4) Die Prüfstelle für jugendgefährdende Medien wird von Amts wegen tätig, wenn eine in Absatz 2 nicht genannte Behörde oder ein anerkannter Träger der freien Jugendhilfe dies anregt und die oder der Vorsitzende der Prüfstelle für jugendgefährdende Medien die Durchführung des Verfahrens im Interesse des Jugendschutzes für geboten hält.

(4a) Anträge und Anregungen, die sich auf Medien beziehen, die bei Kindern und Jugendlichen besonders verbreitet sind oder durch die die Belange des Jugendschutzes in besonderem Maße betroffen scheinen, können vorrangig behandelt werden.

(5) Die Prüfstelle für jugendgefährdende Medien wird auf Veranlassung der oder des Vorsitzenden von Amts wegen tätig,
1. wenn zweifelhaft ist, ob ein Medium mit einem bereits in die Liste aufgenommenen Medium ganz oder im Wesentlichen inhaltsgleich ist,
2. wenn bekannt wird, dass die Voraussetzungen für die Aufnahme eines Mediums in die Liste nach § 18 Abs. 7 Satz 1 nicht mehr vorliegen, oder
3. wenn die Aufnahme in die Liste nach § 18 Abs. 7 Satz 2 wirkungslos wird und weiterhin die Voraussetzungen für die Aufnahme in die Liste vorliegen.

(6) [1] Vor der Entscheidung über die Aufnahme eines Telemediums in die Liste hat die Prüfstelle für jugendgefährdende Medien der zentralen Aufsichtsstelle der Länder für den Jugendmedienschutz Gelegenheit zu geben, zu dem Telemedium unverzüglich Stellung zu nehmen. [2] Stellungnahmen und Anträge der zentralen Stelle der Länder für den Jugendmedienschutz hat die Prüfstelle für jugendgefährdende Medien bei ihren Entscheidungen maßgeblich zu berücksichtigen. [3] Soweit der Prüfstelle für jugendgefährdende Medien eine Stellungnahme der zentralen Aufsichtsstelle der Länder für den Jugendmedienschutz innerhalb von fünf Werktagen nach Aufforderung nicht vorliegt, kann sie ohne diese Stellungnahme entscheiden.

(7) Der Urheberin oder dem Urheber, der Inhaberin oder dem Inhaber der Nutzungsrechte sowie bei Telemedien dem Anbieter ist Gelegenheit zur Stellungnahme zu geben, soweit der Prüfstelle für jugendgefährdende Medien die Anschriften bekannt sind oder die Prüfstelle für jugendgefährdende Medien die

Anschriften durch Angaben im Zusammenhang mit dem Medium unter zumutbarem Aufwand aus öffentlich zugänglichen Quellen ermitteln kann.

(8) ¹Die Entscheidungen sind

1. bei Trägermedien der Urheberin oder dem Urheber sowie der Inhaberin oder dem Inhaber der Nutzungsrechte,
2. bei Telemedien der Urheberin oder dem Urheber sowie dem Anbieter und
3. der antragstellenden Behörde

zuzustellen. ²Sie hat die sich aus der Entscheidung ergebenden Verbreitungs- und Werbebeschränkungen im Einzelnen aufzuführen. ³Die Begründung ist beizufügen oder innerhalb einer Woche durch Zustellung nachzureichen. ⁴Dem Bundesministerium für Familie, Senioren, Frauen und Jugend, den obersten Landesjugendbehörden, der zentralen Aufsichtsstelle der Länder für den Jugendmedienschutz und der das Verfahren anregenden Behörde oder Einrichtung oder dem das Verfahren nach Absatz 4 anregenden Träger ist die Entscheidung zu übermitteln.

(9) Die Prüfstelle für jugendgefährdende Medien soll mit der zentralen Aufsichtsstelle der Länder für den Jugendmedienschutz zusammenarbeiten und einen regelmäßigen Informationsaustausch pflegen.

§ 22 Aufnahme periodisch erscheinender Medien in die Liste jugendgefährdender Medien.
¹Periodisch erscheinende Medien können auf die Dauer von drei bis zwölf Monaten in die Liste jugendgefährdender Medien aufgenommen werden, wenn innerhalb von zwölf Monaten mehr als zwei ihrer Folgen in die Liste aufgenommen worden sind. ²Dies gilt nicht für Tageszeitungen und politische Zeitschriften sowie für deren digitale Ausgaben.

§ 23 Vereinfachtes Verfahren.
(1) ¹In einem vereinfachten Verfahren kann die Prüfstelle für jugendgefährdende Medien über die Aufnahme von Medien in die Liste jugendgefährdender Medien entscheiden, wenn

1. das Medium offensichtlich geeignet ist, die Entwicklung von Kindern oder Jugendlichen oder ihre Erziehung zu einer eigenverantwortlichen und gemeinschaftsfähigen Persönlichkeit zu gefährden oder
2. bei einem Telemedium auf Antrag oder nach einer Stellungnahme der zentralen Aufsichtsstelle der Länder für den Jugendmedienschutz entschieden wird.

²Im vereinfachten Verfahren treffen die oder der Vorsitzende und zwei weitere Mitglieder der Prüfstelle für jugendgefährdende Medien, von denen ein Mitglied einer der in § 19 Absatz 2 Nummer 1 bis 4 genannten Gruppen angehören muss, die Entscheidung. ³Die Entscheidung kann im vereinfachten Verfahren nur einstimmig getroffen werden. ⁴Kommt eine einstimmige Entscheidung nicht zustande, entscheidet die Prüfstelle für jugendgefährdende Medien in voller Besetzung (§ 19 Absatz 5).

(2) Eine Aufnahme in die Liste nach § 22 ist im vereinfachten Verfahren nicht möglich.

(3) Gegen die Entscheidung können die Betroffenen (§ 21 Abs. 7) innerhalb eines Monats nach Zustellung Antrag auf Entscheidung durch die Prüfstelle für jugendgefährdende Medien in voller Besetzung stellen.

(4) Nach Ablauf von zehn Jahren seit Aufnahme eines Mediums in die Liste kann die Prüfstelle für jugendgefährdende Medien die Streichung aus der Liste unter der Voraussetzung des § 21 Abs. 5 Nr. 2 im vereinfachten Verfahren beschließen.

(5) ¹Wenn die Gefahr besteht, dass ein Medium kurzfristig in großem Umfange vertrieben, verbreitet oder zugänglich gemacht wird und die endgültige Listenaufnahme offensichtlich zu erwarten ist, kann die Aufnahme in die Liste im vereinfachten Verfahren vorläufig angeordnet werden. ²Absatz 2 gilt entsprechend.

(6) ¹Die vorläufige Anordnung ist mit der abschließenden Entscheidung der Prüfstelle für jugendgefährdende Medien, jedoch spätestens nach Ablauf eines Monats, aus der Liste zu streichen. ²Die Frist des Satzes 1 kann vor ihrem Ablauf um höchstens einen Monat verlängert werden. ³Absatz 1 gilt entsprechend. ⁴Soweit die vorläufige Anordnung im Bundesanzeiger bekannt zu machen ist, gilt dies auch für die Verlängerung.

§ 24 Führung der Liste jugendgefährdender Medien. (1) Die Bundeszentrale führt die Liste jugendgefährdender Medien nach § 17a Absatz 1.

(2) ¹Entscheidungen über die Aufnahme in die Liste oder über Streichungen aus der Liste sind unverzüglich auszuführen. ²Die Liste ist unverzüglich zu korrigieren, wenn Entscheidungen der Prüfstelle für jugendgefährdende Medien aufgehoben werden oder außer Kraft treten.

(2a) ¹Die Liste jugendgefährdender Medien ist als öffentliche Liste zu führen. ²Würde die Bekanntmachung eines Mediums in der öffentlichen Liste jedoch der Wahrung des Kinder- und Jugendschutzes schaden, so ist dieses Medium in einem nichtöffentlichen Teil der Liste zu führen. ³Ein solcher Schaden ist insbesondere dann anzunehmen, wenn eine Bezeichnung des Mediums in der öffentlichen Liste nur in der Weise erfolgen kann, dass durch die Bezeichnung für Kinder und Jugendliche zugleich der unmittelbare Zugang möglich wird.

(3) Wird ein Medium in den öffentlichen Teil der Liste aufgenommen oder aus ihm gestrichen, so ist dies unter Hinweis auf die zugrunde liegende Entscheidung im Bundesanzeiger bekannt zu machen.

(4) ¹Die Bundeszentrale kann die Liste der zentralen Aufsichtsstelle der Länder für den Jugendmedienschutz, den im Bereich der Telemedien anerkannten Einrichtungen der Selbstkontrolle und den aus Mitteln des Bundes, der Länder oder der Landesmedienanstalten geförderten Internet-Beschwerdestellen in geeigneter Form mitteilen, damit der Listeninhalt zum Abgleich von Angeboten in Telemedien mit in die Liste aufgenommenen Medien genutzt werden kann, um Kindern und Jugendlichen möglichst ungefährdeten Zugang zu Angeboten zu ermöglichen und die Bearbeitung von Hinweisen auf jugendgefährdende Inhalte zu vereinfachen. ²Die Mitteilung umfasst einen Hinweis auf Einschätzungen nach § 18 Absatz 6.

(5) ¹In Bezug auf die vor Ablauf des 30. April 2021 in die Liste jugendgefährdender Medien aufgenommenen Träger- und Telemedien gelten § 18 Absatz 2 und § 24 Absatz 2 in der bis zu diesem Tag geltenden Fassung fort. ²Die Trägermedien, deren Aufnahme in die Liste jugendgefährdender Medien bis zum 30. April 2021 bekannt gemacht worden ist, können unter Benennung

der Listenteile A oder B in eine gemeinsame Listenstruktur mit der ab diesem Tag zu führenden Liste überführt werden.

§ 24a Vorsorgemaßnahmen. (1) ¹Diensteanbieter, die fremde Informationen für Nutzerinnen und Nutzer mit Gewinnerzielungsabsicht speichern oder bereitstellen, haben unbeschadet des § 7 Absatz 2 und des § 10 des Telemediengesetzes[1]) durch angemessene und wirksame strukturelle Vorsorgemaßnahmen dafür Sorge zu tragen, dass die Schutzziele des § 10a Nummer 1 bis 3 gewahrt werden. ²Die Pflicht nach Satz 1 besteht nicht für Diensteanbieter, deren Angebote sich nicht an Kinder und Jugendliche richten und von diesen üblicherweise nicht genutzt werden sowie für journalistisch-redaktionell gestaltete Angebote, die vom Diensteanbieter selbst verantwortet werden.

(2) Als Vorsorgemaßnahmen kommen insbesondere in Betracht:
1. die Bereitstellung eines Melde- und Abhilfeverfahrens, mit dem Nutzerinnen und Nutzer Beschwerden über
   a) unzulässige Angebote nach § 4 des Jugendmedienschutz-Staatsvertrages[2]) oder
   b) entwicklungsbeeinträchtigende Angebote nach § 5 Absatz 1 und 2 des Jugendmedienschutz-Staatsvertrages, die der Diensteanbieter der Allgemeinheit bereitstellt, ohne seiner Verpflichtung aus § 5 Absatz 1 des Jugendmedienschutz-Staatsvertrages durch Maßnahmen nach § 5 Absatz 3 bis 5 des Jugendmedienschutz-Staatsvertrages nachzukommen
   übermitteln können;
2. die Bereitstellung eines Melde- und Abhilfeverfahrens mit einer für Kinder und Jugendliche geeigneten Benutzerführung, im Rahmen dessen insbesondere minderjährige Nutzer und Nutzerinnen Beeinträchtigungen ihrer persönlichen Integrität durch nutzergenerierte Informationen dem Diensteanbieter melden können;
3. die Bereitstellung eines Einstufungssystems für nutzergenerierte audiovisuelle Inhalte, mit dem Nutzerinnen und Nutzer im Zusammenhang mit der Generierung standardmäßig insbesondere dazu aufgefordert werden, die Eignung eines Inhalts entsprechend der Altersstufe „ab 18 Jahren" als nur für Erwachsene zu bewerten;
4. die Bereitstellung technischer Mittel zur Altersverifikation für nutzergenerierte audiovisuelle Inhalte, die die Nutzerin oder der Nutzer im Zusammenhang mit der Generierung entsprechend der Altersstufe „ab 18 Jahren" als nur für Erwachsene geeignet bewertet hat;
5. der leicht auffindbare Hinweis auf anbieterunabhängige Beratungsangebote, Hilfe- und Meldemöglichkeiten;
6. die Bereitstellung technischer Mittel zur Steuerung und Begleitung der Nutzung der Angebote durch personensorgeberechtigte Personen;
7. die Einrichtung von Voreinstellungen, die Nutzungsrisiken für Kinder und Jugendliche unter Berücksichtigung ihres Alters begrenzen, indem insbesondere ohne ausdrückliche anderslautende Einwilligung
   a) Nutzerprofile weder durch Suchdienste aufgefunden werden können noch für nicht angemeldete Personen einsehbar sind,

---

[1]) Nr. 5.
[2]) Nr. 8.

b) Standort- und Kontaktdaten und die Kommunikation mit anderen Nutzerinnen und Nutzern nicht veröffentlicht werden,

c) die Kommunikation mit anderen Nutzerinnen und Nutzern auf einen von den Nutzerinnen und Nutzern vorab selbst gewählten Kreis eingeschränkt ist und

d) die Nutzung anonym oder unter Pseudonym erfolgt;

8. die Verwendung von Bestimmungen in den Allgemeinen Geschäftsbedingungen, die die für die Nutzung wesentlichen Bestimmungen der Allgemeinen Geschäftsbedingungen in kindgerechter Weise darstellen.

(3) Der Diensteanbieter ist von der Pflicht nach Absatz 1 befreit, wenn das Angebot im Inland nachweislich weniger als eine Million Nutzerinnen und Nutzer hat.

(4) [1] Die Vorschrift findet auch auf Diensteanbieter Anwendung, deren Sitzland nicht Deutschland ist. [2] Die Bestimmungen des Netzwerkdurchsetzungsgesetzes[1]) vom 1. September 2017 (BGBl. I S. 3352) in der jeweils geltenden Fassung gehen vor. [3] Weitergehende Anforderungen dieses Gesetzes zur Wahrung der Schutzziele des § 10a Nummer 1 bis 3 bleiben unberührt. [4] Die §§ 2a und 3 des Telemediengesetzes sowie die Bestimmungen der Verordnung (EU) 2016/679 des Europäischen Parlaments und des Rates vom 27. April 2016 zum Schutz natürlicher Personen bei der Verarbeitung personenbezogener Daten, zum freien Datenverkehr und zur Aufhebung der Richtlinie 95/46/EG (Datenschutz-Grundverordnung)[2]) (ABl. L 119 vom 4.5.2016, S. 1; L 314 vom 22.11.2016, S. 72; L 127 vom 23.5.2018, S. 2) bleiben unberührt.

§ 24b Überprüfung der Vorsorgemaßnahmen. (1) [1] Die Bundeszentrale überprüft die Umsetzung, die konkrete Ausgestaltung und die Angemessenheit der von Diensteanbietern nach § 24a Absatz 1 zu treffenden Vorsorgemaßnahmen. [2] Das gemeinsame Kompetenzzentrum von Bund und Ländern für den Jugendmedienschutz im Internet „jugendschutz.net" nimmt erste Einschätzungen der von den Diensteanbietern getroffenen Vorsorgemaßnahmen vor. „jugendschutz.net" unterrichtet die Bundeszentrale über seine ersten Einschätzungen nach Satz 2. [3] Im Rahmen der Prüfung nach Satz 1 berücksichtigt die Bundeszentrale die Stellungnahme der zentralen Aufsichtsstelle der Länder für den Jugendmedienschutz.

(2) Der Diensteanbieter kann die Pflicht nach § 24a Absatz 1 erfüllen, indem er in einer Leitlinie Maßnahmen festlegt und umsetzt, welche die Vorsorgemaßnahmen nach § 24a Absatz 1 für seinen Bereich konkretisieren und die Leitlinie

1. mit einer nach den Bestimmungen des Jugendmedienschutz-Staatsvertrages[3]) anerkannten Einrichtung der freiwilligen Selbstkontrolle, bei der der Diensteanbieter Mitglied ist, vereinbart wurde,

2. der Bundeszentrale zur Beurteilung der Angemessenheit gemäß § 24a Absatz 1 vorgelegt wurde und

3. nach Bestätigung der Angemessenheit durch die Bundeszentrale veröffentlicht wurde (§ 24c Absatz 2).

---
[1]) Nr. **6**.
[2]) Auszugsweise abgedruckt unter Nr. **11**.
[3]) Nr. **8**.

(3) Stellt die Bundeszentrale fest, dass ein Diensteanbieter keine oder nur unzureichende Vorsorgemaßnahmen nach § 24a Absatz 1 getroffen hat, gibt sie ihm Gelegenheit, Stellung zu nehmen und berät ihn über die erforderlichen Vorsorgemaßnahmen. Trifft der Diensteanbieter auch nach Abschluss der Beratung die erforderlichen Vorsorgemaßnahmen nicht, fordert die Bundeszentrale den Diensteanbieter unter angemessener Fristsetzung zur Abhilfe auf.

(4) Kommt der Diensteanbieter der Aufforderung nach Absatz 3 Satz 2 innerhalb der gesetzten Frist nicht oder nur unzureichend nach, kann die Bundeszentrale die erforderlichen Vorsorgemaßnahmen nach § 24a Absatz 1 unter erneuter angemessener Fristsetzung selbst anordnen. Vor der Anordnung gibt die Bundeszentrale der zentralen Aufsichtsstelle der Länder für den Jugendmedienschutz Gelegenheit zur Stellungnahme.

(5) Hat eine nach den Bestimmungen des Jugendmedienschutz-Staatsvertrages anerkannte Einrichtung der freiwilligen Selbstkontrolle die Pflicht des Diensteanbieters gemäß § 24a Absatz 1 ausgeschlossen, ist der Prüfumfang der Bundeszentrale auf die Überschreitung der Grenzen des Beurteilungsspielraums durch die Einrichtung der freiwilligen Selbstkontrolle beschränkt.

§ 24c Leitlinie der freiwilligen Selbstkontrolle. (1) Bei der Erarbeitung einer Leitlinie nach § 24b Absatz 2 sind die Sichtweise von Kindern und Jugendlichen und deren Belange in geeigneter Weise angemessen zu berücksichtigen.

(2) [1] Die vereinbarte Leitlinie ist in deutscher Sprache im Bundesanzeiger, auf der Homepage des Diensteanbieters und der Homepage der Einrichtung der freiwilligen Selbstkontrolle spätestens einen Monat nach Ende des Quartals, in dem die Vereinbarung durch die Bundeszentrale als angemessen beurteilt wurde, zu veröffentlichen. [2] Die auf der Homepage veröffentlichte Leitlinie muss leicht erkennbar, unmittelbar erreichbar und ständig verfügbar sein.

§ 24d Inländischer Empfangsbevollmächtigter. [1] Diensteanbieter im Sinne des § 24a Absatz 1 Satz 1 in Verbindung mit Absatz 4 Satz 1 haben sicherzustellen, dass ein Empfangsbevollmächtigter im Inland benannt ist und auf ihn in ihrem Angebot in leicht erkennbarer und unmittelbar erreichbarer Weise aufmerksam gemacht wird. [2] An diesen Empfangsbevollmächtigten können unter Beachtung des § 24a Absatz 4 Bekanntgaben oder Zustellungen in Verfahren nach § 24b Absatz 3 und 4 bewirkt werden. [3] Das gilt auch für die Bekanntgabe oder die Zustellung von Schriftstücken, die solche Verfahren einleiten oder vorbereiten.

§ 25 Rechtsweg. (1) Für Klagen gegen eine Entscheidung der Prüfstelle für jugendgefährdende Medien, ein Medium in die Liste jugendgefährdender Medien aufzunehmen oder einen Antrag auf Streichung aus der Liste abzulehnen, ist der Verwaltungsrechtsweg gegeben.

(2) Gegen eine Entscheidung der Prüfstelle für jugendgefährdende Medien, ein Medium nicht in die Liste jugendgefährdender Medien aufzunehmen, sowie gegen eine Einstellung des Verfahrens kann die antragstellende Behörde im Verwaltungsrechtsweg Klage erheben.

(3) Die Klage ist gegen den Bund, vertreten durch die Bundeszentrale für Kinder- und Jugendmedienschutz, zu richten.

(4) ¹Die Klage hat keine aufschiebende Wirkung. ²Vor Erhebung der Klage bedarf es keiner Nachprüfung in einem Vorverfahren, bei einer Entscheidung im vereinfachten Verfahren nach § 23 ist jedoch zunächst eine Entscheidung der Prüfstelle für jugendgefährdende Medien in der Besetzung nach § 19 Abs. 5 herbeizuführen.

Abschnitt 5. Verordnungsermächtigung

§ 26 Verordnungsermächtigung. Die Bundesregierung wird ermächtigt, durch Rechtsverordnung mit Zustimmung des Bundesrates Näheres über den Sitz und das Verfahren der Prüfstelle für jugendgefährdende Medien und die Führung der Liste jugendgefährdender Medien zu regeln.

Abschnitt 6. Ahndung von Verstößen

§ 27 Strafvorschriften. (1) Mit Freiheitsstrafe bis zu einem Jahr oder mit Geldstrafe wird bestraft, wer

1. entgegen § 15 Abs. 1 Nr. 1 bis 5 oder 6, jeweils auch in Verbindung mit Abs. 2, oder entgegen § 15 Absatz 1a ein dort genanntes Medium anbietet, überlässt, zugänglich macht, ausstellt, anschlägt, vorführt, einführt, ankündigt oder anpreist,
2. entgegen § 15 Abs. 1 Nr. 7, auch in Verbindung mit Abs. 2, ein Trägermedium herstellt, bezieht, liefert, vorrätig hält oder einführt,
3. entgegen § 15 Abs. 4 die Liste der jugendgefährdenden Medien abdruckt oder veröffentlicht,
4. entgegen § 15 Abs. 5 bei geschäftlicher Werbung einen dort genannten Hinweis gibt oder
5. einer vollziehbaren Entscheidung nach § 21 Abs. 8 Satz 1 Nr. 1 zuwiderhandelt.

(2) Ebenso wird bestraft, wer als Veranstalter oder Gewerbetreibender

1. eine in § 28 Abs. 1 Nr. 4 bis 18 oder 19 bezeichnete vorsätzliche Handlung begeht und dadurch wenigstens leichtfertig ein Kind oder eine jugendliche Person in der körperlichen, geistigen oder sittlichen Entwicklung schwer gefährdet oder
2. eine in § 28 Abs. 1 Nr. 4 bis 18 oder 19 bezeichnete vorsätzliche Handlung aus Gewinnsucht begeht oder beharrlich wiederholt.

(3) Wird die Tat in den Fällen

1. des Absatzes 1 Nr. 1 oder
2. des Absatzes 1 Nr. 3, 4 oder 5

fahrlässig begangen, so ist die Strafe Freiheitsstrafe bis zu sechs Monaten oder Geldstrafe bis zu hundertachtzig Tagessätzen.

(4) ¹Absatz 1 Nummer 1 und 2 und Absatz 3 Nummer 1 sind nicht anzuwenden, wenn eine personensorgeberechtigte Person oder eine Person, die im Einverständnis mit einer personensorgeberechtigten Person handelt, das Medium einem Kind oder einer jugendlichen Person anbietet, überlässt, zugänglich macht oder vorführt. ²Dies gilt nicht, wenn die personensorgeberechtigte Person durch das Erteilen des Einverständnisses, das Anbieten, Überlassen, Zugänglichmachen oder Vorführen ihre Erziehungspflicht gröblich verletzt.

§ 28 Bußgeldvorschriften. (1) Ordnungswidrig handelt, wer als Veranstalter oder Gewerbetreibender vorsätzlich oder fahrlässig
1. entgegen § 3 Abs. 1 die für seine Betriebseinrichtung oder Veranstaltung geltenden Vorschriften nicht, nicht richtig oder nicht in der vorgeschriebenen Weise bekannt macht,
2. entgegen § 3 Abs. 2 Satz 1 eine Kennzeichnung verwendet,
3. entgegen § 3 Abs. 2 Satz 2 einen Hinweis nicht, nicht richtig oder nicht rechtzeitig gibt,
4. entgegen § 3 Abs. 2 Satz 3 einen Hinweis gibt, einen Film oder ein Spielprogramm ankündigt oder für einen Film oder ein Spielprogramm wirbt,
5. entgegen § 4 Abs. 1 oder 3 einem Kind oder einer jugendlichen Person den Aufenthalt in einer Gaststätte gestattet,
6. entgegen § 5 Abs. 1 einem Kind oder einer jugendlichen Person die Anwesenheit bei einer öffentlichen Tanzveranstaltung gestattet,
7. entgegen § 6 Abs. 1 einem Kind oder einer jugendlichen Person die Anwesenheit in einer öffentlichen Spielhalle oder einem dort genannten Raum gestattet,
8. entgegen § 6 Abs. 2 einem Kind oder einer jugendlichen Person die Teilnahme an einem Spiel mit Gewinnmöglichkeit gestattet,
9. einer vollziehbaren Anordnung nach § 7 Satz 1 zuwiderhandelt,
10. entgegen § 9 Abs. 1 ein alkoholisches Getränk an ein Kind oder eine jugendliche Person abgibt oder ihm oder ihr den Verzehr gestattet,
11. entgegen § 9 Abs. 3 Satz 1 ein alkoholisches Getränk in einem Automaten anbietet,
11a. entgegen § 9 Abs. 4 alkoholhaltige Süßgetränke in den Verkehr bringt,
12. entgegen § 10 Absatz 1, auch in Verbindung mit Absatz 4, ein dort genanntes Produkt an ein Kind oder eine jugendliche Person abgibt oder einem Kind oder einer jugendlichen Person das Rauchen oder den Konsum gestattet,
13. entgegen § 10 Absatz 2 Satz 1 oder Absatz 3, jeweils auch in Verbindung mit Absatz 4, ein dort genanntes Produkt anbietet oder abgibt,
14. entgegen § 11 Abs. 1 oder 3, jeweils auch in Verbindung mit Abs. 4 Satz 2, einem Kind oder einer jugendlichen Person die Anwesenheit bei einer öffentlichen Filmveranstaltung, einem Werbevorspann oder einem Beiprogramm gestattet,
14a. entgegen § 11 Absatz 5 oder 6 einen Werbefilm oder ein Werbeprogramm vorführt,
15. entgegen § 12 Abs. 1 einem Kind oder einer jugendlichen Person einen Bildträger zugänglich macht,
16. entgegen § 12 Abs. 3 Nr. 2 einen Bildträger anbietet oder überlässt,
17. entgegen § 12 Abs. 4 oder § 13 Abs. 2 einen Automaten oder ein Bildschirmspielgerät aufstellt,
18. entgegen § 12 Abs. 5 Satz 1 einen Bildträger vertreibt,
19. entgegen § 13 Abs. 1 einem Kind oder einer jugendlichen Person das Spielen an Bildschirmspielgeräten gestattet oder

20. entgegen § 15 Abs. 6 einen Hinweis nicht, nicht richtig oder nicht rechtzeitig gibt.

(2) Ordnungswidrig handelt, wer als Anbieter vorsätzlich oder fahrlässig

1. entgegen § 12 Abs. 2 Satz 1 und 2, auch in Verbindung mit Abs. 5 Satz 3 oder § 13 Abs. 3, einen Hinweis nicht, nicht richtig oder nicht in der vorgeschriebenen Weise gibt,
2. einer vollziehbaren Anordnung nach § 12 Abs. 2 Satz 3 Nr. 1, auch in Verbindung mit Abs. 5 Satz 3 oder § 13 Abs. 3, oder nach § 14 Abs. 7 Satz 3 zuwiderhandelt,
3. entgegen § 12 Abs. 5 Satz 2 einen Hinweis nicht, nicht richtig, nicht in der vorgeschriebenen Weise oder nicht rechtzeitig anbringt oder
4. entgegen § 14 Abs. 7 Satz 1 einen Film oder ein Spielprogramm mit „Infoprogramm" oder „Lehrprogramm" kennzeichnet.

(3) Ordnungswidrig handelt, wer vorsätzlich oder fahrlässig

1. entgegen § 12 Abs. 2 Satz 4 einen Hinweis nicht, nicht richtig oder nicht in der vorgeschriebenen Weise gibt,
2. entgegen § 14a Absatz 1 Satz 2 einen Film oder ein Spielprogramm bereithält,
3. entgegen § 24 Abs. 5 Satz 2 eine Mitteilung verwendet,
4. einer vollziehbaren Anordnung nach § 24b Absatz 4 Satz 1 zuwiderhandelt oder
5. entgegen § 24d Satz 1 nicht sicherstellt, dass ein Empfangsbevollmächtigter im Inland benannt ist.

(4) [1] Ordnungswidrig handelt, wer als Person über 18 Jahren ein Verhalten eines Kindes oder einer jugendlichen Person herbeiführt oder fördert, das durch ein in Absatz 1 Nr. 5 bis 8, 10, 12, 14 bis 16 oder 19 oder in § 27 Abs. 1 Nr. 1 oder 2 bezeichnetes oder in § 12 Abs. 3 Nr. 1 enthaltenes Verbot oder durch eine vollziehbare Anordnung nach § 7 Satz 1 verhindert werden soll. [2] Hinsichtlich des Verbots in § 12 Abs. 3 Nr. 1 gilt dies nicht für die personensorgeberechtigte Person und für eine Person, die im Einverständnis mit der personensorgeberechtigten Person handelt.

(5) [1] Die Ordnungswidrigkeit kann in den Fällen des Absatzes 3 Nummer 4 mit einer Geldbuße bis zu fünf Millionen Euro und in den übrigen Fällen mit einer Geldbuße bis zu fünfzigtausend Euro geahndet werden. [2] § 30 Absatz 2 Satz 3 des Gesetzes über Ordnungswidrigkeiten ist für die Fälle des Absatzes 3 Nummer 4 anzuwenden.

(6) In den Fällen des Absatzes 3 Nummer 2, 4 und 5 kann die Ordnungswidrigkeit auch dann geahndet werden, wenn sie nicht im Geltungsbereich dieses Gesetzes begangen wird.

(7) Verwaltungsbehörde im Sinne des § 36 Absatz 1 Nummer 1 des Gesetzes über Ordnungswidrigkeiten[1)] ist in den Fällen des Absatzes 3 Nummer 2, 4 und 5 die Bundeszentrale für Kinder- und Jugendmedienschutz.

[1)] Nr. 46.

Abschnitt 7. Schlussvorschriften

§ 29 Übergangsvorschriften. Auf die nach bisherigem Recht mit „Nicht freigegeben unter achtzehn Jahren" gekennzeichneten Filmprogramme für Bildträger findet § 18 Abs. 8 Satz 1 mit der Maßgabe Anwendung, dass an die Stelle der Angabe „§ 14 Abs. 2 Nr. 1 bis 5" die Angabe „§ 14 Abs. 2 Nr. 1 bis 4" tritt.

§ 29a Weitere Übergangsregelung. Beisitzerinnen und Beisitzer der Bundesprüfstelle für jugendgefährdende Medien und ihre Vertreterinnen und Vertreter, die sich am 1. Mai 2021 im Amt befinden, können unabhängig von ihrer bisherigen Mitgliedschaft in der Bundesprüfstelle noch höchstens zweimal als Beisitzerin oder Beisitzer oder als Vertreterin oder Vertreter berufen werden.

§ 29b Bericht und Evaluierung. ¹Dieses Gesetz wird drei Jahre nach Inkrafttreten evaluiert, um zu untersuchen, inwiefern die in § 10a niedergelegten Schutzziele erreicht wurden. ²Die Bundesregierung unterrichtet den Deutschen Bundestag über das Ergebnis der Evaluation. ³In der Folge wird alle zwei Jahre dem Beirat Bericht erstattet über die weitere Entwicklung bei dem Erreichen der Schutzziele des § 10a. ⁴Alle vier Jahre ist dieser Bericht von der Bundesregierung dem Deutschen Bundestag vorzulegen.

§ 30 Inkrafttreten, Außerkrafttreten. (1) ¹Dieses Gesetz tritt an dem Tag in Kraft, an dem der Staatsvertrag der Länder über den Schutz der Menschenwürde und den Jugendschutz in Rundfunk und Telemedien[1)] in Kraft[2)] tritt. ²Gleichzeitig treten das Gesetz zum Schutze der Jugend in der Öffentlichkeit vom 25. Februar 1985 (BGBl. I S. 425), zuletzt geändert durch Artikel 8a des Gesetzes vom 15. Dezember 2001 (BGBl. I S. 3762) und das Gesetz über die Verbreitung jugendgefährdender Schriften und Medieninhalte in der Fassung der Bekanntmachung vom 12. Juli 1985 (BGBl. I S. 1502), zuletzt geändert durch Artikel 8b des Gesetzes vom 15. Dezember 2001 (BGBl. I S. 3762) außer Kraft. ³Das Bundesministerium für Familie, Senioren, Frauen und Jugend gibt das Datum des Inkrafttretens dieses Gesetzes im Bundesgesetzblatt bekannt[3)].

(2) Abweichend von Absatz 1 Satz 1 treten § 10 Abs. 2 und § 28 Abs. 1 Nr. 13 am 1. Januar 2007 in Kraft.

[1)] Nr. 8.
[2)] Inkrafttreten des Jugendmedienschutz-StaatsV (Nr. 8) gem. seinem § 28 Abs. 1 am 1.4.2003.
[3)] Siehe die Bek. v. 1.4.2003 (BGBl. I S. 476), wonach das JugendschutzG am 1.4.2003 in Kraft getreten ist.

10. Gesetz über Urheberrecht und verwandte Schutzrechte (Urheberrechtsgesetz)[1)]

Vom 9. September 1965
(BGBl. I S. 1273)

FNA 440-1

zuletzt geänd. durch Art. 25 TelekommunikationsmodernisierungsG[2)] v. 23.6.2021 (BGBl. I S. 1858)

– Auszug –

Teil 1. Urheberrecht

Abschnitt 1. Allgemeines

§ 1 Allgemeines. Die Urheber von Werken der Literatur, Wissenschaft und Kunst genießen für ihre Werke Schutz nach Maßgabe dieses Gesetzes.

Abschnitt 2. Das Werk

§ 2 Geschützte Werke. (1) Zu den geschützten Werken der Literatur, Wissenschaft und Kunst gehören insbesondere:

1. Sprachwerke, wie Schriftwerke, Reden und Computerprogramme;
2. Werke der Musik;
3. pantomimische Werke einschließlich der Werke der Tanzkunst;
4. Werke der bildenden Künste einschließlich der Werke der Baukunst und der angewandten Kunst und Entwürfe solcher Werke;
5. Lichtbildwerke einschließlich der Werke, die ähnlich wie Lichtbildwerke geschaffen werden;
6. Filmwerke einschließlich der Werke, die ähnlich wie Filmwerke geschaffen werden;
7. Darstellungen wissenschaftlicher oder technischer Art, wie Zeichnungen, Pläne, Karten, Skizzen, Tabellen und plastische Darstellungen.

(2) Werke im Sinne dieses Gesetzes sind nur persönliche geistige Schöpfungen.

§ 3 Bearbeitungen. [1]Übersetzungen und andere Bearbeitungen eines Werkes, die persönliche geistige Schöpfungen des Bearbeiters sind, werden unbeschadet des Urheberrechts am bearbeiteten Werk wie selbständige Werke geschützt. [2]Die nur unwesentliche Bearbeitung eines nicht geschützten Werkes der Musik wird nicht als selbständiges Werk geschützt.

§ 4 Sammelwerke und Datenbankwerke. (1) Sammlungen von Werken, Daten oder anderen unabhängigen Elementen, die aufgrund der Auswahl oder

---

[1)] Für das Gebiet der ehem. DDR beachte zum UrheberrechtsG aufgrund des Einigungsvertrages v. 31.8.1990 (BGBl. II S. 885, 889), zuletzt geänd. durch G v. 8.7.2016 (BGBl. I S. 1594) geltende Maßgaben.
[2)] **Amtl. Anm.:** Dieses Gesetz dient der Umsetzung der Richtlinie (EU) 2018/1972 des Europäischen Parlaments und des Rates vom 11. Dezember 2018 über den europäischen Kodex für die elektronische Kommunikation (Neufassung) (ABl. L 321 vom 17.12.2018, S. 36).

Anordnung der Elemente eine persönliche geistige Schöpfung sind (Sammelwerke), werden, unbeschadet eines an den einzelnen Elementen gegebenenfalls bestehenden Urheberrechts oder verwandten Schutzrechts, wie selbständige Werke geschützt.

(2) ¹Datenbankwerk im Sinne dieses Gesetzes ist ein Sammelwerk, dessen Elemente systematisch oder methodisch angeordnet und einzeln mit Hilfe elektronischer Mittel oder auf andere Weise zugänglich sind. ²Ein zur Schaffung des Datenbankwerkes oder zur Ermöglichung des Zugangs zu dessen Elementen verwendetes Computerprogramm (§ 69a) ist nicht Bestandteil des Datenbankwerkes.

§ 5 Amtliche Werke. (1) Gesetze, Verordnungen, amtliche Erlasse und Bekanntmachungen sowie Entscheidungen und amtlich verfaßte Leitsätze zu Entscheidungen genießen keinen urheberrechtlichen Schutz.

(2) Das gleiche gilt für andere amtliche Werke, die im amtlichen Interesse zur allgemeinen Kenntnisnahme veröffentlicht worden sind, mit der Einschränkung, daß die Bestimmungen über Änderungsverbot und Quellenangabe in § 62 Abs. 1 bis 3 und § 63 Abs. 1 und 2 entsprechend anzuwenden sind.

(3) ¹Das Urheberrecht an privaten Normwerken wird durch die Absätze 1 und 2 nicht berührt, wenn Gesetze, Verordnungen, Erlasse oder amtliche Bekanntmachungen auf sie verweisen, ohne ihren Wortlaut wiederzugeben. ²In diesem Fall ist der Urheber verpflichtet, jedem Verleger zu angemessenen Bedingungen ein Recht zur Vervielfältigung und Verbreitung einzuräumen. ³Ist ein Dritter Inhaber des ausschließlichen Rechts zur Vervielfältigung und Verbreitung, so ist dieser zur Einräumung des Nutzungsrechts nach Satz 2 verpflichtet.

§ 6 Veröffentlichte und erschienene Werke. (1) Ein Werk ist veröffentlicht, wenn es mit Zustimmung des Berechtigten der Öffentlichkeit zugänglich gemacht worden ist.

(2) ¹Ein Werk ist erschienen, wenn mit Zustimmung des Berechtigten Vervielfältigungsstücke des Werkes nach ihrer Herstellung in genügender Anzahl der Öffentlichkeit angeboten oder in Verkehr gebracht worden sind. ²Ein Werk der bildenden Künste gilt auch dann als erschienen, wenn das Original oder ein Vervielfältigungsstück des Werkes mit Zustimmung des Berechtigten bleibend der Öffentlichkeit zugänglich ist.

Abschnitt 3. Der Urheber

§ 7 Urheber. Urheber ist der Schöpfer des Werkes.

§ 8 Miturheber. (1) Haben mehrere ein Werk gemeinsam geschaffen, ohne daß sich ihre Anteile gesondert verwerten lassen, so sind sie Miturheber des Werkes.

(2) ¹Das Recht zur Veröffentlichung und zur Verwertung des Werkes steht den Miturhebern zur gesamten Hand zu; Änderungen des Werkes sind nur mit Einwilligung des Miturhebers zulässig. ²Ein Miturheber darf jedoch seine Einwilligung zur Veröffentlichung, Verwertung oder Änderung nicht wider Treu und Glauben verweigern. ³Jeder Miturheber ist berechtigt, Ansprüche aus Verletzungen des gemeinsamen Urheberrechts geltend zu machen; er kann jedoch nur Leistung an alle Miturheber verlangen.

(3) Die Erträgnisse aus der Nutzung des Werkes gebühren den Miturhebern nach dem Umfang ihrer Mitwirkung an der Schöpfung des Werkes, wenn nichts anderes zwischen den Miturhebern vereinbart ist.

(4) ¹Ein Miturheber kann auf seinen Anteil an den Verwertungsrechten (§ 15) verzichten. ²Der Verzicht ist den anderen Miturhebern gegenüber zu erklären. ³Mit der Erklärung wächst der Anteil den anderen Miturhebern zu.

§ 9 Urheber verbundener Werke. Haben mehrere Urheber ihre Werke zu gemeinsamer Verwertung miteinander verbunden, so kann jeder vom anderen die Einwilligung zur Veröffentlichung, Verwertung und Änderung der verbundenen Werke verlangen, wenn die Einwilligung dem anderen nach Treu und Glauben zuzumuten ist.

§ 10 Vermutung der Urheber- oder Rechtsinhaberschaft. (1) Wer auf den Vervielfältigungsstücken eines erschienenen Werkes oder auf dem Original eines Werkes der bildenden Künste in der üblichen Weise als Urheber bezeichnet ist, wird bis zum Beweis des Gegenteils als Urheber des Werkes angesehen; dies gilt auch für eine Bezeichnung, die als Deckname oder Künstlerzeichen des Urhebers bekannt ist.

(2) ¹Ist der Urheber nicht nach Absatz 1 bezeichnet, so wird vermutet, daß derjenige ermächtigt ist, die Rechte des Urhebers geltend zu machen, der auf den Vervielfältigungsstücken des Werkes als Herausgeber bezeichnet ist. ²Ist kein Herausgeber angegeben, so wird vermutet, daß der Verleger ermächtigt ist.

(3) ¹Für die Inhaber ausschließlicher Nutzungsrechte gilt die Vermutung des Absatzes 1 entsprechend, soweit es sich um Verfahren des einstweiligen Rechtsschutzes handelt oder Unterlassungsansprüche geltend gemacht werden. ²Die Vermutung gilt nicht im Verhältnis zum Urheber oder zum ursprünglichen Inhaber des verwandten Schutzrechts.

Abschnitt 4. Inhalt des Urheberrechts
Unterabschnitt 1. Allgemeines

§ 11 Allgemeines. ¹Das Urheberrecht schützt den Urheber in seinen geistigen und persönlichen Beziehungen zum Werk und in der Nutzung des Werkes. ²Es dient zugleich der Sicherung einer angemessenen Vergütung für die Nutzung des Werkes.

Unterabschnitt 2. Urheberpersönlichkeitsrecht

§ 12 Veröffentlichungsrecht. (1) Der Urheber hat das Recht zu bestimmen, ob und wie sein Werk zu veröffentlichen ist.

(2) Dem Urheber ist es vorbehalten, den Inhalt seines Werkes öffentlich mitzuteilen oder zu beschreiben, solange weder das Werk noch der wesentliche Inhalt oder eine Beschreibung des Werkes mit seiner Zustimmung veröffentlicht ist.

§ 13 Anerkennung der Urheberschaft. ¹Der Urheber hat das Recht auf Anerkennung seiner Urheberschaft am Werk. ²Er kann bestimmen, ob das Werk mit einer Urheberbezeichnung zu versehen und welche Bezeichnung zu verwenden ist.

§ 14 Entstellung des Werkes. Der Urheber hat das Recht, eine Entstellung oder eine andere Beeinträchtigung seines Werkes zu verbieten, die geeignet ist, seine berechtigten geistigen oder persönlichen Interessen am Werk zu gefährden.

Unterabschnitt 3. Verwertungsrechte

§ 15 Allgemeines. (1) Der Urheber hat das ausschließliche Recht, sein Werk in körperlicher Form zu verwerten[1]; das Recht umfaßt insbesondere
1. das Vervielfältigungsrecht (§ 16),
2. das Verbreitungsrecht (§ 17),
3. das Ausstellungsrecht (§ 18).

(2) [1]Der Urheber hat ferner das ausschließliche Recht, sein Werk in unkörperlicher Form öffentlich wiederzugeben (Recht der öffentlichen Wiedergabe). [2]Das Recht der öffentlichen Wiedergabe umfasst insbesondere
1. das Vortrags-, Aufführungs- und Vorführungsrecht (§ 19),
2. das Recht der öffentlichen Zugänglichmachung (§ 19a),
3. das Senderecht (§ 20),
4. das Recht der Wiedergabe durch Bild- oder Tonträger (§ 21),
5. das Recht der Wiedergabe von Funksendungen und von öffentlicher Zugänglichmachung (§ 22).

(3) [1]Die Wiedergabe ist öffentlich, wenn sie für eine Mehrzahl von Mitgliedern der Öffentlichkeit bestimmt ist. [2]Zur Öffentlichkeit gehört jeder, der nicht mit demjenigen, der das Werk verwertet, oder mit den anderen Personen, denen das Werk in unkörperlicher Form wahrnehmbar oder zugänglich gemacht wird, durch persönliche Beziehungen verbunden ist.

§ 16 Vervielfältigungsrecht. (1) Das Vervielfältigungsrecht ist das Recht, Vervielfältigungsstücke des Werkes herzustellen, gleichviel ob vorübergehend oder dauerhaft, in welchem Verfahren und in welcher Zahl.

(2) Eine Vervielfältigung ist auch die Übertragung des Werkes auf Vorrichtungen zur wiederholbaren Wiedergabe von Bild- oder Tonfolgen (Bild- oder Tonträger), gleichviel, ob es sich um die Aufnahme einer Wiedergabe des Werkes auf einen Bild- oder Tonträger oder um die Übertragung des Werkes von einem Bild- oder Tonträger auf einen anderen handelt.

§ 17 Verbreitungsrecht. (1) Das Verbreitungsrecht ist das Recht, das Original oder Vervielfältigungsstücke des Werkes der Öffentlichkeit anzubieten oder in Verkehr zu bringen.

(2) Sind das Original oder Vervielfältigungsstücke des Werkes mit Zustimmung des zur Verbreitung Berechtigten im Gebiet der Europäischen Union oder eines anderen Vertragsstaates des Abkommens über den Europäischen Wirtschaftsraum im Wege der Veräußerung in Verkehr gebracht worden, so ist ihre Weiterverbreitung mit Ausnahme der Vermietung zulässig.

(3) [1]Vermietung im Sinne der Vorschriften dieses Gesetzes ist die zeitlich begrenzte, unmittelbar oder mittelbar Erwerbszwecken dienende Gebrauchs-

---

[1] Beachte hierzu das VerwertungsgesellschaftenG v. 24.5.2016 (BGBl. I S. 1190), zuletzt geänd. durch G v. 31.5.2021 (BGBl. I S. 1204).

überlassung. ²Als Vermietung gilt jedoch nicht die Überlassung von Originalen oder Vervielfältigungsstücken

1. von Bauwerken und Werken der angewandten Kunst oder
2. im Rahmen eines Arbeits- oder Dienstverhältnisses zu dem ausschließlichen Zweck, bei der Erfüllung von Verpflichtungen aus dem Arbeits- oder Dienstverhältnis benutzt zu werden.

§ 18 Ausstellungsrecht. Das Ausstellungsrecht ist das Recht, das Original oder Vervielfältigungsstücke eines unveröffentlichten Werkes der bildenden Künste oder eines unveröffentlichten Lichtbildwerkes öffentlich zur Schau zu stellen.

§ 19 Vortrags-, Aufführungs- und Vorführungsrecht. (1) Das Vortragsrecht ist das Recht, ein Sprachwerk durch persönliche Darbietung öffentlich zu Gehör zu bringen.

(2) Das Aufführungsrecht ist das Recht, ein Werk der Musik durch persönliche Darbietung öffentlich zu Gehör zu bringen oder ein Werk öffentlich bühnenmäßig darzustellen.

(3) Das Vortrags- und das Aufführungsrecht umfassen das Recht, Vorträge und Aufführungen außerhalb des Raumes, in dem die persönliche Darbietung stattfindet, durch Bildschirm, Lautsprecher oder ähnliche technische Einrichtungen öffentlich wahrnehmbar zu machen.

(4) ¹Das Vorführungsrecht ist das Recht, ein Werk der bildenden Künste, ein Lichtbildwerk, ein Filmwerk oder Darstellungen wissenschaftlicher oder technischer Art durch technische Einrichtungen öffentlich wahrnehmbar zu machen. ²Das Vorführungsrecht umfaßt nicht das Recht, die Funksendung oder öffentliche Zugänglichmachung solcher Werke öffentlich wahrnehmbar zu machen (§ 22).

§ 19a Recht der öffentlichen Zugänglichmachung. Das Recht der öffentlichen Zugänglichmachung ist das Recht, das Werk drahtgebunden oder drahtlos der Öffentlichkeit in einer Weise zugänglich zu machen, dass es Mitgliedern der Öffentlichkeit von Orten und zu Zeiten ihrer Wahl zugänglich ist.

§ 20 Senderecht. Das Senderecht ist das Recht, das Werk durch Funk, wie Ton- und Fernsehrundfunk, Satellitenrundfunk, Kabelfunk oder ähnliche technische Mittel, der Öffentlichkeit zugänglich zu machen.

§ 20a Europäische Satellitensendung. (1) Wird eine Satellitensendung innerhalb des Gebietes eines Mitgliedstaates der Europäischen Union oder Vertragsstaates des Abkommens über den Europäischen Wirtschaftsraum ausgeführt, so gilt sie ausschließlich als in diesem Mitgliedsstaat oder Vertragsstaat erfolgt.

(2) ¹Wird eine Satellitensendung im Gebiet eines Staates ausgeführt, der weder Mitgliedstaat der Europäischen Union noch Vertragsstaat des Abkommens über den Europäischen Wirtschaftsraum ist und in dem für das Recht der Satellitensendung das in Kapitel II der Richtlinie 93/83/EWG des Rates vom 27. September 1993 zur Koordinierung bestimmter urheber- und leistungsschutzrechtlicher Vorschriften betreffend Satellitenrundfunk und Kabelweiter-

verbreitung (ABl. EG Nr. L 248 S. 15) vorgesehene Schutzniveau nicht gewährleistet ist, so gilt sie als in dem Mitgliedstaat oder Vertragsstaat erfolgt,

1. in dem die Erdfunkstation liegt, von der aus die programmtragenden Signale zum Satelliten geleitet werden, oder
2. in dem das Sendeunternehmen seine Niederlassung hat, wenn die Vorraussetzung nach Nummer 1 nicht gegeben ist.

²Das Senderecht ist im Fall der Nummer 1 gegenüber dem Betreiber der Erdfunkstation, im Fall der Nummer 2 gegenüber dem Sendeunternehmen geltend zu machen.

(3) Satellitensendung im Sinne von Absatz 1 und 2 ist die unter der Kontrolle und Verantwortung des Sendeunternehmens stattfindende Eingabe der für den öffentlichen Empfang bestimmten programmtragenden Signale in eine ununterbrochene Übertragungskette, die zum Satelliten und zurück zur Erde führt.

§ 20b Weitersendung. (1) ¹Das Recht, ein gesendetes Werk im Rahmen eines zeitgleich, unverändert und vollständig weiterübertragenen Programms weiterzusenden (Weitersendung), kann nur durch eine Verwertungsgesellschaft geltend gemacht werden. ²Dies gilt nicht für

1. Rechte an einem Werk, das ausschließlich im Internet gesendet wird,
2. Rechte, die ein Sendeunternehmen in Bezug auf seine Sendungen geltend macht.

(1a) Bei der Weitersendung über einen Internetzugangsdienst ist Absatz 1 nur anzuwenden, wenn der Betreiber des Weitersendedienstes ausschließlich berechtigten Nutzern in einer gesicherten Umgebung Zugang zum Programm bietet.

(1b) Internetzugangsdienst im Sinne von Absatz 1a ist ein Dienst gemäß Artikel 2 Absatz 2 Nummer 2 der Verordnung (EU) 2015/2120 des Europäischen Parlaments und des Rates vom 25. November 2015 über Maßnahmen zum Zugang zum offenen Internet und zur Änderung der Richtlinie 2002/22/EG über den Universaldienst und Nutzerrechte bei elektronischen Kommunikationsnetzen und -diensten sowie der Verordnung (EU) Nr. 531/2012 über das Roaming in öffentlichen Mobilfunknetzen in der Union (ABl. L 310 vom 26.11.2015, S. 1), die zuletzt durch die Richtlinie (EU) 2018/1972 (ABl. L 321 vom 17.12.2018, S. 36; L 334 vom 27.12.2019, S. 164) geändert worden ist.

(2) ¹Hat der Urheber das Recht der Weitersendung einem Sendeunternehmen oder einem Tonträger- oder Filmhersteller eingeräumt, so hat der Weitersendedienst gleichwohl dem Urheber eine angemessene Vergütung für die Weitersendung zu zahlen. ²Auf den Vergütungsanspruch kann nicht verzichtet werden. ³Er kann im Voraus nur an eine Verwertungsgesellschaft abgetreten und nur durch eine solche geltend gemacht werden. ⁴Diese Regelung steht Tarifverträgen, Betriebsvereinbarungen und gemeinsamen Vergütungsregeln von Sendeunternehmen nicht entgegen, soweit dadurch dem Urheber eine angemessene Vergütung für jede Weitersendung eingeräumt wird.

§ 20c Europäischer ergänzender Online-Dienst. (1) Ein ergänzender Online-Dienst eines Sendeunternehmens ist

1. die Sendung von Programmen im Internet zeitgleich mit ihrer Sendung in anderer Weise,
2. die öffentliche Zugänglichmachung bereits gesendeter Programme im Internet, die für einen begrenzten Zeitraum nach der Sendung abgerufen werden können, auch mit ergänzenden Materialien zum Programm.

(2) ¹Die Vervielfältigung und die öffentliche Wiedergabe von Werken zur Ausführung eines ergänzenden Online-Dienstes eines Sendeunternehmens in einem Mitgliedstaat der Europäischen Union oder einem Vertragsstaat des Abkommens über den Europäischen Wirtschaftsraum gelten ausschließlich als in dem Mitgliedstaat oder Vertragsstaat erfolgt, in dem das Sendeunternehmen seine Hauptniederlassung hat. ²Der Rechtsinhaber und das Sendeunternehmen können den Umfang von Nutzungsrechten für ergänzende Online-Dienste des Sendeunternehmens beschränken.

(3) Absatz 2 gilt bei Fernsehprogrammen nur für Eigenproduktionen des Sendeunternehmens, die vollständig von ihm finanziert wurden, sowie für Nachrichtensendungen und die Berichterstattung über Tagesereignisse, nicht aber für die Übertragung von Sportveranstaltungen.

§ 20d Direkteinspeisung. (1) Überträgt ein Sendeunternehmen die programmtragenden Signale an einen Signalverteiler, ohne sie gleichzeitig selbst öffentlich wiederzugeben (Direkteinspeisung), und gibt der Signalverteiler diese programmtragenden Signale öffentlich wieder, so gelten das Sendeunternehmen und der Signalverteiler als Beteiligte einer einzigen öffentlichen Wiedergabe.

(2) § 20b gilt entsprechend.

§ 21 Recht der Wiedergabe durch Bild- oder Tonträger. ¹Das Recht der Wiedergabe durch Bild- oder Tonträger ist das Recht, Vorträge oder Aufführungen des Werkes mittels Bild- oder Tonträger öffentlich wahrnehmbar zu machen. ²§ 19 Abs. 3 gilt entsprechend.

§ 22 Recht der Wiedergabe von Funksendungen und von öffentlicher Zugänglichmachung. ¹Das Recht der Wiedergabe von Funksendungen und der Wiedergabe von öffentlicher Zugänglichmachung ist das Recht, Funksendungen und auf öffentlicher Zugänglichmachung beruhende Wiedergaben des Werkes durch Bildschirm, Lautsprecher oder ähnliche technische Einrichtungen öffentlich wahrnehmbar zu machen. ²§ 19 Abs. 3 gilt entsprechend.

§ 23 Bearbeitungen und Umgestaltungen. (1) ¹Bearbeitungen oder andere Umgestaltungen eines Werkes, insbesondere auch einer Melodie, dürfen nur mit Zustimmung des Urhebers veröffentlicht oder verwertet werden. ²Wahrt das neu geschaffene Werk einen hinreichenden Abstand zum benutzten Werk, so liegt keine Bearbeitung oder Umgestaltung im Sinne des Satzes 1 vor.

(2) Handelt es sich um
1. die Verfilmung eines Werkes,
2. die Ausführung von Plänen und Entwürfen eines Werkes der bildenden Künste,
3. den Nachbau eines Werkes der Baukunst oder
4. die Bearbeitung oder Umgestaltung eines Datenbankwerkes,

so bedarf bereits das Herstellen der Bearbeitung oder Umgestaltung der Zustimmung des Urhebers.

(3) Auf ausschließlich technisch bedingte Änderungen eines Werkes bei Nutzungen nach § 44b Absatz 2, § 60d Absatz 1, § 60e Absatz 1 sowie § 60f Absatz 2 sind die Absätze 1 und 2 nicht anzuwenden.

§ 24 *(aufgehoben)*

Abschnitt 5. Rechtsverkehr im Urheberrecht
Unterabschnitt 2. Nutzungsrechte

§ 43 Urheber in Arbeits- oder Dienstverhältnissen. Die Vorschriften dieses Unterabschnitts sind auch anzuwenden, wenn der Urheber das Werk in Erfüllung seiner Verpflichtungen aus einem Arbeits- oder Dienstverhältnis geschaffen hat, soweit sich aus dem Inhalt oder dem Wesen des Arbeits- oder Dienstverhältnisses nichts anderes ergibt.

§ 44 Veräußerung des Originals des Werkes. (1) Veräußert der Urheber das Original des Werkes, so räumt er damit im Zweifel dem Erwerber ein Nutzungsrecht nicht ein.

(2) Der Eigentümer des Originals eines Werkes der bildenden Künste oder eines Lichtbildwerkes ist berechtigt, das Werk öffentlich auszustellen, auch wenn es noch nicht veröffentlicht ist, es sei denn, daß der Urheber dies bei der Veräußerung des Originals ausdrücklich ausgeschlossen hat.

Abschnitt 6. Schranken des Urheberrechts durch gesetzlich erlaubte Nutzungen
Unterabschnitt 1. Gesetzlich erlaubte Nutzungen

§ 44a Vorübergehende Vervielfältigungshandlungen. Zulässig sind vorübergehende Vervielfältigungshandlungen, die flüchtig oder begleitend sind und einen integralen und wesentlichen Teil eines technischen Verfahrens darstellen und deren alleiniger Zweck es ist,

1. eine Übertragung in einem Netz zwischen Dritten durch einen Vermittler oder
2. eine rechtmäßige Nutzung

eines Werkes oder sonstigen Schutzgegenstands zu ermöglichen, und die keine eigenständige wirtschaftliche Bedeutung haben.

§ 44b Text und Data Mining. (1) Text und Data Mining ist die automatisierte Analyse von einzelnen oder mehreren digitalen oder digitalisierten Werken, um daraus Informationen insbesondere über Muster, Trends und Korrelationen zu gewinnen.

(2) ¹Zulässig sind Vervielfältigungen von rechtmäßig zugänglichen Werken für das Text und Data Mining. ²Die Vervielfältigungen sind zu löschen, wenn sie für das Text und Data Mining nicht mehr erforderlich sind.

(3) ¹Nutzungen nach Absatz 2 Satz 1 sind nur zulässig, wenn der Rechtsinhaber sich diese nicht vorbehalten hat. ²Ein Nutzungsvorbehalt bei online zugänglichen Werken ist nur dann wirksam, wenn er in maschinenlesbarer Form erfolgt.

§ 45 Rechtspflege und öffentliche Sicherheit. (1) Zulässig ist, einzelne Vervielfältigungsstücke von Werken zur Verwendung in Verfahren vor einem Gericht, einem Schiedsgericht oder einer Behörde herzustellen oder herstellen zu lassen.

(2) Gerichte und Behörden dürfen für Zwecke der Rechtspflege und der öffentlichen Sicherheit Bildnisse vervielfältigen oder vervielfältigen lassen.

(3) Unter den gleichen Voraussetzungen wie die Vervielfältigung ist auch die Verbreitung, öffentliche Ausstellung und öffentliche Wiedergabe der Werke zulässig.

§ 45a Menschen mit Behinderungen. (1) Zulässig ist die nicht Erwerbszwecken dienende Vervielfältigung eines Werkes für und deren Verbreitung ausschließlich an Menschen, soweit diesen der Zugang zu dem Werk in einer bereits verfügbaren Art der sinnlichen Wahrnehmung auf Grund einer Behinderung nicht möglich oder erheblich erschwert ist, soweit es zur Ermöglichung des Zugangs erforderlich ist.

(2) [1] Für die Vervielfältigung und Verbreitung ist dem Urheber eine angemessene Vergütung zu zahlen; ausgenommen ist die Herstellung lediglich einzelner Vervielfältigungsstücke. [2] Der Anspruch kann nur durch eine Verwertungsgesellschaft geltend gemacht werden.

(3) Für die Nutzung von Sprachwerken und grafischen Aufzeichnungen von Werken der Musik zugunsten von Menschen mit einer Seh- oder Lesebehinderung sind die Absätze 1 und 2 nicht anzuwenden, sondern ausschließlich die §§ 45b bis 45d.

§ 45b Menschen mit einer Seh- oder Lesebehinderung. (1) [1] Menschen mit einer Seh- oder Lesebehinderung dürfen veröffentlichte Sprachwerke, die als Text oder im Audioformat vorliegen, sowie grafische Aufzeichnungen von Werken der Musik zum eigenen Gebrauch vervielfältigen oder vervielfältigen lassen, um sie in ein barrierefreies Format umzuwandeln. [2] Diese Befugnis umfasst auch Illustrationen jeder Art, die in Sprach- oder Musikwerken enthalten sind. [3] Vervielfältigungsstücke dürfen nur von Werken erstellt werden, zu denen der Mensch mit einer Seh- oder Lesebehinderung rechtmäßigen Zugang hat.

(2) Menschen mit einer Seh- oder Lesebehinderung im Sinne dieses Gesetzes sind Personen, die aufgrund einer körperlichen, seelischen oder geistigen Beeinträchtigung oder aufgrund einer Sinnesbeeinträchtigung auch unter Einsatz einer optischen Sehhilfe nicht in der Lage sind, Sprachwerke genauso leicht zu lesen, wie dies Personen ohne eine solche Beeinträchtigung möglich ist.

§ 45c Befugte Stellen; Vergütung; Verordnungsermächtigung.

(1) [1] Befugte Stellen dürfen veröffentlichte Sprachwerke, die als Text oder im Audioformat vorliegen, sowie grafische Aufzeichnungen von Werken der Musik vervielfältigen, um sie ausschließlich für Menschen mit einer Seh- oder Lesebehinderung in ein barrierefreies Format umzuwandeln. [2] § 45b Absatz 1 Satz 2 und 3 gilt entsprechend.

(2) Befugte Stellen dürfen nach Absatz 1 hergestellte Vervielfältigungsstücke an Menschen mit einer Seh- oder Lesebehinderung oder andere befugte Stellen verleihen, verbreiten sowie für die öffentliche Zugänglichmachung oder die sonstige öffentliche Wiedergabe benutzen.

(3) Befugte Stellen sind Einrichtungen, die in gemeinnütziger Weise Bildungsangebote oder barrierefreien Lese- und Informationszugang für Menschen mit einer Seh- oder Lesebehinderung zur Verfügung stellen.

(4) ¹Für Nutzungen nach den Absätzen 1 und 2 hat der Urheber Anspruch auf Zahlung einer angemessenen Vergütung. ²Der Anspruch kann nur durch eine Verwertungsgesellschaft geltend gemacht werden.

(5) Das Bundesministerium der Justiz und für Verbraucherschutz wird ermächtigt, durch Rechtsverordnung ohne Zustimmung des Bundesrates in Bezug auf befugte Stellen Folgendes zu regeln:

1. deren Pflichten im Zusammenhang mit den Nutzungen nach den Absätzen 1 und 2,
2. deren Pflicht zur Anzeige als befugte Stelle beim Deutschen Patent- und Markenamt,
3. die Aufsicht des Deutschen Patent- und Markenamts über die Einhaltung der Pflichten nach Nummer 1 nach Maßgabe des § 85 Absatz 1 und 3 sowie des § 89 des Verwertungsgesellschaftengesetzes.

§ 45d Gesetzlich erlaubte Nutzung und vertragliche Nutzungsbefugnis. Auf Vereinbarungen, die nach den §§ 45b und 45c erlaubte Nutzungen zum Nachteil der Nutzungsberechtigten beschränken oder untersagen, kann sich der Rechtsinhaber nicht berufen.

§ 46 Sammlungen für den religiösen Gebrauch. (1) ¹Nach der Veröffentlichung zulässig ist die Vervielfältigung, Verbreitung und öffentliche Zugänglichmachung von Teilen eines Werkes, von Sprachwerken oder von Werken der Musik von geringem Umfang, von einzelnen Werken der bildenden Künste oder einzelnen Lichtbildwerken als Element einer Sammlung, die Werke einer größeren Anzahl von Urhebern vereinigt und die nach ihrer Beschaffenheit nur für den Gebrauch während religiöser Feierlichkeiten bestimmt ist. ²In den Vervielfältigungsstücken oder bei der öffentlichen Zugänglichmachung ist deutlich anzugeben, wozu die Sammlung bestimmt ist.

(2) *(aufgehoben)*

(3) ¹Mit der Vervielfältigung oder der öffentlichen Zugänglichmachung darf erst begonnen werden, wenn die Absicht, von der Berechtigung nach Absatz 1 Gebrauch zu machen, dem Urheber oder, wenn sein Wohnort oder Aufenthaltsort unbekannt ist, dem Inhaber des ausschließlichen Nutzungsrechts durch eingeschriebenen Brief mitgeteilt worden ist und seit Absendung des Briefes zwei Wochen verstrichen sind. ²Ist auch der Wohnort oder Aufenthaltsort des Inhabers des ausschließlichen Nutzungsrechts unbekannt, so kann die Mitteilung durch Veröffentlichung im Bundesanzeiger bewirkt werden.

(4) Für die nach dieser Vorschrift zulässige Verwertung ist dem Urheber eine angemessene Vergütung zu zahlen.

(5) ¹Der Urheber kann die nach dieser Vorschrift zulässige Verwertung verbieten, wenn das Werk seiner Überzeugung nicht mehr entspricht, ihm deshalb die Verwertung des Werkes nicht mehr zugemutet werden kann und er ein etwa bestehendes Nutzungsrecht aus diesem Grunde zurückgerufen hat (§ 42). ²Die Bestimmungen in § 136 Abs. 1 und 2 sind entsprechend anzuwenden.

§ 47 Schulfunksendungen. (1) ¹Schulen sowie Einrichtungen der Lehrerbildung und der Lehrerfortbildung dürfen einzelne Vervielfältigungsstücke von Werken, die innerhalb einer Schulfunksendung gesendet werden, durch Übertragung der Werke auf Bild- oder Tonträger herstellen. ²Das gleiche gilt für Heime der Jugendhilfe und die staatlichen Landesbildstellen oder vergleichbare Einrichtungen in öffentlicher Trägerschaft.

(2) ¹Die Bild- oder Tonträger dürfen nur für den Unterricht verwendet werden. ²Sie sind spätestens am Ende des auf die Übertragung der Schulfunksendung folgenden Schuljahres zu löschen, es sei denn, daß dem Urheber eine angemessene Vergütung gezahlt wird.

§ 48 Öffentliche Reden. (1) Zulässig ist

1. die Vervielfältigung und Verbreitung von Reden über Tagesfragen in Zeitungen, Zeitschriften sowie in anderen Druckschriften oder sonstigen Datenträgern, die im Wesentlichen den Tagesinteressen Rechnung tragen, wenn die Reden bei öffentlichen Versammlungen gehalten oder durch öffentliche Wiedergabe im Sinne von § 19a oder § 20 veröffentlicht worden sind, sowie die öffentliche Wiedergabe solcher Reden,
2. die Vervielfältigung, Verbreitung und öffentliche Wiedergabe von Reden, die bei öffentlichen Verhandlungen vor staatlichen, kommunalen oder kirchlichen Organen gehalten worden sind.

(2) Unzulässig ist jedoch die Vervielfältigung und Verbreitung der in Absatz 1 Nr. 2 bezeichneten Reden in Form einer Sammlung, die überwiegend Reden desselben Urhebers enthält.

§ 49 Zeitungsartikel und Rundfunkkommentare. (1) ¹Zulässig ist die Vervielfältigung und Verbreitung einzelner Rundfunkkommentare und einzelner Artikel sowie mit ihnen im Zusammenhang veröffentlichter Abbildungen aus Zeitungen und anderen lediglich Tagesinteressen dienenden Informationsblättern in anderen Zeitungen und Informationsblättern dieser Art sowie die öffentliche Wiedergabe solcher Kommentare, Artikel und Abbildungen, wenn sie politische, wirtschaftliche oder religiöse Tagesfragen betreffen und nicht mit einem Vorbehalt der Rechte versehen sind. ²Für die Vervielfältigung, Verbreitung und öffentliche Wiedergabe ist dem Urheber eine angemessene Vergütung zu zahlen, es sei denn, daß es sich um eine Vervielfältigung, Verbreitung oder öffentliche Wiedergabe kurzer Auszüge aus mehreren Kommentaren oder Artikeln in Form einer Übersicht handelt. ³Der Anspruch kann nur durch eine Verwertungsgesellschaft geltend gemacht werden.

(2) Unbeschränkt zulässig ist die Vervielfältigung, Verbreitung und öffentliche Wiedergabe von vermischten Nachrichten tatsächlichen Inhalts und von Tagesneuigkeiten, die durch Presse oder Funk veröffentlicht worden sind; ein durch andere gesetzliche Vorschriften gewährter Schutz bleibt unberührt.

§ 50 Berichterstattung über Tagesereignisse. Zur Berichterstattung über Tagesereignisse durch Funk oder durch ähnliche technische Mittel, in Zeitungen, Zeitschriften und in anderen Druckschriften oder sonstigen Datenträgern, die im Wesentlichen Tagesinteressen Rechnung tragen, sowie im Film, ist die Vervielfältigung, Verbreitung und öffentliche Wiedergabe von Werken, die im Verlauf dieser Ereignisse wahrnehmbar werden, in einem durch den Zweck gebotenen Umfang zulässig.

§ 51 Zitate. ¹Zulässig ist die Vervielfältigung, Verbreitung und öffentliche Wiedergabe eines veröffentlichten Werkes zum Zweck des Zitats, sofern die Nutzung in ihrem Umfang durch den besonderen Zweck gerechtfertigt ist. ²Zulässig ist dies insbesondere, wenn

1. einzelne Werke nach der Veröffentlichung in ein selbständiges wissenschaftliches Werk zur Erläuterung des Inhalts aufgenommen werden,
2. Stellen eines Werkes nach der Veröffentlichung in einem selbständigen Sprachwerk angeführt werden,
3. einzelne Stellen eines erschienenen Werkes der Musik in einem selbständigen Werk der Musik angeführt werden.

³Von der Zitierbefugnis gemäß den Sätzen 1 und 2 umfasst ist die Nutzung einer Abbildung oder sonstigen Vervielfältigung des zitierten Werkes, auch wenn diese selbst durch ein Urheberrecht oder ein verwandtes Schutzrecht geschützt ist.

§ 51a Karikatur, Parodie und Pastiche. ¹Zulässig ist die Vervielfältigung, die Verbreitung und die öffentliche Wiedergabe eines veröffentlichten Werkes zum Zweck der Karikatur, der Parodie und des Pastiches. ²Die Befugnis nach Satz 1 umfasst die Nutzung einer Abbildung oder sonstigen Vervielfältigung des genutzten Werkes, auch wenn diese selbst durch ein Urheberrecht oder ein verwandtes Schutzrecht geschützt ist.

§ 52 Öffentliche Wiedergabe. (1) ¹Zulässig ist die öffentliche Wiedergabe eines veröffentlichten Werkes, wenn die Wiedergabe keinem Erwerbszweck des Veranstalters dient, die Teilnehmer ohne Entgelt zugelassen werden und im Falle des Vortrages oder der Aufführung des Werkes keiner der ausübenden Künstler (§ 73) eine besondere Vergütung erhält. ²Für die Wiedergabe ist eine angemessene Vergütung zu zahlen. ³Die Vergütungspflicht entfällt für Veranstaltungen der Jugendhilfe, der Sozialhilfe, der Alten- und Wohlfahrtspflege sowie der Gefangenenbetreuung, sofern sie nach ihrer sozialen oder erzieherischen Zweckbestimmung nur einem bestimmt abgegrenzten Kreis von Personen zugänglich sind. ⁴Dies gilt nicht, wenn die Veranstaltung dem Erwerbszweck eines Dritten dient; in diesem Fall hat der Dritte die Vergütung zu zahlen.

(2) ¹Zulässig ist die öffentliche Wiedergabe eines erschienenen Werkes auch bei einem Gottesdienst oder einer kirchlichen Feier der Kirchen oder Religionsgemeinschaften. ²Jedoch hat der Veranstalter dem Urheber eine angemessene Vergütung zu zahlen.

(3) Öffentliche bühnenmäßige Darstellungen, öffentliche Zugänglichmachungen und Funksendungen eines Werkes sowie öffentliche Vorführungen eines Filmwerkes sind stets nur mit Einwilligung des Berechtigten zulässig.

§§ 52a, 52b *(aufgehoben)*

§ 53 Vervielfältigungen zum privaten und sonstigen eigenen Gebrauch. (1) ¹Zulässig sind einzelne Vervielfältigungen eines Werkes durch eine natürliche Person zum privaten Gebrauch auf beliebigen Trägern, sofern sie weder unmittelbar noch mittelbar Erwerbszwecken dienen, soweit nicht zur Vervielfältigung eine offensichtlich rechtswidrig hergestellte oder öffentlich zugänglich gemachte Vorlage verwendet wird. ²Der zur Vervielfältigung Befugte darf die Vervielfältigungsstücke auch durch einen anderen herstellen lassen, sofern dies unentgeltlich geschieht oder es sich um Vervielfältigungen auf Papier oder einem ähnlichen Träger mittels beliebiger photomechanischer Verfahren oder anderer Verfahren mit ähnlicher Wirkung handelt.

(2) ¹Zulässig ist, einzelne Vervielfältigungsstücke eines Werkes herzustellen oder herstellen zu lassen

1. *(aufgehoben)*
2. zur Aufnahme in ein eigenes Archiv, wenn und soweit die Vervielfältigung zu diesem Zweck geboten ist und als Vorlage für die Vervielfältigung ein eigenes Werkstück benutzt wird,
3. zur eigenen Unterrichtung über Tagesfragen, wenn es sich um ein durch Funk gesendetes Werk handelt,
4. zum sonstigen eigenen Gebrauch,
   a) wenn es sich um kleine Teile eines erschienenen Werkes oder um einzelne Beiträge handelt, die in Zeitungen oder Zeitschriften erschienen sind,
   b) wenn es sich um ein seit mindestens zwei Jahren vergriffenes Werk handelt.

²Dies gilt nur, wenn zusätzlich

1. die Vervielfältigung auf Papier oder einem ähnlichen Träger mittels beliebiger photomechanischer Verfahren oder anderer Verfahren mit ähnlicher Wirkung vorgenommen wird oder
2. eine ausschließlich analoge Nutzung stattfindet.

(3) *(aufgehoben)*

(4) Die Vervielfältigung

a) graphischer Aufzeichnungen von Werken der Musik,
b) eines Buches oder einer Zeitschrift, wenn es sich um eine im wesentlichen vollständige Vervielfältigung handelt,

ist, soweit sie nicht durch Abschreiben vorgenommen wird, stets nur mit Einwilligung des Berechtigten zulässig oder unter den Voraussetzungen des Absatzes 2 Satz 1 Nr. 2 oder zum eigenen Gebrauch, wenn es sich um ein seit mindestens zwei Jahren vergriffenes Werk handelt.

(5) Die Absätze 1 und 2 Satz 1 Nr. 2 bis 4 finden keine Anwendung auf Datenbankwerke, deren Elemente einzeln mit Hilfe elektronischer Mittel zugänglich sind.

(6) ¹Die Vervielfältigungsstücke dürfen weder verbreitet noch zu öffentlichen Wiedergaben benutzt werden. ²Zulässig ist jedoch, rechtmäßig hergestellte Vervielfältigungsstücke von Zeitungen und vergriffenen Werken sowie solche Werkstücke zu verleihen, bei denen kleine beschädigte oder abhanden gekommene Teile durch Vervielfältigungsstücke ersetzt worden sind.

(7) Die Aufnahme öffentlicher Vorträge, Aufführungen oder Vorführungen eines Werkes auf Bild- oder Tonträger, die Ausführung von Plänen und Entwürfen zu Werken der bildenden Künste und der Nachbau eines Werkes der Baukunst sind stets nur mit Einwilligung des Berechtigten zulässig.

§ 53a *(aufgehoben)*

Unterabschnitt 2. Vergütung der nach den §§ 53, 60a bis 60f erlaubten Vervielfältigungen

§ 54 Vergütungspflicht. (1) Lässt die Art des Werkes eine nach § 53 Absatz 1 oder 2 oder den §§ 60a bis 60f erlaubte Vervielfältigung erwarten, so hat der Urheber des Werkes gegen den Hersteller von Geräten und von Speichermedien, deren Typ allein oder in Verbindung mit anderen Geräten, Speichermedien oder Zubehör zur Vornahme solcher Vervielfältigungen benutzt wird, Anspruch auf Zahlung einer angemessenen Vergütung.

(2) Der Anspruch nach Absatz 1 entfällt, soweit nach den Umständen erwartet werden kann, dass die Geräte oder Speichermedien im Geltungsbereich dieses Gesetzes nicht zu Vervielfältigungen benutzt werden.

§ 54a Vergütungshöhe. (1) [1]Maßgebend für die Vergütungshöhe ist, in welchem Maß die Geräte und Speichermedien als Typen tatsächlich für Vervielfältigungen nach § 53 Absatz 1 oder 2 oder den §§ 60a bis 60f genutzt werden. [2]Dabei ist zu berücksichtigen, inwieweit technische Schutzmaßnahmen nach § 95a auf die betreffenden Werke angewendet werden.

(2) Die Vergütung für Geräte ist so zu gestalten, dass sie auch mit Blick auf die Vergütungspflicht für in diesen Geräten enthaltene Speichermedien oder andere, mit diesen funktionell zusammenwirkende Geräte oder Speichermedien insgesamt angemessen ist.

(3) Bei der Bestimmung der Vergütungshöhe sind die nutzungsrelevanten Eigenschaften der Geräte und Speichermedien, insbesondere die Leistungsfähigkeit von Geräten sowie die Speicherkapazität und Mehrfachbeschreibbarkeit von Speichermedien, zu berücksichtigen.

(4) Die Vergütung darf Hersteller von Geräten und Speichermedien nicht unzumutbar beeinträchtigen; sie muss in einem wirtschaftlich angemessenen Verhältnis zum Preisniveau des Geräts oder des Speichermediums stehen.

§ 54b Vergütungspflicht des Händlers oder Importeurs. (1) Neben dem Hersteller haftet als Gesamtschuldner, wer die Geräte oder Speichermedien in den Geltungsbereich dieses Gesetzes gewerblich einführt oder wiedereinführt oder wer mit ihnen handelt.

(2) [1]Einführer ist, wer die Geräte oder Speichermedien in den Geltungsbereich dieses Gesetzes verbringt oder verbringen lässt. [2]Liegt der Einfuhr ein Vertrag mit einem Gebietsfremden zugrunde, so ist Einführer nur der im Geltungsbereich dieses Gesetzes ansässige Vertragspartner, soweit er gewerblich tätig wird. [3]Wer lediglich als Spediteur oder Frachtführer oder in einer ähnlichen Stellung bei dem Verbringen der Waren tätig wird, ist nicht Einführer. [4]Wer die Gegenstände aus Drittländern in eine Freizone oder in ein Freilager nach Artikel 166 der Verordnung (EWG) Nr. 2913/92 des Rates vom 12. Oktober 1992 zur Festlegung des Zollkodex der Gemeinschaften (ABl. EG Nr. L 302 S. 1) verbringt oder verbringen lässt, ist als Einführer nur anzusehen, wenn die Gegenstände in diesem Bereich gebraucht oder wenn sie in den zollrechtlich freien Verkehr übergeführt werden.

(3) Die Vergütungspflicht des Händlers entfällt,
1. soweit ein zur Zahlung der Vergütung Verpflichteter, von dem der Händler die Geräte oder die Speichermedien bezieht, an einen Gesamtvertrag über die Vergütung gebunden ist oder

2. wenn der Händler Art und Stückzahl der bezogenen Geräte und Speichermedien und seine Bezugsquelle der nach § 54h Abs. 3 bezeichneten Empfangsstelle jeweils zum 10. Januar und 10. Juli für das vorangegangene Kalenderhalbjahr schriftlich mitteilt.

§ 54c Vergütungspflicht des Betreibers von Ablichtungsgeräten.

(1) Werden Geräte der in § 54 Abs. 1 genannten Art, die im Weg der Ablichtung oder in einem Verfahren vergleichbarer Wirkung vervielfältigen, in Schulen, Hochschulen sowie Einrichtungen der Berufsbildung oder der sonstigen Aus- und Weiterbildung, Forschungseinrichtungen, öffentlichen Bibliotheken, in nicht kommerziellen Archiven oder Einrichtungen im Bereich des Film- oder Tonerbes oder in nicht kommerziellen öffentlich zugänglichen Museen oder in Einrichtungen betreiben, die Geräte für die entgeltliche Herstellung von Ablichtungen bereithalten, so hat der Urheber auch gegen den Betreiber des Geräts einen Anspruch auf Zahlung einer angemessenen Vergütung.

(2) Die Höhe der von dem Betreiber insgesamt geschuldeten Vergütung bemisst sich nach der Art und dem Umfang der Nutzung des Geräts, die nach den Umständen, insbesondere nach dem Standort und der üblichen Verwendung, wahrscheinlich ist.

§ 54d Hinweispflicht.
Soweit nach § 14 Abs. 2 Satz 1 Nr. 2 Satz 2 des Umsatzsteuergesetzes[1)] eine Verpflichtung zur Erteilung einer Rechnung besteht, ist in Rechnungen über die Veräußerung oder ein sonstiges Inverkehrbringen der in § 54 Abs. 1 genannten Geräte oder Speichermedien auf die auf das Gerät oder Speichermedium entfallende Urhebervergütung hinzuweisen.

§ 54e Meldepflicht.
(1) Wer Geräte oder Speichermedien in den Geltungsbereich dieses Gesetzes gewerblich einführt oder wiedereinführt, ist dem Urheber gegenüber verpflichtet, Art und Stückzahl der eingeführten Gegenstände der nach § 54h Abs. 3 bezeichneten Empfangsstelle monatlich bis zum zehnten Tag nach Ablauf jedes Kalendermonats schriftlich mitzuteilen.

(2) Kommt der Meldepflichtige seiner Meldepflicht nicht, nur unvollständig oder sonst unrichtig nach, kann der doppelte Vergütungssatz verlangt werden.

§ 54f Auskunftspflicht.
(1) [1]Der Urheber kann von dem nach § 54 oder § 54b zur Zahlung der Vergütung Verpflichteten Auskunft über Art und Stückzahl der im Geltungsbereich dieses Gesetzes veräußerten oder in Verkehr gebrachten Geräte und Speichermedien verlangen. [2]Die Auskunftspflicht des Händlers erstreckt sich auch auf die Benennung der Bezugsquellen; sie besteht auch im Fall des § 54b Abs. 3 Nr. 1. [3] § 26 Abs. 7 gilt entsprechend.

(2) Der Urheber kann von dem Betreiber eines Geräts in einer Einrichtung im Sinne des § 54c Abs. 1 die für die Bemessung der Vergütung erforderliche Auskunft verlangen.

(3) Kommt der zur Zahlung der Vergütung Verpflichtete seiner Auskunftspflicht nicht, nur unvollständig oder sonst unrichtig nach, so kann der doppelte Vergütungssatz verlangt werden.

[1)] Nr. 39.

§ 54g Kontrollbesuch. ¹Soweit dies für die Bemessung der vom Betreiber nach § 54c geschuldeten Vergütung erforderlich ist, kann der Urheber verlangen, dass ihm das Betreten der Betriebs- und Geschäftsräume des Betreibers, der Geräte für die entgeltliche Herstellung von Ablichtungen bereithält, während der üblichen Betriebs- oder Geschäftszeit gestattet wird. ²Der Kontrollbesuch muss so ausgeübt werden, dass vermeidbare Betriebsstörungen unterbleiben.

§ 54h Verwertungsgesellschaften; Handhabung der Mitteilungen.
(1) Die Ansprüche nach den §§ 54 bis 54c, 54e Abs. 2, §§ 54f und 54g können nur durch eine Verwertungsgesellschaft geltend gemacht werden.

(2) ¹Jedem Berechtigten steht ein angemessener Anteil an den nach den §§ 54 bis 54c gezahlten Vergütungen zu. ²Soweit Werke mit technischen Maßnahmen gemäß § 95a geschützt sind, werden sie bei der Verteilung der Einnahmen nicht berücksichtigt.

(3) ¹Für Mitteilungen nach § 54b Abs. 3 und § 54e haben die Verwertungsgesellschaften dem Deutschen Patent- und Markenamt eine gemeinsame Empfangsstelle zu bezeichnen. ²Das Deutsche Patent- und Markenamt gibt diese im Bundesanzeiger bekannt.

(4) ¹Das Deutsche Patent- und Markenamt kann Muster für die Mitteilungen nach § 54b Abs. 3 Nr. 2 und § 54e im Bundesanzeiger bekannt machen. ²Werden Muster bekannt gemacht, sind diese zu verwenden.

(5) Die Verwertungsgesellschaften und die Empfangsstelle dürfen die gemäß § 54b Abs. 3 Nr. 2, den §§ 54e und 54f erhaltenen Angaben nur zur Geltendmachung der Ansprüche nach Absatz 1 verwenden.

Unterabschnitt 3. Weitere gesetzlich erlaubte Nutzungen

§ 55 Vervielfältigung durch Sendeunternehmen. (1) ¹Ein Sendeunternehmen, das zur Funksendung eines Werkes berechtigt ist, darf das Werk mit eigenen Mitteln auf Bild- oder Tonträger übertragen, um diese zur Funksendung über je eines seiner Sender oder Richtstrahler je einmal zu benutzen. ²Die Bild- oder Tonträger sind spätestens einen Monat nach der ersten Funksendung des Werkes zu löschen.

(2) ¹Bild- oder Tonträger, die außergewöhnlichen dokumentarischen Wert haben, brauchen nicht gelöscht zu werden, wenn sie in ein amtliches Archiv aufgenommen werden. ²Von der Aufnahme in das Archiv ist der Urheber unverzüglich zu benachrichtigen.

§ 55a Benutzung eines Datenbankwerkes. ¹Zulässig ist die Bearbeitung sowie die Vervielfältigung eines Datenbankwerkes durch den Eigentümer eines mit Zustimmung des Urhebers durch Veräußerung in Verkehr gebrachten Vervielfältigungsstücks des Datenbankwerkes, den in sonstiger Weise zu dessen Gebrauch Berechtigten oder denjenigen, dem ein Datenbankwerk aufgrund eines mit dem Urheber oder eines mit dessen Zustimmung mit einem Dritten geschlossenen Vertrags zugänglich gemacht wird, wenn und soweit die Bearbeitung oder Vervielfältigung für den Zugang zu den Elementen des Datenbankwerkes und für dessen übliche Benutzung erforderlich ist. ²Wird aufgrund eines Vertrags nach Satz 1 nur ein Teil des Datenbankwerkes zugänglich gemacht, so ist nur die Bearbeitung sowie die Vervielfältigung dieses Teils zulässig. ³Entgegenstehende vertragliche Vereinbarungen sind nichtig.

Unterabschnitt 6. Gemeinsame Vorschriften für gesetzlich erlaubte Nutzungen

§ 63 Quellenangabe. (1) ¹Wenn ein Werk oder ein Teil eines Werkes in den Fällen des § 45 Abs. 1, der §§ 45a bis 48, 50, 51, 58, 59 sowie der §§ 60a bis 60c, 61, 61c, 61d und 61f vervielfältigt oder verbreitet wird, ist stets die Quelle deutlich anzugeben. ²Bei der Vervielfältigung oder Verbreitung ganzer Sprachwerke oder ganzer Werke der Musik ist neben dem Urheber auch der Verlag anzugeben, in dem das Werk erschienen ist, und außerdem kenntlich zu machen, ob an dem Werk Kürzungen oder andere Änderungen vorgenommen worden sind. ³Die Verpflichtung zur Quellenangabe entfällt, wenn die Quelle weder auf dem benutzten Werkstück oder bei der benutzten Werkwiedergabe genannt noch dem zur Vervielfältigung oder Verbreitung Befugten anderweit bekannt ist oder im Fall des § 60a oder des § 60b Prüfungszwecke einen Verzicht auf die Quellenangabe erfordern.

(2) ¹Soweit nach den Bestimmungen dieses Abschnitts die öffentliche Wiedergabe eines Werkes zulässig ist, ist die Quelle deutlich anzugeben, wenn und soweit die Verkehrssitte es erfordert. ²In den Fällen der öffentlichen Wiedergabe nach den §§ 46, 48, 51, 60a bis 60d, 61, 61c, 61d und 61f sowie bei digitalen sonstigen Nutzungen gemäß § 60a ist die Quelle einschließlich des Namens des Urhebers stets anzugeben, es sei denn, dass dies nicht möglich ist.

(3) ¹Wird ein Artikel aus einer Zeitung oder einem anderen Informationsblatt nach § 49 Abs. 1 in einer anderen Zeitung oder in einem anderen Informationsblatt abgedruckt oder durch Funk gesendet, so ist stets außer dem Urheber, der in der benutzten Quelle bezeichnet ist, auch die Zeitung oder das Informationsblatt anzugeben, woraus der Artikel entnommen ist; ist dort eine andere Zeitung oder ein anderes Informationsblatt als Quelle angeführt, so ist diese Zeitung oder dieses Informationsblatt anzugeben. ²Wird ein Rundfunkkommentar nach § 49 Abs. 1 in einer Zeitung oder einem anderen Informationsblatt abgedruckt oder durch Funk gesendet, so ist stets außer dem Urheber auch das Sendeunternehmen anzugeben, das den Kommentar gesendet hat.

Abschnitt 8. Besondere Bestimmungen für Computerprogramme

§ 69a Gegenstand des Schutzes. (1) Computerprogramme im Sinne dieses Gesetzes sind Programme in jeder Gestalt, einschließlich des Entwurfsmaterials.

(2) ¹Der gewährte Schutz gilt für alle Ausdrucksformen eines Computerprogramms. ²Ideen und Grundsätze, die einem Element eines Computerprogramms zugrunde liegen, einschließlich der den Schnittstellen zugrundeliegenden Ideen und Grundsätze, sind nicht geschützt.

(3) ¹Computerprogramme werden geschützt, wenn sie individuelle Werke in dem Sinne darstellen, daß sie das Ergebnis der eigenen geistigen Schöpfung ihres Urhebers sind. ²Zur Bestimmung ihrer Schutzfähigkeit sind keine anderen Kriterien, insbesondere nicht qualitative oder ästhetische, anzuwenden.

(4) Auf Computerprogramme finden die für Sprachwerke geltenden Bestimmungen Anwendung, soweit in diesem Abschnitt nichts anderes bestimmt ist.

(5) Die §§ 32 bis 32g, 36 bis 36d, 40a und 41 sind auf Computerprogramme nicht anzuwenden.

§ 69b Urheber in Arbeits- und Dienstverhältnissen. (1) Wird ein Computerprogramm von einem Arbeitnehmer in Wahrnehmung seiner Aufgaben oder nach den Anweisungen seines Arbeitgebers geschaffen, so ist ausschließlich der Arbeitgeber zur Ausübung aller vermögensrechtlichen Befugnisse an dem Computerprogramm berechtigt, sofern nichts anderes vereinbart ist.

(2) Absatz 1 ist auf Dienstverhältnisse entsprechend anzuwenden.

§ 69c Zustimmungsbedürftige Handlungen. Der Rechtsinhaber hat das ausschließliche Recht, folgende Handlungen vorzunehmen oder zu gestatten:

1. die dauerhafte oder vorübergehende Vervielfältigung, ganz oder teilweise, eines Computerprogramms mit jedem Mittel und in jeder Form. Soweit das Laden, Anzeigen, Ablaufen, Übertragen oder Speichern des Computerprogramms eine Vervielfältigung erfordert, bedürfen diese Handlungen der Zustimmung des Rechtsinhabers;
2. die Übersetzung, die Bearbeitung, das Arrangement und andere Umarbeitungen eines Computerprogramms sowie die Vervielfältigung der erzielten Ergebnisse. Die Rechte derjenigen, die das Programm bearbeiten, bleiben unberührt;
3. jede Form der Verbreitung des Originals eines Computerprogramms oder von Vervielfältigungsstücken, einschließlich der Vermietung. Wird ein Vervielfältigungsstück eines Computerprogramms mit Zustimmung des Rechtsinhabers im Gebiet der Europäischen Union oder eines anderen Vertragsstaates des Abkommens über den Europäischen Wirtschaftsraum im Wege der Veräußerung in Verkehr gebracht, so erschöpft sich das Verbreitungsrecht in bezug auf dieses Vervielfältigungsstück mit Ausnahme des Vermietrechts;
4. die drahtgebundene oder drahtlose öffentliche Wiedergabe eines Computerprogramms einschließlich der öffentlichen Zugänglichmachung in der Weise, dass es Mitgliedern der Öffentlichkeit von Orten und zu Zeiten ihrer Wahl zugänglich ist.

§ 69d Ausnahmen von den zustimmungsbedürftigen Handlungen.

(1) Soweit keine besonderen vertraglichen Bestimmungen vorliegen, bedürfen die in § 69c Nr. 1 und 2 genannten Handlungen nicht der Zustimmung des Rechtsinhabers, wenn sie für eine bestimmungsgemäße Benutzung des Computerprogramms einschließlich der Fehlerberichtigung durch jeden zur Verwendung eines Vervielfältigungsstücks des Programms Berechtigten notwendig sind.

(2) [1]Die Erstellung einer Sicherungskopie durch eine Person, die zur Benutzung des Programms berechtigt ist, darf nicht vertraglich untersagt werden, wenn sie für die Sicherung künftiger Benutzung erforderlich ist. [2]Für Vervielfältigungen zum Zweck der Erhaltung sind § 60e Absatz 1 und 6 sowie § 60f Absatz 1 und 3 anzuwenden.

(3) Der zur Verwendung eines Vervielfältigungsstücks eines Programms Berechtigte kann ohne Zustimmung des Rechtsinhabers das Funktionieren dieses Programms beobachten, untersuchen oder testen, um die einem Programmelement zugrundeliegenden Ideen und Grundsätze zu ermitteln, wenn dies durch Handlungen zum Laden, Anzeigen, Ablaufen, Übertragen oder Speichern des Programms geschieht, zu denen er berechtigt ist.

(4) Computerprogramme dürfen für das Text und Data Mining nach § 44b auch gemäß § 69c Nummer 2 genutzt werden.

(5) § 60a ist auf Computerprogramme mit folgenden Maßgaben anzuwenden:
1. Nutzungen sind digital unter Verantwortung einer Bildungseinrichtung in ihren Räumlichkeiten, an anderen Orten oder in einer gesicherten elektronischen Umgebung zulässig.
2. Die Computerprogramme dürfen auch gemäß § 69c Nummer 2 genutzt werden.
3. Die Computerprogramme dürfen vollständig genutzt werden.
4. Die Nutzung muss zum Zweck der Veranschaulichung von Unterricht und Lehre gerechtfertigt sein.

(6) § 60d ist auf Computerprogramme nicht anzuwenden.

(7) Die §§ 61d bis 61f sind auf Computerprogramme mit der Maßgabe anzuwenden, dass die Computerprogramme auch gemäß § 69c Nummer 2 genutzt werden dürfen.

§ 69e Dekompilierung.
(1) Die Zustimmung des Rechtsinhabers ist nicht erforderlich, wenn die Vervielfältigung des Codes oder die Übersetzung der Codeform im Sinne des § 69c Nr. 1 und 2 unerläßlich ist, um die erforderlichen Informationen zur Herstellung der Interoperabilität eines unabhängig geschaffenen Computerprogramms mit anderen Programmen zu erhalten, sofern folgende Bedingungen erfüllt sind:
1. Die Handlungen werden von dem Lizenznehmer oder von einer anderen zur Verwendung eines Vervielfältigungsstücks des Programms berechtigten Person oder in deren Namen von einer hierzu ermächtigten Person vorgenommen;
2. die für die Herstellung der Interoperabilität notwendigen Informationen sind für die in Nummer 1 genannten Personen noch nicht ohne weiteres zugänglich gemacht;
3. die Handlungen beschränken sich auf die Teile des ursprünglichen Programms, die zur Herstellung der Interoperabilität notwendig sind.

(2) Bei Handlungen nach Absatz 1 gewonnene Informationen dürfen nicht
1. zu anderen Zwecken als zur Herstellung der Interoperabilität des unabhängig geschaffenen Programms verwendet werden,
2. an Dritte weitergegeben werden, es sei denn, daß dies für die Interoperabilität des unabhängig geschaffenen Programms notwendig ist,
3. für die Entwicklung, Herstellung oder Vermarktung eines Programms mit im wesentlichen ähnlicher Ausdrucksform oder für irgendwelche anderen das Urheberrecht verletzenden Handlungen verwendet werden.

(3) Die Absätze 1 und 2 sind so auszulegen, daß ihre Anwendung weder die normale Auswertung des Werkes beeinträchtigt noch die berechtigten Interessen des Rechtsinhabers unzumutbar verletzt.

§ 69f Rechtsverletzungen; ergänzende Schutzbestimmungen.
(1) ¹Der Rechtsinhaber kann von dem Eigentümer oder Besitzer verlangen, daß alle rechtswidrig hergestellten, verbreiteten oder zur rechtswidrigen Verbreitung bestimmten Vervielfältigungsstücke vernichtet werden. ²§ 98 Abs. 3 und 4 ist entsprechend anzuwenden.

(2) ¹Absatz 1 ist entsprechend auf Mittel anzuwenden, die allein dazu bestimmt sind, die unerlaubte Beseitigung oder Umgehung technischer Programmschutzmechanismen zu erleichtern. ²Satz 1 gilt nicht für Mittel, die Kulturerbe-Einrichtungen einsetzen, um von der gesetzlichen Nutzungserlaubnis des § 61d, auch in Verbindung mit § 69d Absatz 7, Gebrauch zu machen.

(3) Auf technische Programmschutzmechanismen ist in den Fällen des § 44b, auch in Verbindung mit § 69d Absatz 4, des § 60a, auch in Verbindung mit § 69d Absatz 5, des § 60e Absatz 1 oder 6 sowie des § 60f Absatz 1 oder 3 nur § 95b entsprechend anzuwenden.

§ 69g Anwendung sonstiger Rechtsvorschriften; Vertragsrecht.

(1) Die Bestimmungen dieses Abschnitts lassen die Anwendung sonstiger Rechtsvorschriften auf Computerprogramme, insbesondere über den Schutz von Erfindungen, Topographien von Halbleitererzeugnissen, Marken und den Schutz gegen unlauteren Wettbewerb einschließlich des Schutzes von Geschäfts- und Betriebsgeheimnissen, sowie schuldrechtliche Vereinbarungen unberührt.

(2) Vertragliche Bestimmungen, die in Widerspruch zu § 69d Absatz 2, 3, 5 oder 7 oder zu § 69e stehen, sind nichtig.

Teil 2. Verwandte Schutzrechte

Abschnitt 6. Schutz des Datenbankherstellers

§ 87a Begriffsbestimmungen. (1) ¹Datenbank im Sinne dieses Gesetzes ist eine Sammlung von Werken, Daten oder anderen unabhängigen Elementen, die systematisch oder methodisch angeordnet und einzeln mit Hilfe elektronischer Mittel oder auf andere Weise zugänglich sind und deren Beschaffung, Überprüfung oder Darstellung eine nach Art oder Umfang wesentliche Investition erfordert. ²Eine in ihrem Inhalt nach Art oder Umfang wesentlich geänderte Datenbank gilt als neue Datenbank, sofern die Änderung eine nach Art oder Umfang wesentliche Investition erfordert.

(2) Datenbankhersteller im Sinne dieses Gesetzes ist derjenige, der die Investition im Sinne des Absatzes 1 vorgenommen hat.

§ 87b Rechte des Datenbankherstellers. (1) ¹Der Datenbankhersteller hat das ausschließliche Recht, die Datenbank insgesamt oder einen nach Art oder Umfang wesentlichen Teil der Datenbank zu vervielfältigen, zu verbreiten und öffentlich wiederzugeben. ²Der Vervielfältigung, Verbreitung oder öffentlichen Wiedergabe eines nach Art oder Umfang wesentlichen Teils der Datenbank steht die wiederholte und systematische Vervielfältigung, Verbreitung oder öffentliche Wiedergabe von nach Art und Umfang unwesentlichen Teilen der Datenbank gleich, sofern diese Handlungen einer normalen Auswertung der Datenbank zuwiderlaufen oder die berechtigten Interessen des Datenbankherstellers unzumutbar beeinträchtigen.

(2) § 10 Abs. 1, § 17 Abs. 2 und § 27 Abs. 2 und 3 gelten entsprechend.

§ 87c Schranken des Rechts des Datenbankherstellers. (1) Die Vervielfältigung eines nach Art oder Umfang wesentlichen Teils einer Datenbank ist zulässig

1. zum privaten Gebrauch; dies gilt nicht für eine Datenbank, deren Elemente einzeln mit Hilfe elektronischer Mittel zugänglich sind,
2. zu Zwecken der wissenschaftlichen Forschung gemäß § 60c,
3. zu Zwecken der Veranschaulichung des Unterrichts und der Lehre gemäß den §§ 60a und 60b,
4. zu Zwecken des Text und Data Mining gemäß § 44b,
5. zu Zwecken des Text und Data Mining für Zwecke der wissenschaftlichen Forschung gemäß § 60d,
6. zu Zwecken der Erhaltung einer Datenbank gemäß § 60e Absatz 1 und 6 und § 60f Absatz 1 und 3.

(2) Die Vervielfältigung, Verbreitung und öffentliche Wiedergabe eines nach Art oder Umfang wesentlichen Teils einer Datenbank ist zulässig zur Verwendung in Verfahren vor einem Gericht, einem Schiedsgericht oder einer Behörde sowie für Zwecke der öffentlichen Sicherheit.

(3) Die §§ 45b bis 45d sowie 61d bis 61g gelten entsprechend.

(4) Die digitale Verbreitung und digitale öffentliche Wiedergabe eines nach Art oder Umfang wesentlichen Teils einer Datenbank ist zulässig für Zwecke der Veranschaulichung des Unterrichts und der Lehre gemäß § 60a.

(5) Für die Quellenangabe ist § 63 entsprechend anzuwenden.

(6) In den Fällen des Absatzes 1 Nummer 2, 3, 5 und 6 sowie des Absatzes 4 ist § 60g Absatz 1 entsprechend anzuwenden.

§ 87d Dauer der Rechte. [1]Die Rechte des Datenbankherstellers erlöschen fünfzehn Jahre nach der Veröffentlichung der Datenbank, jedoch bereits fünfzehn Jahre nach der Herstellung, wenn die Datenbank innerhalb dieser Frist nicht veröffentlicht worden ist. [2]Die Frist ist nach § 69 zu berechnen.

§ 87e Verträge über die Benutzung einer Datenbank. Eine vertragliche Vereinbarung, durch die sich der Eigentümer eines mit Zustimmung des Datenbankherstellers durch Veräußerung in Verkehr gebrachten Vervielfältigungsstücks der Datenbank, der in sonstiger Weise zu dessen Gebrauch Berechtigte oder derjenige, dem eine Datenbank aufgrund eines mit dem Datenbankhersteller oder eines mit dessen Zustimmung mit einem Dritten geschlossenen Vertrags zugänglich gemacht wird, gegenüber dem Datenbankhersteller verpflichtet, die Vervielfältigung, Verbreitung oder öffentliche Wiedergabe von nach Art und Umfang unwesentlichen Teilen der Datenbank zu unterlassen, ist insoweit unwirksam, als diese Handlungen weder einer normalen Auswertung der Datenbank zuwiderlaufen noch die berechtigten Interessen des Datenbankherstellers unzumutbar beeinträchtigen.

Abschnitt 7. Schutz des Presseverlegers

§ 87f Begriffsbestimmungen. (1) [1]Presseveröffentlichung ist eine hauptsächlich aus Schriftwerken journalistischer Art bestehende Sammlung, die auch sonstige Werke oder nach diesem Gesetz geschützte Schutzgegenstände enthalten kann, und die
1. eine Einzelausgabe in einer unter einem einheitlichen Titel periodisch erscheinenden oder regelmäßig aktualisierten Veröffentlichung, etwa Zeitungen oder Magazinen von allgemeinem oder besonderem Interesse, darstellt,

2. dem Zweck dient, die Öffentlichkeit über Nachrichten oder andere Themen zu informieren, und
3. unabhängig vom Medium auf Initiative eines Presseverlegers nach Absatz 2 unter seiner redaktionellen Verantwortung und Aufsicht veröffentlicht wird.

²Periodika, die für wissenschaftliche oder akademische Zwecke verlegt werden, sind keine Presseveröffentlichungen.

(2) ¹Presseverleger ist, wer eine Presseveröffentlichung herstellt. ²Ist die Presseveröffentlichung in einem Unternehmen hergestellt worden, so gilt der Inhaber des Unternehmens als Hersteller.

(3) Dienste der Informationsgesellschaft im Sinne dieses Abschnitts sind Dienste im Sinne des Artikels 1 Absatz 1 Buchstabe b der Richtlinie (EU) 2015/1535 des Europäischen Parlaments und des Rates vom 9. September 2015 über ein Informationsverfahren auf dem Gebiet der technischen Vorschriften und der Vorschriften für die Dienste der Informationsgesellschaft (ABl. L 241 vom 17.9.2015, S. 1).

§ 87g Rechte des Presseverlegers. (1) Ein Presseverleger hat das ausschließliche Recht, seine Presseveröffentlichung im Ganzen oder in Teilen für die Online-Nutzung durch Anbieter von Diensten der Informationsgesellschaft öffentlich zugänglich zu machen und zu vervielfältigen.

(2) Die Rechte des Presseverlegers umfassen nicht

1. die Nutzung der in einer Presseveröffentlichung enthaltenen Tatsachen,
2. die private oder nicht kommerzielle Nutzung einer Presseveröffentlichung durch einzelne Nutzer,
3. das Setzen von Hyperlinks auf eine Presseveröffentlichung und
4. die Nutzung einzelner Wörter oder sehr kurzer Auszüge aus einer Presseveröffentlichung.

(3) ¹Die Rechte des Presseverlegers sind übertragbar. ²Die §§ 31 und 33 gelten entsprechend.

§ 87h Ausübung der Rechte des Presseverlegers. (1) Die Rechte des Presseverlegers dürfen nicht zum Nachteil des Urhebers oder des Leistungsschutzberechtigten geltend gemacht werden, dessen Werk oder dessen anderer nach diesem Gesetz geschützter Schutzgegenstand in der Presseveröffentlichung enthalten ist.

(2) Die Rechte des Presseverlegers dürfen nicht zu dem Zweck geltend gemacht werden,

1. Dritten die berechtigte Nutzung solcher Werke oder solcher anderen nach diesem Gesetz geschützten Schutzgegenstände zu untersagen, die auf Grundlage eines einfachen Nutzungsrechts in die Presseveröffentlichung aufgenommen wurden, oder
2. Dritten die Nutzung von nach diesem Gesetz nicht mehr geschützten Werken oder anderen Schutzgegenständen zu untersagen, die in die Presseveröffentlichung aufgenommen wurden.

Teil 4. Gemeinsame Bestimmungen für Urheberrecht und verwandte Schutzrechte

Abschnitt 1. Ergänzende Schutzbestimmungen

§ 95a Schutz technischer Maßnahmen. (1) Wirksame technische Maßnahmen zum Schutz eines nach diesem Gesetz geschützten Werkes oder eines anderen nach diesem Gesetz geschützten Schutzgegenstandes dürfen ohne Zustimmung des Rechtsinhabers nicht umgangen werden, soweit dem Handelnden bekannt ist oder den Umständen nach bekannt sein muss, dass die Umgehung erfolgt, um den Zugang zu einem solchen Werk oder Schutzgegenstand oder deren Nutzung zu ermöglichen.

(2) ¹Technische Maßnahmen im Sinne dieses Gesetzes sind Technologien, Vorrichtungen und Bestandteile, die im normalen Betrieb dazu bestimmt sind, geschützte Werke oder andere nach diesem Gesetz geschützte Schutzgegenstände betreffende Handlungen, die vom Rechtsinhaber nicht genehmigt sind, zu verhindern oder einzuschränken. ²Technische Maßnahmen sind wirksam, soweit durch sie die Nutzung eines geschützten Werkes oder eines anderen nach diesem Gesetz geschützten Schutzgegenstandes von dem Rechtsinhaber durch eine Zugangskontrolle, einen Schutzmechanismus wie Verschlüsselung, Verzerrung oder sonstige Umwandlung oder einen Mechanismus zur Kontrolle der Vervielfältigung, die die Erreichung des Schutzziels sicherstellen, unter Kontrolle gehalten wird.

(3) Verboten sind die Herstellung, die Einfuhr, die Verbreitung, der Verkauf, die Vermietung, die Werbung im Hinblick auf Verkauf oder Vermietung und der gewerblichen Zwecken dienende Besitz von Vorrichtungen, Erzeugnissen oder Bestandteilen sowie die Erbringung von Dienstleistungen, die

1. Gegenstand einer Verkaufsförderung, Werbung oder Vermarktung mit dem Ziel der Umgehung wirksamer technischer Maßnahmen sind oder
2. abgesehen von der Umgehung wirksamer technischer Maßnahmen nur einen begrenzten wirtschaftlichen Zweck oder Nutzen haben oder
3. hauptsächlich entworfen, hergestellt, angepasst oder erbracht werden, um die Umgehung wirksamer technischer Maßnahmen zu ermöglichen oder zu erleichtern.

(4) Von den Verboten der Absätze 1 und 3 unberührt bleiben Aufgaben und Befugnisse öffentlicher Stellen zum Zwecke des Schutzes der öffentlichen Sicherheit oder der Strafrechtspflege sowie die Befugnisse von Kulturerbe-Einrichtungen gemäß § 61d.

§ 95b Durchsetzung von Schrankenbestimmungen. (1) ¹Soweit ein Rechtsinhaber technische Maßnahmen nach Maßgabe dieses Gesetzes anwendet, ist er verpflichtet, den durch eine der nachfolgend genannten Bestimmungen Begünstigten, soweit sie rechtmäßig Zugang zu dem Werk oder Schutzgegenstand haben, die notwendigen Mittel zur Verfügung zu stellen, um von diesen Bestimmungen in dem erforderlichen Maße Gebrauch machen zu können:

1. § 44b (Text und Data Mining),
1a. § 45 (Rechtspflege und öffentliche Sicherheit),
2. § 45a (Menschen mit Behinderungen),

3. § 45b (Menschen mit einer Seh- oder Lesebehinderung),
4. § 45c (Befugte Stellen; Vergütung; Verordnungsermächtigung),
5. § 47 (Schulfunksendungen),
6. § 53 (Vervielfältigungen zum privaten und sonstigen eigenen Gebrauch)
    a) Absatz 1, soweit es sich um Vervielfältigungen auf Papier oder einen ähnlichen Träger mittels beliebiger photomechanischer Verfahren oder anderer Verfahren mit ähnlicher Wirkung handelt,
    b) *(aufgehoben)*
    c) Absatz 2 Satz 1 Nr. 2 in Verbindung mit Satz 2 Nr. 1,
    d) Absatz 2 Satz 1 Nr. 3 und 4 jeweils in Verbindung mit Satz 2 Nr. 1,
7. § 55 (Vervielfältigung durch Sendeunternehmen),
8. § 60a (Unterricht und Lehre),
9. § 60b (Unterrichts- und Lehrmedien),
10. § 60c (Wissenschaftliche Forschung),
11. § 60d (Text und Data Mining für Zwecke der wissenschaftlichen Forschung),
12. § 60e (Bibliotheken)
    a) Absatz 1,
    b) Absatz 2,
    c) Absatz 3,
    d) Absatz 5,
13. § 60f (Archive, Museen und Bildungseinrichtungen).

²Vereinbarungen zum Ausschluss der Verpflichtungen nach Satz 1 sind unwirksam.

(2) ¹Wer gegen das Gebot nach Absatz 1 verstößt, kann von dem Begünstigten einer der genannten Bestimmungen darauf in Anspruch genommen werden, die zur Verwirklichung der jeweiligen Befugnis benötigten Mittel zur Verfügung zu stellen. ²Entspricht das angebotene Mittel einer Vereinbarung zwischen Vereinigungen der Rechtsinhaber und der durch die Schrankenregelung Begünstigten, so wird vermutet, dass das Mittel ausreicht.

(3) Werden Werke und sonstige Schutzgegenstände auf Grund einer vertraglichen Vereinbarung nach § 19a öffentlich zugänglich gemacht, so gelten die Absätze 1 und 2 nur für gesetzlich erlaubte Nutzungen gemäß den nachfolgend genannten Vorschriften:

1. § 44b (Text und Data Mining),
2. § 45b (Menschen mit einer Seh- oder Lesebehinderung),
3. § 45c (Befugte Stellen; Vergütung; Verordnungsermächtigung),
4. § 60a (Unterricht und Lehre), soweit digitale Nutzungen unter Verantwortung einer Bildungseinrichtung in ihren Räumlichkeiten oder an anderen Orten oder in einer gesicherten elektronischen Umgebung erlaubt sind,
5. § 60d (Text und Data Mining für Zwecke der wissenschaftlichen Forschung), soweit Forschungsorganisationen sowie Kulturerbe-Einrichtungen Vervielfältigungen anfertigen dürfen,
6. § 60e (Bibliotheken), soweit Vervielfältigungen zum Zweck der Erhaltung erlaubt sind, sowie

7. § 60f (Archive, Museen und Bildungseinrichtungen), soweit Vervielfältigungen zum Zweck der Erhaltung erlaubt sind.

(4) Zur Erfüllung der Verpflichtungen aus Absatz 1 angewandte technische Maßnahmen, einschließlich der zur Umsetzung freiwilliger Vereinbarungen angewandten Maßnahmen, genießen Rechtsschutz nach § 95a.

§ 95c Schutz der zur Rechtewahrnehmung erforderlichen Informationen.
(1) Von Rechtsinhabern stammende Informationen für die Rechtewahrnehmung dürfen nicht entfernt oder verändert werden, wenn irgendeine der betreffenden Informationen an einem Vervielfältigungsstück eines Werkes oder eines sonstigen Schutzgegenstandes angebracht ist oder im Zusammenhang mit der öffentlichen Wiedergabe eines solchen Werkes oder Schutzgegenstandes erscheint und wenn die Entfernung oder Veränderung wissentlich unbefugt erfolgt und dem Handelnden bekannt ist oder den Umständen nach bekannt sein muss, dass er dadurch die Verletzung von Urheberrechten oder verwandter Schutzrechte veranlasst, ermöglicht, erleichtert oder verschleiert.

(2) Informationen für die Rechtewahrnehmung im Sinne dieses Gesetzes sind elektronische Informationen, die Werke oder andere Schutzgegenstände, den Urheber oder jeden anderen Rechtsinhaber identifizieren, Informationen über die Modalitäten und Bedingungen für die Nutzung der Werke oder Schutzgegenstände sowie die Zahlen und Codes, durch die derartige Informationen ausgedrückt werden.

(3) Werke oder sonstige Schutzgegenstände, bei denen Informationen für die Rechtewahrnehmung unbefugt entfernt oder geändert wurden, dürfen nicht wissentlich unbefugt verbreitet, zur Verbreitung eingeführt, gesendet, öffentlich wiedergegeben oder öffentlich zugänglich gemacht werden, wenn dem Handelnden bekannt ist oder den Umständen nach bekannt sein muss, dass er dadurch die Verletzung von Urheberrechten oder verwandter Schutzrechte veranlasst, ermöglicht, erleichtert oder verschleiert.

§ 95d[1)] Kennzeichnungspflichten.
(1) Werke und andere Schutzgegenstände, die mit technischen Maßnahmen geschützt werden, sind deutlich sichtbar mit Angaben über die Eigenschaften der technischen Maßnahmen zu kennzeichnen.

(2) Wer Werke und andere Schutzgegenstände mit technischen Maßnahmen schützt, hat diese zur Ermöglichung der Geltendmachung von Ansprüchen nach § 95b Abs. 2 mit seinem Namen oder seiner Firma und der zustellungsfähigen Anschrift zu kennzeichnen.

§ 96 Verwertungsverbot.
(1) Rechtswidrig hergestellte Vervielfältigungsstücke dürfen weder verbreitet noch zu öffentlichen Wiedergaben benutzt werden.

(2) Rechtswidrig veranstaltete Funksendungen dürfen nicht auf Bild- oder Tonträger aufgenommen oder öffentlich wiedergegeben werden.

[1)] Beachte hierzu die Übergangsvorschrift in § 137j.

Abschnitt 2. Rechtsverletzungen
Unterabschnitt 1. Bürgerlich-rechtliche Vorschriften; Rechtsweg

§ 97 Anspruch auf Unterlassung und Schadensersatz. (1) ¹Wer das Urheberrecht oder ein anderes nach diesem Gesetz geschütztes Recht widerrechtlich verletzt, kann von dem Verletzten auf Beseitigung der Beeinträchtigung, bei Wiederholungsgefahr auf Unterlassung in Anspruch genommen werden. ²Der Anspruch auf Unterlassung besteht auch dann, wenn eine Zuwiderhandlung erstmalig droht.

(2) ¹Wer die Handlung vorsätzlich oder fahrlässig vornimmt, ist dem Verletzten zum Ersatz des daraus entstehenden Schadens verpflichtet. ²Bei der Bemessung des Schadensersatzes kann auch der Gewinn, den der Verletzer durch die Verletzung des Rechts erzielt hat, berücksichtigt werden. ³Der Schadensersatzanspruch kann auch auf der Grundlage des Betrages berechnet werden, den der Verletzer als angemessene Vergütung hätte entrichten müssen, wenn er die Erlaubnis zur Nutzung des verletzten Rechts eingeholt hätte. ⁴Urheber, Verfasser wissenschaftlicher Ausgaben (§ 70), Lichtbildner (§ 72) und ausübende Künstler (§ 73) können auch wegen des Schadens, der nicht Vermögensschaden ist, eine Entschädigung in Geld verlangen, wenn und soweit dies der Billigkeit entspricht.

§ 97a Abmahnung. (1) Der Verletzte soll den Verletzer vor Einleitung eines gerichtlichen Verfahrens auf Unterlassung abmahnen und ihm Gelegenheit geben, den Streit durch Abgabe einer mit einer angemessenen Vertragsstrafe bewehrten Unterlassungsverpflichtung beizulegen.

(2) ¹Die Abmahnung hat in klarer und verständlicher Weise
1. Name oder Firma des Verletzten anzugeben, wenn der Verletzte nicht selbst, sondern ein Vertreter abmahnt,
2. die Rechtsverletzung genau zu bezeichnen,
3. geltend gemachte Zahlungsansprüche als Schadensersatz- und Aufwendungsersatzansprüche aufzuschlüsseln und
4. wenn darin eine Aufforderung zur Abgabe einer Unterlassungsverpflichtung enthalten ist, anzugeben, ob die vorgeschlagene Unterlassungsverpflichtung erheblich über die abgemahnte Rechtsverletzung hinausgeht.

²Eine Abmahnung, die nicht Satz 1 entspricht, ist unwirksam.

(3) ¹Soweit die Abmahnung berechtigt ist und Absatz 2 Satz 1 Nummer 1 bis 4 entspricht, kann der Ersatz der erforderlichen Aufwendungen verlangt werden. ²Für die Inanspruchnahme anwaltlicher Dienstleistungen beschränkt sich der Ersatz der erforderlichen Aufwendungen hinsichtlich der gesetzlichen Gebühren auf Gebühren nach einem Gegenstandswert für den Unterlassungs- und Beseitigungsanspruch von 1 000 Euro, wenn der Abgemahnte
1. eine natürliche Person ist, die nach diesem Gesetz geschützte Werke oder andere nach diesem Gesetz geschützte Schutzgegenstände nicht für ihre gewerbliche oder selbständige berufliche Tätigkeit verwendet, und
2. nicht bereits wegen eines Anspruchs des Abmahnenden durch Vertrag, auf Grund einer rechtskräftigen gerichtlichen Entscheidung oder einer einstweiligen Verfügung zur Unterlassung verpflichtet ist.

³Der in Satz 2 genannte Wert ist auch maßgeblich, wenn ein Unterlassungs- und ein Beseitigungsanspruch nebeneinander geltend gemacht werden. ⁴Satz 2 gilt nicht, wenn der genannte Wert nach den besonderen Umständen des Einzelfalles unbillig ist.

(4) ¹Soweit die Abmahnung unberechtigt oder unwirksam ist, kann der Abgemahnte Ersatz der für seine Rechtsverteidigung erforderlichen Aufwendungen verlangen, es sei denn, es war für den Abmahnenden zum Zeitpunkt der Abmahnung nicht erkennbar, dass die Abmahnung unberechtigt war. ²Weitergehende Ersatzansprüche bleiben unberührt.

§ 98 Anspruch auf Vernichtung, Rückruf und Überlassung. (1) ¹Wer das Urheberrecht oder ein anderes nach diesem Gesetz geschütztes Recht widerrechtlich verletzt, kann von dem Verletzten auf Vernichtung der im Besitz oder Eigentum des Verletzers befindlichen rechtswidrig hergestellten, verbreiteten oder zur rechtswidrigen Verbreitung bestimmten Vervielfältigungsstücke in Anspruch genommen werden. ²Satz 1 ist entsprechend auf die im Eigentum des Verletzers stehenden Vorrichtungen anzuwenden, die vorwiegend zur Herstellung dieser Vervielfältigungsstücke gedient haben.

(2) Wer das Urheberrecht oder ein anderes nach diesem Gesetz geschütztes Recht widerrechtlich verletzt, kann von dem Verletzten auf Rückruf von rechtswidrig hergestellten, verbreiteten oder zur rechtswidrigen Verbreitung bestimmten Vervielfältigungsstücken oder auf deren endgültiges Entfernen aus den Vertriebswegen in Anspruch genommen werden.

(3) Statt der in Absatz 1 vorgesehenen Maßnahmen kann der Verletzte verlangen, dass ihm die Vervielfältigungsstücke, die im Eigentum des Verletzers stehen, gegen eine angemessene Vergütung, welche die Herstellungskosten nicht übersteigen darf, überlassen werden.

(4) ¹Die Ansprüche nach den Absätzen 1 bis 3 sind ausgeschlossen, wenn die Maßnahme im Einzelfall unverhältnismäßig ist. ²Bei der Prüfung der Verhältnismäßigkeit sind auch die berechtigten Interessen Dritter zu berücksichtigen.

(5) Bauwerke sowie ausscheidbare Teile von Vervielfältigungsstücken und Vorrichtungen, deren Herstellung und Verbreitung nicht rechtswidrig ist, unterliegen nicht den in den Absätzen 1 bis 3 vorgesehenen Maßnahmen.

§ 99 Haftung des Inhabers eines Unternehmens. Ist in einem Unternehmen von einem Arbeitnehmer oder Beauftragten ein nach diesem Gesetz geschütztes Recht widerrechtlich verletzt worden, hat der Verletzte die Ansprüche aus § 97 Abs. 1 und § 98 auch gegen den Inhaber des Unternehmens.

§ 100 Entschädigung. ¹Handelt der Verletzer weder vorsätzlich noch fahrlässig, kann er zur Abwendung der Ansprüche nach den §§ 97 und 98 den Verletzten in Geld entschädigen, wenn ihm durch die Erfüllung der Ansprüche ein unverhältnismäßig großer Schaden entstehen würde und dem Verletzten die Abfindung in Geld zuzumuten ist. ²Als Entschädigung ist der Betrag zu zahlen, der im Fall einer vertraglichen Einräumung des Rechts als Vergütung angemessen wäre. ³Mit der Zahlung der Entschädigung gilt die Einwilligung des Verletzten zur Verwertung im üblichen Umfang als erteilt.

§ 101 Anspruch auf Auskunft. (1) ¹Wer in gewerblichem Ausmaß das Urheberrecht oder ein anderes nach diesem Gesetz geschütztes Recht widerrechtlich verletzt, kann von dem Verletzten auf unverzügliche Auskunft über die Herkunft und den Vertriebsweg der rechtsverletzenden Vervielfältigungsstücke oder sonstigen Erzeugnisse in Anspruch genommen werden. ²Das gewerbliche Ausmaß kann sich sowohl aus der Anzahl der Rechtsverletzungen als auch aus der Schwere der Rechtsverletzung ergeben.

(2) ¹In Fällen offensichtlicher Rechtsverletzung oder in Fällen, in denen der Verletzte gegen den Verletzer Klage erhoben hat, besteht der Anspruch unbeschadet von Absatz 1 auch gegen eine Person, die in gewerblichem Ausmaß

1. rechtsverletzende Vervielfältigungsstücke in ihrem Besitz hatte,
2. rechtsverletzende Dienstleistungen in Anspruch nahm,
3. für rechtsverletzende Tätigkeiten genutzte Dienstleistungen erbrachte oder
4. nach den Angaben einer in Nummer 1, 2 oder Nummer 3 genannten Person an der Herstellung, Erzeugung oder am Vertrieb solcher Vervielfältigungsstücke, sonstigen Erzeugnisse oder Dienstleistungen beteiligt war,

es sei denn, die Person wäre nach den §§ 383 bis 385 der Zivilprozessordnung im Prozess gegen den Verletzer zur Zeugnisverweigerung berechtigt. ²Im Fall der gerichtlichen Geltendmachung des Anspruchs nach Satz 1 kann das Gericht den gegen den Verletzer anhängigen Rechtsstreit auf Antrag bis zur Erledigung des wegen des Auskunftsanspruchs geführten Rechtsstreits aussetzen. ³Der zur Auskunft Verpflichtete kann von dem Verletzten den Ersatz der für die Auskunftserteilung erforderlichen Aufwendungen verlangen.

(3) Der zur Auskunft Verpflichtete hat Angaben zu machen über

1. Namen und Anschrift der Hersteller, Lieferanten und anderer Vorbesitzer der Vervielfältigungsstücke oder sonstigen Erzeugnisse, der Nutzer der Dienstleistungen sowie der gewerblichen Abnehmer und Verkaufsstellen, für die sie bestimmt waren, und
2. die Menge der hergestellten, ausgelieferten, erhaltenen oder bestellten Vervielfältigungsstücke oder sonstigen Erzeugnisse sowie über die Preise, die für die betreffenden Vervielfältigungsstücke oder sonstigen Erzeugnisse bezahlt wurden.

(4) Die Ansprüche nach den Absätzen 1 und 2 sind ausgeschlossen, wenn die Inanspruchnahme im Einzelfall unverhältnismäßig ist.

(5) Erteilt der zur Auskunft Verpflichtete die Auskunft vorsätzlich oder grob fahrlässig falsch oder unvollständig, so ist er dem Verletzten zum Ersatz des daraus entstehenden Schadens verpflichtet.

(6) Wer eine wahre Auskunft erteilt hat, ohne dazu nach Absatz 1 oder Absatz 2 verpflichtet gewesen zu sein, haftet Dritten gegenüber nur, wenn er wusste, dass er zur Auskunftserteilung nicht verpflichtet war.

(7) In Fällen offensichtlicher Rechtsverletzung kann die Verpflichtung zur Erteilung der Auskunft im Wege der einstweiligen Verfügung nach den §§ 935 bis 945 der Zivilprozessordnung angeordnet werden.

(8) Die Erkenntnisse dürfen in einem Strafverfahren oder in einem Verfahren nach dem Gesetz über Ordnungswidrigkeiten wegen einer vor der Erteilung der Auskunft begangenen Tat gegen den Verpflichteten oder gegen einen in § 52 Abs. 1 der Strafprozessordnung bezeichneten Angehörigen nur mit Zustimmung des Verpflichteten verwertet werden.

(9) ¹Kann die Auskunft nur unter Verwendung von Verkehrsdaten (§ 3 Nummer 70 des Telekommunikationsgesetzes¹)) erteilt werden, ist für ihre Erteilung eine vorherige richterliche Anordnung über die Zulässigkeit der Verwendung der Verkehrsdaten erforderlich, die von dem Verletzten zu beantragen ist. ²Für den Erlass dieser Anordnung ist das Landgericht, in dessen Bezirk der zur Auskunft Verpflichtete seinen Wohnsitz, seinen Sitz oder eine Niederlassung hat, ohne Rücksicht auf den Streitwert ausschließlich zuständig. ³Die Entscheidung trifft die Zivilkammer. ⁴Für das Verfahren gelten die Vorschriften des Gesetzes über das Verfahren in Familiensachen und in den Angelegenheiten der freiwilligen Gerichtsbarkeit entsprechend. ⁵Die Kosten der richterlichen Anordnung trägt der Verletzte. ⁶Gegen die Entscheidung des Landgerichts ist die Beschwerde statthaft. ⁷Die Beschwerde ist binnen einer Frist von zwei Wochen einzulegen. ⁸Die Vorschriften zum Schutz personenbezogener Daten bleiben im Übrigen unberührt.

(10) Durch Absatz 2 in Verbindung mit Absatz 9 wird das Grundrecht des Fernmeldegeheimnisses (Artikel 10 des Grundgesetzes) eingeschränkt.

§ 101a Anspruch auf Vorlage und Besichtigung. (1) ¹Wer mit hinreichender Wahrscheinlichkeit das Urheberrecht oder ein anderes nach diesem Gesetz geschütztes Recht widerrechtlich verletzt, kann von dem Verletzten auf Vorlage einer Urkunde oder Besichtigung einer Sache in Anspruch genommen werden, die sich in seiner Verfügungsgewalt befindet, wenn dies zur Begründung von dessen Ansprüchen erforderlich ist. ²Besteht die hinreichende Wahrscheinlichkeit einer in gewerblichem Ausmaß begangenen Rechtsverletzung, erstreckt sich der Anspruch auch auf die Vorlage von Bank-, Finanz- oder Handelsunterlagen. ³Soweit der vermeintliche Verletzer geltend macht, dass es sich um vertrauliche Informationen handelt, trifft das Gericht die erforderlichen Maßnahmen, um den im Einzelfall gebotenen Schutz zu gewährleisten.

(2) Der Anspruch nach Absatz 1 ist ausgeschlossen, wenn die Inanspruchnahme im Einzelfall unverhältnismäßig ist.

(3) ¹Die Verpflichtung zur Vorlage einer Urkunde oder zur Duldung der Besichtigung einer Sache kann im Wege der einstweiligen Verfügung nach den §§ 935 bis 945 der Zivilprozessordnung angeordnet werden. ²Das Gericht trifft die erforderlichen Maßnahmen, um den Schutz vertraulicher Informationen zu gewährleisten. ³Dies gilt insbesondere in den Fällen, in denen die einstweilige Verfügung ohne vorherige Anhörung des Gegners erlassen wird.

(4) § 811 des Bürgerlichen Gesetzbuchs sowie § 101 Abs. 8 gelten entsprechend.

(5) Wenn keine Verletzung vorlag oder drohte, kann der vermeintliche Verletzer von demjenigen, der die Vorlage oder Besichtigung nach Absatz 1 begehrt hat, den Ersatz des ihm durch das Begehren entstandenen Schadens verlangen.

§ 101b Sicherung von Schadensersatzansprüchen. (1) ¹Der Verletzte kann den Verletzer bei einer in gewerblichem Ausmaß begangenen Rechtsverletzung in den Fällen des § 97 Abs. 2 auch auf Vorlage von Bank-, Finanz- oder Handelsunterlagen oder einen geeigneten Zugang zu den entsprechenden Unterlagen in Anspruch nehmen, die sich in der Verfügungsgewalt des Ver-

---

¹⁾ Nr. 1.

letzers befinden und die für die Durchsetzung des Schadensersatzanspruchs erforderlich sind, wenn ohne die Vorlage die Erfüllung des Schadensersatzanspruchs fraglich ist. ²Soweit der Verletzer geltend macht, dass es sich um vertrauliche Informationen handelt, trifft das Gericht die erforderlichen Maßnahmen, um den im Einzelfall gebotenen Schutz zu gewährleisten.

(2) Der Anspruch nach Absatz 1 ist ausgeschlossen, wenn die Inanspruchnahme im Einzelfall unverhältnismäßig ist.

(3) ¹Die Verpflichtung zur Vorlage der in Absatz 1 bezeichneten Urkunden kann im Wege der einstweiligen Verfügung nach den §§ 935 bis 945 der Zivilprozessordnung angeordnet werden, wenn der Schadensersatzanspruch offensichtlich besteht. ²Das Gericht trifft die erforderlichen Maßnahmen, um den Schutz vertraulicher Informationen zu gewährleisten. ³Dies gilt insbesondere in den Fällen, in denen die einstweilige Verfügung ohne vorherige Anhörung des Gegners erlassen wird.

(4) § 811 des Bürgerlichen Gesetzbuchs sowie § 101 Abs. 8 gelten entsprechend.

§ 102 Verjährung. ¹Auf die Verjährung der Ansprüche wegen Verletzung des Urheberrechts oder eines anderen nach diesem Gesetz geschützten Rechts finden die Vorschriften des Abschnitts 5 des Buches 1 des Bürgerlichen Gesetzbuchs[1]) entsprechende Anwendung. ²Hat der Verpflichtete durch die Verletzung auf Kosten des Berechtigten etwas erlangt, findet § 852 des Bürgerlichen Gesetzbuchs entsprechende Anwendung.

Unterabschnitt 2. Straf- und Bußgeldvorschriften

§ 106 Unerlaubte Verwertung urheberrechtlich geschützter Werke.

(1) Wer in anderen als den gesetzlich zugelassenen Fällen ohne Einwilligung des Berechtigten ein Werk oder eine Bearbeitung oder Umgestaltung eines Werkes vervielfältigt, verbreitet oder öffentlich wiedergibt, wird mit Freiheitsstrafe bis zu drei Jahren oder mit Geldstrafe bestraft.

(2) Der Versuch ist strafbar.

§ 108 Unerlaubte Eingriffe in verwandte Schutzrechte. (1) Wer in anderen als den gesetzlich zugelassenen Fällen ohne Einwilligung des Berechtigten

1. eine wissenschaftliche Ausgabe (§ 70) oder eine Bearbeitung oder Umgestaltung einer solchen Ausgabe vervielfältigt, verbreitet oder öffentlich wiedergibt,
2. ein nachgelassenes Werk oder eine Bearbeitung oder Umgestaltung eines solchen Werkes entgegen § 71 verwertet,
3. ein Lichtbild (§ 72) oder eine Bearbeitung oder Umgestaltung eines Lichtbildes vervielfältigt, verbreitet oder öffentlich wiedergibt,
4. die Darbietung eines ausübenden Künstlers entgegen den § 77 Abs. 1 oder Abs. 2 Satz 1, § 78 Abs. 1 verwertet,
5. einen Tonträger entgegen § 85 verwertet,
6. eine Funksendung entgegen § 87 verwertet,

---

[1]) Auszugsweise abgedruckt unter Nr. **19**.

7. einen Bildträger oder Bild- und Tonträger entgegen §§ 94 oder 95 in Verbindung mit § 94 verwertet,
8. eine Datenbank entgegen § 87b Abs. 1 verwertet,

wird mit Freiheitsstrafe bis zu drei Jahren oder mit Geldstrafe bestraft.

(2) Der Versuch ist strafbar.

Abschnitt 3. Zwangsvollstreckung

Unterabschnitt 5. Zwangsvollstreckung wegen Geldforderungen in bestimmte Vorrichtungen

§ 119 Zwangsvollstreckung in bestimmte Vorrichtungen. (1) Vorrichtungen, die ausschließlich zur Vervielfältigung oder Funksendung eines Werkes bestimmt sind, wie Formen, Platten, Steine, Druckstöcke, Matrizen und Negative, unterliegen der Zwangsvollstreckung wegen Geldforderungen nur, soweit der Gläubiger zur Nutzung des Werkes mittels dieser Vorrichtungen berechtigt ist.

(2) Das gleiche gilt für Vorrichtungen, die ausschließlich zur Vorführung eines Filmwerkes bestimmt sind, wie Filmstreifen und dergleichen.

(3) Die Absätze 1 und 2 sind auf die nach den §§ 70 und 71 geschützten Ausgaben, die nach § 72 geschützten Lichtbilder, die nach § 77 Abs. 2 Satz 1, §§ 85, 87, 94 und 95 geschützten Bild- und Tonträger und die nach § 87b Abs. 1 geschützten Datenbanken entsprechend anzuwenden.

Teil 5. Anwendungsbereich. Übergangs- und Schlussbestimmungen

Abschnitt 1. Anwendungsbereich des Gesetzes

Unterabschnitt 2. Verwandte Schutzrechte

§ 127a Schutz des Datenbankherstellers. (1) [1]Den nach § 87b gewährten Schutz genießen deutsche Staatsangehörige sowie juristische Personen mit Sitz im Geltungsbereich dieses Gesetzes. [2]§ 120 Abs. 2 ist anzuwenden.

(2) Die nach deutschem Recht oder dem Recht eines der in § 120 Abs. 2 Nr. 2 bezeichneten Staaten gegründeten juristischen Personen ohne Sitz im Geltungsbereich dieses Gesetzes genießen den nach § 87b gewährten Schutz, wenn

1. ihre Hauptverwaltung oder Hauptniederlassung sich im Gebiet eines der in § 120 Abs. 2 Nr. 2 bezeichneten Staaten befindet oder
2. ihr satzungsmäßiger Sitz sich im Gebiet eines dieser Staaten befindet und ihre Tätigkeit eine tatsächliche Verbindung zur deutschen Wirtschaft oder zur Wirtschaft eines dieser Staaten aufweist.

(3) Im übrigen genießen ausländische Staatsangehörige sowie juristische Personen den Schutz nach dem Inhalt von Staatsverträgen sowie von Vereinbarungen, die die Europäische Gemeinschaft mit dritten Staaten schließt; diese Vereinbarungen werden vom Bundesministerium der Justiz und für Verbraucherschutz im Bundesgesetzblatt bekanntgemacht.

Abschnitt 2. Übergangsbestimmungen

§ 137g Übergangsregelung bei Umsetzung der Richtlinie 96/9/EG.

(1) § 23 Absatz 2, § 53 Abs. 5, die §§ 55a und 63 Abs. 1 Satz 2, sind auch auf Datenbankwerke anzuwenden, die vor dem 1. Januar 1998 geschaffen wurden.

(2) ¹Die Vorschriften des Abschnitts 6 des Teils 2 sind auch auf Datenbanken anzuwenden, die zwischen dem 1. Januar 1983 und dem 31. Dezember 1997 hergestellt worden sind. ²Die Schutzfrist beginnt in diesen Fällen am 1. Januar 1998.

(3) Die §§ 55a und 87e sind nicht auf Verträge anzuwenden, die vor dem 1. Januar 1998 abgeschlossen worden sind.

§ 137h Übergangsregelung bei Umsetzung der Richtlinie 93/83/EWG.

(1) Die Vorschrift des § 20a ist auf Verträge, die vor dem 1. Juni 1998 geschlossen worden sind, erst ab dem 1. Januar 2000 anzuwenden, sofern diese nach diesem Zeitpunkt ablaufen.

(2) Sieht ein Vertrag über die gemeinsame Herstellung eines Bild- oder Tonträgers, der vor dem 1. Juni 1998 zwischen mehreren Herstellern, von denen mindestens einer einem Mitgliedstaat der Europäischen Union oder Vertragsstaat des Europäischen Wirtschaftsraumes angehört, geschlossen worden ist, eine räumliche Aufteilung des Rechts der Sendung unter den Herstellern vor, ohne nach der Satellitensendung und anderen Arten der Sendung zu unterscheiden, und würde die Satellitensendung der gemeinsam hergestellten Produktion durch einen Hersteller die Auswertung der räumlich oder sprachlich beschränkten ausschließlichen Rechte eines anderen Herstellers beeinträchtigen, so ist die Satellitensendung nur zulässig, wenn ihr der Inhaber dieser ausschließlichen Rechte zugestimmt hat.

(3) Die Vorschrift des § 20b Abs. 2 ist nur anzuwenden, sofern der Vertrag über die Einräumung des Kabelweitersenderechts nach dem 1. Juni 1998 geschlossen wurde.

§ 137i Übergangsregelung zum Gesetz zur Modernisierung des Schuldrechts.

Artikel 229 § 6 des Einführungsgesetzes zum Bürgerlichen Gesetzbuche[1]) findet mit der Maßgabe entsprechende Anwendung, dass § 26 Abs. 7, § 36 Abs. 2 und § 102 in der bis zum 1. Januar 2002 geltenden Fassung den Vorschriften des Bürgerlichen Gesetzbuchs[2]) über die Verjährung in der bis zum 1. Januar 2002 geltenden Fassung gleichgestellt sind.

§ 137j Übergangsregelung aus Anlass der Umsetzung der Richtlinie 2001/29/EG.

(1) § 95d Abs. 1 ist auf alle ab dem 1. Dezember 2003 neu in den Verkehr gebrachten Werke und anderen Schutzgegenstände anzuwenden.

(2) Die Vorschrift dieses Gesetzes über die Schutzdauer für Hersteller von Tonträgern in der ab dem 13. September 2003 geltenden Fassung ist auch auf verwandte Schutzrechte anzuwenden, deren Schutz am 22. Dezember 2002 noch nicht erloschen ist.

(3) Lebt nach Absatz 2 der Schutz eines Tonträgers wieder auf, so stehen die wiederauflebenden Rechte dem Hersteller des Tonträgers zu.

---

[1]) Nr. **20**.
[2]) Auszugsweise abgedruckt unter Nr. **19**.

(4) ¹Ist vor dem 13. September 2003 einem anderen ein Nutzungsrecht an einem nach diesem Gesetz noch geschützten Tonträger eingeräumt oder übertragen worden, so erstreckt sich, im Fall einer Verlängerung der Schutzdauer nach § 85 Abs. 3, die Einräumung oder Übertragung im Zweifel auch auf diesen Zeitraum. ²Im Fall des Satzes 1 ist eine angemessene Vergütung zu zahlen.

§ 137p Übergangsregelung aus Anlass der Umsetzung der Richtlinie (EU) 2019/789. (1) § 20b ist auf Verträge über Weitersendungen, die nicht durch Kabelsysteme oder Mikrowellensysteme erfolgen, nur anzuwenden, sofern der Vertrag ab dem 7. Juni 2021 geschlossen wurde.

(2) § 20c ist auf Verträge über ergänzende Online-Dienste, die vor dem 7. Juni 2021 geschlossen wurden, ab dem 7. Juni 2023 anzuwenden.

(3) § 20d ist auf Verträge über die Direkteinspeisung, die vor dem 7. Juni 2021 geschlossen wurden, ab dem 7. Juni 2025 anzuwenden.

11. Verordnung (EU) 2016/679 des Europäischen Parlaments und des Rates vom 27. April 2016 zum Schutz natürlicher Personen bei der Verarbeitung personenbezogener Daten, zum freien Datenverkehr und zur Aufhebung der Richtlinie 95/46/EG (Datenschutz-Grundverordnung)[1]

(Text von Bedeutung für den EWR)

(ABl. L 119 S. 1, ber. L 314 S. 72, 2018 L 127 S. 2 und 2021 L 74 S. 35)

Celex-Nr. 3 2016 R 0679

– Auszug –

Kapitel I. Allgemeine Bestimmungen

Art. 1 Gegenstand und Ziele. (1) Diese Verordnung enthält Vorschriften zum Schutz natürlicher Personen bei der Verarbeitung personenbezogener Daten und zum freien Verkehr solcher Daten.

(2) Diese Verordnung schützt die Grundrechte und Grundfreiheiten natürlicher Personen und insbesondere deren Recht auf Schutz personenbezogener Daten.

---

[1] Zur Datenschutz-Grundverordnung haben der Bund und die Länder u.a. folgende Vorschriften erlassen:
- **Bund:** Bundesdatenschutzgesetz – BDSG (auszugsweise abgedruckt unter Nr. **12**);
- **Bayern:** Bayerisches Datenschutzgesetz – BayDSG v. 15.5.2018 (GVBl. S. 230), geänd. durch G v. 18.5.2018 (GVBl. S. 301);
- **Baden-Württemberg:** Landesdatenschutzgesetz – LDSG v. 12.6.2018 (GBl. S. 173), geänd. durch G v. 18.12.2018 (GBl. S. 1549);
- **Berlin:** Berliner Datenschutzgesetz – BlnDSG v. 13.6.2018 (GVBl. S. 418), geänd. durch G v. 12.10.2020 (GVBl. S. 807);
- **Brandenburg:** Brandenburgisches Datenschutzgesetz – BbgDSG v. 8.5.2018 (GVBl. I Nr. 7), geänd. durch G v. 19.6.2019 (GVBl. I Nr. 43);
- **Bremen:** Bremisches Ausführungsgesetz zur EU-Datenschutz-Grundverordnung – BremDSG-VOAG v. 8.5.2018 (Brem.GBl. S. 131);
- **Hamburg:** Hamburgisches Datenschutzgesetz – HmbDSG v. 18.5.2018 (HmbGVBl. S. 145); Hamburgisches Justizvollzugsdatenschutzgesetz – HmbJVollzDSG v. 18.5.2018 (HmbGVBl. S. 158);
- **Hessen:** Hessisches Datenschutz- und Informationsfreiheitsgesetz – HDSIG v. 3.5.2018 (GVBl. S. 82), geänd. durch G v. 12.9.2018 (GVBl. S. 570);
- **Mecklenburg-Vorpommern:** Landesdatenschutzgesetz – DSG M-V v. 22.5.2018 (GVOBl. M-V S. 193, 194);
- **Niedersachsen:** Niedersächsisches Datenschutzgesetz – NDSG v. 16.5.2018 (Nds. GVBl. S. 66, 67);
- **Nordrhein-Westfalen:** Datenschutzgesetz Nordrhein-Westfalen – DSG NRW v. 17.5.2018 (GV. NRW. S. 244, ber. S. 404);
- **Rheinland-Pfalz:** Landesdatenschutzgesetz – LDSG v. 8.5.2018 (GVBl. S. 93);
- **Saarland:** Saarländisches Datenschutzgesetz v. 16.5.2018 (Amtsbl. I S. 254);
- **Sachsen:** Sächsisches Datenschutzdurchführungsgesetz – SächsDSDG v. 26.4.2018 (SächsGVBl. S. 198, 199), geänd. durch G v. 5.4.2019 (SächsGVBl. S. 245);
- **Schleswig-Holstein:** Landesdatenschutzgesetz – LDSG v. 2.5.2018 (GVOBl. Schl.-H. S. 162);
- **Thüringen:** Thüringer Datenschutzgesetz – ThürDSG v. 6.6.2018 (GVBl. S. 229).

(3) Der freie Verkehr personenbezogener Daten in der Union darf aus Gründen des Schutzes natürlicher Personen bei der Verarbeitung personenbezogener Daten weder eingeschränkt noch verboten werden.

Art. 2 Sachlicher Anwendungsbereich. (1) Diese Verordnung gilt für die ganz oder teilweise automatisierte Verarbeitung personenbezogener Daten sowie für die nichtautomatisierte Verarbeitung personenbezogener Daten, die in einem Dateisystem gespeichert sind oder gespeichert werden sollen.

(2) Diese Verordnung findet keine Anwendung auf die Verarbeitung personenbezogener Daten

a) im Rahmen einer Tätigkeit, die nicht in den Anwendungsbereich des Unionsrechts fällt,

b) durch die Mitgliedstaaten im Rahmen von Tätigkeiten, die in den Anwendungsbereich von Titel V Kapitel 2 EUV fallen,

c) durch natürliche Personen zur Ausübung ausschließlich persönlicher oder familiärer Tätigkeiten,

d) durch die zuständigen Behörden zum Zwecke der Verhütung, Ermittlung, Aufdeckung oder Verfolgung von Straftaten oder der Strafvollstreckung, einschließlich des Schutzes vor und der Abwehr von Gefahren für die öffentliche Sicherheit.

(3) [1]Für die Verarbeitung personenbezogener Daten durch die Organe, Einrichtungen, Ämter und Agenturen der Union gilt die Verordnung (EG) Nr. 45/2001. [2]Die Verordnung (EG) Nr. 45/2001 und sonstige Rechtsakte der Union, die diese Verarbeitung personenbezogener Daten regeln, werden im Einklang mit Artikel 98 an die Grundsätze und Vorschriften der vorliegenden Verordnung angepasst.

(4) Die vorliegende Verordnung lässt die Anwendung der Richtlinie 2000/31/EG und speziell die Vorschriften der Artikel 12 bis 15 dieser Richtlinie zur Verantwortlichkeit der Vermittler unberührt.

Art. 3 Räumlicher Anwendungsbereich. (1) Diese Verordnung findet Anwendung auf die Verarbeitung personenbezogener Daten, soweit diese im Rahmen der Tätigkeiten einer Niederlassung eines Verantwortlichen oder eines Auftragsverarbeiters in der Union erfolgt, unabhängig davon, ob die Verarbeitung in der Union stattfindet.

(2) Diese Verordnung findet Anwendung auf die Verarbeitung personenbezogener Daten von betroffenen Personen, die sich in der Union befinden, durch einen nicht in der Union niedergelassenen Verantwortlichen oder Auftragsverarbeiter, wenn die Datenverarbeitung im Zusammenhang damit steht

a) betroffenen Personen in der Union Waren oder Dienstleistungen anzubieten, unabhängig davon, ob von diesen betroffenen Personen eine Zahlung zu leisten ist;

b) das Verhalten betroffener Personen zu beobachten, soweit ihr Verhalten in der Union erfolgt.

(3) Diese Verordnung findet Anwendung auf die Verarbeitung personenbezogener Daten durch einen nicht in der Union niedergelassenen Verantwortlichen an einem Ort, der aufgrund Völkerrechts dem Recht eines Mitgliedstaats unterliegt.

Art. 4 Begriffsbestimmungen. Im Sinne dieser Verordnung bezeichnet der Ausdruck:

1. „personenbezogene Daten" alle Informationen, die sich auf eine identifizierte oder identifizierbare natürliche Person (im Folgenden „betroffene Person") beziehen; als identifizierbar wird eine natürliche Person angesehen, die direkt oder indirekt, insbesondere mittels Zuordnung zu einer Kennung wie einem Namen, zu einer Kennnummer, zu Standortdaten, zu einer Online-Kennung oder zu einem oder mehreren besonderen Merkmalen, die Ausdruck der physischen, physiologischen, genetischen, psychischen, wirtschaftlichen, kulturellen oder sozialen Identität dieser natürlichen Person sind, identifiziert werden kann;

2. „Verarbeitung" jeden mit oder ohne Hilfe automatisierter Verfahren ausgeführten Vorgang oder jede solche Vorgangsreihe im Zusammenhang mit personenbezogenen Daten wie das Erheben, das Erfassen, die Organisation, das Ordnen, die Speicherung, die Anpassung oder Veränderung, das Auslesen, das Abfragen, die Verwendung, die Offenlegung durch Übermittlung, Verbreitung oder eine andere Form der Bereitstellung, den Abgleich oder die Verknüpfung, die Einschränkung, das Löschen oder die Vernichtung;

3. „Einschränkung der Verarbeitung" die Markierung gespeicherter personenbezogener Daten mit dem Ziel, ihre künftige Verarbeitung einzuschränken;

4. „Profiling" jede Art der automatisierten Verarbeitung personenbezogener Daten, die darin besteht, dass diese personenbezogenen Daten verwendet werden, um bestimmte persönliche Aspekte, die sich auf eine natürliche Person beziehen, zu bewerten, insbesondere um Aspekte bezüglich Arbeitsleistung, wirtschaftliche Lage, Gesundheit, persönliche Vorlieben, Interessen, Zuverlässigkeit, Verhalten, Aufenthaltsort oder Ortswechsel dieser natürlichen Person zu analysieren oder vorherzusagen;

5. „Pseudonymisierung" die Verarbeitung personenbezogener Daten in einer Weise, dass die personenbezogenen Daten ohne Hinzuziehung zusätzlicher Informationen nicht mehr einer spezifischen betroffenen Person zugeordnet werden können, sofern diese zusätzlichen Informationen gesondert aufbewahrt werden und technischen und organisatorischen Maßnahmen unterliegen, die gewährleisten, dass die personenbezogenen Daten nicht einer identifizierten oder identifizierbaren natürlichen Person zugewiesen werden;

6. „Dateisystem" jede strukturierte Sammlung personenbezogener Daten, die nach bestimmten Kriterien zugänglich sind, unabhängig davon, ob diese Sammlung zentral, dezentral oder nach funktionalen oder geografischen Gesichtspunkten geordnet geführt wird;

7. „Verantwortlicher" die natürliche oder juristische Person, Behörde, Einrichtung oder andere Stelle, die allein oder gemeinsam mit anderen über die Zwecke und Mittel der Verarbeitung von personenbezogenen Daten entscheidet; sind die Zwecke und Mittel dieser Verarbeitung durch das Unionsrecht oder das Recht der Mitgliedstaaten vorgegeben, so kann der Verantwortliche beziehungsweise können die bestimmten Kriterien seiner Benennung nach dem Unionsrecht oder dem Recht der Mitgliedstaaten vorgesehen werden;

8. „Auftragsverarbeiter" eine natürliche oder juristische Person, Behörde, Einrichtung oder andere Stelle, die personenbezogene Daten im Auftrag des Verantwortlichen verarbeitet;
9. „Empfänger" eine natürliche oder juristische Person, Behörde, Einrichtung oder andere Stelle, der personenbezogene Daten offengelegt werden, unabhängig davon, ob es sich bei ihr um einen Dritten handelt oder nicht. Behörden, die im Rahmen eines bestimmten Untersuchungsauftrags nach dem Unionsrecht oder dem Recht der Mitgliedstaaten möglicherweise personenbezogene Daten erhalten, gelten jedoch nicht als Empfänger; die Verarbeitung dieser Daten durch die genannten Behörden erfolgt im Einklang mit den geltenden Datenschutzvorschriften gemäß den Zwecken der Verarbeitung;
10. „Dritter" eine natürliche oder juristische Person, Behörde, Einrichtung oder andere Stelle, außer der betroffenen Person, dem Verantwortlichen, dem Auftragsverarbeiter und den Personen, die unter der unmittelbaren Verantwortung des Verantwortlichen oder des Auftragsverarbeiters befugt sind, die personenbezogenen Daten zu verarbeiten;
11. „Einwilligung" der betroffenen Person jede freiwillig für den bestimmten Fall, in informierter Weise und unmissverständlich abgegebene Willensbekundung in Form einer Erklärung oder einer sonstigen eindeutigen bestätigenden Handlung, mit der die betroffene Person zu verstehen gibt, dass sie mit der Verarbeitung der sie betreffenden personenbezogenen Daten einverstanden ist;
12. „Verletzung des Schutzes personenbezogener Daten" eine Verletzung der Sicherheit, die, ob unbeabsichtigt oder unrechtmäßig, zur Vernichtung, zum Verlust, zur Veränderung, oder zur unbefugten Offenlegung von beziehungsweise zum unbefugten Zugang zu personenbezogenen Daten führt, die übermittelt, gespeichert oder auf sonstige Weise verarbeitet wurden;
13. „genetische Daten" personenbezogene Daten zu den ererbten oder erworbenen genetischen Eigenschaften einer natürlichen Person, die eindeutige Informationen über die Physiologie oder die Gesundheit dieser natürlichen Person liefern und insbesondere aus der Analyse einer biologischen Probe der betreffenden natürlichen Person gewonnen wurden;
14. „biometrische Daten" mit speziellen technischen Verfahren gewonnene personenbezogene Daten zu den physischen, physiologischen oder verhaltenstypischen Merkmalen einer natürlichen Person, die die eindeutige Identifizierung dieser natürlichen Person ermöglichen oder bestätigen, wie Gesichtsbilder oder daktyloskopische Daten;
15. „Gesundheitsdaten" personenbezogene Daten, die sich auf die körperliche oder geistige Gesundheit einer natürlichen Person, einschließlich der Erbringung von Gesundheitsdienstleistungen, beziehen und aus denen Informationen über deren Gesundheitszustand hervorgehen;
16. „Hauptniederlassung"
    a) im Falle eines Verantwortlichen mit Niederlassungen in mehr als einem Mitgliedstaat den Ort seiner Hauptverwaltung in der Union, es sei denn, die Entscheidungen hinsichtlich der Zwecke und Mittel der Verarbeitung personenbezogener Daten werden in einer anderen Niederlassung des Verantwortlichen in der Union getroffen und diese Niederlassung ist

befugt, diese Entscheidungen umsetzen zu lassen; in diesem Fall gilt die Niederlassung, die derartige Entscheidungen trifft, als Hauptniederlassung;

b) im Falle eines Auftragsverarbeiters mit Niederlassungen in mehr als einem Mitgliedstaat den Ort seiner Hauptverwaltung in der Union oder, sofern der Auftragsverarbeiter keine Hauptverwaltung in der Union hat, die Niederlassung des Auftragsverarbeiters in der Union, in der die Verarbeitungstätigkeiten im Rahmen der Tätigkeiten einer Niederlassung eines Auftragsverarbeiters hauptsächlich stattfinden, soweit der Auftragsverarbeiter spezifischen Pflichten aus dieser Verordnung unterliegt;

17. „Vertreter" eine in der Union niedergelassene natürliche oder juristische Person, die von dem Verantwortlichen oder Auftragsverarbeiter schriftlich gemäß Artikel 27 bestellt wurde und den Verantwortlichen oder Auftragsverarbeiter in Bezug auf die ihnen jeweils nach dieser Verordnung obliegenden Pflichten vertritt;

18. „Unternehmen" eine natürliche oder juristische Person, die eine wirtschaftliche Tätigkeit ausübt, unabhängig von ihrer Rechtsform, einschließlich Personengesellschaften oder Vereinigungen, die regelmäßig einer wirtschaftlichen Tätigkeit nachgehen;

19. „Unternehmensgruppe" eine Gruppe, die aus einem herrschenden Unternehmen und den von diesem abhängigen Unternehmen besteht;

20. „verbindliche interne Datenschutzvorschriften" Maßnahmen zum Schutz personenbezogener Daten, zu deren Einhaltung sich ein im Hoheitsgebiet eines Mitgliedstaats niedergelassener Verantwortlicher oder Auftragsverarbeiter verpflichtet im Hinblick auf Datenübermittlungen oder eine Kategorie von Datenübermittlungen personenbezogener Daten an einen Verantwortlichen oder Auftragsverarbeiter derselben Unternehmensgruppe oder derselben Gruppe von Unternehmen, die eine gemeinsame Wirtschaftstätigkeit ausüben, in einem oder mehreren Drittländern;

21. „Aufsichtsbehörde" eine von einem Mitgliedstaat gemäß Artikel 51 eingerichtete unabhängige staatliche Stelle;

22. „betroffene Aufsichtsbehörde" eine Aufsichtsbehörde, die von der Verarbeitung personenbezogener Daten betroffen ist, weil

a) der Verantwortliche oder der Auftragsverarbeiter im Hoheitsgebiet des Mitgliedstaats dieser Aufsichtsbehörde niedergelassen ist,

b) diese Verarbeitung erhebliche Auswirkungen auf betroffene Personen mit Wohnsitz im Mitgliedstaat dieser Aufsichtsbehörde hat oder haben kann oder

c) eine Beschwerde bei dieser Aufsichtsbehörde eingereicht wurde;

23. „grenzüberschreitende Verarbeitung" entweder

a) eine Verarbeitung personenbezogener Daten, die im Rahmen der Tätigkeiten von Niederlassungen eines Verantwortlichen oder eines Auftragsverarbeiters in der Union in mehr als einem Mitgliedstaat erfolgt, wenn der Verantwortliche oder Auftragsverarbeiter in mehr als einem Mitgliedstaat niedergelassen ist, oder

b) eine Verarbeitung personenbezogener Daten, die im Rahmen der Tätigkeiten einer einzelnen Niederlassung eines Verantwortlichen oder eines Auftragsverarbeiters in der Union erfolgt, die jedoch erhebliche Auswirkungen auf betroffene Personen in mehr als einem Mitgliedstaat hat oder haben kann;

24. „maßgeblicher und begründeter Einspruch" einen Einspruch gegen einen Beschlussentwurf im Hinblick darauf, ob ein Verstoß gegen diese Verordnung vorliegt oder ob beabsichtigte Maßnahmen gegen den Verantwortlichen oder den Auftragsverarbeiter im Einklang mit dieser Verordnung steht, wobei aus diesem Einspruch die Tragweite der Risiken klar hervorgeht, die von dem Beschlussentwurf in Bezug auf die Grundrechte und Grundfreiheiten der betroffenen Personen und gegebenenfalls den freien Verkehr personenbezogener Daten in der Union ausgehen;

25. „Dienst der Informationsgesellschaft" eine Dienstleistung im Sinne des Artikels 1 Nummer 1 Buchstabe b der Richtlinie (EU) 2015/1535 des Europäischen Parlaments und des Rates[1];

26. „internationale Organisation" eine völkerrechtliche Organisation und ihre nachgeordneten Stellen oder jede sonstige Einrichtung, die durch eine zwischen zwei oder mehr Ländern geschlossene Übereinkunft oder auf der Grundlage einer solchen Übereinkunft geschaffen wurde.

Kapitel II. Grundsätze

Art. 5 Grundsätze für die Verarbeitung personenbezogener Daten.

(1) Personenbezogene Daten müssen

a) auf rechtmäßige Weise, nach Treu und Glauben und in einer für die betroffene Person nachvollziehbaren Weise verarbeitet werden („Rechtmäßigkeit, Verarbeitung nach Treu und Glauben, Transparenz");

b) für festgelegte, eindeutige und legitime Zwecke erhoben werden und dürfen nicht in einer mit diesen Zwecken nicht zu vereinbarenden Weise weiterverarbeitet werden; eine Weiterverarbeitung für im öffentlichen Interesse liegende Archivzwecke, für wissenschaftliche oder historische Forschungszwecke oder für statistische Zwecke gilt gemäß Artikel 89 Absatz 1 nicht als unvereinbar mit den ursprünglichen Zwecken („Zweckbindung");

c) dem Zweck angemessen und erheblich sowie auf das für die Zwecke der Verarbeitung notwendige Maß beschränkt sein („Datenminimierung");

d) sachlich richtig und erforderlichenfalls auf dem neuesten Stand sein; es sind alle angemessenen Maßnahmen zu treffen, damit personenbezogene Daten, die im Hinblick auf die Zwecke ihrer Verarbeitung unrichtig sind, unverzüglich gelöscht oder berichtigt werden („Richtigkeit");

e) in einer Form gespeichert werden, die die Identifizierung der betroffenen Personen nur so lange ermöglicht, wie es für die Zwecke, für die sie verarbeitet werden, erforderlich ist; personenbezogene Daten dürfen länger gespeichert werden, soweit die personenbezogenen Daten vorbehaltlich der Durchführung geeigneter technischer und organisatorischer Maßnahmen, die von dieser Verordnung zum Schutz der Rechte und Freiheiten der betroffenen Person gefordert werden, ausschließlich für im öffentlichen Interesse liegende Archivzwecke oder für wissenschaftliche und historische

---

[1] **Amtl. Anm.:** Richtlinie (EU) 2015/1535 des Europäischen Parlaments und des Rates vom 9. September 2015 über ein Informationsverfahren auf dem Gebiet der technischen Vorschriften und der Vorschriften für die Dienste der Informationsgesellschaft (ABl. L 241 vom 17.9.2015, S. 1).

Forschungszwecke oder für statistische Zwecke gemäß Artikel 89 Absatz 1 verarbeitet werden („Speicherbegrenzung");

f) in einer Weise verarbeitet werden, die eine angemessene Sicherheit der personenbezogenen Daten gewährleistet, einschließlich Schutz vor unbefugter oder unrechtmäßiger Verarbeitung und vor unbeabsichtigtem Verlust, unbeabsichtigter Zerstörung oder unbeabsichtigter Schädigung durch geeignete technische und organisatorische Maßnahmen („Integrität und Vertraulichkeit");[1]

(2) Der Verantwortliche ist für die Einhaltung des Absatzes 1 verantwortlich und muss dessen Einhaltung nachweisen können („Rechenschaftspflicht").

Art. 6 Rechtmäßigkeit der Verarbeitung.

(1) *[1]* Die Verarbeitung ist nur rechtmäßig, wenn mindestens eine der nachstehenden Bedingungen erfüllt ist:

a) Die betroffene Person hat ihre Einwilligung zu der Verarbeitung der sie betreffenden personenbezogenen Daten für einen oder mehrere bestimmte Zwecke gegeben;

b) die Verarbeitung ist für die Erfüllung eines Vertrags, dessen Vertragspartei die betroffene Person ist, oder zur Durchführung vorvertraglicher Maßnahmen erforderlich, die auf Anfrage der betroffenen Person erfolgen;

c) die Verarbeitung ist zur Erfüllung einer rechtlichen Verpflichtung erforderlich, der der Verantwortliche unterliegt;

d) die Verarbeitung ist erforderlich, um lebenswichtige Interessen der betroffenen Person oder einer anderen natürlichen Person zu schützen;

e) die Verarbeitung ist für die Wahrnehmung einer Aufgabe erforderlich, die im öffentlichen Interesse liegt oder in Ausübung öffentlicher Gewalt erfolgt, die dem Verantwortlichen übertragen wurde;

f) die Verarbeitung ist zur Wahrung der berechtigten Interessen des Verantwortlichen oder eines Dritten erforderlich, sofern nicht die Interessen oder Grundrechte und Grundfreiheiten der betroffenen Person, die den Schutz personenbezogener Daten erfordern, überwiegen, insbesondere dann, wenn es sich bei der betroffenen Person um ein Kind handelt.

[2] Unterabsatz 1 Buchstabe f gilt nicht für die von Behörden in Erfüllung ihrer Aufgaben vorgenommene Verarbeitung.

(2) Die Mitgliedstaaten können spezifischere Bestimmungen zur Anpassung der Anwendung der Vorschriften dieser Verordnung in Bezug auf die Verarbeitung zur Erfüllung von Absatz 1 Buchstaben c und e beibehalten oder einführen, indem sie spezifische Anforderungen für die Verarbeitung sowie sonstige Maßnahmen präziser bestimmen, um eine rechtmäßig und nach Treu und Glauben erfolgende Verarbeitung zu gewährleisten, einschließlich für andere besondere Verarbeitungssituationen gemäß Kapitel IX.

(3) [1]Die Rechtsgrundlage für die Verarbeitungen gemäß Absatz 1 Buchstaben c und e wird festgelegt durch

a) Unionsrecht oder

b) das Recht der Mitgliedstaaten, dem der Verantwortliche unterliegt.

---

[1] Zeichensetzung amtlich.

²Der Zweck der Verarbeitung muss in dieser Rechtsgrundlage festgelegt oder hinsichtlich der Verarbeitung gemäß Absatz 1 Buchstabe e für die Erfüllung einer Aufgabe erforderlich sein, die im öffentlichen Interesse liegt oder in Ausübung öffentlicher Gewalt erfolgt, die dem Verantwortlichen übertragen wurde. ³Diese Rechtsgrundlage kann spezifische Bestimmungen zur Anpassung der Anwendung der Vorschriften dieser Verordnung enthalten, unter anderem Bestimmungen darüber, welche allgemeinen Bedingungen für die Regelung der Rechtmäßigkeit der Verarbeitung durch den Verantwortlichen gelten, welche Arten von Daten verarbeitet werden, welche Personen betroffen sind, an welche Einrichtungen und für welche Zwecke die personenbezogenen Daten offengelegt werden dürfen, welcher Zweckbindung sie unterliegen, wie lange sie gespeichert werden dürfen und welche Verarbeitungsvorgänge und -verfahren angewandt werden dürfen, einschließlich Maßnahmen zur Gewährleistung einer rechtmäßig und nach Treu und Glauben erfolgenden Verarbeitung, wie solche für sonstige besondere Verarbeitungssituationen gemäß Kapitel IX. ⁴Das Unionsrecht oder das Recht der Mitgliedstaaten müssen ein im öffentlichen Interesse liegendes Ziel verfolgen und in einem angemessenen Verhältnis zu dem verfolgten legitimen Zweck stehen.

(4) Beruht die Verarbeitung zu einem anderen Zweck als zu demjenigen, zu dem die personenbezogenen Daten erhoben wurden, nicht auf der Einwilligung der betroffenen Person oder auf einer Rechtsvorschrift der Union oder der Mitgliedstaaten, die in einer demokratischen Gesellschaft eine notwendige und verhältnismäßige Maßnahme zum Schutz der in Artikel 23 Absatz 1 genannten Ziele darstellt, so berücksichtigt der Verantwortliche – um festzustellen, ob die Verarbeitung zu einem anderen Zweck mit demjenigen, zu dem die personenbezogenen Daten ursprünglich erhoben wurden, vereinbar ist – unter anderem

a) jede Verbindung zwischen den Zwecken, für die die personenbezogenen Daten erhoben wurden, und den Zwecken der beabsichtigten Weiterverarbeitung,

b) den Zusammenhang, in dem die personenbezogenen Daten erhoben wurden, insbesondere hinsichtlich des Verhältnisses zwischen den betroffenen Personen und dem Verantwortlichen,

c) die Art der personenbezogenen Daten, insbesondere ob besondere Kategorien personenbezogener Daten gemäß Artikel 9 verarbeitet werden oder ob personenbezogene Daten über strafrechtliche Verurteilungen und Straftaten gemäß Artikel 10 verarbeitet werden,

d) die möglichen Folgen der beabsichtigten Weiterverarbeitung für die betroffenen Personen,

e) das Vorhandensein geeigneter Garantien, wozu Verschlüsselung oder Pseudonymisierung gehören kann.

Art. 7 Bedingungen für die Einwilligung. (1) Beruht die Verarbeitung auf einer Einwilligung, muss der Verantwortliche nachweisen können, dass die betroffene Person in die Verarbeitung ihrer personenbezogenen Daten eingewilligt hat.

(2) ¹Erfolgt die Einwilligung der betroffenen Person durch eine schriftliche Erklärung, die noch andere Sachverhalte betrifft, so muss das Ersuchen um Einwilligung in verständlicher und leicht zugänglicher Form in einer klaren

und einfacher Sprache so erfolgen, dass es von den anderen Sachverhalten klar zu unterscheiden ist. ²Teile der Erklärung sind dann nicht verbindlich, wenn sie einen Verstoß gegen diese Verordnung darstellen.

(3) ¹Die betroffene Person hat das Recht, ihre Einwilligung jederzeit zu widerrufen. ²Durch den Widerruf der Einwilligung wird die Rechtmäßigkeit der aufgrund der Einwilligung bis zum Widerruf erfolgten Verarbeitung nicht berührt. ³Die betroffene Person wird vor Abgabe der Einwilligung hiervon in Kenntnis gesetzt. ⁴Der Widerruf der Einwilligung muss so einfach wie die Erteilung der Einwilligung sein.

(4) Bei der Beurteilung, ob die Einwilligung freiwillig erteilt wurde, muss dem Umstand in größtmöglichem Umfang Rechnung getragen werden, ob unter anderem die Erfüllung eines Vertrags, einschließlich der Erbringung einer Dienstleistung, von der Einwilligung zu einer Verarbeitung von personenbezogenen Daten abhängig ist, die für die Erfüllung des Vertrags nicht erforderlich sind.

Art. 8 Bedingungen für die Einwilligung eines Kindes in Bezug auf Dienste der Informationsgesellschaft.

(1) *[1]* ¹Gilt Artikel 6 Absatz 1 Buchstabe a bei einem Angebot von Diensten der Informationsgesellschaft, das einem Kind direkt gemacht wird, so ist die Verarbeitung der personenbezogenen Daten des Kindes rechtmäßig, wenn das Kind das sechzehnte Lebensjahr vollendet hat. ²Hat das Kind noch nicht das sechzehnte Lebensjahr vollendet, so ist diese Verarbeitung nur rechtmäßig, sofern und soweit diese Einwilligung durch den Träger der elterlichen Verantwortung für das Kind oder mit dessen Zustimmung erteilt wird.

[2] Die Mitgliedstaaten können durch Rechtsvorschriften zu diesen Zwecken eine niedrigere Altersgrenze vorsehen, die jedoch nicht unter dem vollendeten dreizehnten Lebensjahr liegen darf.

(2) Der Verantwortliche unternimmt unter Berücksichtigung der verfügbaren Technik angemessene Anstrengungen, um sich in solchen Fällen zu vergewissern, dass die Einwilligung durch den Träger der elterlichen Verantwortung für das Kind oder mit dessen Zustimmung erteilt wurde.

(3) Absatz 1 lässt das allgemeine Vertragsrecht der Mitgliedstaaten, wie etwa die Vorschriften zur Gültigkeit, zum Zustandekommen oder zu den Rechtsfolgen eines Vertrags in Bezug auf ein Kind, unberührt.

Art. 9 Verarbeitung besonderer Kategorien personenbezogener Daten.

(1) Die Verarbeitung personenbezogener Daten, aus denen die rassische und ethnische Herkunft, politische Meinungen, religiöse oder weltanschauliche Überzeugungen oder die Gewerkschaftszugehörigkeit hervorgehen, sowie die Verarbeitung von genetischen Daten, biometrischen Daten zur eindeutigen Identifizierung einer natürlichen Person, Gesundheitsdaten oder Daten zum Sexualleben oder der sexuellen Orientierung einer natürlichen Person ist untersagt.

(2) Absatz 1 gilt nicht in folgenden Fällen:

a) Die betroffene Person hat in die Verarbeitung der genannten personenbezogenen Daten für einen oder mehrere festgelegte Zwecke ausdrücklich eingewilligt, es sei denn, nach Unionsrecht oder dem Recht der Mitgliedstaaten kann das Verbot nach Absatz 1 durch die Einwilligung der betroffenen Person nicht aufgehoben werden,

b) die Verarbeitung ist erforderlich, damit der Verantwortliche oder die betroffene Person die ihm bzw. ihr aus dem Arbeitsrecht und dem Recht der sozialen Sicherheit und des Sozialschutzes erwachsenden Rechte ausüben und seinen bzw. ihren diesbezüglichen Pflichten nachkommen kann, soweit dies nach Unionsrecht oder dem Recht der Mitgliedstaaten oder einer Kollektivvereinbarung nach dem Recht der Mitgliedstaaten, das geeignete Garantien für die Grundrechte und die Interessen der betroffenen Person vorsieht, zulässig ist,

c) die Verarbeitung ist zum Schutz lebenswichtiger Interessen der betroffenen Person oder einer anderen natürlichen Person erforderlich und die betroffene Person ist aus körperlichen oder rechtlichen Gründen außerstande, ihre Einwilligung zu geben,

d) die Verarbeitung erfolgt auf der Grundlage geeigneter Garantien durch eine politisch, weltanschaulich, religiös oder gewerkschaftlich ausgerichtete Stiftung, Vereinigung oder sonstige Organisation ohne Gewinnerzielungsabsicht im Rahmen ihrer rechtmäßigen Tätigkeiten und unter der Voraussetzung, dass sich die Verarbeitung ausschließlich auf die Mitglieder oder ehemalige Mitglieder der Organisation oder auf Personen, die im Zusammenhang mit deren Tätigkeitszweck regelmäßige Kontakte mit ihr unterhalten, bezieht und die personenbezogenen Daten nicht ohne Einwilligung der betroffenen Personen nach außen offengelegt werden,

e) die Verarbeitung bezieht sich auf personenbezogene Daten, die die betroffene Person offensichtlich öffentlich gemacht hat,

f) die Verarbeitung ist zur Geltendmachung, Ausübung oder Verteidigung von Rechtsansprüchen oder bei Handlungen der Gerichte im Rahmen ihrer justiziellen Tätigkeit erforderlich,

g) die Verarbeitung ist auf der Grundlage des Unionsrechts oder des Rechts eines Mitgliedstaats, das in angemessenem Verhältnis zu dem verfolgten Ziel steht, den Wesensgehalt des Rechts auf Datenschutz wahrt und angemessene und spezifische Maßnahmen zur Wahrung der Grundrechte und Interessen der betroffenen Person vorsieht, aus Gründen eines erheblichen öffentlichen Interesses erforderlich,

h) die Verarbeitung ist für Zwecke der Gesundheitsvorsorge oder der Arbeitsmedizin, für die Beurteilung der Arbeitsfähigkeit des Beschäftigten, für die medizinische Diagnostik, die Versorgung oder Behandlung im Gesundheits- oder Sozialbereich oder für die Verwaltung von Systemen und Diensten im Gesundheits- oder Sozialbereich auf der Grundlage des Unionsrechts oder des Rechts eines Mitgliedstaats oder aufgrund eines Vertrags mit einem Angehörigen eines Gesundheitsberufs und vorbehaltlich der in Absatz 3 genannten Bedingungen und Garantien erforderlich,

i) die Verarbeitung ist aus Gründen des öffentlichen Interesses im Bereich der öffentlichen Gesundheit, wie dem Schutz vor schwerwiegenden grenzüberschreitenden Gesundheitsgefahren oder zur Gewährleistung hoher Qualitäts- und Sicherheitsstandards bei der Gesundheitsversorgung und bei Arzneimitteln und Medizinprodukten, auf der Grundlage des Unionsrechts oder des Rechts eines Mitgliedstaats, das angemessene und spezifische Maßnahmen zur Wahrung der Rechte und Freiheiten der betroffenen Person, insbesondere des Berufsgeheimnisses, vorsieht, erforderlich, oder

j) die Verarbeitung ist auf der Grundlage des Unionsrechts oder des Rechts eines Mitgliedstaats, das in angemessenem Verhältnis zu dem verfolgten Ziel steht, den Wesensgehalt des Rechts auf Datenschutz wahrt und angemessene und spezifische Maßnahmen zur Wahrung der Grundrechte und Interessen der betroffenen Person vorsieht, für im öffentlichen Interesse liegende Archivzwecke, für wissenschaftliche oder historische Forschungszwecke oder für statistische Zwecke gemäß Artikel 89 Absatz 1 erforderlich.

(3) Die in Absatz 1 genannten personenbezogenen Daten dürfen zu den in Absatz 2 Buchstabe h genannten Zwecken verarbeitet werden, wenn diese Daten von Fachpersonal oder unter dessen Verantwortung verarbeitet werden und dieses Fachpersonal nach dem Unionsrecht oder dem Recht eines Mitgliedstaats oder den Vorschriften nationaler zuständiger Stellen dem Berufsgeheimnis unterliegt, oder wenn die Verarbeitung durch eine andere Person erfolgt, die ebenfalls nach dem Unionsrecht oder dem Recht eines Mitgliedstaats oder den Vorschriften nationaler zuständiger Stellen einer Geheimhaltungspflicht unterliegt.

(4) Die Mitgliedstaaten können zusätzliche Bedingungen, einschließlich Beschränkungen, einführen oder aufrechterhalten, soweit die Verarbeitung von genetischen, biometrischen oder Gesundheitsdaten betroffen ist.

Art. 10 Verarbeitung von personenbezogenen Daten über strafrechtliche Verurteilungen und Straftaten. [1] Die Verarbeitung personenbezogener Daten über strafrechtliche Verurteilungen und Straftaten oder damit zusammenhängende Sicherungsmaßregeln aufgrund von Artikel 6 Absatz 1 darf nur unter behördlicher Aufsicht vorgenommen werden oder wenn dies nach dem Unionsrecht oder dem Recht der Mitgliedstaaten, das geeignete Garantien für die Rechte und Freiheiten der betroffenen Personen vorsieht, zulässig ist. [2] Ein umfassendes Register der strafrechtlichen Verurteilungen darf nur unter behördlicher Aufsicht geführt werden.

Art. 11 Verarbeitung, für die eine Identifizierung der betroffenen Person nicht erforderlich ist. (1) Ist für die Zwecke, für die ein Verantwortlicher personenbezogene Daten verarbeitet, die Identifizierung der betroffenen Person durch den Verantwortlichen nicht oder nicht mehr erforderlich, so ist dieser nicht verpflichtet, zur bloßen Einhaltung dieser Verordnung zusätzliche Informationen aufzubewahren, einzuholen oder zu verarbeiten, um die betroffene Person zu identifizieren.

(2) [1] Kann der Verantwortliche in Fällen gemäß Absatz 1 des vorliegenden Artikels nachweisen, dass er nicht in der Lage ist, die betroffene Person zu identifizieren, so unterrichtet er die betroffene Person hierüber, sofern möglich. [2] In diesen Fällen finden die Artikel 15 bis 20 keine Anwendung, es sei denn, die betroffene Person stellt zur Ausübung ihrer in diesen Artikeln niedergelegten Rechte zusätzliche Informationen bereit, die ihre Identifizierung ermöglichen.

Kapitel III. Rechte der betroffenen Person

Abschnitt 1. Transparenz und Modalitäten

Art. 12 Transparente Information, Kommunikation und Modalitäten für die Ausübung der Rechte der betroffenen Person. (1) [1] Der Verantwortliche trifft geeignete Maßnahmen, um der betroffenen Person alle Informationen gemäß den Artikeln 13 und 14 und alle Mitteilungen gemäß den Artikeln 15 bis 22 und Artikel 34, die sich auf die Verarbeitung beziehen, in präziser, transparenter, verständlicher und leicht zugänglicher Form in einer klaren und einfachen Sprache zu übermitteln; dies gilt insbesondere für Informationen, die sich speziell an Kinder richten. [2] Die Übermittlung der Informationen erfolgt schriftlich oder in anderer Form, gegebenenfalls auch elektronisch. [3] Falls von der betroffenen Person verlangt, kann die Information mündlich erteilt werden, sofern die Identität der betroffenen Person in anderer Form nachgewiesen wurde.

(2) [1] Der Verantwortliche erleichtert der betroffenen Person die Ausübung ihrer Rechte gemäß den Artikeln 15 bis 22. [2] In den in Artikel 11 Absatz 2 genannten Fällen darf sich der Verantwortliche nur dann weigern, aufgrund des Antrags der betroffenen Person auf Wahrnehmung ihrer Rechte gemäß den Artikeln 15 bis 22 tätig zu werden, wenn er glaubhaft macht, dass er nicht in der Lage ist, die betroffene Person zu identifizieren.

(3) [1] Der Verantwortliche stellt der betroffenen Person Informationen über die auf Antrag gemäß den Artikeln 15 bis 22 ergriffenen Maßnahmen unverzüglich, in jedem Fall aber innerhalb eines Monats nach Eingang des Antrags zur Verfügung. [2] Diese Frist kann um weitere zwei Monate verlängert werden, wenn dies unter Berücksichtigung der Komplexität und der Anzahl von Anträgen erforderlich ist. [3] Der Verantwortliche unterrichtet die betroffene Person innerhalb eines Monats nach Eingang des Antrags über eine Fristverlängerung, zusammen mit den Gründen für die Verzögerung. [4] Stellt die betroffene Person den Antrag elektronisch, so ist sie nach Möglichkeit auf elektronischem Weg zu unterrichten, sofern sie nichts anderes angibt.

(4) Wird der Verantwortliche auf den Antrag der betroffenen Person hin nicht tätig, so unterrichtet er die betroffene Person ohne Verzögerung, spätestens aber innerhalb eines Monats nach Eingang des Antrags über die Gründe hierfür und über die Möglichkeit, bei einer Aufsichtsbehörde Beschwerde einzulegen oder einen gerichtlichen Rechtsbehelf einzulegen.

(5) [1] Informationen gemäß den Artikeln 13 und 14 sowie alle Mitteilungen und Maßnahmen gemäß den Artikeln 15 bis 22 und Artikel 34 werden unentgeltlich zur Verfügung gestellt. [2] Bei offenkundig unbegründeten oder – insbesondere im Fall von häufiger Wiederholung – exzessiven Anträgen einer betroffenen Person kann der Verantwortliche entweder

a) ein angemessenes Entgelt verlangen, bei dem die Verwaltungskosten für die Unterrichtung oder die Mitteilung oder die Durchführung der beantragten Maßnahme berücksichtigt werden, oder

b) sich weigern, aufgrund des Antrags tätig zu werden.

[3] Der Verantwortliche hat den Nachweis für den offenkundig unbegründeten oder exzessiven Charakter des Antrags zu erbringen.

(6) Hat der Verantwortliche begründete Zweifel an der Identität der natürlichen Person, die den Antrag gemäß den Artikeln 15 bis 21 stellt, so kann er unbeschadet des Artikels 11 zusätzliche Informationen anfordern, die zur Bestätigung der Identität der betroffenen Person erforderlich sind.

(7) [1] Die Informationen, die den betroffenen Personen gemäß den Artikeln 13 und 14 bereitzustellen sind, können in Kombination mit standardisier-

ten Bildsymbolen bereitgestellt werden, um in leicht wahrnehmbarer, verständlicher und klar nachvollziehbarer Form einen aussagekräftigen Überblick über die beabsichtigte Verarbeitung zu vermitteln. ²Werden die Bildsymbole in elektronischer Form dargestellt, müssen sie maschinenlesbar sein.

(8) Der Kommission wird die Befugnis übertragen, gemäß Artikel 92 delegierte Rechtsakte zur Bestimmung der Informationen, die durch Bildsymbole darzustellen sind, und der Verfahren für die Bereitstellung standardisierter Bildsymbole zu erlassen.

Abschnitt 2. Informationspflicht und Recht auf Auskunft zu personenbezogenen Daten

Art. 13 Informationspflicht bei Erhebung von personenbezogenen Daten bei der betroffenen Person. (1) Werden personenbezogene Daten bei der betroffenen Person erhoben, so teilt der Verantwortliche der betroffenen Person zum Zeitpunkt der Erhebung dieser Daten Folgendes mit:

a) den Namen und die Kontaktdaten des Verantwortlichen sowie gegebenenfalls seines Vertreters;

b) gegebenenfalls die Kontaktdaten des Datenschutzbeauftragten;

c) die Zwecke, für die die personenbezogenen Daten verarbeitet werden sollen, sowie die Rechtsgrundlage für die Verarbeitung;

d) wenn die Verarbeitung auf Artikel 6 Absatz 1 Buchstabe f beruht, die berechtigten Interessen, die von dem Verantwortlichen oder einem Dritten verfolgt werden;

e) gegebenenfalls die Empfänger oder Kategorien von Empfängern der personenbezogenen Daten und

f) gegebenenfalls die Absicht des Verantwortlichen, die personenbezogenen Daten an ein Drittland oder eine internationale Organisation zu übermitteln, sowie das Vorhandensein oder das Fehlen eines Angemessenheitsbeschlusses der Kommission oder im Falle von Übermittlungen gemäß Artikel 46 oder Artikel 47 oder Artikel 49 Absatz 1 Unterabsatz 2 einen Verweis auf die geeigneten oder angemessenen Garantien und die Möglichkeit, wie eine Kopie von ihnen zu erhalten ist, oder wo sie verfügbar sind.

(2) Zusätzlich zu den Informationen gemäß Absatz 1 stellt der Verantwortliche der betroffenen Person zum Zeitpunkt der Erhebung dieser Daten folgende weitere Informationen zur Verfügung, die notwendig sind, um eine faire und transparente Verarbeitung zu gewährleisten:

a) die Dauer, für die die personenbezogenen Daten gespeichert werden oder, falls dies nicht möglich ist, die Kriterien für die Festlegung dieser Dauer;

b) das Bestehen eines Rechts auf Auskunft seitens des Verantwortlichen über die betreffenden personenbezogenen Daten sowie auf Berichtigung oder Löschung oder auf Einschränkung der Verarbeitung oder eines Widerspruchsrechts gegen die Verarbeitung sowie des Rechts auf Datenübertragbarkeit;

c) wenn die Verarbeitung auf Artikel 6 Absatz 1 Buchstabe a oder Artikel 9 Absatz 2 Buchstabe a beruht, das Bestehen eines Rechts, die Einwilligung jederzeit zu widerrufen, ohne dass die Rechtmäßigkeit der aufgrund der Einwilligung bis zum Widerruf erfolgten Verarbeitung berührt wird;

d) das Bestehen eines Beschwerderechts bei einer Aufsichtsbehörde;

e) ob die Bereitstellung der personenbezogenen Daten gesetzlich oder vertraglich vorgeschrieben oder für einen Vertragsabschluss erforderlich ist, ob die betroffene Person verpflichtet ist, die personenbezogenen Daten bereitzustellen, und welche *mögliche*[1)] Folgen die Nichtbereitstellung hätte und

f) das Bestehen einer automatisierten Entscheidungsfindung einschließlich Profiling gemäß Artikel 22 Absätze 1 und 4 und – zumindest in diesen Fällen – aussagekräftige Informationen über die involvierte Logik sowie die Tragweite und die angestrebten Auswirkungen einer derartigen Verarbeitung für die betroffene Person.

(3) Beabsichtigt der Verantwortliche, die personenbezogenen Daten für einen anderen Zweck weiterzuverarbeiten als den, für den die personenbezogenen Daten erhoben wurden, so stellt er der betroffenen Person vor dieser Weiterverarbeitung Informationen über diesen anderen Zweck und alle anderen maßgeblichen Informationen gemäß Absatz 2 zur Verfügung.

(4) Die Absätze 1, 2 und 3 finden keine Anwendung, wenn und soweit die betroffene Person bereits über die Informationen verfügt.

Art. 14 Informationspflicht, wenn die personenbezogenen Daten nicht bei der betroffenen Person erhoben wurden.

(1) Werden personenbezogene Daten nicht bei der betroffenen Person erhoben, so teilt der Verantwortliche der betroffenen Person Folgendes mit:

a) den Namen und die Kontaktdaten des Verantwortlichen sowie gegebenenfalls seines Vertreters;

b) zusätzlich die Kontaktdaten des Datenschutzbeauftragten;

c) die Zwecke, für die die personenbezogenen Daten verarbeitet werden sollen, sowie die Rechtsgrundlage für die Verarbeitung;

d) die Kategorien personenbezogener Daten, die verarbeitet werden;

e) gegebenenfalls die Empfänger oder Kategorien von Empfängern der personenbezogenen Daten;

f) gegebenenfalls die Absicht des Verantwortlichen, die personenbezogenen Daten an einen Empfänger in einem Drittland oder einer internationalen Organisation zu übermitteln, sowie das Vorhandensein oder das Fehlen eines Angemessenheitsbeschlusses der Kommission oder im Falle von Übermittlungen gemäß Artikel 46 oder Artikel 47 oder Artikel 49 Absatz 1 Unterabsatz 2 einen Verweis auf die geeigneten oder angemessenen Garantien und die Möglichkeit, eine Kopie von ihnen zu erhalten, oder wo sie verfügbar sind.

(2) Zusätzlich zu den Informationen gemäß Absatz 1 stellt der Verantwortliche der betroffenen Person die folgenden Informationen zur Verfügung, die erforderlich sind, um der betroffenen Person gegenüber eine faire und transparente Verarbeitung zu gewährleisten:

a) die Dauer, für die die personenbezogenen Daten gespeichert werden oder, falls dies nicht möglich ist, die Kriterien für die Festlegung dieser Dauer;

b) wenn die Verarbeitung auf Artikel 6 Absatz 1 Buchstabe f beruht, die berechtigten Interessen, die von dem Verantwortlichen oder einem Dritten verfolgt werden;

[1)] Richtig wohl: „möglichen".

c) das Bestehen eines Rechts auf Auskunft seitens des Verantwortlichen über die betreffenden personenbezogenen Daten sowie auf Berichtigung oder Löschung oder auf Einschränkung der Verarbeitung und eines Widerspruchsrechts gegen die Verarbeitung sowie des Rechts auf Datenübertragbarkeit;

d) wenn die Verarbeitung auf Artikel 6 Absatz 1 Buchstabe a oder Artikel 9 Absatz 2 Buchstabe a beruht, das Bestehen eines Rechts, die Einwilligung jederzeit zu widerrufen, ohne dass die Rechtmäßigkeit der aufgrund der Einwilligung bis zum Widerruf erfolgten Verarbeitung berührt wird;

e) das Bestehen eines Beschwerderechts bei einer Aufsichtsbehörde;

f) aus welcher Quelle die personenbezogenen Daten stammen und gegebenenfalls ob sie aus öffentlich zugänglichen Quellen stammen;

g) das Bestehen einer automatisierten Entscheidungsfindung einschließlich Profiling gemäß Artikel 22 Absätze 1 und 4 und – zumindest in diesen Fällen – aussagekräftige Informationen über die involvierte Logik sowie die Tragweite und die angestrebten Auswirkungen einer derartigen Verarbeitung für die betroffene Person.

(3) Der Verantwortliche erteilt die Informationen gemäß den Absätzen 1 und 2

a) unter Berücksichtigung der spezifischen Umstände der Verarbeitung der personenbezogenen Daten innerhalb einer angemessenen Frist nach Erlangung der personenbezogenen Daten, längstens jedoch innerhalb eines Monats,

b) falls die personenbezogenen Daten zur Kommunikation mit der betroffenen Person verwendet werden sollen, spätestens zum Zeitpunkt der ersten Mitteilung an sie, oder,

c) falls die Offenlegung an einen anderen Empfänger beabsichtigt ist, spätestens zum Zeitpunkt der ersten Offenlegung.

(4) Beabsichtigt der Verantwortliche, die personenbezogenen Daten für einen anderen Zweck weiterzuverarbeiten als den, für den die personenbezogenen Daten erlangt wurden, so stellt er der betroffenen Person vor dieser Weiterverarbeitung Informationen über diesen anderen Zweck und alle anderen maßgeblichen Informationen gemäß Absatz 2 zur Verfügung.

(5) Die Absätze 1 bis 4 finden keine Anwendung, wenn und soweit

a) die betroffene Person bereits über die Informationen verfügt,

b) die Erteilung dieser Informationen sich als unmöglich erweist oder einen unverhältnismäßigen Aufwand erfordern würde; dies gilt insbesondere für die Verarbeitung für im öffentlichen Interesse liegende Archivzwecke, für wissenschaftliche oder historische Forschungszwecke oder für statistische Zwecke vorbehaltlich der in Artikel 89 Absatz 1 genannten Bedingungen und Garantien oder soweit die in Absatz 1 des vorliegenden Artikels genannte Pflicht voraussichtlich die Verwirklichung der Ziele dieser Verarbeitung unmöglich macht oder ernsthaft beeinträchtigt. In diesen Fällen ergreift der Verantwortliche geeignete Maßnahmen zum Schutz der Rechte und Freiheiten sowie der berechtigten Interessen der betroffenen Person, einschließlich der Bereitstellung dieser Informationen für die Öffentlichkeit,

c) die Erlangung oder Offenlegung durch Rechtsvorschriften der Union oder der Mitgliedstaaten, denen der Verantwortliche unterliegt und die geeignete

Maßnahmen zum Schutz der berechtigten Interessen der betroffenen Person vorsehen, ausdrücklich geregelt ist oder

d) die personenbezogenen Daten gemäß dem Unionsrecht oder dem Recht der Mitgliedstaaten dem Berufsgeheimnis, einschließlich einer satzungsmäßigen Geheimhaltungspflicht, unterliegen und daher vertraulich behandelt werden müssen.

Art. 15 Auskunftsrecht der betroffenen Person. (1) Die betroffene Person hat das Recht, von dem Verantwortlichen eine Bestätigung darüber zu verlangen, ob sie betreffende personenbezogene Daten verarbeitet werden; ist dies der Fall, so hat sie ein Recht auf Auskunft über diese personenbezogenen Daten und auf folgende Informationen:

a) die Verarbeitungszwecke;

b) die Kategorien personenbezogener Daten, die verarbeitet werden;

c) die Empfänger oder Kategorien von Empfängern, gegenüber denen die personenbezogenen Daten offengelegt worden sind oder noch offengelegt werden, insbesondere bei Empfängern in Drittländern oder bei internationalen Organisationen;

d) falls möglich die geplante Dauer, für die die personenbezogenen Daten gespeichert werden, oder, falls dies nicht möglich ist, die Kriterien für die Festlegung dieser Dauer;

e) das Bestehen eines Rechts auf Berichtigung oder Löschung der sie betreffenden personenbezogenen Daten oder auf Einschränkung der Verarbeitung durch den Verantwortlichen oder eines Widerspruchsrechts gegen diese Verarbeitung;

f) das Bestehen eines Beschwerderechts bei einer Aufsichtsbehörde;

g) wenn die personenbezogenen Daten nicht bei der betroffenen Person erhoben werden, alle verfügbaren Informationen über die Herkunft der Daten;

h) das Bestehen einer automatisierten Entscheidungsfindung einschließlich Profiling gemäß Artikel 22 Absätze 1 und 4 und – zumindest in diesen Fällen – aussagekräftige Informationen über die involvierte Logik sowie die Tragweite und die angestrebten Auswirkungen einer derartigen Verarbeitung für die betroffene Person.

(2) Werden personenbezogene Daten an ein Drittland oder an eine internationale Organisation übermittelt, so hat die betroffene Person das Recht, über die geeigneten Garantien gemäß Artikel 46 im Zusammenhang mit der Übermittlung unterrichtet zu werden.

(3) [1]Der Verantwortliche stellt eine Kopie der personenbezogenen Daten, die Gegenstand der Verarbeitung sind, zur Verfügung. [2]Für alle weiteren Kopien, die die betroffene Person beantragt, kann der Verantwortliche ein angemessenes Entgelt auf der Grundlage der Verwaltungskosten verlangen. [3]Stellt die betroffene Person den Antrag elektronisch, so sind die Informationen in einem gängigen elektronischen Format zur Verfügung zu stellen, sofern sie nichts anderes angibt.

(4) Das Recht auf Erhalt einer Kopie gemäß Absatz 3 darf die Rechte und Freiheiten anderer Personen nicht beeinträchtigen.

Abschnitt 3. Berichtigung und Löschung

Art. 16 Recht auf Berichtigung. ¹Die betroffene Person hat das Recht, von dem Verantwortlichen unverzüglich die Berichtigung sie betreffender unrichtiger personenbezogener Daten zu verlangen. ²Unter Berücksichtigung der Zwecke der Verarbeitung hat die betroffene Person das Recht, die Vervollständigung unvollständiger personenbezogener Daten – auch mittels einer ergänzenden Erklärung – zu verlangen.

Art. 17 Recht auf Löschung („Recht auf Vergessenwerden") (1) Die betroffene Person hat das Recht, von dem Verantwortlichen zu verlangen, dass sie betreffende personenbezogene Daten unverzüglich gelöscht werden, und der Verantwortliche ist verpflichtet, personenbezogene Daten unverzüglich zu löschen, sofern einer der folgenden Gründe zutrifft:

a) Die personenbezogenen Daten sind für die Zwecke, für die sie erhoben oder auf sonstige Weise verarbeitet wurden, nicht mehr notwendig.

b) Die betroffene Person widerruft ihre Einwilligung, auf die sich die Verarbeitung gemäß Artikel 6 Absatz 1 Buchstabe a oder Artikel 9 Absatz 2 Buchstabe a stützte, und es fehlt an einer anderweitigen Rechtsgrundlage für die Verarbeitung.

c) Die betroffene Person legt gemäß Artikel 21 Absatz 1 Widerspruch gegen die Verarbeitung ein und es liegen keine vorrangigen berechtigten Gründe für die Verarbeitung vor, oder die betroffene Person legt gemäß Artikel 21 Absatz 2 Widerspruch gegen die Verarbeitung ein.

d) Die personenbezogenen Daten wurden unrechtmäßig verarbeitet.

e) Die Löschung der personenbezogenen Daten ist zur Erfüllung einer rechtlichen Verpflichtung nach dem Unionsrecht oder dem Recht der Mitgliedstaaten erforderlich, dem der Verantwortliche unterliegt.

f) Die personenbezogenen Daten wurden in Bezug auf angebotene Dienste der Informationsgesellschaft gemäß Artikel 8 Absatz 1 erhoben.

(2) Hat der Verantwortliche die personenbezogenen Daten öffentlich gemacht und ist er gemäß Absatz 1 zu deren Löschung verpflichtet, so trifft er unter Berücksichtigung der verfügbaren Technologie und der Implementierungskosten angemessene Maßnahmen, auch technischer Art, um für die Datenverarbeitung Verantwortliche, die die personenbezogenen Daten verarbeiten, darüber zu informieren, dass eine betroffene Person von ihnen die Löschung aller Links zu diesen personenbezogenen Daten oder von Kopien oder Replikationen dieser personenbezogenen Daten verlangt hat.

(3) Die Absätze 1 und 2 gelten nicht, soweit die Verarbeitung erforderlich ist

a) zur Ausübung des Rechts auf freie Meinungsäußerung und Information;

b) zur Erfüllung einer rechtlichen Verpflichtung, die die Verarbeitung nach dem Recht der Union oder der Mitgliedstaaten, dem der Verantwortliche unterliegt, erfordert, oder zur Wahrnehmung einer Aufgabe, die im öffentlichen Interesse liegt oder in Ausübung öffentlicher Gewalt erfolgt, die dem Verantwortlichen übertragen wurde;

c) aus Gründen des öffentlichen Interesses im Bereich der öffentlichen Gesundheit gemäß Artikel 9 Absatz 2 Buchstaben h und i sowie Artikel 9 Absatz 3;

d) für im öffentlichen Interesse liegende Archivzwecke, wissenschaftliche oder historische Forschungszwecke oder für statistische Zwecke gemäß Artikel 89

Absatz 1, soweit das in Absatz 1 genannte Recht voraussichtlich die Verwirklichung der Ziele dieser Verarbeitung unmöglich macht oder ernsthaft beeinträchtigt, oder

e) zur Geltendmachung, Ausübung oder Verteidigung von Rechtsansprüchen.

Art. 18 Recht auf Einschränkung der Verarbeitung. (1) Die betroffene Person hat das Recht, von dem Verantwortlichen die Einschränkung der Verarbeitung zu verlangen, wenn eine der folgenden Voraussetzungen gegeben ist:

a) die Richtigkeit der personenbezogenen Daten von der betroffenen Person bestritten wird, und zwar für eine Dauer, die es dem Verantwortlichen ermöglicht, die Richtigkeit der personenbezogenen Daten zu überprüfen,

b) die Verarbeitung unrechtmäßig ist und die betroffene Person die Löschung der personenbezogenen Daten ablehnt und stattdessen die Einschränkung der Nutzung der personenbezogenen Daten verlangt;[1]

c) der Verantwortliche die personenbezogenen Daten für die Zwecke der Verarbeitung nicht länger benötigt, die betroffene Person sie jedoch zur Geltendmachung, Ausübung oder Verteidigung von Rechtsansprüchen benötigt, oder

d) die betroffene Person Widerspruch gegen die Verarbeitung gemäß Artikel 21 Absatz 1 eingelegt hat, solange noch nicht feststeht, ob die berechtigten Gründe des Verantwortlichen gegenüber denen der betroffenen Person überwiegen.

(2) Wurde die Verarbeitung gemäß Absatz 1 eingeschränkt, so dürfen diese personenbezogenen Daten – von ihrer Speicherung abgesehen – nur mit Einwilligung der betroffenen Person oder zur Geltendmachung, Ausübung oder Verteidigung von Rechtsansprüchen oder zum Schutz der Rechte einer anderen natürlichen oder juristischen Person oder aus Gründen eines wichtigen öffentlichen Interesses der Union oder eines Mitgliedstaats verarbeitet werden.

(3) Eine betroffene Person, die eine Einschränkung der Verarbeitung gemäß Absatz 1 erwirkt hat, wird von dem Verantwortlichen unterrichtet, bevor die Einschränkung aufgehoben wird.

Art. 19 Mitteilungspflicht im Zusammenhang mit der Berichtigung oder Löschung personenbezogener Daten oder der Einschränkung der Verarbeitung. [1]Der Verantwortliche teilt allen Empfängern, denen personenbezogenen Daten offengelegt wurden, jede Berichtigung oder Löschung der personenbezogenen Daten oder eine Einschränkung der Verarbeitung nach Artikel 16, Artikel 17 Absatz 1 und Artikel 18 mit, es sei denn, dies erweist sich als unmöglich oder ist mit einem unverhältnismäßigen Aufwand verbunden. [2]Der Verantwortliche unterrichtet die betroffene Person über diese Empfänger, wenn die betroffene Person dies verlangt.

Art. 20 Recht auf Datenübertragbarkeit. (1) Die betroffene Person hat das Recht, die sie betreffenden personenbezogenen Daten, die sie einem Verantwortlichen bereitgestellt hat, in einem strukturierten, gängigen und maschinenlesbaren Format zu erhalten, und sie hat das Recht, diese Daten einem anderen Verantwortlichen ohne Behinderung durch den Verantwortlichen,

---

[1] Zeichensetzung amtlich.

dem die personenbezogenen Daten bereitgestellt wurden, zu übermitteln, sofern

a) die Verarbeitung auf einer Einwilligung gemäß Artikel 6 Absatz 1 Buchstabe a oder Artikel 9 Absatz 2 Buchstabe a oder auf einem Vertrag gemäß Artikel 6 Absatz 1 Buchstabe b beruht und

b) die Verarbeitung mithilfe automatisierter Verfahren erfolgt.

(2) Bei der Ausübung ihres Rechts auf Datenübertragbarkeit gemäß Absatz 1 hat die betroffene Person das Recht, zu erwirken, dass die personenbezogenen Daten direkt von einem Verantwortlichen einem anderen Verantwortlichen übermittelt werden, soweit dies technisch machbar ist.

(3) [1] Die Ausübung des Rechts nach Absatz 1 des vorliegenden Artikels lässt Artikel 17 unberührt. [2] Dieses Recht gilt nicht für eine Verarbeitung, die für die Wahrnehmung einer Aufgabe erforderlich ist, die im öffentlichen Interesse liegt oder in Ausübung öffentlicher Gewalt erfolgt, die dem Verantwortlichen übertragen wurde.

(4) Das Recht gemäß Absatz 1 darf die Rechte und Freiheiten anderer Personen nicht beeinträchtigen.

Abschnitt 4. Widerspruchsrecht und automatisierte Entscheidungsfindung im Einzelfall

Art. 21 Widerspruchsrecht. (1) [1] Die betroffene Person hat das Recht, aus Gründen, die sich aus ihrer besonderen Situation ergeben, jederzeit gegen die Verarbeitung sie betreffender personenbezogener Daten, die aufgrund von Artikel 6 Absatz 1 Buchstaben e oder f erfolgt, Widerspruch einzulegen; dies gilt auch für ein auf diese Bestimmungen gestütztes Profiling. [2] Der Verantwortliche verarbeitet die personenbezogenen Daten nicht mehr, es sei denn, er kann zwingende schutzwürdige Gründe für die Verarbeitung nachweisen, die die Interessen, Rechte und Freiheiten der betroffenen Person überwiegen, oder die Verarbeitung dient der Geltendmachung, Ausübung oder Verteidigung von Rechtsansprüchen.

(2) Werden personenbezogene Daten verarbeitet, um Direktwerbung zu betreiben, so hat die betroffene Person das Recht, jederzeit Widerspruch gegen die Verarbeitung sie betreffender personenbezogener Daten zum Zwecke derartiger Werbung einzulegen; dies gilt auch für das Profiling, soweit es mit solcher Direktwerbung in Verbindung steht.

(3) Widerspricht die betroffene Person der Verarbeitung für Zwecke der Direktwerbung, so werden die personenbezogenen Daten nicht mehr für diese Zwecke verarbeitet.

(4) Die betroffene Person muss spätestens zum Zeitpunkt der ersten Kommunikation mit ihr ausdrücklich auf das in den Absätzen 1 und 2 genannte Recht hingewiesen werden; dieser Hinweis hat in einer verständlichen und von anderen Informationen getrennten Form zu erfolgen.

(5) Im Zusammenhang mit der Nutzung von Diensten der Informationsgesellschaft kann die betroffene Person ungeachtet der Richtlinie 2002/58/EG ihr Widerspruchsrecht mittels automatisierter Verfahren ausüben, bei denen technische Spezifikationen verwendet werden.

(6) Die betroffene Person hat das Recht, aus Gründen, die sich aus ihrer besonderen Situation ergeben, gegen die sie betreffende Verarbeitung sie be-

treffender personenbezogener Daten, die zu wissenschaftlichen oder historischen Forschungszwecken oder zu statistischen Zwecken gemäß Artikel 89 Absatz 1 erfolgt, Widerspruch einzulegen, es sei denn, die Verarbeitung ist zur Erfüllung einer im öffentlichen Interesse liegenden Aufgabe erforderlich.

Art. 22 Automatisierte Entscheidungen im Einzelfall einschließlich Profiling. (1) Die betroffene Person hat das Recht, nicht einer ausschließlich auf einer automatisierten Verarbeitung – einschließlich Profiling – beruhenden Entscheidung unterworfen zu werden, die ihr gegenüber rechtliche Wirkung entfaltet oder sie in ähnlicher Weise erheblich beeinträchtigt.

(2) Absatz 1 gilt nicht, wenn die Entscheidung

a) für den Abschluss oder die Erfüllung eines Vertrags zwischen der betroffenen Person und dem Verantwortlichen erforderlich ist,

b) aufgrund von Rechtsvorschriften der Union oder der Mitgliedstaaten, denen der Verantwortliche unterliegt, zulässig ist und diese Rechtsvorschriften angemessene Maßnahmen zur Wahrung der Rechte und Freiheiten sowie der berechtigten Interessen der betroffenen Person enthalten oder

c) mit ausdrücklicher Einwilligung der betroffenen Person erfolgt.

(3) In den in Absatz 2 Buchstaben a und c genannten Fällen trifft der Verantwortliche angemessene Maßnahmen, um die Rechte und Freiheiten sowie die berechtigten Interessen der betroffenen Person zu wahren, wozu mindestens das Recht auf Erwirkung des Eingreifens einer Person seitens des Verantwortlichen, auf Darlegung des eigenen Standpunkts und auf Anfechtung der Entscheidung gehört.

(4) Entscheidungen nach Absatz 2 dürfen nicht auf besonderen Kategorien personenbezogener Daten nach Artikel 9 Absatz 1 beruhen, sofern nicht Artikel 9 Absatz 2 Buchstabe a oder g gilt und angemessene Maßnahmen zum Schutz der Rechte und Freiheiten sowie der berechtigten Interessen der betroffenen Person getroffen wurden.

Abschnitt 5. Beschränkungen

Art. 23 Beschränkungen. (1) Durch Rechtsvorschriften der Union oder der Mitgliedstaaten, denen der Verantwortliche oder der Auftragsverarbeiter unterliegt, können die Pflichten und Rechte gemäß den Artikeln 12 bis 22 und Artikel 34 sowie Artikel 5, insofern dessen Bestimmungen den in den Artikeln 12 bis 22 vorgesehenen Rechten und Pflichten entsprechen, im Wege von Gesetzgebungsmaßnahmen beschränkt werden, sofern eine solche Beschränkung den Wesensgehalt der Grundrechte und Grundfreiheiten achtet und in einer demokratischen Gesellschaft eine notwendige und verhältnismäßige Maßnahme darstellt, die Folgendes sicherstellt:

a) die nationale Sicherheit;

b) die Landesverteidigung;

c) die öffentliche Sicherheit;

d) die Verhütung, Ermittlung, Aufdeckung oder Verfolgung von Straftaten oder die Strafvollstreckung, einschließlich des Schutzes vor und der Abwehr von Gefahren für die öffentliche Sicherheit;

e) den Schutz sonstiger wichtiger Ziele des allgemeinen öffentlichen Interesses der Union oder eines Mitgliedstaats, insbesondere eines wichtigen wirtschaftlichen oder finanziellen Interesses der Union oder eines Mitgliedstaats, etwa im Währungs-, Haushalts- und Steuerbereich sowie im Bereich der öffentlichen Gesundheit und der sozialen Sicherheit;

f) den Schutz der Unabhängigkeit der Justiz und den Schutz von Gerichtsverfahren;

g) die Verhütung, Aufdeckung, Ermittlung und Verfolgung von Verstößen gegen die berufsständischen Regeln reglementierter Berufe;

h) Kontroll-, Überwachungs- und Ordnungsfunktionen, die dauernd oder zeitweise mit der Ausübung öffentlicher Gewalt für die unter den Buchstaben a bis e und g genannten Zwecke verbunden sind;

i) den Schutz der betroffenen Person oder der Rechte und Freiheiten anderer Personen;

j) die Durchsetzung zivilrechtlicher Ansprüche.

(2) Jede Gesetzgebungsmaßnahme im Sinne des Absatzes 1 muss insbesondere gegebenenfalls spezifische Vorschriften enthalten zumindest in Bezug auf

a) die Zwecke der Verarbeitung oder die Verarbeitungskategorien,
b) die Kategorien personenbezogener Daten,
c) den Umfang der vorgenommenen Beschränkungen,
d) die Garantien gegen Missbrauch oder unrechtmäßigen Zugang oder unrechtmäßige Übermittlung;
e) die Angaben zu dem Verantwortlichen oder den Kategorien von Verantwortlichen,
f) die jeweiligen Speicherfristen sowie die geltenden Garantien unter Berücksichtigung von Art, Umfang und Zwecken der Verarbeitung oder der Verarbeitungskategorien,
g) die Risiken für die Rechte und Freiheiten der betroffenen Personen und
h) das Recht der betroffenen Personen auf Unterrichtung über die Beschränkung, sofern dies nicht dem Zweck der Beschränkung abträglich ist.

Kapitel IV. Verantwortlicher und Auftragsverarbeiter
Abschnitt 1. Allgemeine Pflichten
Art. 24 Verantwortung des für die Verarbeitung Verantwortlichen.

(1) [1]Der Verantwortliche setzt unter Berücksichtigung der Art, des Umfangs, der Umstände und der Zwecke der Verarbeitung sowie der unterschiedlichen Eintrittswahrscheinlichkeit und Schwere der Risiken für die Rechte und Freiheiten natürlicher Personen geeignete technische und organisatorische Maßnahmen um, um sicherzustellen und den Nachweis dafür erbringen zu können, dass die Verarbeitung gemäß dieser Verordnung erfolgt. [2]Diese Maßnahmen werden erforderlichenfalls überprüft und aktualisiert.

(2) Sofern dies in einem angemessenen Verhältnis zu den Verarbeitungstätigkeiten steht, müssen die Maßnahmen gemäß Absatz 1 die Anwendung geeigneter Datenschutzvorkehrungen durch den Verantwortlichen umfassen.

(3) Die Einhaltung der genehmigten Verhaltensregeln gemäß Artikel 40 oder eines genehmigten Zertifizierungsverfahrens gemäß Artikel 42 kann als Gesichtspunkt herangezogen werden, um die Erfüllung der Pflichten des Verantwortlichen nachzuweisen.

Art. 25 Datenschutz durch Technikgestaltung und durch datenschutzfreundliche Voreinstellungen. (1) Unter Berücksichtigung des Stands der Technik, der Implementierungskosten und der Art, des Umfangs, der Umstände und der Zwecke der Verarbeitung sowie der unterschiedlichen Eintrittswahrscheinlichkeit und Schwere der mit der Verarbeitung verbundenen Risiken für die Rechte und Freiheiten natürlicher Personen trifft der Verantwortliche sowohl zum Zeitpunkt der Festlegung der Mittel für die Verarbeitung als auch zum Zeitpunkt der eigentlichen Verarbeitung geeignete technische und organisatorische Maßnahmen – wie z.B. Pseudonymisierung –, die dafür ausgelegt sind, die Datenschutzgrundsätze wie etwa Datenminimierung wirksam umzusetzen und die notwendigen Garantien in die Verarbeitung aufzunehmen, um den Anforderungen dieser Verordnung zu genügen und die Rechte der betroffenen Personen zu schützen.

(2) [1]Der Verantwortliche trifft geeignete technische und organisatorische Maßnahmen, die sicherstellen, dass durch Voreinstellung nur personenbezogene Daten, deren Verarbeitung für den jeweiligen bestimmten Verarbeitungszweck erforderlich ist, verarbeitet werden. [2]Diese Verpflichtung gilt für die Menge der erhobenen personenbezogenen Daten, den Umfang ihrer Verarbeitung, ihre Speicherfrist und ihre Zugänglichkeit. [3]Solche Maßnahmen müssen insbesondere sicherstellen, dass personenbezogene Daten durch Voreinstellungen nicht ohne Eingreifen der Person einer unbestimmten Zahl von natürlichen Personen zugänglich gemacht werden.

(3) Ein genehmigtes Zertifizierungsverfahren gemäß Artikel 42 kann als Faktor herangezogen werden, um die Erfüllung der in den Absätzen 1 und 2 des vorliegenden Artikels genannten Anforderungen nachzuweisen.

Art. 26 Gemeinsam Verantwortliche. (1) [1]Legen zwei oder mehr Verantwortliche gemeinsam die Zwecke der und die Mittel zur Verarbeitung fest, so sind sie gemeinsam Verantwortliche. [2]Sie legen in einer Vereinbarung in transparenter Form fest, wer von ihnen welche Verpflichtung gemäß dieser Verordnung erfüllt, insbesondere was die Wahrnehmung der Rechte der betroffenen Person angeht, und wer welchen Informationspflichten gemäß den Artikeln 13 und 14 nachkommt, sofern und soweit die jeweiligen Aufgaben der Verantwortlichen nicht durch Rechtsvorschriften der Union oder der Mitgliedstaaten, denen die Verantwortlichen unterliegen, festgelegt sind. [3]In der Vereinbarung kann eine Anlaufstelle für die betroffenen Personen angegeben werden.

(2) [1]Die Vereinbarung gemäß Absatz 1 muss die jeweiligen tatsächlichen Funktionen und Beziehungen der gemeinsam Verantwortlichen gegenüber betroffenen Personen gebührend widerspiegeln. [2]Das wesentliche der Vereinbarung wird der betroffenen Person zur Verfügung gestellt.

(3) Ungeachtet der Einzelheiten der Vereinbarung gemäß Absatz 1 kann die betroffene Person ihre Rechte im Rahmen dieser Verordnung bei und gegenüber jedem einzelnen der Verantwortlichen geltend machen.

Art. 27 Vertreter von nicht in der Union niedergelassenen Verantwortlichen oder Auftragsverarbeitern. (1) In den Fällen gemäß Artikel 3 Absatz 2 benennt der Verantwortliche oder der Auftragsverarbeiter schriftlich einen Vertreter in der Union.

(2) Die Pflicht gemäß Absatz 1 des vorliegenden Artikels gilt nicht für

a) eine Verarbeitung, die gelegentlich erfolgt, nicht die umfangreiche Verarbeitung besonderer Datenkategorien im Sinne des Artikels 9 Absatz 1 oder die umfangreiche Verarbeitung von personenbezogenen Daten über strafrechtliche Verurteilungen und Straftaten im Sinne des Artikels 10 einschließt und unter Berücksichtigung der Art, der Umstände, des Umfangs und der Zwecke der Verarbeitung voraussichtlich nicht zu einem Risiko für die Rechte und Freiheiten natürlicher Personen führt, oder

b) Behörden oder öffentliche Stellen.

(3) Der Vertreter muss in einem der Mitgliedstaaten niedergelassen sein, in denen die betroffenen Personen, deren personenbezogene Daten im Zusammenhang mit den ihnen angebotenen Waren oder Dienstleistungen verarbeitet werden oder deren Verhalten beobachtet wird, sich befinden.

(4) Der Vertreter wird durch den Verantwortlichen oder den Auftragsverarbeiter beauftragt, zusätzlich zu diesem oder an seiner Stelle insbesondere für Aufsichtsbehörden und betroffene Personen bei sämtlichen Fragen im Zusammenhang mit der Verarbeitung zur Gewährleistung der Einhaltung dieser Verordnung als Anlaufstelle zu dienen.

(5) Die Benennung eines Vertreters durch den Verantwortlichen oder den Auftragsverarbeiter erfolgt unbeschadet etwaiger rechtlicher Schritte gegen den Verantwortlichen oder den Auftragsverarbeiter selbst.

Art. 28 Auftragsverarbeiter. (1) Erfolgt eine Verarbeitung im Auftrag eines Verantwortlichen, so arbeitet dieser nur mit Auftragsverarbeitern, die hinreichend Garantien dafür bieten, dass geeignete technische und organisatorische Maßnahmen so durchgeführt werden, dass die Verarbeitung im Einklang mit den Anforderungen dieser Verordnung erfolgt und den Schutz der Rechte der betroffenen Person gewährleistet.

(2) [1] Der Auftragsverarbeiter nimmt keinen weiteren Auftragsverarbeiter ohne vorherige gesonderte oder allgemeine schriftliche Genehmigung des Verantwortlichen in Anspruch. [2] Im Fall einer allgemeinen schriftlichen Genehmigung informiert der Auftragsverarbeiter den Verantwortlichen immer über jede beabsichtigte Änderung in Bezug auf die Hinzuziehung oder die Ersetzung anderer Auftragsverarbeiter, wodurch der Verantwortliche die Möglichkeit erhält, gegen derartige Änderungen Einspruch zu erheben.

(3) [1] [1] Die Verarbeitung durch einen Auftragsverarbeiter erfolgt auf der Grundlage eines Vertrags oder eines anderen Rechtsinstruments nach dem Unionsrecht oder dem Recht der Mitgliedstaaten, der bzw. das den Auftragsverarbeiter in Bezug auf den Verantwortlichen bindet und in dem Gegenstand und Dauer der Verarbeitung, Art und Zweck der Verarbeitung, die Art der personenbezogenen Daten, die Kategorien betroffener Personen und die Pflichten und Rechte des Verantwortlichen festgelegt sind. [2] Dieser Vertrag bzw. dieses andere Rechtsinstrument sieht insbesondere vor, dass der Auftragsverarbeiter

a) die personenbezogenen Daten nur auf dokumentierte Weisung des Verantwortlichen – auch in Bezug auf die Übermittlung personenbezogener Daten an ein Drittland oder eine internationale Organisation – verarbeitet, sofern er nicht durch das Recht der Union oder der Mitgliedstaaten, dem der Auftragsverarbeiter unterliegt, hierzu verpflichtet ist; in einem solchen Fall teilt der Auftragsverarbeiter dem Verantwortlichen diese rechtlichen Anforderungen vor der Verarbeitung mit, sofern das betreffende Recht eine solche Mitteilung nicht wegen eines wichtigen öffentlichen Interesses verbietet;

b) gewährleistet, dass sich die zur Verarbeitung der personenbezogenen Daten befugten Personen zur Vertraulichkeit verpflichtet haben oder einer angemessenen gesetzlichen Verschwiegenheitspflicht unterliegen;

c) alle gemäß Artikel 32 erforderlichen Maßnahmen ergreift;

d) die in den Absätzen 2 und 4 genannten Bedingungen für die Inanspruchnahme der Dienste eines weiteren Auftragsverarbeiters einhält;

e) angesichts der Art der Verarbeitung den Verantwortlichen nach Möglichkeit mit geeigneten technischen und organisatorischen Maßnahmen dabei unterstützt, seiner Pflicht zur Beantwortung von Anträgen auf Wahrnehmung der in Kapitel III genannten Rechte der betroffenen Person nachzukommen;

f) unter Berücksichtigung der Art der Verarbeitung und der ihm zur Verfügung stehenden Informationen den Verantwortlichen bei der Einhaltung der in den Artikeln 32 bis 36 genannten Pflichten unterstützt;

g) nach Abschluss der Erbringung der Verarbeitungsleistungen alle personenbezogenen Daten nach Wahl des Verantwortlichen entweder löscht oder zurückgibt und die vorhandenen Kopien löscht, sofern nicht nach dem Unionsrecht oder dem Recht der Mitgliedstaaten eine Verpflichtung zur Speicherung der personenbezogenen Daten besteht;

h) dem Verantwortlichen alle erforderlichen Informationen zum Nachweis der Einhaltung der in diesem Artikel niedergelegten Pflichten zur Verfügung stellt und Überprüfungen – einschließlich Inspektionen –, die vom Verantwortlichen oder einem anderen von diesem beauftragten Prüfer durchgeführt werden, ermöglicht und dazu beiträgt.

[2] Mit Blick auf Unterabsatz 1 Buchstabe h informiert der Auftragsverarbeiter den Verantwortlichen unverzüglich, falls er der Auffassung ist, dass eine Weisung gegen diese Verordnung oder gegen andere Datenschutzbestimmungen der Union oder der Mitgliedstaaten verstößt.

(4) ¹Nimmt der Auftragsverarbeiter die Dienste eines weiteren Auftragsverarbeiters in Anspruch, um bestimmte Verarbeitungstätigkeiten im Namen des Verantwortlichen auszuführen, so werden diesem weiteren Auftragsverarbeiter im Wege eines Vertrags oder anderen Rechtsinstruments nach dem Unionsrecht oder dem Recht des betreffenden Mitgliedstaats dieselben Datenschutzpflichten auferlegt, die in dem Vertrag oder anderen Rechtsinstrument zwischen dem Verantwortlichen und dem Auftragsverarbeiter gemäß Absatz 3 festgelegt sind, wobei insbesondere hinreichende Garantien dafür geboten werden muss, dass die geeigneten technischen und organisatorischen Maßnahmen so durchgeführt werden, dass die Verarbeitung entsprechend den Anforderungen dieser Verordnung erfolgt. ²Kommt der weitere Auftragsverarbeiter seinen Datenschutzpflichten nicht nach, so haftet der erste Auftragsverarbeiter gegenüber dem Verantwortlichen für die Einhaltung der Pflichten jenes anderen Auftragsverarbeiters.

(5) Die Einhaltung genehmigter Verhaltensregeln gemäß Artikel 40 oder eines genehmigten Zertifizierungsverfahrens gemäß Artikel 42 durch einen Auftragsverarbeiter kann als Faktor herangezogen werden, um hinreichende Garantien im Sinne der Absätze 1 und 4 des vorliegenden Artikels nachzuweisen.

(6) Unbeschadet eines individuellen Vertrags zwischen dem Verantwortlichen und dem Auftragsverarbeiter kann der Vertrag oder das andere Rechtsinstrument im Sinne der Absätze 3 und 4 des vorliegenden Artikels ganz oder teilweise auf den in den Absätzen 7 und 8 des vorliegenden Artikels genannten Standardvertragsklauseln beruhen, auch wenn diese Bestandteil einer dem Verantwortlichen oder dem Auftragsverarbeiter gemäß den Artikeln 42 und 43 erteilten Zertifizierung sind.

(7) Die Kommission kann im Einklang mit dem Prüfverfahren gemäß Artikel 93 Absatz 2 Standardvertragsklauseln zur Regelung der in den Absätzen 3 und 4 des vorliegenden Artikels genannten Fragen festlegen.

(8) Eine Aufsichtsbehörde kann im Einklang mit dem Kohärenzverfahren gemäß Artikel 63 Standardvertragsklauseln zur Regelung der in den Absätzen 3 und 4 des vorliegenden Artikels genannten Fragen festlegen.

(9) Der Vertrag oder das andere Rechtsinstrument im Sinne der Absätze 3 und 4 ist schriftlich abzufassen, was auch in einem elektronischen Format erfolgen kann.

(10) Unbeschadet der Artikel 82, 83 und 84 gilt ein Auftragsverarbeiter, der unter Verstoß gegen diese Verordnung die Zwecke und Mittel der Verarbeitung bestimmt, in Bezug auf diese Verarbeitung als Verantwortlicher.

Art. 29 Verarbeitung unter der Aufsicht des Verantwortlichen oder des Auftragsverarbeiters. Der Auftragsverarbeiter und jede dem Verantwortlichen oder dem Auftragsverarbeiter unterstellte Person, die Zugang zu personenbezogenen Daten hat, dürfen diese Daten ausschließlich auf Weisung des Verantwortlichen verarbeiten, es sei denn, dass sie nach dem Unionsrecht oder dem Recht der Mitgliedstaaten zur Verarbeitung verpflichtet sind.

Art. 30 Verzeichnis von Verarbeitungstätigkeiten. (1) ¹Jeder Verantwortliche und gegebenenfalls sein Vertreter führen ein Verzeichnis aller Verarbeitungstätigkeiten, die ihrer Zuständigkeit unterliegen. ²Dieses Verzeichnis enthält sämtliche folgenden Angaben:

a) den Namen und die Kontaktdaten des Verantwortlichen und gegebenenfalls des gemeinsam mit ihm Verantwortlichen, des Vertreters des Verantwortlichen sowie eines etwaigen Datenschutzbeauftragten;
b) die Zwecke der Verarbeitung;
c) eine Beschreibung der Kategorien betroffener Personen und der Kategorien personenbezogener Daten;
d) die Kategorien von Empfängern, gegenüber denen die personenbezogenen Daten offengelegt worden sind oder noch offengelegt werden, einschließlich Empfänger in Drittländern oder internationalen Organisationen;
e) gegebenenfalls Übermittlungen von personenbezogenen Daten an ein Drittland oder an eine internationale Organisation, einschließlich der Angabe des betreffenden Drittlands oder der betreffenden internationalen Organisation, sowie bei den in Artikel 49 Absatz 1 Unterabsatz 2 genannten Datenübermittlungen die Dokumentierung geeigneter Garantien;
f) wenn möglich, die vorgesehenen Fristen für die Löschung der verschiedenen Datenkategorien;
g) wenn möglich, eine allgemeine Beschreibung der technischen und organisatorischen Maßnahmen gemäß Artikel 32 Absatz 1.

(2) Jeder Auftragsverarbeiter und gegebenenfalls sein Vertreter führen ein Verzeichnis zu allen Kategorien von im Auftrag eines Verantwortlichen durchgeführten Tätigkeiten der Verarbeitung, das Folgendes enthält:

a) den Namen und die Kontaktdaten des Auftragsverarbeiters oder der Auftragsverarbeiter und jedes Verantwortlichen, in dessen Auftrag der Auftragsverarbeiter tätig ist, sowie gegebenenfalls des Vertreters des Verantwortlichen oder des Auftragsverarbeiters und eines etwaigen Datenschutzbeauftragten;

b) die Kategorien von Verarbeitungen, die im Auftrag jedes Verantwortlichen durchgeführt werden;

c) gegebenenfalls Übermittlungen von personenbezogenen Daten an ein Drittland oder an eine internationale Organisation, einschließlich der Angabe des betreffenden Drittlands oder der betreffenden internationalen Organisation, sowie bei den in Artikel 49 Absatz 1 Unterabsatz 2 genannten Datenübermittlungen die Dokumentierung geeigneter Garantien;

d) wenn möglich, eine allgemeine Beschreibung der technischen und organisatorischen Maßnahmen gemäß Artikel 32 Absatz 1.

(3) Das in den Absätzen 1 und 2 genannte Verzeichnis ist schriftlich zu führen, was auch in einem elektronischen Format erfolgen kann.

(4) Der Verantwortliche oder der Auftragsverarbeiter sowie gegebenenfalls der Vertreter des Verantwortlichen oder des Auftragsverarbeiters stellen der Aufsichtsbehörde das Verzeichnis auf Anfrage zur Verfügung.

(5) Die in den Absätzen 1 und 2 genannten Pflichten gelten nicht für Unternehmen oder Einrichtungen, die weniger als 250 Mitarbeiter beschäftigen, es sei denn, die von ihnen vorgenommene Verarbeitung birgt ein Risiko für die Rechte und Freiheiten der betroffenen Personen, die Verarbeitung erfolgt nicht nur gelegentlich oder es erfolgt eine Verarbeitung besonderer Datenkategorien gemäß Artikel 9 Absatz 1 bzw. die Verarbeitung von personenbezogenen Daten über strafrechtliche Verurteilungen und Straftaten im Sinne des Artikels 10.

Art. 31 Zusammenarbeit mit der Aufsichtsbehörde. Der Verantwortliche und der Auftragsverarbeiter und gegebenenfalls deren Vertreter arbeiten auf Anfrage mit der Aufsichtsbehörde bei der Erfüllung ihrer Aufgaben zusammen.

Abschnitt 2. Sicherheit personenbezogener Daten

Art. 32 Sicherheit der Verarbeitung. (1) Unter Berücksichtigung des Stands der Technik, der Implementierungskosten und der Art, des Umfangs, der Umstände und der Zwecke der Verarbeitung sowie der unterschiedlichen Eintrittswahrscheinlichkeit und Schwere des Risikos für die Rechte und Freiheiten natürlicher Personen treffen der Verantwortliche und der Auftragsverarbeiter geeignete technische und organisatorische Maßnahmen, um ein dem Risiko angemessenes Schutzniveau zu gewährleisten; diese Maßnahmen schließen gegebenenfalls unter anderem Folgendes ein:

a) die Pseudonymisierung und Verschlüsselung personenbezogener Daten;

b) die Fähigkeit, die Vertraulichkeit, Integrität, Verfügbarkeit und Belastbarkeit der Systeme und Dienste im Zusammenhang mit der Verarbeitung auf Dauer sicherzustellen;

c) die Fähigkeit, die Verfügbarkeit der personenbezogenen Daten und den Zugang zu ihnen bei einem physischen oder technischen Zwischenfall rasch wiederherzustellen;

d) ein Verfahren zur regelmäßigen Überprüfung, Bewertung und Evaluierung der Wirksamkeit der technischen und organisatorischen Maßnahmen zur Gewährleistung der Sicherheit der Verarbeitung.

(2) Bei der Beurteilung des angemessenen Schutzniveaus sind insbesondere die Risiken zu berücksichtigen, die mit der Verarbeitung verbunden sind, insbesondere durch – ob unbeabsichtigt oder unrechtmäßig – Vernichtung, Verlust, Veränderung oder unbefugte Offenlegung von beziehungsweise unbefugten Zugang zu personenbezogenen Daten, die übermittelt, gespeichert oder auf andere Weise verarbeitet wurden.

(3) Die Einhaltung genehmigter Verhaltensregeln gemäß Artikel 40 oder eines genehmigten Zertifizierungsverfahrens gemäß Artikel 42 kann als Faktor herangezogen werden, um die Erfüllung der in Absatz 1 des vorliegenden Artikels genannten Anforderungen nachzuweisen.

(4) Der Verantwortliche und der Auftragsverarbeiter unternehmen Schritte, um sicherzustellen, dass ihnen unterstellte natürliche Personen, die Zugang zu personenbezogenen Daten haben, diese nur auf Anweisung des Verantwortlichen verarbeiten, es sei denn, sie sind nach dem Recht der Union oder der Mitgliedstaaten zur Verarbeitung verpflichtet.

Art. 33 Meldung von Verletzungen des Schutzes personenbezogener Daten an die Aufsichtsbehörde. (1) [1] Im Falle einer Verletzung des Schutzes personenbezogener Daten meldet der Verantwortliche unverzüglich und möglichst binnen 72 Stunden, nachdem ihm die Verletzung bekannt wurde, diese der gemäß Artikel 55 zuständigen Aufsichtsbehörde, es sei denn, dass die Verletzung des Schutzes personenbezogener Daten voraussichtlich nicht zu einem Risiko für die Rechte und Freiheiten natürlicher Personen führt. [2] Erfolgt die Meldung an die Aufsichtsbehörde nicht binnen 72 Stunden, so ist ihr eine Begründung für die Verzögerung beizufügen.

(2) Wenn dem Auftragsverarbeiter eine Verletzung des Schutzes personenbezogener Daten bekannt wird, meldet er diese dem Verantwortlichen unverzüglich.

(3) Die Meldung gemäß Absatz 1 enthält zumindest folgende Informationen:

a) eine Beschreibung der Art der Verletzung des Schutzes personenbezogener Daten, soweit möglich mit Angabe der Kategorien und der ungefähren Zahl der betroffenen Personen, der betroffenen Kategorien und der ungefähren Zahl der betroffenen personenbezogenen Datensätze;

b) den Namen und die Kontaktdaten des Datenschutzbeauftragten oder einer sonstigen Anlaufstelle für weitere Informationen;

c) eine Beschreibung der wahrscheinlichen Folgen der Verletzung des Schutzes personenbezogener Daten;

d) eine Beschreibung der von dem Verantwortlichen ergriffenen oder vorgeschlagenen Maßnahmen zur Behebung der Verletzung des Schutzes personenbezogener Daten und gegebenenfalls Maßnahmen zur Abmilderung ihrer möglichen nachteiligen Auswirkungen.

(4) Wenn und soweit die Informationen nicht zur gleichen Zeit bereitgestellt werden können, kann der Verantwortliche diese Informationen ohne unangemessene weitere Verzögerung schrittweise zur Verfügung stellen.

(5) ¹Der Verantwortliche dokumentiert Verletzungen des Schutzes personenbezogener Daten einschließlich aller im Zusammenhang mit der Verletzung des Schutzes personenbezogener Daten stehenden Fakten, ihrer Auswirkungen und der ergriffenen Abhilfemaßnahmen. ²Diese Dokumentation muss der Aufsichtsbehörde die Überprüfung der Einhaltung der Bestimmungen dieses Artikels ermöglichen.

Art. 34 Benachrichtigung der von einer Verletzung des Schutzes personenbezogener Daten betroffenen Person. (1) Hat die Verletzung des Schutzes personenbezogener Daten voraussichtlich ein hohes Risiko für die persönlichen Rechte und Freiheiten natürlicher Personen zur Folge, so benachrichtigt der Verantwortliche die betroffene Person unverzüglich von der Verletzung.

(2) Die in Absatz 1 genannte Benachrichtigung der betroffenen Person beschreibt in klarer und einfacher Sprache die Art der Verletzung des Schutzes personenbezogener Daten und enthält zumindest die in Artikel 33 Absatz 3 Buchstaben b, c und d genannten Informationen und Maßnahmen.

(3) Die Benachrichtigung der betroffenen Person gemäß Absatz 1 ist nicht erforderlich, wenn eine der folgenden Bedingungen erfüllt ist:

a) der Verantwortliche hat geeignete technische und organisatorische Sicherheitsvorkehrungen getroffen und diese Vorkehrungen wurden auf die von der Verletzung betroffenen personenbezogenen Daten angewandt, insbesondere solche, durch die die personenbezogenen Daten für alle Personen, die nicht zum Zugang zu den personenbezogenen Daten befugt sind, unzugänglich gemacht werden, etwa durch Verschlüsselung;

b) der Verantwortliche hat durch nachfolgende Maßnahmen sichergestellt, dass das hohe Risiko für die Rechte und Freiheiten der betroffenen Personen gemäß Absatz 1 aller Wahrscheinlichkeit nach nicht mehr besteht;

c) die Benachrichtigung wäre mit einem unverhältnismäßigen Aufwand verbunden. In diesem Fall hat stattdessen eine öffentliche Bekanntmachung oder eine ähnliche Maßnahme zu erfolgen, durch die die betroffenen Personen vergleichbar wirksam informiert werden.

(4) Wenn der Verantwortliche die betroffene Person nicht bereits über die Verletzung des Schutzes personenbezogener Daten benachrichtigt hat, kann die Aufsichtsbehörde unter Berücksichtigung der Wahrscheinlichkeit, mit der die Verletzung des Schutzes personenbezogener Daten zu einem hohen Risiko führt, von dem Verantwortlichen verlangen, dies nachzuholen, oder sie kann mit einem Beschluss feststellen, dass bestimmte der in Absatz 3 genannten Voraussetzungen erfüllt sind.

Abschnitt 3. Datenschutz-Folgenabschätzung und vorherige Konsultation

Art. 35 Datenschutz-Folgenabschätzung. (1) ¹Hat eine Form der Verarbeitung, insbesondere bei Verwendung neuer Technologien, aufgrund der Art, des Umfangs, der Umstände und der Zwecke der Verarbeitung voraussichtlich ein hohes Risiko für die Rechte und Freiheiten natürlicher Personen zur Folge, so führt der Verantwortliche vorab eine Abschätzung der Folgen der vorgesehenen Verarbeitungsvorgänge für den Schutz personenbezogener Daten durch. ²Für die Untersuchung mehrerer ähnlicher Verarbeitungsvorgänge mit ähnlich hohen Risiken kann eine einzige Abschätzung vorgenommen werden.

(2) Der Verantwortliche holt bei der Durchführung einer Datenschutz-Folgenabschätzung den Rat des Datenschutzbeauftragten, sofern ein solcher benannt wurde, ein.

(3) Eine Datenschutz-Folgenabschätzung gemäß Absatz 1 ist insbesondere in folgenden Fällen erforderlich:

a) systematische und umfassende Bewertung persönlicher Aspekte natürlicher Personen, die sich auf automatisierte Verarbeitung einschließlich Profiling gründet und die ihrerseits als Grundlage für Entscheidungen dient, die Rechtswirkung gegenüber natürlichen Personen entfalten oder diese in ähnlich erheblicher Weise beeinträchtigen;

b) umfangreiche Verarbeitung besonderer Kategorien von personenbezogenen Daten gemäß Artikel 9 Absatz 1 oder von personenbezogenen Daten über strafrechtliche Verurteilungen und Straftaten gemäß Artikel 10 oder

c) systematische umfangreiche Überwachung öffentlich zugänglicher Bereiche.

(4) ¹Die Aufsichtsbehörde erstellt eine Liste der Verarbeitungsvorgänge, für die gemäß Absatz 1 eine Datenschutz-Folgenabschätzung durchzuführen ist, und veröffentlicht diese. ²Die Aufsichtsbehörde übermittelt diese Listen dem in Artikel 68 genannten Ausschuss.

(5) ¹Die Aufsichtsbehörde kann des Weiteren eine Liste der Arten von Verarbeitungsvorgängen erstellen und veröffentlichen, für die keine Datenschutz-Folgenabschätzung erforderlich ist. ²Die Aufsichtsbehörde übermittelt diese Listen dem Ausschuss.

(6) Vor Festlegung der in den Absätzen 4 und 5 genannten Listen wendet die zuständige Aufsichtsbehörde das Kohärenzverfahren gemäß Artikel 63 an, wenn solche Listen Verarbeitungstätigkeiten umfassen, die mit dem Angebot von Waren oder Dienstleistungen für betroffene Personen oder der Beobachtung des Verhaltens dieser Personen in mehreren Mitgliedstaaten im Zusammenhang stehen oder die den freien Verkehr personenbezogener Daten innerhalb der Union erheblich beeinträchtigen könnten.

(7) Die Folgenabschätzung enthält zumindest Folgendes:

a) eine systematische Beschreibung der geplanten Verarbeitungsvorgänge und der Zwecke der Verarbeitung, gegebenenfalls einschließlich der von dem Verantwortlichen verfolgten berechtigten Interessen;

b) eine Bewertung der Notwendigkeit und Verhältnismäßigkeit der Verarbeitungsvorgänge in Bezug auf den Zweck;

c) eine Bewertung der Risiken für die Rechte und Freiheiten der betroffenen Personen gemäß Absatz 1 und

d) die zur Bewältigung der Risiken geplanten Abhilfemaßnahmen, einschließlich Garantien, Sicherheitsvorkehrungen und Verfahren, durch die der Schutz personenbezogener Daten sichergestellt und der Nachweis dafür erbracht wird, dass diese Verordnung eingehalten wird, wobei den Rechten und berechtigten Interessen der betroffenen Personen und sonstiger Betroffener Rechnung getragen wird.

(8) Die Einhaltung genehmigter Verhaltensregeln gemäß Artikel 40 durch die zuständigen Verantwortlichen oder die zuständigen Auftragsverarbeiter ist bei der Beurteilung der Auswirkungen der von diesen durchgeführten Verarbeitungsvorgänge, insbesondere für die Zwecke einer Datenschutz-Folgenabschätzung, gebührend zu berücksichtigen.

(9) Der Verantwortliche holt gegebenenfalls den Standpunkt der betroffenen Personen oder ihrer Vertreter zu der beabsichtigten Verarbeitung unbeschadet des Schutzes gewerblicher oder öffentlicher Interessen oder der Sicherheit der Verarbeitungsvorgänge ein.

(10) Falls die Verarbeitung gemäß Artikel 6 Absatz 1 Buchstabe c oder e auf einer Rechtsgrundlage im Unionsrecht oder im Recht des Mitgliedstaats, dem der Verantwortliche unterliegt, beruht und falls diese Rechtsvorschriften den konkreten Verarbeitungsvorgang oder die konkreten Verarbeitungsvorgänge regeln und bereits im Rahmen der allgemeinen Folgenabschätzung im Zusammenhang mit dem Erlass dieser Rechtsgrundlage eine Datenschutz-Folgenabschätzung erfolgte, gelten die Absätze 1 bis 7 nur, wenn es nach dem Ermessen der Mitgliedstaaten erforderlich ist, vor den betreffenden Verarbeitungstätigkeiten eine solche Folgenabschätzung durchzuführen.

(11) Erforderlichenfalls führt der Verantwortliche eine Überprüfung durch, um zu bewerten, ob die Verarbeitung gemäß der Datenschutz-Folgenabschätzung durchgeführt wird; dies gilt zumindest, wenn hinsichtlich des mit den Verarbeitungsvorgängen verbundenen Risikos Änderungen eingetreten sind.

Art. 36 Vorherige Konsultation. (1) Der Verantwortliche konsultiert vor der Verarbeitung die Aufsichtsbehörde, wenn aus einer Datenschutz-Folgenabschätzung gemäß Artikel 35 hervorgeht, dass die Verarbeitung ein hohes Risiko zur Folge hätte, sofern der Verantwortliche keine Maßnahmen zur Eindämmung des Risikos trifft.

(2) ¹Falls die Aufsichtsbehörde der Auffassung ist, dass die geplante Verarbeitung gemäß Absatz 1 nicht im Einklang mit dieser Verordnung stünde, insbesondere weil der Verantwortliche das Risiko nicht ausreichend ermittelt oder nicht ausreichend eingedämmt hat, unterbreitet sie dem Verantwortlichen und gegebenenfalls dem Auftragsverarbeiter innerhalb eines Zeitraums von bis zu acht Wochen nach Erhalt des Ersuchens um Konsultation entsprechende schriftliche Empfehlungen und kann ihre in Artikel 58 genannten Befugnisse ausüben. ²Diese Frist kann unter Berücksichtigung der Komplexität der geplanten Verarbeitung um sechs Wochen verlängert werden. ³Die Aufsichtsbehörde unterrichtet den Verantwortlichen oder gegebenenfalls den Auftragsverarbeiter über eine solche Fristverlängerung innerhalb eines Monats nach Eingang des Antrags auf Konsultation zusammen mit den Gründen für die Verzögerung. ⁴Diese Fristen können ausgesetzt werden, bis die Aufsichtsbehörde die für die Zwecke der Konsultation angeforderten Informationen erhalten hat.

(3) Der Verantwortliche stellt der Aufsichtsbehörde bei einer Konsultation gemäß Absatz 1 folgende Informationen zur Verfügung:
a) gegebenenfalls Angaben zu den jeweiligen Zuständigkeiten des Verantwortlichen, der gemeinsam Verantwortlichen und der an der Verarbeitung beteiligten Auftragsverarbeiter, insbesondere bei einer Verarbeitung innerhalb einer Gruppe von Unternehmen;

b) die Zwecke und die Mittel der beabsichtigten Verarbeitung;
c) die zum Schutz der Rechte und Freiheiten der betroffenen Personen gemäß dieser Verordnung vorgesehenen Maßnahmen und Garantien;
d) gegebenenfalls die Kontaktdaten des Datenschutzbeauftragten;
e) die Datenschutz-Folgenabschätzung gemäß Artikel 35 und
f) alle sonstigen von der Aufsichtsbehörde angeforderten Informationen.

(4) Die Mitgliedstaaten konsultieren die Aufsichtsbehörde bei der Ausarbeitung eines Vorschlags für von einem nationalen Parlament zu erlassende Gesetzgebungsmaßnahmen oder von auf solchen Gesetzgebungsmaßnahmen basierenden Regelungsmaßnahmen, die die Verarbeitung betreffen.

(5) Ungeachtet des Absatzes 1 können Verantwortliche durch das Recht der Mitgliedstaaten verpflichtet werden, bei der Verarbeitung zur Erfüllung einer im öffentlichen Interesse liegenden Aufgabe, einschließlich der Verarbeitung zu Zwecken der sozialen Sicherheit und der öffentlichen Gesundheit, die Aufsichtsbehörde zu konsultieren und deren vorherige Genehmigung einzuholen.

Abschnitt 4. Datenschutzbeauftragter

Art. 37 Benennung eines Datenschutzbeauftragten. (1) Der Verantwortliche und der Auftragsverarbeiter benennen auf jeden Fall einen Datenschutzbeauftragten, wenn

a) die Verarbeitung von einer Behörde oder öffentlichen Stelle durchgeführt wird, mit Ausnahme von Gerichten, soweit sie im Rahmen ihrer justiziellen Tätigkeit handeln,
b) die Kerntätigkeit des Verantwortlichen oder des Auftragsverarbeiters in der Durchführung von Verarbeitungsvorgängen besteht, welche aufgrund ihrer Art, ihres Umfangs und/oder ihrer Zwecke eine umfangreiche regelmäßige und systematische Überwachung von betroffenen Personen erforderlich machen, oder
c) die Kerntätigkeit des Verantwortlichen oder des Auftragsverarbeiters in der umfangreichen Verarbeitung besonderer Kategorien von Daten gemäß Artikel 9 oder von personenbezogenen Daten über strafrechtliche Verurteilungen und Straftaten gemäß Artikel 10 besteht.

(2) Eine Unternehmensgruppe darf einen gemeinsamen Datenschutzbeauftragten ernennen, sofern von jeder Niederlassung aus der Datenschutzbeauftragte leicht erreicht werden kann.

(3) Falls es sich bei dem Verantwortlichen oder dem Auftragsverarbeiter um eine Behörde oder öffentliche Stelle handelt, kann für mehrere solcher Behörden oder Stellen unter Berücksichtigung ihrer Organisationsstruktur und ihrer Größe ein gemeinsamer Datenschutzbeauftragter benannt werden.

(4) [1]In anderen als den in Absatz 1 genannten Fällen können der Verantwortliche oder der Auftragsverarbeiter oder Verbände und andere Vereinigungen, die Kategorien von Verantwortlichen oder Auftragsverarbeitern vertreten, einen Datenschutzbeauftragten benennen; falls dies nach dem Recht der Union oder der Mitgliedstaaten vorgeschrieben ist, müssen sie einen solchen benennen. [2]Der Datenschutzbeauftragte kann für derartige Verbände und andere Vereinigungen, die Verantwortliche oder Auftragsverarbeiter vertreten, handeln.

(5) Der Datenschutzbeauftragte wird auf der Grundlage seiner beruflichen Qualifikation und insbesondere des Fachwissens benannt, das er auf dem Gebiet des Datenschutzrechts und der Datenschutzpraxis besitzt, sowie auf der Grundlage seiner Fähigkeit zur Erfüllung der in Artikel 39 genannten Aufgaben.

(6) Der Datenschutzbeauftragte kann Beschäftigter des Verantwortlichen oder des Auftragsverarbeiters sein oder seine Aufgaben auf der Grundlage eines Dienstleistungsvertrags erfüllen.

(7) Der Verantwortliche oder der Auftragsverarbeiter veröffentlicht die Kontaktdaten des Datenschutzbeauftragten und teilt diese Daten der Aufsichtsbehörde mit.

Art. 38 Stellung des Datenschutzbeauftragten.
(1) Der Verantwortliche und der Auftragsverarbeiter stellen sicher, dass der Datenschutzbeauftragte ordnungsgemäß und frühzeitig in alle mit dem Schutz personenbezogener Daten zusammenhängenden Fragen eingebunden wird.

(2) Der Verantwortliche und der Auftragsverarbeiter unterstützen den Datenschutzbeauftragten bei der Erfüllung seiner Aufgaben gemäß Artikel 39, indem sie die für die Erfüllung dieser Aufgaben erforderlichen Ressourcen und den Zugang zu personenbezogenen Daten und Verarbeitungsvorgängen sowie die zur Erhaltung seines Fachwissens erforderlichen Ressourcen zur Verfügung stellen.

(3) [1] Der Verantwortliche und der Auftragsverarbeiter stellen sicher, dass der Datenschutzbeauftragte bei der Erfüllung seiner Aufgaben keine Anweisungen bezüglich der Ausübung dieser Aufgaben erhält. [2] Der Datenschutzbeauftragte darf von dem Verantwortlichen oder dem Auftragsverarbeiter wegen der Erfüllung seiner Aufgaben nicht abberufen oder benachteiligt werden. [3] Der Datenschutzbeauftragte berichtet unmittelbar der höchsten Managementebene des Verantwortlichen oder des Auftragsverarbeiters.

(4) Betroffene Personen können den Datenschutzbeauftragten zu allen mit der Verarbeitung ihrer personenbezogenen Daten und mit der Wahrnehmung ihrer Rechte gemäß dieser Verordnung im Zusammenhang stehenden Fragen zu Rate ziehen.

(5) Der Datenschutzbeauftragte ist nach dem Recht der Union oder der Mitgliedstaaten bei der Erfüllung seiner Aufgaben an die Wahrung der Geheimhaltung oder der Vertraulichkeit gebunden.

(6) [1] Der Datenschutzbeauftragte kann andere Aufgaben und Pflichten wahrnehmen. [2] Der Verantwortliche oder der Auftragsverarbeiter stellt sicher, dass derartige Aufgaben und Pflichten nicht zu einem Interessenkonflikt führen.

Art. 39 Aufgaben des Datenschutzbeauftragten.
(1) Dem Datenschutzbeauftragten obliegen zumindest folgende Aufgaben:

a) Unterrichtung und Beratung des Verantwortlichen oder des Auftragsverarbeiters und der Beschäftigten, die Verarbeitungen durchführen, hinsichtlich ihrer Pflichten nach dieser Verordnung sowie nach sonstigen Datenschutzvorschriften der Union bzw. der Mitgliedstaaten;

b) Überwachung der Einhaltung dieser Verordnung, anderer Datenschutzvorschriften der Union bzw. der Mitgliedstaaten sowie der Strategien des Verantwortlichen oder des Auftragsverarbeiters für den Schutz personenbezogener Daten einschließlich der Zuweisung von Zuständigkeiten, der Sensibilisierung und Schulung der an den Verarbeitungsvorgängen beteiligten Mitarbeiter und der diesbezüglichen Überprüfungen;

c) Beratung – auf Anfrage – im Zusammenhang mit der Datenschutz-Folgenabschätzung und Überwachung ihrer Durchführung gemäß Artikel 35;

d) Zusammenarbeit mit der Aufsichtsbehörde;

e) Tätigkeit als Anlaufstelle für die Aufsichtsbehörde in mit der Verarbeitung zusammenhängenden Fragen, einschließlich der vorherigen Konsultation gemäß Artikel 36, und gegebenenfalls Beratung zu allen sonstigen Fragen.

(2) Der Datenschutzbeauftragte trägt bei der Erfüllung seiner Aufgaben dem mit den Verarbeitungsvorgängen verbundenen Risiko gebührend Rechnung, wobei er die Art, den Umfang, die Umstände und die Zwecke der Verarbeitung berücksichtigt.

Abschnitt 5. Verhaltensregeln und Zertifizierung

Art. 40 Verhaltensregeln. (1) Die Mitgliedstaaten, die Aufsichtsbehörden, der Ausschuss und die Kommission fördern die Ausarbeitung von Verhaltensregeln, die nach Maßgabe der Besonderheiten der einzelnen Verarbeitungsbereiche und der besonderen Bedürfnisse von Kleinstunternehmen sowie kleinen und mittleren Unternehmen zur ordnungsgemäßen Anwendung dieser Verordnung beitragen sollen.

(2) Verbände und andere Vereinigungen, die Kategorien von Verantwortlichen oder Auftragsverarbeitern vertreten, können Verhaltensregeln ausarbeiten oder ändern oder erweitern, mit denen die Anwendung dieser Verordnung beispielsweise zu dem Folgenden präzisiert wird:

a) faire und transparente Verarbeitung;

b) die berechtigten Interessen des Verantwortlichen in bestimmten Zusammenhängen;

c) Erhebung personenbezogener Daten;

d) Pseudonymisierung personenbezogener Daten;

e) Unterrichtung der Öffentlichkeit und der betroffenen Personen;

f) Ausübung der Rechte betroffener Personen;

g) Unterrichtung und Schutz von Kindern und Art und Weise, in der die Einwilligung des Trägers der elterlichen Verantwortung für das Kind einzuholen ist;

h) die Maßnahmen und Verfahren gemäß den Artikeln 24 und 25 und die Maßnahmen für die Sicherheit der Verarbeitung gemäß Artikel 32;

i) die Meldung von Verletzungen des Schutzes personenbezogener Daten an Aufsichtsbehörden und die Benachrichtigung der betroffenen Person von solchen Verletzungen des Schutzes personenbezogener Daten;

j) die Übermittlung personenbezogener Daten an Drittländer oder an internationale Organisationen oder

k) außergerichtliche Verfahren und sonstige Streitbeilegungsverfahren zur Beilegung von Streitigkeiten zwischen Verantwortlichen und betroffenen Personen im Zusammenhang mit der Verarbeitung, unbeschadet der Rechte betroffener Personen gemäß den Artikeln 77 und 79.

(3) [1] Zusätzlich zur Einhaltung durch die unter diese Verordnung fallenden Verantwortlichen oder Auftragsverarbeiter können Verhaltensregeln, die gemäß

Absatz 5 des vorliegenden Artikels genehmigt wurden und gemäß Absatz 9 des vorliegenden Artikels allgemeine Gültigkeit besitzen, auch von Verantwortlichen oder Auftragsverarbeitern, die gemäß Artikel 3 nicht unter diese Verordnung fallen, eingehalten werden, um geeignete Garantien im Rahmen der Übermittlung personenbezogener Daten an Drittländer oder internationale Organisationen nach Maßgabe des Artikels 46 Absatz 2 Buchstabe e zu bieten. [2] Diese Verantwortlichen oder Auftragsverarbeiter gehen mittels vertraglicher oder sonstiger rechtlich bindender Instrumente die verbindliche und durchsetzbare Verpflichtung ein, die geeigneten Garantien anzuwenden, auch im Hinblick auf die Rechte der betroffenen Personen.

(4) Die Verhaltensregeln gemäß Absatz 2 des vorliegenden Artikels müssen Verfahren vorsehen, die es der in Artikel 41 Absatz 1 genannten Stelle ermöglichen, die obligatorische Überwachung der Einhaltung ihrer Bestimmungen durch die Verantwortlichen oder die Auftragsverarbeiter, die sich zur Anwendung der Verhaltensregeln verpflichten, vorzunehmen, unbeschadet der Aufgaben und Befugnisse der Aufsichtsbehörde, die nach Artikel 55 oder 56 zuständig ist.

(5) [1] Verbände und andere Vereinigungen gemäß Absatz 2 des vorliegenden Artikels, die beabsichtigen, Verhaltensregeln auszuarbeiten oder bestehende Verhaltensregeln zu ändern oder zu erweitern, legen den Entwurf der Verhaltensregeln bzw. den Entwurf zu deren Änderung oder Erweiterung der Aufsichtsbehörde vor, die nach Artikel 55 zuständig ist. [2] Die Aufsichtsbehörde gibt eine Stellungnahme darüber ab, ob der Entwurf der Verhaltensregeln bzw. der Entwurf zu deren Änderung oder Erweiterung mit dieser Verordnung vereinbar ist und genehmigt diesen Entwurf der Verhaltensregeln bzw. den Entwurf zu deren Änderung oder Erweiterung, wenn sie der Auffassung ist, dass er ausreichende geeignete Garantien bietet.

(6) Wird durch die Stellungnahme nach Absatz 5 der Entwurf der Verhaltensregeln bzw. der Entwurf zu deren Änderung oder Erweiterung genehmigt und beziehen sich die betreffenden Verhaltensregeln nicht auf Verarbeitungstätigkeiten in mehreren Mitgliedstaaten, so nimmt die Aufsichtsbehörde die Verhaltensregeln in ein Verzeichnis auf und veröffentlicht sie.

(7) Bezieht sich der Entwurf der Verhaltensregeln auf Verarbeitungstätigkeiten in mehreren Mitgliedstaaten, so legt die nach Artikel 55 zuständige Aufsichtsbehörde – bevor sie den Entwurf der Verhaltensregeln bzw. den Entwurf zu deren Änderung oder Erweiterung genehmigt – ihn nach dem Verfahren gemäß Artikel 63 dem Ausschuss vor, der zu der Frage Stellung nimmt, ob der Entwurf der Verhaltensregeln bzw. der Entwurf zu deren Änderung oder Erweiterung mit dieser Verordnung vereinbar ist oder – im Fall nach Absatz 3 dieses Artikels – geeignete Garantien vorsieht.

(8) Wird durch die Stellungnahme nach Absatz 7 bestätigt, dass der Entwurf der Verhaltensregeln bzw. der Entwurf zu deren Änderung oder Erweiterung mit dieser Verordnung vereinbar ist oder – im Fall nach Absatz 3 – geeignete Garantien vorsieht, so übermittelt der Ausschuss seine Stellungnahme der Kommission.

(9) [1] Die Kommission kann im Wege von Durchführungsrechtsakten beschließen, dass die ihr gemäß Absatz 8 übermittelten genehmigten Verhaltensregeln bzw. deren genehmigte Änderung oder Erweiterung allgemeine Gültig-

keit in der Union besitzen. ²Diese Durchführungsrechtsakte werden gemäß dem Prüfverfahren nach Artikel 93 Absatz 2 erlassen.

(10) Die Kommission trägt dafür Sorge, dass die genehmigten Verhaltensregeln, denen gemäß Absatz 9 allgemeine Gültigkeit zuerkannt wurde, in geeigneter Weise veröffentlicht werden.

(11) Der Ausschuss nimmt alle genehmigten Verhaltensregeln bzw. deren genehmigte Änderungen oder Erweiterungen in ein Register auf und veröffentlicht sie in geeigneter Weise.

Art. 41 Überwachung der genehmigten Verhaltensregeln.

(1) Unbeschadet der Aufgaben und Befugnisse der zuständigen Aufsichtsbehörde gemäß den Artikeln 57 und 58 kann die Überwachung der Einhaltung von Verhaltensregeln gemäß Artikel 40 von einer Stelle durchgeführt werden, die über das geeignete Fachwissen hinsichtlich des Gegenstands der Verhaltensregeln verfügt und die von der zuständigen Aufsichtsbehörde zu diesem Zweck akkreditiert wurde.

(2) Eine Stelle gemäß Absatz 1 kann zum Zwecke der Überwachung der Einhaltung von Verhaltensregeln akkreditiert werden, wenn sie

a) ihre Unabhängigkeit und ihr Fachwissen hinsichtlich des Gegenstands der Verhaltensregeln zur Zufriedenheit der zuständigen Aufsichtsbehörde nachgewiesen hat;

b) Verfahren festgelegt hat, die es ihr ermöglichen, zu bewerten, ob Verantwortliche und Auftragsverarbeiter die Verhaltensregeln anwenden können, die Einhaltung der Verhaltensregeln durch die Verantwortlichen und Auftragsverarbeiter zu überwachen und die Anwendung der Verhaltensregeln regelmäßig zu überprüfen;

c) Verfahren und Strukturen festgelegt hat, mit denen sie Beschwerden über Verletzungen der Verhaltensregeln oder über die Art und Weise, in der die Verhaltensregeln von dem Verantwortlichen oder dem Auftragsverarbeiter angewendet werden oder wurden, nachgeht und diese Verfahren und Strukturen für betroffene Personen und die Öffentlichkeit transparent macht, und

d) zur Zufriedenheit der zuständigen Aufsichtsbehörde nachgewiesen hat, dass ihre Aufgaben und Pflichten nicht zu einem Interessenkonflikt führen.

(3) Die zuständige Aufsichtsbehörde übermittelt den Entwurf der Anforderungen an die Akkreditierung einer Stelle nach Absatz 1 gemäß dem Kohärenzverfahren nach Artikel 63 an den Ausschuss.

(4) ¹Unbeschadet der Aufgaben und Befugnisse der zuständigen Aufsichtsbehörde und der Bestimmungen des Kapitels VIII ergreift eine Stelle gemäß Absatz 1 vorbehaltlich geeigneter Garantien im Falle einer Verletzung der Verhaltensregeln durch einen Verantwortlichen oder einen Auftragsverarbeiter geeignete Maßnahmen, einschließlich eines vorläufigen oder endgültigen Ausschlusses des Verantwortlichen oder Auftragsverarbeiters von den Verhaltensregeln. ²Sie unterrichtet die zuständige Aufsichtsbehörde über solche Maßnahmen und deren Begründung.

(5) Die zuständige Aufsichtsbehörde widerruft die Akkreditierung einer Stelle gemäß Absatz 1, wenn die Anforderungen an ihre Akkreditierung nicht oder nicht mehr erfüllt sind oder wenn die Stelle Maßnahmen ergreift, die nicht mit dieser Verordnung vereinbar sind.

(6) Dieser Artikel gilt nicht für die Verarbeitung durch Behörden oder öffentliche Stellen.

Art. 42 Zertifizierung. (1) ¹Die Mitgliedstaaten, die Aufsichtsbehörden, der Ausschuss und die Kommission fördern insbesondere auf Unionsebene die Einführung von datenschutzspezifischen Zertifizierungsverfahren sowie von Datenschutzsiegeln und -prüfzeichen, die dazu dienen, nachzuweisen, dass diese Verordnung bei Verarbeitungsvorgängen von Verantwortlichen oder Auftragsverarbeitern eingehalten wird. ²Den besonderen Bedürfnissen von Kleinstunternehmen sowie kleinen und mittleren Unternehmen wird Rechnung getragen.

(2) ¹Zusätzlich zur Einhaltung durch die unter diese Verordnung fallenden Verantwortlichen oder Auftragsverarbeiter können auch datenschutzspezifische Zertifizierungsverfahren, Siegel oder Prüfzeichen, die gemäß Absatz 5 des vorliegenden Artikels genehmigt worden sind, vorgesehen werden, um nachzuweisen, dass die Verantwortlichen oder Auftragsverarbeiter, die gemäß Artikel 3 nicht unter diese Verordnung fallen, im Rahmen der Übermittlung personenbezogener Daten an Drittländer oder internationale Organisationen nach Maßgabe von Artikel 46 Absatz 2 Buchstabe f geeignete Garantien bieten. ²Diese Verantwortlichen oder Auftragsverarbeiter gehen mittels vertraglicher oder sonstiger rechtlich bindender Instrumente die verbindliche und durchsetzbare Verpflichtung ein, diese geeigneten Garantien anzuwenden, auch im Hinblick auf die Rechte der betroffenen Personen.

(3) Die Zertifizierung muss freiwillig und über ein transparentes Verfahren zugänglich sein.

(4) Eine Zertifizierung gemäß diesem Artikel mindert nicht die Verantwortung des Verantwortlichen oder des Auftragsverarbeiters für die Einhaltung dieser Verordnung und berührt nicht die Aufgaben und Befugnisse der Aufsichtsbehörden, die gemäß Artikel 55 oder 56 zuständig sind.

(5) ¹Eine Zertifizierung nach diesem Artikel wird durch die Zertifizierungsstellen nach Artikel 43 oder durch die zuständige Aufsichtsbehörde anhand der von dieser zuständigen Aufsichtsbehörde gemäß Artikel 58 Absatz 3 oder – gemäß Artikel 63 – durch den Ausschuss genehmigten Kriterien erteilt. ²Werden die Kriterien vom Ausschuss genehmigt, kann dies zu einer gemeinsamen Zertifizierung, dem Europäischen Datenschutzsiegel, führen.

(6) Der Verantwortliche oder der Auftragsverarbeiter, der die von ihm durchgeführte Verarbeitung dem Zertifizierungsverfahren unterwirft, stellt der Zertifizierungsstelle nach Artikel 43 oder gegebenenfalls der zuständigen Aufsichtsbehörde alle für die Durchführung des Zertifizierungsverfahrens erforderlichen Informationen zur Verfügung und gewährt ihr den in diesem Zusammenhang erforderlichen Zugang zu seinen Verarbeitungstätigkeiten.

(7) ¹Die Zertifizierung wird einem Verantwortlichen oder einem Auftragsverarbeiter für eine Höchstdauer von drei Jahren erteilt und kann unter denselben Bedingungen verlängert werden, sofern die einschlägigen Kriterien weiterhin erfüllt werden. ²Die Zertifizierung wird gegebenenfalls durch die Zertifizierungsstellen nach Artikel 43 oder durch die zuständige Aufsichtsbehörde widerrufen, wenn die Kriterien für die Zertifizierung nicht oder nicht mehr erfüllt werden.

(8) Der Ausschuss nimmt alle Zertifizierungsverfahren und Datenschutzsiegel und -prüfzeichen in ein Register auf und veröffentlicht sie in geeigneter Weise.

Art. 43 Zertifizierungsstellen. (1) ¹Unbeschadet der Aufgaben und Befugnisse der zuständigen Aufsichtsbehörde gemäß den Artikeln 57 und 58 erteilen oder verlängern Zertifizierungsstellen, die über das geeignete Fachwissen hinsichtlich des Datenschutzes verfügen, nach Unterrichtung der Aufsichtsbehörde – damit diese erforderlichenfalls von ihren Befugnissen gemäß Artikel 58 Absatz 2 Buchstabe h Gebrauch machen kann – die Zertifizierung. ²Die Mitgliedstaaten stellen sicher, dass diese Zertifizierungsstellen von einer oder beiden der folgenden Stellen akkreditiert werden:

a) der gemäß Artikel 55 oder 56 zuständigen Aufsichtsbehörde;

b) der nationalen Akkreditierungsstelle, die gemäß der Verordnung (EG) Nr. 765/2008 des Europäischen Parlaments und des Rates[1] im Einklang mit EN-ISO/IEC 17065/2012 und mit den zusätzlichen von der gemäß Artikel 55 oder 56 zuständigen Aufsichtsbehörde festgelegten Anforderungen benannt wurde.

(2) Zertifizierungsstellen nach Absatz 1 dürfen nur dann gemäß dem genannten Absatz akkreditiert werden, wenn sie

a) ihre Unabhängigkeit und ihr Fachwissen hinsichtlich des Gegenstands der Zertifizierung zur Zufriedenheit der zuständigen Aufsichtsbehörde nachgewiesen haben;

b) sich verpflichtet haben, die Kriterien nach Artikel 42 Absatz 5, die von der gemäß Artikel 55 oder 56 zuständigen Aufsichtsbehörde oder – gemäß Artikel 63 – von dem Ausschuss genehmigt wurden, einzuhalten;

c) Verfahren für die Erteilung, die regelmäßige Überprüfung und den Widerruf der Datenschutzzertifizierung sowie der Datenschutzsiegel und -prüfzeichen festgelegt haben;

d) Verfahren und Strukturen festgelegt haben, mit denen sie Beschwerden über Verletzungen der Zertifizierung oder die Art und Weise, in der die Zertifizierung von dem Verantwortlichen oder dem Auftragsverarbeiter umgesetzt wird oder wurde, nachgehen und diese Verfahren und Strukturen für betroffene Personen und die Öffentlichkeit transparent machen, und

e) zur Zufriedenheit der zuständigen Aufsichtsbehörde nachgewiesen haben, dass ihre Aufgaben und Pflichten nicht zu einem Interessenkonflikt führen.

(3) ¹Die Akkreditierung von Zertifizierungsstellen nach den Absätzen 1 und 2 erfolgt anhand der Anforderungen, die von der gemäß Artikel 55 oder 56 zuständigen Aufsichtsbehörde oder – gemäß Artikel 63 – von dem Ausschuss genehmigt wurden. ²Im Fall einer Akkreditierung nach Absatz 1 Buchstabe b des vorliegenden Artikels ergänzen diese Anforderungen diejenigen, die in der Verordnung (EG) Nr. 765/2008 und in den technischen Vorschriften, in denen die Methoden und Verfahren der Zertifizierungsstellen beschrieben werden, vorgesehen sind.

---

[1] **Amtl. Anm.:** Verordnung (EG) Nr. 765/2008 des Europäischen Parlaments und des Rates vom 9. Juli 2008 über die Vorschriften für die Akkreditierung und Marktüberwachung im Zusammenhang mit der Vermarktung von Produkten und zur Aufhebung der Verordnung (EWG) Nr. 339/93 des Rates (ABl. L 218 vom 13.8.2008, S. 30).

(4) ¹Die Zertifizierungsstellen nach Absatz 1 sind unbeschadet der Verantwortung, die der Verantwortliche oder der Auftragsverarbeiter für die Einhaltung dieser Verordnung hat, für die angemessene Bewertung, die der Zertifizierung oder dem Widerruf einer Zertifizierung zugrunde liegt, verantwortlich. ²Die Akkreditierung wird für eine Höchstdauer von fünf Jahren erteilt und kann unter denselben Bedingungen verlängert werden, sofern die Zertifizierungsstelle die Anforderungen dieses Artikels erfüllt.

(5) Die Zertifizierungsstellen nach Absatz 1 teilen den zuständigen Aufsichtsbehörden die Gründe für die Erteilung oder den Widerruf der beantragten Zertifizierung mit.

(6) ¹Die Anforderungen nach Absatz 3 des vorliegenden Artikels und die Kriterien nach Artikel 42 Absatz 5 werden von der Aufsichtsbehörde in leicht zugänglicher Form veröffentlicht. ²Die Aufsichtsbehörden übermitteln diese Anforderungen und Kriterien auch dem Ausschuss.

(7) Unbeschadet des Kapitels VIII widerruft die zuständige Aufsichtsbehörde oder die nationale Akkreditierungsstelle die Akkreditierung einer Zertifizierungsstelle nach Absatz 1, wenn die Voraussetzungen für die Akkreditierung nicht oder nicht mehr erfüllt sind oder wenn eine Zertifizierungsstelle Maßnahmen ergreift, die nicht mit dieser Verordnung vereinbar sind.

(8) Der Kommission wird die Befugnis übertragen, gemäß Artikel 92 delegierte Rechtsakte zu erlassen, um den Anforderungen festzulegen, die für die in Artikel 42 Absatz 1 genannten datenschutzspezifischen Zertifizierungsverfahren zu berücksichtigen sind.

(9) ¹Die Kommission kann Durchführungsrechtsakte erlassen, mit denen technische Standards für Zertifizierungsverfahren und Datenschutzsiegel und -prüfzeichen sowie Mechanismen zur Förderung und Anerkennung dieser Zertifizierungsverfahren und Datenschutzsiegel und -prüfzeichen festgelegt werden. ²Diese Durchführungsrechtsakte werden gemäß dem in Artikel 93 Absatz 2 genannten Prüfverfahren erlassen.

Kapitel V. Übermittlungen personenbezogener Daten an Drittländer oder an internationale Organisationen

Art. 44 Allgemeine Grundsätze der Datenübermittlung. ¹Jedwede Übermittlung personenbezogener Daten, die bereits verarbeitet werden oder nach ihrer Übermittlung an ein Drittland oder eine internationale Organisation verarbeitet werden sollen, ist nur zulässig, wenn der Verantwortliche und der Auftragsverarbeiter die in diesem Kapitel niedergelegten Bedingungen einhalten und auch die sonstigen Bestimmungen dieser Verordnung eingehalten werden; dies gilt auch für die etwaige Weiterübermittlung personenbezogener Daten aus dem betreffenden Drittland oder der betreffenden internationalen Organisation an ein anderes Drittland oder eine andere internationale Organisation. ²Alle Bestimmungen dieses Kapitels sind anzuwenden, um sicherzustellen, dass das durch diese Verordnung gewährleistete Schutzniveau für natürliche Personen nicht untergraben wird.

Art. 45 Datenübermittlung auf der Grundlage eines Angemessenheitsbeschlusses. (1) ¹Eine Übermittlung personenbezogener Daten an ein Drittland oder eine internationale Organisation darf vorgenommen werden, wenn die Kommission beschlossen hat, dass das betreffende Drittland, ein

Gebiet oder ein oder mehrere spezifische Sektoren in diesem Drittland oder die betreffende internationale Organisation ein angemessenes Schutzniveau bietet. ²Eine solche Datenübermittlung bedarf keiner besonderen Genehmigung.

(2) Bei der Prüfung der Angemessenheit des gebotenen Schutzniveaus berücksichtigt die Kommission insbesondere das Folgende:

a) die Rechtsstaatlichkeit, die Achtung der Menschenrechte und Grundfreiheiten, die in dem betreffenden Land bzw. bei der betreffenden internationalen Organisation geltenden einschlägigen Rechtsvorschriften sowohl allgemeiner als auch sektoraler Art – auch in Bezug auf öffentliche Sicherheit, Verteidigung, nationale Sicherheit und Strafrecht sowie Zugang der Behörden zu personenbezogenen Daten – sowie die Anwendung dieser Rechtsvorschriften, Datenschutzvorschriften, Berufsregeln und Sicherheitsvorschriften einschließlich der Vorschriften für die Weiterübermittlung personenbezogener Daten an ein anderes Drittland bzw. eine andere internationale Organisation, die Rechtsprechung sowie wirksame und durchsetzbare Rechte der betroffenen Person und wirksame verwaltungsrechtliche und gerichtliche Rechtsbehelfe für betroffene Personen, deren personenbezogene Daten übermittelt werden,

b) die Existenz und die wirksame Funktionsweise einer oder mehrerer unabhängiger Aufsichtsbehörden in dem betreffenden Drittland oder denen eine internationale Organisation untersteht und die für die Einhaltung und Durchsetzung der Datenschutzvorschriften, einschließlich angemessener Durchsetzungsbefugnisse, für die Unterstützung und Beratung der betroffenen Personen bei der Ausübung ihrer Rechte und für die Zusammenarbeit mit den Aufsichtsbehörden der Mitgliedstaaten zuständig sind, und

c) die von dem betreffenden Drittland bzw. der betreffenden internationalen Organisation eingegangenen internationalen Verpflichtungen oder andere Verpflichtungen, die sich aus rechtsverbindlichen Übereinkünften oder Instrumenten sowie aus der Teilnahme des Drittlands oder der internationalen Organisation an multilateralen oder regionalen Systemen insbesondere in Bezug auf den Schutz personenbezogener Daten ergeben.

(3) ¹Nach der Beurteilung der Angemessenheit des Schutzniveaus kann die Kommission im Wege eines Durchführungsrechtsaktes beschließen, dass ein Drittland, ein Gebiet oder ein oder mehrere spezifische Sektoren in einem Drittland oder eine internationale Organisation ein angemessenes Schutzniveau im Sinne des Absatzes 2 des vorliegenden Artikels bieten. ²In dem Durchführungsrechtsakt ist ein Mechanismus für eine regelmäßige Überprüfung, die mindestens alle vier Jahre erfolgt, vorzusehen, bei der allen maßgeblichen Entwicklungen in dem Drittland oder bei der internationalen Organisation Rechnung getragen wird. ³Im Durchführungsrechtsakt werden der territoriale und der sektorale Anwendungsbereich sowie gegebenenfalls die in Absatz 2 Buchstabe b des vorliegenden Artikels genannte Aufsichtsbehörde bzw. genannten Aufsichtsbehörden angegeben. ⁴Der Durchführungsrechtsakt wird gemäß dem in Artikel 93 Absatz 2 genannten Prüfverfahren erlassen.

(4) Die Kommission überwacht fortlaufend die Entwicklungen in Drittländern und bei internationalen Organisationen, die die Wirkungsweise der nach Absatz 3 des vorliegenden Artikels erlassenen Beschlüsse und der nach Arti-

kel 25 Absatz 6 der Richtlinie 95/46/EG erlassenen Feststellungen beeinträchtigen könnten.

(5) *[1]* ¹ Die Kommission widerruft, ändert oder setzt die in Absatz 3 des vorliegenden Artikels genannten Beschlüsse im Wege von Durchführungsrechtsakten aus, soweit dies nötig ist und ohne rückwirkende Kraft, soweit entsprechende Informationen – insbesondere im Anschluss an die in Absatz 3 des vorliegenden Artikels genannte Überprüfung – dahingehend vorliegen, dass ein Drittland, ein Gebiet oder ein oder mehrere spezifischer Sektor in einem Drittland oder eine internationale Organisation kein angemessenes Schutzniveau im Sinne des Absatzes 2 des vorliegenden Artikels mehr gewährleistet. ² Diese Durchführungsrechtsakte werden gemäß dem Prüfverfahren nach Artikel 93 Absatz 2 erlassen.

[2] In hinreichend begründeten Fällen äußerster Dringlichkeit erlässt die Kommission gemäß dem in Artikel 93 Absatz 3 genannten Verfahren sofort geltende Durchführungsrechtsakte.

(6) Die Kommission nimmt Beratungen mit dem betreffenden Drittland bzw. der betreffenden internationalen Organisation auf, um Abhilfe für die Situation zu schaffen, die zu dem gemäß Absatz 5 erlassenen Beschluss geführt hat.

(7) Übermittlungen personenbezogener Daten an das betreffende Drittland, das Gebiet oder einen oder mehrere spezifische Sektoren in diesem Drittland oder an die betreffende internationale Organisation gemäß den Artikeln 46 bis 49 werden durch einen Beschluss nach Absatz 5 des vorliegenden Artikels nicht berührt.

(8) Die Kommission veröffentlicht im *Amtsblatt der Europäischen Union* und auf ihrer Website eine Liste aller Drittländer beziehungsweise Gebiete und spezifischen Sektoren in einem Drittland und aller internationalen Organisationen, für die sie durch Beschluss festgestellt hat, dass sie ein angemessenes Schutzniveau gewährleisten bzw. nicht mehr gewährleisten.

(9) Von der Kommission auf der Grundlage von Artikel 25 Absatz 6 der Richtlinie 95/46/EG erlassene Feststellungen bleiben so lange in Kraft, bis sie durch einen nach dem Prüfverfahren gemäß den Absätzen 3 oder 5 des vorliegenden Artikels erlassenen Beschluss der Kommission geändert, ersetzt oder aufgehoben werden.

Art. 46 Datenübermittlung vorbehaltlich geeigneter Garantien.

(1) Falls kein Beschluss nach Artikel 45 Absatz 3 vorliegt, darf ein Verantwortlicher oder ein Auftragsverarbeiter personenbezogene Daten an ein Drittland oder eine internationale Organisation nur übermitteln, sofern der Verantwortliche oder der Auftragsverarbeiter geeignete Garantien vorgesehen hat und sofern den betroffenen Personen durchsetzbare Rechte und wirksame Rechtsbehelfe zur Verfügung stehen.

(2) Die in Absatz 1 genannten geeigneten Garantien können, ohne dass hierzu eine besondere Genehmigung einer Aufsichtsbehörde erforderlich wäre, bestehen in

a) einem rechtlich bindenden und durchsetzbaren Dokument zwischen den Behörden oder öffentlichen Stellen,

b) verbindlichen internen Datenschutzvorschriften gemäß Artikel 47,

c) Standarddatenschutzklauseln, die von der Kommission gemäß dem Prüfverfahren nach Artikel 93 Absatz 2 erlassen werden,
d) von einer Aufsichtsbehörde angenommenen Standarddatenschutzklauseln, die von der Kommission gemäß dem Prüfverfahren nach Artikel 93 Absatz 2 genehmigt wurden,
e) genehmigten Verhaltensregeln gemäß Artikel 40 zusammen mit rechtsverbindlichen und durchsetzbaren Verpflichtungen des Verantwortlichen oder des Auftragsverarbeiters in dem Drittland zur Anwendung der geeigneten Garantien, einschließlich in Bezug auf die Rechte der betroffenen Personen, oder
f) einem genehmigten Zertifizierungsmechanismus gemäß Artikel 42 zusammen mit rechtsverbindlichen und durchsetzbaren Verpflichtungen des Verantwortlichen oder des Auftragsverarbeiters in dem Drittland zur Anwendung der geeigneten Garantien, einschließlich in Bezug auf die Rechte der betroffenen Personen.

(3) Vorbehaltlich der Genehmigung durch die zuständige Aufsichtsbehörde können die geeigneten Garantien gemäß Absatz 1 auch insbesondere bestehen in

a) Vertragsklauseln, die zwischen dem Verantwortlichen oder dem Auftragsverarbeiter und dem Verantwortlichen, dem Auftragsverarbeiter oder dem Empfänger der personenbezogenen Daten im Drittland oder der internationalen Organisation vereinbart wurden, oder
b) Bestimmungen, die in Verwaltungsvereinbarungen zwischen Behörden oder öffentlichen Stellen aufzunehmen sind und durchsetzbare und wirksame Rechte für die betroffenen Personen einschließen.

(4) Die Aufsichtsbehörde wendet das Kohärenzverfahren nach Artikel 63 an, wenn ein Fall gemäß Absatz 3 des vorliegenden Artikels vorliegt.

(5) [1] Von einem Mitgliedstaat oder einer Aufsichtsbehörde auf der Grundlage von Artikel 26 Absatz 2 der Richtlinie 95/46/EG erteilte Genehmigungen bleiben so lange gültig, bis sie erforderlichenfalls von dieser Aufsichtsbehörde geändert, ersetzt oder aufgehoben werden. [2] Von der Kommission auf der Grundlage von Artikel 26 Absatz 4 der Richtlinie 95/46/EG erlassene Feststellungen bleiben so lange in Kraft, bis sie erforderlichenfalls mit einem nach Absatz 2 des vorliegenden Artikels erlassenen Beschluss der Kommission geändert, ersetzt oder aufgehoben werden.

Art. 47 Verbindliche interne Datenschutzvorschriften.

(1) Die zuständige Aufsichtsbehörde genehmigt gemäß dem Kohärenzverfahren nach Artikel 63 verbindliche interne Datenschutzvorschriften, sofern diese

a) rechtlich bindend sind, für alle betreffenden Mitglieder der Unternehmensgruppe oder einer Gruppe von Unternehmen, die eine gemeinsame Wirtschaftstätigkeit ausüben, gelten und von diesen Mitgliedern durchgesetzt werden, und dies auch für ihre Beschäftigten gilt,
b) den betroffenen Personen ausdrücklich durchsetzbare Rechte in Bezug auf die Verarbeitung ihrer personenbezogenen Daten übertragen und
c) die in Absatz 2 festgelegten Anforderungen erfüllen.

(2) Die verbindlichen internen Datenschutzvorschriften nach Absatz 1 enthalten mindestens folgende Angaben:

a) Struktur und Kontaktdaten der Unternehmensgruppe oder Gruppe von Unternehmen, die eine gemeinsame Wirtschaftstätigkeit ausüben, und jedes ihrer Mitglieder;
b) die betreffenden Datenübermittlungen oder Reihen von Datenübermittlungen einschließlich der betreffenden Arten personenbezogener Daten, Art und Zweck der Datenverarbeitung, Art der betroffenen Personen und das betreffende Drittland beziehungsweise die betreffenden Drittländer;
c) interne und externe Rechtsverbindlichkeit der betreffenden internen Datenschutzvorschriften;
d) die Anwendung der allgemeinen Datenschutzgrundsätze, insbesondere Zweckbindung, Datenminimierung, begrenzte Speicherfristen, Datenqualität, Datenschutz durch Technikgestaltung und durch datenschutzfreundliche Voreinstellungen, Rechtsgrundlage für die Verarbeitung, Verarbeitung besonderer Kategorien von personenbezogenen Daten, Maßnahmen zur Sicherstellung der Datensicherheit und Anforderungen für die Weiterübermittlung an nicht an diese internen Datenschutzvorschriften gebundene Stellen;
e) die Rechte der betroffenen Personen in Bezug auf die Verarbeitung und die diesen offenstehenden Mittel zur Wahrnehmung dieser Rechte einschließlich des Rechts, nicht einer ausschließlich auf einer automatisierten Verarbeitung – einschließlich Profiling – beruhenden Entscheidung nach Artikel 22 unterworfen zu werden sowie des in Artikel 79 niedergelegten Rechts auf Beschwerde bei der zuständigen Aufsichtsbehörde beziehungsweise auf Einlegung eines Rechtsbehelfs bei den zuständigen Gerichten der Mitgliedstaaten und im Falle einer Verletzung der verbindlichen internen Datenschutzvorschriften Wiedergutmachung und gegebenenfalls Schadenersatz zu erhalten;
f) die von dem in einem Mitgliedstaat niedergelassenen Verantwortlichen oder Auftragsverarbeiter übernommene Haftung für etwaige Verstöße eines nicht in der Union niedergelassenen betreffenden Mitglieds der Unternehmensgruppe gegen die verbindlichen internen Datenschutzvorschriften; der Verantwortliche oder der Auftragsverarbeiter ist nur dann teilweise oder vollständig von dieser Haftung befreit, wenn er nachweist, dass der Umstand, durch den der Schaden eingetreten ist, dem betreffenden Mitglied nicht zur Last gelegt werden kann;
g) die Art und Weise, wie die betroffenen Personen über die Bestimmungen der Artikel 13 und 14 hinaus über die verbindlichen internen Datenschutzvorschriften und insbesondere über die unter den Buchstaben d, e und f dieses Absatzes genannten Aspekte informiert werden;
h) die Aufgaben jedes gemäß Artikel 37 benannten Datenschutzbeauftragten oder jeder anderen Person oder Einrichtung, die mit der Überwachung der Einhaltung der verbindlichen internen Datenschutzvorschriften in der Unternehmensgruppe oder Gruppe von Unternehmen, die eine gemeinsame Wirtschaftstätigkeit ausüben, sowie mit der Überwachung der Schulungsmaßnahmen und dem Umgang mit Beschwerden befasst ist;
i) die Beschwerdeverfahren;
j) die innerhalb der Unternehmensgruppe oder Gruppe von Unternehmen, die eine gemeinsame Wirtschaftstätigkeit ausüben, bestehenden Verfahren zur Überprüfung der Einhaltung der verbindlichen internen Datenschutz-

vorschriften. Derartige Verfahren beinhalten Datenschutzüberprüfungen und Verfahren zur Gewährleistung von Abhilfemaßnahmen zum Schutz der Rechte der betroffenen Person. Die Ergebnisse derartiger Überprüfungen sollten der in Buchstabe h genannten Person oder Einrichtung sowie dem Verwaltungsrat des herrschenden Unternehmens einer Unternehmensgruppe oder der Gruppe von Unternehmen, die eine gemeinsame Wirtschaftstätigkeit ausüben, mitgeteilt werden und sollten der zuständigen Aufsichtsbehörde auf Anfrage zur Verfügung gestellt werden;

k) die Verfahren für die Meldung und Erfassung von Änderungen der Vorschriften und ihre Meldung an die Aufsichtsbehörde;

l) die Verfahren für die Zusammenarbeit mit der Aufsichtsbehörde, die die Befolgung der Vorschriften durch sämtliche Mitglieder der Unternehmensgruppe oder Gruppe von Unternehmen, die eine gemeinsame Wirtschaftstätigkeit ausüben, gewährleisten, insbesondere durch Offenlegung der Ergebnisse von Überprüfungen der unter Buchstabe j genannten Maßnahmen gegenüber der Aufsichtsbehörde;

m) die Meldeverfahren zur Unterrichtung der zuständigen Aufsichtsbehörde über jegliche für ein Mitglied der Unternehmensgruppe oder Gruppe von Unternehmen, die eine gemeinsame Wirtschaftstätigkeit ausüben, in einem Drittland geltenden rechtlichen Bestimmungen, die sich nachteilig auf die Garantien auswirken könnten, die die verbindlichen internen Datenschutzvorschriften bieten, und

n) geeignete Datenschutzschulungen für Personal mit ständigem oder regelmäßigem Zugang zu personenbezogenen Daten.

(3) [1] Die Kommission kann das Format und die Verfahren für den Informationsaustausch über verbindliche interne Datenschutzvorschriften im Sinne des vorliegenden Artikels zwischen Verantwortlichen, Auftragsverarbeitern und Aufsichtsbehörden festlegen. [2] Diese Durchführungsrechtsakte werden gemäß dem Prüfverfahren nach Artikel 93 Absatz 2 erlassen.

Art. 48 Nach dem Unionsrecht nicht zulässige Übermittlung oder Offenlegung. Jegliches Urteil eines Gerichts eines Drittlands und jegliche Entscheidung einer Verwaltungsbehörde eines Drittlands, mit denen von einem Verantwortlichen oder einem Auftragsverarbeiter die Übermittlung oder Offenlegung personenbezogener Daten verlangt wird, dürfen unbeschadet anderer Gründe für die Übermittlung gemäß diesem Kapitel jedenfalls nur dann anerkannt oder vollstreckbar werden, wenn sie auf eine in Kraft befindliche internationale Übereinkunft wie etwa ein Rechtshilfeabkommen zwischen dem ersuchenden Drittland und der Union oder einem Mitgliedstaat gestützt sind.

Art. 49 Ausnahmen für bestimmte Fälle. (1) *[1]* Falls weder ein Angemessenheitsbeschluss nach Artikel 45 Absatz 3 vorliegt noch geeignete Garantien nach Artikel 46, einschließlich verbindlicher interner Datenschutzvorschriften, bestehen, ist eine Übermittlung oder eine Reihe von Übermittlungen personenbezogener Daten an ein Drittland oder an eine internationale Organisation nur unter einer der folgenden Bedingungen zulässig:

a) die betroffene Person hat in die vorgeschlagene Datenübermittlung ausdrücklich eingewilligt, nachdem sie über die für sie bestehenden möglichen

Risiken derartiger Datenübermittlungen ohne Vorliegen eines Angemessenheitsbeschlusses und ohne geeignete Garantien unterrichtet wurde,

b) die Übermittlung ist für die Erfüllung eines Vertrags zwischen der betroffenen Person und dem Verantwortlichen oder zur Durchführung von vorvertraglichen Maßnahmen auf Antrag der betroffenen Person erforderlich,

c) die Übermittlung ist zum Abschluss oder zur Erfüllung eines im Interesse der betroffenen Person von dem Verantwortlichen mit einer anderen natürlichen oder juristischen Person geschlossenen Vertrags erforderlich,

d) die Übermittlung ist aus wichtigen Gründen des öffentlichen Interesses notwendig,

e) die Übermittlung ist zur Geltendmachung, Ausübung oder Verteidigung von Rechtsansprüchen erforderlich,

f) die Übermittlung ist zum Schutz lebenswichtiger Interessen der betroffenen Person oder anderer Personen erforderlich, sofern die betroffene Person aus physischen oder rechtlichen Gründen außerstande ist, ihre Einwilligung zu geben,

g) die Übermittlung erfolgt aus einem Register, das gemäß dem Recht der Union oder der Mitgliedstaaten zur Information der Öffentlichkeit bestimmt ist und entweder der gesamten Öffentlichkeit oder allen Personen, die ein berechtigtes Interesse nachweisen können, zur Einsichtnahme offensteht, aber nur soweit die im Recht der Union oder der Mitgliedstaaten festgelegten Voraussetzungen für die Einsichtnahme im Einzelfall gegeben sind.

[2] ¹Falls die Übermittlung nicht auf eine Bestimmung der Artikel 45 oder 46 – einschließlich der verbindlichen internen Datenschutzvorschriften – gestützt werden könnte und keine der Ausnahmen für einen bestimmten Fall gemäß dem ersten Unterabsatz anwendbar ist, darf eine Übermittlung an ein Drittland oder eine internationale Organisation nur dann erfolgen, wenn die Übermittlung nicht wiederholt erfolgt, nur eine begrenzte Zahl von betroffenen Personen betrifft, für die Wahrung der zwingenden berechtigten Interessen des Verantwortlichen erforderlich ist, sofern die Interessen oder die Rechte und Freiheiten der betroffenen Person nicht überwiegen, und der Verantwortliche alle Umstände der Datenübermittlung beurteilt und auf der Grundlage dieser Beurteilung geeignete Garantien in Bezug auf den Schutz personenbezogener Daten vorgesehen hat. ²Der Verantwortliche setzt die Aufsichtsbehörde von der Übermittlung in Kenntnis. ³Der Verantwortliche unterrichtet die betroffene Person über die Übermittlung und seine zwingenden berechtigten Interessen; dies erfolgt zusätzlich zu den der betroffenen Person nach den Artikeln 13 und 14 mitgeteilten Informationen.

(2) ¹Datenübermittlungen gemäß Absatz 1 Unterabsatz 1 Buchstabe g dürfen nicht die Gesamtheit oder ganze Kategorien der im Register enthaltenen personenbezogenen Daten umfassen. ²Wenn das Register der Einsichtnahme durch Personen mit berechtigtem Interesse dient, darf die Übermittlung nur auf Anfrage dieser Personen oder nur dann erfolgen, wenn diese Personen die Adressaten der Übermittlung sind.

(3) Absatz 1 Unterabsatz 1 Buchstaben a, b und c und sowie Absatz 1 Unterabsatz 2 gelten nicht für Tätigkeiten, die Behörden in Ausübung ihrer hoheitlichen Befugnisse durchführen.

(4) Das öffentliche Interesse im Sinne des Absatzes 1 Unterabsatz 1 Buchstabe d muss im Unionsrecht oder im Recht des Mitgliedstaats, dem der Verantwortliche unterliegt, anerkannt sein.

(5) [1] Liegt kein Angemessenheitsbeschluss vor, so können im Unionsrecht oder im Recht der Mitgliedstaaten aus wichtigen Gründen des öffentlichen Interesses ausdrücklich Beschränkungen der Übermittlung bestimmter Kategorien von personenbezogenen Daten an Drittländer oder internationale Organisationen vorgesehen werden. [2] Die Mitgliedstaaten teilen der Kommission derartige Bestimmungen mit.

(6) Der Verantwortliche oder der Auftragsverarbeiter erfasst die von ihm vorgenommene Beurteilung sowie die angemessenen Garantien im Sinne des Absatzes 1 Unterabsatz 2 des vorliegenden Artikels in der Dokumentation gemäß Artikel 30.

Art. 50 Internationale Zusammenarbeit zum Schutz personenbezogener Daten.

In Bezug auf Drittländer und internationale Organisationen treffen die Kommission und die Aufsichtsbehörden geeignete Maßnahmen zur

a) Entwicklung von Mechanismen der internationalen Zusammenarbeit, durch die die wirksame Durchsetzung von Rechtsvorschriften zum Schutz personenbezogener Daten erleichtert wird,
b) gegenseitigen Leistung internationaler Amtshilfe bei der Durchsetzung von Rechtsvorschriften zum Schutz personenbezogener Daten, unter anderem durch Meldungen, Beschwerdeverweisungen, Amtshilfe bei Untersuchungen und Informationsaustausch, sofern geeignete Garantien für den Schutz personenbezogener Daten und anderer Grundrechte und Grundfreiheiten bestehen,
c) Einbindung maßgeblicher Interessenträger in Diskussionen und Tätigkeiten, die zum Ausbau der internationalen Zusammenarbeit bei der Durchsetzung von Rechtsvorschriften zum Schutz personenbezogener Daten dienen,
d) Förderung des Austauschs und der Dokumentation von Rechtsvorschriften und Praktiken zum Schutz personenbezogener Daten einschließlich Zuständigkeitskonflikten mit Drittländern.

Kapitel VI. Unabhängige Aufsichtsbehörden

Abschnitt 1. Unabhängigkeit

Art. 51 Aufsichtsbehörde. (1) Jeder Mitgliedstaat sieht vor, dass eine oder mehrere unabhängige Behörden für die Überwachung der Anwendung dieser Verordnung zuständig sind, damit die Grundrechte und Grundfreiheiten natürlicher Personen bei der Verarbeitung geschützt werden und der freie Verkehr personenbezogener Daten in der Union erleichtert wird (im Folgenden „Aufsichtsbehörde").

(2) [1] Jede Aufsichtsbehörde leistet einen Beitrag zur einheitlichen Anwendung dieser Verordnung in der gesamten Union. [2] Zu diesem Zweck arbeiten die Aufsichtsbehörden untereinander sowie mit der Kommission gemäß Kapitel VII zusammen.

(3) Gibt es in einem Mitgliedstaat mehr als eine Aufsichtsbehörde, so bestimmt dieser Mitgliedstaat die Aufsichtsbehörde, die diese Behörden im Ausschuss vertritt, und führt ein Verfahren ein, mit dem sichergestellt wird, dass die

anderen Behörden die Regeln für das Kohärenzverfahren nach Artikel 63 einhalten.

(4) Jeder Mitgliedstaat teilt der Kommission bis spätestens 25. Mai 2018 die Rechtsvorschriften, die er aufgrund dieses Kapitels erlässt, sowie unverzüglich alle folgenden Änderungen dieser Vorschriften mit.

Abschnitt 2. Zuständigkeit, Aufgaben und Befugnisse

Art. 57 Aufgaben. (1) Unbeschadet anderer in dieser Verordnung dargelegter Aufgaben muss jede Aufsichtsbehörde in ihrem Hoheitsgebiet

a) die Anwendung dieser Verordnung überwachen und durchsetzen;
b) die Öffentlichkeit für die Risiken, Vorschriften, Garantien und Rechte im Zusammenhang mit der Verarbeitung sensibilisieren und sie darüber aufklären. Besondere Beachtung finden dabei spezifische Maßnahmen für Kinder;
c) im Einklang mit dem Recht des Mitgliedsstaats das nationale Parlament, die Regierung und andere Einrichtungen und Gremien über legislative und administrative Maßnahmen zum Schutz der Rechte und Freiheiten natürlicher Personen in Bezug auf die Verarbeitung beraten;
d) die Verantwortlichen und die Auftragsverarbeiter für die ihnen aus dieser Verordnung entstehenden Pflichten sensibilisieren;
e) auf Anfrage jeder betroffenen Person Informationen über die Ausübung ihrer Rechte aufgrund dieser Verordnung zur Verfügung stellen und gegebenenfalls zu diesem Zweck mit den Aufsichtsbehörden in anderen Mitgliedstaaten zusammenarbeiten;
f) sich mit Beschwerden einer betroffenen Person oder Beschwerden einer Stelle, einer Organisation oder eines Verbandes gemäß Artikel 80 befassen, den Gegenstand der Beschwerde in angemessenem Umfang untersuchen und den Beschwerdeführer innerhalb einer angemessenen Frist über den Fortgang und das Ergebnis der Untersuchung unterrichten, insbesondere, wenn eine weitere Untersuchung oder Koordinierung mit einer anderen Aufsichtsbehörde notwendig ist;
g) mit anderen Aufsichtsbehörden zusammenarbeiten, auch durch Informationsaustausch, und ihnen Amtshilfe leisten, um die einheitliche Anwendung und Durchsetzung dieser Verordnung zu gewährleisten;
h) Untersuchungen über die Anwendung dieser Verordnung durchführen, auch auf der Grundlage von Informationen einer anderen Aufsichtsbehörde oder einer anderen Behörde;
i) maßgebliche Entwicklungen verfolgen, soweit sie sich auf den Schutz personenbezogener Daten auswirken, insbesondere die Entwicklung der Informations- und Kommunikationstechnologie und der Geschäftspraktiken;
j) Standardvertragsklauseln im Sinne des Artikels 28 Absatz 8 und des Artikels 46 Absatz 2 Buchstabe d festlegen;
k) eine Liste der Verarbeitungsarten erstellen und führen, für die gemäß Artikel 35 Absatz 4 eine Datenschutz-Folgenabschätzung durchzuführen ist;
l) Beratung in Bezug auf die in Artikel 36 Absatz 2 genannten Verarbeitungsvorgänge leisten;
m) die Ausarbeitung von Verhaltensregeln gemäß Artikel 40 Absatz 1 fördern und zu diesen Verhaltensregeln, die ausreichende Garantien im Sinne des

Artikels 40 Absatz 5 bieten müssen, Stellungnahmen abgeben und sie billigen;
n) die Einführung von Datenschutzzertifizierungsmechanismen und von Datenschutzsiegeln und -prüfzeichen nach Artikel 42 Absatz 1 anregen und Zertifizierungskriterien nach Artikel 42 Absatz 5 billigen;
o) gegebenenfalls die nach Artikel 42 Absatz 7 erteilten Zertifizierungen regelmäßig überprüfen;
p) die Anforderungen an die Akkreditierung einer Stelle für die Überwachung der Einhaltung der Verhaltensregeln gemäß Artikel 41 und einer Zertifizierungsstelle gemäß Artikel 43 abfassen und veröffentlichen;
q) die Akkreditierung einer Stelle für die Überwachung der Einhaltung der Verhaltensregeln gemäß Artikel 41 und einer Zertifizierungsstelle gemäß Artikel 43 vornehmen;
r) Vertragsklauseln und Bestimmungen im Sinne des Artikels 46 Absatz 3 genehmigen;
s) verbindliche interne Vorschriften gemäß Artikel 47 genehmigen;
t) Beiträge zur Tätigkeit des Ausschusses leisten;
u) interne Verzeichnisse über Verstöße gegen diese Verordnung und gemäß Artikel 58 Absatz 2 ergriffene Maßnahmen und
v) jede sonstige Aufgabe im Zusammenhang mit dem Schutz personenbezogener Daten erfüllen.

(2) Jede Aufsichtsbehörde erleichtert das Einreichen von in Absatz 1 Buchstabe f genannten Beschwerden durch Maßnahmen wie etwa die Bereitstellung eines Beschwerdeformulars, das auch elektronisch ausgefüllt werden kann, ohne dass andere Kommunikationsmittel ausgeschlossen werden.

(3) Die Erfüllung der Aufgaben jeder Aufsichtsbehörde ist für die betroffene Person und gegebenenfalls für den Datenschutzbeauftragten unentgeltlich.

(4) [1]Bei offenkundig unbegründeten oder – insbesondere im Fall von häufiger Wiederholung – exzessiven Anfragen kann die Aufsichtsbehörde eine angemessene Gebühr auf der Grundlage der Verwaltungskosten verlangen oder sich weigern, aufgrund der Anfrage tätig zu werden. [2]In diesem Fall trägt die Aufsichtsbehörde die Beweislast für den offenkundig unbegründeten oder exzessiven Charakter der Anfrage.

Art. 58 Befugnisse. (1) Jede Aufsichtsbehörde verfügt über sämtliche folgenden Untersuchungsbefugnisse, die es ihr gestatten,
a) den Verantwortlichen, den Auftragsverarbeiter und gegebenenfalls den Vertreter des Verantwortlichen oder des Auftragsverarbeiters anzuweisen, alle Informationen bereitzustellen, die für die Erfüllung ihrer Aufgaben erforderlich sind,
b) Untersuchungen in Form von Datenschutzüberprüfungen durchzuführen,
c) eine Überprüfung der nach Artikel 42 Absatz 7 erteilten Zertifizierungen durchzuführen,
d) den Verantwortlichen oder den Auftragsverarbeiter auf einen vermeintlichen Verstoß gegen diese Verordnung hinzuweisen,
e) von dem Verantwortlichen und dem Auftragsverarbeiter Zugang zu allen personenbezogenen Daten und Informationen, die zur Erfüllung ihrer Aufgaben notwendig sind, zu erhalten,

f) gemäß dem Verfahrensrecht der Union oder dem Verfahrensrecht des Mitgliedstaats Zugang zu den Räumlichkeiten, einschließlich aller Datenverarbeitungsanlagen und -geräte, des Verantwortlichen und des Auftragsverarbeiters zu erhalten.

(2) Jede Aufsichtsbehörde verfügt über sämtliche folgenden Abhilfebefugnisse, die es ihr gestatten,

a) einen Verantwortlichen oder einen Auftragsverarbeiter zu warnen, dass beabsichtigte Verarbeitungsvorgänge voraussichtlich gegen diese Verordnung verstoßen,

b) einen Verantwortlichen oder einen Auftragsverarbeiter zu verwarnen, wenn er mit Verarbeitungsvorgängen gegen diese Verordnung verstoßen hat,

c) den Verantwortlichen oder den Auftragsverarbeiter anzuweisen, den Anträgen der betroffenen Person auf Ausübung der ihr nach dieser Verordnung zustehenden Rechte zu entsprechen,

d) den Verantwortlichen oder den Auftragsverarbeiter anzuweisen, Verarbeitungsvorgänge gegebenenfalls auf bestimmte Weise und innerhalb eines bestimmten Zeitraums in Einklang mit dieser Verordnung zu bringen,

e) den Verantwortlichen anzuweisen, die von einer Verletzung des Schutzes personenbezogener Daten betroffene Person entsprechend zu benachrichtigen,

f) eine vorübergehende oder endgültige Beschränkung der Verarbeitung, einschließlich eines Verbots, zu verhängen,

g) die Berichtigung oder Löschung von personenbezogenen Daten oder die Einschränkung der Verarbeitung gemäß den Artikeln 16, 17 und 18 und die Unterrichtung der Empfänger, an die diese personenbezogenen Daten gemäß Artikel 17 Absatz 2 und Artikel 19 offengelegt wurden, über solche Maßnahmen anzuordnen,

h) eine Zertifizierung zu widerrufen oder die Zertifizierungsstelle anzuweisen, eine gemäß den *Artikel*[1] 42 und 43 erteilte Zertifizierung zu widerrufen, oder die Zertifizierungsstelle anzuweisen, keine Zertifizierung zu erteilen, wenn die Voraussetzungen für die Zertifizierung nicht oder nicht mehr erfüllt werden,

i) eine Geldbuße gemäß Artikel 83 zu verhängen, zusätzlich zu oder anstelle von in diesem Absatz genannten Maßnahmen, je nach den Umständen des Einzelfalls,

j) die Aussetzung der Übermittlung von Daten an einen Empfänger in einem Drittland oder an eine internationale Organisation anzuordnen.

(3) Jede Aufsichtsbehörde verfügt über sämtliche folgenden Genehmigungsbefugnisse und beratenden Befugnisse, die es ihr gestatten,

a) gemäß dem Verfahren der vorherigen Konsultation nach Artikel 36 den Verantwortlichen zu beraten,

b) zu allen Fragen, die im Zusammenhang mit dem Schutz personenbezogener Daten stehen, von sich aus oder auf Anfrage Stellungnahmen an das nationale Parlament, die Regierung des Mitgliedstaats oder im Einklang mit dem Recht des Mitgliedstaats an sonstige Einrichtungen und Stellen sowie an die Öffentlichkeit zu richten,

---

[1] Richtig wohl: „Artikeln".

c) die Verarbeitung gemäß Artikel 36 Absatz 5 zu genehmigen, falls im Recht des Mitgliedstaats eine derartige vorherige Genehmigung verlangt wird,
d) eine Stellungnahme abzugeben und Entwürfe von Verhaltensregeln gemäß Artikel 40 Absatz 5 zu billigen,
e) Zertifizierungsstellen gemäß Artikel 43 zu akkreditieren,
f) im Einklang mit Artikel 42 Absatz 5 Zertifizierungen zu erteilen und Kriterien für die Zertifizierung zu billigen,
g) Standarddatenschutzklauseln nach Artikel 28 Absatz 8 und Artikel 46 Absatz 2 Buchstabe d festzulegen,
h) Vertragsklauseln gemäß Artikel 46 Absatz 3 Buchstabe a zu genehmigen,
i) Verwaltungsvereinbarungen gemäß Artikel 46 Absatz 3 Buchstabe b zu genehmigen[1)]
j) verbindliche interne Vorschriften gemäß Artikel 47 zu genehmigen.

(4) Die Ausübung der der Aufsichtsbehörde gemäß diesem Artikel übertragenen Befugnisse erfolgt vorbehaltlich geeigneter Garantien einschließlich wirksamer gerichtlicher Rechtsbehelfe und ordnungsgemäßer Verfahren gemäß dem Unionsrecht und dem Recht des Mitgliedstaats im Einklang mit der Charta.

(5) Jeder Mitgliedstaat sieht durch Rechtsvorschriften vor, dass seine Aufsichtsbehörde befugt ist, Verstöße gegen diese Verordnung den Justizbehörden zur Kenntnis zu bringen und gegebenenfalls die Einleitung eines gerichtlichen Verfahrens zu betreiben oder sich sonst daran zu beteiligen, um die Bestimmungen dieser Verordnung durchzusetzen.

(6) [1]Jeder Mitgliedstaat kann durch Rechtsvorschriften vorsehen, dass seine Aufsichtsbehörde neben den in den Absätzen 1, 2 und 3 aufgeführten Befugnissen über zusätzliche Befugnisse verfügt. [2]Die Ausübung dieser Befugnisse darf nicht die effektive Durchführung des Kapitels VII beeinträchtigen.

Kapitel VIII. Rechtsbehelfe, Haftung und Sanktionen

Art. 77 Recht auf Beschwerde bei einer Aufsichtsbehörde.
(1) Jede betroffene Person hat unbeschadet eines anderweitigen verwaltungsrechtlichen oder gerichtlichen Rechtsbehelfs das Recht auf Beschwerde bei einer Aufsichtsbehörde, insbesondere in dem Mitgliedstaat ihres gewöhnlichen Aufenthaltsorts, ihres Arbeitsplatzes oder des Orts des mutmaßlichen Verstoßes, wenn die betroffene Person der Ansicht ist, dass die Verarbeitung der sie betreffenden personenbezogenen Daten gegen diese Verordnung verstößt.

(2) Die Aufsichtsbehörde, bei der die Beschwerde eingereicht wurde, unterrichtet den Beschwerdeführer über den Stand und die Ergebnisse der Beschwerde einschließlich der Möglichkeit eines gerichtlichen Rechtsbehelfs nach Artikel 78.

Art. 78 Recht auf wirksamen gerichtlichen Rechtsbehelf gegen eine Aufsichtsbehörde.
(1) Jede natürliche oder juristische Person hat unbeschadet eines anderweitigen verwaltungsrechtlichen oder außergerichtlichen Rechtsbehelfs das Recht auf einen wirksamen gerichtlichen Rechtsbehelf gegen einen sie betreffenden rechtsverbindlichen Beschluss einer Aufsichtsbehörde.

[1)] Fehlende Zeichensetzung amtlich.

(2) Jede betroffene Person hat unbeschadet eines anderweitigen verwaltungsrechtlichen oder außergerichtlichen Rechtbehelfs das Recht auf einen wirksamen gerichtlichen Rechtsbehelf, wenn die nach den Artikeln 55 und 56 zuständige Aufsichtsbehörde sich nicht mit einer Beschwerde befasst oder die betroffene Person nicht innerhalb von drei Monaten über den Stand oder das Ergebnis der gemäß Artikel 77 erhobenen Beschwerde in Kenntnis gesetzt hat.

(3) Für Verfahren gegen eine Aufsichtsbehörde sind die Gerichte des Mitgliedstaats zuständig, in dem die Aufsichtsbehörde ihren Sitz hat.

(4) Kommt es zu einem Verfahren gegen den Beschluss einer Aufsichtsbehörde, dem eine Stellungnahme oder ein Beschluss des Ausschusses im Rahmen des Kohärenzverfahrens vorangegangen ist, so leitet die Aufsichtsbehörde diese Stellungnahme oder diesen Beschluss dem Gericht zu.

Art. 79 Recht auf wirksamen gerichtlichen Rechtsbehelf gegen Verantwortliche oder Auftragsverarbeiter. (1) Jede betroffene Person hat unbeschadet eines verfügbaren verwaltungsrechtlichen oder außergerichtlichen Rechtsbehelfs einschließlich des Rechts auf Beschwerde bei einer Aufsichtsbehörde gemäß Artikel 77 das Recht auf einen wirksamen gerichtlichen Rechtsbehelf, wenn sie der Ansicht ist, dass die ihr aufgrund dieser Verordnung zustehenden Rechte infolge einer nicht im Einklang mit dieser Verordnung stehenden Verarbeitung ihrer personenbezogenen Daten verletzt wurden.

(2) ¹Für Klagen gegen einen Verantwortlichen oder gegen einen Auftragsverarbeiter sind die Gerichte des Mitgliedstaats zuständig, in dem der Verantwortliche oder der Auftragsverarbeiter eine Niederlassung hat. ²Wahlweise können solche Klagen auch bei den Gerichten des Mitgliedstaats erhoben werden, in dem die betroffene Person ihren gewöhnlichen Aufenthaltsort hat, es sei denn, es handelt sich bei dem Verantwortlichen oder dem Auftragsverarbeiter um eine Behörde eines Mitgliedstaats, die in Ausübung ihrer hoheitlichen Befugnisse tätig geworden ist.

Art. 80 Vertretung von betroffenen Personen. (1) Die betroffene Person hat das Recht, eine Einrichtung, Organisationen oder Vereinigung ohne Gewinnerzielungsabsicht, die ordnungsgemäß nach dem Recht eines Mitgliedstaats gegründet ist, deren satzungsmäßige Ziele im öffentlichem Interesse liegen und die im Bereich des Schutzes der Rechte und Freiheiten von betroffenen Personen in Bezug auf den Schutz ihrer personenbezogenen Daten tätig ist, zu beauftragen, in ihrem Namen eine Beschwerde einzureichen, in ihrem Namen die in den Artikeln 77, 78 und 79 genannten Rechte wahrzunehmen und das Recht auf Schadensersatz gemäß Artikel 82 in Anspruch zu nehmen, sofern dieses im Recht der Mitgliedstaaten vorgesehen ist.

(2) Die Mitgliedstaaten können vorsehen, dass jede der in Absatz 1 des vorliegenden Artikels genannten Einrichtungen, Organisationen oder Vereinigungen unabhängig von einem Auftrag der betroffenen Person in diesem Mitgliedstaat das Recht hat, bei der gemäß Artikel 77 zuständigen Aufsichtsbehörde eine Beschwerde einzulegen und die in den Artikeln 78 und 79 aufgeführten Rechte in Anspruch zu nehmen, wenn ihres Erachtens die Rechte einer betroffenen Person gemäß dieser Verordnung infolge einer Verarbeitung verletzt worden sind.

Art. 81 Aussetzung des Verfahrens. (1) Erhält ein zuständiges Gericht in einem Mitgliedstaat Kenntnis von einem Verfahren zu demselben Gegenstand in Bezug auf die Verarbeitung durch denselben Verantwortlichen oder Auftragsverarbeiter, das vor einem Gericht in einem anderen Mitgliedstaat anhängig ist, so nimmt es mit diesem Gericht Kontakt auf, um sich zu vergewissern, dass ein solches Verfahren existiert.

(2) Ist ein Verfahren zu demselben Gegenstand in Bezug auf die Verarbeitung durch denselben Verantwortlichen oder Auftragsverarbeiter vor einem Gericht in einem anderen Mitgliedstaat anhängig, so kann jedes später angerufene zuständige Gericht das bei ihm anhängige Verfahren aussetzen.

(3) Sind diese Verfahren in erster Instanz anhängig, so kann sich jedes später angerufene Gericht auf Antrag einer Partei auch für unzuständig erklären, wenn das zuerst angerufene Gericht für die betreffenden Klagen zuständig ist und die Verbindung der Klagen nach seinem Recht zulässig ist.

Art. 82 Haftung und Recht auf Schadenersatz. (1) Jede Person, der wegen eines Verstoßes gegen diese Verordnung ein materieller oder immaterieller Schaden entstanden ist, hat Anspruch auf Schadenersatz gegen den Verantwortlichen oder gegen den Auftragsverarbeiter.

(2) [1]Jeder an einer Verarbeitung beteiligte Verantwortliche haftet für den Schaden, der durch eine nicht dieser Verordnung entsprechende Verarbeitung verursacht wurde. [2]Ein Auftragsverarbeiter haftet für den durch eine Verarbeitung verursachten Schaden nur dann, wenn er seinen speziell den Auftragsverarbeitern auferlegten Pflichten aus dieser Verordnung nicht nachgekommen ist oder unter Nichtbeachtung der rechtmäßig erteilten Anweisungen des für die Datenverarbeitung Verantwortlichen oder gegen diese Anweisungen gehandelt hat.

(3) Der Verantwortliche oder der Auftragsverarbeiter wird von der Haftung gemäß Absatz 2 befreit, wenn er nachweist, dass er in keinerlei Hinsicht für den Umstand, durch den der Schaden eingetreten ist, verantwortlich ist.

(4) Ist mehr als ein Verantwortlicher oder mehr als ein Auftragsverarbeiter bzw. sowohl ein Verantwortlicher als auch ein Auftragsverarbeiter an derselben Verarbeitung beteiligt und sind sie gemäß den Absätzen 2 und 3 für einen durch die Verarbeitung verursachten Schaden verantwortlich, so haftet jeder Verantwortliche oder jeder Auftragsverarbeiter für den gesamten Schaden, damit ein wirksamer Schadensersatz für die betroffene Person sichergestellt ist.

(5) Hat ein Verantwortlicher oder Auftragsverarbeiter gemäß Absatz 4 vollständigen Schadenersatz für den erlittenen Schaden gezahlt, so ist dieser Verantwortliche oder Auftragsverarbeiter berechtigt, von den übrigen an derselben Verarbeitung beteiligten für die Datenverarbeitung Verantwortlichen oder Auftragsverarbeitern den Teil des Schadenersatzes zurückzufordern, der unter den in Absatz 2 festgelegten Bedingungen ihrem Anteil an der Verantwortung für den Schaden entspricht.

(6) Mit Gerichtsverfahren zur Inanspruchnahme des Rechts auf Schadenersatz sind die Gerichte zu befassen, die nach den in Artikel 79 Absatz 2 genannten Rechtsvorschriften des Mitgliedstaats zuständig sind.

Art. 83 Allgemeine Bedingungen für die Verhängung von Geldbußen.

(1) Jede Aufsichtsbehörde stellt sicher, dass die Verhängung von Geldbußen gemäß diesem Artikel für Verstöße gegen diese Verordnung gemäß den Absätzen 4, 5 und 6 in jedem Einzelfall wirksam, verhältnismäßig und abschreckend ist.

(2) [1] Geldbußen werden je nach den Umständen des Einzelfalls zusätzlich zu oder anstelle von Maßnahmen nach Artikel 58 Absatz 2 Buchstaben a bis h und j verhängt. [2] Bei der Entscheidung über die Verhängung einer Geldbuße und über deren Betrag wird in jedem Einzelfall Folgendes gebührend berücksichtigt:

a) Art, Schwere und Dauer des Verstoßes unter Berücksichtigung der Art, des Umfangs oder des Zwecks der betreffenden Verarbeitung sowie der Zahl der von der Verarbeitung betroffenen Personen und des Ausmaßes des von ihnen erlittenen Schadens;

b) Vorsätzlichkeit oder Fahrlässigkeit des Verstoßes;

c) jegliche von dem Verantwortlichen oder dem Auftragsverarbeiter getroffenen Maßnahmen zur Minderung des den betroffenen Personen entstandenen Schadens;

d) Grad der Verantwortung des Verantwortlichen oder des Auftragsverarbeiters unter Berücksichtigung der von ihnen gemäß den Artikeln 25 und 32 getroffenen technischen und organisatorischen Maßnahmen;

e) etwaige einschlägige frühere Verstöße des Verantwortlichen oder des Auftragsverarbeiters;

f) Umfang der Zusammenarbeit mit der Aufsichtsbehörde, um dem Verstoß abzuhelfen und seine möglichen nachteiligen Auswirkungen zu mindern;

g) Kategorien personenbezogener Daten, die von dem Verstoß betroffen sind;

h) Art und Weise, wie der Verstoß der Aufsichtsbehörde bekannt wurde, insbesondere ob und gegebenenfalls in welchem Umfang der Verantwortliche oder der Auftragsverarbeiter den Verstoß mitgeteilt hat;

i) Einhaltung der nach Artikel 58 Absatz 2 früher gegen den für den betreffenden Verantwortlichen oder Auftragsverarbeiter in Bezug auf denselben Gegenstand angeordneten Maßnahmen, wenn solche Maßnahmen angeordnet wurden;

j) Einhaltung von genehmigten Verhaltensregeln nach Artikel 40 oder genehmigten Zertifizierungsverfahren nach Artikel 42 und

k) jegliche anderen erschwerenden oder mildernden Umstände im jeweiligen Fall, wie unmittelbar oder mittelbar durch den Verstoß erlangte finanzielle Vorteile oder vermiedene Verluste.

(3) Verstößt ein Verantwortlicher oder ein Auftragsverarbeiter bei gleichen oder miteinander verbundenen Verarbeitungsvorgängen vorsätzlich oder fahrlässig gegen mehrere Bestimmungen dieser Verordnung, so übersteigt der Gesamtbetrag der Geldbuße nicht den Betrag für den schwerwiegendsten Verstoß.

(4) Bei Verstößen gegen die folgenden Bestimmungen werden im Einklang mit Absatz 2 Geldbußen von bis zu 10 000 000 EUR oder im Fall eines Unternehmens von bis zu 2 % seines gesamten weltweit erzielten Jahresumsatzes des vorangegangenen Geschäftsjahrs verhängt, je nachdem, welcher der Beträge höher ist:

a) die Pflichten der Verantwortlichen und der Auftragsverarbeiter gemäß den Artikeln 8, 11, 25 bis 39, 42 und 43;

b) die Pflichten der Zertifizierungsstelle gemäß den Artikeln 42 und 43;

c) die Pflichten der Überwachungsstelle gemäß Artikel 41 Absatz 4.

(5) Bei Verstößen gegen die folgenden Bestimmungen werden im Einklang mit Absatz 2 Geldbußen von bis zu 20 000 000 EUR oder im Fall eines Unternehmens von bis zu 4 % seines gesamten weltweit erzielten Jahresumsatzes des vorangegangenen Geschäftsjahrs verhängt, je nachdem, welcher der Beträge höher ist:

a) die Grundsätze für die Verarbeitung, einschließlich der Bedingungen für die Einwilligung, gemäß den Artikeln 5, 6, 7 und 9;

b) die Rechte der betroffenen Person gemäß den Artikeln 12 bis 22;

c) die Übermittlung personenbezogener Daten an einen Empfänger in einem Drittland oder an eine internationale Organisation gemäß den Artikeln 44 bis 49;

d) alle Pflichten gemäß den Rechtsvorschriften der Mitgliedstaaten, die im Rahmen des Kapitels IX erlassen wurden;

e) Nichtbefolgung einer Anweisung oder einer vorübergehenden oder endgültigen Beschränkung oder Aussetzung der Datenübermittlung durch die Aufsichtsbehörde gemäß Artikel 58 Absatz 2 oder Nichtgewährung des Zugangs unter Verstoß gegen Artikel 58 Absatz 1.

(6) Bei Nichtbefolgung einer Anweisung der Aufsichtsbehörde gemäß Artikel 58 Absatz 2 werden im Einklang mit Absatz 2 des vorliegenden Artikels Geldbußen von bis zu 20 000 000 EUR oder im Fall eines Unternehmens von bis zu 4 % seines gesamten weltweit erzielten Jahresumsatzes des vorangegangenen Geschäftsjahrs verhängt, je nachdem, welcher der Beträge höher ist.

(7) Unbeschadet der Abhilfebefugnisse der Aufsichtsbehörden gemäß Artikel 58 Absatz 2 kann jeder Mitgliedstaat Vorschriften dafür festlegen, ob und in welchem Umfang gegen Behörden und öffentliche Stellen, die in dem betreffenden Mitgliedstaat niedergelassen sind, Geldbußen verhängt werden können.

(8) Die Ausübung der eigenen Befugnisse durch eine Aufsichtsbehörde gemäß diesem Artikel muss angemessenen Verfahrensgarantien gemäß dem Unionsrecht und dem Recht der Mitgliedstaaten, einschließlich wirksamer gerichtlicher Rechtsbehelfe und ordnungsgemäßer Verfahren, unterliegen.

(9) ¹Sieht die Rechtsordnung eines Mitgliedstaats keine Geldbußen vor, kann dieser Artikel so angewandt werden, dass die Geldbuße von der zuständigen Aufsichtsbehörde in die Wege geleitet und von den zuständigen nationalen Gerichten verhängt wird, wobei sicherzustellen ist, dass diese Rechtsbehelfe wirksam sind und die gleiche Wirkung wie die von Aufsichtsbehörden verhängten Geldbußen haben. ²In jeden Fall müssen die verhängten Geldbußen wirksam, verhältnismäßig und abschreckend sein. ³Die betreffenden Mitgliedstaaten teilen der Kommission bis zum 25. Mai 2018 die Rechtsvorschriften mit, die sie aufgrund dieses Absatzes erlassen, sowie unverzüglich alle späteren Änderungsgesetze oder Änderungen dieser Vorschriften.

Art. 84 Sanktionen. (1) ¹Die Mitgliedstaaten legen die Vorschriften über andere Sanktionen für Verstöße gegen diese Verordnung – insbesondere für Verstöße, die keiner Geldbuße gemäß Artikel 83 unterliegen – fest und treffen alle zu deren Anwendung erforderlichen Maßnahmen. ²Diese Sanktionen müssen wirksam, verhältnismäßig und abschreckend sein.

(2) Jeder Mitgliedstaat teilt der Kommission bis zum 25. Mai 2018 die Rechtsvorschriften, die er aufgrund von Absatz 1 erlässt, sowie unverzüglich alle späteren Änderungen dieser Vorschriften mit.

Kapitel IX. Vorschriften für besondere Verarbeitungssituationen

Art. 85 Verarbeitung und Freiheit der Meinungsäußerung und Informationsfreiheit. (1) Die Mitgliedstaaten bringen durch Rechtsvorschriften das Recht auf den Schutz personenbezogener Daten gemäß dieser Verordnung mit dem Recht auf freie Meinungsäußerung und Informationsfreiheit, einschließlich der Verarbeitung zu journalistischen Zwecken und zu wissenschaftlichen, künstlerischen oder literarischen Zwecken, in Einklang.

(2) Für die Verarbeitung, die zu journalistischen Zwecken oder zu wissenschaftlichen, künstlerischen oder literarischen Zwecken erfolgt, sehen die Mitgliedstaaten Abweichungen oder Ausnahmen von Kapitel II (Grundsätze), Kapitel III (Rechte der betroffenen Person), Kapitel IV (Verantwortlicher und Auftragsverarbeiter), Kapitel V (Übermittlung personenbezogener Daten an Drittländer oder an internationale Organisationen), Kapitel VI (Unabhängige Aufsichtsbehörden), Kapitel VII (Zusammenarbeit und Kohärenz) und Kapitel IX (Vorschriften für besondere Verarbeitungssituationen) vor, wenn dies erforderlich ist, um das Recht auf Schutz der personenbezogenen Daten mit der Freiheit der Meinungsäußerung und der Informationsfreiheit in Einklang zu bringen.

(3) Jeder Mitgliedstaat teilt der Kommission die Rechtsvorschriften, die er aufgrund von Absatz 2 erlassen hat, sowie unverzüglich alle späteren Änderungsgesetze oder Änderungen dieser Vorschriften mit.

Art. 86 Verarbeitung und Zugang der Öffentlichkeit zu amtlichen Dokumenten. Personenbezogene Daten in amtlichen Dokumenten, die sich im Besitz einer Behörde oder einer öffentlichen Einrichtung oder einer privaten Einrichtung zur Erfüllung einer im öffentlichen Interesse liegenden Aufgabe befinden, können von der Behörde oder der Einrichtung gemäß dem Unionsrecht oder dem Recht des Mitgliedstaats, dem die Behörde oder Einrichtung unterliegt, offengelegt werden, um den Zugang der Öffentlichkeit zu amtlichen Dokumenten mit dem Recht auf Schutz personenbezogener Daten gemäß dieser Verordnung in Einklang zu bringen.

Art. 87 Verarbeitung der nationalen Kennziffer. ¹Die Mitgliedstaaten können näher bestimmen, unter welchen spezifischen Bedingungen eine nationale Kennziffer oder andere Kennzeichen von allgemeiner Bedeutung Gegenstand einer Verarbeitung sein dürfen. ²In diesem Fall darf die nationale Kennziffer oder das andere Kennzeichen von allgemeiner Bedeutung nur unter Wahrung geeigneter Garantien für die Rechte und Freiheiten der betroffenen Person gemäß dieser Verordnung verwendet werden.

Art. 88 Datenverarbeitung im Beschäftigungskontext. (1) Die Mitgliedstaaten können durch Rechtsvorschriften oder durch Kollektivvereinbarungen spezifischere Vorschriften zur Gewährleistung des Schutzes der Rechte und Freiheiten hinsichtlich der Verarbeitung personenbezogener Beschäftigtendaten im Beschäftigungskontext, insbesondere für Zwecke der Einstellung, der Erfüllung des Arbeitsvertrags einschließlich der Erfüllung von durch Rechtsvorschriften oder durch Kollektivvereinbarungen festgelegten Pflichten, des Managements, der Planung und der Organisation der Arbeit, der Gleichheit und Diversität am Arbeitsplatz, der Gesundheit und Sicherheit am Arbeitsplatz, des Schutzes des Eigentums der Arbeitgeber oder der Kunden sowie für Zwecke der Inanspruchnahme der mit der Beschäftigung zusammenhängenden individuellen oder kollektiven Rechte und Leistungen und für Zwecke der Beendigung des Beschäftigungsverhältnisses vorsehen.

(2) Diese Vorschriften umfassen geeignete und besondere Maßnahmen zur Wahrung der menschlichen Würde, der berechtigten Interessen und der Grundrechte der betroffenen Person, insbesondere im Hinblick auf die Transparenz der Verarbeitung, die Übermittlung personenbezogener Daten innerhalb einer Unternehmensgruppe oder einer Gruppe von Unternehmen, die eine gemeinsame Wirtschaftstätigkeit ausüben, und die Überwachungssysteme am Arbeitsplatz.

(3) Jeder Mitgliedstaat teilt der Kommission bis zum 25. Mai 2018 die Rechtsvorschriften, die er aufgrund von Absatz 1 erlässt, sowie unverzüglich alle späteren Änderungen dieser Vorschriften mit.

Art. 89 Garantien und Ausnahmen in Bezug auf die Verarbeitung zu im öffentlichen Interesse liegenden Archivzwecken, zu wissenschaftlichen oder historischen Forschungszwecken und zu statistischen Zwecken. (1) ^{1}Die Verarbeitung zu im öffentlichen Interesse liegenden Archivzwecken, zu wissenschaftlichen oder historischen Forschungszwecken oder zu statistischen Zwecken unterliegt geeigneten Garantien für die Rechte und Freiheiten der betroffenen Person gemäß dieser Verordnung. ^{2}Mit diesen Garantien wird sichergestellt, dass technische und organisatorische Maßnahmen bestehen, mit denen insbesondere die Achtung des Grundsatzes der Datenminimierung gewährleistet wird. ^{3}Zu diesen Maßnahmen kann die Pseudonymisierung gehören, sofern es möglich ist, diese Zwecke auf diese Weise zu erfüllen. ^{4}In allen Fällen, in denen diese Zwecke durch die Weiterverarbeitung, bei der die Identifizierung von betroffenen Personen durch oder nicht mehr möglich ist, erfüllt werden können, werden diese Zwecke auf diese Weise erfüllt.

(2) Werden personenbezogene Daten zu wissenschaftlichen oder historischen Forschungszwecken oder zu statistischen Zwecken verarbeitet, können vorbehaltlich der Bedingungen und Garantien gemäß Absatz 1 des vorliegenden Artikels im Unionsrecht oder im Recht der Mitgliedstaaten insoweit Ausnahmen von den Rechten gemäß der Artikel 15, 16, 18 und 21 vorgesehen werden, als diese Rechte voraussichtlich die Verwirklichung der spezifischen Zwecke unmöglich machen oder ernsthaft beeinträchtigen und solche Ausnahmen für die Erfüllung dieser Zwecke notwendig sind.

(3) Werden personenbezogene Daten für im öffentlichen Interesse liegende Archivzwecke verarbeitet, können vorbehaltlich der Bedingungen und Garantien gemäß Absatz 1 des vorliegenden Artikels im Unionsrecht oder im Recht der Mitgliedstaaten insoweit Ausnahmen von den Rechten gemäß der Artikel 15, 16, 18, 19, 20 und 21 vorgesehen werden, als diese Rechte voraussichtlich die Verwirklichung der spezifischen Zwecke unmöglich machen oder

ernsthaft beeinträchtigen und solche Ausnahmen für die Erfüllung dieser Zwecke notwendig sind.

(4) Dient die in den Absätzen 2 und 3 genannte Verarbeitung gleichzeitig einem anderen Zweck, gelten die Ausnahmen nur für die Verarbeitung zu den in diesen Absätzen genannten Zwecken.

Art. 90 Geheimhaltungspflichten. (1) [1]Die Mitgliedstaaten können die Befugnisse der Aufsichtsbehörden im Sinne des Artikels 58 Absatz 1 Buchstaben e und f gegenüber den Verantwortlichen oder den Auftragsverarbeitern, die nach Unionsrecht oder dem Recht der Mitgliedstaaten oder nach einer von den zuständigen nationalen Stellen erlassenen Verpflichtung dem Berufsgeheimnis oder einer gleichwertigen Geheimhaltungspflicht unterliegen, regeln, soweit dies notwendig und verhältnismäßig ist, um das Recht auf Schutz der personenbezogenen Daten mit der Pflicht zur Geheimhaltung in Einklang zu bringen. [2]Diese Vorschriften gelten nur in Bezug auf personenbezogene Daten, die der Verantwortliche oder der Auftragsverarbeiter bei einer Tätigkeit erlangt oder erhoben hat, die einer solchen Geheimhaltungspflicht unterliegt.

(2) Jeder Mitgliedstaat teilt der Kommission bis zum 25. Mai 2018 die Vorschriften mit, die er aufgrund von Absatz 1 erlässt, und setzt sie unverzüglich von allen weiteren Änderungen dieser Vorschriften in Kenntnis.

12. Bundesdatenschutzgesetz (BDSG)[1)]

Vom 30. Juni 2017
(BGBl. I S. 2097)

FNA 204-4

zuletzt geänd. durch Art. 10 TelekommunikationsmodernisierungsG v. 23.6.2021 (BGBl. I S. 1858)

– Auszug –

Teil 1. Gemeinsame Bestimmungen

Kapitel 1. Anwendungsbereich und Begriffsbestimmungen

§ 1 Anwendungsbereich des Gesetzes. (1) [1]Dieses Gesetz gilt für die Verarbeitung personenbezogener Daten durch

1. öffentliche Stellen des Bundes,
2. öffentliche Stellen der Länder, soweit der Datenschutz nicht durch Landesgesetz geregelt ist und soweit sie
    a) Bundesrecht ausführen oder
    b) als Organe der Rechtspflege tätig werden und es sich nicht um Verwaltungsangelegenheiten handelt.

[2]Für nichtöffentliche Stellen gilt dieses Gesetz für die ganz oder teilweise automatisierte Verarbeitung personenbezogener Daten sowie die nicht automatisierte Verarbeitung personenbezogener Daten, die in einem Dateisystem gespeichert sind oder gespeichert werden sollen, es sei denn, die Verarbeitung durch natürliche Personen erfolgt zur Ausübung ausschließlich persönlicher oder familiärer Tätigkeiten.

(2) [1]Andere Rechtsvorschriften des Bundes über den Datenschutz gehen den Vorschriften dieses Gesetzes vor. [2]Regeln sie einen Sachverhalt, für den dieses Gesetz gilt, nicht oder nicht abschließend, finden die Vorschriften dieses Gesetzes Anwendung. [3]Die Verpflichtung zur Wahrung gesetzlicher Geheimhaltungspflichten oder von Berufs- oder besonderen Amtsgeheimnissen, die nicht auf gesetzlichen Vorschriften beruhen, bleibt unberührt.

(3) Die Vorschriften dieses Gesetzes gehen denen des Verwaltungsverfahrensgesetzes[2)] vor, soweit bei der Ermittlung des Sachverhalts personenbezogene Daten verarbeitet werden.

(4) [1]Dieses Gesetz findet Anwendung auf öffentliche Stellen. [2]Auf nichtöffentliche Stellen findet es Anwendung, sofern

1. der Verantwortliche oder Auftragsverarbeiter personenbezogene Daten im Inland verarbeitet,
2. die Verarbeitung personenbezogener Daten im Rahmen der Tätigkeiten einer inländischen Niederlassung des Verantwortlichen oder Auftragsverarbeiters erfolgt oder

---

[1)] Verkündet als Art. 1 des Datenschutz-Anpassungs- und -UmsetzungsG EU v. 30.6.2017 (BGBl. I S. 2097); Inkrafttreten gem. Art. 8 Abs. 1 dieses G am 25.5.2018.
[2)] Auszugsweise abgedruckt unter Nr. **36**.

3. der Verantwortliche oder Auftragsverarbeiter zwar keine Niederlassung in einem Mitgliedstaat der Europäischen Union oder in einem anderen Vertragsstaat des Abkommens über den Europäischen Wirtschaftsraum hat, er aber in den Anwendungsbereich der Verordnung (EU) 2016/679 des Europäischen Parlaments und des Rates vom 27. April 2016 zum Schutz natürlicher Personen bei der Verarbeitung personenbezogener Daten, zum freien Datenverkehr und zur Aufhebung der Richtlinie 95/46/EG (Datenschutz-Grundverordnung) (ABl. L 119 vom 4.5.2016, S. 1; L 314 vom 22.11.2016, S. 72; L 127 vom 23.5.2018, S. 2) in der jeweils geltenden Fassung fällt.

[3] Sofern dieses Gesetz nicht gemäß Satz 2 Anwendung findet, gelten für den Verantwortlichen oder Auftragsverarbeiter nur die §§ 8 bis 21, 39 bis 44.

(5) Die Vorschriften dieses Gesetzes finden keine Anwendung, soweit das Recht der Europäischen Union, im Besonderen die Verordnung (EU) 2016/679 in der jeweils geltenden Fassung, unmittelbar gilt.

(6) [1] Bei Verarbeitungen zu Zwecken gemäß Artikel 2 der Verordnung (EU) 2016/679[1]) stehen die Vertragsstaaten des Abkommens über den Europäischen Wirtschaftsraum den Mitgliedstaaten der Europäischen Union gleich. [2] Andere Staaten gelten insoweit als Drittstaaten.

(7) [1] Bei Verarbeitungen zu Zwecken gemäß Artikel 1 Absatz 1 der Richtlinie (EU) 2016/680 des Europäischen Parlaments und des Rates vom 27. April 2016 zum Schutz natürlicher Personen bei der Verarbeitung personenbezogener Daten durch die zuständigen Behörden zum Zwecke der Verhütung, Ermittlung, Aufdeckung oder Verfolgung von Straftaten oder der Strafvollstreckung sowie zum freien Datenverkehr und zur Aufhebung des Rahmenbeschlusses 2008/977/JI des Rates (ABl. L 119 vom 4.5.2016, S. 89) stehen die bei der Umsetzung, Anwendung und Entwicklung des Schengen-Besitzstands assoziierten Staaten den Mitgliedstaaten der Europäischen Union gleich. [2] Andere Staaten gelten insoweit als Drittstaaten.

(8) Für Verarbeitungen personenbezogener Daten durch öffentliche Stellen im Rahmen von nicht in die Anwendungsbereiche der Verordnung (EU) 2016/679 und der Richtlinie (EU) 2016/680 fallenden Tätigkeiten finden die Verordnung (EU) 2016/679 und die Teile 1 und 2 dieses Gesetzes entsprechend Anwendung, soweit nicht in diesem Gesetz oder einem anderen Gesetz Abweichendes geregelt ist.

§ 2 Begriffsbestimmungen. (1) Öffentliche Stellen des Bundes sind die Behörden, die Organe der Rechtspflege und andere öffentlich-rechtlich organisierte Einrichtungen des Bundes, der bundesunmittelbaren Körperschaften, der Anstalten und Stiftungen des öffentlichen Rechts sowie deren Vereinigungen ungeachtet ihrer Rechtsform.

(2) Öffentliche Stellen der Länder sind die Behörden, die Organe der Rechtspflege und andere öffentlich-rechtlich organisierte Einrichtungen eines Landes, einer Gemeinde, eines Gemeindeverbandes oder sonstiger der Aufsicht des Landes unterstehender juristischer Personen des öffentlichen Rechts sowie deren Vereinigungen ungeachtet ihrer Rechtsform.

(3) [1] Vereinigungen des privaten Rechts von öffentlichen Stellen des Bundes und der Länder, die Aufgaben der öffentlichen Verwaltung wahrnehmen,

---

[1]) Nr. 11.

gelten ungeachtet der Beteiligung nichtöffentlicher Stellen als öffentliche Stellen des Bundes, wenn
1. sie über den Bereich eines Landes hinaus tätig werden oder
2. dem Bund die absolute Mehrheit der Anteile gehört oder die absolute Mehrheit der Stimmen zusteht.

[2] Andernfalls gelten sie als öffentliche Stellen der Länder.

(4) [1] Nichtöffentliche Stellen sind natürliche und juristische Personen, Gesellschaften und andere Personenvereinigungen des privaten Rechts, soweit sie nicht unter die Absätze 1 bis 3 fallen. [2] Nimmt eine nichtöffentliche Stelle hoheitliche Aufgaben der öffentlichen Verwaltung wahr, ist sie insoweit öffentliche Stelle im Sinne dieses Gesetzes.

(5) [1] Öffentliche Stellen des Bundes gelten als nichtöffentliche Stellen im Sinne dieses Gesetzes, soweit sie als öffentlich-rechtliche Unternehmen am Wettbewerb teilnehmen. [2] Als nichtöffentliche Stellen im Sinne dieses Gesetzes gelten auch öffentliche Stellen der Länder, soweit sie als öffentlich-rechtliche Unternehmen am Wettbewerb teilnehmen, Bundesrecht ausführen und der Datenschutz nicht durch Landesgesetz geregelt ist.

Kapitel 2. Rechtsgrundlagen der Verarbeitung personenbezogener Daten

§ 3 Verarbeitung personenbezogener Daten durch öffentliche Stellen.

Die Verarbeitung personenbezogener Daten durch eine öffentliche Stelle ist zulässig, wenn sie zur Erfüllung der in der Zuständigkeit des Verantwortlichen liegenden Aufgabe oder in Ausübung öffentlicher Gewalt, die dem Verantwortlichen übertragen wurde, erforderlich ist.

§ 4 Videoüberwachung öffentlich zugänglicher Räume.
(1) [1] Die Beobachtung öffentlich zugänglicher Räume mit optisch-elektronischen Einrichtungen (Videoüberwachung) ist nur zulässig, soweit sie
1. zur Aufgabenerfüllung öffentlicher Stellen,
2. zur Wahrnehmung des Hausrechts oder
3. zur Wahrnehmung berechtigter Interessen für konkret festgelegte Zwecke

erforderlich ist und keine Anhaltspunkte bestehen, dass schutzwürdige Interessen der betroffenen Personen überwiegen. [2] Bei der Videoüberwachung von
1. öffentlich zugänglichen großflächigen Anlagen, wie insbesondere Sport-, Versammlungs- und Vergnügungsstätten, Einkaufszentren oder Parkplätzen, oder
2. Fahrzeugen und öffentlich zugänglichen großflächigen Einrichtungen des öffentlichen Schienen-, Schiffs- und Busverkehrs

gilt der Schutz von Leben, Gesundheit oder Freiheit von dort aufhältigen Personen als ein besonders wichtiges Interesse.

(2) Der Umstand der Beobachtung und der Name und die Kontaktdaten des Verantwortlichen sind durch geeignete Maßnahmen zum frühestmöglichen Zeitpunkt erkennbar zu machen.

(3) [1] Die Speicherung oder Verwendung von nach Absatz 1 erhobenen Daten ist zulässig, wenn sie zum Erreichen des verfolgten Zwecks erforderlich ist und keine Anhaltspunkte bestehen, dass schutzwürdige Interessen der be-

troffenen Personen überwiegen. ²Absatz 1 Satz 2 gilt entsprechend. ³Für einen anderen Zweck dürfen sie nur weiterverarbeitet werden, soweit dies zur Abwehr von Gefahren für die staatliche und öffentliche Sicherheit sowie zur Verfolgung von Straftaten erforderlich ist.

(4) ¹Werden durch Videoüberwachung erhobene Daten einer bestimmten Person zugeordnet, so besteht die Pflicht zur Information der betroffenen Person über die Verarbeitung gemäß den Artikeln 13 und 14 der Verordnung (EU) 2016/679[1]. ²§ 32 gilt entsprechend.

(5) Die Daten sind unverzüglich zu löschen, wenn sie zur Erreichung des Zwecks nicht mehr erforderlich sind oder schutzwürdige Interessen der betroffenen Personen einer weiteren Speicherung entgegenstehen.

Kapitel 3. Datenschutzbeauftragte öffentlicher Stellen

§ 5 Benennung. (1) ¹Öffentliche Stellen benennen eine Datenschutzbeauftragte oder einen Datenschutzbeauftragten. ²Dies gilt auch für öffentliche Stellen nach § 2 Absatz 5, die am Wettbewerb teilnehmen.

(2) Für mehrere öffentliche Stellen kann unter Berücksichtigung ihrer Organisationsstruktur und ihrer Größe eine gemeinsame Datenschutzbeauftragte oder ein gemeinsamer Datenschutzbeauftragter benannt werden.

(3) Die oder der Datenschutzbeauftragte wird auf der Grundlage ihrer oder seiner beruflichen Qualifikation und insbesondere ihres oder seines Fachwissens benannt, das sie oder er auf dem Gebiet des Datenschutzrechts und der Datenschutzpraxis besitzt, sowie auf der Grundlage ihrer oder seiner Fähigkeit zur Erfüllung der in § 7 genannten Aufgaben.

(4) Die oder der Datenschutzbeauftragte kann Beschäftigte oder Beschäftigter der öffentlichen Stelle sein oder ihre oder seine Aufgaben auf der Grundlage eines Dienstleistungsvertrags erfüllen.

(5) Die öffentliche Stelle veröffentlicht die Kontaktdaten der oder des Datenschutzbeauftragten und teilt diese Daten der oder dem Bundesbeauftragten für den Datenschutz und die Informationsfreiheit mit.

§ 6 Stellung. (1) Die öffentliche Stelle stellt sicher, dass die oder der Datenschutzbeauftragte ordnungsgemäß und frühzeitig in alle mit dem Schutz personenbezogener Daten zusammenhängenden Fragen eingebunden wird.

(2) Die öffentliche Stelle unterstützt die Datenschutzbeauftragte oder den Datenschutzbeauftragten bei der Erfüllung ihrer oder seiner Aufgaben gemäß § 7, indem sie die für die Erfüllung dieser Aufgaben erforderlichen Ressourcen und den Zugang zu personenbezogenen Daten und Verarbeitungsvorgängen sowie die zur Erhaltung ihres oder seines Fachwissens erforderlichen Ressourcen zur Verfügung stellt.

(3) ¹Die öffentliche Stelle stellt sicher, dass die oder der Datenschutzbeauftragte bei der Erfüllung ihrer oder seiner Aufgaben keine Anweisungen bezüglich der Ausübung dieser Aufgaben erhält. ²Die oder der Datenschutzbeauftragte berichtet unmittelbar der höchsten Leitungsebene der öffentlichen Stelle. ³Die oder der Datenschutzbeauftragte darf von der öffentlichen Stelle wegen der Erfüllung ihrer oder seiner Aufgaben nicht abberufen oder benachteiligt werden.

---

[1] Nr. 11.

(4) ¹Die Abberufung der oder des Datenschutzbeauftragten ist nur in entsprechender Anwendung des § 626 des Bürgerlichen Gesetzbuchs zulässig. ²Die Kündigung des Arbeitsverhältnisses ist unzulässig, es sei denn, dass Tatsachen vorliegen, welche die öffentliche Stelle zur Kündigung aus wichtigem Grund ohne Einhaltung einer Kündigungsfrist berechtigen. ³Nach dem Ende der Tätigkeit als Datenschutzbeauftragte oder als Datenschutzbeauftragter ist die Kündigung des Arbeitsverhältnisses innerhalb eines Jahres unzulässig, es sei denn, dass die öffentliche Stelle zur Kündigung aus wichtigem Grund ohne Einhaltung einer Kündigungsfrist berechtigt ist.

(5) ¹Betroffene Personen können die Datenschutzbeauftragte oder den Datenschutzbeauftragten zu allen mit der Verarbeitung ihrer personenbezogenen Daten und mit der Wahrnehmung ihrer Rechte gemäß der Verordnung (EU) 2016/679, diesem Gesetz sowie anderen Rechtsvorschriften über den Datenschutz im Zusammenhang stehenden Fragen zu Rate ziehen. ²Die oder der Datenschutzbeauftragte ist zur Verschwiegenheit über die Identität der betroffenen Person sowie über Umstände, die Rückschlüsse auf die betroffene Person zulassen, verpflichtet, soweit sie oder er nicht davon durch die betroffene Person befreit wird.

(6) ¹Wenn die oder der Datenschutzbeauftragte bei ihrer oder seiner Tätigkeit Kenntnis von Daten erhält, für die der Leitung oder einer bei der öffentlichen Stelle beschäftigten Person aus beruflichen Gründen ein Zeugnisverweigerungsrecht zusteht, steht dieses Recht auch der oder dem Datenschutzbeauftragten und den ihr oder ihm unterstellten Beschäftigten zu. ²Über die Ausübung dieses Rechts entscheidet die Person, der das Zeugnisverweigerungsrecht aus beruflichen Gründen zusteht, es sei denn, dass diese Entscheidung in absehbarer Zeit nicht herbeigeführt werden kann. ³Soweit das Zeugnisverweigerungsrecht der oder des Datenschutzbeauftragten reicht, unterliegen ihre oder seine Akten und andere Dokumente einem Beschlagnahmeverbot.

§ 7 Aufgaben. (1) ¹Der oder dem Datenschutzbeauftragten obliegen neben den in der Verordnung (EU) 2016/679 genannten Aufgaben zumindest folgende Aufgaben:
1. Unterrichtung und Beratung der öffentlichen Stelle und der Beschäftigten, die Verarbeitungen durchführen, hinsichtlich ihrer Pflichten nach diesem Gesetz und sonstigen Vorschriften über den Datenschutz, einschließlich der zur Umsetzung der Richtlinie (EU) 2016/680 erlassenen Rechtsvorschriften;
2. Überwachung der Einhaltung dieses Gesetzes und sonstiger Vorschriften über den Datenschutz, einschließlich der zur Umsetzung der Richtlinie (EU) 2016/680 erlassenen Rechtsvorschriften, sowie der Strategien der öffentlichen Stelle für den Schutz personenbezogener Daten, einschließlich der Zuweisung von Zuständigkeiten, der Sensibilisierung und der Schulung der an den Verarbeitungsvorgängen beteiligten Beschäftigten und der diesbezüglichen Überprüfungen;
3. Beratung im Zusammenhang mit der Datenschutz-Folgenabschätzung und Überwachung ihrer Durchführung gemäß § 67 dieses Gesetzes;
4. Zusammenarbeit mit der Aufsichtsbehörde;
5. Tätigkeit als Anlaufstelle für die Aufsichtsbehörde in mit der Verarbeitung zusammenhängenden Fragen, einschließlich der vorherigen Konsultation

gemäß § 69 dieses Gesetzes, und gegebenenfalls Beratung zu allen sonstigen Fragen.

²Im Fall einer oder eines bei einem Gericht bestellten Datenschutzbeauftragten beziehen sich diese Aufgaben nicht auf das Handeln des Gerichts im Rahmen seiner justiziellen Tätigkeit.

(2) ¹Die oder der Datenschutzbeauftragte kann andere Aufgaben und Pflichten wahrnehmen. ²Die öffentliche Stelle stellt sicher, dass derartige Aufgaben und Pflichten nicht zu einem Interessenkonflikt führen.

(3) Die oder der Datenschutzbeauftragte trägt bei der Erfüllung ihrer oder seiner Aufgaben dem mit den Verarbeitungsvorgängen verbundenen Risiko gebührend Rechnung, wobei sie oder er die Art, den Umfang, die Umstände und die Zwecke der Verarbeitung berücksichtigt.

Kapitel 4. Die oder der Bundesbeauftragte für den Datenschutz und die Informationsfreiheit

§ 8 Errichtung. (1) ¹Die oder der Bundesbeauftragte für den Datenschutz und die Informationsfreiheit (Bundesbeauftragte) ist eine oberste Bundesbehörde. ²Der Dienstsitz ist Bonn.

(2) Die Beamtinnen und Beamten der oder des Bundesbeauftragten sind Beamtinnen und Beamte des Bundes.

(3) ¹Die oder der Bundesbeauftragte kann Aufgaben der Personalverwaltung und Personalwirtschaft auf andere Stellen des Bundes übertragen, soweit hierdurch die Unabhängigkeit der oder des Bundesbeauftragten nicht beeinträchtigt wird. ²Diesen Stellen dürfen personenbezogene Daten der Beschäftigten übermittelt werden, soweit deren Kenntnis zur Erfüllung der übertragenen Aufgaben erforderlich ist.

§ 9 Zuständigkeit. (1) ¹Die oder der Bundesbeauftragte ist zuständig für die Aufsicht über die öffentlichen Stellen des Bundes, auch soweit sie als öffentlich-rechtliche Unternehmen am Wettbewerb teilnehmen, sowie über Unternehmen, soweit diese für die geschäftsmäßige Erbringung von Telekommunikationsdienstleistungen Daten von natürlichen oder juristischen Personen verarbeiten und sich die Zuständigkeit nicht bereits aus § 27 des Telekommunikation-Telemedien-Datenschutz-Gesetzes[1)] ergibt. ²Die Vorschriften dieses Kapitels gelten auch für Auftragsverarbeiter, soweit sie nichtöffentliche Stellen sind, bei denen dem Bund die Mehrheit der Anteile gehört oder die Mehrheit der Stimmen zusteht und der Auftraggeber eine öffentliche Stelle des Bundes ist.

(2) Die oder der Bundesbeauftragte ist nicht zuständig für die Aufsicht über die von den Bundesgerichten im Rahmen ihrer justiziellen Tätigkeit vorgenommenen Verarbeitungen.

§ 10 Unabhängigkeit. (1) ¹Die oder der Bundesbeauftragte handelt bei der Erfüllung ihrer oder seiner Aufgaben und bei der Ausübung ihrer oder seiner Befugnisse völlig unabhängig. ²Sie oder er unterliegt weder direkter noch indirekter Beeinflussung von außen und ersucht weder um Weisung noch nimmt sie oder er Weisungen entgegen.

[1)] Nr. 13.

(2) Die oder der Bundesbeauftragte unterliegt der Rechnungsprüfung durch den Bundesrechnungshof, soweit hierdurch ihre oder seine Unabhängigkeit nicht beeinträchtigt wird.

§ 11 Ernennung und Amtszeit. (1) [1] Der Deutsche Bundestag wählt ohne Aussprache auf Vorschlag der Bundesregierung die Bundesbeauftragte oder den Bundesbeauftragten mit mehr als der Hälfte der gesetzlichen Zahl seiner Mitglieder. [2] Die oder der Gewählte ist von der Bundespräsidentin oder dem Bundespräsidenten zu ernennen. [3] Die oder der Bundesbeauftragte muss bei ihrer oder seiner Wahl das 35. Lebensjahr vollendet haben. [4] Sie oder er muss über die für die Erfüllung ihrer oder seiner Aufgaben und Ausübung ihrer oder seiner Befugnisse erforderliche Qualifikation, Erfahrung und Sachkunde insbesondere im Bereich des Schutzes personenbezogener Daten verfügen. [5] Insbesondere muss die oder der Bundesbeauftragte über durch einschlägige Berufserfahrung erworbene Kenntnisse des Datenschutzrechts verfügen und die Befähigung zum Richteramt oder höheren Verwaltungsdienst haben.

(2) [1] Die oder der Bundesbeauftragte leistet vor der Bundespräsidentin oder dem Bundespräsidenten folgenden Eid: „Ich schwöre, dass ich meine Kraft dem Wohle des deutschen Volkes widmen, seinen Nutzen mehren, Schaden von ihm wenden, das Grundgesetz und die Gesetze des Bundes wahren und verteidigen, meine Pflichten gewissenhaft erfüllen und Gerechtigkeit gegen jedermann üben werde. So wahr mir Gott helfe." [2] Der Eid kann auch ohne religiöse Beteuerung geleistet werden.

(3) [1] Die Amtszeit der oder des Bundesbeauftragten beträgt fünf Jahre. [2] Einmalige Wiederwahl ist zulässig.

§ 12 Amtsverhältnis. (1) Die oder der Bundesbeauftragte steht nach Maßgabe dieses Gesetzes zum Bund in einem öffentlich-rechtlichen Amtsverhältnis.

(2) [1] Das Amtsverhältnis beginnt mit der Aushändigung der Ernennungsurkunde. [2] Es endet mit dem Ablauf der Amtszeit oder mit dem Rücktritt. [3] Die Bundespräsidentin oder der Bundespräsident enthebt auf Vorschlag der Präsidentin oder des Präsidenten des Bundestages die Bundesbeauftragte ihres oder den Bundesbeauftragten seines Amtes, wenn die oder der Bundesbeauftragte eine schwere Verfehlung begangen hat oder die Voraussetzungen für die Wahrnehmung ihrer oder seiner Aufgaben nicht mehr erfüllt. [4] Im Fall der Beendigung des Amtsverhältnisses oder der Amtsenthebung erhält die oder der Bundesbeauftragte eine von der Bundespräsidentin oder dem Bundespräsidenten vollzogene Urkunde. [5] Eine Amtsenthebung wird mit der Aushändigung der Urkunde wirksam. [6] Endet das Amtsverhältnis mit Ablauf der Amtszeit, ist die oder der Bundesbeauftragte verpflichtet, auf Ersuchen der Präsidentin oder des Präsidenten des Bundestages die Geschäfte bis zur Ernennung einer Nachfolgerin oder eines Nachfolgers für die Dauer von höchstens sechs Monaten weiterzuführen.

(3) [1] Die Leitende Beamtin oder der Leitende Beamte nimmt die Rechte der oder des Bundesbeauftragten wahr, wenn die oder der Bundesbeauftragte an der Ausübung ihres oder seines Amtes verhindert ist oder wenn ihr oder sein Amtsverhältnis endet und sie oder er nicht zur Weiterführung der Geschäfte verpflichtet ist. [2] § 10 Absatz 1 ist entsprechend anzuwenden.

(4) [1] Die oder der Bundesbeauftragte erhält vom Beginn des Kalendermonats an, in dem das Amtsverhältnis beginnt, bis zum Schluss des Kalendermonats, in

dem das Amtsverhältnis endet, im Fall des Absatzes 2 Satz 6 bis zum Ende des Monats, in dem die Geschäftsführung endet, Amtsbezüge in Höhe der Besoldungsgruppe B 11 sowie den Familienzuschlag entsprechend Anlage V des Bundesbesoldungsgesetzes. ²Das Bundesreisekostengesetz und das Bundesumzugskostengesetz sind entsprechend anzuwenden. ³Im Übrigen sind § 12 Absatz 6 sowie die §§ 13 bis 20 und 21a Absatz 5 des Bundesministergesetzes mit den Maßgaben anzuwenden, dass an die Stelle der vierjährigen Amtszeit in § 15 Absatz 1 des Bundesministergesetzes eine Amtszeit von fünf Jahren tritt. ⁴Abweichend von Satz 3 in Verbindung mit den §§ 15 bis 17 und 21a Absatz 5 des Bundesministergesetzes berechnet sich das Ruhegehalt der oder des Bundesbeauftragten unter Hinzurechnung der Amtszeit als ruhegehaltsfähige Dienstzeit in entsprechender Anwendung des Beamtenversorgungsgesetzes, wenn dies günstiger ist und die oder der Bundesbeauftragte sich unmittelbar vor ihrer oder seiner Wahl zur oder zum Bundesbeauftragten als Beamtin oder Beamter oder als Richterin oder Richter mindestens in dem letzten gewöhnlich vor Erreichen der Besoldungsgruppe B 11 zu durchlaufenden Amt befunden hat.

§ 13 Rechte und Pflichten. (1) ¹Die oder der Bundesbeauftragte sieht von allen mit den Aufgaben ihres oder seines Amtes nicht zu vereinbarenden Handlungen ab und übt während ihrer oder seiner Amtszeit keine andere mit ihrem oder seinem Amt nicht zu vereinbarende entgeltliche oder unentgeltliche Tätigkeit aus. ²Insbesondere darf die oder der Bundesbeauftragte neben ihrem oder seinem Amt kein anderes besoldetes Amt, kein Gewerbe und keinen Beruf ausüben und weder der Leitung oder dem Aufsichtsrat oder Verwaltungsrat eines auf Erwerb gerichteten Unternehmens noch einer Regierung oder einer gesetzgebenden Körperschaft des Bundes oder eines Landes angehören. ³Sie oder er darf nicht gegen Entgelt außergerichtliche Gutachten abgeben.

(2) ¹Die oder der Bundesbeauftragte hat der Präsidentin oder dem Präsidenten des Bundestages Mitteilung über Geschenke zu machen, die sie oder er in Bezug auf das Amt erhält. ²Die Präsidentin oder der Präsident des Bundestages entscheidet über die Verwendung der Geschenke. ³Sie oder er kann Verfahrensvorschriften erlassen.

(3) ¹Die oder der Bundesbeauftragte ist berechtigt, über Personen, die ihr oder ihm in ihrer oder seiner Eigenschaft als Bundesbeauftragte oder Bundesbeauftragter Tatsachen anvertraut haben, sowie über diese Tatsachen selbst das Zeugnis zu verweigern. ²Dies gilt auch für die Mitarbeiterinnen und Mitarbeiter der oder des Bundesbeauftragten mit der Maßgabe, dass über die Ausübung dieses Rechts die oder der Bundesbeauftragte entscheidet. ³Soweit das Zeugnisverweigerungsrecht der oder des Bundesbeauftragten reicht, darf die Vorlegung oder Auslieferung von Akten oder anderen Dokumenten von ihr oder ihm nicht gefordert werden.

(4) ¹Die oder der Bundesbeauftragte ist, auch nach Beendigung ihres oder seines Amtsverhältnisses, verpflichtet, über die ihr oder ihm amtlich bekanntgewordenen Angelegenheiten Verschwiegenheit zu bewahren. ²Dies gilt nicht für Mitteilungen im dienstlichen Verkehr oder über Tatsachen, die offenkundig sind oder ihrer Bedeutung nach keiner Geheimhaltung bedürfen. ³Die oder der Bundesbeauftragte entscheidet nach pflichtgemäßem Ermessen, ob und inwieweit sie oder er über solche Angelegenheiten vor Gericht oder außergerichtlich aussagt oder Erklärungen abgibt; wenn sie oder er nicht mehr im Amt

ist, ist die Genehmigung der oder des amtierenden Bundesbeauftragten erforderlich. ⁴ Unberührt bleibt die gesetzlich begründete Pflicht, Straftaten anzuzeigen und bei einer Gefährdung der freiheitlichen demokratischen Grundordnung für deren Erhaltung einzutreten. ⁵ Für die Bundesbeauftragte oder den Bundesbeauftragten und ihre oder seine Mitarbeiterinnen und Mitarbeiter gelten die §§ 93, 97 und 105 Absatz 1, § 111 Absatz 5 in Verbindung mit § 105 Absatz 1 sowie § 116 Absatz 1 der Abgabenordnung nicht. ⁶ Satz 5 findet keine Anwendung, soweit die Finanzbehörden die Kenntnis für die Durchführung eines Verfahrens wegen einer Steuerstraftat sowie eines damit zusammenhängenden Steuerverfahrens benötigen, an deren Verfolgung ein zwingendes öffentliches Interesse besteht, oder soweit es sich um vorsätzlich falsche Angaben der oder des Auskunftspflichtigen oder der für sie oder ihn tätigen Personen handelt. ⁷ Stellt die oder der Bundesbeauftragte einen Datenschutzverstoß fest, ist sie oder er befugt, diesen anzuzeigen und die betroffene Person hierüber zu informieren.

(5) ¹ Die oder der Bundesbeauftragte darf als Zeugin oder Zeuge aussagen, es sei denn, die Aussage würde

1. dem Wohl des Bundes oder eines Landes Nachteile bereiten, insbesondere Nachteile für die Sicherheit der Bundesrepublik Deutschland oder ihre Beziehungen zu anderen Staaten, oder
2. Grundrechte verletzen.

² Betrifft die Aussage laufende oder abgeschlossene Vorgänge, die dem Kernbereich exekutiver Eigenverantwortung der Bundesregierung zuzurechnen sind oder sein könnten, darf die oder der Bundesbeauftragte nur im Benehmen mit der Bundesregierung aussagen. ³ § 28 des Bundesverfassungsgerichtsgesetzes bleibt unberührt.

(6) Die Absätze 3 und 4 Satz 5 bis 7 gelten entsprechend für die öffentlichen Stellen, die für die Kontrolle der Einhaltung der Vorschriften über den Datenschutz in den Ländern zuständig sind.

§ 14 Aufgaben.

(1) ¹ Die oder der Bundesbeauftragte hat neben den in der Verordnung (EU) 2016/679[1)] genannten Aufgaben die Aufgaben,

1. die Anwendung dieses Gesetzes und sonstiger Vorschriften über den Datenschutz, einschließlich der zur Umsetzung der Richtlinie (EU) 2016/680 erlassenen Rechtsvorschriften, zu überwachen und durchzusetzen,
2. die Öffentlichkeit für die Risiken, Vorschriften, Garantien und Rechte im Zusammenhang mit der Verarbeitung personenbezogener Daten zu sensibilisieren und sie darüber aufzuklären, wobei spezifische Maßnahmen für Kinder besondere Beachtung finden,
3. den Deutschen Bundestag und den Bundesrat, die Bundesregierung und andere Einrichtungen und Gremien über legislative und administrative Maßnahmen zum Schutz der Rechte und Freiheiten natürlicher Personen in Bezug auf die Verarbeitung personenbezogener Daten zu beraten,
4. die Verantwortlichen und die Auftragsverarbeiter für die ihnen aus diesem Gesetz und sonstigen Vorschriften über den Datenschutz, einschließlich den zur Umsetzung der Richtlinie (EU) 2016/680 erlassenen Rechtsvorschriften, entstehenden Pflichten zu sensibilisieren,

---

[1)] Auszugsweise abgedruckt unter Nr. **11**.

5. auf Anfrage jeder betroffenen Person Informationen über die Ausübung ihrer Rechte aufgrund dieses Gesetzes und sonstiger Vorschriften über den Datenschutz, einschließlich der zur Umsetzung der Richtlinie (EU) 2016/680 erlassenen Rechtsvorschriften, zur Verfügung zu stellen und gegebenenfalls zu diesem Zweck mit den Aufsichtsbehörden in anderen Mitgliedstaaten zusammenzuarbeiten,
6. sich mit Beschwerden einer betroffenen Person oder Beschwerden einer Stelle, einer Organisation oder eines Verbandes gemäß Artikel 55 der Richtlinie (EU) 2016/680 zu befassen, den Gegenstand der Beschwerde in angemessenem Umfang zu untersuchen und den Beschwerdeführer innerhalb einer angemessenen Frist über den Fortgang und das Ergebnis der Untersuchung zu unterrichten, insbesondere, wenn eine weitere Untersuchung oder Koordinierung mit einer anderen Aufsichtsbehörde notwendig ist,
7. mit anderen Aufsichtsbehörden zusammenzuarbeiten, auch durch Informationsaustausch, und ihnen Amtshilfe zu leisten, um die einheitliche Anwendung und Durchsetzung dieses Gesetzes und sonstiger Vorschriften über den Datenschutz, einschließlich der zur Umsetzung der Richtlinie (EU) 2016/680 erlassenen Rechtsvorschriften, zu gewährleisten,
8. Untersuchungen über die Anwendung dieses Gesetzes und sonstiger Vorschriften über den Datenschutz, einschließlich der zur Umsetzung der Richtlinie (EU) 2016/680 erlassenen Rechtsvorschriften, durchzuführen, auch auf der Grundlage von Informationen einer anderen Aufsichtsbehörde oder einer anderen Behörde,
9. maßgebliche Entwicklungen zu verfolgen, soweit sie sich auf den Schutz personenbezogener Daten auswirken, insbesondere die Entwicklung der Informations- und Kommunikationstechnologie und der Geschäftspraktiken,
10. Beratung in Bezug auf die in § 69 genannten Verarbeitungsvorgänge zu leisten und
11. Beiträge zur Tätigkeit des Europäischen Datenschutzausschusses zu leisten.

[2] Im Anwendungsbereich der Richtlinie (EU) 2016/680 nimmt die oder der Bundesbeauftragte zudem die Aufgabe nach § 60 wahr.

(2) [1] Zur Erfüllung der in Absatz 1 Satz 1 Nummer 3 genannten Aufgabe kann die oder der Bundesbeauftragte zu allen Fragen, die im Zusammenhang mit dem Schutz personenbezogener Daten stehen, von sich aus oder auf Anfrage Stellungnahmen an den Deutschen Bundestag oder einen seiner Ausschüsse, den Bundesrat, die Bundesregierung, sonstige Einrichtungen und Stellen sowie an die Öffentlichkeit richten. [2] Auf Ersuchen des Deutschen Bundestages, eines seiner Ausschüsse oder der Bundesregierung geht die oder der Bundesbeauftragte ferner Hinweisen auf Angelegenheiten und Vorgänge des Datenschutzes bei den öffentlichen Stellen des Bundes nach.

(3) Die oder der Bundesbeauftragte erleichtert das Einreichen der in Absatz 1 Satz 1 Nummer 6 genannten Beschwerden durch Maßnahmen wie etwa die Bereitstellung eines Beschwerdeformulars, das auch elektronisch ausgefüllt werden kann, ohne dass andere Kommunikationsmittel ausgeschlossen werden.

(4) [1] Die Erfüllung der Aufgaben der oder des Bundesbeauftragten ist für die betroffene Person unentgeltlich. [2] Bei offenkundig unbegründeten oder, insbesondere im Fall von häufiger Wiederholung, excessiven Anfragen kann die

oder der Bundesbeauftragte eine angemessene Gebühr auf der Grundlage der Verwaltungskosten verlangen oder sich weigern, aufgrund der Anfrage tätig zu werden. ³In diesem Fall trägt die oder der Bundesbeauftragte die Beweislast für den offenkundig unbegründeten oder exzessiven Charakter der Anfrage.

§ 15 Tätigkeitsbericht. ¹Die oder der Bundesbeauftragte erstellt einen Jahresbericht über ihre oder seine Tätigkeit, der eine Liste der Arten der gemeldeten Verstöße und der Arten der getroffenen Maßnahmen, einschließlich der verhängten Sanktionen und der Maßnahmen nach Artikel 58 Absatz 2 der Verordnung (EU) 2016/679[1], enthalten kann. ²Die oder der Bundesbeauftragte übermittelt den Bericht dem Deutschen Bundestag, dem Bundesrat und der Bundesregierung und macht ihn der Öffentlichkeit, der Europäischen Kommission und dem Europäischen Datenschutzausschuss zugänglich.

§ 16 Befugnisse. (1) ¹Die oder der Bundesbeauftragte nimmt im Anwendungsbereich der Verordnung (EU) 2016/679 die Befugnisse gemäß Artikel 58 der Verordnung (EU) 2016/679[1] wahr. ²Kommt die oder der Bundesbeauftragte zu dem Ergebnis, dass Verstöße gegen die Vorschriften über den Datenschutz oder sonstige Mängel bei der Verarbeitung personenbezogener Daten vorliegen, teilt sie oder er dies der zuständigen Rechts- oder Fachaufsichtsbehörde mit und gibt dieser vor der Ausübung der Befugnisse des Artikels 58 Absatz 2 Buchstabe b bis g, i und j der Verordnung (EU) 2016/679[1] gegenüber dem Verantwortlichen Gelegenheit zur Stellungnahme innerhalb einer angemessenen Frist. ³Von der Einräumung der Gelegenheit zur Stellungnahme kann abgesehen werden, wenn eine sofortige Entscheidung wegen Gefahr im Verzug oder im öffentlichen Interesse notwendig erscheint oder ihr ein zwingendes öffentliches Interesse entgegensteht. ⁴Die Stellungnahme soll auch eine Darstellung der Maßnahmen enthalten, die aufgrund der Mitteilung der oder des Bundesbeauftragten getroffen worden sind.

(2) ¹Stellt die oder der Bundesbeauftragte bei Datenverarbeitungen durch öffentliche Stellen des Bundes zu Zwecken außerhalb des Anwendungsbereichs der Verordnung (EU) 2016/679 Verstöße gegen die Vorschriften dieses Gesetzes oder gegen andere Vorschriften über den Datenschutz oder sonstige Mängel bei der Verarbeitung oder Nutzung personenbezogener Daten fest, so beanstandet sie oder er dies gegenüber der zuständigen obersten Bundesbehörde und fordert diese zur Stellungnahme innerhalb einer von ihr oder ihm zu bestimmenden Frist auf. ²Die oder der Bundesbeauftragte kann von einer Beanstandung absehen oder auf eine Stellungnahme verzichten, insbesondere wenn es sich um unerhebliche oder inzwischen beseitigte Mängel handelt. ³Die Stellungnahme soll auch eine Darstellung der Maßnahmen enthalten, die aufgrund der Beanstandung der oder des Bundesbeauftragten getroffen worden sind. ⁴Die oder der Bundesbeauftragte kann den Verantwortlichen auch davor warnen, dass beabsichtigte Verarbeitungsvorgänge voraussichtlich gegen in diesem Gesetz enthaltene und andere auf die jeweilige Datenverarbeitung anzuwendende Vorschriften über den Datenschutz verstoßen.

(3) ¹Die Befugnisse der oder des Bundesbeauftragten erstrecken sich auch auf

---

[1] Nr. 11.

1. von ihrer oder seiner Aufsicht unterliegenden Stellen erlangte personenbezogene Daten über den Inhalt und die näheren Umstände des Brief-, Post- und Fernmeldeverkehrs und
2. personenbezogene Daten, die einem besonderen Amtsgeheimnis, insbesondere dem Steuergeheimnis nach § 30 der Abgabenordnung, unterliegen.

²Das Grundrecht des Brief-, Post- und Fernmeldegeheimnisses des Artikels 10 des Grundgesetzes wird insoweit eingeschränkt.

(4) ¹Die öffentlichen Stellen des Bundes sind verpflichtet, der oder dem Bundesbeauftragten und ihren oder seinen Beauftragten

1. jederzeit Zugang zu den Grundstücken und Diensträumen, einschließlich aller Datenverarbeitungsanlagen und -geräte, sowie zu allen personenbezogenen Daten und Informationen, die zur Erfüllung ihrer oder seiner Aufgaben notwendig sind, zu gewähren und
2. alle Informationen, die für die Erfüllung ihrer oder seiner Aufgaben erforderlich sind, bereitzustellen.

²Für nichtöffentliche Stellen besteht die Verpflichtung des Satzes 1 Nummer 1 nur während der üblichen Betriebs- und Geschäftszeiten.

(5) ¹Die oder der Bundesbeauftragte wirkt auf die Zusammenarbeit mit den öffentlichen Stellen, die für die Kontrolle der Einhaltung der Vorschriften über den Datenschutz in den Ländern zuständig sind, sowie mit den Aufsichtsbehörden nach § 40 hin. ² § 40 Absatz 3 Satz 1 zweiter Halbsatz gilt entsprechend.

Kapitel 5. Vertretung im Europäischen Datenschutzausschuss, zentrale Anlaufstelle, Zusammenarbeit der Aufsichtsbehörden des Bundes und der Länder in Angelegenheiten der Europäischen Union

§ 17 Vertretung im Europäischen Datenschutzausschuss, zentrale Anlaufstelle. (1) ¹Gemeinsamer Vertreter im Europäischen Datenschutzausschuss und zentrale Anlaufstelle ist die oder der Bundesbeauftragte (gemeinsamer Vertreter). ²Als Stellvertreterin oder Stellvertreter des gemeinsamen Vertreters wählt der Bundesrat eine Leiterin oder einen Leiter der Aufsichtsbehörde eines Landes (Stellvertreter). ³Die Wahl erfolgt für fünf Jahre. ⁴Mit dem Ausscheiden aus dem Amt als Leiterin oder Leiter der Aufsichtsbehörde eines Landes endet zugleich die Funktion als Stellvertreter. ⁵Wiederwahl ist zulässig.

(2) Der gemeinsame Vertreter überträgt in Angelegenheiten, die die Wahrnehmung einer Aufgabe betreffen, für welche die Länder allein das Recht zur Gesetzgebung haben, oder welche die Einrichtung oder das Verfahren von Landesbehörden betreffen, dem Stellvertreter auf dessen Verlangen die Verhandlungsführung und das Stimmrecht im Europäischen Datenschutzausschuss.

§ 18 Verfahren der Zusammenarbeit der Aufsichtsbehörden des Bundes und der Länder. (1) ¹Die oder der Bundesbeauftragte und die Aufsichtsbehörden der Länder (Aufsichtsbehörden des Bundes und der Länder) arbeiten in Angelegenheiten der Europäischen Union mit dem Ziel einer einheitlichen Anwendung der Verordnung (EU) 2016/679 und der Richtlinie (EU) 2016/680 zusammen. ²Vor der Übermittlung eines gemeinsamen Standpunktes an die Aufsichtsbehörden der anderen Mitgliedstaaten, die Europäische Kommission oder den Europäischen Datenschutzausschuss geben sich die Aufsichtsbehörden des Bundes und der Länder frühzeitig Gelegenheit zur Stellungnahme. ³Zu diesem Zweck tauschen sie untereinander alle zweckdienlichen Informationen aus. ⁴Die Aufsichtsbehörden des Bundes und der Länder beteiligen die nach den Artikeln 85 und 91 der Verordnung (EU) 2016/679[1)] eingerichteten spezifischen Aufsichtsbehörden, sofern diese von der Angelegenheit betroffen sind.

(2) ¹Soweit die Aufsichtsbehörden des Bundes und der Länder kein Einvernehmen über den gemeinsamen Standpunkt erzielen, legen die federführende Behörde oder in Ermangelung einer solchen der gemeinsame Vertreter und sein Stellvertreter einen Vorschlag für einen gemeinsamen Standpunkt vor. ²Einigen sich der gemeinsame Vertreter und sein Stellvertreter nicht auf einen Vorschlag für einen gemeinsamen Standpunkt, legt in Angelegenheiten, die die Wahrnehmung von Aufgaben betreffen, für welche die Länder allein das Recht der Gesetzgebung haben, oder welche die Einrichtung oder das Verfahren von Landesbehörden betreffen, der Stellvertreter den Vorschlag für einen gemeinsamen Standpunkt fest. ³In den übrigen Fällen fehlenden Einvernehmens nach Satz 2 legt der gemeinsame Vertreter den Standpunkt fest. ⁴Der nach den Sätzen 1 bis 3 vorgeschlagene Standpunkt ist den Verhandlungen zu Grunde zu legen, wenn nicht die Aufsichtsbehörden von Bund und Ländern einen anderen Standpunkt mit einfacher Mehrheit beschließen. ⁵Der Bund und jedes Land haben jeweils eine Stimme. ⁶Enthaltungen werden nicht gezählt.

(3) ¹Der gemeinsame Vertreter und dessen Stellvertreter sind an den gemeinsamen Standpunkt nach den Absätzen 1 und 2 gebunden und legen unter Beachtung dieses Standpunktes einvernehmlich die jeweilige Verhandlungsführung fest. ²Sollte ein Einvernehmen nicht erreicht werden, entscheidet in den in § 18 Absatz 2 Satz 2 genannten Angelegenheiten der Stellvertreter über die weitere Verhandlungsführung. ³In den übrigen Fällen gibt die Stimme des gemeinsamen Vertreters den Ausschlag.

§ 19 Zuständigkeiten. (1) ¹Federführende Aufsichtsbehörde eines Landes im Verfahren der Zusammenarbeit und Kohärenz nach Kapitel VII der Verordnung (EU) 2016/679 ist die Aufsichtsbehörde des Landes, in dem der Verantwortliche oder der Auftragsverarbeiter seine Hauptniederlassung im Sinne des Artikels 4 Nummer 16 der Verordnung (EU) 2016/679[1)] oder seine einzige Niederlassung in der Europäischen Union im Sinne des Artikels 56 Absatz 1 der Verordnung (EU) 2016/679 hat. ²Im Zuständigkeitsbereich der oder des Bundesbeauftragten gilt Artikel 56 Absatz 1 in Verbindung mit Artikel 4 Nummer 16 der Verordnung (EU) 2016/679[1)] entsprechend. ³Besteht über die Federführung kein Einvernehmen, findet für die Festlegung der federführenden Aufsichtsbehörde das Verfahren des § 18 Absatz 2 entsprechende Anwendung.

(2) ¹Die Aufsichtsbehörde, bei der eine betroffene Person Beschwerde eingereicht hat, gibt die Beschwerde an die federführende Aufsichtsbehörde nach Absatz 1, in Ermangelung einer solchen an die Aufsichtsbehörde eines Landes ab, in dem der Verantwortliche oder der Auftragsverarbeiter eine Niederlassung hat. ²Wird eine Beschwerde bei einer sachlich unzuständigen Aufsichtsbehörde eingereicht, gibt diese, sofern eine Abgabe nach Satz 1 nicht in Betracht kommt, die Beschwerde an die Aufsichtsbehörde am Wohnsitz des Beschwerdeführers ab. ³Die empfangende Aufsichtsbehörde gilt als die Aufsichtsbehörde

---

[1)] Nr. 11.

nach Maßgabe des Kapitels VII der Verordnung (EU) 2016/679, bei der die Beschwerde eingereicht worden ist, und kommt den Verpflichtungen aus Artikel 60 Absatz 7 bis 9 und Artikel 65 Absatz 6 der Verordnung (EU) 2016/679 nach. [4] Im Zuständigkeitsbereich der oder des Bundesbeauftragten gibt die Aufsichtsbehörde, bei der eine Beschwerde eingereicht wurde, diese, sofern eine Abgabe nach Absatz 1 nicht in Betracht kommt, an den Bundesbeauftragten oder die Bundesbeauftragte ab.

Kapitel 6. Rechtsbehelfe

§ 20 Gerichtlicher Rechtsschutz. (1) [1] Für Streitigkeiten zwischen einer natürlichen oder einer juristischen Person und einer Aufsichtsbehörde des Bundes oder eines Landes über Rechte gemäß Artikel 78 Absatz 1 und 2 der Verordnung (EU) 2016/679[1]) sowie § 61 ist der Verwaltungsrechtsweg gegeben. [2] Satz 1 gilt nicht für Bußgeldverfahren.

(2) Die Verwaltungsgerichtsordnung[2]) ist nach Maßgabe der Absätze 3 bis 7 anzuwenden.

(3) Für Verfahren nach Absatz 1 Satz 1 ist das Verwaltungsgericht örtlich zuständig, in dessen Bezirk die Aufsichtsbehörde ihren Sitz hat.

(4) In Verfahren nach Absatz 1 Satz 1 ist die Aufsichtsbehörde beteiligungsfähig.

(5) [1] Beteiligte eines Verfahrens nach Absatz 1 Satz 1 sind
1. die natürliche oder juristische Person als Klägerin oder Antragstellerin und
2. die Aufsichtsbehörde als Beklagte oder Antragsgegnerin.
[2] § 63 Nummer 3 und 4 der Verwaltungsgerichtsordnung bleibt unberührt.

(6) Ein Vorverfahren findet nicht statt.

(7) Die Aufsichtsbehörde darf gegenüber einer Behörde oder deren Rechtsträger nicht die sofortige Vollziehung gemäß § 80 Absatz 2 Satz 1 Nummer 4 der Verwaltungsgerichtsordnung anordnen.

§ 21 Antrag der Aufsichtsbehörde auf gerichtliche Entscheidung bei angenommener Rechtswidrigkeit eines Beschlusses der Europäischen Kommission. (1) Hält eine Aufsichtsbehörde einen Angemessenheitsbeschluss der Europäischen Kommission, einen Beschluss über die Anerkennung von Standardschutzklauseln oder über die Allgemeingültigkeit von genehmigten Verhaltensregeln, auf dessen Gültigkeit es für eine Entscheidung der Aufsichtsbehörde ankommt, für rechtswidrig, so hat die Aufsichtsbehörde ihr Verfahren auszusetzen und einen Antrag auf gerichtliche Entscheidung zu stellen.

(2) [1] Für Verfahren nach Absatz 1 ist der Verwaltungsrechtsweg gegeben. [2] Die Verwaltungsgerichtsordnung[2]) ist nach Maßgabe der Absätze 3 bis 6 anzuwenden.

(3) Über einen Antrag der Aufsichtsbehörde nach Absatz 1 entscheidet im ersten und letzten Rechtszug das Bundesverwaltungsgericht.

(4) [1] In Verfahren nach Absatz 1 ist die Aufsichtsbehörde beteiligungsfähig. [2] An einem Verfahren nach Absatz 1 ist die Aufsichtsbehörde als Antragstellerin beteiligt; § 63 Nummer 3 und 4 der Verwaltungsgerichtsordnung bleibt unbe-

---
[1]) Nr. 11.
[2]) Auszugsweise abgedruckt unter Nr. 37.

rührt. ³Das Bundesverwaltungsgericht kann der Europäischen Kommission Gelegenheit zur Äußerung binnen einer zu bestimmenden Frist geben.

(5) Ist ein Verfahren zur Überprüfung der Gültigkeit eines Beschlusses der Europäischen Kommission nach Absatz 1 bei dem Gerichtshof der Europäischen Union anhängig, so kann das Bundesverwaltungsgericht anordnen, dass die Verhandlung bis zur Erledigung des Verfahrens vor dem Gerichtshof der Europäischen Union auszusetzen sei.

(6) ¹In Verfahren nach Absatz 1 ist § 47 Absatz 5 Satz 1 und Absatz 6 der Verwaltungsgerichtsordnung entsprechend anzuwenden. ²Kommt das Bundesverwaltungsgericht zu der Überzeugung, dass der Beschluss der Europäischen Kommission nach Absatz 1 gültig ist, so stellt es dies in seiner Entscheidung fest. ³Andernfalls legt es die Frage nach der Gültigkeit des Beschlusses gemäß Artikel 267 des Vertrags über die Arbeitsweise der Europäischen Union dem Gerichtshof der Europäischen Union zur Entscheidung vor.

Teil 2. Durchführungsbestimmungen für Verarbeitungen zu Zwecken gemäß Artikel 2 der Verordnung (EU) 2016/679

Kapitel 1. Rechtsgrundlagen der Verarbeitung personenbezogener Daten

Abschnitt 1. Verarbeitung besonderer Kategorien personenbezogener Daten und Verarbeitung zu anderen Zwecken

§ 22 Verarbeitung besonderer Kategorien personenbezogener Daten.

(1) Abweichend von Artikel 9 Absatz 1 der Verordnung (EU) 2016/679[1]) ist die Verarbeitung besonderer Kategorien personenbezogener Daten im Sinne des Artikels 9 Absatz 1 der Verordnung (EU) 2016/679[1]) zulässig

1. durch öffentliche und nichtöffentliche Stellen, wenn sie

    a) erforderlich ist, um die aus dem Recht der sozialen Sicherheit und des Sozialschutzes erwachsenden Rechte auszuüben und den diesbezüglichen Pflichten nachzukommen,

    b) zum Zweck der Gesundheitsvorsorge, für die Beurteilung der Arbeitsfähigkeit des Beschäftigten, für die medizinische Diagnostik, die Versorgung oder Behandlung im Gesundheits- oder Sozialbereich oder für die Verwaltung von Systemen und Diensten im Gesundheits- und Sozialbereich oder aufgrund eines Vertrags der betroffenen Person mit einem Angehörigen eines Gesundheitsberufs erforderlich ist und diese Daten von ärztlichem Personal oder durch sonstige Personen, die einer entsprechenden Geheimhaltungspflicht unterliegen, oder unter deren Verantwortung verarbeitet werden,

    c) aus Gründen des öffentlichen Interesses im Bereich der öffentlichen Gesundheit, wie des Schutzes vor schwerwiegenden grenzüberschreitenden Gesundheitsgefahren oder zur Gewährleistung hoher Qualitäts- und Sicherheitsstandards bei der Gesundheitsversorgung und bei Arzneimitteln und Medizinprodukten erforderlich ist; ergänzend zu den in Absatz 2 genannten Maßnahmen sind insbesondere die berufsrechtlichen und straf-

---

[1]) Nr. 11.

rechtlichen Vorgaben zur Wahrung des Berufsgeheimnisses einzuhalten, oder

d) aus Gründen eines erheblichen öffentlichen Interesses zwingend erforderlich ist,

2. durch öffentliche Stellen, wenn sie

a) zur Abwehr einer erheblichen Gefahr für die öffentliche Sicherheit erforderlich ist,

b) zur Abwehr erheblicher Nachteile für das Gemeinwohl oder zur Wahrung erheblicher Belange des Gemeinwohls zwingend erforderlich ist oder

c) aus zwingenden Gründen der Verteidigung oder der Erfüllung über- oder zwischenstaatlicher Verpflichtungen einer öffentlichen Stelle des Bundes auf dem Gebiet der Krisenbewältigung oder Konfliktverhinderung oder für humanitäre Maßnahmen erforderlich ist

und soweit die Interessen des Verantwortlichen an der Datenverarbeitung in den Fällen der Nummer 1 Buchstabe d und der Nummer 2 die Interessen der betroffenen Person überwiegen.

(2) ¹In den Fällen des Absatzes 1 sind angemessene und spezifische Maßnahmen zur Wahrung der Interessen der betroffenen Person vorzusehen. ²Unter Berücksichtigung des Stands der Technik, der Implementierungskosten und der Art, des Umfangs, der Umstände und der Zwecke der Verarbeitung sowie der unterschiedlichen Eintrittswahrscheinlichkeit und Schwere der mit der Verarbeitung verbundenen Risiken für die Rechte und Freiheiten natürlicher Personen können dazu insbesondere gehören:

1. technisch organisatorische Maßnahmen, um sicherzustellen, dass die Verarbeitung gemäß der Verordnung (EU) 2016/679 erfolgt,

2. Maßnahmen, die gewährleisten, dass nachträglich überprüft und festgestellt werden kann, ob und von wem personenbezogene Daten eingegeben, verändert oder entfernt worden sind,

3. Sensibilisierung der an Verarbeitungsvorgängen Beteiligten,

4. Benennung einer oder eines Datenschutzbeauftragten,

5. Beschränkung des Zugangs zu den personenbezogenen Daten innerhalb der verantwortlichen Stelle und von Auftragsverarbeitern,

6. Pseudonymisierung personenbezogener Daten,

7. Verschlüsselung personenbezogener Daten,

8. Sicherstellung der Fähigkeit, Vertraulichkeit, Integrität, Verfügbarkeit und Belastbarkeit der Systeme und Dienste im Zusammenhang mit der Verarbeitung personenbezogener Daten, einschließlich der Fähigkeit, die Verfügbarkeit und den Zugang bei einem physischen oder technischen Zwischenfall rasch wiederherzustellen,

9. zur Gewährleistung der Sicherheit der Verarbeitung die Einrichtung eines Verfahrens zur regelmäßigen Überprüfung, Bewertung und Evaluierung der Wirksamkeit der technischen und organisatorischen Maßnahmen oder

10. spezifische Verfahrensregelungen, die im Fall einer Übermittlung oder Verarbeitung für andere Zwecke die Einhaltung der Vorgaben dieses Gesetzes sowie der Verordnung (EU) 2016/679 sicherstellen.

§ 23 Verarbeitung zu anderen Zwecken durch öffentliche Stellen.

(1) Die Verarbeitung personenbezogener Daten zu einem anderen Zweck als zu demjenigen, zu dem die Daten erhoben wurden, durch öffentliche Stellen im Rahmen ihrer Aufgabenerfüllung ist zulässig, wenn

1. offensichtlich ist, dass sie im Interesse der betroffenen Person liegt und kein Grund zu der Annahme besteht, dass sie in Kenntnis des anderen Zwecks ihre Einwilligung verweigern würde,
2. Angaben der betroffenen Person überprüft werden müssen, weil tatsächliche Anhaltspunkte für deren Unrichtigkeit bestehen,
3. sie zur Abwehr erheblicher Nachteile für das Gemeinwohl oder einer Gefahr für die öffentliche Sicherheit, die Verteidigung oder die nationale Sicherheit, zur Wahrung erheblicher Belange des Gemeinwohls oder zur Sicherung des Steuer- und Zollaufkommens erforderlich ist,
4. sie zur Verfolgung von Straftaten oder Ordnungswidrigkeiten, zur Vollstreckung oder zum Vollzug von Strafen oder Maßnahmen im Sinne des § 11 Absatz 1 Nummer 8 des Strafgesetzbuchs[1]) oder von Erziehungsmaßregeln oder Zuchtmitteln im Sinne des Jugendgerichtsgesetzes oder zur Vollstreckung von Geldbußen erforderlich ist,
5. sie zur Abwehr einer schwerwiegenden Beeinträchtigung der Rechte einer anderen Person erforderlich ist oder
6. sie der Wahrnehmung von Aufsichts- und Kontrollbefugnissen, der Rechnungsprüfung oder der Durchführung von Organisationsuntersuchungen des Verantwortlichen dient; dies gilt auch für die Verarbeitung zu Ausbildungs- und Prüfungszwecken durch den Verantwortlichen, soweit schutzwürdige Interessen der betroffenen Person dem nicht entgegenstehen.

(2) Die Verarbeitung besonderer Kategorien personenbezogener Daten im Sinne des Artikels 9 Absatz 1 der Verordnung (EU) 2016/679[2]) zu einem anderen Zweck als zu demjenigen, zu dem die Daten erhoben wurden, ist zulässig, wenn die Voraussetzungen des Absatzes 1 und ein Ausnahmetatbestand nach Artikel 9 Absatz 2 der Verordnung (EU) 2016/679[2]) oder nach § 22 vorliegen.

§ 24 Verarbeitung zu anderen Zwecken durch nichtöffentliche Stellen.

(1) Die Verarbeitung personenbezogener Daten zu einem anderen Zweck als zu demjenigen, zu dem die Daten erhoben wurden, durch nichtöffentliche Stellen ist zulässig, wenn

1. sie zur Abwehr von Gefahren für die staatliche oder öffentliche Sicherheit oder zur Verfolgung von Straftaten erforderlich ist oder
2. sie zur Geltendmachung, Ausübung oder Verteidigung zivilrechtlicher Ansprüche erforderlich ist,

sofern nicht die Interessen der betroffenen Person an dem Ausschluss der Verarbeitung überwiegen.

(2) Die Verarbeitung besonderer Kategorien personenbezogener Daten im Sinne des Artikels 9 Absatz 1 der Verordnung (EU) 2016/679[2]) zu einem anderen Zweck als zu demjenigen, zu dem die Daten erhoben wurden, ist

---

[1]) Nr. 44.
[2]) Nr. 11.

zulässig, wenn die Voraussetzungen des Absatzes 1 und ein Ausnahmetatbestand nach Artikel 9 Absatz 2 der Verordnung (EU) 2016/679[1]) oder nach § 22 vorliegen.

§ 25 Datenübermittlungen durch öffentliche Stellen. (1) [1]Die Übermittlung personenbezogener Daten durch öffentliche Stellen an öffentliche Stellen ist zulässig, wenn sie zur Erfüllung der in der Zuständigkeit der übermittelnden Stelle oder des Dritten, an den die Daten übermittelt werden, liegenden Aufgaben erforderlich ist und die Voraussetzungen vorliegen, die eine Verarbeitung nach § 23 zulassen würden. [2]Der Dritte, an den die Daten übermittelt werden, darf diese nur für den Zweck verarbeiten, zu dessen Erfüllung sie ihm übermittelt werden. [3]Eine Verarbeitung für andere Zwecke ist unter den Voraussetzungen des § 23 zulässig.

(2) [1]Die Übermittlung personenbezogener Daten durch öffentliche Stellen an nichtöffentliche Stellen ist zulässig, wenn

1. sie zur Erfüllung der in der Zuständigkeit der übermittelnden Stelle liegenden Aufgaben erforderlich ist und die Voraussetzungen vorliegen, die eine Verarbeitung nach § 23 zulassen würden,
2. der Dritte, an den die Daten übermittelt werden, ein berechtigtes Interesse an der Kenntnis der zu übermittelnden Daten glaubhaft darlegt und die betroffene Person kein schutzwürdiges Interesse an dem Ausschluss der Übermittlung hat oder
3. es zur Geltendmachung, Ausübung oder Verteidigung rechtlicher Ansprüche erforderlich ist

und der Dritte sich gegenüber der übermittelnden öffentlichen Stelle verpflichtet hat, die Daten nur für den Zweck zu verarbeiten, zu dessen Erfüllung sie ihm übermittelt werden. [2]Eine Verarbeitung für andere Zwecke ist zulässig, wenn eine Übermittlung nach Satz 1 zulässig wäre und die übermittelnde Stelle zugestimmt hat.

(3) Die Übermittlung besonderer Kategorien personenbezogener Daten im Sinne des Artikels 9 Absatz 1 der Verordnung (EU) 2016/679[1]) ist zulässig, wenn die Voraussetzungen des Absatzes 1 oder 2 und ein Ausnahmetatbestand nach Artikel 9 Absatz 2 der Verordnung (EU) 2016/679[1]) oder nach § 22 vorliegen.

Abschnitt 2. Besondere Verarbeitungssituationen

§ 26 Datenverarbeitung für Zwecke des Beschäftigungsverhältnisses.

(1) [1]Personenbezogene Daten von Beschäftigten dürfen für Zwecke des Beschäftigungsverhältnisses verarbeitet werden, wenn dies für die Entscheidung über die Begründung eines Beschäftigungsverhältnisses oder nach Begründung des Beschäftigungsverhältnisses für dessen Durchführung oder Beendigung oder zur Ausübung oder Erfüllung der sich aus einem Gesetz oder einem Tarifvertrag, einer Betriebs- oder Dienstvereinbarung (Kollektivvereinbarung) ergebenden Rechte und Pflichten der Interessenvertretung der Beschäftigten erforderlich ist. [2]Zur Aufdeckung von Straftaten dürfen personenbezogene Daten von Beschäftigten nur dann verarbeitet werden, wenn zu dokumentierende tatsächliche Anhaltspunkte den Verdacht begründen, dass die betroffene

---

[1]) Nr. 11.

Person im Beschäftigungsverhältnis eine Straftat begangen hat, die Verarbeitung zur Aufdeckung erforderlich ist und das schutzwürdige Interesse der oder des Beschäftigten an dem Ausschluss der Verarbeitung nicht überwiegt, insbesondere Art und Ausmaß im Hinblick auf den Anlass nicht unverhältnismäßig sind.

(2) [1] Erfolgt die Verarbeitung personenbezogener Daten von Beschäftigten auf der Grundlage einer Einwilligung, so sind für die Beurteilung der Freiwilligkeit der Einwilligung insbesondere die im Beschäftigungsverhältnis bestehende Abhängigkeit der beschäftigten Person sowie die Umstände, unter denen die Einwilligung erteilt worden ist, zu berücksichtigen. [2] Freiwilligkeit kann insbesondere vorliegen, wenn für die beschäftigte Person ein rechtlicher oder wirtschaftlicher Vorteil erreicht wird oder Arbeitgeber und beschäftigte Person gleichgelagerte Interessen verfolgen. [3] Die Einwilligung hat schriftlich oder elektronisch zu erfolgen, soweit nicht wegen besonderer Umstände eine andere Form angemessen ist. [4] Der Arbeitgeber hat die beschäftigte Person über den Zweck der Datenverarbeitung und über ihr Widerrufsrecht nach Artikel 7 Absatz 3 der Verordnung (EU) 2016/679[1)] in Textform aufzuklären.

(3) [1] Abweichend von Artikel 9 Absatz 1 der Verordnung (EU) 2016/679[1)] ist die Verarbeitung besonderer Kategorien personenbezogener Daten im Sinne des Artikels 9 Absatz 1 der Verordnung (EU) 2016/679[1)] für Zwecke des Beschäftigungsverhältnisses zulässig, wenn sie zur Ausübung von Rechten oder zur Erfüllung rechtlicher Pflichten aus dem Arbeitsrecht, dem Recht der sozialen Sicherheit und des Sozialschutzes erforderlich ist und kein Grund zu der Annahme besteht, dass das schutzwürdige Interesse der betroffenen Person an dem Ausschluss der Verarbeitung überwiegt. [2] Absatz 2 gilt auch für die Einwilligung in die Verarbeitung besonderer Kategorien personenbezogener Daten; die Einwilligung muss sich dabei ausdrücklich auf diese Daten beziehen. [3] § 22 Absatz 2 gilt entsprechend.

(4) [1] Die Verarbeitung personenbezogener Daten, einschließlich besonderer Kategorien personenbezogener Daten von Beschäftigten für Zwecke des Beschäftigungsverhältnisses, ist auf der Grundlage von Kollektivvereinbarungen zulässig. [2] Dabei haben die Verhandlungspartner Artikel 88 Absatz 2 der Verordnung (EU) 2016/679[1)] zu beachten.

(5) Der Verantwortliche muss geeignete Maßnahmen ergreifen, um sicherzustellen, dass insbesondere die in Artikel 5 der Verordnung (EU) 2016/679[1)] dargelegten Grundsätze für die Verarbeitung personenbezogener Daten eingehalten werden.

(6) Die Beteiligungsrechte der Interessenvertretungen der Beschäftigten bleiben unberührt.

(7) Die Absätze 1 bis 6 sind auch anzuwenden, wenn personenbezogene Daten, einschließlich besonderer Kategorien personenbezogener Daten, von Beschäftigten verarbeitet werden, ohne dass sie in einem Dateisystem gespeichert sind oder gespeichert werden sollen.

(8) [1] Beschäftigte im Sinne dieses Gesetzes sind:
1. Arbeitnehmerinnen und Arbeitnehmer, einschließlich der Leiharbeitnehmerinnen und Leiharbeitnehmer im Verhältnis zum Entleiher,
2. zu ihrer Berufsbildung Beschäftigte,

[1)] Nr. 11.

3. Teilnehmerinnen und Teilnehmer an Leistungen zur Teilhabe am Arbeitsleben sowie an Abklärungen der beruflichen Eignung oder Arbeitserprobung (Rehabilitandinnen und Rehabilitanden),
4. in anerkannten Werkstätten für behinderte Menschen Beschäftigte,
5. Freiwillige, die einen Dienst nach dem Jugendfreiwilligendienstegesetz oder dem Bundesfreiwilligendienstgesetz leisten,
6. Personen, die wegen ihrer wirtschaftlichen Unselbständigkeit als arbeitnehmerähnliche Personen anzusehen sind; zu diesen gehören auch die in Heimarbeit Beschäftigten und die ihnen Gleichgestellten,
7. Beamtinnen und Beamte des Bundes, Richterinnen und Richter des Bundes, Soldatinnen und Soldaten sowie Zivildienstleistende.

[2]Bewerberinnen und Bewerber für ein Beschäftigungsverhältnis sowie Personen, deren Beschäftigungsverhältnis beendet ist, gelten als Beschäftigte.

§ 27 Datenverarbeitung zu wissenschaftlichen oder historischen Forschungszwecken und zu statistischen Zwecken.

(1) [1]Abweichend von Artikel 9 Absatz 1 der Verordnung (EU) 2016/679[1]) ist die Verarbeitung besonderer Kategorien personenbezogener Daten im Sinne des Artikels 9 Absatz 1 der Verordnung (EU) 2016/679[1]) auch ohne Einwilligung für wissenschaftliche oder historische Forschungszwecke oder für statistische Zwecke zulässig, wenn die Verarbeitung zu diesen Zwecken erforderlich ist und die Interessen des Verantwortlichen an der Verarbeitung die Interessen der betroffenen Person an einem Ausschluss der Verarbeitung erheblich überwiegen. [2]Der Verantwortliche sieht angemessene und spezifische Maßnahmen zur Wahrung der Interessen der betroffenen Person gemäß § 22 Absatz 2 Satz 2 vor.

(2) [1]Die in den Artikeln 15, 16, 18 und 21 der Verordnung (EU) 2016/679[1]) vorgesehenen Rechte der betroffenen Person sind insoweit beschränkt, als diese Rechte voraussichtlich die Verwirklichung der Forschungs- oder Statistikzwecke unmöglich machen oder ernsthaft *beinträchtigen*[2]) und die Beschränkung für die Erfüllung der Forschungs- oder Statistikzwecke notwendig ist. [2]Das Recht auf Auskunft gemäß Artikel 15 der Verordnung (EU) 2016/679[1]) besteht darüber hinaus nicht, wenn die Daten für Zwecke der wissenschaftlichen Forschung erforderlich sind und die Auskunftserteilung einen unverhältnismäßigen Aufwand erfordern würde.

(3) [1]Ergänzend zu den in § 22 Absatz 2 genannten Maßnahmen sind zu wissenschaftlichen oder historischen Forschungszwecken oder zu statistischen Zwecken verarbeitete besondere Kategorien personenbezogener Daten im Sinne des Artikels 9 Absatz 1 der Verordnung (EU) 2016/679[1]) zu anonymisieren, sobald dies nach dem Forschungs- oder Statistikzweck möglich ist, es sei denn, berechtigte Interessen der betroffenen Person stehen dem entgegen. [2]Bis dahin sind die Merkmale gesondert zu speichern, mit denen Einzelangaben über persönliche oder sachliche Verhältnisse einer bestimmten oder bestimmbaren Person zugeordnet werden können. [3]Sie dürfen mit den Einzelangaben nur zusammengeführt werden, soweit der Forschungs- oder Statistikzweck dies erfordert.

---
[1]) Nr. 11.
[2]) Richtig wohl: „beinträchtigen".

(4) Der Verantwortliche darf personenbezogene Daten nur veröffentlichen, wenn die betroffene Person eingewilligt hat oder dies für die Darstellung von Forschungsergebnissen über Ereignisse der Zeitgeschichte unerlässlich ist.

§ 28 Datenverarbeitung zu im öffentlichen Interesse liegenden Archivzwecken. (1) ¹Abweichend von Artikel 9 Absatz 1 der Verordnung (EU) 2016/679[1]) ist die Verarbeitung besonderer Kategorien personenbezogener Daten im Sinne des Artikels 9 Absatz 1 der Verordnung (EU) 2016/679[1]) zulässig, wenn sie für im öffentlichen Interesse liegende Archivzwecke erforderlich ist. ²Der Verantwortliche sieht angemessene und spezifische Maßnahmen zur Wahrung der Interessen der betroffenen Person gemäß § 22 Absatz 2 Satz 2 vor.

(2) Das Recht auf Auskunft der betroffenen Person gemäß Artikel 15 der Verordnung (EU) 2016/679[1]) besteht nicht, wenn das Archivgut nicht durch den Namen der Person erschlossen ist oder keine Angaben gemacht werden, die das Auffinden des betreffenden Archivguts mit vertretbarem Verwaltungsaufwand ermöglichen.

(3) ¹Das Recht auf Berichtigung der betroffenen Person gemäß Artikel 16 der Verordnung (EU) 2016/679[1]) besteht nicht, wenn die personenbezogenen Daten zu Archivzwecken im öffentlichen Interesse verarbeitet werden. ²Bestreitet die betroffene Person die Richtigkeit der personenbezogenen Daten, ist ihr die Möglichkeit einer Gegendarstellung einzuräumen. ³Das zuständige Archiv ist verpflichtet, die Gegendarstellung den Unterlagen hinzuzufügen.

(4) Die in Artikel 18 Absatz 1 Buchstabe a, b und d, den Artikeln 20 und 21 der Verordnung (EU) 2016/679[1]) vorgesehenen Rechte bestehen nicht, soweit diese Rechte voraussichtlich die Verwirklichung der im öffentlichen Interesse liegenden Archivzwecke unmöglich machen oder ernsthaft beeinträchtigen und die Ausnahmen für die Erfüllung dieser Zwecke erforderlich sind.

§ 29 Rechte der betroffenen Person und aufsichtsbehördliche Befugnisse im Fall von Geheimhaltungspflichten. (1) ¹Die Pflicht zur Information der betroffenen Person gemäß Artikel 14 Absatz 1 bis 4 der Verordnung (EU) 2016/679[1]) besteht ergänzend zu den in Artikel 14 Absatz 5 der Verordnung (EU) 2016/679[1]) genannten Ausnahmen nicht, soweit durch ihre Erfüllung Informationen offenbart würden, die ihrem Wesen nach, insbesondere wegen der überwiegenden berechtigten Interessen eines Dritten, geheim gehalten werden müssen. ²Das Recht auf Auskunft der betroffenen Person gemäß Artikel 15 der Verordnung (EU) 2016/679[1]) besteht nicht, soweit durch die Auskunft Informationen offenbart würden, die nach einer Rechtsvorschrift oder ihrem Wesen nach, insbesondere wegen der überwiegenden berechtigten Interessen eines Dritten, geheim gehalten werden müssen. ³Die Pflicht zur Benachrichtigung gemäß Artikel 34 der Verordnung (EU) 2016/679[1]) besteht ergänzend zu der in Artikel 34 Absatz 3 der Verordnung (EU) 2016/679[1]) genannten Ausnahme nicht, soweit durch die Benachrichtigung Informationen offenbart würden, die nach einer Rechtsvorschrift oder ihrem Wesen nach, insbesondere wegen der überwiegenden berechtigten Interessen eines Dritten, geheim gehalten werden müssen. ⁴Abweichend von der Ausnahme nach Satz 3 ist die betroffene Person nach Artikel 34 der Verordnung (EU) 2016/679[1]) zu

---

[1]) Nr. 11.

benachrichtigen, wenn die Interessen der betroffenen Person, insbesondere unter Berücksichtigung drohender Schäden, gegenüber dem Geheimhaltungsinteresse überwiegen.

(2) Werden Daten Dritter im Zuge der Aufnahme oder im Rahmen eines Mandatsverhältnisses an einen Berufsgeheimnisträger übermittelt, so besteht die Pflicht der übermittelnden Stelle zur Information der betroffenen Person gemäß Artikel 13 Absatz 3 der Verordnung (EU) 2016/679[1]) nicht, sofern nicht das Interesse der betroffenen Person an der Informationserteilung überwiegt.

(3) [1]Gegenüber den in § 203 Absatz 1, 2a und 3 des Strafgesetzbuchs[2]) genannten Personen oder deren Auftragsverarbeitern bestehen die Untersuchungsbefugnisse der Aufsichtsbehörden gemäß Artikel 58 Absatz 1 Buchstabe e und f der Verordnung (EU) 2016/679[1]) nicht, soweit die Inanspruchnahme der Befugnisse zu einem Verstoß gegen die Geheimhaltungspflichten dieser Personen führen würde. [2]Erlangt eine Aufsichtsbehörde im Rahmen einer Untersuchung Kenntnis von Daten, die einer Geheimhaltungspflicht im Sinne des Satzes 1 unterliegen, gilt die Geheimhaltungspflicht auch für die Aufsichtsbehörde.

§ 30 Verbraucherkredite.

(1) Eine Stelle, die geschäftsmäßig personenbezogene Daten, die zur Bewertung der Kreditwürdigkeit von Verbrauchern genutzt werden dürfen, zum Zweck der Übermittlung erhebt, speichert oder verändert, hat Auskunftsverlangen von Darlehensgebern aus anderen Mitgliedstaaten der Europäischen Union genauso zu behandeln wie Auskunftsverlangen inländischer Darlehensgeber.

(2) [1]Wer den Abschluss eines Verbraucherdarlehensvertrags oder eines Vertrags über eine entgeltliche Finanzierungshilfe mit einem Verbraucher infolge einer Auskunft einer Stelle im Sinne des Absatzes 1 ablehnt, hat den Verbraucher unverzüglich hierüber sowie über die erhaltene Auskunft zu unterrichten. [2]Die Unterrichtung unterbleibt, soweit hierdurch die öffentliche Sicherheit oder Ordnung gefährdet würde. [3]§ 37 bleibt unberührt.

§ 31 Schutz des Wirtschaftsverkehrs bei Scoring und Bonitätsauskünften.

(1) Die Verwendung eines Wahrscheinlichkeitswerts über ein bestimmtes zukünftiges Verhalten einer natürlichen Person zum Zweck der Entscheidung über die Begründung, Durchführung oder Beendigung eines Vertragsverhältnisses mit dieser Person (Scoring) ist nur zulässig, wenn

1. die Vorschriften des Datenschutzrechts eingehalten wurden,
2. die zur Berechnung des Wahrscheinlichkeitswerts genutzten Daten unter Zugrundelegung eines wissenschaftlich anerkannten mathematisch-statistischen Verfahrens nachweisbar für die Berechnung der Wahrscheinlichkeit des bestimmten Verhaltens erheblich sind,
3. für die Berechnung des Wahrscheinlichkeitswerts nicht ausschließlich Anschriftendaten genutzt wurden und
4. im Fall der Nutzung von Anschriftendaten die betroffene Person vor Berechnung des Wahrscheinlichkeitswerts über die vorgesehene Nutzung dieser Daten unterrichtet worden ist; die Unterrichtung ist zu dokumentieren.

---

[1]) Nr. 11.
[2]) Nr. 44.

(2) ¹Die Verwendung eines von Auskunfteien ermittelten Wahrscheinlichkeitswerts über die Zahlungsfähig- und Zahlungswilligkeit einer natürlichen Person ist im Fall der Einbeziehung von Informationen über Forderungen nur zulässig, soweit die Voraussetzungen nach Absatz 1 vorliegen und nur solche Forderungen über eine geschuldete Leistung, die trotz Fälligkeit nicht erbracht worden ist, berücksichtigt werden,

1. die durch ein rechtskräftiges oder für vorläufig vollstreckbar erklärtes Urteil festgestellt worden sind oder für die ein Schuldtitel nach § 794 der Zivilprozessordnung vorliegt,
2. die nach § 178 der Insolvenzordnung festgestellt und nicht vom Schuldner im Prüfungstermin bestritten worden sind,
3. die der Schuldner ausdrücklich anerkannt hat,
4. bei denen
   a) der Schuldner nach Eintritt der Fälligkeit der Forderung mindestens zweimal schriftlich gemahnt worden ist,
   b) die erste Mahnung mindestens vier Wochen zurückliegt,
   c) der Schuldner zuvor, jedoch frühestens bei der ersten Mahnung, über eine mögliche Berücksichtigung durch eine Auskunftei unterrichtet worden ist und
   d) der Schuldner die Forderung nicht bestritten hat oder
5. deren zugrunde liegendes Vertragsverhältnis aufgrund von Zahlungsrückständen fristlos gekündigt werden kann und bei denen der Schuldner zuvor über eine mögliche Berücksichtigung durch eine Auskunftei unterrichtet worden ist.

²Die Zulässigkeit der Verarbeitung, einschließlich der Ermittlung von Wahrscheinlichkeitswerten, von anderen bonitätsrelevanten Daten nach allgemeinem Datenschutzrecht bleibt unberührt.

Kapitel 2. Rechte der betroffenen Person

§ 32 Informationspflicht bei Erhebung von personenbezogenen Daten bei der betroffenen Person. (1) Die Pflicht zur Information der betroffenen Person gemäß Artikel 13 Absatz 3 der Verordnung (EU) 2016/679[1]) besteht ergänzend zu der in Artikel 13 Absatz 4 der Verordnung (EU) 2016/679[1]) genannten Ausnahme dann nicht, wenn die Erteilung der Information über die beabsichtigte Weiterverarbeitung

1. eine Weiterverarbeitung analog gespeicherter Daten betrifft, bei der sich der Verantwortliche durch die Weiterverarbeitung unmittelbar an die betroffene Person wendet, der Zweck mit dem ursprünglichen Erhebungszweck gemäß der Verordnung (EU) 2016/679 vereinbar ist, die Kommunikation mit der betroffenen Person nicht in digitaler Form erfolgt und das Interesse der betroffenen Person an der Informationserteilung nach den Umständen des Einzelfalls, insbesondere mit Blick auf den Zusammenhang, in dem die Daten erhoben wurden, als gering anzusehen ist,
2. im Fall einer öffentlichen Stelle die ordnungsgemäße Erfüllung der in der Zuständigkeit des Verantwortlichen liegenden Aufgaben im Sinne des Arti-

---

[1]) Nr. 11.

kels 23 Absatz 1 Buchstabe a bis e der Verordnung (EU) 2016/679[1)] gefährden würde und die Interessen des Verantwortlichen an der Nichterteilung der Information die Interessen der betroffenen Person überwiegen,
3. die öffentliche Sicherheit oder Ordnung gefährden oder sonst dem Wohl des Bundes oder eines Landes Nachteile bereiten würde und die Interessen des Verantwortlichen an der Nichterteilung der Information die Interessen der betroffenen Person überwiegen,
4. die Geltendmachung, Ausübung oder Verteidigung rechtlicher Ansprüche beeinträchtigen würde und die Interessen des Verantwortlichen an der Nichterteilung der Information die Interessen der betroffenen Person überwiegen oder
5. eine vertrauliche Übermittlung von Daten an öffentliche Stellen gefährden würde.

(2) [1] Unterbleibt eine Information der betroffenen Person nach Maßgabe des Absatzes 1, ergreift der Verantwortliche geeignete Maßnahmen zum Schutz der berechtigten Interessen der betroffenen Person, einschließlich der Bereitstellung der in Artikel 13 Absatz 1 und 2 der Verordnung (EU) 2016/679[1)] genannten Informationen für die Öffentlichkeit in präziser, transparenter, verständlicher und leicht zugänglicher Form in einer klaren und einfachen Sprache. [2] Der Verantwortliche hält schriftlich fest, aus welchen Gründen er von einer Information abgesehen hat. [3] Die Sätze 1 und 2 finden in den Fällen des Absatzes 1 Nummer 4 und 5 keine Anwendung.

(3) Unterbleibt die Benachrichtigung in den Fällen des Absatzes 1 wegen eines vorübergehenden Hinderungsgrundes, kommt der Verantwortliche der Informationspflicht unter Berücksichtigung der spezifischen Umstände der Verarbeitung innerhalb einer angemessenen Frist nach Fortfall des Hinderungsgrundes, spätestens jedoch innerhalb von zwei Wochen, nach.

§ 33 Informationspflicht, wenn die personenbezogenen Daten nicht bei der betroffenen Person erhoben wurden. (1) Die Pflicht zur Information der betroffenen Person gemäß Artikel 14 Absatz 1, 2 und 4 der Verordnung (EU) 2016/679[1)] besteht ergänzend zu den in Artikel 14 Absatz 5 der Verordnung (EU) 2016/679[1)] und der in § 29 Absatz 1 Satz 1 genannten Ausnahme nicht, wenn die Erteilung der Information
1. im Fall einer öffentlichen Stelle
  a) die ordnungsgemäße Erfüllung der in der Zuständigkeit des Verantwortlichen liegenden Aufgaben im Sinne des Artikels 23 Absatz 1 Buchstabe a bis e der Verordnung (EU) 2016/679[1)] gefährden würde oder
  b) die öffentliche Sicherheit oder Ordnung gefährden oder sonst dem Wohl des Bundes oder eines Landes Nachteile bereiten würde

und deswegen das Interesse der betroffenen Person an der Informationserteilung zurücktreten muss,
2. im Fall einer nichtöffentlichen Stelle
  a) die Geltendmachung, Ausübung oder Verteidigung zivilrechtlicher Ansprüche beeinträchtigen würde oder die Verarbeitung Daten aus zivilrechtlichen Verträgen beinhaltet und der Verhütung von Schäden durch Strafta-

---

[1)] Nr. 11.

ten dient, sofern nicht das berechtigte Interesse der betroffenen Person an der Informationserteilung überwiegt, oder

b) die zuständige öffentliche Stelle gegenüber dem Verantwortlichen festgestellt hat, dass das Bekanntwerden der Daten die öffentliche Sicherheit oder Ordnung gefährden oder sonst dem Wohl des Bundes oder eines Landes Nachteile bereiten würde; im Fall der Datenverarbeitung für Zwecke der Strafverfolgung bedarf es keiner Feststellung nach dem ersten Halbsatz.

(2) ¹Unterbleibt eine Information der betroffenen Person nach Maßgabe des Absatzes 1, ergreift der Verantwortliche geeignete Maßnahmen zum Schutz der berechtigten Interessen der betroffenen Person, einschließlich der Bereitstellung der in Artikel 14 Absatz 1 und 2 der Verordnung (EU) 2016/679[1)] genannten Informationen für die Öffentlichkeit in präziser, transparenter, verständlicher und leicht zugänglicher Form in einer klaren und einfachen Sprache. ²Der Verantwortliche hält schriftlich fest, aus welchen Gründen er von einer Information abgesehen hat.

(3) Bezieht sich die Informationserteilung auf die Übermittlung personenbezogener Daten durch öffentliche Stellen an Verfassungsschutzbehörden, den Bundesnachrichtendienst, den Militärischen Abschirmdienst und, soweit die Sicherheit des Bundes berührt wird, andere Behörden des Bundesministeriums der Verteidigung, ist sie nur mit Zustimmung dieser Stellen zulässig.

§ 34 Auskunftsrecht der betroffenen Person. (1) Das Recht auf Auskunft der betroffenen Person gemäß Artikel 15 der Verordnung (EU) 2016/679[1)] besteht ergänzend zu den in § 27 Absatz 2, § 28 Absatz 2 und § 29 Absatz 1 Satz 2 genannten Ausnahmen nicht, wenn

1. die betroffene Person nach § 33 Absatz 1 Nummer 1, 2 Buchstabe b oder Absatz 3 nicht zu informieren ist, oder
2. die Daten

   a) nur deshalb gespeichert sind, weil sie aufgrund gesetzlicher oder satzungsmäßiger Aufbewahrungsvorschriften nicht gelöscht werden dürfen, oder

   b) ausschließlich Zwecken der Datensicherung oder der Datenschutzkontrolle dienen

   und die Auskunftserteilung einen unverhältnismäßigen Aufwand erfordern würde sowie eine Verarbeitung zu anderen Zwecken durch geeignete technische und organisatorische Maßnahmen ausgeschlossen ist.

(2) ¹Die Gründe der Auskunftsverweigerung sind zu dokumentieren. ²Die Ablehnung der Auskunftserteilung ist gegenüber der betroffenen Person zu begründen, soweit nicht durch die Mitteilung der tatsächlichen und rechtlichen Gründe, auf die die Entscheidung gestützt wird, der mit der Auskunftsverweigerung verfolgte Zweck gefährdet würde. ³Die zum Zweck der Auskunftserteilung an die betroffene Person und zu deren Vorbereitung gespeicherten Daten dürfen nur für diesen Zweck sowie für Zwecke der Datenschutzkontrolle verarbeitet werden; für andere Zwecke ist die Verarbeitung nach Maßgabe des Artikels 18 der Verordnung (EU) 2016/679[1)] einzuschränken.

[1)] Nr. 11.

(3) ¹Wird der betroffenen Person durch eine öffentliche Stelle des Bundes keine Auskunft erteilt, so ist sie auf ihr Verlangen der oder dem Bundesbeauftragten zu erteilen, soweit nicht die jeweils zuständige oberste Bundesbehörde im Einzelfall feststellt, dass dadurch die Sicherheit des Bundes oder eines Landes gefährdet würde. ²Die Mitteilung der oder des Bundesbeauftragten an die betroffene Person über das Ergebnis der datenschutzrechtlichen Prüfung darf keine Rückschlüsse auf den Erkenntnisstand des Verantwortlichen zulassen, sofern dieser nicht einer weitergehenden Auskunft zustimmt.

(4) Das Recht der betroffenen Person auf Auskunft über personenbezogene Daten, die durch eine öffentliche Stelle weder automatisiert verarbeitet noch nicht automatisiert verarbeitet und in einem Dateisystem gespeichert werden, besteht nur, soweit die betroffene Person Angaben macht, die das Auffinden der Daten ermöglichen, und der für die Erteilung der Auskunft erforderliche Aufwand nicht außer Verhältnis zu dem von der betroffenen Person geltend gemachten Informationsinteresse steht.

§ 35 Recht auf Löschung. (1) ¹Ist eine Löschung im Fall nicht automatisierter Datenverarbeitung wegen der besonderen Art der Speicherung nicht oder nur mit unverhältnismäßig hohem Aufwand möglich und ist das Interesse der betroffenen Person an der Löschung als gering anzusehen, besteht das Recht der betroffenen Person auf und die Pflicht des Verantwortlichen zur Löschung personenbezogener Daten gemäß Artikel 17 Absatz 1 der Verordnung (EU) 2016/679[1]) ergänzend zu den in Artikel 17 Absatz 3 der Verordnung (EU) 2016/679[1]) genannten Ausnahmen nicht. ²In diesem Fall tritt an die Stelle einer Löschung die Einschränkung der Verarbeitung gemäß Artikel 18 der Verordnung (EU) 2016/679[1]). ³Die Sätze 1 und 2 finden keine Anwendung, wenn die personenbezogenen Daten unrechtmäßig verarbeitet wurden.

(2) ¹Ergänzend zu Artikel 18 Absatz 1 Buchstabe b und c der Verordnung (EU) 2016/679[1]) gilt Absatz 1 Satz 1 und 2 entsprechend im Fall des Artikels 17 Absatz 1 Buchstabe a und d der Verordnung (EU) 2016/679[1]), solange und soweit der Verantwortliche Grund zu der Annahme hat, dass durch eine Löschung schutzwürdige Interessen der betroffenen Person beeinträchtigt würden. ²Der Verantwortliche unterrichtet die betroffene Person über die Einschränkung der Verarbeitung, sofern sich die Unterrichtung nicht als unmöglich erweist oder einen unverhältnismäßigen Aufwand erfordern würde.

(3) Ergänzend zu Artikel 17 Absatz 3 Buchstabe b der Verordnung (EU) 2016/679[1]) gilt Absatz 1 entsprechend im Fall des Artikels 17 Absatz 1 Buchstabe a der Verordnung (EU) 2016/679[1]), wenn einer Löschung satzungsgemäße oder vertragliche Aufbewahrungsfristen entgegenstehen.

§ 36 Widerspruchsrecht. Das Recht auf Widerspruch gemäß Artikel 21 Absatz 1 der Verordnung (EU) 2016/679[1]) gegenüber einer öffentlichen Stelle besteht nicht, soweit an der Verarbeitung ein zwingendes öffentliches Interesse besteht, das die Interessen der betroffenen Person überwiegt, oder eine Rechtsvorschrift zur Verarbeitung verpflichtet.

§ 37 Automatisierte Entscheidungen im Einzelfall einschließlich Profiling. (1) Das Recht gemäß Artikel 22 Absatz 1 der Verordnung (EU) 2016/

---

[1]) Nr. 11.

679[1]), keiner ausschließlich auf einer automatisierten Verarbeitung beruhenden Entscheidung unterworfen zu werden, besteht über die in Artikel 22 Absatz 2 Buchstabe a und c der Verordnung (EU) 2016/679[1]) genannten Ausnahmen hinaus nicht, wenn die Entscheidung im Rahmen der Leistungserbringung nach einem Versicherungsvertrag ergeht und

1. dem Begehren der betroffenen Person stattgegeben wurde oder
2. die Entscheidung auf der Anwendung verbindlicher Entgeltregelungen für Heilbehandlungen beruht und der Verantwortliche für den Fall, dass dem Antrag nicht vollumfänglich stattgegeben wird, angemessene Maßnahmen zur Wahrung der berechtigten Interessen der betroffenen Person trifft, wozu mindestens das Recht auf Erwirkung des Eingreifens einer Person seitens des Verantwortlichen, auf Darlegung des eigenen Standpunktes und auf Anfechtung der Entscheidung zählt; der Verantwortliche informiert die betroffene Person über diese Rechte spätestens zum Zeitpunkt der Mitteilung, aus der sich ergibt, dass dem Antrag der betroffenen Person nicht vollumfänglich stattgegeben wird.

(2) ¹Entscheidungen nach Absatz 1 dürfen auf der Verarbeitung von Gesundheitsdaten im Sinne des Artikels 4 Nummer 15 der Verordnung (EU) 2016/679[1]) beruhen. ²Der Verantwortliche sieht angemessene und spezifische Maßnahmen zur Wahrung der Interessen der betroffenen Person gemäß § 22 Absatz 2 Satz 2 vor.

Kapitel 3. Pflichten der Verantwortlichen und Auftragsverarbeiter

§ 38 Datenschutzbeauftragte nichtöffentlicher Stellen. (1) ¹Ergänzend zu Artikel 37 Absatz 1 Buchstabe b und c der Verordnung (EU) 2016/679[1]) benennen der Verantwortliche und der Auftragsverarbeiter eine Datenschutzbeauftragte oder einen Datenschutzbeauftragten, soweit sie in der Regel mindestens 20 Personen ständig mit der automatisierten Verarbeitung personenbezogener Daten beschäftigen. ²Nehmen der Verantwortliche oder der Auftragsverarbeiter Verarbeitungen vor, die einer Datenschutz-Folgenabschätzung nach Artikel 35 der Verordnung (EU) 2016/679[1]) unterliegen, oder verarbeiten sie personenbezogene Daten geschäftsmäßig zum Zweck der Übermittlung, der anonymisierten Übermittlung oder für Zwecke der Markt- oder Meinungsforschung, haben sie unabhängig von der Anzahl der mit der Verarbeitung beschäftigten Personen eine Datenschutzbeauftragte oder einen Datenschutzbeauftragten zu benennen.

(2) § 6 Absatz 4, 5 Satz 2 und Absatz 6 finden Anwendung, § 6 Absatz 4 jedoch nur, wenn die Benennung einer oder eines Datenschutzbeauftragten verpflichtend ist.

§ 39 Akkreditierung. ¹Die Erteilung der Befugnis, als Zertifizierungsstelle gemäß Artikel 43 Absatz 1 Satz 1 der Verordnung (EU) 2016/679[1]) tätig zu werden, erfolgt durch die für die datenschutzrechtliche Aufsicht über die Zertifizierungsstelle zuständige Aufsichtsbehörde des Bundes oder der Länder auf der Grundlage einer Akkreditierung durch die Deutsche Akkreditierungsstelle. ²§ 2 Absatz 3 Satz 2, § 4 Absatz 3 und § 10 Absatz 1 Satz 1 Nummer 3 des Akkreditierungsstellengesetzes finden mit der Maßgabe Anwendung, dass

---

[1]) Nr. 11.

der Datenschutz als ein dem Anwendungsbereich des § 1 Absatz 2 Satz 2 unterfallender Bereich gilt.

Kapitel 4. Aufsichtsbehörde für die Datenverarbeitung durch nichtöffentliche Stellen

§ 40 Aufsichtsbehörden der Länder. (1) Die nach Landesrecht zuständigen Behörden überwachen im Anwendungsbereich der Verordnung (EU) 2016/679 bei den nichtöffentlichen Stellen die Anwendung der Vorschriften über den Datenschutz.

(2) ¹Hat der Verantwortliche oder Auftragsverarbeiter mehrere inländische Niederlassungen, findet für die Bestimmung der zuständigen Aufsichtsbehörde Artikel 4 Nummer 16 der Verordnung (EU) 2016/679[1)] entsprechende Anwendung. ²Wenn sich mehrere Behörden für zuständig oder für unzuständig halten oder wenn die Zuständigkeit aus anderen Gründen zweifelhaft ist, treffen die Aufsichtsbehörden die Entscheidung gemeinsam nach Maßgabe des § 18 Absatz 2. ³§ 3 Absatz 3 und 4 des Verwaltungsverfahrensgesetzes findet entsprechende Anwendung.

(3) ¹Die Aufsichtsbehörde darf die von ihr gespeicherten Daten nur für Zwecke der Aufsicht verarbeiten; hierbei darf sie Daten an andere Aufsichtsbehörden übermitteln. ²Eine Verarbeitung zu einem anderen Zweck ist über Artikel 6 Absatz 4 der Verordnung (EU) 2016/679[1)] hinaus zulässig, wenn

1. offensichtlich ist, dass sie im Interesse der betroffenen Person liegt und kein Grund zu der Annahme besteht, dass sie in Kenntnis des anderen Zwecks ihre Einwilligung verweigern würde,
2. sie zur Abwehr erheblicher Nachteile für das Gemeinwohl oder einer Gefahr für die öffentliche Sicherheit oder zur Wahrung erheblicher Belange des Gemeinwohls erforderlich ist oder
3. sie zur Verfolgung von Straftaten oder Ordnungswidrigkeiten, zur Vollstreckung oder zum Vollzug von Strafen oder Maßnahmen im Sinne des § 11 Absatz 1 Nummer 8 des Strafgesetzbuchs[2)] oder von Erziehungsmaßregeln oder Zuchtmitteln im Sinne des Jugendgerichtsgesetzes oder zur Vollstreckung von Geldbußen erforderlich ist.

³Stellt die Aufsichtsbehörde einen Verstoß gegen die Vorschriften über den Datenschutz fest, so ist sie befugt, die betroffenen Personen hierüber zu unterrichten, den Verstoß anderen für die Verfolgung oder Ahndung zuständigen Stellen anzuzeigen sowie bei schwerwiegenden Verstößen die Gewerbeaufsichtsbehörde zur Durchführung gewerberechtlicher Maßnahmen zu unterrichten. ⁴§ 13 Absatz 4 Satz 4 bis 7 gilt entsprechend.

(4) ¹Die der Aufsicht unterliegenden Stellen sowie die mit deren Leitung beauftragten Personen haben einer Aufsichtsbehörde auf Verlangen die für die Erfüllung ihrer Aufgaben erforderlichen Auskünfte zu erteilen. ²Der Auskunftspflichtige kann die Auskunft auf solche Fragen verweigern, deren Beantwortung ihn selbst oder einen der in § 383 Absatz 1 Nummer 1 bis 3 der Zivilprozessordnung bezeichneten Angehörigen der Gefahr strafgerichtlicher

---

[1)] Nr. 11.
[2)] Nr. 44.

Verfolgung oder eines Verfahrens nach dem Gesetz über Ordnungswidrigkeiten aussetzen würde. ³ Der Auskunftspflichtige ist darauf hinzuweisen.

(5) ¹ Die von einer Aufsichtsbehörde mit der Überwachung der Einhaltung der Vorschriften über den Datenschutz beauftragten Personen sind befugt, zur Erfüllung ihrer Aufgaben Grundstücke und Geschäftsräume der Stelle zu betreten und Zugang zu allen Datenverarbeitungsanlagen und -geräten zu erhalten. ² Die Stelle ist insoweit zur Duldung verpflichtet. ³ § 16 Absatz 4 gilt entsprechend.

(6) ¹ Die Aufsichtsbehörden beraten und unterstützen die Datenschutzbeauftragten mit Rücksicht auf deren typische Bedürfnisse. ² Sie können die Abberufung der oder des Datenschutzbeauftragten verlangen, wenn sie oder er die zur Erfüllung ihrer oder seiner Aufgaben erforderliche Fachkunde nicht besitzt oder im Fall des Artikels 38 Absatz 6 der Verordnung (EU) 2016/679[1)] ein schwerwiegender Interessenkonflikt vorliegt.

(7) Die Anwendung der Gewerbeordnung bleibt unberührt.

Kapitel 5. Sanktionen

§ 41 Anwendung der Vorschriften über das Bußgeld- und Strafverfahren. (1) ¹ Für Verstöße nach Artikel 83 Absatz 4 bis 6 der Verordnung (EU) 2016/679[1)] gelten, soweit dieses Gesetz nichts anderes bestimmt, die Vorschriften des Gesetzes über Ordnungswidrigkeiten sinngemäß. ² Die §§ 17, 35 und 36 des Gesetzes über Ordnungswidrigkeiten[2)] finden keine Anwendung. ³ § 68 des Gesetzes über Ordnungswidrigkeiten[2)] findet mit der Maßgabe Anwendung, dass das Landgericht entscheidet, wenn die festgesetzte Geldbuße den Betrag von einhunderttausend Euro übersteigt.

(2) ¹ Für Verfahren wegen eines Verstoßes nach Artikel 83 Absatz 4 bis 6 der Verordnung (EU) 2016/679[1)] gelten, soweit dieses Gesetz nichts anderes bestimmt, die Vorschriften des Gesetzes über Ordnungswidrigkeiten und der allgemeinen Gesetze über das Strafverfahren, namentlich der Strafprozessordnung[3)] und des Gerichtsverfassungsgesetzes, entsprechend. ² Die §§ 56 bis 58, 87, 88, 99 und 100 des Gesetzes über Ordnungswidrigkeiten finden keine Anwendung. ³ § 69 Absatz 4 Satz 2 des Gesetzes über Ordnungswidrigkeiten findet mit der Maßgabe Anwendung, dass die Staatsanwaltschaft das Verfahren nur mit Zustimmung der Aufsichtsbehörde, die den Bußgeldbescheid erlassen hat, einstellen kann.

§ 42 Strafvorschriften. (1) Mit Freiheitsstrafe bis zu drei Jahren oder mit Geldstrafe wird bestraft, wer wissentlich nicht allgemein zugängliche personenbezogene Daten einer großen Zahl von Personen, ohne hierzu berechtigt zu sein,

1. einem Dritten übermittelt oder
2. auf andere Art und Weise zugänglich macht

und hierbei gewerbsmäßig handelt.

(2) Mit Freiheitsstrafe bis zu zwei Jahren oder mit Geldstrafe wird bestraft, wer personenbezogene Daten, die nicht allgemein zugänglich sind,

---

[1)] Nr. 11.
[2)] Nr. 46.
[3)] Auszugsweise abgedruckt unter Nr. 45.

1. ohne hierzu berechtigt zu sein, verarbeitet oder
2. durch unrichtige Angaben erschleicht

und hierbei gegen Entgelt oder in der Absicht handelt, sich oder einen anderen zu bereichern oder einen anderen zu schädigen.

(3) ¹Die Tat wird nur auf Antrag verfolgt. ²Antragsberechtigt sind die betroffene Person, der Verantwortliche, die oder der Bundesbeauftragte und die Aufsichtsbehörde.

(4) Eine Meldung nach Artikel 33 der Verordnung (EU) 2016/679[1]) oder eine Benachrichtigung nach Artikel 34 Absatz 1 der Verordnung (EU) 2016/679[1]) darf in einem Strafverfahren gegen den Meldepflichtigen oder Benachrichtigenden oder seine in § 52 Absatz 1 der Strafprozessordnung bezeichneten Angehörigen nur mit Zustimmung des Meldepflichtigen oder Benachrichtigenden verwendet werden.

§ 43 Bußgeldvorschriften. (1) Ordnungswidrig handelt, wer vorsätzlich oder fahrlässig

1. entgegen § 30 Absatz 1 ein Auskunftsverlangen nicht richtig behandelt oder
2. entgegen § 30 Absatz 2 Satz 1 einen Verbraucher nicht, nicht richtig, nicht vollständig oder nicht rechtzeitig unterrichtet.

(2) Die Ordnungswidrigkeit kann mit einer Geldbuße bis zu fünfzigtausend Euro geahndet werden.

(3) Gegen Behörden und sonstige öffentliche Stellen im Sinne des § 2 Absatz 1 werden keine Geldbußen verhängt.

(4) Eine Meldung nach Artikel 33 der Verordnung (EU) 2016/679[1]) oder eine Benachrichtigung nach Artikel 34 Absatz 1 der Verordnung (EU) 2016/679[1]) darf in einem Verfahren nach dem Gesetz über Ordnungswidrigkeiten gegen den Meldepflichtigen oder Benachrichtigenden oder seine in § 52 Absatz 1 der Strafprozessordnung bezeichneten Angehörigen nur mit Zustimmung des Meldepflichtigen oder Benachrichtigenden verwendet werden.

Kapitel 6. Rechtsbehelfe

§ 44 Klagen gegen den Verantwortlichen oder Auftragsverarbeiter.

(1) ¹Klagen der betroffenen Person gegen einen Verantwortlichen oder einen Auftragsverarbeiter wegen eines Verstoßes gegen datenschutzrechtliche Bestimmungen im Anwendungsbereich der Verordnung (EU) 2016/679 oder der darin enthaltenen Rechte der betroffenen Person können bei dem Gericht des Ortes erhoben werden, an dem sich eine Niederlassung des Verantwortlichen oder Auftragsverarbeiters befindet. ²Klagen nach Satz 1 können auch bei dem Gericht des Ortes erhoben werden, an dem die betroffene Person ihren gewöhnlichen Aufenthaltsort hat.

(2) Absatz 1 gilt nicht für Klagen gegen Behörden, die in Ausübung ihrer hoheitlichen Befugnisse tätig geworden sind.

(3) ¹Hat der Verantwortliche oder Auftragsverarbeiter einen Vertreter nach Artikel 27 Absatz 1 der Verordnung (EU) 2016/679[1]) benannt, gilt dieser auch als bevollmächtigt, Zustellungen in zivilgerichtlichen Verfahren nach Absatz 1 entgegenzunehmen. ²§ 184 der Zivilprozessordnung bleibt unberührt.

---

[1]) Nr. 11.

13. Gesetz über den Datenschutz und den Schutz der Privatsphäre in der Telekommunikation und bei Telemedien (Telekommunikation-Telemedien-Datenschutz-Gesetz – TTDSG)[1) 2)]

Vom 23. Juni 2021
(BGBl. I S. 1982)

FNA 204-5

zuletzt geänd. durch Art. 4 G zur Änd. des Strafgesetzbuches – Strafbarkeit des Betreibens krimineller Handelsplattformen im Internet v. 12.8.2021 (BGBl. I S. 3544)

Inhaltsübersicht

Teil 1. Allgemeine Vorschriften

§ 1	Anwendungsbereich des Gesetzes
§ 2	Begriffsbestimmungen

Teil 2. Datenschutz und Schutz der Privatsphäre in der Telekommunikation

Kapitel 1. Vertraulichkeit der Kommunikation

§ 3	Vertraulichkeit der Kommunikation – Fernmeldegeheimnis
§ 4	Rechte des Erben des Endnutzers und anderer berechtigter Personen
§ 5	Abhörverbot, Geheimhaltungspflicht der Betreiber von Funkanlagen
§ 6	Nachrichtenübermittlung mit Zwischenspeicherung
§ 7	Verlangen eines amtlichen Ausweises
§ 8	Missbrauch von Telekommunikationsanlagen

Kapitel 2. Verkehrsdaten, Standortdaten

§ 9	Verarbeitung von Verkehrsdaten
§ 10	Entgeltermittlung und Entgeltabrechnung
§ 11	Einzelverbindungsnachweis
§ 12	Störungen von Telekommunikationsanlagen und Missbrauch von Telekommunikationsdiensten
§ 13	Standortdaten

Kapitel 3. Mitteilen ankommender Verbindungen, Rufnummernanzeige und -unterdrückung, automatische Anrufweiterschaltung

§ 14	Mitteilen ankommender Verbindungen
§ 15	Rufnummernanzeige und -unterdrückung
§ 16	Automatische Anrufweiterschaltung

Kapitel 4. Endnutzerverzeichnisse, Bereitstellen von Endnutzerdaten

§ 17	Endnutzerverzeichnisse
§ 18	Bereitstellen von Endnutzerdaten

Teil 3. Telemediendatenschutz, Endeinrichtungen

Kapitel 1. Technische und organisatorische Vorkehrungen, Verarbeitung von Daten zum Zweck des Jugendschutzes und zur Auskunftserteilung

§ 19	Technische und organisatorische Vorkehrungen
§ 20	Verarbeitung personenbezogener Daten Minderjähriger
§ 21	Bestandsdaten

[1)] **Amtl. Anm.:** Dieses Gesetz dient der Umsetzung der Richtlinie 2002/58/EG des Europäischen Parlaments und des Rates vom 12. Juli 2002 über die Verarbeitung personenbezogener Daten und den Schutz der Privatsphäre in der elektronischen Kommunikation (Datenschutzrichtlinie für elektronische Kommunikation) (ABl. L 201 vom 31.7.2002, S. 37), die durch Artikel 2 der Richtlinie 2009/136/EG des Europäischen Parlaments und des Rates vom 25. November 2009 (ABl. L 337 vom 18.12.2009, S. 11) geändert worden ist.
[2)] Verkündet als Art. 1 G v. 23.6.2021 (BGBl. I S. 1982); Inkrafttreten gem. Art. 14 dieses G am 1.12.2021.

§ 22	Auskunftsverfahren bei Bestandsdaten
§ 23	Auskunftsverfahren bei Passwörtern und anderen Zugangsdaten
§ 24	Auskunftsverfahren bei Nutzungsdaten

Kapitel 2. Endeinrichtungen

| § 25 | Schutz der Privatsphäre bei Endeinrichtungen |
| § 26 | Anerkannte Dienste zur Einwilligungsverwaltung, Endnutzereinstellungen |

Teil 4. Straf- und Bußgeldvorschriften und Aufsicht

§ 27	Strafvorschriften
§ 28	Bußgeldvorschriften
§ 29	Zuständigkeit, Aufgaben und Befugnisse der oder des Bundesbeauftragten für den Datenschutz und die Informationsfreiheit
§ 30	Zuständigkeit, Aufgaben und Befugnisse der Bundesnetzagentur.

Teil 1. Allgemeine Vorschriften

§ 1 Anwendungsbereich des Gesetzes. (1) Dieses Gesetz regelt

1. das Fernmeldegeheimnis, einschließlich des Abhörverbotes und der Geheimhaltungspflicht der Betreiber von Funkanlagen,
2. besondere Vorschriften zum Schutz personenbezogener Daten bei der Nutzung von Telekommunikationsdiensten und Telemedien,
3. die Anforderungen an den Schutz der Privatsphäre im Hinblick auf die Mitteilung ankommender Verbindungen, die Rufnummernunterdrückung und -anzeige und die automatische Anrufweiterschaltung,
4. die Anforderungen an die Aufnahme in Endnutzerverzeichnisse und die Bereitstellung von Endnutzerdaten an Auskunftsdienste, Dienste zur Unterrichtung über einen individuellen Gesprächswunsch eines anderen Nutzers und Anbieter von Endnutzerverzeichnissen,
5. die von Anbietern von Telemedien zu beachtenden technischen und organisatorischen Vorkehrungen,
6. die Anforderungen an die Erteilung von Auskünften über Bestands- und Nutzungsdaten durch Anbieter von Telemedien,
7. den Schutz der Privatsphäre bei Endeinrichtungen hinsichtlich der Anforderungen an die Speicherung von Informationen in Endeinrichtungen der Endnutzer und den Zugriff auf Informationen, die bereits in Endeinrichtungen der Endnutzer gespeichert sind, und
8. die Aufsichtsbehörden und die Aufsicht im Hinblick auf den Datenschutz und den Schutz der Privatsphäre in der Telekommunikation; bei Telemedien bleiben die Aufsicht durch die nach Landesrecht zuständigen Behörden und § 40 des Bundesdatenschutzgesetzes[1]) unberührt.

(2) Dem Fernmeldegeheimnis unterliegende Einzelangaben über Verhältnisse einer bestimmten oder bestimmbaren juristischen Person oder Personengesellschaft, die mit der Fähigkeit ausgestattet ist, Rechte zu erwerben oder Verbindlichkeiten einzugehen, stehen den personenbezogenen Daten gleich.

(3) [1]Diesem Gesetz unterliegen alle Unternehmen und Personen, die im Geltungsbereich dieses Gesetzes eine Niederlassung haben oder Dienstleistungen erbringen oder daran mitwirken oder Waren auf dem Markt bereitstellen. [2]§ 3 des Telemediengesetzes[2]) bleibt unberührt.

---

[1]) Nr. **12**.
[2]) Nr. **5**.

§ 2 Begriffsbestimmungen. (1) Die Begriffsbestimmungen des Telekommunikationsgesetzes[1], des Telemediengesetzes[2] und der Verordnung (EU) 2016/679[3] des Europäischen Parlaments und des Rates vom 27. April 2016 zum Schutz natürlicher Personen bei der Verarbeitung personenbezogener Daten, zum freien Datenverkehr und zur Aufhebung der Richtlinie 95/46/EG (Datenschutz-Grundverordnung[3]) gelten auch für dieses Gesetz, soweit in Absatz 2 keine abweichende Begriffsbestimmung getroffen wird.

(2) Im Sinne dieses Gesetzes ist oder sind

1. „Anbieter von Telemedien" jede natürliche oder juristische Person, die eigene oder fremde Telemedien erbringt, an der Erbringung mitwirkt oder den Zugang zur Nutzung von eigenen oder fremden Telemedien vermittelt,

2. „Bestandsdaten" im Sinne des Teils 3 dieses Gesetzes die personenbezogenen Daten, deren Verarbeitung zum Zweck der Begründung, inhaltlichen Ausgestaltung oder Änderung eines Vertragsverhältnisses zwischen dem Anbieter von Telemedien und dem Nutzer über die Nutzung von Telemedien erforderlich ist,

3. „Nutzungsdaten" die personenbezogenen Daten eines Nutzers von Telemedien, deren Verarbeitung erforderlich ist, um die Inanspruchnahme von Telemedien zu ermöglichen und abzurechnen; dazu gehören insbesondere

    a) Merkmale zur Identifikation des Nutzers,

    b) Angaben über Beginn und Ende sowie Umfang der jeweiligen Nutzung und

    c) Angaben über die vom Nutzer in Anspruch genommenen Telemedien,

4. „Nachricht" jede Information, die zwischen einer endlichen Zahl von Beteiligten über einen Telekommunikationsdienst ausgetauscht oder weitergeleitet wird; davon ausgenommen sind Informationen, die als Teil eines Rundfunkdienstes über ein öffentliches Telekommunikationsnetz an die Öffentlichkeit weitergeleitet werden, soweit die Informationen nicht mit dem identifizierbaren Nutzer, der sie erhält, in Verbindung gebracht werden können,

5. „Dienst mit Zusatznutzen" jeder von einem Anbieter eines Telekommunikationsdienstes bereitgehaltene zusätzliche Dienst, der die Verarbeitung von Verkehrsdaten oder anderen Standortdaten als Verkehrsdaten in einem Maße erfordert, das über das für die Übermittlung einer Nachricht oder für die Entgeltabrechnung des Telekommunikationsdienstes erforderliche Maß hinausgeht,

6. „Endeinrichtung" jede direkt oder indirekt an die Schnittstelle eines öffentlichen Telekommunikationsnetzes angeschlossene Einrichtung zum Aussenden, Verarbeiten oder Empfangen von Nachrichten; sowohl bei direkten als auch bei indirekten Anschlüssen kann die Verbindung über Draht, optische Faser oder elektromagnetisch hergestellt werden; bei einem indirekten Anschluss ist zwischen der Endeinrichtung und der Schnittstelle des öffentlichen Netzes ein Gerät geschaltet.

---

[1] Nr. **1**.
[2] Nr. **5**.
[3] Auszugsweise abgedruckt unter Nr. **11**.

Teil 2. Datenschutz und Schutz der Privatsphäre in der Telekommunikation

Kapitel 1. Vertraulichkeit der Kommunikation

§ 3 Vertraulichkeit der Kommunikation – Fernmeldegeheimnis.

(1) [1]Dem Fernmeldegeheimnis unterliegen der Inhalt der Telekommunikation und ihre näheren Umstände, insbesondere die Tatsache, ob jemand an einem Telekommunikationsvorgang beteiligt ist oder war. [2]Das Fernmeldegeheimnis erstreckt sich auch auf die näheren Umstände erfolgloser Verbindungsversuche.

(2) [1]Zur Wahrung des Fernmeldegeheimnisses sind verpflichtet

1. Anbieter von öffentlich zugänglichen Telekommunikationsdiensten sowie natürliche und juristische Personen, die an der Erbringung solcher Dienste mitwirken,
2. Anbieter von ganz oder teilweise geschäftsmäßig angebotenen Telekommunikationsdiensten sowie natürliche und juristische Personen, die an der Erbringung solcher Dienste mitwirken,
3. Betreiber öffentlicher Telekommunikationsnetze und
4. Betreiber von Telekommunikationsanlagen, mit denen geschäftsmäßig Telekommunikationsdienste erbracht werden.

[2]Die Pflicht zur Geheimhaltung besteht auch nach dem Ende der Tätigkeit fort, durch die sie begründet worden ist.

(3) [1]Den nach Absatz 2 Satz 1 Verpflichteten ist es untersagt, sich oder anderen über das für die Erbringung der Telekommunikationsdienste oder für den Betrieb ihrer Telekommunikationsnetze oder ihrer Telekommunikationsanlagen einschließlich des Schutzes ihrer technischen Systeme erforderliche Maß hinaus Kenntnis vom Inhalt oder von den näheren Umständen der Telekommunikation zu verschaffen. [2]Sie dürfen Kenntnisse über Tatsachen, die dem Fernmeldegeheimnis unterliegen, nur für den in Satz 1 genannten Zweck verwenden. [3]Eine Verwendung dieser Kenntnisse für andere Zwecke, insbesondere die Weitergabe an andere, ist nur zulässig, soweit dieses Gesetz oder eine andere gesetzliche Vorschrift dies vorsieht und sich dabei ausdrücklich auf Telekommunikationsvorgänge bezieht. [4]Die Anzeigepflicht nach § 138 des Strafgesetzbuches[1)] hat Vorrang.

(4) Befindet sich die Telekommunikationsanlage an Bord eines Wasser- oder Luftfahrzeugs, so besteht die Pflicht zur Wahrung des Fernmeldegeheimnisses nicht gegenüber der Person, die das Fahrzeug führt, und ihrer Stellvertretung.

§ 4 Rechte des Erben des Endnutzers und anderer berechtigter Personen. Das Fernmeldegeheimnis steht der Wahrnehmung von Rechten gegenüber dem Anbieter des Telekommunikationsdienstes nicht entgegen, wenn diese Rechte statt durch den betroffenen Endnutzer durch seinen Erben oder eine andere berechtigte Person, die zur Wahrnehmung der Rechte des Endnutzers befugt ist, wahrgenommen werden.

[1)] Nr. 44.

§ 5 Abhörverbot, Geheimhaltungspflicht der Betreiber von Funkanlagen. (1) Mit einer Funkanlage (§ 1 Absatz 1 des Funkanlagengesetzes) dürfen nur solche Nachrichten abgehört oder in vergleichbarer Weise zur Kenntnis genommen werden, die für den Betreiber der Funkanlage, für Funkamateure im Sinne des § 2 Nummer 1 des Amateurfunkgesetzes, für die Allgemeinheit oder für einen unbestimmten Personenkreis bestimmt sind.

(2) ¹Der Inhalt anderer als in Absatz 1 genannter Nachrichten sowie die Tatsache ihres Empfangs dürfen, auch wenn der Empfang unbeabsichtigt geschieht, auch von Personen, für die eine Pflicht zur Geheimhaltung nicht schon nach § 3 besteht, anderen nicht mitgeteilt werden. ²§ 3 Absatz 4 gilt entsprechend.

(3) Das Abhören oder die in vergleichbarer Weise erfolgende Kenntnisnahme und die Weitergabe von Nachrichten aufgrund besonderer gesetzlicher Ermächtigung bleiben unberührt.

§ 6 Nachrichtenübermittlung mit Zwischenspeicherung. (1) Nach § 3 Absatz 2 Satz 1 Nummer 1 und 2 Verpflichtete dürfen bei Diensten, für deren Durchführung eine Zwischenspeicherung erforderlich ist, Nachrichteninhalte, insbesondere Sprach-, Ton-, Text- und Grafikmitteilungen von Endnutzern, im Rahmen eines hierauf gerichteten Diensteangebots verarbeiten, wenn

1. die Verarbeitung ausschließlich in Telekommunikationsanlagen des zwischenspeichernden Anbieters erfolgt, es sei denn, die Nachrichteninhalte werden im Auftrag des Endnutzers oder durch Eingabe des Endnutzers in Telekommunikationsanlagen anderer Anbieter weitergeleitet;
2. ausschließlich der Endnutzer
   a) durch seine Eingabe Inhalt, Umfang und Art der Verarbeitung bestimmt und
   b) bestimmt, wer Nachrichteninhalte eingeben und darauf zugreifen darf, und
3. der Verpflichtete
   a) dem Endnutzer mitteilen darf, dass der Empfänger auf die Nachricht zugegriffen hat, und
   b) Nachrichteninhalte nur entsprechend dem mit dem Endnutzer geschlossenen Vertrag löschen darf.

(2) ¹Nach § 3 Absatz 2 Satz 1 Nummer 1 und 2 Verpflichtete haben die erforderlichen technischen und organisatorischen Maßnahmen zu treffen, um Fehlübermittlungen und das unbefugte Offenbaren von Nachrichteninhalten innerhalb des Unternehmens des Anbieters und an Dritte auszuschließen. ²Erforderlich sind Maßnahmen nur, wenn ihr Aufwand in einem angemessenen Verhältnis zu dem angestrebten Schutzzweck steht. ³Soweit es im Hinblick auf den angestrebten Schutzzweck erforderlich ist, sind die Maßnahmen dem jeweiligen Stand der Technik anzupassen.

§ 7 Verlangen eines amtlichen Ausweises. (1) ¹Anbieter und mitwirkende Personen nach § 3 Absatz 2 Satz 1 Nummer 1 und 2 können im Zusammenhang mit dem Begründen und dem Ändern eines Vertragsverhältnisses mit einem Endnutzer über das Erbringen von Telekommunikationsdiensten die Vorlage eines amtlichen Ausweises verlangen, wenn dies zur Überprüfung der

Angaben des Endnutzers erforderlich ist. ²Die Pflicht nach § 172 des Telekommunikationsgesetzes[1]) bleibt unberührt.

(2) Um dem Verlangen nach Vorlage eines amtlichen Ausweises zu entsprechen, kann der Endnutzer den elektronischen Identitätsnachweis gemäß § 18 des Personalausweisgesetzes[2]), gemäß § 12 des eID-Karte-Gesetzes oder gemäß § 78 Absatz 5 des Aufenthaltsgesetzes nutzen.

(3) ¹Von dem Ausweis darf eine Kopie erstellt werden. ²Die Kopie ist unverzüglich nach Feststellung der für den Vertragsabschluss erforderlichen Angaben des Endnutzers zu vernichten. ³Andere als die für den Vertragsabschluss erforderlichen Daten dürfen dabei nicht verarbeitet werden.

§ 8 Missbrauch von Telekommunikationsanlagen. (1) Es ist verboten, Telekommunikationsanlagen zu besitzen, herzustellen, auf dem Markt bereitzustellen, einzuführen oder sonst in den Geltungsbereich dieses Gesetzes zu verbringen, die ihrer Form nach einen anderen Gegenstand vortäuschen oder die mit Gegenständen des täglichen Gebrauchs verkleidet sind und aufgrund dieser Umstände oder aufgrund ihrer Funktionsweise in besonderer Weise geeignet und dazu bestimmt sind, das nicht öffentlich gesprochene Wort eines anderen von diesem unbemerkt abzuhören oder das Bild eines anderen von diesem unbemerkt aufzunehmen.

(2) Als zum unbemerkten Abhören oder Aufnehmen eines Bildes bestimmt gilt eine Telekommunikationsanlage insbesondere, wenn ihre Abhör- oder Aufnahmefunktion beim bestimmungsgemäßen Gebrauch des Gegenstandes für den Betroffenen nicht eindeutig erkennbar ist.

(3) Das Verbot, Telekommunikationsanlagen nach Absatz 1 zu besitzen, gilt nicht für denjenigen, der die tatsächliche Gewalt über eine solche Telekommunikationsanlage

1. als Organ, als Mitglied eines Organs, als gesetzlicher Vertreter oder als vertretungsberechtigter Gesellschafter eines Berechtigten nach Absatz 5 erlangt,
2. von einem anderen oder für einen anderen Berechtigten nach Absatz 5 erlangt, sofern und solange er die Weisungen des anderen Berechtigten über die Ausübung der tatsächlichen Gewalt über die Telekommunikationsanlage aufgrund eines Dienst- oder Arbeitsverhältnisses zu befolgen hat oder die tatsächliche Gewalt aufgrund gerichtlichen oder behördlichen Auftrags ausübt,
3. als Gerichtsvollzieher oder Vollzugsbeamter in einem Vollstreckungsverfahren erwirbt,
4. von einem Berechtigten nach Absatz 5 vorübergehend zum Zweck der sicheren Verwahrung oder der nicht gewerbsmäßigen Beförderung zu einem Berechtigten erlangt,
5. lediglich zur gewerbsmäßigen Beförderung oder gewerbsmäßigen Lagerung erlangt,
6. durch Fund erlangt, sofern er die Telekommunikationsanlage unverzüglich abliefert an den Verlierer, den Eigentümer, einen sonstigen Berechtigten nach Absatz 5 oder die für die Entgegennahme der Fundanzeige zuständige Stelle,

---
[1]) Nr. 1.
[2]) Nr. 17.

7. von Todes wegen erwirbt, sofern er die Telekommunikationsanlage unverzüglich einem Berechtigten nach Absatz 5 überlässt oder sie für dauernd unbrauchbar macht.

(4) ¹Das Verbot, Telekommunikationsanlagen nach Absatz 1 zu besitzen, gilt ferner nicht für eine Telekommunikationsanlage, die durch Entfernen eines wesentlichen Bauteils dauernd unbrauchbar gemacht worden ist, sofern derjenige, der die tatsächliche Gewalt über eine solche Telekommunikationsanlage erlangt, den Erwerb unverzüglich der Bundesnetzagentur schriftlich anzeigt. ²Die Anzeige muss folgende Angaben enthalten:
1. Name, Vornamen und Anschrift des Erwerbers,
2. die Art der Telekommunikationsanlage, deren Hersteller- oder Warenzeichen und, wenn die Telekommunikationsanlage eine Herstellungsnummer hat, auch diese,
3. die glaubhafte Darlegung, dass der Erwerber die Telekommunikationsanlage ausschließlich zu Sammlerzwecken erworben hat.

(5) ¹Die zuständigen obersten Bundes- oder Landesbehörden lassen Ausnahmen von Absatz 1 zu, wenn es im öffentlichen Interesse, insbesondere aus Gründen der öffentlichen Sicherheit oder zum Zweck der Lehre über oder der Forschung an entsprechenden Telekommunikationsanlagen erforderlich ist. ²Absatz 1 gilt ferner nicht, soweit das Bundesamt für Wirtschaft und Ausfuhrkontrolle die Ausfuhr der Telekommunikationsanlagen genehmigt hat, und nicht für technische Mittel von Behörden, die diese in den Grenzen ihrer gesetzlichen Befugnisse zur Durchführung von technischen Ermittlungsmaßnahmen einsetzen.

(6) Es ist verboten, öffentlich oder in Mitteilungen, die für einen größeren Personenkreis bestimmt sind, für Telekommunikationsanlagen mit dem Hinweis zu werben, dass sie geeignet sind, das nicht öffentlich gesprochene Wort eines anderen von diesem unbemerkt abzuhören oder das Bild eines anderen von diesem unbemerkt aufzunehmen.

Kapitel 2. Verkehrsdaten, Standortdaten

§ 9 Verarbeitung von Verkehrsdaten. (1) ¹Nach § 3 Absatz 2 Satz 1 Verpflichtete dürfen folgende Verkehrsdaten nur verarbeiten, soweit dies zum Aufbau und zur Aufrechterhaltung der Telekommunikation, zur Entgeltabrechnung oder zum Aufbau weiterer Verbindungen erforderlich ist:
1. die Nummer oder Kennung der beteiligten Anschlüsse oder der Endeinrichtung, personenbezogene Berechtigungskennungen, bei Verwendung von Kundenkarten auch die Kartennummer, bei mobilen Anschlüssen auch die Standortdaten,
2. den Beginn und das Ende der jeweiligen Verbindung nach Datum und Uhrzeit und, soweit die Entgelte davon abhängen, die übermittelten Datenmengen,
3. den vom Nutzer in Anspruch genommenen Telekommunikationsdienst,
4. die Endpunkte von festgeschalteten Verbindungen, ihren Beginn und ihr Ende nach Datum und Uhrzeit und, soweit die Entgelte davon abhängen, die übermittelten Datenmengen und
5. sonstige zum Aufbau und zur Aufrechterhaltung der Telekommunikation sowie zur Entgeltabrechnung notwendige Verkehrsdaten.

² Im Übrigen sind Verkehrsdaten von den nach § 3 Absatz 2 Satz 1 Verpflichteten nach Beendigung der Verbindung unverzüglich zu löschen. ³ Eine über Satz 1 hinausgehende Verarbeitung der Verkehrsdaten ist unzulässig. ⁴ Die Pflicht zur Verarbeitung von Verkehrsdaten aufgrund von anderen Rechtsvorschriften bleibt unberührt.

(2) ¹ Teilnehmerbezogene Verkehrsdaten nach Absatz 1 dürfen vom Anbieter des Telekommunikationsdienstes zum Zweck der Vermarktung von Telekommunikationsdiensten, zur bedarfsgerechten Gestaltung von Telekommunikationsdiensten oder zur Bereitstellung von Diensten mit Zusatznutzen im dazu erforderlichen Maß und im dazu erforderlichen Zeitraum nur verwendet werden, wenn der Endnutzer in diese Verwendung gemäß der Verordnung (EU) 2016/679[1)] eingewilligt hat. ² Die Daten anderer Endnutzer sind unverzüglich zu anonymisieren. ³ Eine zielnummernbezogene Verwendung der Verkehrsdaten zu den in Satz 1 genannten Zwecken ist nur zulässig, wenn der Endnutzer gemäß der Verordnung (EU) 2016/679[1)] informiert wurde und er eingewilligt hat. ⁴ Hierbei sind die Daten anderer Endnutzer unverzüglich zu anonymisieren. ⁵ Außerdem ist der Endnutzer darauf hinzuweisen, dass er die Einwilligung nach den Sätzen 1 und 3 jederzeit widerrufen kann.

§ 10 Entgeltermittlung und Entgeltabrechnung. (1) ¹ Die Verarbeitung der Verkehrsdaten nach § 9 Absatz 1 Satz 1 durch nach § 3 Absatz 2 Satz 1 Nummer 1 und 2 Verpflichtete zur Ermittlung des Entgelts und zur Abrechnung mit dem Endnutzer darf nur nach Maßgabe der Absätze 2 bis 4 erfolgen. ² Erbringt ein Anbieter eines Telekommunikationsdienstes seine Dienste über ein öffentliches Telekommunikationsnetz eines anderen Betreibers, darf dieser Betreiber dem Anbieter des Telekommunikationsdienstes die für die Erbringung von dessen Diensten erhobenen Verkehrsdaten übermitteln. ³ Hat der Anbieter eines Telekommunikationsdienstes mit einem Dritten einen Vertrag über den Einzug des Entgelts geschlossen, so darf er dem Dritten die Verkehrsdaten nach § 9 Absatz 1 Satz 1 Nummer 1 bis 3 und 5 nur übermitteln, soweit es zum Einzug des Entgelts und der Erstellung einer detaillierten Rechnung erforderlich ist. ⁴ Der Dritte darf die Daten nur zu diesem Zweck verarbeiten. ⁵ Der Dritte ist vertraglich zur Wahrung des Fernmeldegeheimnisses und des dem Anbieter des Telekommunikationsdienstes obliegenden Datenschutzes zu verpflichten.

(2) ¹ Nach § 3 Absatz 2 Satz 1 Nummer 1 und 2 Verpflichtete haben nach Beendigung der Verbindung aus den Verkehrsdaten nach § 9 Absatz 1 Satz 1 Nummer 1 bis 3 und 5 unverzüglich die für die Berechnung des Entgelts erforderlichen Daten zu ermitteln. ² Diese Daten dürfen bis zu sechs Monate nach Versendung der Rechnung gespeichert werden. ³ Für die Abrechnung nicht erforderliche Daten sind unverzüglich zu löschen. ⁴ Hat der Endnutzer gegen die Höhe der in Rechnung gestellten Verbindungsentgelte vor Ablauf der Frist nach Satz 2 Einwendungen erhoben, dürfen die Daten gespeichert werden, bis die Einwendungen abschließend geklärt sind.

(3) Soweit es für die Abrechnung des Anbieters eines Telekommunikationsdienstes mit anderen Anbietern von Telekommunikationsdiensten oder mit deren Endnutzern sowie für die Abrechnung anderer Anbieter mit ihren Endnutzern erforderlich ist, dürfen der Anbieter und mitwirkende Personen

---

[1)] Auszugsweise abgedruckt unter Nr. 11.

nach § 3 Absatz 2 Satz 1 Nummer 1 und 2 die für die Berechnung des Entgelts erforderlichen Verkehrsdaten nach § 9 Absatz 1 Satz 1 Nummer 1 bis 3 und 5 verarbeiten.

(4) Ziehen der Anbieter und mitwirkende Personen nach § 3 Absatz 2 Satz 1 Nummer 1 und 2 mit der Rechnung Entgelte für Leistungen eines Dritten ein, die dieser im Zusammenhang mit der Erbringung von Telekommunikationsdiensten erbracht hat, so dürfen dem Dritten Verkehrsdaten nach § 9 Absatz 1 Satz 1 Nummer 1 bis 3 und 5 übermittelt werden, soweit diese im Einzelfall für die Durchsetzung der Forderungen des Dritten gegenüber seinem Endnutzer erforderlich sind.

§ 11 Einzelverbindungsnachweis. (1) [1]Dem Endnutzer sind die Verkehrsdaten nach § 9 Absatz 1 Satz 1 Nummer 1 bis 3 derjenigen Verbindungen, für die er entgeltpflichtig ist, durch Anbieter und mitwirkende Personen nach § 3 Absatz 2 Satz 1 Nummer 1 und 2 mitzuteilen, wenn er vor dem maßgeblichen Abrechnungszeitraum einen Einzelverbindungsnachweis verlangt hat. [2]Auf Wunsch dürfen ihm auch die Daten pauschal abgegoltener Verbindungen mitgeteilt werden. [3]Dabei entscheidet der Endnutzer, ob ihm die von ihm gewählten Rufnummern ungekürzt oder unter Kürzung um die letzten drei Ziffern mitgeteilt werden. [4]Bei einem Teilnehmeranschluss im Haushalt ist die Mitteilung nur zulässig, wenn der Anschlussinhaber in Textform erklärt hat, dass er alle zum Haushalt gehörenden Personen, die den Teilnehmeranschluss nutzen, darüber informiert hat und künftige Mitnutzer des Teilnehmeranschlusses unverzüglich darüber informieren wird, dass dem Inhaber des Teilnehmeranschlusses die Verkehrsdaten nach Satz 1 zur Erteilung des Einzelverbindungsnachweises bekannt gegeben werden.

(2) [1]Unbeschadet des Absatzes 1 dürfen dem Endnutzer die Verkehrsdaten nach Absatz 1 Satz 1 mitgeteilt werden, wenn er Einwendungen gegen die Höhe der Verbindungsentgelte erhoben hat. [2]Das gilt auch für einen Mobilfunkanschluss.

(3) [1]Bei Teilnehmeranschlüssen in Betrieben und Behörden ist die Mitteilung nur zulässig, wenn der Inhaber des Teilnehmeranschlusses in Textform erklärt hat, dass die Mitarbeiter informiert worden sind und künftige Mitarbeiter unverzüglich informiert werden und dass der Betriebsrat oder die Personalvertretung entsprechend den gesetzlichen Vorschriften beteiligt worden ist oder eine solche Beteiligung nicht erforderlich ist. [2]Soweit die öffentlich-rechtlichen Religionsgesellschaften für ihren Bereich eigene Mitarbeitervertreterregelungen erlassen haben, findet Satz 1 mit der Maßgabe Anwendung, dass an die Stelle des Betriebsrates oder der Personalvertretung die jeweilige Mitarbeitervertretung tritt.

(4) Soweit ein Anschlussinhaber zur vollständigen oder teilweisen Übernahme der Entgelte für Verbindungen verpflichtet ist, die bei seinem Anschluss ankommen, dürfen ihm in dem für ihn bestimmten Einzelverbindungsnachweis die Nummern der Anschlüsse, von denen die Anrufe ausgingen, nur unter Kürzung um die letzten drei Ziffern mitgeteilt werden.

(5) Der Einzelverbindungsnachweis nach Absatz 1 Satz 1 darf nicht Verbindungen zu Anschlüssen erkennen lassen,

1. deren Inhaber Personen, Behörden oder Organisationen in sozialen oder kirchlichen Bereichen sind, die grundsätzlich anonym bleibenden Endnutzern ganz oder überwiegend telefonische Beratung in seelischen oder sozia-

len Notlagen anbieten und die selbst oder deren Mitarbeiter insoweit besonderen Verpflichtungen zur Verschwiegenheit unterliegen, und
2. die die Bundesnetzagentur für Elektrizität, Gas, Telekommunikation, Post und Eisenbahnen (Bundesnetzagentur) in eine Liste aufgenommen hat.

(6) [1]Der Beratung im Sinne des Absatzes 5 Nummer 1 dienen neben den in § 203 Absatz 1 Nummer 4 und 5 des Strafgesetzbuches[1)] genannten Personengruppen insbesondere die Telefonseelsorge und die Gesundheitsberatung. [2]Die Bundesnetzagentur nimmt die Inhaber der Anschlüsse auf Antrag in die Liste auf, wenn sie die Aufgabenbestimmung nach Absatz 5 Nummer 1 durch Bescheinigung einer Behörde oder Körperschaft, Anstalt oder Stiftung des öffentlichen Rechts nachgewiesen haben. [3]Die Liste wird zum Abruf im automatisierten Verfahren bereitgestellt. [4]Die Verpflichteten nach § 3 Absatz 2 Satz 1, die Einzelverbindungsnachweise erstellen, haben die Liste quartalsweise abzufragen und Änderungen unverzüglich in ihren Abrechnungsverfahren anzuwenden.

§ 12 Störungen von Telekommunikationsanlagen und Missbrauch von Telekommunikationsdiensten. (1) [1]Soweit erforderlich, dürfen Verpflichtete nach § 3 Absatz 2 Satz 1 Verkehrsdaten der Endnutzer sowie die Steuerdaten eines informationstechnischen Protokolls zur Datenübertragung, die unabhängig vom Inhalt eines Kommunikationsvorgangs übertragen oder auf den am Kommunikationsvorgang beteiligten Servern gespeichert werden und zur Gewährleistung der Kommunikation zwischen Empfänger und Sender notwendig sind, verarbeiten, um Störungen oder Fehler an Telekommunikationsanlagen zu erkennen, einzugrenzen oder zu beseitigen. [2]Dies gilt auch für Störungen, die zu einer Einschränkung der Verfügbarkeit von Informations- und Telekommunikationsdiensten oder zu einem unerlaubten Zugriff auf Telekommunikations- und Datenverarbeitungssysteme der Nutzer führen können. [3]Eine Verarbeitung der Verkehrsdaten und Steuerdaten zu anderen Zwecken ist unzulässig. [4]Soweit die Verkehrsdaten nicht automatisiert erhoben und verwendet werden, muss der Datenschutzbeauftragte des Verpflichteten nach § 3 Absatz 2 Satz 1 unverzüglich über die Verfahren und Umstände der Maßnahme informiert werden. [5]Betroffene Endnutzer sind von dem nach § 3 Absatz 2 Satz 1 Verpflichteten zu benachrichtigen, sofern sie ermittelt werden können.

(2) Die Verkehrsdaten und Steuerdaten sind unverzüglich zu löschen, sobald sie für die Beseitigung der Störung nicht mehr erforderlich sind.

(3) [1]Zur Durchführung von Umschaltungen sowie zum Erkennen und Eingrenzen von Störungen im Netz ist dem Betreiber von Telekommunikationsnetzen oder seinem Beauftragten das Aufschalten auf bestehende Verbindungen erlaubt, soweit dies betrieblich erforderlich ist. [2]Eventuelle bei der Aufschaltung erstellte Aufzeichnungen sind unverzüglich zu löschen. [3]Das Aufschalten muss den betroffenen Kommunikationsteilnehmern durch ein akustisches oder sonstiges Signal zeitgleich angezeigt und ausdrücklich mitgeteilt werden. [4]Sofern dies technisch nicht möglich ist, muss der betriebliche Datenschutzbeauftragte des Betreibers des Telekommunikationsnetzes unverzüglich detailliert über die Verfahren und Umstände der Maßnahme informiert werden. [5]Diese Informationen hat der betriebliche Datenschutzbeauftragte für zwei Jahre aufzubewahren.

[1)] Nr. 44.

(4) ¹Wenn tatsächliche Anhaltspunkte für die rechtswidrige Inanspruchnahme eines Telekommunikationsnetzes oder Telekommunikationsdienstes vorliegen, insbesondere für eine Leistungserschleichung oder einen Betrug oder eine unzumutbare Belästigung nach § 7 des Gesetzes gegen den unlauteren Wettbewerb[1]), darf der Verpflichtete nach § 3 Absatz 2 Satz 1 zur Sicherung seines Entgeltanspruchs sowie zum Schutz der Endnutzer vor der rechtswidrigen Inanspruchnahme des Telekommunikationsdienstes oder des Telekommunikationsnetzes Verkehrsdaten verarbeiten, die erforderlich sind, um die rechtswidrige Inanspruchnahme des Telekommunikationsnetzes oder Telekommunikationsdienstes aufzudecken und zu unterbinden. ²Die Anhaltspunkte für die rechtwidrige Inanspruchnahme des Telekommunikationsnetzes oder Telekommunikationsdienstes hat der nach § 3 Absatz 2 Satz 1 Verpflichtete zu dokumentieren. ³Der nach § 3 Absatz 2 Satz 1 Verpflichtete darf aus den Verkehrsdaten nach Satz 1 einen pseudonymisierten Gesamtdatenbestand bilden, der Aufschluss über die von einzelnen Endnutzern erzielten Umsätze gibt und unter Zugrundelegung geeigneter Kriterien das Auffinden solcher Verbindungen des Netzes ermöglicht, bei denen der Verdacht einer rechtswidrigen Inanspruchnahme besteht. ⁴Die Verkehrsdaten anderer Verbindungen sind unverzüglich zu löschen. ⁵Die Aufsichtsbehörde ist über Einführung und Änderung eines Verfahrens nach Satz 1 unverzüglich in Kenntnis zu setzen.

§ 13 Standortdaten. (1) ¹Standortdaten, die in Bezug auf die Nutzer von öffentlichen Telekommunikationsnetzen oder Telekommunikationsdiensten verarbeitet werden, dürfen nur in dem zur Bereitstellung von Diensten mit Zusatznutzen erforderlichen Umfang und innerhalb des dafür erforderlichen Zeitraums verarbeitet werden, wenn sie anonymisiert wurden oder wenn der Nutzer vom Anbieter des Dienstes mit Zusatznutzen gemäß der Verordnung (EU) 2016/679[2]) informiert wurde und eingewilligt hat. ²Der Anbieter des Dienstes mit Zusatznutzen hat bei jeder Feststellung des Standortes des Mobilfunkendgerätes den Endnutzer durch eine Textmitteilung an das Endgerät, dessen Standortdaten ermittelt wurden, über die Feststellung des Standortes zu informieren. ³Dies gilt nicht, wenn der Standort nur auf dem Endgerät angezeigt wird, dessen Standortdaten ermittelt wurden. ⁴Werden die Standortdaten für einen Dienst mit Zusatznutzen verarbeitet, der die Übermittlung von Standortdaten eines Mobilfunkendgerätes an einen anderen Nutzer oder Dritte, die nicht Anbieter des Dienstes mit Zusatznutzen sind, zum Gegenstand hat, muss der Nutzer seine Einwilligung ausdrücklich, gesondert und schriftlich gegenüber dem Anbieter des Dienstes mit Zusatznutzen erteilen. ⁵In diesem Fall gilt die Verpflichtung nach Satz 2 entsprechend für den Anbieter des Dienstes mit Zusatznutzen. ⁶Der Anschlussinhaber muss weitere Nutzer seines Mobilfunkanschlusses über eine erteilte Einwilligung unterrichten.

(2) Haben die Nutzer ihre Einwilligung zur Verarbeitung von Standortdaten gegeben, müssen sie auch weiterhin die Möglichkeit haben, die Verarbeitung dieser Daten für jede Verbindung zum Netz oder für jede Übertragung einer Nachricht auf einfache Weise und unentgeltlich zeitweise zu untersagen.

(3) Bei Verbindungen zu Anschlüssen, die unter den Notrufnummern 112 oder 110 oder den Rufnummern 124 124 oder 116 117 erreicht werden, haben

---

[1]) Nr. 24.
[2]) Auszugsweise abgedruckt unter Nr. 11.

der Anbieter und mitwirkende Personen nach § 3 Absatz 2 Satz 1 Nummer 1 und 2 sicherzustellen, dass nicht im Einzelfall oder dauernd die Übermittlung von Standortdaten ausgeschlossen wird.

(4) Die Verarbeitung von Standortdaten nach den Absätzen 1 und 2 muss auf das für die Bereitstellung des Dienstes mit Zusatznutzen erforderliche Maß sowie auf Personen beschränkt werden, die im Auftrag des Betreibers des Telekommunikationsnetzes oder des Anbieters des Telekommunikationsdienstes oder des Dritten, der den Dienst mit Zusatznutzen anbietet, handeln.

Kapitel 3. Mitteilen ankommender Verbindungen, Rufnummern – anzeige und -unterdrückung, automatische Anrufweiterschaltung

§ 14 Mitteilen ankommender Verbindungen. (1) ¹Trägt ein Anschlussinhaber in einem Verfahren schlüssig vor, dass bei seinem Anschluss bedrohende oder belästigende Anrufe ankommen, hat der Anbieter des Telekommunikationsdienstes auf schriftlichen Antrag auch netzübergreifend Auskunft über die Inhaber der Anschlusskennungen zu erteilen, von denen die Verbindungen ausgehen; das Verfahren ist zu dokumentieren. ²Die Auskunft darf sich nur auf Verbindungen und Verbindungsversuche beziehen, die nach Stellung des Antrags stattgefunden haben. ³Der Anbieter des Telekommunikationsdienstes darf die Anschlusskennungen, Namen und Anschriften der Inhaber dieser Anschlusskennungen sowie Datum und Uhrzeit des Beginns der Verbindungen und der Verbindungsversuche verarbeiten sowie diese Daten dem betroffenen Anschlussinhaber mitteilen.

(2) Die Bekanntgabe nach Absatz 1 Satz 3 darf nur erfolgen, wenn der betroffene Anschlussinhaber des betroffenen Anschlusses zuvor die Verbindungen nach Datum, Uhrzeit oder anderen geeigneten Kriterien eingrenzt, soweit ein Missbrauch dieses Verfahrens nicht auf andere Weise ausgeschlossen werden kann.

(3) Im Fall einer netzübergreifenden Auskunft sind die an der Verbindung mitwirkenden anderen Anbieter und Betreiber nach § 3 Absatz 2 Satz 1 verpflichtet, dem Anbieter des Telekommunikationsdienstes des bedrohten oder belästigten Anschlussinhabers die erforderlichen Auskünfte zu erteilen, sofern sie über diese Daten verfügen.

(4) ¹Der Inhaber der Anschlusskennung, von der die festgestellten Verbindungen ausgegangen sind, ist darüber zu unterrichten, dass über diese Verbindungen Auskunft erteilt wurde. ²Davon kann abgesehen werden, wenn der Antragsteller schriftlich schlüssig vorgetragen hat, dass ihm aus dieser Mitteilung wesentliche Nachteile entstehen können, und diese Nachteile bei Abwägung mit den schutzwürdigen Interessen der Anrufenden als wesentlich schwerwiegender erscheinen. ³Erhält der Inhaber der Anschlusskennung, von der die als bedrohend oder belästigend bezeichneten Anrufe ausgegangen sind, auf andere Weise Kenntnis von der Auskunftserteilung nach Absatz 1 Satz 3, so ist er auf Verlangen über die Auskunftserteilung zu unterrichten.

(5) Die Aufsichtsbehörde ist über die Einführung und Änderungen des Verfahrens zur Einhaltung der Anforderungen der Absätze 1 bis 4 unverzüglich in Kenntnis zu setzen.

§ 15 Rufnummernanzeige und -unterdrückung. (1) ¹Bietet der Anbieter eines Sprachkommunikationsdienstes bei Anrufen die Anzeige der Rufnummer der anrufenden Endnutzer an, so müssen anrufende und angerufene Endnutzer die Möglichkeit haben, die Rufnummernanzeige dauernd oder für jeden Anruf einzeln auf einfache Weise und unentgeltlich zu unterdrücken. ²Angerufene Endnutzer müssen die Möglichkeit haben, eingehende Anrufe, bei denen die Rufnummernanzeige durch den anrufenden Endnutzer unterdrückt wurde, auf einfache Weise und unentgeltlich abzuweisen. ³Wird die Anzeige der Rufnummer von angerufenen Endnutzern angeboten, so müssen angerufene Endnutzer die Möglichkeit haben, die Anzeige ihrer Rufnummer beim anrufenden Endnutzer auf einfache Weise und unentgeltlich zu unterdrücken. ⁴Die Anzeige von Rufnummern von anrufenden Endnutzern darf bei den Notrufnummern 112 und 110 sowie den Rufnummern 124 124 und 116 117 nicht ausgeschlossen werden.

(2) Bei Anrufen zum Zweck der Werbung dürfen anrufende Nutzer weder die Rufnummernanzeige unterdrücken noch bei dem Anbieter des Telekommunikationsdienstes veranlassen, dass diese unterdrückt wird; der anrufende Nutzer hat sicherzustellen, dass dem Angerufenen die dem anrufenden Nutzer zugeteilte Rufnummer übermittelt wird.

(3) ¹Sofern Anschlussinhaber es beantragen, müssen Anbieter von Sprachkommunikationsdiensten einen Anschluss bereitstellen, bei dem die Übermittlung der Rufnummer unentgeltlich ausgeschlossen ist. ²Auf Antrag des Anschlussinhabers sind solche Anschlüsse im Endnutzerverzeichnis (§ 17) zu kennzeichnen. ³Ist eine Kennzeichnung nach Satz 2 erfolgt, so darf an den gekennzeichneten Anschluss eine Übermittlung der Rufnummer des Anschlusses, von dem der Anruf ausgeht, erst dann erfolgen, wenn die Kennzeichnung in der aktualisierten Fassung des Endnutzerverzeichnisses nicht mehr enthalten ist.

(4) Hat der Anschlussinhaber die Eintragung in das Endnutzerverzeichnis nicht nach § 17 beantragt, unterbleibt die Anzeige seiner Rufnummer bei dem angerufenen Anschluss, es sei denn, dass der Anschlussinhaber die Übermittlung seiner Rufnummer ausdrücklich wünscht.

(5) Die Absätze 1 bis 4 gelten auch für Anrufe in das Ausland und für aus dem Ausland kommende Anrufe, soweit sie Anrufende oder Angerufene im Inland betreffen.

§ 16 **Automatische Anrufweiterschaltung.** Anbieter von Sprachkommunikationsdiensten sind verpflichtet, ihren Endnutzern die Möglichkeit einzuräumen, eine von einem Dritten veranlasste automatische Weiterschaltung auf das Endgerät des Endnutzers auf einfache Weise und unentgeltlich abzustellen, soweit dies technisch möglich ist.

Kapitel 4. Endnutzerverzeichnisse, Bereitstellen von Endnutzerdaten

§ 17 **Endnutzerverzeichnisse.** (1) ¹Anschlussinhaber können mit ihrer Rufnummer, ihrem Namen und ihrer Anschrift in gedruckte oder elektronische Endnutzerverzeichnisse, die der Öffentlichkeit unmittelbar oder über Auskunftsdienste zugänglich sind, eingetragen werden, soweit sie dies beantragen. ²Vor ihrem Antrag sind die Anschlussinhaber über weitere Nutzungsmöglichkeiten aufgrund der in elektronischen Fassungen der Verzeichnisse eingebetteten Suchfunktionen zu informieren. ³Auf Antrag können zusätzliche Angaben wie Beruf und Branche eingetragen werden. ⁴Dabei können die Antragsteller bestimmen, welche Angaben in den Verzeichnissen veröffentlicht werden sollen. ⁵ Auf Verlangen des Antragstellers dürfen weitere Nutzer des Anschlusses mit Namen und Vornamen eingetragen werden, soweit diese damit einverstanden sind. ⁶ Für die Einträge nach Satz 1 darf ein Entgelt nicht erhoben werden.

(2) Der Anbieter eines nummerngebundenen interpersonellen Telekommunikationsdienstes hat Anschlussinhaber bei der Begründung des Vertragsverhältnisses über die Möglichkeit zu informieren, ihre Rufnummer, ihren Namen, ihren Vornamen und ihre Anschrift in Endnutzerverzeichnisse nach Absatz 1 Satz 1 aufzunehmen.

(3) Der Anschlussinhaber kann von seinem Anbieter des nummerngebundenen interpersonellen Telekommunikationsdienstes jederzeit verlangen, dass seine Rufnummer, sein Name, sein Vorname und seine Anschrift in Auskunfts- und Verzeichnismedien unentgeltlich eingetragen, gespeichert, berichtigt oder gelöscht werden.

(4) Anbieter von Auskunfts- und Verzeichnismedien sind verpflichtet, die gemäß § 18 Absatz 1 übermittelten Daten zu veröffentlichen sowie unrichtige oder gelöschte Daten aus den Verzeichnissen zu entfernen und Berichtigungen vorzunehmen.

§ 18 Bereitstellen von Endnutzerdaten. (1) Jeder Anbieter eines nummerngebundenen interpersonellen Telekommunikationsdienstes hat unter Beachtung der anzuwendenden datenschutzrechtlichen Regelungen jedem Unternehmen Endnutzerdaten nach § 17 Absatz 1 auf Antrag zum Zweck der Bereitstellung von öffentlich zugänglichen Auskunftsdiensten, Diensten zur Unterrichtung über einen individuellen Gesprächswunsch eines anderen Nutzers und von Endnutzerverzeichnissen bereitzustellen.

(2) ¹ Für die Bereitstellung der Daten kann ein Entgelt verlangt werden. ² Das Entgelt unterliegt in der Regel einer nachträglichen Missbrauchsprüfung durch die Bundesnetzagentur nach Maßgabe der Bestimmungen des Telekommunikationsgesetzes[1]) zur Missbrauchsprüfung von Entgelten. ³ Ein Entgelt kann nur dann der Entgeltgenehmigungspflicht nach dem Telekommunikationsgesetz unterworfen werden, wenn das Unternehmen, von dem die Endnutzerdaten bereitgestellt werden, auf dem Markt für Endnutzerdaten über eine beträchtliche Marktmacht verfügt.

(3) Die Bereitstellung der Daten nach Absatz 1 hat unverzüglich nach einem Antrag nach Absatz 1 und in nichtdiskriminierender Weise zu erfolgen.

(4) Die nach Absatz 1 bereitgestellten Daten müssen vollständig sein und inhaltlich sowie technisch so aufbereitet sein, dass sie nach dem jeweiligen Stand der Technik ohne Schwierigkeiten in ein kundenfreundlich gestaltetes Endnutzerverzeichnis oder in eine entsprechende Auskunftsdienste-Datenbank aufgenommen werden können.

---

[1]) Nr. 1.

Teil 3. Telemediendatenschutz, Endeinrichtungen

Kapitel 1. Technische und organisatorische Vorkehrungen, Verarbeitung von Daten zum Zweck des Jugendschutzes und zur Auskunftserteilung

§ 19 Technische und organisatorische Vorkehrungen. (1) Anbieter von Telemedien haben durch technische und organisatorische Vorkehrungen sicherzustellen, dass der Nutzer von Telemedien die Nutzung des Dienstes jederzeit beenden kann und er Telemedien gegen Kenntnisnahme Dritter geschützt in Anspruch nehmen kann.

(2) [1] Anbieter von Telemedien haben die Nutzung von Telemedien und ihre Bezahlung anonym oder unter Pseudonym zu ermöglichen, soweit dies technisch möglich und zumutbar ist. [2] Der Nutzer von Telemedien ist über diese Möglichkeit zu informieren.

(3) Die Weitervermittlung zu einem anderen Anbieter von Telemedien ist dem Nutzer anzuzeigen.

(4) [1] Anbieter von Telemedien haben, soweit dies technisch möglich und wirtschaftlich zumutbar ist, im Rahmen ihrer jeweiligen Verantwortlichkeit für geschäftsmäßig angebotene Telemedien durch technische und organisatorische Vorkehrungen sicherzustellen, dass

1. kein unerlaubter Zugriff auf die für ihre Telemedienangebote genutzten technischen Einrichtungen möglich ist und
2. diese gesichert sind gegen Störungen, auch soweit sie durch äußere Angriffe bedingt sind.

[2] Vorkehrungen nach Satz 1 müssen den Stand der Technik berücksichtigen. [3] Eine Vorkehrung nach Satz 1 ist insbesondere die Anwendung eines als sicher anerkannten Verschlüsselungsverfahrens. [4] Anordnungen des Bundesamtes für Sicherheit in der Informationstechnik nach § 7d Satz 1 BSI-Gesetz bleiben unberührt.

§ 20 Verarbeitung personenbezogener Daten Minderjähriger. Hat ein Telemedienanbieter zur Wahrung des Jugendschutzes personenbezogene Daten von Minderjährigen erhoben, etwa durch Mittel zur Altersverifikation oder andere technische Maßnahmen, oder anderweitig gewonnen, so darf er diese Daten nicht für kommerzielle Zwecke verarbeiten.

§ 21 Bestandsdaten. (1) Auf Anordnung der zuständigen Stellen dürfen Anbieter von Telemedien im Einzelfall Auskunft über Bestandsdaten erteilen, soweit dies zur Durchsetzung der Rechte am geistigen Eigentum erforderlich ist.

(2) [1] Der Anbieter von Telemedien darf darüber hinaus im Einzelfall Auskunft über bei ihm vorhandene Bestandsdaten erteilen, soweit dies zur Durchsetzung zivilrechtlicher Ansprüche wegen der Verletzung absolut geschützter Rechte aufgrund rechtswidriger Inhalte, die von § 10a Absatz 1 des Telemediengesetzes[1]) oder § 1 Absatz 3 des Netzwerkdurchsetzungsgesetzes[2]) erfasst

---
[1]) Nr. 5.
[2]) Nr. 6.

werden, erforderlich ist. ²In diesem Umfang ist er gegenüber dem Verletzten zur Auskunft verpflichtet.

(3) ¹Für die Erteilung der Auskunft nach Absatz 2 ist eine vorherige gerichtliche Anordnung über die Zulässigkeit der Auskunftserteilung erforderlich, die vom Verletzten zu beantragen ist. ²Das Gericht entscheidet zugleich über die Verpflichtung zur Auskunftserteilung, sofern der Antrag nicht ausdrücklich auf die Anordnung der Zulässigkeit der Auskunftserteilung beschränkt ist. ³Für den Erlass dieser Anordnung ist das Landgericht ohne Rücksicht auf den Streitwert zuständig. ⁴Örtlich zuständig ist das Gericht, in dessen Bezirk der Verletzte seinen Wohnsitz, seinen Sitz oder eine Niederlassung hat. ⁵Die Entscheidung trifft die Zivilkammer. ⁶Für das Verfahren gelten die Vorschriften des Gesetzes über das Verfahren in Familiensachen und in den Angelegenheiten der freiwilligen Gerichtsbarkeit entsprechend. ⁷Die Kosten der richterlichen Anordnung trägt der Verletzte. ⁸Gegen die Entscheidung des Landgerichts ist die Beschwerde statthaft.

(4) ¹Der Anbieter von Telemedien ist als Beteiligter zu dem Verfahren nach Absatz 3 hinzuzuziehen. ²Er darf den Nutzer über die Einleitung des Verfahrens unterrichten.

§ 22 Auskunftsverfahren bei Bestandsdaten. (1) ¹Wer geschäftsmäßig Telemediendienste erbringt, daran mitwirkt oder den Zugang zur Nutzung daran vermittelt, darf die Bestandsdaten nach Maßgabe dieser Vorschrift zur Erfüllung von Auskunftspflichten gegenüber den in Absatz 3 genannten Stellen verwenden. ²Dies gilt nicht für Passwörter oder andere Daten, mittels derer der Zugriff auf Endgeräte oder auf Speichereinrichtungen, die in diesen Endgeräten oder hiervon räumlich getrennt eingesetzt werden, geschützt wird. ³Die in eine Auskunft aufzunehmenden Bestandsdaten dürfen auch anhand einer zu einem bestimmten Zeitpunkt zugewiesenen Internetprotokoll-Adresse bestimmt werden; hierfür dürfen Nutzungsdaten auch automatisiert ausgewertet werden. ⁴Für die Auskunftserteilung sind sämtliche unternehmensinternen Datenquellen zu berücksichtigen.

(2) ¹Die Auskunft darf nur erteilt werden nach Maßgabe der nachfolgenden Absätze und soweit die um die Auskunft ersuchende Stelle dies im Einzelfall unter Angabe einer gesetzlichen Bestimmung verlangt, die ihr eine Erhebung der in Absatz 1 in Bezug genommenen Daten erlaubt. ²Das Auskunftsverlangen ist schriftlich oder elektronisch zu stellen. ³Bei Gefahr im Verzug darf die Auskunft auch erteilt werden, wenn das Verlangen in anderer Form gestellt wird. ⁴In diesem Fall ist das Verlangen unverzüglich nachträglich schriftlich oder elektronisch zu bestätigen. ⁵Die Verantwortung für die Zulässigkeit der Auskunft tragen die um Auskunft ersuchenden Stellen.

(3) Die Auskunft nach Absatz 1 Satz 1 darf nur erteilt werden an

1. die für die Verfolgung von Straftaten und Ordnungswidrigkeiten zuständigen Behörden, soweit zureichende tatsächliche Anhaltspunkte für eine Straftat oder Ordnungswidrigkeit, die gegenüber einer natürlichen Person mit Geldbuße im Höchstmaß von mehr als fünfzehntausend Euro bedroht ist, vorliegen und die in die Auskunft aufzunehmenden Daten erforderlich sind, um den Sachverhalt zu erforschen, den Aufenthaltsort eines Beschuldigten oder Betroffenen zu ermitteln oder eine Strafe zu vollstrecken,

2. die für die Abwehr von Gefahren für die öffentliche Sicherheit oder Ordnung zuständigen Behörden, soweit die in die Auskunft aufzunehmenden Daten im Einzelfall erforderlich sind,
   a) zur Abwehr einer Gefahr für die öffentliche Sicherheit, oder
   b) zum Schutz von Leib, Leben, Freiheit der Person, sexueller Selbstbestimmung, dem Bestand und der Sicherheit des Bundes oder eines Landes, der freiheitlich demokratischen Grundordnung, Gütern der Allgemeinheit, deren Bedrohung die Grundlagen der Existenz der Menschen berührt, sowie nicht unerheblichen Sachwerten, wenn Tatsachen den Schluss auf ein wenigstens seiner Art nach konkretisiertes sowie zeitlich absehbares Geschehen zulassen, an dem bestimmte Personen beteiligt sein werden, oder
   c) zum Schutz von Leib, Leben, Freiheit der Person, sexueller Selbstbestimmung, dem Bestand und der Sicherheit des Bundes oder eines Landes, der freiheitlich demokratischen Grundordnung sowie Gütern der Allgemeinheit, deren Bedrohung die Grundlagen der Existenz der Menschen berührt, wenn das individuelle Verhalten einer Person die konkrete Wahrscheinlichkeit begründet, dass sie in einem übersehbaren Zeitraum eine gegen ein solches Rechtsgut gerichtete Straftat begehen wird, oder
   d) zur Verhütung einer Straftat von erheblicher Bedeutung, sofern Tatsachen die Annahme rechtfertigen, dass eine Person innerhalb eines übersehbaren Zeitraums auf eine ihrer Art nach konkretisierte Weise als Täter oder Teilnehmer an der Begehung einer Tat beteiligt ist, oder
   e) zur Verhütung einer schweren Straftat im Sinne von § 100a Absatz 2 der Strafprozessordnung[1]), sofern das individuelle Verhalten einer Person die konkrete Wahrscheinlichkeit begründet, dass die Person innerhalb eines übersehbaren Zeitraums die Tat begehen wird,
3. das Bundeskriminalamt als Zentralstelle nach § 2 des Bundeskriminalamtgesetzes, sofern
   a) zureichende tatsächliche Anhaltspunkte für eine Straftat im Sinne des § 2 Absatz 1 des Bundeskriminalamtgesetzes vorliegen und die in die Auskunft aufzunehmenden Daten erforderlich sind, um
      aa) die zuständige Strafverfolgungsbehörde zu ermitteln oder
      bb) ein Auskunftsersuchen einer ausländischen Strafverfolgungsbehörde im Rahmen des internationalen polizeilichen Dienstverkehrs, das nach Maßgabe der Vorschriften über die internationale Rechtshilfe in Strafsachen bearbeitet wird, zu erledigen, oder
   b) die in die Auskunft aufzunehmenden Daten im Rahmen der Strafvollstreckung erforderlich sind, um ein Auskunftsersuchen einer ausländischen Strafverfolgungsbehörde im Rahmen des polizeilichen Dienstverkehrs, das nach Maßgabe der Vorschriften über die internationale Rechtshilfe in Strafsachen bearbeitet wird, zu erledigen, oder
   c) die Gefahr besteht, dass eine Person an der Begehung einer Straftat im Sinne des § 2 Absatz 1 des Bundeskriminalamtgesetzes beteiligt sein wird, und die in die Auskunft aufzunehmenden Daten erforderlich sind, um
      aa) die für die Verhütung der Straftat zuständige Polizeibehörde zu ermitteln oder

---

[1]) Nr. 45.

bb) ein Auskunftsersuchen einer ausländischen Polizeibehörde im Rahmen des polizeilichen Dienstverkehrs zur Verhütung der Straftat zu erledigen, oder

d) Tatsachen die Annahme rechtfertigen, dass eine Person innerhalb eines übersehbaren Zeitraums auf eine zumindest ihrer Art nach konkretisierte Weise an einer Straftat von erheblicher Bedeutung beteiligt sein wird und die in die Auskunft aufzunehmenden Daten erforderlich sind, um

aa) die für die Verhütung der Straftat zuständige Polizeibehörde zu ermitteln oder

bb) ein Auskunftsersuchen einer ausländischen Polizeibehörde im Rahmen des polizeilichen Dienstverkehrs zur Verhütung der Straftat zu erledigen, oder

e) das individuelle Verhalten einer Person die konkrete Wahrscheinlichkeit begründet, dass sie innerhalb eines übersehbaren Zeitraums eine schwere Straftat nach § 100a Absatz 2 der Strafprozessordnung[1] begehen wird, und die in die Auskunft aufzunehmenden Daten erforderlich sind, um

aa) die für die Verhütung der Straftat zuständige Polizeibehörde zu ermitteln oder

bb) ein Auskunftsersuchen einer ausländischen Polizeibehörde im Rahmen des polizeilichen Dienstverkehrs zur Verhütung der Straftat zu erledigen,

4. das Zollkriminalamt als Zentralstelle nach § 3 des Zollfahndungsdienstgesetzes, sofern

a) im Einzelfall zureichende tatsächliche Anhaltspunkte für eine Straftat vorliegen und die in die Auskunft aufzunehmenden Daten erforderlich sind, um

aa) die zuständige Strafverfolgungsbehörde zu ermitteln oder

bb) ein Auskunftsersuchen einer ausländischen Strafverfolgungsbehörde im Rahmen des internationalen polizeilichen Dienstverkehrs, das nach Maßgabe der Vorschriften über die internationale Rechtshilfe in Strafsachen bearbeitet wird, auch im Rahmen der Strafvollstreckung, zu erledigen, oder

b) dies im Einzelfall erforderlich ist

aa) zur Abwehr einer Gefahr für die öffentliche Sicherheit, oder

bb) zum Schutz von Leib, Leben, Freiheit der Person, sexueller Selbstbestimmung, dem Bestand und der Sicherheit des Bundes oder eines Landes, der freiheitlich demokratischen Grundordnung, Gütern der Allgemeinheit, deren Bedrohung die Grundlagen der Existenz der Menschen berührt, sowie nicht unerheblichen Sachwerten, wenn Tatsachen den Schluss auf ein wenigstens seiner Art nach konkretisiertes und zeitlich absehbares Geschehen zulassen, an dem bestimmte Personen beteiligt sein werden, oder

cc) zum Schutz von Leib, Leben, Freiheit der Person, sexueller Selbstbestimmung, dem Bestand und der Sicherheit des Bundes oder eines Landes, der freiheitlich demokratischen Grundordnung sowie Gütern der Allgemeinheit, deren Bedrohung die Grundlagen der Existenz der

---

[1] Nr. 45.

Menschen berührt, wenn das individuelle Verhalten einer Person die konkrete Wahrscheinlichkeit begründet, dass die Gefährdung eines solchen Rechtsgutes in einem übersehbaren Zeitraum eintreten wird, oder

dd) zur Erledigung eines Auskunftsersuchens einer ausländischen Polizeibehörde im Rahmen des polizeilichen Dienstverkehrs zur Verhütung einer Straftat, oder

ee) zur Verhütung einer Straftat von erheblicher Bedeutung, sofern Tatsachen die Annahme rechtfertigen, dass eine Person innerhalb eines übersehbaren Zeitraums auf eine ihrer Art nach konkretisierte Weise als Täter oder Teilnehmer an der Begehung der Tat beteiligt ist, oder

ff) zur Verhütung einer schweren Straftat nach § 100a Absatz 2 der Strafprozessordnung[1]), sofern das individuelle Verhalten einer Person die konkrete Wahrscheinlichkeit begründet, dass die Person innerhalb eines übersehbaren Zeitraums die Tat begehen wird,

5. die Behörden der Zollverwaltung und die nach Landesrecht zuständigen Behörden, sofern im Einzelfall bei der Veröffentlichung von Angeboten oder Werbemaßnahmen ohne Angabe von Name und Anschrift tatsächliche Anhaltspunkte für Schwarzarbeit oder illegale Beschäftigung nach § 1 des Schwarzarbeitsbekämpfungsgesetzes vorliegen und die in die Auskunft aufzunehmenden Daten zur Identifizierung des Auftraggebers erforderlich sind, um Schwarzarbeit oder illegale Beschäftigung aufzudecken,

6. die Verfassungsschutzbehörden des Bundes und der Länder, soweit dies aufgrund tatsächlicher Anhaltspunkte im Einzelfall erforderlich ist zur Aufklärung bestimmter Bestrebungen oder Tätigkeiten nach

a) § 3 Absatz 1 des Bundesverfassungsschutzgesetzes oder

b) einem zum Verfassungsschutz (§ 1 Absatz 1 des Bundesverfassungsschutzgesetzes) landesgesetzlich begründeten Beobachtungsauftrag der Landesbehörde, insbesondere zum Schutz der verfassungsmäßigen Ordnung vor Bestrebungen und Tätigkeiten der organisierten Kriminalität,

7. den Militärischen Abschirmdienst, soweit dies aufgrund tatsächlicher Anhaltspunkte im Einzelfall zur Aufklärung bestimmter Bestrebungen oder Tätigkeiten nach § 1 Absatz 1 des MAD-Gesetzes oder zur Sicherung der Einsatzbereitschaft der Truppe oder zum Schutz der Angehörigen, der Dienststellen und Einrichtungen des Geschäftsbereichs des Bundesministeriums der Verteidigung nach § 14 Absatz 1 des MAD-Gesetzes erforderlich ist,

8. den Bundesnachrichtendienst, soweit dies erforderlich ist

a) zur politischen Unterrichtung der Bundesregierung, wenn im Einzelfall tatsächliche Anhaltspunkte dafür vorliegen, dass durch die Auskunft Informationen über das Ausland gewonnen werden können, die von außen- und sicherheitspolitischer Bedeutung für die Bundesrepublik Deutschland sind und zu deren Aufklärung das Bundeskanzleramt den Bundesnachrichtendienst beauftragt hat, oder

b) zur Früherkennung von aus dem Ausland drohenden Gefahren von internationaler Bedeutung, wenn im Einzelfall tatsächliche Anhaltspunkte dafür vorliegen, dass durch die Auskunft Erkenntnisse gewonnen werden können mit Bezug zu den in § 4 Absatz 3 Nummer 1 des BND-Gesetzes

---

[1]) Nr. 45.

genannten Gefahrenbereichen oder zum Schutz der in § 4 Absatz 3 Nummer 2 und 3 des BND-Gesetzes genannten Rechtsgüter.

(4) Die Auskunft nach Absatz 1 Satz 3 darf nur erteilt werden an

1. die für die Verfolgung von Straftaten zuständigen Behörden, soweit zureichende tatsächliche Anhaltspunkte für eine Straftat vorliegen und die in die Auskunft aufzunehmenden Daten erforderlich sind, um den Sachverhalt zu erforschen, den Aufenthaltsort eines Beschuldigten zu ermitteln oder eine Strafe zu vollstrecken,

2. die für die Abwehr von Gefahren für die öffentliche Sicherheit oder Ordnung zuständigen Behörden, wenn die in die Auskunft aufzunehmenden Daten im Einzelfall erforderlich sind

    a) zum Schutz von Leib, Leben, Freiheit der Person, sexueller Selbstbestimmung, dem Bestand und der Sicherheit des Bundes oder eines Landes, der freiheitlich demokratischen Grundordnung, Gütern der Allgemeinheit, deren Bedrohung die Grundlagen der Existenz der Menschen berührt, sowie nicht unerheblicher Sachwerte oder zur Verhütung einer Straftat oder

    b) zum Schutz von Leib, Leben, Freiheit der Person, sexueller Selbstbestimmung, dem Bestand und der Sicherheit des Bundes oder eines Landes, der freiheitlich demokratischen Grundordnung sowie Gütern der Allgemeinheit, deren Bedrohung die Grundlagen der Existenz der Menschen berührt, sowie nicht unerheblicher Sachwerte, wenn Tatsachen den Schluss auf ein wenigstens seiner Art nach konkretisiertes sowie zeitlich absehbares Geschehen zulassen, an dem bestimmte Personen beteiligt sein werden, oder

    c) zum Schutz von Leib, Leben, Freiheit der Person, sexueller Selbstbestimmung, dem Bestand und der Sicherheit des Bundes oder eines Landes, der freiheitlich demokratischen Grundordnung sowie Gütern der Allgemeinheit, deren Bedrohung die Grundlagen der Existenz der Menschen berührt, wenn das individuelle Verhalten einer Person die konkrete Wahrscheinlichkeit begründet, dass sie in einem übersehbaren Zeitraum eine gegen ein solches Rechtsgut gerichtete Straftat begehen wird, oder

    d) zur Verhütung einer schweren Straftat nach § 100a Absatz 2 der Strafprozessordnung[1], sofern Tatsachen die Annahme rechtfertigen, dass eine Person innerhalb eines übersehbaren Zeitraums auf eine ihrer Art nach konkretisierten Weise als Täter oder Teilnehmer an der Begehung einer Tat beteiligt ist, oder

    e) zur Verhütung einer schweren Straftat nach § 100a Absatz 2 der Strafprozessordnung[1], sofern das individuelle Verhalten einer Person die konkrete Wahrscheinlichkeit begründet, dass die Person innerhalb eines übersehbaren Zeitraums die Tat begehen wird,

3. das Bundeskriminalamt als Zentralstelle nach § 2 des Bundeskriminalamtgesetzes, sofern

    a) zureichende tatsächliche Anhaltspunkte für eine Straftat im Sinne des § 2 Absatz 1 des Bundeskriminalamtgesetzes vorliegen und die in die Auskunft aufzunehmenden Daten erforderlich sind, um

---

[1] Nr. 45.

aa) die zuständige Strafverfolgungsbehörde zu ermitteln, oder

bb) ein Auskunftsersuchen einer ausländischen Strafverfolgungsbehörde im Rahmen des internationalen polizeilichen Dienstverkehrs, das nach Maßgabe der Vorschriften über die internationale Rechtshilfe in Strafsachen bearbeitet wird, zu erledigen, oder

b) die in die Auskunft aufzunehmenden Daten im Rahmen der Strafvollstreckung erforderlich sind, um ein Auskunftsersuchen einer ausländischen Strafverfolgungsbehörde im Rahmen des polizeilichen Dienstverkehrs, das nach Maßgabe der Vorschriften über die internationale Rechtshilfe in Strafsachen bearbeitet wird, zu erledigen,

c) die Gefahr besteht, dass eine Person an der Begehung einer Straftat im Sinne des § 2 Absatz 1 des Bundeskriminalamtgesetzes beteiligt sein wird und die in die Auskunft aufzunehmenden Daten erforderlich sind, um

aa) die für die Verhütung der Straftat zuständige Polizeibehörde zu ermitteln, oder

bb) ein Auskunftsersuchen einer ausländischen Polizeibehörde im Rahmen des polizeilichen Dienstverkehrs zur Verhütung der Straftat zu erledigen, oder

d) Tatsachen die Annahme rechtfertigen, dass eine Person innerhalb eines übersehbaren Zeitraums auf eine zumindest ihrer Art nach konkretisierte Weise an einer schweren Straftat nach § 100a Absatz 2 der Strafprozessordnung[1)] beteiligt sein wird, und die in die Auskunft aufzunehmenden Daten erforderlich sind, um

aa) die für die Verhütung der Straftat zuständige Polizeibehörde zu ermitteln, oder

bb) ein Auskunftsersuchen einer ausländischen Polizeibehörde im Rahmen des polizeilichen Dienstverkehrs zur Verhütung der Straftat zu erledigen, oder

e) das individuelle Verhalten einer Person die konkrete Wahrscheinlichkeit begründet, dass sie innerhalb eines übersehbaren Zeitraums eine schwere Straftat nach § 100a Absatz 2 der Strafprozessordnung[1)] begehen wird, und die in die Auskunft aufzunehmenden Daten erforderlich sind, um

aa) die für die Verhütung der Straftat zuständige Polizeibehörde zu ermitteln, oder

bb) ein Auskunftsersuchen einer ausländischen Polizeibehörde im Rahmen des polizeilichen Dienstverkehrs zur Verhütung der Straftat zu erledigen,

4. das Zollkriminalamt als Zentralstelle nach § 3 des Zollfahndungsdienstgesetzes, sofern

a) im Einzelfall zureichende tatsächliche Anhaltspunkte für eine Straftat vorliegen, und die in die Auskunft aufzunehmenden Daten erforderlich sind, um

aa) die zuständige Strafverfolgungsbehörde zu ermitteln, oder

bb) ein Auskunftsersuchen einer ausländischen Strafverfolgungsbehörde im Rahmen des internationalen polizeilichen Dienstverkehrs, das nach Maßgabe der Vorschriften über die internationale Rechtshilfe in Straf-

---

[1)] Nr. 45.

sachen bearbeitet wird, auch im Rahmen der Strafvollstreckung, zu erledigen, oder

b) dies im Einzelfall erforderlich ist

aa) zum Schutz von Leib, Leben, Freiheit der Person, sexueller Selbstbestimmung, dem Bestand und der Sicherheit des Bundes oder eines Landes, der freiheitlich demokratischen Grundordnung, Gütern der Allgemeinheit, deren Bedrohung die Grundlagen der Existenz der Menschen berührt, sowie nicht unerheblicher Sachwerte oder zur Verhütung einer Straftat, oder

bb) zum Schutz von Leib, Leben, Freiheit der Person, sexueller Selbstbestimmung, dem Bestand und der Sicherheit des Bundes oder eines Landes, der freiheitlich demokratischen Grundordnung sowie Gütern der Allgemeinheit, deren Bedrohung die Grundlagen der Existenz der Menschen berührt, wenn Tatsachen den Schluss auf ein wenigstens seiner Art nach konkretisiertes und zeitlich absehbares Geschehen zulassen, an dem bestimmte Personen beteiligt sein werden, oder

cc) zum Schutz von Leib, Leben, Freiheit der Person, sexueller Selbstbestimmung, dem Bestand und der Sicherheit des Bundes oder eines Landes, der freiheitlich demokratischen Grundordnung sowie Gütern der Allgemeinheit, deren Bedrohung die Grundlagen der Existenz der Menschen berührt, wenn das individuelle Verhalten einer Person die konkrete Wahrscheinlichkeit begründet, dass die Gefährdung eines solchen Rechtsgutes in einem übersehbaren Zeitraum eintreten wird, oder

dd) zur Erledigung eines Auskunftsersuchens einer ausländischen Polizeibehörde im Rahmen des polizeilichen Dienstverkehrs zur Verhütung einer schweren Straftat nach § 100a Absatz 2 der Strafprozessordnung[1)], oder

ee) zur Verhütung einer schweren Straftat nach § 100a Absatz 2 der Strafprozessordnung[1)], sofern Tatsachen die Annahme rechtfertigen, dass eine Person innerhalb eines übersehbaren Zeitraums auf eine ihrer Art nach konkretisierte Weise als Täter oder Teilnehmer an der Begehung der Tat beteiligt ist, oder

ff) zur Verhütung einer schweren Straftat nach § 100a Absatz 2 der Strafprozessordnung[1)], sofern das individuelle Verhalten einer Person die konkrete Wahrscheinlichkeit begründet, dass die Person innerhalb eines übersehbaren Zeitraums die Tat begehen wird,

5. die Behörden der Zollverwaltung und die nach Landesrecht zuständigen Behörden zur Verhütung einer Straftat nach den §§ 10, 10a oder 11 des Schwarzarbeitsbekämpfungsgesetzes oder § 266a des Strafgesetzbuches,

6. die Verfassungsschutzbehörden des Bundes und der Länder, soweit dies aufgrund tatsächlicher Anhaltspunkte im Einzelfall erforderlich ist zur Aufklärung bestimmter Bestrebungen oder Tätigkeiten nach

a) § 3 Absatz 1 des Bundesverfassungsschutzgesetzes, oder

b) einem zum Verfassungsschutz (§ 1 Absatz 1 des Bundesverfassungsschutzgesetzes) landesgesetzlich begründeten Beobachtungsauftrag der Landes-

---

[1)] Nr. 45.

behörde, insbesondere zum Schutz der verfassungsmäßigen Ordnung vor Bestrebungen und Tätigkeiten der organisierten Kriminalität,
7. den Militärischen Abschirmdienst, soweit dies aufgrund tatsächlicher Anhaltspunkte im Einzelfall zur Aufklärung bestimmter Bestrebungen oder Tätigkeiten nach § 1 Absatz 1 des MAD-Gesetzes oder zur Sicherung der Einsatzbereitschaft der Truppe oder zum Schutz der Angehörigen, der Dienststellen und Einrichtungen des Geschäftsbereichs des Bundesministeriums der Verteidigung nach § 14 Absatz 1 des MAD-Gesetzes erforderlich ist,
8. den Bundesnachrichtendienst, soweit dies erforderlich ist
   a) zur politischen Unterrichtung der Bundesregierung, wenn im Einzelfall tatsächliche Anhaltspunkte dafür vorliegen, dass durch die Auskunft Informationen über das Ausland gewonnen werden können, die von außen- und sicherheitspolitischer Bedeutung für die Bundesrepublik Deutschland sind und zu deren Aufklärung das Bundeskanzleramt den Bundesnachrichtendienst beauftragt hat, oder
   b) zur Früherkennung von aus dem Ausland drohenden Gefahren von internationaler Bedeutung, wenn im Einzelfall tatsächliche Anhaltspunkte dafür vorliegen, dass durch die Auskunft Erkenntnisse gewonnen werden können mit Bezug zu den in § 4 Absatz 3 Nummer 1 des BND-Gesetzes genannten Gefahrenbereichen oder zum Schutz der in § 4 Absatz 3 Nummer 2 und 3 des BND-Gesetzes genannten Rechtsgüter.

(5) [1]Derjenige, der geschäftsmäßig Telemediendienste erbringt, daran mitwirkt oder den Zugang zur Nutzung daran vermittelt, hat die zu beauskunftenden Daten unverzüglich und vollständig zu übermitteln. [2]Eine Verschlüsselung der Daten bleibt unberührt. [3]Über das Auskunftsersuchen und die Auskunftserteilung haben die Verpflichteten gegenüber den Betroffenen sowie Dritten Stillschweigen zu wahren.

(6) [1]Wer geschäftsmäßig Telemediendienste erbringt oder daran mitwirkt, hat die in seinem Verantwortungsbereich für die Auskunftserteilung erforderlichen Vorkehrungen auf seine Kosten zu treffen. [2]Jedes Auskunftsverlangen ist durch eine verantwortliche Fachkraft auf Einhaltung der in Absatz 2 genannten formalen Voraussetzungen zu prüfen. [3]Die weitere Bearbeitung des Auskunftsverlangens darf erst nach einem positiven Prüfergebnis freigegeben werden.

§ 23 Auskunftsverfahren bei Passwörtern und anderen Zugangsdaten.

(1) [1]Abweichend von § 22 darf derjenige, der geschäftsmäßig Telemediendienste erbringt, daran mitwirkt oder den Zugang zur Nutzung daran vermittelt, die als Bestandsdaten erhobenen Passwörter oder andere Daten, mittels derer der Zugriff auf Endgeräte oder auf Speichereinrichtungen, die in diesen Endgeräten oder hiervon räumlich getrennt eingesetzt werden, geschützt wird, nach Maßgabe dieser Vorschrift zur Erfüllung von Auskunftspflichten gegenüber den in Absatz 2 genannten Stellen verwenden. [2]Für die Auskunftserteilung sind sämtliche unternehmensinternen Datenquellen zu berücksichtigen.

(2) [1]Die Auskunft nach Absatz 1 Satz 1 darf nur erteilt werden an

1. zur Verfolgung von Straftaten zuständige Behörden, soweit diese im Einzelfall die Übermittlung unter Angabe einer gesetzlichen Bestimmung, die ihnen eine Erhebung und Nutzung der in Absatz 1 genannten Daten zur Verfolgung besonders schwerer Straftaten nach § 100b Absatz 2 Nummer 1 Buchstabe a, c, e, f, g, h oder m, Nummer 3 Buchstabe b erste Alternative,

Nummer 5, 6, 9 oder 10 der Strafprozessordnung[1] erlauben, nach Anordnung durch ein Gericht verlangen, oder
2. für die Abwehr von Gefahren für die öffentliche Sicherheit oder Ordnung zuständige Behörden, soweit diese im Einzelfall die Übermittlung unter Angabe einer gesetzlichen Bestimmung, die ihnen eine Erhebung und Nutzung der in Absatz 1 genannten Daten zur Abwehr einer konkreten Gefahr für Leib, Leben oder Freiheit der Person, für die sexuelle Selbstbestimmung, für den Bestand des Bundes oder eines Landes, die freiheitlich demokratische Grundordnung sowie Güter der Allgemeinheit, deren Bedrohung die Grundlagen der Existenz der Menschen berührt, erlauben, nach Anordnung durch ein Gericht verlangen.

[2] An andere öffentliche und nichtöffentliche Stellen dürfen Daten nach Absatz 1 nicht übermittelt werden. [3] Die Verantwortung für die Zulässigkeit der Auskunft tragen die um Auskunft ersuchenden Stellen.

(3) [1] Derjenige, der geschäftsmäßig Telemediendienste erbringt, daran mitwirkt oder den Zugang zur Nutzung daran vermittelt, hat die zu beauskunftenden Daten unverzüglich und vollständig zu übermitteln. [2] Eine Verschlüsselung der Daten bleibt unberührt. [3] Über das Auskunftsersuchen und die Auskunftserteilung haben die Verpflichteten gegenüber den Betroffenen sowie Dritten Stillschweigen zu wahren.

(4) [1] Wer geschäftsmäßig Telemediendienste erbringt oder daran mitwirkt, hat die in seinem Verantwortungsbereich für die Auskunftserteilung erforderlichen Vorkehrungen auf seine Kosten zu treffen. [2] Jedes Auskunftsverlangen ist durch eine verantwortliche Fachkraft auf Einhaltung der in Absatz 2 genannten formalen Voraussetzungen zu prüfen. [3] Die weitere Bearbeitung des Auskunftsverlangens darf erst nach einem positiven Prüfergebnis freigegeben werden.

§ 24 Auskunftsverfahren bei Nutzungsdaten.
(1) [1] Wer geschäftsmäßig Telemediendienste erbringt, daran mitwirkt oder den Zugang zur Nutzung daran vermittelt, darf die Nutzungsdaten nach Maßgabe dieser Vorschrift zur Erfüllung von Auskunftspflichten gegenüber den in Absatz 3 genannten Stellen verwenden. [2] Für die Auskunftserteilung sind sämtliche unternehmensinternen Datenquellen zu berücksichtigen.

(2) [1] Die Auskunft darf nur erteilt werden nach Maßgabe der nachfolgenden Absätze und soweit die um die Auskunft ersuchende Stelle dies im Einzelfall unter Angabe einer gesetzlichen Bestimmung verlangt, die eine Erhebung der in Absatz 1 in Bezug genommenen Daten erlaubt. [2] Das Auskunftsverlangen ist schriftlich oder elektronisch zu stellen. [3] Bei Gefahr im Verzug darf die Auskunft auch erteilt werden, wenn das Verlangen in anderer Form gestellt wird. [4] In diesem Fall ist das Verlangen unverzüglich nachträglich schriftlich oder elektronisch zu bestätigen. [5] Die Verantwortung für die Zulässigkeit der Auskunft tragen die um Auskunft ersuchenden Stellen.

(3) Die Auskunft nach Absatz 1 Satz 1 darf nur erteilt werden an
1. die für die Verfolgung von Straftaten zuständigen Behörden, soweit zureichende tatsächliche Anhaltspunkte für eine Straftat vorliegen und die zu erhebenden Daten erforderlich sind, um den Sachverhalt zu erforschen, den Aufenthaltsort eines Beschuldigten zu ermitteln,

---

[1] Nr. 45.

2. die für die Abwehr von Gefahren für die öffentliche Sicherheit oder Ordnung zuständigen Behörden, soweit dies im Einzelfall erforderlich ist,
   a) zur Abwehr einer Gefahr für
      aa) die öffentliche Sicherheit, wobei die Auskunft auf Nutzungsdaten nach § 2 Absatz 2 Nummer 3 Buchstabe a beschränkt ist, oder
      bb) Leib, Leben, Freiheit der Person, die sexuelle Selbstbestimmung, den Bestand und die Sicherheit des Bundes oder eines Landes, die freiheitlich demokratische Grundordnung, Güter der Allgemeinheit, deren Bedrohung die Grundlagen der Existenz der Menschen berührt, sowie nicht unerhebliche Sachwerte, oder
   b) zum Schutz von Leib, Leben, Freiheit der Person, sexueller Selbstbestimmung, dem Bestand und der Sicherheit des Bundes oder eines Landes, der freiheitlich demokratischen Grundordnung, Gütern der Allgemeinheit, deren Bedrohung die Grundlagen der Existenz der Menschen berührt, sowie nicht unerheblichen Sachwerten, wenn Tatsachen den Schluss auf ein wenigstens seiner Art nach konkretisiertes sowie zeitlich absehbares Geschehen zulassen, an dem bestimmte Personen beteiligt sein werden, oder
   c) zum Schutz von Leib, Leben, Freiheit der Person, sexueller Selbstbestimmung, dem Bestand und der Sicherheit des Bundes oder eines Landes, der freiheitlich demokratischen Grundordnung sowie Gütern der Allgemeinheit, deren Bedrohung die Grundlagen der Existenz der Menschen berührt, wenn das individuelle Verhalten einer Person die konkrete Wahrscheinlichkeit begründet, dass sie in einem übersehbaren Zeitraum eine gegen ein solches Rechtsgut gerichtete Straftat begehen wird, oder
   d) zur Verhütung einer Straftat von erheblicher Bedeutung, sofern Tatsachen die Annahme rechtfertigen, dass eine Person innerhalb eines übersehbaren Zeitraums auf eine ihrer Art nach konkretisierten Weise als Täter oder Teilnehmer an der Begehung einer Tat beteiligt ist, oder
   e) zur Verhütung einer schweren Straftat nach § 100a Absatz 2 der Strafprozessordnung[1], sofern das individuelle Verhalten einer Person die konkrete Wahrscheinlichkeit begründet, dass die Person innerhalb eines übersehbaren Zeitraums die Tat begehen wird,
3. das Bundeskriminalamt als Zentralstelle nach § 2 des Bundeskriminalamtgesetzes, sofern im Einzelfall eine erhebliche Gefahr für die öffentliche Sicherheit vorliegt oder zureichende tatsächliche Anhaltspunkte für eine Straftat im Sinne des § 2 Absatz 1 des Bundeskriminalamtgesetzes vorliegen und die Daten erforderlich sind, um die zuständige Strafverfolgungsbehörde oder zuständige Polizeibehörde zu ermitteln, wobei die Auskunft auf Nutzungsdaten nach § 2 Absatz 2 Nummer 3 Buchstabe a beschränkt ist,
4. das Zollkriminalamt, soweit dies im Einzelfall erforderlich ist, zum Schutz der in § 4 Absatz 1, auch in Verbindung mit Absatz 2, des Außenwirtschaftsgesetzes genannten Rechtsgüter, wenn
   a) Tatsachen den Schluss auf ein wenigstens seiner Art nach konkretisiertes sowie zeitlich absehbares Geschehen zulassen, an dem bestimmte Personen beteiligt sein werden, oder

---

[1] Nr. 45.

b) das individuelle Verhalten einer Person die konkrete Wahrscheinlichkeit begründet, dass sie in einem übersehbaren Zeitraum eine gegen ein solches Rechtsgut gerichtete Straftat begehen wird,

5. die Verfassungsschutzbehörden des Bundes und der Länder, soweit dies aufgrund tatsächlicher Anhaltspunkte im Einzelfall erforderlich ist zur Aufklärung bestimmter Bestrebungen oder Tätigkeiten nach

   a) § 3 Absatz 1 des Bundesverfassungsschutzgesetzes oder

   b) einem zum Verfassungsschutz (§ 1 Absatz 1 des Bundesverfassungsschutzgesetzes) landesgesetzlich begründeten Beobachtungsauftrag der Landesbehörde, insbesondere zum Schutz der verfassungsmäßigen Ordnung vor Bestrebungen und Tätigkeiten der organisierten Kriminalität,

6. den Militärischen Abschirmdienst, soweit dies aufgrund tatsächlicher Anhaltspunkte im Einzelfall zur Aufklärung bestimmter Bestrebungen oder Tätigkeiten nach § 1 Absatz 1 des MAD-Gesetzes oder zur Sicherung der Einsatzbereitschaft der Truppe oder zum Schutz der Angehörigen, der Dienststellen und Einrichtungen des Geschäftsbereichs des Bundesministeriums der Verteidigung nach § 14 Absatz 1 des MAD-Gesetzes erforderlich ist,

7. den Bundesnachrichtendienst zur Gewinnung von Erkenntnissen über das Ausland von außen- und sicherheitspolitischer Bedeutung für die Bundesrepublik Deutschland, sofern

   a) tatsächliche Anhaltspunkte dafür vorliegen, dass ein wenigstens seiner Art nach konkretisiertes sowie zeitlich absehbares Geschehen besteht, an dem bestimmte Personen beteiligt sein werden, und das

      aa) einem der in § 4 Absatz 3 Nummer 1 des BND-Gesetzes genannten Gefahrenbereiche unterfällt, oder

      bb) eines der in § 4 Absatz 3 Nummer 2 und 3 des BND-Gesetzes genannten Rechtsgüter beeinträchtigen wird, oder

   b) eine Auskunftserteilung über bestimmte Nutzungsdaten im Sinne von § 2 Absatz 2 Nummer 3 Buchstabe a erforderlich ist, um einen Nutzer zu identifizieren, von dem ein bestimmter, dem Bundesnachrichtendienst bereits bekannter Inhalt der Nutzung des Telemediendienstes herrührt, zum Zweck

      aa) der politischen Unterrichtung der Bundesregierung, wenn im Einzelfall tatsächliche Anhaltspunkte für bestimmte Vorgänge im Ausland vorliegen, die von außen- und sicherheitspolitischer Bedeutung für die Bundesrepublik Deutschland sind und zu deren Aufklärung das Bundeskanzleramt den Bundesnachrichtendienst beauftragt hat, oder

      bb) der Früherkennung von aus dem Ausland drohenden Gefahren von internationaler Bedeutung, wenn im Einzelfall tatsächliche Anhaltspunkte für Vorgänge im Ausland bestehen, die einen Bezug zu den in § 4 Absatz 3 Nummer 1 des BND-Gesetzes genannten Gefahrenbereichen aufweisen oder darauf abzielen oder geeignet sind, die in § 4 Absatz 3 Nummer 2 und 3 des BND-Gesetzes genannten Rechtsgüter zu schädigen.

(4) [1]Derjenige, der geschäftsmäßig Telemediendienste erbringt, daran mitwirkt oder den Zugang zur Nutzung daran vermittelt, hat die zu beauskunftenden Daten unverzüglich und vollständig zu übermitteln. [2]Eine Verschlüsselung der Daten bleibt unberührt. [3]Über das Auskunftsersuchen und die Auskunfts-

erteilung haben die Verpflichteten gegenüber den Betroffenen sowie Dritten Stillschweigen zu wahren.

(5) ¹Wer geschäftsmäßig Telemediendienste erbringt oder daran mitwirkt, hat die in seinem Verantwortungsbereich für die Auskunftserteilung erforderlichen Vorkehrungen auf seine Kosten zu treffen. ²Jedes Auskunftsverlangen ist durch eine verantwortliche Fachkraft auf Einhaltung der in Absatz 2 genannten formalen Voraussetzungen zu prüfen. ³Die weitere Bearbeitung des Auskunftsverlangens darf erst nach einem positiven Prüfergebnis freigegeben werden.

Kapitel 2. Endeinrichtungen

§ 25 Schutz der Privatsphäre bei Endeinrichtungen. (1) ¹Die Speicherung von Informationen in der Endeinrichtung des Endnutzers oder der Zugriff auf Informationen, die bereits in der Endeinrichtung gespeichert sind, sind nur zulässig, wenn der Endnutzer auf der Grundlage von klaren und umfassenden Informationen eingewilligt hat. ²Die Information des Endnutzers und die Einwilligung haben gemäß der Verordnung (EU) 2016/679[1)] zu erfolgen.

(2) Die Einwilligung nach Absatz 1 ist nicht erforderlich,

1. wenn der alleinige Zweck der Speicherung von Informationen in der Endeinrichtung des Endnutzers oder der alleinige Zweck des Zugriffs auf bereits in der Endeinrichtung des Endnutzers gespeicherte Informationen die Durchführung der Übertragung einer Nachricht über ein öffentliches Telekommunikationsnetz ist oder
2. wenn die Speicherung von Informationen in der Endeinrichtung des Endnutzers oder der Zugriff auf bereits in der Endeinrichtung des Endnutzers gespeicherte Informationen unbedingt erforderlich ist, damit der Anbieter eines Telemediendienstes einen vom Nutzer ausdrücklich gewünschten Telemediendienst zur Verfügung stellen kann.

§ 26 Anerkannte Dienste zur Einwilligungsverwaltung, Endnutzereinstellungen. (1) Dienste zur Verwaltung von nach § 25 Absatz 1 erteilten Einwilligungen, die

1. nutzerfreundliche und wettbewerbskonforme Verfahren und technische Anwendungen zur Einholung und Verwaltung der Einwilligung haben,
2. kein wirtschaftliches Eigeninteresse an der Erteilung der Einwilligung und an den verwalteten Daten haben und unabhängig von Unternehmen sind, die ein solches Interesse haben können,
3. die personenbezogenen Daten und die Informationen über die Einwilligungsentscheidungen für keine anderen Zwecke als die Einwilligungsverwaltung verarbeiten und
4. ein Sicherheitskonzept vorlegen, das eine Bewertung der Qualität und Zuverlässigkeit des Dienstes und der technischen Anwendungen ermöglicht und aus dem sich ergibt, dass der Dienst sowohl technisch als auch organisatorisch die rechtlichen Anforderungen an den Datenschutz und die Datensicherheit, die sich insbesondere aus der Verordnung (EU) 2016/679[1)] ergeben, erfüllt,

---

[1)] Auszugsweise abgedruckt unter Nr. 11.

können von einer unabhängigen Stelle nach Maßgabe der Rechtsverordnung nach Absatz 2 anerkannt werden.

(2) Die Bundesregierung bestimmt durch Rechtsverordnung mit Zustimmung des Bundestages und des Bundesrates die Anforderungen

1. an das nutzerfreundliche und wettbewerbskonforme Verfahren und technische Anwendungen nach Absatz 1 Nummer 1 und
2. an das Verfahren der Anerkennung, insbesondere
   a) den erforderlichen Inhalt des Antrags auf Anerkennung,
   b) den Inhalt des Sicherheitskonzepts nach Absatz 1 Nummer 4 und
   c) die für die Anerkennung zuständige unabhängige Stelle, und
3. die technischen und organisatorischen Maßnahmen, dass
   a) Software zum Abrufen und Darstellen von Informationen aus dem Internet,
      aa) Einstellungen der Endnutzer hinsichtlich der Einwilligung nach § 25 Absatz 1 befolgt und
      bb) die Einbindung von anerkannten Diensten zur Einwilligungsverwaltung berücksichtigt und
   b) Anbieter von Telemedien bei der Verwaltung der von Endnutzern erteilten Einwilligung die Einbindung von anerkannten Diensten zur Einwilligungsverwaltung und Einstellungen durch die Endnutzer berücksichtigen.

(3) Die Bundesregierung bewertet innerhalb von zwei Jahren nach Inkrafttreten einer Rechtsverordnung nach Absatz 1 die Wirksamkeit der getroffenen Maßnahmen im Hinblick auf die Errichtung nutzerfreundlicher und wettbewerbskonformer Einwilligungsverfahren und legt dazu einen Bericht an den Bundestag und den Bundesrat vor.

Teil 4. Straf- und Bußgeldvorschriften und Aufsicht

§ 27 Strafvorschriften. (1) Mit Freiheitsstrafe bis zu zwei Jahren oder mit Geldstrafe wird bestraft, wer

1. entgegen § 5 Absatz 1 eine Nachricht abhört oder in vergleichbarer Weise zur Kenntnis nimmt,
2. entgegen § 5 Absatz 2 Satz 1 eine Mitteilung macht oder
3. entgegen § 8 Absatz 1 eine dort genannte Telekommunikationsanlage herstellt oder auf dem Markt bereitstellt.

(2) Handelt der Täter in den Fällen des Absatzes 1 Nummer 3 fahrlässig, so ist die Strafe Freiheitsstrafe bis zu einem Jahr oder Geldstrafe.

§ 28 Bußgeldvorschriften. (1) Ordnungswidrig handelt, wer vorsätzlich oder fahrlässig

1. entgegen § 8 Absatz 6 für eine Telekommunikationsanlage wirbt,
2. entgegen § 9 Absatz 1 Satz 1 oder Absatz 2 Satz 1 Verkehrsdaten verarbeitet,
3. entgegen § 10 Absatz 2 Satz 3 dort genannte Daten nicht oder nicht rechtzeitig löscht,
4. entgegen § 12 Absatz 1 Satz 3 Verkehrsdaten verarbeitet,
5. entgegen § 12 Absatz 2 Verkehrsdaten nicht oder nicht rechtzeitig löscht,

6. entgegen § 12 Absatz 3 Satz 2 eine dort genannte Aufzeichnung nicht oder nicht rechtzeitig löscht,
7. entgegen § 12 Absatz 4 Satz 5 oder § 14 Absatz 5 die Aufsichtsbehörde nicht oder nicht rechtzeitig in Kenntnis setzt,
8. entgegen § 13 Absatz 1 Satz 2 den Endnutzer nicht, nicht richtig oder nicht rechtzeitig informiert,
9. entgegen § 15 Absatz 2 erster Halbsatz die Rufnummernanzeige unterdrückt oder veranlasst, dass diese unterdrückt wird,
10. entgegen § 19 Absatz 1 nicht sicherstellt, dass der Nutzer einen dort genannten Dienst beenden oder in Anspruch nehmen kann,
11. entgegen § 20 personenbezogene Daten verarbeitet,
12. entgegen § 22 Absatz 5 Satz 1, § 23 Absatz 3 Satz 1 oder § 24 Absatz 4 Satz 1 die dort genannten Daten nicht, nicht richtig, nicht vollständig oder nicht rechtzeitig übermittelt oder
13. entgegen § 25 Absatz 1 Satz 1 eine Information speichert oder auf eine Information zugreift.

(2) Die Ordnungswidrigkeit kann in den Fällen des Absatzes 1 Nummer 2, 3, 9, 11, 12 und 13 mit einer Geldbuße bis zu dreihunderttausend Euro, in den Fällen des Absatzes 1 Nummer 4 und 5 mit einer Geldbuße bis zu hunderttausend Euro, in den Fällen des Absatzes 1 Nummer 8 mit einer Geldbuße bis zu fünfzigtausend Euro und in den übrigen Fällen mit einer Geldbuße bis zu zehntausend Euro geahndet werden.

(3) Verwaltungsbehörde im Sinne des § 36 Absatz 1 Nummer 1 des Gesetzes über Ordnungswidrigkeiten[1)] ist
1. die Bundesnetzagentur in den Fällen des Absatzes 1 Nummer 1 und 9,
2. der Bundesbeauftragte oder die Bundesbeauftragte für den Datenschutz und die Informationsfreiheit in den Fällen des Absatzes 1 Nummer 2 bis 8 und im Fall des Absatzes 1 Nummer 13, soweit die Speicherung von oder der Zugriff auf Informationen durch Anbieter von Telekommunikationsdiensten oder durch Bundesbehörden erfolgt.

(4) Gegen Behörden und sonstige öffentliche Stellen im Sinne des § 2 Absatz 1 oder Absatz 2 des Bundesdatenschutzgesetzes[2)] werden keine Geldbußen verhängt.

§ 29 Zuständigkeit, Aufgaben und Befugnisse der oder des Bundesbeauftragten für den Datenschutz und die Informationsfreiheit.

(1) Soweit für die geschäftsmäßige Erbringung von Telekommunikationsdiensten Daten von natürlichen oder juristischen Personen verarbeitet werden, ist der oder die Bundesbeauftragte für den Datenschutz und die Informationsfreiheit die zuständige Aufsichtsbehörde.

(2) Erfolgt die Speicherung von Informationen in der Endeinrichtung des Endnutzers oder der Zugriff auf Informationen, die bereits in der Endeinrichtung gespeichert sind, durch Anbieter von Telekommunikationsdiensten oder durch öffentliche Stellen des Bundes, ist der oder die Bundesbeauftragte für den

---

[1)] Nr. **46**.
[2)] Nr. **12**.

Datenschutz und die Informationsfreiheit zuständige Aufsichtsbehörde für die Einhaltung des § 24.

(3) Im Hinblick auf die Befugnisse des oder der Bundesbeauftragten für den Datenschutz und die Informationsfreiheit im Rahmen seiner oder ihrer Aufsichtstätigkeit über die Einhaltung der Bestimmungen nach diesem Gesetz findet Artikel 58 der Verordnung (EU) 2016/679[1)] entsprechende Anwendung.

(4) Das Fernmeldegeheimnis des Artikels 10 des Grundgesetzes wird eingeschränkt, soweit die Wahrnehmung der Befugnisse nach Absatz 3 dies erfordert.

§ 30 Zuständigkeit, Aufgaben und Befugnisse der Bundesnetzagentur. (1) Die Bundesnetzagentur ist zuständige Aufsichtsbehörde für die Einhaltung der Vorschriften in Teil 2, soweit nicht gemäß § 27 die Zuständigkeit des oder der Bundesbeauftragten für den Datenschutz und die Informationsfreiheit gegeben ist.

(2) [1] Die Bundesnetzagentur kann Anordnungen und andere Maßnahmen treffen, um die Einhaltung der Vorschriften des Teils 2 sicherzustellen. [2] Der nach den Vorschriften des Teils 2 Verpflichtete muss auf Anforderung der Bundesnetzagentur die hierzu erforderlichen Auskünfte erteilen. [3] Die Bundesnetzagentur ist zur Überprüfung der Einhaltung der Verpflichtungen befugt, die Geschäfts- und Betriebsräume während der üblichen Betriebs- oder Geschäftszeiten zu betreten und zu besichtigen.

(3) Über die Befugnis zu Anordnungen nach Absatz 2 hinaus kann die Bundesnetzagentur bei Nichterfüllung von Verpflichtungen des Teils 2 den Betrieb von betroffenen Telekommunikationsanlagen oder das Erbringen des betreffenden Telekommunikationsdienstes ganz oder teilweise untersagen, wenn mildere Eingriffe zur Durchsetzung rechtmäßigen Verhaltens nicht ausreichen.

(4) Zur Durchsetzung von Maßnahmen und Anordnungen nach den Absätzen 2 und 3 kann nach Maßgabe des Verwaltungsvollstreckungsgesetzes ein Zwangsgeld bis zu 1 Million Euro festgesetzt werden.

(5) Das Fernmeldegeheimnis des Artikels 10 des Grundgesetzes wird eingeschränkt, soweit die Wahrnehmung der Befugnisse nach Absatz 2 Satz 1 und 3 dies erfordert.

[1)] Nr. 11.

Dritter Teil. Recht des elektronischen Geschäftverkehrs

14. Verordnung (EU) Nr. 910/2014 des Europäischen Parlaments und des Rates vom 23. Juli 2014 über elektronische Identifizierung und Vertrauensdienste für elektronische Transaktionen im Binnenmarkt und zur Aufhebung der Richtlinie 1999/93/EG[1)]

(ABl. L 257 S. 73, ber. ABl. 2015 L 23 S. 19 und ABl. 2016 L 155 S. 44)

Celex-Nr. 3 2014 R 0910

– Auszug –

Kapitel I. Allgemeine Bestimmungen

Art. 1 Gegenstand. Um das ordnungsgemäße Funktionieren des Binnenmarkts und gleichzeitig ein angemessenes Sicherheitsniveau bei elektronischen Identifizierungsmitteln und Vertrauensdiensten sicherzustellen, ist in dieser Verordnung Folgendes geregelt:

a) Sie legt die Bedingungen fest, unter denen die Mitgliedstaaten elektronische Identifizierungsmittel für natürliche und juristische Personen, die einem notifizierten elektronischen Identifizierungssystem eines anderen Mitgliedstaats unterliegen, anerkennen.

b) Sie legt Vorschriften für Vertrauensdienste – insbesondere für elektronische Transaktionen – fest.

c) Sie legt einen Rechtsrahmen für elektronische Signaturen, elektronische Siegel, elektronische Zeitstempel, elektronische Dokumente, Dienste für die Zustellung elektronischer Einschreiben und Zertifizierungsdienste für die Website-Authentifizierung fest.

Art. 2 Anwendungsbereich. (1) Diese Verordnung gilt für von einem Mitgliedstaat notifizierte elektronische Identifizierungssysteme und für in der Union niedergelassene Vertrauensdiensteanbieter.

(2) Diese Verordnung findet keine Anwendung auf die Erbringung von Vertrauensdiensten, die ausschließlich innerhalb geschlossener Systeme aufgrund von nationalem Recht oder von Vereinbarungen zwischen einem bestimmten Kreis von Beteiligten verwendet werden.

(3) Diese Verordnung berührt nicht das nationale Recht oder das Unionsrecht in Bezug auf den Abschluss und die Gültigkeit von Verträgen oder andere rechtliche oder verfahrensmäßige Formvorschriften.

Art. 3 Begriffsbestimmungen. Für die Zwecke dieser Verordnung gelten die folgenden Begriffsbestimmungen:

[1)] Siehe hierzu auch
– die VO (EU) 2015/806 zum EU-Vertrauenssiegel für qualifizierte Vertrauensdienste v. 22.5.2015 (ABl. L 128 S. 13)
– das Gesetz zur Durchführung der Verordnung (EU) Nr. 910/2014 des Europäischen Parlaments und des Rates vom 23. Juli 2014 über elektronische Identifizierung und Vertrauensdienste für elektronische Transaktionen im Binnenmarkt und zur Aufhebung der Richtlinie 1999/93/EG (eIDAS-DurchführungsG v. 18.7.2017 (BGBl. I S. 2745)).

1. „Elektronische Identifizierung" ist der Prozess der Verwendung von Personenidentifizierungsdaten in elektronischer Form, die eine natürliche oder juristische Person oder eine natürliche Person, die eine juristische Person vertritt, eindeutig repräsentieren.
2. „Elektronisches Identifizierungsmittel" ist eine materielle und/oder immaterielle Einheit, die Personenidentifizierungsdaten enthält und zur Authentifizierung bei Online-Diensten verwendet wird.
3. „Personenidentifizierungsdaten" sind ein Datensatz, der es ermöglicht, die Identität einer natürlichen oder juristischen Person oder einer natürlichen Person, die eine juristische Person vertritt, festzustellen.
4. „Elektronisches Identifizierungssystem" ist ein System für die elektronische Identifizierung, in dessen Rahmen natürlichen oder juristischen Personen oder natürlichen Personen, die juristische Personen vertreten, elektronische Identifizierungsmittel ausgestellt werden.
5. „Authentifizierung" ist ein elektronischer Prozess, der die Bestätigung der elektronischen Identifizierung einer natürlichen oder juristischen Person oder die Bestätigung des Ursprungs und der Unversehrtheit von Daten in elektronischer Form ermöglicht.
6. „Vertrauender Beteiligter" ist eine natürliche oder juristische Person, die auf eine elektronische Identifizierung oder einen Vertrauensdienst vertraut.
7. „Öffentliche Stelle" bezeichnet einen Staat, eine Gebietskörperschaft, eine Einrichtung des öffentlichen Rechts oder einen Verband, der aus einer oder mehreren dieser Körperschaften oder Einrichtungen des öffentlichen Rechts besteht, oder eine private Einrichtung, die von mindestens einer dieser Körperschaften, Einrichtungen oder Verbände mit der Erbringung von öffentlichen Dienstleistungen beauftragt wurde, wenn sie im Rahmen dieses Auftrags handelt.
8. „Einrichtung des öffentlichen Rechts" ist eine Einrichtung nach Artikel 2 Absatz 1 Nummer 4 der Richtlinie 2014/24/EU des Europäischen Parlaments und des Rates[1].
9. „Unterzeichner" ist eine natürliche Person, die eine elektronische Signatur erstellt.
10. „Elektronische Signatur" sind Daten in elektronischer Form, die anderen elektronischen Daten beigefügt oder logisch mit ihnen verbunden werden und die der Unterzeichner zum Unterzeichnen verwendet.
11. „Fortgeschrittene elektronische Signatur" ist eine elektronische Signatur, die die Anforderungen des Artikels 26 erfüllt.
12. „Qualifizierte elektronische Signatur" ist eine fortgeschrittene elektronische Signatur, die von einer qualifizierten elektronischen Signaturerstellungseinheit erstellt wurde und auf einem qualifizierten Zertifikat für elektronische Signaturen beruht.
13. „Elektronische Signaturerstellungsdaten" sind eindeutige Daten, die vom Unterzeichner zum Erstellen einer elektronischen Signatur verwendet werden.

---

[1] **Amtl. Anm.:** Richtlinie 2014/24/EU des Europäischen Parlaments und des Rates vom 26. Februar 2014 über die öffentliche Auftragsvergabe und zur Aufhebung der Richtlinie 2004/18/EG (ABl. L 94 vom 28.3.2014, S. 65).

14. „Zertifikat für elektronische Signaturen" ist eine elektronische Bescheinigung, die elektronische Signaturvalidierungsdaten mit einer natürlichen Person verknüpft und die mindestens den Namen oder das Pseudonym dieser Person bestätigt.

15. „Qualifiziertes Zertifikat für elektronische Signaturen" ist ein von einem qualifizierten Vertrauensdiensteanbieter ausgestelltes Zertifikat für elektronische Signaturen, das die Anforderungen des Anhangs I erfüllt.

16. „Vertrauensdienst" ist ein elektronischer Dienst, der in der Regel gegen Entgelt erbracht wird und aus Folgendem besteht:

    a) Erstellung, Überprüfung und Validierung von elektronischen Signaturen, elektronischen Siegeln oder elektronischen Zeitstempeln, und Diensten für die Zustellung elektronischer Einschreiben sowie von diese Dienste betreffenden Zertifikaten oder

    b) Erstellung, Überprüfung und Validierung von Zertifikaten für die Website-Authentifizierung oder

    c) Bewahrung von diese Dienste betreffenden elektronischen Signaturen, Siegeln oder Zertifikaten.

17. „Qualifizierter Vertrauensdienst" ist ein Vertrauensdienst, der die einschlägigen Anforderungen dieser Verordnung erfüllt.

18. „Konformitätsbewertungsstelle" ist eine Stelle im Sinne der Begriffsbestimmung in Artikel 2 Nummer 13 der Verordnung (EG) Nr. 765/2008, die gemäß jener Verordnung als zur Durchführung der Konformitätsbewertung qualifizierter Vertrauensdiensteanbieter und der von ihnen erbrachten qualifizierten Vertrauensdienste befähigte Stelle akkreditiert worden ist.

19. „Vertrauensdiensteanbieter" ist eine natürliche oder juristische Person, die einen oder mehrere Vertrauensdienste als qualifizierter oder nichtqualifizierter Vertrauensdiensteanbieter erbringt.

20. „Qualifizierter Vertrauensdiensteanbieter" ist ein Vertrauensdiensteanbieter, der einen oder mehrere qualifizierte Vertrauensdienste erbringt und dem von der Aufsichtsstelle der Status eines qualifizierten Anbieters verliehen wurde.

21. „Produkt" bezeichnet Hardware, Software oder spezifische Komponenten von Hard- oder Software, die zur Erbringung von Vertrauensdiensten bestimmt sind.

22. „Elektronische Signaturerstellungseinheit" ist eine konfigurierte Software oder Hardware, die zum Erstellen einer elektronischen Signatur verwendet wird.

23. „Qualifizierte elektronische Signaturerstellungseinheit" ist eine elektronische Signaturerstellungseinheit, die die Anforderungen des Anhangs II erfüllt.

24. „Siegelersteller" ist eine juristische Person, die ein elektronisches Siegel erstellt.

25. „Elektronisches Siegel" sind Daten in elektronischer Form, die anderen Daten in elektronischer Form beigefügt oder logisch mit ihnen verbunden werden, um deren Ursprung und Unversehrtheit sicherzustellen.

26. „Fortgeschrittenes elektronisches Siegel" ist ein elektronisches Siegel, das die Anforderungen des Artikels 36 erfüllt.

27. „Qualifiziertes elektronisches Siegel" ist ein fortgeschrittenes elektronisches Siegel, das von einer qualifizierten elektronischen Siegelerstellungseinheit

erstellt wird und auf einem qualifizierten Zertifikat für elektronische Siegel beruht.

28. „Elektronische Siegelerstellungsdaten" sind eindeutige Daten, die vom Siegelersteller zum Erstellen eines elektronischen Siegels verwendet werden.

29. „Zertifikat für elektronische Siegel" ist eine elektronische Bescheinigung, die elektronische Siegelvalidierungsdaten mit einer juristischen Person verknüpft und den Namen dieser Person bestätigt.

30. „Qualifiziertes Zertifikat für elektronische Siegel" ist ein von einem qualifizierten Vertrauensdiensteanbieter ausgestelltes Zertifikat für elektronische Siegel, das die Anforderungen des Anhangs III erfüllt.

31. „Elektronische Siegelerstellungseinheit" ist eine konfigurierte Software oder Hardware, die zum Erstellen eines elektronischen Siegels verwendet wird.

32. „Qualifizierte elektronische Siegelerstellungseinheit" ist eine elektronische Siegelerstellungseinheit, die die Anforderungen des Anhangs II sinngemäß erfüllt.

33. „Elektronischer Zeitstempel" bezeichnet Daten in elektronischer Form, die andere Daten in elektronischer Form mit einem bestimmten Zeitpunkt verknüpfen und dadurch den Nachweis erbringen, dass diese anderen Daten zu diesem Zeitpunkt vorhanden waren.

34. „Qualifizierter elektronischer Zeitstempel" ist ein elektronischer Zeitstempel, der die Anforderungen des Artikels 42 erfüllt.

35. „Elektronisches Dokument" ist jeder in elektronischer Form, insbesondere als Text-, Ton-, Bild- oder audiovisuelle Aufzeichnung gespeicherte Inhalt.

36. „Dienst für die Zustellung elektronischer Einschreiben" ist ein Dienst, der die Übermittlung von Daten zwischen Dritten mit elektronischen Mitteln ermöglicht und einen Nachweis der Handhabung der übermittelten Daten erbringt, darunter den Nachweis der Absendung und des Empfangs der Daten, und der die übertragenen Daten vor Verlust, Diebstahl, Beschädigung oder unbefugter Veränderung schützt.

37. „Qualifizierter Dienst für die Zustellung elektronischer Einschreiben" ist ein Dienst für die Zustellung elektronischer Einschreiben, der die Anforderungen des Artikels 44 erfüllt.

38. „Zertifikat für die Website-Authentifizierung" ist ein Zertifikat, das die Authentifizierung einer Website ermöglicht und die Website mit der natürlichen oder juristischen Person verknüpft, der das Zertifikat ausgestellt wurde.

39. „Qualifiziertes Zertifikat für die Website-Authentifizierung" ist ein von einem qualifizierten Vertrauensdiensteanbieter ausgestelltes Zertifikat für Website-Authentifizierung, das die Anforderungen des Anhangs IV erfüllt.

40. „Validierungsdaten" sind Daten, die zur Validierung einer elektronischen Signatur oder eines elektronischen Siegels verwendet werden.

41. „Validierung" ist der Prozess der Überprüfung und Bestätigung der Gültigkeit einer elektronischen Signatur oder eines elektronischen Siegels.

Art. 4 Binnenmarktgrundsatz. (1) Die Erbringung von Vertrauensdiensten im Gebiet eines Mitgliedstaats durch einen in einem anderen Mitgliedstaat niedergelassenen Vertrauensdiensteanbieter unterliegt keinen Beschränkungen aus Gründen, die in den Anwendungsbereich dieser Verordnung fallen.

(2) Produkte und Vertrauensdienste, die dieser Verordnung entsprechen, dürfen im Binnenmarkt frei verkehren.

Art. 5 Datenverarbeitung und Datenschutz. (1) Personenbezogene Daten werden nach Maßgabe der Richtlinie 95/46/EG verarbeitet.

(2) Unbeschadet der Rechtswirkungen, die Pseudonyme nach nationalem Recht haben, darf die Benutzung von Pseudonymen bei elektronischen Transaktionen nicht untersagt werden.

Kapitel II. Elektronische Identifizierung

Art. 6 Gegenseitige Anerkennung. (1) *[1]* Ist für den Zugang zu einem von einer öffentlichen Stelle in einem Mitgliedstaat erbrachten Online-Dienst nach nationalem Recht oder aufgrund der Verwaltungspraxis eine elektronische Identifizierung mit einem elektronischen Identifizierungsmittel und mit einer Authentifizierung erforderlich, so wird ein in einem anderen Mitgliedstaat ausgestelltes elektronisches Identifizierungsmittel im ersten Mitgliedstaat für die Zwecke der grenzüberschreitenden Authentifizierung für diesen Online-Dienst anerkannt, sofern folgende Bedingungen erfüllt sind:

a) Das betreffende elektronische Identifizierungsmittel wird im Rahmen eines elektronischen Identifizierungssystems ausgestellt, das in der von der Kommission gemäß Artikel 9 veröffentlichten Liste aufgeführt ist.

b) Das Sicherheitsniveau des betreffenden elektronischen Identifizierungsmittels entspricht einem Sicherheitsniveau, das so hoch wie oder höher als das von der einschlägigen öffentlichen Stelle für den Zugang zu diesem Online-Dienst geforderte Sicherheitsniveau ist, sofern das Sicherheitsniveau dieses elektronischen Identifizierungsmittels dem Sicherheitsniveau „substanziell" oder „hoch" entspricht.

c) Die betreffende öffentliche Stelle verwendet für den Zugang zu diesem Online-Dienst das Sicherheitsniveau „substanziell" oder „hoch".

[2] Diese Anerkennung muss spätestens 12 Monate nach Veröffentlichung der in Unterabsatz 1 Buchstabe a genannten Liste durch die Kommission erfolgen.

(2) Ein elektronisches Identifizierungsmittel, das über ein in der von der Kommission gemäß Artikel 9 veröffentlichten Liste enthaltenes elektronisches Identifizierungssystem ausgestellt wird und dem Sicherheitsniveau „niedrig" entspricht, kann von öffentlichen Stellen für die Zwecke der grenzüberschreitenden Authentifizierung der von diesen Stellen erbrachten Online-Dienste anerkannt werden.

Art. 7 Voraussetzungen für die Notifizierung elektronischer Identifizierungssysteme. Ein elektronisches Identifizierungssystem kann nach Artikel 9 Absatz 1 notifiziert werden, wenn sämtliche folgenden Bedingungen erfüllt sind:

a) Die elektronischen Identifizierungsmittel im Rahmen des betreffenden Systems werden

　i) vom notifizierenden Mitgliedstaat ausgestellt,

　ii) im Auftrag des notifizierenden Mitgliedstaats ausgestellt oder

　iii) unabhängig vom notifizierenden Mitgliedstaat ausgestellt und von diesem anerkannt.

b) Die elektronischen Identifizierungsmittel im Rahmen des elektronischen Identifizierungssystems können im notifizierenden Mitgliedstaat für den Zugang zu mindestens einem Dienst verwendet werden, der von einer öffentlichen Stelle bereitgestellt wird und für den eine elektronische Identifizierung erforderlich ist.

c) Das elektronische Identifizierungssystem und die im Rahmen dieses Systems ausgestellten elektronischen Identifizierungsmittel erfüllen die Anforderungen zumindest eines der Sicherheitsniveaus, die in dem in Artikel 8 Absatz 3 genannten Durchführungsrechtsakt aufgeführt sind.

d) Der notifizierende Mitgliedstaat stellt sicher, dass zum Zeitpunkt der Ausstellung des elektronischen Identifizierungsmittels im Rahmen des betreffenden Systems die Personenidentifizierungsdaten, die die betreffende Person eindeutig repräsentieren, der in Artikel 3 Nummer 1 genannten natürlichen oder juristischen Person entsprechend den technischen Spezifikationen, Normen und Verfahren für das einschlägige Sicherheitsniveau, die in dem in Artikel 8 Absatz 3 genannten Durchführungsrechtsakt aufgeführt sind, zugeordnet sind.

e) Der Beteiligte, der das elektronische Identifizierungsmittel im Rahmen des betreffenden Systems ausstellt, stellt sicher, dass das elektronische Identifizierungsmittel der in Buchstabe d dieses Artikels genannten Person entsprechend den technischen Spezifikationen, Normen und Verfahren für das betreffende Sicherheitsniveau, die in dem in Artikel 8 Absatz 3 genannten Durchführungsrechtsakt aufgeführt sind, zugewiesen wird.

f) Der notifizierende Mitgliedstaat stellt sicher, dass eine Online-Authentifizierung zur Verfügung steht, so dass jeder im Hoheitsgebiet eines anderen Mitgliedstaats niedergelassene vertrauende Beteiligte die in elektronischer Form empfangenen Personenidentifizierungsdaten bestätigen kann.
Für vertrauende Beteiligte, die keine öffentlichen Stellen sind, kann der notifizierende Mitgliedstaat Bedingungen für den Zugang zu dieser Authentifizierung festlegen. Die grenzüberschreitende Authentifizierung sollte gebührenfrei sein, wenn sie in Bezug auf einen Online-Dienst erfolgt, der von einer öffentlichen Stelle erbracht wird.
Die Mitgliedstaaten machen vertrauenden Beteiligten, die eine solche Authentifizierung durchführen möchten, keine spezifischen unverhältnismäßigen technischen Vorgaben, wenn derartige Vorgaben die Interoperabilität der notifizierten elektronischen Identifizierungssysteme verhindern oder erheblich beeinträchtigen.

g) Der notifizierende Mitgliedstaat stellt den anderen Mitgliedstaaten für die Zwecke der Verpflichtung nach Artikel 12 Absatz 5 mindestens sechs Monate vor einer Notifizierung gemäß Artikel 9 Absatz 1 nach den in den Durchführungsrechtsakten gemäß Artikel 12 Absatz 7 genannten Verfahrensmodalitäten eine Beschreibung dieses Systems zur Verfügung.

h) Das elektronische Identifizierungssystem erfüllt die Anforderungen des in Artikel 12 Absatz 8 genannten Durchführungsrechtsakts.

Art. 8 Sicherheitsniveaus elektronischer Identifizierungssysteme.

(1) Ein gemäß Artikel 9 Absatz 1 notifiziertes elektronisches Identifizierungssystem gibt die Sicherheitsniveaus „niedrig", „substanziell" und/oder „hoch" an, die den nach diesem System ausgestellten elektronischen Identifizierungsmitteln zuerkannt wurden.

(2) Die Sicherheitsniveaus „niedrig", „substanziell" bzw. „hoch" erfüllen folgende Kriterien:

a) Das Sicherheitsniveau „niedrig" bezieht sich auf ein elektronisches Identifizierungmittel im Rahmen eines elektronischen Identifizierungssystems, das ein begrenztes Maß an Vertrauen in die beanspruchte oder behauptete Identität einer Person vermittelt und durch die Bezugnahme auf die diesbezüglichen technischen Spezifikationen, Normen und Verfahren einschließlich technischer Überprüfungen – deren Zweck in der Minderung der Gefahr des Identitätsmissbrauchs oder der Identitätsveränderung besteht – gekennzeichnet ist.

b) Das Sicherheitsniveau „substanziell" bezieht sich auf ein elektronisches Identifizierungsmittel im Rahmen eines elektronischen Identifizierungssystems, das ein substanzielles Maß an Vertrauen in die beanspruchte oder behauptete Identität einer Person vermittelt und durch die Bezugnahme auf die diesbezüglichen technischen Spezifikationen, Normen und Verfahren einschließlich entsprechender technischer Überprüfungen – deren Zweck in der substanziellen Minderung der Gefahr des Identitätsmissbrauchs oder der Identitätsveränderung besteht – gekennzeichnet ist.

c) Das Sicherheitsniveau „hoch" bezieht sich auf ein elektronisches Identifizierungmittel im Rahmen eines elektronischen Identifizierungssystems, das ein höheres Maß an Vertrauen in die beanspruchte oder behauptete Identität einer Person als ein Identifizierungsmittel mit dem Sicherheitsniveau „substanziell" vermittelt und durch die Bezugnahme auf die diesbezüglichen technischen Spezifikationen, Normen und Verfahren einschließlich technischer Überprüfungen – deren Zweck in der Verhinderung des Identitätsmissbrauchs oder der Identitätsveränderung besteht – gekennzeichnet ist.

(3) *[1]* Bis zum 18. September 2015 legt die Kommission unter Berücksichtigung der einschlägigen internationalen Normen vorbehaltlich des Absatzes 2 im Wege von Durchführungsrechtsakten technische Spezifikationen, Normen und Verfahren mit Mindestanforderungen fest, auf die sich die Festlegung der Sicherheitsniveaus „niedrig", „substanziell" und „hoch" für elektronische Identifizierungsmittel für die Zwecke des Absatzes 1 bezieht.

[2] Diese technischen Spezifikationen, Normen und Verfahren mit Mindestanforderungen werden unter Bezugnahme auf die Zuverlässigkeit und Qualität folgender Elemente festgelegt:

a) des Verfahrens zum Nachweis und zur Überprüfung der Identität natürlicher oder juristischer Personen, die die Ausstellung elektronischer Identifizierungsmittel beantragen;

b) des Verfahrens zur Ausstellung der beantragten elektronischen Identifizierungsmittel;

c) des Authentifizierungsmechanismus, bei dem die natürliche oder juristische Person die elektronischen Identifizierungsmittel verwendet, um einem vertrauenden Beteiligten ihre Identität zu bestätigen;

d) der Einrichtung, die die Identifizierungsmittel ausstellt;

e) jeder anderen Stelle, die mit dem Antrag für die Ausstellung elektronischer Identifizierungsmittel befasst ist;

f) technischer und sicherheitsbezogener Spezifikationen der ausgestellten elektronischen Identifizierungsmittel.

[3] Diese Durchführungsrechtsakte werden nach dem in Artikel 48 Absatz 2 genannten Prüfverfahren erlassen.

Art. 9 Notifizierung. (1) Der notifizierende Mitgliedstaat notifiziert der Kommission folgende Informationen und unverzüglich alle späteren Änderungen dieser Informationen:

a) eine Beschreibung des elektronischen Identifizierungssystems einschließlich seiner Sicherheitsniveaus und des Ausstellers bzw. der Aussteller elektronischer Identifizierungsmittel im Rahmen des Systems;

b) das geltende Aufsichtssystem und Informationen über die Haftungsregelung in Bezug auf Folgendes:
  i) den das elektronische Identifizierungsmittel ausstellenden Beteiligten;
  ii) den das Authentifizierungsverfahren durchführenden Beteiligten;

c) die für das elektronische Identifizierungssystem zuständige(n) Behörde(n);

d) Informationen über die Einrichtung bzw. Einrichtungen, die die Registrierung der eindeutigen Personenidentifizierungsdaten verwaltet bzw. verwalten;

e) eine Beschreibung, inwieweit die Anforderungen des in Artikel 12 Absatz 8 genannten Durchführungsrechtsakts erfüllt werden;

f) eine Beschreibung der Authentifizierung gemäß Artikel 7 Buchstabe f;

g) Regelungen für die Aussetzung oder den Widerruf des notifizierten elektronischen Identifizierungssystems oder der Authentifizierung oder von den betroffenen beeinträchtigten Teilen.

(2) Ein Jahr nach dem Zeitpunkt des Beginns der Anwendung der Durchführungsrechtsakte gemäß Artikel 8 Absatz 3 und Artikel 12 Absatz 8 veröffentlicht die Kommission im *Amtsblatt der Europäischen Union* eine Liste der gemäß Absatz 1 dieses Artikels notifizierten elektronischen Identifizierungssysteme und die grundlegenden Informationen darüber.

(3) Geht der Kommission nach Ablauf der in Absatz 2 genannten Frist eine Notifizierung zu, so veröffentlicht sie die Änderungen an der in Absatz 2 genannten Liste innerhalb von zwei Monaten ab dem Zeitpunkt des Eingangs dieser Notifizierung im *Amtsblatt der Europäischen Union*.

(4) [1] Ein Mitgliedstaat kann bei der Kommission die Streichung eines von diesem Mitgliedstaat notifizierten Identifizierungssystems aus der in Absatz 2 genannten Liste beantragen. [2] Die Kommission veröffentlicht im *Amtsblatt der Europäischen Union* die entsprechenden Änderungen der Liste innerhalb eines Monats ab dem Zeitpunkt, zu dem das Ersuchen des Mitgliedstaats eingegangen ist.

(5) [1] Die Kommission kann im Wege von Durchführungsrechtsakten Einzelheiten, Form und Verfahren für die Notifizierung nach Absatz 1 festlegen. [2] Diese Durchführungsrechtsakte werden nach dem in Artikel 48 Absatz 2 genannten Prüfverfahren erlassen.

Art. 10 Sicherheitsverletzung. (1) Im Falle einer Verletzung oder partiellen Beeinträchtigung des nach Artikel 9 Absatz 1 notifizierten elektronischen Identifizierungssystems oder der in Artikel 7 Buchstabe f genannten Authentifizierung in einer Weise, die sich auf die Verlässlichkeit der grenzüberschreitenden Authentifizierung dieses Systems auswirkt, setzt der notifizierende Mitgliedstaat diese grenzüberschreitende Authentifizierung oder die entsprechenden beeinträchtigten Teile umgehend aus oder widerruft sie und unterrichtet hiervon die anderen Mitgliedstaaten und die Kommission.

(2) Wurde hinsichtlich der in Absatz 1 genannten Verletzung oder Beeinträchtigung Abhilfe geschaffen, so stellt der notifizierende Mitgliedstaat die grenzüberschreitende Authentifizierung wieder her und unterrichtet unverzüglich die anderen Mitgliedstaaten und die Kommission.

(3) *[1]* Wird hinsichtlich der in Absatz 1 genannten Verletzung oder Beeinträchtigung nicht innerhalb von drei Monaten nach der Aussetzung oder dem Widerruf Abhilfe geschaffen, so meldet der notifizierende Mitgliedstaat den anderen Mitgliedstaaten und der Kommission die Zurücknahme des elektronischen Identifizierungssystems.

[2] Die Kommission veröffentlicht die entsprechenden Änderungen an der in Artikel 9 Absatz 2 genannten Liste unverzüglich im *Amtsblatt der Europäischen Union.*

Art. 11 Haftung. (1) Der notifizierende Mitgliedstaat haftet für die Schäden, die natürlichen oder juristischen Personen vorsätzlich oder fahrlässig zugefügt werden und die auf eine Verletzung der in Artikel 7 Buchstaben d und f festgelegten Pflichten bei einer grenzüberschreitenden Transaktion zurückzuführen sind.

(2) Der das elektronische Identifizierungsmittel ausstellende Beteiligte haftet für die Schäden, die natürlichen oder juristischen Personen vorsätzlich oder fahrlässig zugefügt werden und die auf eine Verletzung der in Artikel 7 Buchstabe e festgelegten Pflichten bei einer grenzüberschreitenden Transaktion zurückzuführen sind.

(3) Der das Authentifizierungsverfahren durchführende Beteiligte haftet für die Schäden, die natürlichen oder juristischen Personen vorsätzlich oder fahrlässig zugefügt werden und die auf die inkorrekte Durchführung der Authentifizierung nach Artikel 7 Buchstabe f bei einer grenzüberschreitenden Transaktion zurückzuführen sind.

(4) Die Absätze 1, 2 und 3 werden im Einklang mit den nationalen Vorschriften über die Haftung angewendet.

(5) Die Absätze 1, 2 und 3 berühren nicht die unter das nationale Recht fallende Haftung der Beteiligten an einer Transaktion, bei der dem gemäß Artikel 9 Absatz 1 notifizierten elektronischen Identifizierungssystem unterliegende elektronische Identifizierungsmittel verwendet wurden.

Art. 12 Zusammenarbeit und Interoperabilität. (1) Die gemäß Artikel 9 Absatz 1 notifizierten nationalen elektronischen Identifizierungssysteme müssen interoperabel sein.

(2) Für die Zwecke des Absatzes 1 wird ein Interoperabilitätsrahmen geschaffen.

(3) Der Interoperabilitätsrahmen muss folgende Kriterien erfüllen:

a) Er ist auf Technologieneutralität angelegt und unterscheidet nicht zwischen spezifischen nationalen technischen Lösungen für die elektronische Identifizierung in dem betreffenden Mitgliedstaat,

b) er entspricht nach Möglichkeit den europäischen und internationalen Normen,

c) er fördert die Umsetzung des Grundsatzes des „eingebauten Datenschutzes" (privacy by design) und

d) er gewährleistet, dass personenbezogene Daten im Einklang mit der Richtlinie 95/46/EG verarbeitet werden.

(4) Der Interoperabilitätsrahmen besteht aus Folgendem:

a) einer Bezugnahme auf die mit den Sicherheitsniveaus nach Artikel 8 technischen Mindestanforderungen;

b) Angaben zur Entsprechung zwischen den nationalen Sicherheitsniveaus der notifizierten Identifizierungssysteme und den Sicherheitsniveaus nach Artikel 8;

c) einer Bezugnahme auf die technischen Mindestanforderungen für die Interoperabilität;

d) einer Bezugnahme auf einen über elektronische Identifizierungssysteme bereitgestellten Mindestsatz von Personenidentifizierungsdaten, die eine natürliche oder juristische Person eindeutig repräsentieren;

e) Verfahrensregelungen;

f) Regelungen zur Streitbeilegung und

g) gemeinsamen Sicherheitsnormen für den Betrieb.

(5) Die Mitgliedstaaten arbeiten in Bezug auf Folgendes zusammen:

a) Interoperabilität der nach Artikel 9 Absatz 1 notifizierten elektronischen Identifizierungssysteme und der elektronischen Identifizierungssysteme, die die Mitgliedstaaten notifizieren möchten, und

b) Sicherheit der elektronischen Identifizierungssysteme.

(6) Die Zusammenarbeit zwischen den Mitgliedstaaten umfasst Folgendes:

a) Austausch von Informationen, Erfahrungen und bewährten Verfahren in Bezug auf elektronische Identifizierungssysteme und insbesondere in Bezug auf technische Anforderungen an Interoperabilität und Sicherheitsniveaus;

b) Austausch von Informationen, Erfahrungen und bewährten Verfahren in Bezug auf Sicherheitsniveaus elektronischer Identifizierungssysteme nach Artikel 8;

c) gegenseitige Begutachtung der unter diese Verordnung fallenden elektronischen Identifizierungssysteme;

d) Prüfung der einschlägigen Entwicklungen auf dem Gebiet der elektronischen Identifizierung.

(7) Bis zum 18. März 2015 legt die Kommission im Wege von Durchführungsrechtsakten die nötigen Verfahrensmodalitäten fest, um die in den Absätzen 5 und 6 genannte Zusammenarbeit zwischen den Mitgliedstaaten im Hinblick auf die Förderung eines hohen Maßes an Vertrauen und Sicherheit, das der Höhe des Risikos angemessen ist, zu erleichtern.

(8) Bis zum 18. September 2015 erlässt die Kommission unter Zugrundelegung der in Absatz 3 aufgeführten Kriterien und unter Berücksichtigung der Ergebnisse der Zusammenarbeit zwischen den Mitgliedstaaten Durchführungsrechtsakte zum Interoperabilitätsrahmen gemäß Absatz 4, um einheitliche Voraussetzungen für die Umsetzung der Verpflichtung gemäß Absatz 1 vorzugeben.

(9) Die in den Absätzen 7 und 8 genannten Durchführungsrechtsakte werden nach dem in Artikel 48 Absatz 2 genannten Prüfverfahren erlassen.

Kapitel III. Vertrauensdienste
Abschnitt 1. Allgemeine Bestimmungen
Art. 13 Haftung und Beweislast. (1) *[1]* Unbeschadet des Absatzes 2 haften Vertrauensdiensteanbieter für alle natürlichen oder juristischen Personen vorsätzlich oder fahrlässig zugefügten Schäden, die auf eine Verletzung der in dieser Verordnung festgelegten Pflichten zurückzuführen sind.

[2] Die Beweislast für den Nachweis des Vorsatzes oder der Fahrlässigkeit seitens eines nichtqualifizierten Vertrauensdiensteanbieters liegt bei der natürlichen oder juristischen Person, die den in Unterabsatz 1 genannten Schaden geltend macht.

[3] Bei einem qualifizierten Vertrauensdiensteanbieter wird von Vorsatz oder Fahrlässigkeit ausgegangen, es sei denn, der qualifizierte Vertrauensdiensteanbieter weist nach, dass der in Unterabsatz 1 genannte Schaden entstanden ist, ohne dass er vorsätzlich oder fahrlässig gehandelt hat.

(2) Unterrichten Vertrauensdiensteanbieter ihre Kunden im Voraus hinreichend über Beschränkungen der Verwendung der von ihnen erbrachten Dienste und sind diese Beschränkungen für dritte Beteiligte ersichtlich, so haften die Vertrauensdiensteanbieter nicht für Schäden, die bei einer über diese Beschränkungen hinausgehenden Verwendung der Dienste entstanden sind.

(3) Die Absätze 1 und 2 werden im Einklang mit den nationalen Vorschriften über die Haftung angewendet.

Art. 14 Internationale Aspekte. (1) Vertrauensdienste, die von in einem Drittland niedergelassenen Vertrauensdiensteanbietern bereitgestellt werden, werden als rechtlich gleichwertig mit den Vertrauensdiensten anerkannt, die von in der Union niedergelassenen qualifizierten Vertrauensdiensteanbietern bereitgestellt werden, sofern die Vertrauensdienste aus dem Drittland im Rahmen einer gemäß Artikel 218 AEUV geschlossenen Vereinbarung zwischen der Union und dem betreffenden Drittland oder einer internationalen Organisation anerkannt sind.

(2) Die in Absatz 1 genannten Vereinbarungen müssen insbesondere sicherstellen, dass

a) die Anforderungen, die für die in der Union niedergelassenen qualifizierten Vertrauensdiensteanbieter und für die von ihnen erbrachten qualifizierten Vertrauensdienste gelten, von den Vertrauensdiensteanbietern in den Drittländern oder internationalen Organisationen, mit denen die Vereinbarungen geschlossen wurden, sowie von den von diesen erbrachten Diensten eingehalten werden;

b) die qualifizierten Vertrauensdienste, die von in der Union niedergelassenen qualifizierten Vertrauensdiensteanbietern erbracht werden, als rechtlich gleichwertig mit den Vertrauensdiensten anerkannt werden, die von Vertrauensdiensteanbietern in den Drittländern oder internationalen Organisationen, mit denen die Vereinbarungen geschlossen wurden, erbracht werden.

Art. 15 Zugänglichkeit für Personen mit Behinderungen. Soweit möglich werden Vertrauensdienste und zur Erbringung solcher Dienste verwendete Endnutzerprodukte Personen mit Behinderungen zugänglich und nutzbar gemacht.

Art. 16 Sanktionen. ¹Die Mitgliedstaaten legen Regeln für Sanktionen bei Verstößen gegen diese Verordnung fest. ²Diese Sanktionen müssen wirksam, verhältnismäßig und abschreckend sein.

Abschnitt 2. Aufsicht

Art. 17 Aufsichtsstelle. (1) *[1]* ¹Die Mitgliedstaaten benennen eine Aufsichtsstelle, die in ihrem Hoheitsgebiet niedergelassen ist oder die aufgrund einer gegenseitigen Vereinbarung mit einem anderen Mitgliedstaat in diesem anderen Mitgliedstaat niedergelassen ist. ²Diese Aufsichtsstelle ist für die Wahrnehmung der Aufsichtsaufgaben im benennenden Mitgliedstaat verantwortlich.

[2] Die Aufsichtsstellen verfügen über die für die Wahrnehmung ihrer Aufgaben notwendigen Befugnisse und eine angemessene Ausstattung mit Ressourcen.

(2) Die Mitgliedstaaten teilen der Kommission und den anderen Mitgliedstaaten Namen und Anschrift ihrer jeweiligen benannten Aufsichtsstellen mit.

(3) Die Aufsichtsstelle nimmt folgende Funktionen wahr:

a) Ausübung der Aufsicht über die im Hoheitsgebiet des benennenden Mitgliedstaats niedergelassenen qualifizierten Vertrauensdiensteanbieter mit dem Ziel, im Wege von Ex-ante- und Ex-post-Aufsichtstätigkeiten zu gewährleisten, dass diese qualifizierten Vertrauensdiensteanbieter und die von ihnen erbrachten qualifizierten Vertrauensdienste den Anforderungen dieser Verordnung entsprechen;

b) erforderlichenfalls Durchführung von Maßnahmen im Wege von Ex-post-Aufsichtstätigkeiten in Bezug auf die im Hoheitsgebiet des benennenden Mitgliedstaats niedergelassenen nichtqualifizierten Vertrauensdiensteanbieter, wenn sie Kenntnis davon erhalten, dass diese nichtqualifizierten Vertrauensdiensteanbieter oder die von ihnen erbrachten Vertrauensdienste die Anforderungen dieser Verordnung mutmaßlich nicht erfüllen.

(4) Für die Zwecke des Absatzes 3 und im Rahmen der dort vorgegebenen Beschränkungen umfassen die Aufgaben der Aufsichtsstelle insbesondere Folgendes:

a) Zusammenarbeit mit anderen Aufsichtsstellen und Unterstützung dieser Stellen gemäß Artikel 18;

b) Analyse der Konformitätsbewertungsberichte gemäß Artikel 20 Absatz 1 und Artikel 21 Absatz 1;

c) Unterrichtung der anderen Aufsichtsstellen und der Öffentlichkeit über Sicherheitsverletzungen oder Integritätsverluste gemäß Artikel 19 Absatz 2;

d) Berichterstattung an die Kommission über ihre Haupttätigkeiten gemäß Absatz 6;

e) Durchführung von Überprüfungen oder Beauftragung einer Konformitätsbewertungsstelle mit der Durchführung einer Konformitätsbewertung der qualifizierten Vertrauensdiensteanbieter gemäß Artikel 20 Absatz 2;

f) Zusammenarbeit mit den Datenschutzbehörden, insbesondere indem sie diese unverzüglich über die Ergebnisse der Überprüfungen von qualifizierten Vertrauensdiensteanbietern unterrichtet, falls dem Anschein nach gegen Datenschutzvorschriften verstoßen wurde;

g) Verleihung des Qualifikationsstatus an Vertrauensdiensteanbieter und die von ihnen erbrachten Dienste sowie Entzug dieses Status gemäß den Artikeln 20 und 21;

h) Unterrichtung der in Artikel 22 Absatz 3 genannten, für die nationale Vertrauensliste verantwortlichen Stelle über ihre Entscheidung, den Qualifikationsstatus zu verleihen oder zu entziehen, soweit es sich dabei nicht um die Aufsichtsstelle selbst handelt;

i) Überprüfung des Vorliegens und der ordnungsgemäßen Anwendung von Vorschriften über Beendigungspläne für den Fall, dass der Vertrauensdiensteanbieter seine Tätigkeit einstellt, wobei auch die Frage, wie die Informationen gemäß Artikel 24 Absatz 2 Buchstabe h weiter zugänglich gehalten werden, geprüft wird;

j) Verpflichtung der Vertrauensdiensteanbieter, bei jedem Fall von Nichteinhaltung der Anforderungen dieser Verordnung Abhilfe zu schaffen.

(5) Die Mitgliedstaaten können verlangen, dass die Aufsichtsstelle nach Maßgabe des nationalen Rechts eine Vertrauensinfrastruktur einrichtet, unterhält und aktualisiert.

(6) Bis zum 31. März jedes Jahres legt jede Aufsichtsstelle der Kommission einen Bericht über ihre Haupttätigkeiten im abgelaufenen Kalenderjahr zusammen mit einer Zusammenfassung der von den Vertrauensdiensteanbietern gemäß Artikel 19 Absatz 2 gemeldeten Sicherheitsverletzungen vor.

(7) Die Kommission macht den Mitgliedstaaten den in Absatz 6 genannten Jahresbericht zugänglich.

(8) ¹Die Kommission kann im Wege von Durchführungsrechtsakten Form und Verfahren für die Berichterstattung nach Absatz 6 festlegen. ²Diese Durchführungsrechtsakte werden nach dem in Artikel 48 Absatz 2 genannten Prüfverfahren erlassen.

Art. 18 Gegenseitige Amtshilfe.

(1) *[1]* Die Aufsichtsstellen arbeiten im Hinblick auf den Austausch bewährter Verfahren zusammen.

[2] ¹Eine Aufsichtsstelle leistet einer anderen Aufsichtsstelle nach Empfang eines begründeten Ersuchens hin Unterstützung, so dass die Tätigkeiten von Aufsichtsstellen kohärent ausgeübt werden können. ²Die Amtshilfe kann sich insbesondere auf Auskunftsersuchen und Aufsichtsmaßnahmen, beispielsweise Ersuchen um Nachprüfungen im Zusammenhang mit den Konformitätsbewertungsberichten gemäß den Artikeln 20 und 21 erstrecken.

(2) Die Aufsichtsstelle, an die ein Amtshilfeersuchen gerichtet wird, kann dieses Ersuchen aus einem der folgenden Gründe ablehnen:

a) Die Aufsichtsstelle ist für die Gewährung der erbetenen Unterstützung nicht zuständig;

b) die erbetene Unterstützung steht in keinem angemessenen Verhältnis zu den gemäß Artikel 17 durchgeführten Aufsichtstätigkeiten der Aufsichtsstelle;

c) die Gewährung der erbetenen Unterstützung wäre nicht vereinbar mit dieser Verordnung.

(3) ¹Gegebenenfalls können die Mitgliedstaaten ihre jeweiligen Aufsichtsstellen ermächtigen, gemeinsame Untersuchungen durchzuführen, an denen Mitarbeiter der Aufsichtsstellen anderer Mitgliedstaaten teilnehmen. ²Die Vorkehrungen und Verfahren für derartige gemeinsame Maßnahmen werden von den

betreffenden Mitgliedstaaten nach Maßgabe ihres jeweiligen nationalen Rechts vereinbart und festgelegt.

Art. 19 Sicherheitsanforderungen an Vertrauensdiensteanbieter.

(1) [1] Qualifizierte und nichtqualifizierte Vertrauensdiensteanbieter ergreifen geeignete technische und organisatorische Maßnahmen zur Beherrschung der Sicherheitsrisiken im Zusammenhang mit den von ihnen erbrachten Vertrauensdiensten. [2] Diese Maßnahmen müssen unter Berücksichtigung des jeweils neuesten Standes der Technik gewährleisten, dass das Sicherheitsniveau der Höhe des Risikos angemessen ist. [3] Insbesondere sind Maßnahmen zu ergreifen, um Auswirkungen von Sicherheitsverletzungen zu vermeiden bzw. so gering wie möglich zu halten und die Beteiligten über die nachteiligen Folgen solcher Vorfälle zu informieren.

(2) [1] Qualifizierte und nichtqualifizierte Vertrauensdiensteanbieter melden der Aufsichtsstelle und wo zutreffend anderen einschlägigen Stellen wie etwa der für Informationssicherheit zuständigen nationalen Stelle oder der Datenschutzbehörde unverzüglich, in jedem Fall aber innerhalb von 24 Stunden nach Kenntnisnahme von dem betreffenden Vorfall, jede Sicherheitsverletzung oder jeden Integritätsverlust, die bzw. der sich erheblich auf den erbrachten Vertrauensdienst oder die darin vorhandenen personenbezogenen Daten auswirkt.

[2] Wenn sich die Sicherheitsverletzung oder der Integritätsverlust voraussichtlich nachteilig auf eine natürliche oder juristische Person auswirken, für die der Vertrauensdienst erbracht wurde, so unterrichtet der Vertrauensdiensteanbieter auch diese natürliche oder juristische Person unverzüglich über die Sicherheitsverletzung oder den Integritätsverlust.

[3] Gegebenenfalls unterrichtet die notifizierte Aufsichtsstelle die Aufsichtsstellen anderer betroffener Mitgliedstaaten und die ENISA, insbesondere, wenn von der Sicherheitsverletzung oder dem Integritätsverlust zwei oder mehr Mitgliedstaaten betroffen sind.

[4] Die notifizierte Aufsichtsstelle unterrichtet ferner die Öffentlichkeit oder verpflichtet den Vertrauensdiensteanbieter hierzu, wenn sie zu dem Schluss gelangt, dass die Bekanntgabe der Sicherheitsverletzung oder des Integritätsverlustes im öffentlichen Interesse liegt.

(3) Die Aufsichtsstelle übermittelt der ENISA einmal jährlich eine Übersicht über die von den Vertrauensdiensteanbietern gemeldeten Sicherheitsverletzungen und Integritätsverlusten.

(4) [1] Die Kommission kann im Wege von Durchführungsrechtsakten Folgendes festlegen:

a) weitere Präzisierungen der in Absatz 1 genannten Maßnahmen;
b) Form und Verfahren – einschließlich der Fristen – für die Zwecke des Absatzes 2.

[2] Diese Durchführungsrechtsakte werden nach dem in Artikel 48 Absatz 2 genannten Prüfverfahren erlassen.

Abschnitt 3. Qualifizierte Vertrauensdienste
Art. 20 Beaufsichtigung qualifizierter Vertrauensdiensteanbieter.

(1) [1] Qualifizierte Vertrauensdiensteanbieter werden mindestens alle 24 Monate auf eigene Kosten von einer Konformitätsbewertungsstelle geprüft. [2] Zweck dieser

Prüfung ist es nachzuweisen, dass sie und die von ihnen erbrachten qualifizierten Vertrauensdienste die in dieser Verordnung festgelegten Anforderungen erfüllen. ³Die qualifizierten Vertrauensdiensteanbieter legen der Aufsichtsstelle den entsprechenden Konformitätsbewertungsbericht innerhalb von drei Arbeitstagen nach Empfang vor.

(2) ¹Unbeschadet des Absatzes 1 kann die Aufsichtsstelle jederzeit eine Überprüfung vornehmen oder eine Konformitätsbewertungsstelle um eine Konformitätsbewertung der qualifizierten Vertrauensdiensteanbieter – auf Kosten dieser Vertrauensdiensteanbieter – ersuchen, um nachzuweisen, dass sie und die von ihnen erbrachten qualifizierten Vertrauensdienste die in dieser Verordnung festgelegten Anforderungen erfüllen. ²Ist dem Anschein nach gegen Vorschriften zum Schutz personenbezogener Daten verstoßen worden, so unterrichtet die Aufsichtsstelle die Datenschutzbehörden über die Ergebnisse ihrer Überprüfungen.

(3) ¹Verlangt die Aufsichtsstelle vom qualifizierten Vertrauensdiensteanbieter, bei Nichteinhaltung der Anforderungen nach dieser Verordnung für Abhilfe zu sorgen und kommt dieser Anbieter dieser Aufforderung – und gegebenenfalls innerhalb einer von der Aufsichtsstelle gestellten Frist – nicht nach, so kann die Aufsichtsstelle unter Berücksichtigung insbesondere der Tragweite, der Dauer und der Auswirkungen der Nichteinhaltung dem Anbieter oder dem betreffenden von ihm erbrachten Dienst den Qualifikationsstatus entziehen und die in Artikel 22 Absatz 3 genannte Stelle unterrichten, damit die in Artikel 22 Absatz 1 genannte Vertrauensliste entsprechend aktualisiert wird. ²Die Aufsichtsstelle unterrichtet den qualifizierten Vertrauensdiensteanbieter darüber, dass ihm oder dem betreffenden Dienst der Qualifikationsstatus entzogen wurde.

(4) *[1]* Die Kommission kann im Wege von Durchführungsrechtsakten Kennnummern für die folgenden Normen festlegen:

a) die Akkreditierung der Konformitätsbewertungsstellen und für den in Absatz 1 genannten Konformitätsbewertungsbericht;

b) die Überprüfungsvorschriften, gemäß denen Konformitätsbewertungsstellen ihre Konformitätsbewertung der qualifizierten Vertrauensdiensteanbieter im Sinne von Absatz 1 durchführen.

[2] Diese Durchführungsrechtsakte werden nach dem in Artikel 48 Absatz 2 genannten Prüfverfahren erlassen.

Art. 21 Beginn der Erbringung qualifizierter Vertrauensdienste.

(1) Wenn Vertrauensdiensteanbieter ohne Qualifikationsstatus beabsichtigen, die Erbringung qualifizierter Vertrauensdienste aufzunehmen, legen sie der Aufsichtsstelle eine Mitteilung über ihre Absicht zusammen mit einem von einer Konformitätsbewertungsstelle ausgestellten Konformitätsbewertungsbericht vor.

(2) *[1]* Die Aufsichtsstelle überprüft, ob der Vertrauensdiensteanbieter und die von ihm erbrachten Vertrauensdienste den in dieser Verordnung festgelegten Anforderungen genügen, insbesondere hinsichtlich der Anforderungen an qualifizierte Vertrauensdiensteanbieter und an die von ihnen erbrachten qualifizierten Vertrauensdienste.

[2] Gelangt die Aufsichtsstelle zu dem Schluss, dass der Vertrauensdiensteanbieter und die von ihm erbrachten Vertrauensdienste den Anforderungen des Unterabsatzes 1 entsprechen, so verleiht sie dem Vertrauensdiensteanbieter und den von ihm erbrachten Vertrauensdiensten den Qualifikationsstatus und unterrichtet die

in Artikel 22 Absatz 3 genannte Stelle, damit die in Artikel 22 Absatz 1 genannten Vertrauenslisten entsprechend aktualisiert werden; dies erfolgt spätestens drei Monate nach der Mitteilung gemäß Absatz 1 dieses Artikels.

[3] Wird die Überprüfung nicht innerhalb von drei Monaten nach der Mitteilung abgeschlossen, so unterrichtet die Aufsichtsstelle den Vertrauensdiensteanbieter hierüber unter Angabe der Gründe für die Verzögerung und der Frist, innerhalb deren die Überprüfung abzuschließen ist.

(3) Qualifizierte Vertrauensdiensteanbieter können mit der Erbringung des qualifizierten Vertrauensdienstes beginnen, nachdem der qualifizierte Status in den in Artikel 22 Absatz 1 genannten Vertrauenslisten ausgewiesen wurde.

(4) ¹Die Kommission kann im Wege von Durchführungsrechtsakten Form und Verfahren für die Zwecke der Absätze 1 und 2 festlegen. ²Diese Durchführungsrechtsakte werden nach dem in Artikel 48 Absatz 2 genannten Prüfverfahren erlassen.

Art. 22 Vertrauenslisten. (1) Jeder Mitgliedstaat sorgt für die Aufstellung, Führung und Veröffentlichung von Vertrauenslisten, die Angaben zu den qualifizierten Vertrauensdiensteanbietern, für die er verantwortlich ist, und den von ihnen erbrachten qualifizierten Vertrauensdiensten, umfassen.

(2) Die Mitgliedstaaten erstellen, führen und veröffentlichen auf gesicherte Weise elektronisch unterzeichnete oder besiegelte Vertrauenslisten gemäß Absatz 1 in einer für eine automatisierte Verarbeitung geeigneten Form.

(3) Die Mitgliedstaaten übermitteln der Kommission unverzüglich Informationen über die für die Erstellung, Führung und Veröffentlichung der nationalen Vertrauenslisten verantwortlichen Stellen, den Ort der Veröffentlichung der Listen, die zur Unterzeichnung oder Besiegelung der Vertrauenslisten verwendeten Zertifikate und alle etwaigen Änderungen dieser Informationen.

(4) Die Kommission macht die Informationen nach Absatz 3 auf sichere Weise und elektronisch unterzeichnet oder besiegelt in einer für eine automatisierte Verarbeitung geeigneten Form öffentlich zugänglich.

(5) ¹Bis 18. September 2015 präzisiert die Kommission im Wege von Durchführungsrechtsakten die Angaben gemäß Absatz 1 und legt die technischen Spezifikationen und die Form der Vertrauenslisten für die Zwecke der Absätze 1 bis 4 fest. ²Diese Durchführungsrechtsakte werden nach dem in Artikel 48 Absatz 2 genannten Prüfverfahren erlassen.

Art. 23 EU-Vertrauenssiegel für qualifizierte Vertrauensdiensteanbieter.
(1) Nachdem der Qualifikationsstatus nach Artikel 21 Absatz 2 Unterabsatz 2 in der Vertrauensliste nach Artikel 22 Absatz 1 ausgewiesen wurde, können qualifizierte Vertrauensdiensteanbieter das EU-Vertrauenssiegel verwenden, um in einfacher, wiedererkennbarer und klarer Weise die von ihnen erbrachten qualifizierten Vertrauensdienste zu kennzeichnen.

(2) Qualifizierte Vertrauensdiensteanbieter, die für die qualifizierten Vertrauensdienste das EU-Vertrauenssiegel nach Absatz 1 verwenden, sorgen dafür, dass auf ihrer Website ein Link zur einschlägigen Vertrauensliste zur Verfügung steht.

(3) ¹Die Kommission legt bis 1. Juli 2015 im Wege von Durchführungsrechtsakten Spezifikationen zur Form und insbesondere zur Aufmachung, Zusammensetzung, Größe und Gestaltung des EU-Vertrauenssiegels für qualifizierte Ver-

trauensdienste fest. ²Diese Durchführungsrechtsakte werden nach dem in Artikel 48 Absatz 2 genannten Prüfverfahren erlassen.

Art. 24 Anforderungen an qualifizierte Vertrauensdiensteanbieter.

(1) *[1]* Bei der Ausstellung eines qualifizierten Zertifikats für einen Vertrauensdienst überprüft der qualifizierte Vertrauensdiensteanbieter anhand geeigneter Mittel und im Einklang mit dem jeweiligen nationalen Recht die Identität und gegebenenfalls die spezifischen Attribute der natürlichen oder juristischen Person, der das qualifizierte Zertifikat ausgestellt wird.

[2] Die Informationen nach Unterabsatz 1 werden vom qualifizierten Vertrauensdiensteanbieter im Einklang mit dem nationalen Recht entweder unmittelbar oder unter Rückgriff auf einen Dritten wie folgt überprüft:

a) durch persönliche Anwesenheit der natürlichen Person oder eines bevollmächtigten Vertreters der juristischen Person oder

b) aus der Ferne mittels elektronischer Identifizierungsmittel, für die vor der Ausstellung des qualifizierten Zertifikats eine persönliche Anwesenheit der natürlichen Person oder eines bevollmächtigten Vertreters der juristischen Person gewährleistet war und die die Anforderungen gemäß Artikel 8 hinsichtlich der Sicherheitsniveaus „substanziell" oder „hoch" erfüllen, oder

c) durch ein Zertifikat einer qualifizierten elektronischen Signatur oder eines qualifizierten elektronischen Siegels, das gemäß Buchstabe a oder b ausgestellt wurde, oder

d) durch sonstige Identifizierungsmethoden, die auf nationaler Ebene anerkannt sind und gleichwertige Sicherheit hinsichtlich der Verlässlichkeit bei der persönlichen Anwesenheit bieten. Die gleichwertige Sicherheit muss von einer Konformitätsbewertungsstelle bestätigt werden.

(2) Für qualifizierte Vertrauensdiensteanbieter, die qualifizierte Vertrauensdienste erbringen, gilt Folgendes:

a) Sie unterrichten die Aufsichtsstelle über alle Änderungen bei der Erbringung ihrer qualifizierten Vertrauensdienste und eine beabsichtigte Einstellung dieser Tätigkeiten.

b) Sie beschäftigen Personal und gegebenenfalls Unterauftragnehmer, das bzw. die über das erforderliche Fachwissen, die erforderliche Zuverlässigkeit, die erforderliche Erfahrung und die erforderlichen Qualifikationen verfügt bzw. verfügen, in Bezug auf die Vorschriften für die Sicherheit und den Schutz personenbezogener Daten angemessen geschult worden ist und Verwaltungs- und Managementverfahren anwendet, die den anerkannten europäischen oder internationalen Normen entsprechen.

c) Sie verfügen in Bezug auf das Haftungsrisiko für Schäden gemäß Artikel 13 über ausreichende Finanzmittel und/oder schließen eine angemessene Haftpflichtversicherung nach nationalem Recht ab.

d) Sie unterrichten Personen, die einen qualifizierten Vertrauensdienst nutzen wollen, klar und umfassend über die genauen Bedingungen für die Nutzung des Dienstes, einschließlich Nutzungsbeschränkungen, bevor sie vertragliche Beziehungen zu dieser Person eingehen.

e) Sie verwenden vertrauenswürdige Systeme und Produkte, die vor Veränderungen geschützt sind und die technische Sicherheit und Zuverlässigkeit der von ihnen unterstützten Prozesse sicherstellen.

f) Sie verwenden vertrauenswürdige Systeme für die Speicherung der ihnen übermittelten Daten in einer überprüfbaren Form, so dass
   i) diese nur mit Zustimmung der Person, auf die sich die Daten beziehen, öffentlich abrufbar sind,
   ii) nur befugte Personen Daten eingeben und gespeicherte Daten ändern können,
   iii) die Daten auf ihre Echtheit hin überprüft werden können.
g) Sie ergreifen geeignete Maßnahmen gegen Fälschung und Diebstahl von Daten.
h) Sie zeichnen alle einschlägigen Informationen über die von dem qualifizierten Vertrauensdiensteanbieter ausgegebenen und empfangenen Daten auf und bewahren sie so auf, dass sie über einen angemessenen Zeitraum, auch über den Zeitpunkt der Einstellung der Tätigkeit des qualifizierten Vertrauensdiensteanbieters hinaus, verfügbar sind, um insbesondere bei Gerichtsverfahren entsprechende Beweise liefern zu können und die Kontinuität des Dienstes sicherzustellen. Die Aufzeichnung kann in elektronischer Form erfolgen.
i) Sie verfügen über einen fortlaufend aktualisierten Beendigungsplan, um die Dienstleistungskontinuität nach den von der Aufsichtsstelle gemäß Artikel 17 Absatz 4 Buchstabe i geprüften Vorgaben sicherzustellen.
j) Sie stellen eine rechtmäßige Verarbeitung personenbezogener Daten gemäß der Richtlinie 95/46/EG sicher.
k) Sie erstellen im Falle qualifizierter Vertrauensdiensteanbieter, die qualifizierte Zertifikate ausstellen, eine Zertifikatsdatenbank und halten sie auf dem neuesten Stand.

(3) [1] Beschließt ein qualifizierter Vertrauensdiensteanbieter, der qualifizierte Zertifikate ausstellt, ein Zertifikat zu widerrufen, so registriert er den Widerruf in seiner Zertifikatsdatenbank und veröffentlicht den Widerrufsstatus des Zertifikats zeitnah und in jedem Fall innerhalb von 24 Stunden nach Erhalt des Ersuchens. [2] Der Widerruf wird sofort nach seiner Veröffentlichung wirksam.

(4) [1] Im Zusammenhang mit Absatz 3 stellen qualifizierte Vertrauensdiensteanbieter, die qualifizierte Zertifikate ausstellen, den vertrauenden Beteiligten Informationen über den Gültigkeits- oder Widerrufsstatus der von ihnen ausgestellten qualifizierten Zertifikate zur Verfügung. [2] Diese Informationen werden zumindest auf Zertifikatsbasis jederzeit und über die Gültigkeitsdauer des Zertifikats hinaus automatisch auf zuverlässige, kostenlose und effiziente Weise bereitgestellt.

(5) [1] Die Kommission kann im Wege von Durchführungsrechtsakten Kennnummern für Normen für vertrauenswürdige Systeme und Produkte festlegen, die die Anforderungen nach Absatz 2 Buchstaben e und f dieses Artikels erfüllen. [2] Bei vertrauenswürdigen Systemen und Produkten, die diesen Normen entsprechen, wird davon ausgegangen, dass sie die Anforderungen dieses Artikels erfüllen. [3] Diese Durchführungsrechtsakte werden nach dem in Artikel 48 Absatz 2 genannten Prüfverfahren erlassen.

Abschnitt 4. Elektronische Signaturen

Art. 25 Rechtswirkung elektronischer Signaturen. (1) Einer elektronischen Signatur darf die Rechtswirkung und die Zulässigkeit als Beweismittel in Gerichtsverfahren nicht allein deshalb abgesprochen werden, weil sie in elektronischer Form vorliegt oder weil sie die Anforderungen an qualifizierte elektronische Signaturen nicht erfüllt.

(2) Eine qualifizierte elektronische Signatur hat die gleiche Rechtswirkung wie eine handschriftliche Unterschrift.

(3) Eine qualifizierte elektronische Signatur, die auf einem in einem Mitgliedstaat ausgestellten qualifizierten Zertifikat beruht, wird in allen anderen Mitgliedstaaten als qualifizierte elektronische Signatur anerkannt.

Art. 26 Anforderungen an fortgeschrittene elektronische Signaturen.
Eine fortgeschrittene elektronische Signatur erfüllt alle folgenden Anforderungen:

a) Sie ist eindeutig dem Unterzeichner zugeordnet.
b) Sie ermöglicht die Identifizierung des Unterzeichners.
c) Sie wird unter Verwendung elektronischer Signaturerstellungsdaten erstellt, die der Unterzeichner mit einem hohen Maß an Vertrauen unter seiner alleinigen Kontrolle verwenden kann.
d) Sie ist so mit den auf diese Weise unterzeichneten Daten verbunden, dass eine nachträgliche Veränderung der Daten erkannt werden kann.

Art. 27 Elektronische Signaturen in öffentlichen Diensten. (1) Verlangt ein Mitgliedstaat für die Verwendung in einem Online-Dienst, der von einer öffentlichen Stelle oder im Namen einer öffentlichen Stelle angeboten wird, eine fortgeschrittene elektronische Signatur, so erkennt dieser Mitgliedstaat fortgeschrittene elektronische Signaturen, fortgeschrittene elektronische Signaturen, die auf einem qualifizierten Zertifikat für elektronische Signaturen beruhen, und qualifizierte elektronische Signaturen zumindest in den Formaten oder unter Verwendung der Verfahren an, die in den Durchführungsrechtsakten nach Absatz 5 festgelegt sind.

(2) Verlangt ein Mitgliedstaat für die Verwendung in einem Online-Dienst, der von einer öffentlichen Stelle oder im Namen einer öffentlichen Stelle angeboten wird, eine fortgeschrittene elektronische Signatur, die auf einem qualifizierten Zertifikat beruht, so erkennt dieser Mitgliedstaat fortgeschrittene elektronische Signaturen, die auf einem qualifizierten Zertifikat beruhen, und qualifizierte elektronische Signaturen zumindest in den Formaten oder unter Verwendung der Verfahren an, die in den Durchführungsrechtsakten nach Absatz 5 festgelegt sind.

(3) Die Mitgliedstaaten verlangen für die grenzüberschreitende Verwendung in einem Online-Dienst, der von einer öffentlichen Stelle angeboten wird, keine elektronische Signatur mit einem höheren Sicherheitsniveau als dem der qualifizierten elektronischen Signatur.

(4) [1]Die Kommission kann im Wege von Durchführungsrechtsakten Kennnummern für Normen für qualifizierte Zertifikate für fortgeschrittene elektronische Signaturen festlegen. [2]Bei fortgeschrittenen elektronischen Signaturen wird davon ausgegangen, dass sie die Anforderungen gemäß den Absätzen 1 und 2 dieses Artikels und Artikel 26 erfüllen, wenn sie diesen Normen entsprechen. [3]Diese Durchführungsrechtsakte werden nach dem in Artikel 48 Absatz 2 genannten Prüfverfahren erlassen.

(5) [1]Die Kommission legt bis zum 18. September 2015 im Wege von Durchführungsrechtsakten und unter Berücksichtigung der bestehenden Praxis sowie bestehender Normen und Unionsrechtsvorschriften Referenzformate für fort-

geschrittene elektronische Signaturen oder Referenzverfahren fest, wenn alternative Formate verwendet werden. ²Diese Durchführungsrechtsakte werden nach dem in Artikel 48 Absatz 2 genannten Prüfverfahren erlassen.

Art. 28 Qualifizierte Zertifikate für elektronische Signaturen. (1) Qualifizierte Zertifikate für elektronische Signaturen müssen die Anforderungen des Anhangs I erfüllen.

(2) Für qualifizierte Zertifikate für elektronische Signaturen dürfen keine obligatorischen Anforderungen gelten, die über die in Anhang I festgelegten hinausgehen.

(3) ¹Qualifizierte Zertifikate für elektronische Signaturen können zusätzliche fakultative spezifische Attribute enthalten. ²Diese Attribute dürfen die Interoperabilität und Anerkennung qualifizierter elektronischer Signaturen nicht berühren.

(4) Wird ein qualifiziertes Zertifikat für elektronische Signaturen nach der anfänglichen Aktivierung widerrufen, ist es ab dem Zeitpunkt des Widerrufs nicht mehr gültig und sein Status darf unter keinen Umständen rückgängig gemacht werden.

(5) Die Mitgliedstaaten können vorbehaltlich der folgenden Bedingungen nationale Vorschriften zur vorläufigen Aussetzung eines qualifizierten Zertifikats für eine elektronische Signatur erlassen:

a) Ist ein qualifiziertes Zertifikat für elektronische Signaturen vorläufig ausgesetzt worden, so verliert dieses Zertifikat für die Dauer der Aussetzung seine Gültigkeit.

b) Die Dauer der Aussetzung wird in der Zertifikatsdatenbank deutlich angegeben und der Status der Aussetzung ist während der Dauer der Aussetzung im Rahmen des Dienstes, der die Informationen über den Status des Zertifikats bereitstellt, ersichtlich.

(6) ¹Die Kommission kann im Wege von Durchführungsrechtsakten Kennnummern für Normen für qualifizierte Zertifikate für elektronische Signaturen festlegen. ²Bei qualifizierten Zertifikaten für elektronische Signaturen, die diesen Normen entsprechen, wird davon ausgegangen, dass sie die Anforderungen des Anhangs I erfüllen. ³Diese Durchführungsrechtsakte werden nach dem in Artikel 48 Absatz 2 genannten Prüfverfahren erlassen.

Art. 29 Anforderungen an qualifizierte elektronische Signaturerstellungseinheiten. (1) Qualifizierte elektronische Signaturerstellungseinheiten müssen die Anforderungen des Anhangs II erfüllen.

(2) ¹Die Kommission kann im Wege von Durchführungsrechtsakten Kennnummern für Normen für qualifizierte elektronische Signaturerstellungseinheiten festlegen. ²Bei qualifizierten elektronischen Signaturerstellungseinheiten, die diesen Normen entsprechen, wird davon ausgegangen, dass sie die Anforderungen des Anhangs II erfüllen. ³Diese Durchführungsrechtsakte werden nach dem in Artikel 48 Absatz 2 genannten Prüfverfahren erlassen.

Art. 30 Zertifizierung qualifizierter elektronischer Signaturerstellungseinheiten. (1) Die Konformität qualifizierter elektronischer Signaturerstellungseinheiten mit den Anforderungen des Anhangs II wird von geeigneten, von den Mitgliedstaaten benannten öffentlichen oder privaten Stellen zertifiziert.

(2) ¹Die Mitgliedstaaten teilen der Kommission die Namen und Anschriften der öffentlichen oder privaten Stellen gemäß Absatz 1 mit. ²Die Kommission stellt diese Informationen den Mitgliedstaaten zur Verfügung.

(3) *[1]* Die Zertifizierung nach Absatz 1 beruht auf einem der folgenden Verfahren:

a) einem Sicherheitsbewertungsverfahren, das entsprechend einer der Normen für die Sicherheitsbewertung informationstechnischer Produkte durchgeführt wurde, die auf der gemäß Unterabsatz 2 aufzustellenden Liste stehen;

b) einem anderen als dem unter Buchstabe a genannten Verfahren, sofern dabei gleichwertige Sicherheitsniveaus angewendet werden und die öffentliche oder private Stelle gemäß Absatz 1 der Kommission dieses Verfahren mitteilt. Dieses Verfahren darf nur angewendet werden, wenn Normen im Sinne des Buchstaben a nicht vorliegen oder ein Sicherheitsbewertungsverfahren im Sinne des Buchstaben a im Gange ist.

[2] ¹Die Kommission stellt im Wege von Durchführungsrechtsakten eine Liste mit Normen für die Sicherheitsbewertung informationstechnischer Produkte nach Buchstabe a auf. ²Diese Durchführungsrechtsakte werden nach dem in Artikel 48 Absatz 2 genannten Prüfverfahren erlassen.

(4) Der Kommission wird die Befugnis übertragen, gemäß Artikel 47 delegierte Rechtsakte in Bezug auf die Festlegung besonderer Kriterien, die von den in Absatz 1 dieses Artikels aufgeführten benannten Stellen zu erfüllen sind, zu erlassen.

Art. 31 Veröffentlichung einer Liste zertifizierter qualifizierter elektronischer Signaturerstellungseinheiten. (1) ¹Die Mitgliedstaaten notifizieren der Kommission unverzüglich, spätestens aber innerhalb eines Monats nach Abschluss der Zertifizierung, Informationen über qualifizierte elektronische Signaturerstellungseinheiten, die von den in Artikel 30 Absatz 1 genannten Stellen zertifiziert worden sind. ²Sie notifizieren der Kommission ferner unverzüglich, spätestens aber innerhalb eines Monats nach Annullierung der Zertifizierung, Informationen über nicht mehr zertifizierte elektronische Signaturerstellungseinheiten.

(2) Auf der Grundlage der erhaltenen Informationen sorgt die Kommission für die Aufstellung, Veröffentlichung und Führung einer Liste zertifizierter qualifizierter elektronischer Signaturerstellungseinheiten.

(3) ¹Die Kommission kann im Wege von Durchführungsrechtsakten Form und Verfahren für die Zwecke des Absatzes 1 festlegen. ²Diese Durchführungsrechtsakte werden nach dem in Artikel 48 Absatz 2 genannten Prüfverfahren erlassen.

Art. 32 Anforderungen an die Validierung qualifizierter elektronischer Signaturen. (1) Mit dem Verfahren für die Validierung einer qualifizierten elektronischen Signatur wird die Gültigkeit einer qualifizierten elektronischen Signatur bestätigt, wenn

a) das der Signatur zugrunde liegende Zertifikat zum Zeitpunkt des Signierens ein qualifiziertes Zertifikat für elektronische Signaturen war, das die Anforderungen des Anhangs I erfüllt,

b) das qualifizierte Zertifikat von einem qualifizierten Vertrauensdiensteanbieter ausgestellt wurde und zum Zeitpunkt des Signierens gültig war,

c) die Signaturvalidierungsdaten den Daten entsprechen, die dem vertrauenden Beteiligten bereitgestellt werden,

d) der eindeutige Datensatz, der den Unterzeichner im Zertifikat repräsentiert, dem vertrauenden Beteiligten korrekt bereitgestellt wird,

e) die etwaige Benutzung eines Pseudonyms dem vertrauenden Beteiligten eindeutig angegeben wird, wenn zum Zeitpunkt des Signierens ein Pseudonym benutzt wurde,

f) die elektronische Signatur von einer qualifizierten elektronischen Signaturerstellungseinheit erstellt wurde,

g) die Unversehrtheit der unterzeichneten Daten nicht beeinträchtigt ist,

h) die Anforderungen des Artikels 26 zum Zeitpunkt des Signierens erfüllt waren.

(2) Das zur Validierung der qualifizierten elektronischen Signatur verwendete System stellt dem vertrauenden Beteiligten das korrekte Ergebnis des Validierungsprozesses bereit und ermöglicht es ihm, etwaige Sicherheitsprobleme zu erkennen.

(3) [1] Die Kommission kann im Wege von Durchführungsrechtsakten Kennnummern für Normen für die Validierung qualifizierter elektronischer Signaturen festlegen. [2] Bei einer Validierung qualifizierter elektronischer Signaturen, die diesen Normen entspricht, wird davon ausgegangen, dass sie die Anforderungen des Absatzes 1 erfüllt. [3] Diese Durchführungsrechtsakte werden nach dem in Artikel 48 Absatz 2 genannten Prüfverfahren erlassen.

Art. 33 Qualifizierter Validierungsdienst für qualifizierte elektronische Signaturen. (1) Qualifizierte Validierungsdienste für qualifizierte elektronische Signaturen können nur von qualifizierten Vertrauensdiensteanbietern erbracht werden, die

a) eine Validierung gemäß Artikel 32 Absatz 1 durchführen und

b) es vertrauenden Beteiligten ermöglichen, das Ergebnis des Validierungsprozesses automatisch in zuverlässiger und effizienter Weise mit Bestätigung durch die fortgeschrittene elektronische Signatur oder das fortgeschrittene elektronische Siegel des Anbieters des qualifizierten Validierungsdienstes zu erhalten.

(2) [1] Die Kommission kann im Wege von Durchführungsrechtsakten Kennnummern für Normen für die in Absatz 1 genannten qualifizierten Validierungsdienste festlegen. [2] Bei Validierungsdiensten für qualifizierte elektronische Signaturen, die diesen Normen entsprechen, wird davon ausgegangen, dass sie die Anforderungen in Absatz 1 erfüllen. [3] Diese Durchführungsrechtsakte werden nach dem in Artikel 48 Absatz 2 genannten Prüfverfahren erlassen.

Art. 34 Qualifizierter Bewahrungsdienst für qualifizierte elektronische Signaturen. (1) Ein qualifizierter Bewahrungsdienst für qualifizierte elektronische Signaturen kann nur von qualifizierten Vertrauensdiensteanbietern erbracht werden, die Verfahren und Technologien verwenden, die es ermöglichen, die Vertrauenswürdigkeit der qualifizierten elektronischen Signatur über den Zeitraum ihrer technologischen Geltung hinaus zu verlängern.

(2) [1] Die Kommission kann im Wege von Durchführungsrechtsakten Kennnummern für Normen für den qualifizierten Bewahrungsdienst für qualifizierte elektronische Signaturen festlegen. [2] Bei Maßnahmen zu qualifizierten Bewahrungsdiensten für qualifizierte elektronische Signaturen, die diesen Normen entsprechen, wird davon ausgegangen, dass sie die Anforderungen des Absatzes 1

erfüllen. ³ Diese Durchführungsrechtsakte werden nach dem in Artikel 48 Absatz 2 genannten Prüfverfahren erlassen.

Abschnitt 5. Elektronische Siegel

Art. 35 Rechtswirkung elektronischer Siegel. (1) Einem elektronischen Siegel darf die Rechtswirkung und die Zulässigkeit als Beweismittel in Gerichtsverfahren nicht allein deshalb abgesprochen werden, weil es in einer elektronischen Form vorliegt oder nicht die Anforderungen an qualifizierte elektronische Siegel erfüllt.

(2) Für ein qualifiziertes elektronisches Siegel gilt die Vermutung der Unversehrtheit der Daten und der Richtigkeit der Herkunftsangabe der Daten, mit denen das qualifizierte elektronische Siegel verbunden ist.

(3) Ein qualifiziertes elektronisches Siegel, das auf einem in einem Mitgliedstaat ausgestellten qualifizierten Zertifikat beruht, wird in allen anderen Mitgliedstaaten als qualifiziertes elektronisches Siegel anerkannt.

Art. 36 Anforderungen an fortgeschrittene elektronische Siegel. Ein fortgeschrittenes elektronisches Siegel erfüllt alle folgenden Anforderungen:

a) Es ist eindeutig dem Siegelersteller zugeordnet.
b) Es ermöglicht die Identifizierung des Siegelerstellers.
c) Es wird unter Verwendung von elektronischen Siegelerstellungsdaten erstellt, die der Siegelersteller mit einem hohen Maß an Vertrauen unter seiner Kontrolle zum Erstellen elektronischer Siegel verwenden kann.
d) Es ist so mit den Daten, auf die es sich bezieht, verbunden, dass eine nachträgliche Veränderung der Daten erkannt werden kann.

Art. 37 Elektronische Siegel in öffentlichen Diensten. (1) Verlangt ein Mitgliedstaat ein fortgeschrittenes elektronisches Siegel für die Verwendung in einem Online-Dienst, der von einer öffentlichen Stelle oder im Namen einer öffentlichen Stelle angeboten wird, so erkennt dieser Mitgliedstaat fortgeschrittene elektronische Siegel, fortgeschrittene elektronische Siegel, die auf einem qualifizierten Zertifikat für elektronische Siegel beruhen, und qualifizierte elektronische Siegel zumindest in den Formaten oder unter Verwendung der Verfahren, die in den Durchführungsrechtsakten nach Absatz 5 festgelegt sind, an.

(2) Verlangt ein Mitgliedstaat für die Verwendung in einem Online-Dienst, der von einer öffentlichen Stelle oder im Namen einer öffentlichen Stelle angeboten wird, ein fortgeschrittenes elektronisches Siegel, das auf einem qualifizierten Zertifikat beruht, so erkennt dieser Mitgliedstaat fortgeschrittene elektronische Siegel, die auf einem qualifizierten Zertifikat beruhen, und qualifizierte elektronische Siegel zumindest in den Formaten oder unter Verwendung der Verfahren, die in den Durchführungsrechtsakten nach Absatz 5 festgelegt sind, an.

(3) Die Mitgliedstaaten verlangen für die grenzüberschreitende Verwendung in einem Online-Dienst, der von einer öffentlichen Stelle angeboten wird, kein elektronisches Siegel mit einem höheren Sicherheitsniveau als dem des qualifizierten elektronischen Siegels.

(4) ¹Die Kommission kann im Wege von Durchführungsrechtsakten Kennnummern für Normen für qualifizierte Zertifikate für fortgeschrittene elektronische Siegel festlegen. ²Bei fortgeschrittenen elektronischen Siegeln wird davon ausgegangen, dass sie die Anforderungen gemäß den Absätzen 1 und 2 und

Artikel 36 erfüllen, wenn sie diesen Normen entsprechen. ³Diese Durchführungsrechtsakte werden nach dem in Artikel 48 Absatz 2 genannten Prüfverfahren erlassen..

(5) ¹Die Kommission legt bis zum 18. September 2015 im Wege von Durchführungsrechtsakten und unter Berücksichtigung der bestehenden Praxis sowie der bestehenden Normen und Unionsrechtsakte Durchführungsrechtsakte Referenzformate für fortgeschrittene elektronische Siegel oder Referenzverfahren fest, wenn alternative Formate verwendet werden. ²Diese Durchführungsrechtsakte werden nach dem in Artikel 48 Absatz 2 genannten Prüfverfahren erlassen.

Art. 38 Qualifizierte Zertifikate für elektronische Siegel. (1) Qualifizierte Zertifikate für elektronische Siegel müssen die Anforderungen des Anhangs III erfüllen.

(2) Für qualifizierte Zertifikate für elektronische Siegel dürfen keine verbindlichen Anforderungen gelten, die über die in Anhang III festgelegten hinausgehen.

(3) ¹Qualifizierte Zertifikate für elektronische Siegel können zusätzliche fakultative spezifische Attribute enthalten. ²Diese Attribute berühren nicht die Interoperabilität und Anerkennung qualifizierter elektronischer Siegel.

(4) Wird ein qualifiziertes Zertifikat für elektronische Siegel nach der anfänglichen Aktivierung widerrufen, ist es ab dem Zeitpunkt des Widerrufs nicht mehr gültig und sein Status darf unter keinen Umständen rückgängig gemacht werden.

(5) Die Mitgliedstaaten können vorbehaltlich der folgenden Bedingungen nationale Vorschriften zur vorläufigen Aussetzung qualifizierter Zertifikate für elektronische Siegel erlassen:

a) Ist ein qualifiziertes Zertifikat für elektronische Siegel vorläufig ausgesetzt worden, so verliert dieses Zertifikat für die Dauer der Aussetzung seine Gültigkeit.

b) Die Dauer der Aussetzung wird in der Zertifikatsdatenbank deutlich angegeben und der Status der Aussetzung ist während der Dauer der Aussetzung im Rahmen des Dienstes, der die Informationen über den Status des Zertifikats bereitstellt, ersichtlich.

(6) ¹Die Kommission kann im Wege von Durchführungsrechtsakten Kennnummern für Normen für qualifizierte Zertifikate für elektronische Siegel festlegen. ²Bei qualifizierten Zertifikaten für elektronische Siegel, die diesen Normen entsprechen, wird davon ausgegangen, dass sie die Anforderungen des Anhangs III erfüllen. ³Diese Durchführungsrechtsakte werden nach dem in Artikel 48 Absatz 2 genannten Prüfverfahren erlassen.

Art. 39 Qualifizierte elektronische Siegelerstellungseinheiten. (1) Artikel 29 gilt sinngemäß für die Anforderungen an qualifizierte elektronische Siegelerstellungseinheiten.

(2) Artikel 30 gilt sinngemäß für die Zertifizierung qualifizierter elektronischer Siegelerstellungseinheiten.

(3) Artikel 31 gilt sinngemäß für die Veröffentlichung einer Liste qualifizierter elektronischer Siegelerstellungseinheiten.

Art. 40 Validierung und Bewahrung qualifizierter elektronischer Siegel.
Die Artikel 32, 33 und 34 gelten sinngemäß für die Validierung und Bewahrung qualifizierter elektronischer Siegel.

Abschnitt 6. Elektronische Zeitstempel

Art. 41 Rechtswirkung elektronischer Zeitstempel. (1) Einem elektronischen Zeitstempel darf die Rechtswirkung und die Zulässigkeit als Beweismittel in Gerichtsverfahren nicht allein deshalb abgesprochen werden, weil er in elektronischer Form vorliegt oder nicht die Anforderungen an qualifizierte elektronische Zeitstempel erfüllt.

(2) Für qualifizierte elektronische Zeitstempel gilt die Vermutung der Richtigkeit des Datums und der Zeit, die darin angegeben sind, sowie der Unversehrtheit der mit dem Datum und der Zeit verbundenen Daten.

(3) Ein in einem Mitgliedstaat ausgestellter qualifizierter elektronischer Zeitstempel wird in allen anderen Mitgliedstaaten als qualifizierter elektronischer Zeitstempel anerkannt.

Art. 42 Anforderungen an qualifizierte elektronische Zeitstempel.

(1) Der qualifizierte elektronische Zeitstempel muss die folgenden Anforderungen erfüllen:

a) Er verknüpft Datum und Zeit so mit Daten, dass die Möglichkeit der unbemerkten Veränderung der Daten nach vernünftigem Ermessen ausgeschlossen ist.

b) Er beruht auf einer korrekten Zeitquelle, die mit der koordinierten Weltzeit verknüpft ist.

c) Er wird mit einer fortgeschrittenen elektronischen Signatur unterzeichnet oder einem fortgeschrittenen elektronischen Siegel des qualifizierten Vertrauensdiensteanbieters versiegelt oder es wird ein gleichwertiges Verfahren verwendet.

(2) [1]Die Kommission kann im Wege von Durchführungsrechtsakten Kennnummern für Normen für die Verknüpfung von Datums- und Zeitangaben mit Daten und für korrekte Zeitquellen festlegen. [2]Bei einer Verknüpfung von Datums- und Zeitangaben mit Daten und bei korrekten Zeitquellen, die diesen Normen entsprechen, wird davon ausgegangen, dass die Anforderungen des Absatzes 1 erfüllt sind. [3]Diese Durchführungsrechtsakte werden nach dem in Artikel 48 Absatz 2 genannten Prüfverfahren erlassen.

Abschnitt 7. Dienste für die Zustellung elektronischer Einschreiben

Art. 43 Rechtswirkung eines Dienstes für die Zustellung elektronischer Einschreiben. (1) Daten, die mittels eines Dienstes für die Zustellung elektronischer Einschreiben abgesendet und empfangen werden, darf die Rechtswirkung und die Zulässigkeit als Beweismittel in Gerichtsverfahren nicht allein deshalb abgesprochen werden, weil sie in elektronischer Form vorliegen oder weil die Anforderungen an qualifizierte Dienste für die Zustellung elektronischer Einschreiben nicht erfüllt sind.

(2) Für Daten, die mittels eines qualifizierten Dienstes für die Zustellung elektronischer Einschreiben abgesendet und empfangen werden, gilt die Vermutung der Unversehrtheit der Daten, der Absendung dieser Daten durch den identifizierten Absender und des Empfangs der Daten durch den identifizierten Empfänger und der Korrektheit des Datums und der Uhrzeit der Absendung und des Empfangs, wie sie von dem qualifizierten Dienst für die Zustellung elektronischer Einschreiben angegeben werden.

Art. 44 Anforderungen an qualifizierte Dienste für die Zustellung elektronischer Einschreiben. (1) *[1]* Qualifizierte Dienste für die Zustellung elektronischer Einschreiben müssen folgende Anforderungen erfüllen:

a) Sie werden von einem oder mehreren qualifizierten Vertrauensdiensteanbietern erbracht.

b) Sie stellen die Identifizierung des Absenders mit einem hohen Maß an Vertrauenswürdigkeit sicher.

c) Sie stellen die Identifizierung des Empfängers vor der Zustellung der Daten sicher.

d) Das Absenden und Empfangen der Daten ist durch eine fortgeschrittene elektronische Signatur oder ein fortgeschrittenes elektronisches Siegel eines qualifizierten Vertrauensdiensteanbieters auf eine Weise gesichert, die die Möglichkeit einer unbemerkten Veränderung der Daten ausschließt.

e) Jede Veränderung der Daten, die zum Absenden oder Empfangen der Daten nötig ist, wird dem Absender und dem Empfänger der Daten deutlich angezeigt.

f) Das Datum und die Zeit des Absendens, Empfangens oder einer Änderung der Daten werden durch einen qualifizierten elektronischen Zeitstempel angezeigt.

[2] Im Fall der Weiterleitung der Daten zwischen zwei oder mehreren qualifizierten Vertrauensdiensteanbietern gelten die Anforderungen der Buchstaben a bis f für alle beteiligten qualifizierten Vertrauensdiensteanbieter.

(2) [1] Die Kommission kann im Wege von Durchführungsrechtsakten Kennnummern für Normen für Prozesse des Absendens und Empfangens von Daten festlegen. [2] Bei Prozessen des Absendens und Empfangens von Daten, die diesen Normen entsprechen, wird davon ausgegangen, dass sie die Anforderungen des Absatzes 1 erfüllen. [3] Diese Durchführungsrechtsakte werden nach dem in Artikel 48 Absatz 2 genannten Prüfverfahren erlassen.

Abschnitt 8. Website-Authentifizierung

Art. 45 Anforderungen an qualifizierte Zertifikate für die Website-Authentifizierung. (1) Qualifizierte Zertifikate für die Website-Authentifizierung müssen die Anforderungen des Anhangs IV erfüllen.

(2) [1] Die Kommission kann im Wege von Durchführungsrechtsakten Kennnummern für Normen für qualifizierte Zertifikate für die Website-Authentifizierung festlegen. [2] Bei Zertifikaten für die Website-Authentifizierung, die diesen Normen entsprechen, wird davon ausgegangen, dass sie die Anforderungen des Anhangs IV erfüllen. [3] Diese Durchführungsrechtsakte werden nach dem in Artikel 48 Absatz 2 genannten Prüfverfahren erlassen.

Kapitel IV. Elektronische Dokumente

Art. 46 Rechtswirkung elektronischer Dokumente. Einem elektronischen Dokument darf die Rechtswirkung und die Zulässigkeit als Beweismittel in Gerichtsverfahren nicht allein deshalb abgesprochen werden, weil es in elektronischer Form vorliegt.

Kapitel V. Befugnisübertragungen und Durchführungsbestimmungen

Art. 47 Ausübung der Befugnisübertragung. (1) Die Befugnis zum Erlass delegierter Rechtsakte wird der Kommission unter den in diesem Artikel festgelegten Bedingungen übertragen.

(2) Die Befugnis zum Erlass delegierter Rechtsakte gemäß Artikel 30 Absatz 4 wird der Kommission auf unbestimmte Zeit ab dem 17. September 2014 übertragen.

(3) [1] Die Befugnisübertragung gemäß Artikel 30 Absatz 4 kann vom Europäischen Parlament oder vom Rat jederzeit widerrufen werden. [2] Der Beschluss über den Widerruf beendet die Übertragung der in diesem Beschluss angegebenen Befugnis. [3] Er wird am Tag nach seiner Veröffentlichung im *Amtsblatt der Europäischen Union* oder zu einem darin angegebenen späteren Zeitpunkt wirksam. [4] Die Gültigkeit von delegierten Rechtsakten, die bereits in Kraft sind, wird von dem Beschluss über den Widerruf nicht berührt.

(4) Sobald die Kommission einen delegierten Rechtsakt erlässt, übermittelt sie ihn gleichzeitig dem Europäischen Parlament und dem Rat.

(5) [1] Ein delegierter Rechtsakt, der gemäß Artikel 30 Absatz 4 erlassen wurde, tritt nur in Kraft, wenn weder das Europäische Parlament noch der Rat innerhalb einer Frist von zwei Monaten nach Übermittlung dieses Rechtsakts an das Europäische Parlament und den Rat Einwände erhoben haben oder wenn vor Ablauf dieser Frist das Europäische Parlament und der Rat beide der Kommission mitgeteilt haben, dass sie keine Einwände erheben werden. [2] Auf Initiative des Europäischen Parlaments oder des Rates wird diese Frist um zwei Monate verlängert.

Art. 48 Ausschussverfahren. (1) [1] Die Kommission wird von einem Ausschuss unterstützt. [2] Dieser Ausschuss ist ein Ausschuss im Sinne der Verordnung (EU) Nr. 182/2011.

(2) Wird auf diesen Absatz Bezug genommen, so gilt Artikel 5 der Verordnung (EU) Nr. 182/2011.

Anhang I. Anforderungen an qualifizierte Zertifikate für elektronische Signaturen

Qualifizierte Zertifikate für elektronische Signaturen enthalten Folgendes:

a) eine Angabe, dass das Zertifikat als qualifiziertes Zertifikat für elektronische Signaturen ausgestellt wurde, zumindest in einer zur automatischen Verarbeitung geeigneten Form;

b) einen Datensatz, der den qualifizierten Vertrauensdiensteanbieter, der die qualifizierten Zertifikate ausstellt, eindeutig repräsentiert und zumindest die Angabe des Mitgliedstaats enthält, in dem der Anbieter niedergelassen ist, sowie
  – bei einer juristischen Person: den Namen und gegebenenfalls die Registriernummer gemäß der amtlichen Eintragung;
  – bei einer natürlichen Person: den Namen der Person;

c) mindestens den Namen des Unterzeichners oder ein Pseudonym; wird ein Pseudonym verwendet, ist dies eindeutig anzugeben;

d) elektronische Signaturvalidierungsdaten, die den elektronischen Signaturerstellungsdaten entsprechen;

e) Angaben zu Beginn und Ende der Gültigkeitsdauer des Zertifikats;

f) den Identitätscode des Zertifikats, der für den qualifizierten Vertrauensdiensteanbieter eindeutig sein muss;

g) die fortgeschrittene elektronische Signatur oder das fortgeschrittene elektronische Siegel des ausstellenden qualifizierten Vertrauensdiensteanbieters;

h) den Ort, an dem das Zertifikat, das der fortgeschrittenen elektronischen Signatur oder dem fortgeschrittenen elektronischen Siegel gemäß Buchstabe g zugrunde liegt, kostenlos zur Verfügung steht;

i) den Ort der Dienste, die genutzt werden können, um den Gültigkeitsstatus des qualifizierten Zertifikats zu überprüfen;

j) falls sich die elektronischen Signaturerstellungsdaten, die den elektronischen Signaturvalidierungsdaten entsprechen, in einer qualifizierten elektronischen Signaturerstellungseinheit befinden – eine geeignete Angabe dieses Umstands, zumindest in einer zur automatischen Verarbeitung geeigneten Form.

Anhang II. Anforderungen an qualifizierte elektronische Signaturerstellungseinheiten

(1) Qualifizierte elektronische Signaturerstellungseinheiten müssen durch geeignete Technik und Verfahren zumindest gewährleisten, dass

a) die Vertraulichkeit der zum Erstellen der elektronischen Signatur verwendeten elektronischen Signaturerstellungsdaten angemessen sichergestellt ist,

b) die zum Erstellen der elektronischen Signatur verwendeten elektronischen Signaturerstellungsdaten praktisch nur einmal vorkommen können,

c) die zum Erstellen der elektronischen Signatur verwendeten elektronischen Signaturerstellungsdaten mit hinreichender Sicherheit nicht abgeleitet werden können und die elektronische Signatur bei Verwendung der jeweils verfügbaren Technik verlässlich gegen Fälschung geschützt ist,

d) die zum Erstellen der elektronischen Signatur verwendeten elektronischen Signaturerstellungsdaten vom rechtmäßigen Unterzeichner gegen eine Verwendung durch andere verlässlich geschützt werden können.

(2) Qualifizierte elektronische Signaturerstellungseinheiten dürfen die zu unterzeichnenden Daten nicht verändern und nicht verhindern, dass dem Unterzeichner diese Daten vor dem Unterzeichnen angezeigt werden.

(3) Das Erzeugen oder Verwalten von elektronischen Signaturerstellungsdaten im Namen eines Unterzeichners darf nur von einem qualifizierten Vertrauensdiensteanbieter durchgeführt werden.

(4) Unbeschadet des Absatzes 1 Buchstabe d dürfen qualifizierte Vertrauensdiensteanbieter, die elektronische Signaturerstellungsdaten im Namen des Unterzeichners verwalten, die elektronischen Signaturerstellungsdaten ausschließlich zu Sicherungszwecken kopieren, sofern folgende Anforderungen erfüllt sind:

a) Die kopierten Datensätze müssen das gleiche Sicherheitsniveau wie die Original-Datensätze aufweisen.

b) Es dürfen nicht mehr kopierte Datensätze vorhanden sein als zur Gewährleistung der Dienstleistungskontinuität unbedingt nötig.

Anhang III. Anforderungen an qualifizierte Zertifikate für elektronische Siegel

Qualifizierte Zertifikate für elektronische Siegel enthalten

a) eine Angabe, dass das Zertifikat als qualifiziertes Zertifikat für elektronische Siegel ausgestellt wurde, zumindest in einer zur automatischen Verarbeitung geeigneten Form,

b) einen Datensatz, der den qualifizierten Vertrauensdiensteanbieter, der die qualifizierten Zertifikate ausstellt, eindeutig repräsentiert und zumindest die Angabe des Mitgliedstaats enthält, in dem der Anbieter niedergelassen ist, sowie
   - bei einer juristischen Person: den Namen und gegebenenfalls die Registriernummer gemäß der amtlichen Eintragung,
   - bei einer natürlichen Person: den Namen der Person,

c) zumindest den Namen des Siegelerstellers und gegebenenfalls die Registriernummer gemäß der amtlichen Eintragung,

d) elektronische Siegelvalidierungsdaten, die den elektronischen Siegelerstellungsdaten entsprechen,

e) Angaben zu Beginn und Ende der Gültigkeitsdauer des Zertifikats,

f) den Identitätscode des Zertifikats, der für den qualifizierten Vertrauensdiensteanbieter eindeutig sein muss,

g) die fortgeschrittene elektronische Signatur oder das fortgeschrittene elektronische Siegel des ausstellenden qualifizierten Vertrauensdiensteanbieters,

h) den Ort, an dem das Zertifikat, das der fortgeschrittenen elektronischen Signatur oder dem fortgeschrittenen elektronischen Siegel gemäß Buchstabe g zugrunde liegt, kostenlos zur Verfügung steht,

i) den Ort der Dienste, die genutzt werden können, um den Gültigkeitsstatus des qualifizierten Zertifikats zu überprüfen,

j) falls sich die elektronischen Siegelerstellungsdaten, die den elektronischen Siegelvalidierungsdaten entsprechen, in einer qualifizierten elektronischen Siegelerstellungseinheit befinden – eine geeignete Angabe dieses Umstands, zumindest in einer zur automatischen Verarbeitung geeigneten Form.

Anhang IV. Anforderungen an qualifizierte Zertifikate für die Website-Authentifizierung

Qualifizierte Zertifikate für die Website-Authentifizierung enthalten Folgendes:

a) eine Angabe, dass das Zertifikat als qualifiziertes Zertifikat für die Website-Authentifizierung ausgestellt wurde, zumindest in einer zur automatischen Verarbeitung geeigneten Form;

b) einen Datensatz, der den qualifizierten Vertrauensdiensteanbieter, der die qualifizierten Zertifikate ausstellt, eindeutig repräsentiert und zumindest die Angabe des Mitgliedstaats enthält, in dem der Anbieter niedergelassen ist, sowie
   - bei einer juristischen Person: den Namen und gegebenenfalls die Registriernummer gemäß der amtlichen Eintragung;
   - bei einer natürlichen Person: den Namen der Person;

c) bei natürlichen Personen: zumindest den Namen der Person, der das Zertifikat ausgestellt wurde, oder ein Pseudonym. Wird ein Pseudonym verwendet, ist dies eindeutig anzugeben;

bei juristischen Personen: zumindest den Namen der juristischen Person, der das Zertifikat ausgestellt wird, und gegebenenfalls die Registriernummer gemäß der amtlichen Eintragung;

d) Bestandteile der Anschrift der natürlichen oder juristischen Person, der das Zertifikat ausgestellt wird, zumindest den Ort und den Staat, und gegebenenfalls gemäß der amtlichen Eintragung;

e) die Domänennamen, die von der natürlichen oder juristischen Person, der das Zertifikat ausgestellt wird, betrieben werden;

f) Angaben zu Beginn und Ende der Gültigkeitsdauer des Zertifikats;

g) den Identitätscode des Zertifikats, der für den qualifizierten Vertrauensdiensteanbieter eindeutig sein muss;

h) die fortgeschrittene elektronische Signatur oder das fortgeschrittene elektronische Siegel des ausstellenden qualifizierten Vertrauensdiensteanbieters;

i) den Ort, an dem das Zertifikat, das der fortgeschrittenen elektronischen Signatur oder dem fortgeschrittenen elektronischen Siegel gemäß Buchstabe h zugrunde liegt, kostenlos zur Verfügung steht;

j) den Ort, an dem die Dienste für die Abfrage des Zertifikatsgültigkeitsstatus genutzt werden können, um den Gültigkeitsstatus des qualifizierten Zertifikats zu überprüfen.

15. Vertrauensdienstegesetz (VDG)[1)]

Vom 18. Juli 2017
(BGBl. I S. 2745)

FNA 9020-13

geänd. durch Art. 2 eIDAS-DurchführungsG v. 18.7.2017 (BGBl. I S. 2745)

Inhaltsübersicht
Teil 1. Allgemeine Bestimmungen

§ 1	Anwendungsbereich
§ 2	Aufsichtsstelle; zuständige Stelle für die Informationssicherheit
§ 3	Verfahren über eine einheitliche Stelle
§ 4	Aufsichtsmaßnahmen; Untersagung des Betriebs
§ 5	Mitwirkungspflichten der Vertrauensdiensteanbieter
§ 6	Haftung
§ 7	Barrierefreie Dienste
§ 8	Datenschutz

Teil 2. Allgemeine Vorschriften für qualifizierte Vertrauensdienste

§ 9	Vertrauenslisten
§ 10	Deckungsvorsorge
§ 11	Identitätsprüfung
§ 12	Attribute in qualifizierten Zertifikaten für elektronische Signaturen und Siegel
§ 13	Unterrichtung über Sicherheitsmaßnahmen und Rechtswirkungen
§ 14	Widerruf qualifizierter Zertifikate
§ 15	Langfristige Beweiserhaltung
§ 16	Beendigungsplan; auf Dauer prüfbare Vertrauensdienste

Teil 3. Qualifizierte elektronische Signaturen und Siegel

§ 17	Benannte Stellen nach Artikel 30 Absatz 1 der Verordnung (EU) Nr. 910/2014

Teil 4. Qualifizierte Dienste für die Zustellung elektronischer Einschreiben

§ 18	Dienste für die Zustellung elektronischer Einschreiben

Teil 5. Schlussvorschriften

§ 19	Bußgeldvorschriften
§ 20	Verordnungsermächtigung
§ 21	Übergangsvorschrift

Teil 1. Allgemeine Bestimmungen

§ 1 Anwendungsbereich. (1) Dieses Gesetz regelt die wirksame Durchführung der Vorschriften über Vertrauensdienste in der Verordnung (EU) Nr. 910/2014[2)] des Europäischen Parlaments und des Rates vom 23. Juli 2014 über elektronische Identifizierung und Vertrauensdienste für elektronische Transaktionen im Binnenmarkt und zur Aufhebung der Richtlinie 1999/93/EG (ABl. L 257 vom 28.8.2014, S. 73) in der jeweils geltenden Fassung.

[1)] Verkündet als Art. 1 eIDAS-DurchführungsG v. 18.7.2017 (BGBl. I S. 2745); Inkrafttreten gem. Art. 12 Abs. 1 Satz 1 am 29.7.2017.
Dieses Gesetz dient der Durchführung der Verordnung (EU) Nr. 910/2014 des Europäischen Parlaments und des Rates vom 23. Juli 2014 über elektronische Identifizierung und Vertrauensdienste für elektronische Transaktionen im Binnenmarkt und zur Aufhebung der Richtlinie 1999/93/EG.
Notifiziert gemäß der Richtlinie (EU) 2015/1535 des Europäischen Parlaments und des Rates vom 9. September 2015 über ein Informationsverfahren auf dem Gebiet der technischen Vorschriften und der Vorschriften für die Dienste der Informationsgesellschaft (ABl. L 241 vom 17.9.2015, S. 1).
[2)] Auszugsweise abgedruckt unter Nr. **14**.

(2) Unberührt bleiben Rechtsvorschriften, die die Nutzung bestimmter Vertrauensdienste und die hierfür zu verwendenden Produkte regeln.

§ 2 Aufsichtsstelle; zuständige Stelle für die Informationssicherheit.
(1) Die Aufgaben der Aufsichtsstelle nach Artikel 17 der Verordnung (EU) Nr. 910/2014[1]) und nach diesem Gesetz sowie nach der Rechtsverordnung nach § 20 obliegen

1. der Bundesnetzagentur für Elektrizität, Gas, Telekommunikation, Post und Eisenbahnen (Bundesnetzagentur) für die Bereiche
   a) Erstellung, Überprüfung und Validierung elektronischer Signaturen, elektronischer Siegel oder elektronischer Zeitstempel und Dienste für die Zustellung elektronischer Einschreiben sowie von diese Dienste betreffenden Zertifikaten nach Artikel 3 Nummer 16 Buchstabe a der Verordnung (EU) Nr. 910/2014[1]) und
   b) Bewahrung von diese Dienste betreffenden elektronischen Signaturen, Siegeln oder Zertifikaten nach Artikel 3 Nummer 16 Buchstabe c der Verordnung (EU) Nr. 910/2014[1]) und
2. dem Bundesamt für Sicherheit in der Informationstechnik für den Bereich Erstellung, Überprüfung und Validierung von Zertifikaten für die Website-Authentifizierung nach Artikel 3 Nummer 16 Buchstabe b der Verordnung (EU) Nr. 910/2014[1]).

(2) Von der Aufgabenzuweisung an die Bundesnetzagentur unberührt bleiben die Aufgaben des Bundesamtes für Sicherheit in der Informationstechnik nach dem BSI-Gesetz und nach weiteren Fachgesetzen, insbesondere

1. bei der Erstellung technischer Standards in nationalen, europäischen und internationalen Gremien in Abstimmung mit der Bundesnetzagentur,
2. die Bewertung von Algorithmen und zugehörigen Parametern sowie
3. die Erstellung technischer Vorgaben und die Bewertung technischer Standards für den Einsatz von Vertrauensdiensten in Digitalisierungsvorhaben nach Maßgabe der entsprechenden Fachgesetze.

(3) Das Bundesamt für Sicherheit in der Informationstechnik ist die für die Informationssicherheit zuständige nationale Stelle im Sinne von Artikel 19 Absatz 2 der Verordnung (EU) Nr. 910/2014[1]).

§ 3 Verfahren über eine einheitliche Stelle. Verwaltungsverfahren nach diesem Gesetz oder nach der Rechtsverordnung nach § 20 können über eine einheitliche Stelle im Sinne des Verwaltungsverfahrensgesetzes[2]) abgewickelt werden.

§ 4 Aufsichtsmaßnahmen; Untersagung des Betriebs. (1) Ergänzend zu den Aufgaben aus der Verordnung (EU) Nr. 910/2014 obliegt der Aufsichtsstelle auch die Aufsicht über die Einhaltung dieses Gesetzes sowie der Rechtsverordnung nach § 20.

(2) ¹Die Aufsichtsstelle kann gegenüber Vertrauensdiensteanbietern die erforderlichen Maßnahmen zur Einhaltung dieses Gesetzes sowie der Rechtsverordnung nach § 20 treffen. ²Zur Einhaltung dieses Gesetzes sowie der Rechts-

---

[1]) Nr. 14.
[2]) Auszugsweise abgedruckt unter Nr. 36.

verordnung nach § 20 kann sie von Vertrauensdiensteanbietern Nachweise anfordern und selbst Überprüfungen vornehmen. [3] Im Übrigen stehen der Aufsichtsstelle die Maßnahmen nach der Verordnung (EU) Nr. 910/2014, insbesondere nach Artikel 17 Absatz 4, auch zur Durchsetzung dieses Gesetzes sowie der Rechtsverordnung nach § 20 zur Verfügung.

(3) Die Aufsichtsstelle kann einem Vertrauensdiensteanbieter den Betrieb vorübergehend, teilweise oder ganz untersagen, wenn

1. Maßnahmen nach Artikel 17 Absatz 4 Buchstabe j der Verordnung (EU) Nr. 910/2014[1]) keinen Erfolg versprechen und
2. Tatsachen die Annahme rechtfertigen, dass der Anbieter die Voraussetzungen für den Betrieb eines Vertrauensdienstes nach der Verordnung (EU) Nr. 910/2014 sowie nach diesem Gesetz und nach der Rechtsverordnung nach § 20 nicht erfüllt.

§ 5 Mitwirkungspflichten der Vertrauensdiensteanbieter. (1) Zur Prüfung der Einhaltung ihrer Verpflichtungen haben die Vertrauensdiensteanbieter und die für ihn tätigen Dritten den Bediensteten und Beauftragten

1. der Aufsichtsstelle das Betreten der Geschäfts- und Betriebsräume während der üblichen Betriebszeiten zu gestatten,
2. der Aufsichtsstelle auf Verlangen die in Betracht kommenden Bücher, Aufzeichnungen, Belege, Schriftstücke und sonstigen Unterlagen zur Einsicht vorzulegen, auch soweit sie in elektronischer Form geführt werden,
3. der Aufsichtsstelle Auskunft zu erteilen und
4. der Aufsichtsstelle die erforderliche Unterstützung zu gewähren.

(2) [1] Die zur Erteilung einer Auskunft verpflichtete natürliche Person kann die Auskunft auf solche Fragen verweigern, deren Beantwortung sie selbst oder einen der in § 52 Absatz 1 der Strafprozessordnung bezeichneten Angehörigen der Gefahr der Verfolgung wegen einer Straftat oder eines Verfahrens nach dem Gesetz über Ordnungswidrigkeiten[2]) aussetzen würde. [2] Hierüber ist die Person zu belehren. [3] Die Vorschriften über die Glaubhaftmachung des Verweigerungsgrundes nach § 56 der Strafprozessordnung sind entsprechend anzuwenden. [4] Die Sätze 1 und 2 gelten für die Vorlage von Unterlagen entsprechend.

§ 6 Haftung. [1] Ein Vertrauensdiensteanbieter haftet für Dritte, die er mit Aufgaben nach der Verordnung (EU) Nr. 910/2014, nach diesem Gesetz und nach der Rechtsverordnung nach § 20 beauftragt hat, wie für eigenes Handeln. [2] Die Vorschrift zum Nichteintritt der Ersatzpflicht nach § 831 Absatz 1 Satz 2 des Bürgerlichen Gesetzbuchs ist nicht anzuwenden.

§ 7 Barrierefreie Dienste. (1) [1] Soweit möglich, haben Vertrauensdiensteanbieter die von ihnen angebotenen Vertrauensdienste für Menschen mit Behinderungen zugänglich und nutzbar zu machen. [2] Soweit sie für die Nutzung der Vertrauensdienste erforderliche Endnutzerprodukte von Drittanbietern anbieten, haben sie, soweit möglich, auch mindestens ein marktübliches Endnutzerprodukt für Menschen mit Behinderungen anzubieten. [3] Bei der Bewertung

---

[1]) Nr. **14**.
[2]) Auszugsweise abgedruckt unter Nr. **46**.

der Durchführbarkeit von Maßnahmen nach den Sätzen 1 und 2 sind auch technische und wirtschaftliche Belange zu berücksichtigen.

(2) ¹Die Vertrauensdiensteanbieter haben auf ihrer Internetseite über die von ihnen vorgenommenen Maßnahmen zur Barrierefreiheit der Vertrauensdienste und der zur Erbringung solcher Dienste verwendeten Endnutzerprodukte zu informieren. ²Außerdem haben sie dort Hinweise zu geben, die die Nutzung der von ihnen angebotenen Vertrauensdienste und der hierbei verwendeten Endnutzerprodukte durch Menschen mit Behinderungen erleichtern. ³Diese Informationen und Hinweise sowie die Informationen, die sich an alle Verbraucher richten, müssen nach Maßgabe der Rechtsverordnung nach § 20 barrierefrei zugänglich und nutzbar sein.

(3) Barrieren können von jedermann der Aufsichtsstelle gemeldet werden.

§ 8 Datenschutz. (1) Unbeschadet anderer Rechtsgrundlagen dürfen Vertrauensdiensteanbieter auch bei Dritten personenbezogene Daten verarbeiten, soweit dies für die Erbringung, einschließlich der Prüfung und Sicherstellung der rechtlichen Gültigkeit, des jeweiligen Vertrauensdienstes erforderlich ist.

(2) ¹Der Vertrauensdiensteanbieter darf personenbezogene Daten einer Person, die Vertrauensdienste nutzt, den zuständigen Stellen übermitteln,

1. soweit die zuständigen Stellen die Übermittlung nach Maßgabe der hierfür geltenden Bestimmungen verlangen, da die Übermittlung erforderlich ist

   a) für die Verfolgung von Straftaten oder Ordnungswidrigkeiten,

   b) zur Abwehr von Gefahren für die öffentliche Sicherheit oder Ordnung oder

   c) für die Erfüllung der gesetzlichen Aufgaben der Verfassungsschutzbehörden des Bundes und der Länder, des Bundesnachrichtendienstes, des Militärischen Abschirmdienstes oder der Finanzbehörden, oder

2. soweit Gerichte die Übermittlung im Rahmen anhängiger Verfahren nach Maßgabe der hierfür geltenden Bestimmungen anordnen.

²Die Berechtigung zur Datenübermittlung nach Satz 1 Nummer 1 gilt nicht, soweit sie durch andere Gesetze ausdrücklich ausgeschlossen ist.

(3) ¹Die Vertrauensdiensteanbieter haben die Übermittlung zu dokumentieren. ²Die Dokumentation ist zwölf Monate aufzubewahren.

(4) ¹Hat die zuständige Stelle ein Verlangen nach Datenübermittlung nach Absatz 2 Nummer 1 gestellt, so unterrichtet sie die betroffene Person über die erfolgte Übermittlung der Daten. ²Von der Unterrichtung kann abgesehen werden, solange die Wahrnehmung der gesetzlichen Aufgaben gefährdet würde und solange das Interesse der betroffenen Person an der Unterrichtung nicht überwiegt. ³Fünf Jahre nach der Übermittlung kann endgültig von der Benachrichtigung abgesehen werden, wenn die Voraussetzungen für die Benachrichtigung mit an Sicherheit grenzender Wahrscheinlichkeit auch in Zukunft nicht eintreten werden.

(5) Die allgemeinen Datenschutzanforderungen bleiben unberührt.

Teil 2. Allgemeine Vorschriften für qualifizierte Vertrauensdienste

§ 9 Vertrauenslisten. Die Bundesetzagentur ist für die Aufstellung, Führung und Veröffentlichung von Vertrauenslisten nach Artikel 22 Absatz 1 der Verordnung (EU) Nr. 910/2014[1]) zuständig.

§ 10 Deckungsvorsorge. Die Mindestsumme für die gemäß Artikel 24 Absatz 2 Buchstabe c der Verordnung (EU) Nr. 910/2014[1]) erforderliche angemessene Deckungsvorsorge beträgt jeweils 250 000 Euro für einen Schaden, der durch ein haftungsauslösendes Ereignis gemäß Artikel 13 der Verordnung (EU) Nr. 910/2014[1]) verursacht worden ist.

§ 11 Identitätsprüfung. (1) Die Bundesnetzagentur legt nach Anhörung der betroffenen Kreise und im Einvernehmen mit dem Bundesamt für Sicherheit in der Informationstechnik durch Verfügung im Amtsblatt fest, welche sonstigen Identifizierungsmethoden im Sinne des Artikels 24 Absatz 1 Unterabsatz 2 Buchstabe d Satz 1 der Verordnung (EU) Nr. 910/2014[1]) anerkannt sind und welche Mindestanforderungen dafür jeweils gelten.

(2) Die Bundesnetzagentur überprüft die Verfügung nach Absatz 1 regelmäßig im Abstand von vier Jahren sowie

1. bei der begründeten Annahme, dass Methoden nicht mehr hinreichend sicher sind, oder
2. auf Ersuchen des Bundesamtes für Sicherheit in der Informationstechnik.

(3) ¹Innovative Identifizierungsmethoden, die noch nicht durch Verfügung im Amtsblatt anerkannt sind, können von der Bundesnetzagentur im Einvernehmen mit dem Bundesamt für Sicherheit in der Informationstechnik und nach Anhörung der Bundesbeauftragten für den Datenschutz und die Informationsfreiheit für einen Zeitraum von bis zu zwei Jahren vorläufig anerkannt werden, sofern eine Konformitätsbewertungsstelle die gleichwertige Sicherheit der Identifizierungsmethode im Sinne des Artikels 24 Absatz 1 Unterabsatz 2 Buchstabe d der Verordnung (EU) Nr. 910/2014[1]) bestätigt hat. ²Die Bundesnetzagentur veröffentlicht die vorläufig anerkannten Identifizierungsmethoden auf ihrer Internetseite. ³Die Bundesnetzagentur und das Bundesamt für Sicherheit in der Informationstechnik überwachen die Eignung der vorläufig anerkannten Identifizierungsmethoden über den gesamten Zeitraum der vorläufigen Anerkennung. ⁴Werden durch die Überwachung sicherheitsrelevante Risiken bei der vorläufig anerkannten Identifizierungsmethode erkannt, so kann die Aufsichtsstelle im Einvernehmen mit dem Bundesamt für Sicherheit in der Informationstechnik dem qualifizierten Vertrauensdiensteanbieter die Behebung dieser Risiken durch ergänzende Maßnahmen auferlegen, sofern dies sicherheitstechnisch sinnvoll ist. ⁵Lässt sich durch ergänzende Maßnahmen keine hinreichende Sicherheit der vorläufig anerkannten Identifizierungsmethode gewährleisten, so soll die Aufsichtsstelle dem qualifizierten Vertrauensdiensteanbieter die Nutzung dieser Identifizierungsmethode untersagen.

(4) Der qualifizierte Vertrauensdiensteanbieter darf nach Maßgabe der datenschutzrechtlichen Bestimmungen personenbezogene Daten nutzen, die zu einem früheren Zeitpunkt im Rahmen einer ordnungsgemäßen Identitätsprüfung

---

[1]) Nr. 14.

erhoben wurden, sofern und soweit diese Daten zum Zeitpunkt der Antragstellung die zuverlässige Identitätsfeststellung des Antragstellers gewährleisten.

§ 12 Attribute in qualifizierten Zertifikaten für elektronische Signaturen und Siegel. (1) ¹Ein qualifiziertes Zertifikat für elektronische Signaturen kann auf Verlangen eines Antragstellers folgende Attribute enthalten:

1. Angaben über die Vertretungsmacht des Antragstellers für eine dritte Person,
2. amts- und berufsbezogene oder sonstige Angaben zur Person des Antragstellers und
3. weitere personenbezogene Angaben.

²Angaben über die Vertretungsmacht dürfen nur dann in das qualifizierte Zertifikat aufgenommen werden, wenn dem qualifizierten Vertrauensdiensteanbieter die Einwilligung der dritten Person nachgewiesen wird. ³Amts- und berufsbezogene oder sonstige Angaben zur Person des Antragstellers dürfen nur dann in das qualifizierte Zertifikat aufgenommen werden, wenn die jeweils zuständige Stelle die Angaben bestätigt hat. ⁴Weitere personenbezogene Angaben dürfen in ein qualifiziertes Zertifikat nur mit Einwilligung des Betroffenen aufgenommen werden.

(2) Soll in das qualifizierte Zertifikat anstelle des Namens ein Pseudonym eingetragen werden, so sind Angaben über eine Vertretungsmacht für eine dritte Person oder amts- und berufsbezogene oder sonstige Angaben zur Person nur zulässig, wenn eine Einwilligung der dritten Person oder der jeweils zuständigen Stelle zur Verwendung des Pseudonyms vorliegt.

(3) ¹Die Absätze 1 und 2 gelten entsprechend für qualifizierte Zertifikate für elektronische Siegel. ²Attribute in qualifizierten Zertifikaten für elektronische Siegel können auch die Vertretungsverhältnisse innerhalb der antragstellenden juristischen Person enthalten, sofern diese Vertretungsverhältnisse dem qualifizierten Vertrauensdiensteanbieter nachgewiesen werden.

§ 13 Unterrichtung über Sicherheitsmaßnahmen und Rechtswirkungen. (1) Der qualifizierte Vertrauensdiensteanbieter hat die Personen, die er nach Artikel 24 Absatz 2 Buchstabe d der Verordnung (EU) Nr. 910/2014[1]) über die Nutzungsbedingungen zu unterrichten hat, weil sie einen qualifizierten Vertrauensdienst nutzen wollen, auch

1. über die Maßnahmen zu unterrichten, die erforderlich sind, um zur Sicherheit der angebotenen qualifizierten Vertrauensdienste und deren zuverlässiger Nutzung beizutragen, und dabei auf entsprechende Informationsmöglichkeiten hinzuweisen, insbesondere auf Informationsangebote der Hersteller von Produkten für qualifizierte Vertrauensdienste und auf Informationsangebote der Aufsichtsstellen,
2. darauf hinzuweisen, dass entsprechend § 15 qualifiziert elektronisch signierte, gesiegelte oder zeitgestempelte Daten bei Bedarf durch geeignete Maßnahmen neu zu schützen sind, bevor der Sicherheitswert der vorhandenen Signaturen, Siegel oder Zeitstempel durch Zeitablauf geringer wird, und
3. über die Rechtswirkungen der angebotenen qualifizierten Vertrauensdienste zu unterrichten.

---

[1]) Nr. 14.

(2) Soweit eine Person, die einen qualifizierten Vertrauensdienst nutzen will, bereits zu einem früheren Zeitpunkt nach Artikel 24 Absatz 2 Buchstabe d der Verordnung (EU) Nr. 910/2014[1]) sowie nach Absatz 1 unterrichtet worden ist und sich keine Änderungen ergeben haben, kann eine erneute Unterrichtung unterbleiben.

§ 14 Widerruf qualifizierter Zertifikate. (1) [1] Der qualifizierte Vertrauensdiensteanbieter hat ein noch gültiges qualifiziertes Zertifikat insbesondere dann unverzüglich zu widerrufen, wenn

1. die Person, der das qualifizierte Zertifikat ausgestellt wurde, es verlangt,
2. das qualifizierte Zertifikat auf Grund falscher Angaben zu den Anhängen I, III und IV der Verordnung (EU) Nr. 910/2014 ausgestellt wurde,
3. er seine Tätigkeit beendet und diese nicht von einem anderen qualifizierten Vertrauensdiensteanbieter fortgeführt wird oder
4. Tatsachen die Annahme rechtfertigen, dass
   a) das qualifizierte Zertifikat gefälscht oder nicht hinreichend fälschungssicher ist oder
   b) die verwendeten qualifizierten elektronischen Signaturerstellungseinheiten oder qualifizierten elektronischen Siegelerstellungseinheiten Sicherheitsmängel aufweisen.

[2] Weitere Widerrufsgründe können vertraglich vereinbart werden. [3] Wurde ein qualifiziertes Zertifikat mit falschen Angaben ausgestellt, so kann der qualifizierte Vertrauensdiensteanbieter dies zusätzlich kenntlich machen.

(2) Enthält ein qualifiziertes Zertifikat Attribute nach § 12 Absatz 1 oder § 12 Absatz 3 Satz 2, so kann auch die dritte Person oder die für die amts- und berufsbezogenen oder sonstigen Angaben zur Person zuständige Stelle einen Widerruf des Zertifikats verlangen, wenn

1. die Vertretungsmacht entfällt oder
2. die Voraussetzungen für die amts- und berufsbezogenen oder sonstigen Angaben zur Person nach Aufnahme in das qualifizierte Zertifikat entfallen.

(3) Liegen die in Absatz 1 Satz 1 Nummer 3 oder eine der in Absatz 1 Satz 1 Nummer 4 genannten Voraussetzungen vor, so kann die Aufsichtsstelle den Widerruf eines qualifizierten Zertifikats anordnen.

§ 15 Langfristige Beweiserhaltung. [1] Sofern hierfür Bedarf besteht, sind qualifiziert elektronisch signierte, gesiegelte oder zeitgestempelte Daten durch geeignete Maßnahmen neu zu schützen, bevor der Sicherheitswert der vorhandenen Signaturen, Siegel oder Zeitstempel durch Zeitablauf geringer wird. [2] Die neue Sicherung muss nach dem Stand der Technik erfolgen.

§ 16 Beendigungsplan; auf Dauer prüfbare Vertrauensdienste.

(1) [1] In dem Beendigungsplan nach Artikel 24 Absatz 2 Buchstabe i der Verordnung (EU) Nr. 910/2014[1]) hat ein qualifizierter Vertrauensdiensteanbieter alle erforderlichen Maßnahmen vorzusehen, damit bei Einstellung der Tätigkeit, bei Entzug des Qualifikationsstatus oder wenn die Eröffnung eines Insolvenzverfahrens beantragt und die Tätigkeit nicht fortgesetzt wird, alle von

---

[1]) Nr. 14.

ihm ausgegebenen qualifizierten Zertifikate im Zusammenhang mit elektronischen Signaturen und Siegeln sowie Zertifikate im Zusammenhang mit Anhang I Buchstabe g, Anhang III Buchstabe g und Artikel 42 Absatz 1 Buchstabe c der Verordnung (EU) Nr. 910/2014[1)] einschließlich der Widerrufsinformationen

1. von einem anderen qualifizierten Vertrauensdiensteanbieter übernommen werden können oder
2. von der Bundesnetzagentur in die Vertrauensinfrastruktur nach Absatz 5 übernommen werden können.

[2] Im Falle von Satz 1 Nummer 2 hat der qualifizierte Vertrauensdiensteanbieter die noch gültigen Zertifikate vor der Übermittlung an die Bundesnetzagentur zu widerrufen. [3] Er hat in jedem Fall sicherzustellen, dass die dazugehörigen Aufzeichnungen nach Artikel 24 Absatz 2 Buchstabe h der Verordnung (EU) Nr. 910/2014[1)] an den Übernehmenden übermittelt werden.

(2) Im Beendigungsplan hat der qualifizierte Vertrauensdiensteanbieter auch Vorkehrungen zu treffen, um die Inhaber der in Absatz 1 Satz 1 genannten Zertifikate, soweit möglich, mindestens zwei Monate im Voraus über die Einstellung seiner Tätigkeit und über die Übernahme seiner Zertifikate zu benachrichtigen.

(3) [1] In den Fällen des Absatzes 1 Satz 1 Nummer 2 erteilt die Bundesnetzagentur bei Vorliegen eines berechtigten Interesses Auskunft zu den Aufzeichnungen, soweit dies technisch und ohne unverhältnismäßig großen Aufwand möglich ist. [2] Ein darüber hinausgehendes Auskunftsrecht gemäß § 19 des Bundesdatenschutzgesetzes[2)] und nach Artikel 15 der Verordnung (EU) 2016/679 bleibt hiervon unberührt.

(4) Qualifizierte Vertrauensdiensteanbieter haben für die gesamte Zeit ihres Betriebs

1. die in Absatz 1 Satz 1 genannten Zertifikate auch über den Zeitraum ihrer Gültigkeit hinaus zusammen mit den dazugehörigen Widerrufsinformationen in einer Zertifikatsdatenbank nach Artikel 24 Absatz 2 Buchstabe k und Absatz 4 der Verordnung (EU) Nr. 910/2014[1)] zu führen und
2. die dazugehörigen Aufzeichnungen nach Artikel 24 Absatz 2 Buchstabe h der Verordnung (EU) Nr. 910/2014[1)] aufzubewahren.

(5) [1] Die Bundesnetzagentur hat eine Vertrauensinfrastruktur zur dauerhaften Prüfbarkeit qualifizierter elektronischer Zertifikate und qualifizierter elektronischer Zeitstempel einzurichten, zu unterhalten und laufend zu aktualisieren. [2] Näheres regelt die Rechtsverordnung nach § 20 Absatz 2 Nummer 5.

Teil 3. Qualifizierte elektronische Signaturen und Siegel

§ 17 Benannte Stellen nach Artikel 30 Absatz 1 der Verordnung (EU) Nr. 910/2014. (1) [1] Die Bundesnetzagentur benennt auf Antrag eine Organisation als private Stelle gemäß Artikel 30 Absatz 1 der Verordnung (EU) Nr. 910/2014[1)] sowie gemäß Artikel 39 Absatz 2 in Verbindung mit Artikel 30 Absatz 1 der Verordnung (EU) Nr. 910/2014[1)], sofern die Akkreditierungsstelle

---

[1)] Nr. 14.
[2)] Nr. 12.

nach § 1 Absatz 1 des Akkreditierungsstellengesetzes durch Akkreditierung festgestellt hat, dass die private Stelle die erforderlichen Anforderungen erfüllt. ²Die Benennung kann

1. inhaltlich beschränkt werden, vorläufig erteilt werden oder mit einer Befristung versehen erteilt werden und
2. mit Auflagen verbunden sein.

(2) ¹Solange die Europäische Kommission keine delegierten Rechtsakte nach Artikel 30 Absatz 4 der Verordnung (EU) Nr. 910/2014[1] erlassen hat, erstellt und veröffentlicht

1. die Akkreditierungsstelle die fachlichen Kriterien, die für die Akkreditierung zu erfüllen sind, und
2. die Bundesnetzagentur die fachlichen Kriterien, die für die Benennung als private Stelle nach Artikel 30 Absatz 1 der Verordnung (EU) Nr. 910/2014[1] zu erfüllen sind.

²Die Erstellung der fachlichen Kriterien erfolgt unter maßgeblicher Berücksichtigung der Entscheidung der Kommission vom 6. November 2000 über die Mindestkriterien, die von den Mitgliedstaaten bei der Benennung der Stellen gemäß Artikel 3 Absatz 4 der Richtlinie 1999/93/EG des Europäischen Parlaments und des Rates über gemeinschaftliche Rahmenbedingungen für elektronische Signaturen zu berücksichtigen sind (ABl. L 289 vom 16.11.2000, S. 42).

(3) Eine Stelle, die nach § 17 Absatz 4 Satz 1 des Signaturgesetzes in Verbindung mit § 18 des Signaturgesetzes anerkannt wurde, nimmt hinsichtlich der von ihr auf Grundlage des Signaturgesetzes bestätigten Produkte ihre hiermit zusammenhängenden Aufgaben bis zum Auslaufen der entsprechenden Produktbestätigungen wahr.

(4) Das Bundesamt für Sicherheit in der Informationstechnik ist die öffentliche Stelle gemäß Artikel 30 Absatz 1 der Verordnung (EU) Nr. 910/2014[1] sowie gemäß Artikel 39 Absatz 2 in Verbindung mit Artikel 30 Absatz 1 der Verordnung (EU) Nr. 910/2014[1].

Teil 4. Qualifizierte Dienste für die Zustellung elektronischer Einschreiben

§ 18 Dienste für die Zustellung elektronischer Einschreiben. Liegt der Konformitätsbewertungsstelle für einen qualifizierten Dienst für die Zustellung elektronischer Einschreiben eine Akkreditierung nach Abschnitt 4 des De-Mail-Gesetzes[2] vor, so soll die Konformitätsbewertungsstelle die Konformitätsbewertung dieses qualifizierten Dienstes nach Möglichkeit auf die Prüfung der Nachweise beschränken, die im Rahmen der Akkreditierung nach § 18 Absatz 3 des De-Mail-Gesetzes erbracht worden sind.

---

[1] Nr. 14.
[2] Nr. 18.

Teil 5. Schlussvorschriften

§ 19 Bußgeldvorschriften. (1) Ordnungswidrig handelt, wer vorsätzlich oder fahrlässig

1. entgegen § 12 Absatz 1 Satz 2, 3 oder 4 oder Absatz 2, jeweils auch in Verbindung mit Absatz 3 Satz 1 oder einer Rechtsverordnung nach § 20 Absatz 2 Nummer 1, eine Angabe in ein qualifiziertes Zertifikat aufnimmt,
2. entgegen § 14 Absatz 1 Satz 1 Nummer 1 bis 4 oder § 16 Absatz 1 Satz 2 ein Zertifikat nicht oder nicht rechtzeitig widerruft,
3. entgegen § 16 Absatz 1 Satz 3, auch in Verbindung mit der Rechtsverordnung nach § 20 Absatz 2 Nummer 1, nicht sicherstellt, dass eine Aufzeichnung übermittelt wird, oder
4. entgegen § 16 Absatz 2 in Verbindung mit der Rechtsverordnung nach § 20 Absatz 2 Nummer 1 eine dort genannte Vorkehrung nicht oder nicht rechtzeitig trifft.

(2) Ordnungswidrig handelt, wer gegen die Verordnung (EU) Nr. 910/2014 des Europäischen Parlaments und des Rates vom 23. Juli 2014 über elektronische Identifizierung und Vertrauensdienste für elektronische Transaktionen im Binnenmarkt und zur Aufhebung der Richtlinie 1999/93/EG (ABl. L 257 vom 28.8.2014, S. 73; L 23 vom 29.1.2015, S. 19) verstößt, indem er vorsätzlich oder fahrlässig

1. entgegen Artikel 19 Absatz 2 Unterabsatz 1 eine Meldung nicht, nicht richtig oder nicht rechtzeitig macht,
2. entgegen Artikel 19 Absatz 2 Unterabsatz 2 eine Person nicht, nicht richtig oder nicht rechtzeitig unterrichtet,
3. entgegen Artikel 21 Absatz 1 eine Mitteilung nicht, nicht richtig oder nicht rechtzeitig vorlegt,
4. entgegen Artikel 24 Absatz 1 Unterabsatz 1 die Identität einer Person nicht oder nicht rechtzeitig überprüft,
5. entgegen Artikel 24 Absatz 2 Buchstabe c in Verbindung mit § 10 in Verbindung mit einer Rechtsverordnung nach § 20 Absatz 2 Nummer 3 eine Haftpflichtversicherung nicht oder nicht rechtzeitig abschließt,
6. entgegen Artikel 24 Absatz 2 Buchstabe e oder f, jeweils in Verbindung mit einer Rechtsverordnung nach § 20 Absatz 2 Nummer 1, ein vertrauenswürdiges System oder Produkt nicht verwendet,
7. entgegen Artikel 24 Absatz 2 Buchstabe g in Verbindung mit einer Rechtsverordnung nach § 20 Absatz 2 Nummer 1 eine dort genannte Maßnahme nicht oder nicht rechtzeitig trifft,
8. entgegen Artikel 24 Absatz 2 Buchstabe h Satz 1 eine Information nicht richtig aufzeichnet oder
9. entgegen Artikel 24 Absatz 3 Satz 1 einen Widerruf nicht oder nicht rechtzeitig veröffentlicht.

(3) Die Ordnungswidrigkeit kann in den Fällen des Absatzes 2 Nummer 5 bis 8 mit einer Geldbuße bis zu einhunderttausend Euro, in den übrigen Fällen mit einer Geldbuße bis zu zwanzigtausend Euro geahndet werden.

(4) Verwaltungsbehörden im Sinne des § 36 Absatz 1 Nummer 1 des Gesetzes über Ordnungswidrigkeiten[1]) sind die Bundesnetzagentur und das Bundesamt für Sicherheit in der Informationstechnik jeweils im Rahmen ihrer Zuständigkeit nach § 2 Absatz 1.

§ 20 Verordnungsermächtigung. (1) [1]Die Bundesregierung legt durch Rechtsverordnung nähere Anforderungen an die Zugänglich- und Nutzbarmachung von Vertrauensdiensten nach Artikel 15 der Verordnung (EU) Nr. 910/2014[2]) und nach § 7 fest. [2]Sie hat dabei technische und wirtschaftliche Belange zu berücksichtigen. [3]Die Rechtsverordnung kann auch Nachweis-, Mitwirkungs- und Informationspflichten der Vertrauensdiensteanbieter enthalten.

(2) Die Bundesregierung wird ermächtigt, in der Rechtsverordnung nach Absatz 1 auch die zur Durchführung der Verordnung (EU) Nr. 910/2014 und dieses Gesetzes erforderlichen Rechtsvorschriften zu erlassen über

1. die Ausgestaltung der Pflichten der Vertrauensdiensteanbieter bei der Betriebsaufnahme, während des Betriebs und bei der Einstellung des Betriebs nach den Artikeln 17 bis 24 der Verordnung (EU) Nr. 910/2014[2]) und nach den §§ 4 und 5, 9 bis 18,
2. die Durchführung gemeinsamer Untersuchungen nach Artikel 18 Absatz 3 der Verordnung (EU) Nr. 910/2014[2]),
3. die zur Erfüllung der Verpflichtung zur Deckungsvorsorge nach § 10 zulässigen Sicherheitsleistungen sowie über deren Umfang, Höhe und inhaltliche Ausgestaltung,
4. die Anforderungen im Zusammenhang mit einer Zertifikatsdatenbank nach § 16 Absatz 4 Nummer 1,
5. die Einrichtung einer Vertrauensinfrastruktur zur dauerhaften Prüfbarkeit qualifizierter elektronischer Zertifikate und qualifizierter elektronischer Zeitstempel nach § 16 Absatz 5 und
6. die Einzelheiten des Verfahrens der Anerkennung und der Tätigkeit von Zertifizierungsstellen nach § 17.

§ 21 Übergangsvorschrift. [1]Zertifizierungsdiensteanbieter, die qualifizierte Zertifikate im Sinne von § 2 Nummer 3 des Signaturgesetzes ausgestellt haben, dürfen diese qualifizierten Zertifikate als qualifizierte Vertrauensdiensteanbieter für qualifizierte Zertifikate nach der Verordnung (EU) Nr. 910/2014 weiterhin in ihrem Zertifikatsverzeichnis führen. [2]Sie dürfen weiter alle in diesem Zusammenhang mit ihren Kunden vereinbarten Dienste anbieten, insbesondere einen Widerrufsdienst. [3]§ 16 Absatz 1 gilt entsprechend. [4]Die von der Bundesnetzagentur gemäß § 16 Absatz 1 des Signaturgesetzes ausgestellten Zertifikate werden mit Ablauf des 14. November 2018 gesperrt.

---

[1]) Nr. **46**.
[2]) Nr. **14**.

16. Verordnung zu Vertrauensdiensten (Vertrauensdiensteverordnung – VDV)[1)][2)]

Vom 15. Februar 2019

(BGBl. I S. 114)

FNA 9020-13-1

Auf Grund des § 20 Absatz 1 und 2 Nummer 1 und 3 bis 6 des Vertrauensdienstegesetzes[3)] vom 18. Juli 2017 (BGBl. I S. 2745) verordnet die Bundesregierung:

§ 1 Anforderungen an die Barrierefreiheit. [1]Barrierefreie Vertrauensdienste gemäß § 7 Absatz 1 des Vertrauensdienstegesetzes[3)] sind, soweit technisch möglich, für Menschen mit Behinderungen wahrnehmbar, bedienbar, verständlich und robust zu gestalten. [2]Hinweise und Informationen zur Barrierefreiheit nach § 7 Absatz 2 des Vertrauensdienstegesetzes müssen barrierefrei, wahrnehmbar und verständlich sein. [3]Dabei haben sie sich am Stand der Technik zu orientieren.

§ 2 Ausgestaltung der Deckungsvorsorge für qualifizierte Vertrauensdiensteanbieter. (1) Die Deckungsvorsorge nach Artikel 24 Absatz 2 Buchstabe c zweite Alternative der Verordnung (EU) Nr. 910/2014 in Verbindung mit § 10 des Vertrauensdienstegesetzes[3)] kann erbracht werden

1. durch die Haftpflichtversicherung bei einem im Geltungsbereich dieser Verordnung, in einem anderen Mitgliedstaat der Europäischen Union oder in einem anderen Vertragsstaat einer Vereinbarung im Sinne des Artikels 14 Absatz 1 der Verordnung (EU) Nr. 910/2014[4)] zum Geschäftsbetrieb befugten Versicherungsunternehmen oder

2. durch eine Freistellungs- oder Gewährleistungsverpflichtung eines im Geltungsbereich dieser Verordnung oder in einem anderen Mitgliedstaat der Europäischen Union oder in einem anderen Vertragsstaat einer Vereinbarung im Sinne des Artikels 14 Absatz 1 der Verordnung (EU) Nr. 910/2014[4)] zum Geschäftsbetrieb befugten Kreditinstituts, wenn gewährleistet ist, dass es einer Haftpflichtversicherung vergleichbare Sicherheit bietet.

(2) Soweit die Deckungsvorsorge durch eine Versicherung nach Absatz 1 Nummer 1 erbracht wird, gelten die folgenden Bestimmungen:

1. Auf diese Versicherung finden § 113 Absatz 2 und 3 und die §§ 114 bis 124 des Versicherungsvertragsgesetzes Anwendung; zuständige Stelle nach § 117

[1)] **Amtl. Anm.**: Diese Verordnung dient der Durchführung der Verordnung (EU) Nr. 910/2014 *[auszugsweise abgedruckt unter Nr. 14]* des Europäischen Parlaments und des Rates vom 23. Juli 2014 über elektronische Identifizierung und Vertrauensdienste für elektronische Transaktionen im Binnenmarkt und zur Aufhebung der Richtlinie 1993/93/EG (ABl. L 257 vom 28.8.2014, S. 73).

[2)] **Amtl. Anm.**: Notifiziert gemäß der Richtlinie (EU) 2015/1535 des Europäischen Parlaments und des Rates vom 9. September 2015 über ein Informationsverfahren auf dem Gebiet der technischen Vorschriften und der Vorschriften für die Dienste der Informationsgesellschaft (ABl. L 241 vom 17.9.2015, S. 1).

[3)] Nr. **15**.

[4)] Nr. **14**.

Absatz 2 des Versicherungsvertragsgesetzes ist die zuständige Aufsichtsstelle nach § 2 Absatz 1 des Vertrauensdienstegesetzes.

2. Versicherungsfall ist jedes auf den Einzelfall bezogene haftungsauslösende Ereignis im Sinne des Artikels 13 Absatz 1 der Verordnung (EU) Nr. 910/2014[1]), unabhängig von der Anzahl der dadurch ausgelösten Schadensfälle; eine Vereinbarung, wonach ein Fehler, der sich in mehreren Zertifikaten, Signaturen, Siegeln, Zeitstempeln oder in der Auskunft aus der Zertifikatsdatenbank nach Artikel 24 Absatz 2 Buchstabe k der Verordnung (EU) Nr. 910/2014[1]) auswirkt, als ein Versicherungsfall gilt, ist nicht zulässig. Wird eine Jahreshöchstleistung für alle in einem Versicherungsjahr verursachten Schäden vereinbart, muss sie mindestens das Vierfache der Mindestversicherungssumme betragen.

3. Der räumliche Geltungsbereich des Versicherungsschutzes kann auf den Geltungsbereich der Verordnung (EU) Nr. 910/2014 beschränkt werden.

4. Von der Versicherung kann die Leistung nur ausgeschlossen werden für Ersatzansprüche aus vorsätzlich begangener Pflichtverletzung des Vertrauensdiensteanbieters oder der Personen, für die er einzustehen hat.

5. Die Vereinbarung eines Selbstbehaltes in Höhe von bis zu 1 Prozent der Mindestversicherungssumme ist zulässig.

§ 3 Dokumentation der Ausgabe qualifizierter Zertifikate für Vertrauensdienste.

(1) [1]Soweit der Vertrauensdiensteanbieter bei der Ausgabe qualifizierter Zertifikate die Identität oder Attribute an Hand öffentlicher und auf Dauer zugänglicher Register oder Dokumente überprüft, genügt es, dass er vermerkt, in welches Register oder Dokument er Einsicht genommen hat und ob die verarbeiteten Daten mit denen im Register übereinstimmen. [2]Ein Auszug des Registers oder Dokuments muss nicht zur Dokumentation genommen werden.

(2) Nach § 12 des Vertrauensdienstegesetzes[2]) erforderliche Vollmachten, Einwilligungen oder Bestätigungen müssen qualifiziert elektronisch signiert, qualifiziert elektronisch gesiegelt oder handschriftlich unterschrieben sein.

§ 4 Vorsorge für die dauerhafte Prüfbarkeit qualifizierter Zertifikate.

(1) [1]Qualifizierte Vertrauensdiensteanbieter haben Vorsorge zu treffen, dass die Zertifikate im Fall einer Betriebseinstellung im Sinne des § 16 Absatz 1 Satz 1 des Vertrauensdienstegesetzes[2]) einschließlich der Widerrufsinformationen von einem anderen qualifizierten Vertrauensdiensteanbieter oder der Bundesnetzagentur übernommen werden können. [2]Der qualifizierte Vertrauensdiensteanbieter ist verpflichtet hierfür den Stand der Technik einzuhalten.

(2) [1]Liegt die Dokumentation, die nach § 16 Absatz 1 Satz 3 des Vertrauensdienstegesetzes zu übergeben ist, noch in Papierform vor, soll sie, soweit möglich und zweckmäßig, vor der Übergabe in elektronische Dokumente überführt werden. [2]Dabei ist der Stand der Technik einzuhalten.

(3) Ein qualifizierter Vertrauensdiensteanbieter hat die Bundesnetzagentur über eine beabsichtigte Betriebseinstellung im Sinne des § 16 Absatz 1 Satz 1 des Vertrauensdienstegesetzes unverzüglich zu unterrichten.

---
[1]) Nr. 14.
[2]) Nr. 15.

(4) Im Fall von § 14 Absatz 1 Nummer 3 des Vertrauensdienstegesetzes ist der Widerrufsgrund öffentlich zu dokumentieren und in die Widerrufslisten und Statusinformationen aufzunehmen.

§ 5 Anzeigen zu Signaturerstellungseinheiten nach Anhang II der Verordnung (EU) Nr. 910/2014. Benannte Stellen nach Artikel 30 Absatz 1 der Verordnung (EU) Nr. 910/2014[1)] sind verpflichtet, der Bundesnetzagentur neue Zertifizierungen von Signaturerstellungseinheiten, Annullierungen der Zertifizierungen oder Informationen über nicht mehr zertifizierte Signaturerstellungseinheiten nach Anhang II der Verordnung (EU) Nr. 910/2014 unverzüglich anzuzeigen.

§ 6 Inkrafttreten. Diese Verordnung tritt am Tag nach der Verkündung[2)] in Kraft.

[1)] Nr. **14**.
[2)] Verkündet am 27.2.2019.

17. Gesetz über Personalausweise und den elektronischen Identitätsnachweis
(Personalausweisgesetz – PAuswG)[1)2)3)4)]

Vom 18. Juni 2009

(BGBl. I S. 1346)

FNA 210-6

zuletzt geänd. durch Art. 2 G zur Einführung eines elektronischen Identitätsnachweises mit einem mobilen Endgerät[5)] v. 5.7.2021 (BGBl. I S. 2281)

– Auszug –

Abschnitt 2. Ausstellung und Sperrung des Ausweises; elektronischer Identitätsnachweis

§ 10a Einrichtung des elektronischen Identitätsnachweises mit einem mobilen Endgerät. (1) ¹Auf elektronische Veranlassung durch den Ausweisinhaber übermittelt der Ausweishersteller die Daten nach § 5 Absatz 5a aus dem elektronischen Speicher- und Verarbeitungsmedium des Personalausweises in einem sicheren Verfahren auf ein elektronisches Speicher- und Verarbeitungsmedium in einem mobilen Endgerät. ²Der Ausweisinhaber weist seine Identität gegenüber dem Ausweishersteller mit einem elektronischen Identitätsnachweis nach § 18 nach. ³Ferner hat der Ausweishersteller Maßnahmen gegen eine missbräuchliche Verwendung der Daten im Anschluss an die Übermittlung der Daten auf das elektronische Speicher- und Verarbeitungsmedium in dem mobilen Endgerät vorzusehen. ⁴Der Ausweisinhaber ist auf seine Pflichten nach § 27 Absatz 2 sowie darauf hinzuweisen, dass das mobile Endgerät

---

[1)] Verkündet als Art. 1 G über Personalausweise und den elektronischen Identitätsnachweis sowie zur Änderung weiterer Vorschriften v. 18.6.2009 (GVBl. S. 1346); Inkrafttreten gem. Art. 7 dieses G am 1.11.2010.

[2)] Die Änderungen durch G v. 3.12.2020 (BGBl. I S. 2744) treten teilweise erst **mWv 1.5.2025** in Kraft und sind insoweit im Text noch nicht berücksichtigt.

[3)] Die Änderungen durch G v. 28.3.2021 (BGBl. I S. 591) treten teilweise erst **mit noch unbestimmtem Datum** in Kraft und sind insoweit im Text noch nicht berücksichtigt.

[4)] Zur Ausführung und Durchführung des PAuswG haben die Länder ua folgende Vorschriften erlassen:
- **Baden-Württemberg:** G zur Ausführung des PersonalausweisG v. 16.3.1987 (GBl. S. 61), aufgeh. durch G v. 15.10.2020 (GBl. S. 913);
- **Bayern:** G zur Ausführung des Paß- und PersonalausweisG v. 7.5.2013 (GVBl. S. 249), zuletzt geänd. durch V v. 26.3.2019 (GVBl. S. 98);
- **Hessen:** Hess. Ausweisrecht-AusführungsG v. 8.10.2020 (GVBl. S. 713);
- **Rheinland-Pfalz:** G zur Ausführung des Pass- und PersonalausweisG v. 21.10.2015 (GVBl. S. 365, 368), geänd. durch G v. 23.9.2020 (GVBl. S. 535);
- **Sachsen:** Pass- und PersonalausweisG AusführungsG v. 29.9.2010 (SächsGVBl. S. 263), geänd. durch G v. 11.5.2019 (SächsGVBl. S. 358);
- **Sachsen-Anhalt:** PersonalausweisG-AusführungsG v. 23.8.1993 (GVBl. LSA S. 438), aufgeh. durch G v. 21.7.2015 (GVBl. LSA S. 369).

[5)] **Amtl. Anm.:** Notifiziert gemäß der Richtlinie (EU) 2015/1535 des Europäischen Parlaments und des Rates vom 9. September 2015 über ein Informationsverfahren auf dem Gebiet der technischen Vorschriften und der Vorschriften für die Dienste der Informationsgesellschaft (ABl. L 241 vom 17.9.2015, S. 1).

hinsichtlich der in seinem elektronischen Speicher- und Verarbeitungsmedium nach Absatz 1 gespeicherten Daten mit besonderer Sorgfalt zu behandeln ist.

(2) ¹Die Gültigkeitsdauer eines elektronischen Identitätsnachweises nach § 18 Absatz 2 Satz 1 Nummer 2 auf Grundlage einer Übermittlung der Daten nach Absatz 1 beträgt fünf Jahre. ²Eine Verlängerung der Gültigkeitsdauer ist nicht zulässig. ³Durch Rechtsverordnung nach § 34 Satz 1 Nummer 8a kann eine kürzere Gültigkeitsdauer festgelegt werden. ⁴Eine Übermittlung nach Absatz 1 Satz 1 kann mehrfach durchgeführt werden.

(3) ¹Im Zuge der Übermittlung nach Absatz 1 Satz 1 erzeugt der Ausweishersteller einen neuen Sperrschlüssel sowie eine neue Sperrsumme und übermittelt diese Daten sowie den letzten Tag der Gültigkeit an den Sperrlistenbetreiber. ²§ 10 Absatz 4 und Absatz 6 Satz 1 gilt entsprechend. ³Der Ausweisinhaber kann die Daten auf dem mobilen Endgerät selbst löschen.

(4) ¹Werden die auf das elektronische Speicher- und Verarbeitungsmedium des mobilen Endgeräts übermittelten Daten nach Absatz 1 Satz 1 unrichtig, darf ein elektronischer Identitätsnachweis nach § 18 Absatz 2 Satz 1 Nummer 2 nicht durchgeführt werden. ²Vor einer weiteren Nutzung ist erneut eine Übermittlung nach Absatz 1 unter Verwendung des elektronischen Speicher- und Verarbeitungsmediums des Personalausweises mit den richtigen Daten durchzuführen.

(5) ¹Auf elektronischen Antrag des Ausweisinhabers hat der Ausweishersteller diesem Auskunft zu erteilen darüber, jeweils zu welchem Datum und zu welcher Uhrzeit eine Übermittlung nach Absatz 1 Satz 1 der Daten des Personalausweises des Ausweisinhabers auf ein elektronisches Speicher- und Verarbeitungsmedium in einem mobilen Endgerät durchgeführt wurde, sowie über jeweils den letzten Tag der Gültigkeitsdauer, das Sperrkennwort und den Hersteller und die Modellbezeichnung des mobilen Endgeräts. ²Zur Identifizierung der antragstellenden Person hat der Ausweishersteller zur Person des Ausweisinhabers einen elektronischen Identitätsnachweis nach § 18 durchzuführen.

Abschnitt 3. Umgang mit personenbezogenen Daten

§ 14 Erhebung und Verwendung personenbezogener Daten. Die Erhebung und Verwendung personenbezogener Daten aus dem Ausweis oder mithilfe des Ausweises darf ausschließlich erfolgen durch

1. zur Identitätsfeststellung berechtigte Behörden nach Maßgabe der §§ 15 bis 17,
2. öffentliche Stellen und nichtöffentliche Stellen nach Maßgabe der §§ 18 bis 20.

§ 15 Automatisierter Abruf und automatisierte Speicherung durch zur Identitätsfeststellung berechtigte Behörden. (1) ¹Zur Identitätsfeststellung berechtigte Behörden dürfen den Ausweis nicht zum automatisierten Abruf personenbezogener Daten verwenden. ²Abweichend von Satz 1 dürfen Polizeibehörden und -dienststellen des Bundes und der Länder, die Behörden der Zollverwaltung sowie die Steuerfahndungsstellen der Länder den Ausweis im Rahmen ihrer Aufgaben und Befugnisse zum automatisierten Abruf per-

sonenbezogener Daten verwenden, die zu folgenden Zwecken im polizeilichen Fahndungsbestand gespeichert sind:
1. Grenzkontrolle,
2. Fahndung oder Aufenthaltsfeststellung zum Zweck der Strafverfolgung, Strafvollstreckung oder der Abwehr von Gefahren für die öffentliche Sicherheit oder
3. der zollamtlichen Überwachung im Rahmen der polizeilichen Beobachtung.

³ Über Abrufe, die zu keiner Feststellung geführt haben, dürfen, vorbehaltlich gesetzlicher Regelungen, die gemäß Absatz 2 erlassen werden, keine personenbezogenen Aufzeichnungen gefertigt werden.

(2) In den Fällen des Absatzes 1 dürfen personenbezogene Daten, soweit gesetzlich nichts anderes bestimmt ist, beim automatisierten Lesen des Ausweises nicht in Dateien gespeichert werden; dies gilt auch für Abrufe aus dem polizeilichen Fahndungsbestand, die zu einer Feststellung geführt haben.

§ 16 *(aufgehoben)*

§ 17 Identitätsüberprüfung anhand der im elektronischen Speicher- und Verarbeitungsmedium gespeicherten Daten durch zur Identitätsfeststellung berechtigte Behörden.
¹ Zur Identitätsfeststellung berechtigte Behörden dürfen die im elektronischen Speicher- und Verarbeitungsmedium des Personalausweises gespeicherten Daten nur zum Zweck der Überprüfung der Echtheit des Dokumentes oder der Identität des Ausweisinhabers und nur nach Maßgabe der Sätze 3 und 4 auslesen und verwenden. ² Echtheits- oder Identitätskontrollen über öffentliche Kommunikationswege sind unzulässig. ³ Soweit die Polizeivollzugsbehörden, die Zollverwaltung, die Steuerfahndungsstellen der Länder sowie die Personalausweis-, Pass- und Meldebehörden die Echtheit des Personalausweises oder die Identität des Inhabers überprüfen dürfen, sind sie befugt, die auf dem elektronischen Speicher- und Verarbeitungsmedium des Personalausweises gespeicherten biometrischen und sonstigen Daten auszulesen, die benötigten biometrischen Daten beim Personalausweisinhaber zu erheben und die biometrischen Daten miteinander zu vergleichen. ⁴ Die nach Satz 3 erhobenen Daten sind unverzüglich zu löschen, wenn die Prüfung der Echtheit des Personalausweises oder der Identität des Inhabers beendet ist.

§ 18 Elektronischer Identitätsnachweis.
(1) ¹ Der Personalausweisinhaber, der mindestens 16 Jahre alt ist, kann den elektronischen Identitätsnachweis dazu verwenden, seine Identität gegenüber öffentlichen und nichtöffentlichen Stellen elektronisch nachzuweisen. ² Dies gilt auch dann, wenn er für eine andere Person, ein Unternehmen oder eine Behörde handelt. ³ Abweichend von Satz 1 ist der elektronische Identitätsnachweis ausgeschlossen, wenn die Voraussetzungen des § 3a Abs. 1 des Verwaltungsverfahrensgesetzes[1]), des § 87a Abs. 1 Satz 1 der Abgabenordnung[2]) oder des § 36a Abs. 1 des Ersten Buches Sozialgesetzbuch[3]) nicht vorliegen.

---

[1]) Nr. 36.
[2]) Nr. 38.
[3]) Nr. 40.

(2) ¹Der elektronische Identitätsnachweis erfolgt durch Übermittlung von Daten
1. aus dem elektronischen Speicher- und Verarbeitungsmedium des Personalausweises oder
2. aus einem elektronischen Speicher- und Verarbeitungsmedium in einem mobilen Endgerät.

²Dabei sind dem jeweiligen Stand der Technik entsprechende Maßnahmen zur Sicherstellung von Datenschutz und Datensicherheit zu treffen, die insbesondere die Vertraulichkeit und Unversehrtheit der Daten gewährleisten. ³Im Falle der Nutzung allgemein zugänglicher Netze sind Verschlüsselungsverfahren anzuwenden. ⁴Die Nutzung des elektronischen Identitätsnachweises durch eine andere Person als den Personalausweisinhaber ist unzulässig.

(3) ¹Das Sperrmerkmal und die Angabe, ob der elektronische Identitätsnachweis gültig ist, sind zur Überprüfung, ob ein gesperrter oder abgelaufener elektronischer Identitätsnachweis vorliegt, immer zu übermitteln. ²Folgende weitere Daten können übermittelt werden:
1. Familienname,
1a. Geburtsname,
2. Vornamen,
3. Doktorgrad,
4. Tag der Geburt,
5. Ort der Geburt,
6. Anschrift,
6a. im amtlichen Gemeindeverzeichnis verwendeter eindeutiger Gemeindeschlüssel,
6b. Staatsangehörigkeit,
7. Dokumentenart,
7a. letzter Tag der Gültigkeitsdauer,
8. dienste- und kartenspezifisches Kennzeichen,
9. Abkürzung „D" für Bundesrepublik Deutschland,
10. Angabe, ob ein bestimmtes Alter über- oder unterschritten wird,
11. Angabe, ob ein Wohnort dem abgefragten Wohnort entspricht, und
12. Ordensname, Künstlername.

(4) ¹Die Daten werden nur übermittelt, wenn der Diensteanbieter ein gültiges Berechtigungszertifikat an den Inhaber des elektronischen Identitätsnachweises übermittelt und dieser in der Folge seine Geheimnummer eingibt. ²Der Diensteanbieter muss dem Inhaber des elektronischen Identitätsnachweises vor dessen Eingabe der Geheimnummer die Gelegenheit bieten, die folgenden Daten einzusehen:
1. Name, Anschrift und E-Mail-Adresse des Diensteanbieters,
2. Kategorien der zu übermittelnden Daten nach Absatz 3 Satz 2,
3. *(aufgehoben)*
4. Hinweis auf die für den Diensteanbieter zuständigen Stellen, die die Einhaltung der Vorschriften zum Datenschutz kontrollieren,
5. letzter Tag der Gültigkeitsdauer des Berechtigungszertifikats.

(5) Die Übermittlung ist auf die im Berechtigungszertifikat genannten Datenkategorien beschränkt.

(6) Personalausweisbehörden dürfen im Rahmen der Änderung der Anschrift auf dem elektronischen Speicher- und Verarbeitungsmedium nach einer elektronischen Anmeldung gemäß § 23a des Bundesmeldegesetzes einen elektronischen Identitätsnachweis durchführen und hierzu ein hoheitliches Berechtigungszertifikat verwenden.

§ 18a Vor-Ort-Auslesen von Ausweisdaten unter Anwesenden.

(1) Der Ausweisinhaber kann seinen Personalausweis ferner dazu verwenden, die in § 18 Absatz 3 Satz 2 genannten Daten zum Zwecke der medienbruchfreien Übernahme von Formulardaten unter Anwesenden zu übermitteln.

(2) [1] Vor dem Vor-Ort-Auslesen der Daten ist der Vor-Ort-Diensteanbieter verpflichtet, anhand des Personalausweises per Lichtbildabgleich zu prüfen, ob die den Personalausweis vorlegende Person der Ausweisinhaber ist. [2] Die Daten werden nur übermittelt, wenn der Vor-Ort-Anbieter mit Einverständnis des Ausweisinhabers die Zugangsnummer ausliest und diese zusammen mit einem gültigen Vor-Ort-Zertifikat an das Speicher- und Verarbeitungsmedium des Personalausweises übermittelt.

§ 19 Speicherung im Rahmen des elektronischen Identitätsnachweises. (1) Die Speicherung eines Sperrmerkmals ist ausschließlich zulässig

1. in der Sperrliste nach § 10 Abs. 4 Satz 1 oder
2. vorübergehend beim Diensteanbieter zur Prüfung, ob der Personalausweis in den Sperrlisten nach § 10 Abs. 4 Satz 1 aufgeführt ist; die Daten sind nach der Prüfung unverzüglich zu löschen. Zur Ermöglichung auch wiederholter Prüfungen, ob der Personalausweis in den Sperrlisten nach § 10 Absatz 4 Satz 1 aufgeführt ist, erfolgt bei einem Diensteanbieter, der eine Identifizierung nach dem Geldwäschegesetz, der Verordnung (EU) Nr. 910/2014[1]) des Europäischen Parlaments und des Rates vom 23. Juli 2014 über elektronische Identifizierung und Vertrauensdienste für elektronische Transaktionen im Binnenmarkt und zur Aufhebung der Richtlinie 1999/93/EG (ABl. L 257 vom 28.8.2014, S. 73), dem Vertrauensdienstegesetz[2]) oder dem Telekommunikationsgesetz durchführt, abweichend hiervon die Löschung eines gespeicherten Sperrmerkmals erst nach Ablauf einer Frist von einer Woche ab dem Speicherbeginn.

(2) [1] Der Ausweishersteller speichert zur Durchführung des Auskunftsanspruchs nach § 10a Absatz 5 Satz 1 zu jeder Übermittlung nach § 10a Absatz 1 Satz 1 das dienste- und kartenspezifische Kennzeichen jeweils für das elektronische Speicher- und Verarbeitungsmedium des Personalausweises und des mobilen Endgeräts sowie das Datum und die Uhrzeit der Einrichtung, den letzten Tag der Gültigkeitsdauer, die Sperrsumme, das Sperrkennwort und den Hersteller und die Modellbezeichnung des mobilen Endgeräts. [2] Die in Satz 1 genannten Daten sind spätestens einen Monat nach Ablauf der Gültigkeitsdauer des elektronischen Identitätsnachweises mit einem mobilen Endgerät zu löschen. [3] Im Übrigen ist eine Speicherung des Sperrkennworts und der Sperrsumme zum elektronischen Identitätsnachweis mit dem Personalausweis aus-

---

[1]) Auszugsweise abgedruckt unter Nr. **14**.
[2]) Nr. **15**.

schließlich im Personalausweisregister nach § 23 Absatz 3 Nummer 12 und im Melderegister zulässig.

(3) Eine zentrale, alle Sperrkennwörter oder alle Sperrmerkmale umfassende Speicherung ist unzulässig.

(4) [1] Daten, die im Rahmen der Durchführung des elektronischen Identitätsnachweises aus technischen Gründen oder zum Abgleich mit der Sperrliste an den Diensteanbieter übermittelt werden, dürfen nur für den Zeitraum der Übermittlung gespeichert werden. [2] Die Verarbeitung der Daten nach § 18 Abs. 3 Satz 2 bleibt hiervon unberührt.

(5) Die Speicherung der nach § 18 Absatz 3 Satz 2 oder nach § 18a übermittelten Daten ist zulässig zum Zwecke der Anlegung oder Änderung eines elektronischen Benutzerkontos.

(6) [1] Die Übernahme der nach § 18 Absatz 3 Satz 2 oder nach § 18a übermittelten Daten in ein elektronisches Formular und deren Speicherung sind zulässig, soweit und solange die Speicherung zur Wahrnehmung der Geschäftszwecke des Diensteanbieters erforderlich ist. [2] Zulässig ist auch, das Formular mit einem dauerhaften elektronischen Vermerk des Inhalts zu versehen, dass sich der Ausweisinhaber beim Ausfüllen des Formulars nach § 18 oder nach § 18a identifiziert hat.

§ 19a Speicherung durch Identifizierungsdiensteanbieter.

(1) [1] Ein Identifizierungsdiensteanbieter darf die personenbezogenen Daten des Ausweisinhabers ausschließlich zum Zwecke der bei ihm in Auftrag gegebenen Identifizierung sowie nach § 19 Absatz 6 zum Ausfüllen eines elektronischen Formulars verwenden, das ihm hierfür von seinem Auftraggeber zur Verfügung gestellt wurde. [2] Das Anbringen eines elektronischen Vermerks nach § 19 Absatz 6 Satz 2 ist zulässig. [3] Gesetzliche Aufzeichnungspflichten bleiben unberührt.

(2) Der Identifizierungsdiensteanbieter hat die personenbezogenen Daten des Ausweisinhabers zu löschen, sobald die Identifizierung abgeschlossen und gegebenenfalls das elektronische Formular sowie die auf Grund gesetzlicher Aufzeichnungspflichten aufgezeichneten Daten an den Auftraggeber übermittelt wurden.

§ 20 Verwendung durch öffentliche und nichtöffentliche Stellen.

(1) Der Inhaber kann den Ausweis bei öffentlichen und nichtöffentlichen Stellen als Identitätsnachweis und Legitimationspapier verwenden.

(2) [1] Der Ausweis darf nur vom Ausweisinhaber oder von anderen Personen mit Zustimmung des Ausweisinhabers in der Weise abgelichtet werden, dass die Ablichtung eindeutig und dauerhaft als Kopie erkennbar ist. [2] Andere Personen als der Ausweisinhaber dürfen die Kopie nicht an Dritte weitergeben. [3] Werden durch Ablichtung personenbezogene Daten aus dem Personalausweis erhoben oder verarbeitet, so darf die datenerhebende oder -verarbeitende Stelle dies nur mit Einwilligung des Ausweisinhabers tun. [4] Die Vorschriften des allgemeinen Datenschutzrechts über die Erhebung und Verwendung personenbezogener Daten bleiben unberührt.

(3) [1] Die Seriennummern dürfen nicht mit Hilfe automatisierter Verfahren zum Abruf oder zur Verknüpfung personenbezogener Daten verwendet werden. [2] Abweichend hiervon dürfen die Seriennummern mit Hilfe automatisierter Verfahren zum Abruf verwenden

1. die Personalausweisbehörden zur Erfüllung ihrer Aufgaben,
2. die Polizeibehörden des Bundes und der Länder, der Militärische Abschirmdienst, der Bundesnachrichtendienst, die Verfassungsschutzbehörden des Bundes und der Länder, die Steuerfahndungsdienststellen der Länder, der Zollfahndungsdienst und die Hauptzollämter zur Klärung,
   a) wer Inhaber des Personalausweises ist für den Fall, dass eine ausländische öffentliche Stelle die Seriennummer des Personalausweises übermittelt hat und anhand der übrigen von der ausländischen Stelle übermittelten Daten eine Feststellung des Ausweisinhabers nicht möglich ist,
   b) ob der Personalausweis durch einen Nichtberechtigten genutzt wird oder
   c) ob der Personalausweis für ungültig erklärt oder abhandengekommen ist.

[3] Der Ausweishersteller hat öffentlichen Stellen auf deren Verlangen die ausstellende Behörde mitzuteilen. [4] Nichtöffentliche Stellen dürfen die Seriennummern, die Sperrkennwörter und die Sperrmerkmale nicht so verwenden, dass mit ihrer Hilfe ein automatisierter Abruf personenbezogener Daten oder eine Verknüpfung von Dateien möglich ist. [5] Dies gilt nicht für den Abgleich von Sperrmerkmalen durch Diensteanbieter zum Zweck der Überprüfung, ob ein elektronischer Identitätsnachweis gesperrt ist.

(4) [1] Beförderungsunternehmen dürfen personenbezogene Daten aus der maschinenlesbaren Zone des Personalausweises elektronisch nur auslesen und verarbeiten, soweit sie auf Grund internationaler Abkommen oder Einreisebestimmungen zur Mitwirkung an Kontrolltätigkeiten im internationalen Reiseverkehr und zur Übermittlung personenbezogener Daten verpflichtet sind. [2] Biometrische Daten dürfen nicht ausgelesen werden. [3] Die Daten sind unverzüglich zu löschen, wenn sie für die Erfüllung dieser Pflichten nicht mehr erforderlich sind.

(5) [1] Zum Zwecke des Jugendschutzes und mit Einwilligung des Ausweisinhabers dürfen die in § 5 Absatz 4 Satz 2 Nummer 6 und 7 genannten Daten aus der maschinenlesbaren Zone des Personalausweises erhoben werden, um das Alter des Ausweisinhabers und die Gültigkeit des Ausweises zu überprüfen. [2] Eine Speicherung der Daten ist unzulässig.

Abschnitt 4. Hoheitliche Berechtigungszertifikate; Berechtigungen; elektronische Signaturen

§ 20a Hoheitliche Berechtigungszertifikate. (1) Zur Identitätsfeststellung berechtigte Behörden erhalten hoheitliche Berechtigungszertifikate, die ausschließlich für die hoheitliche Tätigkeit der Identitätsfeststellung zu verwenden sind.

(2) [1] Personalausweisbehörden und der Ausweishersteller erhalten hoheitliche Berechtigungszertifikate. [2] Umfang und Inhalt der in Satz 1 genannten hoheitlichen Berechtigungszertifikate bestimmen sich durch die auf Grund dieses Gesetzes den Personalausweisbehörden und dem Ausweishersteller jeweils zugewiesenen Zuständigkeiten.

(3) Das Bundesamt für Sicherheit in der Informationstechnik erhält hoheitliche Berechtigungszertifikate zur Qualitätssicherung anhand von Testausweisen.

§ 21 Berechtigungen für Diensteanbieter. (1) [1] Um Daten im Wege des elektronischen Identitätsnachweises anzufragen, benötigen Diensteanbieter eine

Berechtigung. ²Die Berechtigung lässt datenschutzrechtliche Vorschriften unberührt. ³Das Vorliegen einer Berechtigung ist durch die Vergabe von Berechtigungszertifikaten technisch abzusichern.

(2) ¹Die Berechtigung wird auf Antrag erteilt. ²Die antragstellende Person muss die Daten nach § 18 Absatz 4 Satz 2 Nummer 1, 2 und 4 angeben. ³Die Berechtigung ist zu erteilen, wenn

1. der Diensteanbieter seine Identität gegenüber der Vergabestelle für Berechtigungszertifikate nachweist,
2. der Diensteanbieter das dem Antrag zu Grunde liegende Interesse an einer Berechtigung, insbesondere zur geplanten organisationsbezogenen Nutzung, darlegt,
3. der Diensteanbieter die Einhaltung des betrieblichen Datenschutzes versichert und
4. der Vergabestelle für Berechtigungszertifikate keine Anhaltspunkte für eine missbräuchliche Verwendung der Daten vorliegen.

(3) ¹Die Berechtigung ist zu befristen. ²Die Gültigkeitsdauer darf einen Zeitraum von drei Jahren nicht überschreiten. ³Die Berechtigung darf nur von dem im Berechtigungszertifikat angegebenen Diensteanbieter verwendet werden. ⁴Sie wird auf Antrag wiederholt erteilt.

(4) ¹Die Berechtigung ist zurückzunehmen, wenn der Diensteanbieter diese durch Angaben erwirkt hat, die in wesentlicher Beziehung unrichtig oder unvollständig waren. ²Sie ist zu widerrufen, wenn sie nicht oder nicht im gleichen Umfang hätte erteilt werden dürfen. ³Die Berechtigung soll zurückgenommen oder widerrufen werden, wenn die für den Diensteanbieter zuständige Datenschutzaufsichtsbehörde die Rücknahme oder den Widerruf verlangt, weil Tatsachen die Annahme rechtfertigen, dass der Diensteanbieter die auf Grund der Nutzung des Berechtigungszertifikates erhaltenen personenbezogenen Daten in unzulässiger Weise verarbeitet oder nutzt.

(5) ¹Mit Bekanntgabe der Rücknahme oder des Widerrufs der Berechtigung darf der Diensteanbieter vorhandene Berechtigungszertifikate nicht mehr verwenden. ²Dies gilt nicht, solange und soweit die sofortige Vollziehung (§ 30) ausgesetzt worden ist.

(6) Der Diensteanbieter hat Änderungen der Angaben nach § 18 Absatz 4 Satz 2 Nummer 1 und 4 der Vergabestelle für Berechtigungszertifikate unverzüglich mitzuteilen.

(7) Öffentliche Stellen anderer Mitgliedstaaten der Europäischen Union sind berechtigt, Daten im Wege des elektronischen Identitätsnachweises anzufragen.

(8) Die Vergabestelle für Berechtigungszertifikate führt ein Register über die erteilten Berechtigungen.

§ 21a Vor-Ort-Berechtigung für Vor-Ort-Diensteanbieter.
¹Um Ausweisdaten nach § 18a unter Anwesenden vor Ort auslesen zu dürfen, benötigen Vor-Ort-Diensteanbieter eine Vor-Ort-Berechtigung einschließlich eines Vor-Ort-Zertifikats. ²§ 21 gilt hierfür entsprechend.

§ 21b Berechtigung für Identifizierungsdiensteanbieter.
(1) Wer als Identifizierungsdiensteanbieter die Funktion des elektronischen Identitätsnachweises nach § 18 Absatz 2 Satz 1 in Verbindung mit § 19 Absatz 6 nutzen

möchte, um Identifizierungsdienstleistungen für Dritte zu erbringen, bedarf einer Berechtigung.

(2) [1] Die Berechtigung ist zu erteilen, wenn der Identifizierungsdiensteanbieter

1. durch technisch-organisatorische Maßnahmen die Einhaltung der in § 19a enthaltenen Vorgaben gewährleistet und
2. die weiteren Anforderungen an Datenschutz und Datensicherheit nach der Rechtsverordnung nach § 34 Satz 1 Nummer 7 erfüllt.

[2] Im Übrigen gilt § 21 entsprechend.

§ 22 Elektronische Signatur. [1] Der Personalausweis kann als qualifizierte elektronische Signaturerstellungseinheit im Sinne des Artikels 3 Nummer 23 der Verordnung (EU) Nr. 910/2014[1]) ausgestaltet werden. [2] Die Zertifizierung nach Artikel 30 der Verordnung (EU) Nr. 910/2014[1]) erfolgt durch das Bundesamt für Sicherheit in der Informationstechnik. [3] Die Vorschriften des Vertrauensdienstegesetzes[2]) bleiben unberührt.

Abschnitt 5. Personalausweisregister; Speicherungsvorschriften

§ 23 Personalausweisregister. (1) Die Personalausweisbehörden führen Personalausweisregister.

(2) Das Personalausweisregister dient der Durchführung dieses Gesetzes, insbesondere

1. der Ausstellung der Ausweise und der Feststellung ihrer Echtheit und
2. der Identitätsfeststellung der Person, die den Ausweis besitzt oder für die er ausgestellt ist.

(3) Das Personalausweisregister darf neben dem Lichtbild, der Unterschrift des Ausweisinhabers und verfahrensbedingten Bearbeitungsvermerken ausschließlich folgende Daten enthalten:

1. Familienname und Geburtsname,
2. Vornamen,
3. Doktorgrad,
4. Tag der Geburt,
5. Ort der Geburt,
6. Größe,
7. Farbe der Augen,
8. Anschrift,
9. Staatsangehörigkeit,
10. Familienname, Vornamen, Tag der Geburt und Unterschrift des gesetzlichen Vertreters,
11. Seriennummer,
12. Sperrkennwort und Sperrsumme,
13. letzter Tag der Gültigkeitsdauer,

---

[1]) Nr. 14.
[2]) Nr. 15.

14. ausstellende Behörde,
15. Vermerke über Anordnungen nach § 6 Absatz 7 und Maßnahmen nach § 6a Absatz 1 bis 3,
16. Angaben zur Erklärungspflicht des Ausweisinhabers nach § 29 des Staatsangehörigkeitsgesetzes,
17. die Tatsache, dass die Funktion zum elektronischen Identitätsnachweis mit Personalausweis ausgeschaltet wurde oder in die Sperrliste eingetragen ist,
18. Ordensname, Künstlername und
19. den Nachweis über eine erteilte Ermächtigung nach § 8 Abs. 4 Satz 2.

(4) ¹Personenbezogene Daten im Personalausweisregister sind mindestens bis zur Ausstellung eines neuen Ausweises, höchstens jedoch bis zu fünf Jahre nach dem Ablauf der Gültigkeit des Ausweises, auf den sie sich beziehen, zu speichern und dann zu löschen. ²Für die Personalausweisbehörde nach § 7 Abs. 2 bei der Wahrnehmung konsularischer Aufgaben beträgt die Frist 30 Jahre.

(5) Die zuständige Personalausweisbehörde führt den Nachweis über Personalausweise, für die sie eine Ermächtigung nach § 8 Abs. 4 Satz 2 erteilt hat.

§ 24 Verwendung im Personalausweisregister gespeicherter Daten.

(1) Die Personalausweisbehörden dürfen personenbezogene Daten nur nach Maßgabe dieses Gesetzes, anderer Gesetze oder Rechtsverordnungen erheben oder verwenden.

(2) ¹Die Personalausweisbehörden dürfen anderen Behörden auf deren Ersuchen Daten aus dem Personalausweisregister übermitteln, wenn

1. die ersuchende Behörde auf Grund von Gesetzen oder Rechtsverordnungen berechtigt ist, solche Daten zu erhalten,
2. die ersuchende Behörde ohne Kenntnis der Daten nicht in der Lage wäre, eine ihr obliegende Aufgabe zu erfüllen, und
3. die ersuchende Behörde die Daten bei dem Betroffenen nicht oder nur mit unverhältnismäßig hohem Aufwand erheben kann oder wenn nach der Art der Aufgabe, zu deren Erfüllung die Daten erforderlich sind, von einer solchen Datenerhebung abgesehen werden muss.

²Hinsichtlich der Daten, die auch im Melderegister gespeichert sind, müssen die im Bundesmeldegesetz enthaltenen Beschränkungen beachtet werden.

(3) ¹Die ersuchende Behörde trägt die Verantwortung dafür, dass die Voraussetzungen des Absatzes 2 vorliegen. ²Ein Ersuchen nach Absatz 2 darf nur von Bediensteten gestellt werden, die vom Behördenleiter dazu besonders ermächtigt sind. ³Die ersuchende Behörde hat den Anlass des Ersuchens und die Herkunft der übermittelten Daten und Unterlagen zu dokumentieren. ⁴Wird die Personalausweisbehörde vom Bundesamt für Verfassungsschutz, den Landesbehörden für Verfassungsschutz, dem Militärischen Abschirmdienst, dem Bundesnachrichtendienst, dem Bundeskriminalamt oder dem Generalbundesanwalt oder der Generalbundesanwältin um die Übermittlung von Daten ersucht, so hat die ersuchende Behörde den Familiennamen, die Vornamen und die Anschrift des Betroffenen unter Hinweis auf den Anlass der Übermittlung aufzuzeichnen. ⁵Die Aufzeichnungen sind gesondert aufzubewahren, durch technische und organisatorische Maßnahmen zu sichern und am Ende des Kalenderjahres, das dem Jahr der Übermittlung folgt, zu vernichten.

(4) Die Daten des Personalausweisregisters und des Melderegisters dürfen zur Berichtigung des jeweils anderen Registers verwendet werden.

§ 25 Datenübertragung und automatisierter Abruf von Lichtbildern.

(1) [1]In den Fällen des § 24 Abs. 2 dürfen personenbezogene Daten auch durch Datenübertragung übermittelt werden. [2]§ 12 Abs. 1 Satz 3 gilt entsprechend.

(2) [1]Die Ordnungsbehörden dürfen das Lichtbild zum Zweck der Verfolgung von Verkehrsordnungswidrigkeiten im automatisierten Verfahren abrufen, wenn die Personalausweisbehörde auf andere Weise nicht erreichbar ist und ein weiteres Abwarten den Ermittlungszweck gefährden würde. [2]Zuständig für den Abruf sind die Polizeivollzugsbehörden auf Ebene der Landkreise und kreisfreien Städte, die durch Landesrecht bestimmt werden. [3]Die abrufende Behörde trägt die Verantwortung dafür, dass die Voraussetzungen der Absätze 1 und 2 Satz 1 vorliegen. [4]Die Polizeibehörden des Bundes und der Länder, der Militärische Abschirmdienst, der Bundesnachrichtendienst, die Verfassungsschutzbehörden des Bundes und der Länder, Steuerfahndungsdienststellen der Länder, der Zollfahndungsdienst und die Hauptzollämter dürfen das Lichtbild zur Erfüllung ihrer Aufgaben im automatisierten Verfahren abrufen. [5]Ferner dürfen die zur Ausstellung

1. des Führerscheins,

2. des Fahrerqualifizierungsnachweises oder

3. der Fahrerkarte

zuständigen Behörden das Lichtbild sowie die Unterschrift der antragstellenden Person im automatisierten Verfahren abrufen, wenn die antragstellende Person zuvor im Rahmen der Online-Beantragung in die elektronische Übermittlung eingewilligt hat. [6]Die abrufende Behörde trägt die Verantwortung dafür, dass die Voraussetzungen des Absatzes 1 vorliegen. [7]Alle Abrufe sind von den beteiligten Behörden so zu protokollieren, dass eine Kontrolle der Zulässigkeit der Abrufe möglich ist. [8]Abrufe nach den Sätzen 4 und 5 werden nur von der abrufenden Behörde protokolliert. [9]Die Protokolle enthalten:

1. Familienname, Vornamen sowie Tag und Ort der Geburt der Person, deren Lichtbild abgerufen wurde,

2. Tag und Uhrzeit des Abrufs,

3. die Bezeichnung der am Abruf beteiligten Stellen,

4. die Angabe der abrufenden und der den Abruf anordnenden Person sowie

5. das Aktenzeichen.

[10]§ 24 Abs. 3 Satz 5 gilt entsprechend.

§ 26 Sonstige Speicherung personenbezogener Daten.

(1) [1]Beantragung, Ausstellung und Aushändigung von Ausweisen dürfen nicht zum Anlass genommen werden, die dafür erforderlichen Angaben und biometrischen Merkmale außer bei den ausstellenden Personalausweisbehörden nach § 7 Abs. 1 und 2 nach den Vorgaben der §§ 23 bis 25 zu speichern. [2]Entsprechendes gilt für die zur Ausstellung des Ausweises erforderlichen Antragsunterlagen sowie für personenbezogene Datenträger.

(2) Die bei der Personalausweisbehörde gespeicherten Fingerabdrücke sind spätestens nach Aushändigung des Personalausweises an die antragstellende Person zu löschen.

(3) ¹Eine zentrale, alle Seriennummern umfassende Speicherung darf nur bei dem Ausweishersteller und ausschließlich zum Nachweis des Verbleibs der Ausweise erfolgen. ²Abgesehen von der Sperrsumme und dem letzten Tag der Gültigkeit der jeweiligen elektronischen Identitätsnachweise sowie den weiteren in § 19 Absatz 2 genannten Daten ist die Speicherung sonstiger personenbezogener Daten der antragstellenden Person bei dem Ausweishersteller unzulässig, soweit sie nicht ausschließlich und vorübergehend der Herstellung des Ausweises dient; die Angaben sind anschließend zu löschen.

(4) Eine bundesweite Datenbank der biometrischen Merkmale wird nicht errichtet.

18. De-Mail-Gesetz[1) 2) 3)]

Vom 28. April 2011
(BGBl. I S. 666)
FNA 206-4

zuletzt geänd. durch Art. 7 PersonengesellschaftsrechtsmodernisierungsG (MoPeG) v. 10.8.2021 (BGBl. I S. 3436)

Abschnitt 1. Allgemeine Vorschriften

§ 1 De-Mail-Dienste. (1) De-Mail-Dienste sind Dienste auf einer elektronischen Kommunikationsplattform, die einen sicheren, vertraulichen und nachweisbaren Geschäftsverkehr für jedermann im Internet sicherstellen sollen.

(2) [1] Ein De-Mail-Dienst muss eine sichere Anmeldung, die Nutzung eines Postfach- und Versanddienstes für sichere elektronische Post sowie die Nutzung eines Verzeichnisdienstes und kann zusätzlich auch Identitätsbestätigungs- und Dokumentenablagedienste ermöglichen. [2] Ein De-Mail-Dienst wird von einem nach diesem Gesetz akkreditierten Diensteanbieter betrieben.

(3) Elektronische Kommunikationsinfrastrukturen und sonstige Anwendungen, die der sicheren Übermittlung von Nachrichten und Daten dienen, bleiben unberührt.

§ 2 Zuständige Behörde. Zuständige Behörde nach diesem Gesetz ist das Bundesamt für Sicherheit in der Informationstechnik.

Abschnitt 2. Pflichtangebote und optionale Angebote des Diensteanbieters

§ 3 Eröffnung eines De-Mail-Kontos. (1) [1] Durch einen De-Mail-Konto-Vertrag verpflichtet sich ein akkreditierter Diensteanbieter, einem Nutzer ein De-Mail-Konto zur Verfügung zu stellen. [2] Ein De-Mail-Konto ist ein Bereich in einem De-Mail-Dienst, der einem Nutzer so zugeordnet ist, dass er nur von ihm genutzt werden kann. [3] Der akkreditierte Diensteanbieter hat durch technische Mittel sicherzustellen, dass nur der diesem De-Mail-Konto zugeordnete Nutzer Zugang zu dem ihm zugeordneten De-Mail-Konto erlangen kann.

(2) [1] Der akkreditierte Diensteanbieter hat die Identität des Nutzers und bei juristischen Personen, Personengesellschaften oder öffentlichen Stellen zusätzlich die Identität ihrer gesetzlichen Vertreter oder Organmitglieder zuverlässig festzustellen. [2] Dazu erhebt und speichert er folgende Angaben:

[1)] **Amtl. Anm.:** Die Verpflichtungen aus der Richtlinie 98/34/EG des Europäischen Parlaments und des Rates vom 22. Juni 1998 über ein Informationsverfahren auf dem Gebiet der Normen und technischen Vorschriften und der Vorschriften für die Dienste der Informationsgesellschaft (ABl. L 204 vom 21.7.1998, S. 37), die zuletzt durch die Richtlinie 2006/96/EG (ABl. L 363 vom 20.12.2006, S. 81) geändert worden ist, sind beachtet worden.
[2)] Verkündet als Art. 1 des G v. 28.4.2011 (BGBl. I S. 666); Inkrafttreten gem. Art. 6 dieses G am 3.5.2011.
[3)] Die Änderungen durch G v. 10.8.2021 (BGBl. I S. 3436) treten erst **mWv 1.1.2024** in Kraft und sind daher im Text noch nicht berücksichtigt.

1. bei einer natürlichen Person Name, Geburtsort, Geburtsdatum und Anschrift;
2. bei einer juristischen Person oder Personengesellschaft oder öffentlichen Stelle Firma, Name oder Bezeichnung, Rechtsform, Registernummer, soweit vorhanden, Anschrift des Sitzes oder der Hauptniederlassung und Namen der Mitglieder des Vertretungsorgans oder der gesetzlichen Vertreter; ist ein Mitglied des Vertretungsorgans oder der gesetzliche Vertreter eine juristische Person, so wird deren Firma, Name oder Bezeichnung, Rechtsform, Registernummer, soweit vorhanden, und Anschrift des Sitzes oder der Hauptniederlassung erhoben.

(3) [1] Der akkreditierte Diensteanbieter hat die Angaben nach Absatz 2 vor Freischaltung des De-Mail-Kontos des Nutzers zu überprüfen:

1. bei natürlichen Personen
   a) anhand eines gültigen amtlichen Ausweises, der ein Lichtbild des Inhabers enthält und mit dem die Pass- und Ausweispflicht im Inland erfüllt wird, insbesondere anhand eines inländischen oder nach ausländerrechtlichen Bestimmungen anerkannten oder zugelassenen Passes, Personalausweises oder Pass- oder Ausweisersatzes,
   b) anhand von Dokumenten, die bezüglich ihrer Sicherheit einem Dokument nach Buchstabe a gleichwertig sind,
   c) anhand eines elektronischen Identitätsnachweises nach § 18 des Personalausweisgesetzes[1]), nach § 12 des eID-Karte-Gesetzes oder nach § 78 Absatz 5 des Aufenthaltsgesetzes,
   d) anhand einer qualifizierten elektronischen Signatur oder
   e) anhand sonstiger geeigneter technischer Verfahren mit gleichwertiger Sicherheit zu einer Identifizierung anhand der Dokumente nach Buchstabe a;
2. bei juristischen Personen oder Personengesellschaften oder bei öffentlichen Stellen
   a) anhand eines Auszugs aus dem Handels- oder Genossenschaftsregister oder aus einem vergleichbaren amtlichen Register oder Verzeichnis,
   b) anhand der Gründungsdokumente,
   c) anhand von Dokumenten, die bezüglich ihrer Beweiskraft den Dokumenten nach den Buchstaben a oder b gleichwertig sind, oder
   d) durch Einsichtnahme in die Register- oder Verzeichnisdaten.

[2] Soweit die Anschrift von natürlichen Personen nicht durch Verfahren nach Satz 1 Nummer 1 Buchstabe a bis e überprüft werden kann, ist sie anhand behördlicher Dokumente zu überprüfen, die zum Zweck der Anschriftsbescheinigung ausgestellt worden sind; sofern keine behördlichen Dokumente beigebracht werden können, ist die Anschrift anhand sonstiger geeigneter Verfahren zur Überprüfung der postalischen Erreichbarkeit zu überprüfen. [3] Der akkreditierte Diensteanbieter kann von dem amtlichen Ausweis eine Kopie erstellen. [4] Er hat die Kopie unverzüglich nach Feststellung der für die Identität erforderlichen Angaben des Teilnehmers zu vernichten. [5] Der akkreditierte Diensteanbieter darf zur Identitätsfeststellung und -überprüfung mit Einwilligung des Nutzers auch personenbezogene Daten verarbeiten, die er zu einem

---

[1]) Nr. **17**.

früheren Zeitpunkt erhoben hat, sofern diese Daten die zuverlässige Identitätsfeststellung des Nutzers gewährleisten.

(4) [1] Eine Nutzung der De-Mail-Dienste ist erst möglich, nachdem der akkreditierte Dienstanbieter das De-Mail-Konto des Nutzers freigeschaltet hat. [2] Die Freischaltung erfolgt, sobald

1. der akkreditierte Dienstanbieter den Nutzer eindeutig identifiziert hat und die Identitätsdaten des Nutzers und bei Absatz 2 Nummer 2 auch dessen gesetzlichen Vertreters oder der Organmitglieder erhoben und erfolgreich überprüft worden sind,
2. der akkreditierte Dienstanbieter dem Nutzer dessen für die Erstanmeldung notwendigen Anmeldedaten auf geeignetem Wege übermittelt hat,
3. der Nutzer die Bestätigung nach § 9 Absatz 2 vorgenommen hat,
4. der Nutzer in die Prüfung seiner Nachrichten auf Schadsoftware durch den akkreditierten Dienstanbieter eingewilligt hat und
5. der Nutzer im Rahmen einer Erstanmeldung nachgewiesen hat, dass er die Anmeldedaten erfolgreich nutzen konnte.

(5) [1] Der akkreditierte Dienstanbieter hat nach der Freischaltung des De-Mail-Kontos eines Nutzers die Richtigkeit der zu dem Nutzer gespeicherten Identitätsdaten sicherzustellen. [2] Er hat die gespeicherten Identitätsdaten in angemessenen zeitlichen Abständen auf ihre Richtigkeit zu prüfen und soweit erforderlich zu berichtigen.

§ 4 Anmeldung zu einem De-Mail-Konto.

(1) [1] Der akkreditierte Dienstanbieter muss dem Nutzer den Zugang zu seinem De-Mail-Konto und den einzelnen Diensten mit einer sicheren Anmeldung oder auf Verlangen des Nutzers auch ohne eine solche sichere Anmeldung ermöglichen. [2] Für die sichere Anmeldung hat der akkreditierte Dienstanbieter sicherzustellen, dass zum Schutz gegen eine unberechtigte Nutzung der Zugang zum De-Mail-Konto nur möglich ist, wenn zwei geeignete und voneinander unabhängige Sicherungsmittel eingesetzt werden; soweit bei den Sicherungsmitteln Geheimnisse verwendet werden, ist deren Einmaligkeit und Geheimhaltung sicherzustellen. [3] Der Zugang zum De-Mail-Konto erfolgt ohne eine sichere Anmeldung, wenn nur ein Sicherungsmittel, in der Regel Benutzername und Passwort, verwendet wird. [4] Der Nutzer kann verlangen, dass der Zugang zu seinem De-Mail-Konto ausschließlich mit einer sicheren Anmeldung möglich sein soll.

(2) [1] Der akkreditierte Dienstanbieter hat zu gewährleisten, dass der Nutzer zwischen mindestens zwei Verfahren zur sicheren Anmeldung nach Absatz 1 Satz 2 wählen kann. [2] Als ein Verfahren zur sicheren Anmeldung muss durch den Nutzer, soweit er eine natürliche Person ist, der elektronische Identitätsnachweis nach § 18 des Personalausweisgesetzes[1]), nach § 12 des eID-Karte-Gesetzes oder nach § 78 Absatz 5 des Aufenthaltsgesetzes genutzt werden können.

(3) Der akkreditierte Dienstanbieter hat sicherzustellen, dass die Kommunikationsverbindung zwischen dem Nutzer und seinem De-Mail-Konto verschlüsselt erfolgt.

---

[1]) Nr. **17**.

§ 5 Postfach- und Versanddienst. (1) ¹Die Bereitstellung eines De-Mail-Kontos umfasst die Nutzung eines sicheren elektronischen Postfach- und Versanddienstes für elektronische Nachrichten. ²Hierzu wird dem Nutzer eine De-Mail-Adresse für elektronische Post zugewiesen, welche folgende Angaben enthalten muss:

1. im Domänenteil der De-Mail-Adresse eine Kennzeichnung, die ausschließlich für De-Mail-Dienste genutzt werden darf;
2. bei natürlichen Personen im lokalen Teil deren Nachnamen und einen oder mehrere Vornamen oder einen Teil des oder der Vornamen (Hauptadresse);
3. bei juristischen Personen, Personengesellschaften oder öffentlichen Stellen im Domänenteil eine Bezeichnung, welche in direktem Bezug zu ihrer Firma, Namen oder sonstiger Bezeichnung steht.

(2) ¹Der akkreditierte Diensteanbieter kann Nutzern auf Verlangen auch pseudonyme De-Mail-Adressen zur Verfügung stellen, soweit es sich bei dem Nutzer um eine natürliche Person handelt. ²Die Inanspruchnahme eines Dienstes durch den Nutzer unter Pseudonym ist für Dritte erkennbar zu kennzeichnen.

(3) ¹Der Postfach- und Versanddienst hat die Vertraulichkeit, die Integrität und die Authentizität der Nachrichten zu gewährleisten. ²Hierzu gewährleistet der akkreditierte Diensteanbieter, dass

1. die Kommunikation von einem akkreditierten Diensteanbieter zu jedem anderen akkreditierten Diensteanbieter über einen verschlüsselten gegenseitig authentisierten Kanal erfolgt (Transportverschlüsselung) und
2. der Inhalt einer De-Mail-Nachricht vom akkreditierten Diensteanbieter des Senders zum akkreditierten Diensteanbieter des Empfängers verschlüsselt übertragen wird.

³Der Einsatz einer durchgängigen Verschlüsselung zwischen Sender und Empfänger (Ende-zu-Ende-Verschlüsselung) bleibt hiervon unberührt.

(4) Der Sender kann eine sichere Anmeldung nach § 4 für den Abruf der Nachricht durch den Empfänger bestimmen.

(5) ¹Der akkreditierte Diensteanbieter muss dem Nutzer ermöglichen, seine sichere Anmeldung im Sinne von § 4 in der Nachricht so bestätigen zu lassen, dass die Unverfälschtheit der Bestätigung jederzeit nachprüfbar ist. ²Um dieses dem Empfänger der Nachricht kenntlich zu machen, bestätigt der akkreditierte Diensteanbieter des Senders die Verwendung der sicheren Anmeldung nach § 4. ³Hierzu versieht er im Auftrag des Senders die Nachricht mit einer dauerhaft überprüfbaren qualifizierten elektronischen Signatur; sind der Nachricht eine oder mehrere Dateien beigefügt, bezieht sich die qualifizierte elektronische Signatur auch auf diese. ⁴Die Bestätigung enthält bei natürlichen Personen den Namen und die Vornamen, bei juristischen Personen, Personengesellschaften oder öffentlichen Stellen die Firma, den Namen oder die Bezeichnung des Senders in der Form, in der diese nach § 3 Absatz 2 hinterlegt sind. ⁵Die Tatsache, dass der Absender diese Versandart genutzt hat, muss sich aus der Nachricht in der Form, wie sie beim Empfänger ankommt, ergeben. ⁶Die Bestätigung nach Satz 1 ist nicht zulässig bei Verwendung einer pseudonymen De-Mail-Adresse nach Absatz 2.

(6) ¹Der akkreditierte Diensteanbieter mit Ausnahme der Diensteanbieter nach § 19 ist verpflichtet, elektronische Nachrichten nach den Vorschriften der

Prozessordnungen und der Gesetze, die die Verwaltungszustellung regeln, förmlich zuzustellen. ²Im Umfang dieser Verpflichtung ist der akkreditierte Diensteanbieter mit Hoheitsbefugnissen ausgestattet (beliehener Unternehmer).

(7) ¹Der akkreditierte Diensteanbieter bestätigt auf Antrag des Senders den Versand einer Nachricht. ²Die Versandbestätigung muss folgende Angaben enthalten:
1. die De-Mail-Adresse des Absenders und des Empfängers;
2. das Datum und die Uhrzeit des Versands der Nachricht vom De-Mail-Postfach des Senders;
3. den Namen und Vornamen oder die Firma des akkreditierten Diensteanbieters, der die Versandbestätigung erzeugt und
4. die Prüfsumme der zu bestätigenden Nachricht.

³Der akkreditierte Diensteanbieter des Senders hat die Versandbestätigung mit einer qualifizierten elektronischen Signatur zu versehen.

(8) ¹Auf Antrag des Senders wird der Eingang einer Nachricht im De-Mail-Postfach des Empfängers bestätigt. ²Hierbei wirken der akkreditierte Diensteanbieter des Senders und der akkreditierte Diensteanbieter des Empfängers zusammen. ³Der akkreditierte Diensteanbieter des Empfängers erstellt eine Eingangsbestätigung. ⁴Die Eingangsbestätigung enthält folgende Angaben:
1. die De-Mail-Adresse des Absenders und des Empfängers;
2. das Datum und die Uhrzeit des Eingangs der Nachricht im De-Mail-Postfach des Empfängers;
3. den Namen und Vornamen oder die Firma des akkreditierten Diensteanbieters, der die Eingangsbestätigung erzeugt und
4. die Prüfsumme der zu bestätigenden Nachricht.

⁵Der akkreditierte Diensteanbieter des Empfängers hat die Eingangsbestätigung mit einer qualifizierten elektronischen Signatur zu versehen. ⁶Der akkreditierte Diensteanbieter des Empfängers sendet diesem ebenfalls die Eingangsbestätigung zu.

(9) ¹Eine öffentliche Stelle, welche zur förmlichen Zustellung nach den Vorschriften der Prozessordnungen und der Gesetze, die die Verwaltungszustellung regeln, berechtigt ist, kann eine Abholbestätigung verlangen. ²Aus der Abholbestätigung ergibt sich, dass sich der Empfänger nach dem Eingang der Nachricht im Postfach an seinem De-Mail-Konto sicher im Sinne des § 4 angemeldet hat. ³Hierbei wirken der akkreditierte Diensteanbieter der öffentlichen Stelle als Senderin und der akkreditierte Diensteanbieter des Empfängers zusammen. ⁴Der akkreditierte Diensteanbieter des Empfängers erzeugt die Abholbestätigung. ⁵Die Abholbestätigung muss folgende Angaben enthalten:
1. die De-Mail-Adresse des Absenders und des Empfängers;
2. das Datum und die Uhrzeit des Eingangs der Nachricht im De-Mail-Postfach des Empfängers;
3. das Datum und die Uhrzeit der sicheren Anmeldung des Empfängers an seinem De-Mail-Konto im Sinne des § 4;
4. den Namen und Vornamen oder die Firma des akkreditierten Diensteanbieters, der die Abholbestätigung erzeugt und
5. die Prüfsumme der zu bestätigenden Nachricht.

⁶Der akkreditierte Diensteanbieter des Empfängers hat die Abholbestätigung mit einer qualifizierten elektronischen Signatur zu versehen. ⁷Der akkreditierte Diensteanbieter des Empfängers sendet diesem ebenfalls die Abholbestätigung zu. ⁸Die in Satz 5 genannten Daten dürfen ausschließlich zum Nachweis der förmlichen Zustellung im Sinne von § 5 Absatz 6 verarbeitet und genutzt werden.

(10) Der akkreditierte Diensteanbieter stellt sicher, dass Nachrichten, für die eine Eingangsbestätigung nach Absatz 8 oder eine Abholbestätigung nach Absatz 9 erteilt worden ist, durch den Empfänger ohne eine sichere Anmeldung an seinem De-Mail-Konto erst 90 Tage nach ihrem Eingang gelöscht werden können.

(11) ¹Nutzern, die natürliche Personen sind, bietet der akkreditierte Diensteanbieter an, von allen an ihre De-Mail-Adresse adressierten Nachrichten eine Kopie an eine zuvor vom Nutzer angegebene De-Mail-Adresse (Weiterleitungsadresse) weiterzuleiten, ohne dass der Nutzer an seinem De-Mail-Konto angemeldet sein muss (automatische Weiterleitung). ²Der Nutzer kann ausschließen, dass im Sinne des Absatzes 4 an ihn gesendete Nachrichten weitergeleitet werden. ³Der Nutzer kann den Dienst der automatischen Weiterleitung jederzeit zurücknehmen. ⁴Um den Dienst der automatischen Weiterleitung nutzen zu können, muss der Nutzer sicher an seinem De-Mail-Konto angemeldet sein.

§ 6 Identitätsbestätigungsdienst. (1) ¹Der akkreditierte Diensteanbieter kann einen Identitätsbestätigungsdienst anbieten. ²Ein solcher liegt vor, wenn sich der Nutzer der nach § 3 hinterlegten Identitätsdaten bedienen kann, um seine Identität gegenüber einem Dritten, der ebenfalls Nutzer eines De-Mail-Kontos ist, sicher elektronisch bestätigen zu lassen. ³Die Übermittlung der Identitätsdaten erfolgt mittels einer De-Mail-Nachricht, die der akkreditierte Diensteanbieter im Auftrag des Nutzers an den Dritten, welchem gegenüber er seine Identitätsdaten mitteilen möchte, sendet. ⁴Die De-Mail-Nachricht wird durch den akkreditierten Diensteanbieter mit einer qualifizierten elektronischen Signatur versehen.

(2) Der akkreditierte Diensteanbieter hat Vorkehrungen dafür zu treffen, dass Identitätsdaten nicht unbemerkt gefälscht oder verfälscht werden können.

(3) Die zuständige Behörde kann die Einschränkung der Verarbeitung eines Identitätsdatums anordnen, wenn Tatsachen die Annahme rechtfertigen, dass das Identitätsdatum auf Grund falscher Angaben ausgestellt wurde oder nicht ausreichend fälschungssicher ist.

§ 7 Verzeichnisdienst. (1) ¹Der akkreditierte Diensteanbieter hat auf ausdrückliches Verlangen des Nutzers die De-Mail-Adressen, die nach § 3 hinterlegten Identitätsdaten Name und Anschrift, die für die Verschlüsselung von Nachrichten an den Nutzer notwendigen Informationen und die Information über die Möglichkeit der sicheren Anmeldung nach § 4 des Nutzers in einem Verzeichnisdienst zu veröffentlichen. ²Der akkreditierte Diensteanbieter darf die Eröffnung eines De-Mail-Kontos für den Nutzer nicht von dem Verlangen des Nutzers nach Satz 1 abhängig machen.

(2) ¹Der akkreditierte Diensteanbieter hat eine De-Mail-Adresse, ein Identitätsdatum oder die für die Verschlüsselung von Nachrichten an den Nutzer

notwendigen Informationen unverzüglich aus dem Verzeichnisdienst zu löschen, wenn
1. der Nutzer dies verlangt,
2. die Daten aufgrund falscher Angaben ausgestellt wurden,
3. der Diensteanbieter seine Tätigkeit beendet und diese nicht von einem anderen akkreditierten Diensteanbieter fortgeführt wird oder
4. die zuständige Behörde die Löschung aus dem Verzeichnisdienst anordnet.

²Weitere Gründe für eine Löschung können vertraglich vereinbart werden.

(3) ¹Die Veröffentlichung der De-Mail-Adresse im Verzeichnisdienst auf ein Verlangen des Nutzers als Verbraucher nach Absatz 1 allein gilt nicht als Eröffnung des Zugangs im Sinne von § 3a Absatz 1 des Verwaltungsverfahrensgesetzes[1], § 36a Absatz 1 des Ersten Buches Sozialgesetzbuch[2] oder des § 87a Absatz 1 Satz 1 der Abgabenordnung[3]. ²Auf Verlangen des Nutzers muss der akkreditierte Diensteanbieter durch einen geeigneten Zusatz die Erklärung des Nutzers im Verzeichnisdienst veröffentlichen, den Zugang im Sinne von § 3a des Verwaltungsverfahrensgesetzes[1], § 36a Absatz 1 des Ersten Buches Sozialgesetzbuch[2] und des § 87a Absatz 1 Satz 1 der Abgabenordnung[3] eröffnen zu wollen. ³Die Veröffentlichung der De-Mail-Adresse des Nutzers als Verbraucher mit diesem Zusatz im Verzeichnisdienst gilt als Zugangseröffnung. ⁴Satz 2 gilt entsprechend für die Entscheidung des Nutzers, die Zugangseröffnung zurückzunehmen.

(4) § 18 des Telekommunikation-Telemedien-Datenschutz-Gesetzes[4] gilt entsprechend.

§ 8 Dokumentenablage. ¹Der akkreditierte Diensteanbieter kann dem Nutzer eine Dokumentenablage zur sicheren Ablage von Dokumenten anbieten. ²Bietet er die Dokumentenablage an, so hat er dafür Sorge zu tragen, dass die Dokumente sicher abgelegt werden; Vertraulichkeit, Integrität und ständige Verfügbarkeit der abgelegten Dokumente sind zu gewährleisten. ³Der akkreditierte Diensteanbieter ist verpflichtet, alle Dokumente verschlüsselt abzulegen. ⁴Der Nutzer kann für jede einzelne Datei eine für den Zugriff erforderliche sichere Anmeldung nach § 4 festlegen. ⁵Auf Verlangen des Nutzers hat der akkreditierte Diensteanbieter ein Protokoll über die Einstellung und Herausnahme von Dokumenten bereitzustellen, das mit einer qualifizierten elektronischen Signatur gesichert ist.

Abschnitt 3. De-Mail-Dienste-Nutzung

§ 9 Aufklärungs- und Informationspflichten. (1) ¹Der akkreditierte Diensteanbieter hat den Nutzer vor der erstmaligen Nutzung des De-Mail-Kontos über die Rechtsfolgen und Kosten der Nutzung von De-Mail-Diensten, insbesondere der Nutzung des Postfach- und Versanddienstes nach § 5, des Verzeichnisdienstes nach § 7 und der Dokumentenablage nach § 8, über die Rechtsfolgen und Kosten der Sperrung und Auflösung des De-Mail-Kontos

---
[1] Nr. 36.
[2] Nr. 40.
[3] Nr. 38.
[4] Nr. 13.

nach § 10, der Einstellung der Tätigkeit nach § 11 und der Vertragsbeendigung nach § 12 sowie über die Maßnahmen zu informieren, die notwendig sind, um einen unbefugten Zugang zum De-Mail-Konto zu verhindern. ²Dies umfasst insbesondere auch Informationen

1. über die Möglichkeit und Bedeutung einer sicheren Anmeldung nach § 4 Absatz 1 Satz 2 sowie einen Hinweis dazu, dass ein Zugang zum De-Mail-Konto ohne sichere Anmeldung nicht den gleichen Schutz bietet wie mit einer sicheren Anmeldung und
2. über den Inhalt und die Bedeutung der Transportverschlüsselung nach § 5 Absatz 3 Satz 2 sowie der Verschlüsselung nach § 4 Absatz 3 sowie über die Unterschiede dieser Verschlüsselungen zu einer Ende-zu-Ende-Verschlüsselung nach § 5 Absatz 3 Satz 3.

³Der akkreditierte Diensteanbieter muss den Nutzer außerdem darüber informieren, wie mit schadsoftwarebehafteten De-Mail-Nachrichten umgegangen wird.

(2) Der akkreditierte Diensteanbieter darf die erstmalige Nutzung des De-Mail-Kontos nur zulassen, wenn der Nutzer die erforderlichen Informationen in Textform erhalten und in Textform bestätigt hat, dass er die Informationen nach Absatz 1 erhalten und zur Kenntnis genommen hat.

(3) Informationspflichten nach anderen Gesetzen bleiben unberührt.

§ 10 Sperrung und Auflösung des De-Mail-Kontos. (1) ¹Der akkreditierte Diensteanbieter hat den Zugang zu einem De-Mail-Konto unverzüglich zu sperren, wenn

1. der Nutzer es verlangt,
2. Tatsachen die Annahme rechtfertigen, dass die zur eindeutigen Identifizierung des Nutzers beim akkreditierten Diensteanbieter gespeicherten Daten nicht ausreichend fälschungssicher sind oder dass die sichere Anmeldung gemäß § 4 Mängel aufweist, die eine unbemerkte Fälschung oder Kompromittierung des Anmeldevorgangs zulassen,
3. die zuständige Behörde die Sperrung gemäß Absatz 2 anordnet oder
4. die Voraussetzungen eines vertraglich zwischen dem akkreditierten Diensteanbieter und dem Nutzer vereinbarten Sperrgrundes vorliegen.

²Im Fall des Satzes 1 Nummer 4 hat der akkreditierte Diensteanbieter die Sperrung so vorzunehmen, dass der Abruf von Nachrichten möglich bleibt; dies gilt nicht, soweit der vertraglich vereinbarte Sperrgrund den Abruf von Nachrichten ausschließt. ³Der akkreditierte Diensteanbieter hat den zur Sperrung berechtigten Nutzern eine Rufnummer bekannt zu geben, unter der diese unverzüglich eine Sperrung des Zugangs veranlassen können.

(2) Die zuständige Behörde kann die Sperrung eines De-Mail-Kontos anordnen, wenn Tatsachen die Annahme rechtfertigen, dass das De-Mail-Konto auf Grund falscher Angaben eröffnet wurde oder die zur eindeutigen Identifizierung des Nutzers beim akkreditierten Diensteanbieter vorgehaltenen Daten nicht ausreichend fälschungssicher sind oder die sichere Anmeldung gemäß § 4 Absatz 1 Mängel aufweist, die eine unbemerkte Fälschung oder Kompromittierung des Anmeldevorgangs zulassen.

(3) Der akkreditierte Diensteanbieter hat dem Nutzer nach Wegfall des Sperrgrundes den Zugang zum De-Mail-Konto erneut zu gewähren.

(4) ¹Der akkreditierte Diensteanbieter hat ein De-Mail-Konto unverzüglich aufzulösen, wenn
1. der Nutzer dies verlangt oder
2. die zuständige Behörde die Auflösung anordnet.

²Die zuständige Behörde kann die Auflösung anordnen, wenn die Voraussetzungen des Absatzes 2 vorliegen und eine Sperrung nicht ausreichend ist. ³Eine Vereinbarung über weitere Auflösungsgründe ist unwirksam.

(5) Der akkreditierte Diensteanbieter hat sich vor einer Sperrung nach Absatz 1 oder einer Auflösung nach Absatz 4 auf geeignete Weise von der Identität des zur Sperrung oder Auflösung berechtigten Nutzers zu überzeugen.

(6) Im Fall einer Sperrung nach Absatz 1 Satz 1 Nummer 1 bis 3 oder Absatz 1 Satz 1 Nummer 4 in Verbindung mit Absatz 1 Satz 2 zweiter Halbsatz sowie einer Auflösung nach Absatz 4 hat der akkreditierte Diensteanbieter den Eingang von Nachrichten in das Postfach eines gesperrten oder aufgelösten De-Mail-Kontos zu unterbinden und den Absender unverzüglich davon zu informieren.

(7) ¹Sofern die Sperrung oder Auflösung des De-Mail-Kontos auf Veranlassung des akkreditierten Diensteanbieters oder der zuständigen Behörde erfolgt, ist der Nutzer über die Sperrung oder Auflösung zu informieren. ²In den Fällen des Absatzes 1 Satz 2 erster Halbsatz ist der akkreditierte Diensteanbieter verpflichtet, den Nutzer darüber zu informieren, dass er trotz Sperrung Nachrichten empfangen und abrufen kann.

§ 11 Einstellung der Tätigkeit. (1) ¹Der akkreditierte Diensteanbieter hat die Einstellung seiner Tätigkeit unverzüglich der zuständigen Behörde anzuzeigen. ²Er hat dafür zu sorgen, dass das De-Mail-Konto von einem anderen akkreditierten Diensteanbieter übernommen werden kann. ³Er hat den betroffenen Nutzer unverzüglich über die Einstellung seiner Tätigkeit zu benachrichtigen und deren Zustimmung zur Übernahme des De-Mail-Kontos durch einen anderen akkreditierten Diensteanbieter einzuholen.

(2) Übernimmt kein anderer akkreditierter Diensteanbieter das De-Mail-Konto, muss der akkreditierte Diensteanbieter sicherstellen, dass die im Postfach und in der Dokumentenablage gespeicherten Daten für wenigstens drei Monate ab dem Zeitpunkt der Benachrichtigung des Nutzers abrufbar bleiben.

(3) ¹Der akkreditierte Diensteanbieter hat die Dokumentation nach § 13 an den akkreditierten Diensteanbieter, der das De-Mail-Konto nach Absatz 1 übernimmt, zu übergeben. ²Übernimmt kein anderer akkreditierter Diensteanbieter das De-Mail-Konto, übernimmt die zuständige Behörde die Dokumentation. ³In diesem Fall erteilt die zuständige Behörde bei Vorliegen eines berechtigten Interesses Auskunft daraus, soweit dies ohne unverhältnismäßigen Aufwand möglich ist.

(4) Der akkreditierte Diensteanbieter hat einen Antrag auf Eröffnung eines Insolvenzverfahrens der zuständigen Behörde unverzüglich anzuzeigen.

§ 12 Vertragsbeendigung. Der akkreditierte Diensteanbieter ist verpflichtet, dem Nutzer für einen Zeitraum von drei Monaten nach Vertragsende den Zugriff auf die im Postfach und in der Dokumentenablage abgelegten Daten zu ermöglichen und ihn auf ihre Löschung mindestens einen Monat vor dieser in Textform hinzuweisen.

§ 13 Dokumentation.

(1) ¹Der akkreditierte Diensteanbieter hat alle Maßnahmen zur Sicherstellung der Voraussetzungen der Akkreditierung und zur Erfüllung der in §§ 3 bis 12 genannten Pflichten so zu dokumentieren, dass die Daten und ihre Unverfälschtheit jederzeit nachprüfbar sind. ²Die Dokumentationspflicht umfasst den Vorgang der Eröffnung eines De-Mail-Kontos, jede Änderung von Daten, die hinsichtlich der Führung eines De-Mail-Kontos relevant sind, sowie jede Änderung hinsichtlich des Status eines De-Mail-Kontos. ³Für angefertigte Kopien von amtlichen Ausweisen gilt § 3 Absatz 3 Satz 3.

(2) Der akkreditierte Diensteanbieter hat die Dokumentation nach Absatz 1 während der Dauer des zwischen ihm und dem Nutzer bestehenden Vertragsverhältnisses sowie zehn weitere Jahre ab dem Schluss des Jahres aufzubewahren, in dem das Vertragsverhältnis endet.

§ 14 Jugend- und Verbraucherschutz.

Der akkreditierte Diensteanbieter hat bei Gestaltung und Betrieb der De-Mail-Dienste die Belange des Jugendschutzes und des Verbraucherschutzes zu beachten.

§ 15 Datenschutz.

¹Der akkreditierte Diensteanbieter darf personenbezogene Daten des Nutzers eines De-Mail-Kontos nur verarbeiten, soweit dies zur Bereitstellung der De-Mail-Dienste und deren Durchführung erforderlich ist; im Übrigen gelten die Regelungen des Telemediengesetzes[1], des Telekommunikationsgesetzes, des Telekommunikation-Telemedien-Datenschutz-Gesetzes[2] und des Bundesdatenschutzgesetzes[3]. ²Die datenschutzrechtlichen Regelungen dieser Gesetze gelten ergänzend zu der Verordnung (EU) 2016/679[4] des Europäischen Parlaments und des Rates vom 27. April 2016 zum Schutz natürlicher Personen bei der Verarbeitung personenbezogener Daten, zum freien Datenverkehr und zur Aufhebung der Richtlinie 95/46/EG (Datenschutz-Grundverordnung) (ABl. L 119 vom 4.5.2016, S. 1; L 314 vom 22.11.2016, S. 72; L 127 vom 23.5.2018, S. 2) in der jeweils geltenden Fassung.

§ 16 Auskunftsanspruch.

(1) Ein akkreditierter Diensteanbieter erteilt Dritten Auskunft über Namen und Anschrift eines Nutzers, wenn

1. der Dritte glaubhaft macht, die Auskunft zur Verfolgung eines Rechtsanspruches gegen den Nutzer zu benötigen,
2. sich die Auskunft auf ein Rechtsverhältnis zwischen dem Dritten und dem Nutzer bezieht, das unter Nutzung von De-Mail zustande gekommen ist,
3. der Dritte die zur Feststellung seiner Identität notwendigen Angaben im Sinne von § 3 Absatz 2 macht,
4. der akkreditierte Diensteanbieter die Richtigkeit der Angaben nach § 3 Absatz 3 überprüft hat,
5. das Verlangen nicht rechtsmissbräuchlich ist, insbesondere nicht allein dem Zweck dient, ein Pseudonym aufzudecken, und
6. die schutzwürdigen Interessen des Nutzers im Einzelfall nicht überwiegen.

---

[1] Nr. 5.
[2] Nr. 13.
[3] Auszugsweise abgedruckt unter Nr. 12.
[4] Auszugsweise abgedruckt unter Nr. 11.

(2) ¹Der Dritte hat dem akkreditierten Diensteanbieter zur Glaubhaftmachung nach Absatz 1 Nummer 1 elektronische Nachrichten oder Schriftstücke zu übermitteln, aus denen sich das Rechtsverhältnis zum Nutzer ergibt, sofern diese angefallen sind. ²Der akkreditierte Diensteanbieter hat den Nutzer von dem Auskunftsersuchen unverzüglich und unter Benennung des Dritten zu informieren und ihm Gelegenheit zur Stellungnahme zum Auskunftsersuchen zu gewähren, soweit dies die Verfolgung des Rechtsanspruchs des Dritten nicht im Einzelfall gefährdet.

(3) Der akkreditierte Diensteanbieter kann den Ersatz der für die Auskunftserteilung erforderlichen Aufwendungen verlangen.

(4) Die durch die Auskunftserteilung erlangten Daten dürfen nur zu dem bei dem Ersuchen angegebenen Zweck verwendet werden.

(5) ¹Der akkreditierte Diensteanbieter hat die Auskunftserteilung nach Absatz 1 zu dokumentieren und den Nutzer von der Erteilung der Auskunft zu informieren. ²Die Dokumentationspflicht nach Satz 1 umfasst den Antrag zur Auskunftserteilung samt Angabe des Dritten nach Absatz 1, die Entscheidung des akkreditierten Diensteanbieters, die Identifizierungsdaten des bearbeitenden Mitarbeiters des akkreditierten Diensteanbieters, die Mitteilung des Ergebnisses an den auskunftsersuchenden Dritten, die Mitteilung über die Auskunftserteilung an den Nutzer und die jeweilige gesetzliche Zeit bei einzelnen Prozessen innerhalb der Auskunftserteilung. ³Die Dokumentation ist drei Jahre aufzubewahren.

(6) Die §§ 13 und 13a des Gesetzes über Unterlassungsklagen bei Verbraucherrechts- und anderen Verstößen[1)] bleiben unberührt.

(7) Die nach anderen Rechtsvorschriften bestehenden Regelungen zu Auskünften gegenüber öffentlichen Stellen bleiben unberührt.

Abschnitt 4. Akkreditierung

§ 17 Akkreditierung von Diensteanbietern. (1) ¹Diensteanbieter, die De-Mail-Dienste anbieten wollen, müssen sich auf schriftlichen Antrag von der zuständigen Behörde akkreditieren lassen. ²Die Akkreditierung ist zu erteilen, wenn der Diensteanbieter nachweist, dass er die Voraussetzungen nach § 18 erfüllt und wenn die Ausübung der Aufsicht über den Diensteanbieter durch die zuständige Behörde gewährleistet ist. ³Akkreditierte Diensteanbieter erhalten ein Gütezeichen der zuständigen Behörde. ⁴Das Gütezeichen dient als Nachweis für die umfassend geprüfte technische und administrative Sicherheit der De-Mail-Dienste. ⁵Sie dürfen sich als akkreditierte Diensteanbieter bezeichnen. ⁶Nur akkreditierte Diensteanbieter dürfen sich im Geschäftsverkehr auf die nachgewiesene Sicherheit berufen und das Gütezeichen führen. ⁷Weitere Kennzeichnungen können akkreditierten Diensteanbietern vorbehalten sein.

(2) Über den Antrag nach § 17 Absatz 1 Satz 1 ist innerhalb einer Frist von drei Monaten zu entscheiden; § 42a Absatz 2 Satz 2 bis 4 des Verwaltungsverfahrensgesetzes findet Anwendung.

(3) Die Akkreditierung ist nach wesentlichen Veränderungen, spätestens jedoch nach drei Jahren zu erneuern.

[1)] Nr. 31.

§ 18 Voraussetzungen der Akkreditierung; Nachweis. (1) Als Diensteanbieter kann nur akkreditiert werden, wer

1. die für den Betrieb von De-Mail-Diensten erforderliche Zuverlässigkeit und Fachkunde besitzt,
2. eine geeignete Deckungsvorsorge trifft, um seinen gesetzlichen Verpflichtungen zum Ersatz von Schäden nachzukommen,
3. die technischen und organisatorischen Anforderungen an die Pflichten nach den §§ 3 bis 13 sowie nach § 16 in der Weise erfüllt, dass er die Dienste zuverlässig und sicher erbringt, er mit den anderen akkreditierten Diensteanbietern zusammenwirkt und für die Erbringung der Dienste ausschließlich technische Geräte verwendet, die sich im Gebiet der Mitgliedstaaten der Europäischen Union oder eines anderen Vertragsstaates des Abkommens über den Europäischen Wirtschaftsraum befinden,
4. bei der Gestaltung und dem Betrieb der De-Mail-Dienste die datenschutzrechtlichen Anforderungen erfüllt.

(2) [1]Die Diensteanbieter haben die technischen und organisatorischen Anforderungen nach den §§ 3 bis 13 sowie nach § 16 nach dem Stand der Technik zu erfüllen. [2]Die Einhaltung des Standes der Technik wird vermutet, wenn die Technische Richtlinie 01201 De-Mail des Bundesamtes für Sicherheit in der Informationstechnik vom 23. März 2011 (eBAnz AT40 2011 B1) in der jeweils im Bundesanzeiger veröffentlichten Fassung eingehalten wird. [3]Bevor das Bundesamt für Sicherheit in der Informationstechnik wesentliche Änderungen an der Technischen Richtlinie vornimmt, hört es den Ausschuss De-Mail-Standardisierung im Sinne des § 22 an, und dem oder der Bundesbeauftragten für den Datenschutz und die Informationsfreiheit wird hierbei Gelegenheit zur Stellungnahme gegeben, sofern Fragen des Datenschutzes berührt sind.

(3) Die Voraussetzungen nach Absatz 1 werden wie folgt nachgewiesen:

1. die erforderliche Zuverlässigkeit und Fachkunde durch Nachweise über die persönlichen Eigenschaften, das Verhalten und die entsprechenden Fähigkeiten seiner oder der in seinem Betrieb tätigen Personen; als Nachweis der erforderlichen Fachkunde ist es in der Regel ausreichend, wenn für die jeweilige Aufgabe im Betrieb entsprechende Zeugnisse oder Nachweise über die dafür notwendigen Kenntnisse, Erfahrungen und Fertigkeiten vorgelegt werden;
2. eine ausreichende Deckungsvorsorge durch den Abschluss einer Versicherung oder die Freistellungs- oder Gewährleistungsverpflichtung eines Kreditunternehmens mit einer Mindestdeckungssumme von jeweils 250 000 Euro für einen verursachten Schaden. Die Deckungsvorsorge kann erbracht werden durch
    a) eine Haftpflichtversicherung bei einem innerhalb der Mitgliedstaaten der Europäischen Union oder in einem anderen Vertragsstaat des Abkommens über den Europäischen Wirtschaftsraum zum Geschäftsbetrieb befugten Versicherungsunternehmen oder
    b) eine Freistellungs- oder Gewährleistungsverpflichtung eines in einem der Mitgliedstaaten der Europäischen Union oder in einem anderen Vertragsstaat des Abkommens über den Europäischen Wirtschaftsraum zum Geschäftsbetrieb befugten Kreditinstituts, wenn gewährleistet ist, dass sie einer Haftpflichtversicherung vergleichbare Sicherheit bietet.

Soweit die Deckungsvorsorge durch eine Versicherung erbracht wird, gilt Folgendes:

a) Auf diese Versicherung finden § 113 Absatz 2 und 3 und die §§ 114 bis 124 des Versicherungsvertragsgesetzes Anwendung.

b) Die Mindestversicherungssumme muss 2,5 Millionen Euro für den einzelnen Versicherungsfall betragen. Versicherungsfall ist jede Pflichtverletzung des Diensteanbieters, unabhängig von der Anzahl der dadurch ausgelösten Schadensfälle. Wird eine Jahreshöchstleistung für alle in einem Versicherungsjahr verursachten Schäden vereinbart, muss sie mindestens das Vierfache der Mindestversicherungssumme betragen.

c) Von der Versicherung kann die Leistung nur ausgeschlossen werden für Ersatzansprüche aus vorsätzlich begangener Pflichtverletzung des akkreditierten Diensteanbieters oder der Personen, für die er einzustehen hat.

d) Die Vereinbarung eines Selbstbehaltes bis zu 1 Prozent der Mindestversicherungssumme ist zulässig;

3. die Erfüllung der technischen und organisatorischen Anforderungen an die Pflichten im Sinne des Absatzes 1 Nummer 3 durch vom Bundesamt für Sicherheit in der Informationstechnik nach § 9 Absatz 2 Satz 1 des Gesetzes über das Bundesamt für Sicherheit in der Informationstechnik zertifizierten IT-Sicherheitsdienstleistern erteilte Testate; das Zusammenwirken mit den anderen akkreditierten Diensteanbietern kann nur nach ausreichenden Prüfungen bestätigt werden; die Sicherheit der Dienste kann nur nach einer umfassenden im Rahmen der Vergabe der Testate stattfindenden Prüfung des Sicherheitskonzepts und der eingesetzten IT-Infrastrukturen bestätigt werden; zum Zeitpunkt des Inkrafttretens des Gesetzes erteilte Zertifikate können berücksichtigt werden;

4. die Erfüllung der datenschutzrechtlichen Anforderungen an das Datenschutzkonzept für die eingesetzten Verfahren und die eingesetzten informationstechnischen Einrichtungen durch Vorlage geeigneter Nachweise; der Nachweis wird dadurch geführt, dass der antragstellende Diensteanbieter ein Zertifikat des oder der Bundesbeauftragten für den Datenschutz und die Informationsfreiheit vorlegt; der oder die Bundesbeauftragte für den Datenschutz und die Informationsfreiheit erteilt auf schriftlichen Antrag des Diensteanbieters ein Zertifikat, wenn die datenschutzrechtlichen Kriterien erfüllt sind; die Erfüllung der datenschutzrechtlichen Kriterien wird nachgewiesen durch ein Gutachten, welches von einer vom Bund oder einem Land anerkannten oder öffentlich bestellten oder beliehenen sachverständigen Stelle für Datenschutz erstellt wurde; der oder die Bundesbeauftragte für den Datenschutz und die Informationsfreiheit kann ergänzende Angaben anfordern; die datenschutzrechtlichen Kriterien sind in einem Kriterienkatalog definiert, der in der Verantwortung des oder der Bundesbeauftragten für den Datenschutz und die Informationsfreiheit liegt und durch ihn oder sie im Bundesanzeiger und zusätzlich im Internet oder in sonstiger geeigneter Weise veröffentlicht wird; dem Bundesamt für Sicherheit in der Informationstechnik wird Gelegenheit zur Stellungnahme gegeben, sofern Fragen der IT-Sicherheit berührt sind.

(4) Der Diensteanbieter kann, unter Einbeziehung in seine Konzepte zur Umsetzung der Anforderungen des Absatzes 1, zur Erfüllung von Pflichten nach diesem Gesetz Dritte beauftragen.

§ 19 Gleichstellung ausländischer Dienste.

(1) Vergleichbare Dienste aus einem anderen Mitgliedstaat der Europäischen Union oder aus einem anderen Vertragsstaat des Abkommens über den Europäischen Wirtschaftsraum sind den Diensten eines akkreditierten Diensteanbieters, mit Ausnahme solcher Dienste, die mit der Ausübung hoheitlicher Tätigkeit verbunden sind, gleichgestellt, wenn ihre Anbieter dem § 18 gleichwertige Voraussetzungen erfüllen, diese gegenüber einer zuständigen Stelle nachgewiesen sind und das Fortbestehen der Erfüllung dieser Voraussetzungen durch eine in diesem Mitglied- oder Vertragsstaat bestehende Kontrolle gewährleistet wird.

(2) [1]Die Prüfung der Gleichwertigkeit des ausländischen Diensteanbieters nach Absatz 1 obliegt der zuständigen Behörde. [2]Die Gleichwertigkeit ausländischer Diensteanbieter ist gegeben, wenn die zuständige Behörde festgestellt hat, dass im Herkunftsland des jeweiligen Diensteanbieters

1. die Sicherheitsanforderungen an Diensteanbieter,
2. die Prüfungsmodalitäten für Diensteanbieter sowie die Anforderungen an die für die Prüfung der Dienste zuständigen Stellen und
3. das Kontrollsystem

eine gleichwertige Sicherheit bieten.

Abschnitt 5. Aufsicht

§ 20 Aufsichtsmaßnahmen.

(1) [1]Die Aufsicht über die Einhaltung dieses Gesetzes obliegt der zuständigen Behörde. [2]Mit der Akkreditierung unterliegen Diensteanbieter der Aufsicht der zuständigen Behörde.

(2) Die zuständige Behörde kann gegenüber Diensteanbietern Maßnahmen treffen, um die Einhaltung dieses Gesetzes sicherzustellen.

(3) Ungeachtet des Vorliegens von Testaten im Sinne des § 18 Absatz 3 Nummer 3 kann die zuständige Behörde einem akkreditierten Diensteanbieter den Betrieb vorübergehend ganz oder teilweise untersagen, wenn Tatsachen die Annahme rechtfertigen, dass

1. eine Voraussetzung für die Akkreditierung nach § 17 Absatz 1 weggefallen ist,
2. ungültige Einzelnachweise für das Angebot von De-Mail-Diensten verwendet oder bestätigt werden,
3. nachhaltig, erheblich oder dauerhaft gegen Pflichten verstoßen wird oder
4. sonstige Voraussetzungen für die Akkreditierung oder für die Anerkennung nach diesem Gesetz nicht erfüllt werden.

(4) Die Gültigkeit der von einem akkreditierten Diensteanbieter im Rahmen des Postfach- und Versanddienstes ausgestellten Eingangsbestätigungen und Abholbestätigungen bleibt von der Untersagung des Betriebs, der Einstellung der Tätigkeit, der Rücknahme oder dem Widerruf einer Akkreditierung unberührt.

(5) [1]Soweit es zur Erfüllung der der zuständigen Behörde als Aufsichtsbehörde übertragenen Aufgaben erforderlich ist, haben die akkreditierten Diensteanbieter und die für diese nach § 18 Absatz 4 tätigen Dritten der zuständigen Behörde und den in ihrem Auftrag handelnden Personen das Betreten der Geschäftsräume während der üblichen Betriebszeiten zu gestatten, auf Verlangen die in Betracht kommenden Bücher, Aufzeichnungen, Belege, Schrift-

stücke und sonstigen Unterlagen in geeigneter Weise zur Einsicht vorzulegen, auch soweit sie elektronisch geführt werden, Auskunft zu erteilen und die erforderliche Unterstützung zu gewähren. ²Ein Zugriff auf De-Mail-Nachrichten von Nutzern durch die zuständige Behörde als Aufsichtsbehörde findet nicht statt. ³Der zur Erteilung einer Auskunft Verpflichtete kann die Auskunft verweigern, wenn er sich damit selbst oder einen der in § 383 Absatz 1 Nummer 1 bis 3 der Zivilprozessordnung bezeichneten Angehörigen der Gefahr der Verfolgung wegen einer Straftat oder eines Verfahrens nach dem Gesetz über Ordnungswidrigkeiten[1]) aussetzen würde. ⁴Er ist auf dieses Recht hinzuweisen.

§ 21 Informationspflicht. Die zuständige Behörde hat die Namen der akkreditierten Diensteanbieter sowie der ausländischen Diensteanbieter nach § 19 jeweils unter Angabe der ausschließlich für die De-Mail-Dienste verwendeten Kennzeichnungen gemäß § 5 Absatz 1 Satz 2 Nummer 1 für jeden über öffentlich erreichbare Kommunikationsverbindungen abrufbar zu halten.

Abschnitt 6. Schlussbestimmungen

§ 22 Ausschuss De-Mail-Standardisierung. ¹Die technischen und organisatorischen Anforderungen an die Pflichten nach den §§ 3 bis 13 sowie nach § 16 werden unter Beteiligung der akkreditierten Diensteanbieter weiterentwickelt; dies gilt nicht für Anforderungen, die das Zusammenwirken zwischen den akkreditierten Diensteanbietern als solches oder die Sicherheit betreffen. ²Zu diesem Zweck wird ein Ausschuss De-Mail-Standardisierung gegründet, dem mindestens alle akkreditierten Diensteanbieter, je ein Vertreter von zwei auf Bundesebene bestehenden Gesamtverbänden, deren Belange berührt sind, das Bundesamt für Sicherheit in der Informationstechnik, der oder die Bundesbeauftragte für den Datenschutz und die Informationsfreiheit, ein vom IT-Planungsrat beauftragter Vertreter der Länder sowie ein Vertreter des Rates der IT-Beauftragten der Bundesregierung angehören. ³Die Entscheidung, welche beiden Verbände dem Ausschuss angehören sollen, liegt im Ermessen der zuständigen Behörde. ⁴Wird der Rat der IT-Beauftragten der Bundesregierung aufgelöst, tritt an dessen Stelle die von der Bundesregierung bestimmte Nachfolgeorganisation. ⁵Der Ausschuss tagt mindestens einmal im Jahr.

§ 23 Bußgeldvorschriften. (1) Ordnungswidrig handelt, wer vorsätzlich oder fahrlässig

1. entgegen § 3 Absatz 1 Satz 3 nicht sicherstellt, dass nur der Nutzer Zugang erlangen kann,
2. entgegen § 3 Absatz 3 Satz 1 Nummer 1 erster Halbsatz oder Nummer 2 eine dort genannte Angabe nicht oder nicht rechtzeitig überprüft,
3. entgegen § 4 Absatz 1 Satz 2 nicht sicherstellt, dass eine sichere Anmeldung nur in den dort genannten Fällen erfolgt,
4. entgegen § 4 Absatz 3 nicht sicherstellt, dass eine Kommunikationsverbindung verschlüsselt erfolgt,
5. entgegen § 7 Absatz 2 Satz 1 Nummer 2 oder 4 dort genannte Daten nicht oder nicht rechtzeitig löscht,

---

[1]) Auszugsweise abgedruckt unter Nr. **46**.

6. entgegen § 10 Absatz 1 Satz 1 oder Absatz 4 Satz 1 Nummer 2 den Zugang zu einem De-Mail-Konto nicht oder nicht rechtzeitig sperrt oder das De-Mail-Konto nicht oder nicht rechtzeitig auflöst,
7. entgegen § 11 Absatz 1 Satz 1 eine Anzeige nicht, nicht richtig oder nicht rechtzeitig erstattet,
8. entgegen § 11 Absatz 1 Satz 3 einen Nutzer nicht, nicht richtig oder nicht rechtzeitig benachrichtigt,
9. entgegen § 11 Absatz 2 nicht sicherstellt, dass die dort genannten Daten abrufbar bleiben,
10. entgegen § 12 den Zugriff auf dort genannte Daten nicht ermöglicht oder einen Hinweis nicht, nicht richtig oder nicht rechtzeitig gibt,
11. entgegen § 13 Absatz 1 eine Dokumentation nicht oder nicht richtig erstellt,
12. entgegen § 13 Absatz 2 eine Dokumentation nicht oder nicht mindestens zehn Jahre aufbewahrt oder
13. entgegen § 17 Absatz 1 Satz 6 sich auf die nachgewiesene Sicherheit beruft oder das Gütezeichen führt.

(2) Die Ordnungswidrigkeit kann in den Fällen des Absatzes 1 Nummer 5 und 6 mit einer Geldbuße bis zu dreihunderttausend Euro und in den übrigen Fällen mit einer Geldbuße bis zu fünfzigtausend Euro geahndet werden.

(3) Verwaltungsbehörde im Sinne des § 36 Absatz 1 Nummer 1 des Gesetzes über Ordnungswidrigkeiten[1)] ist das Bundesamt für Sicherheit in der Informationstechnik.

§ 24 *(aufgehoben)*

§ 25 Verfahren über eine einheitliche Stelle.
Verwaltungsverfahren nach diesem Gesetz können über eine einheitliche Stelle abgewickelt werden.

[1)] Nr. 46.

19. Bürgerliches Gesetzbuch (BGB)[1) 2) 3) 4) 5)]

In der Fassung der Bekanntmachung vom 2. Januar 2002[6)]

(BGBl. I S. 42, ber. S. 2909 und 2003 I S. 738)

FNA 400-2

zuletzt geänd. durch Art. 1 MietspiegelreformG v. 10.8.2021 (BGBl. I S. 3515)

– Auszug –

[1)] **Amtl. Anm.**: Dieses Gesetz dient der Umsetzung folgender Richtlinien:
1. Richtlinie 76/207/EWG des Rates vom 9. Februar 1976 zur Verwirklichung des Grundsatzes der Gleichbehandlung von Männern und Frauen hinsichtlich des Zugangs zur Beschäftigung, zur Berufsbildung und zum beruflichen Aufstieg sowie in Bezug auf die Arbeitsbedingungen (ABl. EG Nr. L 39 S. 40),
2. Richtlinie 77/187/EWG des Rates vom 14. Februar 1977 zur Angleichung der Rechtsvorschriften der Mitgliedstaaten über die Wahrung von Ansprüchen der Arbeitnehmer beim Übergang von Unternehmen, Betrieben oder Betriebsteilen (ABl. EG Nr. L 61 S. 26),
3. Richtlinie 85/577/EWG des Rates vom 20. Dezember 1985 betreffend den Verbraucherschutz im Falle von außerhalb von Geschäftsräumen geschlossenen Verträgen (ABl. EG Nr. L 372 S. 31),
4. Richtlinie 87/102/EWG des Rates zur Angleichung der Rechts- und Verwaltungsvorschriften der Mitgliedstaaten über den Verbraucherkredit (ABl. EG Nr. L 42 S. 48), zuletzt geändert durch die Richtlinie 98/7/EG des Europäischen Parlaments und des Rates vom 16. Februar 1998 zur Änderung der Richtlinie 87/102/EWG zur Angleichung der Rechts- und Verwaltungsvorschriften der Mitgliedstaaten über den Verbraucherkredit (ABl. EG Nr. L 101 S. 17),
5. Richtlinie 90/314/EWG des Europäischen Parlaments und des Rates vom 13. Juni 1990 über Pauschalreisen (ABl. EG Nr. L 158 S. 59),
6. Richtlinie 93/13/EWG des Rates vom 5. April 1993 über missbräuchliche Klauseln in Verbraucherverträgen (ABl. EG Nr. L 95 S. 29),
7. Richtlinie 94/47/EG des Europäischen Parlaments und des Rates vom 26. Oktober 1994 zum Schutz der Erwerber im Hinblick auf bestimmte Aspekte von Verträgen über den Erwerb von Teilzeitnutzungsrechten an Immobilien (ABl. EG Nr. L 280 S. 82),
8. der Richtlinie 97/5/EG des Europäischen Parlaments und des Rates vom 27. Januar 1997 über grenzüberschreitende Überweisungen (ABl. EG Nr. L 43 S. 25),
9. Richtlinie 97/7/EG des Europäischen Parlaments und des Rates vom 20. Mai 1997 über den Verbraucherschutz bei Vertragsabschlüssen im Fernabsatz (ABl. EG Nr. L 144 S. 19),
10. Artikel 3 bis 5 der Richtlinie 98/26/EG des Europäischen Parlaments und des Rates über die Wirksamkeit von Abrechnungen in Zahlungs- und Wertpapierliefer- und -abrechnungssystemen vom 19. Mai 1998 (ABl. EG Nr. L 166 S. 45),
11. Richtlinie 1999/44/EG des Europäischen Parlaments und des Rates vom 25. Mai 1999 zu bestimmten Aspekten des Verbrauchsgüterkaufs und der Garantien für Verbrauchsgüter (ABl. EG Nr. L 171 S. 12),
12. Artikel 10, 11 und 18 der Richtlinie 2000/31/EG des Europäischen Parlaments und des Rates vom 8. Juni 2000 über bestimmte rechtliche Aspekte der Dienste der Informationsgesellschaft, insbesondere des elektronischen Geschäftsverkehrs, im Binnenmarkt („Richtlinie über den elektronischen Geschäftsverkehr", ABl. EG Nr. L 178 S. 1),
13. Richtlinie 2000/35/EG des Europäischen Parlaments und des Rates vom 29. Juni 2000 zur Bekämpfung von Zahlungsverzug im Geschäftsverkehr (ABl. EG Nr. L 200 S. 35).

[2)] Die Änderungen durch G v. 4.5.2021 (BGBl. I S. 882) treten erst **mWv 1.1.2023** in Kraft und sind im Text noch nicht berücksichtigt.

[3)] Die Änderungen durch G v. 3.6.2021 (BGBl. I S. 1444) treten teilweise erst **mWv 1.1.2023** in Kraft und insoweit im Text noch nicht berücksichtigt.

[4)] Die Änderungen durch G v. 16.7.2021 (BGBl. I S. 2947) treten erst **mWv 1.7.2023** und **mWv 1.1.2026** in Kraft und sind im Text noch nicht berücksichtigt.

[5)] Die Änderungen durch G v. 10.8.2021 (BGBl. I S. 3436) treten teilweise erst **mWv 1.1.2024** in Kraft und sind insoweit im Text noch nicht berücksichtigt.

[6)] Neubekanntmachung des BGB v. 18.8.1896 (RGBl. S. 195) in der ab 1.1.2002 geltenden Fassung.

Buch 1. Allgemeiner Teil
Abschnitt 1. Personen
Titel 1. Natürliche Personen, Verbraucher, Unternehmer

§ 12[1]) **Namensrecht.** ¹Wird das Recht zum Gebrauch eines Namens dem Berechtigten von einem anderen bestritten oder wird das Interesse des Berechtigten dadurch verletzt, dass ein anderer unbefugt den gleichen Namen gebraucht, so kann der Berechtigte von dem anderen Beseitigung der Beeinträchtigung verlangen. ²Sind weitere Beeinträchtigungen zu besorgen, so kann er auf Unterlassung klagen.

Abschnitt 3. Rechtsgeschäfte
Titel 2. Willenserklärung

§ 119 Anfechtbarkeit wegen Irrtums. (1) Wer bei der Abgabe einer Willenserklärung über deren Inhalt im Irrtum war oder eine Erklärung dieses Inhalts überhaupt nicht abgeben wollte, kann die Erklärung anfechten, wenn anzunehmen ist, dass er sie bei Kenntnis der Sachlage und bei verständiger Würdigung des Falles nicht abgegeben haben würde.

(2) Als Irrtum über den Inhalt der Erklärung gilt auch der Irrtum über solche Eigenschaften der Person oder der Sache, die im Verkehr als wesentlich angesehen werden.

§ 120 Anfechtbarkeit wegen falscher Übermittlung. Eine Willenserklärung, welche durch die zur Übermittlung verwendete Person oder Einrichtung unrichtig übermittelt worden ist, kann unter der gleichen Voraussetzung angefochten werden wie nach § 119 eine irrtümlich abgegebene Willenserklärung.

§ 125 Nichtigkeit wegen Formmangels. ¹Ein Rechtsgeschäft, welches der durch Gesetz vorgeschriebenen Form ermangelt, ist nichtig. ²Der Mangel der durch Rechtsgeschäft bestimmten Form hat im Zweifel gleichfalls Nichtigkeit zur Folge.

§ 126 Schriftform. (1) Ist durch Gesetz schriftliche Form vorgeschrieben, so muss die Urkunde von dem Aussteller eigenhändig durch Namensunterschrift oder mittels notariell beglaubigten Handzeichens unterzeichnet werden.

(2) ¹Bei einem Vertrag muss die Unterzeichnung der Parteien auf derselben Urkunde erfolgen. ²Werden über den Vertrag mehrere gleichlautende Urkunden aufgenommen, so genügt es, wenn jede Partei die für die andere Partei bestimmte Urkunde unterzeichnet.

(3) Die schriftliche Form kann durch die elektronische Form ersetzt werden, wenn sich nicht aus dem Gesetz ein anderes ergibt.

(4) Die schriftliche Form wird durch die notarielle Beurkundung[2]) ersetzt.

---

[1]) Beachte hierzu auch das G über die Änderung der Vornamen und die Feststellung der Geschlechtszugehörigkeit in besonderen Fällen (Transsexuellengesetz – TSG) v. 10.9.1980 (BGBl. I S. 1654), zuletzt geänd. durch G v. 20.7.2017 (BGBl. I S. 2787).

[2]) Beachte das Beurkundungsgesetz (auszugsweise abgedruckt unter Nr. **29**).

§ 126a Elektronische Form. (1) Soll die gesetzlich vorgeschriebene schriftliche Form durch die elektronische Form ersetzt werden, so muss der Aussteller der Erklärung dieser seinen Namen hinzufügen und das elektronische Dokument mit *[bis 31.7.2022:* einer*][ab 1.8.2022: seiner]* qualifizierten elektronischen Signatur versehen.

(2) Bei einem Vertrag müssen die Parteien jeweils ein gleichlautendes Dokument in der in Absatz 1 bezeichneten Weise elektronisch signieren.

§ 126b Textform. [1] Ist durch Gesetz Textform vorgeschrieben, so muss eine lesbare Erklärung, in der die Person des Erklärenden genannt ist, auf einem dauerhaften Datenträger abgegeben werden. [2] Ein dauerhafter Datenträger ist jedes Medium, das

1. es dem Empfänger ermöglicht, eine auf dem Datenträger befindliche, an ihn persönlich gerichtete Erklärung so aufzubewahren oder zu speichern, dass sie ihm während eines für ihren Zweck angemessenen Zeitraums zugänglich ist, und
2. geeignet ist, die Erklärung unverändert wiederzugeben.

§ 127 Vereinbarte Form. (1) Die Vorschriften des § 126, des § 126a oder des § 126b gelten im Zweifel auch für die durch Rechtsgeschäft bestimmte Form.

(2) [1] Zur Wahrung der durch Rechtsgeschäft bestimmten schriftlichen Form genügt, soweit nicht ein anderer Wille anzunehmen ist, die telekommunikative Übermittlung und bei einem Vertrag der Briefwechsel. [2] Wird eine solche Form gewählt, so kann nachträglich eine dem § 126 entsprechende Beurkundung verlangt werden.

(3) [1] Zur Wahrung der durch Rechtsgeschäft bestimmten elektronischen Form genügt, soweit nicht ein anderer Wille anzunehmen ist, auch eine andere als die in § 126a bestimmte elektronische Signatur und bei einem Vertrag der Austausch von Angebots- und Annahmeerklärung, die jeweils mit einer elektronischen Signatur versehen sind. [2] Wird eine solche Form gewählt, so kann nachträglich eine dem § 126a entsprechende elektronische Signierung oder, wenn diese einer der Parteien nicht möglich ist, eine dem § 126 entsprechende Beurkundung verlangt werden.

§ 127a Gerichtlicher Vergleich. Die notarielle Beurkundung wird bei einem gerichtlichen Vergleich durch die Aufnahme der Erklärungen in ein nach den Vorschriften der Zivilprozessordnung[1] errichtetes Protokoll ersetzt.

§ 128 Notarielle Beurkundung. Ist durch Gesetz notarielle Beurkundung[2] eines Vertrags vorgeschrieben, so genügt es, wenn zunächst der Antrag und sodann die Annahme des Antrags von einem Notar beurkundet wird.

---

[1] Auszugsweise abgedruckt unter Nr. **32**.
[2] Beachte das Beurkundungsgesetz (auszugsweise abgedruckt unter Nr. **29**).

Titel 3. Vertrag[1]

§ 145 Bindung an den Antrag. Wer einem anderen die Schließung eines Vertrags anträgt, ist an den Antrag gebunden, es sei denn, dass er die Gebundenheit ausgeschlossen hat.

§ 146 Erlöschen des Antrags. Der Antrag erlischt, wenn er dem Antragenden gegenüber abgelehnt oder wenn er nicht diesem gegenüber nach den §§ 147 bis 149 rechtzeitig angenommen wird.

§ 147 Annahmefrist. (1) ¹Der einem Anwesenden gemachte Antrag kann nur sofort angenommen werden. ²Dies gilt auch von einem mittels Fernsprechers oder einer sonstigen technischen Einrichtung von Person zu Person gemachten Antrag.

(2) Der einem Abwesenden gemachte Antrag kann nur bis zu dem Zeitpunkt angenommen werden, in welchem der Antragende den Eingang der Antwort unter regelmäßigen Umständen erwarten darf.

Buch 2.[2) 3)] Recht der Schuldverhältnisse

Abschnitt 2.[4)] Gestaltung rechtsgeschäftlicher Schuldverhältnisse durch Allgemeine Geschäftsbedingungen[5)]

§ 305 Einbeziehung Allgemeiner Geschäftsbedingungen in den Vertrag. (1) ¹Allgemeine Geschäftsbedingungen sind alle für eine Vielzahl von Verträgen vorformulierten Vertragsbedingungen, die eine Vertragspartei (Verwender) der anderen Vertragspartei bei Abschluss eines Vertrags stellt. ²Gleichgültig ist, ob die Bestimmungen einen äußerlich gesonderten Bestandteil des Vertrags bilden oder in die Vertragsurkunde selbst aufgenommen werden, welchen Umfang sie haben, in welcher Schriftart sie verfasst sind und welche Form der Vertrag hat. ³Allgemeine Geschäftsbedingungen liegen nicht vor, soweit die Vertragsbedingungen zwischen den Vertragsparteien im Einzelnen ausgehandelt sind.

(2) Allgemeine Geschäftsbedingungen werden nur dann Bestandteil eines Vertrags, wenn der Verwender bei Vertragsschluss

1. die andere Vertragspartei ausdrücklich oder, wenn ein ausdrücklicher Hinweis wegen der Art des Vertragsschlusses nur unter unverhältnismäßigen Schwierigkeiten möglich ist, durch deutlich sichtbaren Aushang am Orte des Vertragsschlusses auf sie hinweist und

2. der anderen Vertragspartei die Möglichkeit verschafft, in zumutbarer Weise, die auch eine für den Verwender erkennbare körperliche Behinderung der anderen

---

[1)] Beachte hierzu auch das Übereinkommen der Vereinten Nationen über Verträge über den internationalen Warenkauf v. 11.4.1980 (BGBl. 1989 II S. 586, 588, ber. 1990 II S. 1699).

[2)] Wegen des aufgrund des Gesetzes zur Modernisierung des Schuldrechts geltenden Übergangsrechts zum Recht der Schuldverhältnisse beachte Art. 229 § 5 EGBGB (Nr. **20**).

[3)] Wegen des für das Gebiet der ehem. DDR zum Recht der Schuldverhältnisse geltenden Übergangsrechts beachte Art. 232 EGBGB idF der Bek. v. 21.9.1994 (BGBl. I S. 2494, ber. 1997 S. 1061), zuletzt geänd. durch G v. 10.8.2021 (BGBl. I S. 3515).

[4)] **Amtl. Anm.**: Dieser Abschnitt dient auch der Umsetzung der Richtlinie 93/13/EWG des Rates vom 5. April 1993 über missbräuchliche Klauseln in Verbraucherverträgen (ABl. EG Nr. L 95 S. 29).

[5)] Beachte hierzu auch G über Unterlassungsklagen bei Verbraucherrechts- und anderen Verstößen (Unterlassungsklagengesetz – UKlaG) (auszugsweise abgedruckt unter Nr. **31**).

Vertragspartei angemessen berücksichtigt, von ihrem Inhalt Kenntnis zu nehmen,
und wenn die andere Vertragspartei mit ihrer Geltung einverstanden ist.

(3) Die Vertragsparteien können für eine bestimmte Art von Rechtsgeschäften die Geltung bestimmter Allgemeiner Geschäftsbedingungen unter Beachtung der in Absatz 2 bezeichneten Erfordernisse im Voraus vereinbaren.

§ 305a Einbeziehung in besonderen Fällen. Auch ohne Einhaltung der in § 305 Abs. 2 Nr. 1 und 2 bezeichneten Erfordernisse werden einbezogen, wenn die andere Vertragspartei mit ihrer Geltung einverstanden ist,
1. die mit Genehmigung der zuständigen Verkehrsbehörde oder auf Grund von internationalen Übereinkommen erlassenen Tarife und Ausführungsbestimmungen der Eisenbahnen und die nach Maßgabe des Personenbeförderungsgesetzes genehmigten Beförderungsbedingungen der Straßenbahnen, Obusse und Kraftfahrzeuge im Linienverkehr in den Beförderungsvertrag,
2. die im Amtsblatt der Bundesnetzagentur für Elektrizität, Gas, Telekommunikation, Post und Eisenbahnen veröffentlichten und in den Geschäftsstellen des Verwenders bereitgehaltenen Allgemeinen Geschäftsbedingungen
   a) in Beförderungsverträge, die außerhalb von Geschäftsräumen durch den Einwurf von Postsendungen in Briefkästen abgeschlossen werden,
   b) in Verträge über Telekommunikations-, Informations- und andere Dienstleistungen, die unmittelbar durch Einsatz von Fernkommunikationsmitteln und während der Erbringung einer Telekommunikationsdienstleistung in einem Mal erbracht werden, wenn die Allgemeinen Geschäftsbedingungen der anderen Vertragspartei nur unter unverhältnismäßigen Schwierigkeiten vor dem Vertragsschluss zugänglich gemacht werden können.

§ 305b Vorrang der Individualabrede. Individuelle Vertragsabreden haben Vorrang vor Allgemeinen Geschäftsbedingungen.

§ 305c Überraschende und mehrdeutige Klauseln. (1) Bestimmungen in Allgemeinen Geschäftsbedingungen, die nach den Umständen, insbesondere nach dem äußeren Erscheinungsbild des Vertrags, so ungewöhnlich sind, dass der Vertragspartner des Verwenders mit ihnen nicht zu rechnen braucht, werden nicht Vertragsbestandteil.

(2) Zweifel bei der Auslegung Allgemeiner Geschäftsbedingungen gehen zu Lasten des Verwenders.

§ 306 Rechtsfolgen bei Nichteinbeziehung und Unwirksamkeit.
(1) Sind Allgemeine Geschäftsbedingungen ganz oder teilweise nicht Vertragsbestandteil geworden oder unwirksam, so bleibt der Vertrag im Übrigen wirksam.

(2) Soweit die Bestimmungen nicht Vertragsbestandteil geworden oder unwirksam sind, richtet sich der Inhalt des Vertrags nach den gesetzlichen Vorschriften.

(3) Der Vertrag ist unwirksam, wenn das Festhalten an ihm auch unter Berücksichtigung der nach Absatz 2 vorgesehenen Änderung eine unzumutbare Härte für eine Vertragspartei darstellen würde.

§ 306a Umgehungsverbot. Die Vorschriften dieses Abschnitts finden auch Anwendung, wenn sie durch anderweitige Gestaltungen umgangen werden.

§ 307 Inhaltskontrolle. (1) ¹Bestimmungen in Allgemeinen Geschäftsbedingungen sind unwirksam, wenn sie den Vertragspartner des Verwenders entgegen den Geboten von Treu und Glauben unangemessen benachteiligen. ²Eine unangemessene Benachteiligung kann sich auch daraus ergeben, dass die Bestimmung nicht klar und verständlich ist.

(2) Eine unangemessene Benachteiligung ist im Zweifel anzunehmen, wenn eine Bestimmung

1. mit wesentlichen Grundgedanken der gesetzlichen Regelung, von der abgewichen wird, nicht zu vereinbaren ist oder
2. wesentliche Rechte oder Pflichten, die sich aus der Natur des Vertrags ergeben, so einschränkt, dass die Erreichung des Vertragszwecks gefährdet ist.

(3) ¹Die Absätze 1 und 2 sowie die §§ 308 und 309 gelten nur für Bestimmungen in Allgemeinen Geschäftsbedingungen, durch die von Rechtsvorschriften abweichende oder diese ergänzende Regelungen vereinbart werden. ²Andere Bestimmungen können nach Absatz 1 Satz 2 in Verbindung mit Absatz 1 Satz 1 unwirksam sein.

§ 308[1] Klauselverbote mit Wertungsmöglichkeit. In Allgemeinen Geschäftsbedingungen ist insbesondere unwirksam

1. (Annahme- und Leistungsfrist)
    eine Bestimmung, durch die sich der Verwender unangemessen lange oder nicht hinreichend bestimmte Fristen für die Annahme oder Ablehnung eines Angebots oder die Erbringung einer Leistung vorbehält; ausgenommen hiervon ist der Vorbehalt, erst nach Ablauf der Widerrufsfrist nach § 355 Absatz 1 und 2 zu leisten;
1a. (Zahlungsfrist)
    eine Bestimmung, durch die sich der Verwender eine unangemessen lange Zeit für die Erfüllung einer Entgeltforderung des Vertragspartners vorbehält; ist der Verwender kein Verbraucher, ist im Zweifel anzunehmen, dass eine Zeit von mehr als 30 Tagen nach Empfang der Gegenleistung oder, wenn dem Schuldner nach Empfang der Gegenleistung eine Rechnung oder gleichwertige Zahlungsaufstellung zugeht, von mehr als 30 Tagen nach Zugang dieser Rechnung oder Zahlungsaufstellung unangemessen lang ist;
1b. (Überprüfungs- und Abnahmefrist)
    eine Bestimmung, durch die sich der Verwender vorbehält, eine Entgeltforderung des Vertragspartners erst nach unangemessen langer Zeit für die Überprüfung oder Abnahme der Gegenleistung zu erfüllen; ist der Verwender kein Verbraucher, ist im Zweifel anzunehmen, dass eine Zeit von mehr als 15 Tagen nach Empfang der Gegenleistung unangemessen lang ist;
2. (Nachfrist)
    eine Bestimmung, durch die sich der Verwender für die von ihm zu bewirkende Leistung abweichend von Rechtsvorschriften eine unangemessen lange oder nicht hinreichend bestimmte Nachfrist vorbehält;
3. (Rücktrittsvorbehalt)

---

[1] Beachte hierzu Übergangsvorschrift in Art. 229 § 60 EGBGB idF der Bek. v. 21.9.1994 (BGBl. I S. 2494, ber. 1997 S. 1061), zuletzt geänd. durch G v. 10.8.2021 (BGBl. I S. 3515).

die Vereinbarung eines Rechts des Verwenders, sich ohne sachlich gerechtfertigten und im Vertrag angegebenen Grund von seiner Leistungspflicht zu lösen; dies gilt nicht für Dauerschuldverhältnisse;

4. (Änderungsvorbehalt)
die Vereinbarung eines Rechts des Verwenders, die versprochene Leistung zu ändern oder von ihr abzuweichen, wenn nicht die Vereinbarung der Änderung oder Abweichung unter Berücksichtigung der Interessen des Verwenders für den anderen Vertragsteil zumutbar ist;

5. (Fingierte Erklärungen)
eine Bestimmung, wonach eine Erklärung des Vertragspartners des Verwenders bei Vornahme oder Unterlassung einer bestimmten Handlung als von ihm abgegeben oder nicht abgegeben gilt, es sei denn, dass

   a) dem Vertragspartner eine angemessene Frist zur Abgabe einer ausdrücklichen Erklärung eingeräumt ist und

   b) der Verwender sich verpflichtet, den Vertragspartner bei Beginn der Frist auf die vorgesehene Bedeutung seines Verhaltens besonders hinzuweisen;

6. (Fiktion des Zugangs)
eine Bestimmung, die vorsieht, dass eine Erklärung des Verwenders von besonderer Bedeutung dem anderen Vertragsteil als zugegangen gilt;

7. (Abwicklung von Verträgen)
eine Bestimmung, nach der der Verwender für den Fall, dass eine Vertragspartei vom Vertrag zurücktritt oder den Vertrag kündigt,

   a) eine unangemessen hohe Vergütung für die Nutzung oder den Gebrauch einer Sache oder eines Rechts oder für erbrachte Leistungen oder

   b) einen unangemessen hohen Ersatz von Aufwendungen verlangen kann;

8. (Nichtverfügbarkeit der Leistung)
die nach Nummer 3 zulässige Vereinbarung eines Vorbehalts des Verwenders, sich von der Verpflichtung zur Erfüllung des Vertrags bei Nichtverfügbarkeit der Leistung zu lösen, wenn sich der Verwender nicht verpflichtet,

   a) den Vertragspartner unverzüglich über die Nichtverfügbarkeit zu informieren und

   b) Gegenleistungen des Vertragspartners unverzüglich zu erstatten;

9. (Abtretungsausschluss)
eine Bestimmung, durch die die Abtretbarkeit ausgeschlossen wird

   a) für einen auf Geld gerichteten Anspruch des Vertragspartners gegen den Verwender oder

   b) für ein anderes Recht, das der Vertragspartner gegen den Verwender hat, wenn

      aa) beim Verwender ein schützenswertes Interesse an dem Abtretungsausschluss nicht besteht oder

      bb) berechtigte Belange des Vertragspartners an der Abtretbarkeit des Rechts das schützenswerte Interesse des Verwenders an dem Abtretungsausschluss überwiegen;

Buchstabe a gilt nicht für Ansprüche aus Zahlungsdiensterahmenverträgen und die Buchstaben a und b gelten nicht für Ansprüche auf Versorgungsleistungen im Sinne des Betriebsrentengesetzes.

§ 309 Klauselverbote ohne Wertungsmöglichkeit. Auch soweit eine Abweichung von den gesetzlichen Vorschriften zulässig ist, ist in Allgemeinen Geschäftsbedingungen unwirksam

1. (Kurzfristige Preiserhöhungen)
   eine Bestimmung, welche die Erhöhung des Entgelts für Waren oder Leistungen vorsieht, die innerhalb von vier Monaten nach Vertragsschluss geliefert oder erbracht werden sollen; dies gilt nicht bei Waren oder Leistungen, die im Rahmen von Dauerschuldverhältnissen geliefert oder erbracht werden;
2. (Leistungsverweigerungsrechte)
   eine Bestimmung, durch die
   a) das Leistungsverweigerungsrecht, das dem Vertragspartner des Verwenders nach § 320 zusteht, ausgeschlossen oder eingeschränkt wird oder
   b) ein dem Vertragspartner des Verwenders zustehendes Zurückbehaltungsrecht, soweit es auf demselben Vertragsverhältnis beruht, ausgeschlossen oder eingeschränkt, insbesondere von der Anerkennung von Mängeln durch den Verwender abhängig gemacht wird;
3. (Aufrechnungsverbot)
   eine Bestimmung, durch die dem Vertragspartner des Verwenders die Befugnis genommen wird, mit einer unbestrittenen oder rechtskräftig festgestellten Forderung aufzurechnen;
4. (Mahnung, Fristsetzung)
   eine Bestimmung, durch die der Verwender von der gesetzlichen Obliegenheit freigestellt wird, den anderen Vertragsteil zu mahnen oder ihm eine Frist für die Leistung oder Nacherfüllung zu setzen;
5. (Pauschalierung von Schadensersatzansprüchen)
   die Vereinbarung eines pauschalierten Anspruchs des Verwenders auf Schadensersatz oder Ersatz einer Wertminderung, wenn
   a) die Pauschale den in den geregelten Fällen nach dem gewöhnlichen Lauf der Dinge zu erwartenden Schaden oder die gewöhnlich eintretende Wertminderung übersteigt oder
   b) dem anderen Vertragsteil nicht ausdrücklich der Nachweis gestattet wird, ein Schaden oder eine Wertminderung sei überhaupt nicht entstanden oder wesentlich niedriger als die Pauschale;
6. (Vertragsstrafe)
   eine Bestimmung, durch die dem Verwender für den Fall der Nichtabnahme oder verspäteten Abnahme der Leistung, des Zahlungsverzugs oder für den Fall, dass der andere Vertragsteil sich vom Vertrag löst, Zahlung einer Vertragsstrafe versprochen wird;
7. (Haftungsausschluss bei Verletzung von Leben, Körper, Gesundheit und bei grobem Verschulden)
   a) (Verletzung von Leben, Körper, Gesundheit)
      ein Ausschluss oder eine Begrenzung der Haftung für Schäden aus der Verletzung des Lebens, des Körpers oder der Gesundheit, die auf einer fahrlässigen Pflichtverletzung des Verwenders oder einer vorsätzlichen oder fahrlässigen Pflichtverletzung eines gesetzlichen Vertreters oder Erfüllungsgehilfen des Verwenders beruhen;
   b) (Grobes Verschulden)
      ein Ausschluss oder eine Begrenzung der Haftung für sonstige Schäden, die auf einer grob fahrlässigen Pflichtverletzung des Verwenders oder auf einer

vorsätzlichen oder grob fahrlässigen Pflichtverletzung eines gesetzlichen Vertreters oder Erfüllungsgehilfen des Verwenders beruhen;
die Buchstaben a und b gelten nicht für Haftungsbeschränkungen in den nach Maßgabe des Personenbeförderungsgesetzes genehmigten Beförderungsbedingungen und Tarifvorschriften der Straßenbahnen, Obusse und Kraftfahrzeuge im Linienverkehr, soweit sie nicht zum Nachteil des Fahrgasts von der Verordnung über die Allgemeinen Beförderungsbedingungen für den Straßenbahn- und Obusverkehr sowie den Linienverkehr mit Kraftfahrzeugen vom 27. Februar 1970 abweichen; Buchstabe b gilt nicht für Haftungsbeschränkungen für staatlich genehmigte Lotterie- oder Ausspielverträge;

8. (Sonstige Haftungsausschlüsse bei Pflichtverletzung)

a) (Ausschluss des Rechts, sich vom Vertrag zu lösen)
eine Bestimmung, die bei einer vom Verwender zu vertretenden, nicht in einem Mangel der Kaufsache oder des Werkes bestehenden Pflichtverletzung das Recht des anderen Vertragsteils, sich vom Vertrag zu lösen, ausschließt oder einschränkt; dies gilt nicht für die in der Nummer 7 bezeichneten Beförderungsbedingungen und Tarifvorschriften unter den dort genannten Voraussetzungen;

b) (Mängel)
eine Bestimmung, durch die bei Verträgen über Lieferungen neu hergestellter Sachen und über Werkleistungen

aa) (Ausschluss und Verweisung auf Dritte)
die Ansprüche gegen den Verwender wegen eines Mangels insgesamt oder bezüglich einzelner Teile ausgeschlossen, auf die Einräumung von Ansprüchen gegen Dritte beschränkt oder von der vorherigen gerichtlichen Inanspruchnahme Dritter abhängig gemacht werden;

bb) (Beschränkung auf Nacherfüllung)
die Ansprüche gegen den Verwender insgesamt oder bezüglich einzelner Teile auf ein Recht auf Nacherfüllung beschränkt werden, sofern dem anderen Vertragsteil nicht ausdrücklich das Recht vorbehalten wird, bei Fehlschlagen der Nacherfüllung zu mindern oder, wenn nicht eine Bauleistung Gegenstand der Mängelhaftung ist, nach seiner Wahl vom Vertrag zurückzutreten;

cc) (Aufwendungen bei Nacherfüllung)
die Verpflichtung des Verwenders ausgeschlossen oder beschränkt wird, die zum Zweck der Nacherfüllung erforderlichen Aufwendungen nach § 439 Absatz 2 und 3 oder § 635 Absatz 2 zu tragen oder zu ersetzen;

dd) (Vorenthalten der Nacherfüllung)
der Verwender die Nacherfüllung von der vorherigen Zahlung des vollständigen Entgelts oder eines unter Berücksichtigung des Mangels unverhältnismäßig hohen Teils des Entgelts abhängig macht;

ee) (Ausschlussfrist für Mängelanzeige)
der Verwender dem anderen Vertragsteil für die Anzeige nicht offensichtlicher Mängel eine Ausschlussfrist setzt, die kürzer ist als die nach dem Doppelbuchstaben ff zulässige Frist;

ff) (Erleichterung der Verjährung)
die Verjährung von Ansprüchen gegen den Verwender wegen eines Mangels in den Fällen des § 438 Abs. 1 Nr. 2 und des § 634a Abs. 1 Nr. 2 erleichtert oder in den sonstigen Fällen eine weniger als ein Jahr

betragende Verjährungsfrist ab dem gesetzlichen Verjährungsbeginn erreicht wird;

[Nr. 9 bis 28.2.2022:]

9. (Laufzeit bei Dauerschuldverhältnissen)
bei einem Vertragsverhältnis, das die regelmäßige Lieferung von Waren oder die regelmäßige Erbringung von Dienst- oder Werkleistungen durch den Verwender zum Gegenstand hat,
   a) eine den anderen Vertragsteil länger als zwei Jahre bindende Laufzeit des Vertrags,
   b) eine den anderen Vertragsteil bindende stillschweigende Verlängerung des Vertragsverhältnisses um jeweils mehr als ein Jahr oder
   c) zu Lasten des anderen Vertragsteils eine längere Kündigungsfrist als drei Monate vor Ablauf der zunächst vorgesehenen oder stillschweigend verlängerten Vertragsdauer;
   dies gilt nicht für Verträge über die Lieferung als zusammengehörig verkaufter Sachen sowie für Versicherungsverträge;

[Nr. 9 ab 1.3.2022:]

9.[1] bei einem Vertragsverhältnis, das die regelmäßige Lieferung von Waren oder die regelmäßige Erbringung von Dienst- oder Werkleistungen durch den Verwender zum Gegenstand hat,
   a) eine den anderen Vertragsteil länger als zwei Jahre bindende Laufzeit des Vertrags,
   b) eine den anderen Vertragsteil bindende stillschweigende Verlängerung des Vertragsverhältnisses, es sei denn das Vertragsverhältnis wird nur auf unbestimmte Zeit verlängert und dem anderen Vertragsteil wird das Recht eingeräumt, das verlängerte Vertragsverhältnis jederzeit mit einer Frist von höchstens einem Monat zu kündigen, oder
   c) eine zu Lasten des anderen Vertragsteils längere Kündigungsfrist als einen Monat vor Ablauf der zunächst vorgesehenen Vertragsdauer;
   dies gilt nicht für Verträge über die Lieferung zusammengehörig verkaufter Sachen sowie für Versicherungsverträge;

10. (Wechsel des Vertragspartners)
eine Bestimmung, wonach bei Kauf-, Darlehens-, Dienst- oder Werkverträgen ein Dritter anstelle des Verwenders in die sich aus dem Vertrag ergebenden Rechte und Pflichten eintritt oder eintreten kann, es sei denn, in der Bestimmung wird
   a) der Dritte namentlich bezeichnet oder
   b) dem anderen Vertragsteil das Recht eingeräumt, sich vom Vertrag zu lösen;

11. (Haftung des Abschlussvertreters)
eine Bestimmung, durch die der Verwender einem Vertreter, der den Vertrag für den anderen Vertragsteil abschließt,
   a) ohne hierauf gerichtete ausdrückliche und gesonderte Erklärung eine eigene Haftung oder Einstandspflicht oder
   b) im Falle vollmachtsloser Vertretung eine über § 179 hinausgehende Haftung
   auferlegt;

---

[1] Beachte hierzu Übergangsvorschrift in Art. 229 § 60 EGBGB idF der Bek. v. 21.9.1994 (BGBl. I S. 2494, ber. 1997 S. 1061), zuletzt geänd. durch G v. 10.8.2021 (BGBl. I S. 3515).

12. (Beweislast)
    eine Bestimmung, durch die der Verwender die Beweislast zum Nachteil des anderen Vertragsteils ändert, insbesondere indem er
    a) diesem die Beweislast für Umstände auferlegt, die im Verantwortungsbereich des Verwenders liegen, oder
    b) den anderen Vertragsteil bestimmte Tatsachen bestätigen lässt;
    Buchstabe b gilt nicht für Empfangsbekenntnisse, die gesondert unterschrieben oder mit einer gesonderten qualifizierten elektronischen Signatur versehen sind;
13. (Form von Anzeigen und Erklärungen)
    eine Bestimmung, durch die Anzeigen oder Erklärungen, die dem Verwender oder einem Dritten gegenüber abzugeben sind, gebunden werden
    a) an eine strengere Form als die schriftliche Form in einem Vertrag, für den durch Gesetz notarielle Beurkundung vorgeschrieben ist oder
    b) an eine strengere Form als die Textform in anderen als den in Buchstabe a genannten Verträgen oder
    c) an besondere Zugangserfordernisse;
14. (Klageverzicht)
    eine Bestimmung, wonach der andere Vertragsteil seine Ansprüche gegen den Verwender gerichtlich nur geltend machen darf, nachdem er eine gütliche Einigung in einem Verfahren zur außergerichtlichen Streitbeilegung versucht hat;
15. (Abschlagszahlungen und Sicherheitsleistung)
    eine Bestimmung, nach der der Verwender bei einem Werkvertrag
    a) für Teilleistungen Abschlagszahlungen vom anderen Vertragsteil verlangen kann, die wesentlich höher sind als die nach § 632a Absatz 1 und § 650m Absatz 1 zu leistenden Abschlagszahlungen, oder
    b) die Sicherheitsleistung nach § 650m Absatz 2 nicht oder nur in geringerer Höhe leisten muss.

§ 310[1) **Anwendungsbereich.** (1) ¹§ 305 Absatz 2 und 3, § 308 Nummer 1, 2 bis 9 und § 309 finden keine Anwendung auf Allgemeine Geschäftsbedingungen, die gegenüber einem Unternehmer, einer juristischen Person des öffentlichen Rechts oder einem öffentlich-rechtlichen Sondervermögen verwendet werden. ²§ 307 Abs. 1 und 2 findet in den Fällen des Satzes 1 auch insoweit Anwendung, als dies zur Unwirksamkeit von in § 308 Nummer 1, 2 bis 9 und § 309 genannten Vertragsbestimmungen führt; auf die im Handelsverkehr geltenden Gewohnheiten und Gebräuche ist angemessen Rücksicht zu nehmen. ³In den Fällen des Satzes 1 finden § 307 Absatz 1 und 2 sowie § 308 Nummer 1a und 1b auf Verträge, in die die Vergabe- und Vertragsordnung für Bauleistungen Teil B (VOB/B) in der jeweils zum Zeitpunkt des Vertragsschlusses geltenden Fassung ohne inhaltliche Abweichungen insgesamt einbezogen ist, in Bezug auf eine Inhaltskontrolle einzelner Bestimmungen keine Anwendung.

(2) ¹Die §§ 308 und 309 finden keine Anwendung auf Verträge der Elektrizitäts-, Gas-, Fernwärme- und Wasserversorgungsunternehmen über die Versorgung von Sonderabnehmern mit elektrischer Energie, Gas, Fernwärme und

---

[1) Beachte hierzu Übergangsvorschrift in Art. 229 § 60 EGBGB idF der Bek. v. 21.9.1994 (BGBl. I S. 2494, ber. 1997 S. 1061), zuletzt geänd. durch G v. 10.8.2021 (BGBl. I S. 3515).

Wasser aus dem Versorgungsnetz, soweit die Versorgungsbedingungen nicht zum Nachteil der Abnehmer von Verordnungen über Allgemeine Bedingungen für die Versorgung von Tarifkunden mit elektrischer Energie, Gas, Fernwärme und Wasser abweichen. ²Satz 1 gilt entsprechend für Verträge über die Entsorgung von Abwasser.

(3) Bei Verträgen zwischen einem Unternehmer und einem Verbraucher (Verbraucherverträge) finden die Vorschriften dieses Abschnitts mit folgenden Maßgaben Anwendung:

1. Allgemeine Geschäftsbedingungen gelten als vom Unternehmer gestellt, es sei denn, dass sie durch den Verbraucher in den Vertrag eingeführt wurden;
2. § 305c Abs. 2 und die §§ 306 und 307 bis 309 dieses Gesetzes sowie Artikel 46b des Einführungsgesetzes zum Bürgerlichen Gesetzbuche finden auf vorformulierte Vertragsbedingungen auch dann Anwendung, wenn diese nur zur einmaligen Verwendung bestimmt sind und soweit der Verbraucher auf Grund der Vorformulierung auf ihren Inhalt keinen Einfluss nehmen konnte;
3. bei der Beurteilung der unangemessenen Benachteiligung nach § 307 Abs. 1 und 2 sind auch die den Vertragsschluss begleitenden Umstände zu berücksichtigen.

(4) ¹Dieser Abschnitt findet keine Anwendung bei Verträgen auf dem Gebiet des Erb-, Familien- und Gesellschaftsrechts sowie auf Tarifverträge, Betriebs- und Dienstvereinbarungen. ²Bei der Anwendung auf Arbeitsverträge sind die im Arbeitsrecht geltenden Besonderheiten angemessen zu berücksichtigen; § 305 Abs. 2 und 3 ist nicht anzuwenden. ³Tarifverträge, Betriebs- und Dienstvereinbarungen stehen Rechtsvorschriften im Sinne von § 307 Abs. 3 gleich.

Abschnitt 3. Schuldverhältnisse aus Verträgen
Titel 1. Begründung, Inhalt und Beendigung
Untertitel 2. Grundsätze bei Verbraucherverträgen und besondere Vertriebsformen[1)]
Kapitel 1. Anwendungsbereich und Grundsätze bei Verbraucherverträgen

§ 312 Anwendungsbereich.

[Abs. 1 bis 31.12.2021:]

(1) Die Vorschriften der Kapitel 1 und 2 dieses Untertitels sind nur auf Verbraucherverträge im Sinne des § 310 Absatz 3 anzuwenden, die eine entgeltliche Leistung des Unternehmers zum Gegenstand haben.

[Abs. 1 ab 1.1.2022:]

(1) Die Vorschriften der Kapitel 1 und 2 dieses Untertitels sind auf Verbraucherverträge anzuwenden, bei denen sich der Verbraucher zu der Zahlung eines Preises verpflichtet.

[Abs. 1a ab 1.1.2022:]

(1a) ¹Die Vorschriften der Kapitel 1 und 2 dieses Untertitels sind auch auf Verbraucherverträge anzuwenden, bei denen der Verbraucher dem Unternehmer personenbezogene Daten bereitstellt oder sich hierzu verpflichtet. ²Dies gilt nicht, wenn der Unternehmer die vom Verbraucher bereitgestellten personenbezogenen Daten ausschließlich verarbeitet, um

---

[1)] Beachte hierzu auch G über Unterlassungsklagen bei Verbraucherrechts- und anderen Verstößen (Unterlassungsklagengesetz – UKlaG) (auszugsweise abgedruckt unter Nr. **31**).

seine Leistungspflicht oder an ihn gestellte rechtliche Anforderungen zu erfüllen, und sie zu keinem anderen Zweck verarbeitet.

(2) Von den Vorschriften der Kapitel 1 und 2 dieses Untertitels ist nur § 312a Absatz 1, 3, 4 und 6 auf folgende Verträge anzuwenden:

1. notariell beurkundete Verträge
    a) über Finanzdienstleistungen, die außerhalb von Geschäftsräumen geschlossen werden,
    b) die keine Verträge über Finanzdienstleistungen sind; für Verträge, für die das Gesetz die notarielle Beurkundung des Vertrags oder einer Vertragserklärung nicht vorschreibt, gilt dies nur, wenn der Notar darüber belehrt, dass die Informationspflichten nach § 312d Absatz 1 und das Widerrufsrecht nach § 312g Absatz 1 entfallen,
2. Verträge über die Begründung, den Erwerb oder die Übertragung von Eigentum oder anderen Rechten an Grundstücken,
3. Verbraucherbauverträge nach § 650i Absatz 1,
4. *(aufgehoben)*

[Nr. 5 bis 27.5.2022:]
5. Verträge über die Beförderung von Personen,

[Nr. 5 ab 28.5.2022:]
5. *(aufgehoben)*

6. Verträge über Teilzeit-Wohnrechte, langfristige Urlaubsprodukte, Vermittlungen und Tauschsysteme nach den §§ 481 bis 481b,
7. Behandlungsverträge nach § 630a,
8. Verträge über die Lieferung von Lebensmitteln, Getränken oder sonstigen Haushaltsgegenständen des täglichen Bedarfs, die am Wohnsitz, am Aufenthaltsort oder am Arbeitsplatz eines Verbrauchers von einem Unternehmer im Rahmen häufiger und regelmäßiger Fahrten geliefert werden,
9. Verträge, die unter Verwendung von Warenautomaten und automatisierten Geschäftsräumen geschlossen werden,
10. Verträge, die mit Betreibern von Telekommunikationsmitteln mit Hilfe öffentlicher Münz- und Kartentelefone zu deren Nutzung geschlossen werden,
11. Verträge zur Nutzung einer einzelnen von einem Verbraucher hergestellten Telefon-, Internet- oder Telefaxverbindung,
12. außerhalb von Geschäftsräumen geschlossene Verträge, bei denen die Leistung bei Abschluss der Verhandlungen sofort erbracht und bezahlt wird und das vom Verbraucher zu zahlende Entgelt 40 Euro nicht überschreitet, und
13. Verträge über den Verkauf beweglicher Sachen auf Grund von Zwangsvollstreckungsmaßnahmen oder anderen gerichtlichen Maßnahmen.

(3) Auf Verträge über soziale Dienstleistungen, wie Kinderbetreuung oder Unterstützung von dauerhaft oder vorübergehend hilfsbedürftigen Familien oder Personen, einschließlich Langzeitpflege, sind von den Vorschriften der Kapitel 1 und 2 dieses Untertitels nur folgende anzuwenden:

1. die Definitionen der außerhalb von Geschäftsräumen geschlossenen Verträge und der Fernabsatzverträge nach den §§ 312b und 312c,
2. § 312a Absatz 1 über die Pflicht zur Offenlegung bei Telefonanrufen,
3. § 312a Absatz 3 über die Wirksamkeit der Vereinbarung, die auf eine über das vereinbarte Entgelt für die Hauptleistung hinausgehende Zahlung gerichtet ist,

4. § 312a Absatz 4 über die Wirksamkeit der Vereinbarung eines Entgelts für die Nutzung von Zahlungsmitteln,

5. § 312a Absatz 6,

6. § 312d Absatz 1 in Verbindung mit Artikel 246a § 1 Absatz 2 und 3 des Einführungsgesetzes zum Bürgerlichen Gesetzbuche[1]) über die Pflicht zur Information über das Widerrufsrecht und

7. § 312g über das Widerrufsrecht.

(4) ¹Auf Verträge über die Vermietung von Wohnraum sind von den Vorschriften der Kapitel 1 und 2 dieses Untertitels nur die in Absatz 3 Nummer 1 bis 7 genannten Bestimmungen anzuwenden. ²Die in Absatz 3 Nummer 1, 6 und 7 genannten Bestimmungen sind jedoch nicht auf die Begründung eines Mietverhältnisses über Wohnraum anzuwenden, wenn der Mieter die Wohnung zuvor besichtigt hat.

(5) ¹Bei Vertragsverhältnissen über Bankdienstleistungen sowie Dienstleistungen im Zusammenhang mit einer Kreditgewährung, Versicherung, Altersversorgung von Einzelpersonen, Geldanlage oder Zahlung (Finanzdienstleistungen), die eine erstmalige Vereinbarung mit daran anschließenden aufeinanderfolgenden Vorgängen oder einer daran anschließende Reihe getrennter, in einem zeitlichen Zusammenhang stehender Vorgänge gleicher Art umfassen, sind die Vorschriften der Kapitel 1 und 2 dieses Untertitels nur auf die erste Vereinbarung anzuwenden. ²§ 312a Absatz 1, 3, 4 und 6 ist daneben auf jeden Vorgang anzuwenden. ³Wenn die in Satz 1 genannten Vorgänge ohne eine solche Vereinbarung aufeinanderfolgen, gelten die Vorschriften über Informationspflichten des Unternehmers nur für den ersten Vorgang. ⁴Findet jedoch länger als ein Jahr kein Vorgang der gleichen Art mehr statt, so gilt der nächste Vorgang als der erste Vorgang einer neuen Reihe im Sinne von Satz 3.

(6) Von den Vorschriften der Kapitel 1 und 2 dieses Untertitels ist auf Verträge über Versicherungen sowie auf Verträge über deren Vermittlung nur § 312a Absatz 3, 4 und 6 anzuwenden.

(7) ¹Auf Pauschalreiseverträge nach den §§ 651a und 651c sind von den Vorschriften dieses Untertitels nur § 312a §§ 3 bis 6, die §§ 312i, 312j Absatz 2 bis 5 und *[bis 27.5.2022: § 312k][von 28.5.2022 bis 30.6.2022: § 312l][ab 1.7. 2022: § 312m]* anzuwenden; diese Vorschriften finden auch Anwendung, wenn der Reisende kein Verbraucher ist. ²Ist der Reisende ein Verbraucher, ist auf Pauschalreiseverträge nach § 651a, die außerhalb von Geschäftsräumen geschlossen worden sind, auch § 312g Absatz 1 anzuwenden, es sei denn, die mündlichen Verhandlungen, auf denen der Vertragsschluss beruht, sind auf vorhergehende Bestellung des Verbrauchers geführt worden.

[Abs. 8 ab 28.5.2022:]

(8) Auf Verträge über die Beförderung von Personen ist von den Vorschriften der Kapitel 1 und 2 dieses Untertitels nur § 312a Absatz 1 und 3 bis 6 anzuwenden.

§ 312a Allgemeine Pflichten und Grundsätze bei Verbraucherverträgen; Grenzen der Vereinbarung von Entgelten. (1) Ruft der Unternehmer oder eine Person, die in seinem Namen oder Auftrag handelt, den Verbraucher an, um mit diesem einen Vertrag zu schließen, hat der Anrufer zu Beginn des

---

[1]) Nr. 20.

Gesprächs seine Identität und gegebenenfalls die Identität der Person, für die er anruft, sowie den geschäftlichen Zweck des Anrufs offenzulegen.

(2) ¹Der Unternehmer ist verpflichtet, den Verbraucher nach Maßgabe des Artikels 246 des Einführungsgesetzes zum Bürgerlichen Gesetzbuche zu informieren. ²Der Unternehmer kann von dem Verbraucher Fracht-, Liefer- oder Versandkosten und sonstige Kosten nur verlangen, soweit er den Verbraucher über diese Kosten entsprechend den Anforderungen aus Artikel 246 Absatz 1 Nummer 3 des Einführungsgesetzes zum Bürgerlichen Gesetzbuche informiert hat. ³Die Sätze 1 und 2 sind weder auf außerhalb von Geschäftsräumen geschlossene Verträge noch auf Fernabsatzverträge noch auf Verträge über Finanzdienstleistungen anzuwenden.

(3) ¹Eine Vereinbarung, die auf eine über das vereinbarte Entgelt für die Hauptleistung hinausgehende Zahlung des Verbrauchers gerichtet ist, kann ein Unternehmer mit einem Verbraucher nur ausdrücklich treffen. ²Schließen der Unternehmer und der Verbraucher einen Vertrag im elektronischen Geschäftsverkehr, wird eine solche Vereinbarung nur Vertragsbestandteil, wenn der Unternehmer die Vereinbarung nicht durch eine Voreinstellung herbeiführt.

(4) Eine Vereinbarung, durch die ein Verbraucher verpflichtet wird, ein Entgelt dafür zu zahlen, dass er für die Erfüllung seiner vertraglichen Pflichten ein bestimmtes Zahlungsmittel nutzt, ist unwirksam, wenn

1. für den Verbraucher keine gängige und zumutbare unentgeltliche Zahlungsmöglichkeit besteht oder
2. das vereinbarte Entgelt über die Kosten hinausgeht, die dem Unternehmer durch die Nutzung des Zahlungsmittels entstehen.

(5) ¹Eine Vereinbarung, durch die ein Verbraucher verpflichtet wird, ein Entgelt dafür zu zahlen, dass er den Verbraucher den Unternehmer wegen Fragen oder Erklärungen zu einem zwischen ihnen geschlossenen Vertrag über eine Rufnummer anruft, die der Unternehmer für solche Zwecke bereithält, ist unwirksam, wenn das vereinbarte Entgelt das Entgelt für die bloße Nutzung des Telekommunikationsdienstes übersteigt. ²Ist eine Vereinbarung nach Satz 1 unwirksam, ist der Verbraucher auch gegenüber dem Anbieter des Telekommunikationsdienstes nicht verpflichtet, ein Entgelt für den Anruf zu zahlen. ³Der Anbieter des Telekommunikationsdienstes ist berechtigt, das Entgelt für die bloße Nutzung des Telekommunikationsdienstes von dem Unternehmer zu verlangen, der die unwirksame Vereinbarung mit dem Verbraucher geschlossen hat.

(6) Ist eine Vereinbarung nach den Absätzen 3 bis 5 nicht Vertragsbestandteil geworden oder ist sie unwirksam, bleibt der Vertrag im Übrigen wirksam.

Kapitel 2. Außerhalb von Geschäftsräumen geschlossene Verträge und Fernabsatzverträge

§ 312b Außerhalb von Geschäftsräumen geschlossene Verträge.

(1) ¹Außerhalb von Geschäftsräumen geschlossene Verträge sind Verträge,

1. die bei gleichzeitiger körperlicher Anwesenheit des Verbrauchers und des Unternehmers an einem Ort geschlossen werden, der kein Geschäftsraum des Unternehmers ist,
2. für die der Verbraucher unter den in Nummer 1 genannten Umständen ein Angebot abgegeben hat,

3. die in den Geschäftsräumen des Unternehmers oder durch Fernkommunikationsmittel geschlossen werden, bei denen der Verbraucher jedoch unmittelbar zuvor außerhalb der Geschäftsräume des Unternehmers bei gleichzeitiger körperlicher Anwesenheit des Verbrauchers und des Unternehmers persönlich und individuell angesprochen wurde, oder
4. die auf einem Ausflug geschlossen werden, der von dem Unternehmer oder mit seiner Hilfe organisiert wurde, um beim Verbraucher für den Verkauf von Waren oder die Erbringung von Dienstleistungen zu werben und mit ihm entsprechende Verträge abzuschließen.

[2] Dem Unternehmer stehen Personen gleich, die in seinem Namen oder Auftrag handeln.

(2) [1] Geschäftsräume im Sinne des Absatzes 1 sind unbewegliche Gewerberäume, in denen der Unternehmer seine Tätigkeit dauerhaft ausübt, und bewegliche Gewerberäume, in denen der Unternehmer seine Tätigkeit für gewöhnlich ausübt. [2] Gewerberäume, in denen die Person, die im Namen oder Auftrag des Unternehmers handelt, ihre Tätigkeit dauerhaft oder für gewöhnlich ausübt, stehen Räumen des Unternehmers gleich.

§ 312c Fernabsatzverträge. (1) Fernabsatzverträge sind Verträge, bei denen der Unternehmer oder eine in seinem Namen oder Auftrag handelnde Person und der Verbraucher für die Vertragsverhandlungen und den Vertragsschluss ausschließlich Fernkommunikationsmittel verwenden, es sei denn, dass der Vertragsschluss nicht im Rahmen eines für den Fernabsatz organisierten Vertriebs- oder Dienstleistungssystems erfolgt.

(2) Fernkommunikationsmittel im Sinne dieses Gesetzes sind alle Kommunikationsmittel, die zur Anbahnung oder zum Abschluss eines Vertrags eingesetzt werden können, ohne dass die Vertragsparteien gleichzeitig körperlich anwesend sind, wie Briefe, Kataloge, Telefonanrufe, Telekopien, E-Mails, über den Mobilfunkdienst versendete Nachrichten (SMS) sowie Rundfunk und Telemedien.

§ 312d Informationspflichten. (1) [1] Bei außerhalb von Geschäftsräumen geschlossenen Verträgen und bei Fernabsatzverträgen ist der Unternehmer verpflichtet, den Verbraucher nach Maßgabe des Artikels 246a des Einführungsgesetzes zum Bürgerlichen Gesetzbuche[1]) zu informieren. [2] Die in Erfüllung dieser Pflicht gemachten Angaben des Unternehmers werden Inhalt des Vertrags, es sei denn, die Vertragsparteien haben ausdrücklich etwas anderes vereinbart.

(2) Bei außerhalb von Geschäftsräumen geschlossenen Verträgen und bei Fernabsatzverträgen über Finanzdienstleistungen ist der Unternehmer abweichend von Absatz 1 verpflichtet, den Verbraucher nach Maßgabe des Artikels 246b des Einführungsgesetzes zum Bürgerlichen Gesetzbuche[1]) zu informieren.

§ 312e Verletzung von Informationspflichten über Kosten. Der Unternehmer kann von dem Verbraucher Fracht-, Liefer- oder Versandkosten und sonstige Kosten nur verlangen, soweit er den Verbraucher über diese Kosten entsprechend den Anforderungen aus § 312d Absatz 1 in Verbindung mit Artikel 246a § 1 Absatz 1 Satz 1 *[bis 27.5.2022: Nummer 4] [ab 28.5.2022: Nummer 7]* des Einführungsgesetzes zum Bürgerlichen Gesetzbuche[1]) informiert hat.

---

[1]) Nr. **20**.

§ 312f Abschriften und Bestätigungen. (1) ¹Bei außerhalb von Geschäftsräumen geschlossenen Verträgen ist der Unternehmer verpflichtet, dem Verbraucher alsbald auf Papier zur Verfügung zu stellen

1. eine Abschrift eines Vertragsdokuments, das von den Vertragsschließenden so unterzeichnet wurde, dass ihre Identität erkennbar ist, oder
2. eine Bestätigung des Vertrags, in der der Vertragsinhalt wiedergegeben ist.

²Wenn der Verbraucher zustimmt, kann für die Abschrift oder die Bestätigung des Vertrags auch ein anderer dauerhafter Datenträger verwendet werden. ³Die Bestätigung nach Satz 1 muss die in Artikel 246a des Einführungsgesetzes zum Bürgerlichen Gesetzbuche[1]) genannten Angaben nur enthalten, wenn der Unternehmer dem Verbraucher diese Informationen nicht bereits vor Vertragsschluss in Erfüllung seiner Informationspflichten nach § 312d Absatz 1 auf einem dauerhaften Datenträger zur Verfügung gestellt hat.

(2) ¹Bei Fernabsatzverträgen ist der Unternehmer verpflichtet, dem Verbraucher eine Bestätigung des Vertrags, in der der Vertragsinhalt wiedergegeben ist, innerhalb einer angemessenen Frist nach Vertragsschluss, spätestens jedoch bei der Lieferung der Ware oder bevor mit der Ausführung der Dienstleistung begonnen wird, auf einem dauerhaften Datenträger zur Verfügung zu stellen. ²Die Bestätigung nach Satz 1 muss die in Artikel 246a des Einführungsgesetzes zum Bürgerlichen Gesetzbuche[1]) genannten Angaben enthalten, es sei denn, der Unternehmer hat dem Verbraucher diese Informationen bereits vor Vertragsschluss in Erfüllung seiner Informationspflichten nach § 312d Absatz 1 auf einem dauerhaften Datenträger zur Verfügung gestellt.

(3) Bei Verträgen über *[bis 31.12.2021:* die Lieferung von nicht auf einem körperlichen Datenträger befindlichen Daten, die in digitaler Form hergestellt und bereitgestellt werden (digitale Inhalte)*][ab 1.1.2022: digitale Inhalte (§ 327 Absatz 2 Satz 1), die nicht auf einem körperlichen Datenträger bereitgestellt werden]*, ist auf der Abschrift oder in der Bestätigung des Vertrags nach den Absätzen 1 und 2 gegebenenfalls auch festzuhalten, dass der Verbraucher vor Ausführung des Vertrags

1. ausdrücklich zugestimmt hat, dass der Unternehmer mit der Ausführung des Vertrags vor Ablauf der Widerrufsfrist beginnt, und
2. seine Kenntnis davon bestätigt hat, dass er durch seine Zustimmung mit Beginn der Ausführung des Vertrags sein Widerrufsrecht verliert.

(4) Diese Vorschrift ist nicht anwendbar auf Verträge über Finanzdienstleistungen.

§ 312g Widerrufsrecht. (1) Dem Verbraucher steht bei außerhalb von Geschäftsräumen geschlossenen Verträgen und bei Fernabsatzverträgen ein Widerrufsrecht gemäß § 355 zu.

(2) Das Widerrufsrecht besteht, soweit die Parteien nichts anderes vereinbart haben, nicht bei folgenden Verträgen:

1. Verträge zur Lieferung von Waren, die nicht vorgefertigt sind und für deren Herstellung eine individuelle Auswahl oder Bestimmung durch den Verbraucher maßgeblich ist oder die eindeutig auf die persönlichen Bedürfnisse des Verbrauchers zugeschnitten sind,

---

[1]) Nr. 20.

2. Verträge zur Lieferung von Waren, die schnell verderben können oder deren Verfallsdatum schnell überschritten würde,
3. Verträge zur Lieferung versiegelter Waren, die aus Gründen des Gesundheitsschutzes oder der Hygiene nicht zur Rückgabe geeignet sind, wenn ihre Versiegelung nach der Lieferung entfernt wurde,
4. Verträge zur Lieferung von Waren, wenn diese nach der Lieferung auf Grund ihrer Beschaffenheit untrennbar mit anderen Gütern vermischt wurden,
5. Verträge zur Lieferung alkoholischer Getränke, deren Preis bei Vertragsschluss vereinbart wurde, die aber frühestens 30 Tage nach Vertragsschluss geliefert werden können und deren aktueller Wert von Schwankungen auf dem Markt abhängt, auf die der Unternehmer keinen Einfluss hat,
6. Verträge zur Lieferung von Ton- oder Videoaufnahmen oder Computersoftware in einer versiegelten Packung, wenn die Versiegelung nach der Lieferung entfernt wurde,
7. Verträge zur Lieferung von Zeitungen, Zeitschriften oder Illustrierten mit Ausnahme von Abonnement-Verträgen,
8. Verträge zur Lieferung von Waren oder zur Erbringung von Dienstleistungen, einschließlich Finanzdienstleistungen, deren Preis von Schwankungen auf dem Finanzmarkt abhängt, auf die der Unternehmer keinen Einfluss hat und die innerhalb der Widerrufsfrist auftreten können, insbesondere Dienstleistungen im Zusammenhang mit Aktien, mit Anteilen an offenen Investmentvermögen im Sinne von § 1 Absatz 4 des Kapitalanlagegesetzbuchs und mit anderen handelbaren Wertpapieren, Devisen, Derivaten oder Geldmarktinstrumenten,
9. Verträge zur Erbringung von Dienstleistungen in den Bereichen Beherbergung zu anderen Zwecken als zu Wohnzwecken, Beförderung von Waren, Kraftfahrzeugvermietung, Lieferung von Speisen und Getränken sowie zur Erbringung weiterer Dienstleistungen im Zusammenhang mit Freizeitbetätigungen, wenn der Vertrag für die Erbringung einen spezifischen Termin oder Zeitraum vorsieht,
10. Verträge, die im Rahmen einer Vermarktungsform geschlossen werden, bei der der Unternehmer Verbrauchern, die persönlich anwesend sind oder denen diese Möglichkeit gewährt wird, Waren oder Dienstleistungen anbietet, und zwar in einem vom Versteigerer durchgeführten, auf konkurrierenden Geboten basierenden transparenten Verfahren, bei dem der Bieter, der den Zuschlag erhalten hat, zum Erwerb der Waren oder Dienstleistungen verpflichtet ist (öffentlich zugängliche Versteigerung),
11. Verträge, bei denen der Verbraucher den Unternehmer ausdrücklich aufgefordert hat, ihn aufzusuchen, um dringende Reparatur- oder Instandhaltungsarbeiten vorzunehmen; dies gilt nicht hinsichtlich weiterer bei dem Besuch erbrachter Dienstleistungen, die der Verbraucher nicht ausdrücklich verlangt hat, oder hinsichtlich solcher bei dem Besuch gelieferter Waren, die bei der Instandhaltung oder Reparatur nicht unbedingt als Ersatzteile benötigt werden,
12. Verträge zur Erbringung von Wett- und Lotteriedienstleistungen, es sei denn, dass der Verbraucher seine Vertragserklärung telefonisch abgegeben hat oder der Vertrag außerhalb von Geschäftsräumen geschlossen wurde, und

13. notariell beurkundete Verträge; dies gilt für Fernabsatzverträge über Finanzdienstleistungen nur, wenn der Notar bestätigt, dass die Rechte des Verbrauchers aus § 312d Absatz 2 gewahrt sind.

(3) Das Widerrufsrecht besteht ferner nicht bei Verträgen, bei denen dem Verbraucher bereits auf Grund der §§ 495, 506 bis 513 ein Widerrufsrecht nach § 355 zusteht, und nicht bei außerhalb von Geschäftsräumen geschlossenen Verträgen, bei denen dem Verbraucher bereits nach § 305 Absatz 1 bis 6 des Kapitalanlagegesetzbuchs ein Widerrufsrecht zusteht.

§ 312h Kündigung und Vollmacht zur Kündigung. Wird zwischen einem Unternehmer und einem Verbraucher nach diesem Untertitel ein Dauerschuldverhältnis begründet, das ein zwischen dem Verbraucher und einem anderen Unternehmer bestehendes Dauerschuldverhältnis ersetzen soll, und wird anlässlich der Begründung des Dauerschuldverhältnisses von dem Verbraucher

1. die Kündigung des bestehenden Dauerschuldverhältnisses erklärt und der Unternehmer oder ein von ihm beauftragter Dritter zur Übermittlung der Kündigung an den bisherigen Vertragspartner des Verbrauchers beauftragt oder
2. der Unternehmer oder ein von ihm beauftragter Dritter zur Erklärung der Kündigung gegenüber dem bisherigen Vertragspartner des Verbrauchers bevollmächtigt,

bedarf die Kündigung des Verbrauchers oder die Vollmacht zur Kündigung der Textform.

Kapitel 3. Verträge im elektronischen Geschäftsverkehr *[ab 28.5.2022: ; Online-Marktplätze]*

§ 312i Allgemeine Pflichten im elektronischen Geschäftsverkehr.

(1) [1] Bedient sich ein Unternehmer zum Zwecke des Abschlusses eines Vertrags über die Lieferung von Waren oder über die Erbringung von Dienstleistungen der Telemedien (Vertrag im elektronischen Geschäftsverkehr), hat er dem Kunden

1. angemessene, wirksame und zugängliche technische Mittel zur Verfügung zu stellen, mit deren Hilfe der Kunde Eingabefehler vor Abgabe seiner Bestellung erkennen und berichtigen kann,
2. die in Artikel 246c des Einführungsgesetzes zum Bürgerlichen Gesetzbuche[1] bestimmten Informationen rechtzeitig vor Abgabe von dessen Bestellung klar und verständlich mitzuteilen,
3. den Zugang von dessen Bestellung unverzüglich auf elektronischem Wege zu bestätigen und
4. die Möglichkeit zu verschaffen, die Vertragsbestimmungen einschließlich der Allgemeinen Geschäftsbedingungen bei Vertragsschluss abzurufen und in wiedergabefähiger Form zu speichern.

[2] Bestellung und Empfangsbestätigung im Sinne von Satz 1 Nummer 3 gelten als zugegangen, wenn die Parteien, für die sie bestimmt sind, sie unter gewöhnlichen Umständen abrufen können.

(2) [1] Absatz 1 Satz 1 Nummer 1 bis 3 ist nicht anzuwenden, wenn der Vertrag ausschließlich durch individuelle Kommunikation geschlossen wird. [2] Absatz 1

---

[1] Nr. **20**.

Satz 1 Nummer 1 bis 3 und Satz 2 ist nicht anzuwenden, wenn zwischen Vertragsparteien, die nicht Verbraucher sind, etwas anderes vereinbart wird.

(3) Weitergehende Informationspflichten auf Grund anderer Vorschriften bleiben unberührt.

§ 312j Besondere Pflichten im elektronischen Geschäftsverkehr gegenüber Verbrauchern. (1) Auf Webseiten für den elektronischen Geschäftsverkehr mit Verbrauchern hat der Unternehmer zusätzlich zu den Angaben nach § 312i Absatz 1 spätestens bei Beginn des Bestellvorgangs klar und deutlich anzugeben, ob Lieferbeschränkungen bestehen und welche Zahlungsmittel akzeptiert werden.

(2) Bei einem Verbrauchervertrag im elektronischen Geschäftsverkehr, *[bis 27.5.2022: der eine entgeltliche Leistung des Unternehmers zum Gegenstand hat][ab 28.5.2022: der den Verbraucher zur Zahlung verpflichtet]*, muss der Unternehmer dem Verbraucher die Informationen gemäß *[bis 27.5.2022:* Artikel 246a § 1 Absatz 1 Satz 1 Nummer 1, 4, 5, 11 und 12 des Einführungsgesetzes zum Bürgerlichen Gesetzbuche[1]*][ab 28.5.2022: Artikel 246a § 1 Absatz 1 Satz 1 Nummer 1, 5 bis 7, 8, 14 und 15 des Einführungsgesetzes zum Bürgerlichen Gesetzbuche[1]]*, unmittelbar bevor der Verbraucher seine Bestellung abgibt, klar und verständlich in hervorgehobener Weise zur Verfügung stellen.

(3) [1] Der Unternehmer hat die Bestellsituation bei einem Vertrag nach Absatz 2 so zu gestalten, dass der Verbraucher mit seiner Bestellung ausdrücklich bestätigt, dass er sich zu einer Zahlung verpflichtet. [2] Erfolgt die Bestellung über eine Schaltfläche, ist die Pflicht des Unternehmers aus Satz 1 nur erfüllt, wenn diese Schaltfläche gut lesbar mit nichts anderem als den Wörtern „zahlungspflichtig bestellen" oder mit einer entsprechenden eindeutigen Formulierung beschriftet ist.

(4) Ein Vertrag nach Absatz 2 kommt nur zustande, wenn der Unternehmer seine Pflicht aus Absatz 3 erfüllt.

(5) [1] Die Absätze 2 bis 4 sind nicht anzuwenden, wenn der Vertrag ausschließlich durch individuelle Kommunikation geschlossen wird. [2] Die Pflichten aus den Absätzen 1 und 2 gelten weder für Webseiten, die Finanzdienstleistungen betreffen, noch für Verträge über Finanzdienstleistungen.

[§ 312k ab 1.7.2022:]
§ 312k[2] Kündigung von Verbraucherverträgen im elektronischen Geschäftsverkehr. *(1)* [1] *Wird Verbrauchern über eine Webseite ermöglicht, einen Vertrag im elektronischen Geschäftsverkehr zu schließen, der auf die Begründung eines Dauerschuldverhältnisses gerichtet ist, das einen Unternehmer zu einer entgeltlichen Leistung verpflichtet, so treffen den Unternehmer die Pflichten nach dieser Vorschrift.* [2] *Dies gilt nicht*

1. *für Verträge, für deren Kündigung gesetzlich ausschließlich eine strengere Form als die Textform vorgesehen ist, und*

2. *in Bezug auf Webseiten, die Finanzdienstleistungen betreffen, oder für Verträge über Finanzdienstleistungen.*

---

[1] Nr. 20.
[2] Beachte hierzu Übergangsvorschrift in Art. 229 § 60 EGBGB idF der Bek. v. 21.9.1994 (BGBl. I S. 2494, ber. 1997 S. 1061), zuletzt geänd. durch G v. 10.8.2021 (BGBl. I S. 3515).

(2) ¹Der Unternehmer hat sicherzustellen, dass der Verbraucher auf der Webseite eine Erklärung zur ordentlichen oder außerordentlichen Kündigung eines auf der Webseite abschließbaren Vertrags nach Absatz 1 Satz 1 über eine Kündigungsschaltfläche abgeben kann. ²Die Kündigungsschaltfläche muss gut lesbar mit nichts anderem als den Wörtern „Verträge hier kündigen" oder mit einer entsprechenden eindeutigen Formulierung beschriftet sein. ³Sie muss den Verbraucher unmittelbar zu einer Bestätigungsseite führen, die

1. *den Verbraucher auffordert und ihm ermöglicht Angaben zu machen*
   a) *zur Art der Kündigung sowie im Falle der außerordentlichen Kündigung zum Kündigungsgrund,*
   b) *zu seiner eindeutigen Identifizierbarkeit,*
   c) *zur eindeutigen Bezeichnung des Vertrags,*
   d) *zum Zeitpunkt, zu dem die Kündigung das Vertragsverhältnis beenden soll,*
   e) *zur schnellen elektronischen Übermittlung der Kündigungsbestätigung an ihn und*
2. *eine Bestätigungsschaltfläche enthält, über deren Betätigung der Verbraucher die Kündigungserklärung abgeben kann und die gut lesbar mit nichts anderem als den Wörtern „jetzt kündigen" oder mit einer entsprechenden eindeutigen Formulierung beschriftet ist.*

⁴*Die Schaltflächen und die Bestätigungsseite müssen ständig verfügbar sowie unmittelbar und leicht zugänglich sein.*

(3) Der Verbraucher muss seine durch das Betätigen der Bestätigungsschaltfläche abgegebene Kündigungserklärung mit dem Datum und der Uhrzeit der Abgabe auf einem dauerhaften Datenträger so speichern können, dass erkennbar ist, dass die Kündigungserklärung durch das Betätigen der Bestätigungsschaltfläche abgegeben wurde.

(4) ¹Der Unternehmer hat dem Verbraucher den Inhalt sowie Datum und Uhrzeit des Zugangs der Kündigungserklärung sowie den Zeitpunkt, zu dem das Vertragsverhältnis durch die Kündigung beendet werden soll, sofort auf elektronischem Wege in Textform zu bestätigen. ²Es wird vermutet, dass eine durch das Betätigen der Bestätigungsschaltfläche abgegebene Kündigungserklärung dem Unternehmer unmittelbar nach ihrer Abgabe zugegangen ist.

(5) Wenn der Verbraucher bei der Abgabe der Kündigungserklärung keinen Zeitpunkt angibt, zu dem die Kündigung das Vertragsverhältnis beenden soll, wirkt die Kündigung im Zweifel zum frühestmöglichen Zeitpunkt.

(6) ¹Werden die Schaltflächen und die Bestätigungsseite nicht entsprechend den Absätzen 1 und 2 zur Verfügung gestellt, kann ein Verbraucher einen Vertrag, für dessen Kündigung die Schaltflächen und die Bestätigungsseite zur Verfügung zu stellen sind, jederzeit und ohne Einhaltung einer Kündigungsfrist kündigen. ²Die Möglichkeit des Verbrauchers zur außerordentlichen Kündigung bleibt hiervon unberührt.

[§ 312k ab 28.5.2022:]
§ 312k *[ab 1.7.2022: § 312l]* **Allgemeine Informationspflichten für Betreiber von Online-Marktplätzen.** *(1) Der Betreiber eines Online-Marktplatzes ist verpflichtet, den Verbraucher nach Maßgabe des Artikels 246d des Einführungsgesetzes zum Bürgerlichen Gesetzbuche[1] zu informieren.*

(2) Absatz 1 gilt nicht, soweit auf dem Online-Marktplatz Verträge über Finanzdienstleistungen angeboten werden.

(3) Online-Marktplatz ist ein Dienst, der es Verbrauchern ermöglicht, durch die Verwendung von Software, die vom Unternehmer oder im Namen des Unternehmers betrieben

---

[1] Nr. **20**.

wird, einschließlich einer Webseite, eines Teils einer Webseite oder einer Anwendung, Fernabsatzverträge mit anderen Unternehmern oder Verbrauchern abzuschließen.

(4) Betreiber eines Online-Marktplatzes ist der Unternehmer, der einen Online-Marktplatz für Verbraucher zur Verfügung stellt.

Kapitel 4. Abweichende Vereinbarungen und Beweislast

§ 312k *[von 28.5.2022 bis 30.6.2022: § 312l] [ab 1.7.2022: § 312m]* **Abweichende Vereinbarungen und Beweislast.** (1) ¹Von den Vorschriften dieses Untertitels darf, soweit nichts anderes bestimmt ist, nicht zum Nachteil des Verbrauchers oder Kunden abgewichen werden. ²Die Vorschriften dieses Untertitels finden, soweit nichts anderes bestimmt ist, auch Anwendung, wenn sie durch anderweitige Gestaltungen umgangen werden.

(2) Der Unternehmer trägt gegenüber dem Verbraucher die Beweislast für die Erfüllung der in diesem Untertitel geregelten Informationspflichten.

Untertitel 3. Anpassung und Beendigung von Verträgen

§ 313 Störung der Geschäftsgrundlage. (1) Haben sich Umstände, die zur Grundlage des Vertrags geworden sind, nach Vertragsschluss schwerwiegend verändert und hätten die Parteien den Vertrag nicht oder mit anderem Inhalt geschlossen, wenn sie diese Veränderung vorausgesehen hätten, so kann Anpassung des Vertrags verlangt werden, soweit einem Teil unter Berücksichtigung aller Umstände des Einzelfalls, insbesondere der vertraglichen oder gesetzlichen Risikoverteilung, das Festhalten am unveränderten Vertrag nicht zugemutet werden kann.

(2) Einer Veränderung der Umstände steht es gleich, wenn wesentliche Vorstellungen, die zur Grundlage des Vertrags geworden sind, sich als falsch herausstellen.

(3) ¹Ist eine Anpassung des Vertrags nicht möglich oder einem Teil nicht zumutbar, so kann der benachteiligte Teil vom Vertrag zurücktreten. ²An die Stelle des Rücktrittsrechts tritt für Dauerschuldverhältnisse das Recht zur Kündigung.

§ 314 Kündigung von Dauerschuldverhältnissen aus wichtigem Grund.

(1) ¹Dauerschuldverhältnisse kann jeder Vertragsteil aus wichtigem Grund ohne Einhaltung einer Kündigungsfrist kündigen. ²Ein wichtiger Grund liegt vor, wenn dem kündigenden Teil unter Berücksichtigung aller Umstände des Einzelfalls und unter Abwägung der beiderseitigen Interessen die Fortsetzung des Vertragsverhältnisses bis zur vereinbarten Beendigung oder bis zum Ablauf einer Kündigungsfrist nicht zugemutet werden kann.

(2) ¹Besteht der wichtige Grund in der Verletzung einer Pflicht aus dem Vertrag, ist die Kündigung erst nach erfolglosem Ablauf einer zur Abhilfe bestimmten Frist oder nach erfolgloser Abmahnung zulässig. ²Für die Entbehrlichkeit der Bestimmung einer Frist zur Abhilfe und für die Entbehrlichkeit einer Abmahnung findet § 323 Absatz 2 Nummer 1 und 2 entsprechende Anwendung. ³Die Bestimmung einer Frist zur Abhilfe und eine Abmahnung sind auch entbehrlich, wenn besondere Umstände vorliegen, die unter Abwägung der beiderseitigen Interessen die sofortige Kündigung rechtfertigen.

(3) Der Berechtigte kann nur innerhalb einer angemessenen Frist kündigen, nachdem er vom Kündigungsgrund Kenntnis erlangt hat.

(4) Die Berechtigung, Schadensersatz zu verlangen, wird durch die Kündigung nicht ausgeschlossen.

Titel 2. Gegenseitiger Vertrag

[§ 327 bis 31.12.2021:]
§ 327 (weggefallen)

[Titel 2a ab 1.1.2022:]
Titel 2a.[1] Verträge über digitale Produkte
Untertitel 1. Verbraucherverträge über digitale Produkte

§ 327 Anwendungsbereich. *(1) ¹Die Vorschriften dieses Untertitels sind auf Verbraucherverträge anzuwenden, welche die Bereitstellung digitaler Inhalte oder digitaler Dienstleistungen (digitale Produkte) durch den Unternehmer gegen Zahlung eines Preises zum Gegenstand haben. ²Preis im Sinne dieses Untertitels ist auch eine digitale Darstellung eines Werts.*

(2) ¹Digitale Inhalte sind Daten, die in digitaler Form erstellt und bereitgestellt werden. ²Digitale Dienstleistungen sind Dienstleistungen, die dem Verbraucher

1. die Erstellung, die Verarbeitung oder die Speicherung von Daten in digitaler Form oder den Zugang zu solchen Daten ermöglichen, oder

2. die gemeinsame Nutzung der vom Verbraucher oder von anderen Nutzern der entsprechenden Dienstleistung in digitaler Form hochgeladenen oder erstellten Daten oder sonstige Interaktionen mit diesen Daten ermöglichen.

(3) Die Vorschriften dieses Untertitels sind auch auf Verbraucherverträge über die Bereitstellung digitaler Produkte anzuwenden, bei denen der Verbraucher dem Unternehmer personenbezogene Daten bereitstellt oder sich zu deren Bereitstellung verpflichtet, es sei denn, die Voraussetzungen des § 312 Absatz 1a Satz 2 liegen vor.

(4) Die Vorschriften dieses Untertitels sind auch auf Verbraucherverträge anzuwenden, die digitale Produkte zum Gegenstand haben, welche nach den Spezifikationen des Verbrauchers entwickelt werden.

(5) Die Vorschriften dieses Untertitels sind mit Ausnahme der §§ 327b und 327c auch auf Verbraucherverträge anzuwenden, welche die Bereitstellung von körperlichen Datenträgern, die ausschließlich als Träger digitaler Inhalte dienen, zum Gegenstand haben.

(6) Die Vorschriften dieses Untertitels sind nicht anzuwenden auf:

1. Verträge über andere Dienstleistungen als digitale Dienstleistungen, unabhängig davon, ob der Unternehmer digitale Formen oder Mittel einsetzt, um das Ergebnis der Dienstleistung zu generieren oder es dem Verbraucher zu liefern oder zu übermitteln,

2. Verträge über Telekommunikationsdienste im Sinne des § 3 Nummer 61 des Telekommunikationsgesetzes[2] vom 23. Juni 2021 (BGBl. I S. 1858) mit Ausnahme von nummernunabhängigen interpersonellen Telekommunikationsdiensten im Sinne des § 3 Nummer 40 des Telekommunikationsgesetzes,

3. Behandlungsverträge nach § 630a,

---

[1] Beachte hierzu Übergangsvorschrift in Art. 229 § 57 EGBGB idF der Bek. v. 21.9.1994 (BGBl. I S. 2494, ber. 1997 S. 1061), zuletzt geänd. durch G v. 10.8.2021 (BGBl. I S. 3515).
[2] Nr. 1.

4. Verträge über Glücksspieldienstleistungen, die einen geldwerten Einsatz erfordern und unter Zuhilfenahme elektronischer oder anderer Kommunikationstechnologien auf individuellen Abruf eines Empfängers erbracht werden,

5. Verträge über Finanzdienstleistungen,

6. Verträge über die Bereitstellung von Software, für die der Verbraucher keinen Preis zahlt und die der Unternehmer im Rahmen einer freien und quelloffenen Lizenz anbietet, sofern die vom Verbraucher bereitgestellten personenbezogenen Daten durch den Unternehmer ausschließlich zur Verbesserung der Sicherheit, der Kompatibilität oder der Interoperabilität der vom Unternehmer angebotenen Software verarbeitet werden,

7. Verträge über die Bereitstellung digitaler Inhalte, wenn die digitalen Inhalte der Öffentlichkeit auf eine andere Weise als durch Signalübermittlung als Teil einer Darbietung oder Veranstaltung zugänglich gemacht werden,

8. Verträge über die Bereitstellung von Informationen im Sinne des Informationsweiterverwendungsgesetzes vom 13. Dezember 2006 (BGBl. I S. 2913), das durch Artikel 1 des Gesetzes vom 8. Juli 2015 (BGBl. I S. 1162) geändert worden ist.

§ 327a Anwendung auf Paketverträge und Verträge über Sachen mit digitalen Elementen. *(1) ¹Die Vorschriften dieses Untertitels sind auch auf Verbraucherverträge anzuwenden, die in einem Vertrag zwischen denselben Vertragsparteien neben der Bereitstellung digitaler Produkte die Bereitstellung anderer Sachen oder die Bereitstellung anderer Dienstleistungen zum Gegenstand haben (Paketvertrag). ²Soweit nachfolgend nicht anders bestimmt, sind die Vorschriften dieses Untertitels jedoch nur auf diejenigen Bestandteile des Paketvertrags anzuwenden, welche die digitalen Produkte betreffen.*

(2) ¹Die Vorschriften dieses Untertitels sind auch auf Verbraucherverträge über Sachen anzuwenden, die digitale Produkte enthalten oder mit ihnen verbunden sind. ²Soweit nachfolgend nicht anders bestimmt, sind die Vorschriften dieses Untertitels jedoch nur auf diejenigen Bestandteile des Vertrags anzuwenden, welche die digitalen Produkte betreffen.

(3) ¹Absatz 2 gilt nicht für Kaufverträge über Waren, die in einer Weise digitale Produkte enthalten oder mit ihnen verbunden sind, dass die Waren ihre Funktionen ohne diese digitalen Produkte nicht erfüllen können (Waren mit digitalen Elementen). ²Beim Kauf einer Ware mit digitalen Elementen ist im Zweifel anzunehmen, dass die Verpflichtung des Verkäufers die Bereitstellung der digitalen Inhalte oder digitalen Dienstleistungen umfasst.

§ 327b Bereitstellung digitaler Produkte. *(1) Ist der Unternehmer durch einen Verbrauchervertrag gemäß § 327 oder § 327a dazu verpflichtet, dem Verbraucher ein digitales Produkt bereitzustellen, so gelten für die Bestimmung der Leistungszeit sowie für die Art und Weise der Bereitstellung durch den Unternehmer die nachfolgenden Vorschriften.*

(2) Sofern die Vertragsparteien keine Zeit für die Bereitstellung des digitalen Produkts nach Absatz 1 vereinbart haben, kann der Verbraucher die Bereitstellung unverzüglich nach Vertragsschluss verlangen, der Unternehmer sie sofort bewirken.

(3) Ein digitaler Inhalt ist bereitgestellt, sobald der digitale Inhalt oder die geeigneten Mittel für den Zugang zu diesem oder das Herunterladen des digitalen Inhalts dem Verbraucher unmittelbar oder mittels einer von ihm hierzu bestimmten Einrichtung zur Verfügung gestellt oder zugänglich gemacht worden ist.

(4) Eine digitale Dienstleistung ist bereitgestellt, sobald die digitale Dienstleistung dem Verbraucher unmittelbar oder mittels einer von ihm hierzu bestimmten Einrichtung zugänglich gemacht worden ist.

(5) Wenn der Unternehmer durch den Vertrag zu einer Reihe einzelner Bereitstellungen verpflichtet ist, gelten die Absätze 2 bis 4 für jede einzelne Bereitstellung innerhalb der Reihe.

(6) Die Beweislast für die nach den Absätzen 1 bis 4 erfolgte Bereitstellung trifft abweichend von § 363 den Unternehmer.

§ 327c *Rechte bei unterbliebener Bereitstellung.* (1) ¹Kommt der Unternehmer seiner fälligen Verpflichtung zur Bereitstellung des digitalen Produkts auf Aufforderung des Verbrauchers nicht unverzüglich nach, so kann der Verbraucher den Vertrag beenden. ²Nach einer Aufforderung gemäß Satz 1 kann eine andere Zeit für die Bereitstellung nur ausdrücklich vereinbart werden.

(2) ¹*Liegen die Voraussetzungen für eine Beendigung des Vertrags nach Absatz 1 Satz 1 vor, so kann der Verbraucher nach den §§ 280 und 281 Absatz 1 Satz 1 Schadensersatz oder nach § 284 Ersatz vergeblicher Aufwendungen verlangen, wenn die Voraussetzungen dieser Vorschriften vorliegen.* ²*§ 281 Absatz 1 Satz 1 ist mit der Maßgabe anzuwenden, dass an die Stelle der Bestimmung einer angemessenen Frist die Aufforderung nach Absatz 1 Satz 1 tritt.* ³*Ansprüche des Verbrauchers auf Schadensersatz nach den §§ 283 und 311a Absatz 2 bleiben unberührt.*

(3) ¹*Die Aufforderung nach Absatz 1 Satz 1 und Absatz 2 Satz 2 ist entbehrlich, wenn*

1. *der Unternehmer die Bereitstellung verweigert,*
2. *es nach den Umständen eindeutig zu erkennen ist, dass der Unternehmer das digitale Produkt nicht bereitstellen wird, oder*
3. *der Unternehmer die Bereitstellung bis zu einem bestimmten Termin oder innerhalb einer bestimmten Frist nicht bewirkt, obwohl vereinbart war oder es sich für den Unternehmer aus eindeutig erkennbaren, den Vertragsabschluss begleitenden Umständen ergeben konnte, dass die termin- oder fristgerechte Bereitstellung für den Verbraucher wesentlich ist.*

²*In den Fällen des Satzes 1 ist die Mahnung gemäß § 286 stets entbehrlich.*

(4) ¹*Für die Beendigung des Vertrags nach Absatz 1 Satz 1 und deren Rechtsfolgen sind die §§ 327o und 327p entsprechend anzuwenden.* ²*Das Gleiche gilt für den Fall, dass der Verbraucher in den Fällen des Absatzes 2 Schadensersatz statt der ganzen Leistung verlangt.* ³*§ 325 gilt entsprechend.*

(5) § 218 ist auf die Vertragsbeendigung nach Absatz 1 Satz 1 entsprechend anzuwenden.

(6) ¹*Sofern der Verbraucher den Vertrag nach Absatz 1 Satz 1 beenden kann, kann er sich im Hinblick auf alle Bestandteile des Paketvertrags vom Vertrag lösen, wenn er an dem anderen Teil des Paketvertrags ohne das nicht bereitgestellte digitale Produkt kein Interesse hat.* ²*Satz 1 ist nicht auf Paketverträge anzuwenden, bei denen der andere Bestandteil ein Telekommunikationsdienst im Sinne des § 3 Nummer 61 des Telekommunikationsgesetzes*¹⁾ *ist.*

(7) Sofern der Verbraucher den Vertrag nach Absatz 1 Satz 1 beenden kann, kann er sich im Hinblick auf alle Bestandteile eines Vertrags nach § 327a Absatz 2 vom Vertrag lösen, wenn aufgrund des nicht bereitgestellten digitalen Produkts sich die Sache nicht zur gewöhnlichen Verwendung eignet.

---

¹⁾ Nr. 1.

§ 327d *Vertragsmäßigkeit digitaler Produkte.* Ist der Unternehmer durch einen Verbrauchervertrag gemäß § 327 oder § 327a zur Bereitstellung eines digitalen Produkts verpflichtet, so hat er das digitale Produkt frei von Produkt- und Rechtsmängeln im Sinne der §§ 327e bis 327g bereitzustellen.

§ 327e *Produktmangel.* (1) ¹ Das digitale Produkt ist frei von Produktmängeln, wenn es zur maßgeblichen Zeit nach den Vorschriften dieses Untertitels den subjektiven Anforderungen, den objektiven Anforderungen und den Anforderungen an die Integration entspricht. ² Soweit nachfolgend nicht anders bestimmt, ist die maßgebliche Zeit der Zeitpunkt der Bereitstellung nach § 327b. ³ Wenn der Unternehmer durch den Vertrag zu einer fortlaufenden Bereitstellung über einen Zeitraum (dauerhafte Bereitstellung) verpflichtet ist, ist der maßgebliche Zeitraum der gesamte vereinbarte Zeitraum der Bereitstellung (Bereitstellungszeitraum).

(2) ¹ Das digitale Produkt entspricht den subjektiven Anforderungen, wenn

1. das digitale Produkt

    a) die vereinbarte Beschaffenheit hat, einschließlich der Anforderungen an seine Menge, seine Funktionalität, seine Kompatibilität und seine Interoperabilität,

    b) sich für die nach dem Vertrag vorausgesetzte Verwendung eignet,

2. es wie im Vertrag vereinbart mit Zubehör, Anleitungen und Kundendienst bereitgestellt wird und

3. die im Vertrag vereinbarten Aktualisierungen während des nach dem Vertrag maßgeblichen Zeitraums bereitgestellt werden.

² Funktionalität ist die Fähigkeit eines digitalen Produkts, seine Funktionen seinem Zweck entsprechend zu erfüllen. ³ Kompatibilität ist die Fähigkeit eines digitalen Produkts, mit Hardware oder Software zu funktionieren, mit der digitale Produkte derselben Art in der Regel genutzt werden, ohne dass sie konvertiert werden müssen. ⁴ Interoperabilität ist die Fähigkeit eines digitalen Produkts, mit anderer Hardware oder Software als derjenigen, mit der digitale Produkte derselben Art in der Regel genutzt werden, zu funktionieren.

(3) ¹ Das digitale Produkt entspricht den objektiven Anforderungen, wenn

1. es sich für die gewöhnliche Verwendung eignet,

2. es eine Beschaffenheit, einschließlich der Menge, der Funktionalität, der Kompatibilität, der Zugänglichkeit, der Kontinuität und der Sicherheit aufweist, die bei digitalen Produkten derselben Art üblich ist und die der Verbraucher unter Berücksichtigung der Art des digitalen Produkts erwarten kann,

3. es der Beschaffenheit einer Testversion oder Voranzeige entspricht, die der Unternehmer dem Verbraucher vor Vertragsschluss zur Verfügung gestellt hat,

4. es mit dem Zubehör und den Anleitungen bereitgestellt wird, deren Erhalt der Verbraucher erwarten kann,

5. dem Verbraucher gemäß § 327f Aktualisierungen bereitgestellt werden und der Verbraucher über diese Aktualisierungen informiert wird und

6. sofern die Parteien nichts anderes vereinbart haben, es in der zum Zeitpunkt des Vertragsschlusses neuesten verfügbaren Version bereitgestellt wird.

² Zu der üblichen Beschaffenheit nach Satz 1 Nummer 2 gehören auch Anforderungen, die der Verbraucher nach vom Unternehmer oder einer anderen Person in vorhergehenden Gliedern der Vertriebskette selbst oder in deren Auftrag vorgenommenen öffentlichen Äußerungen, die insbesondere in der Werbung oder auf dem Etikett abgegeben wurden, erwarten kann. ³ Das gilt nicht, wenn der Unternehmer die Äußerung nicht kannte und auch nicht kennen konnte, wenn die Äußerung im Zeitpunkt des Vertragsschlusses in

derselben oder in gleichwertiger Weise berichtigt war oder wenn die Äußerung die Entscheidung, das digitale Produkt zu erwerben, nicht beeinflussen konnte.

(4) ¹ Soweit eine Integration durchzuführen ist, entspricht das digitale Produkt den Anforderungen an die Integration, wenn die Integration

1. sachgemäß durchgeführt worden ist oder
2. zwar unsachgemäß durchgeführt worden ist, dies jedoch weder auf einer unsachgemäßen Integration durch den Unternehmer noch auf einem Mangel in der vom Unternehmer bereitgestellten Anleitung beruht.

² Integration ist die Verbindung und die Einbindung eines digitalen Produkts mit den oder in die Komponenten der digitalen Umgebung des Verbrauchers, damit das digitale Produkt gemäß den Anforderungen nach den Vorschriften dieses Untertitels genutzt werden kann. ³ Digitale Umgebung sind Hardware, Software oder Netzverbindungen aller Art, die vom Verbraucher für den Zugang zu einem digitalen Produkt oder die Nutzung eines digitalen Produkts verwendet werden.

(5) Einem Produktmangel steht es gleich, wenn der Unternehmer ein anderes digitales Produkt als das vertraglich geschuldete digitale Produkt bereitstellt.

§ 327f *Aktualisierungen.* *(1)* ¹ Der Unternehmer hat sicherzustellen, dass dem Verbraucher während des maßgeblichen Zeitraums Aktualisierungen, die für den Erhalt der Vertragsmäßigkeit des digitalen Produkts erforderlich sind, bereitgestellt werden und der Verbraucher über diese Aktualisierungen informiert wird. ² Zu den erforderlichen Aktualisierungen gehören auch Sicherheitsaktualisierungen. ³ Der maßgebliche Zeitraum nach Satz 1 ist

1. bei einem Vertrag über die dauerhafte Bereitstellung eines digitalen Produkts der Bereitstellungszeitraum,
2. in allen anderen Fällen der Zeitraum, den der Verbraucher aufgrund der Art und des Zwecks des digitalen Produkts und unter Berücksichtigung der Umstände und der Art des Vertrags erwarten kann.

(2) Unterlässt es der Verbraucher, eine Aktualisierung, die ihm gemäß Absatz 1 bereitgestellt worden ist, innerhalb einer angemessenen Frist zu installieren, so haftet der Unternehmer nicht für einen Produktmangel, der allein auf das Fehlen dieser Aktualisierung zurückzuführen ist, sofern

1. der Unternehmer den Verbraucher über die Verfügbarkeit der Aktualisierung und die Folgen einer unterlassenen Installation informiert hat und
2. die Tatsache, dass der Verbraucher die Aktualisierung nicht oder unsachgemäß installiert hat, nicht auf eine dem Verbraucher bereitgestellte mangelhafte Installationsanleitung zurückzuführen ist.

§ 327g *Rechtsmangel.* Das digitale Produkt ist frei von Rechtsmängeln, wenn der Verbraucher es gemäß den subjektiven oder objektiven Anforderungen nach § 327e Absatz 2 und 3 nutzen kann, ohne Rechte Dritter zu verletzen.

§ 327h *Abweichende Vereinbarungen über Produktmerkmale.* Von den objektiven Anforderungen nach § 327e Absatz 3 Satz 1 Nummer 1 bis 5 und Satz 2, § 327f Absatz 1 und § 327g kann nur abgewichen werden, wenn der Verbraucher vor Abgabe seiner Vertragserklärung eigens davon in Kenntnis gesetzt wurde, dass ein bestimmtes Merkmal des digitalen Produkts von diesen objektiven Anforderungen abweicht, und diese Abweichung im Vertrag ausdrücklich und gesondert vereinbart wurde.

§ 327i *Rechte des Verbrauchers bei Mängeln.* Ist das digitale Produkt mangelhaft, kann der Verbraucher, wenn die Voraussetzungen der folgenden Vorschriften vorliegen,

1. nach § 327l Nacherfüllung verlangen,
2. nach § 327m Absatz 1, 2, 4 und 5 den Vertrag beenden oder nach § 327n den Preis mindern und
3. nach § 280 Absatz 1 oder § 327m Absatz 3 Schadensersatz oder nach § 284 Ersatz vergeblicher Aufwendungen verlangen.

§ 327j *Verjährung.* (1) ¹Die in § 327i Nummer 1 und 3 bezeichneten Ansprüche verjähren in zwei Jahren. ²Die Verjährung beginnt mit der Bereitstellung.

(2) Im Fall der dauerhaften Bereitstellung verjähren die Ansprüche nicht vor Ablauf von zwölf Monaten nach dem Ende des Bereitstellungszeitraums.

(3) Ansprüche wegen einer Verletzung der Aktualisierungspflicht verjähren nicht vor Ablauf von zwölf Monaten nach dem Ende des für die Aktualisierungspflicht maßgeblichen Zeitraums.

(4) Hat sich ein Mangel innerhalb der Verjährungsfrist gezeigt, so tritt die Verjährung nicht vor dem Ablauf von vier Monaten nach dem Zeitpunkt ein, in dem sich der Mangel erstmals gezeigt hat.

(5) Für die in § 327i Nummer 2 bezeichneten Rechte gilt § 218 entsprechend.

§ 327k *Beweislastumkehr.* (1) Zeigt sich bei einem digitalen Produkt innerhalb eines Jahres seit seiner Bereitstellung ein von den Anforderungen nach § 327e oder § 327g abweichender Zustand, so wird vermutet, dass das digitale Produkt bereits bei Bereitstellung mangelhaft war.

(2) Zeigt sich bei einem dauerhaft bereitgestellten digitalen Produkt während der Dauer der Bereitstellung ein von den Anforderungen nach § 327e oder § 327g abweichender Zustand, so wird vermutet, dass das digitale Produkt während der bisherigen Dauer der Bereitstellung mangelhaft war.

(3) Die Vermutungen nach den Absätzen 1 und 2 gelten vorbehaltlich des Absatzes 4 nicht, wenn

1. die digitale Umgebung des Verbrauchers mit den technischen Anforderungen des digitalen Produkts zur maßgeblichen Zeit nicht kompatibel war oder
2. der Unternehmer nicht feststellen kann, ob die Voraussetzungen der Nummer 1 vorlagen, weil der Verbraucher eine hierfür notwendige und ihm mögliche Mitwirkungshandlung nicht vornimmt und der Unternehmer zur Feststellung ein technisches Mittel einsetzen wollte, das für den Verbraucher den geringsten Eingriff darstellt.

(4) Absatz 3 ist nur anzuwenden, wenn der Unternehmer den Verbraucher vor Vertragsschluss klar und verständlich informiert hat über

1. die technischen Anforderungen des digitalen Produkts an die digitale Umgebung im Fall des Absatzes 3 Nummer 1 oder
2. die Obliegenheit des Verbrauchers nach Absatz 3 Nummer 2.

§ 327l *Nacherfüllung.* (1) ¹Verlangt der Verbraucher vom Unternehmer Nacherfüllung, so hat dieser den vertragsgemäßen Zustand herzustellen und die zum Zwecke der Nacherfüllung erforderlichen Aufwendungen zu tragen. ²Der Unternehmer hat die Nacherfüllung innerhalb einer angemessenen Frist ab dem Zeitpunkt, zu dem der Verbraucher ihn über den Mangel informiert hat, und ohne erhebliche Unannehmlichkeiten für den Verbraucher durchzuführen.

(2) ¹*Der Anspruch nach Absatz 1 ist ausgeschlossen, wenn die Nacherfüllung unmöglich oder für den Unternehmer nur mit unverhältnismäßigen Kosten möglich ist.* ²*Dabei sind insbesondere der Wert des digitalen Produkts in mangelfreiem Zustand sowie die Bedeutung des Mangels zu berücksichtigen.* ³*§ 275 Absatz 2 und 3 findet keine Anwendung.*

§ 327m *Vertragsbeendigung und Schadensersatz.* (1) *Ist das digitale Produkt mangelhaft, so kann der Verbraucher den Vertrag gemäß § 327o beenden, wenn*

1. *der Nacherfüllungsanspruch gemäß § 327l Absatz 2 ausgeschlossen ist,*
2. *der Nacherfüllungsanspruch des Verbrauchers nicht gemäß § 327l Absatz 1 erfüllt wurde,*
3. *sich trotz der vom Unternehmer versuchten Nacherfüllung ein Mangel zeigt,*
4. *der Mangel derart schwerwiegend ist, dass die sofortige Vertragsbeendigung gerechtfertigt ist,*
5. *der Unternehmer die gemäß § 327l Absatz 1 Satz 2 ordnungsgemäße Nacherfüllung verweigert hat, oder*
6. *es nach den Umständen offensichtlich ist, dass der Unternehmer nicht gemäß § 327l Absatz 1 Satz 2 ordnungsgemäß nacherfüllen wird.*

(2) ¹*Eine Beendigung des Vertrags nach Absatz 1 ist ausgeschlossen, wenn der Mangel unerheblich ist.* ²*Dies gilt nicht für Verbraucherverträge im Sinne des § 327 Absatz 3.*

(3) ¹*In den Fällen des Absatzes 1 Nummer 1 bis 6 kann der Verbraucher unter den Voraussetzungen des § 280 Absatz 1 Schadensersatz statt der Leistung verlangen.* ²*§ 281 Absatz 1 Satz 3 und Absatz 4 sind entsprechend anzuwenden.* ³*Verlangt der Verbraucher Schadensersatz statt der ganzen Leistung, so ist der Unternehmer zur Rückforderung des Geleisteten nach den §§ 327o und 327p berechtigt.* ⁴*§ 325 gilt entsprechend.*

(4) ¹*Sofern der Verbraucher den Vertrag nach Absatz 1 beenden kann, kann er sich im Hinblick auf alle Bestandteile des Paketvertrags vom Vertrag lösen, wenn er an dem anderen Teil des Paketvertrags ohne das mangelhafte digitale Produkt kein Interesse hat.* ²*Satz 1 ist nicht auf Paketverträge anzuwenden, bei denen der andere Bestandteil ein Telekommunikationsdienst im Sinne des § 3 Nummer 61 des Telekommunikationsgesetzes*[1]⁾ *ist.*

(5) Sofern der Verbraucher den Vertrag nach Absatz 1 beenden kann, kann er sich im Hinblick auf alle Bestandteile eines Vertrags nach § 327a Absatz 2 vom Vertrag lösen, wenn aufgrund des Mangels des digitalen Produkts sich die Sache nicht zur gewöhnlichen Verwendung eignet.

§ 327n *Minderung.* (1) ¹*Statt den Vertrag nach § 327m Absatz 1 zu beenden, kann der Verbraucher den Preis durch Erklärung gegenüber dem Unternehmer mindern.* ²*Der Ausschlussgrund des § 327m Absatz 2 Satz 1 findet keine Anwendung.* ³*§ 327o Absatz 1 ist entsprechend anzuwenden.*

(2) ¹*Bei der Minderung ist der Preis in dem Verhältnis herabzusetzen, in welchem zum Zeitpunkt der Bereitstellung der Wert des digitalen Produkts in mangelfreiem Zustand zu dem wirklichen Wert gestanden haben würde.* ²*Bei Verträgen über die dauerhafte Bereitstellung eines digitalen Produkts ist der Preis unter entsprechender Anwendung des Satzes 1 nur anteilig für die Dauer der Mangelhaftigkeit herabzusetzen.*

(3) Die Minderung ist, soweit erforderlich, durch Schätzung zu ermitteln.

---

[1]⁾ Nr. 1.

(4) ¹Hat der Verbraucher mehr als den geminderten Preis gezahlt, so hat der Unternehmer den Mehrbetrag zu erstatten. ²Der Mehrbetrag ist unverzüglich, auf jeden Fall aber innerhalb von 14 Tagen zu erstatten. ³Die Frist beginnt mit dem Zugang der Minderungserklärung beim Unternehmer. ⁴Für die Erstattung muss der Unternehmer dasselbe Zahlungsmittel verwenden, das der Verbraucher bei der Zahlung verwendet hat, es sei denn, es wurde ausdrücklich etwas anderes vereinbart und dem Verbraucher entstehen durch die Verwendung eines anderen Zahlungsmittels keine Kosten. ⁵Der Unternehmer kann vom Verbraucher keinen Ersatz für die Kosten verlangen, die ihm für die Erstattung des Mehrbetrags entstehen.

§ 327o Erklärung und Rechtsfolgen der Vertragsbeendigung. *(1)* ¹Die Beendigung des Vertrags erfolgt durch Erklärung gegenüber dem Unternehmer, in welcher der Entschluss des Verbrauchers zur Beendigung zum Ausdruck kommt. ²§ 351 ist entsprechend anzuwenden.

(2) ¹Im Fall der Vertragsbeendigung hat der Unternehmer dem Verbraucher die Zahlungen zu erstatten, die der Verbraucher zur Erfüllung des Vertrags geleistet hat. ²Für Leistungen, die der Unternehmer aufgrund der Vertragsbeendigung nicht mehr zu erbringen hat, erlischt sein Anspruch auf Zahlung des vereinbarten Preises.

(3) ¹Abweichend von Absatz 2 Satz 2 erlischt bei Verträgen über die dauerhafte Bereitstellung eines digitalen Produkts der Anspruch des Unternehmers auch für bereits erbrachte Leistungen, jedoch nur für denjenigen Teil des Bereitstellungszeitraums, in dem das digitale Produkt mangelhaft war. ²Der gezahlte Preis für den Zeitraum, für den der Anspruch nach Satz 1 entfallen ist, ist dem Verbraucher zu erstatten.

(4) Für die Erstattungen nach den Absätzen 2 und 3 ist § 327n Absatz 4 Satz 2 bis 5 entsprechend anzuwenden.

(5) ¹Der Verbraucher ist verpflichtet, einen vom Unternehmer bereitgestellten körperlichen Datenträger an diesen unverzüglich zurückzusenden, wenn der Unternehmer dies spätestens 14 Tage nach Vertragsbeendigung verlangt. ²Der Unternehmer trägt die Kosten der Rücksendung. ³§ 348 ist entsprechend anzuwenden.

§ 327p Weitere Nutzung nach Vertragsbeendigung. *(1)* ¹Der Verbraucher darf das digitale Produkt nach Vertragsbeendigung weder weiter nutzen noch Dritten zur Verfügung stellen. ²Der Unternehmer ist berechtigt, die weitere Nutzung durch den Verbraucher zu unterbinden. ³Absatz 3 bleibt hiervon unberührt.

(2) ¹Der Unternehmer darf die Inhalte, die nicht personenbezogene Daten sind und die der Verbraucher bei der Nutzung des vom Unternehmer bereitgestellten digitalen Produkts bereitgestellt oder erstellt hat, nach der Vertragsbeendigung nicht weiter nutzen. ²Dies gilt nicht, wenn die Inhalte

1. außerhalb des Kontextes des vom Unternehmer bereitgestellten digitalen Produkts keinen Nutzen haben,

2. ausschließlich mit der Nutzung des vom Unternehmer bereitgestellten digitalen Produkts durch den Verbraucher zusammenhängen,

3. vom Unternehmer mit anderen Daten aggregiert wurden und nicht oder nur mit unverhältnismäßigem Aufwand disaggregiert werden können oder

4. vom Verbraucher gemeinsam mit anderen erzeugt wurden, sofern andere Verbraucher die Inhalte weiterhin nutzen können.

(3) ¹Der Unternehmer hat dem Verbraucher auf dessen Verlangen die Inhalte gemäß Absatz 2 Satz 1 bereitzustellen. ²Dies gilt nicht für Inhalte nach Absatz 2 Satz 2 Nummer 1 bis 3. ³Die Inhalte müssen dem Verbraucher unentgeltlich, ohne Behinderung

durch den Unternehmer, innerhalb einer angemessenen Frist und in einem gängigen und maschinenlesbaren Format bereitgestellt werden.

§ 327q *Vertragsrechtliche Folgen datenschutzrechtlicher Erklärungen des Verbrauchers.* *(1) Die Ausübung von datenschutzrechtlichen Betroffenenrechten und die Abgabe datenschutzrechtlicher Erklärungen des Verbrauchers nach Vertragsschluss lassen die Wirksamkeit des Vertrags unberührt.*

(2) Widerruft der Verbraucher eine von ihm erteilte datenschutzrechtliche Einwilligung oder widerspricht er einer weiteren Verarbeitung seiner personenbezogenen Daten, so kann der Unternehmer einen Vertrag, der ihn zu einer Reihe einzelner Bereitstellungen digitaler Produkte oder zur dauerhaften Bereitstellung eines digitalen Produkts verpflichtet, ohne Einhaltung einer Kündigungsfrist kündigen, wenn ihm unter Berücksichtigung des weiterhin zulässigen Umfangs der Datenverarbeitung und unter Abwägung der beiderseitigen Interessen die Fortsetzung des Vertragsverhältnisses bis zum vereinbarten Vertragsende oder bis zum Ablauf einer gesetzlichen oder vertraglichen Kündigungsfrist nicht zugemutet werden kann.

(3) Ersatzansprüche des Unternehmers gegen den Verbraucher wegen einer durch die Ausübung von Datenschutzrechten oder die Abgabe datenschutzrechtlicher Erklärungen bewirkten Einschränkung der zulässigen Datenverarbeitung sind ausgeschlossen.

§ 327r *Änderungen an digitalen Produkten.* *(1) Bei einer dauerhaften Bereitstellung darf der Unternehmer Änderungen des digitalen Produkts, die über das zur Aufrechterhaltung der Vertragsmäßigkeit nach § 327e Absatz 2 und 3 und § 327f erforderliche Maß hinausgehen, nur vornehmen, wenn*

1. der Vertrag diese Möglichkeit vorsieht und einen triftigen Grund dafür enthält,

2. dem Verbraucher durch die Änderung keine zusätzlichen Kosten entstehen und

3. der Verbraucher klar und verständlich über die Änderung informiert wird.

(2) [1] Eine Änderung des digitalen Produkts, welche die Zugriffsmöglichkeit des Verbrauchers auf das digitale Produkt oder welche die Nutzbarkeit des digitalen Produkts für den Verbraucher beeinträchtigt, darf der Unternehmer nur vornehmen, wenn er den Verbraucher darüber hinaus innerhalb einer angemessenen Frist vor dem Zeitpunkt der Änderung mittels eines dauerhaften Datenträgers informiert. [2] Die Information muss Angaben enthalten über:

1. Merkmale und Zeitpunkt der Änderung sowie

2. die Rechte des Verbrauchers nach den Absätzen 3 und 4.

[3] Satz 1 gilt nicht, wenn die Beeinträchtigung der Zugriffsmöglichkeit oder der Nutzbarkeit nur unerheblich ist.

(3) [1] Beeinträchtigt eine Änderung des digitalen Produkts die Zugriffsmöglichkeit oder die Nutzbarkeit im Sinne des Absatzes 2 Satz 1, so kann der Verbraucher den Vertrag innerhalb von 30 Tagen unentgeltlich beenden. [2] Die Frist beginnt mit dem Zugang der Information nach Absatz 2 zu laufen. [3] Erfolgt die Änderung nach dem Zugang der Information, so tritt an die Stelle des Zeitpunkts des Zugangs der Information der Zeitpunkt der Änderung.

(4) Die Beendigung des Vertrags nach Absatz 3 Satz 1 ist ausgeschlossen, wenn

1. die Beeinträchtigung der Zugriffsmöglichkeit oder der Nutzbarkeit nur unerheblich ist oder

2. dem Verbraucher die Zugriffsmöglichkeit auf das unveränderte digitale Produkt und die Nutzbarkeit des unveränderten digitalen Produkts ohne zusätzliche Kosten erhalten bleiben.

(5) Für die Beendigung des Vertrags nach Absatz 3 Satz 1 und deren Rechtsfolgen sind die §§ 327o und 327p entsprechend anzuwenden.

(6) Die Absätze 1 bis 5 sind auf Paketverträge, bei denen der andere Bestandteil des Paketvertrags die Bereitstellung eines Internetzugangsdienstes oder eines öffentlich zugänglichen nummerngebundenen interpersonellen Telekommunikationsdienstes im Rahmen eines Paketvertrags im Sinne des § 66 Absatz 1 des Telekommunikationsgesetzes[1]) zum Gegenstand hat, nicht anzuwenden.

§ 327s *Abweichende Vereinbarungen.* *(1) Auf eine Vereinbarung mit dem Verbraucher, die zum Nachteil des Verbrauchers von den Vorschriften dieses Untertitels abweicht, kann der Unternehmer sich nicht berufen, es sei denn, die Vereinbarung wurde erst nach der Mitteilung des Verbrauchers gegenüber dem Unternehmer über die unterbliebene Bereitstellung oder über den Mangel des digitalen Produkts getroffen.*

(2) Auf eine Vereinbarung mit dem Verbraucher über eine Änderung des digitalen Produkts, die zum Nachteil des Verbrauchers von den Vorschriften dieses Untertitels abweicht, kann der Unternehmer sich nicht berufen, es sei denn, sie wurde nach der Information des Verbrauchers über die Änderung des digitalen Produkts gemäß § 327r getroffen.

(3) Die Vorschriften dieses Untertitels sind auch anzuwenden, wenn sie durch anderweitige Gestaltungen umgangen werden.

(4) Die Absätze 1 und 2 gelten nicht für den Ausschluss oder die Beschränkung des Anspruchs auf Schadensersatz.

(5) § 327h bleibt unberührt.

Untertitel 2. Besondere Bestimmungen für Verträge über digitale Produkte zwischen Unternehmern

§ 327t *Anwendungsbereich.* *Auf Verträge zwischen Unternehmern, die der Bereitstellung digitaler Produkte gemäß der nach den §§ 327 und 327a vom Anwendungsbereich des Untertitels 1 erfassten Verbraucherverträge dienen, sind ergänzend die Vorschriften dieses Untertitels anzuwenden.*

§ 327u *Rückgriff des Unternehmers.* *(1)* [1]*Der Unternehmer kann von dem Unternehmer, der sich ihm gegenüber zur Bereitstellung eines digitalen Produkts verpflichtet hat (Vertriebspartner), Ersatz der Aufwendungen verlangen, die ihm im Verhältnis zu einem Verbraucher wegen einer durch den Vertriebspartner verursachten unterbliebenen Bereitstellung des vom Vertriebspartner bereitzustellenden digitalen Produkts aufgrund der Ausübung des Rechts des Verbrauchers nach § 327c Absatz 1 Satz 1 entstanden sind.* [2]*Das Gleiche gilt für die nach § 327l Absatz 1 vom Unternehmer zu tragenden Aufwendungen, wenn der vom Verbraucher gegenüber dem Unternehmer geltend gemachte Mangel bereits bei der Bereitstellung durch den Vertriebspartner vorhanden war oder in einer durch den Vertriebspartner verursachten Verletzung der Aktualisierungspflicht des Unternehmers nach § 327f Absatz 1 besteht.*

(2) [1]*Die Aufwendungsersatzansprüche nach Absatz 1 verjähren in sechs Monaten.* [2]*Die Verjährung beginnt*

---

[1]) Nr. 1.

1. im Fall des Absatzes 1 Satz 1 mit dem Zeitpunkt, zu dem der Verbraucher sein Recht ausgeübt hat,
2. im Fall des Absatzes 1 Satz 2 mit dem Zeitpunkt, zu dem der Unternehmer die Ansprüche des Verbrauchers nach § 327l Absatz 1 erfüllt hat.

(3) § 327k Absatz 1 und 2 ist mit der Maßgabe entsprechend anzuwenden, dass die Frist mit der Bereitstellung an den Verbraucher beginnt.

(4) [1] Der Vertriebspartner kann sich nicht auf eine Vereinbarung berufen, die er vor Geltendmachung der in Absatz 1 bezeichneten Aufwendungsersatzansprüche mit dem Unternehmer getroffen hat und die zum Nachteil des Unternehmers von den Absätzen 1 bis 3 abweicht. [2] Satz 1 ist auch anzuwenden, wenn die Absätze 1 bis 3 durch anderweitige Gestaltungen umgangen werden.

(5) § 377 des Handelsgesetzbuchs bleibt unberührt.

(6) Die vorstehenden Absätze sind auf die Ansprüche des Vertriebspartners und der übrigen Vertragspartner in der Vertriebskette gegen die jeweiligen zur Bereitstellung verpflichteten Vertragspartner entsprechend anzuwenden, wenn die Schuldner Unternehmer sind.

Titel 5. Rücktritt; Widerrufsrecht bei Verbraucherverträgen
Untertitel 1. Rücktritt[1)]

§ 346[2)] **Wirkungen des Rücktritts.** (1) Hat sich eine Vertragspartei vertraglich den Rücktritt vorbehalten oder steht ihr ein gesetzliches Rücktrittsrecht zu, so sind im Falle des Rücktritts die empfangenen Leistungen zurückzugewähren und die gezogenen Nutzungen herauszugeben.

(2) [1] Statt der Rückgewähr oder Herausgabe hat der Schuldner Wertersatz zu leisten, soweit
1. die Rückgewähr oder die Herausgabe nach der Natur des Erlangten ausgeschlossen ist,
2. er den empfangenen Gegenstand verbraucht, veräußert, belastet, verarbeitet oder umgestaltet hat,
3. der empfangene Gegenstand sich verschlechtert hat oder untergegangen ist; jedoch bleibt die durch die bestimmungsgemäße Ingebrauchnahme entstandene Verschlechterung außer Betracht.

[2] Ist im Vertrag eine Gegenleistung bestimmt, ist sie bei der Berechnung des Wertersatzes zugrunde zu legen; ist Wertersatz für den Gebrauchsvorteil eines Darlehens zu leisten, kann nachgewiesen werden, dass der Wert des Gebrauchsvorteils niedriger war.

(3) [1] Die Pflicht zum Wertersatz entfällt,
1. wenn sich der zum Rücktritt berechtigende Mangel erst während der Verarbeitung oder Umgestaltung des Gegenstandes gezeigt hat,
2. soweit der Gläubiger die Verschlechterung oder den Untergang zu vertreten hat oder der Schaden bei ihm gleichfalls eingetreten wäre,

---

[1)] **Amtl. Anm.:** Dieser Untertitel dient auch der Umsetzung der Richtlinie 1999/44/EG des Europäischen Parlaments und des Rates vom 25. Mai 1999 zu bestimmten Aspekten des Verbrauchsgüterkaufs und der Garantien für Verbrauchsgüter (ABl. EG Nr. L 171 S. 12).
[2)] Beachte hierzu Überleitungsvorschrift in Art. 229 § 9 EGBGB (Nr. **20**).

3. wenn im Falle eines gesetzlichen Rücktrittsrechts die Verschlechterung oder der Untergang beim Berechtigten eingetreten ist, obwohl dieser diejenige Sorgfalt beobachtet hat, die er in eigenen Angelegenheiten anzuwenden pflegt.

[2]Eine verbleibende Bereicherung ist herauszugeben.

(4) Der Gläubiger kann wegen Verletzung einer Pflicht aus Absatz 1 nach Maßgabe der §§ 280 bis 283 Schadensersatz verlangen.

§ 347 Nutzungen und Verwendungen nach Rücktritt. (1) [1]Zieht der Schuldner Nutzungen entgegen den Regeln einer ordnungsmäßigen Wirtschaft nicht, obwohl ihm das möglich gewesen wäre, so ist er dem Gläubiger zum Wertersatz verpflichtet. [2]Im Falle eines gesetzlichen Rücktrittsrechts hat der Berechtigte hinsichtlich der Nutzungen nur für diejenige Sorgfalt einzustehen, die er in eigenen Angelegenheiten anzuwenden pflegt.

(2) [1]Gibt der Schuldner den Gegenstand zurück, leistet er Wertersatz oder ist seine Wertersatzpflicht gemäß § 346 Abs. 3 Nr. 1 oder 2 ausgeschlossen, so sind ihm notwendige Verwendungen zu ersetzen. [2]Andere Aufwendungen sind zu ersetzen, soweit der Gläubiger durch diese bereichert wird.

§ 348 Erfüllung Zug-um-Zug. [1]Die sich aus dem Rücktritt ergebenden Verpflichtungen der Parteien sind Zug um Zug zu erfüllen. [2]Die Vorschriften der §§ 320, 322 finden entsprechende Anwendung.

§ 349 Erklärung des Rücktritts. Der Rücktritt erfolgt durch Erklärung gegenüber dem anderen Teil.

Untertitel 2. Widerrufsrecht bei Verbraucherverträgen

§ 355 Widerrufsrecht bei Verbraucherverträgen. (1) [1]Wird einem Verbraucher durch Gesetz ein Widerrufsrecht nach dieser Vorschrift eingeräumt, so sind der Verbraucher und der Unternehmer an ihre auf den Abschluss des Vertrags gerichteten Willenserklärungen nicht mehr gebunden, wenn der Verbraucher seine Willenserklärung fristgerecht widerrufen hat. [2]Der Widerruf erfolgt durch Erklärung gegenüber dem Unternehmer. [3]Aus der Erklärung muss der Entschluss des Verbrauchers zum Widerruf des Vertrags eindeutig hervorgehen. [4]Der Widerruf muss keine Begründung enthalten. [5]Zur Fristwahrung genügt die rechtzeitige Absendung des Widerrufs.

(2) [1]Die Widerrufsfrist beträgt 14 Tage. [2]Sie beginnt mit Vertragsschluss, soweit nichts anderes bestimmt ist.

(3) [1]Im Falle des Widerrufs sind die empfangenen Leistungen unverzüglich zurückzugewähren. [2]Bestimmt das Gesetz eine Höchstfrist für die Rückgewähr, so beginnt diese für den Unternehmer mit dem Zugang und für den Verbraucher mit der Abgabe der Widerrufserklärung. [3]Ein Verbraucher wahrt diese Frist durch die rechtzeitige Absendung der Waren. [4]Der Unternehmer trägt bei Widerruf die Gefahr der Rücksendung der Waren.

§ 356 Widerrufsrecht bei außerhalb von Geschäftsräumen geschlossenen Verträgen und Fernabsatzverträgen. (1) [1]Der Unternehmer kann dem Verbraucher die Möglichkeit einräumen, das Muster-Widerrufsformular nach Anlage 2 zu Artikel 246a § 1 Absatz 2 Satz 1 Nummer 1 des Einführungsgesetzes zum Bürgerlichen Gesetzbuche[1]) oder eine andere eindeutige Widerrufserklärung auf der Webseite des Unternehmers auszufüllen und zu übermitteln. ²Macht der Verbraucher von dieser Möglichkeit Gebrauch, muss der Unternehmer dem Verbraucher den Zugang des Widerrufs unverzüglich auf einem dauerhaften Datenträger bestätigen.

(2) Die Widerrufsfrist beginnt

1. bei einem Verbrauchsgüterkauf,
   a) der nicht unter die Buchstaben b bis d fällt, sobald der Verbraucher oder ein von ihm benannter Dritter, der nicht Frachtführer ist, die Waren erhalten hat,
   b) bei dem der Verbraucher mehrere Waren im Rahmen einer einheitlichen Bestellung bestellt hat und die Waren getrennt geliefert werden, sobald der Verbraucher oder ein von ihm benannter Dritter, der nicht Frachtführer ist, die letzte Ware erhalten hat,
   c) bei dem die Ware in mehreren Teilsendungen oder Stücken geliefert wird, sobald der Verbraucher oder ein vom Verbraucher benannter Dritter, der nicht Frachtführer ist, die letzte Teilsendung oder das letzte Stück erhalten hat,
   d) der auf die regelmäßige Lieferung von Waren über einen festgelegten Zeitraum gerichtet ist, sobald der Verbraucher oder ein von ihm benannter Dritter, der nicht Frachtführer ist, die erste Ware erhalten hat,
2. bei einem Vertrag, der die nicht in einem begrenzten Volumen oder in einer bestimmten Menge angebotene Lieferung von Wasser, Gas oder Strom, die Lieferung von Fernwärme oder die Lieferung von nicht auf einem körperlichen Datenträger befindlichen digitalen Inhalten zum Gegenstand hat, mit Vertragsschluss.

(3) ¹Die Widerrufsfrist beginnt nicht, bevor der Unternehmer den Verbraucher entsprechend den Anforderungen des Artikels 246a § 1 Absatz 2 Satz 1 Nummer 1 oder des Artikels 246b § 2 Absatz 1 des Einführungsgesetzes zum Bürgerlichen Gesetzbuche[1]) unterrichtet hat. ²Das Widerrufsrecht erlischt spätestens zwölf Monate und 14 Tage nach dem in Absatz 2 oder § 355 Absatz 2 Satz 2 genannten Zeitpunkt. ³Satz 2 ist auf Verträge über Finanzdienstleistungen nicht anwendbar.

[Abs. 4 bis 27.5.2022:]

(4) ¹Das Widerrufsrecht erlischt bei einem Vertrag zur Erbringung von Dienstleistungen auch dann, wenn der Unternehmer die Dienstleistung vollständig erbracht hat und mit der Ausführung der Dienstleistung erst begonnen hat, nachdem der Verbraucher dazu seine ausdrückliche Zustimmung gegeben hat und gleichzeitig seine Kenntnis davon bestätigt hat, dass er sein Widerrufsrecht bei vollständiger Vertragserfüllung durch den Unternehmer verliert. ²Bei einem außerhalb von Geschäftsräumen geschlossenen Vertrag muss die Zustimmung des Verbrauchers auf einem dauerhaften Datenträger übermittelt werden. ³Bei einem Vertrag über die Erbringung von Finanzdienstleistungen erlischt das Widerrufsrecht abweichend von Satz 1, wenn der Vertrag von beiden Seiten auf ausdrücklichen Wunsch des Verbrauchers vollständig erfüllt ist, bevor der Verbraucher sein Widerrufsrecht ausübt.

---

[1]) Nr. 20.

[Abs. 4 ab 28.5.2022:]

(4) Das Widerrufsrecht erlischt bei Verträgen über die Erbringung von Dienstleistungen auch unter folgenden Voraussetzungen:

1. bei einem Vertrag, der den Verbraucher nicht zur Zahlung eines Preises verpflichtet, wenn der Unternehmer die Dienstleistung vollständig erbracht hat,
2. bei einem Vertrag, der den Verbraucher zur Zahlung eines Preises verpflichtet, mit der vollständigen Erbringung der Dienstleistung, wenn der Verbraucher vor Beginn der Erbringung
    a) ausdrücklich zugestimmt hat, dass der Unternehmer mit der Erbringung der Dienstleistung vor Ablauf der Widerrufsfrist beginnt,
    b) bei einem außerhalb von Geschäftsräumen geschlossenen Vertrag die Zustimmung nach Buchstabe a auf einem dauerhaften Datenträger übermittelt hat und
    c) seine Kenntnis davon bestätigt hat, dass sein Widerrufsrecht mit vollständiger Vertragserfüllung durch den Unternehmer erlischt,
3. bei einem Vertrag, bei dem der Verbraucher den Unternehmer ausdrücklich aufgefordert hat, ihn aufzusuchen, um Reparaturarbeiten auszuführen, mit der vollständigen Erbringung der Dienstleistung, wenn der Verbraucher die in Nummer 2 Buchstabe a und b genannten Voraussetzungen erfüllt hat,
4. bei einem Vertrag über die Erbringung von Finanzdienstleistungen, wenn der Vertrag von beiden Seiten auf ausdrücklichen Wunsch des Verbrauchers vollständig erfüllt ist, bevor der Verbraucher sein Widerrufsrecht ausübt.

[Abs. 5 bis 27.5.2022:]

(5) Das Widerrufsrecht erlischt bei einem Vertrag über die Lieferung von nicht auf einem körperlichen Datenträger befindlichen digitalen Inhalten auch dann, wenn der Unternehmer mit der Ausführung des Vertrags begonnen hat, nachdem der Verbraucher

1. ausdrücklich zugestimmt hat, dass der Unternehmer mit der Ausführung des Vertrags vor Ablauf der Widerrufsfrist beginnt, und
2. seine Kenntnis davon bestätigt hat, dass er durch seine Zustimmung mit Beginn der Ausführung des Vertrags sein Widerrufsrecht verliert.

[Abs. 5 ab 28.5.2022:]

(5) Das Widerrufsrecht erlischt bei Verträgen über die Bereitstellung von nicht auf einem körperlichen Datenträger befindlichen digitalen Inhalten auch unter folgenden Voraussetzungen:

1. bei einem Vertrag, der den Verbraucher nicht zur Zahlung eines Preises verpflichtet, wenn der Unternehmer mit der Vertragserfüllung begonnen hat,
2. bei einem Vertrag, der den Verbraucher zur Zahlung eines Preises verpflichtet, wenn
    a) der Verbraucher ausdrücklich zugestimmt hat, dass der Unternehmer mit der Vertragserfüllung vor Ablauf der Widerrufsfrist beginnt,
    b) der Verbraucher seine Kenntnis davon bestätigt hat, dass durch seine Zustimmung nach Buchstabe a mit Beginn der Vertragserfüllung sein Widerrufsrecht erlischt, und
    c) der Unternehmer dem Verbraucher eine Bestätigung gemäß § 312f zur Verfügung gestellt hat.

§ 356a Widerrufsrecht bei Teilzeit-Wohnrechteverträgen, Verträgen über ein langfristiges Urlaubsprodukt, bei Vermittlungsverträgen und Tauschsystemverträgen. (1) Der Widerruf ist in Textform zu erklären.

(2) ¹Die Widerrufsfrist beginnt mit dem Zeitpunkt des Vertragsschlusses oder des Abschlusses eines Vorvertrags. ²Erhält der Verbraucher die Vertragsurkunde oder die Abschrift des Vertrags erst nach Vertragsschluss, beginnt die Widerrufsfrist mit dem Zeitpunkt des Erhalts.

(3) ¹Sind dem Verbraucher die in § 482 Absatz 1 bezeichneten vorvertraglichen Informationen oder das in Artikel 242 § 1 Absatz 2 des Einführungsgesetzes zum Bürgerlichen Gesetzbuche[1]) bezeichnete Formblatt vor Vertragsschluss nicht, nicht vollständig oder nicht in der in § 483 Absatz 1 vorgeschriebenen Sprache überlassen worden, so beginnt die Widerrufsfrist abweichend von Absatz 2 erst mit dem vollständigen Erhalt der vorvertraglichen Informationen und des Formblatts in der vorgeschriebenen Sprache. ²Das Widerrufsrecht erlischt spätestens drei Monate und 14 Tage nach dem in Absatz 2 genannten Zeitpunkt.

(4) ¹Ist dem Verbraucher die in § 482a bezeichnete Widerrufsbelehrung vor Vertragsschluss nicht, nicht vollständig oder nicht in der in § 483 Absatz 1 vorgeschriebenen Sprache überlassen worden, so beginnt die Widerrufsfrist abweichend von Absatz 2 erst mit dem vollständigen Erhalt der Widerrufsbelehrung in der vorgeschriebenen Sprache. ²Das Widerrufsrecht erlischt gegebenenfalls abweichend von Absatz 3 Satz 2 spätestens zwölf Monate und 14 Tage nach dem in Absatz 2 genannten Zeitpunkt.

(5) ¹Hat der Verbraucher einen Teilzeit-Wohnrechtevertrag und einen Tauschsystemvertrag abgeschlossen und sind ihm diese Verträge zum gleichen Zeitpunkt angeboten worden, so beginnt die Widerrufsfrist für beide Verträge mit dem nach Absatz 2 für den Teilzeit-Wohnrechtevertrag geltenden Zeitpunkt. ²Die Absätze 3 und 4 gelten entsprechend.

§ 356b Widerrufsrecht bei Verbraucherdarlehensverträgen. (1) Die Widerrufsfrist beginnt auch nicht, bevor der Darlehensgeber dem Darlehensnehmer eine für diesen bestimmte Vertragsurkunde, den schriftlichen Antrag des Darlehensnehmers oder eine Abschrift der Vertragsurkunde oder seines Antrags zur Verfügung gestellt hat.

(2) ¹Enthält bei einem Allgemein-Verbraucherdarlehensvertrag die dem Darlehensnehmer nach Absatz 1 zur Verfügung gestellte Urkunde die Pflichtangaben nach § 492 Absatz 2 nicht, beginnt die Frist erst mit Nachholung dieser Angaben gemäß § 492 Absatz 6. ²Enthält bei einem Immobiliar-Verbraucherdarlehensvertrag die dem Darlehensnehmer nach Absatz 1 zur Verfügung gestellte Urkunde die Pflichtangaben zum Widerrufsrecht nach § 492 Absatz 2 in Verbindung mit Artikel 247 § 6 Absatz 2 des Einführungsgesetzes zum Bürgerlichen Gesetzbuche[1]) nicht, beginnt die Frist erst mit Nachholung dieser Angaben gemäß § 492 Absatz 6. ³In den Fällen der Sätze 1 und 2 beträgt die Widerrufsfrist einen Monat. ⁴Das Widerrufsrecht bei einem Immobiliar-Verbraucherdarlehensvertrag erlischt spätestens zwölf Monate und 14 Tage nach dem Vertragsschluss oder nach dem in Absatz 1 genannten Zeitpunkt, wenn dieser nach dem Vertragsschluss liegt.

(3) Die Widerrufsfrist beginnt im Falle des § 494 Absatz 7 bei einem Allgemein-Verbraucherdarlehensvertrag erst, wenn der Darlehensnehmer die dort bezeichnete Abschrift des Vertrags erhalten hat.

§ 356c Widerrufsrecht bei Ratenlieferungsverträgen. (1) Bei einem Ratenlieferungsvertrag, der weder im Fernabsatz noch außerhalb von Geschäfts-

---

[1]) Nr. 20.

räumen geschlossen wird, beginnt die Widerrufsfrist nicht, bevor der Unternehmer den Verbraucher gemäß Artikel 246 Absatz 3 des Einführungsgesetzes zum Bürgerlichen Gesetzbuche über sein Widerrufsrecht unterrichtet hat.

(2) ¹§ 356 Absatz 1 gilt entsprechend. ²Das Widerrufsrecht erlischt spätestens zwölf Monate und 14 Tage nach dem in § 355 Absatz 2 Satz 2 genannten Zeitpunkt.

§ 356d Widerrufsrecht des Verbrauchers bei unentgeltlichen Darlehensverträgen und unentgeltlichen Finanzierungshilfen. ¹Bei einem Vertrag, durch den ein Unternehmer einem Verbraucher ein unentgeltliches Darlehen oder eine unentgeltliche Finanzierungshilfe gewährt, beginnt die Widerrufsfrist abweichend von § 355 Absatz 2 Satz 2 nicht, bevor der Unternehmer den Verbraucher entsprechend den Anforderungen des § 514 Absatz 2 Satz 3 über dessen Widerrufsrecht unterrichtet hat. ²Das Widerrufsrecht erlischt spätestens zwölf Monate und 14 Tage nach dem Vertragsschluss oder nach dem in Satz 1 genannten Zeitpunkt, wenn dieser nach dem Vertragsschluss liegt.

§ 356e Widerrufsrecht bei Verbraucherbauverträgen. ¹Bei einem Verbraucherbauvertrag (§ 650i Absatz 1) beginnt die Widerrufsfrist nicht, bevor der Unternehmer den Verbraucher gemäß Artikel 249 § 3 des Einführungsgesetzes zum Bürgerlichen Gesetzbuche[1)] über sein Widerrufsrecht belehrt hat. ²Das Widerrufsrecht erlischt spätestens zwölf Monate und 14 Tage nach dem in § 355 Absatz 2 Satz 2 genannten Zeitpunkt.

§ 357 Rechtsfolgen des Widerrufs von außerhalb von Geschäftsräumen geschlossenen Verträgen und Fernabsatzverträgen mit Ausnahme von Verträgen über Finanzdienstleistungen. (1) Die empfangenen Leistungen sind spätestens nach 14 Tagen zurückzugewähren.

(2) ¹Der Unternehmer muss auch etwaige Zahlungen des Verbrauchers für die Lieferung zurückgewähren. ²Dies gilt nicht, soweit dem Verbraucher zusätzliche Kosten entstanden sind, weil er sich für eine andere Art der Lieferung als die vom Unternehmer angebotene günstigste Standardlieferung entschieden hat.

(3) ¹Für die Rückzahlung muss der Unternehmer dasselbe Zahlungsmittel verwenden, das der Verbraucher bei der Zahlung verwendet hat. ²Satz 1 gilt nicht, wenn ausdrücklich etwas anderes vereinbart worden ist und dem Verbraucher dadurch keine Kosten entstehen.

(4) ¹Bei einem Verbrauchsgüterkauf kann der Unternehmer die Rückzahlung verweigern, bis er die Waren zurückerhalten hat oder der Verbraucher den Nachweis erbracht hat, dass er die Waren abgesandt hat. ²Dies gilt nicht, wenn der Unternehmer angeboten hat, die Waren abzuholen.

[Abs. 5 bis 27.5.2022:]

(5) Der Verbraucher ist nicht verpflichtet, die empfangenen Waren zurückzusenden, wenn der Unternehmer angeboten hat, die Waren abzuholen.

[Abs. 5 ab 28.5.2022:]

(5) Der Verbraucher trägt die unmittelbaren Kosten der Rücksendung der Waren, wenn der Unternehmer den Verbraucher nach Artikel 246a § 1 Absatz 2 Satz 1 Nummer 2 des Einführungsgesetzes zum Bürgerlichen Gesetzbuche[1)] von dieser Pflicht unterrichtet hat. Satz 1 gilt nicht, wenn der Unternehmer sich bereit erklärt hat, diese Kosten zu tragen.

[1)] Nr. 20.

[Abs. 6 bis 27.5.2022:]

(6) ¹Der Verbraucher trägt die unmittelbaren Kosten der Rücksendung der Waren, wenn der Unternehmer den Verbraucher nach Artikel 246a § 1 Absatz 2 Satz 1 Nummer 2 des Einführungsgesetzes zum Bürgerlichen Gesetzbuche[1]) von dieser Pflicht unterrichtet hat. ²Satz 1 gilt nicht, wenn der Unternehmer sich bereit erklärt hat, diese Kosten zu tragen. ³Bei außerhalb von Geschäftsräumen geschlossenen Verträgen, bei denen die Waren zum Zeitpunkt des Vertragsschlusses zur Wohnung des Verbrauchers geliefert worden sind, ist der Unternehmer verpflichtet, die Waren auf eigene Kosten abzuholen, wenn die Waren so beschaffen sind, dass sie nicht per Post zurückgesandt werden können.

[Abs. 6 ab 28.5.2022:]

(6) Der Verbraucher ist nicht verpflichtet, die Waren zurückzusenden, wenn der Unternehmer angeboten hat, die Waren abzuholen.

[Abs. 7 bis 27.5.2022:]

(7) Der Verbraucher hat Wertersatz für einen Wertverlust der Ware zu leisten, wenn

1. der Wertverlust auf einen Umgang mit den Waren zurückzuführen ist, der zur Prüfung der Beschaffenheit, der Eigenschaften und der Funktionsweise der Waren nicht notwendig war, und

2. der Unternehmer den Verbraucher nach Artikel 246a § 1 Absatz 2 Satz 1 Nummer 1 des Einführungsgesetzes zum Bürgerlichen Gesetzbuche[1]) über sein Widerrufsrecht unterrichtet hat.

[Abs. 7 ab 28.5.2022:]

(7) Bei außerhalb von Geschäftsräumen geschlossenen Verträgen, bei denen die Waren zum Zeitpunkt des Vertragsschlusses zur Wohnung des Verbrauchers gebracht worden sind, ist der Unternehmer verpflichtet, die Waren auf eigene Kosten abzuholen, wenn die Waren so beschaffen sind, dass sie nicht per Post zurückgesandt werden können.

[Abs. 8 bis 27.5.2022:]

(8) ¹Widerruft der Verbraucher einen Vertrag über die Erbringung von Dienstleistungen oder über die Lieferung von Wasser, Gas oder Strom in nicht bestimmten Mengen oder nicht begrenztem Volumen oder über die Lieferung von Fernwärme, so schuldet der Verbraucher dem Unternehmer Wertersatz für die bis zum Widerruf erbrachte Leistung, wenn der Verbraucher von dem Unternehmer ausdrücklich verlangt hat, dass dieser mit der Leistung vor Ablauf der Widerrufsfrist beginnt. ²Der Anspruch aus Satz 1 besteht nur, wenn der Unternehmer den Verbraucher nach Artikel 246a § 1 Absatz 2 Satz 1 Nummer 1 und 3 des Einführungsgesetzes zum Bürgerlichen Gesetzbuche[1]) ordnungsgemäß informiert hat. ³Bei außerhalb von Geschäftsräumen geschlossenen Verträgen besteht der Anspruch nach Satz 1 nur dann, wenn der Verbraucher sein Verlangen nach Satz 1 auf einem dauerhaften Datenträger übermittelt hat. ⁴Bei der Berechnung des Wertersatzes ist der vereinbarte Gesamtpreis zu Grunde zu legen. ⁵Ist der vereinbarte Gesamtpreis unverhältnismäßig hoch, ist der Wertersatz auf der Grundlage des Marktwerts der erbrachten Leistung zu berechnen.

[Abs. 8 ab 28.5.2022:]

(8) Für die Rechtsfolgen des Widerrufs von Verträgen über die Bereitstellung digitaler Produkte gilt ferner § 327p entsprechend.

---

[1]) Nr. **20**.

[Abs. 9 bis 27.5.2022:]

(9) Widerruft der Verbraucher einen Vertrag über die Lieferung von nicht auf einem körperlichen Datenträger befindlichen digitalen Inhalten, so hat er keinen Wertersatz zu leisten.

[§ 357a ab 28.5.2022:]
§ 357a *Wertersatz als Rechtsfolge des Widerrufs von außerhalb von Geschäftsräumen geschlossenen Verträgen und Fernabsatzverträgen mit Ausnahme von Verträgen über Finanzdienstleistungen.* *(1) Der Verbraucher hat Wertersatz für einen Wertverlust der Ware zu leisten, wenn*

1. *der Wertverlust auf einen Umgang mit den Waren zurückzuführen ist, der zur Prüfung der Beschaffenheit, der Eigenschaften und der Funktionsweise der Waren nicht notwendig war, und*
2. *der Unternehmer den Verbraucher nach Artikel 246a § 1 Absatz 2 Satz 1 Nummer 1 des Einführungsgesetzes zum Bürgerlichen Gesetzbuche[1]) über dessen Widerrufsrecht unterrichtet hat.*

(2) ¹Der Verbraucher hat Wertersatz für die bis zum Widerruf erbrachten Dienstleistungen, für die der Vertrag die Zahlung eines Preises vorsieht, oder die bis zum Widerruf erfolgte Lieferung von Wasser, Gas oder Strom in nicht bestimmten Mengen oder nicht begrenztem Volumen oder von Fernwärme zu leisten, wenn

1. *der Verbraucher von dem Unternehmer ausdrücklich verlangt hat, dass mit der Leistung vor Ablauf der Widerrufsfrist begonnen werden soll,*
2. *bei einem außerhalb von Geschäftsräumen geschlossenen Vertrag der Verbraucher das Verlangen nach Nummer 1 auf einem dauerhaften Datenträger übermittelt hat und*
3. *der Unternehmer den Verbraucher nach Artikel 246a § 1 Absatz 2 Satz 1 Nummer 1 und 3 des Einführungsgesetzes zum Bürgerlichen Gesetzbuche[1]) ordnungsgemäß informiert hat.*

² Bei der Berechnung des Wertersatzes ist der vereinbarte Gesamtpreis zu Grunde zu legen.
³ Ist der vereinbarte Gesamtpreis unverhältnismäßig hoch, so ist der Wertersatz auf der Grundlage des Marktwerts der erbrachten Leistung zu berechnen.

(3) Widerruft der Verbraucher einen Vertrag über die Bereitstellung von nicht auf einem körperlichen Datenträger befindlichen digitalen Inhalten, so hat er keinen Wertersatz zu leisten.

§ 357a *[ab 28.5.2022: 357b]* **Rechtsfolgen des Widerrufs von Verträgen über Finanzdienstleistungen.** (1) Die empfangenen Leistungen sind spätestens nach 30 Tagen zurückzugewähren.

(2) ¹Im Falle des Widerrufs von außerhalb von Geschäftsräumen geschlossenen Verträgen oder Fernabsatzverträgen über Finanzdienstleistungen ist der Verbraucher zur Zahlung von Wertersatz für die vom Unternehmer bis zum Widerruf erbrachte Dienstleistung verpflichtet, wenn er

1. vor Abgabe seiner Vertragserklärung auf diese Rechtsfolge hingewiesen worden ist und
2. ausdrücklich zugestimmt hat, dass der Unternehmer vor Ende der Widerrufsfrist mit der Ausführung der Dienstleistung beginnt.

---

[1]) Nr. **20**.

²Im Falle des Widerrufs von Verträgen über eine entgeltliche Finanzierungshilfe, die von der Ausnahme des § 506 Absatz 4 erfasst sind, *[bis 27.5.2022:* gilt auch § 357 Absatz 5 bis 8 entsprechend*][ab 28.5.2022:* gelten auch § 357 Absatz 5 bis 7 und § 357a Absatz 1 und 2 entsprechend*]*. ³Ist Gegenstand des Vertrags über die entgeltliche Finanzierungshilfe die Lieferung von nicht auf einem körperlichen Datenträger befindlichen digitalen Inhalten, hat der Verbraucher Wertersatz für die bis zum Widerruf gelieferten digitalen Inhalte zu leisten, wenn er

1. vor Abgabe seiner Vertragserklärung auf diese Rechtsfolge hingewiesen worden ist und
2. ausdrücklich zugestimmt hat, dass der Unternehmer vor Ende der Widerrufsfrist mit der Lieferung der digitalen Inhalte beginnt.

⁴Ist im Vertrag eine Gegenleistung bestimmt, ist sie bei der Berechnung des Wertersatzes zu Grunde zu legen. ⁵Ist der vereinbarte Gesamtpreis unverhältnismäßig hoch, ist der Wertersatz auf der Grundlage des Marktwerts der erbrachten Leistung zu berechnen.

(3) ¹Im Falle des Widerrufs von Verbraucherdarlehensverträgen hat der Darlehensnehmer für den Zeitraum zwischen der Auszahlung und der Rückzahlung des Darlehens den vereinbarten Sollzins zu entrichten. ²Bei einem Immobiliar-Verbraucherdarlehen kann nachgewiesen werden, dass der Wert des Gebrauchsvorteils niedriger war als der vereinbarte Sollzins. ³In diesem Fall ist nur der niedrigere Betrag geschuldet. ⁴Im Falle des Widerrufs von Verträgen über eine entgeltliche Finanzierungshilfe, die nicht von der Ausnahme des § 506 Absatz 4 erfasst sind, gilt auch Absatz 2 entsprechend mit der Maßgabe, dass an die Stelle der Unterrichtung über das Widerrufsrecht die Pflichtangaben nach Artikel 247 § 12 Absatz 1 in Verbindung mit § 6 Absatz 2 des Einführungsgesetzes zum Bürgerlichen Gesetzbuche[1]), die das Widerrufsrecht betreffen, treten. ⁵Darüber hinaus hat der Darlehensnehmer dem Darlehensgeber nur die Aufwendungen zu ersetzen, die der Darlehensgeber gegenüber öffentlichen Stellen erbracht hat und nicht zurückverlangen kann.

§ 357b *[ab 28.5.2022: § 357c]* **Rechtsfolgen des Widerrufs von Teilzeit-Wohnrechteverträgen, Verträgen über ein langfristiges Urlaubsprodukt, Vermittlungsverträgen und Tauschsystemverträgen.** (1) ¹Der Verbraucher hat im Falle des Widerrufs keine Kosten zu tragen. ²Die Kosten des Vertrags, seiner Durchführung und seiner Rückabwicklung hat der Unternehmer dem Verbraucher zu erstatten. ³Eine Vergütung für geleistete Dienste sowie für die Überlassung von Wohngebäuden zur Nutzung ist ausgeschlossen.

(2) Der Verbraucher hat für einen Wertverlust der Unterkunft im Sinne des § 481 nur Wertersatz zu leisten, soweit der Wertverlust auf einer nicht bestimmungsgemäßen Nutzung der Unterkunft beruht.

§ 357c *[ab 28.5.2022: 357d]* **Rechtsfolgen des Widerrufs von weder im Fernabsatz noch außerhalb von Geschäftsräumen geschlossenen Ratenlieferungsverträgen.** ¹Für die Rückgewähr der empfangenen Leistungen gilt *[bis 27.5.2022:* § 357 Absatz 1 bis 5*][ab 28.5.2022:* § 357 Absatz 1 bis 4 und 6*]* entsprechend. ²Der Verbraucher trägt die unmittelbaren Kosten der Rücksendung der empfangenen Sachen, es sei denn, der Unternehmer hat sich bereit erklärt, diese Kosten zu tragen. ³*[bis 27.5.2022:* § 357 Absatz 7*][ab 28.5.2022:*

---

[1]) Nr. 20.

§ 357a Absatz 1] ist mit der Maßgabe entsprechend anzuwenden, dass an die Stelle der Unterrichtung nach Artikel 246a § 1 Absatz 2 Satz 1 Nummer 1 des Einführungsgesetzes zum Bürgerlichen Gesetzbuche[1]) die Unterrichtung nach Artikel 246 Absatz 3 des Einführungsgesetzes zum Bürgerlichen Gesetzbuche tritt.

§ 357d *[ab 28.5.2022: § 357e]* **Rechtsfolgen des Widerrufs bei Verbraucherbauverträgen.** ¹Ist die Rückgewähr der bis zum Widerruf erbrachten Leistung ihrer Natur nach ausgeschlossen, schuldet der Verbraucher dem Unternehmer Wertersatz. ²Bei der Berechnung des Wertersatzes ist die vereinbarte Vergütung zugrunde zu legen. ³Ist die vereinbarte Vergütung unverhältnismäßig hoch, ist der Wertersatz auf der Grundlage des Marktwertes der erbrachten Leistung zu berechnen.

§ 358 Mit dem widerrufenen Vertrag verbundener Vertrag. (1) Hat der Verbraucher seine auf den Abschluss eines Vertrags über die Lieferung einer Ware oder die Erbringung einer anderen Leistung durch einen Unternehmer gerichtete Willenserklärung wirksam widerrufen, so ist er auch an seine auf den Abschluss eines mit diesem Vertrag verbundenen Darlehensvertrags gerichtete Willenserklärung nicht mehr gebunden.

(2) Hat der Verbraucher seine auf den Abschluss eines Darlehensvertrags gerichtete Willenserklärung auf Grund des § 495 Absatz 1 oder des § 514 Absatz 2 Satz 1 wirksam widerrufen, so ist er auch nicht mehr an diejenige Willenserklärung gebunden, die auf den Abschluss eines mit diesem Darlehensvertrag verbundenen Vertrags über die Lieferung einer Ware oder die Erbringung einer anderen Leistung gerichtet ist.

(3) ¹Ein Vertrag über die Lieferung einer Ware oder über die Erbringung einer anderen Leistung und ein Darlehensvertrag nach den Absätzen 1 oder 2 sind verbunden, wenn das Darlehen ganz oder teilweise der Finanzierung des anderen Vertrags dient und beide Verträge eine wirtschaftliche Einheit bilden. ²Eine wirtschaftliche Einheit ist insbesondere anzunehmen, wenn der Unternehmer selbst die Gegenleistung des Verbrauchers finanziert, oder im Falle der Finanzierung durch einen Dritten, wenn sich der Darlehensgeber bei der Vorbereitung oder dem Abschluss des Darlehensvertrags der Mitwirkung des Unternehmers bedient. ³Bei einem finanzierten Erwerb eines Grundstücks oder eines grundstücksgleichen Rechts ist eine wirtschaftliche Einheit nur anzunehmen, wenn der Darlehensgeber selbst dem Verbraucher das Grundstück oder das grundstücksgleiche Recht verschafft oder wenn er über die Zurverfügungstellung von Darlehen hinaus den Erwerb des Grundstücks oder grundstücksgleichen Rechts durch Zusammenwirken mit dem Unternehmer fördert, indem er sich dessen Veräußerungsinteressen ganz oder teilweise zu Eigen macht, bei der Planung, Werbung oder Durchführung des Projekts Funktionen des Veräußerers übernimmt oder den Veräußerer einseitig begünstigt.

(4) ¹Auf die Rückabwicklung des verbundenen Vertrags sind unabhängig von der Vertriebsform § 355 Absatz 3 und, je nach Art des verbundenen Vertrags, die *[bis 27.5.2022:* §§ 357 bis 357b*][ab 28.5.2022:* §§ 357 bis 357c*]* entsprechend anzuwenden. ²Ist der verbundene Vertrag ein Vertrag über die Lieferung von nicht auf einem körperlichen Datenträger befindlichen digitalen Inhalten*[bis*

---

[1]) Nr. 20.

27.5.2022: und hat der Unternehmer dem Verbraucher eine Abschrift oder Bestätigung des Vertrags nach § 312f zur Verfügung gestellt*]*, hat der Verbraucher abweichend von ***[bis 27.5.2022:*** § 357 Absatz 9*][ab 28.5.2022: § 357a Absatz 3]*** unter den Voraussetzungen des ***[bis 27.5.2022:*** § 356 Absatz 5 zweiter und dritter Halbsatz*][ab 28.5.2022: § 356 Absatz 5 Nummer 2]*** Wertersatz für die bis zum Widerruf gelieferten digitalen Inhalte zu leisten. ³Ist der verbundene Vertrag ein im Fernabsatz oder außerhalb von Geschäftsräumen geschlossener Ratenlieferungsvertrag, ***[bis 27.5.2022:*** ist neben § 355 Absatz 3 auch § 357*][ab 28.5.2022: sind neben § 355 Absatz 3 auch die §§ 357 und 357a]*** entsprechend anzuwenden; im Übrigen gelten für verbundene Ratenlieferungsverträge § 355 Absatz 3 und § ***[bis 27.5.2022:*** 357c*][ab 28.5.2022: 357d]*** entsprechend. ⁴Im Falle des Absatzes 1 sind jedoch Ansprüche auf Zahlung von Zinsen und Kosten aus der Rückabwicklung des Darlehensvertrags gegen den Verbraucher ausgeschlossen. ⁵Der Darlehensgeber tritt im Verhältnis zum Verbraucher hinsichtlich der Rechtsfolgen des Widerrufs in die Rechte und Pflichten des Unternehmers aus dem verbundenen Vertrag ein, wenn das Darlehen dem Unternehmer bei Wirksamwerden des Widerrufs bereits zugeflossen ist.

(5) Die Absätze 2 und 4 sind nicht anzuwenden auf Darlehensverträge, die der Finanzierung des Erwerbs von Finanzinstrumenten dienen.

§ 359 Einwendungen bei verbundenen Verträgen. (1) ¹Der Verbraucher kann die Rückzahlung des Darlehens verweigern, soweit Einwendungen aus dem verbundenen Vertrag ihn gegenüber dem Unternehmer, mit dem er den verbundenen Vertrag geschlossen hat, zur Verweigerung seiner Leistung berechtigen würden. ²Dies gilt nicht bei Einwendungen, die auf einer Vertragsänderung beruhen, welche zwischen diesem Unternehmer und dem Verbraucher nach Abschluss des Darlehensvertrags vereinbart wurde. ³Kann der Verbraucher Nacherfüllung verlangen, so kann er die Rückzahlung des Darlehens erst verweigern, wenn die Nacherfüllung fehlgeschlagen ist.

(2) Absatz 1 ist nicht anzuwenden auf Darlehensverträge, die der Finanzierung des Erwerbs von Finanzinstrumenten dienen, oder wenn das finanzierte Entgelt weniger als 200 Euro beträgt.

Abschnitt 8. Einzelne Schuldverhältnisse
Titel 1.¹⁾ Kauf, Tausch²⁾
Untertitel 1. Allgemeine Vorschriften

§ 433 Vertragstypische Pflichten beim Kaufvertrag. (1) ¹Durch den Kaufvertrag wird der Verkäufer einer Sache verpflichtet, dem Käufer die Sache zu übergeben und das Eigentum an der Sache zu verschaffen. ²Der Verkäufer hat dem Käufer die Sache frei von Sach- und Rechtsmängeln zu verschaffen.

(2) Der Käufer ist verpflichtet, dem Verkäufer den vereinbarten Kaufpreis zu zahlen und die gekaufte Sache abzunehmen.

---

¹⁾ Beachte hierzu auch Übereinkommen der Vereinten Nationen über Verträge über den internationalen Warenkauf v. 11.4.1980 (BGBl. 1989 II S. 586, 588, ber. 1990 II S. 1699).
²⁾ **Amtl. Anm.:** Dieser Titel dient der Umsetzung der Richtlinie 1999/44/EG des Europäischen Parlaments und des Rates vom 25. Mai 1999 zu bestimmten Aspekten des Verbrauchsgüterkaufs und der Garantien für Verbrauchsgüter (ABl. EG Nr. L 171 S. 12).

[§ 434 bis 31.12.2021:]

§ 434 **Sachmangel.** (1) ¹Die Sache ist frei von Sachmängeln, wenn sie bei Gefahrübergang die vereinbarte Beschaffenheit hat. ²Soweit die Beschaffenheit nicht vereinbart ist, ist die Sache frei von Sachmängeln,

1. wenn sie sich für die nach dem Vertrag vorausgesetzte Verwendung eignet, sonst
2. wenn sie sich für die gewöhnliche Verwendung eignet und eine Beschaffenheit aufweist, die bei Sachen der gleichen Art üblich ist und die der Käufer nach der Art der Sache erwarten kann.

³Zu der Beschaffenheit nach Satz 2 Nr. 2 gehören auch Eigenschaften, die der Käufer nach den öffentlichen Äußerungen des Verkäufers, des Herstellers (§ 4 Abs. 1 und 2 des Produkthaftungsgesetzes) oder seines Gehilfen insbesondere in der Werbung oder bei der Kennzeichnung über bestimmte Eigenschaften der Sache erwarten kann, es sei denn, dass der Verkäufer die Äußerung nicht kannte und auch nicht kennen musste, dass sie im Zeitpunkt des Vertragsschlusses in gleichwertiger Weise berichtigt war oder dass sie die Kaufentscheidung nicht beeinflussen konnte.

(2) ¹Ein Sachmangel ist auch dann gegeben, wenn die vereinbarte Montage durch den Verkäufer oder dessen Erfüllungsgehilfen unsachgemäß durchgeführt worden ist. ²Ein Sachmangel liegt bei einer zur Montage bestimmten Sache ferner vor, wenn die Montageanleitung mangelhaft ist, es sei denn, die Sache ist fehlerfrei montiert worden.

(3) Einem Sachmangel steht es gleich, wenn der Verkäufer eine andere Sache oder eine zu geringe Menge liefert.

[§ 434 ab 1.1.2022:]

§ 434 *Sachmangel.* *(1) Die Sache ist frei von Sachmängeln, wenn sie bei Gefahrübergang den subjektiven Anforderungen, den objektiven Anforderungen und den Montageanforderungen dieser Vorschrift entspricht.*

(2) ¹Die Sache entspricht den subjektiven Anforderungen, wenn sie

1. die vereinbarte Beschaffenheit hat,

2. sich für die nach dem Vertrag vorausgesetzte Verwendung eignet und

3. mit dem vereinbarten Zubehör und den vereinbarten Anleitungen, einschließlich Montage- und Installationsanleitungen, übergeben wird.

²Zu der Beschaffenheit nach Satz 1 Nummer 1 gehören Art, Menge, Qualität, Funktionalität, Kompatibilität, Interoperabilität und sonstige Merkmale der Sache, für die die Parteien Anforderungen vereinbart haben.

(3) ¹Soweit nicht wirksam etwas anderes vereinbart wurde, entspricht die Sache den objektiven Anforderungen, wenn sie

1. sich für die gewöhnliche Verwendung eignet,

2. eine Beschaffenheit aufweist, die bei Sachen derselben Art üblich ist und die der Käufer erwarten kann unter Berücksichtigung

   a) der Art der Sache und

   b) der öffentlichen Äußerungen, die von dem Verkäufer oder einem anderen Glied der Vertragskette oder in deren Auftrag, insbesondere in der Werbung oder auf dem Etikett, abgegeben wurden,

3. der Beschaffenheit einer Probe oder eines Musters entspricht, die oder das der Verkäufer dem Käufer vor Vertragsschluss zur Verfügung gestellt hat, und
4. mit dem Zubehör einschließlich der Verpackung, der Montage- oder Installationsanleitung sowie anderen Anleitungen übergeben wird, deren Erhalt der Käufer erwarten kann.

²*Zu der üblichen Beschaffenheit nach Satz 1 Nummer 2 gehören Menge, Qualität und sonstige Merkmale der Sache, einschließlich ihrer Haltbarkeit, Funktionalität, Kompatibilität und Sicherheit.* ³*Der Verkäufer ist durch die in Satz 1 Nummer 2 Buchstabe b genannten öffentlichen Äußerungen nicht gebunden, wenn er sie nicht kannte und auch nicht kennen konnte, wenn die Äußerung im Zeitpunkt des Vertragsschlusses in derselben oder in gleichwertiger Weise berichtigt war oder wenn die Äußerung die Kaufentscheidung nicht beeinflussen konnte.*

(4) Soweit eine Montage durchzuführen ist, entspricht die Sache den Montageanforderungen, wenn die Montage

1. sachgemäß durchgeführt worden ist oder
2. zwar unsachgemäß durchgeführt worden ist, dies jedoch weder auf einer unsachgemäßen Montage durch den Verkäufer noch auf einem Mangel in der vom Verkäufer übergebenen Anleitung beruht.

(5) Einem Sachmangel steht es gleich, wenn der Verkäufer eine andere Sache als die vertraglich geschuldete Sache liefert.

§ 435 **Rechtsmangel.** ¹Die Sache ist frei von Rechtsmängeln, wenn Dritte in Bezug auf die Sache keine oder nur die im Kaufvertrag übernommenen Rechte gegen den Käufer geltend machen können. ²Einem Rechtsmangel steht es gleich, wenn im Grundbuch ein Recht eingetragen ist, das nicht besteht.

§ 439 **Nacherfüllung.** (1) Der Käufer kann als Nacherfüllung nach seiner Wahl die Beseitigung des Mangels oder die Lieferung einer mangelfreien Sache verlangen.

(2) Der Verkäufer hat die zum Zwecke der Nacherfüllung erforderlichen Aufwendungen, insbesondere Transport-, Wege-, Arbeits- und Materialkosten zu tragen.

(3) ¹Hat der Käufer die mangelhafte Sache gemäß ihrer Art und ihrem Verwendungszweck in eine andere Sache eingebaut oder an eine andere Sache angebracht*[ab 1.1.2022: , bevor der Mangel offenbar wurde]*, ist der Verkäufer im Rahmen der Nacherfüllung verpflichtet, dem Käufer die erforderlichen Aufwendungen für das Entfernen der mangelhaften und den Einbau oder das Anbringen der nachgebesserten oder gelieferten mangelfreien Sache zu ersetzen. *[Satz 2 bis 31.12.2021:]* ²§ 442 Absatz 1 ist mit der Maßgabe anzuwenden, dass für die Kenntnis des Käufers an die Stelle des Vertragsschlusses der Einbau oder das Anbringen der mangelhaften Sache durch den Käufer tritt.

(4) ¹Der Verkäufer kann die vom Käufer gewählte Art der Nacherfüllung unbeschadet des § 275 Abs. 2 und 3 verweigern, wenn sie nur mit unverhältnismäßigen Kosten möglich ist. ²Dabei sind insbesondere der Wert der Sache in mangelfreiem Zustand, die Bedeutung des Mangels und die Frage zu berücksichtigen, ob auf die andere Art der Nacherfüllung ohne erhebliche Nachteile für den Käufer zurückgegriffen werden könnte. ³Der Anspruch des Käufers beschränkt sich in diesem Fall auf die andere Art der Nacherfüllung; das Recht des Verkäufers, auch diese unter den Voraussetzungen des Satzes 1 zu verweigern, bleibt unberührt.

[Abs. 5 ab 1.1.2022:]
(5) Der Käufer hat dem Verkäufer die Sache zum Zweck der Nacherfüllung zur Verfügung zu stellen.

(5) *[ab 1.1.2022: (6)]* [ab 1.1.2022: 1] Liefert der Verkäufer zum Zwecke der Nacherfüllung eine mangelfreie Sache, so kann er vom Käufer Rückgewähr der mangelhaften Sache nach Maßgabe der §§ 346 bis 348 verlangen. *[Satz 2 ab 1.1.2022:]* ² *Der Verkäufer hat die ersetzte Sache auf seine Kosten zurückzunehmen.*

§ 440 Besondere Bestimmungen für Rücktritt und Schadensersatz.

¹ Außer in den Fällen des § 281 Absatz 2 und des § 323 Absatz 2 bedarf es der Fristsetzung auch dann nicht, wenn der Verkäufer beide Arten der Nacherfüllung gemäß § 439 Absatz 4 verweigert oder wenn die dem Käufer zustehende Art der Nacherfüllung fehlgeschlagen oder ihm unzumutbar ist. ² Eine Nachbesserung gilt nach dem erfolglosen zweiten Versuch als fehlgeschlagen, wenn sich nicht insbesondere aus der Art der Sache oder des Mangels oder den sonstigen Umständen etwas anderes ergibt.

§ 441 Minderung.
(1) ¹ Statt zurückzutreten, kann der Käufer den Kaufpreis durch Erklärung gegenüber dem Verkäufer mindern. ² Der Ausschlussgrund des § 323 Abs. 5 Satz 2 findet keine Anwendung.

(2) Sind auf der Seite des Käufers oder auf der Seite des Verkäufers mehrere beteiligt, so kann die Minderung nur von allen oder gegen alle erklärt werden.

(3) ¹ Bei der Minderung ist der Kaufpreis in dem Verhältnis herabzusetzen, in welchem zur Zeit des Vertragsschlusses der Wert der Sache in mangelfreiem Zustand zu dem wirklichen Wert gestanden haben würde. ² Die Minderung ist, soweit erforderlich, durch Schätzung zu ermitteln.

(4) ¹ Hat der Käufer mehr als den geminderten Kaufpreis gezahlt, so ist der Mehrbetrag vom Verkäufer zu erstatten. ² § 346 Abs. 1 und § 347 Abs. 1 finden entsprechende Anwendung.

§ 442 Kenntnis des Käufers.
(1) ¹ Die Rechte des Käufers wegen eines Mangels sind ausgeschlossen, wenn er bei Vertragsschluss den Mangel kennt. ² Ist dem Käufer ein Mangel infolge grober Fahrlässigkeit unbekannt geblieben, kann der Käufer Rechte wegen dieses Mangels nur geltend machen, wenn der Verkäufer den Mangel arglistig verschwiegen oder eine Garantie für die Beschaffenheit der Sache übernommen hat.

(2) Ein im Grundbuch eingetragenes Recht hat der Verkäufer zu beseitigen, auch wenn es der Käufer kennt.

§ 443 Garantie.
(1) Geht der Verkäufer, der Hersteller oder ein sonstiger Dritter in einer Erklärung oder einschlägigen Werbung, die vor oder bei Abschluss des Kaufvertrags verfügbar war, zusätzlich zu der gesetzlichen Mängelhaftung insbesondere die Verpflichtung ein, den Kaufpreis zu erstatten, die Sache auszutauschen, nachzubessern oder in ihrem Zusammenhang Dienstleistungen zu erbringen, falls die Sache nicht diejenige Beschaffenheit aufweist oder andere als die Mängelfreiheit betreffende Anforderungen nicht erfüllt, die in der Erklärung oder einschlägigen Werbung beschrieben sind (Garantie), stehen dem Käufer im Garantiefall unbeschadet der gesetzlichen Ansprüche die Rechte aus der Garantie gegenüber demjenigen zu, der die Garantie gegeben hat (Garantiegeber).

(2) Soweit der Garantiegeber eine Garantie dafür übernommen hat, dass die Sache für eine bestimmte Dauer eine bestimmte Beschaffenheit behält (Haltbarkeitsgarantie), wird vermutet, dass ein während ihrer Geltungsdauer auftretender Sachmangel die Rechte aus der Garantie begründet.

§ 444 Haftungsausschluss. Auf eine Vereinbarung, durch welche die Rechte des Käufers wegen eines Mangels ausgeschlossen oder beschränkt werden, kann sich der Verkäufer nicht berufen, soweit er den Mangel arglistig verschwiegen oder eine Garantie für die Beschaffenheit der Sache übernommen hat.

§ 445 Haftungsbegrenzung bei öffentlichen Versteigerungen. Wird eine Sache auf Grund eines Pfandrechts in einer öffentlichen Versteigerung unter der Bezeichnung als Pfand verkauft, so stehen dem Käufer Rechte wegen eines Mangels nur zu, wenn der Verkäufer den Mangel arglistig verschwiegen oder eine Garantie für die Beschaffenheit der Sache übernommen hat.

§ 445a Rückgriff des Verkäufers.
[Abs. 1 bis 31.12.2021:]
(1) Der Verkäufer kann beim Verkauf einer neu hergestellten Sache von dem Verkäufer, der ihm die Sache verkauft hatte (Lieferant), Ersatz der Aufwendungen verlangen, die er im Verhältnis zum Käufer nach § 439 Absatz 2 und 3 sowie § 475 Absatz 4 und 6 zu tragen hatte, wenn der vom Käufer geltend gemachte Mangel bereits beim Übergang der Gefahr auf den Verkäufer vorhanden war.
[Abs. 1 ab 1.1.2022:]
(1) Der Verkäufer kann beim Verkauf einer neu hergestellten Sache von dem Verkäufer, der ihm die Sache verkauft hatte (Lieferant), Ersatz der Aufwendungen verlangen, die er im Verhältnis zum Käufer nach § 439 Absatz 2, 3 und 6 Satz 2 sowie nach § 475 Absatz 4 zu tragen hatte, wenn der vom Käufer geltend gemachte Mangel bereits beim Übergang der Gefahr auf den Verkäufer vorhanden war oder auf einer Verletzung der Aktualisierungspflicht gemäß § 475b Absatz 4 beruht.
(2) Für die in § 437 bezeichneten Rechte des Verkäufers gegen seinen Lieferanten bedarf es wegen des vom Käufer geltend gemachten Mangels der sonst erforderlichen Fristsetzung nicht, wenn der Verkäufer die verkaufte neu hergestellte Sache als Folge ihrer Mangelhaftigkeit zurücknehmen musste oder der Käufer den Kaufpreis gemindert hat.
(3) Die Absätze 1 und 2 finden auf die Ansprüche des Lieferanten und der übrigen Käufer in der Lieferkette gegen die jeweiligen Verkäufer entsprechende Anwendung, wenn die Schuldner Unternehmer sind.
(4) § 377 des Handelsgesetzbuchs bleibt unberührt.

§ 445b Verjährung von Rückgriffsansprüchen. (1) Die in § 445a Absatz 1 bestimmten Aufwendungsersatzansprüche verjähren in zwei Jahren ab Ablieferung der Sache.
(2) [1]Die Verjährung der in den §§ 437 und 445a Absatz 1 bestimmten Ansprüche des Verkäufers gegen seinen Lieferanten wegen des Mangels einer verkauften neu hergestellten Sache tritt frühestens zwei Monate nach dem Zeitpunkt ein, in dem der Verkäufer die Ansprüche des Käufers erfüllt hat. *[Satz 2 bis 31.12. 2021:]* [2]Diese Ablaufhemmung endet spätestens fünf Jahre nach dem Zeitpunkt, in dem der Lieferant die Sache dem Verkäufer abgeliefert hat.

(3) Die Absätze 1 und 2 finden auf die Ansprüche des Lieferanten und der übrigen Käufer in der Lieferkette gegen die jeweiligen Verkäufer entsprechende Anwendung, wenn die Schuldner Unternehmer sind.

[§ 445c ab 1.1.2022:]

§ 445c *Rückgriff bei Verträgen über digitale Produkte.* ¹ *Ist der letzte Vertrag in der Lieferkette ein Verbrauchervertrag über die Bereitstellung digitaler Produkte nach den §§ 327 und 327a, so sind die §§ 445a, 445b und 478 nicht anzuwenden.* ² *An die Stelle der nach Satz 1 nicht anzuwendenden Vorschriften treten die Vorschriften des Abschnitts 3 Titel 2a Untertitel 2.*

Untertitel 3.[1] Verbrauchsgüterkauf

§ 474 Verbrauchsgüterkauf. (1) ¹ Verbrauchsgüterkäufe sind Verträge, durch die ein Verbraucher von einem Unternehmer eine *[bis 31.12.2021:* bewegliche Sache*][ab 1.1.2022:* Ware *(§ 241a Absatz 1)]* kauft. ² Um einen Verbrauchsgüterkauf handelt es sich auch bei einem Vertrag, der neben dem Verkauf einer *[bis 31.12.2021:* beweglichen Sache*][ab 1.1.2022:* Ware*]* die Erbringung einer Dienstleistung durch den Unternehmer zum Gegenstand hat.

[Abs. 2 bis 31.12.2021:]

(2) ¹ Für den Verbrauchsgüterkauf gelten ergänzend die folgenden Vorschriften dieses Untertitels. ² Dies gilt nicht für gebrauchte Sachen, die in einer öffentlich zugänglichen Versteigerung verkauft werden, an der der Verbraucher persönlich teilnehmen kann.

[Abs. 2 ab 1.1.2022:]

(2) ¹ Für den Verbrauchsgüterkauf gelten ergänzend die folgenden Vorschriften dieses Untertitels. ² Für gebrauchte Waren, die in einer öffentlich zugänglichen Versteigerung (§ 312g Absatz 2 Nummer 10) verkauft werden, gilt dies nicht, wenn dem Verbraucher klare und umfassende Informationen darüber, dass die Vorschriften dieses Untertitels nicht gelten, leicht verfügbar gemacht wurden.

§ 475 Anwendbare Vorschriften. (1) ¹ Ist eine Zeit für die nach § 433 zu erbringenden Leistungen weder bestimmt noch aus den Umständen zu entnehmen, so kann der Gläubiger diese Leistungen abweichend von § 271 Absatz 1 nur unverzüglich verlangen. ² Der Unternehmer muss die *[bis 31.12.2021:* Sache*][ab 1.1.2022:* Ware*]* in diesem Fall spätestens 30 Tage nach Vertragsschluss übergeben. ³ Die Vertragsparteien können die Leistungen sofort bewirken.

(2) § 447 Absatz 1 gilt mit der Maßgabe, dass die Gefahr des zufälligen Untergangs und der zufälligen Verschlechterung nur dann auf den Käufer übergeht, wenn der Käufer den Spediteur, den Frachtführer oder die sonst zur Ausführung der Versendung bestimmte Person oder Anstalt mit der Ausführung beauftragt hat und der Unternehmer dem Käufer diese Person oder Anstalt nicht zuvor benannt hat.

(3) ¹ *[bis 31.12.2021:* § 439 Absatz 5*][ab 1.1.2022: § 439 Absatz 6]* ist mit der Maßgabe anzuwenden, dass Nutzungen nicht herauszugeben oder durch ihren Wert zu ersetzen sind. ² Die §§ *[ab 1.1.2022: 442,]* 445 und 447 Absatz 2 sind nicht anzuwenden.

---

[1] Beachte hierzu auch Unterlassungsklagengesetz (auszugsweise abgedruckt unter Nr. **31**).

[Abs. 4 bis 31.12.2021:]

(4) ¹Ist die eine Art der Nacherfüllung nach § 275 Absatz 1 ausgeschlossen oder kann der Unternehmer diese nach § 275 Absatz 2 oder 3 oder § 439 Absatz 4 Satz 1 verweigern, kann er die andere Art der Nacherfüllung nicht wegen Unverhältnismäßigkeit der Kosten nach § 439 Absatz 4 Satz 1 verweigern. ²Ist die andere Art der Nacherfüllung wegen der Höhe der Aufwendungen nach § 439 Absatz 2 oder Absatz 3 Satz 1 unverhältnismäßig, kann der Unternehmer den Aufwendungsersatz auf einen angemessenen Betrag beschränken. ³Bei der Bemessung dieses Betrages sind insbesondere der Wert der Sache in mangelfreiem Zustand und die Bedeutung des Mangels zu berücksichtigen.

[Abs. 5 bis 31.12.2021:]

(5) § 440 Satz 1 ist auch in den Fällen anzuwenden, in denen der Verkäufer die Nacherfüllung gemäß Absatz 4 Satz 2 beschränkt.

(6) *[ab 1.1.2022: (4)]* Der Verbraucher kann von dem Unternehmer für Aufwendungen, die ihm im Rahmen der Nacherfüllung gemäß § 439 Absatz 2 und 3 entstehen und die vom Unternehmer zu tragen sind, Vorschuss verlangen.

[Abs. 5 ab 1.1.2022:]

(5) Der Unternehmer hat die Nacherfüllung innerhalb einer angemessenen Frist ab dem Zeitpunkt, zu dem der Verbraucher ihn über den Mangel unterrichtet hat, und ohne erhebliche Unannehmlichkeiten für den Verbraucher durchzuführen, wobei die Art der Ware sowie der Zweck, für den der Verbraucher die Ware benötigt, zu berücksichtigen sind.

[Abs. 6 ab 1.1.2022:]

(6) ¹Im Fall des Rücktritts oder des Schadensersatzes statt der ganzen Leistung wegen eines Mangels der Ware ist § 346 mit der Maßgabe anzuwenden, dass der Unternehmer die Kosten der Rückgabe der Ware trägt. ² § 348 ist mit der Maßgabe anzuwenden, dass der Nachweis des Verbrauchers über die Rücksendung der Rückgewähr der Ware gleichsteht.

[§ 475a ab 1.1.2022:]

§ 475a *Verbrauchsgüterkaufvertrag über digitale Produkte.* *(1) ¹Auf einen Verbrauchsgüterkaufvertrag, welcher einen körperlichen Datenträger zum Gegenstand hat, der ausschließlich als Träger digitaler Inhalte dient, sind § 433 Absatz 1 Satz 2, die §§ 434 bis 442, 475 Absatz 3 Satz 1, Absatz 4 bis 6, die §§ 475b bis 475e und die §§ 476 und 477 über die Rechte bei Mängeln nicht anzuwenden. ²An die Stelle der nach Satz 1 nicht anzuwendenden Vorschriften treten die Vorschriften des Abschnitts 3 Titel 2a Untertitel 1.*

(2) ¹Auf einen Verbrauchsgüterkaufvertrag über eine Ware, die in einer Weise digitale Produkte enthält oder mit digitalen Produkten verbunden ist, dass die Ware ihre Funktionen auch ohne diese digitalen Produkte erfüllen kann, sind im Hinblick auf diejenigen Bestandteile des Vertrags, welche die digitalen Produkte betreffen, die folgenden Vorschriften nicht anzuwenden:

1. § 433 Absatz 1 Satz 1 und § 475 Absatz 1 über die Übergabe der Kaufsache und die Leistungszeit sowie

2. § 433 Absatz 1 Satz 2, die §§ 434 bis 442, 475 Absatz 3 Satz 1, Absatz 4 bis 6, die §§ 475b bis 475e und die §§ 476 und 477 über die Rechte bei Mängeln.

²An die Stelle der nach Satz 1 nicht anzuwendenden Vorschriften treten die Vorschriften des Abschnitts 3 Titel 2a Untertitel 1.

[§ 475b ab 1.1.2022:]

§ 475b Sachmangel einer Ware mit digitalen Elementen. *(1) ¹Für den Kauf einer Ware mit digitalen Elementen (§ 327a Absatz 3 Satz 1), bei dem sich der Unternehmer verpflichtet, dass er oder ein Dritter die digitalen Elemente bereitstellt, gelten ergänzend die Regelungen dieser Vorschrift. ²Hinsichtlich der Frage, ob die Verpflichtung des Unternehmers die Bereitstellung der digitalen Inhalte oder digitalen Dienstleistungen umfasst, gilt § 327a Absatz 3 Satz 2.*

(2) Eine Ware mit digitalen Elementen ist frei von Sachmängeln, wenn sie bei Gefahrübergang und in Bezug auf eine Aktualisierungspflicht auch während des Zeitraums nach Absatz 3 Nummer 2 und Absatz 4 Nummer 2 den subjektiven Anforderungen, den objektiven Anforderungen, den Montageanforderungen und den Installationsanforderungen entspricht.

(3) Eine Ware mit digitalen Elementen entspricht den subjektiven Anforderungen, wenn

1. sie den Anforderungen des § 434 Absatz 2 entspricht und

2. für die digitalen Elemente die im Kaufvertrag vereinbarten Aktualisierungen während des nach dem Vertrag maßgeblichen Zeitraums bereitgestellt werden.

(4) Eine Ware mit digitalen Elementen entspricht den objektiven Anforderungen, wenn

1. sie den Anforderungen des § 434 Absatz 3 entspricht und

2. dem Verbraucher während des Zeitraums, den er aufgrund der Art und des Zwecks der Ware und ihrer digitalen Elemente sowie unter Berücksichtigung der Umstände und der Art des Vertrags erwarten kann, Aktualisierungen bereitgestellt werden, die für den Erhalt der Vertragsmäßigkeit der Ware erforderlich sind, und der Verbraucher über diese Aktualisierungen informiert wird.

(5) Unterlässt es der Verbraucher, eine Aktualisierung, die ihm gemäß Absatz 4 bereitgestellt worden ist, innerhalb einer angemessenen Frist zu installieren, so haftet der Unternehmer nicht für einen Sachmangel, der allein auf das Fehlen dieser Aktualisierung zurückzuführen ist, wenn

1. der Unternehmer den Verbraucher über die Verfügbarkeit der Aktualisierung und die Folgen einer unterlassenen Installation informiert hat und

2. die Tatsache, dass der Verbraucher die Aktualisierung nicht oder unsachgemäß installiert hat, nicht auf eine dem Verbraucher bereitgestellte mangelhafte Installationsanleitung zurückzuführen ist.

(6) Soweit eine Montage oder eine Installation durchzuführen ist, entspricht eine Ware mit digitalen Elementen

1. den Montageanforderungen, wenn sie den Anforderungen des § 434 Absatz 4 entspricht, und

2. den Installationsanforderungen, wenn die Installation

   a) der digitalen Elemente sachgemäß durchgeführt worden ist oder

   b) zwar unsachgemäß durchgeführt worden ist, dies jedoch weder auf einer unsachgemäßen Installation durch den Unternehmer noch auf einem Mangel der Anleitung beruht, die der Unternehmer oder derjenige übergeben hat, der die digitalen Elemente bereitgestellt hat.

[§ 475c ab 1.1.2022:]

§ 475c Sachmangel einer Ware mit digitalen Elementen bei dauerhafter Bereitstellung der digitalen Elemente. *(1) ¹Ist beim Kauf einer Ware mit digitalen Elementen eine dauerhafte Bereitstellung für die digitalen Elemente vereinbart, so gelten ergänzend die*

Regelungen dieser Vorschrift. ²*Haben die Parteien nicht bestimmt, wie lange die Bereitstellung andauern soll, so ist § 475b Absatz 4 Nummer 2 entsprechend anzuwenden.*

(2) Der Unternehmer haftet über die §§ 434 und 475b hinaus auch dafür, dass die digitalen Elemente während des Bereitstellungszeitraums, mindestens aber für einen Zeitraum von zwei Jahren ab der Ablieferung der Ware, den Anforderungen des § 475b Absatz 2 entsprechen.

[§ 475d ab 1.1.2022:]

§ 475d **Sonderbestimmungen für Rücktritt und Schadensersatz.** *(1) Für einen Rücktritt wegen eines Mangels der Ware bedarf es der in § 323 Absatz 1 bestimmten Fristsetzung zur Nacherfüllung abweichend von § 323 Absatz 2 und § 440 nicht, wenn*

1. *der Unternehmer die Nacherfüllung trotz Ablaufs einer angemessenen Frist ab dem Zeitpunkt, zu dem der Verbraucher ihn über den Mangel unterrichtet hat, nicht vorgenommen hat,*
2. *sich trotz der vom Unternehmer versuchten Nacherfüllung ein Mangel zeigt,*
3. *der Mangel derart schwerwiegend ist, dass der sofortige Rücktritt gerechtfertigt ist,*
4. *der Unternehmer die gemäß § 439 Absatz 1 oder 2 oder § 475 Absatz 5 ordnungsgemäße Nacherfüllung verweigert hat oder*
5. *es nach den Umständen offensichtlich ist, dass der Unternehmer nicht gemäß § 439 Absatz 1 oder 2 oder § 475 Absatz 5 ordnungsgemäß nacherfüllen wird.*

(2) ¹Für einen Anspruch auf Schadensersatz wegen eines Mangels der Ware bedarf es der in § 281 Absatz 1 bestimmten Fristsetzung in den in Absatz 1 bestimmten Fällen nicht. ²§ 281 Absatz 2 und § 440 sind nicht anzuwenden.

[§ 475e ab 1.1.2022:]

§ 475e **Sonderbestimmungen für die Verjährung.** *(1) Im Fall der dauerhaften Bereitstellung digitaler Elemente nach § 475c Absatz 1 Satz 1 verjähren Ansprüche wegen eines Mangels an den digitalen Elementen nicht vor dem Ablauf von zwölf Monaten nach dem Ende des Bereitstellungszeitraums.*

(2) Ansprüche wegen einer Verletzung der Aktualisierungspflicht nach § 475b Absatz 3 oder 4 verjähren nicht vor dem Ablauf von zwölf Monaten nach dem Ende des Zeitraums der Aktualisierungspflicht.

(3) Hat sich ein Mangel innerhalb der Verjährungsfrist gezeigt, so tritt die Verjährung nicht vor dem Ablauf von vier Monaten nach dem Zeitpunkt ein, in dem sich der Mangel erstmals gezeigt hat.

(4) Hat der Verbraucher zur Nacherfüllung oder zur Erfüllung von Ansprüchen aus einer Garantie die Ware dem Unternehmer oder auf Veranlassung des Unternehmers einem Dritten übergeben, so tritt die Verjährung von Ansprüchen wegen des geltend gemachten Mangels nicht vor dem Ablauf von zwei Monaten nach dem Zeitpunkt ein, in dem die nachgebesserte oder ersetzte Ware dem Verbraucher übergeben wurde.

[§ 476 bis 31.12.2021:]

§ 476 **Abweichende Vereinbarungen.** (1) ¹Auf eine vor Mitteilung eines Mangels an den Unternehmer getroffene Vereinbarung, die zum Nachteil des Verbrauchers von den §§ 433 bis 435, 437, 439 bis 443 sowie von den Vorschriften dieses Untertitels abweicht, kann der Unternehmer sich nicht berufen. ²Die in Satz 1 bezeichneten Vorschriften finden auch Anwendung, wenn sie durch anderweitige Gestaltungen umgangen werden.

(2) Die Verjährung der in § 437 bezeichneten Ansprüche kann vor Mitteilung eines Mangels an den Unternehmer nicht durch Rechtsgeschäft erleichtert werden, wenn die Vereinbarung zu einer Verjährungsfrist ab dem gesetzlichen Verjährungsbeginn von weniger als zwei Jahren, bei gebrauchten Sachen von weniger als einem Jahr führt.

(3) Die Absätze 1 und 2 gelten unbeschadet der §§ 307 bis 309 nicht für den Ausschluss oder die Beschränkung des Anspruchs auf Schadensersatz.

[§ 476 ab 1.1.2022:]

§ 476 *Abweichende Vereinbarungen. (1) ¹ Auf eine vor Mitteilung eines Mangels an den Unternehmer getroffene Vereinbarung, die zum Nachteil des Verbrauchers von den §§ 433 bis 435, 437, 439 bis 441 und 443 sowie von den Vorschriften dieses Untertitels abweicht, kann der Unternehmer sich nicht berufen. ² Von den Anforderungen nach § 434 Absatz 3 oder § 475b Absatz 4 kann vor Mitteilung eines Mangels an den Unternehmer durch Vertrag abgewichen werden, wenn*

1. der Verbraucher vor der Abgabe seiner Vertragserklärung eigens davon in Kenntnis gesetzt wurde, dass ein bestimmtes Merkmal der Ware von den objektiven Anforderungen abweicht, und

2. die Abweichung im Sinne der Nummer 1 im Vertrag ausdrücklich und gesondert vereinbart wurde.

(2) ¹ Die Verjährung der in § 437 bezeichneten Ansprüche kann vor Mitteilung eines Mangels an den Unternehmer nicht durch Rechtsgeschäft erleichtert werden, wenn die Vereinbarung zu einer Verjährungsfrist ab dem gesetzlichen Verjährungsbeginn von weniger als zwei Jahren, bei gebrauchten Waren von weniger als einem Jahr führt. ² Die Vereinbarung ist nur wirksam, wenn

1. der Verbraucher vor der Abgabe seiner Vertragserklärung von der Verkürzung der Verjährungsfrist eigens in Kenntnis gesetzt wurde und

2. die Verkürzung der Verjährungsfrist im Vertrag ausdrücklich und gesondert vereinbart wurde.

(3) Die Absätze 1 und 2 gelten unbeschadet der §§ 307 bis 309 nicht für den Ausschluss oder die Beschränkung des Anspruchs auf Schadensersatz.

(4) Die Regelungen der Absätze 1 und 2 sind auch anzuwenden, wenn sie durch anderweitige Gestaltungen umgangen werden.

[§ 477 bis 31.12.2021:]

§ 477 *Beweislastumkehr.* Zeigt sich innerhalb von sechs Monaten seit Gefahrübergang ein Sachmangel, so wird vermutet, dass die Sache bereits bei Gefahrübergang mangelhaft war, es sei denn, diese Vermutung ist mit der Art der Sache oder des Mangels unvereinbar.

[§ 477 ab 1.1.2022:]

§ 477 *Beweislastumkehr. (1) ¹ Zeigt sich innerhalb eines Jahres seit Gefahrübergang ein von den Anforderungen nach § 434 oder § 475b abweichender Zustand der Ware, so wird vermutet, dass die Ware bereits bei Gefahrübergang mangelhaft war, es sei denn, diese Vermutung ist mit der Art der Ware oder des mangelhaften Zustands unvereinbar. ² Beim Kauf eines lebenden Tieres gilt diese Vermutung für einen Zeitraum von sechs Monaten seit Gefahrübergang.*

(2) Ist bei Waren mit digitalen Elementen die dauerhafte Bereitstellung der digitalen Elemente im Kaufvertrag vereinbart und zeigt sich ein von den vertraglichen Anforderungen

nach § 434 oder § 475b abweichender Zustand der digitalen Elemente während der Dauer der Bereitstellung oder innerhalb eines Zeitraums von zwei Jahren seit Gefahrübergang, so wird vermutet, dass die digitalen Elemente während der bisherigen Dauer der Bereitstellung mangelhaft waren.

§ 478 Sonderbestimmungen für den Rückgriff des Unternehmers.

(1) Ist der letzte Vertrag in der Lieferkette ein Verbrauchsgüterkauf (§ 474), findet § 477 in den Fällen des § 445a Absatz 1 und 2 mit der Maßgabe Anwendung, dass die Frist mit dem Übergang der Gefahr auf den Verbraucher beginnt.

(2) ¹Auf eine vor Mitteilung eines Mangels an den Lieferanten getroffene Vereinbarung, die zum Nachteil des Unternehmers von Absatz 1 sowie von den §§ 433 bis 435, 437, 439 bis 443, *[bis 31.12.2021:* 445a Absatz 1 und 2 sowie von § 445b*][ab 1.1.2022:* 445a Absatz 1 und 2 sowie den §§ 445b, 475b und 475c*]* abweicht, kann sich der Lieferant nicht berufen, wenn dem Rückgriffsgläubiger kein gleichwertiger Ausgleich eingeräumt wird. ²Satz 1 gilt unbeschadet des § 307 nicht für den Ausschluss oder die Beschränkung des Anspruchs auf Schadensersatz. ³Die in Satz 1 bezeichneten Vorschriften finden auch Anwendung, wenn sie durch anderweitige Gestaltungen umgangen werden.

(3) Die Absätze 1 und 2 finden auf die Ansprüche des Lieferanten und der übrigen Käufer in der Lieferkette gegen die jeweiligen Verkäufer entsprechende Anwendung, wenn die Schuldner Unternehmer sind.

[§ 479 bis 31.12.2021:]
§ 479 Sonderbestimmungen für Garantien.
(1) ¹Eine Garantieerklärung (§ 443) muss einfach und verständlich abgefasst sein. ²Sie muss enthalten:
1. den Hinweis auf die gesetzlichen Rechte des Verbrauchers sowie darauf, dass sie durch die Garantie nicht eingeschränkt werden, und
2. den Inhalt der Garantie und alle wesentlichen Angaben, die für die Geltendmachung der Garantie erforderlich sind, insbesondere die Dauer und den räumlichen Geltungsbereich des Garantieschutzes sowie Namen und Anschrift des Garantiegebers.

(2) Der Verbraucher kann verlangen, dass ihm die Garantieerklärung in Textform mitgeteilt wird.

(3) Die Wirksamkeit der Garantieverpflichtung wird nicht dadurch berührt, dass eine der vorstehenden Anforderungen nicht erfüllt wird.

[§ 479 ab 1.1.2022:]
§ 479 *Sonderbestimmungen für Garantien.* (1) ¹*Eine Garantieerklärung (§ 443) muss einfach und verständlich abgefasst sein.* ²*Sie muss Folgendes enthalten:*
1. *den Hinweis auf die gesetzlichen Rechte des Verbrauchers bei Mängeln, darauf, dass die Inanspruchnahme dieser Rechte unentgeltlich ist sowie darauf, dass diese Rechte durch die Garantie nicht eingeschränkt werden,*
2. *den Namen und die Anschrift des Garantiegebers,*
3. *das vom Verbraucher einzuhaltende Verfahren für die Geltendmachung der Garantie,*
4. *die Nennung der Ware, auf die sich die Garantie bezieht, und*
5. *die Bestimmungen der Garantie, insbesondere die Dauer und den räumlichen Geltungsbereich des Garantieschutzes.*

(2) Die Garantieerklärung ist dem Verbraucher spätestens zum Zeitpunkt der Lieferung der Ware auf einem dauerhaften Datenträger zur Verfügung zu stellen.

(3) Hat der Hersteller gegenüber dem Verbraucher eine Haltbarkeitsgarantie übernommen, so hat der Verbraucher gegen den Hersteller während des Zeitraums der Garantie mindestens einen Anspruch auf Nacherfüllung gemäß § 439 Absatz 2, 3, 5 und 6 Satz 2 und § 475 Absatz 3 Satz 1 und Absatz 5.

(4) Die Wirksamkeit der Garantieverpflichtung wird nicht dadurch berührt, dass eine der vorstehenden Anforderungen nicht erfüllt wird.

Titel 3. Darlehensvertrag; Finanzierungshilfen und Ratenlieferungsverträge zwischen einem Unternehmer und einem Verbraucher[1)]

Untertitel 1. Darlehensvertrag

Kapitel 2. Besondere Vorschriften für Verbraucherdarlehensverträge

§ 492[2) 3)] **Schriftform, Vertragsinhalt.** (1) ¹Verbraucherdarlehensverträge sind, soweit nicht eine strengere Form vorgeschrieben ist, schriftlich abzuschließen. ²Der Schriftform ist genügt, wenn Antrag und Annahme durch die Vertragsparteien jeweils getrennt schriftlich erklärt werden. ³Die Erklärung des Darlehensgebers bedarf keiner Unterzeichnung, wenn sie mit Hilfe einer automatischen Einrichtung erstellt wird.

(2) Der Vertrag muss die für den Verbraucherdarlehensvertrag vorgeschriebenen Angaben nach Artikel 247 §§ 6 bis 13 des Einführungsgesetzes zum Bürgerlichen Gesetzbuche[4)] enthalten.

(3) ¹Nach Vertragsschluss stellt der Darlehensgeber dem Darlehensnehmer eine Abschrift des Vertrags zur Verfügung. ²Ist ein Zeitpunkt für die Rückzahlung des Darlehens bestimmt, kann der Darlehensnehmer vom Darlehensgeber jederzeit einen Tilgungsplan nach Artikel 247 § 14 des Einführungsgesetzes zum Bürgerlichen Gesetzbuche[4)] verlangen.

(4) ¹Die Absätze 1 und 2 gelten auch für die Vollmacht, die ein Darlehensnehmer zum Abschluss eines Verbraucherdarlehensvertrags erteilt. ²Satz 1 gilt nicht für die Prozessvollmacht und eine Vollmacht, die notariell beurkundet ist.

(5) Erklärungen des Darlehensgebers, die dem Darlehensnehmer gegenüber nach Vertragsabschluss abzugeben sind, müssen auf einem dauerhaften Datenträger erfolgen.

(6) ¹Enthält der Vertrag die Angaben nach Absatz 2 nicht oder nicht vollständig, können sie nach wirksamem Vertragsschluss oder in den Fällen des § 494 Absatz 2 Satz 1 nach Gültigwerden des Vertrags auf einem dauerhaften Datenträger nachgeholt werden. ²Hat das Fehlen von Angaben nach Absatz 2 zu Änderungen der Vertragsbedingungen gemäß § 494 Absatz 2 Satz 2 bis Absatz 6 geführt, kann die Nachholung der Angaben nur dadurch erfolgen, dass der

---

[1)] **Amtl. Anm.:** Dieser Titel dient der Umsetzung der Richtlinie 87/102/EWG des Rates zur Angleichung der Rechts- und Verwaltungsvorschriften der Mitgliedstaaten über den Verbraucherkredit (ABl. EG Nr. L 42 S. 48), zuletzt geändert durch die Richtlinie 98/7/EG des Europäischen Parlaments und des Rates vom 16. Februar 1998 zur Änderung der Richtlinie 87/102/EWG zur Angleichung der Rechts- und Verwaltungsvorschriften der Mitgliedstaaten über den Verbraucherkredit (ABl. EG Nr. L 101 S. 17).

[2)] Beachte hierzu Überleitungsvorschrift in Art. 229 § 9 EGBGB (Nr. **20**).

[3)] Beachte hierzu Übergangsvorschrift in Art. 229 § 38 EGBGB idF der Bek. v. 21.9.1994 (BGBl. I S. 2494, ber. 1997 S. 1061), zuletzt geänd. durch G v. 10.8.2021 (BGBl. I S. 3515).

[4)] Nr. **20**.

Darlehensnehmer die nach § 494 Absatz 7 erforderliche Abschrift des Vertrags erhält. ³In den sonstigen Fällen muss der Darlehensnehmer spätestens im Zeitpunkt der Nachholung der Angaben eine der in § 356a Absatz 1 genannten Unterlagen erhalten. ⁴Mit der Nachholung der Angaben nach Absatz 2 ist der Darlehensnehmer auf einem dauerhaften Datenträger darauf hinzuweisen, dass die Widerrufsfrist von einem Monat nach Erhalt der nachgeholten Angaben beginnt.

(7) Die Vereinbarung eines veränderlichen Sollzinssatzes, der sich nach einem Index oder Referenzzinssatz richtet, ist nur wirksam, wenn der Index oder Referenzzinssatz objektiv, eindeutig bestimmt und für Darlehensgeber und Darlehensnehmer verfügbar und überprüfbar ist.

§ 492a Kopplungsgeschäfte bei Immobiliar-Verbraucherdarlehensverträgen. (1) ¹Der Darlehensgeber darf den Abschluss eines Immobiliar-Verbraucherdarlehenvertrags unbeschadet des § 492b nicht davon abhängig machen, dass der Darlehensnehmer oder ein Dritter weitere Finanzprodukte oder -dienstleistungen erwirbt (Kopplungsgeschäft). ²Ist der Darlehensgeber zum Abschluss des Immobiliar-Verbraucherdarlehensvertrags bereit, ohne dass der Verbraucher weitere Finanzprodukte oder -dienstleistungen erwirbt, liegt ein Kopplungsgeschäft auch dann nicht vor, wenn die Bedingungen für den Immobiliar-Verbraucherdarlehensvertrag von denen abweichen, zu denen er zusammen mit den weiteren Finanzprodukten oder -dienstleistungen angeboten wird.

(2) Soweit ein Kopplungsgeschäft unzulässig ist, sind die mit dem Immobiliar-Verbraucherdarlehensvertrag gekoppelten Geschäfte nichtig; die Wirksamkeit des Immobiliar-Verbraucherdarlehensvertrags bleibt davon unberührt.

§ 492b Zulässige Kopplungsgeschäfte. (1) Ein Kopplungsgeschäft ist zulässig, wenn der Darlehensgeber den Abschluss eines Immobiliar-Verbraucherdarlehensvertrags davon abhängig macht, dass der Darlehensnehmer, ein Familienangehöriger des Darlehensnehmers oder beide zusammen

1. ein Zahlungs- oder ein Sparkonto eröffnen, dessen einziger Zweck die Ansammlung von Kapital ist, um
   a) das Immobiliar-Verbraucherdarlehen zurückzuzahlen oder zu bedienen,
   b) die erforderlichen Mittel für die Gewährung des Darlehens bereitzustellen oder
   c) als zusätzliche Sicherheit für den Darlehensgeber für den Fall eines Zahlungsausfalls zu dienen;
2. ein Anlageprodukt oder ein privates Rentenprodukt erwerben oder behalten, das
   a) in erster Linie als Ruhestandseinkommen dient und
   b) bei Zahlungsausfall als zusätzliche Sicherheit für den Darlehensgeber dient oder das der Ansammlung von Kapital dient, um damit das Immobiliar-Verbraucherdarlehen zurückzuzahlen oder zu bedienen oder um damit die erforderlichen Mittel für die Gewährung des Darlehens bereitzustellen;
3. einen weiteren Darlehensvertrag abschließen, bei dem das zurückzuzahlende Kapital auf einem vertraglich festgelegten Prozentsatz des Werts der Immobilie beruht, die diese zum Zeitpunkt der Rückzahlung oder Rückzahlungen des Kapitals (Darlehensvertrag mit Wertbeteiligung) hat.

(2) Ein Kopplungsgeschäft ist zulässig, wenn der Darlehensgeber den Abschluss eines Immobiliar-Verbraucherdarlehensvertrags davon abhängig macht, dass der Darlehensnehmer im Zusammenhang mit dem Immobiliar-Verbraucherdarlehensvertrag eine einschlägige Versicherung abschließt und dem Darlehensnehmer gestattet ist, diese Versicherung auch bei einem anderen als bei dem vom Darlehensgeber bevorzugten Anbieter abzuschließen.

(3) Ein Kopplungsgeschäft ist zulässig, wenn die für den Darlehensgeber zuständige Aufsichtsbehörde die weiteren Finanzprodukte oder -dienstleistungen sowie deren Kopplung mit dem Immobiliar-Verbraucherdarlehensvertrag nach § 18a Absatz 8a des Kreditwesengesetzes genehmigt hat.

§ 493 Informationen während des Vertragsverhältnisses. (1) [1] Ist in einem Verbraucherdarlehensvertrag der Sollzinssatz gebunden und endet die Sollzinsbindung vor der für die Rückzahlung bestimmten Zeit, unterrichtet der Darlehensgeber den Darlehensnehmer spätestens drei Monate vor Ende der Sollzinsbindung darüber, ob er zu einer neuen Sollzinsbindungsabrede bereit ist. [2] Erklärt sich der Darlehensgeber hierzu bereit, muss die Unterrichtung den zum Zeitpunkt der Unterrichtung vom Darlehensgeber angebotenen Sollzinssatz enthalten.

(2) [1] Der Darlehensgeber unterrichtet den Darlehensnehmer spätestens drei Monate vor Beendigung eines Verbraucherdarlehensvertrags darüber, ob er zur Fortführung des Darlehensverhältnisses bereit ist. [2] Erklärt sich der Darlehensgeber zur Fortführung bereit, muss die Unterrichtung die zum Zeitpunkt der Unterrichtung gültigen Pflichtangaben gemäß § 491a Abs. 1 enthalten.

(3) [1] Die Anpassung des Sollzinssatzes eines Verbraucherdarlehensvertrags mit veränderlichem Sollzinssatz wird erst wirksam, nachdem der Darlehensgeber den Darlehensnehmer über die Einzelheiten unterrichtet hat, die sich aus Artikel 247 § 15 des Einführungsgesetzes zum Bürgerlichen Gesetzbuche[1]) ergeben. [2] Abweichende Vereinbarungen über die Wirksamkeit sind im Rahmen des Artikels 247 § 15 Absatz 2 und 3 des Einführungsgesetzes zum Bürgerlichen Gesetzbuche[1]) zulässig.

(4) [1] Bei einem Vertrag über ein Immobiliar-Verbraucherdarlehen in Fremdwährung gemäß § 503 Absatz 1 Satz 1, auch in Verbindung mit Satz 3, hat der Darlehensgeber den Darlehensnehmer unverzüglich zu informieren, wenn der Wert des noch zu zahlenden Restbetrags oder der Wert der regelmäßigen Raten in der Landeswährung des Darlehensnehmers um mehr als 20 Prozent gegenüber dem Wert steigt, der bei Zugrundelegung des Wechselkurses bei Vertragsabschluss gegeben wäre. [2] Die Information

1. ist auf einem dauerhaften Datenträger zu übermitteln,
2. hat die Angabe über die Veränderung des Restbetrags in der Landeswährung des Darlehensnehmers zu enthalten,
3. hat den Hinweis auf die Möglichkeit einer Währungsumstellung aufgrund des § 503 und die hierfür geltenden Bedingungen und gegebenenfalls die Erläuterung weiterer Möglichkeiten zur Begrenzung des Wechselkursrisikos zu enthalten und
4. ist so lange in regelmäßigen Abständen zu erteilen, bis die Differenz von 20 Prozent wieder unterschritten wird.

---

[1]) Nr. 20.

³Die Sätze 1 und 2 sind entsprechend anzuwenden, wenn ein Immobiliar-Verbraucherdarlehensvertrag in der Währung des Mitgliedstaats der Europäischen Union, in dem der Darlehensnehmer bei Vertragsschluss seinen Wohnsitz hat, geschlossen wurde und der Darlehensnehmer zum Zeitpunkt der maßgeblichen Kreditwürdigkeitsprüfung in einer anderen Währung überwiegend sein Einkommen bezieht oder Vermögenswerte hält, aus denen das Darlehen zurückgezahlt werden soll.

(5) ¹Wenn der Darlehensnehmer eines Immobiliar-Verbraucherdarlehensvertrags dem Darlehensgeber mitteilt, dass er eine vorzeitige Rückzahlung des Darlehens beabsichtigt, ist der Darlehensgeber verpflichtet, ihm unverzüglich die für die Prüfung dieser Möglichkeit erforderlichen Informationen auf einem dauerhaften Datenträger zu übermitteln. ²Diese Informationen müssen insbesondere folgende Angaben enthalten:
1. Auskunft über die Zulässigkeit der vorzeitigen Rückzahlung,
2. im Fall der Zulässigkeit die Höhe des zurückzuzahlenden Betrags und
3. gegebenenfalls die Höhe einer Vorfälligkeitsentschädigung.

³Soweit sich die Informationen auf Annahmen stützen, müssen diese nachvollziehbar und sachlich gerechtfertigt sein und als solche dem Darlehensnehmer gegenüber offengelegt werden.

(6) Wurden Forderungen aus dem Darlehensvertrag abgetreten, treffen die Pflichten aus den Absätzen 1 bis 5 auch den neuen Gläubiger, wenn nicht der bisherige Darlehensgeber mit dem neuen Gläubiger vereinbart hat, dass im Verhältnis zum Darlehensnehmer weiterhin allein der bisherige Darlehensgeber auftritt.

§ 494[1]) **Rechtsfolgen von Formmängeln.** (1) Der Verbraucherdarlehensvertrag und die auf Abschluss eines solchen Vertrags vom Verbraucher erteilte Vollmacht sind nichtig, wenn die Schriftform insgesamt nicht eingehalten ist oder wenn eine der in Artikel 247 §§ 6 und 10 bis 13 des Einführungsgesetzes zum Bürgerlichen Gesetzbuche[2]) für den Verbraucherdarlehensvertrag vorgeschriebenen Angaben fehlt.

(2) ¹Ungeachtet eines Mangels nach Absatz 1 wird der Verbraucherdarlehensvertrag gültig, soweit der Darlehensnehmer das Darlehen empfängt oder in Anspruch nimmt. ²Jedoch ermäßigt sich der dem Verbraucherdarlehensvertrag zugrunde gelegte Sollzinssatz auf den gesetzlichen Zinssatz, wenn die Angabe des Sollzinssatzes, des effektiven Jahreszinses oder des Gesamtbetrags fehlt.

(3) Ist der effektive Jahreszins zu niedrig angegeben, so vermindert sich der dem Verbraucherdarlehensvertrag zugrunde gelegte Sollzinssatz um den Prozentsatz, um den der effektive Jahreszins zu niedrig angegeben ist.

(4) ¹Nicht angegebene Kosten werden vom Darlehensnehmer nicht geschuldet. ²Ist im Vertrag nicht angegeben, unter welchen Voraussetzungen Kosten oder Zinsen angepasst werden können, so entfällt die Möglichkeit, diese zum Nachteil des Darlehensnehmers anzupassen.

(5) Wurden Teilzahlungen vereinbart, ist deren Höhe vom Darlehensgeber unter Berücksichtigung der verminderten Zinsen oder Kosten neu zu berechnen.

---

[1]) Beachte hierzu Überleitungsvorschrift in Art. 229 § 9 EGBGB (Nr. 20).
[2]) Nr. **20**.

(6) ¹Fehlen im Vertrag Angaben zur Laufzeit oder zum Kündigungsrecht, ist der Darlehensnehmer jederzeit zur Kündigung berechtigt. ²Fehlen Angaben zu Sicherheiten, so können Sicherheiten nicht gefordert werden; dies gilt nicht bei Allgemein-Verbraucherdarlehensverträgen, wenn der Nettodarlehensbetrag 75 000 Euro übersteigt. ³Fehlen Angaben zum Umwandlungsrecht bei Immobiliar-Verbraucherdarlehen in Fremdwährung, so kann das Umwandlungsrecht jederzeit ausgeübt werden.

(7) Der Darlehensgeber stellt dem Darlehensnehmer eine Abschrift des Vertrags zur Verfügung, in der die Vertragsänderungen berücksichtigt sind, die sich aus den Absätzen 2 bis 6 ergeben.

§ 495[1] **Widerrufsrecht; Bedenkzeit.** (1) Dem Darlehensnehmer steht bei einem Verbraucherdarlehensvertrag ein Widerrufsrecht nach § 355 zu.

(2) Ein Widerrufsrecht besteht nicht bei Darlehensverträgen,

1. die einen Darlehensvertrag, zu dessen Kündigung der Darlehensgeber wegen Zahlungsverzugs des Darlehensnehmers berechtigt ist, durch Rückzahlungsvereinbarungen ergänzen oder ersetzen, wenn dadurch ein gerichtliches Verfahren vermieden wird und wenn der Gesamtbetrag (Artikel 247 § 3 des Einführungsgesetzes zum Bürgerlichen Gesetzbuche[2]) geringer ist als die Restschuld des ursprünglichen Vertrags,
2. die notariell zu beurkunden sind, wenn der Notar bestätigt, dass die Rechte des Darlehensnehmers aus den §§ 491a und 492 gewahrt sind, oder
3. die § 504 Abs. 2 oder § 505 entsprechen.

(3) ¹Bei Immobiliar-Verbraucherdarlehensverträgen ist dem Darlehensnehmer in den Fällen des Absatzes 2 vor Vertragsschluss eine Bedenkzeit von zumindest sieben Tagen einzuräumen. ²Während des Laufs der Frist ist der Darlehensgeber an sein Angebot gebunden. ³Die Bedenkzeit beginnt mit der Aushändigung des Vertragsangebots an den Darlehensnehmer.

Titel 4. Schenkung

§ 516 Begriff der Schenkung. (1) Eine Zuwendung, durch die jemand aus seinem Vermögen einen anderen bereichert, ist Schenkung, wenn beide Teile darüber einig sind, dass die Zuwendung unentgeltlich erfolgt.

(2) ¹Ist die Zuwendung ohne den Willen des anderen erfolgt, so kann ihn der Zuwendende unter Bestimmung einer angemessenen Frist zur Erklärung über die Annahme auffordern. ²Nach dem Ablauf der Frist gilt die Schenkung als angenommen, wenn nicht der andere sie vorher abgelehnt hat. ³Im Falle der Ablehnung kann die Herausgabe des Zugewendeten nach den Vorschriften über die Herausgabe einer ungerechtfertigten Bereicherung gefordert werden.

[§ 516a ab 1.1.2022:]

§ 516a *Verbrauchervertrag über die Schenkung digitaler Produkte.* (1) ¹*Auf einen Verbrauchervertrag, bei dem der Unternehmer dem Verbraucher*

1. *digitale Produkte*
2. *einen körperlichen Datenträger, der ausschließlich als Träger digitaler Inhalte dient,*

---

[1] Beachte hierzu Überleitungsvorschrift in Art. 229 § 9 EGBGB (Nr. **20**).
[2] Nr. **20**.

schenkt, und der Verbraucher dem Unternehmer personenbezogene Daten nach Maßgabe des § 327 Absatz 3 bereitstellt oder sich hierzu verpflichtet, sind die §§ 523 und 524 über die Haftung des Schenkers für Rechts- oder Sachmängel nicht anzuwenden. ² An die Stelle der nach Satz 1 nicht anzuwendenden Vorschriften treten die Vorschriften des Abschnitts 3 Titel 2a.

(2) Für einen Verbrauchervertrag, bei dem der Unternehmer dem Verbraucher eine Sache schenkt, die digitale Produkte enthält oder mit digitalen Produkten verbunden ist, gilt der Anwendungsausschluss nach Absatz 1 entsprechend für diejenigen Bestandteile des Vertrags, welche die digitalen Produkte betreffen.

Titel 5.[1)][2)] Mietvertrag, Pachtvertrag
Untertitel 1. Allgemeine Vorschriften für Mietverhältnisse

[§ 548a ab 1.1.2022:]

§ 548a *Miete digitaler Produkte. Die Vorschriften über die Miete von Sachen sind auf die Miete digitaler Produkte entsprechend anzuwenden.*

Untertitel 3. [bis 31.12.2021: Mietverhältnisse über andere Sachen][ab 1.1.2022: Mietverhältnisse über andere Sachen und digitale Produkte]

[§ 578b ab 1.1.2022:]

§ 578b *Verträge über die Miete digitaler Produkte. (1) ¹ Auf einen Verbrauchervertrag, bei dem der Unternehmer sich verpflichtet, dem Verbraucher digitale Produkte zu vermieten, sind die folgenden Vorschriften nicht anzuwenden:*

1. § 535 Absatz 1 Satz 2 und die §§ 536 bis 536d über die Rechte bei Mängeln und

2. § 543 Absatz 2 Satz 1 Nummer 1 und Absatz 4 über die Rechte bei unterbliebener Bereitstellung.

² An die Stelle der nach Satz 1 nicht anzuwendenden Vorschriften treten die Vorschriften des Abschnitts 3 Titel 2a. ³ Der Anwendungsausschluss nach Satz 1 Nummer 2 gilt nicht, wenn der Vertrag die Bereitstellung eines körperlichen Datenträgers zum Gegenstand hat, der ausschließlich als Träger digitaler Inhalte dient.

(2) ¹ Wenn der Verbraucher einen Verbrauchervertrag nach Absatz 1 wegen unterbliebener Bereitstellung (§ 327c), Mangelhaftigkeit (§ 327m) oder Änderung (§ 327r Absatz 3

[1)] Beachte hierzu auch Art. 6 G zur Verbesserung des Mietrechts und zur Begrenzung des Mietanstiegs sowie zur Regelung von Ingenieur- und Architektenleistungen v. 4.11.1971 (BGBl. I S. 1745), zuletzt geänd. durch G v. 19.4.2006 (BGBl. I S. 866).

Zum Verbot der Zweckentfremdung von Wohnraum haben die Länder folgende Vorschriften erlassen:
- **Baden-Württemberg:** ZweckentfremdungsverbotsG v. 19.12.2013 (GBl. S. 484), geänd. durch G v. 4.2.2021 (GBl. S. 116)
- **Bayern:** ZweckentfremdungsG v. 10.12.2007 (GVBl. S. 864), zuletzt geänd. durch G v. 19.6.2017 (GVBl. S. 182)
- **Berlin:** Zweckentfremdungsverbot-G v. 29.11.2013 (GVBl. S. 626), zuletzt geänd. durch G v. 12.10.2020 (GVBl. S. 807); Zweckentfremdungsverbot-VO v. 4.3.2014 (GVBl. S. 73), zuletzt geänd. durch VO v. 2.7.2019 (GVBl. S. 475)
- **Brandenburg:** Brandenburgisches ZweckentfremdungsverbotsG v. 5.6.2019 (GVBl. I Nr. 18)
- **Niedersachsen:** Niedersächsisches G über das Verbot der Zweckentfremdung von Wohnraum v. 27.3.2019 (Nds. GVBl. S. 72), geänd. durch G v. 28.4.2021 (Nds. GVBl. S. 240)
- **Rheinland-Pfalz:** ZweckentfremdungsverbotsG v. 11.2.2020 (GVBl. S. 31)

[2)] Wegen des zum G zur Neugliederung, Vereinfachung und Reform des Mietrechts v. 19.6.2001 (BGBl. I S. 1149) geltenden Übergangsrechts beachte Art. 229 § 3 EGBGB (Nr. 20). Wegen des für das Gebiet der ehem. DDR für Mietverträge geltenden Übergangsrechts beachte Art. 232 § 2 EGBGB (Nr. 20).

und 4) des digitalen Produkts beendet, sind die §§ 546 bis 548 nicht anzuwenden. ²An die Stelle der nach Satz 1 nicht anzuwendenden Vorschriften treten die Vorschriften des Abschnitts 3 Titel 2a.

(3) Für einen Verbrauchervertrag, bei dem der Unternehmer sich verpflichtet, dem Verbraucher eine Sache zu vermieten, die ein digitales Produkt enthält oder mit ihm verbunden ist, gelten die Anwendungsausschlüsse nach den Absätzen 1 und 2 entsprechend für diejenigen Bestandteile des Vertrags, die das digitale Produkt betreffen.

(4) ¹Auf einen Vertrag zwischen Unternehmern, der der Bereitstellung digitaler Produkte gemäß eines Verbrauchervertrags nach Absatz 1 oder Absatz 3 dient, ist § 536a Absatz 2 über den Anspruch des Unternehmers gegen den Vertriebspartner auf Ersatz von denjenigen Aufwendungen nicht anzuwenden, die er im Verhältnis zum Verbraucher nach § 327l zu tragen hatte. ²An die Stelle des nach Satz 1 nicht anzuwendenden § 536a Absatz 2 treten die Vorschriften des Abschnitts 3 Titel 2a Untertitel 2.

Titel 27.[1)] Unerlaubte Handlungen

§ 823[2)] **Schadensersatzpflicht.** (1) Wer vorsätzlich oder fahrlässig das Leben, den Körper, die Gesundheit, die Freiheit, das Eigentum oder ein sonstiges Recht eines anderen widerrechtlich verletzt, ist dem anderen zum Ersatz des daraus entstehenden Schadens verpflichtet.[3)]

(2) ¹Die gleiche Verpflichtung trifft denjenigen, welcher gegen ein den Schutz eines anderen bezweckendes Gesetz verstößt. ²Ist nach dem Inhalt des Gesetzes ein Verstoß gegen dieses auch ohne Verschulden möglich, so tritt die Ersatzpflicht nur im Falle des Verschuldens ein.[4)]

§ 826 Sittenwidrige vorsätzliche Schädigung. Wer in einer gegen die guten Sitten verstoßenden Weise einem anderen vorsätzlich Schaden zufügt, ist dem anderen zum Ersatz des Schadens verpflichtet.

Buch 3. Sachenrecht

Abschnitt 3.[5)] Eigentum

Titel 4. Ansprüche aus dem Eigentum

§ 1004 Beseitigungs- und Unterlassungsanspruch. (1) ¹Wird das Eigentum in anderer Weise als durch Entziehung oder Vorenthaltung des Besitzes

---

[1)] Wegen des für das Gebiet der ehem. DDR geltenden Übergangsrechts zu §§ 823–853 beachte Art. 232 § 10 EGBGB (Nr. 20).

[2)] Wegen der Entschädigung der Opfer von Gewalttaten beachte das Opferentschädigungsgesetz idF der Bek. v. 7.1.1985 (BGBl. I S. 1), zuletzt geänd. durch G v. 2.6.2021 (BGBl. I S. 1387).

[3)] Haftung auch ohne Verschulden mit Ausnahme von höherer Gewalt: HaftpflichtG idF der Bek. v. 4.1.1978 (BGBl. I S. 145), zuletzt geänd. durch G v. 17.7.2017 (BGBl. I S. 2421); StraßenverkehrsG idF der Bek. v. 5.3.2003 (BGBl. I S. 310, ber. S. 919), zuletzt geänd. durch G v. 12.7.2021 (BGBl. I S. 3108); LuftverkehrsG idF der Bek. v. 10.5.2007 (BGBl. I S. 698), zuletzt geänd. durch G v. 10.8.2021 (BGBl. I S. 3436); AtomG idF der Bek. v. 15.7.1985 (BGBl. I S. 1565), zuletzt geänd. durch G v. 10.8.2021 (BGBl. I S. 3530).

[4)] Wegen des gesetzlichen Überganges der Schadensersatzforderungen vgl. §§ 116 und 117 Zehntes Buch Sozialgesetzbuch – Sozialverwaltungsverfahren und Sozialdatenschutz – (SGB X) idF der Bek. v. 18.1.2001 (BGBl. I S. 130), zuletzt geänd. durch G v. 20.8.2021 (BGBl. I S. 3932); für die Haftung eines Unternehmers bei Arbeitsunfällen vgl. §§ 104–113 Siebtes Buch Sozialgesetzbuch, Gesetzliche Unfallversicherung v. 7.8.1996 (BGBl. I S. 1254), zuletzt geänd. durch G v. 20.8.2021 (BGBl. I S. 3932).

[5)] Wegen des für das Gebiet der ehem. DDR geltenden Übergangsrechts zu §§ 903 ff. beachte Art. 233 § 2 EGBGB (Nr. 20).

beeinträchtigt, so kann der Eigentümer von dem Störer die Beseitigung der Beeinträchtigung verlangen. ²Sind weitere Beeinträchtigungen zu besorgen, so kann der Eigentümer auf Unterlassung klagen.

(2) Der Anspruch ist ausgeschlossen, wenn der Eigentümer zur Duldung verpflichtet ist.[1)]

[1)] Vgl. § 14 Bundes-Immissionsschutzgesetz idF der Bek. v. 17.5.2013 (BGBl. I S. 1274, ber. 2021 S. 123), zuletzt geänd. durch G v. 24.9.2021 (BGBl. I S. 4458).

20. Einführungsgesetz zum Bürgerlichen Gesetzbuche[1)2)3)]

In der Fassung der Bekanntmachung vom 21. September 1994[4)]
(BGBl. I S. 2494, ber. 1997 I S. 1061)

FNA 400-1

zuletzt geänd. durch Art. 2 MietspiegelreformG v. 10.8.2021 (BGBl. I S. 3515)

– Auszug –

Erster Teil. Allgemeine Vorschriften
Zweites Kapitel. Internationales Privatrecht
Zweiter Abschnitt. Recht der natürlichen Personen und der Rechtsgeschäfte

Art. 10 Name. (1) Der Name einer Person unterliegt dem Recht des Staates, dem die Person angehört.

(2) [1]Ehegatten können bei oder nach der Eheschließung gegenüber dem Standesamt ihren künftig zu führenden Namen wählen

1. nach dem Recht eines Staates, dem einer der Ehegatten angehört, ungeachtet des Artikels 5 Abs. 1, oder
2. nach deutschem Recht, wenn einer von ihnen seinen gewöhnlichen Aufenthalt im Inland hat.

[2]Nach der Eheschließung abgegebene Erklärungen müssen öffentlich beglaubigt werden. [3]Für die Auswirkungen der Wahl auf den Namen eines Kindes ist § 1617c des Bürgerlichen Gesetzbuchs sinngemäß anzuwenden.

(3) [1]Der Inhaber der Sorge kann gegenüber dem Standesamt bestimmen, daß ein Kind den Familiennamen erhalten soll

1. nach dem Recht eines Staates, dem ein Elternteil angehört, ungeachtet des Artikels 5 Abs. 1,
2. nach deutschem Recht, wenn ein Elternteil seinen gewöhnlichen Aufenthalt im Inland hat, oder
3. nach dem Recht des Staates, dem ein den Namen Erteilender angehört.

[2]Nach der Beurkundung der Geburt abgegebene Erklärungen müssen öffentlich beglaubigt werden.

Art. 11 Form von Rechtsgeschäften. (1) Ein Rechtsgeschäft ist formgültig, wenn es die Formerfordernisse des Rechts, das auf das seinen Gegenstand

---

[1)] Die Änderungen durch G v. 4.5.2021 (BGBl. I S. 882) treten erst **mWv 1.1.2023** in Kraft und sind im Text noch nicht berücksichtigt.
[2)] Die Änderung durch G v. 16.7.2021 (BGBl. I S. 2947) tritt erst **mWv 1.7.2023** in Kraft und ist im Text noch nicht berücksichtigt.
[3)] Die Änderungen durch G v. 10.8.2021 (BGBl. I S. 3436) treten erst **mWv 1.1.2024** in Kraft und sind im Text noch nicht berücksichtigt.
[4)] Neubekanntmachung des EGBGB v. 18.8.1896 (RGBl. S. 604) in der ab 1.10.1994 geltenden Fassung.

bildende Rechtsverhältnis anzuwenden ist, oder des Rechts des Staates erfüllt, in dem es vorgenommen wird.

(2) Wird ein Vertrag zwischen Personen geschlossen, die sich in verschiedenen Staaten befinden, so ist er formgültig, wenn er die Formerfordernisse des Rechts, das auf das seinen Gegenstand bildende Rechtsverhältnis anzuwenden ist, oder des Rechts eines dieser Staaten erfüllt.

(3) Wird der Vertrag durch einen Vertreter geschlossen, so ist bei Anwendung der Absätze 1 und 2 der Staat maßgebend, in dem sich der Vertreter befindet.

(4) Ein Rechtsgeschäft, durch das ein Recht an einer Sache begründet oder über ein solches Recht verfügt wird, ist nur formgültig, wenn es die Formerfordernisse des Rechts erfüllt, das auf das seinen Gegenstand bildende Rechtsverhältnis anzuwenden ist.

Art. 12 Schutz des anderen Vertragsteils. [1] Wird ein Vertrag zwischen Personen geschlossen, die sich in demselben Staat befinden, so kann sich eine natürliche Person, die nach den Sachvorschriften des Rechts dieses Staates rechts-, geschäfts- und handlungsfähig wäre, nur dann auf ihre aus den Sachvorschriften des Rechts eines anderen Staates abgeleitete Rechts-, Geschäfts- und Handlungsunfähigkeit berufen, wenn der andere Vertragsteil bei Vertragsabschluß diese Rechts-, Geschäfts- und Handlungsunfähigkeit kannte oder kennen mußte. [2] Dies gilt nicht für familienrechtliche und erbrechtliche Rechtsgeschäfte sowie für Verfügungen über ein in einem anderen Staat belegenes Grundstück.

Fünfter Abschnitt. Außervertragliche Schuldverhältnisse

Art. 40 Unerlaubte Handlung. (1) [1] Ansprüche aus unerlaubter Handlung unterliegen dem Recht des Staates, in dem der Ersatzpflichtige gehandelt hat. [2] Der Verletzte kann verlangen, daß anstelle dieses Rechts das Recht des Staates angewandt wird, in dem der Erfolg eingetreten ist. [3] Das Bestimmungsrecht kann nur im ersten Rechtszug bis zum Ende des frühen ersten Termins oder dem Ende des schriftlichen Vorverfahrens ausgeübt werden.

(2) [1] Hatten der Ersatzpflichtige und der Verletzte zur Zeit des Haftungsereignisses ihren gewöhnlichen Aufenthalt in demselben Staat, so ist das Recht dieses Staates anzuwenden. [2] Handelt es sich um Gesellschaften, Vereine oder juristische Personen, so steht dem gewöhnlichen Aufenthalt der Ort gleich, an dem sich die Hauptverwaltung oder, wenn eine Niederlassung beteiligt ist, an dem sich diese befindet.

(3) Ansprüche, die dem Recht eines anderen Staates unterliegen, können nicht geltend gemacht werden, soweit sie

1. wesentlich weiter gehen als zur angemessenen Entschädigung des Verletzten erforderlich,
2. offensichtlich anderen Zwecken als einer angemessenen Entschädigung des Verletzten dienen oder
3. haftungsrechtlichen Regelungen eines für die Bundesrepublik Deutschland verbindlichen Übereinkommens widersprechen.

(4) Der Verletzte kann seinen Anspruch unmittelbar gegen einen Versicherer des Ersatzpflichtigen geltend machen, wenn das auf die unerlaubte Handlung

anzuwendende Recht oder das Recht, dem der Versicherungsvertrag unterliegt, dies vorsieht.

Siebter Teil. Durchführung des Bürgerlichen Gesetzbuchs, Verordnungsermächtigungen, Länderöffnungsklauseln, Informationspflichten

Art. 246 Informationspflichten beim Verbrauchervertrag. (1) Der Unternehmer ist, sofern sich diese Informationen nicht aus den Umständen ergeben, nach § 312a Absatz 2 des Bürgerlichen Gesetzbuchs[1] verpflichtet, dem Verbraucher vor Abgabe von dessen Vertragserklärung folgende Informationen in klarer und verständlicher Weise zur Verfügung zu stellen:

1. die wesentlichen Eigenschaften der Waren oder Dienstleistungen in dem für den Datenträger und die Waren oder Dienstleistungen angemessenen Umfang,
2. seine Identität, beispielsweise seinen Handelsnamen und die Anschrift des Ortes, an dem er niedergelassen ist, sowie seine Telefonnummer,
3. den Gesamtpreis der Waren und Dienstleistungen einschließlich aller Steuern und Abgaben oder in den Fällen, in denen der Preis auf Grund der Beschaffenheit der Ware oder Dienstleistung vernünftigerweise nicht im Voraus berechnet werden kann, die Art der Preisberechnung sowie gegebenenfalls alle zusätzlichen Fracht-, Liefer- oder Versandkosten und alle sonstigen Kosten oder in den Fällen, in denen diese Kosten vernünftigerweise nicht im Voraus berechnet werden können, die Tatsache, dass solche zusätzlichen Kosten anfallen können,
4. gegebenenfalls die Zahlungs-, Liefer- und Leistungsbedingungen, den Termin, bis zu dem sich der Unternehmer verpflichtet hat, die Waren zu liefern oder die Dienstleistungen zu erbringen, sowie das Verfahren des Unternehmers zum Umgang mit Beschwerden,
5. das Bestehen eines gesetzlichen Mängelhaftungsrechts für die *[bis 27.5.2022:* Waren und*][ab 28.5.2022: Waren oder die digitalen Produkte sowie]* gegebenenfalls das Bestehen und die Bedingungen von Kundendienstleistungen und Garantien,
6. gegebenenfalls die Laufzeit des Vertrags oder die Bedingungen der Kündigung unbefristeter Verträge oder sich automatisch verlängernder Verträge,

[Nr. 7 bis 27.5.2022:]
7. gegebenenfalls die Funktionsweise digitaler Inhalte, einschließlich anwendbarer technischer Schutzmaßnahmen für solche Inhalte, und

[Nr. 7 ab 28.5.2022:]
7. *gegebenenfalls die Funktionalität der Waren mit digitalen Elementen oder der digitalen Produkte, einschließlich anwendbarer technischer Schutzmaßnahmen, und*

[Nr. 8 bis 27.5.2022:]
8. gegebenenfalls, soweit wesentlich, Beschränkungen der Interoperabilität und der Kompatibilität digitaler Inhalte mit Hard- und Software, soweit diese Beschränkungen dem Unternehmer bekannt sind oder bekannt sein müssen.

---

[1] Nr. 19.

[Nr. 8 ab 28.5.2022:]
8. gegebenenfalls, soweit wesentlich, die Kompatibilität und die Interoperabilität der Waren mit digitalen Elementen oder der digitalen Produkte, soweit diese Informationen dem Unternehmer bekannt sind oder bekannt sein müssen.

(2) Absatz 1 ist nicht anzuwenden auf Verträge, die Geschäfte des täglichen Lebens zum Gegenstand haben und bei Vertragsschluss sofort erfüllt werden.

(3) [1] Steht dem Verbraucher ein Widerrufsrecht zu, ist der Unternehmer verpflichtet, den Verbraucher in Textform über sein Widerrufsrecht zu belehren. [2] Die Widerrufsbelehrung muss deutlich gestaltet sein und dem Verbraucher seine wesentlichen Rechte in einer dem benutzten Kommunikationsmittel angepassten Weise deutlich machen. [3] Sie muss Folgendes enthalten:
1. einen Hinweis auf das Recht zum Widerruf,
2. einen Hinweis darauf, dass der Widerruf durch Erklärung gegenüber dem Unternehmer erfolgt und keiner Begründung bedarf,
3. den Namen und die ladungsfähige Anschrift desjenigen, gegenüber dem der Widerruf zu erklären ist, und
4. einen Hinweis auf Dauer und Beginn der Widerrufsfrist sowie darauf, dass zur Fristwahrung die rechtzeitige Absendung der Widerrufserklärung genügt.

Art. 246a Informationspflichten bei außerhalb von Geschäftsräumen geschlossenen Verträgen und Fernabsatzverträgen mit Ausnahme von Verträgen über Finanzdienstleistungen

§ 1 Informationspflichten. (1) *[Satz 1 bis 27.5.2022:]* [1] Der Unternehmer ist nach § 312d Absatz 1 des Bürgerlichen Gesetzbuchs[1]) verpflichtet, dem Verbraucher folgende Informationen zur Verfügung zu stellen:
1. die wesentlichen Eigenschaften der Waren oder Dienstleistungen in dem für das Kommunikationsmittel und für die Waren und Dienstleistungen angemessenen Umfang,
2. seine Identität, beispielsweise seinen Handelsnamen sowie die Anschrift des Ortes, an dem er niedergelassen ist, seine Telefonnummer und gegebenenfalls seine Telefaxnummer und E-Mail-Adresse sowie gegebenenfalls die Anschrift und die Identität des Unternehmers, in dessen Auftrag er handelt,
3. zusätzlich zu den Angaben gemäß Nummer 2 die Geschäftsanschrift des Unternehmers und gegebenenfalls die Anschrift des Unternehmers, in dessen Auftrag er handelt, an die sich der Verbraucher mit jeder Beschwerde wenden kann, falls diese Anschrift von der Anschrift unter Nummer 2 abweicht,
4. den Gesamtpreis der Waren oder Dienstleistungen einschließlich aller Steuern und Abgaben, oder in den Fällen, in denen der Preis auf Grund der Beschaffenheit der Waren oder Dienstleistungen vernünftigerweise nicht im Voraus berechnet werden kann, die Art der Preisberechnung sowie gegebenenfalls alle zusätzlichen Fracht-, Liefer- oder Versandkosten und alle sonstigen Kosten, oder in den Fällen, in denen diese Kosten vernünftigerweise

---
[1]) Nr. **19**.

nicht im Voraus berechnet werden können, die Tatsache, dass solche zusätzlichen Kosten anfallen können,

5. im Falle eines unbefristeten Vertrags oder eines Abonnement-Vertrags den Gesamtpreis; dieser umfasst die pro Abrechnungszeitraum anfallenden Gesamtkosten und, wenn für einen solchen Vertrag Festbeträge in Rechnung gestellt werden, ebenfalls die monatlichen Gesamtkosten; wenn die Gesamtkosten vernünftigerweise nicht im Voraus berechnet werden können, ist die Art der Preisberechnung anzugeben,

6. die Kosten für den Einsatz des für den Vertragsabschluss genutzten Fernkommunikationsmittels, sofern dem Verbraucher Kosten berechnet werden, die über die Kosten für die bloße Nutzung des Fernkommunikationsmittels hinausgehen,

7. die Zahlungs-, Liefer- und Leistungsbedingungen, den Termin, bis zu dem der Unternehmer die Waren liefern oder die Dienstleistung erbringen muss, und gegebenenfalls das Verfahren des Unternehmers zum Umgang mit Beschwerden,

8. das Bestehen eines gesetzlichen Mängelhaftungsrechts für die Waren,

9. gegebenenfalls das Bestehen und die Bedingungen von Kundendienst, Kundendienstleistungen und Garantien,

10. gegebenenfalls bestehende einschlägige Verhaltenskodizes gemäß Artikel 2 Buchstabe f der Richtlinie 2005/29/EG des Europäischen Parlaments und des Rates vom 11. Mai 2005 über unlautere Geschäftspraktiken im binnenmarktinternen Geschäftsverkehr zwischen Unternehmen und Verbrauchern und zur Änderung der Richtlinie 84/450/EWG des Rates, der Richtlinien 97/7/EG, 98/27/EG und 2002/65/EG des Europäischen Parlaments und des Rates sowie der Verordnung (EG) Nr. 2006/2004 des Europäischen Parlaments und des Rates (ABl. L 149 vom 11.6.2005, S. 22) und wie Exemplare davon erhalten werden können,

11. gegebenenfalls die Laufzeit des Vertrags oder die Bedingungen der Kündigung unbefristeter Verträge oder sich automatisch verlängernder Verträge,

12. gegebenenfalls die Mindestdauer der Verpflichtungen, die der Verbraucher mit dem Vertrag eingeht,

13. gegebenenfalls die Tatsache, dass der Unternehmer vom Verbraucher die Stellung einer Kaution oder die Leistung anderer finanzieller Sicherheiten verlangen kann, sowie deren Bedingungen,

14. gegebenenfalls die Funktionsweise digitaler Inhalte, einschließlich anwendbarer technischer Schutzmaßnahmen für solche Inhalte,

15. gegebenenfalls, soweit wesentlich, Beschränkungen der Interoperabilität und der Kompatibilität digitaler Inhalte mit Hard- und Software, soweit diese Beschränkungen dem Unternehmer bekannt sind oder bekannt sein müssen, und

16. gegebenenfalls, dass der Verbraucher ein außergerichtliches Beschwerde- und Rechtsbehelfsverfahren, dem der Unternehmer unterworfen ist, nutzen kann, und dessen Zugangsvoraussetzungen.

[Satz 1 ab 28.5.2022:] ¹ Der Unternehmer ist nach § 312d Absatz 1 des Bürgerlichen Gesetzbuchs[1]) verpflichtet, dem Verbraucher folgende Informationen zur Verfügung zu stellen:

1. die wesentlichen Eigenschaften der Waren oder Dienstleistungen in dem für das Kommunikationsmittel und für die Waren und Dienstleistungen angemessenen Umfang,
2. seine Identität, beispielsweise seinen Handelsnamen, sowie die Anschrift des Ortes, an dem er niedergelassen ist, sowie gegebenenfalls die Identität und die Anschrift des Unternehmers, in dessen Auftrag er handelt,
3. seine Telefonnummer, seine E-Mail-Adresse sowie gegebenenfalls andere von ihm zur Verfügung gestellte Online-Kommunikationsmittel, sofern diese gewährleisten, dass der Verbraucher seine Korrespondenz mit dem Unternehmer, einschließlich deren Datums und deren Uhrzeit, auf einem dauerhaften Datenträger speichern kann,
4. zusätzlich zu den Angaben gemäß den Nummern 2 und 3 die Geschäftsanschrift des Unternehmers und gegebenenfalls die Anschrift des Unternehmers, in dessen Auftrag er handelt, an die sich der Verbraucher mit jeder Beschwerde wenden kann, falls diese Anschrift von der Anschrift nach Nummer 2 abweicht,
5. den Gesamtpreis der Waren oder der Dienstleistungen, einschließlich aller Steuern und Abgaben, oder in den Fällen, in denen der Preis auf Grund der Beschaffenheit der Waren oder der Dienstleistungen vernünftigerweise nicht im Voraus berechnet werden kann, die Art der Preisberechnung,
6. gegebenenfalls den Hinweis, dass der Preis auf der Grundlage einer automatisierten Entscheidungsfindung personalisiert wurde,
7. gegebenenfalls alle zusätzlich zu dem Gesamtpreis nach Nummer 5 anfallenden Fracht-, Liefer- oder Versandkosten und alle sonstigen Kosten, oder in den Fällen, in denen diese Kosten vernünftigerweise nicht im Voraus berechnet werden können, die Tatsache, dass solche zusätzlichen Kosten anfallen können,
8. im Falle eines unbefristeten Vertrags oder eines Abonnement-Vertrags den Gesamtpreis; dieser umfasst die pro Abrechnungszeitraum anfallenden Gesamtkosten und, wenn für einen solchen Vertrag Festbeträge in Rechnung gestellt werden, ebenfalls die monatlichen Gesamtkosten; wenn die Gesamtkosten vernünftigerweise nicht im Voraus berechnet werden können, ist die Art der Preisberechnung anzugeben,
9. die Kosten für den Einsatz des für den Vertragsabschluss genutzten Fernkommunikationsmittels, sofern dem Verbraucher Kosten berechnet werden, die über die Kosten für die bloße Nutzung des Fernkommunikationsmittels hinausgehen,
10. die Zahlungs-, Liefer- und Leistungsbedingungen, den Termin, bis zu dem der Unternehmer die Waren liefern oder die Dienstleistung erbringen muss, und gegebenenfalls das Verfahren des Unternehmers zum Umgang mit Beschwerden,
11. das Bestehen eines gesetzlichen Mängelhaftungsrechts für die Waren oder die digitalen Produkte,
12. gegebenenfalls das Bestehen und die Bedingungen von Kundendienst, Kundendienstleistungen und Garantien,
13. gegebenenfalls bestehende einschlägige Verhaltenskodizes gemäß Artikel 2 Buchstabe f der Richtlinie 2005/29/EG des Europäischen Parlaments und des Rates vom 11. Mai 2005 über unlautere Geschäftspraktiken im binnenmarktinternen Geschäftsverkehr zwischen Unternehmen und Verbrauchern und zur Änderung der

---

[1]) Nr. **19**.

Richtlinie 84/450/EWG des Rates, der Richtlinien 97/7/EG, 98/27/EG und 2002/65/EG des Europäischen Parlaments und des Rates sowie der Verordnung (EG) Nr. 2006/2004 des Europäischen Parlaments und des Rates (ABl. L 149 vom 11.6.2005, S. 22; L 253 vom 25.9.2009, S. 18), die zuletzt durch die Richtlinie (EU) 2019/2161 (ABl. L 328 vom 18.12.2019, S. 7) geändert worden ist, und wie Exemplare davon erhalten werden können,

14. gegebenenfalls die Laufzeit des Vertrags oder die Bedingungen der Kündigung unbefristeter Verträge oder sich automatisch verlängernder Verträge,
15. gegebenenfalls die Mindestdauer der Verpflichtungen, die der Verbraucher mit dem Vertrag eingeht,
16. gegebenenfalls die Tatsache, dass der Unternehmer vom Verbraucher die Stellung einer Kaution oder die Leistung anderer finanzieller Sicherheiten verlangen kann, sowie deren Bedingungen,
17. gegebenenfalls die Funktionalität der Waren mit digitalen Elementen oder der digitalen Produkte, einschließlich anwendbarer technischer Schutzmaßnahmen,
18. gegebenenfalls, soweit wesentlich, die Kompatibilität und die Interoperabilität der Waren mit digitalen Elementen oder der digitalen Produkte, soweit diese Informationen dem Unternehmer bekannt sind oder bekannt sein müssen, und
19. gegebenenfalls, dass der Verbraucher ein außergerichtliches Beschwerde- und Rechtsbehelfsverfahren, dem der Unternehmer unterworfen ist, nutzen kann, und dessen Zugangsvoraussetzungen.

²Wird der Vertrag im Rahmen einer öffentlich zugänglichen Versteigerung geschlossen, können anstelle der Angaben nach Satz 1 *[bis 27.5.2022:* Nummer 2 und 3*][ab 28.5.2022: Nummer 2 bis 4]* die entsprechenden Angaben des Versteigerers zur Verfügung gestellt werden.

(2) ¹Steht dem Verbraucher ein Widerrufsrecht nach § 312g Absatz 1 des Bürgerlichen Gesetzbuchs[1]) zu, ist der Unternehmer verpflichtet, den Verbraucher zu informieren

1. über die Bedingungen, die Fristen und das Verfahren für die Ausübung des Widerrufsrechts nach § 355 Absatz 1 des Bürgerlichen Gesetzbuchs[1]) sowie das Muster-Widerrufsformular in der Anlage 2,
2. gegebenenfalls darüber, dass der Verbraucher im Widerrufsfall die Kosten für die Rücksendung der Waren zu tragen hat, und bei Fernabsatzverträgen zusätzlich über die Kosten für die Rücksendung der Waren, wenn die Waren auf Grund ihrer Beschaffenheit nicht auf dem normalen Postweg zurückgesendet werden können, und
3. darüber, dass der Verbraucher dem Unternehmer bei einem Vertrag über die Erbringung von Dienstleistungen*[ab 28.5.2022: , für die die Zahlung eines Preises vorgesehen ist,]* oder über die nicht in einem bestimmten Volumen oder in einer bestimmten Menge vereinbarte Lieferung von Wasser, Gas, Strom oder die Lieferung von Fernwärme einen angemessenen Betrag nach *[bis 27.5.2022:* § 357 Absatz 8 des Bürgerlichen Gesetzbuchs[1])*][ab 28.5.2022:* § 357a Absatz 2 des Bürgerlichen Gesetzbuchs[1])*]* für die vom Unternehmer erbrachte Leistung schuldet, wenn der Verbraucher das Widerrufsrecht ausübt, nachdem er auf Aufforderung des Unternehmers von diesem ausdrücklich den Beginn der Leistung vor Ablauf der Widerrufsfrist verlangt hat.

---

[1]) Nr. 19.

²Der Unternehmer kann diese Informationspflichten dadurch erfüllen, dass er das in der Anlage 1 vorgesehene Muster für die Widerrufsbelehrung zutreffend ausgefüllt in Textform übermittelt.

(3) Der Unternehmer hat den Verbraucher auch zu informieren, wenn

1. dem Verbraucher nach § 312g Absatz 2 Nummer 1, 2, 5 und 7 bis 13 des Bürgerlichen Gesetzbuchs[1)] ein Widerrufsrecht nicht zusteht, dass der Verbraucher seine Willenserklärung nicht widerrufen kann, oder
2. das Widerrufsrecht des Verbrauchers nach § 312g Absatz 2 Nummer 3, 4 und 6 sowie § 356 Absatz 4 und 5 des Bürgerlichen Gesetzbuchs[1)] vorzeitig erlöschen kann, über die Umstände, unter denen der Verbraucher ein zunächst bestehendes Widerrufsrecht verliert.

§ 2 Erleichterte Informationspflichten bei Reparatur- und Instandhaltungsarbeiten.
(1) Hat der Verbraucher bei einem Vertrag über Reparatur- und Instandhaltungsarbeiten, der außerhalb von Geschäftsräumen geschlossen wird, bei dem die beiderseitigen Leistungen sofort erfüllt werden und die vom Verbraucher zu leistende Vergütung 200 Euro nicht übersteigt, ausdrücklich die Dienste des Unternehmers angefordert, muss der Unternehmer dem Verbraucher lediglich folgende Informationen zur Verfügung stellen:

1. die Angaben nach *[bis 27.5.2022:* § 1 Absatz 1 Satz 1 Nummer 2 und*][ab 28.5.2022:* § 1 Absatz 1 Satz 1 Nummer 2 und 3 sowie*]*
2. den Preis oder die Art der Preisberechnung zusammen mit einem Kostenvoranschlag über die Gesamtkosten.

(2) Ferner hat der Unternehmer dem Verbraucher folgende Informationen zur Verfügung zu stellen:

1. die wesentlichen Eigenschaften der Waren oder Dienstleistungen in dem für das Kommunikationsmittel und die Waren oder Dienstleistungen angemessenen Umfang,
2. gegebenenfalls die Bedingungen, die Fristen und das Verfahren für die Ausübung des Widerrufsrechts sowie das Muster-Widerrufsformular in der Anlage 2 und
3. gegebenenfalls die Information, dass der Verbraucher seine Willenserklärung nicht widerrufen kann, oder die Umstände, unter denen der Verbraucher ein zunächst bestehendes Widerrufsrecht vorzeitig verliert.

(3) Eine vom Unternehmer zur Verfügung gestellte Abschrift oder Bestätigung des Vertrags nach § 312f Absatz 1 des Bürgerlichen Gesetzbuchs[1)] muss alle nach § 1 zu erteilenden Informationen enthalten.

§ 3 Erleichterte Informationspflichten bei begrenzter Darstellungsmöglichkeit.
¹Soll ein Fernabsatzvertrag mittels eines Fernkommunikationsmittels geschlossen werden, das nur begrenzten Raum oder begrenzte Zeit für die dem Verbraucher zu erteilenden Informationen bietet, ist der Unternehmer verpflichtet, dem Verbraucher mittels dieses Fernkommunikationsmittels zumindest folgende Informationen zur Verfügung zu stellen:

1. die wesentlichen Eigenschaften der Waren oder Dienstleistungen,
2. die Identität des Unternehmers,

[1)] Nr. 19.

3. den Gesamtpreis oder in den Fällen, in denen der Preis auf Grund der Beschaffenheit der Waren oder Dienstleistungen vernünftigerweise nicht im Voraus berechnet werden kann, die Art der Preisberechnung,

[Nr. 4 bis 27.5.2022:]
4. gegebenenfalls das Bestehen eines Widerrufsrechts und

[Nr. 4 ab 28.5.2022:]
4. gegebenenfalls die Bedingungen, die Fristen und das Verfahren für die Ausübung des Widerrufsrechts nach § 355 Absatz 1 des Bürgerlichen Gesetzbuchs[1]) und

5. gegebenenfalls die Vertragslaufzeit und die Bedingungen für die Kündigung eines Dauerschuldverhältnisses.

²Die weiteren Angaben nach § 1 hat der Unternehmer dem Verbraucher in geeigneter Weise unter Beachtung von § 4 Absatz 3 zugänglich zu machen.

§ 4 Formale Anforderungen an die Erfüllung der Informationspflichten. (1) Der Unternehmer muss dem Verbraucher die Informationen nach den §§ 1 bis 3 vor Abgabe von dessen Vertragserklärung in klarer und verständlicher Weise zur Verfügung stellen.

(2) ¹Bei einem außerhalb von Geschäftsräumen geschlossenen Vertrag muss der Unternehmer die Informationen auf Papier oder, wenn der Verbraucher zustimmt, auf einem anderen dauerhaften Datenträger zur Verfügung stellen. ²Die Informationen müssen lesbar sein. ³Die Person des erklärenden Unternehmers muss genannt sein. ⁴Der Unternehmer kann die Informationen nach § 2 Absatz 2 in anderer Form zur Verfügung stellen, wenn sich der Verbraucher hiermit ausdrücklich einverstanden erklärt hat.

(3) ¹Bei einem Fernabsatzvertrag muss der Unternehmer dem Verbraucher die Informationen in einer den benutzten Fernkommunikationsmitteln angepassten Weise zur Verfügung stellen. ²Soweit die Informationen auf einem dauerhaften Datenträger zur Verfügung gestellt werden, müssen sie lesbar sein, und die Person des erklärenden Unternehmers muss genannt sein. ³Abweichend von Satz 1 kann der Unternehmer dem Verbraucher die in § 3 Satz 2 genannten Informationen in geeigneter Weise zugänglich machen.

Art. 246b Informationspflichten bei außerhalb von Geschäftsräumen geschlossenen Verträgen und Fernabsatzverträgen über Finanzdienstleistungen

§ 1 Informationspflichten. (1) Der Unternehmer ist nach § 312d Absatz 2 des Bürgerlichen Gesetzbuchs[1]) verpflichtet, dem Verbraucher rechtzeitig vor Abgabe von dessen Vertragserklärung klar und verständlich und unter Angabe des geschäftlichen Zwecks, bei Fernabsatzverträgen in einer dem benutzten Fernkommunikationsmittel angepassten Weise, folgende Informationen zur Verfügung zu stellen:

1. seine Identität, anzugeben ist auch das öffentliche Unternehmensregister, bei dem der Rechtsträger eingetragen ist, und die zugehörige Registernummer oder gleichwertige Kennung,
2. die Hauptgeschäftstätigkeit des Unternehmers und die für seine Zulassung zuständige Aufsichtsbehörde,

---

[1]) Nr. 19.

3. die Identität des Vertreters des Unternehmers in dem Mitgliedstaat, in dem der Verbraucher seinen Wohnsitz hat, wenn es einen solchen Vertreter gibt, oder die Identität einer anderen gewerblich tätigen Person als dem Anbieter, wenn der Verbraucher mit dieser Person geschäftlich zu tun hat, und die Eigenschaft, in der diese Person gegenüber dem Verbraucher tätig wird,
4. die ladungsfähige Anschrift des Unternehmers und jede andere Anschrift, die für die Geschäftsbeziehung zwischen diesem, seinem Vertreter oder einer anderen gewerblich tätigen Person nach Nummer 3 und dem Verbraucher maßgeblich ist, bei juristischen Personen, Personenvereinigungen oder Personengruppen auch den Namen des Vertretungsberechtigten,
5. die wesentlichen Merkmale der Finanzdienstleistung sowie Informationen darüber, wie der Vertrag zustande kommt,
6. den Gesamtpreis der Finanzdienstleistung einschließlich aller damit verbundenen Preisbestandteile sowie alle über den Unternehmer abgeführten Steuern oder, wenn kein genauer Preis angegeben werden kann, seine Berechnungsgrundlage, die dem Verbraucher eine Überprüfung des Preises ermöglicht,
7. gegebenenfalls zusätzlich anfallende Kosten sowie einen Hinweis auf mögliche weitere Steuern oder Kosten, die nicht über den Unternehmer abgeführt oder von ihm in Rechnung gestellt werden,
8. gegebenenfalls den Hinweis, dass sich die Finanzdienstleistung auf Finanzinstrumente bezieht, die wegen ihrer spezifischen Merkmale oder der durchzuführenden Vorgänge mit speziellen Risiken behaftet sind oder deren Preis Schwankungen auf dem Finanzmarkt unterliegt, auf die der Unternehmer keinen Einfluss hat, und dass in der Vergangenheit erwirtschaftete Erträge kein Indikator für künftige Erträge sind,
9. gegebenenfalls eine Befristung der Gültigkeitsdauer der zur Verfügung gestellten Informationen, beispielsweise die Gültigkeitsdauer befristeter Angebote, insbesondere hinsichtlich des Preises,
10. Einzelheiten hinsichtlich der Zahlung und der Erfüllung,
11. alle spezifischen zusätzlichen Kosten, die der Verbraucher für die Benutzung des Fernkommunikationsmittels zu tragen hat, wenn solche zusätzlichen Kosten durch den Unternehmer in Rechnung gestellt werden,
12. das Bestehen oder Nichtbestehen eines Widerrufsrechts sowie die Bedingungen, Einzelheiten der Ausübung, insbesondere Name und Anschrift desjenigen, gegenüber dem der Widerruf zu erklären ist, und die Rechtsfolgen des Widerrufs einschließlich Informationen über den Betrag, den der Verbraucher im Falle des Widerrufs nach *[bis 27.5.2022:* § 357a *des Bürgerlichen Gesetzbuchs[1]][ab 28.5.2022:* § 357b *des Bürgerlichen Gesetzbuchs[1]]* für die erbrachte Leistung zu zahlen hat,
13. die Mindestlaufzeit des Vertrags, wenn dieser eine dauernde oder regelmäßig wiederkehrende Leistung zum Inhalt hat,
14. gegebenenfalls die vertraglichen Kündigungsbedingungen einschließlich etwaiger Vertragsstrafen,
15. die Mitgliedstaaten der Europäischen Union, deren Recht der Unternehmer der Aufnahme von Beziehungen zum Verbraucher vor Abschluss des Vertrags zugrunde legt,

---

[1] Nr. 19.

16. gegebenenfalls eine Vertragsklausel über das auf den Vertrag anwendbare Recht oder über das zuständige Gericht,
17. die Sprachen, in welchen die Vertragsbedingungen und die in dieser Vorschrift genannten Vorabinformationen mitgeteilt werden, sowie die Sprachen, in welchen sich der Unternehmer verpflichtet, mit Zustimmung des Verbrauchers die Kommunikation während der Laufzeit dieses Vertrags zu führen,
18. den Hinweis, ob der Verbraucher ein außergerichtliches Beschwerde- und Rechtsbehelfsverfahren, dem der Unternehmer unterworfen ist, nutzen kann, und gegebenenfalls dessen Zugangsvoraussetzungen,
19. gegebenenfalls das Bestehen eines Garantiefonds oder anderer Entschädigungsregelungen, die weder unter die Richtlinie 2014/49/EU des Europäischen Parlaments und des Rates vom 16. April 2014 über Einlagensicherungssysteme (ABl. L 173 vom 12.6.2014, S. 149; L 212 vom 18.7.2014, S. 47; L 309 vom 30.10.2014, S. 37) noch unter die Richtlinie 97/9/EG des Europäischen Parlaments und des Rates vom 3. März 1997 über Systeme für die Entschädigung der Anleger (ABl. L 84 vom 26.3.1997, S. 22) fallen.

(2) ¹Bei Telefongesprächen hat der Unternehmer nur folgende Informationen zur Verfügung zu stellen:
1. die Identität der Kontaktperson des Verbrauchers und deren Verbindung zum Unternehmer,
2. die Beschreibung der Hauptmerkmale der Finanzdienstleistung,
3. den Gesamtpreis, den der Verbraucher dem Unternehmer für die Finanzdienstleistung schuldet, einschließlich aller über den Unternehmer abgeführten Steuern, oder, wenn kein genauer Preis angegeben werden kann, die Grundlage für die Berechnung des Preises, die dem Verbraucher eine Überprüfung des Preises ermöglicht,
4. mögliche weitere Steuern und Kosten, die nicht über den Unternehmer abgeführt oder von ihm in Rechnung gestellt werden, und
5. das Bestehen oder Nichtbestehen eines Widerrufsrechts sowie für den Fall, dass ein Widerrufsrecht besteht, auch die Widerrufsfrist und die Bedingungen, Einzelheiten der Ausübung und die Rechtsfolgen des Widerrufs einschließlich Informationen über den Betrag, den der Verbraucher im Falle des Widerrufs nach *[bis 27.5.2022:* § 357a des Bürgerlichen Gesetzbuchs[1])*][ab 28.5.2022:* § 357b des Bürgerlichen Gesetzbuchs[1])*]* für die erbrachte Leistung zu zahlen hat.

²Satz 1 gilt nur, wenn der Unternehmer den Verbraucher darüber informiert hat, dass auf Wunsch weitere Informationen übermittelt werden können und welcher Art diese Informationen sind, und der Verbraucher ausdrücklich auf die Übermittlung der weiteren Informationen vor Abgabe seiner Vertragserklärung verzichtet hat.

§ 2 Weitere Informationspflichten. (1) ¹Der Unternehmer hat dem Verbraucher rechtzeitig vor Abgabe von dessen Vertragserklärung die folgenden Informationen auf einem dauerhaften Datenträger mitzuteilen:

---

[1]) Nr. **19**.

1. die Vertragsbestimmungen einschließlich der Allgemeinen Geschäftsbedingungen und
2. die in § 1 Absatz 1 genannten Informationen.

²Wird der Vertrag auf Verlangen des Verbrauchers telefonisch oder unter Verwendung eines anderen Fernkommunikationsmittels geschlossen, das die Mitteilung auf einem dauerhaften Datenträger vor Vertragsschluss nicht gestattet, hat der Unternehmer dem Verbraucher abweichend von Satz 1 die Informationen unverzüglich nach Abschluss des Fernabsatzvertrags zu übermitteln.

(2) Der Verbraucher kann während der Laufzeit des Vertrags vom Unternehmer jederzeit verlangen, dass dieser ihm die Vertragsbedingungen einschließlich der Allgemeinen Geschäftsbedingungen in Papierform zur Verfügung stellt.

(3) ¹Zur Erfüllung seiner Informationspflicht nach Absatz 1 Satz 1 Nummer 2 in Verbindung mit § 1 Absatz 1 Nummer 12 über das Bestehen eines Widerrufsrechts kann der Unternehmer dem Verbraucher das jeweils einschlägige, in der Anlage 3, der Anlage 3a oder der Anlage 3b vorgesehene Muster für die Widerrufsbelehrung bei Finanzdienstleistungsverträgen zutreffend ausgefüllt in Textform übermitteln. ²In Fällen des Artikels 247 § 1 Absatz 2 Satz 6 kann der Unternehmer zur Erfüllung seiner Informationspflicht nach Artikel 246b § 2 Absatz 1 Satz 1 Nummer 2 in Verbindung mit Artikel 246b § 1 Absatz 1 Nummer 12 über das Bestehen eines Widerrufsrechts dem Verbraucher das in der Anlage 6 vorgesehene Muster für das ESIS-Merkblatt zutreffend ausgefüllt in Textform übermitteln. ³Zur Erfüllung seiner Informationspflichten nach den Sätzen 1 und 2 kann der Unternehmer bis zum Ablauf des 31. Dezember 2021 auch das Muster der Anlage 3 in der Fassung von Artikel 2 Nummer 7 des Gesetzes zur Umsetzung der Verbraucherrechterichtlinie und zur Änderung des Gesetzes zur Regelung der Wohnungsvermittlung vom 20. September 2013 (BGBl. I S. 3642) verwenden.

Art. 246c Informationspflichten bei Verträgen im elektronischen Geschäftsverkehr.

Bei Verträgen im elektronischen Geschäftsverkehr muss der Unternehmer den Kunden unterrichten

1. über die einzelnen technischen Schritte, die zu einem Vertragsschluss führen,
2. darüber, ob der Vertragstext nach dem Vertragsschluss von dem Unternehmer gespeichert wird und ob er dem Kunden zugänglich ist,
3. darüber, wie er mit den nach § 312i Absatz 1 Satz 1 Nummer 1 des Bürgerlichen Gesetzbuchs[1)] zur Verfügung gestellten technischen Mitteln Eingabefehler vor Abgabe der Vertragserklärung erkennen und berichtigen kann,
4. über die für den Vertragsschluss zur Verfügung stehenden Sprachen und
5. über sämtliche einschlägigen Verhaltenskodizes, denen sich der Unternehmer unterwirft, sowie über die Möglichkeit eines elektronischen Zugangs zu diesen Regelwerken.

[Art. 246d ab 28.5.2022:]
Art. 246d Allgemeine Informationspflichten für Betreiber von Online-Marktplätzen

---

[1)] Nr. 19.

Art. 247

§ 1 Informationspflichten. Der Betreiber eines Online-Marktplatzes muss den Verbraucher informieren

1. zum Ranking der Waren, Dienstleistungen oder digitalen Inhalte, die dem Verbraucher als Ergebnis seiner Suchanfrage auf dem Online-Marktplatz präsentiert werden, allgemein über
   a) die Hauptparameter zur Festlegung des Rankings und
   b) die relative Gewichtung der Hauptparameter zur Festlegung des Rankings im Vergleich zu anderen Parametern,
2. falls dem Verbraucher auf dem Online-Marktplatz das Ergebnis eines Vergleichs von Waren, Dienstleistungen oder digitalen Inhalten präsentiert wird, über die Anbieter, die bei der Erstellung des Vergleichs einbezogen wurden,
3. gegebenenfalls darüber, dass es sich bei ihm und dem Anbieter der Waren, Dienstleistungen oder digitalen Inhalte um verbundene Unternehmen im Sinne von § 15 des Aktiengesetzes handelt,
4. darüber, ob es sich bei dem Anbieter der Waren, Dienstleistungen oder digitalen Inhalte nach dessen eigener Erklärung gegenüber dem Betreiber des Online-Marktplatzes um einen Unternehmer handelt,
5. falls es sich bei dem Anbieter der Waren, Dienstleistungen oder digitalen Inhalte nach dessen eigener Erklärung gegenüber dem Betreiber des Online-Marktplatzes nicht um einen Unternehmer handelt, darüber, dass die besonderen Vorschriften für Verbraucherverträge auf den Vertrag nicht anzuwenden sind,
6. gegebenenfalls darüber, in welchem Umfang der Anbieter der Waren, Dienstleistungen oder digitalen Inhalte sich des Betreibers des Online- Marktplatzes bei der Erfüllung von Verbindlichkeiten aus dem Vertrag mit dem Verbraucher bedient, und darüber, dass dem Verbraucher hierdurch keine eigenen vertraglichen Ansprüche gegenüber dem Betreiber des Online- Marktplatzes entstehen, und
7. falls ein Anbieter eine Eintrittsberechtigung für eine Veranstaltung weiterverkaufen will, ob und gegebenenfalls in welcher Höhe der Veranstalter nach Angaben des Anbieters einen Preis für den Erwerb dieser Eintrittsberechtigung festgelegt hat.

§ 2 Formale Anforderungen. (1) Der Betreiber eines Online-Marktplatzes muss dem Verbraucher die Informationen nach § 1 vor Abgabe von dessen Vertragserklärung in klarer, verständlicher und in einer den benutzten Fernkommunikationsmitteln angepassten Weise zur Verfügung stellen.

(2) Die Informationen nach § 1 Nummer 1 und 2 müssen dem Verbraucher in einem bestimmten Bereich der Online-Benutzeroberfläche zur Verfügung gestellt werden, der von der Webseite, auf der die Angebote angezeigt werden, unmittelbar und leicht zugänglich ist.

Art. 247 Informationspflichten bei Verbraucherdarlehensverträgen, entgeltlichen Finanzierungshilfen und Darlehensvermittlungsverträgen

§ 1 Vorvertragliche Informationen bei Immobiliar-Verbraucherdarlehensverträgen. (1) ¹Bei einem Immobiliar-Verbraucherdarlehensvertrag muss der Darlehensgeber dem Darlehensnehmer mitteilen, welche Informationen und Nachweise er innerhalb welchen Zeitraums von ihm benötigt, um eine ordnungsgemäße Kreditwürdigkeitsprüfung durchführen zu können. ²Er hat den Darlehensnehmer darauf hinzuweisen, dass eine Kreditwürdigkeitsprüfung für den Abschluss des Darlehensvertrags zwingend ist und nur durchgeführt werden kann, wenn die hierfür benötigten Informationen und Nachweise richtig sind und vollständig beigebracht werden.

(2) [1]Der Darlehensgeber muss dem Darlehensnehmer die vorvertraglichen Informationen in Textform übermitteln, und zwar unverzüglich nachdem er die Angaben gemäß Absatz 1 erhalten hat und rechtzeitig vor Abgabe der Vertragserklärung des Darlehensnehmers. [2]Dafür muss der Darlehensgeber das entsprechend ausgefüllte Europäische Standardisierte Merkblatt gemäß dem Muster in Anlage 6 (ESIS-Merkblatt) verwenden. [3]Der Darlehensgeber hat das ESIS-Merkblatt auch jedem Vertragsangebot und jedem Vertragsvorschlag, an dessen Bedingungen er sich bindet, beizufügen. [4]Dies gilt nicht, wenn der Darlehensnehmer bereits ein Merkblatt erhalten hat, das über die speziellen Bedingungen des Vertragsangebots oder Vertragsvorschlags informiert. [5]Jeder bindende Vertragsvorschlag ist dem Darlehensnehmer in Textform zur Verfügung zu stellen. [6]Ist der Darlehensvertrag zugleich ein außerhalb von Geschäftsräumen geschlossener Vertrag oder ein Fernabsatzvertrag, gelten mit der Übermittlung des ESIS-Merkblatts auch die Anforderungen des § 312d Absatz 2 des Bürgerlichen Gesetzbuchs[1)] als erfüllt.

(3) [1]Weitere vorvertragliche Informationen sind, soweit nichts anderes bestimmt ist, in einem gesonderten Dokument zu erteilen, das dem ESIS-Merkblatt beigefügt werden kann. [2]Die weiteren vorvertraglichen Informationen müssen auch einen deutlich gestalteten Hinweis darauf enthalten, dass der Darlehensgeber Forderungen aus dem Darlehensvertrag ohne Zustimmung des Darlehensnehmers abtreten und das Vertragsverhältnis auf einen Dritten übertragen darf, soweit nicht die Abtretung im Vertrag ausgeschlossen wird oder der Darlehensnehmer der Übertragung zustimmen muss.

(4) Wenn der Darlehensgeber entscheidet, den Darlehensvertrag nicht abzuschließen, muss er dies dem Darlehensnehmer unverzüglich mitteilen.

§ 2 Form, Zeitpunkt und Muster der vorvertraglichen Informationen bei Allgemein-Verbraucherdarlehensverträgen.

(1) [1]Bei einem Allgemein-Verbraucherdarlehensvertrag muss der Darlehensgeber den Darlehensnehmer über die Einzelheiten nach den §§ 3 bis 5 und 8 bis 13 unterrichten, und zwar rechtzeitig vor Abgabe der Vertragserklärung des Darlehensnehmers. [2]Die Unterrichtung erfolgt in Textform.

(2) Für die Unterrichtung nach Absatz 1 ist vorbehaltlich des Absatzes 3 die Europäische Standardinformation für Verbraucherkredite gemäß dem Muster in Anlage 4 zu verwenden.

(3) [1]Soll ein Allgemein-Verbraucherdarlehensvertrag gemäß § 495 Absatz 2 Nummer 1 oder § 504 Absatz 2 des Bürgerlichen Gesetzbuchs[1)] abgeschlossen werden, kann der Darlehensgeber zur Unterrichtung die Europäische Verbraucherkreditinformation gemäß dem Muster in Anlage 5 verwenden. [2]Verwendet der Darlehensgeber das Muster nicht, hat er bei der Unterrichtung alle nach den §§ 3 bis 5 und 8 bis 13 erforderlichen Angaben gleichartig zu gestalten und hervorzuheben.

(4) [1]Die Verpflichtung zur Unterrichtung nach § 491a Abs. 1 des Bürgerlichen Gesetzbuchs gilt als erfüllt, wenn der Darlehensgeber dem Darlehensnehmer das ordnungsgemäß ausgefüllte Muster in Textform übermittelt hat.

[1)] Nr. 19.

² Ist der Darlehensvertrag zugleich ein Fernabsatzvertrag oder ein außerhalb von Geschäftsräumen geschlossener Vertrag, gelten mit der Übermittlung des entsprechenden ausgefüllten Musters auch die Anforderungen des § 312d Absatz 2 des Bürgerlichen Gesetzbuchs[1]) als erfüllt. ³ Die in diesem Absatz genannten Verpflichtungen gelten bis 31. Dezember 2010 auch bei Übermittlung des Musters in den Anlagen 4 und 5 in der Fassung des Gesetzes zur Umsetzung der Verbraucherkreditrichtlinie, des zivilrechtlichen Teils der Zahlungsdiensterichtlinie sowie zur Neuordnung der Vorschriften über das Widerrufs- und Rückgaberecht vom 29. Juli 2009 (BGBl. I S. 2355) als erfüllt.

§ 3 Inhalt der vorvertraglichen Information bei Allgemein-Verbraucherdarlehensverträgen. (1) Die Unterrichtung vor Vertragsschluss muss folgende Informationen enthalten:

1. den Namen und die Anschrift des Darlehensgebers,
2. die Art des Darlehens,
3. den effektiven Jahreszins,
4. den Nettodarlehensbetrag,
5. den Sollzinssatz,
6. die Vertragslaufzeit,
7. Betrag, Zahl und Fälligkeit der einzelnen Teilzahlungen,
8. den Gesamtbetrag,
9. die Auszahlungsbedingungen,
10. alle sonstigen Kosten, insbesondere in Zusammenhang mit der Auszahlung oder der Verwendung eines Zahlungsinstruments, mit dem sowohl Zahlungsvorgänge als auch Abhebungen getätigt werden können, sowie die Bedingungen, unter denen die Kosten angepasst werden können,
11. den Verzugszinssatz und die Art und Weise seiner etwaigen Anpassung sowie gegebenenfalls anfallende Verzugskosten,
12. einen Warnhinweis zu den Folgen ausbleibender Zahlungen,
13. das Bestehen oder Nichtbestehen eines Widerrufsrechts,
14. das Recht des Darlehensnehmers, das Darlehen vorzeitig zurückzuzahlen,
15. die sich aus § 491a Abs. 2 des Bürgerlichen Gesetzbuchs ergebenden Rechte,
16. die sich aus § 29 Abs. 7 des Bundesdatenschutzgesetzes[2]) ergebenden Rechte.

(2) ¹ Gesamtbetrag ist die Summe aus Nettodarlehensbetrag und Gesamtkosten. ² Nettodarlehensbetrag ist der Höchstbetrag, auf den der Darlehensnehmer aufgrund des Darlehensvertrags Anspruch hat. ³ Die Gesamtkosten und der effektive Jahreszins sind nach § 6 der Preisangabenverordnung[3]) zu berechnen.

(3) ¹ Der Gesamtbetrag und der effektive Jahreszins sind anhand eines repräsentativen Beispiels zu erläutern. ² Dabei sind sämtliche in die Berechnung des effektiven Jahreszinses einfließenden Annahmen anzugeben und die vom Darlehensnehmer genannten Wünsche zu einzelnen Vertragsbedingungen zu

---

[1]) Nr. 19.
[2]) Nr. 12.
[3]) Nr. 23.

berücksichtigen. ³ Der Darlehensgeber hat darauf hinzuweisen, dass sich der effektive Jahreszins unter Umständen erhöht, wenn der Verbraucherdarlehensvertrag mehrere Auszahlungsmöglichkeiten mit unterschiedlichen Kosten oder Sollzinssätzen vorsieht und die Berechnung des effektiven Jahreszinses auf der Vermutung beruht, dass die für die Art des Darlehens übliche Auszahlungsmöglichkeit vereinbart werde.

(4) ¹ Die Angabe zum Sollzinssatz muss die Bedingungen und den Zeitraum für seine Anwendung sowie die Art und Weise seiner Anpassung enthalten. ² Ist der Sollzinssatz von einem Index oder Referenzzinssatz abhängig, sind diese anzugeben. ³ Sieht der Verbraucherdarlehensvertrag mehrere Sollzinssätze vor, sind die Angaben für alle Sollzinssätze zu erteilen. ⁴ Sind im Fall des Satzes 3 Teilzahlungen vorgesehen, ist anzugeben, in welcher Reihenfolge die ausstehenden Forderungen des Darlehensgebers, für die unterschiedliche Sollzinssätze gelten, durch die Teilzahlungen getilgt werden.

§ 4 Weitere Angaben bei der vorvertraglichen Information bei Allgemein-Verbraucherdarlehensverträgen. (1) Die Unterrichtung muss bei Allgemein-Verbraucherdarlehensverträgen folgende Angaben enthalten, soweit sie für den in Betracht kommenden Vertragsabschluss erheblich sind:

1. einen Hinweis, dass der Darlehensnehmer infolge des Vertragsabschlusses Notarkosten zu tragen hat,
2. Sicherheiten, die der Darlehensgeber verlangt,
3. den Anspruch auf Vorfälligkeitsentschädigung und dessen Berechnungsmethode, soweit der Darlehensgeber diesen Anspruch geltend macht, falls der Darlehensnehmer das Darlehen vorzeitig zurückzahlt,
4. gegebenenfalls den Zeitraum, für den sich der Darlehensgeber an die übermittelten Informationen bindet.

(2) Weitere Hinweise des Darlehensgebers müssen räumlich getrennt von den Angaben nach Absatz 1 und nach den §§ 3 und 8 bis 13a übermittelt werden.

(3) Wird in einem Allgemein-Verbraucherdarlehensvertrag auf einen Referenzwert im Sinne des Artikels 3 Absatz 1 Nummer 3 der Verordnung (EU) 2016/1011 des Europäischen Parlaments und des Rates vom 8. Juni 2016 über Indizes, die bei Finanzinstrumenten und Finanzkontrakten als Referenzwert oder zur Messung der Wertentwicklung eines Investmentfonds verwendet werden, und zur Änderung der Richtlinien 2008/48/EG und 2014/17/EU sowie der Verordnung (EU) Nr. 596/2014 (ABl. L 171 vom 29.6.2016, S. 1) Bezug genommen, teilt der Darlehensgeber dem Darlehensnehmer in einem gesonderten Dokument, das dem Formular „Europäische Standardinformationen für Verbraucherkredite" beigefügt werden kann, die Bezeichnung des Referenzwerts und den Namen des Administrators sowie die möglichen Auswirkungen auf den Darlehensnehmer mit.

§ 5 Information bei besonderen Kommunikationsmitteln. (1) ¹ Wählt der Darlehensnehmer für die Vertragsanbahnung bei Allgemein-Verbraucherdarlehensverträgen Kommunikationsmittel, die die Übermittlung der vorstehenden Informationen in der in § 2 vorgesehenen Form nicht gestatten, ist die vollständige Unterrichtung nach § 2 unverzüglich nachzuholen. ² Bei Telefongesprächen muss die Beschreibung der wesentlichen Merkmale nach Artikel 246b § 1 Absatz 1 Nummer 5 zumindest die Angaben nach § 3 Abs. 1 Nr. 3 bis 9, Abs. 3 und 4 enthalten.

(2) Bei Telefongesprächen, die sich auf Immobiliar-Verbraucherdarlehensverträge beziehen, muss die Beschreibung der wesentlichen Merkmale nach Artikel 246b § 1 Absatz 1 Nummer 5 zumindest die Angaben nach Teil A Abschnitt 3 bis 6 des ESIS-Merkblatts gemäß dem Muster in Anlage 6 enthalten.

§ 6 Vertragsinhalt. (1) ¹Der Verbraucherdarlehensvertrag muss klar und verständlich folgende Angaben enthalten:
1. die in § 3 Abs. 1 Nr. 1 bis 14 und Abs. 4 genannten Angaben,
2. den Namen und die Anschrift des Darlehensnehmers,
3. die für den Darlehensgeber zuständige Aufsichtsbehörde,
4. einen Hinweis auf den Anspruch des Darlehensnehmers auf einen Tilgungsplan nach § 492 Abs. 3 Satz 2 des Bürgerlichen Gesetzbuchs[1)],
5. das einzuhaltende Verfahren bei der Kündigung des Vertrags,
6. sämtliche weitere Vertragsbedingungen.

²Bei einem Immobiliar-Verbraucherdarlehensvertrag sind abweichend von Satz 1 nur die in § 3 Absatz 1 Nummer 1 bis 7, 10 und 13 sowie Absatz 4 genannten Angaben zwingend. ³Abweichend von § 3 Absatz 1 Nummer 7 ist die Anzahl der Teilzahlungen nicht anzugeben, wenn die Laufzeit des Darlehensvertrags von dem Zeitpunkt der Zuteilung eines Bausparvertrags abhängt.

(2) ¹Besteht ein Widerrufsrecht nach § 495 des Bürgerlichen Gesetzbuchs[1)], müssen im Vertrag Angaben zur Frist und zu anderen Umständen für die Erklärung des Widerrufs sowie ein Hinweis auf die Verpflichtung des Darlehensnehmers enthalten sein, ein bereits ausbezahltes Darlehen zurückzuzahlen und Zinsen zu vergüten. ²Der pro Tag zu zahlende Zinsbetrag ist anzugeben. ³Enthält der Verbraucherdarlehensvertrag eine Vertragsklausel in hervorgehobener und deutlich gestalteter Form, die bei Allgemein-Verbraucherdarlehensverträgen dem Muster in Anlage 7 und bei Immobiliar-Verbraucherdarlehensverträgen dem Muster in Anlage 8 entspricht, genügt diese Vertragsklausel den Anforderungen der Sätze 1 und 2. ⁴Dies gilt bis zum Ablauf des 4. November 2011 auch bei entsprechender Verwendung dieses Musters in der Fassung des Gesetzes zur Einführung einer Musterwiderrufsinformation für Verbraucherdarlehensverträge, zur Änderung der Vorschriften über das Widerrufsrecht bei Verbraucherdarlehensverträgen und zur Änderung des Darlehensvermittlungsrechts vom 24. Juli 2010 (BGBl. I S. 977). ⁵Der Darlehensgeber darf unter Beachtung von Satz 3 in Format und Schriftgröße jeweils von dem Muster abweichen.

(3) Bei Allgemein-Verbraucherdarlehensverträgen hat die Angabe des Gesamtbetrags und des effektiven Jahreszinses unter Angabe der Annahmen zu erfolgen, die zum Zeitpunkt des Abschlusses des Vertrags bekannt sind und die in die Berechnung des effektiven Jahreszinses einfließen.

§ 7 Weitere Angaben im Vertrag. (1) Der Allgemein-Verbraucherdarlehensvertrag muss folgende klar und verständlich formulierte weitere Angaben enthalten, soweit sie für den Vertrag bedeutsam sind:

[1)] Nr. 19.

1. einen Hinweis, dass der Darlehensnehmer Notarkosten zu tragen hat,
2. die vom Darlehensgeber verlangten Sicherheiten und Versicherungen, im Fall von entgeltlichen Finanzierungshilfen insbesondere einen Eigentumsvorbehalt,
3. die Berechnungsmethode des Anspruchs auf Vorfälligkeitsentschädigung, soweit der Darlehensgeber beabsichtigt, diesen Anspruch geltend zu machen, falls der Darlehensnehmer das Darlehen vorzeitig zurückzahlt,
4. den Zugang des Darlehensnehmers zu einem außergerichtlichen Beschwerde- und Rechtsbehelfsverfahren und gegebenenfalls die Voraussetzungen für diesen Zugang.

(2) Der Immobiliar-Verbraucherdarlehensvertrag muss folgende klar und verständlich formulierte weitere Angaben enthalten, soweit sie für den Vertrag bedeutsam sind:
1. die Voraussetzungen und die Berechnungsmethode für den Anspruch auf Vorfälligkeitsentschädigung, soweit der Darlehensgeber beabsichtigt, diesen Anspruch geltend zu machen, falls der Darlehensnehmer das Darlehen vorzeitig zurückzahlt, und die sich aus § 493 Absatz 5 des Bürgerlichen Gesetzbuchs[1]) ergebenden Pflichten,
2. bei einem Immobiliar-Verbraucherdarlehensvertrag in Fremdwährung auch die sich aus den §§ 503 und 493 Absatz 4 des Bürgerlichen Gesetzbuchs[1]) ergebenden Rechte des Darlehensnehmers.

§ 8 Verträge mit Zusatzleistungen. (1) [1] Verlangt der Darlehensgeber zum Abschluss eines Allgemein-Verbraucherdarlehensvertrags, dass der Darlehensnehmer zusätzliche Leistungen des Darlehensgebers annimmt oder einen weiteren Vertrag abschließt, insbesondere einen Versicherungsvertrag oder Kontoführungsvertrag, hat der Darlehensgeber dies zusammen mit der vorvertraglichen Information anzugeben. [2] In der vorvertraglichen Information sind Kontoführungsgebühren sowie die Bedingungen, unter denen sie angepasst werden können, anzugeben.

(2) Werden im Zusammenhang mit einem Verbraucherdarlehensvertrag Kontoführungsgebühren erhoben, so sind diese sowie die Bedingungen, unter denen die Gebühren angepasst werden können, im Vertrag anzugeben.

(3) [1] Dienen die vom Darlehensnehmer geleisteten Zahlungen nicht der unmittelbaren Darlehenstilgung, sind die Zeiträume und Bedingungen für die Zahlung der Sollzinsen und der damit verbundenen wiederkehrenden und nicht wiederkehrenden Kosten im Verbraucherdarlehensvertrag aufzustellen. [2] Verpflichtet sich der Darlehensnehmer mit dem Abschluss eines Verbraucherdarlehensvertrags auch zur Vermögensbildung, muss aus der vorvertraglichen Information und aus dem Verbraucherdarlehensvertrag klar und verständlich hervorgehen, dass weder die während der Vertragslaufzeit fälligen Zahlungsverpflichtungen noch die Ansprüche, die der Darlehensnehmer aus der Vermögensbildung erwirbt, die Tilgung des Darlehens gewährleisten, es sei denn, dies wird vertraglich vereinbart.

§ 9 *(aufgehoben)*

---

[1]) Nr. **19**.

§ 10 Abweichende Mitteilungspflichten bei Überziehungsmöglichkeiten gemäß § 504 Abs. 2 des Bürgerlichen Gesetzbuchs. (1) Bei Überziehungsmöglichkeiten im Sinne des § 504 Abs. 2 des Bürgerlichen Gesetzbuchs sind abweichend von den §§ 3, 4 und 6 nur anzugeben:

1. in der vorvertraglichen Information

   a) die Angaben nach § 3 Absatz 1 Nummer 1 bis 6, 10, 11 und 16, Absatz 3 und 4 sowie gegebenenfalls nach § 4 Abs. 1 Nr. 4,

   b) die Bedingungen zur Beendigung des Darlehensverhältnisses und

   c) der Hinweis, dass der Darlehensnehmer jederzeit zur Rückzahlung des gesamten Darlehensbetrags aufgefordert werden kann, falls ein entsprechendes Kündigungsrecht für den Darlehensgeber vereinbart werden soll;

2. im Vertrag

   a) die Angaben nach § 6 Abs. 1 Nr. 1 in Verbindung mit § 3 Abs. 1 Nr. 1 bis 6, 9 und 10, Abs. 4,

   b) die Angaben nach § 6 Abs. 1 Nr. 2 und 5,

   c) die Gesamtkosten sowie

   d) gegebenenfalls der Hinweis nach Nummer 1 Buchstabe c.

(2) In den Fällen des § 5 Absatz 1 muss die Beschreibung der wesentlichen Merkmale nach Artikel 246b § 1 Absatz 1 Nummer 5 zumindest die Angaben nach § 3 Absatz 1 Nummer 3 bis 5, 10, Absatz 3 und 4 sowie nach Absatz 1 Nr. 1 Buchstabe c enthalten.

(3) Die Angabe des effektiven Jahreszinses ist entbehrlich, wenn der Darlehensgeber außer den Sollzinsen keine weiteren Kosten verlangt und die Sollzinsen nicht in kürzeren Zeiträumen als drei Monaten fällig werden.

§ 11 Abweichende Mitteilungspflichten bei Allgemein-Verbraucherdarlehensverträgen zur Umschuldung gemäß § 495 Absatz 2 Nummer 1 des Bürgerlichen Gesetzbuchs[1]. (1) Bei Allgemein-Verbraucherdarlehensverträgen zur Umschuldung gemäß § 495 Absatz 2 Nummer 1 des Bürgerlichen Gesetzbuchs[1] sind abweichend von den §§ 3, 4 und 6 nur anzugeben:

1. in der vorvertraglichen Information

   a) die Angaben nach § 3 Abs. 1 Nr. 1 bis 7, 10, 11, 14 und 16, Abs. 3 und 4,

   b) die Angaben nach § 4 Abs. 1 Nr. 3,

   c) die Angaben nach § 10 Abs. 1 Nr. 1 Buchstabe b sowie

   d) gegebenenfalls die Angaben nach § 4 Abs. 1 Nr. 4;

2. im Vertrag

   a) die Angaben nach § 6 Abs. 1 Nr. 1 in Verbindung mit § 3 Abs. 1 Nr. 1 bis 9, 11 und 14, Abs. 3 und 4 sowie

   b) die Angaben nach § 6 Abs. 1 Nr. 2 bis 4 und 6.

(2) In den Fällen des § 5 Absatz 1 muss die Beschreibung der wesentlichen Merkmale nach Artikel 246b § 1 Absatz 1 Nummer 5 zumindest die Angaben nach § 3 Abs. 1 Nr. 3 bis 6, 10 sowie Abs. 3 und 4 enthalten.

(3) ¹Wird ein Verbraucherdarlehensvertrag gemäß § 495 Absatz 2 Nummer 1 des Bürgerlichen Gesetzbuchs[1] als Überziehungsmöglichkeit im Sinne des

---

[1] Nr. 19.

§ 504 Abs. 2 Satz 1 des Bürgerlichen Gesetzbuchs abgeschlossen, gilt § 10. ²Die Absätze 1 und 2 sind nicht anzuwenden.

§ 12 Verbundene Verträge und entgeltliche Finanzierungshilfen.

(1) ¹Die §§ 1 bis 11 gelten entsprechend für die in § 506 Absatz 1 des Bürgerlichen Gesetzbuchs bezeichneten Verträge über entgeltliche Finanzierungshilfen. ²Bei diesen Verträgen oder Verbraucherdarlehensverträgen, die mit einem anderen Vertrag gemäß § 358 des Bürgerlichen Gesetzbuchs[1] verbunden sind oder in denen eine Ware oder Leistung gemäß § 360 Absatz 2 Satz 2 des Bürgerlichen Gesetzbuchs angegeben ist, muss enthalten:

1. die vorvertragliche Information, auch in den Fällen des § 5, den Gegenstand und den Barzahlungspreis,
2. der Vertrag
   a) den Gegenstand und den Barzahlungspreis sowie
   b) Informationen über die sich aus den §§ 358 und 359 oder § 360 des Bürgerlichen Gesetzbuchs[1] ergebenden Rechte und über die Bedingungen für die Ausübung dieser Rechte.

³Enthält der Verbraucherdarlehensvertrag eine Vertragsklausel in hervorgehobener und deutlich gestalteter Form, die bei Allgemein-Verbraucherdarlehensverträgen dem Muster in Anlage 7 und bei Immobiliar-Verbraucherdarlehensverträgen dem Muster in Anlage 8 entspricht, genügt diese Vertragsklausel bei verbundenen Verträgen sowie Geschäften gemäß § 360 Absatz 2 Satz 2 des Bürgerlichen Gesetzbuchs den in Satz 2 Nummer 2 Buchstabe b gestellten Anforderungen. ⁴Dies gilt bis zum Ablauf des 4. November 2011 auch bei entsprechender Verwendung dieses Musters in der Fassung des Gesetzes zur Einführung einer Musterwiderrufsinformation für Verbraucherdarlehensverträge, zur Änderung der Vorschriften über das Widerrufsrecht bei Verbraucherdarlehensverträgen und zur Änderung des Darlehensvermittlungsrechts vom 24. Juli 2010 (BGBl. I S. 977). ⁵Bei Verträgen über eine entgeltliche Finanzierungshilfe treten diese Rechtsfolgen nur ein, wenn die Informationen dem im Einzelfall vorliegenden Vertragstyp angepasst sind. ⁶Der Darlehensgeber darf unter Beachtung von Satz 3 in Format und Schriftgröße von dem Muster abweichen.

(2) ¹Bei Verträgen gemäß § 506 Absatz 2 Satz 1 Nummer 3 des Bürgerlichen Gesetzbuchs sind die Angaben nach § 3 Abs. 1 Nr. 14, § 4 Abs. 1 Nr. 3 und § 7 Nummer 3 entbehrlich. ²§ 14 Abs. 1 Satz 2 ist nicht anzuwenden. ³Hat der Unternehmer den Gegenstand für den Verbraucher erworben, tritt an die Stelle des Barzahlungspreises der Anschaffungspreis.

§ 13 Darlehensvermittler bei Verbraucherdarlehensverträgen.

(1) Ist bei der Anbahnung oder beim Abschluss eines Verbraucherdarlehensvertrags oder eines Vertrags über eine entgeltliche Finanzierungshilfe ein Darlehensvermittler beteiligt, so ist der Vertragsinhalt nach § 6 Abs. 1 um den Namen und die Anschrift des beteiligten Darlehensvermittlers zu ergänzen.

(2) ¹Wird der Darlehensvermittlungsvertrag im Sinne des § 655a des Bürgerlichen Gesetzbuchs mit einem Verbraucher abgeschlossen, so hat der Darle-

---

[1] Nr. 19.

hensvermittler den Verbraucher rechtzeitig vor Abschluss des Darlehensvermittlungsvertrags auf einem dauerhaften Datenträger zu unterrichten über

1. die Höhe einer vom Verbraucher verlangten Vergütung,
2. die Tatsache, ob er für die Vermittlung von einem Dritten ein Entgelt oder sonstige Anreize erhält sowie gegebenenfalls die Höhe,
3. den Umfang seiner Befugnisse, insbesondere, ob er ausschließlich für einen oder mehrere bestimmte Darlehensgeber oder unabhängig tätig wird, und
4. gegebenenfalls weitere vom Verbraucher verlangte Nebenentgelte sowie deren Höhe, soweit diese zum Zeitpunkt der Unterrichtung bekannt ist, andernfalls einen Höchstbetrag.

²Wird der Darlehensvermittlungsvertrag im Sinne des § 655a des Bürgerlichen Gesetzbuchs ausschließlich mit einem Dritten abgeschlossen, so hat der Darlehensvermittler den Verbraucher rechtzeitig vor Abschluss eines vermittelten Vertrags im Sinne von Absatz 1 auf einem dauerhaften Datenträger über die Einzelheiten gemäß Satz 1 Nummer 2 und 3 zu unterrichten.

(3) ¹Der Darlehensvermittler hat dem Darlehensgeber die Höhe der von ihm verlangten Vergütung vor der Annahme des Auftrags mitzuteilen. ²Darlehensvermittler und Darlehensgeber haben sicherzustellen, dass die andere Partei eine Abschrift des Vertrags im Sinne von Absatz 1 erhält.

(4) Wirbt der Darlehensvermittler gegenüber einem Verbraucher für den Abschluss eines Verbraucherdarlehensvertrags oder eines Vertrags über eine entgeltliche Finanzierungshilfe, so hat er hierbei die Angaben nach Absatz 2 Satz 1 Nummer 3 einzubeziehen.

§ 13a Besondere Regelungen für Darlehensvermittler bei Allgemein-Verbraucherdarlehensverträgen. Ist bei der Anbahnung oder beim Abschluss eines Allgemein-Verbraucherdarlehensvertrags oder eines Vertrags über eine entsprechende entgeltliche Finanzierungshilfe ein Darlehensvermittler beteiligt, so sind die vorvertraglichen Informationen nach § 3 Absatz 1 Nummer 1 um den Namen und die Anschrift des beteiligten Darlehensvermittlers zu ergänzen.

§ 13b Besondere Regelungen für Darlehensvermittler bei Immobiliar-Verbraucherdarlehensverträgen. (1) ¹Bei der Vermittlung von Immobiliar-Verbraucherdarlehensverträgen muss der Darlehensvermittler mit der Unterrichtung nach § 13 Absatz 2 Folgendes zusätzlich mitteilen:

1. seine Identität und Anschrift,
2. in welches Register er eingetragen wurde, gegebenenfalls die Registrierungsnummer, und auf welche Weise der Registereintrag eingesehen werden kann,
3. ob er an einen oder mehrere Darlehensgeber gemäß § 655a Absatz 3 Satz 3 des Bürgerlichen Gesetzbuchs gebunden oder ausschließlich für einen oder mehrere Darlehensgeber tätig ist, und wenn ja, die Namen der Darlehensgeber,
4. ob er Beratungsleistungen anbietet,
5. die Methode, nach der seine Vergütung berechnet wird, falls die Höhe noch nicht genau benannt werden kann,

6. welche interne Verfahren für Beschwerden von Verbrauchern oder anderen interessierten Parteien über Darlehensvermittler zur Verfügung stehen sowie einen möglichen Zugang des Verbrauchers zu einem außergerichtlichen Beschwerde- und Rechtsbehelfsverfahren,
7. ob ihm für seine im Zusammenhang mit dem Darlehensvertrag stehende Dienstleistung Provisionen oder sonstige Anreize von einem Dritten gewährt werden, und wenn ja, in welcher Höhe; ist die Höhe noch nicht bekannt, so ist mitzuteilen, dass der tatsächliche Betrag zu einem späteren Zeitpunkt im ESIS-Merkblatt angegeben wird.

²Beginnt der Darlehensvermittler seine Vermittlungstätigkeit vor Abschluss des Vermittlungsvertrags, so sind die Informationspflichten gemäß Satz 1 rechtzeitig vor Ausübung der Vermittlungstätigkeit zu erteilen.

(2) Bei Immobiliar-Verbraucherdarlehensverträgen hat der Darlehensvermittler dem Darlehensgeber die Informationen gemäß § 1 Absatz 1, die er von dem Darlehensnehmer erhalten hat, zum Zweck der Kreditwürdigkeitsprüfung richtig und vollständig zu übermitteln.

(3) Bietet der Darlehensvermittler im Zusammenhang mit der Vermittlung eines Immobiliar-Verbraucherdarlehensvertrags Beratungsleistungen an, gilt § 18 entsprechend.

§ 14 Tilgungsplan. (1) ¹Verlangt der Darlehensnehmer nach § 492 Abs. 3 Satz 2 des Bürgerlichen Gesetzbuchs[1] einen Tilgungsplan, muss aus diesem hervorgehen, welche Zahlungen in welchen Zeitabständen zu leisten sind und welche Bedingungen für diese Zahlungen gelten. ²Dabei ist aufzuschlüsseln, in welcher Höhe die Teilzahlungen auf das Darlehen, die nach dem Sollzinssatz berechneten Zinsen und die sonstigen Kosten angerechnet werden.

(2) Ist der Sollzinssatz nicht gebunden oder können die sonstigen Kosten angepasst werden, ist in dem Tilgungsplan in klarer und verständlicher Form anzugeben, dass die Daten des Tilgungsplans nur bis zur nächsten Anpassung des Sollzinssatzes oder der sonstigen Kosten gelten.

(3) ¹Der Tilgungsplan ist dem Darlehensnehmer auf einem dauerhaften Datenträger zur Verfügung zu stellen. ²Der Anspruch erlischt nicht, solange das Vertragsverhältnis besteht.

§ 15 Unterrichtungen bei Zinsanpassungen. (1) Eine Zinsanpassung in einem Verbraucherdarlehensvertrag oder einem Vertrag über eine entgeltliche Finanzierungshilfe wird erst wirksam, nachdem der Darlehensgeber den Darlehensnehmer über

1. den angepassten Sollzinssatz,
2. die angepasste Höhe der Teilzahlungen und
3. die Zahl und die Fälligkeit der Teilzahlungen, sofern sich diese ändern,

unterrichtet hat.

(2) ¹Geht die Anpassung des Sollzinssatzes auf die Änderung eines Referenzzinssatzes zurück, können die Vertragsparteien einen von Absatz 1 abweichenden Zeitpunkt für die Wirksamkeit der Zinsanpassung vereinbaren. ²In diesen Fällen muss der Vertrag eine Pflicht des Darlehensgebers vorsehen, den Darle-

---

[1] Nr. **19**.

hensnehmer nach Absatz 1 in regelmäßigen Zeitabständen zu unterrichten.
³ Bei einem Immobiliar-Verbraucherdarlehensvertrag muss der Vertrag ferner die Pflicht vorsehen, auch über den neuen Referenzzinssatz zu unterrichten.
⁴ Außerdem muss der Darlehensnehmer die Höhe des Referenzzinssatzes in den Geschäftsräumen des Darlehensgebers einsehen können.

(3) Werden bei einem Immobiliar-Verbraucherdarlehensvertrag Änderungen des Sollzinssatzes im Wege der Versteigerung auf den Kapitalmärkten festgelegt und kann der Darlehensgeber den Darlehensnehmer daher nicht vor dem Wirksamwerden der Änderung über diese in Kenntnis setzen, so hat der Darlehensgeber den Darlehensnehmer abweichend von Absatz 1 rechtzeitig vor der Versteigerung über das bevorstehende Verfahren zu unterrichten und darauf hinzuweisen, wie sich die Versteigerung auf den Sollzinssatz auswirken könnte.

§ 16 Unterrichtung bei Überziehungsmöglichkeiten. Die Unterrichtung nach § 504 Abs. 1 Satz 1 des Bürgerlichen Gesetzbuchs muss folgende Angaben enthalten:

1. den genauen Zeitraum, auf den sie sich bezieht,
2. Datum und Höhe der an den Darlehensnehmer ausbezahlten Beträge,
3. Saldo und Datum der vorangegangenen Unterrichtung,
4. den neuen Saldo,
5. Datum und Höhe der Rückzahlungen des Darlehensnehmers,
6. den angewendeten Sollzinssatz,
7. die erhobenen Kosten und
8. den gegebenenfalls zurückzuzahlenden Mindestbetrag.

§ 17 Angaben bei geduldeten Überziehungen. (1) Die Unterrichtung nach § 505 Abs. 1 des Bürgerlichen Gesetzbuchs muss folgende Angaben enthalten:

1. den Sollzinssatz, die Bedingungen für seine Anwendung und, soweit vorhanden, Indizes oder Referenzzinssätze, auf die sich der Sollzinssatz bezieht,
2. sämtliche Kosten, die ab dem Zeitpunkt der Überziehung anfallen, sowie die Bedingungen, unter denen die Kosten angepasst werden können.

(2) Die Unterrichtung nach § 505 Abs. 2 des Bürgerlichen Gesetzbuchs muss folgende Angaben enthalten:

1. das Vorliegen einer Überziehung,
2. den Betrag der Überziehung,
3. den Sollzinssatz und
4. etwaige Vertragsstrafen, Kosten und Verzugszinsen.

§ 18 Vorvertragliche Informationen bei Beratungsleistungen für Immobiliar-Verbraucherdarlehensverträge. (1) ¹ Bevor der Darlehensgeber Beratungsleistungen für einen Immobiliar-Verbraucherdarlehensvertrag erbringt oder einen entsprechenden Beratungsvertrag schließt, hat er den Darlehensnehmer darüber zu informieren,

1. wie hoch das Entgelt ist, sofern ein solches für die Beratungsleistungen verlangt wird,
2. ob der Darlehensgeber seiner Empfehlung

a) nur oder im Wesentlichen eigene Produkte zugrunde legt oder
b) neben eigenen Produkten auch eine größere Anzahl von Produkten anderer Anbieter zugrunde legt.

²Lässt sich die Höhe des Entgelts nach Satz 1 Nummer 1 noch nicht bestimmen, ist über die Methode zu informieren, die für die Berechnung verwendet wird.

(2) Die Informationen sind auf einem dauerhaften Datenträger zu übermitteln; sie können in der gleichen Art und Weise wie weitere vorvertragliche Informationen gemäß § 1 Absatz 3 Satz 1 erteilt werden.

Art. 248 Informationspflichten bei der Erbringung von Zahlungsdienstleistungen.

Abschnitt 1. Allgemeine Vorschriften

§ 1 Konkurrierende Informationspflichten. ¹Ist der Zahlungsdienstevertrag zugleich ein Fernabsatzvertrag oder ein außerhalb von Geschäftsräumen geschlossener Vertrag, so werden die Informationspflichten nach Artikel 246b § 1 Absatz 1 durch die Informationspflichten nach den §§ 2 bis 13 und 14 bis 16 ersetzt. ²Dies gilt bei Fernabsatzverträgen nicht für die in Artikel 246b § 1 Absatz 1 Nummer 7 bis 12, 15 und 19 und bei außerhalb von Geschäftsräumen geschlossenen Verträgen nicht für die in Artikel 246b § 1 Absatz 1 Nummer 12 genannten Informationspflichten.

§ 2 Allgemeine Form. Die Informationen und Vertragsbedingungen sind in einer Amtssprache des Mitgliedstaats der Europäischen Union oder des Vertragsstaats des Abkommens über den Europäischen Wirtschaftsraum, in dem der Zahlungsdienst angeboten wird, oder in einer anderen zwischen den Parteien vereinbarten Sprache in leicht verständlichen Worten und in klarer und verständlicher Form abzufassen.

Abschnitt 2. Zahlungsdiensterahmenverträge

§ 3 Besondere Form. Bei Zahlungsdiensterahmenverträgen (§ 675f Abs. 2 des Bürgerlichen Gesetzbuchs) hat der Zahlungsdienstleister dem Zahlungsdienstnutzer die in den §§ 4 bis 9 genannten Informationen und Vertragsbedingungen auf einem dauerhaften Datenträger mitzuteilen.

§ 4 Vorvertragliche Informationen. (1) Die folgenden vorvertraglichen Informationen und Vertragsbedingungen müssen rechtzeitig vor Abgabe der Vertragserklärung des Zahlungsdienstnutzers mitgeteilt werden:

1. zum Zahlungsdienstleister
   a) den Namen, die ladungsfähige Anschrift seiner Hauptverwaltung und gegebenenfalls seines Agenten oder seiner Zweigniederlassung in dem Mitgliedstaat, in dem der Zahlungsdienst angeboten wird, sowie alle anderen Anschriften einschließlich E-Mail-Adresse, die für die Kommunikation mit dem Zahlungsdienstleister von Belang sind, und
   b) die für den Zahlungsdienstleister zuständigen Aufsichtsbehörden und das bei der Bundesanstalt für Finanzdienstleistungsaufsicht geführte Register oder jedes andere relevante öffentliche Register, in das der Zahlungs-

dienstleister als zugelassen eingetragen ist, sowie seine Registernummer oder eine gleichwertige in diesem Register verwendete Kennung,

2. zur Nutzung des Zahlungsdienstes

   a) eine Beschreibung der wesentlichen Merkmale des zu erbringenden Zahlungsdienstes,

   b) Informationen oder Kundenkennungen, die für die ordnungsgemäße Auslösung oder Ausführung eines Zahlungsauftrags erforderlich sind,

   c) die Art und Weise der Zustimmung zur Auslösung eines Zahlungsauftrags oder zur Ausführung eines Zahlungsvorgangs und des Widerrufs eines Zahlungsauftrags gemäß den §§ 675j und 675p des Bürgerlichen Gesetzbuchs,

   d) den Zeitpunkt, ab dem ein Zahlungsauftrag gemäß § 675n Abs. 1 des Bürgerlichen Gesetzbuchs als zugegangen gilt, und gegebenenfalls den vom Zahlungsdienstleister gemäß § 675n Abs. 1 Satz 3 festgelegten Zeitpunkt,

   e) die maximale Ausführungsfrist für die zu erbringenden Zahlungsdienste,

   f) die Angabe, ob die Möglichkeit besteht, Betragsobergrenzen für die Nutzung eines Zahlungsinstruments gemäß § 675k Abs. 1 des Bürgerlichen Gesetzbuchs zu vereinbaren, und

   g) im Falle von kartengebundenen Zahlungsinstrumenten, die mehrere Zahlungsmarken tragen, die Rechte des Zahlungsdienstnutzers gemäß Artikel 8 der Verordnung (EU) 2015/751 des Europäischen Parlaments und des Rates vom 29. April 2015 über Interbankenentgelte für kartengebundene Zahlungsvorgänge (ABl. L 123 vom 19.5.2015, S. 1),

3. zu Entgelten, Zinsen und Wechselkursen

   a) alle Entgelte, die der Zahlungsdienstnutzer an den Zahlungsdienstleister zu entrichten hat, einschließlich derjenigen, die sich danach richten, wie und wie oft über die geforderten Informationen zu unterrichten ist, sowie gegebenenfalls eine Aufschlüsselung dieser Entgelte,

   b) gegebenenfalls die zugrunde gelegten Zinssätze und Wechselkurse oder, bei Anwendung von Referenzzinssätzen und -wechselkursen, die Methode für die Berechnung der tatsächlichen Zinsen sowie der maßgebliche Stichtag und der Index oder die Grundlage für die Bestimmung des Referenzzinssatzes oder -wechselkurses, und

   c) soweit vereinbart, das unmittelbare Wirksamwerden von Änderungen des Referenzzinssatzes oder -wechselkurses gemäß § 675g Absatz 3 des Bürgerlichen Gesetzbuchs,

4. zur Kommunikation

   a) die Kommunikationsmittel, deren Nutzung zwischen den Parteien für die Informationsübermittlung und Anzeigepflichten vereinbart wird, einschließlich der technischen Anforderungen an die Ausstattung und die Software des Zahlungsdienstnutzers,

   b) Angaben dazu, wie und wie oft die nach diesem Artikel geforderten Informationen mitzuteilen oder zugänglich zu machen sind,

   c) die Sprache oder Sprachen, in der oder in denen der Vertrag zu schließen ist und in der oder in denen die Kommunikation für die Dauer des Vertragsverhältnisses erfolgen soll, und

d) einen Hinweis auf das Recht des Zahlungsdienstnutzers gemäß § 5, Informationen und Vertragsbedingungen in einer Urkunde zu erhalten,
5. zu den Schutz- und Abhilfemaßnahmen
   a) gegebenenfalls eine Beschreibung, wie der Zahlungsdienstnutzer ein Zahlungsinstrument sicher aufbewahrt und wie er seine Anzeigepflicht gegenüber dem Zahlungsdienstleister gemäß § 675l Absatz 1 Satz 2 des Bürgerlichen Gesetzbuchs erfüllt,
   b) eine Beschreibung des sicheren Verfahrens zur Unterrichtung des Zahlungsdienstnutzers durch den Zahlungsdienstleister im Falle vermuteten oder tatsächlichen Betrugs oder bei Sicherheitsrisiken,
   c) soweit vereinbart, die Bedingungen, unter denen sich der Zahlungsdienstleister das Recht vorbehält, ein Zahlungsinstrument gemäß § 675k Abs. 2 des Bürgerlichen Gesetzbuchs zu sperren,
   d) Informationen zur Haftung des Zahlers gemäß § 675v des Bürgerlichen Gesetzbuchs einschließlich Angaben zum Höchstbetrag,
   e) Angaben dazu, wie und innerhalb welcher Frist der Zahlungsdienstnutzer dem Zahlungsdienstleister nicht autorisierte oder fehlerhaft ausgelöste oder ausgeführte Zahlungsvorgänge gemäß § 676b des Bürgerlichen Gesetzbuchs anzeigen muss, sowie Informationen über die Haftung des Zahlungsdienstleisters bei nicht autorisierten Zahlungsvorgängen gemäß § 675u des Bürgerlichen Gesetzbuchs,
   f) Informationen über die Haftung des Zahlungsdienstleisters bei der Auslösung oder Ausführung von Zahlungsvorgängen gemäß § 675y des Bürgerlichen Gesetzbuchs und
   g) die Bedingungen für Erstattungen gemäß § 675x des Bürgerlichen Gesetzbuchs,
6. zu Änderungen der Bedingungen und Kündigung des Zahlungsdiensterahmenvertrags
   a) soweit vereinbart, die Angabe, dass die Zustimmung des Zahlungsdienstnutzers zu einer Änderung der Vertragsbedingungen gemäß § 675g des Bürgerlichen Gesetzbuchs als erteilt gilt, wenn er dem Zahlungsdienstleister seine Ablehnung nicht vor dem Zeitpunkt angezeigt hat, zu dem die geänderten Vertragsbedingungen in Kraft treten sollen,
   b) die Laufzeit des Zahlungsdiensterahmenvertrags und
   c) einen Hinweis auf das Recht des Zahlungsdienstnutzers, den Vertrag zu kündigen, sowie auf sonstige kündigungsrelevante Vereinbarungen gemäß § 675g Abs. 2 und § 675h des Bürgerlichen Gesetzbuchs,
7. die Vertragsklauseln über das auf den Zahlungsdiensterahmenvertrag anwendbare Recht oder über das zuständige Gericht und
8. einen Hinweis auf die Beschwerdeverfahren gemäß den §§ 60 bis 62 des Zahlungsdiensteaufsichtsgesetzes[1]) sowie auf das außergerichtliche Rechtsbehelfsverfahren gemäß § 14 des Unterlassungsklagengesetzes[2]).

(2) Wenn auf Verlangen des Zahlungsdienstnutzers der Zahlungsdiensterahmenvertrag unter Verwendung eines Fernkommunikationsmittels geschlossen wird, das dem Zahlungsdienstleister die Mitteilung der in Absatz 1 bestimmten

---

[1]) Nr. 33.
[2]) Nr. 31.

Informationen und Vertragsbedingungen auf einem dauerhaften Datenträger nicht gestattet, hat der Zahlungsdienstleister dem Zahlungsdienstnutzer diese unverzüglich nach Abschluss des Vertrags in der in den §§ 2 und 3 vorgesehenen Form mitzuteilen.

(3) Die Pflichten gemäß Absatz 1 können auch erfüllt werden, indem eine Abschrift des Vertragsentwurfs übermittelt wird, die die nach Absatz 1 erforderlichen Informationen und Vertragsbedingungen enthält.

§ 5 Zugang zu Vertragsbedingungen und vorvertraglichen Informationen während der Vertragslaufzeit.
Während der Vertragslaufzeit kann der Zahlungsdienstnutzer jederzeit die Übermittlung der Vertragsbedingungen sowie der in § 4 genannten Informationen in Papierform oder auf einem anderen dauerhaften Datenträger verlangen.

§ 6 Informationen vor Ausführung einzelner Zahlungsvorgänge.
Vor Ausführung eines einzelnen vom Zahler ausgelösten Zahlungsvorgangs teilt der Zahlungsdienstleister auf Verlangen des Zahlers Folgendes mit:
1. die maximale Ausführungsfrist,
2. die dem Zahler in Rechnung zu stellenden Entgelte und
3. gegebenenfalls die Aufschlüsselung der Entgelte nach Nummer 2.

§ 7 Informationen an den Zahler bei einzelnen Zahlungsvorgängen.
Nach Belastung des Kontos des Zahlers mit dem Zahlungsbetrag eines einzelnen Zahlungsvorgangs oder, falls der Zahler kein Zahlungskonto verwendet, nach Zugang des Zahlungsauftrags teilt der Zahlungsdienstleister des Zahlers diesem unverzüglich die folgenden Informationen mit:
1. eine dem Zahlungsvorgang zugeordnete Kennung, die dem Zahler die Identifizierung des betreffenden Zahlungsvorgangs ermöglicht, sowie gegebenenfalls Angaben zum Zahlungsempfänger,
2. den Zahlungsbetrag in der Währung, in der das Zahlungskonto des Zahlers belastet wird, oder in der Währung, die im Zahlungsauftrag verwendet wird,
3. die für den Zahlungsvorgang zu entrichtenden Entgelte und gegebenenfalls eine Aufschlüsselung der Beträge dieser Entgelte oder die vom Zahler zu entrichtenden Zinsen,
4. gegebenenfalls den Wechselkurs, den der Zahlungsdienstleister des Zahlers dem Zahlungsvorgang zugrunde gelegt hat, und den Betrag, der nach dieser Währungsumrechnung Gegenstand des Zahlungsvorgangs ist, und
5. das Wertstellungsdatum der Belastung oder das Datum des Zugangs des Zahlungsauftrags.

§ 8 Informationen an den Zahlungsempfänger bei einzelnen Zahlungsvorgängen.
Nach Ausführung eines einzelnen Zahlungsvorgangs teilt der Zahlungsdienstleister des Zahlungsempfängers diesem unverzüglich die folgenden Informationen mit:
1. eine dem Zahlungsvorgang zugeordnete Kennung, die dem Zahlungsempfänger die Identifizierung des Zahlungsvorgangs und des Zahlers ermöglicht, sowie alle weiteren mit dem Zahlungsvorgang übermittelten Angaben,
2. den Zahlungsbetrag in der Währung, in der dieser Betrag auf dem Zahlungskonto des Zahlungsempfängers gutgeschrieben wird,

3. den Betrag der für den Zahlungsvorgang zu entrichtenden Entgelte und gegebenenfalls deren Aufschlüsselung oder der vom Zahlungsempfänger zu entrichtenden Zinsen,
4. gegebenenfalls den Wechselkurs, den der Zahlungsdienstleister des Zahlungsempfängers dem Zahlungsvorgang zugrunde gelegt hat, und den Betrag, der vor dieser Währungsumrechnung Gegenstand des Zahlungsvorgangs war, und
5. das Wertstellungsdatum der Gutschrift.

§ 9 Sonstige Informationen während des Vertragsverhältnisses. Während des Vertragsverhältnisses ist der Zahlungsdienstleister verpflichtet, den Zahlungsdienstnutzer unverzüglich zu unterrichten, wenn

1. sich Umstände, über die gemäß § 4 Abs. 1 Nr. 1 unterrichtet wurde, ändern oder
2. zum Nachteil des Zahlungsdienstnutzers Änderungen von Zinssätzen wirksam geworden sind.

§ 10 Abweichende Vereinbarungen. [1]Für die in den §§ 7, 8 und 9 Nr. 2 genannten Informationen können Zahlungsdienstleister und Zahlungsdienstnutzer eine andere Häufigkeit und eine von § 3 abweichende Form oder ein abweichendes Verfahren vereinbaren. [2]Über die in den §§ 7 und 8 genannten Informationen hat der Zahlungsdienstleister jedoch mindestens einmal monatlich so zu unterrichten, dass der Zahlungsdienstnutzer die Informationen unverändert aufbewahren und wiedergeben kann.

§ 11 Ausnahmen für Kleinbetragsinstrumente und E-Geld. (1) [1]Bei Zahlungsdiensteverträgen über die Überlassung eines Kleinbetragsinstruments (§ 675i Abs. 1 des Bürgerlichen Gesetzbuchs) teilt der Zahlungsdienstleister dem Zahlungsdienstnutzer abweichend von den §§ 4 und 6 nur Folgendes mit:

1. die wesentlichen Merkmale des Zahlungsdienstes, einschließlich der Nutzungsmöglichkeiten des Kleinbetragsinstruments,
2. Haftungshinweise,
3. die anfallenden Entgelte und
4. die anderen für den Zahlungsdienstnutzer wesentlichen Vertragsinformationen.

[2]Ferner gibt der Zahlungsdienstleister an, wo die weiteren gemäß § 4 vorgeschriebenen Informationen und Vertragsbedingungen in leicht zugänglicher Form zur Verfügung gestellt sind.

(2) Bei Verträgen nach Absatz 1 können die Vertragsparteien abweichend von den §§ 7 und 8 vereinbaren, dass der Zahlungsdienstleister dem Zahlungsdienstnutzer nach Ausführung eines Zahlungsvorgangs

1. nur eine dem Zahlungsvorgang zugeordnete Kennung mitteilen oder zur Verfügung stellen muss, die es ermöglicht, den betreffenden Zahlungsvorgang, seinen Betrag sowie die erhobenen Entgelte zu identifizieren, und im Fall mehrerer gleichartiger Zahlungsvorgänge an den selben Zahlungsempfänger eine Information, die den Gesamtbetrag und die erhobenen Entgelte für diese Zahlungsvorgänge enthält,

2. die unter Nummer 1 genannten Informationen nicht mitteilen oder zur Verfügung stellen muss, wenn die Nutzung des Kleinbetragsinstruments keinem Zahlungsdienstnutzer zugeordnet werden kann oder wenn der Zahlungsdienstleister auf andere Weise technisch nicht in der Lage ist, diese Informationen mitzuteilen; in diesem Fall hat der Zahlungsdienstleister dem Zahlungsdienstnutzer eine Möglichkeit anzubieten, die gespeicherten Beträge zu überprüfen.

Abschnitt 3. Einzelzahlungsverträge

§ 12 Besondere Form. [1] Bei einem Einzelzahlungsvertrag, der nicht Gegenstand eines Zahlungsdiensterahmenvertrags ist, hat der Zahlungsdienstleister dem Zahlungsdienstnutzer die in § 13 genannten Informationen und Vertragsbedingungen hinsichtlich der von ihm zu erbringenden Zahlungsdienste in leicht zugänglicher Form zur Verfügung zu stellen. [2] Auf Verlangen des Zahlungsdienstnutzers stellt ihm der Zahlungsdienstleister die Informationen und Vertragsbedingungen in Papierform oder auf einem anderen dauerhaften Datenträger zur Verfügung.

§ 13 Vorvertragliche Informationen. (1) Die folgenden vorvertraglichen Informationen und Vertragsbedingungen sind rechtzeitig vor Abgabe der Vertragserklärung des Zahlungsdienstnutzers zur Verfügung zu stellen:

1. die vom Zahlungsdienstnutzer mitzuteilenden Informationen oder Kundenkennungen, die für die ordnungsgemäße Auslösung oder Ausführung eines Zahlungsauftrags erforderlich sind,
2. die maximale Ausführungsfrist für den zu erbringenden Zahlungsdienst,
3. alle Entgelte, die der Zahlungsdienstnutzer an den Zahlungsdienstleister zu entrichten hat, und gegebenenfalls ihre Aufschlüsselung,
4. gegebenenfalls der dem Zahlungsvorgang zugrunde zu legende tatsächliche Wechselkurs oder Referenzwechselkurs.

(2) Ein Zahlungsauslösedienstleister hat dem Zahler rechtzeitig vor der Auslösung des Zahlungsvorgangs auch die folgenden Informationen zur Verfügung zu stellen:

1. den Namen des Zahlungsauslösedienstleisters, die Anschrift seiner Hauptverwaltung und gegebenenfalls die Anschrift seines Agenten oder seiner Zweigniederlassung in dem Mitgliedstaat, in dem der Zahlungsauslösedienst angeboten wird, sowie alle anderen Kontaktdaten einschließlich der E-Mail-Adresse, die für die Kommunikation mit dem Zahlungsauslösedienstleister von Belang sind, und
2. die Kontaktdaten der zuständigen Behörde.

(3) Die anderen in § 4 Absatz 1 genannten Informationen sind, soweit sie für den Einzelzahlungsvertrag erheblich sind, dem Zahlungsdienstnutzer ebenfalls zur Verfügung zu stellen.

(4) Wenn auf Verlangen des Zahlungsdienstnutzers der Einzelzahlungsvertrag unter Verwendung eines Fernkommunikationsmittels geschlossen wird, das dem Zahlungsdienstleister die Informationsunterrichtung nach Absatz 1 nicht gestattet, hat der Zahlungsdienstleister den Zahlungsdienstnutzer unverzüglich nach Ausführung des Zahlungsvorgangs in der Form zu unterrichten, die in den §§ 2 und 12 vorgesehen ist.

(5) Die Pflichten gemäß Absatz 1 können auch erfüllt werden, indem eine Abschrift des Vertragsentwurfs übermittelt wird, die die nach Absatz 1 erforderlichen Informationen und Vertragsbedingungen enthält.

§ 13a Informationen an den Zahler und den Zahlungsempfänger nach Auslösung des Zahlungsauftrags über einen Zahlungsauslösedienstleister. Ein Zahlungsauslösedienstleister unterrichtet den Zahler und gegebenenfalls den Zahlungsempfänger unmittelbar nach der Auslösung des Zahlungsauftrags über

1. die erfolgreiche Auslösung des Zahlungsauftrags beim kontoführenden Zahlungsdienstleister des Zahlers,
2. die dem Zahlungsvorgang zugeordnete Kennung, die dem Zahler und dem Zahlungsempfänger die Identifizierung des Zahlungsvorgangs und dem Zahlungsempfänger gegebenenfalls die Identifizierung des Zahlers ermöglicht, sowie jede weitere mit dem Zahlungsvorgang übermittelte Angabe,
3. den Zahlungsbetrag,
4. gegebenenfalls die Höhe aller an den Zahlungsauslösedienstleister für den Zahlungsvorgang zu entrichtenden Entgelte sowie gegebenenfalls deren Aufschlüsselung.

§ 14 Informationen an den Zahler nach Zugang des Zahlungsauftrags. Nach Zugang des Zahlungsauftrags unterrichtet der Zahlungsdienstleister des Zahlers diesen hinsichtlich der von ihm zu erbringenden Zahlungsdienste unverzüglich über

1. die dem Zahlungsvorgang zugeordnete Kennung, die dem Zahler die Identifizierung des betreffenden Zahlungsvorgangs ermöglicht, sowie gegebenenfalls Angaben zum Zahlungsempfänger,
2. den Zahlungsbetrag in der im Zahlungsauftrag verwendeten Währung,
3. die Höhe der vom Zahler für den Zahlungsvorgang zu entrichtenden Entgelte und gegebenenfalls deren Aufschlüsselung,
4. gegebenenfalls den Wechselkurs, den der Zahlungsdienstleister des Zahlers dem Zahlungsvorgang zugrunde gelegt hat, oder einen Verweis darauf, sofern dieser Kurs von dem in § 13 Abs. 1 Nr. 4 genannten Kurs abweicht, und den Betrag, der nach dieser Währungsumrechnung Gegenstand des Zahlungsvorgangs ist, und
5. das Datum des Zugangs des Zahlungsauftrags.

§ 15 Informationen an den Zahlungsempfänger nach Ausführung des Zahlungsvorgangs. Nach Ausführung des Zahlungsvorgangs unterrichtet der Zahlungsdienstleister des Zahlungsempfängers diesen hinsichtlich der von ihm erbrachten Zahlungsdienste unverzüglich über

1. die dem Zahlungsvorgang zugeordnete Kennung, die dem Zahlungsempfänger die Identifizierung des betreffenden Zahlungsvorgangs und gegebenenfalls des Zahlers ermöglicht, sowie jede weitere mit dem Zahlungsvorgang übermittelte Angabe,
2. den Zahlungsbetrag in der Währung, in der er dem Zahlungsempfänger zur Verfügung steht,
3. die Höhe aller vom Zahlungsempfänger für den Zahlungsvorgang zu entrichtenden Entgelte und gegebenenfalls deren Aufschlüsselung,

4. gegebenenfalls den Wechselkurs, den der Zahlungsdienstleister des Zahlungsempfängers dem Zahlungsvorgang zugrunde gelegt hat, und den Betrag, der vor dieser Währungsumrechnung Gegenstand des Zahlungsvorgangs war, und

5. das Wertstellungsdatum der Gutschrift.

§ 16 Informationen bei Einzelzahlung mittels rahmenvertraglich geregelten Zahlungsinstruments.
Wird ein Zahlungsauftrag für eine Einzelzahlung über ein rahmenvertraglich geregeltes Zahlungsinstrument übermittelt, so ist nur der Zahlungsdienstleister, der Partei des Zahlungsdiensterahmenvertrags ist, verpflichtet, den Zahlungsdienstnutzer nach Maßgabe des Abschnitts 2 zu unterrichten.

Abschnitt 4. Informationspflichten von Zahlungsempfängern, Bargeldabhebungsdienstleistern und Dritten

§ 17 Informationspflichten des Zahlungsempfängers.
(1) Sollen Zahlungen mittels eines Zahlungsinstruments in einer anderen Währung als Euro erfolgen und wird vor der Auslösung des Zahlungsvorgangs vom Zahlungsempfänger eine Währungsumrechnung angeboten, muss der Zahlungsempfänger dem Zahler alle damit verbundenen Entgelte sowie den der Währungsumrechnung zugrunde gelegten Wechselkurs offenlegen.

(2) Verlangt der Zahlungsempfänger für die Nutzung eines bestimmten Zahlungsinstruments ein Entgelt oder bietet er eine Ermäßigung an, so teilt er dies dem Zahler vor Auslösung des Zahlungsvorgangs mit.

§ 17a Informationspflichten des Bargeldabhebungsdienstleisters.
Ein Dienstleister, der Bargeldabhebungsdienste erbringt, ist verpflichtet, den Kunden über alle Entgelte für eine Geldabhebung entsprechend § 13 Absatz 1 und 3, den §§ 14, 15 sowie 17 Absatz 1 sowohl vor der Abhebung als auch auf der Quittung nach dem Erhalt des Bargeldes zu unterrichten.

§ 18 Informationspflichten Dritter.
Verlangt ein Dritter, über welchen ein Zahlungsdienstnutzer einen Zahlungsvorgang auslösen kann, von diesem für die Nutzung eines bestimmten Zahlungsinstruments ein Entgelt, so teilt er dies dem Zahlungsdienstnutzer vor der Auslösung des Zahlungsvorgangs mit.

§ 19 Abweichende Vereinbarungen.
Handelt es sich bei dem Zahlungsdienstnutzer nicht um einen Verbraucher, so können die Parteien vereinbaren, dass die §§ 17 und 18 ganz oder teilweise nicht anzuwenden sind.

Anlage 1[1])
(zu Artikel 246a § 1 Absatz 2 Satz 2)

Muster für die Widerrufsbelehrung bei außerhalb von Geschäftsräumen geschlossenen Verträgen und bei Fernabsatzverträgen mit Ausnahme von Verträgen über Finanzdienstleistungen

---

Widerrufsbelehrung

Widerrufsrecht

Sie haben das Recht, binnen vierzehn Tagen ohne Angabe von Gründen diesen Vertrag zu widerrufen.

Die Widerrufsfrist beträgt vierzehn Tage ab dem Tag [1].

Um Ihr Widerrufsrecht auszuüben, müssen Sie uns ([2]) mittels einer eindeutigen Erklärung (z.B. ein mit der Post versandter Brief*[bis 27.5.2022:* , Telefax*]* oder *[ab 28.5.2022: eine]*E-Mail) über Ihren Entschluss, diesen Vertrag zu widerrufen, informieren. Sie können dafür das beigefügte Muster-Widerrufsformular verwenden, das jedoch nicht vorgeschrieben ist. [3]

Zur Wahrung der Widerrufsfrist reicht es aus, dass Sie die Mitteilung über die Ausübung des Widerrufsrechts vor Ablauf der Widerrufsfrist absenden.

Folgen des Widerrufs

Wenn Sie diesen Vertrag widerrufen, haben wir Ihnen alle Zahlungen, die wir von Ihnen erhalten haben, einschließlich der Lieferkosten (mit Ausnahme der zusätzlichen Kosten, die sich daraus ergeben, dass Sie eine andere Art der Lieferung als die von uns angebotene, günstigste Standardlieferung gewählt haben), unverzüglich und spätestens binnen vierzehn Tagen ab dem Tag zurückzuzahlen, an dem die Mitteilung über Ihren Widerruf dieses Vertrags bei uns eingegangen ist. Für diese Rückzahlung verwenden wir dasselbe Zahlungsmittel, das Sie bei der ursprünglichen Transaktion eingesetzt haben, es sei denn, mit Ihnen wurde ausdrücklich etwas anderes vereinbart; in keinem Fall werden Ihnen wegen dieser Rückzahlung Entgelte berechnet. [4]

[5]

[6]

---

[1]) Im BGBl. I sind die hier in eckigen Klammern wiedergegebenen Bezugnahmen auf die Gestaltungshinweise als geschlossene Kästchen dargestellt.

Gestaltungshinweise:

[1] Fügen Sie einen der folgenden in Anführungszeichen gesetzten Textbausteine ein:

a) im Falle eines Dienstleistungsvertrags oder eines Vertrags über die Lieferung von Wasser, Gas oder Strom, wenn sie nicht in einem begrenzten Volumen oder in einer bestimmten Menge zum Verkauf angeboten werden, von Fernwärme oder von digitalen Inhalten, die nicht auf einem körperlichen Datenträger geliefert werden: „des Vertragsabschlusses.";

b) im Falle eines Kaufvertrags: „, an dem Sie oder ein von Ihnen benannter Dritter, der nicht der Beförderer ist, die Waren in Besitz genommen haben bzw. hat.";

c) im Falle eines Vertrags über mehrere Waren, die der Verbraucher im Rahmen einer einheitlichen Bestellung bestellt hat und die getrennt geliefert werden: „, an dem Sie oder ein von Ihnen benannter Dritter, der nicht der Beförderer ist, die letzte Ware in Besitz genommen haben bzw. hat.";

d) im Falle eines Vertrags über die Lieferung einer Ware in mehreren Teilsendungen oder Stücken: „, an dem Sie oder ein von Ihnen benannter Dritter, der nicht der Beförderer ist, die letzte Teilsendung oder das letzte Stück in Besitz genommen haben bzw. hat.";

e) im Falle eines Vertrags zur regelmäßigen Lieferung von Waren über einen festgelegten Zeitraum hinweg: „, an dem Sie oder ein von Ihnen benannter Dritter, der nicht der Beförderer ist, die erste Ware in Besitz genommen haben bzw. hat."

[Nr. 2 bis 27.5.2022:]

[2] Fügen Sie Ihren Namen, Ihre Anschrift und, soweit verfügbar, Ihre Telefonnummer, Telefaxnummer und E-Mail-Adresse ein.

[Nr. 2 ab 28.5.2022:]

[2] Fügen Sie Ihren Namen, Ihre Anschrift, Ihre Telefonnummer und Ihre E-Mail-Adresse ein.

[3] Wenn Sie dem Verbraucher die Wahl einräumen, die Information über seinen Widerruf des Vertrags auf Ihrer Webseite elektronisch auszufüllen und zu übermitteln, fügen Sie Folgendes ein: „Sie können das Muster-Widerrufsformular oder eine andere eindeutige Erklärung auch auf unserer Webseite [Internet-Adresse einfügen] elektronisch ausfüllen und übermitteln. Machen Sie von dieser Möglichkeit Gebrauch, so werden wir Ihnen unverzüglich (z.B. per E-Mail) eine Bestätigung über den Eingang eines solchen Widerrufs übermitteln."

[4] Im Falle von Kaufverträgen, in denen Sie nicht angeboten haben, im Falle des Widerrufs die Waren selbst abzuholen, fügen Sie Folgendes ein: „Wir können die Rückzahlung verweigern, bis wir die Waren wieder zurückerhalten haben oder bis Sie den Nachweis erbracht haben, dass Sie die Waren zurückgesandt haben, je nachdem, welches der frühere Zeitpunkt ist."

[5] Wenn der Verbraucher Waren im Zusammenhang mit dem Vertrag erhalten hat:

a) Fügen Sie ein:

– „Wir holen die Waren ab." oder

– „Sie haben die Waren unverzüglich und in jedem Fall spätestens binnen vierzehn Tagen ab dem Tag, an dem Sie uns über den Widerruf dieses Vertrags unterrichten, an ... uns oder an [hier sind gegebenenfalls der Name und die Anschrift der von Ihnen zur Entgegennahme der Waren ermächtigten Person einzufügen] zurückzusenden oder zu übergeben. Die Frist ist gewahrt, wenn Sie die Waren vor Ablauf der Frist von vierzehn Tagen absenden."

b) fügen Sie ein:
  – „Wir tragen die Kosten der Rücksendung der Waren.";
  – „Sie tragen die unmittelbaren Kosten der Rücksendung der Waren.";
  – Wenn Sie bei einem Fernabsatzvertrag nicht anbieten, die Kosten der Rücksendung der Waren zu tragen, und die Waren aufgrund ihrer Beschaffenheit nicht normal mit der Post zurückgesandt werden können: „Sie tragen die unmittelbaren Kosten der Rücksendung der Waren in Höhe von ... EUR [Betrag einfügen].", oder, wenn die Kosten vernünftigerweise nicht im Voraus berechnet werden können: „Sie tragen die unmittelbaren Kosten der Rücksendung der Waren. Die Kosten werden auf höchstens etwa ... EUR [Betrag einfügen] geschätzt." oder
  – Wenn die Waren bei einem außerhalb von Geschäftsräumen geschlossenen Vertrag aufgrund ihrer Beschaffenheit nicht normal mit der Post zurückgesandt werden können und zum Zeitpunkt des Vertragsschlusses zur Wohnung des Verbrauchers *[bis 27.5.2022: geliefert] [ab 28.5.2022: gebracht]* worden sind: „Wir holen die Waren auf unsere Kosten ab." und

c) fügen Sie ein: „Sie müssen für einen etwaigen Wertverlust der Waren nur aufkommen, wenn dieser Wertverlust auf einen zur Prüfung der Beschaffenheit, Eigenschaften und Funktionsweise der Waren nicht notwendigen Umgang mit ihnen zurückzuführen ist."

[6] Im Falle eines Vertrags zur Erbringung von Dienstleistungen oder der Lieferung von Wasser, Gas oder Strom, wenn sie nicht in einem begrenzten Volumen oder in einer bestimmten Menge zum Verkauf angeboten werden, oder von Fernwärme fügen Sie Folgendes ein: „Haben Sie verlangt, dass die Dienstleistungen oder Lieferung von Wasser/Gas/Strom/Fernwärme [Unzutreffendes streichen] während der Widerrufsfrist beginnen soll, so haben Sie uns einen angemessenen Betrag zu zahlen, der dem Anteil der bis zu dem Zeitpunkt, zu dem Sie uns von der Ausübung des Widerrufsrechts hinsichtlich dieses Vertrags unterrichten, bereits erbrachten Dienstleistungen im Vergleich zum Gesamtumfang der im Vertrag vorgesehenen Dienstleistungen entspricht."

Anlage 2
(zu Artikel 246a § 1 Absatz 2 Satz 1 Nummer 1 und § 2 Absatz 2 Nummer 2)

Muster für das Widerrufsformular

Muster-Widerrufsformular

(Wenn Sie den Vertrag widerrufen wollen, dann füllen Sie bitte dieses Formular aus und senden Sie es zurück.)

[bis 27.5.2022:]
– An [hier ist der Name, die Anschrift und gegebenenfalls die Telefaxnummer und E-Mail-Adresse des Unternehmers durch den Unternehmer einzufügen]:

[ab 28.5.2022:]
– *An [hier ist der Name, die Anschrift und die E-Mail-Adresse des Unternehmers durch den Unternehmer einzufügen]:*
– Hiermit widerrufe(n) ich/wir (*) den von mir/uns (*) abgeschlossenen Vertrag über den Kauf der folgenden Waren (*)/die Erbringung der folgenden Dienstleistung (*)
– Bestellt am (*)/erhalten am (*)
– Name des/der Verbraucher(s)
– Anschrift des/der Verbraucher(s)
– Unterschrift des/der Verbraucher(s) (nur bei Mitteilung auf Papier)
– Datum

(*) Unzutreffendes streichen.

21. Gesetz zum Schutz der Teilnehmer am Fernunterricht (Fernunterrichtsschutzgesetz–FernUSG)[1)]

Vom 4. Dezember 2000[2)]

(BGBl. I S. 1670)

FNA 2211-4

zuletzt geänd. durch Art. 3 G zur Änd. des BGB und des EGBGB in Umsetzung der RL (EU) 2019/2161 und zur Aufhebung der VO zur Übertragung der Zuständigkeit für die Durchführung der VO (EG) Nr. 2006/2004 auf das Bundesministerium der Justiz und für Verbraucherschutz[3) 4)] v. 10.8.2021 (BGBl. I S. 3483)

– Auszug –

§ 1 Anwendungsbereich. (1) Fernunterricht im Sinne dieses Gesetzes ist die auf vertraglicher Grundlage erfolgende, entgeltliche Vermittlung von Kenntnissen und Fähigkeiten, bei der

1. der Lehrende und der Lernende ausschließlich oder überwiegend räumlich getrennt sind und
2. der Lehrende oder sein Beauftragter den Lernerfolg überwachen.

(2) Dieses Gesetz findet auch auf unentgeltlichen Fernunterricht Anwendung, soweit dies ausdrücklich vorgesehen ist.

1. Abschnitt. Fernunterrichtsvertrag

§ 2 Rechte und Pflichten der Vertragschließenden. (1) Durch den Fernunterrichtsvertrag verpflichtet sich der Veranstalter von Fernunterricht (Veranstalter), das Fernlehrmaterial einschließlich der vorgesehenen Arbeitsmittel in den vereinbarten Zeitabständen zu liefern, den Lernerfolg zu überwachen, insbesondere die eingesandten Arbeiten innerhalb angemessener Zeit sorgfältig zu korrigieren, und dem Teilnehmer am Fernunterricht (Teilnehmer) diejenigen Anleitungen zu geben, die er erkennbar benötigt.

(2) ¹Der Teilnehmer ist verpflichtet, die vereinbarte Vergütung zu leisten. ²Die Vergütung ist in Teilleistungen jeweils für einen Zeitabschnitt von höchstens drei Monaten zu entrichten. ³Die einzelnen Teilleistungen dürfen den Teil der Vergütung nicht übersteigen, der im Verhältnis zur voraussichtlichen Dauer des Fernlehrgangs auf den Zeitabschnitt entfällt, für den die Teilleistung zu

---

[1)] **Amtl. Anm.:** Dieses Gesetz dient der Umsetzung der Richtlinie 97/7/EG des Europäischen Parlaments und des Rates vom 20. Mai 1997 über den Verbraucherschutz bei Vertragsabschlüssen im Fernabsatz (ABl. EG Nr. L 144 S. 19).

[2)] Neubekanntmachung des FernUSG vom 24.8.1976 (BGBl. I S. 2525) in der ab 30.6.2000 geltenden Fassung.

[3)] **Amtl. Anm.:** Dieses Gesetz dient der Umsetzung der Richtlinie (EU) 2019/2161 des Europäischen Parlaments und des Rates vom 27. November 2019 zur Änderung der Richtlinie 93/13/EWG des Rates und der Richtlinien 98/6/EG, 2005/29/EG und 2011/83/EU des Europäischen Parlaments und des Rates zur besseren Durchsetzung und Modernisierung der Verbraucherschutzvorschriften der Union (ABl. L 328 vom 18.12.2019, S. 7).

[4)] **Amtl. Anm.:** Notifiziert gemäß der Richtlinie (EU) 2015/1535 des Europäischen Parlaments und des Rates vom 9. September 2015 über ein Informationsverfahren auf dem Gebiet der technischen Vorschriften und der Vorschriften für die Dienste der Informationsgesellschaft (ABl. L 241 vom 17.9.2015, S. 1).

entrichten ist. [4]Höhere Teilleistungen sowie Vorauszahlungen dürfen weder vereinbart noch gefordert werden.

(3) [1]Von den Vorschriften des Absatzes 2 Satz 2 bis 4 kann abgewichen werden, soweit die Vergütung auf die Lieferung einer beweglichen Sache entfällt, die nicht Teil des schriftlichen oder audiovisuellen Fernlehrmaterials ist. [2]Von den Vorschriften des Absatzes 2 Satz 3 kann abgewichen werden, soweit die Vertragsparteien vereinbart haben, dass auf Verlangen des Teilnehmers das Fernlehrmaterial in kürzeren oder längeren als den vereinbarten Zeitabständen zu liefern ist, der Teilnehmer die Lieferung in anderen als den vereinbarten Zeitabständen verlangt und die Änderung der Teilleistungen wegen der Änderung der Zeitabstände angemessen ist.

(4) [1]Außer der vereinbarten Vergütung darf für Tätigkeiten, die mit dem Abschluss des Fernunterrichtsvertrags zusammenhängen sowie für etwaige Nebenleistungen eine Vergütung irgendwelcher Art weder vereinbart noch gefordert oder angenommen werden. [2]Dies gilt auch für Einschreibegebühren, Provisionen und Auslagenerstattungen.

(5) [1]Unwirksam sind Vereinbarungen zu Lasten des Teilnehmers über

1. Vertragsstrafen,
2. die Festsetzung der Höhe eines Schadensersatzes in Pauschbeträgen,
3. den Ausschluss oder die Beschränkung von Schadensersatzansprüchen,
4. den Verzicht des Teilnehmers auf das Recht, im Falle der Abtretung der Ansprüche des Veranstalters an einen Dritten Einwendungen, die zur Zeit der Abtretung der Forderung gegen den Veranstalter begründet waren, dem neuen Gläubiger entgegenzusetzen.

[2]Ebenfalls unwirksam ist eine Vereinbarung, durch die sich der Teilnehmer im Zusammenhang mit dem Abschluss des Fernunterrichtsvertrags verpflichtet, Waren zu erwerben oder den Gebrauch von Sachen oder Dienst- oder Werkleistungen in Anspruch zu nehmen, deren Erwerb oder deren Inanspruchnahme nicht den Zielen des Fernunterrichtsvertrags dient.

§ 3 Form und Inhalt des Fernunterrichtsvertrags. (1) Die auf den Vertragsschluss gerichtete Willenserklärung des Teilnehmers bedarf der Textform.

(2) Bei einem Fernunterrichtsvertrag, der weder ein außerhalb von Geschäftsräumen geschlossener Vertrag nach § 312b des Bürgerlichen Gesetzbuchs[1)] noch ein Fernabsatzvertrag nach § 312c des Bürgerlichen Gesetzbuchs[1)] ist, gelten die Informationspflichten des § 312d Absatz 1 des Bürgerlichen Gesetzbuchs[1)] in Verbindung mit Artikel 246a des Einführungsgesetzes zum Bürgerlichen Gesetzbuche[2)] entsprechend.

(3) Bei einem Fernunterrichtsvertrag gehören zu den wesentlichen Eigenschaften, über die der Unternehmer den Verbraucher nach Artikel 246a § 1 Absatz 1 Satz 1 Nummer 1 des Einführungsgesetzes zum Bürgerlichen Gesetzbuche[2)] zu informieren hat, in der Regel insbesondere

1. die Art und Geltung des Lehrgangsabschlusses,
2. Ort, Dauer und Häufigkeit des begleitenden Unterrichts,

[1)] Nr. **19**.
[2)] Nr. **20**.

3. Angaben über die vereinbarten Zeitabstände für die Lieferung des Fernlehrmaterials,
4. wenn der Fernunterrichtsvertrag die Vorbereitung auf eine öffentlich-rechtliche oder sonstige externe Prüfung umfasst, auch die Angaben zu Zulassungsvoraussetzungen.

§ 4 Widerrufsrecht des Teilnehmers. [1]Bei einem Fernunterrichtsvertrag nach § 3 Absatz 2 steht dem Teilnehmer ein Widerrufsrecht nach § 355 des Bürgerlichen Gesetzbuchs[1]) zu. [2]Die *[bis 27.5.2022: §§ 356 und 357 des Bürgerlichen Gesetzbuchs[1])][ab 28.5.2022: §§ 356, 357 und 357a des Bürgerlichen Gesetzbuchs[1])]* sind entsprechend anzuwenden. [3]Für finanzierte Fernunterrichtsverträge ist § 358 des Bürgerlichen Gesetzbuchs[1]) entsprechend anzuwenden.

§ 5 Kündigung. (1) [1]Der Teilnehmer kann den Fernunterrichtsvertrag ohne Angabe von Gründen erstmals zum Ablauf des ersten Halbjahres nach Vertragsschluß mit einer Frist von sechs Wochen, nach Ablauf des ersten Halbjahres jederzeit mit einer Frist von drei Monaten kündigen. [2]Das Recht des Veranstalters und des Teilnehmers, den Vertrag aus wichtigem Grund zu kündigen, bleibt unberührt.

(2) Die Kündigung bedarf der Textform.

(3) Im Falle der Kündigung hat der Teilnehmer nur den Anteil der Vergütung zu entrichten, der dem Wert der Leistungen des Veranstalters während der Laufzeit des Vertrags entspricht.

§ 6 Rechtsfolgen der Kündigung bei gemischten Verträgen. (1) [1]Hat der Fernunterrichtsvertrag die Lieferung einer beweglichen Sache zum Gegenstand, die nicht Teil des schriftlichen oder audiovisuellen Fernlehrmaterials ist, so wird dieser Teil des Vertrags durch die Kündigung des Fernunterrichtsvertrags nicht berührt. [2]Hat der Teilnehmer die Kündigung des Vertrags erklärt, so kann er jedoch innerhalb von zwei Wochen, nachdem die Kündigung wirksam geworden ist, durch Erklärung gegenüber dem Veranstalter in Textform von diesem Teil des Vertrags zurücktreten, sofern die Lieferung der Sache infolge der Kündigung des Fernunterrichtsvertrags für ihn kein Interesse mehr hat. [3]Zur Wahrung der Frist genügt die rechtzeitige Absendung der Rücktrittserklärung.

(2) [1]Der Lauf der Frist beginnt erst, wenn der Veranstalter nach Zugang der Kündigungserklärung den Teilnehmer mit einer Erklärung in Textform auf das Rücktrittsrecht nach Absatz 1 hingewiesen hat. [2]Ist streitig, ob oder zu welchem Zeitpunkt der Teilnehmer auf das Rücktrittsrecht hingewiesen worden ist, so trifft die Beweislast den Veranstalter. [3]Unterbleibt der Hinweis, so erlischt das Rücktrittsrecht zu dem Zeitpunkt, zu dem der Veranstalter die Sache geliefert und der Teilnehmer den auf die Lieferung der Sache entfallenden Teil der Vergütung vollständig entrichtet hat.

(3) Auf das Rücktrittsrecht finden die §§ 346 bis 348, und 351 des Bürgerlichen Gesetzbuchs entsprechende Anwendung.

(4) [1]Das Recht einer Vertragspartei, von dem Teil des Vertrags, der die Lieferung der Sache zum Gegenstand hat, wegen Nichterfüllung der der

---

[1]) Nr. **19**.

anderen Vertragspartei obliegenden Verpflichtungen zurückzutreten oder die Rückgängigmachung des Vertrags zu verlangen, bleibt unberührt. ²Für den Rücktritt des Veranstalters gelten die §§ 498 und 508 des Bürgerlichen Gesetzbuchs entsprechend.

§ 7 Nichtigkeit; Recht zur fristlosen Kündigung. (1) Ein Fernunterrichtsvertrag, der von einem Veranstalter ohne die nach § 12 Abs. 1 erforderliche Zulassung des Fernlehrgangs geschlossen wird, ist nichtig.

(2) ¹Ist nach Vertragsschluss die Zulassung erloschen, widerrufen oder zurückgenommen worden, so kann der Teilnehmer den Fernunterrichtsvertrag ohne Einhaltung einer Kündigungsfrist kündigen. ²Die Kündigung muss innerhalb von zwei Wochen erfolgen. ³Der Lauf der Frist beginnt erst, wenn der Veranstalter dem Teilnehmer eine Belehrung in Textform über das Recht des Teilnehmers zur fristlosen Kündigung des Vertrags und über das Erlöschen, den Widerruf oder die Rücknahme der Zulassung ausgehändigt hat. ⁴Zur Wahrung der Frist genügt die rechtzeitige Absendung der Kündigungserklärung. ⁵Ist streitig, ob oder zu welchem Zeitpunkt die Belehrung dem Teilnehmer ausgehändigt worden ist, so trifft die Beweislast den Veranstalter. ⁶Der Veranstalter hat die Belehrung nach dem Erlöschen, dem Widerruf oder der Rücknahme der Zulassung unverzüglich dem Teilnehmer auszuhändigen.

(3) Im Falle der Kündigung nach Absatz 2 finden § 5 Abs. 2 und 3 und § 6 entsprechende Anwendung.

§ 8 Umgehungsverbot. Die §§ 2 bis 7 finden auf Verträge, die darauf abzielen, die Zwecke eines Fernunterrichtsvertrags (§ 2) in einer anderen Rechtsform zu erreichen, entsprechende Anwendung.

§ 9 Widerrufsfrist bei Fernunterricht gegen Teilzahlungen. Wird der Fernunterricht gegen Teilzahlungen erbracht, bestimmt sich die Widerrufsfrist nach § 356b des Bürgerlichen Gesetzbuchs[1].

§ 10 Ausschluß abweichender Vereinbarungen. Von den §§ 2 bis 9 kann nicht zum Nachteil des Teilnehmers abgewichen werden.

---

[1] Nr. 19.

22. Gesetz über die Preisangaben (Preisangabengesetz)[1]

Vom 3. Dezember 1984

(BGBl. I S. 1429)

FNA 720-17

zuletzt geänd. durch Art. 296 Zehnte ZuständigkeitsanpassungsVO v. 31.8.2015 (BGBl. I S. 1474)

– Auszug –

§ 1 [Ermächtigung] [1] Zum Zwecke der Unterrichtung und des Schutzes der Verbraucher und der Förderung des Wettbewerbs sowie zur Durchführung von diesen Zwecken dienenden Rechtsakten der Organe der Europäischen Gemeinschaften wird das Bundesministerium für Wirtschaft und Energie ermächtigt, durch Rechtsverordnung mit Zustimmung des Bundesrates zu bestimmen, daß und auf welche Art und Weise beim Anbieten von Waren oder Leistungen gegenüber Letztverbrauchern oder bei der Werbung für Waren oder Leistungen gegenüber Letztverbrauchern Preise und die Verkaufs- oder Leistungseinheiten sowie Gütebezeichnungen, auf die sich die Preise beziehen, anzugeben sind. [2] Bei Leistungen der elektronischen Informations- und Kommunikationsdienste können auch Bestimmungen über die Angabe des Preisstandes fortlaufender Leistungen getroffen werden.

---

[1] Verkündet als Art. 1 G zur Regelung der Preisangaben v. 3.12.1984 (BGBl. I S. 1429); Inkrafttreten gem. Art. 4 dieses G am 7.12.1984.

23. Preisangabenverordnung (PAngV)[1)]

In der Fassung der Bekanntmachung vom 18. Oktober 2002[2)]
(BGBl. I S. 4197)

FNA 720-17-1

zuletzt geänd. durch Art. 5 Drittes G zur Änd. reiserechtlicher Vorschriften[3)] v. 17.7.2017 (BGBl. I S. 2394)

– Auszug –

§ 1 Grundvorschriften. (1) ¹Wer Verbrauchern gemäß § 13 des Bürgerlichen Gesetzbuchs gewerbs- oder geschäftsmäßig oder wer ihnen regelmäßig in sonstiger Weise Waren oder Leistungen anbietet oder als Anbieter von Waren oder Leistungen gegenüber Verbrauchern unter Angabe von Preisen wirbt, hat die Preise anzugeben, die einschließlich der Umsatzsteuer und sonstiger Preisbestandteile zu zahlen sind (Gesamtpreise). ²Soweit es der allgemeinen Verkehrsauffassung entspricht, sind auch die Verkaufs- oder Leistungseinheit und die Gütebezeichnung anzugeben, auf die sich die Preise beziehen. ³Auf die Bereitschaft, über den angegebenen Preis zu verhandeln, kann hingewiesen werden, soweit es der allgemeinen Verkehrsauffassung entspricht und Rechtsvorschriften nicht entgegenstehen.

(2) ¹Wer Verbrauchern gewerbs- oder geschäftsmäßig oder wer ihnen regelmäßig in sonstiger Weise Waren oder Leistungen zum Abschluss eines Fernabsatzvertrages anbietet, hat zusätzlich zu Absatz 1 und § 2 Absatz 2 anzugeben,

1. dass die für Waren oder Leistungen geforderten Preise die Umsatzsteuer und sonstige Preisbestandteile enthalten und
2. ob zusätzlich Fracht-, Liefer- oder Versandkosten oder sonstige Kosten anfallen.

²Fallen zusätzliche Fracht-, Liefer- oder Versandkosten oder sonstige Kosten an, so ist deren Höhe anzugeben, soweit diese Kosten vernünftigerweise im Voraus berechnet werden können.

(3) ¹Bei Leistungen können, soweit es üblich ist, abweichend von Absatz 1 Satz 1 Stundensätze, Kilometersätze und andere Verrechnungssätze angegeben werden, die alle Leistungselemente einschließlich der anteiligen Umsatzsteuer enthalten. ²Die Materialkosten können in die Verrechnungssätze einbezogen werden.

(4) Wird außer dem Entgelt für eine Ware oder Leistung eine rückerstattbare Sicherheit gefordert, so ist deren Höhe neben dem Preis für die Ware oder Leistung anzugeben und kein Gesamtbetrag zu bilden.

[1)] Die VO wurde erlassen auf Grund von § 1 des Preisangaben- und Preisklauselgesetzes und des § 8 Abs. 1 Satz 1 Nr. 9 des Eichgesetzes.
[2)] Neubekanntmachung der PAngV idF der Bek. v. 28.7.2000 (BGBl. I S. 1244) in der ab 1.1.2003 geltenden Fassung.
[3)] **Amtl. Anm.:** Dieses Gesetz dient der Umsetzung der Richtlinie (EU) 2015/2302 des Europäischen Parlaments und des Rates vom 25. November 2015 über Pauschalreisen und verbundene Reiseleistungen, zur Änderung der Verordnung (EG) Nr. 2006/2004 und der Richtlinie 2011/83/EU des Europäischen Parlaments und des Rates sowie zur Aufhebung der Richtlinie 90/314/EWG des Rates (ABl. L 326 vom 11.12.2015, S. 1).

(5) Die Angabe von Preisen mit einem Änderungsvorbehalt ist abweichend von Absatz 1 Satz 1 nur zulässig

1. bei Waren oder Leistungen, für die Liefer- oder Leistungsfristen von mehr als vier Monaten bestehen, soweit zugleich die voraussichtlichen Liefer- und Leistungsfristen angegeben werden, oder
2. bei Waren oder Leistungen, die im Rahmen von Dauerschuldverhältnissen erbracht werden.

(6) Der in der Werbung, auf der Webseite oder in Prospekten eines Reiseveranstalters angegebene Reisepreis kann abweichend von Absatz 1 Satz 1 nach Maßgabe des § 651d Absatz 3 Satz 1 des Bürgerlichen Gesetzbuchs und des Artikels 250 § 1 Absatz 2 des Einführungsgesetzes zum Bürgerlichen Gesetzbuche geändert werden.

(7) [1] Die Angaben nach dieser Verordnung müssen der allgemeinen Verkehrsauffassung und den Grundsätzen von Preisklarheit und Preiswahrheit entsprechen. [2] Wer zu Angaben nach dieser Verordnung verpflichtet ist, hat diese dem Angebot oder der Werbung eindeutig zuzuordnen sowie leicht erkennbar und deutlich lesbar oder sonst gut wahrnehmbar zu machen. [3] Bei der Aufgliederung von Preisen sind die Gesamtpreise hervorzuheben.

§ 2 Grundpreis.

(1) [1] Wer Verbrauchern gewerbs- oder geschäftsmäßig oder wer ihnen regelmäßig in sonstiger Weise Waren in Fertigpackungen, offenen Packungen oder als Verkaufseinheiten ohne Umhüllung nach Gewicht, Volumen, Länge oder Fläche anbietet, hat neben dem Gesamtpreis auch den Preis je Mengeneinheit einschließlich der Umsatzsteuer und sonstiger Preisbestandteile (Grundpreis) in unmittelbarer Nähe des Gesamtpreises gemäß Absatz 3 Satz 1, 2, 4 oder 5 anzugeben. [2] Dies gilt auch für denjenigen, der als Anbieter dieser Waren gegenüber Verbrauchern unter Angabe von Preisen wirbt. [3] Auf die Angabe des Grundpreises kann verzichtet werden, wenn dieser mit dem Gesamtpreis identisch ist.

(2) Wer Verbrauchern gewerbs- oder geschäftsmäßig oder wer ihnen regelmäßig in sonstiger Weise unverpackte Waren, die in deren Anwesenheit oder auf deren Veranlassung abgemessen werden (lose Ware), nach Gewicht, Volumen, Länge oder Fläche anbietet oder als Anbieter dieser Waren gegenüber Verbrauchern unter Angabe von Preisen wirbt, hat lediglich den Grundpreis gemäß Absatz 3 anzugeben.

(3) [1] Die Mengeneinheit für den Grundpreis ist jeweils 1 Kilogramm, 1 Liter, 1 Kubikmeter, 1 Meter oder 1 Quadratmeter der Ware. [2] Bei Waren, deren Nenngewicht oder Nennvolumen üblicherweise 250 Gramm oder Milliliter nicht übersteigt, dürfen als Mengeneinheit für den Grundpreis 100 Gramm oder Milliliter verwendet werden. [3] Bei nach Gewicht oder nach Volumen angebotener loser Ware ist als Mengeneinheit für den Grundpreis entsprechend der allgemeinen Verkehrsauffassung entweder 1 Kilogramm oder 100 Gramm oder 1 Liter oder 100 Milliliter zu verwenden. [4] Bei Waren, die üblicherweise in Mengen von 100 Liter und mehr, 50 Kilogramm und mehr oder 100 Meter und mehr abgegeben werden, ist für den Grundpreis die Mengeneinheit zu verwenden, die der allgemeinen Verkehrsauffassung entspricht. [5] Bei Waren, bei denen das Abtropfgewicht anzugeben ist, ist der Grundpreis auf das angegebene Abtropfgewicht zu beziehen.

(4) ¹Bei Haushaltswaschmitteln kann als Mengeneinheit für den Grundpreis eine übliche Anwendung verwendet werden. ²Dies gilt auch für Wasch- und Reinigungsmittel, sofern sie einzeln portioniert sind und die Zahl der Portionen zusätzlich zur Gesamtfüllmenge angegeben ist.

§ 3 Elektrizität, Gas, Fernwärme und Wasser. ¹Wer Verbrauchern gewerbs- oder geschäftsmäßig oder wer ihnen regelmäßig in sonstiger Weise Elektrizität, Gas, Fernwärme oder Wasser leitungsgebunden anbietet oder als Anbieter dieser Waren gegenüber Verbrauchern unter Angabe von Preisen wirbt, hat den verbrauchsabhängigen Preis je Mengeneinheit einschließlich der Umsatzsteuer und aller spezifischen Verbrauchssteuern (Arbeits- oder Mengenpreis) gemäß Satz 2 im Angebot oder in der Werbung anzugeben. ²Als Mengeneinheit für den Arbeitspreis bei Elektrizität, Gas und Fernwärme ist 1 Kilowattstunde und für den Mengenpreis bei Wasser 1 Kubikmeter zu verwenden. ³Wer neben dem Arbeits- oder Mengenpreis leistungsabhängige Preise fordert, hat diese vollständig in unmittelbarer Nähe des Arbeits- oder Mengenpreises anzugeben. ⁴Satz 3 gilt entsprechend für die Forderungen nicht verbrauchsabhängiger Preise.

§ 4 Handel. (1) Waren, die in Schaufenstern, Schaukästen, innerhalb oder außerhalb des Verkaufsraumes auf Verkaufsständen oder in sonstiger Weise sichtbar ausgestellt werden, und Waren, die vom Verbraucher unmittelbar entnommen werden können, sind durch Preisschilder oder Beschriftung der Ware auszuzeichnen.

(2) Waren, die nicht unter den Voraussetzungen des Absatzes 1 im Verkaufsraum zum Verkauf bereitgehalten werden, sind entweder nach Absatz 1 auszuzeichnen oder dadurch, dass die Behältnisse oder Regale, in denen sich die Waren befinden, beschriftet werden oder dass Preisverzeichnisse angebracht oder zur Einsichtnahme aufgelegt werden.

(3) Waren, die nach Musterbüchern angeboten werden, sind dadurch auszuzeichnen, dass die Preise für die Verkaufseinheit auf den Mustern oder damit verbundenen Preisschildern oder Preisverzeichnissen angegeben werden.

(4) Waren, die nach Katalogen oder Warenlisten oder auf Bildschirmen angeboten werden, sind dadurch auszuzeichnen, dass die Preise unmittelbar bei den Abbildungen oder Beschreibungen der Waren oder in mit den Katalogen oder Warenlisten im Zusammenhang stehenden Preisverzeichnissen angegeben werden.

(5) Auf Angebote von Waren, deren Preise üblicherweise aufgrund von Tarifen oder Gebührenregelungen bemessen werden, ist § 5 Abs. 1 und 2 entsprechend anzuwenden.

§ 5 Leistungen. (1) ¹Wer Leistungen anbietet, hat ein Preisverzeichnis mit den Preisen für seine wesentlichen Leistungen oder in den Fällen des § 1 Abs. 3 mit seinen Verrechnungssätzen aufzustellen. ²Dieses ist im Geschäftslokal oder am sonstigen Ort des Leistungsangebots und, sofern vorhanden, zusätzlich im Schaufenster oder Schaukasten anzubringen. ³Ort des Leistungsangebots ist auch die Bildschirmanzeige. ⁴Wird eine Leistung über Bildschirmanzeige erbracht und nach Einheiten berechnet, ist eine gesonderte Anzeige über den Preis der fortlaufenden Nutzung unentgeltlich anzubieten.

(2) Werden entsprechend der allgemeinen Verkehrsauffassung die Preise und Verrechnungssätze für sämtliche angebotenen Leistungen in Preisverzeichnisse aufgenommen, so sind diese zur Einsichtnahme am Ort des Leistungsangebots bereitzuhalten, wenn das Anbringen der Preisverzeichnisse wegen ihres Umfangs nicht zumutbar ist.

(3) Werden die Leistungen in Fachabteilungen von Handelsbetrieben angeboten, so genügt das Anbringen der Preisverzeichnisse in den Fachabteilungen.

§ 6 Verbraucherdarlehen. (1) Wer Verbrauchern gewerbs- oder geschäftsmäßig oder wer ihnen regelmäßig in sonstiger Weise den Abschluss von Verbraucherdarlehen im Sinne des § 491 des Bürgerlichen Gesetzbuchs anbietet, hat als Preis die nach den Absätzen 2 bis 6 und 8 berechneten Gesamtkosten des Verbraucherdarlehens für den Verbraucher, ausgedrückt als jährlicher Prozentsatz des Nettodarlehensbetrags, soweit zutreffend, einschließlich der Kosten gemäß Absatz 3 Satz 2 Nummer 1, anzugeben und als effektiven Jahreszins zu bezeichnen.

(2) [1] Der anzugebende effektive Jahreszins gemäß Absatz 1 ist mit der in der Anlage angegebenen mathematischen Formel und nach den in der Anlage zugrunde gelegten Vorgehensweisen zu berechnen. [2] Bei der Berechnung des effektiven Jahreszinses wird von der Annahme ausgegangen, dass der Verbraucherdarlehensvertrag für den vereinbarten Zeitraum gilt und dass Darlehensgeber und Verbraucher ihren Verpflichtungen zu den im Verbraucherdarlehensvertrag niedergelegten Bedingungen und Terminen nachkommen.

(3) [1] In die Berechnung des anzugebenden effektiven Jahreszinses sind als Gesamtkosten die vom Verbraucher zu entrichtenden Zinsen und alle sonstigen Kosten einschließlich etwaiger Vermittlungskosten einzubeziehen, die der Verbraucher im Zusammenhang mit dem Verbraucherdarlehensvertrag zu entrichten hat und die dem Darlehensgeber bekannt sind. [2] Zu den sonstigen Kosten gehören:

1. Kosten für die Eröffnung und Führung eines spezifischen Kontos, Kosten für die Verwendung eines Zahlungsmittels, mit dem sowohl Geschäfte auf diesem Konto getätigt als auch Verbraucherdarlehensbeträge in Anspruch genommen werden können, sowie sonstige Kosten für Zahlungsgeschäfte, wenn die Eröffnung oder Führung eines Kontos Voraussetzung dafür ist, dass das Verbraucherdarlehen überhaupt oder nach den vorgesehenen Vertragsbedingungen gewährt wird;
2. Kosten für die Immobilienbewertung, sofern eine solche Bewertung für die Gewährung des Verbraucherdarlehens erforderlich ist.

(4) Nicht in die Berechnung der Gesamtkosten einzubeziehen sind, soweit zutreffend:

1. Kosten, die vom Verbraucher bei Nichterfüllung seiner Verpflichtungen aus dem Verbraucherdarlehensvertrag zu tragen sind;
2. Kosten für solche Versicherungen und für solche anderen Zusatzleistungen, die keine Voraussetzung für die Verbraucherdarlehensvergabe oder für die Verbraucherdarlehensvergabe zu den vorgesehenen Vertragsbedingungen sind;
3. Kosten mit Ausnahme des Kaufpreises, die vom Verbraucher beim Erwerb von Waren oder Dienstleistungen unabhängig davon zu tragen sind, ob es sich um ein Bar- oder Verbraucherdarlehensgeschäft handelt;

4. Gebühren für die Eintragung der Eigentumsübertragung oder der Übertragung eines grundstücksgleichen Rechts in das Grundbuch;

5. Notarkosten.

(5) Ist eine Änderung des Zinssatzes oder sonstiger in die Berechnung des anzugebenden effektiven Jahreszinses einzubeziehender Kosten vorbehalten und ist ihre zahlenmäßige Bestimmung im Zeitpunkt der Berechnung des anzugebenden effektiven Jahreszinses nicht möglich, so wird bei der Berechnung von der Annahme ausgegangen, dass der Sollzinssatz und die sonstigen Kosten gemessen an der ursprünglichen Höhe fest bleiben und bis zum Ende des Verbraucherdarlehensvertrags gelten.

(6) Erforderlichenfalls ist bei der Berechnung des anzugebenden effektiven Jahreszinses von den in der Anlage niedergelegten Annahmen auszugehen.

(7) Ist der Abschluss eines Vertrags über die Inanspruchnahme einer Nebenleistung, insbesondere eines Versicherungsvertrags oder allgemein einer Mitgliedschaft, zwingende Voraussetzung dafür, dass das Verbraucherdarlehen überhaupt oder nach den vorgesehenen Vertragsbedingungen gewährt wird, und können die Kosten der Nebenleistung nicht im Voraus bestimmt werden, so ist in klarer, eindeutiger und auffallender Art und Weise darauf hinzuweisen,

1. dass eine Verpflichtung zum Abschluss des Vertrages über die Nebenleistung besteht und

2. wie hoch der effektive Jahreszins des Verbraucherdarlehens ist.

(8) [1] Bei Bauspardarlehen ist bei der Berechnung des anzugebenden effektiven Jahreszinses davon auszugehen, dass im Zeitpunkt der Verbraucherdarlehensauszahlung das vertragliche Mindestspargutheben angespart ist. [2] Von der Abschlussgebühr ist im Zweifel lediglich der Teil zu berücksichtigen, der auf den Verbraucherdarlehensanteil der Bausparsumme entfällt. [3] Bei Verbraucherdarlehen, die der Vor- oder Zwischenfinanzierung von Leistungen einer Bausparkasse aus Bausparverträgen dienen und deren preisbestimmende Faktoren bis zur Zuteilung unveränderbar sind, ist als Laufzeit von den Zuteilungsfristen auszugehen, die sich aus der Zielbewertungszahl für Bausparverträge gleicher Art ergeben. [4] Bei vor- oder zwischenfinanzierten Bausparverträgen gemäß Satz 3 ist für das Gesamtprodukt aus Vor- oder Zwischenfinanzierungsdarlehen und Bausparvertrag der effektive Jahreszins für die Gesamtlaufzeit anzugeben.

§ 6a Werbung für Verbraucherdarlehen.

(1) [1] Jegliche Kommunikation für Werbe- und Marketingzwecke, die Verbraucherdarlehen betrifft, hat den Kriterien der Redlichkeit und Eindeutigkeit zu genügen und darf nicht irreführend sein. [2] Insbesondere sind Formulierungen unzulässig, die beim Verbraucher falsche Erwartungen in Bezug auf die Möglichkeit, ein Verbraucherdarlehen zu erhalten oder in Bezug auf die Kosten eines Verbraucherdarlehens wecken.

(2) [1] Wer gegenüber Verbrauchern für den Abschluss eines Verbraucherdarlehensvertrags mit Zinssätzen oder sonstigen Zahlen, die die Kosten betreffen, wirbt, hat in klarer, eindeutiger und auffallender Art und Weise anzugeben:

1. die Identität und Anschrift des Darlehensgebers oder gegebenenfalls des Darlehensvermittlers,

2. den Nettodarlehensbetrag,

3. den Sollzinssatz und die Auskunft, ob es sich um einen festen oder einen variablen Zinssatz oder um eine Kombination aus beiden handelt, sowie Einzelheiten aller für den Verbraucher anfallenden, in die Gesamtkosten einbezogenen Kosten,

4. den effektiven Jahreszins.

²In der Werbung ist der effektive Jahreszins mindestens genauso hervorzuheben wie jeder andere Zinssatz.

(3) In der Werbung gemäß Absatz 2 sind zusätzlich, soweit zutreffend, folgende Angaben zu machen:

1. der vom Verbraucher zu zahlende Gesamtbetrag,
2. die Laufzeit des Verbraucherdarlehensvertrags,
3. die Höhe der Raten,
4. die Anzahl der Raten,
5. bei Immobiliar-Verbraucherdarlehen der Hinweis, dass der Verbraucherdarlehensvertrag durch ein Grundpfandrecht oder eine Reallast besichert wird,
6. bei Immobiliar-Verbraucherdarlehen in Fremdwährung ein Warnhinweis, dass sich mögliche Wechselkursschwankungen auf die Höhe des vom Verbraucher zu zahlenden Gesamtbetrags auswirken könnten.

(4) ¹Die in den Absätzen 2 und 3 genannten Angaben sind mit Ausnahme der Angaben nach Absatz 2 Satz 1 Nummer 1 und Absatz 3 Nummer 5 und 6 mit einem Beispiel zu versehen. ²Bei der Auswahl des Beispiels muss der Werbende von einem effektiven Jahreszins ausgehen, von dem er erwarten darf, dass er mindestens zwei Drittel der auf Grund der Werbung zustande kommenden Verträge zu dem angegebenen oder einem niedrigeren effektiven Jahreszins abschließen wird.

(5) Verlangt der Werbende den Abschluss eines Versicherungsvertrags oder eines Vertrags über andere Zusatzleistungen und können die Kosten für diesen Vertrag nicht im Voraus bestimmt werden, ist auf die Verpflichtung zum Abschluss dieses Vertrags klar und verständlich an gestalterisch hervorgehobener Stelle zusammen mit dem effektiven Jahreszins hinzuweisen.

(6) Die Informationen nach den Absätzen 2, 3 und 5 müssen in Abhängigkeit vom Medium, das für die Werbung gewählt wird, akustisch gut verständlich oder deutlich lesbar sein.

(7) Auf Immobiliar-Verbraucherdarlehensverträge gemäß § 491 Absatz 2 Satz 2 Nummer 5 des Bürgerlichen Gesetzbuchs ist nur Absatz 1 anwendbar.

§ 6b Überziehungsmöglichkeiten. Bei Überziehungsmöglichkeiten im Sinne des § 504 Abs. 2 des Bürgerlichen Gesetzbuchs hat der Darlehensgeber statt des effektiven Jahreszinses den Sollzinssatz pro Jahr und die Zinsbelastungsperiode anzugeben, wenn diese nicht kürzer als drei Monate ist und der Darlehensgeber außer den Sollzinsen keine weiteren Kosten verlangt.

§ 9 Ausnahmen. (1) Die Vorschriften dieser Verordnung sind nicht anzuwenden

1. auf Angebote oder Werbung gegenüber Verbrauchern, die die Ware oder Leistung in ihrer selbständigen beruflichen oder gewerblichen oder in ihrer behördlichen oder dienstlichen Tätigkeit verwenden; für Handelsbetriebe gilt dies nur, wenn sie sicherstellen, dass als Verbraucher ausschließlich die in

Halbsatz 1 genannten Personen Zutritt haben, und wenn sie durch geeignete Maßnahmen dafür Sorge tragen, dass diese Personen nur die in ihrer jeweiligen Tätigkeit verwendbaren Waren kaufen;

2. auf Leistungen von Gebietskörperschaften des öffentlichen Rechts, soweit es sich nicht um Leistungen handelt, für die Benutzungsgebühren oder privatrechtliche Entgelte zu entrichten sind;
3. auf Waren und Leistungen, soweit für sie aufgrund von Rechtsvorschriften eine Werbung untersagt ist;
4. auf mündliche Angebote, die ohne Angabe von Preisen abgegeben werden;
5. auf Warenangebote bei Versteigerungen.

(2) § 1 Abs. 1 und § 2 Abs. 1 sind nicht anzuwenden auf individuelle Preisnachlässe sowie auf nach Kalendertagen zeitlich begrenzte und durch Werbung bekannt gemachte generelle Preisnachlässe.

(3) § 1 Abs. 2 ist nicht anzuwenden auf die in § 312 Absatz 2 Nummer 2, 3, 6, 9 und 10 und Absatz 6 des Bürgerlichen Gesetzbuchs[1)] genannten Verträge.

(4) § 2 Abs. 1 ist nicht anzuwenden auf Waren, die

1. über ein Nenngewicht oder Nennvolumen von weniger als 10 Gramm oder Milliliter verfügen;
2. verschiedenartige Erzeugnisse enthalten, die nicht miteinander vermischt oder vermengt sind;
3. von kleinen Direktvermarktern sowie kleinen Einzelhandelsgeschäften angeboten werden, bei denen die Warenausgabe überwiegend im Wege der Bedienung erfolgt, es sei denn, dass das Warensortiment im Rahmen eines Vertriebssystems bezogen wird;
4. im Rahmen einer Dienstleistung angeboten werden;
5. in Getränke- und Verpflegungsautomaten angeboten werden.

(5) § 2 Abs. 1 ist ferner nicht anzuwenden bei

1. Kau- und Schnupftabak mit einem Nenngewicht bis 25 Gramm;
2. kosmetischen Mitteln, die ausschließlich der Färbung oder Verschönerung der Haut, des Haares oder der Nägel dienen;
3. Parfüms und parfümierten Duftwässern, die mindestens 3 Volumenprozent Duftöl und mindestens 70 Volumenprozent reinen Äthylalkohol enthalten.

(6) Die Angabe eines neuen Grundpreises nach § 2 Abs. 1 ist nicht erforderlich bei

1. Waren ungleichen Nenngewichts oder -volumens oder ungleicher Nennlänge oder -fläche mit gleichem Grundpreis, wenn der geforderte Gesamtpreis um einen einheitlichen Betrag herabgesetzt wird;
2. leicht verderblichen Lebensmitteln, wenn der geforderte Gesamtpreis wegen einer drohenden Gefahr des Verderbs herabgesetzt wird.

(7) § 4 ist nicht anzuwenden

1. auf Kunstgegenstände, Sammlungsstücke und Antiquitäten im Sinne des Kapitels 97 des Gemeinsamen Zolltarifs;

[1)] Nr. 19.

2. auf Waren, die in Werbevorführungen angeboten werden, sofern der Preis der jeweiligen Ware bei deren Vorführung und unmittelbar vor Abschluss des Kaufvertrages genannt wird;
3. auf Blumen und Pflanzen, die unmittelbar vom Freiland, Treibbeet oder Treibhaus verkauft werden.

(8) § 5 ist nicht anzuwenden

1. auf Leistungen, die üblicherweise aufgrund von schriftlichen Angeboten oder schriftlichen Voranschlägen erbracht werden, die auf den Einzelfall abgestellt sind;
2. auf künstlerische, wissenschaftliche und pädagogische Leistungen; dies gilt nicht, wenn die Leistungen in Konzertsälen, Theatern, Filmtheatern, Schulen, Instituten oder dergleichen erbracht werden;
3. auf Leistungen, bei denen in Gesetzen oder Rechtsverordnungen die Angabe von Preisen besonders geregelt ist.

§ 10 Ordnungswidrigkeiten. (1) Ordnungswidrig im Sinne des § 3 Abs. 1 Nr. 2 des Wirtschaftsstrafgesetzes 1954 handelt, wer vorsätzlich oder fahrlässig

1. entgegen § 1 Abs. 1 Satz 1 Preise nicht, nicht richtig oder nicht vollständig angibt,
2. entgegen § 1 Abs. 1 Satz 2 die Verkaufs- oder Leistungseinheit oder Gütebezeichnung nicht oder nicht richtig angibt, auf die sich die Preise beziehen,
3. entgegen § 1 Abs. 2 Satz 1 Nr. 1, eine Angabe nicht, nicht richtig oder nicht vollständig macht,
4. entgegen § 1 Abs. 3 Satz 1 Stundensätze, Kilometersätze oder andere Verrechnungssätze nicht richtig angibt,
5. entgegen § 1 Abs. 4 oder 7 Satz 2 Angaben nicht in der dort vorgeschriebenen Form macht,
6. entgegen § 1 Abs. 7 Satz 3 den Gesamtpreis nicht hervorhebt oder
7. entgegen § 2 Abs. 1 Satz 1, auch in Verbindung mit Satz 2, oder § 2 Abs. 2 oder § 3 Satz 1 oder 3, auch in Verbindung mit Satz 4, eine Angabe nicht, nicht richtig oder nicht vollständig macht.

(2) Ordnungswidrig im Sinne des § 3 Abs. 1 Nr. 2 des Wirtschaftsstrafgesetzes 1954 handelt auch, wer vorsätzlich oder fahrlässig einer Vorschrift

1. des § 4 Abs. 1 bis 4 über das Auszeichnen von Waren,
2. des § 5 Abs. 1 Satz 1, 2 oder 4 oder Abs. 2, jeweils auch in Verbindung mit § 4 Abs. 5, über das Aufstellen, das Anbringen oder das Bereithalten von Preisverzeichnissen oder über das Anbieten einer Anzeige des Preises,
3. des § 6 Absatz 1 über die Angabe oder die Bezeichnung des Preises bei Verbraucherdarlehen,
4. des § 6 Absatz 7 oder § 6b über die Angabe von Voraussetzungen für die Verbraucherdarlehensgewährung oder des Zinssatzes oder der Zinsbelastungsperiode,
5. des § 6a Absatz 2 Satz 1 oder Absatz 3 über die Pflichtangaben in der Werbung,
6. des § 7 Abs. 1 Satz 1 oder 2, Abs. 2 Satz 1, Abs. 3 oder 4 über die Angabe von Preisen oder über das Auflegen, das Vorlegen, das Anbringen oder das Auslegen eines dort genannten Verzeichnisses,

7. des § 8 Abs. 1 Satz 1 über das Auszeichnen von Kraftstoffpreisen oder
8. des § 8 Abs. 2 über das Anbringen eines Preisverzeichnisses
zuwiderhandelt.

(3) Ordnungswidrig im Sinne des § 3 Abs. 1 Satz 1 Nr. 3 des Wirtschaftsstrafgesetzes 1954 handelt, wer vorsätzlich oder fahrlässig entgegen § 1 Abs. 2 Satz 1 Nr. 2 oder Satz 2, eine Angabe nicht, nicht richtig oder nicht vollständig macht.

24. Gesetz gegen den unlauteren Wettbewerb (UWG)[1)]

in der Fassung der Bekanntmachung vom 3. März 2010[2)]

(BGBl. I S. 254)

FNA 43-7

zuletzt geänd. durch Art. 1 G zur Stärkung des Verbraucherschutzes im Wettbewerbs- und Gewerberecht[3) 4)] v. 10.8.2021 (BGBl. I S. 3504)

– Auszug –

Kapitel 1. Allgemeine Bestimmungen

[§ 1 bis 27.5.2022:]

§ 1 Zweck des Gesetzes. [1] Dieses Gesetz dient dem Schutz der Mitbewerber, der Verbraucherinnen und Verbraucher sowie der sonstigen Marktteilnehmer vor unlauteren geschäftlichen Handlungen. [2] Es schützt zugleich das Interesse der Allgemeinheit an einem unverfälschten Wettbewerb.

[§ 1 ab 28.5.2022:]

§ 1 Zweck des Gesetzes; Anwendungsbereich. (1) [1] Dieses Gesetz dient dem Schutz der Mitbewerber, der Verbraucher sowie der sonstigen Marktteilnehmer vor unlauteren geschäftlichen Handlungen. [2] Es schützt zugleich das Interesse der Allgemeinheit an einem unverfälschten Wettbewerb.

[1)] **Amtl. Anm.:** Dieses Gesetz dient der Umsetzung der Richtlinie 2005/29/EG des Europäischen Parlaments und des Rates vom 11. Mai 2005 über unlautere Geschäftspraktiken von Unternehmen gegenüber Verbrauchern im Binnenmarkt und zur Änderung der Richtlinie 84/450/EWG des Rates, der Richtlinien 97/7/EG, 98/27/EG und 2002/65/EG des Europäischen Parlaments und des Rates sowie der Verordnung (EG) Nr. 2006/2004 des Europäischen Parlaments und des Rates (ABl. L 149 vom 11.6.2005, S. 22; berichtigt im ABl. L 253 vom 25.9.2009, S. 18) sowie der Richtlinie 2006/114/EG des Europäischen Parlaments und des Rates vom 12. Dezember 2006 über irreführende und vergleichende Werbung (kodifizierte Fassung) (ABl. L 376 vom 27.12.2006, S. 21). Es dient ferner der Umsetzung von Artikel 13 der Richtlinie 2002/58/EG des Europäischen Parlaments und des Rates vom 12. Juli 2002 über die Verarbeitung personenbezogener Daten und den Schutz der Privatsphäre in der elektronischen Kommunikation (ABl. L 201 vom 31.7.2002, S. 37), der zuletzt durch Artikel 2 Nummer 7 der Richtlinie 2009/136/EG (ABl. L 337 vom 18.12.2009, S. 11) geändert worden ist.

Die Verpflichtungen aus der Richtlinie 98/34/EG des Europäischen Parlaments und des Rates vom 22. Juni 1998 über ein Informationsverfahren auf dem Gebiet der Normen und technischen Vorschriften und der Vorschriften für die Dienste der Informationsgesellschaft (ABl. L 204 vom 21.7. 1998, S. 37), die zuletzt durch die Richtlinie 2006/96/EG (ABl. L 363 vom 20.12.2006, S. 81) geändert worden ist, sind beachtet worden.

[2)] Neubekanntmachung des UWG v. 3.7.2004 (BGBl. I S. 1414) in der ab 4.8.2009 geltenden Fassung.

[3)] **Amtl. Anm.:** Dieses Gesetz dient der Umsetzung der Richtlinie (EU) 2019/2161 des Europäischen Parlaments und des Rates vom 27. November 2019 zur Änderung der Richtlinie 93/13/EWG des Rates und der Richtlinien 98/6/EG, 2005/29/EG und 2011/83/EU des Europäischen Parlaments und des Rates zur besseren Durchsetzung und Modernisierung der Verbraucherschutzvorschriften der Union (ABl. L 328 vom 18.12.2019, S. 7).

[4)] **Amtl. Anm.:** Notifiziert gemäß der Richtlinie (EU) 2015/1535 des Europäischen Parlaments und des Rates vom 9. September 2015 über ein Informationsverfahren auf dem Gebiet der technischen Vorschriften und der Vorschriften für die Dienste der Informationsgesellschaft (ABl. L 241 vom 17.9.2015, S. 1).

(2) Vorschriften zur Regelung besonderer Aspekte unlauterer geschäftlicher Handlungen gehen bei der Beurteilung, ob eine unlautere geschäftliche Handlung vorliegt, den Regelungen dieses Gesetzes vor.

[§ 2 bis 27.5.2022:]
§ 2 Definitionen. (1) Im Sinne dieses Gesetzes bedeutet

1. „geschäftliche Handlung" jedes Verhalten einer Person zugunsten des eigenen oder eines fremden Unternehmens vor, bei oder nach einem Geschäftsabschluss, das mit der Förderung des Absatzes oder des Bezugs von Waren oder Dienstleistungen oder mit dem Abschluss oder der Durchführung eines Vertrags über Waren oder Dienstleistungen objektiv zusammenhängt; als Waren gelten auch Grundstücke, als Dienstleistungen auch Rechte und Verpflichtungen;
2. „Marktteilnehmer" neben Mitbewerbern und Verbrauchern alle Personen, die als Anbieter oder Nachfrager von Waren oder Dienstleistungen tätig sind;
3. „Mitbewerber" jeder Unternehmer, der mit einem oder mehreren Unternehmern als Anbieter oder Nachfrager von Waren oder Dienstleistungen in einem konkreten Wettbewerbsverhältnis steht;
4. „Nachricht" jede Information, die zwischen einer endlichen Zahl von Beteiligten über einen öffentlich zugänglichen elektronischen Kommunikationsdienst ausgetauscht oder weitergeleitet wird; dies schließt nicht Informationen ein, die als Teil eines Rundfunkdienstes über ein elektronisches Kommunikationsnetz an die Öffentlichkeit weitergeleitet werden, soweit die Informationen nicht mit dem identifizierbaren Teilnehmer oder Nutzer, der sie erhält, in Verbindung gebracht werden können;
5. „Verhaltenskodex" Vereinbarungen oder Vorschriften über das Verhalten von Unternehmern, zu welchem diese sich in Bezug auf Wirtschaftszweige oder einzelne geschäftliche Handlungen verpflichtet haben, ohne dass sich solche Verpflichtungen aus Gesetzes- oder Verwaltungsvorschriften ergeben;
6. „Unternehmer" jede natürliche oder juristische Person, die geschäftliche Handlungen im Rahmen ihrer gewerblichen, handwerklichen oder beruflichen Tätigkeit vornimmt, und jede Person, die im Namen oder Auftrag einer solchen Person handelt;
7. „unternehmerische Sorgfalt" der Standard an Fachkenntnissen und Sorgfalt, von dem billigerweise angenommen werden kann, dass ein Unternehmer ihn in seinem Tätigkeitsbereich gegenüber Verbrauchern nach Treu und Glauben unter Berücksichtigung der anständigen Marktgepflogenheiten einhält;
8. „wesentliche Beeinflussung des wirtschaftlichen Verhaltens des Verbrauchers" die Vornahme einer geschäftlichen Handlung, um die Fähigkeit des Verbrauchers, eine informierte Entscheidung zu treffen, spürbar zu beeinträchtigen und damit den Verbraucher zu einer geschäftlichen Entscheidung zu veranlassen, die er andernfalls nicht getroffen hätte;
9. „geschäftliche Entscheidung" jede Entscheidung eines Verbrauchers oder sonstigen Marktteilnehmers darüber, ob, wie und unter welchen Bedingungen er ein Geschäft abschließen, eine Zahlung leisten, eine Ware oder Dienstleistung behalten oder abgeben oder ein vertragliches Recht im Zusammenhang mit einer Ware oder Dienstleistung ausüben will, unabhängig

davon, ob der Verbraucher oder sonstige Marktteilnehmer sich entschließt, tätig zu werden.

(2) Für den Verbraucherbegriff gilt § 13 des Bürgerlichen Gesetzbuchs entsprechend.

[§ 2 ab 28.5.2022:]
§ 2 Begriffsbestimmungen. *(1) Im Sinne dieses Gesetzes ist*

1. *"geschäftliche Entscheidung" jede Entscheidung eines Verbrauchers oder sonstigen Marktteilnehmers darüber, ob, wie und unter welchen Bedingungen er ein Geschäft abschließen, eine Zahlung leisten, eine Ware oder Dienstleistung behalten oder abgeben oder ein vertragliches Recht im Zusammenhang mit einer Ware oder Dienstleistung ausüben will, unabhängig davon, ob der Verbraucher oder sonstige Marktteilnehmer sich entschließt, tätig zu werden;*
2. *"geschäftliche Handlung" jedes Verhalten einer Person zugunsten des eigenen oder eines fremden Unternehmens vor, bei oder nach einem Geschäftsabschluss, das mit der Förderung des Absatzes oder des Bezugs von Waren oder Dienstleistungen oder mit dem Abschluss oder der Durchführung eines Vertrags über Waren oder Dienstleistungen unmittelbar und objektiv zusammenhängt; als Waren gelten auch Grundstücke und digitale Inhalte, Dienstleistungen sind auch digitale Dienstleistungen, als Dienstleistungen gelten auch Rechte und Verpflichtungen;*
3. *"Marktteilnehmer" neben Mitbewerber und Verbraucher auch jede weitere Person, die als Anbieter oder Nachfrager von Waren oder Dienstleistungen tätig ist;*
4. *"Mitbewerber" jeder Unternehmer, der mit einem oder mehreren Unternehmern als Anbieter oder Nachfrager von Waren oder Dienstleistungen in einem konkreten Wettbewerbsverhältnis steht;*
5. *"Nachricht" jede Information, die zwischen einer endlichen Zahl von Beteiligten über einen öffentlich zugänglichen elektronischen Kommunikationsdienst ausgetauscht oder weitergeleitet wird; nicht umfasst sind Informationen, die als Teil eines Rundfunkdienstes über ein elektronisches Kommunikationsnetz an die Öffentlichkeit weitergeleitet werden, soweit diese Informationen nicht mit dem identifizierbaren Teilnehmer oder Nutzer, der sie erhält, in Verbindung gebracht werden können;*
6. *"Online-Marktplatz" ein Dienst, der es Verbrauchern ermöglicht, durch die Verwendung von Software, die von einem Unternehmer oder in dessen Namen betrieben wird, einschließlich einer Website, eines Teils einer Website oder einer Anwendung, Fernabsatzverträge (§ 312c des Bürgerlichen Gesetzbuchs[1])) mit anderen Unternehmern oder Verbrauchern abzuschließen;*
7. *"Ranking" die von einem Unternehmer veranlasste relative Hervorhebung von Waren oder Dienstleistungen, unabhängig von den hierfür verwendeten technischen Mitteln;*
8. *"Unternehmer" jede natürliche oder juristische Person, die geschäftliche Handlungen im Rahmen ihrer gewerblichen, handwerklichen oder beruflichen Tätigkeit vornimmt, und jede Person, die im Namen oder Auftrag einer solchen Person handelt;*
9. *"unternehmerische Sorgfalt" der Standard an Fachkenntnissen und Sorgfalt, von dem billigerweise angenommen werden kann, dass ein Unternehmer ihn in seinem Tätigkeitsbereich gegenüber Verbrauchern nach Treu und Glauben unter Berücksichtigung der anständigen Marktgepflogenheiten einhält;*

---

[1]) Nr. **19**.

10. „*Verhaltenskodex*" jede Vereinbarung oder Vorschrift über das Verhalten von Unternehmern, zu welchem diese sich in Bezug auf Wirtschaftszweige oder einzelne geschäftliche Handlungen verpflichtet haben, ohne dass sich solche Verpflichtungen aus Gesetzes- oder Verwaltungsvorschriften ergeben;
11. „*wesentliche Beeinflussung des wirtschaftlichen Verhaltens des Verbrauchers*" die Vornahme einer geschäftlichen Handlung, um die Fähigkeit des Verbrauchers, eine informierte Entscheidung zu treffen, spürbar zu beeinträchtigen und damit den Verbraucher zu einer geschäftlichen Entscheidung zu veranlassen, die er andernfalls nicht getroffen hätte.

(2) Für den Verbraucherbegriff ist § 13 des Bürgerlichen Gesetzbuchs entsprechend anwendbar.

§ 3 Verbot unlauterer geschäftlicher Handlungen. (1) Unlautere geschäftliche Handlungen sind unzulässig.

(2) Geschäftliche Handlungen, die sich an Verbraucher richten oder diese erreichen, sind unlauter, wenn sie nicht der unternehmerischen Sorgfalt entsprechen und dazu geeignet sind, das wirtschaftliche Verhalten des Verbrauchers wesentlich zu beeinflussen.

(3) Die im Anhang dieses Gesetzes aufgeführten geschäftlichen Handlungen gegenüber Verbrauchern sind stets unzulässig.

(4) ¹Bei der Beurteilung von geschäftlichen Handlungen gegenüber Verbrauchern ist auf den durchschnittlichen Verbraucher oder, wenn sich die geschäftliche Handlung an eine bestimmte Gruppe von Verbrauchern wendet, auf ein durchschnittliches Mitglied dieser Gruppe abzustellen. ²Geschäftliche Handlungen, die für den Unternehmer vorhersehbar das wirtschaftliche Verhalten nur einer eindeutig identifizierbaren Gruppe von Verbrauchern wesentlich beeinflussen, die auf Grund von geistigen oder körperlichen Beeinträchtigungen, Alter oder Leichtgläubigkeit im Hinblick auf diese geschäftlichen Handlungen oder die diesen zugrunde liegenden Waren oder Dienstleistungen besonders schutzbedürftig sind, sind aus der Sicht eines durchschnittlichen Mitglieds dieser Gruppe zu beurteilen.

§ 3a Rechtsbruch. Unlauter handelt, wer einer gesetzlichen Vorschrift zuwiderhandelt, die auch dazu bestimmt ist, im Interesse der Marktteilnehmer das Marktverhalten zu regeln, und der Verstoß geeignet ist, die Interessen von Verbrauchern, sonstigen Marktteilnehmern oder Mitbewerbern spürbar zu beeinträchtigen.

§ 4 Mitbewerberschutz. Unlauter handelt, wer
1. die Kennzeichen, Waren, Dienstleistungen, Tätigkeiten oder persönlichen oder geschäftlichen Verhältnisse eines Mitbewerbers herabsetzt oder verunglimpft;
2. über die Waren, Dienstleistungen oder das Unternehmen eines Mitbewerbers oder über den Unternehmer oder ein Mitglied der Unternehmensleitung Tatsachen behauptet oder verbreitet, die geeignet sind, den Betrieb des Unternehmens oder den Kredit des Unternehmers zu schädigen, sofern die Tatsachen nicht erweislich wahr sind; handelt es sich um vertrauliche Mitteilungen und hat der Mitteilende oder der Empfänger der Mitteilung an ihr ein berechtigtes Interesse, so ist die Handlung nur dann unlauter, wenn die Tatsachen der Wahrheit zuwider behauptet oder verbreitet wurden;

3. Waren oder Dienstleistungen anbietet, die eine Nachahmung der Waren oder Dienstleistungen eines Mitbewerbers sind, wenn er
   a) eine vermeidbare Täuschung der Abnehmer über die betriebliche Herkunft herbeiführt,
   b) die Wertschätzung der nachgeahmten Ware oder Dienstleistung unangemessen ausnutzt oder beeinträchtigt oder
   c) die für die Nachahmung erforderlichen Kenntnisse oder Unterlagen unredlich erlangt hat;
4. Mitbewerber gezielt behindert.

§ 4a Aggressive geschäftliche Handlungen. (1) [1]Unlauter handelt, wer eine aggressive geschäftliche Handlung vornimmt, die geeignet ist, den Verbraucher oder sonstigen Marktteilnehmer zu einer geschäftlichen Entscheidung zu veranlassen, die dieser andernfalls nicht getroffen hätte. [2]Eine geschäftliche Handlung ist aggressiv, wenn sie im konkreten Fall unter Berücksichtigung aller Umstände geeignet ist, die Entscheidungsfreiheit des Verbrauchers oder sonstigen Marktteilnehmers erheblich zu beeinträchtigen durch

1. Belästigung,
2. Nötigung einschließlich der Anwendung körperlicher Gewalt oder
3. unzulässige Beeinflussung.

[3]Eine unzulässige Beeinflussung liegt vor, wenn der Unternehmer eine Machtposition gegenüber dem Verbraucher oder sonstigen Marktteilnehmer zur Ausübung von Druck, auch ohne Anwendung oder Androhung von körperlicher Gewalt, in einer Weise ausnutzt, die die Fähigkeit des Verbrauchers oder sonstigen Marktteilnehmers zu einer informierten Entscheidung wesentlich einschränkt.

(2) [1]Bei der Feststellung, ob eine geschäftliche Handlung aggressiv im Sinne des Absatzes 1 Satz 2 ist, ist abzustellen auf

1. Zeitpunkt, Ort, Art oder Dauer der Handlung;
2. die Verwendung drohender oder beleidigender Formulierungen oder Verhaltensweisen;
3. die bewusste Ausnutzung von konkreten Unglückssituationen oder Umständen von solcher Schwere, dass sie das Urteilsvermögen des Verbrauchers oder sonstigen Marktteilnehmers beeinträchtigen, um dessen Entscheidung zu beeinflussen;
4. belastende oder unverhältnismäßige Hindernisse nichtvertraglicher Art, mit denen der Unternehmer den Verbraucher oder sonstigen Marktteilnehmer an der Ausübung seiner vertraglichen Rechte zu hindern versucht, wozu auch das Recht gehört, den Vertrag zu kündigen oder zu einer anderen Ware oder Dienstleistung oder einem anderen Unternehmer zu wechseln;
5. Drohungen mit rechtlich unzulässigen Handlungen.

[2]Zu den Umständen, die nach Nummer 3 zu berücksichtigen sind, zählen insbesondere geistige und körperliche Beeinträchtigungen, das Alter, die geschäftliche Unerfahrenheit, die Leichtgläubigkeit, die Angst und die Zwangslage von Verbrauchern.

§ 5 Irreführende geschäftliche Handlungen. (1) [1]Unlauter handelt, wer eine irreführende geschäftliche Handlung vornimmt, die geeignet ist, den Verbraucher oder sonstigen Marktteilnehmer zu einer geschäftlichen Entscheidung zu veranlassen, die er andernfalls nicht getroffen hätte. *[Satz 2 bis 27.5.2022:]* ²Eine geschäftliche Handlung ist irreführend, wenn sie unwahre Angaben enthält oder sonstige zur Täuschung geeignete Angaben über folgende Umstände enthält:

1. die wesentlichen Merkmale der Ware oder Dienstleistung wie Verfügbarkeit, Art, Ausführung, Vorteile, Risiken, Zusammensetzung, Zubehör, Verfahren oder Zeitpunkt der Herstellung, Lieferung oder Erbringung, Zwecktauglichkeit, Verwendungsmöglichkeit, Menge, Beschaffenheit, Kundendienst und Beschwerdeverfahren, geographische oder betriebliche Herkunft, von der Verwendung zu erwartende Ergebnisse oder die Ergebnisse oder wesentlichen Bestandteile von Tests der Waren oder Dienstleistungen;
2. den Anlass des Verkaufs wie das Vorhandensein eines besonderen Preisvorteils, den Preis oder die Art und Weise, in der er berechnet wird, oder die Bedingungen, unter denen die Ware geliefert oder die Dienstleistung erbracht wird;
3. die Person, Eigenschaften oder Rechte des Unternehmers wie Identität, Vermögen einschließlich der Rechte des geistigen Eigentums, den Umfang von Verpflichtungen, Befähigung, Status, Zulassung, Mitgliedschaften oder Beziehungen, Auszeichnungen oder Ehrungen, Beweggründe für die geschäftliche Handlung oder die Art des Vertriebs;
4. Aussagen oder Symbole, die im Zusammenhang mit direktem oder indirektem Sponsoring stehen oder sich auf eine Zulassung des Unternehmers oder der Waren oder Dienstleistungen beziehen;
5. die Notwendigkeit einer Leistung, eines Ersatzteils, eines Austauschs oder einer Reparatur;
6. die Einhaltung eines Verhaltenskodexes, auf den sich der Unternehmer verbindlich verpflichtet hat, wenn er auf diese Bindung hinweist, oder
7. Rechte des Verbrauchers, insbesondere solche auf Grund von Garantieversprechen oder Gewährleistungsrechte bei Leistungsstörungen.

[Abs. 2 ab 28.5.2022:]
(2) Eine geschäftliche Handlung ist irreführend, wenn sie unwahre Angaben enthält oder sonstige zur Täuschung geeignete Angaben über folgende Umstände enthält:

1. *die wesentlichen Merkmale der Ware oder Dienstleistung wie Verfügbarkeit, Art, Ausführung, Vorteile, Risiken, Zusammensetzung, Zubehör, Verfahren oder Zeitpunkt der Herstellung, Lieferung oder Erbringung, Zwecktauglichkeit, Verwendungsmöglichkeit, Menge, Beschaffenheit, Kundendienst und Beschwerdeverfahren, geographische oder betriebliche Herkunft, von der Verwendung zu erwartende Ergebnisse oder die Ergebnisse oder wesentlichen Bestandteile von Tests der Waren oder Dienstleistungen;*
2. *den Anlass des Verkaufs wie das Vorhandensein eines besonderen Preisvorteils, den Preis oder die Art und Weise, in der er berechnet wird, oder die Bedingungen, unter denen die Ware geliefert oder die Dienstleistung erbracht wird;*
3. *die Person, Eigenschaften oder Rechte des Unternehmers wie Identität, Vermögen einschließlich der Rechte des geistigen Eigentums, den Umfang von Verpflichtungen, Befähigung, Status, Zulassung, Mitgliedschaften oder Beziehungen, Auszeichnungen oder Ehrungen, Beweggründe für die geschäftliche Handlung oder die Art des Vertriebs;*

4. Aussagen oder Symbole, die im Zusammenhang mit direktem oder indirektem Sponsoring stehen oder sich auf eine Zulassung des Unternehmers oder der Waren oder Dienstleistungen beziehen;
5. die Notwendigkeit einer Leistung, eines Ersatzteils, eines Austauschs oder einer Reparatur;
6. die Einhaltung eines Verhaltenskodexes, auf den sich der Unternehmer verbindlich verpflichtet hat, wenn er auf diese Bindung hinweist, oder
7. Rechte des Verbrauchers, insbesondere solche auf Grund von Garantieversprechen oder Gewährleistungsrechte bei Leistungsstörungen.

[Abs. 2 bis 27.5.2022:]
(2) Eine geschäftliche Handlung ist auch irreführend, wenn sie im Zusammenhang mit der Vermarktung von Waren oder Dienstleistungen einschließlich vergleichender Werbung eine Verwechslungsgefahr mit einer anderen Ware oder Dienstleistung oder mit der Marke oder einem anderen Kennzeichen eines Mitbewerbers hervorruft.

[Abs. 3 ab 28.5.2022:]
(3) Eine geschäftliche Handlung ist auch irreführend, wenn
1. *sie im Zusammenhang mit der Vermarktung von Waren oder Dienstleistungen einschließlich vergleichender Werbung eine Verwechslungsgefahr mit einer anderen Ware oder Dienstleistung oder mit der Marke oder einem anderen Kennzeichen eines Mitbewerbers hervorruft oder*
2. *mit ihr eine Ware in einem Mitgliedstaat der Europäischen Union als identisch mit einer in anderen Mitgliedstaaten der Europäischen Union auf dem Markt bereitgestellten Ware vermarktet wird, obwohl sich diese Waren in ihrer Zusammensetzung oder in ihren Merkmalen wesentlich voneinander unterscheiden, sofern dies nicht durch legitime und objektive Faktoren gerechtfertigt ist.*

(3) *[ab 28.5.2022: (4)]* Angaben im Sinne von Absatz 1 Satz 2 sind auch Angaben im Rahmen vergleichender Werbung sowie bildliche Darstellungen und sonstige Veranstaltungen, die darauf zielen und geeignet sind, solche Angaben zu ersetzen.

(4) *[ab 28.5.2022: (5)]* [1] Es wird vermutet, dass es irreführend ist, mit der Herabsetzung eines Preises zu werben, sofern der Preis nur für eine unangemessen kurze Zeit gefordert worden ist. [2] Ist streitig, ob und in welchem Zeitraum der Preis gefordert worden ist, so trifft die Beweislast denjenigen, der mit der Preisherabsetzung geworben hat.

[§ 5a bis 27.5.2022:]
§ 5a Irreführung durch Unterlassen. (1) Bei der Beurteilung, ob das Verschweigen einer Tatsache irreführend ist, sind insbesondere deren Bedeutung für die geschäftliche Entscheidung nach der Verkehrsauffassung sowie die Eignung des Verschweigens zur Beeinflussung der Entscheidung zu berücksichtigen.

(2) [1] Unlauter handelt, wer im konkreten Fall unter Berücksichtigung aller Umstände dem Verbraucher eine wesentliche Information vorenthält,
1. die der Verbraucher je nach den Umständen benötigt, um eine informierte geschäftliche Entscheidung zu treffen, und
2. deren Vorenthalten geeignet ist, den Verbraucher zu einer geschäftlichen Entscheidung zu veranlassen, die er andernfalls nicht getroffen hätte.

²Als Vorenthalten gilt auch
1. das Verheimlichen wesentlicher Informationen,
2. die Bereitstellung wesentlicher Informationen in unklarer, unverständlicher oder zweideutiger Weise,
3. die nicht rechtzeitige Bereitstellung wesentlicher Informationen.

(3) Werden Waren oder Dienstleistungen unter Hinweis auf deren Merkmale und Preis in einer dem verwendeten Kommunikationsmittel angemessenen Weise so angeboten, dass ein durchschnittlicher Verbraucher das Geschäft abschließen kann, gelten folgende Informationen als wesentlich im Sinne des Absatzes 2, sofern sie sich nicht unmittelbar aus den Umständen ergeben:
1. alle wesentlichen Merkmale der Ware oder Dienstleistung in dem dieser und dem verwendeten Kommunikationsmittel angemessenen Umfang;
2. die Identität und Anschrift des Unternehmers, gegebenenfalls die Identität und Anschrift des Unternehmers, für den er handelt;
3. der Gesamtpreis oder in Fällen, in denen ein solcher Preis auf Grund der Beschaffenheit der Ware oder Dienstleistung nicht im Voraus berechnet werden kann, die Art der Preisberechnung sowie gegebenenfalls alle zusätzlichen Fracht-, Liefer- und Zustellkosten oder in Fällen, in denen diese Kosten nicht im Voraus berechnet werden können, die Tatsache, dass solche zusätzlichen Kosten anfallen können;
4. Zahlungs-, Liefer- und Leistungsbedingungen sowie Verfahren zum Umgang mit Beschwerden, soweit sie von Erfordernissen der unternehmerischen Sorgfalt abweichen, und
5. das Bestehen eines Rechts zum Rücktritt oder Widerruf.

(4) Als wesentlich im Sinne des Absatzes 2 gelten auch Informationen, die dem Verbraucher auf Grund unionsrechtlicher Verordnungen oder nach Rechtsvorschriften zur Umsetzung unionsrechtlicher Richtlinien für kommerzielle Kommunikation einschließlich Werbung und Marketing nicht vorenthalten werden dürfen.

(5) Bei der Beurteilung, ob Informationen vorenthalten wurden, sind zu berücksichtigen:
1. räumliche oder zeitliche Beschränkungen durch das für die geschäftliche Handlung gewählte Kommunikationsmittel sowie
2. alle Maßnahmen des Unternehmers, um dem Verbraucher die Informationen auf andere Weise als durch das Kommunikationsmittel nach Nummer 1 zur Verfügung zu stellen.

(6) Unlauter handelt auch, wer den kommerziellen Zweck einer geschäftlichen Handlung nicht kenntlich macht, sofern sich dieser nicht unmittelbar aus den Umständen ergibt, und das Nichtkenntlichmachen geeignet ist, den Verbraucher zu einer geschäftlichen Entscheidung zu veranlassen, die er andernfalls nicht getroffen hätte.

[§ 5a ab 28.5.2022:]
§ 5a *Irreführung durch Unterlassen.* *(1) Unlauter handelt auch, wer einen Verbraucher oder sonstigen Marktteilnehmer irreführt, indem er ihm eine wesentliche Information vorenthält,*

1. die der Verbraucher oder der sonstige Marktteilnehmer nach den jeweiligen Umständen benötigt, um eine informierte geschäftliche Entscheidung zu treffen, und
2. deren Vorenthalten dazu geeignet ist, den Verbraucher oder den sonstigen Marktteilnehmer zu einer geschäftlichen Entscheidung zu veranlassen, die er andernfalls nicht getroffen hätte.

(2) Als Vorenthalten gilt auch
1. *das Verheimlichen wesentlicher Informationen,*
2. *die Bereitstellung wesentlicher Informationen in unklarer, unverständlicher oder zweideutiger Weise sowie*
3. *die nicht rechtzeitige Bereitstellung wesentlicher Informationen.*

(3) Bei der Beurteilung, ob wesentliche Informationen vorenthalten wurden, sind zu berücksichtigen:
1. *räumliche oder zeitliche Beschränkungen durch das für die geschäftliche Handlung gewählte Kommunikationsmittel sowie*
2. *alle Maßnahmen des Unternehmers, um dem Verbraucher oder sonstigen Marktteilnehmer die Informationen auf andere Weise als durch das für die geschäftliche Handlung gewählte Kommunikationsmittel zur Verfügung zu stellen.*

(4) ¹Unlauter handelt auch, wer den kommerziellen Zweck einer geschäftlichen Handlung nicht kenntlich macht, sofern sich dieser nicht unmittelbar aus den Umständen ergibt, und das Nichtkenntlichmachen geeignet ist, den Verbraucher oder sonstigen Marktteilnehmer zu einer geschäftlichen Entscheidung zu veranlassen, die er andernfalls nicht getroffen hätte. ²Ein kommerzieller Zweck liegt bei einer Handlung zugunsten eines fremden Unternehmens nicht vor, wenn der Handelnde kein Entgelt oder keine ähnliche Gegenleistung für die Handlung von dem fremden Unternehmen erhält oder sich versprechen lässt. ³Der Erhalt oder das Versprechen einer Gegenleistung wird vermutet, es sei denn der Handelnde macht glaubhaft, dass er eine solche nicht erhalten hat.

[§ 5b ab 28.5.2022:]
§ 5b *Wesentliche Informationen.* (1) Werden Waren oder Dienstleistungen unter Hinweis auf deren Merkmale und Preis in einer dem verwendeten Kommunikationsmittel angemessenen Weise so angeboten, dass ein durchschnittlicher Verbraucher das Geschäft abschließen kann, so gelten die folgenden Informationen als wesentlich im Sinne des § 5a Absatz 1, sofern sie sich nicht unmittelbar aus den Umständen ergeben:
1. alle wesentlichen Merkmale der Ware oder Dienstleistung in dem der Ware oder Dienstleistung und dem verwendeten Kommunikationsmittel angemessenen Umfang,
2. die Identität und Anschrift des Unternehmers, gegebenenfalls die Identität und Anschrift desjenigen Unternehmers, für den er handelt,
3. der Gesamtpreis oder in Fällen, in denen ein solcher Preis auf Grund der Beschaffenheit der Ware oder Dienstleistung nicht im Voraus berechnet werden kann, die Art der Preisberechnung sowie gegebenenfalls alle zusätzlichen Fracht-, Liefer- und Zustellkosten oder in Fällen, in denen diese Kosten nicht im Voraus berechnet werden können, die Tatsache, dass solche zusätzlichen Kosten anfallen können,
4. Zahlungs-, Liefer- und Leistungsbedingungen, soweit diese von den Erfordernissen unternehmerischer Sorgfalt abweichen,
5. das Bestehen des Rechts auf Rücktritt oder Widerruf und
6. bei Waren oder Dienstleistungen, die über einen Online-Marktplatz angeboten werden, die Information, ob es sich bei dem Anbieter der Waren oder Dienstleistungen

nach dessen eigener Erklärung gegenüber dem Betreiber des Online-Marktplatzes um einen Unternehmer handelt.

(2) ¹ Bietet ein Unternehmer Verbrauchern die Möglichkeit, nach Waren oder Dienstleistungen zu suchen, die von verschiedenen Unternehmern oder von Verbrauchern angeboten werden, so gelten unabhängig davon, wo das Rechtsgeschäft abgeschlossen werden kann, folgende allgemeine Informationen als wesentlich:

1. *die Hauptparameter zur Festlegung des Rankings der dem Verbraucher als Ergebnis seiner Suchanfrage präsentierten Waren oder Dienstleistungen sowie*
2. *die relative Gewichtung der Hauptparameter zur Festlegung des Rankings im Vergleich zu anderen Parametern.*

² Die Informationen nach Satz 1 müssen von der Anzeige der Suchergebnisse aus unmittelbar und leicht zugänglich sein. ³ Die Sätze 1 und 2 gelten nicht für Betreiber von Online-Suchmaschinen im Sinne des Artikels 2 Nummer 6 der Verordnung (EU) 2019/1150 des Europäischen Parlaments und des Rates vom 20. Juni 2019 zur Förderung von Fairness und Transparenz für gewerbliche Nutzer von Online-Vermittlungsdiensten (ABl. L 186 vom 11.7.2019, S. 57).

(3) Macht ein Unternehmer Bewertungen zugänglich, die Verbraucher im Hinblick auf Waren oder Dienstleistungen vorgenommen haben, so gelten als wesentlich Informationen darüber, ob und wie der Unternehmer sicherstellt, dass die veröffentlichten Bewertungen von solchen Verbrauchern stammen, die die Waren oder Dienstleistungen tatsächlich genutzt oder erworben haben.

(4) Als wesentlich im Sinne des § 5a Absatz 1 gelten auch solche Informationen, die dem Verbraucher auf Grund unionsrechtlicher Verordnungen oder nach Rechtsvorschriften zur Umsetzung unionsrechtlicher Richtlinien für kommerzielle Kommunikation einschließlich Werbung und Marketing nicht vorenthalten werden dürfen.

[§ 5c ab 28.5.2022:]
§ 5c *Verbotene Verletzung von Verbraucherinteressen durch unlautere geschäftliche Handlungen.* **(1)** *Die Verletzung von Verbraucherinteressen durch unlautere geschäftliche Handlungen ist verboten, wenn es sich um einen weitverbreiteten Verstoß gemäß Artikel 3 Nummer 3 der Verordnung (EU) 2017/2394 des Europäischen Parlaments und des Rates vom 12. Dezember 2017 über die Zusammenarbeit zwischen den für die Durchsetzung der Verbraucherschutzgesetze zuständigen nationalen Behörden und zur Aufhebung der Verordnung (EG) Nr. 2006/2004 (ABl. L 345 vom 27.12. 2017, S. 1), die zuletzt durch die Richtlinie (EU) 2019/771 (ABl. L 136 vom 22.5.2019, S. 28; L 305 vom 26.11.2019, S. 66) geändert worden ist, oder einen weitverbreiteten Verstoß mit Unions-Dimension gemäß Artikel 3 Nummer 4 der Verordnung (EU) 2017/2394 handelt.*

(2) Eine Verletzung von Verbraucherinteressen durch unlautere geschäftliche Handlungen im Sinne des Absatzes 1 liegt vor, wenn

1. *eine unlautere geschäftliche Handlung nach § 3 Absatz 3 in Verbindung mit den Nummern 1 bis 31 des Anhangs vorgenommen wird,*
2. *eine aggressive geschäftliche Handlung nach § 4a Absatz 1 Satz 1 vorgenommen wird,*
3. *eine irreführende geschäftliche Handlung nach § 5 Absatz 1 oder § 5a Absatz 1 vorgenommen wird oder*
4. *eine unlautere geschäftliche Handlung nach § 3 Absatz 1 fortgesetzt vorgenommen wird, die durch eine vollziehbare Anordnung der zuständigen Behörde im Sinne des*

Artikels 3 Nummer 6 der Verordnung (EU) 2017/2394 oder durch eine vollstreckbare Entscheidung eines Gerichts untersagt worden ist, sofern die Handlung nicht bereits von den Nummern 1 bis 3 erfasst ist.

(3) Eine Verletzung von Verbraucherinteressen durch unlautere geschäftliche Handlungen im Sinne des Absatzes 1 liegt auch vor, wenn

1. *eine geschäftliche Handlung die tatsächlichen Voraussetzungen eines der in Absatz 2 geregelten Fälle erfüllt und*
2. *auf die geschäftliche Handlung das nationale Recht eines anderen Mitgliedstaates der Europäischen Union anwendbar ist, welches eine Vorschrift enthält, die der jeweiligen in Absatz 2 genannten Vorschrift entspricht.*

§ 6 Vergleichende Werbung. (1) Vergleichende Werbung ist jede Werbung, die unmittelbar oder mittelbar einen Mitbewerber oder die von einem Mitbewerber angebotenen Waren oder Dienstleistungen erkennbar macht.

(2) Unlauter handelt, wer vergleichend wirbt, wenn der Vergleich

1. sich nicht auf Waren oder Dienstleistungen für den gleichen Bedarf oder dieselbe Zweckbestimmung bezieht,
2. nicht objektiv auf eine oder mehrere wesentliche, relevante, nachprüfbare und typische Eigenschaften oder den Preis dieser Waren oder Dienstleistungen bezogen ist,
3. im geschäftlichen Verkehr zu einer Gefahr von Verwechslungen zwischen dem Werbenden und einem Mitbewerber oder zwischen den von diesen angebotenen Waren oder Dienstleistungen oder den von ihnen verwendeten Kennzeichen führt,
4. den Ruf des von einem Mitbewerber verwendeten Kennzeichens in unlauterer Weise ausnutzt oder beeinträchtigt,
5. die Waren, Dienstleistungen, Tätigkeiten oder persönlichen oder geschäftlichen Verhältnisse eines Mitbewerbers herabsetzt oder verunglimpft oder
6. eine Ware oder Dienstleistung als Imitation oder Nachahmung einer unter einem geschützten Kennzeichen vertriebenen Ware oder Dienstleistung darstellt.

§ 7 Unzumutbare Belästigungen. (1) ¹Eine geschäftliche Handlung, durch die ein Marktteilnehmer in unzumutbarer Weise belästigt wird, ist unzulässig. ²Dies gilt insbesondere für Werbung, obwohl erkennbar ist, dass der angesprochene Marktteilnehmer diese Werbung nicht wünscht.

(2) Eine unzumutbare Belästigung ist stets anzunehmen

[Nr. 1 bis 27.5.2022:]
1. bei Werbung unter Verwendung eines in den Nummern 2 und 3 nicht aufgeführten, für den Fernabsatz geeigneten Mittels der kommerziellen Kommunikation, durch die ein Verbraucher hartnäckig angesprochen wird, obwohl er dies erkennbar nicht wünscht;
2. *[ab 28.5.2022: 1.]* bei Werbung mit einem Telefonanruf gegenüber einem Verbraucher ohne dessen vorherige ausdrückliche Einwilligung oder gegenüber einem sonstigen Marktteilnehmer ohne dessen zumindest mutmaßliche Einwilligung,

3. *[ab 28.5.2022: 2.]* bei Werbung unter Verwendung einer automatischen Anrufmaschine, eines Faxgerätes oder elektronischer Post, ohne dass eine vorherige ausdrückliche Einwilligung des Adressaten vorliegt, oder
4. *[ab 28.5.2022: 3.]* bei Werbung mit einer Nachricht,
   a) bei der die Identität des Absenders, in dessen Auftrag die Nachricht übermittelt wird, verschleiert oder verheimlicht wird oder
   b) bei der gegen § 6 Absatz 1 des Telemediengesetzes[1]) verstoßen wird oder in der der Empfänger aufgefordert wird, eine Website aufzurufen, die gegen diese Vorschrift verstößt, oder
   c) bei der keine gültige Adresse vorhanden ist, an die der Empfänger eine Aufforderung zur Einstellung solcher Nachrichten richten kann, ohne dass hierfür andere als die Übermittlungskosten nach den Basistarifen entstehen.

(3) Abweichend von Absatz 2 *[bis 27.5.2022: Nummer 3][ab 28.5.2022: Nummer 2]* ist eine unzumutbare Belästigung bei einer Werbung unter Verwendung elektronischer Post nicht anzunehmen, wenn

1. ein Unternehmer im Zusammenhang mit dem Verkauf einer Ware oder Dienstleistung von dem Kunden dessen elektronische Postadresse erhalten hat,
2. der Unternehmer die Adresse zur Direktwerbung für eigene ähnliche Waren oder Dienstleistungen verwendet,
3. der Kunde der Verwendung nicht widersprochen hat und
4. der Kunde bei Erhebung der Adresse und bei jeder Verwendung klar und deutlich darauf hingewiesen wird, dass er der Verwendung jederzeit widersprechen kann, ohne dass hierfür andere als die Übermittlungskosten nach den Basistarifen entstehen.

§ 7a Einwilligung in Telefonwerbung. (1) Wer mit einem Telefonanruf gegenüber einem Verbraucher wirbt, hat dessen vorherige ausdrückliche Einwilligung in die Telefonwerbung zum Zeitpunkt der Erteilung in angemessener Form zu dokumentieren und gemäß Absatz 2 Satz 1 aufzubewahren.

(2) [1]Die werbenden Unternehmen müssen den Nachweis nach Absatz 1 ab Erteilung der Einwilligung sowie nach jeder Verwendung der Einwilligung fünf Jahre aufbewahren. [2]Die werbenden Unternehmen haben der nach § 20 Absatz 3 zuständigen Verwaltungsbehörde den Nachweis nach Absatz 1 auf Verlangen unverzüglich vorzulegen.

Kapitel 2. Rechtsfolgen

§ 8 Beseitigung und Unterlassung. (1) [1]Wer eine nach § 3 oder § 7 unzulässige geschäftliche Handlung vornimmt, kann auf Beseitigung und bei Wiederholungsgefahr auf Unterlassung in Anspruch genommen werden. [2]Der Anspruch auf Unterlassung besteht bereits dann, wenn eine derartige Zuwiderhandlung gegen § 3 oder § 7 droht.

(2) Werden die Zuwiderhandlungen in einem Unternehmen von einem Mitarbeiter oder Beauftragten begangen, so sind der Unterlassungsanspruch

---

[1]) Nr. 5.

und der Beseitigungsanspruch auch gegen den Inhaber des Unternehmens begründet.

(3) Die Ansprüche aus Absatz 1 stehen zu:
1. jedem Mitbewerber, der Waren oder Dienstleistungen in nicht unerheblichem Maße und nicht nur gelegentlich vertreibt oder nachfragt,
2. denjenigen rechtsfähigen Verbänden zur Förderung gewerblicher oder selbstständiger beruflicher Interessen, die in der Liste der qualifizierten Wirtschaftsverbände nach § 8b eingetragen sind, soweit ihnen eine erhebliche Zahl von Unternehmern angehört, die Waren oder Dienstleistungen gleicher oder verwandter Art auf demselben Markt vertreiben, und die Zuwiderhandlung die Interessen ihrer Mitglieder berührt,
3. den qualifizierten Einrichtungen, die in der Liste der qualifizierten Einrichtungen nach § 4 des Unterlassungsklagengesetzes[1]) eingetragen sind, oder den qualifizierten Einrichtungen aus anderen Mitgliedstaaten der Europäischen Union, die in dem Verzeichnis der Europäischen Kommission nach Artikel 4 Absatz 3 der Richtlinie 2009/22/EG des Europäischen Parlaments und des Rates vom 23. April 2009 über Unterlassungsklagen zum Schutz der Verbraucherinteressen (ABl. L 110 vom 1.5.2009, S. 30), die zuletzt durch die Verordnung (EU) 2018/302 (ABl. L 60I vom 2.3.2018, S. 1) geändert worden ist, eingetragen sind,
4. den Industrie- und Handelskammern, den nach der Handwerksordnung errichteten Organisationen und anderen berufsständischen Körperschaften des öffentlichen Rechts im Rahmen der Erfüllung ihrer Aufgaben sowie den Gewerkschaften im Rahmen der Erfüllung ihrer Aufgaben bei der Vertretung selbstständiger beruflicher Interessen.

(4) Stellen nach Absatz 3 Nummer 2 und 3 können die Ansprüche nicht geltend machen, solange ihre Eintragung ruht.

(5) [1] § 13 des Unterlassungsklagengesetzes[1]) ist entsprechend anzuwenden; in § 13 Absatz 1 und 3 Satz 2 des Unterlassungsklagengesetzes treten an die Stelle der dort aufgeführten Ansprüche nach dem Unterlassungsklagengesetz[2]) die Ansprüche nach dieser Vorschrift. [2] Im Übrigen findet das Unterlassungsklagengesetz keine Anwendung, es sei denn, es liegt ein Fall des § 4e des Unterlassungsklagengesetzes vor.

§ 8a Anspruchsberechtigte bei einem Verstoß gegen die Verordnung (EU) 2019/1150.
Anspruchsberechtigt nach § 8 Absatz 1 sind bei einem Verstoß gegen die Verordnung (EU) 2019/1150 des Europäischen Parlaments und des Rates vom 20. Juni 2019 zur Förderung von Fairness und Transparenz für gewerbliche Nutzer von Online-Vermittlungsdiensten (ABl. L 186 vom 11.7.2019, S. 57) abweichend von § 8 Absatz 3 die Verbände, Organisationen und öffentlichen Stellen, die die Voraussetzungen des Artikels 14 Absatz 3 und 4 der Verordnung (EU) 2019/1150 erfüllen.

§ 8b Liste der qualifizierten Wirtschaftsverbände.
(1) Das Bundesamt für Justiz führt eine Liste der qualifizierten Wirtschaftsverbände und veröffentlicht sie in der jeweils aktuellen Fassung auf seiner Internetseite.

---

[1]) Nr. 31.
[2]) Auszugsweise abgedruckt unter Nr. 31.

(2) Ein rechtsfähiger Verband, zu dessen satzungsmäßigen Aufgaben es gehört, gewerbliche oder selbstständige berufliche Interessen zu verfolgen und zu fördern sowie zu Fragen des lauteren Wettbewerbs zu beraten und zu informieren, wird auf seinen Antrag in die Liste eingetragen, wenn

1. er mindestens 75 Unternehmer als Mitglieder hat,
2. er zum Zeitpunkt der Antragstellung seit mindestens einem Jahr seine satzungsmäßigen Aufgaben wahrgenommen hat,
3. auf Grund seiner bisherigen Tätigkeit sowie seiner personellen, sachlichen und finanziellen Ausstattung gesichert erscheint, dass er
   a) seine satzungsmäßigen Aufgaben auch künftig dauerhaft wirksam und sachgerecht erfüllen wird und
   b) seine Ansprüche nicht vorwiegend geltend machen wird, um für sich Einnahmen aus Abmahnungen oder Vertragsstrafen zu erzielen,
4. seinen Mitgliedern keine Zuwendungen aus dem Verbandsvermögen gewährt werden und Personen, die für den Verband tätig sind, nicht durch unangemessen hohe Vergütungen oder andere Zuwendungen begünstigt werden.

(3) § 4 Absatz 3 und 4 sowie die §§ 4a bis 4d des Unterlassungsklagengesetzes[1)] sind entsprechend anzuwenden.

§ 8c Verbot der missbräuchlichen Geltendmachung von Ansprüchen; Haftung.

(1) Die Geltendmachung der Ansprüche aus § 8 Absatz 1 ist unzulässig, wenn sie unter Berücksichtigung der gesamten Umstände missbräuchlich ist.

(2) Eine missbräuchliche Geltendmachung ist im Zweifel anzunehmen, wenn

1. die Geltendmachung der Ansprüche vorwiegend dazu dient, gegen den Zuwiderhandelnden einen Anspruch auf Ersatz von Aufwendungen oder von Kosten der Rechtsverfolgung oder die Zahlung einer Vertragsstrafe entstehen zu lassen,
2. ein Mitbewerber eine erhebliche Anzahl von Verstößen gegen die gleiche Rechtsvorschrift durch Abmahnungen geltend macht, wenn die Anzahl der geltend gemachten Verstöße außer Verhältnis zum Umfang der eigenen Geschäftstätigkeit steht oder wenn anzunehmen ist, dass der Mitbewerber das wirtschaftliche Risiko seines außergerichtlichen oder gerichtlichen Vorgehens nicht selbst trägt,
3. ein Mitbewerber den Gegenstandswert für eine Abmahnung unangemessen hoch ansetzt,
4. offensichtlich überhöhte Vertragsstrafen vereinbart oder gefordert werden,
5. eine vorgeschlagene Unterlassungsverpflichtung offensichtlich über die abgemahnte Rechtsverletzung hinausgeht,
6. mehrere Zuwiderhandlungen, die zusammen hätten abgemahnt werden können, einzeln abgemahnt werden oder
7. wegen einer Zuwiderhandlung, für die mehrere Zuwiderhandelnde verantwortlich sind, die Ansprüche gegen die Zuwiderhandelnden ohne sachlichen Grund nicht zusammen geltend gemacht werden.

[1)] Nr. 31.

(3) ¹Im Fall der missbräuchlichen Geltendmachung von Ansprüchen kann der Anspruchsgegner vom Anspruchsteller Ersatz der für seine Rechtsverteidigung erforderlichen Aufwendungen fordern. ²Weitergehende Ersatzansprüche bleiben unberührt.

[§ 9 bis 27.5.2022:]

§ 9 Schadensersatz. ¹Wer vorsätzlich oder fahrlässig eine nach § 3 oder § 7 unzulässige geschäftliche Handlung vornimmt, ist den Mitbewerbern zum Ersatz des daraus entstehenden Schadens verpflichtet. ²Gegen verantwortliche Personen von periodischen Druckschriften kann der Anspruch auf Schadensersatz nur bei einer vorsätzlichen Zuwiderhandlung geltend gemacht werden.

[§ 9 ab 28.5.2022:]

§ 9 Schadensersatz. (1) Wer vorsätzlich oder fahrlässig eine nach § 3 oder § 7 unzulässige geschäftliche Handlung vornimmt, ist den Mitbewerbern zum Ersatz des daraus entstehenden Schadens verpflichtet.

(2) ¹Wer vorsätzlich oder fahrlässig eine nach § 3 unzulässige geschäftliche Handlung vornimmt und hierdurch Verbraucher zu einer geschäftlichen Entscheidung veranlasst, die sie andernfalls nicht getroffen hätten, ist ihnen zum Ersatz des daraus entstehenden Schadens verpflichtet. ²Dies gilt nicht für unlautere geschäftliche Handlungen nach den §§ 3a, 4 und 6 sowie nach Nummer 32 des Anhangs.

(3) Gegen verantwortliche Personen von periodischen Druckschriften kann der Anspruch auf Schadensersatz nach den Absätzen 1 und 2 nur bei einer vorsätzlichen Zuwiderhandlung geltend gemacht werden.

§ 10 Gewinnabschöpfung. (1) Wer vorsätzlich eine nach § 3 oder § 7 unzulässige geschäftliche Handlung vornimmt und hierdurch zu Lasten einer Vielzahl von Abnehmern einen Gewinn erzielt, kann von den gemäß § 8 Absatz 3 Nummer 2 bis 4 zur Geltendmachung eines Unterlassungsanspruchs Berechtigten auf Herausgabe dieses Gewinns an den Bundeshaushalt in Anspruch genommen werden.

(2) ¹Auf den Gewinn sind die Leistungen anzurechnen, die der Schuldner auf Grund der Zuwiderhandlung an Dritte oder an den Staat erbracht hat. ²Soweit der Schuldner solche Leistungen erst nach Erfüllung des Anspruchs nach Absatz 1 erbracht hat, erstattet die zuständige Stelle des Bundes dem Schuldner den abgeführten Gewinn in Höhe der nachgewiesenen Zahlungen zurück.

(3) Beanspruchen mehrere Gläubiger den Gewinn, so gelten die §§ 428 bis 430 des Bürgerlichen Gesetzbuchs entsprechend.

(4) ¹Die Gläubiger haben der zuständigen Stelle des Bundes über die Geltendmachung von Ansprüchen nach Absatz 1 Auskunft zu erteilen. ²Sie können von der zuständigen Stelle des Bundes Erstattung der für die Geltendmachung des Anspruchs erforderlichen Aufwendungen verlangen, soweit sie vom Schuldner keinen Ausgleich erlangen können. ³Der Erstattungsanspruch ist auf die Höhe des an den Bundeshaushalt abgeführten Gewinns beschränkt.

(5) Zuständige Stelle im Sinn der Absätze 2 und 4 ist das Bundesamt für Justiz.

§ 11 Verjährung.

[Abs. 1 bis 27.5.2022:]

(1) Die Ansprüche aus §§ 8, 9 und 13 Absatz 3 verjähren in sechs Monaten.

[Abs. 1 ab 28.5.2022:]

(1) Die Ansprüche aus den §§ 8, 9 Absatz 1 und § 13 Absatz 3 verjähren in sechs Monaten und der Anspruch aus § 9 Absatz 2 Satz 1 verjährt in einem Jahr.

(2) Die Verjährungsfrist beginnt, wenn

1. der Anspruch entstanden ist und
2. der Gläubiger von den den Anspruch begründenden Umständen und der Person des Schuldners Kenntnis erlangt oder ohne grobe Fahrlässigkeit erlangen müsste.

(3) Schadensersatzansprüche verjähren ohne Rücksicht auf die Kenntnis oder grob fahrlässige Unkenntnis in zehn Jahren von ihrer Entstehung, spätestens in 30 Jahren von der den Schaden auslösenden Handlung an.

(4) Andere Ansprüche verjähren ohne Rücksicht auf die Kenntnis oder grob fahrlässige Unkenntnis in drei Jahren von der Entstehung an.

25. Gesetz zum Schutz von Geschäftsgeheimnissen (GeschGehG)[1)]

Vom 18. April 2019

(BGBl. I S. 466)

FNA 427-1

Inhaltsübersicht

Abschnitt 1. Allgemeines

§ 1	Anwendungsbereich
§ 2	Begriffsbestimmungen
§ 3	Erlaubte Handlungen
§ 4	Handlungsverbote
§ 5	Ausnahmen

Abschnitt 2. Ansprüche bei Rechtsverletzungen

§ 6	Beseitigung und Unterlassung
§ 7	Vernichtung; Herausgabe; Rückruf; Entfernung und Rücknahme vom Markt
§ 8	Auskunft über rechtsverletzende Produkte; Schadensersatz bei Verletzung der Auskunftspflicht
§ 9	Anspruchsausschluss bei Unverhältnismäßigkeit
§ 10	Haftung des Rechtsverletzers
§ 11	Abfindung in Geld
§ 12	Haftung des Inhabers eines Unternehmens
§ 13	Herausgabeanspruch nach Eintritt der Verjährung
§ 14	Missbrauchsverbot

Abschnitt 3. Verfahren in Geschäftsgeheimnisstreitsachen

§ 15	Sachliche und örtliche Zuständigkeit; Verordnungsermächtigung
§ 16	Geheimhaltung
§ 17	Ordnungsmittel
§ 18	Geheimhaltung nach Abschluss des Verfahrens
§ 19	Weitere gerichtliche Beschränkungen
§ 20	Verfahren bei Maßnahmen nach den §§ 16 bis 19
§ 21	Bekanntmachung des Urteils
§ 22	Streitwertbegünstigung

Abschnitt 4. Strafvorschriften

§ 23	Verletzung von Geschäftsgeheimnissen

Abschnitt 1. Allgemeines

§ 1 Anwendungsbereich. (1) Dieses Gesetz dient dem Schutz von Geschäftsgeheimnissen vor unerlaubter Erlangung, Nutzung und Offenlegung.

(2) Öffentlich-rechtliche Vorschriften zur Geheimhaltung, Erlangung, Nutzung oder Offenlegung von Geschäftsgeheimnissen gehen vor.

(3) Es bleiben unberührt:

1. der berufs- und strafrechtliche Schutz von Geschäftsgeheimnissen, deren unbefugte Offenbarung von § 203 des Strafgesetzbuches[2)] erfasst wird,

---

[1)] Verkündet als Art. 1 G v. 18.4.2019 (BGBl. I S. 466); Inkrafttreten gem. Art. 6 dieses G am 26.4.2019.

Amtl. Anm. zum ArtikelG: Artikel 1 dieses Gesetzes dient der Umsetzung der Richtlinie (EU) 2016/943 des Europäischen Parlaments und des Rates vom 8. Juni 2016 über den Schutz vertraulichen Knowhows und vertraulicher Geschäftsinformationen (Geschäftsgeheimnisse) vor rechtswidrigem Erwerb sowie rechtswidriger Nutzung und Offenlegung (ABl. L 157 vom 15.6.2016, S. 1).

2. die Ausübung des Rechts der freien Meinungsäußerung und der Informationsfreiheit nach der Charta der Grundrechte der Europäischen Union (ABl. C 202 vom 7.6.2016, S. 389), einschließlich der Achtung der Freiheit und der Pluralität der Medien,
3. die Autonomie der Sozialpartner und ihr Recht, Kollektivverträge nach den bestehenden europäischen und nationalen Vorschriften abzuschließen,
4. die Rechte und Pflichten aus dem Arbeitsverhältnis und die Rechte der Arbeitnehmervertretungen.

§ 2 Begriffsbestimmungen. Im Sinne dieses Gesetzes ist

1. Geschäftsgeheimnis
eine Information
   a) die weder insgesamt noch in der genauen Anordnung und Zusammensetzung ihrer Bestandteile den Personen in den Kreisen, die üblicherweise mit dieser Art von Informationen umgehen, allgemein bekannt oder ohne Weiteres zugänglich ist und daher von wirtschaftlichem Wert ist und
   b) die Gegenstand von den Umständen nach angemessenen Geheimhaltungsmaßnahmen durch ihren rechtmäßigen Inhaber ist und
   c) bei der ein berechtigtes Interesse an der Geheimhaltung besteht;
2. Inhaber eines Geschäftsgeheimnisses
jede natürliche oder juristische Person, die die rechtmäßige Kontrolle über ein Geschäftsgeheimnis hat;
3. Rechtsverletzer
jede natürliche oder juristische Person, die entgegen § 4 ein Geschäftsgeheimnis rechtswidrig erlangt, nutzt oder offenlegt; Rechtsverletzer ist nicht, wer sich auf eine Ausnahme nach § 5 berufen kann;
4. rechtsverletzendes Produkt
ein Produkt, dessen Konzeption, Merkmale, Funktionsweise, Herstellungsprozess oder Marketing in erheblichem Umfang auf einem rechtswidrig erlangten, genutzten oder offengelegten Geschäftsgeheimnis beruht.

§ 3 Erlaubte Handlungen. (1) Ein Geschäftsgeheimnis darf insbesondere erlangt werden durch

1. eine eigenständige Entdeckung oder Schöpfung;
2. ein Beobachten, Untersuchen, Rückbauen oder Testen eines Produkts oder Gegenstands, das oder der
   a) öffentlich verfügbar gemacht wurde oder
   b) sich im rechtmäßigen Besitz des Beobachtenden, Untersuchenden, Rückbauenden oder Testenden befindet und dieser keiner Pflicht zur Beschränkung der Erlangung des Geschäftsgeheimnisses unterliegt;
3. ein Ausüben von Informations- und Anhörungsrechten der Arbeitnehmer oder Mitwirkungs- und Mitbestimmungsrechte der Arbeitnehmervertretung.

(2) Ein Geschäftsgeheimnis darf erlangt, genutzt oder offengelegt werden, wenn dies durch Gesetz, aufgrund eines Gesetzes oder durch Rechtsgeschäft gestattet ist.

---

[2]) Nr. **44**.

§ 4 Handlungsverbote. (1) Ein Geschäftsgeheimnis darf nicht erlangt werden durch

1. unbefugten Zugang zu, unbefugte Aneignung oder unbefugtes Kopieren von Dokumenten, Gegenständen, Materialien, Stoffen oder elektronischen Dateien, die der rechtmäßigen Kontrolle des Inhabers des Geschäftsgeheimnisses unterliegen und die das Geschäftsgeheimnis enthalten oder aus denen sich das Geschäftsgeheimnis ableiten lässt, oder
2. jedes sonstige Verhalten, das unter den jeweiligen Umständen nicht dem Grundsatz von Treu und Glauben unter Berücksichtigung der anständigen Marktgepflogenheit entspricht.

(2) Ein Geschäftsgeheimnis darf nicht nutzen oder offenlegen, wer

1. das Geschäftsgeheimnis durch eine eigene Handlung nach Absatz 1
   a) Nummer 1 oder
   b) Nummer 2
   erlangt hat,
2. gegen eine Verpflichtung zur Beschränkung der Nutzung des Geschäftsgeheimnisses verstößt oder
3. gegen eine Verpflichtung verstößt, das Geschäftsgeheimnis nicht offenzulegen.

(3) [1] Ein Geschäftsgeheimnis darf nicht erlangen, nutzen oder offenlegen, wer das Geschäftsgeheimnis über eine andere Person erlangt hat und zum Zeitpunkt der Erlangung, Nutzung oder Offenlegung weiß oder wissen müsste, dass diese das Geschäftsgeheimnis entgegen Absatz 2 genutzt oder offengelegt hat. [2] Das gilt insbesondere, wenn die Nutzung in der Herstellung, dem Anbieten, dem Inverkehrbringen oder der Einfuhr, der Ausfuhr oder der Lagerung für diese Zwecke von rechtsverletzenden Produkten besteht.

§ 5 Ausnahmen. Die Erlangung, die Nutzung oder die Offenlegung eines Geschäftsgeheimnisses fällt nicht unter die Verbote des § 4, wenn dies zum Schutz eines berechtigten Interesses erfolgt, insbesondere

1. zur Ausübung des Rechts der freien Meinungsäußerung und der Informationsfreiheit, einschließlich der Achtung der Freiheit und der Pluralität der Medien;
2. zur Aufdeckung einer rechtswidrigen Handlung oder eines beruflichen oder sonstigen Fehlverhaltens, wenn die Erlangung, Nutzung oder Offenlegung geeignet ist, das allgemeine öffentliche Interesse zu schützen;
3. im Rahmen der Offenlegung durch Arbeitnehmer gegenüber der Arbeitnehmervertretung, wenn dies erforderlich ist, damit die Arbeitnehmervertretung ihre Aufgaben erfüllen kann.

Abschnitt 2. Ansprüche bei Rechtsverletzungen

§ 6 Beseitigung und Unterlassung. [1] Der Inhaber des Geschäftsgeheimnisses kann den Rechtsverletzer auf Beseitigung der Beeinträchtigung und bei Wiederholungsgefahr auch auf Unterlassung in Anspruch nehmen. [2] Der Anspruch auf Unterlassung besteht auch dann, wenn eine Rechtsverletzung erstmalig droht.

§ 7 Vernichtung; Herausgabe; Rückruf; Entfernung und Rücknahme vom Markt. Der Inhaber des Geschäftsgeheimnisses kann den Rechtsverletzer auch in Anspruch nehmen auf

1. Vernichtung oder Herausgabe der im Besitz oder Eigentum des Rechtsverletzers stehenden Dokumente, Gegenstände, Materialien, Stoffe oder elektronischen Dateien, die das Geschäftsgeheimnis enthalten oder verkörpern,
2. Rückruf des rechtsverletzenden Produkts,
3. dauerhafte Entfernung der rechtsverletzenden Produkte aus den Vertriebswegen,
4. Vernichtung der rechtsverletzenden Produkte oder
5. Rücknahme der rechtsverletzenden Produkte vom Markt, wenn der Schutz des Geschäftsgeheimnisses hierdurch nicht beeinträchtigt wird.

§ 8 Auskunft über rechtsverletzende Produkte; Schadensersatz bei Verletzung der Auskunftspflicht. (1) Der Inhaber des Geschäftsgeheimnisses kann vom Rechtsverletzer Auskunft über Folgendes verlangen:

1. Name und Anschrift der Hersteller, Lieferanten und anderer Vorbesitzer der rechtsverletzenden Produkte sowie der gewerblichen Abnehmer und Verkaufsstellen, für die sie bestimmt waren,
2. die Menge der hergestellten, bestellten, ausgelieferten oder erhaltenen rechtsverletzenden Produkte sowie über die Kaufpreise,
3. diejenigen im Besitz oder Eigentum des Rechtsverletzers stehenden Dokumente, Gegenstände, Materialien, Stoffe oder elektronischen Dateien, die das Geschäftsgeheimnis enthalten oder verkörpern, und
4. die Person, von der sie das Geschäftsgeheimnis erlangt haben und der gegenüber sie es offenbart haben.

(2) Erteilt der Rechtsverletzer vorsätzlich oder grob fahrlässig die Auskunft nicht, verspätet, falsch oder unvollständig, ist er dem Inhaber des Geschäftsgeheimnisses zum Ersatz des daraus entstehenden Schadens verpflichtet.

§ 9 Anspruchsausschluss bei Unverhältnismäßigkeit. Die Ansprüche nach den §§ 6 bis 8 Absatz 1 sind ausgeschlossen, wenn die Erfüllung im Einzelfall unverhältnismäßig wäre, unter Berücksichtigung insbesondere

1. des Wertes oder eines anderen spezifischen Merkmals des Geschäftsgeheimnisses,
2. der getroffenen Geheimhaltungsmaßnahmen,
3. des Verhaltens des Rechtsverletzers bei Erlangung, Nutzung oder Offenlegung des Geschäftsgeheimnisses,
4. der Folgen der rechtswidrigen Nutzung oder Offenlegung des Geschäftsgeheimnisses,
5. der berechtigten Interessen des Inhabers des Geschäftsgeheimnisses und des Rechtsverletzers sowie der Auswirkungen, die die Erfüllung der Ansprüche für beide haben könnte,
6. der berechtigten Interessen Dritter oder
7. des öffentlichen Interesses.

§ 10 Haftung des Rechtsverletzers. (1) [1] Ein Rechtsverletzer, der vorsätzlich oder fahrlässig handelt, ist dem Inhaber des Geschäftsgeheimnisses zum Ersatz des daraus entstehenden Schadens verpflichtet. [2] § 619a des Bürgerlichen Gesetzbuchs bleibt unberührt.

(2) ¹Bei der Bemessung des Schadensersatzes kann auch der Gewinn, den der Rechtsverletzer durch die Verletzung des Rechts erzielt hat, berücksichtigt werden. ²Der Schadensersatzanspruch kann auch auf der Grundlage des Betrages bestimmt werden, den der Rechtsverletzer als angemessene Vergütung hätte entrichten müssen, wenn er die Zustimmung zur Erlangung, Nutzung oder Offenlegung des Geschäftsgeheimnisses eingeholt hätte.

(3) Der Inhaber des Geschäftsgeheimnisses kann auch wegen des Schadens, der nicht Vermögensschaden ist, von dem Rechtsverletzer eine Entschädigung in Geld verlangen, soweit dies der Billigkeit entspricht.

§ 11 Abfindung in Geld. (1) Ein Rechtsverletzer, der weder vorsätzlich noch fahrlässig gehandelt hat, kann zur Abwendung der Ansprüche nach den §§ 6 oder 7 den Inhaber des Geschäftsgeheimnisses in Geld abfinden, wenn dem Rechtsverletzer durch die Erfüllung der Ansprüche ein unverhältnismäßig großer Nachteil entstehen würde und wenn die Abfindung in Geld als angemessen erscheint.

(2) ¹Die Höhe der Abfindung in Geld bemisst sich nach der Vergütung, die im Falle einer vertraglichen Einräumung des Nutzungsrechts angemessen wäre. ²Sie darf den Betrag nicht übersteigen, der einer Vergütung im Sinne von Satz 1 für die Länge des Zeitraums entspricht, in dem dem Inhaber des Geschäftsgeheimnisses ein Unterlassungsanspruch zusteht.

§ 12 Haftung des Inhabers eines Unternehmens. ¹Ist der Rechtsverletzer Beschäftigter oder Beauftragter eines Unternehmens, so hat der Inhaber des Geschäftsgeheimnisses die Ansprüche nach den §§ 6 bis 8 auch gegen den Inhaber des Unternehmens. ²Für den Anspruch nach § 8 Absatz 2 gilt dies nur, wenn der Inhaber des Unternehmens vorsätzlich oder grob fahrlässig die Auskunft nicht, verspätet, falsch oder unvollständig erteilt hat.

§ 13 Herausgabeanspruch nach Eintritt der Verjährung. ¹Hat der Rechtsverletzer ein Geschäftsgeheimnis vorsätzlich oder fahrlässig erlangt, offengelegt oder genutzt und durch diese Verletzung eines Geschäftsgeheimnisses auf Kosten des Inhabers des Geschäftsgeheimnisses etwas erlangt, so ist er auch nach Eintritt der Verjährung des Schadensersatzanspruchs nach § 10 zur Herausgabe nach den Vorschriften des Bürgerlichen Gesetzbuchs[1]) über die Herausgabe einer ungerechtfertigten Bereicherung verpflichtet. ²Dieser Anspruch verjährt sechs Jahre nach seiner Entstehung.

§ 14 Missbrauchsverbot. ¹Die Geltendmachung der Ansprüche nach diesem Gesetz ist unzulässig, wenn sie unter Berücksichtigung der gesamten Umstände missbräuchlich ist. ²Bei missbräuchlicher Geltendmachung kann der Anspruchsgegner Ersatz der für seine Rechtsverteidigung erforderlichen Aufwendungen verlangen. ³Weitergehende Ersatzansprüche bleiben unberührt.

Abschnitt 3. Verfahren in Geschäftsgeheimnisstreitsachen

§ 15 Sachliche und örtliche Zuständigkeit; Verordnungsermächtigung.

(1) Für Klagen vor den ordentlichen Gerichten, durch die Ansprüche nach diesem Gesetz geltend gemacht werden, sind die Landgerichte ohne Rücksicht auf den Streitwert ausschließlich zuständig.

---

[1]) Auszugsweise abgedruckt unter Nr. **19**.

(2) ¹Für Klagen nach Absatz 1 ist das Gericht ausschließlich zuständig, in dessen Bezirk der Beklagte seinen allgemeinen Gerichtsstand hat. ²Hat der Beklagte im Inland keinen allgemeinen Gerichtsstand, ist nur das Gericht zuständig, in dessen Bezirk die Handlung begangen worden ist.

(3) ¹Die Landesregierungen werden ermächtigt, durch Rechtsverordnung einem Landgericht die Klagen nach Absatz 1 der Bezirke mehrerer Landgerichte zuzuweisen. ²Die Landesregierungen können diese Ermächtigung durch Rechtsverordnung auf die Landesjustizverwaltungen übertragen. ³Die Länder können außerdem durch Vereinbarung die den Gerichten eines Landes obliegenden Klagen nach Absatz 1 insgesamt oder teilweise dem zuständigen Gericht eines anderen Landes übertragen.

§ 16 Geheimhaltung. (1) Bei Klagen, durch die Ansprüche nach diesem Gesetz geltend gemacht werden (Geschäftsgeheimnisstreitsachen) kann das Gericht der Hauptsache auf Antrag einer Partei streitgegenständliche Informationen ganz oder teilweise als geheimhaltungsbedürftig einstufen, wenn diese ein Geschäftsgeheimnis sein können.

(2) Die Parteien, ihre Prozessvertreter, Zeugen, Sachverständige, sonstige Vertreter und alle sonstigen Personen, die an Geschäftsgeheimnisstreitsachen beteiligt sind oder die Zugang zu Dokumenten eines solchen Verfahrens haben, müssen als geheimhaltungsbedürftig eingestufte Informationen vertraulich behandeln und dürfen diese außerhalb eines gerichtlichen Verfahrens nicht nutzen oder offenlegen, es sei denn, dass sie von diesen außerhalb des Verfahrens Kenntnis erlangt haben.

(3) Wenn das Gericht eine Entscheidung nach Absatz 1 trifft, darf Dritten, die ein Recht auf Akteneinsicht haben, nur ein Akteninhalt zur Verfügung gestellt werden, in dem die Geschäftsgeheimnisse enthaltenden Ausführungen unkenntlich gemacht wurden.

§ 17 Ordnungsmittel. ¹Das Gericht der Hauptsache kann auf Antrag einer Partei bei Zuwiderhandlungen gegen die Verpflichtungen nach § 16 Absatz 2 ein Ordnungsgeld bis zu 100 000 Euro oder Ordnungshaft bis zu sechs Monaten festsetzen und sofort vollstrecken. ²Bei der Festsetzung von Ordnungsgeld ist zugleich für den Fall, dass dieses nicht beigetrieben werden kann, zu bestimmen, in welchem Maße Ordnungshaft an seine Stelle tritt. ³Die Beschwerde gegen ein nach Satz 1 verhängtes Ordnungsmittel entfaltet aufschiebende Wirkung.

§ 18 Geheimhaltung nach Abschluss des Verfahrens. ¹Die Verpflichtungen nach § 16 Absatz 2 bestehen auch nach Abschluss des gerichtlichen Verfahrens fort. ²Dies gilt nicht, wenn das Gericht der Hauptsache das Vorliegen des streitgegenständlichen Geschäftsgeheimnisses durch rechtskräftiges Urteil verneint hat oder sobald die streitgegenständlichen Informationen für Personen in den Kreisen, die üblicherweise mit solchen Informationen umgehen, bekannt oder ohne Weiteres zugänglich werden.

§ 19 Weitere gerichtliche Beschränkungen. (1) ¹Zusätzlich zu § 16 Absatz 1 beschränkt das Gericht der Hauptsache zur Wahrung von Geschäftsgeheimnissen auf Antrag einer Partei den Zugang ganz oder teilweise auf eine bestimmte Anzahl von zuverlässigen Personen

1. zu von den Parteien oder Dritten eingereichten oder vorgelegten Dokumenten, die Geschäftsgeheimnisse enthalten können, oder

2. zur mündlichen Verhandlung, bei der Geschäftsgeheimnisse offengelegt werden könnten, und zu der Aufzeichnung oder dem Protokoll der mündlichen Verhandlung.

[2]Dies gilt nur, soweit nach Abwägung aller Umstände das Geheimhaltungsinteresse das Recht der Beteiligten auf rechtliches Gehör auch unter Beachtung ihres Rechts auf effektiven Rechtsschutz und ein faires Verfahren übersteigt. [3]Es ist jeweils mindestens einer natürlichen Person jeder Partei und ihren Prozessvertretern oder sonstigen Vertretern Zugang zu gewähren. [4]Im Übrigen bestimmt das Gericht nach freiem Ermessen, welche Anordnungen zur Erreichung des Zwecks erforderlich sind.

(2) Wenn das Gericht Beschränkungen nach Absatz 1 Satz 1 trifft,
1. kann die Öffentlichkeit auf Antrag von der mündlichen Verhandlung ausgeschlossen werden und
2. gilt § 16 Absatz 3 für nicht zugelassene Personen.

(3) Die §§ 16 bis 19 Absatz 1 und 2 gelten entsprechend im Verfahren der Zwangsvollstreckung, wenn das Gericht der Hauptsache Informationen nach § 16 Absatz 1 als geheimhaltungsbedürftig eingestuft oder zusätzliche Beschränkungen nach Absatz 1 Satz 1 getroffen hat.

§ 20 Verfahren bei Maßnahmen nach den §§ 16 bis 19. (1) Das Gericht der Hauptsache kann eine Beschränkung nach § 16 Absatz 1 und § 19 Absatz 1 ab Anhängigkeit des Rechtsstreits anordnen.

(2) [1]Die andere Partei ist spätestens nach Anordnung der Maßnahme vom Gericht zu hören. [2]Das Gericht kann die Maßnahmen nach Anhörung der Parteien aufheben oder abändern.

(3) Die den Antrag nach § 16 Absatz 1 oder § 19 Absatz 1 stellende Partei muss glaubhaft machen, dass es sich bei der streitgegenständlichen Information um ein Geschäftsgeheimnis handelt.

(4) [1]Werden mit dem Antrag oder nach einer Anordnung nach § 16 Absatz 1 oder einer Anordnung nach § 19 Absatz 1 Satz 1 Nummer 1 Schriftstücke und sonstige Unterlagen eingereicht oder vorgelegt, muss die den Antrag stellende Partei diejenigen Ausführungen kennzeichnen, die nach ihrem Vorbringen Geschäftsgeheimnisse enthalten. [2]Im Fall des § 19 Absatz 1 Satz 1 Nummer 1 muss sie zusätzlich eine Fassung ohne Preisgabe von Geschäftsgeheimnissen vorlegen, die eingesehen werden kann. [3]Wird keine solche um die Geschäftsgeheimnisse reduzierte Fassung vorgelegt, kann das Gericht von der Zustimmung zur Einsichtnahme ausgehen, es sei denn, ihm sind besondere Umstände bekannt, die eine solche Vermutung nicht rechtfertigen.

(5) [1]Das Gericht entscheidet über den Antrag durch Beschluss. [2]Gibt es dem Antrag statt, hat es die Beteiligten auf die Wirkung der Anordnung nach § 16 Absatz 2 und § 18 und Folgen der Zuwiderhandlung nach § 17 hinzuweisen. [3]Beabsichtigt das Gericht die Zurückweisung des Antrags, hat es die den Antrag stellende Partei darauf und auf die Gründe hierfür hinzuweisen und ihr binnen einer zu bestimmenden Frist Gelegenheit zur Stellungnahme zu geben. [4]Die Einstufung als geheimhaltungsbedürftig nach § 16 Absatz 1 und die Anordnung der Beschränkung nach § 19 Absatz 1 können nur gemeinsam mit dem Rechtsmittel in der Hauptsache angefochten werden. [5]Im Übrigen findet die sofortige Beschwerde statt.

(6) Gericht der Hauptsache im Sinne dieses Abschnitts ist
1. das Gericht des ersten Rechtszuges oder
2. das Berufungsgericht, wenn die Hauptsache in der Berufungsinstanz anhängig ist.

§ 21 Bekanntmachung des Urteils. (1) ¹Der obsiegenden Partei einer Geschäftsgeheimnisstreitsache kann auf Antrag in der Urteilsformel die Befugnis zugesprochen werden, das Urteil oder Informationen über das Urteil auf Kosten der unterliegenden Partei öffentlich bekannt zu machen, wenn die obsiegende Partei hierfür ein berechtigtes Interesse darlegt. ²Form und Umfang der öffentlichen Bekanntmachung werden unter Berücksichtigung der berechtigten Interessen der im Urteil genannten Personen in der Urteilsformel bestimmt.

(2) Bei den Entscheidungen über die öffentliche Bekanntmachung nach Absatz 1 Satz 1 ist insbesondere zu berücksichtigen:
1. der Wert des Geschäftsgeheimnisses,
2. das Verhalten des Rechtsverletzers bei Erlangung, Nutzung oder Offenlegung des Geschäftsgeheimnisses,
3. die Folgen der rechtswidrigen Nutzung oder Offenlegung des Geschäftsgeheimnisses und
4. die Wahrscheinlichkeit einer weiteren rechtswidrigen Nutzung oder Offenlegung des Geschäftsgeheimnisses durch den Rechtsverletzer.

(3) Das Urteil darf erst nach Rechtskraft bekannt gemacht werden, es sei denn, das Gericht bestimmt etwas anderes.

§ 22 Streitwertbegünstigung. (1) Macht bei Geschäftsgeheimnisstreitsachen eine Partei glaubhaft, dass die Belastung mit den Prozesskosten nach dem vollen Streitwert ihre wirtschaftliche Lage erheblich gefährden würde, so kann das Gericht auf ihren Antrag anordnen, dass die Verpflichtung dieser Partei zur Zahlung von Gerichtskosten sich nach dem ihrer Wirtschaftslage angepassten Teil des Streitwerts bemisst.

(2) Die Anordnung nach Absatz 1 bewirkt auch, dass
1. die begünstigte Partei die Gebühren ihres Rechtsanwalts ebenfalls nur nach diesem Teil des Streitwerts zu entrichten hat,
2. die begünstigte Partei, soweit ihr Kosten des Rechtsstreits auferlegt werden oder soweit sie diese übernimmt, die von dem Gegner entrichteten Gerichtsgebühren und die Gebühren seines Rechtsanwalts nur nach diesem Teil des Streitwerts zu erstatten hat und
3. der Rechtsanwalt der begünstigten Partei seine Gebühren von dem Gegner nach dem für diesen geltenden Streitwert beitreiben kann, soweit die außergerichtlichen Kosten dem Gegner auferlegt oder von ihm übernommen werden.

(3) ¹Der Antrag nach Absatz 1 ist vor der Verhandlung zur Hauptsache zu stellen. ²Danach ist er nur zulässig, wenn der angenommene oder festgesetzte Streitwert durch das Gericht heraufgesetzt wird. ³Der Antrag kann vor der Geschäftsstelle des Gerichts zur Niederschrift erklärt werden. ⁴Vor der Entscheidung über den Antrag ist der Gegner zu hören.

Abschnitt 4. Strafvorschriften

§ 23 Verletzung von Geschäftsgeheimnissen. (1) Mit Freiheitsstrafe bis zu drei Jahren oder mit Geldstrafe wird bestraft, wer zur Förderung des eigenen oder fremden Wettbewerbs, aus Eigennutz, zugunsten eines Dritten oder in der Absicht, dem Inhaber eines Unternehmens Schaden zuzufügen,

1. entgegen § 4 Absatz 1 Nummer 1 ein Geschäftsgeheimnis erlangt,
2. entgegen § 4 Absatz 2 Nummer 1 Buchstabe a ein Geschäftsgeheimnis nutzt oder offenlegt oder
3. entgegen § 4 Absatz 2 Nummer 3 als eine bei einem Unternehmen beschäftigte Person ein Geschäftsgeheimnis, das ihr im Rahmen des Beschäftigungsverhältnisses anvertraut worden oder zugänglich geworden ist, während der Geltungsdauer des Beschäftigungsverhältnisses offenlegt.

(2) Ebenso wird bestraft, wer zur Förderung des eigenen oder fremden Wettbewerbs, aus Eigennutz, zugunsten eines Dritten oder in der Absicht, dem Inhaber eines Unternehmens Schaden zuzufügen, ein Geschäftsgeheimnis nutzt oder offenlegt, das er durch eine fremde Handlung nach Absatz 1 Nummer 2 oder Nummer 3 erlangt hat.

(3) Mit Freiheitsstrafe bis zu zwei Jahren oder mit Geldstrafe wird bestraft, wer zur Förderung des eigenen oder fremden Wettbewerbs oder aus Eigennutz entgegen § 4 Absatz 2 Nummer 2 oder Nummer 3 ein Geschäftsgeheimnis, das eine ihm im geschäftlichen Verkehr anvertraute geheime Vorlage oder Vorschrift technischer Art ist, nutzt oder offenlegt.

(4) Mit Freiheitsstrafe bis zu fünf Jahren oder mit Geldstrafe wird bestraft, wer

1. in den Fällen des Absatzes 1 oder des Absatzes 2 gewerbsmäßig handelt,
2. in den Fällen des Absatzes 1 Nummer 2 oder Nummer 3 oder des Absatzes 2 bei der Offenlegung weiß, dass das Geschäftsgeheimnis im Ausland genutzt werden soll, oder
3. in den Fällen des Absatzes 1 Nummer 2 oder des Absatzes 2 das Geschäftsgeheimnis im Ausland nutzt.

(5) Der Versuch ist strafbar.

(6) Beihilfehandlungen einer in § 53 Absatz 1 Satz 1 Nummer 5 der Strafprozessordnung genannten Person sind nicht rechtswidrig, wenn sie sich auf die Entgegennahme, Auswertung oder Veröffentlichung des Geschäftsgeheimnisses beschränken.

(7) [1] § 5 Nummer 7 des Strafgesetzbuches gilt entsprechend. [2] Die §§ 30 und 31 des Strafgesetzbuches gelten entsprechend, wenn der Täter zur Förderung des eigenen oder fremden Wettbewerbs oder aus Eigennutz handelt.

(8) Die Tat wird nur auf Antrag verfolgt, es sei denn, dass die Strafverfolgungsbehörde wegen des besonderen öffentlichen Interesses an der Strafverfolgung ein Einschreiten von Amts wegen für geboten hält.

26. Gesetz über den Schutz von Marken und sonstigen Kennzeichen (Markengesetz – MarkenG)[1)]

Vom 25. Oktober 1994

(BGBl. I S. 3082, ber. 1995 I S. 156)

FNA 423-5-2

zuletzt geänd. durch Art. 5 Zweites G zur Vereinfachung und Modernisierung des Patentrechts v. 10.8.2021 (BGBl. I S. 3490)

– Auszug –

Teil 1. Anwendungsbereich

§ 1 Geschützte Marken und sonstige Kennzeichen. Nach diesem Gesetz werden geschützt:

1. Marken,
2. geschäftliche Bezeichnungen,
3. geographische Herkunftsangaben.

Teil 2. Voraussetzungen, Inhalt und Schranken des Schutzes von Marken und geschäftlichen Bezeichnungen; Übertragung und Lizenz

Abschnitt 1. Marken und geschäftliche Bezeichnungen; Vorrang und Zeitrang

§ 3 Als Marke schutzfähige Zeichen. (1) Als Marke können alle Zeichen, insbesondere Wörter einschließlich Personennamen, Abbildungen, Buchstaben, Zahlen, Klänge, dreidimensionale Gestaltungen einschließlich der Form einer Ware oder ihrer Verpackung sowie sonstige Aufmachungen einschließlich Farben und Farbzusammenstellungen geschützt werden, die geeignet sind, Waren oder Dienstleistungen eines Unternehmens von denjenigen anderer Unternehmen zu unterscheiden.

(2) Dem Markenschutz nicht zugänglich sind Zeichen, die ausschließlich aus Formen oder anderen charakteristischen Merkmalen bestehen,

1. die durch die Art der Ware selbst bedingt sind,
2. die zur Erreichung einer technischen Wirkung erforderlich sind oder
3. die der Ware einen wesentlichen Wert verleihen.

§ 4 Entstehung des Markenschutzes. Der Markenschutz entsteht

1. durch die Eintragung eines Zeichens als Marke in das vom Deutschen Patent- und Markenamt geführte Register,

---

[1)] Verkündet als Art. 1 MarkenrechtsreformG v. 25.10.1994 (BGBl. I S. 3082); Inkrafttreten gem. Art. 50 dieses G am 1.1.1995 mit Ausnahme der §§ 65, 130–139, 140 Abs. 2, § 144 Abs. 6 und § 145 Abs. 2 und 3, die am 1.11.1994 in Kraft getreten sind.
Die §§ 119–125 traten gem. Bek. v. 24.4.1996 (BGBl. I S. 682) mit dem Protokoll v. 27.6.1989 zum Abkommen von Madrid über die internationale Registrierung von Marken am 20.3.1996 in Kraft.

2. durch die Benutzung eines Zeichens im geschäftlichen Verkehr, soweit das Zeichen innerhalb beteiligter Verkehrskreise als Marke Verkehrsgeltung erworben hat, oder
3. durch die im Sinne des Artikels 6bis der Pariser Verbandsübereinkunft zum Schutz des gewerblichen Eigentums (Pariser Verbandsübereinkunft) notorische Bekanntheit einer Marke.

§ 5 Geschäftliche Bezeichnungen. (1) Als geschäftliche Bezeichnungen werden Unternehmenskennzeichen und Werktitel geschützt.

(2) ¹Unternehmenskennzeichen sind Zeichen, die im geschäftlichen Verkehr als Name, als Firma oder als besondere Bezeichnung eines Geschäftsbetriebs oder eines Unternehmens benutzt werden. ²Der besonderen Bezeichnung eines Geschäftsbetriebs stehen solche Geschäftsabzeichen und sonstige zur Unterscheidung des Geschäftsbetriebs von anderen Geschäftsbetrieben bestimmte Zeichen gleich, die innerhalb beteiligter Verkehrskreise als Kennzeichen des Geschäftsbetriebs gelten.

(3) Werktitel sind die Namen oder besonderen Bezeichnungen von Druckschriften, Filmwerken, Tonwerken, Bühnenwerken oder sonstigen vergleichbaren Werken.

Abschnitt 3. Schutzinhalt; Rechtsverletzungen

§ 14 Ausschließliches Recht des Inhabers einer Marke; Unterlassungsanspruch; Schadensersatzanspruch. (1) Der Erwerb des Markenschutzes nach § 4 gewährt dem Inhaber der Marke ein ausschließliches Recht.

(2) ¹Dritten ist es untersagt, ohne Zustimmung des Inhabers der Marke im geschäftlichen Verkehr in Bezug auf Waren oder Dienstleistungen
1. ein mit der Marke identisches Zeichen für Waren oder Dienstleistungen zu benutzen, die mit denjenigen identisch sind, für die sie Schutz genießt,
2. ein Zeichen zu benutzen, wenn das Zeichen mit einer Marke identisch oder ihr ähnlich ist und für Waren oder Dienstleistungen benutzt wird, die mit denjenigen identisch oder ihnen ähnlich sind, die von der Marke erfasst werden, und für das Publikum die Gefahr einer Verwechslung besteht, die die Gefahr einschließt, dass das Zeichen mit der Marke gedanklich in Verbindung gebracht wird, oder
3. ein mit der Marke identisches Zeichen oder ein ähnliches Zeichen für Waren oder Dienstleistungen zu benutzen, wenn es sich bei der Marke um eine im Inland bekannte Marke handelt und die Benutzung des Zeichens die Unterscheidungskraft oder die Wertschätzung der bekannten Marke ohne rechtfertigenden Grund in unlauterer Weise ausnutzt oder beeinträchtigt.

²Waren und Dienstleistungen werden nicht schon deswegen als ähnlich angesehen, weil sie in derselben Klasse gemäß dem in der Nizza-Klassifikation festgelegten Klassifikationssystem erscheinen. ³Waren und Dienstleistungen werden nicht schon deswegen als unähnlich angesehen, weil sie in verschiedenen Klassen der Nizza-Klassifikation erscheinen.

(3) Sind die Voraussetzungen des Absatzes 2 erfüllt, so ist es insbesondere untersagt,
1. das Zeichen auf Waren oder ihrer Aufmachung oder Verpackung anzubringen,

2. unter dem Zeichen Waren anzubieten, in den Verkehr zu bringen oder zu den genannten Zwecken zu besitzen,
3. unter dem Zeichen Dienstleistungen anzubieten oder zu erbringen,
4. unter dem Zeichen Waren einzuführen oder auszuführen,
5. das Zeichen als Handelsnamen oder geschäftliche Bezeichnung oder als Teil eines Handelsnamens oder einer geschäftlichen Bezeichnung zu benutzen,
6. das Zeichen in Geschäftspapieren oder in der Werbung zu benutzen,
7. das Zeichen in der vergleichenden Werbung in einer der Richtlinie 2006/114/EG des Europäischen Parlaments und des Rates vom 12. Dezember 2006 über irreführende und vergleichende Werbung (ABl. L 376 vom 27.12.2006, S. 21) zuwiderlaufenden Weise zu benutzen.

(4) Dritten ist es ferner untersagt, ohne Zustimmung des Inhabers der Marke im geschäftlichen Verkehr

1. ein mit der Marke identisches Zeichen oder ein ähnliches Zeichen auf Aufmachungen oder Verpackungen oder auf Kennzeichnungsmitteln wie Etiketten, Anhängern, Aufnähern oder dergleichen anzubringen,
2. Aufmachungen, Verpackungen oder Kennzeichnungsmittel, die mit einem mit der Marke identischen Zeichen oder einem ähnlichen Zeichen versehen sind, anzubieten, in den Verkehr zu bringen oder zu den genannten Zwecken zu besitzen oder
3. Aufmachungen, Verpackungen oder Kennzeichnungsmittel, die mit einem mit der Marke identischen Zeichen oder einem ähnlichen Zeichen versehen sind, einzuführen oder auszuführen,

wenn die Gefahr besteht, daß die Aufmachungen oder Verpackungen zur Aufmachung oder Verpackung oder die Kennzeichnungsmittel zur Kennzeichnung von Waren oder Dienstleistungen benutzt werden, hinsichtlich deren Dritten die Benutzung des Zeichens nach den Absätzen 2 und 3 untersagt wäre.

(5) [1] Wer ein Zeichen entgegen den Absätzen 2 bis 4 benutzt, kann von dem Inhaber der Marke bei Wiederholungsgefahr auf Unterlassung in Anspruch genommen werden. [2] Der Anspruch besteht auch dann, wenn eine Zuwiderhandlung erstmalig droht.

(6) [1] Wer die Verletzungshandlung vorsätzlich oder fahrlässig begeht, ist dem Inhaber der Marke zum Ersatz des durch die Verletzungshandlung entstandenen Schadens verpflichtet. [2] Bei der Bemessung des Schadensersatzes kann auch der Gewinn, den der Verletzer durch die Verletzung des Rechts erzielt hat, berücksichtigt werden. [3] Der Schadensersatzanspruch kann auch auf der Grundlage des Betrages berechnet werden, den der Verletzer als angemessene Vergütung hätte entrichten müssen, wenn er die Erlaubnis zur Nutzung der Marke eingeholt hätte.

(7) Wird die Verletzungshandlung in einem geschäftlichen Betrieb von einem Angestellten oder Beauftragten begangen, so kann der Unterlassungsanspruch und, soweit der Angestellte oder Beauftragte vorsätzlich oder fahrlässig gehandelt hat, der Schadensersatzanspruch auch gegen den Inhaber des Betriebs geltend gemacht werden.

§ 14a Waren unter zollamtlicher Überwachung. (1) Der Inhaber einer Marke oder einer geschäftlichen Bezeichnung ist berechtigt, Dritten zu untersagen, im geschäftlichen Verkehr Waren in das Gebiet der Bundesrepublik Deutschland zu verbringen, ohne die Waren dort in den zollrechtlich freien Verkehr zu überführen, wenn die Waren, einschließlich ihrer Verpackung, aus Drittstaaten stammen und ohne Zustimmung eine Marke oder eine geschäftliche Bezeichnung aufweisen, die mit der für derartige Waren eingetragenen Marke oder geschäftlichen Bezeichnung identisch ist oder in ihren wesentlichen Aspekten nicht von dieser Marke oder dieser geschäftlichen Bezeichnung zu unterscheiden ist.

(2) Die Berechtigung des Inhabers der Marke oder der geschäftlichen Bezeichnung nach Absatz 1 erlischt, wenn während eines Verfahrens, das der Feststellung dient, ob eine eingetragene Marke oder eine geschäftliche Bezeichnung verletzt wurde, und das gemäß der Verordnung (EU) Nr. 608/2013 des Europäischen Parlaments und des Rates vom 12. Juni 2013 zur Durchsetzung der Rechte geistigen Eigentums durch die Zollbehörden und zur Aufhebung der Verordnung (EG) Nr. 1383/2003 des Rates (ABl. L 181 vom 29.6.2013, S. 15) eingeleitet wurde, der zollrechtliche Anmelder oder der Besitzer der Waren nachweist, dass der Inhaber der eingetragenen Marke oder der geschäftlichen Bezeichnung nicht berechtigt ist, das Inverkehrbringen der Waren im endgültigen Bestimmungsland zu untersagen.

§ 15 Ausschließliches Recht des Inhabers einer geschäftlichen Bezeichnung; Unterlassungsanspruch; Schadensersatzanspruch. (1) Der Erwerb des Schutzes einer geschäftlichen Bezeichnung gewährt ihrem Inhaber ein ausschließliches Recht.

(2) Dritten ist es untersagt, die geschäftliche Bezeichnung oder ein ähnliches Zeichen im geschäftlichen Verkehr unbefugt in einer Weise zu benutzen, die geeignet ist, Verwechslungen mit der geschützten Bezeichnung hervorzurufen.

(3) Handelt es sich bei der geschäftlichen Bezeichnung um eine im Inland bekannte geschäftliche Bezeichnung, so ist es Dritten ferner untersagt, die geschäftliche Bezeichnung oder ein ähnliches Zeichen im geschäftlichen Verkehr zu benutzen, wenn keine Gefahr von Verwechslungen im Sinne des Absatzes 2 besteht, soweit die Benutzung des Zeichens die Unterscheidungskraft oder die Wertschätzung der geschäftlichen Bezeichnung ohne rechtfertigenden Grund in unlauterer Weise ausnutzt oder beeinträchtigt.

(4) [1]Wer eine geschäftliche Bezeichnung oder ein ähnliches Zeichen entgegen Absatz 2 oder Absatz 3 benutzt, kann von dem Inhaber der geschäftlichen Bezeichnung bei Wiederholungsgefahr auf Unterlassung in Anspruch genommen werden. [2]Der Anspruch besteht auch dann, wenn eine Zuwiderhandlung droht.

(5) [1]Wer die Verletzungshandlung vorsätzlich oder fahrlässig begeht, ist dem Inhaber der geschäftlichen Bezeichnung zum Ersatz des daraus entstandenen Schadens verpflichtet. [2]§ 14 Abs. 6 Satz 2 und 3 gilt entsprechend.

(6) § 14 Abs. 7 ist entsprechend anzuwenden.

§ 18 Vernichtungs- und Rückrufansprüche. (1) [1]Der Inhaber einer Marke oder einer geschäftlichen Bezeichnung kann den Verletzer in den Fällen der §§ 14, 15 und 17 auf Vernichtung der im Besitz oder Eigentum des Verletzers befindlichen widerrechtlich gekennzeichneten Waren in Anspruch nehmen. [2]Satz 1 ist entsprechend auf die im Eigentum des Verletzers stehenden Materialien und Geräte anzuwenden, die vorwiegend zur widerrechtlichen Kennzeichnung der Waren gedient haben.

(2) Der Inhaber einer Marke oder einer geschäftlichen Bezeichnung kann den Verletzer in den Fällen der §§ 14, 15 und 17 auf Rückruf von widerrechtlich gekennzeichneten Waren oder auf deren endgültiges Entfernen aus den Vertriebswegen in Anspruch nehmen.

(3) [1] Die Ansprüche nach den Absätzen 1 und 2 sind ausgeschlossen, wenn die Inanspruchnahme im Einzelfall unverhältnismäßig ist. [2] Bei der Prüfung der Verhältnismäßigkeit sind auch die berechtigten Interessen Dritter zu berücksichtigen.

§ 19 Auskunftsanspruch. (1) Der Inhaber einer Marke oder einer geschäftlichen Bezeichnung kann den Verletzer in den Fällen der §§ 14, 15 und 17 auf unverzügliche Auskunft über die Herkunft und den Vertriebsweg von widerrechtlich gekennzeichneten Waren oder Dienstleistungen in Anspruch nehmen.

(2) [1] In Fällen offensichtlicher Rechtsverletzung oder in Fällen, in denen der Inhaber einer Marke oder einer geschäftlichen Bezeichnung gegen den Verletzer Klage erhoben hat, besteht der Anspruch unbeschadet von Absatz 1 auch gegen eine Person, die in gewerblichem Ausmaß

1. rechtsverletzende Ware in ihrem Besitz hatte,

2. rechtsverletzende Dienstleistungen in Anspruch nahm,

3. für rechtsverletzende Tätigkeiten genutzte Dienstleistungen erbrachte oder

4. nach den Angaben einer in Nummer 1, 2 oder Nummer 3 genannten Person an der Herstellung, Erzeugung oder am Vertrieb solcher Waren oder an der Erbringung solcher Dienstleistungen beteiligt war,

es sei denn, die Person wäre nach den §§ 383 bis 385 der Zivilprozessordnung im Prozess gegen den Verletzer zur Zeugnisverweigerung berechtigt. [2] Im Fall der gerichtlichen Geltendmachung des Anspruchs nach Satz 1 kann das Gericht den gegen den Verletzer anhängigen Rechtsstreit auf Antrag bis zur Erledigung des wegen des Auskunftsanspruchs geführten Rechtsstreits aussetzen. [3] Der zur Auskunft Verpflichtete kann von dem Verletzten den Ersatz der für die Auskunftserteilung erforderlichen Aufwendungen verlangen.

(3) Der zur Auskunft Verpflichtete hat Angaben zu machen über

1. Namen und Anschrift der Hersteller, Lieferanten und anderer Vorbesitzer der Waren oder Dienstleistungen sowie der gewerblichen Abnehmer und Verkaufsstellen, für die sie bestimmt waren, und

2. die Menge der hergestellten, ausgelieferten, erhaltenen oder bestellten Waren sowie über die Preise, die für die betreffenden Waren oder Dienstleistungen bezahlt wurden.

(4) Die Ansprüche nach den Absätzen 1 und 2 sind ausgeschlossen, wenn die Inanspruchnahme im Einzelfall unverhältnismäßig ist.

(5) Erteilt der zur Auskunft Verpflichtete die Auskunft vorsätzlich oder grob fahrlässig falsch oder unvollständig, ist er dem Inhaber einer Marke oder einer geschäftlichen Bezeichnung zum Ersatz des daraus entstehenden Schadens verpflichtet.

(6) Wer eine wahre Auskunft erteilt hat, ohne dazu nach Absatz 1 oder Absatz 2 verpflichtet gewesen zu sein, haftet Dritten gegenüber nur, wenn er wusste, dass er zur Auskunftserteilung nicht verpflichtet war.

(7) In Fällen offensichtlicher Rechtsverletzung kann die Verpflichtung zur Erteilung der Auskunft im Wege der einstweiligen Verfügung nach den §§ 935 bis 945 der Zivilprozessordnung angeordnet werden.

(8) Die Erkenntnisse dürfen in einem Strafverfahren oder in einem Verfahren nach dem Gesetz über Ordnungswidrigkeiten[1)] wegen einer vor der Erteilung der Auskunft begangenen Tat gegen den Verpflichteten oder gegen einen in § 52 Abs. 1 der Strafprozessordnung bezeichneten Angehörigen nur mit Zustimmung des Verpflichteten verwertet werden.

(9) [1]Kann die Auskunft nur unter Verwendung von Verkehrsdaten (§ 3 Nummer 70 des Telekommunikationsgesetzes[2)]) erteilt werden, ist für ihre Erteilung eine vorherige richterliche Anordnung über die Zulässigkeit der Verwendung der Verkehrsdaten erforderlich, die von dem Verletzten zu beantragen ist. [2]Für den Erlass dieser Anordnung ist das Landgericht, in dessen Bezirk der zur Auskunft Verpflichtete seinen Wohnsitz, seinen Sitz oder eine Niederlassung hat, ohne Rücksicht auf den Streitwert ausschließlich zuständig. [3]Die Entscheidung trifft die Zivilkammer. [4]Für das Verfahren gelten die Vorschriften des Gesetzes über das Verfahren in Familiensachen und in den Angelegenheiten der freiwilligen Gerichtsbarkeit entsprechend. [5]Die Kosten der richterlichen Anordnung trägt der Verletzte. [6]Gegen die Entscheidung des Landgerichts ist die Beschwerde statthaft. [7]Die Beschwerde ist binnen einer Frist von zwei Wochen einzulegen. [8]Die Vorschriften zum Schutz personenbezogener Daten bleiben im Übrigen unberührt.

(10) Durch Absatz 2 in Verbindung mit Absatz 9 wird das Grundrecht des Fernmeldegeheimnisses (Artikel 10 des Grundgesetzes) eingeschränkt.

[1)] Auszugsweise abgedruckt unter Nr. **46**.
[2)] Nr. **1**.

27. Gesetz gegen Wettbewerbsbeschränkungen (GWB)[1)]

In der Fassung der Bekanntmachung vom 26. Juni 2013[2)]
(BGBl. I S. 1750, ber. S. 3245)

FNA 703-5

zuletzt geänd. durch Art. 10 Abs. 2 Viertes G zur Änd. des Lebensmittel- und Futtermittelgesetzbuches sowie anderer Vorschriften v. 27.7.2021 (BGBl. I S. 3274)

– Auszug –

Teil 1. Wettbewerbsbeschränkungen

Kapitel 1. Wettbewerbsbeschränkende Vereinbarungen, Beschlüsse und abgestimmte Verhaltensweisen

§ 1 Verbot wettbewerbsbeschränkender Vereinbarungen. Vereinbarungen zwischen Unternehmen, Beschlüsse von Unternehmensvereinigungen und aufeinander abgestimmte Verhaltensweisen, die eine Verhinderung, Einschränkung oder Verfälschung des Wettbewerbs bezwecken oder bewirken, sind verboten.

§ 2 Freigestellte Vereinbarungen. (1) Vom Verbot des § 1 freigestellt sind Vereinbarungen zwischen Unternehmen, Beschlüsse von Unternehmensvereinigungen oder aufeinander abgestimmte Verhaltensweisen, die unter angemessener Beteiligung der Verbraucher an dem entstehenden Gewinn zur Verbesserung der Warenerzeugung oder -verteilung oder zur Förderung des technischen oder wirtschaftlichen Fortschritts beitragen, ohne dass den beteiligten Unternehmen

1. Beschränkungen auferlegt werden, die für die Verwirklichung dieser Ziele nicht unerlässlich sind, oder
2. Möglichkeiten eröffnet werden, für einen wesentlichen Teil der betreffenden Waren den Wettbewerb auszuschalten.

(2) [1]Bei der Anwendung von Absatz 1 gelten die Verordnungen des Rates oder der Europäischen Kommission über die Anwendung von Artikel 101 Absatz 3 des Vertrages über die Arbeitsweise der Europäischen Union[3)] auf bestimmte Gruppen von Vereinbarungen, Beschlüsse von Unternehmensvereinigungen und aufeinander abgestimmte Verhaltensweisen (Gruppenfreistellungsverordnungen) entsprechend. [2]Dies gilt auch, soweit die dort genannten Vereinbarungen, Beschlüsse und Verhaltensweisen nicht geeignet sind, den Handel zwischen den Mitgliedstaaten der Europäischen Union zu beeinträchtigen.

§ 3 Mittelstandskartelle. Vereinbarungen zwischen miteinander im Wettbewerb stehenden Unternehmen und Beschlüsse von Unternehmensvereini-

---

[1)] Die Änderungen durch G v. 16.7.2021 (BGBl. I S. 2959) treten erst **mWv 1.1.2023** in Kraft und sind im Text noch nicht berücksichtigt.
[2)] Neubekanntmachung des GWB idF der Bek. v. 15.7.2005 (BGBl. I S. 2114, ber. 2009 S. 3850) in der ab 30.6.2013 geltenden Fassung.
[3)] Nr. **28**.

gungen, die die Rationalisierung wirtschaftlicher Vorgänge durch zwischenbetriebliche Zusammenarbeit zum Gegenstand haben, erfüllen die Voraussetzungen des § 2 Absatz 1, wenn

1. dadurch der Wettbewerb auf dem Markt nicht wesentlich beeinträchtigt wird und
2. die Vereinbarung oder der Beschluss dazu dient, die Wettbewerbsfähigkeit kleiner oder mittlerer Unternehmen zu verbessern.

§§ 4 bis 17 (weggefallen)

Kapitel 2. Marktbeherrschung, sonstiges wettbewerbsbeschränkendes Verhalten

§ 18 Marktbeherrschung. (1) Ein Unternehmen ist marktbeherrschend, soweit es als Anbieter oder Nachfrager einer bestimmten Art von Waren oder gewerblichen Leistungen auf dem sachlich und räumlich relevanten Markt

1. ohne Wettbewerber ist,
2. keinem wesentlichen Wettbewerb ausgesetzt ist oder
3. eine im Verhältnis zu seinen Wettbewerbern überragende Marktstellung hat.

(2) Der räumlich relevante Markt kann weiter sein als der Geltungsbereich dieses Gesetzes.

(2a) Der Annahme eines Marktes steht nicht entgegen, dass eine Leistung unentgeltlich erbracht wird.

(3) Bei der Bewertung der Marktstellung eines Unternehmens im Verhältnis zu seinen Wettbewerbern ist insbesondere Folgendes zu berücksichtigen:

1. sein Marktanteil,
2. seine Finanzkraft,
3. sein Zugang zu wettbewerbsrelevanten Daten,
4. sein Zugang zu den Beschaffungs- oder Absatzmärkten,
5. Verflechtungen mit anderen Unternehmen,
6. rechtliche oder tatsächliche Schranken für den Marktzutritt anderer Unternehmen,
7. der tatsächliche oder potenzielle Wettbewerb durch Unternehmen, die innerhalb oder außerhalb des Geltungsbereichs dieses Gesetzes ansässig sind,
8. die Fähigkeit, sein Angebot oder seine Nachfrage auf andere Waren oder gewerbliche Leistungen umzustellen, sowie
9. die Möglichkeit der Marktgegenseite, auf andere Unternehmen auszuweichen.

(3a) Insbesondere bei mehrseitigen Märkten und Netzwerken sind bei der Bewertung der Marktstellung eines Unternehmens auch zu berücksichtigen:

1. direkte und indirekte Netzwerkeffekte,
2. die parallele Nutzung mehrerer Dienste und der Wechselaufwand für die Nutzer,
3. seine Größenvorteile im Zusammenhang mit Netzwerkeffekten,
4. sein Zugang zu wettbewerbsrelevanten Daten,
5. innovationsgetriebener Wettbewerbsdruck.

(3b) Bei der Bewertung der Marktstellung eines Unternehmens, das als Vermittler auf mehrseitigen Märkten tätig ist, ist insbesondere auch die Bedeutung der von ihm erbrachten Vermittlungsdienstleistungen für den Zugang zu Beschaffungs- und Absatzmärkten zu berücksichtigen.

(4) Es wird vermutet, dass ein Unternehmen marktbeherrschend ist, wenn es einen Marktanteil von mindestens 40 Prozent hat.

(5) Zwei oder mehr Unternehmen sind marktbeherrschend, soweit

1. zwischen ihnen für eine bestimmte Art von Waren oder gewerblichen Leistungen ein wesentlicher Wettbewerb nicht besteht und
2. sie in ihrer Gesamtheit die Voraussetzungen des Absatzes 1 erfüllen.

(6) Eine Gesamtheit von Unternehmen gilt als marktbeherrschend, wenn sie

1. aus drei oder weniger Unternehmen besteht, die zusammen einen Marktanteil von 50 Prozent erreichen, oder
2. aus fünf oder weniger Unternehmen besteht, die zusammen einen Marktanteil von zwei Dritteln erreichen.

(7) Die Vermutung des Absatzes 6 kann widerlegt werden, wenn die Unternehmen nachweisen, dass

1. die Wettbewerbsbedingungen zwischen ihnen wesentlichen Wettbewerb erwarten lassen oder
2. die Gesamtheit der Unternehmen im Verhältnis zu den übrigen Wettbewerbern keine überragende Marktstellung hat.

(8) Das Bundesministerium für Wirtschaft und Energie berichtet den gesetzgebenden Körperschaften nach Ablauf von drei Jahren nach Inkrafttreten der Regelungen in den Absätzen 2a und 3a über die Erfahrungen mit den Vorschriften.

§ 19 Verbotenes Verhalten von marktbeherrschenden Unternehmen.

(1) Der Missbrauch einer marktbeherrschenden Stellung durch ein oder mehrere Unternehmen ist verboten.

(2) Ein Missbrauch liegt insbesondere vor, wenn ein marktbeherrschendes Unternehmen als Anbieter oder Nachfrager einer bestimmten Art von Waren oder gewerblichen Leistungen

1. ein anderes Unternehmen unmittelbar oder mittelbar unbillig behindert oder ohne sachlich gerechtfertigten Grund unmittelbar oder mittelbar anders behandelt als gleichartige Unternehmen;
2. Entgelte oder sonstige Geschäftsbedingungen fordert, die von denjenigen abweichen, die sich bei wirksamem Wettbewerb mit hoher Wahrscheinlichkeit ergeben würden; hierbei sind insbesondere die Verhaltensweisen von Unternehmen auf vergleichbaren Märkten mit wirksamem Wettbewerb zu berücksichtigen;
3. ungünstigere Entgelte oder sonstige Geschäftsbedingungen fordert, als sie das marktbeherrschende Unternehmen selbst auf vergleichbaren Märkten von gleichartigen Abnehmern fordert, es sei denn, dass der Unterschied sachlich gerechtfertigt ist;
4. sich weigert, ein anderes Unternehmen gegen angemessenes Entgelt mit einer solchen Ware oder gewerblichen Leistung zu beliefern, insbesondere ihm Zugang zu Daten, zu Netzen oder anderen Infrastruktureinrichtungen

zu gewähren, und die Belieferung oder die Gewährung des Zugangs objektiv notwendig ist, um auf einem vor- oder nachgelagerten Markt tätig zu sein und die Weigerung den wirksamen Wettbewerb auf diesem Markt auszuschalten droht, es sei denn, die Weigerung ist sachlich gerechtfertigt;

5. andere Unternehmen dazu auffordert, ihm ohne sachlich gerechtfertigten Grund Vorteile zu gewähren; hierbei ist insbesondere zu berücksichtigen, ob die Aufforderung für das andere Unternehmen nachvollziehbar begründet ist und ob der geforderte Vorteil in einem angemessenen Verhältnis zum Grund der Forderung steht.

(3) [1] Absatz 1 in Verbindung mit Absatz 2 Nummer 1 und Nummer 5 gilt auch für Vereinigungen von miteinander im Wettbewerb stehenden Unternehmen im Sinne der §§ 2, 3 und 28 Absatz 1, § 30 Absatz 2a, 2b und § 31 Absatz 1 Nummer 1, 2 und 4. [2] Absatz 1 in Verbindung mit Absatz 2 Nummer 1 gilt auch für Unternehmen, die Preise nach § 28 Absatz 2 oder § 30 Absatz 1 Satz 1 oder § 31 Absatz 1 Nummer 3 binden.

§ 19a Missbräuchliches Verhalten von Unternehmen mit überragender marktübergreifender Bedeutung für den Wettbewerb. (1) [1] Das Bundeskartellamt kann durch Verfügung feststellen, dass einem Unternehmen, das in erheblichem Umfang auf Märkten im Sinne des § 18 Absatz 3a tätig ist, eine überragende marktübergreifende Bedeutung für den Wettbewerb zukommt. [2] Bei der Feststellung der überragenden marktübergreifenden Bedeutung eines Unternehmens für den Wettbewerb sind insbesondere zu berücksichtigen:

1. seine marktbeherrschende Stellung auf einem oder mehreren Märkten,
2. seine Finanzkraft oder sein Zugang zu sonstigen Ressourcen,
3. seine vertikale Integration und seine Tätigkeit auf in sonstiger Weise miteinander verbundenen Märkten,
4. sein Zugang zu wettbewerbsrelevanten Daten,
5. die Bedeutung seiner Tätigkeit für den Zugang Dritter zu Beschaffungs- und Absatzmärkten sowie sein damit verbundener Einfluss auf die Geschäftstätigkeit Dritter.

[3] Die Verfügung nach Satz 1 ist auf fünf Jahre nach Eintritt der Bestandskraft zu befristen.

(2) [1] Das Bundeskartellamt kann im Falle einer Feststellung nach Absatz 1 dem Unternehmen untersagen,

1. beim Vermitteln des Zugangs zu Beschaffungs- und Absatzmärkten die eigenen Angebote gegenüber denen von Wettbewerbern bevorzugt zu behandeln, insbesondere

   a) die eigenen Angebote bei der Darstellung zu bevorzugen;

   b) ausschließlich eigene Angebote auf Geräten vorzuinstallieren oder in anderer Weise in Angebote des Unternehmens zu integrieren;

2. Maßnahmen zu ergreifen, die andere Unternehmen in ihrer Geschäftstätigkeit auf Beschaffungs- oder Absatzmärkten behindern, wenn die Tätigkeit des Unternehmens für den Zugang zu diesen Märkten Bedeutung hat, insbesondere

   a) Maßnahmen zu ergreifen, die zu einer ausschließlichen Vorinstallation oder Integration von Angeboten des Unternehmens führen;

b) andere Unternehmen daran zu hindern oder es ihnen zu erschweren, ihre eigenen Angebote zu bewerben oder Abnehmer auch über andere als die von dem Unternehmen bereitgestellten oder vermittelten Zugänge zu erreichen;

3. Wettbewerber auf einem Markt, auf dem das Unternehmen seine Stellung, auch ohne marktbeherrschend zu sein, schnell ausbauen kann, unmittelbar oder mittelbar zu behindern, insbesondere

   a) die Nutzung eines Angebots des Unternehmens mit einer dafür nicht erforderlichen automatischen Nutzung eines weiteren Angebots des Unternehmens zu verbinden, ohne dem Nutzer des Angebots ausreichende Wahlmöglichkeiten hinsichtlich des Umstands und der Art und Weise der Nutzung des anderen Angebots einzuräumen;

   b) die Nutzung eines Angebots des Unternehmens von der Nutzung eines anderen Angebots des Unternehmens abhängig zu machen;

4. durch die Verarbeitung wettbewerbsrelevanter Daten, die das Unternehmen gesammelt hat, Marktzutrittsschranken zu errichten oder spürbar zu erhöhen, oder andere Unternehmen in sonstiger Weise zu behindern, oder Geschäftsbedingungen zu fordern, die eine solche Verarbeitung zulassen, insbesondere

   a) die Nutzung von Diensten davon abhängig zu machen, dass Nutzer der Verarbeitung von Daten aus anderen Diensten des Unternehmens oder eines Drittanbieters zustimmen, ohne den Nutzern eine ausreichende Wahlmöglichkeit hinsichtlich des Umstands, des Zwecks und der Art und Weise der Verarbeitung einzuräumen;

   b) von anderen Unternehmen erhaltene wettbewerbsrelevante Daten zu anderen als für die Erbringung der eigenen Dienste gegenüber diesen Unternehmen erforderlichen Zwecken zu verarbeiten, ohne diesen Unternehmen eine ausreichende Wahlmöglichkeit hinsichtlich des Umstands, des Zwecks und der Art und Weise der Verarbeitung einzuräumen;

5. die Interoperabilität von Produkten oder Leistungen oder die Portabilität von Daten zu verweigern oder zu erschweren und damit den Wettbewerb zu behindern;

6. andere Unternehmen unzureichend über den Umfang, die Qualität oder den Erfolg der erbrachten oder beauftragten Leistung zu informieren oder ihnen in anderer Weise eine Beurteilung des Wertes dieser Leistung zu erschweren;

7. für die Behandlung von Angeboten eines anderen Unternehmens Vorteile zu fordern, die in keinem angemessenen Verhältnis zum Grund der Forderung stehen, insbesondere

   a) für deren Darstellung die Übertragung von Daten oder Rechten zu fordern, die dafür nicht zwingend erforderlich sind;

   b) die Qualität der Darstellung dieser Angebote von der Übertragung von Daten oder Rechten abhängig zu machen, die hierzu in keinem angemessenen Verhältnis stehen.

[2] Dies gilt nicht, soweit die jeweilige Verhaltensweise sachlich gerechtfertigt ist. [3] Die Darlegungs- und Beweislast obliegt insoweit dem Unternehmen. [4] § 32 Absatz 2 und 3, die §§ 32a und 32b gelten entsprechend. [5] Die Verfügung nach Absatz 2 kann mit der Feststellung nach Absatz 1 verbunden werden.

(3) Die §§ 19 und 20 bleiben unberührt.

(4) Das Bundesministerium für Wirtschaft und Energie berichtet den gesetzgebenden Körperschaften nach Ablauf von vier Jahren nach Inkrafttreten der Regelungen in den Absätzen 1 und 2 über die Erfahrungen mit der Vorschrift.

§ 20 Verbotenes Verhalten von Unternehmen mit relativer oder überlegener Marktmacht. (1) ¹§ 19 Absatz 1 in Verbindung mit Absatz 2 Nummer 1 gilt auch für Unternehmen und Vereinigungen von Unternehmen, soweit von ihnen andere Unternehmen als Anbieter oder Nachfrager einer bestimmten Art von Waren oder gewerblichen Leistungen in der Weise abhängig sind, dass ausreichende und zumutbare Möglichkeiten, auf dritte Unternehmen auszuweichen, nicht bestehen und ein deutliches Ungleichgewicht zur Gegenmacht der anderen Unternehmen besteht (relative Marktmacht). ²§ 19 Absatz 1 in Verbindung mit Absatz 2 Nummer 1 gilt ferner auch für Unternehmen, die als Vermittler auf mehrseitigen Märkten tätig sind, soweit andere Unternehmen mit Blick auf den Zugang zu Beschaffungs- und Absatzmärkten von ihrer Vermittlungsleistung in der Weise abhängig sind, dass ausreichende und zumutbare Ausweichmöglichkeiten nicht bestehen. ³Es wird vermutet, dass ein Anbieter einer bestimmten Art von Waren oder gewerblichen Leistungen von einem Nachfrager abhängig im Sinne des Satzes 1 ist, wenn dieser Nachfrager bei ihm zusätzlich zu den verkehrsüblichen Preisnachlässen oder sonstigen Leistungsentgelten regelmäßig besondere Vergünstigungen erlangt, die gleichartigen Nachfragern nicht gewährt werden.

(1a) ¹Eine Abhängigkeit nach Absatz 1 kann sich auch daraus ergeben, dass ein Unternehmen für die eigene Tätigkeit auf den Zugang zu Daten angewiesen ist, die von einem anderen Unternehmen kontrolliert werden. ²Die Verweigerung des Zugangs zu solchen Daten gegen angemessenes Entgelt kann eine unbillige Behinderung nach Absatz 1 in Verbindung mit § 19 Absatz 1, Absatz 2 Nummer 1 darstellen. ³Dies gilt auch dann, wenn ein Geschäftsverkehr für diese Daten bislang nicht eröffnet ist.

(2) § 19 Absatz 1 in Verbindung mit Absatz 2 Nummer 5 gilt auch für Unternehmen und Vereinigungen von Unternehmen im Verhältnis zu den von ihnen abhängigen Unternehmen.

(3) ¹Unternehmen mit gegenüber kleinen und mittleren Wettbewerbern überlegener Marktmacht dürfen ihre Marktmacht nicht dazu ausnutzen, solche Wettbewerber unmittelbar oder mittelbar unbillig zu behindern. ²Eine unbillige Behinderung im Sinne des Satzes 1 liegt insbesondere vor, wenn ein Unternehmen

1. Lebensmittel im Sinne des Artikels 2 der Verordnung (EG) Nr. 178/2002 des Europäischen Parlaments und des Rates zur Festlegung der allgemeinen Grundsätze und Anforderungen des Lebensmittelrechts, zur Errichtung der Europäischen Behörde für Lebensmittelsicherheit und zur Festlegung von Verfahren zur Lebensmittelsicherheit (ABl. L 31 vom 1.2.2002, S. 1), die zuletzt durch die Verordnung (EU) 2019/1381 (ABl. L 231 vom 6.9.2019, S. 1) geändert worden ist, unter Einstandspreis oder

2. andere Waren oder gewerbliche Leistungen nicht nur gelegentlich unter Einstandspreis oder

3. von kleinen oder mittleren Unternehmen, mit denen es auf dem nachgelagerten Markt beim Vertrieb von Waren oder gewerblichen Leistungen im Wettbewerb steht, für deren Lieferung einen höheren Preis fordert, als es selbst auf diesem Markt

anbietet, es sei denn, dies ist jeweils sachlich gerechtfertigt. ³Einstandspreis im Sinne des Satzes 2 ist der zwischen dem Unternehmen mit überlegener Marktmacht und seinem Lieferanten vereinbarte Preis für die Beschaffung der Ware oder Leistung, auf den allgemein gewährte und im Zeitpunkt des Angebots bereits mit hinreichender Sicherheit feststehende Bezugsvergünstigungen anteilig angerechnet werden, soweit nicht für bestimmte Waren oder Leistungen ausdrücklich etwas anderes vereinbart ist. ⁴Das Anbieten von Lebensmitteln unter Einstandspreis ist sachlich gerechtfertigt, wenn es geeignet ist, den Verderb oder die drohende Unverkäuflichkeit der Waren beim Händler durch rechtzeitigen Verkauf zu verhindern sowie in vergleichbar schwerwiegenden Fällen. ⁵Werden Lebensmittel an gemeinnützige Einrichtungen zur Verwendung im Rahmen ihrer Aufgaben abgegeben, liegt keine unbillige Behinderung vor.

(3a) Eine unbillige Behinderung im Sinne des Absatzes 3 Satz 1 liegt auch vor, wenn ein Unternehmen mit überlegener Marktmacht auf einem Markt im Sinne des § 18 Absatz 3a die eigenständige Erzielung von Netzwerkeffekten durch Wettbewerber behindert und hierdurch die ernstliche Gefahr begründet, dass der Leistungswettbewerb in nicht unerheblichem Maße eingeschränkt wird.

(4) Ergibt sich auf Grund bestimmter Tatsachen nach allgemeiner Erfahrung der Anschein, dass ein Unternehmen seine Marktmacht im Sinne des Absatzes 3 ausgenutzt hat, so obliegt es diesem Unternehmen, den Anschein zu widerlegen und solche anspruchsbegründenden Umstände aus seinem Geschäftsbereich aufzuklären, deren Aufklärung dem betroffenen Wettbewerber oder einem Verband nach § 33 Absatz 4 nicht möglich, dem in Anspruch genommenen Unternehmen aber leicht möglich und zumutbar ist.

(5) Wirtschafts- und Berufsvereinigungen sowie Gütezeichengemeinschaften dürfen die Aufnahme eines Unternehmens nicht ablehnen, wenn die Ablehnung eine sachlich nicht gerechtfertigte ungleiche Behandlung darstellen und zu einer unbilligen Benachteiligung des Unternehmens im Wettbewerb führen würde.

§ 21 Boykottverbot, Verbot sonstigen wettbewerbsbeschränkenden Verhaltens.
(1) Unternehmen und Vereinigungen von Unternehmen dürfen nicht ein anderes Unternehmen oder Vereinigungen von Unternehmen in der Absicht, bestimmte Unternehmen unbillig zu beeinträchtigen, zu Liefersperren oder Bezugssperren auffordern.

(2) Unternehmen und Vereinigungen von Unternehmen dürfen anderen Unternehmen keine Nachteile androhen oder zufügen und keine Vorteile versprechen oder gewähren, um sie zu einem Verhalten zu veranlassen, das nach folgenden Vorschriften nicht zum Gegenstand einer vertraglichen Bindung gemacht werden darf:

1. nach diesem Gesetz,
2. nach Artikel 101 oder 102 des Vertrages über die Arbeitsweise der Europäischen Union[1]) oder

---

[1]) Nr. 28.

3. nach einer Verfügung der Europäischen Kommission oder der Kartellbehörde, die auf Grund dieses Gesetzes oder auf Grund der Artikel 101 oder 102 des Vertrages über die Arbeitsweise der Europäischen Union[1]) ergangen ist.

(3) Unternehmen und Vereinigungen von Unternehmen dürfen andere Unternehmen nicht zwingen,

1. einer Vereinbarung oder einem Beschluss im Sinne der §§ 2, 3, 28 Absatz 1 oder § 30 Absatz 2a oder Absatz 2b beizutreten oder
2. sich mit anderen Unternehmen im Sinne des § 37 zusammenzuschließen oder
3. in der Absicht, den Wettbewerb zu beschränken, sich im Markt gleichförmig zu verhalten.

(4) Es ist verboten, einem Anderen wirtschaftlichen Nachteil zuzufügen, weil dieser ein Einschreiten der Kartellbehörde beantragt oder angeregt hat.

Kapitel 6. Befugnisse der Kartellbehörden, Schadensersatz und Vorteilsabschöpfung

Abschnitt 2. Schadensersatz und Vorteilsabschöpfung

§ 33 Beseitigungs- und Unterlassungsanspruch. (1) Wer gegen eine Vorschrift dieses Teils oder gegen Artikel 101 oder 102 des Vertrages über die Arbeitsweise der Europäischen Union[1]) verstößt (Rechtsverletzer) oder wer gegen eine Verfügung der Kartellbehörde verstößt, ist gegenüber dem Betroffenen zur Beseitigung der Beeinträchtigung und bei Wiederholungsgefahr zur Unterlassung verpflichtet.

(2) Der Unterlassungsanspruch besteht bereits dann, wenn eine Zuwiderhandlung droht.

(3) Betroffen ist, wer als Mitbewerber oder sonstiger Marktbeteiligter durch den Verstoß beeinträchtigt ist.

(4) Die Ansprüche aus Absatz 1 können auch geltend gemacht werden von

1. rechtsfähigen Verbänden zur Förderung gewerblicher oder selbstständiger beruflicher Interessen, wenn
   a) ihnen eine erhebliche Anzahl betroffener Unternehmen im Sinne des Absatzes 3 angehört und
   b) sie insbesondere nach ihrer personellen, sachlichen und finanziellen Ausstattung imstande sind, ihre satzungsmäßigen Aufgaben der Verfolgung gewerblicher oder selbstständiger beruflicher Interessen tatsächlich wahrzunehmen;
2. Einrichtungen, die nachweisen, dass sie eingetragen sind in
   a) die Liste qualifizierter Einrichtungen nach § 4 des Unterlassungsklagengesetzes[2]) oder
   b) das Verzeichnis der Europäischen Kommission nach Artikel 4 Absatz 3 der Richtlinie 2009/22/EG des Europäischen Parlaments und des Rates vom 23. April 2009 über Unterlassungsklagen zum Schutz der Verbraucherinteressen (ABl. L 110 vom 1.5.2009, S. 30) in der jeweils geltenden Fassung.

---

[1]) Nr. **28**.
[2]) Nr. **31**.

28. Vertrag über die Arbeitsweise der Europäischen Union[1) 2) 3)]

In der Fassung der Bekanntmachung vom 9. Mai 2008[4)]

(ABl. C 115 S. 47)

(ABl. 2010 C 83 S. 47)

(ABl. 2012 C 326 S. 47)

(ABl. 2016 C 202 S. 47, ber. ABl. C 400 S. 1)

Celex-Nr. 1 1957 E

zuletzt geänd. durch Art. 2 ÄndBeschl. 2012/419/EU v. 11.7.2012 (ABl. L 204 S. 131)

– Auszug –

Dritter Teil. Die internen Politiken und Maßnahmen der Union

Titel VII. Gemeinsame Regeln betreffend Wettbewerb, Steuerfragen und Angleichung der Rechtsvorschriften

Kapitel 1. Wettbewerbsregeln

Abschnitt 1. Vorschriften für Unternehmen

Art. 101 [Kartellverbot] (1) Mit dem Binnenmarkt unvereinbar und verboten sind alle Vereinbarungen zwischen Unternehmen, Beschlüsse von Unternehmensvereinigungen und aufeinander abgestimmte Verhaltensweisen, welche den Handel zwischen Mitgliedstaaten zu beeinträchtigen geeignet sind und eine Verhinderung, Einschränkung oder Verfälschung des Wettbewerbs innerhalb des Binnenmarkts bezwecken oder bewirken, insbesondere

a) die unmittelbare oder mittelbare Festsetzung der An- oder Verkaufspreise oder sonstiger Geschäftsbedingungen;

b) die Einschränkung oder Kontrolle der Erzeugung, des Absatzes, der technischen Entwicklung oder der Investitionen;

c) die Aufteilung der Märkte oder Versorgungsquellen;

[1)] Vertragsparteien sind Belgien, Bulgarien, Dänemark, Deutschland, Estland, Finnland, Frankreich, Griechenland, Irland, Italien, Kroatien, Lettland, Litauen, Luxemburg, Malta, die Niederlande, Österreich, Polen, Portugal, Rumänien, Schweden, Slowakei, Slowenien, Spanien, Tschechien, Ungarn und Zypern; die EU-Mitgliedschaft des Vereinigten Königreichs Großbritannien und Nordirland endete mit Ablauf des 31.1.2020 (siehe ABl. L 29 vom 31.1.2020, S. 189).

[2)] Die Artikelfolge und Verweise/Bezugnahmen auf Vorschriften des EUV sind gemäß Art. 5 des Vertrags von Lissabon iVm den Übereinstimmungstabellen zum EUV bzw. AEUV an die neue Nummerierung angepasst worden.

[3)] Zu den Assoziationsregelungen und sonstigen Vereinbarungen und Vorschriften, die sich auf den EU-Arbeitsweisevertrag beziehen, vgl. den jährlich zum 31.12. abgeschlossenen Fundstellennachweis B der geltenden völkerrechtlichen Vereinbarungen der Bundesrepublik Deutschland unter dem Datum 25.3.1957.

[4)] Konsolidierte Fassung des Vertrags zur Gründung der Europäischen Gemeinschaft v. 25.3.1957 (BGBl. II S. 766). Die Bundesrepublik Deutschland hat dem Vertrag von Lissabon mit G. v. 8.10.2008 (BGBl. II S. 1038) zugestimmt; Inkrafttreten am 1.12.2009, siehe Bek. v. 13.11.2009 (BGBl. II S. 1223).

d) die Anwendung unterschiedlicher Bedingungen bei gleichwertigen Leistungen gegenüber Handelspartnern, wodurch diese im Wettbewerb benachteiligt werden;

e) die an den Abschluss von Verträgen geknüpfte Bedingung, dass die Vertragspartner zusätzliche Leistungen annehmen, die weder sachlich noch nach Handelsbrauch in Beziehung zum Vertragsgegenstand stehen.

(2) Die nach diesem Artikel verbotenen Vereinbarungen oder Beschlüsse sind nichtig.

(3) Die Bestimmungen des Absatzes 1 können für nicht anwendbar erklärt werden auf

– Vereinbarungen oder Gruppen von Vereinbarungen zwischen Unternehmen,

– Beschlüsse oder Gruppen von Beschlüssen von Unternehmensvereinigungen,

– aufeinander abgestimmte Verhaltensweisen oder Gruppen von solchen,

die unter angemessener Beteiligung der Verbraucher an dem entstehenden Gewinn zur Verbesserung der Warenerzeugung oder -verteilung oder zur Förderung des technischen oder wirtschaftlichen Fortschritts beitragen, ohne dass den beteiligten Unternehmen

a) Beschränkungen auferlegt werden, die für die Verwirklichung dieser Ziele nicht unerlässlich sind, oder

b) Möglichkeiten eröffnet werden, für einen wesentlichen Teil der betreffenden Waren den Wettbewerb auszuschalten.

Art. 102 [Missbrauch einer marktbeherrschenden Stellung] *[1]* Mit dem Binnenmarkt unvereinbar und verboten ist die missbräuchliche Ausnutzung einer beherrschenden Stellung auf dem Binnenmarkt oder auf einem wesentlichen Teil desselben durch ein oder mehrere Unternehmen, soweit dies dazu führen kann, den Handel zwischen Mitgliedstaaten zu beeinträchtigen.

[2] Dieser Missbrauch kann insbesondere in Folgendem bestehen:

a) der unmittelbaren oder mittelbaren Erzwingung von unangemessenen Einkaufs- oder Verkaufspreisen oder sonstigen Geschäftsbedingungen;

b) der Einschränkung der Erzeugung, des Absatzes oder der technischen Entwicklung zum Schaden der Verbraucher;

c) der Anwendung unterschiedlicher Bedingungen bei gleichwertigen Leistungen gegenüber Handelspartnern, wodurch diese im Wettbewerb benachteiligt werden;

d) der an den Abschluss von Verträgen geknüpften Bedingung, dass die Vertragspartner zusätzliche Leistungen annehmen, die weder sachlich noch nach Handelsbrauch in Beziehung zum Vertragsgegenstand stehen.

Art. 103 [Erlass von Verordnungen und Richtlinien] (1) Die zweckdienlichen Verordnungen oder Richtlinien zur Verwirklichung der in den Artikeln 101 und 102 niedergelegten Grundsätze werden vom Rat auf Vorschlag der Kommission und nach Anhörung des Europäischen Parlaments beschlossen.

(2) Die in Absatz 1 vorgesehenen Vorschriften bezwecken insbesondere,

a) die Beachtung der in Artikel 101 Absatz 1 und Artikel 102 genannten Verbote durch die Einführung von Geldbußen und Zwangsgeldern zu gewährleisten;

b) die Einzelheiten der Anwendung des Artikels 101 Absatz 3 festzulegen; dabei ist dem Erfordernis einer wirksamen Überwachung bei möglichst einfacher Verwaltungskontrolle Rechnung zu tragen;

c) gegebenenfalls den Anwendungsbereich der Artikel 101 und 102 für die einzelnen Wirtschaftszweige näher zu bestimmen;

d) die Aufgaben der Kommission und des Gerichtshofs der Europäischen Union bei der Anwendung der in diesem Absatz vorgesehenen Vorschriften gegeneinander abzugrenzen;

e) das Verhältnis zwischen den innerstaatlichen Rechtsvorschriften einerseits und den in diesem Abschnitt enthaltenen oder aufgrund dieses Artikels getroffenen Bestimmungen andererseits festzulegen.

29. Beurkundungsgesetz (BeurkG)
Vom 28. August 1969
(BGBl. I S. 1513)
FNA 303-13
zuletzt geänd. durch Art. 4 G zur Umsetzung der DigitalisierungsRL[1)] v. 5.7.2021 (BGBl. I S. 3338)

– Auszug –

Dritter Abschnitt. *[ab 1.8.2022: Abschnitt 3]* Sonstige Beurkundungen

2. *[ab 1.8.2022: Unterabschnitt 2]* Vermerke

§ 39a Einfache elektronische Zeugnisse.

[Abs. 1 bis 31.7.2022:]

(1) [1]Beglaubigungen und sonstige Zeugnisse im Sinne des § 39 können elektronisch errichtet werden. [2]Das hierzu erstellte Dokument muss mit einer qualifizierten elektronischen Signatur versehen werden. [3]Diese soll auf einem Zertifikat beruhen, das auf Dauer prüfbar ist. [4]Der Notar muss die qualifizierte elektronische Signatur selbst erzeugen. [5]§ 33 Absatz 3 der Bundesnotarordnung gilt entsprechend.

[Abs. 1 ab 1.8.2022:]

(1) [1]Beglaubigungen und sonstige Zeugnisse im Sinne des § 39 können elektronisch errichtet werden; Beglaubigungen qualifizierter elektronischer Signaturen sind elektronisch zu errichten. [2]Das hierzu erstellte Dokument muss mit einer qualifizierten elektronischen Signatur versehen werden. [3]§ 16b Absatz 4 Satz 2 und 4 gilt entsprechend.

(2) [1]Mit dem Zeugnis muss eine Bestätigung der Notareigenschaft durch die zuständige Stelle verbunden werden. [2]Das Zeugnis soll Ort und Tag der Ausstellung angeben.

(3) [ab 1.8.2022: 1]Bei der Beglaubigung eines elektronischen Dokuments, das mit einer qualifizierten elektronischen Signatur versehen ist, soll das Ergebnis der Signaturprüfung dokumentiert werden. *[Satz 2 ab 1.8.2022:] [2]Ist das elektronische Dokument mit der qualifizierten elektronischen Signatur eines Notars versehen, so genügt die Dokumentation der Prüfung seiner qualifizierten elektronischen Signatur.*

[Abs. 4 ab 1.8.2022:]

(4) Bei der Beglaubigung einer qualifizierten elektronischen Signatur ist der Bezug zwischen dem Zeugnis und dem mit der zu beglaubigenden qualifizierten elektronischen Signatur versehenen elektronischen Dokument durch kryptografische Verfahren nach dem Stand der Technik herzustellen, wenn das Zeugnis nicht in dem mit der zu beglaubigenden qualifizierten elektronischen Signatur versehenen elektronischen Dokument enthalten ist.

[1)] **Amtl. Anm.:** Dieses Gesetz dient der Umsetzung der Richtlinie (EU) 2019/1151 des Europäischen Parlaments und des Rates vom 20. Juni 2019 zur Änderung der Richtlinie (EU) 2017/1132 im Hinblick auf den Einsatz digitaler Werkzeuge und Verfahren im Gesellschaftsrecht (ABl. L 186 vom 11.7.2019, S. 80).

[§ 40a ab 1.8.2022:]
§ 40a *Beglaubigung einer qualifizierten elektronischen Signatur.* *(1) ¹Eine qualifizierte elektronische Signatur soll nur beglaubigt werden, wenn sie in Gegenwart des Notars oder mittels des von der Bundesnotarkammer nach § 78p der Bundesnotarordnung betriebenen Videokommunikationssystems anerkannt worden ist. ²Die Beglaubigung kann mittels Videokommunikation nur erfolgen, soweit dies nach § 12 des Handelsgesetzbuchs zugelassen ist.*

(2) ¹Der Beglaubigungsvermerk muss die Person bezeichnen, welche die qualifizierte elektronische Signatur anerkannt hat. ²In dem Vermerk soll angegeben werden, ob die qualifizierte elektronische Signatur in Gegenwart des Notars oder mittels Videokommunikation anerkannt worden ist.

(3) Bei der Beglaubigung einer qualifizierten elektronischen Signatur mittels Videokommunikation ist eine Signaturprüfung nach § 39a Absatz 3 nicht erforderlich.

(4) ¹§ 10 Absatz 1, 2 und 3 Satz 1 und § 40 Absatz 2 und 5 gelten entsprechend. ²Im Falle der Beglaubigung mittels Videokommunikation gilt § 16c entsprechend.

(5) Der Notar soll die Beglaubigung einer mittels Videokommunikation anerkannten qualifizierten elektronischen Signatur ablehnen, wenn er die Erfüllung seiner Amtspflichten auf diese Weise nicht gewährleisten kann, insbesondere wenn er sich auf diese Weise keine Gewissheit über die Person verschaffen kann, welche die qualifizierte elektronische Signatur anerkannt hat.

§ 42 Beglaubigung einer Abschrift. (1) Bei der Beglaubigung der Abschrift einer Urkunde soll festgestellt werden, ob die Urkunde eine Urschrift, eine Ausfertigung, eine beglaubigte oder einfache Abschrift ist.

(2) Finden sich in einer dem Notar vorgelegten Urkunde Lücken, Durchstreichungen, Einschaltungen, Änderungen oder unleserliche Worte, zeigen sich Spuren der Beseitigung von Schriftzeichen, insbesondere Radierungen, ist der Zusammenhang einer aus mehreren Blättern bestehenden Urkunde aufgehoben oder sprechen andere Umstände dafür, daß der ursprüngliche Inhalt der Urkunde geändert worden ist, so soll dies in dem Beglaubigungsvermerk festgestellt werden, sofern es sich nicht schon aus der Abschrift ergibt.

(3) Enthält die Abschrift nur den Auszug aus einer Urkunde, so soll in dem Beglaubigungsvermerk der Gegenstand des Auszugs angegeben und bezeugt werden, daß die Urkunde über diesen Gegenstand keine weiteren Bestimmungen enthält.

(4) *[ab 1.8.2022: ¹]* Bei der Beglaubigung eines Ausdrucks oder einer Abschrift eines elektronischen Dokuments, das mit einer qualifizierten elektronischen Signatur versehen ist, soll das Ergebnis der Signaturprüfung dokumentiert werden. ***[Satz 2 ab 1.8.2022:]*** ²§ 39a Absatz 3 Satz 2 gilt entsprechend.

30. Gesetz über die alternative Streitbeilegung in Verbrauchersachen (Verbraucherstreitbeilegungsgesetz – VSBG)[1)][2)]

Vom 19. Februar 2016
(BGBl. I S. 254, ber. S. 1039)
FNA 302-8

zuletzt geänd. durch Art. 2 Abs. 3 G zur Änd. des EG-VerbraucherschutzdurchsetzungsG sowie des Gesetzes über die Errichtung des Bundesamts für Justiz v. 25.6.2020 (BGBl. I S. 1474)

– Auszug –

Abschnitt 1. Allgemeine Vorschriften

§ 1 Anwendungsbereich. (1) ¹Dieses Gesetz gilt für die außergerichtliche Beilegung von Streitigkeiten durch eine nach diesem Gesetz anerkannte private Verbraucherschlichtungsstelle oder durch eine nach diesem Gesetz eingerichtete behördliche Verbraucherschlichtungsstelle unabhängig von dem angewendeten Konfliktbeilegungsverfahren. ²Dieses Gesetz gilt auch für Verbraucherschlichtungsstellen, die auf Grund anderer Rechtsvorschriften anerkannt, beauftragt oder eingerichtet wurden, soweit diese anderen Rechtsvorschriften keine abweichende Regelung treffen; von den §§ 2 und 41 darf nicht abgewichen werden.

(2) Dieses Gesetz ist nicht anwendbar auf Kundenbeschwerdestellen oder auf sonstige Einrichtungen zur Beilegung von Streitigkeiten, die nur von einem einzigen Unternehmer oder von mit ihm verbundenen Unternehmen getragen oder finanziert werden oder die nur im Auftrag eines solchen Unternehmers oder von mit ihm verbundenen Unternehmen tätig werden.

§ 2 Verbraucherschlichtungsstelle. (1) Verbraucherschlichtungsstelle ist eine Einrichtung, die

1. Verfahren zur außergerichtlichen Beilegung zivilrechtlicher Streitigkeiten durchführt, an denen Verbraucher oder Unternehmer als Antragsteller oder Antragsgegner beteiligt sind, und
2. nach diesem Gesetz oder auf Grund anderer Rechtsvorschriften als Verbraucherschlichtungsstelle anerkannt, beauftragt oder eingerichtet worden ist.

(2) ¹Eine Einrichtung, die nicht nach diesem Gesetz oder auf Grund anderer Rechtsvorschriften als Verbraucherschlichtungsstelle anerkannt, beauftragt oder eingerichtet ist, darf sich nicht als Verbraucherschlichtungsstelle bezeichnen.

[1)] **Amtl. Anm.:** Dieses Gesetz dient der Umsetzung der Richtlinie 2013/11/EU des Europäischen Parlaments und des Rates vom 21. Mai 2013 über die alternative Beilegung verbraucherrechtlicher Streitigkeiten und zur Änderung der Verordnung (EG) Nr. 2006/2004 und der Richtlinie 2009/22/EG (Richtlinie über alternative Streitbeilegung in Verbraucherangelegenheiten) (ABl. L 165 vom 18.6.2013, S. 63).
[2)] Verkündet als Art. 1 G v. 19.2.2016 (BGBl. I S. 254, ber. S. 1039); Inkrafttreten gem. Art. 24 dieses G am 1.4.2016; § 40 Absatz 2 bis 5 und § 42 sind gem. Art. 24 Abs. 1 Satz 1 am 26.2.2016 und die §§ 36 und 37 gem. Art. 24 Abs. 1 Satz 2 am 1.2.2017 in Kraft getreten.

²Sie darf von ihrem Träger nicht als Verbraucherschlichtungsstelle bezeichnet werden. ³Das Verbot in den Sätzen 1 und 2 gilt nicht, wenn die Einrichtung in einem anderen Vertragsstaat des Abkommens über den Europäischen Wirtschaftsraum nach der Richtlinie 2013/11/EU des Europäischen Parlaments und des Rates vom 21. Mai 2013 über die alternative Beilegung verbraucherrechtlicher Streitigkeiten und zur Änderung der Verordnung (EG) Nr. 2006/2004 und der Richtlinie 2009/22/EG (ABl. L 165 vom 18.6.2013, S. 63) anerkannt und in die von der Europäischen Kommission geführte Liste aller im Europäischen Wirtschaftsraum anerkannten Streitbeilegungsstellen aufgenommen worden ist.

Abschnitt 2. Private Verbraucherschlichtungsstellen

§ 3 Träger der Verbraucherschlichtungsstelle. ¹Träger der Verbraucherschlichtungsstelle muss ein eingetragener Verein sein. ²Für den Betrieb der Verbraucherschlichtungsstelle muss ein vom Haushalt des Trägers getrennter, zweckgebundener und ausreichender Haushalt zur Verfügung stehen, wenn der Träger

1. Unternehmerinteressen oder Verbraucherinteressen wahrnimmt oder
2. ausschließlich oder überwiegend wie folgt finanziert wird:
   a) von einem eingetragenen Verein, der Unternehmerinteressen wahrnimmt (Unternehmerverband), oder
   b) von einem eingetragenen Verein, der Verbraucherinteressen wahrnimmt (Verbraucherverband), oder
   c) von einem Unternehmer oder mehreren Unternehmern.

§ 4 Zuständigkeit von Verbraucherschlichtungsstellen. (1) Die Verbraucherschlichtungsstelle führt auf Antrag eines Verbrauchers Verfahren zur außergerichtlichen Beilegung von Streitigkeiten aus einem Verbrauchervertrag nach § 310 Absatz 3 des Bürgerlichen Gesetzbuchs[1)] oder über das Bestehen eines solchen Vertragsverhältnisses durch; arbeitsvertragliche Streitigkeiten sind ausgenommen.

(1a) Die Verbraucherschlichtungsstelle kann ihre Zuständigkeit beschränken
1. auf bestimmte Wirtschaftsbereiche,
2. auf bestimmte Vertragstypen,
3. auf bestimmte Unternehmer oder
4. auf Unternehmer, deren Niederlassung sich in einem bestimmten Land befindet.

(2) ¹Hat die Verbraucherschlichtungsstelle keine einschränkende Zuständigkeitsregelung getroffen, führt sie die Bezeichnung „Allgemeine Verbraucherschlichtungsstelle" und ist für Anträge nach Absatz 1 zuständig, mit Ausnahme von

1. Streitigkeiten aus Verträgen über
   a) nichtwirtschaftliche Dienstleistungen von allgemeinem Interesse,
   b) Gesundheitsdienstleistungen,

[1)] Nr. 19.

c) Weiter- und Hochschulbildung durch staatliche Einrichtungen,
2. Streitigkeiten, für deren Beilegung Verbraucherschlichtungsstellen nach anderen Rechtsvorschriften anerkannt, beauftragt oder eingerichtet werden.

[2]Die Allgemeine Verbraucherschlichtungsstelle kann ihre Zuständigkeit auf in einem Land niedergelassene Unternehmer beschränken; in diesem Fall führt sie die Bezeichnung „Allgemeine Verbraucherschlichtungsstelle" mit einem Zusatz, der das Land angibt, für das sie zuständig ist. [3]Eine solche Zuständigkeitsbeschränkung kann sich auch auf mehrere Länder beziehen und muss dann dementsprechend angegeben werden.

(3) Die Verbraucherschlichtungsstelle kann ihre Tätigkeit auf die Beilegung sonstiger zivilrechtlicher Streitigkeiten, an denen Verbraucher oder Unternehmer als Antragsteller oder Antragsgegner beteiligt sind, erstrecken; arbeitsvertragliche Streitigkeiten sind ausgenommen.

(4) Die Verbraucherschlichtungsstelle kann ihre Zuständigkeit ausschließen für Verbraucher, die ihren Wohnsitz oder gewöhnlichen Aufenthalt nicht in einem Mitgliedstaat der Europäischen Union oder in einem anderen Vertragsstaat des Abkommens über den Europäischen Wirtschaftsraum haben, oder für Unternehmer, die nicht im Inland niedergelassen sind.

§ 5 Verfahrensordnung. (1) [1]Die Verbraucherschlichtungsstelle muss eine Verfahrensordnung haben. [2]Die Verfahrensordnung bestimmt das Konfliktbeilegungsverfahren und regelt die Einzelheiten seiner Durchführung.

(2) Die Verbraucherschlichtungsstelle darf keine Konfliktbeilegungsverfahren durchführen, die dem Verbraucher eine verbindliche Lösung auferlegen oder die das Recht des Verbrauchers ausschließen, die Gerichte anzurufen.

§ 6 Streitmittler. (1) [1]Die Verbraucherschlichtungsstelle ist mit mindestens einer Person zu besetzen, die mit der außergerichtlichen Streitbeilegung betraut und für die unparteiische und faire Verfahrensführung verantwortlich ist (Streitmittler). [2]Ist nur ein Streitmittler bestellt, muss er einen Vertreter haben; auf den Vertreter des Streitmittlers sind Satz 1, die Absätze 2 und 3 sowie die §§ 7 bis 9 entsprechend anzuwenden.

(2) [1]Der Streitmittler muss über die Rechtskenntnisse, insbesondere im Verbraucherrecht, das Fachwissen und die Fähigkeiten verfügen, die für die Beilegung von Streitigkeiten in der Zuständigkeit der Verbraucherschlichtungsstelle erforderlich sind. [2]Der Streitmittler muss die Befähigung zum Richteramt besitzen oder zertifizierter Mediator sein.

(3) [1]Der Streitmittler darf in den letzten drei Jahren vor seiner Bestellung nicht tätig gewesen sein

1. für einen Unternehmer, der sich zur Teilnahme an Streitbeilegungsverfahren der Verbraucherschlichtungsstelle verpflichtet hat oder auf Grund von Rechtsvorschriften zur Teilnahme verpflichtet ist,
2. für ein mit einem Unternehmer nach Nummer 1 verbundenes Unternehmen,
3. für einen Verband, dem ein Unternehmer nach Nummer 1 angehört und der Unternehmerinteressen in dem Wirtschaftsbereich wahrnimmt, für den die Verbraucherschlichtungsstelle zuständig ist,
4. für einen Verband, der Verbraucherinteressen in dem Wirtschaftsbereich wahrnimmt, für den die Verbraucherschlichtungsstelle zuständig ist.

²Die Tätigkeit als Streitmittler für einen Verband nach Satz 1 Nummer 3 oder 4 steht einer erneuten Bestellung als Streitmittler nicht entgegen.

§ 7 Unabhängigkeit und Unparteilichkeit des Streitmittlers. (1) ¹Der Streitmittler ist unabhängig und an Weisungen nicht gebunden. ²Er muss Gewähr für eine unparteiische Streitbeilegung bieten.

(2) ¹Der Streitmittler darf nicht nur von einem Unternehmer oder von nur mit einem Unternehmer verbundenen Unternehmen vergütet oder beschäftigt werden. ²Die Vergütung des Streitmittlers darf nicht mit dem Ergebnis von Streitbeilegungsverfahren in Zusammenhang stehen.

(3) Der Streitmittler ist verpflichtet, Umstände, die seine Unabhängigkeit oder Unparteilichkeit beeinträchtigen können, dem Träger der Verbraucherschlichtungsstelle unverzüglich offenzulegen.

(4) ¹Der Streitmittler hat den Parteien alle Umstände offenzulegen, die seine Unabhängigkeit oder Unparteilichkeit beeinträchtigen können. ²Der Streitmittler darf bei Vorliegen solcher Umstände nur dann tätig werden, wenn die Parteien seiner Tätigkeit als Streitmittler ausdrücklich zustimmen.

(5) ¹Ist die Aufgabe des Streitmittlers einem Gremium übertragen worden, dem sowohl Vertreter von Verbraucherinteressen als auch von Unternehmerinteressen angehören, so müssen beide Seiten in gleicher Anzahl vertreten sein. ²§ 6 Absatz 3 ist auf Mitglieder des Gremiums, die Unternehmerinteressen oder Verbraucherinteressen vertreten, nicht anzuwenden.

§ 8 Amtsdauer und Abberufung des Streitmittlers. (1) ¹Der Streitmittler muss für eine angemessene Dauer bestellt werden. ²Die Amtsdauer soll drei Jahre nicht unterschreiten. ³Wiederbestellung ist zulässig.

(2) Der Streitmittler kann nur abberufen werden, wenn

1. Tatsachen vorliegen, die eine unabhängige und unparteiische Ausübung der Tätigkeit als Streitmittler nicht mehr erwarten lassen,
2. er nicht nur vorübergehend an der Ausübung der Tätigkeit als Streitmittler gehindert ist oder
3. ein anderer wichtiger Grund vorliegt.

§ 9 Beteiligung von Verbraucherverbänden und Unternehmerverbänden. (1) ¹Die Festlegung und die Änderung der Zuständigkeit der Verbraucherschlichtungsstelle, die Aufstellung und Änderung der Verfahrensordnung sowie die Bestellung und Abberufung eines Streitmittlers bedürfen der Beteiligung eines Verbraucherverbands, wenn der Träger der Verbraucherschlichtungsstelle

1. ein Unternehmerverband ist oder
2. ausschließlich oder überwiegend finanziert wird
   a) von einem Unternehmerverband oder
   b) von einem Unternehmer oder mehreren Unternehmern.

²Der Verbraucherverband muss eine qualifizierte Einrichtung nach § 3 Absatz 1 Satz 1 Nummer 1 des Unterlassungsklagengesetzes[1)] sein und sich für die Vertretung von Verbraucherinteressen im Zuständigkeitsbereich der Verbrau-

---

[1)] Nr. 31.

cherschlichtungsstelle fachlich eignen. ³Die Beteiligung ist in den Regeln über die Organisation der Verbraucherschlichtungsstelle vorzusehen.

(2) ¹Ist der Träger der Verbraucherschlichtungsstelle ein Verbraucherverband oder wird der Träger der Verbraucherschlichtungsstelle von einem Verbraucherverband ausschließlich oder überwiegend finanziert, ist Absatz 1 Satz 1 und 3 mit der Maßgabe anzuwenden, dass an Stelle des Verbraucherverbands ein Unternehmerverband tritt. ²Der Unternehmerverband muss sich für die Vertretung von Unternehmerinteressen im Zuständigkeitsbereich der Verbraucherschlichtungsstelle fachlich eignen.

§ 10 Informationspflichten der Verbraucherschlichtungsstelle.

(1) Die Verbraucherschlichtungsstelle unterhält eine Webseite, auf der die Verfahrensordnung und klare und verständliche Informationen zur Erreichbarkeit und zur Zuständigkeit der Verbraucherschlichtungsstelle sowie zu den Streitmittlern, zur Anerkennung als Verbraucherschlichtungsstelle sowie zum Ablauf und zu den Kosten des Streitbeilegungsverfahrens veröffentlicht sind.

(2) Auf Anfrage werden die Informationen nach Absatz 1 in Textform übermittelt.

Abschnitt 3. Streitbeilegungsverfahren

§ 11 Form von Mitteilungen. Der Antrag auf Durchführung eines Streitbeilegungsverfahrens, Stellungnahmen, Belege und sonstige Mitteilungen können der Verbraucherschlichtungsstelle in Textform übermittelt werden.

§ 12 Verfahrenssprache. (1) Verfahrenssprache ist Deutsch.

(2) ¹Die Verfahrensordnung kann weitere Sprachen vorsehen, in denen ein Streitbeilegungsverfahren durchgeführt werden kann, wenn eine Partei dies beantragt und die andere Partei sich darauf einlässt. ²Der Streitmittler kann mit den Parteien durch Individualabrede auch eine nicht in der Verfahrensordnung vorgesehene Verfahrenssprache vereinbaren.

§ 13 Vertretung. (1) Die Parteien können sich im Streitbeilegungsverfahren durch einen Rechtsanwalt oder durch eine andere Person, soweit diese zur Erbringung außergerichtlicher Rechtsdienstleistungen befugt ist, vertreten lassen.

(2) Die Parteien dürfen nicht verpflichtet werden, sich im Streitbeilegungsverfahren vertreten zu lassen.

§ 14 Ablehnungsgründe. (1) Der Streitmittler lehnt die Durchführung eines Streitbeilegungsverfahrens ab, wenn

1. die Streitigkeit nicht in die Zuständigkeit der Verbraucherschlichtungsstelle fällt,
2. der streitige Anspruch nicht zuvor gegenüber dem Antragsgegner geltend gemacht worden ist,
3. der streitige Anspruch oder das Rechtsverhältnis des Verbrauchers, das den Gegenstand des Streitbeilegungsverfahrens bildet, zum Klageregister nach § 608 Absatz 1 der Zivilprozessordnung angemeldet ist und die Musterfeststellungsklage noch rechtshängig ist, oder

4. der Antrag offensichtlich ohne Aussicht auf Erfolg ist oder mutwillig erscheint, insbesondere weil
   a) der streitige Anspruch bei Antragstellung bereits verjährt war und der Unternehmer sich auf die Verjährung beruft,
   b) die Streitigkeit bereits beigelegt ist,
   c) zu der Streitigkeit ein Antrag auf Prozesskostenhilfe bereits mit der Begründung zurückgewiesen worden ist, dass die beabsichtigte Rechtsverfolgung keine hinreichende Aussicht auf Erfolg bietet oder mutwillig erscheint.

(2) [1] Die Verfahrensordnung kann vorsehen, dass der Streitmittler die Durchführung eines von einem Verbraucher eingeleiteten Streitbeilegungsverfahrens nach § 4 Absatz 1 in folgenden Fällen ablehnt:
1. eine Verbraucherschlichtungsstelle hat bereits ein Verfahren zur Beilegung der Streitigkeit durchgeführt oder die Streitigkeit ist bei einer anderen Verbraucherschlichtungsstelle anhängig,
2. ein Gericht hat zu der Streitigkeit bereits eine Sachentscheidung getroffen oder die Streitigkeit ist bei einem Gericht rechtshängig, es sei denn, das Gericht ordnet nach § 278a Absatz 2 der Zivilprozessordnung im Hinblick auf das Verfahren vor der Verbraucherschlichtungsstelle das Ruhen des Verfahrens an,
3. der Streitwert überschreitet oder unterschreitet eine bestimmte Höhe,
4. die Behandlung der Streitigkeit würde den effektiven Betrieb der Verbraucherschlichtungsstelle ernsthaft beeinträchtigen, insbesondere weil
   a) die Verbraucherschlichtungsstelle den Sachverhalt oder rechtliche Fragen nur mit einem unangemessenen Aufwand klären kann,
   b) eine grundsätzliche Rechtsfrage, die für die Bewertung der Streitigkeit erheblich ist, nicht geklärt ist.

[2] Die Ablehnungsgründe dürfen den Zugang von Verbrauchern zu dem Streitbeilegungsverfahren nicht erheblich beeinträchtigen. [3] Für Anträge nach § 4 Absatz 3 gelten die in den Sätzen 1 und 2 vorgesehenen Beschränkungen der zulässigen Ablehnungsgründe nicht.

(3) [1] Die Verbraucherschlichtungsstelle teilt dem Antragsteller und, sofern der Antrag bereits an den Antragsgegner übermittelt worden ist, auch dem Antragsgegner die Ablehnung in Textform und unter Angabe der Gründe mit. [2] Sie übermittelt die Ablehnungsentscheidung innerhalb von drei Wochen nach Eingang des Antrags.

(4) [1] Der Streitmittler kann die weitere Durchführung eines Streitbeilegungsverfahrens aus den in den Absätzen 1 und 2 aufgeführten Gründen ablehnen, wenn der Ablehnungsgrund erst während des Verfahrens eintritt oder bekannt wird. [2] Der Ablehnungsgrund nach Absatz 1 Nummer 2 greift nicht, wenn der Antragsgegner in die Durchführung des Streitbeilegungsverfahrens einwilligt oder Erklärungen zur Sache abgibt. [3] Absatz 3 Satz 1 ist anzuwenden.

(5) [1] Der Streitmittler setzt das Streitbeilegungsverfahren aus, wenn der Antragsgegner geltend macht, dass seit der Geltendmachung des streitigen Anspruchs durch den Antragsteller gegenüber dem Antragsgegner nicht mehr als zwei Monate vergangen sind, und der Antragsgegner den streitigen Anspruch in dieser Zeit weder anerkannt noch abgelehnt hat. [2] Der Streitmittler lehnt die weitere Durchführung des Streitbeilegungsverfahrens ab, wenn der Antrags-

gegner den streitigen Anspruch innerhalb von zwei Monaten seit dessen Geltendmachung vollständig anerkennt; Absatz 3 Satz 1 ist anzuwenden. ³Erkennt der Antragsgegner den streitigen Anspruch nicht innerhalb von zwei Monaten seit dessen Geltendmachung vollständig an, so setzt der Streitmittler das Verfahren nach Ablauf von zwei Monaten ab Geltendmachung des streitigen Anspruchs fort.

§ 15 Beendigung des Verfahrens auf Wunsch der Parteien. (1) Das Streitbeilegungsverfahren endet, wenn der Antragsteller seinen Antrag zurücknimmt oder der weiteren Durchführung des Verfahrens widerspricht.

(2) Erklärt der Antragsgegner, an dem Streitbeilegungsverfahren nicht teilnehmen oder es nicht fortsetzen zu wollen, so beendet der Streitmittler das Verfahren, es sei denn, Rechtsvorschriften, Satzungen oder vertragliche Abreden bestimmen etwas anderes.

(3) Das Recht einer Partei, das Streitbeilegungsverfahren bei Vorliegen eines erheblichen Verfahrensmangels zu beenden, darf nicht beschränkt werden.

§ 16 Unterrichtung der Parteien. (1) Die Verbraucherschlichtungsstelle muss den Antragsteller unverzüglich nach Eingang des Antrags auf Durchführung eines Streitbeilegungsverfahrens und den Antragsgegner zugleich mit der Übersendung des Antrags über Folgendes unterrichten:
1. dass das Verfahren nach der Verfahrensordnung durchgeführt wird und dass deren Wortlaut auf der Webseite der Verbraucherschlichtungsstelle verfügbar ist und auf Anfrage in Textform übermittelt wird,
2. dass die Parteien mit ihrer Teilnahme am Streitbeilegungsverfahren der Verfahrensordnung der Verbraucherschlichtungsstelle zustimmen,
3. dass das Ergebnis des Streitbeilegungsverfahrens von dem Ergebnis eines gerichtlichen Verfahrens abweichen kann,
4. dass sich die Parteien im Streitbeilegungsverfahren von einem Rechtsanwalt oder einer anderen Person, soweit diese zur Erbringung von Rechtsdienstleistungen befugt ist, beraten oder vertreten lassen können,
5. dass die Parteien im Streitbeilegungsverfahren nicht durch einen Rechtsanwalt oder durch eine andere Person vertreten sein müssen,
6. über die Möglichkeit einer Beendigung des Streitbeilegungsverfahrens nach § 15,
7. über die Kosten des Verfahrens und
8. über den Umfang der Verschwiegenheitspflicht des Streitmittlers und der weiteren in die Durchführung des Streitbeilegungsverfahrens eingebundenen Personen.

(2) Von der wiederholten Unterrichtung eines Unternehmers, der regelmäßig an Streitbeilegungsverfahren der Verbraucherschlichtungsstelle teilnimmt und auf weitere Unterrichtungen verzichtet hat, kann abgesehen werden.

§ 17 Rechtliches Gehör. (1) ¹Die Parteien erhalten rechtliches Gehör und können Tatsachen und Bewertungen vorbringen. ²Die Verbraucherschlichtungsstelle kann den Parteien eine angemessene Frist zur Stellungnahme setzen. ³Die Frist beträgt in der Regel drei Wochen und kann auf Antrag verlängert werden.

(2) Der Streitmittler kann die Streitigkeit mit den Parteien mündlich erörtern, wenn diese Möglichkeit in der Verfahrensordnung der Verbraucherschlichtungsstelle vorgesehen ist und die Parteien zustimmen.

§ 18 Mediation. Führt der Streitmittler nach der Verfahrensordnung der Verbraucherschlichtungsstelle eine Mediation durch, so sind die Vorschriften des Mediationsgesetzes mit Ausnahme des § 2 Absatz 1 des Mediationsgesetzes ergänzend anzuwenden.

§ 19 Schlichtungsvorschlag. (1) ¹Hat der Streitmittler nach der Verfahrensordnung den Parteien einen Vorschlag zur Beilegung der Streitigkeit (Schlichtungsvorschlag) zu unterbreiten, so beruht dieser auf der sich aus dem Streitbeilegungsverfahren ergebenden Sachlage. ²Der Schlichtungsvorschlag soll am geltenden Recht ausgerichtet sein und soll insbesondere die zwingenden Verbraucherschutzgesetze beachten. ³Der Schlichtungsvorschlag ist mit einer Begründung zu versehen, aus der sich der zugrunde gelegte Sachverhalt und die rechtliche Bewertung des Streitmittlers ergeben.

(2) Die Verbraucherschlichtungsstelle übermittelt den Parteien den Schlichtungsvorschlag in Textform.

(3) ¹Die Verbraucherschlichtungsstelle unterrichtet die Parteien mit der Übermittlung des Schlichtungsvorschlags über die rechtlichen Folgen einer Annahme des Vorschlags und darüber, dass der Vorschlag von dem Ergebnis eines gerichtlichen Verfahrens abweichen kann. ²Sie weist auf die Möglichkeit hin, den Vorschlag nicht anzunehmen und die Gerichte anzurufen. ³Die Verbraucherschlichtungsstelle setzt den Parteien eine angemessene Frist zur Annahme des Vorschlags.

(4) Von einer Unterrichtung des Unternehmers nach Absatz 3 ist abzusehen, wenn sich dieser dem Schlichtungsvorschlag bereits vorab unterworfen hat.

§ 20 Verfahrensdauer. (1) ¹Die Verbraucherschlichtungsstelle benachrichtigt die Parteien, sobald sie keine weiteren Unterlagen und Informationen mehr benötigt (Eingang der vollständigen Beschwerdeakte). ²Der Eingang der vollständigen Beschwerdeakte ist in der Regel anzunehmen, wenn die Parteien nach § 17 Absatz 1 Gelegenheit zur Stellungnahme hatten.

(2) Die Verbraucherschlichtungsstelle übermittelt den Parteien den Schlichtungsvorschlag oder, sofern kein Schlichtungsvorschlag zu unterbreiten ist, den Inhalt der Einigung über die Beilegung der Streitigkeit oder den Hinweis auf die Nichteinigung innerhalb von 90 Tagen nach Eingang der vollständigen Beschwerdeakte.

(3) ¹Die Verbraucherschlichtungsstelle kann die Frist von 90 Tagen bei besonders schwierigen Streitigkeiten oder mit Zustimmung der Parteien verlängern. ²Sie unterrichtet die Parteien über die Verlängerung der Frist.

§ 21 Abschluss des Verfahrens. (1) ¹Die Verbraucherschlichtungsstelle übermittelt den Parteien das Ergebnis des Streitbeilegungsverfahrens in Textform mit den erforderlichen Erläuterungen. ²Mit dieser Mitteilung ist das Streitbeilegungsverfahren beendet.

(2) Kommt es nicht zu einer Einigung, ist die Mitteilung nach Absatz 1 als Bescheinigung über einen erfolglosen Einigungsversuch nach § 15a Absatz 3 Satz 3 des Gesetzes betreffend die Einführung der Zivilprozessordnung in der

im Bundesgesetzblatt Teil III, Gliederungsnummer 310-2, veröffentlichten bereinigten Fassung, das zuletzt durch Artikel 3 des Gesetzes vom 5. Dezember 2014 (BGBl. I S. 1962) geändert worden ist, in der jeweils geltenden Fassung zu bezeichnen.

§ 22 Verschwiegenheit. ¹Der Streitmittler und die weiteren in die Durchführung des Streitbeilegungsverfahrens eingebundenen Personen sind zur Verschwiegenheit verpflichtet, soweit durch Rechtsvorschrift nichts anderes geregelt ist. ²Die Pflicht bezieht sich auf alles, was ihnen in Ausübung ihrer Tätigkeit bekannt geworden ist. ³§ 4 Satz 3 des Mediationsgesetzes gilt entsprechend.

§ 23 Entgelt. (1) ¹Ist ein Unternehmer an dem Streitbeilegungsverfahren beteiligt, so kann von dem Verbraucher ein Entgelt nur erhoben werden, wenn der Antrag des Verbrauchers unter Berücksichtigung der gesamten Umstände als missbräuchlich anzusehen ist; in diesem Fall beträgt das Entgelt höchstens 30 Euro. ²In sonstigen Fällen kann die Verbraucherschlichtungsstelle vom Verbraucher ein angemessenes Entgelt verlangen, wenn

1. sie diesen unverzüglich nachdem ihr bekannt wurde, dass an dem Verfahren kein Unternehmer beteiligt ist, auf diese Kosten hingewiesen hat, und
2. der Verbraucher an dem Verfahren weiterhin teilnehmen wollte.

(2) Die Verbraucherschlichtungsstelle kann vom Unternehmer, der zur Teilnahme an dem Streitbeilegungsverfahren bereit ist oder verpflichtet ist, ein angemessenes Entgelt verlangen.

Abschnitt 10. Schlussvorschriften

§ 41 Bußgeldvorschriften. (1) Ordnungswidrig handelt, wer vorsätzlich oder fahrlässig

1. entgegen § 2 Absatz 2 Satz 1 sich als Verbraucherschlichtungsstelle bezeichnet oder
2. entgegen § 2 Absatz 2 Satz 2 eine Einrichtung als Verbraucherschlichtungsstelle bezeichnet.

(2) Die Ordnungswidrigkeit kann mit einer Geldbuße bis zu fünfzigtausend Euro geahndet werden.

(3) Verwaltungsbehörde im Sinne des § 36 Absatz 1 Nummer 1 des Gesetzes über Ordnungswidrigkeiten[1)] ist das Bundesamt für Justiz.

§ 42 Verordnungsermächtigung. (1) Das Bundesministerium der Justiz und für Verbraucherschutz wird ermächtigt, im Einvernehmen mit dem Bundesministerium für Wirtschaft und Energie durch Rechtsverordnung mit Zustimmung des Bundesrates

1. die Anforderungen an Inhalt und Form des Antrags auf Anerkennung als Verbraucherschlichtungsstelle nach § 25 Absatz 1 und an die beizufügenden Unterlagen und Belege näher zu bestimmen,
2. die Angaben zu einer Verbraucherschlichtungsstelle, die die zuständige Behörde nach § 32 Absatz 2 und 4 oder die Aufsichtsbehörde nach § 32 Absatz 3

[1)] Nr. 46.

und 4 der Zentralen Anlaufstelle für Verbraucherschlichtung mitzuteilen hat, näher zu bestimmen,

3. die Inhalte der Informationen, die die Verbraucherschlichtungsstelle auf ihrer Webseite nach § 10 Absatz 1 bereitzustellen hat, näher zu bestimmen und weitere Informationen für die Webseite vorzusehen,

4. Einzelheiten zu Inhalt und Form des Tätigkeitsberichts und des Evaluationsberichts der Verbraucherschlichtungsstelle nach § 34 Absatz 1 und 2, zu Inhalt und Form des Verbraucherschlichtungsberichts der Zentralen Anlaufstelle für Verbraucherschlichtung nach § 35 Absatz 1 und der Auswertungen der zuständigen Behörden und Aufsichtsbehörden nach § 35 Absatz 2 näher zu bestimmen,

5. die Zusammenarbeit der Verbraucherschlichtungsstellen zu regeln

   a) nach § 34 Absatz 4 mit den nach § 2 des EU-Verbraucherschutzdurchführungsgesetzes zuständigen Behörden,

   b) nach § 38 mit Streitbeilegungsstellen anderer Mitgliedstaaten der Europäischen Union oder eines sonstigen Vertragsstaats des Abkommens über den Europäischen Wirtschaftsraum.

(2) Das Bundesministerium der Justiz und für Verbraucherschutz wird ermächtigt, durch Rechtsverordnung, die nicht der Zustimmung des Bundesrates bedarf, Folgendes zu regeln:

1. die Einzelheiten der Organisation und des Verfahrens der Universalschlichtung, insbesondere die Höhe der Gebühr, die von dem an einem Schlichtungsverfahren beteiligten Unternehmer durch eine behördliche Universalschlichtungsstelle des Bundes oder eine mit der Aufgabe der Universalschlichtungsstelle des Bundes einschließlich der Befugnis, für die Durchführung des Streitbeilegungsverfahrens Gebühren zu erheben, beliehene geeignete anerkannte Verbraucherschlichtungsstelle zu erheben ist, sowie die weiteren Voraussetzungen für eine Gebührenerhebung durch eine solche Stelle,

2. die Voraussetzungen für eine Beendigung der Beleihung oder der Beauftragung einer geeigneten anerkannten Verbraucherschlichtungsstelle mit der Aufgabe der Universalschlichtungsstelle durch den Bund.

31. Gesetz über Unterlassungsklagen bei Verbraucherrechts- und anderen Verstößen (Unterlassungsklagengesetz – UKlaG)

In der Fassung der Bekanntmachung vom 27. August 2002[1])
(BGBl. I S. 3422, ber. S. 4346)
FNA 402-37
zuletzt geänd. durch Art. 3 G zur Umsetzung der RL über bestimmte vertragsrechtliche Aspekte der Bereitstellung digitaler Inhalte und digitaler Dienstleistungen[2]) v. 25.6.2021 (BGBl. I S. 2123)

– Auszug –

Abschnitt 1. Ansprüche bei Verbraucherrechts- und anderen Verstößen

§ 1 Unterlassungs- und Widerrufsanspruch bei Allgemeinen Geschäftsbedingungen. Wer in Allgemeinen Geschäftsbedingungen Bestimmungen, die nach den §§ 307 bis 309 des Bürgerlichen Gesetzbuchs unwirksam sind, verwendet oder für den rechtsgeschäftlichen Verkehr empfiehlt, kann auf Unterlassung und im Fall des Empfehlens auch auf Widerruf in Anspruch genommen werden.

§ 1a Unterlassungsanspruch wegen der Beschränkung der Haftung bei Zahlungsverzug. Wer in anderer Weise als durch Verwendung oder Empfehlung von Allgemeinen Geschäftsbedingungen den Vorschriften des § 271a Absatz 1 bis 3, des § 286 Absatz 5 oder des § 288 Absatz 6 des Bürgerlichen Gesetzbuchs zuwiderhandelt, kann auf Unterlassung in Anspruch genommen werden.

§ 2 Ansprüche bei verbraucherschutzgesetzwidrigen Praktiken.
(1) ¹Wer in anderer Weise als durch Verwendung oder Empfehlung von Allgemeinen Geschäftsbedingungen Vorschriften zuwiderhandelt, die dem Schutz der Verbraucher dienen (Verbraucherschutzgesetze), kann im Interesse des Verbraucherschutzes auf Unterlassung und Beseitigung in Anspruch genommen werden. ²Werden die Zuwiderhandlungen in einem Unternehmen von einem Mitarbeiter oder Beauftragten begangen, so ist der Unterlassungsanspruch oder der Beseitigungsanspruch auch gegen den Inhaber des Unternehmens begründet. ³Bei Zuwiderhandlungen gegen die in Absatz 2 Satz 1 Nummer 11 genannten Vorschriften richtet sich der Beseitigungsanspruch nach den entsprechenden datenschutzrechtlichen Vorschriften.

(2) ¹Verbraucherschutzgesetze im Sinne dieser Vorschrift sind insbesondere
1. die Vorschriften des Bürgerlichen Rechts, die für

---

[1]) Neubekanntmachung des UKlaG v. 26.11.2001 (BGBl. I S. 3138, 3173) in der ab 21.8.2002 geltenden Fassung.
[2]) **Amtl. Anm.:** Dieses Gesetz dient der Umsetzung der Richtlinie (EU) 2019/770 des Europäischen Parlaments und des Rates vom 20. Mai 2019 über bestimmte vertragsrechtliche Aspekte der Bereitstellung digitaler Inhalte und digitaler Dienstleistungen (ABl. L 136 vom 22.5.2019, S. 1; L 305 vom 26.11.2019, S. 62).

a) außerhalb von Geschäftsräumen geschlossene Verträge,
b) Fernabsatzverträge,
[Buchst. c ab 1.1.2022:]
c) Verbraucherverträge über digitale Produkte,
c) *[ab 1.1.2022: d)]* Verbrauchsgüterkäufe,
d) *[ab 1.1.2022: e)]* Teilzeit-Wohnrechteverträge, Verträge über langfristige Urlaubsprodukte sowie Vermittlungsverträge und Tauschsystemverträge,
e) *[ab 1.1.2022: f)]* Verbraucherdarlehensverträge, Finanzierungshilfen und Ratenlieferungsverträge,
f) *[ab 1.1.2022: g)]* Bauverträge,
g) *[ab 1.1.2022: h)]* Pauschalreiseverträge, die Reisevermittlung und die Vermittlung verbundener Reiseleistungen,
h) *[ab 1.1.2022: i)]* Darlehensvermittlungsverträge sowie
i) *[ab 1.1.2022: j)]* Zahlungsdiensteverträge

zwischen einem Unternehmer und einem Verbraucher gelten,

2. die Vorschriften zur Umsetzung der Artikel 5, 10 und 11 der Richtlinie 2000/31/EG des Europäischen Parlaments und des Rates vom 8. Juni 2000 über bestimmte rechtliche Aspekte der Dienste der Informationsgesellschaft, insbesondere des elektronischen Geschäftsverkehrs, im Binnenmarkt („Richtlinie über den elektronischen Geschäftsverkehr", ABl. EG Nr. L 178 S. 1),
3. das Fernunterrichtsschutzgesetz[1],
4. die Vorschriften zur Umsetzung der Artikel 19 bis 26 der Richtlinie 2010/13/EU des Europäischen Parlaments und des Rates vom 10. März 2010 zur Koordinierung bestimmter Rechts- und Verwaltungsvorschriften der Mitgliedstaaten über die Bereitstellung audiovisueller Mediendienste (ABl. L 95 vom 15.4.2010, S. 1),
5. die entsprechenden Vorschriften des Arzneimittelgesetzes sowie Artikel 1 §§ 3 bis 13 des Gesetzes über die Werbung auf dem Gebiete des Heilwesens,
6. § 126 des Investmentgesetzes oder § 305 des Kapitalanlagegesetzbuchs,
7. die Vorschriften des Abschnitts 11 des Wertpapierhandelsgesetzes, die das Verhältnis zwischen einem Wertpapierdienstleistungsunternehmen und einem Kunden regeln,
8. das Rechtsdienstleistungsgesetz,
9. die §§ 59 und 60 Absatz 1, die §§ 78, 79 Absatz 2 und 3 sowie § 80 des Erneuerbare-Energien-Gesetzes,
10. das Wohn- und Betreuungsvertragsgesetz,
11. die Vorschriften, welche die Zulässigkeit regeln
    a) der Erhebung personenbezogener Daten eines Verbrauchers durch einen Unternehmer oder
    b) der Verarbeitung oder der Nutzung personenbezogener Daten, die über einen Verbraucher erhoben wurden, durch einen Unternehmer,
    wenn die Daten zu Zwecken der Werbung, der Markt- und Meinungsforschung, des Betreibens einer Auskunftei, des Erstellens von Persönlich-

---

[1] Nr. 21.

keits- und Nutzungsprofilen, des Adresshandels, des sonstigen Datenhandels oder zu vergleichbaren kommerziellen Zwecken erhoben, verarbeitet oder genutzt werden,

12. § 2 Absatz 2 sowie die §§ 36 und 37 des Verbraucherstreitbeilegungsgesetzes vom 19. Februar 2016 (BGBl. I S. 254) und Artikel 14 Absatz 1 und 2 der Verordnung (EU) Nr. 524/2013 des Europäischen Parlaments und des Rates vom 21. Mai 2013 über die Online-Beilegung verbraucherrechtlicher Streitigkeiten und zur Änderung der Verordnung (EG) Nr. 2006/2004 und der Richtlinie 2009/22/EG (ABl. L 165 vom 18.6.2013, S. 1),

13. die Vorschriften des Zahlungskontengesetzes, die das Verhältnis zwischen einem Zahlungsdienstleister und einem Verbraucher regeln, und

14. die Vorschriften des Telekommunikationsgesetzes[1], die das Verhältnis zwischen Anbietern von öffentlich zugänglichen Telekommunikationsdiensten und Verbrauchern regeln.

²Eine Datenerhebung, Datenverarbeitung oder Datennutzung zu einem vergleichbaren kommerziellen Zweck im Sinne des Satzes 1 Nummer 11 liegt insbesondere nicht vor, wenn personenbezogene Daten eines Verbrauchers von einem Unternehmer ausschließlich für die Begründung, Durchführung oder Beendigung eines rechtsgeschäftlichen oder rechtsgeschäftsähnlichen Schuldverhältnisses mit dem Verbraucher erhoben, verarbeitet oder genutzt werden.

§ 2a Unterlassungsanspruch nach dem Urheberrechtsgesetz. Wer gegen § 95b Absatz 1 Satz 1 des Urheberrechtsgesetzes[2] verstößt, kann auf Unterlassung in Anspruch genommen werden.

§ 2b Missbräuchliche Geltendmachung von Ansprüchen. ¹Die Geltendmachung eines Anspruchs nach den §§ 1 bis 2a ist unzulässig, wenn sie unter Berücksichtigung der gesamten Umstände missbräuchlich ist, insbesondere wenn sie vorwiegend dazu dient, gegen den Anspruchsgegner einen Anspruch auf Ersatz von Aufwendungen oder Kosten der Rechtsverfolgung entstehen zu lassen. ²Eine missbräuchliche Geltendmachung ist im Zweifel anzunehmen, wenn

1. die Vereinbarung einer offensichtlich überhöhten Vertragsstrafe verlangt wird,
2. die vorgeschlagene Unterlassungsverpflichtung offensichtlich über die abgemahnte Rechtsverletzung hinausgeht,
3. mehrere Zuwiderhandlungen, die zusammen hätten abgemahnt werden können, einzeln abgemahnt werden oder
4. wegen einer Zuwiderhandlung, für die mehrere Zuwiderhandelnde verantwortlich sind, die Ansprüche gegen die Zuwiderhandelnden ohne sachlichen Grund nicht zusammen geltend gemacht werden.

³In diesen Fällen kann der Anspruchsgegner Ersatz der für seine Rechtsverteidigung erforderlichen Aufwendungen verlangen. ⁴Weitergehende Ersatzansprüche bleiben unberührt.

---

[1] Nr. **1**.
[2] Nr. **10**.

§ 3 Anspruchsberechtigte Stellen. (1) ¹Die in den §§ 1 bis 2 bezeichneten Ansprüche auf Unterlassung, auf Widerruf und auf Beseitigung stehen zu:

1. den qualifizierten Einrichtungen, die in der Liste nach § 4 eingetragen sind, oder den qualifizierten Einrichtungen aus anderen Mitgliedstaaten der Europäischen Union, die in dem Verzeichnis der Europäischen Kommission nach Artikel 4 Absatz 3 der Richtlinie 2009/22/EG eingetragen sind,
2. den qualifizierten Wirtschaftsverbänden, die in die Liste nach § 8b des Gesetzes gegen den unlauteren Wettbewerb eingetragen sind, soweit ihnen eine erhebliche Zahl von Unternehmern angehört, die Waren und Dienstleistungen gleicher oder verwandter Art auf demselben Markt vertreiben, und die Zuwiderhandlung die Interessen ihrer Mitglieder berührt,
3. den Industrie- und Handelskammern, den nach der Handwerksordnung errichteten Organisationen und anderen berufsständischen Körperschaften des öffentlichen Rechts sowie den Gewerkschaften im Rahmen der Erfüllung ihrer Aufgaben bei der Vertretung selbstständiger beruflicher Interessen.

²Der Anspruch kann nur an Stellen im Sinne des Satzes 1 abgetreten werden. ³Stellen nach Satz 1 Nummer 1 und 2 können die Ansprüche nicht geltend machen, solange ihre Eintragung ruht.

(2) Die in Absatz 1 Satz 1 Nummer 1 bezeichneten Stellen können die folgenden Ansprüche nicht geltend machen:

1. Ansprüche nach § 1, wenn Allgemeine Geschäftsbedingungen gegenüber einem Unternehmer (§ 14 des Bürgerlichen Gesetzbuchs) oder einem öffentlichen Auftraggeber (§ 99 Nummer 1 bis 3 des Gesetzes gegen Wettbewerbsbeschränkungen) verwendet oder wenn Allgemeine Geschäftsbedingungen zur ausschließlichen Verwendung zwischen Unternehmern oder zwischen Unternehmern und öffentlichen Auftraggebern empfohlen werden,
2. Ansprüche nach § 1a, es sei denn, eine Zuwiderhandlung gegen § 288 Absatz 6 des Bürgerlichen Gesetzbuchs betrifft einen Anspruch eines Verbrauchers.

§ 3a Anspruchsberechtigte Verbände nach § 2a. ¹Der in § 2a bezeichnete Anspruch auf Unterlassung steht rechtsfähigen Verbänden zur nicht gewerbsmäßigen und nicht nur vorübergehenden Förderung der Interessen derjenigen zu, die durch § 95b Abs. 1 Satz 1 des Urheberrechtsgesetzes[1] begünstigt werden. ²Der Anspruch kann nur an Verbände im Sinne des Satzes 1 abgetreten werden.

§ 4 Liste der qualifizierten Einrichtungen. (1) ¹Das Bundesamt für Justiz führt eine Liste der qualifizierten Einrichtungen und veröffentlicht sie in der jeweils aktuellen Fassung auf seiner Internetseite. ²Es übermittelt die Liste mit Stand zum 1. Januar und zum 1. Juli eines jeden Jahres an die Europäische Kommission unter Hinweis auf Artikel 4 Absatz 2 der Richtlinie 2009/22/EG.

(2) ¹Ein eingetragener Verein, zu dessen satzungsmäßigen Aufgaben es gehört, Interessen der Verbraucher durch nicht gewerbsmäßige Aufklärung und Beratung wahrzunehmen, wird auf seinen Antrag in die Liste eingetragen, wenn

---

[1] Nr. 10.

1. er mindestens drei Verbände, die im gleichen Aufgabenbereich tätig sind, oder mindestens 75 natürliche Personen als Mitglieder hat,
2. er zum Zeitpunkt der Antragstellung seit mindestens einem Jahr im Vereinsregister eingetragen ist und ein Jahr seine satzungsmäßigen Aufgaben wahrgenommen hat,
3. auf Grund seiner bisherigen Tätigkeit sowie seiner personellen, sachlichen und finanziellen Ausstattung gesichert erscheint, dass er
    a) seine satzungsgemäßen Aufgaben auch künftig dauerhaft wirksam und sachgerecht erfüllen wird und
    b) seine Ansprüche nicht vorwiegend geltend machen wird, um für sich Einnahmen aus Abmahnungen oder Vertragsstrafen zu erzielen,
4. den Mitgliedern keine Zuwendungen aus dem Vereinsvermögen gewährt werden und Personen, die für den Verein tätig sind, nicht durch unangemessen hohe Vergütungen oder andere Zuwendungen begünstigt werden.

²Es wird unwiderleglich vermutet, dass Verbraucherzentralen sowie andere Verbraucherverbände, die so überwiegend mit öffentlichen Mitteln gefördert werden, diese Voraussetzungen erfüllen.

(3) ¹Über die Eintragung wird durch einen schriftlichen Bescheid entschieden, der dem antragstellenden Verein zuzustellen ist. ²Auf der Grundlage eines wirksamen Bescheides ist der Verein unter Angabe des Namens, der Anschrift, des zuständigen Registergerichts, der Registernummer und des satzungsmäßigen Zwecks in die Liste einzutragen.

(4) Auf Antrag erteilt das Bundesamt für Justiz einer qualifizierten Einrichtung, die in der Liste eingetragen ist, eine Bescheinigung über ihre Eintragung.

Abschnitt 3. Auskunft zur Durchsetzung von Ansprüchen

§ 13 Auskunftsanspruch der anspruchsberechtigten Stellen. (1) Wer geschäftsmäßig Post-, Telekommunikations- oder Telemediendienste erbringt oder an der Erbringung solcher Dienste mitwirkt, hat anspruchsberechtigten Stellen nach § 3 Absatz 1 Satz 1 auf deren Verlangen den Namen und die zustellfähige Anschrift eines an Post-, Telekommunikations- oder Telemediendiensten Beteiligten mitzuteilen, wenn diese Stellen schriftlich versichern, dass sie die Angaben zur Durchsetzung ihrer Ansprüche nach den §§ 1 bis 2a oder nach § 4e benötigen und nicht anderweitig beschaffen können.

(2) ¹Der Anspruch besteht nur, soweit die Auskunft ausschließlich anhand der bei dem Auskunftspflichtigen vorhandenen Bestandsdaten erteilt werden kann. ²Die Auskunft darf nicht deshalb verweigert werden, weil der Beteiligte, dessen Angaben mitgeteilt werden sollen, in die Übermittlung nicht einwilligt.

(3) ¹Der Auskunftspflichtige kann von dem Auskunftsberechtigten einen angemessenen Ausgleich für die Erteilung der Auskunft verlangen. ²Der Auskunftsberechtigte kann von dem Beteiligten, dessen Angaben mitgeteilt worden sind, Erstattung des gezahlten Ausgleichs verlangen, wenn er gegen diesen Beteiligten einen Anspruch nach den §§ 1 bis 2a oder nach § 4e hat.

Abschnitt 4. Außergerichtliche Schlichtung

§ 14 Schlichtungsverfahren und Verordnungsermächtigung. (1) ¹Bei Streitigkeiten aus der Anwendung

1. der Vorschriften des Bürgerlichen Gesetzbuchs[1] betreffend Fernabsatzverträge über Finanzdienstleistungen,
2. der §§ 491 bis 508, 511 und 655a bis 655d des Bürgerlichen Gesetzbuchs sowie Artikel 247a § 1 des Einführungsgesetzes zum Bürgerlichen Gesetzbuche,
3. der Vorschriften betreffend Zahlungsdiensteverträge in

   a) den §§ 675c bis 676c des Bürgerlichen Gesetzbuchs,

   b) der Verordnung (EG) Nr. 924/2009 des Europäischen Parlaments und des Rates vom 16. September 2009 über grenzüberschreitende Zahlungen in der Gemeinschaft und zur Aufhebung der Verordnung (EG) Nr. 2560/2001 (ABl. L 266 vom 9.10.2009, S. 11), die zuletzt durch Artikel 17 der Verordnung (EU) Nr. 260/2012 (ABl. L 94 vom 30.3.2012, S. 22) geändert worden ist, und

   c) der Verordnung (EU) Nr. 260/2012 des Europäischen Parlaments und des Rates vom 14. März 2012 zur Festlegung der technischen Vorschriften und der Geschäftsanforderungen für Überweisungen und Lastschriften in Euro und zur Änderung der Verordnung (EG) Nr. 924/2009 (ABl. L 94 vom 30.3.2012, S. 22), die durch die Verordnung (EU) Nr. 248/2014 (ABl. L 84 vom 20.3.2014, S. 1) geändert worden ist,

   d) der Verordnung (EU) 2015/751 des Europäischen Parlaments und des Rates vom 29. April 2015 über Interbankenentgelte für kartengebundene Zahlungsvorgänge (ABl. L 123 vom 19.5.2015, S. 1),

4. der Vorschriften des Zahlungsdiensteaufsichtsgesetzes[2], soweit sie Pflichten von E-Geld-Emittenten oder Zahlungsdienstleistern gegenüber ihren Kunden begründen,
5. der Vorschriften des Zahlungskontengesetzes, die das Verhältnis zwischen einem Zahlungsdienstleister und einem Verbraucher regeln,
6. der Vorschriften des Kapitalanlagegesetzbuchs, wenn an der Streitigkeit Verbraucher beteiligt sind, oder
7. sonstiger Vorschriften im Zusammenhang mit Verträgen, die Bankgeschäfte nach § 1 Absatz 1 Satz 2 des Kreditwesengesetzes oder Finanzdienstleistungen nach § 1 Absatz 1a Satz 2 des Kreditwesengesetzes betreffen, zwischen Verbrauchern und nach dem Kreditwesengesetz beaufsichtigten Unternehmen

können die Beteiligten unbeschadet ihres Rechts, die Gerichte anzurufen, eine vom Bundesamt für Justiz für diese Streitigkeiten anerkannte private Verbraucherschlichtungsstelle oder die bei der Deutschen Bundesbank oder die bei der Bundesanstalt für Finanzdienstleistungsaufsicht eingerichtete Verbraucherschlichtungsstelle anrufen. ²Die bei der Deutschen Bundesbank eingerichtete Verbraucherschlichtungsstelle ist für die Streitigkeiten nach Satz 1 Nummer 1 bis 5 zuständig; die bei der Bundesanstalt für Finanzdienstleistungsaufsicht eingerichtete Verbraucherschlichtungsstelle ist für die Streitigkeiten nach Satz 1 Nummer 6 und 7 zuständig. ³Diese behördlichen Verbraucherschlichtungsstellen sind nur zuständig, wenn es für die Streitigkeit keine zuständige anerkannte Verbraucherschlichtungsstelle gibt.

---

[1] Auszugsweise abgedruckt unter Nr. **19**.
[2] Nr. **33**.

(2) ¹Jede Verbraucherschlichtungsstelle nach Absatz 1 muss mit mindestens zwei Schlichtern besetzt sein, die die Befähigung zum Richteramt haben. ²Die Schlichter müssen unabhängig sein und das Schlichtungsverfahren fair und unparteiisch führen. ³Sie sollen ihre Schlichtungsvorschläge am geltenden Recht ausrichten und sie sollen insbesondere die zwingenden Verbraucherschutzgesetze beachten. ⁴Für das Schlichtungsverfahren kann von einem Verbraucher kein Entgelt verlangt werden.

(3) ¹Das Bundesamt für Justiz erkennt auf Antrag eine Schlichtungsstelle als private Verbraucherschlichtungsstelle nach Absatz 1 Satz 1 an, wenn

1. der Träger der Schlichtungsstelle ein eingetragener Verein ist,
2. die Schlichtungsstelle für die Streitigkeiten nach Absatz 1 Satz 1 zuständig ist und
3. die Organisation, Finanzierung und Verfahrensordnung der Schlichtungsstelle den Anforderungen dieses Gesetzes und der Rechtsverordnung entspricht, die auf Grund dieses Gesetzes erlassen wurde.

²Die Verfahrensordnung einer anerkannten Schlichtungsstelle kann nur mit Zustimmung des Bundesamts für Justiz geändert werden.

(4) Das Bundesamt für Justiz nimmt die Verbraucherschlichtungsstellen nach Absatz 1 in die Liste nach § 33 Absatz 1 des Verbraucherstreitbeilegungsgesetzes auf und macht die Anerkennung und den Widerruf oder die Rücknahme der Anerkennung im Bundesanzeiger bekannt.

(5) Das Bundesministerium der Justiz und für Verbraucherschutz regelt im Einvernehmen mit dem Bundesministerium der Finanzen durch Rechtsverordnung, die nicht der Zustimmung des Bundesrates bedarf, entsprechend den Anforderungen der Richtlinie 2013/11/EU des Europäischen Parlaments und des Rates vom 21. Mai 2013 über die alternative Beilegung verbraucherrechtlicher Streitigkeiten und zur Änderung der Verordnung (EG) Nr. 2006/2004 und der Richtlinie 2009/22/EG (ABl. L 165 vom 18.6.2013, S. 63)

1. die näheren Einzelheiten der Organisation und des Verfahrens der bei der Deutschen Bundesbank und der bei der Bundesanstalt für Finanzdienstleistungsaufsicht nach diesem Gesetz eingerichteten Verbraucherschlichtungsstellen, insbesondere auch die Kosten des Schlichtungsverfahrens für einen am Schlichtungsverfahren beteiligten Unternehmer,
2. die Voraussetzungen und das Verfahren für die Anerkennung einer privaten Verbraucherschlichtungsstelle und für die Aufhebung dieser Anerkennung sowie die Voraussetzungen und das Verfahren für die Zustimmung zur Änderung der Verfahrensordnung,
3. die Zusammenarbeit der behördlichen Verbraucherschlichtungsstellen und der privaten Verbraucherschlichtungsstellen mit

    a) staatlichen Stellen, insbesondere der Bundesanstalt für Finanzdienstleistungsaufsicht, und

    b) vergleichbaren Stellen zur außergerichtlichen Streitbeilegung in anderen Vertragsstaaten des Abkommens über den Europäischen Wirtschaftsraum.

32. Zivilprozessordnung[1) 2) 3)]

In der Fassung der Bekanntmachung vom 5. Dezember 2005[4)]
(BGBl. I S. 3202, ber. 2006 I S. 431 und 2007 I S. 1781)

FNA 310-4

zuletzt geänd. durch Art. 34 PersonengesellschaftsrechtsmodernisierungsG (MoPeG) v. 10.8.2021 (BGBl. I S. 3436)

– Auszug –

Buch 1. Allgemeine Vorschriften

Abschnitt 2. Parteien

Titel 5. Prozesskosten

§ 105 Vereinfachter Kostenfestsetzungsbeschluss. (1) [1]Der Festsetzungsbeschluss kann auf das Urteil und die Ausfertigungen gesetzt werden, sofern bei Eingang des Antrags eine Ausfertigung des Urteils noch nicht erteilt ist und eine Verzögerung der Ausfertigung nicht eintritt. [2]Erfolgt der Festsetzungsbeschluss in der Form des § 130b, ist er in einem gesonderten elektronischen Dokument festzuhalten. [3]Das Dokument ist mit dem Urteil untrennbar zu verbinden.

(2) [1]Eine besondere Ausfertigung und Zustellung des Festsetzungsbeschlusses findet in den Fällen des Absatzes 1 nicht statt. [2]Den Parteien ist der festgesetzte Betrag mitzuteilen, dem Gegner des Antragstellers unter Beifügung der Abschrift der Kostenberechnung. [3]Die Verbindung des Festsetzungsbeschlusses mit dem Urteil soll unterbleiben, sofern dem Festsetzungsantrag auch nur teilweise nicht entsprochen wird.

(3) Eines Festsetzungsantrags bedarf es nicht, wenn die Partei vor der Verkündung des Urteils die Berechnung ihrer Kosten eingereicht hat; in diesem Fall ist die dem Gegner mitzuteilende Abschrift der Kostenberechnung von Amts wegen anzufertigen.

Abschnitt 3. Verfahren

Titel 1. Mündliche Verhandlung

§ 130 Inhalt der Schriftsätze. Die vorbereitenden Schriftsätze sollen enthalten:

1. die Bezeichnung der Parteien und ihrer gesetzlichen Vertreter nach Namen, Stand oder Gewerbe, Wohnort und Parteistellung; die Bezeichnung des Gerichts und des Streitgegenstandes; die Zahl der Anlagen;

[1)] Die Änderungen durch G v. 5.7.2017 (BGBl. I S. 2208) treten teilweise erst **mWv 1.1.2026** in Kraft und sind insoweit im Text noch nicht berücksichtigt.
[2)] Die Änderungen durch G v. 4.5.2021 (BGBl. I S. 882) treten erst **mWv 1.1.2023** in Kraft und sind im Text noch nicht berücksichtigt.
[3)] Die Änderungen durch G v. 10.8.2021 (BGBl. I S. 3436) treten erst **mWv 1.1.2024** in Kraft und sind im Text noch nicht berücksichtigt.
[4)] Neubekanntmachung der ZPO idF der Bek. v. 12.9.1950 (BGBl. I S. 533) in der ab 21.10.2005 geltenden Fassung.

1a. die für eine Übermittlung elektronischer Dokumente erforderlichen Angaben, sofern eine solche möglich ist;
2. die Anträge, welche die Partei in der Gerichtssitzung zu stellen beabsichtigt;
3. die Angabe der zur Begründung der Anträge dienenden tatsächlichen Verhältnisse;
4. die Erklärung über die tatsächlichen Behauptungen des Gegners;
5. die Bezeichnung der Beweismittel, deren sich die Partei zum Nachweis oder zur Widerlegung tatsächlicher Behauptungen bedienen will, sowie die Erklärung über die von dem Gegner bezeichneten Beweismittel;
6. die Unterschrift der Person, die den Schriftsatz verantwortet, bei Übermittlung durch einen Telefaxdienst (Telekopie) die Wiedergabe der Unterschrift in der Kopie.

§ 130a Elektronisches Dokument. (1) Vorbereitende Schriftsätze und deren Anlagen, schriftlich einzureichende Anträge und Erklärungen der Parteien sowie schriftlich einzureichende Auskünfte, Aussagen, Gutachten, Übersetzungen und Erklärungen Dritter können nach Maßgabe der folgenden Absätze als elektronische Dokumente bei Gericht eingereicht werden.

(2) ¹Das elektronische Dokument muss für die Bearbeitung durch das Gericht geeignet sein. ²Die Bundesregierung bestimmt durch Rechtsverordnung mit Zustimmung des Bundesrates die für die Übermittlung und Bearbeitung geeigneten technischen Rahmenbedingungen.

(3) ¹Das elektronische Dokument muss mit einer qualifizierten elektronischen Signatur der verantwortenden Person versehen sein oder von der verantwortenden Person signiert und auf einem sicheren Übermittlungsweg eingereicht werden. ²Satz 1 gilt nicht für Anlagen, die vorbereitenden Schriftsätzen beigefügt sind.

(4) Sichere Übermittlungswege sind
1. der Postfach- und Versanddienst eines De-Mail-Kontos, wenn der Absender bei Versand der Nachricht sicher im Sinne des § 4 Absatz 1 Satz 2 des De-Mail-Gesetzes[1]) angemeldet ist und er sich die sichere Anmeldung gemäß § 5 Absatz 5 des De-Mail-Gesetzes bestätigen lässt,

[Nr. 2 bis 31.7.2022:]
2. der Übermittlungsweg zwischen dem besonderen elektronischen Anwaltspostfach nach § 31a der Bundesrechtsanwaltsordnung oder einem entsprechenden, auf gesetzlicher Grundlage errichteten elektronischen Postfach und der elektronischen Poststelle des Gerichts,

[Nr. 2 ab 1.8.2022:]
2. der Übermittlungsweg zwischen den besonderen elektronischen Anwaltspostfächern nach den §§ 31a und 31b der Bundesrechtsanwaltsordnung oder einem entsprechenden, auf gesetzlicher Grundlage errichteten elektronischen Postfach und der elektronischen Poststelle des Gerichts,
3. der Übermittlungsweg zwischen einem nach Durchführung eines Identifizierungsverfahrens eingerichteten Postfach einer Behörde oder einer juristischen Person des öffentlichen Rechts und der elektronischen Poststelle des Gerichts; das Nähere regelt die Verordnung nach Absatz 2 Satz 2,

---

[1]) Nr. 18.

4. sonstige bundeseinheitliche Übermittlungswege, die durch Rechtsverordnung der Bundesregierung mit Zustimmung des Bundesrates festgelegt werden, bei denen die Authentizität und Integrität der Daten sowie die Barrierefreiheit gewährleistet sind.

(5) [1] Ein elektronisches Dokument ist eingegangen, sobald es auf der für den Empfang bestimmten Einrichtung des Gerichts gespeichert ist. [2] Dem Absender ist eine automatisierte Bestätigung über den Zeitpunkt des Eingangs zu erteilen.

(6) [1] Ist ein elektronisches Dokument für das Gericht zur Bearbeitung nicht geeignet, ist dies dem Absender unter Hinweis auf die Unwirksamkeit des Eingangs und auf die geltenden technischen Rahmenbedingungen unverzüglich mitzuteilen. [2] Das Dokument gilt als zum Zeitpunkt der früheren Einreichung eingegangen, sofern der Absender es unverzüglich in einer für das Gericht zur Bearbeitung geeigneten Form nachreicht und glaubhaft macht, dass es mit dem zuerst eingereichten Dokument inhaltlich übereinstimmt.

§ 130b Gerichtliches elektronisches Dokument.

[1] Soweit dieses Gesetz dem Richter, dem Rechtspfleger, dem Urkundsbeamten der Geschäftsstelle oder dem Gerichtsvollzieher die handschriftliche Unterzeichnung vorschreibt, genügt dieser Form die Aufzeichnung als elektronisches Dokument, wenn die verantwortenden Personen am Ende des Dokuments ihren Namen hinzufügen und das Dokument mit einer qualifizierten elektronischen Signatur versehen. [2] Der in Satz 1 genannten Form genügt auch ein elektronisches Dokument, in welches das handschriftlich unterzeichnete Schriftstück gemäß § 298a Absatz 2 übertragen worden ist.

§ 130c Formulare; Verordnungsermächtigung.

[1] Das Bundesministerium der Justiz und für Verbraucherschutz kann durch Rechtsverordnung mit Zustimmung des Bundesrates elektronische Formulare einführen. [2] Die Rechtsverordnung kann bestimmen, dass die in den Formularen enthaltenen Angaben ganz oder teilweise in strukturierter maschinenlesbarer Form zu übermitteln sind. [3] Die Formulare sind auf einer in der Rechtsverordnung zu bestimmenden Kommunikationsplattform im Internet zur Nutzung bereitzustellen. [4] Die Rechtsverordnung kann bestimmen, dass eine Identifikation des Formularverwenders abweichend von § 130a Absatz 3 auch durch Nutzung des elektronischen Identitätsnachweises nach § 18 des Personalausweisgesetzes[1)], § 12 des eID-Karte-Gesetzes oder § 78 Absatz 5 des Aufenthaltsgesetzes erfolgen kann.

§ 160a Vorläufige Protokollaufzeichnung.

(1) Der Inhalt des Protokolls kann in einer gebräuchlichen Kurzschrift, durch verständliche Abkürzungen oder auf einem Ton- oder Datenträger vorläufig aufgezeichnet werden.

(2) [1] Das Protokoll ist in diesem Fall unverzüglich nach der Sitzung herzustellen. [2] Soweit Feststellungen nach § 160 Abs. 3 Nr. 4 und 5 mit einem Tonaufnahmegerät vorläufig aufgezeichnet worden sind, braucht lediglich dies in dem Protokoll vermerkt zu werden. [3] Das Protokoll ist um die Feststellungen zu ergänzen, wenn eine Partei dies bis zum rechtskräftigen Abschluss des Verfahrens beantragt oder das Rechtsmittelgericht die Ergänzung anfordert. [4] Sind Feststellungen nach § 160 Abs. 3 Nr. 4 unmittelbar aufgenommen und ist

---

[1)] Nr. 17.

zugleich das wesentliche Ergebnis der Aussagen vorläufig aufgezeichnet worden, so kann eine Ergänzung des Protokolls nur um das wesentliche Ergebnis der Aussagen verlangt werden.

(3) ¹Die vorläufigen Aufzeichnungen sind zu den Prozessakten zu nehmen oder, wenn sie sich nicht dazu eignen, bei der Geschäftsstelle mit den Prozessakten aufzubewahren. ²Aufzeichnungen auf Ton- oder Datenträgern können gelöscht werden,
1. soweit das Protokoll nach der Sitzung hergestellt oder um die vorläufig aufgezeichneten Feststellungen ergänzt ist, wenn die Parteien innerhalb eines Monats nach Mitteilung der Abschrift keine Einwendungen erhoben haben;
2. nach rechtskräftigem Abschluss des Verfahrens.

³Soweit das Gericht über eine zentrale Datenspeichereinrichtung verfügt, können die vorläufigen Aufzeichnungen an Stelle der Aufbewahrung nach Satz 1 auf der zentralen Datenspeichereinrichtung gespeichert werden.

(4) Die endgültige Herstellung durch Aufzeichnung auf Datenträger in der Form des § 130b ist möglich.

§ 164 Protokollberichtigung. (1) Unrichtigkeiten des Protokolls können jederzeit berichtigt werden.

(2) Vor der Berichtigung sind die Parteien und, soweit es die in § 160 Abs. 3 Nr. 4 genannten Feststellungen betrifft, auch die anderen Beteiligten zu hören.

(3) ¹Die Berichtigung wird auf dem Protokoll vermerkt; dabei kann auf eine mit dem Protokoll zu verbindende Anlage verwiesen werden. ²Der Vermerk ist von dem Richter, der das Protokoll unterschrieben hat, oder von dem allein tätig gewesenen Richter, selbst wenn dieser an der Unterschrift verhindert war, und von dem Urkundsbeamten der Geschäftsstelle, soweit er zur Protokollführung zugezogen war, zu unterschreiben.

(4) ¹Erfolgt der Berichtigungsvermerk in der Form des § 130b, ist er in einem gesonderten elektronischen Dokument festzuhalten. ²Das Dokument ist mit dem Protokoll untrennbar zu verbinden.

Titel 2. Verfahren bei Zustellungen

Untertitel 1. Zustellungen von Amts wegen

§ 169 Bescheinigung des Zeitpunktes der Zustellung; Beglaubigung.

(1) Die Geschäftsstelle bescheinigt auf Antrag den Zeitpunkt der Zustellung.

(2) ¹Die Beglaubigung der zuzustellenden Schriftstücke wird von der Geschäftsstelle vorgenommen. ²Dies gilt auch, soweit von einem Anwalt eingereichte Schriftstücke nicht bereits von diesem beglaubigt wurden.

(3) ¹Eine in Papierform zuzustellende Abschrift kann auch durch maschinelle Bearbeitung beglaubigt werden. ²Anstelle der handschriftlichen Unterzeichnung ist die Abschrift mit dem Gerichtssiegel zu versehen. ³Dasselbe gilt, wenn eine Abschrift per Telekopie zugestellt wird.

(4) ¹Ein Schriftstück oder ein elektronisches Dokument kann in beglaubigter elektronischer Abschrift zugestellt werden. ²Die Beglaubigung erfolgt mit einer qualifizierten elektronischen Signatur des Urkundsbeamten der Geschäftsstelle.

(5) Ein elektronisches Dokument kann ohne Beglaubigung elektronisch zugestellt werden, wenn es

1. nach § 130a oder § 130b Satz 1 mit einer qualifizierten elektronischen Signatur der verantwortlichen Personen versehen ist,
2. nach § 130a auf einem sicheren Übermittlungsweg eingereicht wurde und mit einem Authentizitäts- und Integritätsnachweis versehen ist oder
3. nach Maßgabe des § 298a errichtet wurde und mit einem Übertragungsnachweis nach § 298a Absatz 2 Satz 3 oder 4 versehen ist.

§ 186 Bewilligung und Ausführung der öffentlichen Zustellung.

(1) ¹Über die Bewilligung der öffentlichen Zustellung entscheidet das Prozessgericht. ²Die Entscheidung kann ohne mündliche Verhandlung ergehen.

(2) ¹Die öffentliche Zustellung erfolgt durch Aushang einer Benachrichtigung an der Gerichtstafel oder durch Einstellung in ein elektronisches Informationssystem, das im Gericht öffentlich zugänglich ist. ²Die Benachrichtigung kann zusätzlich in einem von dem Gericht für Bekanntmachungen bestimmten elektronischen Informations- und Kommunikationssystem veröffentlicht werden. ³Die Benachrichtigung muss erkennen lassen

1. die Person, für die zugestellt wird,
2. den Namen und die letzte bekannte Anschrift des Zustellungsadressaten,
3. das Datum, das Aktenzeichen des Schriftstücks und die Bezeichnung des Prozessgegenstandes sowie
4. die Stelle, wo das Schriftstück eingesehen werden kann.

⁴Die Benachrichtigung muss den Hinweis enthalten, dass ein Schriftstück öffentlich zugestellt wird und Fristen in Gang gesetzt werden können, nach deren Ablauf Rechtsverluste drohen können. ⁵Bei der Zustellung einer Ladung muss die Benachrichtigung den Hinweis enthalten, dass das Schriftstück eine Ladung zu einem Termin enthält, dessen Versäumung Rechtsnachteile zur Folge haben kann.

(3) In den Akten ist zu vermerken, wann die Benachrichtigung ausgehängt und wann sie abgenommen wurde.

Buch 2. Verfahren im ersten Rechtszug

Abschnitt 1. Verfahren vor den Landgerichten

Titel 1. Verfahren bis zum Urteil

§ 253 Klageschrift.
(1) Die Erhebung der Klage erfolgt durch Zustellung eines Schriftsatzes (Klageschrift).

(2) Die Klageschrift muss enthalten:
1. die Bezeichnung der Parteien und des Gerichts;
2. die bestimmte Angabe des Gegenstandes und des Grundes des erhobenen Anspruchs, sowie einen bestimmten Antrag.

(3) Die Klageschrift soll ferner enthalten:
1. die Angabe, ob der Klageerhebung der Versuch einer Mediation oder eines anderen Verfahrens der außergerichtlichen Konfliktbeilegung vorausgegangen ist, sowie eine Äußerung dazu, ob einem solchen Verfahren Gründe entgegenstehen;

2. die Angabe des Wertes des Streitgegenstandes, wenn hiervon die Zuständigkeit des Gerichts abhängt und der Streitgegenstand nicht in einer bestimmten Geldsumme besteht;
3. eine Äußerung dazu, ob einer Entscheidung der Sache durch den Einzelrichter Gründe entgegenstehen.

(4) Außerdem sind die allgemeinen Vorschriften über die vorbereitenden Schriftsätze auch auf die Klageschrift anzuwenden.

(5) [1]Die Klageschrift sowie sonstige Anträge und Erklärungen einer Partei, die zugestellt werden sollen, sind bei dem Gericht schriftlich unter Beifügung der für ihre Zustellung oder Mitteilung erforderlichen Zahl von Abschriften einzureichen. [2]Einer Beifügung von Abschriften bedarf es nicht, soweit die Klageschrift elektronisch eingereicht wird.

§ 286 Freie Beweiswürdigung. (1) [1]Das Gericht hat unter Berücksichtigung des gesamten Inhalts der Verhandlungen und des Ergebnisses einer etwaigen Beweisaufnahme nach freier Überzeugung zu entscheiden, ob eine tatsächliche Behauptung für wahr oder für nicht wahr zu erachten sei. [2]In dem Urteil sind die Gründe anzugeben, die für die richterliche Überzeugung leitend gewesen sind.

(2) An gesetzliche Beweisregeln ist das Gericht nur in den durch dieses Gesetz bezeichneten Fällen gebunden.

§ 298 Aktenausdruck. (1) [1]Werden die Akten in Papierform geführt, ist von einem elektronischen Dokument ein Ausdruck für die Akten zu fertigen. [2]Kann dies bei Anlagen zu vorbereitenden Schriftsätzen nicht oder nur mit unverhältnismäßigem Aufwand erfolgen, so kann ein Ausdruck unterbleiben. [3]Die Daten sind in diesem Fall dauerhaft zu speichern; der Speicherort ist aktenkundig zu machen.

(2) Wird das elektronische Dokument auf einem sicheren Übermittlungsweg eingereicht, so ist dies aktenkundig zu machen.

(3) Ist das elektronische Dokument mit einer qualifizierten elektronischen Signatur versehen und nicht auf einem sicheren Übermittlungsweg eingereicht, muss der Ausdruck einen Vermerk darüber enthalten,
1. welches Ergebnis die Integritätsprüfung des Dokumentes ausweist,
2. wen die Signaturprüfung als Inhaber der Signatur ausweist,
3. welchen Zeitpunkt die Signaturprüfung für die Anbringung der Signatur ausweist.

(4) Ein eingereichtes elektronisches Dokument kann nach Ablauf von sechs Monaten gelöscht werden.

§ 298a Elektronische Akte; Verordnungsermächtigung. (1) [1]Die Prozessakten können elektronisch geführt werden. [2]Die Bundesregierung und die Landesregierungen bestimmen für ihren Bereich durch Rechtsverordnung den Zeitpunkt, von dem an elektronische Akten geführt werden sowie die hierfür geltenden organisatorisch-technischen Rahmenbedingungen für die Bildung, Führung und Aufbewahrung der elektronischen Akten. [3]Die Landesregierungen können die Ermächtigung durch Rechtsverordnung auf die Landesjustizverwaltungen übertragen. [4]Die Zulassung der elektronischen Akte kann auf einzelne Gerichte oder Verfahren beschränkt werden; wird von dieser Möglichkeit Gebrauch gemacht, kann in der Rechtsverordnung bestimmt werden, dass durch Verwaltungsvorschrift, die öffentlich bekanntzumachen ist, geregelt wird, in welchen Verfahren die Akten elektronisch zu führen sind.

(1a) [1] Die Prozessakten werden ab dem 1. Januar 2026 elektronisch geführt. [2] Die Bundesregierung und die Landesregierungen bestimmen jeweils für ihren Bereich durch Rechtsverordnung die organisatorischen und dem Stand der Technik entsprechenden technischen Rahmenbedingungen für die Bildung, Führung und Aufbewahrung der elektronischen Akten einschließlich der einzuhaltenden Anforderungen der Barrierefreiheit. [3] Die Bundesregierung und die Landesregierungen können jeweils für ihren Bereich durch Rechtsverordnung bestimmen, dass Akten, die in Papierform angelegt wurden, in Papierform weitergeführt werden. [4] Die Landesregierungen können die Ermächtigungen nach den Sätzen 2 und 3 durch Rechtsverordnung auf die für die Zivilgerichtsbarkeit zuständigen obersten Landesbehörden übertragen. [5] Die Rechtsverordnungen der Bundesregierung bedürfen nicht der Zustimmung des Bundesrates.

(2) [1] Werden die Prozessakten elektronisch geführt, sind in Papierform vorliegende Schriftstücke und sonstige Unterlagen nach dem Stand der Technik zur Ersetzung der Urschrift in ein elektronisches Dokument zu übertragen. [2] Es ist sicherzustellen, dass das elektronische Dokument mit dem vorliegenden Schriftstücken und sonstigen Unterlagen bildlich und inhaltlich übereinstimmt. [3] Das elektronische Dokument ist mit einem Übertragungsnachweis zu versehen, der das bei der Übertragung angewandte Verfahren und die bildliche und inhaltliche Übereinstimmung dokumentiert. [4] Wird ein von den verantwortlichen Personen handschriftlich unterzeichnetes gerichtliches Schriftstück übertragen, ist der Übertragungsnachweis mit einer qualifizierten elektronischen Signatur des Urkundsbeamten der Geschäftsstelle zu versehen. [5] Die in Papierform vorliegenden Schriftstücke und sonstige Unterlagen können sechs Monate nach der Übertragung vernichtet werden, sofern sie nicht rückgabepflichtig sind.

§ 299 Akteneinsicht; Abschriften. (1) Die Parteien können die Prozessakten einsehen und sich aus ihnen durch die Geschäftsstelle Ausfertigungen, Auszüge und Abschriften erteilen lassen.

(2) Dritten Personen kann der Vorstand des Gerichts ohne Einwilligung der Parteien die Einsicht der Akten nur gestatten, wenn ein rechtliches Interesse glaubhaft gemacht wird.

(3) [1] Werden die Prozessakten elektronisch geführt, gewährt die Geschäftsstelle Akteneinsicht durch Bereitstellung des Inhalts der Akten zum Abruf oder durch Übermittlung des Inhalts der Akten auf einem sicheren Übermittlungsweg. [2] Auf besonderen Antrag wird Akteneinsicht durch Einsichtnahme in die Akten in Diensträumen gewährt. [3] Ein Aktenausdruck oder ein Datenträger mit dem Inhalt der Akte wird auf besonders zu begründenden Antrag nur übermittelt, wenn der Antragsteller hieran ein berechtigtes Interesse darlegt. [4] Stehen der Akteneinsicht in der nach Satz 1 vorgesehenen Form wichtige Gründe entgegen, kann die Akteneinsicht in der nach den Sätzen 2 und 3 vorgesehenen Form auch ohne Antrag gewährt werden. [5] Eine Entscheidung über einen Antrag nach Satz 3 ist nicht anfechtbar.

Zivilprozessordnung **§§ 299a, 313b, 315 ZPO** 32

(4) Die Entwürfe zu Urteilen, Beschlüssen und Verfügungen, die zu ihrer Vorbereitung gelieferten Arbeiten sowie die Dokumente, die Abstimmungen betreffen, werden weder vorgelegt noch abschriftlich mitgeteilt.

§ 299a Datenträgerarchiv. [1] Sind die Prozessakten nach ordnungsgemäßen Grundsätzen zur Ersetzung der Urschrift auf einen Bild- oder anderen Datenträger übertragen worden und liegt der schriftliche Nachweis darüber vor, dass die Wiedergabe mit der Urschrift übereinstimmt, so können Ausfertigungen, Auszüge und Abschriften von dem Bild- oder dem Datenträger erteilt werden. [2] Auf der Urschrift anzubringende Vermerke werden in diesem Fall bei dem Nachweis angebracht.

Titel 2. Urteil

§ 313b Versäumnis-, Anerkenntnis- und Verzichtsurteil. (1) [1] Wird durch Versäumnisurteil, Anerkenntnisurteil oder Verzichtsurteil erkannt, so bedarf es nicht des Tatbestandes und der Entscheidungsgründe. [2] Das Urteil ist als Versäumnis-, Anerkenntnis- oder Verzichtsurteil zu bezeichnen.

(2) [1] Das Urteil kann in abgekürzter Form nach Absatz 1 auf die bei den Akten befindliche Urschrift oder Abschrift der Klage oder auf ein damit zu verbindendes Blatt gesetzt werden. [2] Die Namen der Richter braucht das Urteil nicht zu enthalten. [3] Die Bezeichnung der Parteien, ihrer gesetzlichen Vertreter und der Prozessbevollmächtigten sind in das Urteil nur aufzunehmen, soweit von den Angaben der Klageschrift abgewichen wird. [4] Wird nach dem Antrag des Klägers erkannt, so kann in der Urteilsformel auf die Klageschrift Bezug genommen werden. [5] Wird das Urteil auf ein Blatt gesetzt, das mit der Klageschrift verbunden wird, so soll die Verbindungsstelle mit dem Gerichtssiegel versehen oder die Verbindung mit Schnur und Siegel bewirkt werden.

(3) Absatz 1 ist nicht anzuwenden, wenn zu erwarten ist, dass das Versäumnisurteil oder das Anerkenntnisurteil im Ausland geltend gemacht werden soll.

(4) Absatz 2 ist nicht anzuwenden, wenn die Prozessakten elektronisch geführt werden.

§ 315 Unterschrift der Richter. (1) [1] Das Urteil ist von den Richtern, die bei der Entscheidung mitgewirkt haben, zu unterschreiben. [2] Ist ein Richter verhindert, seine Unterschrift beizufügen, so wird dies unter Angabe des Verhinderungsgrundes von dem Vorsitzenden und bei dessen Verhinderung von dem ältesten beisitzenden Richter unter dem Urteil vermerkt.

(2) [1] Ein Urteil, das in dem Termin, in dem die mündliche Verhandlung geschlossen wird, verkündet wird, ist vor Ablauf von drei Wochen, vom Tage der Verkündung an gerechnet, vollständig abgefasst der Geschäftsstelle zu übermitteln. [2] Kann dies ausnahmsweise nicht geschehen, so ist innerhalb dieser Frist das von den Richtern unterschriebene Urteil ohne Tatbestand und Entscheidungsgründe der Geschäftsstelle zu übermitteln. [3] In diesem Fall sind Tatbestand und Entscheidungsgründe alsbald nachträglich anzufertigen, von den Richtern besonders zu unterschreiben und der Geschäftsstelle zu übermitteln.

(3) [1] Der Urkundsbeamte der Geschäftsstelle hat auf dem Urteil den Tag der Verkündung oder der Zustellung nach § 310 Abs. 3 zu vermerken und diesen Vermerk zu unterschreiben. [2] Werden die Prozessakten elektronisch geführt, hat der Urkundsbeamte der Geschäftsstelle den Vermerk in einem gesonderten

Dokument festzuhalten. ³Das Dokument ist mit dem Urteil untrennbar zu verbinden.

§ 317 Urteilszustellung und -ausfertigung. (1) ¹Die Urteile werden den Parteien, verkündete Versäumnisurteile nur der unterliegenden Partei in Abschrift zugestellt. ²Eine Zustellung nach § 310 Abs. 3 genügt. ³Auf übereinstimmenden Antrag der Parteien kann der Vorsitzende die Zustellung verkündeter Urteile bis zum Ablauf von fünf Monaten nach der Verkündung hinausschieben.

(2) ¹Ausfertigungen werden nur auf Antrag und nur in Papierform erteilt. ²Solange das Urteil nicht verkündet und nicht unterschrieben ist, dürfen von ihm Ausfertigungen, Auszüge und Abschriften nicht erteilt werden. ³Die von einer Partei beantragte Ausfertigung eines Urteils erfolgt ohne Tatbestand und Entscheidungsgründe; dies gilt nicht, wenn die Partei eine vollständige Ausfertigung beantragt.

(3) Ausfertigungen, Auszüge und Abschriften eines als elektronisches Dokument (§ 130b) vorliegenden Urteils können von einem Urteilsausdruck mit einem Vermerk gemäß § 298 Absatz 3 erteilt werden.

(4) Die Ausfertigung und Auszüge der Urteile sind von dem Urkundsbeamten der Geschäftsstelle zu unterschreiben und mit dem Gerichtssiegel zu versehen.

(5) ¹Ist das Urteil nach § 313b Abs. 2 in abgekürzter Form hergestellt, so erfolgt die Ausfertigung in gleicher Weise unter Benutzung einer beglaubigten Abschrift der Klageschrift oder in der Weise, dass das Urteil durch Aufnahme der in § 313 Abs. 1 Nr. 1 bis 4 bezeichneten Angaben vervollständigt wird. ²Die Abschrift der Klageschrift kann durch den Urkundsbeamten der Geschäftsstelle oder durch den Rechtsanwalt des Klägers beglaubigt werden.

§ 319 Berichtigung des Urteils. (1) Schreibfehler, Rechnungsfehler und ähnliche offenbare Unrichtigkeiten, die in dem Urteil vorkommen, sind jederzeit von dem Gericht auch von Amts wegen zu berichtigen.

(2) ¹Der Beschluss, der eine Berichtigung ausspricht, wird auf dem Urteil und den Ausfertigungen vermerkt. ²Erfolgt der Berichtigungsbeschluss in der Form des § 130b, ist er in einem gesonderten elektronischen Dokument festzuhalten. ³Das Dokument ist mit dem Urteil untrennbar zu verbinden.

(3) Gegen den Beschluss, durch den der Antrag auf Berichtigung zurückgewiesen wird, findet kein Rechtsmittel, gegen den Beschluss, der eine Berichtigung ausspricht, findet sofortige Beschwerde statt.

Titel 3. Versäumnisurteil

§ 340a Zustellung der Einspruchsschrift. ¹Die Einspruchsschrift ist der Gegenpartei zuzustellen. ²Dabei ist mitzuteilen, wann das Versäumnisurteil zugestellt und Einspruch eingelegt worden ist. ³Die erforderliche Zahl von Abschriften soll die Partei mit der Einspruchsschrift einreichen. ⁴Dies gilt nicht, wenn die Einspruchsschrift als elektronisches Dokument übermittelt wird.

Titel 6. Beweis durch Augenschein

§ 371 Beweis durch Augenschein. (1) ¹Der Beweis durch Augenschein wird durch Bezeichnung des Gegenstandes des Augenscheins und durch die Angabe der zu beweisenden Tatsachen angetreten. ²Ist ein elektronisches Dokument Gegenstand des Beweises, wird der Beweis durch Vorlegung oder Übermittlung der Datei angetreten.

(2) ¹Befindet sich der Gegenstand nach der Behauptung des Beweisführers nicht in seinem Besitz, so wird der Beweis außerdem durch den Antrag angetreten, zur Herbeischaffung des Gegenstandes eine Frist zu setzen oder eine Anordnung nach § 144 zu erlassen. ²Die §§ 422 bis 432 gelten entsprechend.

(3) Vereitelt eine Partei die ihr zumutbare Einnahme des Augenscheins, so können die Behauptungen des Gegners über die Beschaffenheit des Gegenstandes als bewiesen angesehen werden.

§ 371a Beweiskraft elektronischer Dokumente. (1) ¹Auf private elektronische Dokumente, die mit einer qualifizierten elektronischen Signatur versehen sind, finden die Vorschriften über die Beweiskraft privater Urkunden entsprechende Anwendung. ²Der Anschein der Echtheit einer in elektronischer Form vorliegenden Erklärung, der sich auf Grund der Prüfung der qualifizierten elektronischen Signatur nach Artikel 32 der Verordnung (EU) Nr. 910/2014[1]) des Europäischen Parlaments und des Rates vom 23. Juli 2014 über elektronische Identifizierung und Vertrauensdienste für elektronische Transaktionen im Binnenmarkt und zur Aufhebung der Richtlinie 1999/93/EG (ABl. L 257 vom 28.8.2014, S. 73) ergibt, kann nur durch Tatsachen erschüttert werden, die ernstliche Zweifel daran begründen, dass die Erklärung von der verantwortenden Person abgegeben worden ist.

(2) Hat sich eine natürliche Person bei einem ihr allein zugeordneten De-Mail-Konto sicher angemeldet (§ 4 Absatz 1 Satz 2 des De-Mail-Gesetzes[2])), so kann für eine von diesem De-Mail-Konto versandte elektronische Nachricht der Anschein der Echtheit, der sich aus der Überprüfung der Absenderbestätigung gemäß § 5 Absatz 5 des De-Mail-Gesetzes ergibt, nur durch Tatsachen erschüttert werden, die ernstliche Zweifel daran begründen, dass die Nachricht von dieser Person mit diesem Inhalt versandt wurde.

(3) ¹Auf elektronische Dokumente, die von einer öffentlichen Behörde innerhalb der Grenzen ihrer Amtsbefugnisse oder von einer mit öffentlichem Glauben versehenen Person innerhalb des ihr zugewiesenen Geschäftskreises in der vorgeschriebenen Form erstellt worden sind (öffentliche elektronische Dokumente), finden die Vorschriften über die Beweiskraft öffentlicher Urkunden entsprechende Anwendung. ²Ist das Dokument von der erstellenden öffentlichen Behörde oder von der mit öffentlichem Glauben versehenen Person mit einer qualifizierten elektronischen Signatur versehen, gilt § 437 entsprechend. ³Das Gleiche gilt, wenn das Dokument im Auftrag der erstellenden öffentlichen Behörde oder der mit öffentlichem Glauben versehenen Person durch einen akkreditierten Diensteanbieter mit seiner qualifizierten elektronischen Signatur gemäß § 5 Absatz 5 des De-Mail-Gesetzes versehen ist und die Absenderbestätigung die erstellende öffentliche Behörde oder die mit

---
[1]) Nr. **14**.
[2]) Nr. **18**.

öffentlichem Glauben versehene Person als Nutzer des De-Mail-Kontos ausweist.

§ 371b Beweiskraft gescannter öffentlicher Urkunden. [1] Wird eine öffentliche Urkunde nach dem Stand der Technik von einer öffentlichen Behörde oder von einer mit öffentlichem Glauben versehenen Person in ein elektronisches Dokument übertragen und liegt die Bestätigung vor, dass das elektronische Dokument mit der Urschrift bildlich und inhaltlich übereinstimmt, finden auf das elektronische Dokument die Vorschriften über die Beweiskraft öffentlicher Urkunden entsprechende Anwendung. [2] Sind das Dokument und die Bestätigung mit einer qualifizierten elektronischen Signatur versehen, gilt § 437 entsprechend.

Titel 9. Beweis durch Urkunden

§ 415 Beweiskraft öffentlicher Urkunden über Erklärungen. (1) Urkunden, die von einer öffentlichen Behörde innerhalb der Grenzen ihrer Amtsbefugnisse oder von einer mit öffentlichem Glauben versehenen Person innerhalb des ihr zugewiesenen Geschäftskreises in der vorgeschriebenen Form aufgenommen sind (öffentliche Urkunden), begründen, wenn sie über eine vor der Behörde oder der Urkundsperson abgegebene Erklärung errichtet sind, vollen Beweis des durch die Behörde oder die Urkundsperson beurkundeten Vorganges.

(2) Der Beweis, dass der Vorgang unrichtig beurkundet sei, ist zulässig.

§ 416 Beweiskraft von Privaturkunden. Privaturkunden begründen, sofern sie von den Ausstellern unterschrieben oder mittels notariell beglaubigten Handzeichens unterzeichnet sind, vollen Beweis dafür, dass die in ihnen enthaltenen Erklärungen von den Ausstellern abgegeben sind.

§ 416a Beweiskraft des Ausdrucks eines öffentlichen elektronischen Dokuments. Der mit einem Beglaubigungsvermerk versehene Ausdruck eines öffentlichen elektronischen Dokuments gemäß § 371a Absatz 3, den eine öffentliche Behörde innerhalb der Grenzen ihrer Amtsbefugnisse oder eine mit öffentlichem Glauben versehene Person innerhalb des ihr zugewiesenen Geschäftskreises in der vorgeschriebenen Form erstellt hat, sowie der Ausdruck eines gerichtlichen elektronischen Dokuments, der einen Vermerk des zuständigen Gerichts gemäß § 298 Absatz 3 enthält, stehen einer öffentlichen Urkunde in beglaubigter Abschrift gleich.

§ 417 Beweiskraft öffentlicher Urkunden über amtliche Anordnung, Verfügung oder Entscheidung. Die von einer Behörde ausgestellten, eine amtliche Anordnung, Verfügung oder Entscheidung enthaltenden öffentlichen Urkunden begründen vollen Beweis ihres Inhalts.

§ 418 Beweiskraft öffentlicher Urkunden mit anderem Inhalt.

(1) Öffentliche Urkunden, die einen anderen als den in den §§ 415, 417 bezeichneten Inhalt haben, begründen vollen Beweis der darin bezeugten Tatsachen.

(2) Der Beweis der Unrichtigkeit der bezeugten Tatsachen ist zulässig, sofern nicht die Landesgesetze diesen Beweis ausschließen oder beschränken.

(3) Beruht das Zeugnis nicht auf eigener Wahrnehmung der Behörde oder der Urkundsperson, so ist die Vorschrift des ersten Absatzes nur dann anzuwenden, wenn sich aus den Landesgesetzen ergibt, dass die Beweiskraft des Zeugnisses von der eigenen Wahrnehmung unabhängig ist.

§ 419 Beweiskraft mangelbehafteter Urkunden. Inwiefern Durchstreichungen, Radierungen, Einschaltungen oder sonstige äußere Mängel die Beweiskraft einer Urkunde ganz oder teilweise aufheben oder mindern, entscheidet das Gericht nach freier Überzeugung.

§ 420 Vorlegung durch Beweisführer; Beweisantritt. Der Beweis wird durch die Vorlegung der Urkunde angetreten.

§ 421 Vorlegung durch den Gegner; Beweisantritt. Befindet sich die Urkunde nach der Behauptung des Beweisführers in den Händen des Gegners, so wird der Beweis durch den Antrag angetreten, dem Gegner die Vorlegung der Urkunde aufzugeben.

§ 422 Vorlegungspflicht des Gegners nach bürgerlichem Recht. Der Gegner ist zur Vorlegung der Urkunde verpflichtet, wenn der Beweisführer nach den Vorschriften des bürgerlichen Rechts[1)] die Herausgabe oder die Vorlegung der Urkunde verlangen kann.

§ 423 Vorlegungspflicht des Gegners bei Bezugnahme. Der Gegner ist auch zur Vorlegung der in seinen Händen befindlichen Urkunden verpflichtet, auf die er im Prozess zur Beweisführung Bezug genommen hat, selbst wenn es nur in einem vorbereitenden Schriftsatz geschehen ist.

§ 424 Antrag bei Vorlegung durch Gegner. Der Antrag soll enthalten:
1. die Bezeichnung der Urkunde;
2. die Bezeichnung der Tatsachen, die durch die Urkunde bewiesen werden sollen;
3. die möglichst vollständige Bezeichnung des Inhalts der Urkunde;
4. die Angabe der Umstände, auf welche die Behauptung sich stützt, dass die Urkunde sich in dem Besitz des Gegners befindet;
5. die Bezeichnung des Grundes, der die Verpflichtung zur Vorlegung der Urkunde ergibt. Der Grund ist glaubhaft zu machen.

§ 425 Anordnung der Vorlegung durch Gegner. Erachtet das Gericht die Tatsache, die durch die Urkunde bewiesen werden soll, für erheblich und den Antrag für begründet, so ordnet es, wenn der Gegner zugesteht, dass die Urkunde sich in seinen Händen befinde, oder wenn der Gegner sich über den Antrag nicht erklärt, die Vorlegung der Urkunde an.

§ 426 Vernehmung des Gegners über den Verbleib. [1]Bestreitet der Gegner, dass die Urkunde sich in seinem Besitz befinde, so ist er über ihren Verbleib zu vernehmen. [2]In der Ladung zum Vernehmungstermin ist ihm aufzugeben, nach dem Verbleib der Urkunde sorgfältig zu forschen. [3]Im

---

[1)] Vgl. z.B. §§ 259, 371, 402, 666, 667, 716, 810 BGB idF der Bek. v. 2.1.2002 (BGBl. I S. 42, ber. S. 2909, 2003 S. 738), zuletzt geänd. durch G v. 10.8.2021 (BGBl. I S. 3515); §§ 118, 157 HGB v. 10.5.1897 (RGBl. S. 219, ber. 1999 S. 42), zuletzt geänd. durch G v. 10.8.2021 (BGBl. I S. 3436).

Übrigen gelten die Vorschriften der §§ 449 bis 454 entsprechend. [4] Gelangt das Gericht zu der Überzeugung, dass sich die Urkunde im Besitz des Gegners befindet, so ordnet es die Vorlegung an.

§ 427 Folgen der Nichtvorlegung durch Gegner.

[1] Kommt der Gegner der Anordnung, die Urkunde vorzulegen, nicht nach oder gelangt das Gericht im Falle des § 426 zu der Überzeugung, dass er nach dem Verbleib der Urkunde nicht sorgfältig geforscht habe, so kann eine vom Beweisführer beigebrachte Abschrift der Urkunde als richtig angesehen werden. [2] Ist eine Abschrift der Urkunde nicht beigebracht, so können die Behauptungen des Beweisführers über die Beschaffenheit und den Inhalt der Urkunde als bewiesen angenommen werden.

§ 428 Vorlegung durch Dritte; Beweisantritt.

Befindet sich die Urkunde nach der Behauptung des Beweisführers im Besitz eines Dritten, so wird der Beweis durch den Antrag angetreten, zur Herbeischaffung der Urkunde eine Frist zu bestimmen oder eine Anordnung nach § 142 zu erlassen.

§ 429 Vorlegungspflicht Dritter.

[1] Der Dritte ist aus denselben Gründen wie der Gegner des Beweisführers zur Vorlegung einer Urkunde verpflichtet; er kann zur Vorlegung nur im Wege der Klage genötigt werden. [2] § 142 bleibt unberührt.

§ 437 Echtheit inländischer öffentlicher Urkunden.

(1) Urkunden, die nach Form und Inhalt als von einer öffentlichen Behörde oder von einer mit öffentlichem Glauben versehenen Person errichtet sich darstellen, haben die Vermutung der Echtheit für sich.

(2) Das Gericht kann, wenn es die Echtheit für zweifelhaft hält, auch von Amts wegen die Behörde oder die Person, von der die Urkunde errichtet sein soll, zu einer Erklärung über die Echtheit veranlassen.

§ 438 Echtheit ausländischer öffentlicher Urkunden.

(1) Ob eine Urkunde, die als von einer ausländischen Behörde oder von einer mit öffentlichem Glauben versehenen Person des Auslandes errichtet sich darstellt, ohne näheren Nachweis als echt anzusehen sei, hat das Gericht nach den Umständen des Falles zu ermessen.

(2) Zum Beweis der Echtheit einer solchen Urkunde genügt die Legalisation durch einen Konsul oder Gesandten des Bundes.

§ 439 Erklärung über Echtheit von Privaturkunden.

(1) Über die Echtheit einer Privaturkunde hat sich der Gegner des Beweisführers nach der Vorschrift des § 138 zu erklären.

(2) Befindet sich unter der Urkunde eine Namensunterschrift, so ist die Erklärung auf die Echtheit der Unterschrift zu richten.

(3) Wird die Erklärung nicht abgegeben, so ist die Urkunde als anerkannt anzusehen, wenn nicht die Absicht, die Echtheit bestreiten zu wollen, aus den übrigen Erklärungen der Partei hervorgeht.

§ 440 Beweis der Echtheit von Privaturkunden.

(1) Die Echtheit einer nicht anerkannten Privaturkunde ist zu beweisen.

(2) Steht die Echtheit der Namensunterschrift fest oder ist das unter einer Urkunde befindliche Handzeichen notariell beglaubigt, so hat die über der Unterschrift oder dem Handzeichen stehende Schrift die Vermutung der Echtheit für sich.

§ 441 Schriftvergleichung. (1) Der Beweis der Echtheit oder Unechtheit einer Urkunde kann auch durch Schriftvergleichung geführt werden.

(2) In diesem Fall hat der Beweisführer zur Vergleichung geeignete Schriften vorzulegen oder ihre Mitteilung nach der Vorschrift des § 432 zu beantragen und erforderlichenfalls den Beweis ihrer Echtheit anzutreten.

(3) [1] Befinden sich zur Vergleichung geeignete Schriften in den Händen des Gegners, so ist dieser auf Antrag des Beweisführers zur Vorlegung verpflichtet. [2] Die Vorschriften der §§ 421 bis 426 gelten entsprechend. [3] Kommt der Gegner der Anordnung, die zur Vergleichung geeigneten Schriften vorzulegen, nicht nach oder gelangt das Gericht im Falle des § 426 zu der Überzeugung, dass der Gegner nach dem Verbleib der Schriften nicht sorgfältig geforscht habe, so kann die Urkunde als echt angesehen werden.

(4) Macht der Beweisführer glaubhaft, dass in den Händen eines Dritten geeignete Vergleichungsschriften sich befinden, deren Vorlegung er im Wege der Klage zu erwirken imstande sei, so gelten die Vorschriften des § 431 entsprechend.

§ 442 Würdigung der Schriftvergleichung. Über das Ergebnis der Schriftvergleichung hat das Gericht nach freier Überzeugung, geeignetenfalls nach Anhörung von Sachverständigen, zu entscheiden.

§ 443 Verwahrung verdächtiger Urkunden. Urkunden, deren Echtheit bestritten ist oder deren Inhalt verändert sein soll, werden bis zur Erledigung des Rechtsstreits auf der Geschäftsstelle verwahrt, sofern nicht ihre Auslieferung an eine andere Behörde im Interesse der öffentlichen Ordnung erforderlich ist.

§ 444 Folgen der Beseitigung einer Urkunde. Ist eine Urkunde von einer Partei in der Absicht, ihre Benutzung dem Gegner zu entziehen, beseitigt oder zur Benutzung untauglich gemacht, so können die Behauptungen des Gegners über die Beschaffenheit und den Inhalt der Urkunde als bewiesen angesehen werden.

33. Gesetz über die Beaufsichtigung von Zahlungsdiensten (Zahlungsdiensteaufsichtsgesetz – ZAG)[1)][2)]

Vom 17. Juli 2017
(BGBl. I S. 2446)
FNA 7610-22
zuletzt geänd. durch Art. 5 Transparenzregister- und FinanzinformationsG[3)] v. 25.6.2021 (BGBl. I S. 2083)

– Auszug –

Abschnitt 1. Allgemeine Vorschriften
Unterabschnitt 1. Begriffsbestimmungen, Anwendungsbereich, Aufsicht

§ 1 Begriffsbestimmungen. (1) [1] Zahlungsdienstleister sind
1. Unternehmen, die gewerbsmäßig oder in einem Umfang, der einen in kaufmännischer Weise eingerichteten Geschäftsbetrieb erfordert, Zahlungsdienste erbringen, ohne Zahlungsdienstleister im Sinne der Nummern 2 bis 5 zu sein (Zahlungsinstitute);
2. E-Geld-Institute im Sinne des Absatzes 2 Satz 1 Nummer 1, die im Inland zum Geschäftsbetrieb nach diesem Gesetz zugelassen sind, sofern sie Zahlungsdienste erbringen;
3. CRR-Kreditinstitute im Sinne des § 1 Absatz 3d Satz 1 des Kreditwesengesetzes, die im Inland zum Geschäftsbetrieb zugelassen sind, sowie die in Artikel 2 Absatz 5 Nummer 5 der Richtlinie 2013/36/EU des Europäischen

---

[1)] **Amtl. Anm.:** Dieses Gesetz dient der Umsetzung der Richtlinie (EU) 2015/2366 des Europäischen Parlaments und des Rates vom 25. November 2015 über Zahlungsdienste im Binnenmarkt, zur Änderung der Richtlinien 2002/65/EG, 2009/110/EG und 2013/36/EU und der Verordnung (EU) Nr. 1093/2010 sowie zur Aufhebung der Richtlinie 2007/64/EG (ABl. L 337 vom 23.12.2015, S. 35; L 169 vom 28.6.2016, S. 18).

[2)] Verkündet als Art. 1 G v. 17.7.2017 (BGBl. I S. 2446); Inkrafttreten gem. Art. 15 Abs. 4 dieses G am 13.1.2018.

§§ 45–52 sowie § 55 sind gem. Art. 15 Abs. 1 G v. 17.7.2017 (BGBl. I S. 2446) 18 Monate nach dem gem. Bek. v. 26.7.2019 (BGBl. I S. 1113) am 14.3.2018 erfolgten Inkrafttreten der Delegierten VO (EU) 2018/389 am 14.9.2019 in Kraft getreten.

[3)] **Amtl. Anm.:** Dieses Gesetz dient der Umsetzung der Richtlinie (EU) 2019/1153 des Europäischen Parlaments und des Rates vom 20. Juni 2019 zur Festlegung von Vorschriften zur Erleichterung der Nutzung von Finanz- und sonstigen Informationen für die Verhütung, Aufdeckung, Untersuchung oder Verfolgung bestimmter Straftaten und zur Aufhebung des Beschlusses 2000/642/JI des Rates (ABl. L 186 vom 11.7.2019, S. 122), der Umsetzung der Richtlinie (EU) 2018/843 des Europäischen Parlaments und des Rates vom 30. Mai 2018 zur Änderung der Richtlinie (EU) 2015/849 zur Verhinderung der Nutzung des Finanzsystems zum Zwecke der Geldwäsche und der Terrorismusfinanzierung und zur Änderung der Richtlinien 2009/138/EG und 2013/36/EU (ABl. L 156 vom 19.6.2018, S. 43) sowie der Umsetzung der Richtlinie (EU) 2019/2177 des Europäischen Parlaments und des Rates vom 18. Dezember 2019 zur Änderung der Richtlinie 2009/138/EG betreffend die Aufnahme und Ausübung der Versicherungs- und der Rückversicherungstätigkeit (Solvabilität II), der Richtlinie 2014/65/EU über Märkte für Finanzinstrumente, und der Richtlinie (EU) 2015/849 zur Verhinderung der Nutzung des Finanzsystems zum Zwecke der Geldwäsche und der Terrorismusfinanzierung (ABl. L 334 vom 27.12.2019, S. 155).

Parlaments und des Rates vom 26. Juni 2013 über den Zugang zur Tätigkeit von Kreditinstituten und die Beaufsichtigung von Kreditinstituten und Wertpapierfirmen, zur Änderung der Richtlinie 2002/87/EG und zur Aufhebung der Richtlinien 2006/48/EG und 2006/49/EG (ABl. L 176 vom 27.6.2013, S. 338; L 208 vom 2.8.2013, S. 73; L 20 vom 25.1.2017, S. 1; L 203 vom 26.6.2020, S. 95), die zuletzt durch die Richtlinie (EU) 2019/2034 (ABl. L 314 vom 5.12.2019, S. 64) geändert worden ist, namentlich genannten Unternehmen, sofern sie Zahlungsdienste erbringen;
4. die Europäische Zentralbank, die Deutsche Bundesbank sowie andere Zentralbanken in der Europäischen Union oder den anderen Vertragsstaaten des Abkommens über den Europäischen Wirtschaftsraum, soweit sie außerhalb ihrer Eigenschaft als Währungsbehörde oder andere Behörde Zahlungsdienste erbringen;
5. der Bund, die Länder, die Gemeinden und Gemeindeverbände sowie die Träger bundes- oder landesmittelbarer Verwaltung, einschließlich der öffentlichen Schuldenverwaltung, der Sozialversicherungsträger und der Bundesagentur für Arbeit, soweit sie außerhalb ihres hoheitlichen Handelns Zahlungsdienste erbringen.

²Zahlungsdienste sind
1. die Dienste, mit denen Bareinzahlungen auf ein Zahlungskonto ermöglicht werden, sowie alle für die Führung eines Zahlungskontos erforderlichen Vorgänge (Einzahlungsgeschäft);
2. die Dienste, mit denen Barauszahlungen von einem Zahlungskonto ermöglicht werden, sowie alle für die Führung eines Zahlungskontos erforderlichen Vorgänge (Auszahlungsgeschäft);
3. die Ausführung von Zahlungsvorgängen einschließlich der Übermittlung von Geldbeträgen auf ein Zahlungskonto beim Zahlungsdienstleister des Nutzers oder bei einem anderen Zahlungsdienstleister durch
   a) die Ausführung von Lastschriften einschließlich einmaliger Lastschriften (Lastschriftgeschäft),
   b) die Ausführung von Zahlungsvorgängen mittels einer Zahlungskarte oder eines ähnlichen Zahlungsinstruments (Zahlungskartengeschäft),
   c) die Ausführung von Überweisungen einschließlich Daueraufträgen (Überweisungsgeschäft),
   jeweils ohne Kreditgewährung (Zahlungsgeschäft);
4. die Ausführung von Zahlungsvorgängen im Sinne der Nummer 3, die durch einen Kreditrahmen für einen Zahlungsdienstnutzer im Sinne des § 3 Absatz 4 gedeckt sind (Zahlungsgeschäft mit Kreditgewährung);
5. die Ausgabe von Zahlungsinstrumenten oder die Annahme und Abrechnung von Zahlungsvorgängen (Akquisitionsgeschäft);
6. die Dienste, bei denen ohne Einrichtung eines Zahlungskontos auf den Namen des Zahlers oder des Zahlungsempfängers ein Geldbetrag des Zahlers nur zur Übermittlung eines entsprechenden Betrags an einen Zahlungsempfänger oder an einen anderen, im Namen des Zahlungsempfängers handelnden Zahlungsdienstleister entgegengenommen wird oder bei dem der Geldbetrag im Namen des Zahlungsempfängers entgegengenommen und diesem verfügbar gemacht wird (Finanztransfergeschäft);
7. Zahlungsauslösedienste;

8. Kontoinformationsdienste.

(2) ¹E-Geld-Emittenten sind
1. Unternehmen, die das E-Geld-Geschäft betreiben, ohne E-Geld-Emittenten im Sinne der Nummern 2 bis 4 zu sein (E-Geld-Institute);
2. CRR-Kreditinstitute im Sinne des § 1 Absatz 3d Satz 1 des Kreditwesengesetzes, die im Inland zum Geschäftsbetrieb zugelassen sind, sowie die in Artikel 2 Absatz 5 Nummer 5 der Richtlinie 2013/36/EU namentlich genannten Unternehmen, sofern sie das E-Geld-Geschäft betreiben;
3. die Europäische Zentralbank, die Deutsche Bundesbank sowie andere Zentralbanken in der Europäischen Union oder den anderen Vertragsstaaten des Abkommens über den Europäischen Wirtschaftsraum, soweit sie außerhalb ihrer Eigenschaft als Währungsbehörde oder anderer Behörde das E-Geld-Geschäft betreiben;
4. der Bund, die Länder, die Gemeinden und Gemeindeverbände sowie die Träger bundes- oder landesmittelbarer Verwaltung, einschließlich der öffentlichen Schuldenverwaltung, der Sozialversicherungsträger und der Bundesagentur für Arbeit, soweit sie außerhalb ihres hoheitlichen Handelns das E-Geld-Geschäft betreiben.

²E-Geld-Geschäft ist die Ausgabe von E-Geld. ³E-Geld ist jeder elektronisch, darunter auch magnetisch, gespeicherte monetäre Wert in Form einer Forderung an den Emittenten, der gegen Zahlung eines Geldbetrags ausgestellt wird, um damit Zahlungsvorgänge im Sinne des § 675f Absatz 4 Satz 1 des Bürgerlichen Gesetzbuchs durchzuführen, und der auch von anderen natürlichen oder juristischen Personen als dem Emittenten angenommen wird. ⁴Kein E-Geld ist ein monetärer Wert,
1. der auf Instrumenten im Sinne des § 2 Absatz 1 Nummer 10 gespeichert ist oder
2. der nur für Zahlungsvorgänge nach § 2 Absatz 1 Nummer 11 eingesetzt wird.

(3) Institute im Sinne dieses Gesetzes sind Zahlungsinstitute und E-Geld-Institute.

(4) ¹Herkunftsmitgliedstaat ist der Mitgliedstaat der Europäischen Union (Mitgliedstaat) oder anderer Vertragsstaat des Abkommens über den Europäischen Wirtschaftsraum, in dem sich der Sitz des Instituts befindet, oder, wenn das Institut nach dem für ihn geltenden nationalen Recht keinen Sitz hat, der Mitgliedstaat oder Vertragsstaat, in dem sich seine Hauptverwaltung befindet. ²Aufnahmemitgliedstaat ist jeder andere Mitgliedstaat oder Vertragsstaat, in dem das Institut einen Agenten oder eine Zweigniederlassung hat oder im Wege des grenzüberschreitenden Dienstleistungsverkehrs tätig ist.

(5) ¹Zweigniederlassung ist eine Geschäftsstelle, die nicht die Hauptverwaltung ist und die einen Teil eines Instituts bildet, keine eigene Rechtspersönlichkeit hat und unmittelbar sämtliche oder einen Teil der Geschäfte betreibt, die mit der Tätigkeit eines Instituts verbunden sind. ²Alle Geschäftsstellen eines Instituts mit Hauptverwaltung in einem anderen Mitgliedstaat, die sich in einem Mitgliedstaat befinden, gelten als eine einzige Zweigniederlassung.

(6) Gruppe ist ein Verbund von Unternehmen, die untereinander durch eine in Artikel 22 Absatz 1, 2 oder 7 der Richtlinie 2013/34/EU des Europäischen Parlaments und des Rates vom 26. Juni 2013 über den Jahresabschluss, den

konsolidierten Abschluss und damit verbundene Berichte von Unternehmen bestimmter Rechtsformen und zur Änderung der Richtlinie 2006/43/EG des Europäischen Parlaments und des Rates und zur Aufhebung der Richtlinien 78/660/EWG und 83/349/EWG des Rates (ABl. L 182 vom 29.6.2013, S. 19; L 369 vom 24.12.2014, S. 79), die zuletzt durch die Richtlinie 2014/102/EU geändert worden ist (ABl. L 334 vom 21.11.2014, S. 86), genannte Beziehung verbunden sind, oder Unternehmen im Sinne der Artikel 4, 5, 6 und 7 der Delegierten Verordnung (EU) Nr. 241/2014 der Kommission vom 7. Januar 2014 zur Ergänzung der Verordnung (EU) Nr. 575/2013 des Europäischen Parlaments und des Rates im Hinblick auf technische Regulierungsstandards für die Eigenmittelanforderungen an Institute (ABl. L 74 vom 14.3.2014, S. 8), die zuletzt durch die Delegierte Verordnung (EU) 2015/923 (ABl. L 150 vom 17.6.2015, S. 1) geändert worden ist, die untereinander durch eine in Artikel 10 Absatz 1 oder Artikel 113 Absatz 6 oder 7 der Verordnung (EU) Nr. 575/2013 des Europäischen Parlaments und des Rates vom 26. Juni 2013 über Aufsichtsanforderungen an Kreditinstitute und Wertpapierfirmen und zur Änderung der Verordnung (EU) Nr. 648/2012 (ABl. L 176 vom 27.6.2013, S. 1; L 208 vom 2.8.2013, S. 68; L 321 vom 30.11.2013, S. 6; L 193 vom 21.7.2015, S. 166), die zuletzt durch die Verordnung (EU) 2016/1014 (ABl. L 171 vom 29.6.2016, S. 153) geändert worden ist, genannte Beziehung verbunden sind.

(7) [1] Eine bedeutende Beteiligung im Sinne dieses Gesetzes ist eine qualifizierte Beteiligung gemäß Artikel 4 Absatz 1 Nummer 36 der Verordnung (EU) Nr. 575/2013 in der jeweils geltenden Fassung. [2] Für das Bestehen und die Berechnung einer bedeutenden Beteiligung gilt § 1 Absatz 9 Satz 2 und 3 des Kreditwesengesetzes entsprechend.

(8) [1] Geschäftsleiter im Sinne dieses Gesetzes sind diejenigen natürlichen Personen, die nach Gesetz, Satzung oder Gesellschaftsvertrag zur Führung der Geschäfte und zur Vertretung eines Instituts in der Rechtsform einer juristischen Person oder Personenhandelsgesellschaft berufen sind. [2] In Ausnahmefällen kann die Bundesanstalt für Finanzdienstleistungsaufsicht (Bundesanstalt) auch eine andere mit der Führung der Geschäfte betraute und zur Vertretung ermächtigte Person widerruflich als Geschäftsleiter bestimmen, wenn sie zuverlässig ist und die erforderliche fachliche Eignung hat. [3] Beruht die Bestimmung einer Person als Geschäftsleiter auf einem Antrag des Instituts, so ist sie auf Antrag des Instituts oder des Geschäftsleiters zu widerrufen.

(9) [1] Agent im Sinne dieses Gesetzes ist jede natürliche oder juristische Person, die als selbständiger Gewerbetreibender im Namen eines Instituts Zahlungsdienste ausführt. [2] Die Handlungen des Agenten werden dem Institut zugerechnet.

(10) E-Geld-Agent im Sinne dieses Gesetzes ist jede natürliche oder juristische Person, die als selbständiger Gewerbetreibender im Namen eines E-Geld-Instituts beim Vertrieb und Rücktausch von E-Geld tätig ist.

(10a) Auslagerungsunternehmen im Sinne dieses Gesetzes sind Unternehmen, auf die ein Institut Aktivitäten und Prozesse zur Durchführung von Zahlungsdiensten, des E-Geld-Geschäfts sowie von sonstigen institutstypischen Dienstleistungen ausgelagert hat, sowie deren Subunternehmen bei Weiterverlagerungen von Aktivitäten und Prozessen, die für die Durchführung von Zahlungsdiensten, des E-Geld-Geschäfts sowie von sonstigen institutstypischen Dienstleistungen wesentlich sind.

(11) Zahlungssystem ist ein System zur Übertragung von Geldbeträgen auf der Grundlage von formalen und standardisierten Regeln und einheitlichen Vorschriften für die Verarbeitung, das Clearing oder die Verrechnung von Zahlungsvorgängen.

(12) Elektronische Kommunikationsnetze sind Übertragungssysteme und Vermittlungs- und Leitwegeinrichtungen sowie anderweitige Ressourcen einschließlich der nicht aktiven Netzbestandteile, die die Übertragung von Signalen über Kabel, Funk, optische oder andere elektromagnetische Einrichtungen ermöglichen, einschließlich Satellitennetze, feste (leitungs- und paketvermittelte, einschließlich Internet) und mobile terrestrische Netze, Stromleitungssysteme, soweit sie zur Signalübertragung genutzt werden, Netze für Hör- und Fernsehfunk sowie Kabelfernsehnetze, unabhängig von der Art der übertragenen Informationen.

(13) [1] Elektronische Kommunikationsdienste sind Dienste, die gewöhnlich gegen Entgelt erbracht werden und die ganz oder überwiegend in der Übertragung von Signalen über elektronische Kommunikationsnetze bestehen, einschließlich von Telekommunikations- und Übertragungsdiensten in Rundfunknetzen, jedoch ausgenommen von Diensten, die Inhalte über elektronische Kommunikationsnetze und -dienste anbieten oder eine redaktionelle Kontrolle über sie ausüben. [2] Keine elektronischen Kommunikationsdienste in diesem Sinne sind Dienste der Informationsgesellschaft im Sinne des Artikels 1 der Richtlinie (EU) 2015/1535 des Europäischen Parlaments und des Rates vom 9. September 2015 über ein Informationsverfahren auf dem Gebiet der technischen Vorschriften und der Vorschriften für die Dienste der Informationsgesellschaft (ABl. L 241 vom 17.9.2015, S. 1), die nicht ganz oder überwiegend in der Übertragung von Signalen über elektronische Kommunikationsnetze bestehen.

(14) Durchschnittlicher E-Geld-Umlauf ist der durchschnittliche Gesamtbetrag der am Ende jedes Kalendertages über die vergangenen sechs Kalendermonate bestehenden, aus der Ausgabe von E-Geld erwachsenden finanziellen Verbindlichkeiten, der am ersten Kalendertag jedes Kalendermonats berechnet wird und für diesen Kalendermonat gilt.

(15) Zahler ist eine natürliche oder juristische Person, die Inhaber eines Zahlungskontos ist und die Ausführung eines Zahlungsauftrags von diesem Zahlungskonto gestattet oder, falls kein Zahlungskonto vorhanden ist, eine natürliche oder juristische Person, die den Zahlungsauftrag erteilt.

(16) Zahlungsempfänger ist die natürliche oder juristische Person, die den Geldbetrag, der Gegenstand eines Zahlungsvorgangs ist, als Empfänger erhalten soll.

(17) Zahlungskonto ist ein auf den Namen eines oder mehrerer Zahlungsdienstnutzer lautendes Konto, das für die Ausführung von Zahlungsvorgängen genutzt wird.

(18) Kontoführender Zahlungsdienstleister ist ein Zahlungsdienstleister, der für einen Zahler ein Zahlungskonto bereitstellt und führt.

(19) Fernzahlungsvorgang im Sinne dieses Gesetzes ist ein Zahlungsvorgang, der über das Internet oder mittels eines Geräts, das für die Fernkommunikation verwendet werden kann, ausgelöst wird.

(20) Zahlungsinstrument ist jedes personalisierte Instrument oder Verfahren, dessen Verwendung zwischen dem Zahlungsdienstnutzer und dem Zahlungs-

dienstleister vereinbart wurde und das zur Erteilung eines Zahlungsauftrags verwendet wird.

(21) Lastschrift ist ein Zahlungsvorgang zur Belastung des Zahlungskontos des Zahlers, bei dem der Zahlungsvorgang vom Zahlungsempfänger aufgrund der Zustimmung des Zahlers gegenüber dem Zahlungsempfänger, dessen Zahlungsdienstleister oder seinem eigenen Zahlungsdienstleister ausgelöst wird.

(22) Überweisung ist ein auf Veranlassung des Zahlers ausgelöster Zahlungsvorgang zur Erteilung einer Gutschrift auf dem Zahlungskonto des Zahlungsempfängers zulasten des Zahlungskontos des Zahlers in Ausführung eines oder mehrerer Zahlungsvorgänge durch den Zahlungsdienstleister, der das Zahlungskonto des Zahlers führt.

(23) Authentifizierung ist ein Verfahren, mit dessen Hilfe der Zahlungsdienstleister die Identität eines Zahlungsdienstnutzers oder die berechtigte Verwendung eines bestimmten Zahlungsinstruments, einschließlich der Verwendung der personalisierten Sicherheitsmerkmale des Nutzers, überprüfen kann.

(24) Starke Kundenauthentifizierung ist eine Authentifizierung, die so ausgestaltet ist, dass die Vertraulichkeit der Authentifizierungsdaten geschützt ist und die unter Heranziehung von mindestens zwei der folgenden, in dem Sinne voneinander unabhängigen Elementen geschieht, dass die Nichterfüllung eines Kriteriums die Zuverlässigkeit der anderen nicht in Frage stellt:

1. Kategorie Wissen, also etwas, das nur der Nutzer weiß,

2. Kategorie Besitz, also etwas, das nur der Nutzer besitzt oder

3. Kategorie Inhärenz, also etwas, das der Nutzer ist.

(25) Personalisierte Sicherheitsmerkmale sind personalisierte Merkmale, die der Zahlungsdienstleister einem Zahlungsdienstnutzer zum Zwecke der Authentifizierung bereitstellt.

(26) [1] Sensible Zahlungsdaten sind Daten, einschließlich personalisierter Sicherheitsmerkmale, die für betrügerische Handlungen verwendet werden können. [2] Für die Tätigkeiten von Zahlungsauslösediensleistern und Kontoinformationsdienstleistern stellen der Name des Kontoinhabers und die Kontonummer keine sensiblen Zahlungsdaten dar.

(27) Digitale Inhalte sind Waren oder Dienstleistungen, die in digitaler Form hergestellt und bereitgestellt werden, deren Nutzung oder Verbrauch auf ein technisches Gerät beschränkt ist und die in keiner Weise die Nutzung oder den Verbrauch von Waren oder Dienstleistungen in physischer Form einschließen.

(28) Zahlungsmarke ist jeder reale oder digitale Name, jeder reale oder digitale Begriff, jedes reale oder digitale Zeichen, jedes reale oder digitale Symbol oder jede Kombination davon, mittels dessen oder derer bezeichnet werden kann, unter welchem Zahlungskartensystem kartengebundene Zahlungsvorgänge ausgeführt werden.

(29) Eigenmittel sind Mittel im Sinne des Artikels 4 Absatz 1 Nummer 118 der Verordnung (EU) Nr. 575/2013 des Europäischen Parlaments und des Rates vom 26. Juni 2013 über Aufsichtsanforderungen an Kreditinstitute und Wertpapierfirmen und zur Änderung der Verordnung (EU) Nr. 648/2012 (ABl. L 176 vom 27.6.2013, S. 1; L 208 vom 2.8.2013, S. 68; ABl. L 321 vom 30.11.2013, S. 6; L 193 vom 21.7.2015, S. 166), die zuletzt durch die Verordnung (EU) 2016/1014 (ABl. L 171 vom 29.6.2016, S. 153) geändert worden ist, wobei mindestens 75 Prozent des Kernkapitals in Form von hartem

Kernkapital nach Artikel 50 der genannten Verordnung gehalten werden müssen und das Ergänzungskapital höchstens ein Drittel des harten Kernkapitals betragen muss.

(30) Anfangskapital im Sinne dieses Gesetzes ist das aus Bestandteilen gemäß Artikel 26 Absatz 1 Satz 1 Buchstabe a bis e der Verordnung (EU) Nr. 575/2013 bestehende harte Kernkapital.

(31) [1] Sichere Aktiva mit niedrigem Risiko im Sinne dieses Gesetzes sind Aktiva, die unter eine der Kategorien nach Artikel 336 Absatz 1 der Verordnung (EU) Nr. 575/2013 fallen, für die die Eigenmittelanforderung für das spezifische Risiko nicht höher als 1,6 Prozent ist, wobei jedoch andere qualifizierte Positionen gemäß Artikel 336 Absatz 4 der Verordnung (EU) Nr. 575/2013 ausgeschlossen sind. [2] Sichere Aktiva mit niedrigem Risiko im Sinne dieses Gesetzes sind auch Anteile an einem Organismus für gemeinsame Anlagen in Wertpapieren, der ausschließlich in die in Satz 1 genannten Aktiva investiert.

(32) Bargeldabhebungsdienst ist die Ausgabe von Bargeld über Geldausgabeautomaten für einen oder mehrere Kartenemittenten, ohne einen eigenen Rahmenvertrag mit dem Geld abhebenden Kunden geschlossen zu haben.

(33) Zahlungsauslösungsdienst ist ein Dienst, bei dem auf Veranlassung des Zahlungsdienstnutzers ein Zahlungsauftrag in Bezug auf ein bei einem anderen Zahlungsdienstleister geführtes Zahlungskonto ausgelöst wird.

(34) Kontoinformationsdienst ist ein Online-Dienst zur Mitteilung konsolidierter Informationen über ein Zahlungskonto oder mehrere Zahlungskonten des Zahlungsdienstnutzers bei einem oder mehreren anderen Zahlungsdienstleistern.

(35) [1] Annahme und Abrechnung von Zahlungsvorgängen (Akquisitionsgeschäft) beinhaltet einen Zahlungsdienst, der die Übertragung von Geldbeträgen zum Zahlungsempfänger bewirkt und bei dem der Zahlungsdienstleister mit dem Zahlungsempfänger eine vertragliche Vereinbarung über die Annahme und die Verarbeitung von Zahlungsvorgängen schließt. [2] Die Ausgabe von Zahlungsinstrumenten beinhaltet alle Dienste, bei denen ein Zahlungsdienstleister eine vertragliche Vereinbarung mit dem Zahler schließt, um einem Zahler ein Zahlungsinstrument zur Auslösung und Verarbeitung der Zahlungsvorgänge des Zahlers zur Verfügung zu stellen.

Unterabschnitt 2. Durchsetzung des Erlaubnisvorbehalts

§ 7 Einschreiten gegen unerlaubte Zahlungsdienste und E-Geld-Geschäfte. (1) [1] Werden ohne die nach § 10 Absatz 1 erforderliche Erlaubnis oder die nach § 34 Absatz 1 erforderliche Registrierung Zahlungsdienste erbracht (unerlaubte Zahlungsdienste) oder wird ohne die nach § 11 Absatz 1 erforderliche Erlaubnis das E-Geld-Geschäft betrieben (unerlaubtes E-Geld-Geschäft), kann die Bundesanstalt die sofortige Einstellung des Geschäftsbetriebs und die unverzügliche Abwicklung dieser Geschäfte gegenüber dem Unternehmen sowie gegenüber seinen Gesellschaftern und den Mitgliedern seiner Organe anordnen. [2] Sie kann

1. für die Abwicklung Weisungen erlassen und

2. eine geeignete Person als Abwickler bestellen.

³ Sie kann ihre Maßnahmen nach den Sätzen 1 und 2 bekannt machen; personenbezogene Daten dürfen nur veröffentlicht werden, soweit dies zur Gefahrenabwehr erforderlich ist. ⁴ Die Befugnisse der Bundesanstalt nach den Sätzen 1 bis 3 bestehen auch gegenüber dem Unternehmen, das in die Anbahnung, den Abschluss oder die Abwicklung dieser Geschäfte einbezogen ist, sowie gegenüber seinen Gesellschaftern und den Mitgliedern seiner Organe.

(2) ¹ Ordnet die Bundesanstalt die Einstellung des Geschäftsbetriebs oder die Abwicklung der unerlaubten Geschäfte an, so stehen ihr bei juristischen Personen und Personenhandelsgesellschaften auch die in § 38 Absatz 1 und 2 des Kreditwesengesetzes genannten Rechte zu. ² Absatz 1 Satz 3 gilt entsprechend.

(3) Der Abwickler ist zum Antrag auf Eröffnung eines Insolvenzverfahrens über das Vermögen des Unternehmens berechtigt.

(4) ¹ Der Abwickler erhält von der Bundesanstalt eine angemessene Vergütung und Ersatz seiner Auslagen entsprechend den Regeln über die Vergütung des Insolvenzverwalters. ² Die gezahlten Beträge sind der Bundesanstalt von dem betroffenen Unternehmen gesondert zu erstatten und auf Verlangen der Bundesanstalt vorzuschießen. ³ Die Bundesanstalt kann das betroffene Unternehmen anweisen, den von der Bundesanstalt festgesetzten Betrag im Namen der Bundesanstalt unmittelbar an den Abwickler zu leisten, wenn dadurch keine Beeinflussung der Unabhängigkeit des Abwicklers zu besorgen ist.

§ 8 Verfolgung unerlaubter Zahlungsdienste und E-Geld-Geschäfte.

(1) ¹ Steht es fest oder rechtfertigen Tatsachen die Annahme, dass ein Unternehmen unerlaubt Zahlungsdienste erbringt oder unerlaubt das E-Geld-Geschäft betreibt oder dass es in die Anbahnung, den Abschluss oder die Abwicklung unerlaubter Zahlungsdienste oder E-Geld-Geschäfte einbezogen ist oder war, haben sowohl das Unternehmen als auch die Mitglieder der Organe, die Gesellschafter und die Beschäftigten eines solchen Unternehmens der Bundesanstalt sowie der Deutschen Bundesbank auf Verlangen Auskünfte über alle Geschäftsangelegenheiten zu erteilen und Unterlagen vorzulegen. ² Ein Mitglied eines Organs, ein Gesellschafter oder ein Beschäftigter hat auf Verlangen auch nach seinem Ausscheiden aus dem Organ oder dem Unternehmen Auskunft zu erteilen und Unterlagen vorzulegen. ³ Die Bundesanstalt kann den in Satz 1 genannten Unternehmen und Personen Weisungen zur Sicherung von Kundengeldern, Daten und Vermögenswerten erteilen.

(2) ¹ Soweit dies zur Feststellung der Art oder des Umfangs der Geschäfte oder Tätigkeiten erforderlich ist, kann die Bundesanstalt Prüfungen in Räumen des Unternehmens sowie in den Räumen der nach Absatz 1 auskunfts- und vorlegungspflichtigen Personen und Unternehmen vornehmen; sie kann die Durchführung der Prüfungen der Deutschen Bundesbank übertragen. ² Die Bediensteten der Bundesanstalt und der Deutschen Bundesbank dürfen hierzu diese Räume innerhalb der üblichen Betriebs- und Geschäftszeiten betreten und besichtigen. ³ Zur Verhütung dringender Gefahren für die öffentliche Ordnung und Sicherheit sind sie befugt, diese Räume auch außerhalb der üblichen Betriebs- und Geschäftszeiten sowie Räume, die auch als Wohnung dienen, zu betreten und zu besichtigen; das Grundrecht des Artikels 13 des Grundgesetzes wird insoweit eingeschränkt.

(3) ¹ Die Bediensteten der Bundesanstalt und der Deutschen Bundesbank dürfen die Räume des Unternehmens sowie der nach Absatz 1 auskunfts- und vorlegungspflichtigen Personen und Unternehmen durchsuchen. ² Im Rahmen

der Durchsuchung dürfen die Bediensteten auch die auskunfts- und vorlegungspflichtigen Personen zum Zwecke der Sicherstellung von Gegenständen im Sinne des Absatzes 4 durchsuchen. ³Das Grundrecht des Artikels 13 des Grundgesetzes wird insoweit eingeschränkt. ⁴Durchsuchungen von Geschäftsräumen und Personen sind, außer bei Gefahr im Verzug, durch das Gericht anzuordnen. ⁵Durchsuchungen von Räumen, die als Wohnung dienen, sind durch das Gericht anzuordnen. ⁶Zuständig ist das Amtsgericht, in dessen Bezirk sich die Räume befinden. ⁷Gegen die gerichtliche Entscheidung ist die Beschwerde zulässig; die §§ 306 bis 310 und 311a der Strafprozessordnung gelten entsprechend. ⁸Über die Durchsuchung ist eine Niederschrift zu fertigen. ⁹Sie muss die verantwortliche Dienststelle, Grund, Zeit und Ort der Durchsuchung und ihr Ergebnis und, falls keine gerichtliche Anordnung ergangen ist, auch Tatsachen, welche die Annahme einer Gefahr im Verzuge begründet haben, enthalten.

(4) Die Bediensteten der Bundesanstalt und der Deutschen Bundesbank können Gegenstände sicherstellen, die als Beweismittel für die Ermittlung des Sachverhaltes von Bedeutung sein können.

(5) ¹Die Betroffenen haben Maßnahmen nach den Absätzen 2 und 3 Satz 1 und 2 sowie Absatz 4 zu dulden. ²Der zur Erteilung einer Auskunft Verpflichtete kann die Auskunft auf solche Fragen verweigern, deren Beantwortung ihn selbst oder einen der in § 383 Absatz 1 Nummer 1 bis 3 der Zivilprozessordnung bezeichneten Angehörigen der Gefahr strafgerichtlicher Verfolgung oder eines Verfahrens nach dem Gesetz über Ordnungswidrigkeiten aussetzen würde.

(6) Die Absätze 1 bis 5 gelten entsprechend für andere Unternehmen und Personen, sofern

1. Tatsachen die Annahme rechtfertigen, dass sie in die Anbahnung, den Abschluss oder die Abwicklung von Zahlungsdiensten oder des E-Geld-Geschäfts einbezogen sind, die in einem anderen Staat entgegen einem dort bestehenden Verbot erbracht oder betrieben werden, und

2. die zuständige Behörde des anderen Staates ein entsprechendes Ersuchen an die Bundesanstalt stellt.

(7) ¹Soweit und solange Tatsachen die Annahme rechtfertigen oder feststeht, dass ein Unternehmen unerlaubt Zahlungsdienste erbringt oder unerlaubt das E-Geld-Geschäft betreibt, kann die Bundesanstalt die Öffentlichkeit unter Nennung des Namens oder der Firma des Unternehmens über den Verdacht oder diese Feststellung informieren. ²Satz 1 ist entsprechend anzuwenden, wenn ein Unternehmen die unerlaubten Zahlungsdienste zwar nicht erbringt oder das E-Geld-Geschäft nicht betreibt, aber in der Öffentlichkeit einen entsprechenden Anschein erweckt. ³Vor der Entscheidung über die Veröffentlichung der Information ist das Unternehmen anzuhören. ⁴Stellen sich die von der Bundesanstalt veröffentlichten Informationen als falsch oder die zugrunde liegenden Umstände als unrichtig wiedergegeben heraus, so informiert die Bundesanstalt die Öffentlichkeit hierüber in der gleichen Art und Weise, in der sie die betreffende Information zuvor bekannt gegeben hat.

Abschnitt 2. Erlaubnis; Inhaber bedeutender Beteiligungen

Unterabschnitt 1. Erlaubnis

§ 11 Erlaubnis für das Betreiben von E-Geld-Geschäften; Verordnungsermächtigung. (1) ¹Wer im Inland das E-Geld-Geschäft betreiben will, ohne E-Geld-Emittent im Sinne des § 1 Absatz 2 Satz 1 Nummer 2 bis 4 zu sein, bedarf der schriftlichen Erlaubnis der Bundesanstalt. ²Über die Erbringung des E-Geld-Geschäfts hinaus sind von der Erlaubnis nach Satz 1 umfasst:

1. die Erbringung von Zahlungsdiensten;
2. die Gewährung von Krediten nach Maßgabe des § 3;
3. die Erbringung von betrieblichen Dienstleistungen und damit eng verbundenen Nebendienstleistungen, die mit der Ausgabe von E-Geld oder mit der Erbringung von Zahlungsdiensten im Zusammenhang stehen;
4. der Betrieb von Zahlungssystemen nach Maßgabe des § 57;
5. andere Geschäftstätigkeiten als die Ausgabe von E-Geld im Rahmen der geltenden gemeinschaftlichen und nationalen Rechtsvorschriften.

(2) ¹Auf den Inhalt des Erlaubnisantrags ist § 10 Absatz 2 Satz 1 Nummer 2, 5 bis 11, 13 und 15 bis 17 entsprechend anzuwenden. ²Der Erlaubnisantrag hat zusätzlich folgende Angaben und Nachweise zu enthalten:

1. eine Beschreibung des Geschäftsmodells, aus dem insbesondere die beabsichtigte Ausgabe von E-Geld sowie die Art der beabsichtigten Zahlungsdienste hervorgeht,
2. den Nachweis, dass der Antragsteller über das erforderliche Anfangskapital nach § 12 Nummer 3 Buchstabe d verfügt,
3. eine Beschreibung der Maßnahmen zur Erfüllung der Sicherungsanforderungen nach den §§ 17 und 18,
4. eine Darstellung des organisatorischen Aufbaus des Antragstellers, gegebenenfalls einschließlich einer Beschreibung der geplanten Inanspruchnahme von E-Geld-Agenten, Zweigniederlassungen und, soweit Zahlungsdienste erbracht werden, Agenten sowie eine Darstellung der Auslagerungsvereinbarungen und eine Beschreibung der Art und Weise seiner Teilnahme an einem nationalen oder internationalen Zahlungssystem sowie
5. die Namen der Geschäftsleiter, der für die Geschäftsleitung des Antragstellers verantwortlichen Personen und, soweit es sich um Unternehmen handelt, die neben der Ausgabe von E-Geld und der Erbringung von Zahlungsdiensten anderen Geschäftsaktivitäten nachgehen, der für die Ausgabe von E-Geld und Erbringung von Zahlungsdiensten des Antragstellers verantwortlichen Personen.

³Der Antrag muss den Nachweis enthalten, dass die in Satz 1 Nummer 5 genannten Personen zuverlässig sind und über angemessene theoretische und praktische Kenntnisse und Erfahrungen, einschließlich Leitungserfahrung, für den Betrieb des E-Geld-Geschäfts und die Erbringung von Zahlungsdiensten verfügen. ⁴Der Antragsteller hat mindestens zwei Geschäftsleiter zu bestellen; bei Unternehmen mit geringer Größe genügt ein Geschäftsleiter. ⁵Für das weitere Verfahren gilt § 10 Absatz 2 Satz 2, 3 und 6 sowie Absatz 3 und 6 entsprechend.

(3) ¹Die Bundesanstalt kann die Erlaubnis unter Auflagen erteilen, die sich im Rahmen des mit diesem Gesetz verfolgten Zweckes halten müssen. ²Erbringt das E-Geld-Institut zugleich Zahlungsdienste oder geht es anderen Geschäftstätigkeiten nach, kann die Bundesanstalt ihm auferlegen, dass es die Erbringung von Zahlungsdiensten oder die anderen Geschäfte abzuspalten oder ein eigenes Unternehmen für das E-Geld-Geschäft zu gründen hat, wenn diese die finanzielle Solidität des Instituts oder die Prüfungsmöglichkeiten beeinträchtigen oder beeinträchtigen könnten.

(4) Das E-Geld-Institut hat der Bundesanstalt unverzüglich jede materiell und strukturell wesentliche Änderung der tatsächlichen und rechtlichen Verhältnisse mitzuteilen, soweit sie die Richtigkeit der nach Absatz 2 Satz 1 und 2 vorgelegten Angaben und Nachweise betreffen.

(5) Soweit für das Betreiben des E-Geld-Geschäfts eine Erlaubnis nach Absatz 1 erforderlich ist, dürfen Eintragungen in öffentliche Register nur vorgenommen werden, wenn dem Registergericht die Erlaubnis nachgewiesen ist.

(6) ¹Das Bundesministerium der Finanzen wird ermächtigt, durch Rechtsverordnung, die nicht der Zustimmung des Bundesrates bedarf, im Benehmen mit der Deutschen Bundesbank nähere Bestimmungen über Art, Umfang und Form der nach dieser Vorschrift vorgesehenen Antragsunterlagen zu erlassen. ²Das Bundesministerium der Finanzen kann die Ermächtigung im Einvernehmen mit der Deutschen Bundesbank durch Rechtsverordnung auf die Bundesanstalt übertragen. ³Vor Erlass der Rechtsverordnung sind die Spitzenverbände der Institute anzuhören. ⁴Das Bundesamt für Sicherheit in der Informationstechnik ist anzuhören, soweit die Sicherheit informationstechnischer Systeme betroffen ist.

§ 12 Versagung der Erlaubnis. Die Erlaubnis zur Erbringung von Zahlungsdiensten oder zum Betreiben des E-Geld-Geschäfts ist zu versagen, wenn

1. der Antragsteller keine juristische Person oder Personenhandelsgesellschaft ist;

2. der Antrag entgegen § 10 Absatz 2 oder § 11 Absatz 2 keine ausreichenden Angaben oder Unterlagen enthält oder die eingereichten Angaben und Unterlagen keine positive Gesamtbewertung zulassen;

3. die zum Geschäftsbetrieb erforderlichen Mittel, insbesondere ein ausreichendes Anfangskapital, im Inland nicht zur Verfügung stehen; als Anfangskapital muss zur Verfügung stehen:

    a) bei Zahlungsinstituten, die nur das Finanztransfergeschäft betreiben, ein Betrag im Gegenwert von mindestens 20 000 Euro;

    b) bei Zahlungsinstituten, die nur Zahlungsauslösedienste anbieten, ein Betrag im Gegenwert von mindestens 50 000 Euro;

    c) bei Zahlungsinstituten, die die Zahlungsdienste im Sinne des § 1 Absatz 1 Satz 2 Nummer 1 bis 5 anbieten, ein Betrag im Gegenwert von mindestens 125 000 Euro;

    d) bei E-Geld-Instituten ein Betrag im Gegenwert von mindestens 350 000 Euro;

    ist das Institut zugleich Institut im Sinne des § 1 Absatz 1b des Kreditwesengesetzes oder Wertpapierinstitut im Sinne des Wertpapierinstitutsgesetzes, gilt der nach dieser Vorschrift oder nach § 33 Absatz 1 des Kreditwesengesetzes oder nach § 17 Absatz 1 des Wertpapierinstitutsgesetzes jeweils höhere Betrag;

4. Tatsachen die Annahme rechtfertigen, dass der Antragsteller oder der Inhaber einer bedeutenden Beteiligung oder, wenn dieser eine juristische Person ist, auch ein gesetzlicher oder satzungsmäßiger Vertreter, oder, wenn er eine Personenhandelsgesellschaft ist, auch ein Gesellschafter, nicht zuverlässig ist oder aus anderen Gründen nicht den im Interesse einer soliden und umsichtigen Führung des Zahlungsinstituts zu stellenden Ansprüchen genügt;

5. Tatsachen vorliegen, aus denen sich ergibt, dass ein Geschäftsleiter nicht zuverlässig ist oder nicht die zur Leitung des Antragstellers erforderliche fachliche Eignung hat und auch nicht eine andere Person nach § 1 Absatz 8 Satz 2 als Geschäftsleiter bestimmt wird; die fachliche Eignung setzt voraus, dass in ausreichendem Maß theoretische und praktische Kenntnisse und Fähigkeiten in den betreffenden Geschäften und Leitungserfahrung vorhanden sind;

6. der Antragsteller nicht über wirksame Verfahren zur Ermittlung, Steuerung, Überwachung und Meldung von Risiken sowie angemessene interne Kontrollverfahren einschließlich solider Verwaltungs- und Rechnungslegungsverfahren verfügt;

7. Tatsachen die Annahme rechtfertigen, dass eine wirksame Aufsicht über den Antragsteller beeinträchtigt wird; dies ist insbesondere der Fall, wenn

   a) der Antragsteller mit anderen Personen oder Unternehmen in einen Unternehmensverbund eingebunden ist oder in einer engen Verbindung im Sinne des Artikels 4 Absatz 1 Nummer 38 der Verordnung (EU) Nr. 575/2013 zu einem solchen steht, der durch die Struktur des Beteiligungsgeflechtes oder mangelhafte wirtschaftliche Transparenz eine wirksame Aufsicht über das Institut beeinträchtigt,

   b) eine wirksame Aufsicht über den Antragsteller wegen der für solche Personen oder Unternehmen geltenden Rechts- oder Verwaltungsvorschriften eines Drittstaates beeinträchtigt wird oder

   c) der Antragsteller Tochterunternehmen eines Instituts mit Sitz in einem Drittstaat ist, das im Staat seines Sitzes oder seiner Hauptverwaltung nicht wirksam beaufsichtigt wird oder dessen zuständige Aufsichtsbehörde zu einer befriedigenden Zusammenarbeit mit der Bundesanstalt nicht bereit ist;

8. der Antragsteller seine Hauptverwaltung nicht im Inland hat oder nicht zumindest einen Teil seiner Zahlungsdienste im Inland erbringt oder seines E-Geld-Geschäfts im Inland betreibt;

9. der Antragsteller nicht über eine Absicherung für den Haftungsfall gemäß den Voraussetzungen des § 16 oder § 36 verfügt;

10. die Erfüllung der Sicherungsanforderungen nach § 17 oder § 18 der Bundesanstalt nicht ausreichend nachgewiesen wird;

11. der Antragsteller gegen das Verbot der Ausgabe von E-Geld über andere Personen nach § 31 verstößt;

12. eine Rechtsnorm der Europäischen Union oder des nationalen Rechts der Erteilung der Erlaubnis entgegensteht.

§ 13 Erlöschen und Aufhebung der Erlaubnis. (1) Die Erlaubnis eines Instituts erlischt, wenn das Institut von ihr nicht innerhalb eines Jahres seit ihrer Erteilung Gebrauch macht oder wenn es ausdrücklich auf sie verzichtet.

(2) Die Bundesanstalt kann die Erlaubnis außer nach den Vorschriften des Verwaltungsverfahrensgesetzes[1]) aufheben, wenn

1. der Geschäftsbetrieb, auf den sich die Erlaubnis bezieht, seit mehr als sechs Monaten nicht mehr ausgeübt worden ist,
2. die Erlaubnis aufgrund falscher Angaben oder auf andere Weise unrechtmäßig erlangt wurde,
3. Tatsachen bekannt werden, die die Versagung der Erlaubnis rechtfertigen oder gegen die Mitteilungspflichten nach § 10 Absatz 5 oder § 11 Absatz 4 verstoßen wird,
4. die Fortsetzung der Erbringung von Zahlungsdiensten oder des Betreibens des E-Geld-Geschäfts die Stabilität des betriebenen Zahlungssystems oder das Vertrauen darin gefährden würde oder
5. schwerwiegend, wiederholt oder systematisch gegen § 27, gegen das Geldwäschegesetz, gegen die Verordnung (EU) 2015/847 des Europäischen Parlaments und des Rates vom 20. Mai 2015 über die Übermittlung von Angaben bei Geldtransfers und zur Aufhebung der Verordnung (EU) Nr. 1781/2006 (ABl. L 141 vom 5.6.2015, S. 1) oder gegen die zur Durchführung dieser Vorschriften erlassenen Verordnungen oder vollziehbaren Anordnungen verstoßen wurde.

(3) [1] § 38 des Kreditwesengesetzes gilt entsprechend. [2] § 48 Absatz 4 Satz 1 und § 49 Absatz 2 Satz 2 des Verwaltungsverfahrensgesetzes über die Jahresfrist sind nicht anzuwenden.

(4) Die Bundesanstalt macht die Aufhebung oder das Erlöschen der Erlaubnis im Bundesanzeiger und in dem Institutsregister nach § 43 oder § 44 bekannt.

Abschnitt 3. Eigenmittel, Absicherung im Haftungsfall

§ 15 Eigenmittel; Verordnungsermächtigung. (1) [1] Institute müssen im Interesse der Erfüllung ihrer Verpflichtungen über angemessene Eigenmittel verfügen; die Eigenmittel des Instituts dürfen zu keinem Zeitpunkt unter den Betrag des Anfangskapitals nach § 12 Nummer 3 oder unter den Betrag der Eigenmittel gemäß der Berechnung der nach Absatz 3 zu erlassenden Rechtsverordnung sinken, wobei der jeweils höhere Betrag maßgebend ist. [2] Gewährt ein Institut Kredite im Sinne des § 3 Absatz 4, müssen die Eigenmittel jederzeit in einem angemessenen Verhältnis zum Gesamtbetrag der gewährten Kredite stehen. [3] Die Bundesanstalt hat Maßnahmen zu treffen, die erforderlich sind, um in Fällen, in denen ein Institut zu derselben Gruppe gehört wie ein anderes Institut im Sinne dieses Gesetzes, wie ein Institut im Sinne des § 1 Absatz 1b des Kreditwesengesetzes, wie ein Wertpapierinstitut im Sinne des Wertpapierinstitutsgesetzes, wie eine Kapitalverwaltungsgesellschaft oder wie ein Versicherungsunternehmen, zu verhindern, dass Bestandteile, die für die Berechnung der Eigenmittel in Frage kommen, mehrfach genutzt werden. [4] Die Bundesanstalt kann auf die Eigenmittel nach Satz 1 einen Korrekturposten festsetzen, wenn die rechnerische Größe der durch das Institut ermittelten Eigenmittel die

---

[1]) Auszugsweise abgedruckt unter Nr. 36.

tatsächliche Eigenmittelbasis nicht angemessen abbildet. ⁵Die Festsetzung ist aufzuheben oder für gegenstandslos zu erklären, sobald die Voraussetzungen für die Festsetzung weggefallen sind.

(2) ¹Die Institute haben der Bundesanstalt und der Deutschen Bundesbank vierteljährlich die für die Überprüfung der angemessenen Eigenmittelausstattung erforderlichen Angaben einzureichen. ²Die Rechtsverordnung nach Absatz 3 kann in besonderen Fällen einen anderen Meldezeitraum vorsehen. ³Die Bundesanstalt kann bei der Beurteilung der Angemessenheit der Eigenmittel auf der Grundlage einer Bewertung der Geschäftsorganisation, des Risikomanagements, der Verlustdatenbank im Sinne des Artikels 324 der Verordnung (EU) Nr. 575/2013, der internen Kontrollmechanismen sowie der tatsächlichen Risiken des Instituts vorschreiben, dass die Eigenmittelunterlegung einem Betrag entsprechen muss, der um bis zu 20 Prozent von den Solvabilitätsgrundsätzen abweicht.

(3) ¹Das Bundesministerium der Finanzen wird ermächtigt, durch Rechtsverordnung, die nicht der Zustimmung des Bundesrates bedarf, im Benehmen mit der Deutschen Bundesbank nähere Bestimmungen über die angemessene Eigenmittelausstattung (Solvabilität) der Institute zu erlassen, insbesondere über

1. die Berechnungsmethoden,
2. Inhalt, Art, Umfang und Form der nach Absatz 2 erforderlichen Angaben,
3. Meldepflichten bei Nichteinhaltung von Eigenmittelanforderungen und
4. die für die Datenübermittlung zulässigen Datenträger, Übertragungswege und Datenformate.

²Das Bundesministerium der Finanzen kann die Ermächtigung im Einvernehmen mit der Deutschen Bundesbank durch Rechtsverordnung auf die Bundesanstalt übertragen. ³Vor Erlass der Rechtsverordnung sind die Spitzenverbände der Institute anzuhören.

(4) ¹Institute, die eine Erlaubnis nach § 32 Absatz 1 des Kreditwesengesetzes haben, müssen neben den Eigenmittelanforderungen nach diesem Gesetz auch die Eigenmittelanforderungen nach den Artikeln 24 bis 386 der Verordnung (EU) Nr. 575/2013 oder nach § 1a des Kreditwesengesetzes in Verbindung mit den Artikeln 24 bis 386 der Verordnung (EU) Nr. 575/2013 ermitteln, sofern sie nicht von der Anwendung dieser Artikel ausgenommen sind. ²Institute, die eine Erlaubnis nach § 17 des Wertpapierinstitutsgesetzes haben, müssen neben den Eigenmittelanforderungen nach diesem Gesetz die für Wertpapierinstitute geltenden Eigenmittelanforderungen einhalten. ³Sofern die Anforderungen nach diesem Gesetz höher sind, sind diese mit Eigenmitteln nach Absatz 1 abzudecken.

(5) Sofern die Voraussetzungen für eine Freistellung nach § 2a des Kreditwesengesetzes in Verbindung mit Artikel 7 Absatz 1 und 2 der Verordnung (EU) Nr. 575/2013 gegeben sind, kann die Bundesanstalt davon absehen, die Absätze 1, 2 und 4 auf Institute anzuwenden, die in die konsolidierte Beaufsichtigung des übergeordneten Instituts einbezogen sind.

§ 16 Absicherung für den Haftungsfall für Zahlungsauslösedienste; Verordnungsermächtigung. (1) ¹Ein Institut, das Zahlungsauslösedienste erbringt, hat eine Berufshaftpflichtversicherung oder eine andere gleichwertige Garantie abzuschließen und während der Gültigkeitsdauer seiner Erlaubnis aufrechtzuerhalten. ²Die Berufshaftpflichtversicherung oder die andere gleichwertige Garantie hat sich auf die Gebiete, in denen der Zahlungsauslösedienstleister seine Dienste anbietet, zu erstrecken und muss die sich für den Zahlungsauslösedienstleister ergebende Haftung aus den Vorschriften des Bürgerlichen Gesetzbuchs abdecken. ³ § 17 Absatz 3 gilt entsprechend.

(2) ¹Die Berufshaftpflichtversicherung muss bei einem im Inland zum Geschäftsbetrieb befugten Versicherungsunternehmen genommen werden. ²In der Vereinbarung ist das Versicherungsunternehmen zu verpflichten, der Bundesanstalt die Beendigung oder Kündigung der Berufshaftpflichtversicherung, gegebenenfalls erst nach Ablauf der Frist des § 38 Absatz 3 Satz 3 des Versicherungsvertragsgesetzes, sowie jede Vertragsänderung, die die vorgeschriebene Absicherung für den Haftungsfall im Verhältnis zu Dritten beeinträchtigt, unverzüglich mitzuteilen.

(3) ¹In den Fällen des § 115 Absatz 1 Satz 1 Nummer 2 und 3 des Versicherungsvertragsgesetzes erteilt die Bundesanstalt Dritten zur Geltendmachung von Haftungsansprüchen auf Antrag Auskunft über den Namen und die Adresse des Versicherungsunternehmens sowie die Vertragsnummer, soweit das Unternehmen, das den Zahlungsauslösedienst erbringt, kein überwiegendes schutzwürdiges Interesse an der Nichterteilung der Auskunft hat. ²Dies gilt auch, wenn die Erlaubnis als Zahlungsauslösedienstleister erloschen oder aufgehoben ist.

(4) Zuständige Stelle im Sinne des § 117 Absatz 2 des Versicherungsvertragsgesetzes ist die Bundesanstalt.

(5) ¹Das Bundesministerium der Finanzen wird ermächtigt, durch Rechtsverordnung, die nicht der Zustimmung des Bundesrates bedarf, nähere Bestimmungen zu Umfang und Inhalt der erforderlichen Absicherung im Haftungsfall zu treffen. ²Das Bundesministerium der Finanzen kann die Ermächtigung durch Rechtsverordnung auf die Bundesanstalt übertragen. ³Vor Erlass der Rechtsverordnung sind die Spitzenverbände der Institute und der Versicherungsunternehmen anzuhören.

Abschnitt 4. Sicherungsanforderungen

§ 17 Sicherungsanforderungen für die Entgegennahme von Geldbeträgen im Rahmen der Erbringung von Zahlungsdiensten und des Betreibens des E-Geld-Geschäfts. (1) ¹Institute, die die Zahlungsdienste gemäß § 1 Absatz 1 Satz 2 Nummer 1 bis 6 erbringen oder das E-Geld-Geschäft betreiben, haben die Geldbeträge, die sie von den Zahlungsdienstnutzern oder über einen anderen Zahlungsdienstleister für die Ausführung von Zahlungsvorgängen oder die Ausgabe von E-Geld entgegengenommen haben, nach den Methoden 1 oder 2 zu sichern. ²Die Geldbeträge

1. a) dürfen zu keinem Zeitpunkt mit den Geldbeträgen anderer natürlicher oder juristischer Personen als der Zahlungsdienstnutzer oder E-Geld-Inhaber, für die sie gehalten werden, vermischt werden,

   b) sind, wenn sie sich am Ende des auf den Tag ihres Eingangs folgenden Geschäftstags noch im Besitz des Instituts befinden und noch nicht dem Zahlungsempfänger übergeben oder an einen anderen Zahlungsdienstleister übermittelt worden sind, auf einem offenen Treuhandkonto bei einem Kreditinstitut zu hinterlegen oder in sichere liquide Aktiva mit niedrigem Risiko nach Abstimmung mit der Bundesanstalt anzulegen; die Bundesanstalt kann insoweit nach pflichtgemäßem Ermessen im Einzelfall nach § 1 Absatz 31 grundsätzlich erfasste Aktiva ausschließen, wenn die kategorische Einordnung als sichere liquide Aktiva mit niedrigem Risiko mit Rücksicht auf die objektive Werthaltigkeit der Sicherheit, insbesondere Fälligkeit und anderer relevanter Risikofaktoren sachlich nicht gerechtfertigt erscheint,

c) sind so von den übrigen Vermögenswerten des Instituts zu trennen, dass sie im Insolvenzfall nicht in die Insolvenzmasse des Instituts fallen und dessen Gläubiger auf sie auch nicht im Wege der Einzelzwangsvollstreckung Zugriff haben, oder

2. sind durch eine Versicherung oder eine andere vergleichbare Garantie bei einem Versicherungsunternehmen oder Kreditinstitut, das im Geltungsbereich dieses Gesetzes zum Geschäftsbetrieb befugt ist und nicht zur selben Gruppe gehört wie das Institut selbst, in Höhe eines Betrags abzusichern, der demjenigen entspricht, der ohne die Versicherung oder die andere vergleichbare Garantie getrennt gehalten werden müsste und der im Falle der Zahlungsunfähigkeit des Zahlungsinstituts auszuzahlen ist.

³ Die Bundesanstalt kann dem Institut nach pflichtgemäßem Ermessen eine der beiden in Satz 2 beschriebenen Methoden vorgeben.

(2) ¹Muss ein Institut Geldbeträge nach Absatz 1 absichern und ist ein Teil dieser Geldbeträge für zukünftige Zahlungsvorgänge zu verwenden, während der verbleibende Teil für Dienste, die keine Zahlungsdienste sind, verwendet werden muss, gilt Absatz 1 auch für den Anteil der Geldbeträge, der für zukünftige Zahlungsvorgänge zu verwenden ist. ²Ist dieser Anteil variabel oder nicht im Voraus bekannt, ist Satz 1 mit der Maßgabe anzuwenden, dass ein repräsentativer Anteil zugrunde gelegt wird, der typischerweise für Zahlungsdienste verwendet wird, sofern sich dieser repräsentative Anteil auf der Grundlage historischer Daten nach Überzeugung der Bundesanstalt mit hinreichender Sicherheit schätzen lässt.

(3) ¹Das Institut hat der Bundesanstalt während des laufenden Geschäftsbetriebs auf Anforderung darzulegen und nachzuweisen, dass es ausreichende Maßnahmen ergriffen hat, um die in den Absätzen 1 und 2 genannten Anforderungen zu erfüllen. ²Wird der Nachweis nicht erbracht oder sind die Maßnahmen nicht ausreichend, kann die Bundesanstalt das Institut auffordern, die erforderlichen Nachweise vorzulegen oder Vorkehrungen zu treffen, die geeignet und erforderlich sind, die bestehenden Mängel zu beseitigen; die Bundesanstalt kann dafür eine angemessene Frist bestimmen. ³Werden die Nachweise oder Vorkehrungen nicht oder nicht fristgerecht vorgelegt oder getroffen, kann die Bundesanstalt Maßnahmen nach § 21 Absatz 2 treffen.

§ 18 Sicherungsanforderungen für die Entgegennahme von Geldbeträgen für die Ausgabe von E-Geld. Sofern Geldbeträge zum Zweck der Ausgabe von E-Geld durch Zahlung mittels eines Zahlungsinstruments entgegengenommen werden, sind diese Geldbeträge, sobald sie dem Zahlungskonto des E-Geld-Instituts gutgeschrieben oder dem E-Geld-Institut nach Maßgabe des § 675s des Bürgerlichen Gesetzbuchs zur Verfügung gestellt worden sind, spätestens jedoch fünf Geschäftstage im Sinne des § 675n Absatz 1 Satz 4 des Bürgerlichen Gesetzbuchs nach Ausgabe des E-Geldes zu sichern; die Vorgaben des § 17 gelten entsprechend.

Abschnitt 6. Sondervorschriften für das E-Geld-Geschäft und den Vertrieb und die Rücktauschbarkeit

§ 31 Verbot der Ausgabe von E-Geld über andere Personen.
E-Geld-Institute dürfen E-Geld nicht über natürliche oder juristische Personen ausgeben, die im Namen des E-Geld-Instituts tätig werden.

§ 32 Vertrieb und Rücktausch von E-Geld durch E-Geld-Agenten.
(1) ¹E-Geld-Institute können sich für den Vertrieb oder den Rücktausch von E-Geld eines E-Geld-Agenten bedienen. ²§ 25 Absatz 1 gilt entsprechend mit der Maßgabe, dass Nachweise über die Zuverlässigkeit und die fachliche Eignung nicht einzureichen sind.

(2) ¹Die Bundesanstalt kann einem E-Geld-Institut, das die Auswahl oder Überwachung seiner E-Geld-Agenten nicht ordnungsgemäß durchgeführt hat, untersagen, E-Geld-Agenten in das E-Geld-Institut einzubinden. ²Die Untersagung kann sich auf den Vertrieb oder Rücktausch von E-Geld oder auf die Einbindung der E-Geld-Agenten insgesamt beziehen.

(3) Sofern ein E-Geld-Institut beabsichtigt, E-Geld über E-Geld-Agenten in einem Mitgliedstaat oder einem anderen Vertragsstaat des Abkommens über den Europäischen Wirtschaftsraum zu vertreiben oder zurückzutauschen, ist § 25 Absatz 4 in Verbindung mit § 38 Absatz 1 entsprechend anzuwenden.

§ 33 Verpflichtungen des E-Geld-Emittenten bei der Ausgabe und dem Rücktausch von E-Geld.
(1) ¹Der E-Geld-Emittent hat E-Geld stets zum Nennwert des entgegengenommenen Geldbetrags auszugeben. ²Er ist verpflichtet, E-Geld auf Verlangen des E-Geld-Inhabers jederzeit zum Nennwert in gesetzliche Zahlungsmittel zurückzutauschen. ³Das Rücktauschverlangen des E-Geld-Inhabers kann sich vor Beendigung des Vertrags auch auf einen Teil des E-Geldes beziehen.

(2) ¹Der E-Geld-Emittent ist verpflichtet, den E-Geld-Inhaber über die Bedingungen für den Rücktausch von E-Geld einschließlich insoweit etwaig zu vereinbarender Entgelte zu unterrichten, bevor dieser durch einen Vertrag oder ein Angebot gebunden wird. ²Die Bedingungen sind im Vertrag zwischen dem E-Geld-Emittenten und dem E-Geld-Inhaber eindeutig und deutlich erkennbar anzugeben.

(3) ¹Der E-Geld-Emittent darf vom E-Geld-Inhaber für den Rücktausch von E-Geld nur dann ein Entgelt verlangen, wenn dies vertraglich vereinbart wurde. ²Eine solche Vereinbarung ist nur für den Fall zulässig, dass

1. der E-Geld-Inhaber den Rücktausch vor Beendigung des Vertrags verlangt,
2. der Vertrag für einen bestimmten Zeitraum geschlossen wurde und durch eine Kündigung des E-Geld-Inhabers vor Ablauf dieses Zeitraums beendet wird oder
3. der E-Geld-Inhaber den Rücktausch nach mehr als einem Jahr nach Beendigung des Vertrags verlangt.

³Das Entgelt muss in einem angemessenen Verhältnis zu den tatsächlich entstandenen Kosten des E-Geld-Emittenten stehen.

(4) ¹Abweichend von Absatz 1 Satz 3 ist im Falle eines Rücktauschverlangens mit Beendigung des Vertrags oder bis zu einem Jahr nach Vertragsbeendi-

gung der gesamte Betrag des vom E-Geld-Emittenten gehaltenen E-Geldes zurückzutauschen. ² Übt ein E-Geld-Institut eine oder mehrere Tätigkeiten im Sinne des § 11 Absatz 1 Satz 2 Nummer 5 aus und fordert der E-Geld-Inhaber nach Beendigung des E-Geld-Vertrags einen Gesamtbetrag, so ist dieser in gesetzliche Zahlungsmittel zurückzutauschen, wenn im Voraus nicht bekannt ist, welcher Anteil der Geldbeträge als E-Geld verwendet werden soll.

(5) Von den Regelungen des Absatzes 1 Satz 3 und der Absätze 3 und 4 darf zum Nachteil des E-Geld-Inhabers nur abgewichen werden, wenn es sich bei diesem nicht um einen Verbraucher handelt.

Abschnitt 9. Register

§ 43 Zahlungsinstituts-Register. (1) ¹Die Bundesanstalt führt auf ihrer Internetseite ein Zahlungsinstituts-Register, in das sie einträgt:

1. jedes inländische Zahlungsinstitut, dem sie eine Erlaubnis nach § 10 Absatz 1 erteilt hat, mit dem Datum der Erteilung und dem Umfang der Erlaubnis und gegebenenfalls dem Datum des Erlöschens oder der Aufhebung der Erlaubnis;
2. jeden inländischen Kontoinformationsdienstleister, dem sie die Registrierung nach § 34 bestätigt hat, mit dem Datum der Aufnahme in das Zahlungsinstituts-Register und gegebenenfalls dem Datum der Löschung aus dem Zahlungsinstituts-Register;
3. die von inländischen Zahlungsinstituten errichteten Zweigniederlassungen unter Angabe des Staates, in dem die Zweigniederlassung errichtet ist, des Umfangs sowie des Zeitpunkts der Aufnahme der Geschäftstätigkeit;
4. die Agenten, die für ein Zahlungsinstitut nach § 25 tätig sind sowie das Datum des Beginns und des Endes der Tätigkeit des jeweiligen Agenten.

²Zahlungsinstitute, die lediglich als Kontoinformationsdienstleister registriert sind, sind getrennt von den anderen Zahlungsinstituten auszuweisen. ³Das Zahlungsinstituts-Register ist laufend und unverzüglich zu aktualisieren.

(2) ¹Liegen Tatsachen vor, die darauf schließen lassen, dass die der Bundesanstalt nach § 25 Absatz 1 von einem Institut übermittelten Angaben über einen Agenten nicht zutreffend sind, kann die Bundesanstalt die Eintragung des Agenten in das Zahlungsinstituts-Register ablehnen. ²Die Bundesanstalt setzt das Institut hiervon unverzüglich in Kenntnis.

(3) ¹Die Bundesanstalt übermittelt der Europäischen Bankenaufsichtsbehörde unverzüglich die nach Absatz 1 im Zahlungsinstituts-Register aufgenommenen Angaben in einer im Finanzsektor gebräuchlichen Sprache. ²Sie unterrichtet die Europäische Bankenaufsichtsbehörde über die Gründe für das Erlöschen oder die Aufhebung einer nach § 10 Absatz 1 oder § 11 Absatz 1 erteilten Erlaubnis oder einer gemäß § 34 Absatz 1 erteilten Registrierung.

§ 44 E-Geld-Instituts-Register. (1) Die Bundesanstalt führt auf ihrer Internetseite ein gesondertes, laufend zu aktualisierendes E-Geld-Instituts-Register, in das sie jedes inländische E-Geld-Institut, dem sie eine Erlaubnis nach § 11 Absatz 1 erteilt hat, mit dem Datum der Erteilung und dem Umfang der Erlaubnis und gegebenenfalls dem Datum des Erlöschens oder der Aufhebung der Erlaubnis einträgt.

(2) ¹Zweigniederlassungen und Agenten des E-Geld-Instituts werden entsprechend § 43 Absatz 1 Nummer 3 und 4 sowie Absatz 2 eingetragen. ²§ 43 Absatz 2 gilt für beide entsprechend.

Abschnitt 10. Gemeinsame Bestimmungen für alle Zahlungsdienstleister

Unterabschnitt 1.[1)] Kartengebundene Zahlungsinstrumente

§ 47[1)] Ausnahme für E-Geld-Instrumente. Die §§ 45 und 46 gelten nicht für Zahlungsvorgänge, die durch kartengebundene Zahlungsinstrumente ausgelöst werden, auf denen E-Geld gespeichert ist.

Abschnitt 12. Beschwerden und Außergerichtliche Streitbeilegung

§ 60 Beschwerden über Zahlungsdienstleister. (1) ¹Zahlungsdienstnutzer und die Stellen nach Satz 2 können jederzeit wegen behaupteter Verstöße eines Zahlungsdienstleisters gegen Bestimmungen dieses Gesetzes oder gegen die §§ 675c bis 676c des Bürgerlichen Gesetzbuchs oder Artikel 248 des Einführungsgesetzes zum Bürgerlichen Gesetzbuche[2)] eine Beschwerde bei der Bundesanstalt einlegen. ²Beschwerdebefugte Stellen sind:

1. die Industrie- und Handelskammern;
2. qualifizierte Einrichtungen nach § 3 Absatz 1 Nummer 1 des Unterlassungsklagengesetzes[3)];
3. rechtsfähige Verbände zur Förderung gewerblicher Interessen,
    a) die insbesondere nach ihrer personellen, sachlichen und finanziellen Ausstattung imstande sind, ihre satzungsgemäßen Aufgaben der Verfolgung gewerblicher Interessen tatsächlich wahrzunehmen und
    b) denen eine erhebliche Zahl von Unternehmen angehört, die Zahlungsdienste auf demselben Markt anbieten,

wenn der Verstoß die Interessen der Mitglieder berührt und geeignet ist, den Wettbewerb nicht unerheblich zu verfälschen.

(2) ¹Beschwerden sind schriftlich oder zur Niederschrift bei der Bundesanstalt einzulegen und sollen den Sachverhalt sowie den Beschwerdegrund angeben. ²Bei Beschwerden von Zahlungsdienstnutzern wegen behaupteter Verstöße von Zahlungsdienstleistern gegen die §§ 675c bis 676c des Bürgerlichen Gesetzbuchs oder Artikel 248 des Einführungsgesetzes zum Bürgerlichen Gesetzbuche[2)] weist die Bundesanstalt in ihrer Antwort auch auf die Möglichkeit zur außergerichtlichen Streitbeilegung nach § 14 Absatz 1 Nummer 4 des Unterlassungsklagengesetzes[3)] hin.

§ 61 Beschwerden über E-Geld-Emittenten. (1) Inhaber von E-Geld und die in § 60 Absatz 1 Satz 2 genannten Einrichtungen, Verbände und Kammern können jederzeit wegen behaupteter Verstöße eines E-Geld-Emit-

---

[1)] §§ 45–52 sowie § 55 sind gem. Art. 15 Abs. 1 G v. 17.7.2017 (BGBl. I S. 2446) 18 Monate nach dem gem. Bek. v. 26.7.2019 (BGBl. I S. 1113) am 14.3.2018 erfolgten Inkrafttreten der Delegierten VO (EU) 2018/389 am 14.9.2019 in Kraft getreten.
[2)] Nr. **20**.
[3)] Nr. **31**.

tenten gegen Bestimmungen dieses Gesetzes oder gegen die §§ 675c bis 676c des Bürgerlichen Gesetzbuchs oder Artikel 248 des Einführungsgesetzes zum Bürgerlichen Gesetzbuche[1]) eine Beschwerde bei der Bundesanstalt einlegen.

(2) [1]Beschwerden sind schriftlich oder zur Niederschrift bei der Bundesanstalt einzulegen und sollen den Sachverhalt und den Beschwerdegrund angeben. [2]§ 60 Absatz 2 Satz 2 gilt entsprechend.

---

[1]) Nr. 20.

Vierter Teil. Recht der elektronischen Verwaltung

34. Gesetz zur Förderung der elektronischen Verwaltung (E-Government-Gesetz – EGovG)[1]

Vom 25. Juli 2013

(BGBl. I S. 2749)

FNA 206-6

zuletzt geänd. durch Art. 1 G zur Änd. des E-Government-G und zur Einführung des G für die Nutzung von Daten des öffentlichen Sektors v. 16.7.2021 (BGBl. I S. 2941, ber. S. 4114)

Inhaltsübersicht

§ 1	Geltungsbereich
§ 2	Elektronischer Zugang zur Verwaltung
§ 3	Information zu Behörden und über ihre Verfahren in öffentlich zugänglichen Netzen
§ 4	Elektronische Bezahlmöglichkeiten und elektronische Rechnungsstellung
§ 4a	Elektronischer Rechnungsempfang; Verordnungsermächtigung
§ 5	Nachweise
§ 6	Elektronische Aktenführung
§ 7	Übertragen und Vernichten des Papieroriginals
§ 8	Akteneinsicht
§ 9	Optimierung von Verwaltungsabläufen und Information zum Verfahrensstand
§ 9a	Verwaltungsportal und Nutzerkonto des Bundes; Verordnungsermächtigung
§ 9b	Verarbeitung personenbezogener Daten im Verwaltungsportal des Bundes
§ 9c	Datenschutzrechtliche Verantwortlichkeit
§ 10	Umsetzung von Standardisierungsbeschlüssen des IT-Planungsrates
§ 11	Gemeinsame Verfahren
§ 12	Anforderungen an das Bereitstellen von Daten, Verordnungsermächtigung
§ 12a	Offene Daten des Bundes, Verordnungsermächtigung
§ 13	Elektronische Formulare
§ 14	Georeferenzierung
§ 15	Amtliche Mitteilungs- und Verkündungsblätter
§ 16	Barrierefreiheit
§ 17	Änderung verwaltungsrechtlicher Rechtsverordnungen des Bundes
§ 18	Anwendungsregelung
§ 19	Übergangsvorschriften

Der Bundestag hat mit Zustimmung des Bundesrates das folgende Gesetz beschlossen:

§ 1 Geltungsbereich. (1) Dieses Gesetz gilt für die öffentlich-rechtliche Verwaltungstätigkeit der Behörden des Bundes einschließlich der bundesunmittelbaren Körperschaften, Anstalten und Stiftungen des öffentlichen Rechts.

(2) Dieses Gesetz mit Ausnahme der §§ 9a bis 9c gilt auch für die öffentlich-rechtliche Verwaltungstätigkeit der Behörden der Länder, der Gemeinden und Gemeindeverbände und der sonstigen der Aufsicht des Landes unterstehenden juristischen Personen des öffentlichen Rechts, wenn sie Bundesrecht ausführen.

---

[1] Verkündet als Art. 1 G zur Förderung der elektronischen Verwaltung sowie zur Änderung weiterer Vorschriften v. 25.7.2013 (BGBl. I S. 2749); Inkrafttreten gem. Art. 31 Abs. 1 dieses G am 1.8.2013 mit Ausnahme von
1. § 2 Abs. 1, der gem. Art. 31 Abs. 2 am 1.7.2014 in Kraft getreten ist,
2. § 2 Abs. 3 und § 14, die gem. Art. 31 Abs. 3 am 1.1.2015 in Kraft getreten sind,
3. § 2 Abs. 2, der am 24.3.2016 in Kraft getreten ist, vgl. Bek. v. 21.4.2015 (BGBl. I S. 678),
4. § 6 Satz 1, der gem. Art. 31 Abs. 5 am 1.1.2020 in Kraft getreten ist.

(3) Für die Tätigkeit der Gerichtsverwaltungen und der Behörden der Justizverwaltung einschließlich der ihrer Aufsicht unterliegenden Körperschaften des öffentlichen Rechts gilt dieses Gesetz nur, soweit die Tätigkeit der Nachprüfung durch die Gerichte der Verwaltungsgerichtsbarkeit oder der Nachprüfung durch die in verwaltungsrechtlichen Anwalts-, Patentanwalts- und Notarsachen zuständigen Gerichte unterliegt.

(4) Dieses Gesetz gilt, soweit nicht Rechtsvorschriften des Bundes inhaltsgleiche oder entgegenstehende Bestimmungen enthalten.

(5) Dieses Gesetz gilt nicht für

1. die Strafverfolgung, die Verfolgung und Ahndung von Ordnungswidrigkeiten, die Rechtshilfe für das Ausland in Straf- und Zivilsachen, die Steuer- und Zollfahndung (§ 208 der Abgabenordnung) und für Maßnahmen des Richterdienstrechts,
2. Verfahren vor dem Deutschen Patent- und Markenamt und den bei diesem errichteten Schiedsstellen,
3. die Verwaltungstätigkeit nach dem Zweiten Buch Sozialgesetzbuch.

§ 2 Elektronischer Zugang zur Verwaltung. (1) Jede Behörde ist verpflichtet, auch einen Zugang für die Übermittlung elektronischer Dokumente, auch soweit sie mit einer qualifizierten elektronischen Signatur versehen sind, zu eröffnen.

(2) Jede Behörde des Bundes ist verpflichtet, den elektronischen Zugang zusätzlich durch eine De-Mail-Adresse im Sinne des De-Mail-Gesetzes[1]) zu eröffnen, es sei denn, die Behörde des Bundes hat keinen Zugang zu dem zentral für die Bundesverwaltung angebotenen IT-Verfahren, über das De-Mail-Dienste für Bundesbehörden angeboten werden.

(3) Jede Behörde des Bundes ist verpflichtet, in Verwaltungsverfahren, in denen sie die Identität einer Person auf Grund einer Rechtsvorschrift festzustellen hat oder aus anderen Gründen eine Identifizierung für notwendig erachtet, einen elektronischen Identitätsnachweis nach § 18 des Personalausweisgesetzes[2]), nach § 12 des eID-Karte-Gesetzes oder nach § 78 Absatz 5 des Aufenthaltsgesetzes anzubieten.

§ 3 Information zu Behörden und über ihre Verfahren in öffentlich zugänglichen Netzen. (1) Jede Behörde stellt über öffentlich zugängliche Netze in allgemein verständlicher Sprache Informationen über ihre Aufgaben, ihre Anschrift, ihre Geschäftszeiten sowie postalische, telefonische und elektronische Erreichbarkeiten zur Verfügung.

(2) Jede Behörde soll über öffentlich zugängliche Netze in allgemein verständlicher Sprache über ihre nach außen wirkende öffentlich-rechtliche Tätigkeit, damit verbundene Gebühren, beizubringende Unterlagen und die zuständige Ansprechstelle und ihre Erreichbarkeit informieren sowie erforderliche Formulare bereitstellen.

(2a) Die obersten Bundesbehörden sollen mit Unterstützung einer zentralen Bundesredaktion zu leistungsbegründenden Gesetzen und Verordnungen des Bundes allgemeine Leistungsinformationen in standardisierter Form bereitstel-

---

[1]) Nr. **18**.
[2]) Nr. **17**.

len, soweit noch keine Informationen in geeigneter Form abgerufen werden können.

(3) Für Gemeinden und Gemeindeverbände gelten die Absätze 1 und 2 nur dann, wenn dies nach Landesrecht angeordnet ist.

§ 4 Elektronische Bezahlmöglichkeiten und elektronische Rechnungsstellung.

(1) Fallen im Rahmen eines elektronisch durchgeführten Verwaltungsverfahrens Gebühren oder sonstige Forderungen an, muss die Behörde die Einzahlung dieser Gebühren oder die Begleichung dieser sonstigen Forderungen durch Teilnahme an mindestens einem im elektronischen Geschäftsverkehr üblichen und hinreichend sicheren Zahlungsverfahren ermöglichen.

(2) [1] Erfolgt die Einzahlung von Gebühren oder die Begleichung sonstiger Forderungen durch ein elektronisches Zahlungsabwicklungsverfahren des Bundes, sollen Rechnungen oder Quittungen elektronisch angezeigt werden. [2] Dies gilt auch, wenn die sonstige Forderung außerhalb eines Verwaltungsverfahrens erhoben wird.

§ 4a Elektronischer Rechnungsempfang; Verordnungsermächtigung.

(1) [1] Elektronische Rechnungen, die nach Erfüllung von öffentlichen Aufträgen und Aufträgen sowie zu Konzessionen von Stellen im Sinne von § 159 Absatz 1 Nummer 1 bis 4 des Gesetzes gegen Wettbewerbsbeschränkungen ausgestellt wurden, sind nach Maßgabe einer Rechtsverordnung nach Absatz 3 zu empfangen und zu verarbeiten. [2] Diese Verpflichtung gilt unabhängig von dem Geltungsbereich gemäß § 1 Absatz 1 bis 3 und unabhängig davon, ob der Wert des vergebenen öffentlichen Auftrags, des vergebenen Auftrags oder der Vertragswert der vergebenen Konzession den gemäß § 106 des Gesetzes gegen Wettbewerbsbeschränkungen jeweils maßgeblichen Schwellenwert erreicht oder überschreitet. [3] Vertragliche Regelungen, die die elektronische Rechnungsstellung vorschreiben, bleiben unberührt.

(2) Eine Rechnung ist elektronisch, wenn

1. sie in einem strukturierten elektronischen Format ausgestellt, übermittelt und empfangen wird und
2. das Format die automatische und elektronische Verarbeitung der Rechnung ermöglicht.

(3) [1] Die Bundesregierung wird ermächtigt, durch Rechtsverordnung ohne Zustimmung des Bundesrates besondere Vorschriften zur Ausgestaltung des elektronischen Rechnungsverkehrs zu erlassen. [2] Diese Vorschriften können sich beziehen auf

1. die Art und Weise der Verarbeitung der elektronischen Rechnung, insbesondere auf die elektronische Verarbeitung,
2. die Anforderungen an die elektronische Rechnungsstellung, und zwar insbesondere auf die von den elektronischen Rechnungen zu erfüllenden Voraussetzungen, den Schutz personenbezogener Daten, das zu verwendende Rechnungsdatenmodell sowie auf die Verbindlichkeit der elektronischen Form,
3. die Befugnis von öffentlichen Auftraggebern, Sektorenauftraggebern und Konzessionsgebern, in Ausschreibungsbedingungen die Erteilung elektronischer Rechnungen vorzusehen sowie

4. Ausnahmen für verteidigungs- und sicherheitsspezifische Aufträge und Angelegenheiten des Auswärtigen Dienstes.

§ 5 Nachweise. (1) ¹Wird ein Verwaltungsverfahren elektronisch durchgeführt, können die vorzulegenden Nachweise elektronisch eingereicht werden, es sei denn, dass durch Rechtsvorschrift etwas anderes bestimmt ist oder die Behörde für bestimmte Verfahren oder im Einzelfall die Vorlage eines Originals verlangt. ²Die Behörde entscheidet nach pflichtgemäßem Ermessen, welche Art der elektronischen Einreichung zur Ermittlung des Sachverhalts zulässig ist.

(2) ¹Die zuständige Behörde kann erforderliche Nachweise, die von einer deutschen öffentlichen Stelle stammen, mit der Einwilligung der am Verfahren beteiligten betroffenen Person direkt bei der ausstellenden öffentlichen Stelle elektronisch einholen. ²Zu diesem Zweck dürfen die anfordernde Behörde und die abgebende öffentliche Stelle die erforderlichen personenbezogenen Daten verarbeiten.

§ 6 Elektronische Aktenführung. ¹Die Behörden des Bundes sollen ihre Akten elektronisch führen. ²Satz 1 gilt nicht für solche Behörden, bei denen das Führen elektronischer Akten bei langfristiger Betrachtung unwirtschaftlich ist. ³Wird eine Akte elektronisch geführt, ist durch geeignete technisch-organisatorische Maßnahmen nach dem Stand der Technik sicherzustellen, dass die Grundsätze ordnungsgemäßer Aktenführung eingehalten werden.

§ 7 Übertragen und Vernichten des Papieroriginals. (1) ¹Die Behörden des Bundes sollen, soweit sie Akten elektronisch führen, an Stelle von Papierdokumenten deren elektronische Wiedergabe in der elektronischen Akte aufbewahren. ²Bei der Übertragung in elektronische Dokumente ist nach dem Stand der Technik sicherzustellen, dass die elektronischen Dokumente mit den Papierdokumenten bildlich und inhaltlich übereinstimmen, wenn sie lesbar gemacht werden. ³Von der Übertragung der Papierdokumente in elektronische Dokumente kann abgesehen werden, wenn die Übertragung unverhältnismäßigen technischen Aufwand erfordert.

(2) Papierdokumente nach Absatz 1 sollen nach der Übertragung in elektronische Dokumente vernichtet oder zurückgegeben werden, sobald eine weitere Aufbewahrung nicht mehr aus rechtlichen Gründen oder zur Qualitätssicherung des Übertragungsvorgangs erforderlich ist.

§ 8 Akteneinsicht. Soweit ein Recht auf Akteneinsicht besteht, können die Behörden des Bundes, die Akten elektronisch führen, Akteneinsicht dadurch gewähren, dass sie
1. einen Aktenausdruck zur Verfügung stellen,
2. die elektronischen Dokumente auf einem Bildschirm wiedergeben,
3. elektronische Dokumente übermitteln oder
4. den elektronischen Zugriff auf den Inhalt der Akten gestatten.

§ 9 Optimierung von Verwaltungsabläufen und Information zum Verfahrensstand. (1) ¹Behörden des Bundes sollen Verwaltungsabläufe, die erstmals zu wesentlichen Teilen elektronisch unterstützt werden, vor Einführung der informationstechnischen Systeme unter Nutzung gängiger Methoden dokumentieren, analysieren und optimieren. ²Dabei sollen sie im Interesse der Verfahrensbeteiligten die Abläufe so gestalten, dass Informationen zum Verfahrensstand und zum weiteren Verfahren sowie die Kontaktinformationen der zum Zeitpunkt der Anfrage zuständigen Ansprechstelle auf elektronischem Wege abgerufen werden können.

(2) ¹Von den Maßnahmen nach Absatz 1 kann abgesehen werden, soweit diese einen nicht vertretbaren wirtschaftlichen Mehraufwand bedeuten würden oder sonstige zwingende Gründe entgegenstehen. ²Von den Maßnahmen nach Absatz 1 Satz 2 kann zudem abgesehen werden, wenn diese dem Zweck des Verfahrens entgegenstehen oder eine gesetzliche Schutznorm verletzen. ³Die Gründe nach den Sätzen 1 und 2 sind zu dokumentieren.

(3) Die Absätze 1 und 2 gelten entsprechend bei allen wesentlichen Änderungen der Verwaltungsabläufe oder der eingesetzten informationstechnischen Systeme.

§ 9a Verwaltungsportal und Nutzerkonto des Bundes; Verordnungsermächtigung.
(1) Das Verwaltungsportal des Bundes nach § 1 Absatz 1 des Onlinezugangsgesetzes[1]) vom 14. August 2017 (BGBl. I S. 3122, 3138) und das Nutzerkonto des Bundes nach § 3 Absatz 2 des Onlinezugangsgesetzes werden durch die dafür zuständigen öffentlichen Stellen zur fachunabhängigen und fachübergreifenden Unterstützung der elektronischen Verwaltungstätigkeit der Behörden des Bundes zur Verfügung gestellt.

(2) ¹Das Bundesministerium des Innern, für Bau und Heimat wird ermächtigt, durch Rechtsverordnung, die nicht der Zustimmung des Bundesrates bedarf, die für das Verwaltungsportal und das Nutzerkonto des Bundes zuständigen öffentlichen Stellen zu bestimmen. ²Die Zuständigkeit der jeweils fachlich zuständigen Behörde für ihre Verwaltungsleistungen bleibt davon unberührt.

(3) Das Verwaltungsportal des Bundes stellt Basisdienste bereit, um
1. eine elektronische Suche nach Verwaltungsleistungen des Bundes, der Länder und der Kommunen im Portalverbund anzubieten,
2. den elektronischen Identitätsnachweis über das Nutzerkonto Bund zu ermöglichen,
3. Online-Antragsformulare für die elektronische Beantragung von Verwaltungsleistungen, die in der Zuständigkeit des Bundes liegen und von Behörden des Bundes ausgeführt werden, bereitzustellen und
4. für die Behörden des Bundes, die an das Verwaltungsportal des Bundes angeschlossen sind, einen sicheren elektronischen Übermittlungsweg bereitzustellen, mit dem sie
   a) Online-Antragsformulare empfangen und herunterladen können sowie
   b) Bescheide, elektronische Dokumente und Informationen hochladen und elektronisch an das Nutzerkonto des Antragstellers übermitteln können, wenn die antragstellende Person diesen Kommunikationskanal gewählt hat.

§ 9b Verarbeitung personenbezogener Daten im Verwaltungsportal des Bundes.
(1) Die erforderlichen Stamm- und Verfahrensdaten, die im Ver-

---

[1]) Nr. 35.

waltungsportal des Bundes über ein Online-Antragsformular einer Behörde erhoben werden, dürfen bereits vor Abschluss der Antragstellung gespeichert werden (zwischengespeicherte Antragsdaten), wenn die antragstellende Person eingewilligt hat.

(2) Die Verarbeitung der zwischengespeicherten Antragsdaten ist nur zulässig, um der antragstellenden Person die Möglichkeit zu bieten, den Antrag zu einem späteren Zeitpunkt zu vervollständigen, ihn zu korrigieren oder ihn zu löschen.

(3) [1]Durch technische und organisatorische Maßnahmen ist sicherzustellen, dass vor Antragstellung auch die jeweils zuständige Behörde nicht auf die zwischengespeicherten Antragsdaten zugreifen kann. [2]Die zwischengespeicherten Antragsdaten sind nach Ablauf von 30 Tagen nach der letzten Bearbeitung, die durch die antragstellende Person erfolgt ist, zu löschen. [3]Die antragstellende Person ist über eine automatische Löschung der zwischengespeicherten Daten zu ihrem Antrag zu informieren.

(4) [1]Die Antragsdaten, die im Verwaltungsportal des Bundes über ein Online-Antragsformular erhoben werden, dürfen nach Antragstellung gespeichert werden, soweit dies erforderlich ist, um der zuständigen Behörde den Antrag über einen sicheren Übermittlungsweg zum Abruf bereitzustellen. [2]Sobald die zuständige Behörde den Antrag aus dem Verwaltungsportal des Bundes abgerufen hat, sind die Antragsdaten unverzüglich aus dem Verwaltungsportal des Bundes zu löschen. [3]Ruft die zuständige Behörde den Antrag nicht spätestens innerhalb von drei Monaten nach der Antragstellung ab, so ist der Antrag ausschließlich zum Zwecke des Abrufs durch die jeweils zuständige Behörde in einer gesonderten Datenbank abzulegen und aufzubewahren. [4]Durch technische und organisatorische Maßnahmen ist sicherzustellen, dass in der gesonderten Datenbank nur die jeweils zuständige Behörde auf die Antragsdaten zugreifen kann. [5]Nach Ablauf von neun Monaten ab Ablage in der gesonderten Datenbank ist der Antrag aus der gesonderten Datenbank zu löschen. [6]Nimmt der Antragsteller den Antrag zurück, sind die Antragsdaten unverzüglich aus dem Verwaltungsportal des Bundes zu löschen.

§ 9c Datenschutzrechtliche Verantwortlichkeit. (1) Für die Verarbeitung personenbezogener Daten im Verwaltungsportal des Bundes nach § 9a Absatz 3 Nummer 3 und 4 und nach § 9b Absatz 1 und 2 ist die jeweils zuständige Behörde des Bundes datenschutzrechtlich verantwortlich; die für das Verwaltungsportal des Bundes zuständige öffentliche Stelle wird insofern tätig als Auftragsverarbeiter nach Artikel 4 Nummer 8 der Verordnung (EU) 2016/679[1]) des Europäischen Parlaments und des Rates vom 27. April 2016 zum Schutz natürlicher Personen bei der Verarbeitung personenbezogener Daten, zum freien Datenverkehr und zur Aufhebung der Richtlinie 95/46/EG (ABl. L 119 vom 4.5.2016, S. 1; L 314 vom 22.11.2016, S. 72; L 127 vom 23.5.2018, S. 2).

(2) Im Übrigen führt die für das Verwaltungsportal des Bundes zuständige öffentliche Stelle die Verarbeitung personenbezogener Daten in eigener datenschutzrechtlicher Verantwortlichkeit aus.

---

[1]) Nr. 11.

(3) Die Verarbeitung personenbezogener Daten im Nutzerkonto des Bundes führt die nach § 9a Absatz 2 dafür bestimmte zuständige öffentliche Stelle in eigener datenschutzrechtlicher Verantwortlichkeit aus.

§ 10 Umsetzung von Standardisierungsbeschlüssen des IT-Planungsrates.
¹Fasst der Planungsrat für die IT-Zusammenarbeit der öffentlichen Verwaltung zwischen Bund und Ländern (IT-Planungsrat) einen Beschluss über fachunabhängige und fachübergreifende IT-Interoperabilitäts- oder IT-Sicherheitsstandards gemäß § 1 Absatz 1 Satz 1 Nummer 2 und § 3 des Vertrages über die Errichtung des IT-Planungsrats und über die Grundlagen der Zusammenarbeit beim Einsatz der Informationstechnologie in den Verwaltungen von Bund und Ländern – Vertrag zur Ausführung von Artikel 91c GG (BGBl. 2010 I S. 662, 663), so beschließt der Rat der IT-Beauftragten der Bundesregierung (IT-Rat) die Umsetzung dieses Beschlusses innerhalb der Bundesverwaltung. ²§ 12 des Gesetzes über das Bundesamt für Sicherheit in der Informationstechnik gilt entsprechend.

§ 11 Gemeinsame Verfahren.
(1) Gemeinsame Verfahren sind automatisierte Verfahren, die mehreren Verantwortlichen im Sinne des Artikels 26 der Verordnung (EU) 2016/679[1]) des Europäischen Parlaments und des Rates vom 27. April 2016 zum Schutz natürlicher Personen bei der Verarbeitung personenbezogener Daten, zum freien Datenverkehr und zur Aufhebung der Richtlinie 95/46/EG (Datenschutz-Grundverordnung) (ABl. L 119 vom 4.5. 2016, S. 1; L 314 vom 22.11.2016, S. 72; L 127 vom 23.5.2018, S. 2) in der jeweils geltenden Fassung die Verarbeitung personenbezogener Daten in oder aus einem Datenbestand ermöglichen.

(2) ¹Die Beteiligung öffentlicher Stellen des Bundes nach § 2 Absatz 1 des Bundesdatenschutzgesetzes[2]) an gemeinsamen Verfahren ist nur zulässig, wenn dies unter Berücksichtigung der schutzwürdigen Interessen der betroffenen Personen und der Aufgaben der beteiligten Stellen angemessen ist. ²Die Vorschriften über die Zulässigkeit der Verarbeitung der Daten im Einzelfall bleiben unberührt.

(3) ¹Vor der Einrichtung oder wesentlichen Änderung eines gemeinsamen Verfahrens schließen die Verantwortlichen eine Vereinbarung nach Maßgabe des Artikels 26 Absatz 1 und 2 der Verordnung (EU) 2016/679[1]). ²In dieser Vereinbarung können auch Verantwortliche bestimmt werden, die andere Stellen mit der Verarbeitung personenbezogener Daten für das gemeinsame Verfahren gemäß Artikel 28 der Verordnung (EU) 2016/679[1]) beauftragen dürfen.

(4) ¹Soweit für die beteiligten Stellen ungeachtet der Verordnung (EU) 2016/679 unterschiedliche bundes- oder landesrechtliche Datenschutzvorschriften gelten, ist vor der Einrichtung eines gemeinsamen Verfahrens zu regeln, welche dieser Datenschutzvorschriften angewendet werden. ²Weiterhin ist zu bestimmen, welche Kontrollstellen die Einhaltung der Datenschutzvorschriften prüfen.

§ 12 Anforderungen an das Bereitstellen von Daten, Verordnungsermächtigung.
(1) ¹Stellen Behörden über öffentlich zugängliche Netze Daten zur Verfügung, an denen ein Nutzungsinteresse, insbesondere ein Weiter-

---

[1]) Nr. 11.
[2]) Nr. 12.

verwendungsinteresse im Sinne des Datennutzungsgesetzes, zu erwarten ist, so sind grundsätzlich maschinenlesbare Formate zu verwenden. ²Ein Format ist maschinenlesbar, wenn die enthaltenen Daten durch Software automatisiert ausgelesen und verarbeitet werden können. ³Die Daten sollen mit Metadaten versehen werden.

(2) ¹Die Bundesregierung wird ermächtigt, durch Rechtsverordnung mit Zustimmung des Bundesrates Bestimmungen für die Nutzung der Daten gemäß Absatz 1 festzulegen. ²Die Nutzungsbestimmungen sollen die kommerzielle und nichtkommerzielle Nutzung abdecken. ³Sie sollen insbesondere den Umfang der Nutzung, Nutzungsbedingungen, Gewährleistungs- und Haftungsausschlüsse regeln. ⁴Es können keine Regelungen zu Geldleistungen getroffen werden.

(3) Regelungen in anderen Rechtsvorschriften über technische Formate, in denen Daten verfügbar zu machen sind, gehen vor, soweit sie Maschinenlesbarkeit gewährleisten.

(4) Absatz 1 gilt für Daten, die vor dem 31. Juli 2013 erstellt wurden, nur, wenn sie in maschinenlesbaren Formaten vorliegen.

(5) Absatz 1 gilt nicht, soweit Rechte Dritter, insbesondere der Länder, entgegenstehen.

§ 12a Offene Daten des Bundes, Verordnungsermächtigung. (1) ¹Die Behörden des Bundes mit Ausnahme der Selbstverwaltungskörperschaften stellen unbearbeitete maschinenlesbare Daten, die sie zur Erfüllung ihrer öffentlich-rechtlichen Aufgaben erhoben haben oder durch Dritte in ihrem Auftrag haben erheben lassen, zum Datenabruf über öffentlich zugängliche Netze bereit. ²Ein Anspruch auf Bereitstellung dieser Daten wird hierdurch nicht begründet. ³Satz 1 gilt nicht für natürliche Personen und juristische Personen des Privatrechts, denen hoheitliche Aufgaben zur selbständigen Wahrnehmung übertragen wurden.

(2) Absatz 1 Satz 1 gilt nur für Daten, die

1. der Behörde elektronisch gespeichert und in Sammlungen strukturiert vorliegen, insbesondere in Tabellen oder Listen,
2. ausschließlich Tatsachen enthalten, die außerhalb der Behörde liegende Verhältnisse betreffen,
3. nicht das Ergebnis einer Bearbeitung anderer Daten durch eine Behörde des Bundes sind,
4. nach der Erhebung keine Bearbeitung erfahren haben, ausgenommen eine Bearbeitung,
   a) die der Fehlerbereinigung dient oder
   b) die aus rechtlichen oder aus tatsächlichen Gründen erfolgt ist und ohne die eine Veröffentlichung der Daten nicht möglich wäre, und
5. bei Personenbezug derart umgewandelt wurden, dass
   a) sie sich nicht mehr auf eine identifizierte oder identifizierbare natürliche Person beziehen oder
   b) die betroffene Person nicht oder nicht mehr identifiziert werden kann.

(3) Abweichend von Absatz 1 Satz 1 müssen die Daten nicht bereitgestellt werden, wenn

1. an den Daten

a) kein oder nur ein eingeschränktes Zugangsrecht insbesondere gemäß den §§ 3, 4 und 6 des Informationsfreiheitsgesetzes besteht oder

b) ein Zugangsrecht erst nach der Beteiligung Dritter bestünde,

2. die Daten ohne Auftrag der Behörde von Dritten erstellt und ihr ohne rechtliche Verpflichtung übermittelt werden,

3. es sich um Daten handelt, die zu Forschungszwecken erhoben wurden und bereits über öffentlich zugängliche Netze entgeltfrei bereitgestellt werden; die Möglichkeit der freiwilligen Bereitstellung dazugehöriger Metadaten über das nationale Metadatenportal GovData bleibt davon unberührt, oder

4. die Daten unter das Bankgeheimnis fallen.

(3a) Abweichend von Absatz 1 Satz 1 müssen Datensätze, die personenbezogene Daten enthalten, nicht bereitgestellt werden.

(4) [1] Die Bereitstellung der Daten nach Absatz 1 Satz 1 erfolgt unverzüglich nach der Erhebung, sofern der Zweck der Erhebung dadurch nicht beeinträchtigt wird, andernfalls unverzüglich nach Wegfall der Beeinträchtigung. [2] Ist aus technischen oder sonstigen gewichtigen Gründen eine unverzügliche Bereitstellung nicht möglich, sind die Daten unverzüglich nach Wegfall dieser Gründe bereitzustellen. [3] Sofern sich aus spezialgesetzlichen Regelungen nichts anderes ergibt, sind abweichend von Satz 1 Daten, die zu Forschungszwecken erhoben wurden, erst bereitzustellen, wenn das der Datenerhebung zugrunde liegende Forschungsvorhaben abgeschlossen und der Forschungszweck erfüllt ist. Der für die freiwillige Teilnahme an einer Forschungsmaßnahme festgelegte Zweck gilt unbeschadet hiervon fort.

(5) [1] Die Daten nach Absatz 1 Satz 1 sind mit Metadaten zu versehen. [2] Diese Metadaten werden im nationalen Metadatenportal GovData eingestellt.

(6) [1] Der Abruf von Daten nach Absatz 1 Satz 1 muss entgeltfrei und zur uneingeschränkten Weiterverwendung der Daten durch jedermann ermöglicht werden. [2] Der Abruf von Daten nach Absatz 1 Satz 1 soll jederzeit, ohne verpflichtende Registrierung und ohne Begründung möglich sein.

(7) Die Behörden des Bundes sollen die Anforderungen an die Bereitstellung von Daten im Sinne des Absatzes 1 Satz 1 bereits frühzeitig berücksichtigen bei:

1. der Optimierung von Verwaltungsabläufen gemäß § 9,

2. dem Abschluss von vertraglichen Regelungen zur Erhebung oder Verarbeitung der Daten sowie

3. bei der Beschaffung von informationstechnischen Systemen für die Speicherung und Verarbeitung der Daten.

(8) Die Behörden des Bundes sind nicht verpflichtet, die bereitzustellenden Daten auf Richtigkeit, Vollständigkeit, Plausibilität oder in sonstiger Weise zu prüfen.

(9) [1] Jede nach Absatz 1 verpflichtete Stelle mit Ausnahme der in § 3 Nummer 8 des Informationsfreiheitsgesetzes genannten Stellen sowie von Hauptzollämtern oder vergleichbaren örtlichen Bundesbehörden benennt einen Open-Data-Koordinator oder eine Open-Data-Koordinatorin. [2] Der Koordinator oder die Koordinatorin wirkt in der Funktion als zentraler Ansprechpartner oder zentrale Ansprechpartnerin der jeweiligen Behörde auf die Identifizierung, Bereitstellung und Weiterverwendung der offenen Daten seiner oder ihrer Behörde hin. [3] Die Möglichkeit der freiwilligen Benennung entsprechen-

der Open-Data-Koordinatoren oder Open-Data-Koordinatorinnen in den übrigen Behörden der Bundesverwaltung bleibt davon unberührt.

(10) Die Bundesregierung richtet eine zentrale Stelle ein, die die Behörden der Bundesverwaltung zu Fragen der Bereitstellung von Daten als offene Daten berät und Ansprechpartner für entsprechende Stellen der Länder ist.

(11) [1]Die Bundesregierung berichtet dem Bundestag alle zwei Jahre über die Fortschritte bei der Bereitstellung von Daten durch die Behörden der Bundesverwaltung als offene Daten. [2]Mit Blick auf die beabsichtigte Erweiterung des Anwendungsbereichs nach Absatz 1 Satz 1 bis zum Jahr 2025 evaluiert sie dabei auch die mögliche Ausweitung der Bereitstellungspflicht auf Selbstverwaltungskörperschaften und natürliche Personen und juristische Personen des Privatrechts, denen hoheitliche Aufgaben zur selbständigen Wahrnehmung übertragen wurden, sowie die Einführung eines Anspruchs auf die Bereitstellung von Daten im Sinne des Absatzes 1 Satz 2.

(12) Das Bundesministerium des Innern, für Bau und Heimat wird ermächtigt, im Einvernehmen mit den übrigen Bundesministerien und den Beauftragten der Bundesregierung durch Rechtsverordnung ohne Zustimmung des Bundesrates Bestimmungen zum Bereitstellungsprozess der Daten nach Absatz 1 Satz 1 zu erlassen.

§ 13 Elektronische Formulare. [1]Ist durch Rechtsvorschrift die Verwendung eines bestimmten Formulars vorgeschrieben, das ein Unterschriftsfeld vorsieht, wird allein dadurch nicht die Anordnung der Schriftform bewirkt. [2]Bei einer für die elektronische Versendung an die Behörde bestimmten Fassung des Formulars entfällt das Unterschriftsfeld.

§ 14 Georeferenzierung. (1) Wird ein elektronisches Register, welches Angaben mit Bezug zu inländischen Grundstücken enthält, neu aufgebaut oder überarbeitet, hat die Behörde in das Register eine bundesweit einheitlich festgelegte direkte Georeferenzierung (Koordinate) zu dem jeweiligen Flurstück, dem Gebäude oder zu einem in einer Rechtsvorschrift definierten Gebiet aufzunehmen, auf welches sich die Angaben beziehen.

(2) Register im Sinne dieses Gesetzes sind solche, für die Daten auf Grund von Rechtsvorschriften des Bundes erhoben oder gespeichert werden; dies können öffentliche und nichtöffentliche Register sein.

§ 15 Amtliche Mitteilungs- und Verkündungsblätter. (1) Eine durch Rechtsvorschrift des Bundes bestimmte Pflicht zur Publikation in einem amtlichen Mitteilungs- oder Verkündungsblatt des Bundes, eines Landes oder einer Gemeinde kann unbeschadet des Artikels 82 Absatz 1 des Grundgesetzes zusätzlich oder ausschließlich durch eine elektronische Ausgabe erfüllt werden, wenn diese über öffentlich zugängliche Netze angeboten wird.

(2) [1]Jede Person muss einen angemessenen Zugang zu der Publikation haben, insbesondere durch die Möglichkeit, Ausdrucke zu bestellen oder in öffentlichen Einrichtungen auf die Publikation zuzugreifen. [2]Es muss die Möglichkeit bestehen, die Publikation zu abonnieren oder elektronischen einen Hinweis auf neue Publikationen zu erhalten. [3]Gibt es nur eine elektronische Ausgabe, ist dies in öffentlich zugänglichen Netzen auf geeignete Weise bekannt zu machen. [4]Es ist sicherzustellen, dass die publizierten Inhalte allgemein und dauerhaft zugänglich sind und eine Veränderung des Inhalts ausgeschlossen

ist. ⁵Bei gleichzeitiger Publikation in elektronischer und papiergebundener Form hat die herausgebende Stelle eine Regelung zu treffen, welche Form als die authentische anzusehen ist.

§ 16 Barrierefreiheit. Die Behörden des Bundes sollen die barrierefreie Ausgestaltung der elektronischen Kommunikation und der Verwendung elektronischer Dokumente nach § 4 des Behindertengleichstellungsgesetzes in angemessener Form gewährleisten.

§ 17 Änderung verwaltungsrechtlicher Rechtsverordnungen des Bundes. Soweit Anordnungen der Schriftform in Rechtsverordnungen des Bundes nach dem Bericht der Bundesregierung zu Artikel 30 Absatz 2 Nummer 1 des Gesetzes zur Förderung der elektronischen Verwaltung sowie zur Änderung weiterer Vorschriften vom 25. Juli 2013 (BGBl. I S. 2749) verzichtbar sind (Bundestagsdrucksache 18/9177, S. 29 bis 47), sind diese aufzuheben oder mit dem Ziel einer möglichst einfachen elektronischen Verfahrensabwicklung zu ergänzen.

§ 18 Anwendungsregelung. ¹Für subzentrale öffentliche Auftraggeber sowie für Sektorenauftraggeber und für Konzessionsgeber ist § 4a erst ab dem 27. November 2019 anzuwenden. ²Subzentrale öffentliche Auftraggeber sind alle öffentlichen Auftraggeber, die keine obersten Bundesbehörden sind. ³Verfassungsorgane des Bundes sind für die Zwecke dieses Gesetzes den obersten Bundesbehörden gleichgestellt.

§ 19 Übergangsvorschriften. (1) ¹§ 12a gilt für Daten, die nach dem 13. Juli 2017 erhoben werden. ²Für Daten, die vor dem 13. Juli 2017 erhoben wurden, gilt § 12a nur, soweit diese Daten nach dem 13. Juli 2017 zur Erfüllung öffentlich-rechtlicher Aufgaben der Behörden nach § 12a Absatz 1 Satz 1 verwendet werden.

(2) ¹Die Behörden der mittelbaren Bundesverwaltung stellen die Daten nach § 12a spätestens zwölf Monate nach dem 23. Juli 2021 erstmals bereit. ²Erfordert die Bereitstellung der Daten erhebliche technische Anpassungen und ist sie deshalb innerhalb des in Satz 1 genannten Zeitraums nur mit unverhältnismäßig hohem Aufwand möglich, verlängert sich der Zeitraum für die erstmalige Bereitstellung der Daten auf bis zu zwei Jahre, um die technischen Anpassungen durchzuführen. ³Im Fall des Satzes 2 müssen bei der erstmaligen Bereitstellung nur die aktuellen Daten bereitgestellt werden.

(3) Abweichend von den Absätzen 1 und 2 und unbeschadet der Regelung in § 12a Absatz 4 Satz 3 stellen Behörden des Bundes Daten, die zu Forschungszwecken erhoben wurden, spätestens 36 Monate nach dem 23. Juli 2021 erstmals bereit.

(4) Abweichend von Absatz 1 gilt die Pflicht nach § 12a Absatz 9 Satz 1 für Behörden der unmittelbaren Bundesverwaltung mit weniger als 30 Beschäftigten sowie für Behörden der mittelbaren Bundesverwaltung spätestens 36 Monate nach dem 23. Juli 2021, für Behörden der unmittelbaren Bundesverwaltung mit weniger als 50 Beschäftigten spätestens 24 Monate nach dem 23. Juli 2021.

35. Gesetz zur Verbesserung des Onlinezugangs zu Verwaltungsleistungen (Onlinezugangsgesetz – OZG)[1)2)3)]

Vom 14. August 2017
(BGBl. I S. 3122, 3138)

FNA 206-7

zuletzt geänd. durch Art. 16 G zur Regelung des Erscheinungsbilds von Beamtinnen und Beamten sowie zur Änd. weiterer dienstrechtlicher Vorschriften v. 28.6.2021 (BGBl. I S. 2250)

§ 1 Portalverbund für digitale Verwaltungsleistungen. (1) Bund und Länder sind verpflichtet, bis spätestens zum Ablauf des fünften auf die Verkündung dieses Gesetzes folgenden Kalenderjahres ihre Verwaltungsleistungen auch elektronisch über Verwaltungsportale anzubieten.

(2) Bund und Länder sind verpflichtet, ihre Verwaltungsportale miteinander zu einem Portalverbund zu verknüpfen.

§ 2 Begriffsbestimmungen. (1) Der „Portalverbund" ist eine technische Verknüpfung der Verwaltungsportale von Bund und Ländern, über den der Zugang zu Verwaltungsleistungen auf unterschiedlichen Portalen angeboten wird.

(2) Ein „Verwaltungsportal" bezeichnet ein bereits gebündeltes elektronisches Verwaltungsangebot eines Landes oder des Bundes mit entsprechenden Angeboten einzelner Behörden.

(3) „Verwaltungsleistungen" im Sinne dieses Gesetzes sind die elektronische Abwicklung von Verwaltungsverfahren und die dazu erforderliche elektronische Information des Nutzers und Kommunikation mit dem Nutzer über allgemein zugängliche Netze.

(4) „Nutzer" im Sinne dieses Gesetzes sind

1. natürliche Personen,
2. juristische Personen,
3. Vereinigungen, soweit ihnen ein Recht zustehen kann, und
4. Behörden.

(5) ¹Ein „Nutzerkonto" ist eine zentrale Identifizierungs- und Authentifizierungskomponente, die eine staatliche Stelle anderen Behörden zur einmaligen oder dauerhaften Identifizierung und Authentifizierung der Nutzer zu Zwecken der Inanspruchnahme von Verwaltungsleistungen der öffentlichen Verwaltung bereitstellt. ²Ein Nutzerkonto kann als Bürger- oder Organisations-

---

[1)] Verkündet als Art. 9 G zur Neuregelung des bundesstaatlichen Finanzausgleichssystems ab dem Jahr 2020 und zur Änd. haushaltsrechtlicher Vorschriften v. 14.8.2017 (BGBl. I S. 3122); Inkrafttreten gem. Art. 25 Abs. 1 dieses G am 18.8.2017.

[2)] Die Änderungen durch G v. 28.3.2021 (BGBl. I S. 591) treten gem. Art. 22 Satz 2 dieses G teilweise erst an dem Tag in Kraft, an dem das Bundesministerium des Innern, für Bau und Heimat im Bundesgesetzblatt bekannt gibt, dass die technischen Voraussetzungen für den Betrieb nach dem Identifikationsnummerngesetz gegeben sind, und sind insoweit im Text noch nicht berücksichtigt.

[3)] Die Änderungen durch G v. 28.6.2021 (BGBl. I S. 2250) treten gem. Art. 18 Abs. 9 dieses G teilweise erst an dem Tag in Kraft, an dem das Bundesministerium des Innern, für Bau und Heimat im Bundesgesetzblatt bekannt gibt, dass die technischen Voraussetzungen für den Betrieb nach dem Identifikationsnummerngesetz gegeben sind, und sind insoweit im Text noch nicht berücksichtigt.

konto angeboten werden. ³Ein „Bürgerkonto" ist ein Nutzerkonto, das natürlichen Personen zur Verfügung steht. ⁴Ein „Organisationskonto" ist ein Nutzerkonto, das juristischen Personen, Vereinigungen, denen ein Recht zustehen kann, natürlichen Personen, die gewerblich oder beruflich tätig sind, oder Behörden zur Verfügung steht. ⁵Die Verwendung von Nutzerkonten ist für die Nutzer freiwillig.

(6) „IT-Komponenten" im Sinne dieses Gesetzes sind IT-Anwendungen, Basisdienste und die elektronische Realisierung von Standards, Schnittstellen und Sicherheitsvorgaben, die für die Anbindung an den Portalverbund, für den Betrieb des Portalverbundes und für die Abwicklung der Verwaltungsleistungen im Portalverbund erforderlich sind.

(7) ¹Ein „Postfach" ist eine IT-Komponente, über die eine Behörde Nutzern mit deren Zustimmung elektronische Dokumente und Informationen bereitstellen kann. ²Das Postfach ist Bestandteil eines Nutzerkontos. ³Die Nutzung eines Postfachs ist für die Nutzer freiwillig.

§ 3 Ziel des Portalverbundes; Nutzerkonten.

(1) Der Portalverbund stellt sicher, dass Nutzer über alle Verwaltungsportale von Bund und Ländern einen barriere- und medienbruchfreien Zugang zu elektronischen Verwaltungsleistungen dieser Verwaltungsträger erhalten.

(2) ¹Bund und Länder stellen im Portalverbund Nutzerkonten bereit, über die sich Nutzer für die im Portalverbund verfügbaren elektronischen Verwaltungsleistungen von Bund und Ländern einheitlich identifizieren und authentifizieren können. ²Das Bundesministerium des Innern, für Bau und Heimat wird ermächtigt, durch Rechtsverordnung mit Zustimmung des Bundesrates zu bestimmen, welche staatlichen Stellen im Portalverbund ein einheitliches Organisationskonto bereitstellen. ³Über das Organisationskonto können sich Nutzer im Sinne des § 2 Absatz 5 Satz 4 für die im Portalverbund verfügbaren elektronischen Verwaltungsleistungen von Bund und Ländern einheitlich über ein nach § 87a Absatz 6 der Abgabenordnung[1]) in der Steuerverwaltung eingesetztes sicheres Verfahren identifizieren und authentifizieren. ⁴Der Einsatz von Identifizierungs- und Authentifizierungsmitteln für natürliche Personen ist dadurch nicht ausgeschlossen. ⁵Die besonderen Anforderungen einzelner Verwaltungsleistungen an die Identifizierung und Authentifizierung ihrer Nutzer sind zu berücksichtigen.

§ 4 Elektronische Abwicklung von Verwaltungsverfahren.

(1) ¹Für die elektronische Abwicklung von Verwaltungsverfahren, die der Durchführung unmittelbar geltender Rechtsakte der Europäischen Union oder der Ausführung von Bundesgesetzen dienen, wird die Bundesregierung ermächtigt, im Benehmen mit dem IT-Planungsrat durch Rechtsverordnung ohne Zustimmung des Bundesrates die Verwendung bestimmter IT-Komponenten nach § 2 Absatz 6 verbindlich vorzugeben. ²In der Rechtsverordnung kann auch die Verwendung von IT-Komponenten geregelt werden, die das jeweils zuständige Bundesministerium bereitstellt. ³Die Länder können von den in der Rechtsverordnung getroffenen Regelungen durch Landesrecht abweichen, soweit sie für den Betrieb im Portalverbund geeignete IT-Komponenten bereitstellen.

---

[1]) Nr. 38.

(2) Die Länder sind verpflichtet, die technischen und organisatorischen Voraussetzungen für den Einsatz der nach Absatz 1 vorgegebenen Verfahren sicherzustellen.

§ 5 IT-Sicherheit. [1]Für die im Portalverbund und für die zur Anbindung an den Portalverbund genutzten IT-Komponenten werden die zur Gewährleistung der IT-Sicherheit erforderlichen Standards durch Rechtsverordnung des Bundesministeriums des Innern, für Bau und Heimat ohne Zustimmung des Bundesrates festgelegt. [2]Die Einhaltung der Standards der IT-Sicherheit ist für alle Stellen verbindlich, die entsprechende IT-Komponenten nutzen. [3]Von den in der Rechtsverordnung getroffenen Regelungen kann durch Landesrecht nicht abgewichen werden. [4]§ 4 Absatz 2 gilt entsprechend.

§ 6 Kommunikationsstandards. (1) Für die Kommunikation zwischen den im Portalverbund genutzten informationstechnischen Systemen legt das Bundesministerium des Innern, für Bau und Heimat im Benehmen mit dem IT-Planungsrat durch Rechtsverordnung ohne Zustimmung des Bundesrates die technischen Kommunikationsstandards fest.

(2) [1]Für die Anbindung von Verwaltungsverfahren, die der Ausführung von Bundesgesetzen dienen, an die im Portalverbund genutzten informationstechnischen Systeme legt das für das jeweilige Bundesgesetz innerhalb der Bundesregierung zuständige Bundesministerium im Einvernehmen mit dem Bundesministerium des Innern, für Bau und Heimat durch Rechtsverordnung ohne Zustimmung des Bundesrates die technischen Kommunikationsstandards fest. [2]Das Bundesministerium des Innern, für Bau und Heimat setzt sich mit dem IT-Planungsrat hierzu ins Benehmen.

(3) Für die Anbindung der der Ausführung sonstiger Verwaltungsverfahren dienenden informationstechnischen Systeme an im Portalverbund genutzte informationstechnische Systeme legt das Bundesministerium des Innern, für Bau und Heimat im Benehmen mit dem IT-Planungsrat durch Rechtsverordnung ohne Zustimmung des Bundesrates die technischen Kommunikationsstandards fest.

(4) [1]Die Einhaltung der nach den Absätzen 1 bis 3 vorgegebenen Standards ist für alle Stellen verbindlich, deren Verwaltungsleistungen über den Portalverbund angeboten werden. [2]Von den in den Rechtsverordnungen nach den Absätzen 1 bis 3 getroffenen Regelungen kann durch Landesrecht nicht abgewichen werden. [3]§ 4 Absatz 2 gilt entsprechend.

§ 7 Für die Nutzerkonten zuständige Stelle. (1) Bund und Länder bestimmen jeweils eine öffentliche Stelle, die natürlichen Personen die Einrichtung eines Nutzerkontos anbietet.

(2) Bund und Länder bestimmen jeweils öffentliche Stellen, die die Registrierung von Nutzerkonten vornehmen dürfen (Registrierungsstellen).

(3) Vorbehaltlich des § 3 Absatz 2 Satz 2 sind das Nutzerkonto, dessen Verwendung zur Identifizierung für elektronische Verwaltungsleistungen und die gegebenenfalls verbundene Registrierung von allen öffentlichen Stellen anzuerkennen, die Verwaltungsleistungen über die Verwaltungsportale im Sinne dieses Gesetzes anbieten.

§ 8 Rechtsgrundlagen der Datenverarbeitung. (1) [1]Der Nachweis der Identität des Nutzers eines Nutzerkontos kann auf unterschiedlichen Vertrauensniveaus erfolgen und muss die Verwendung des für das jeweilige Verwaltungsverfahren erforderlichen Vertrauensniveaus ermöglichen. ²Zur Feststellung der Identität des Nutzers eines Nutzerkontos dürfen bei Registrierung und Nutzung folgende Daten verarbeitet werden:

1. bei einer natürlichen Person
   a) Familienname,
   b) Geburtsname,
   c) Vornamen,
   d) akademischer Grad,
   e) Tag der Geburt,
   f) Ort der Geburt,
   g) Geburtsland,
   h) Anschrift,
   i) Staatsangehörigkeit,
   j) bei Nutzung der elektronischen Identitätsfunktion im Sinne des § 18 des Personalausweisgesetzes[1], des § 12 des eID-Karte-Gesetzes oder des § 78 Absatz 5 des Aufenthaltsgesetzes die Abkürzung „D" für Bundesrepublik Deutschland, die Dokumentenart sowie das dienste- und kartenspezifische Kennzeichen,
   k) die eindeutige Kennung sowie die spezifischen Daten, die von notifizierten elektronischen Identifizierungsmitteln nach der Verordnung (EU) Nr. 910/2014[2] vom 23. Juli 2014 über elektronische Identifizierung und Vertrauensdienste für elektronische Transaktionen im Binnenmarkt und zur Aufhebung der Richtlinie 1999/93/EG (ABl. L 257 vom 28.8.2014, S. 73) übermittelt werden,
   l) die eindeutige Kennung, die von sonstigen anerkannten elektronischen Identifizierungsmitteln übermittelt wird, und
   m) die Postfachreferenz des Nutzerkontos;
   bei späterer Nutzung des Nutzerkontos mit der eID-Funktion sind grundsätzlich das dienste- und kartenspezifische Kennzeichen und die Anschrift zu übermitteln; bei elektronischen Identifizierungsmitteln nach den Buchstaben k und l nur die jeweilige eindeutige Kennung;

2. bei einer juristischen Person oder Vereinigungen, soweit ihnen ein Recht zustehen kann,
   a) Firma,
   b) Name oder Bezeichnung,
   c) Rechtsform oder Art der Organisation,
   d) Registergericht,
   e) Registerart,
   f) Registernummer,
   g) Registerort, soweit vorhanden,
   h) Anschrift des Sitzes oder der Niederlassungen,

---

[1] Nr. 17.
[2] Auszugsweise abgedruckt unter Nr. 14.

i) die eindeutige Kennung sowie spezifische Daten, die von notifizierten elektronischen Identifizierungsmitteln nach der Verordnung (EU) Nr. 910/2014[1]) übermittelt werden,
j) die eindeutige Kennung, die von sonstigen anerkannten elektronischen Identifizierungsmitteln übermittelt wird,
k) die Postfachreferenz des Nutzerkontos und
l) Namen der Mitglieder des Vertretungsorgans oder der gesetzlichen Vertreter;

ist ein Mitglied des Vertretungsorgans oder der gesetzliche Vertreter eine juristische Person, so sind deren Daten nach den Buchstaben a bis f und h bis k zu erheben; soweit eine natürliche Person für eine Organisation handelt, sind die gespeicherten personenbezogenen Daten nach Nummer 1 mit Ausnahme der „Anschrift" und die Daten nach Absatz 3 zu verwenden.

³Daten im Sinne des Satzes 2 Nummern 1 und 2 dürfen mit Einwilligung des Nutzers auch zwischen den Nutzerkonten von Bund und Ländern ausgetauscht werden.

(2) Zur Feststellung der Identität eines Nutzers darf die Finanzbehörde, die im Auftrag der obersten Finanzbehörden des Bundes und der Länder das sichere Verfahren nach § 87a Absatz 6 der Abgabenordnung[2]) betreibt,

1. die in § 139b Absatz 3 Nummer 3, 4, 5, 6, 8 und 10, in § 139c Absatz 4 Nummer 3, 5, 8 und 10 und in § 139c Absatz 5 Nummer 4, 6, 9 und 11 der Abgabenordnung aufgeführten Daten des Bundeszentralamts für Steuern sowie entsprechende, für das Besteuerungsverfahren gespeicherte Daten der Finanzämter bei diesen Finanzbehörden im automatisierten Verfahren mit Einwilligung des Nutzers abrufen und
2. die abgerufenen Daten mit Einwilligung des Nutzers an dessen Nutzerkonto übermitteln.

(3) Zur Kommunikation mit dem Nutzer können zusätzlich folgende Daten verarbeitet werden: Anrede, weitere Anschriften, De-Mail-Adresse oder vergleichbare Adresse eines Zustelldienstes eines anderen EU-/EWR-Staates nach der Verordnung (EU) Nr. 910/2014[1]), E-Mail-Adresse, Telefon- oder Mobilfunknummer, Telefaxnummer.

(4) Mit Einwilligung des Nutzers dürfen im Nutzerkonto elektronische Dokumente zu Verwaltungsvorgängen sowie Status- und Verfahrensinformationen innerhalb des Nutzerkontos verarbeitet werden.

(5) ¹Die elektronische Identifizierung kann jeweils mittels einer einmaligen Abfrage der Identitätsdaten erfolgen. ²Mit Einwilligung des Nutzers sind eine dauerhafte Speicherung der Identitätsdaten und deren Übermittlung an und Verwendung durch die für die Verwaltungsleistung zuständige Behörde zulässig. ³Im Falle der dauerhaften Speicherung muss der Nutzer jederzeit die Möglichkeit haben, das Nutzerkonto und alle gespeicherten Daten selbständig zu löschen.

(6) ¹Die für die Abwicklung einer Verwaltungsleistung zuständige Behörde kann im Einzelfall mit Einwilligung des Nutzers die für die Identifizierung des Nutzers erforderlichen Daten bei der für das Nutzerkonto zuständigen Stelle

---

[1]) Auszugsweise abgedruckt unter Nr. **14**.
[2]) Nr. **38**.

elektronisch abrufen. ²Das nach § 87a Absatz 6 Satz 1 der Abgabenordnung[1]) eingesetzte sichere Verfahren ersetzt im Falle der Identifizierung und Authentifizierung am Organisationskonto eine durch Rechtsvorschrift angeordnete Schriftform.

(7) ¹Bis zum Ablauf des 30. Juni 2023 werden die nach § 87a Absatz 6 der Abgabenordnung[1]) in der Steuerverwaltung bis einschließlich 31. Dezember 2019 eingesetzten sicheren Verfahren bundesweit zum Nachweis der Identität auf dem Vertrauensniveau „substantiell" anerkannt. ²Satz 1 gilt nicht für Verwaltungsleistungen im Anwendungsbereich der Abgabenordnung.

(8) Die Bundesregierung wird ermächtigt, durch Rechtsverordnung mit Zustimmung des Bundesrates festzulegen, welche elektronischen Identifizierungsmittel im Rahmen der Interoperabilität der Nutzerkonten von Bund und Ländern zum Nachweis der Identität eingesetzt werden können, die Details eines Anerkennungsverfahrens festzulegen und die technischen Rahmenbedingungen zur Sicherstellung der Interoperabilität der Nutzerkonten zu bestimmen.

§ 9 Bekanntgabe des Verwaltungsaktes. (1) ¹Mit Einwilligung des Nutzers kann ein elektronischer Verwaltungsakt dadurch bekannt gegeben werden, dass er vom Nutzer oder seinem Bevollmächtigten über öffentlich zugängliche Netze von dessen Postfach nach § 2 Absatz 7, das Bestandteil eines Nutzerkontos nach § 2 Absatz 5 ist, abgerufen wird. ²Die Behörde hat zu gewährleisten, dass der Abruf nur nach Authentifizierung der berechtigten Person möglich ist und dass der elektronische Verwaltungsakt von dieser gespeichert werden kann. ³Der Verwaltungsakt gilt am dritten Tag nach der Bereitstellung zum Abruf als bekannt gegeben. ⁴Im Zweifel hat die Behörde für den Eintritt der Fiktionswirkung der Bereitstellung und den Zeitpunkt der Bereitstellung nachzuweisen. ⁵Der Nutzer oder sein Bevollmächtigter wird spätestens am Tag der Bereitstellung zum Abruf über die zu diesem Zweck von ihm angegebene Adresse über die Möglichkeit des Abrufs benachrichtigt. ⁶Erfolgt der Abruf vor einer erneuten Bekanntgabe des Verwaltungsaktes, bleibt der Tag des ersten Abrufs für den Zugang maßgeblich.

(2) Die Bundesregierung berichtet dem Deutschen Bundestag und dem Bundesrat bis spätestens 10. Dezember 2025 über die Erfahrungen in der Praxis mit der Bekanntgabe des Verwaltungsaktes über das Postfach.

§ 10 Datenschutzcockpit *(noch nicht in Kraft)*

§ 11 Übergangsregelung zum Einsatz des Datenschutzcockpits. Bis zum Inkrafttreten des § 10 darf ein Datenschutzcockpit mit Zustimmung des Bundesministeriums des Innern, für Bau und Heimat in Pilotverfahren angewendet werden, in denen der Nutzer einen Antrag auf eine oder mehrere Verwaltungsleistungen stellt und dabei einwilligt, dass erforderliche Nachweise durch einen automatisierten Datenaustausch beigebracht werden.

---

[1]) Nr. **38**.

36. Verwaltungsverfahrensgesetz (VwVfG)[1)]

In der Fassung der Bekanntmachung vom 23. Januar 2003[2)]
(BGBl. I S. 102)

FNA 201-6

zuletzt geänd. durch Art. 24 Abs. 3 G zur Modernisierung des notariellen Berufsrechts und zur Änd. weiterer Vorschriften v. 25.6.2021 (BGBl. I S. 2154)

– Auszug –

Teil I. Anwendungsbereich, örtliche Zuständigkeit, elektronische Kommunikation, Amtshilfe, europäische Verwaltungszusammenarbeit

Abschnitt 1. Anwendungsbereich, örtliche Zuständigkeit, elektronische Kommunikation

§ 3a Elektronische Kommunikation. (1) Die Übermittlung elektronischer Dokumente ist zulässig, soweit der Empfänger hierfür einen Zugang eröffnet.

(2) [1]Eine durch Rechtsvorschrift angeordnete Schriftform kann, soweit nicht durch Rechtsvorschrift etwas anderes bestimmt ist, durch die elektronische Form ersetzt werden. [2]Der elektronischen Form genügt ein elektronisches Dokument, das mit einer qualifizierten elektronischen Signatur versehen ist. [3]Die Signierung mit einem Pseudonym, das die Identifizierung der Person des Signaturschlüsselinhabers nicht unmittelbar durch die Behörde ermöglicht, ist nicht zulässig. [4]Die Schriftform kann auch ersetzt werden

1. durch unmittelbare Abgabe der Erklärung in einem elektronischen Formular, das von der Behörde in einem Eingabegerät oder über öffentlich zugängliche Netze zur Verfügung gestellt wird;
2. bei Anträgen und Anzeigen durch Versendung eines elektronischen Dokuments an die Behörde mit der Versandart nach § 5 Absatz 5 des De-Mail-Gesetzes[3)];
3. bei elektronischen Verwaltungsakten oder sonstigen elektronischen Dokumenten der Behörden durch Versendung einer De-Mail-Nachricht nach § 5 Absatz 5 des De-Mail-Gesetzes, bei der die Bestätigung des akkreditierten Diensteanbieters die erlassende Behörde als Nutzer des De-Mail-Kontos erkennen lässt;
4. durch sonstige sichere Verfahren, die durch Rechtsverordnung der Bundesregierung mit Zustimmung des Bundesrates festgelegt werden, welche den Datenübermittler (Absender der Daten) authentifizieren und die Integrität des elektronisch übermittelten Datensatzes sowie die Barrierefreiheit gewährleisten; der IT-Planungsrat gibt Empfehlungen zu geeigneten Verfahren ab.

[1)] Die Änderungen durch G v. 4.5.2021 (BGBl. I S. 882) treten erst **mWv 1.1.2023** in Kraft und sind im Text noch nicht berücksichtigt.
[2)] Neubekanntmachung des VwVfG idF der Bek. v. 21.9.1998 (BGBl. I S. 3050) in der ab 1.2.2003 geltenden Fassung.
[3)] Nr. **18**.

⁵ In den Fällen des Satzes 4 Nummer 1 muss bei einer Eingabe über öffentlich zugängliche Netze ein elektronischer Identitätsnachweis nach § 18 des Personalausweisgesetzes[1]), nach § 12 des eID-Karte-Gesetzes oder nach § 78 Absatz 5 des Aufenthaltsgesetzes erfolgen.

(3) ¹ Ist ein der Behörde übermitteltes elektronisches Dokument für sie zur Bearbeitung nicht geeignet, teilt sie dies dem Absender unter Angabe der für sie geltenden technischen Rahmenbedingungen unverzüglich mit. ² Macht ein Empfänger geltend, er könne das von der Behörde übermittelte elektronische Dokument nicht bearbeiten, hat sie es ihm erneut in einem geeigneten elektronischen Format oder als Schriftstück zu übermitteln.

Teil II. Allgemeine Vorschriften über das Verwaltungsverfahren

Abschnitt 1. Verfahrensgrundsätze

§ 27a Öffentliche Bekanntmachung im Internet. (1) ¹ Ist durch Rechtsvorschrift eine öffentliche oder ortsübliche Bekanntmachung angeordnet, soll die Behörde deren Inhalt zusätzlich im Internet veröffentlichen. ² Dies wird dadurch bewirkt, dass der Inhalt der Bekanntmachung auf einer Internetseite der Behörde oder ihres Verwaltungsträgers zugänglich gemacht wird. ³ Bezieht sich die Bekanntmachung auf zur Einsicht auszulegende Unterlagen, sollen auch diese über das Internet zugänglich gemacht werden. ⁴ Soweit durch Rechtsvorschrift nichts anderes geregelt ist, ist der Inhalt der zur Einsicht ausgelegten Unterlagen maßgeblich.

(2) In der öffentlichen oder ortsüblichen Bekanntmachung ist die Internetseite anzugeben.

Abschnitt 3. Amtliche Beglaubigung

§ 33 Beglaubigung von Dokumenten. (1) ¹ Jede Behörde ist befugt, Abschriften von Urkunden, die sie selbst ausgestellt hat, zu beglaubigen. ² Darüber hinaus sind die von der Bundesregierung durch Rechtsverordnung bestimmten Behörden im Sinne des § 1 Abs. 1 Nr. 1 und die nach Landesrecht zuständigen Behörden befugt, Abschriften zu beglaubigen, wenn die Urschrift von einer Behörde ausgestellt ist oder die Abschrift zur Vorlage bei einer Behörde benötigt wird, sofern nicht durch Rechtsvorschrift die Erteilung beglaubigter Abschriften aus amtlichen Registern und Archiven anderen Behörden ausschließlich vorbehalten ist; die Rechtsverordnung bedarf nicht der Zustimmung des Bundesrates.

(2) Abschriften dürfen nicht beglaubigt werden, wenn Umstände zu der Annahme berechtigen, dass der ursprüngliche Inhalt des Schriftstücks, dessen Abschrift beglaubigt werden soll, geändert worden ist, insbesondere wenn dieses Schriftstück Lücken, Durchstreichungen, Einschaltungen, Änderungen, unleserliche Wörter, Zahlen oder Zeichen, Spuren der Beseitigung von Wörtern, Zahlen und Zeichen enthält oder wenn der Zusammenhang eines aus mehreren Blättern bestehenden Schriftstücks aufgehoben ist.

(3) ¹ Eine Abschrift wird beglaubigt durch einen Beglaubigungsvermerk, der unter die Abschrift zu setzen ist. ² Der Vermerk muss enthalten

---

[1]) Nr. 17.

1. die genaue Bezeichnung des Schriftstücks, dessen Abschrift beglaubigt wird,
2. die Feststellung, dass die beglaubigte Abschrift mit dem vorgelegten Schriftstück übereinstimmt,
3. den Hinweis, dass die beglaubigte Abschrift nur zur Vorlage bei der angegebenen Behörde erteilt wird, wenn die Urschrift nicht von einer Behörde ausgestellt worden ist,
4. den Ort und den Tag der Beglaubigung, die Unterschrift des für die Beglaubigung zuständigen Bediensteten und das Dienstsiegel.

(4) Die Absätze 1 bis 3 gelten entsprechend für die Beglaubigung von

1. Ablichtungen, Lichtdrucken und ähnlichen in technischen Verfahren hergestellten Vervielfältigungen,
2. auf fototechnischem Wege von Schriftstücken hergestellten Negativen, die bei einer Behörde aufbewahrt werden,
3. Ausdrucken elektronischer Dokumente,
4. elektronischen Dokumenten,
   a) die zur Abbildung eines Schriftstücks hergestellt wurden,
   b) die ein anderes technisches Format als das mit einer qualifizierten elektronischen Signatur verbundene Ausgangsdokument erhalten haben.

(5) [1] Der Beglaubigungsvermerk muss zusätzlich zu den Angaben nach Absatz 3 Satz 2 bei der Beglaubigung

1. des Ausdrucks eines elektronischen Dokuments, das mit einer qualifizierten elektronischen Signatur verbunden ist, die Feststellungen enthalten,
   a) wen die Signaturprüfung als Inhaber der Signatur ausweist,
   b) welchen Zeitpunkt die Signaturprüfung für die Anbringung der Signatur ausweist und
   c) welche Zertifikate mit welchen Daten dieser Signatur zugrunde lagen;
2. eines elektronischen Dokuments den Namen des für die Beglaubigung zuständigen Bediensteten und die Bezeichnung der Behörde, die die Beglaubigung vornimmt, enthalten; die Unterschrift des für die Beglaubigung zuständigen Bediensteten und das Dienstsiegel nach Absatz 3 Satz 2 Nr. 4 werden durch eine dauerhaft überprüfbare qualifizierte elektronische Signatur ersetzt.

[2] Wird ein elektronisches Dokument, das ein anderes technisches Format als das mit einer qualifizierten elektronischen Signatur verbundene Ausgangsdokument erhalten hat, nach Satz 1 Nr. 2 beglaubigt, muss der Beglaubigungsvermerk zusätzlich die Feststellungen nach Satz 1 Nr. 1 für das Ausgangsdokument enthalten.

(6) Die nach Absatz 4 hergestellten Dokumente stehen, sofern sie beglaubigt sind, beglaubigten Abschriften gleich.

(7) Jede Behörde soll von Urkunden, die sie selbst ausgestellt hat, auf Verlangen ein elektronisches Dokument nach Absatz 4 Nummer 4 Buchstabe a oder eine elektronische Abschrift fertigen und beglaubigen.

Teil III. Verwaltungsakt

Abschnitt 1. Zustandekommen des Verwaltungsaktes

§ 37 Bestimmtheit und Form des Verwaltungsaktes; Rechtsbehelfsbelehrung. (1) Ein Verwaltungsakt muss inhaltlich hinreichend bestimmt sein.

(2) [1]Ein Verwaltungsakt kann schriftlich, elektronisch, mündlich oder in anderer Weise erlassen werden. [2]Ein mündlicher Verwaltungsakt ist schriftlich oder elektronisch zu bestätigen, wenn hieran ein berechtigtes Interesse besteht und der Betroffene dies unverzüglich verlangt. [3]Ein elektronischer Verwaltungsakt ist unter denselben Voraussetzungen schriftlich zu bestätigen; § 3a Abs. 2 findet insoweit keine Anwendung.

(3) [1]Ein schriftlicher oder elektronischer Verwaltungsakt muss die erlassende Behörde erkennen lassen und die Unterschrift oder die Namenswiedergabe des Behördenleiters, seines Vertreters oder seines Beauftragten enthalten. [2]Wird für einen Verwaltungsakt, für den durch Rechtsvorschrift die Schriftform angeordnet ist, die elektronische Form verwendet, muss auch das der Signatur zugrunde liegende qualifizierte Zertifikat oder ein zugehöriges qualifiziertes Attributzertifikat die erlassende Behörde erkennen lassen. [3]Im Fall des § 3a Absatz 2 Satz 4 Nummer 3 muss die Bestätigung nach § 5 Absatz 5 des De-Mail-Gesetzes[1)] die erlassende Behörde als Nutzer des De-Mail-Kontos erkennen lassen.

(4) Für einen Verwaltungsakt kann für die nach § 3a Abs. 2 erforderliche Signatur durch Rechtsvorschrift die dauerhafte Überprüfbarkeit vorgeschrieben werden.

(5) [1]Bei einem schriftlichen Verwaltungsakt, der mit Hilfe automatischer Einrichtungen erlassen wird, können abweichend von Absatz 3 Unterschrift und Namenswiedergabe fehlen. [2]Zur Inhaltsangabe können Schlüsselzeichen verwendet werden, wenn derjenige, für den der Verwaltungsakt bestimmt ist oder der von ihm betroffen wird, auf Grund der dazu gegebenen Erläuterungen den Inhalt des Verwaltungsaktes eindeutig erkennen kann.

(6) [1]Einem schriftlichen oder elektronischen Verwaltungsakt, der der Anfechtung unterliegt, ist eine Erklärung beizufügen, durch die der Beteiligte über den Rechtsbehelf, der gegen den Verwaltungsakt gegeben ist, über die Behörde oder das Gericht, bei denen der Rechtsbehelf einzulegen ist, den Sitz und über die einzuhaltende Frist belehrt wird (Rechtsbehelfsbelehrung). [2]Die Rechtsbehelfsbelehrung ist auch der schriftlichen oder elektronischen Bestätigung eines Verwaltungsaktes und der Bescheinigung nach § 42a Absatz 3 beizufügen.

§ 39 Begründung des Verwaltungsaktes. (1) [1]Ein schriftlicher oder elektronischer sowie ein schriftlich oder elektronisch bestätigter Verwaltungsakt ist mit einer Begründung zu versehen. [2]In der Begründung sind die wesentlichen tatsächlichen und rechtlichen Gründe mitzuteilen, die die Behörde zu ihrer Entscheidung bewogen haben. [3]Die Begründung von Ermessensentscheidungen soll auch die Gesichtspunkte erkennen lassen, von denen die Behörde bei der Ausübung ihres Ermessens ausgegangen ist.

(2) Einer Begründung bedarf es nicht,

[1)] Nr. 18.

1. soweit die Behörde einem Antrag entspricht oder einer Erklärung folgt und der Verwaltungsakt nicht in Rechte eines anderen eingreift;
2. soweit demjenigen, für den der Verwaltungsakt bestimmt ist oder der von ihm betroffen wird, die Auffassung der Behörde über die Sach- und Rechtslage bereits bekannt oder auch ohne Begründung für ihn ohne weiteres erkennbar ist;
3. wenn die Behörde gleichartige Verwaltungsakte in größerer Zahl oder Verwaltungsakte mit Hilfe automatischer Einrichtungen erlässt und die Begründung nach den Umständen des Einzelfalls nicht geboten ist;
4. wenn sich dies aus einer Rechtsvorschrift ergibt;
5. wenn eine Allgemeinverfügung öffentlich bekannt gegeben wird.

§ 41 Bekanntgabe des Verwaltungsaktes. (1) [1] Ein Verwaltungsakt ist demjenigen Beteiligten bekannt zu geben, für den er bestimmt ist oder der von ihm betroffen wird. [2] Ist ein Bevollmächtigter bestellt, so kann die Bekanntgabe ihm gegenüber vorgenommen werden.

(2) [1] Ein schriftlicher Verwaltungsakt, der im Inland durch die Post übermittelt wird, gilt am dritten Tag nach der Aufgabe zur Post als bekannt gegeben. [2] Ein Verwaltungsakt, der im Inland oder in das Ausland elektronisch übermittelt wird, gilt am dritten Tag nach der Absendung als bekannt gegeben. [3] Dies gilt nicht, wenn der Verwaltungsakt nicht oder zu einem späteren Zeitpunkt zugegangen ist; im Zweifel hat die Behörde den Zugang des Verwaltungsaktes und den Zeitpunkt des Zugangs nachzuweisen.

(2a) [1] Mit Einwilligung des Beteiligten kann ein elektronischer Verwaltungsakt dadurch bekannt gegeben werden, dass er vom Beteiligten oder von seinem Bevollmächtigten über öffentlich zugängliche Netze abgerufen wird. [2] Die Behörde hat zu gewährleisten, dass der Abruf nur nach Authentifizierung der berechtigten Person möglich ist und der elektronische Verwaltungsakt von ihr gespeichert werden kann. [3] Der Verwaltungsakt gilt am Tag nach dem Abruf als bekannt gegeben. [4] Wird der Verwaltungsakt nicht innerhalb von zehn Tagen nach Absendung einer Benachrichtigung über die Bereitstellung abgerufen, wird diese beendet. [5] In diesem Fall ist die Bekanntgabe nicht bewirkt; die Möglichkeit einer erneuten Bereitstellung zum Abruf oder der Bekanntgabe auf andere Weise bleibt unberührt.

(3) [1] Ein Verwaltungsakt darf öffentlich bekannt gegeben werden, wenn dies durch Rechtsvorschrift zugelassen ist. [2] Eine Allgemeinverfügung darf auch dann öffentlich bekannt gegeben werden, wenn eine Bekanntgabe an die Beteiligten untunlich ist.

(4) [1] Die öffentliche Bekanntgabe eines schriftlichen oder elektronischen Verwaltungsaktes wird dadurch bewirkt, dass sein verfügender Teil ortsüblich bekannt gemacht wird. [2] In der ortsüblichen Bekanntmachung ist anzugeben, wo der Verwaltungsakt und seine Begründung eingesehen werden können. [3] Der Verwaltungsakt gilt zwei Wochen nach der ortsüblichen Bekanntmachung als bekannt gegeben. [4] In einer Allgemeinverfügung kann ein hiervon abweichender Tag, jedoch frühestens der auf die Bekanntmachung folgende Tag bestimmt werden.

(5) Vorschriften über die Bekanntgabe eines Verwaltungsaktes mittels Zustellung bleiben unberührt.

Teil V. Besondere Verfahrensarten

Abschnitt 1. Förmliches Verwaltungsverfahren

§ 69 Entscheidung. (1) Die Behörde entscheidet unter Würdigung des Gesamtergebnisses des Verfahrens.

(2) [1] Verwaltungsakte, die das förmliche Verfahren abschließen, sind schriftlich zu erlassen, schriftlich zu begründen und den Beteiligten zuzustellen; in den Fällen des § 39 Abs. 2 Nr. 1 und 3 bedarf es einer Begründung nicht. [2] Ein elektronischer Verwaltungsakt nach Satz 1 ist mit einer dauerhaft überprüfbaren qualifizierten elektronischen Signatur zu versehen. [3] Sind mehr als 50 Zustellungen vorzunehmen, so können sie durch öffentliche Bekanntmachung ersetzt werden. [4] Die öffentliche Bekanntmachung wird dadurch bewirkt, dass der verfügende Teil des Verwaltungsaktes und die Rechtsbehelfsbelehrung im amtlichen Veröffentlichungsblatt der Behörde und außerdem in örtlichen Tageszeitungen bekannt gemacht werden, die in dem Bereich verbreitet sind, in dem sich die Entscheidung voraussichtlich auswirken wird. [5] Der Verwaltungsakt gilt mit dem Tage als zugestellt, an dem seit dem Tage der Bekanntmachung in dem amtlichen Veröffentlichungsblatt zwei Wochen verstrichen sind; hierauf ist in der Bekanntmachung hinzuweisen. [6] Nach der öffentlichen Bekanntmachung kann der Verwaltungsakt bis zum Ablauf der Rechtsbehelfsfrist von den Beteiligten schriftlich oder elektronisch angefordert werden; hierauf ist in der Bekanntmachung gleichfalls hinzuweisen.

(3) [1] Wird das förmliche Verwaltungsverfahren auf andere Weise abgeschlossen, so sind die Beteiligten hiervon zu benachrichtigen. [2] Sind mehr als 50 Benachrichtigungen vorzunehmen, so können sie durch öffentliche Bekanntmachung ersetzt werden; Absatz 2 Satz 4 gilt entsprechend.

37. Verwaltungsgerichtsordnung (VwGO)[1][2][3]

In der Fassung der Bekanntmachung vom 19. März 1991[4]
(BGBl. I S. 686)

FNA 340-1

zuletzt geänd. durch Art. 3a G zur Umsetzung unionsrechtl. Vorgaben und zur Regelung reiner Wasserstoffnetze im Energiewirtschaftsrecht v. 16.7.2021 (BGBl. I S. 3026)

– Auszug –

Teil II. Verfahren
7. Abschnitt. Allgemeine Verfahrensvorschriften

§ 55a [Elektronische Dokumentenübermittlung] (1) Vorbereitende Schriftsätze und deren Anlagen, schriftlich einzureichende Anträge und Erklärungen der Beteiligten sowie schriftlich einzureichende Auskünfte, Aussagen, Gutachten, Übersetzungen und Erklärungen Dritter können nach Maßgabe der Absätze 2 bis 6 als elektronische Dokumente bei Gericht eingereicht werden.

(2) ¹Das elektronische Dokument muss für die Bearbeitung durch das Gericht geeignet sein. ²Die Bundesregierung bestimmt durch Rechtsverordnung mit Zustimmung des Bundesrates die für die Übermittlung und Bearbeitung geeigneten technischen Rahmenbedingungen.

(3) ¹Das elektronische Dokument muss mit einer qualifizierten elektronischen Signatur der verantwortenden Person versehen sein oder von der verantwortenden Person signiert und auf einem sicheren Übermittlungsweg eingereicht werden. ²Satz 1 gilt nicht für Anlagen, die vorbereitenden Schriftsätzen beigefügt sind.

(4) Sichere Übermittlungswege sind

1. der Postfach- und Versanddienst eines De-Mail-Kontos, wenn der Absender bei Versand der Nachricht sicher im Sinne des § 4 Absatz 1 Satz 2 des De-Mail-Gesetzes[5] angemeldet ist und er sich die sichere Anmeldung gemäß § 5 Absatz 5 des De-Mail-Gesetzes bestätigen lässt,

[Nr. 2 bis 31.7.2022:]

2. der Übermittlungsweg zwischen dem besonderen elektronischen Anwaltspostfach nach § 31a der Bundesrechtsanwaltsordnung oder einem entsprechenden, auf gesetzlicher Grundlage errichteten elektronischen Postfach und der elektronischen Poststelle des Gerichts,

---

[1] Die Änderungen durch G v. 5.7.2017 (BGBl. I S. 2208) treten teilweise erst **mWv 1.1.2026** in Kraft und sind insoweit im Text noch nicht berücksichtigt.
[2] Die Änderungen durch G v. 12.12.2019 (BGBl. I S. 2652) treten erst **mWv 1.1.2024** in Kraft und sind im Text noch nicht berücksichtigt.
[3] Die Änderungen durch G v. 4.5.2021 (BGBl. I S. 882) treten erst **mWv 1.1.2023** in Kraft und sind im Text noch nicht berücksichtigt.
[4] Neubekanntmachung der VwGO v. 21.1.1960 (BGBl. I S. 17) in der ab 1.1.1991 geltenden Fassung.
[5] Nr. **18**.

[Nr. 2 ab 1.8.2022:]
   2. *der Übermittlungsweg zwischen den besonderen elektronischen Anwaltspostfächern nach den §§ 31a und 31b der Bundesrechtsanwaltsordnung oder einem entsprechenden, auf gesetzlicher Grundlage errichteten elektronischen Postfach und der elektronischen Poststelle des Gerichts,*
   3. der Übermittlungsweg zwischen einem nach Durchführung eines Identifizierungsverfahrens eingerichteten Postfach einer Behörde oder einer juristischen Person des öffentlichen Rechts und der elektronischen Poststelle des Gerichts; das Nähere regelt die Verordnung nach Absatz 2 Satz 2,
   4. sonstige bundeseinheitliche Übermittlungswege, die durch Rechtsverordnung der Bundesregierung mit Zustimmung des Bundesrates festgelegt werden, bei denen die Authentizität und Integrität der Daten sowie die Barrierefreiheit gewährleistet sind.

(5) [1] Ein elektronisches Dokument ist eingegangen, sobald es auf der für den Empfang bestimmten Einrichtung des Gerichts gespeichert ist. [2] Dem Absender ist eine automatisierte Bestätigung über den Zeitpunkt des Eingangs zu erteilen. [3] Die Vorschriften dieses Gesetzes über die Beifügung von Abschriften für die übrigen Beteiligten finden keine Anwendung.

(6) [1] Ist ein elektronisches Dokument für das Gericht zur Bearbeitung nicht geeignet, ist dies dem Absender unter Hinweis auf die Unwirksamkeit des Eingangs und die geltenden technischen Rahmenbedingungen unverzüglich mitzuteilen. [2] Das Dokument gilt als zum Zeitpunkt der früheren Einreichung eingegangen, sofern der Absender es unverzüglich in einer für das Gericht zur Bearbeitung geeigneten Form nachreicht und glaubhaft macht, dass es mit dem zuerst eingereichten Dokument inhaltlich übereinstimmt.

(7) [1] Soweit eine handschriftliche Unterzeichnung durch den Richter oder den Urkundsbeamten der Geschäftsstelle vorgeschrieben ist, genügt dieser Form die Aufzeichnung als elektronisches Dokument, wenn die verantwortenden Personen am Ende des Dokuments ihren Namen hinzufügen und das Dokument mit einer qualifizierten elektronischen Signatur versehen. [2] Der in Satz 1 genannten Form genügt auch ein elektronisches Dokument, in welches das handschriftlich unterzeichnete Schriftstück gemäß § 55b Absatz 6 Satz 4 übertragen worden ist.

§ 55b [Elektronische Aktenführung]

(1) [1] Die Prozessakten können elektronisch geführt werden. [2] Die Bundesregierung und die Landesregierungen bestimmen jeweils für ihren Bereich durch Rechtsverordnung den Zeitpunkt, von dem an die Prozessakten elektronisch geführt werden. [3] In der Rechtsverordnung sind die organisatorisch-technischen Rahmenbedingungen für die Bildung, Führung und Verwahrung der elektronischen Akten festzulegen. [4] Die Landesregierungen können die Ermächtigung auf die für die Verwaltungsgerichtsbarkeit zuständigen obersten Landesbehörden übertragen. [5] Die Zulassung der elektronischen Akte kann auf einzelne Gerichte oder Verfahren beschränkt werden; wird von dieser Möglichkeit Gebrauch gemacht, kann in der Rechtsverordnung bestimmt werden, dass durch Verwaltungsvorschrift, die öffentlich bekanntzumachen ist, geregelt wird, in welchen Verfahren die Prozessakten elektronisch zu führen sind. [6] Die Rechtsverordnung der Bundesregierung bedarf nicht der Zustimmung des Bundesrates.

(1a) ¹Die Prozessakten werden ab dem 1. Januar 2026 elektronisch geführt. ²Die Bundesregierung und die Landesregierungen bestimmen jeweils für ihren Bereich durch Rechtsverordnung die organisatorischen und dem Stand der Technik entsprechenden technischen Rahmenbedingungen für die Bildung, Führung und Verwahrung der elektronischen Akten einschließlich der einzuhaltenden Anforderungen der Barrierefreiheit. ³Die Bundesregierung und die Landesregierungen können jeweils für ihren Bereich durch Rechtsverordnung bestimmen, dass Akten, die in Papierform angelegt wurden, in Papierform weitergeführt werden. ⁴Die Landesregierungen können die Ermächtigungen nach den Sätzen 2 und 3 auf die für die Verwaltungsgerichtsbarkeit zuständigen obersten Landesbehörden übertragen. ⁵Die Rechtsverordnungen der Bundesregierung bedürfen nicht der Zustimmung des Bundesrates.

(2) ¹Werden die Akten in Papierform geführt, ist von einem elektronischen Dokument ein Ausdruck für die Akten zu fertigen. ²Kann dies bei Anlagen zu vorbereitenden Schriftsätzen nicht oder nur mit unverhältnismäßigem Aufwand erfolgen, so kann ein Ausdruck unterbleiben. ³Die Daten sind in diesem Fall dauerhaft zu speichern; der Speicherort ist aktenkundig zu machen.

(3) Wird das elektronische Dokument auf einem sicheren Übermittlungsweg eingereicht, so ist dies aktenkundig zu machen.

(4) Ist das elektronische Dokument mit einer qualifizierten elektronischen Signatur versehen und nicht auf einem sicheren Übermittlungsweg eingereicht, muss der Ausdruck einen Vermerk darüber enthalten,

1. welches Ergebnis die Integritätsprüfung des Dokumentes ausweist,
2. wen die Signaturprüfung als Inhaber der Signatur ausweist,
3. welchen Zeitpunkt die Signaturprüfung für die Anbringung der Signatur ausweist.

(5) Ein eingereichtes elektronisches Dokument kann im Falle von Absatz 2 nach Ablauf von sechs Monaten gelöscht werden.

(6) ¹Werden die Prozessakten elektronisch geführt, sind in Papierform vorliegende Schriftstücke und sonstige Unterlagen nach dem Stand der Technik zur Ersetzung der Urschrift in ein elektronisches Dokument zu übertragen. ²Es ist sicherzustellen, dass das elektronische Dokument mit den vorliegenden Schriftstücken und sonstigen Unterlagen bildlich und inhaltlich übereinstimmt. ³Das elektronische Dokument ist mit einem Übertragungsnachweis zu versehen, der das bei der Übertragung angewandte Verfahren und die bildliche und inhaltliche Übereinstimmung dokumentiert. ⁴Wird ein von den verantworteten Personen handschriftlich unterzeichnetes gerichtliches Schriftstück übertragen, ist der Übertragungsnachweis mit einer qualifizierten elektronischen Signatur des Urkundsbeamten der Geschäftsstelle zu versehen. ⁵Die in Papierform vorliegenden Schriftstücke und sonstigen Unterlagen können sechs Monate nach der Übertragung vernichtet werden, sofern sie nicht rückgabepflichtig sind.

§ 55c Formulare; Verordnungsermächtigung. ¹Das Bundesministerium der Justiz und für Verbraucherschutz kann durch Rechtsverordnung mit Zustimmung des Bundesrates elektronische Formulare einführen. ²Die Rechtsverordnung kann bestimmen, dass die in den Formularen enthaltenen Angaben ganz oder teilweise in strukturierter maschinenlesbarer Form zu übermitteln sind. ³Die Formulare sind auf einer in der Rechtsverordnung zu bestimmenden

Kommunikationsplattform im Internet zur Nutzung bereitzustellen. ⁴Die Rechtsverordnung kann bestimmen, dass eine Identifikation des Formularverwenders abweichend von § 55a Absatz 3 auch durch Nutzung des elektronischen Identitätsnachweises nach § 18 des Personalausweisgesetzes[1]), § 12 des eID-Karte-Gesetzes oder § 78 Absatz 5 des Aufenthaltsgesetzes erfolgen kann.

§ 56a [Öffentliche Bekanntmachung im Massenverfahren] (1) ¹Sind gleiche Bekanntgaben an mehr als fünfzig Personen erforderlich, kann das Gericht für das weitere Verfahren die Bekanntgabe durch öffentliche Bekanntmachung anordnen. ²In dem Beschluß muß bestimmt werden, in welchen Tageszeitungen die Bekanntmachungen veröffentlicht werden; dabei sind Tageszeitungen vorzusehen, die in dem Bereich verbreitet sind, in dem sich die Entscheidung voraussichtlich auswirken wird. ³Der Beschluß ist den Beteiligten zuzustellen. ⁴Die Beteiligten sind darauf hinzuweisen, auf welche Weise die weiteren Bekanntgaben bewirkt werden und wann das Dokument als zugestellt gilt. ⁵Der Beschluß ist unanfechtbar. ⁶Das Gericht kann den Beschluß jederzeit aufheben; es muß ihn aufheben, wenn die Voraussetzungen des Satzes 1 nicht vorlagen oder nicht mehr vorliegen.

(2) ¹Die öffentliche Bekanntmachung erfolgt durch Aushang an der Gerichtstafel oder durch Einstellung in ein elektronisches Informationssystem, das im Gericht öffentlich zugänglich ist und durch Veröffentlichung im Bundesanzeiger sowie in den im Beschluss nach Absatz 1 Satz 2 bestimmten Tageszeitungen. ²Sie kann zusätzlich in einem von dem Gericht für Bekanntmachungen bestimmten Informations- und Kommunikationssystem erfolgen. ³Bei einer Entscheidung genügt die öffentliche Bekanntmachung der Entscheidungsformel und der Rechtsbehelfsbelehrung. ⁴Statt des bekannt zu machenden Dokuments kann eine Benachrichtigung öffentlich bekannt gemacht werden, in der angegeben ist, wo das Dokument eingesehen werden kann. ⁵Eine Terminbestimmung oder Ladung muss im vollständigen Wortlaut öffentlich bekannt gemacht werden.

(3) ¹Das Dokument gilt als an dem Tage zugestellt, an dem seit dem Tage der Veröffentlichung im Bundesanzeiger zwei Wochen verstrichen sind; darauf ist in jeder Veröffentlichung hinzuweisen. ²Nach der öffentlichen Bekanntmachung einer Entscheidung können die Beteiligten eine Ausfertigung schriftlich anfordern; darauf ist in der Veröffentlichung gleichfalls hinzuweisen.

9. Abschnitt. Verfahren im ersten Rechtszug

§ 86 [Untersuchungsgrundsatz; Aufklärungspflicht; vorbereitende Schriftsätze] (1) ¹Das Gericht erforscht den Sachverhalt von Amts wegen; die Beteiligten sind dabei heranzuziehen. ²Es ist an das Vorbringen und an die Beweisanträge der Beteiligten nicht gebunden.

(2) Ein in der mündlichen Verhandlung gestellter Beweisantrag kann nur durch einen Gerichtsbeschluß, der zu begründen ist, abgelehnt werden.

(3) Der Vorsitzende hat darauf hinzuwirken, daß Formfehler beseitigt, unklare Anträge erläutert, sachdienliche Anträge gestellt, ungenügende tatsächliche Angaben ergänzt, ferner alle für die Feststellung und Beurteilung des Sachverhalts wesentlichen Erklärungen abgegeben werden.

---

[1]) Nr. 17.

(4) ¹Die Beteiligten sollen zur Vorbereitung der mündlichen Verhandlung Schriftsätze einreichen. ²Hierzu kann sie der Vorsitzende unter Fristsetzung auffordern. ³Die Schriftsätze sind den Beteiligten von Amts wegen zu übermitteln.

(5) ¹Den Schriftsätzen sind die Urkunden oder elektronischen Dokumente, auf die Bezug genommen wird, in Abschrift ganz oder im Auszug beizufügen. ²Sind die Urkunden dem Gegner bereits bekannt oder sehr umfangreich, so genügt die genaue Bezeichnung mit dem Anerbieten, Einsicht bei Gericht zu gewähren.

§ 98 [Beweisaufnahme] Soweit dieses Gesetz nicht abweichende Vorschriften enthält, sind auf die Beweisaufnahme §§ 358 bis 444 und 450 bis 494 der Zivilprozeßordnung[1]) entsprechend anzuwenden.

§ 99 [Vorlage- und Auskunftspflicht der Behörden] (1) ¹Behörden sind zur Vorlage von Urkunden oder Akten, zur Übermittlung elektronischer Dokumente und zu Auskünften verpflichtet. ²Wenn das Bekanntwerden des Inhalts dieser Urkunden, Akten, elektronischen Dokumente oder dieser Auskünfte dem Wohl des Bundes oder eines Landes Nachteile bereiten würde oder wenn die Vorgänge nach einem Gesetz oder ihrem Wesen nach geheim gehalten werden müssen, kann die zuständige oberste Aufsichtsbehörde die Vorlage von Urkunden oder Akten, die Übermittlung der elektronischen Dokumente und die Erteilung der Auskünfte verweigern.

(2) ¹Auf Antrag eines Beteiligten stellt das Oberverwaltungsgericht ohne mündliche Verhandlung durch Beschluss fest, ob die Verweigerung der Vorlage der Urkunden oder Akten, der Übermittlung der elektronischen Dokumente oder der Erteilung von Auskünften rechtmäßig ist. ²Verweigert eine oberste Bundesbehörde die Vorlage, Übermittlung oder Auskunft mit der Begründung, das Bekanntwerden des Inhalts der Urkunden, der Akten, der elektronischen Dokumente oder der Auskünfte würde dem Wohl des Bundes Nachteile bereiten, entscheidet das Bundesverwaltungsgericht; Gleiches gilt, wenn das Bundesverwaltungsgericht nach § 50 für die Hauptsache zuständig ist. ³Der Antrag ist bei dem für die Hauptsache zuständigen Gericht zu stellen. ⁴Dieses gibt den Antrag und die Hauptsacheakten an den nach § 189 zuständigen Spruchkörper ab. ⁵Die oberste Aufsichtsbehörde hat die nach Absatz 1 Satz 2 verweigerten Urkunden oder Akten auf Aufforderung dieses Spruchkörpers vorzulegen, die elektronischen Dokumente zu übermitteln oder die verweigerten Auskünfte zu erteilen. ⁶Sie ist zu diesem Verfahren beizuladen. ⁷Das Verfahren unterliegt den Vorschriften des materiellen Geheimschutzes. ⁸Können diese nicht eingehalten werden oder macht die zuständige Aufsichtsbehörde geltend, dass besondere Gründe der Geheimhaltung oder des Geheimschutzes der Übergabe der Urkunden oder Akten oder der Übermittlung der elektronischen Dokumente an das Gericht entgegenstehen, wird die Vorlage oder Übermittlung nach Satz 5 dadurch bewirkt, dass die Urkunden, Akten oder elektronischen Dokumente dem Gericht in von der obersten Aufsichtsbehörde bestimmten Räumlichkeiten zur Verfügung gestellt werden. ⁹Für die nach Satz 5 vorgelegten Akten, elektronischen Dokumente und für die gemäß Satz 8 geltend gemachten besonderen Gründen gilt § 100 nicht. ¹⁰Die Mitglieder des

---

[1]) Nr. 32.

Gerichts sind zur Geheimhaltung verpflichtet; die Entscheidungsgründe dürfen Art und Inhalt der geheim gehaltenen Urkunden, Akten, elektronischen Dokumente und Auskünfte nicht erkennen lassen. [11] Für das nichtrichterliche Personal gelten die Regelungen des personellen Geheimschutzes. [12] Soweit nicht das Bundesverwaltungsgericht entschieden hat, kann der Beschluss selbständig mit der Beschwerde angefochten werden. [13] Über die Beschwerde gegen den Beschluss eines Oberverwaltungsgerichts entscheidet das Bundesverwaltungsgericht. [14] Für das Beschwerdeverfahren gelten die Sätze 4 bis 11 sinngemäß.

§ 100 [Akteneinsicht; Abschriften] (1) [1] Die Beteiligten können die Gerichtsakten und die dem Gericht vorgelegten Akten einsehen. [2] Beteiligte können sich auf ihre Kosten durch die Geschäftsstelle Ausfertigungen, Auszüge, Ausdrucke und Abschriften erteilen lassen.

(2) [1] Werden die Prozessakten elektronisch geführt, wird Akteneinsicht durch Bereitstellung des Inhalts der Akten zum Abruf oder durch Übermittlung des Inhalts der Akten auf einem sicheren Übermittlungsweg gewährt. [2] Auf besonderen Antrag wird Akteneinsicht durch Einsichtnahme in die Akten in Diensträumen gewährt. [3] Ein Aktenausdruck oder ein Datenträger mit dem Inhalt der Akten wird auf besonders zu begründenden Antrag nur übermittelt, wenn der Antragsteller hieran ein berechtigtes Interesse darlegt. [4] Stehen der Akteneinsicht in der nach Satz 1 vorgesehenen Form wichtige Gründe entgegen, kann die Akteneinsicht in der nach den Sätzen 2 und 3 vorgesehenen Form auch ohne Antrag gewährt werden. [5] Über einen Antrag nach Satz 3 entscheidet der Vorsitzende; die Entscheidung ist unanfechtbar. [6] § 87a Absatz 3 gilt entsprechend.

(3) [1] Werden die Prozessakten in Papierform geführt, wird Akteneinsicht durch Einsichtnahme in die Akten in Diensträumen gewährt. [2] Die Akteneinsicht kann, soweit nicht wichtige Gründe entgegenstehen, auch durch Bereitstellung des Inhalts der Akten zum Abruf oder durch Übermittlung des Inhalts der Akten auf einem sicheren Übermittlungsweg gewährt werden. [3] Nach dem Ermessen des Vorsitzenden kann der nach § 67 Absatz 2 Satz 1 und 2 Nummer 3 bis 6 bevollmächtigten Person die Mitnahme der Akten in die Wohnung oder Geschäftsräume gestattet werden. [4] § 87a Absatz 3 gilt entsprechend.

(4) In die Entwürfe zu Urteilen, Beschlüssen und Verfügungen, die Arbeiten zu ihrer Vorbereitung und die Dokumente, die Abstimmungen betreffen, wird Akteneinsicht nach den Absätzen 1 bis 3 nicht gewährt.

10. Abschnitt. Urteile und andere Entscheidungen

§ 117 [Form und Inhalt des Urteils] (1) [1] Das Urteil ergeht „Im Namen des Volkes". [2] Es ist schriftlich abzufassen und von den Richtern, die bei der Entscheidung mitgewirkt haben, zu unterzeichnen. [3] Ist ein Richter verhindert, seine Unterschrift beizufügen, so wird dies mit dem Hinderungsgrund vom Vorsitzenden oder, wenn er verhindert ist, vom dienstältesten beisitzenden Richter unter dem Urteil vermerkt. [4] Der Unterschrift der ehrenamtlichen Richter bedarf es nicht.

(2) Das Urteil enthält

1. die Bezeichnung der Beteiligten, ihrer gesetzlichen Vertreter und der Bevollmächtigten nach Namen, Beruf, Wohnort und ihrer Stellung im Verfahren,
2. die Bezeichnung des Gerichts und die Namen der Mitglieder, die bei der Entscheidung mitgewirkt haben,
3. die Urteilsformel,
4. den Tatbestand,
5. die Entscheidungsgründe,
6. die Rechtsmittelbelehrung.

(3) ¹Im Tatbestand ist der Sach- und Streitstand unter Hervorhebung der gestellten Anträge seinem wesentlichen Inhalt nach gedrängt darzustellen. ²Wegen der Einzelheiten soll auf Schriftsätze, Protokolle und andere Unterlagen verwiesen werden, soweit sich aus ihnen der Sach- und Streitstand ausreichend ergibt.

(4) ¹Ein Urteil, das bei der Verkündung noch nicht vollständig abgefaßt war, ist vor Ablauf von zwei Wochen, vom Tag der Verkündung an gerechnet, vollständig abgefaßt der Geschäftsstelle zu übermitteln. ²Kann dies ausnahmsweise nicht geschehen, so ist innerhalb dieser zwei Wochen das von den Richtern unterschriebene Urteil ohne Tatbestand, Entscheidungsgründe und Rechtsmittelbelehrung der Geschäftsstelle zu übermitteln; Tatbestand, Entscheidungsgründe und Rechtsmittelbelehrung sind alsbald nachträglich niederzulegen, von den Richtern besonders zu unterschreiben und der Geschäftsstelle zu übermitteln.

(5) Das Gericht kann von einer weiteren Darstellung der Entscheidungsgründe absehen, soweit es der Begründung des Verwaltungsakts oder des Widerspruchsbescheids folgt und dies in seiner Entscheidung feststellt.

(6) ¹Der Urkundsbeamte der Geschäftsstelle hat auf dem Urteil den Tag der Zustellung und im Falle des § 116 Abs. 1 Satz 1 den Tag der Verkündung zu vermerken und diesen Vermerk zu unterschreiben. ²Werden die Akten elektronisch geführt, hat der Urkundsbeamte der Geschäftsstelle den Vermerk in einem gesonderten Dokument festzuhalten. ³Das Dokument ist mit dem Urteil untrennbar zu verbinden.

§ 118 [Urteilsberichtigung] (1) Schreibfehler, Rechenfehler und ähnliche offenbare Unrichtigkeiten im Urteil sind jederzeit vom Gericht zu berichtigen.

(2) ¹Über die Berichtigung kann ohne vorgängige mündliche Verhandlung entschieden werden. ²Der Berichtigungsbeschluß wird auf dem Urteil und den Ausfertigungen vermerkt. ³Ist das Urteil elektronisch abgefasst, ist auch der Beschluss elektronisch abzufassen und mit dem Urteil untrennbar zu verbinden.

§ 119 [Berichtigung des Tatbestands eines Urteils] (1) Enthält der Tatbestand des Urteils andere Unrichtigkeiten oder Unklarheiten, so kann die Berichtigung binnen zwei Wochen nach Zustellung des Urteils beantragt werden.

(2) ¹Das Gericht entscheidet ohne Beweisaufnahme durch Beschluß. ²Der Beschluß ist unanfechtbar. ³Bei der Entscheidung wirken nur die Richter mit, die beim Urteil mitgewirkt haben. ⁴Ist ein Richter verhindert, so entscheidet bei Stimmengleichheit die Stimme des Vorsitzenden. ⁵Der Berichtigungsbeschluß wird auf dem Urteil und den Ausfertigungen vermerkt. ⁶Ist das Urteil

elektronisch abgefasst, ist auch der Beschluss elektronisch abzufassen und mit dem Urteil untrennbar zu verbinden.

11. Abschnitt. Einstweilige Anordnung

§ 123 [Erlass einstweiliger Anordnungen] (1) ¹Auf Antrag kann das Gericht, auch schon vor Klageerhebung, eine einstweilige Anordnung in bezug auf den Streitgegenstand treffen, wenn die Gefahr besteht, daß durch eine Veränderung des bestehenden Zustands die Verwirklichung eines Rechts des Antragstellers vereitelt oder wesentlich erschwert werden könnte. ²Einstweilige Anordnungen sind auch zur Regelung eines vorläufigen Zustands in bezug auf ein streitiges Rechtsverhältnis zulässig, wenn diese Regelung, vor allem bei dauernden Rechtsverhältnissen, um wesentliche Nachteile abzuwenden oder drohende Gewalt zu verhindern oder aus anderen Gründen nötig erscheint.

(2) ¹Für den Erlaß einstweiliger Anordnungen ist das Gericht der Hauptsache zuständig. ²Dies ist das Gericht des ersten Rechtszugs und, wenn die Hauptsache im Berufungsverfahren anhängig ist, das Berufungsgericht. ³§ 80 Abs. 8 ist entsprechend anzuwenden.

(3) Für den Erlaß einstweiliger Anordnungen gelten §§ 920, 921, 923, 926, 928 bis 932, 938, 939, 941 und 945 der Zivilprozeßordnung entsprechend.

(4) Das Gericht entscheidet durch Beschluß.

(5) Die Vorschriften der Absätze 1 bis 3 gelten nicht für die Fälle der §§ 80 und 80a.

38. Abgabenordnung (AO)[1) 2) 3) 4) 5)]

In der Fassung der Bekanntmachung vom 1. Oktober 2002[6)]
(BGBl. I S. 3866, ber. 2003 S. 61)

FNA 610-1-3

zuletzt geänd. durch Beschl. des BVerfG – 1 BvR 2237/14, 1 BvR 2422/17 - v. 8.7.2021 (BGBl. I S. 4303)

– Auszug –

Dritter Teil. Allgemeine Verfahrensvorschriften
Erster Abschnitt. Verfahrensgrundsätze
3. Unterabschnitt. Besteuerungsgrundsätze, Beweismittel
I. Allgemeines

§ 87a Elektronische Kommunikation. (1) ¹Die Übermittlung elektronischer Dokumente ist zulässig, soweit der Empfänger hierfür einen Zugang eröffnet. ²Ein elektronisches Dokument ist zugegangen, sobald die für den Empfang bestimmte Einrichtung es in für den Empfänger bearbeitbarer Weise aufgezeichnet hat; § 122 Absatz 2a sowie die §§ 122a und 123 Satz 2 und 3 bleiben unberührt. ³Übermittelt die Finanzbehörde Daten, die dem Steuergeheimnis unterliegen, sind diese Daten mit einem geeigneten Verfahren zu verschlüsseln; soweit alle betroffenen Personen schriftlich eingewilligt haben, kann auf eine Verschlüsselung verzichtet werden. ⁴Die kurzzeitige automatisierte Entschlüsselung, die beim Versenden einer De-Mail-Nachricht durch den akkreditierten Diensteanbieter zum Zweck der Überprüfung auf Schadsoftware und zum Zweck der Weiterleitung an den Adressaten der De-Mail-Nachricht erfolgt, verstößt nicht gegen das Verschlüsselungsgebot des Satzes 3. ⁵Eine elektronische Benachrichtigung über die Bereitstellung von Daten zum Abruf oder über den Zugang elektronisch an die Finanzbehörden übermittelter Daten darf auch ohne Verschlüsselung übermittelt werden.

(2) ¹Ist ein der Finanzbehörde übermitteltes elektronisches Dokument für sie zur Bearbeitung nicht geeignet, hat sie dies dem Absender unter Angabe der für sie geltenden technischen Rahmenbedingungen unverzüglich mitzuteilen. ²Macht ein Empfänger geltend, er könne das von der Finanzbehörde über-

---

[1)] Beachte Art. 97 Übergangsvorschriften des EGAO v. 14.12.1976 (BGBl. I S. 3341, ber. 1977 S. 667), zuletzt geänd. durch G v. 25.6.2021 (BGBl. I S. 2056).
[2)] Die Änderungen durch G v. 26.11.2019 (BGBl. I S. 1794) treten teilweise erst **mWv 1.1.2025** in Kraft und sind insoweit im Text noch nicht berücksichtigt.
[3)] Die Änderungen durch G v. 21.12.2020 (BGBl. I S. 3096) treten teilweise erst **mWv 1.1.2024** in Kraft und sind insoweit im Text noch nicht berücksichtigt.
[4)] Die Änderungen durch G v. 28.3.2021 (BGBl. I S. 591) treten gem. Art. 22 Satz 3 dieses G an dem Tag in Kraft, an dem das Bundesministerium des Innern, für Bau und Heimat im Bundesgesetzblatt jeweils bekannt gibt, dass die technischen Voraussetzungen für die Verarbeitung der Identifikationsnummer nach § 139b AO nach den jeweils geänderten Gesetzen vorliegen.
[5)] Die Änderungen durch G v. 4.5.2021 (BGBl. I S. 882) treten erst **mWv 1.1.2023** in Kraft und sind im Text noch nicht berücksichtigt.
[6)] Neubekanntmachung der AO v. 16.3.1976 (BGBl. I S. 613, 1977 S. 269) in der ab 1.9.2002 geltenden Fassung.

mittelte elektronische Dokument nicht bearbeiten, hat sie es ihm erneut in einem geeigneten elektronischen Format oder als Schriftstück zu übermitteln.

(3) [1]Eine durch Gesetz für Anträge, Erklärungen oder Mitteilungen an die Finanzbehörden angeordnete Schriftform kann, soweit nicht durch Gesetz etwas anderes bestimmt ist, durch die elektronische Form ersetzt werden. [2]Der elektronischen Form genügt ein elektronisches Dokument, das mit einer qualifizierten elektronischen Signatur versehen ist. [3]Bei der Signierung darf eine Person ein Pseudonym nur verwenden, wenn sie ihre Identität der Finanzbehörde nachweist. [4]Die Schriftform kann auch ersetzt werden

1. durch unmittelbare Abgabe der Erklärung in einem elektronischen Formular, das von der Behörde in einem Eingabegerät oder über öffentlich zugängliche Netze zur Verfügung gestellt wird;
2. durch Versendung eines elektronischen Dokuments an die Behörde mit der Versandart nach § 5 Absatz 5 des De-Mail-Gesetzes[1)].

[5]In den Fällen des Satzes 4 Nummer 1 muss bei einer Eingabe über öffentlich zugängliche Netze ein elektronischer Identitätsnachweis nach § 18 des Personalausweisgesetzes[2)], nach § 12 des eID-Karte-Gesetzes oder nach § 78 Absatz 5 des Aufenthaltsgesetzes erfolgen.

(4) [1]Eine durch Gesetz für Verwaltungsakte oder sonstige Maßnahmen der Finanzbehörden angeordnete Schriftform kann, soweit nicht durch Gesetz etwas anderes bestimmt ist, durch die elektronische Form ersetzt werden. [2]Der elektronischen Form genügt ein elektronisches Dokument, das mit einer qualifizierten elektronischen Signatur versehen ist. [3]Die Schriftform kann auch ersetzt werden durch Versendung einer De-Mail-Nachricht nach § 5 Absatz 5 des De-Mail-Gesetzes, bei der die Bestätigung des akkreditierten Diensteanbieters die erlassende Finanzbehörde als Nutzer des De-Mail-Kontos erkennen lässt. [4]Für von der Finanzbehörde aufzunehmende Niederschriften gelten die Sätze 1 und 3 nur, wenn dies durch Gesetz ausdrücklich zugelassen ist.

(5) [1]Ist ein elektronisches Dokument Gegenstand eines Beweises, wird der Beweis durch Vorlegung oder Übermittlung der Datei angetreten; befindet diese sich nicht im Besitz des Steuerpflichtigen oder der Finanzbehörde, gilt § 97 entsprechend. [2]Für die Beweiskraft elektronischer Dokumente gilt § 371a der Zivilprozessordnung[3)] entsprechend.

(6) [1]Soweit nichts anderes bestimmt ist, ist bei der elektronischen Übermittlung von amtlich vorgeschriebenen Datensätzen an Finanzbehörden ein sicheres Verfahren zu verwenden, das den Datenübermittler authentifiziert und die Vertraulichkeit und Integrität des Datensatzes gewährleistet. [2]Nutzt der Datenübermittler zur Authentisierung seinen elektronischen Identitätsnachweis nach § 18 des Personalausweisgesetzes[2)], nach § 12 des eID-Karte-Gesetzes oder nach § 78 Absatz 5 des Aufenthaltsgesetzes, so dürfen die dazu erforderlichen Daten zusammen mit den übrigen übermittelten Daten gespeichert und verwendet werden.

(7) [1]Wird ein elektronisch erlassener Verwaltungsakt durch Übermittlung nach § 122 Absatz 2a bekannt gegeben, ist ein sicheres Verfahren zu verwenden, das die übermittelnde Stelle oder Einrichtung der Finanzverwaltung

---

[1)] Nr. **18**.
[2)] Nr. **17**.
[3)] Nr. **32**.

authentifiziert und die Vertraulichkeit und Integrität des Datensatzes gewährleistet. ²Ein sicheres Verfahren liegt insbesondere vor, wenn der Verwaltungsakt
1. mit einer qualifizierten elektronischen Signatur versehen und mit einem geeigneten Verfahren verschlüsselt ist oder
2. mit einer De-Mail-Nachricht nach § 5 Absatz 5 des De-Mail-Gesetzes versandt wird, bei der die Bestätigung des akkreditierten Diensteanbieters die erlassende Finanzbehörde als Nutzer des De-Mail-Kontos erkennen lässt.

(8) ¹Wird ein elektronisch erlassener Verwaltungsakt durch Bereitstellung zum Abruf nach § 122a bekannt gegeben, ist ein sicheres Verfahren zu verwenden, das die für die Datenbereitstellung verantwortliche Stelle oder Einrichtung der Finanzverwaltung authentifiziert und die Vertraulichkeit und Integrität des Datensatzes gewährleistet. ²Die abrufberechtigte Person hat sich zu authentisieren. ³Absatz 6 Satz 2 gilt entsprechend.

§ 88c Informationsaustausch über kapitalmarktbezogene Gestaltungen. (1) ¹Finanzbehörden haben Tatsachen, die sie dienstlich erfahren haben und aus denen sich nach Würdigung der Gesamtumstände Anhaltspunkte für Steuergestaltungen ergeben, die die Erlangung eines Steuervorteils aus der Erhebung oder Entlastung von Kapitalertragsteuer mit erheblicher Bedeutung zum Gegenstand haben, im Einvernehmen mit der zuständigen obersten Finanzbehörde oder der von ihr bestimmten Finanzbehörde dem Bundeszentralamt für Steuern zu übermitteln. ²Für die Beurteilung der erheblichen Bedeutung ist insbesondere die Höhe des erlangten Steuervorteils und die Möglichkeit der Nutzung der Gestaltung durch andere Schuldner der Kapitalertragsteuer zu berücksichtigen.

(2) ¹Das Bundeszentralamt für Steuern speichert die ihm von den Finanzbehörden nach Absatz 1 übermittelten Informationen und analysiert diese im Hinblick auf missbräuchliche Steuergestaltungsmodelle. ²Benötigt das Bundeszentralamt für Steuern zur weiteren Aufklärung eines Sachverhaltes ergänzende Informationen von der nach Absatz 1 übermittelnden Finanzbehörde, hat diese dem Bundeszentralamt für Steuern die hierzu erforderlichen Informationen auf Ersuchen zu übermitteln. ³Das Bundeszentralamt für Steuern darf die ihm nach Maßgabe dieser Vorschrift übermittelten personenbezogenen Daten speichern und verwenden, soweit dies zur Erfüllung seiner Aufgaben nach Satz 1 erforderlich ist.

(3) ¹Das Bundeszentralamt für Steuern ist berechtigt, den für die Verwaltung der Kapitalertragsteuer zuständigen Finanzbehörden seine erlangten Sachverhaltserkenntnisse zu übermitteln und um in dazu erforderlichen Umfang auch personenbezogene Daten offenzulegen. ²Die empfangende Behörde oder Stelle darf ihr nach Satz 1 übermittelte personenbezogene Daten speichern und verwenden, soweit dies zur Erfüllung ihrer Aufgaben nach diesem Gesetz erforderlich ist.

(4) Die Verarbeitung personenbezogener Daten durch Finanzbehörden nach Maßgabe der Absätze 1 bis 3 ist ein Verwaltungsverfahren in Steuersachen im Sinne dieses Gesetzes.

Zweiter Abschnitt. Verwaltungsakte

§ 119 Bestimmtheit und Form des Verwaltungsakts. (1) Ein Verwaltungsakt muss inhaltlich hinreichend bestimmt sein.

(2) ¹Ein Verwaltungsakt kann schriftlich, elektronisch, mündlich oder in anderer Weise erlassen werden. ²Ein mündlicher Verwaltungsakt ist schriftlich zu bestätigen, wenn hieran ein berechtigtes Interesse besteht und die betroffene Person dies unverzüglich verlangt.

(3) ¹Ein schriftlich oder elektronisch erlassener Verwaltungsakt muss die erlassende Behörde erkennen lassen. ²Ferner muss er die Unterschrift oder die Namenswiedergabe des Behördenleiters, seines Vertreters oder seines Beauftragten enthalten; dies gilt nicht für einen Verwaltungsakt, der formularmäßig oder mit Hilfe automatischer Einrichtungen erlassen wird. ³Ist für einen Verwaltungsakt durch Gesetz eine Schriftform angeordnet, so muss bei einem elektronischen Verwaltungsakt auch das der Signatur zugrunde liegende qualifizierte Zertifikat oder ein zugehöriges qualifiziertes Attributzertifikat die erlassende Behörde erkennen lassen. ⁴Im Falle des § 87a Absatz 4 Satz 3 muss die Bestätigung nach § 5 Absatz 5 des De-Mail-Gesetzes[1]) die erlassende Finanzbehörde als Nutzer des De-Mail-Kontos erkennen lassen.

§ 121 Begründung des Verwaltungsakts.

(1) Ein schriftlicher, elektronischer sowie ein schriftlich oder elektronisch bestätigter Verwaltungsakt ist mit einer Begründung zu versehen, soweit dies zu seinem Verständnis erforderlich ist.

(2) Einer Begründung bedarf es nicht,

1. soweit die Finanzbehörde einem Antrag entspricht oder einer Erklärung folgt und der Verwaltungsakt nicht in Rechte eines anderen eingreift,
2. soweit demjenigen, für den der Verwaltungsakt bestimmt ist oder der von ihm betroffen wird, die Auffassung der Finanzbehörde über die Sach- und Rechtslage bereits bekannt oder auch ohne Begründung für ihn ohne weiteres erkennbar ist,
3. wenn die Finanzbehörde gleichartige Verwaltungsakte in größerer Zahl oder Verwaltungsakte mit Hilfe automatischer Einrichtungen erlässt und die Begründung nach den Umständen des Einzelfalls nicht geboten ist,
4. wenn sich dies aus einer Rechtsvorschrift ergibt,
5. wenn eine Allgemeinverfügung öffentlich bekannt gegeben wird.

§ 122 Bekanntgabe des Verwaltungsakts.

(1) ¹Ein Verwaltungsakt ist demjenigen Beteiligten bekannt zu geben, für den er bestimmt ist oder der von ihm betroffen wird. ²§ 34 Abs. 2 ist entsprechend anzuwenden. ³Der Verwaltungsakt kann auch gegenüber einem Bevollmächtigten bekannt gegeben werden. ⁴Er soll dem Bevollmächtigten bekannt gegeben werden, wenn der Finanzbehörde eine schriftliche oder eine nach amtlich vorgeschriebenem Datensatz elektronisch übermittelte Empfangsvollmacht vorliegt, solange dem Bevollmächtigten nicht eine Zurückweisung nach § 80 Absatz 7 bekannt gegeben worden ist.

(2) Ein schriftlicher Verwaltungsakt, der durch die Post übermittelt wird, gilt als bekannt gegeben

1. bei einer Übermittlung im Inland am dritten Tage nach der Aufgabe zur Post,
2. bei einer Übermittlung im Ausland einen Monat nach der Aufgabe zur Post,

---

¹) Nr. 18.

außer wenn er nicht oder zu einem späteren Zeitpunkt zugegangen ist; im Zweifel hat die Behörde den Zugang des Verwaltungsakts und den Zeitpunkt des Zugangs nachzuweisen.

(2a) Ein elektronisch übermittelter Verwaltungsakt gilt am dritten Tage nach der Absendung als bekannt gegeben, außer wenn er nicht oder zu einem späteren Zeitpunkt zugegangen ist; im Zweifel hat die Behörde den Zugang des Verwaltungsakts und den Zeitpunkt des Zugangs nachzuweisen.

(3) [1] Ein Verwaltungsakt darf öffentlich bekannt gegeben werden, wenn dies durch Rechtsvorschrift zugelassen ist. [2] Eine Allgemeinverfügung darf auch dann öffentlich bekannt gegeben werden, wenn eine Bekanntgabe an die Beteiligten untunlich ist.

(4) [1] Die öffentliche Bekanntgabe eines Verwaltungsakts wird dadurch bewirkt, dass sein verfügender Teil ortsüblich bekannt gemacht wird. [2] In der ortsüblichen Bekanntmachung ist anzugeben, wo der Verwaltungsakt und seine Begründung eingesehen werden können. [3] Der Verwaltungsakt gilt zwei Wochen nach dem Tag der ortsüblichen Bekanntmachung als bekannt gegeben. [4] In einer Allgemeinverfügung kann ein hiervon abweichender Tag, jedoch frühestens der auf die Bekanntmachung folgende Tag bestimmt werden.

(5) [1] Ein Verwaltungsakt wird zugestellt, wenn dies gesetzlich vorgeschrieben ist oder behördlich angeordnet wird. [2] Die Zustellung richtet sich vorbehaltlich des Satzes 3 nach den Vorschriften des Verwaltungszustellungsgesetzes. [3] Für die Zustellung an einen Bevollmächtigten gilt abweichend von § 7 Absatz 1 Satz 2 des Verwaltungszustellungsgesetzes Absatz 1 Satz 4 entsprechend.

(6) Die Bekanntgabe eines Verwaltungsakts an einen Beteiligten zugleich mit Wirkung für und gegen andere Beteiligte ist zulässig, soweit die Beteiligten einverstanden sind; diese Beteiligten können nachträglich eine Abschrift des Verwaltungsakts verlangen.

(7) [1] Betreffen Verwaltungsakte

1. Ehegatten oder Lebenspartner oder
2. Ehegatten mit ihren Kindern, Lebenspartner mit ihren Kindern oder Alleinstehende mit ihren Kindern,

so reicht es für die Bekanntgabe an alle Beteiligten aus, wenn ihnen eine Ausfertigung unter ihrer gemeinsamen Anschrift übermittelt wird. [2] Die Verwaltungsakte sind den Beteiligten einzeln bekannt zu geben, soweit sie dies beantragt haben oder soweit der Finanzbehörde bekannt ist, dass zwischen ihnen ernstliche Meinungsverschiedenheiten bestehen.

Vierter Teil. Durchführung der Besteuerung
Zweiter Abschnitt. Mitwirkungspflichten
2. Unterabschnitt. Steuererklärungen

§ 150 Form und Inhalt der Steuererklärungen. (1) [1] Eine Steuererklärung ist nach amtlich vorgeschriebenem Vordruck abzugeben, wenn

1. keine elektronische Steuererklärung vorgeschrieben ist,
2. nicht freiwillig eine gesetzlich oder amtlich zugelassene elektronische Steuererklärung abgegeben wird,
3. keine mündliche oder konkludente Steuererklärung zugelassen ist und

4. eine Aufnahme der Steuererklärung an Amtsstelle nach § 151 nicht in Betracht kommt.

²§ 87a Absatz 1 Satz 1 ist nur anzuwenden, soweit eine elektronische Steuererklärung vorgeschrieben oder zugelassen ist. ³Der Steuerpflichtige hat in der Steuererklärung die Steuer selbst zu berechnen, soweit dies gesetzlich vorgeschrieben ist (Steueranmeldung).

(2) Die Angaben in den Steuererklärungen sind wahrheitsgemäß nach bestem Wissen und Gewissen zu machen.

(3) ¹Ordnen die Steuergesetze an, dass der Steuerpflichtige die Steuererklärung eigenhändig zu unterschreiben hat, so ist die Unterzeichnung durch einen Bevollmächtigten nur dann zulässig, wenn der Steuerpflichtige infolge seines körperlichen oder geistigen Zustands oder durch längere Abwesenheit an der Unterschrift gehindert ist. ²Die eigenhändige Unterschrift kann nachträglich verlangt werden, wenn der Hinderungsgrund weggefallen ist.

(4) ¹Den Steuererklärungen müssen die Unterlagen beigefügt werden, die nach den Steuergesetzen vorzulegen sind. ²Dritte Personen sind verpflichtet, hierfür erforderliche Bescheinigungen auszustellen.

(5) ¹In die Steuererklärungsformulare können auch Fragen aufgenommen werden, die zur Ergänzung der Besteuerungsunterlagen für Zwecke einer Statistik nach dem Gesetz über Steuerstatistiken erforderlich sind. ²Die Finanzbehörden können ferner von Steuerpflichtigen Auskünfte verlangen, die für die Durchführung des Bundesausbildungsförderungsgesetzes erforderlich sind. ³Die Finanzbehörden haben bei der Überprüfung der Angaben dieselben Befugnisse wie bei der Aufklärung der für die Besteuerung erheblichen Verhältnisse.

(6) ¹Zur Erleichterung und Vereinfachung des automatisierten Besteuerungsverfahrens kann das Bundesministerium der Finanzen durch Rechtsverordnung mit Zustimmung des Bundesrates bestimmen, dass und unter welchen Voraussetzungen Steuererklärungen oder sonstige für das Besteuerungsverfahren erforderliche Daten ganz oder teilweise durch Datenfernübertragung oder auf maschinell verwertbaren Datenträgern übermittelt werden können. ²In der Rechtsverordnung können von den §§ 72a und 87b bis 87d abweichende Regelungen getroffen werden. ³Die Rechtsverordnung bedarf nicht der Zustimmung des Bundesrates, soweit die Kraftfahrzeugsteuer, die Luftverkehrsteuer, die Versicherungsteuer und Verbrauchsteuern, mit Ausnahme der Biersteuer, betroffen sind.

(7) ¹Können Steuererklärungen, die nach amtlich vorgeschriebenem Vordruck abgegeben oder nach amtlich vorgeschriebenem Datensatz durch Datenfernübertragung übermittelt werden, nach § 155 Absatz 4 Satz 1 zu einer ausschließlich automationsgestützten Steuerfestsetzung führen, ist es dem Steuerpflichtigen zu ermöglichen, Angaben, die nach seiner Auffassung Anlass für eine Bearbeitung durch Amtsträger sind, in einem dafür vorgesehenen Abschnitt oder Datenfeld der Steuererklärung zu machen. ²Daten, die von mitteilungspflichtigen Stellen nach Maßgabe des § 93c an die Finanzverwaltung übermittelt wurden, gelten als Angaben des Steuerpflichtigen, soweit er nicht in einem dafür vorzusehenden Abschnitt oder Datenfeld der Steuererklärung abweichende Angaben macht.

(8) ¹Ordnen die Steuergesetze an, dass die Finanzbehörde auf Antrag zur Vermeidung unbilliger Härten auf eine Übermittlung der Steuererklärung nach

amtlich vorgeschriebenem Datensatz durch Datenfernübertragung verzichten kann, ist einem solchen Antrag zu entsprechen, wenn eine Erklärungsabgabe nach amtlich vorgeschriebenem Datensatz durch Datenfernübertragung für den Steuerpflichtigen wirtschaftlich oder persönlich unzumutbar ist. ²Dies ist insbesondere der Fall, wenn die Schaffung der technischen Möglichkeiten für eine Datenfernübertragung des amtlich vorgeschriebenen Datensatzes nur mit einem nicht unerheblichen finanziellen Aufwand möglich wäre oder wenn der Steuerpflichtige nach seinen individuellen Kenntnissen und Fähigkeiten nicht oder nur eingeschränkt in der Lage ist, die Möglichkeiten der Datenfernübertragung zu nutzen.

3. Unterabschnitt. Kontenwahrheit

§ 154 Kontenwahrheit. (1) Niemand darf auf einen falschen oder erdichteten Namen für sich oder einen Dritten ein Konto errichten oder Buchungen vornehmen lassen, Wertsachen (Geld, Wertpapiere, Kostbarkeiten) in Verwahrung geben oder verpfänden oder sich ein Schließfach geben lassen.

(2) ¹Wer ein Konto führt, Wertsachen verwahrt oder als Pfand nimmt oder ein Schließfach überlässt (Verpflichteter), hat

1. sich zuvor Gewissheit über die Person und Anschrift jedes Verfügungsberechtigten und jedes wirtschaftlich Berechtigten im Sinne des Geldwäschegesetzes zu verschaffen und
2. die entsprechenden Angaben in geeigneter Form, bei Konten auf dem Konto, festzuhalten.

²Für Verfügungsberechtigte sind § 11 Absatz 4 und 6, § 12 Absatz 1 und 2 und § 13 Absatz 1 des Geldwäschegesetzes sowie zu § 12 Absatz 3 und § 13 Absatz 2 des Geldwäschegesetzes ergangene Rechtsverordnungen, für wirtschaftlich Berechtigte der § 13 Absatz 1 des Geldwäschegesetzes sowie zu § 13 Absatz 2 des Geldwäschegesetzes ergangene Rechtsverordnungen entsprechend anzuwenden. ³Der Verpflichtete hat sicherzustellen, dass er den Finanzbehörden jederzeit Auskunft darüber geben kann, über welche Konten oder Schließfächer eine Person verfügungsberechtigt ist oder welche Wertsachen eine Person zur Verwahrung gegeben oder als Pfand überlassen hat. ⁴Die Geschäftsbeziehung ist kontinuierlich zu überwachen und die nach Satz 1 zu erhebenden Daten sind in angemessenem zeitlichen Abstand zu aktualisieren.

(2a) ¹Kreditinstitute haben für jeden Kontoinhaber, jeden anderen Verfügungsberechtigten und jeden wirtschaftlich Berechtigten im Sinne des Geldwäschegesetzes außerdem folgende Daten zu erheben und aufzuzeichnen:

1. die Identifikationsnummer nach § 139b und
2. die Wirtschafts-Identifikationsnummer nach § 139c oder, wenn noch keine Wirtschafts-Identifikationsnummer vergeben wurde und es sich nicht um eine natürliche Person handelt, die für die Besteuerung nach dem Einkommen geltende Steuernummer.

²Der Vertragspartner sowie gegebenenfalls für ihn handelnde Personen haben dem Kreditinstitut die nach Satz 1 zu erhebenden Daten mitzuteilen und sich im Laufe der Geschäftsbeziehung ergebende Änderungen unverzüglich anzuzeigen. ³Die Sätze 1 und 2 sind nicht anzuwenden bei Kreditkonten, wenn der Kredit ausschließlich der Finanzierung privater Konsumgüter dient und der Kreditrahmen einen Betrag von 12 000 Euro nicht übersteigt.

(2b) ¹Teilen der Vertragspartner oder gegebenenfalls für ihn handelnde Personen dem Kreditinstitut die nach Absatz 2a Satz 1 Nummer 1 zu erfassende Identifikationsnummer einer betroffenen Person bis zur Begründung der Geschäftsbeziehung nicht mit und hat das Kreditinstitut die Identifikationsnummer dieser Person auch nicht aus anderem Anlass rechtmäßig erfasst, hat es sie bis zum Ablauf des dritten Monats nach Begründung der Geschäftsbeziehung in einem maschinellen Verfahren beim Bundeszentralamt für Steuern zu erfragen. ²In der Anfrage dürfen nur die in § 139b Absatz 3 genannten Daten der betroffenen Person angegeben werden. ³Das Bundeszentralamt für Steuern teilt dem Kreditinstitut die Identifikationsnummer der betroffenen Person mit, sofern die übermittelten Daten mit den bei ihm nach § 139b Absatz 3 gespeicherten Daten übereinstimmen.

(2c) ¹Soweit das Kreditinstitut die nach Absatz 2a Satz 1 zu erhebenden Daten auf Grund unzureichender Mitwirkung des Vertragspartners und gegebenenfalls für ihn handelnder Personen nicht ermitteln kann, hat es dies auf dem Konto festzuhalten. ²In diesem Fall hat das Kreditinstitut dem Bundeszentralamt für Steuern die betroffenen Konten sowie die hierzu nach Absatz 2 erhobenen Daten mitzuteilen; diese Daten sind für alle in einem Kalenderjahr eröffneten Konten bis Ende Februar des Folgejahrs zu übermitteln.

(2d) Die Finanzbehörden können für einzelne Fälle oder für bestimmte Fallgruppen Erleichterungen zulassen, wenn die Einhaltung der Pflichten nach den Absätzen 2 bis 2c unverhältnismäßige Härten mit sich bringt und die Besteuerung durch die Erleichterung nicht beeinträchtigt wird.

(3) Ist gegen Absatz 1 verstoßen worden, so dürfen Guthaben, Wertsachen und der Inhalt eines Schließfachs nur mit Zustimmung des für die Einkommen- und Körperschaftsteuer des Verfügungsberechtigten zuständigen Finanzamts herausgegeben werden.

Dritter Abschnitt. Festsetzungs- und Feststellungsverfahren

1. Unterabschnitt. Steuerfestsetzung

I. Allgemeine Vorschriften

§ 155 Steuerfestsetzung. (1) ¹Die Steuern werden, soweit nichts anderes vorgeschrieben ist, von der Finanzbehörde durch Steuerbescheid festgesetzt. ²Steuerbescheid ist der nach § 122 Abs. 1 bekannt gegebene Verwaltungsakt. ³Dies gilt auch für die volle oder teilweise Freistellung von einer Steuer und für die Ablehnung eines Antrags auf Steuerfestsetzung.

(2) Ein Steuerbescheid kann erteilt werden, auch wenn ein Grundlagenbescheid noch nicht erlassen wurde.

(3) ¹Schulden mehrere Steuerpflichtige eine Steuer als Gesamtschuldner, so können gegen sie zusammengefasste Steuerbescheide ergehen. ²Mit zusammengefassten Steuerbescheiden können Verwaltungsakte über steuerliche Nebenleistungen oder sonstige Ansprüche, auf die dieses Gesetz anzuwenden ist, gegen einen oder mehrere der Steuerpflichtigen verbunden werden. ³Das gilt auch dann, wenn festgesetzte Steuern, steuerliche Nebenleistungen oder sonstige Ansprüche nach dem zwischen den Steuerpflichtigen bestehenden Rechtsverhältnis nicht von allen Beteiligten zu tragen sind.

(4) ¹Die Finanzbehörden können Steuerfestsetzungen sowie Anrechnungen von Steuerabzugsbeträgen und Vorauszahlungen auf der Grundlage der ihnen

vorliegenden Informationen und der Angaben des Steuerpflichtigen ausschließlich automationsgestützt vornehmen, berichtigen, zurücknehmen, widerrufen, aufheben oder ändern, soweit kein Anlass dazu besteht, den Einzelfall durch Amtsträger zu bearbeiten. ²Das gilt auch

1. für den Erlass, die Berichtigung, die Rücknahme, den Widerruf, die Aufhebung und die Änderung von mit den Steuerfestsetzungen sowie Anrechnungen von Steuerabzugsbeträgen und Vorauszahlungen verbundenen Verwaltungsakten sowie,
2. wenn die Steuerfestsetzungen sowie Anrechnungen von Steuerabzugsbeträgen und Vorauszahlungen mit Nebenbestimmungen nach § 120 versehen oder verbunden werden, soweit dies durch eine Verwaltungsanweisung des Bundesministeriums der Finanzen oder der obersten Landesfinanzbehörden allgemein angeordnet ist.

³Ein Anlass zur Bearbeitung durch Amtsträger liegt insbesondere vor, soweit der Steuerpflichtige in einem dafür vorgesehenen Abschnitt oder Datenfeld der Steuererklärung Angaben im Sinne des § 150 Absatz 7 gemacht hat. ⁴Bei vollständig automationsgestütztem Erlass eines Verwaltungsakts gilt die Willensbildung über seinen Erlass und über seine Bekanntgabe im Zeitpunkt des Abschlusses der maschinellen Verarbeitung als abgeschlossen.

(5) Die für die Steuerfestsetzung geltenden Vorschriften sind auf die Festsetzung einer Steuervergütung sinngemäß anzuwenden.

Siebenter Teil. Außergerichtliches Rechtsbehelfsverfahren

Zweiter Abschnitt. Verfahrensvorschriften

§ 356 Rechtsbehelfsbelehrung. (1) Ergeht ein Verwaltungsakt schriftlich oder elektronisch, so beginnt die Frist für die Einlegung des Einspruchs nur, wenn der Beteiligte über den Einspruch und die Finanzbehörde, bei der er einzulegen ist, deren Sitz und die einzuhaltende Frist in der für den Verwaltungsakt verwendeten Form belehrt worden ist.

(2) ¹Ist die Belehrung unterblieben oder unrichtig erteilt, so ist die Einlegung des Einspruchs nur binnen eines Jahres seit Bekanntgabe des Verwaltungsakts zulässig, es sei denn, dass die Einlegung vor Ablauf der Jahresfrist infolge höherer Gewalt unmöglich war oder schriftlich oder elektronisch darüber belehrt wurde, dass ein Einspruch nicht gegeben sei. ² § 110 Abs. 2 gilt für den Fall höherer Gewalt sinngemäß.

§ 357 Einlegung des Einspruchs. (1) ¹Der Einspruch ist schriftlich oder elektronisch einzureichen oder zur Niederschrift zu erklären. ²Es genügt, wenn aus dem Einspruch hervorgeht, wer ihn eingelegt hat. ³Unrichtige Bezeichnung des Einspruchs schadet nicht.

(2) ¹Der Einspruch ist bei der Behörde anzubringen, deren Verwaltungsakt angefochten wird oder bei der ein Antrag auf Erlass eines Verwaltungsakts gestellt worden ist. ²Ein Einspruch, der sich gegen die Feststellung von Besteuerungsgrundlagen oder gegen die Festsetzung eines Steuermessbetrags richtet, kann auch bei der zur Erteilung des Steuerbescheids zuständigen Behörde angebracht werden. ³Ein Einspruch, der sich gegen einen Verwaltungsakt richtet, den eine Behörde auf Grund gesetzlicher Vorschrift für die zuständige Finanzbehörde erlassen hat, kann auch bei der zuständigen Finanzbehörde

angebracht werden. ⁴Die schriftliche oder elektronische Anbringung bei einer anderen Behörde ist unschädlich, wenn der Einspruch vor Ablauf der Einspruchsfrist einer der Behörden übermittelt wird, bei der er nach den Sätzen 1 bis 3 angebracht werden kann.

(3) ¹Bei der Einlegung soll der Verwaltungsakt bezeichnet werden, gegen den der Einspruch gerichtet ist. ²Es soll angegeben werden, inwieweit der Verwaltungsakt angefochten und seine Aufhebung beantragt wird. ³Ferner sollen die Tatsachen, die zur Begründung dienen, und die Beweismittel angeführt werden.

39. Umsatzsteuergesetz (UStG)

In der Fassung der Bekanntmachung vom 21. Februar 2005[1])
(BGBl. I S. 386)

FNA 611-10-14

zuletzt geänd. durch Art. 28 und 29 G über die Entschädigung der Soldatinnen und Soldaten und zur Neuordnung des Soldatenversorgungsrechts v. 20.8.2021 (BGBl. I S. 3932)

– Auszug –

Vierter Abschnitt. Steuer und Vorsteuer

§ 14 Ausstellung von Rechnungen. (1) [1]Rechnung ist jedes Dokument, mit dem über eine Lieferung oder sonstige Leistung abgerechnet wird, gleichgültig, wie dieses Dokument im Geschäftsverkehr bezeichnet wird. [2]Die Echtheit der Herkunft der Rechnung, die Unversehrtheit ihres Inhalts und ihre Lesbarkeit müssen gewährleistet werden. [3]Echtheit der Herkunft bedeutet die Sicherheit der Identität des Rechnungsausstellers. [4]Unversehrtheit des Inhalts bedeutet, dass die nach diesem Gesetz erforderlichen Angaben nicht geändert wurden. [5]Jeder Unternehmer legt fest, in welcher Weise die Echtheit der Herkunft, die Unversehrtheit des Inhalts und die Lesbarkeit der Rechnung gewährleistet werden. [6]Dies kann durch jegliche innerbetriebliche Kontrollverfahren erreicht werden, die einen verlässlichen Prüfpfad zwischen Rechnung und Leistung schaffen können. [7]Rechnungen sind auf Papier oder vorbehaltlich der Zustimmung des Empfängers elektronisch zu übermitteln. [8]Eine elektronische Rechnung ist eine Rechnung, die in einem elektronischen Format ausgestellt und empfangen wird.

(2) [1]Führt der Unternehmer eine Lieferung oder eine sonstige Leistung nach § 1 Abs. 1 Nr. 1 aus, gilt Folgendes:

1. führt der Unternehmer eine steuerpflichtige Werklieferung (§ 3 Abs. 4 Satz 1) oder sonstige Leistung im Zusammenhang mit einem Grundstück aus, ist er verpflichtet, innerhalb von sechs Monaten nach Ausführung der Leistung eine Rechnung auszustellen;
2. führt der Unternehmer eine andere als die in Nummer 1 genannte Leistung aus, ist er berechtigt, eine Rechnung auszustellen. [2]Soweit er einen Umsatz an einen anderen Unternehmer für dessen Unternehmen oder an eine juristische Person, die nicht Unternehmer ist, ausführt, ist er verpflichtet, innerhalb von sechs Monaten nach Ausführung der Leistung eine Rechnung auszustellen. [3]Eine Verpflichtung zur Ausstellung einer Rechnung besteht nicht, wenn der Umsatz nach § 4 Nummer 8 bis 29 steuerfrei ist. [4]§ 14a bleibt unberührt.

[2]Unbeschadet der Verpflichtungen nach Satz 1 Nr. 1 und 2 Satz 2 kann eine Rechnung von einem in Satz 1 Nr. 2 bezeichneten Leistungsempfänger für eine Lieferung oder sonstige Leistung des Unternehmers ausgestellt werden, sofern dies vorher vereinbart wurde (Gutschrift). [3]Die Gutschrift verliert die Wirkung einer Rechnung, sobald der Empfänger der Gutschrift dem ihm

---

[1]) Neubekanntmachung des UStG idF der Bek. v. 9.6.1999 (BGBl. I S. 1270) in der ab 1.1.2005 geltenden Fassung.

übermittelten Dokument widerspricht. ⁴Eine Rechnung kann im Namen und für Rechnung des Unternehmers oder eines in Satz 1 Nr. 2 bezeichneten Leistungsempfängers von einem Dritten ausgestellt werden.

(3) Unbeschadet anderer nach Absatz 1 zulässiger Verfahren gelten bei einer elektronischen Rechnung die Echtheit der Herkunft und die Unversehrtheit des Inhalts als gewährleistet durch

1. eine qualifizierte elektronische Signatur oder
2. elektronischen Datenaustausch (EDI) nach Artikel 2 der Empfehlung 94/820/EG der Kommission vom 19. Oktober 1994 über die rechtlichen Aspekte des elektronischen Datenaustausches (ABl. L 338 vom 28.12.1994, S. 98), wenn in der Vereinbarung über diesen Datenaustausch der Einsatz von Verfahren vorgesehen ist, die die Echtheit der Herkunft und die Unversehrtheit der Daten gewährleisten.

(4) ¹Eine Rechnung muss folgende Angaben enthalten:

1. den vollständigen Namen und die vollständige Anschrift des leistenden Unternehmers und des Leistungsempfängers,
2. die dem leistenden Unternehmer vom Finanzamt erteilte Steuernummer oder die ihm vom Bundeszentralamt für Steuern erteilte Umsatzsteuer-Identifikationsnummer,
3. das Ausstellungsdatum,
4. eine fortlaufende Nummer mit einer oder mehreren Zahlenreihen, die zur Identifizierung der Rechnung vom Rechnungsaussteller einmalig vergeben wird (Rechnungsnummer),
5. die Menge und die Art (handelsübliche Bezeichnung) der gelieferten Gegenstände oder den Umfang und die Art der sonstigen Leistung,
6. den Zeitpunkt der Lieferung oder sonstigen Leistung; in den Fällen des Absatzes 5 Satz 1 den Zeitpunkt der Vereinnahmung des Entgelts oder eines Teils des Entgelts, sofern der Zeitpunkt der Vereinnahmung feststeht und nicht mit dem Ausstellungsdatum der Rechnung übereinstimmt,
7. das nach Steuersätzen und einzelnen Steuerbefreiungen aufgeschlüsselte Entgelt für die Lieferung oder sonstige Leistung (§ 10) sowie jede im Voraus vereinbarte Minderung des Entgelts, sofern sie nicht bereits im Entgelt berücksichtigt ist,
8. den anzuwendenden Steuersatz sowie den auf das Entgelt entfallenden Steuerbetrag oder im Fall einer Steuerbefreiung einen Hinweis darauf, dass für die Lieferung oder sonstige Leistung eine Steuerbefreiung gilt,
9. in den Fällen des § 14b Abs. 1 Satz 5 einen Hinweis auf die Aufbewahrungspflicht des Leistungsempfängers, und
10. in den Fällen der Ausstellung der Rechnung durch den Leistungsempfänger oder durch einen von ihm beauftragten Dritten gemäß Absatz 2 Satz 2 die Angabe „Gutschrift".

²In den Fällen des § 10 Abs. 5 sind die Nummern 7 und 8 mit der Maßgabe anzuwenden, dass die Bemessungsgrundlage für die Leistung (§ 10 Abs. 4) und der darauf entfallende Steuerbetrag anzugeben sind. ³Unternehmer, die § 24 Abs. 1 bis 3 anwenden, sind jedoch auch in diesen Fällen nur zur Angabe des Entgelts und des darauf entfallenden Steuerbetrags berechtigt. ⁴Die Berichtigung einer Rechnung um fehlende oder unzutreffende Angaben ist kein rück-

wirkendes Ereignis im Sinne von § 175 Absatz 1 Satz 1 Nummer 2 und § 233a Absatz 2a der Abgabenordnung.

(5) ¹Vereinnahmt der Unternehmer das Entgelt oder einen Teil des Entgelts für eine noch nicht ausgeführte Lieferung oder sonstige Leistung, gelten die Absätze 1 bis 4 sinngemäß. ²Wird eine Endrechnung erteilt, sind in ihr die vor Ausführung der Lieferung oder sonstigen Leistung vereinnahmten Teilentgelte und die auf sie entfallenden Steuerbeträge abzusetzen, wenn über die Teilentgelte Rechnungen im Sinne der Absätze 1 bis 4 ausgestellt worden sind.

(6) Das Bundesministerium der Finanzen kann mit Zustimmung des Bundesrates zur Vereinfachung des Besteuerungsverfahrens durch Rechtsverordnung bestimmen, in welchen Fällen und unter welchen Voraussetzungen

1. Dokumente als Rechnungen anerkannt werden können,
2. die nach Absatz 4 erforderlichen Angaben in mehreren Dokumenten enthalten sein können,
3. Rechnungen bestimmte Angaben nach Absatz 4 nicht enthalten müssen,
4. eine Verpflichtung des Unternehmers zur Ausstellung von Rechnungen mit gesondertem Steuerausweis (Absatz 4) entfällt oder
5. Rechnungen berichtigt werden können.

(7) ¹Führt der Unternehmer einen Umsatz im Inland aus, für den der Leistungsempfänger die Steuer nach § 13b schuldet, und hat der Unternehmer im Inland weder seinen Sitz noch seine Geschäftsleitung, eine Betriebsstätte, von der aus der Umsatz ausgeführt wird oder die an der Erbringung dieses Umsatzes beteiligt ist, oder in Ermangelung eines Sitzes seinen Wohnsitz oder gewöhnlichen Aufenthalt im Inland, so gelten abweichend von den Absätzen 1 bis 6 für die Rechnungserteilung die Vorschriften des Mitgliedstaats, in dem der Unternehmer seinen Sitz, seine Geschäftsleitung, eine Betriebsstätte, von der aus der Umsatz ausgeführt wird, oder in Ermangelung eines Sitzes seinen Wohnsitz oder gewöhnlichen Aufenthalt hat. ²Satz 1 gilt nicht, wenn eine Gutschrift gemäß Absatz 2 Satz 2 vereinbart worden ist. ³Nimmt der Unternehmer in einem anderen Mitgliedstaat an einem der besonderen Besteuerungsverfahren entsprechend Titel XII Kapitel 6 der Richtlinie 2006/112/EG des Rates vom 28. November 2006 über das gemeinsame Mehrwertsteuersystem (ABl. L 347 vom 11.12.2006, S. 1) in der jeweils gültigen Fassung teil, so gelten für die in den besonderen Besteuerungsverfahren zu erklärenden Umsätze abweichend von den Absätzen 1 bis 6 für die Rechnungserteilung die Vorschriften des Mitgliedstaates, in dem der Unternehmer seine Teilnahme anzeigt.

40. Sozialgesetzbuch (SGB) Erstes Buch (I) Allgemeiner Teil[1) 2) 3) 4)]

Vom 11. Dezember 1975

(BGBl. I S. 3015)

FNA 860-1

zuletzt geänd. durch Art. 32 G über die Entschädigung der Soldatinnen und Soldaten und zur Neuordnung des Soldatenversorgungsrechts v. 20.8.2021 (BGBl. I S. 3932)

– Auszug –

Dritter Abschnitt. Gemeinsame Vorschriften für alle Sozialleistungsbereiche dieses Gesetzbuchs

Erster Titel. Allgemeine Grundsätze

§ 36a Elektronische Kommunikation. (1) Die Übermittlung elektronischer Dokumente ist zulässig, soweit der Empfänger hierfür einen Zugang eröffnet.

(2) ¹Eine durch Rechtsvorschrift angeordnete Schriftform kann, soweit nicht durch Rechtsvorschrift etwas anderes bestimmt ist, durch die elektronische Form ersetzt werden. ²Der elektronischen Form genügt ein elektronisches Dokument, das mit einer qualifizierten elektronischen Signatur versehen ist. ³Die Signierung mit einem Pseudonym, das die Identifizierung der Person des Signaturschlüsselinhabers nicht unmittelbar durch die Behörde ermöglicht, ist nicht zulässig. ⁴Die Schriftform kann auch ersetzt werden

1. durch unmittelbare Abgabe der Erklärung in einem elektronischen Formular, das von der Behörde in einem Eingabegerät oder über öffentlich zugängliche Netze zur Verfügung gestellt wird;

2. bei Anträgen und Anzeigen durch Versendung eines elektronischen Dokuments an die Behörde mit der Versandart nach § 5 Absatz 5 des De-Mail-Gesetzes[5)];

3. bei elektronischen Verwaltungsakten oder sonstigen elektronischen Dokumenten der Behörden durch Versendung einer De-Mail-Nachricht nach § 5 Absatz 5 des De-Mail-Gesetzes, bei der die Bestätigung des akkreditierten Diensteanbieters die erlassende Behörde als Nutzer des De-Mail-Kontos erkennen lässt;

[1)] Verkündet als Art. I Sozialgesetzbuch (SGB) – Allgemeiner Teil – v. 11.12.1975 (BGBl. I S. 3015); Inkrafttreten gem. Art. II § 23 Abs. 1 Satz 1 dieses G am 1.1.1976 mit Ausnahme des § 44, der gem. Art. II § 23 Abs. 2 Satz 1 am 1.1.1978 in Kraft getreten ist.
[2)] Die Änderungen durch G v. 12.12.2019 (BGBl. I S. 2652) treten erst **mWv 1.1.2024** in Kraft und sind im Text noch nicht berücksichtigt.
[3)] Die Änderungen durch G v. 4.5.2021 (BGBl. I S. 882) treten erst **mWv 1.1.2023** in Kraft und sind im Text noch nicht berücksichtigt.
[4)] Die Änderungen durch G v. 20.8.2021 (BGBl. I S. 3932) treten erst **mWv 1.1.2025** in Kraft und sind im Text noch nicht berücksichtigt.
[5)] Nr. **18**.

4. durch sonstige sichere Verfahren, die durch Rechtsverordnung der Bundesregierung mit Zustimmung des Bundesrates festgelegt werden, welche den Datenübermittler (Absender der Daten) authentifizieren und die Integrität des elektronisch übermittelten Datensatzes sowie die Barrierefreiheit gewährleisten; der IT-Planungsrat gibt Empfehlungen zu geeigneten Verfahren ab.

⁵In den Fällen des Satzes 4 Nummer 1 muss bei einer Eingabe über öffentlich zugängliche Netze ein elektronischer Identitätsnachweis nach § 18 des Personalausweisgesetzes[1]), nach § 12 des eID-Karte-Gesetzes oder nach § 78 Absatz 5 des Aufenthaltsgesetzes erfolgen; in der Kommunikation zwischen dem Versicherten und seiner Krankenkasse kann die Identität auch mit der elektronischen Gesundheitskarte nach § 291a des Fünften Buches oder mit der digitalen Identität nach § 291 Absatz 8 des Fünften Buches elektronisch nachgewiesen werden.

(2a) ¹Ist durch Rechtsvorschrift die Verwendung eines bestimmten Formulars vorgeschrieben, das ein Unterschriftsfeld vorsieht, wird allein dadurch nicht die Anordnung der Schriftform bewirkt. ²Bei einer für die elektronische Versendung an die Behörde bestimmten Fassung des Formulars entfällt das Unterschriftsfeld.

(3) ¹Ist ein der Behörde übermitteltes elektronisches Dokument für sie zur Bearbeitung nicht geeignet, teilt sie dies dem Absender unter Angabe der für sie geltenden technischen Rahmenbedingungen unverzüglich mit. ²Macht ein Empfänger geltend, er könne das von der Behörde übermittelte elektronische Dokument nicht bearbeiten, übermittelt sie es ihm erneut in einem geeigneten elektronischen Format oder als Schriftstück.

(4) ¹Die Träger der Sozialversicherung einschließlich der Bundesagentur für Arbeit, ihre Verbände und Arbeitsgemeinschaften verwenden unter Beachtung der Grundsätze der Wirtschaftlichkeit und Sparsamkeit im jeweiligen Sozialleistungsbereich Vertrauensdienste, die eine gemeinsame und bundeseinheitliche Kommunikation und Übermittlung der Daten und die Überprüfbarkeit der qualifizierten elektronischen Signatur auf Dauer sicherstellen. ²Diese Träger sollen über ihren jeweiligen Bereich hinaus Vertrauensdienste im Sinne des Satzes 1 verwenden. ³Die Sätze 1 und 2 gelten entsprechend für die Leistungserbringer nach dem Fünften und dem Elften Buch und die von ihnen gebildeten Organisationen.

---

[1]) Nr. 17.

41. Viertes Buch Sozialgesetzbuch
– Gemeinsame Vorschriften für die Sozialversicherung –
(SGB IV)[1) 2) 3) 4) 5) 6)]

In der Fassung der Bekanntmachung vom 12. November 2009[7)]
(BGBl. I S. 3710, ber. S. 3973 und BGBl. 2011 I S. 363)

FNA 860-4-1

zuletzt geänd. durch Art. 37 G über die Entschädigung der Soldatinnen und Soldaten und zur Neuordnung des Soldatenversorgungsrechts v. 20.8.2021 (BGBl. I S. 3932)

– Auszug –

Sechster Abschnitt. Verarbeitung von elektronischen Daten in der Sozialversicherung

Erster Titel. Übermittlung von Daten zur und innerhalb der Sozialversicherung

§ 95a Ausfüllhilfe zum elektronischen Datenaustausch mit Sozialversicherungsträgern. (1) [1]Zum elektronischen Datenaustausch nach diesem Buch und dem Aufwendungsausgleichsgesetz insbesondere für Meldungen, Beitragsnachweise, Bescheinigungen und Anträge, stellen die Sozialversicherungsträger den Arbeitgebern und Selbständigen eine allgemein zugängliche elektronisch gestützte systemgeprüfte Ausfüllhilfe zur Verfügung. [2]Die Ausfüllhilfe führt keine Berechnungen zur Ermittlung der erforderlichen Angaben durch. [3]Die systemgeprüfte Ausfüllhilfe übermittelt die Daten von den Arbeitgebern sowie an die Arbeitgeber durch gesicherte und verschlüsselte Datenübertragung; dies gilt entsprechend für Selbständige.

(2) Arbeitgeber und deren Beauftragte müssen sich vor der Nutzung der Ausfüllhilfe unter Nachweis ihrer Betriebs- oder Absendernummer bei der Stelle nach Absatz 6 Satz 1 registrieren.

(3) [1]Für die Wiederverwendung erfasster Daten können registrierte Arbeitgeber und Selbständige Unternehmens-, Personal- und Meldedaten in einem Online-Datenspeicher abspeichern. [2]Der Online-Datenspeicher hält die Daten

---

[1)] Die Änderungen durch G v. 17.7.2017 (BGBl. I S. 2575) treten teilweise erst **mWv 1.1.2025** in Kraft und sind insofern im Text noch nicht berücksichtigt.

[2)] Die Änderungen durch G v. 15.11.2019 (BGBl. I S. 1602) treten teilweise erst **mWv 1.1.2026** in Kraft und sind insofern im Text noch nicht berücksichtigt.

[3)] Die Änderungen durch G v. 12.12.2019 (BGBl. I S. 2652) treten erst **mWv 1.1.2024** in Kraft und insoweit im Text noch nicht berücksichtigt.

[4)] Die Änderungen durch G v. 12.6.2020 (BGBl. I S. 1248, geänd. durch G v. 11.2.2021, BGBl. I S. 154) treten teilweise erst **mWv 1.1.2023**, **mWv 1.8.2023** bzw. **mWv 1.1.2024** in Kraft und sind insoweit im Text noch nicht berücksichtigt.

[5)] Die Änderungen durch G v. 14.10.2020 (BGBl. I S. 2112, geänd. durch G v. 11.2.2021, BGBl. I S. 154) treten teilweise erst **mWv 1.1.2024** in Kraft und sind insoweit im Text noch nicht berücksichtigt.

[6)] Die Änderungen durch G v. v. 20.8.2021 (BGBl. I S. 3932) treten erst **mWv 1.1.2025** in Kraft und sind im Text noch nicht berücksichtigt.

[7)] Neubekanntmachung des SGB IV idF der Bek. v. 23.1.2006 (BGBl. I S. 86) in der ab 1.9.2009 geltenden Fassung.

für die Betriebsprüfung nach § 28p für einen Zeitraum von maximal fünf Jahren vor. [3] Der Zugriff auf diese Daten ist durch Authentifizierungsprogramme abzusichern. [4] Die Ausfüllhilfe unterstützt in Verbindung mit dem Online-Datenspeicher Verfahren der Sozialversicherung, in denen auf Grund einer Ermächtigung nach diesem Gesetzbuch Daten in elektronischer Form angefordert werden.

(4) [1] Die Sozialversicherungsträger sind jeweils für die Erarbeitung und die inhaltlich richtige Darstellung und Verarbeitung der von ihnen zu verantwortenden Fachverfahren durch die Ausfüllhilfe und des Online-Datenspeichers zuständig. [2] Weitere Verfahrensbeteiligte und andere Verwerter können für gesetzliche Zwecke die Ausfüllhilfe und den Online-Datenspeicher nutzen; dies ist jeweils durch eine Vereinbarung mit der Stelle nach Absatz 6 Satz 1 zu regeln, die insbesondere die anteilige Kostentragung festlegt.

(5) Das Nähere über den Aufbau, die Nutzung und die unterstützten Fachverfahren sowie die Identifizierung von Selbständigen in den Verfahren regeln die Verfahrensbeteiligten in Gemeinsamen Grundsätzen, die vom Bundesministerium für Arbeit und Soziales im Einvernehmen mit dem Bundesministerium für Gesundheit zu genehmigen sind.

(6) [1] Zur Durchführung der Aufgaben nach den Absätzen 1 bis 4 wird der Spitzenverband Bund der Krankenkassen eine elektronische Ausfüllhilfe anbieten. [2] Er kann die Durchführung dieser Aufgabe an eine geeignete Arbeitsgemeinschaft der gesetzlichen Krankenkassen nach § 94 Absatz 1a Satz 1 des Zehnten Buches oder nach § 219 des Fünften Buches übertragen. [3] Die Nutzer der Ausfüllhilfe können in angemessenem Umfang an den Kosten der Datenübermittlung beteiligt werden.

(7) [1] Die Sozialversicherungsträger tragen die Investitionskosten der Ausfüllhilfe und des Online-Datenspeichers gemeinsam. [2] Von diesen Kosten übernehmen
1. 60 Prozent der Spitzenverband Bund der Krankenkassen, der auch für die Pflegekassen handelt,
2. 30 Prozent die Deutsche Rentenversicherung und
3. 10 Prozent die Deutsche Gesetzliche Unfallversicherung e.V.

[3] Die Aufteilung der Kosten innerhalb der gesetzlichen Krankenversicherung und der sozialen Pflegeversicherung, der gesetzlichen Rentenversicherung und der gesetzlichen Unfallversicherung regeln die Träger in ihrem jeweiligen Bereich im Rahmen ihrer Selbstverwaltung.

§ 95b Systemprüfung. (1) [1] Meldepflichtige haben Meldungen und Beitragsnachweise durch Datenübertragung aus systemgeprüften Programmen oder systemgeprüften elektronischen Ausfüllhilfen zu erstatten. [2] Dies gilt auch für Anträge und Bescheinigungen, soweit dies nach diesem Gesetzbuch oder dem Aufwendungsausgleichsgesetz geregelt ist.

(2) [1] Eine Systemprüfung ist für Programme und elektronische Ausfüllhilfen, die für den Datenaustausch zwischen Meldepflichtigen und den Sozialversicherungsträgern und weiteren annehmenden Stellen nach Absatz 1 eingesetzt werden, durchzuführen. [2] Die Systemprüfung umfasst die Beratung sowie die fachliche und technische Prüfung der Anwendungssoftware für die Erfassung, Prüfung, Verwaltung, Berechnung und Verarbeitung sowie Übermittlung, Annahme oder den Abruf der erforderlichen Daten. [3] Entgeltabrechnungspro-

gramme haben die Berechnungen und die Erzeugung von Daten sowie deren Prüfung maschinell durchzuführen; Ausfüllhilfen unterstützen die manuellen Berechnungen durch die elektronische Übermittlung und Speicherung der Daten. [4]Ist die Anwendungssoftware auf unterschiedliche informationstechnische Systeme verteilt, ist sicherzustellen, dass sie als geschlossene Software-Anwendung anhand einer eindeutig identifizierbaren Version in der jeweils gültigen Fassung gekennzeichnet ist.

(3) Kein Bestandteil der Systemprüfung sind die zur informationstechnischen Infrastruktur eines Meldepflichtigen gehörende Hardware, die Betriebssysteme sowie die interne Kommunikationssoftware.

(4) Die Systemprüfung wird durch den Spitzenverband Bund der Krankenkassen mit Beteiligung der Träger der Rentenversicherung, der Träger der Unfallversicherung und der Bundesagentur für Arbeit im Auftrag aller Spitzenorganisationen der Sozialversicherungsträger und der Arbeitsgemeinschaft berufsständischer Versorgungseinrichtungen e.V. durchgeführt.

§ 95c Datenaustausch zwischen den Sozialversicherungsträgern.

(1) Haben Sozialversicherungsträger zur Erfüllung einer gesetzlichen Aufgabe nach diesem Gesetzbuch Daten an einen Sozialversicherungsträger, das Bundesamt für Soziale Sicherung als Träger des Gesundheitsfonds oder eine Aufsichtsbehörde zu übermitteln, soll dies durch Datenübertragung geschehen; § 95 gilt.

(2) Abweichend von Absatz 1 hat die Übermittlung durch Datenübertragung zu erfolgen, wenn

1. dies in einer anderen Vorschrift dieses Gesetzbuches vorgeschrieben ist,
2. die Künstlersozialkasse für die nach dem Künstlersozialversicherungsgesetz krankenversicherungspflichtigen Mitglieder monatlich die für den Nachweis der Beitragspflicht notwendigen Angaben, insbesondere die Versicherungsnummer, den Namen und Vornamen, den beitragspflichtigen Zeitraum, die Höhe des der Beitragspflicht zu Grunde liegenden Arbeitseinkommens, ein Kennzeichen über die Ruhensanordnung gemäß § 16 Absatz 2 des Künstlersozialversicherungsgesetzes und den Verweis auf die Versicherungspflicht in der Rentenversicherung des Versicherten, an die zuständige Krankenkasse meldet oder die Krankenkassen der Künstlersozialkasse die zur Feststellung der Versicherungspflicht nach dem Künstlersozialversicherungsgesetz notwendigen Angaben, insbesondere über eine bestehende Arbeitsunfähigkeit, eine bestehende Vorrangversicherung, die Gewährung einer Rente, das Ende der Mitgliedschaft und den Bezug einer Entgeltersatzleistung, durch Datenübertragung mitteilen; die Einzelheiten des Verfahrens wie den Aufbau des Datensatzes regeln die Künstlersozialkasse und der Spitzenverband Bund der Krankenkassen in Gemeinsamen Grundsätzen entsprechend § 28b Absatz 1, oder
3. Sozialversicherungsträger Daten an einen anderen Sozialversicherungsträger oder an das Bundesamt für Soziale Sicherung als Träger des Gesundheitsfonds zur Erfüllung von Aufgaben nach diesem Buch weiterleiten.

Neunter Abschnitt. Aufbewahrung von Unterlagen

§ 110a Aufbewahrungspflicht. (1) Die Behörde bewahrt Unterlagen, die für ihre öffentlich-rechtliche Verwaltungstätigkeit, insbesondere für die Durchführung eines Verwaltungsverfahrens oder für die Feststellung einer Leistung, erforderlich sind, nach den Grundsätzen ordnungsmäßiger Aufbewahrung auf.

(2) [1]Die Behörde kann an Stelle der schriftlichen Unterlagen diese als Wiedergabe auf einem Bildträger oder auf anderen dauerhaften Datenträgern aufbewahren, soweit dies unter Beachtung der Grundsätze der Wirtschaftlichkeit und Sparsamkeit den Grundsätzen ordnungsmäßiger Aufbewahrung entspricht. [2]Nach den Grundsätzen ordnungsmäßiger Aufbewahrung von auf Datenträgern aufbewahrten Unterlagen ist insbesondere sicherzustellen, dass

1. die Wiedergabe auf einem Bildträger oder die Daten auf einem anderen dauerhaften Datenträger
   a) mit der diesen zugrunde gelegten schriftlichen Unterlage bildlich und inhaltlich vollständig übereinstimmen, wenn sie lesbar gemacht werden,
   b) während der Dauer der Aufbewahrungsfrist jederzeit verfügbar sind und unverzüglich bildlich und inhaltlich unverändert lesbar gemacht werden können,
2. die Ausdrucke oder sonstigen Reproduktionen mit der schriftlichen Unterlage bildlich und inhaltlich übereinstimmen und
3. als Unterlage für die Herstellung der Wiedergabe nur dann der Abdruck einer Unterlage verwendet werden darf, wenn die dem Abdruck zugrunde liegende Unterlage bei der Behörde nicht mehr vorhanden ist.

[3]Die Sätze 1 und 2 gelten auch für die Aufbewahrung von Unterlagen, die nur mit Hilfe einer Datenverarbeitungsanlage erstellt worden sind, mit der Maßgabe, dass eine bildliche Übereinstimmung der Wiedergabe auf dem dauerhaften Datenträger mit der erstmals erstellten Unterlage nicht sichergestellt sein muss.

(3) [1]Können aufzubewahrende Unterlagen nur in der Form einer Wiedergabe auf einem Bildträger oder als Daten auf anderen dauerhaften Datenträgern vorgelegt werden, sind, soweit die Akteneinsicht zu gestatten ist, bei der Behörde auf ihre Kosten diejenigen Hilfsmittel zur Verfügung zu stellen, die erforderlich sind, die Unterlagen lesbar zu machen. [2]Soweit erforderlich, ist die Behörde verpflichtet, die Unterlagen ganz oder teilweise auszudrucken oder ohne Hilfsmittel lesbare Reproduktionen beizubringen; die Behörde kann Ersatz ihrer Aufwendungen in angemessenem Umfang verlangen.

(4) Absatz 2 gilt nicht für Unterlagen, die als Wiedergabe auf einem Bildträger aufbewahrt werden, wenn diese Wiedergabe vor dem 1. Februar 2003 durchgeführt wird.

§ 110b Rückgabe, Vernichtung und Archivierung von Unterlagen.

(1) [1]Unterlagen, die für eine öffentlich-rechtliche Verwaltungstätigkeit einer Behörde nicht mehr erforderlich sind, können nach den Absätzen 2 und 3 zurückgegeben oder vernichtet werden. [2]Die Anbietungs- und Übergabepflichten nach den Vorschriften des Bundesarchivgesetzes und der entsprechenden gesetzlichen Vorschriften der Länder bleiben unberührt. [3]Satz 1 gilt insbesondere für

1. Unterlagen, deren Aufbewahrungsfristen abgelaufen sind,
2. Unterlagen, die nach Maßgabe des § 110a Absatz 2 als Wiedergabe auf einem maschinell verwertbaren dauerhaften Datenträger aufbewahrt werden und
3. der Behörde vom Betroffenen oder von Dritten zur Verfügung gestellte Unterlagen.

(2) Unterlagen, die einem Träger der gesetzlichen Rentenversicherung von Versicherten, Antragstellern oder von anderen Stellen zur Verfügung gestellt worden sind, sind diesen zurückzugeben, soweit sie nicht als Ablichtung oder Abschrift dem Träger auf Anforderung von den genannten Stellen zur Verfügung gestellt worden sind; werden die Unterlagen anderen Stellen zur Verfügung gestellt, sind sie von diesen Stellen auf Anforderung zurückzugeben.

(3) Die übrigen Unterlagen im Sinne von Absatz 1 werden vernichtet, soweit kein Grund zu der Annahme besteht, dass durch die Vernichtung schutzwürdige Interessen des Betroffenen beeinträchtigt werden.

§ 110c Verwaltungsvereinbarungen, Verordnungsermächtigung.

(1) [1] Die Spitzenverbände der Träger der Sozialversicherung und die Bundesagentur für Arbeit vereinbaren gemeinsam unter besonderer Berücksichtigung der schutzwürdigen Interessen der Betroffenen das Nähere zu den Grundsätzen ordnungsmäßiger Aufbewahrung im Sinne des § 110a, den Voraussetzungen der Rückgabe und Vernichtung von Unterlagen sowie die Aufbewahrungsfristen für Unterlagen. [2] Dies gilt entsprechend für die ergänzenden Vorschriften des E-Government-Gesetzes[1]. [3] Die Vereinbarung kann auf bestimmte Sozialleistungsbereiche beschränkt werden; sie ist von den beteiligten Spitzenverbänden abzuschließen. [4] Die Vereinbarungen bedürfen der Genehmigung der beteiligten Bundesministerien.

(2) Soweit Vereinbarungen nicht getroffen sind, wird die Bundesregierung ermächtigt, durch Rechtsverordnung mit Zustimmung des Bundesrates unter besonderer Berücksichtigung der schutzwürdigen Interessen der Betroffenen

1. das Nähere zu bestimmen über

   a) die Grundsätze ordnungsmäßiger Aufbewahrung im Sinne des § 110a,

   b) die Rückgabe und Vernichtung von Unterlagen,

2. für bestimmte Unterlagen allgemeine Aufbewahrungsfristen festzulegen.

---

[1] Nr. 34.

42. Zehntes Buch Sozialgesetzbuch
– Sozialverwaltungsverfahren und Sozialdatenschutz –
(SGB X)[1) 2) 3) 4) 5) 6)]

In der Fassung der Bekanntmachung vom 18. Januar 2001[7)]
(BGBl. I S. 130)

FNA 860-10-1

zuletzt geänd. durch Art. 44 und 45 G über die Entschädigung der Soldatinnen und Soldaten und zur Neuordnung des Soldatenversorgungsrechts v. 20.8.2021 (BGBl. I S. 3932)

– Auszug –

Erstes Kapitel. Verwaltungsverfahren

Zweiter Abschnitt. Allgemeine Vorschriften über das Verwaltungsverfahren

Dritter Titel. Amtliche Beglaubigung

§ 29 Beglaubigung von Dokumenten. (1) ¹Jede Behörde ist befugt, Abschriften von Urkunden, die sie selbst ausgestellt hat, zu beglaubigen. ²Darüber hinaus sind die von der Bundesregierung durch Rechtsverordnung bestimmten Behörden des Bundes, der bundesunmittelbaren Körperschaften, Anstalten und Stiftungen des öffentlichen Rechts und die nach Landesrecht zuständigen Behörden befugt, Abschriften zu beglaubigen, wenn die Urschrift von einer Behörde ausgestellt ist oder die Abschrift zur Vorlage bei einer Behörde benötigt wird, sofern nicht durch Rechtsvorschrift die Erteilung beglaubigter Abschriften aus amtlichen Registern und Archiven anderen Behörden ausschließlich vorbehalten ist; die Rechtsverordnung bedarf nicht der Zustimmung des Bundesrates.

(2) Abschriften dürfen nicht beglaubigt werden, wenn Umstände zu der Annahme berechtigen, dass der ursprüngliche Inhalt des Schriftstückes, dessen Abschrift beglaubigt werden soll, geändert worden ist, insbesondere wenn

---

[1)] Die Änderungen durch G v. 18.7.2017 (BGBl. I S. 2739, geänd. BGBl. I 2021 S. 2) treten gem. Art. 3 Abs. 2 dieses G an dem Tag in Kraft, an dem die Rechtsverordnung nach § 10 des Wettbewerbsregistergesetzes in Kraft tritt; sie sind im Text noch nicht berücksichtigt. Das Bundesministerium für Wirtschaft und Energie gibt den Tag nach Satz 2 im Bundesgesetzblatt bekannt.
[2)] Die Änderungen durch G v. 12.12.2019 (BGBl. I S. 2652) treten erst **mWv 1.1.2024** in Kraft und sind im Text noch nicht berücksichtigt.
[3)] Die Änderungen durch G v. 28.3.2021 (BGBl. I S. 591) treten gem. Art. 22 Satz 3 dieses G erst an dem Tag in Kraft, an dem das Bundesministerium des Innern, für Bau und Heimat im Bundesgesetzblatt bekannt gibt, dass die technischen Voraussetzungen für die Verarbeitung der Identifikationsnummer nach § 139b AO nach den jeweils geänderten Gesetzen vorliegen; sie sind im Text noch nicht berücksichtigt.
[4)] Die Änderungen durch G v. G v. 4.5.2021 (BGBl. I S. 882) treten erst **mWv 1.1.2023** in Kraft und sind im Text noch nicht berücksichtigt.
[5)] Die Änderungen durch G v. 10.8.2021 (BGBl. I S. 3436) treten erst **mWv 1.1.2024** in Kraft und sind im Text noch nicht berücksichtigt.
[6)] Die Änderungen durch G v. 20.8.2021 (BGBl. I S. 3932) treten erst **mWv 1.1.2024** bzw. **mWv 1.1.2025** in Kraft und sind im Text noch nicht berücksichtigt.
[7)] Neubekanntmachung des SGB X v. 18.8.1980 (BGBl. I S. 1469, 2218) in der ab 1.1.2001 geltenden Fassung.

dieses Schriftstück Lücken, Durchstreichungen, Einschaltungen, Änderungen, unleserliche Wörter, Zahlen oder Zeichen, Spuren der Beseitigung von Wörtern, Zahlen und Zeichen enthält oder wenn der Zusammenhang eines aus mehreren Blättern bestehenden Schriftstückes aufgehoben ist.

(3) ¹Eine Abschrift wird beglaubigt durch einen Beglaubigungsvermerk, der unter die Abschrift zu setzen ist. ²Der Vermerk muss enthalten

1. die genaue Bezeichnung des Schriftstückes, dessen Abschrift beglaubigt wird,
2. die Feststellung, dass die beglaubigte Abschrift mit dem vorgelegten Schriftstück übereinstimmt,
3. den Hinweis, dass die beglaubigte Abschrift nur zur Vorlage bei der angegebenen Behörde erteilt wird, wenn die Urschrift nicht von einer Behörde ausgestellt worden ist,
4. den Ort und den Tag der Beglaubigung, die Unterschrift des für die Beglaubigung zuständigen Bediensteten und das Dienstsiegel.

(4) Die Absätze 1 bis 3 gelten entsprechend für die Beglaubigung von

1. Ablichtungen, Lichtdrucken und ähnlichen in technischen Verfahren hergestellten Vervielfältigungen,
2. auf fototechnischem Wege von Schriftstücken hergestellten Negativen, die bei einer Behörde aufbewahrt werden,
3. Ausdrucken elektronischer Dokumente,
4. elektronischen Dokumenten,
   a) die zur Abbildung eines Schriftstücks hergestellt wurden,
   b) die ein anderes technisches Format als das mit einer qualifizierten elektronischen Signatur verbundene Ausgangsdokument erhalten haben.

(5) ¹Der Beglaubigungsvermerk muss zusätzlich zu den Angaben nach Absatz 3 Satz 2 bei der Beglaubigung

1. des Ausdrucks eines elektronischen Dokuments, das mit einer qualifizierten elektronischen Signatur verbunden ist, die Feststellungen enthalten,
   a) wen die Signaturprüfung als Inhaber der Signatur ausweist,
   b) welchen Zeitpunkt die Signaturprüfung für die Anbringung der Signatur ausweist und
   c) welche Zertifikate mit welchen Daten dieser Signatur zugrunde lagen;
2. eines elektronischen Dokuments den Namen des für die Beglaubigung zuständigen Bediensteten und die Bezeichnung der Behörde, die die Beglaubigung vornimmt, enthalten; die Unterschrift des für die Beglaubigung zuständigen Bediensteten und das Dienstsiegel nach Absatz 3 Satz 2 Nr. 4 werden durch eine dauerhaft überprüfbare qualifizierte elektronische Signatur ersetzt.

²Wird ein elektronisches Dokument, das ein anderes technisches Format als das mit einer qualifizierten elektronischen Signatur verbundene Ausgangsdokument erhalten hat, nach Satz 1 Nr. 2 beglaubigt, muss der Beglaubigungsvermerk zusätzlich die Feststellungen nach Satz 1 Nr. 1 für das Ausgangsdokument enthalten.

(6) Die nach Absatz 4 hergestellten Dokumente stehen, sofern sie beglaubigt sind, beglaubigten Abschriften gleich.

(7) Soweit eine Behörde über die technischen Möglichkeiten verfügt, kann sie von Urkunden, die sie selbst ausgestellt hat, auf Verlangen ein elektronisches Dokument nach Absatz 4 Nummer 4 Buchstabe a oder eine elektronische Abschrift fertigen und beglaubigen.

Dritter Abschnitt. Verwaltungsakt
Erster Titel. Zustandekommen des Verwaltungsaktes

§ 33 Bestimmtheit und Form des Verwaltungsaktes. (1) Ein Verwaltungsakt muss inhaltlich hinreichend bestimmt sein.

(2) ¹Ein Verwaltungsakt kann schriftlich, elektronisch, mündlich oder in anderer Weise erlassen werden. ²Ein mündlicher Verwaltungsakt ist schriftlich oder elektronisch zu bestätigen, wenn hieran ein berechtigtes Interesse besteht und der Betroffene dies unverzüglich verlangt. ³Ein elektronischer Verwaltungsakt ist unter denselben Voraussetzungen schriftlich zu bestätigen; § 36a Abs. 2 des Ersten Buches[1]) findet insoweit keine Anwendung.

(3) ¹Ein schriftlicher oder elektronischer Verwaltungsakt muss die erlassende Behörde erkennen lassen und die Unterschrift oder die Namenswiedergabe des Behördenleiters, seines Vertreters oder seines Beauftragten enthalten. ²Wird für einen Verwaltungsakt, für den durch Rechtsvorschrift die Schriftform angeordnet ist, die elektronische Form verwendet, muss auch das der Signatur zugrunde liegende qualifizierte Zertifikat oder ein zugehöriges qualifiziertes Attributzertifikat die erlassende Behörde erkennen lassen. ³Im Fall des § 36a Absatz 2 Satz 4 Nummer 3 des Ersten Buches[1]) muss die Bestätigung nach § 5 Absatz 5 des De-Mail-Gesetzes[2]) die erlassende Behörde als Nutzer des De-Mail-Kontos erkennen lassen.

(4) Für einen Verwaltungsakt kann für die nach § 36a Abs. 2 des Ersten Buches[1]) erforderliche Signatur durch Rechtsvorschrift die dauerhafte Überprüfbarkeit vorgeschrieben werden.

(5) ¹Bei einem Verwaltungsakt, der mit Hilfe automatischer Einrichtungen erlassen wird, können abweichend von Absatz 3 Satz 1 Unterschrift und Namenswiedergabe fehlen; bei einem elektronischen Verwaltungsakt muss auch das der Signatur zugrunde liegende Zertifikat nur die erlassende Behörde erkennen lassen. ²Zur Inhaltsangabe können Schlüsselzeichen verwendet werden, wenn derjenige, für den der Verwaltungsakt bestimmt ist oder der von ihm betroffen wird, auf Grund der dazu gegebenen Erläuterungen den Inhalt des Verwaltungsaktes eindeutig erkennen kann.

§ 35 Begründung des Verwaltungsaktes. (1) ¹Ein schriftlicher oder elektronischer sowie ein schriftlich oder elektronisch bestätigter Verwaltungsakt ist mit einer Begründung zu versehen. ²In der Begründung sind die wesentlichen tatsächlichen und rechtlichen Gründe mitzuteilen, die die Behörde zu ihrer Entscheidung bewogen haben. ³Die Begründung von Ermessensentscheidungen muss auch die Gesichtspunkte erkennen lassen, von denen die Behörde bei der Ausübung ihres Ermessens ausgegangen ist.

(2) Einer Begründung bedarf es nicht,

---
[1]) Nr. 40.
[2]) Nr. 18.

1. soweit die Behörde einem Antrag entspricht oder einer Erklärung folgt und der Verwaltungsakt nicht in Rechte eines anderen eingreift,
2. soweit demjenigen, für den der Verwaltungsakt bestimmt ist oder der von ihm betroffen wird, die Auffassung der Behörde über die Sach- und Rechtslage bereits bekannt oder auch ohne Begründung für ihn ohne weiteres erkennbar ist,
3. wenn die Behörde gleichartige Verwaltungsakte in größerer Zahl oder Verwaltungsakte mit Hilfe automatischer Einrichtungen erlässt und die Begründung nach den Umständen des Einzelfalles nicht geboten ist,
4. wenn sich dies aus einer Rechtsvorschrift ergibt,
5. wenn eine Allgemeinverfügung öffentlich bekannt gegeben wird.

(3) In den Fällen des Absatzes 2 Nr. 1 bis 3 ist der Verwaltungsakt schriftlich oder elektronisch zu begründen, wenn der Beteiligte, dem der Verwaltungsakt bekannt gegeben ist, es innerhalb eines Jahres seit Bekanntgabe verlangt.

§ 37 Bekanntgabe des Verwaltungsaktes.

(1) ¹Ein Verwaltungsakt ist demjenigen Beteiligten bekannt zu geben, für den er bestimmt ist oder der von ihm betroffen wird. ²Ist ein Bevollmächtigter bestellt, kann die Bekanntgabe ihm gegenüber vorgenommen werden.

(2) ¹Ein schriftlicher Verwaltungsakt, der im Inland durch die Post übermittelt wird, gilt am dritten Tag nach der Aufgabe zur Post als bekannt gegeben. ²Ein Verwaltungsakt, der im Inland oder Ausland elektronisch übermittelt wird, gilt am dritten Tag nach der Absendung als bekannt gegeben. ³Dies gilt nicht, wenn der Verwaltungsakt nicht oder zu einem späteren Zeitpunkt zugegangen ist; im Zweifel hat die Behörde den Zugang des Verwaltungsaktes und den Zeitpunkt des Zugangs nachzuweisen.

(2a) ¹Mit Einwilligung des Beteiligten können elektronische Verwaltungsakte bekannt gegeben werden, indem sie dem Beteiligten zum Abruf über öffentlich zugängliche Netze bereitgestellt werden. ²Die Einwilligung kann jederzeit mit Wirkung für die Zukunft widerrufen werden. ³Die Behörde hat zu gewährleisten, dass der Abruf nur nach Authentifizierung der berechtigten Person möglich ist und der elektronische Verwaltungsakt von ihr gespeichert werden kann. ⁴Ein zum Abruf bereitgestellter Verwaltungsakt gilt am dritten Tag nach Absendung der elektronischen Benachrichtigung über die Bereitstellung des Verwaltungsaktes an die abrufberechtigte Person als bekannt gegeben. ⁵Im Zweifel hat die Behörde den Zugang der Benachrichtigung nachzuweisen. ⁶Kann die Behörde den von der abrufberechtigten Person bestrittenen Zugang der Benachrichtigung nicht nachweisen, gilt der Verwaltungsakt an dem Tag als bekannt gegeben, an dem die abrufberechtigte Person den Verwaltungsakt abgerufen hat. ⁷Das Gleiche gilt, wenn die abrufberechtigte Person unwiderlegbar vorträgt, die Benachrichtigung nicht innerhalb von drei Tagen nach der Absendung erhalten zu haben. ⁸Die Möglichkeit einer erneuten Bereitstellung zum Abruf oder der Bekanntgabe auf andere Weise bleibt unberührt.

(2b) In Angelegenheiten nach dem Abschnitt 1 des Bundeselterngeld- und Elternzeitgesetzes gilt abweichend von Absatz 2a für die Bekanntgabe von elektronischen Verwaltungsakten § 9 des Onlinezugangsgesetzes[1]).

---

[1]) Nr. 35.

(3) ¹Ein Verwaltungsakt darf öffentlich bekannt gegeben werden, wenn dies durch Rechtsvorschrift zugelassen ist. ²Eine Allgemeinverfügung darf auch dann öffentlich bekannt gegeben werden, wenn eine Bekanntgabe an die Beteiligten untunlich ist.

(4) ¹Die öffentliche Bekanntgabe eines schriftlichen oder elektronischen Verwaltungsaktes wird dadurch bewirkt, dass sein verfügender Teil in der jeweils vorgeschriebenen Weise entweder ortsüblich oder in der sonst für amtliche Veröffentlichungen vorgeschriebenen Art bekannt gemacht wird. ²In der Bekanntmachung ist anzugeben, wo der Verwaltungsakt und seine Begründung eingesehen werden können. ³Der Verwaltungsakt gilt zwei Wochen nach der Bekanntmachung als bekannt gegeben. ⁴In einer Allgemeinverfügung kann ein hiervon abweichender Tag, jedoch frühestens der auf die Bekanntmachung folgende Tag bestimmt werden.

(5) Vorschriften über die Bekanntgabe eines Verwaltungsaktes mittels Zustellung bleiben unberührt.

43. Vergabe- und Vertragsordnung für Bauleistungen Teil A (VOB/A) Allgemeine Bestimmungen für die Vergabe von Bauleistungen[1]

Ausgabe 2019
(BAnz AT 19.02.2019 B2, 3)

– Auszug –

Abschnitt 1. Basisparagrafen

§ 10 Angebots-, Bewerbungs-, Bindefristen. (1) [1] Für die Bearbeitung und Einreichung der Angebote ist eine ausreichende Angebotsfrist vorzusehen, auch bei Dringlichkeit nicht unter zehn Kalendertagen. [2] Dabei ist insbesondere der zusätzliche Aufwand für die Besichtigung von Baustellen oder die Beschaffung von Unterlagen für die Angebotsbearbeitung zu berücksichtigen.

(2) Bis zum Ablauf der Angebotsfrist können Angebote in Textform zurückgezogen werden.

(3) Für die Einreichung von Teilnahmeanträgen bei Beschränkter Ausschreibung mit Teilnahmewettbewerb ist eine ausreichende Bewerbungsfrist vorzusehen.

(4) [1] Der Auftraggeber bestimmt eine angemessene Frist, innerhalb der die Bieter an ihre Angebote gebunden sind (Bindefrist). [2] Diese soll so kurz wie möglich und nicht länger bemessen werden, als der Auftraggeber für eine zügige Prüfung und Wertung der Angebote (§§ 16 bis 16d) benötigt. [3] Eine längere Bindefrist als 30 Kalendertage soll nur in begründeten Fällen festgelegt werden. [4] Das Ende der Bindefrist ist durch Angabe des Kalendertages zu bezeichnen.

(5) Die Bindefrist beginnt mit dem Ablauf der Angebotsfrist.

(6) Die Absätze 4 und 5 gelten bei Freihändiger Vergabe entsprechend.

§ 11 Grundsätze der Informationsübermittlung. (1) [1] Der Auftraggeber gibt in der Auftragsbekanntmachung oder den Vergabeunterlagen an, auf welchem Weg die Kommunikation erfolgen soll. [2] Für den Fall der elektronischen Kommunikation gelten die Absätze 2 bis 6 sowie § 11a. [3] Eine mündliche Kommunikation ist jeweils zulässig, wenn sie nicht die Vergabeunterlagen, die Teilnahmeanträge oder die Angebote betrifft und wenn sie in geeigneter Weise ausreichend dokumentiert wird.

(2) Vergabeunterlagen sind elektronisch zur Verfügung zu stellen.

(3) [1] Der Auftraggeber gibt in der Auftragsbekanntmachung eine elektronische Adresse an, unter der die Vergabeunterlagen unentgeltlich, uneingeschränkt, vollständig und direkt abgerufen werden können. [2] Absatz 7 bleibt unberührt.

(4) Die Unternehmen übermitteln ihre Angebote und Teilnahmeanträge in Textform mithilfe elektronischer Mittel.

---

[1] Verkündet als Bek. v. 31.1.2019 (BAnz AT 19.02.2019 B2).

(5) ¹Der Auftraggeber prüft im Einzelfall, ob zu übermittelnde Daten erhöhte Anforderungen an die Sicherheit stellen. ²Soweit es erforderlich ist, kann der Auftraggeber verlangen, dass Angebote und Teilnahmeanträge zu versehen sind mit

1. einer fortgeschrittenen elektronischen Signatur,
2. einer qualifizierten elektronischen Signatur,
3. einem fortgeschrittenen elektronischen Siegel oder
4. einem qualifizierten elektronischen Siegel.

(6) ¹Der Auftraggeber kann von jedem Unternehmen die Angabe einer eindeutigen Unternehmensbezeichnung sowie einer elektronischen Adresse verlangen (Registrierung). ²Für den Zugang zur Auftragsbekanntmachung und zu den Vergabeunterlagen darf der Auftraggeber keine Registrierung verlangen. ³Eine freiwillige Registrierung ist zulässig.

(7) ¹Enthalten die Vergabeunterlagen schutzwürdige Daten, kann der Auftraggeber Maßnahmen zum Schutz der Vertraulichkeit der Informationen anwenden. ²Der Auftraggeber kann den Zugriff auf die Vergabeunterlagen insbesondere von der Abgabe einer Verschwiegenheitserklärung abhängig machen. ³Die Maßnahmen sind in der Auftragsbekanntmachung anzugeben.

§ 11a Anforderungen an elektronische Mittel. (1) ¹Elektronische Mittel und deren technische Merkmale müssen allgemein verfügbar, nichtdiskriminierend und mit allgemein verbreiteten Geräten und Programmen der Informations- und Kommunikationstechnologie kompatibel sein. ²Sie dürfen den Zugang von Unternehmen zum Vergabeverfahren nicht einschränken. ³Der Auftraggeber gewährleistet die barrierefreie Ausgestaltung der elektronischen Mittel nach den §§ 4, 12a und 12b des Behindertengleichstellungsgesetzes vom 27. April 2002 (BGBl. I S. 1467, 1468) in der jeweils geltenden Fassung.

(2) Der Auftraggeber verwendet für das Senden, Empfangen, Weiterleiten und Speichern von Daten in einem Vergabeverfahren ausschließlich solche elektronischen Mittel, die die Unversehrtheit, die Vertraulichkeit und die Echtheit der Daten gewährleisten.

(3) Der Auftraggeber muss den Unternehmen alle notwendigen Informationen zur Verfügung stellen über

1. die in einem Vergabeverfahren verwendeten elektronischen Mittel,
2. die technischen Parameter zur Einreichung von Teilnahmeanträgen, Angeboten mithilfe elektronischer Mittel und
3. verwendete Verschlüsselungs- und Zeiterfassungsverfahren.

(4) ¹Der Auftraggeber legt das erforderliche Sicherheitsniveau für die elektronischen Mittel fest. ²Elektronische Mittel, die vom Auftraggeber für den Empfang von Angeboten und Teilnahmeanträgen verwendet werden, müssen gewährleisten, dass

1. die Uhrzeit und der Tag des Datenempfanges genau zu bestimmen sind,
2. kein vorfristiger Zugriff auf die empfangenen Daten möglich ist,
3. der Termin für den erstmaligen Zugriff auf die empfangenen Daten nur von den Berechtigten festgelegt oder geändert werden kann,
4. nur die Berechtigten Zugriff auf die empfangenen Daten oder auf einen Teil derselben haben,

5. nur die Berechtigten nach dem festgesetzten Zeitpunkt Dritten Zugriff auf die empfangenen Daten oder auf einen Teil derselben einräumen dürfen,
6. empfangene Daten nicht an Unberechtigte übermittelt werden und
7. Verstöße oder versuchte Verstöße gegen die Anforderungen gemäß den Nummern 1 bis 6 eindeutig festgestellt werden können.

(5) ¹Die elektronischen Mittel, die von dem Auftraggeber für den Empfang von Angeboten und Teilnahmeanträgen genutzt werden, müssen über eine einheitliche Datenaustauschschnittstelle verfügen. ²Es sind die jeweils geltenden Interoperabilitäts- und Sicherheitsstandards der Informationstechnik gemäß § 3 Absatz 1 des Vertrags über die Errichtung des IT-Planungsrats und über die Grundlagen der Zusammenarbeit beim Einsatz der Informationstechnologie in den Verwaltungen von Bund und Ländern vom 1. April 2010 zu verwenden.

(6) Der Auftraggeber kann im Vergabeverfahren die Verwendung elektronischer Mittel, die nicht allgemein verfügbar sind (alternative elektronische Mittel), verlangen, wenn er

1. Unternehmen während des gesamten Vergabeverfahrens unter einer Internetadresse einen unentgeltlichen, uneingeschränkten, vollständigen und direkten Zugang zu diesen alternativen elektronischen Mitteln gewährt und
2. diese alternativen elektronischen Mittel selbst verwendet.

(7) ¹Der Auftraggeber kann für die Vergabe von Bauleistungen und für Wettbewerbe die Nutzung elektronischer Mittel im Rahmen der Bauwerksdatenmodellierung verlangen. ²Sofern die verlangten elektronischen Mittel für die Bauwerksdatenmodellierung nicht allgemein verfügbar sind, bietet der Auftraggeber einen alternativen Zugang zu ihnen gemäß Absatz 6 an.

§ 12 Auftragsbekanntmachung. (1)

1. Öffentliche Ausschreibungen sind bekannt zu machen, z.B. in Tageszeitungen, amtlichen Veröffentlichungsblättern oder auf unentgeltlich nutzbaren und direkt zugänglichen Internetportalen; sie können auch auf www.service.bund.de veröffentlicht werden.
2. Diese Auftragsbekanntmachungen sollen folgende Angaben enthalten:
    a) Name, Anschrift, Telefon-, Telefaxnummer sowie E-Mail-Adresse des Auftraggebers (Vergabestelle),
    b) gewähltes Vergabeverfahren,
    c) gegebenenfalls Auftragsvergabe auf elektronischem Wege und Verfahren der Ver- und Entschlüsselung,
    d) Art des Auftrags,
    e) Ort der Ausführung,
    f) Art und Umfang der Leistung,
    g) Angaben über den Zweck der baulichen Anlage oder des Auftrags, wenn auch Planungsleistungen gefordert werden,
    h) falls der Auftrag in mehrere Lose aufgeteilt ist, Art und Umfang der einzelnen Lose und Möglichkeit, Angebote für eines, mehrere oder alle Lose einzureichen,
    i) Zeitpunkt, bis zu dem die Bauleistungen beendet werden sollen oder Dauer des Bauleistungsauftrags; sofern möglich, Zeitpunkt, zu dem die Bauleistungen begonnen werden sollen,

j) gegebenenfalls Angaben nach § 8 Absatz 2 Nummer 3 zur Nichtzulassung von Nebenangeboten,

k) gegebenenfalls Angaben nach § 8 Absatz 2 Nummer 4 zur Nichtzulassung der Abgabe mehrerer Hauptangebote,

l) Name und Anschrift, Telefon- und Telefaxnummer, E-Mail-Adresse der Stelle, bei der die Vergabeunterlagen und zusätzliche Unterlagen angefordert und eingesehen werden können; bei Veröffentlichung der Auftragsbekanntmachung auf einem Internetportal die Angabe einer Internetadresse, unter der die Vergabeunterlagen unentgeltlich, uneingeschränkt, vollständig und direkt abgerufen werden können; § 11 Absatz 7 bleibt unberührt,

m) gegebenenfalls Höhe und Bedingungen für die Zahlung des Betrags, der für die Unterlagen zu entrichten ist,

n) bei Teilnahmeantrag: Frist für den Eingang der Anträge auf Teilnahme, Anschrift, an die diese Anträge zu richten sind, Tag, an dem die Aufforderungen zur Angebotsabgabe spätestens abgesandt werden,

o) Frist für den Eingang der Angebote und die Bindefrist,

p) Anschrift, an die die Angebote zu richten sind, gegebenenfalls auch Anschrift, an die Angebote elektronisch zu übermitteln sind,

q) Sprache, in der die Angebote abgefasst sein müssen,

r) die Zuschlagskriterien, sofern diese nicht in den Vergabeunterlagen genannt werden, und gegebenenfalls deren Gewichtung,

s) Datum, Uhrzeit und Ort des Eröffnungstermins sowie Angabe, welche Personen bei der Eröffnung der Angebote anwesend sein dürfen,

t) gegebenenfalls geforderte Sicherheiten,

u) wesentliche Finanzierungs- und Zahlungsbedingungen und/oder Hinweise auf die maßgeblichen Vorschriften, in denen sie enthalten sind,

v) gegebenenfalls Rechtsform, die die Bietergemeinschaft nach der Auftragsvergabe haben muss,

w) verlangte Nachweise für die Beurteilung der Eignung des Bewerbers oder Bieters,

x) Name und Anschrift der Stelle, an die sich der Bewerber oder Bieter zur Nachprüfung behaupteter Verstöße gegen Vergabebestimmungen wenden kann.

(2)

1. Bei Beschränkter Ausschreibung mit Teilnahmewettbewerb sind die Unternehmen durch Auftragsbekanntmachungen, z.B. in Tageszeitungen, amtlichen Veröffentlichungsblättern oder auf unentgeltlich nutzbaren und direkt zugänglichen Internetportalen, aufzufordern, ihre Teilnahme am Wettbewerb zu beantragen. Die Auftragsbekanntmachung kann auch auf www.service.bund.de veröffentlicht werden.

2. Diese Auftragsbekanntmachungen sollen die Angaben gemäß § 12 Absatz 1 Nummer 2 enthalten.

(3) Teilnahmeanträge sind auch dann zu berücksichtigen, wenn sie durch Telefax oder in sonstiger Weise elektronisch übermittelt werden, sofern die sonstigen Teilnahmebedingungen erfüllt sind.

§ 12a Versand der Vergabeunterlagen.

(1) Soweit die Vergabeunterlagen nicht elektronisch im Sinne von § 11 Absatz 2 und 3 zur Verfügung gestellt werden, sind sie

1. den Unternehmen unverzüglich in geeigneter Weise zu übermitteln.
2. bei Beschränkter Ausschreibung und Freihändiger Vergabe an alle ausgewählten Bewerber am selben Tag abzusenden.

(2) Wenn von den für die Preisermittlung wesentlichen Unterlagen keine Vervielfältigungen abgegeben werden können, sind diese in ausreichender Weise zur Einsicht auszulegen.

(3) Die Namen der Unternehmen, die Vergabeunterlagen erhalten oder eingesehen haben, sind geheim zu halten.

(4) Erbitten Unternehmen zusätzliche sachdienliche Auskünfte über die Vergabeunterlagen, so sind diese Auskünfte allen Unternehmen unverzüglich in gleicher Weise zu erteilen.

§ 13 Form und Inhalt der Angebote.

(1)
1. ¹Der Auftraggeber legt fest, in welcher Form die Angebote einzureichen sind. Schriftlich eingereichte Angebote müssen unterzeichnet sein. ²Elektronische Angebote sind nach Wahl des Auftraggebers in Textform oder versehen mit

   a) einer fortgeschrittenen elektronischen Signatur,
   b) einer qualifizierten elektronischen Signatur,
   c) einem fortgeschrittenen elektronischen Siegel oder
   d) einem qualifizierten elektronischen Siegel

   zu übermitteln.

2. ¹Der Auftraggeber hat die Datenintegrität und die Vertraulichkeit der Angebote auf geeignete Weise zu gewährleisten. ²Per Post oder direkt übermittelte Angebote sind in einem verschlossenen Umschlag einzureichen, als solche zu kennzeichnen und bis zum Ablauf der für die Einreichung vorgesehenen Frist unter Verschluss zu halten. ³Bei elektronisch übermittelten Angeboten ist dies durch entsprechende technische Lösungen nach den Anforderungen des Auftraggebers und durch Verschlüsselung sicherzustellen. ⁴Die Verschlüsselung muss bis zur Öffnung des ersten Angebots aufrechterhalten bleiben.

3. Die Angebote müssen die geforderten Preise enthalten.

4. Die Angebote müssen die geforderten Erklärungen und Nachweise enthalten.

5. ¹Änderungen an den Vergabeunterlagen sind unzulässig. ²Änderungen des Bieters an seinen Eintragungen müssen zweifelsfrei sein.

6. Bieter können für die Angebotsabgabe eine selbstgefertigte Abschrift oder Kurzfassung des Leistungsverzeichnisses benutzen, wenn sie den vom Auftraggeber verfassten Wortlaut des Leistungsverzeichnisses im Angebot als allein verbindlich anerkennen; Kurzfassungen müssen jedoch die Ordnungszahlen (Positionen) vollzählig, in der gleichen Reihenfolge und mit den gleichen Nummern wie in dem vom Auftraggeber verfassten Leistungsverzeichnis wiedergeben.

7. Muster und Proben der Bieter müssen als zum Angebot gehörig gekennzeichnet sein.

(2) ¹Eine Leistung, die von den vorgesehenen technischen Spezifikationen nach § 7a Absatz 1 abweicht, kann angeboten werden, wenn sie mit dem geforderten Schutzniveau in Bezug auf Sicherheit, Gesundheit und Gebrauchstauglichkeit gleichwertig ist. ²Die Abweichung muss im Angebot eindeutig bezeichnet sein. ³Die Gleichwertigkeit ist mit dem Angebot nachzuweisen.

(3) ¹Die Anzahl von Nebenangeboten ist an einer vom Auftraggeber in den Vergabeunterlagen bezeichneten Stelle aufzuführen. ²Etwaige Nebenangebote müssen auf besonderer Anlage erstellt und als solche deutlich gekennzeichnet werden. ³Werden mehrere Hauptangebote abgegeben, muss jedes aus sich heraus zuschlagsfähig sein. ⁴Absatz 1 Nummer 2 Satz 2 gilt für jedes Hauptangebot entsprechend.

(4) Soweit Preisnachlässe ohne Bedingungen gewährt werden, sind diese an einer vom Auftraggeber in den Vergabeunterlagen bezeichneten Stelle aufzuführen.

(5) ¹Bietergemeinschaften haben die Mitglieder zu benennen sowie eines ihrer Mitglieder als bevollmächtigten Vertreter für den Abschluss und die Durchführung des Vertrags zu bezeichnen. ²Fehlt die Bezeichnung des bevollmächtigten Vertreters im Angebot, so ist sie vor der Zuschlagserteilung beizubringen.

(6) Der Auftraggeber hat die Anforderungen an den Inhalt der Angebote nach den Absätzen 1 bis 5 in die Vergabeunterlagen aufzunehmen.

Abschnitt 2. Vergabebestimmungen im Anwendungsbereich der Richtlinie 2014/24/EU¹⁾ (VOB/A – EU)²⁾

§ 10a EU Fristen im offenen Verfahren. (1) Beim offenen Verfahren beträgt die Angebotsfrist mindestens 35 Kalendertage, gerechnet vom Tag nach Absendung der Auftragsbekanntmachung.

(2) ¹Die Angebotsfrist kann auf 15 Kalendertage, gerechnet vom Tag nach Absendung der Auftragsbekanntmachung, verkürzt werden. ²Voraussetzung dafür ist, dass eine Vorinformation nach dem vorgeschriebenen Muster gemäß § 12 EU Absatz 1 Nummer 3 mindestens 35 Kalendertage, höchstens aber zwölf Monate vor dem Tag der Absendung der Auftragsbekanntmachung an das Amt für Veröffentlichungen der Europäischen Union abgesandt wurde. ³Diese Vorinformation muss mindestens die im Muster einer Auftragsbekanntmachung nach Anhang V Teil C der Richtlinie 2014/24/EU für das offene Verfahren geforderten Angaben enthalten, soweit diese Informationen zum Zeitpunkt der Absendung der Vorinformation vorlagen.

(3) Für den Fall, dass eine vom öffentlichen Auftraggeber hinreichend begründete Dringlichkeit die Einhaltung der Frist nach Absatz 1 unmöglich macht, kann der öffentliche Auftraggeber eine Frist festlegen, die 15 Kalender-

---

¹⁾ **Amtl. Anm.**: Richtlinie 2014/24/EU des Europäischen Parlaments und des Rates vom 26. Februar 2014 über die öffentliche Auftragsvergabe und zur Aufhebung der Richtlinie 2004/18/EG (ABl. L 94 vom 28.3.2014, S. 65)
²⁾ **Amtl. Anm.**: Zitierweise: § x EU Absatz y VOB/A

tage, gerechnet vom Tag nach Absendung der Auftragsbekanntmachung, nicht unterschreiten darf.

(4) Die Angebotsfrist nach Absatz 1 kann um fünf Kalendertage verkürzt werden, wenn die elektronische Übermittlung der Angebote gemäß § 11 EU Absatz 4 akzeptiert wird.

(5) ¹Kann ein unentgeltlicher, uneingeschränkter und vollständiger direkter Zugang aus den in § 11b EU genannten Gründen zu bestimmten Vergabeunterlagen nicht angeboten werden, so kann in der Auftragsbekanntmachung angegeben werden, dass die betreffenden Vergabeunterlagen im Einklang mit § 11b EU Absatz 1 nicht elektronisch, sondern durch andere Mittel übermittelt werden, bzw. welche Maßnahmen zum Schutz der Vertraulichkeit der Informationen gefordert werden und wie auf die betreffenden Dokumente zugegriffen werden kann.
²In einem derartigen Fall wird die Angebotsfrist um fünf Kalendertage verlängert, außer im Fall einer hinreichend begründeten Dringlichkeit gemäß Absatz 3.

(6) ¹In den folgenden Fällen verlängert der öffentliche Auftraggeber die Fristen für den Eingang der Angebote, sodass alle betroffenen Unternehmen Kenntnis aller Informationen haben können, die für die Erstellung des Angebots erforderlich sind:

1. wenn rechtzeitig angeforderte Zusatzinformationen nicht spätestens sechs Kalendertage vor Ablauf der Angebotsfrist allen Unternehmen in gleicher Weise zur Verfügung gestellt werden können. Bei beschleunigten Verfahren (Dringlichkeit) im Sinne von Absatz 3 beträgt dieser Zeitraum vier Kalendertage;
2. wenn an den Vergabeunterlagen wesentliche Änderungen vorgenommen werden.

²Die Fristverlängerung muss in einem angemessenen Verhältnis zur Bedeutung der Informationen oder Änderungen stehen.
³Wurden die Zusatzinformationen entweder nicht rechtzeitig angefordert oder ist ihre Bedeutung für die Erstellung zulässiger Angebote unerheblich, so ist der öffentlichen Auftraggeber nicht verpflichtet, die Fristen zu verlängern.

(7) Bis zum Ablauf der Angebotsfrist können Angebote in Textform zurückgezogen werden.

(8) ¹Der öffentliche Auftraggeber bestimmt eine angemessene Frist, innerhalb der die Bieter an ihre Angebote gebunden sind (Bindefrist). ²Diese soll so kurz wie möglich und nicht länger bemessen werden, als der öffentliche Auftraggeber für eine zügige Prüfung und Wertung der Angebote (§§ 16 EU bis 16d EU) benötigt. ³Die Bindefrist beträgt regelmäßig 60 Kalendertage. ⁴In begründeten Fällen kann der öffentliche Auftraggeber eine längere Frist festlegen. ⁵Das Ende der Bindefrist ist durch Angabe des Kalendertages zu bezeichnen.

(9) Die Bindefrist beginnt mit dem Ablauf der Angebotsfrist.

§ 10b EU Fristen im nicht offenen Verfahren. (1) Beim nicht offenen Verfahren beträgt die Teilnahmefrist mindestens 30 Kalendertage, gerechnet vom Tag nach Absendung der Auftragsbekanntmachung oder der Aufforderung zur Interessensbestätigung.

(2) Die Angebotsfrist beträgt mindestens 30 Kalendertage, gerechnet vom Tag nach Absendung der Aufforderung zur Angebotsabgabe.

(3) ¹Die Angebotsfrist nach Absatz 2 kann auf zehn Kalendertage, gerechnet vom Tag nach Absendung der Aufforderung zur Angebotsabgabe, verkürzt werden. ²Voraussetzung dafür ist, dass eine Vorinformation nach dem vorgeschriebenen Muster gemäß § 12 EU Absatz 1 Nummer 3 mindestens 35 Kalendertage, höchstens aber zwölf Monate vor dem Tag der Absendung der Auftragsbekanntmachung an das Amt für Veröffentlichungen der Europäischen Union abgesandt wurde. ³Diese Vorinformation muss mindestens die im Muster einer Auftragsbekanntmachung nach Anhang V Teil C der Richtlinie 2014/24/EU für das nicht offene Verfahren geforderten Angaben enthalten, soweit diese Informationen zum Zeitpunkt der Absendung der Vorinformation vorlagen.

(4) Die Angebotsfrist nach Absatz 2 kann um fünf Kalendertage verkürzt werden, wenn die elektronische Übermittlung der Angebote gemäß § 11 EU Absatz 4 akzeptiert wird.

(5) Aus Gründen der Dringlichkeit kann

1. die Teilnahmefrist auf mindestens 15 Kalendertage, gerechnet vom Tag nach Absendung der Auftragsbekanntmachung,
2. die Angebotsfrist auf mindestens zehn Kalendertage, gerechnet vom Tag nach Absendung der Aufforderung zur Angebotsabgabe

verkürzt werden.

(6) ¹In den folgenden Fällen verlängert der öffentliche Auftraggeber die Angebotsfrist, sodass alle betroffenen Unternehmen Kenntnis aller Informationen haben können, die für die Erstellung des Angebots erforderlich sind:

1. wenn rechtzeitig angeforderte Zusatzinformationen nicht spätestens sechs Kalendertage vor Ablauf der Angebotsfrist allen Unternehmen in gleicher Weise zur Verfügung gestellt werden können. Bei beschleunigten Verfahren im Sinne von Absatz 5 beträgt dieser Zeitraum vier Kalendertage;
2. wenn an den Vergabeunterlagen wesentliche Änderungen vorgenommen werden.

²Die Fristverlängerung muss in einem angemessenen Verhältnis zur Bedeutung der Informationen oder Änderungen stehen.
³Wurden die Zusatzinformationen entweder nicht rechtzeitig angefordert oder ist ihre Bedeutung für die Erstellung zulässiger Angebote unerheblich, so ist der öffentliche Auftraggeber nicht verpflichtet, die Fristen zu verlängern.

(7) Bis zum Ablauf der Angebotsfrist können Angebote in Textform zurückgezogen werden.

(8) ¹Der öffentliche Auftraggeber bestimmt eine angemessene Frist, innerhalb der die Bieter an ihre Angebote gebunden sind (Bindefrist). ²Diese soll so kurz wie möglich und nicht länger bemessen werden, als der öffentliche Auftraggeber für eine zügige Prüfung und Wertung der Angebote (§§ 16 EU bis 16d EU) benötigt. ³Die Bindefrist beträgt regelmäßig 60 Kalendertage. ⁴In begründeten Fällen kann der öffentliche Auftraggeber eine längere Frist festlegen. ⁵Das Ende der Bindefrist ist durch Angabe des Kalendertages zu bezeichnen.

(9) Die Bindefrist beginnt mit dem Ablauf der Angebotsfrist.

§ 10c EU Fristen im Verhandlungsverfahren. (1) Beim Verhandlungsverfahren mit Teilnahmewettbewerb ist entsprechend § 10 EU und § 10b EU zu verfahren.

(2) ¹Beim Verhandlungsverfahren ohne Teilnahmewettbewerb ist auch bei Dringlichkeit für die Bearbeitung und Einreichung der Angebote eine ausreichende Angebotsfrist nicht unter zehn Kalendertagen vorzusehen. ²Dabei ist insbesondere der zusätzliche Aufwand für die Besichtigung von Baustellen oder die Beschaffung von Unterlagen für die Angebotsbearbeitung zu berücksichtigen. ³Es ist entsprechend § 10b EU Absatz 7 bis 9 zu verfahren.

§ 10d EU Fristen im wettbewerblichen Dialog bei der Innovationspartnerschaft. ¹Beim wettbewerblichen Dialog und bei einer Innovationspartnerschaft beträgt die Teilnahmefrist mindestens 30 Kalendertage, gerechnet vom Tag nach Absendung der Auftragsbekanntmachung. ²§ 10b EU Absatz 7 bis 9 gilt entsprechend.

§ 11 EU Grundsätze der Informationsübermittlung. (1) Für das Senden, Empfangen, Weiterleiten und Speichern von Daten in einem Vergabeverfahren verwenden der öffentliche Auftraggeber und die Unternehmen grundsätzlich Geräte und Programme für die elektronische Datenübermittlung (elektronische Mittel).

(2) ¹Auftragsbekanntmachungen, Vorinformationen nach § 12 EU Absatz 1 oder Absatz 2, Vergabebekanntmachungen und Bekanntmachungen über Auftragsänderungen (Bekanntmachungen) sind dem Amt für Veröffentlichungen der Europäischen Union mit elektronischen Mitteln zu übermitteln. ²Der öffentliche Auftraggeber muss den Tag der Absendung nachweisen können.

(3) Der öffentliche Auftraggeber gibt in der Auftragsbekanntmachung oder der Aufforderung zur Interessensbestätigung eine elektronische Adresse an, unter der die Vergabeunterlagen unentgeltlich, uneingeschränkt, vollständig und direkt abgerufen werden können.

(4) Die Unternehmen übermitteln ihre Angebote, Teilnahmeanträge, Interessensbekundungen und Interessensbestätigungen in Textform mithilfe elektronischer Mittel.

(5) ¹Der öffentliche Auftraggeber prüft im Einzelfall, ob zu übermittelnde Daten erhöhte Anforderungen an die Sicherheit stellen. ²Soweit es erforderlich ist, kann der öffentliche Auftraggeber verlangen, dass Angebote, Teilnahmeanträge, Interessensbestätigungen und Interessensbekundungen zu versehen sind mit:

1. einer fortgeschrittenen elektronischen Signatur,
2. einer qualifizierten elektronischen Signatur,
3. einem fortgeschrittenen elektronischen Siegel oder
4. einem qualifizierten elektronischen Siegel.

(6) ¹Der öffentliche Auftraggeber kann von jedem Unternehmen die Angabe einer eindeutigen Unternehmensbezeichnung sowie einer elektronischen Adresse verlangen (Registrierung). ²Für den Zugang zur Auftragsbekanntmachung und zu den Vergabeunterlagen darf der öffentliche Auftraggeber keine Registrierung verlangen. ³Eine freiwillige Registrierung ist zulässig.

(7) Die Kommunikation in einem Vergabeverfahren kann mündlich erfolgen, wenn sie nicht die Vergabeunterlagen, die Teilnahmeanträge, die Interes-

sensbestätigungen oder die Angebote betrifft und wenn sie ausreichend und in geeigneter Weise dokumentiert wird.

§ 11a EU Anforderungen an elektronische Mittel. (1) [1] Elektronische Mittel und deren technische Merkmale müssen allgemein verfügbar, nichtdiskriminierend und mit allgemein verbreiteten Geräten und Programmen der Informations- und Kommunikationstechnologie kompatibel sein. [2] Sie dürfen den Zugang von Unternehmen zum Vergabeverfahren nicht einschränken. [3] Der öffentliche Auftraggeber gewährleistet die barrierefreie Ausgestaltung der elektronischen Mittel nach den §§ 4 und 12a und 12b des Behindertengleichstellungsgesetzes vom 27. April 2002 (BGBl. I S. 1467, 1468) in der jeweils geltenden Fassung.

(2) Der öffentliche Auftraggeber verwendet für das Senden, Empfangen, Weiterleiten und Speichern von Daten in einem Vergabeverfahren ausschließlich solche elektronischen Mittel, die die Unversehrtheit, die Vertraulichkeit und die Echtheit der Daten gewährleisten.

(3) Der öffentliche Auftraggeber muss den Unternehmen alle notwendigen Informationen zur Verfügung stellen über

1. die in einem Vergabeverfahren verwendeten elektronischen Mittel,
2. die technischen Parameter zur Einreichung von Teilnahmeanträgen, Angeboten und Interessensbestätigungen mithilfe elektronischer Mittel und
3. verwendete Verschlüsselungs- und Zeiterfassungsverfahren.

(4) [1] Der öffentliche Auftraggeber legt das erforderliche Sicherheitsniveau für die elektronischen Mittel fest. [2] Elektronische Mittel, die vom öffentlichen Auftraggeber für den Empfang von Angeboten, Teilnahmeanträgen und Interessensbestätigungen sowie von Plänen und Entwürfen für Planungswettbewerbe verwendet werden, müssen gewährleisten, dass

1. die Uhrzeit und der Tag des Datenempfanges genau zu bestimmen sind,
2. kein vorfristiger Zugriff auf die empfangenen Daten möglich ist,
3. der Termin für den erstmaligen Zugriff auf die empfangenen Daten nur von den Berechtigten festgelegt oder geändert werden kann,
4. nur die Berechtigten Zugriff auf die empfangenen Daten oder auf einen Teil derselben haben,
5. nur die Berechtigten nach dem festgesetzten Zeitpunkt Dritten Zugriff auf die empfangenen Daten oder auf einen Teil derselben einräumen dürfen,
6. empfangene Daten nicht an Unberechtigte übermittelt werden und
7. Verstöße oder versuchte Verstöße gegen die Anforderungen gemäß Nummern 1 bis 6 eindeutig festgestellt werden können.

(5) [1] Die elektronischen Mittel, die von dem öffentlichen Auftraggeber für den Empfang von Angeboten, Teilnahmeanträgen und Interessensbestätigungen sowie von Plänen und Entwürfen für Planungswettbewerbe genutzt werden, müssen über eine einheitliche Datenaustauschschnittstelle verfügen. [2] Es sind die jeweils geltenden Interoperabilitäts- und Sicherheitsstandards der Informationstechnik gemäß § 3 Absatz 1 des Vertrags über die Errichtung des IT-Planungsrats und über die Grundlagen der Zusammenarbeit beim Einsatz der Informationstechnologie in den Verwaltungen von Bund und Ländern vom 1. April 2010 zu verwenden.

(6) Der öffentliche Auftraggeber kann im Vergabeverfahren die Verwendung elektronischer Mittel, die nicht allgemein verfügbar sind (alternative elektronische Mittel), verlangen, wenn er

1. Unternehmen während des gesamten Vergabeverfahrens unter einer Internetadresse einen unentgeltlichen, uneingeschränkten, vollständigen und direkten Zugang zu diesen alternativen elektronischen Mitteln gewährt,
2. diese alternativen elektronischen Mittel selbst verwendet.

(7) ¹Der öffentliche Auftraggeber kann für die Vergabe von Bauleistungen und für Wettbewerbe die Nutzung elektronischer Mittel im Rahmen der Bauwerksdatenmodellierung verlangen. ²Sofern die verlangten elektronischen Mittel für die Bauwerksdatenmodellierung nicht allgemein verfügbar sind, bietet der öffentliche Auftraggeber einen alternativen Zugang zu ihnen gemäß Absatz 6 an.

§ 11b EU Ausnahmen von der Verwendung elektronischer Mittel.

(1) ¹Der öffentliche Auftraggeber kann die Vergabeunterlagen auf einem anderen geeigneten Weg übermitteln, wenn die erforderlichen elektronischen Mittel zum Abruf der Vergabeunterlagen

1. aufgrund der besonderen Art der Auftragsvergabe nicht mit allgemein verfügbaren oder verbreiteten Geräten und Programmen der Informations- und Kommunikationstechnologie kompatibel sind,
2. Dateiformate zur Beschreibung der Angebote verwenden, die nicht mit allgemein verfügbaren oder verbreiteten Programmen verarbeitet werden können oder die durch andere als kostenlose und allgemein verfügbare Lizenzen geschützt sind, oder
3. die Verwendung von Bürogeräten voraussetzen, die öffentlichen Auftraggebern nicht allgemein zur Verfügung stehen.

²Die Angebotsfrist wird in diesen Fällen um fünf Kalendertage verlängert, sofern nicht ein Fall hinreichend begründeter Dringlichkeit gemäß § 10a EU Absatz 3 oder § 10b EU Absatz 5 vorliegt.

(2) ¹In den Fällen des § 5 Absatz 3 VgV gibt der öffentliche Auftraggeber in der Auftragsbekanntmachung oder in der Aufforderung zur Interessensbestätigung an, welche Maßnahmen zum Schutz der Vertraulichkeit von Informationen er anwendet und wie auf die Vergabeunterlagen zugegriffen werden kann. ²Die Angebotsfrist wird um fünf Kalendertage verlängert, sofern nicht ein Fall hinreichend begründeter Dringlichkeit gemäß § 10a EU Absatz 3 oder § 10b EU Absatz 5 vorliegt.

(3) ¹Der öffentliche Auftraggeber ist nicht verpflichtet, die Einreichung von Angeboten mithilfe elektronischer Mittel zu verlangen, wenn auf die zur Einreichung erforderlichen elektronischen Mittel einer der in Absatz 1 Nummer 1 bis 3 genannten Gründe zutrifft oder wenn zugleich physische oder maßstabsgetreue Modelle einzureichen sind, die nicht elektronisch übermittelt werden können. ²In diesen Fällen erfolgt die Kommunikation auf dem Postweg oder auf einem anderen geeigneten Weg oder in Kombination von postalischem oder einem anderen geeigneten Weg und Verwendung elektronischer Mittel. ³Der öffentliche Auftraggeber gibt im Vergabevermerk die Gründe an, warum die Angebote mithilfe anderer als elektronischer Mittel eingereicht werden können.

(4) ¹Der öffentliche Auftraggeber kann festlegen, dass Angebote mithilfe anderer als elektronischer Mittel einzureichen sind, wenn sie besonders schutzwürdige Daten enthalten, die bei Verwendung allgemein verfügbarer oder alternativer elektronischer Mittel nicht angemessen geschützt werden können, oder wenn die Sicherheit der elektronischen Mittel nicht gewährleistet werden kann. ²Der öffentliche Auftraggeber gibt im Vergabevermerk die Gründe an, warum er die Einreichung der Angebote mithilfe anderer als elektronischer Mittel für erforderlich hält.

§ 12 EU Vorinformation, Auftragsbekanntmachung. (1)

1. Die Absicht einer geplanten Auftragsvergabe kann mittels einer Vorinformation bekannt gegeben werden, die die wesentlichen Merkmale des beabsichtigten Bauauftrags enthält.
2. Eine Vorinformation ist nur dann verpflichtend, wenn der öffentliche Auftraggeber von der Möglichkeit einer Verkürzung der Angebotsfrist gemäß § 10a EU Absatz 2 oder § 10b EU Absatz 3 Gebrauch machen möchte.
3. Die Vorinformation ist nach den von der Europäischen Kommission festgelegten Standardformularen zu erstellen und enthält die Informationen nach Anhang V Teil B der Richtlinie 2014/24/EU.
4. ¹Nach Genehmigung der Planung ist die Vorinformation sobald wie möglich dem Amt für Veröffentlichungen der Europäischen Union zu übermitteln oder im Beschafferprofil zu veröffentlichen; in diesem Fall ist dem Amt für Veröffentlichungen der Europäischen Union zuvor auf elektronischem Weg die Ankündigung dieser Veröffentlichung mit den von der Europäischen Kommission festgelegten Standardformularen zu melden. ²Dabei ist der Tag der Übermittlung anzugeben. ³Die Vorinformation kann außerdem in Tageszeitungen, amtlichen Veröffentlichungsblättern oder Internetportalen veröffentlicht werden.

(2)

1. Bei nicht offenen Verfahren und Verhandlungsverfahren kann ein subzentraler öffentlicher Auftraggeber eine Vorinformation als Aufruf zum Wettbewerb bekannt geben, sofern die Vorinformation sämtliche folgenden Bedingungen erfüllt:
    a) sie bezieht sich eigens auf den Gegenstand des zu vergebenden Auftrags;
    b) sie muss den Hinweis enthalten, dass dieser Auftrag im nicht offenen Verfahren oder im Verhandlungsverfahren ohne spätere Veröffentlichung eines Aufrufs zum Wettbewerb vergeben wird, sowie die Aufforderung an die interessierten Unternehmen, ihr Interesse mitzuteilen;
    c) sie muss darüber hinaus die Informationen nach Anhang V Teil B Abschnitt I und die Informationen nach Anhang V Teil B Abschnitt II der Richtlinie 2014/24/EU enthalten;
    d) sie muss spätestens 35 Kalendertage und frühestens zwölf Monate vor dem Zeitpunkt der Absendung der Aufforderung zur Interessensbestätigung an das Amt für Veröffentlichungen der Europäischen Union zur Veröffentlichung übermittelt worden sein.

Derartige Vorinformationen werden nicht in einem Beschafferprofil veröffentlicht. Allerdings kann gegebenenfalls die zusätzliche Veröffentlichung auf nationaler Ebene gemäß Absatz 3 Nummer 5 in einem Beschafferprofil erfolgen.

2. Die Regelungen des Absatzes 3 Nummer 3 bis 5 gelten entsprechend.
3. Subzentrale öffentliche Auftraggeber sind alle öffentlichen Auftraggeber mit Ausnahme der obersten Bundesbehörden.

(3)

1. ¹Die Unternehmen sind durch Auftragsbekanntmachung aufzufordern, am Wettbewerb teilzunehmen. ²Dies gilt für alle Arten der Vergabe nach § 3 EU, ausgenommen Verhandlungsverfahren ohne Teilnahmewettbewerb und Verfahren, bei denen eine Vorinformation als Aufruf zum Wettbewerb nach Absatz 2 durchgeführt wurde.
2. ¹Die Auftragsbekanntmachung erfolgt mit den von der Europäischen Kommission festgelegten Standardformularen und enthält die Informationen nach Anhang V Teil C der Richtlinie 2014/24/EU. ²Dabei sind zu allen Nummern Angaben zu machen; die Texte des Formulars sind nicht zu wiederholen. ³Die Auftragsbekanntmachung ist dem Amt für Veröffentlichungen der Europäischen Union elektronisch[1]) zu übermitteln.
3. ¹Die Auftragsbekanntmachung wird unentgeltlich fünf Kalendertage nach ihrer Übermittlung in der Originalsprache veröffentlicht. ²Eine Zusammenfassung der wichtigsten Angaben wird in den übrigen Amtssprachen der Europäischen Union veröffentlicht; der Wortlaut der Originalsprache ist verbindlich.
4. ¹Der öffentliche Auftraggeber muss den Tag der Absendung der Auftragsbekanntmachung nachweisen können. ²Das Amt für Veröffentlichungen der Europäischen Union stellt dem öffentlichen Auftraggeber eine Bestätigung des Erhalts der Auftragsbekanntmachung und der Veröffentlichung der übermittelten Informationen aus, in denen der Tag dieser Veröffentlichung angegeben ist. ³Diese Bestätigung dient als Nachweis der Veröffentlichung.
5. ¹Die Auftragsbekanntmachung kann zusätzlich im Inland veröffentlicht werden, beispielsweise in Tageszeitungen, amtlichen Veröffentlichungsblättern oder Internetportalen; sie kann auch auf www.bund.de veröffentlicht werden. ²Sie darf nur die Angaben enthalten, die dem Amt für Veröffentlichungen der Europäischen Union übermittelt wurden und muss auf den Tag der Übermittlung hinweisen. ³Sie darf nicht vor der Veröffentlichung durch dieses Amt veröffentlicht werden. ⁴Die Veröffentlichung auf nationaler Ebene kann jedoch in jedem Fall erfolgen, wenn der öffentliche Auftraggeber nicht innerhalb von 48 Stunden nach Bestätigung des Eingangs der Auftragsbekanntmachung gemäß Nummer 4 über die Veröffentlichung unterrichtet wurde.

§ 12a EU Versand der Vergabeunterlagen. (1)

1. ¹Die Vergabeunterlagen werden ab dem Tag der Veröffentlichung einer Auftragsbekanntmachung gemäß § 12 EU Absatz 3 oder dem Tag der Aufforderung zur Interessensbestätigung gemäß Nummer 3 unentgeltlich mit uneingeschränktem und vollständigem direkten Zugang anhand elektronischer Mittel angeboten. ²Die Auftragsbekanntmachung oder die Aufforderung zur Interessensbestätigung muss die Internet-Adresse, über die diese Vergabeunterlagen abrufbar sind, enthalten.
2. Diese Verpflichtung entfällt in den in Fällen nach § 11b EU Absatz 1.

---

[1]) **Amtl. Anm.:** http://simap.europa.eu/

3. ¹Bei nicht offenen Verfahren, Verhandlungsverfahren, wettbewerblichen Dialogen und Innovationspartnerschaften werden alle ausgewählten Bewerber gleichzeitig in Textform aufgefordert, am Wettbewerb teilzunehmen oder wenn eine Vorinformation als Aufruf zum Wettbewerb gemäß § 12 EU Absatz 2 genutzt wurde, zu einer Interessensbestätigung aufgefordert.
²Die Aufforderungen enthalten einen Verweis auf die elektronische Adresse, über die die Vergabeunterlagen direkt elektronisch zur Verfügung gestellt werden.
³Bei den in Nummer 2 genannten Gründen sind den Aufforderungen die Vergabeunterlagen beizufügen, soweit sie nicht bereits auf andere Art und Weise zur Verfügung gestellt wurden.

(2) Die Namen der Unternehmen, die Vergabeunterlagen erhalten oder eingesehen haben, sind geheim zu halten.

(3) ¹Rechtzeitig beantragte Auskünfte über die Vergabeunterlagen sind spätestens sechs Kalendertage vor Ablauf der Angebotsfrist allen Unternehmen in gleicher Weise zu erteilen. ²Bei beschleunigten Verfahren nach § 10a EU Absatz 2, sowie § 10b EU Absatz 5 beträgt diese Frist vier Kalendertage.

Fünfter Teil. Strafrecht

44. Strafgesetzbuch (StGB)

In der Fassung der Bekanntmachung vom 13. November 1998[1]
(BGBl. I S. 3322)

FNA 450-2

zuletzt geänd. durch Art. 1 G zur Änd. des Strafgesetzbuches – Verbesserung des strafrechtlichen Schutzes gegen sogenannte Feindeslisten, Strafbarkeit der Verbreitung und des Besitzes von Anleitungen zu sexuellem Missbrauch von Kindern und Verbesserung der Bekämpfung verhetzender Inhalte sowie Bekämpfung von Propagandamitteln und Kennzeichen verfassungswidriger und terroristischer Organisationen v. 14.9.2021 (BGBl. I S. 4250)

– Auszug –

Allgemeiner Teil

Erster Abschnitt. Das Strafgesetz

Zweiter Titel. Sprachgebrauch

§ 11 Personen- und Sachbegriffe. (1) Im Sinne dieses Gesetzes ist

1. Angehöriger:
   wer zu den folgenden Personen gehört:
   a) Verwandte und Verschwägerte gerader Linie, der Ehegatte, der Lebenspartner, der Verlobte, Geschwister, Ehegatten oder Lebenspartner der Geschwister, Geschwister der Ehegatten oder Lebenspartner, und zwar auch dann, wenn die Ehe oder die Lebenspartnerschaft, welche die Beziehung begründet hat, nicht mehr besteht oder wenn die Verwandtschaft oder Schwägerschaft erloschen ist,
   b) Pflegeeltern und Pflegekinder;
2. Amtsträger:
   wer nach deutschem Recht
   a) Beamter oder Richter ist,
   b) in einem sonstigen öffentlich-rechtlichen Amtsverhältnis steht oder
   c) sonst dazu bestellt ist, bei einer Behörde oder bei einer sonstigen Stelle oder in deren Auftrag Aufgaben der öffentlichen Verwaltung unbeschadet der zur Aufgabenerfüllung gewählten Organisationsform wahrzunehmen;
2a. Europäischer Amtsträger:
   wer
   a) Mitglied der Europäischen Kommission, der Europäischen Zentralbank, des Rechnungshofs oder eines Gerichts der Europäischen Union ist,
   b) Beamter oder sonstiger Bediensteter der Europäischen Union oder einer auf der Grundlage des Rechts der Europäischen Union geschaffenen Einrichtung ist oder
   c) mit der Wahrnehmung von Aufgaben der Europäischen Union oder von Aufgaben einer auf der Grundlage des Rechts der Europäischen Union geschaffenen Einrichtung beauftragt ist;

---

[1] Neubekanntmachung des StGB idF der Bek. v. 10.3.1987 (BGBl. I S. 945, 1160) in der seit 1.1.1999 geltenden Fassung.

3. Richter:
   wer nach deutschem Recht Berufsrichter oder ehrenamtlicher Richter ist;
4. für den öffentlichen Dienst besonders Verpflichteter:
   wer, ohne Amtsträger zu sein,
   a) bei einer Behörde oder bei einer sonstigen Stelle, die Aufgaben der öffentlichen Verwaltung wahrnimmt, oder
   b) bei einem Verband oder sonstigen Zusammenschluß, Betrieb oder Unternehmen, die für eine Behörde oder für eine sonstige Stelle Aufgaben der öffentlichen Verwaltung ausführen,

   beschäftigt oder für sie tätig und auf die gewissenhafte Erfüllung seiner Obliegenheiten auf Grund eines Gesetzes förmlich verpflichtet ist;
5. rechtswidrige Tat:
   nur eine solche, die den Tatbestand eines Strafgesetzes verwirklicht;
6. Unternehmen einer Tat:
   deren Versuch und deren Vollendung;
7. Behörde:
   auch ein Gericht;
8. Maßnahmen:
   jede Maßregel der Besserung und Sicherung, die Einziehung und die Unbrauchbarmachung;
9. Entgelt:
   jede in einem Vermögensvorteil bestehende Gegenleistung.

(2) Vorsätzlich im Sinne dieses Gesetzes ist eine Tat auch dann, wenn sie einen gesetzlichen Tatbestand verwirklicht, der hinsichtlich der Handlung Vorsatz voraussetzt, hinsichtlich einer dadurch verursachten besonderen Folge jedoch Fahrlässigkeit ausreichen läßt.

(3) Inhalte im Sinne der Vorschriften, die auf diesen Absatz verweisen, sind solche, die in Schriften, auf Ton- oder Bildträgern, in Datenspeichern, Abbildungen oder anderen Verkörperungen enthalten sind oder auch unabhängig von einer Speicherung mittels Informations- oder Kommunikationstechnik übertragen werden.

Besonderer Teil

Erster Abschnitt. Friedensverrat, Hochverrat und Gefährdung des demokratischen Rechtsstaates

Dritter Titel. Gefährdung des demokratischen Rechtsstaates

§ 86 Verbreiten von Propagandamitteln verfassungswidriger und terroristischer Organisationen. (1) Wer Propagandamittel

1. einer vom Bundesverfassungsgericht für verfassungswidrig erklärten Partei oder einer Partei oder Vereinigung, von der unanfechtbar festgestellt ist, daß sie Ersatzorganisation einer solchen Partei ist,
2. einer Vereinigung, die unanfechtbar verboten ist, weil sie sich gegen die verfassungsmäßige Ordnung oder gegen den Gedanken der Völkerverständigung richtet, oder von der unanfechtbar festgestellt ist, daß sie Ersatzorganisation einer solchen verbotenen Vereinigung ist,

3. einer Regierung, Vereinigung oder Einrichtung außerhalb des räumlichen Geltungsbereichs dieses Gesetzes, die für die Zwecke einer der in den Nummern 1 und 2 bezeichneten Parteien oder Vereinigungen tätig ist, oder

4. die nach ihrem Inhalt dazu bestimmt sind, Bestrebungen einer ehemaligen nationalsozialistischen Organisation fortzusetzen,

im Inland verbreitet oder der Öffentlichkeit zugänglich macht oder zur Verbreitung im Inland oder Ausland herstellt, vorrätig hält, einführt oder ausführt, wird mit Freiheitsstrafe bis zu drei Jahren oder mit Geldstrafe bestraft.

(2) Ebenso wird bestraft, wer Propagandamittel einer Organisation, die im Anhang der Durchführungsverordnung (EU) 2021/138 des Rates vom 5. Februar 2021 zur Durchführung des Artikels 2 Absatz 3 der Verordnung (EG) Nr. 2580/2001 über spezifische, gegen bestimmte Personen und Organisationen gerichtete restriktive Maßnahmen zur Bekämpfung des Terrorismus und zur Aufhebung der Durchführungsverordnung (EU) 2020/1128 (ABl. L 43 vom 8.2.2021, S. 1) als juristische Person, Vereinigung oder Körperschaft aufgeführt ist, im Inland verbreitet oder der Öffentlichkeit zugänglich macht oder zur Verbreitung im Inland oder Ausland herstellt, vorrätig hält, einführt oder ausführt.

(3) [1]Propagandamittel im Sinne des Absatzes 1 ist nur ein solcher Inhalt (§ 11 Absatz 3), der gegen die freiheitliche demokratische Grundordnung oder den Gedanken der Völkerverständigung gerichtet ist. [2]Propagandamittel im Sinne des Absatzes 2 ist nur ein solcher Inhalt (§ 11 Absatz 3), der gegen den Bestand oder die Sicherheit eines Staates oder einer internationalen Organisation oder gegen die Verfassungsgrundsätze der Bundesrepublik Deutschland gerichtet ist.

(4) Die Absätze 1 und 2 gelten nicht, wenn die Handlung der staatsbürgerlichen Aufklärung, der Abwehr verfassungswidriger Bestrebungen, der Kunst oder der Wissenschaft, der Forschung oder der Lehre, der Berichterstattung über Vorgänge des Zeitgeschehens oder der Geschichte oder ähnlichen Zwecken dient.

(5) Ist die Schuld gering, so kann das Gericht von einer Bestrafung nach dieser Vorschrift absehen.

§ 86a Verwenden von Kennzeichen verfassungswidriger und terroristischer Organisationen.

(1) Mit Freiheitsstrafe bis zu drei Jahren oder mit Geldstrafe wird bestraft, wer

1. im Inland Kennzeichen einer der in § 86 Abs. 1 Nr. 1, 2 und 4 oder Absatz 2 bezeichneten Parteien oder Vereinigungen verbreitet oder öffentlich, in einer Versammlung oder in einem von ihm verbreiteten Inhalt (§ 11 Absatz 3) verwendet oder

2. einen Inhalt (§ 11 Absatz 3), der ein derartiges Kennzeichen darstellt oder enthält, zur Verbreitung oder Verwendung im Inland oder Ausland in der in Nummer 1 bezeichneten Art und Weise herstellt, vorrätig hält, einführt oder ausführt.

(2) [1]Kennzeichen im Sinne des Absatzes 1 sind namentlich Fahnen, Abzeichen, Uniformstücke, Parolen und Grußformen. [2]Den in Satz 1 genannten Kennzeichen stehen solche gleich, die ihnen zum Verwechseln ähnlich sind.

(3) § 86 Abs. 4 und 5 gilt entsprechend.

Sechster Abschnitt. Widerstand gegen die Staatsgewalt

§ 111 Öffentliche Aufforderung zu Straftaten. (1) Wer öffentlich, in einer Versammlung oder durch Verbreiten eines Inhalts (§ 11 Absatz 3) zu einer rechtswidrigen Tat auffordert, wird wie ein Anstifter (§ 26) bestraft.

(2) ¹Bleibt die Aufforderung ohne Erfolg, so ist die Strafe Freiheitsstrafe bis zu fünf Jahren oder Geldstrafe. ²Die Strafe darf nicht schwerer sein als die, die für den Fall angedroht ist, daß die Aufforderung Erfolg hat (Absatz 1); § 49 Abs. 1 Nr. 2 ist anzuwenden.

Siebenter Abschnitt. Straftaten gegen die öffentliche Ordnung

§ 130 Volksverhetzung. (1) Wer in einer Weise, die geeignet ist, den öffentlichen Frieden zu stören,

1. gegen eine nationale, rassische, religiöse oder durch ihre ethnische Herkunft bestimmte Gruppe, gegen Teile der Bevölkerung oder gegen einen Einzelnen wegen seiner Zugehörigkeit zu einer vorbezeichneten Gruppe oder zu einem Teil der Bevölkerung zum Hass aufstachelt, zu Gewalt- oder Willkürmaßnahmen auffordert oder
2. die Menschenwürde anderer dadurch angreift, dass er eine vorbezeichnete Gruppe, Teile der Bevölkerung oder einen Einzelnen wegen seiner Zugehörigkeit zu einer vorbezeichneten Gruppe oder zu einem Teil der Bevölkerung beschimpft, böswillig verächtlich macht oder verleumdet,

wird mit Freiheitsstrafe von drei Monaten bis zu fünf Jahren bestraft.

(2) Mit Freiheitsstrafe bis zu drei Jahren oder mit Geldstrafe wird bestraft, wer

1. einen Inhalt (§ 11 Absatz 3) verbreitet oder der Öffentlichkeit zugänglich macht oder einer Person unter achtzehn Jahren einen Inhalt (§ 11 Absatz 3) anbietet, überlässt oder zugänglich macht, der
   a) zum Hass gegen eine in Absatz 1 Nummer 1 bezeichnete Gruppe, gegen Teile der Bevölkerung oder gegen einen Einzelnen wegen seiner Zugehörigkeit zu einer in Absatz 1 Nummer 1 bezeichneten Gruppe oder zu einem Teil der Bevölkerung aufstachelt,
   b) zu Gewalt- oder Willkürmaßnahmen gegen in Buchstabe a genannte Personen oder Personenmehrheiten auffordert oder
   c) die Menschenwürde von in Buchstabe a genannten Personen oder Personenmehrheiten dadurch angreift, dass diese beschimpft, böswillig verächtlich gemacht oder verleumdet werden oder
2. einen in Nummer 1 Buchstabe a bis c bezeichneten Inhalt (§ 11 Absatz 3) herstellt, bezieht, liefert, vorrätig hält, anbietet, bewirbt oder es unternimmt, diesen ein- oder auszuführen, um ihn im Sinne der Nummer 1 zu verwenden oder einer anderen Person eine solche Verwendung zu ermöglichen.

(3) Mit Freiheitsstrafe bis zu fünf Jahren oder mit Geldstrafe wird bestraft, wer eine unter der Herrschaft des Nationalsozialismus begangene Handlung der in § 6 Abs. 1 des Völkerstrafgesetzbuches bezeichneten Art in einer Weise, die geeignet ist, den öffentlichen Frieden zu stören, öffentlich oder in einer Versammlung billigt, leugnet oder verharmlost.

(4) Mit Freiheitsstrafe bis zu drei Jahren oder mit Geldstrafe wird bestraft, wer öffentlich oder in einer Versammlung den öffentlichen Frieden in einer die

Würde der Opfer verletzenden Weise dadurch stört, dass er die nationalsozialistische Gewalt- und Willkürherrschaft billigt, verherrlicht oder rechtfertigt.

(5) Absatz 2 gilt auch für einen in den Absätzen 3 oder 4 bezeichneten Inhalt (§ 11 Absatz 3).

(6) In den Fällen des Absatzes 2 Nummer 1, auch in Verbindung mit Absatz 5, ist der Versuch strafbar.

(7) In den Fällen des Absatzes 2, auch in Verbindung mit den Absätzen 5 und 6, sowie in den Fällen der Absätze 3 und 4 gilt § 86 Absatz 4 entsprechend.

§ 130a Anleitung zu Straftaten. (1) Wer einen Inhalt (§ 11 Absatz 3), der geeignet ist, als Anleitung zu einer in § 126 Abs. 1 genannten rechtswidrigen Tat zu dienen, und dazu bestimmt ist, die Bereitschaft anderer zu fördern oder zu wecken, eine solche Tat zu begehen, verbreitet oder der Öffentlichkeit zugänglich macht, wird mit Freiheitsstrafe bis zu drei Jahren oder mit Geldstrafe bestraft.

(2) Ebenso wird bestraft, wer

1. einen Inhalt (§ 11 Absatz 3), der geeignet ist, als Anleitung zu einer in § 126 Abs. 1 genannten rechtswidrigen Tat zu dienen, verbreitet oder der Öffentlichkeit zugänglich macht oder

2. öffentlich oder in einer Versammlung zu einer in § 126 Abs. 1 genannten rechtswidrigen Tat eine Anleitung gibt,

um die Bereitschaft anderer zu fördern oder zu wecken, eine solche Tat zu begehen.

(3) § 86 Absatz 4 gilt entsprechend.

§ 131 Gewaltdarstellung. (1) ¹Mit Freiheitsstrafe bis zu einem Jahr oder mit Geldstrafe wird bestraft, wer

1. einen Inhalt (§ 11 Absatz 3), der grausame oder sonst unmenschliche Gewalttätigkeiten gegen Menschen oder menschenähnliche Wesen in einer Art schildert, die eine Verherrlichung oder Verharmlosung solcher Gewalttätigkeiten ausdrückt oder die das Grausame oder Unmenschliche des Vorgangs in einer die Menschenwürde verletzenden Weise darstellt,
   a) verbreitet oder der Öffentlichkeit zugänglich macht,
   b) einer Person unter achtzehn Jahren anbietet, überlässt oder zugänglich macht oder

2. einen in Nummer 1 bezeichneten Inhalt (§ 11 Absatz 3) herstellt, bezieht, liefert, vorrätig hält, anbietet, bewirbt oder es unternimmt, diesen ein- oder auszuführen, um ihn im Sinne der Nummer 1 zu verwenden oder einer anderen Person eine solche Verwendung zu ermöglichen.

²In den Fällen des Satzes 1 Nummer 1 ist der Versuch strafbar.

(2) Absatz 1 gilt nicht, wenn die Handlung der Berichterstattung über Vorgänge des Zeitgeschehens oder der Geschichte dient.

(3) Absatz 1 Satz 1 Nummer 1 Buchstabe b ist nicht anzuwenden, wenn der zur Sorge für die Person Berechtigte handelt; dies gilt nicht, wenn der Sorgeberechtigte durch das Anbieten, Überlassen oder Zugänglichmachen seine Erziehungspflicht gröblich verletzt.

§ 138 Nichtanzeige geplanter Straftaten. (1) Wer von dem Vorhaben oder der Ausführung

1. *(aufgehoben)*
2. eines Hochverrats in den Fällen der §§ 81 bis 83 Abs. 1,
3. eines Landesverrats oder einer Gefährdung der äußeren Sicherheit in den Fällen der §§ 94 bis 96, 97a oder 100,
4. einer Geld- oder Wertpapierfälschung in den Fällen der §§ 146, 151, 152 oder einer Fälschung von Zahlungskarten mit Garantiefunktion in den Fällen des § 152b Abs. 1 bis 3,
5. eines Mordes (§ 211) oder Totschlags (§ 212) oder eines Völkermordes (§ 6 des Völkerstrafgesetzbuches) oder eines Verbrechens gegen die Menschlichkeit (§ 7 des Völkerstrafgesetzbuches) oder eines Kriegsverbrechens (§§ 8, 9, 10, 11 oder 12 des Völkerstrafgesetzbuches) oder eines Verbrechens der Aggression (§ 13 des Völkerstrafgesetzbuches),
6. einer Straftat gegen die persönliche Freiheit in den Fällen des § 232 Absatz 3 Satz 2, des § 232a Absatz 3, 4 oder 5, des § 232b Absatz 3 oder 4, des § 233a Absatz 3 oder 4, jeweils soweit es sich um Verbrechen handelt, der §§ 234, 234a, 239a oder 239b,
7. eines Raubes oder einer räuberischen Erpressung (§§ 249 bis 251 oder 255) oder
8. einer gemeingefährlichen Straftat in den Fällen der §§ 306 bis 306c oder 307 Abs. 1 bis 3, des § 308 Abs. 1 bis 4, des § 309 Abs. 1 bis 5, der §§ 310, 313, 314 oder 315 Abs. 3, des § 315b Abs. 3 oder der §§ 316a oder 316c

zu einer Zeit, zu der die Ausführung oder der Erfolg noch abgewendet werden kann, glaubhaft erfährt und es unterläßt, der Behörde oder dem Bedrohten rechtzeitig Anzeige zu machen, wird mit Freiheitsstrafe bis zu fünf Jahren oder mit Geldstrafe bestraft.

(2) ¹Ebenso wird bestraft, wer

1. von der Ausführung einer Straftat nach § 89a oder
2. von dem Vorhaben oder der Ausführung einer Straftat nach § 129a, auch in Verbindung mit § 129b Abs. 1 Satz 1 und 2,

zu einer Zeit, zu der die Ausführung noch abgewendet werden kann, glaubhaft erfährt und es unterlässt, der Behörde unverzüglich Anzeige zu erstatten. ²§ 129b Abs. 1 Satz 3 bis 5 gilt im Fall der Nummer 2 entsprechend.

(3) Wer die Anzeige leichtfertig unterläßt, obwohl er von dem Vorhaben oder der Ausführung der rechtswidrigen Tat glaubhaft erfahren hat, wird mit Freiheitsstrafe bis zu einem Jahr oder mit Geldstrafe bestraft.

Dreizehnter Abschnitt. Straftaten gegen die sexuelle Selbstbestimmung

§ 184 Verbreitung pornographischer Inhalte. (1) Wer einen pornographischen Inhalt (§ 11 Absatz 3)

1. einer Person unter achtzehn Jahren anbietet, überläßt oder zugänglich macht,
2. an einem Ort, der Personen unter achtzehn Jahren zugänglich ist oder von ihnen eingesehen werden kann, zugänglich macht,

3. im Einzelhandel außerhalb von Geschäftsräumen, in Kiosken oder anderen Verkaufsstellen, die der Kunde nicht zu betreten pflegt, im Versandhandel oder in gewerblichen Leihbüchereien oder Lesezirkeln einem anderen anbietet oder überläßt,

3a. im Wege gewerblicher Vermietung oder vergleichbarer gewerblicher Gewährung des Gebrauchs, ausgenommen in Ladengeschäften, die Personen unter achtzehn Jahren nicht zugänglich sind und von ihnen nicht eingesehen werden können, einem anderen anbietet oder überläßt,

4. im Wege des Versandhandels einzuführen unternimmt,

5. öffentlich an einem Ort, der Personen unter achtzehn Jahren zugänglich ist oder von ihnen eingesehen werden kann, oder durch Verbreiten von Schriften außerhalb des Geschäftsverkehrs mit dem einschlägigen Handel anbietet oder bewirbt,

6. an einen anderen gelangen läßt, ohne von diesem hierzu aufgefordert zu sein,

7. in einer öffentlichen Filmvorführung gegen ein Entgelt zeigt, das ganz oder überwiegend für diese Vorführung verlangt wird,

8. herstellt, bezieht, liefert, vorrätig hält oder einzuführen unternimmt, um diesen im Sinne der Nummern 1 bis 7 zu verwenden oder einer anderen Person eine solche Verwendung zu ermöglichen, oder

9. auszuführen unternimmt, um diesen im Ausland unter Verstoß gegen die dort geltenden Strafvorschriften zu verbreiten oder der Öffentlichkeit zugänglich zu machen oder eine solche Verwendung zu ermöglichen,

wird mit Freiheitsstrafe bis zu einem Jahr oder mit Geldstrafe bestraft.

(2) ¹Absatz 1 Nummer 1 und 2 ist nicht anzuwenden, wenn der zur Sorge für die Person Berechtigte handelt; dies gilt nicht, wenn der Sorgeberechtigte durch das Anbieten, Überlassen oder Zugänglichmachen seine Erziehungspflicht gröblich verletzt. ²Absatz 1 Nr. 3a gilt nicht, wenn die Handlung im Geschäftsverkehr mit gewerblichen Entleihern erfolgt.

§ 184k Verletzung des Intimbereichs durch Bildaufnahmen.

(1) Mit Freiheitsstrafe bis zu zwei Jahren oder mit Geldstrafe wird bestraft, wer

1. absichtlich oder wissentlich von den Genitalien, dem Gesäß, der weiblichen Brust oder der diese Körperteile bedeckenden Unterwäsche einer anderen Person unbefugt eine Bildaufnahme herstellt oder überträgt, soweit diese Bereiche gegen Anblick geschützt sind,

2. eine durch eine Tat nach Nummer 1 hergestellte Bildaufnahme gebraucht oder einer dritten Person zugänglich macht oder

3. eine befugt hergestellte Bildaufnahme der in der Nummer 1 bezeichneten Art wissentlich unbefugt einer dritten Person zugänglich macht.

(2) Die Tat wird nur auf Antrag verfolgt, es sei denn, dass die Strafverfolgungsbehörde wegen des besonderen öffentlichen Interesses an der Strafverfolgung ein Einschreiten von Amts wegen für geboten hält.

(3) Absatz 1 gilt nicht für Handlungen, die in Wahrnehmung überwiegender berechtigter Interessen erfolgen, namentlich der Kunst oder der Wissenschaft, der Forschung oder der Lehre, der Berichterstattung über Vorgänge des Zeitgeschehens oder der Geschichte oder ähnlichen Zwecken dienen.

(4) ¹Die Bildträger sowie Bildaufnahmegeräte oder andere technische Mittel, die der Täter oder Teilnehmer verwendet hat, können eingezogen werden. ² § 74a ist anzuwenden.

Vierzehnter Abschnitt. Beleidigung

§ 185 Beleidigung. Die Beleidigung wird mit Freiheitsstrafe bis zu einem Jahr oder mit Geldstrafe und, wenn die Beleidigung öffentlich, in einer Versammlung, durch Verbreiten eines Inhalts (§ 11 Absatz 3) oder mittels einer Tätlichkeit begangen wird, mit Freiheitsstrafe bis zu zwei Jahren oder mit Geldstrafe bestraft.

Fünfzehnter Abschnitt. Verletzung des persönlichen Lebens- und Geheimbereichs

§ 202a Ausspähen von Daten. (1) Wer unbefugt sich oder einem anderen Zugang zu Daten, die nicht für ihn bestimmt und die gegen unberechtigten Zugang besonders gesichert sind, unter Überwindung der Zugangssicherung verschafft, wird mit Freiheitsstrafe bis zu drei Jahren oder mit Geldstrafe bestraft.

(2) Daten im Sinne des Absatzes 1 sind nur solche, die elektronisch, magnetisch oder sonst nicht unmittelbar wahrnehmbar gespeichert sind oder übermittelt werden.

§ 202b Abfangen von Daten. Wer unbefugt sich oder einem anderen unter Anwendung von technischen Mitteln nicht für ihn bestimmte Daten (§ 202a Abs. 2) aus einer nichtöffentlichen Datenübermittlung oder aus der elektromagnetischen Abstrahlung einer Datenverarbeitungsanlage verschafft, wird mit Freiheitsstrafe bis zu zwei Jahren oder mit Geldstrafe bestraft, wenn die Tat nicht in anderen Vorschriften mit schwererer Strafe bedroht ist.

§ 202c Vorbereiten des Ausspähens und Abfangens von Daten.

(1) Wer eine Straftat nach § 202a oder § 202b vorbereitet, indem er

1. Passwörter oder sonstige Sicherungscodes, die den Zugang zu Daten (§ 202a Abs. 2) ermöglichen, oder
2. Computerprogramme, deren Zweck die Begehung einer solchen Tat ist,

herstellt, sich oder einem anderen verschafft, verkauft, einem anderen überlässt, verbreitet oder sonst zugänglich macht, wird mit Freiheitsstrafe bis zu zwei Jahren oder mit Geldstrafe bestraft.

(2) § 149 Abs. 2 und 3 gilt entsprechend.

§ 202d Datenhehlerei. (1) Wer Daten (§ 202a Absatz 2), die nicht allgemein zugänglich sind und die ein anderer durch eine rechtswidrige Tat erlangt hat, sich oder einem anderen verschafft, einem anderen überlässt, verbreitet oder sonst zugänglich macht, um sich oder einen Dritten zu bereichern oder einen anderen zu schädigen, wird mit Freiheitsstrafe bis zu drei Jahren oder mit Geldstrafe bestraft.

(2) Die Strafe darf nicht schwerer sein als die für die Vortat angedrohte Strafe.

(3) ¹Absatz 1 gilt nicht für Handlungen, die ausschließlich der Erfüllung rechtmäßiger dienstlicher oder beruflicher Pflichten dienen. ²Dazu gehören insbesondere

1. solche Handlungen von Amtsträgern oder deren Beauftragten, mit denen Daten ausschließlich der Verwertung in einem Besteuerungsverfahren, einem Strafverfahren oder einem Ordnungswidrigkeitenverfahren zugeführt werden sollen, sowie
2. solche beruflichen Handlungen der in § 53 Absatz 1 Satz 1 Nummer 5 der Strafprozessordnung genannten Personen, mit denen Daten entgegengenommen, ausgewertet oder veröffentlicht werden.

§ 203 Verletzung von Privatgeheimnissen.
(1) Wer unbefugt ein fremdes Geheimnis, namentlich ein zum persönlichen Lebensbereich gehörendes Geheimnis oder ein Betriebs- oder Geschäftsgeheimnis, offenbart, das ihm als

1. Arzt, Zahnarzt, Tierarzt, Apotheker oder Angehörigen eines anderen Heilberufs, der für die Berufsausübung oder die Führung der Berufsbezeichnung eine staatlich geregelte Ausbildung erfordert,
2. Berufspsychologen mit staatlich anerkannter wissenschaftlicher Abschlußprüfung,

[Nr. 3 bis 31.7.2022:]
3. Rechtsanwalt, Kammerrechtsbeistand, Patentanwalt, Notar, Verteidiger in einem gesetzlich geordneten Verfahren, Wirtschaftsprüfer, vereidigtem Buchprüfer, Steuerberater, Steuerbevollmächtigten oder Organ oder Mitglied eines Organs einer Rechtsanwalts-, Patentanwalts-, Wirtschaftsprüfungs-, Buchprüfungs- oder Steuerberatungsgesellschaft,

[Nr. 3 ab 1.8.2022:]
3. *Rechtsanwalt, Kammerrechtsbeistand, Patentanwalt, Notar, Verteidiger in einem gesetzlich geordneten Verfahren, Wirtschaftsprüfer, vereidigtem Buchprüfer, Steuerberater, Steuerbevollmächtigten,*

[Nr. 3a ab 1.8.2022:]
3a. *Organ oder Mitglied eines Organs einer Wirtschaftsprüfungs-, Buchprüfungs- oder einer Berufsausübungsgesellschaft von Steuerberatern und Steuerbevollmächtigten, einer Berufsausübungsgesellschaft von Rechtsanwälten oder europäischen niedergelassenen Rechtsanwälten oder einer Berufsausübungsgesellschaft von Patentanwälten oder niedergelassenen europäischen Patentanwälten im Zusammenhang mit der Beratung und Vertretung der Wirtschaftsprüfungs-, Buchprüfungs- oder Berufsausübungsgesellschaft im Bereich der Wirtschaftsprüfung, Buchprüfung oder Hilfeleistung in Steuersachen oder ihrer rechtsanwaltlichen oder patentanwaltlichen Tätigkeit,*
4. Ehe-, Familien-, Erziehungs- oder Jugendberater sowie Berater für Suchtfragen in einer Beratungsstelle, die von einer Behörde oder Körperschaft, Anstalt oder Stiftung des öffentlichen Rechts anerkannt ist,
5. Mitglied oder Beauftragten einer anerkannten Beratungsstelle nach den §§ 3 und 8 des Schwangerschaftskonfliktgesetzes,
6. staatlich anerkanntem Sozialarbeiter oder staatlich anerkanntem Sozialpädagogen oder
7. Angehörigen eines Unternehmens der privaten Kranken-, Unfall- oder Lebensversicherung oder einer privatärztlichen, steuerberaterlichen oder anwaltlichen Verrechnungsstelle

anvertraut worden oder sonst bekanntgeworden ist, wird mit Freiheitsstrafe bis zu einem Jahr oder mit Geldstrafe bestraft.

(2) ¹Ebenso wird bestraft, wer unbefugt ein fremdes Geheimnis, namentlich ein zum persönlichen Lebensbereich gehörendes Geheimnis oder ein Betriebs- oder Geschäftsgeheimnis, offenbart, das ihm als

1. Amtsträger oder Europäischer Amtsträger,
2. für den öffentlichen Dienst besonders Verpflichteten,
3. Person, die Aufgaben oder Befugnisse nach dem Personalvertretungsrecht wahrnimmt,
4. Mitglied eines für ein Gesetzgebungsorgan des Bundes oder eines Landes tätigen Untersuchungsausschusses, sonstigen Ausschusses oder Rates, das nicht selbst Mitglied des Gesetzgebungsorgans ist, oder als Hilfskraft eines solchen Ausschusses oder Rates,
5. öffentlich bestelltem Sachverständigen, der auf die gewissenhafte Erfüllung seiner Obliegenheiten auf Grund eines Gesetzes förmlich verpflichtet worden ist, oder
6. Person, die auf die gewissenhafte Erfüllung ihrer Geheimhaltungspflicht bei der Durchführung wissenschaftlicher Forschungsvorhaben auf Grund eines Gesetzes förmlich verpflichtet worden ist,

anvertraut worden oder sonst bekanntgeworden ist. ²Einem Geheimnis im Sinne des Satzes 1 stehen Einzelangaben über persönliche oder sachliche Verhältnisse eines anderen gleich, die für Aufgaben der öffentlichen Verwaltung erfaßt worden sind; Satz 1 ist jedoch nicht anzuwenden, soweit solche Einzelangaben anderen Behörden oder sonstigen Stellen für Aufgaben der öffentlichen Verwaltung bekanntgegeben werden und das Gesetz dies nicht untersagt.

(3) ¹Kein Offenbaren im Sinne dieser Vorschrift liegt vor, wenn die in den Absätzen 1 und 2 genannten Personen Geheimnisse den bei ihnen berufsmäßig tätigen Gehilfen oder den bei ihnen zur Vorbereitung auf den Beruf tätigen Personen zugänglich machen. ²Die in den Absätzen 1 und 2 Genannten dürfen fremde Geheimnisse gegenüber sonstigen Personen offenbaren, die an ihrer beruflichen oder dienstlichen Tätigkeit mitwirken, soweit dies für die Inanspruchnahme der Tätigkeit der sonstigen mitwirkenden Personen erforderlich ist; das Gleiche gilt für sonstige mitwirkende Personen, wenn diese sich weiterer Personen bedienen, die an der beruflichen oder dienstlichen Tätigkeit der in den Absätzen 1 und 2 Genannten mitwirken.

(4) ¹Mit Freiheitsstrafe bis zu einem Jahr oder mit Geldstrafe wird bestraft, wer unbefugt ein fremdes Geheimnis offenbart, das ihm bei der Ausübung oder bei Gelegenheit seiner Tätigkeit als mitwirkende Person oder als bei den in den Absätzen 1 und 2 genannten Personen tätiger Datenschutzbeauftragter bekannt geworden ist. ²Ebenso wird bestraft, wer

1. als in den Absätzen 1 und 2 genannte Person nicht dafür Sorge getragen hat, dass eine sonstige mitwirkende Person, die unbefugt ein fremdes, ihr bei der Ausübung oder bei Gelegenheit ihrer Tätigkeit bekannt gewordenes Geheimnis offenbart, zur Geheimhaltung verpflichtet wurde; dies gilt nicht für sonstige mitwirkende Personen, die selbst eine in den Absätzen 1 oder 2 genannte Person sind,
2. als im Absatz 3 genannte mitwirkende Person sich einer weiteren mitwirkenden Person, die unbefugt ein fremdes, ihr bei der Ausübung oder bei

Gelegenheit ihrer Tätigkeit bekannt gewordenes Geheimnis offenbart, bedient und nicht dafür Sorge getragen hat, dass diese zur Geheimhaltung verpflichtet wurde; dies gilt nicht für sonstige mitwirkende Personen, die selbst eine in den Absätzen 1 oder 2 genannte Person sind, oder

3. nach dem Tod der nach Satz 1 oder nach den Absätzen 1 oder 2 verpflichteten Person ein fremdes Geheimnis unbefugt offenbart, das er von dem Verstorbenen erfahren oder aus dessen Nachlass erlangt hat.

(5) Die Absätze 1 bis 4 sind auch anzuwenden, wenn der Täter das fremde Geheimnis nach dem Tod des Betroffenen unbefugt offenbart.

(6) Handelt der Täter gegen Entgelt oder in der Absicht, sich oder einen anderen zu bereichern oder einen anderen zu schädigen, so ist die Strafe Freiheitsstrafe bis zu zwei Jahren oder Geldstrafe.

§ 206 Verletzung des Post- oder Fernmeldegeheimnisses.

(1) Wer unbefugt einer anderen Person eine Mitteilung über Tatsachen macht, die dem Post- oder Fernmeldegeheimnis unterliegen und die ihm als Inhaber oder Beschäftigtem eines Unternehmens bekanntgeworden sind, das geschäftsmäßig Post- oder Telekommunikationsdienste erbringt, wird mit Freiheitsstrafe bis zu fünf Jahren oder mit Geldstrafe bestraft.

(2) Ebenso wird bestraft, wer als Inhaber oder Beschäftigter eines in Absatz 1 bezeichneten Unternehmens unbefugt

1. eine Sendung, die einem solchen Unternehmen zur Übermittlung anvertraut worden und verschlossen ist, öffnet oder sich von ihrem Inhalt ohne Öffnung des Verschlusses unter Anwendung technischer Mittel Kenntnis verschafft,
2. eine einem solchen Unternehmen zur Übermittlung anvertraute Sendung unterdrückt oder
3. eine der in Absatz 1 oder in Nummer 1 oder 2 bezeichneten Handlungen gestattet oder fördert.

(3) Die Absätze 1 und 2 gelten auch für Personen, die

1. Aufgaben der Aufsicht über ein in Absatz 1 bezeichnetes Unternehmen wahrnehmen,
2. von einem solchen Unternehmen oder mit dessen Ermächtigung mit dem Erbringen von Post- oder Telekommunikationsdiensten betraut sind oder
3. mit der Herstellung einer dem Betrieb eines solchen Unternehmens dienenden Anlage oder mit Arbeiten daran betraut sind.

(4) Wer unbefugt einer anderen Person eine Mitteilung über Tatsachen macht, die ihm als außerhalb des Post- oder Telekommunikationsbereichs tätigem Amtsträger auf Grund eines befugten oder unbefugten Eingriffs in das Post- oder Fernmeldegeheimnis bekanntgeworden sind, wird mit Freiheitsstrafe bis zu zwei Jahren oder mit Geldstrafe bestraft.

(5) [1] Dem Postgeheimnis unterliegen die näheren Umstände des Postverkehrs bestimmter Personen sowie der Inhalt von Postsendungen. [2] Dem Fernmeldegeheimnis unterliegen der Inhalt der Telekommunikation und ihre näheren Umstände, insbesondere die Tatsache, ob jemand an einem Telekommunikationsvorgang beteiligt ist oder war. [3] Das Fernmeldegeheimnis erstreckt sich auch auf die näheren Umstände erfolgloser Verbindungsversuche.

Zweiundzwanzigster Abschnitt. Betrug und Untreue

§ 263 Betrug. (1) Wer in der Absicht, sich oder einem Dritten einen rechtswidrigen Vermögensvorteil zu verschaffen, das Vermögen eines anderen dadurch beschädigt, daß er durch Vorspiegelung falscher oder durch Entstellung oder Unterdrückung wahrer Tatsachen einen Irrtum erregt oder unterhält, wird mit Freiheitsstrafe bis zu fünf Jahren oder mit Geldstrafe bestraft.

(2) Der Versuch ist strafbar.

(3) ¹In besonders schweren Fällen ist die Strafe Freiheitsstrafe von sechs Monaten bis zu zehn Jahren. ²Ein besonders schwerer Fall liegt in der Regel vor, wenn der Täter

1. gewerbsmäßig oder als Mitglied einer Bande handelt, die sich zur fortgesetzten Begehung von Urkundenfälschung oder Betrug verbunden hat,
2. einen Vermögensverlust großen Ausmaßes herbeiführt oder in der Absicht handelt, durch die fortgesetzte Begehung von Betrug eine große Zahl von Menschen in die Gefahr des Verlustes von Vermögenswerten zu bringen,
3. eine andere Person in wirtschaftliche Not bringt,
4. seine Befugnisse oder seine Stellung als Amtsträger oder Europäischer Amtsträger mißbraucht oder
5. einen Versicherungsfall vortäuscht, nachdem er oder ein anderer zu diesem Zweck eine Sache von bedeutendem Wert in Brand gesetzt oder durch eine Brandlegung ganz oder teilweise zerstört oder ein Schiff zum Sinken oder Stranden gebracht hat.

(4) § 243 Abs. 2 sowie die §§ 247 und 248a gelten entsprechend.

(5) Mit Freiheitsstrafe von einem Jahr bis zu zehn Jahren, in minder schweren Fällen mit Freiheitsstrafe von sechs Monaten bis zu fünf Jahren wird bestraft, wer den Betrug als Mitglied einer Bande, die sich zur fortgesetzten Begehung von Straftaten nach den §§ 263 bis 264 oder 267 bis 269 verbunden hat, gewerbsmäßig begeht.

(6) Das Gericht kann Führungsaufsicht anordnen (§ 68 Abs. 1).

§ 263a Computerbetrug. (1) Wer in der Absicht, sich oder einem Dritten einen rechtswidrigen Vermögensvorteil zu verschaffen, das Vermögen eines anderen dadurch beschädigt, daß er das Ergebnis eines Datenverarbeitungsvorgangs durch unrichtige Gestaltung des Programms, durch Verwendung unrichtiger oder unvollständiger Daten, durch unbefugte Verwendung von Daten oder sonst durch unbefugte Einwirkung auf den Ablauf beeinflußt, wird mit Freiheitsstrafe bis zu fünf Jahren oder mit Geldstrafe bestraft.

(2) § 263 Abs. 2 bis 6 gilt entsprechend.

(3) Wer eine Straftat nach Absatz 1 vorbereitet, indem er

1. Computerprogramme, deren Zweck die Begehung einer solchen Tat ist, herstellt, sich oder einem anderen verschafft, feilhält, verwahrt oder einem anderen überlässt oder
2. Passwörter oder sonstige Sicherungscodes, die zur Begehung einer solchen Tat geeignet sind, herstellt, sich oder einem anderen verschafft, feilhält, verwahrt oder einem anderen überlässt,

wird mit Freiheitsstrafe bis zu drei Jahren oder mit Geldstrafe bestraft.

(4) In den Fällen des Absatzes 3 gilt § 149 Abs. 2 und 3 entsprechend.

§ 265a Erschleichen von Leistungen. (1) Wer die Leistung eines Automaten oder eines öffentlichen Zwecken dienenden Telekommunikationsnetzes, die Beförderung durch ein Verkehrsmittel oder den Zutritt zu einer Veranstaltung oder einer Einrichtung in der Absicht erschleicht, das Entgelt nicht zu entrichten, wird mit Freiheitsstrafe bis zu einem Jahr oder mit Geldstrafe bestraft, wenn die Tat nicht in anderen Vorschriften mit schwererer Strafe bedroht ist.

(2) Der Versuch ist strafbar.

(3) Die §§ 247 und 248a gelten entsprechend.

Dreiundzwanzigster Abschnitt. Urkundenfälschung

§ 269 Fälschung beweiserheblicher Daten. (1) Wer zur Täuschung im Rechtsverkehr beweiserhebliche Daten so speichert oder verändert, daß bei ihrer Wahrnehmung eine unechte oder verfälschte Urkunde vorliegen würde, oder derart gespeicherte oder veränderte Daten gebraucht, wird mit Freiheitsstrafe bis zu fünf Jahren oder mit Geldstrafe bestraft.

(2) Der Versuch ist strafbar.

(3) § 267 Abs. 3 und 4 gilt entsprechend.

Siebenundzwanzigster Abschnitt. Sachbeschädigung

§ 303a Datenveränderung. (1) Wer rechtswidrig Daten (§ 202a Abs. 2) löscht, unterdrückt, unbrauchbar macht oder verändert, wird mit Freiheitsstrafe bis zu zwei Jahren oder mit Geldstrafe bestraft.

(2) Der Versuch ist strafbar.

(3) Für die Vorbereitung einer Straftat nach Absatz 1 gilt § 202c entsprechend.

§ 303b Computersabotage. (1) Wer eine Datenverarbeitung, die für einen anderen von wesentlicher Bedeutung ist, dadurch erheblich stört, dass er

1. eine Tat nach § 303a Abs. 1 begeht,
2. Daten (§ 202a Abs. 2) in der Absicht, einem anderen Nachteil zuzufügen, eingibt oder übermittelt oder
3. eine Datenverarbeitungsanlage oder einen Datenträger zerstört, beschädigt, unbrauchbar macht, beseitigt oder verändert,

wird mit Freiheitsstrafe bis zu drei Jahren oder mit Geldstrafe bestraft.

(2) Handelt es sich um eine Datenverarbeitung, die für einen fremden Betrieb, ein fremdes Unternehmen oder eine Behörde von wesentlicher Bedeutung ist, ist die Strafe Freiheitsstrafe bis zu fünf Jahren oder Geldstrafe.

(3) Der Versuch ist strafbar.

(4) [1] In besonders schweren Fällen des Absatzes 2 ist die Strafe Freiheitsstrafe von sechs Monaten bis zu zehn Jahren. [2] Ein besonders schwerer Fall liegt in der Regel vor, wenn der Täter

1. einen Vermögensverlust großen Ausmaßes herbeiführt,
2. gewerbsmäßig oder als Mitglied einer Bande handelt, die sich zur fortgesetzten Begehung von Computersabotage verbunden hat,

3. durch die Tat die Versorgung der Bevölkerung mit lebenswichtigen Gütern oder Dienstleistungen oder die Sicherheit der Bundesrepublik Deutschland beeinträchtigt.

(5) Für die Vorbereitung einer Straftat nach Absatz 1 gilt § 202c entsprechend.

Achtundzwanzigster Abschnitt. Gemeingefährliche Straftaten

§ 317 Störung von Telekommunikationsanlagen. (1) Wer den Betrieb einer öffentlichen Zwecken dienenden Telekommunikationsanlage dadurch verhindert oder gefährdet, daß er eine dem Betrieb dienende Sache zerstört, beschädigt, beseitigt, verändert oder unbrauchbar macht oder die für den Betrieb bestimmte elektrische Kraft entzieht, wird mit Freiheitsstrafe bis zu fünf Jahren oder mit Geldstrafe bestraft.

(2) Der Versuch ist strafbar.

(3) Wer die Tat fahrlässig begeht, wird mit Freiheitsstrafe bis zu einem Jahr oder mit Geldstrafe bestraft.

45. Strafprozeßordnung (StPO)[1)2)3)4)]

In der Fassung der Bekanntmachung vom 7. April 1987[5)]
(BGBl. I S. 1074, ber. S. 1319)

FNA 312-2

zuletzt geänd. durch Art. 2 G zur Änd. des StGB – Verbesserung des strafrechtlichen Schutzes gegen sogenannte Feindeslisten, Strafbarkeit der Verbreitung und des Besitzes von Anleitungen zu sexuellem Missbrauch von Kindern und Verbesserung der Bekämpfung verhetzender Inhalte sowie Bekämpfung von Propagandamitteln und Kennzeichen verfassungswidriger und terroristischer Organisationen v. 14.9. 2021 (BGBl. I S. 4250)

– Auszug –

Erstes Buch. Allgemeine Vorschriften

Achter Abschnitt. Ermittlungsmaßnahmen

§ 94 Sicherstellung und Beschlagnahme von Gegenständen zu Beweiszwecken. (1) Gegenstände, die als Beweismittel für die Untersuchung von Bedeutung sein können, sind in Verwahrung zu nehmen oder in anderer Weise sicherzustellen.

(2) Befinden sich die Gegenstände in dem Gewahrsam einer Person und werden sie nicht freiwillig herausgegeben, so bedarf es der Beschlagnahme.

(3) Die Absätze 1 und 2 gelten auch für Führerscheine, die der Einziehung unterliegen.

(4) Die Herausgabe beweglicher Sachen richtet sich nach den §§ 111n und 111o.

§ 100a Telekommunikationsüberwachung. (1) [1] Auch ohne Wissen der Betroffenen darf die Telekommunikation überwacht und aufgezeichnet werden, wenn

1. bestimmte Tatsachen den Verdacht begründen, dass jemand als Täter oder Teilnehmer eine in Absatz 2 bezeichnete schwere Straftat begangen, in Fällen, in denen der Versuch strafbar ist, zu begehen versucht, oder durch eine Straftat vorbereitet hat,
2. die Tat auch im Einzelfall schwer wiegt und
3. die Erforschung des Sachverhalts oder die Ermittlung des Aufenthaltsortes des Beschuldigten auf andere Weise wesentlich erschwert oder aussichtslos wäre.

[2] Die Überwachung und Aufzeichnung der Telekommunikation darf auch in der Weise erfolgen, dass mit technischen Mitteln in von dem Betroffenen genutzte

---

[1)] Die Änderungen durch G v. 5.7.2017 (BGBl. I S. 2208) treten teilweise erst **mWv 1.7.2025** und **mWv 1.1.2026** in Kraft und sind insoweit im Text noch nicht berücksichtigt.

[2)] Die Änderungen durch G v. 10.12.2019 (BGBl. I S. 2121) treten teilweise erst **mWv 12.12.2024** in Kraft und sind insoweit im Text noch nicht berücksichtigt.

[3)] Die Änderungen durch G v. 12.12.2019 (BGBl. I S. 2652) treten erst **mWv 1.1.2024** in Kraft und sind im Text noch nicht berücksichtigt.

[4)] Die Änderung durch G v. 4.5.2021 (BGBl. I S. 882) tritt erst **mWv 1.1.2023** in Kraft und ist im Text noch nicht berücksichtigt.

[5)] Neubekanntmachung der StPO idF der Bek. v. 7.1.1975 (BGBl. I S. 129, 650) in der seit 1.4.1987 geltenden Fassung.

informationstechnische Systeme eingegriffen wird, wenn dies notwendig ist, um die Überwachung und Aufzeichnung insbesondere in unverschlüsselter Form zu ermöglichen. ³Auf dem informationstechnischen System des Betroffenen gespeicherte Inhalte und Umstände der Kommunikation dürfen überwacht und aufgezeichnet werden, wenn sie auch während des laufenden Übertragungsvorgangs im öffentlichen Telekommunikationsnetz in verschlüsselter Form hätten überwacht und aufgezeichnet werden können.

(2) Schwere Straftaten im Sinne des Absatzes 1 Nr. 1 sind:
1. aus dem Strafgesetzbuch[1]):
   a) Straftaten des Friedensverrats, des Hochverrats und der Gefährdung des demokratischen Rechtsstaates sowie des Landesverrats und der Gefährdung der äußeren Sicherheit nach den §§ 80a bis 82, 84 bis 86, 87 bis 89a, 89c Absatz 1 bis 4, 94 bis 100a,
   b) Bestechlichkeit und Bestechung von Mandatsträgern nach § 108e,
   c) Straftaten gegen die Landesverteidigung nach den §§ 109d bis 109h,
   d) Straftaten gegen die öffentliche Ordnung nach § 127 Absatz 3 und 4 sowie den §§ 129 bis 130,
   e) Geld- und Wertzeichenfälschung nach den §§ 146 und 151, jeweils auch in Verbindung mit § 152, sowie nach § 152a Abs. 3 und § 152b Abs. 1 bis 4,
   f) Straftaten gegen die sexuelle Selbstbestimmung in den Fällen der §§ 176, 176c, 176d und, unter den in § 177 Absatz 6 Satz 2 Nummer 2 genannten Voraussetzungen, des § 177,
   g) Verbreitung, Erwerb und Besitz kinder- und jugendpornographischer Inhalte nach § 184b, § 184c Absatz 2,
   h) Mord und Totschlag nach den §§ 211 und 212,
   i) Straftaten gegen die persönliche Freiheit nach den §§ 232, 232a Absatz 1 bis 5, den §§ 232b, 233 Absatz 2, den §§ 233a, 234, 234a, 239a und 239b,
   j) Bandendiebstahl nach § 244 Abs. 1 Nr. 2, Wohnungseinbruchdiebstahl nach § 244 Absatz 4 und schwerer Bandendiebstahl nach § 244a,
   k) Straftaten des Raubes und der Erpressung nach den §§ 249 bis 255,
   l) gewerbsmäßige Hehlerei, Bandenhehlerei und gewerbsmäßige Bandenhehlerei nach den §§ 260 und 260a,
   m) Geldwäsche nach § 261, wenn die Vortat eine der in den Nummern 1 bis 11 genannten schweren Straftaten ist,
   n) Betrug und Computerbetrug unter den in § 263 Abs. 3 Satz 2 genannten Voraussetzungen und im Falle des § 263 Abs. 5, jeweils auch in Verbindung mit § 263a Abs. 2,
   o) Subventionsbetrug unter den in § 264 Abs. 2 Satz 2 genannten Voraussetzungen und im Falle des § 264 Abs. 3 in Verbindung mit § 263 Abs. 5,
   p) Sportwettbetrug und Manipulation von berufssportlichen Wettbewerben unter den in § 265e Satz 2 genannten Voraussetzungen,
   q) Vorenthalten und Veruntreuen von Arbeitsentgelt unter den in § 266a Absatz 4 Satz 2 Nummer 4 genannten Voraussetzungen,

---

[1]) Auszugsweise abgedruckt unter Nr. **44**.

- r) Straftaten der Urkundenfälschung unter den in § 267 Abs. 3 Satz 2 genannten Voraussetzungen und im Fall des § 267 Abs. 4, jeweils auch in Verbindung mit § 268 Abs. 5 oder § 269 Abs. 3, sowie nach § 275 Abs. 2 und § 276 Abs. 2,
- s) Bankrott unter den in § 283a Satz 2 genannten Voraussetzungen,
- t) Straftaten gegen den Wettbewerb nach § 298 und, unter den in § 300 Satz 2 genannten Voraussetzungen, nach § 299,
- u) gemeingefährliche Straftaten in den Fällen der §§ 306 bis 306c, 307 Abs. 1 bis 3, des § 308 Abs. 1 bis 3, des § 309 Abs. 1 bis 4, des § 310 Abs. 1, der §§ 313, 314, 315 Abs. 3, des § 315b Abs. 3 sowie der §§ 316a und 316c,
- v) Bestechlichkeit und Bestechung nach den §§ 332 und 334,

2. aus der Abgabenordnung[1]:
   - a) Steuerhinterziehung unter den in § 370 Absatz 3 Satz 2 Nummer 1 genannten Voraussetzungen, sofern der Täter als Mitglied einer Bande, die sich zur fortgesetzten Begehung von Taten nach § 370 Absatz 1 verbunden hat, handelt, oder unter den in § 370 Absatz 3 Satz 2 Nummer 5 genannten Voraussetzungen,
   - b) gewerbsmäßiger, gewaltsamer und bandenmäßiger Schmuggel nach § 373,
   - c) Steuerhehlerei im Falle des § 374 Abs. 2,
3. aus dem Anti-Doping-Gesetz:
   Straftaten nach § 4 Absatz 4 Nummer 2 Buchstabe b,
4. aus dem Asylgesetz:
   - a) Verleitung zur missbräuchlichen Asylantragstellung nach § 84 Abs. 3,
   - b) gewerbs- und bandenmäßige Verleitung zur missbräuchlichen Asylantragstellung nach § 84a,
5. aus dem Aufenthaltsgesetz:
   - a) Einschleusen von Ausländern nach § 96 Abs. 2,
   - b) Einschleusen mit Todesfolge und gewerbs- und bandenmäßiges Einschleusen nach § 97,
5a. aus dem Ausgangsstoffgesetz:
   Straftaten nach § 13 Absatz 3,
6. aus dem Außenwirtschaftsgesetz:
   vorsätzliche Straftaten nach den §§ 17 und 18 des Außenwirtschaftsgesetzes,
7. aus dem Betäubungsmittelgesetz:
   - a) Straftaten nach einer in § 29 Abs. 3 Satz 2 Nr. 1 in Bezug genommenen Vorschrift unter den dort genannten Voraussetzungen,
   - b) Straftaten nach den §§ 29a, 30 Abs. 1 Nr. 1, 2 und 4 sowie den §§ 30a und 30b,
8. aus dem Grundstoffüberwachungsgesetz:
   Straftaten nach § 19 Abs. 1 unter den in § 19 Abs. 3 Satz 2 genannten Voraussetzungen,
9. aus dem Gesetz über die Kontrolle von Kriegswaffen:
   - a) Straftaten nach § 19 Abs. 1 bis 3 und § 20 Abs. 1 und 2 sowie § 20a Abs. 1 bis 3, jeweils auch in Verbindung mit § 21,
   - b) Straftaten nach § 22a Abs. 1 bis 3,

---

[1] Auszugsweise abgedruckt unter Nr. **38**.

9a. aus dem Neue-psychoaktive-Stoffe-Gesetz:
Straftaten nach § 4 Absatz 3 Nummer 1 Buchstabe a,
10. aus dem Völkerstrafgesetzbuch:
    a) Völkermord nach § 6,
    b) Verbrechen gegen die Menschlichkeit nach § 7,
    c) Kriegsverbrechen nach den §§ 8 bis 12,
    d) Verbrechen der Aggression nach § 13,
11. aus dem Waffengesetz:
    a) Straftaten nach § 51 Abs. 1 bis 3,
    b) Straftaten nach § 52 Abs. 1 Nr. 1 und 2 Buchstabe c und d sowie Abs. 5 und 6.

(3) Die Anordnung darf sich nur gegen den Beschuldigten oder gegen Personen richten, von denen auf Grund bestimmter Tatsachen anzunehmen ist, dass sie für den Beschuldigten bestimmte oder von ihm herrührende Mitteilungen entgegennehmen oder weitergeben oder dass der Beschuldigte ihren Anschluss oder ihr informationstechnisches System benutzt.

(4) [1] Auf Grund der Anordnung einer Überwachung und Aufzeichnung der Telekommunikation hat jeder, der Telekommunikationsdienste erbringt oder daran mitwirkt, dem Gericht, der Staatsanwaltschaft und ihren im Polizeidienst tätigen Ermittlungspersonen (§ 152 des Gerichtsverfassungsgesetzes) diese Maßnahmen zu ermöglichen und die erforderlichen Auskünfte unverzüglich zu erteilen. [2] Ob und in welchem Umfang hierfür Vorkehrungen zu treffen sind, bestimmt sich nach dem Telekommunikationsgesetz und der Telekommunikations-Überwachungsverordnung[1]. [3] § 95 Absatz 2 gilt entsprechend.

(5) [1] Bei Maßnahmen nach Absatz 1 Satz 2 und 3 ist technisch sicherzustellen, dass

1. ausschließlich überwacht und aufgezeichnet werden können:
    a) die laufende Telekommunikation (Absatz 1 Satz 2), oder
    b) Inhalte und Umstände der Kommunikation, die ab dem Zeitpunkt der Anordnung nach § 100e Absatz 1 auch während des laufenden Übertragungsvorgangs im öffentlichen Telekommunikationsnetz hätten überwacht und aufgezeichnet werden können (Absatz 1 Satz 3),
2. an dem informationstechnischen System nur Veränderungen vorgenommen werden, die für die Datenerhebung unerlässlich sind, und
3. die vorgenommenen Veränderungen bei Beendigung der Maßnahme, soweit technisch möglich, automatisiert rückgängig gemacht werden.

[2] Das eingesetzte Mittel ist nach dem Stand der Technik gegen unbefugte Nutzung zu schützen. [3] Kopierte Daten sind nach dem Stand der Technik gegen Veränderung, unbefugte Löschung und unbefugte Kenntnisnahme zu schützen.

(6) Bei jedem Einsatz des technischen Mittels sind zu protokollieren
1. die Bezeichnung des technischen Mittels und der Zeitpunkt seines Einsatzes,
2. die Angaben zur Identifizierung des informationstechnischen Systems und die daran vorgenommenen nicht nur flüchtigen Veränderungen,
3. die Angaben, die die Feststellung der erhobenen Daten ermöglichen, und

---

[1] Nr. 3.

4. die Organisationseinheit, die die Maßnahme durchführt.

§ 100b Online-Durchsuchung. (1) Auch ohne Wissen des Betroffenen darf mit technischen Mitteln in ein von dem Betroffenen genutztes informationstechnisches System eingegriffen und dürfen Daten daraus erhoben werden (Online-Durchsuchung), wenn

1. bestimmte Tatsachen den Verdacht begründen, dass jemand als Täter oder Teilnehmer eine in Absatz 2 bezeichnete besonders schwere Straftat begangen oder in Fällen, in denen der Versuch strafbar ist, zu begehen versucht hat,
2. die Tat auch im Einzelfall besonders schwer wiegt und
3. die Erforschung des Sachverhalts oder die Ermittlung des Aufenthaltsortes des Beschuldigten auf andere Weise wesentlich erschwert oder aussichtslos wäre.

(2) Besonders schwere Straftaten im Sinne des Absatzes 1 Nummer 1 sind:
1. aus dem Strafgesetzbuch[1]:
    a) Straftaten des Hochverrats und der Gefährdung des demokratischen Rechtsstaates sowie des Landesverrats und der Gefährdung der äußeren Sicherheit nach den §§ 81, 82, 89a, 89c Absatz 1 bis 4, nach den §§ 94, 95 Absatz 3 und § 96 Absatz 1, jeweils auch in Verbindung mit § 97b, sowie nach §§ 97a, 98 Absatz 1 Satz 2, § 99 Absatz 2 und den §§ 100, 100a Absatz 4,
    b) Betreiben krimineller Handelsplattformen im Internet in den Fällen des § 127 Absatz 3 und 4, sofern der Zweck der Handelsplattform im Internet darauf ausgerichtet ist, in den Buchstaben a und c bis o sowie in den Nummern 2 bis 10 genannte besonders schwere Straftaten zu ermöglichen oder zu fördern,
    c) Bildung krimineller Vereinigungen nach § 129 Absatz 1 in Verbindung mit Absatz 5 Satz 3 und Bildung terroristischer Vereinigungen nach § 129a Absatz 1, 2, 4, 5 Satz 1 erste Alternative, jeweils auch in Verbindung mit § 129b Absatz 1,
    d) Geld- und Wertzeichenfälschung nach den §§ 146 und 151, jeweils auch in Verbindung mit § 152, sowie nach § 152a Absatz 3 und § 152b Absatz 1 bis 4,
    e) Straftaten gegen die sexuelle Selbstbestimmung in den Fällen des § 176 Absatz 1 und der §§ 176c, 176d und, unter den in § 177 Absatz 6 Satz 2 Nummer 2 genannten Voraussetzungen, des § 177,
    f) Verbreitung, Erwerb und Besitz kinderpornografischer Inhalte in den Fällen des § 184b Absatz 1 Satz 1 und Absatz 2,
    g) Mord und Totschlag nach den §§ 211, 212,
    h) Straftaten gegen die persönliche Freiheit in den Fällen des § 232 Absatz 2 und 3, des § 232a Absatz 1, 3, 4 und 5 zweiter Halbsatz, des § 232b Absatz 1 und 3 sowie Absatz 4, dieser in Verbindung mit § 232a Absatz 4 und 5 zweiter Halbsatz, des § 233 Absatz 2, des § 233a Absatz 1, 3 und 4 zweiter Halbsatz, der §§ 234 und 234a Absatz 1 und 2 sowie der §§ 239a und 239b,
    i) Bandendiebstahl nach § 244 Absatz 1 Nummer 2 und schwerer Bandendiebstahl nach § 244a,

---

[1] Auszugsweise abgedruckt unter Nr. **44**.

j) schwerer Raub und Raub mit Todesfolge nach § 250 Absatz 1 oder Absatz 2, § 251,
k) räuberische Erpressung nach § 255 und besonders schwerer Fall einer Erpressung nach § 253 unter den in § 253 Absatz 4 Satz 2 genannten Voraussetzungen,
l) gewerbsmäßige Hehlerei, Bandenhehlerei und gewerbsmäßige Bandenhehlerei nach den §§ 260, 260a,
m) besonders schwerer Fall der Geldwäsche nach § 261 unter den in § 261 Absatz 5 Satz 2 genannten Voraussetzungen, wenn die Vortat eine der in den Nummern 1 bis 7 genannten besonders schweren Straftaten ist,
n) Computerbetrug in den Fällen des § 263a Absatz 2 in Verbindung mit § 263 Absatz 5,
o) besonders schwerer Fall der Bestechlichkeit und Bestechung nach § 335 Absatz 1 unter den in § 335 Absatz 2 Nummer 1 bis 3 genannten Voraussetzungen,
2. aus dem Asylgesetz:
   a) Verleitung zur missbräuchlichen Asylantragstellung nach § 84 Absatz 3,
   b) gewerbs- und bandenmäßige Verleitung zur missbräuchlichen Asylantragstellung nach § 84a Absatz 1,
3. aus dem Aufenthaltsgesetz:
   a) Einschleusen von Ausländern nach § 96 Absatz 2,
   b) Einschleusen mit Todesfolge oder gewerbs- und bandenmäßiges Einschleusen nach § 97,
4. aus dem Außenwirtschaftsgesetz:
   a) Straftaten nach § 17 Absatz 1, 2 und 3, jeweils auch in Verbindung mit Absatz 6 oder 7,
   b) Straftaten nach § 18 Absatz 7 und 8, jeweils auch in Verbindung mit Absatz 10,
5. aus dem Betäubungsmittelgesetz:
   a) besonders schwerer Fall einer Straftat nach § 29 Absatz 1 Satz 1 Nummer 1, 5, 6, 10, 11 oder 13, Absatz 3 unter der in § 29 Absatz 3 Satz 2 Nummer 1 genannten Voraussetzung,
   b) eine Straftat nach den §§ 29a, 30 Absatz 1 Nummer 1, 2, 4, § 30a,
6. aus dem Gesetz über die Kontrolle von Kriegswaffen:
   a) eine Straftat nach § 19 Absatz 2 oder § 20 Absatz 1, jeweils auch in Verbindung mit § 21,
   b) besonders schwerer Fall einer Straftat nach § 22a Absatz 1 in Verbindung mit Absatz 2,
7. aus dem Grundstoffüberwachungsgesetz:
   Straftaten nach § 19 Absatz 3,
8. aus dem Neue-psychoaktive-Stoffe-Gesetz:
   Straftaten nach § 4 Absatz 3 Nummer 1,
9. aus dem Völkerstrafgesetzbuch:
   a) Völkermord nach § 6,
   b) Verbrechen gegen die Menschlichkeit nach § 7,
   c) Kriegsverbrechen nach den §§ 8 bis 12,
   d) Verbrechen der Aggression nach § 13,

10. aus dem Waffengesetz:
   a) besonders schwerer Fall einer Straftat nach § 51 Absatz 1 in Verbindung mit Absatz 2,
   b) besonders schwerer Fall einer Straftat nach § 52 Absatz 1 Nummer 1 in Verbindung mit Absatz 5.

(3) ¹Die Maßnahme darf sich nur gegen den Beschuldigten richten. ²Ein Eingriff in informationstechnische Systeme anderer Personen ist nur zulässig, wenn auf Grund bestimmter Tatsachen anzunehmen ist, dass

1. der in der Anordnung nach § 100e Absatz 3 bezeichnete Beschuldigte informationstechnische Systeme der anderen Person benutzt, und
2. die Durchführung des Eingriffs in informationstechnische Systeme des Beschuldigten allein nicht zur Erforschung des Sachverhalts oder zur Ermittlung des Aufenthaltsortes eines Mitbeschuldigten führen wird.

³Die Maßnahme darf auch durchgeführt werden, wenn andere Personen unvermeidbar betroffen werden.

(4) § 100a Absatz 5 und 6 gilt mit Ausnahme von Absatz 5 Satz 1 Nummer 1 entsprechend.

§ 100c Akustische Wohnraumüberwachung.

(1) Auch ohne Wissen der Betroffenen darf das in einer Wohnung nichtöffentlich gesprochene Wort mit technischen Mitteln abgehört und aufgezeichnet werden, wenn

1. bestimmte Tatsachen den Verdacht begründen, dass jemand als Täter oder Teilnehmer eine in § 100b Absatz 2 bezeichnete besonders schwere Straftat begangen oder in Fällen, in denen der Versuch strafbar ist, zu begehen versucht hat,
2. die Tat auch im Einzelfall besonders schwer wiegt,
3. auf Grund tatsächlicher Anhaltspunkte anzunehmen ist, dass durch die Überwachung Äußerungen des Beschuldigten erfasst werden, die für die Erforschung des Sachverhalts oder die Ermittlung des Aufenthaltsortes eines Mitbeschuldigten von Bedeutung sind, und
4. die Erforschung des Sachverhalts oder die Ermittlung des Aufenthaltsortes eines Mitbeschuldigten auf andere Weise unverhältnismäßig erschwert oder aussichtslos wäre.

(2) ¹Die Maßnahme darf sich nur gegen den Beschuldigten richten und nur in Wohnungen des Beschuldigten durchgeführt werden. ²In Wohnungen anderer Personen ist die Maßnahme nur zulässig, wenn auf Grund bestimmter Tatsachen anzunehmen ist, dass

1. der in der Anordnung nach § 100e Absatz 3 bezeichnete Beschuldigte sich dort aufhält und
2. die Maßnahme in Wohnungen des Beschuldigten allein nicht zur Erforschung des Sachverhalts oder zur Ermittlung des Aufenthaltsortes eines Mitbeschuldigten führen wird.

³Die Maßnahme darf auch durchgeführt werden, wenn andere Personen unvermeidbar betroffen werden.

§ 100d Kernbereich privater Lebensgestaltung; Zeugnisverweigerungsberechtigte.

(1) Liegen tatsächliche Anhaltspunkte für die Annahme vor, dass

durch eine Maßnahme nach den §§ 100a bis 100c allein Erkenntnisse aus dem Kernbereich privater Lebensgestaltung erlangt werden, ist die Maßnahme unzulässig.

(2) [1] Erkenntnisse aus dem Kernbereich privater Lebensgestaltung, die durch eine Maßnahme nach den §§ 100a bis 100c erlangt wurden, dürfen nicht verwertet werden. [2] Aufzeichnungen über solche Erkenntnisse sind unverzüglich zu löschen. [3] Die Tatsache ihrer Erlangung und Löschung ist zu dokumentieren.

(3) [1] Bei Maßnahmen nach § 100b ist, soweit möglich, technisch sicherzustellen, dass Daten, die den Kernbereich privater Lebensgestaltung betreffen, nicht erhoben werden. [2] Erkenntnisse, die durch Maßnahmen nach § 100b erlangt wurden und den Kernbereich privater Lebensgestaltung betreffen, sind unverzüglich zu löschen oder von der Staatsanwaltschaft dem anordnenden Gericht zur Entscheidung über die Verwertbarkeit und Löschung der Daten vorzulegen. [3] Die Entscheidung des Gerichts über die Verwertbarkeit ist für das weitere Verfahren bindend.

(4) [1] Maßnahmen nach § 100c dürfen nur angeordnet werden, soweit auf Grund tatsächlicher Anhaltspunkte anzunehmen ist, dass durch die Überwachung Äußerungen, die dem Kernbereich privater Lebensgestaltung zuzurechnen sind, nicht erfasst werden. [2] Das Abhören und Aufzeichnen ist unverzüglich zu unterbrechen, wenn sich während der Überwachung Anhaltspunkte dafür ergeben, dass Äußerungen, die dem Kernbereich privater Lebensgestaltung zuzurechnen sind, erfasst werden. [3] Ist eine Maßnahme unterbrochen worden, so darf sie unter den in Satz 1 genannten Voraussetzungen fortgeführt werden. [4] Im Zweifel hat die Staatsanwaltschaft über die Unterbrechung oder Fortführung der Maßnahme unverzüglich eine Entscheidung des Gerichts herbeizuführen; § 100e Absatz 5 gilt entsprechend. [5] Auch soweit für bereits erlangte Erkenntnisse ein Verwertungsverbot nach Absatz 2 in Betracht kommt, hat die Staatsanwaltschaft unverzüglich eine Entscheidung des Gerichts herbeizuführen. [6] Absatz 3 Satz 3 gilt entsprechend.

(5) [1] In den Fällen des § 53 sind Maßnahmen nach den §§ 100b und 100c unzulässig; ergibt sich während oder nach Durchführung der Maßnahme, dass ein Fall des § 53 vorliegt, gilt Absatz 2 entsprechend. [2] In den Fällen der §§ 52 und 53a dürfen aus Maßnahmen nach den §§ 100b und 100c gewonnene Erkenntnisse nur verwertet werden, wenn dies unter Berücksichtigung der Bedeutung des zugrunde liegenden Vertrauensverhältnisses nicht außer Verhältnis zum Interesse an der Erforschung des Sachverhalts oder der Ermittlung des Aufenthaltsortes eines Beschuldigten steht. [3] § 160a Absatz 4 gilt entsprechend.

§ 100e Verfahren bei Maßnahmen nach den §§ 100a bis 100c. (1) [1] Maßnahmen nach § 100a dürfen nur auf Antrag der Staatsanwaltschaft durch das Gericht angeordnet werden. [2] Bei Gefahr im Verzug kann die Anordnung auch durch die Staatsanwaltschaft getroffen werden. [3] Soweit die Anordnung der Staatsanwaltschaft nicht binnen drei Werktagen von dem Gericht bestätigt wird, tritt sie außer Kraft. [4] Die Anordnung ist auf höchstens drei Monate zu befristen. [5] Eine Verlängerung um jeweils nicht mehr als drei Monate ist zulässig, soweit die Voraussetzungen der Anordnung unter Berücksichtigung der gewonnenen Ermittlungsergebnisse fortbestehen.

(2) [1] Maßnahmen nach den §§ 100b und 100c dürfen nur auf Antrag der Staatsanwaltschaft durch die in § 74a Absatz 4 des Gerichtsverfassungsgesetzes genannte Kammer des Landgerichts angeordnet werden, in dessen Bezirk die

Staatsanwaltschaft ihren Sitz hat. ²Bei Gefahr im Verzug kann diese Anordnung auch durch den Vorsitzenden getroffen werden. ³Dessen Anordnung tritt außer Kraft, wenn sie nicht binnen drei Werktagen von der Strafkammer bestätigt wird. ⁴Die Anordnung ist auf höchstens einen Monat zu befristen. ⁵Eine Verlängerung um jeweils nicht mehr als einen Monat ist zulässig, soweit die Voraussetzungen unter Berücksichtigung der gewonnenen Ermittlungsergebnisse fortbestehen. ⁶Ist die Dauer der Anordnung auf insgesamt sechs Monate verlängert worden, so entscheidet über weitere Verlängerungen das Oberlandesgericht.

(3) ¹Die Anordnung ergeht schriftlich. ²In ihrer Entscheidungsformel sind anzugeben:

1. soweit möglich, der Name und die Anschrift des Betroffenen, gegen den sich die Maßnahme richtet,
2. der Tatvorwurf, auf Grund dessen die Maßnahme angeordnet wird,
3. Art, Umfang, Dauer und Endzeitpunkt der Maßnahme,
4. die Art der durch die Maßnahme zu erhebenden Informationen und ihre Bedeutung für das Verfahren,
5. bei Maßnahmen nach § 100a die Rufnummer oder eine andere Kennung des zu überwachenden Anschlusses oder des Endgerätes, sofern sich nicht aus bestimmten Tatsachen ergibt, dass diese zugleich einem anderen Endgerät zugeordnet ist; im Fall des § 100a Absatz 1 Satz 2 und 3 eine möglichst genaue Bezeichnung des informationstechnischen Systems, in das eingegriffen werden soll,
6. bei Maßnahmen nach § 100b eine möglichst genaue Bezeichnung des informationstechnischen Systems, aus dem Daten erhoben werden sollen,
7. bei Maßnahmen nach § 100c die zu überwachende Wohnung oder die zu überwachenden Wohnräume.

(4) ¹In der Begründung der Anordnung oder Verlängerung von Maßnahmen nach den §§ 100a bis 100c sind deren Voraussetzungen und die wesentlichen Abwägungsgesichtspunkte darzulegen. ²Insbesondere sind einzelfallbezogen anzugeben:

1. die bestimmten Tatsachen, die den Verdacht begründen,
2. die wesentlichen Erwägungen zur Erforderlichkeit und Verhältnismäßigkeit der Maßnahme,
3. bei Maßnahmen nach § 100c die tatsächlichen Anhaltspunkte im Sinne des § 100d Absatz 4 Satz 1.

(5) ¹Liegen die Voraussetzungen der Anordnung nicht mehr vor, so sind die auf Grund der Anordnung ergriffenen Maßnahmen unverzüglich zu beenden. ²Das anordnende Gericht ist nach Beendigung der Maßnahme über deren Ergebnisse zu unterrichten. ³Bei Maßnahmen nach den §§ 100b und 100c ist das anordnende Gericht auch über den Verlauf zu unterrichten. ⁴Liegen die Voraussetzungen der Anordnung nicht mehr vor, so hat das Gericht den Abbruch der Maßnahme anzuordnen, sofern der Abbruch nicht bereits durch die Staatsanwaltschaft veranlasst wurde. ⁵Die Anordnung des Abbruchs einer Maßnahme nach den §§ 100b und 100c kann auch durch den Vorsitzenden erfolgen.

(6) Die durch Maßnahmen nach den §§ 100b und 100c erlangten und verwertbaren personenbezogenen Daten dürfen für andere Zwecke nach folgenden Maßgaben verwendet werden:

1. Die Daten dürfen in anderen Strafverfahren ohne Einwilligung der insoweit überwachten Personen nur zur Aufklärung einer Straftat, auf Grund derer Maßnahmen nach § 100b oder § 100c angeordnet werden könnten, oder zur Ermittlung des Aufenthalts der einer solchen Straftat beschuldigten Person verwendet werden.

2. ¹Die Verwendung der Daten, auch solcher nach § 100d Absatz 5 Satz 1 zweiter Halbsatz, zu Zwecken der Gefahrenabwehr ist nur zur Abwehr einer im Einzelfall bestehenden Lebensgefahr oder einer dringenden Gefahr für Leib oder Freiheit einer Person, für die Sicherheit oder den Bestand des Staates oder für Gegenstände von bedeutendem Wert, die der Versorgung der Bevölkerung dienen, von kulturell herausragendem Wert oder in § 305 des Strafgesetzbuches genannt sind, zulässig. ²Die Daten dürfen auch zur Abwehr einer im Einzelfall bestehenden dringenden Gefahr für sonstige bedeutende Vermögenswerte verwendet werden. ³Sind die Daten zur Abwehr der Gefahr oder für eine vorgerichtliche oder gerichtliche Überprüfung der zur Gefahrenabwehr getroffenen Maßnahmen nicht mehr erforderlich, so sind Aufzeichnungen über diese Daten von der für die Gefahrenabwehr zuständigen Stelle unverzüglich zu löschen. ⁴Die Löschung ist aktenkundig zu machen. ⁵Soweit die Löschung lediglich für eine etwaige vorgerichtliche oder gerichtliche Überprüfung zurückgestellt ist, dürfen die Daten nur für diesen Zweck verwendet werden; für eine Verwendung zu anderen Zwecken sind sie zu sperren.

3. Sind verwertbare personenbezogene Daten durch eine entsprechende polizeirechtliche Maßnahme erlangt worden, dürfen sie in einem Strafverfahren ohne Einwilligung der insoweit überwachten Personen nur zur Aufklärung einer Straftat, auf Grund derer die Maßnahmen nach § 100b oder § 100c angeordnet werden könnten, oder zur Ermittlung des Aufenthalts der einer solchen Straftat beschuldigten Person verwendet werden.

§ 100f Akustische Überwachung außerhalb von Wohnraum. (1) Auch ohne Wissen der betroffenen Personen darf außerhalb von Wohnungen das nichtöffentlich gesprochene Wort mit technischen Mitteln abgehört und aufgezeichnet werden, wenn bestimmte Tatsachen den Verdacht begründen, dass jemand als Täter oder Teilnehmer eine in § 100a Abs. 2 bezeichnete, auch im Einzelfall schwerwiegende Straftat begangen oder in Fällen, in denen der Versuch strafbar ist, zu begehen versucht hat, und die Erforschung des Sachverhalts oder die Ermittlung des Aufenthaltsortes eines Beschuldigten auf andere Weise aussichtslos oder wesentlich erschwert wäre.

(2) ¹Die Maßnahme darf sich nur gegen einen Beschuldigten richten. ²Gegen andere Personen darf die Maßnahme nur angeordnet werden, wenn auf Grund bestimmter Tatsachen anzunehmen ist, dass sie mit einem Beschuldigten in Verbindung stehen oder eine solche Verbindung hergestellt wird, die Maßnahme zur Erforschung des Sachverhalts oder zur Ermittlung des Aufenthaltsortes eines Beschuldigten führen wird und dies auf andere Weise aussichtslos oder wesentlich erschwert wäre.

(3) Die Maßnahme darf auch durchgeführt werden, wenn Dritte unvermeidbar betroffen werden.

(4) § 100d Absatz 1 und 2 sowie § 100e Absatz 1, 3, 5 Satz 1 gelten entsprechend.

§ 100g Erhebung von Verkehrsdaten. (1) ¹Begründen bestimmte Tatsachen den Verdacht, dass jemand als Täter oder Teilnehmer

1. eine Straftat von auch im Einzelfall erheblicher Bedeutung, insbesondere eine in § 100a Absatz 2 bezeichnete Straftat, begangen hat, in Fällen, in denen der Versuch strafbar ist, zu begehen versucht hat oder durch eine Straftat vorbereitet hat oder

2. eine Straftat mittels Telekommunikation begangen hat,

so dürfen Verkehrsdaten (§§ 9 und 12 des Telekommunikation-Telemedien-Datenschutz-Gesetzes[1]) und § 2a Absatz 1 des Gesetzes über die Errichtung einer Bundesanstalt für den Digitalfunk der Behörden und Organisationen mit Sicherheitsaufgaben) erhoben werden, soweit dies für die Erforschung des Sachverhalts erforderlich ist und die Erhebung der Daten in einem angemessenen Verhältnis zur Bedeutung der Sache steht. ²Im Fall des Satzes 1 Nummer 2 ist die Maßnahme nur zulässig, wenn die Erforschung des Sachverhalts auf andere Weise aussichtslos wäre. ³Die Erhebung gespeicherter (retrograder) Standortdaten ist nach diesem Absatz nur unter den Voraussetzungen des Absatzes 2 zulässig. ⁴Im Übrigen ist die Erhebung von Standortdaten nur für künftig anfallende Verkehrsdaten oder in Echtzeit und nur im Fall des Satzes 1 Nummer 1 zulässig, soweit sie für die Erforschung des Sachverhalts oder die Ermittlung des Aufenthaltsortes des Beschuldigten erforderlich ist.

(2) ¹Begründen bestimmte Tatsachen den Verdacht, dass jemand als Täter oder Teilnehmer eine der in Satz 2 bezeichneten besonders schweren Straftaten begangen hat oder in Fällen, in denen der Versuch strafbar ist, zu begehen versucht hat, und wiegt die Tat auch im Einzelfall besonders schwer, dürfen die nach § 176 des Telekommunikationsgesetzes[2]) gespeicherten Verkehrsdaten erhoben werden, soweit die Erforschung des Sachverhalts oder die Ermittlung des Aufenthaltsortes des Beschuldigten auf andere Weise wesentlich erschwert oder aussichtslos wäre und die Erhebung der Daten in einem angemessenen Verhältnis zur Bedeutung der Sache steht. ²Besonders schwere Straftaten im Sinne des Satzes 1 sind:

1. aus dem Strafgesetzbuch[3]):

   a) Straftaten des Hochverrats und der Gefährdung des demokratischen Rechtsstaates sowie des Landesverrats und der Gefährdung der äußeren Sicherheit nach den §§ 81, 82, 89a, nach den §§ 94, 95 Absatz 3 und § 96 Absatz 1, jeweils auch in Verbindung mit § 97b, sowie nach den §§ 97a, 98 Absatz 1 Satz 2, § 99 Absatz 2 und den §§ 100, 100a Absatz 4,

   b) besonders schwerer Fall des Landfriedensbruchs nach § 125a sowie Betreiben krimineller Handelsplattformen im Internet in den Fällen des § 127 Absatz 3 und 4,

   c) Bildung krimineller Vereinigungen nach § 129 Absatz 1 in Verbindung mit Absatz 5 Satz 3 sowie Bildung terroristischer Vereinigungen nach § 129a Absatz 1, 2, 4, 5 Satz 1 erste Alternative, jeweils auch in Verbindung mit § 129b Absatz 1,

---

[1]) Nr. **13**.
[2]) Nr. **1**.
[3]) Auszugsweise abgedruckt unter Nr. **44**.

d) Straftaten gegen die sexuelle Selbstbestimmung in den Fällen der §§ 176, 176c, 176d und, unter den in § 177 Absatz 6 Satz 2 Nummer 2 genannten Voraussetzungen, des § 177,

e) Verbreitung, Erwerb und Besitz kinder- und jugendpornographischer Inhalte in den Fällen des § 184b Absatz 1 Satz 1, Absatz 2 und 3 sowie des § 184c Absatz 2,

f) Mord und Totschlag nach den §§ 211 und 212,

g) Straftaten gegen die persönliche Freiheit in den Fällen der §§ 234, 234a Absatz 1, 2, §§ 239a, 239b und Zwangsprostitution und Zwangsarbeit nach § 232a Absatz 3, 4 oder 5 zweiter Halbsatz, § 232b Absatz 3 oder 4 in Verbindung mit § 232a Absatz 4 oder 5 zweiter Halbsatz und Ausbeutung unter Ausnutzung einer Freiheitsberaubung nach § 233a Absatz 3 oder 4 zweiter Halbsatz,

h) Einbruchdiebstahl in eine dauerhaft genutzte Privatwohnung nach § 244 Absatz 4, schwerer Bandendiebstahl nach § 244a Absatz 1, schwerer Raub nach § 250 Absatz 1 oder Absatz 2, Raub mit Todesfolge nach § 251, räuberische Erpressung nach § 255 und besonders schwerer Fall einer Erpressung nach § 253 unter den in § 253 Absatz 4 Satz 2 genannten Voraussetzungen, gewerbsmäßige Bandenhehlerei nach § 260a Absatz 1, besonders schwerer Fall der Geldwäsche nach § 261 unter den in § 261 Absatz 5 Satz 2 genannten Voraussetzungen, wenn die Vortat eine der in den Nummern 1 bis 8 genannten besonders schweren Straftaten ist,

i) gemeingefährliche Straftaten in den Fällen der §§ 306 bis 306c, 307 Absatz 1 bis 3, des § 308 Absatz 1 bis 3, des § 309 Absatz 1 bis 4, des § 310 Absatz 1, der §§ 313, 314, 315 Absatz 3, des § 315b Absatz 3 sowie der §§ 316a und 316c,

2. aus dem Aufenthaltsgesetz:
   a) Einschleusen von Ausländern nach § 96 Absatz 2,
   b) Einschleusen mit Todesfolge oder gewerbs- und bandenmäßiges Einschleusen nach § 97,

3. aus dem Außenwirtschaftsgesetz:
   Straftaten nach § 17 Absatz 1 bis 3 und § 18 Absatz 7 und 8,

4. aus dem Betäubungsmittelgesetz:
   a) besonders schwerer Fall einer Straftat nach § 29 Absatz 1 Satz 1 Nummer 1, 5, 6, 10, 11 oder 13, Absatz 3 unter der in § 29 Absatz 3 Satz 2 Nummer 1 genannten Voraussetzung,
   b) eine Straftat nach den §§ 29a, 30 Absatz 1 Nummer 1, 2, 4, § 30a,

5. aus dem Grundstoffüberwachungsgesetz:
   eine Straftat nach § 19 Absatz 1 unter den in § 19 Absatz 3 Satz 2 genannten Voraussetzungen,

6. aus dem Gesetz über die Kontrolle von Kriegswaffen:
   a) eine Straftat nach § 19 Absatz 2 oder § 20 Absatz 1, jeweils auch in Verbindung mit § 21,
   b) besonders schwerer Fall einer Straftat nach § 22a Absatz 1 in Verbindung mit Absatz 2,

7. aus dem Völkerstrafgesetzbuch:
   a) Völkermord nach § 6,
   b) Verbrechen gegen die Menschlichkeit nach § 7,

c) Kriegsverbrechen nach den §§ 8 bis 12,

d) Verbrechen der Aggression nach § 13,

8. aus dem Waffengesetz:

   a) besonders schwerer Fall einer Straftat nach § 51 Absatz 1 in Verbindung mit Absatz 2,

   b) besonders schwerer Fall einer Straftat nach § 52 Absatz 1 Nummer 1 in Verbindung mit Absatz 5.

(3) ¹Die Erhebung aller in einer Funkzelle angefallenen Verkehrsdaten (Funkzellenabfrage) ist nur zulässig,

1. wenn die Voraussetzungen des Absatzes 1 Satz 1 Nummer 1 erfüllt sind,

2. soweit die Erhebung der Daten in einem angemessenen Verhältnis zur Bedeutung der Sache steht und

3. soweit die Erforschung des Sachverhalts oder die Ermittlung des Aufenthaltsortes des Beschuldigten auf andere Weise aussichtslos oder wesentlich erschwert wäre.

²Auf nach § 176 des Telekommunikationsgesetzes gespeicherte Verkehrsdaten darf für eine Funkzellenabfrage nur unter den Voraussetzungen des Absatzes 2 zurückgegriffen werden.

(4) ¹Die Erhebung von Verkehrsdaten nach Absatz 2, auch in Verbindung mit Absatz 3 Satz 2, die sich gegen eine der in § 53 Absatz 1 Satz 1 Nummer 1 bis 5 genannten Personen richtet und die voraussichtlich Erkenntnisse erbringen würde, über die diese das Zeugnis verweigern dürfte, ist unzulässig. ²Dennoch erlangte Erkenntnisse dürfen nicht verwendet werden. ³Aufzeichnungen hierüber sind unverzüglich zu löschen. ⁴Die Tatsache ihrer Erlangung und der Löschung der Aufzeichnungen ist aktenkundig zu machen. ⁵Die Sätze 2 bis 4 gelten entsprechend, wenn durch eine Ermittlungsmaßnahme, die sich nicht gegen eine in § 53 Absatz 1 Satz 1 Nummer 1 bis 5 genannte Person richtet, von dieser Person Erkenntnisse erlangt werden, über die sie das Zeugnis verweigern dürfte. ⁶§ 160a Absatz 3 und 4 gilt entsprechend.

(5) Erfolgt die Erhebung von Verkehrsdaten nicht beim Erbringer von Telekommunikationsdiensten, bestimmt sie sich nach Abschluss des Kommunikationsvorgangs nach den allgemeinen Vorschriften.

§ 100h Weitere Maßnahmen außerhalb von Wohnraum.

(1) ¹Auch ohne Wissen der betroffenen Personen dürfen außerhalb von Wohnungen

1. Bildaufnahmen hergestellt werden,

2. sonstige besondere für Observationszwecke bestimmte technische Mittel verwendet werden,

wenn die Erforschung des Sachverhalts oder die Ermittlung des Aufenthaltsortes eines Beschuldigten auf andere Weise weniger erfolgversprechend oder erschwert wäre. ²Eine Maßnahme nach Satz 1 Nr. 2 ist nur zulässig, wenn Gegenstand der Untersuchung eine Straftat von erheblicher Bedeutung ist.

(2) ¹Die Maßnahmen dürfen sich nur gegen einen Beschuldigten richten. ²Gegen andere Personen sind

1. Maßnahmen nach Absatz 1 Nr. 1 nur zulässig, wenn die Erforschung des Sachverhalts oder die Ermittlung des Aufenthaltsortes eines Beschuldigten auf

andere Weise erheblich weniger erfolgversprechend oder wesentlich erschwert wäre,
2. Maßnahmen nach Absatz 1 Nr. 2 nur zulässig, wenn auf Grund bestimmter Tatsachen anzunehmen ist, dass sie mit einem Beschuldigten in Verbindung stehen oder eine solche Verbindung hergestellt wird, die Maßnahme zur Erforschung des Sachverhalts oder zur Ermittlung des Aufenthaltsortes eines Beschuldigten führen wird und dies auf andere Weise aussichtslos oder wesentlich erschwert wäre.

(3) Die Maßnahmen dürfen auch durchgeführt werden, wenn Dritte unvermeidbar mitbetroffen werden.

(4) § 100d Absatz 1 und 2 gilt entsprechend.

§ 100i Technische Ermittlungsmaßnahmen bei Mobilfunkendgeräten.
(1) Begründen bestimmte Tatsachen den Verdacht, dass jemand als Täter oder Teilnehmer eine Straftat von auch im Einzelfall erheblicher Bedeutung, insbesondere eine in § 100a Abs. 2 bezeichnete Straftat, begangen hat, in Fällen, in denen der Versuch strafbar ist, zu begehen versucht hat oder durch eine Straftat vorbereitet hat, so dürfen durch technische Mittel
1. die Gerätenummer eines Mobilfunkendgerätes und die Kartennummer der darin verwendeten Karte sowie
2. der Standort eines Mobilfunkendgerätes

ermittelt werden, soweit dies für die Erforschung des Sachverhalts oder die Ermittlung des Aufenthaltsortes des Beschuldigten erforderlich ist.

(2) ¹Personenbezogene Daten Dritter dürfen anlässlich solcher Maßnahmen nur erhoben werden, wenn dies aus technischen Gründen zur Erreichung des Zwecks nach Absatz 1 unvermeidbar ist. ²Über den Datenabgleich zur Ermittlung der gesuchten Geräte- und Kartennummer hinaus dürfen sie nicht verwendet werden und sind nach Beendigung der Maßnahme unverzüglich zu löschen.

(3) ¹§ 100a Abs. 3 und § 100e Absatz 1 Satz 1 bis 3, Absatz 3 Satz 1 und Absatz 5 Satz 1 gelten entsprechend. ²Die Anordnung ist auf höchstens sechs Monate zu befristen. ³Eine Verlängerung um jeweils nicht mehr als sechs weitere Monate ist zulässig, soweit die in Absatz 1 bezeichneten Voraussetzungen fortbestehen.

§ 100j Bestandsdatenauskunft. (1) ¹Soweit dies für die Erforschung des Sachverhalts oder die Ermittlung des Aufenthaltsortes eines Beschuldigten erforderlich ist, darf Auskunft verlangt werden
1. über Bestandsdaten gemäß § 3 Nummer 6 des Telekommunikationsgesetzes[1]) und über die nach § 172 des Telekommunikationsgesetzes erhobenen Daten (§ 174 Absatz 1 Satz 1 des Telekommunikationsgesetzes) von demjenigen, der geschäftsmäßig Telekommunikationsdienste erbringt oder daran mitwirkt, und
2. über Bestandsdaten gemäß § 2 Absatz 2 Nummer 2 des Telekommunikation-Telemedien-Datenschutz-Gesetzes[2]) (§ 22 Absatz 1 Satz 1 des Telekommunikation-Telemedien-Datenschutz-Gesetzes) von demjenigen, der geschäftsmäßig eigene oder fremde Telemedien zur Nutzung bereithält oder den Zugang zur Nutzung vermittelt.

---

[1]) Nr. 1.
[2]) Nr. 13.

² Bezieht sich das Auskunftsverlangen nach Satz 1 Nummer 1 auf Daten, mittels derer der Zugriff auf Endgeräte oder auf Speichereinrichtungen, die in diesen Endgeräten oder hiervon räumlich getrennt eingesetzt werden, geschützt wird (§ 174 Absatz 1 Satz 2 des Telekommunikationsgesetzes), darf die Auskunft nur verlangt werden, wenn die gesetzlichen Voraussetzungen für die Nutzung der Daten vorliegen. ³ Bezieht sich das Auskunftsverlangen nach Satz 1 Nummer 2 auf als Bestandsdaten erhobene Passwörter oder andere Daten, mittels derer der Zugriff auf Endgeräte oder auf Speichereinrichtungen, die in diesen Endgeräten oder hiervon räumlich getrennt eingesetzt werden, geschützt wird (§ 23 des Telekommunikation-Telemedien-Datenschutz-Gesetzes), darf die Auskunft nur verlangt werden, wenn die gesetzlichen Voraussetzungen für ihre Nutzung zur Verfolgung einer besonders schweren Straftat nach § 100b Absatz 2 Nummer 1 Buchstabe a, c, e, f, g, h oder m, Nummer 3 Buchstabe b erste Alternative oder Nummer 5, 6, 9 oder 10 vorliegen.

(2) ¹ Die Auskunft nach Absatz 1 darf auch anhand einer zu einem bestimmten Zeitpunkt zugewiesenen Internetprotokoll-Adresse verlangt werden (§ 174 Absatz 1 Satz 3, § 177 Absatz 1 Nummer 3 des Telekommunikationsgesetzes und § 22 Absatz 1 Satz 3 und 4 des Telekommunikation-Telemedien-Datenschutz-Gesetzes). ² Das Vorliegen der Voraussetzungen für ein Auskunftsverlangen nach Satz 1 ist aktenkundig zu machen.

(3) ¹ Auskunftsverlangen nach Absatz 1 Satz 2 und 3 dürfen nur auf Antrag der Staatsanwaltschaft durch das Gericht angeordnet werden. ² Im Fall von Auskunftsverlangen nach Absatz 1 Satz 2 kann die Anordnung bei Gefahr im Verzug auch durch die Staatsanwaltschaft oder ihre Ermittlungspersonen (§ 152 des Gerichtsverfassungsgesetzes) getroffen werden. ³ In diesem Fall ist die gerichtliche Entscheidung unverzüglich nachzuholen. ⁴ Die Sätze 1 bis 3 finden bei Auskunftsverlangen nach Absatz 1 Satz 2 keine Anwendung, wenn die betroffene Person vom Auskunftsverlangen bereits Kenntnis hat oder haben muss oder wenn die Nutzung der Daten bereits durch eine gerichtliche Entscheidung gestattet wird. ⁵ Das Vorliegen der Voraussetzungen nach Satz 4 ist aktenkundig zu machen.

(4) ¹ Die betroffene Person ist in den Fällen des Absatzes 1 Satz 2 und 3 und des Absatzes 2 über die Beauskunftung zu benachrichtigen. ² Die Benachrichtigung erfolgt, soweit und sobald hierdurch der Zweck der Auskunft nicht vereitelt wird. ³ Sie unterbleibt, wenn ihr überwiegende schutzwürdige Belange Dritter oder der betroffenen Person selbst entgegenstehen. ⁴ Wird die Benachrichtigung nach Satz 2 zurückgestellt oder nach Satz 3 von ihr abgesehen, sind die Gründe aktenkundig zu machen.

(5) ¹ Auf Grund eines Auskunftsverlangens nach Absatz 1 oder 2 hat derjenige, der geschäftsmäßig Telekommunikationsdienste oder Telemediendienste erbringt oder daran mitwirkt, die zur Auskunftserteilung erforderlichen Daten unverzüglich zu übermitteln. ² § 95 Absatz 2 gilt entsprechend.

§ 100k Erhebung von Nutzungsdaten bei Telemediendiensten.

(1) ¹ Begründen bestimmte Tatsachen den Verdacht, dass jemand als Täter oder Teilnehmer eine Straftat von auch im Einzelfall erheblicher Bedeutung, insbesondere eine in § 100a Absatz 2 bezeichnete Straftat, begangen hat, in Fällen, in denen der Versuch strafbar ist, zu begehen versucht hat oder durch eine Straftat vorbereitet hat, dürfen von demjenigen, der geschäftsmäßig eigene oder fremde Telemedien zur Nutzung bereithält oder den Zugang zur Nutzung vermittelt, Nutzungsdaten (§ 2 Absatz 2 Nummer 3 des Telekommunikation-Telemedien-

Datenschutz-Gesetzes[1]) erhoben werden, soweit dies für die Erforschung des Sachverhalts erforderlich ist und die Erhebung der Daten in einem angemessenen Verhältnis zur Bedeutung der Sache steht. ²Die Erhebung gespeicherter (retrograder) Standortdaten ist nur unter den Voraussetzungen von § 100g Absatz 2 zulässig. ³Im Übrigen ist die Erhebung von Standortdaten nur für künftig anfallende Nutzungsdaten oder in Echtzeit zulässig, soweit sie für die Erforschung des Sachverhalts oder die Ermittlung des Aufenthaltsortes des Beschuldigten erforderlich ist.

(2) ¹Soweit die Straftat nicht von Absatz 1 erfasst wird, dürfen Nutzungsdaten auch dann erhoben werden, wenn bestimmte Tatsachen den Verdacht begründen, dass jemand als Täter oder Teilnehmer mittels Telemedien eine der folgenden Straftaten begangen hat und die Erforschung des Sachverhalts auf andere Weise aussichtslos wäre:

1. aus dem Strafgesetzbuch[2])

    a) Verwenden von Kennzeichen verfassungswidriger Organisationen nach § 86a,

    b) Anleitung zur Begehung einer schweren staatsgefährdenden Gewalttat nach § 91,

    c) Öffentliche Aufforderung zu Straftaten nach § 111,

    d) Straftaten gegen die öffentliche Ordnung nach den §§ 126, 131 und 140,

    e) Beschimpfung von Bekenntnissen, Religionsgesellschaften und Weltanschauungsvereinigungen nach § 166,

    f) Verbreitung, Erwerb und Besitz kinderpornographischer Inhalte nach § 184b,

    g) Beleidigung, üble Nachrede und Verleumdung nach den §§ 185 bis 187 und Verunglimpfung des Andenkens Verstorbener nach § 189,

    h) Verletzungen des persönlichen Lebens- und Geheimbereichs nach den §§ 201a, 202a und 202c,

    i) Nachstellung nach § 238,

    j) Bedrohung nach § 241,

    k) Vorbereitung eines Computerbetruges nach § 263a Absatz 3,

    l) Datenveränderung und Computersabotage nach den §§ 303a und 303b Absatz 1,

2. aus dem Gesetz über Urheberrecht und verwandte Schutzrechte[3]) Straftaten nach den §§ 106 bis 108b,

3. aus dem Bundesdatenschutzgesetz[4]) nach § 42.

²Satz 1 gilt nicht für die Erhebung von Standortdaten.

(3) Abweichend von Absatz 1 und 2 darf die Staatsanwaltschaft ausschließlich zur Identifikation des Nutzers Auskunft über die nach § 2 Absatz 2 Nummer 3 Buchstabe a des Telekommunikation-Telemedien-Datenschutz-Gesetzes erhobenen Daten verlangen, wenn ihr der Inhalt der Nutzung des Telemediendienstes bereits bekannt ist.

---

[1]) Nr. **13**.
[2]) Auszugsweise abgedruckt unter Nr. **44**.
[3]) Auszugsweise abgedruckt unter Nr. **10**.
[4]) Auszugsweise abgedruckt unter Nr. **12**.

(4) Die Erhebung von Nutzungsdaten nach Absatz 1 und 2 ist nur zulässig, wenn aufgrund von Tatsachen die Annahme gerechtfertigt ist, dass die betroffene Person den Telemediendienst nutzt, den derjenige, gegen den sich die Anordnung richtet, geschäftsmäßig zur Nutzung bereithält oder zu dem er den Zugang zur Nutzung vermittelt.

(5) Erfolgt die Erhebung von Nutzungsdaten oder Inhalten der Nutzung eines Telemediendienstes nicht bei einem Diensteanbieter, der geschäftsmäßig Telemedien zur Nutzung bereithält, bestimmt sie sich nach Abschluss des Kommunikationsvorgangs nach den allgemeinen Vorschriften.

§ 102 Durchsuchung bei Beschuldigten. Bei dem, welcher als Täter oder Teilnehmer einer Straftat oder der Datenhehlerei, Begünstigung, Strafvereitelung oder Hehlerei verdächtig ist, kann eine Durchsuchung der Wohnung und anderer Räume sowie seiner Person und der ihm gehörenden Sachen sowohl zum Zweck seiner Ergreifung als auch dann vorgenommen werden, wenn zu vermuten ist, daß die Durchsuchung zur Auffindung von Beweismitteln führen werde.

§ 103 Durchsuchung bei anderen Personen. (1) [1]Bei anderen Personen sind Durchsuchungen nur zur Ergreifung des Beschuldigten oder zur Verfolgung von Spuren einer Straftat oder zur Beschlagnahme bestimmter Gegenstände und nur dann zulässig, wenn Tatsachen vorliegen, aus denen zu schließen ist, daß die gesuchte Person, Spur oder Sache sich in den zu durchsuchenden Räumen befindet. [2]Zum Zwecke der Ergreifung eines Beschuldigten, der dringend verdächtig ist, eine Straftat nach § 89a oder § 89c Absatz 1 bis 4 des Strafgesetzbuchs oder nach § 129a, auch in Verbindung mit § 129b Abs. 1, des Strafgesetzbuches oder eine der in dieser Vorschrift bezeichneten Straftaten begangen zu haben, ist eine Durchsuchung von Wohnungen und anderen Räumen auch zulässig, wenn diese sich in einem Gebäude befinden, von dem auf Grund von Tatsachen anzunehmen ist, daß sich der Beschuldigte in ihm aufhält.

(2) Die Beschränkungen des Absatzes 1 Satz 1 gelten nicht für Räume, in denen der Beschuldigte ergriffen worden ist oder die er während der Verfolgung betreten hat.

46. Gesetz über Ordnungswidrigkeiten (OWiG)[1)]
In der Fassung der Bekanntmachung vom 19. Februar 1987[2)]
(BGBl. I S. 602)

FNA 454-1

zuletzt geänd. durch Art. 23 G zur Fortentwicklung der StrafprozessO und zur Änd. weiterer Vorschriften v. 25.6.2021 (BGBl. I S. 2099)

– Auszug –

Erster Teil. Allgemeine Vorschriften
Erster Abschnitt. Geltungsbereich

§ 1 Begriffsbestimmung. (1) Eine Ordnungswidrigkeit ist eine rechtswidrige und vorwerfbare Handlung, die den Tatbestand eines Gesetzes verwirklicht, das die Ahndung mit einer Geldbuße zuläßt.

(2) Eine mit Geldbuße bedrohte Handlung ist eine rechtswidrige Handlung, die den Tatbestand eines Gesetzes im Sinne des Absatzes 1 verwirklicht, auch wenn sie nicht vorwerfbar begangen ist.

§ 3 Keine Ahndung ohne Gesetz. Eine Handlung kann als Ordnungswidrigkeit nur geahndet werden, wenn die Möglichkeit der Ahndung gesetzlich bestimmt war, bevor die Handlung begangen wurde.

Dritter Abschnitt. Geldbuße

§ 17 Höhe der Geldbuße. (1) Die Geldbuße beträgt mindestens fünf Euro und, wenn das Gesetz nichts anderes bestimmt, höchstens eintausend Euro.

(2) Droht das Gesetz für vorsätzliches und fahrlässiges Handeln Geldbuße an, ohne im Höchstmaß zu unterscheiden, so kann fahrlässiges Handeln im Höchstmaß nur mit der Hälfte des angedrohten Höchstbetrages der Geldbuße geahndet werden.

(3) [1]Grundlage für die Zumessung der Geldbuße sind die Bedeutung der Ordnungswidrigkeit und der Vorwurf, der den Täter trifft. [2]Auch die wirtschaftlichen Verhältnisse des Täters kommen in Betracht; bei geringfügigen Ordnungswidrigkeiten bleiben sie jedoch in der Regel unberücksichtigt.

(4) [1]Die Geldbuße soll den wirtschaftlichen Vorteil, den der Täter aus der Ordnungswidrigkeit gezogen hat, übersteigen. [2]Reicht das gesetzliche Höchstmaß hierzu nicht aus, so kann es überschritten werden.

Siebenter Abschnitt. Verjährung

§ 31 Verfolgungsverjährung. (1) [1]Durch die Verjährung werden die Verfolgung von Ordnungswidrigkeiten und die Anordnung von Nebenfolgen ausgeschlossen. [2]§ 27 Abs. 2 Satz 1 Nr. 1 bleibt unberührt.

[1)] Die Änderungen durch G v. 5.7.2017 (BGBl. I S. 2208) treten teilweise erst **mWv 1.7.2025** und **mWv 1.1.2026** in Kraft und sind insoweit im Text noch nicht berücksichtigt.
[2)] Neubekanntmachung des OWiG v. 24.5.1968 (BGBl. I S. 481) in der ab 1.4.1987 geltenden Fassung.

(2) Die Verfolgung von Ordnungswidrigkeiten verjährt, wenn das Gesetz nichts anderes bestimmt,
1. in drei Jahren bei Ordnungswidrigkeiten, die mit Geldbuße im Höchstmaß von mehr als fünfzehntausend Euro bedroht sind,
2. in zwei Jahren bei Ordnungswidrigkeiten, die mit Geldbuße im Höchstmaß von mehr als zweitausendfünfhundert bis zu fünfzehntausend Euro bedroht sind,
3. in einem Jahr bei Ordnungswidrigkeiten, die mit Geldbuße im Höchstmaß von mehr als eintausend bis zu zweitausendfünfhundert Euro bedroht sind,
4. in sechs Monaten bei den übrigen Ordnungswidrigkeiten.

(3) ¹Die Verjährung beginnt, sobald die Handlung beendet ist. ²Tritt ein zum Tatbestand gehörender Erfolg erst später ein, so beginnt die Verjährung mit diesem Zeitpunkt.

Zweiter Teil. Bußgeldverfahren

Erster Abschnitt. Zuständigkeit zur Verfolgung und Ahndung von Ordnungswidrigkeiten

§ 35 Verfolgung und Ahndung durch die Verwaltungsbehörde.

(1) Für die Verfolgung von Ordnungswidrigkeiten ist die Verwaltungsbehörde zuständig, soweit nicht hierzu nach diesem Gesetz die Staatsanwaltschaft oder an ihrer Stelle für einzelne Verfolgungshandlungen der Richter berufen ist.

(2) Die Verwaltungsbehörde ist auch für die Ahndung von Ordnungswidrigkeiten zuständig, soweit nicht hierzu nach diesem Gesetz das Gericht berufen ist.

§ 36 Sachliche Zuständigkeit der Verwaltungsbehörde. (1) Sachlich zuständig ist
1. die Verwaltungsbehörde, die durch Gesetz bestimmt wird,
2. mangels einer solchen Bestimmung
   a) die fachlich zuständige oberste Landesbehörde oder
   b) das fachlich zuständige Bundesministerium, soweit das Gesetz von Bundesbehörden ausgeführt wird.

(2) ¹Die Landesregierung kann die Zuständigkeit nach Absatz 1 Nr. 2 Buchstabe a durch Rechtsverordnung auf eine andere Behörde oder sonstige Stelle übertragen. ²Die Landesregierung kann die Ermächtigung auf die oberste Landesbehörde übertragen.

(3) Das nach Absatz 1 Nr. 2 Buchstabe b zuständige Bundesministerium kann seine Zuständigkeit durch Rechtsverordnung, die nicht der Zustimmung des Bundesrates bedarf, auf eine andere Behörde oder sonstige Stelle übertragen.

Zweiter Abschnitt. Allgemeine Verfahrensvorschriften

§ 47 Verfolgung von Ordnungswidrigkeiten. (1) ¹Die Verfolgung von Ordnungswidrigkeiten liegt im pflichtgemäßen Ermessen der Verfolgungsbehörde. ²Solange das Verfahren bei ihr anhängig ist, kann sie es einstellen.

(2) ¹Ist das Verfahren bei Gericht anhängig und hält dieses eine Ahndung nicht für geboten, so kann es das Verfahren mit Zustimmung der Staatsanwaltschaft in jeder Lage einstellen. ²Die Zustimmung ist nicht erforderlich, wenn durch den Bußgeldbescheid eine Geldbuße bis zu einhundert Euro verhängt worden ist und die Staatsanwaltschaft erklärt hat, sie nehme an der Hauptverhandlung nicht teil. ³Der Beschluß ist nicht anfechtbar.

(3) Die Einstellung des Verfahrens darf nicht von der Zahlung eines Geldbetrages an eine gemeinnützige Einrichtung oder sonstige Stelle abhängig gemacht oder damit in Zusammenhang gebracht werden.

Vierter Abschnitt. Bußgeldbescheid

§ 65 Allgemeines. Die Ordnungswidrigkeit wird, soweit dieses Gesetz nichts anderes bestimmt, durch Bußgeldbescheid geahndet.

§ 66 Inhalt des Bußgeldbescheides. (1) Der Bußgeldbescheid enthält
1. die Angaben zur Person des Betroffenen und etwaiger Nebenbeteiligter,
2. den Namen und die Anschrift des Verteidigers,
3. die Bezeichnung der Tat, die dem Betroffenen zur Last gelegt wird, Zeit und Ort ihrer Begehung, die gesetzlichen Merkmale der Ordnungswidrigkeit und die angewendeten Bußgeldvorschriften,
4. die Beweismittel,
5. die Geldbuße und die Nebenfolgen.

(2) Der Bußgeldbescheid enthält ferner
1. den Hinweis, daß
   a) der Bußgeldbescheid rechtskräftig und vollstreckbar wird, wenn kein Einspruch nach § 67 eingelegt wird,
   b) bei einem Einspruch auch eine für den Betroffenen nachteiligere Entscheidung getroffen werden kann,
2. die Aufforderung an den Betroffenen, spätestens zwei Wochen nach Rechtskraft oder einer etwa bestimmten späteren Fälligkeit (§ 18)
   a) die Geldbuße oder die bestimmten Teilbeträge an die zuständige Kasse zu zahlen oder
   b) im Falle der Zahlungsunfähigkeit der Vollstreckungsbehörde (§ 92) schriftlich oder zur Niederschrift darzutun, warum ihm die fristgemäße Zahlung nach seinen wirtschaftlichen Verhältnissen nicht zuzumuten ist, und
3. die Belehrung, daß Erzwingungshaft (§ 96) angeordnet werden kann, wenn der Betroffene seiner Pflicht nach Nummer 2 nicht genügt.

(3) Über die Angaben nach Absatz 1 Nr. 3 und 4 hinaus braucht der Bußgeldbescheid nicht begründet zu werden.

Fünfter Abschnitt. Einspruch und gerichtliches Verfahren
I. Einspruch

§ 67 Form und Frist. (1) ¹Der Betroffene kann gegen den Bußgeldbescheid innerhalb von zwei Wochen nach Zustellung schriftlich oder zur Niederschrift bei der Verwaltungsbehörde, die den Bußgeldbescheid erlassen hat, Einspruch einlegen. ²Die §§ 297 bis 300 und 302 der Strafprozeßordnung über Rechtsmittel gelten entsprechend.

(2) Der Einspruch kann auf bestimmte Beschwerdepunkte beschränkt werden.

§ 68 Zuständiges Gericht. (1) ¹Bei einem Einspruch gegen den Bußgeldbescheid entscheidet das Amtsgericht, in dessen Bezirk die Verwaltungsbehörde ihren Sitz hat. ²Der Richter beim Amtsgericht entscheidet allein.

(2) Im Verfahren gegen Jugendliche und Heranwachsende ist der Jugendrichter zuständig.

(3) ¹Sind in dem Bezirk der Verwaltungsbehörde eines Landes mehrere Amtsgerichtsbezirke oder mehrere Teile solcher Bezirke vorhanden, so kann die Landesregierung durch Rechtsverordnung die Zuständigkeit des Amtsgerichts abweichend von Absatz 1 danach bestimmen, in welchem Bezirk

1. die Ordnungswidrigkeit oder eine der Ordnungswidrigkeiten begangen worden ist (Begehungsort) oder
2. der Betroffene seinen Wohnsitz hat (Wohnort),

soweit es mit Rücksicht auf die große Zahl von Verfahren oder die weite Entfernung zwischen Begehungs- oder Wohnort und dem Sitz des nach Absatz 1 zuständigen Amtsgerichts sachdienlich erscheint, die Verfahren auf mehrere Amtsgerichte aufzuteilen; § 37 Abs. 3 gilt entsprechend. ²Der Bezirk, von dem die Zuständigkeit des Amtsgerichts nach Satz 1 abhängt, kann die Bezirke mehrerer Amtsgerichte umfassen. ³Die Landesregierung kann die Ermächtigung auf die Landesjustizverwaltung übertragen.

Zwölfter Abschnitt. Aktenführung und Kommunikation im Verfahren

§ 110a Elektronische Aktenführung; Verordnungsermächtigungen.

(1) ¹Die Akten können elektronisch geführt werden. ²Die Bundesregierung und die Landesregierungen bestimmen jeweils für ihren Bereich durch Rechtsverordnung den Zeitpunkt, von dem an die Akten elektronisch geführt werden. ³Sie können die Einführung der elektronischen Aktenführung dabei auf einzelne Gerichte oder Behörden oder auf allgemein bestimmte Verfahren beschränken und bestimmen, dass Akten, die in Papierform angelegt wurden, auch nach Einführung der elektronischen Aktenführung in Papierform weitergeführt werden; wird von der Beschränkungsmöglichkeit Gebrauch gemacht, kann in der Rechtsverordnung bestimmt werden, dass durch Verwaltungsvorschrift, die öffentlich bekanntzumachen ist, geregelt wird, in welchen Verfahren die Akten elektronisch zu führen sind. ⁴Die Ermächtigung kann durch Rechtsverordnung auf die zuständigen Bundes- oder Landesministerien übertragen werden.

(2) ¹Die Bundesregierung und die Landesregierungen bestimmen jeweils für ihren Bereich durch Rechtsverordnung die für die elektronische Aktenführung geltenden organisatorischen und dem Stand der Technik entsprechenden technischen Rahmenbedingungen einschließlich der einzuhaltenden Anforderungen des Datenschutzes, der Datensicherheit und der Barrierefreiheit. ²Sie können die Ermächtigung durch Rechtsverordnung auf die zuständigen Bundes- oder Landesministerien übertragen.

(3) ¹Die Bundesregierung bestimmt durch Rechtsverordnung mit Zustimmung des Bundesrates die für die Übermittlung elektronischer Akten zwischen Behörden und Gerichten geltenden Standards. ²Sie kann die Ermächtigung durch Rechtsverordnung ohne Zustimmung des Bundesrates auf die zuständigen Bundesministerien übertragen.

(4) Behörden im Sinne dieses Abschnitts sind die Staatsanwaltschaften und Verwaltungsbehörden einschließlich der Vollstreckungsbehörden sowie die Behörden des Polizeidienstes, soweit diese Aufgaben im Bußgeldverfahren wahrnehmen.

§ 110b Elektronische Formulare; Verordnungsermächtigung. ¹Die Bundesregierung kann durch Rechtsverordnung mit Zustimmung des Bundesrates elektronische Formulare einführen. ²Die Rechtsverordnung kann bestimmen, dass die in den Formularen enthaltenen Angaben ganz oder teilweise in strukturierter maschinenlesbarer Form zu übermitteln sind. ³Die Formulare sind auf einer in der Rechtsverordnung zu bestimmenden Kommunikationsplattform im Internet zur Nutzung bereitzustellen. ⁴Die Rechtsverordnung kann bestimmen, dass eine Identifikation des Formularverwenders abweichend von § 32a Absatz 3 der Strafprozessordnung durch Nutzung des elektronischen Identitätsnachweises nach § 18 des Personalausweisgesetzes¹⁾, § 12 des eID-Karte-Gesetzes oder § 78 Absatz 5 des Aufenthaltsgesetzes erfolgen kann. ⁵Die Bundesregierung kann die Ermächtigung durch Rechtsverordnung ohne Zustimmung des Bundesrates auf die zuständigen Bundesministerien übertragen.

§ 110c Entsprechende Geltung der Strafprozessordnung für Aktenführung und Kommunikation im Verfahren. ¹Im Übrigen gelten die §§ 32a, 32b und 32d bis 32f der Strafprozessordnung sowie die auf der Grundlage des § 32a Absatz 2 Satz 2 und Absatz 4 Nummer 4, des § 32b Absatz 5 und des § 32f Absatz 6 der Strafprozessordnung erlassenen Rechtsverordnungen entsprechend. ²Abweichend von § 32b Absatz 1 Satz 2 der Strafprozessordnung ist bei der automatisierten Herstellung eines zu signierenden elektronischen Dokuments statt seiner die begleitende Verfügung zu signieren. ³Abweichend von § 32e Absatz 4 Satz 1 der Strafprozessordnung müssen Ausgangsdokumente nicht gespeichert oder aufbewahrt werden, wenn die übertragenen Dokumente zusätzlich einen mit einer qualifizierten elektronischen Signatur versehenen Vermerk darüber enthalten, dass das Ausgangsdokument mit dem zur Akte zu nehmenden Dokument inhaltlich und bildlich übereinstimmt.

Dritter Teil. Einzelne Ordnungswidrigkeiten

Zweiter Abschnitt. Verstöße gegen die öffentliche Ordnung

§ 116 Öffentliche Aufforderung zu Ordnungswidrigkeiten. (1) Ordnungswidrig handelt, wer öffentlich, in einer Versammlung oder durch Verbreiten eines Inhalts (§ 11 Absatz 3 des Strafgesetzbuches²⁾) zu einer mit Geldbuße bedrohten Handlung auffordert.

---

¹⁾ Nr. 17.
²⁾ Nr. 44.

(2) ¹Die Ordnungswidrigkeit kann mit einer Geldbuße geahndet werden. ²Das Höchstmaß der Geldbuße bestimmt sich nach dem Höchstmaß der Geldbuße für die Handlung, zu der aufgefordert wird.

§ 119 Grob anstößige und belästigende Handlungen.

(1) Ordnungswidrig handelt, wer

1. öffentlich in einer Weise, die geeignet ist, andere zu belästigen, oder
2. in grob anstößiger Weise dadurch, dass er einen Inhalt (§ 11 Absatz 3 des Strafgesetzbuches[1])) verbreitet oder der Öffentlichkeit zugänglich macht,

Gelegenheit zu sexuellen Handlungen anbietet, ankündigt, anpreist oder Erklärungen solchen Inhalts bekanntgibt.

(2) Ordnungswidrig handelt auch, wer auf die in Absatz 1 bezeichnete Weise Mittel oder Gegenstände, die dem sexuellen Gebrauch dienen, anbietet, ankündigt, anpreist oder Erklärungen solchen Inhalts bekanntgibt.

(3) Ordnungswidrig handelt ferner, wer einen sexuellen Inhalt (§ 11 Absatz 3 des Strafgesetzbuches[1])) an Orten der Öffentlichkeit zugänglich macht, an denen dies grob anstößig wirkt.

(4) Die Ordnungswidrigkeit kann in den Fällen des Absatzes 1 Nr. 1 mit einer Geldbuße bis zu eintausend Euro, in den übrigen Fällen mit einer Geldbuße bis zu zehntausend Euro geahndet werden.

§ 120 Verbotene Ausübung der Prostitution.

(1) Ordnungswidrig handelt, wer einem durch Rechtsverordnung erlassenen Verbot, der Prostitution an bestimmten Orten überhaupt oder zu bestimmten Tageszeiten nachzugehen, zuwiderhandelt.

(2) Die Ordnungswidrigkeit kann mit einer Geldbuße geahndet werden.

§ 123 Einziehung; Unbrauchbarmachung.

(1) Gegenstände, auf die sich eine Ordnungswidrigkeit nach § 119 bezieht, können eingezogen werden.

(2) ¹Bei der Einziehung von Verkörperungen eines Inhalts (§ 11 Absatz 3 des Strafgesetzbuches[1])) kann in den Fällen des § 119 Abs. 1 und 2 angeordnet werden, daß

1. sich die Einziehung auf alle Verkörperungen erstreckt und
2. die zur Herstellung gebrauchten oder bestimmten Vorrichtungen unbrauchbar gemacht werden,

soweit die Verkörperungen und Vorrichtungen sich im Besitz des Täters oder eines anderen befinden, für den der Täter gehandelt hat, oder von diesen Personen zur Verbreitung bestimmt sind. ²Eine solche Anordnung wird jedoch nur getroffen, soweit sie erforderlich ist, um Handlungen, die nach § 119 Abs. 1 oder 2 mit Geldbuße bedroht sind, zu verhindern. ³Für die Einziehung gilt § 27 Abs. 2, für die Unbrauchbarmachung gelten die §§ 27 und 28 entsprechend.

(3) In den Fällen des § 119 Abs. 2 gelten die Absätze 1 und 2 nur für das Werbematerial und die zu seiner Herstellung gebrauchten oder bestimmten Vorrichtungen.

---

[1]) Nr. 44.

47. Gesetz zur Beschränkung des Brief-, Post- und Fernmeldegeheimnisses (Artikel 10-Gesetz – G 10)[1]

Vom 26. Juni 2001

(BGBl. I S. 1254, ber. S. 2298, 2017 S. 154)

FNA 190-4

zuletzt geänd. durch Art. 5, Art. 6 Abs. 4 Verfassungsschutzrechts-AnpassungsG v. 5.7.2021 (BGBl. I S. 2274)

Nichtamtliche Inhaltsübersicht

Abschnitt 1. Allgemeine Bestimmungen

§ 1	Gegenstand des Gesetzes
§ 2	Pflichten der Anbieter von Post- und Telekommunikationsdiensten; Verordnungsermächtigung

Abschnitt 2. Beschränkungen in Einzelfällen

§ 3	Voraussetzungen
§ 4	Prüf-, Kennzeichnungs- und Löschungspflichten, Übermittlungen, Zweckbindung

[ab 1.1.2022:]

§ 4a	*Weiterverarbeitung von Verkehrsdaten durch den Bundesnachrichtendienst*

Abschnitt 3. Strategische Beschränkungen

§ 5	Voraussetzungen
§ 6	Prüf-, Kennzeichnungs- und Löschungspflichten, Zweckbindung
§ 7	Übermittlungen durch den Bundesnachrichtendienst
§ 8	Gefahr für Leib oder Leben einer Person im Ausland

Abschnitt 4. Verfahren

§ 9	Antrag
§ 10	Anordnung
§ 11	Durchführung
§ 12	Mitteilungen an Betroffene
§ 13	Rechtsweg

Abschnitt 5. Kontrolle

§ 14	Parlamentarisches Kontrollgremium
§ 15	G 10-Kommission
§ 15a	Eilanordnung
§ 16	Parlamentarische Kontrolle in den Ländern

Abschnitt 6. Straf- und Bußgeldvorschriften

§ 17	Mitteilungsverbote
§ 18	Straftaten
§ 19	Ordnungswidrigkeiten

Abschnitt 7. Schlussvorschriften

§ 20	Entschädigung
§ 21	Einschränkung von Grundrechten
§ 22	Übergangsregelung

Der Bundestag hat das folgende Gesetz beschlossen:

Abschnitt 1. Allgemeine Bestimmungen

§ 1 Gegenstand des Gesetzes. (1) Es sind

---

[1] Verkündet als Art. 1 Artikel 10-NeuregelungsG v. 26.6.2001 (BGBl. I S. 1254, ber. S. 2298, 2017 S. 154); Inkrafttreten gem. Art. 5 Satz 1 dieses G am 29.6.2001.

1. die Verfassungsschutzbehörden des Bundes und der Länder, der Militärische Abschirmdienst und der Bundesnachrichtendienst zur Abwehr von drohenden Gefahren für die freiheitliche demokratische Grundordnung oder den Bestand oder die Sicherheit des Bundes oder eines Landes einschließlich der Sicherheit der in der Bundesrepublik Deutschland stationierten Truppen der nichtdeutschen Vertragsstaaten des Nordatlantikvertrages,
2. der Bundesnachrichtendienst im Rahmen seiner Aufgaben nach § 1 Abs. 2 des BND-Gesetzes auch zu den in § 5 Abs. 1 Satz 3 Nr. 2 bis 8 und § 8 Abs. 1 Satz 1 bestimmten Zwecken

berechtigt, die Telekommunikation zu überwachen und aufzuzeichnen, in den Fällen der Nummer 1 auch die dem Brief- oder Postgeheimnis unterliegenden Sendungen zu öffnen und einzusehen.

(2) Soweit Maßnahmen nach Absatz 1 von Behörden des Bundes durchgeführt werden, unterliegen sie der Kontrolle durch das Parlamentarische Kontrollgremium und durch eine besondere Kommission (G 10-Kommission).

§ 2 Pflichten der Anbieter von Post- und Telekommunikationsdiensten; Verordnungsermächtigung. (1) [1] Wer geschäftsmäßig Postdienste erbringt oder an der Erbringung solcher Dienste mitwirkt, hat der berechtigten Stelle auf Anordnung Auskunft über die näheren Umstände des Postverkehrs zu erteilen und Sendungen, die ihm zum Einsammeln, Weiterleiten oder Ausliefern anvertraut sind, auszuhändigen. [2] Der nach Satz 1 Verpflichtete hat der berechtigten Stelle auf Verlangen die zur Vorbereitung einer Anordnung erforderlichen Auskünfte zu Postfächern zu erteilen, ohne dass es hierzu einer gesonderten Anordnung bedarf.

(1a) [1] Wer geschäftsmäßig Telekommunikationsdienste erbringt oder an der Erbringung solcher Dienste mitwirkt, hat der berechtigten Stelle auf Anordnung

1. Auskunft über die näheren Umstände der nach Wirksamwerden der Anordnung durchgeführten Telekommunikation zu erteilen,
2. Inhalte, die ihm zur Übermittlung auf dem Telekommunikationsweg anvertraut sind, auszuleiten,
3. die Überwachung und Aufzeichnung der Telekommunikation zu ermöglichen, auch durch Zugangsgewährung zu seinen Einrichtungen während seiner üblichen Geschäftszeiten, sowie
4. die Einbringung von technischen Mitteln zur Durchführung einer Maßnahme nach § 11 Absatz 1a durch Unterstützung bei der Umleitung von Telekommunikation durch die berechtigte Stelle zu ermöglichen

   a) durch Mitteilung der zur Erbringung in den umgeleiteten Datenstrom erforderlichen Informationen über die Strukturen der von ihm betriebenen Telekommunikationsnetze und Telekommunikationsanlagen sowie die von ihm erbrachten Telekommunikationsdienste;

   b) durch sonstige Unterstützung bei der Umleitung einschließlich der Gewährung des Zugangs zu seinen Einrichtungen während seiner üblichen Geschäftszeiten sowie der Ermöglichung der Aufstellung und des Betriebs von Geräten für die Durchführung der Maßnahme.

²Das Nähere zur technischen und organisatorischen Umsetzung der Mitwirkungspflichten nach Satz 1 Nummer 1 bis 3 bestimmt sich nach § 170 des Telekommunikationsgesetzes[1]) und der dazu erlassenen Rechtsverordnung. ³In den Fällen des Satzes 1 Nummer 1 bleiben § 8a Absatz 1 Satz 1 Nummer 4 des Bundesverfassungsschutzgesetzes, § 4a des MAD-Gesetzes und § 3 des BND-Gesetzes unberührt. ⁴Satz 1 Nummer 4 Buchstabe b gilt nur für denjenigen, der eine Telekommunikationsanlage betreibt, mit der öffentlich zugängliche Internetzugangsdienste oder öffentlich zugängliche Dienste, die ganz oder überwiegend in der Übertragung von Signalen bestehen, erbracht werden.

(1b) Das Bundesministerium des Innern, für Bau und Heimat wird ermächtigt, durch Rechtsverordnung im Einvernehmen mit dem Bundeskanzleramt, dem Bundesministerium für Wirtschaft und Energie, dem Bundesministerium für Verkehr und digitale Infrastruktur, dem Bundesministerium der Justiz und für Verbraucherschutz und dem Bundesministerium der Verteidigung mit Zustimmung des Bundesrates das Nähere zur technischen und organisatorischen Umsetzung der Mitwirkungspflichten nach Absatz 1a Satz 1 Nummer 4 zu bestimmen.

(2) ¹Der nach Absatz 1 oder Absatz 1a Verpflichtete hat vor Durchführung einer beabsichtigten Beschränkungsmaßnahme unverzüglich die Personen, die mit der Durchführung der Maßnahme betraut werden sollen,

1. auszuwählen,
2. einer einfachen Sicherheitsüberprüfung unterziehen zu lassen und
3. über Mitteilungsverbote nach § 17 sowie die Strafbarkeit eines Verstoßes nach § 18 zu belehren; die Belehrung ist aktenkundig zu machen.

²Mit der Durchführung einer Beschränkungsmaßnahme dürfen nur Personen betraut werden, die nach Maßgabe des Satzes 1 überprüft und belehrt worden sind. ³Nach Zustimmung des Bundesministeriums des Innern, für Bau und Heimat, bei Beschränkungsmaßnahmen einer Landesbehörde des zuständigen Landesministeriums, kann der Behördenleiter der berechtigten Stelle oder dessen Stellvertreter die nach Absatz 1 oder Absatz 1a Verpflichteten schriftlich auffordern, die Beschränkungsmaßnahme bereits vor Abschluss der Sicherheitsüberprüfung durchzuführen. ⁴Der nach Absatz 1 oder Absatz 1a Verpflichtete hat sicherzustellen, dass die Geheimschutzmaßnahmen zum Schutz als VS-NUR FÜR DEN DIENSTGEBRAUCH eingestufter Informationen gemäß der nach § 35 Absatz 1 des Sicherheitsüberprüfungsgesetzes zu erlassenden allgemeinen Verwaltungsvorschrift zum materiellen Geheimschutz in der jeweils geltenden Fassung getroffen werden.

(3) ¹Die Sicherheitsüberprüfung nach Absatz 2 Satz 1 Nr. 2 ist entsprechend dem Sicherheitsüberprüfungsgesetz durchzuführen. ²Für Beschränkungsmaßnahmen einer Landesbehörde gilt dies nicht, soweit Rechtsvorschriften des Landes vergleichbare Bestimmungen enthalten; in diesem Fall sind die Rechtsvorschriften des Landes entsprechend anzuwenden. ³Zuständig ist bei Beschränkungsmaßnahmen von Bundesbehörden das Bundesministerium des Innern, für Bau und Heimat; im Übrigen sind die nach Landesrecht bestimmten Behörden zuständig. ⁴Soll mit der Durchführung einer Beschränkungsmaßnahme eine Person betraut werden, für die innerhalb der letzten fünf Jahre bereits eine gleich- oder höherwertige Sicherheitsüberprüfung nach Bundes- oder

---

[1]) Nr. 1.

Landesrecht durchgeführt worden ist, soll von einer erneuten Sicherheitsüberprüfung abgesehen werden.

Abschnitt 2. Beschränkungen in Einzelfällen

§ 3 Voraussetzungen. (1) ¹Beschränkungen nach § 1 Abs. 1 Nr. 1 dürfen unter den dort bezeichneten Voraussetzungen angeordnet werden, wenn tatsächliche Anhaltspunkte für den Verdacht bestehen, dass jemand

1. Straftaten des Friedensverrats oder des Hochverrats (§§ 80a bis 83 des Strafgesetzbuches),
2. Straftaten der Gefährdung des demokratischen Rechtsstaates (§§ 84 bis 86, 87 bis 89b, 89c Absatz 1 bis 4 des Strafgesetzbuches[1]), § 20 Abs. 1 Nr. 1 bis 4 des Vereinsgesetzes),
3. Straftaten des Landesverrats und der Gefährdung der äußeren Sicherheit (§§ 94 bis 96, 97a bis 100a des Strafgesetzbuches),
4. Straftaten gegen die Landesverteidigung (§§ 109e bis 109g des Strafgesetzbuches),
5. Straftaten gegen die Sicherheit der in der Bundesrepublik Deutschland stationierten Truppen der nichtdeutschen Vertragsstaaten des Nordatlantikvertrages (§§ 87, 89, 94 bis 96, 98 bis 100, 109e bis 109g des Strafgesetzbuches in Verbindung mit § 1 des NATO-Truppen-Schutzgesetzes),
6. Straftaten nach
   a) den §§ 129a bis 130 des Strafgesetzbuches[1]) sowie
   b) den §§ 211, 212, 239a, 239b, 306 bis 306c, 308 Abs. 1 bis 3, § 315 Abs. 3, § 316b Abs. 3 und § 316c Abs. 1 und 3 des Strafgesetzbuches, soweit diese sich gegen die freiheitliche demokratische Grundordnung, den Bestand oder die Sicherheit des Bundes oder eines Landes richten,
7. Straftaten nach § 95 Abs. 1 Nr. 8 des Aufenthaltsgesetzes,
8. Straftaten nach den §§ 202a, 202b und 303a, 303b des Strafgesetzbuches[1]), soweit sich die Straftat gegen die innere oder äußere Sicherheit der Bundesrepublik Deutschland, insbesondere gegen sicherheitsempfindliche Stellen von lebenswichtigen Einrichtungen richtet, oder
9. Straftaten nach § 13 des Völkerstrafgesetzbuches

plant, begeht oder begangen hat. ²Gleiches gilt, wenn tatsächliche Anhaltspunkte für den Verdacht bestehen, dass jemand Mitglied einer Vereinigung ist, deren Zwecke oder deren Tätigkeit darauf gerichtet sind, Straftaten zu begehen, die gegen die freiheitliche demokratische Grundordnung, den Bestand oder die Sicherheit des Bundes oder eines Landes gerichtet sind.

(1a) Beschränkungen nach § 1 Abs. 1 Nr. 1 dürfen unter den dort bezeichneten Voraussetzungen für den Bundesnachrichtendienst auch für Telekommunikationsanschlüsse, die sich an Bord deutscher Schiffe außerhalb deutscher Hoheitsgewässer befinden, angeordnet werden, wenn tatsächliche Anhaltspunkte für den Verdacht bestehen, dass jemand eine in § 72 Absatz 1 und 3 des Zollfahndungsdienstgesetzes genannten Straftaten plant, begeht oder begangen hat.

(2) ¹Die Anordnung ist nur zulässig, wenn die Erforschung des Sachverhalts auf andere Weise aussichtslos oder wesentlich erschwert wäre. ²Sie darf sich nur

---

[1]) Nr. 44.

gegen den Verdächtigen oder gegen Personen richten, von denen auf Grund bestimmter Tatsachen anzunehmen ist, dass sie für den Verdächtigen bestimmte oder von ihm herrührende Mitteilungen entgegennehmen oder weitergeben oder dass der Verdächtige ihren Anschluss benutzt. ³Maßnahmen, die sich auf Sendungen beziehen, sind nur hinsichtlich solcher Sendungen zulässig, bei denen Tatsachen die Annahme rechtfertigen, dass sie von dem, gegen den sich die Anordnung richtet, herrühren oder für ihn bestimmt sind. ⁴Abgeordnetenpost von Mitgliedern des Deutschen Bundestages und der Parlamente der Länder darf nicht in eine Maßnahme einbezogen werden, die sich gegen einen Dritten richtet.

§ 3a Schutz des Kernbereichs privater Lebensgestaltung. (1) ¹Beschränkungen nach § 1 Abs. 1 Nr. 1 sind unzulässig, soweit tatsächliche Anhaltspunkte für die Annahme vorliegen, dass durch sie allein Erkenntnisse aus dem Kernbereich privater Lebensgestaltung erfasst würden. ²Soweit im Rahmen von Beschränkungen nach § 1 Abs. 1 Nr. 1 neben einer automatischen Aufzeichnung eine unmittelbare Kenntnisnahme erfolgt, ist die Maßnahme unverzüglich zu unterbrechen, soweit sich während der Überwachung tatsächliche Anhaltspunkte dafür ergeben, dass Inhalte, die dem Kernbereich privater Lebensgestaltung zuzurechnen sind, erfasst werden. ³Bestehen insoweit Zweifel, darf nur eine automatische Aufzeichnung fortgesetzt werden. ⁴Automatische Aufzeichnungen nach Satz 3 sind unverzüglich einem bestimmten Mitglied der G10-Kommission oder seinem Stellvertreter zur Entscheidung über die Verwertbarkeit oder Löschung der Daten vorzulegen. ⁵Das Nähere regelt die Geschäftsordnung. ⁶Die Entscheidung des Mitglieds der Kommission, dass eine Verwertung erfolgen darf, ist unverzüglich durch die Kommission zu bestätigen. ⁷Ist die Maßnahme nach Satz 2 unterbrochen worden, so darf sie für den Fall, dass sie nicht nach Satz 1 unzulässig ist, fortgeführt werden. ⁸Erkenntnisse aus dem Kernbereich privater Lebensgestaltung, die durch eine Beschränkung nach § 1 Abs. 1 Nr. 1 erlangt worden sind, dürfen nicht verwertet werden. ⁹Aufzeichnungen hierüber sind unverzüglich zu löschen. ¹⁰Die Tatsachen der Erfassung der Daten und der Löschung sind zu dokumentieren. ¹¹Die Dokumentation darf ausschließlich für Zwecke der Datenschutzkontrolle verwendet werden. ¹²Sie ist sechs Monate nach der Mitteilung nach § 12 Absatz 1 Satz 1 oder der Feststellung nach § 12 Absatz 1 Satz 5 zu löschen.

(2) ¹Bei Gefahr im Verzug können Aufzeichnungen nach Absatz 1 Satz 3 unter Aufsicht eines Bediensteten, der die Befähigung zum Richteramt hat, gesichtet werden. ²Der Bedienstete entscheidet im Benehmen mit dem nach § 5 des Bundesdatenschutzgesetzes¹⁾ oder entsprechenden landesrechtlichen Vorschriften benannten Datenschutzbeauftragten oder einem von diesem beauftragten Beschäftigten, für den § 6 Absatz 3 des Bundesdatenschutzgesetzes¹⁾ insoweit entsprechend gilt, über eine vorläufige Nutzung.

§ 3b Schutz zeugnisverweigerungsberechtigter Personen. (1) ¹Maßnahmen nach § 1 Abs. 1 Nr. 1, die sich gegen eine in § 53 Absatz 1 Satz 1 Nummer 1, 2, 3 oder Nummer 4 der Strafprozessordnung genannte Person, im Falle von § 53 Absatz 1 Satz 1 Nummer 3 der Strafprozessordnung beschränkt auf Rechtsanwälte und Kammerrechtsbeistände, richten und voraussichtlich Erkenntnisse erbringen würden, über die diese Person das Zeugnis verweigern

---

¹⁾ Nr. 12.

dürfte, sind unzulässig. ²Dennoch erlangte Erkenntnisse dürfen nicht verwertet werden. ³Aufzeichnungen hierüber sind unverzüglich zu löschen. ⁴Die Tatsache ihrer Erlangung und Löschung ist zu dokumentieren. ⁵Die Sätze 2 bis 3 gelten entsprechend, wenn durch eine Maßnahme, die sich nicht gegen eine in Satz 1 genannte Person richtet, von einer dort genannten Person Erkenntnisse erlangt werden, über die sie das Zeugnis verweigern dürfte.

(2) ¹Soweit durch eine Beschränkung eine in § 53 Abs. 1 Satz 1 Nr. 3 bis 3b oder Nr. 5 der Strafprozessordnung genannte Person, im Falle von § 53 Absatz 1 Satz 1 Nummer 3 der Strafprozessordnung mit Ausnahme von Rechtsanwälten und Kammerrechtsbeiständen, betroffen wäre und dadurch voraussichtlich Erkenntnisse erlangt würden, über die diese Person das Zeugnis verweigern dürfte, ist dies im Rahmen der Prüfung der Verhältnismäßigkeit unter Würdigung des öffentlichen Interesses an den von dieser Person wahrgenommenen Aufgaben und des Interesses an der Geheimhaltung der dieser Person anvertrauten oder bekannt gewordenen Tatsachen besonders zu berücksichtigen. ²Soweit hiernach geboten, ist die Maßnahme zu unterlassen oder, soweit dies nach der Art der Maßnahme möglich ist, zu beschränken.

(3) Die Absätze 1 und 2 gelten entsprechend, soweit die in § 53a der Strafprozessordnung Genannten das Zeugnis verweigern dürften.

(4) Die Absätze 1 bis 3 gelten nicht, sofern die zeugnisverweigerungsberechtigte Person Verdächtiger im Sinne des § 3 Abs. 2 Satz 2 ist oder tatsächliche Anhaltspunkte den Verdacht begründen, dass sie dessen in § 3 Abs. 1 bezeichnete Bestrebungen durch Entgegennahme oder Weitergabe von Mitteilungen bewusst unterstützt.

§ 4 Prüf-, Kennzeichnungs- und Löschungspflichten, Übermittlungen, Zweckbindung. (1) ¹Die erhebende Stelle prüft unverzüglich und sodann in Abständen von höchstens sechs Monaten, ob die erhobenen personenbezogenen Daten im Rahmen ihrer Aufgabe allein oder zusammen mit bereits vorliegenden Daten für die in § 1 Abs. 1 Nr. 1 bestimmten Zwecke erforderlich sind. ²Soweit die Daten für diese Zwecke nicht erforderlich sind und nicht für eine Übermittlung an andere Stellen benötigt werden, sind sie unverzüglich unter Aufsicht eines Bediensteten, der die Befähigung zum Richteramt hat, zu löschen. ³Die Löschung ist zu protokollieren. ⁴Die Protokolldaten dürfen ausschließlich zur Durchführung der Datenschutzkontrolle verwendet werden. ⁵Die Protokolldaten sind am Ende des Kalenderjahres, das dem Jahr der Protokollierung folgt, zu löschen. ⁶Die Löschung der Daten unterbleibt, soweit die Daten für eine Mitteilung nach § 12 Abs. 1 oder für eine gerichtliche Nachprüfung der Rechtmäßigkeit der Beschränkungsmaßnahme von Bedeutung sein können. ⁷In diesem Fall ist die Verarbeitung der Daten einzuschränken; sie dürfen nur zu diesen Zwecken verwendet werden.

(2) ¹Die verbleibenden Daten sind zu kennzeichnen. ²Nach einer Übermittlung ist die Kennzeichnung durch den Empfänger aufrechtzuerhalten. ³Die Daten dürfen nur zu den in § 1 Abs. 1 Nr. 1 und den in Absatz 4 genannten Zwecken verwendet werden.

(3) ¹Der Behördenleiter oder sein Stellvertreter kann anordnen, dass bei der Übermittlung auf die Kennzeichnung verzichtet wird, wenn dies unerlässlich ist, um die Geheimhaltung einer Beschränkungsmaßnahme nicht zu gefährden, und die G 10-Kommission oder, soweit es sich um die Übermittlung durch eine Landesbehörde handelt, die nach Landesrecht zuständige Stelle zugestimmt

hat. ²Bei Gefahr im Verzuge kann die Anordnung bereits vor der Zustimmung getroffen werden. ³Wird die Zustimmung versagt, ist die Kennzeichnung durch den Übermittlungsempfänger unverzüglich nachzuholen; die übermittelnde Behörde hat ihn hiervon zu unterrichten.

(4) ¹Die Daten dürfen an andere als die nach § 1 Absatz 1 Nummer 1 berechtigten Stellen nur übermittelt werden

1. zur Verhinderung oder Aufklärung von Straftaten, wenn
   a) tatsächliche Anhaltspunkte für den Verdacht bestehen, dass jemand eine der in § 3 Abs. 1 und 1a genannten Straftaten plant oder begeht,
   b) bestimmte Tatsachen den Verdacht begründen, dass jemand eine sonstige in § 7 Abs. 4 Satz 1 genannte Straftat plant oder begeht,
2. zur Verfolgung von Straftaten, wenn bestimmte Tatsachen den Verdacht begründen, dass jemand eine in Nummer 1 bezeichnete Straftat begeht oder begangen hat, oder
3. zur Vorbereitung und Durchführung eines Verfahrens nach Artikel 21 Abs. 2 Satz 2 des Grundgesetzes oder einer Maßnahme nach § 3 Abs. 1 Satz 1 des Vereinsgesetzes,

soweit sie zur Erfüllung der Aufgaben des Empfängers erforderlich sind. ²Bei der Übermittlung an ausländische öffentliche Stellen sowie an über- und zwischenstaatliche Stellen ist daneben § 19 Absatz 3 Satz 2 und 4 des Bundesverfassungsschutzgesetzes anzuwenden.

(5) ¹Sind mit personenbezogenen Daten, die übermittelt werden dürfen, weitere Daten des Betroffenen oder eines Dritten in Akten so verbunden, dass eine Trennung nicht oder nur mit unvertretbarem Aufwand möglich ist, ist die Übermittlung auch dieser Daten zulässig; eine Verwendung dieser Daten ist unzulässig. ²Über die Übermittlung entscheidet ein Bediensteter der übermittelnden Stelle, der die Befähigung zum Richteramt hat. ³Die Übermittlung ist zu protokollieren.

(6) ¹Der Empfänger darf die übermittelten Daten nur für die Zwecke verwenden, zu deren Erfüllung sie ihm übermittelt worden sind. ²Er prüft unverzüglich und sodann in Abständen von höchstens sechs Monaten, ob die übermittelten Daten für diese Zwecke erforderlich sind. ³Absatz 1 Satz 2 und 3 gilt entsprechend. ⁴Der Empfänger unterrichtet die übermittelnde Stelle unverzüglich über die erfolgte Löschung.

[§ 4a ab 1.1.2022:]

§ 4a Weiterverarbeitung von Verkehrsdaten durch den Bundesnachrichtendienst. (1) Der Bundesnachrichtendienst darf erhobene Verkehrsdaten, bei denen für einen Teilnehmer der Kommunikation eine Beschränkung nach § 3 angeordnet ist, zur Erfüllung seiner Aufgaben auch weiterverarbeiten, um

1. Personen zu erkennen, die einen Deutschlandbezug aufweisen und über die Informationen erlangt werden können, die für die Aufgabenerfüllung des Bundesnachrichtendienstes relevant sind, oder

2. geeignete Übertragungswege im Sinne des § 10 Absatz 4 Satz 2 zu bestimmen.

(2) ¹Spätestens drei Monate nach ihrer Erhebung sind die nach Absatz 1 gespeicherten Verkehrsdaten daraufhin zu prüfen, ob die weitere Speicherung zur Erfüllung der Aufgaben des Bundesnachrichtendienstes erforderlich ist. ²Spätestens sechs Monate nach ihrer Erhebung sind diese Daten zu löschen, es sei denn, es wurde im Einzelfall

festgestellt, dass eine weitere Speicherung für die Zwecke des Absatzes 1 erforderlich ist. ³Ist im Einzelfall festgestellt worden, dass eine weitere Speicherung für die Zwecke nach Absatz 1 erforderlich ist, prüft der Bundesnachrichtendienst sodann regelmäßig in Abständen von höchstens sechs Monaten, ob die weitere Speicherung der Verkehrsdaten für diese Zwecke erforderlich ist.

(3) ¹Die Erfüllung der in den Absätzen 1 und 2 genannten Voraussetzungen wird regelmäßig stichprobenartig durch eine hierzu beauftragte Bedienstete oder einen hierzu beauftragten Bediensteten des Bundesnachrichtendienstes, die oder der die Befähigung zum Richteramt hat, überprüft. ²Soweit die Überprüfung eine unzulässige Verarbeitung ergibt, sind die Daten unverzüglich unter Aufsicht einer Bediensteten oder eines Bediensteten des Bundesnachrichtendienstes, die oder der die Befähigung zum Richteramt hat, zu löschen. ³§ 4 Absatz 1 Satz 3 bis 5 gilt entsprechend.

Abschnitt 3. Strategische Beschränkungen

§ 5 Voraussetzungen. (1) ¹Auf Antrag des Bundesnachrichtendienstes dürfen Beschränkungen nach § 1 für internationale Telekommunikationsbeziehungen, soweit eine gebündelte Übertragung erfolgt, angeordnet werden. ²Die jeweiligen Telekommunikationsbeziehungen werden von dem nach § 10 Abs. 1 zuständigen Bundesministerium mit Zustimmung des Parlamentarischen Kontrollgremiums bestimmt. ³Beschränkungen nach Satz 1 sind nur zulässig zur Sammlung von Informationen über Sachverhalte, deren Kenntnis notwendig ist, um die Gefahr

1. eines bewaffneten Angriffs auf die Bundesrepublik Deutschland,
2. der Begehung internationaler terroristischer Anschläge mit unmittelbarem Bezug zur Bundesrepublik Deutschland,
3. der internationalen Verbreitung von Kriegswaffen im Sinne des Gesetzes über die Kontrolle von Kriegswaffen sowie des unerlaubten Außenwirtschaftsverkehrs mit Waren, Datenverarbeitungsprogrammen und Technologien in Fällen von erheblicher Bedeutung,
4. der unbefugten gewerbs- oder bandenmäßig organisierten Verbringung von Betäubungsmitteln in das Gebiet der Europäischen Union in Fällen von erheblicher Bedeutung mit Bezug zur Bundesrepublik Deutschland,
5. der Beeinträchtigung der Geldwertstabilität im Euro-Währungsraum durch im Ausland begangene Geldfälschungen,
6. der international organisierten Geldwäsche in Fällen von erheblicher Bedeutung,
7. des gewerbs- oder bandenmäßig organisierten Einschleusens von ausländischen Personen in das Gebiet der Europäischen Union in Fällen von erheblicher Bedeutung mit Bezug zur Bundesrepublik Deutschland
    a) bei unmittelbarem Bezug zu den Gefahrenbereichen nach Nr. 1 bis 3 oder
    b) in Fällen, in denen eine erhebliche Anzahl geschleuster Personen betroffen ist, insbesondere wenn durch die Art der Schleusung von einer Gefahr für ihr Leib oder Leben auszugehen ist, oder
    c) in Fällen von unmittelbarer oder mittelbarer Unterstützung oder Duldung durch ausländische öffentliche Stellen oder
8. des internationalen kriminellen, terroristischen oder staatlichen Angriffs mittels Schadprogrammen oder vergleichbaren schädlich wirkenden informationstechnischen Mitteln auf die Vertraulichkeit, Integrität oder Verfügbarkeit

von IT-Systemen in Fällen von erheblicher Bedeutung mit Bezug zur Bundesrepublik Deutschland
rechtzeitig zu erkennen und einer solchen Gefahr zu begegnen. [4]In den Fällen von Satz 3 Nr. 1 dürfen Beschränkungen auch für Postverkehrsbeziehungen angeordnet werden; Satz 2 gilt entsprechend.

(2) [1]Bei Beschränkungen von Telekommunikationsbeziehungen darf der Bundesnachrichtendienst nur Suchbegriffe verwenden, die zur Aufklärung von Sachverhalten über den in der Anordnung bezeichneten Gefahrenbereich bestimmt und geeignet sind. [2]Es dürfen keine Suchbegriffe verwendet werden, die

1. Identifizierungsmerkmale enthalten, die zu einer gezielten Erfassung bestimmter Telekommunikationsanschlüsse führen, oder
2. den Kernbereich der privaten Lebensgestaltung betreffen.

[3]Dies gilt nicht für Telekommunikationsanschlüsse im Ausland, sofern ausgeschlossen werden kann, dass Anschlüsse, deren Inhaber oder regelmäßige Nutzer deutsche Staatsangehörige sind, gezielt erfasst werden. [4]Die Durchführung ist zu protokollieren. [5]Die Protokolldaten dürfen ausschließlich zu Zwecken der Datenschutzkontrolle verwendet werden. [6]Sie sind am Ende des Kalenderjahres, das dem Jahr der Protokollierung folgt, zu löschen.

§ 5a Schutz des Kernbereichs privater Lebensgestaltung.

[1]Durch Beschränkungen nach § 1 Abs. 1 Nr. 2 dürfen keine Kommunikationsinhalte aus dem Kernbereich privater Lebensgestaltung erfasst werden. [2]Sind durch eine Beschränkung nach § 1 Abs. 1 Nr. 2 Kommunikationsinhalte aus dem Kernbereich privater Lebensgestaltung erfasst worden, dürfen diese nicht verwertet werden. [3]Sie sind unverzüglich unter Aufsicht eines Bediensteten, der die Befähigung zum Richteramt hat, zu löschen. [4]§ 3a Absatz 1 Satz 2 bis 7 und Absatz 2 gilt entsprechend. [5]Die Tatsache der Erfassung der Daten und ihrer Löschung ist zu protokollieren. [6]Die Protokolldaten dürfen ausschließlich zum Zwecke der Durchführung der Datenschutzkontrolle verwendet werden. [7]Sie sind sechs Monate nach der Mitteilung oder der Feststellung nach § 12 Absatz 2 zu löschen.

§ 6 Prüf-, Kennzeichnungs- und Löschungspflichten, Zweckbindung.

(1) [1]Der Bundesnachrichtendienst prüft unverzüglich und sodann in Abständen von höchstens sechs Monaten, ob die erhobenen personenbezogenen Daten im Rahmen seiner Aufgaben allein oder zusammen mit bereits vorliegenden Daten für die in § 5 Abs. 1 Satz 3 bestimmten Zwecke erforderlich sind. [2]Soweit die Daten für diese Zwecke nicht erforderlich sind und nicht für eine Übermittlung an andere Stellen benötigt werden, sind sie unverzüglich unter Aufsicht eines Bediensteten, der die Befähigung zum Richteramt hat, zu löschen. [3]Die Löschung ist zu protokollieren. [4]Die Protokolldaten dürfen ausschließlich zur Durchführung *[bis 31.12.2021: der Datenschutzkontrolle][ab 1.1.2022: von Kontrollen der Datenverarbeitung, einschließlich der Datenschutzkontrolle,]* verwendet werden. [5]Die Protokolldaten sind am Ende des Kalenderjahres zu löschen, das dem Jahr der Protokollierung folgt. [6]Außer in den Fällen der erstmaligen Prüfung nach Satz 1 unterbleibt die Löschung, soweit die Daten für eine Mitteilung nach § 12 Abs. 2 oder für eine gerichtliche Nachprüfung der Rechtmäßigkeit der Beschränkungsmaßnahme von Bedeutung sein kön-

nen. ⁷In diesem Fall ist die Verarbeitung der Daten einzuschränken; sie dürfen nur zu diesen Zwecken verwendet werden.

(2) ¹Die verbleibenden Daten sind zu kennzeichnen. ²Nach einer Übermittlung ist die Kennzeichnung durch den Empfänger aufrechtzuerhalten. ³Die Daten dürfen nur zu den in § 5 Abs. 1 Satz 3 genannten Zwecken und für Übermittlungen nach § 7 Abs. 1 bis 4a und § 7a verwendet werden.

(3) ¹Auf Antrag des Bundesnachrichtendienstes dürfen zur Prüfung der Relevanz erfasster Telekommunikationsverkehre auf Anordnung des nach § 10 Abs. 1 zuständigen Bundesministeriums die erhobenen Daten in einem automatisierten Verfahren mit bereits vorliegenden Rufnummern oder anderen Kennungen bestimmter Telekommunikationsanschlüsse abgeglichen werden, bei denen tatsächliche Anhaltspunkte dafür bestehen, dass sie in einem Zusammenhang mit dem Gefahrenbereich stehen, für den die Überwachungsmaßnahme angeordnet wurde. ²Zu diesem Abgleich darf der Bundesnachrichtendienst auch Rufnummern oder andere Kennungen bestimmter Telekommunikationsanschlüsse im Inland verwenden. ³Die zu diesem Abgleich genutzten Daten dürfen nicht als Suchbegriffe im Sinne des § 5 Abs. 2 Satz 1 verwendet werden. ⁴Der Abgleich und die Gründe für die Verwendung der für den Abgleich genutzten Daten sind zu protokollieren. ⁵Die Protokolldaten dürfen ausschließlich *[bis 31.12.2021: zu Zwecken der Datenschutzkontrolle][ab 1.1.2022: zur Durchführung von Kontrollen der Datenverarbeitung, einschließlich der Datenschutzkontrolle,]* verwendet werden. ⁶Sie sind am Ende des Kalenderjahres, das dem Jahr der Protokollierung folgt, zu vernichten.

[Abs. 4 ab 1.1.2022:]

(4) ¹Unabhängig von Absatz 1 Satz 1 und 2 darf der Bundesnachrichtendienst auf den nach § 5 Absatz 1 in Verbindung mit § 10 Absatz 4 Satz 2 angeordneten Übertragungswegen zur Erfüllung seiner Aufgaben Verkehrsdaten erheben und unter den Voraussetzungen des Satzes 3 weiterverarbeiten, sofern diejenigen Verkehrsdaten, die eine Identifizierung von deutschen Staatsangehörigen, von inländischen juristischen Personen oder von sich im Bundesgebiet aufhaltenden Personen ermöglichen, im Falle ihrer Erhebung unverzüglich automatisiert unkenntlich gemacht werden. ²Die automatisierte Unkenntlichmachung ist so durchzuführen, dass

1. die Eindeutigkeit der Daten erhalten bleibt und

2. eine rückwirkende Identifizierung der in Satz 1 genannten Personen unmöglich oder nur mit unvertretbar hohem Aufwand möglich ist.

³Der Bundesnachrichtendienst darf Verkehrsdaten, die nach den Sätzen 1 und 2 unkenntlich gemacht wurden, zur Erfüllung seiner Aufgaben weiterverarbeiten, um

1. Personen außerhalb des in Satz 1 genannten Personenkreises zu erkennen, die einen Deutschlandbezug aufweisen und über die Informationen erlangt werden können, die für die Aufgabenerfüllung des Bundesnachrichtendienstes relevant sind, sowie

2. geeignete Übertragungswege im Sinne des § 10 Absatz 4 Satz 2 zu bestimmen.

⁴Die in Satz 1 genannten Verkehrsdaten sind spätestens sechs Monate nach ihrer Erhebung zu löschen, es sei denn, es wurde im Einzelfall festgestellt, dass eine weitere Speicherung für die Zwecke nach Satz 3 erforderlich ist. ⁵Ist im Einzelfall festgestellt worden, dass eine weitere Speicherung für die Zwecke nach Satz 3 erforderlich ist, prüft der Bundesnachrichtendienst bei der Einzelfallbearbeitung und nach festgesetzten Fristen, spätestens nach zehn Jahren, ob die unkenntlich gemachten Verkehrsdaten weiterhin für diese Zwecke erforderlich sind.

[Abs. 5 ab 1.1.2022:]

(5) [1] Unabhängig von Absatz 1 Satz 1 und 2 darf der Bundesnachrichtendienst erhobene Verkehrsdaten, die auf der Grundlage eines Suchbegriffs nach § 5 Absatz 2 erfasst worden sind, zur Erfüllung seiner Aufgaben weiterverarbeiten, um

1. *Personen zu erkennen, die einen Deutschlandbezug aufweisen und über die Informationen erlangt werden können, die für die Aufgabenerfüllung des Bundesnachrichtendienstes relevant sind, sowie*
2. *geeignete Übertragungswege im Sinne des § 10 Absatz 4 Satz 2 zu identifizieren.*

[2] Wird bei der Weiterverarbeitung nach Satz 1 erkannt, dass eine darüber hinausgehende Weiterverarbeitung der Verkehrsdaten durch den Bundesnachrichtendienst erforderlich ist, um Straftaten im Sinne des § 3 Absatz 1 oder Gefahren im Sinne des § 5 Absatz 1 Satz 3 oder des § 8 Absatz 1 zu erkennen und einer solchen Gefahr zu begegnen, darf der Bundesnachrichtendienst diese Daten auch zu diesen Zwecken weiterverarbeiten. [3] Spätestens drei Monate nach ihrer Erhebung sind die in den Sätzen 1 und 2 genannten Verkehrsdaten daraufhin zu prüfen, ob die weitere Speicherung zur Erfüllung der Aufgaben des Bundesnachrichtendienstes erforderlich ist. [4] Spätestens sechs Monate nach ihrer Erhebung sind die in den Sätzen 1 und 2 genannten Daten zu löschen, es sei denn, es wurde im Einzelfall festgestellt, dass eine weitere Speicherung für die Zwecke nach den Sätzen 1 und 2 erforderlich ist. [5] Ist im Einzelfall festgestellt worden, dass eine weitere Speicherung für die Zwecke nach den Sätzen 1 und 2 erforderlich ist, prüft der Bundesnachrichtendienst sodann regelmäßig in Abständen von höchstens sechs Monaten, ob die weitere Speicherung der Verkehrsdaten für diese Zwecke nach den Sätzen 1 und 2 erforderlich ist.

[Abs. 6 ab 1.1.2022:]

(6) [1] Die Erfüllung der in Absatz 5 genannten Voraussetzungen wird regelmäßig stichprobenartig durch eine hierzu beauftragte Bedienstete oder einen hierzu beauftragten Bediensteten des Bundesnachrichtendienstes, die oder der die Befähigung zum Richteramt hat, überprüft. [2] Soweit die Überprüfung eine unzulässige Verarbeitung ergibt, sind die Daten unverzüglich unter Aufsicht einer Bediensteten oder eines Bediensteten des Bundesnachrichtendienstes, die oder der die Befähigung zum Richteramt hat, zu löschen. [3] Absatz 1 Satz 3 bis 5 gilt entsprechend.

§ 7 Übermittlungen durch den Bundesnachrichtendienst.

(1) Durch Beschränkungen nach § 5 erhobene personenbezogene Daten dürfen nach *[bis 31.12.2021:* § 33 des BND-Gesetzes*][ab 1.1.2022:* § 65 Absatz 1 des BND-Gesetzes*]* zur Unterrichtung über die in § 5 Abs. 1 Satz 3 genannten Gefahren übermittelt werden.

(2) Durch Beschränkungen nach § 5 erhobene personenbezogene Daten dürfen an die Verfassungsschutzbehörden des Bundes und der Länder sowie an den Militärischen Abschirmdienst übermittelt werden, wenn

1. tatsächliche Anhaltspunkte dafür bestehen, dass die Daten erforderlich sind zur Sammlung und Auswertung von Informationen über Bestrebungen in der Bundesrepublik Deutschland, die durch Anwendung von Gewalt oder darauf gerichtete Vorbereitungshandlungen gegen die in § 3 Abs. 1 Nr. 1, 3 und 4 des Bundesverfassungsschutzgesetzes genannten Schutzgüter gerichtet sind,
2. bestimmte Tatsachen den Verdacht sicherheitsgefährdender oder geheimdienstlicher Tätigkeiten für eine fremde Macht begründen oder

3. im Falle des § 5 Absatz 1 Satz 1 in Verbindung mit Satz 3 Nummer 8 tatsächliche Anhaltspunkte dafür bestehen, dass die Angriffe von Bestrebungen oder Tätigkeiten nach § 3 Absatz 1 des Bundesverfassungsschutzgesetzes ausgehen.

(3) Durch Beschränkungen nach § 5 Abs. 1 Satz 1 in Verbindung mit Satz 3 Nr. 3 erhobene personenbezogene Daten dürfen an das Bundesamt für Wirtschaft und Ausfuhrkontrolle (BAFA) übermittelt werden, wenn tatsächliche Anhaltspunkte dafür bestehen, dass die Kenntnis dieser Daten erforderlich ist

1. zur Aufklärung von Teilnehmern am Außenwirtschaftsverkehr über Umstände, die für die Einhaltung von Beschränkungen des Außenwirtschaftsverkehrs von Bedeutung sind, oder

2. im Rahmen eines Verfahrens zur Erteilung einer ausfuhrrechtlichen Genehmigung oder zur Unterrichtung von Teilnehmern am Außenwirtschaftsverkehr, soweit hierdurch eine Genehmigungspflicht für die Ausfuhr von Gütern begründet wird.

(4) ¹Durch Beschränkungen nach § 5 erhobene personenbezogene Daten dürfen zur Verhinderung von Straftaten an die mit polizeilichen Aufgaben betrauten Behörden übermittelt werden, wenn

1. tatsächliche Anhaltspunkte für den Verdacht bestehen, dass jemand
   a) Straftaten nach den §§ 89a, 89b, 89c Absatz 1 bis 4 oder § 129a, auch in Verbindung mit § 129b Abs. 1, sowie den §§ 146, 151 bis 152a oder § 261 des Strafgesetzbuches,
   b) vorsätzliche Straftaten nach den §§ 17 und 18 des Außenwirtschaftsgesetzes, §§ 19 bis 21 oder § 22a Abs. 1 Nr. 4, 5 und 7 des Gesetzes über die Kontrolle von Kriegswaffen oder
   c) Straftaten nach § 29a Abs. 1 Nr. 2, § 30 Abs. 1 Nr. 1, 4 oder § 30a des Betäubungsmittelgesetzes
   plant oder begeht oder

2. bestimmte Tatsachen den Verdacht begründen, dass jemand eine der in § 3 Absatz 1 Satz 1 Nummer 1, 2, 5, 7 und 9, Satz 2 oder Absatz 1a dieses Gesetzes oder eine sonstige der in § 100a Absatz 2 der Strafprozessordnung[1] genannten Straftaten plant oder begeht.

²Die Daten dürfen zur Verfolgung von Straftaten an die zuständigen Behörden übermittelt werden, wenn bestimmte Tatsachen den Verdacht begründen, dass jemand eine in Satz 1 bezeichnete Straftat begeht oder begangen hat.

(4a) Durch Beschränkungen nach § 5 Absatz 1 Satz 1 in Verbindung mit Satz 3 Nummer 8 erhobene personenbezogene Daten dürfen an das Bundesamt für Sicherheit in der Informationstechnik übermittelt werden, wenn tatsächliche Anhaltspunkte dafür bestehen, dass die Daten erforderlich sind zur Abwehr von Gefahren für die Sicherheit der Informationstechnik des Bundes oder zur Sammlung und Auswertung von Informationen über Sicherheitsrisiken auch für andere Stellen und Dritte.

(5) ¹Die Übermittlung ist nur zulässig, soweit sie zur Erfüllung der Aufgaben des Empfängers erforderlich ist. ²Sind mit personenbezogenen Daten, die übermittelt werden dürfen, weitere Daten des Betroffenen oder eines Dritten in

---

[1] Nr. 45.

Akten so verbunden, dass eine Trennung nicht oder nur mit unvertretbarem Aufwand möglich ist, ist die Übermittlung auch dieser Daten zulässig; eine Verwendung dieser Daten ist unzulässig. ³Über die Übermittlung entscheidet ein Bediensteter des Bundesnachrichtendienstes, der die Befähigung zum Richteramt hat. ⁴Die Übermittlung ist zu protokollieren.

(6) ¹Der Empfänger darf die Daten nur für die Zwecke verwenden, zu deren Erfüllung sie ihm übermittelt worden sind. ²Er prüft unverzüglich und sodann in Abständen von höchstens sechs Monaten, ob die übermittelten Daten für diese Zwecke erforderlich sind. ³§ 4 Abs. 6 Satz 4 und § 6 Abs. 1 Satz 2 und 3 gelten entsprechend.

§ 7a Übermittlungen durch den Bundesnachrichtendienst an ausländische öffentliche Stellen. (1) ¹Der Bundesnachrichtendienst darf durch Beschränkungen nach § 5 Abs. 1 Satz 3 Nr. 2, 3, 7 und 8 erhobene personenbezogene Daten an die mit nachrichtendienstlichen Aufgaben betrauten ausländischen öffentlichen Stellen übermitteln, soweit

1. die Übermittlung zur Wahrung außen- oder sicherheitspolitischer Belange der Bundesrepublik Deutschland oder erheblicher Sicherheitsinteressen des ausländischen Staates erforderlich ist,
2. überwiegende schutzwürdige Interessen des Betroffenen nicht entgegenstehen, insbesondere in dem ausländischen Staat ein angemessenes Datenschutzniveau gewährleistet ist sowie davon auszugehen ist, dass die Verwendung der Daten durch den Empfänger in Einklang mit grundlegenden rechtsstaatlichen Prinzipien erfolgt, und
3. das Prinzip der Gegenseitigkeit gewahrt ist.

²Die Übermittlung bedarf der Zustimmung des Bundeskanzleramtes.

(2) Der Bundesnachrichtendienst darf unter den Voraussetzungen des Absatzes 1 durch Beschränkungen nach § 5 Abs. 1 Satz 3 Nr. 2, 3, 7 und 8 erhobene personenbezogene Daten ferner im Rahmen von Artikel 3 des Zusatzabkommens zu dem Abkommen zwischen den Parteien des Nordatlantikvertrages über die Rechtsstellung ihrer Truppen hinsichtlich der in der Bundesrepublik Deutschland stationierten ausländischen Truppen vom 3. August 1959 (BGBl. 1961 II S. 1183, 1218) an Dienststellen der Stationierungsstreitkräfte übermitteln, soweit dies zur Erfüllung der in deren Zuständigkeit liegenden Aufgaben erforderlich ist.

(3) ¹Über die Übermittlung entscheidet ein Bediensteter des Bundesnachrichtendienstes, der die Befähigung zum Richteramt hat. ²Die Übermittlung ist zu protokollieren. ³Der Bundesnachrichtendienst führt einen Nachweis über den Zweck, die Veranlassung, die Aktenfundstelle und die Empfänger der Übermittlungen nach Absatz 1 und 2. ⁴Die Nachweise sind gesondert aufzubewahren, gegen unberechtigten Zugriff zu sichern und am Ende des Kalenderjahres, das dem Jahr ihrer Erstellung folgt, zu vernichten.

(4) Der Empfänger ist zu verpflichten,

1. die übermittelten Daten nur zu dem Zweck zu verwenden, zu dem sie ihm übermittelt wurden,
2. eine angebrachte Kennzeichnung beizubehalten und
3. dem Bundesnachrichtendienst auf Ersuchen Auskunft über die Verwendung zu erteilen.

(5) Das zuständige Bundesministerium unterrichtet monatlich die G10-Kommission über Übermittlungen nach Absatz 1 und 2.

(6) Das Parlamentarische Kontrollgremium ist in Abständen von höchstens sechs Monaten über die vorgenommenen Übermittlungen nach Absatz 1 und 2 zu unterrichten.

§ 8 Gefahr für Leib oder Leben einer Person im Ausland. (1) Auf Antrag des Bundesnachrichtendienstes dürfen Beschränkungen nach § 1 für internationale Telekommunikationsbeziehungen im Sinne des § 5 Abs. 1 Satz 1 angeordnet werden, wenn dies erforderlich ist, um eine im Einzelfall bestehende Gefahr für Leib oder Leben einer Person im Ausland rechtzeitig zu erkennen oder ihr zu begegnen und dadurch Belange der Bundesrepublik Deutschland unmittelbar in besonderer Weise berührt sind.

(2) ¹Die jeweiligen Telekommunikationsbeziehungen werden von dem nach § 10 Abs. 1 zuständigen Bundesministerium mit Zustimmung des Parlamentarischen Kontrollgremiums bestimmt. ²Die Zustimmung bedarf der Mehrheit von zwei Dritteln seiner Mitglieder. ³Die Bestimmung tritt spätestens nach zwei Monaten außer Kraft. ⁴Eine erneute Bestimmung ist zulässig, soweit ihre Voraussetzungen fortbestehen.

(3) ¹Die Anordnung ist nur zulässig, wenn die Erforschung des Sachverhalts auf andere Weise aussichtslos oder wesentlich erschwert wäre. ²Der Bundesnachrichtendienst darf nur Suchbegriffe verwenden, die zur Erlangung von Informationen über die in der Anordnung bezeichnete Gefahr bestimmt und geeignet sind. ³ § 5 Abs. 2 Satz 2 bis 6 gilt entsprechend. ⁴Ist die Überwachungsmaßnahme erforderlich, um einer im Einzelfall bestehenden Gefahr für Leib oder Leben einer Person zu begegnen, dürfen die Suchbegriffe auch Identifizierungsmerkmale enthalten, die zu einer gezielten Erfassung der Rufnummer oder einer anderen Kennung des Telekommunikationsanschlusses dieser Person im Ausland führen.

(4) ¹Der Bundesnachrichtendienst prüft unverzüglich und sodann in Abständen von höchstens sechs Monaten, ob die erhobenen personenbezogenen Daten im Rahmen seiner Aufgaben allein oder zusammen mit bereits vorliegenden Daten zu dem in Absatz 1 bestimmten Zweck erforderlich sind. ²Soweit die Daten für diesen Zweck nicht erforderlich sind, sind sie unverzüglich unter Aufsicht eines Bediensteten, der die Befähigung zum Richteramt hat, zu löschen. ³Die Löschung ist zu protokollieren. *[Satz 4 bis 31.12.2021:]* ⁴§ 6 Abs. 1 Satz 4 und 5, Abs. 2 Satz 1 und 2 gilt entsprechend. *[Satz 4 ab 1.1. 2022:]* ⁴*§ 6 Absatz 1 Satz 4 und 5, Absatz 2 Satz 1 und 2 und Absatz 5 und 6 gilt entsprechend mit der Maßgabe, dass die Weiterverarbeitung nach § 6 Absatz 5 Satz 2 nur zur Erkennung und Begegnung von Gefahren im Sinne des § 8 Absatz 1 zulässig ist.* ⁵Die Daten dürfen nur zu den in den Absätzen 1, 5 und 6 genannten Zwecken verwendet werden.

(5) Die erhobenen personenbezogenen Daten dürfen nach *[bis 31.12.2021: § 33 des BND-Gesetzes][ab 1.1.2022: § 65 Absatz 1 des BND-Gesetzes]* zur Unterrichtung über die in Absatz 1 genannte Gefahr übermittelt werden.

(6) ¹Die erhobenen personenbezogenen Daten dürfen zur Verhinderung von Straftaten an die zuständigen Behörden übermittelt werden, wenn tatsächliche Anhaltspunkte den Verdacht begründen, dass jemand eine Straftat plant oder begeht, die geeignet ist, zu der Entstehung oder Aufrechterhaltung der in Absatz 1 bezeichneten Gefahr beizutragen. ²Die Daten dürfen zur Verfolgung

von Straftaten an die zuständigen Behörden übermittelt werden, wenn bestimmte Tatsachen den Verdacht begründen, dass jemand eine in Satz 1 bezeichnete Straftat begeht oder begangen hat. [3]§ 7 Abs. 5 und 6 sowie § 7a Abs. 1 und 3 bis 6 gelten entsprechend.

Abschnitt 4. Verfahren

§ 9 Antrag. (1) Beschränkungsmaßnahmen nach diesem Gesetz dürfen nur auf Antrag angeordnet werden.

(2) Antragsberechtigt sind im Rahmen ihres Geschäftsbereichs
1. das Bundesamt für Verfassungsschutz,
2. die Verfassungsschutzbehörden der Länder,
3. der Militärische Abschirmdienst und
4. der Bundesnachrichtendienst

durch den Behördenleiter oder seinen Stellvertreter.

(3) [1]Der Antrag ist schriftlich zu stellen und zu begründen. [2]Er muss alle für die Anordnung erforderlichen Angaben enthalten; im Falle der Durchführung nach § 11 Absatz 1a auch eine möglichst genaue Bezeichnung des informationstechnischen Systems, in das zur Datenerhebung eingegriffen werden soll. [3]In den Fällen der §§ 3 und 8 hat der Antragsteller darzulegen, dass die Erforschung des Sachverhalts auf andere Weise aussichtslos oder wesentlich erschwert wäre.

§ 10 Anordnung. (1) Zuständig für die Anordnung von Beschränkungsmaßnahmen ist bei Anträgen der Verfassungsschutzbehörden der Länder die zuständige oberste Landesbehörde, im Übrigen das Bundesministerium des Innern, für Bau und Heimat.

(2) [1]Die Anordnung ergeht schriftlich. [2]In ihr sind der Grund der Anordnung und die zur Überwachung berechtigte Stelle anzugeben sowie Art, Umfang und Dauer der Beschränkungsmaßnahme zu bestimmen.

(3) [1]In den Fällen der § 3 muss die Anordnung denjenigen bezeichnen, gegen den sich die Beschränkungsmaßnahme richtet. [2]Bei einer Überwachung der Telekommunikation ist auch die Rufnummer oder eine andere Kennung des Telekommunikationsanschlusses oder die Kennung des Endgerätes, wenn diese allein diesem Endgerät zuzuordnen ist, anzugeben.

(4) [1]In den Fällen der §§ 5 und 8 sind die Suchbegriffe in der Anordnung zu benennen. [2]Ferner sind das Gebiet, über das Informationen gesammelt werden sollen, und die Übertragungswege, die der Beschränkung unterliegen, zu bezeichnen. [3]Weiterhin ist festzulegen, welcher Anteil der auf diesen Übertragungswegen zur Verfügung stehenden Übertragungskapazität überwacht werden darf. [4]In den Fällen des § 5 darf dieser Anteil höchstens 20 vom Hundert betragen.

(5) [1]In den Fällen der §§ 3 und 5 ist die Anordnung auf höchstens drei Monate zu befristen. [2]Verlängerungen um jeweils nicht mehr als drei weitere Monate sind auf Antrag zulässig, soweit die Voraussetzungen der Anordnung fortbestehen.

(6) [1]Die Anordnung ist dem nach § 2 Absatz 1 Satz 1 oder Absatz 1a Verpflichteten insoweit mitzuteilen, als dies erforderlich ist, um ihm die Erfül-

lung seiner Verpflichtungen zu ermöglichen. ²Die Mitteilung entfällt, wenn die Anordnung ohne seine Mitwirkung ausgeführt werden kann.

(7) ¹Das Bundesamt für Verfassungsschutz unterrichtet die jeweilige Landesbehörde für Verfassungsschutz über die in deren Bereich getroffenen Beschränkungsanordnungen. ²Die Landesbehörden für Verfassungsschutz teilen dem Bundesamt für Verfassungsschutz die in ihrem Bereich getroffenen Beschränkungsanordnungen mit.

§ 11 Durchführung. (1) Die aus der Anordnung sich ergebenden Beschränkungsmaßnahmen sind unter Verantwortung der Behörde, auf deren Antrag die Anordnung ergangen ist, und unter Aufsicht eines Bediensteten vorzunehmen, der die Befähigung zum Richteramt hat.

(1a) ¹Die Überwachung und Aufzeichnung der laufenden Telekommunikation, die nach dem Zeitpunkt der Anordnung übertragen worden ist, darf auch in der Art und Weise erfolgen, dass in ein von dem Betroffenen genutztes informationstechnisches System eingegriffen wird, wenn dies notwendig ist, um die Überwachung und Aufzeichnung insbesondere in unverschlüsselter Form zu ermöglichen. ²Auf dem informationstechnischen System des Betroffenen ab dem Zeitpunkt der Anordnung gespeicherte Inhalte und Umstände der Kommunikation dürfen überwacht und aufgezeichnet werden, wenn sie auch während des laufenden Übertragungsvorgangs im öffentlichen Telekommunikationsnetz in verschlüsselter Form hätten überwacht und aufgezeichnet werden können. ³Bei den Maßnahmen nach den Sätzen 1 und 2 ist technisch sicherzustellen, dass

1. ausschließlich überwacht und aufgezeichnet werden können:
   a) die laufende Kommunikation (Satz 1) und
   b) Inhalte und Umstände der Kommunikation, die auch während des laufenden Kommunikationsvorgangs ab dem Zeitpunkt der Anordnung im öffentlichen Telekommunikationsnetz hätten überwacht und aufgezeichnet werden können (Satz 2),
2. an dem informationstechnischen System nur Veränderungen vorgenommen werden, die für die Datenerhebung unerlässlich sind,
3. die vorgenommenen Veränderungen bei Beendigung der Maßnahme, soweit technisch möglich, automatisiert rückgängig gemacht werden.

⁴Das eingesetzte Mittel ist nach dem Stand der Technik gegen unbefugte Nutzung zu schützen. ⁵Kopierte Daten sind nach dem Stand der Technik gegen Veränderung, unbefugte Löschung und unbefugte Kenntnisnahme zu schützen. ⁶Bei jedem Einsatz sind zu protokollieren:

1. die Bezeichnung des technischen Mittels und der Zeitpunkt seines Einsatzes,
2. die Angaben zur Identifizierung des informationstechnischen Systems und die daran vorgenommenen nicht nur flüchtigen Veränderungen,
3. die Angaben, die die Feststellung der erhobenen Daten ermöglichen, und
4. die Organisationseinheit, die die Maßnahme durchführt.

(1b) ¹Werden nach der Anordnung weitere Kennungen von Telekommunikationsanschlüssen der Person, gegen die sich die Anordnung richtet, bekannt, darf die Durchführung der Beschränkungsmaßnahme auch auf diese Kennungen erstreckt werden. ²Satz 1 findet keine Anwendung auf weitere Kennungen von Telekommunikationsanschlüssen von Personen, gegen die sich die Anordnung richtet, weil auf Grund bestimmter Tatsachen anzunehmen ist, dass der Verdächtige ihren Anschluss benutzt (§ 3 Absatz 2 Satz 2 Variante 3).

(2) ¹Die Maßnahmen sind unverzüglich zu beenden, wenn sie nicht mehr erforderlich sind oder die Voraussetzungen der Anordnung nicht mehr vorliegen. ²Die Beendigung ist der Stelle, die die Anordnung getroffen hat, und dem nach § 2 Absatz 1 Satz 1 oder Absatz 1a Verpflichteten, dem die Anordnung mitgeteilt worden ist, anzuzeigen. ³Die Anzeige an den Verpflichteten entfällt, wenn die Anordnung ohne seine Mitwirkung ausgeführt wurde.

(3) ¹Postsendungen, die zur Öffnung und Einsichtnahme ausgehändigt worden sind, sind dem Postverkehr unverzüglich wieder zuzuführen. ²Telegramme dürfen dem Postverkehr nicht entzogen werden. ³Der zur Einsichtnahme berechtigten Stelle ist eine Abschrift des Telegramms zu übergeben.

§ 12 Mitteilungen an Betroffene. (1) ¹Beschränkungsmaßnahmen nach § 3 sind dem Betroffenen nach ihrer Einstellung mitzuteilen. ²Die Mitteilung unterbleibt, solange eine Gefährdung des Zwecks der Beschränkung nicht ausgeschlossen werden kann oder solange der Eintritt übergreifender Nachteile für das Wohl des Bundes oder eines Landes absehbar ist. ³Erfolgt die nach Satz 2 zurückgestellte Mitteilung nicht binnen zwölf Monaten nach Beendigung der Maßnahme, bedarf die weitere Zurückstellung der Zustimmung der G10-Kommission. ⁴Die G10-Kommission bestimmt die Dauer der weiteren Zurückstellung. ⁵Einer Mitteilung bedarf es nicht, wenn die G10-Kommission einstimmig festgestellt hat, dass

1. eine der Voraussetzungen in Satz 2 auch nach fünf Jahren nach Beendigung der Maßnahme noch vorliegt,
2. sie mit an Sicherheit grenzender Wahrscheinlichkeit auch in Zukunft vorliegt und
3. die Voraussetzungen für eine Löschung sowohl bei der erhebenden Stelle als auch beim Empfänger vorliegen.

(2) ¹Absatz 1 gilt entsprechend für Beschränkungsmaßnahmen nach den §§ 5 und 8, sofern die personenbezogenen Daten nicht unverzüglich gelöscht wurden. ²Die Frist von fünf Jahren beginnt mit der Erhebung der personenbezogenen Daten.

(3) ¹Die Mitteilung obliegt der Behörde, auf deren Antrag die Anordnung ergangen ist. ²Wurden personenbezogene Daten übermittelt, erfolgt die Mitteilung im Benehmen mit dem Empfänger.

§ 13 Rechtsweg. Gegen die Anordnung von Beschränkungsmaßnahmen nach den §§ 3 und 5 Abs. 1 Satz 3 Nr. 1 und ihren Vollzug ist der Rechtsweg vor der Mitteilung an den Betroffenen nicht zulässig.

Abschnitt 5. Kontrolle

§ 14 Parlamentarisches Kontrollgremium. (1) ¹Das nach § 10 Abs. 1 für die Anordnung von Beschränkungsmaßnahmen zuständige Bundesministerium unterrichtet in Abständen von höchstens sechs Monaten das Parlamentarische Kontrollgremium über die Durchführung dieses Gesetzes. ²Dabei ist gesondert auf Anordnungen einzugehen, die nach § 11 Absatz 1a durchgeführt werden. ³Das Gremium erstattet dem Deutschen Bundestag jährlich einen Bericht über

Durchführung sowie Art und Umfang der Maßnahmen nach den §§ 3, 5, 7a und 8; dabei sind die Grundsätze des § 10 Absatz 1 des Kontrollgremiumgesetzes zu beachten.

(2) ¹Bei Gefahr im Verzug kann das zuständige Bundesministerium die Bestimmungen nach den §§ 5 und 8 vorläufig treffen und das Parlamentarische Kontrollgremium durch seinen Vorsitzenden und dessen Stellvertreter vorläufig zustimmen. ²Die Zustimmung des Parlamentarischen Kontrollgremiums ist unverzüglich einzuholen. ³Die Bestimmung tritt außer Kraft, wenn die vorläufige Zustimmung nicht binnen drei Werktagen und die Zustimmung nicht binnen zwei Wochen erfolgt.

§ 15 G 10-Kommission.

(1) ¹Die G 10-Kommission besteht aus dem Vorsitzenden und vier Beisitzern sowie fünf stellvertretenden Mitgliedern, die an den Sitzungen mit Rede- und Fragerecht teilnehmen können. ²Mindestens drei Mitglieder und drei stellvertretende Mitglieder müssen die Befähigung zum Richteramt besitzen. ³Die Mitglieder der G 10-Kommission sind in ihrer Amtsführung unabhängig und Weisungen nicht unterworfen. ⁴Sie nehmen ein öffentliches Ehrenamt wahr und werden von dem Parlamentarischen Kontrollgremium nach Anhörung der Bundesregierung für die Dauer einer Wahlperiode des Deutschen Bundestages mit der Maßgabe bestellt, dass ihre Amtszeit erst mit der Neubestimmung der Mitglieder der Kommission endet. ⁵Die oder der Ständige Bevollmächtigte des Parlamentarischen Kontrollgremiums nimmt regelmäßig an den Sitzungen der G 10-Kommission teil.

(2) ¹Die Beratungen der G 10-Kommission sind geheim. ²Die Mitglieder der Kommission sind zur Geheimhaltung der Angelegenheiten verpflichtet, die ihnen bei ihrer Tätigkeit in der Kommission bekannt geworden sind. ³Dies gilt auch für die Zeit nach ihrem Ausscheiden aus der Kommission.

(3) ¹Der G 10-Kommission ist die für die Erfüllung ihrer Aufgaben notwendige Personal- und Sachausstattung zur Verfügung zu stellen; sie ist im Einzelplan des Deutschen Bundestages gesondert im Kapitel für die parlamentarische Kontrolle der Nachrichtendienste auszuweisen. ²Der Kommission sind Mitarbeiter mit technischem Sachverstand zur Verfügung zu stellen.

(4) ¹Die G 10-Kommission tritt mindestens einmal im Monat zusammen. ²Sie gibt sich eine Geschäftsordnung, die der Zustimmung des Parlamentarischen Kontrollgremiums bedarf. ³Vor der Zustimmung ist die Bundesregierung zu hören.

(5) ¹Die G 10-Kommission entscheidet von Amts wegen oder auf Grund von Beschwerden über die Zulässigkeit und Notwendigkeit von Beschränkungsmaßnahmen. ²Die Kontrollbefugnis der Kommission erstreckt sich auf die gesamte Verarbeitung der nach diesem Gesetz erlangten personenbezogenen Daten durch Nachrichtendienste des Bundes einschließlich der Entscheidung über die Mitteilung an Betroffene. ³Der Kommission und ihren Mitarbeitern ist dabei insbesondere

1. Auskunft zu ihren Fragen zu erteilen,
2. Einsicht in alle Unterlagen, insbesondere in die gespeicherten Daten und in die Datenverarbeitungsprogramme, zu gewähren, die im Zusammenhang mit der Beschränkungsmaßnahme stehen, und
3. jederzeit Zutritt in alle Diensträume zu gewähren.

[4] Nummer 2 schließt ein, während einer Kontrolle beim Nachrichtendienst des Bundes dort Daten aus automatisierten Dateien selbst abrufen zu können. [5] Die Kommission kann dem Bundesbeauftragten für den Datenschutz Gelegenheit zur Stellungnahme in Fragen des Datenschutzes geben.

(6) [1] Das zuständige Bundesministerium holt die Zustimmung der G 10-Kommission zu den von ihm angeordneten Beschränkungsmaßnahmen ein. [2] Die Anordnung darf erst vollzogen werden, wenn die G 10-Kommission der angeordneten Beschränkungsmaßnahme nach Prüfung der Zulässigkeit und Notwendigkeit zugestimmt hat. [3] Stimmt die G 10-Kommission der angeordneten Beschränkungsmaßnahme nicht zu, hat das zuständige Bundesministerium die Anordnung unverzüglich aufzuheben.

(7) [1] Das zuständige Bundesministerium unterrichtet monatlich die G 10-Kommission über Mitteilungen von Bundesbehörden nach § 12 Abs. 1 und 2 oder über die Gründe, die einer Mitteilung entgegenstehen. [2] Hält die Kommission eine Mitteilung für geboten, ist diese unverzüglich vorzunehmen. [3] § 12 Abs. 3 Satz 2 bleibt unberührt, soweit das Benehmen einer Landesbehörde erforderlich ist.

(8) Die G 10-Kommission und das Parlamentarische Kontrollgremium tauschen sich regelmäßig unter Wahrung der jeweils geltenden Geheimhaltungsvorschriften über allgemeine Angelegenheiten ihrer Kontrolltätigkeit aus.

§ 15a Eilanordnung. (1) Das zuständige Bundesministerium kann bei Gefahr im Verzug in der Anordnung bestimmen, dass die Beschränkungsmaßnahme abweichend von § 15 Absatz 6 Satz 2 auch bereits vor der Zustimmung der G 10-Kommission vollzogen werden darf (Eilanordnung).

(2) [1] Wird die Eilanordnung nicht innerhalb von drei Werktagen vom Vorsitzenden der G 10-Kommission, von seinem Stellvertreter oder einem vom Vorsitzenden dazu bestimmten Mitglied bestätigt, so ist unverzüglich

1. der Vollzug der Eilanordnung auszusetzen und
2. die Eilanordnung durch das zuständige Bundesministerium aufzuheben.

[2] Die mit der Beschränkungsmaßnahme erhobenen Daten sind zudem unverzüglich unter Aufsicht eines Beamten, der die Befähigung zum Richteramt hat, zu löschen; § 4 Absatz 1 Satz 3 bis 7 gilt entsprechend. [3] Eine Bestätigung der Eilanordnung kann unter Auflagen erfolgen.

(3) [1] Wird die Eilanordnung bestätigt, so hat die G 10-Kommission die Zulässigkeit und die Notwendigkeit der durch die Eilanordnung angeordneten Beschränkungsmaßnahme unverzüglich zu prüfen. [2] Erteilt die G 10-Kommission nach Prüfung der Zulässigkeit und Notwendigkeit ihre Zustimmung nicht, so ist die Beschränkungsmaßnahme vom zuständigen Bundesministerium unverzüglich aufzuheben und die mit der Beschränkungsmaßnahme erhobenen Daten sind unverzüglich unter Aufsicht eines Beamten, der die Befähigung zum Richteramt hat, zu löschen; § 4 Absatz 1 Satz 3 bis 7 gilt entsprechend.

(4) [1] Bei Gefahr im Verzug ist am Tag der Beantragung der Anordnung der Beschränkungsmaßnahme bereits vor der Anordnung durch das zuständige Bundesministerium eine automatische Aufzeichnung der zu überwachenden Telekommunikation durch die den Antrag stellende Behörde zulässig. [2] Diese Aufzeichnung darf von der antragstellenden Behörde weiterverarbeitet werden, wenn eine Eilanordnung des zuständigen Bundesministeriums innerhalb von 24 Stunden nach Beantragung erfolgt. [3] Anderenfalls ist die technische Aufzeich-

nung unverzüglich automatisiert zu löschen; § 4 Absatz 1 Satz 3 bis 7 gilt entsprechend.

§ 16 Parlamentarische Kontrolle in den Ländern. ¹Durch den Landesgesetzgeber wird die parlamentarische Kontrolle der nach § 10 Abs. 1 für die Anordnung von Beschränkungsmaßnahmen zuständigen obersten Landesbehörden und die Überprüfung der von ihnen angeordneten Beschränkungsmaßnahmen geregelt. ²Personenbezogene Daten dürfen nur dann an Landesbehörden übermittelt werden, wenn die Kontrolle ihrer Verarbeitung durch den Landesgesetzgeber geregelt ist.

Abschnitt 6. Straf- und Bußgeldvorschriften

§ 17 Mitteilungsverbote. (1) Wird die Telekommunikation nach diesem Gesetz oder nach den §§ 100a, 100e der Strafprozessordnung[1] überwacht, darf diese Tatsache von Personen, die Telekommunikationsdienste erbringen oder an der Erbringung solcher Dienste mitwirken, anderen nicht mitgeteilt werden.

(2) Wird die Aushändigung von Sendungen nach § 2 Absatz 1 Satz 1 angeordnet, darf diese Tatsache von Personen, die zur Aushändigung verpflichtet oder mit der Sendungsübermittlung betraut sind oder hieran mitwirken, anderen nicht mitgeteilt werden.

(3) Erfolgt ein Auskunftsersuchen oder eine Auskunftserteilung nach § 2 Absatz 1 oder Absatz 1a Satz 1, darf diese Tatsache oder der Inhalt des Ersuchens oder der erteilten Auskunft von Personen, die zur Beantwortung verpflichtet oder mit der Beantwortung betraut sind oder hieran mitwirken, anderen nicht mitgeteilt werden.

§ 18 Straftaten. Mit Freiheitsstrafe bis zu zwei Jahren oder mit Geldstrafe wird bestraft, wer entgegen § 17 eine Mitteilung macht.

§ 19 Ordnungswidrigkeiten. (1) Ordnungswidrig handelt, wer

1. einer vollziehbaren Anordnung nach § 2 Abs. 1 Satz 1 oder Absatz 1a Satz 1 zuwiderhandelt,
2. entgegen § 2 Abs. 2 Satz 2 eine Person betraut oder
3. entgegen § 2 Abs. 2 Satz 3 nicht sicherstellt, dass eine Geheimschutzmaßnahme getroffen wird.

(2) Die Ordnungswidrigkeit kann mit einer Geldbuße bis zu fünfzehntausend Euro geahndet werden.

(3) Bußgeldbehörde im Sinne des § 36 Abs. 1 Nr. 1 des Gesetzes über Ordnungswidrigkeiten[2] ist die nach § 10 Abs. 1 zuständige Stelle.

Abschnitt 7. Schlussvorschriften

§ 20 Entschädigung. ¹Die nach § 1 Abs. 1 berechtigten Stellen haben für die Leistungen nach § 2 Absatz 1 und 1a eine Entschädigung zu gewähren, deren Umfang sich nach § 23 des Justizvergütungs- und -entschädigungsgeset-

---

[1] Nr. 45.
[2] Nr. 46.

zes bemisst. ²In den Fällen der §§ 5 und 8 ist eine Entschädigung zu vereinbaren, deren Höhe sich an den nachgewiesenen tatsächlichen Kosten orientiert.

§ 21 Einschränkung von Grundrechten. Das Grundrecht des Brief-, Post- und Fernmeldegeheimnisses (Artikel 10 des Grundgesetzes) wird durch dieses Gesetz eingeschränkt.

§ 22 Übergangsregelung. Bis zur Neubestellung der G 10-Kommission nach § 15 Absatz 1 Satz 4 ist

1. § 15 Absatz 1 Satz 1 und 2 und Absatz 6 in der bis zum 8. Juli 2021 geltenden Fassung weiter anzuwenden,

2. § 15a nicht anzuwenden.

Sachverzeichnis

Fette Zahlen bezeichnen die Gesetze, magere Zahlen deren Paragraphen bzw. Artikel.
Die Einführung wird mit Einf und dem entsprechenden Gliederungspunkt angegeben.
Die Buchstaben ä, ö und ü sind wie a, o und u in das Alphabet eingeordnet.

Abfindung des Inhabers des Geschäftsgeheimnisses **25** 11
Abgaben, Bundesnetzagentur **1** 223 ff.
Abhören des nichtöffentlich gesprochenen Wortes **45** 100c
Abhörverbot 13 5
Abmahnung bei Urheberrechtsverletzung **10** 97a
Abnahme, technische Einrichtung für Telekommunikationsüberwachung **3** 19
Abschriften
Beglaubigung **29** 42
Prozessakten **32** 299
Abwehransprüche 1 69
abweichende Vereinbarungen 1 71
Akkreditierung, Diensteanbieter **18** 17
Akteneinsicht 32 299; **34** 8; **37** 100; **46** 110d
Allgemeine Geschäftsbedingungen
Anwendungsbereich der Vorschriften über AGB **19** 310
Begriff **19** 305
Bestandteil eines Vertrags **19** 305
Einbeziehung in Vertrag **19** 305
Hinweis auf **19** 305
Inhaltskontrolle **19** 307 bis 309
Möglichkeit der Kenntnisnahme **19** 305
Rechtsfolgen der Nichteinbeziehung **19** 306
Umgehungsverbot **19** 306a
Unterlassungs- und Widerrufsanspruch **31** 1
Unwirksamkeit **19** 306
allgemeine Geschäftsbedingungen von Videosharingplattform-Anbietern **5** 10c
allgemeine Vorschriften, Marktregulierung **1** 35 und 36
Allgemeingenehmigungen für elektronische Kommunikationsnetze **2** Anh I
Allgemeinverfügungen
der Bundesnetzagentur
– Bekanntgabe **1** 210
alternative elektronische Mittel bei der Vergabe von Bauleistungen **43** 11a
alternative Frequenznutzung, Zuteilung **1** 98
Amtliche Mitteilungs- und Verkündungsblätter, elektronische Ausgabe **34** 15
amtliche Werke 10 5

Amtsträger
Begriff i. S. d. StGB **44** 11
Verletzung des Post- oder Fernmeldegeheimnisses **44** 206
Verletzung von Privatgeheimnissen **44** 203
Anbieter
von Telekommunikationsdiensten **1** 3
von Waren oder Leistungen gegenüber Letztverbrauchern, Preisangaben **22** 1; **23** 1
s. a. *Diensteanbieter*
Anbieter rundfunkähnlicher Telemedien, Begriff **7** 2
Anbieter sozialer Netzwerke
Aufsicht **6** 4a
Gegenvorstellungsverfahren **6** 3b
Umgang mit Beschwerden **6** 3
Zustellungsbevollmächtigter **6** 5
Anbieter von Telemedien, Begriff **13** 2
Anbieterkennzeichnung 5 5
Anbieterwechsel 1 59
Änderungsvorbehalt 19 308
Anfechtung
wegen falscher Übermittlung einer Willenserklärung **19** 120
wegen Irrtums **19** 119
Anforderungskatalog für gespeicherte Daten **1** 180
Angaben, Preise **22** 1; **23**
Angebot
Begriff **8** 3
entwicklungsbeeinträchtigendes **8** 5
unzulässiges **8** 4
von Waren und Leistungen gegenüber Letztverbrauchern **22** 1; **23** 1
Angebote für Bauleistungen
Form **43** 13
Inhalt **43** 13
Angebotspakete 1 66
Angemessenheitsbeschluss zur Datenübermittlung 11 45
Ankündigung von Sendungen **8** 5c
Anlagen
besondere **1** 132
spätere besondere **1** 133
Anordnung
der Außerbetriebnahme **1** 103
im Rahmen der Entgeltregulierung **1** 47
jederzeitige Entgegennahme **3** 12

im Rahmen der Zugangsregulierung **1** 35
Überwachung der Telekommunikation **3** 2; **45** 100b; **47** 2, 10
vorläufige durch Bundesnetzagentur **1** 207
Anruf 1 3
Anrufweiterschaltung, automatische **13** 16
Anschluss
Begriff **3** 2
von Telekommunikationseinrichtungen **1** 73
Anschlusskennung 1 3
Anschrift 5 5
Anspruch auf Einzelverbindungsnachweis **1** 65
Anspruchsberechtigte bei Verstoß gegen VO (EU) 2019/1150 **24** 8a
Antrag
Überwachung der Telekommunikation **47** 9
Vertragsschluss **19** 145
Anwählprogramme 1 114
Anwendungsbereich
AGB-Recht **19** 310
eIDAS-VO **14** 2
FernUSG **21** 1
Medienstaatsvertrag **7** 1
Telemediengesetz **5** 1
Anwendungs-Programmierschnittstelle 1 3
Arbeitsverträge, anzuwendendes Recht **20** 30
Arzt, Verletzung von Privatgeheimnissen **44** 203
audiovisuelle Mediendiensteanbieter
Auskunft an zuständige Behörde **5** 2c
Liste **5** 2b
Aufforderung
Gewalt- oder Willkürmaßnahmen gegen Teile der Bevölkerung **44** 130
öffentliche, zu Straftaten **44** 111
Aufführungsrecht 10 19
Aufgaben 1 88
internationale
– der Bundesnetzagentur **1** 221
der zentralen Informationsstelle des Bundes **1** 78
Aufrechnungsverbot 19 309
Aufsicht
über Anbieter sozialer Netzwerke **6** 4a
Einhaltung des JMStV **8** 20
über Institute **33** 1
Aufsichtsbehörde 11 51; **12** 40
Aufgaben **11** 57; **12** 40
Befugnisse **11** 58
Begriff nach DS-GVO **11** 4
federführende **12** 19
Geheimhaltungspflichten **11** 90
gerichtlicher Rechtsbehelf **11** 78

Kohärenzverfahren **12** 18
Recht auf Beschwerde **11** 77
Rechtsweg **12** 20 f.
Verfahren bei angenommener Rechtswidrigkeit eines Beschlusses der Europäischen Kommission **12** 21
vorherige Konsultation **11** 36
Zusammenarbeit mit Bundesbeauftragter oder Bundesbeauftragtem für den Datenschutz und die Informationsfreiheit **12** 18
Zuständigkeit **12** 40
Aufsichtsmaßnahmen nach VDG **15** 4
Aufsichtsstelle
Amtshilfe **14** 18
nach VDG **15** 2
bei Vertrauensdiensten **14** 17
Auftragsproduktion 7 15
Auftragsverarbeiter 11 28
Begriff nach DS-GVO **11** 4
Datenschutz-Folgenabschätzung **11** 35
Geldbuße **11** 83
Meldung von Verletzungen **11** 33
Schadensersatzpflicht **11** 82
Sicherheit der Verarbeitung **11** 32
Verarbeitung unter Aufsicht **11** 29
Verzeichnis von Verarbeitungstätigkeiten **11** 30
vorherige Konsultation der Aufsichtsbehörde **11** 36
Zusammenarbeit mit der Aufsichtsbehörde **11** 31
Aufzeichnung, Telekommunikation **45** 100a
Aufzeichnungseinrichtungen, Anforderungen an Anschlüsse **3** 24
Ausbaudefizit, Gebiete **1** 84
Ausgleich für Telekommunikationsdienste **1** 162
Auskunft über Daten nach §§ 95, 111 TKG **45** 100j
Auskunft über Verkehrsdaten 3 32
Grundsätze **3** 31
Nachweis **3** 34
Protokollierung **3** 35
technische Richtlinie **3** 36
Verpflichteter **3** 33
Auskünfte, Erteilung **1** 170
Auskunfteien, Besonderheiten des BDSG **12** 30
Auskunftsanspruch 1 117; **7** 12
von Forschern bei Anbietern sozialer Netzwerke **6** 5a
Telemedien **7** 22
bei Urheberrechtsverletzung **10** 101
Auskunftsdienst 1 3
Auskunftsanspruch **1** 117
Preisangabe **1** 109 f.

Auskunftsersuchen
des Bundesnachrichtendienstes **1** 182
der Sicherheitsbehörden **1** 172
Auskunftserteilung an die Bundesnetzagentur **1** 204
Auskunftspflicht
Anspruch des Inhabers des Geschäftsgeheimnisses **25** 8
des Anbieters von Telemedien **8** 21
nach dem Europäischen Übereinkommen über das grenzüberschreitende Fernsehen **7** 16
Auskunftsrecht
Inhaber einer Marke oder geschäftlichen Bezeichnung **26** 19
Rundfunk **7** 5
Telemedien **7** 18
Auskunftsrecht der betroffenen Person 11 15
Abweichungen durch BDSG **12** 29, 34
Auskunftsverfahren
bei anderen Zugangsdaten **13** 23
automatisiertes **1** 173
bei Bestandsdaten **13** 22
Entschädigung **1** 175
manuelles **1** 174
bei Nutzungsdaten **13** 23
bei Passwörtern **13** 23
Verpflichtete **1** 175
Auskunftsverlangen der Bundesnetzagentur **1** 203
Auslagen, Bundesnetzagentur **1** 223
ausschließliches Recht
Datenbankhersteller **10** 87b
im Markenrecht **26** 14, 15
Außerbetriebnahme, Anordnung **1** 103
außerordentliche Kündigung 1 57
Aussetzung des Verfahrens 11 81
Ausspähen von Daten 44 202a
Ausstellungsrecht 10 18
Ausweisdaten, Vor-Ort-Auslesen **17** 18a
Authentifizierung, Begriff **33** 1
automatisierte Einzelentscheidung 12 37
automatisierte Speicherung personenbezogener Daten **17** 15
automatisierter Abruf personenbezogener Daten **17** 15

barrierefreie Dienste 15 7
Barrierefreiheit
Anforderungen **16** 1
Rundfunk **7** 7
für rundfunkähnliche Telemedien **7** 76
bei Seh- oder Lesebehinderung **10** 45b
Telemedien **7** 21
Vervielfältigungsrecht **10** 45c

Bauleistungen
Fristen **43** 10
Fristen bei der Innovationspartnerschaft **43** 10d EU
Fristen im nicht offenen Verfahren **43** 10b EU
Fristen im offenen Verfahren **43** 10a EU
Fristen im Verhandlungsverfahren **43** 10c EU
Fristen im wettbewerblichen Dialog **43** 10d EU
Baumpflanzungen, Schonung **1** 131
Baustellen, Informationen **1** 82
Beanstandungen, Telekommunikationsüberwachung **1** 67; **3** 17
bedeutende Beteiligung, Begriff **33** 1
Beendigungsplan 15 16
Befristung der Frequenzzuteilung **1** 92
Beglaubigung
einer Abschrift **29** 42
von Dokumenten
– im Sozialverwaltungsverfahren **42** 29
– im Verwaltungsverfahren **36** 33
einer qualifizierten elektronischen Signatur **29** 40a
Begriffsbestimmungen
AGBG **19** 305
eIDAS-VO **14** 3
JuSchG **9** 1
Medienstaatsvertrag **7** 2
OWiG **46** 1
StGB **44** 11
TKG **1** 3
TKÜV **3** 2
TMG **5** 2
UWG **24** 2
Begründung, Verwaltungsakt **36** 39; **38** 121; **42** 35
Behörde
Aufbewahrungspflicht von Unterlagen **41** 110a
Entscheidung **36** 69
Recht zur Vervielfältigung, Verbreitung und öffentlichen Ausstellung von Werken **10** 45
behördliche Zulassung 5 5
Beirat der Bundesnetzagentur
– Aufgaben **1** 194
– Rechte **1** 194
Bekanntgabe, Verwaltungsakt **42** 37
Bekanntmachung von öffentlichen Ausschreibungen **43** 12
Belästigungen, unzumutbare 24 7
Beleidigung 44 185
Benachteiligung, unangemessene 19 307
Benutzeroberfläche, Begriff **7** 2, 78 bis 90

Benutzeroberflächenanbieter, Begriff 7 2
Beratung
wissenschaftliche
– der Bundesnetzagentur 1 201
berechtigte Stelle, Telekommunikationsüberwachung 3 2
Berechtigungszertifikate, hoheitliche 17 20a
Bereitstellen von Daten, Anforderungen 34 12
Bereitstellung
digitaler Produkte 19 327b
zusätzlicher Dienstmerkmale 2 115
Berichterstattung über Tagesereignisse 10 50
Berichtigung, Anspruch 7 12
Berichtspflicht des Anbieters sozialer Netzwerke 6 2
Berichtspflichten
internationale 1 4
des öffentlich-rechtlichen Rundfunks 7 31
Berücksichtigung der Interessen von Endnutzern mit Behinderungen 1 51
Berufsbezeichnung 5 5
Beschäftigter, Begriff nach BDSG 12 26
Beschäftigungskontext und Verarbeitung personenbezogener Daten 11 88
Beschlagnahme
Beweismittel 45 94, 103
durch Bundesnetzagentur 1 206
Beschlusskammerentscheidung
der Bundesnetzagentur 1 211
bei sonstigen Streitigkeiten zwischen Unternehmen 1 212
Beschlusskammern der Bundesnetzagentur 1 211 ff.
Beschlusskammerverfahren
Anhörung 1 215
Beteiligte 1 213
Betriebs- und Geschäftsgeheimnisse 1 216
Einleitung 1 213
mündliche Verhandlung 1 215
Beschränkungen des Fernmeldegeheimnisses 47
Beschuldigter, Überwachung der Telekommunikation 45 100a
Beseitigungsanspruch 19 1004
bei unzulässiger geschäftlicher Handlung 24 8
bei Urheberrechtsverletzung 10 97
besondere Kategorien personenbezogener Daten 11 9; 12 22
Bestandsdaten 1 3; 13 21
Auskunftsverfahren 13 22
Begriff 13 2
Bestandteile der Frequenzzuteilung 1 99

Beteiligung in der Gruppe für Frequenzpolitik 1 107
Betreiber 1 3
Betreiberauswahl 1 3
Betreibervorauswahl 1 3
Betriebsgeheimnis
im Beschlusskammerverfahren 1 216
Verletzung von 44 203
Betriebsuntersagung nach VDG 15 4
betroffene Aufsichtsbehörde, Begriff nach DS-GVO 11 4
betroffene Person
Begriff nach DS-GVO 11 4
Vertretung von betroffenen Personen 11 80
Betrug 44 263
Beweis
durch elektronische Dokumente 32 371a
durch Urkunden 32 415 bis 444
Beweisaufnahme 37 98
Beweiserhaltung, langfristige 15 15
Beweislast 19 309
Beweislastumkehr bei Mängeln digitaler Produkte 19 327k
Beweismittel
Beschlagnahme 45 94
Durchsuchung 45 102
Beweisverwertung 45 100b
Beweiswirkung von Unterlagen 41 110d
Beweiswürdigung, freie 32 286
Bezeichnungen, geschäftliche
Auskunftsanspruch 26 19
ausschließliches Recht 26 15
Begriff 26 5
Rückrufanspruch 26 18
Schutz 26 1
Unterlassungs-/Schadensersatzanspruch 26 15
Vernichtungsanspruch 26 18
BfDI
Aufgaben bei Telekommunikationsdiensten 13 29
Befugnisse bei Telekommunikationsdiensten 13 29
Zuständigkeit bei Telekommunikationsdiensten 13 29
Bildaufnahmen, Verletzung 44 184k
Bildschirm, Angebot von Waren, Preisangaben 23 4
Bildschirmanzeige als Preisverzeichnis 23 5
Bildschirmspielgeräte, Jugendschutz 9 13
Bildträger
Einziehung 46 123
Gleichstellung mit Schriften 44 11
Jugendschutz 9 12
Recht der Wiedergabe durch 10 21
Bildung, Begriff 7 2
Binnenmarktgrundsatz 14 4

biometrische Daten, Begriff nach DS-GVO **11** 4
Boykottverbot 27 21
Breitbandausbau, Informationen **1** 80
Breitbandinternetzugangsdienst, Mindestangebot an Diensten **2** Anh V
Breitbandnetze und -dienste, drahtlose **1** 3
Briefgeheimnis, Beschränkung **47**
Briefwechsel, Wahrung der Schriftform **19** 127
Bundesanzeiger, Bekanntmachung **31** 4
Bundesbeauftragte oder Bundesbeauftragter für den Datenschutz und die Informationsfreiheit 12 8 bis 16
Amtsverhältnis **12** 12
Aufgaben **12** 14
Befugnisse **12** 16
Ernennung und Amtszeit **12** 11
Errichtung **12** 8
Rechte und Pflichten **12** 13
Tätigkeitsbericht **12** 15
Unabhängigkeit **12** 10
Vertretung im Europäischen Datenschutzausschuss **12** 17
Zusammenarbeit mit Aufsichtsbehörden **12** 18
Zuständigkeit **12** 9
Bundeskartellamt, Feststellung überragender marktübergreifender Bedeutung für den Wettbewerb **27** 19a
Bundesministerium für Wirtschaft und Energie, Veröffentlichung von Weisungen **1** 193
Bundesnachrichtendienst 47 1
Auskunftsersuchen **1** 182
Bereitstellung von Übertragungswegen **3** 29
Datenübermittlung **47** 7
strategische Überwachung von Telekommunikationsbeziehungen **47** 5 bis 8
Verarbeitung von Verkehrsdaten **47** 4a
Bundesnetzagentur 1 191 ff.
Abgaben **1** 223 ff.
Abrechnungsstelle für Seefunkverkehr **1** 222
Aufgabe der Nummerierung **1** 108
Aufgaben **1** 191
Aufgaben bei Telekommunikationsdiensten **13** 30
Auskunftsverlangen **1** 203
Befugnisse **1** 191, 202 ff.
Befugnisse bei der Nummernverwaltung **1** 123
Befugnisse bei Telekommunikationsdiensten **13** 30
Beirat **1** 194
Bekanntgabe von Allgemeinverfügungen **1** 210
Bereitstellung von Informationen **1** 199
Beschlagnahme **1** 206
Beschlusskammerentscheidungen **1** 211
Beschlusskammern **1** 211 ff.
Beteiligung bei bürgerlichen Rechtsstreitigkeiten **1** 220
Durchsetzung der Notfallvorsorge **1** 190
Durchsetzung von Verpflichtungen **1** 183, 202
Entscheidungen **1** 209
Ermittlungen **1** 205
Informationsrechte **4** 3
Informationssystem zu eingelegten Rechtsbehelfen **1** 219
internationale Aufgaben **1** 221
Jahresbericht **1** 196
Kontrolle bei Telekommunikationsdiensteanbietern **4** 12
Kontrolle der Notfallvorsorge **1** 190
Kontrolle von Verpflichtungen **1** 183
Mediation **1** 200
Mitteilung über Verwaltungskosten **1** 227
Rechtsmittel gegen Entscheidungen **1** 217
Sektorgutachten **1** 195
Tätigkeitsbericht **1** 195
Untersuchungsrechte **1** 203
Verfahren **1** 211 ff.
Verfahrensabschluss **1** 209
Veröffentlichungsmedien **1** 192
Vorlage- und Auskunftspflicht **1** 218
vorläufige Anordnungen **1** 207
Vorteilsabschöpfung **1** 208
wissenschaftliche Beratung **1** 201
Zusammenarbeit mit anderen Behörden auf EU-Ebene **1** 197
Zusammenarbeit mit anderen Behörden auf nationaler Ebene **1** 197
Zuständigkeit bei Telekommunikationsdiensten **13** 30
Bundesprüfstelle für jugendgefährdende Medien
Aufgaben **9** 17a
Besetzung **9** 19
Liste jugendgefährdender Medien **9** 18
Rechtsweg **9** 25
vereinfachtes Verfahren **9** 23
Verfahren **9** 21
Verordnungsermächtigung **9** 26
vorschlagsberechtigte Verbände **9** 20
Zuständigkeit **9** 17
Bundeszentrale für Kinder- und Jugendmedienschutz, Beirat **9** 17b
Bürgerkonto 35 2
Bußgeldbescheid 46 65 bis 68
Einspruch **46** 67
Inhalt **46** 66
Zuständigkeit bei Einspruch **46** 68
Bußgeldvorschriften
nach JuSchG **9** 28

nach TKG **1** 228
nach TMG **5** 16
nach VDG **15** 19

Computerbetrug 44 263a
Computerprogramme
urheberrechtlicher Schutz **10** 2, 69a bis 69g
Vervielfältigung **10** 69c
Computersabotage 44 303b

Dateisystem, Begriff nach DS-GVO **11** 4
Daten
Ausspähen **44** 202a
Begriff i. S. d. StGB **44** 202a
Fälschung beweiserheblicher **44** 269
Löschung **44** 303a; **47** 4
rechtswidrige Veränderung **44** 303a
unbefugte Verwendung **44** 263a
Vernichtung **47** 4
Verwendung unrichtiger oder unvollständiger **44** 263a
Daten, gespeicherte
Gewährleistung der Sicherheit **1** 178
Protokollierung **1** 179
Verwendung **1** 177b
Datenaustausch zwischen Sozialversicherungsträgern **41** 95c
Datenbank 10 87a bis 87e
für (0)900er Rufnummern **1** 118
Verträge über die Nutzung **10** 87e
Vervielfältigung, Verbreitung, öffentliche Wiedergabe **10** 87b
Datenbankhersteller 10 87a bis 87e
Begriff **10** 87a
Dauer des Rechts **10** 87d
Rechte **10** 87b
Schranken des Rechts **10** 87c
Datenbankwerk
Begriff **10** 4
Benutzung, Bearbeitung, Vervielfältigung **10** 55a
Datencockpit 35 10
Übergangsregelung **35** 11
Datengeheimnis 7 12
Telemedien **7** 23
Datenminimierung, Grundsätze für die Verarbeitung personenbezogener Daten **11** 5
Datenschutz
Datenschutzbeauftragte oder Datenschutzbeauftragter **12** 5 f.
eIDAS-VO **14** 5
gemeinsame Bestimmungen des BDSG **12** 1 bis 21
im Bereich des VDG **15** 8
Überwachung der Telekommunikation **47** 7
Zweckbindung **47** 4

Datenschutz durch datenschutzfreundliche Voreinstellungen 11 25
Datenschutz durch Technik 11 25
Datenschutzbeauftragte oder Datenschutzbeauftragter
Aufgaben **11** 39; **12** 7
Benennung **11** 37; **12** 5, 38
Stellung **11** 38; **12** 6
datenschutzrechtliche Betroffenenrechte, Ausübung **19** 327q
datenschutzrechtliche Erklärung des Verbrauchers, Folgen **19** 327q
Datensicherheit 1 169
Datenspeicher, Gleichstellung mit Schriften **44** 11
Datenspeicherung, Sicherheitskonzept **1** 181
Datenträgerarchiv 32 299a
Datenübermittlung 47 4
durch Bundesnachrichtendienst **47** 7
an nicht-öffentliche Stellen **12** 25
an öffentliche Stellen **12** 25
Datenübermittlung an Drittländer oder internationale Organisationen 11 44 ff.
allgemeine Grundsätze **11** 44
Angemessenheitsbeschluss **11** 45
Ausnahmen für bestimmte Fälle **11** 49
internationale Zusammenarbeit **11** 50
nicht zulässige Übermittlung oder Offenlegung **11** 48
verbindliche interne Datenschutzvorschriften **11** 47
vorbehaltlich geeigneter Garantien **11** 46
Datenübertragungsrate
Überprüfbarkeit **4** 7, 8
Überprüfung **4** Anlage
Datenverarbeitung
Abweichungen nach BDSG **12** 22 ff.
zu anderen Zwecken **12** 23
zu Archivzwecken **11** 89; **12** 28
Beeinflussung eines Datenverarbeitungsvorgangs **44** 263a
bei Nutzerkonten **35** 8
Beschäftigungskontext **11** 88; **12** 26
Computersabotage **44** 303b
eIDAS-VO **14** 5
und Freiheit der Meinungsäußerung und Informationsfreiheit **11** 85
zu journalistischen Zwecken **7** 12
– Telemedien **7** 23
Offenlegung für Zugang der Öffentlichkeit **11** 86
im Bereich öffentlicher Gesundheit **12** 22
für soziale Sicherheit und Sozialschutz **12** 22
zu statistischen Zwecken **11** 89; **12** 27
zu wissenschaftlichen oder historischen Forschungszwecken **11** 89; **12** 27
zu Zwecken der Gesundheitsvorsorge **12** 22

Datenvolumen, beschränktes 4 10
Dauerschuldverhältnis 19 309
Kündigung aus wichtigem Grund **19** 314
Dauerwerbesendung 7 8
Deckungsvorsorge 15 10
für Vertrauensdiensteanbieter **16** 2
Dekompilierung 10 69e
De-Mail 18
De-Mail-Dienste, Begriffsbestimmung
18 1
De-Mail-Konto
Anmeldung **18** 4
Eröffnung **18** 3
Sperrung und Auflösung **18** 10
Dialer 1 114
Dienst der Informationsgesellschaft
Bedingungen für die Einwilligungen eines
Kindes **11** 8
Begriff nach DS-GVO **11** 4
Dienst mit Zusatznutzen, Begriff **13** 2
Dienste
telekommunikationsgestützte **1** 3
zugehörige **1** 3
s. a. *Geteilte-Kosten-Dienste, Massenverkehrsdienste, Premium-Dienste*
Dienste für die Zustellung elektronischer Einschreiben
Anforderungen an qualifizierte **14** 44
Rechtswirkung **14** 43
Diensteanbieter
Akkreditierung **18** 17
Auskunftsanspruch **1** 118
Auskunftspflicht **8** 21
Begriff **5** 2
Informationspflichten **5** 5 f.
inländischer Empfangsbevollmächtigter
9 24d
niedergelassener **5** 2
Überprüfung der Vorsorgemaßnahmen zum
Kinder- und Jugendschutz **9** 24b
Verantwortlichkeit für Informationen **5** 7
bis 10
Verpflichtung zur Überwachung **5** 7
Vorsorgemaßnahmen zum Kinder- und Jugendschutz **9** 24a
Dienstleistungen, Verbraucherverträge
20 29
Dienstmerkmale
zusätzliche
– Bereitstellung **2** 115
Dienstqualität
Definitionen **2** Anh X
Messverfahren **2** Anh X
Parameter **2** Anh X
digitale Inhalte, Begriff **19** 327; **33** 1
digitale Produkte
abweichende Vereinbarungen mit dem Verbraucher **19** 327s

abweichende Vereinbarungen über Produktmerkmale **19** 327h
Aktualisierungen **19** 327f
Änderungen **19** 327r
Bereitstellung **19** 327b
Miete **19** 548a, 578b
Minderung **19** 327n
Nacherfüllung **19** 327l
Nutzung nach Vertragsbeendigung **19** 327p
Produktmangel **19** 327e
Rechtsmangel **19** 327g
Rückgriff bei Verträgen **19** 445c
Rückgriff des Unternehmers bei Verträgen
19 327u
Schadensersatz **19** 327m
unterbliebene Bereitstellung **19** 327c
Verbraucherrechte bei Mängeln **19** 327i
Verbrauchervertrag über Schenkung **19** 516a
Verbrauchsgüterkauf **19** 475a
Verträge zwischen Unternehmern **19** 327t ff.
Vertragsbeendigung **19** 327m
Vertragsmäßigkeit **19** 327d
digitale Verwaltungsleistungen, Portalverbund **35** 1
Direkteinspeisung 10 20d
Diskriminierungsfreiheit der Medienintermediäre **7** 94
Diskriminierungsverbot 1 24; **27** 20
Dokumentation
Datenübermittlung an Drittländer oder internationale Organisationen **11** 49
von Verletzungen **11** 33
Dokumente, Beglaubigung **42** 29
Dritter, Begriff nach DS-GVO **11** 4
DS-GVO
Begriffsbestimmungen **11** 4
Durchführungsbestimmungen nach BDSG
12 22 bis 44
Gegenstand und Ziele **11** 1
räumlicher Anwendungsbereich **11** 3
sachlicher Anwendungsbereich **11** 2
Durchleitung von Informationen **5** 8
Durchsuchung
bei anderen Personen **45** 103
beim Verdächtigen **45** 102

effiziente Leistungsbereitstellung, Kosten **1** 42
E-Geld
Rücktausch durch E-Geld-Agenten **33** 32
Verbot der Ausgabe **33** 31
Verpflichtungen des E-Geld-Emittenten
33 33
Vertrieb durch E-Geld-Agenten **33** 32
E-Geld-Agent, Begriff **33** 1
E-Geld-Emittenten
Begriff **33** 1
Beschwerden **33** 61

E-Geld-Geschäft
Aufhebung der Erlaubnis 33 13
Erlaubnis 33 11
Erlöschen der Erlaubnis 33 13
Sicherungsanforderungen 33 17
Sicherungsanforderungen für die Entgegennahme von Geldbeträgen 33 18
Sondervorschriften 33 31 bis 33
unerlaubtes Betreiben 33 7 f.
Versagung der Erlaubnis 33 12
E-Geld-Instituts-Register 33 44
E-Geld-Instrumente, Ausnahmen 33 47
eIDAS-VO 14
Anwendungsbereich 14 2
Begriffsbestimmungen 14 3
Datenschutz 14 5
Datenverarbeitung 14 5
Gegenstand 14 1
Eigenmittel, Zahlungsinstitute 33 15
Eigenproduktion 7 15
Eigenwerbekanäle 7 71
einheitliche Stelle, Verfahren 15 3
Einrichtungen, zugehörige 1 3
Einschränkung der Frequenzzuteilung
 1 104
Einspruch
gegen Bußgeldbescheid 46 67, 68
Einlegung 38 357
einstweilige Anordnung im Verwaltungsgerichtsverfahren 37 123
Einwendungen bei verbundenen Verträgen
 19 359
Einwilligung in öffentliche Zugänglichmachung eines für den Unterrichtsgebrauch bestimmten Werkes 10 52a
Einwilligung der betroffenen Person
Begriff nach DS-GVO 11 4
in Verarbeitung 11 7
Widerruf 11 7
Einwilligungsverwaltung, anerkannte
Dienste 13 26
Einzelverbindungsnachweis, Anspruch
1 65; 13 11
Einziehung von Gegenständen, auf die sich
eine Ordnungswidrigkeit bezieht 46 123
EKEK
allgemeine Ziele 2 3
Durchführungsbestimmungen 2 34
Elektrizitätsversorgungsnetze, Mitnutzungsanspruch 1 139
elektronische Abrechnung 39 14
elektronische Akte 32 313b, 315; **34** 6;
37 55b; **46** 110b
Akteneinsicht 32 299; 46 110d
elektronische Dokumente
Barrierefreiheit 34 16
Beweiskraft 32 371a, 416a
Einspruchsschrift 32 340a

gerichtliche 32 130b
Klageschrift 32 253
Kostenfestsetzungsbeschluss 32 105
öffentliche Bekanntgabe 36 41; 42 37
öffentliche Zustellung 32 186
im Ordnungswidrigkeitenverfahren 46 110a
Prozessakten 32 298 f.
Rechtswirkung 14 46
im Sozialversicherungsrecht 40 36a
im Sozialverwaltungsverfahren 42 29
im Steuerverfahren 38 87a
Urteilsausfertigungen 32 317
im Verwaltungsgerichtsverfahren 37 55a
im Verwaltungsverfahren 36 3a, 33
elektronische Einschreiben
Dienste für die Zustellung 15 18
s. a. Dienste für die Zustellung elektronischer Einschreiben
elektronische Form 19 126a
im Steuerverfahren 38 87a
Verwaltungsakt 36 37; 38 119; 42 33
im Verwaltungsverfahren 36 3a
elektronische Formulare 34 13; **37** 55c
elektronische Identifizierung 14 6 ff.
gegenseitige Anerkennung 14 6
elektronische Identifizierungssysteme
Haftung 14 11
Interoperabilität 14 12
Notifizierung 14 7, 9
Sicherheitsniveaus 14 8
Sicherheitsverletzung 14 10
Zusammenarbeit 14 12
elektronische Kommunikation
im Sozialversicherungsrecht 40 36a
im Steuerverfahren 38 87a
im Verwaltungsverfahren 36 3a
elektronische Kommunikationsdienste,
Begriff 33 1
elektronische Kommunikationsnetze
Bedingungen für Allgemeingenehmigungen
 2 Anh I
Begriff 33 1
einheitliche Bereitstellung 2 39
elektronische Leseplätze, Wiedergabe
von Werken 10 52b
elektronische Mittel
Ausnahmen von der Verwendung 43 11b
EU
Sicherheitsniveau 43 11a
elektronische Nachweise im Verwaltungsverfahren 34 5
elektronische Siegel 14 35 ff.
Anforderungen 14 36
Anforderungen an qualifizierte Zertifikate
 14 Anh III
Attribute in qualifizierten Zertifikaten
 15 12
fortgeschrittene 14 36

in öffentlichen Diensten **14** 37
qualifizierte Zertifikate **14** 38
Rechtswirkung **14** 35
elektronische Signatur 14 25 ff.; **17** 22; 21
Attribute in qualifizierten Zertifikaten **15** 12
in öffentlichen Diensten **14** 27
qualifizierte Zertifikate **14** 28, Anh I
Rechtswirkung **14** 25
s. a. fortgeschrittene elektronische Signatur, qualifizierte elektronische Signatur
elektronische Signaturen, fortgeschrittene, Anforderungen **14** 26
elektronische Übermittlung im Sozialversicherungsrecht **40** 36a
elektronische Verwaltung 34
elektronische Zeitstempel 14 41 f.
Rechtswirkung **14** 41
elektronischer Datenaustausch
Systemprüfung **41** 95b
mit Versicherungsträgern
– Ausfüllhilfe **41** 95a
elektronischer Geschäftsverkehr
Informationspflichten **20** 246, 246c
Informationspflichten des Unternehmers **20** 241
Kündigung von Verbraucherverträgen **19** 312k
Pflichten gegenüber Verbrauchern **19** 312j
E-Mail-Adresse 5 5
Empfänger, Begriff nach DS-GVO **11** 4
Endeinrichtung
Begriff **13** 2
Schutz der Privatsphäre **13** 25
Endgerät, Begriff **3** 2
Endnutzer 1 3
Rechte des Erben **13** 4
Endnutzerdaten, Bereitstellen **13** 18
Endnutzereinstellungen 13 26
Endnutzerleistungen, Regulierung **1** 49
Endnutzernachfrage, länderübergreifend **2** 66
Endnutzerverzeichnis 13 17
Endpreise, Angabe **23** 1
Entgeltabrechnung, Telekommunikationsdienst **13** 10
Entgeltanspruch, Wegfall **1** 116
Entgeltanzeige, Verfahren **1** 45
Entgelte
Erschwinglichkeit bei Telekommunikationsdiensten **1** 158
genehmigte
– Abweichung **1** 44
missbräuchliches Verhalten bei Forderung **1** 37
missbräuchliches Verhalten bei Vereinbarung **1** 37
für Telekommunikationsbevorrechtigung **1** 189
Entgeltermittlung, Telekommunikationsdienst **13** 10
Entgeltgenehmigung
Abweichung von genehmigten Entgelten **1** 44
Maßstäbe **1** 39
Verfahren **1** 40
Entgeltregulierung 1 37 bis 46, 38
Anordnungen **1** 47
Entschädigung bei Urheberrechtsverletzung **10** 100
Entscheidungen, Behörde **36** 69
Entstellung des Werkes **10** 14
Entstörung 1 58
Erfüllung Zug-um-Zug 19 348
ergänzender Online-Dienst, europäischer **10** 20c
Erhebung von Verkehrsdaten **45** 100g
Ermittlung, länderübergreifender Nachfrage nach Kommunikationsdiensten **2** 66
Ermittlungen der Bundesnetzagentur **1** 205
Ermittlungsmaßnahmen
technische
– Mitwirkung **1** 171
Erschleichen von Leistungen 44 265a
Europäische Gemeinschaft (Europäische Union), Satellitensendung **10** 20a
europäische Produktion 7 15
für rundfunkfähnliche Telemedien **7** 77
Europäischer Datenschutzausschuss, Vertreter **12** 17
Europäischer Kodex für die elektronische Kommunikation 2
European Electronic Communications Code 2
EU-Vertrauenssiegel, qualifizierte Vertrauensdienste **14** 23

fachliche Sorgfalt, Begriff **24** 2
Fälschung beweiserheblicher Daten **44** 269
Feldversuch 3 22
Fernabsatzvertrag
Abschriften und Bestätigungen **19** 312f
Begriff **19** 312c
Informationspflichten **19** 312d; **20** 246, 246a
Informationspflichten bei Finanzdienstleistungen **20** 246b
Kündigung von Dauerschuldverhältnissen **19** 312h
Muster der Rückgabebelehrung **20** 246
Muster der Widerrufsbelehrung **20** 246
Unterrichtung des Verbrauchers **20** 240
Widerrufsrecht **19** 312g
Fernkommunikationsmittel 19 312c

Fernmeldegeheimnis 5 7; **13** 3
Beschränkung **47**
Nachprüfung von Beschränkungsmaßnahmen durch parlamentarisches Kontrollgremium **47** 14
strategische Beschränkungen **47** 5 bis 8
Verletzung **44** 206
s. a. Telekommunikationsüberwachung, Überwachung
Fernmeldeverkehr
Aufzeichnung **45** 100a
Überwachung **45** 100a
Fernsehen, Jugendschutzbeauftragter **8** 7
Fernsehgerät, digitales 1 3
Fernsehprogramme des öffentlich-rechtlichen Rundfunks **7** 28
Fernsehsignale, Interoperabilität der Übertragung digitaler **1** 75
Fernsehwerbung, Dauer **7** 70
Fernunterricht, Begriff **21** 1
Fernunterrichtsvertrag
Form und Inhalt **21** 3
gemischte Verträge **21** 6
Kündigung **21** 5, 7
Nichtigkeit **21** 7
Rechte und Pflichten der Vertragschließenden **21** 2
Widerrufsrecht **21** 4
Fernzahlungsvorgang, Begriff **33** 1
Filme, Freigabe für Jugendliche **9** 14
Filmveranstaltungen, Jugendschutz **9** 11
fingierte Erklärung 19 308
Firma 26 5
Flexibilisierung der Frequenznutzung **1** 101
Folgenabschätzung 11 35
vorherige Konsultation der Aufsichtsbehörde **11** 36
Förderung des Wettbewerbs **1** 105
Forderungsübergang, anzuwendendes Recht **20** 33
Form
Einspruch gegen Bußgeldbescheid **46** 67
Fernunterrichtsvertrag **21** 3
Nichtigkeit wegen Formmangels **19** 125
Rechtsgeschäfte **19** 126, 127; **20** 11, 27
Schriftform **19** 126
Steuererklärung **38** 150
Textform **19** 126b
Verbraucherverträge **20** 29
vereinbarte **19** 127
Verwaltungsakt **36** 37; **38** 119; **42** 33
s. a. elektronische Form, Textform, Schriftform
Formulare, elektronische 32 130c
Forscher, Auskunftsanspruch gegen Anbieter sozialer Netzwerke **6** 5a
Forschung, öffentliche Zugänglichmachung eines Werkes **10** 52a

Forschungsvorhaben, Geheimhaltungspflicht **44** 203
fortgeschrittene elektronische Siegel, Anforderungen **14** 36
freie Meinungsäußerung und Verarbeitung personenbezogener Daten **11** 85
Freigabe von Filmen an Jugendliche **9** 14
freiwillige funktionelle Trennung durch ein vertikal integriertes Unternehmen **1** 32
freiwillige Selbstkontrolle 8 19
Leitlinien **9** 24c
Frequenzausschuss 2 118
Frequenzbedarf, kurzfristig auftretender **1** 97
Frequenzen, harmonisierte 1 3
Frequenznutzung 1 3
durch Satelliten **1** 95
Flexibilisierung **1** 101
gemeinsame **1** 3, 97
Frequenznutzungsbeitrag 1 224
Frequenzordnung 1 87 bis 107
Frequenzplan 1 90
Frequenzregulierung, Ziele **1** 87
Frequenzzuteilung 1 3, 91
Befristung **1** 92
Bestandteile **1** 99
Einschränkung **1** 104
gemeinsame **1** 93
Peer-Review-Verfahren **2** 35
für Rundfunk, Luftfahrt, Seeschifffahrt, Binnenschifffahrt und sicherheitsrelevante Funkanwendungen **1** 96
Verlängerung **1** 92
Widerruf **1** 102
zeitliche Koordinierung **1** 94
Frequenzzuweisung 1 3
Frist
Annahme eines Angebots **19** 145, 308
Einspruch gegen Bußgeldbescheid **46** 67
Erbringung einer Leistung **19** 308
Widerruf bei Fernunterrichtsvertrag **21** 9
Widerruf bei Verbrauchervertrag **19** 308, 355
Widerrufsrecht bei Verbraucherdarlehensvertrag **19** 495
Fristsetzung 19 309
Funkanlagen, Geheimhaltungspflicht des Betreibers **13** 5
Funkfrequenzen
Koordinierung zwischen den Mitgliedstaaten **2** 28
Verwaltung **2** 45
Funksendungen, Recht der Wiedergabe **10** 22
funktionelle Trennung eines vertikal integrierten Unternehmens **1** 31
Funkzelle, Begriff **3** 2

Garantie 19 443
Garantieerklärung 19 477
Gebiete mit Ausbaudefizit 1 84
Gebühren
Bundesnetzagentur **1** 223
elektronische Bezahlungsmöglichkeit **34** 4
Gegendarstellung, Telemedien **7** 20
Gegenvorstellungsverfahren, Anbieter sozialer Netzwerke **6** 3b
Geheimhaltung bei Geschäftsgeheimnisstreitsachen **25** 16
Geheimhaltungspflicht
Besonderheiten des BDSG **12** 29
des Betreibers von Funkanlagen **13** 5
Regelung der Befugnisse der Aufsichtsbehörden **11** 90
Geheimnis, Offenbarung/Verletzung **44** 203
Geldbuße
allgemeine Bedingungen **11** 83
Aufforderung zu Ordnungswidrigkeiten **46** 116
Begriff (mit Geldbuße bedrohte Handlung) **46** 1
Höhe **46** 17
Geltungsbereich, JMStV **8** 2
Geltungsbereich Kundenschutz 1 71
gemeinsame Frequenzzuteilung 1 93
gemeinsame Verfahren 34 11
Gemeinschaftsproduktion 7 15
genetische Daten, Begriff nach DS-GVO **11** 4
Genossenschaftsregister 5 5
Georeferenzierung 34 14
Gerät 1 3
Geräte- und Kartennummer, Ermittlung für Maßnahme nach § 100a StPO **45** 100i
GEREK 1 3
Gericht
Recht zur Vervielfältigung, Verbreitung und öffentlichen Ausstellung von Werken **10** 45
zuständiges, bei Einspruch gegen Bußgeldbescheid **46** 68
gescannte öffentliche Urkunden, Beweiskraft **32** 371b
geschäftliche Handlung
Begriff **24** 2
irreführende **24** 5
Geschäftsgeheimnis
Abfindung des Inhabers in Geld **25** 11
Anspruch auf Beseitigung bei Verletzung **25** 6
Anspruch auf Unterlassung bei Verletzung **25** 6
Ansprüche gegen Rechtsverletzer **25** 7
Anspruchsausschluss **25** 9
Auskunft über rechtsverletzende Produkte **25** 8
Ausnahmen **25** 5
Begriff **25** 2
erlaubte Handlungen **25** 3
Haftung des Inhabers des Unternehmens bei Verletzung **25** 12
Haftung des Verletzers **25** 10
Handlungsverbote **25** 4
Herausgabeanspruch nach Eintritt der Verjährung **25** 13
Inhaber **25** 2
Schadensersatz bei Verletzung der Auskunftspflicht **25** 8
Geschäftsgeheimnisgesetz, Anwendungsbereich **25** 1
Geschäftsgeheimnisse
im Beschlusskammerverfahren **1** 216
Verletzung von **44** 203
Geschäftsgeheimnisstreitsachen
Bekanntmachung des Urteils **25** 21
Geheimhaltung **25** 16
örtliche Zuständigkeit **25** 15
sachliche Zuständigkeit **25** 15
Verfahren **25** 15 ff.
Geschäftsgeheimnisverletzung, Strafvorschriften **25** 23
Geschäftsgrundlage, Störung **19** 313
Gesundheitsdaten, Begriff nach DS-GVO **11** 4
getrennte Rechnungslegung 1 30
Gewährleistung 19 309
Gewalt- oder Willkürmaßnahmen, Aufforderung zu **44** 130
Gewinnabschöpfung 24 10
Gewinnherausgabe nach Urheberrechtsverletzung **10** 97
Gewinnspiele 7 11
für rundfunkähnliche Telemedien **77** 74
Telemedien **7** 22
Glasfaserbereitstellungsentgelt 1 72
grenzüberschreitende Verarbeitung, Begriff nach DS-GVO **11** 4
Großereignisse, Übertragung von **7** 13
Grundpreis, Preisangabe **23** 2
Grundstücke, Beeinträchtigung durch Telekommunikationslinien **1** 134
Gruppe
Frequenzpolitik
– Beteiligung **1** 107
Gruppe für Frequenzpolitik 1 3

Haftung
des Verletzers eines Geschäftsgeheimnisses **25** 10
bei elektronischen Identifizierungssystemen **14** 11
des Inhabers eines Unternehmens **25** 12

nach VDG **15** 6
Unternehmensinhaber bei Urheberrechtsverletzungen **10** 99
Haftungsausschluss 19 444
Haftungsbegrenzung 1 70
bei öffentlichen Versteigerungen **19** 445
Handel, Preisangaben **23** 4
Handelsregister 5 5
Handelsverkehr, Gewohnheiten und Gebräuche **19** 310
Harmonisierungsmaßnahmen im Binnenmarktverfahren **2** 38
Hauptniederlassung, Begriff nach DS-GVO **11** 4
herkömmliche Infrastrukturen, Migration **1** 34
Herkunftsangaben, geographische **26** 1
Herkunftslandprinzip 5 3
Hindernisse
der Replizierbarkeit
– bei Zugangsverpflichtung **1** 22
Hörfunkprogramme des öffentlich-rechtlichen Rundfunks **7** 29

Identifizierung, elektronische **35** 8; *s. a. elektronische Identifizierung*
Identifizierungsdiensteanbieter 17 19a, 21b
Identitätsbestätigungsdienst 18 6
Identitätsnachweis, elektronischer **17; 17** 18, 19
Identitätsnachweise, elektronischer **17** 10a
– mit mobilem Endgerät **17** 10a
Identitätsprüfung 15 11
Identitätsüberprüfung 17 17
Information zu Behörden in öffentlich zugänglichen Netzen **34** 3
Informationen
über Baustellen **1** 82
Begriff **7** 2
der betroffenen Person **11** 13, 14; **12** 32
über Breitbandausbau **1** 80
Durchleitung **5** 8
fremde **5** 8 bis 10
über Infrastruktur **1** 79
über künftigen Netzausbau **1** 81
über Liegenschaften **1** 83
Speicherung **5** 10
Verantwortlichkeit für **5** 7 bis 10
Verwendung personenbezogener zu Beweiszwecken **45** 100b
während des Vertragsverhältnisses **19** 493
Weitergabe **1** 85
Zwischenspeicherung **5** 9
Informations- und Kommunikationsdienste, Preisangaben **22** 1

Informationsanforderungen
für Anbieter öffentlicher Kommunikationsdienste **2** Anh VIII
für Anbieter von Internetzugangsdiensten **2** Anh VIII
für Verträge **1** 55
Informationsaustausch der Finanzbehörden **38** 88c
Informationsfreiheit und Verarbeitung personenbezogener Daten **11** 85
Informationspflicht
Abweichungen durch BDSG **12** 29, 32, 33
bei Erhebung bei der betroffenen Person **11** 13; **12** 32
bei Erhebung bei einer anderen als der betroffenen Person **11** 14; **12** 33
Rundfunk **7** 4
Informationspflichten 19 312d
anbietereigene Messergebnisse **4** 8
für Betreiber von Online-Marktplätzen **20** 246d
Diensteanbieter **5** 5 f.
im elektronischen Geschäftsverkehr **20** 241, 246
bei der Erbringung von Zahlungsdienstleistungen **20** 248
Fernabsatzvertrag **20** 240, 246
formale Anforderungen **20** 246d
kommerzielle Kommunikation **5** 6
bei Verbraucherdarlehensverträgen **19** 491a; **20** 247
Verletzung **19** 312e
Informationsrecht, Telemedien **7** 18
Informationssicherheit 1 169
zuständige Stelle nach VDG **15** 2
Informationsstelle
des Bundes
– Aufgaben **1** 78
Infrastruktur
alternative **1** 136
gemeinsame Nutzung **1** 136
Informationen **1** 79
sonstige physische **1** 3
von Netzen mit sehr hoher Kapazität **1** 146
Infrastruktur und Netzausbau 1 78 bis 86
Inhalte, Fernunterrichtsvertrag **21** 3
Inhaltskontrolle, allgemeine Geschäftsbedingungen **19** 307 bis 309
Inkasso 1 27
Innovationspartnerschaft 43 10d EU
Integrität und Vertraulichkeit
Grundsätze für die Verarbeitung personenbezogener Daten **11** 5
Maßnahmen zur Sicherheit der Verarbeitung **11** 32
Internationale Fernmeldeunion 1 9, 95
internationale Organisation, Begriff nach DS-GVO **11** 4

Internationales Privatrecht 20
freie Rechtswahl **20** 27
unerlaubte Handlungen **20** 40
vertragliche Schuldverhältnisse **20** 27 bis 37
Internetzugangsdienst 1 3
Interoperabilität
Computerprogramm **10** 69e
von Diensten **2** 61
Übertragung digitaler Fernsehsignale **1** 75
Irrtum, Anfechtung einer Willenserklärung **19** 119
IT-Komponenten i. S. d. OZG **35** 2
IT-Planungsrat 35 4
Standardisierungsbeschlüsse **34** 10
IT-Sicherheit im Portalverbund **35** 5

Jahresbericht der Bundesnetzagentur **1** 196
Jahresfinanzbericht 1 6
Jahreszins, effektiver, Angabe **23** 6
JMStV
Geltungsbereich **8** 2
Zweck **8** 1
Jugendangebot des öffentlich-rechtlichen Rundfunks **7** 33
Jugendliche, Begriff **9** 1
Jugendmedienschutz 8
Kommission **8** 14
Ordnungswidrigkeiten **8** 24
Strafbestimmung **8** 23
Jugendschutz 9
Ausnahmeregelungen **8** 9
im Bereich der Medien **9** 11 bis 16
Bundesprüfstelle für jugendgefährdende Medien **9** 17 bis 25
Bußgeldvorschriften **9** 28
freiwillige Selbstkontrolle **8** 19
Kenntlichmachung jugendgefährdender Sendungen **8** 10
Kennzeichnung von Filmen und Spielen **9** 14
Liste jugendgefährdender Medien **9** 18
in Rundfunk und Telemedien **8**
Strafvorschriften **9** 27
unzulässige Angebote **8** 4
Vorschriften für Rundfunk **8** 8 bis 10
Vorschriften für Telemedien **8** 11 f.
in Werbung und im Teleshopping **8** 6
Jugendschutzbeauftragter, Fernsehen **8** 7
jugendschutz.net 8 18
Jugendschutzprogramme 8 11

Kabelweitersendung 10 20b
Karikatur, Nutzungsbefugnis **10** 51a
Kartellverbot 28 101
Kaufvertrag 19 433
Rechtsmangel **19** 435

Sachmangel **19** 434
vertragstypische Pflichten **19** 433
Kenntlichmachung jugendgefährdender Sendungen **8** 10
Kennung 1 3
Begriff **3** 2
Bereitstellung der zu überwachenden **3** 7
Kennzeichen verfassungswidriger Organisationen **44** 86a
Kennzeichnung
Begriff **3** 2
bereitzustellende Daten **3** 7
von Film- und Spielplattformen **9** 14a
von Filmen für Jugendliche **9** 14
Werbung, Teleshopping **7** 8
Kennzeichnungspflicht von Sendungen **8** 5c
Kennzeichnungspflicht nach JuSchG, Telemedien **8** 12
Kernbereich privater Lebensgestaltung, Schutz **47** 3a, 5a
Kind, Begriff **8** 3; **9** 1
Kinder- und Jugendmedienschutz
Leitlinien der freiwilligen Selbstkontrolle **9** 24c
Vorsorgemaßnahmen der Diensteanbieter **9** 24s
Kirche, Vervielfältigung für Kirchengebrauch **10** 46
Klage gegen Entscheidung der Bundesprüfstelle für jugendgefährdende Medien **9** 25
Kohärenzverfahren
der Aufsichtsbehörden **12** 18
federführende Aufsichtsbehörde **12** 19
kommerzielle Kommunikation
Begriff **5** 2
Informationspflichten **5** 6
kommerzielle Tätigkeiten des öffentlich-rechtlichen Rundfunks **7** 40
Kommission für Jugendmedienschutz **8** 14
– Auskunftsanspruch **8** 21
– Zuständigkeit **8** 16
Kommunikationsausschuss 2 118
Kommunikationsstandards im Portalverbund **35** 6
Konsolidierungsverfahren 1 12
Konsultationsverfahren 1 12
Kontoinformationsdienst, Begriff **33** 1
Kontrolle über Zugang zu Endnutzern **1** 21
Koordinierung
zeitliche
– Frequenzzuteilung **1** 94
Kopie der zu überwachenden Telekommunikation **3** 9
Kopienversand durch öffentliche Bibliotheken **10** 53a

Kosten
für außergerichtliches Streitbeilegungsverfahren **1** 225
des Vorverfahrens **1** 226
Kostenkontrolle bei mobilen Datentarifen **4** 11
Kostenunterlagen 1 43
Kredit, Preisangaben **23** 6
Kultur, Begriff **7** 2
Kundenbeschwerden 31 14
Kundenschutz 1 51 bis 72
Geltungsbereich **1** 71
Kündigung
außerordentliche **1** 57
Fernunterrichtsvertrag **21** 5, 7
nach stillschweigender Vertragsverlängerung **1** 56
Kündigungsfrist 19 495
künftiger Netzausbau, Informationen **1** 81
Kurzberichterstattung
Anspruch **7** 14
für rundfunkähnliche Telemedien **7** 75
Kurzwahldienste 1 3
Auskunftsanspruch **1** 117
Preisangabe **1** 109 f.
Preisanzeige **1** 111
Verbindungstrennung **1** 113

Landesmedienanstalt, Aufsicht **8** 20
Landesmedienanstalten, Mitwirkung der Gremien bei Jugendschutz **8** 15
Lastschrift, Begriff **33** 1
Leistungen
Angebot gegenüber Letztverbrauchern, Preisangaben **22** 1; **23** 1
Erschleichen **44** 265a
Nichtverfügbarkeit **19** 308
Preisverzeichnis **23** 5
Leistungsverweigerungsmerkmale 19 309
Lieferant 19 478
Liegenschaften, Informationen **1** 83
Liste jugendgefährdender Medien **9** 18
– Führung **9** 24
lokales Roaming 1 106
Luftfahrt, Frequenzzuteilung **1** 96

Mahnung 19 309
Mangel, Kenntnis des Käufers **19** 442
Mängelbeseitigung 19 309
Markenregister 26 4
Markenschutz 26
Auskunftsanspruch des Markeninhabers **26** 19
ausschließliches Recht des Markeninhabers **26** 14, 15
Eintragung **26** 4

Entstehung **26** 4
Firma **26** 5
geschützte Marken **26** 1
als Marke schutzfähige Zeichen **26** 3
Rechtsverletzungen **26** 14, 15
Rückrufanspruch des Markeninhabers **26** 18
Schadensersatzanspruch des Markeninhabers **26** 14
Unterlassungsanspruch des Markeninhabers **26** 14
Vernichtungsanspruch des Markeninhabers **26** 18
Markt, nachhaltig wettbewerbsorientierter **1** 3
Marktanalyse 1 11
Überprüfung **1** 15
Marktbeherrschung 27 18
Marktdefinition 1 10
Überprüfung **1** 15
Marktmacht, beträchtliche
missbräuchliches Verhalten **1** 50
missbräuchliches Verhalten bei Forderung und Vereinbarung von Entgelten **1** 37
Marktregulierung 1 10 bis 50
allgemeine Vorschriften **1** 35 und 36
Entgeltregulierung **1** 37 bis 46
Missbrauchsaufsicht **1** 50
Verfahren **1** 10 bis 19
Zugangsregulierung **1** 20 bis 36
Marktteilnehmer, Begriff **24** 2
Massenverkehrsdienste 1 3
Auskunftsanspruch **1** 117
Preisangabe **1** 109 f.
Preisfestlegung **1** 123
maßgeblicher und begründeter Einspruch, Begriff nach DS-GVO **11** 4
Maßstäbe der Entgeltgenehmigung **1** 39
Mediation 30 18
Vorschlag durch Bundesnetzagentur **1** 200
Medien
jugendgefährdende
– Liste **9** 18
Medienaufsicht 7 104 bis 113
Medienintermediär 7 91 bis 96
Begriff **7** 2
Diskriminierungsfreiheit **7** 94
inländischer Zustellungsbevollmächtigter **7** 92
Satzungen und Richtlinien **7** 96
Transparenz **7** 93
Vorlage von Unterlagen **7** 95
Medienintermediärsanbieter, Begriff **7** 2
Medienplattformanbieter, Begriff **7** 2
Medienplattformen 7 78 bis 90
Medienprivileg 7 12
Telemedien **7** 23
Medienstaatsvertrag 7

Meldepflicht 1 5
Anbieter sozialer Netzwerke **6** 3a
Meldeverfahren bei Nutzerbeschwerden gegen Videosharingplattform-Dienst **5** 10a
Menschenwürde, Angriff auf **44** 130
Messverfahren für Dienstqualität **2?**
>emsp13;Anh X
Miete digitaler Produkte **19** 548a, 578b
Migration von herkömmlichen Infrastrukturen **1** 34
Minderjährige, Verarbeitung personenbezogener Daten **13** 20
Minderung 1 57; **19** 441
bei Mängeln digitaler Produkte **19** 327n
Missbrauch
einer marktbeherrschenden Stellung **27** 19; **28** 102
von Telekommunikationsanlagen **13** 8
von Telekommunikationsdiensten **13** 12
missbräuchliche Geltendmachung von Ansprüchen, Verbot **24** 8c
missbräuchliches Verhalten
von Unternehmen mit überragender marktübergreifender Bedeutung **27** 19a
eines Unternehmens mit beträchtlicher Marktmacht **1** 37, 50
Missbrauchsaufsicht, besondere 1 50
Missbrauchsprüfung, nachträgliche
1 46
Missbrauchsverbot bei Ansprüchen nach GeschGehG **25** 14
Mitbenutzung, Wegerechte **1** 128
Mitbewerber, Begriff **24** 2
Mitnutzung
Einnahmen **1** 140
von Elektrizitätsversorgungsnetzen **1** 139
öffentlicher Versorgungsnetze **1** 138
Versagungsgründe **1** 141
Mitteilen ankommender Verbindungen **13** 14
Mitteilung
an die Staatsanwaltschaft oder Verwaltungsbehörde **1** 124
unbefugte, von Tatsachen, die dem Post- oder Fernmeldegeheimnis unterliegen **44** 206
Mitteilungen von Informationen und Rechten **11** 12
Mittelstandskartelle 27 3
Miturheber 10 8
Mitwirkungspflicht bei Funktionsprüfungen **3** 23
mobiler Anschluss, Standort **3** 7
Mobilfunkendgeräte
Maßnahmen der StPO **45** 100i
Mitwirkung bei technischen Ermittlungsmaßnahmen **1** 171

Mobilfunkversorgung, Monitoring **1** 103
Monitoring der Mobilfunkversorgung
1 103

Nachbesserung 19 309
Nacherfüllung 19 439
bei Mängeln digitaler Produkte **19** 327l
Nachfrist 19 308
Nachricht, Begriff **13** 2; **24** 2
Nachrichtenübermittlung mit Zwischenspeicherung **13** 6
Name 5 5
Namensrecht 19 12; **20** 10
nationale Kennziffer, Verarbeitung **11** 87
nationale Regulierungsbehörden
Befugnisse **2** 61
Zuständigkeiten **2** 61
Netz mit sehr hoher Kapazität **1** 3
Netzabschlusspunkt 1 3
NetzDG 6
Anwendungsbereich **6** 1
Netze
mit hoher Kapazität **2** 76
– regulatorische Behandlung **2** 76
mit sehr hoher Kapazität **1** 146
– Betrieb der Infrastruktur **1** 146
– Genehmigungsfristen für Bauarbeiten **1** 150
– Mitverlegung **1** 146
– Sicherstellung **1** 146
Netzinfrastruktur von Gebäuden **1** 145
Netzinfrastrukturen
aktiv und passiv
– Zugang **1** 106
passive **1** 3, 136
– Vor-Ort-Untersuchung **1** 137
Netzzugang, offener zu öffentlich geförderten Telekommunikationsnetzen **1** 155
Nichtanzeige geplanter Straftaten
44 138
Nichtdiskriminierung 1 51
nicht-öffentliche Stellen
Begriff nach BDSG **12** 2
Geltung des BDSG **12** 1
Normung für Bereitstellung elektronischer Kommunikationsnetze **2** 39
Notfallvorsorge 1 184 ff.
Durchsetzung durch Bundesnetzagentur **1** 190
Entschädigung **1** 188
Kontrolle durch Bundesnetzagentur **1** 190
Mitwirkungspflichten **1** 188
Notifizierung
elektronische Identifizierungssysteme **14** 9
Telemedien **7** 25
Voraussetzungen bei elektronischer Identifizierung **14** 7
Notruf 1 164

Nummerierung 1 108 bis 124
Aufgabe der Bundesnetzagentur **1** 108
Nummern 1 3
Nummernverwaltung, Befugnisse der Bundesnetzagentur **1** 123
Nutzer
Begriff **1** 3; **5** 2
i. S. d. OZG **35** 2
Nutzerbeschwerden
Meldung **8** 5b
gegen Videosharingplattform-Dienst **5** 10a, 10b
nutzergeneriertes Video, Begriff **7** 2
Nutzerkonto 35 2
des Bundes **34** 9a
Datenverarbeitung **35** 8
im Portalverbund **35** 2
i. S. d. OZG
– zuständige Stelle **35** 7
Nutzung nach Rücktritt **19** 347
Nutzungsarten, neue, Übergangsregelung **10** 137l
Nutzungsbefugnis, gesetzlich erlaubte 10 45d
Nutzungsdaten
Auskunftsverfahren **13** 24
Begriff **13** 2
Erhebung bei Telemediendiensten **45** 100k

öffentliche Aufforderung zu Straftaten **44** 111
öffentliche Ausschreibungen, Bekanntmachung **43** 12
öffentliche Bekanntmachung im Internet **36** 27a
öffentliche Reden, Vervielfältigung **10** 48
öffentliche Sicherheit 1 164 ff.; **10** 45
öffentliche Stellen
Begriff nach BDSG **12** 2
Bestellung eines Datenschutzbeauftragten **12** 5 f.
Datenübermittlung **12** 25
Geltung des BDSG **12** 1
Telemedien **7** 24
Verarbeitung personenbezogener Daten **12** 3
Verarbeitung zu anderen Zwecken **12** 23 f.
öffentliche Zugänglichmachung 10 22
Recht der **10** 19a
öffentlich-rechtliche Telemedienangebote, Begriff **7** 2
öffentlich-rechtlicher Rundfunk 7 26 bis 49
Änderung der Werbung **7** 46
Angebote **7** 27
Auftrag **7** 26
Ausschluss von Teleshopping **7** 47
Berichterstattung der Rechnungshöfe **7** 37
Berichtspflichten **7** 31
Beteiligung an Unternehmen **7** 41
Dauer der Rundfunkwerbung **7** 39
Fernsehprogramme **7** 28
Finanzausstattung **7** 34
Finanzbedarf **7** 36
Finanzierung **7** 35
Haftung für kommerziell tätige Beteiligungsunternehmen **7** 44
Hörfunkprogramme **7** 29
Jugendangebot **7** 33
kommerzielle Tätigkeiten **7** 40
Kontrolle der Beteiligung an Unternehmen **7** 42
Kontrolle der kommerziellen Tätigkeiten **7** 43
Richtlinien **7** 31
Satzungen **7** 31
Sponsoring **7** 39
Telemedien **7** 30
Telemedienkonzepte **7** 32
Veröffentlichung von Beanstandungen **7** 49
Versorgungsauftrag **7** 48
Werbung **7** 38 bis 47
Online-Marktplätze, Informationspflichten **20** 246d
Onlinezugangsgesetz 35
Orbitpositionen 1 95
Ordnung
freiheitlich demokratische Grundordnung **44** 86
öffentliche (ordre public) **46** 116, 119, 120
verfassungsmäßige **44** 86
Ordnungsgeldvorschriften 1 8
Ordnungswidrigkeiten 4 13
Begriff **46** 1
Bußgeldbescheid **46** 65 bis 68
nach G 10 **47** 19
grob anstößige und belästigende Handlungen **46** 116
Höhe der Geldbuße **46** 17
nach JuSchG **9** 28
nach MStV **7** 115
nach JMStV **8** 24
öffentliche Aufforderung zu **46** 116
nach PAngV **23** 10
nach TMG **5** 16
verbotene Ausübung der Prostitution/Werbung für Prostitution **46** 120
Verfahrenseinstellung **46** 47
Verfolgung **46** 47
Verfolgungsverjährung **46** 31
Zuständigkeit zur Verfolgung und Ahndung **46** 35, 36
Organisationen, verfassungswidrige
Verbreiten von Propagandamitteln **44** 86
Verwenden von Kennzeichen **44** 86a
Organisationskonto 35 2

Paketvertrag 19 327a
Papierdokumente, Übertragung und Vernichtung **34** 7
Parodie, Nutzungsbefugnis **10** 51a
Partei, verfassungswidrige
Verbreiten von Propagandamitteln **44** 86
Verwenden von Kennzeichen **44** 86a
Partnerschaftsregister 5 5
Passwörter, Auskunftsverfahren **13** 23
Pastiche, Nutzungsbefugnis **10** 51a
Peer-Review-Verfahren für Frequenzzuteilung **2** 35
Person, erziehungsbeauftragte, Begriff **9** 1
Person, personensorgeberechtigte, Begriff **9** 1
Personalausweis 17
Personalausweisregister 17 23
automatisierter Abruf **17** 25
Datenübertragung **17** 25
Verwendung der Daten **17** 24
personalisierte Sicherheitsmerkmale, Begriff **33** 1
personenbezogene Daten
Begriff nach DS-GVO **11** 4
besondere Kategorien **11** 9; **12** 22
Datenschutz nach BDSG **12** 1 ff.
Erhebung und Verwendung **17** 14
Grundsätze der Verarbeitung **11** 5 ff.
von Minderjährigen **13** 20
Verarbeitung im Verwaltungsportal des Bundes **34** 9b
Verletzung des Schutzes **1** 3
Persönlichkeitsrecht
Beeinträchtigung
– Telemedien **7** 23
Beeinträchtigung durch Berichterstattung **7** 12
Pflichten des für die Verarbeitung Verantwortlichen
allgemeine Pflichten **11** 24 ff.
Benachrichtigung der betroffenen Person bei Verletzung **11** 34
Benennung eines Datenschutzbeauftragten **11** 37; **12** 38
Benennung eines Vertreters bei fehlender Niederlassung in der Union **11** 27
Datenschutz durch datenschutzfreundliche Voreinstellungen **11** 25
Datenschutz durch Technik **11** 25
Datenschutz-Folgenabschätzung **11** 35
Dokumentation von Verletzungen **11** 33
Geldbuße **11** 83
gemeinsam Verantwortliche **11** 26
Meldung von Verletzungen **11** 33
Schadensersatzpflicht **11** 82
Sicherheit der Verarbeitung **11** 32

Verzeichnis von Verarbeitungstätigkeiten **11** 30
vorherige Konsultation der Aufsichtsbehörde **11** 36
Zusammenarbeit mit der Aufsichtsbehörde **11** 31
Plattformanbieter, Begriff **7** 2
Pornographie, Verbreitung pornographischer Schriften **44** 184
Portalverbund
Begriff **35** 2
für digitale Verwaltungsleistungen **35** 1
IT-Sicherheit **35** 5
Kommunikationsstandards **35** 6
Ziel **35** 3
Postfach i. S. d.OZG **35** 2
Postfachdienst 18 5
Postgeheimnis
Beschränkung **47**
Verletzung **44** 206
Preisangaben 22 1; **23**
Ausnahmen **23** 9
Elektrizität, Gas, Fernwärme, Wasser **23** 3
Grundpreis **23** 2
Handel **23** 4
Kredite **23** 6
Telekommunikationsdienste **1** 109 f.
Preisansage 1 110
Preisanzeige 1 111
Preiserhöhung, kurzfristige 19 309
Preishöchstgrenzen 1 112
Preisklarheit 23 1
Preisschild 23 4
Preisverzeichnis 23 5
Preiswahrheit 23 1
Premium-Dienste 1 3
Preisangabe **1** 109 f.
Preisfestlegung **1** 123
Preishöchstgrenzen **1** 112
Verbindungstrennung **1** 113
presseähnliches Angebot, Begriff **7** 2
Presseverleger
Begriff **10** 87f
Schutz **10** 87f bis 87h
privater Rundfunk 7 52 bis 73
Anwendungsbereich **7** 50
Auskunftsrechte und Ermittlungsbefugnisse **7** 56
Finanzierung **7** 69
Grundsätze für das Zulassungsverfahren **7** 55
Programmgrundsätze **7** 51
Publizitätspflicht und sonstige Vorlagepflichten **7** 57
Sendezeit für Dritte **7** 68
Sicherung der Meinungsvielfalt **7** 59 bis 68
Vertraulichkeit **7** 58
Werbung **7** 69 bis 73

Zulassung zur Veranstaltung von **7** 52 ff.
zulassungsfreie Rundfunkprogramme **7** 54
Privatgeheimnis, Verletzung von **44** 203
Probebetrieb 3 22
Produktinformationsblatt 4 1, 2
Produktmangel bei digitalen Produkten **19** 327e
Produktplatzierung
Begriff **7** 2
zulässige **7** 38
Profiling
Abweichungen durch BDSG **12** 37
Begriff nach DS-GVO **11** 4
keine Unterwerfung unter eine ausschließlich auf einer automatischen Verarbeitung beruhenden Entscheidung **11** 22
Widerspruchsrecht **11** 21
Propagandamittel, Verbreiten/Herstellen/Einführen/Ausführen **44** 86
Protokollaufzeichnung, vorläufige 32 160a
Protokolldaten, Prüfung **3** 17
Protokollierung
bei Auskunft über Verkehrsdaten **3** 35
Nutzung technischer Einrichtungen für Überwachungsmaßnahmen **3** 16
Prüfung **3** 17
Vernichtung und Löschung von Daten **47** 4
Prozessakten
Einsicht **32** 299; **37** 100
elektronische Führung **37** 55b
Pseudonymisierung
Begriff nach DS-GVO **11** 4
Maßnahmen zur Sicherheit der Verarbeitung **11** 32
Pufferung, Begriff **3** 2

qualifizierte Einrichtungen, Verbraucherschutzinteressen **31** 4
qualifizierte elektronische Siegel 15 17 ff.
benannte Stellen **15** 17
qualifizierte elektronische Signatur 15 17 ff.; **41** 110d
Beglaubigung **29** 40a
Belehrung über Widerrufsrecht **19** 355
benannte Stellen **15** 17
Bewahrungsdienst, qualifizierter **14** 34
elektronische Form **19** 126a
Rechnung **39** 14
Validierungsdienst, qualifizierter **14** 33
qualifizierte elektronische Signaturerstellungseinheiten
Anforderungen **14** 29, Anh II
Anforderungen an Validierung **14** 32
Bewahrung **14** 40
Liste **14** 31

Validierung **14** 40
Zertifizierung **14** 30
qualifizierte elektronische Zeitstempel, Anforderungen **14** 42
qualifizierte Vertrauensdienste 14 20
Beaufsichtigung **14** 20
Beginn der Erbringung **14** 21
EU-Vertrauenssiegel **14** 23
Vertrauenslisten **15** 9
qualifizierte Vertrauensdiensteanbieter
Anforderungen **14** 24
Ausgestaltung der Deckungsvorsorge **16** 2
qualifizierte Wirtschaftsverbände, Liste **24** 8b
qualifizierte Zertifikate
Attribute in qualifizierten Zertifikaten **15** 12
Dokumentation der Ausgabe **16** 3
für elektronische Siegel **14** Anh III
für elektronische Signaturen **14** Anh I
für Website-Authentifizierung **14** Anh IV
für Vertrauensdienste **16** 3
Vorsorge für die dauerhafte Prüfbarkeit **16** 4
Widerruf **15** 14
Quellenangabe 10 63

Rabattgewährung 23 1, 2
Rechenschaftspflicht, Grundsätze für die Verarbeitung personenbezogener Daten **11** 5
Rechnung, Übermittlung auf elektronischem Weg **39** 14
Rechnungsführung/-legung nach Urheberrechtsverletzung **10** 97
Rechnungsinhalte 1 62
Rechnungslegung, getrennte 1 7, 30
Rechnungsstellung, einheitliche 1 27
Recht, anzuwendendes
Arbeitsverträge **20** 30
einheitliche Auslegung **20** 36
freie Rechtswahl **20** 27
Geltungsbereich **20** 32
Rechtsspaltung **20** 35
mangels Rechtswahl anzuwendendes Recht **20** 28
unerlaubte Handlungen **20** 40
Verbraucherverträge **20** 28
Recht auf Auskunft
Abweichungen durch BDSG **12** 34
über personenbezogene Daten **11** 15
Recht auf Berichtigung 11 16
Mitteilungspflicht des Verantwortlichen **11** 19
Recht auf Datenübertragbarkeit 11 20
Recht auf Einschränkung der Verarbeitung 11 18
Mitteilungspflicht des Verantwortlichen **11** 19

Recht auf Löschung 11 17
Abweichungen durch BDSG **12** 35
Mitteilungspflicht des Verantwortlichen
 11 19
Recht auf Vergessenwerden 11 17
Rechte der betroffenen Person
Auskunftsrecht **11** 15; **12** 34
Berichtigung **11** 16
Beschränkungen durch Rechtsvorschriften
 11 23
Beschwerde bei Aufsichtsbehörde **11** 77
Datenübertragbarkeit **11** 20
Einschränkung der Verarbeitung **11** 18
gerichtlicher Rechtsbehelf gegen Aufsichtsbehörde **11** 78
gerichtlicher Rechtsbehelf gegen für die Verarbeitung Verantwortliche oder Auftragsverarbeiter **11** 79
Information, Mitteilungen und Modalitäten für die Ausübung **11** 12
Informationspflicht **11** 13; **12** 32
Löschung **11** 17; **12** 35
Mitteilungspflicht gegenüber Empfängern
 11 19
Transparenz **11** 12
Vergessenwerden **11** 17
Widerspruchsrecht **11** 21; **12** 36
Rechte des Betroffenen, Rechtsbehelfe, Haftung und Sanktionen **11** 77 bis 84; **12** 41 bis 44
Rechtsanwalt, Verletzung von Privatgeheimnissen **44** 203
**Rechtsbehelfe, Haftung und Sanktionen
 11** 77 bis 84; **12** 41 bis 44
Rechtsbehelfsbelehrung, Verwaltungsakt **38** 356
Rechtsmangel
bei digitalen Produkten **19** 327g
Kaufvertrag **19** 435
Rechtsmittel gegen Entscheidungen der Bundesnetzagentur **1** 217
Rechtsschutz bei Verfahren der Entgeltgenehmigung **1** 41
Rechtsstreitigkeiten
bürgerliche
– Beteiligung der Bundesnetzagentur
 1 220
rechtsverletzendes Produkt 25 2
Rechtsverletzer, Begriff **25** 2
Rechtsverordnung 1 52
Preisangaben **22** 1; **23**
Rechtswahl
Arbeitsverträge **20** 30
Freiheit **20** 27
Verbraucherverträge **20** 28
Rechtsweg
gegen Entscheidung der Bundesprüfstelle für jugendgefährdende Medien **9** 25

bei Streitigkeiten mit Aufsichtsbehörde **12** 20
Telekommunikationsüberwachung **47** 13
rechtswidrige Handlung 5 8
Regionalfensterprogramm, Begriff **7** 2
Register, Markenregister **26** 4
Registrierungsstellen 35 7
regulatorische Behandlung von Netzen mit hoher Kapazität **2** 76
Regulierung
von Endnutzerleistungen **1** 49
Entgeltregulierung **1** 37 bis 46
der Telekommunikation **1** 2
Ziele **1** 2
Zugangsregulierung **1** 20 bis 36
s. a. *Entgeltregulierung, Marktregulierung, Zugangsregulierung*
Regulierungsbehörde s. *Bundesnetzagentur*
Regulierungskonzepte 1 17
Regulierungsrahmen, Antrag auf Auskunft über **1** 17
Regulierungsverfügung 1 13
Überprüfung **1** 15
Verfahren **1** 14
Regulierungsziele bei Mitnutzung von Versorgungsnetzen **1** 149
Renovierungen, umfangreiche 1 3
R-Gespräche 1 119
Richtigkeit, Grundsätze für die Verarbeitung personenbezogener Daten **11** 5
Richtlinien
der Medienintermediäre **7** 96
des öffentlich-rechtlichen Rundfunks **7** 31, 45
Risikoverteilung, vertragliche oder gesetzliche **19** 313
Roaming 1 3
lokales **1** 106
Rückgabe
Rechtsfolgen **19** 357
von Unterlagen **41** 110b
Rückgabebelehrung, Muster **20** 246
Rückgaberecht, Verbraucherverträge **19** 356
Rückgriff
des Unternehmers bei Mangelhaftigkeit der Sache **19** 478
des Verkäufers **19** 445a
bei Verträgen über digitale Produkte **19** 445c
Rückgriffsansprüche, Verjährung **19** 445b
Rückrufanspruch
Rückrufanspruch des Markeninhabers bei Markenrechtsverletzung **26** 18
bei Urheberrechtsverletzung **10** 98
Rücksendung 19 356
Kosten und Gefahr **19** 357
der Sache **19** 355, 356

Rücktritt
besondere Bestimmungen beim Kauf
19 440
Erklärung **19** 349
Nutzungen und Verwendungen **19** 347
Sonderbestimmungen bei digitalen Produkten **19** 475d
Wirkungen **19** 346
Rufnummer 1 3
Überwachung der Telekommunikation **3** 7
Rufnummer, persönliche 1 3
Rufnummernanzeige 13 15
Rufnummernbereich 1 3
Rufnummernmitnahme 1 59
Rufnummernübermittlung 1 120
Rufnummernunterdrückung 13 15
Rufzone, Begriff **3** 2
Rundfunk
allgemeine Grundsätze **7** 3
Allgemeine Vorschriften **7** 1 bis 16
Auskunftsrecht **7** 5
Barrierefreiheit **7** 7
Begriff **7** 2
Datenverarbeitung zu journalistischen Zwecken **7** 12
Eigen-, Auftrags- und Gemeinschaftsproduktion **7** 15
europäische Produktion **7** 15
Frequenzzuteilung **1** 96
Informationspflicht **7** 4
Jugendschutz **8**
Kurzberichterstattung **7** 14
Medienprivileg **7** 12
öffentlich-rechtlicher Rundfunk **7** 26 bis 49
Ordnungswidrigkeiten **7** 115
pornographische Darbietung **44** 184
privater Rundfunk **7** 52 bis 73
Sendezeit **8** 8
Sorgfaltspflichten **7** 6
Übertragung von Großereignissen **7** 13
Übertragungskapazitäten **7** 100 bis 103
Verbraucherschutz **7** 4
Verwertungsrechte des Urhebers **10** 22
Weiterverbreitung **7** 100 bis 103
Werbung, Teleshopping **7** 8
s. a. *öffentlich-rechtlicher Rundfunk, privater Rundfunk*
rundfunkähnliche Telemedien 7 74 bis 77
Barrierefreiheit **7** 76
europäische Produktion **7** 77
Gewinnspiele **7** 74
Kurzberichterstattung **7** 75
Werbung **7** 74
rundfunkähnliches Telemedium, Begriff **7** 2
Rundfunkkommentare, Vervielfältigung **10** 49

Rundfunkprogramm, Begriff **7** 2
Rundfunkübertragung 1 73 bis 77
Rundfunkveranstalter, Begriff **7** 2
Rundfunkwerbung
Begriff **7** 2
Einfügung **7** 9

Sachmangel
Kaufvertrag **19** 434
einer Ware mit digitalen Elementen
19 475b
einer Ware mit digitalen Elementen bei dauerhafter Bereitstellung **19** 475c
Sachverständiger, Verletzung von Privatgeheimnissen **44** 203
Sammelwerke, Begriff **10** 4, 46
Sammlungen für privilegierten Gebrauch **10** 46
Sanktionen bei Verstoß gegen DS-GVO
11 84
Vorgaben des BDSG **12** 41 f.
Sanktionen bei Verstößen, Vertrauensdienste **14** 5
Satellitenrundfunk 10 20
Satellitensendung, europäische 10 20a
Satzungen
der Medienintermediäre **7** 96
des öffentlich-rechtlichen Rundfunks **7** 31
Schadensersatz
besondere Bestimmungen beim Kauf
19 440
bei Mängeln digitaler Produkte **19** 327m
Sonderbestimmungen bei digitalen Produkten **19** 475d
Schadensersatzanspruch 1 69
des Markeninhabers bei Markenrechtsverletzung **26** 14, 15
des Mitbewerbers bei unzulässiger geschäftlicher Handlung **24** 9
des Urhebers bei Urheberrechtsverletzungen **10** 97
des Verletzten bei unerlaubter Handlung
19 823
Pauschalierung **19** 309
Schenkung, Begriff **19** 516
Schifffahrt, Frequenzzuteilung **1** 96
Schleichwerbung 7 8
Begriff **7** 2
Schlichtung 1 68; **6** 3c
Schlichtungsstelle 31 14
für Video-Sharing-Dienste **7** 99
Schnittstellenbeschreibungen der Betreiber öffentlicher Telekommunikationsnetze **1** 5
Schriften
Anleitung zu Straftaten **44** 130a
Aufforderung zu Ordnungswidrigkeiten
46 116

Aufforderung zu Straftaten **44** 111
Aufstacheln zum Hass gegen Teile der Bevölkerung **44** 130
Begriff i. S. d. StGB **44** 11
Einziehung **46** 123
pornographische **44** 184
Verbreiten von Propagandamitteln **44** 86
Schriftform
Anordnung der Überwachung der Telekommunikation **45** 100b
Fernunterrichtsvertrag **21** 3
gesetzliche **19** 126
Kündigung eines Fernunterrichtsvertrags **21** 5
Verbraucherdarlehensvertrag **19** 492
Schriftsätze, elektronisches Dokument **32** 130
Schuldverhältnis
anzuwendendes Recht **20** 40
unerlaubte Handlungen **20** 40
Schule, Vervielfältigung für Schulgebrauch **10** 46, 87c
Schulfunksendung 10 47
Schutz eines Werks durch technische Maßnahmen **10** 95a
Schutz der Privatsphäre bei Endeinrichtungen **13** 25
Schutzmaßnahmen
organisatorische **1** 165
technische **1** 165
Schutzrechte, unerlaubte Eingriffe **10** 108
Scoring, Besonderheiten des BDSG **12** 31
Seefunkverkehr, anerkannte Abrechnungsstelle **1** 222
Seh- oder Lesebehinderung, Recht zur Vervielfältigung **10** 45b
Sektorgutachten der Bundesnetzagentur **1** 195
Selbstkontrolle, freiwillige **8** 19, 19a, 19b
selektive Sperre zum Schutz vor Kosten **1** 61
Sendeplan, Begriff **7** 2
Senderecht 10 20
Sendezeit, Rundfunk **8** 8
Sendung, Begriff **7** 2
sensible Zahlungsdaten, Begriff **33** 1
Separierung, strukturelle **1** 7
Service-Dienste 1 3
Sicherheit von Netzen und Diensten **1** 3
Sicherheitsanforderungen, Katalog **1** 167
Sicherheitsbeauftragter 1 166
Sicherheitsbehörden
Auskunftsersuchen **1** 172
Daten für Auskunftsersuchen **1** 172
Sicherheitskonzept 1 166
Sicherheitsmaßnahmen der Vertrauensdiensteanbieter **15** 13

Sicherheitsüberprüfung, Überwachung der Telekommunikation **47** 1
Sicherheitsvorfall 1 3
Mitteilung **1** 168
Sicherstellung, Beweismittel **45** 94
Sicherungskopie 10 69d
Siegel, elektronische s. elektronische Siegel
Signaturen s. elektronische Signaturen
Signaturerstellungseinheiten, Anzeigen **16** 5
sittenwidrige Schädigung, Schadensersatzanspruch **19** 826
Sitzland, europäisches **5** 2a
Sorgfaltspflichten
Freiwillige Selbstkontrolle **7** 19
journalistische Grundsätze **7** 19
Rundfunk **7** 6
Telemedien **7** 19
Sozialgesetzbuch, elektronische Kommunikation **40** 36a
Sozialverwaltungsverfahren 42
Beglaubigung von Dokumenten **42** 29
Spartenprogramm, Begriff **7** 2
Speicherbegrenzung, Grundsätze für die Verarbeitung personenbezogener Daten **11** 5
Speichereinrichtung, Begriff **3** 2
Speicherung 17 19a
personenbezogener Daten **17** 26
Speicherungspflichten für Daten **1** 176
Sperre
selektive
– zum Schutz vor Kosten **1** 61
– bei Zahlungsverzug **1** 61
Sperrung, Nutzung von Informationen **5** 7
Spiele 9 13
Jugendschutz **9** 12
Sponsoring 7 10
Begriff **7** 2
Telemedien **7** 22
Sprachkommunikationsdienst 1 3
Standardangebot 1 29
Standort, Mobilfunkendgerät, Ermittlung zur vorläufigen Festnahme **45** 100i
Standortdaten 1 3; **13** 13
starke Kundenauthentifizierung, Begriff **33** 1
Status, internationaler **1** 9
Steuererklärung, Form **38** 150
Steuerverfahren, elektronische Kommunikation **38** 87a
Störung, funktionstechnische 1 3
Störung von Telekommunikationsanlagen 44 317
Straf- und Bußgeldvorschriften, Vorgaben des BDSG **12** 41
Straftaten
Anleitung zu **44** 130a

Nichtanzeige 44 138
öffentliche Aufforderung zu 44 111
Strafverfahren, Vorgaben des BDSG
12 42
Strafvorschriften
G 10 **47** 17 f.
JMStV **8** 23
JuSchG **9** 27
StGB **44**
UrhG **10** 106, 108
Streitbeilegung
außergerichtliche
– Kosten **1** 225
nationale **1** 214
– Fristen **1** 149
Streitbeilegungsverfahren
Abschluss **30** 21
Beendigung **30** 15
Mitteilungen **30** 11
rechtliches Gehör **30** 17
Schlichtungsvorschlag **30** 19
Verfahrensdauer **30** 20
Verfahrenssprache **30** 12
Streitmittler 30 6
Amtsdauer **30** 8
Unabhängigkeit **30** 7
Unparteilichkeit **30** 7
Streitschlichtung 1 77
Systemprüfung bei Datenaustausch mit
Versicherungsträgern **41** 95b

Tagesereignisse, Berichterstattung über
10 50
Tarifverträge, Nichtgeltung des AGB-
Rechts **19** 310
tätige Unternehmen
auf der Vorleistungsebene
– ausschließlich **1** 33
Tätigkeitsbericht der Bundesnetzagentur
1 195
technische Einrichtung, Telekommunikationsüberwachung **3** 6
technische Maßnahmen zum Schutz eines
Werks **10** 95a
– Kennzeichnungspflicht **10** 95d
– Unterlassungsanspruch bei Verstoß **31** 2a
technische Umsetzung von Überwachungsmaßnahmen **3** 27
**technische und organisatorische Maß-
nahmen**
bei Auftragsverarbeitern **11** 28
Datenschutz durch Technik und datenschutzfreundliche Voreinstellungen
11 25
Grundsätze bei Verarbeitung personenbezogener Daten **11** 5
Pflichten des Verantwortlichen **11** 24

bei Pseudonymisierung **11** 4
Sicherheit der Verarbeitung **11** 32
Technologien, Erprobung innovativer
1 97
Teilabschnitt 1 3
Teilnehmer 1 3
Begriff i. S. d. FernUSG **21** 2
Begriff i. S. d. TKÜV **3** 2
Teilnehmeranschluss 1 3
gemeinsamer Zugang **1** 3
vollständig entbündelter Zugang **1** 3
Teilzahlungen 1 62
Telefonbuch s. *Teilnehmerverzeichnisse, öf-
fentliche*
Telefondienst
internationaler entgeltfreier **1** 121
öffentlich zugänglicher **1** 3
Telefonnetz, öffentliches **1** 3
Telekommunikation
Aufzeichnung **47** 1
Beginn/Ende/Dauer **3** 7
Begriffsbestimmung **1** 3
Pflichten der Anbieter **47** 1
strategische Beschränkung **47** 5 bis 8
Überwachung **45** 100a f.; **47**
zu überwachende (Begriff) **3** 2
Telekommunikationsanlagen 1 3
Änderungen **3** 20
Missbrauch **13** 8
nachträglich festgestellte Mängel **3** 20
Störung von **44** 317
Störungen **13** 12
Telekommunikationsbevorrechtigung
1 186
Entgelte **1** 189
Umsetzung **1** 187
Telekommunikationsdienste 1 3
Ausgleich **1** 162
Erschwinglichkeit **1** 158
geschäftsmäßiges Erbringen **44** 206; **47** 1
interpersonelle **1** 3
Missbrauch **13** 12
nummerngebundene interpersonelle **1** 3
nummernunabhängige interpersonelle **1** 3
öffentlich zugängliche **1** 3
Recht auf Versorgung **1** 156
Verfügbarkeit **1** 157
Versorgung mit
– Beitrag von Unternehmen **1** 159
– Verpflichtung **1** 161
Telekommunikationsdiensteanbieter
Informationspflichten 4
Pflichten 4
Telekommunikationseinrichtungen
1 73 bis 77
Anschluss **1** 73
Telekommunikationsendeinrichtung
1 3

Telekommunikationslinien 1 3
Änderung **1** 127
Beeinträchtigung von Grundstücken **1** 134
besondere Anlagen **1** 132
gebotene Änderung **1** 130
öffentlich geförderte
– Ausbauzusagen **1** 155
– offener Netzzugang **1** 155
öffentliche
– Pflichten der Betreiber **1** 126
– Pflichten der Eigentümer **1** 126
spätere besondere Anlagen **1** 133
Verlegung **1** 127
Wegenutzung **1** 125 ff.
Telekommunikationsnetz 1 3
öffentlich gefördertes
– Ausbauzusagen **1** 155
– offener Netzzugang **1** 155
öffentliches
– Pflichten der Betreiber **1** 126
– Pflichten der Eigentümer **1** 126
– Schnittstellenbeschreibungen der Betreiber **1** 74
Telekommunikationssicherstellungspflicht 1 185
Telekommunikationsüberwachung 3; 47
Auskunftserteilung **3** 30 bis 35
bereitzustellende Daten **3** 7
Endgerät im Ausland **3** 4
Funktionsprüfungen **3** 23
Grundsätze **3** 5
Kreis der Verpflichteten **3** 3
organisatorische Anforderungen, Schutzanforderungen **3** 12 bis 17
Protokollierungspflicht **3** 16
Schutz gegen unbefugte Kenntnisnahme **3** 14
Störungen **3** 13
technische Anforderungen **3** 6 bis 11
Übergabepunkt **3** 8
Übermittlung der Überwachungskopie **3** 9, 10
s. a. *Überwachung, Überwachungsmaßnahmen*
Telekommunikationsverkehr, Prüf-, Kennzeichnungs- und Löschungspflichten **47** 6
Telekommunikation-Telemedien-Datenschutz-Gesetz 13
Telemedien
allgemeine Grundsätze **7** 17
Anbieter **5** 2
Anmeldefreiheit **7** 17
Auskunftspflicht des Anbieters **8** 21
Auskunftsrecht **7** 18
Barrierefreiheit **7** 21
Begriff **5** 1; **7** 2; **8** 3; **9** 1
Gegendarstellung **7** 20

Gewinnspiele **7** 22
Herkunftslandprinzip **5** 3
Informationspflichten der Diensteanbieter **5** 5 f.
Informationsrecht **7** 18
jugendgefährdende **9** 16
Jugendschutz **8**
Kennzeichnungspflicht nach JuSchG **8** 12
Medienprivileg **7** 23
Notifizierung **7** 25
Nutzer **5** 2
öffentliche Stellen **7** 24
des öffentlich-rechtlichen Rundfunks **7** 30
periodisch erscheinende **9** 22
Sorgfaltspflichten **7** 19
Sponsoring **7** 22
Telemediengesetz **7** 24
Verantwortlichkeit von Diensteanbietern **5** 7 bis 10
Werbung **7** 22
Zugang **5** 2
Zugangsvermittlung **5** 2
Zulassungsfreiheit **5** 4; **7** 17
Telemedien, öffentlich-rechtliche, Negativliste **7** Anl
Telemediendatenschutz 13 19 ff.
Telemediendienste, Erhebung von Nutzungsdaten **45** 100k
Telemediengesetz 5
Telemedien **7** 24
Telemedienkonzepte des öffentlich-rechtlichen Rundfunks **7** 32
Teleshopping 7 8
Begriff **7** 2
Einfügung **7** 9
Erkennbarkeit **7** 8
Jugendschutz **8** 6
Teleshopping-Fenster 7 71
Text und Data Mining 10 44b
Textform 19 126b
Widerruf bei Verbraucherverträgen **19** 355
TKG
Geltungsbereich **1** 229
Zweck **1** 1
TK-Transparenzverordnung 4
TKÜV, Übergangsvorschrift **3** 36
Tonträger
Gleichstellung mit Schriften **44** 11
Recht der Wiedergabe durch **10** 21
Trägermedien
Begriff **9** 1
jugendgefährdende **9** 15
Jugendschutz **9** 12
periodisch erscheinende **9** 22
Transparenz 1 52
Grundsätze für die Verarbeitung personenbezogener Daten **11** 5
der Medienintermediäre **7** 93

Transparenzverpflichtung 1 25
durch Regulierungsbehörden **2** 69
von Unternehmen **2** 69
Trennung
freiwillige funktionelle
– durch ein vertikal integriertes Unternehmen **1** 32
Treu und Glauben, Gebote von **19** 307
TTDSG, Anwendungsbereich **13** 1

Überbau 1 3
Übergabepunkt
Begriff **3** 2
Gestaltung **3** 8
Sendeberechtigung **3** 14
Übergangsvorschriften, TKG **1** 2300
Überlassungsanspruch bei Urheberrechtsverletzung **10** 98
Übermittlung
Anfechtbarkeit wegen falscher **19** 120
telekommunikative **19** 127
Verantwortlichkeit für Informationen **5** 8
überragende marktübergreifende Bedeutung für den Wettbewerb, Feststellung durch das Bundeskartellamt **27** 19a
Übersetzungen eines urheberrechtlich geschützten Werks **10** 3
Übertragung
digitaler Fernsehsignale
– Interoperabilität **1** 75
Übertragungskapazitäten 7 100 bis 103
Übertragungsweg 1 3
Bereitstellung **3** 29
Überwachung 1 103
Abhören des nichtöffentlich gesprochenen Wortes **45** 100c
Anordnung **47** 10
Antrag **47** 9
außerhalb von Wohnungen nichtöffentlich gesprochenes Wort **45** 100f
Bildaufnahmen außerhalb von Wohnungen **45** 100h
Entschädigung **47** 20
Kontrolle **47** 14 bis 16
Mitteilung an Betroffenen **47** 12
Prüf-, Kennzeichnungs- und Löschungspflichten **47** 4, 6
Rechtsweg **47** 13
Telekommunikation **3; 45** 100a, 100b; **47**
Voraussetzungen für Überwachung der Telekommunikation **47** 3
Zuständigkeit für Maßnahmen nach § 100c StPO **45** 100d
Zweckbindung **47** 4, 6
s. a. Telekommunikationsüberwachung
Überwachungsmaßnahmen
Begriff **3** 2
Grundsätze der Umsetzung **3** 5

Protokollierungspflicht **3** 16
technische Umsetzung **3** 27
Umsetzung **1** 170
Verschwiegenheit **3** 15
Überweisung, Begriff **33** 1
Umgehung von technischen Maßnahmen zum Schutz eines Werkes **10** 95a
Umgehungsverbot 1 122
AGB-Recht **19** 306a
FernUSG **21** 8
Umlageverfahren 1 163
Umsatzsteuer, Angabe **23** 1, 2
Umsatzsteueridentifikationsnummer 5 5
Umsetzungsmaßnahmen, Schutz gegen unbefugte Inanspruchnahme **3** 14
Umzug 1 60
Unbrauchbarmachung von Gegenständen, auf die sich eine Ordnungswidrigkeit bezieht **46** 123
unerlaubte Handlungen, anzuwendendes Recht **20** 40
Universaldienstverpflichtungen
Berechnung Nettokosten **2** Anh VII
Entschädigung **2** Anh VII
Kostenteilung **2** Anh VII
unlautere geschäftliche Handlungen
Beispiele **24** 4
Generalklausel **24** 3
Unmöglichkeit 19 309
Unterhaltung, Begriff **7** 2
Unterlagen
Aufbewahrungspflicht von Behörden **41** 110a
Rückgabe, Vernichtung und Archivierung **41** 110b
Unterlassungsanspruch
bei AGB **31** 1
bei Markenrechtsverletzung **26** 14, 15
bei Eigentumsbeeinträchtigung **19** 1004
bei unzulässiger geschäftlicher Handlung **24** 8
nach Urheberrechtsgesetz **31** 2a
– anspruchsberechtigte Verbände **31** 3a
Urheberrechtsverletzung **10** 97
bei verbraucherschutzgesetzwidrigen Praktiken **31** 2
Unterlassungsklagen 31
Auskunftsanspruch der anspruchsberechtigten Stellen **31** 13
berechtigte Stellen **31** 3
qualifizierte Einrichtungen **31** 4
Unternehmen 1 3
Begriff nach DS-GVO **11** 4
Kennzeichen **26** 5
vertikal integriert **1** 31
Unternehmensgruppe, Begriff nach DS-GVO **11** 4

Unternehmer, Begriff **24** 2
Unterricht
öffentliche Zugänglichmachung eines Werkes **10** 52a
Vervielfältigung für Unterrichtsgebrauch **10** 46
Unterrichtung s. *Informationspflichten*
Unterschrift, eigenhändige **19** 126
Untersuchungsrechte der Bundesnetzagentur **1** 203
Unterversorgung
mit Telekommunikationsdiensten
– Feststellung **1** 160
Unwirksamkeit allgemeiner Geschäftsbedingungen **19** 306
unzulässige geschäftliche Handlung
Beseitigungsanspruch **24** 8
Gewinnabschöpfung **24** 10
Schadensersatzanspruch **24** 9
Unterlassungsanspruch **24** 8
Unzulässigkeit von Rundfunk- und Telemedienangeboten **8** 4
Urheber 10 7 bis 10
Anspruch auf Vergütung **10** 54 ff.
Arbeits- oder Dienstverhältnis **10** 69b
Begriff **10** 7
Miturheber **10** 8
verbundener Werke **10** 9
Vermutung der Rechtsinhaberschaft **10** 10
Vermutung der Urheberschaft **10** 10
Verwertungsgesellschaft **10** 54h
Verwertungsrechte **10** 15 bis 24
Urheberpersönlichkeitsrecht 10 12 bis 14
Recht auf Anerkennung der Urheberschaft **10** 13
Verbot der Entstellung des Werkes **10** 14
Veröffentlichungsrecht **10** 12
Urheberrecht
geschützte Werke **10** 2
Inhalt **10** 11
Schranken **10** 44a bis 53, 55a
Schutz **10** 1
technische Schutzmaßnahmen **10** 95a
Unterlassungs- und Schadensersatzanspruch **10** 97
Verwertungsverbot **10** 96
s. a. *Urheberpersönlichkeitsrecht, Verletzung des Urheberrechts, Verwertungsrechte des Urhebers*
Urheberschaft, Recht auf Anerkennung **10** 13
Urkunde 19 126
unechte oder verfälschte **44** 269
Urteil im Verwaltungsgerichtsverfahren **37** 117 bis 119

Veranstalter von Fernunterricht, Pflichten **21** 2

Verantwortlicher, Begriff nach DS-GVO **11** 4
Verantwortlichkeit
datenschutzrechtliche **34** 9c
Durchleitung **5** 8
Speicherung **5** 10
Telemedien **5** 7 bis 10
Zwischenspeicherung **5** 9
Verarbeitung
Begriff nach DS-GVO **11** 4
journalistische **7** 12
von Verkehrsdaten **13** 9
Verarbeitung personenbezogener Daten 34 9b
zu anderen Zwecken **11** 6
Beschäftigungskontext **11** 88; **12** 26
besondere Kategorien **11** 9; **12** 22
Daten eines Kindes **11** 8
durch öffentliche Stellen **12** 3
Einwilligung **11** 6 ff.
Grundsätze **11** 5
keine Bestimmbarkeit der betroffenen Person **11** 11
Rechtmäßigkeit **11** 6
über strafrechtliche Verurteilungen und Straftaten **11** 10
Verarbeitung unter Aufsicht 11 29
verbindliche interne Datenschutzvorschriften 11 47
Begriff nach DS-GVO **11** 4
Verbindungspreisberechnung 1 63
Verbindungspreise s. *Preisberechnung*
Verbindungstrennung 1 113
Verbindungsversuch, erfolgloser **44** 206
Verbraucher, Begriff **24** 2
Verbraucherdarlehensvertrag
Informationspflichten **20** 247
Inhalt **19** 492
Rechtsfolgen von Formmängeln **19** 494
Schriftform **19** 492
Widerrufsrecht **19** 495
Verbraucherkredite 12 30
Verbraucherrechte
bei Mängeln digitaler Produkte **19** 327i
Verjährung **19** 327j
Verbraucherschlichtungsstelle 30 2
Informationspflichten **30** 10
Träger **30** 3
Zuständigkeit **30** 4
Verbraucherschutz
anwendbares Recht **20** 29a
Rundfunk **7** 4
Unterlassungsklagen **31**
Verbraucherschutzrichtlinien 20 29a
Verbraucherstreitbeilegung 30
Verbraucherverbände, Beteiligung an Streitschlichtung **30** 9

989

Verbraucherverträge 20 29
abweichende Vereinbarungen **19** 312k
allgemeine Pflichten **19** 312a
Anwendung des AGB-Rechts **19** 310
Anwendungsbereich **19** 312
außerhalb von Geschäftsräumen geschlossene Verträge **19** 312b
elektronischer Geschäftsverkehr **19** 312i
Kündigung im elektronischen Geschäftsverkehr **19** 312k
Rückgaberecht **19** 356
über Schenkung digitaler Produkte **19** 516a
Vereinbarung von Entgelten **19** 312a
Widerrufsrecht **19** 355
Verbrauchsgüterkauf
anwendbare Vorschriften **19** 475
Begriff **19** 474
Beweislastumkehr **19** 476
über digitale Produkte **19** 475a
Verbreiten von Propagandamitteln
verfassungswidriger Organisationen **44** 86
Verbreitungsrecht 10 17
Verbreitungsverbot pornographischer Schriften **44** 184
Vereinbarungen
freigestellte **27** 2
verbotene **27** 1
Vereinsregister 5 5
Verfahren
zur Abhilfe bei Nutzerbeschwerden gegen Videosharingplattform-Dienst **5** 10b
Bundesprüfstelle für jugendgefährdende Medien **9** 21
Einstellung der Verfolgung von Ordnungswidrigkeiten **46** 47
der Entgeltanzeige **1** 45
der Entgeltgenehmigung **1** 40
der Kommission für Jugendmedienschutz **8** 17
bei marktrelevanten Maßnahmen **1** 16
für Überwachungsmaßnahmen **3** 28
Verfolgung von Ordnungswidrigkeiten **46** 47
Verfahren der Entgeltgenehmigung, Rechtsschutz **1** 41
Verfahrensabschluss durch Bundesnetzagentur **1** 209
Verfassungsschutzbehörden, Überwachung der Telekommunikation **47** 1
Verfolgung von Ordnungswidrigkeiten 46 47
Verfahrenseinstellung **46** 47
Zuständigkeit **46** 35, 36
Verfolgungsverjährung, Ordnungswidrigkeiten **46** 31
Vergabe von Bauleistungen
allgemeine Bestimmungen **43**

Anforderungen an elektronische Mittel **43** 11a, 11a EU
Auftragsbekanntmachung **43** 12 EU
Informationsübermittlung **43** 11, 11 EU
Versand der Vergabeunterlagen **43** 12a EU
Verwendungsausnahmen bei elektronischen Mitteln **43** 11b EU
Vorinformation **43** 12 EU
Vergabeunterlagen, Versand **43** 12a
Vergabeverfahren 1 100
Vergleichsinstrumente, unabhängige 1 53
Vergütung
Fernunterricht **21** 2
für öffentliche Zugänglichmachung eines Werkes **10** 52a, 52b
Verhaltenskodex, Begriff **24** 2
Verhaltensregeln 11 40
Überwachung der Einhaltung **11** 41
Verhandlungen über Zugang und Zusammenschaltung **1** 20
Verhandlungsverfahren 43 10c EU
Verjährung 10 102
Ordnungswidrigkeiten **46** 31
Rückgriffsansprüche **19** 479
von Rückgriffsansprüchen **19** 445b
Sonderbestimmungen bei digitalen Produkten **19** 475e
von Verbraucherrechten bei Mängeln **19** 327j
Verkaufsprospekt, Vertragsschluss **19** 356
Verkehrsdaten 1 3
Erhebung **45** 100g
Speicherungspflichten **1** 176
Verarbeitung **13** 9
Verarbeitung durch den Bundesnachrichtendienst **47** 4a
Verlängerung der Frequenzzuteilung **1** 92
Verlangung
Berichtigung
– Telemedien **7** 23
Verletzung durch Bildaufnahmen **44** 184k
Verletzung des Schutzes personenbezogener Daten
Begriff nach DS-GVO **11** 4
Benachrichtigung der betroffenen Person **11** 34
Meldung an Aufsichtsbehörde **11** 33
Verletzung des Urheberrechts
Abmahnung **10** 97a
Abwehrrechte des Verletzten **10** 97 bis 102
Anspruch auf Rückruf **10** 98
Anspruch auf Vernichtung von Vervielfältigungsstücken **10** 98
Auskunftsanspruch **10** 101
Entschädigung **10** 100
Haftung des Inhabers eines Unternehmens **10** 99

Sicherung von Schadensersatzansprüchen **10** 101b
Strafvorschriften **10** 106 bis 108
Überlassungsanspruch **10** 98
Unterlassungs- und Schadensersatzanspruch **10** 97
Verjährung **10** 102
Vorlage- und Besichtigungsanspruch **10** 101a
Vernichtung der durch Überwachung der Telekommunikation erlangten Unterlagen **45** 100b
Vernichtungsanspruch
des Markeninhabers bei Markenrechtsverletzung **26** 18
Vervielfältigungsstücke bei Urheberrechtsverletzung **10** 98
Veröffentlichung 1 36, 48, 85
von Informationen und Dienstemerkmalen zur Kostenkontrolle **1** 52
Liste der qualifizierten elektronischen Signaturerstellungeinheiten **14** 31
von Weisungen des Bundesministeriums für Wirtschaft und Technologie **1** 193
Verordnungsermächtigung 1 86, 89
Verpflichteter
Auskunft über Verkehrsdaten **3** 30
Telekommunikationsüberwachung **3** 2, 3, 26
Verpflichtung
zur einheitlichen Rechnungsstellung **1** 27
zur funktionellen Trennung
– eines vertikal integrierten Unternehmens **1** 31
Verpflichtungszusagen 1 18
Marktprüfungsverfahren **1** 19
Versammlung
Anleitung zu Straftaten in einer **44** 130a
Aufforderung zu Ordnungswidrigkeiten in einer **46** 116
Aufforderung zu Straftaten in einer **44** 111
Verwenden von Kennzeichen verfassungswidriger Organisationen in einer **44** 86a
Versanddienst 18 5
Versandhandel
Begriff **9** 1
pornographischer Schriften **44** 184
Verschulden, grobes 19 309
Verschwiegenheit
bei Auskunftsverlangen **3** 33
Telekommunikationsüberwachungsmaßnahmen **3** 15, 27
Versorgung mit Telekommunikationsdiensten
– Anspruch **1** 156
– Beitrag von Unternehmen **1** 159
– Verpflichtung **1** 161

Versorgungsnetz, öffentliches **1** 3
– Bauarbeiten **1** 142, 144
– Koordinierung von Bauarbeiten **1** 143
– Mitnutzung **1** 138
Verteildienste, Begriff **5** 2
Vertrag
anzuwendendes Recht **20** 27 bis 37
außerhalb von Geschäftsräumen geschlossen **19** 312b
– Abschriften und Bestätigungen **19** 312f
– Informationspflichten **19** 312d; **20** 246a
– Informationspflichten bei Finanzdienstleistungen **20** 246b
– Kündigung von Dauerschuldverhältnissen **19** 312h
– Widerrufsrecht **19** 312g
Bedingungen, vorformulierte **19** 305
Bindung an Antrag **19** 145
Einbeziehung von AGB **19** 305
im elektronischen Geschäftsverkehr **19** 312i
– Informationspflichten **20** 246c
Gefährdung des Vertragszwecks **19** 307
Informationsanforderungen **1** 55
Inhaltskontrolle von AGB **19** 307 bis 309
Schutz des anderen Vertragsteils **20** 12
Störung der Geschäftsgrundlage **19** 313
Verträge über digitale Produkte 19 327 ff.
Anwendungsbereich der §§ 327 ff. BGB **19** 327 ff.
Verträge über Sachen mit digitalen Elementen 19 327a
Vertragsänderung 1 57
Vertragsanpassung 19 313
Vertragsbeendigung
bei Mängeln digitaler Produkte **19** 327m
Rechtsfolgen **19** 327o
Vertragslaufzeit 1 56
Vertragsschluss 1 54
Vertragsstrafe 19 309
Vertragsverhältnis, Informationen **19** 493
Vertragszusammenfassung 1 54
Vertrauensdienste 14 13 ff.
auf Dauer prüfbare **15** 16
Aufsicht **14** 17 ff.
Aufsichtsstelle **14** 17
Beweislast **14** 13
Haftung **14** 13
internationale Aspekte **14** 14
Sanktionen bei Verstößen **14** 16
Sicherheitsanforderungen an Anbieter **14** 19
Zugänglichkeit für Personen mit Behinderungen **14** 15
Vertrauensdienste, qualifizierte s. *qualifizierte Vertrauensdienste*
Vertrauensdiensteanbieter
Mitwirkungspflichten **15** 5
Sicherheitsanforderungen **14** 18

Unterrichtung über Sicherheitsmaßnahmen **15** 13
s. a. *qualifizierte Vertrauensdiensteanbieter*
Vertrauensdienstegesetz 15
Anwendungsbereich **15** 1
Vertrauensdiensteverordnung 16
Vertrauenslisten 14 22; **15** 9
Vertraulichkeit
der Kommunikation **13** 3
bei Mitnutzung von Versorgungsnetzen **1** 148
für privaten Rundfunk **7** 58
Vertreter, Begriff nach DS-GVO **11** 4
Vertretungsberechtigter 5 5
Vervielfältigung
für Behinderte **10** 45a
Computerprogramme **10** 69c
Datenbank **10** 87b
Datenbankwerk **10** 55a
durch Gerichte und Behörden **10** 45
für Kirchen-, Schul-, oder Unterrichtsgebrauch **10** 46, 87c
zum privaten und sonstigen eigenen Gebrauch **10** 53, 87c
Quellenangabe **10** 63
Vergütungspflicht **10** 54 ff.
Verwertungsverbot **10** 96
vorübergehende **10** 44a
eines Werkes für Unterricht und Forschung **10** 52a
zum wissenschaftlichen Gebrauch **10** 87c
Vervielfältigungsrecht 10 16
Vervielfältigungsstücke, Anspruch auf Überlassung bzw. Vernichtung **10** 98
Verwahrung, Beweismittel **45** 94
Verwaltung, elektronischer Zugang **34** 2
Verwaltungsakt
Begründung **36** 39; **38** 121; **42** 35
Bekanntgabe **35** 9; **36** 41; **38** 122; **42** 37
elektronische Übermittlung **38** 122
Form **36** 37; **38** 119; **42** 33
Rechtsbehelfsbelehrung **38** 356
Verwaltungsgerichtsverfahren
Akteneinsicht **37** 100
elektronische Führung von Prozessakten **37** 55b
Übermittlung elektronischer Dokumente **37** 55a
Verwaltungskosten, Mitteilung der Bundesnetzagentur **1** 227
Verwaltungsleistungen i. S. d. OZG **35** 2
Verwaltungsportal 34 9a
Begriff **35** 2
des Bundes **34** 9b
Verwaltungsrechtsweg bei Streitigkeiten einer Aufsichtsbehörde **12** 20 f.
Verwaltungsverfahren
Beglaubigung von Dokumenten **36** 33

elektronische Abwicklung **35** 4
elektronische Kommunikation **36** 3a
Verwaltungsvorschriften zu Regulierungsgrundsätzen **1** 17
Verwenden von Kennzeichen verfassungswidriger Organisationen **44** 86a
Verwender, AGB **19** 305
Verwendungen nach Rücktritt **19** 347
Verwertungsgesellschaft 10 54h
Verwertungsrechte des Urhebers 10 15 bis 24
Aufführungsrecht **10** 19
Ausstellungsrecht **10** 18
Bearbeitungen **10** 23
freie Benutzung **10** 24
in körperlicher Form **10** 15
Recht der öffentlichen Zugänglichmachung **10** 19a
Recht der Wiedergabe durch Bild- oder Tonträger **10** 21
Recht der Wiedergabe von Funksendungen **10** 22
Senderecht **10** 20
Umgestaltungen **10** 23
in unkörperlicher Form **10** 15
Verbreitungsrecht **10** 17
Vervielfältigungsrecht **10** 16
Vorführungsrecht **10** 19
Vortragsrecht **10** 19
Verwertungsverbot, rechtswidrig hergestellte Vervielfältigungsstücke **10** 96
Verzeichnis von Verarbeitungstätigkeiten **11** 30
Verzeichnisdienst 18 7
Verzeichnisse, Preise **23** 5
Verzicht 1 102
Verzug 19 309
Video-Sharing-Dienst 7 97 bis 99; **8** 5a
Begriff **7** 2
Schlichtungsstelle **7** 99
Werbung **7** 98
Videosharingplattform-Anbieter
allgemeine Geschäftsbedingungen **5** 10c
Auskunft an zuständige Behörde **5** 2c
Begriff **7** 2
Liste **5** 2b
Videosharingplattform-Dienste 6 3d bis 3f
Begriffsbestimmungen **6** 3d
behördliche Schlichtung **6** 3f
Nutzerbeschwerden **5** 10a, 10b
Videoüberwachung 12 4
Volksverhetzung 44 130
Vollprogramm, Begriff **7** 2
Vorausbezahlung 1 64
Vorführungsrecht 10 19
Vorkehrungen, technische und organisatorische **13** 19

Vorlage- und Auskunftspflicht der Bundesnetzagentur **1** 218
Vorlage- und Besichtigungsanspruch bei Urheberrechtsverletzung **10** 101a
Vorleistungsebene
Bestimmung der Zustellungsentgelte **2** Anh III
tätige Unternehmen **1** 33
Vor-Ort-Untersuchung passiver Netzinfrastrukturen **1** 137
Vorrichtungen
zur Herstellung von Vervielfältigungsstücken, Anspruch auf Vernichtung bzw. Überlassung **10** 98
Zwangsvollstreckung **10** 119
Vorteilsabschöpfung, durch Bundesnetzagentur **1** 208
Vortragsrecht 10 19
Vorverfahren, Kosten **1** 226
VSBG, Anwendungsbereich **30** 1

Waren
Angebot gegenüber Letztverbrauchern, Preisangaben **23** 1, 2, 4
unter zollamtlicher Überwachung **26** 14a
Warteschleife 1 3
Voraussetzungen für Einsatz **1** 115
Website-Authentifizierung 14 45
Anforderungen an qualifizierte Zertifikate **14** 45
qualifizierte Zertifikate **14** Anh IV
Wegenutzung
Grundsatz **1** 125
Rücksichtnahme auf Widmungszweck **1** 129
Wegerechte 1 125 bis 135, 135
Mitbenutzung **1** 128
Übertragung **1** 125
Wegeunterhaltung, Rücksichtnahme **1** 129
Weisungen des Bundesministeriums für Wirtschaft und Technologie **1** 193
Weitergabe von Informationen **1** 85
Weiterverbreitung 7 100 bis 103
Werbung 7 8
Begriff **7** 2
Grundsätze **7** 8
Jugendschutz **8** 6
Kennzeichnung **7** 8
des öffentlich-rechtlichen Rundfunks **7** 38 bis 47
Preisangaben **22** 1; **23** 1
für privaten Rundfunk **7** 69 bis 73
für rundfunkähnliche Telemedien **7** 74
Schutz von Kindern und Jugendlichen **7** 8
Telemedien **7** 22
verbotene Inhalte **7** 8

vergleichende **24** 6
für Video-Sharing-Dienste **7** 98
Werke
Bearbeitungen und Umgestaltungen **10** 23
Begriff **10** 2
Entstellung **10** 14
freie Benutzung **10** 24
öffentliche Wiedergabe **10** 52
Sammelwerke **10** 4
Übersetzungen **10** 3
urheberrechtlich geschützte **10** 23
veröffentlichte und erschienene **10** 6
Werktitel 26 5
Wertersatz, Ingebrauchnahme der Sache **19** 357
Wettbewerb
Förderung **1** 105
s. a. *unlauterer Wettbewerb*
wettbewerblicher Dialog 43 10d EU
Wettbewerbsbeschränkungen 27
Wettbewerbshandlung, Begriff **24** 2
Wettbewerbsregeln, europäische **28**
Wettbewerbsverband 31 13
Widerruf
der Einwilligung **11** 7
Fernunterrichtsvertrag **21** 4
der Frequenzzuteilung **1** 102
qualifizierter Zertifikate **15** 14
Rechtsfolgen **19** 357
Verbraucherdarlehensvertrag **19** 495
Verbraucherverträge **19** 355
verbundene Verträge **19** 358
Widerrufsanspruch bei AGB **31** 1
Widerrufsbelehrung, Muster **20** 246
Widerrufsrecht
Belehrung **19** 355, 356, 495
Erlöschen **19** 355
Widerspruchsrecht der betroffenen Person 11 21
Abweichungen durch BDSG **12** 36
Wiedergabe, öffentliche, von urheberrechtlich geschützten Werken **10** 52, 87b
Willenserklärung
Anfechtbarkeit wegen falscher Übermittlung **19** 120
Anfechtbarkeit wegen Irrtums **19** 119
WLAN 1 152 ff.

Zahlungsauslösedienste, Haftungsfall **33** 16
Zahlungsdienste
Begriff **33** 1
unerlaubte **33** 7 f.
Zahlungsdiensteaufsichtsgesetz 33
Zahlungsdienstleister
Begriff **33** 1
Beschwerden **33** 60
Zahlungsinstituts-Register 33 43

Zahlungskonto, Begriff **33** 1
Zahlungsmarke, Begriff **33** 1
Zahlungssystem, Begriff **33** 1
Zahlungsverzug, Sperre **1** 61
Zeichen
Benutzung im geschäftlichen Verkehr **26** 4
Eintragung **26** 4
als Marken, schutzfähige **26** 3
Zeitangaben, Telekommunikationsüberwachung **3** 7
zeitliche Koordinierung der Frequenzzuteilung **1** 94
Zeitstempel, elektronische s. *elektronische Zeitstempel*
Zeitungsartikel, Vervielfältigung **10** 49
Zertifizierung 11 42
qualifizierter elektronischer Signaturerstellungseinheit **14** 30
Zertifizierungsstellen **11** 43; **12** 39
Zeugnisse, elektronische 29 39a
Zeugnisverweigerungsberechtigte Person, Schutz **47** 3b
Ziele der Frequenzregulierung **1** 87
Zitate, Vervielfältigung **10** 51
Zugang 1 3
zu aktiven und passiven Netzinfrastrukturen **1** 106
zu Diensten **2** 61
zu Endnutzer
– Kontrolle **1** 21
Fiktion **19** 308
Zugangsvereinbarungen **1** 28
Zugangsverpflichtungen **1** 26
Zugänglichmachung, öffentliche
10 19a, 22
Zugangsberechtigungssysteme 1 3, 76
Zugangsdaten, Auskunftsverfahren **13** 23
Zugangspunkt, passive gebäudeinterne Netzkomponenten **1** 3
Zugangspunkt mit geringer Reichweite, drahtloser 1 3
Zugangspunkte
drahtlose **2** 57
drahtlose mit geringer Reichweite **1** 152
– Anbindung **1** 152
– Betrieb **1** 152
– Errichtung **1** 152
– Information über sonstige physische Infrastruktur **1** 153
– Mitnutzung **1** 154
mit geringer Reichweite **2** 57
Zugangsregulierung 1 20 bis 36
Anordnung **1** 35
Zugangsvereinbarung
bei Hindernissen der Replizierbarkeit **1** 23
bei Kontrolle
– über Zugang zu Endnutzern **1** 23
Zugangsvereinbarungen 1 28
Zugangsvermittlung 5 2
Verantwortlichkeit **5** 8
Zugangsverpflichtung
bei Hindernissen der Replizierbarkeit **1** 22
bei Kontrolle
– über Zugang zu Endnutzern **1** 21
Zugangsverpflichtungen 1 26
Zugangsvorschriften für Unternehmen mit beträchtlicher Marktmacht **1** 31 bis 34
Zug-um-Zug-Erfüllung 19 348
Zulassung, Veranstaltung von Rundfunk **7** 52 ff.
Zulassungsfreiheit, Telemedien **5** 4
Zusammenschaltung 1 3
von Diensten **2** 61
bei Kontrolle
– über Zugang zu Endnutzern **1** 21
zuständige Behörde nach dem Europäischen Übereinkommen über das grenzüberscheitende Fernsehen **7** 16
Zuständigkeit
Ahndung und Verfolgung von Ordnungswidrigkeiten **46** 35, 36
Anordnung der Überwachung der Telekommunikation **45** 100b
Einspruch gegen Bußgeldbescheid **46** 68
der Kommission für Jugendmedienschutz **8** 16
Maßnahmen nach § 100c StPO **45** 100d
Zustellungsbevollmächtigter, inländischer **7** 92
Zustellungsentgelte
für Festnetz **2** 75
für Mobilfunk **2** 75
auf der Vorleistungsebene **2** Anh III
Zuteilung zur alternativen Frequenznutzung **1** 98
Zwangsvollstreckung in bestimmte Vorrichtungen zur Herstellung von Vervielfältigungsstücken **10** 119
Zweck
JMStV **8** 1
TKG **1** 1
TKÜV **3** 1
UWG **24** 1
Zweckbindung, Grundsätze für die Verarbeitung personenbezogener Daten **11** 5
Zwischenspeicherung
bei Nachrichtenübermittlung **13** 6
Verantwortlichkeit **5** 9